Prisma Woordenboeken
drs. G. A. M. M. van der Linden
Nederlands–Duits

Prisma
Het Nederlandse pocketboek

Nederlands Duits

drs. G. A. M. M. van der Linden

Prisma Woordenboeken worden voor Nederland in de handel gebracht door
Uitgeverij Het Spectrum BV
Postbus 2073
3500 GB Utrecht

CIP-GEGEVENS

Linden, G.A.M.M. van der

Nederlands Duits/G.A.M.M. van der Linden - Utrecht [etc.]: Spectrum - (Prisma Woordenboeken; 5)
ISBN 90-274-3496-4
SISO Duit 831 UDC 803.0(038) NUGI 503
Trefw.: Duitse taalkunde; woordenboeken.

Voorwoord

De bedoeling van de uitgever was een woordenboek voor gebruik in school en leven aan te bieden, dat door zijn omvang niet te kostbaar mocht worden en desondanks aan de normale eisen zou voldoen, om aldus te helpen voorzien in de grote behoefte, die er aan goedkope en toch goede boeken bestaat. Voorwaar geen lichte taak om aan deze verlangens tegemoet te komen.

Daar elke levende taal zich aanpast aan de maatschappelijke vormen, 'Neubildungen' schept en oudere woorden en vormen afstoot, was ook de beslissing over het al of niet opnemen van talrijke woorden en uitdrukkingen lang niet altijd gemakkelijk.

De leerling van het V.H.M.O., het U.L.O. en het Handelsonderwijs en ook de zelfstuderende zal in deze dictionaire een betrouwbare gids vinden; kantoor en handel zullen er niet tevergeefs een beroep op doen, wanneer er moeilijkheden bij correspondentie of vertaling oprijzen.

Omdat het leven van de moderne mens zonder de techniek ondenkbaar is, zijn ook, wat dit terrein betreft, een groot aantal woorden en uitdrukkingen opgenomen.

Overtuigd van het feit, dat menselijk werk nooit volmaakt is, houdt de samensteller zich ten zeerste voor opbouwende kritiek aanbevolen.

Tilburg, 1956 G. A. M. M. van der Linden

Voorwoord bij de 14e herziene druk

De tekst van deze herziene druk is in zijn geheel opnieuw gezet en typografisch volledig gemoderniseerd, waardoor er een duidelijker beeld is ontstaan. Talrijke nieuwe woorden en uitdrukkingen zijn opgenomen.
Niet alleen de veranderde en nog steeds veranderende opvattingen op alle terreinen van het geestelijk en maatschappelijk leven, maar ook de stormachtige ontwikkelingen op het terrein van de wetenschap en de techniek, de elektronica, micro-elektronica en informatica brengen bijna dagelijks een nieuwe terminologie met zich mee.
Vooral is aandacht geschonken aan die woorden en uitdrukkingen die ons via kranten en tijdschriften, radio en televisie bereiken. Verder zijn ook in de bestaande tekst talloze verbeteringen en wijzigingen aangebracht.
Bij dit alles werd beoogd om de gebruiker een woordenboek te bezorgen dat, rekening houdend met de beperkte omvang, de grootst mogelijke bruikbaarheid biedt.
Voor op- en aanmerkingen houd ik mij ten zeerste aanbevolen.

G. A. M. M. van der Linden

Aanwijzingen voor de gebruiker

Bijzondere tekens

— vervangt het trefwoord of, indien in het trefwoord een schuine deelstreep voorkomt, het woordgedeelte vóór de schuine deelstreep. Ter verduidelijking volgen hier enkele voorbeelden:
arbeid Arbeit *w*. ▾**—en** (*lees*: **arbeiden**) a.en (*lees*: arbeiten). ▾**—er** (*lees*: **arbeider**) A.er (*lees*: Arbeiter) *m*.
arbeids/bemiddeling Arbeits/vermittlung *w*. ▾**—beurs** (*lees*: **arbeidsbeurs**) A.nachweis (*lees*: Arbeitsnachweis) *m*. ▾**—schuw** (*lees*: **arbeidsschuw**) a.scheu (*lees*: arbeitsscheu).
declam/atie Deklam/ation *w*. ▾**—ator** (*lees*: **declamator**) D.ator (*lees*: Deklamator) *m*. ▾**—eren** (*lees*: **declameren**) d.ieren (*lees*: deklamieren).
sadis/me Sadis/mus *m*. ▾**—t** (*lees*: **sadist**) S.t (*lees*: Sadist) *m*. ▾**—tisch** (*lees*: **sadistisch**) s.tisch (*lees*: sadistisch).

— vervangt de laatste (volledige) ingang, bijvoorbeeld:
avond Abend *m*; *zekere —*, e.s Abends.

▾ verbindt trefwoorden die een semantische relatie hebben.

... geeft aan dat een woord of zinsdeel tussen- of toegevoegd kan worden.

Het geslacht van het Duitse zelfstandig naamwoord wordt aangegeven door achter het zelfstandig naamwoord een *m* (männlich) te plaatsen voor het mannelijk, een *w* (weiblich) voor het vrouwelijk en een *s* (sächlich) voor het onzijdig. *Mz* (Mehrzahl) betekent dat het gegeven zelfstandig naamwoord een meervoudsvorm is. Staan diverse zelfstandige naamwoorden met hetzelfde geslacht achter elkaar, dan wordt dit geslacht alleen bij het laatste aangeduid. Bij **'aangezicht** Angesicht, Gesicht, Antlitz *s*' zijn dus Angesicht en Gesicht ook onzijdig.
Ter bekorting worden gedeelten van zinnen en uitdrukkingen, waarvan de vertaling zonder meer duidelijk is, niet vertaald. Deze gedeelten zijn tussen haakjes geplaatst, bijvoorbeeld: *met smaak* (*eten*), mit Appetit.
Een tussen haakjes geplaatste r, zoals bijvoorbeeld bij **banneling** Verbannte(r) *m* duidt aan dat het desbetreffende woord in het Duits een zelfstandig gebruikt bijvoeglijk naamwoord is en dus als een bijvoeglijk naamwoord verbogen wordt.
Het uitspraakteken ' staat als regel op de beklemtoonde klinker. Waar dit om typografische redenen echter niet mogelijk is, staat het klemtoonteken voor de lettergreep die de klemtoon draagt. Voorbeelden: **ónderdrukken** (hin)únterdrücken, **onderdrúkken** unter'drücken.

Lijst van afkortingen

a.	aan
aanw.	aanwijzend
aardr.	aardrijkskunde
abs.	absoluut
abstr.	abstract
act.	actief
afk.	afkorting
afl.	afleiding
Afr.	(Zuid-)Afrika, Afrikaans
alg.	algemeen
Am.	(Noord-)Amerika, Amerikaans, amerikanisme
anat.	anatomie
angl.	anglicisme
Arab.	Arabië, Arabisch
arch.	architectuur, bouwkunde
arg.	argot
astr.	astronomie, sterrenkunde
attr.	attributief
Austr.	Australië, Australisch
bep.	bepaald(e), bepaling
bet.	betekenis(sen)
betr. vnw	betrekkelijk voornaamwoord
beurst.	beursterm
bez. vnw	bezittelijk voornaamwoord
Bijb.	Bijbel(s)
bijv.	bijvoorbeeld
bijv. vnw	bijvoeglijk voornaamwoord
bijz.t.	bijzondere taal
biol.	biologie
bkh.	boekhouden
bn	bijvoeglijk naamwoord
bw	bijwoord(elijk)
ca.	circa, ongeveer
chem.	chemie,scheikunde
chir.	chirurgie
comp.	computer
concr.	concreet
cul.	culinair
d.	de
dgl.	dergelijk(e)
dial.	dialectisch
dicht.	dichterlijk
dierk.	dierkunde
dim.	diminutief, verkleinwoord
Du.	Duits(land)
dw	deelwoord
e.	een
econ.	economie
e.d.	en dergelijke
eig.	eigenlijk
elektr.	elektriciteit, elektrisch
e.m	einem
e.n	einen
Eng.	Engeland, Engels
enigsz.	enigszins
enz.	enzovoort
e.r	einer
e.s	eines
euf.	eufemisme
ev	enkelvoud
fam.	familiaar, gemeenzaam
fig.	figuurlijk
fil.	filosofie, wijsbegeerte
fot.	fotografie
Fr.	Frankrijk, Frans
geb. w	gebiedende wijs, imperatief
geol.	geologie
germ.	germanisme
gesch.	geschiedenis, historie
gew.	gewoonlijk
gewest.	gewestelijk
gmv	geen meervoud
godsd.	godsdienst
Gr.	Griekenland, Grieks
gram.	grammatica(al)
gymn.	gymnastiek
h.	het
H.	Heilig(e)
hand.	handelsterm
Hebr.	Hebreeuws
her.	heraldiek, wapenkunde
herv.	(Nederlands-)hervormd
hum.	humor(istisch)
i.a.b.	in alle betekenissen
id.	idem
iem.	iemand
ind.	indicatief (aantonende wijs)
Ind.	Indonesië, Indonesisch, Indisch
inf.	infinitief (onbepaalde wijs)
instr.	instrument
inz.	inzonderheid
i.p.v.	in plaats van
iron.	ironisch
Isr.	Israëlitisch
It.	Italië, Italiaans
jur.	juridisch, rechtsterm
kerk.	kerkelijke term
kind.	kindertaal
landb.	landbouw
Lat.	Latijn(s)
lett.	letterlijk
lijd.	lijdend
lit.	literair, letterkundig
luchtv.	luchtvaart
lw	lidwoord
m	männlich (mannelijk)
mach.	machine
mar.	maritiem, zee-, scheepsterm
mech.	mechanica
med.	medische term
meetk.	meetkunde
met.	meteorologie, weerkunde
mijnb.	mijnbouw
mil.	militaire term
min.	minachtend
m mv	mannelijk meervoud
muz.	muziek(leer)
mv	meervoud
myth.	mythologie
Mz	Mehrzahl (meervoud)
N.	noord(en), noordelijk
nat.	natuurkunde
Ned.	Nederland(s)
nl.	namelijk
N.T.	Nieuwe Testament
nv	naamval
Nw.	Nieuw-
o	onzijdig
O.	oost(en), oostelijk
o.dw	onvoltooid deelwoord
off.	officieel
onbep.	onbepaald
onderw.	onderwijs
ong.	ongunstig
ongev.	ongeveer
onpers.	onpersoonlijk
ontk.	ontkenning
onr.	onregelmatig
onv.	onveranderlijk

on.w	onovergankelijk werkwoord
oorspr.	oorspronkelijk
O.T.	Oude Testament
o.telw	onbepaald telwoord
o.vnw	onbepaald voornaamwoord
o.v.t.	onvoltooid verleden tijd
ov.w	overgankelijk werkwoord
parl.	parlement(aire term)
pass.	passief
path.	pathologie
ped.	pedagogie
pers.	persoon
pers. vnw	persoonlijk voornaamwoord
plk.	plantkunde
pol.	politiek
pop.	populair
Port.	Portugal, Portugees
pred.	predikatief
prot.	protestant(s)
psych.	psychologie
rad.	radio
rek.	rekenkunde
rk	rooms-katholiek
Rom.	Romeins
Rus.	Rusland, Russisch
s	sächlich (onzijdig)
s.	sich (zich)
Sch.	Schotland, Schots
scheldn.	scheldnaam
scherts.	schertsend
schoolt.	schoolterm
schw	schwach (zwak)
sk	samenkoppeling
Skr.	Sanskriet
sp.	sportterm
Sp.	Spanje, Spaans
spec.	speciaal
spoorw.	spoorwegen
spot.	spottend
spr.	spreek uit
ss	samenstelling(en)
st	stark (sterk)
stud.	studententaal
subj.	subjunctief (aanvoegende wijs)
Sur.	Suriname, Surinaams
taalk.	taalkunde
tech.	techniek
tegenst.	tegenstelling
tel.	telecommunicatie
telw.	telwoord
theat.	theater, toneel, dramaturgie
t.o.v.	ten opzichte van
tv	televisie
tw	tussenwerpsel
t.w.	te weten
typ.	typografie
univ.	universiteit, universitair
usw.	und so weiter (enzovoort)
v	vrouwelijk
v.	van, voor
v.d.	van de
v.dw	voltooid deelwoord
v.e.	van een
vero.	verouderd
vgl.	vergelijk
vgw	voegwoord
v.h.	van het
Vl.	Vlaanderen, Vlaams
v mv	vrouwelijk meervoud
vnl.	voornamelijk
vnw	voornaamwoord
volkst.	volkstaal
vr. vnw	vragend voornaamwoord
vsch.	verscheidene
v.t.	verleden tijd
vulg.	vulgair
vv	voorvoegsel
vz	voorzetsel
w	weiblich (vrouwelijk)
W.	west(en), westelijk
wed. ww	wederkerig (-end) werkwoord
wetensch.	wetenschappelijke term
W. Ind.	West-Indië, Westindisch
wisk.	wiskunde
ww	werkwoord
z.	zich
z.a.	zie aldaar
Z.	zuid(en), zuidelijk
Z.Am.	Zuid-Amerika, Zuidamerikaans
zegsw.	zegswijze(n)
Z.Eur.	Zuid-Europa, Zuideuropees
zgn.	zogenaamd
zn	zelfstandig naamwoord
Z.N.	Zuid-Nederland
zw	zwak
Zw.	Zwitserland, Zwitsers

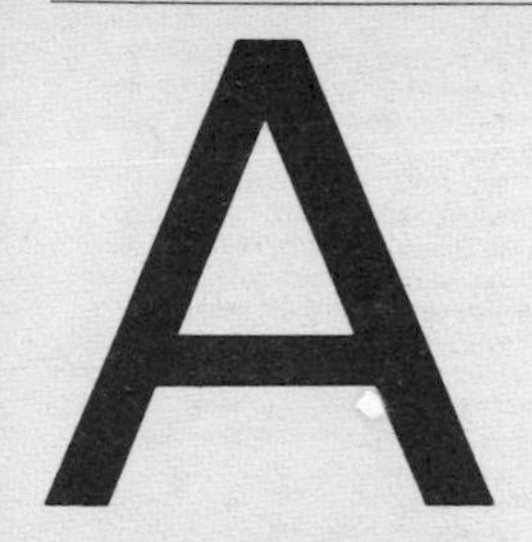

a A *s*; *geen — voor een b kennen*, das A nicht vom Z unterscheiden können.
à zu; (*twee*) — (*drie dagen*), bis; — *f 5*, zu je hfl 5.
aaien liebkosen, streicheln; *iem. over het hoofd* —, e.m über den Kopf streichen.
aak (Schlepp)Kahn *m.*
aal Aal *m*; *zo glad als een* —, glatt wie ein A., aalglatt.
aalbes Johannisbeere *w*; *zwarte* —, Aalbeere *w.* ▾**—senjenever** Johannisbeer/schnaps *m.* ▾**—sestruik** J.strauch *m.*
aalfuik Aal/reuse *w.* ▾**aalgeer** A.gabel *w.*
aalmoes Almosen *s.* ▾**aalmoezenier** (*alg.*) Almosenier; (*mil.*) Militär-, Feld-, Flottengeistliche(r), Militärpfarrer *m.*
aalscholver Kormoran *m*, Scharbe *w.*
aaltje Älchen *s.* ▾**—sziekte** A.krankheit *w.*
aambeeld Amboß *m*; *steeds op hetzelfde — slaan*, immer auf e.n A. hämmern. ▾**—sblok** A.klotz *m.*
aambei Hämorrhoide *w.*
aan I *vz* an [3 *of* 4]; (*zijn jullie*) — *het inpakken*, beim Einpacken; *dag — dag*, Tag für Tag; — *tafel gaan*, zu Tische gehen; — *tafel* (*wordt niet gesproken*), bei Tische; (*het staat*) — *mij*, bei mir; — *een oog* (*blind*), auf e.m Auge; (*heb ik dat*) — *je* (*verdiend*), um dich; (*hij heeft het*) — *de maag*, mit dem Magen, am M.; *het zit er bij hem* —, er kann es s. leisten; (*ik weet niet,*) *waar ik — toe ben*, woran ich bin; *hij wil er niet* —, dazu kann er s. nicht entschließen; (*f 100*) — *bankbiljetten*, in Banknoten; (*hoe komen we*) — *het geld*, zu dem Gelde; *twee — twee*, je zwei und zwei. **II** *bw* (*er is*) *niets* —, (*gemakkelijk*) sehr leicht, (*niet mooi*) gar nicht schön, (*onbeschadigd*) unbeschädigt; *er is niets van* —, es ist kein wahres Wort daran; (*de kachel*) *is* —, brennt; (*de school*) *is* —, hat angefangen; (*de trein*) *is* —, ist angekommen; (*de radio*) *staat* —, ist eingeschaltet; *het is erg — tussen hen*, sie sind dicke Freunde; *van nu af* —, von jetzt an.
aanaarden häufeln.
aanbakken anbacken.
aanbelanden hingeraten.
aanbelangen *zie* **betreffen**.
aanbellen klingeln, läuten, schellen.
aanbenen zuschreiten, schneller gehen.
aanbested/en verdingen, ausschreiben; *bij inschrijving* —, im (auf dem) Wege der Submission vergeben; *aanbesteed werk*, verdungene Arbeit. ▾**—ing** Verdingung, Ausschreibung; (*inschrijving*) Submission *w*; *onderhandse* —, V. aus freier Hand; *bij* —, im Wege der S., im Verding.
aanbetal/en anzahlen. ▾**—ing** Anzahlung *w.* ▾**—ingstermijn** Anzahlungsrate *w.*
aanbevel/en empfehl/en; *het is aan te bevelen*, es empfiehlt s.; (*ik heb me*) *in zijn welwillendheid aanbevolen*, seinem Wohlwollen empfohlen; *ik houd me aanbevolen*, ich empfehle mich.
▾**—enswaard(ig)** e.enswert. ▾**—ing** E.ung *w*; (*nominatie*) Kandidatenliste *w*; *het verdient* —, es empfiehlt s.
aanbidd/elijk anbetungswürdig. ▾**—en** anbeten [betete an, angebetet]. ▾**—er** Anbeter *m*; (*v. meisje*) Verehrer *m.* ▾**—ing** Anbetung, Verehrung *w*; *altijddurende* —, ewige A.
aanbied/en anbieten, (*meer off.*) antragen; (*waren te koop —, op de markt enz.*) feilbieten; *z.* —, s. anbieten, (*z. voordoen*) s. (dar)bieten; (*z.*) — *om iets te doen*, s. erbieten etwas zu tun; *een akkoord* —, e.n Vergleichsvorschlag machen; *zijn ontslag* —, seine Entlassung einreichen; (*een telegram*) —, aufgeben; *ter betaling* —, zur Zahlung vorzeigen; *z. — voor een betrekking*, s. anmelden zu e.r Stelle. ▾**—er** Anbieter; Vorzeiger *m.* ▾**—ing** Anbietung *w*, Antrag *m*; Aufgabe; Vorzeigung *w*; (*aanbod*) Anerbieten *s*; (*hand.*) Angebot *s*, Offerte *w*; (*rekwest*) Einreichung *w*; — *en doen*, Angebote, Offerten machen. ▾**—ingstermijn** Vorlegungsfrist *w.*
aanbijten anbeißen.
aanbinden anbinden, befestigen; (*schaatsen*) anschnallen; *de strijd met iem.* —, den Kampf, es mit e.m aufnehmen.
aanblaffen anbellen; (*snauwen*) anschnauzen.
aanblazen anblasen; (*fig. ook*) anfachen, schüren.
aanblijven (*in functie*) (im Amte) bleiben; (*licht, vuur*) nicht ausgehen; (*iem.*) *laten* —, im Amte belassen.
aanblik Anblick *m*; *bij de eerste* —, auf den ersten Blick.
aanbod Anerbieten *s*; (*hand.*) Angebot *s*, Offerte *w*; *veel, weinig* —, starkes, geringes Angebot.
aanbonzen: *tegen elkaar* —, zusammenprallen; *tegen iem.* —, gegen (an) e.n anprallen.
aanboren anbohren; (*mineralen*) erbohren; (*nieuwe bronnen*) —, erschließen.
aanbouw Anbau *m*; (*v. huis, schip*) Bau *m*; *in — zijn*, im B. (begriffen) sein; *huis in* —, Neubau *m.* ▾**—element** Anbau/element *s*, A.teil *s.* ▾**—en** anbauen.
aanbranden anbrennen; (*dat smaakt*) *aangebrand*, brandig, angebrannt.
aanbreien anstricken.
aanbreken anbrechen; (*doosje sigaretten*) anreißen, anbrechen; (*vat*) anstechen; (*v. licht, tijdperk*) an-, hereinbrechen; *bij het — v. d. dag*, bei Tagesanbruch; *bij het — v. d. nacht*, beim Einbruch der Nacht.
aanbreng (*jur.*) Eingebrachte(s) *s.* ▾**—en** anbringen; heran-, herbeibringen, -schaffen, -tragen, -holen; (*bij huwelijk*) zubringen; (*bij politie*) anzeigen; (*verklikken*) angeben; (*voordeel, onheil*) bringen; (*leden*) werben; (*veranderingen*) vornehmen; (*rechtszaak*) anhängig machen. ▾**—er** Anbringer, Anzeiger, Angeber, Werber *m.* ▾**—premie** Anbringeprämie *w*, Werbegeld *s.*
aandacht Aufmerksamkeit *w*; *iets onder iemands — brengen*, e.n auf etwas [4] aufmerksam machen; *de — trekken*, die A. auf s. ziehen; s. bemerkbar machen; *met* — (*bidden*), mit Andacht. ▾**—ig** aufmerksam; (*eerbiedig*) andächtig.
aandeel Anteil *m*; (*effect, ook*) Aktie *w*; — *in de winst*, Anteil am Gewinn; *met — in de winst*, mit Gewinnberechtigung; *aandelen in olie*, Ölaktien; *gewoon* —, Stammaktie; — *op naam*, Namensaktie; — *aan toonder*, Inhaberaktie; *winstdelend* —, gewinnberechtigte Aktie; *bewijs van* —, Anteilschein *m.* ▾**—houder** Aktionär,

Aktieninhaber *m.* ▾**aandelen/kapitaal** Aktienkapital *s.* ▾**—pakket** Aktienpaket *s.*
aandenken Andenken *s*, Erinnerung *w.*
aandienen (an)melden.
aandikken dicker werden; (*overdrijven*) übertreiben.
aandoen (*aantrekken*) antun, anziehen, anlegen; (*berokkenen*) antun, verursachen; (*aantasten*) angreifen; (*treffen, indruk maken*) rühren, bewegen; (*aansteken*) anzünden; *zijn naam schande —*, seinem Namen Schande machen; (*dit antwoord*) *doet me zeer onaangenaam aan*, berührt mich höchst unangenehm; *ouderwets —*, altertümlich anmuten; (*een haven*) *—*, anlaufen, (*v. vliegtuig*) anfliegen; *een herberg —*, in e.r Wirtschaft einkehren. ▾**—ing** (*gewaarwording*) Empfindung *w*; (*ontroering*) Rührung *w*; (*ziekte*) Erkrankung *w*; *— van vreugde*, Empfindung der Freude; *— van koorts*, Anfall *m* von Fieber. ▾**—lijk** rührend, ergreifend.
aandraaien (*schroef*) anziehen; (*licht*) einschalten, anknipsen; (*motor*) ankurbeln.
aandragen heran-, herbeitragen.
aandrang Andrang *m*; *met —*, nachdrücklich, dringend; *op —* (*van zijn broer*), auf das Drängen.
aandraven: *komen —*, herangetrabt kommen.
aandrift Antrieb *m.*
aandrijfas Antriebswelle *w.* ▾**aandrijv/en** antreiben; (*ijsschotsen komen*) *—*, herangetrieben; (*het lijk*) *is aangedreven*, ist angeschwemmt worden; *op zijn —*, auf seine Veranlassung, seinen Antrieb. ▾**—er** Antreiber *m.* ▾**—ing** Antreibung *w*; (*tech.*) Antrieb *m.*
aandringen (auf den Feind) andringen; (*'ga mee'*) *drong hij aan*, drängte er; (*er*) *bij iem.* (*op*) *—*, in e.n dringen; *op iets —*, auf etwas [4] dringen, drängen; *om hulp —*, dringend um Hilfe bitten, um H. anhalten; *op —* (*v. zijn vader*), auf das Drängen.
aandrukken an-, festdrücken; *z. tegen de muur —*, s. an die Wand drücken; *tegen z. —*, an s. drücken.
aanduiden andeuten; (*nauwkeuriger*) bezeichnen. ▾**aanduiding** Andeutung; Bezeichnung *w.*
aandurven: *'t niet —*, es nicht wagen, nicht den Mut dazu haben; *iem. —*, (es) wagen mit e.m anzufangen; *iets —*, s. an etwas [4] heranwagen, s. etwas zutrauen.
aandweilen aufwaschen.
aaneen zusammen, aneinander; (*zonder tussenruimten*) hintereinander, nacheinander; *jaren —*, Jahre hindurch. ▾**—binden** zusammen/binden. ▾**—geschakeld** aneinander/gereiht; (*v. reeks*) geschlossen; (*v. verhaal*) z.hängend; (*v. zinnen*) z.gestellt. ▾**—gesloten** geschlossen. ▾**—hechten** z.heften. ▾**—kleven** z.kleben, a.kleben. ▾**—knopen** z.knüpfen, a.knüpfen. ▾**—koeken** sich verbacken. ▾**—lassen** z.fügen; (*metaal*) z.schweißen; (*hout*) z.falzen. ▾**—rijgen** z.reihen, z.heften; (*v. kralen*) aufreihen. ▾**—schakelen** a.reihen, verketten. ▾**—schakeling** Aneinanderreihung, Verkettung *w*; (*reeks*) Reihe *w*; (*opeenvolging*) Reihenfolge *w*; (*gram.*) kopulative Verbindung. ▾**—schrijven** z.schreiben, in e.m Wort schreiben. ▾**—sluiten** z.schließen; *z. —*, s. z.schließen, s. z.tun, (*tot concern*) s. verflechten. ▾**—sluiting** Z.schluß *m*; *— van verscheidene firma's*, Z.schließung, Verflechtung *w* mehrerer Firmen. ▾**—solderen** z.löten. ▾**—zitten** verbunden sein.
aanfluiting Verhöhnung *w*; (*voorwerp v. spot*) Gegenstand *m* des Hohnes; *tot een —* (*worden*), zum Gespött.
aangaan angehen; (*v. school*) anfangen; (*schikking, verbintenis enz.*) eingehen; *ik heb een weddenschap aangegaan*, ich bin eine Wette eingegangen; *bij iem. —*, bei e.m vorsprechen; *op iem. —*, auf e.n zugehen; *dat gaat niet aan*, das geht nicht an; *een strijd —*, e.n Kampf beginnen; *wat hem aangaat*, was ihn angeht, betrifft, anbelangt; *dat gaat jou helemaal niets aan*, das geht dich gar nichts an. ▾**—de** in bezug auf [4], hinsichtlich [2], was ... betrifft.
aangalopperen: *komen —*, herangesprengt kommen.
aangapen (*nieuwsgierig*) angaffen; (*verbaasd*) anstaunen; (*v. afgrond*) angähnen.
aangebedene Angebetete(r) *m.*
aangebonden: *kort —*, kurz angebunden.
aangeboren angeboren; *— rechten*, angestammte Rechte.
aangedaan gerührt, bewegt; (*aangetast*) angegriffen.
aangeërfd angeerbt, angestammt.
aangeklaagde Angeklagte(r) *m.*
aangelande Anlieger, Anwohner *m.*
aangelegd (*bijv. muzikaal*) veranlagt.
aangelegen (*belendend*) angrenzend, anstoßend.
aangelegenheid Angelegenheit *w.*
aangenaam angenehm; (*v. stemming*) behaglich; (*v. stilte*) wohltuend; (*v. tijding*) erfreulich; *een — mens*, ein liebenswürdiger Mensch; *—* (*kennis te maken*), sehr angenehm, sehr erfreut Ihre Bekanntschaft zu machen; *— aandoen*, anheimeln. ▾**—heid** Annehmlichkeit, Behaglichkeit, Gefälligkeit *w.*
aangenomen angenommen; *— kind*, Adoptivkind *s*; *— werk*, Akkordarbeit *w*; *— dat*, vorausgesetzt, daß; *—!*, einverstanden!
aangeschoten angeschossen; (*dronken*) angeheitert.
aangeschreven: *goed — staan*, gut angeschrieben sein.
aan/gesloten angeschlossen; *de — verenigingen*, die angegliederten Vereine. ▾**—geslotene** (*v. organisatie*) Angehörige(r) *m*; (*tel.*) Teilnehmer *m.*
aangespen anschnallen.
aangestoken (*v. fruit*) angegangen, wurmstichig; (*v. tand*) schadhaft, faul.
aangetrouwd angeheiratet; (*v. vermogen enz.*) erheiratet; *—e broer, zuster*, Schwager *m*, Schwägerin *w*; *—e zoon, dochter*, Schwiegersohn *m*, -tochter *w.*
aangeven angeben; (*aanreiken*) (her-, herüber)reichen; (*bij burg. stand, als leerling enz.*) anmelden; (*bij douane*) verzollen, deklarieren; (*bij politie*) anzeigen; (*aanduiden, merken*) bezeichnen, markieren. ▾**aangever** Deklarant; Anzeiger; (*verklikker*) Angeber *m.*
aangewezen: *op iem. —* (*zijn*), auf e.n angewiesen; *de — persoon*, die geeignete, richtige Person.
aangezicht Angesicht, Gesicht, Antlitz *s.*
aangezien da, weil.
aangieren (*v. schip*) herangieren; (*huilend naderen*) heulend herankommen.
aangifte Angabe, Anmeldung, Anzeige, Deklaration, Verzollung *w*; *zie* **aangeven**; (*voor belasting*) Steuererklärung *w*; *— v. bagage*, Gepäckaufgabe *w*; *— doen*, angeben, anmelden, (*bij politie*) Anzeige machen. ▾**—biljet** Steuererklärungsvordruck *m.*
aangolven heranwogen.
aangorden angürten; *z. —*, s. rüsten.
aangrenzend angrenzend; (*v. kamer, ook*)

anstoßend.
aangrijnzen angrinsen.
aangrijp/en (*vastgrijpen; te baat nemen*) ergreifen; (*aanvallen; aantasten; aanraken*) angreifen; (*ontroeren*) rühren, ergreifen; (*een gelegenheid*) benutzen, ergreifen; (*v. koorts*) angreifen, mitnehmen; (*v. duizeling, huivering*) erfassen, befallen. ▾**—end** rührend, ergreifend. ▾**—ingspunt** Angriffspunkt *m.*
aangroei Anwuchs, Zuwachs *m;* (*toename*) Zunahme *w.* ▾**—en** anwachsen; (*toenemen*) zunehmen, wachsen, sich summieren.
aanhaken anhaken; (*wagon*) anhängen, ankoppeln; (*haakwerk*) anhäkeln.
aanhal/en (*naar z. toe trekken*) (her)anziehen; (*vaster*) —, anziehen, fester zuziehen; (*in beslag nemen*) beschlagnahmen; (*aanbrengen*) herbeiholen, -bringen; (*liefkozen*) liebkosen; (*lokken*) locken, ködern; (*schrijver*) anführen; (*vers*) zitieren; (*cijfer bij deling*) herunterholen; *ter aangehaalde plaatse,* am angeführten Orte (a.a.O.). ▾**—erig** zärtlich. ▾**—ig** schmeichlerisch; — *worden,* zärtlich werden. ▾**—igheid** schmeichlerische Art; Zärtlichkeit *w.* ▾**—ing** Anziehen *s;* Beschlagnahme; Anführung *w;* Zitat *s.* ▾**—ingsteken** Anführungszeichen, Gänsefüßchen *s.*
aanhang Anhang *m;* (*minachtend*) Sippschaft *w;* — *krijgen,* Anhänger gewinnen. ▾**—en** anhängen; *iem.* —, (*tot zijn partij behoren*) e.m anhängen, (*genegen zijn*) an e.m hängen. ▾**—er** Anhänger *m;* (*v. godsdienst*) Bekenner *m;* (*v. partij, ook*) Parteiler *m.* ▾**—ig** anhängig. ▾**—sel** Anhängsel *s;* Appendix *m;* (*v. boek*) Anhang *m;* (*bijvoegsel*) Zusatz *m;* (*toevoegsel*) Nachtrag *m.* ▾**—wagen** Anhängewagen, Anhänger *m.*
aanhankelijk anhänglich; (*v. dier*) treu. ▾**—heid** Anhänglichkeit; Treue *w.*
aanharken rechen.
aanhebben anhaben, tragen; *de kachel al* —, schon heizen.
aanhecht/en anheften, anfügen; (*bijvoegen*) beifügen. ▾**—ing** Anheftung, Anfügung; Beifügung *w.*
aanhef Anfang *m.*▾**—fen** (*lied*) anstimmen; (*v. redenaar*) anheben; (*geschreeuw*) erheben.
aanhijgen: *komen* —, keuchend herankommen.
aanhinken: *komen* —, herangehinkt kommen.
aanhitsen hetzen; (*een hond*) *tegen iem.* —, auf e.n h.
aanhollen: *komen* —, herangestürzt kommen.
aanhoren anhören; (e.m) zuhören; (*het is niet*) *om aan te horen,* zum A.; *het is hem aan te horen, dat hij een Fransman is,* man hört ihm den Franzosen an; *ten — van,* vor [3].
aanhoud/en anhalten; (*niet ophouden*) andauern, nicht aufhören; (*volhouden*) nicht ablassen, ausharren; (*in beslag nemen*) beschlagnahmen; (*een misdadiger*) stellen, (*tevens arresteren*) verhaften; (*beslissing*) aufschieben; (*kleren*) anbehalten; (*lamp*) brennen lassen; (*vriendschap*) aufrechterhalten; *op de kust* —, auf die Küste zuhalten; *noordwaarts* —, nach Norden steuern. ▾**—end** anhaltend, andauernd; (*onafgebroken*) unausgesetzt, kontinuierlich; (*telkens*) fortwährend. ▾**—er**: *de — wint,* Beharrlichkeit führt zum Ziel. ▾**—ing** (*arrestatie*) Verhaftung *w;* (*v. beslissing*) Aufschub *m;* (*v. goederen*) Beschlagnahme *w; bevel tot* —, Haftbefehl *m; signalement met verzoek tot* —, Steckbrief *m.*
aanhuppelen: *komen* —, herangehüpft kommen.
aanjag/en (*aan-, voortdrijven*) antreiben; *iem. vrees* —, e.m Furcht einjagen; *komen* —, herangesaust, -geeilt kommen. ▾**—er** Antreiber *m;* (*v. motor*) Verdichter, Kompressor *m;* (*v. brandspuit*) Zubringer *m.*
aankaarten (*onderwerp*) anschlagen.
aankap Holzung *w,* Holzhieb, H.schlag *m.*
aankijken ansehen, anblicken.
aan/klacht Anklage *w; een — indienen tegen iem.,* gegen e.n eine Klage erheben, einreichen. ▾**—klagen** anklagen, beschuldigen; *iem.* —, (*ook*) e.n verklagen. ▾**—klager** Ankläger *m;* (*bij gerecht*) Kläger; *openbare* —, Staatsanwalt *m.*
aanklampen: *iem.* —, e.n ansprechen; *iem. — om iets,* e.n angehen, ankeilen um etwas.
aankled/en ankleiden, anziehen; (*huis, toneelstuk*) ausstatten. ▾**—ing** Ankleidung; Ausstattung *w.*
aankleve: *met al de — van dien,* mit allem (was) drum und dran (hängt).
aankloppen anklopfen; *bij iem.* (*om iets*) —, (*ook*) s. an e.n wenden.
aanknippen anknipsen.
aanknop/en anknüpfen; *er een paar dagen* —, ein paar Tage hinzufügen. ▾**—ingspunt** Anknüpfungspunkt *m;* (*houvast*) Anhaltspunkt *m.*
aan/komen ankommen; *in een dorp* —, in e.m Dorfe a.; (*van verre, met moeite*) anlangen; (*op vastgestelde tijd en plaats*) eintreffen; (*naderen*) herankommen; (*iem. even bezoeken*) (bei e.m) vorsprechen; (*beginnen v. brand, ruzie*) entstehen; (*aanraken*) berühren; (*toenemen in gewicht*) an Gewicht zunehmen; *achter iem.* —, hinter e.m herkommen; *kom me daar niet mee aan!,* bleibe mir damit vom Leibe!; *op geld komt het niet aan,* Geld spielt keine Rolle; *nu komt het erop aan,* jetzt gilt's; *alles op iem. laten* —, e.n für alles aufkommen lassen; (*hij heeft*) *het zien* —, es kommen sehen; *hij zal je zien* —, bei ihm wirst du schön ankommen; *er is geen — aan,* es ist nicht zu bekommen. ▾**—komend** (*aanstaande*) nächst; *een — onderwijzer,* ein angehender Lehrer; — *meisje,* heranwachsendes Mädchen. ▾**—komst** Ankunft *w.*
aankondig/en ankündigen, anzeigen; (*rad.*) ansagen. ▾**—ing** Ankündigung, Anzeige *w;* (*rad.*) Ansage *w; tot nadere* —, bis auf weiteres.
aankoop Ankauf *m.* ▾**—som** Kaufsumme *w.* ▾**aankopen** (an)kaufen; (*inkopen*) einkaufen. ▾**aankoper** Käufer *m.*
aankrijgen (*kleren*) anbekommen; (*goederen*) hereinbekommen, empfangen.
aankruipen: *komen* —, herangekrochen kommen; *tegen iem.* —, s. an e.n anschmiegen.
aankruisen ankreuzen.
aankunnen: *iem., iets* —, e.m, e.r Sache gewachsen sein; (*v. kleren*) anziehen können; (*veel geld*) —, brauchen; *op iem.* —, s. auf e.n verlassen können.
aankweek Zucht *w.* ▾**aankweken** ziehen, züchten; (*deugden*) heranbilden.
aanlachen anlächeln, anlachen; (e.m) zulächeln; *dat lacht mij wel aan,* das sagt mir wohl zu.
aanland/en landen, anlangen; *goed aangeland zijn,* gut angekommen sein. ▾**—ig** (*v. wind*) auflandig.
aanlassen (*metaal*) anschweißen; (*hout*) einfalzen.
aanlaten (*kleren*) anbehalten; (*vuur*) brennen lassen; (*lamp*) nicht ausschalten.
aanleg Anlage *w;* (*v. brug, kanaal, spoorweg, weg*) Bau *m; — voor tekenen,* Veranlagung *w* zum Zeichnen; *een technische — hebben,*

technisch veranlagt sein; *hij heeft geen — voor onderwijzer*, er taugt nicht zum Lehrer; *— voor corpulentie*, Neigung *w* zur Korpulenz; *in — zijn*, im Bau begriffen sein; *in eerste —*, in erster Instanz. ▾**—gen** anlegen; (*brug, kanaal, spoorweg, weg*) bauen; *hoe zal ik dat —?*, wie soll ich das machen?; *met iem. —*, s. mit e.m einlassen; *het met iem. —* (*om te twisten*), mit e.m anbinden; *het met een meisje —*, mit e.m Mädchen anbändeln; *het erop —*, es darauf anlegen; *het zuinig —*, sparsam wirtschaften. ▾**—plaats** (*v. schepen*) Anlege-, Landungsplatz *m*; (*pleisterplaats*) Station *w*. ▾**—steiger** Landungsbrücke *w*.
aanleiding Veranlassung *w*, Anlaß *m*; *— geven tot iets*, V. geben zu etwas, etwas veranlassen; *naar — van*, aus A., (*deftig, hand.*) anläßlich [2]; *naar — van uw advertentie*, unter Bezugnahme auf, bezugnehmend auf Ihre Anzeige, auf Ihre A. hin.
aanleng/en verdünnen. ▾**—ing** Verdünnung *w*.
aanleren (*z. door leren eigen maken*) erlernen; (*z. eigen maken*) anlernen.
aanleunen: *tegen de deur —*, s. an die Tür (an)lehnen; *z. iets laten —*, s. etwas gefallen lassen.
aanligg/en bei Tische liegen. ▾**—end** anliegend, angrenzend, anstoßend.
aanlokkelijk anziehend, verlockend; (*de appels*) *zagen er — uit*, sahen einladend aus. ▾**—heid** Anziehungskraft *w*, Reiz *m*. ▾**aanlokken** (an)locken; (*aantrekken*) anziehen; (*prikkelen*) reizen.
aanloop Anlauf *m*; (*bezoek*) Besuch *m*; (*klandizie*) Zuspruch *m*. ▾**—haven** Anlaufhafen *m*. ▾**—kosten** Anlaufkosten *Mz*. ▾**—periode** Anlaufzeit *w*. ▾**aanlopen**: *komen —*, heran-, herbeigelaufen kommen; *bij iem. —*, bei e.m vorsprechen; (*duren*) dauern; (*een haven*) anlaufen; *achter iem. —*, hinter e.m hergehen, (*nalopen*) e.m nachlaufen; *op iem. —*, auf e.n zugehen; (*hond*) *komen —*, zugelaufen.
aanmaak Anfertigung, Herstellung *w*. ▾**—hout** Anheizholz *s*. ▾**aanmaken** anmachen; (*licht en vuur, ook*) anzünden; (*vervaardigen*) anfertigen, herstellen.
aanman/en ermahnen, auffordern; *tot betaling —*, zur Zahlung mahnen. ▾**—ing** (*vermaning, waarschuwing*) Ermahnung *w*; (*aansporing*) Aufforderung *w*; (*bijv. tot betaling*) Mahnung *w*; (*maanbriefje*) Mahnzettel *m*.
aanmarcheren (her)anmarschieren.
aanmatig/en *z. —*, s. anmaßen; *z. vrijheden —*, s. Freiheiten herausnehmen. ▾**—end** anmaßend; (*arrogant*) dünkelhaft; *zijn — optreden*, sein herausforderndes Auftreten. ▾**—ing** Anmaßung *w*.
aanmeld/en anmelden; *z. —*, s. melden. ▾**—ing** (An)Meldung *w*. ▾**—ingsbureau** Meldestelle *w*.
aanmengen (an)mischen, anrühren.
aanmeren festmachen, vertäuen.
aanmerk/elijk bedeutend, beträchtlich. ▾**—en** bemerken; (*beschouwen*) betrachten; *op alles iets aan te merken hebben*, an allem etwas auszusetzen haben. ▾**—ing** Bemerkung *w*; *in —* (*komen*), in Frage, in Betracht; *in — nemen*, in Betracht ziehen, berücksichtigen; *op alles —en hebben*, an allem etwas auszusetzen haben; *— maken op de verpakking*, die Verpackung beanstanden; *de omstandigheden in — genomen*, unter (mit) Berücksichtigung der Umstände.
aanmeten anmessen.
aanminnig lieblich, anmutig.
aanmoedig/en ermutigen, ermuntern. ▾**—ing** Ermutigung, Ermunterung *w*.
aanmonsteren anmustern, anheuern.
aanmunten (*geldstukken*) prägen; (*tot munt slaan*) ausmünzen.
aannaaien annähen.
aanneemsom Verdingungssumme *w*, Submissionspreis; Akkordpreis *m*.
▾**aannemelijk** annehmbar; (*geloofwaardig*) glaubhaft, glaubwürdig. ▾**—heid** Annehmbarkeit; Glaubwürdigkeit *w*.
▾**aannem/eling** Konfirmand *m*. ▾**—en** annehmen; (*in ontvangst nemen*) entgegennehmen; (*op z. nemen*) übernehmen; (*arbeiders*) a., einstellen; (*wissel*) akzeptieren; (*kerkelijk*) konfirmieren; *neem dat van me aan!*, glaube mir das!; *Ober —!*, Herr Ober! ▾**—er** Unternehmer; Bauunternehmer *m*. ▾**—ersbedrijf** Baufirma *w*, Bauunternehmen *s*. ▾**—ing** Annahme *w*; (*kerkelijk*) Konfirmation *w*; (*v. wissel*) Annahme, Akzeptierung *w*; *bij —*, im Akkord, (*inschrijving*) im Wege der Submission. ▾**—ingsbiljet** Lieferungsangebot *s*.
aanpak Vorgehen *s*, Angriff *m*. ▾**—ken** anpacken, anfassen, angreifen; (*iem. eens*) *goed —*, tüchtig vornehmen; (*de ziekte heeft me*) *erg aangepakt*, sehr angegriffen.
aanpappen: *met iem. —*, s. bei (mit) e.m anbiedern.
aanpass/en anpassen; (*kleren*) anprobieren; *z. aan de omstandigheden —*, s. den Verhältnissen anpassen. ▾**—ingsvermogen** Anpassungsvermögen *s*, -fähigkeit *w*.
aanplak/biljet Anschlag/zettel *m*; (*groot*) Plakat *s*. ▾**—bord** A.-, Anzeigebrett *s*. ▾**—ken** ankleben; (*bekendmaking*) anschlagen; *— verboden*, Zettel ankleben verboten. ▾**—king** Anschlag *m*. ▾**—zuil** A.-, Litfaßsäule *w*.
aanplant Anpflanzung *w*, Anbau *m*. ▾**—en** anpflanzen. ▾**—ing** Anpflanzung *w*; (*jong plantsoen*) Anlagen *Mz*.
aanporren antreiben.
aanpoten tüchtig arbeiten.
aanpraten: *iem. iets —*, e.m etwas aufreden, aufschwatzen.
aanprijzen anpreisen.
aanpunten (an)spitzen.
aanraden (an)raten; *op — van*, auf Anraten [2].
aanraken berühren, anrühren. ▾**aanraking** Berührung *w*; *in —* (*komen*), in B.; (*met de strafwet*) *in — komen*, in Konflikt geraten. ▾**—spunt** Berührungspunkt *m*.
aanrand/en angreifen, überfallen; (*iemands eer*) a., antasten; (*een meisje*) —, überfallen (und verunehren). ▾**—er** Angreifer *m*. ▾**—ing** Angriff, Überfall *m*; *een — van mijn eer*, ein A. auf meine Ehre.
aanrecht Aufwasch-, Spültisch *m*; Anrichte *w*. ▾**—en** anrichten.
aanreiken (her-, herüber-, dar-)reichen.
aanrekenen anrechnen; *iem. iets als een verdienste —*, e.m etwas als Verdienst a.
aanrennen: *komen —*, herangerannt kommen; *op iem. —*, auf e.n zurennen.
aanrichten anrichten.
aanrijd/en anfahren; *komen —*, herangefahren (*te paard*: herangeritten) kommen; *bij iem. —*, bei e.m vorfahren; *op iem. —*, auf e.n zufahren (zureiten); *tegen iem. —*, an e.n anfahren; (*sneller rijden*) schneller fahren (reiten); (*een kind*) —, anfahren; *hij reed een wagen aan*, er fuhr an e.n Wagen an, er stieß mit e.m W. zusammen, (*minder hevig*) er fuhr e.n W. an, er streifte e.n W. ▾**—ing** Zusammenstoß *m*.
aanrijgen aufreihen.
aanroeien: *komen —*, herangerudert kommen; (*sneller roeien*) schneller rudern; *tegen iets —*, gegen etwas anrudern.

aanroep/en anrufen. ▾**—ing** Anrufung *w.*
aanroeren an-, berühren; (*een kwestie*) berühren, (flüchtig) erwähnen.
aanrollen (her)anrollen.
aanrukken (her)anrücken; (*v. troepen*) heranmarschieren; (*een fles*) *laten —*, auffahren lassen.
aanschaffen anschaffen. ▾**aanschaffing** Anschaffung *w.*
aanschieten anschießen; *iem. —* (*aanspreken*), e.n ansprechen; *de kleren —*, in die Kleider fahren.
aanschijn Angesicht *s.*
aanschikken näher rücken; (*om te eten*) s. zu Tische setzen.
aanschouwelijk anschaulich; *— onderwijs*, Anschauungsunterricht *m.* ▾**—heid** Anschaulichkeit *w.* ▾**aanschouw/en** anschauen, ansehen, betrachten; *ten — van*, angesichts [2], vor [3]. ▾**—ing** Anschauen *s*, Anschauung, Betrachtung *w.*
aanschrappen anstreichen.
aanschrijv/en anschreiben; *iem. —*, e.m schreiben, e.m etwas schriftlich mitteilen, e.n schriftlich auffordern; *op — van*, auf schriftlichen Befehl. ▾**—ing** (amtliches) Schreiben, schriftliche Aufforderung, schriftlicher Befehl.
aanschroeven anschrauben; (*schroef*) anziehen.
aanschuiven heranschieben; (*stoel*) heranrücken; (*opschikken*) zusammenrücken.
aansjorren festzerren.
aansjouwen herbeischleppen.
aanslaan anschlagen; (*v. metalen*) anlaufen; (*v. motor*) anspringen; (*v. ruit*) beschlagen; *iem.* (*in de belasting*) *—*, e.n besteuern; *voor iem. —*, e.m salutieren, e.n grüßen; (*succes hebben*) Erfolg haben, Beifall finden. ▾**aanslag** Anschlag *m*; (*v. ketel*) Ansatz *m*; (*v. metalen*) Anflug *m*; (*op tong*) Belag *m*; (*het geweer*) *in de —* (*hebben*), im Anschlag; *een — plegen op*, ein Attentat verüben, e.n Anschlag machen auf [4]; *een — in de personele belasting*, eine Veranlagung zur Personalsteuer. ▾**—biljet** Steuerzettel *m.*
aanslenteren: *komen —*, herangeschlendert kommen.
aanslepen (her)an-, herbeischleppen.
aanslibben anschwemmen. ▾**aanslibbing** Anschwemmung *w.*
aansluipen: *komen —*, herangeschlichen kommen.
aansluiten anschließen; (*tel., ook*) verbinden; *z. bij iem. —*, s. e.m (an e.n) a.; *z. bij een mening —*, s. e.r Ansicht a.; *z. bij een vereniging —*, e.m Verein beitreten. ▾**aansluiting** Anschluß *m*; *verkeerde —*, (*tel.*) Fehlverbindung *w*; *— tussen lager en middelbaar onderwijs*, Verbindung zwischen Elementarunterricht und höherem Unterricht, *in — aan* (*bij*), im A. an [4].
aansmeren anschmieren.
aansnellen heran-, herbeieilen.
aansnijden anschneiden.
aansnorren: *komen —*, (*auto*) heransausen, (*pijl*) heranschwirren.
aanspannen anspannen.
aanspoelen anschwemmen.
aansporen anspornen, antreiben; *tot nadenken —*, zum Nachdenken anregen; *tot vlijt —*, zum Fleiß antreiben; (*iem.*) *tot werken —*, zur Arbeit anhalten, (*sterker*) anspornen, antreiben. ▾**aansporing** Anspornung *w*, Ansporn *m*, Anregung *w.*
aanspraak Anspruch *m*; (*hij heeft hier*) *weinig —*, wenig Umgang; *— hebben op*, A. haben auf [4]; *— maken op*, A. erheben auf [4], etwas beanspruchen.
aansprakelijk verantwortlich; (*wettelijk*) haftbar; *hoofdelijk —*, persönlich, solidarisch haftbar; *hoofdelijke aansprakelijkheid*, Solidarhaftung *w*; *iem. — stellen voor*, e.n verantwortlich, haftbar machen für. ▾**—heid** Verantwortlichkeit *w*; *vennootschap met beperkte —*, Gesellschaft mit beschränkter Haftung (G.m.b.H.); *wettelijke —*, Haftpflicht *w*; *verzekering tegen wettelijke —*, Haftpflichtversicherung *w.*
aanspreek/baar ansprechbar. ▾**—vorm** Anredeform *w.* ▾**aanspreken** ansprechen, anreden; (*beginnen te gebruiken*) angreifen; *de fles geducht —*, der Flasche fleißig zusprechen; *iem. in rechten —*, e.n gerichtlich belangen; *iem. met jij, u —*, e.n duzen, siezen; *iem. over iets —*, e.n über etwas zur Rede stellen.
aanspreker Leichenbitter *m.*
aanstaan (*bevallen*) gefallen; (*de deur*) *staat aan*, ist angelehnt. ▾**—de I** *bn* (*eerstvolgend*) nächst; (*op handen zijnde*) bevorstehend; (*toekomstig*) künftig; *— zondag*, nächsten Sonntag; *5 april a.s.*, 5. April dieses Jahres (d. J.); *2 januari a.s.*, 2. Januar kommenden Jahres (k. J.); *de — verkiezingen*, die bevorstehenden Wahlen; *de —* (*moeder*), die werdende; *— zijn*, bevorstehen. **II** *zn* Bräutigam, Verlobte(r) *m*; Braut, Verlobte *w.*
aanstalten: *— maken voor* (*tot*), Anstalten machen zu, Vorbereitungen treffen zu; *— maken om*, s. anschicken.
aanstampen anstampfen.
aanstappen: *een beetje —*, etwas schneller gehen; *flink —*, tüchtig zuschreiten; *op iem. —*, auf e.n zuschreiten; *komen —*, herangeschritten kommen.
aanstaren anstarren; (*dom*) anglotzen; (*verwonderd*) anstaunen; (*wezenloos, angstig*) anstieren.
aanstek/elijk ansteckend. ▾**—en** anstecken; (*bevestigen, ook*) befestigen; (*aan 't branden brengen*) anstecken, anzünden; (*vat*) anstechen; (*pijp, sigaar*) anzünden, anbrennen; (*lucifer*) anstreichen. ▾**—er** Feuerzeug *s.* ▾**—ing** (*besmetting*) Ansteckung *w.*
aanstell/en anstellen; (*benoemen, ook*) ernennen; (*in ambt of waardigheid*) einsetzen; *z. —*, (*nuffig doen*) s. zieren, (*gewichtig doen*) wichtig tun; *z. — als*, s. gebärden wie; *z. belachelijk —*, s. lächerlich benehmen; *stel je niet zo aan!*, stell dich nicht so an! ▾**—er** Wichtigtuer *m*; (*nuf*) Zieraffe *m.* ▾**—erig** geziert, affektiert; (*gewichtigdoend*) wichtigtuerisch. ▾**—erij** Geziertheit, Ziererei; Wichtigtuerei *w*; (*gehuichel*) Anstellerei *w.* ▾**—ing** Anstellung, Ernennung, Einsetzung *w*; (*akte v. benoeming*) Ernennungsbrief *m*, Anstellungsurkunde *w.*
aansterken s. erholen, wieder zu Kräften kommen.
aanstevenen: *op de haven —*, dem Hafen zusteuern; *op iem. —*, auf e.n zusteuern.
aansticht/en anstiften. ▾**—er** Anstifter *m.* ▾**—ing** Anstiftung *w.*
aanstippen (*met een stip aanmerken*) s. [3] anstreichen, s. [3] anmerken; (*terloops vermelden*) erwähnen, berühren; (*wonde*) antupfen.
aanstok/en schüren, anfachen; (*opruien*) aufwiegeln. ▾**—er** Anstifter; Aufwiegler *m.*
aanstonds (so)gleich, sofort.
aanstoot Anstoß *m*, Ärgernis *s*; *— geven*, A. erregen; *iem. — geven*, e.m A. geben.
aanstormen (her)anstürmen; *op de vijand —*, auf den Feind losstürmen.
aan/stotelijk anstößig. ▾**—stoten** anstoßen.

aanstrepen anstreichen.
aanstrijken anstreichen.
aanstromen herbeiströmen.
aanstrompelen heranstolpern.
aanstuiven (*zand*) anwehen; *komen* — herangestürzt, (*v. ruiters*) herangesprengt kommen.
aansturen ansteuern; *op de haven* —, dem (auf den) Hafen zusteuern, e.n H. ansteuern; *'t erop* —, darauf hinwirken, es darauf anlegen; (*iem.*) *bij iem.* —, zu e.m schicken.
aantal Anzahl, Zahl, Menge *w*; *een — kinderen*, eine A. Kinder, von Kindern; *het — kinderen*, die Z. der Kinder, die Kinderzahl; *na een — jaren*, nach e.r Reihe von Jahren; *gering in* —, wenig an der Z.; *in — overtreffen*, zahlenmäßig überlegen sein; *—len noemen*, Zahlenangaben machen.
aantast/en angreifen; (*door een ziekte*) *aangetast* (*worden*), befallen, ergriffen; (*de koorts heeft zijn krachten*) *erg aangetast*, stark mitgenommen. ▾**—ing** Angreifen *s*, Angriff *m*.
aanteken/boekje Notizbuch *s*. ▾**—en** (*optekenen*) aufzeichnen, notieren, vermerken; (*inschrijven, registreren*) eintragen; (*bij de post*) einschreiben; (*met een teken merken*) s. [3] anmerken; (*ondertrouw*) das Aufgebot bestellen, (*op stadhuis, ook*) s. einschreiben lassen; *per aangetekende brief*, durch Einschreibebrief. ▾**—ing** Aufzeichnung, Notiz *w*; (*meer officieel*) Vermerk *m*; (*verklaring, toelichting*) Notiz, Anmerkung, Erläuterung *w*; (*bij post*) Einschreibung *w*; (*de leerling krijgt*) *een goede* —, eine gute Note; *— houden van*, s. notieren; *van —en voorzien*, erläutert, mit erläuternden Notizen. ▾**—kosten** Einschreibegebühren *Mz*.
aantijging Beschuldigung *w*.
aantikken (leise) anklopfen; (*sp.*) anschlagen; (*oplopen*) auflaufen, steigen.
aantocht Anzug *m*; (*opmars*) Anmarsch *m*; *in — zijn*, im Anzug, (*v. leger, ook*) im Anmarsch sein.
aantonen (*doen zien*) zeigen; (*bewijzen*) beweisen, nachweisen; (*duidelijk maken, uiteenzetten*) dartun, darlegen, beweisen; *iets met een voorbeeld* —, etwas an e.m (durch ein) Beispiel z., darlegen; *—de wijs*, Indikativ *m*. ▾**aantoonbaar** nachweislich.
aantrappen (*vasttrappen*) an-, festtreten; (*motor*) antreten; (*v. fietser*) schneller fahren.
aantreden antreten.
aantreffen finden, antreffen.
aantrekk/elijk anziehend, reizend; (*aanlokkelijk*) einladend. ▾**—elijkheid** Reiz *m*. ▾**—en** anziehen; (*v. prijzen enz.*) steigen, sich erhöhen; *achter z.* —, nach s. ziehen; *z. aangetrokken voelen tot iem.*, s. an-, hingezogen fühlen zu e.m; *z. iets* —, s. etwas zu Herzen nehmen; (*hij behoeft*) *z. dit niet aan te trekken*, dies nicht auf s. zu beziehen; *z. 't lot v.e. kind* —, s. e.s Kindes annehmen; *z. er niets van* —, s. nicht darum kümmern, s. nichts daraus machen. ▾**—ing** Anziehung *w*. ▾**—ingskracht** Anziehungskraft *w*.
aanvaard/baar akzeptabel. ▾**—en** (*ambt, erfenis, regering, reis*) antreten; (*bevel, bestuur, taak*) übernehmen; (*z. erin schikken*) hinnehmen; (*accepteren*) annehmen, akzeptieren; (*in bezit nemen*) in Besitz nehmen; (*in ontvangst nemen*) entgegennehmen; (*het huis is 1 aug.*) *te* —, zu beziehen; *aanstonds te* —, zum sofortigen Antritt, für sofort. ▾**—ing** Antritt *m*, Über-, An-, Hin-, Besitznahme *w*.
aanvaart: *aan- en afvaart*, Ankunft *w* und Abfahrt *w*.
aanval Angriff *m*; (*v. koorts, woede*) Anfall *m*; — *van koorts, woede*, Anfall von Fieber, Wut, ein Fieber-, Wutanfall; — *van duizeligheid, zwaarmoedigheid*, Anfall von Schwindel, Schwermut; — *van pijn*, Schmerzensanfall. ▾**—len** angreifen; (*plotseling, hartstochtelijk en van dieren*) anfallen; *op iem.* (*iets*) —, über e.n (etwas) herfallen; *op de buit* —, s. über die Beute hermachen. ▾**—lend** angreifend; —(*erwijs*) *te werk gaan*, angriffsweise verfahren. ▾**—ler** Angreifer; (*sp.*) Angriffsspieler, Stürmer *m*.
aanvallig anmutig, hold, lieblich, reizend; *—e leeftijd*, zartes Alter. ▾**—heid** Anmut, Lieblichkeit *w*, Liebreiz *m*.
aanvals/front Angriffs/front *w*. ▾**—kracht** offensive Kraft, Schlagkraft *w*. ▾**—oorlog** A.krieg *m*.
aanvang Anfang, Beginn *m*; *zie* **begin**. ▾**—en** anfangen, beginnen. ▾**—sonderwijs** Anfangs/unterricht *m*. ▾**—ssalaris** A.gehalt *s*. ▾**aanvankelijk I** *bw* anfangs, anfänglich. **II** *bn* anfänglich.
aan/varen anfahren; (*bijv. grind*) an-, herbeifahren; *op iem.* —, auf e.n zufahren; *een haven* —, e.n Hafen anlaufen; *komen* —, herangefahren kommen; *een schip* —, mit e.m Schiff zusammenstoßen; *aangevaren worden*, angerannt werden. ▾**—varing** Zusammenstoß *m*, Kollision *w*; *in — komen*, zusammenstoßen, kollidieren.
aanvatten anfassen.
aanvecht/baar anfechtbar. ▾**—en** anfechten. ▾**—ing** Anfechtung *w*; (*bekoring*) Versuchung *w*.
aanvegen (aus)fegen, (-)kehren.
aanverwant I *bn* (an)verwandt; (*talen enz.*) verwandt; (*bijbehorend*) zugehörig; — *studievak*, Nachbarsdisziplin *w*. **II** *zn* Verwandte(r) *m* & *w*. ▾**—schap** Verwandtschaft *w*.
aanvlieg/en anfliegen; *komen* —, heranfliegen, herangeflogen kommen; *op iem.* —, auf e.n zufliegen, (*toestormen*) zustürzen; *op een stad* —, e.r Stadt zufliegen; *iem.* —, auf e.n losstürzen; *bij mij is een duif komen* —, mir ist eine Taube zugeflogen. ▾**—route** Einflugschneise *w*.
aanvlijen: *z. tegen iem.* —, s. an e.n anschmiegen.
aanvoegen an-, hinzufügen; *—de wijs*, Konjunktiv *m*.
aanvoelen anfühlen; (*psych.*) fühlen; (*deze stof*) *voelt zacht aan*, fühlt s. weich an; (*'n gedicht*) —, nachempfinden; *hij voelt deze muziek niet aan*, er fühlt s. in diese Musik nicht ein; *hij voelt heel fijn aan*, er fühlt sehr fein.
aanvoer Zufuhr *w*. ▾**—buis** Zuleitungsrohr *s*. ▾**—der** Anführer; Führer *m*; (*raddraaier*) Rädelsführer; (*sp.*) Mannschaftsführer. ▾**—en** anführen; (*leger, ook*) befehligen; (*bewijzen, getuigen*) beibringen; (*argumenten*) vorbringen; (*hout, stenen*) herbeifahren, -schaffen; (*levensmiddelen enz.*) zuführen; *als bewijs* —, zum Beweise a. ▾**—ing** Führung *w*; (*aanvoer*) Zufuhr *w*. ▾**—leiding** Zuleitungsstrang *m*.
aanvraag, aanvrage Anfrage *w*; (*verzoek*) Bitte *w*; (*bij overheid*) Gesuch *s*; (*deftig*) Ansuchen *s*; (*om vergunning enz.*) Antrag *m*; — *doen om*, bitten um, (*officieel*) nachsuchen um; *op* —, auf Wunsch, Verlangen. ▾**aanvraagformulier** Anfrageformular *s*; (*voor vergunning enz.*) Antragsformular *s*. ▾**aanvragen** bitten um; (*officieel*) nachsuchen um; (*telefoongesprek*) anmelden; (*bestellen*) bestellen; (*vergunning*) beantragen; *bij iem.* —, (*informeren*) bei e.m anfragen.
aanvreten anfressen.

aanvull/en (*completeren*) ergänzen, vervollständigen; (*tot boven vol maken, bijv. fles, zak*) anfüllen; (*leemten, openingen, pauzen*) ausfüllen; (*bijvullen*) nachfüllen; *elkaar* —, s. gegenseitig e. ▾**—end**: —*e opleiding*, ergänzende Ausbildung; —*e overeenkomst*, Zusatzabkommen *s*; —*e verzekering*, Zusatzversicherung *w*; *zie ook* **—ings**... ▾**—ing** Ergänzung, Ausfüllung *w*; (*bijvoegsel*) Nachtrag *m*. ▾**—ingsbegroting** Ergänzungs/haushalt, Nachtragsetat *m*. ▾**—ingsexamen** E.prüfung *w*. ▾**—ingstroepen** Ersatztruppen *Mz*.

aanvuren anfeuern. ▾**aanvuring** Anfeuerung *w*.

aanwaaien anwehen; *komen* —, herangeweht kommen; *die kennis zal je niet* —, diese Kenntnisse werden dir nicht anfliegen; (*hij is hier*) *komen* —, hereingeschneit.

aanwakkeren (*iem. tot iets*) antreiben, ermuntern; (*vuur, hartstochten, moed*) anfachen; (*haat, hartstochten, woede*) schüren; (*de wind*) *is aangewakkerd*, hat zugenommen.

aanwandelen: *komen* —, heranspaziert kommen.

aanwas Zuwachs, Anwuchs *m*, Zunahme *w*; (*aanslibbing*) Anschwemmung *w*, Anwachs, Zuwachs *m*. ▾**—sen** anwachsen; (*toenemen*) wachsen, zunehmen, größer werden.

aanwend/en anwenden; (*benutten*) benutzen, verwenden; (*invloed*) aufwenden, verwenden, geltend machen; (*pogingen*) machen; *al z'n krachten* —, alle Kräfte aufbieten. ▾**—ing** Anwendung, Benutzung, Verwendung *w*; *met — van al z'n krachten*, mit Aufbietung aller Kräfte.

aanwen/nen angewöhnen. ▾**—sel** Gewohnheit, (*tik*) (*fam.*) Macke *w*.

aanwerv/en (an)werben. ▾**—ing** Werbung *w*.

aanwezig anwesend; (*tegenwoordig*) zugegen; (*voorradig*) vorhanden; *de in de lucht —e zuurstof*, der in der Luft befindliche Sauerstoff; *er zijn termen* —, es liegen Gründe vor. ▾**—heid** Anwesenheit, Gegenwart *w*.

aan/wijsbaar nachweisbar. ▾**—wijzen** anweisen, (an)zeigen; (*bogen op*) aufweisen; (*de klok*) *wijst de tijd aan*, zeigt die Zeit an; *tot erfgenaam* —, zum Erben bestimmen; (*dit is*) *het aangewezen middel daarvoor*, das geeignete Mittel dazu. ▾**—wijzend**: — *voornaamwoord*, hinweisendes Fürwort. ▾**—wijzing** Anweisung *w*; (*vingerwijzing*) Fingerzeig *m*.

aanwinnen (*land*) gewinnen; (*leden*) werben. ▾**aanwinst** Gewinn *m*; (*nieuwe*) —, Neuerwerbung *w*; (*vooral aan geestelijk bezit*) Errungenschaft *w*.

aanwippen: *bij iem.* —, (im Vorübergehen) bei e.m vorsprechen.

aanwrijven: (*iem. iets*) —, andichten; *iem. allerlei lelijks* —, e.m allerhand anhängen.

aanzegg/en ansagen, ankündigen, anmelden; *iem. de wacht* —, e.n (ver)warnen, e.m den Standpunkt klarmachen. ▾**—er** Ansager *m*; (*bij sterfgeval*) Leichenbitter *m*. ▾**—ing** Ansage, Anzeige *w*.

aanzeilen: *tegen iets* —, an etwas ansegeln; *tegen elkaar* —, s. ansegeln; *komen* —, herangesegelt kommen; *op de vuurtoren* —, auf den Leuchtturm zusegeln.

aanzet/riem Abziehriemen *m*. ▾**—steen** Wetzstein *m*. ▾**—stuk** Ansatzstück *s*; (*v. muziekinstrument, spraakorgaan*) Ansatzrohr *s*. ▾**—ten** ansetzen; (*aansporen*) anhalten, (*sterker*) antreiben; (*deur*) anlehnen; (*lippen, wenkbrauwen*) nachziehen; (*mes*) schärfen, wetzen; (*machine*) anlassen; (*radio*) anstellen, einschalten; (*scheermes*) abziehen; (*schroef*) anziehen; *komen* —, herangelaufen kommen; *met iets komen* —, mit etwas kommen; *steeds met hetzelfde komen* —, immer dasselbe auftischen; *de ketel zet aan*, es setzt s. Kesselstein am Kessel ab.

aanzien I *ww* ansehen, betrachten; (*iets is mooi*) *om aan te zien*, anzusehen; (*het is niet*) *om aan te zien*, zum Ansehen; *ik zal het nog een tijdje* —, ich will es mir noch eine Weile überlegen, ansehen; *het laat zich —, dat*, es hat das Ansehen, daß; *het laat zich niet mooi* —, es sieht nicht schön aus; *naar het zich laat* —, allem Anschein nach, voraussichtlich; *men kan het hem* —, man sieht es ihm an; *iem. op iets* —, e.n wegen e.r Sache im Verdacht haben; *iem. er minder om* —, e.n deswegen geringer schätzen; — *doet gedenken*, der Anblick frischt die Erinnerung auf; *zonder — des persoons*, ohne Ansehen der Person. **II** *zn* Ansehen *s*; *in hoog — zijn*, in hohem A. stehen; *een man van* —, ein angesehener Mann; (*de zaak heeft*) *een ander — gekregen*, ein anderes A. gewonnen; *ten — van*, in Hinsicht auf [4], hinsichtlich [2]; *te dien* —, in dieser Hinsicht. ▾**—lijk** (*voornaam, deftig*) angesehen, vornehm; (*belangrijk, groot*) ansehnlich, bedeutend, beträchtlich, namhaft.

aanzijn Dasein, Leben *s*; (*tegenwoordigheid*) Gegenwart *w*.

aanzitten bei Tische sitzen; *gaan* —, s. zu Tische setzen; *zit u mee aan?*, essen Sie mit?; *achter iem.* —, hinter e.m her sein; *overal* —, nichts unberührt lassen; *het zit er niet aan*, das kann ich mir nicht leisten.

aanzoek Ansuchen *s*; (*huwelijk*) Antrag *m*; *een — doen bij een meisje*, e.m Mädchen e.n A. machen, um ein Mädchen anhalten. ▾**—en** ersuchen, bitten; (*bij bestuur, overheid*) nachsuchen; *hij is daarvoor aangezocht*, dazu hat man s. an ihn gewandt.

aanzuiver/en ausgleichen, begleichen, abtragen. ▾**—ing** Ausgleichung, Abtragung *w*.

aanzwellen anschwellen.

aanzwemmen: *komen* —, herangeschwommen kommen.

aanzwengelen (*ook fig.*) ankurbeln.

aap Affe *m*; —, *wat heb je mooie jongen spelen*, des Herrn wegen dem Hunde schmeicheln; *daar komt de — uit de mouw*, da kommt der Fuchs zum Loch heraus; *in de — gelogeerd zijn*, in des Teufels Küche geraten sein; (*z.*) *een* — (*lachen*), e.n Ast. ▾**—achtig** affenartig, äffisch. ▾**—je** Äffchen *s*; (*rijtuig*) Droschke *w*.

aar Ähre *w*.

aard Art, Natur, Beschaffenheit *w*; (*karakter, temperament*) Charakter *m*, Gemütsart *w*, Naturell *s*; (*dat ligt niet*) *in zijn* —, in seiner A.; *dat ligt nu eenmaal in zijn* —, das ist so seine A.; (*het ligt*) *in de — der zaak*, in der Natur der Sache; *uit de — der zaak*, naturgemäß, selbstverständlich; *anders van* —, andersgeartet; *van allerlei* —, allerhand; *goedig van* —, gutmütig von Natur; *driftig, vrolijk van — zijn*, ein hitziges, heiteres Temperament haben; *iets van voorbijgaande* —, etwas Vorübergehendes; (*werken,*) *dat het een — heeft*, daß es so eine A. hat; *hij heeft een aardje naar zijn vaartje*, A. läßt nicht von A., (*niet ongunstig*) er artet seinem Vater nach.

aardappel Kartoffel *w*; *gekookte —en*, Salzkartoffeln. ▾**—kuil** K.miete *w*. ▾**—loof** K.kraut *s*. ▾**—moeheid** K.müdigkeit *w*. ▾**—puree** K.püree *w*. ▾**—rooimachine** K.roder *m*. ▾**—schilmachine** K.schälmaschine *w*. ▾**—schilmesje**

K.schäler *m.*
aard/as Erd/achse *w.* ▾**—bei** E.beere *w.* ▾**—beienjam** E.beermarmelade *w.* ▾**—beving** E.beben *s.* ▾**—bodem** E.boden *m.* ▾**—bol** E.kugel *w.* ▾**aarde** Erde *w*; (*grond, ook*) Boden *m*; *boven — staan*, über der E. stehen; *in goede — vallen*, auf guten B. fallen; *op —*, auf Erden; *ter — bestellen*, beerdigen, bestatten. ▾**aarden I** *ww* **1** (*met de aarde verbinden*) erden; **2** (*de kinderen*) *— naar hun ouders*, schlagen (arten) den Eltern nach; (*die planten*) *—* (*hier niet*), gedeihen; (*hij kan hier niet*) *—*, heimisch werden. **II** *bn* irden; *— pot*, irdener Topf; *— pijp*, Tonpfeife *w*; *— wal*, Erdwall *m.*
aardewerk irdenes Geschirr, Tonware *w*, Steingut *s*; (*fijn*) Fayence *w*; *Delfts —*, Delfter Fayence. ▾**—winkel** Steingut-, Tonwarengeschäft *s.*
aard/gas Erd/gas *s*; *vloeibaar —*, flüssiges E.gas; *synthetisch —*, synthetisches E.gas. ▾**—geest** E.geist *m.*
aardig hübsch; (*gedienstig, vriendelijk*) nett; (*klein, fijn, elegant*) niedlich; (*lief*) lieb, liebenswürdig; (*bekoorlijk*) reizend; (*joviaal*) fidel; (*geestig*) witzig, gescheit; (*grappig*) komisch, spaßig; (*vrij groot*) hübsch; (*erg, in vrij hoge mate*) hübsch, empfindlich, ziemlich; (*eigenaardig*) sonderbar; (*iron.*: *onaangenaam*) nett; (*hij was*) *erg — voor me*, sehr nett zu mir; *het —e v.d. zaak*, das Komische bei der Sache; *het —e is er af*, es hat seinen Reiz verloren. ▾**—heid** (*grap*) Scherz, Spaß *m*; (*geestigheid*) Witz *m*; (*klein geschenk*) Kleinigkeit *w*; *voor de —*, zum Spaß, zum (im) Scherz; *de — is eraf*, es hat den Reiz verloren.
aard/klomp, —klont, —kluit Erd/kloß *m*, E.scholle *w.* ▾**—korst** E.kruste *w.* ▾**—kunde** E.geschichte, Geologie *w.* ▾**—laag** E.schicht *w.* ▾**—leiding** E.leitung *w.* ▾**—noot** E.nuß *w.* ▾**—olie** E.öl *s.* ▾**—oppervlakte** E.oberfläche *w.* ▾**—rijk** E.reich *s.* ▾**—rijkskunde** E.kunde, Geographie *w.* ▾**—rijkskundig** geographisch. ▾**—rijkskundige** Geograph *m.* ▾**aards** irdisch, weltlich. ▾**aard/satelliet** E.satellit *m.* ▾**—schok** E.stoß *m.* ▾**—storting** E.sturz *m.* ▾**—varken** E.ferkel *s.* ▾**—verschuiving** E.rutsch *m.* ▾**—warmte** E.wärme *w.* ▾**—worm** E.wurm *m.*
aars After, Arsch *m.* ▾**—vin** Afterflosse *w.*
aarts/bedrieger Erz/betrüger *m.* ▾**—bisdom** E.bistum *s.* ▾**—bisschop** E.bischof *m.* ▾**—bisschoppelijk** e.bischöflich. ▾**—broederschap** E.bruderschaft *w.* ▾**—deugniet** E.spitzbube *m.* ▾**—diaken** Archidiakonus, E.dechant *m.* ▾**—dom** e.dumm. ▾**—engel** E.engel *m.* ▾**—hertog** E.herzog *m.* ▾**—leugenaar** E.lügner *m.* ▾**—lui** e.faul. ▾**—priester** E.priester *m.* ▾**—vader** E.vater *m.* ▾**—vaderlijk** e.väterlich. ▾**—vijand** E.feind *m.*
aarzel/en (*dralen*) zögern; (*uit vrees of besluiteloosheid*) zaudern, Bedenken tragen, Anstand nehmen; *zonder —*, ohne Zögern, Zaudern, Bedenken. ▾**—ing** Zögern *s*; (*weifeling*) Zaudern *s*; (*besluiteloosheid*) Unentschlossenheit *w.*
aas 1 (*lokspijs*) Köder *m*; (*kreng*) Aas *s*; (*prooi*) Beute *w*; *aan het — bijten*, anbeißen; **2** (*in kaartspel*) As *s.* ▾**—gier** Aas/geier *m.* ▾**—vlieg** A.fliege *w.*
abactis Schriftführer *m.*
abattoir Schlachthof *m.*
abc Abc *s.* ▾**abc-boek** Abc-Buch *s*, Fibel *w.* ▾**abc-wapens** ABC-Waffen *Mz.*
abces Abszeß *m.*
abdicatie Abdikation *w.* ▾**abdiceren** abdizieren.
abdij Abtei *w.* ▾**abdis** Äbtissin *w.*
abeel Silberpappel *w.*
aberratie Aberration *w.*
Abessinië Abessinien *s.*
ablatief Ablativ(us) *m.*
abnorm(aal) abnorm. ▾**abnorm(al)iteit** Abnormität *w.*
abolitie Abolition *w.*
abominabel abscheulich.
abonn/ee Abonnent, (*krant, ook*) Bezieher, (*tel., ook*) Teilnehmer *m.* ▾**—ement** Abonnement *s*; *bij —*, im A.; *— op een krant*, A. auf eine Zeitung, Zeitungsbezug *m*; *— op de trein*, Eisenbahnabonnement *s*, Zeitkarte *w*; (*v. schouwburg*) Platzmiete *w.* ▾**—ementsprijs** A.(s)preis *m*; (*krant*) Bezugspreis *m.* ▾**—ementsvoorstelling** A.(s)vorstellung *w.* ▾**—eren**: *z. — op een tijdschrift*, auf eine Zeitschrift abonnieren.
abort/eren abortieren. ▾**—us** Abort(us) *m.* ▾**—uskliniek** Abtreibungsklinik *w.*
abracadabra Abrakadabra *s.*
Abraham Abraham *m*; (*weten*) *waar — de mosterd haalt*, wo Bartel den Most holt.
abri Abri m.
abrikoos Aprikose *w*; (*boom*) Aprikosenbaum *m.*
abrogatie (*jur.*) Abrogation *w.*
abrupt abrupt.
absence (*med.*) Absence *w*, geistige Abwesenheit. ▾**absent** absent, abwesend. ▾**—eïsme** Absentismus *m.* ▾**—eren**: *z. —*, s. absentieren, s. entfernen. ▾**—ie** Absenz, Abwesenheit; Versäumnis *w.* ▾**—ielijst** Absenz-, Versäumnisliste *w.*
absint Absinth *m.*
absol/utie Absolution, Lossprechung *w*; *— geven*, A. erteilen, lossprechen. ▾**—utisme** Absolutismus *m.* ▾**—uut** absolut; (*onvoorwaardelijk*) unbedingt; (*als bw, ook*) durchaus.
absolveren absolvieren.
absorberen absorbieren. ▾**absorptie** Absorption *w.* ▾**—vermogen** A.svermögen *s.*
absoute Einsegnung *w.*
abstinentie Abstinenz, Enthaltsamkeit *w.*
abstract abstrakt. ▾**—ie** Abstraktion *w.* ▾**abstraheren** abstrahieren.
absurd absurd. ▾**—iteit** Absurdität *w.*
abt Abt *m.*
abuis Versehen *s*, Irrtum *m*; *per —*, aus V., versehentlich; *— hebben*, s. irren. ▾**abusievelijk** aus V., versehentlich.
acacia Akazie *w.*
academ/icus Akademiker *m.* ▾**—ie** Akademie *w*; (*hogeschool*) Hochschule *w*; (*universiteit*) Universität *w*; *militaire —*, Militärakademie; *— voor beeldende kunsten*, A. der bildenden Künste; *— voor lichamelijke oefening*, A. für Leibesübungen; *— voor schone kunsten*, Kunstakademie. ▾**—isch** akademisch; *— ziekenhuis*, Universitätsklinik *w.*
acceler/atie Beschleunigung, Akzeleration *w.* ▾**—eren** akzelerieren.
accent Akzent *m.* ▾**—uatie** A.uation, Betonung *w.* ▾**—ueren** a.uieren, betonen.
accept Akzept *s.* ▾**—abel** a.abel. ▾**—ant** A.ant *m.* ▾**—atie**: *ter — aanbieden*, zum A., zur Annahme vorzeigen. ▾**—eren** akzeptieren, annehmen. ▾**—girokaart** Zahlkarte *w*, Postüberweisungsformular *s.*
acces Akzeß, Zugang *m*, Zulassung *w.* ▾**—soir** akzessorisch. ▾**—soires** Zubehör *s.*
accident Akzidens *s.* ▾**—eel** akzidentell.

accijns Akzise *w*; *vrij van* —, akzisfrei, steuerfrei; — *op tabak*, Abgaben *Mz* auf Tabak. ▾—**kantoor** Akzisamt *s*, Hebestelle *w*.
acclamatie Akklamation *w*; *bij* —, durch Zuruf.
acclimatiseren akklimatisieren.
accolade Akkolade *w*.
accommodatie Akkommodation, Anpassung *w*; (*v. hotel, schip*) Komfort *m*. ▾**accommoderen** akkommodieren.
accompagneren akkompagnieren, begleiten.
accordeon Akkordeon *s*.
accorderen akkordieren, e.n Vergleich eingehen; (*met elkaar overweg kunnen*) s. vertragen.
accountancy Bücher/revision *w*; Rechnungswesen *s*. ▾**accountant** B.revisor *m*. ▾—**scontrole** B.revision *w*. ▾—**srapport** Prüfungsbericht *m*.
accrediteren akkreditieren.
accres Zuwachs *m*.
accu Akku *m*. ▾—**lader** Ladegerät *s*. ▾—**mulatie** A.mulation, Häufung *w*. ▾—**mulator** A.mulator *m*. ▾—**muleren** a.mulieren.
accuraat akkurat, genau, pünktlich. ▾**accuratesse** Akkuratesse, Genauigkeit, Pünktlichkeit *w*.
accusatief Akkusativ, Wenfall *m*.
acet/aat Azetat *s*. ▾—**on** Azeton *s*. ▾—**yleen** Azetylen *s*.
ach ach.
à charge: *getuige* —, Belastungszeuge *m*.
achilles/hiel Achillesferse *w*. ▾—**pees** Achillessehne *w*.
acht I *telw*. acht; *zie* **vier(-)**. **II** *zn* **1** (*cijfer*) Acht *w*; (*boot en schaatsfiguur*) Achter *m*; **2** *geef* —*!*, Achtung!; *geeft* —*!*, stillgestanden; — *geven, slaan op*, achtgeben auf [4], achten auf [4], beachten; *geen* — *slaan op*, außer acht lassen, nicht berücksichtigen, nicht beachten; *in* — *nemen*, (*in aanmerking*) beachten, in Betracht ziehen, (*nakomen*) beobachten; *z. in* — *nemen*, s. in acht nehmen, (*z. ontzien*) s. schonen; *z. in* — *nemen voor*, s. hüten vor [3].
acht- *zie ook* **vier-**. ▾—**baan** Achterbahn *w*.
achtbaar achtbar, ehrenwert.
achteloos unachtsam, nachlässig; (*zonder op te letten*) achtlos. ▾—**heid** Unachtsamkeit, Nachlässigkeit; Achtlosigkeit *w*.
achten achten, schätzen; (*houden voor*) halten für; (*menen*) glauben, meinen; (*acht geven op*) achten auf [4]; *z. gelukkig* —, s. glücklich schätzen; *iem. tot iets in staat* —, e.m etwas zutrauen; (*de tijd*) *gekomen* —, für gekommen halten. ▾—**swaard(ig)** achtungs/wert, a.würdig.
achter I *vz* hinter [3 oder 4]; *van* — *de wolken te voorschijn komen*, hinter den Wolken hervorkommen; *hij is er* —, (*heeft het begrepen*) er hat's weg, hat es kapiert, (*weet hoe het moet*) versteht's; *er* — *komen*, dahinter kommen; *er zit* (*steekt, schuilt*) *iets* —, es steckt etwas dahinter; — *iem. heenzitten*, e.n energisch antreiben, (*achterna*) hinter e.m her sein. **II** *bw* hinten; *bij iem.* (*ten*) — *blijven, staan*, hinter e.m zurückbleiben, zurückstehen; *bij zijn tijd* (*ten*) — (*zijn*), hinter seiner Zeit zurück; *met iets* (*ten*) — (*zijn*), mit etwas im Rückstand. ▾—**aan** (ganz) hinten; (*'t laatst*) zuletzt. ▾—**aankomen** nachkommen. ▾—**aankomer** Nachzügler *m*. ▾—**aanzicht** Rückansicht *w*.
achteraf hinterher, nachträglich; (*ter zijde*) abseits, beiseite; — *gelegen*, entlegen, abgelegen.
achter/as Hinterachse *w*. ▾—**bak** (*auto*) Autokoffer *m*.
achterbaks heimlich, verstohlen; (*iets*) — *houden*, zurückhalten.
achter/balkon Hinterbalkon *m*; (*tram*) hintere Plattform *w*. ▾—**ban** Basis *w*. ▾—**band** Hinterreifen *m*.
achter/blijven zurückbleiben; *de* —*den*, die Zurückgebliebenen, (*nabestaanden*) die Hinterbliebenen. ▾—**blijver** Zurückgebliebene(r) *m*; (*talmer*) Nachzügler *m*.
achter/buurt Armenviertel *s*. ▾—**dek** Hinter/-, Achterdeck *s*. ▾—**deur** H.tür *w*.
achterdocht Argwohn *m*, Mißtrauen *s*; — *krijgen*, A. fassen, schöpfen. ▾—**ig** argwöhnisch, mißtrauisch.
achtereen hinter-, nacheinander. ▾—**volgend** aufeinanderfolgend. ▾—**volgens** nacheinander, der Reihe nach.
achtereind(e) Hinterteil *m & s*.
achterelkaar hinter-, nacheinander; (*aanstonds*) sofort.
achteren: *ten* —, *zie* **achter**; *van, naar* —, von, nach hinten; *van* — (*is het huis mooi*), hinten; *van* — (*aanvallen*), von hinten, (*verraderlijk*) hinterrücks.
achter/flap (*v. boek*) Hinterklappe *w*. ▾—**gevel** Hinter/front *w*. ▾—**grond** H.grund *m*; *op de* — *raken*, in den H.grund geraten. ▾—**grondinformatie** H.grundinformation *w*. ▾—**grondmuziek** H.grundmusik *w*.
achter/haald überholt; *een* —*e zaak*, ein alter Zopf. ▾—**halen** (*inhalen*) einholen; (*voorbijgaan*) überholen; (*verrassen*) ereilen; *niet meer te* — *zijn*, (*uit te maken zijn*) s. nicht mehr ermitteln lassen.
achterhand: *aan de* — (*zitten*), in der Hinterhand.
achterheen: *er* — *zitten*, tüchtig dahinter sitzen, hinter etwas [3] her sein.
achter/hoede Nachhut *w*; (*bij cavalerie*) Nachtrab *m*. ▾—**hoofd** Hinterkopf *m*.
achterhoud/en zurückbehalten; (*geheimhouden*) verheimlichen, verbergen. ▾—**end** zurückhaltend.
achterhuis Hinterhaus *s*.
achterin: (*het ligt*) —, (*bijv. in het boek*) hinten (drin); (*hij zit*) —, (*in de auto*) hinten drin, hinten im Wagen; (*leg het*) —, hintenhinein; (*kom*) —, hintenherein.
Achter-Indië Hinterindien *s*.
achter/kamer Hinterzimmer *s*. ▾—**kant** Hinter-, Rückseite *w*. ▾—**kleinzoon** Urenkel *m*. ▾—**klep** (*auto*) Heckklappe *w*. ▾—**lader** Hinter/lader *m*. ▾—**land** H.land *s*.
achter/laten zurücklassen; (*wat men niet kan terughalen of laten nakomen*) hinterlassen; (*achter z. laten*) hinter s. zurücklassen; *de achtergelatenen*, die Hinterbliebenen. ▾—**lating** Zurücklassung *w*.
achterleen (*gesch.*) Afterlehen *s*. ▾—**man** A.smann *m*.
achter/licht (*v. auto, fiets*) Schluß-, Rücklicht *s*; (*v. fiets*) Rückstrahler *m*. ▾—**lijf** H.leib *m*.
achterlijk rückständig; (*lich. of geestelijk*) zurückgeblieben; (*geestelijk, ook*) unterbegabt, geistesschwach. ▾—**heid** Rückständigkeit *w*; Zurückbleiben *s*; Geistesschwäche *w*.
achterlopen (*v. uurwerk*) nachgehen.
achterna (*bijw. v. plaats in samenstellingen*) nach; (*naderhand*) hinterher.
achternaam Familienname *m*.
achterna/kijken (e.m) nachblicken. ▾—**lopen** (e.m) nachlaufen. ▾—**rijden** (e.m) nachfahren, (*te paard*) nachreiten; (*controleren*) kontrollieren. ▾—**zitten** (*achtervolgen*) (e.m) nachsetzen; (*er achterheen zitten*), hinter (e.m) her sein.
achter/neef, —**nicht** Großneffe *m*, -nichte *w*.
achter/om hinten herum, hintenum.

▾**—onder** Achterunter *s.* ▾**—op** hintendrauf; (*v. h. doel verwijderd*) vom Ziel entfernt. ▾**—opkomen**: *iem.* —, e.m nachkommen; (*fig.*) s. vom Ziel entfernen, ins Hintertreffen geraten. ▾**—oplopen**: *iem.* —, (*inhalen*) e.n einholen. ▾**—over** hintenüber; (*naar achteren, terug*) zurück; — *vallen*, hintenüberfallen, rücklings zu Boden fallen, (*in de kussens*) zurückfallen. ▾**—overdrukken** (*verdonkeremanen*) veruntreuen; (*stelen*) klauen. ▾**—overgooien** (*het hoofd*) zurückwerfen. ▾**—overleunen** s. zurücklehnen.

achter/pand Schoß *m*; (*rugstuk*) Rückenstück *s.* ▾**—plecht** Hinterplicht *w.* ▾**—poot** Hinterpfote *w*, Hinterfuß *m*; *zie* **poot**. ▾**—portierbeveiliging** Hintertürsicherung *w.*

achterraken zurückbleiben.

achterruit Heckscheibe *w.* ▾**—verwarming** elektrisch beheizte Heckscheiben, Heckscheibenheizung *w.*

achterschip Hinter-, Achterschiff *s.*

achter/staan: *bij iem.* —, hinter e.m zurückstehen. ▾**—stallig** rückständig; *het —e*, (*v. geld*) Rückstände *Mz.* ▾**—stand** Rückstand *m.*

achterste hinterer Teil; (*zitvlak*) Hintere(r) *m*; *het — voren*, das hinterste vorn; (*alles*) — *voren doen*, ganz verkehrt machen.

achterstel Hintergestell *s.*

achter/stellen zurücksetzen; *bij iem.* —, hinter e.n z. ▾**—stelling** Zurück-, Hintansetzung *w.*

achtersteven Hinter-, Achtersteven *m.*

achteruit I *bw* rückwärts, zurück. **II** *zn* (*plaats, tuin*) Hinter/hof *m*; (*uitgang*) H.ausgang *m.* ▾**—boeren** zurück/wirtschaften. ▾**—deinzen** z.fahren. ▾**—gaan** rückwärtsgehen; (*fig.*) z.gehen; (*v. zieke*) abwärts gehen. ▾**—gang** (*v. koersen, prijzen enz.*) Rückgang *m*; (*verval*) Niedergang *m*; (*deur enz.*) Hinter/ausgang *m*, H.tür *w.* ▾**—kijkspiegel** (*v. auto*) Rückschauspiegel *m.* ▾**—lopen** z.laufen; (*achterwaarts lopen*) rückwärts gehen. ▾**—rijlamp** Rückfahrscheinwerfer *m.* ▾**—schuiven** (s.) zurückschieben. ▾**—slaan** (*v. paard*) hintenausschlagen. ▾**—springen** z.springen; (*v. schrik*) z.fahren. ▾**—wijken** z.weichen. ▾**—zetten** z.stellen, z.setzen; (*bij anderen*) hintan-, z.setzen.

achtervoeg/en (hinten) hinzufügen. ▾**—sel** Nachsilbe *w*, Suffix *s.*

achtervolg/en verfolgen, (e.m) nachsetzen. ▾**—ing** Verfolgung *w.* ▾**—ingswedstrijd** Verfolgungsrennen *s.*

achter/waarts I *bw* rückwärts, zurück. **II** *bn* rückgehend, rückwärtig. ▾**—wege**: — *blijven*, unterbleiben; — *laten*, weglassen, (*niet doen*) unterlassen.

achter/werk Hintere(r) *m.* ▾**—wiel** Hinterrad *s.* ▾**—wielaandrijving** Hinterradantrieb *m.* ▾**—zijde** Rückseite *w.*

achthoek Achteck *s.* ▾**—ig** achteckig.

achting Achtung *w* (vor e.m, für e.n).

acht/jarig achtjährig. ▾**—maal** achtmal. ▾**—ste** (der, die, das) achte; *ten* —, achtens; (*deel*) Achtel *s*; (*maat*) Achteltakt *m*; (*noot*) Achtelnote *w.* ▾**—tien** achtzehn; *zie* **veertien(-)** *en* **vier(-)**. ▾**—urig** achtstündig; *—e werkdag*, Achtstundentag *m.*

acne (*med.*) Akne *w.*

acoliet Akoluth *m.*

acquis/iteur Akquisiteur *m.* ▾**—itie** Akquisition *w.* ▾**acquit** (*ontvangbewijs*) Acquit *s.*

acrob/aat Akrobat *m.* ▾**—atiek** Akrobatik *w.* ▾**—atisch** akrobatisch.

act/eren spielen. ▾**—eur** Akteur, Schauspieler *m.*

actie Aktion *w*; (*aandeel*) Aktie *w*, Anteilschein *m*; (*rechtsterm*) Rechtsforderung, Klage *w*; (*werkzaamheid*) Tätigkeit, Aktion *w*; (*in toneelstuk*) Handlung *w*; *in — zijn*, tätig sein; *in — komen*, in Aktion (Tätigkeit) treten, aktiv werden. ▾**—comité** Aktionsausschuß *m.* ▾**actief I** *bn* aktiv; — *kiesrecht*, aktives Wahlrecht; (*werkzaam, ook*) tätig; (*dienstdoend, ook*) in Dienst stehend, diensttuend; (*ambitieus*) strebsam; (*bedrijvig*) rührig; *een — agent*, ein rühriger Vertreter; *officier in —e dienst*, aktiver Offizier. **II** *zn* **1** (*bedrijv. vorm*) Aktiv *s*, Tatform *w*; **2** (*vermogen*) Aktiv, Aktivum *s*, (*meestal*) Aktiven, Aktiva *Mz*; (*bij faillissement, ook*) Masse *w.* ▾**actiegroep** Bürgerinitiative *w.* ▾**actieradius** Aktionsradius *m*, Reichweite *w*; (*v. vliegtuig*) Flugbereich *m.*

actinisch aktinisch. ▾**actinium** Aktinium *s.*

activ/eren aktivieren. ▾**—ist** Aktivist *m.* ▾**—iteit** Aktivität, Tätigkeit *w.*

actrice Schauspielerin *w.*

actualiteit Aktualität *w.* ▾**—enrubriek** Fernseh-, Tagesmagazin *s*; (*rad.*) Aktualitätensendung.

actuaris Aktuar, Versicherungsmathematiker *m.*

actueel aktuell, zeitgemäß; — *vraagstuk*, Gegenwartsfrage *w.*

acupunct/eur Akupunkteur *m.* ▾**—uur** Akupunktur *w.*

acuut akut.

adagio adagio.

adams/appel Adamsapfel *m.* ▾**—kostuum**: *in* —, in Adamskostüm.

adaptatie Adaptation, Anpassung *w.*

a dato a dato (a.d.), vom Tage der Ausstellung an.

adder Natter *w.* ▾**—gebroed** Otterngezücht *s.*

adel Adel *m.*

adelaar Adler *m.* ▾**—snest** Adlerhorst *m.*

adel/borst Seekadett *m.* ▾**—en** adeln. ▾**—lijk** adlig. ▾**—stand** Adelstand *m*; *in de — verheffen*, in den A. erheben.

adem Atem *m*; *—halen*, A. holen; *ruimer —halen*, aufatmen; *buiten* —, außer A.; *buiten — raken*, den A. verlieren; *op — komen*, zu A. kommen; *de — Gods*, der Hauch Gottes. ▾**—benemend** a.beraubend. ▾**—en** atmen. ▾**—haling** Atmung *w*; *kunstmatige* —, künstliche Atmung. ▾**—halingsorgaan** Atmungsorgan *s.* ▾**—halingswegen** Atemwege *Mz.* ▾**—loos** a.los. ▾**—nood** Atemnot *w.* ▾**—pauze** Atempause *w.* ▾**—tocht** A.zug *m.*

adequaat adäquat, angemessen, entsprechend.

ader Ader *w.* ▾**—laten** (e.n) zur Ader lassen; (*fig.*) (e.n) schröpfen. ▾**—lating** Aderlaß *m*; (*fig.*) Schröpfung *w.* ▾**—lijk** venös. ▾**—verkalking** Arterienverkalkung *w.*

adhe/rent adhäsiv. ▾**—sie** Adhäsion *w*; (*instemming*) Beifall *m*; — *betuigen met een voorstel*, e.m Vorschlag beistimmen.

ad hoc ad hoc.

adieu I *tw* auf Wiedersehen. **II** *zn* Adieu *s.*

adjectief Adjektiv, Eigenschaftswort, Beiwort *s.* ▾**adjectivisch** adjektivisch.

adjudant Adjutant *m.*

adjunct Adjunkt *m*; (*in samenstellingen*) stellvertretend, beigeordnet, Unter..., Hilfs...; (*dikwijls*: *directeur* = Oberdirektor; *adjunct-dir.* = Direktor). ▾**—chef** stellvertretender Leiter. ▾**—directeur** (*v. school*) Direktorstellvertreter *m.*

administrat/eur Verwalter *m*; (*beheerder v. correspondentie en stukken, ook*)

Administrator *m*; (*op ministerie*) Ministerialdirigent, -rat *m*.▼—**ie** Verwaltung, Administration *w*; (*bureau v. krant, vereniging enz.*) Geschäftsstelle *w*; — *v. d. belastingen*, Steuerbehörde *w*; *officier v.* —, Verwaltungsoffizier, Zahlmeister *m*. ▼—**ief** administrativ, Verwaltungs...; — *onderwijs*, Verwaltungsunterricht *m*; *administratieve rechtspraak*, Verwaltungsgerichtsbarkeit *w*; — *werk*, Büroarbeit *w*. ▼—**iekantoor** Verwaltungsbüro *s*. ▼**administreren** administrieren, verwalten.

admir/aal Admiral *m*. ▼—**aliteit** Admiralität *w*.

adolescent Adoleszent *m*. ▼—**ie** Adoleszenz *w*.

adopt/eren adoptieren; (an Kindes Statt) annehmen; *geadopteerd kind*, Adoptivkind *s*. ▼—**ie** Adoption *w*. ▼—**ief** adoptiv.

adoratie Adoration *w*. ▼**adoreren** adorieren.

ad rem ad rem, zur Sache.

adrenaline Adrenalin *s*.

adres Adresse *w*; (*op brief, ook*) Anschrift *w*; (*rekwest*) Bittschrift *w*; (*waar iets te krijgen is*) Bezugsquelle *w*; — *van adhesie*, beistimmende A.; *daar is hij net aan 't goede* —, da ist er an den Rechten gekommen; *aan 't verkeerde — zijn*, an die falsche A. (an den Unrechten) kommen; *per* —, per Adresse (p. A.), bei. ▼—**boek** Adreß/buch *s*. ▼—**kaart** A.karte *w*; (*v. postpakket*) Begleitadresse *w*. ▼—**sant** Adressant *m*; (*v. rekwest*) Bittsteller *m*. ▼—**seermachine** Adressiermaschine *w*. ▼—**seren**: *iets aan iem.* —, etwas an e.n adressieren. ▼—**sograaf** Adressiermaschine, Adrema *w*. ▼—**strookje** Adreß/zettel *m*; (*v. postwissel enz.*) A.abschnitt *m*. ▼—**wijziging** A.änderung *w*; *bericht van* —, Adreßänderungsanzeige *w*.

Adriatische Zee Adria *w*, Adriatisches Meer.

adsorberen adsorbieren. ▼**adsorptie** Adsorption *w*.

adstring/entia Adstringenzien, Adstringentia *Mz*. ▼—**eren** adstringieren.

adstrueren erläutern.

Advent Advent *m*.

adverbiaal adverbial. ▼**adverbium** Adverb, Umstandswort *s*.

advert/eerder Inserent *m*. ▼—**entie** Anzeige, Annonce *w*, Inserat *s*; *kleine* —, Kleinanzeige. ▼—**entieblad** Anzeigenblatt *s*, Anzeiger *m*. ▼—**entiebureau** Annoncenbüro *s*. ▼—**entiekosten** Insertions-, Einrückungsgebühren *Mz*. ▼—**entiepagina** Anzeigenteil *m*. ▼—**eren** anzeigen, inserieren.

advies (*raadgeving*) Rat *m*; (*off.*) Gutachten *s*; (*bericht*) Avis *m*, Anzeige *w*; — *inzake beroepskeuze*, Berufsberatung *w*; — *geven*, R. geben, (*off.*) ein G. abgeben, (*wissel*) avisieren; — *inwinnen*, s. R. holen, (*off.*) ein G. einholen; *van — dienen* (*over iets*), ein G. abgeben, etwas begutachten; *volgens* —, (*op wissel*) laut Bericht, laut Avis; *ter fine v.* —, zur Begutachtung. ▼—**brief** Avisbrief *m*. ▼—**bureau** Beratungsstelle *w*. ▼—**prijs** empfohlener Preis. ▼**advis/eren** empfehlen, raten; (*hand.*) anzeigen, avisieren; — *de stem*, beratende Stimme. ▼—**eur** Berater *m*; (*toegevoegd*) Beirat *m*.

advocaat Rechtsanwalt, Advokat *m*; (*drank*) Eierkognak *m*; — *van kwade zaken*, Winkeladvokat. ▼—**-fiscaal** Fiskalanwalt *m*. ▼—**-generaal** Reichs-, Staatsanwalt *m*. ▼**advocaten/kantoor** Anwaltsbüro *s*. ▼—**streek** Advokatenkniff *m*. ▼**advocatuur** Advokatur, Anwaltschaft *w*.

aëro/club Aero/klub *m*. ▼—**dynamica** A.dynamik *w*.

Aesopus Äsop *m*; *de fabels van* —, die äsopischen Fabeln.

af ab; (*klaar*) fertig; (*onberispelijk*) tadellos, einwandfrei; (*naar beneden*) herab, hinab, her-, hinunter; (*hand.*) ab; —*!*, los!; — *en aan*, ab und an, hin und her; — *en toe*, ab und zu, dann und wann, hin und wieder; *berg op, berg* —, bergauf, bergab; *goed — zijn*, Glück gehabt haben; (*de verloving*) *is* —, ist zurückgegangen; (*de verf*) *is er* —, ist ab; *daar wil ik — zijn*, das weiß ich nicht genau; *ik ben er* —, ich bin der Sache los; *het aardige is er* —, es hat seinen Reiz verloren; (*dat kan*) *er bij hem niet* —, er kann es s. nicht leisten; *bij rood* —, fast rot; *op het geluid* —, dem Laute nach; *op het gevoel* —, nach dem Gefühl; *op gevaar* —, auf die Gefahr hin; *op de minuut* —, bis auf die Minute; (*we zijn*) *van hem* —, ihn los; *je bent nog niet van hem* —, mit ihm bist du noch nicht fertig; (*5 minuten*) *van het station* —, vom Bahnhof entfernt; *van dit ogenblik* —, von diesem Augenblick an; *van kind* —, von Kindesbeinen an; *van zijn jeugd* —, von Jugend auf.

afasie Aphasie *w*. ▼**afatisch** aphatisch.

afbakenen (*terrein*) abstecken; (*vaargeul*) abbaken; (*leerstof*) abgrenzen.

afbedelen abbetteln.

afbeelden abbilden, darstellen. ▼**afbeelding** Abbildung *w*.

afbekken anschnauzen.

afbellen abklingeln, abläuten.

afbestell/en abbestellen. ▼—**ing** Abbestellung *w*.

afbetalen abbezahlen; (*hele schuld, ook*) abtragen. ▼**afbetaling** Abzahlung *w*; *op* — (*kopen*), auf A., auf Teilzahlung, auf Raten, (*fam.*) auf Stottern; *koop op* —, A.skauf *m*. ▼—**ssysteem** Teilzahlungssystem *s*. ▼—**stermijn** Abzahlungsrate *w*.

afbeulen abrackern, abschinden; (*paard*) schinden; *z.* —, (*ook*) s. abarbeiten, s. abschuften.

afbidden abbeten; (*afsmeken*) erflehen.

afbijt/en abbeißen; *van z.* —, s. seiner Haut wehren. ▼—**middel** Beizmittel *s*.

afbikken abklopfen, behauen.

afbinden ab-, losbinden; (*toebinden*) unterbinden.

afbladeren (s.) abblättern.

afblaffen anschnauzen.

afblazen abblasen.

afblijven nicht berühren; —*!*, Hände weg!; *blijf van me af!*, rühre mich nicht an!, bleibe mir vom Leibe!; (*je moet*) *van mijn kamer* —, aus meinem Zimmer fortbleiben.

afboeken abbuchen.

afboenen abbohne(r)n.

afborstelen abbürsten; (*schoenen*) abputzen.

afbouw Abbau *m*. ▼—**en** den Bau fertig stellen, fertigbauen; (*geleidelijk verminderen*) abbauen.

afbraak Abbruch *m*; (*chem.*) Abbau *m*, Zersetzung *w*; (*hout, stenen enz. van afgebroken huis, ook*) Bautrümmer *Mz*; (*puin*) Schutt *m*; *voor* — (*verkopen*), auf A. ▼—**prijs** Schleuderpreis *m*; *tegen afbraakprijzen* (*verkopen*), zu Schleuderpreisen. ▼—**produkt** Abbau-, Zersetzungsprodukt *s*.

afbranden abbrennen; niederbrennen.

afbreekbaar: *biologisch* —, biologisch abbaufähig.

afbreken abbrechen; (*muur, ook*) niederreißen; (*reis*) unterbrechen; (*schrijver of boek*) herunterreißen, heruntermachen; (*chem.*) abbauen, zersetzen; *afbrekende* (*kritiek*), niederreißende, abfällige; (*zn*) *het — van de betrekkingen*, der Abbruch der Beziehungen. ▼**afbreking** Abbrechung *w*.

▼**—steken** Divis *s*, Trennungsstrich *m*.

afbrengen abbringen; *'t er goed —*, es gut machen, (*bij examen, wedstrijd*) gut abschneiden, (*bij ongeluk*) gut davonkommen.

afbreuk Abbruch *m*; *— doen aan de zaak*, der Sache A., Eintrag tun.

afbrokkelen abbröckeln.

afbuigen abbiegen.

afbuitelen herunter-, hinunterpurzeln.

afchecken abstreichen.

afdak Ab-, Schutz-, Vordach *s*.

afdal/en herab-, herunter-, hinab-, hinuntersteigen, -kommen, (*op ski's*) -fahren; *in de mijn —*, in die Grube fahren; *in bijzonderheden —*, s. auf Einzelheiten, auf Details einlassen; *tot iem. —*, s. zu e.m herablassen; *een —de reeks*, eine fallende Reihe. ▼**—ing** Abstieg *m*, Heruntersteigen *s*; (*op ski's*) Abfahrt *w*; (*in een mijn*) Grubenfahrt *w*.

afdammen abdämmen.

afdank/en (*personen*) abdanken, entlassen, verabschieden; (*zaken*) abschaffen, ausrangieren. ▼**—ing** Abdankung, Entlassung, Verabschiedung; Abschaffung, Ausrangierung *w*.

afdekken abdecken; (*dichtdekken*) zudecken; (*afschermen v. licht*) abblenden.

afdeling Abteilung *w*; (*gedeelte v. boek*) Abschnitt *m*; (*in ziekenhuis*) Station *w*; *plaatselijke — van een vereniging*, Ortsgruppe *w*. ▼**—schef** Abteilungsleiter, (*warenhuis*) Rayonchef *m*.

afdingen abdingen, abmarkten, feilschen, herunterhandeln; *op de prijs —*, am Preise herunterhandeln.

afdoen abtun, abmachen, erledigen; (*v. kleren*) ablegen; (*v. schuld*) abzahlen, abtragen; (*iets*) *v.d. prijs —*, vom Preise ablassen, abschlagen, fallen lassen; (*dat*) *doet niets aan de zaak af*, ändert nichts an der Sache; (*dat is*) *afgedaan*, erledigt, abgemacht; *als afgedaan beschouwen*, für erledigt, abgemacht halten. ▼**afdoen/d**: *een — bewijs*, ein schlagender Beweis; *—e maatregelen*, entscheidende Maßnahmen; *—e redenen*, triftige Gründe; *een — middel*, ein unfehlbares, wirksames Mittel; (*dat*) *is —e*, wirkt. ▼**—ing** Abmachung, Erledigung *w*; (*v. schuld*) Abtragung *w*; *— van zaken*, Abwicklung *w* der Geschäfte.

afdraaien abdrehen; (*links of rechts*) abbiegen; (*film, grammofoonplaat*) drehen; (*lied of versie*) herunterleiern; (*dichtdraaien, afzetten*) abstellen.

afdragen (*de trap*) hinunter-, herabtragen; (*v. kleren*) auf-, abtragen; (*geld*) abtragen, (*bijv. na collecte*) abführen.

afdrijv/en abtreiben; (*v. onweer*) abziehen; *de rivier —*, den Fluß hinabtreiben. ▼**—ing** Abtreibung *w*.

afdrogen abtrocknen; (*tranen*) abwischen; (*afranselen*) durchhauen, durchprügeln.

afdruip/en (her)abtröpfeln; (*fig.*) abtrollen. ▼**—rek** Geschirrtropfer *m*.

afdruk Abdruck *m*; (*foto*) Abzug *m*. ▼**—ken** (*in gips; geweer*) abdrücken; (*boek, krant*) abdrucken; (*foto*) kopieren, abdrucken.

afduwen abstoßen; (*naar beneden*) hinunter-, herunterstoßen.

afdwal/en abirren; (*verdwalen*) s. verirren; *v.d. weg —*, vom Wege abkommen; *v.h. onderwerp —*, vom Gegenstand abkommen, abschweifen. ▼**—ing** Abirrung *w*; (*v. onderwerp*) Abschweifung *w*.

afdwingen abnötigen, abzwingen; *eerbied —*, Ehrfurcht erzwingen.

affaire Geschäft *s*; (*geval*) Fall *m*, Angelegenheit *w*; (*voorval*) Vorfall *m*.

affect Affekt *m*. ▼**—ie** (*genegenheid*) Zuneigung *w*; (*ziekelijke aandoening*) Affektion *w*. ▼**—ief** affektiv.

affiche Anschlag *m*, Affiche *w*.

affietsen (den Berg) hinab-, herabfahren; *de hele streek —*, in der ganzen Gegend herumfahren.

affineren affinieren, frischen.

affiniteit Affinität, Verwandtschaft *w*.

affix Affix *s*.

affreus abscheulich.

affront Beleidigung *w*, Affront *m*. ▼**—eren** beleidigen.

affuit Lafette *w*.

afgaan abgehen; *de trap —*, die Treppe hinab-, hinuntergehen; (*v. geweer*) losgehen; *op iem. —*, auf e.n zugehen, (*met boze opzet*) losgehen; *de aardigheid gaat er voor mij af*, es verliert seinen Reiz für mich; *op iemands woorden —*, s. auf jemands Worte verlassen; *ik ga af op wat hij zegt*, ich urteile nach dem, was er sagt; *van elkaar —*, s. trennen; *dat gaat hem goed af*, darauf versteht er s., das geht ihm flott von der Hand; (*figuur slaan*) sich blamieren. ▼**afgang** (*mislukking*) Mißerfolg *m*; (*blamage*) Blamage *w*.

afgelasten abbefehlen, abkommandieren.

afgeleefd abgelebt; *een —e grijsaard*, ein altersschwacher Greis.

afgelegen abgelegen, entlegen.

afgelopen: *— jaar*, vergangenes, voriges Jahr; *—!*, Schluß!, Punktum!

afgemat erschöpft, ermattet, abgemattet.

afgemeten: *met — passen*, mit abgemessenen Schritten, gemessenen Schrittes; (*hij doet altijd zo*) —, förmlich.

afgepast (*v. geld*) abgezählt; (*v. breedte, lengte*) abgepaßt; (*stijfdeftig*) förmlich; (*dat is*) *precies —*, (*afgemeten*) genau abgemessen.

afgescheiden: *— van*, abgesehen von. ▼**Afgescheidene** Separatist, Ausgetretene(r) *m*.

afgesloten: (*de leerstof v. deze klas vormt*) *een — geheel*, ein geschlossenes Ganzes; *— rijweg!*, Gesperrt für den Verkehr!, Sperrstrecke!

afgetrokken (*kruiden*) abgekocht; (*begrip*) abstrakt; (*verstrooid*) zerstreut.

afgevaardigde Abgeordnete(r) *m*; *huis. v. —n*, Abgeordnetenhaus *s*.

afgeven abgeben; (*getuigschrift, kwitantie, pas, wissel*) ausstellen; (*in bewaring genomen goederen aan anderen*) verabfolgen; (*v. kleur, verf*) abfärben; *op iem. —*, auf e.n schimpfen, e.n bekritteln; *z. met iem. —*, s. mit e.m abgeben; (*sp.*) (*het*) — (*v.d. bal*), Abspiel *s*.

afgezaagd abgedroschen, abgegriffen.

afgezant Abgesandte(r) *m*.

afgezien: *— van*, abgesehen von.

afgezonderd abgesondert; *— leven*, einsames, zurückgezogenes Leben.

Afghaan Afghane *m*. ▼**—s** afghanisch.

afgieten abgießen; (*door vergiet*) durchschlagen. ▼**afgietsel** Abguß *m*.

afgifte Abgabe *w*; (*overhandiging*) Aushändigung, Einhändigung *w*; *— van bagage*, Gepäckabfertigung *w*; *datum van —*, Ausstellungsdatum *s*; *bewijs van —*, Ablieferungsschein *m*, (*volgbriefje*) Verabfolgungsschein *m*.

afglijden abgleiten, abrutschen; (*de trap*) hinab-, hinuntergleiten; (*v. vliegtuig*) abtrudeln.

afgluren abgucken.

afgod Abgott *m*; (*beeld*) Götze *m*; (*hij is haar*) —, Idol *s*. ▼**—endienaar** Götzendiener *m*. ▼**—erij**: *— plegen*, Abgötterei *w* treiben.

▾—**isch** abgöttisch; — *vereren*, vergöttern. ▾—**sbeeld** Götzenbild *s*.
afgooien abwerfen; (*de trap*) —, hinab-, hinunterwerfen.
afgraven abgraben.
afgrazen abgrasen.
afgrendelen abriegeln.
afgrenzen abgrenzen.
afgrijselijk abscheulich, gräßlich, scheußlich, grauenhaft. ▾**afgrijzen** Abscheu *m*, Grausen *s*.
afgrond Abgrund, Schlund *m*; (*fig.*) Abgrund *m*.
afgunst Neid *m*, Mißgunst *w*; (*jaloersheid*) Eifersucht *w*. ▾—**ig** neidisch, mißgünstig; eifersüchtig.
afhaaldienst Rollfuhrdienst, Zustelldienst *m*.
afhaken abhaken; (*haakwerk*) fertig häkeln.
afhakken abhauen.
afhalen abholen; (*naar beneden halen*) herunter-, herabholen; (*het bed*) abziehen; (*geld van de bank*) —, abheben.
afhameren: (*de agenda*) —, schnell nacheinander abhandeln; *de voorstellen werden afgehamerd*, die Vorschläge wurden ohne namentliche Abstimmung genehmigt.
afhandelen erledigen; (*fam.*) befummeln; (*onderwerp, thema*) abhandeln. ▾**afhandeling** Erledigung *w*.
afhandig: *iem. iets — maken*, e.m etwas entwenden, (*fam.*) stibitzen; *iem. zijn klanten — maken*, e.m die Kunden abspenstig machen.
afhan/gen abhängen, niederhängen; (*afhankelijk zijn*) abhängen, abhängig sein; (*het succes*) *hangt af van* (*de inspanning*), wird bedingt durch. ▾—**gend** (*naar beneden hangend*) herab-, herunterhängend. ▾—**kelijk** abhängig; (*het succes*) *is — van*, ist abhängig von, wird bedingt durch. ▾—**kelijkheid** Abhängigkeit *w*.
afharden (*plk.*) abhärten.
afhellen abschüssig sein, abfallen; *steil* —, steil abfallen.
afhelpen (*naar beneden*) herab-, hinunterhelfen; *iem. van iets* —, e.n von etwas befreien.
afhollen: (*de trap*) —, hinunter-, herabrennen.
afhouden abhalten; (*iem.*) *van z.* —, fernhalten; (*sp.*) sperren; (*iets*) *van 't bedrag* —, am Betrag kürzen, vom B. abziehen; *hij is daarvan niet af te houden*, er läßt s. davon nicht zurückhalten; *hij kon er z'n ogen niet van* —, sein Auge konnte s. daran nicht satt sehen.
afhouwen abhauen.
afhuren (ab)mieten.
afjagen (*een terrein*) abjagen; (*een paard*) zuschanden reiten; (*wegjagen*) fortjagen.
afjakkeren abhetzen, abrackern.
afkammen abkämmen; (*iem. of iets*) heruntermachen.
afkanten abkanten; (*bij breiwerk*) abketten.
afkapen wegkapern, stibitzen.
afkappen abhauen; (*v. uitstekende delen ontdoen*) abkappen. ▾**afkappingsteken** Auslassungszeichen *s*, Apostroph *m*.
afkeer Abneigung *w*; (*sterker*) Widerwille *m*; (*hekel*) Abscheu *m*; (*walging*) Ekel *m*. ▾**afkeren** abwenden. ▾**afkerig** abgeneigt, abhold; *hij is — van alle vermaken*, alle Vergnügungen sind ihm zuwider; *iem. van iets — maken*, e.m etwas zuwidermachen. ▾—**heid** Abgeneigtheit *w*.
afketsen abprallen; (*voorstel*) ablehnen.
afkeur/en mißbilligen, tadeln; (*sterker*) rügen; (*levensmiddelen, vlees*) für untauglich erklären; (*iem. voor de dienst*) dienstunfähig erklären; (*niet meer voor gebruik geschikt verklaren v. auto's enz.*) ausrangieren; (*plan*) verwerfen. ▾—**end** mißbilligend; —*e kritiek*, abfällige Kritik. ▾—**enswaard(ig)** tadelnswert. ▾—**ing** Mißbilligung *w*, Tadel *m*; *motie van* —, Tadelsantrag *m*; (*op school*) schlechte Note.
afkick/centrum Entziehungsanstalt *w*. ▾—**en** entziehen; *het* —, die Entziehung(skur).
afkijken absehen, abgucken; *iets v. iem.* —, e.m etwas absehen.
afklimmen herab-, hinuntersteigen, -klettern.
afkloppen abklopfen; (*afranselen*) durchhauen, durchprügeln; —*!*, unberufen! toi, toi, toi!
afkluiven abknaupeln.
afknabbelen abknabbern.
afknagen abnagen.
afknappen abbrechen; (*psych.*) zusammenklappen. ▾**afknapper** Enttäuschung *w*, Reinfall *m*.
afknellen abklemmen.
afknijpen abkneifen; *v. iem. 's loon iets* —, e.m am (vom) Lohne etwas abzwacken.
afknippen abschneiden; (*met tang*) abknipsen.
afknotten abstumpfen, (ab)stutzen; (*boom*) köpfen; *afgeknotte kegel*, abgestumpfter Kegel, Kegelstumpf *m*.
afkoelen abkühlen; (*het water*) *is afgekoeld*, hat s. abgekühlt. ▾**afkoelingsperiode** Abkühlungsperiode *w*.
afkoken abkochen.
afkomen abkommen; (*de trap*) —, herab-, herunterkommen; (*uitgevaardigd, officieel bekend worden*) veröffentlicht, bekannt gemacht werden; *op iem.* —, auf e.n zukommen; *de weg* —, den Weg daherkommen; *de rivier* —, den Fluß herabkommen, -fahren, -treiben; (*we konden*) *niet van hem* —, ihn nicht loswerden; *er goed, levend* —, gut, mit dem Leben davonkommen; (*het werk*) *komt vandaag af*, wird heute fertig. ▾**afkomst** Abkunft, Herkunft *w*; *hij is een Duitser van* —, er ist ein geborener Deutscher. ▾—**ig**: *uit A. — zijn*, aus A. gebürtig sein; (*van iem., iets*) *— zijn*, herrühren; (*deze machines*) *zijn uit Duitsland* —, stammen aus Deutschland her.
afkondig/en verkündigen, bekanntmachen; (*uitvaardigen*) erlassen; (*bruidspaar*) aufbieten. ▾—**ing** Verkündigung, Bekanntmachung *w*; (*uitvaardiging*) Erlassung *w*; (*v. bruidspaar*) Aufgebot *s*.
afkooksel Absud *m*.
afkoop Abkauf *m*; (*vrijkopen*) Loskauf *m*; (*v. rechten*) Abfindung *w*; (*terugkoop bij verzekering*) Rückkauf *m*. ▾—**baar** abkäuflich. ▾—**som** Abkaufsumme *w*; (*v. rechten*) Abfindungssumme *w*; (*terugkoopsom bij verzekering*) Rückkaufsumme *w*. ▾—**waarde** (*v. polis*) Rückkaufwert *m*. ▾**afkopen** abkaufen; (*vrijkopen*) loskaufen; (*iem. voor afstand v. rechten*) abfinden.
afkoppelen abkoppeln.
afkorten abkürzen. ▾**afkortingsstreepje** Abkürzungsstrich *m*.
afkrabben abkratzen.
afkraken (*afkammen*) heruntermachen, zerreißen.
afkrijgen abkriegen, hinunterkriegen, -bringen; (*klaar krijgen*) fertigkriegen, -bringen; (*ik kan er de verf niet*) —, abbekommen; (*ik kan hem niet van die vriend*) —, abbringen; (*ik kon niets van de prijs*) —, abhandeln.
afkruipen herab-, herunterkriechen.
afkunnen (*klaar krijgen*) fertigbringen; *zie* **af**.
afkussen abküssen.
aflaat Ablaß *m*; *gedeeltelijke* —,

unvollkommener A.; *een — verdienen*, e.n A. gewinnen.
afladen abladen.
aflandig ablandig.
aflaten ablassen; (*naar beneden*) hinab-, hinunter-, herab-, herunterlassen.
afleg/en ablegen; (*afstand*) zurücklegen; (*bezoek*) machen; (*eed*) leisten; (*examen*) machen, bestehen; (*lijk*) besorgen; *het tegen iem. —*, gegen e.n den kürzern ziehen. ▾**—er** Leichenbesorger *m*; (*v. plant*) Ableger *m*. ▾**—ertje** abgelegtes Kleidungsstück.
afleid/en ableiten; (*gevolgtrekking maken*) schließen, folgern; (*aandacht, gesprek enz. op iets anders richten*) ablenken; (*verstrooien*) zerstreuen. ▾**—er** Ableiter *m*. ▾**—ing** Ableitung *w*; *— (zoeken)*, Ablenkung, Zerstreuung *w*. ▾**—ingsoffensief** Entlastungsoffensive *w*.
afleren verlernen; (*afwennen*) abgewöhnen; *ik zal je dat wel —*, ich werde dir das schon austreiben.
aflever/en abliefern, verabfolgen; (*goederen*) *thuis —*, ins Haus besorgen. ▾**—ing** Ablieferung, Verabfolgung *w*; (*v. tijdschrift, deel v. boekwerk*) Lieferung *w*, Heft *s*; *in —en*, in Lieferungen, heftweise, lieferungsweise. ▾**—ingstermijn** Lieferfrist *w*.
aflezen ablesen; (*namen*) verlesen; (*tot het einde lezen*) zu Ende lesen.
aflikken ablecken.
afloeren: *iem. —*, e.n belauern; *iets van iem. —*, e.m etwas ablauern.
afloop Ablauf *m*; (*einde, gevolg, uitslag*) Ausgang *m*; *ongeval met dodelijke —*, Unfall mit tödlichem Ausgang; *na — v.d. les*, nach der Stunde. ▾**aflopen** ablaufen; (*de trap*) *—*, hinab-, hinuntergehen; *de hele stad —*, die ganze Stadt durchstreifen, (*voor bepaald artikel*) die ganze Stadt nach etwas ablaufen; (*een school*) *—*, durchmachen, absolvieren; *de schoenen —*, s. die Schuhe ablaufen; (*een weg*) *helemaal —*, zu Ende gehen; (*van zijn plaats*) *—*, fort-, weglaufen; *op iem. —*, auf e.n zugehen, zulaufen; *goed —*, gut ausgehen; ablaufen; (*het contract*) *loopt af*, erlischt; (*de weg*) *loopt af*, fällt ab, ist abschüssig; (*de wekker*) *loopt af*, rasselt; (*de wissel*) *loopt af*, wird fällig; *het loopt af met de zieke*, es geht mit dem Kranken zu Ende.
aflos/baar tilgbar. ▾**—sen** ablösen; (*v. schuld*) tilgen, abtragen. ▾**—sing** Ablösung *w*; (*v. schuld*) Tilgung *w*; *vervroegde aflossing*, verfrühte, vorzeitige Tilgung, Einlösung *w* vor der Verfallzeit. ▾**—singstermijn** Tilgungsfrist *w*; (*het geld*) Tilgungsrate *w*.
afluister/apparaat Abhörgerät *s*. ▾**—campagne** Lauschangriff *m*. ▾**—en** (*gesprek*) abhören, abhorchen, belauschen; (*door luisteren te weten komen*) erlauschen.
afmaaien abmähen.
afmaken (*voltooien*) fertig machen, beendigen, erledigen; (*door afbrekende kritiek*) heruntermachen; (*doden v. mensen*) umbringen, e.m den Garaus machen; (*doden v. dieren*) töten; (*v. zieke runderen*) abschlachten, notschlachten; (*v. vijanden*) niedermachen, niedermetzeln; (*school*) durchmachen, absolvieren; *hij heeft het afgemaakt*, er hat die Verlobung aufgehoben; *z. van iem. —*, s. e.n vom Halse schaffen; *z. van iets —*, (*aan iets onttrekken*) s. (von etwas) drücken.
afmarcheren abmarschieren. ▾**afmars** Abmarsch *m*.
afmartelen abmartern.
afmatten abmatten, (*sterker*) ermatten. ▾**afmatting** Abmattung, Ermattung *w*. ▾**—soorlog** Zermürbungskrieg *m*.
afmelden abmelden.
afmeten abmessen, bemessen. ▾**afmeting** (*het afmeten*) Abmessung *w*; (*maat, grootte*) Ausmaß *m*; (*dimensie*) Dimension *w*.
afmonsteren abmustern.
afname Abnahme *w*; (*in handel, ook*) Bezug *m*. ▾**afneembaar** abnehmbar. ▾**afnem/en** abnehmen; (*minder worden, ook*) nachlassen; (*naar beneden*) herab-, herunternehmen; (*de tafel*) abnehmen, -decken; *stof —*, Staub wischen; (*de wind*) *is afgenomen*, hat abgenommen, nachgelassen. ▾**—er** Abnehmer *m*. ▾**—ing** Abnahme *w*; *— van het kruis*, Kreuzabnahme.
afneuzen abgucken.
afonie Aphonie *w*.
aforisme Aphorismus *m*.
afpakken: *iem. iets —*, e.m etwas wegnehmen, (*vlug*) weghaschen.
afpassen abpassen, (*geld*) abzählen.
afpellen abschälen.
afpersen: (*geld v. iem.*) *—*, erpressen. ▾**afpersing** Erpressung *w*.
afpijnigen: *z. —*, s. abmartern, s. abquälen.
afpikken abpicken; (*wegkapen*) wegstibitzen.
afpingelen feilschen; (*iets*) *op de prijs —*, vom Preise herunterhandeln.
afplaggen abplaggen.
afplatten abplatten. ▾**afplatting** Abplattung *w*.
afplukken abpflücken, (ab)brechen.
afpoeieren abfertigen.
afpraten (*afspreken*) verabreden; *heel wat —*, über allerhand plaudern.
afprijzen (den Preis) herabsetzen.
afraden abraten.
afraffelen herunterplappern.
afraken abkommen; (*v. verloving*) zurückgehen; *van 't roken —*, s. das Rauchen abgewöhnen.
aframmel/en (*afranselen*) durchhauen, durchprügeln; (*v. gebed*) herunterplappern. ▾**—ing** eine Tracht Prügel. ▾**afranselen** durchhauen, durchprügeln.
afraster/en vergittern; (*omheinen*) umzäunen. ▾**—ing** Vergitterung *w*; (*'t omheinen*) Umzäunung *w*; (*het rasterwerk*) Gitter *s*; Gitterzaun *m*.
afreageren abreagieren.
afreizen abreisen, abfahren; *heel Duitsland —*, ganz Deutschland durchreisen; (*als handelsreiziger een gebied*) *—*, bereisen.
afreken/en abrechnen; *— ober!*, Herr Ober, zahlen bitte! ▾**—ing** Abrechnung *w*.
afremmen abbremsen.
africhten abrichten.
afrijden ab-, hinab-, hinunter-, herab-, herunterfahren (*te paard*: -reiten); *een weg —*, e.n Weg hinunterfahren; (*deze weg*) *helemaal —*, zu Ende fahren; (*het hele land*) *—*, durchfahren; (*een paard*) *—*, tummeln, zureiten.
Afrik/a Afrik/a *s*. ▾**—aan** A.aner *m*. ▾**—aans** a.anisch; *een —e*, eine A.anerin. ▾**—aantje** Samtblume *w*.
afrissen (*bessen*) riffeln.
afrit (*het vertrek*) Abfahrt *w*; (*te paard*) Abritt *m*; (*helling*) Rampe *w*.
Afro-Aziatisch afro-asiatisch.
afroep Abruf *m*; *op —*, auf Abruf. ▾**—en** abrufen; (*bij verkoping en v. omroeper*) ausrufen.
afrollen abrollen; (*naar beneden*) hinab-, hinunter-, herab-, herunterrollen.
afromen abrahmen. ▾**afroming** Abrahmen *s*; (*fig. ook*) Abschöpfung *w*.
afronden abrunden.
afruimen abräumen.

afrukken abreißen.
afschaff/en abschaffen. ▾**—er** (*geheelonthouder*) Abstinenzler *m.* ▾**—ing** Abschaffung; Abstinenz *w.*
afschampen abstreifen.
afschaven abschaben; (*met schaaf*) abhobeln.
afscheid Abschied *m*; *— nemen*, (*ook*) s. verabschieden. ▾**—en** (ab)trennen; (*de ene stof uit de andere*) ausscheiden, absondern; (*'t onbruikbare*) aussondern; (*v. klieren bijv. gal, zweet*) absondern, abscheiden; (*z. van een kerk*) —, abtrennen. ▾**—ing** Abtrennung, Trennung, Ausscheidung, Aussonderung, Absonderung *w.* ▾**—ingslijn** Scheidelinie *w.* ▾**—ingsorgaan** Absonderungsorgan *s.* ▾**—ingsprodukt** Ausscheidungsstoff *m.* ▾**—sbezoek** Abschieds/besuch *m.* ▾**—sreceptie** A.empfang *m.* ▾**—swoord** A.wort *s.*
afschepen: (*iem.*) —, abspeisen, (*kort en bondig*) abfertigen.
afscheppen abschöpfen.
afscheren (*baard*) abrasieren.
afschermen abschirmen, abblenden.
afscheuren abreißen; (*langs perforatielijn*) abtrennen.
afschieten abschießen; (*geweer, ook*) abfeuern; (*iets naar beneden schieten*) herab-, herunterschießen; *op iem.* —, auf e.n losgehen; (*met planken*) —, verschlagen; *met planken afgeschoten ruimte*, Bretterverschlag *m.*
afschilderen abmalen; (*fig.*) schildern, beschreiben; (*een schilderstuk*) —, fertigmalen; (*een huis*) —, fertigstreichen.
afschilferen (s.) abblättern.
afschillen abschälen.
afschminken abschminken.
afschoppen: (*de trap*) —, mit e.m Fußtritt (die Treppe) hinunterstoßen, -werfen.
afschot Abschuß *m.*
afschrabben, afschra(p)pen abschaben, abkratzen.
afschrift Abschrift, Kopie *w.* ▾**afschrijv/en** abschreiben; (*kopiëren, ook*) kopieren; (*ten einde schrijven*) fertig schreiben, zu Ende schreiben. ▾**—ing** Abschreibung *w*; *automatische* —, (*giro*) regelmäßige Überweisung.
afschrik Schrecken *m*; (*afkeer*) Abscheu *m.* ▾**—ken** abschrecken. ▾**—ing** Abschreckung *w.* ▾**—wekkend** abschreckend.
afschrobben abschrubben.
afschroeven ab-, losschrauben.
afschudden abschütteln.
afschuimen abschäumen.
afschuiven abschieben; herunter-, hinunterschieben; (*afglijden*) ab-, herunter-, hinunterrutschen; (*de schuld*) *van z.* —, von s. abschieben, abwälzen; (*iets*) *op een ander* —, auf e.n anderen abwälzen; (*geld geven*) blechen.
afschuren abscheuern.
afschutten (*kamer met planken*) abdielen; (*een kleine ruimte, rommelkamertje*) ab-, verschlagen; (*omheinen*) abzäunen.
afschuw Abscheu *m*; (*walging*) Ekel *m*; *— hebben van iemand* (*iets*), einen Abscheu vor einem (etwas), gegen einen (etwas) haben. ▾**—elijk** abscheulich, scheußlich; (*walglijk*) ekelhaft. ▾**—wekkend** abscheuerregend.
afsjouwen: (*iets de trap*) —, herunter-, hinunterschleppen; *z.* —, s. abrackern.
afslaan abschlagen; (*naar beneden*) herab-, herunterschlagen; (*wat aangeboden wordt weigeren*) ablehnen, ausschlagen; (*de prijs verlagen*) herabsetzen, ermäßigen; (*minder worden in prijs*) im Preise fallen; (*rechts of links*) abbiegen; *van z.* —, s. (seiner Haut) wehren; (*de motor*) *sloeg af*, setzte aus, versagte.
afslachten niedermetzeln.
afslag Abschlag *m*, Preisermäßigung *w*; (*v. autoweg*) Ausfahrt *w*; *bij* — (*verkopen*), im Abstreich. ▾**—er** (*verkoper*) Versteigerer *m*; (*de roeper bij openb. verkoping*) Ausrufer *m.*
afslanken schlank(er) machen; schlank(er) werden; (*v. bedrijven enz.*) rationalisieren; (*het bedrijf*) *slankt zijn produktie af*, verkleinert, (*fam.*) verschlankt seine Produktion.
afslepen abschleppen; herab-, herunterschleppen.
afslijten abnutzen, abtragen; (*on.w*) s. abnutzen; (*v. munten*) s. abgreifen; (*v. trappen*) s. auslaufen; (*de trap*) *is afgesleten*, ist ausgetreten; *afgesleten munten*, abgegriffene Münzen.
afsloven abrackern, abmühen.
afsluit/boom Schranke *w*, Schlag-, Sperrbaum *m.* ▾**—dam, —dijk** Sperrdamm *m*; (*v. Zuiderzee*) Abschlußdamm *m.* ▾**—en** abschließen; (*op slot doen, ook*) verschließen; (*toevoer v. iets, elektriciteit, gas, water, toegang tot iets, weg*) sperren; (*pijpleiding, stoom enz.*) absperren; *—d examen*, Abschlußprüfung *w.* ▾**—er** Verschluß *m.* ▾**—ing** Abschluß *m*, (Ab)Sperrung, Sperre *w.* ▾**—ketting** Sperrkette *w.* ▾**—kraan** Absperrhahn *m.* ▾**—premie** Abschlußprämie *w.* ▾**—provisie** Abschlußprovision *w.*
afsmeken: *iem. iets* —, von e.m etwas erflehen; (*Gods zegen*) —, herabflehen.
afsmijten abschmeißen; *de trap* —, die Treppe hinunterschmeißen.
afsnauwen anherrschen, anschnauzen.
afsnijden abschneiden; (*toevoer van iets, ook*) sperren.
afsnoepen abnaschen; *iem. de klanten* —, e.m die Kunden abfangen; (*iem. iets*) —, abgewinnen.
afspannen abspannen.
afspelden abstecken.
afspelen abspielen; (*ten einde sp.*) zu Ende spielen.
afspiegelen: *z.* —, s. ab-, widerspiegeln.
afsplitsen abspalten; *z.* —, (*v. weg*) s. abzweigen.
afspoelen abspülen; (*afwinden*) abspulen.
afspraak Verabredung *w*; *volgens* —, wie verabredet; (*te spreken*) *na* —, nach Vereinbarung. ▾**afspreken** verabreden, absprechen; *afgesproken!*, abgemacht!; *afgesproken werk*, abgekartetes Spiel; *hij weet van z. af te spreken*, er ist nicht auf den Mund gefallen.
afspringen abspringen; (*naar beneden*) hinab-, hinunter-, herab-, herunterspringen; (*mislopen*) scheitern; *op iem.* —, auf e.n zuspringen. ▾**afsprong** (*sp.*) Abschwung *m.*
afstaan (*afstand doen van*) abtreten; überlassen; (*van iets verwijderd staan*) abstehen.
afstamm/eling Nachkomme *m.* ▾**—en** abstammen. ▾**—ing** Abstammung *w.*
afstand Entfernung, Distanz *w*; (*tussenruimte tussen twee personen of voorw.*) Abstand *m*; (*eind weegs, traject*) Strecke *w*; (*het afstaan*) Abtretung; Überlassung *w*; *een grote — afleggen*, eine große Str. zurücklegen; *— doen van zijn rechten*, auf seine Rechte verzichten, Verzicht leisten; *— doen van de kroon*, abdanken; *— bewaren*, D., Abstand wahren; *op grote* —, in großer E.; (*iem.*) *op een — houden*, in respektvoller E. halten; *z. op een — houden*, s. in einiger E. halten; *zij is erg op een* —, sie ist sehr zurückhaltend; *besturing op* —,

(*v. vliegtuig, raket*) Fernlenkung, -steuerung *w*; *verkeer over lange —*, Fernverkehr *m*. ▾**—elijk** zurückhaltend. ▾**—meter** Entfernungsmesser *m*. ▾**—sbediening** Fernbedienung *w*. ▾**—schot** Weitschuß *m*. ▾**—smars** Distanzmarsch *m*. ▾**—srecord** Langstreckenrekord *m*. ▾**—stabel** Entfernungsanzeiger *m*. ▾**—werking** Fernwirkung *w*.
afstappen absteigen; (*naar beneden*) hinab-, hinunter-, herab-, heruntersteigen; *in een hotel —*, in e.m Hotel a., einkehren; *op iem. —*, auf e.n zuschreiten; *van dit onderwerp —*, dieses Thema verlassen, fahren lassen.
afsteken abstechen; (*afbakenen*) abstecken; (*vuurwerk*) abbrennen; (*redevoering*) halten; *— tegen* (*bij*), s. abheben von.
afstellen einstellen. ▾**afstelling** Einstellung *w*.
afstem/knop Abstimmknopf *m*. ▾**—men** abstimmen; (*radio, ook*) einstellen; (*bij stemming verwerpen*) ablehnen, verwerfen. ▾**—ming** Abstimmung, Einstellung; Ablehnung, Verwerfung *w*.
afstempelen abstempeln.
afstemschaal Abstimmskala *w*.
afsterven I *ww* absterben; (*de*) *afgestorvene*, Verstorbene(r) *m*. **II** *zn* Sterben, Ableben *s*.
afstevenen: *— op*, lossteuern auf (+4).
afstijgen absteigen.
afstoffen abstäuben.
afstommelen: (*de trap*) —, herunter-, hinunterpoltern.
afstompen abstumpfen.
afstoppen (*sp.*) abstoppen.
afstormen: *op iem. —*, auf e.n losstürmen; (die Treppe) hinab-, hinunter-, herab-, herunterstürmen.
afstorten abstürzen; hinab-, hinunter-, herunterstürzen.
afstoten abstoßen; hinab-, hinunter-, herab-, herunterstoßen; *van z. —*, von s. stoßen, zurückstoßen.
afstraffen (*lichamelijk*) züchtigen; (*met woorden*) abkanzeln.
afstralen (*uitstralen*) ausstrahlen; (*weerkaatsen*) abstrahlen, (*fig.*) abglänzen.
afstromen abströmen, abfließen; (*naar beneden*) herab-, hinabströmen.
afstropen abstreifen; (*land*) plündern.
afstuderen seine Studien vollenden.
afstuiten: (*de kogel*) *stuit op de muur af*, prallt von der Mauer ab; (*ieder plan*) *stuit op hem af*, prallt an ihm ab.
afstuiven: *op iem. —*, auf e.n losstürzen; (*de trap*) —, hinunter-, hinab-, herunter-, herabstürzen.
afsturen (*van de kust*) absteuern; *op de vuurtoren —*, auf den Leuchtturm zusteuern; (*afzenden*) absenden; (*ik zal hem*) *erop —*, hinschicken.
aftakdoos (*elektr.*) Abzweigdose *w*.
aftakel/en abtakeln; (*door die ziekte is hij*) *heel wat afgetakeld*, sehr heruntergekommen; *hij takelt af*, mit ihm geht es abwärts. ▾**—ing** Abtakelung *w*; (*fig.*) Verfall *m*.
aftakken abzweigen. ▾**aftakking** Abzweigung *w*.
aftands hinfällig.
aftap/kraan Ablaßhahn *m*. ▾**—pen** abzapfen; ablassen; (*bloed*) abnehmen, entziehen; (*in flessen tappen*) auf Flaschen ziehen.
aftasten abtasten.
aftekenen abzeichnen; (*natekenen, ook*) nachzeichnen; (*de pas*) *laten —*, visieren lassen; *z. — op*, s. abzeichnen an; *z. — tegen*, s. abheben von.
aftel/len abzählen. ▾**—rijmpje** Abzählreim *m*.
after-shave After-shave-Lotion *w*.
aftikken abklopfen; (*overtypen*) abtippen.
aftillen abheben; herab-, herunternehmen.
aftobben: *z. —*, s. abhärmen; (*lichamelijk*) s. abmühen.
aftocht Abzug, Rückzug *m*; *de —* (*blazen*), zum A.
aftrap Anstoß *m*; (*uittrap*) Abstoß *m*. ▾**—pen** abtreten; (*de aftrap doen*) anstoßen; (*uittrappen bij voetbal*) abstoßen; *afgetrapte schoenen*, abgetretene Schuhe.
aftreden zurücktreten; (*uit ambt of functie*) ausscheiden; (*het ministerie is*) *afgetreden*, abgetreten; *het aftreden v.d. minister*, der Rücktritt des Ministers.
aftrek Abzug *m*; (*v. goederen*) Absatz *m*; (*korting*) Abschlag *m*; *na — v.d. onkosten*, nach Abzug (abzüglich) der Unkosten; *gretig —* (*vinden*), reißenden Absatz; (*10 jaar gevangenisstraf*) *met —*, unter Anrechnung der Untersuchungshaft. ▾**—baar** abzugsfähig. ▾**—ken** abziehen; (*bij rekenen, ook*) subtrahieren; (*naar beneden*) herab-, herunter-, hinab-, hinunterziehen; (*afrukken*) abreißen; (*v. onweer*) s. verziehen; (*geweer*) abdrücken; (*kruiden*) abkochen. ▾**—ker** Subtrahend *m*. ▾**—king** Abziehen *s*, Abzug *m*; Subtraktion *w*. ▾**—sel** Extrakt *m*; (*afkooksel*) Absud *m*. ▾**—tal** Minuend *m*.
aftroeven abtrumpfen.
aftroggelen abluchsen, abschwindeln.
aftuigen (*schip*) abtakeln; (*paard*) abschirren; (*afranselen*) durchhauen.
afvaardig/en abordnen. ▾**—ing** Abordnung *w*.
afvaart Abfahrt *w*.
afval Abfall *m*; (*overblijfsel, rest, vaak*) Abfälle *Mz*; (*rommel*) Schund *m*; (*v. fruit*) Fallobst *s*. ▾**—len** abfallen; hinunter-, herabfallen; (*mager worden*) abmagern; *van het geloof —*, (*ook*) dem Glauben abtrünnig werden. ▾**—lig** abtrünnig. ▾**—produkt** Abfallprodukt *s*. ▾**—verwerking** Abfallverwertung *w*. ▾**—water** Abwasser *s*. ▾**—waterzuiveringsinstallatie** Abwasserreinigungsanlage *w*. ▾**—wedstrijd** Ausscheidungsrennen; -spiel *s*.
afvaren abfahren.
afvegen abwischen.
afvliegen abfliegen; (*de trap*) —, hinunter-, herunterstürzen; *op iem. —*, auf e.n zustürzen.
afvloei/en abfließen; (*met vloeipapier*) ablöschen; *doen —*, (*v. ambtenaren enz.*) abbauen. ▾**—ing** Abfluß *m*; *— van ambtenaren*, Beamtenabbau *m*.
afvoer Abfuhr *w*; (*v. water enz.*) Abfluß *m*, Ableitung *w*. ▾**—buis** Abflußrohr, Abzugsrohr *s*. ▾**—en** abführen; (*v. agenda enz.*) streichen; (*afvoederen*) abfüttern. ▾**—kanaal** Abflußkanal *m*.
afvragen abfragen; *z. —*, s. fragen.
afvreten abfressen.
afvuren abfeuern.
afwaaien abwehen; *mijn hoed waaide af*, der Hut wehte mir vom Kopfe.
afwaarts I *bw* abwärts, nach unten, hinunter, herunter. **II** *bn* abwärts gehend.
afwacht/en abwarten; (*zij konden het ogenblik niet*) —, erwarten; *een —de houding aannemen*, eine abwartende Haltung einnehmen. ▾**—ing** Erwartung *w*; *in — van uw antwoord*, in E. Ihrer (gefälligen) Antwort.
afwas Abwasch, Aufwasch *m*. ▾**—baar** abwaschbar. ▾**—bak** Spülbecken *s*. ▾**—machine** (Geschirr)Spülmaschine *w*, Geschirrspüler *m*, Geschirrspül-Automat *m*. ▾**—sen** abwaschen; (*vaatwerk*) aufwaschen,

spülen. ▼**—water** Aufwasch-, Spülwasser *s*.
afwater/en (op) s. entwässern (in). ▼**—ing** Entwässerung *w*. ▼**—ingskanaal** E.skanal *m*.
afweer Abwehr *w*. ▼**—geschut** A.geschütz *s*; (*tegen pantserwagens*) Pak, Panzerabwehrkanone *w*; (*tegen vliegt.*) Flak, Fliegerabwehrkanone *w*. ▼**—middel** A.mittel *s*.
afwegen abwiegen; (*fig.*) abwägen.
afweken losweichen.
afwenden abwenden.
afwennen abgewöhnen; *iem. iets —*, e.m etwas a.
afwentelen ab-, überwälzen.
afweren abwehren.
afwerk/en abarbeiten; (*afhandelen*) erledigen; (*voltooien*) fertig machen, vollenden; (*solied*) *afgewerkt zijn*, ausgeführt sein; *afgewerkt produkt*, Fertigware *w*, Ganzfabrikat *s*; *afgewerkte olie, stoom*, Aböl *s*, Abdampf *m*. ▼**—ing** Erledigung; Vollendung; Ausführung *w*.
afwerpen abwerfen; hinab-, herabwerfen; (*opleveren*) bringen, tragen; (*vrucht, resultaat*) zeitigen; (*winst*) —, a., eintragen.
afweten: *het* (*iem.*) *laten —*, einem absagen lassen.
afwezig abwesend; (*verstrooid, ook*) geistesabwesend. ▼**—heid** Abwesenheit *w*.
afwijk/en abweichen. ▼**—ing** Abweichung *w*; *'n — aan de voet*, ein Fußübel.
afwijz/en abweisen; (*v.d. hand wijzen, weigeren*) ablehnen, abschlagen; (*officieel*) abschlägig bescheiden; (*een eis*) —, zurückweisen. ▼**—end** abweisend, ablehnend; *een — antwoord krijgen*, eine ablehnende (abschlägige) Antwort erhalten, abschlägig beschieden werden; *op zijn verzoek werd — beschikt*, sein Gesuch wurde abgelehnt, wurde abschlägig beschieden; *een —e houding aannemen*, s. ablehnend verhalten. ▼**—ing** Abweisung, Ablehnung *w*.
afwikkelen abwickeln (*zaken, ook*) erledigen. ▼**afwikkeling** Abwicklung *w*.
afwimpelen ablehnen.
afwinden abwinden, abrollen.
afwinnen abgewinnen.
afwippen I *on.w* herab-, herunterhüpfen. **II** *ov.w* herab-, herunterwerfen.
afwissel/en abwechseln; *voorspoed en tegenspoed wisselen elkaar af*, Glück wechselt mit Unglück, Glück und Unglück wechseln (miteinander). ▼**—end** abwechselnd; (*beurtelings, ook*) wechselweise; *met — succes*, met wechselndem Erfolg. ▼**—ing** (*variatie*) Abwechselung *w*; (*wisseling*) Wechsel *m*; *voor de —*, zur A.; *vol —*, wechselvoll.
afwissen abwischen.
afwrijven abreiben.
afzagen absägen.
afzakken (*v. kleren*) herunterrutschen; (*naar beneden gaan*) hinunter-, heruntersteigen; (*achteruitgaan*) zurückgehen; *de rivier —*, den Fluß hinab-, herabfahren. ▼**afzakkertje**: *een — nemen*, eins zum Abgewöhnen trinken.
afzeggen absagen; (*afbestellen*) abbestellen; (*intrekken*) widerrufen.
afzend/en absenden; (*verzenden, ook*) versenden; (*in handel, ook*) abgehen lassen, zum Versand bringen; (*de goederen*) *zijn aan u gezonden*, sind an Sie abgesandt worden, an Sie abgegangen. ▼**—er** Absender *m*; (*brief, ook*) Adressant *m*. ▼**—ing** Absendung, Versendung *w*, Versand *m*.
afzet Absatz *m*. ▼**—baar** absetzbar. ▼**—gebied** Absatzgebiet *s*. ▼**—ten** absetzen; (*amputeren*) abnehmen; (*afsluiten bijv. straat*) sperren; (*omheinen*) ab-, umzäunen; (*motor, radio enz.*) abstellen; (*slib*) ablagern; (*omranden*) besetzen; (*te veel laten betalen*) prellen, beschwindeln, übervorteilen; *zich —* (*neerslaan v. wasem bijv.*), s. abschlagen; *iets van z. —*, s. etwas aus dem Kopf schlagen; (*een gedachte*) *niet van z. kunnen —*, nicht loswerden können; *met bont —*, mit Pelz verbrämen; (*sp.*) *van de bal —*, vom Ball trennen. ▼**—ter** Schwindler, Preller *m*. ▼**—terij** Schwindel *m*, Prellerei, Schinderei *w*. ▼**—ting** Absetzung, Abnahme, Absperrung, Abstellung; Verbrämung *w*.
afzichtelijk gräßlich, scheußlich.
afzien absehen; (*afstand doen van*) verzichten auf [4], Verzicht leisten auf [4]; *van een plan —*, e.n Plan aufgeben. ▼**—baar** absehbar.
afzijdig: *z. — houden*, s. abseits halten, s. zurückhalten, (*z'n mening niet zeggen*) seine Meinung, mit seiner M. zurückhalten.
afzoeken absuchen.
afzoenen abküssen.
afzonder/en absondern; (*opzij leggen*) zurücklegen; *z. —* (*van zijn vrienden*), s. absondern; *z. —* (*in de eenzaamheid*), s. zurückziehen. ▼**—ing** Absonderung *w*; (*eenzaamheid*) Zurückgezogenheit *w*. ▼**—lijk** (*enkel, los, op zichzelf staand*) einzeln; (*bijzonder, speciaal*) besonder; *— geval*, Einzelfall *m*; *—e ingang*, besonderer Eingang, Separateingang *m*; *—e commissie*, Sonderausschuß *m*; *— nummer* (*v. tijdschrift*), (= *los nummer*) Einzelheft *s*, (= *extra nummer*) Sonderheft *s*; (*de gearresteerden werden*) *— verhoord*, gesondert vernommen.
afzuig/en absaugen. ▼**—inrichting** Absaugvorrichtung *w*, Abzug *m*. ▼**—kap** Abzugshaube *w*, Abzug *m*; (*wasemkap*) Dunstabzug *m*.
afzwaai/en (*afwijzend teken geven*) abwinken; (*afzwenken*) abschwenken; (*v. militairen*) nach Hause gehen. ▼**—er** **1** (*militair*) Urlauber *m*; **2** (*misschot*) Fehlschuß *m*.
afzwemmen abschwimmen; (*een afstand al zwemmende afleggen*) schwimmen, schwimmend zurücklegen; (*de rivier*) —, hinab-, herabschwimmen.
afzwenken abschwenken.
afzweren 1 (*verwerpen*) abschwören; **2** (*nagel*) abschwären. ▼**afzwering** **1** Abschwörung *w*; **2** Abschwärung *w*.
afzwoegen: *z. —*, s. abmühen, s. abrackern.
agaat Achat *m*.
agend/a (*notitieboekje*) Agende *w*, Notizbuch *s*; (*groot*) Vormerkbuch *s*; (*v. vergadering*) Tagesordnung *w*; *van de — afvoeren*, von der T. streichen. ▼**—apunt** Tagesordnungspunkt *m*. ▼**—eren** eintragen.
agent Agent, Vertreter *m*; (*politie*) Schutzmann, Polizist, Schupo *m*; (*spion*) Spitzel *m*. ▼**—schap** Agentur, Vertretung *w*; (*v. bank*) Filiale *w*. ▼**—uur** Agentur, Vertretung *w*.
ageren agieren.
agglomer/aat Agglomerat *s*. ▼**—atie** Agglomeration *w*.
agglutinatie Agglutination *w*.
aggreg/aat Aggregat *s*. ▼**—atietoestand** Aggregatzustand *m*.
agio Agio, Aufgeld *s*. ▼**—reserve** Agiorücklage *w*, Agio-Reserve *w*.
agit/atie Agit/ation *w*. ▼**—ator** A.ator, Aufwiegler *m*. ▼**—eren** a.ieren; (*zenuwachtig maken*) aufregen.
agno/sie Agno/sie *w*. ▼**—sticisme** A.stizismus *m*. ▼**—sticus** A.stiker *m*.
agogie Agogik *w*. ▼**agogisch** agogisch.
agrar/iër Agrarier *m*. ▼**—isch** agrarisch; *—e*

politiek, Agrarpolitik *w*.
agress/ie Aggress/ion *w*. ▾**—ief** a.iv. ▾**—or** A.or *m*.
agronom/ie Agronomie, Ackerbaulehre *w*. ▾**—isch** agronomisch. ▾**agronoom** Agronom *m*.
aha! ach so!
ahorn Ahorn *m*.
air Air, Ansehen *s*, Anschein *m*; *z. een — geven*, s. ein Air geben; *z. een — geven van*, s. aufspielen als; *het — aannemen van*, s. hinausspielen auf [4]; *hij neemt het — aan van rijk te zijn*, er gibt s. den Anschein, alsob er reich wäre. ▾**airbus** Airbus *m*. ▾**air-conditioning** Klimaanlage *w*, Airconditioning *s*; *kantoor met —*, klimatisiertes Büro; *van — voorzien*, klimatisieren.
ajakkes, **ajasses** pfui.
ajour durchbrochen; (*diamanten*) *— gezet*, ajourgefaßt.
ajuin Zwiebel *w*.
akelei Akelei *w*.
akelig (*onaangenaam*) unangenehm; (*weerzinwekkend*) widrig; (*walglijk*) ekelhaft; (*onheilspellend*) unheimlich; (*griezelig*) grausig; *—e kerel*, widerlicher Kerl, ekliger Mensch; *ik word —*, mir wird schlecht.
Aken Aachen *s*; *dom van —*, Aachener Dom.
akkefietje: *lelijk —*, saures Stückchen Arbeit; *smerig —*, faule Geschichte; (*'t is maar*) *een —*, eine Kleinigkeit.
akker Acker *m*. ▾**—bouw** A.bau *m*. ▾**—bouwprodukt** A.bau-, Agrarprodukt *s*. ▾**—land** A.land *s*. ▾**—maalshout** Schlag-, Schälholz *s*. ▾**—rand** A.rain *m*. ▾**—winde** A.winde *w*.
akkoord I *zn* (*alg.*) Akkord *m*; (*schikking, vergelijk*) Vergleich *m*; (*verdrag*) Vertrag *m*, Abkommen *s*; *het op een —je gooien*, zu e.m Vergleich kommen; *het met z'n geweten op een —je gooien*, s. mit seinem Gewissen abfinden. **II** *bn*: *— bevinden*, richtig befinden; *niet — bevinden met*, nicht in Übereinstimmung befinden mit; *met iem.* (*iets*) *— gaan*, mit e.m (etwas) einverstanden sein; *— zijn*, (*kloppen*) stimmen; *—!*, einverstanden!, abgemacht! ▾**—bevinding** Richtigbefund *m*. ▾**—loon** Akkordlohn *m*.
akoest/iek Akustik *w*. ▾**—isch** akustisch; *— signaal*, Schallzeichen *s*.
akolei Akelei *w*.
akoniet Akonit *s*.
akte (*geschreven stuk*) Akte *w*, Aktenstück, Schriftstück *s*; (*wettig bewijsstuk*) Akte, Urkunde *w*; (*diploma*) Diplom *s*; (*v. drama*) Aufzug, Akt *m*; *— van afstand*, Abtretungsurkunde; *— van iets nemen*, etwas zur Kenntnis nehmen. ▾**—examen** Lehrbefähigungsprüfung *w*. ▾**—nbezitter** Diplom-, Zeugnisinhaber *m*. ▾**—ntas** Aktenmappe *w*, (*boekentas*) Büchermappe *w*.
al I *zn* Weltall, All *s*. **II** *telw., vnw, bn* all(er, -e, -es); (*ieder, elk*) jeder, jede, jedes; (*geheel*) ganz; *al het geld*, alles Geld; *al mijn geld*, all mein G.; *al het mooie*, alles Schöne; *al dat mooie*, all das Schöne; (*wat doet men*) *al niet?*, nicht alles?; *wie komen er zo al?*, wer kommt denn alles?; *al met al*, alles in allem; (*we komen*) *met ons allen*, alle zusammen; *niets van dat al*, nichts von alledem; *mensen van alle stand en leeftijd*, Leute jedes Standes und Alters; *op alle ogenblikken*, in jedem Augenblick; *al zijn vermogen*, sein ganzes Vermögen; *al mijn leven*, mein ganzes Leben. **III** *bw* (*reeds*) schon, bereits; (*steeds*) immer; *al kleiner en kleiner*, immer kleiner; (*hij leest*) *al maar door*, in einem fort; *nog al groot*, ziemlich groß; (*de een*) *al groter dan* (*de andere*), noch größer als; *al naar* (*de omstandigheden*), je nach; *al te gauw*, allzubald; *al te zeer*, gar zu sehr; *niet al te vriendelijk*, nicht zum freundlichsten; *al of niet*, wohl oder nicht; (*ik vertrek niet vóór morgen,*) *als ik al ga*, wenn ich überhaupt gehe; *al lezende* (*sliep hij in*), über dem Lesen; (*zij kwamen*) *al pratende* (*binnen*), plaudernd. **IV** *vgw* wenn auch, und, obgleich; *al weet hij er ook veel van*, wenn er auch viel davon weiß; *al moest ik gaan bedelen*, und müßte ich betteln gehen.
alarm Alarm, Lärm *m*. ▾**—eren** a.ieren. ▾**—installatie** A.anlage *w*. ▾**—klok** A.glocke *w*. ▾**—kreet** A.geschrei *s*. ▾**—pistool** Schreckschußwaffe *w*. ▾**—toestand** A.bereitschaft *w*.
Albanees I *zn* Albanier *m*. **II** *bn* albanisch. ▾**Albanië** Albanien *s*.
albast Alabaster *m*. ▾**albasten** alabastern, Alabaster...
albatros Albatros *m*.
albinisme Albinismus *m*. ▾**albino** Albino *m*.
album Album *s*.
albumine Albumin *s*.
alchim/ie Alchim/ie *w*. ▾**—ist** A.ist *m*.
alcohol Alkohol *m*. ▾**—gehalte** A.gehalt *m*. ▾**—houdend**, **—isch** a.isch. ▾**—isme** A.ismus *m*. ▾**—ist** A.iker *m*. ▾**—vrij** a.frei.
aldaar da, dort, ebenda, daselbst; *de burgemeester —*, der dortige Bürgermeister.
aldoor immer(fort), fortwährend.
aldra (als)bald.
aldus also, auf diese Weise; (*als volgt*) wie folgt.
aleer ehe, bevor.
alexandrijn Alexandriner *m*.
alfa Alpha *s*. ▾**—bet** A.bet *s*. ▾**—betisch** a.betisch. ▾**—stralen** A.strahlen *Mz*.
alge Alge *w*.
algebra Algebra *w*. ▾**—ïsch** a.isch.
algeheel völlig, gänzlich; *algehele narcose*, Vollnarkose *w*.
algemeen allgemein; (*het*) *— beschaafd*, Hochsprache, Gemeinsprache *w*, gehobene Umgangssprache; *algemene taal*, Gemeinsprache *w*; *algemene ontwikkeling*, Allgemeinbildung *w*; *algemene vergadering*, Generalversammlung *w*, (*v. aandeelhouders*) Hauptversammlung *w*; *— begrijpelijk*, gemeinverständlich; *— bemind*, allbeliebt; *— gemachtigde*, Generalbevollmächtigte(r) *m*; *algemene geschiedenis* (*ook*), Weltgeschichte *w*; *— totaal*, Gesamtzahl *w*; *— voortgezet onderwijs*, allgemeinbildender weiterführender Unterricht; *— vormend onderwijs*, allgemeinbildender Unterricht; *in* (*over*) *het —*, im allgemeinen, (*generaliserend*; *over 't geheel genomen*) überhaupt. ▾**—heid** Allgemeinheit *w*.
Alger/ije Alger/ien *s*. ▾**—ijn** A.ier *m*. ▾**—ijns** a.isch. ▾**Algiers** Algier *s*; (*staat*) Algerien *s*.
Algol Algol *s*.
alhier hier; *de school —*, die hiesige Schule.
alhoewel wiewohl, obschon.
alias I *bw* alias, anders gesagt, sonst. **II** *zn* Zuname *m*.
alibi Alibi *s*.
alikruik Uferschnecke *w*.
alimentatie Alimentation *w*; (*de bijdrage*) Alimente *Mz*, Unterhaltsbeitrag *m*.
alinea Absatz *m*.
alk Alk *m*.
alkali Alkali *s*.
alkoof Alkoven *m*.
allang schon lange.
alle/bei beide. ▾**—daags** alltäglich; *— mens*, Alltagsmensch *m*; *—e sleur*, Alltag *m*. ▾**—daagsheid** Alltäglichkeit *w*.
alleen allein; (*slechts*) bloß, nur; *de*

herinnering — (*doet me huiveren*), die bloße Erinnerung; — *maar voor de vorm*, bloß (nur) der Form wegen; (*ik ga mee,*) — (*jij betaalt*), allein, aber; *enkel en* —, einzig und allein, lediglich; *niet* — ... *maar ook*, nicht nur... sondern auch. ▾—**handel** Allein/handel *m*. ▾—**heerschappij** A.herrschaft *w*. ▾—**spraak** Monolog *m*, Selbstgespräch *s*. ▾—**staand** allein-, einzelstehend; *een — geval*, ein vereinzelter Fall. ▾—**verkoop** A.verkauf *m*.
allegaartje Mischmasch *m*; buntes Allerlei.
allegor/ie Allegorie *w*. ▾—**isch** allegorisch.
allemaal alle; — *onzin*, alles Unsinn.
allemachtig: — *interessant*, riesig interessant; *wel —!*, du meine Güte!
alleman jedermann; *Jan en* —, jeder Hinz und Kunz. ▾—**svriend** Allerweltsfreund *m*.
allengs allmählich, nach und nach.
aller/aardigst überaus liebenswürdig; sehr nett. ▾—**best** aller/best, vorzüglich. ▾—**eerst** a.erst; (*in de eerste plaats*) zunächst. ▾—**ellendigst** äußerst miserabel; (*bw*) aufs miserabelste.
allerg/ie Allergie *w*. ▾—**isch** allergisch.
aller/hande aller/hand, a.lei. ▾**A**—**heiligen** A.-heiligen (fest) *s*. ▾—**heiligst** a.heiligst. ▾—**hoogst** a.höchst. ▾—**laatst** a.letzt. ▾—**lei** a.lei; (*zn*) A.lei, Vermischte(s) *s*. ▾—**meest** a.meist; *op z'n* —, höchstens. ▾—**minst** a.geringst; (*bw*) am allerwenigsten; *op zijn* —, mindestens; (*dat past*) —, durchaus nicht. ▾—**wegen** allenthalben. ▾**A**—**zielen** Allerseelen *s*.
alles alles; — *en* —, (— *te zamen genomen*) alles in allem; *over — en nog wat praten*, ein langes und breites plaudern; — *op — zetten*, alle Hebel in Bewegung setzen; (*hij kocht*) *van* —, allerhand Sachen; (*dat kind was*) *haar* —, ihr ein und alles; (*dat is ook*) *niet* —, nicht angenehm, keine Kleinigkeit. ▾—**behalve** nichts weniger als; —*!*, durchaus nicht!, bei weitem nicht! ▾—**eter** Allesfresser *m*. ▾—**zins** in jeder Hinsicht; — *juist*, durchaus richtig.
alliage Legierung *w*.
alliantie Allianz *w*.
allicht vielleicht; (*natuurlijk*) natürlich, selbstverständlich.
alligator Alligator *m*.
alliter/atie Alliteration *w*, Stabreim *m*. ▾—**eren** alliterieren.
allooi Gehalt *m*.
all-risk Vollkasko *s*. ▾—**verzekering** Kaskoversicherung *w*.
allround: — *sportman*, Allroundsportler *m*.
allure Allüre *w*.
alluvi/aal alluvi/al, A.ial... ▾—**um** A.um *s*.
almacht Allmacht *w*. ▾—**ig** allmächtig.
almanak Almanach *m*.
aloë Aloe *w*.
alom allenthalben, überall. ▾—**bekend** allbekannt. ▾—**tegenwoordig** allgegenwärtig. ▾—**tegenwoordigheid** Allgegenwart *w*. ▾—**vattend** allumfassend.
aloud uralt, sehr alt; (*traditioneel*) althergebracht.
alpaca Alpaka *s*.
Alpen Alpen *Mz*. ▾—**beklimmer** A.steiger *m*. ▾—**herder** A.hirt, Senn(hirt) *m*. ▾—**hut** Sennhütte *w*. ▾—**weide** Alm, Matte *w*. ▾**alpin/isme** Alpin/ismus *m*, A.istik *w*. ▾—**ist** A.ist *m*. ▾**alpino** (*mutsje*) Baskenmütze *w*.
als (*wanneer; wijst op toekomst*) wenn; — *ik vakantie heb* (*zal ik naar mijn oom gaan*), wenn ich Ferien habe; (*telkens wanneer; herhaalde handeling*) wenn; — *ik vakantie heb* (*had*), *ga* (*ging*) *ik naar mijn oom*, wenn ich Ferien habe (hatte), gehe (ging) ich zu meinem Onkel; (*bij historisch presens = toen*) als; (*ik kwam thuis;*) — (*toen*) *ik de deur open* (*opende*), (*zie* (*zag*) *ik, dat...*), als ich die Tür öffne; (*zodra; gelijktijdigheid van twee handelingen*) wie, als; — *hij me ziet* (*vliegt hij op me af*), wie (als) er mich sieht; (*indien*) wenn; — *het mooi weer is*, (*ga ik uit*), wenn es schönes Wetter ist; (*zoals*) wie; *rood — bloed*, rot wie Blut; *even groot — ik*, ebenso groß wie ich; *niet zo groot — ik*, nicht so groß wie (als) ich; *dat doet niemand* — (= *zoals, zo goed als*) *hij*, das macht keiner wie er; *hij is even dapper — edelmoedig*, er ist ebenso tapfer wie (als) edelmütig; (*Napoleon stierf*) — *banneling*, als Verbannter; (*Oldenbarneveldt stierf*) — *een misdadiger*, wie ein Verbrecher; *dapper — hij was* (*bleef hij doorvechten*), tapfer wie er war; (*hartstochtelijk roker*) — *hij was*, der er war; (*de grootste dichters*) — (*daar zijn*) *Goethe en Schiller*, als (da sind) G. und Sch.; (*hij zag eruit*) — *was hij ziek*, als wäre er krank; — *het ware*, gleichsam. ▾**alsdan** (als)dann, sodann.
alsem Wermut *m*.
als/jeblieft bitte; (*dringender*) gefälligst; (*dit is duur, he?*) —*!*, und ob! ▾—**mede** sowie, wie auch. ▾—**nog** immer noch; *voor*—, fürs erste, vorläufig. ▾—**nu** nun. ▾—**of** als ob, wie wenn. ▾—**ook** wie auch.
alt Alt *m*; (*persoon*) Altist *m*, Altistin *w*; (*viool*) Altgeige *w*.
altaar Altar *m*. ▾—**kleed** A.decke *w*. ▾—**luik** A.flügel *m*.
altegader alle zusammen.
alternatief I *zn* Alternative *w*. **II** *bn* alternativ.
althans wenigstens, jedenfalls.
altijd immer, stets; *voor* —, auf immer. ▾—**durend** immerwährend, ewig.
altruïsme Altruismus *m*.
alt/stem Alt/stimme *w*. ▾—**viool** A.geige, Bratsche *w*.
aluin Alaun *m*.
aluminium I *zn* Aluminium *s*. **II** *bn* Aluminium... ▾—**folie** A.folie *w*.
alvast (*nu reeds*) jetzt schon; (*intussen*) inzwischen; (*voorlopig*) vorläufig, einstweilen.
alvleesklier Bauchspeicheldrüse *w*.
alvorens bevor, ehe; — *te vertrekken* (*gingen zij...*), bevor sie abfuhren.
alwaar wo.
alweer schon wieder.
alwetend allwissend. ▾—**heid** Allwissenheit *w*.
alziend allsehend.
alzijdig allseitig.
alzo so, auf diese Weise.
amalgam/a Amalgam *s*. ▾—**eren** amalgamieren.
amandel Mandel/baum *m*; (*vrucht, klier*) M. *w*. ▾—**broodje** M.brötchen *s*. ▾—**spijs** M.paste *w*.
amanuensis Amanuensis *m*.
amaril Amaryl, Schmirgel *m*. ▾**amaryllis** Amaryllis *w*.
amateur Amateur, Liebhaber *m*. ▾—**fotograaf** A.-, L.fotograf *m*.
amazone Amazone *w*. ▾—**zit** Damensitz *m*.
ambacht Handwerk, Gewerbe *s*; (*gebied*) Amt *s*; *hij is timmerman van zijn* —, er ist seines Zeichens Zimmermann; *twaalf — en dertien ongelukken*, neunerlei Handwerk achtzehnerlei Unglück. ▾—**sgezel** Handwerksgesell *m*. ▾—**sman** Handwerker *m*. ▾—**sonderwijs** Berufs-, Fachunterricht *m*. ▾—**sschool** Gewerbe-, Fach-, Berufsschule *w*, elementare technische Schule.

ambassad/e Botschaft, Ambassad/e *w*. ▾**—eur** B.er, A.eur *m*.
ambi/ëren ambieren, trachten nach. ▾**—tie** Ambition *w*, Ehrgeiz *m*; (*ijver*) Strebsamkeit *w*. ▾**—tieus** ambitiös; (*vol werkijver*) strebsam.
ambivalent ambivalent, doppelwertig. ▾**—ie** Ambivalenz, Doppelwertigkeit *w*.
Ambon Amboin/a *s*. ▾**—ees I** *zn* A.ese *m*. **II** *bn* a.esisch.
ambrozijn Ambrosia *w*.
ambt Amt *s*; *het — v. rechter*, das A. e.s Richters, das Richteramt. ▾**—elijk** amtlich; Amts...; *de —e weg volgen*, den Amtsweg einhalten. ▾**—eloos** amtlos. ▾**—enaar** Beamte(r) *m*. ▾**—enarenkorps** Beamtenschaft *w*. ▾**—enares** Beamtin *w*. ▾**—enarij** Bürokratismus *m*, Bürokratie *w*; (*ambtenarenwereld*) Beamtentum *s*. ▾**—genoot** Amtsgenosse, Kollege *m*. ▾**—saanvaarding** Amts/antritt *m*. ▾**—sbediening** A.dienst *m*. ▾**—seed** A.eid *m*. ▾**—sgebied** A.bezirk, A.-, Verwaltungsbereich *m*. ▾**—sgeheim** A.geheimnis *s*. ▾**—sgewaad** A.kleid *s*. ▾**—shalve**, **—swege**: *van —*, von A.wegen, amtlich, amtshalber. ▾**—speriode** Amts/periode *w*. ▾**—swoning** A.wohnung *w*.
ambulance Ambulanz *w*; (*veldhospitaal*) Feldlazarett *s*. ▾**—auto** Ambulanz *w*, Sanitätsauto *s*. ▾**—wagen** Rettungs-, Unfallwagen *m*. ▾**ambulant** ambulant, wandernd.
amen amen; (*zn*) Amen *s*; *ja en — op iets zeggen*, ja und amen zu etwas sagen.
amend/ement Amendement *s*, Abänderungsantrag; Zusatzantrag *m*; *het recht van —*, das Recht Gesetzentwürfe abzuändern. ▾**—eren** amendieren, abändern.
Amerik/a Amerik/a *s*. ▾**—aan** A.aner *m*. ▾**—aans** a.anisch; *— soldaat*, (*ook*) Ami *m*. ▾**—aanse** A.anerin *w*. ▾**—anisme** A.anismus *m*.
amethist Amethyst *m*.
ameublement Ameublement *s*, Zimmereinrichtung *w*; Möbel *Mz*.
amfetamine Amphetamin *s*.
amfi/bie Amphi/bie *w*. ▾**—bietank** Schwimmpanzerkampfwagen *m*. ▾**—bievliegtuig** Wasser-Landflugzeug *s*. ▾**—bisch** a.bisch.
amfitheater Amphi/theater *s*. ▾**—sgewijze** a.theatralisch.
amicaal freundschaftlich. ▾**amice**! lieber Freund!
aminozuren Aminosäuren *Mz*.
ammonia Ammoniakwasser *s*, Salmiakgeist *m*.
ammoniak Ammoniak *s*.
ammunitie Munition *w*.
amnesie Amnesie, Gedächtnisstörung *w*.
amnestie Amnestie *w*.
amoebe Amöbe *w*.
amok: *— maken*, Amok laufen. ▾**—maker** Amokläufer *m*.
amoreel amoralisch.
amorf amorph.
amortisatie Amortisation, Tilgung *w*. ▾**—fonds** Amortisations-, Tilgungskasse *w*. ▾**amortiseren** amortisieren, tilgen.
amour/ette Liebschaft *w*. ▾**—eus** amourös.
ampel ausführlich.
amper kaum.
ampère Ampere *s*.
ampex Ampese *w*, Magnetband *s*; *op — opnemen*, aufzeichnen. ▾**—opname** magnetische Bildaufzeichnung, MAZ *w*.
amplitudo Amplitude, Schwingungsweite *w*.
ampul Ampulle *w*.
amput/atie Amputation *w*. ▾**—eren** amputieren.
Amsterdammer Amsterdamer *m*. ▾**Amsterdams**: *— peil*, Amsterdamer Pegel *m*.
amulet Amulett *s*.
amus/ant amüsant, ergötzlich. ▾**—ement** Amüsement *s*, Unterhaltung *w*. ▾**—ementsbedrijf** U.sbetrieb *m*, Vergnügungsgewerbe *s*. ▾**—ementsmuziek** U.smusik *w*. ▾**—eren** amüsieren.
anaal anal, After...
anachronisme Anachronismus *m*.
anafylaxie Anaphylaxie *w*.
anagram Anagramm *s*.
analfab/eet Analphabet *m*. ▾**—etisme** A.ismus *m*.
analgeticum Analgetikum *s*.
analist(e) Laborant *m*, L.in *w*.
analogie Analogie *w*. ▾**analoog** analog(isch).
anal/yse Analy/se *w*. ▾**—yseren** a.sieren. ▾**—yst(e)** *zie* **analist(e)**. ▾**—yticus** A.tiker *m*. ▾**—ytisch** a.tisch.
anamn/ese Anamn/ese *w*. ▾**—etisch** a.e(s)tisch.
ananas Ananas *w*.
anarch/ie Anarch/ie *w*. ▾**—isme** A.ismus *m*. ▾**—ist** A.ist *m*. ▾**—istisch** a.istisch.
anat/omie Anat/omie *w*. ▾**—omisch** a.omisch. ▾**—oom** A.om *m*.
anciënniteit Ancienntät *w*, Dienstalter *s*, Altersstufe *w*.
andante andante; (*zn*) Andante *s*.
ander ander; (*overig, verder*) sonstig; *de een of —*, irgendeiner; *het een en —*, dies und jenes; *een en —* (*is voldoende, om*...), das alles; *—e* (*nog meer*) *gegevens*, weitere Angaben; *in 't —e geval*, andernfalls; *onder —e(n)*, unter anderm, andern; *om de —e week*, jede zweite Woche. ▾**—deels** andernteils. ▾**—half** anderthalb. ▾**—maal** zum zweiten Male. ▾**—mans**: *— kinderen*, andrer Leute Kinder.
anders (*op andere wijze, van andere aard*) anders; (*in 't andere geval, op andere tijd, vroeger, verder*) sonst. ▾**—denkend** a.denkend; *—e*, (*v. geloof*) A.gläubige(r) *m*. ▾**—gezind** a.gesinnt. ▾**—om** umgekehrt; *— draaien*, umdrehen. ▾**ander/soortig** andersartig, andersgeartet. ▾**—szins** anders; sonst; *zie* **anders**. ▾**—zijds** and(r)erseits.
andijvie Endivie *w*.
andra/gogie(k) Andra/gogik *w*. ▾**—gogisch** a.gogisch. ▾**—goog** A.goge *m*.
androgeen Androgen *s*.
anekdote Anekdote *w*.
anem/ie Anämie, Blutarmut *w*. ▾**—isch** anämisch, blutarm.
anemoon Anemone *w*.
anesthes/ie Anästhes/ie *w*. ▾**—ist** A.ist *m*.
angel Stachel *m*; (*vishaak*) Haken *m*, Angel *w*.
Angelsaks Angelsachse *m*. ▾**—isch** angelsächsisch.
angelus Angelus *m*. ▾**—klokje** Vesperglocke *w*.
angina Angina *w*; (*bij mensen*) Mandelentzündung *w*; (*bij dieren*) Bräune *w*; *— pectoris*, Angina *w* pectoris, Herzkrampf *m*.
anglic/aan Angli/kaner *m*. ▾**—aans** a.kanisch. ▾**—anisme** A.kanismus *m*. ▾**—isme** A.zismus *m*.
angst Angst *w*; *vol —*, angstvoll. ▾**—aanjagend** angsterregend. ▾**—complex** A.komplex *m*. ▾**—droom** A.traum *m*. ▾**—ig** ängstlich. ▾**—psychose** A.psychose *w*. ▾**—vallig** ängstlich; (*bedeesd*) zaghaft; *— precies*, peinlich genau. ▾**—valligheid** Ängstlichkeit *w*;

(*nauwgezetheid*) peinliche Gewissenhaftigkeit *w*; (*bedeesdheid*) Zaghaftigkeit *w*. ▾**—wekkend** angsterregend.
anijs Anis *m*.
aniline Anilin *s*.
animaal animalisch.
anim/eermeisje Animiermädchen *s*. ▾**—eren** animieren, anregen; *geanimeerd*, lebhaft.
animisme Animismus *m*.
animo Lust *w*; (*energie*) Energie *w*; (*kooplust*) Kauflust *w*; *met veel* — (*aan het werk zijn*), mit Lust und Liebe; (*iets*) *met — aanpakken*, energisch in Angriff nehmen.
animositeit Animosität *w*.
anjelier, **anjer** Nelke *w*.
anker Anker *m*; *voor* (*ten*) *— gaan*, vor A. gehen. ▾**—blad** A.hand, A.flunke *w*. ▾**—en** ankern. ▾**—grond** A.grund *m*. ▾**—horloge** A.uhr *w*. ▾**—touw** A.tau *s*.
annalen Annalen, Jahrbücher *Mz*.
annex damit verbunden; (*bijbehorend*) zugehörig. ▾**—atie** Annektierung, Einverleibung *w*; (*v. gemeente*) Eingemeindung *w*; (*naasting door de staat*) Verstaatlichung *w*. ▾**—eren** annektieren, einverleiben, eingemeinden, verstaatlichen.
anno anno, im Jahre.
annonce Anzeige, Annonce *w*. ▾**annonceren** anzeigen, annoncieren.
annoteren annotieren.
annuïteit Annuität *w*.
annuler/en annullieren. ▾**—ing** Annullierung *w*.
Annunciatie Annunziation *w*.
anode Anode *w*. ▾**—batterij** A.nbatterie *w*.
anom/aal anomal. ▾**—alie** Anomalie *w*.
anon/iem anon/ym. ▾**—imiteit** A.ymität *w*. ▾**—ymus** A.ymus *m*.
anorak Anorak *m*.
anorganisch anorganisch.
ansichtkaart Ansichtskarte *w*.
ansjovis Sardelle, Anschove *w*.
antagon/isme Antagon/ismus *m*. ▾**—ist** A.ist *m*.
Antarctis Antarktis *w*. ▾**antarctisch** antarktisch.
antecedent Antezedens *s*; (*in spraakk.*) Beziehungswort *s*.
antediluviaal antediluvianisch.
antenne Antenne *w*; *centrale —*, Zentralantenne; *ingebouwde —*, eingebaute A., Einbau-antenne.
anthologie Anthologie, Auswahl *w*.
anti/autoritair anti/autoritär. ▾**—bioticum** A.biotikum *s*. ▾**—chambre** A.chambre *w*, Vorzimmer *s*. ▾**—chambreren** a.chambrieren. ▾**—ciperen** a.zipieren. ▾**—clericaal** a.klerikal. ▾**—climax** A.klimax *w*. ▾**—conceptioneel** a.konzeptionell, empfängnisverhütend. ▾**—dateren** vor-, antedatieren. ▾**—dotum** Antidot(on), Gegenmittel *s*. ▾**—Duits** deutschfeindlich.
antiek I *bn & bw* antik; (*ouderwets*) altertümlich; *—e cultuur*, antike Kultur, Antike *w*. **II** *zn*: *handelaar in —*, Antiquitätenhändler *m*; *de —en* (*kunstwerken der klassieke oudheid*) die Antiken, (*kunstenaars uit klassieke oudheid*) die Klassiker.
anti/foon Anti/phon *w*. ▾**—geen** Antigen *s*. ▾**—joods** judenfeindlich. ▾**—klopmiddel** Antiklopfmittel *s*. ▾**—krist** A.christ *m*. ▾**—ladder** (*v. kous*) maschenfest. ▾**—lichaam** Antikörper, Gegenkörper *m*.
Antillen Antillen *Mz*.
antilope Antilope *w*.
antimilitarisme Antimilitarismus *m*.
antimonium Antimon *s*.
anti/pathie Antipathie *w*. ▾**—pathiek** antipathisch. ▾**—pode** Antipode *m*.
antiqu/air (*alg.*) Altertumshändler *m*; (*in boeken*) Antiquar *m*. ▾**—ariaat** Antiquariat *s*. ▾**—arisch** antiquarisch. ▾**—iteit** Antiquität *w*.
anti/raket Anti/(raketen)rakete *w*. ▾**—revolutionair** a.revolutionär. ▾**—roestmiddel** Rostschutzmittel *s*. ▾**—semiet** A.semit *m*. ▾**—semitisch** a.semitisch. ▾**—semitisme** A.semitismus *m*. ▾**—septisch** a.septisch. ▾**—slip** Gleitschutz *m*; *— band*, Gleitschutzreifen *m*. ▾**—slipcursus**, **—slipschool** Schleuder/kurs *m*, S.schule *w*. ▾**—stof** Antistoff, Schutzstoff *m*. ▾**—tankgeschut** Panzerabwehrgeschütz *s*, Pak *w* (Panzerabwehrkanone). ▾**—tankraket** Panzerabwehrrakete *w*. ▾**—these** Antithese *w*. ▾**—vries** Frostverhütungsmittel, Frostschutzmittel *s*.
antraciet Anthrazit *m*.
antropo/logie Anthropo/logie *w*. ▾**—loog** A.log *m*.
antwoord Antwort *w*; *in — op*, als (in) A. auf [4], in Beantwortung [2], in Erwiderung [2]; *verzoeke —*, um A. wird gebeten (u.A.w.g.); *iem. van — dienen*, e.m gehörigen Bescheid geben. ▾**—apparaat** Telefonantwortgeber *m*. ▾**—coupon** A.schein *m*. ▾**—en** antworten, erwidern; (*ertegen inbrengen*) entgegnen; (*hernemen*) versetzen.
anus Anus, After *m*.
aorta Aorta *w*.
AOW nationales Altersfürsorgegesetz; (*verzekering*) Renteversicherung *w*; (*uitkering*) Altersrente *w*. ▾**—premie** A.F.G.-Beitrag *m*.
apart (*afzonderlijk*) einzeln; (*voor zich*) für sich; (*ter zijde*) beiseite, apart; (*bijzonder*) besonder, apart; *—e ingang*, Separateingang *m*, besonderer Eingang; (*iets*) — (*leggen*), beiseite, apart. ▾**—heid** Apartheid, Rassentrennung *w*. ▾**—heidspolitiek** Apartheidpolitik *w*. ▾**—heidswet** Sonderstellungsgesetz *s*.
apath/ie Apathie *w*. ▾**—isch** apathisch.
apegapen: *op — liggen*, auf dem letzten Loch pfeifen.
apen/kooi Affen/käfig *m*; (*fig.*) A.kasten *m*. ▾**—nootje** Erdnuß *w*.
Apennijn/en Apenninen *Mz*, Apennin *m*. ▾**—s**: *— schiereiland*, Apenninenhalbinsel *w*.
aperçu Aperçu *s*.
aperitief Aperitif *s*.
apin Äffin *w*.
Apocalyps(e) Apokalypse *w*.
apocrief: *apocriefe boeken*, Apokryphen *Mz*.
apodictisch apodiktisch.
apologeet Apologet *m*. ▾**apologie** Apologie *w*.
apostel Apostel *m*; *de twaalf —en*, die zwölf Apostel, Jünger. ▾**apostolaat** Apostolat *s*. ▾**apostolisch** apostolisch.
apostrof Apostroph *m*.
apotheek Apotheke *w*. ▾**apotheker** Apotheker *m*. ▾**—sassistent(e)** A.sassistent(in) *m*(*w*), A.helfer *m*, A.gehilfin *w*. ▾**—sexamen** pharmazeutische Prüfung.
apotheose Apotheose *w*.
apparaat Apparat *m*. ▾**apparatuur** Apparatur *w*.
appartement Appartement *s*. ▾**—enflat** A.haus *s*.
appèl Appell *m*; (*beroep*) Berufung, Appellation *w*; *aantreden voor —*, zum A. antreten; *op het —* (*ontbreken*), beim A.; *— aantekenen*, B. einlegen; *hof van —*, B.sgericht

s.
appel Apfel *m; door een zure — bijten*, in den sauren A. beißen; *voor een — en een ei*, für e.n Pappenstiel, ein Spottgeld; *een —tje voor de dorst*, ein Notgroschen; *een —tje met iem. te schillen hebben*, ein Hühnchen mit e.m zu rupfen haben; *de — valt niet ver van de boom*, der A. fällt nicht weit vom Stamm. ▾**—beignet** A.schnitte *w.* ▾**—bol** A. im Schlafrock. ▾**—flap** A.tasche *w.* ▾**—flauwte** Gelegenheitsohnmacht *w.* ▾**—gebak** (*gerold*) A.strudel *m.*
appell/ant Appellant *m.* ▾**—eren** appellieren, (*bij rechtbank*) Berufung einlegen.
appel/moes Apfel/mus *s.* ▾**—most** A.most *m.* ▾**—sap** A.saft *m.* ▾**—stroop** A.kraut *s.*
appendages Armaturen *Mz.*
appendicitis Appendizitis *w.* ▾**appendix** Appendix *m.*
apperceptie Apperzeption *w.*
appetijtelijk appetitlich.
applaudisseren (e.m) applaudieren, Beifall klatschen. ▾**applaus** Applaus, Beifall *m.*
applicatiecursus Applikationskursus *m.*
appreci/atie Würdigung *w.* ▾**—ëren** würdigen; (*iets*) *weten te —*, zu schätzen wissen.
appreteren appretieren.
approvianderen verproviantieren.
april der April; (*iem.*) *op 1 — foppen*, in den A. schicken. ▾**—grap** A.scherz *m.*
a priori a priori, von vornherein.
apropos I *bw* (*juist van pas*) gerade recht. **II** *tw* (*hoor eens*) apropos!, übrigens! **III** *zn* Apropos *s*; (*z. niet*) *van zijn —* (*laten brengen*), aus dem Konzept; *weer op zijn — komen*, wieder auf besagten Hammel kommen.
apsis Apsis *w.*
aqua/duct Aquädukt *m.* ▾**—marijn** Aquamarin *m.* ▾**—naut** Aquanaut *m.* ▾**—planing** Aquaplaning *s*, Wasserglätte *w.* ▾**—rel** Aquarell *s.* ▾**—rium** Aquarium *s.*
ar Schellenschlitten *m.*
arabesk Arabeske *w.*
Arab/ië Arab/ien *s.* ▾**—ier** A.er *m.* ▾**—isch** a.isch.
arak Arrak *m.*
Aramees aramäisch.
arbeid Arbeit *w.* ▾**—en** a.en. ▾**—er** A.er *m.* ▾**arbeiders/beweging** Arbeiter/bewegung *w.* ▾**—wijk** A.viertel *s.* ▾**arbeids/bemiddeling** Arbeits/vermittlung *w.* ▾**—bours** A.nachweis *m*, A.nachweisstelle *w.* ▾**—bureau** A.amt *s.* ▾**—conflict** A.konflikt *m.* ▾**—contract** A.-, Dienstvertrag *m*, A.verhältnis *s.* ▾**—inspectie** Gewerbeinspektion *w.* ▾**—markt** A.markt *w.* ▾**—ongeschiktheid** A.unfähigkeit *w.* ▾**—overeenkomst** *zie* **—contract**. ▾**—plaats** A.platz *m.* ▾**—schuw** a.scheu. ▾**—schuwheid** A.scheu *w.* ▾**arbeidster** Arbeiterin *w.* ▾**arbeids/therapie** Arbeits/therapie *w.* ▾**—vermogen** Energie *w*; (*v. persoon*) A.-, Leistungsfähigkeit *w.* ▾**—voorwaarde** A.bedingung *w.* ▾**—wet** A.gesetz *s*, Gewerbeordnung *w.* ▾**arbeidzaam** arbeitsam.
arbit/er Schiedsrichter *m.* ▾**—rage** Arbitrage *w*; *hof van —*, Schiedshof *m*, -gericht *s.* ▾**—ragecommissie** Schiedsstelle *w.* ▾**—rair** arbiträr, willkürlich.
arcade Arkade *w.*
arceren schraffieren. ▾**arcering** Schraffierung *w.*
archa/ïsch archaisch; (*uit de oertijd*) archäisch. ▾**—ïsme** Archais/mus *m.* ▾**—ïstisch** a.tisch.
archeol/ogie Archäol/ogie *w.* ▾**—loog** A.oge *m.*
archetype Archetyp *m.*
archief Archiv *s.*
archipel Archipel *m.*
architect Archi/tekt *m.* ▾**—onisch** a.tektonisch. ▾**—uur** A.tektur *w.*
archivaris Archivar *m.*
arctisch arktisch.
arduin Quaderstein *m.* ▾**—en** Quader...
are Ar *s.* ▾**areaal** Areal *s*; *het tarwe—*, die Weizenanbaufläche.
arena Arena *w.*
arend Adler *m.* ▾**—snest** Adlerhorst *m.*
arenlezer Ährenleser *m.*
areometer Aräometer *s.*
argeloos arg-, ahnungslos. ▾**—heid** Arg-, Ahnungslosigkeit *w.*
Argent/ijn Argentin/ier *m.* ▾**—ijns** a.isch. ▾**—inië** A.ien *s.*
arglist Arglist, Tücke *w.* ▾**—ig** arglistig, heimtückisch.
argument Argument *s.* ▾**—atie** A.ation, Beweisführung *w.* ▾**—eren** a.ieren.
argusogen Argusaugen *Mz.*
argwaan Argwohn, Verdacht *m*; *— krijgen, opvatten*, A. fassen, schöpfen; *— hebben, koesteren tegen iem.*, A. gegen e.n (V. auf e.n) haben, hegen; *— wekken*, A. wecken, V. erregen. ▾**argwanen** argwöhnen. ▾**argwanend** argwöhnisch.
aria Arie *w.*
Ariër Arier *m.* ▾**Arisch** arisch.
aristocr/aat Aristokr/at *m.* ▾**—atie** A.atie *w.* ▾**—atisch** a.atisch.
ark Arche *w*; *— van Noë* (*arke Noachs*), Arche Noä, Arche Noah(s); *— des Verbonds*, Bundeslade *w.*
arm I *zn* Arm *m*; *iem. in de — nemen*, e.n unter den A. nehmen, unterfassen, (*fig.*) zu Rate ziehen; *met de —en over elkaar*, mit verschränkten Armen. **II** *bn* arm; *— aan steenkolen*, steinkohlenarm; *— v. geest*, geistig a.; *—e grond*, unfruchtbarer Boden; *— als de mieren*, a. wie eine Kirchenmaus.
armada Armada *w.*
armatuur Armatur *w.*
armband Armband *s.*
arme Arme(r) *m*; *stille —n*, verschämte Arme; *v.d. —n trekken*, aus der Armenkasse unterstützt werden; Sozialunterstützung, Armenunterstützung beziehen.
armee Armee *w.*
Armeens armenisch.
armelijk ärmlich. ▾**armelui** arme Leute *Mz.* ▾**—skind** armer Leute Kind. ▾**armenbuurt** Armenviertel *s.*
Armenië Armenien *s.* ▾**Armeniër** Armenier *m.*
armenzorg Armenpflege *w.*
▾**armezondaarsgezicht** Armesündermiene *w.* ▾**armlastig** unterstützungsbedürftig.
armlengte Armslänge *w.* ▾**armleuning** Armlehne *w.*
armoed/e Armut *w*; *tot — vervallen*, in A. geraten. ▾**—ig** ärmlich, dürftig. ▾**—zaaier** armer Schlucker, Habenichts *m.*
arm/sgat Ärmelloch *s.* ▾**—slag** Ellbogenfreiheit *w.* ▾**—stoel** Armstuhl *m.* ▾**—vol** Armvoll *m.*
armzalig armselig, ärmlich, dürftig.
Arnhem Arnheim *s.*
aroma Aroma *s.* ▾**aromatisch** aromatisch.
aronskelk Aronstab *m.*
arrangement Arrangement *s.* ▾**arrangeren** arrangieren.
arreslede Schellenschlitten *m.*
arrest Arrest *m*, Haft *w*; (*beslaglegging*) Beschlagnahme *w*; (*uitspraak*) Urteil *s*; *in — nemen*, verhaften, arretieren; *in — zitten*, im A.

sein; — *wijzen*, das U. fällen. ▾**—ant** Arrestant, Häftling *m*. ▾**—antenhok** Arrestlokal *s*. ▾**—atie** Verhaftung *w*. ▾**—eren** verhaften, festnehmen; (*notulen*) genehmigen.
arriveren ankommen, eintreffen.
arrogant anmaßend, dünkelhaft. ▾**—ie** Arroganz, Anmaßung *w*, Dünkel *m*.
arrondissement Arrondissement *s*, Verwaltungsbezirk *m*; (*v. rechtbank*) Gerichtsbezirk *m*. ▾**—srechtbank** Landgericht *s*.
arsenaal Arsenal, Zeughaus *s*.
arsenicum Arsen(ik) *s*.
arteriosclerose Arteriosklerose *w*.
articul/atie Artikulation *w*. ▾**—eren** artikulieren.
artiest Künstler *m*; (*in cabaret, circus enz.*) Artist *m*. ▾**—e** Künstlerin; Artistin *w*.
artikel Artikel *m*; (*v. wet*) Paragraph *m*; (*in krant, ook*) Aufsatz *m*; (*de twaalf*) *—en des geloofs*, Glaubensartikel; *huishoudelijke —en*, Haushaltungsgegenstände *Mz*; *dit — verkopen* (*hebben*) *we niet*, diesen A. führen wir nicht. ▾**—sgewijs** paragraphenweise.
artillerie Artillerie *w*. ▾**artillerist** Artillerist *m*.
artisjok Artischocke *w*.
artistiek künstlerisch; (*v. aanleg*) künstlerisch veranlagt.
artotheek Artothek *w*.
artritis Arthritis, Gelenkentzündung *w*.
arts Arzt *m*; (*vrouw*) Ärztin *w*. ▾**—enij** Arznei *w*. ▾**—enijkunde** Arzneikunde *w*. ▾**—examen** Ärzteprüfung *w*.
a.s. *zie* **aanstaande**.
as 1 Achse *w*; (*v. overbrenging v. beweging*) Welle *w*, *per —* (*vervoeren*), per A.; **2** (*overblijfsel*) Asche *w*; *in de — leggen*, in A. legen, einäschern. ▾**—bak** (*aslade*) Aschenkasten *m*; (*vuilnisbak*) Müllkasten. ▾**—bakje** Aschenbecher *m*. ▾**—belt** Müllabladeplatz *m*. ▾**—best** Asbest *m*. ▾**—blond** aschblond.
as/breuk Achsbruch *m*. ▾**—bus** Achsenbüchse *w*.
asc/eet Asket *m*. ▾**—ese** Askese *w*. ▾**—etisch** asketisch.
Asdag Aschermittwoch *m*.
asdruk Achs(en)druck *m*.
asemmer Mülleimer *m*.
asfalt Asphalt *m*. ▾**—beton** A.beton *m*. ▾**—eren** a.ieren. ▾**—papier** A.pappe *w*. ▾**—weg** A.straße *w*.
asiel Asyl *s*. ▾**—recht** A.recht *s*.
as/koppeling Wellenkupplung *w*. ▾**—lager** Achsenlager *s*.
asociaal asozial.
aspect Aspekt *m*.
asperge Spargel *m*; *—s*, (*mil.*) Pfahlsperre *w*. ▾**—bed** Spargelbeet *s*.
aspirant Aspirant, Anwärter *m*. ▾**aspiratie** Aspiration *w*.
aspirientje Aspirintablette *w*. ▾**aspirine** Aspirin *s*.
asregen Aschenregen *m*.
assembl/age Montage *w*, Zusammenbau *m*. ▾**—eren** zusammenbauen, montieren.
Assepoester Aschen/brödel, A.puttel *s*.
assessor Assessor, Beisitzer *m*.
assimilatie Assimilation, Angleichung *w*. ▾**assimileren** assimilieren, angleichen.
assist/ent Assistent, Gehilfe *m*; (*arts*) Hilfsarzt *m*; (*geestelijke*) Hilfsgeistliche(r) *m*. ▾**—ente** Assistentin, Gehilfin *w*. ▾**—entie** Assistenz *w*, Beistand *m*; *— verlenen*, B., A., Beihilfe leisten. ▾**—eren** (e.m) assistieren, (e.m) beistehen.
associ/atie Assoziation *w*; (*vennootschap*) Handelsgesellschaft *w*. ▾**—é** Sozius, Teilhaber *m*. ▾**—ëren**: *z. —*, s. assoziieren, s. zusammentun.
assonantie Assonanz *w*.
assort/eren assortieren. ▾**—iment** (Waren) Sortiment *s*, Auswahl *w*.
Assum(p)tie Assumtion, Mariä Himmelfahrt *w*.
assuradeur Versicherer *m*, Assekurant *m*. ▾**assurantie** Versicherung, Assekuranz *w*. ▾**—bezorger** V.sagent *m*. ▾**—polis** V.spolice *w*. ▾**—premie** V.sprämie *w*. ▾**assureren** versichern, assekurieren.
Assyrië Assyrien *s*. ▾**Assyriër** Assyrer *m*.
aster Aster *w*.
astma Asthma *s*. ▾**—ticus** Asthmatiker *m*. ▾**—tisch** a.tisch.
astrant frech, unverschämt.
astro/logie Astro/logie *w*. ▾**—logisch** a.logisch. ▾**—loog** A.log *m*. ▾**—naut** A.naut *m*. ▾**—nomie** A.nomie *w*. ▾**—nomisch** a.nomisch. ▾**—noom** A.nom *m*.
asvaalt Aschengrube *w*, Müllabladeplatz *m*.
aswenteling Achsendrehung *w*.
Aswoensdag Aschermittwoch *m*.
asymme/trie Asymmetrie *w*. ▾**—trisch** asymmetrisch.
atelier Atelier *s*, Werkstatt *w*.
Atheens athenisch.
atheïsme Atheismus *m*. ▾**atheïst** Atheist *m*. ▾**atheïstisch** atheistisch.
atheneum Athenäum *s*.
Athene (*stad*) Athen *s*; (*godin*) Athene *w*.
Atlantisch atlantisch; *—e Oceaan*, atlantischer Ozean, Atlantik *m*; *— pact*, Atlantikpakt *m*; *—e unie*, Atlantikunion *w*.
atlas 1 (*boekwerk*; *halswervel*; *gebergte*) Atlas *m*; (*dragende fig.*) Atlant *m*; **2** (*stof*) Atlas *m*; *van —*, atlassen.
atleet Athlet *m*. ▾**atletiek** Athletik *w*. ▾**atletisch** athletisch.
atmosfeer Atmosphäre *w*. ▾**atmosferisch** atmosphärisch.
atol Atoll *s*.
atomair atomar. ▾**atomisch** atomisch.
atonaal atonal.
atoom Atom *s*. ▾**—afval** A.müll *m*. ▾**—bom** A.bombe *w*. ▾**—centrale** A.kraftwerk *s*. ▾**—energie** A.energie *w*. ▾**—geleerde** A.forscher *m*. ▾**—kop** A.sprengkörper *m*. ▾**—onderzeeër** A.-U-Boot *s*. ▾**—paraplu** A.schirm *m*. ▾**—splitsing** A.spaltung, A.zertrümmerung *w*. ▾**—stop** A.versuchsstop *m*. ▾**—tijdperk** A.zeitalter *s*. ▾**—zuil** A.säule *w*, A.meiler *m*.
atrofie Atrophie *w*.
attaché Attaché *m*.
attaqu/e Attacke *w*, Angriff *m*; (*v. ziekte*) Anfall *m*; (*beroerte*) Schlaganfall *m*. ▾**—eren** attackieren, angreifen.
attenderen: *— op*, aufmerksam machen auf [4]. ▾**attent** aufmerksam, attent. ▾**—ie** Aufmerksamkeit *w*; *ter — van*, zur Kenntnisnahme [2], (*op adres*) zu Händen, z. H. [2]; (*iem.*) *—s bewijzen*, Gefälligkeiten erweisen; *—!*, zur Beachtung.
attest Attest, Zeugnis *s*; *een — afgeven van iets*, etwas bescheinigen; *— v. d. dokter*, ärztliches Attest. ▾**—atie** Attest *s*. ▾**—eren** attestieren.
attitude Attitüde *w*.
attractie Attraktion *w*; (*bijv. op kermis*) Belustigung *w*; (*op een programma*) Nummer *w*. ▾**attractief** attraktiv.
attributief attributiv; *attributieve zin*, Attributsatz *m*. ▾**attribuut** Attribut *s*.
a.u.b. *zie* **alsjeblieft**.
aubade Aubade *w*.

aubergine Aubergine *w*.
auctie Auktion, Versteigerung *w*. ▾**auction/aris** Auktionator, Versteigerer *m*. ▾**—eren** auktionieren, versteigern.
audiëntie Audienz *w*; *— aanvragen*, um eine A. nachsuchen; *— verlenen*, A. erteilen; *op — (gaan)*, zur A.
audiovisueel audiovisuell.
auditeur Auditor *m*; *—-militair*, Kriegsgerichtsrat *m*.
auditief auditiv. ▾**auditorium** Auditorium *s*; (*toehoorders*) Zuhörer *Mz*; (*zaal*) Gehörsaal *m*; (*v. universiteit*) Hörsaal *m*.
augurk Einlege-, Essiggurke *w*; *—jes in het zuur*, Essiggurken.
augustijn (*monnik*) Augustiner *m*.
augustus der August.
aula Aula *w*.
aureool Aureole *w*, Heiligenschein *m*.
auspiciën Auspizien *Mz*.
Australië Australien *s*. ▾**Australiër** Australier *m*.
autarchie Autarchie *w*.
autarkie Autarkie *w*.
auteur Autor *m*; (*schrijver, ook*) Verfasser *m*. ▾**—schap** Autorschaft *w*. ▾**—srecht** Autorrecht, Verlagsrecht *s*; (*alg.*) Urheberrecht; *wet op het —*, Urhebergesetz *s*.
authen/ticiteit Authentizität *w*. ▾**—tiek** authentisch; *— afschrift*, beglaubigte Abschrift.
auto Auto *s*, Kraftwagen *m*. ▾**—accessoires** A.zubehör *s*, A.zubehörteile *Mz*. ▾**—band** A.reifen *m*. ▾**—bestuurder** A.fahrer, Kraftwagenführer *m*. ▾**—bewaker** A.wärter *m*, Parkwache *w*.
autobiografie Auto-, Selbstbiographie *w*.
auto/box Auto/box *w*. ▾**—bus** A.bus, Omnibus *m*. ▾**—car** Rundfahrtauto *s*.
autochtoon autochthon.
autocoureur Rennfahrer *m*.
autodidact Autodidakt *m*.
autogarage Autogarage *w*; (*klein*) A.schuppen *m*.
autogeen autogen.
autogram Autogramm *s*.
auto/industrie Auto/mobilindustrie *w*. ▾**—kerkhof** A.friedhof *m*.
auto/maat Auto/mat *m*. ▾**—matiek** A.matenbüfett *s*. ▾**—matisch** a.matisch; (*zelfwerkend, ook*) selbsttätig; (*vanzelf, onvermijdelijk*) zwangsläufig; *—e afsluiter*, Selbst/schlußventil *s*; *— pistool*, S.lade-, Maschinenpistole *w*; *—e regulateur*, S.regler *m*; *—e telefoon*, S.anschluß *m*; *— telefoonverkeer*, S.wählerverkehr *m*. ▾**—matiseren** a.matisieren. ▾**—matisering** A.matisierung *w*. ▾**—matisme** A.matismus *m*.
auto/mobiel A.mobil *s*, Kraftwagen *m*. ▾**—mobilisme** A.mobilismus, A.sport *m*. ▾**—mobilist** A.mobilist, A.fahrer *m*.
auto/nomie Auto/nomie *w*. ▾**—noom** a.nom.
auto/ongeluk A.unfall. ▾**—park** A.park *m*. ▾**—ped** Roller *m*.
autoplastiek Autoplastik *w*.
autopsie Autopsie *w*.
auto/race Auto/rennen *s*. ▾**—rijden** A.fahren *s*. ▾**—rijschool** Fahrschule *w*.
autoris/atie Autorisation *w*. ▾**—eren** autorisieren. ▾**autoritair** autoritär. ▾**autoriteit** Autorität *w*; *de —en*, die Behörden; *de Hoge A—*, die hohe Behörde.
auto/snelwas Schnellwaschanlage *w*. ▾**—snelweg** Auto/bahn *w*, Schnellstraße *w*. ▾**—standplaats** A.stand *m*. ▾**—tentoonstelling** A.mobilausstellung *w*. ▾**—tocht** A.fahrt *w*. ▾**—(slaap)trein** A.(reise)zug *m*. ▾**—verkeer** Kraftwagenverkehr *m*. ▾**—wasinrichting** A.waschanlage, Waschstraße *w*. ▾**—wedstrijd** A.rennen *s*. ▾**—weg** A.bahn, A.straße *w*.
aval Aval *m*, Wechselbürgschaft *w*; *voor— tekenen, — geven*, avalieren.
avant-garde Avantgarde *w*.
averechts verkehrt; *twee recht(s) twee averecht(s) (breien)*, zwei rechts zwei links.
averij Havarie, Haverei *w*; *— krijgen, lopen*, Havarie erleiden.
aversie Aversion, Abneigung *w*.
aviat/eur Flieger *m*. ▾**—iek** Aviatik *w*.
aviobrug Fluggastbrücke *w*.
avond Abend *m*; *'s —s*, abends, am A.; *bij —*, abends, am A.; *op zekere —*, eines Abends; *tegen de —*, gegen A. ▾**—blad** A.blatt *s*, A.zeitung *w*. ▾**—cursus** A.lehrgang *m*. ▾**—dienst** A.gottesdienst *m*. ▾**—eten** A.essen, A.brot *s*. ▾**—gebed** A.andacht *w*, A.gebet *s*. ▾**—japon** A.kleid *s*. ▾**—kleding** (*v. heren*) A.anzug, Gesellschaftsanzug *m*; (*v. dames*) A.kleid, Gesellschaftskleid *s*. ▾**—klok** Ausgehverbot *s*, Sperrstunden *Mz*. ▾**—maal** A.mahl *s*; *Heilig A—*, das heilige A.mahl; *viering van het —*, A.mahlsfeier *w*. ▾**—mis** A.messe *w*. ▾**—nijverheidsschool** technische, hauswirtschaftliche A.schule. ▾**—opleiding** A.kurs *m*. ▾**—partij** A.gesellschaft *w*. ▾**—rood** A.rot *s*, A.röte *w*. ▾**—school** A.schule *w*. ▾**—toilet** (*heren*) A.anzug *m*; (*dames*) A.kleid *s*, A.toilette *w*. ▾**—vullend**: *—e film*, a.füllender Film, A.füller *m*. ▾**—wedstrijd** A.wettkampf *m*.
avont/urier Abent/eurer *m*. ▾**—urierster** A.eurerin *w*. ▾**—uur** A.euer *s*. ▾**—uurlijk** a.euerlich.
axioma Axiom *s*.
azalea Azalie *w*.
azen lauern auf; *op winst —*, auf Gewinn aus sein.
Aziaat Asiat *m*. ▾**Aziatisch** asiatisch. ▾**Azië** Asien *s*.
azijn Essig *m*. ▾**—zuur I** *zn* Essigsäure *w*. **II** *bn* essigsauer.
Azoren Azoren *Mz*.
azimut Azimut *s*.
A.Z.polis Omniumpolice *w*.
Azteek Azteke *m*.
azuren azurn; (*v. wapenvlak*) blau. ▾**azuur** Azur *m*.

B

b B *s.*
ba! bah!
baadje Wams *s*, Jacke *w*; *iem. op zijn — geven*, e.m die J. ausklopfen.
baadster Badende *w*.
baai 1 (*stof*) Boi *m*; **2** (*inham*) Bai *w*; **3** (*tabak*) Baitabak *m*. ▾**—en** Boi…, boien.
baaierd Chaos *s*, Wust *m*.
baak Bake *w*.
baal Ballen *m*.
baan Bahn *w*; (*v. stoffen, ook*) Breite *w*; (*betrekking*) Stelle *w*; *op de lange — (schuiven)*, auf die lange Bank; *ruim — maken*, Platz machen; *wedloop op de korte —*, Kurzstreckenlauf *m*; *dat is van de —*, das ist erledigt. ▾**—brekend** bahnbrechend. ▾**—breker** Bahnbrecher *m*. ▾**—sport** Bahnrennen *s*. ▾**—tje** (*betrekking*) Stelle *w*, Ämtchen *s*. ▾**—tjesjager** Stellenjäger *m*. ▾**—tjesjagerij** Postenjagd *w*. ▾**—vak** Bahn/strecke *w*. ▾**—veger** B.feger *m*. ▾**—wachter** B.wärter *m*. ▾**—wedstrijden** (*sp.*) B.rennen *s*.
baar I *zn* **1** (*draagbaar*) Bahre *w*; **2** (*staaf*) Barren *m*, Stange *w*; **3** (*golf*) Woge *w*; **4** (*nieuweling*) Neuling, Grünschnabel *m*. **II** *bn* bar; *— geld*, (*ook*) Barschaft *w*.
baard Bart *m*; (*v. walvis*) Barte *w*; *de — in de keel hebben*, den Stimmbruch haben. ▾**—eloos** bartlos. ▾**—ig** bärtig. ▾**—schurft** Bartgrind *m*.
baarlijk: *de —e duivel*, der leibhaftige Teufel.
baarmoeder Gebärmutter *w*.
baars Barsch *m*.
baas Meister *m*; (*in fabr.*) Werkführer, -meister *m*; *zijn eigen — (zijn)*, sein eigner Herr; *de — (van de hond)*, der Herr; *het is een —*, (*= groot in zijn soort*) es ist ein Kerl; *gezellige oude —*, gemütlicher alter Herr; *zij is de —*, sie führt das Regiment; *iem. de — zijn*, e.m überlegen sein; *iets de — worden*, e.r Sache [2] (über etwas) Herr (Meister) werden; *de — spelen*, den M. machen; *over iem. de — spelen*, e.n bevormunden, schulmeistern; *er is altijd — boven —*, jeder findet seinen M.
baat (*nut*) Nutzen *m*; (*voordeel*) Vorteil *m*; (*winst*) Gewinn *m*; *— zoeken voor*, Abhilfe suchen gegen; (*de gelegenheid*) *te — nemen*, benutzen; (*een middel*) *te — nemen*, anwenden; *ten bate* (*van de armen*), zu Nutz und Frommen, zugunsten; *zonder —*, ohne Erfolg, nutzlos. ▾**—belasting** Wertzuwachssteuer *w*. ▾**—zucht** Gewinnsucht *w*, Eigennutz *m*. ▾**—zuchtig** gewinnsüchtig, eigennützig.
babbel/aar 1 Schwätzer, Plauderer *m*, Schwätzerin, Plaudertasche *w*; **2** (*snoep*) Karamelle *w*. ▾**—en** schwätzen, plaudern, plappern. ▾**—tje** Schwätzchen *s*. ▾**—zucht** Geschwätzigkeit *w*.
baby Baby *s*, Kleine(s) *s*. ▾**—box** Laufgitter *s*, -stall *m*. ▾**—commode** Wickeltisch *m*. ▾**—foon** Baby/fon *s*. ▾**—sit** B.sitter *m*, B.sitterin *w*. ▾**—sitten** b.sitte(r)n, s. als B.sitter(in) betätigen. ▾**—uitzet** Säuglingsausstattung *w*.
baccalaureaatsexamen Bakkalaureatsexamen *s*.
bacch/anaal Bacchanal *s*. ▾**—ant** Bacchant *m*.
bacil Bazillus *m*, Bazille *w*. ▾**—lendrager** Bazillenträger *m*.
back Verteidiger *m*. ▾**—hand** Backhand *w of m*, Rückhandschlag *m*.
bacter/ie Bakterie *w*. ▾**—ievrij** bakterienfrei. ▾**—iezikte** Bakterienkrankheit *w*. ▾**—iologisch** bakteriologisch. ▾**—ioloog** Bakteriologe *m*.
bad Bad *s*. ▾**—cel** Badezelle *w*. ▾**—en** baden; (*een bad nemen*) s. baden; (*in zijn bloed*) —, liegen; *in licht —*, s. im Lichte b.; *in weelde —*, s. im Überfluß wälzen; (*in zweet*) —, gebadet sein. ▾**—er** Badende(r) *m*. ▾**—gast** Bade/gast, Kurgast *m*. ▾**—goed** B.zeug *s*. ▾**—handdoek** B.(hand)tuch, Frottiertuch *s*. ▾**—hokje** B.kabine, B.zelle *w*. ▾**—hotel** Kurhaus, B.hotel *s*. ▾**—huis** B.haus *s*. ▾**—jas** B.mantel *m*. ▾**—kamer** B.zimmer *s*. ▾**—koets** B.karren *m*. ▾**—kostuum** B.anzug *m*. ▾**—kuip** B.wanne *w*. ▾**—kuur** B.kur *w*. ▾**—mat** B.matte *w*, B.vorleger *m*. ▾**—meester** B.meister *m*.
badminton Federball *m*, Badminton *s*.
bad/muts Bade/kappe *w*. ▾**—pak** B.anzug *m*. ▾**—plaats** B.ort, Kurort *m*; *naar een — gaan*, ins Bad reisen. ▾**—schoenen** B.schuhe *Mz*. ▾**—stof** B.zeug *s*. ▾**—water** B.wasser *s*; (*het kind*) *met het — weggooien*, mit dem Bade ausschütten.
bagage Gepäck *s*, *afgifte v. —*, Gepäckabgabe *w*. ▾**—bureau** G.annahme(stelle) *w*. ▾**—depot** G.aufbewahrung *w*. ▾**—drager** G.träger *m*. ▾**—kluis** G.schließfach *s*. ▾**—net** G.netz *s*. ▾**—rek** G.halter *m*. ▾**—ruim** Gepäckraum *m*. ▾**—ruimte** (*in auto*) Kofferraum *m*. ▾**—wagen** G.wagen *m*. ▾**—wagentje** G.karren *m*.
bagatel Bagatelle, Kleinigkeit *w*. ▾**—liseren** bagatellisieren, herabmindern.
bagger Bagger, Schlamm *m*. ▾**—en** baggern; (*door de modder*) —, waten. ▾**—machine** B.maschine *w*, Bagger *m*. ▾**—molen** Eimerbagger, Naßbagger *m*. ▾**—schuit** B.prahm *m*.
bagno Bagno *s*.
baiss/e Baisse *w*; *à la — (speculeren)*, auf eine B. ▾**—ier** Baissier, Flaumacher *m*.
bajes Kittchen *s*. ▾**—klant** Knastbruder *m*.
bajonet Bajonett *s*. ▾**—fitting** B.fassung *w*. ▾**—schermen** B.fechten *s*. ▾**—sluiting** B.verschluß *m*.
bak 1 Behälter *m*, Gefäß *s*; (*vierkant, kistvormig*) Kasten *m*; (*trogvormig*) Trog *m*; (*langwerpig rond*) Mulde *w*; (*emmer-, kuipvormig*) Kübel *m*; (*kom, schaal*) Schüssel *w*; (*kommetje, nap*) Napf *m*; (*bekken, wasbak*) Becken *s*; (*v. wagen*) Kasten *m*; (*v. schip*) Back *w*; (*broeibak*) Treib-, Mistbeet *s*; **2** (*gevangenis*) Loch, Kittchen *s*; (*iem.*) *in de — zetten*, ins L. stecken; **3** (*geestigheid*) Witz *m*. ▾**—beest** Koloß *m*. ▾**—boord** Backbord *s*; *aan —*, an *B*., backbord(s).
bakeliet Bakelit *s*. ▾**—en** Bakelit…
baken Bake *w*; *de —s zijn verzet*, das Blättchen hat s. gewendet. ▾**—geld** Baken/geld *s*. ▾**—ton** B.tonne *w*.
baker Amme *w*. ▾**—mat** Heimat, Wiege *w*. ▾**—praatjes** Altweiberklatsch *m*.
bakfiets Liefer(drei)rad, Geschäfts-, Kastenrad *s*.
bakje, bakkie Jedermannfunk, CB-Funk *m*.
bakkebaard Backenbart *m*; *—en* (*fam.*),

Koteletten *Mz.*
bakkeleien s. raufen; (*fig.*) s. streiten.
bakken 1 (*brood enz.*) backen; (*aardappelen, vis*) braten; (*stenen, pannen, potten*) brennen; *gebakken aardappelen,* Bratkartoffeln *Mz;* **2** (*zakken voor examen*) durchfallen. ▼**bakker** Bäcker *m.* ▼**—ij** Bäckerei *w.* ▼**—sbedrijf** Bäcker/handwerk *s.* ▼**—sknecht** B.geselle *m.*
bakkes Fratze *w; hou je —!,* halt die Klappe!
bak/oven Back/ofen *m.* ▼**—poeder** B.pulver *s.* ▼**—sel** Gebäck *s.* ▼**—steen** Ziegel(stein), Backstein *m;* (*zinken*) *als een —,* wie ein Stein. ▼**—stenen** Backstein..., Ziegel(stein)... ▼**—vet** Bratfett *s.* ▼**—vis** (*ook fig.*) Backfisch *m.* ▼**—zeilhalen** (*fig.*) klein beigeben.
bal 1 Ball *m;* (*bij kegelspel*) Kugel *w;* (*v. hand en voet*) Ballen *m;* (*teelbal*) Hode *w; geen —!,* nicht die Bohne; *er geen — van weten,* (*ook*) keine blasse Ahnung davon haben; *zie* **zier**; **2** (*danspartij*) Ball *m; hedenavond —!,* heute abend Tanz!; *— champêtre,* Bal im Freien; *— masqué,* Maskenball.
balanceren balancieren. ▼**balans** (*weegschaal*) Waage *w;* (*boekhoudterm*) Bilanz *w; de — opmaken,* die B. ziehen. ▼**—jaar** Geschäftsjahr *s.* ▼**—opruiming** Inventurausverkauf *m.* ▼**—waarde** Bilanzwert *m.*
baldadig mutwillig, übermütig. ▼**—heid** Mutwille, Übermut *m.*
balein (*stof*) Fischbein *s;* (*v. korset*) Stange *w,* (*v. paraplu*) Stab *m.*
balen: *— van,* es satt *of* dick haben.
balg Balg *m;* (*v. fototoestel, ook*) Balgen *m.*
balhoofd Kugelgelenkkopf *m,* (*v. stuur*) Steuerkopf *m.*
balie (*leuning*) Geländer *s;* (*in rechtszaal enz.*) Schranke *w;* (*de advocaten*) Anwaltschaft *w,* Barreau *s; voor de — (komen),* vor die Schranken, vor Gericht. ▼**—kluiver** Eckensteher *m.*
baljuw Vogt *m.* ▼**—schap** Vogtei *w.*
balk Balken *m;* (*notenbalk*) Notenlinien *Mz.*
Balkan Balkan *m.*
balken schreien, iahen.
balkon Balkon *m;* (*v. tram*) Plattform *w.*
balkostuum Ballanzug *m.*
ballade Ballade *w.*
ballast Ballast *m.*
ballen 1 Ball spielen; **2** (*vuist*) ballen. ▼**—jongen** Balljunge *m.*
ballerina Ballerina *w.* ▼**ballet** Ballett *s.* ▼**—danseres** Ballett/tänzerin *w.* ▼**—gezelschap** B.truppe *w.*
balletje Bällchen, Kügelchen *s;* (*brood, vlees*) Klößchen *s; — gehakt,* Fleischklößchen *s,* Frika(n)delle *w; een — opgooien over iets,* etwas aufs Tapet bringen; *een — aan 't rollen brengen,* den Anstoß zu etwas geben.
balling Verbannte(r) *m.* ▼**—schap** Verbannung *w.*
ballist/iek Ballistik *w.* ▼**—isch** ballistisch.
ballon Ballon *m;* (*v. lamp*) Glocke *w;* (*v. gloeilamp*) Birne *w.* ▼**—versperring** B.sperre *w.*
ballot/age Ballotage, Kugelung *w.* ▼**—eren** ballotieren, kugeln.
ballpoint Kugelschreiber *m.*
balorig widerspenstig; unwillig. ▼**—heid** Widerspenstigkeit *w;* Unwille *m.*
balpen Kugelschreiber *m.*
balsahout Balsaholz *s.*
balschoen Ballschuh *m.*
balsem Balsam *m.* ▼**—en** balsamieren. ▼**—ing** Balsamierung *w.*
balspel Ballspiel *s.*
balsturig widersetzlich. ▼**—heid** Widersetzlichkeit *w.*
Baltisch baltisch; *—e Zee,* Baltisches Meer.
balustrade Balustrade *w.*
balzaal Ballsaal *m.*
bamboe Bambus *m;* (*stok*) Bambusrohr *s.*
ban Bann *m;* (*rijksban*) Acht *w; kerkelijke —,* Kirchenbann *m; in de — doen,* in den B. tun, in die A. erklären.
banaal banal, alltäglich.
banaan Banane *w;* Bananenbaum *m.*
banaliteit Banalität *w.*
bananeschil Bananenschale *w.*
band 1 Band *s;* (*v. boek*) Einband *m;* (*boekdeel*) Band *m;* (*v. auto, fiets; om wiel, vat*) Reifen *m;* (*v. biljart*) Bande *w; zijden —en,* seidene Bänder; *de —en* (*des bloeds*), die Bande; *kartonnen —,* Pappband *m; linnen —,* Leinwand-, Leineneinband *m; leren —,* Leder(ein)band, Ganzlederband *m; aan de lopende —,* (*ook*) am laufenden B.; *werk aan de lopende —,* Fließarbeit *w; garen en —,* Kurzwaren *Mz; aan —en leggen,* bändigen; *uit de — springen,* über die Schnur hauen; *uit (van) de — zijn,* aus Rand und Band sein; **2** (*muziekgezelschap*) Band, Tanzkapelle *w.* ▼**—afnemer** Reifenheber *m.* ▼**—eloos** zügellos. ▼**—eloosheid** Zügellosigkeit *w.* ▼**—(en)spanning** Reifendruck *m.* ▼**—epech** Reifenpanne *w,* Reifenschaden *m; — hebben,* einen Platten haben. ▼**—erol** Banderole *w.*
bandiet Bandit *m.*
bandijk Banndeich *m.*
band/opname (Ton)Bandaufnahme *w.* ▼**—opnemer, —recorder** Tonbandgerät, Bandaufnahmegerät *s.* ▼**—rem** Bandbremse *w.*
banen: *z. een weg —,* s. e.n Weg bahnen, (*fig.*) s. Bahn brechen; *de weg — voor nieuwe ideeën,* neue Ideen anbahnen.
banenplan Beschäftigungs/paket, B.programm *s.*
bang bang(e), ängstlich; *iem. — maken,* e.m bange machen, e.n ängstigen; *— zijn,* Angst haben, (s.) fürchten; *— zijn voor* (= *van*) *iem.,* Angst haben, s. fürchten vor e.m; *ik ben bang voor hem,* (*voor z'n leven*) ich fürchte für ihn; *ik ben —* (*dat hij al weg is*), ich fürchte; *het is om er — van te worden,* es ist zum Fürchten. ▼**—erd, —erik** Angsthase *m.* ▼**—heid** Bangigkeit *w.* ▼**—makerij** Einschüchterung, Beängstigung *w.*
banier Banner *s.*
banjo Banjo *s.*
bank Bank *w; — van lening,* Leihamt *s,* Versatzanstalt *w.* ▼**—aandeel** Bank/aktie *w.* ▼**—bediende** B.angestellte(r) *m.* ▼**—bedrijf** B.geschäft, B.gewerbe, B.wesen *s.* ▼**—biljet** B.note *w,* Schein, (*fam.*) Lappen *m; — van 20 Mark,* Zwanzigmarkschein. ▼**—biljettencirculatie** Notenumlauf *m.* ▼**—breuk** betrügerischer Bankrott *m.* ▼**—cheque** B.scheck *m.* ▼**—conto** B.guthaben *s.* ▼**—directeur** B.direktor *m.* ▼**—disconto** B.diskont, B.satz *m,* B.rate *w.*
banket Bankett, Festessen *s;* (*gebak*) Backwerk *s.* ▼**—bakker** Konditor, Zuckerbäcker *m.* ▼**—bakkerij, —zaak** Konditorei, Zuckerbäckerei *w.*
bank/filiaal Bank/filiale *w,* (Bank)Zweiggeschäft *s.* ▼**—garantie** B.garantie *w.* ▼**—geheim** B.geheimnis *s.* ▼**—houder** B.halter *m.* ▼**—ier** Bankier *m.* ▼**—iersfirma** Bank/haus *s.* ▼**—krediet** B.kredit *m.* ▼**—loper** (B.)Kassenbote *m.* ▼**—overval** B.überfall *m.* ▼**—papier** B.papiere *Mz.* ▼**—rekening** B.konto *s.* ▼**—roet** B.rott; Konkurs *m; — gaan,* B.rott machen; *— zijn,* B.rott sein. ▼**—saldo**

B.guthaben *s.* ▾**—schroef** Schraubstock *m.* ▾**—stel** B.garnitur *w.* ▾**—transactie** B.geschäft *s.* ▾**—werker** Schlosser *m.* ▾**—wezen** B.wesen *s.*
ban/neling Verbannte(r) *m.* ▾**—nen** bannen; (*verbannen*) verbannen. ▾**—vloek** Bannfluch *m.* ▾**—vonnis** Verbannungsurteil *s*; (*kerkelijk*) Bannfluch *m.*
baptist Baptist *m.*
bar I *bn, bw* kahl, nackt; (*dor, onvruchtbaar*) dürr, unfruchtbar; (*ruw, guur*) rauh; (*slecht*) schlimm; (*erg*) schrecklich, furchtbar; *het al te — maken*, es zu bunt treiben; *het werd hem te —*, ihm ging der Hut hoch. **II** *zn* Bar *w.*
barak Baracke *w.*
barbaar Barbar *m.* ▾**—s** barbarisch. ▾**—sheid** Barbarei, Grausamkeit *w.*
barbecue Barbecue *s*; Gartengrill *m.* ▾**barbecuen** grillen; (*ook*) zu e.m Barbecue zusammenkommen.
Barbertje: *— moet hangen*, tut nichts! Der Jude wird verbrannt.
barbier Barbier *m.*
barbituraat Barbiturat *s.*
bard Barde *m.* ▾**—enzang** Bardengesang *m.*
barderen (*cul.*) bardieren.
baren gebären; (*opzien*) —, erregen; *zorg —*, Sorge machen. ▾**—snood**: *in — zijn*, in Kindesnöten liegen. ▾**—sweeën** Geburtswehen *Mz.*
baret Barett *s.*
bargoens Rotwelsch *s.*
bariton Bariton *m.*
bark Barke *w.*
barkas Barkasse *w.*
barkeeper Barkeeper, Barmann *m.* ▾**barkruk** Barhocker *m.* ▾**barmeisje** Barmädchen *s*, Barfrau *w.*
barmhartig barmherzig. ▾**—heid** Barmherzigkeit *w.*
barn/steen Bernstein *m.* ▾**—stenen** bernsteinern; Bernstein...
barok I *zn* Barock *s.* **II** *bn* barock. ▾**—stijl** Barockstil *m.*
barometer Barometer *s.* ▾**—stand** B.stand *m.*
baron Baron, Freiherr *m.* ▾**—es** B.in, Freifrau *w*; (*ongehuwd*) B.esse *w*, Freifräulein *s*, Freiin *w.* ▾**—ie** B.ie *w.*
barrevoet/er Barfüßer *m.* ▾**—s** barfuß, barfüßig.
barricad/e Barrikade *w.* ▾**—eren** barrikadieren; (*deur*) verrammeln.
barrière Barriere, Schranke *w.*
bars barsch, schroff; (*stuurs*) unwirsch; (*v. toon*) schroff. ▾**—heid** Barschheit, Schroffheit *w.*
barst (*scheur*) Riß *m*; (*in glas*) Sprung *m*; (*breuk*) Bruch *m*; (*spleet*) Spalt *m.* ▾**—en** (*barsten krijgen*) springen; (*uit elkaar springen*) platzen, bersten; *tot —s toe*, bis zum Zerspringen.
Bartholomeus Bartholomäus *m.*
Bartjens: *volgens —*, nach Adam Riese.
bas Baß *m.*
basalt Basalt *m.*
bascule Brückenwaage *w.*
base Base *w.*
base-ball Baseball *m.*
basement Basement *s*; (*voetstuk*) Fußgestell *s.* ▾**baseren** basieren [auf + 3], s. gründen [auf + 4]; (*zijn mening*) *op iets —*, auf etwas [4] gründen; *gebaseerd zijn op*, beruhen auf [+ 3].
basilicum Basilikum *s.*
basiliek Basilika *w.*
basis Basis *w*; (*grondslag, ook*) Grundlage *w*; (*mil., v. vliegtuigen, ook*) Stützpunkt *m*; (*de kosten van aanschaffing*) *als —* (*nemen*), als Maßstab. ▾**—loon** Grund-, Ecklohn *m.* ▾**—onderwijs** Elementarunterricht *m*, Grundschule *w*; (*leerjaar 1 t/m 4*) Primarstufe *w.* ▾**—opleiding** Grundausbildung *w.* ▾**—overeenkomst** Rahmenabkommen *s.* ▾**—salaris** Grundgehalt *s.* ▾**—school** Grundschule *w.*
Bask Baske *m.*
basket-ball Basketball *m.*
Baskisch baskisch.
bas-reliëf Basrelief *s.*
bassin Bassin, Becken *s.*
bas/sist Bassist *m.* ▾**—sleutel** Baßschlüssel *m.* ▾**—stem** Baßstimme *w.*
bast (*schors*) Rinde, Borke *w*; (*peul, schil*) Schale *w.*
basta! basta!, Schluß!
bastaard Bastard, Mischling *m*; (*plk.*) Blendling *m*; (*onecht kind*) Bankert *m.* ▾**—kind** uneheliches Kind. ▾**—plant** Bastardpflanze *w.* ▾**—rups** Afterraupe *w.* ▾**—soort** Mischart, Abart *w.* ▾**—vloek** unechter Fluch. ▾**—woord** Fremdwort *s.* ▾**—suiker** Bastardzucker *m.*
bastion Bastion *w.*
bas/viool Baß/geige *w.* ▾**—zanger** B.sänger *m.*
bat (*cricket*) Schlagholz *s*, Keule *w*; (*tafeltennis*) Schläger *m.*
Bataaf Bataver *m.* ▾**—s** batavisch.
bataljon Bataillon *s.*
bate *zie* **baat**. ▾**bat/en** nutzen, nützen, helfen; *het baat hem niet*, es nützt ihm nichts; *daarmee is hij niet gebaat*, damit ist ihm nicht geholfen; *baat het niet, het schaadt ook niet*, hilft es nicht, so schadet's doch nicht. ▾**—ig**: *— saldo*, Gewinnsaldo, Aktivsaldo *m*; *— slot*, Überschuß *m.*
bathy/scaaf Bathyskaph *m.* ▾**—sfeer** Bathysphäre *w.*
batist Batist *m.* ▾**—en** batisten, Batist...
batterij Batterie *w*; *droge —*, Trockenbatterie.
batting Balken *m.*
bauxiet Bauxit *m.*
baviaan Pavian *m.*
baza(a)r Basar *m*; Warenhaus, Kaufhaus *s.*
Bazel Basel *s*; *inwoner van —*, Basler *m.*
bazelen faseln.
bazig herrisch, gebieterisch. ▾**bazin** Meisterin *w.*
bazooka Bazooka, Panzerfaust *w.*
bazuin Posaune *w.* ▾**—geschal** Posaunenschall *m.*
beadem/en beatmen. ▾**—ing** Beatmung *w*; *mond-op-mond—*, Mund-zu-Mund-B.
beambte Beamte(r) *m*; *vrouwelijke —*, Beamtin *w.*
beamen (*'t eens zijn met*) einverstanden sein mit; (*met ja beantwoorden*) bejahen; (*bevestigen*) bestätigen; (*erkennen, toegeven*) zugeben.
beangst ängstlich; *— maken*, ängstigen. ▾**—igen** beängstigen.
beantwoord/en beantworten; (*een bezoek, het vuur enz., terugdoen*) erwidern; (*overeenkomen met*) entsprechen [3]; *aan het doel —*, dem Zweck entsprechen. ▾**—ing** Beantwortung, Erwiderung *w*; *ter — van*, in Antwort auf [4], in B., E. [2].
beat Beat *m.* ▾**—le** Beatle, Pilzkopf *m.*
beauty: *een —*, eine Beauté. ▾**beauty-case** Kosmetikkoffer *m.* ▾**beau-monde** die elegante Welt.
bebakenen bebaken.
bebloed blutig.
beboeten: *iem. —*, e.m eine Geldstrafe auferlegen.
beboss/en bewalden; (*opnieuw*) aufforsten. ▾**—ing** Aufforstung, Bewaldung *w.*

bebouw/baar kulturfähig. ▾**—en** bebauen; (*akker, ook*) bestellen. ▾**—ing** Bebauung *w*.
becijfer/en beziffern. ▾**—ing** Bezifferung *w*.
becommentariëren kommentieren.
beconcurreren: *iem.* —, mit e.m im Wettbewerb stehen, sein, mit e.m konkurrieren; *elkaar gaan* —, miteinander in Wettbewerb treten.
bed Bett *s*; (*in tuin*) Beet *s*; *naar* — (*gaan*), zu Bett; *uit* — (*springen*), aus dem B.; *kamer met een* —, *met twee* —*den*, Einzelzimmer, Doppelzimmer *s*.
bedaagd betagt.
bedaard ruhig; *z.* — *houden*, r. bleiben. ▾**—heid** Ruhe *w*.
bedacht: *op zijn voordeel* — *zijn*, auf seinen Vorteil bedacht sein; (*daarop was ik niet*) —, gefaßt. ▾**—zaam** bedächtig, bedachtsam. ▾**—zaamheid** Bedächtigkeit *w*.
bedank/en: *iem. voor iets* —, sich bei e.m für etwas bedanken, e.m für etwas danken; *voor een betrekking* —, (*ontslag nemen*) seine Entlassung einreichen, (*niet aannemen*) eine Stelle ablehnen; *voor een uitnodiging* —, eine Einladung dankend ablehnen; (*ontslaan*) entlassen; (*als lid van een vereniging*) (aus e.m Verein) austreten; *daar bedank ik* (*feestelijk*) *voor*, dafür bedanke ich mich bestens. ▾**—je** Dank *m*; (*weigering op een uitnodiging*) Absage *w*.
bedaren (*tot bedaren komen*) s. beruhigen; (*zich beheersen*) s. fassen; (*v. storm*) s. legen, nachlassen; (*tot bedaren brengen*) beruhigen.
bedauwen betauen.
bedde/goed Bett/zeug *s*. ▾**—laken** B.tuch *s*. ▾**—tijk** (*stof*) B.zwillich *m*; (*de overtrek*) B.überzug *m*.
bedding Bett *s*; (*laag*) Schicht *w*; (*v. delfstof*) Flöz *s*; (*v. geschut*) Bettung *w*.
bede Gebet *s*; (*verzoek*) Bitte *w*; (*dringend*) Anliegen *s*.
bedeeld: *de minst* —*en*, die Armen, die Ärmsten der Armen.
bedeesd schüchtern, verlegen; (*schuw*) scheu; (*weifelend*) zaghaft. ▾**—heid** Schüchternheit; Scheu; Zaghaftigkeit *w*.
bedehuis Bethaus *s*.
bedek/ken bedecken. ▾**—king** Bedeckung *w*. ▾**—t**: *in* —*e termen*, mit (in) verhüllenden Worten, auf versteckte Weise; *in* —*e termen te kennen geven*, durch die Blume zu verstehen geben; —*e lucht*, be-, umwölkter Himmel; — *verwijt*, versteckter Vorwurf.
bedel/aar Bettler *m*. ▾**—arij** Bettelei *w*. ▾**—brief** Bettelbrief *m*. ▾**—en** betteln.
bedél/en (*v. armen*) unterstützen; (*begiftigen*) beschenken; (*bijv. bij erfenis*) zuteilen; (*rijk met aardse goederen bedeeld*), gesegnet. ▾**—ing** (*v. armen*) Unterstützung *w*.
bedel/monnik Bettel/mönch *m*. ▾**—staf**: *tot de* — *brengen*, an den B.stab bringen.
bedelven begraben; *onder 't puin bedolven worden*, (*ook*) verschüttet werden.
bedenk/elijk bedenklich; *het ziet er* — *met je uit*, es sieht mißlich mit dir aus. ▾**—en** bedenken; (*overwegen*) erwägen; (*uitdenken*) ersinnen, erdenken. ▾**—ing** (*overweging*) Erwägung *w*; (*bezwaar*) Bedenken *s*; (*tegenwerping*) Einwendung *w*, Einwand *m*; —*en opperen*, Einwände erheben. ▾**—sel** Erfindung *w*. ▾**—tijd** Bedenkzeit *w*.
bederf Verderben *s*; (*rotting*) Fäulnis, Fäule *w*; (*ontbinding*) Verwesung *w*; (*v. zeden*) Verderbnis *w*; *aan* — *onderhevig zijn*, leicht verderblich sein. ▾**—elijk** (leicht) verderblich. ▾**—elijkheid** Verderblichkeit *w*. ▾**—werend** fäulniswidrig, fäulnisverhindernd. ▾**bederven** verderben; (*verprutsen*) verpfuschen; (*verwennen*) verzichon, verwöhnen; (*rotten*) (ver)faulen; (*vlees*) *bederft gauw*, ist leicht verderblich.
bedevaart Wall-, Pilgerfahrt *w*; *ter* — *gaan*, wallfahr(t)en. ▾**—ganger** Wallfahrer, Pilger *m*. ▾**—plaats** Wallfahrtsort *m*.
bedien/aar Diener *m*. ▾**—d**: *hij is* —, er hat die Sterbesakramente erhalten. ▾**—de** Bediente(r), Diener *m*, (Dienerin *w*); (*in winkel*) Gehilfe *m*, (Gehilfin *w*); (*op kantoor*) Angestellte(r) *m*; *de* —*n*, (*dienstpersoneel in huis*) die Hausangestellten. ▾**—en** bedienen; (*'n stervende*) die Sterbesakramente erteilen; *aan tafel de gasten* —, bei Tische den Gästen aufwarten; *z. van iets* —, s. e.r Sache bedienen. ▾**—ing** Bedienung *w*; (*aan tafel*) Aufwartung *w*; (*v. stervende*) Spendung (Erteilung) *w* der Sterbesakramente; — (*van 't Heilig Avondmaal*), Spendung, Austeilung *w*. ▾**—ingsmanschappen** Bedienungsmannschaft *w*. ▾**—ingsorgaan** Steuergerät *s*.
bedijk/en be-, eindeichen. ▾**—ing** Eindeichung *w*.
bedil/al Krittler *m*. ▾**—len** bekritteln, bemängeln. ▾**—ziek** tadelsüchtig. ▾**—zucht** Tadelsucht *w*.
beding Bedingung *w*; *onder* —, unter der B. ▾**—en** bedingen; (*een hoge prijs*) —, erzielen; *erbij* —, mit einbedingen.
bediscussiëren besprechen, erörtern.
bedissel/en in Ordnung bringen, (*fam.*) deichseln. ▾**—ing** Anordnung *w*, Getue *s*.
bedlegerig bettlägerig.
bedoeïen Beduine *m*.
bedoel/en meinen; (*ten doel hebben*) bezwecken; (*beogen*) beabsichtigen; *de bedoelde persoon*, die betreffende Person; *het door u bedoeld schrijven*, das von Ihnen erwähnte Schreiben; *als bedoeld in artikel 10*, im Sinne von Artikel 10, nach Artikel 10. ▾**—ing** Absicht *w*, Zweck *m*; *het ligt in mijn* —, es ist meine A.; *met de* —, in der A.; *zonder de minste* —, ohne jede A.
bedoening Getue *s*; *dat was 'n hele* — *voor hem*, das machte ihm viel Arbeit.
bedompt dumpf(ig). ▾**—heid** Dumpfigkeit *w*.
bedonderen beschwindeln, bemogeln, beschummeln.
bedorven verdorben; (*ei*: *rot*) faul; (*zedelijk*) verderbt; (*kind*) verzogen.
bedott/en anführen; (*bedriegen*) betrügen; (*afzetten*) prellen.
bedrading Verkabelung, Verdrahtung *w*.
bedrag Betrag *m*; *ten* —*e van*, im B.e von; *tot een* — *van*, bis zum B.e von. ▾**—en** betragen, s. belaufen auf [+ 4].
bedreig/en bedrohen [4], drohen [3]; *een bedreigde plek* (*in de dijk*), eine gefährdete Stelle. ▾**—ing** Bedrohung, Drohung *w*.
bedremmeld betreten, bestürzt; bedripst.
bedreven erfahren, gewandt, geschickt; *in iets* — *zijn*, in etwas [3] bewandert sein. ▾**—heid** Gewandtheit, Geschicklichkeit *w*.
bedrieg/en betrügen; (*oplichten*) beschwindeln; (*in zijn verwachtingen*) *bedrogen worden*, getäuscht werden; *als ik me niet bedrieg*, wenn ich mich nicht irre; (*als mijn geheugen me niet*) *bedriegt*, irreführt. ▾**—er** Betrüger; Schwindler *m*. ▾**—erij** Betrügerei *w*; Schwindel *m*. ▾**—lijk** betrügerisch; (*misleidend*) trügerisch.
bedrijf (*alg. bedrijfsleven*) Wirtschaft *w*; (*nijverheid, industrie*) Gewerbe *s*; (*een bepaalde onderneming*; *exploitatie*) Betrieb *m*; (*zaak*) Geschäft *s*; (*daad*) Handlung, Tat *w*; (*v. toneelstuk*) Aufzug, Akt *m*; (*handel en*) —, Gewerbe; *een* — *uitoefenen*, ein Gewerbe, ein Geschäft, ein Handwerk treiben; *in, buiten* —

stellen, in, außer B. setzen; *groot* —, Großbetrieb; *onder de —en door*, unterdessen. ▾**—sauto** Nutzkraftwagen *m*. ▾**—sadministratie** Betriebsverwaltung(slehre) *w*. ▾**—sbelasting** Gewerbe/steuer *w*. ▾**—sblind** betriebsblind. ▾**—schap** Marktverband *m*; — *voor de landbouw*, Bauernschaft *w*. ▾**—seconomie** Betriebs/wirtschaft(slehre) *w*; *technische* —, B. wirtschaftstechnik *w*. ▾**—seconoom** B.wirtschaftler *m*. ▾**—sgroep** Wirtschaftsgruppe *w*. ▾**—shuishoudkunde** B.wirtschaftslehre *w*. ▾**—shygiëne** G.hygiene *w*. ▾**—sinkomsten** B.einnahmen *Mz*. ▾**—skantine** B.kantine, Werksküche *w*. ▾**—skapitaal** B.kapital *s*. ▾**—sklaar** b.bereit, b.fähig. ▾**—skosten** B.kosten *Mz*. ▾**—skunde** G.kunde *w*. ▾**—sleer** B.lehre *w*. ▾**—sleider** B.leiter *m*. ▾**—sleiding** Geschäftsführung *w*. ▾**—sleven** (*alg*.) Wirtschaft *w*, Wirtschaftsleben *s*. ▾**—songeval** B.unfall *m*. ▾**—sorganisatie** B.organisation *w*; (*bond*) Wirtschaftsverband *m*; *publiekrechtelijke* —, staatliche B.organisation. ▾**—srechercheur** Werkschützer *m*. ▾**—srekenen** Wirtschaftsrechnen *s*. ▾**—sschade** B.schaden *m*. ▾**—sschool** B.schule *w*. ▾**—sspionage** Werkspionage *w*. ▾**—sstoring** B.störung *w*. ▾**—stak** Industrie-, Geschäftszweig *m*; (*afdeling v. fabriek*) B.zweig *m*. ▾**—stechnicus** B.techniker *m*. ▾**—svergunning** G.berechtigung *w*. ▾**—svermogen** B.kapital *s*. ▾**—sverzekering** B.unterbrechungsversicherung *w*. ▾**—svoering** B.führung *w*. ▾**—szeker** b.sicher. ▾**—szekerheid** B.sicherheit *w*.

bedrijv/en (*misdaad*) begehen, verüben; (*zonde*) b. ▾**—end** aktiv; *—e vorm*, Tatform *w*, Aktiv *s*. ▾**—ig** tätig, geschäftig, rührig; (*levendig*) lebhaft. ▾**—igheid** Tätigkeit, Geschäftigkeit; Lebhaftigkeit *w*; (*in industrie*) Beschäftigung *w*; *grote* —, lebhaftes Treiben; (*in de textielindustrie heerst thans*) *een grote* —, Hochbetrieb *m*.

bedrinken: *z*. —, s. betrinken; s. beduseln.

bedroefd betrübt, traurig; *'t ziet er — uit*, es sieht erbärmlich aus; *een — beetje*, herzlich wenig. ▾**—heid** Betrübnis, Traurigkeit *w*. ▾**bedroev/en** betrüben. ▾**—end** traurig.

bedrog Betrug *m*; (*oplichterij*) Schwindel *m*.

bedruipen: *zichzelf kunnen* —, sein Auskommen haben, seinen Lebensunterhalt verdienen.

bedrukken bedrucken. ▾**bedrukt** (*met figuren, letters*) bedruckt; (*neerslachtig*) gedrückt, niedergeschlagen. ▾**—heid** Bedrücktheit, Niedergeschlagenheit *w*.

bed/rust Bettruhe *w*. ▾**—sermoen** Gardinenpredigt *w*. ▾**—sprei** Tagesbettdecke, Spreitdecke *w*. ▾**—stee** Wandbett *s*, Bettnische *w*. ▾**—tijd**: *het is —!*, es ist Schlafenszeit!

beducht in Furcht, bekümmert. ▾**—heid** Furcht, Sorge *w*.

beduiden bedeuten.

beduimelen anschmuddeln.

beduusd bestürzt, betreten, verwirrt.

beduvelen bemogeln, verschaukeln; *ben je beduveld?*, bist du verrückt, toll?

bedwang: *in — houden*, im Zaume halten.

bedwateren Bettnässen *s*.

bedwelm/en betäuben; (*in roes brengen*) berauschen; *—de middelen*, betäubende, (*die in roes brengen*) berauschende Mittel, Rauschmittel *Mz*. ▾**—ing** Betäubung; Berauschung *w*; (*roes*) Rausch *m*.

bedwing/en bezwingen, (*onderdrukken*) unterdrücken; *z*. —, s. bezwingen, (*z. inhouden*) an sich halten. ▾**—ing** Bezwingung, Unterdrückung *w*.

beëdig/en (*iem*.) vereid(ig)en; (*iets*) beeidigen, eidlich erhärten. ▾**—ing** Beeidigung, Vereidigung *w*.

beëindig/en beend(ig)en. ▾**—ing** Beend(ig)ung *w*.

beek Bach *m*. ▾**—bezinking** B.ablagerung *w*. ▾**—je** Bächlein, Rinnsal *s*.

beeld Bild *s*; (*in gips, hout, enz., ook*) Figur *w*; (*standbeeld*) Standbild *s*, Statue *w*; *wassen* —, Wachsfigur, -bild; *een — geven van*, ein B.vermitteln von; *in — brengen*, bildlich darstellen; (*de 19e eeuw*) *in — gebracht*, in Bildern dargestellt. ▾**—aftaster** (*tv*) Bild/abtaster *m*. ▾**—band** B.-, Videoband *s*. ▾**—bandopname** Videoaufzeichnung *w*. ▾**—buis** B.röhre *w*. ▾**—enaar** Bild(nis) *s*. ▾**—end**: *—e kunsten*, bildende Künste. ▾**—endienst** Bilder/dienst *m*. ▾**—engalerij** B.galerie *w*. ▾**—enstorm** B.sturm *m*.

beeldhouw/en (*in steen*) meißeln; (*in hout*) schnitzen; (*standbeeld maken*) bildhauen. ▾**—er** Bild/hauer, B.schnitzer *m*. ▾**—kunst** B.hauerkunst *w*. ▾**—werk** B.hauerarbeit *w*.

beeld/ig reizend, bildschön. ▾**—je** Statuette, Figur *w*; *porseleinen* —, Porzellanfigur. ▾**—lijn** (*tv*) Bildzeile *w*. ▾**—overbrenging** Bildübertragung *w*. ▾**—plaat** Bildplatte *w*. ▾**—rijk** bilderreich. ▾**—roman** Bilderroman *m*. ▾**—scherm** Bildschirm *m*. ▾**—scherpte** Bildschärfe *w*. ▾**—schoon** bildhübsch, bildschön. ▾**—schrift** Bilderschrift *w*. ▾**—snijder** Bildschnitzer *m*. ▾**—spraak** bildliche Sprache, Bildersprache *w*. ▾**—telefoon** Bildtelefon *s*. ▾**beeltenis** Bildnis *s*.

beemd Flur, Au *w*. ▾**—gras** Rispengras *s*.

been Bein *s*; (*bot*) Knochen *m*, Bein *s*; (*v. hoek, passer*) Schenkel *m*; (*v. kous*) Beinling *m*; *de benen uit zijn lijf lopen om iets*, sich die Beine ablaufen nach etwas; *de benen nemen*, s. davon machen; *ergens geen — in zien*, s. kein Gewissen aus etwas machen; *met het verkeerde — uit bed stappen*, mit dem linken Fuß zuerst aufstehen; *met beide benen op de grond* (*staan*), mit beiden Füßen auf der Erde, (*niet fantaseren*) mit beiden Beinen in der Gegenwart; *op de —* (*brengen*), auf die Beine; *iem. op de — helpen*, e.m auf die Beine helfen; *op z'n laatste benen lopen*, auf dem letzten Loch pfeifen; *op eigen benen* (*staan*), auf eigenen Füßen; *op de —* (*zijn*), auf den Beinen; *vlug ter* —, flink auf den Beinen; (*slecht*) *ter* —, zu Fuß. ▾**—achtig** bein-, knochenartig; (*benig*) beinig. ▾**—breuk** Beinbruch *m*. ▾**beender/meel** Knochen/mehl *s*. ▾**—merg** K.mark *s*. ▾**—stelsel** K.gerüst *s*. ▾**been/kap** Gamasche *w*. ▾**—plaat** Beinschiene *w*. ▾**—ruimte** Beinraum *m*. ▾**—tje**: *zijn beste — voorzetten*, sein Bestes tun; *iem. een — lichten*, e.m ein Bein stellen; *—-over rijden*, holländern. ▾**—vlies** Knochenhaut *w*.

beer Bär *m*; (*varken*) Eber *m*; (*steunbeer*) Strebepfeiler *m*; (*uitwerpselen*) Fäkalien *Mz*; (*mest*) Abtritts-, Fäkaldünger *m*. ▾**—put** Senkgrube *w*.

beërv/en beerben. ▾**—ing** Beerbung *w*.

beest (*wild beest, ruw mens*) Bestie *w*; (*dier*) Tier *s*; (*rund*) Rind *s*; (*z. gedragen*) *als een* —, wie ein Vieh; *de — uithangen*, s. schändlich benehmen; *—!*, du Vieh! ▾**—achtig** bestialisch, viehisch, schändlich; *— koud*, schrecklich kalt. ▾**—achtigheid** Bestialität *w*. ▾**beesten/boel** Sauwirtschaft *w*.

▾—**koopman** Viehhändler *m.* ▾—**markt** Viehmarkt *m.* ▾—**spel** Tierbude *w.* ▾—**stal** Viehstall *m*; (*fig.*) Schweinerei, Heidenwirtschaft *w.*
beet Biß *m*; (*brok, stuk*) Bissen *m*; (*biet*) Rübe *w.*
beethebben (*vasthebben*) festhaben; (*foppen*) zum besten haben; (*bedriegen*) beschwindeln, betrügen; (*begrijpen*) kapieren, weghaben; *ik heb beet,* (*lett. en fig.*) der Fisch beißt an; *de slag ervan* —, den richtigen Dreh (he)raushaben; *zie* **pakken**.
beetje bißchen; *een* — (*gaan wandelen*), ein b., ein wenig; *bij stukjes en —s*, allmählich, stückweise; *alle —s helpen*, viele Wenig machen ein Viel.
beet/krijgen ergreifen, erwischen; *de smaak* —, auf den Geschmack kommen. ▾—**nemen** anfassen, ergreifen; (*foppen*) anführen, zum besten haben, hereinfliegen lassen; (*bedriegen*) beschwindeln; *zie* **pakken**.
beetwortel Runkelrübe *w*, (*suikerbiet*) Zuckerrübe *w.* ▾—**suiker** Rübenzucker *m.*
bef Beffchen *s.*
befaamd berühmt, bekannt. ▾—**heid** Berühmtheit, Bekanntheit *w.*
befloersen umfloren.
begaafd begabt. ▾—**heid** Begabung *w.*
begaan (*een weg*) betreten; (*doen, bedrijven*) begehen, verüben; (*ik laat hem*) *maar* —, nur gewähren; *laat mij maar eens* —, laß mich nur machen; *op de begane grond*, zu ebner Erde; *ik ben met hem* —, es dauert mich. ▾—**baar** gangbar, begehbar.
begeer/lijk (*begerig*) begehrlich; (*wellustig*) lüstern; (*begerenswaard*) begehrenswert. ▾—**lijkheid** Begehrlichkeit *w.* ▾—**te** Begier(de) *w*; (*hevig*) Gier *w*; *zinnelijke* —, sinnliches Gelüst.
begeleid/en begleiten; —*d personeel*, Begleitpersonal *s*; —*d schrijven*, Begleitschreiben *s.* ▾—**er** Begleiter *m.* ▾—**ing** Begleitung *w.*
begenadig/en begnadigen. ▾—**d**: — *dichter*, begnadeter Dichter. ▾—**ing** Begnadigung *w.*
beger/en I *ww* begehren, (*zwakker*) wünschen. **II** *zn* Begehren *s*, Begehr *w.* ▾—**enswaard** begehrenswert. ▾—**ig** begierig; (*zinnelijk*) lüstern. ▾—**igheid** Begehrlichkeit *w*; (*sterker*) Begierde *w*; (*zinnelijk*) Lüsternheit *w*; (*hebzucht*) Habsucht *w.*
begeven (*ambt*) vergeben; (*de dienst weigeren*) (e.m) den Dienst versagen; (*in de steek laten*) im Stich lassen; *z.* —, s. begeben; *z. op weg* —, s. auf den Weg machen; (*de dijk*) *zal het* —, wird nachgeben.
begieten begießen.
begiftig/de Beschenkte(r) *m.* ▾—**en** beschenken; *met een ambt* —, ein Amt verleihen.
begijn Begine *w.* ▾—**hof** Beginenhof *m.*
begin Anfang, Beginn *m*; *in* (*bij*) *'t* —, im, zu, am A., (*aanvankelijk*) anfangs; *bij 't* — (*v. h. nieuwe jaar*), zum A.; *in 't — van april*, A. April; *van 't — af*, von A. an; *van ('t) — tot ('t) einde*, von A. bis zu Ende; *van het — tot het einde*, vom A. bis zum Ende; *alle — is moeilijk*, aller A. ist schwer; (*deze wetenschap*) *is nog in haar eerste* —, steckt noch in den ersten Anfängen. ▾—**kapitaal** Anfangskapital *s.* ▾—**klank** Anlaut *m.* ▾—**letter** Anfangsbuchstabe *m.* ▾—**neling** Anfänger *m.* ▾—**nen** anfangen, beginnen; *hij begint er altijd weer over*, er fängt immer wieder davon an; *het is — te regenen*, es hat zu regnen angefangen; *we zullen — met de nodige maatregelen te treffen*, wir wollen damit a., daß wir die nötigen Maßnahmen treffen; *om te* —, zunächst; *te — met 1 januari*, vom ersten Januar an. ▾—**ner** Anfänger *m.* ▾—**punt** Ausgangspunkt *m.* ▾—**salaris** Anfangsgehalt *s.*
beginsel Prinzip *s*, Grundsatz *m*; *de —en* (*van de wiskunde*), die Anfangsgründe; *de eerste —en*, die ersten Anfänge; *in* —, prinzipiell, grundsätzlich; *in* — (*aanwezig*), im ersten Anfang. ▾—**kwestie** Prinzipienfrage *w.* ▾—**loos** grundsatz-, prinzipien-, charakterlos. ▾—**vast** prinzipienfest. ▾—**verklaring** Parteiprogramm *s*, politisches Programm.
begin/snelheid Anfangs/geschwindigkeit *w.* ▾—**stadium** A.stadium *s*; *in 't — verkeren*, s. in den Anfängen befinden.
beglazen mit Scheiben versehen, verglasen.
begluren belauern.
begonia Begonie *w.*
begoochel/en betören. ▾—**ing** Betörung *w.*
begraafplaats Friedhof *m*; Begräbnisstätte *w.* ▾**begrafenis** Beerdigung *w*, Begräbnis *s*, Bestattung *w.* ▾—**fonds** Sterbekasse *w.* ▾—**ondernemer** Leichenbestatter *m.* ▾—**onderneming** Bestattungsgesellschaft *w*, Beerdigungsunternehmen *s.* ▾—**plechtigheid** Begräbnisfeier *w*, Leichenbegängnis *s.* ▾—**stoet** Leichenzug *m.* ▾**begraven** begraben; (*dode, ook*) beerdigen, bestatten; (*een schat*) vergraben.
begrensdheid Begrenztheit *w*, Begrenztsein *s.* ▾**begrenz/en** begrenzen. ▾—**ing** Begrenzung *w.*
begrijp/elijk begreiflich, verständlich, faßlich; (*iets*) — (*maken*), verständlich. ▾—**elijkerwijze** begreiflicherweise. ▾—**elijkheid** Begreiflichkeit, Verständlichkeit, Faßlichkeit *w.* ▾—**en** begreifen, fassen; (*meer het resultaat*) verstehen; *hij begrijpt moeilijk*, er begreift schwer; (*iem.*) *verkeerd* —, mißverstehen; *begrepen?*, verstanden?, (*fam.*) kapiert?; (*4 is driemaal*) *in 12 begrepen*, in 12 enthalten; *er onder begrepen*, mit einbegriffen; *daar heeft hij het niet op begrepen*, das gefällt ihm durchaus nicht; *het op iem. begrepen hebben*, es auf e.n abgesehen haben; *hij heeft het niet op mij begrepen*, er ist mir nicht grün; *dat kun je —!*, warum nicht gar!
begrinden, begrinten bekiesen, beschottern.
begrip Begriff *m*; (*inzicht*) Verständnis *s*; (*begripsvermogen*) Fassungskraft *w*; (*mening*) Ansicht *w*; (*korte zakelijke inhoud*) Abriß *m*; *dat gaat boven mijn* —, das übersteigt meine F., *naar mijn* —, meiner Ansicht nach; *hij is vlug van* —, er begreift schnell; *geen flauw* —, keine blasse Ahnung; *geen — voor*, kein V. für; *volgens de heersende —pen*, nach den herrschenden Anschauungen; *tot beter* —, zum besseren V. ▾—**sontleding** Begriffszergliederung *w.* ▾—**sverwarring** Begriffsverwirrung *w.*
begroei/en bewachsen. ▾—**ing** Bewachsung *w.*
begroet/en begrüßen. ▾—**ing** Begrüßung *w.*
begrot/en schätzen; (*de kosten*) — *op*, veranschlagen auf [4]. ▾—**ing** Kostenanschlag *m*; (*officieel*) Haushalt, Etat *m*; *huishoudelijke* —, Haushaltsplan, -etat *m*; *buitengewone, gewone dienst van de* —, außerordentlicher Dienst des Haushaltsplans, ordentlicher Haushalt. ▾—**ingsdebat** Haushalts-, Etatsberatung *w.* ▾—**ingsjaar** Finanz-, Haushaltjahr *s.* ▾—**ingspost** Haushaltsposten *m.* ▾—**ingstekort** Finanzdefizit *s.*
begunstig/en begünstigen; (*bevoorrechten*) bevorzugen; (*gunstig zijn voor*) e.m (e.r Sache) günstig sein; *begunstigd door de duisternis*, unter dem Schutze der Finsternis;

de begunstigde, der Bevorzugte. ▼**—er** Begünstiger *m*; (*bevorderaar v. kunst enz.*) Förderer *m*; (*beschermer*) Gönner *m*; (*klant*) Kunde *m*. ▼**—ing** Begünstigung *w*.
beha BH, Büstenhalter *m*.
behaag/lijk behaglich; (*gezellig*) gemütlich. ▼**—lijkheid** Behaglichkeit; Gemütlichkeit *w*. ▼**—ziek** gefallsüchtig. ▼**—zucht** Gefallsucht *w*.
behaard behaart, haarig.
behagen I *ww* gefallen; *het heeft Hare Majesteit behaagd...*, Ihre Majestät haben geruht. **II** *zn* Behagen *s*; *— scheppen in*, Gefallen finden an [3].
behalen (*overwinning*) davontragen; (*prijs, voordeel*) gewinnen; (*succes, winst*) erzielen; (*roem*) erwerben; (*goede cijfers*) bekommen; (*met hem is*) *geen eer te —*, keine Ehre einzulegen.
behalve außer [3], ausgenommen; (*ik geef allen wat*) *— jou*, ausgenommen dir, dich ausgenommen; *— als het regent*, außer wenn es regnet.
behandel/en behandeln; *wat wordt in dit boek behandeld?*, worüber handelt dieses Buch?; *iem. streng —*, strenge mit e.m verfahren; *iets voorzichtig —*, vorsichtig umgehen mit etwas; *behandeld worden*, (*v. een zaak voor de rechtbank*) zur Verhandlung stehen. ▼**—ing** Behandlung *w*; (*voor rechtb.*) Verhandlung *w*; *z. onder dokters— stellen*, s. ärztlich behandeln lassen.
behang Tapete *w*. ▼**—er** Tapezierer *m*. ▼**—en** behängen; (*kamer*) tapezieren. ▼**—sel** Tapete *w*. ▼**—selpapier** Tapetenpapier *s*.
behartig/en beherzigen; (*belangen, welzijn*) vertreten, wahren. ▼**—enswaardig** beachtenswert. ▼**—ing** Wahrung; Wahrnehmung *w*; Beherzigung *w*.
beheer Verwaltung *w*; (*leiding v. zaak*) Geschäftsführung, Leitung *w*; *het — voeren over iets*, etwas verwalten; *in eigen —*, in Selbstverwaltung; *financieel —*, Finanzverwaltung; *raad v. —*, Verwaltungsrat *m*. ▼**—der** Verwalter *m*. ▼**—sen** beherrschen. ▼**—sing** B.ung *w*. ▼**—sinstituut** Vermögensverwaltung *w*. ▼**—sraad** Verwaltungs/-, (*UNO*) Treuhanderrat *m*. ▼**—svorm** V.art *w*.
beheksen verhexen.
behelpen: *z. —*, s. behelfen.
behelzen enthalten.
behendig (*vlug*) behende; (*handig*) gewandt, geschickt. ▼**—heid** Behendigkeit; Gewandtheit, Geschicklichkeit *w*. ▼**—heidswedstrijd** Geschicklichkeitswettbewerb *m*.
behept behaftet (mit).
beheren verwalten.
behoed/en behüten, schützen (vor [3]). ▼**—zaam** bedächtig, behutsam. ▼**—zaamheid** Behutsamkeit *w*.
behoef/te Bedürfnis *s*; (*aan artikelen, levensmiddelen*) Bedarf *m*; *— aan rust* (*hebben*), Bedürfnis nach Ruhe; *— aan levensmiddelen*, Bedarf an Lebensmitteln; *dringend — aan iets hebben*, dringend etwas brauchen, e.s Dinges (etwas) bedürfen; *in een — voorzien*, ein Bedürfnis befriedigen; *al naar —*, je nach Bedarf; *in eigen — (eigen onderhoud) voorzien*, s. selbst ernähren; *z'n — doen*, seine Notdurft, sein Bedürfnis verrichten. ▼**—tig** bedürftig, notleidend. ▼**—tigheid** Bedürftigkeit *w*. ▼**behoev/e**: *ten — van de armen*, zum Besten der Armen; *ten — van het verkeer*, behufs des Verkehrs; *ten — van hem*, um seinetwillen. ▼**—en** brauchen; (*nodig hebben, ook*) nötig haben, bedürfen.
behoorlijk gehörig; (*fatsoenlijk*) anständig; (*geschikt*) passend; (*flink*) ordentlich, tüchtig; *—e schadeloosstelling*, angemessene, entsprechende Entschädigung; *— loon*, auskömmlicher Lohn. ▼**behoren** gehören; (*betamen*) s. gehören, s. geziemen; *jullie —* (*je vriend te bezoeken*), es geziemt s., daß ihr...; (*een vader*) *behoort* (*voor zijn kinderen te zorgen*), soll; *naar —*, wie sich's gehört.
behoud Erhaltung *w*; (*redding*) Rettung *w*; *met — van salaris*, mit Beibehaltung des Gehaltes. ▼**—en I** *ww* behalten; (*de aanvankelijke snelheid*) *—*, beibehalten. **II** *bn* wohlbehalten; *—* (*aankomst*), glückliche. ▼**—end** konservativ. ▼**—ens** (*met voorbehoud van*) vorbehaltlich [2]; (*uitgezonderd*) ausgenommen; *— de verplichting*, unbeschadet der Verpflichtung.
behuild verweint.
behuisd: *klein — zijn*, beschränkt wohnen.
behulp Hilfe *w*. ▼**—zaam** behilflich; dienstfertig, gefällig; *iem. de behulpzame hand bieden*, e.m hilfreiche Hand leisten. ▼**—zaamheid** Dienstfertigkeit *w*.
behuwd/broeder Schwager *m*. ▼**—dochter** Schwieger/tochter *w*. ▼**—zoon** S.sohn *m*. ▼**—zuster** Schwägerin *w*.
beiaard Glockenspiel *s*. ▼**—ier** G.er *m*.
beide beide. ▼**—rhande, —rlei** beiderlei. ▼**—rzijds I** *bw* beiderseits. **II** *bn* beiderseitig.
Beier Bayer *m*.
beieren läuten.
Beier/en Bayern *s*. ▼**—s** bayrisch.
beige beige.
beignet Krapfen *m*.
beijveren: *z. —*, s. bemühen, s. beeifern.
beijzeld mit Glatteis bedeckt, übereist.
beïnvloed/en beeinfluss/en. ▼**—ing** B.ung *w*.
beitel Meißel *m*. ▼**—en** meißeln.
beits Beize *w*. ▼**—en** beizen.
bejaard bejahrt, angejahrt; *een — heer* (*op jaren*), ein angejahrter Herr. ▼**—entehuis** Alters/heim *s*. ▼**—enverzorgster** A.pflegerin *w*. ▼**—enzorg** A.fürsorge, A.pflege *w*.
bejammeren bejammern, beklagen.
bejegen/en begegnen [3], behandeln. ▼**—ing** Behandlung *w*.
bek Maul *s* (*ook v. werktuigen*); (*v. vogel*) Schnabel *m*.
bekaaid: *ergens — afkomen*, übel bei etwas wegkommen.
bekaf hunds-, todmüde.
bekeerling Bekehrte(r) *m*.
bekend bekannt; (*schrijver*) namhaft; *— maken*, bekanntmachen; (*de dader bij de politie*) *— maken*, anzeigen; *— staan*, b. sein; *iem. die ter plaatse — is*, Ortskundige(r) *m*; *z. — maken*, seinen Namen nennen; *zoals —*, bekanntlich. ▼**—e** Bekannte(r) *m*. ▼**—heid**: *— met de wetten*, Kenntnis *w* der Gesetze; *de —* (*van deze geleerde*), der Ruf; (*deze professor is*) *een —*, eine Berühmtheit. ▼**—making** Bekannt/machung *w*. ▼**—wording** B.werden *s*.
beken/nen bekennen, (*min of meer gedwongen*) gestehen; (*de misdadiger*) *heeft bekend*, ist geständig; (*zijn ongelijk*) *—*, (ein)gestehen; (*geen mens*) *te —*, zu sehen, zu entdecken. ▼**—tenis** (Ein)Geständnis, Bekenntnis *s*.
beker Becher *m*.
beker/en bekehren. ▼**—ing** Bekehrung *w*.
beker/vormig becherförmig. ▼**—wedstrijd** Pokalspiel *s*.
bekeur/en aufschreiben, notieren; *bekeurd worden*, von der Polizei aufgeschrieben,

notiert werden; ein Strafmandat bekommen. ▾**—ing** Strafmandat *s*, Strafbefehl *m*; *'n — oplopen*, ein Strafmandat bekommen.
bekijk: *veel—s hebben*, aller Augen auf s. ziehen, viele Zuschauer haben. ▾**—en** besehen, begucken; betrachten; (*wantrouwend, nieuwsgierig*) beäugen; *ik bekijk de winkels*, ich sehe mir die Läden an; (*alles*) *wel bekeken*, wohl erwogen.
bekist/en verschalen. ▾**—ing** Verschalung; (Beton)Schalung *w*; *beton met een-, meerzijdige —*, einhäuptiger, mehrhauptiger Beton.
bekken Becken *s*. ▾**—fractuur** B.bruch *m*. ▾**—ist, —slager** B.schläger, Beckenist *m*.
beklaagde Angeklagte(r) *m*.
bekladden beschmieren, beklecksen; (*iem.*) —, verunglimpfen, verleumden.
beklag Klage *w*; *zijn — doen over*, s. beklagen über. ▾**beklagen** beklagen, bedauern; *z.* —, s. beklagen; (*off.*) s. beschweren. ▾**—swaard(ig)** (*v. pers.*) beklagenswert; (*ellendig*) kläglich.
beklant: *goed—e zaak*, starkbesuchtes Geschäft.
bekled/en bekleiden; (*ambt enz. ook*) innehaben; (*beschieten, betimmeren, ommantelen*) verkleiden; (*met planken*) verschalen; (*met een lambrizering*) (ver)täfeln; (*kabel*) bewehren; (*stoelen*) überziehen, polstern; *iemands plaats —*, jemands Stelle vertreten. ▾**—ing** Bekleidung; Verkleidung, Verschalung, (Ver)täfelung *w*. ▾**bekleedsel** Bekleidung *w*, Überzug *m*.
beklem/d beklemmt; *—e breuk*, eingeklemmter Bruch; *met — hart*, mit schwerem Herzen. ▾**—men** beklemmen. ▾**—ming** Beklemmung; Beklommenheit *w*. ▾**—recht** Erbpachtrecht *s*.
beklemtonen betonen.
beklijven haften.
beklimm/en besteigen; ersteigen. ▾**—ing** Be-, Ersteigung *w*.
beklinken (*'n zaak*) abmachen, erledigen; (*erop drinken*) auf eine Sache anstoßen; (*v. grond*) s. setzen, s. senken.
bekloppen beklopfen.
beknellen einklemmen; (*fig.*) bedrängen; *bekneld raken*, eingeklemmt werden.
beknibbelen: *op zijn loon is een gulden beknibbeld*, ihm ist vom Lohn ein Gulden abgeknapst, abgeknappt worden; *de prijs —*, am Preise herunterhandeln.
beknopt kurz(gefaßt); bündig; *—e spraakkunst*, kurzgefaßte Sprachlehre; *z. — uitdrukken*, s. kurz fassen. ▾**—heid** Kürze *w*; Bündigkeit *w*.
beknorren auszanken, schelten.
beknott/en beschneiden, einschränken. ▾**—ing** Beschneidung (*v. rechten*), Einschränkung *w*.
bekocht betrogen, übervorteilt.
bekoelen abkühlen; (*minder worden*) nachlassen.
bekogelen bewerfen.
bekokstoven abkarten.
bekomen (*krijgen*) bekommen, erhalten; (*v. schrik, ziekte*) s. erholen; (*het eten*) *bekomt mij niet*, bekommt mir nicht; *wel bekome 't u*, wohl bekomm's.
bekommer/d bekümmert; *z. — maken*, s. Sorge machen. ▾**—en** bekümmern; *z. — om*, s. kümmern um. ▾**—ing, —nis** Kümmernis *w*.
bekomst: *z'n — ervan hebben*, es satt haben; *zijn — eten*, s. satt essen.
bekonkelen abkarten.
bekoorlijk reizend; (*liefelijk*) anmutig. ▾**—heid** Reiz *m*; Anmut *w*.
bekopen: *'t met de dood —*, es mit dem Leben bezahlen; *z. aan iets —*, etwas zu teuer bezahlen.
bekor/en reizen; (*in verrukking brengen*) entzücken, bezaubern; (*verleiden*) verführen; (*tot zonde*) versuchen, in Versuchung bringen; (*bevallen*) gefallen, zusagen. ▾**—ing** Reiz *m*; Verführung; Versuchung *w*; *leid ons niet in —*, führe uns nicht in Versuchung.
bekort/en (*reis enz.*) abkürzen; (*door wegstrepen*) kürzen; (*aanspraken, rechten*) verkürzen. ▾**—ing** Ab-, Verkürzung *w*.
bekostig/en die Kosten bestreiten, bezahlen. ▾**—ing** Bestreitung *w* der Kosten, Bezahlung *w* der Unkosten.
bekrabbelen bekratzen; (*papier*) bekritzeln.
bekrachtig/en bekräftigen; verstärken; (*benoeming*) bestätigen; (*wet*) genehmigen; (*verdrag*) ratifizieren; *met een eed —*, eidlich erhärten. ▾**—ing** Bekräftigung, Bestätigung; (*wet*) Genehmigung *w*.
bekransen bekränzen.
bekrassen kratzen auf (+4).
bekrimpen beschränken; *z.* —, s. einschränken.
bekritiseren bekritteln.
bekrompen beschränkt; (*v. geest, opvattingen, ook*) borniert; (*kleingeestig*) kleinlich; (*kleinsteeds*) spießbürgerlich; (*armoedig*) dürftig. ▾**—heid** Beschränktheit; Borniertheit; Spießbürgerlichkeit, Dürftigkeit *w*.
bekron/en krönen; *met succes bekroond*, von Erfolg gekrönt; *een bekroond boek*, ein preisgekröntes Buch. ▾**—ing** Krönung; Preiskrönung *w*; (*dit succes*) *is de — van zijn werk*, setzt seinem Werk die Krone auf.
bekruipen bekriechen; (*v. gevoel, v. vrees enz.*) beschleichen, überkommen; (*de lust*) *bekruipt me*, wandelt mich an.
bekwaam (*in staat tot, kundig*) fähig; (*flink*) tüchtig; (*handig*) geschickt; *met bekwame spoed*, mit gehöriger Eile. ▾**—heid** Fähigkeit; Tüchtigkeit; Geschicklichkeit *w*; *akte van —*, Fähigkeitsausweis, Befähigungsnachweis *m*, F-, B.diplom *s*; (*als leerkracht*) Lehrbefähigungs-, Lehrerdiplom *s*. ▾**bekwamen** (*voor een examen*) vorbereiten; *z. — in*, s. ausbilden in [3].
bel Glocke, Klingel, Schelle *w*; (*luchtbel*) Blase *w*; *aan de — trekken*, die Klingel ziehen; *—len blazen*, Seifenblasen machen.
belabberd miserabel, erbärmlich, elend.
belachelijk lächerlich. ▾**—heid** Lächerlichkeit *w*.
beladen beladen.
belagen bedrängen, nachstellen [3]; (*bedreigen*) bedrohen.
belanden: (*waar is hij*) *beland?*, hingekommen?; (*de wagen*) *belandde in de sloot*, landete im Graben.
belang Interesse *s*; (*vooral in handel, ook*) Belang *m*; (*gewicht*) Wichtigkeit *w*; (*betekenis*) Bedeutung *w*; *algemeen —*, Gemeinwohl *s*, öffentliches Interesse; (*bij iets*) *— hebben*, interessiert sein; *— stellen in*, s. interessieren für, I. haben für; *een kwestie van —*, eine wichtige Frage; *een lawaai van —*, ein schrecklicher Lärm. ▾**—eloos** uneigennützig; (*gratis*) unentgeltlich. ▾**—eloosheid** Uneigennützigkeit, Selbstlosigkeit *w*. ▾**—engemeenschap** Interessengemeinschaft *w*. ▾**—enstrijd** Interessenkampf *m*. ▾**—hebbend**: *— voorwerp*, Dativobjekt *s*; *de —e partijen*, die interessierten, beteiligten Parteien. ▾**—hebbende** Beteiligte(r) *m*; (*belangstellende, gegadigde*) Interessent *m*. ▾**—rijk** wichtig; (*aanzienlijk*) bedeutend, erheblich. ▾**—rijkheid** Wichtigkeit,

Bedeutung *w.* ▼**—stellend** teilnehmend; (*aandachtig*) aufmerksam; — *informeren,* s. angelegentlich erkundigen. ▼**—stelling** Interesse *s;* (*meeleven*) Teilnahme *w; dank u voor de —,* danke der Nachfrage, (*na condoleren of feliciteren*) ich danke für Ihre T. ▼**—wekkend** interessant.
belast: — *en beladen,* schwerbeladen; (*erfelijk*) —, belastet. ▼**—baar** (*aan belasting onderworpen*) steuerbar, (*v. personen*) steuerpflichtig; *belastbare goederen,* (*bij invoer*) zollpflichtige Waren; (*een wagon*) — *met,* mit e.r Tragfähigkeit von. ▼**—baarheid** Steuerbarkeit; Tragfähigkeit *w.* ▼**—en** (*met belasting*) besteuern; (*iem. iets opdragen*) (e.n mit etwas) beauftragen; *z. met een taak* —, eine Aufgabe übernehmen.
belaster/en verleumd/en. ▼**—ing** V.ung *w.*
belasting (*belastingoplegging*) Steuer *w;* (*met een last; tech. enz.*) Belastung *w; maximale —,* Höchstbelastung; *in de — vallen,* s.pflichtig sein; *vrij van —,* s.frei. ▼**—aangifte** S.erklärung *w.* ▼**—aanslag** S.veranlagung *w.* ▼**—adviseur** S.berater *m.* ▼**—aftrek** S.abzug *m.* ▼**—ambtenaar** S.beamte(r) *m.* ▼**—betaler** S.zahler *m.* ▼**—biljet** S.zettel *m.* ▼**—consulent** S.berater *m.* ▼**—deskundige** S.praktiker *m.* ▼**—druk** S.belastung, S.last *w.* ▼**—fraude** S.betrug *m,* S.defraudation *w.* ▼**—gids** S.almanach, S.berater *m.* ▼**—groep** S.klasse *w.* ▼**—grondslag** S.merkmal, S.objekt *s.* ▼**—heffing** S.erhebung *w.* ▼**—jaar** S.jahr *s.* ▼**—kantoor** S.amt *s.* ▼**—kohier** S.erhebungsliste *w.* ▼**—ontduiker** S.defraudant *m.* ▼**—ontduiking** S.hinterziehung *w.* ▼**—plichtig** s.pflichtig. ▼**—schuld** S.rückstand *m.* ▼**—stelsel** S.system *s.* ▼**—verhoging** S.erhöhung *w.* ▼**—verlaging, —vermindering** S.nachlaß *m.* ▼**—vrij** s.frei. ▼**—wet** S.gesetz *s.* ▼**—zegel** S.marke *w.*
belazer/en bemogeln, bescheißen; *ben je belazerd?,* bist du toll, verrückt? ▼**—ij** Beschiß *m.*
beledig/en beleidigen; (*krenken*) verletzen. ▼**—ing** Beleidigung; Verletzung *w.*
beleefd höflich; (*galant*) artig; (*ik dank u*) —, verbindlichst. ▼**—heid** Höflichkeit *w; dat laat ik aan uw — over,* das steht in Ihrem Belieben. ▼**—heidsbezoek** Anstands-, Höflichkeitsbesuch *m.* ▼**—heidshalve** höflichkeitshalber. ▼**—heidsvorm** Höflichkeitsform *w.*
beleen/baar versetzbar; (*v. waardepapieren*) beleihbar. ▼**—briefje** Pfandschein *m.*
beleg Belagerung *w; het — slaan om* (*voor*) *een stad,* eine Stadt belagern; *de staat van — afkondigen voor,* den Belagerungszustand verhängen über.
belegen: — *bier,* Lagerbier *s;* — *kaas,* alter Käse; — *wijn,* abgelagerter Wein.
beleger/aar Belagerer *m.* ▼**—en** belagern. ▼**—ing** Belagerung *w.*
beleggen belegen; (*geld*) anlegen; (*vergadering*) zusammenberufen, anberaumen; (*geld*) — *in,* a. in [3], (*investeren*) investieren in [3]. ▼**belegger** Anleger *m.* ▼**belegging** Belegung *w;* (*v. geld*) Anlage *w;* (*v. vergadering*) Zusammenberufung *w;* (*broodbelegsel*) Belag *m.* ▼**—sfondsen** Anlagepapiere, -werte *Mz.* ▼**—smaatschappij** Kapitalanlage-, Investmentgesellschaft *w.* ▼**—sobject** Renditeobjekt *s.* ▼**—swaarde** Anlagewert *m.* ▼**belegsel** Belag *m;* (*strook, oplegsel*) Besatz *m.*
beleid Umsicht *w;* (*doorzicht*) Einsicht *w;* (*tact*) Takt *m;* (*ambtsverrichting*) Amtsführung *w; 's lands —,* Führung *w* der Staatsgeschäfte; *financieel —,* Finanzgebarung *w.* ▼**—vol** taktvoll.
belemmer/en hindern; (*sterker*) hemmen; (*uitzicht*) benehmen. ▼**—ing** Hindernis *s;* Behinderung *w;* Hemmung *w.*
belendend anstoßend, angrenzend.
belen/en verpfänden; (*in bank v. lening*) versetzen; (*v. waardepapieren enz.*) beleihen, lombardieren; (*met leengoed*) belehnen. ▼**—ing** Verpfändung *w* usw.; (*geldverstrekking tegen zakelijk onderpand*) Lombarddarlehen *s; een — sluiten op effecten,* Effekten beleihen, lombardieren, (*v. verstrekker*) Lombard gewähren auf Effekten; *akte van —,* Beleihungskontrakt *m.*
belet: — *hebben,* verhindert sein, Abhaltung haben; — (*laten*) *vragen,* fragen lassen ob jemand zu sprechen sei, e.n Besuch anmelden lassen.
bel-etage Hochparterre *s.*
belet/sel Hindernis *s.* ▼**—ten** verhindern; *iem. — te werken,* e.n an der Arbeit hindern, e.n von der Arbeit abhalten; *iem. de toegang —,* e.m den Zutritt verwehren; *wat belet u heen te gaan?,* was hindert Sie daran fortzugehen?
beleven erleben; *plezier — van,* Freude e. an [3]. ▼**—is** Erlebnis *s.*
belezen *bn* belesen. ▼**—heid** Belesenheit *w.*
Belg Belgier *m.* ▼**—ië** Belgien. ▼**—isch** belgisch. ▼**—ische** Belgierin *w.*
Belgrado Belgrad *s.*
belhamel (*raddraaier*) Rädelsführer *m.*
belicham/en verkörper/n. ▼**—ing** V.ung *w.*
belicht/en beleuchten; (*verduidelijken*) ausleuchten; (*fot.*) belichten. ▼**—ing** Beleuchtung; Belichtung *w.* ▼**—ingsmeter** Belichtungsmesser *m.* ▼**—ingstijd** Belichtungszeit *w.*
beliegen belügen.
believen I *ww* belieben; (*wensen*) wünschen; (*behagen*) gefallen; *ik belief dit niet te doen,* es beliebt mir nicht dies zu tun; *ik belief* (*dit eten niet*), ich mag; *wat belieft u?,* Sie wünschen?, was ist Ihnen gefällig?, (*bij niet verstaan*) wie, bitte?, wie meinen Sie? **II** *zn*: *naar —,* nach Belieben.
belijd/en bekennen; (*schuld, ook*) gestehen; *een godsdienst —,* s. zu e.r Religion b. ▼**—enis** Bekenntnis *s; zijn — doen,* sein Glaubensbekenntnis ablegen. ▼**—er** Bekenner *m.*
belinstallatie Klingelanlage *w.* ▼**bellen** klingeln; (*fietser, ook*) läuten; (*tel.*) anrufen; *er wordt gebeld,* es klingelt, läutet; *er is gebeld,* es hat geklingelt, geläutet.
bellenbaan Torpedolaufbahn *w.*
bellettr/ie Belletr/istik *w.* ▼**—istisch** b.istisch.
beloeren belauern.
belofte Versprechen *s;* (*verheven taal*) Verheißung *w;* (*gelofte*) Gelübde *s; vage —n,* unbestimmte Versprechungen; (*het land*) *van —,* der Verheißung; — *maakt schuld,* Versprechen und Halten ziemt Jungen und Alten.
beloken: — *Pasen,* Weißer Sonntag.
belon/en belohn/en. ▼**—ing** B.ung *w.*
beloop: *de zaak op zijn — laten,* die Sache auf s. beruhen lassen, (*zich vrij laten ontwikkelen*) der Sache ihren Lauf lassen; *'s werelds —,* der Lauf der Welt. ▼**belopen** begehen, belaufen; (*bedragen*) s. belaufen auf, betragen; *met bloed — ogen,* blutunterlaufene Augen; (*dat kan ik niet*) —, zu Fuß machen.
beloven versprechen; (*plechtig*) geloben; *het Beloofde Land,* das gelobte Land; — *en doen zijn twee,* Versprechen und Halten ist

zweierlei; (*het is moeilijk,*) *dat beloof ik je,* das sage ich dir.
belroos Rose *w.*
belt (*vuilnis—*) Müllabladeplatz *m.*
beluisteren belauschen; (*radiouitzending*) abhören; (*v. dokter*) behorchen.
belust: *— op,* lüstern nach, begierig nach; (*verzot*) erpicht auf [4].
belvédère Aussichtsturm *m.*
bemachtigen s. [e.s Dinges] bemächtigen.
bemalen entwässern.
bemann/en bemannen. ▾**—ing** Bemannung, Mannschaft *w.*
bemantelen bemänteln, beschönigen.
bemerk/baar bemerkbar. ▾**—en** bemerken. ▾**—ing** (*germ.*) *zie* **opmerking**.
bemest/en düngen. ▾**—ing** Düngung *w.*
bemiddel/aar Vermittler *m;* (*beslechter, rijksbemiddelaar*) Schlichter *m.* ▾**—d** bemittelt, begütert. ▾**—en** vermitteln; *in een geschil —,* e.n Streit schlichten, beilegen; *—d optreden,* vermitteln, s. ins Mittel schlagen. ▾**—ing** Vermittlung *w.* ▾**—ingsbureau** Arbeitsnachweis *m.* ▾**—ingsvoorstel** Vermittlungsvorschlag *m.*
bemin/d beliebt. ▾**—de** Geliebte(r) *m.* ▾**—nelijk** liebenswürdig. ▾**—nelijkheid** Liebenswürdigkeit *w.* ▾**—nen** lieben. ▾**—nenswaard(ig)** liebenswürdig.
bemoederen bemuttern.
bemoedig/en ermutigen. ▾**—ing** Ermutigung *w.*
bemoei/al Hansdampf in allen Gassen; *hij is een —,* (*ook*) er steckt die Nase in alles. ▾**—en**: *z. — met,* s. kümmern um, (*zich mengen in*) s. (ein)mischen in [4]; *z. ermee gaan —,* (*= tussenbeide komen*) eingreifen in [4]; *bemoei je er niet mee!,* mische dich nicht darein! ▾**—enis, —ing** Bemühung *w; voor uw — (ben ik dankbaar),* für Ihre Mühewaltung, für Ihre Bemühungen.
bemoeilijk/en erschweren; (*iem.*) *— in,* hindern an (in) [3]. ▾**—ing** Erschwerung *w.*
bemoei/ziek: *een — iemand,* e.r der s. in alles einzumischen sucht. ▾**—zucht** Sucht *w* s. in alles einzumischen.
bemonsteren bemustern.
bemorsen beschmutzen.
bemost bemoost.
benadel/en schaden [3], schädigen, benachteiligen; (*afbreuk doen*) beeinträchtigen; *iem. in zijn eer —,* e.n an seiner Ehre schädigen. ▾**—ing** Schädigung, Benachteiligung, Beeinträchtigung *w.*
benader/en (*beslag leggen op*) mit Beschlag belegen; (*ongeveer berekenen*) annähernd berechnen, schätzen; *iem. met een verzoek —,* an e.n mit e.r Bitte herantreten; (*een vraagstuk van een bepaalde kant*) *—,* s. an eine Aufgabe heranmachen. ▾**—ing**: *bij —,* annähernd.
benadrukken betonen.
benaming Benennung *w.*
benard bedrängt; (*hachelijk*) mißlich; *—e tijden,* schwere Zeiten. ▾**—heid** Bedrängnis, Not *w.*
benauw/d beklemmt, beklommen; (*drukkend*) drückend, schwül; (*v. ruimte*) eng; (*bedompt*) dumpf; (*angstig*) ängstlich; *— gevoel,* beklemmendes Gefühl; *—e lucht,* schlechte Luft; *een —e borst hebben,* engbrüstig sein; *hij krijgt 't —,* ihm wird schlecht, (*angstig*) er kriegt es mit der Angst; (*troost voor*) *zijn — hart,* sein beklommenes Herz; *met 'n — hart,* mit schwerem Herzen. ▾**—dheid** Beklemmung, Beklommenheit; Schwüle; Angst *w.* ▾**—en** beklemmen, beängstigen.
bende Bande *w;* (*groot aantal*) Menge, Masse *w; het was een —!,* es war eine tolle Wirtschaft! ▾**—leider** Bandenführer *m.*

beneden I *bw* unten, drunten; *— aan de trap,* unten an der Treppe; *— in het dal,* (dr)unten im Tal; *hier —,* hier unten, (*op aarde*) hienieden; *naar —,* hin-, herunter; (*we gaan*) *naar —,* hinunter; (*kom*) (*naar*) *—,* herunter; *naar — kijken,* hinab-, herabschauen. **II** *vz* unter [3/4]; (*ligging langs rivier*) unterhalb [2]; (*Bingen ligt*) *— de stad Mainz,* unterhalb der Stadt Mainz. ▾**—bewoner** Parterrebewohner *m.* ▾**—buur** der Nachbar unten. ▾**—dek** Unterdeck *s.* ▾**—huis, —woning** Parterrewohnung *w.* ▾**—loop** unterer Lauf, Unterlauf *m.* ▾**B—-Rijn** Niederrhein *m.* ▾**—stad** untere Stadt. ▾**—st** unterst, unter. ▾**—strooms** stromabwärts. ▾**—verdieping** unteres Stockwerk, Parterre, Erdgeschoß *s.* ▾**—waarts** abwärts.
benedict/ie Benedikt/ion *w.* ▾**—ijn** B.iner *m.* ▾**—ijnenklooster** B.inerkloster *s.*
benefietvoorstelling Benefizvorstellung *w.*
Beneluxlanden Beneluxstaaten *Mz.*
benemen (be)nehmen; (*z. het leven*) *—,* nehmen; *de adem —,* [e.m] den Atem rauben, verschlagen, versetzen; (*het uitzicht*) *—,* b., versperren.
benen *bn* beinern, knöchern.
benepen schüchtern, verlegen; (*angstig, benauwd*) ängstlich, kleinlich; (*eng*) eng.
beneveld neblig; (*dronken*) benebelt, beschwipst, angesäuselt; (*v. verstand*) umnebelt; (*v. oog*) umflort.
benevens nebst [3], samt [3]; (*het schip*) *— de lading,* samt der Ladung.
Bengaals bengalisch. ▾**Bengalen** Bengalen *s.*
bengel (*klepel*) Klöppel *m;* (*klok*) Glocke *w;* (*rakker*) Bengel, Schlingel *m.* ▾**—en** bimmeln; (*slingeren*) baumeln.
benieuw/d neugierig, gespannt; *— naar,* n. nach, g. auf [4]. ▾**—en**: *'t zal me —,* es soll mich wundern, ich bin gespannt, ich möchte mal wissen.
benig knochig.
benijden beneiden, mißgönnen; *beter benijd dan beklaagd,* besser Neider als Mitleider. ▾**—swaard(ig)** beneidenswert.
benodigd benötigt, nötig. ▾**—heden**: *alle —,* alles Erforderliche; *— voor het huishouden,* Haushaltsbedarf *m.*
benoem/baar ernennbar, anstellungsberechtigt. ▾**—en** (*naam geven*) benennen; (*aanstellen*) ernennen, anstellen. ▾**—ing**: *akte van —,* Ernennungsurkunde *w.*
benoorden nördlich von, n. [2].
bentgenoot Zunftgenosse *m.*
benul: *geen flauw — van iets hebben,* keine (blasse) Ahnung von etwas haben.
benutten benutzen; (*intensief*) ausnutzen; (*verwerken*) verwerten.
benzeen Benzen, Benzol *s.*
benzine Benzin *s;* (*als motorbrandstof, ook*) Sprit, Treibstoff *m.* ▾**—blik, —bus** B.kanister *m.* ▾**—leiding** B.leitung *w.* ▾**—meter** B.uhr *w.* ▾**—motor** B.motor *m.* ▾**—pomp** B.pumpe *w;* (*laadstation*) Tankstelle *w;* (*de pomp op 't laadstation*) Zapfsäule, Tanksäule, Zapfstelle *w.* ▾**—pomphouder** Tankwart *m.* ▾**—revolver** Zapfpistole *w.* ▾**—station** Tankstelle *w.* ▾**—tank** B.tank *m.*
benzol Benzol *s.*
beoefen/aar: *— v.d. muziek,* Musikbeflissene(r) *m; — v.d. sport,* Sportler *m; — v.d. wetenschap,* Wissenschaftler *m.* ▾**—en** (*kunst, wetenschap, sport*) treiben; (*schone kunsten, wetenschappen, ook*) pflegen; (*muziek, talen, ook*) studieren; (*deugden*) üben. ▾**—ing** Treiben *s,* Pflege *w,* Studium *s,* Ausübung *w.*
beogen beabsichtigen, bezwecken; (*in 't oog*

houden) im Auge haben; (*dit plan*) *beoogt hulpverlening*, sieht Hilfeleistung vor.
beoordel/aar Beurteiler *m*. ▾**—en** beurteil/en. ▾**—ing** B.ung *w*.
beoorlogen bekriegen.
beoosten östlich von, ö. [2].
bepaalbaar bestimmbar. ▾**bepaald** bestimmt; (*beslist*) entschieden; (*absoluut*) durchaus; (*gewoonweg*) geradezu; *op 't —e uur*, zur bestimmten, festgesetzten Stunde; *het is niet — mooi*, es ist nicht gerade schön; *het —e onder art. 3*, die Bestimmungen des § 3. ▾**—elijk** eigens, besonders, speziell. ▾**—heid** Bestimmtheit *w*.
bepakk/en bepacken, beladen. ▾**—ing** Bepackung *w*; (*v. soldaat*) Gepäck *s*.
bepal/en bestimmen; (*prijs, tijd, ook*) festsetzen; (*voorschrijven*) verordnen; (*vergadering enz. op bepaalde dag*) ansetzen, anberaumen; (*beperken*) beschränken; (*de prijs*) *wordt bepaald door* (*vraag en aanbod*), wird bedingt durch; (*de wet*) *bepaalt*, schreibt vor; *z. — tot*, s. beschränken auf [4]. ▾**—end**: *— lidwoord*, bestimmter Artikel. ▾**—ing** Bestimmung; Festsetzung; Verordnung *w*; *— van plaats, van tijd*, Orts-, Zeitbestimmung. ▾**—ingaankondigend**: *— voornaamwoord*, vorwärtsdeutendes Fürwort, Determinativpronomen *s*.
bepantser/en panzern. ▾**—ing** Panzerung *w*.
bepeinzen (nach)sinnen über.
beperk/en beschränken; (*inkrimpen*) einschränken; *beperkt van verstand*, (geistig) beschränkt; *z. — tot*, s. beschränken auf [4]. ▾**—ing** Be-, Einschränkung *w*. ▾**—theid** Beschränktheit *w*.
beplakken bekleben.
beplant/en bepflanzen. ▾**—ing** Bepflanzung, Pflanzung *w*.
bepleister/en (*muur*) bewerfen, verputzen; (*wonde*) bepflastern. ▾**—ing** Verputz, Bewurf *m*.
bepleiten verteidigen, befürworten, verfechten.
beploegen pflügen.
bepoederen (be)pudern.
bepoten bepflanzen; (*met vis*) besetzen.
bepraten besprechen; (*overhalen*) überreden, bereden.
beproefd erprobt; (*deugdelijk gebleken*) bewährt. ▾**beproev/en** (*proberen*) versuchen, probieren; (*op de proef stellen*) erproben; (*keuren*) prüfen; *zwaar beproefd worden*, schwer geprüft werden. ▾**—ing** Erprobung; Prüfung *w*; (*onheil, tegenslag*) Heimsuchung *w*; Schicksalsschlag *m*.
beraad Überlegung, Erwägung *w*; *iets in — houden*, s. etwas näher überlegen; (*iets*) *in — nemen*, in E. ziehen; (*nog*) *in — staan*, unentschlossen sein; *na rijp —*, nach reiflicher E., Ü.; *tijd van —*, Bedenkzeit *w*. ▾**—slagen** beratschlagen; *met iem. — over*, s. mit e.m beraten über. ▾**—slaging** Beratung *w*; *algemene —en*, Generaldebatte *w*. ▾**beraden**: *z. —*, s. bedenken, mit s. zu Rate gehen; (*ik heb*) *me —*, mich e.s andern; e.s Bessern bedacht.
beram/en (*plan*) entwerfen; (*begroten*) veranschlagen, schätzen; *middelen —*, auf Mittel sinnen, (*vinden*) Mittel ersinnen. ▾**—ing** Entwerfen; Ersinnen *s*; Schätzung *w*; Anschlag *m*.
berapen (*muur*) berappen, bewerfen.
berd: *te —e brengen*, aufs Tapet bringen.
berecht/en aburteilen. ▾**—ing** Aburteilung *w*.
beredderen in Ordnung bringen; (an)ordnen.
bereden beritten; (*v. weg*) befahren, (*te paard*) beritten.
bereden/eerd logisch; (*verslag*) begründet, motiviert; *een — man*, ein logisch denkender Mensch. ▾**—eren** auseinandersetzen, ausführlich erörtern; motivieren, begründen.
beregen/en berieseln, beregnen. ▾**—ing** Beregnung *w*. ▾**—ingsinstallatie** Berieselungsanlage *w*.
bereid bereit. ▾**—en** bereiten; (*maaltijd, drankje*) zubereiten, herrichten, herstellen. ▾**—heid**: *— tot het brengen van offers*, Opferbereitschaft *w*. ▾**—ing** (Zu)Bereitung, Herstellung, Erzeugung *w*. ▾**—s** bereits, schon. ▾**—vaardig, —willig** bereitwillig; (*vriendelijk*) gefällig. ▾**—verklaring** Bereiterklärung *w*. ▾**—willigheid** Bereitwilligkeit, Gefälligkeit *w*.
bereik Bereich *m*; *binnen* (*buiten*) *'t — van het oog, de stem, het geschut*, in (außer) Seh-, Hör-, Schußweite; (*dat*) *is boven mijn —*, übersteigt meine Kräfte, (*dat*) *is binnen ieders —*, ist für jedermann erreichbar, kann jedermann verstehen, kann jedermann s. leisten. ▾**—baar** erreich/bar. ▾**—en** e.en.
bereisd: *een — man*, ein viel gereister Mann; *een weinig — gebied*, ein wenig bereistes Gebiet. ▾**bereizen** bereisen.
bereken/baar berechenbar. ▾**—d**: *voor een taak — zijn*, e.r Aufgabe gewachsen sein; *op iets — zijn*, auf etwas [4] berechnet sein; *voor zoiets is hij niet —*, zu so etwas ist er nicht fähig; *een —* (*berekenend*) *man*, ein berechnender (berechneter) Mensch. ▾**—en** berechnen; (*de prijzen*) *zijn berekend à contant*, verstehen s. netto Kasse. ▾**—ing** Berechnung *w*; *volgens menselijke —*, nach menschlichem Ermessen.
bere/klauw Bären/tatze *w*; (*plant*) B.klau *m*. ▾**—leider** B.führer *m*. ▾**—muts** B.mütze *w*.
berg Berg *m*; *gouden —en beloven*, goldene Berge versprechen. ▾**—achtig** bergig, gebirgig. ▾**—afschuiving** B.rutsch *m*. ▾**—af(waarts)** bergab(wärts). ▾**—beek** Gebirgs/bach *m*. ▾**—beklimmer** B.steiger *m*. ▾**—bewoner** B.bewohner, G.bewohner *m*. ▾**—dorp** G.dorf *s*.
bergen bergen; (*bewaren*) aufheben; (*onderbrengen*) unterbringen; *geborgen zijn*, gut aufgehoben sein, in Sicherheit sein, (*geldelijk*) ein gemachter Mann sein; *het lijf —*, das Leben retten, s. retten.
berg/engte Engpaß *m*. ▾**—geschut** Gebirgs/artillerie *w*; (*één stuk*) G.geschütz *s*. ▾**—groep** G.gruppe *w*, G.stock *m*. ▾**—helling** Bergabhang *m*.
berghok Schuppen *m*; (*afgeschoten ruimte*) Verschlag *m*.
berghut Gebirgshütte *w*.
berging Bergung *w*. ▾**—swerk** B.sarbeiten *Mz*.
berg/jager Gebirgs/jäger *m*. ▾**—keten** G.kette *w*. ▾**—land** G.land *s*.
bergloon Bergegeld *s*, Bergungskosten *Mz*.
bergmassief Bergstock *m*; (*berggroep*) Gebirgsstock *m*.
bergmeubel Mehrzweckmöbel *s*.
berg/op(waarts) bergauf. ▾**—pas** Gebirgspaß, Bergpaß *m*.
berg/plaats (*alg.*) Aufbewahrungsort *m*; (*schuurtje*) Schuppen *m*; (*opslagplaats*) Lager *s*, Lagerraum *m*; (*in huis*) Abstellraum *m*; (*voor fietsen*) Unterstellraum *m*; *— voor inboedels*, Möbellagerhaus *s*; *zie* **berghok**. ▾**—ruimte** (*alg.*) Raum *m* zum Aufbewahren, zum Unterbringen; *zie verder* **—plaats**.
Bergrede Berg/predigt *w*. ▾**berg/spits** B.spitze *w*. ▾**—sport** B.sport *m*. ▾**—tocht** B.tour *w*. ▾**—top** B.gipfel *m*. ▾**—weide** B.weide, Alm *w*, (*in Alpen, ook*) Matte *w*.

bericht Nachricht *w*; (*handelst. ook*) Bericht *m*; (*rapport*) Bericht *m*; (*v. geboorte, ontvangst enz.*) Anzeige *w*; — *v. verzending*, Versandanzeige; *plaatselijke —en*, Lokalnachrichten *Mz*. ▾**—en** berichten, melden, mitteilen, e.n von etwas benachrichtigen; (*geboorte, ontvangst enz.*) anzeigen. ▾**—gever** Berichterstatter *m*.
berijd/baar fahrbar; (*te paard*) reitbar. ▾**—en** befahren; (*te paard*) bereiten; (*een paard*) reiten. ▾**—er** (Be)Reiter *m*; (*v. motorrijwiel enz.*) Fahrer *m*.
berijmen in Reime bringen; *berijmde psalmen*, gereimte Psalmen.
berijpt bereift, reifbedeckt.
beril(steen) Beryll *m*.
berin Bärin *w*.
berisp/en tadeln; (*scherper*) rügen; (*term voor lichte straf*) verweisen. ▾**—ing** Tadel *m*; Rüge *w*; Verweis *m*.
berk Birke *w*. ▾**—eboom** B.nbaum *m*. ▾**—en** birken, Birken...
Berlijn Berlin *s*. ▾**—er, —s** Berliner; *—e conferentie*, B. Konferenz *w*; (*hij spreekt*) —, Berlinisch.
berm (*v. weg*) Rain *m*; *zachte —!*, Seitenstreifen, Bankett nicht befahrbar!; (*deel v. glooiing*) Berme *w*; (*glooiing v. dijk*) Böschung *w*. ▾**—lamp** Sucher *m*. ▾**—plank** Leitplanke *w*. ▾**—prostitutie**: *— bedrijven*, auf den Autostrich gehen.
bermuda(short) Bermuda/hosen, B.shorts, Bermudas *Mz*.
bernardshond Bernhardiner *m*.
beroem/d berühmt. ▾**—dheid** Berühmtheit *w*. ▾**—en**: *z. — op*, s. rühmen [2], (*pochen op*) s. brüsten mit.
beroep Beruf *m*; (*ambacht*) Handwerk, Gewerbe *s*; (*hoger beroep*) B.ung *w*; (*benoeming*) B.ung *w*, Ruf *m*; *het — van onderwijzer*, der B. e.s Lehrers; *hij is onderwijzer van —*, er ist (von Beruf ein) Lehrer; *iem. met een vrij —*, Freiberufler *m*; *een — uitoefenen*, ein H. treiben, e.n B. ausüben; (*iets*) *als — uitoefenen*, gewerks-, berufsmäßig betreiben; *zonder —*, ohne B., berufslos; *van een vonnis in hoger — gaan*, gegen ein Urteil Berufung einlegen; *tegen een beslissing in — gaan*, gegen eine Entscheidung Einspruch erheben; *hoger — staat open*, Berufung ist zugelassen; *in hoger* — (*veroordeeld worden*), in zweiter (*eventueel* letzter) Instanz; *een — doen op 't gezond verstand, iemands eergevoel, iemands goedheid*, e.n Appell an die Vernunft richten, an jemands Ehrgefühl appellieren, jemands Güte in Anspruch nehmen; (*de dominee heeft*) *het —* (*aangenomen*), die Wahl. ▾**—en** berufen; (*met stem kunnen bereiken*) errufen; (*predikant*) wählen; *z. — op*, s. berufen auf [4]; *z. op de vorige spreker —*, s. auf den Vorredner beziehen.
▾**beroeps/bevolking** Berufs/bevölkerung *w*. ▾**—bezigheden** B.geschäfte, B.arbeiten *Mz*. ▾**—deformatie** B.deformation *w*. ▾**—geheim** B.geheimnis *s*. ▾**—keuze** B.wahl *w*; *bureau voor —*, Berufsberatungsstelle *w*. ▾**—keuze-adviseur** Berufs/berater *m*. ▾**—militair** B.soldat *m*. ▾**—officier** B.offizier *m*. ▾**—onderwijs** B.unterricht *m*; *hoger —*, höherer berufsbildender Unterricht. ▾**—opleiding** berufliche Ausbildung. ▾**—plicht** B.pflicht *w*. ▾**—renner** (*autosp.*) Renn-Profi *m*, (*wielersp.*) Rad-Profi *m*. ▾**—speler** B.spieler *m*; (*in sport, ook*) Profi *m*. ▾**—voetbal** B.fußball, Profi-Fußball *m*. ▾**—voetballer** (*ook*) Lizenzspieler *m*. ▾**—voorlichting** B.beratung *w*.
beroerd elend, erbärmlich, miserabel, lausig; *—e vent*, elender, verfluchter Kerl; *—e geschiedenis*, verflixte Geschichte; *ik voel me —*, mir ist schlecht; *— slecht*, verflucht schlecht.
beroer/en er-, aufregen; (*even aanraken*) berühren; (*verontrusten*) aufregen, beunruhigen. ▾**—ing** Aufregung *w*; (*mv: woelingen*) Umtriebe *Mz*; (*'t volk*) *in — brengen*, aufrühren.
beroerte Schlag(anfall) *m*; *een — krijgen*, vom Schlage gerührt werden.
berokkenen verursachen; *iem. leed —*, e.m Kummer machen; *iem. schade —*, e.m Schaden zufügen.
berooid mittellos.
berouw Reue *w*; *— over iets hebben*, etwas bereuen. ▾**—en**: *het berouwt me*, es (ge)reut mich, ich bereue es. ▾**—vol** reuevoll.
berov/en berauben; *iem. van iets —*, e.m etwas rauben, (*doen verliezen*) e.n um etwas bringen; *v.h. licht der ogen beroofd*, des Augenlichts beraubt. ▾**—ing** Beraubung *w*.
berucht berüchtigt; (*v. buurt enz.*) verrufen; *— maken*, in üblen Ruf bringen.
berust/en (*steunen op*) beruhen auf [3], s. gründen auf [4]; (*z. neerleggen bij*), s. fügen in [4], s. zufrieden geben mit; (*bewaard worden*) in Verwahrung sein; *in zijn lot —*, s. in sein Schicksal ergeben; *in het onvermijdelijke —*, s. ins Unvermeidliche f.; (*ik zal*) *het hierbij laten —*, es hierbei bewenden lassen; (*dit recht*) *berust bij hem*, steht ihm zu. ▾**—ing** Ergebung *w*; *onder zijn —* (*hebben*), in Verwahrung.
bes 1 Beere *w*; **2** (*muz.*) das B; **3** (*oude vrouw*) (altes) Mütterchen.
beschaafd gebildet; (*geciviliseerd*) zivilisiert; *— volk*, Kulturvolk *s*; *—e manieren*, feine Manieren; *algemeen —*, Hochsprache *w*. ▾**—heid** Bildung; Zivilisation *w*.
beschaamd beschämt; (*verlegen*) verschämt; *— maken*, beschämen; *met —e kaken staan*, ganz verschämt dastehen.
beschadig/d beschädigt, schadhaft. ▾**—en** beschädigen. ▾**—ing** Beschädigung *w*.
beschaduwen beschatten; (*sterker*) überschatten.
bescham/en beschämen; (*teleurstellen*) täuschen. ▾**—ing** Beschämung *w*.
beschav/en 1 bilden; zivilisieren; **2** (*met schaaf*) ab-, behobeln. ▾**—ing** Bildung, Zivilisation, Kultur *w*; (*uiterlijk in manieren*) Schliff *m*; *trap van —*, Kulturstufe *w*. ▾**—ingsgeschiedenis** Kulturgeschichte *w*.
bescheid Bescheid *m*; (*antwoord*) Antwort *w*; (*mv: bescheiden*) Dokumente, Schriftstücke *Mz*; *de vereiste —en*, die erforderlichen Unterlagen.
bescheiden *bn* bescheiden; (*zonder pretentie*) anspruchslos; (*dat is*) *mijn — mening*, meine unmaßgebliche Meinung. ▾**—heid** Bescheidenheit; Anspruchslosigkeit *w*.
bescherm... Schutz... ▾**—eling** Schützling *m*. ▾**—en** (be)schützen; (*bevorderen v. kunst enz.*) fördern; *—de rechten*, Schutzzölle *Mz*; *door de wet beschermd*, gesetzlich geschützt. ▾**—engel** Schutzengel *m*. ▾**—er** (Be)Schützer *m*; (*begunstiger*) Gönner *m*. ▾**—heer** Schirmherr, Schutzherr *m*. ▾**—heerschap** Schirmherrschaft *w*. ▾**—heilige** Schutzheilige(r) *m*. ▾**—ing** Schutz *m*; (*bevordering v. kunst enz.*) Förderung *w*; *— burgerbevolking* (*B.B.*), Zivilschutz *m*, (*Duitsl.*) Bundesluftschutzverband *m*; *— van gegevens*, Datenschutz *m*. ▾**—vrouwe** Schirmherrin, Schutzherrin *w*.
beschiet/en beschießen; (*met plankwerk*

enz.) verkleiden. ▾—**ing** Beschießung *w*, Beschuß *m*; (*met hout enz.*) Verkleidung *w*.
beschijnen bescheinen, beleuchten.
beschik/baar verfügbar, zur Verfügung stehend; — *stellen, zijn*, zur V. stellen, stehen. ▾—**baarheid** Verfügbarkeit *w*. ▾—**ken**: *over iem.* —, über e.n verfügen; *afwijzend op iets* —, etwas abschlägig bescheiden; *over een bedrag onder rembours* —, e.n Betrag durch Nachnahme erheben. ▾—**king** Verfügung *w*; (*regeling*) Anordnung *w*; (*v. h. noodlot*) Fügung *w*; *ter — stellen*, zur V. stellen. ▾—**kingsrecht** V.srecht *s*.
beschilder/en bemalen; (*verven*) anstreichen. ▾—**ing** Bemalung *w*; (*het geschilderde*) Malerei *w*; (*verven, verf*) Anstrich *m*.
beschimmelen schimmelig werden, verschimmeln.
beschimpen beschimpfen, verhöhnen. ▾—**ing** Beschimpfung *w*.
beschoei/en bekleiden. ▾—**ing** Uferbekleidung *w*.
beschonken betrunken; (*lichtelijk*) besäuselt; *in — toestand*, (*fam.*) im Suff. ▾—**heid** Trunkenheit *w*.
beschoren beschieden.
beschot 1 Bretterverschlag *m*, Scheidewand *w*; (*lambrizering*) Täfelung *w*; **2** (*opbrengst*) Ertrag *m*.
beschouw/en betrachten; (*alles*) *wel beschouwd*, wohl erwogen; *op zichzelf beschouwd*, an und für sich. ▾—**end** beschaulich; kontemplativ. ▾—**er** Betrachter *m*. ▾—**ing** Betrachtung *w*; — *en houden*, Betrachtungen anstellen; *buiten* — (*laten*), außer Betracht.
beschreeuwen erschreien.
beschreid: — *gezicht*, verweintes Gesicht.
beschrijv/en beschreiben; (*afschilderen, ook*) schildern; (*vaststellen*) schriftlich festsetzen; *beschreven rechten*, verbriefte Rechte. ▾—**ing**: *alle — te boven gaan*, über alle Beschreibung gehen. ▾—**ingsbiljet** Einschätzungsformular *s*.
beschroomd schüchtern, verlegen, scheu. ▾—**heid** Schüchternheit, Scheu *w*.
beschuit Zwieback *m*. ▾—**trommel** Z.dose *w*.
beschuldig/de (*jur.*) Angeklagte(r); (*anders*:) Beschuldigte(r) *m*. ▾—**en** beschuldigen; (*gerechtelijk*) anklagen; *iem. v. diefstal* —, e.n des Diebstahls b., a. ▾—**er** Beschuldiger, Ankläger *m*. ▾—**ing** Beschuldigung, Anklage *w*; *akte van* —, Anklageschrift *w*; *een — inbrengen tegen iem.*, eine A., eine B. gegen e.n erheben; *in staat van — stellen*, unter A. stellen, in den A.zustand versetzen.
beschutt/en (*voor, tegen*) schützen (vor [3], gegen). ▾—**ing** Schutz *m*.
besef Bewußtsein *s*; (*begrip*) Begriff *m*; (*inzicht*) Einsicht, Erkenntnis *w*; *niet het minste* —, keine blasse Ahnung. ▾—**fen** begreifen, erkennen, einsehen.
beslaan beschlagen; (*v. ruiten*) anlaufen; (*ruimte*) einnehmen; (*meel enz.*) anmachen; (*schoenen*) nageln; *een beslagen tong*, eine belegte Zunge; *goed beslagen ten ijs komen*, wohl beschlagen aufs Eis kommen. ▾**beslag** Beschlag *m*; (*v. meel*) Teig *m*; (*op tong*) Belag *m*; (*moutaftreksel*) Maische *w*; (*goederen*) *in — nemen*, beschlagnahmen, (*wegens schulden*) pfänden; — *leggen op iemands tijd*, jemands Zeit in Anspruch nehmen; (*de zaak*) *krijgt haar* —, wird beendigt. ▾—**legging** Beschlagnahme; Pfändung *w*.
beslapen beschlafen.
beslecht/en schlichten, beilegen. ▾—**ing** Schlichtung, Beilegung *w*.
besliss/en entscheiden; —*d*, entscheidend, ausschlaggebend (*stem*). ▾—**ing**: *een — nemen*, eine Entscheidung treffen. ▾—**ingswedstrijd** Entscheidungsspiel *s*. ▾**beslist** entschieden, bestimmt; (*onvoorwaardelijk*) unbedingt; — *niet*, durchaus, absolut nicht. ▾—**heid** Entschiedenheit, Entschlossenheit *w*.
beslommering Sorge *w*; *de —en v.h. leven*, die Mühseligkeiten des Lebens.
besloten (*v. jacht, ruimte, vergadering, enz.*) geschlossen; — *voorstelling*, geschlossene Vorstellung; — *vennootschap*, geschlossene Gesellschaft mit beschränkter Haftung; — *N.V.*, Familienaktiengesellschaft *w*; (*daarin ligt alles*) —, beschlossen.
besluipen beschleichen.
besluit Beschluß; Entschluß *m*; (*conclusie*) Schluß *m*, Schlußfolgerung *w*; *koninklijk* —, königlicher Erlaß; *ministerieel* —, ministerielle Verfügung; *een — nemen*, e.n E., B. fassen; *na het nemen van het* — (*ging de vergadering uiteen*), nach der Beschlußfassung; *het aantal aanwezige leden was niet voldoende om een — te nemen*, die Versammlung war nicht beschlußfähig; *tot* —, zum Schluß. ▾—**eloos** unschlüssig, unentschlossen. ▾—**eloosheid** Unentschlossenheit, Unschlüssigkeit *w*. ▾—**en** (*na overleg; gewoonlijk van diverse personen, vergadering*) beschließen; (*innerlijke beslissing, persoonlijk z. voornemen*) s. entschließen; (*gevolgtrekking maken*) schließen, folgern; (*einde aan iets maken*) schließen, beendigen; (*niets kan mij*) *doen* — (*mijn plan op te geven*), bestimmen, veranlassen. ▾—**vaardigheid** Entschlußfähigkeit *w*. ▾—**vorming** Beschlußfassung *w*.
besmeren beschmieren, beschmutzen.
besmet angesteckt; verseucht; (*bij staking*) gesperrt; — *verklaren*, für v. erklären; (*het werk*) — *verklaren*, (*bij staking*) als Streikbruch erklären. ▾—**telijk** ansteckend; (*witte kleren*) *zijn* —, schmutzen leicht. ▾—**telijkheid** Ansteckungskraft, -gefahr *w*. ▾—**ten** anstecken; (*plaats, haven*) verseuchen; (*bezoedelen*) beschmutzen. ▾—**ting** Ansteckung; Infektion; Beschmutzung *w*.
besmeuren beschmutzen, beflecken.
besnaard: *fijn* —, zart besaitet. ▾**besnaren** besaiten.
besneeuwd beschneit.
besnijden beschneiden; *fijn besneden gelaat*, fein geschnittenes Antlitz; *fraai besneden beeld*, schön geschnitztes Bild. ▾—**is** Beschneidung *w*.
besnoei/en beschneiden; (*fig. ook*) schmälern. ▾—**ing** Beschneidung *w*; — *op de begroting*, Haushaltskürzung *w*.
besnord schnauzbärtig.
besnuffelen beschnüffeln, beschnuppern.
bespannen bespannen; (*viool*) beziehen.
bespar/en (er)sparen. ▾—**ing** Ersparung *w*; (*'t bespaarde*) Ersparnis *w*.
bespatten bespritzen.
bespelen bespielen; (*instrument*) spielen (auf); *het orgel* —, die Orgel, auf der O. spielen.
bespeuren bemerken; (*gevoelend, begrijpend*) (ver)spüren, merken.
bespieden belauern; (*oplettend gadeslaan*) beobachten; (*door geheime politiespion*) bespitzeln; (*uitvorsen*) ausspähen.
bespiegel/end beschaulich; (*wijsbegeerte*) spekulativ. ▾—**ing**: —*en houden*, Betrachtungen anstellen.
bespikkelen besprenkeln.
bespioneren *zie* **bespieden**.
bespoedig/en beschleunig/en. ▾—**ing**

B.ung *w.*
bespott/elijk lächerlich. ▾**—elijkheid** Lächerlichkeit *w.* ▾**—en** verspotten, spotten über. ▾**—ing** Verspottung *w*, Spott *m*; *een voorwerp van — (worden)*, zum Gespött.
bespraakt beredt. ▾**—heid** Beredsamkeit *w.*
besprek/en besprechen; (*plaatsen*) belegen, bestellen, reservieren; (*'n voorstel grondig*) —, durchsprechen. ▾**—ing** Besprechung; Belegung, Reservierung *w*; (*onderhoud*) Unterredung *w*; (*onderhandeling*) Unterhandlung *w.*
besprenkelen (be)sprengen.
bespringen bespringen; (*aanvallen*) angreifen.
besproeien begießen; (*bevloeien*) bewässern, berieseln; (*straat, tuin*) sprengen.
bespuiten bespritzen.
bespuwen bespeien, bespucken; (*teken v. verachting*) anspeien, anspucken.
bessemerpeer Bessemerbirne *w.*
bessesap Johannisbeersaft *w.*
best best; (*goed*) (sehr) gut; (*uitstekend*) ausgezeichnet; *—e vriend!*, (*ook iron.*) lieber Freund!; (*'t is*) *mij —*, mir gut, mir recht; (*ik zal het doen;*) *—!*, schön!; *naar (mijn) —e weten*, nach bestem Wissen; *niet al te —*, nicht zum besten; (*hij heeft*) *'t — (gewerkt)*, am besten; (*dat kun jij*) *— (doen)*, gut; *— (mogelijk)*, ganz gut; *—, maar*, schon gut, nur; (*dat is*) *—, maar*, ganz gut (und schön), aber; *ten —e (geven)*, zum besten; *zijn — doen*, sein Bestes tun; *het —e is dat we gaan*, es ist am besten, das Beste (wenn) wir gehen; *het —e ermee!*, viel Glück!, (*veel succes*) guten Erfolg!; *het —e!*, (*bij afscheid*) alles Gute!, (*tot zieke*) gute Besserung!
bestaan I *ww* bestehen; (*zijn*) existieren; (*leven*) leben; (*ondernemen, wagen*) unternehmen, wagen; *er bestaat een groot verschil*, es gibt e.n großen Unterschied; *dat bestaat niet*, das ist nicht möglich, das kann nicht b.; *spoken — niet*, es gibt keine Gespenster. **II** *zn* Dasein *s*, Existenz *w*, Bestehen *s*; *het vijftigjarig — (van de vereniging)*, das fünfzigjährige B.; *middel van —*, Erwerbsmittel *s*; *recht van —*, Daseinsberechtigung *w*; *de strijd om het —*, der Kampf ums D.; *een goed — (hebben)*, ein gutes Auskommen; *geen zeker — (hebben)*, keine sichere Existenz; *zijn — vinden in*, sein Brot verdienen mit. ▾**—baar** möglich; *— met*, vereinbar mit. ▾**—sgrond** Existenz/berechtigung *w.* ▾**—sminimum** E.minimum *s.* ▾**—smogelijkheid** E.möglichkeit *w.* ▾**—sreden** E.berechtigung *w.* ▾**—svoorwaarde** E.bedingung *w.*
bestand I *zn* Waffenstillstand *m.* **II** *bn*: *— zijn tegen iem.*, e.m gewachsen sein; *tegen hitte, honger — zijn*, Hitze, Hunger (v)ertragen können; *tegen de verleiding — zijn*, der Verführung widerstehen können; *tegen vuur, de tropen —*, (*van goederen*) feuerfest, tropenfest. ▾**—deel** Bestandteil *m.*
bested/en: *moeite, zorg — aan*, Mühe, Sorgfalt verwenden auf [4]; (*geld, tijd*) *— aan (iets)*, verwenden auf, zu, für; (*zijn tijd goed*) —, gebrauchen; (*veel geld*) *aan postzegels —*, für Briefmarken ausgeben; (*hoeveel wil je*) *—?*, anlegen?; (*meer geld kan ik daarvoor niet*) —, anwenden, ausgeben; (*dat is*) *aan hem niet besteed*, bei ihm nicht angewandt. ▾**—ing** An-, Verwendung *w.* ▾**—ingsbeperking** Ausgabenbeschränkung *w*, Ausgabenkürzung *w.* ▾**—ingspatroon** Verbrauchsverhältnisse *Mz*, Einkommensverwendung *w.*
bestek Bauplan *m* (mit Kostenanschlag und Bedingungen); (*couvert*) Besteck *s*; (*tekening en*) —, Baukostenanschlag *m*; *— en voorwaarden*, (*bij aanbesteding*) Verdingungsgrundlagen *Mz*; *in een klein —*, in gedrängter Form; *Nederland in kort —*, die Niederlande im Überblick; *het — opmaken*, (*scheepst.*) das Besteck nehmen. ▾**—reis** Pauschalreise *w.*
bestel/auto Lieferwagen *m*, -auto *s.* ▾**—dienst** Zubringerdienst, (*post*) Paketdienst *m.*
bestelen bestehlen.
bestel/goed Bestell/gut *s.* ▾**—huis** Speditionsstelle *w*; (*ontvangkantoor*) Güterannahmestelle *w.* ▾**—kaart** B.zettel *m*; (*voor boeken*) Bücherzettel *m.*▾**—kantoor** Speditionsgeschäft, -haus *s*; *zie* **—huis**. ▾**—len** bestellen; (*thuis bezorgen, ook*) besorgen, zustellen; (*brieven, ook*) austragen. ▾**—ler** (*v. koopwaar*) Besteller, Auftraggeber *m*; (*postbode*) Briefträger *m.* ▾**—ling** Bestellung *w*; (*order, ook*) Auftrag *m*; (*v. post*) Austragung *w*; *een — doen*, eine Bestellung machen; *bij — van (1000 exemplaren)*, bei Bezug von. ▾**—loon** Bestellgebühr *w.* ▾**—wagen** Lieferwagen *m.*
bestemm/en bestimmen; *ter bestemder plaatse*, an Ort und Stelle. ▾**—ing** Bestimmung *w*; *plaats v. —*, B.sort *s*; (*dit schip*) *heeft Londen tot —*, ist nach London bestimmt. ▾**—ingsplan** (*gemeentelijk*) Flächennutzungsplan *m.*
bestempelen stempeln; *met de naam — van*, bezeichnen mit dem Namen.
bestendig beständig; (*duurzaam*) dauerhaft. ▾**—en** fortdauern lassen. ▾**—heid** Beständigkeit, Dauerhaftigkeit, Stetigkeit *w.*
besterven: *ik zal het —*, es wird mein Tod sein; (*het woord*) *bestierf op zijn lippen*, erstarb ihm auf den Lippen; *hij bestierf v. schrik*, er erblaßte vor Schrecken; (*vlees*) *laten —*, erkalten lassen; (*verf, kalk*) *laten —*, hart werden lassen; (*dat*) *ligt hem in de mond bestorven*, ist seine ständige Redensart; *bestorven vlees*, mürbes Fleisch.
bestiaal bestialisch.
bestijgen besteigen, ersteigen; *een paard —*, zu Pferde steigen.
bestoken: *de tegenstander —*, dem Gegner hart zusetzen; (*beschieten*) heftig beschießen.
bestorm/en (*een stad*) stürmen, (*innemen*) erstürmen; (*iem. met vragen*) —, bestürmen; (*de indrukken*) *bestormden hem*, stürmten auf ihn ein. ▾**—ing** Stürmen *s*; Be-, Ersturmung *w.*
bestoven bestäubt; (*helemaal*) verstaubt.
bestraff/en bestrafen; (*berispen*) tadeln. ▾**—ing** Bestrafung *w*; Tadel *m.*
bestral/en bestrahlen. ▾**—ingsmethode** Bestrahlungsverfahren *s.*
bestrat/en pflastern. ▾**—ing** Pflasterung *w*; (*het plaveisel*) Pflaster *s.*
bestrijd/en bekämpfen; (*voor onjuist verklaren*) bestreiten; (*onkosten*) bestreiten. ▾**—ing** Bekämpfung, Bestreitung *w.* ▾**—ingsmiddel** Bekämpfungsmittel *s.*
bestrijken bestreichen.
bestrooien bestreuen.
bestseller Bestseller, Reißer *m*; Erfolgsbuch *s.*
bestuder/en studieren. ▾**—ing** Studium *s.*
bestuiven (*met stof, stuifmeel bedekken*) bestäuben; (*onder stof raken*) bestauben.
bestur/en (*sturen*) steuern, lenken; (*auto, ook*) fahren, führen; (*vliegtuig*) führen, steuern; (*schip*) steuern; (*het beheer voeren*) verwalten; (*het bestuur vormen v. vereniging enz.*) vorstehen [3]; (*leiding geven*) leiten; (*leiding hebben*) führen; (*huishouding*) führen; (*de koning*) *bestuurt (het land)*, regiert; (*de commissaris*) *bestuurt (de*

provincie), verwaltet. ▾**—ing** Steuerung, Lenkung *w*. ▾**bestuur** (*v. land, grote stad*) Regierung *w*; (*v. vereniging, inrichting*) Vorstand *m*; (*beheer*) Verwaltung *w*; *plaatselijk —*, Ortsvorstand; *stedelijk —*, Stadtverwaltung, städtische Behörde *w*; *dagelijks —*, geschäftsführender Ausschuß, (*v. gemeente*) Stadtrat *m*. ▾**—baar** lenkbar. ▾**—der** Lenker; Führer; Verwalter; Vorsteher; Leiter; (*v. auto*) Fahrer; (*v. vliegtuig*) Führer; (*v. tram*) Wagenführer *m*. ▾**bestuurs/ambtenaar** Verwaltungs/beamte(r) *m*. ▾**—apparaat** V.apparat *m*. ▾**—college** Vorstand *m*. ▾**—lid** Vorstandsmitglied *s*. ▾**—maatregel** Verwaltungsmaßnahme *w*. ▾**—tafel** Vorstandstisch *m*. ▾**—vergadering** Vorstandssitzung *w*. ▾**—vorm** Verwaltungsform *w*.

bestwil: *om haar —*, zu ihrem Besten; *leugen om —*, Notlüge *w*.

besuikeren überzuckern.

bes/vormig beeren/förmig. ▾**—vrucht** B.frucht *w*.

bèta Beta *s*. ▾**—stralen** B.strahlen *Mz*.

betaal/baar zahl/bar. ▾**—baarstelling** Z.barstellung *w*. ▾**—dag** Z.(ungs)tag *m*. ▾**—kaart** Z.karte *w*. ▾**—kantoor** Z.stelle *w*. ▾**—krachtig** z.ungsfähig. ▾**—middel** Z.(ungs)mittel *s*. ▾**—pas** Scheckkarte *w*. ▾**—rol**, **—staat** Z.-, Auszahlungsliste *w*. ▾**betal/en** (be)zahlen; (*iets duur, met geld*) b.; (*geld voor iets, een bedrag*) z.; *iem. voor iets —*, e.n für etwas b.; *slecht van — (zijn)*, ein schlechter Zahler; *— op rekening*, anzahlen; *betaald zetten*, heimzahlen; (*dat*) *betaalt slecht*, macht s. schlecht bezahlt. ▾**—er** Zahlende(r) *m*; (*slechte*) *—*, Zahler *m*. ▾**—ing** (Be)Zahlung *w*; *— doen*, Z. leisten; *— op de eerste*, Z. erfolgt am ersten. ▾**—ingsbalans** Zahlungs/bilanz *w*. ▾**—ingsovereenkomst** Z.abkommen *s*. ▾**—ingstermijn** Z.frist *w*, Z.termin *m*. ▾**—ingsunie** Z.union *w*. ▾**—ingsverkeer** Z.verkehr *m*. ▾**—ingsvoorwaarde** Z.bedingung *w*; *gemakkelijke —n*, Z.erleichterung *w*.

betam/elijk geziemend, schicklich; (*fatsoenlijk*) anständig. ▾**—elijkheid** Schicklichkeit *w*, Anstand *m*. ▾**—en** (s.) geziemen, s. schicken; (*dat*) *betaamt niet voor mensen als wij*, schickt s. nicht für unsereins.

betasten betasten; (*fam.*) befummeln; (*aftasten*) abtasten.

betegelen (*een muur*) mit Fliesen verkleiden; (*met geglazuurde tegels*) kacheln; *betegelde keuken*, Kachelküche *w*.

beteken/en bedeuten; (*dat*) *heeft niets te —*, hat nichts auf sich, ist unbedeutend; *wat moet dat —?*, was soll das b., heißen?; *iem. iets —*, (*rechtst.*) e.m etwas zustellen. ▾**—is** Bedeutung *w*; *een man van —*, ein Mann von B., ein bedeutender M.; *zaak van —*, wichtige Angelegenheit; *het is van geen —*, es ist nicht wichtig, (*heeft niets om het lijf*) es hat nichts auf sich. ▾**—isvol** bedeutungsvoll.

betelpalm Betelnußpalme *w*, Pinang *m*.

beter besser; (*de zieke is*) *weer —*, wiederhergestellt; *er — op worden*, s. verbessern; (*de toestand*) *is — geworden*, ist besser geworden, hat s. gebessert; *tegen — weten in*, wider besseres Wissen. ▾**—en**: *z'n leven —*, s. bessern. ▾**—hand**: *aan de — zijn*, auf dem Wege der Besserung sein. ▾**—schap** Besserung *w*; *— beloven*, versprechen s. zu bessern; *—!*, gute Besserung!

beteugelen im Zaume halten; zügeln, bezähmen; verhalten.

beteuterd betreten, verdutzt, bestürzt.

betichten bezichtigen, beschuldigen.

betijen: *iem. laten —*, e.n gewähren lassen.

betimmer/en (mit Holz) verkleiden; (*met lambrizering*) (ver)täfeln. ▾**—ing** Holzverkleidung; Täfelung *w*.

betitelen betiteln, titulieren.

betog/en darlegen, ausführen; (*een betoging houden*) demonstrieren, eine Kundgebung abhalten. ▾**—er** Kundgeber *m*. ▾**—ing**: *er werden —en gehouden tegen de regering*, es fanden Kundgebungen gegen die Regierung statt.

betomen *zie* **beteugelen**.

beton Beton *m*; *gewapend —*, Eisenbeton *m*, armierter B.; *ongewapend —*, unbewehrter B.; *zeer sterk —*, hochfester B. ▾**—bekisting** B.schalung *w*. ▾**—blok** B.klotz *m*.

betonen (be)zeigen; (*vreugde*) bezeigen; (*moed*) zeigen; (*iem. welwillendheid*) —, erzeigen, erweisen; *z. een goed vriend —*, s. als ein guter Freund erweisen; (*bewijzen*) erzeigen, erweisen.

beton/molen Beton/mischer *m*. ▾**—nen** **I** *ww* betonnen. **II** *bn* Beton...; *— bouwplaat*, B.diele *w*. ▾**—paal** B.mast *m*; (*heipaal*) B.pfahl *m*. ▾**—plaat** B.platte *w*; (*v. wegdek*) B.feld *s*. ▾**—werker** Betonierer *m*.

betoog Auseinandersetzung, Erörterung, Darlegung *w*. ▾**—trant** Beweisführung *w*.

betoveren verzaubern; (*in verrukking brengen*) bezaubern; entzücken; *een betoverde prins*, ein verwunschener, verzauberter Prinz.

betovergrootmoeder Urgroßmutter *w*.

betovering Verzauberung *w*; (*bekoring*) Bezauberung *w*, Zauber *m*; *onder zijn — brengen*, in seinen Zauberbann ziehen.

betraand verweint.

betrachten (*plicht*) erfüllen; (*een deugd*) üben.

betrappen ertappen.

betreden betreten.

betreffen betreffen; (*wat*) *mij betreft*, mich betrifft, anbelangt; *het betreft hier* (*een heel andere zaak*), es handelt sich hier um. ▾**—de** betreffs [2], in betreff [2]; *— uw aanvrage van 10 aug.*, bezüglich Ihrer Anfrage vom 10. August; *alle het onderwerp — literatuur*, alle einschlägige Literatur.

betrekk/elijk verhältnismäßig, relativ; (*in spraakk.*) beziehend, relativ; *—e bijzin*, Relativsatz *m*; *— voornaamwoord*, beziehendes (bezügliches) Fürwort, Relativpronomen *s*. ▾**—elijkheid** Relativität *w*. ▾**—en** beziehen; (*iem. in een zaak*) —, hineinziehen, verwickeln; (*de lucht*) *betrekt*, umzieht s., überzieht s.; *het betrekt*, es bezieht s.; (*zijn gezicht*) *betrok*, verdüsterte s. ▾**—ing** Beziehung *w*, Verhältnis *s*; (*ambt, baan*) Stelle *w*; (*mv nabestaanden*) Verwandte(n) *Mz*; *— voor halve dagen*, Halbtagsbeschäftigung *w*; *met iem. in — (staan)*, zu e.m in B., (*in handel*) mit e.m in Verbindung; *zonder — (zijn)*, stellenlos; *in — gaan*, in Stellung gehen; *met — tot*, in bezug auf [4]; *hierop — hebbende* (*gegevens*), diesbezügliche.

betreuren bedauern; (*treuren over*) betrauern. ▾**—swaard(ig)** bedauernswert.

betrokken **I** *bn*: *— lucht*, bedeckter, bewölkter Himmel; (*hij ziet*) *er — uit*, abgespannt aus; *de — ambtenaar*, der betreffende, (*competent*) zuständige Beamte; *de — partij*, die (dabei) beteiligte Partei; *bij* (*in*) *een zaak — zijn*, bei (an) e.r Sache beteiligt sein. **II** *zn*: *—e*, Beteiligte(r) *m*; (*v. wissel*) Bezogene(r), Trassat *m*.

betrouwbaar zuverlässig. ▾**—heid** Zuverlässigkeit *w*. ▾**—heidsrit** Zuverlässigkeitsfahrt *w*.

betten anfeuchten, abtupfen.
betuig/en bezeugen; (*betonen, te kennen geven*) bezeigen; (*dank*) aussprechen; *zijn instemming — met het voorstel*, dem Vorschlag bestimmen; (*zijn onschuld*) —, beteuern. ▾**—ing**: *—en van vriendschap*, Freundschaftsbezeigungen.
betweter Besserwisser, Naseweis, Klugredner *m*. ▾**—ij** B.ei *w*.
betwijfelen bezweifeln.
betwist/baar anfechtbar. ▾**—en** bestreiten; (*ontzeggen*) absprechen; *iem. iets* —, e.m etwas streitig machen, (*alleen door woorden*) e.m etwas abstreiten; (*de geldigheid*) —, anfechten; *betwist*, strittig, (*omstreden*) umstritten.
beu: *het — zijn, worden*, es satt haben, bekommen; *de school* —, schulmüde.
beug Langleine *w*.
beugel Bügel *m*; (*tegen kromgroeien*) Schiene *w*; *dat kan niet door de* —, das geht zu weit. ▾**—sluiting** B.verschluß *m*.
beuk 1 (*boom*) Buche *w*; **2** (*v. kerk*) Schiff *s*. ▾**—ehout** Buchenholz *s*.
beuken I *ww* schlagen; (*de golven*) — (*tegen*) *het strand*, schlagen (an) den Strand. **II** *bn* buchen, Buchen...
beukenoot Buchecker, Buchel *w*.
beul Henker, Scharfrichter; Unmensch *m*; (*brutaal*) *als de* —, frech wie Oskar. ▾**—en** s. abrackern, s. abschinden. ▾**—enwerk** (*fig.*) Schinderei *w*. ▾**—shanden**: *door* — (*sterven*), durch Henkershand.
beun/haas Bönhase *m*; (*knoeier*) Pfuscher *m*, (*zwartwerker*) Schwarzarbeiter *m*. ▾**—hazen** pfuschen. ▾**—hazerij** Pfuscherei *w*.
beuren heben; (*geld*) lösen, empfangen.
beurs I *zn* Börse *w*; Beutel *m*; (*studiebeurs*) Stipendium *s*; *het gaat daar uit een ruime* —, man schöpft dort aus dem vollen; *met gesloten* — (*betalen*), mit geschlossenem Beutel; *van een — studeren*, ein S. haben; *naar de* — (*gaan*), auf die Börse; *ter beurze*, an der Börse. **II** *bn* überreif. ▾**—affaire** Börsen/geschäft *s*. ▾**—bericht** B.bericht *m*. ▾**—notering** B.-, Kursnotierung *w*. ▾**—overzicht** B.bericht *m*. ▾**—student** Stipendiat *m*. ▾**—transactie** B.geschäft *s*.
beurt Reihe *w*; *aan de* — (*komen*), an die R.; *aan de* — (*zijn*), an der R.; *iem een — geven*, e.n an die R. kommen lassen; *een — krijgen*, (*ook*) d(a)rankommen; *het is jouw* —, die R. ist an dir, du bist an der R.; *om de* —, der R. nach; *om —en*, abwechselnd, reihum; *ieder op zijn* —, jeder nach der R.; *ik op mijn* —, ich meinerseits; *zijn — afwachten*, warten bis man an die R. kommt; *aan de — van aftreden zijn*, nach dem Turnus ausscheiden müssen; *te — vallen*, zuteil werden. ▾**—elings** abwechselnd, wechselweise, der Reihe nach. ▾**—schip** Börtschiff *s*. ▾**—vaart** Bört-, Reihenfahrt *w*. ▾**—zang** Wechselgesang *m*.
beuzel/aar Tändler *m*; (*leuteraar*) Schwätzer *m*. ▾**—achtig** tändelhaft, unbedeutend, kindisch. ▾**—arij** Tändelei *w*. ▾**—en** tändeln; (*onzin vertellen*) faseln. ▾**—praat** fades Geschwätz.
bevaarbaar schiffbar, fahrbar. ▾**—heid** Schiffbarkeit, (Be)Fahrbarkeit *w*.
bevallen 1 gefallen; *het is me goed* —, es hat mir gut gefallen; **2** (*v. kind*) (mit e.m Kinde) niederkommen, (von e.m Kind) entbunden werden; *zij moet* —, sie ist guter Hoffnung.
bevallig anmutig. ▾**—heid** Anmut *w*.
bevalling Entbindung, Niederkunft *w*.
bevangen I *ww* befallen; übermannen, überwältigen; *door de kou* —, von der Kälte benommen. **II** *bn* befangen. ▾**—heid** Befangenheit, Benommenheit *w*.
bevaren I *ww* befahren. **II** *bn* befahren.
bevatt/elijk begreiflich, faßlich; (*v. persoon*) intelligent, gelehrig, klug. ▾**—elijkheid** Faßlichkeit, Begreiflichkeit *w*; Gelehrigkeit, Intelligenz *w*. ▾**—en** (*begrijpen*) begreifen, fassen; (*inhouden*) enthalten; (*ruimte hebben voor*) fassen. ▾**—ingsvermogen** Auffassungsgabe, Fassungskraft *w*.
bevechten bekämpfen; (*door vechten verkrijgen*) erkämpfen.
beveilig/en (*beschermen*) schützen [vor + 3]; (*veilig stellen*) sichern. ▾**—ing** Schutz *m*, Beschützung *w*; (*mil., elektr.*) Sicherung *w*.
bevel Befehl *m*; — *tot betaling*, Zahlungsbefehl *m*; *het — voeren*, den B. führen. ▾**—en** befehlen; *God(e) bevolen!*, Gott befohlen! ▾**—hebber** Befehlshaber *m*. ▾**—schrift**: — *tot betaling*, Zahlungsbefehl *m*. ▾**—voerend** kommandierend.
beven beben; zittern.
bever Biber *m*. ▾**—rat** Biberratte *w*. ▾**—bont** Biberpelz *m*.
beverig zitt(e)rig, tap(e)rig.
bevestig/en (*vastmaken*) befestigen; (*met ja beantwoorden*) bejahen; (*ontvangst*) bestätigen; (*uitzonderingen*) — (*de regel*), bestätigen; (*dat*) *bevestigt* (*mij in mijn voornemen*), bestärkt; (*een predikant*) einsetzen; (*nieuwe lidmaten van de kerk*) konfirmieren, einsegnen; (*dit*) *bevestigt* (*het spreekwoord*), bewahrheitet. ▾**—end** bejahend; (*bekrachtigend*) bestätigend; (*toestemmend*) zustimmend; — *schrijven*, Bestätigungsschreiben *s*. ▾**—ing**: — *van ontvangst*, Empfangsbestätigung *w*; — *van een order*, Auftragsbestätigung. ▾**—ingspunt** (*v. autogordel*) Anschlußpunkt *m*.
bevind: *naar — van zaken* (*handelen*), nach Befund (der Umstände). ▾**—en** befinden; (*ondervinden*) erfahren; *in orde* —, in Ordnung finden. ▾**—ing** (*ervaring*) Erfahrung *w*; (*resultaat van onderzoek*) Befund *m*.
beving Beben, Zittern *s*.
bevitten bekritteln.
bevlekken beflecken; (*bevuilen*) beschmutzen.
bevlieg/en: *een route* —, eine Strecke befliegen. ▾**—ing** Anwandlung *w*.
bevloei/en bewässern, berieseln. ▾**—ing** Bewässerung, Berieselung *w*. ▾**—ingswerken** Bewässerungs-, Berieselungsanlagen *Mz*.
bevochtig/en befeuchten; (*weinig*) anfeuchten. ▾**—ing** Be-, Anfeuchtung *w*.
bevoegd befugt, berechtigt; (*door afgelegd examen*) befähigt; (*competent*) zuständig; *volledig* —, vollbefugt, -befähigt; *de —e autoriteiten*, die zuständigen Behörden; *het — gezag*, die zuständige Behörde; *de —e instantie*, die zuständige Stelle; *van —e zijde*, von wohlunterrichteter Seite. ▾**—heid** Befugnis *w*; — *tot het geven van onderwijs*, Lehrbefähigung *w*; — *tot lesgeven*, Lehrberechtigung *w*.
bevoelen befühlen, betasten.
bevolken bevölkern. ▾**bevolking** Bevölkerung *w*. ▾**—saccres** Bevölkerungs/zunahme *w*, B.zuwachs *m*. ▾**—sbureau** Einwohner/meldeamt *s*. ▾**—scijfer** B.ziffer, E.zahl *w*. ▾**—sdichtheid** B.dichte *w*. ▾**—sgroep** B.gruppe *w*. ▾**—sopbouw** B.aufbau *m*, B.gliederung *w*. ▾**—soverschot** B.überschuß *m*. ▾**—spiramide** Alterspyramide *w*. ▾**—sregister** B.liste *w*, Zivilstandsregister *s*. ▾**—sstatistiek** B.statistik *w*. ▾**—sstructuur** B.aufbau *m*.

▾—stoename *zie* —saccres.
▾—svraagstuk B.problem *s.*
bevoordel/en begünstigen; *iem. — boven,* e.n bevorzugen vor [3]; *zichzelf —,* s. e.n Vorteil verschaffen. ▾**—ing** Bevorzugung *w.*
bevooroordeeld voreingenommen.
bevoorrad/en bevorraten, mit Vorräten versorgen, mit V. versehen. ▾**—ing** Bevorratung *w.*
bevoorrechten: *iem. boven een ander —,* e.n vor e.m andern bevorzugen, bevorrecht(ig)en; *bevoorrechte positie,* Vorzugsstellung *w; bevoorrechte schulden,* Prioritätsschulden *Mz,* (*bij faillissement*) bevorrechtigte Forderungen.
bevorder/aar Förderer *m.* ▾**—en** fördern; (*opvoeren bijv. welvaart*) heben; (*in rang*) befördern; (*leerling*) versetzen; (*iem. verzoeken*) *te willen — dat...,* es dahin führen zu wollen daß... ▾**—ing** Förderung; Hebung; Beförderung; Versetzung *w.* ▾**—lijk** förderlich; — *voor de gezondheid,* der Gesundheit zuträglich.
bevracht/en befrachten; (*de wagen is te zwaar*) *bevracht,* beladen. ▾**—er** Befrachter *m.* ▾**—ing** Befrachtung.
bevragen: *te — bij,* nähere Auskunft erteilt, Näheres bei.
bevredig/en befriedigen; zufriedenstellen. ▾**—ing** Befriedigung *w.*
bevreemd/en befremden. ▾**—ing** Befremden *s.*
bevreesd ängstlich; *— zijn voor,* s. fürchten vor [3]; *— zijn voor* (*om*) *iem.,* s. fürchten für e.n; *— zijn dat...,* fürchten daß...
bevriend befreundet.
bevriez/en gefrieren; (*dichtvriezen*) zufrieren; (*doodvriezen*) erfrieren; (*het water, de ruit is*) *bevroren,* gefroren, (*waterleiding*) eingefroren, (*vingers*) steifgefroren, erfroren; *—de natte weggedeelten,* überfrierende Nässe; *bevroren vlees,* Gefrierfleisch *s; bevroren kredieten,* eingefrorene Kredite. ▾**—ing** Ge-, Zu-, Erfrierung *w.*
bevrijd/en befreien, erlösen. ▾**—er** Befreier *m.* ▾**—ing** Befreiung *w.* ▾**—ingsbeweging** B.sbewegung *w.* ▾**—ingsoorlog** B.skrieg *m.*
bevroeden begreifen; (*vermoeden*) ahnen.
bevrucht/en befruchten. ▾**—ing** Befruchtung *w.*
bevuil/en beschmutzen. ▾**—ing** Beschmutzung *w.*
bewaar/der Bewahrer *m.* ▾**—duur** Aufbewahrungszeit *w.* ▾**—engel** Schutzengel *m.* ▾**—geving** Hinterlegung, Verwahrung *w.* ▾**—heid**: (*de voorspelling*) *wordt —,* bewahrheitet s.; (*het gerucht*) *wordt —,* bestätigt s. ▾**—loon** Lagergebühren *Mz;* (*bij bank*) Verwahrungsgebühren *Mz.* ▾**—neming** Verwahrung *w; open —,* V. als offenes Depot. ▾**—plaats** Aufbewahrungsort *s;* (*opslagplaats*) Lager *s,* Niederlage *w.* ▾**—school** Kindergarten *m.*
bewak/en bewachen; (*toezicht uitoefenen op*) überwachen; *bewaakte spoorwegovergang,* (*met bomen*) beschrankter Bahnübergang. ▾**—er** Wärter *m;* (*waker*) Wächter *m.* ▾**—ing** Bewachung *w.* ▾**—ingsdienst** Wachdienst *m,* Wach- und Schließgesellschaft *w.*
bewandelen: *het pad der deugd —,* auf den Pfaden der Tugend wandeln; *de gerechtelijke weg —,* den Rechtsweg beschreiten.
bewapen/en bewaffnen; (*oorlogsvoorbereiding*) rüsten. ▾**—ing** Bewaffnung *w;* (*v. staten*) Aufrüstung *w.* ▾**—ingsbeperking** Rüstungsbeschränkung *w.* ▾**—ingsprogramma** Rüstungsprogramm *s.* ▾**—ingswedloop** Wettrüsten *s.*
bewar/en bewahren; (*opbergen*) aufheben; (*om later te gebruiken enz.*) aufbewahren; (*absoluut veilig*) verwahren; (*behoeden*) bewahren, schützen, behüten; (*zal ik het boek voor je*) *—?,* aufheben?; (*afstand, decorum, schijn*) *—,* wahren; (*deze handschriften*) *zijn goed bewaard gebleven,* sind gut erhalten; *God beware me!,* Gott bewahre!; *de hemel beware me daarvoor!,* der Himmel behüte mich davor! ▾**—ing** (Auf)Bewahrung *w; in —* (*geven, nemen*), in Verwahrung; *in gesloten, open —* (*geven*), in geschlossenes, offenes Depot; *in verzekerde —* (*nemen*), in sichern Gewahrsam, (*voorarrest*) in Untersuchungshaft, (*uit veiligheidsoogpunt*) in Schutzhaft; *huis van —,* Gefängnis *s,* (*voorarrest*) Untersuchungsgefängnis *s; — in koelruimten,* Kaltlagerung *w.*
bewasemd (*ruit*) angelaufen.
beweeg/baar beweglich. ▾**—baarheid** Beweglichkeit *w.* ▾**—grond** Beweggrund *m.* ▾**—kracht** treibende Kraft, Treib-, Triebkraft *w;* (*aandrijving*) Antrieb *m; met motorische —,* mit Kraftbetrieb. ▾**—lijk** beweglich; (*onrustig*) unruhig; *— gemoed,* leicht bewegtes Gemüt. ▾**—lijkheid** Beweglichkeit; Unruhe *w.* ▾**—reden** *zie* **—grond.** ▾**bewegen** bewegen (*in betekenis 'ertoe brengen' sterk, anders zwak*); (*verroeren*) regen; *wat bewoog hem daartoe?,* was bewog, veranlaßte ihn dazu?; (*de aarde*) *beweegt* (*om de zon*), bewegt s.; (*geen blaadje*) *bewoog,* regte s.; *z. niet weten te —,* s. nicht zu benehmen wissen; *hij beweegt z. op politiek gebied,* er betätigt s. politisch.
▾**beweging** Bewegung *w; uit eigen —,* aus freien Stücken, eigenem Antrieb. ▾**—loos** bewegungs-, regungslos. ▾**—loosheid** Bewegung/s-, Regungslosigkeit *w.* ▾**—sleer** B.slehre *w.* ▾**—stherapie** B.stherapie *w.* ▾**—svrijheid** B.sfreiheit *w.*
bewegwijzering Beschilderung *w.*
bewenen beweinen, betrauern.
bewer/en behaupten; *hij beweert dat hij je gisteren gezien heeft,* er will dich gestern gesehen haben; *beweerd,* (= *zogenaamd*) angeblich. ▾**—ing** Behauptung *w.*
bewerk/elijk: *een — iets,* etwas das viel Arbeit mit sich bringt, schwer zu bearbeiten ist. ▾**—en** bearbeiten; (*tot stand brengen*) bewirken; (*teweegbrengen*) herbeiführen, veranlassen; *tot film —,* verfilmen; *hij wist te —* (*dat*), er wußte es dahin zu bringen; *een mooi bewerkte marmeren beeldengroep,* eine schön gearbeitete Marmorgruppe. ▾**—er** Bearbeiter *m;* (*veroorzaker*) Urheber *m.* ▾**—ing** Bearbeitung *w;* Bewirken *s;* Verfilmung *w.* ▾**—stelligen** bewerkstelligen, bewirken.
bewesten: *— de rivier,* westlich vom Flusse, des Flusses.
bewieroken be(weih)räuchern, beweihrauchen; *iem. —,* (*fig. ook*) e.m Weihrauch streuen.
bewijs Beweis *m;* (*bewijsplaats*) Beleg *m;* (*biljet, briefje, reçu*) Schein *m;* (*attest*) Zeugnis *s,* Bescheinigung *w; een — leveren,* e.n Beweis liefern; *het onweerlegbare — leveren dat...,* den unwiderleglichen Nachweis liefern, erbringen daß...; *— van ontvangst,* Empfangsschein; *— van de dokter,* ärztliches Z.; *— van toegang,* Eintrittskarte *w; ten bewijze waarvan,* zum Beweise dafür. ▾**—baar** beweisbar; (*aantoonbaar*) nachweisbar. ▾**—baarheid** Beweisbarkeit *w.* ▾**—grond** Beweisgrund *m.* ▾**—kracht** Beweiskraft *w; — hebben,* beweiskräftig sein. ▾**—last** Beweislast *w.* ▾**—materiaal** Beweismaterial *s.* ▾**—nummer**

Belegnummer *w.* ▾—**plaats** Beleg *m*, Belegstelle *w.* ▾—**stuk** Beweisstück, Dokument *s.* ▾—**voering** B.führung *w.* ▾**bewijzen** beweisen; (*aantonen*) nachweisen; (*door bewijsplaatsen staven*) belegen; (*een dienst, de laatste eer, enz.*) erweisen.
bewillig/en: — *in iets*, etwas bewilligen, in etwas [4] einwilligen. ▾—**ing** Be-, Einwilligung *w.*
bewimpelen bemänteln, beschönigen.
bewind Regierung *w*; (*regime*) Regime *s*; (*beheer*) Verwaltung *w*; *aan het* — (*komen*), an die Regierung, ans Ruder; *het — voeren*, regieren, das Regiment führen. ▾—**sman** Regierungsperson *w.* ▾—**voerder** Verwalter *m.*
bewogen bewegt, gerührt; — *tijden*, bewegte Zeiten. ▾—**heid** Bewegtheit *w.*
bewolk/en: *de lucht* (*wordt*) *bewolkt*, der Himmel bewölkt s. ▾—**ing** Bewölkung *w.*
bewonder/aar Bewund/erer *m.* ▾—**en** b.ern. ▾—**enswaardig** b.ernswert. ▾—**ing** B.erung *w.*
bewon/en bewohnen. ▾—**er** Bewohner *m.* ▾—**ing** Bewohnung *w.* ▾**bewoon/baar** bewohnbar. ▾—**baarheid** Wohnbarkeit *w.*
bewoordingen Worte *Mz.*
bewust bewußt; (*vermeld*) erwähnt; *de —e persoon*, die betreffende Person; *ik ben het mij niet* —, ich bin mir dessen nicht b. ▾—**eloos** b.los, ohnmächtig. ▾—**eloosheid** B.losigkeit, Ohnmacht *w.* ▾—**heid** B.heit *w.* ▾—**wording** B.werdung *w.* ▾—**zijn** B.sein *s*; *het — terugkrijgen*, wieder zum B.sein, wieder zu sich kommen. ▾—**zijnsvernauwing** B.seinseinengung *w.* ▾—**zijnsverruimend** b.seinserweiternd.
bezaaien besäen; (*bestrooien, ook*) übersäen.
bezaan Besan *m.* ▾—**smast** Besanmast *m.*
bezadigd ruhig; besonnen; (*gematigd*) maßvoll; *op —e leeftijd*, in gesetztem Alter. ▾—**heid** Besonnenheit, Bedächtigkeit *w.*
bezegelen besiegeln.
bezeilen besegeln; *er is geen land met hem te* —, mit ihm ist nichts anzufangen.
bezem Besen *m*; *nieuwe —s vegen schoon*, neue B. kehren gut. ▾—**en** kehren. ▾—**steel** B.stiel *m*; (*hij heeft*) *een — ingeslikt*, ein Scheit im Rücken.
bezending Sendung *w*; (*grote hoeveelheid*) Menge *w.*
bezeren verletzen, verwunden.
bezet besetzt; (*hij is*) —, (*bezig*) beschäftigt, (*belet*) verhindert; *al zijn tijd is* —, all seine Zeit wird in Anspruch genommen.
bezeten besessen; toll. ▾—**e** Besessene(r) *m.* ▾—**heid** Besessenheit *w.*
bezett/en besetzen; —*de macht*, Besatzungsmacht *w.* ▾—**er** (*vijand*) Feind *m*; —*s*, (feindliche) Besatzungstruppen, Okkupanten. ▾—**ing** Besetzung *w*; (*bezettende troepen*) Besatzung *w*; (*benauwdheid op borst*) Brustbeklemmung *w.* ▾—**ingsautoriteiten** Besatzungs/behörden *Mz.* ▾—**ingsgraad** Beschäftigungsgrad *m*; (*personenvervoer*) Platzausnutzungsgrad *m.* ▾—**ingsleger** B.armee *w.* ▾**bezettoon** Besetztzeichen *s.*
bezichtig/en besichtigen; *ik bezichtigde de winkels*, (*ook*) ich sah mir die Läden an. ▾—**ing** Besichtigung *w.*
beziel/d beseelt; (*geestdriftig*) begeistert. ▾—**en** beseelen, beleben; begeistern; *wat bezielt hem* (*toch*)?, was hat er denn? ▾—**ing** Beseelung, Belebung; Begeisterung *w.*
bezien besehen; *het staat nog te* —, es steht noch dahin. ▾—**swaardig** sehenswürdig, -wert. ▾—**swaardigheid** Sehenswürdigkeit *w.*
bezig beschäftigt; *aan iets* — (*zijn*), mit etwas b.; —*e mensen*, geschäftige Leute; *ijverig* —, fleißig bei der Arbeit; (*hij was juist*) — (*de krant te lezen*), dabei. ▾—**en** gebrauchen, anwenden. ▾—**heid** Beschäftigung *w*; (*ik heb vandaag*) *drukke bezigheden*, viele Geschäfte. ▾—**heidstherapie** B.stherapie *w.* ▾—**houden** beschäftigen; (*iem.*) —, beschäftigen, (*amuseren*) unterhalten.
bezijden: — *het huis*, neben dem Haus; — *de waarheid*, nicht der Wahrheit gemäß.
bezingen besingen.
bezink/bassin Klärbassin *s.* ▾—**en** s. setzen; (*v. slib, ook*) s. absetzen; (*troebel water*) *bezinkt*, setzt s., klärt s. (ab). ▾—**ingsbak** Klärkasten *m.* ▾—**sel** (Boden)Satz, Niederschlag *m*, Ablagerung *w.*
bezinn/en: *z.* —, s. besinnen, s. bedenken; (*v. gedachten veranderen*), s. e.s andern, s. e.s Bessern besinnen; *bezint eer gij begint*, erst wägen, dann wagen. ▾—**ing** Besinnung *w*; *tot* — (*komen*), zur Besinnung.
bezit Besitz *m*; — *van iets nemen*, B. von etwas ergreifen; *z. in het — stellen van*, s. in den B. e.r Sache setzen; *in het volle* —, im Vollbesitz. ▾—**loos** besitzlos. ▾—**neming** B.nahme, B.ergreifung *w.* ▾—**svorming** Eigentumsbildung *w.* ▾—**telijk**: — *voornaamwoord*, besitzanzeigendes Fürwort, Possessivpronomen *s.* ▾—**ten** besitzen. ▾—**ter** B.er *m*; (*eigenaar*) Eigentümer *m*; (*houder*) Inhaber *m*; — *v. een akte*, Diplominhaber, I. eines Zeugnisses. ▾—**ting** B.tum *s*, B. *m*; (*grootgrondbezit*) B.ung *w.*
bezocht besucht; *druk* —, stark b.; *zwaar* —, schwer geprüft.
bezoedel/en besudeln. ▾—**ing** Besud(e)lung *w.*
bezoek Besuch *m*; *een — afleggen*, e.n B. machen; *iem. een — brengen*, e.n besuchen, bei e.m e.n B. machen, e.m e.n B. abstatten; *bij iem. op — gaan*, zu e.m zu (auf) B. gehen; *mijn — aan hem*, mein B. bei ihm; *mijn — aan Keulen*, mein B. in Köln, mein Kölner B.; *zijn — naar de trein brengen*, seinen B. an die Bahn bringen; *hij ontvangt geen* —, er nimmt keinen B. an. ▾—**dag** Besuchstag, Empfangstag *m.* ▾—**en** besuchen; (*door ziekten*) *bezocht worden*, heimgesucht werden. ▾—**er** Besucher, Gast *m.* ▾—**ing** Prüfung, Heimsuchung *w*; (*de schoonmaak is*) *een* —, ein Kreuz, eine Plage.
bezoldig/en besolden. ▾—**ing** Besoldung *w.*
bezondigen: *z.* — (*aan, tegen, jegens*), s. versündigen (an + 3).
bezonken: — *oordeel*, abgeklärtes Urteil. ▾—**heid** Abgeklärtheit *w.*
bezonnen besonnen. ▾—**heid** Besonnenheit *w.*
bezorgd besorgt; *om, voor iem. — zijn*, um e.n b. sein; *z. — maken over*, s. Sorge machen, Sorge haben, s. ängstigen um; *z. over iem. — maken*, um (über) e.n Sorge haben, in Sorgen sein; *met 'n — hart*, mit schwerem Herzen; (*die jongen is bij zijn tante*) *goed* —, gut aufgehoben. ▾—**heid** Besorgnis, Sorge *w.*
bezorg/en besorgen; verschaffen; (*doen toekomen*) zustellen; *iem. moeite* —, e.m Mühe machen; (*post, kranten*) —, austragen; *afhalen en thuis* —, abholen und zustellen; (*het gekochte wordt*) *u thuis bezorgd*, Ihnen ins Haus geliefert; (*wilt u de waren*) *laten* —?, ins Haus schicken? ▾—**er** Besorger, Zusteller, Austräger *m.* ▾—**ing** Besorgung; Austragung; Zustellung *w.*
bezuiden: — *de rivier*, südlich vom Flusse, des Flusses.
bezuinig/en (er)sparen; *op de uitgaven* —, die

Ausgaben einschränken; *op het budget* —, am Budget sparen; (*we moeten*) *wat* —, uns etwas einschränken. ▾**—ing** Ersparung; Einschränkung *w*; (*resultaat*) Ersparnis *w*. ▾**—ingsmaatregel** Ersparungs-, Sparmaßnahme *w*.
bezuren: *iets* —, für etwas büßen.
bezwaar Beschwerde *w*; Schwierigkeit *w*; (*bedenking*) Bedenken *s*; (*dat*) *is geen* —, macht keine S.; (*geen*) — *hebben, maken*, (kein) Bedenken tragen; *een* — *opperen*, ein Bedenken äußern, (*tegenwerping*) e.n Einwand erheben; *bezwaren indienen tegen*, Beschwerden führen über; *als niemand er* — *tegen heeft*, (*ertegen reclameert*) wenn keiner s. darüber beschwert; *buiten* — *van* (*de schatkist*), ohne Schaden für; *verklaring van geen* —, Unbedenklichkeitserklärung *w*. ▾**bezwaar/d** beschwert; (*bekommerd*) bekümmert; *met een* — *hart*, mit schwerem Herzen; *z.* — *voelen over iets*, Gewissensbisse über etwas haben. ▾**—lijk** beschwerlich, schwierig; (*nauwelijks, eigenlijk niet*) schwerlich, kaum. ▾**—schrift** Beschwerdeschrift *w*. ▾**bezwar/en** (*brieven, geweten*) beschweren; (*met gewicht*) belasten; (*deze misdaad*) *bezwaart zijn geweten*, lastet auf seinem Gewissen; (*met een hypotheek*) —, belasten. ▾**—end**: —*e omstandigheden*, erschwerende, belastende Umstände.
bezweet beschwitzt, schweißbedeckt.
bezwer/en beschwören. ▾**—ing** Beschwörung *w*. ▾**—ingsformule** Beschwörungsformel *w*.
bezwijken erliegen, unterliegen; (*in elkaar zakken*) zusammenbrechen; *aan een ziekte* —, e.r Krankheit e.; (*onder een last*) —, e., z.; *voor de verleiding* —, der Versuchung e., u.; (*de deur*) *is bezweken*, hat nachgegeben; (*de dijk is*) *bezweken*, gebrochen; (*de zieke is*) *bezweken*, gestorben.
bezwijm/en ohnmächtig werden. ▾**—ing** Ohnmacht *w*.
bibberen zittern, beben; (*trillen v. kou*) frieren, frösteln; — *v. kou*, z. vor Kälte.
biblio/fiel Biblio/phile, Bücherfreund *m*. ▾**—graaf** B.graph *m*. ▾**—grafie** B.graphie *w*. ▾**—grafisch** b.graphisch. ▾**—maan** B.mane, Büchernarr *m*. ▾**—thecaris** B.thekar *m*. ▾**—theek** B.thek, Bücherei *w*.
bicarbonaat Bikarbonat *s*.
biceps Bizeps *m*.
biconcaaf bikonkav. ▾**biconvex** bikonvex.
bid/bank Bet/schemel *m*, (*met armsteun*) B.pult *s*. ▾**—dag** B.tag. ▾**—den** (*gebed*) beten; (*verzoeken*) bitten; *zijn morgengebed* —, seine Morgenandacht verrichten; *na lang* — (*en smeken*), nach viel(em) Bitten. ▾**—der** Beter, Bittende(r) *m*; (*aanspreker*) Leichenbitter *m*. ▾**—prentje** Heiligenbildchen *s*; (*doodprentje*) Sterbebildchen *s*. ▾**—stoel** Betstuhl *m*. ▾**—stond** Betstunde *w*.
biecht Beichte *w*; *te* — (*gaan*), zur B.; — *horen*, B. hören, (e.m) die B. abnehmen; —*spreken*, B. ablegen; *bij de duivel te* — *gaan*, dem Teufel beichten. ▾**—eling** Beicht/ling *m*, B.kind *s*. ▾**—en** beichten. ▾**—geheim** B.siegel, B.geheimnis *s*. ▾**—stoel** B.stuhl *m*. ▾**—vader** B.vater *m*.
bied/en bieten; (*iem. de hand*) —, e.m die Hand b., reichen; *op iets* —, auf etwas [4] b.; *hoger* — *dan een ander*, e.n überbieten. ▾**—er**: *hoogste* —, Meistbietende(r) *m*. ▾**—koers** Geldkurs *m*. ▾**—prijs** gebotener Preis, Geldpreis *m*.
biefstuk Beefsteak *s*; — *tartaar*, Tatarbeefsteak *s*.
biel(s) Bahnschwelle *w*.
bier Bier *s*. ▾**—blikje** B.dose *w*. ▾**—brouwer** B.brauer *m*. ▾**—brouwerij** B.brauerei *w*. ▾**—glas** B.glas *s*. ▾**—huis** B.stube, B.schenke, B.halle *w*, (*groot*) B.palast *m*. ▾**—kaai**: (*dat is*) *vechten tegen de* —, verlorene Liebesmüh. ▾**—kuip** B.bottich *m*. ▾**—pul** B.krug *m*. ▾**—tje** ein Glas Bier. ▾**—viltje** B.filz *m*.
bies 1 (*plant*) Binse *w*; **2** (*boordsel*) Borte *w*, Schnur *w*; (*goud-, zilverboordsel*) Tresse *w*; (*in naden van uniformen enz.*) Paspel *m & w*; (*op een uniformbroek*) Biese *w*; (*smal weefsel als belegsel*) Litze *w*; (*versieringslijn op een frame enz.*) Zierstreifen *m*; *zijn biezen pakken*, s. aus dem Staube machen.
biest Biest *m*.
biet (*suikerbiet*) Zuckerrübe *w*; (*rode biet*) rote Rübe; (*voederbiet*) Runkelrübe *w*. ▾**—ensnijder** Rübenschneider *m*. ▾**—suiker** Rübenzucker *m*.
biezen binsen, Binsen...
bifurcatie Bifurkation, Gabelung *w*.
big Ferkel *s*.
bigam/ie Bigamie *w*. ▾**—isch** bigamisch. ▾**—ist** Bigamist *m*.
biggelen: (*tranen*) — *langs zijn wangen*, kullern ihm über die Wangen.
biggen ferkeln.
bigot bigott, frömmelnd.
bij I *zn* Biene *w*. **II** *vz* (*het 'zijn' bij iem. of iets*) bei; (*met pers. of dieren als doel v.d. beweging*) zu; (*met zaken als doel v.d. beweging, vaak*) an [4] (*zie echter vb. en woorden waarbij 'bij' gebruikt wordt*); (*zij spelen*) — *de school*, bei der Schule; — *z.* (*hebben*), bei s.; — *z. steken*, zu s. stecken; (*hij komt*) — *mij*, zu mir; — *iem. gaan zitten*, s. zu e.m setzen; (*schuif de stoel*) — *de kachel*, an den Ofen; — *het raam gaan staan*, s. ans Fenster stellen, ans Fenster treten; (*het schrift*) — *het boek* (*leggen*), zum Buch; — *de kachel, het raam, de tafel* (*zitten*), am Ofen, am Fenster, am Tische; — *iem. achterstaan*, hinter e.m zurückstehen; — *beschikking*, durch Verfügung; (*wat drink je*) — *het brood?*, zum Brot?; — *dezen*, hiermit; — *het dozijn* (*verkopen*), nach dem Dutzend, dutzendweise; — *dozijnen*, dutzendweise; (*het is*) — *drieën*, es geht auf drei, es ist gleich drei Uhr; — *duizenden*, zu Tausenden; — *de duizend* (*kinderen*), an (die) tausend, gegen tausend; *iem.* — *de hand nemen*, e.n an die Hand nehmen; (*gezant*) — *het hof*, am Hofe; (*hij hoort*) — *ons*, zu uns; *'t een komt* — *'t ander*, eins kommt zum andern; — *het lezen* (*inslapen*), über dem Lesen; (*water*) — *de thee* (*gieten*), zum Tee; (*een foto*) *van 6* — *9*, von 6 zu 9; — *jou vergeleken*, gegen dich; — (*wijze van*) *uitzondering*, ausnahmsweise; — *ziekte*, im Krankheitsfalle. **III** *bw*: *om en* — *de 40* (*zijn*), um 40 herum, etwa 40; *ten naaste* —, annähernd, etwa; (*de dokter*) *er* — *roepen*, herbeirufen; *er is geen gevaar* —, es ist keine Gefahr dabei; (*verdient hij*) *er nog wat* —?, noch etwas daneben, dazu?; (*was hij*) *er ook* —?, auch dabei?; (*je bent*) *er* —!, geliefert!; *eindelijk is hij er* —, (*gesnapt*) endlich ist er erwischt worden; (*die leerling*) *is er nooit* —, ist immer zerstreut; (*hij is*) *goed* —, gescheit, klug; (*die oude man is*) *nog goed* —, geistig noch intakt; *hij is niet goed* — (*zijn verstand*), er ist nicht recht bei Troste, es rappelt bei ihm, bei ihm ist's nicht richtig im Oberstübchen; (*ik ben*) *nog niet* —, (*nog achter*) noch zurück; *dat hoort er zo* —, das gehört zur Sache; *ik kan er niet* —, (*lett.*) ich reiche nicht hin, (*fig.*) ich verstehe es nicht, da kann ich nicht mit; *hoe kom je er* —?, wie kommst du dazu?; (*wat*

komt) er—?, hinzu?; *zijn hart — iem. uitstorten*, e.m sein Herz ausschütten.
bijakte Neben/diplom *s.* ▾**bijbaantje** N.beschäftigung *w*; N.amt *s*, N.stelle *w*. ▾**bijbank** Zweigbank *w*. ▾**bijbedoeling** Nebenabsicht *w*. ▾**bijbehoren**: *met —*, mit Zubehör. ▾**bijbehorend** zugehörig.
bijbel Bibel *w*; *school met de —*, kalvinistische Schule. ▾**—genootschap** B.gesellschaft *w*, B.verein *m*. ▾**—lezing** B.vortrag *m*. ▾**—plaats** B.stelle *w*. ▾**—s** biblisch. ▾**—spreuk** B.spruch *m*. ▾**—tekst** B.text *m*. ▾**—uitlegger** B.erklärer *m*. ▾**—uitlegging** B.erklärung *w*. ▾**—vast** bibelfest. ▾**—verklaring** B.erklärung *w*. ▾**—vertaling** B.übersetzung *w*.
bijbenen mitkommen, nachkommen; *iem. —*, mit e.m Schritt halten; (*u dicteert te vlug*:) *ik kan 't niet —*, ich komme nicht mit.
bijbetal/en zu-, nachzahlen; (*spoor, bus*) nachlösen, (*toeslag betalen*) e.n Zuschlag zahlen. ▾**—ing** Zu-, Nachzahlung *w*; (*toeslag*) Zuschlag *m*; (*bijstorting*) Nachschuß *m*; *verplichting tot —*, Nachschußpflicht *w*; *met — van de lopende rente*, mit Zuzahlung der Stückzinsen.
bijbetekenis Neben/bedeutung *w*; Hintersinn *m*. ▾**bijbetrekking** N.amt *s*, N.stelle *w*; *als —*, im N. ▾**bijblad** Beiblatt *s*, Beilage *w*.
bijblijven: (*gelijke tred houden, ook fig.*) (mit e.m) Schritt halten, (*op school*) mitkommen; (*v. iets op de hoogte blijven*) die Entwicklung e.r Sache verfolgen, s. über die E. e.r Sache auf dem Laufenden halten; (*dat*) *is me bijgebleven*, habe ich nie vergessen; (*dit*) *zal me lang —*, wird mir lange in Erinnerung bleiben.
bijboek Hilfsbuch *s*. ▾**—en** in die Bücher eintragen.
bijbouw Nebengebäude *s*. ▾**—en** anbauen.
bijbrengen beibringen, herbeischaffen; *iem. iets —*, e.m etwas b.; (*een bewusteloze*) —, zum Bewußtsein bringen.
bijdehand (*handig*) gewandt; (*brutaal*) keck, dreist. ▾**—je** (*kind, meisje*) gewandtes Ding.
bijdetijds zeitgemäß, neuzeitlich.
bijdoen hinzutun, -fügen, beifügen.
bijdraaien (*schroef*) anziehen; (*scheepst.*) beidrehen; (*fig.*) einlenken.
bijdrag/e Beitrag *m*; *— in* (*geld*), B. an; *— in* (*de kosten*), *voor* (*een tijdschrift*), B. zu; *eigen —*, Eigenleistung *w*. ▾**—en** beitragen, beisteuern.
bijeen zusammen; (*op 'n plaats bijeen zijn*) beisammen. ▾**—behoren** zusammen/gehören. ▾**—blijven** z.bleiben, beisammenbleiben. ▾**—brengen** z.bringen. ▾**—doen** z.tun, z.legen. ▾**—drijven** z.treiben. ▾**—houden** z.halten; z.behalten.
bijeen/komen zusammen/kommen; (*v. vergadering*) z.treten. ▾**—komst** Z.kunft *w*; (*vergadering*) Versammlung *w*; (*voor een beraadslaging*) Beratung, Konferenz *w*.
bijeen/liggen zusammen/liegen, beisammen-, beieinanderliegen. ▾**—nemen**: *alles bijeengenomen*, alles z.genommen, alles in allem. ▾**—rapen** z.raffen; *bijeengeraapte rommel*, z.gewürfeltes Zeug; *bijeengeraapt zootje*, (*mensen*) allerhand Gesindel *s*. ▾**—rekenen** z.rechnen. ▾**—roepen** z.rufen; (*een vergadering*) —, z.berufen; (*de Tweede Kamer*) —, einberufen. ▾**—schrapen** z.scharren. ▾**—tellen** z.zählen. ▾**—voegen** z.fügen. ▾**—zamelen** z.bringen, sammeln. ▾**—zijn** beisammensein, z.sein. ▾**—zitten** beisammen-, z.sitzen.
bijelkaar *zie* **bijeen**.
bijen/houder Bienen/züchter, B.vater *m*. ▾**—kast** B.kasten *m*, Beute *w*. ▾**—koningin** Bienen/königin *w*, B.weisel *m*. ▾**—korf** B.korb *m*. ▾**—stal** B.stand *m*. ▾**—teelt** B.zucht *w*. ▾**—volk** B.volk *s*. ▾**—was** B.wachs *s*. ▾**—zwerm** B.schwarm *m*.
bijfiguur Nebenfigur *w*.
bijgaand beiliegend, beigeschlossen; (*als bw ook*) anbei, in der Anlage.
bijgebouw Neben/gebäude *s*. ▾**bijgedachte** N.gedanke *m*.
bijgeloof Aberglaube *m*. ▾**bijgelovig** abergläubisch.
bijgeluid Neben/geräusch *s*, N.laut *m*.
bijgenaamd zugenannt, mit dem Beinamen.
bijgerecht Bei-, Nebengericht *s*.
bijgeval I *vgw* wenn. **II** *bw* etwa, vielleicht.
bijgeven hinzugeben.
bijgevoegd beigeschlossen, beiliegend.
bijgevolg folglich.
bijgieten zugießen.
bijgooien hinzuwerfen; (*bijvullen*) nachfüllen; (*kaartspel*) beigeben. ▾**bijhalen** herbei-, heranziehen; *er een deskundige —*, e.n Sachverständigen (hin)zuziehen. ▾**bijharken** zurechtharken. ▾**bijhouden**: *iem. —*, gleichen Schritt mit e.m halten; *niet kunnen —*, nicht mitkommen; (*de boeken*) —, führen; (*reeks artikelen*) —, verfolgen; (*zijn kennis*) —, nicht verflüchtigen lassen, pflegen; (*de tuin*) —, pflegen, in Ordnung halten; (*de borden*) —, her-, hinhalten.
bijkaart Nebenkarte *w*; (*in kaartspel*) Beikarte *w*.
bijkans fast, beinahe.
bijkantoor Zweigstelle *w*; (*filiaal, ook*) Zweiggeschäft *s*.
bijkeuken Spül-, Waschküche *w*.
bijknippen zuschneiden.
bijkom/en (*erbij*) hinzu-, dazukommen; (*zich herstellen*) zu s. kommen, s. erholen; (*erbij passen*) passen zu; *daar komt nog bij dat ...*, dazu kommt noch daß...; *hoe kom je erbij?*, wie kommst du dazu?; (*ik kan*) *er niet —*, nicht hinzu, es nicht erreichen; (*ik kan*) *niet bij het schilderij komen*, an das Gemälde nicht heranreichen; *er is geen — aan*, (*bijv. loket*) man kann (an den Schalter) nicht herankommen; *dat moet er nog —!*, das fehlte noch gar! ▾**—end**: *—e onkosten*, Nebenkosten; *—e bepalingen*, Zusatzbestimmungen. ▾**bijkomstig** nebensächlich; *—e omstandigheden*, Nebenumstände. ▾**—heden** Nebensächliche(s) *s*.
bijl Beil *s*; (*lang*) Axt *w*; *het —tje erbij neerleggen*, die Flinte ins Korn werfen; *methode van de botte —*, Holzhammermethode *w*.
bijlage Beilage; *als —* (*zenden wij u*), als Anlage, in der Anlage.
bijlange: — (*na*) *niet*, bei weitem nicht.
bijlegg/en (*erbij*) hinzulegen; *er geld —*, Geld zulegen; (*een twist*) —, beilegen, schlichten; (*scheepst.*) (die Segel) beilegen. ▾**—ing** (*v. twist*) Beilegung, Schlichtung *w*.
bijles Nachhilfestunde *w*.
bijleveren nachliefern.
bijlichten: *iem. —*, e.m leuchten, (*fig.*) heimleuchten.
bijmeng/en beimischen, beimengen, hinzumischen, hinzumengen. ▾**—ing** Beimischung *w*. ▾**—sel** Zusatz *m*.
bijna fast, beinahe.
bijnaam Beiname, Zuname *m*; (*meer spottend*) Spitzname *m*.
bijnier Nebenniere *w*.
bijoogmerk Nebenabsicht *w*.
bijoorzaak Nebenursache *w*.
bijouterie Bijouterie *w*; *—ën*, Schmucksachen *Mz*.

bijpassen zulegen; *—de hoed*, dazu passender Hut.
bijprodukt Nebenprodukt *s.*
bijprogramma Beiprogramm *s.*
bijpunten (zu)spitzen; (*haar*) nachschneiden, nachstutzen.
bijrijder (*in vrachtwagen*) Beifahrer *m.*
bijrol Nebenrolle *w.*
bijschaven behobeln; (*de geschaafde planken nog wat*) —, nachhobeln. ▾**bijschenken** nach-, hinzugießen. ▾**bijschikken** näher rücken; (*meeëten*) s. mit zu Tisch setzen. ▾**bijschilderen** aufmalen, übermalen.
bijscholen nachbilden. ▾**bijscholing** Nachbildung *w.* ▾**—scursus** Nachschulungskurs *m.*
bijschrift Unterschrift *w*; (*aantekening*) Notiz *w.* ▾**bijschrijven**: *er nog iets —*, noch etwas hinzuschreiben; (*rente*) eintragen; *een bedrag op iemands rekening —*, e.m e.n Betrag gutschreiben.
bijschuiven (*erbij*) hinzuschieben; (*een stoel*) heranrücken; *schuif het wat dichterbij*, schiebe es etwas näher heran; *schuif wat dichterbij*, rücke etwas näher heran.
bijslaap Beischlaf *m*; Beischläfer(in) *m* (*w*).
bijslag: *— op het loon*, Lohnzuschlag *m.*
bijslepen herbeischleppen.
bijslijpen zuschleifen; (*nog een beetje*) —, nachschleifen.
bijsluiter Beilagezettel *m.*
bijsmaak Neben-, Beigeschmack *m.*
bijsnijden zuschneiden.
bijspringen: *iem. —*, e.m beispringen, (mit Geld) aushelfen.
bijstaan: *iem. —*, e.m beistehen, behilflich sein; *bijgestaan door*, unterstützt von. ▾**bijstand** Beistand *m*, Hilfe *w*; Sukkurs *m*; *— verlenen*, H. leisten; *commissie van —*, Beistandsausschuß *m*; *van de — leven*, von der Sozialhilfe leben. ▾**—swet** Sozialhilfegesetz *s.*
bijstellen (*tech.*) nachstellen, nachrichten. ▾**bijstelling** (*gram.*) Apposition *w.*
bijster: *het spoor — zijn*, s. verirrt haben, die Spur verloren haben; (*fig.*) auf dem Holzweg sein; (*niet*) *— groot*, besonders groß; (*niet*) *— verstandig*, sonderlich klug.
bijstort/en nachschütten; (*geld*) nachzahlen. ▾**—ing** Nachzahlung *w*, Nachschuß *m.*
bijt Loch *s* (im Eis), Wu(h)ne *w.*
bijtellen hinzuzählen, -rechnen.
bijt/en beißen; (*scheik.*) ätzen, beizen; *op de tong —*, s. auf die Zunge beißen; (*peper*) *bijt op de tong*, beißt auf der Z.; *op de tanden —*, die Zähne aufeinander beißen; *in het zand, het stof —*, ins Gras beißen. ▾**—end**: *—e spot*, beißender Spott. ▾**—erig** bissig.
bijtijds rechtzeitig; (*vroegtijdig*) frühzeitig.
bijtmiddel Beiz-, Ätzmittel *s.*
bijtrekken hinzuziehen; (*naar zich toe trekken*) herbeiziehen; (*bijvoegen*) hinzufügen.
bijvak Nebenfach *s.*
bijval Beifall *m.* ▾**—len** (e.m) beistimmen. ▾**—sbetuiging** Beifallsbezeigung *w.*
bijvegen zusammenkehren; (*vertrek*) auskehren.
bijverdien/en: *er wat —*, etwas hinzuverdienen. ▾**—ste** Neben/verdienst, N.erwerb *m*; -einkünfte, -einnahmen *Mz.*
bijverven aufmalen, übermalen, aufbessern.
bijverwarming Nebenheizung *w.*
bijvoeding zusätzliche Nahrung; (*v. zuigeling*) Beikost *w.*
bijvoeg/en: *er—*, hinzufügen; (*bijsluiten*) beifügen; (*achteraf aanvullen*) nachtragen. ▾**—ing** Bei-, Hinzufügung *w*; (*v. zout*) Zusatz *m.* ▾**—lijk** adjektivisch; *—naamwoord*, Adjektiv, Eigenschaftswort *s*; *—e bepaling*, attributive Bestimmung; *—e bijzin*, Adjektiv-, Attributivsatz *m.* ▾**—sel** Zusatz, Nachtrag *m*; (*wat bijgesloten wordt*) Beilage *w*; (*v. krant*) Beilage *w*, Beiblatt *s.*
bijvoorbeeld zum Beispiel.
bijvorm Nebenform *w.*
bijvullen nachfüllen; (*kolen*) nachschütten; (*benzine*) nachtanken.
bijwagen Beiwagen *m*; (*ook*) Anhängewagen, Anhänger *m.*
bijwerk Neben/arbeit *w*; N.beschäftigung *w.* ▾**—en** (*verbeteren*) nachbessern; (*herstellen*) reparieren; (*aanvullen*) ergänzen; *een leerling —*, e.m Schüler Nachhilfe geben; *tot op heden bijgewerkt*, bis auf die Gegenwart fortgeführt; *de boeken —*, die Bücher beischreiben, Posten in den Büchern nachtragen. ▾**—ing** (*med.*) Nebenwirkung *w.*
bijwijlen bisweilen, zuweilen, dann und wann.
bijwonen beiwohnen [3]; *het — v.e. concert*, der Besuch e.s Konzerts.
bijwoord Adverb, Umstandswort *s*; *— v. tijd*, Zeitadverb, U. der Zeit. ▾**—elijk** adverbial, umstandswörtlich; *—e bepaling*, Adverbial-, Umstandsbestimmung *w.*
bijzaak Nebensache *w*; (*dat is*) *maar —*, nur nebensächlich.
bijzet/tafel Beitisch *m.* ▾**—ten** (*zeil*) beisetzen; (*lijk*) beisetzen; *luister —*, Glanz verleihen; (*zijn woorden*) *kracht —*, Nachdruck verleihen; (*niets meer*) *bij te zetten* (*hebben*), zuzusetzen. ▾**—ting** Beisetzung *w.*
bijziend/(e) kurzsichtig. ▾**—heid** Kurzsichtigkeit *w.*
bijzijn: *in het —* (*v. mijn vriend*), in Gegenwart, im Beisein.
bijzin Nebensatz *m.*
bijzit Konkubine *w.* ▾**—ter** Assessor, Beisitzer *m*; (*notuleerder*) Protokollführer *m.*
bijzonder besonder; (*eigenaardig*) eigentümlich, merkwürdig; (*zeer*) sehr, überaus; (*inzonderheid, vooral*) besonders; *—e* (*speciale*) *aanbieding*, Sonderangebot *s*; *— hoogleraar*, außerplanmäßiger Hochschullehrer; *— onderwijs*, Privatschulwesen *s*, konfessioneller Unterricht, *een —e positie* (*innemen*), eine Sondersstellung; *—e school*, Privatschule, konfessionelle Schule; *het —e* (*afzonderlijke*) *geval*, der Einzelfall; *iets —s*, etwas Besonderes; (*hij vertelt*) *niet veel —s*, nichts von Bedeutung; (*het weer was*) *niet —*, nicht besonders; *in het —*, besonders. ▾**—heid** (*detail*) Einzelheit *w*; (*niet gewoon*) Besonderheit *w*; (*bezienswaardigheid*) Sehenswürdigkeit *w*; *nadere bijzonderheden ontbreken nog*, Näheres fehlt noch; *alle verdere bijzonderheden*, alles Weitere; *in bijzonderheden treden*, s. auf Einzelheiten einlassen.
bikini Bikini *m.*
bikkel Knöchel *m.* ▾**—en** mit Knöcheln spielen.
bikken 1 (*afhakken*) abpicken; (*ketel*) ausklopfen; **2** (*eten*) futtern, picken, essen.
bil Hinterbacke *w*; (*v. slachtvee*) Keule *w*; *iem. voor de —len geven*, e.m den Hintern versohlen; *wie zijn —len brandt, moet op de blaren zitten*, was man s. eingebrockt hat, muß man auch ausessen.
bilabiaal bilabial. ▾**bilateraal** bilateral.
biljart Billard *s.* ▾**—bal** B.ball *m.* ▾**—en** B. spielen. ▾**—keu** B.stock *m.* ▾**—laken** B.tuch *s.* ▾**—wedstrijd** B.turnier *s.*
biljet Zettel *m*; (*bank—*) Schein *m*; (*v. bus, trein, enz.*) Fahrschein *m*, -karte *w*;

(*entreebiljet*) Billett *s*, Eintrittskarte *w*.
biljoen Billion *w*.
billijk billig; (*rechtvaardig*) gerecht. ▾**—en** billigen. ▾**—erwijs** billigerweise. ▾**—heidshalve** der Billigkeit wegen.
binair binär, binarisch.
bind/en binden; *iem. aan handen en voeten —*, e.m Hände und Füße b.; *aan een plaats gebonden zijn*, an e.n Ort gebunden sein. ▾**—end**: (*een overeenkomst*) *— verklaren*, für verbindlich erklären; *niet —*, unverbindlich. ▾**—end-verklaring** Verbindlichkeitserklärung *w*. ▾**—er** Bind/er *m*. ▾**—garen** B.faden *m*. ▾**—ing** B.ung *w*. ▾**—middel** Binde/mittel *s*. ▾**—rijs** B.weide *w*. ▾**—vlies** B.haut *w*. ▾**—vliesontsteking** B.hautentzündung *w*. ▾**—weefsel** B.gewebe *s*.
binnen I *vz* innerhalb [2], in [3/4]; (*van tijd, ook*) binnen [3]; *— de cirkel*, in dem Kreis; (*kom*) *— de kring*, in den Kreis; *— een jaar*, innerhalb e.s Jahres, in e.m Jahre, binnen e.m Jahre; *— acht dagen*, (*ook*) innerhalb von acht Tagen. **II** *bw* drinnen; (*naar binnen*) herein, hinein; (*wie*) *is er —?*, ist drinnen?; *—!*, herein!; *ga —!*, gehe hinein!; *hij kwam de kamer —*, er kam ins Zimmer (herein), er trat ins Zimmer ein; (*hij is*) *—*, drin(nen), im Zimmer, im Hause, (*heeft genoeg verdiend*) ein gemachter Mann; (*het schip, de trein*) *is —*, ist eingelaufen; (*de oogst is*) *—*, eingefahren, herein; *— in het hol*, im Innern der Höhle; *door het raam naar — gooien*, zum Fenster hineinwerfen; (*geen eten*) *naar — kunnen krijgen*, hinunterbringen können; *het schiet me juist te —*, es fällt mir gerade ein; *van —*, (von) innen; *van — en van buiten* (*kennen*), in- und auswendig, gründlich, wie meine (linke) Westentasche; *van — naar buiten*, von innen nach außen; *van — uit*, von innen her. ▾**binnen/bal** Blase *w*. ▾**—band** (Luft)Schlauch *m*. ▾**—brand** Kleinfeuer *s*. ▾**—brengen** herein-, hineinbringen. ▾**—deur** Innentür *w*, innere Tür. ▾**—dijk** Binnen-, Hinterdeich *m*. ▾**—dijks** innerhalb des Deiches. ▾**—door**: *— gaan*, (*kortere weg*) e.n Richtweg nehmen. ▾**—dringen** herein-, hineindringen; *een land —*, in ein Land (ein)dringen. ▾**—gaan** hineingehen, eintreten; *de kamer —*, in das Zimmer (hinein)gehen, (ein)treten. ▾**—gaats** im Seegatt, im Hafen; (*bijv. aan de Elbe*) in der Binnenelbe. ▾**—halen** hereinholen; (*oogst*) (her)einbringen; (*vlag, vorst*) einholen; (*vruchten, voordelen*) einheimsen. ▾**—haven** Binnenhafen *m*. ▾**—hoek** Innenwinkel *m*. ▾**—hof** (innerer) Hof. ▾**—houden**: (*iem.*) *—*, im Hause halten.
binnenhuis das Innere e.s Hauses; (*schilderstuk*) Interieur s. ▾**—architect** Innenarchitekt, Raumkünstler *m*. ▾**—kunst** Innenraumgestaltung *w*.
binnenin im Innern.
binnen/kamer inneres Zimmer. ▾**—kant** Innenseite *w*; innere Seite. ▾**—komen** hereinkommen, eintreten; (*v. berichten, gelden, schip*) einlaufen; (*v. trein*) einfahren; *de kamer —*, in das Zimmer (herein)kommen, (ein)treten. ▾**—kort** in kurzem, binnen kurzem, demnächst. ▾**—krijgen** hereinkommen; (*water*) *—*, schlucken, (*v. schepen*) machen; (*de zieke kan niets*) *—*, hinunterbringen.
binnenland Inland *s*; (*tegenst. v. kustgebied*) Binnenland *s*; *de —en van Afrika*, das Innere Afrikas, das innere Afrika, Innerafrika *s*. ▾**—s** inländisch; (*v. produkten, planten*) einheimisch; (*dikwijls ook*) inner, Innen..., Inland..., Binnen...; *— bestuur*, innere Verwaltung; *—e handel*, Innen-, Inland-, Binnenhandel *m*; *—e markt*, Inlands-, Binnenmarkt *m*; *—e politiek*, innere Politik, Innenpolitik *w*; *aangelegenheid v.d. —e politiek*, innerpolitische Angelegenheit; *—e produktie*, Inlandserzeugung *w*; *—e toestanden*, innere Verhältnisse *Mz*; *— verbruik*, Inlandkonsum *m*; *minister* (*ministerie*) *v. B—e Zaken*, Innenminister *m*, (-ium *s*), Minister(ium) des Innern.
binnen/laten herein-, hineinlassen; (*voor audiëntie enz.*) vorlassen; *laat mijnheer binnen!*, (*bij aandiening*) ich lasse bitten. ▾**—leiding** Innenleitung *w*. ▾**—loodsen** einlotsen, in den Hafen lotsen. ▾**—lopen** herein-, hineinlaufen; *een haven —*, in e.n Hafen einlaufen. ▾**—muur** Innenmauer *w*. ▾**—plaats** Hof *m*. ▾**—planeet** innerer Planet. ▾**—plein** Hof *m*. ▾**—rijden** hinein-, hereinfahren, (*te paard*) -reiten; (*de trein*) *rijdt het station binnen*, fährt in den Bahnhof ein. ▾**—roepen** hereinrufen. ▾**—ruimte** Innenraum *m*. ▾**—rukken**: *een stad —*, in eine Stadt einziehen. ▾**—(scheep)vaart** Binnenschiffahrt *w*. ▾**—schipper** Binnenschiffer *m*. ▾**—shuis** im Hause. ▾**—skamers** zwischen den vier Wänden. ▾**—slands** im Lande. ▾**—sluipen** herein-, hineinschleichen; *het huis —*, s. in das Haus einschleichen. ▾**—smokkelen** einschmuggeln. ▾**—smonds** zwischen den Zähnen; *— mopperen*, vor s. hin murmeln; (*hij spreekt zo*) *—*, undeutlich. ▾**—speler** Innenstürmer *m*. ▾**—st** inner, innerst; *in ons —e*, in unserem Innern; (*het*) *— buiten*, das Innere nach außen. ▾**—stad** innere Stadt, Innenstadt *w*. ▾**—vaart** Binnenschiffahrt *w*. ▾**—vallen**: *onverwachts bij iem. komen —*, bei e.m hereingeschneit kommen; *een haven —*, in e.n Hafen einlaufen; (*de vijand*) *viel het land binnen*, fiel in das Land ein. ▾**—verlichting** Innenbeleuchtung *w*. ▾**—vetter**: *hij is een —*, er hat etwas in sich. ▾**—visserij** Binnenfischerei *w*. ▾**—waarts** einwärts, nach innen. ▾**—water** Binnen/wasser *s*; *—en*, B.gewässer *s*. ▾**—weg** (*landweg*) Feldweg *m*; (*kortere weg*) Richtweg *m*. ▾**—werk** (*werk binnenshuis*) Arbeit im Hause; (*het inwendige*) Innere(s) *s*; (*v. horloge*) Werk *s*; (*v. sigaar*) Einlage *w*; *het —* (*van het nieuwe huis*) *is gebeurd*, die Innenarbeiten sind gemacht. ▾**—werks**: *— gemeten*, im Lichten gemessen; *—e maat*, lichte Weite; *hoogte —*, lichte Höhe. ▾**—zak** Innentasche *w*. ▾**—zee** Binnenmeer *s*. ▾**—zijde** Innenseite *w*, innere Seite. ▾**—zool** Binnen-, Innensohle *w*.
binocle Binokel *s*; (*toneelkijker*) Opernglas *s*.
bint (*balk*) Binde-, Querbalken *m*.
bio/chemicus Biochemiker *m*. ▾**—chemie** Biochemie *w*. ▾**—graaf** Biograph *m*. ▾**—grafie** Biographie *w*. ▾**—grafisch** biographisch. ▾**—logie** Biologie *w*. ▾**—logisch** biologisch. ▾**—log(is)eren** biologieren. ▾**—loog** Biologe *m*.
bioscoop Kino, Theater, Lichtspielhaus *s*; *naar de —* (*gaan*), ins K. ▾**—bezoek** K.besuch *m*. ▾**—voorstelling** K.-, Filmvorführung *w*. ▾**—wet** Lichtspielgesetz *s*.
bips Popo, Po *m*.
bis bis.
bisam Bisam *m*; (*dier, ook*) Moschus *m*.
biscuit, biskwie Biskuit *s*; Keks *m & s*.
bisdom Bistum *s*.
biseksueel bisexuell.
bismut Wismut *m & s*.
bisschop Bischof *m*. ▾**—pelijk** bischöflich. ▾**—szetel** Bischofssitz *m*.
bissectrice Halbierungslinie *w*.
bistro Bistro *s*.

bit Gebiß *s.*
bits bissig. ▾**—heid** Bissigkeit *w.*
bitter I *bn & bw* bitter; *— lot*, herbes Schicksal; *— (slecht)*, sehr; *— (koud)*, bitter; *— (weinig)*, herzlich; *— (schreien)*, bitterlich. **II** *zn* Bitter, Bittere(r) *m.* ▾**—achtig** bitter/lich. ▾**—en** e.n Schnaps, e.n Bitteren trinken. ▾**—heid** B.keit *w.* ▾**—kers** B.kresse *w.* ▾**—koekje** Makrone *w.* ▾**—tafel** Stammtisch *m.* ▾**—uurtje** Schnapsstunde *w.* ▾**—voorn** B.ling *m.* ▾**—zout** B.salz *s.*
bitumen Bitumen *s.*
bivak Biwak *s.* ▾**—keren** biwakieren. ▾**—muts** Schlupfkappe *w.*
bizar bizarr.
bizon Bison *m.*
blaadje Blättchen *s*; (*stukje papier*) Zettel *m*; (*presenteerblaadje*) Tablett, Brett *s*; (*bij iem.*) *in een goed — staan*, gut angeschrieben sein; *het — is gekeerd*, das Blättchen hat s. gewendet.
blaag Balg *m & s*; (*niet ong.*) Kind, Blag *s.*
blaam Tadel *m*; (*smet*) Makel *m*; (*een ridder zonder*) *vrees of —*, Furcht und Tadel.
blaar Blase *w*; (*etterblaar*) Blatter *w.* ▾**—trekkend** blasenziehend.
blaas Blase *w.* ▾**—aandoening** Blasenleiden *s.* ▾**—balg** Blasebalg *m.* ▾**—ham** Rollschinken *m.* ▾**—instrument** Blasinstrument *s.* ▾**—kaak** Windbeutel, Prahler *m.* ▾**—ontsteking** Blasenentzündung *w.* ▾**—pijpje** Alkoholteströhrchen, Röhrchen *s.* ▾**—roer** Blaserohr *s.* ▾**—toestel** Blasegerät *s.*
black-out Blackout *s.*
blad Blatt *s*; (*van tafel enz.*) Platte *w*; (*presenteerblad*) Tablett *s*, Platte *w*, Servierbrett *s*; (*v. anker, roeiriem*) Schaufel *w*; (*v. schroef*) Flügel *m*; *— papier*, Blatt Papier, (*vel papier*) Bogen *m*; (*hij is*) *omgedraaid als een — aan de boom*, wie ausgewechselt; (*de*) *—eren verliezen*, abblättern. ▾**—aarde** Lauberde *w.*
bladderen Blasen bilden.
blader/dak Laubdach *s.* ▾**—deeg** Blätterteig *m.* ▾**—en** blättern. ▾**—krans** Blätterkranz *m.* ▾**blad/goud** Blatt/gold *s.* ▾**—groen** B.grün *s.* ▾**—groente** B.gemüse *s.* ▾**—luis** B.laus *w.* ▾**—maag** Blättermagen *m.* ▾**—spiegel** B.spiegel *m.* ▾**—stil** windstill. ▾**—tin** B.zinn *s*, Stanniol *s.* ▾**—vulling** Lückenbüßer *m.* ▾**—wijzer** Inhaltsverzeichnis *s*; (*om aan te geven waar men gebleven is*) Lesezeichen *s.* ▾**—zijde** Seite *w.*
blaff/en bellen. ▾**—er(d)** Register *s.*
blaken glühen, brennen; *in —de welstand*, in blühender Gesundheit; *—d v. gezondheid*, strotzend vor G.; *—de zon*, glühende, brennende, pralle Sonne.
blaker Leuchter *m.* ▾**—en** sengen, brennen.
blam/age Blamage *w.* ▾**—eren** blamieren.
blancheren blanchieren.
blanco blanko; (*album*) vordruckslos; (*formulier*) unausgefüllt; *— stemmen*, s. enthalten; *— stem*, Enthaltung *w*; *in —* (*verkopen*), in blanko, leer. ▾**—volmacht** B.vollmacht *w.*
blank weiß; (*blinkend*) blank; *— (staan)*, unter Wasser; *—e ziel*, reine Seele; *—e verzen*, Blankverse *Mz*; *een —e*, ein Weißer. ▾**—heid** Weiße; Blankheit, Blänke; Reinheit *w.*
blasé blasiert.
blasfemie Blasphemie *w.*
blaten (*v. schaap*) blöken; (*v. geit*) meckern.
blauw I *bn* blau; *iets — — laten*, etwas auf s. beruhen lassen; *de —e knoop*, das Blaue Kreuz; (*hij is*) *van de —e knoop*, Abstinenzler; *een —e maandag*, ein blauer Montag, (*korte tijd*) eine kurze Zeit; *— potlood*, Blaustift *m.* **II** *zn* Blau *s.* ▾**—achtig** bläulich. ▾**B—baard** Blaubart *m.* ▾**—bekken**: *staan te —*, frierend dastehen. ▾**—druk** Blaupause *w.* ▾**—en** (*bl. worden*) blauen; (*bl. maken*) bläuen; (*staal*) *—*, blau anlaufen lassen. ▾**—eregen** Glyzinie *w.* ▾**—heid** Bläue *w.* ▾**—helm** (*UNO*) Blauhelm *m.* ▾**—kous** Blaustrumpf *m.* ▾**—ogig** blauäugig. ▾**—sel** Waschblau *s.* ▾**—tje**: *een — lopen*, e.n Korb bekommen. ▾**—zuur** Blausäure *w.*
blazen blasen; (*v. verwoede dieren*) fauchen; (*v. vermoeidheid*) schnaufen; *een schijf —*, e.n Stein b.; *op de hoorn —*, das (auf dem) Horn b., ins H. stoßen; *beter hard geblazen dan de mond verbrand*, Vorsicht ist die Mutter der Weisheit. ▾**blazer 1** Bläser *m*; **2** (*boot*) Blaser *m*; **3** (*sportjasje*) Sportjacke *w.*
blazoen Wappenschild *s.*
bleek I *bn & bw* blaß; (*sterker*) bleich; *zo — als 'n lijk*, leichenblaß, totenbleich. **II** *zn* Bleiche *w.* ▾**—achtig** bläßlich. ▾**—blauw** blaßblau. ▾**—echt** bleichfest. ▾**—gezicht** Bleich-, Blaßgesicht *s.* ▾**—heid** Blässe *w.* ▾**—middel** Bleich/mittel *s.* ▾**—neusje** B.schnäbelchen *s.* ▾**—poeder** B.pulver *s.* ▾**—water** B.wasser *s.* ▾**—zucht** B.sucht *w.* ▾**blek/en** bleichen. ▾**—erij** Bleichanstalt *w.*
blèren plärren.
bles: (*paard, witte plek*) Blesse *w.*
blesseren verwunden.
blessure Blessur, Verletzung, Verwundung *w.*
bleu 1 schüchtern, blöde, verlegen; **2** (*licht blauw*) bleu, leuchtend blau.
bliek Blicke *w*, Güster, Blei *m.*
blij froh; (*vrolijk*) fröhlich; (*vreugdevol*) freudig; (*opgewekt*) munter, heiter; *blijde gebeurtenis*, freudiges Ereignis; *ik ben —* (*dat het klaar is*), ich bin froh; *ik ben —* (*u hier te zien*), es freut mich; *ik ben erg —* (*dat je komt*), ich freue mich sehr; *— zijn* (*over iets*), froh sein; *ik ben — met dit geschenk*, dieses Geschenk freut mich sehr; *iem. — maken* (*met iets*), e.n erfreuen.
blijde Balliste *w.*
blijdschap Freude *w*; *van —*, vor F. ▾**blijheid** Freude *w*; (*opgewektheid*) Heiterkeit *w.*
blijk Beweis *m*, Zeichen *s*; *een — van belangstelling*, ein B. der Teilnahme; *als — van dankbaarheid*, als Z. der Dankbarkeit; *— geven van iets*, etwas zeigen. ▾**—baar** offenbar, augenscheinlich. ▾**—en** s. zeigen, s. ergeben, s. herausstellen; *blijkt het je nog niet* (*dat je ongelijk hebt*), ist es dir noch nicht deutlich; *het blijkt dat...*, es zeigt s., ergibt s., stellt s. heraus, daß; (*hieruit*) *blijkt*, zeigt s., geht hervor; *de dieven bleken al het geld te hebben meegenomen*, es zeigte s., daß die Diebe alles Geld mitgenommen hatten; *het zal spoedig —* (*wie er gelijk heeft*), es wird s. bald herausstellen; (*bij het onderzoek*) *bleek*, (*dat hij onschuldig was*), stellte es s. heraus; (*ik liet niet*) *—*, (*dat ik het niet wist*), merken; *ik zal er niets van laten —*, ich werde es mir nicht merken lassen; (*zijn vreugde*) *laten —*, (be)zeigen; *deze man bleek onschuldig te zijn*, es ergab s., stellte s. heraus, daß dieser Mann unschuldig war; *het bericht blijkt waar te zijn*, es zeigt s. daß die Nachricht wahr ist; *onmogelijk —* (*te zijn*), s. als unmöglich erweisen; (*de onbekende*) *bleek mijn oude vriend te zijn*, erwies s. als mein ehemaliger Freund; (*dit middel*) *is gebleken goed te zijn*, hat s. bewährt. ▾**blijkens** nach; wie s. ergibt aus...
blijmoedig froh, heiter; (*hij is altijd*) *—*, frohen Mutes. ▾**—heid** Frohsinn *m*, Heiterkeit *w.*
blijspel Lustspiel *s*, Komödie *w.* ▾**—dichter** L.dichter *m.*

blijv/en bleiben; *ik blijf erbij* (*dat het waar is*), ich bleibe dabei; *— bestaan, hangen, kleven, liggen, staan, steken, wonen, zitten*, bestehen, hängen, kleben (haften), liegen, stehen, stecken, wohnen, sitzen bleiben; *— doorschrijven*, weiterschreiben, fortfahren zu schreiben; *— leven*, am Leben bleiben; *iem. — aankijken*, e.n unverwandt anblicken; *op iem. — wachten*, auf e.n warten; *z. — verzetten*, widerspenstig b.; *blijf je hier eten?*, bleibst du hier zum Essen?; *het blijft regenen*, es regnet immerfort. ▾**—end** bleibend; (*permanent*) dauernd; *van —e invloed zijn*, eine nachhaltige Wirkung haben.

blik 1 (*oogopslag*) Blick *m*; *in een —* (*iets overzien*), mit e.m B.; **2** (*dun metaal*) Blech *s*; **3** (*voor 't vegen*) Schaufel *w*; *— en veger*, Handbesen und Kehrschaufel; **4** (*conservenblik*) Büchse *w*; *levensmiddelen, vlees in —*, Büchsen/konserven *Mz.*, B.fleisch *s*. ▾**—groente** B.gemüse *s*. ▾**—ken I** *ww* blicken; *zonder — of blozen*, ohne mit der Wimper zu zucken, unverfroren. **II** *bn* blechern, Blech... ▾**—keren** glitzern, funkeln. ▾**—opener** Büchsenöffner *m*. ▾**—schaar** Blechschere *w*. ▾**—schade** Blechschaden *m*.

bliksem Blitz *m*; *als door de — getroffen*, wie vom B. gerührt; *loop naar de —!*, scher dich zum Teufel; *naar de — gaan*, zum Teufel gehen; (*het geld*) *is naar de —*, ist flötengegangen; (*het horloge*) *is naar de —*, ist im Eimer; *arme —*, armer Schlucker; *een brutale —*, ein Frechdachs; *een luie —*, ein stinkend fauler Kerl. ▾**—afleider** B.ableiter *m*. ▾**—en** blitzen. ▾**—flits** B.strahl *m*. ▾**—inslag** B.schlag *m*. ▾**—oorlog** B.krieg *m*. ▾**—s** verteufelt; *—e jongen*, Teufelsjunge *m*. ▾**—schicht** B.strahl *m*. ▾**—snel** b.schnell; *— lopen*, laufen wie ein geölter B.

blikslager Klempner *m*.

blikvanger Blickfang *m*.

blind I *bn & bw* blind; *—e kaart*, stumme Karte; *—e landing*, Blindlandung; *—e passagier*, blinder Passagier; *— venster*, blindes Fenster, Blendfenster; *— voor* (*iets*), blind für, gegen; *niet — zijn voor de werkelijkheid*, vor der Wirklichkeit die Augen nicht verschließen; *z. — staren op een idee*, s. in eine Idee verrennen; *in den —e*, ins Blinde, (*op goed geluk af*) aufs Geratewohl. **II** *zn* (*vensterluik*) Fensterladen *m*. ▾**—doek** Augenbinde *w*. ▾**—doeken** e.m die Augen verbinden. ▾**—druk** Blind/druck *m*. ▾**—e** B.e(r) *m*; *in het land der —n is eenoog koning*, unter B.en ist der Einäugige König. ▾**—edarm** Blinddarm *m*. ▾**—edarmontsteking** B.darmentzündung *w*. ▾**—elings** b.lings. ▾**—eman** B.e(r) *m*; *—netje* (*spelen*), B.ekuh. ▾**—engeleidehond** B.enführerhund *m*. ▾**—eninstituut** B.enanstalt *w*.

blinder/en (*mil.*) panzern, blenden; (*arch.*) verblenden. ▾**—ing** Panzerung; Verblendung *w*.

blind/ganger Blind/gänger *m*. ▾**—heid** B.heit *w*. ▾**—vliegen I** *ww* b.fliegen. **II** *zn* B.flug *m*, B.fliegen *s*.

blinken blinken, glänzen, leuchten.

bloc: *en —* (*verkopen*), in Bausch und Bogen; *en — aftreden*, insgesamt zurücktreten.

blocnote Notiz-, Schreibblock *m*.

bloed 1 Blut *s*; *het — kruipt waar 't niet gaan kan*, B. ist dicker als Wasser; *kwaad — zetten*, böses B. machen; *van adellijken —e*, von adligem Blute; *van vorstelijken —e*, aus fürstlichem Geblüt; *prins v.d. —e*, Prinz von Geblüt; *met — bevlekt*, blutbefleckt; **2** *een arme —*, ein armer Tropf; *een jonge —*, ein junges Blut. ▾**—aandrang** Blut/andrang *m*. ▾**—armoede** B.armut *w*. ▾**—baan** B.bahn *w*. ▾**—bad** B.bad *s*. ▾**—bank** B.bank *w*. ▾**—bezinkingsproef** B.senkungsreaktion *w*. ▾**—doorlopen** b.unterlaufen. ▾**—dorstig** b.dürstig. ▾**—druk**: *hoge —*, B.hochdruck *m*. ▾**—druppel** B.stropfen *m*. ▾**—eigen** leiblich. ▾**—eloos** blutlos, blutleer. ▾**—en** bluten; *dood—*, verbluten; *met —d hart*, blutenden Herzens; *tot —s toe*, bis aufs Blut. ▾**—erig** blutrünstig, blutig. ▾**—erziekte** Bluterkrankheit *w*. ▾**—gever** Blut/spender *m*. ▾**—groep** B.gruppe *w*. ▾**—hond** B.hund *m*. ▾**—ig** blutig; *—e spot*, bitterer Spott. ▾**—ing** Blutung *w*. ▾**—je**: *—s van kinderen*, blutjunge Kinder. ▾**—kleurstof** Blut/farbstoff *m*. ▾**—lichaampje** B.körperchen *s*. ▾**—neus** Nasenbluten *s*; *iem. een — slaan*, e.m die Nase blutig schlagen. ▾**—plaatje** Blut/plättchen *s*. ▾**—plas** B.lache *w*. ▾**—proef** B.probe, B.alkoholbestimmung *w*. ▾**—rood** b.rot. ▾**—schande** B.schande *w*. ▾**—somloop** B.kreislauf *m*. ▾**—spuwing** B.sturz *m*. ▾**—stelpend** b.stillend. ▾**—stolsel** B.gerinnsel *s*. ▾**—stuwing** Anschoppung *w*. ▾**—transfusie** B.transfusion *w*. ▾**—transfusiedienst** B.spendedienst. ▾**—uitstorting** B.erguß *m*, (*onderhuids*) B.unterlaufung *w*. ▾**—vat** B.gefäß *s*. ▾**—vatenstelsel** B.gefäßsystem *s*. ▾**—vergiftiging** B.vergiftung *w*. ▾**—verwant** (B.s)Verwandte(r) *m*. ▾**—verwantschap** B.sverwandtschaft *w*. ▾**—vlek** B.fleck *m*. ▾**—vloeiing** B.fluß *m*. ▾**—wei** B.plasma *s*. ▾**—worst** B.wurst *w*. ▾**—wraak** B.rache *w*. ▾**—zuiger** B.sauger (*ook fig.*), B.egel *m*. ▾**—zuiverend** b.reinigend.

bloei Blüte *w*; *de grote —* (*van de handel*), die Hochblüte; *tot — komen*, aufblühen. ▾**—en** blühen. ▾**—tijd** B.zeit *w*. ▾**—wijze** B.nstand *m*.

bloem Blume *w*; (*het puik*) Blüte *w*; (*meel*) Feinmehl *s*; *— van zwavel*, Schwefelblüte; *de —etjes buiten zetten*, e.n bunten Abend feiern; *laat —en uw tolk zijn*, laßt Blumen sprechen; (*liever*) *geen —en*, (*in overlijdensadvertentie*) Blumenspenden dankend verbeten. ▾**—bak** Blumenkasten *m*. ▾**—bed** Blumenbeet *s*. ▾**—bodem** Blütenboden *m*. ▾**—bol** Blumenzwiebel *w*. ▾**—bollenbedrijf** Blumenzwiebel/wirtschaft *w*. ▾**—bollencultuur** B.zucht *w*. ▾**—dek** Blütenhülle *w*. ▾**—encorso** Blumen/korso *m & s*. ▾**—enstalletje** B.stand *m*. ▾**—enweelde** B.reichtum *m*. ▾**—ig** blumig; (*v. aardappelen*) mehlig. ▾**—ist** Blumen-, Kunstgärtner *m*. ▾**—isterij** Kunstgärtnerei *w*. ▾**—kelk** Blumen/-, Blütenkelch *m*. ▾**—kool** B.kohl *m*. ▾**—kroon** B.-, Blütenkrone *w*. ▾**—kwekerij** B.gärtnerei *w*. ▾**—lezing** Blütenlese *w*; (*uit de letterkunde*) Auswahl *w*. ▾**—perk** B.beet *s*. ▾**—pot** B.topf *m*; (*met plant, ook*) B.stock *m*. ▾**—rijk** blumig; (*fig.*) blumenreich. ▾**—stuk** B.stück *s*. ▾**—tros** Blütentraube *w*.

bloes Bluse *w*.

bloesem Blüte *w*. ▾**—en** blühen.

blok Block *m*; (*om op te houwen, ook*) Klotz *m*; (*v. bouwdoos*) Klotz; (*brandhout*) Scheit *s*, Klotz; (*offerblok*) Opferstock *m*; *— huizen*, Häuserblock; *een — aan 't been*, ein K. am Bein. ▾**—fluit** B.flöte *w*. ▾**—hoofd** B.wart *m*. ▾**—huis** B.haus *s*; (*v. spoorw.*) B.hütte *w*. ▾**—je** (*bijv. bouillonblokje*) Würfel *m*.

blokkade Blockade, Sperre *w*; *de — van een land afkondigen*, die B. über ein Land verhängen. ▾**—breker** B.brecher *m*.

blokken büffeln, ochsen.

blokkendoos Baukasten *m*.

blokker Ochser, Büffler *m.*
blokker/en sperren, blockieren; (*effecten*) *—*, sperren; *geblokkeerde gelden*, Sperrgelder *Mz*; *geblokkeerde rekening*, Sperrkonto *s*; *tegoed op geblokkeerde rekening*, Sperrguthaben *s*. ▾**—ing** Blockierung, Sperre *w*.
blok/letter Block/buchstabe *m.* ▾**—schaaf** Schlichthobel *m.* ▾**—schrift** B.schrift *w.* ▾**—wachter** B.wärter *m.* ▾**—walserij** B.walzstraße *w*, B.walzwerk *s*.
blond blond. ▾**—eren** b.ieren. ▾**—gelokt** b.lockig. ▾**—ine** B.ine, B.e *w.* ▾**—je** B.chen *s*.
bloot nackt, bloß; *blote* (*armen, benen*) nackte; *met blote handen*, mit bloßen Händen; *met het blote hoofd*, mit bloßem Kopf; *onder de blote hemel*, unter freiem Himmel; *— toeval*, bloßer, reiner Zufall. ▾**—geven**: *z. —*, s. eine Blöße geben. ▾**—heid** Blöße, Nacktheit *w*. ▾**—leggen** bloßlegen; (*zijn kaarten, zijn zaken*) aufdecken. ▾**—shoofds** barhaupt. ▾**—staan**: *aan vele gevaren —*, vielen Gefahren ausgesetzt sein. ▾**—stellen** aussetzen; *aan de wind blootgesteld*, dem Winde ausgesetzt. ▾**—svoets** barfuß. ▾**—woelen**: *z. —*, s. aufdecken, (*v. kind*) s. bloß strampeln.
blos Röte *w*.
blouse Bluse *w*.
blozen erröten; (*zij*) *heeft gebloosd*, ist errötet; (*iem.*) *doen —*, schamrot machen; *—d*, (*met gezonde kleur*) frisch, blühend.
blue jeans Blue jeans, blaue Drillichhosen *Mz*.
bluf Prahl/erei, Aufschneid/erei *w.* ▾**—fen** p.en, a.en. ▾**—fer** P.er, A.er *m.*
blunder Dummheit *w*, Schnitzer *m.* ▾**—en** e.n S., eine D. machen.
blus/apparaat Lösch/apparat *m.* ▾**—sen** löschen; *gebluste kalk*, L.kalk *m.* ▾**—sing** L.ung *w*, L.en *s.* ▾**—singswerk** L.arbeit *w*.
blut ausgebeutelt, klamm.
bluts (*kneuzing*) Quetschung *w*; (*buil, deuk*) Beule *w.* ▾**—en** quetschen; (*deuken*) verbeulen.
boa Boa *w*.
board Holzfaserplatte *w*.
bobbel (*op water*) Blase *w*; (*knobbel*) Wulst *w*; (*bult*) Buckel *m.* ▾**—ig** uneben; (*v. weg, ijs*) holperig, höckerig.
bobine Bobine, Zündspule *w*.
bobslee Bob *m*.
bochel Buckel *m*; (*pers.*) Bucklige(r) *m*.
bocht 1 Biegung *w*; (*v. weg, ook*) Kurve *w*; (*curve*) Kurve; (*kromming*) Krümmung *w*; (*kronkeling*) Windung *w*; (*inham*) Bucht *w*; *dubbele —*, (*lusvormig*) Schleife *w*; *gevaarlijke —!*, gefährliche Kurve!; *voor iem. in de — springen*, für e.n in die Schranken treten, für e.n eintreten; *z. in allerlei —en wringen*, s. winden und drehen; **2** (*uitschot*) Schund *m*, Zeug *s.* ▾**—ig** schlängelnd, gewunden.
bod Gebot *s*; *een — doen naar, uitbrengen op*, bieten auf [4]; *hoger —*, Übergebot; *lager —*, Untergebot; *het hoogste — doen*, der Meistbietende sein; *aan — komen*, bieten, (*aan de beurt*) an die Reihe kommen.
bode Bote *m*; (*op ministerie*) Kanzleidiener *m*; (*op stadhuis*) Amtsbote *m*; (*bij gerecht*) Gerichtsdiener *m*.
bodega Bodega *w*.
bodem Boden *m*; (*grondvlak van dal, kanaal enz.*) Sohle *w*; (*schip*) Schiff *s*; *— v.d. zee*, Meeresgrund *m*, -boden; *vaderlandse —*, heimatliche Erde; *aan iemands verwachtingen de — inslaan*, jemands Hoffnungen zunichte machen, vereiteln; *tot de — toe* (*ledigen*), bis auf die Neige. ▾**—erij** Bodmerei *w*; (*een schip*) *met — bezwaren*, verbodmen. ▾**—gesteldheid** Bodenbeschaffenheit *w*. ▾**—loos** bodenlos. ▾**—pensioen** Basis-Ruhegeld *s*, Sockelrente *w*. ▾**—vondst** Bodenfund *m*.
body/-building Bodybuilding *s.* ▾**—-check** Bodycheck *m*.
boe buh!; (*van koe*) muh!; *— noch ba zeggen*, kein Sterbenswörtchen sagen.
boeddh/a Buddha *m.* ▾**—isme** Buddhismus *m.* ▾**—ist** Buddhist *m.* ▾**—istisch** buddhistisch.
boedel Inventar *s*, Besitz *m*, Habe *w*; (*inboedel*) Mobiliar *s*; (*nalatenschap*) Erbschaft *w*, (*onverdeeld*) Erb(schafts)masse *w*; (*bij faillissement*) Konkursmasse *w*. ▾**—afstand** Erbschaftsabtretung *w*; (*bij faillissement*) Zession *w.* ▾**—(be)redder** Testamentvollstrecker *m*; (*curator*) Konkursverwalter *m.* ▾**—beschrijving** (*het beschrijven*) Inventaraufnahme *w*; (*de lijst*) Inventar *s*, (*bij erfenis*) Erbschaftsverzeichnis *s.* ▾**—scheiding, —verdeling** Erb(schafts)teilung *w*; (*bij scheiding*) Vermögensauseinandersetzung *w*.
boef Spitzbube, Schurke *m.* ▾**—je** (*rakker*) Schelm *m*.
boeg Bug *m*; (*nog veel werk*) *voor de — hebben*, zu tun haben; (*nog een grote afstand*) *voor de — hebben*, zurücklegen müssen; *het over een andere — gooien*, die Sache anders angreifen, dem Gespräch eine andere Wendung geben. ▾**—anker** Buganker *m*. ▾**—seertouw** Bugsiertau *s.* ▾**—spriet** Bugspriet *s.* ▾**—sprietlopen** Schwebebaumlaufen *s*.
boei 1 (*kluister*) Fessel *w*; *in de —en slaan*, in F.n schlagen, legen; *iem. de —en aandoen*, e.m F.n anlegen; **2** (*baken*) Boje *w*; *een kleur als een — krijgen*, purpurrot werden; **3** (*reddingsgordel*) Rettungsring *m.* ▾**—en** fesseln (*ook fig.*).
boek Buch *s*; *te —* (*staan*), im Buche, (*bekend staan*) im Rufe; *te — staande vordering*, Buchforderung *w*, (*mv ook*) Außenstände *Mz*. ▾**—aankondiging** Bücheranzeige *w*. ▾**—band** Einband *m*, Einbanddecke *w*. ▾**—beoordeling** Bücherbesprechung, Rezension *w.* ▾**—binder** Buch/binder *m*. ▾**—binderij** B.binderei *w.* ▾**—blok** B.block *m.* ▾**—deel** Band *m.* ▾**—drukker** Buch/drucker *m.* ▾**—drukkunst** B.druckerkunst *w.* ▾**—ebon** Büchergutschein *m.* ▾**—elegger** Lesezeichen *s.* ▾**boeken** buchen; (*een post*) *—*, b., eintragen. ▾**—beurs** Buchmesse *w*. ▾**—(half)uurtje** (*rad.*) Buchrundfunk *m*, B.stunde *w.* ▾**—kast** Bücher/schrank *m*. ▾**—kennis** B.kenntnis *w*; (*onpraktische kennis*) B.kenntnisse *Mz.* ▾**—liefhebber** B.freund *m.* ▾**—lijst** B.verzeichnis *s*. ▾**—plank** B.brett *s.* ▾**—reeks** B.reihe *w*. ▾**—rek** B.regal *s.* ▾**—stalletje** B.stand *m*. ▾**—steun** B.stütze *w.* ▾**—tas** B.mappe *w*; (*schooltas*) Schulmappe *w.* ▾**—week** Buchwoche *w.* ▾**—wijsheid** Bücher/gelehrsamkeit *w.* ▾**—wurm** B.wurm *m.* ▾**boekerij** Bücherei *w*.
boeket (Blumen)Strauß *m*, Bukett *s*; (*wijngeur*) Blume *w*, Bukett *s*.
boek/handel Buch/handel *m*; (*zaak*) B.handlung *w.* ▾**—handelaar** B.händler *m*. ▾**—houden I** *ww* Buch führen, B.halten, die Bücher führen. **II** *zn* Buch/führung, B.haltung *w.* ▾**—houder** B.halter, B.führer *m*. ▾**—houding** B.führung, B.haltung *w*. ▾**—ing** Buchung, Eintragung *w.* ▾**—jaar** Geschäfts-, Rechnungsjahr *s.* ▾**—je** Büchelchen, Büchlein *s*; *een — over iem. opendoen*, jemands Sündenregister aufschlagen; *buiten zijn — gaan*, seine

Befugnis überschreiten. ▾**—maag** Blättermagen *m*, Büchlein *s*. ▾**—staven** verzeichnen. ▾**—verkoping** Bücherauktion *w*. ▾**—waarde** Buchwert *m*.
boekweit Buchweizen *m*. ▾**—meel** B.mehl *s*.
boek/werk Buch, Werk *s*. ▾**—winkel** Buchladen *m*.
boel Menge *w*; *de* — (*kort en klein slaan*), alles; *de hele* — (*is niets waard*), der ganze Kram, Schwindel; (*dat is*) *me een mooie* —, mir eine schöne Geschichte; (*'t is hier*) *een mooie* —, eine schöne, eine saubere Wirtschaft; *vervelende* —, dumme, verfluchte Geschichte; *zijn —tje bij elkaar pakken*, seine Siebensachen packen.
boeman Popanz, Buhbuh, Butzemann *m*.
boemel: *aan de — zijn*, bummeln, schwiemeln. ▾**—aar** Bummler, Schwiemler *m*. ▾**—en** *zie* **boemel**. ▾**—trein** Bummel-, Personenzug *m*.
boemerang Bumerang *m*.
boen/der Scheuerbürste *w*; (*om te boenen*) Bohner *m*. ▾**—en** bohne(r)n; (*schrobben*) scheuern. ▾**—was** Bohnerwachs *s*.
boer 1 Bauer *m*; *de —en*, (*de boerenstand*) die Bauernschaft; *—en*, (*boerenmensen*) Bauersleute *Mz*; (*in Zuid-Afrika*) Bur *m*; (*lomperd*) Grobian *m*; **2** (*bij kaartspel*) Bube *m*, (*bij Duitse kaarten*) Unter *m*; **3** (*oprisping*) Rülps *m*; *een — laten*, rülpsen. ▾**—achtig** bäurisch. ▾**—derij** Bauernhof *m*, Gehöft *s*; (*het bedrijf*) Bauernwirtschaft *w*. ▾**—en** Bauer sein, Ackerbau treiben; (*oprispen*) rülpsen; *goed* —, gut wirtschaften. ▾**boeren/arbeider** Land-, Feldarbeiter *m*. ▾**—bedrijf** Bauern/-, Landwirtschaft *w*; (*boerenhofstede*) B.hof *m*. ▾**—bedrog** B.fängerei *w*, Schwindel *m*. ▾**—boter** B.-, Landbutter *w*. ▾**—deern** B.dirne *w*. ▾**—dracht** B.tracht *w*. ▾**—jongen** B.bursche *m*; *—s*, Rosinenbranntwein *m*. ▾**—kinkel** B.tölpel *m*. ▾**—knecht** B.knecht *m*. ▾**—kool** Grün-, Krauskohl *m*. ▾**—leenbank** landwirtschaftliche Rentenbank; Raiffeisenbank *w*. ▾**—meid** B.magd *w*; (*—meisje*) B.mädchen *s*. ▾**—oorlog** B.krieg *m*; *Boerenoorlog*, (*in Z.-Afrika*) Burenkrieg *m*. ▾**—stand** B.stand *m*. ▾**—vrouw** B.frau, Bauersfrau *w*. ▾**—wagen** B.wagen *m*. ▾**—zoon** B.sohn *m*. ▾**boerin** Bäuerin *w*; (*boerenvrouw*) Bauersfrau *w*; (*meisje*) Bauerndirne *w*. ▾**boers** bäu(e)risch. ▾**—heid** Grobheit, Roheit *w*.
boert Scherz *m*. ▾**—en** scherzen. ▾**—ig** komisch, possenhaft.
boete Buße *w*; (*geldstraf*) Geldstrafe *w*; — *betalen*, Strafe bezahlen; *op — van*, bei e.r G. von; *een — oplopen*, in Strafe verfallen; *iem. een* (*geld*)*— opleggen*, e.n mit e.r G. belegen, (*v. rechter enz.*) eine G. über e.n verhängen. ▾**—doening** Buße *w*. ▾**—kleed** Bußgewand *s*. ▾**—ling** Büßer *m*. ▾**boet/en 1** büßen; *voor een zonde* —, für eine Sünde b.; *een zonde* —, eine Sünde sühnen; **2** (*netten*) —, flicken. ▾**—gewaad** Buß/gewand *s*.
boetiek Boutique *w*.
boetpredikatie B.predigt *w*.
boets/eerder Modellier/er, Bossier/er *m*. ▾**—eerklei** M.-, B.ton *m*. ▾**—eren** m.en, b.en.
boetvaardig bußfertig. ▾**—heid** B.keit *w*; (*sacrament*) *v.* —, der Buße.
boeven/bende Gauner/bande *w*. ▾**—pak 1** (*bende*) G.bande *w*; **2** Gefängniskleidung *w*. ▾**—streek** G.-, Schurkenstreich *m*; (*schelmstuk*) Bubenstreich *m*. ▾**—taal** G.sprache *w*. ▾**—tronie** Galgengesicht *s*.
boezem Busen *m*; (*v. hart*) Vorkammer *w*, Vorhof *m*; (*v. droogm.*) Abfluß-, Abflußkanal *m*; *de hand in eigen — steken*, in seinen B. greifen; *in de* — (*v. d. vergadering*), im Schoße. ▾**—vriend** B.freund *m*.
bof 1 (*ziekte*) Mumps, Ziegenpeter *m*; **2** (*buitenkansje*): *wat 'n* —, so ein Schwein. ▾**—fen** Dusel, S. haben; *reusachtig* —, mächtigen D., großes S. haben. ▾**—fer** Glückspilz *m*.
bogen: — *op iets*, s. e.s Dinges rühmen; *kunnen — op iets*, etwas aufzuweisen haben.
Boh/eems böhmisch. ▾**—emen** Böhmen *s*. ▾**—emer** Böhme *m*.
boiler Boiler, Heißwasserspeicher *m*.
bok (*i.a.b.*) Bock *m*; (*fout, ook*) Schnitzer *m*; *'n — schieten*, e.n B. schießen, e.n S. machen.
bokaal Pokal *m*.
bokbier Bockbier *s*. ▾**bokke/baard** Bocks/bart *m*. ▾**—n** bocken. ▾**—poot** B.fuß *m*. ▾**—pruik**: *de — op hebben*, schlechter Laune sein. ▾**—sprong** Bocksprung *m*; *geen —en kunnen maken*, keine großen Sprünge machen können. ▾**—wagen** B.wagen *m*. ▾**bokkig** unwirsch, bärbeißig; — *zijn* (*bokken*), bocken.
bokking Bückling *m*.
boks/beugel Schlagring *m*. ▾**—en** boxen. ▾**—er** Boxer *m*. ▾**—handschoen** Boxhandschuh *m*. ▾**—ijzer** Schlagring *m*. ▾**—kampioen** Boxmeister *m*. ▾**—partij** Boxpartie *w*.
bol I *zn* Kugel *w*; (*bloembol*) Zwiebel *w*; (*v. hoed*) Kopf *m*; (*hoofd*) Kopf *m*, (*fam.*) Birne, Zwiebel *w*, Ballon *m*; *Berliner-* —, Berliner Pfannkuchen *m*. **II** *bn* rund, rundlich; (*v. lens*) runderhaben, konvex; *—le zeilen*, gebauschte, geblähte, geschwollene Segel; (*de zeilen*) *gaan — staan*, bauschen s., blähen s.
bolder Poller *m*. ▾**—en 1** (*bol gaan staan*) s. bauschen; **2** (*lawaai maken*) bollern. ▾**—ik** Kornrade *w*. ▾**—wagen** Polterwagen *m*.
boleet Röhrenschwamm *m*.
bolero Bolero *m*.
bol/gewas Zwiebelgewächs *s*. ▾**—heid** Wölbung *w*. ▾**—hoed** steifer Hut, (*fam.*) Melone *w*.
bolide Bolid *m*.
Boliv/ia Bolivien *s*. ▾**—iaan** Bolivianer *m*. ▾**—iaans** bolivianisch.
bolleboos Matador, Hauptkerl *m*; (*op school*) Hecht *m*.
bollen aufbauschen.
bollen/kweker Blumenzwiebel/züchter *m*. ▾**—veld** B.feld *s*.
bol/oppervlak Kugel/fläche *w*. ▾**—plant** Zwiebelpflanze *w*. ▾**—rond** k.rund. ▾**—schijf** K.schicht *w*. ▾**—segment** K.abschnitt *m*, K.kappe *w*.
bolsjew/iek Bolschew/ist *m*. ▾**—isme** B.ismus *m*. ▾**—ist** B.ist *m*. ▾**—istisch** bolschewistisch.
bolster Hülse *w*; (*v. kastanje, noot, en fig.*) Schale *w*. ▾**—en** aushülsen, ausschälen.
bol/vorm Kugelform *w*. ▾**—vormig** kugelförmig. ▾**—wangig** pausbäckig. ▾**—werk** Bollwerk *s*; (*fig. ook*) Hochburg *w*. ▾**—werken** fertigbringen.
bom Bombe *w*; (*sluitstop*) Spund *m*; *een —* (*geld*), ein Haufen; *de — is gebarsten*, die B. ist geplatzt. ▾**—aanslag** Bomben/attentat *s*. ▾**—aanval** B.angriff *m*. ▾**—alarm** B.alarm *m*, B.warnung *w*.
bombard/ement Bombardement *s*; *iem. die schade heeft door* —, Bombengeschädigte(r) *m*. ▾**—ementsvliegtuig** Bombenflugzeug *s*, Bomber *m*. ▾**—eren** bombardieren, mit Bomben belegen; *gebombardeerd gebied*, bebomtes Gebiet.
bombarie Spektakel *m*. ▾**—maker** S.macher

m.
bombast Bombast, Schwulst *m.* ▼**—isch** bombastisch, schwülstig.
bombrief Sprengstoffbrief *m.*
bomen 1 plaudern; **2** (*schip*) staken.
bomenrij Baumreihe *w.*
bom/gat (*spongat*) Spundloch *s*; (*galmgat*) Schalloch *s.* ▼**—inslag** Bombeneinschlag *m.* ▼**—melding** Bombendrohung *w.* ▼**—menwerper** (*vliegt.*) Bomber *m.* ▼**—scherf** Bomben/splitter *m.* ▼**—vrij** b.sicher, -fest.
bon (Gut)Schein *m*; (*kassabon*) Kassenschein; (*v. distributie*) Bezugsschein *m*, Marke *w*; (*deze artikelen zijn*) *op de bon*, nur gegen Marken zu haben, bezugsbeschränkt; *zijn zonder —*, sind markenfrei; *op de — gaan*, von der Polizei aufgeschrieben, notiert werden.
bona fide bona fide; in gutem Glauben.
bonbon Bonbon *m & s.* ▼**—nière** Bonbonniere *w*; (*schaaltje*) Konfektschale *w.*
bond Bund *m*; (*verbond, verdrag*) Bündnis *s*; (*vereniging*) Verein *m*, (*in groter verband*) Bund *m*; (*verbond van verscheidene verenigingen, als vakorganisatie*) Verband *m.* ▼**—genoot** Bundesgenosse *m.* ▼**—genootschap** Bundesgenossenschaft *w*; *een — sluiten*, ein Bündnis schließen.
bondig bündig; (*beknopt*) gedrängt, kurzgefaßt; *kort en —*, kurz und b., (*kortom*) kurz (und gut). ▼**—heid** Bündigkeit; Gedrängtheit *w.*
bonds/dag Bundes/tag *m.* ▼**—kanselier** B.kanzler *m.* ▼**—lid** B.mitglied *s.* ▼**—regering** B.regierung *w.* ▼**—republiek** B.republik *w.*
bonestaak Bohnen-, (*fig. ook*) Hopfenstange *w.*
bongerd Obstgarten *m.*
bonjour! guten Tag!; (*bij weggaan*) auf Wiedersehen!. ▼**—en**: *iem. de deur uit —*, e.n abfertigen, (*ontslaan*) e.m den Laufpaß geben.
bonk (*stuk*) Brocken *m*; (*klomp*) Klumpen *m*; (*paard*) Gaul *m*; *één — zenuwen*, ein Bündel Nerven; *'n — van 'n vent*, ein rauher Kerl.
bonkaart Lebensmittel-, Zuteilungskarte *w.*
bonken schlagen, hämmern.
bonkig knochig.
bonnefooi: *op de —*, aufs Geratewohl.
bons I *zn* Schlag, Stoß, Bums *m*; (*iem.*) *de —* (*geven*), den Laufpaß; *de — krijgen*, (*blauwtje lopen*) e.n Korb bekommen. **II** *tw* bums!
bont I *bn* bunt; (*bontgevlekt, v. dieren*) scheckig; (*iem.*) *— en blauw* (*slaan*), braun und blau. **II** *zn* **1** Pelz-, Rauchwerk *s*; (*voorwerp v. bont*) Pelz *m*, (*kraagje*) Pelzkragen *m*; **2** (*katoen*) Druckkattun *m.* ▼**—en**: *— kraag*, Pelz/kragen *m.* ▼**—jas** P.mantel *m.* ▼**—muts** P.mütze *w.* ▼**—werker** Kürschner *m.* ▼**—zaak** Kürschner-, Pelzwaren-, Rauchwarengeschäft *s.*
bonus Bonus *m.* ▼**—aandeel** B.aktie *w.*
bonvivant Lebemann *m.*
bonze Bonze *m.*
bonzen schlagen, stoßen, bumsen; (*v. hart, de slapen*) hämmern; *tegen elkaar —*, zusammenstoßen.
boodschap Besorgung *w*; Gang *m*; (*wat opgedragen is*) Auftrag *m*; (*bericht*) Nachricht *w*; *—pen doen*, Besorgungen, Gänge machen, Aufträge besorgen, (*voor de huishouding*) einholen; *de blijde —*, die frohe Botschaft; *Maria —*, Mariä Verkündigung; *een grote, kleine — doen*, ein großes, kleines Geschäft machen. ▼**—penjongen** Laufbursche *m.* ▼**—penmandje** Einhol/korb *m.* ▼**—pentas** E.tasche, Einkaufstasche *w.* ▼**—penwagentje** Einkaufsroller *m.* ▼**—per** Bote *m.*
boog Bogen *m*; *de — kan niet altijd gespannen zijn*, allzu straff gespannt zerspringt der Bogen. ▼**—brug** B.brücke *w.* ▼**—graad** B.grad *m.* ▼**—lamp** B.lampe *w.* ▼**—schutter** B.schütze *m.* ▼**—spanning** B.weite *w.* ▼**—venster** B.fenster *s.* ▼**—vormig** b.förmig.
bookmaker Buchmacher *m.*
boom Baum *m*; (*slagboom*) Sperrbaum *m*, Schranke *w*; (*spoorboom*) Schranke *w*; (*vaarboom*) Stange *w*; *hoge bomen vangen veel wind*, je höher der B. desto näher der Blitz; *door de bomen het bos niet zien*, vor lauter Bäumen den Wald nicht sehen; *kerel als een —*, baumhoher Kerl; *een — over iets opzetten*, ein langes und breites über etwas plaudern. ▼**—aanplant(ing)** Baum/pflanzung *w.* ▼**—bast** B.bast *m*; (*schors*) B.rinde *w.* ▼**—gaard** B.garten, Obstgarten *m.* ▼**—grens** B.grenze *w.* ▼**—kweker** B.gärtner *m.* ▼**—kwekerij** B.gärtnerei, B.schule *w.* ▼**—rijk** b.reich. ▼**—schors** B.rinde *w*; (*buitenste deel*) Borke *w*; (*chocola*) Borkenschokolade *w.* ▼**—stam** Baum/stamm *m.* ▼**—stronk** B.strunk *m.*
boon Bohne *w*; *ik ben een —* (*als het niet waar is*), ich will Hans heißen; (*hij is*) *in de bonen*, ganz verwirrt, aus dem Konzept gekommen; *—tje komt om zijn loontje*, Untreue schlägt den eignen Herrn; *heilig —tje*, Tugendbold *m.* ▼**—soep** Bohnensuppe *w.*
boor Bohrer *m.* ▼**—buis** Bohrrohr *s.*
boord Rand *m*; (*om hals*) Kragen *m*; (*v. rivier*) Ufer *s*; (*v. schip*) Bord *m*; *liggende —*, Umlegekragen *m*; *staande —*, Stehkragen *m*; *dubbele —*, Stehumlegkragen *m*; *aan, van —* (*gaan*), an, von B.; *over—* (*werpen*), über B.; *iem. met iets aan — komen*, e.n über etwas anreden, (*lastig vallen*) e.n mit etwas belästigen; *kom me daarmee niet aan —!*, bleibe mir damit vom Leibe! ▼**—band** Einfaßband *s.* ▼**—computer** Bordcomputer *m.* ▼**—eknoop(je)** Kragenknopf *m.* ▼**—en** (um)säumen; (*afzetten met iets*) mit Borte besetzen, beborten, (*met bont enz.*) verbrämen. ▼**—evol** bis zum Rande voll. ▼**—personeel** Flugzeugbesatzung *w.* ▼**—radar** Bordradar *m.* ▼**—sel** Borte *w*, Besatz *m*, Verbrämung *w*; (*boordlint*) Einfaßband *s.* ▼**—wapen** Bord/waffe *w.* ▼**—werktuigkundige** B.wart *m.* ▼**—wijdte** Kragenweite *w.*
boor/eiland Bohr/insel *w.* ▼**—gat** B.loch *s.* ▼**—hamer** B.hammer *m*, (*v. mijnwerker*) B.fäustel *m.* ▼**—kop** B.futter *s.* ▼**—machine** B.maschine *w.* ▼**—omslag** B.kurbel *w.* ▼**—sel** B.mehl *s*, B.späne *Mz.* ▼**—toren** B.turm *m.*
boor/water Bor/wasser *s.* ▼**—zalf** B.salbe *w.*
boos böse; (*kwaad, ook*) aufgebracht; (*nijdig, ook*) ärgerlich; (*fam.*) sauer; (*slecht, ook*) schlimm, schlecht; *— zijn op iem.*, b. sein auf e.n, e.m b. sein; *zie ook* **boze.** ▼**—aardig** bösartig; (*kwaadwillig*) böswillig; (*vals, geniepig*) boshaft, hämisch, tückisch; *—e opmerking*, boshafte Bemerkung; *— lachje*, hämisches Lächeln. ▼**—aardigheid** Bösartigkeit, Boshaftigkeit *w.* ▼**—doener** Übeltäter *m.* ▼**—heid** Bosheit *w*; (*toorn*) Zorn *m.* ▼**—wicht** Bösewicht *m.*
boot Boot *s*; (*stoomboot*) Dampfer *m*; (*roeiboot, ook*) Kahn, Nachen *m*; *de — is aan*, das Maß ist voll. ▼**—gelegenheid** Schiffsgelegenheit *w.* ▼**—hals** ovaler Ausschnitt. ▼**—je varen** Kahn fahren. ▼**—lengte** Bootslänge *w.* ▼**—reis** Schiffsreise *w.* ▼**—sgezel** Boots/gast *m.*

▾—**sman** B.mann *m.* ▾—**svolk** Schiffsvolk *s.* ▾—**tocht** Dampferfahrt *w.* ▾—**trein** Schiffzug *m.* ▾—**werker** Hafenarbeiter *m.*
bord (*aanplak-, dam-, schaakbord enz.*) Brett *s;* (*om te eten*) Teller *m;* (*schoolbord*) Tafel *w;* (*naam-, uithangbord*) Schild *s; op het — schrijven,* an die Tafel schreiben; *de —jes zijn verhangen,* das Blättchen hat s. gewendet.
bordeel Bordell, Freudenhaus *s.*
borden/warmer Tellerwärmer *m.* ▾—**wasser** Tellerwäscher, Geschirrwäscher *m.*
border Rabatte *w.*
borderel Bordereau *s:* (*v. postkwitantie*) Postauftrag *m.*
bordes Freitreppe *w;* (*bijv. voor raadhuis*) Podest *s;* (*overloop v. trap*) Absatz, Podest *m;* (*balkon*) Balkon *m.*
bordpapier Pappe *w,* Pappendeckel *m.* ▾—**en**: *— doos,* Pappschachtel *w.*
borduren sticken. ▾**borduur/gaas** Stick/gaze *w.* ▾—**patroon** S.muster *s.* ▾—**raam** S.rahmen *m.* ▾—**sel** S.erei *w.* ▾—**ster** S.erin *w.* ▾—**werk** S.erei.
boren bohren; *het — van aardolie,* die Erdölförderung.
borg Bürge *m;* (*onderpand*) Bürgschaft, Kaution *w; een — stellen,* e.n Bürgen stellen; *z. — stellen, — blijven* (*voor*), Bürge sein, bürgen, einstehen, haften (für); (*behoorlijk*) *— stellen,* K. stellen; *voor iem. — blijven,* (*instaan*) für e.n bürgen, einstehen, haften. ▾—**en** borgen. ▾—**som** Kaution *w.* ▾—**stelling** Bürgschaftsleistung *w; — geven,* Bürgschaft leisten, K. stellen; *tegen —,* gegen K. ▾—**tocht** Bürgschaft, K. *w.*
boring Bohrung *w.*
borium Bor *s.*
borrel Schnaps *m.* ▾—**en 1** (*borrels drinken*) Schnaps trinken, schnapsen; **2** (*v. vloeistoffen*) sprudeln; (*v. kokend water*) wallen. ▾—**hapjes** Häppchen *Mz.* ▾—**praat** Stammtischgerede *s.* ▾—**tijd** Schnapsstunde *w.* ▾—**tje** Schnäpschen *s.*
borst 1 Brust *w; z. op de — slaan,* s. an die B. schlagen; *een hoge — zetten,* s. in die B. werfen; (*hij zong*) *uit volle —,* aus voller Kehle; **2** (*jonkman*) Bursche *m,* junger Mann. ▾—**aandoening** Brust/übel *s.* ▾—**beeld** B.bild *s.* ▾—**crawl** Kraul *m* (in der Brustlage). ▾—**omvang** B.umfang *m.* ▾—**voeding** B.nahrung *w.* ▾—**wervel** B.wirbel *m.* ▾—**zak** B.tasche *w.*
borstel Bürste *w;* (*v. varken*) Borste *w.* ▾—**en** bürsten. ▾—**ig** borstig; (*v. baard, wenkbrauwen*) struppig. ▾—**maker** Bürstenbinder *m.*
borst/holte Brust/höhle *w.* ▾—**kas** B.korb *m.* ▾—**kwaal** B.leiden *s.* ▾—**kruis** B.kreuz *s.* ▾—**lijder** B.kranke(r) *m.* ▾—**plaat 1** (*kurasplaat*) B.stück *s;* **2** (*stofnaam*) Zuckerguß *m;* (*borstplaatje*) Zuckerplätzchen *s.* ▾—**rok** Unterjacke *w.* ▾—**vin** B.flosse *w.* ▾—**vlies** B.fell *s.* ▾—**vliesontsteking** B.fellentzündung *w.* ▾—**wering** B.wehr *w.* ▾—**wijdte** B.weite *w.*
bos 1 (*bijeengebonden dingen*) Bund, Bündel *s;* (*hoopje, handvol*) Büschel, Busch *m; — sleutels,* Schlüsselbund; *een —* (*bed*)*stro,* eine Strohschütte; **2** (*woud*) Wald *m;* (*uitgestrekte bosstreek*) Waldung *w;* (*aangelegd en deskundig beheerd*) Forst *m;* (*dichterl.*) Hain *m;* (*struikgewas*) Busch *m,* (*collectief*) Gebüsch *s; met — bedekt,* bewaldet, waldbewachsen, waldig. ▾—**achtig** waldig. ▾—**beheer** Forst/verwaltung *w.* ▾—**bes** Waldbeere *w;* (*blauwe*) Heidelbeere *w;* (*rode*) Preiselbeere *w.* ▾—**bouw** F.wesen *s,* F.wirtschaft *w.* ▾—**bouwkunde** F.wissenschaft *w.* ▾—**bouwschool** F.schule *w; hogere —,* mittlere F. ▾—**brand** W.brand *m.* ▾—**cultuur** F.kultur *w.* ▾—**district** W.revier *s,* F.bezirk *m.* ▾—**duif** Holztaube *w.* ▾—**exploitatie** F.nutzung *w.* ▾—**flora** Waldflora *w.* ▾—**je 1** Wäldchen *s;* (*struikgewas*) Gebüsch *s;* **2** (*hoopje, handvol*) Büschel *m;* (*bijeengebonden dingen*) Bündel, Bund *s.* ▾**B—jesman** Buschmann *m.* ▾—**mens** (*aap*) W.mensch *m.* ▾—**mier** Waldameise *w.* ▾—**neger** Buschneger *m.* ▾—**pad** W.pfad *m,* W.steig *m.* ▾—**produkt** W.erzeugnis *s.* ▾—**rand** W.rand, W.saum *m.* ▾—**rijk** waldig. ▾—**uil** W.kauz *m.* ▾—**wachter** F.aufseher, Förster, W.hüter *m.* ▾—**weg** Waldweg *m.* ▾—**wezen** F.wesen *s.*
bot I *zn* (*vis*) Butt, Flunder *m;* (*been*) Knochen *m; de hartstochten — vieren,* den Leidenschaften frönen; *— vangen,* s. e.n Korb holen, (*iem. niet thuistreffen*) vor eine verschlossene Tür kommen. **II** *bn* & *bw* (*niet scherp, v. mes enz.*) stumpf; (*dom*) stumpf, dumm; (*bars*) schroff; (*onbehouwen*) plump, ungeschliffen; (*iets*) *— weigeren,* glattweg ablehnen.
botan/icus Botan/iker *m.* ▾—**ie, —ica** B.ik *w.* ▾—**isch** b.isch. ▾—**iseertrommel** B.isierbüchse *w.* ▾—**iseren** b.isieren.
botenhuis Boothaus *s.*
boter Butter *w; — bij de vis,* sofort bezahlen; *'t is — aan de galg gesmeerd,* an ihm ist Hopfen und Malz verloren; (*'n haar*) *in de —* (*vinden*), in der Suppe. ▾—**bloem** B.blume *w,* Hahnenfuß *m.* ▾—**boer** B.mann *m.* ▾—**en** (*boter maken*) buttern; (*fig.*) buttern. ▾—**ham** B.brot *s,* Stulle *w.* ▾—**hampapier** B.brotpapier *s.* ▾—**mijn** B.versteigerung *w;* (*plaats*) B.halle *w.* ▾—**pot** B.topf *m.* ▾—**saus** B.soße *w.* ▾—**vlootje** B.dose *w.*
botheid (*zie* **bot**) Stumpfheit; Dummheit, Schroffheit, Plumpheit *w.*
botje: *— bij — leggen,* (Geld) zusammenschießen; *als we — bij — doen,* wenn Pfennig zu Pfennig kommt.
bots/autootje Autoskooter *m.* ▾—**en** stoßen, anprallen; (*tegen elkaar*) zusammenstoßen, zusammenprallen, (*v. schepen, auto's, treinen, ook*) kollidieren; *tegen iets —,* gegen etwas anstoßen, prallen; (*de auto's*) *—* (*tegen elkaar*), stoßen zusammen, prallen gegeneinander. ▾—**ing** Zusammenstoß *m,* Kollision *w;* (*conflict*) Konflikt *m;* (*de twee auto's*) *kwamen met elkaar in —,* stießen zusammen; (*het schip*) *is met een stoomboot in — gekomen,* hat mit e.m Dampfer kollidiert.
bottel/arij Füllerei *w.* ▾—**en** auf Flaschen ziehen, (ab)füllen. ▾—**ier** Kellermeister *m;* (*op schepen*) Bottelier *m.* ▾—**ing** Abfüllung *w.*
botten ausschlagen, (Knospen) treiben, knospen.
botter Fischerboot *s.*
botterik Schafskopf *m.*
bottleneck Flaschenhals, Engpaß *m.*
botulisme Botulismus *m.*
botvieren *zie* **bot I.**
botweg glattweg, rundweg; (*ronduit*) rundheraus.
boud dreist.
boudoir Boudoir, Damenzimmer *s.*
bougie Bougie *w;* (*v. motor*) Zündkerze *w.* ▾—**kabel** Zündkabel *s.* ▾—**ontsteking** Kerzenentzündung *w.* ▾—**sleutel** Zündkerzenschlüssel *m.*
bouillon Fleisch-, Kraftbrühe, Bouillon *w.* ▾—**blokje** Suppenwürfel *m.*
boulevard Boulevard *m,* Ringstraße *w.* ▾—**pers** B.presse *w.*

bouquet *zie* **boeket**.
bourgogne(wijn) Burgunder *m.* ▾**Bourgond/ië** Burgund *s.* ▾**—iër** B.er *m.* ▾**—isch** burgundisch.
bout 1 Bolzen *m*; **2** (*vlees*) Keule *w*; *een lekker —je*, ein leckerer Braten.
bouvier Bovier *m.*
bouw Bau *m.* ▾**—bedrijf** B.geschäft, B.unternehmen *s*, (*bouwnijverheid*) B.gewerbe *s.* ▾**—doos** B.kasten *m.* ▾**—en** bauen. ▾**—- en woningtoezicht** Bau(aufsichts)behörde *w*; Bau- und Wohnungsamt *s.* ▾**—er** Erbauer *m*; (*aannemer*) Bauunternehmer *m*; (*die laat bouwen*) Bauherr *m.* ▾**—grond** (*geschikt voor het bouwen v. huizen*) B.grund *m*; (*bouwterrein*) B.gelände *s*; (*bouwplaats*) B.stelle *w*; (*geschikt voor landbouw*) Ackerboden *m.* ▾**—keet** B.bude *w.* ▾**—kosten** B.kosten *Mz.* ▾**—kunde** B.kunst, B.kunde *w.* ▾**—kundig**: *— ingenieur*, B.ingenieur *m*; *— opzichter*, B.aufseher *m.* ▾**—kundige** B.techniker, B.kundige(r), Architekt *m.* ▾**—kunst** B.kunst *w.* ▾**—land** Ackerland *s.* ▾**—maatschappij** B.gesellschaft *w.* ▾**—materialen** B.materialien *Mz.* ▾**—meester** B.meister *m.* ▾**—nijverheid** B.industrie *w.* ▾**—pakket** Bausatz *m.* ▾**—plan** B.plan *m.* ▾**—premie** B.zuschuß *m.* ▾**—put** B.grube *w.* ▾**—rijp** baureif. ▾**—som** B.kosten *Mz.* ▾**—steen** B.stein *m.* ▾**—stijl** B.stil *m.* ▾**—stof** B.stoff *m.* ▾**—stop** B.stopp *m.* ▾**—subsidie** B.zuschuß *m.* ▾**—tekening** B.zeichnung *w.* ▾**—terrein** B.gelände *s*; (*bouwplaats*) B.stelle *w.* ▾**—toezicht** B.aufsicht *w*; B.amt *s.* ▾**—trant** B.stil *m.* ▾**—vak** B.fach *s.* ▾**—vakarbeider, —vakker** B.(fach)arbeiter, B.handwerker *m.* ▾**—val** B.fall *m*, Ruine *w.* ▾**—vallig** baufällig, ruinös. ▾**—verbod** B.verbot *s*; (*bouwstop*) B.sperre *w.* ▾**—vereniging** B.verein *m.* ▾**—vergunning** B.genehmigung *w.* ▾**—verordening** B.ordnung *w.* ▾**—werk** Bau *m* (*mv* Bauten). ▾**—wijze** B.art *w.*
boven I *vz* über [3/4]; (*v. aardrijkskundige ligging, spec. langs rivier*) oberhalb [2]; (*dat*) *gaat — zijn krachten*, geht ü. seine Kräfte, übersteigt seine Kräfte; (*de hand*) *— de ogen houden*, ü. die Augen halten; *hij steekt een hoofd — mij uit*, er ragt um e.n Kopf ü. mich hinaus; (*ver*) *— iem. staan*, ü. e.m stehen; *— alle verwachting*, ü. alles Erwarten. **II** *bw* oben; (*ben je*) *—?*, o.?; (*kom*) *—!*, herauf!; *— is het warmer dan beneden*, o. ist es wärmer als unten; (*'t lichte*) *drijft —*, schwimmt o.; *als —*, wie o.; (*ik leg het*) *— in de kast*, o. in den Schrank; *naar — gaan*, hinaufgehen; *naar — klimmen*, hinauf-, heraufsteigen; *alle begrippen te — gaan*, alle Begriffe übersteigen; *zijn verstand te — gaan*, über seinen Verstand gehen, seinen Horizont übersteigen; (*een moeilijkheid*) *te — komen*, überwinden; *een verlies niet te — kunnen komen*, über e.n Verlust nicht hinwegkommen können, e.n Verlust nicht verwinden können, nicht verschmerzen können; *de crisis te — zijn*, die Krise überstanden haben; *van —* (*was het dik*), o.; (*alle zegen komt*) *van —*, von o. herab, von o. her; *van — tot onder* (*nat*), von o. bis unten.
boven/aan obenan. ▾**—aards** oberirdisch; (*fig.*) überirdisch. ▾**—al** vor allem. ▾**—arm** Oberarm *m.*
boven/bedoeld obenerwähnt. ▾**—been** Oberschenkel *m.* ▾**—bewoner** Bewohner *m* des oberen Stockes. ▾**—bouw** Oberbau *m.* ▾**—buur** Nachbar oben.
bovendek Oberdeck *s.*
bovendien außerdem, überdies.
boveneinde oberes Ende.
boven/gedeelte oberer Teil. ▾**—gemeentelijk** übergemeindlich. ▾**—genoemd** obengenannt, obig. ▾**—goed** Oberkleider *Mz.* ▾**—gronds** oberirdisch; *— bedrijf*, (*v. mijn*), Übertagebetrieb *m*; *—e bouw*, Hochbau *m.*
boven/hand Oberhand *w*; *de — hebben, krijgen*, die O. gewinnen. ▾**—helft** obere Hälfte. ▾**—huis** Wohnung *w* im oberen Stock; (*hij woont*) *op 'n —*, im Oberstock.
bovenin: (*dat zit*) *—*, oben(drin); (*gooi er dat*) *—!*, obenhinein.
boven/kaak Ober/kiefer *m.* ▾**—kamer** O.zimmer *s*; *hij heeft het in zijn —*, er ist nicht ganz richtig im O.stübchen. ▾**—kant** obere Seite *w.* ▾**—kleren** O.kleider *Mz.* ▾**—komen** nach oben kommen; (*laat hem*) *—*, heraufkommen; (*nee*) *ik kom niet boven*, ich komme nicht hinauf.
boven/laag Ober/schicht *w*, obere Schicht. ▾**—leer** O.leder *s.* ▾**—leiding** (*v. tram*) O.leitung, Fahrleitung *w*, Fahrdraht *m.* ▾**—lichaam, —lijf** O.körper *m.* ▾**—licht** O.licht *s.* ▾**—lip** O.lippe *w.* ▾**—loop** O.lauf *m*; *de — v. d. Donau*, die obere Donau; *— v. d. Rijn*, O.rhein *m.*
boven/matig über/mäßig; über die Maßen. ▾**—menselijk** ü.menschlich.
bovennatuurlijk übernatürlich.
bovenom oben herum. ▾**bovenop** obenauf; (*kun jij*) *daar —?*, da hinauf?; (*de zieke*) *is er weer —*, ist wieder obenauf, hat die Krankheit überstanden; (*deze zakenman*) *is er weer —*, hat s. wieder hinaufgearbeitet; (*de zieke*) *komt er weer —*, erholt s. wieder; *iem. er weer — helpen*, e.m wieder aufhelfen; (*een zaak*) *er weer — werken*, wieder hinaufwirtschaften; (*de beschaving*) *ligt er bij hem maar —*, ist bei ihm nur äußerlich; (*de bedoeling*) *ligt er dik —*, ist überdeutlich. ▾**bovenover** oben hinüber, herüber.
boven/raam Ober/fenster *s.* ▾**—rivier** O.lauf *m* (e.s Flusses). ▾**B—-Rijn** O.rhein *m.*
boven/school Oberstufenschule *w.* ▾**—ste** oberst; (*van twee*) ober; *de — helft*, die obere Hälfte; *— best*, allerbest; (*hij is*) *een — beste vent*, ein feiner Kerl. ▾**—staand** obenstehend, obig. ▾**—stad** oberer Stadtteil, obere Stadt. ▾**—standig** oberständig. ▾**—stuk** Oberstück *s.*
boven/tallig überzählig; (*leerkracht*) außerplanmäßig, über die vorgeschriebene Zahl hinausgehend. ▾**—tand** Ober/zahn *m.* ▾**—toon** O.ton *m*; *de — voeren, hebben*, (*het hoogste woord voeren*) das große Wort führen, (*de meeste invloed hebben*) den Ausschlag geben, (*duidelijkst waarneembaar zijn*) vorherrschen.
bovenuit obenaus, obenhinaus; (*'t klonk*) *overal —*, über alles hinaus.
boven/verdieping Oberstock *m.* ▾**—vermeld** obenerwähnt. ▾**—vlak** obere Fläche.
boven/waarts I *bw* aufwärts, nach oben. **II** *bn* aufwärts gerichtet, steigend; *—e beweging*, Aufwährtsbewegung *w*; *in —e richting*, in steigender Richtung. ▾**—wijdte** Oberweite *w.*
boven/zaal Ober/saal *m.* ▾**—zijde** O.-seite *w*, o.e Seite. ▾**—zinnelijk** übersinnlich.
bowl Bowle *w*; *een — klaarmaken*, eine B. ansetzen.
bowling Bowling *s.*
box (*v. auto, in café, voor paarden*) Box *w*; *— voor kinderen*, Laufstall *m*, Ställchen *s*; (*postbox*) (Post)Fach *s.*
boxer Boxer *m.*

boycot Boykott *m*, Sperre *w*. ▾**—ten** boykottieren.
boze: *de* —, der Böse; (*dat is*) *uit den* —, vom Übel.
braad/oven Brat/ofen *m*, (*in fornuis*) B.röhre *w*. ▾**—pan, —slee** B.pfanne *w*. ▾**—spit** B.spieß *m*. ▾**—worst** B.wurst *w*.
braaf brav; (*rechtschapen*) bieder, rechtschaffen, redlich; (*deugdzaam*) tugendhaft; *een — kind*, ein braves, ein artiges Kind; *brave ouders*, brave, treffliche Eltern; — *oppassen*, s. brav benehmen. ▾**—heid** Bravheit, Redlichkeit, Biederkeit *w*.
braak I *zn* **1** (*inbraak*) Einbruch *m*; **2** Breche *w*. **II** *bn*: — *liggen*, brachliegen. ▾**—land** Brach/feld, B.land *s*, Brache *w*. ▾**—liggend**: *—e akker*, Brachacker *m*. ▾**—middel** Brech/mittel *s*. ▾**—neiging** B.reiz *m*. ▾**—sel** Auswurf *m*.
braam 1 Brombeere *w*; **2** (*aan mes enz.*) Grat *m*. ▾**—struik** Brombeerstrauch *m*.
Braban/der Braban/ter *m*. ▾**—t** B.t *s*. ▾**—ts** b.tisch.
brabbel/en blubbern; kaudern; (*radbraken*) radebrechen. ▾**—taal** Kauderwelsch *s*.
braden braten; *gebraden vlees*, (*ook*) Braten *m*; *gebraden kalfsvlees*, Kalbsbraten.
Brahmaan Brahmane *m*.
brailleschrift Braille-, Blindenschrift *w*.
brain-storm Brainstorming *s*.
brak I *zn* (*hond*) Bracke *m*. **II** *bn* brackig; — *water*, Brackwasser *s*.
brak/en (*overgeven*) s. erbrechen, s. übergében; (*bloed*) speien; (*v. kanonnen, vulkanen*) speien; (*vlas enz.*) brechen. ▾**—ing** Erbrechen *s*.
brallen prahlen.
bram/ra Bram/rahe *w*. ▾**—zeil** B.segel *s*.
brancard Bahre, Trage *w*. ▾**—ier** Krankenträger *m*.
branche Branche *w*, Zweig *m*; *met de — op de hoogte* (*zijn*), branchekundig.
brand Brand *m*, Feuer *s*; (*planteziekte*) Brand, Rost *m*; (*zweet-, warmtepuistjes*) Hitzebläschen *Mz*; (*gloed*) Glut, Hitze *w*; (*brandstof*) Feuerung *w*, Heizstoff *m*; *er is* —, es brennt; *—!*, Feuer!, feurio!; *grote —, uitslaande —*, Großfeuer *s*, Feuersbrunst *w*; *de plaats v.d.* —, Feuer-, Brandstätte *w*; (*iets*) *in — steken*, in Brand setzen; *in de — zitten*, in der Klemme sitzen; *iem. uit de — helpen*, e.m aus der Klemme helfen. ▾**—alarm** Feuer/alarm *m*. ▾**—assurantie** F.versicherung *w*. ▾**—baar** brennbar; *licht* —, (*ontvlambaar*) feuergefährlich. ▾**—baarheid** Brennbarkeit *w*. ▾**—blaar** Brandblase *w*. ▾**—blusapparaat** Löschapparat *m*. ▾**—bom** Brand/bombe *w*. ▾**—brief** B.brief *m*. ▾**—deur** B.tür *w*. ▾**—duur** Brenndauer *w*. ▾**—en** brennen; — *van ongeduld*, b. vor Ungeduld; *zijn vingers* —, s. die Finger verbrennen; *—de kwestie*, brennende Frage; *—d verlangen*, heißes Verlangen; *—d heet*, glühend heiß. ▾**—er** Brenner *m*; (*schip*) Brander *m*. ▾**—erig** brandig, brenzlig. ▾**—erij** Brennerei *w*. ▾**—ewijn** Branntwein *m*. ▾**—gang** Brandgasse *w*. ▾**—gevaar** Feuergefahr *w*. ▾**—glas** Brennglas *s*. ▾**—haard** Brandherd *m*. ▾**—hout** Brennholz *s*.
branding Brandung *w*.
brand/kast Geld-, Panzerschrank, Tresor *m*. ▾**—kastkraker** Tresorknacker *m*. ▾**—klok** Feuerglocke *w*. ▾**—kraan** Feuerhahn *m*. ▾**—ladder** Feuerleiter *m*. ▾**—lucht** Brandgeruch *m*. ▾**—meester** Brandmeister *m*. ▾**—melder** Feuermelder *m*. ▾**—merk** Brandmal *s*. ▾**—merken** brandmarken. ▾**—muur** Brandmauer *w*. ▾**—netel** Brennessel *w*. ▾**—offer** Brandopfer *s*. ▾**—polis** Feuerversicherungspolice *w*. ▾**—preventie** Brandschutz *m*. ▾**—punt** Brennpunkt *m*. ▾**—puntsafstand** Brennpunktabstand *m*, Fokaldistanz *w*, Brennweite *w*. ▾**—schade** Feuerschaden *m*. ▾**—schatting** Brandschatzung *w*. ▾**—schilderen I** *ww* mit e.m glühenden Stift malen; (*glas*) auf Glas malen; (*emailleerschilderen*) emaillieren; *gebrandschilderd raam*, Glasgemälde *s*. **II** *zn* (*brandschilderkunst*) Brandmalerei; Glasmalerei; Emailmalerei *w*. ▾**—schoon** blitzblank. ▾**—slang** Spritzenschlauch *m*. ▾**—spiritus** Brennspiritus *m*. ▾**—spuit** Feuerspritze *w*; *drijvende* —, Feuerlöschboot *s*. ▾**—stapel** Scheiterhaufen *m*. ▾**—stichter** Brandstifter *m*. ▾**—stichting** Brandstiftung *w*. ▾**—stof** Brennstoff *m*; *—fen*, Brennmaterialien *Mz*. ▾**—trap** Brandtreppe *w*. ▾**—uur** Brennstunde *w*. ▾**—verf** Schmelzfarbe *w*. ▾**—verzekering** *zie* **—assurantie**. ▾**—vrij** feuersicher. ▾**—wacht** Brandwache *w*. ▾**brandweer** Feuerwehr *w*. ▾**—auto** F.auto *s*. ▾**—commandant** Branddirektor *m*. ▾**—kazerne** F.kaserne *w*. ▾**—man** F.mann *m*. ▾**—post** F.wache *w*. ▾**brandwond** Brandwunde *w*.
brandy Brandy *m*.
brandzalf Brandsalbe *w*.
branie 1 Protzerei, Großtuerei *w*; (*niet ong.*) Schneid *m*; **2** (*pers.*) Großtuer, Protz *m*, Fürst Bamsti; (*niet ong.*) schneidiger Kerl. ▾**—achtig** protzig, bamstig; (*niet ong.*) keck, schneidig. ▾**—schopper** Großtuer, Protz *m*.
brasem Brachsen *m*.
bras/partij Schlemmerei *w*. ▾**—sen 1** schlemmen, prassen; **2** (*scheepst.*) brassen. ▾**—ser** Schlemmer, Prasser *m*.
bravogeroep Bravorufen *s*.
bravoure Bravour *w*.
Brazil/iaan Brasilianer, Brasilier *m*. ▾**—iaans** brasilianisch; *—e koffie, tabak*, Brasil (-kaffee), (-tabak) *m*; *—e sigaar*, Brasil *w*. ▾**—ië** Brasilien *s*. ▾**brazielhout** Brasilholz *s*.
breed breit; *brede vlakte*, breite, weite Ebene; *in brede kringen*, in weiten Kreisen; — (*van opvatting*), weitherzig; — (*van opzet*), großzügig; *in brede trekken*, in großen Zügen; (*iets*) *in den brede* (*behandelen*), ausführlich; *het is zo lang als het — is*, das ist gehupft wie gesprungen; *het niet — hebben*, es nicht vollauf haben; *wie het — heeft, laat het — hangen*, wer lang hat, läßt lang hängen. ▾**—gerand** breit/randig. ▾**—geschouderd** b.schultrig. ▾**—heid** B.e; Weitherzigkeit; Großzügigkeit *w*. ▾**—sprakig** weitschweifig. ▾**breedte** Breite *w*. ▾**—cirkel** B.nkreis *m*. ▾**—graad** B.ngrad *m*. ▾**breedvoerig** ausführlich, weitläufig. ▾**—heid** Breite, Ausführlichkeit, Weitläufigkeit *w*.
breek/baar brechbar; (*wat licht breekt*) zerbrechlich. ▾**—baarheid** Brechbarkeit, Zerbrechlichkeit *w*. ▾**—ijzer** Brecheisen *s*, -stange *w*; (*kleiner: breekbeitel*) Brechmeißel *m*.
breeuw/en kalfatern. ▾**—er** Kalfaterer *m*. ▾**—hamer** Kalfathammer *m*.
breidel Zügel *m*. ▾**—en** zügeln.
brei/en stricken; *gebreid goed*, Strick/ware *w*. ▾**—katoen** S.garn *s*. ▾**—kous** S.strumpf *m*. ▾**—machine** S.maschine *w*.
brein Gehirn *s*; *elektronisch* —, Elektronengehirn; (*dat komt*) *in zijn — niet op*, ihm nicht in den Kopf.
brei/naald Strick/nadel *w*. ▾**—patroon** S.muster *s*. ▾**—steek** S.masche *w*. ▾**—ster** S.erin *w*. ▾**—werk** S.arbeit *w*, S.zeug *s*.

brekebeen Stümper, Pfuscher *m.* ▼**brek/en** brechen; (*stukbreken*) zerbrechen; (*v. touw*) reißen; (*een kopje*) —, z., zerschlagen; (*het kopje*) *breekt*, zerbricht; *mijn hart breekt*, das Herz bricht mir; (*lichtstralen*) — *in het water*, b.s. im Wasser; (*de golven*) — *op de rotsen*, b. s. an den Felsen; *zijn hoofd* — *over*, s. den Kopf zerbrechen über. ▼**—er** (*golf*) Brecher *m.* ▼**—espel** Spielverderber *m.* ▼**—ing** Brechung *w.* ▼**—ingshoek** Brechungswinkel *m.*

brem Ginster *m.* ▼**—struik** Ginsterstaude *w.*

breng/en bringen, tragen; (*iem. ergens naar toe leiden*) führen; (*iem. ergens naar toe vergezellen*) begleiten; (*het eten*) *van de keuken naar de kamer* —, aus der Küche in das Zimmer t.; *ik breng je* (*met mijn auto*) *naar het station*, ich fahre dich zum Bahnhof; (*iem.*) *ertoe* — *dat*, dazu (dahin) b.daß; (*wat heeft*) *je ertoe gebracht?*, dich dazu veranlaßt? ▼**—er**: — *dezes*, Überbringer *m* dieses.

bres Bresche *w*; (*in gelederen*) Lücke *w*; *in de* — *springen*, in die B. treten, springen.

Bretagne die Bretagne.

bretel Hosenträger *m.*

Breton Bretone *m.* ▼**—s** bretonisch.

breuk Bruch *m*; *tiendelige* —, Dezimalbruch *m*; (*het is tussen hen*) *tot een* — *gekomen*, zum B. gekommen. ▼**—band** B.band *s.* ▼**—sterkte** B.festigkeit *w.* ▼**—vlak** B.fläche *w.* ▼**—vrij** b.frei; (*niet brekend*) b.sicher.

brevet Diplom *s*, Schein *m*, Zeugnis *s*; (*octrooi*) Patent *s*; (*vliegbrevet*) Führerschein *m.*

brevier Brevier *s.*

bridge Bridge *s.* ▼**—-drive** B.turnier *s.* ▼**—n** B. spielen.

brief Brief *m*; *per* —, brieflich; (*de oudste*) *brieven* (*hebben*), Rechte. ▼**—geheim** B.geheimnis *s.* ▼**—ing** Briefing *s.* ▼**—je** Briefchen *s*; (*stukje papier*) Zettel *m*; (*bankbiljet*) Schein *m*; — *van 100*, Hundertguldenschein; (*dat geef ik je*) *op 'n* —, schriftlich. ▼**—kaart** Postkarte *w*; *binnenlandse* —, P. fürs Inland; — *met betaald antwoord*, Antwortkarte *w.* ▼**—opener** Brief/öffner *m.* ▼**—papier** B.papier *s.* ▼**—wisseling** B.wechsel *m*, Korrespondenz *w*; — *onderhouden met*, in B.wechsel stehen mit.

bries Brise *w.* ▼**—en** schnauben; (*v. leeuw*) brüllen; —*d van woede*, wutschnaubend.

brievehoofd Briefkopf *m.* ▼**brieven/besteller** Brief/träger *m.* ▼**—boek** (*met briefmodellen*) B.steller *m*; (*kopieboek*) Kopierbuch *s.* ▼**—bus** B.kasten *m*; (*v. huis, ook*) B.einwurf *m.* ▼**brieveweger** B.waage *w.*

brigade Brigade *w*; (*v. politie*) Polizeigruppe *w*, -verband *m.* ▼**—commandant** Brigadenführer *m*; (*v. politie*) Gruppenführer *m.* ▼**brigadier** Wachtmeister *m.*

brij Brei *m.* ▼**—achtig** breiartig. ▼**—ig** breiig.

brik (*schip*) Brigg *w*; (*baksteen*) Backstein *m*; (*rijtuig*) Break, Juckerwagen *m.*

briket Brikett *s*, Preßling *m.*

bril Brille *w.*

briljant I *zn* Brillant *m.* **II** *bn* brillant, glänzend. ▼**brillantine** Brillantine *w.*

brille/doos Brillen/etui *s.* ▼**—glas** B.glas *s.* ▼**—koker** B.futteral *s.* ▼**brilslang** B.schlange *w.*

brink Brink *m*; Dorfplatz *m.*

brisantbom Spreng-, Brisanzbombe *w.*

Brit Brite *m.* ▼**—s** britisch.

brits Pritsche *w*; *iem. voor de* — *geven*, e.m den Hintern versohlen.

Brittannië Britannien *s.*

broche Brosche *w.*

brocheren broschieren. ▼**brochure** Broschüre *w.*

broddel/aar Pfuscher, Hudeler *m.* ▼**—en** pfuschen, hudeln. ▼**—werk** Pfuscherei, Hudelei *w.*

brodeloos brotlos.

broed Brut *w.* ▼**—en** brüten; (*wanneer*) — (*deze vogels?*), b., hecken; *kwaad* —, Böses b., aushecken; *zitten te* — *op*, b. auf [4].

broeder Bruder *m*; —*s in Christus*, Brüder in Christo. ▼**—dienst** Bruderdienst *m.* ▼**—liefde** Bruderliebe *w.* ▼**—lijk** brüder/lich. ▼**—moord** Brudermord *m.* ▼**—overste** Superior *m.* ▼**—schap** Brüder/schaft *w*; (*geestel. vereniging*) Bruderschaft *w*; (*vrijheid, gelijkheid en*) —, B.lichkeit. ▼**—school** B.schule *w.*

broed/hen Brut/henne *w.* ▼**—kastje** B.kasten *m.* ▼**—machine** B.maschine *w.* ▼**—plaats** B.stätte *w*; (*v. vogels, ook*) Heckplatz *m.* ▼**—s** brütig. ▼**—sel** Brut *w.* ▼**—tijd** B.zeit *w*; (*mei is*) *de* — (*van deze vogels*), die Heckzeit, die Hecke.

broei/bak Mistbeetkasten, (flacher) Treibkasten *m.* ▼**—en** (*gisten v. hooi, mest enz.*) gären; (*v. lading*) brühen; (*drukkend heet zijn*) schwül sein; (*forceren v. planten*) treiben; (*met heet water behandelen*) brühen; *er broeit wat onder het volk*, es gärt im Volke; (*ook* = **broeden**, *zie daar*). ▼**—erig** schwül. ▼**—kas** Treibhaus *s.* ▼**—nest** Brutstätte *w.* ▼**—raam** Frühbeet-, Treibfenster *s.*

broek 1 Hosen *Mz*, Hose *w*, Beinkleider *Mz*; (*paardetuig*) Hintergeschirr *s*; *in de* — *doen*, in die Hosen machen; *iem. achter de* — *zitten*, hinter e.m her sein; *een pak voor zijn* — *krijgen*, ein paar vor die Hose kriegen; *iem.* (*een pak*) *voor zijn* — *geven*, e.m den Hintern versohlen; **2** (*broekland*) Bruch *m & s.* ▼**—beschermer** Hosen/schoner *m.* ▼**—eman** H.matz *m.* ▼**—je** Höschen *s*; *jong* —, Grünschnabel *m*, (*wijsneuzig*) Gelbschnabel *m.* ▼**—land** Bruchland *s*, Bruch *m.* ▼**—pak** Hosen/anzug *m.* ▼**—rok** H.rock *m.* ▼**—spijp** H.bein *s.* ▼**—zak** H.tasche *w.*

broer Bruder *m.* ▼**—tje** Brüderchen *s*; (*als aanspreking*) Bubi; *daar heeft hij een* — *aan dood*, das ist ihm zuwider.

brok Brocken *m*, Stück *s*; (*hapje*) Bissen *m*; *hij kreeg een* — *in de keel*, es würgte ihm im Halse; —*ken maken*, Bruch machen.

brokaat Brokat *m.*

brok/kelen (zer)bröckeln. ▼**—kelig** bröcklig. ▼**—stuk** Bruchstück *s.*

brom/beer Brumm/bär *m.* ▼**—fiets** Mofa, Moped, Mokick *s.* ▼**—fietser** Mofa-, Mopedfahrer *m.* ▼**—men** b.en; *op iem.* —, (auf) e.n schelten; *wat ik je brom*, das kann ich dir flüstern, singen. ▼**—merig** b.ig. ▼**—pot** *zie* —**beer**. ▼**—tol** B.kreisel *m.* ▼**—vlieg** B.fliege *w.*

bron Quelle *w*; *geneeskrachtige* —, Heilbrunnen *m*; *minerale* —, Mineralquelle; — *van inkomsten*, Erwerbsquelle; *opgave v.d* —*nen*, Quellenangabe *w.* ▼**—ader** Quellader *w*; (*fig.*) Quelle *w*, Urquell *m.*

bronch/iën Bronchien *Mz.* ▼**—itis** Bronchitis *w.*

bron/gas Erdgas *s.* ▼**—nenstudie** Quellenforschung *w.*

brons Bronze *w.* ▼**—gieterij** Erzgießerei *w.* ▼**—kleurig** bronzefarben.

bronst Brunst *w.* ▼**—ig** brünstig.

bron/vermelding Quellenangabe *w.* ▼**—water** Quell-, Brunnenwasser *s*; — *drinken*, Brunnen trinken. ▼**—wel** (Brunnen)Quelle *w.*

bronzen I *bn* bronzen; — *tijdperk*, Bronzezeit *w.* **II** *ww* bronzieren.

brood Brot *s*; *een heel* —, ein ganzes B., ein Laib B.; *snede* —, Schnitte B., Brotschnitte *w*; *om den brode*, ums liebe B.; *iem. het* — *uit de mond stoten*, e.n ums B.bringen; *ik kreeg het op mijn* —, (*fig.*) man schmierte es mir aufs Butterbrot; *wiens* — *men eet, diens woord men spreekt*, wes B. ich esse, des Lied ich singe. ▼—**bakker** B.bäcker *m*. ▼—**bakkerij** B.bäckerei *w*; *brood- en banketbakkerij*, B.- und Feinbäckerei, Bäckerei und Konditorei *w*. ▼—**beleg** (*vleeswaren*) Aufschnitt *m*. ▼—**belegging** B.belag *m*. ▼—**bezorger** B.(herum)träger *m*. ▼—**bezorging** B.zustellung *w*. ▼—**bon** B.marke *w*. ▼—**dronken** mutwillig, übermütig. ▼—**heer** B.herr *m*. ▼—**je** Brötchen *s*; Semmel *w*; *zoete* —*s bakken*, zu Kreuze kriechen. ▼—**korst** B.kruste *w*; (*broodkapje*) B.ranft, Knust *m*. ▼—**kruimel** B.krume *w*; —*s*, (*ook*) Brosamen *Mz*; *de* —*s steken hem*, der Hafer sticht ihn. ▼—**mager** klapperdürr. ▼—**mand** B.korb *m*. ▼—**mes** B.messer *s*. ▼—**nijd** B.neid *m*. ▼—**nodig** unentbehrlich. ▼—**pap** B.suppe *w*. ▼—**rooster** B.röster *m*. ▼—**schaal** B.teller *m*. ▼—**schrijver** B.schreiber *m*. ▼—**trommel** B.kapsel *w*. ▼—**winner** B.verdiener, Ernährer *m*. ▼—**winning** B.erwerb *m*; (*betrekking*) B.stelle *w*; (*bron v. inkomsten*) Erwerbsquelle *w*; *daar zit wel 'n* — *in*, damit kann man s. wohl ernähren.

broom Brom *s*. ▼—**kali** B.kalium *s*.

broos zerbrechlich; (*v. glas, metaal*) spröde; (*v. gebak, ijs*) mürbe; (*zwak*) schwach; (*v. gestel, geluk, leven*) hinfällig. ▼—**heid** Zerbrechlichkeit, Sprödigkeit; (*fig.*) Hinfälligkeit *w*.

bros I *zn* Pfriem *m*, Ahle *w*. **II** *bn & bw* (*knappend, v. beschuit enz.*) knusprig; *zie* **broos**.

brouilleren: *met iem. gebrouilleerd zijn*, s. mit e.m überworfen, entzweit haben.

brouw/en 1 brauen *m*; **2** (*bij 't spreken*) schnarren. ▼—**er** Brauer *m*. ▼—**erij** Brauerei *w*; (*dat brengt leven*) *in de* —, in die Bude. ▼—**ketel** Braukessel *m*. ▼—**sel** Gebräu *s*; (*mengsel*) Gemisch *s*.

brug Brücke *w*; (*v. bril, ook*) Steg *m*; (*gymnastiektoestel*) Barren *m*; *kom eens over de* —*!*, rücke mal mit dem Geld heraus! ▼—**balans** Brückenwaage *w*.

Brugge Brügge *s*.

brugge/geld Brücken/zoll *m*. ▼—**hoofd** B.kopf *m*. ▼—**man** B.wärter, Brück(n)er *m*. ▼**brug/jaar** Brücken/jahr *s*. ▼—**klas** B.klasse *w*. ▼—**leuning** B.geländer *s*. ▼—**pijler** B.pfeiler *m*. ▼—**turnen** Barrenturnen *s*. ▼—**wachter** Brückenwärter *m*.

brui: *de* — *aan* (*van*) *iets hebben*, auf etwas [4] pfeifen; *de* — *aan* (*van*) *iets geven*, etwas satt haben.

bruid Braut *w*; — *des Heren*, B.Christi. ▼—**egom** Bräutigam *m*. ▼**bruids/boeket** Braut/strauß *m*. ▼—**dagen** B.tage *Mz*. ▼—**gift** B.geschenk *s*. ▼—**japon** B.kleid *s*. ▼—**jonker** B.führer *m*. ▼—**meisje** B.jungfer *w*. ▼—**paar** B.paar *s*. ▼—**schat** Mitgift *w*. ▼—**sluier** B.schleier *m*. ▼—**stoet** B.zug *m*. ▼—**suiker** Zuckermandel *w*.

bruik/baar brauchbar; (*v. zaken, ook*) verwendbar. ▼—**baarheid** B.keit; V.keit *w*. ▼—**leen** Nießbrauch *m*; (*bijv. schoolboeken*) Gebrauchsleihe *w*; *in* — *afstaan, geven*, leihweise abtreten, überlassen; in Gebrauchsleihen geben; *in* — *hebben*, geliehen haben, in Gebrauchsleihe haben; *in* — *afgestaan door*, (*bijv. op tentoonstelling*) Leihgabe von.

bruiloft Hochzeit *w*; *blikken* —, zinnerne H.; *zilveren* —, silberne H., *gouden* —, goldene H.; *diamanten* —, (*60 j.*) diamantene, (*75 j.*) eiserne H.; — *houden*, H. feiern, halten. ▼—**sdag** Hochzeits/tag *m*. ▼—**sfeest** H.fest *s*. ▼—**sgast** H.gast *m*. ▼—**skleed** H.kleid *s*.

bruin I *bn* braun. **II** *zn* **1** Braun *s*; **2** Braun *m*; *Bruin de beer*, der Petz; (*dat*) *kan Bruin*(*tje*) *niet trekken*, kann ich mir nicht leisten. ▼—**achtig** bräunlich. ▼—**brood** Graubrot *s*. ▼—**en** bräunen; *door de zon gebruind*, sonngebräunt. ▼—**eren** brünieren, glätten, polieren. ▼—**koolbriket** Braun/kohlenbrikett *s*. ▼—**ogig** b.äugig. ▼—**steen** B.stein *m*. ▼—**vis** B.fisch *m*.

bruis/en brausen. ▼—**poeder** Brausepulver *s*. ▼—**tablet** Brausetablette *w*.

brul/aap Brüllaffe *m*. ▼—**boei** Heultonne *w*. ▼—**len** brüllen.

brunch Brunch *m*.

brunette Brünette *w*.

Brunswijk Braunschweig.

Brussel Brüssel *s*.▼—**aar** Brüsseler *m*. ▼—**s**: —*e kant*, Brüsseler Spitzen *Mz*; —*e aarde*, Walkerde *w*; — *lof*, Pariser Bindesalat *m*; —*e spruitjes*, Brüsseler Kohl *m*.

brutaal frech; *brutale vlerk*, Frechdachs, Frechling *m*; — *snuitje*, keckes Gesichtchen; — *staan te liegen*, keck lügen. ▼—**tje** freches Mädel. ▼—**weg** mit frecher Stirn, (*minder ongunstig*) keck. ▼**brutaliteit** Frechheit *w*; (*minder ongunstig*) Keckheit *w*.

bruto brutto; — *gewicht*, Brutto/-, Rohgewicht *s*; — *kosten*, B.kosten *Mz*; — *ontvangst*, B.einnahme *w*; — *opbrengst*, Rohertrag *m*.

bruusk brüsk, schroff. ▼—**eren** brüskieren.

bruut I *bn* brutal, roh. **II** *zn* Rohling *m*, roher Mensch. ▼—**heid** Brutalität, Roheit *w*.

BTW Mehrwertsteuer *w*, MWSt.

budget Budget *s*, Haushalt(plan), Etat *m*. ▼—**air** Budget...

buffel Büffel *m*.

buffer Puffer *m*. ▼—**staat** P.staat *m*.

buffet Büfett, Buffet *s*; (*in herberg, ook*) Schanktisch *m*; *koud* —, kaltes Büfett. ▼—**juffrouw** Büfettfräulein *s*, (*v. koud buffet*) Kaltmamsell *w*.

bui Schauer *m*; (*zeemanst.*) Bö *w*; (*luim*) Laune *w*; *'n goede, kwade* — *hebben*, guter, schlechter L. sein; *hij heeft* —*en*, er ist ein launenhafter Mensch; *bij* —*en*, ab und zu.

buidel Beutel *m*. ▼—**dier** B.tier *s*.

buig/baar biegbar, -sam; (*gram.*) biegungsfähig, beugbar. ▼—**en** (*in alle richtingen; niet fig.*) biegen, (*on.w*) (s.) biegen; (*alleen in dalende richting, niet onwillekeurig, plechtiger; ook fig.*) beugen, (*on.w*) s. beugen; (*'n buiging maken*) s. verbeugen, (*lichte buiging*) s. verneigen; (*de auto*) *boog de hoek om*, bog um die Ecke; (*de arm, de knie, de romp*) —, beugen; *gebogen door de ouderdom*, vom Alter gebeugt; (*diep*) *gebogen*, gebeugt; (*het recht*) —, beugen; (*het moet*) — *of barsten*, biegen oder brechen; *met gebogen hoofd*, mit gesenktem Kopf; (*gram.* = **verbuigen**, *zie daar*). ▼—**ing** Biegung *w*; (*teken v. beleefdheid*) Verbeugung, Verneigung *w*, (*lichte buiging met knie*) Knicks *m*. ▼—**ingsuitgang** Beugungs-, Flexions-, Biegungsendung *w*. ▼—**tang** Biegezange *w*. ▼—**zaam** biegsam; (*soepel*) geschmeidig. ▼—**zaamheid** Biegsamkeit, Geschmeidigkeit *w*.

buiig regnerisch, böig; unbeständig.

buik Bauch *m*; *een* —*je krijgen*, s. ein Bäuchlein zulegen; *zijn* — *vol eten*, s. satt essen, (*fam.*) s. den Wanst vollschlagen; *hij maakt van zijn* —

een afgod, der B. ist sein Gott; *zijn — vasthouden van 't lachen*, s. vor Lachen den B. halten; *pijn in de —*, B.schmerzen *Mz*; *hij kreeg er pijn in de — van*, es schlug ihm auf den Magen; (*ik heb*) *er de — vol van*, es gründlich satt; (*dat kun je*) *op je —* (*schrijven*), in den Schornstein. ▾**—danseres** B.tänzerin *w*. ▾**—holte** B.höhle *w*. ▾**—ig** bauchig, bäuchig. ▾**—kramp** B.kneifen, Leibschneiden *s*. ▾**—landing** B.landung *w*. ▾**—loop** Durchfall *m*. ▾**—pijn** B.weh *s*. ▾**—riem** B.gürtel *m*; *de — aanhalen*, s. den Riemen enger schnallen. ▾**—spreken** B.reden *s*. ▾**—spreker** B.redner *m*. ▾**—vin** B.flosse *w*. ▾**—vliesontsteking** B.fellentzündung *w*. ▾**—ziek** (*beurs*) überreif, teigig.

buil 1 (*gezwel*) Beule *w*; **2** (*zakje*) Tüte *w*. ▾**—en** (*meel*) beuteln. ▾**—enpest** Beulenpest *w*.

buis 1 Röhre *w*; (*dikker meestal*) Rohr *s*; (*rad., tv*) Röhre *w*; *— van Eustachius*, Eustachische Röhre; **2** (*kledingstuk*) Jacke *w*; **3** (*schip*) Büse *w*. ▾**—frame** Röhrenrahmen, Rohrrahmen *m*. ▾**—kool** Kopfkohl *m*, Kappes *m*. ▾**—leiding** Rohr-, Röhrenleitung *w*. ▾**—vormig** rohr-, röhrenförmig.

buiswater Spritzwasser *s*.

buit Beute *w*; *iets — maken*, etwas erbeuten.

buitel/en purzeln. ▾**—ing** Purzelbaum *m*.

buiten I *vz* außer [3]; (*buiten de grens van een ruimte*) außerhalb [2]; (*behalve*) außer; (*zonder*) ohne; *— bedrijf*, außer Betrieb; *— het bereik*, außer dem Bereiche; *— beschouwing*, außer Betracht; — (*de deur staan*), vor der; — (*de deur zetten*), vor; *nooit — de deur komen*, sein Haus nie verlassen; *niet — iem. kunnen*, e.n nicht entbehren können; *— het dorp*, außerhalb des Dorfes; *— het land*, außer Landes, außerhalb des Landes; *— de rooilijn* (*bouwen*), außerhalb der Fluchtlinie; *— de route* (*liggen*), abseits (vom Wege); — (*mijn toedoen, mijn toestemming, mijn weten*) ohne; *— zichzelf* (*zijn*) außer sich, außer Fassung; *ik raakte — mezelf*, ich geriet außer mir. **II** *bw* draußen; (*v. buiten, aan de buitenkant*) außen; (*richting*) heraus-, hinaus; (*ik ben*) —, draußen; (*kom eens*) *—!*, heraus!; (*ga eens*) —, hinaus; (*hij woont*) —, auf dem Lande; *naar — gaan*, hinausgehen; (*de stedeling gaat 's zomers*) *naar —*, aufs Land, in die Sommerfrische; *naar — kijken*, hinaus-, herausblicken; (*de deur*) *gaat naar — open*, öffnet s. nach außen; *zijn boekje, de perken te — gaan*, seine Befugnis, die Schranken überschreiten; über die Schnur hauen; *z. aan iets te — gaan*, s. (im Essen, im Trinken) übernehmen; *hij ging zich zover te —*, (*ook*) er vergaß sich soweit; *van — af*, von außen her; *van — mooi*, (von) außen schön; (*hij komt*) *van —* (*de stad*), von auswärts; *klanten van — de stad*, auswärtige Kunden; (*een meisje*) *van —*, vom Lande; (*een gedicht*) *van — kennen*, auswendig können; (*ik ken het huis*) *van binnen en van —*, in- und auswendig; (*ik ken hem*) *van binnen en van —*, durch und durch; *ik kon er niet —*, (*moest 't wel doen*) ich konnte nicht umhin; *ik kan er niet meer —*, ich kann es nicht mehr entbehren; (*roken! ik kan*) *er niet meer —*, es nicht mehr lassen; *ik blijf er—*, ich halte mich abseits; *houd je er—!*, mische dich nicht ein!; *laat hem er—!*, laß ihn aus dem Spiele!; *dat valt er —*, das ist nicht mit einbegriffen. **III** *zn* Landhaus, -gut *s*.

buiten/aards außerirdisch. ▾**—band** Mantel *m*, Laufdecke *w*. ▾**—bedrijfstelling** Außerbetriebsetzung *w*. ▾**—beentje** uneheliches Kind; (*zonderling*) sonderbarer Kauz; (*dat kind is*) *een —*, (*anders dan de anderen*) aus der Art geschlagen. ▾**—boordmotor** Außenbordmotor *m*. ▾**—deur** Außentür *w*. ▾**—dien** außerdem. ▾**—dienst** Außendienst *m*. ▾**—dijks** außerhalb des Deiches; *— land*, Außerdeichsland *s*. ▾**—echtelijk** außerehelich. ▾**—gaats** auf offener See; außerhalb des Hafens; *— gaan*, in See stechen, aus dem Hafen fahren. ▾**—gewoon** außerordentlich, außergewöhnlich; *— hoogleraar*, außerordentlicher Professor; *— onderwijs*, Unterricht *m* an Hilfs- und Sonderschulen; Hilfs- und Sonderschulwesen *s*; *— lager onderwijs*, Elementarunterricht an Hilfs- und Sonderschulen; (*hij is*) *niet — schrander*, nicht besonders klug, nicht eben klug. ▾**—goed** Landgut *s*. ▾**—haven** Außenhafen *m*. ▾**—hoek** Außenwinkel *m*. ▾**—huis** Landhaus *s*. ▾**—issig** exzentrisch, extravagant, ausgefallen. ▾**—kans(je)** Extraprofit *m*, unerwarteter Vorteil. ▾**—kant** Außenseite *w*. ▾**—kerkelijk** außerkirchlich.

buitenland Ausland *s*; *naar het —* (*reizen*), ins A.; *betrekkingen met het —*, Auslandsbeziehungen *Mz*; *reis naar het —*, Reise ins Ausland, Auslandsreise *w*. ▾**—er** Ausländer *m*. ▾**—s** ausländisch, auswärtig, Ausland(s) ...; *— beleid*, Außenpolitik *w*; *—e correspondentie*, ausländischer Briefwechsel; *—e handel*, Ausland-, Außenhandel *m*, (*de handel in 't buitenland*) ausländischer Handel; *—e oorlog*, auswärtiger Krieg; *—e pers*, Auslandpresse *w*; *—e politiek*, Außenpolitik *w*; *kwestie v. —e politiek, die de —e politiek betreft*, außenpolitische Frage; *minister, ministerie v. —e zaken*, Außenminister *m*, Minister der Auswärtigen Angelegenheiten, Minister des Auswärtigen; Außenministerium *s*, Auswärtiges Amt; *—e culturele betrekkingen*, kulturelle Auslandsbeziehungen.

buiten/leerling Fahrschüler *m*. ▾**—leven** Landleben *s*, Leben auf dem Lande. ▾**—lucht** freie Luft; frische Luft; (*de lucht buiten*) Außenluft *w*. ▾**—lui** Leute vom Lande. ▾**—mate** über die Maßen. ▾**—matig** übermäßig. ▾**—meisje** Mädchen vom Lande, Landmadchen *s*. ▾**—muur** Außenwand *w*. ▾**—om** außen herum. ▾**—opname** Außenaufnahme *w*. ▾**—parlementair** außerparlamentarisch. ▾**—plaats** Landsitz *m*, -gut *s*. ▾**—rand** äußerer Rand. ▾**—school** Dorfschule *w*.

buitens/huis außerhalb des Hauses; (*de nacht*) — (*doorbrengen*), außer Hause, (*in open lucht*) im Freien; (*we eten vandaag*) —, außer dem Hause, auswärts. ▾**—lands** außer Landes.

buiten/sluiten ausschließen. ▾**—spel** Abseits *s*; — (*staan*), abseits. ▾**—speler** Außenstürmer *m*. ▾**—spelpositie** Abseitsstellung *w*. ▾**—spiegel** Außenspiegel *m*. ▾**—sporig** übermäßig; (*losbandig*) ausschweifend. ▾**—sporigheid** Übermäßigkeit; Ausschweifung *w*. ▾**—staander** Außenstehende(r), Außenseiter *m*. ▾**—st** äußerst; (*van twee*) äußer. ▾**—verblijf** Landhaus *s*, Landsitz *m*. ▾**—verlichting** Außenbeleuchtung *w*. ▾**—waarts I** *bw* auswärts. **II** *bn*: *—e beweging*, Auswärtsbewegung *w*. ▾**—wacht**: (*ik heb 't*) *v.d. —*, von Außenstehenden. ▾**—wereld** Außenwelt *w*. ▾**—werks** von außen gemessen. ▾**—wijk** Außenviertel *s*. ▾**—zijde** Außenseite *w*.

buitmaken erbeuten.

buizerd Bussard *m*.

bukken s. bücken; *voor iem. —*, s. vor e.m beugen; (*onder iets*) *gebukt* (*gaan*), gebeugt.

buks Büchse *w.* ▼**—(boom)** Buchs(baum) *m.*
bukskin Buckskin *m.*
bul Bulle *w;* (*doctorsbul*) Diplom *s;* (*stier*) Bulle *m.*
bulderen poltern, toben; (*v. storm*) toben; (*v. kanonnen*) donnern.
buldog Bulldogge *w.*
Bulg/aar Bulgar(e) *m.* ▼**—aars** bulgarisch. ▼**—arije** Bulgarien *s.*
bulkartikelen Sperrgüter *Mz;* (*stortgoederen*) Sturzgüter *Mz.*
bulken brüllen; *— v. h. geld,* steinreich sein.
bulklading Bulkladung *w.*
bulldozer Bulldozer, Geländehobel *m,* Planierraupe *w.*
bulle/bak Grobian, Bärbeißer *m.* ▼**—bijter** Bullenbeißer *m.*
bullen Sachen *Mz.*
bulletin Bulletin *s;* (*dagbericht, ook*) Tagesbericht *m.*
bult Buckel, Höcker *m;* (*v. kameel*) Höcker *m;* (*buil*) Beule *w;* (*kleine hoogte*) Höcker *m,* Anhöhe *w;* (*persoon*) Bucklige(r) *m;* (*z.*) *'n —* (*lachen*), e.n Buckel. ▼**—enaar** Bucklige(r) *m.* ▼**—ig** bucklig, höckerig.
bumper Stoßstange *w.*
bun (Fisch)Kasten *m.*
bundel Bündel *s; een — verzen,* eine Sammlung Gedichte. ▼**—en** bündeln; (*v. gedichten*) sammeln.
bunder Hektar *s.*
bungalow Bungalow *m.* ▼**—park** B.park *m.* ▼**—tent** Hauszelt *s.*
bungelen baumeln.
bunker Bunker *m.* ▼**—en** bunkern. ▼**—haven** Bunkerhafen *m.* ▼**—kolen** Bunkerkohlen *Mz.*
bunzing Iltis *m.*
burcht *zie* **burg**.
bureau Büro *s;* (*schrijftafel*) Schreibtisch *m;* (*instantie*) Stelle *w;* (*officieel*) Amt *s;* (*overheidsdienst*) Dienststelle *w;* (*zakenkantoor*) Kontor, Büro *s;* (*v. krant*) Expedition, Geschäftsstelle *w;* (*bij militairen*) Schreibstube *w; — v. politie,* Polizeiamt *s; — v. gevonden voorwerpen,* Fundamt *s,* (*spoorw.*) -büro *s.* ▼**—chef** B.vorsteher *m.* ▼**—craat** B.krat *m.* ▼**—cratie** B.kratie *w.* ▼**—cratisch** b.kratisch. ▼**—list** B.angestellte(r) *m.* ▼**—stoel** Schreibtischstuhl *m.*
burengerucht Ruhestörung *w; — maken,* die Ruhe stören.
burg Burg *w.*
burgemeester Bürgermeister *m;* (*v. grote stad*) Oberbürgermeister *m; college van — en wethouders,* Magistrat *m,* Magistratskollegium *s,* Stadtrat, Gemeindevorstand *m.* ▼**—schap** Bürgermeisteramt *s,* -würde *w.*
burger Bürger *m; dat geeft de — moed,* das macht e.m wieder Mut; *in — lopen,* in Zivil gehen. ▼**—bestaan** bürgerliche Existenz. ▼**—bevolking** Zivilbevölkerung *w.* ▼**—deugd** Bürger/tugend *w.* ▼**—dienst** (*v. dienstweigeraars*) Zivildienst *m.* ▼**—dochter** B.stochter *w.* ▼**—ij** B.schaft *w,* -tum *s.* ▼**—klasse** B.stand *m.* ▼**—kleding** Zivilkleidung *w; in —,* in Zivil, in Zivilkleidung. ▼**—kost** bürgerliche Kost, Hausmannskost *w.* ▼**—lieden** Bürgersleute *Mz.*
burgerlijk bürgerlich; (*kleinburgerlijk*) spießbürgerlich; *—e beleefdheid,* gesellschaftliche Formen, Anstandsformen *Mz; — bestuur,* Zivil/verwaltung *w; — huwelijk,* Z.ehe, Z.trauung *w; —e staat,* Z.stand *m; —e stand,* Zivil-, Personenstand *m;* (*bureau v. d.*) *—e stand,* Standesamt *s; ambtenaar v. d. —e stand,* Standesbeamte(r) *m; — wetboek,* bürgerliches Gesetzbuch. ▼**—heid** Bürgerlichkeit *w.*
burger/luchtvaart Zivilluftschiffahrt *w.* ▼**—maatschappij** bürgerliche Gesellschaft. ▼**—man** Bürgermann *m.* ▼**—oorlog** Bürgerkrieg *m.* ▼**—pot** Hausmannskost *w.* ▼**—recht** Bürger/recht *s.* ▼**—schap** B.recht *s;* (*burgerij*) B.schaft *w.* ▼**—stand** B.stand *m.* ▼**—vader** B.vater *m.* ▼**—wacht 1** B.wehr, Einwohnerwehr *w;* **2** (*lid v. burgerwacht*) B.wehrmann *m.*
burg/graaf Burg/graf *m.* ▼**—voogd** B.vogt *m.*
burlesk burlesk, possenhaft.
burrie Tragbahre *w.*
bursaal Stipendiat *m.*
bus 1 Büchse *w; vlees in —sen,* Büchsenfleisch *s; dat sluit als een —,* das klappt; **2** (*brievenbus*) Briefkasten *m;* (*een brief*) *op de — doen,* in den Kasten werfen; **3** (*autobus*) Autobus, Kraftomnibus, Bus *m.* ▼**—chauffeur** Autobusfahrer *m.* ▼**—groente** Büchsengemüse *s.* ▼**—halte** Autobushaltestelle *w.* ▼**—kruit** Schießpulver *s;* (*hij heeft*) *het — niet uitgevonden,* das Pulver nicht erfunden. ▼**—lichting** Leerung *w* des Briefkastens. ▼**—opener** Büchsenöffner *m.* ▼**—staking** Autobusstreik *m.*
buste Büste *w.* ▼**—houder** Büstenhalter *m.*
butagas Butangas *s.*
button Button *m,* Ansteckplakette *w.*
buur Nachbar *m,* Nachbarin *w.* ▼**—jongen** Nachbarjunge *m.* ▼**—lui** Nachbarsleute, Nachbarn *Mz.* ▼**—man** Nachbar *m.* ▼**—meisje** Nachbarmädchen *s.* ▼**—praatje** Plauderei *w* mit dem Nachbar. ▼**—schap** Nachbarschaft *w.* ▼**—staat** Nachbarstaat *m.*
buurt Nachbarschaft *w;* (*nabijheid*) Nähe *w;* (*stadswijk*) Viertel *s; ver uit de —,* weit von hier. ▼**—en** beim Nachbar e.n Besuch machen. ▼**—huis** Nachbarschaftsheim, Gemeinschaftshaus *s.* ▼**—schap** Weiler *m.* ▼**—spoor(weg)** Vorort(s)-, Nahbahn *w.* ▼**—verkeer** Vorort(s)-, Nahverkehr *m; trein voor —,* Vorort(s)-, Nahzug *m.* ▼**buurvrouw** Nachbarin *w.*
BV (*Besloten Vennootschap*) gGmbH (geschlossene Gesellschaft mit beschränkter Haftung).
BW BGB (Bürgerliches Gesetzbuch).
Byzantijns byzan/tinisch. ▼**Byzantium** B.z *s.*

c C *s.*
cabaret Kabarett *s.* ▼**—ier** K.ist *m.* ▼**—ière** K.sängerin *w.*
cabine Kabine *w*; (*v. vrachtauto*) Fahrerhaus *s*, Führersitz *m*; (*v. bioscoop*) Vorführraum *m.*
cabriolet Kabriolett *s.*
cacao Kakao *m.* ▼**—boter** K.butter *w*, K.fett *s.*
cache-pot Topfmantel *m.*
cachet Petschaft *s*; (*fig.*) Gepräge *s.*
cachot Gefängnis *s*; (*fam.*) Loch *s*; (*mil.*) Kasten *m*, strenger Arrest.
cactus Kaktus *m*, Kaktee *w.*
cadans Kadenz *w.*
cadeau Geschenk *s*; (*iem. iets*) *— geven,* schenken; (*iets*) — (*krijgen*), geschenkt, (*om niet*) umsonst, (*op de koop toe*) obendrein. ▼**—bon** G.gutschein *m.* ▼**—stelsel** Zugabewesen *s*, Wertreklame *w.*
cadet Kadett *m.*
Caesar Cäsar.
café Kaffee/haus, Café *s.* ▼**—houder** K.wirt *m.* ▼**cafeïne** Koffein *s.* ▼**café-restaurant** Café-Restaurant *s.* ▼**cafetaria** Schnellgaststätte *w*; Schnellbüfett *s.*
cahier Heft *s.*
caissière Kassiererin *w.*
caisson Senkkasten *m*; (*mil.*) Munitionswagen *m.* ▼**—ziekte** Caissonkrankheit *w*, Druckluftkrankheit *w.*
cake Kuchen *m.* ▼**—vorm** K.form *w.*
calamiteit Katastrophe *w*; (*noodtoestand*) Kalamität, Notlage *w.*
calcium Kalzium *s.* ▼**—carbonaat** K.karbonat *s.*
calcul/atie Kalkul/ation *w.* ▼**—eren** k.ieren
calèche Kalesche *w.*
caleido/scoop Kaleido/skop *s.* ▼**—scopisch** k.skopisch.
Californ/ië Kaliforn/ien *s.* ▼**—isch** k.isch.
call-girl Call-Girl *s.*
call money Tagesgeld *s.*
calor/ie Kalor/ie *w.* ▼**—imeter** K.imeter *s.* ▼**—isch** k.isch.
calqu/eerpapier Kalkier/-, Paus/papier *s.* ▼**—eren** k.en, p.en.
calvarieberg Kalvarienberg *m.*
Calvijn Kalvin *m.* ▼**calvin/isme** Kalvin/ismus *m.* ▼**—ist** K.ist *m.* ▼**—istisch** k.istisch.
cambio Kambio *m.*
Cambodja Kambodscha *s.*
camera Kamera *w.* ▼**—man** K.mann *m.*
camoufl/age Camouflage, Täuschung *w*; (*bijv. v. balans*) Verschleierung *w*; (*mil.*) Tarnung *w.* ▼**—agekleur** Schutzfarbe *w*; (*mil.*) Tarnfarbe *w.* ▼**—eren** vortäuschen, camouflieren; verschleiern; (*mil.*) tarnen.
campagne Kampagne *w*; Feldzug *m*; (*ophitsing*) Hetze *w.*
camping Camping *s*, Campingplatz *m.*
Canad/a Kanad/a *s.* ▼**—ees I** *zn* K.ier *m.* **II** *bn* k.isch.
canaille Kanaille *w.*
canapé Kanapee *s.*
canard Zeitungsente *w.*
canon Kanon *m.* ▼**—iek** kanon/isch. ▼**—isatie** K.isation *w.* ▼**—iseren** k.isieren.
cantate Kantate *w.*
cantharel Pfifferling, Pfefferschwamm, Gelbling *m.*
canvas Kanevas *m.*
CAO Tarifvertrag *m.* ▼**—loon** Tariflohn *m.*
caoutchouc Kautschuk *m*, Gummi *s.*
capabel kapabel. ▼**capaciteit** Kapazität *w*, (*vermogen*) Fähigkeit *w*; (*v. fabriek, machine enz.*) Leistungsfähigkeit; (*laadvermogen*) Ladefähigkeit; (*de fabriek werkt*) *op volle —*, mit voller Arbeitszeit.
cape Umhang, Radmantel *m.*
capillair kapillar; *—e buis,* Kapillarröhre *w.*
capitool Kapitol *s.*
capitul/atie Kapitul/ation *w.* ▼**—eren** k.ieren.
capr/ice Kaprice, Laune *w.* ▼**—iool** Kapriole *w.*
capsule Kapsel *w.*
captain Kapitän, Mannschaftsführer *m.*
capuchon Kapuze *w.*
carambole Karambolage *w*; (*biljartspel*) Karambolpartie *w.*
caravan Wohnwagen, Autoanhänger *m.* ▼**—combinatie** Wohnwagengespann *s.*
carbid Karbid *s.*
carbol Karbol *s.* ▼**—ineum** Karbolineum *s.*
carbonpapier Kohlepapier *s.*
carbur/ateur, —ator Vergaser *m.*
cardan/as Kardan/welle *w.* ▼**—koppeling** K.gelenk *s.*
cardio/graaf Kardio/graph *m.* ▼**—gram** K.gramm *s.* ▼**—logie** K.logie *w.* ▼**—loog** K.loge *m.*
carga Kargo *m.* ▼**—door** Schiffsmakler *m.* ▼**—lijst** Ladungsverzeichnis, Manifest *s.* ▼**cargo** Kargo *m*, Schiffsfracht *w.*
cariës Karies, Zahnfäule *w.*
carillon Glockenspiel *s.*
carnaval Karneval, Fasching *m.*
carnivoor Karnivore *m.*
carport Freiluftgarage *w*, Autounterstand *m.*
carré Karree, Viereck *s.*
carrier (*bakfiets*) Lieferdreirad *s.*
carrière Karriere *w.*
carrosserie Karosserie *w*, Wagenaufbau *m.*
carroussel Karussell *s.*
carte: *à la —*, nach der Karte; *— blanche,* Carte blanche, unbeschränkte Vollmacht.
carter Kurbelgehäuse *s.*
carto/graaf Karto/graph *m.* ▼**—grafie** K.graphie *w.* ▼**—grafisch** k.grafisch. ▼**—t(h)eek** Kartothek, Kartei *w.*
casco Kasko *m.* ▼**—verzekering** K.versicherung *w.*
caseïne Kasein *s.*
cash cash. ▼**— and carry** cash and carry; (*zaak*) Cash and Carry-Markt *m.*
casino Kasino *s.*
cassatie Kassation *w*; *— aantekenen, in — gaan,* Revision einlegen; *Hof van —*, Kassationshof *m.*
cassave Kassave *w*, Maniok *m.*
cassette Kassette *w.* ▼**—recorder** K.nrecorder *m.*
castagnetten Kastagnetten, Daumenklappern *Mz.*
castr/atie Kastration *w.* ▼**—eren** kastrieren.
casu: *— quo,* vorkommendenfalls.
casueel zufällig; merkwürdig.
casus Kasus *m.*
catacombe Katakombe *w.*
catalog/iseren katalogisieren. ▼**—us** Katalog *m.* ▼**—usprijs** Listenpreis *m.*
catastrof/aal katastrophal. ▼**—e**

Katastrophe *w.*
catech/eet Katech/et *m.* ▾**—ese** K.ese *w.* ▾**—isant** K.umene *m.* ▾**—isatie** K.isation *w.* ▾**—ismus** K.ismus *m.* ▾**—ist** K.ist *m.* ▾**—umeen** K.umene *m.*
categor/iaal kategor/ial. ▾**—ie** K.ie *w.* ▾**—isch** k.isch.
catering Fertiggerichte *Mz.*
cat(h)eter Katheter *s.*
caus/aal kausal; Kausal... ▾**—aliteit** Kausalität *w.* ▾**—atief I** *zn* Kausativ(um) *s.* **II** *bn* kausativ.
caus/eren plaudern. ▾**—erie** Plauderei, Causerie *w.* ▾**—eur** Causeur, (unterhaltsamer) Plauderer *m.*
cautie Kaution *w; — stellen,* K. stellen.
caval/erie Kaval/lerie *w.* ▾**—erist** K.lerist *m.* ▾**—ier** K.ier *m.*
cedel *zie* **ceel**.
ceder Zeder *w.*
cedéren zedieren, abtreten.
ceel Lagerschein, Warrant *m;* (*huurcontract*) Mietsvertrag *m.*
ceintuur Gürtel *m.* ▾**—baan** Ringbahn *w.*
cel Zelle *w.*
celebr/ant Zelebr/ant *m.* ▾**—eren** z.ieren.
celib/aat Zölibat *s & m.* ▾**—atair** Zölibatär *m;* (*vrijgezel*) Junggeselle, Hagestolz *m.*
cell/ist Cellist *m.* ▾**—o** Cello *s.*
cellofaan Zellophan *s.*
cellulair zellular; *—e gevangenisstraf,* Einzelhaft *w.*
cellul/oid Zellul/oid *s.* ▾**—ose** Z.ose *w;* Zellstoff *m.*
Celsius Celsius *m.*
cel/stof Zellstoff *m.* ▾**—straf** Einzelhaft *w.* ▾**—therapie** Zelltherapie *w.* ▾**—vorming** Zellen/bildung *w.* ▾**—weefsel** Z.gewebe *s.* ▾**—wol** Zellwolle *w.*
cement Zement *m.* ▾**—en** *bn* Zement... ▾**—eren** zementieren.
cens/or Zensor *m.* ▾**—ureren** zensurieren. ▾**—us** Zensus *m.* ▾**—uur** Zensur *w.*
cent Cent *m; —en* (*hebben*), Pfennige, Moneten, Moos; *geen —* (*waard*), keinen Pfennig; *het kan me geen — schelen,* es liegt mir nichts daran; *geen rooie —* (*hebben*), keinen roten Heller; *iedere — omkeren,* mit dem Pfennig rechnen; *een mooie —* (*kosten*), ein schönes Geld; *een aardige —* (*verdienen*), e.n hübschen Groschen; *tot de laatste —* (*betalen*), bei Heller und Pfennig. ▾**centenaar** Zentner *m.*
centerboor Zentrumbohrer *m.*
centi/are Zenti/ar *s.* ▾**—gram** Z.gramm *s.* ▾**—liter** Z.liter *s.* ▾**—meter** Z.meter *s;* (*meetlint*) Meßband, Metermaß *s.*
centraal zentral; *centrale verwarming,* Zentralheizung *w.* ▾**—bureau** Zentralstelle *w; — v.d. statistiek,* Statistisches Bundesamt (StatBA). ▾**C— Plan Bureau** Zentralplanbüro *s.* ▾**—station** Hauptbahnhof *m.* ▾**central/e** Zentral/e *w; elektrische —,* (*ook*) Elektrizitätswerk, Kraftwerk *s.* ▾**—isatie** Z.isierung *w.* ▾**—iseren** z.isieren. ▾**—istisch** z.istisch.
centri/fugaal zentri/fugal; *centrifugale kracht,* Z.fugal-, Schwungkraft *w.* ▾**—fuge** Z.fuge, Schleuder(maschine); Milchschleuder; (*was*) Wäscheschleuder *w.* ▾**—petaal** z.petal, Z.petal...
centrum Zentrum *s,* Mittelpunkt *m;* (*v. stad, ook*) Stadtmitte *w.*
ceram/iek Keram/ik; Töpferkunst *w.* ▾**—isch** k.isch, Töpfer...
Cerberus Zerberus *m,* (*fig., ook*) Vorzimmerlöwe *m.*
ceremon/ie Zeremon/ie *w.* ▾**—ieel I** *bn* z.iell. **II** *zn* Z.iell *s.* ▾**—iemeester** Z.ienmeister *m.* ▾**—ieus** z.iös.
certific/aat Zertifikat *s,* Schein *m;* Zeugnis, Attest *s; — van aandeel,* Aktienzertifikat *s; — v. oorsprong,* Ursprungszeugnis, Heimatschein. ▾**—eren** zertifizieren, bescheinigen.
cervelaatworst Zervelatwurst *w.*
ces (*muz.*) Ces *s.*
cesarisme Cäsarismus *m.*
cessi/e Zessi/on, Abretung *w;* (*overdracht*) Übertragung *w.* ▾**—onaris** Z.onar, Z.onär *m.*
cesuur Zäsur *w.*
chagrijn 1 (*leer*) Chagrin *s;* **2** (*verdriet*) Verdrießlichkeit *w,* Chagrin *s.* ▾**—ig** verdrießlich.
chalet Chalet *s.*
champagne Champagner, Sekt *m.* ▾**—koeler** S.kühler, S.kübel *m.*
champignon Champignon, Edelpilz *m.*
chant/age Chantage, Erpress/ung *w.* ▾**—eren** e.en. ▾**—eur** E.er *m.*
chao/s Chaos *s.* ▾**—tisch** chaotisch.
chaperonn/e Anstandsdame *w.* ▾**—eren** begleiten.
chapiter Kapitel *s;* (*onderwerp v. gesprek*) Gesprächsthema *s; iem. van zijn — brengen,* e.n vom Thema abbringen.
charg/e Charge *w;* (*aanval*) Angriff *m; getuige à —,* Belastungszeuge *m.* ▾**—eren** chargieren; angreifen.
charism/a Charisma *s.* ▾**—atisch** charismatisch.
charit/as Karitas *w.* ▾**—atief** karitativ, wohltätig.
charlatan Scharlatan *m.*
charm/ant reizend, scharmant. ▾**—e** Reiz, Scharm *m.* ▾**—eren** scharmieren, entzücken.
chartaal: *— geld,* Chartalgeld *s.*
charter Charter *m,* Charta *w; Atlantisch —,* Atlantik C. ▾**—en** chartern. ▾**—maatschappij** Chartergesellschaft *w.* ▾**—vliegtuig** Charterflugzeug *s.*
chassis Fahrgestell, Chassis *s;* (*fot.*) Kassette *w.*
chauff/eren fahren, chauffieren. ▾**—eur** Fahrer, Chauffeur *m; auto's zonder —,* Autoverleih (*m*) an Selbstfahrer.
chauvin/isme Chauvin/ismus *m.* ▾**—ist** C.ist *m.*
check/en checken. ▾**—-in** Passagieranmeldung *w.* ▾**—list** Checkliste, Kontrolliste *w.* ▾**—-up** Check-up *m.*
chef Chef *m;* (*superieur*) Vorgesetzte(r) *m;* (*hoofd*) Vorsteher *m;* (*werkgever*) Prinzipal *m; — v.d. afdeling,* Leiter der Abteilung; *— de bureau,* Bürovorsteher; *— de reception,* Empfangschef. ▾**—-kok** Oberkoch *m.*
chem/icaliën Chem/ikalien *Mz.* ▾**—icus** C.iker *m.* ▾**—ie** C.ie *w.* ▾**—isch** c.isch. ▾**—otherapie** C.otherapie *w.*
cheque Scheck *m; — aan toonder,* Inhaberscheck; *— op naam,* Namensscheck. ▾**—boek(je)** S.buch *s.*
chertepartij Chartepartie, Certepartie *w.*
cherub(ijn) Cherub *m.*
chevron Tresse *w.*
chic I *zn* Schick *m;* (*de mensen*) die elegante Welt. **II** *bn* schick, elegant.
chican/e Schikan/e *w.* ▾**—eren** s.ieren. ▾**—eur** S.eur *m.*
Chil/een Chilene *m.* ▾**—eens** chilenisch. ▾**—i** Chile *s.* ▾**c—isalpeter** Chilesalpeter *m.*
chimpansee Schimpanse *m.*
Chin/a Chin/a *s.* ▾**—ees I** *zn* C.ese *m; rare —,* sonderbarer Kauz. **II** *bn* c.esisch.
chip Chip *m.*
chips Chips *Mz.*
chirurg Chirurg *m.* ▾**—ie** C.ie *w.* ▾**—isch** c.isch.
chloor Chlor *s.* ▾**chloro/form** Chloroform *s.*

▾**—form(is)eren** chloroformieren. ▾**—fyl** Chlorophyll *s.*
chocolaatje Schokoladenplätzchen *s.*
chocola(de) Schokolade *w.* ▾**—hagelslag** Schokostreusel *s.* ▾**—reep** Schokoladen/stange *w,* S.riegel *m.* ▾**—tablet** S.tafel *w.*
choke Choke, Choker *m,* Luftklappe *w.*
cholera Cholera *w.* ▾**—lijder** C.kranke(r) *m.*
cholerisch cholerisch.
cholesterol Cholesterin *s.* ▾**—spiegel** C.spiegel *m.*
choqueren schockieren.
choreo/graaf Choreo/graph *m.* ▾**—grafie** C.graphie *w.*
chrisma Chrisma *s.*
christ/elijk christlich; *— onderwijs,* evangelischer Unterricht. ▾**—en** Christ *m.* ▾**—en-democraten** Christ-demokraten *Mz.* ▾**—endom** Christen/tum *s.* ▾**—enheid** C.heit *w.*
Christus Christ(us) *m; de geboorte van —,* Christi Geburt; *na, voor —,* nach, vor Christo (Christi Geburt). ▾**c—doorn** glänzende Wolfsmilch *w.*
chromatisch chromatisch.
chromosoom Chromosom *s.*
chronisch chronisch. ▾**chrono/logisch** chronologisch. ▾**—meter** Chronometer *s.*
chroom Chrom *s.* ▾**—dioxyde** C.dioxyd *s.* ▾**—erts** C.eisenstein *m.* ▾**—staal** C.stahl *m.*
chrysant(hemum) Chrysantheme *w.*
ciborie Ziborium *s.*
cichorei Zichorie *w.*
cider Zider *m.*
cif cif (einschließlich Kosten, Versicherung und Fracht).
cijfer Ziffer *w;* (*dat men op school behaalt*) Zensur, Note *w; getal v. drie —s,* dreistellige Zahl. ▾**—en** rechnen. ▾**—lijst** Notenliste *w.* ▾**—schrift** Zifferschrift, Chiffre *w.* ▾**—sleutel** Chiffrierschlüssel *m.*
cijns Tribut, Zins *m.*
cilinder Zylinder *m.* ▾**—blok** Zylinderblock *m.* ▾**—inhoud** (*v motor*) Hubraum *m,* Hubvolumen *s.* ▾**—vormig** zylinderförmig, zylindrisch. ▾**cilindrisch** zylindrisch.
cimbaal, cimbel Zimbel *w.*
cineac Wochenschautheater *s.* ▾**cineast** Filmregisseur *m.* ▾**cinemascoop** Breitwand *w.* ▾**—film** B.film, panoramischer Film.
cipier Gefängniswärter *m.*
cipres Zypresse *w.*
circa zirka, ungefähr, etwa.
circuit Rundstrecke *w;* (*elektr.*) Stromkreis *m.* ▾**circul/aire** Zirkular, Rundschreiben *s.* ▾**—atie** Zirkulation *w,* Umlauf *m;* (*kringloop*) Kreislauf *m; in — (brengen),* in U.; (*bankbiljetten*) *uit de — nemen,* außer Kurs setzen. ▾**—atiebank** Noten-, Zirkulationsbank *w.* ▾**—eren** zirkulieren, umlaufen.
circus Zirkus *m.*
cirkel Kreis *m.* ▾**—boog** Zirkelbogen, K.bogen *m.* ▾**—en** kreis/en. ▾**—gang** K.lauf *m.* ▾**—vormig** k.förmig. ▾**—zaag** K.säge *w.*
cirrus Zirrus *m,* Feder-, Haarwolke *w.*
cis (*muz.*) Cis *s.*
cisel/eren ziselieren. ▾**—eur** Ziselierer *m.*
cisterciënzer Zisterzienser *m.*
citaat Zitat *s,* Anführung *w.*
citadel Zitadelle *w.*
citer Zither *w.*
citeren zitieren, anführen.
citroen Zitrone *w.* ▾**—pers** Zitronen/presse *w.* ▾**—sap** Z.saft *m.* ▾**—schil** Z.schale *w.* ▾**—vlinder** Z.falter *m.* ▾**—zuur** Z.säure *w.* ▾**citrusvrucht** Zitrusfrucht *w; —en* (*ook*), Zitrusgewächse *Mz.*
city-bag Reisetasche, Stadttasche *w.*
civiel zivil, bürgerlich; *—e lijst,* Zivilliste *w; —e rechtbank,* Zivilgericht *s; —e vordering,* Privatklage *w; in — (lopen),* in Zivil. ▾**civiliseren** zivilisieren.
claim Claim *s;* (*aanspraak, ook*) Anspruch *m;* (*eis*) Forderung *w;* (*voorkeursrecht*) Bezugsrecht *s.* ▾**—en** fordern, beanspruchen, Anspruch erheben auf (+ 4).
clandestien heimlich; *—e handel, luisteraar enz.,* Schwarzhandel, -hörer *m* usw.; (*iets*) *— (kopen),* hintenherum.
claris Klarissin *w.*
classi/caal (*op classis betrekking hebbend*) klassi/kal; *— bestuur,* K.kalbehörde *w; zie* **klassikaal.** ▾**—cus** K.ker *m.* ▾**—ficatie** K.fikation *w.* ▾**—ficeren** k.fizieren.
claustrofobie Klaustrophobie *w.*
claus/ule Klausel *w.* ▾**—uur** Klausur *w.*
claxon Hupe *w,* Klaxon *s.* ▾**—neren** hupen.
clearing Clearing *s,* Verrechnung *w; betaling over de —,* Zahlung auf dem Verrechnungswege, im Clearing. ▾**—instituut** Verrechnungs/kasse, V.stelle *w.* ▾**—transactie** Kompensationsgeschäft *s.*
clematis Klematis, Waldrebe *w.*
clement milde. ▾**—ie** Milde *w.*
cler/icaal kler/ikal. ▾**—icus** K.iker *m.* ▾**—us** K.us *m.*
clich/é Klischee *s.* ▾**—eren** klischieren.
cliënt Klient *m;* (*in handel*) Kunde *m.* ▾**clientèle** Kundschaft, Klientel *w.*
clignoteur Blinker *m.*
climax Klimax *w.*
clinch (*sp.*) Clinch *m.*
clip Klammer *w.*
clitoris Klitoris *w.*
closet Klosett *s,* (Spül)Abort, Abtritt *m.* ▾**—juffrouw** K.frau *w.* ▾**—papier** K.papier, Toilettenpapier *s.* ▾**—rol** K.papierrolle *w.*
close-up Nahaufnahme *w.*
clou Clou *m.*
clown Clown *m.*
club Klub *m.* ▾**—fauteuil** K.sessel *m.* ▾**—gebouw** K.haus *s.*
coach Coach *m.* ▾**—en** coachen.
coadjutor Koadjutor *m.*
coalitie Koalition *w.*
coaster Küstenfahrer *m.*
co-auteur Ko-, Mitautor *m.*
coca-cola Koka-kola *s.*
cocaïne Kokain *s.*
cockpit Führer/raum, F.sitz *m;* (*scheepst.*) Kockpit *m.*
cocktail Cocktail *m.* ▾**—jurk** C.kleid *s.*
cocon Kokon *m.*
code Kode *m;* (*wetboek*) Code *m.* ▾**—ren** kodieren, verschlüsseln. ▾**—telegram** Kodetelegramm *s.* ▾**codex** Kodex *m.*
codi/cil Kodizill *s.* ▾**—ficeren** kodifizieren.
coëducatie Koedukation *w.*
coëfficient Koeffizient *m.*
coëxistentie Koexistenz *w.*
coffeïnevrij koffeinfrei.
cognac Kognak, Weinbrand *m.*
cognossement Konnossement *s.*
cohesie Kohäsion *w.*
coiff/eren frisieren; (*fig.*) schmeicheln; ▾**—eur** Coiffeur, Friseur *m.* ▾**—euse** Coiffeuse, Friseuse, Frisörin *w.* ▾**—ure** Frisur *w.*
coïtus Koitus *m.*
cokes Koks *m; geklopte —,* Nußkoks *m.*
colbert Jacke *w.;* (*één rij knopen*) Sakko *m.* ▾**—kostuum** J.n-, S.anzug *m.*
collabor/ateur Kollabor/ateur *m.* ▾**—atie** K.ation *w.* ▾**—eren** k.ieren.
collat/ie Kollat/ion *w;* (*lichte maaltijd, ook*)

Kollatz *w.* ▾—**ioneren** k.ionieren.
collect/ant Kollekt/ant, Sammler *m.* ▾—**e** K.e, Sammlung *w*; — *met open schaal*, Tellersammlung. ▾—**ebus** Sammelbüchse *w.* ▾—**eren** k.ieren, einsammeln. ▾—**eschaal** K.enteller *m.* ▾—**eur** K.eur *m.* ▾—**ie** K.ion, Sammlung *w.* ▾—**ief I** *bn* k.iv, K.iv...; *collectieve arbeidsovereenkomst* (*C.A.O.*), Kollektiv-, Tarif-, Gesamtarbeitsvertrag *m*; *collectieve pas*, Sammelpaß *m.* **II** *zn* K.ivum *s.* ▾—**iviseren** k.ivieren. ▾—**ivisme** K.ivismus *m.*
collega Kollege *m*; Kollegin *w.*
college (*bestuurslichaam*) Kollegium *s*; (*onderwijsinrichting*) Kolleg *s.*; (*aan universiteit*) Vorlesung *w*, Kolleg *s*; — *geven over*, (K.) lesen über; — *lopen, volgen*, K., V. hören; — *van regenten*, Verwaltungsrat *m*; *zie* **burgemeester**. ▾—**geld** Kolleg-, Vorlesungsgebühren *Mz.* ▾—**zaal** Hörsaal *m.*
collegi/aal kollegi/al. ▾—**aliteit** K.alität *w.*
collier Halskette *w*, Kollier *s.*
collo Kollo *s*, Kolli *Mz*, Frachtstück *s.*
colloquium Kolloquium *s.*
colonn/ade Kolonn/ade *w.* ▾—**e** K.e *w.*
coloradokever Kolorado-, Kartoffelkäfer *m.*
coloratuurzangeres Koloratursängerin *w.*
colport/age Kolport/age *w.* ▾—**eren** k.ieren. ▾—**eur** K.eur *m.*
coltrui Rollenkragenpulli, -pullover *m.*
coma Koma *s.*
combin/atie Kombination *w.* ▾—**atietang** Universalzange *w.* ▾—**atievermogen** Kombinationsgabe *w.* ▾—**atiewagen** Kombiwagen *m.* ▾—**e** Kombine *w*, Mähdrescher *m.* ▾—**eren** kombinieren.
combo Combo *w.*
comeback Comeback *s*, Rückkehr *w.*
comestibles Feinkost/waren *Mz.* ▾—**winkel** F.handlung *w.*
comfort Komfort *m.* ▾—**abel** k.abel, bequem.
comité Ausschuß *m*, Komitee *s.*
command/ant Kommandant *m*; (*v. troepenonderdelen, ook*) Führer *m*, (*v. bataljon tot en met divisie*) Kommandeur *m*; *plaatselijk* —, Platz-, Ortskommandant. ▾—**eren** kommandieren. ▾—**eur** Kommandeur, Komtur *m*; (*bij marine*) Kommodore *m.* ▾—**itair**: —*e vennoot*, Kommanditist *m*; —*e vennootschap*, Kommanditgesellschaft *w.* ▾—**o** Kommando *s.* ▾—**obrug** Kommandobrücke *w.* ▾—**opost** Befehlstelle *w.* ▾—**otoren** Kommandoturm *m.*
comment/aar Komment/ar *m.* ▾—**ariëren** k.ieren. ▾—**ator** K.ator *m.*
commercieel kommerziell, kaufmännisch.
commies (*op griffie en secretarie*) Kanzleibeamte(r) *m*; (*bij posterijen*) Oberpostsekretär *m*; (*bij spoorwegen*) Bahnassistent *m*; (*douane*) Zollbeamte(r) *m*; *ook* = —**brood** Kommißbrot *s.*
commissar/iaat Kommissariat *s.* ▾—**is** Kommissar *m*; (*v. maatschappij*) Aufsichtsrat *m*, Aufsichtsratmitglied *s*; *de Hoge C* —, der Hohe K.; — *van politie*, Polizei(ober)rat, P.kommissar *m*; *raad van* —*sen*, Aufsichtsrat *m.*
commissie Kommission *w*; Ausschuß *m*; — *van advies*, Beratungsausschuß; — *v. beroep*, Berufungsausschuß; — *v. deskundigen*, Fachausschuß; — *van drie*, Dreierkommission *w*; — *van onderzoek*, Untersuchungsausschuß; (*goederen*) *in* — (*geven enz.*), in K. ▾—**goed** Kommissions/ware *w.* ▾—**handel** K.geschäft *s.* ▾—**loon** K.gebühr *w.* ▾**commissionair** Kommissionär *m.*
commode Kommode *w.*
commodore Kommodore *m*; (*mil. luchtv.*) Brigadegeneral *m.*
commune Kommune *w.*
communicant Kommunikant *m.*
commun/icatie Kommunik/ation, Verbindung *w*; (*kennisgeving*) Mitteilung *w.* ▾—**icatiemiddel** K.ations-, Verbindungsmittel *s.* ▾—**icatiesatelliet** Fernmelde-, Nachrichtensatellit *m.* ▾—**iceren** kommunizieren.
communie Kommunion *w*; *te* — (*gaan*), zur K.; *zijn eerste* — *doen*, zur ersten K. gehen. ▾—**bank** K.bank *w.*
communiqué Kommuniqué *s.*
communis/me Kommunis/mus *m.* ▾—**t** K.t *m.* ▾—**tisch** k.tisch. ▾**communiteit** Kommunität *w.*
compact kompakt.
compagnie Kompanie *w.* ▾—**scommandant** K.führer *m.* ▾**compagnon** Kompagnon, Gesellschafter, Sozius, Teilhaber *m.*
comparant Komparent *m*; — *ter eenre, ter andere*, Komparent, Partei einerseits, andrerseits.
comparatief Komparativ *m*, Steigerungsstufe *w.*
compartiment Kompartiment, Abteil *s.*
compens/atie Kompens/ation *w*, Ausgleich *m*; *als* — *huurverhoging*, A. für Mieterhöhung; *ter* (*als*) — *van*, zum (als) A. für. ▾—**atietransactie** K.ationsgeschäft *s.* ▾—**eren** k.ieren, ausgleichen.
competent kompetent, zuständig, befugt; (*rechtmatig toekomend*) zustehend. ▾—**ie** Kompetenz, Zuständigkeit *w*; (*dit*) *behoort niet tot mijn* —, steht mir nicht zu.
competitie Wettbewerb *m*; (*sport*) Verband *m*; (*hoogste klasse bij voetbal enz.*) Liga *w*; (*proefwerk*) Probearbeit *w.* ▾—**wedstrijd** Verbands-, Ligaspiel *s.*
compil/atie Kompil/ation *w.* ▾—**eren** k.ieren.
compl/eet kompl/ett, vollständig. ▾—**ement** K.ement *s*, Ergänzung *w.* ▾—**ementair** K.ementär... ▾—**et** Komplet *w & s.*
completen Komplets *Mz.*
completeren komplettieren, ergänzen, vervollständigen.
complex I *bn* komplex. **II** *zn* Komplex *m.* ▾**complic/atie** Komplikation, Verwicklung *w.* ▾—**eren** komplizieren, verwickeln.
compliment Kompliment *s*; *mijn* —*en aan uw ouders*, bitte empfehlen Sie mich Ihren Eltern, grüßen Sie Ihre Eltern von mir; *geen* —*en* (*met iem. maken*), kurzen Prozeß; *zonder veel* —*en*, ohne viel Umstände. ▾—**eus** sehr höflich; umständlich, förmlich.
compon/ent Kompon/ente *w.* ▾—**eren** k.ieren; (*toondichten, ook*) vertonen. ▾—**ist** K.ist, Tondichter *m.* ▾**compositie** Komposition *w*; (*muziekstuk, ook*) Tondichtung *w.*
compost Kompost *m.*
compote Kompott *s.*
compres/sie Kompression, Verdichtung *w.* ▾—**sieverhouding** Kompressions-, Verdichtungsverhältnis *s.* ▾—**sor** Kompressor, Verdichter *m.* ▾**comprimeren** komprimieren, verdichten.
comprom/is Kompromiß *m & s.* ▾—**itteren** kompromittieren.
compta/bel kompta/bel. ▾—**biliteit** K.bilität *w.*
computer Computer, Elektronenrechner *m*, Datenverarbeitungsanlage *w.* ▾—**berekening**: — *v.d. einduitslag*, Hochrechnung; *een* — *maken*, hochrechnen.

▾**—centrum** Rechenzentrum *s.*
▾**—deskundige** Computerspezialist *m.*
concaaf konkav.
concentr/atie Konzentr/ation *w.*
▾**—atiekamp** K.ationslager *s.* ▾**—eren** k.ieren. ▾**—isch** k.isch.
concept Konzept *s,* Entwurf *m; in —,* im K.
concern Konzern *m.*
concert Konzert *s; naar het — (gaan),* ins K.
▾**—eren** konzert/ieren. ▾**—gebouw** K.haus *s.* ▾**—zaal** K.saal *m,* Tonhalle *w.*
concessie Konzession *w; —s doen,* Konzession/en, Zugeständnisse machen.
▾**—aanvrage** K.sgesuch *s.* ▾**—houder** K.sinhaber, K.är *m.*
conciërge Hausmeister *m;* (*v. school*) Schuldiener *m.*
concilie Konzil *s.*
concipiëren konzipieren, entwerfen.
conclaaf Konklave *s.*
conclu/deren folgern, schließen, konkludieren; *— tot,* schließen auf [4]; *tot vrijspraak —,* auf Freisprechung antragen.
▾**—sie** Schlußfolgerung *w,* Schluß *m,* Folgerung, Konklusion *w.*
concordaat Konkordat *s.*
concours Wettkampf *m; — hippique,* Reit- und Fahrturnier *s.*
concreet konkret. ▾**concretiseren** konkretisieren.
concubin/aat Konkubin/at *s.* ▾**—e** K.e *w.*
concurr/ent Konkurr/ent *m.* ▾**—entie** K.enz *w,* Wettbewerb *m; iem. — aandoen,* e.m K.enz machen; *oneerlijke —,* unlauterer Wettbewerb.
▾**—entievervalsing** Wettbewerbverzerrung *w.* ▾**—eren** k.ieren. ▾**—erend** k.enzfähig; *—e prijzen,* konkurrenzfähige Preise.
condens/atie Kondens/ation *w.*
▾**—atiewater** K.wasser *s.* ▾**—ator** K.ator *m.* ▾**—eren** k.ieren. ▾**—or** K.or *m.*
▾**—streep** K.streifen *m.*
condit/ie Bedingung, Kondition *w;* (*toestand*) Zustand *m,* Beschaffenheit *w; lichamelijke —,* Körperbeschaffenheit; *in — (zijn),* in Form; *in goede —,* in gutem Z., in guter B.
▾**—ietraining** Konditionstraining *s.*
▾**—ioneel** konditional, konditionell; *conditionele zin,* Konditionalsatz *m.*
▾**—ioneren** konditionieren, bedingen.
condol/eantie Kondolenz, Beileidsbezeigung *w.* ▾**—eantiebezoek** Beileidsbesuch *m.*
▾**—eren**: *iem. — met,* e.m kondolieren zu, e.m sein Beileid bezeugen an [3].
condoom Kondom *s.*
conduct/eur Schaffner *m.* ▾**—or** Konduktor *m.*
conduite Haltung, Führung *w.* ▾**—staat** Personalakte *w,* Führungszeugnis *s.*
confectie Konfektion, Fertigkleidung *w.*
▾**—bedrijf** Bekleidungsgewerbe *s.*
▾**—goederen** K.swaren *Mz.* ▾**—kleding** Fertig/kleidung *w.* ▾**—kostuum** F. anzug *m.*
▾**—magazijn** K.s-, Bekleidungsgeschäft *s.*
▾**—pakje** Anzug *m* von der Stange.
▾**—school** Konfektionärschule *w.*
confer/encier Conferencier, Ansager *m.*
▾**—entie** Konfer/enz, Berat/ung *w.*
▾**—eren** k.ieren, b.en.
confess/ie Konfession *w,* Bekenntnis *s.*
▾**—ioneel** konfessionell.
confetti Konfetti *Mz.*
confis/catie Konfiskation *w.* ▾**—queren** konfiszieren.
confituren Konfitüren *Mz.*
conflict Konflikt *m.* ▾**—situatie** K.situation *w.*
conform konform, übereinstimmend; gleichlautend. ▾**—isme** Konformismus *m.*
▾**—iteit** Konformität *w.*
confrater (*geestelijke*) Konfrater, Mitbruder *m;* (*ambtgenoot*) Amtsbruder, Kollege *m.*
confront/atie Konfront/ation *w.* ▾**—eren** k.ieren.
confuus konfus, verwirrt.
congé Abschied *m;* (*iem.*) *zijn — geven,* seinen A., den Laufpaß geben.
congestie Kongestion *w,* Blutandrang *m.*
conglomeraat Konglomerat *s.*
congregatie Kongregation *w.*
congres Kongreß *m,* Tagung *w; lid v.h. —,* Kongreßmitglied *s.*
congruent kongruent. ▾**—ie** Kongruenz *w; geval v. —,* Kongruenzsatz *m.* ▾**congrueren** kongruieren.
conifeer Konifere *w.*
conjug/atie Konjug/ation, Beugung, Abwandlung *w.* ▾**—eren** k.ieren.
conjunc/tie Konjunk/tion *w;* Bindewort *s.*
▾**—tief** K.tiv *m,* Möglichkeitsform *w.*
▾**—tureel** k.turell. ▾**—tuur** K.tur *w.*
▾**—tuurgevoelig** k.turempfindlich.
connectie Konnexion, Verbindung *w.*
connossement *zie* **cognossement.**
conrector Konrektor *m;* (*aan school*) stellvertretender Direktor, Vertreter des Rektors.
consacreren konsekrieren.
consciëntieus gewissenhaft.
conscriptie Konskription *w.*
consecratie Konsekration *w;* (*deel v.d. mis*) Wandlung *w.*
consensus Konsensus *m.*
consequent konsequent, folgerichtig. ▾**—ie** Konsequenz *w.*
conserv/atief konserv/ativ. ▾**—atisme** K.atismus *m.* ▾**—ator** K.ator *m.*
▾**—atorium** K.atorium *s.* ▾**—en** K.en *Mz.*
▾**—enblikje** K.enbüchse *w.* ▾**—eren** k.ieren; (*in blik, ook*) einbüchsen, eindosen; *geconserveerde groenten,* Gemüsekonserven *Mz;* Büchsengemüse *Mz.*
consideratie Erwägung *w; — gebruiken,* Rücksicht nehmen; *met —,* rücksichtsvoll; *zonder —,* rücksichtslos.
consignatie Konsignation *w.* ▾**—factuur** K.sfaktur *w.* ▾**—gever** Konsignant *m.*
▾**—nemer** Konsignatar *m.*
consign/e Parole *w;* (*bevel*) Befehl *m.*
▾**—eren** konsignieren.
consistentvet Konsistenzfett *s.*
consistorie Konsistorium *s.* ▾**—kamer** Konsistorialzimmer *s.*
console Konsole *w.*
consolid/atie Konsolidierung *w.* ▾**—eren** konsolidieren.
consonant Konsonant, Mitlaut *m.*
consorten K.sorten *Mz.*
consortium K.sortium *s.*
con/stant konstant, beständig. ▾**—stante** Konstante *w.*
constater/en feststellen, konstatieren.
▾**—ing** Feststellung, Konstatierung.
constellatie Konstellation *w.*
consternatie Bestürzung *w.*
constipatie Konstipation *w.*
constit/ueren konstituieren. ▾**—utie** Konstitution *w;* (*grondwet, ook*) Verfassung *w,* Grundgesetz *s;* (*lichaamsgestel, ook*) Körper-, Leibesbeschaffenheit *w.*
▾**—utioneel** konstitutionell; *— Hof,* (*in Bondsrepubliek*) Bundesverfassungsgericht *s.*
constru/cteur Konstru/kteur *m.* ▾**—ctie** K.ktion *w,* Bau *m.* ▾**—ctief** k.ktiv.
▾**—ctiefout** K.ktionsfehler *m.* ▾**—eren** k.ieren.
consul Konsul *m.* ▾**—aat** K.at *s.*
▾**—aat-generaal** Generalkonsulat *s.*
▾**—air** k.arisch. ▾**—ent** K.ent, Berater *m.*

▾—generaal Generalkonsul *m*.
consult, —atie Konsultation, Beratung *w*. ▾**—atiebureau** Beratungsstelle *w*. ▾**—eren** konsultieren.
consum/ent Konsument, Verbraucher *m*. ▾**—entenbond** Verbraucherorganisation *w*. ▾**—entenprijs** Konsumenten-, Verbraucherpreis *m*. ▾**—eren** konsumieren, verzehren. ▾**consumptie** Konsum, Verbrauch *m*; (*vertering*) Verzehr *m*; —*verplicht*, nur für unsere Gäste. ▾**—aardappel** Speisekartoffel *w*. ▾**—goederen** Konsumgüter *Mz*. ▾**—ijs** Speiseeis *s*. ▾**—maatschappij** Konsumgesellschaft *w*. ▾**—tent** Erfrischungsbude *w*.
contact Kontakt *m*; (*aanraking, ook*) Berührung *w*; (*verbinding, ook*) Verbindung *w*; (*voeling, ook*) Fühlung *w*. ▾**—doos** K.dose *w*. ▾**—lens** K.linse, Haftschale *w*. ▾**—persoon** K.person *w*. ▾**—puntjes** (*auto*) Unterbrecherkontakte *Mz*. ▾**—sleutel** Anlasserschlüssel, Zündschlüssel *m*. ▾**—slot** Zündschloß *s*.
container Container, Großbehälter, (kleiner) Behälter *m*. ▾**—schip** C.schiff *s*. ▾**—vervoer** C.-, Behälterbeförderung *w*.
contaminatie Kontamination *w*.
contant kontant, bar; *à* —, gegen bar, gegen Kasse; *koop à* —, Barkauf *m*; *tegen —e betaling*, gegen Barzahlung. ▾**—en** Bargeld *s*, Barschaft *w*; *in* —, in bar.
contemplatief kontemplativ, beschaulich.
contemporain kontemporär, zeitgenössisch.
content zufrieden.
context Kontext, Zusammenhang *m*.
continent Kontinent *m*, Festland *s*. ▾**—aal** kontinental; —*stelsel*, Kontinentalsperre *w*.
contingent Kontingent *s*; (*van in-, uitvoer ook*) Quote *w*. ▾**—eren** k.ieren. ▾**—ering** K.ierung *w*.
continu kontinu/ierlich. ▾**—bedrijf** Dauerbetrieb *m*. ▾**—eren** k.ieren. ▾**—ïteit** K.ität *w*.
conto Konto *s*; *à* —, a K.
contour Kontur *w*, Umriß *m*; —*en v.e. toekomstig onderwijsbestel*, Umrisse eines zukünftigen Erziehungssystems.
contra kontra, gegen. ▾**—bande** Konterbande; Bannware *w*, Banngut *s*. ▾**—bas** Kontrabaß *m*.
contra/ceptie Kontra/zeption, Empfängnis/verhütung *w*. ▾**—ceptief** k.zeptiv, e.verhütend.
contract Kontrakt, Vertrag *m*; *bij — vastleggen*, kontraktlich festsetzen; *volgens* —, kontrakt-, vertragsmäßig. ▾**—ant** Kontrahent *m*. ▾**—breuk** K.-, Vertragsbruch *m*. ▾**—eren** kontrahieren. ▾**—ueel** kontraktmäßig, vertragsmäßig, vertraglich, kontraktlich.
contra/gewicht Gegen/gewicht *s*. ▾**—mine**: *in de — (zijn)*, anderer Meinung. ▾**—prestatie** Gegenleistung *w*. ▾**—punt** Kontrapunkt *m*. ▾**—revolutie** G.revolution *w*. ▾**—signeren** g.zeichnen. ▾**—spionage** G.spionage *w*.
contrast Kontrast *m*. ▾**—eren** kontrastieren.
contributie Jahres-, Mitgliederbeitrag *m*.
controle Kontrolle *w*; (*enge doorgang, bijv. naar perron*) Sperre *w*. ▾**—centrum** Kontroll/zentrum *s*, K.stelle *w*. ▾**—kamer** (*bij radio*) Abhörraum *m*. ▾**—klok** K.uhr *w*. ▾**—post** K.posten *m*. ▾**—raad** K.rat *m*. ▾**—ren** kontrollieren; —*d geneesheer*, Kontrollarzt *m*. ▾**—station** K.station *w*. ▾**—stempel** K.vermerk *m*. ▾**—strook** K.abschnitt *m*. ▾**controleur** Kontrolleur *m*.
controverse Kontroverse *w*.
convectorverwarming Konvektorheizung *w*.
conveniëren konvenieren, passen, gelegen kommen.
convent Konvent *m*.
convent/ie Konvent/ion *w*. ▾**—ioneel** k.ionell, herkömmlich.
conventueel Konventuale *m*.
converg/entie Konverg/enz *w*. ▾**—eren** k.ieren.
convers/atie Konversation, Unterhaltung *w*. ▾**—atieles** K.sstunde *w*. ▾**—atiezaal** Unterhaltungs-, Gesellschaftsraum *m*. ▾**—eren** konversieren, s. unterhalten.
conver/sie Konversion *w*. ▾**—sielening** K.sanleihe *w*. ▾**—teerbaar** konver/tierbar; —*bare obligatie*, Wandelschuldverschreibung, Wandelanleihe *w*. ▾**—teren** k.tieren, umwandeln.
convex konvex; —*e lens*, Konvexlinse *w*.
convocatie Einladung, Zusammenberufung *w*. ▾**—biljet** Einladungszettel *m*. ▾**convoceren** zusammenberufen, einberufen.
coöperat/ie Kooperation *w*; (*vereniging*) (eingetragene) Genossenschaft *w*; (*winkel*) Konsumgeschäft *s*, Konsumvereinsladen *m*. ▾**—ief** kooperativ, genossenschaftlich; —*ieve vereniging*, (eingetragene) Genossenschaft, Wirtschaftsgenossenschaft *w*; —*ieve verbruiksvereniging*, Konsumverein *m*, -genossenschaft *w*.
coördin/aten Koordin/aten *Mz*. ▾**—atie** K.ation *w*. ▾**—eren** k.ieren.
copieus kopiös, reichlich.
copra Kopra *w*.
coproduktie Koproduktion *w*.
copy/right Copyright, Wiedergaberecht *s*. ▾**—writer** Werbetexter *m*.
corner Corner, Korner *m*; (*hoek*) Ecke *w*; (*hoekschop*) Eckstop, Eckball *m*.
coronair koronar, Koronar...
corporale Korporale *s*.
corpor/atie Körperschaft, Korporation *w*. ▾**—atief** korporativ.
corps Korps *s*; — *diplomatique*, diplomatisches Korps. ▾**—lid** Korpsstudent *m*.
corpulent korpulent, beleibt, stark. ▾**—ie** Korpulenz *w*.
correct korrekt, tadellos, einwandfrei. ▾**—ie** K.ion *w*; (*verbetering v. fouten in druk- en schrijfwerk*) K.ur *w*. ▾**—or** K.or *m*.
correspond/ent Korrespond/ent *m*. ▾**—entie** K.enz *w*, Brief-, Schriftwechsel, Brief-, Schriftverkehr *m*. ▾**—entieonderwijs** Fernunterricht *m*. ▾**—entievriend** Brieffreund *m*. ▾**—eren** k.ieren.
corridor Korridor *m*.
corrig/enda Korrig/enda *Mz*. ▾**—eren** k.ieren.
corrosie Korrosion *w*.
corrupt korrupt. ▾**—ie** Korruption *w*.
corsage Ansteckblume *w*.
Corsica Korsika *s*.
corso Korso *m & s*.
corvee (*naar de aard der werkzaamheden bijv.*) Stuben-, Küchen-, Tischdienst *m*; (*fig.*) ein schweres Stück Arbeit.
coryfee Koryphäe *w*.
cosecans Kosekans *m*. ▾**cosinus** Kosinus *m*.
cosmetica Kosmetika, Kosmetikmittel *Mz*.
costi: *a* —, dort; *de firma a* —, die dortige Firma.
costumière Kostümschneiderin *w*.
cotangens Kotangens *m*.
coterie Koterie *w*.
couchette Liegeplatz *m*. ▾**—rijtuig** Liegewagen *m*.
coulant kulant. ▾**—heid** Kulanz *w*.

coulisse Kulisse *w.*
couloir Wandelgang *m*, -halle *w.*
coupe 1 (*snit*) Schnitt *m*, Fasson *w*; **2** (*schaal*) Schale *w*; (*ijs*) Becher *m*; (*wedstrijdbeker*) Pokal *m.*
coupé Abteil *s.*
coup/eren kupieren; (*bij kaartspel*) abheben. ▾**—eur** Zuschneider *m.* ▾**—euse** Zuschneiderin *w.*
couplet Strophe *w.*
coupon Kupon *m*; *—s knippen*, Kupons abtrennen. ▾**—blad** K.bogen *m.* ▾**—boekje** K.heft *s.*
coupure (*v. effecten en bankbiljetten*) Stückelung *w*, Abschnitt *m*; (*weglating*) Kürzung *w*; *—s van f 100*, Abschnitte von fl. 100.
courant I *bn* kurant, gangbar; (*v. effecten*) börsengängig. **II** *zn* **1** (*betaalmiddel*) Kurant *s*, Währung *w*; (*f 250*) *Nederlands —*, niederländisch K., niederländischer W.; **2** *zie* **krant**.
coureur Rennfahrer *m.*
courtage Kurtage, Maklergebühr *w.*
couvert Kuvert *s*; (*briefomslag, ook*) (Brief)Umschlag *m*; (*op tafel en menu, ook*) Gedeck *s*; (*lepel en vork, ook*) Besteck *m*; *onder —*, in e.m U.
couveuse Couveuse *w*, Brutofen *m.*
coveren neuumrunden; Neuumrundung *w.*
cover-girl Covergirl, Titelmädchen *s.*
crack Crack *m*, As *s*; Spitzensportler *m*, Sportgröße, Sportkanone *w.*
craquelé Craquelé, Krakelee *w.*
crawl Kraul *m*, Kriechstoßschwimmen *s.* ▾**—en** kraulen. ▾**—slag** Kraul, Kriechstoß *m.*
creat/ie Kreation *w.* ▾**—uur** Kreatur *w*, Geschöpf *s.*
crèche Kinderkrippe, Kindertagesstätte *w.*
credit Kredit, Haben *s*; *op het — brengen*, in das H. bringen. ▾**—eren** kreditieren, gutschreiben, erkennen; (*'n rekening*) *voor een bedrag —*, für e.n Betrag k., e.; *iem. voor een bedrag —*, (*ook*) e.m e.n Betrag g., e.n Betrag in das Haben von jemands Rechnung eintragen. ▾**—ering** Gutschrift *w.* ▾**—eur** Kreditor, Gläubiger *m.* ▾**—eurenboek** Kreditorenbuch *s.* ▾**—nota, -rekening** Kredit/nota *w.* ▾**—zijde** K.seite, Habenseite *w.*
credo Kredo *s.*
creëren kreieren.
cremat/ie Feuerbestattung, Einäscherung, Kremation *w.* ▾**—orium** Krematorium *s.*
crème Krem *m.*
cremeren einäschern, kremieren.
crêpe (*weefsel*) Krepp *m*; (*rubber*) Kreppkautschuk *m*; *— de Chine*, Chinakrepp *m.*
creperen krepieren.
crêpezool Kreppsohle *w.*
cric Wagenheber *m.*
cricket Kricket *s.* ▾**—bat** Schlagholz *s.*
crimin/alist Krimin/alist *m.* ▾**—aliteit** K.alität *w.* ▾**—eel** (*strafrechterlijk*) k.al; (*misdadig*) k.ell; (*vreselijk*) schrecklich; *criminele jeugd*, straffällige Jugend.
crisis Krise *w.* ▾**—centrum** Krisenstab *m.* ▾**—comité** Krisenausschuß *m.*
criterium Kriterium *s.*
critic/aster Kritikaster *m.* ▾**—us** Kritiker *m.*
Croesus Krösus *m.*
croissant Croissant *m.*
croquant knusperig.
croquet 1 (*spel*) Krocket *s*; **2** *zie* **kroketje**.
cross-country (*veldloop*) Querfeldein/lauf, Gelände/lauf *m*; (*auto, motor*) Q.-, G.rennen *s*; (*te paard*) Q.-, G.ritt *m.*
cru roh, grob, derb, krude; unumwunden.
cruciaal entscheidend.
crucifix Kruzifix *s.*
cruise Kreuzfahrt *w.*
crypte Krypta *w.*
crypto/game Kryptogame *w.* ▾**—gram** Kryptogramm *s.*
culinair kulinarisch.
culmin/atie Kulmin/ation, Gipfelung *w.* ▾**—eren** k.ieren, gipfeln.
cult/ivator Kultivator *m.* ▾**—iveren** kultivieren. ▾**—ure** Kultur *w.* ▾**—ureel** kulturell; *— akkoord*, Kulturabkommen *s.* ▾**—us** Kult(us) *m.*
cultuur Kultur *w*; (*grond*) *in — brengen*, urbar machen. ▾**—gebied** K.kreis *m.* ▾**—geschiedenis** K.geschichte *w.* ▾**—gewas** K.gewächs *s.* ▾**—grond** K.boden *m.* ▾**—technisch** k.technisch. ▾**—volk** K.volk *s.*
cum laude cum laude (mit Lob bestanden).
cumul/atie Kumulation, (An)häufung *w.* ▾**—atief** (ak)kumulativ; *— preferente aandelen*, kumulative Vorzugsaktien. ▾**—eren** kumulieren, anhäufen. ▾**—us(wolk)** Kumulus-, Haufenwolke *w.*
cup Cup *m.*
Cupido Kupido *m.*
curat/ele Kuratel, Vormundschaft *w*; *onder — stellen*, (*ook*) entmündigen. ▾**—or** Kurator *m*; (*in faillissement*) Konkursverwalter *m.* ▾**—orium** Kuratorium *s.*
cureren kurieren.
curettage Kürettage *w.*
curie Kurie *w.*
curi/eus kurios, seltsam. ▾**—ositeit** Kuriosität *w*, Kuriosum *s.*
curling Curling *s.*
cursief kursiv; *cursieve druk*, Kursivdruck *m.*
cursist Kursist *m*, K.in *w.*
curs/iveren mit Kursiv drucken; (*fig.*) unterstreichen. ▾**—ivering** Kursivdruck *m.*
cursus Kurs(us), Lehrgang *m*; *schriftelijke —*, Fernkurs. ▾**—jaar** Schuljahr *s.*
curve Kurve *w.*
cyaan Zyan *s.* ▾**—kali** Zyankali(um) *s.*
cybernetica Kybernetik *w.*
cyclaam Zyklamen, Alpenveilchen *s.*
cyclisch zyklisch.
cycloon Zyklon *m.*
cycloop Zyklop *m.*
cyclotron Zyklotron *s.*
cyclus Zyklus *m.*
cyn/icus Zyn/iker *m.* ▾**—isch** z.isch. ▾**—isme** Z.ismus *m.*
cypres *zie* **cipres**.
Cypr/ioot Zypriot *m.* ▾**—us** Zypern *s.*

d D *s.*
daad Tat *w; de — bij het woord voegen,* dem Worte die T. folgen lassen. ▾**—werkelijk** tatsächlich; (*door daden blijkend*) tätig.
daags I *bw* täglich, jeden Tag; (*des*) —, am, bei Tage; *— tevoren,* tags, am Tage zuvor. **II** *bn* alltäglich; *—e kleren,* Alltagskleider *Mz.*
daalder Taler *m.*
daar I *bw* da, dort; (*richting*) dahin, dorthin; (*toen wij*) — (*kwamen*), dahin; (*toen wij*) — (*aankwamen*), da; *tot —,* bis dahin; *van—,* da-, dorther; *de industrie —* (*ter plaatse*), die dortige Industrie. **II** *vgw* da, weil.
daaraan daran; (*wat heb je*) *—?,* davon?; *hoe kom je—?,* wie kommst du dazu?, (*hoe heb je het gekregen?*), woher hast du das?; *het — te danken hebben,* es dem Umstande, es dem verdanken. ▾**—volgend** darauffolgend.
daar/achter dahinter. ▾**—beneden** darunter. ▾**—bij** dabei; dazu; (*hij is*) —, dabei; — (*komt nog*), dazu; (*hij heeft*) *z. — aangesloten,* s. diesen Leuten, dieser Partei angeschlossen. ▾**—binnen** (da)drinnen; (*hoe kom je*) *—?,* da hinein? ▾**—boven** (da)droben, oben; (*temperaturen van 30 graden en*) —, darüber; *daar gaat niets boven,* darüber geht nichts. ▾**—buiten** (da)draußen; *blijf —!,* mische dich nicht hinein!; *laat mij —,* laß mich aus dem Spiel. ▾**—door** dadurch. ▾**—enboven** außerdem, überdies. ▾**—entegen** dagegen, hingegen. ▾**—even** soeben, vorhin. ▾**—ginds** dort, drüben. ▾**—heen** dahin, dorthin; (*voort*) einher, daher; (*ik ga naar de bioscoop en mijn broer*) *gaat daar ook heen,* geht auch hin. ▾**—in** darin; darein; — (*gaan, gooien enz.*) da hinein; (*dat zit*) —, darin; *z. — schikken,* s. darein fügen; (*dat is*) *— begrepen,* (mit)einbegriffen. ▾**—langs**: (*ik kom*) —, da vorbei (vorüber); (*een gracht loopt*) —, da entlang; (*de weg loopt langs het kanaal; de spoorweg loopt ook*) —, daran entlang.
daarlaten: (*dit zullen we maar*) —, dahingestellt sein lassen, auf s. beruhen lassen; *dat daargelaten,* davon abgesehen; *daargelaten dat...,* abgesehen davon daß...
daar/mee damit. ▾**—na** danach, darauf, nachher. ▾**—naar** danach. ▾**—naast** daneben; *de kamer —,* das Zimmer nebenan, das anstoßende Zimmer. ▾**—net** soeben, vorhin. ▾**—om** darum, deshalb. ▾**—omheen** darum herum. ▾**—omtrent** (*aangaande dat*) darüber; (*in de nabijheid daarvan*) daherum. ▾**—onder** darunter; *kosten — begrepen,* einschließlich der Kosten. ▾**—op** darauf; *klim —!,* klettre (da) hinauf!; *hij lijkt —,* er sieht ihm ähnlich. ▾**—opvolgend** darauffolgend; *op de —e dag,* am nächsten Tag. ▾**—over** darüber. ▾**—tegen** dagegen; *— was hij niet opgewassen,* dem Widerstand war er nicht gewachsen. ▾**—tegenover** demgegenüber; (*daarentegen*) dagegen. ▾**—toe** dazu. ▾**—tussen** dazwischen. ▾**—uit** daraus; (*kom*) —, (da) heraus; (*ga*) —, (dort) hinaus. ▾**—van** davon; (*wat zal ik*) — (*zeggen?*), dazu; (*wat moet*) — (*worden?*), daraus. ▾**—vandaan** daher. ▾**—voor** dafür; davor.
dadel Dattel *w.*
dadelijk I *bw* (so)gleich, sofort; (*straks*) nachher; *— ingaand,* ab sofort; *gevraagd voor —,* für sofort gesucht. **II** *bn* sofortig.
dader Täter *m.*
dag Tag *m; — aan —,* T. für T.; *aan de — brengen,* an den T. bringen, zu T.e fördern; *aan de — komen,* an den T. kommen, zutagetreten; *aan de — leggen,* an den T. legen, zeigen; *bij —,* am T.e; *dezer —en,* dieser T.e; *goeden—,* guten T., (*bij weggaan*) auf Wiedersehen; *— in — uit,* tagaus, tagein; *met de —* (*beter worden*), täglich, mit jedem Tag; *op deze —,* an diesem Tag; *op 'n* (*goede*) —, e.s (schönen) Tages; *op elk uur v.d. —,* zu jeder Tageszeit; *van — tot —,* von Tag zu Tag; *gesprek van de —,* Tagesgespräch *s; voor de — halen,* zum Vorschein holen, hervorziehen, -holen; *voor de — komen,* zum Vorschein kommen, hervorkommen, (*aan het licht*) ans Licht kommen; (*in die kleren kun je*) *niet voor de — komen,* dich nicht sehen lassen; (*met zijn mening*) *niet voor de — komen,* hinterm Berge halten; *voor de — ermee!,* heraus damit!
dagblad Tageblatt *s,* Zeitung *w.* ▾**—advertentie** Zeitungs/anzeige *w.* ▾**—correspondent** Z.korrespondent *m.* ▾**—pers** Z.-, Tagespresse *w.*
dag/boek Tagebuch *s.* ▾**—boot** Tagdampfer *m.* ▾**—bouw** Tagebau *m.* ▾**—cursus** Tageslehrgang *m.* ▾**—dief** Tagedieb *m.* ▾**—dienst** Tagdienst *m.*
dagelijks täglich; *—e behoefte,* Tagesbedarf *m; —e leven,* Alltagsleben *s; —e leiding,* ständige Leitung.
dagen 1 (*dagvaarden*) vorladen, vor Gericht laden; **2** (*dag worden*) tagen. ▾**—lang** tagelang.
dageraad Morgenröte *w,* Tagesgrauen *s.*
dag/geld Tagelohn *m.* ▾**—indeling** Tageseinteilung *w.* ▾**—jesmens** Eintagsgast, Ausflügler *m.* ▾**—koers** Tageskurs *m.* ▾**—licht** Tageslicht *s; het kan het — niet zien,* es scheut das Licht; *in een verkeerd — plaatsen,* in ein falsches Licht rücken. ▾**—loner** Tag(e)löhner *m.* ▾**—loon** Tagelohn *m.* ▾**—mars** Tagemarsch *m.* ▾**—meisje** Tagmädchen *s.* ▾**—nijverheidsschool** technische, hauswirtschaftliche Tagesschule. ▾**—onderwijs** Tagesunterricht *m.* ▾**—orde** Tagesordnung *w.* ▾**—order** Tagesbefehl *m.* ▾**—ploeg** Tagschicht *w.* ▾**—reis** Tagereise *w.* ▾**—retour** Tagesrückfahrkarte *w.* ▾**—school** Tagesschule *w.* ▾**—schotel** Tagesplatte *w.* ▾**—sluiting** Tagesabschluß *m,* Abendandacht *w.* ▾**—taak** Tagesaufgabe *w,* Tagewerk *s.* ▾**—tekenen** datieren. ▾**—tekening** Datum *s.* ▾**—teller** Tageszählwerk *s.* ▾**—tocht** Tagesausflug *m,* -tour *w.* ▾**—vaarden** vorladen, vor Gericht laden. ▾**—vaarding** (gerichtliche) Vorladung *w; iem. een — betekenen,* e.m eine Ladung zustellen. ▾**—verblijf** Tagesraum *m.* ▾**—werk** Tagesarbeit *w.* ▾**—winkel** Laden *m* ohne Wohnung.
dahlia Dahlie, Georgine *w.*
dak Dach *s; geen — boven z'n hoofd hebben,* obdachlos sein; *onder —* (*zijn*), unter D. und Fach, (*fig., ook*) geborgen; *iem. op zijn — geven,* e.m aufs D. steigen; *hij heeft op z'n — gekregen,* er hat eins aufs D. bekommen; (*iem. iets*) *op z'n — schuiven,* auf den Hals laden, aufhalsen; (*iem. iets*) *op z'n — sturen,* auf den

Hals schicken. ▾—**antenne** D.antenne *w.* ▾—**beschot** D.schalung *w.* ▾—**goot** D.rinne *w.* ▾—**haas** D.hase *m.* ▾—**kamertje** D.stübchen *s*, D.kammer, Mansarde *w.* ▾—**kapel** D.aufbau *m*, stehende D.fenster. ▾—**loos** obdachlos. ▾—**loze** Obdachlose(r) *m.* ▾—**pan** D.pfanne *w.*, D.ziegel *m.* ▾—**pansgewijs** d.ziegelartig. ▾—**raam** D.fenster *s.* ▾—**terras** D.terrasse *w.* ▾—**tuin** D.garten *m.*

dal Tal *s.* ▾—**bodem** T.boden *m*; (*het grondvlak*) T.sohle *w.*

dal/en (*v. avond, barometer, koersen enz.*) fallen, sinken; (*v. aandelen, in prijs, temperatuur enz.*) f.; (*v. prijzen*) f., sinken, heruntergehen; (*v. aanzien, ballon, waarde, zon, in iemands achting, ten grave enz.*) sinken; (*v. weg*) abfallen, s. senken; *in —de lijn*, in absteigender Linie. ▾—**ing** Sinken; Fallen *s*; Senkung *w*; *plotselinge — v.d. prijzen*, Preissturz *m.*

dalmatiek Dalmatika *w.*

dam 1 Damm *m*; *een — tegen iets opwerpen*, e.r Sache e.n Damm (entgegen)setzen; **2** (*in damspel*) Dame *w*; *een — halen*, eine Dame machen.

damast Damas/t *m.* ▾—**en** d.ten, D.t...

dambord Dam(e)brett *s.*

dame Dame *w*; *—s en heren!*, meine D.n und Herren. ▾**dames/achtig** damenhaft. ▾—**blad** Frauenzeitschrift *w.* ▾—**coupé** Frauenabteil *s.* ▾—**dubbel(spel)** Damen/doppel *s.* ▾—**enkel** D.einzel *s.* ▾—**fiets** D.(fahr)rad *s.* ▾—**kapper** D.frisör *m.* ▾—**toilet** D.toilette *w.* ▾—**verband** D.binde *w.*

damhert Dam/hirsch *m*; (*wijfje*) D.kuh *w.*

damm/en Dame spielen. ▾—**er** Damespieler *m.*

damp Dampf *m*; (*uitwaseming*) Dunst m; (*walm*) Qualm *m*; (*nevel*) Dunst, Nebel *m.* ▾—**en** dampfen; dunsten; qualmen. ▾—**ig** (*mistig*) dunstig, neblig; (*kortademig*) dämpfig. ▾—**kring** Dunstkreis *m*, Atmosphäre *w.* ▾—**kringslucht** atmosphärische Luft.

dam/schijf Damstein *m.* ▾—**spel** Dam(e)spiel *s.* ▾—**speler** Damespieler *m.* ▾—**wand** Spundwand *w.*

dan I *bw* (*op die tijd, daarna*) dann; (*in dat geval*) dann, (*na voorwaardelijke zin, ook*) so; (*als modaal bw*) denn; (*als hij komt*) — (*gaan we uit*), dann, so; (*als hij komt*) *zeg hem —, dat...*, so sage ihm, daß...; (*eet je niet?*) *ben je — ziek?*, bist du denn krank?; *nu en —*, dann und wann, ab und zu; *— hier — daar*, bald hier bald da. **II** *vgw* (*behalve*) als; (*na vergrotende trap en na 'een ander', 'anders'*) als, (*soms*) denn; (*niemand, niets*) —, als; (*groter*) *— ik*, als ich; (*hij schrijft*) *anders — ik*, anders als ich; *wie anders — hij*, wer sonst als er; (*als staatsman was hij groter*) *— als dichter*, denn als Dichter; *meer — ooit*, mehr denn je; (*ik wil niet beslissen of hij schuldig is*) *— wel of* (*hij onschuldig is*), oder ob. **III** *zn* (*sp.*) Dan *m.*

dancing Tanzdiele, -bar *w.*

dandy Dandy, Stutzer *m.*

danig ordentlich, gehörig, tüchtig.

dank Dank *m*; *in —* (*aannemen*), mit D.; *in — ontvangen*, d.end erhalten; *geen —*, bitte sehr, nicht zu d.en; *— zij zijn ijver*, d. seinem Fleiße. ▾—**baar** d.bar. ▾—**baarheid** D.barkeit *w.* ▾—**betuiging** D.sagung, -bezeigung *w*; (*schriftelijk*) D.schreiben *s*; *onder* (*met*) —, mit D., d.end. ▾—**dienst** D.gottesdienst *m.* ▾—**en** (e.m) d.en, s. (bei e.m) bedanken; (*ik*) *dank u*, d.e schön, sehr, bestens; *dank je* (*lekker*)*!*, na, ich d.e!, ich d.e für Obst; *niets te —*, bitte sehr; (*iem. iets*) *te — hebben*, verdanken. ▾—**gebed** D.gebet *s.* ▾—**lied** D.lied *s.* ▾—**zeggen** d.sagen. ▾—**zegging** D.sagung *w*; *onder —*, d.end, mit D.

dans Tanz *m.* ▾—**avond** T.abend *m.* ▾—**en** t.en; (*huppelen*) tänzeln; *gaan —*, zum T. gehen. ▾—**er** Tänzer *m.* ▾—**eres** Tänzerin *w.* ▾—**gelegenheid** Tanz/diele *w.* ▾—**huis** T.lokal *s.* ▾—**les** T.stunde *w.* ▾—**marieke** T.mariechen *s.* ▾—**meester** T.lehrer *m.* ▾—**muziek** T.musik *w.* ▾—**partij** T.gesellschaft *w.* ▾—**pas** T.schritt *m.* ▾—**plaat** T.platte *w.* ▾—**vloer** T.boden *m.* ▾—**zaal** T.saal, T.boden *m.*

dapper tapfer. ▾—**heid** Tapferkeit *w.*

dar Drohne *w.*

darm Darm *m*; *dikke —, dunne —*, Dick-, Dünndarm; *de —en*, Gedärm *s.* ▾—**bloeding** Darm/blutung *w.* ▾—**kanaal** D.kanal *m.* ▾—**kronkel** D.verschlingung *w.* ▾—**ontsteking** D.katarrh *m*, D.entzündung *w.* ▾—**vlies** D.schleimhaut *w.* ▾—**vlok** D.zotte *w.*

dartel mutwillig, ausgelassen, lustig. ▾—**en** s. tummeln; (*huppelen*) tänzeln. ▾—**heid** Mutwille *m*, Ausgelassenheit, Lustigkeit *w.*

darwinisme Darwinismus *m.*

das 1 (*dier*) Dachs *m*; **2** (*halsdoek*) Halstuch *s*, Schal *m*; (*strik*) Krawatte *w*; Schlips *m*; (*bij smoking en rok*) Binde *w*; *iem de — omdoen*, e.m e.n Strick um den Hals legen, e.m die K. zuziehen.

dashboard Armaturen-, Instrumentenbrett *s.*

das/hond Dachs/hund *m.* ▾—**hol** D.bau *m.*

dasspeld Schlips-, Krawattennadel *w.*

dat I *vnw* **1** (*aanw.*) jenes (jener, jene), dieses (dieser, diese), das (der, die); **2** (*betr.*) das (der, die). **II** *vgw* daß; (*na tijdsbepaling*) wo, da, als; (*in de dagen*) *dat*, wo, da, als.

data (*comp.*) Daten *Mz.* ▾—**bank** D.bank *w.* ▾—**processing** D.verarbeitung *w*, D.verarbeitungssystem *s.* ▾—**systeem** Datei *w.* ▾—**transmissie** Datenübertragung *w.*

dater/en datieren. ▾—**ing** Datierung *w.*

datgene dasjenige (derjenige, diejenige).

datief Dativ, Wemfall *m.*

dato dato; *de —*, vom; *na —*, nach heute, (nach) dato.

datum Datum *s*; *— postmerk*, Datum des Poststempels.

dauw Tau *m*; *voor dag en —*, in aller Frühe. ▾—**en** tauen. ▾—**worm** Milchschorf *m.*

daveren dröhnen; *—d succes*, glänzender Erfolg, Bombenerfolg *m.*

Davis-Cup Davis-Cup, Davispokal *m.*

davit Davit, Bootsdavit *m.*

dazen schwatzen.

de der, die das; (*dit is*) *dé manier*, die richtige Weise.

deal Deal *m, s.* ▾—**en** (*drugs*) dealen. ▾—**er** Händler *m*; (*zaak*) Verkaufsstelle *w*; (*v. drugs; illegaal verkoper*) Dealer *m.*

debâcle Debakel *s*, Zusammenbruch *m.*

debarkeren debarkieren, ausschiffen; (*v. boord gaan*) ans Land gehen.

debat Debatt/e *w*; *vrij —*, freie Aussprache. ▾—**ing-club** D.iergesellschaft *w.* ▾—**teren** d.ieren.

debet Debet, Soll *s*; *— en credit*, D. und Kredit, S. und Haben; (*ik ben*) *er — aan*, schuld daran; *op het — schrijven*, in das D., S. eintragen. ▾—**post** D.posten *m.* ▾—**rekening** D.nota *w.* ▾—**saldo** D.saldo *m.* ▾—**zijde** D.seite, S.seite *w.*

debiel debil.

debiet Absatz, Debit *m.* ▾**debit/ant** Detaillist, Detail-, Kleinhändler *m.* ▾—**eren** **1** (*verkopen*) debitieren, absetzen; **2** (*op*

debetzijde boeken) debitieren, belasten, *iemands rekening voor een bedrag —*, e.n für e.n Betrag b., d.; e.n Betrag in das Soll von jemands Rechnung eintragen; e.n Betrag zu Lasten von jemands Konto verbuchen. ▾**—eur** Debitor, Schuldner *m.*
deblokker/en deblockier/en. ▾**—ing** D.ung *w.*
debrayeren auskuppeln.
debut/ant Debütant *m.* ▾**—eren** debütieren. ▾**debuut** Debüt, Erstauftreten *s.*
decadent dekadent. ▾**—ie** Dekadenz *w.*
deca/gram Deka/gramm *s.* ▾**—liter** D.liter *s.* ▾**—meter** D.meter *s.*
decanaat Dekanat, Dechanat *s*; (*gebied*) Dechanei *w.*
decanteren dekantieren.
decastère Dekaster *m.*
december der Dezember.
decennium Jahrzehnt, Dezennium *s.*
decent dezent.
decentralis/atie Dezentralis/ation *w.* ▾**—eren** d.ieren.
decharge: *getuige à —*, Entlastungszeuge *m.*
decibel Decibel *s.*
deci/gram Dezi/gramm *s.* ▾**—liter** D.liter *s.* ▾**—maal I** *zn* D.male, Zehntelstelle *w.* **II** *bn* d.mal; *decimale breuk*, D.malbruch *m*; *— stelsel*, D.malsystem *s.* ▾**—meter** D.meter *s.*
declam/atie Deklam/ation *w.* ▾**—ator** D.ator, Vortragskünstler *m.* ▾**—eren** d.ieren, vortragen.
declar/atie Deklaration *w*; (*douane*) Zolldeklaration, -erklärung *w*; (*v. reiskosten*) Reisekostenausweis *m*; (*rekening v. advokaat, dokter enz.*) Rechnung, Liquidation *w.* ▾**—eren** deklarieren, verzollen.
declin/atie Deklination *w.* ▾**—eren** deklinieren.
decoderen dekodieren, entschlüsseln.
decolleté Dekolleté *s*, tiefer Ausschnitt.
deconfessionalisering Entkonfessionalisierung *w.*
decor Dekor/ation *w*; (*versiering*) Dekor *m.* ▾**—ateur** D.ateur *m.* ▾**—atie** D.ation *w*; (*ordeteken*) Orden *m.* ▾**—atief** *bn* d.ativ. ▾**—atieschilder** D.ationsmaler *m.* ▾**—eren** d.ieren. ▾**—um** D.um *s*, Anstand *m.*
decreet Erlaß *m*, Dekret *s.*
deduc/eren deduzieren. ▾**—tie** Deduktion *w.* ▾**—tief** deduktiv.
deeg Teig *m.* ▾**—rol** T.rolle *w.*
deel 1 Teil *m* & *s*; (*boekdeel*) Band *m*; *— hebben aan, in*, T., Anteil haben an [3], beteiligt sein bei; *in genen dele*, keineswegs; *ten — vallen*, zuteil werden; *ten dele, voor 'n —*, zum T.; *voor het grootste —*, zum größten T.; **2** (*plank*) Diele *w*; (*dorsvloer*) Tenne *w.* ▾**—achtig**: *de hemelse vreugden — worden*, der himmlischen Freuden teilhaft(ig) werden. ▾**—baar** teil/bar. ▾**—baarheid** T.barkeit *w.* ▾**—genoot** T.haber *m*; (*iem.*) *— maken van zijn vreugde*, an seiner Freude teilnehmen lassen. ▾**—genootschap** T.haberschaft *w.* ▾**—gerechtigd** anteilberechtigt. ▾**—name** *zie* **—neming**. ▾**—nemen**: *— aan*, teilnehmen, s. beteiligen an [3]; *— in*, teilnehmen, Anteil nehmen an [3]. ▾**—nemend** t.nehmend, mitleidig. ▾**—nemer** T.nehmer, Beteiligte(r) *m.* ▾**—neming** T.nahme, Beteiligung *w*; *zijn — betuigen*, seine T.nahme, sein Beileid bezeigen. ▾**—plan** T.plan *m.* ▾**deels** teils, zum Teil. ▾**deel/som** Divisionsaufgabe *w.* ▾**—staat** Gliedstaat *m.* ▾**—streep** (*rek.*) Bruchstrich *m.* ▾**—streepje** Teilungszeichen *s.* ▾**—tal** Dividend *m.* ▾**—teken** Trennungszeichen, Trema *s*; (*rek.*) Doppelpunkt *m.* ▾**—tijdarbeid** Teilzeitarbeit *w.* ▾**—tjesversneller** Teilchenbeschleuniger *m.* ▾**—woord** Partizip, Mittelwort *s*; *onvoltooid, voltooid —*, erstes, zweites P., M.
deemoed Demut *w.* ▾**—ig** demütig.
Deen Däne *m.* ▾**—s** dänisch.
deerlijk jämmerlich, kläglich; *— gewond*, schwer verwundet; *z. — vergissen*, s. gewaltig irren.
deernis Erbarmen, Mitleid *s.* ▾**—waard(ig)** erbarmenswert, jämmerlich. ▾**—wekkend** mitleiderregend.
defaitisme Defaitismus *m*, Flaumacherei *w.*
defect I *bn* defekt, schadhaft. **II** *zn* Defekt, Schaden *m.* ▾**—ief** defektiv.
defensie (Landes)Verteidigung *w*; *minister v. —*, Wehrminister *m*, Minister für L.; *ministerie v. —*, Wehr-, Verteidigungsministerium *s.* ▾**—f I** *zn* Defensive *w*; *tot het — overgaan*, die D. ergreifen. **II** *bn* defensiv; *defensieve oorlog*, Verteidigungskrieg *m*; *— verbond*, Defensivbündnis *s*; *defensieve slag*, Abwehrschlacht *w.* ▾**—begroting** Wehretat *m.*
deficit Defizit *s*, Fehlbetrag *m*; (*in kas*) Kassendefekt *m.*
defil/é Vorbeimarsch *m.* ▾**—eren** vorbeimarschieren.
defini/ëren definieren, bestimmen. ▾**—tie** Definition, Begriffsbestimmung *w.* ▾**—tief** definitiv, endgültig.
deflatie Deflation *w.*
deftig (*aanzienlijk, v. stand*) vornehm; (*statig*) stattlich; (*waardig*) würdig. ▾**—heid** Vornehmheit, Stattlichkeit, Würde *w.*
degelijk gediegen; (*flink, bekwaam*) tüchtig; (*deugdelijk*) solid; (*rechtschapen*) rechtschaffen; (*grondig*) gründlich; *wel —*, ganz entschieden. ▾**—heid** Gediegenheit, Tüchtigkeit, Solidität, Rechtschaffenheit *w.*
degen Degen *m.* ▾**—slikker** Degen-, Schwertschlucker *m.*
degene der-, die-, dasjenige.
degener/atie Degener/ation, Entart/ung *w.* ▾**—eren** d.ieren, e.en.
degrad/atie Degradation, Rangerniedrigung *w*; (*sport, ook*) Abstieg *m.* ▾**—atiewedstrijd** Abstiegspiel *s.* ▾**—eren** degradieren, herabsetzen; absteigen.
dein/en auf- und niederwogen, schaukeln; (*scheepst.*) dünen. ▾**—ing** Dünung *w*; (*opschudding*) Aufregung *w.*
dek Decke *w*; (*v. schip*) Verdeck, Deck *s.* ▾**—bed** Deckbett, Federbett *s.* ▾**—blad** Deckblatt *s*; (*omblad*) Umblatt *s.*
deken 1 (*persoon*) (*r.-k.*) Dechant, Dekan *m*; (*v. advocaten*) Vorsteher *m*; (*v. corps dipl.*) Doyen *m*; (*v. faculteit*) Dekan *m*; **2** (*dekkleed*) Decke *w.* ▾**—aat** *zie* **decanaat**.
dek/hengst Deck-, Zuchthengst *m.* ▾**—ken** decken. ▾**—ing** Deckung *w*; (*in betalingsverkeer, ook*) Anschaffung *w.* ▾**—kleed** Decke *w.* ▾**—knecht** Deck/smann *m.* ▾**—laag** D.schicht *w.* ▾**—lading, —last** D.ladung, D.last *w.* ▾**—mantel** D.mantel *m.* ▾**—schaal** Deckelschüssel *w.* ▾**—schuit** Deckkahn *m*, Schute *w.* ▾**—sel** Deckel *m.* ▾**—sels** verteufelt, verflixt; *—!*, potztausend! ▾**—stoel** Deckstuhl *m.* ▾**—zeil** (*dekkleed*) Decke *w*; (*huif*) Plane *w*; (*geteerd zeildoek op schepen*) Persenning *w.*
deleg/atie Delegation *w*; (*deputatie, ook*) Abordnung *w.* ▾**—eren** delegieren; abordnen.
delen teilen; (*in rekenk., ook*) dividieren; *in de vreugde —*, die Freude t.; *— in de winst*, Anteil haben am Gewinn; (*iem.*) *laten — in de winst*, am Gewinn teilnehmen lassen. ▾**deler** Teiler;

Divisor *m.*
delfstof Mineral *s.* ▾**—fenkundige** Mineraloge *m.* ▾**—fenrijk** Mineralreich *s.* ▾**—kunde** Mineralogie *w.*
Delfts: *— aardewerk*, Delfter Fayence *w.*
del/gen tilgen, (*volgens een vast plan, ook*) amortisieren. ▾**—ging** Tilgung, Amortisation *w.*
delibereren deliberieren.
delic/aat delikat. ▾**—atesse** D.esse *w*; (*fijne eetwaren*) Feinkost *w.* ▾**—atessenzaak** F.laden *m.*
delict Delikt *s*, Straftat *w.*
deling Teilung *w*; (*rekenk. ook*) Division *w.*
delinquent Delinquent *m.*
delta Delta *s.* ▾**—vleugel** D.flügel *m.*
delv/en graben; (*v. delfstoffen*) fördern. ▾**—ing** Graben *s*; Förderung *w*, Fördern *s.*
demag/ogie Demagogie *w.* ▾**—ogisch** demagogisch, aufwieglerisch. ▾**—oog** Demagog *m.*
demarcatielijn Demarkationslinie *w.*
demarche Demarche *w.*
demarr/eren vorstoßen. ▾**—age** Vorstoß *m.*
demasqué Demaskierung *w.*
dement/eren dementieren. ▾**—i** Dementi *s.*
demi-finale Vorschlußrunde *w.*
demilitaris/atie Entmilitaris/ierung *w.* ▾**—eren** e.ieren.
demi(-saison) Sommer-, Übergangsmantel *m.*
demissionair verabschiedet; (*kabinet*) zurückgetreten, abtretend.
demobilis/atie Demobil/isierung, D.machung *w.* ▾**—eren** d.isieren, d.machen.
democr/aat Demokrat *m.* ▾**—atie** D.ie *w.* ▾**—atisch** d.isch. ▾**—atiseren** d.isieren.
demon Dämon *m.* ▾**—isch** dämonisch.
demonstr/ant Kundgeber *m.* ▾**—atie** Demonstration, (*fam.*) Demo *w*; (*tonen hoe iets werkt, vertoning*) Vorführung *w*, (*betoging*) Kundgebung *w.* ▾**—atief** demonstrativ. ▾**—atievlucht** (*proefvlucht*) Probeflug *m*; (*vliegdemonstratie*) Schauflug *m.* ▾**—atiewagen** Vorführungswagen *m*; (*proefwagen*) Vorführwagen *m.* ▾**—atiezaal** Vorführungsraum *m.* ▾**—eren** demonstrieren; vorführen; eine Kundgebung abhalten.
demont/age Demontage, De-, Abmontierung *w*, Abbau *m.* ▾**—eren** de-, abmontieren, abbauen.
demoralis/atie Demoralis/ierung *w.* ▾**—eren** d.ieren.
demp/en dämpfen; (*oproer, ook*) unterdrücken; (*v. autokoplampen*) abblenden; (*sloot enz.*) zuwerfen, füllen. ▾**—er** Dämpfer *m.*
den Kiefer, Föhre *w*; (*vaak = spar*) Fichte, Tanne *w.*
denazificatie Entnazifizierung *w.*
denderen dröhnen; *—d*, (*fig.*) glänzend.
Denemarken Dänemark *s.*
denigrerend abschätzig, geringschätzig.
denk/baar denkbar; (*verzinbaar*) erdenklich. ▾**—beeld** (*begrip, idee*) Begriff *m*, Idee *w*; (*opvatting, mening*) Ansicht *w*; (*gedachte*) Gedanke *m*; (*voorstelling*) Vorstellung *w.* ▾**—beeldig** imaginär, unwirklich; (*ingebeeld*) eingebildet. ▾**—elijk** wahrscheinlich. ▾**—en** denken; (*van mening zijn*) meinen; *— aan*, d. an [4]; *doen — aan*, erinnern an [4]; (*wat*) *denk jij ervan?*, hältst du davon?; *wat denk je wel?*, wo denkst du hin?; *denk eens aan!*, denken Sie sich nur!; *geen — aan!*, nicht daran zu d.!; *als men er goed over denkt*, wenn man es recht bedenkt; *ik zal er nog eens over —*, ich will es mir noch einmal überlegen; *ik dacht er het mijne van*, ich dachte mir das meine dabei, dachte mir mein Teil; *ik dacht toch van wel!*, ich dächte doch!; (*dat*) *heb ik wel gedacht!*, habe ich mir gleich gedacht!; *ik zou 't wel —!*, ich denke doch!; *dat zou ik —!*, das will ich meinen!; *zou je —?*, meinst du?; *wat denk je* (*nu te doen*), was gedenkst du; *eer je eraan denkt*, ehe man sich's versieht; *zo gedacht, zo gedaan*, gedacht, getan. ▾**—er** Denker *m.* ▾**—fout** Denk/fehler *m.* ▾**—kracht** D.kraft *w.* ▾**—vermogen** D.vermögen *s.* ▾**—wijze** D.(ungs)art, Gesinnung *w.*
denne/appel Kiefernzapfen *m.* ▾**—boom** Kiefer, Föhre *w*; (*kerstboom*) Tannenbaum *m.* ▾**—naald** Kiefern/nadel *w.* ▾**—naaldenzeep** Fichtennadelseife *w.* ▾**—nbos** K.wald *m.*
deodorant Deodorant, Desodorant *s.*
departement Departement; Ministerium *s*; *zie* **ministerie**. ▾**—aal** departemental.
depêche Depesche *w.*
dependance (*v. hotel*) Nebengebäude *s*; (*v. firma enz.*) Dependance, Zweigstelle *w.*
deponer/en deponieren, hinterlegen, zur Aufbewahrung geben; (*handelsmerk*) eintragen lassen; *wettig gedeponeerd*, gesetzlich geschützt; (*wettig*) *gedeponeerd handelsmerk* (eingetragene) Schutzmarke. ▾**—ing** Hinterlegung, Deposition *w.*
deport/atie Deportation, Zwangsverschickung *w.* ▾**—eren** deportieren.
deposito Depositum, Depot *s*; (*geld*) *in* (*à*) *— geven*, in Depot geben, hinterlegen; *geld in — nemen*, Depositen übernehmen; *gelden in —*, Depositen(gelder) *Mz.* ▾**—bank** Depositenkasse *w.* ▾**—bewijs** Hinterlegungsschein *m*; (*v. gelden*) Depositenschein *m.* ▾**depot** Depot *s*; (*filiaal*) Niederlage *w*, Zweiggeschäft *s.* ▾**—houder** Niederlageninhaber; Filialleiter *m.*
depressie Depression *w*; (*lage luchtdruk*) Tief(druckgebiet) *s.* ▾**deprimeren** deprimieren, niederdrücken.
deputatie Deputation, Abordnung *w.*
derailleren entgleisen.
derangeren derangieren, stören
derby Derby *s.*
derde der (die, das) dritte; (*derde deel*) Drittel *s*; *een —* (*man*), ein Dritter; *de — macht*, die dritte Potenz; *de D— Wereld*, die Dritte Welt; *aan —n* (*mededelingen doen*), e.m Dritten; (*de rechten*) *van —n*, Dritter; *ten —*, drittens. ▾**—machtswortel** Kubikwurzel *w.*
deren schaden [3]: (*niemand werd*) *gedeerd*, verletzt; (*het weer*) *kon hem niet —*, ihm nichts anhaben; *wat niet weet wat niet deert*, was ich nicht weiß macht mich nicht heiß.
dergelijk derartig; (*mv. ook*) dergleichen; *en —e*, und dergleichen; *iets —s*, etwas Derartiges, Ähnliches.
derhalve deshalb, demnach, folglich.
dermate dermaßen, derart.
dermatoloog Dermatologe, Hautarzt *m.*
dertien dreizehn; *zie* **veertien(-)**. ▾**—de** dreizehnte.
dertig dreißig; *zie* **veertig(-)**. ▾**—er** Dreißiger *m.* ▾**—ste** dreißigste.
derv/en entbehren; *ik derf de winst*, der Gewinn entgeht mir; (*op vrijdag*) *vlees —*, s. des Fleisches enthalten. ▾**—ing** Entbehrung *w*; (*v. inkomsten enz.*) Ausfall *m.*
derwaarts da-, dorthin.
des: *— maandags*, am Montag, montags; *— morgens*, morgens, am Morgen; *— zomers*, im Sommer; *— te meer*, um so mehr. ▾**—alniettemin** nichtsdestoweniger. ▾**—betreffend** diesbezüglich.
desem Sauerteig *m.*

desert/eren desertieren, fahnenflüchtig werden; (*algemeen*) ausreißen. ▾**—eur** Deserteur, Fahnen/flüchtige(r), Ausreißer *m*. ▾**—ie** Desertion, F.flucht, Ausreißerei *w*.
des/gelijks desgleichen, gleichfalls, ebenso. ▾**—gevraagd, —gewenst** auf Wunsch.
desillusie Desillusion, Enttäuschung *w*.
desinfect/eren desinfizieren. ▾**—ie** Desinfektion *w*. ▾**—iemiddel** D.smittel *s*.
desintegratie Desintegration *w*.
deskundig sachverständig, fachmännisch, sachkundig; *—e leiding*, sachkundige Leitung; *— onderzoek*, Expertise *w*, Untersuchung *w* durch Sachverständige. ▾**—e** Sachverständige(r), Sachkundige(r), Experte, Fachmann *m*; *verklaring van een —*, sachverständiges Gutachten. ▾**—heid** Sachverstand *m*, Sachkenntnis, Sachkunde *w*.
des/niettegenstaande, —niettemin dessenungeachtet, nichtsdestoweniger. ▾**—noods** nötigenfalls, zur Not.
desolaat desolat.
des/ondanks *zie* **—niettegenstaande**. ▾**—order** Unordnung *w*. ▾**—organisatie** Desorganisation *w*.
desp/oot Despot *m*. ▾**—otisme** D.ismus *m*.
dessert Dessert *s*, Nachtisch *m*.
dessin Dessin, Muster *s*, Zeichnung *w*. ▾**—ateur** Dessinateur, Musterzeichner *m*.
destijds damals, seiner Zeit.
destillatie *zie* **distillatie**.
des/verlangd auf Wunsch, auf Verlangen. ▾**—wege** deshalb, deswegen.
detach/ement Detachement *s*, Abteilung *w*. ▾**—eren** detachieren, abkommandieren.
detail Detail *s*, Einzelheit *w*; (*verkoop*) *en —*, im D., im kleinen; *in —s treden*, s. auf Einzelheiten, auf Details einlassen. ▾**—handel** Detail-, Klein-, Einzelhandel *m*. ▾**—leren** detaillieren. ▾**—list** Detaillist, Klein-, Einzelhändler *m*. ▾**—onderzoek** Einzelforschung *w*. ▾**—prijs** Kleinhandelspreis *m*. ▾**—verkoop** Einzel-, Kleinverkauf *m*.
detective Detektiv, Geheimpolizist *m*. ▾**—roman** Kriminalroman, Krimi *m*.
detector Detektor *m*.
detentie Detention, Haft *w*.
determin/atie Determination *w*. ▾**—atief** determinativ. ▾**—eerklas** Ermittlungsklasse *w*. ▾**—eren** determinieren, bestimmen.
detineren detinieren; *gedetineerd zijn*, s. in Haft befinden.
deugd Tugend *w*. ▾**—elijk** gediegen, solid; (*geschikt*) tauglich; *— bewijs*, gründlicher Beweis; *— blijken te zijn*, s. bewähren; *— en onvergolden*, rechtmäßig und unbeglichen. ▾**—elijkheid** Solidität, Gediegenheit *w*; (*v. argument enz.*) Stichhaltigkeit *w*. ▾**—zaam** tugend/haft. ▾**—zaamheid** T.haftigkeit *w*. ▾**deug/en** taugen; *hij deugt niet voor onderwijzer*, er taugt nicht zum Lehrer. ▾**—niet** Taugenichts *m*; (*niet ongunstig*) Schalk *m*.
deuk Beule *w*; (*in deukhoed*) Kniff *m*; *vol—en slaan*, verbeulen. ▾**—en** verbeulen; (*fig.*) erschüttern. ▾**—hoed** Schlapphut *m*. ▾**—je** (*aan auto*; *fam.*) Macke *w*.
deun Melodie *w*; (*lied*) Lied *s*; *—tje*, Liedchen *s* (*zie* **liedje**); *een —tje fluiten*, eine M. pfeifen, (*anders*) s. eins pfeifen.
deur Tür *w*; *met de — in huis vallen*, mit der T. ins Haus fallen; *met gesloten —en* (*vergaderen*), bei verschlossenen T.en; *voor de — staan*, vor der T. stehen, (*fig. ook*) bevorstehen; *dat doet de — toe*, damit hört alles auf; (*iem.*) *de — uitzetten*, vor die T., an die Luft setzen. ▾**—bel** T.glocke, T.klingel *w*. ▾**—contact** T.kontakt *m*. ▾**—hengsel** T.band *s*. ▾**—knop, —kruk** T.griff *m*. ▾**—kozijn** T.gerüst *s*. ▾**—post, —stijl** T.pfosten *m*. ▾**—waarder** Gerichtsvollzieher *m*. ▾**—waardersexploot** Zustellungsurkunde *w*. ▾**—wachter** T.hüter *m*.
deux-pièces Jackenkleid *s*.
devalu/atie Devalvation, Abwertung *w*. ▾**—eren** abwerten.
devies Devise *w*, Wahlspruch *m*. ▾**deviezen** Devisen *Mz*. ▾**—bank** D.bank *w*. ▾**—bepaling** D.bestimmung *w*. ▾**—besluit** D.verordnung *w*. ▾**—handel** D.handel *m*. ▾**—verklaring** D.bescheinigung *w*.
devoot devot, fromm. ▾**devotie** D.ion; Verehrung *w*.
dextr/ine Dextr/in *s*. ▾**—ose** D.ose *w*.
deze dieser, -e, -es; *bij* (*door*) *—n*, hiermit, hierdurch; *de derde —r*, am dritten dieses (Monats); *schrijver —s*, Schreiber dieses (Briefes); *— is dienende*, Gegenwärtiges dient, Zweck dieses ist.
dezelfde der-, die-, dasselbe; *in — mate*, gleichermaßen; *van — kleur*, gleichfarbig.
dezerzijds hierseits; unserseits; (*bn*) hiesig.
dia Dia *s*.
diabet/es Diabetes *m*. ▾**—icus** Diabetiker *m*.
diabolo Diabolospiel *s*.
diacon/aat Diakon/at *s*. ▾**—es** D.isse *w*. ▾**—ie** Armenverwaltung *w*.
diadeem Diadem *s*.
diafragm/a Diaphragma *s*; (*fot. ook*) Blende *w*. ▾**—eren** abblenden.
diagnos/e Diagnose *w*; *de — stellen*, die D. stellen. ▾**—tiseren** diagnostizieren.
diagonaal I *zn* Diagonale *w*. **II** *bn* diagonal. ▾**—band** Diagonalreifen *m*.
diagram Diagramm *s*.
diaken Diakon *m*.
dialect Dialekt *m*, Mundart *w*. ▾**—iek** Dialektik *w*. ▾**—isch** dialektisch; (*v. streektaal, ook*) mundartlich.
dialoog Dialog *m*, Zwiegespräch *s*.
diamant Diamant *m*. ▾**—(be)werker** D.arbeiter *m*. ▾**—en** d.en; *— ring*, D.ring *m*. ▾**—slijperij** D.schleiferei *w*. ▾**—snijder** D.schneider *m*.
dia/meter Diameter, Durchmesser *m*. ▾**—metraal** diametral.
dia/(positief) Dia(positiv) *s*. ▾**—projector** Diaprojektor *m*.
diarree Diarrhöe *w*, Durchfall *m*.
diaspora Diaspora *w*.
dicht dicht; (*toe*) zu; (*op geringe afstand*) nahe; (*hij is*) *zo — als een pot*, furchtbar zugeknöpft; (*hij stond*) *heel — bij me*, ganz d., n. bei mir; *— bij het raam*, n., d. am Fenster; *— bij de 50 jaar* (*oud zijn*), n. an die 50 Jahre; *— langs de weg*, nahe, hart am Wege. ▾**—bij** nahe bei, in der Nähe; *van —*, aus der Nähe, von nahem; *van heel —*, aus nächster Nähe. ▾**—binden** zubinden.
dichtbundel Gedichtsammlung *w*.
dicht/doen zumachen. ▾**—draaien** zudrehen. ▾**—en 1** zumachen; (*lek*) abdichten; (*sloot*) zuwerfen; (*dijkgat*) schließen; **2** (*verzen*) dichten.
dichter Dichter, Poet *m*. ▾**—es** Dichterin, Poetin *w*. ▾**—lijk** dichterisch, poetisch.
dicht/gooien zuwerfen. ▾**—heid** Dichte, Dichtigkeit *w*. ▾**—knopen** zuknöpfen.
dicht/kunst Dichtkunst *w*. ▾**—maat** Versmaß *s*.
dicht/maken zumachen. ▾**—metselen** zu-, vermauern. ▾**—plakken** zukleben.
dichtregel Verszeile *w*.
dicht/schroeven zuschrauben. ▾**—slaan** zuschlagen. ▾**—slibben** verschlammen. ▾**—spijkeren** zunageln. ▾**—stoppen**

zustopfen.
dicht/trant Dichtungsweise *w.* ▾**—vorm** Gedichtform *w.*
dicht/vouwen zusammenfalten. ▾**—vriezen** zufrieren.
dichtwerk Dichtung *w.*
dictaat Diktat *s.* ▾**—cahier** D.heft *s.* ▾**dictafoon** Diktiergerät, Diktaphon *s.*
dictat/or Diktat/or *m.* ▾**—oriaal** d.orisch. ▾**—uur** D.ur *w.*
dict/ee Diktat *s.* ▾**—eerapparaat** Diktiergerät *s*, Diktiermachine *w.* ▾**—eren** diktieren. ▾**—ie** Diktion *w.* ▾**—ionaire** Wörterbuch *s.*
didact/icus Didakt/iker *m.* ▾**—iek** D.ik *w.* ▾**—isch** d.isch.
die *vnw* **1** (*aanw.*) der, dieser; (*bij tegenst.*; *in de verte wijzend*; *die bekende*) jener; **2** (*betr.*) der, welcher.
dieet Diät *w*; *op —* (*leven*), diät; *iem. op — stellen*, e.m D. verordnen.
dief Dieb *m.* ▾**—achtig** d.isch. ▾**—stal** D.stahl *m*; *— met braak*, Einbruchsdiebstahl.
diegene der-, die-, dasjenige.
dienaangaande darüber.
dien/aar Diener *m.* ▾**—ares** D.in *w.* ▾**—blad** Servierbrett *s.* ▾**—der** Schutzmann *m*; *dooie —*, öder Kerl. ▾**dienen** dienen; *iem., de staat —*, e.m, dem Staat d.; *tot waarschuwing —*, zur Warnung d.; (*dat*) *dient nergens toe*, dient zu nichts, nützt zu nichts, ist zu nichts dienlich; *om u te —*, zu dienen; *daarmee ben ik niet gediend*, damit ist mir nicht gedient; (*dat*) *dient u te zeggen*, müssen Sie sagen; (*dat*) *diende je te weten*, solltest du wissen; *van zo'n antwoord ben ik niet gediend*, eine solche Antwort verbitte ich mir.
dienovereenkomstig dementsprechend, demgemäß.
dienst Dienst *m*; (*betrekking, ook*) Stelle *w*; (*attentie*) Gefälligkeit *w*; (*godsdienstoefening*) Gottesdienst *m*; (*mis*) Messe *w*; *onder — gaan*, D.e nehmen; *onder —* (*zijn*), unter den Waffen, Soldat; *buiten —*, außer D., (*in vrije tijd*) außerhalb des Dienstes; (*dit kan nog*) *— doen*, dienen; (*waarmee kan ik*) *u van — zijn?*, Ihnen dienen?; (*wat*) *is er van uw —?*, ist Ihnen gefällig?; *ik ben tot uw —*, ich stehe zu (Ihren) Diensten; *ten —e staan*, zu Gebote stehen; *tot uw —*, zu dienen!, bitte sehr! ▾**dienst/aanwijzing** Dienst/anweisung *w.* ▾**—baar** d.bar. ▾**—baarheid** D.barkeit *w.* ▾**—betoon** D.leistung *w.* ▾**—betrekking** D.verhältnis *s*; (*anders*) D.stelle *w.* ▾**—bode** D.mädchen *s*, Hausangestellte *w.* ▾**—bodenkamer** Mädchenzimmer *s.* ▾**—bodenvraagstuk** D.botenfrage *w.* ▾**—brief** D.brief *m*, Amtsschreiben *s.* ▾**—doend** d.habend; (*plaatsvervangend*) stellvertretend. ▾**—ensector** D.leistungssektor *m.* ▾**—er** Servier/mädchen, S.fräulein *s.* ▾**—geheim** Dienstgeheimnis *s.* ▾**—ig** dienlich. ▾**—ijver** Dienst/eifer *m.* ▾**—jaar** D.jahr *s*; (*boekjaar*) Geschäftsjahr *s.*▾**—klopper** D.huber *m.* ▾**—knecht** D.knecht *m.* ▾**—maagd** D.magd *w*; *—* (*des Heren*), Dienerin *w.* ▾**—meisje** *zie* **—bode**. ▾**—order** Dienst/befehl *m.* ▾**—personeel** D.personal *s*, Dienerschaft *w.* ▾**—plicht** Dienst/-, Wehrpflicht *w.* ▾**—plichtig** d.-, wehrpflichtig. ▾**—regeling** Fahrplan *m*; (*v. geheel spoorwegnet*) Kursbuch *s*; (*luchtv.*) Flugplan *m*, Flugkursbuch *s*; (*v. werkzaamheden*) D.-, Arbeitsordnung *w.* ▾**—reis** D.reise *w.* ▾**—tijd** D.zeit *w*; (*aantal dienstjaren*) D.alter *s.* ▾**—vaardig** d.fertig, -bereit. ▾**—vaardigheid** D.fertigkeit *w.* ▾**—verband** D.verhältnis *s.* ▾**—verlenend**: *— bedrijf*, D.leistungsbetrieb *m.* ▾**—verlening** D.leistung *w.* ▾**—voorschrift** D.vorschrift *w.* ▾**—weigeraar** D.verweigerer *m.* ▾**—weigering** Kriegsdienstverweigerung *w.* ▾**—willig** d.bereit, -willig; *uw —e dienaar*, Ihr ergeben(st)er Diener. ▾**—woning** Amts-, Dienstwohnung *w.*
dientafeltje Servier/tisch; S.wagen *m.*
dientengevolge infolgedessen, demzufolge.
diep tief; *— in het hartje van Afrika*, im tiefsten Innern Afrikas; *uit het —st van mijn ziel*, aus tiefster Seele; *tot — in de nacht*, bis tief in die Nacht, (in die tiefe Nacht) hinein; *— in de vijftig*, hoch in den Fünfzigern. ▾**—bedroefd** tief/betrübt. ▾**—druk** T.druck *m.* ▾**—gaand** t.gehend; *— onderzoek*, eingehende Untersuchung. ▾**—gang** T.gang *m*; (*het schip*) *heeft veel —*, geht tief. ▾**—gevroren** tief/gefroren; *— groente*, T.kühlgemüse *s.* ▾**—lader** T.lader *m.* ▾**—liggend** t.liegend. ▾**—lood** Senkblei, T.lot *s.*
diepte Tiefe *w.* ▾**—bom** Tiefenbombe *w.* ▾**—film** Raumfilm *m.* ▾**—meter** Tiefenmesser *m.* ▾**—psychologie** Tiefenpsychologie *w.* ▾**—punt** Tiefstand *m*; (*v. depressie*) Tiefpunkt *m.* ▾**—roer** Tiefenruder *s.*
diepvries Tief/kühlung *w*; (*installatie*) T.kühlanlage, Gefrieranlage *w*; (*wat diepgevroren is*) T.gekühlte(s) *s.* ▾**—cel** T.gefrier-, T.kühlungsanlage *w.* ▾**—fabriek** Frosterei *w.* ▾**—groente** Gefriergemüse *s.* ▾**—kast** Gefrierschrank *m.* ▾**—kist** T.kühltruhe, Gefriertruhe *w.* ▾**—techniek** T.kühlung, T.frosttechnik *w.* ▾**—vak** T.kühlfach *s.* ▾**—zak** Gefrierbeutel *m.* ▾**diepvriez/en** t.kühlen. ▾**—er** *zie* **diepvrieskast, -kist**.
diepzee Tiefsee *w.* ▾**—duiken** T.tauchen *s.* ▾**—onderzoek** T.forschung *w.*
diepzinnig tief/sinnig. ▾**—heid** T.sinn *m.*
dier Tier *s.*
dierbaar teuer, lieb, wert.
dieren/arts Tier/arzt *m.* ▾**—asiel** T.asyl *s.* ▾**—bescherming** T.schutz *m*; *vereniging voor —*, T.schutzverein *m.* ▾**—epos** T.epos *s.* ▾**—mishandeling** T.quälerei *w.* ▾**—park** T.park *m.* ▾**—riem** T.kreis *m.* ▾**—rijk** T.reich *s.* ▾**—temmer** T.bändiger *m.* ▾**—tuin** T.garten *m*, zoologischer Garten; (*fam.*) Zoo *m.* ▾**—wereld** T.welt *w.*
dier/gaarde *zie* **dierentuin**. ▾**—geneeskunde** Tier/heilkunde *w.* ▾**—kunde** T.kunde, Zoologie *w.* ▾**—lijk** t.isch. ▾**—soort** T.gattung *w.*
dies darum, deswegen; *en wat — meer zij*, und dergleichen, und ähnliches.
diesel Diesel/zug *m.* ▾**—elektrisch** d.elektrisch. ▾**—motor** D.motor *m.* ▾**—olie** D.kraftstoff *m*, D.öl *s.* ▾**—trein** D.zug *m.*
diëtiste Diätassistentin *w.*
dievegge Diebin *w.* ▾**dieven** stehlen, stibitzen. ▾**—bende** Diebes/bande *w.* ▾**—lantaarn** D.-, Blendlaterne *w.* ▾**—taal** Gaunersprache *w.* ▾**—wagen** Gefangenenwagen *m.*
differentiaal Differential *s.* ▾**—rekening** D.rechnung *w.* ▾**differen/tiatie** Differen/zierung *w.* ▾**—tie** D.z *w.* ▾**—tieel** **I** *bn* D.tial... **II** *zn* D.tial *s.* ▾**—tieelrekening** D.tialrechnung *w.* ▾**—tiëren** d.zieren.
diffusie Diffusion *w.*
diffuus diffus, zerstreut.
difteritis Diphtherie, Diphtheritis *w.*
diftong Diphthong, Doppellaut *m.*
diggel Scherbe *w*; *aan —en vallen*, in Scherben gehen.
digitaal digital, Digital...

dignitaris Dignitar, Würdenträger *m.*
dij (Ober)Schenkel *m.* ▾**—been** (*bot*) Schenkelknochen *m.*
dijen schwellen, aufquellen.
dijk Deich *m*; *'n — stoppen*, e.n D.bruch fangen; *iem. aan de — zetten*, e.m den Laufpaß geben. ▾**—breuk, —doorbraak** D.bruch *m.* ▾**—graaf** D.graf, D.hauptmann *m.* ▾**—leger** D.verband *m.* ▾**—schouw** D.schau *w.* ▾**—stoel** D.amt *s.* ▾**—val** D.sturz *m.* ▾**—werker** D.arbeiter, Deicher *m.*
dik dick; (*v. tranen, ook*) hell; (*dicht*) dicht; *een —ke duizend gulden*, gut tausend Gulden; *een — uur*, eine starke Stunde; *z. — maken*, s. aufregen; *er — in zitten*, dicke Gelder haben, (warm und weich) in der Wolle sitzen; *het ligt er — op*, es ist dicke aufgetragen; *— doen*, dicke tun; *door — en dun*, durch dick und dünn. ▾**—buik** Dick/wanst, D.bauch *m.* ▾**—buikig** d.bäuchig, d.wanstig. ▾**—doenerij** D.tuerei *w.* ▾**—huidig** d.häutig. ▾**—huidigen** D.häuter *Mz.* ▾**—kerd** Dicke(r) *m.* ▾**—kop** Dickkopf *m.* ▾**—te** Dicke *w*; (*corpulentie*) Stärke *w.*
dikwerf, dikwijls oft, öfter, häufig.
dikzak Dicksack, Dicke(r) *m.*
dilemma Dilemma *s.*
dilettant Dilettant, Liebhaber *m.* ▾**—entoneel** Liebhaberbühne *w.* ▾**—erig** d.isch. ▾**—isme** D.ismus *m.*
dilig/ence Postkutsche *w.* ▾**—ent**: — (*blijven*), bemüht.
diluv/iaal diluv/ial; *diluviale grond*, D.ialboden *m.* ▾**—ium** D.ium *s.*
dimens/ie Dimension *w.* ▾**—ionaal** dimensional.
dim/licht Abblend-, Decklicht *s.* ▾**—men** abblenden.
diner Diner, Mittagessen *s.* ▾**—en** dinieren, (zu Mittag) essen.
ding Ding *s*; (*zaak*) Sache *w*; (*voorwerp*) Gegenstand *m*; *één — (bevalt me niet)*, eins.
dingen: *— naar*, s. bewerben um; *naar de hand van een meisje —*, um ein Mädchen anhalten; (*afdingen*) feilschen.
dinges: *mijnheer —*, Herr Dingsda, Herr So und So.
dinsdag Dienstag *m.* ▾**—s** am D., dienstags.
dioc/ees Diözes/e *w.* ▾**—esaan I** *zn* D.an *m.* **II** *bn* d.an.
diplom/a Diplom, Zeugnis *s.* ▾**—aat** D.at *m.* ▾**—atie** D.atie *w.* ▾**—atiek** d.atisch. ▾**—eren**: *iem. —*, e.m ein Diplom, ein Zeugnis ausstellen.
direct direkt, unmittelbar; (*aanstonds*) sofort, gleich; (*regelrecht*) geradeswegs, direkt; *— daarna*, unmittelbar, g. danach; *—e levering*, sofortige Lieferung; *— noch indirect*, weder mittelbar noch unmittelbar; *—e rede*, direkte, wörtliche Rede; *voor — gevraagd*, für sofort gesucht.
directeur Direktor *m*; (*v. 'Oberschule'*) Oberstudiendirektor; (*v. postkantoor*) Postdirektor. ▾**—-generaal** Generaldirektor *m*; *de — van de P.T.T.*, Generalpostdirektor *m*; (*in Duitsl.*) Bundespostminister *m*; *— van het onderwijs*, Generaldirektor für das Unterrichtswesen.
direct/ie Direktion, Verwaltung *w*; (*v. onderneming, ook*) Betriebsführung *w*; (*de personen, ook*) Vorstand *m.* ▾**—iekeet** Bauhütte *w.* ▾**—iesecretaresse** Direktionssekretärin *w.*
directoire Schlüpfer *m.*
direct/oraat Direktorat *s.* ▾**—rice** Direktorin, (*v. ziekenhuis*) Oberin *w.*
dirig/eerstok Taktstock *m.* ▾**—ent** Dirigent, Leiter *m.* ▾**—eren** dirigieren, leiten.
dis Tisch *m*, Tafel *w.*
disagio (*hand*) Disagio *s.*
discipel Schüler *m*; (*apostel*) Jünger *m.*
discipl/inair diszipl/inarisch; *—e straf*, D.inarstrafe *w.* ▾**—ine** D.in *w.*
discjockey Diskjockey *m.*
disconteren diskontieren. ▾**disconto** Diskont *m*; (*korting*) Skonto *s*; (*rentevoet*) Diskont/satz *m.* ▾**—bank** D.bank *w.* ▾**—koers** D.satz *m.* ▾**—verhoging** D.erhöhung *w.* ▾**—verlaging** D.senkung *w.* ▾**—voet** D.satz *m.*
discotheek Schallplattenarchiv *s*, Diskothek *w.*
discount Discount/haus, D.geschäft *s.*
discours Diskurs *m.*
discreet diskret. ▾**discretie** Diskretion *w*; *— verzekerd*, strenge D.ion wird zugesichert.
discrimin/atie Diskrimin/ierung *w.* ▾**—eren** d.ieren.
discus Diskus *m.*
discus/sie Diskussion, Aussprache *w*; (*beraadslaging*) Beratung *w.* ▾**—siëren** diskutieren; beraten.
discuswerper Diskuswerfer *m.*
discut/abel diskut/abel. ▾**—eren** d.ieren.
diskrediet Mißkredit *m.*
diskwalificeren disqualifizieren.
dispache Dispache *w.*
dispens/atie Dispensation *w*; (*v. voorschriften*) Dispens *m*; *huwelijk met —*, Dispensehe *w.* ▾**—eren** dispensieren.
displaced person Heimatvertriebene(r) *m.*
displezier Mißvergnügen *s.*
dispon/eren disponieren, verfügen. ▾**—ibel** disponibel, verfügbar.
dispositie Disposition *w*; (*beschikking, ook*) Verfügung *w.*
disputeren disputieren.
dispuut Disput *m.* ▾**—gezelschap** Debattierklub *m.*
dissel(boom) Deichsel *w.*
dissertatie Dissertation, Doktorarbeit *w.*
dissident Dissident *m.*
dissonant Dissonanz *w.*
distant/ie Distanz *w.* ▾**—iëren**: *zich —*, s. distanzieren; *zich (v. d. vijand) —*, s. vom Feinde absetzen.
distel Distel *w.*
distill/aat Destill/at *s.* ▾**—ateur** D.ateur *m.* ▾**—atie** D.ation *w.* ▾**—eerderij** Brennerei *w.* ▾**—eerkolf** D.ierkolben *m.* ▾**—eren** d.ieren.
distinct/ie Distinktion *w.* ▾**—ief** Abzeichen *s.*
distribueren distribuieren, ver-, zuteilen. ▾**distributie** Distribution, Verteilung *w*; (*v. levensbehoeften in oorlogstijd*) Rationierung, Zuteilung *w*; (*levensmiddelen die*) *onder de — vallen*, (zwangs)bewirtschaftet werden. ▾**—bescheiden** Zuteilungspapiere *Mz.* ▾**—bon** Bezugs/schein *m*, B.marke *w.* ▾**—dienst** Zuteilungs/dienst *m.* ▾**—kaart** B.karte, Z.karte *w*, B.schein *m.* ▾**—kantoor** Z.stelle *w.*
district Bezirk, Kreis *m*; (*bos-, jacht-, mijndistrict*) Revier *s.* ▾**—sbestuur** Bezirksverwaltung *w.*
dit dieser, -e, -es; *— en dat*, dieses und jenes.
ditmaal diesmal.
dito dito.
divan Diwan *m*, Liegesofa *s.* ▾**—bed** D.bett *s.* ▾**—kleed** D.decke *w.*
divers divers, verschieden. ▾**—en** Verschiedenes.
dividend Dividende *w*; *tussentijds —*, Interimsdividende; *voorlopig —*, Abschlagsdividende. ▾**—bewijs** D.nschein *m.* ▾**—uitkering** D.nausschüttung *w.*
divisie Division *w.* ▾**—commandant**

D.skommandeur *m.*
DNA DNA.
do (*muz.*) Do *s.*
dobbel/aar Würfelspieler *m.* ▾**—en** würfeln. ▾**—spel** Würfelspiel *s.* ▾**—steen** Würfel *m.*
dobber Schwimmer *m*; *een harde —* (*hebben*), e.n schweren Stand haben. ▾**—en** schaukeln; *tussen hoop en vrees —*, zwischen Furcht und Hoffnung schweben.
docent Dozent *m.* ▾**—enkamer** Lehrerzimmer *s.* ▾**doceren** dozieren, lehren.
doch jedoch, aber, allein.
dochter Tochter *w.* ▾**—onderneming** T.gesellschaft *w*, T.geschäft *s.*
doctor Doktor *m*; *— in de theologie*, D. der Theologie; *— honoris causa*, Ehrendoktor. ▾**—aal**: *— examen*, Prüfung zur Erlangung des Hochschulabschlusses, D.prüfung *w.* ▾**—andus, —anda** D.and *m*, -in *w.* ▾**—eren** promovieren, seinen D. machen. ▾**—sbul** D.diplom *s.* ▾**—stitel** D.titel *m.*
doctrine Doktrin *w.*
document Dokument *s*; *contant tegen overgave van —en*, Kasse gegen D.e. ▾**—air** d.arisch; *—e film*, D.arfilm *m*; *—e wissel*, D.wechsel *m.* ▾**—aire** D.arfilm *m.* ▾**—atie** D.ierung, D.ation *w*, (*materiaal*) Informationsmaterial *s.* ▾**—eren** d.ieren, beurkunden.
doddig reizend, niedlich.
dode Tote(r) *m*; *men moet de —n laten rusten*, von Toten soll man nur Gutes reden. ▾**—lijk** tödlich. ▾**doden** töten; (*de tijd*) totschlagen. ▾**—akker** Toten/acker *m.* ▾**—dans** T.tanz *m.* ▾**—mars** T.marsch *m.* ▾**—masker** T.maske *w.*
doedelzak Dudelsack *m*, Sackpfeife *w.*
doe-het-zelf-winkel, -zaak Heimwerkerladen *m.* ▾**doe-het-zelver** Heimwerker *m.*
doek Tuch *s*; (*om op te schilderen*) Leinwand *w*; (*schilderstuk*) Gemälde *s*; (*v. toneel*) Vorhang *m*; *het witte —*, (*in bioscoop*) die weiße Wand; (*zijn arm*) *in een — hebben*, in e.r Schlinge tragen; *zo wit als een —*, kreideweiß, blaß wie der Tod; *een —je voor het bloeden*, eine leere Ausrede; *er geen —jes omwinden*, kein Blatt vor den Mund nehmen; *een open —je krijgen*, Beifall bei offener Szene ernten.
doel (*mik-, eindpunt*) Ziel *s*; (*bedoeling*) Zweck *m*, Absicht *w*; (*goal*) Tor *s*; *ten — hebben*, bezwecken; *z. iets ten — stellen*, s. etwas als Ziel setzen; *met welk —?*, in welcher A?; *voor een goed —*, zu e.m guten Zweck. ▾**—bewust** zielbewußt, -sicher. ▾**—einde** Zweck *m.* ▾**—en** zielen. ▾**—gebied** Torraum *m.* ▾**—gemiddelde** Torverhältnis *s.* ▾**—gerichtheid** Zielstrebigkeit *w.* ▾**—lijn** Torlinie *w.* ▾**—loos** zwecklos. ▾**—loosheid** Zwecklosigkeit *w.* ▾**—man** Torwart *m.* ▾**—matig** zweckmäßig. ▾**—matigheid** Zweckmäßigkeit *w.* ▾**—paal** Torpfosten *m.* ▾**—punt** Tor *s*; *eigen —*, Selbsttor *s.* ▾**—punten** ein Tor schießen, einen Treffer erzielen. ▾**—schot** Torschuß *m.* ▾**—stelling** Zielsetzung *w.* ▾**—treffend** wirksam. ▾**—verdediger** Torwart *m.* ▾**—wit** (*op schietschijf*) das Weiße (in der Scheibe); (*fig.*) Ziel *s*; (*mikpunt*) Zielscheibe *w.*
doem/en verdammen, urteilen. ▾**—vonnis** Verdammungsurteil *s.*
doen I *ww* tun, machen; *doen + onbep. wijs wordt weergegeven door*: **1** causatief ww: *— springen*, sprengen; **2** 'machen': *iem. — lachen*, e.n lachen machen; **3** 'lassen': *iem. iets — voelen*, e.n etwas fühlen lassen; **4** ander ww of omschrijving: (*wat heeft*) *je daartoe — besluiten?*, dich dazu veranlaßt?; (*dit*) *doet me denken aan*, erinnert mich an; (*denk eraan*) *met wie je te — hebt*, mit wem du es zu tun hast; *hoe doet* (*de koe?*), wie macht; (*de haren*) —, m.; (*mededelingen*) —, m.; *iem. plezier —*, e.m Freude m.; *een poging —*, e.n Versuch m.; (*de slaapkamer*) —, m., in Ordnung bringen; *in textiel —*, in Textilwaren m., mit T. handeln; *wat is eraan te —?*, was ist da zu m.?; (*die kleur*) *doet het wel*, macht s. sehr gut; *ik kan er niets aan —*, (*ben er niet de schuld van*) ich kann nichts dafür, (*kan het niet veranderen*) ich kann nichts dazu; *aan sport —*, Sport treiben; (*ik heb niets met jou*) *te —*, zu tun, zu schaffen; *ik heb met de arme kerel te —*, der arme Kerl dauert mich; (*wat*) *— de eieren vandaag?*, gelten heute die Eier?; (*wat is hier*) *te —?*, los?; (*een moord*) —, begehen; (*iem. veel*) *te — geven*, zu schaffen machen; (*de pomp*) *doet het niet meer*, arbeitet nicht mehr, versagt; (*dat kan hij*) —, (*z. veroorloven*) s. leisten. **II** *zn*: *zijn — en laten*, sein Tun und Treiben; *in goeden —* (*zijn*), wohlhabend; *niet in zijn gewone — zijn*, aus dem gewohnten Gleis heraus sein; *voor zijn —* (*niet slecht*), für seine Fähigkeiten, (*financiële omstandigheden*) für seine Verhältnisse. ▾**doende**: (*met iets*) *— zijn*, beschäftigt sein; *al — leert men*, Übung macht den Meister. ▾**doenlijk** tunlich, möglich.
does Pudel *m.*
doetje Gans *w*; (*v. man*) Tropf *m.*
doezel/en (*suffen*) dösen. ▾**—ig** duselig.
dof (*niet glanzend*) matt, glanzlos; (*v. geluid*) dumpf; (*v. ogen*) matt, trübe.
doffer Täuber(ich) *m.*
dofheid Mattigkeit; Dumpfheit *w.*
dog Dogge *w.*
Doggersbank Doggerbank *w.*
dogma Dogma *s*, Glaubenssatz *m.* ▾**—ticus** D.tiker *m.* ▾**—tiek** D.tik *w.* ▾**—tisch** d.tisch.
dok 1 Dock *s*; *drijvend —*, Schwimmdock. **2** (*stro*) Docke *w.* ▾**—ken 1** (*schepen*) dock/en, ins D. legen; **2** (*betalen*) blechen, berappen.
dokter Arzt *m*; (*vrouw*) Ärztin *w*; (*als aanspreking*) Herr Doktor; *om de — sturen*, nach dem A. schicken; *onder —s handen zijn*, in ärztlicher Behandlung sein. ▾**—en** doktern; (*v. patiënt, ook*) ärztlich behandelt werden; *ergens aan —*, an etwas [3] herumdoktern. ▾**—sassistente** Arzthelferin *w.* ▾**—shulp** ärztliche Hilfe. ▾**—jas** Arztkittel *m.* ▾**—srekening** Arzt-, Doktorrechnung *w.* ▾**—sverklaring** ärztliche Bescheinigung.
dokwerker Dock-, Hafenarbeiter, Docker *m.*
dol I *bn* toll; (*v. schroefdraad*) überdreht, ausgeleiert; *— van woede*, toll, rasend vor Wut; (*het is*) *om — te worden*, zum Tollwerden; *—le pret*, riesige Freude; *— zijn op*, erpicht, versessen sein auf [4]; *— op kinderen*, kindernärrisch; *hij is — op kersen*, Kirschen ißt er für sein Leben gern; *door 't —le heen* (*zijn*), außer Rand und Band. **II** *zn* (*roeipen*) Dolle *w.* ▾**—blij** riesig froh.
dolboord Dollbord *s.*
dol/driest tollkühn. ▾**—driftig** jähzornig.
dolen (umher)irren; *—de ridder*, irrender Ritter.
dolfijn Delphin *m.*
dol/graag recht gern; für mein (dein usw.) Leben gern. ▾**—heid** Tollheit *w*; (*v. hond*) Tollwut *w.*
dolk Dolch *m.* ▾**—mes** D.messer *s.* ▾**—steek** D.stich *m.*
dollar Dollar *m.*
dollekervel Schierling *m.*
dolleman Tollkopf *m.* ▾**—swerk** Wahnsinn *m.* ▾**dollen** (*gekheid maken*) scherzen; (*v. kinderen*) tollen. ▾**dolzinnig** w.ig, tollköpfig. ▾**—heid** W. *m.*

dom I *zn* Dom *m*, Münster *s*. **II** *bn* dumm; *zo — als het achtereinde v. e. varken*, dumm wie Bohnenstroh; *zich van den —me houden*, sich nichts merken lassen.
domein Domäne *w*; *het —* (*van de kunst*), der Bereich; (*dat behoort niet*) *tot mijn —*, in meinen B.
domheid Dummheit *w*.
domheer Domherr *m*.
domicil/ie Domizil *s*, Wohnsitz *m*; *— kiezen*, sein D., seinen W. wählen. ▼**—iëren** d.ieren.
domin/ee Pastor, Pfarrer *m*; *er gaat een — voorbij*, es fliegt ein Engel durch das Zimmer. ▼**—eese** Pastorin, Pfarrerin *w*, Frau Pastor, Pfarrer.
domineren dominieren, vorherrschen; (*dominospelen*) Domino spielen.
dominic/aan Dominikaner *m*. ▼**—anes** Dominikanerin *w*.
domino (*spel*) Domino *s*.
dom/kapittel Dom/kapitel, D.stift *s*. ▼**—kerk** D.kirche *w*, Münster *s*.
domkop Dumm-, Schafskopf *m*. ▼**domme** *zie* **dom**. ▼**—kracht** Zahnstangen-, Wagenwinde *w*.
dommel/en duseln, schlummern. ▼**—ig** duselig.
dom/merik, —oor Dümmling, Dummerjan, Dummkopf *m*. ▼**—migheid** Dummheit *w*.
dompel/en (ein)tauchen; (*in rouw*) *—*, versetzen. ▼**—aar** (*elektr.*) Tauchsieder *m*.
domp/er Löschhütchen *s*; (*persoon*) Dunkelmann *m*; *dat zet een — op de vreugde*, das setzt der Freude e.n Dämpfer auf. ▼**—ig** dumpf(ig).
domweg (*zonder nadenken*) unüberlegt; (*eenvoudigweg*) schlechtweg.
donat/eur Donator, Schenker *m*. ▼**—ie** Donation, Schenkung *w*.
Donau Donau *w*.
donder Donner *m*; *daar kun je — op zeggen*, darauf kannst du Gift nehmen; *hij geeft er geen — om*, es ist ihm ganz Wurst; *om de — niet*, beileibe nicht; *arme —*, armer Teufel; *iem. op zijn — geven*, e.m aufs Dach steigen, (*afranselen*) e.m das Fell gerben; *op zijn — krijgen*, tüchtig abgekanzelt werden, Hiebe bekommen; (*als*) *van de — getroffen*, vom D. gerührt. ▼**—bui** Gewitterschauer *m*.
donderdag Donnerstag *m*; *Witte D—*, Gründonnerstag. ▼**—s** am D., donnerstags.
donder/en donnern; (*razen, ook*) toben, wettern; (*iem.*) *v.d. trap —*, die Treppe hinunterschmeißen. ▼**—kop** Gewitterwolke *w*. ▼**—preek** Kapuzinerpredigt *w*. ▼**—s** verdammt; (*alle*) *—!*, Donner/wetter! ▼**—slag** D.schlag *m*; *als 'n — bij heldere hemel*, wie ein Blitz aus heiterm Himmel. ▼**—steen** D.stein *m*; (*fig.*) verdammter, elender Kerl. ▼**—wolk** Gewitterwolke *w*.
donker I *bn & bw* (*eig. en fig.*) dunkel; (*eig.*: *geheel donker*; *fig.*: *onheilspellend*) finster; (*somber*) düster; *—e kamer*, (*fot.*) Dunkelkammer *w*; *— maken*, verdunkeln; *het wordt —*, es dunkelt; *het ziet er — voor hem uit*, es sieht mißlich mit ihm aus. **II** *zn* Dunkel *s*, Finsternis *w*; *in het —*, im Dunkeln. ▼**—blauw** dunkelblau. ▼**—heid** Dunkel *s*, Dunkelheit *w*; (*volledig*) Finsternis *w*.
donor Blutspender *m*.
dons Daunen, Flaumfedern *Mz*; (*poederdons*) Quaste *w*. ▼**—achtig** daunig, daunenhaft, flaumig. ▼**—veertje** Daune *w*. ▼**donzen** daunen, Daunen... ▼**donzig** flaumig, Flaum...
dood I *zn* Tod *m*; *als de — voor iets zijn*, eine tödliche Angst vor etwas [3] haben; *het is er* (*de*) *— in de pot*, man langweilt s. da zu Tode; *duizend doden sterven* (*van angst*), e.n zehntausendfachen Tod sterben; *om de — niet*, beileibe nicht; *ten dode opgeschreven zijn*, zum Tode verurteilt sein; *ter — brengen*, hinrichten; *— door schuld*, fahrlässige Tötung. **II** *bn* tot; *z. — houden*, s. tot stellen; (*z.*) *—* (*ergeren, lachen, schamen, schrikken, vervelen, werken enz.*), zu Tode, tot; *een dooie Piet*, ein öder Kerl; *dode punt*, Totpunkt *m*; *stand op het dode punt*, Totstellung, -lage *w*. ▼**—af** todmüde. ▼**—arm** blutarm. ▼**—bedaard** ganz ruhig, in aller Seelenruhe. ▼**—bidder** Leichenbitter *m*. ▼**—blijven** totbleiben; *op een halve cent —*, s. um e.n Pfennig schinden lassen. ▼**—bloeden** verbluten; (*dat zal*) *wel —*, allmählich vergessen werden. ▼**—doener** Machtwort *s*. ▼**—drukken** tot-, erdrücken. ▼**—eenvoudig** ganz einfach. ▼**—enkel**: *een —e keer*, nur vereinzelt. ▼**—ergeren, zich** s. totärgern. ▼**—ernstig** todernst. ▼**—gaan** sterben; (*v. planten en dieren*) eingehen. ▼**—geboren** totgeboren; *een — kind*, ein totgeborenes Kind, eine Totgeburt. ▼**—gemakkelijk** kinderleicht. ▼**—gemoedereerd** seelenruhig, in aller Seelenruhe. ▼**—gewoon** (*heel gewoon*) ganz gewöhnlich; (*heel eenvoudig*) furchtbar einfach. ▼**—goed** seelengut. ▼**—gooien** totwerfen; (*iem.*) *— met geschenken*, mit Geschenken überhäufen. ▼**—graver** Totengräber *m*. ▼**—hongeren** verhungern. ▼**—jammer** jammerschade. ▼**—kalm** ganz ruhig. ▼**—kist** Sarg *m*. ▼**—lachen, zich** s. totlachen; *dat is om je dood te lachen*, das ist zum Totlachen. ▼**—leuk** in der größten Seelenruhe. ▼**—lopen**: *deze straat loopt dood*, dies ist eine Sackgasse; (*de aanval*) *liep dood*, blieb stecken; *z. —*, s. totlaufen. ▼**—maken** töten. ▼**—moe(de)** todmüde. ▼**—nuchter** ganz nüchtern. ▼**—op** völlig erschöpft.
doods öde; *—e stilte*, Totenstille *w*. ▼**—akte** Totenschein *m*. ▼**—angst** Todesangst *w*. ▼**—bang** tod(es)bang; *— zijn voor*, eine tödliche Angst haben vor. ▼**—bed** Totenbett *s*. ▼**—beenderen** Totenknochen *Mz*. ▼**—benauwd**: *— zijn*, in Todesangst sein. ▼**—bericht** Todesanzeige *w*. ▼**—bleek** totenblaß.
doodschamen: *zich —*, s. zu Tode schämen.
doodschieten tot-, erschießen.
doods/engel Todes/engel *m*. ▼**—gevaar** T.gefahr *w*. ▼**—heid** Totenstille, Öde *w*. ▼**—hemd** Totenhemd *s*. ▼**—hoofd** Totenkopf *m*. ▼**—kleed** Totenkleid *s*; (*lijkkleed*) Leichentuch *s*. ▼**—kleur** Leichen-, Totenfarbe *w*. ▼**—klok** Totenglocke *w*.
dood/slaan tot-, erschlagen. ▼**—slag** Totschlag *m*.
doods/nood Todes/not *w*. ▼**—prentje** Sterbebildchen *s*. ▼**—schouw** Leichenschau *w*. ▼**—schrik** T.schrecken *m*. ▼**—strijd** T.kampf *m*.
dood/steek Todesstoß *m*. ▼**—steken** tot-, erstechen. ▼**—stil** totenstill, mäuschenstill. ▼**—straf** Todesstrafe *w*.
doods/uur Todes/stunde *w*. ▼**—verachting** T.verachtung *w*. ▼**—vijand** Todfeind *m*.
dood/tij Totwasser *s*. ▼**—vallen** totfallen. ▼**—verven**: (*iem.*) *— als*, bezeichnen als. ▼**—vonnis** Todesurteil *s*. ▼**—vriezen** erfrieren, totfrieren. ▼**—werken, zich** s. totarbeiten. ▼**—wonde** Todeswunde *w*; (*het is*) *geen —*, nicht so schlimm. ▼**—ziek** todkrank. ▼**—zonde** Todsünde *w*. ▼**—zwijgen** totschweigen.
doof taub; *aan één oor —*, auf einem Ohre t.; *— zijn voor*, t. sein gegen. ▼**—heid** T.heit *w*.

▼**—pot** Kohlendämpfer *m*; *in de — stoppen*, vertuschen. ▼**—stom** t.stumm. ▼**—stomheid** T.stummheit *w*. ▼**—stommeninstituut** T.stummenanstalt *w*.

dooi Tauwetter *s*; *de — valt in*, es tritt T. ein. ▼**—en** tauen.

dooier Dotter *m & s*.

doolhof Irrgarten *m*.

doop Taufe *w*; (*een kind*) *ten — houden*, über die T. halten; *naar de —* (*brengen*), zur T. ▼**—akte**, **—bewijs** Tauf/schein *m*. ▼**—ceel** T.schein *m*; *iemands — lichten*, jemands Sündenregister aufschlagen. ▼**—gelofte** T.gelübde *s*. ▼**—leerling** Katechumene *m*. ▼**—naam** T.name *m*. ▼**—plechtigheid** T.feier *w*. ▼**—sel** T.e *w*; *het — toedienen*, die T. spenden. ▼**—gezind** t.gesinnt. ▼**—vont** T.becken *s*, T.stein *m*.

door I *vz* durch; *— dezen* (*bericht ik u*), hierdurch; hiermit; (*wegens*) wegen + 2; *— het slechte weer* (*te laat komen*), w. des schlechten Wetters, des schlechten Wetters w.; *— omstandigheden* (*verhinderd*), w. Umstände, umstandshalber; (*in lijdende zinnen*: *voor handelende persoon of zaak*: von; *in de bet. 'ten gevolge van', 'door middel van'*: durch); (*de stad werd*) *— de vijand*, *— een aardbeving* (*verwoest*), von dem Feinde, durch ein Erdbeben; (*het werd hem*) *— een bode* (*meegedeeld*), durch e.n Boten; (*de verwoesting*) *— de vijand*, durch den Feind; *— zo te treuzelen* (*zal hij ...*), wenn er so trendelt; (*ik hielp hen*) *— hun het geld te lenen*, dadurch daß ich ihnen das Geld borgte, indem ich... **II** *bw* durch; (*de zweer is*) —, d.; *onder de brug —*, unter der Brücke hindurch; (*ben je*) *er —?*, durch, (*examen*) durch(gekommen), (*werk*) fertig (mit deiner Arbeit), (*'n boek*) hast du das B. durch?; (*dat*) *kan er nog mee —*, geht noch hin; (*dat*) *kan er niet mee —*, geht nicht an, kann man nicht hingehen lassen; *— en —*, d. und d.; *— en — gezond*, kerngesund; *— en — goed*, herzensgut; (*het is 10 uur*) —, d.; *de hele nacht —*, die ganze Nacht hindurch; *de hele dag —*, (*ook*) den ganzen Tag über; *de hele wereld —*, durch die ganze Welt; *aan één stuk —*, in einem fort, unausgesetzt; *als eerste deel van samengestelde ww meestal 'durch' behalve als eerste deel v. scheidbaar samengestelde ww met betekenis 'voortgaan met, verder'; hier in het algemeen nooit 'durch'*: (*ik breek iets*) —, d., entzwei; (*ik streep iets*) —, d., aus; (*de schepen varen*) *het kanaal —*, durch den Kanal; (*hij kroop*) *de opening —*, durch die Öffnung hindurch; (*ik hielp hem*) *er —*, (*door opening*) (hin)durch, (*examen, ziekte enz.*) durch; *je kijkt er —*, man sieht hindurch; *lees maar —*, lies nur weiter; (*als dat zo*) *—gaat*, weitergeht; *hij ging ermee —*, er fuhr damit fort; (*de kinderen praten*) —, weiter, fort; *zij ratelt maar —*, sie plappert in einem fort; (*toen de onderwijzer weg was, werkten de kinderen rustig*) —, weiter; *hij werkte —*, er hörte nicht auf zu arbeiten, er fuhr fort zu arbeiten; *blijf maar —werken!*, arbeite nur fort!; (*wij werken*) (*zonder pauze*) —, (ohne Pause) durch; (*de wonde*) *bloedt —*, hört nicht auf zu bluten, blutet noch immer; (*hij rijdt*) —, weiter; (*rijd*) *een beetje —*, etwas, ein wenig schneller; *rijd eens flink —*, fahre mal tüchtig zu; (*hij rijdt*) *de stad —*, durch die Stadt, (*erdoorheen*) durch die Stadt hindurch, (*erin rond*) in der Stadt herum; (*de trein rijdt*) *— tot Amsterdam*, durch bis Amsterdam; (*hij loopt*) *zijn voeten —*, s. die Füße durch, wund; (*het sneeuwt*) —, weiter, noch immer, (*al maar door*) in einem fort; (*het sneeuwt hier*) —, (*binnen*) durch; (*zij hebben de hele nacht*) *—gespeeld*, (*verder*) weitergespielt, (*spelend doorgebracht*) durchgespielt; (*de kachel*) *brandt dag en nacht —*, brennt (ununterbrochen) Tag und Nacht.

door/bákken dúrchbacken. ▼**—berekenen**: (*kosten*) *in de prijzen —*, auf die Preise ab-, weiterwälzen, in den Preisen weitergeben. ▼**—betalen** (*loon*) weiterzahlen. ▼**—bijten** dúrchbeißen. ▼**—bladeren** dúrchblättern; (*vluchtig*) durch'blättern. ▼**—blazen** dúrchblasen. ▼**—bóren** durchbóhren. ▼**—bóring** Durchbóhrung *w*. ▼**—braak** Dúrchbruch *m*. ▼**—braakpoging** Durchbruchsversuch *m*. ▼**—branden** dúrchbrennen; (*de kachel wil niet*) —, brennen. ▼**'—breken** dúrchbrechen; (*zweer*) aufbrechen; (*dijk*) brechen; *door de linies breken*, die Linien durchbréchen. ▼**—bréken** durchbréchen. ▼**—brengen** zu-, verbringen; (*verkwisten*) dúrchbringen.

door/dacht durchdácht. ▼**—dat** dadurch daß, indem. ▼**—doen** (*erdoorheen*) hineintun, -mischen; *zie ook* ▼**—halen**, **—snijden**. ▼**—draaien** (*verkwisten*) dúrchbringen, vergeuden; (*op veiling*) unverkäuflich sein. ▼**—dragen** (*afdragen*) auftragen; (*die jas kun je*) *zomer en winter —*, im Sommer und im Winter tragen. ▼**—draven** (*fig.*) ins Blaue hineinreden. ▼**—drijven** (*doorzetten*) dúrchsetzen. ▼**—drijver**: *hij is een —*, er setzt s. durch, setzt alles durch. ▼**—dríngbaar** durchdringlich. ▼**—dringen** dúrchdringen; (*zich*) *er —*, s. dúrchdrängen; (*de vijand is tot in de hoofdstad*) *doorgedrongen*, vorgedrungen. ▼**—dríngen** durchdríngen. ▼**—drongen**: *— van*, durchdrungen von. ▼**—drukken** dúrchdrücken; dúrchdrucken.

dooreen durcheinander; *— genomen*, durchschnittlich, im Durchschnitt. ▼**—haspelen** durcheinanderwerfen.

dooreten weiteressen.

door/gaan: (*verder gaan*) weitergehen, (*fig.*) fortfahren, weitergehen; (*plaatshebben*) stattfinden; *voor een genie —*, für eine Genie gelten; *— met lezen*, weiterlesen; *met zijn verhaal —*, mit seiner Erzählung fortfahren; (*het voorstel*) *ging erdoor*, ging durch; (*de zweer*) *gaat door*, geht auf, bricht auf; (*het salaris*) *gaat door*, geht fort; *het plan gaat niet door*, man gibt den Plan auf. ▼**—gaand** durchgehend; (*voortdurend*) fortwährend; *—e reiziger*, Durchgangsreisende(r) *m*; *loket voor —e reizigers*, Nachlöseschalter *m*; *— rijtuig*, durchgehender Wagen; *— verkeer*, Durchgangsverkehr *m*; *gesloten voor — verkeer*, durchgehender Verkehr unterbrochen. ▼**—gaans** gewöhnlich. ▼**—gang** Durchgang *m*. ▼**—gangshuis** Heim, Asyl *s*. ▼**—gangskamp** Durchgangslager *s*. ▼**—geefluik** Durchreiche *w*. ▼**—gefourneerd**: *—e individualist*, starrer Individualist; *—e bedrieger*, durchtriebener Betrüger. ▼**—gestoken**: *— kaart*, abgekartetes Spiel. ▼**—geven** weitergeben; (*naar spreker toe*) herüberreichen; (*verzoek enz. aan hogere instantie*) weiterleiten; (*bericht in radio*) dúrchsagen. ▼**—gewinterd** eingefleischt. ▼**—graven** dúrchgraben, (*landengte*) durchstéchen. ▼**—graving** Durchgrabung *w*; Durchstich *m*. ▼**—gronden** ergründen.

door/hakken dúrchhauen. ▼**—halen** (*doorstrepen*) (durch)streichen; (*draad*) dúrchziehen; (*de was*) bläuen. ▼**—haling**

voor samenstellingen met 'door' zie ook 'door' II

(Durch)Streichung *w.* ▼—**hebben** (*iem.*) durchscháuen; *ik heb hem door!*, den kenne ich! ▼—**heen** hindurch; *z. er— slaan*, s. (hin)dúrchschlagen.

doorjagen weiterjagen; *erdoor —*, (*geld*) durchbringen, vergeuden; (*voorstel*) durchpeitschen.

door/kiesnummer Durchwahl(nummer) *w.* ▼—**kijk** Durchblick *m.* ▼—**kijkblouse** durchsichtige Bluse. ▼—**kijken** dúrchsehen. ▼'—**klieven** dúrchhauen. ▼—**klíeven** durchschnéiden; (*v. bliksem*) durchzúcken. ▼—**kneed**: *in zijn vak —*, in seinem Fach bewandert; *een financier die in het vak — is*, ein gewiegter Finanzmann. ▼—**knippen** dúrchschneiden. ▼—**koken**: *goed laten —*, gut durchkochen lassen. ▼—**komen** dúrchkommen; (*v. zon, tanden*) dúrchbrechen; (*er is*) *geen — aan*, nicht durchzukommen, kein Durchkommen. ▼—**krijgen**: (*iemands streken*) —, hinter jemands Sprünge kommen. ▼—**krúisen** durchkréuzen.

door/laat Durchlaß *m.* ▼—**laatpost** Durchlaßposten *m*; (*grenskantoor*) Grenzstelle *w.* ▼—**laten** dúrchlassen. ▼—**lekken** dúrchlecken, -sickern. ▼—**lezen** dúrchlesen. ▼—**lichten** durchléuchten. ▼—**lichting** Durchléuchtung *w.* ▼—**liggen** s. dúrch-, wundliegen. ▼—**loop** Durchgang *m.* ▼'—**lopen** weitergehen, -laufen; (*erdoor*) dúrchgehen, -laufen; (*stuklopen*) dúrchgehen, -laufen; (*voeten, ook*) wundlaufen; (*vluchtig inzien*) durchláufen; (*de nummering*) *loopt door*, läuft fort. ▼—**lópen** durchláufen; (*school, ook*) dúrchmachen, absolvieren; (*rekening*) dúrchgehen; (*boek enz. vluchtig*) dúrchlesen, durch'blättern. ▼—**lopend** fortlaufend; (*voortdurend*) fortwährend; *—e kaart*, Dauerkarte *w*; *—e werktijd*, durchgehende Arbeitszeit; *—e witte streep*, durchgehender weißer Strich; (*de kinderen zijn*) *— op straat*, ständig auf der Straße. ▼—**luchtig** durchlaucht; *— geslacht*, berühmtes Geschlecht; *Uwe Doorluchtige Hoogheid*, Ew (= Euer, Eure) Durchlaucht. ▼—**luchtigheid** Durchlaucht *w.*

door/maken dúrchmachen. ▼—**midden** entzwei, mittendurch.

doorn Dorn *m.* ▼—**achtig** dornartig.

door/nat pudelnaß, durch und durch naß, durchnäßt. ▼—**nemen** dúrchnehmen.

doorn/en dornen. ▼—**enkroon** Dornen/krone *w.* ▼—**haag**, —**heg** D.hecke *w.* ▼—**ig** dornig.

Doornroosje Dornröschen *s.*

doornstruik Dornstrauch *m.*

doornummeren fortlaufend numerieren.

door/plóegen durchpflügen. ▼—**praten** (*grondig bespreken*) dúrchsprechen. ▼—**prikken** durchstechen.

door/régen durchwáchsen. ▼—**regenen** dúrchregnen. ▼—**reis** Durchreise *w.* ▼—**reisvisum** Durchreisesichtvermerk *m.* ▼'—**reizen** dúrchreisen. ▼—**réizen** durchréisen. ▼—**rijden** dúrchfahren; (*te paard*) dúrchreiten. ▼—**rijhoogte** Durchfahr(t)höhe *w.* ▼—**rit** Durchfahrt *w.* ▼—**roken** (*pijp*) anrauchen.

door/schemeren dúrchschimmern; *laten —*, dúrchblicken lassen. ▼—**scheuren** dúrchreißen; (*stuk, ook*) zerreißen. ▼'—**schieten** dúrchschießen; (*v. planten*) ins Kraut schießen. ▼—**schíeten** durchschíeßen. ▼'—**schijnen** dúrchscheinen. ▼—**schíjnend** dúrchscheinend. ▼—**schrappen** (aus)streichen. ▼—**schuiven** weiterschieben; (*verder gaan zitten*) weiterrücken; (*erdoor*) hindurchschieben. ▼—**sijpelen** dúrchsickern. ▼—**slaan** dúrchschlagen; (*v. balans*) ausschlagen; (*v. machine*) dúrchgehen; (*v. zekering*) dúrchbrennen; (*ondoordacht spreken*) ins Blaue hinein schwatzen; (*bekennen*) gestehen; (*alles verklappen*) alles ausplaudern; *z. er—*, s. (hin)durchschlagen. ▼—**slaand**: *— bewijs*, schlagender Beweis. ▼—**slag** Durchschlag *m*; (*v. balans*; *ook fig.*) Ausschlag *m*; (*overwicht*) Übergewicht *s*; *de — geven*, ausschlaggebend sein. ▼—**slagpapier** Durchschlagpapier *s.* ▼—**slijten** (*zolen, broek*) durchwetzen; verschleißen. ▼—**slikken** hinunterschlucken. ▼—**smeren** (*auto*) abschmieren. ▼—**snede** Durchschnitt *m*; (*dwars*) Querschnitt; (*overlangs*) Längsschnitt; *in —*, im D. ▼—**sneetekening** Durchschnittszeichnung *w*, -riß *m*, Schnittansicht *w.* ▼'—**snijden** dúrchschneiden. ▼—**sníjden** durchschnéiden. ▼—**snúffelen** durch'schnüffeln, -'stöbern. ▼—**spékken** durchspícken. ▼—**spoelen** dúrchspülen. ▼—**staan** (*verduren*) ertragen, erdulden; (*te boven komen*) überstéhen; (*examen, proef*) bestehen; (*de vergelijking met iets*) aushalten. ▼—**stappen** weiterschreiten; *flink —*, tüchtig zu-, ausschreiten. ▼'—**steken** dúrchstechen. ▼—**stéken** durchstéchen. ▼—**stoten** dúrchstoßen. ▼—**strepen** dúrchstreichen. ▼'—**stromen** dúrchströmen. ▼—**strómen** durch'strömen. ▼'—**stroming**: *— van leerlingen*, Durchfluß *m* der Schüler. ▼—**sturen** (hin)dúrchsteuern; (*zenden*) weiterschicken, -befördern; (*erdoor zenden*) (hin)durchschicken.

dóór/tasten dúrchgreifen, energisch vorgehen. ▼—**tástend** dúrchgreifend, energisch; (*v. pers.*) energisch (vorgehend). ▼—**tástendheid** Energie, Tatkraft *w.* ▼—**tocht** Durchzug *m*; (*v. mil.*) Durchmarsch *m.* ▼'—**trappen** (*intrappen*) eintreten; (*fietsen*) weiterradeln; *trap eens wat door*, fahre mal etwas schneller. ▼—**trápt** durchtrieben; abgefeimt. ▼'—**trekken** dúrchziehen; (*spoorlijn*) ausbauen, weiterführen; (*een lijn*) weiterziehen; (*touw*) entzweireißen. ▼—**trékken** durchzíehen, durchdríngen.

door/vaart Durchfahrt *w.* ▼—**verbinden** dúrchverbinden. ▼—**verkopen** weiterverkaufen. ▼—**vléchten** durchfléchten. ▼—**vliegen** weiterfliegen. ▼—**vóed** wohlgenährt. ▼—**vóeld** tief empfunden. ▼—**voelen** mitempfinden. ▼—**voer** Durchfuhr *w.* ▼—**voeren** dúrchführen. ▼—**voerhandel** Durchfuhr-, Transithandel *m.* ▼—**voerrecht** Durch(fuhr)zoll *m.* ▼—**vórsen** durchfórschen. ▼—**vracht** Durchfracht *w.* ▼—**vreten** dúrchfressen.

door/wáádbaar durchwatbar. ▼—**wáden** durchwáten. ▼—**weekt** durchwéicht; (*v. grond, ook*) aufgeweicht. ▼—**wéken** durchwéichen. ▼—**werken** (*boek enz.*) dúrcharbeiten. ▼—**wéven** durchwében. ▼—**worstelen** dúrchringen, -kämpfen; (*een boek*) dúrchackern. ▼—**wrócht** gründlich durchgearbeitet, gediegen.

door/zakken dúrchbrechen; (*dóórbuigen*) s. senken, dúrchbiegen; (*door ijs*) (auf dem Eise) einbrechen; *doorgezakte voet*, Senkfuß *m.*

voor samenstellingen met 'door' zie ook 'door' II

▾**—zenden** weiterbefördern; (*aan officiële instanties*) weiterleiten. ▾**—zetten** dúrchsetzen; (*volhouden*) dúrchhalten. ▾**—zettingsvermogen** Ausdauer *w*. ▾**—zéven** durchsíeben. ▾**—zicht** Dúrchsicht *w*; (*dóórkijk*) Durchblick *m*; (*inzicht*) Einsicht *w*; (*scherpzinnigheid*) Scharfsinn *m*. ▾**—zichtig** dúrchsichtig. ▾**—zíchtigheid** Durchsichtigkeit *w*. ▾'**—zien** dúrchsehen. ▾**—zíen** durchscháuen. ▾**—zitten** dúrchsitzen; *z.* —, (*ook*) s. wundsitzen. ▾**—zóeken** durchsúchen. ▾**—zonkamer** licht-, sonndurchflutetes Zimmer.

doos (*van papier, zeer dun hout*) Schachtel *w*; (*plat, vooral rond, vaak*) Dose *w*; (*groter en van steviger hout*) Kasten *m*; (*hoog en rond, vooral goed sluitbaar*) Büchse *w*; (*elektr.*) Dose *w*; (*gevangenis*) Loch *s*; *blikken* —, Blechdose, -büchse; *—je sigaretten*, S. Zigaretten; *uit de oude* —, alt, (*ouderwets*) altmodisch. ▾**—vrucht** Kapselfrucht *w*.

dop (*v. ei, noot*) Schale *w*; (*v. peulvruchten*) Hülse *w*; (*hol dekseltje; hoed*) Deckel *m*; (*vulpen*) Kappe *w*; *kunstenaar in de* —, künftiger Künstler; *uit je —pen* (*kijken*), aus den Augen.

dope Rauschgift *s*.

dop/eling Täufling *m*. ▾**—en** taufen; (*indompelen*) (ein)tauchen; (*soppen*) (ein)tunken; (*met stimulerende middelen*) dopen. ▾**—er**: *Johannes de D—*, Johannes der Täufer.

dop/erwt Schalerbse *w*, grüne Erbse. ▾**—heide** Sumpfheide *w*.

doping Doping *s*. ▾**—controle** D.kontrolle *w*.

dop/je (*dameshoedje*) Hütchen *s*; (*eierdopje*) Eierbecher *m*; *zie* **dop**. ▾**—pen** (*peulvruchten*) (aus)hülsen; (*hoed afnemen*) deckeln; (*betten*) abtupfen. ▾**—sleutel** Steckschlüssel *m*. ▾**—vrucht** Hülsenfrucht *w*.

dor dürr, trocken; (*saai*) langweilig, öde. ▾**—heid** Dürre *w*.

dorp Dorf *s*.

dorpel Schwelle *m*. ▾**—strip** Türschwellenstreifen *m*.

dorpeling Dorfbewohner, Dörfler *m*. ▾**dorps** ländlich, dörflich, bäuerisch, Dorf... ▾**—gek** Dorf/trottel, D.depp *m*. ▾**—huis** D.gemeinschaftshaus *s*. ▾**—plein** D.platz *m*.

dors/en dresch/en. ▾**—er** D.er *m*. ▾**—machine** D.maschine *w*.

dorst Durst *m*; — *naar macht*, Machtbegierde *w*. ▾**—en** dürsten. ▾**—ig** durstig.

dors/vlegel Dreschflegel *m*. ▾**—vloer** Tenne *w*.

dos Schmuck *m*.

doseren dosieren. ▾**dosering** Dosierung *w*. ▾**dosis** Dosis *w*.

dossier Dossier, Aktenheft *s*.

dot Knäuel *m*; *een — haar*, ein Büschel Haare; *— watten*, Wattebausch *m*; (*haarwrong*) Haarknoten *m*, Wulst *w*; (*snoes*) Herzchen *s*; *— van een hoedje*, ein reizendes Hütchen.

dotterbloem Dotterblume *w*.

douane (*autoriteiten*) Zoll/behörde *w*; (*kantoor*) Z.amt *s*; (*beambte*) Z.beamte(r) *m*. ▾**—controle** Z.kontrolle, Z.revision *w*. ▾**—formaliteiten** Z.formalitäten *Mz*. ▾**—kantoor** Z.amt *s*, Z.abfertigungsstelle *w*. ▾**—onderzoek** Z.revision *w*. ▾**—papieren** Z.papiere *Mz*. ▾**—rechten** Z.rechte *Mz*. ▾**—tarieven** Z.sätze *Mz*. ▾**—unie** Z.union *w*, Z.verein *m*. ▾**—verklaring** Z.deklaration *w*.

doublé Dublee *s*.

doubl/eren dublieren. ▾**—et** Dublette *w*, Doppelstück *s*. ▾**—ure** Dublüre *w*.

douceurtje Geldgeschenk *s*; (*fooi*) Trinkgeld *s*; (*bijverdienste*) Nebenverdienst *m*.

douche Dusche, Brause *w*; *een koude — krijgen*, (*fig.*) eine kalte D. bekommen. ▾**—bad** Brause-, Dusch-, Sturzbad *s*. ▾**—cel** Dusch/kabine, D.ecke *w*. ▾**—gordijn** D.vorhang *m*. ▾**—ruimte** D.raum *m*.

douw: *iem. een — geven* (*straf*), e.n zu einer Strafe verdonnern.

dove Taube(r) *m*. ▾**—man**: *aan —s deur kloppen*, nur taube Ohren finden.

doven (*uitmaken*) löschen; (*uitgaan*) erlöschen.

dovenetel Taubnessel *w*.

down niedergedrückt. ▾**—slag** (*bridge*) Unterstich *m*.

dozijn Dutzend *s*; *per, bij het* — (*verkopen*), dutzendweise; *bij —en*, zu Dutzenden.

dra bald.

draad Faden *m*; (*v. metaal*) Draht *m*; (*v. hout, vlees*) Faser, Fiber *w*; (*schroefdraad*) Gewinde *s*; (*samenhang*) Faden *m*; *tot op de — versleten*, fadenscheinig; (*zijn leven hangt*) *aan een zijden* — (*je*), an e.m (dünnen) Faden; *tegen de — in*, gegen den Strich; (*hij is altijd*) *tegen de — in*, widerhaarig; *de* — (*kwijtraken*), den Faden; (*met iets*) *voor de — komen*, herausrücken; *alle dag een —je, is een hemdsmouw in het jaar*, viele Wenig machen ein Viel. ▾**—glas** Drahtglas *s*. ▾**—je** Fädchen, Fäserchen *s*. ▾**—loos** draht/los; *draadloze dienst*, Funkdienst *m*; *draadloze omroep*, Rundfunk *m*; *draadloze telegrafie, telefonie*, (*ook*) Funktelegraphie, -telephonie *w*; *— seinen, telegraferen*, funken. ▾**—nagel** D.nagel *m*. ▾**—tang** D.zange *w*. ▾**—trekkerij** D.zieherei; D.straße *w*. ▾**—versperring** D.verhau *m*. ▾**—vormig** fadenförmig; d.förmig. ▾**—zwam** Fadenpilz *m*.

draag/baar I *bn* tragbar. **II** *zn* Trag/bahre *w*. ▾**—balk** T.balken *m*. ▾**—band** T.band *s*; (*voor arm*) Schlinge *w*. ▾**—koets** Sänfte *w*. ▾**—kracht** T.kraft, T.fähigkeit *w*; (*v. wapen enz.*) T.weite *w*. ▾**—lijk** erträglich; (*tamelijk*) ziemlich; (*redelijk goed*) leidlich. ▾**—raket** (*ruimte v.*) Trägerrakete *w*. ▾**—stoel** T.sessel *m*, Sänfte *w*. ▾**—vermogen** T.fähigkeit *w*. ▾**—vlak** T.fläche *w*. ▾**—vleugelboot** T.flächenboot *s*. ▾**—wijdte** T. weite *w*.

draai Drehung, Wendung *w*; (*bocht*) Biegung *w*; (*ommekeer*) W.; *— om de oren*, Ohrfeige *w*, *hij weet er altijd de juiste — aan te geven*, er versteht es jeder neuen Lage den richtigen Dreh zu geben; *zijn — niet kunnen vinden*, nicht in Gang kommen können. ▾**—baar** drehbar; *— toneel*, Dreh/bühne *w*. ▾**—bank** D.bank *w*; (*v. houtdr.*) Drechselbank *w*. ▾**—boek** Dreh/buch *s*. ▾**—boom** D.kreuz *s*. ▾**—bord** Glücksrad *s*. ▾**—brug** D.brücke *w*. ▾**—cirkel** Wendekreis *m*. ▾**—deur** D.tür *w*. ▾**—en** (*ov.w*) drehen; (*on.w*) s. drehen; (*hout op draaibank*) drechseln; *het draait me voor de ogen*, mir dreht s. alles im Kopfe; (*welke film*) *draait er* (*deze week*), läuft; (*een nummer*) —, (*tel.*) wählen. ▾**—er** Dreher *m*; (*houtdraaier*) Drechsler *m*; (*fig. weerhaan*) Wetterfahne *w*. ▾**—erig** schwindlig. ▾**—erij** (*hout*) Drechslerei *w*; (*fig.*) Winkelzüge, Umschweife *Mz*. ▾**—hartigheid** Drehherzseuche *w*. ▾**—hek** D.kreuz, Tourniquet *s*. ▾**—ing** Drehung *w*; (*bocht*) Biegung, Kurve *w*. ▾**—kolk** Strudel *m*. ▾**—kruk** D.kurbel *w*. ▾**—molen** Karussel *s*. ▾**—orgel** D.orgel *w*. ▾**—punt** D.punkt *m*. ▾**—schijf** D.scheibe *w*; (*tel.*) Wählscheibe *w*; (*grammofoon*) Plattenteller *m*.

▾—**stroom** (*elektr.*) D.strom *m*; (*maalstroom*) Wirbelstrom *m*. ▾—**tafel** Drehtisch; (*v. grammofoon*) Plattenteller *m*. ▾—**tol** Kreisel *m*; (*beweeglijk iem.*) Quirl(arsch) *m*. ▾—**trap** D.treppe *w*. ▾—**ziekte** D.krankheit *w*.
draak Drache *m*; (*toneelstuk*) Schauerstück *s*; (*roman*) Kitschroman *m*; *de — steken met*, seinen Spaß treiben mit, verspotten.
drab (Boden)Satz *m*, Hefe *w*; (*modder*) Schlamm *m*. ▾—**big** (*troebel*) trübe; (*modderig*) schlammig.
dracht Tracht *w*; (*draagwijdte*) Tragweite *w*. ▾—**ig** trächtig.
draconisch drakonisch.
drad(er)ig faserig.
draf 1 Trab *m*; *in —*, im Trabe; *in volle, gestrekte —*, in vollem, scharfem Trabe; *in — rijden*, trab reiten; *het op een — zetten*, s. in Trab setzen; *op 'n —je*, schnell; **2** (*afvalprodukt, varkensvoer*) Treber *Mz*.
dragee Dragee *s*.
drag/en tragen (*deze stof*) *blijft goed in 't —*, trägt s. gut; (*etter afscheiden*) nässen. ▾—**er** Träger *m*.
dragline Bagger *m*.
dragonder Dragoner *m*.
drain/eerbuis Dränrohr *s*. ▾—**eren** dränieren. ▾—**ering** Dränierung *w*.
drakebloed Drachenblut *s*.
dralen (*aarzelen*) zaudern; (*talmen*) zögern.
dralon Dralon *s*.
drama Drama *s*. ▾—**tiek** D.tik *w*. ▾—**tisch** d.tisch; *— dichter*, D.tiker *m*. ▾—**tiseren** d.tisieren. ▾—**turg** D.turg *m*. ▾—**turgie** D.turgie *w*.
drang Drang *m*; *— om te stelen*, D., Hang *m* zum Stehlen. ▾—**hek** (*bij optochten enz.*) Sperrgitter *s*.
drank Getränk *s*; Trank *m*; *spijs en —*, Speise und T.; *sterke —*, geistige Getränke *Mz*; *aan de — zijn*, dem Trunk ergeben sein. ▾—**bestrijder** Antialkoholiker *m*. ▾—**bestrijding** Bekämpfung *w* des Alkoholismus. ▾—**enautomaat** Getränkeautomat *m*. ▾—**gebruik** Alkoholgenuß *m*. ▾—**je** Tränkchen *s*, Arznei *w*; (*borrel*) Drink *m*. ▾—**misbruik** Alkoholmißbrauch *m*. ▾—**orgel** Saufaus *m*. ▾—**wet** Schankgesetz *s*. ▾—**winkel** Schnapsladen *m*; (*slijterij*) Ausschank *m*. ▾—**zucht** Trunk/sucht *w*. ▾—**zuchtig** t.süchtig. ▾—**zuchtige** T.süchtige(r) *m*.
draper/en drapieren. ▾—**ie** Draperie *w*.
drassig sumpfig; (*slijkerig*) schlammig.
drastisch drastisch.
drav/en traben. ▾—**er** Traber *m*. ▾—**erij** Trabrennen *s*.
dreef (*laan*) Allee *w*; (*landbouw*) Au *w*; *op —* (*zijn*), im Zuge, in Schwung; *niet op —* (*kunnen komen*), nicht in Gang.
dreg Dragge *w*, Dregganker *m*. ▾—**gen** dreggen.
dreig/brief Drohbrief *m*. ▾—**ement** Drohung *w*. ▾—**en** drohen; *iem met iets —*, e.m mit etwas drohen. ▾—**end** drohend; bedrohlich. ▾—**ing** Drohung *w*.
drein/en quengeln. ▾—**er** Quengler *m*.
drek Dreck, Kot *m*.
drempel Schwelle *w*; (*v. sluis*) Drempel *m*. ▾—**vrees** Schwellenangst, Angstschwelle *w*.
drenk/eling Ertrinkende(r) *m*; (*dood of bewusteloos*) Ertrunkene(r) *m*. ▾—**en** tränken. ▾—**plaats** Tränke, Schwemme *w*.
drentelen schlendern.
drenzen *zie* **dreinen**.
dress/eren dressieren, abrichten. ▾—**eur** Dresseur *m*.
dressing Dressing *s*.
dressoir Büfett *s*, Anrichte *w*.
dressuur Dressur, Abrichtung *w*.
dreumes Knirps *m*.
dreun Dröhnen *s*; (*eentonige voordracht*) Singsang *m*. ▾—**en** dröhnen.
drevel Durchschlag *m*.
dribbelen trippeln; (*bij voetballen*) dribbeln.
drie drei; *met zijn* (*ons*) *—ën*, zu drei, zu dritt; *alle goeie dingen in —ën*, aller guten Dinge sind drei; *geen — kunnen tellen*, nicht bis drei zählen können. ▾**drie(-)** *zie ook* **vier(-)**. ▾—**baansweg** Straße *w* mit drei Fahrbahnen; dreispurige Straße; (*rijbaan met 3 rijstroken*) dreispurige Fahrbahn. ▾—**dekker** Drie/decker *m*. ▾—**delig** d.teilig. ▾—**dimensionaal** d.dimensional; *driedimensionale film, zie ook* **dieptefilm**. ▾—**dubbel** d.fach; (*dubbel en dwars*) doppelt und d.fach. ▾—**éénheid** D.einigkeit *w*. ▾—**ëndertig-toerenplaat** Schallplatte *w* mit 33 Touren. ▾—**ërlei** d.erlei.
driehoek Dreieck *s*. ▾—**ig** d.ig. ▾—**smeting** D.smessung *w*. ▾—**sruil** D.stausch *m*. ▾—**sverhouding** Dreiecksverhältnis.
drie/kant(ig) dreikantig. ▾—**kleur** rotweißblaue Fahne; (*Frankr.*) Trikolore *w*.
Driekoningen Drei Könige; (*feestdag*) Dreikönigsfest *s*.
driekwart dreiviertel. ▾—**smaat** D.takt *m*.
drie/ledig dreigliedrig. ▾—**ling** Drilling *m*. ▾—**luik** Triptychon *s*. ▾—**maal** dreimal. ▾—**maandelijks** dreimonatlich. ▾—**manschap** Triumvirat *s*. ▾—**master** Drei/master *m*. ▾—**mijlszone** D.meilenzone *w*. ▾—**pits** (*v. gasstel enz.*) D.flammenbrenner *m*. ▾—**ploegenstelsel** D.schichtensystem *s*. ▾—**poot** D.bein *s*; (*drievoet*) D.fuß *m*. ▾—**puntslanding** D.punktlandung *w*. ▾—**slagstelsel** D.felderwirtschaft *w*. ▾—**sprong** D.weg *m*.
driest dreist, keck; (*brutaal*) frech. ▾—**heid** Dreistigkeit *w*.
drie/tal Drei/zahl *w*; *een —* (*boeken*), (etwa) drei. ▾—**tand** D.zack *m*. ▾—**trapsraket** (*ruimtev.*) dreistufige Rakete, Dreistufenrakete. ▾—**versnellingsnaaf** D.ganggetriebe *s*. ▾—**voud**: *in —*, in d.facher Ausfertigung, d.fach, in triplo. ▾—**voudig** d.fach, d.fältig. ▾—**vuldigheid** D.faltigkeit *w*. ▾**D—vuldigheidszondag** (Sonntag) Trinitatis, Fest der allerheiligsten D.faltigkeit. ▾—**wegkraan** D.wegehahn *m*. ▾—**werf** d.mal; *een — hoezee*, ein d.maliges Hurra. ▾—**wieler** D.rad *s*, (*auto*) D.radkabinenroller *m*. ▾—**wielige bestelauto** D.radlieferwagen *m*.
drift Jähzorn *m*, Hitze *w*; (*hartstocht*) Leidenschaft *w*; (*in 't water*) Trift *w*; (*zijdelings afdrijven v. schip, vliegtuig*) Abtrieb *m*; *in —*, im Zorn; *op — raken*, (*v. schepen*) ins Treiben kommen, triftig werden. ▾—**bui** Zornausbruch *m*. ▾—**ig** (jäh)zornig, hitzig, auffahrend; *z. — maken*, s. ereifern; *— karakter*, auffahrendes Wesen. ▾—**kop** Hitzkopf *m*.
drijf/as Treib/achse *w*. ▾—**beitel** T. punzen *m*. ▾—**gas** T.gas *s*. ▾—**hout** T.holz *s*. ▾—**ijs** T.eis *s*. ▾—**jacht** T.jagd *w*. ▾—**kracht** Triebkraft *w*. ▾—**nat** durch und durch naß. ▾—**riem** Treib/riemen *m*. ▾—**schaal** Blumenschale *w*. ▾—**stang** T.-, Pleuelstange *w*. ▾—**veer** Triebfeder *w*. ▾—**werk** (*gedreven metaal*) getriebene Arbeit; (*werktuig*) Getriebe *s*. ▾—**wiel** Treibrad, Triebrad *s*, (*vliegwiel*) Schwungrad *s*. ▾—**zand** Treib-, Schwemmsand *m*.
drijv/en treiben; (*aan oppervlakte v. vloeistof blijven*) schwimmen; (*zeer nat zijn*) durchnäßt

sein; (*de wolken*) — *door de lucht*, ziehen am Himmel; (*de vogel*) *drijft op zijn wieken*, schwebt auf seinen Flügeln; (*de melk*) *dreef over de tafel*, floß über den Tisch; *de tafel dreef van de melk*, die Milch schwamm auf dem Tisch; (*de hele gang*) *drijft*, schwimmt. ▾**—er** Treiber *m*; (*op vloeistof drijvend*) Schwimmer *m*; (*dweper*) Fanatiker *m*; (*opruier*) Aufwiegler *m*. ▾**—erij** Fanatismus *m*.
dril 1 (*boor*) Drillbohrer *m*; **2** (*weefsel*) Drillich *m*; **3** (*gelei*) Gallerte *w*; **4** (*kikkerdril*) Laich *m*. ▾**—len** drillen.
dring/en I *on.w* dringen. **II** *ov.w* drängen; *zich op de voorgrond* —, s. in den Vordergrund drängen; *dring niet zo!*, dränge nicht so!; (*de tijd*) *dringt*, drängt; *er werd vreselijk gedrongen*, es war ein schreckliches Gedränge. ▾**—end** dringend; — (*om iets verzoeken*), d., angelegentlich(st), inständig.
drink/baar trinkbar. ▾**—bak** (*v. vee*) Tränktrog *m*. ▾**—bakje** Trink/näpfchen *s*. ▾**—beker** T.becher *m*. ▾**—ebroer** Zechbruder *m*. ▾**—en** t.en; (*v. grotere dieren*) saufen. ▾**—er** T.er *m*. ▾**—gelag** T.gelage *s*. ▾**—plaats** Tränke *w*. ▾**—water** Trinkwasser *s*. ▾**—watervoorziening** Trinkwasserversorgung *w*.
drive Drive *m*. ▾**—-in** (*bioscoop*) Drive-in-Kino, Autokino *s*; (*restaurant*) Drive-in-Restaurant *s*; (*loket v. bank*) Autoschalter *m*.
droef traurig, betrübt. ▾**—enis** Trauer, Betrübnis *w*. ▾**—geestig** schwermütig, trübselig. ▾**—geestigheid** Trübseligkeit, Schwermut *w*. ▾**—heid** Trauer, Traurigkeit *w*.
droes (*paardeziekte*) Druse *w*.
droesem Bodensatz *m*, Hefe *w*.
droevig traurig.
drogbeeld Trugbild *s*.
drog/en trocknen; (*v. fruit, groenten*) dörren; *gedroogd fruit*, Dörrobst *s*. ▾**—erij** Trocken/raum *m*; (*inrichting*) T.anlage *w*, (*v. fruit, groente*) Dörranlage *w*. ▾**—erijen** Drog/en-, D.eriewaren *Mz*. ▾**—ist** D.ist, D.enhändler *m*. ▾**—isterij** D.erie, D.enhandlung *w*.
drogreden Truggrund *m*. ▾**—aar** Sophist *m*.
drol Kötel *m*.
drom Haufen *m*; *in dichte —men*, in hellen Haufen.
dromedaris Dromedar *s*.
drom/en träumen; *dat had ik nooit kunnen* — dat hätte ich mir nicht t. lassen. ▾**—er** Träumer *m*. ▾**—erig** träumerisch. ▾**—erigheid** Verträumtheit *w*. ▾**—erij** Träumerei *w*.
drommel: (*een arme*) —, Schlucker, Teufel *m*; *dank je de —!*, das danke dir der Henker!; *loop naar de —!*, zum Teufel!; *om de — niet!*, beileibe nicht! ▾**drommels** verteufelt, verflucht; *die —e jongen*, der Teufelsjunge; (*niet ongunstig*) der fabelhafte Junge; *—!*, Teufel noch einmal!
dronk Trunk, Schluck *m*; *een — instellen op iem.*, eine Gesundheit auf e.n ausbringen. ▾**—aard** Trunkenbold *m*. ▾**—eman** Betrunkene(r) *m*. ▾**—emanstaal** tolles Geschwätz. ▾**—en** betrunken; — *voeren*, betrunken machen; — *van vreugde*, freudetrunken. ▾**—enschap** Betrunkenheit *w*.
droog trocken; — *houden!*, vor Nässe zu schützen! ▾**—bloem** T.blume *w*. ▾**—doek** T.tuch *s*. ▾**—dok** T.dock *s*. ▾**—heid** T.heit *w*. ▾**—houden** trockenhalten; *—!* (*op verpakking*), vor Feuchtigkeit zu schützen! ▾**—installatie** T.anlage *w*. ▾**—je**: *op een — zitten*, t. sitzen. ▾**—jes** t. ▾**—kamer** T.raum *m*. ▾**—kap** T.haube *w*. ▾**—komiek**: *hij is een* —, er hat e.n t.en Humor. ▾**—leggen** t.legen. ▾**—legging** T.legung *w*. ▾**—lijn** T.leine *w*. ▾**—makerij** T.legung *w*. ▾**—malen** t.mahlen. ▾**—molen** Wäsche-Trockenschirm *m*, Trockenspinne *w*. ▾**—oven** T.ofen *m*; (*voor fruit enz.*) Darre *w*. ▾**—pruim(er)** lederner Kerl. ▾**—rek** T.ständer, Wäschetrockner *m*. ▾**—scheerapparaat** T.rasierapparat *m*. ▾**—shampoo** T.shampo, T.schampun *s*. ▾**—stoppel** öder Kerl. ▾**—te** T.heit *w*; (*erg droog weer*) Dürre *w*. ▾**—trommel** T.trommel *w*. ▾**—vallen** t.fallen. ▾**—voets** trocknen Fußes. ▾**—zolder** Trockenboden *m*.
droom Traum *m*; *dromen zijn bedrog*, Träume sind Schäume; *iem. uit de — helpen*, e.n. aufklären. ▾**—beeld** Traum/bild *s*. ▾**—gezicht** T.gesicht *s*. ▾**—uitlegger** T.deuter *m*. ▾**—uitlegging** T.deutung *w*.
drop 1 (*druppel*) Tropfen *m*; *in de* — (*staan*), in der Traufe; *van de regen in de* — (*komen*), vom Regen in die Traufe; **2** (*medicament*) Lakritze *w*; *—je* (*tegen hoest enz.*) Salmiakpastille *w*. ▾**—pen 1** (*druppen*) tropfen, tröpfeln; **2** (*uit vliegtuig*) abwerfen.
drossen ausreißen.
drost Drost *m*.
drug Droge *w*; Rauschgift *s*; *hard, soft —s*, harte, weiche Drogen; *verslaafde aan —s*, Drogenabhängige(r) *m*, Rauschgiftsüchtige(r). ▾**—gebruik** Drogenkonsum, Rauschmittelgenuß *m*. ▾**—handel** Rauschgifthandel *m*. ▾**—handelaar** Rauschgifthändler *m*. ▾**—probleem** Drogenproblem *s*.
drugstore Drugstore *m*.
druif Traube *w*; (*aparte bes*) Weinbeere *w*.
druil/erig (*weer*) trübe, regnerisch. ▾**—oor** Dussel *m*.
druip/en triefen; (*druppelen*) tröpfeln, tropfen, (*zakken voor examen*) durchfallen; *hij droop van de regen*, er triefte vom Regen. ▾**—nat** triefnaß, durch und durch naß. ▾**—neus** Triefnase *w*. ▾**—steen** Tropfstein *m*. ▾**—steengrot** Tropfsteinhöhle *w*.
druisen rauschen.
druiven/kas Traube/ntreibhaus *s*. ▾**—oogst** Weinlese *w*. ▾**—pers** Kelter *w*. ▾**—plukker** Weinleser *m*. ▾**—tros** T. *w*. ▾**druive/sap** T.nsaft *m*. ▾**—suiker** T.nzucker *m*.
druk I *zn* Druck *m*; (*oplaag*) Auflage *w*; *onder hoge* —, unter Hochdruck; *—ken* (*van 6 en 10 atmosfeer*), Drücke; *in — geven*, in D. geben; *nieuwe* —, neue A., Neudruck; *de tweede* —, (*v.e. boek*) die zweite A. **II** *bn & bw* (*levendig*) lebhaft, rege, (*v. straat*) belebt; (*druk bezet, bezig*) sehr beschäftigt; (*altijd bezig, in actie*) geschäftig, rührig; (*beweeglijk*) beweglich, unruhig; (*vlijtig, naarstig*) eifrig; (*druk bezocht*) stark besucht; (*zwaar, moeilijk*) schwer, anstrengend; *—ke bezigheden hebben*, sehr beschäftigt sein; *—ke zaak*, stark besuchtes Geschäft; *een —ke dag* (*hebben*), e.n schweren, anstrengenden Tag; (*deze zaak*) *heeft het* —, hat e.n großen Zuspruch; *het is* — (*op de markt*), es herrscht ein lebhaftes Treiben; *er wordt — over gesproken*, man redet viel davon; *z. — maken*, s. aufregen; *z. niet — maken*, (*ook*) s. nicht überarbeiten. ▾**—cabine** Druck(ausgleichs)kabine *w*. ▾**—fout** Druck/fehler *m*. ▾**—foutenduivel** D.fehlerkobold *m*. ▾**—inkt** D.erschwärze *w*. ▾**—kajuit** Überdruckkabine *w*. ▾**—meter** D.messer *m*. ▾**drukk/en** drücken; (*v. boek enz.*) drucken; *er drukt een zware zorg op hem*, eine schwere Sorge lastet auf ihm; *gedrukt en uitgegeven bij*, Druck und Verlag von.

▼**—end** drückend; (*v. weer, ook*) schwül. ▼**—er** Drucker *m*; (*drukknop*) Drücker *m*. ▼**—erij** Druckerei *w*. ▼**—ing** Druck *m*; *hoge, lage —*, Hoch-, Tiefdruck *m*. ▼**druk/knoopje, —knop** Druck/knopf *m*. ▼**—kosten** D.kosten *Mz*. ▼**—kunst** D.erkunst *w*. ▼**—letter** D.buchstabe *m*. ▼**—pak** (*ruimtev.*) Druckanzug *m*. ▼**—pers** D.presse *w*; *vrijheid van —*, Pressefreiheit *w*. ▼**—proef** Korrekturbogen *m*, Druckfahne *w*; *een — corrigeren*, eine Korrektur lesen. ▼**—raam** D.rahmen *m*; (*fot.*) Kopierrahmen *m*.
drukte (*levendigheid*) Lebhaftigkeit *w*; (*vertier*) reges Leben; (*het druk bezig zijn*) Geschäftigkeit *w*; (*bedrijvigheid in industrie enz.*) Beschäftigung *w*; (*activiteit*) Rührigkeit *w*; (*gedrang*) Gedränge *s*; (*gewoel*) Gewühl *s*; (*lawaai*) Lärm *m*; (*moeite*) Mühe *w*; (*op de markt heerst altijd*) *een grote —*, ein lebhaftes Treiben; *grote —*, (*bijv. op suikerfabriek in campagnetijd*) Hochbetrieb *m*; *veel — van iets* (*maken*), viel Aufhebens von etwas; (*je moet om ons*) *geen —* (*maken*), keine Umstände *Mz*; *maak toch niet zo'n —*, (*wind je niet zo op*) rege dich nicht so auf; *veel — maken*; (*opscheppen*) dicktun, s. mausig machen; *door de —* (*heb ik het vergeten*), wegen der vielen Geschäfte. ▼**—maker** (*lawaaimaker*) Lärmmacher *m*; (*opschepper*) Dicktuer *m*; (*praatjesmaker*) Schwätzer, Flausenmacher *m*.
druktoets Drucktaste *w*.
drukwerk (*op envelop*) Drucksache *w*; (*de post bracht*) *allemaal —*, alles Drucksachen; *fraai —*, (*b.v. 'n plaat*) schöne Druckerarbeit, (*deze drukker levert fraai*) *—*, Druckwerk *s*.
drum/mer Schlagzeuger *m*. ▼**—stel** Jazzbatterie *w*.
druppel Tropfen *m*; *op elkaar lijken als twee —s water*, s. gleichen wie ein Ei dem anderen. ▼**—en** tröpfeln, tropfen. ▼**—flesje** Tropffläschchen *s*. ▼**—sgewijze** tropfenweise. ▼**—teller** Tropfen/zähler *m*. ▼**—vanger** T.fänger *m*.
D-trein D-Zug, Durchgangszug *m*.
dualisme Dualismus *m*.
dubbel doppelt; (*v. bloem, ook*) gefüllt; *—e bodem*, Doppelboden *m*; *—e rol*, Doppelrolle *w*, (*ongunstig*) doppelte Rolle; *— spel*, Doppelspiel *s*, (*ongunstig*) doppeltes Spiel; *— en dwars*, doppelt und dreifach; *—e*, (*bijv. van postzegels enz.*) Doppelstück, Doppeltexemplar *s*. ▼**—boekhouden** Doppelbuchhaltung *w*, doppelte Buchführung. ▼**—en** doppeln. ▼**—ganger** Doppel(gänger) *m*. ▼**—hartig** doppelherzig. ▼**—koolzure soda** doppel(t)kohlensaures Natron. ▼**—loopsgeweer** Doppel/flinte *w*. ▼**—polig** d.polig. ▼**—punt** D.punkt *m*. ▼**—spel** D.(spiel) *s*. ▼**—spoor** D.gleis *s*. ▼**—stekker** D.stecker *m*. ▼**—-T-anker** I-, H-Anker *m*. ▼**—-T-ijzer** Doppel-T-Eisen *s*.
dubbeltje Zehncentstück *s*; *het is een — op zijn kant*, es steht auf des Messers Schneide; *je weet nooit hoe een — kan rollen*, man weiß nie, wie der Hase läuft; *op de —s letten*, auf den Pfennig achten.
dubbel/zinnig zwei-, doppeldeutig; (*met tweevoudige betekenis*) doppelsinnig; (*schuin*) zweideutig. ▼**—zinnigheid** Zwei-, Doppeldeutigkeit *w*; Doppelsinn *m*.
dubben (*nadenken*) sinnen, grübeln; (*weifelen*) schwanken. ▼**dubieus** dubios, dubiös, zweifelhaft. ▼**dubio**: *in — staan*, im Zweifel sein.
ducht/en fürchten, befürchten; *te —* (*hebben zijn*), zu b. ▼**—ig** tüchtig, gehörig.
duel Duell *s*; (*v. studenten*) Mensur *w*. ▼**—leren** s. duellieren, s. schlagen; *op de degen —*, s. auf Degen schl. ▼**—list** Duellant *m*.
duet Duett *s*.
duf dumpf(ig), muffig.
duffel Düffel *m*; (*duffelse jas*) D.mantel, D.rock *m*.
dufheid Dumpfheit, Dumpfigkeit *w*.
duidelijk deutlich; (*begrijpelijk, ook*) verständlich; (*klaar, helder*) klar. ▼**—heid** D.keit, Klarheit *w*. ▼**—heidshalve** d.keitshalber.
duiden deuten, erklären; (*dat*) *duidt op hem*, zielt auf ihn; *ten goede —*, zum besten deuten.
duif Taube *w*; *iem. onder zijn duiven schieten*, e.m ins Gehege kommen, (*oneerlijke concurrentie*) ins Handwerk pfuschen. ▼**—je** Täubchen *s*.
duig Daube *w*; *in —en vallen*, mißlingen, scheitern, zu Wasser werden, in die Brüche gehen.
duik Kopfsprung *m*; (*duikvlucht*) Sturzflug *m*; *een — nemen*, tauchen. ▼**—bommenwerper** Sturzbomber *m*, Sturzkampfflugzeug *s*, Stuka *m*. ▼**—boot** Unterseeboot, U-Boot *s*. ▼**—bootbasis** Unterseebootstützpunkt *m*. ▼**—bootjager** U-Boot-Jäger *m*. ▼**—bril** Taucherbrille *w*.
duikel/aar Stehauf *m*, Stehauf-, Purzelmännchen *s*. ▼**—en** e.n Purzelbaum schlagen; (*tuimelend vallen*) purzeln; (*fig.*) purzeln. ▼**—ing** Purzelbaum *m*.
duik/en tauchen; (*bukken*) s. ducken. ▼**—er** Taucher *m*; (*waterdoorlaat*) Düker *m*. ▼**—erklok** Taucher/glocke *w*. ▼**—erpak** T.anzug *m*. ▼**—ersluis** Schützendüker *m*. ▼**—vlucht** Sturzflug *m*.
duim Daumen *m*; (*maat*) Zoll *m*; (*haakje*) Haken *m*; *iem. onder de — houden*, e.m den D. aufs Auge halten; *uit zijn —* (*zuigen*), aus den Fingern. ▼**—breed**: *geen —* (*wijken*), keinen Zollbreit. ▼**—dik** daumendick. ▼**—eling**, ▼**—elot** Däumling *m*. ▼**—en**: *voor iem. —*, e.m den Daumen halten. ▼**—pje**: (*iets*) *op zijn — kennen*, aus dem Effeff verstehen; *hij kent zijn les op zijn —*, er kann seine Lektion an den Fingern hersagen; *Klein Duimpje*, Däumling *m*. ▼**—schroef** Daumenschraube *w*. ▼**—spijkertje** Heftzwecke *w*. ▼**—stok** Zollstock *m*, Metermaß *s*; (*opvouwbaar*) Schmiege *w*. ▼**—zuigen** (*v. kinderen*) am Daumen lutschen.
duin Düne *w*. ▼**—gras** D.ngras *s*, Strandhafer *m*.
Duinkerken Dünkirchen *s*.
duin/pan Dünen/kessel *m*. ▼**—water** D.wasser *s*.
duister I *bn* dunkel; (*helemaal donker*) finster; (*onbegrijpelijk, onzeker, vaag*) dunkel; (*dreigend, onheilspellend*) finster; (*somber*) düster. **II** *zn* Dunkel *s*; *in het —* (*zitten*), im Dunkeln; (*een sprong*) *in het —*, ins Dunkle; *in het —* (*rondtasten*), im Finstern; (*omtrent iets*) *in het —* (*tasten*), im dunkeln, im finstern. ▼**—ling** Finsterling, Dunkelmann *m*. ▼**—nis** Finsternis, Dunkelheit *w*.
duit Deut *m*; *—en* (*hebben*), Moneten *Mz*, Moos *s*; (*hij heeft*) *geen rooie —*, keinen roten Heller; (*ook*) *een — in 't zakje doen*, seinen Senf dazu geben. ▼**—endief** Pfennigfuchser *m*.
Duits deutsch; *het —*, das Deutsche; *het mooie —*, das schöne Deutsch; *het — van de 18e eeuw*, das Deutsch des 18. Jahrhunderts; *zijn —*, sein Deutsch; *hij spreekt —*, er spricht Deutsch, er ist deutschsprachig; (*de moeilijkheden*) *van het —*, des Deutschen; (*de moeilijkheden*) *van het mooie —*, des schönen Deutsch; *met —* (*kun je daar terecht*), mit

Deutsch; *in het* — (*vindt men dit nog*), im Deutschen; *hoe is dit in het* (*op zijn*) —, (*ook*) wie ist dies auf deutsch; *in het — vertalen*, ins Deutsche übersetzen; (*zij is*) *een —e*, eine Deutsche. ▾**—er** Deutsche(r) *m*; *de —s*, die Deutschen; *—s*, Deutsche. ▾**—gezind** deutschfreundlich. ▾**—land** Deutschland *s*.

duiveëi Taubenei *s*.

duivel Teufel *m*; *loop naar de —!*, scher dich zum T.!; *de — mag weten* (*hoe dat kan!*), weiß der T.; *als men v.d. — spreekt, trapt men op zijn staart*, wenn man den T. an die Wand malt, dann kommt er; *het is of er de — mee speelt*, es ist doch rein wie verhext; *te dom om voor de — te dansen*, dumm wie Bohnenstroh; *een —tje in een doosje*, ein Schachtelmännchen. ▾**—bezweerder** T.sbeschwörer *m*. ▾**—bezwering** T.sbeschwörung *w*. ▾**—in** T.in *w*. ▾**—s** teuflisch; (*'t is*) *om — te worden*, zum Tollwerden. ▾**—skind** Teufel/skind *s*. ▾**—skunstenaar** T.skünstler *m*; (*tovenaar, ook*) Schwarzkünstler *m*.

duiven/hok Tauben/schlag *m*. ▾**—melker** T.züchter *m*. ▾**—plat, —slag, —til** T.schlag *m*. ▾**—sport** T.sport *m*. ▾**—wedstrijd** T.wettfliegen *s*.

duizel/en: *ik duizel*, mir schwindelt, es schwindelt mir, mir wird schwindlig; *mijn hoofd duizelt*, der Kopf schwindelt mir. ▾**—ig** schwindlig. ▾**—igheid, —ing** Schwindel *m*. ▾**—ingwekkend** schwindelerregend; *—e afgrond*, schwindelnder Abgrund.

duizend tausend; *het* —, das T.; *twee— mensen*, zweitausend Menschen; *een paar — mensen*, ein paar tausend Menschen; *—en mensen*, Tausende von Menschen; *—en arme mensen*, Tausende armer Menschen; (*het lot*) *van —en mensen*, tausender von Menschen; *—en en —en*, Tausende und aber Tausende; (*hij is*) *er een uit —en*, e.r unter Tausenden; *bij —en*, zu Tausenden; *ten* —, vom T. ▾**—-en-een-nacht** T. und eine Nacht. ▾**—erlei** t.erlei. ▾**—jarig** t.jährig. ▾**—maal** t.mal. ▾**—poot** T.füß(l)er *m*. ▾**—schoon** T.schön *s*. ▾**—ste** der (die, das) t.ste; *een —*(*deel*), ein T.stel. ▾**—tal** T. *s*; (*in rekenk.*) T.er *m*. ▾**—voud** T.fache(s) *s*. ▾**—voud(ig)** t.fach.

dukaat Dukaten *m*.

dukdalf Dückdalbe *w*.

duld/baar erträglich. ▾**—en** dulden; (*verdragen ook*) ertragen.

dumdumkogel Dumdumkugel *w*.

dummy Dummy *m*; (*in etalage ook*) Schaupackung *w*.

dumping Dumping *s*.

dun dünn; *—ne darm*, Dünndarm *m*; *dat is* — (*van hem*), kleinlich, (*laag*) niederträchtig. ▾**—bevolkt** d. bevölkert. ▾**—doek** Flagge *w*, Flaggentuch *s*. ▾**—drukeditie** Dünndruckausgabe *w*. ▾**—drukpapier** Dünndruckpapier *s*. ▾**—heid** Dünne, Dünnheit *w*.

dunk Meinung *w*; *een hoge — van iem.* (*hebben*), eine hohe M. von e.m; *geen grote — van iets hebben*, etwas nicht für bedeutungsvoll halten, (*er niet veel van verwachten*) s. nicht viel von etwas versprechen. ▾**—en**: *mij dunkt*, mich (mir) dünkt; *wat dunkt u ervan?*, was meinen Sie dazu?

dunnen dünnen; (*v. bos, gelederen*) lichten. ▾**dunnetjes** *zie* **dun**.

duo Duo *s*; (*duozitting*) Sozius(sitz) *m*. ▾**—passagier, —rijder** Sozius, Mitfahrer *m*. ▾**—passagiere, —rijdster** Sozia, Mitfahrerin *w*.

dupe Opfer *s*; *ik word er weer de — van*, ich muß es wieder entgelten; (*jij hebt het gedaan maar*) *ik word er de — van*, ich muß es ausbaden. ▾**—ren** düpieren.

dupl/exwoning Dupl/exwohnung *w*. ▾**—icaat** D.ikat *s*. ▾**—iceren** d.izieren. ▾**—iek** D.ik *w*. ▾**duplo**: *in* —, in duplo, in zweifacher Ausfertigung; *in — opmaken*, in zwei Exemplaren, doppelt ausfertigen.

duren dauern, währen; (*de onderhandelingen*) *— lang*, ziehen s. in die Länge.

durf Wagemut *m*, Kühnheit *w*. ▾**—al** Wagehals *m*. ▾**durven** wagen, sich getrauen, den Mut haben; (*iets onpassends*) s. unterstehen; *ik durf niet*, ich wage es nicht; *ik durfde niet* (*te*) *komen*, ich wagte (es) nicht zu kommen; *ik durf het niet te zeggen*, ich wage nicht, getraue mir nicht, habe den Mut nicht es zu sagen; *ik durf er niet in*, ich getraue mich nicht hinein, ich getraue mir nicht hineinzugehen, ich wage mich nicht hinein, ich wage (es) nicht hineinzugehen; *heb je zoiets tegen je vader — zeggen?*, hast du dich unterstanden so etwas zu deinem Vater zu sagen?

dus also, folglich. ▾**—danig I** *bn* solch, derartig. **II** *bw* so, derart.

duster Morgenrock *m*.

dusver(re): *tot* —, bis soweit, (*tot nog toe*) bisher, bis jetzt; *zijn gedrag tot* —, sein bisheriges Benehmen.

dut/je: *een — doen*, ein Schläfchen, Nickerchen machen. ▾**—ten** schlummern, ein Schläfchen machen.

duur I *zn* Dauer *w*; *kort, lang van* —, von kurzer, langer D.; (*niet*) *van* (*lange*) *— zijn*, von D., dauernd sein; *op den* —, auf die D.; *voor de — van twee jaar*, auf die D. von zwei Jahren. **II** *bn & bw* teuer. ▾**duurte** der hohe Preis; (*kostbaarheid*) Kostspieligkeit *w*; (*algemene prijsstijging*) Teuerung *w*. ▾**—toeslag** Teuerungszuschlag *m*.

duurzaam dauerhaft; (*lang aanhoudend*) dauernd. ▾**—heid** Dauerhaftigkeit *w*.

duvel *zie* **duivel, donder**. ▾**—en** *zie* **donderen**. ▾**—stoejager** Faktotum *s*.

duw Stoß *m*; (*om voort te duwen, ook*) Schub *m*; (*hij kan*) *tegen een —tje*, e.n St. vertragen. ▾**—en** stoßen; (*voortduwen bijv. wagen*) schieben; *duw* (*dring*) *niet zo!*, dränge nicht so!; (*iem. iets*) *in de hand* —, in die Hand drücken. ▾**—boot** Schubschiff *s*. ▾**—vaart** Schubfahrt *w*.

dwaal Altartuch *s*.

dwaal/begrip falscher Begriff. ▾**—leer** Irr/lehre *w*. ▾**—licht** I.licht *s*. ▾**—spoor** I.weg *m*; (*iem.*) *op een — brengen*, irreführen; *op een — raken*, vom Wege abkommen, (*fig.*) auf den Holzweg geraten.

dwaas I *bn & bw* töricht, närrisch; (*onnozel*) albern. **II** *zn* Tor, Narr *m*. ▾**—heid** Torheit, Narrheit *w*; (*onzin*) Unsinn *m*; *dwaasheden vertellen*, Unsinn reden; *dwaasheden uithalen*, Dummheiten machen.

dwal/en irren; (*ronddolen*) umher-, herumirren; (*z. vergissen*) s. irren. ▾**—ing** Irrtum *s*.

dwang Zwang *m*. ▾**—arbeid** Zwangs/arbeit *w*. ▾**—arbeider** Z.arbeiter *m*. ▾**—bevel** Z.befehl *m*. ▾**—buis** Z.jacke *w*. ▾**—maatregel** Z.maßregel *w*. ▾**—positie** Z.lage *w*. ▾**—som** Z.summe *w*. ▾**—voorstelling** Z.vorstellung *w*.

dwarrel/en wirbeln. ▾**—ing** Wirbel *m*.

dwars quer; (*dwarsdrijverig*) querköpfig; (*weerbarstig*) störrisch; (*scheepst., ook*) dwars; *—e doorsnede*, Querschnitt *m*; *— door een gebied trekken*, ein Gebiet durchqueren; *iem. — zitten*, e.m entgegenarbeiten, e.m in die Quere kommen; (*dat*) *zit me* —, kann ich nicht verschmerzen, wurmt mich. ▾**—balk**

Querbalken *m.* ▾—**bomen**: *iem.* —, e.m entgegenarbeiten, e.m Hindernisse in den Weg legen; (*iemands plannen*) hintertreiben. ▾—**doorsnede** Quer/schnitt *m.* ▾—**drijver** Q.treiber, Q.kopf *m.* ▾—**fluit** Q.flöte *w.* ▾—**gestreept** q.gestreift. ▾—**heid** Q.köpfigkeit, Störrigkeit *w.* ▾—**hout** Q.holz *m.* ▾—**kijker** Aufpasser *m.* ▾—**kop** Q.kopf *m.* ▾—**ligger** Schwelle *w.* ▾—**scheeps** dwars-, q.schiffs. ▾—**schip** Q.schiff *s.* ▾—**straat** Q.straße *w.* ▾—**streep(je)** Q.strich *m.* ▾—**te** Q.e *w*; *in de* —, q., nach der Q.e. ▾—**wind** (*scheepst.*) Dwarswind *m.*

dweep/ster Schwärmerin *w*; (*fanatiek*) Fanatikerin *w.* ▾—**ziek** schwärmerisch; fanatisch. ▾—**zucht** Schwärmerei *w*; Fanatismus *m.*

dweil 1 Aufnehmer, Scheuerlappen *m*; **2** (*meisje*) Dirne *w.* ▾—**en** aufnehmen, -waschen.

dwep/en schwärmen; (*fanatiek*) fanatisieren; — *met* (*een dichter*), schwärmen für. ▾—**er** Schwärmer *m*; (*fanaticus*) Fanatiker *m.* ▾—**erij** Schwärmerei *w*; Fanatismus *m.*

dwerg Zwerg *m.* ▾—**achtig** z.(en)haft, z.artig. ▾—**den** Z.kiefer *w.* ▾—**volk** Z.volk *s.*

dwing/eland Tyrann *m.* ▾—**elandij** T.ei *w.* ▾—**en** zwingen, nötigen; (*v. kind*) quengeln; *gedwongen lening, verkoping*, Zwangs/anleihe *w*, Z.versteigerung *w.* ▾—**erig** quengelig.

dynamica Dynamik *w.*

dynamiet Dynamit *s.*

dynamisch dynamisch. ▾**dynamo** Dynamo *m*, D.maschine *w*, Stromerzeuger *m.*

dynast/ie Dynastie *w.* ▾—**iek** dynastisch.

dysenterie Dysenterie, Ruhr *w.*

e E *s.*

eau de cologne Kölnischwasser *s*, Kölnisches Wasser, Eau de Cologne *s.*

eb(be) Ebbe *w.* ▾**ebbe/boom** Eben/baum *m.* ▾—**hout** E.holz *s.* ▾—**houten** E.holz... ▾**ebben I** *ww* ebben. **II** *bn zie* **ebbehouten**. ▾**ebdeur** Ebbtor *s.*

eboniet Ebonit *s*, Hartgummi *m.* ▾—**en** Ebonit..., Hartgummi...

ecarteren ekartieren, wegwerfen, wegtun, beseitigen; (Karten) weglegen; Ekarté spielen; *een mogelijkheid* —, e.n Fall ausschließen.

echec Schlappe *w*, Mißerfolg *m*, Fehlschlag *m*; *een* — *lijden*, eine S. erleiden, (*mislukken*) scheitern, fehlschlagen.

echelon Staffelstellung *w.*

echo Echo *s*, Widerhall *m*; (*tv*) Doppelbild *s.* ▾—**ën** echoen, widerhallen. ▾—**lood** Echolot *s.*

echt I *bn & bw* echt; (*erg, juist, zeer*) recht; (*waar*) wahr; (*zodanig als behoort te zijn*) richtig; (*werkelijk, heus*) wirklich; —*e parels*, echte Perlen; — *v. kleur*, farbecht; (*ik ben*) — *geschrokken*, recht erschrocken; *iets* — *doms*, etwas recht Dummes; (*het was*) *een* — *genot*, ein richtiger Genuß; (*dat is nog eens*) *een* —*e winter*, ein richtiger Winter; *een* —*e Hollander*, ein richtiger, kerniger Holländer; *een* —*e kunstenaar*, ein richtiger, zünftiger Künstler; —*e* (*en onechte kinderen*), eheliche. **II** *zn* Ehe *w*; *in de* — *verbinden*, ehelich verbinden.

echt/breker Ehe/brecher *m.* ▾—**breuk** E.bruch *m*; — *plegen*, E.bruch begehen, ehebrüchig werden. ▾—**elieden** E.leute *Mz.* ▾—**elijk** ehelich; Ehe...; —*e staat*, Ehestand *m.*

echten legitimieren, anerkennen.

echter aber, jedoch.

echt/genoot Gatte *m.* ▾—**genote** Gattin *w.*

echtheid Echtheit *w*; (*authenticiteit*) Authentizität *w.*

echt/paar Ehe/paar *s.* ▾—**scheiding** E.scheidung *w*; — *aanvragen*, E.scheidung beantragen, auf Scheidung klagen. ▾—**verbintenis** E.bund *m.*

eclip/s Eklipse *w.* ▾—**seren** eklipsieren; (*fig.*) s. davonmachen. ▾—**tica** Ekliptik *w.*

ecolog/ie Ökolog/ie *w.* ▾—**isch** ö.isch; — *evenwicht*, ökologisches Gleichgewicht. ▾**ecoloog** Ökologe *m.*

econ/ometrie Ökonometrie *w.* ▾—**omie** Wirtschaft *w*; (*als wetenschap*) Wirtschaftslehre, Ökonomie *w*; *geleide* —, gelenkte Wirtschaft, Planwirtschaft, Wirtschaftslenkung *w.* ▾—**omisch** wirtschaftlich, ökonomisch; (*zuinig, ook*) haushälterisch; — *en administratief onderwijs*, Wirtschafts- und Verwaltungsunterricht; *school voor hoger, middelbaar, lager en administratief onderwijs*, höhere, mittlere, elementare Schule für Wirtschafts- und Verwaltungsunterricht; —*e gemeenschap, hogeschool, politiek, toestand*,

Wirtschafts/gemeinschaft *w*, W.hochschule *w*, W.politik *w*, W.lage *w*; *minister van —e zaken*, W.minister *m*. ▾**—oom** Ökonom, Wirtschaftler *m*.
eczeem Ekzem *s*.
e.d. u.(nd) ä.(hnliche).
Edammer: *— kaas*, Edamer Käse *m*.
edel edel; (*v. adel, ook*) ad(e)lig; *— wild*, Edelwild *s*; *de —en*, die Adligen. ▾**—achtbaar** hochwohlgeboren; *Edelachtbare heer!*, Ew. (= Euer) Hochwohlgeboren!; *Edelachtbare!*, (*aanspreking*) Herr Bürgermeister, Herr Richter. ▾**—hert** Edel/hirsch *m*. ▾**—knaap** Knappe, Page *m*. ▾**—lieden** E.leute *Mz*. ▾**—man** E.mann *m*. ▾**—moedig** e.mütig. ▾**—moedigheid** E.mut *m*. ▾**—smid** E.schmied *m*. ▾**—steen** E.stein *m*. ▾**—vrouw** E.frau *w*.
editie Ausgabe *w*; (*oplage*) Auflage *w*.
educatief erzieherisch, erziehlich.
eed Eid *m*; *— van trouw*, Treueid; *— op het vaandel*, Fahneneid; *een — afleggen*, e.n E. ablegen, schwören; *in iemands handen de — afleggen*, von e.m vereidigt werden, *de — op het vaandel afleggen*, zur Fahne schwören; (*iem.*) *de — (op de grondwet) laten afleggen*, (auf die Verfassung) vereidigen; (*iem.*) *de — van trouw laten afleggen*, in E. und Pflicht nehmen; *een — doen*, e.n E. leisten; *ik durf er een — op te doen*, ich lege e.n E. darauf ab, ich möchte darauf schwören; *onder ede bevestigen*, eidlich bekräftigen, erhärten; *verklaring onder ede*, eidliche Erklärung. ▾**—(s)aflegging** Eidesleistung *w*. ▾**—afneming** Vereidigung *w*. ▾**—breuk** Eidbruch *m*. ▾**—genoot** Eidgenosse *m*. ▾**—genootschap** Eidgenossenschaft *w*. ▾**—(s)formule** Eidesformel *w*.
E.E.G. *zie* **Europees**.
eega(de) Gatte *m*, Gattin *w*.
eekhoorn Eichhörnchen *s*. ▾**—tjesbrood** Steinpilz *m*.
eelt Schwielen *Mz*, Schwiele *w*. ▾**—achtig** schwielig. ▾**—(er)ig** schwielig. ▾**—knobbel** Schwiele *w*. ▾**—plek** Schwiele *w*.
een ein, (eine, ein); —, (*twee, drie*), eins; *— v. d. zonen, dochters, kinderen*, einer der Söhne, eine der Töchter, ein(e)s der Kinder; *de ene zoon*, der eine Sohn; *mijn ene zoon*, mein einer Sohn; *— keer — is —*, einmal eins ist eins; *—entwintig*, einundzwanzig; (*het is*) *— uur*, ein Uhr, eins; *half —*, halb eins; *'n —*, eine Eins; *er nog —(tje) drinken*, noch eins trinken; *— twintig mensen, — man of twintig*, etwa zwanzig Leute; *— tot twee uur*, ein bis zwei Stunden; (*man en vrouw zijn*) —, eins; *— voor —*, einer nach dem andern; *de — of ander*, irgend einer; *het — en ander*, dieses und jenes, einiges; *de — moet de ander helpen*, einer muß dem andern helfen; (*ik heb twee broers;*) *de ene* (*is groot, de andere klein*), der eine; *'t — door 't ander gerekend*, eins ins andere gerechnet; *op — na de beste*, der zweitbeste; *— op de vier*, jeder vierte; *— en al onzin*, nichts als Unsinn; (*ik ben*) *— en al oor*, ganz Ohr. ▾**een-** *zie ook* **vier-**. ▾**een/akter** Einakter *m*. ▾**—armig** einarmig. ▾**—bladig** (*plk.*) einblätt(e)rig. ▾**—bultig** einhöckrig. ▾**—cellig** einzellig.
eend Ente *w*; *tamme —*, Hausente; *wilde —*, Wildente; *domme —*, (*vrouw*) dumme Gans, (*man*) Schafskopf *m*; *een vreemde — in de bijt*, eine fremde E. im Loch.
een/daags, —dags eintägig. ▾**—dagskuiken** Eintagsküken *s*. ▾**—dagsvlieg** Eintagsfliege *w*.
eendejacht Entenjagd *w*.
eendekker Eindecker *m*.
eende/kroos Enten/grün *s*. ▾**—nkooi** E.koje *w*, E.herd *m*.
eender gleich; *het is mij totaal —*, es ist mir gleichgültig, ganz egal, einerlei.
een/dracht Eintracht, Einigkeit *w*; *— maakt macht*, Einigkeit macht stark. ▾**—drachtig** einträchtig. ▾**—eiig** eineiig. ▾**—gezinswoning** Einfamilienhaus *s*. ▾**—handig** einhändig. ▾**—heid** Einheit *w*; (*in getallen*) Einer *m*. ▾**—heidsfront** Einheitsfront *w*. ▾**—heidsprijs** Einheitspreis *m*. ▾**—hoevig** einhufig; *— dier*, Einhufer *m*. ▾**—hoofdig**: *— bestuur*, Monarchie *w*; *—e leiding*, einheitliche Leitung. ▾**—huizig** einhäusig; *—e plant*, Einhäusler *m*. ▾**—jarig** einjährig. ▾**—kamerwoning** Einzimmerwohnung *w*. ▾**—kennig** scheu. ▾**—kennigheid** Scheuheit *w*. ▾**—kleurig** einfarbig. ▾**—knops...** Einknopf... ▾**—lettergrepig** einsilbig. ▾**—ling** Einzelne(r). ▾**—maal** einmal; —, *andermaal, ten derden male*, zum ersten, zum zweiten, zum dritten Male. ▾**—mansschool** Einlehrerschule *w*. ▾**—manswagen** Einmannwagen *m*. ▾**—manszaak** Einzelfirma *w*. ▾**—ogig** einäugig. ▾**—oog** Einäugige(r) *m*. ▾**—pansmaaltijd** Eintopfessen *s*. ▾**—parig** einstimmig, einmütig; (*gelijkmatig*) gleichförmig; *met —e stemmen*, einstimmig, mit Einstimmigkeit; *—e beweging*, gleichförmige Bewegung. ▾**—parigheid** Einstimmigkeit; (*nat.*) Gleichförmigkeit *w*. ▾**—persoons** (*v. auto, roeiboot enz.*) einsitzig; (*v. bed*) einschläfrig; *—auto enz.*, Einsitzer *m*; *—kano*, Einer *m*; *—kamer*, Einzelzimmer *s*. ▾**—richtingsverkeer** Einbahnverkehr *m*; (*straat met*) —, Einbahnstraße *w*. ▾**—ruiter** Holländer Fenster.
eens (*ereis*) einmal; (*op zekere dag*) e., eines Tages; (*in verleden of toekomst*) einst; (*één keer*) einmal; (*eensgezind*) einig; (*akkoord*) einverstanden; *er was —*, es war (ein)mal; *hoor —!*, höre mal; (*hij kan*) *niet —* (*lezen*), nicht einmal, sogar nicht; *— en voor al*, ein für allemal; *— zo veel*, doppelt soviel; *— zo groot*, doppelt so groß; *het — worden, zijn* (*over iets*), einig werden, sein; *het* (*over een koop*) *— worden*, handelseinig werden; *het — zijn met iets, iem.*, mit etwas, mit e.m einverstanden sein; *daarin ben ik het volkomen met je —*, darin stimme ich vollkommen mit dir überein; *het met zichzelf niet —* (*zijn*), mit s. selbst nicht einig.
eensdeels einesteils, einerseits.
eens/gezind einig, einträchtig; (*eenstemmig*) einmütig, einhellig. ▾**—gezindheid** Einigkeit, Eintracht; Einmütigkeit, Einhelligkeit *w*.
eensklaps plötzlich, auf einmal.
eenslachtig eingeschlechtig.
eensluidend gleichlautend; *voor — afschrift, het hoofd* (*enz.*), die gleichlautende Abschrift bestätigt der Leiter (usw.).
een/stemmig einstimmig. ▾**—stemmigheid** Einstimmigkeit *w*.
eentje: *hij is er me —*, er ist mir auch einer; *op mijn —*, ganz allein.
een/tonig eintönig, einförmig. ▾**—tonigheid** Eintönigkeit *w*. ▾**—vormig** einförmig. ▾**—vormigheid** Einförmigkeit *w*.
eenvoud Einfachheit *w*. ▾**—ig** einfach; (*bescheiden*) anspruchslos; (*dat is*) — (*belachelijk*), einfach, geradezu. ▾**—igweg** einfach, geradezu.
eenwording Einigung *w*; Sicheinigwerden *s*.
eenzaam einsam; (*doods*) öde; *eenzame opsluiting*, Einzelhaft *w*. ▾**—heid** Einsamkeit

w.
eenzelvig zurückgezogen. ▾**—heid** Zurückgezogenheit, Eingezogenheit *w.*
eenzijdig einseitig. ▾**—heid** Einseitigkeit *w.*
eer I *zn* Ehre *w; zijn naam — aandoen,* seinem Namen E. machen; *de tafel — aandoen,* der Tafel E. antun; (*iem.*) *de laatste — bewijzen,* die letzte E. erweisen; *een wissel de nodige — bewijzen,* eine Tratte honorieren; *hierbij heb ik de —,* hiermit habe ich die E., beehre ich mich; *de — aan z. houden,* die E. retten; *er een — in stellen,* seine E. darein setzen; *in ere houden,* in E.n halten; *in alle — en deugd,* in allen E.n, in Zucht und E.n; (*iem.*) *in zijn — tasten,* einen bei seiner E. packen; *iem. in zijn — aantasten,* jemands E. angreifen;*in zijn — herstellen,* wieder zu E.n bringen; *ter ere v. d. koning,* zu E.n des Königs; *ere wie ere toekomt,* E. dem E. gebührt. **II** *bw* eher, früher; (*dom is hij niet,*) *— lui,* vielmehr faul. **III** *vgw* (*voordat*) ehe, bevor. ▾**—baar** ehrbar, sittsam. ▾**—baarheid** Ehrbarkeit *w.* ▾**—bewijs** Ehrenbezeigung *w; militair —,* militärische Ehrenerweisung.
eerbied Ehrfurcht *w;* (*uiterlijk bewijs van eerbied*) Ehrerbietung *w;* (*devotie*) Andacht *w; — voor de wet,* Achtung *w* vor dem Gesetz. ▾**—ig** ehrfurchtsvoll, ehrerbietig; — (*bidden*), andächtig; *op —e afstand,* in respektvoller Entfernung. ▾**—igen** respektieren, achten. ▾**—waardig** ehrwürdig. ▾**—waardigheid** Ehrwürdigkeit *w.* ▾**—wekkend** ehrfurchtgebietend.
eerder eher, früher; eher, lieber; *zie ook* **eer II**.
eergevoel Ehrgefühl *s; op iemands — werken,* einen bei seiner Ehre packen.
eergisteren vorgestern; *zijn bezoek van —,* sein vorgestriger Besuch.
eerherstel Rehabilitierung, Ehrenrettung *w;* (*ereboete*) Sühne *w; — brengen voor de misdaden,* Sühne bieten für die Verbrechen; *akte van —,* Sühnegebet *s.*
eerlijk ehrlich; (*rechtschapen*) redlich; (*het*) — (*met iem. menen*), redlich; (*iem.*) — (*zijn mening zeggen*), offen; *— als goud,* grundehrlich; *— waar,* wirklich wahr; *— duurt het langst,* ehrlich währt am längsten. ▾**—heid** E.keit *w.*
eerloos ehrlos. ▾**—heid** Ehrlosigkeit *w.*
eerroof Ehrenraub *m.*
eershalve ehrenhalber.
eerst erst; (*eerstvolgend*) nächst; (*bw*) erst; (*= 't eerst*) zuerst, (*= aanvankelijk*) zuerst, erst, anfangs, zunächst, (*voor alles, allereerst*) zuerst, zunächst; (*hij is*) *de —e* (*v. d. klas*), der Erste; (*hij is*) *de —e* (*niet die dit zegt*), der erste; (*Jan en Piet zijn mijn vrienden;*) *de —e,* ersterer; *op de —e* (*in functie treden*), am Ersten; *op de —e mei* (*in functie treden*), am ersten Mai; *—e v. d. maand,* Monatserste(r) *m; de —e de beste,* der erstbeste, der erste beste; *—e heilige communie,* Erstkommunion *w; —e redevoering,* (*maiden-speech*) Jungfernrede *w; —e reis* (*v. schip*), Jungfernfahrt *w; —e vlucht* (*v. vliegtuig*), Jungfernflug *m; voor de —e keer,* zum ersten Male; *een poging werd voor de —e keer gedaan in 1952,* ein Versuch wurde erstmals im Jahre 1952 gemacht; *'t —,* zuerst; *in 't —,* zuerst, anfangs; *ten —e,* erstens; *— gisteren* (*heb ik hem gezien*), erst gestern.
eerst/aanwezend rangältest. ▾**—beginnend** angehend. ▾**—daags** nächstens, demnächst.
eerste/communicant(e) Erstkommunikant *m,* -in *w.* ▾**—dagenveloppe** Ersttagsbrief(umschlag) *m.* ▾**—dagstempel** Ersttagsstempel *m.* ▾**—hulpverlening** erste Hilfeleistung. ▾**—jaars(student)** Student fürs erste Jahr; (*groen*) Fuchs *m.* ▾**—klas**: *— hotel,* erstklassiges Hotel; *—coupé,* Abteil *s* erster Klasse; *—passagier,* Reisende(r) erster Klasse. ▾**—ling** Erstling *m.* ▾**—rangs** erstklassig. ▾**—steenlegging** Grundsteinlegung *w.*
eerst/geboorterecht Erstgeburtsrecht *s.* ▾**—geborene** Erstgeborene(r) *m.* ▾**—genoemde** erstgenannte(r). ▾**—komend, —volgend** nächst.
eertijds ehemals, früher.
eer/vol ehrenvoll. ▾**—waard** ehrwürdig; (*van katholiek priester*) hochwürdig; (*Uw*) *Eerwaarde,* (Euer, Ew.) Ehrwürden, (*resp.*) Hochwürden; *Eerwaarde Moeder,* Ehrwürdige Mutter. ▾**—zaam** ehrbar; *eerzame lieden,* biedere Leute. ▾**—zaamheid** Ehrenhaftigkeit *w.* ▾**—zucht** Ehrgeiz *m.* ▾**—zuchtig** ehrgeizig.
eet/baar eßbar, genießbar; *eetbare paddestoel,* Speisepilz *m.* ▾**—baarheid** Eßbarkeit *w.* ▾**—bak** (*v. huisdier*) Freßnapf *m;* (*groter*) Freßtrog *m.* ▾**—gelegenheid** Speise/wirtschaft *w,* S.haus *s.* ▾**—gerei** Eßgerät *s.* ▾**—hoek** Eßecke *w,* Eßplatz *m.* ▾**—huis** (kleine) Gaststätte *w.* ▾**—huisje** S.wirtschaft *w.* ▾**—kamer** Eß-, S.zimmer *s.* ▾**—ketel** S.kessel *m;* (*mil.*) Feldkessel *m.* ▾**—lepel** Eßlöffel *m.* ▾**—lust** Eßlust *w,* Appetit *m.* ▾**—partij** Essen *s.* ▾**—servies** Tafel-, Eßgeschirr *s.* ▾**—stokjes** Eßstäbchen *Mz.* ▾**—tafel** Eßtisch *m.* ▾**—waar** Eßware *w.* ▾**—zaal** S.saal *m.*
eeuw Jahrhundert *s;* (*tijdperk*) Zeitalter *s; de gouden —,* das goldene Z.; (*ik heb je*) *in geen —(en)* (*gezien*), seit Ewigkeiten nicht. ▾**—enlang** jahrhunderte/lang. ▾**—enoud** j.alt, uralt. ▾**—feest** Jahrhundert-, Säkularfeier *w.* ▾**—ig** ewig; *— en altijd,* immer und e.; *ten —en dage,* auf ewige Zeiten; *voor —,* auf ewig. ▾**—igdurend** ewigwährend. ▾**—igheid** Ewigkeit *w; de — ingaan,* in die E. eingehen; (*ik heb je*) *in geen —* (*gezien*), seit einer E., seit ewigen Zeiten nicht; *in der — niet,* in E. nicht; *van — tot amen,* von E. zu E. ▾**—wisseling** Jahrhundertwende *w.*
effect Effekt *m;* (*waardepapier*) Wertpapier *s,* (*in mv ook*) Effekten *Mz;* (*sp.*) Effet *s; — maken, sorteren,* Wirkung haben, wirken, Erfolg haben, E. machen; *op het — werken,* auf den E. hinarbeiten; *op — uit zijn,* nach E. haschen; *nuttig —,* Nutzeffekt. ▾**—bejag** E.hascherei *w.* ▾**—enbeurs** Effekten/börse *w.* ▾**—enhandel** E.handel *m; vereniging voor de —,* Börsenverein *m.* ▾**—enhoek** Parkett *s.* ▾**—enkoers** E.kurs *m.* ▾**—enmakelaar** E.makler *m.* ▾**—enzegel** E.stempel *m.* ▾**—ief I** *bn* (*werkelijk*) effektiv, tatsächlich; (*doeltreffend*) wirksam; *— middel,* wirksames Mittel; *effectieve sterkte,* Effektivstärke, Iststärke *w.* **II** *zn* (*mil.*) Effektiv(be)stand *m;* (*hand.*) Effektiv-, Istbestand *m.* ▾**—ueren** effektuieren.
effen eben; (*vlak*) flach; (*glad*) glatt; (*eenkleurig*) einfarbig; (*zonder patroon*) einfach; *— vlak,* ebene Fläche; *— blauw,* einfarbig blau; *— kleuren,* einfache Farben; *met een — gezicht,* mit unbeweglicher Miene, ohne eine Miene zu verziehen; *een — rekening,* eine ausgeglichene Rechnung. ▾**—af**: *— kijken,* eine frostige Miene machen; (*je bent*) *zo —,* so einsilbig. ▾**—en** ebnen. ▾**—heid** Ebenheit, Flachheit, Glätte *w.* ▾**—ing** Ebnung *w.*
efficiency, efficiëntie Zweckmäßigkeit, Efficiency *w;* (*zuinigheid*) Wirtschaftlichkeit *w.* **efficiënt** zweckmäßig; (*zuinig*) wirtschaftlich.
eg, egge Egge *w.*
egaal egal, gleich. ▾**egalis/atie** Ausgleich *m;*

(*v. terrein*) Ebnung *w.* ▼**—atiefonds** Ausgleichsfonds *m.* ▼**—eren** ausgleichen, egalisieren; (*terrein*) ebnen.
egards: *de — in acht nemen*, Rücksicht nehmen.
Egeïsche Zee Ägäisches Meer.
egel Igel *m.* ▼**—stelling** Igelstellung *w.*
eggen eggen.
EGKS *zie* **Europees**.
ego/centrisch egozentrisch. ▼**—ïsme** Egoismus *m*, Selbstsucht *w.* ▼**—ïst** Egoist *m.* ▼**—ïstisch** egoistisch, ichsüchtig.
Egypt/e Ägypten *s.* ▼**—enaar** Ägypter *m.* ▼**—isch** ägyptisch. ▼**—ologie** Ägyptologie *w.*
EHBO Erste Hilfe *w.*
ei I *tw* ei!. **II** *zn* Ei *s*; *gebakken —*, Spiegelei *s*; *gepocheerd —*, verlorenes Ei; *—eren voor zijn geld kiezen*, mit einem kleineren Vorteil zufrieden sein, (*bijdraaien*) einlenken; *beter een half — dan een lege dop*, ein halbes Ei ist besser als eine leere Schale; *het — van Columbus*, das Ei des Kolumbus. ▼**—cel** Eizelle *w.*
eiderdons Eiderdaunen *Mz.*
eier/dooier Eidotter *m.* ▼**—dopje** Eier/becher *m*, E.näpfchen *s.* ▼**—kolen** E.briketts *Mz.* ▼**—lepeltje** E.löffel *m.* ▼**—mijn** E.abschlag *m.* ▼**—pruim** E.pflaume *w.* ▼**—schouwer** E.durchleuchter *m.* ▼**—snijder** E.schneider *m.* ▼**—stok** E.stock *m.* ▼**—tikken** E.picken *s.* ▼**—warmer** E.wärmer *m.*
eigen eigen; *— aard*, eigene Art, Eigenart; *voor — gebruik*, für eigenen Bedarf, den Eigenbedarf; *— cultuur* (*v. e. land*), (*ook*) bodenständige Kultur; *— vervoer*, (*v. bedrijf*) Werkverkehr *m*; *— weg*, Privatweg *m*; *ergens — zijn*, s. irgendwo heimisch fühlen; (*met iem.*) *—* (*zijn*), vertraut; (*z. iets*) *—* (*maken*), zu eigen; *—er beweging*, aus eigenem Antrieb; (*hij zorgt voor*) *z'n —*, s. selbst.
eigen/aar, —ares Eigen/tümer, Besitzer, Inhaber *m*, E.tümerin, Besitzerin *w*; *— v. e. landgoed*, Gutsbesitzer; *— v. e. zaak*, Geschäftsinhaber.
eigenaardig eigen/tümlich; (*'n eigen aard bezittend*) e.artig; (*zonderling*) sonderbar, merkwürdig. ▼**—heid** E.tümlichkeit; E.art; Sonderbarkeit *w.*
eigen baat, —belang Eigennutz *m.*
eigendom Eigen/tum, Besitztum *s.* ▼**—sbewijs** E.tumsurkunde *w.* ▼**—srecht** E.tumsrecht *s.*
eigen/dunk Eigen/dünkel *m.* ▼**—dunkelijk** e.mächtig. ▼**—gebakken** selbstgebacken. ▼**—gemaakt** selbstverfertigt, selbstgemacht. ▼**—gerechtig** e.mächtig. ▼**—gereid** e.brötlerisch; *— iem.*, E.brötler *m.* ▼**—gereidheid** E.brötelei *w.* ▼**—handig** e.händig; *— geschreven brief*, (*niet getypt*) handgeschriebener Brief. ▼**—liefde** E.liebe *w.*
eigenlijk eigentlich; *— gezegd* (*is het niet juist*), genau genommen.
eigenmachtig eigenmächtig.
eigen/naam Eigen/name *m.* ▼**—schap** E.schaft *w.* ▼**—ste** selb, nämlich; *de — vrouw*, dieselbe Frau; *op het — ogenblik*, in eben dem Augenblick. ▼**—tijds** kontemporär, zeitgenössisch. **—waan** *zie* **eigendunk**. **—waarde**: *gevoel van —*, Selbst(wert)gefühl *s.* ▼**—wijs** naseweis. ▼**—wijsheid** Naseweisheit *w*, Vorwitz *m.* ▼**—zinnig** e.sinnig, -willig. ▼**—zinnigheid** E.sinn *m.*
eik Eiche *w.* ▼**—ebast** Eichen/rinde *w.* ▼**—ehakhout** E.gestrüpp *s.* ▼**—ehout** E.holz *s.* ▼**—ehouten** eichen(hölzern), Eichen... ▼**—el** Eichel *w.* ▼**—eloof** Eichen/laub *s.* ▼**—en** *zie* **eikehouten**. ▼**—enbos** E.wald *m.*
eiland Insel *w.* ▼**—engroep** I.gruppe *w.* ▼**—er** I.bewohner *m.*
eileider Eileiter *m.*
eind, einde Ende *s*; (*afstand*) Strecke *w*; (*stuk*) Stück *s*; (*slot*) Schluß *m*; *— touw*, Strick *m*; *— weegs*, Strecke (Wegs), Stück (Wegs); (*we hebben*) *een heel —* (*afgelegd*), eine ganze Strecke, ein gutes Stück; *een heel —* (*boven iets uitsteken*), ein gutes Stück, ein gutes E.; *een — maken aan iets*, einer Sache ein E. machen, (*ook*) mit etwas Schluß machen, aufhören; *hij heeft er 'n — aan gemaakt*, er hat (seinem Leben) ein E. gemacht, hat Schluß gemacht; *er komt geen — aan*, es nimmt kein E., es hört nicht auf; *aan de onderhandelingen komt geen —*, die Unterhandlungen kommen nicht zum Abschluß; *daar is het — van weg*, das ist eine Schraube ohne E., da ist kein E. abzusehen; (*zij zijn op een vreselijke manier*) *aan hun — gekomen*, ums Leben gekommen, umgekommen; (*iets*) *bij het rechte, bij het verkeerde — aanvatten*, am richtigen E., am falschen E. anfassen; *'t bij het rechte —, bij het verkeerde — hebben*, recht, unrecht haben; *op het — v. h. jaar*, am E. des Jahres; *op het — van oktober*, E. Oktober; *het loopt op een —*, es geht zu E.; *tegen het — v. d. maand*, gegen E. des Monats, gegen Monatschluß; *te dien —e*, zu diesem Zweck; *teneinde* (*gevaren te voorkomen*), um; *ten —e brengen, lopen*, zu E. bringen, gehen; *zijn krachten lopen ten —e*, die Kräfte gehen ihm aus; (*een brief*) *ten —e toe* (*lezen*), (bis) zu E., bis ans E.; *tot het bittere —e*, bis zum bittern E.; (*de onderhandelingen zijn*) *tot een definitief —e gekomen*, zum endgültigen Abschluß gekommen; *tot een goed —e brengen*, zu einem guten E. führen; *— goed al goed*, E. gut, alles gut.
eind/afrekening Schlußabrechnung *w.* ▼**—beslissing** endgültige Entscheidung. ▼**—cijfer** Totalziffer *w.* ▼**—diploma** Abschlußzeugnis *s*; (*v. school voor VHMO*) Reife-, Abiturientenzeugnis *s.* ▼**—doel** Endzweck *m*, Endziel *s.*
einde *zie* **eind**.
eind/elijk endlich; (*ten laatste*) zuletzt; (*ten slotte*) schließlich. ▼**—eloos** endlos. ▼**—eloosheid** Endlosigkeit *w.* ▼**—examen** Abschlußprüfung *w*; (*v. school voor VHMO*) Reifeprüfung *w*, Abiturientenexamen, Abitur *s*; *— doen*, das Abitur machen. ▼**—examenkandidaat** Abiturient, Reifeprüfling *m.* ▼**—examenprogramma** Reifeprüfungs-, Abschlußprüfungsprogramm *s.* ▼**—getuigschrift** *zie* **—diploma**. ▼**—haven** Bestimmungshafen *m.*
eindig endlich; vergänglich. ▼**—en** enden; (*ophouden*) aufhören; (*on.w beëindigen*) beend(ig)en; (*besluiten, sluiten*) schließen; (*aflopen v. verbintenissen enz.*) erlöschen; (*woorden die*) *op toonloze e —*, auf tonloses e ausgehen, enden; (*de brief*) *eindigt* (*met de woorden*), schließt; (*hoe laat*) *— we?*, hören wir auf, machen wir Schluß; (*de uitzending is*) *geëindigd*, ist beendet, ist zu Ende. ▼**—heid** Endlichkeit; Vergänglichkeit *w.*
eindje Endchen *s*; *— v. sigaar*, Zigarrenstummel *m*; *een —* (*meelopen*), eine kleine Strecke; *nauwelijks de —s aan elkaar kunnen knopen*, kaum auskommen können.
eind/klassement Schluß/-, End/wertung *w.* ▼**—letter** S.-, E.buchstabe *m.* ▼**—oordeel** E.urteil *s.* ▼**—paal** Ziel *s.* ▼**—produkt** E.erzeugnis, Fertigprodukt *s.* ▼**—punt** E.punkt *m*; (*v. tram*) E.haltestelle *w.* ▼**—resultaat** E.ergebnis *s.* ▼**—signaal** (*bij*

wedstr.) Abpfiff *m.* ▼**—snelheid** E.geschwindigkeit *w.* ▼**—stand** E.lage *w;* (*bij schaken*) S.stellung *w.* ▼**—station** E.station; Zielstation *w.* ▼**—stemming** S.abstimmung *w.* ▼**—streep** Ziel, Endziel *s; de — halen,* das Ziel erreichen. ▼**—uitslag** E.ergebnis *s.* ▼**—vergadering** S.sitzung *w.* ▼**—verslag** S.bericht *m.* ▼**—wedstrijd** E.kampf *m,* E.spiel *s.*

eirond eirund, oval.

eis Forderung *w;* (*met betrekking tot kennis, geestelijke en lichamelijke kracht, prestatievermogen*) Anforderung *w;* (*bij civiel proces*) Klage *w;* (*bij strafproces*) Strafantrag *m; hoge —en stellen aan,* große Anforderungen, hohe Ansprüche stellen an [4]; *— tot schadevergoeding,* F., (*civiel proces*) K. auf Schadenersatz; *— tot echtscheiding indienen,* die Ehescheidungsklage einreichen, auf Scheidung klagen; *de — v. h. O. M. was een jaar,* der S. des Staatsanwalts lautete auf ein Jahr; *naar de —en des tijds,* zeitgemäß, nach den Bedürfnissen der Zeit. ▼**—en** fordern, verlangen; (*vereisen*) erfordern; *een straf —,* (*bij strafproces*) eine Strafe beantragen; *—de partij,* Kläger *m.* ▼**—er, —eres** (*bij civiel proces*) Kläger *m,* Klägerin *w.*

eïs (*muz.*) Eis *s.*

ei/vol gedrängt voll. ▼**—vormig** eiförmig. ▼**—wit** Eiweiß *s; —ten,* Eiweißstoffe *Mz.* ▼**—witgehalte** Eiweißgehalt *m.* ▼**—witklopper** Schneebesen *m.*

ekster Elster *w.* ▼**—oog** Hühnerauge *s.*

el Elle *w; bij de —,* nach der E., ellenweise.

elan Elan, Schwung *m; het —* (*der troepen*), der Kampfgeist.

eland Elch *m.*

elast/iciteit Elast/izität *w.* ▼**—iek** Gummi *m;* G.band *s.* ▼**—ieken**: *— kous,* G. strumpf *m.* ▼**—iekje** G.bändchen *s.* ▼**—isch** e.isch.

elders anderswo, sonstwo; *overal —,* überall sonst; *naar —, — heen,* anderswohin; *van —, — vandaan,* anderswoher; *bezoekers van —,* auswärtige Besucher.

eldorado Eldorado *s.*

electoraat die Wähler.

elegant elegant. ▼**—ie** Eleganz *w.*

elegie Elegie *w.* ▼**elegisch** elegisch.

elektri/cien Elektr/otechniker, E.iker *m.* ▼**—citeit** E.izität *w.* ▼**—citeitsbedrijf** E.izitätsbetrieb *m;* (*algemeen*) E.izitätswirtschaft *w.* ▼**—ficatie** E.ifizierung *w.* ▼**—ficeren** e.ifizieren. ▼**—sch** e.isch; *—e centrale,* Kraftwerk, E.izitätswerk *s; — fornuis,* Elektroherd *m; —e tram,* Elektrische *w.* ▼**—seren** e.isieren.

elektro/cardiogram Elektro/kardiogramm *s,* EKG, Ekg. ▼**—chemie** E.chemie *m.* ▼**—chemisch** e.chemisch. ▼**—de** Elektrode *w.* ▼**—dynamica** E.dynamik *w.* ▼**—-encefalogram** E.enzephalogramm *s,* EEG. ▼**—kutie** elektrische Hinrichtung. ▼**—lyse** Elektro/lyse *w.* ▼**—magneet** E.magnet *m.* ▼**—magnetisch** e.magnetisch. ▼**—magnetisme** E.magnetismus *m.* ▼**—monteur** E.monteur *m.* ▼**—motor** E.motor *m.* ▼**—motorisch** e.motorisch. ▼**—n** Elektron *s.* ▼**—nenbombardement** Elektronen/aufprall *m.* ▼**—nenbuis** E.röhre *w.* ▼**—nenflitser** E.blitzgerät *s,* E.blitz(er) *m.* ▼**—nica** Elektronik *w.* ▼**—nisch** Elektronen..., elektronisch; *— brein,* elektronisches Gehirn; *—e rekenmachine,* Elektronenrechner *m.* ▼**—skoop** Elektro/skop *s.* ▼**—technicus** E.techniker *m.* ▼**—techniek** E.technik *w.* ▼**—technisch** e.technisch; *— ingenieur,* E.ingenieur *m.* ▼**—therapie** E.therapie *w.*

element Element *s; in zijn —* (*zijn*), in seinem E., - Esse. ▼**—air** element/ar, e.arisch; *— onderwijs,* E.arunterricht *m.*

elevator Elevator *m;* (*graanzuiger, ook*) Getreideheber *m.* ▼**—bak** E.becher *m.*

elf I *telw* elf; *raad van —,* Elferrat *m.* **II** *zn* (*natuurgeest*) Elf *m,* Elfe *w.* ▼**—de** elfte. ▼**—endertigst**: *op z'n —,* langsam und umständlich. ▼**—tal** (*sportt.*) Elf, Mannschaft *w; nationaal —,* Länder-, National/mannschaft, N.elf.

elimin/atie Elimin/ation *w.* ▼**—eren** e.ieren.

elitair elitär. ▼**elite** Elite *w; —gezelschap,* auserlesene Gesellschaft.

elixer Elixier *s.*

elk jeder, (jede, jedes); *op —e 15 personen* (*een geleider*), auf je 15 Personen. ▼**—aar, —ander** einander; *zij houden van —,* sie lieben e., lieben s.; (*wij schrijven*) *—,* e., uns; *zij geven —* (*de schuld*), sie geben e., geben s. gegenseitig, einer gibt dem andern; (*zij spelen*) *met —,* miteinander; *de heren namen —s regenjassen mee,* die Herren nahmen einer des andern Regenmantel mit; (*zij hebben*) *—s regenjassen* (*verwisseld*), ihre Regenmäntel; *zij zijn —s vrienden,* sie sind Freunde; *helpt —s lasten dragen!,* helft einander eure Lasten tragen!; *aan — grenzen,* aneinandergrenzen, (*van twee percelen*) zusammen/stoßen; *aan — groeien,* z.wachsen; (*alles*) *bij — doen,* z.tun; *bij — zitten,* beisammensitzen; *door — genomen,* eins ins andre gerechnet; (*kamers die*) *in — lopen,* ineinandergehen; *in — zakken,* z.brechen; *dat zit goed in —,* das hat Hand und Fuß; (*iets*) *voor — krijgen,* fertig bringen.

elleboog Ell(en)bogen *m;* (*hij heeft*) *het achter de —,* es faustdick hinter den Ohren.

ellend/e Elend *s,* Jammer *m;* (*in mv*) Drangsale, Widerwärtigkeiten *Mz.* ▼**—eling** Elende(r) *m.* ▼**—ig** elend, jämmerlich; *dat —e geld,* das leidige Geld.

ellenlang ellenlang.

ellepijp Ellbogenbein *s.*

ellip/s Ellipse *w.* ▼**—tisch** elliptisch.

elpee Langspielplatte *w.*

els 1 (*boom*) Erle *w,* Erlenbaum *m;* **2** (*v. schoenmaker*) Ahle *w.*

Elzas: *de —,* das Elsaß. ▼**—-Lotharingen** Elsaß-Lothringen *s.* ▼**—ser** Elsässer *m.* ▼**—sisch** elsässisch, Elsässer...

elze/katje Erlenkätzchen *s.* ▼**—n** Erlen..., erlen.

email Email *s,* E.le *w,* Schmelz *m.* ▼**—(le)artikelen** E.waron *Mz.* ▼**—leren** e.lieren.

emancip/atie Emanzip/ation *w.* ▼**—eren** e.ieren.

emball/age Emballage, Verpackung *w.* ▼**—agekosten** V.skosten *Mz.* ▼**—eren** emballieren, (ver)packen. ▼**—eur** (Ein-, Ver) Packer *m.*

embargo Embargo *s.*

embleem Emblem *s.*

embolie Embolie *w.*

embryo Embry/o *m.* ▼**—naal** e.onal, e.onisch.

emerit/aat Emeritat *s.* ▼**—us** Emeritus *m; — pastoor, predikant,* emeritierter Pfarrer, Pastor emeritus.

emigr/ant Auswander/er *m;* (*pol. vluchteling*) Emigr/ant *m.* ▼**—antenregering** Exil-, E.antenregierung *w.* ▼**—atie** A.ung; E.ation *w.* ▼**—atiekantoor** A.ungsstelle *w,* (*off.*) -amt *s.* ▼**—eren** auswandern; emigrieren.

eminent eminent, hervorragend. ▼**—ie** Eminenz *w;* (*Uwe*) *E—,* Euer E.

emissie Emission *w.* ▼**—bank** E.sbank *w.* ▼**—koers** E.skurs *m.* ▼**emitt/ent** Emittent *m.* ▼**—eren** emittieren, ausgeben.

emmer Eimer *m.* ▼**—baggermolen** E.kettenbagger *m.*

emolumenten Emolumente *Mz.*

emot/ie Emotion, Gemütserregung *w;* (*ontroering*) Rührung *w.* ▼**—ionaliteit** Emotionalität *w.* ▼**—ioneel** emotional.

empir/icus Empir/iker *m.* ▼**—ie** E.ie *w.* ▼**—isch** e.isch.

emplacement Gelände *s.*

emplooi Amt *s,* Stellung *w;* (*afzet*) Absatz *m;* — (*zoeken*), St.; *geen* — (*hebben voor iets*), keine Verwendung. ▼**employé** Angestellte(r) *m.*

emulsie Emulsion *w.*

en und; — *hij* — *zijn vrouw,* sowohl er wie seine Frau; *groter* — *groter,* immer größer.

en bloc en bloc, im Ganzen; — (*verkopen*), in Bausch und Bogen; — (*aftreden*), geschlossen, insgesamt.

encycliek Enzyklika *w.*

encycloped/ie Enzyklopädie *w,* Konversationslexikon *s.* ▼**—isch** enzyklopädisch.

endeldarm Mastdarm *m.*

endemie Endemie *w.* ▼**endemisch** endemisch.

endoss/ant Indoss/ant *m.* ▼**—ement** I.ament *s.* ▼**—eren** i.ieren; *de geëndosseerde,* der I.at(ar).

enenmale: *ten* —, ganz und gar, völlig.

energie Energie *w;* (*geestkracht, ook*) Tatkraft *w.* ▼**—behoefte** E.bedarf *m.* ▼**—besparing** E.einsparung *w.* ▼**—bron** E.quelle *w.* ▼**—crisis** E.krise *w.* ▼**—k** energisch, tatkräftig. ▼**—schaarste** E.knappheit *w.* ▼**—verbruik** E.verbrauch *m.* ▼**—verspilling** E.verschwendung *w.* ▼**—voorziening** E.versorgung *w.*

enerlei einerlei.

enerverend nervenzerrüttend, nervenzerreibend.

enerzijds einerseits.

en face en face, von vorn.

enfin enfin, kurz; *maar* —, (*we zullen zien*), na ja.

eng eng; (*griezelig*) unheimlich.

engag/ement Engag/ement *s;* (*verloving*) Verlobung *w.* ▼**—eren** e.ieren; *z.* —, s. verpflichten, s. e.ieren, (*z. verloven*) s. verloben.

engel Engel *m;* — *v.e. kind,* E. (von einem Kinde), Goldkind. ▼**—achtig** engelhaft; himmlisch; —*e gestalte,* Engelsgestalt *w.*

Engeland England *s.*

engel/bewaarder Schutzengel *m.* ▼**—bak** Juchhe, Olymp *m.*

Engelenburcht Engelsburg *w.*

engelen/geduld Engelsgeduld *w.* ▼**—koor** Engelchor *m.* ▼**—mis** Messe *w* von den heiligen Engeln. ▼**—schaar** Engelschar *w.*

Engels englisch; — *hemd,* Oberhemd *s;* —*e sleutel,* Engländer *m;* — *zout,* Englischsalz, Epsomsalz *s; zie* **Duits.** ▼**—e** Engländerin *w.* ▼**—gezind** englisch gesinnt, englandfreundlich. ▼**—man** Engländer *m.*

eng/erd unheimlicher Mensch. ▼**—hartig** engherzig. ▼**—heid** Enge *w;* (*kleinzieligheid*) Engherzigkeit *w;* (*griezeligheid*) Unheimlichkeit *w.*

en gros en gros, im großen. ▼**en-gros-handel** Großhandel *m;* (*zaak*) Engrosgeschäft *s,* Großhandlung *w.* ▼**en-gros-prijs** Engrospreis *m.*

engte Enge *w;* (*bergengte*) Engpaß *m.*

enig (*sommig, klein aantal, kleine hoeveelheid*) einig; (*één*) einzig; (*uniek*) einzig (in seiner Art), einzigartig; (*in deze streek staan*) *slechts* —*e* (= *verspreid staande*) *huizen,* nur einzelne Häuser; —*e ervaring* (*hebben*), einige Erfahrung, etwas E.; *ons* — *kind,* unser einziges K.; (*dat is*) *het* —*e* (*wat ik te zeggen heb*), das einzige; *te* —*er tijd,* über kurz oder lang; *zonder* — *gevaar,* ohne die geringste, ohne jede Gefahr; *zonder* —*e oorzaak,* ohne die geringste Ursache, ohne irgendwelche U.; *zonder* —*e twijfel,* ohne jeden Zweifel; — *erfgenaam,* alleiniger Erbe, Universalerbe *m;* (*je hebt daar*) *een* — *uitzicht,* eine herrliche, eine wundervolle Aussicht; (*die jurk staat je*) —, reizend; (*hij is*) *een* —*e vent,* ein gelungener, ein netter, ein feiner Kerl; (*morgen vrij;*) — *!,* (das ist aber) fein! ▼**—erlei** irgendwelch, irgendein. ▼**—ermate** einigermaßen. ▼**—geboren** einiggeboren. ▼**—heid** Einigkeit, Eintracht *w.* ▼**—szins** einigermaßen; *als het* — *mogelijk is,* wenn (es) irgend möglich (ist).

enkel I *zn* (*v.voet*) Knöchel *m.* **II** (*sommig, klein aantal*), einig; (*afzonderlijk, alleenstaand, heel enkel*) einzeln; (*niet meer dan één*) einzig; (*niet dubbel, niet samengesteld*) einfach; (*slechts, louter*) bloß, nur; *'n* —*e keer,* vereinzelt, ab und zu; — *en alleen* (*omdat...*), einzig und allein, lediglich; —*e reis,* einfache Fahrt; *kaartje* —*e reis,* einfache Fahrkarte; —, *tweede* (*klas*), *Berlijn,* nach Berlin, zweiter (Klasse), einfach. ▼**—ing** Einzelne(r) *m.* ▼**—spel** Einzelspiel *s.* ▼**—spoor** eingleisige Bahn. ▼**—voud** Einzahl *w.* ▼**—voudig** einfach.

enorm enorm. ▼**—iteit** Enormität *w.*

enquête Untersuchung, Enquete, (*off.*) Erhebung *w;* (*rondvr.*) Meinungsumfrage, Umfrage *w;* — *onder de lezers,* Leserbefragung *w; een* — *houden,* eine Umfrage veranstalten; — *in zake de openbare mening,* Umfrage nach der öffentlichen Meinung; *een* — *instellen,* (*off.*) Erhebungen anstellen; *parlementaire* —, parlementarische Untersuchung. ▼**—commissie** Untersuchungsausschuß *m.*

enscener/en inszenieren; (*in scène brengen, ook als schijnvertoning*) in Szene setzen. ▼**—ering** Inszenierung; Inszenesetzung *w.*

ensemble Ensemble *s;* (*troep artiesten*) Truppe *w;* (*dansensemble*) (Tanz)Kapelle *w.*

ent Pfröpfling *m;* (*entloot*) Pfropfreis *s.* ▼**—en** pfropfen.

enter/en entern. ▼**—haak** Enterhaken *m.*

enthousias/me Enthusias/mus *m,* Begeisterung *w.* ▼**—meren** e.mieren, begeistern. ▼**—t I** *zn* E.t. *m.* **II** *bn* e.tisch.

ent/ing Pfropf/ung *w.* ▼**—mes** P.messer *s.*

entomoloog Entomologe *m.*

entr'acte Zwischenakt *m.*

entre-deux Einsatz *m.*

entree Entree *s;* (*ingang*) Eingang *m;* (*entreegeld*) Eintritt *m,* Eintrittsgeld *s;* (*recht van toegang*) Eintritt, Zutritt *m;* (*intrede*) Eintritt *m; zijn* — *doen,* (*in zaak*) (in ein Geschäft) eintreten; *vrij* —, freier Zutritt. ▼**—bewijs, —biljet, —kaart** Eintrittskarte *w.*

entremets Entremets, Zwischengericht *s.*

entrepot (*algemeen*) Lagerhaus *s;* (*rijkspakhuis*) Zollniederlage *w,* zollfreie Niederlage, Entrepot *s; algemeen* —, öffentliche Z.; *fictief* —, *particulier* —, Privatzollager *s; goederen in* —, unverzollte Güter; *goederen in* — *opslaan,* Güter unter Zollverschluß einlagern. ▼**—houder** Lagerhalter *m.*

ent/rijs Pfropfreis *s.* ▼**—stof** (*vaccin*) Impfstoff *m.* ▼**—was** Pfropfwachs *m.*

envelop(pe) Briefumschlag *m.*

enzovoort(s) und so weiter, usw., und so fort, usf.

enzym Enzym *s.*
epaulet Epaulette *w.*
epicentrum Epizentrum *s.*
epicuris/me Epikur/eismus ▾**—t** E.eer *m.* ▾**—tisch** e.eisch.
epidem/ie Epidem/ie *w.* ▾**—isch** e.isch.
epiek Epik *w.*
epigoon Epigone *m.*
epigram Epigramm *s.*
epilep/sie Epilep/sie *w.* ▾**—ticus** E.tiker *m.*
epileren epilieren.
epiloog Epilog, Schluß-, Nachwort *s.*
episch episch; *— dichter,* Epiker *m; —e poëzie,* Epik *w.*
episcop/aal episkopal. ▾**—aat** Episkopat *s.*
episod/e Episode *w.* ▾**—isch** episodenhaft, episodisch.
epistel Epistel *w.*
epos Epos *s.*
equator Äquator *m.* ▾**—iaal** ä.ial.
equipage Equipage; Schiffsmannschaft *w.*
equipe Mannschaft *w.*
equivalent Äquivalent *s.*
er da; es; (*ik ben*) *— ook geweest,* auch da gewesen; (*hij woonde*) *— niet meer,* nicht mehr da; (*ik denk*) *—aan,* daran; *hij heeft — zijn promotie aan te danken,* dem, diesem Umstande, ihm verdankt er seine Beförderung; *ik begin — aan,* ich fange damit an, ich fange das (die Arbeit usw.) an; (*ik kan*) *— niet door,* nicht hindurch; (*ik ben*) *—door* (*bij examen*), durch(gekommen); *—heen gaan,* hingehen; (*ik ga*) *—in,* hinein; (*kom*) *—uit!,* heraus!; *ik houd — van,* ich liebe es; (*ik ben*) *—van overtuigd,* davon überzeugt; *— liggen* (*enige boeken op tafel*), es liegen; *— was eens,* es war einmal; *— is, — zijn,* (*er bestaat, bestaan, men krijgt, men kan krijgen enz.*) es gibt; *— is een God,* es gibt einen Gott; (*als dessert*) *is — fruit,* gibt es Obst; *— komt regen,* es gibt Regen; *wat is —?,* was gibt's?, was ist los?, was ist denn?; *— werd gezongen,* es wurde gesungen; *— wordt gebeld,* es klingelt; (*heb je nog sigaren?*) *ik heb — nog,* ich habe noch welche, habe deren noch; *ik heb — nog twee,* ich habe (deren) noch zwei; (*avonden*) *zoals — niet veel zijn,* wie es (deren) nicht viel gibt; *hij ziet — moe uit,* er sieht müde aus; *wat is — gebeurd?,* was ist geschehen?; (*wie komt*) *— vanavond?,* heute abend?; *wat zal — van hem worden?,* was wird aus ihm werden?
era Ära *s.*
eraan, erachter enz. *zie* **(daar)aan, (daar)achter enz.** *en* **er.**
erbarm/elijk erbärmlich. ▾**—en**: *z. over iem. —,* s. über einen, s. eines erbarmen. ▾**—ing** Erbarmen *s.*
ere/ambt Ehren/amt *s,* E.stelle *w.* ▾**—boete** Sühne *w.* ▾**—boog** E.pforte *w.* ▾**—burger** E.bürger *m.*
erectie Erektion *w.*
ere/dienst Kult(us) *m.* ▾**—divisie** (*voetb.*) Bundesliga *w.* ▾**—doctoraat** Ehren/doktorat *s.* ▾**—lid** E. mitglied *s.*
eremiet Eremit, Einsiedler *m.*
eren ehren; (*de doden*) *—,* in Ehren halten.
ere/naam Ehren/name *m.* ▾**—palm** Lorbeer *m.* ▾**—plaats** E.platz *m.* ▾**—poort** E.pforte *w.* ▾**—prijs** (*ook plantk.*) E.preis *m.* ▾**—schuld** E. schuld *w.* ▾**—titel** E.titel *m.* ▾**—voorzitter** E.vorsitzende(r) *m.* ▾**—wacht** E. wache *w.* ▾**—woord** E.wort *s.*
erf Hof *m.* ▾**—deel** Erbteil *s;* (*plechtiger*) Erbe *s; wettelijk —,* Pflichtteil *m.* ▾**—dochter** Erbtochter *w.*
erfelijk erblich; Erb... ▾**—heid** Erblichkeit, Vererbung *w.* ▾**—heidsleer** Vererbungslehre *w.*
erf/enis Erbschaft *w.* ▾**—genaam, —gename** Erbe *m,* Erbin *w, tot — benoemen,* zum Erben einsetzen, bestimmen. ▾**—gerechtigd** erbberechtigt. ▾**—goed** Erb/gut *s.* ▾**—huis**: *— houden,* den Nachlaß öffentlich versteigern lassen. ▾**—later** E.lasser *m.* ▾**—lating** E.lassung *w.* ▾**—opvolging** E.folge *w.* ▾**—pacht** E.pacht *w; perceel in —,* E.pachtgrundstück *s.* ▾**—prins** E.prinz *m.* ▾**—recht** E.recht, Anerbenrecht *s.* ▾**—schuld** E. schuld *w.* ▾**—stelling** E.einsetzung *w.* ▾**—stuk** E.stück *s.* ▾**—vijand** E.feind *m.* ▾**—zonde** E.sünde *w.*
erg I *bn & bw* arg, schlimm, übel, böse; (*zeer*) sehr; *—e vergissing,* arges Versehen; *in het —ste geval,* schlimmstenfalls; *'t —ste vrezen,* das Schlimmste befürchten; (*hij meent het niet zo*) *—,* böse; *'t te — maken,* es zu bunt treiben; (*'t is niet zo*) *—,* schlimm; *dit wordt al te —,* dies geht doch zu weit; *— duur,* sehr, schrecklich teuer; *des te —er,* um so schlimmer. **II** *zn*: *zonder —,* ohne Arg, ohne Absicht; *ergens — in hebben,* etwas bemerken, vermuten.
ergens irgendwo; *— heen,* irgendwohin; *— vandaan,* irgendwoher; *— anders,* anderswo, sonstwo; *— anders heen,* anderswohin, sonstwohin; *— anders vandaan,* anderswoher, sonstwoher.
erger/en ärgern; *z. — over,* s.ärgern über; *z. — aan,* Anstoß nehmen an [3]. ▾**—lijk** ärgerlich; (*aanstotelijk*) anstößig. ▾**—nis** Ärgernis *s,* Ärger *m.*
erica Erika *w,* Heidekraut *s.*
erken/nen anerkennen; (*bekennen*) (ein)gestehen, bekennen, zugeben; (*inzien, begrijpen*) erkennen; (*zijn dwaling*) *—,* erkennen; *erkend diploma, middel,* anerkanntes Diplom, Mittel. ▾**—ning** Anerkennung *w;* (*bekentenis*) Eingeständnis *s;* (*inzicht, besef*) Erkenntnis *w; tot de — komen* (*dat men ongelijk heeft*), zur Erkenntnis kommen. ▾**—telijk** erkenntlich, dankbar. ▾**—telijkheid** Erkenntlichkeit *w.*
erker Erker *m.*
ermitage Eremitage, Einsiedelei *w.*
ernst Ernst *m;* (*zwaarte*) Schwere *w;* (*iets*) *als* (*voor*) *— opnemen,* für E. nehmen; *in —,* im E.; *in alle —,* in allem, vollem E; *in alle —* (*iets beweren*), allen E.es; *ik meen het in —,* es ist mir E.; *meen je dit in —?,* ist dies dein E.? ▾**—ig** ernst; (*op een ernstige manier; hoge graad aangevend*) ernstlich; (*ernst uitdrukkend; ernstig gemeend*) ernsthaft; *— boek,* ernstes Buch; *met een — gezicht,* mit ernsthafter Miene; *— man,* ernsthafter Mann; *— woord,* ernstes Wort; *—e zaak,* ernste Sache; *— ongeluk,* ernstliches, schweres Unglück; (*iem.*) *— nemen,* ernst nehmen; (*iets*) *— opvatten,* ernst nehmen; (*de toestand is, de verliezen zijn*) *—,* ernst; *— ziek,* ernstlich, schwer krank.
erop of eronder alles oder nichts, entweder oder.
erot/icus Erotiker *m.* ▾**—iek** Erotik *w.* ▾**—isch** erotisch.
erts Erz *s.* ▾**—ader** E.ader *w.* ▾**—houdend** erzhaltig. ▾**—rijk** e.reich. ▾**—winning** E.förderung *w.*
eruitzien aussehen; *hij ziet eruit!,* er sieht schlecht aus!
ervar/en I *ww* erfahren. **II** *bn* erfahren, bewandert; *— in het boekhouden,* in der Buchführung b. ▾**—enheid** Erfahrenheit *w.* ▾**—ing** Erfahrung *w; bij —* (*kennen*), aus Erfahrung.
erven I *ww* erben. **II** *zn* Erben *Mz; Erven W.Burger,* W.Burger, Nachf. (Nachfolger).

erwt Erbse *w; grauwe —*, Ackererbse; *groene —*, Saaterbse. ▼**—ensoep** Erbsensuppe *w.*

es 1 (*muz.*) das Es; **2** (*boom*) Esche *w;* **3** (*bouwland*) Esch *m*, Esche, Feldmark *w.*

escadrille (*vliegt.*) Staffel *w;* (*oorlogsschepen*) Halbflottille *w; — vliegtuigen,* Flugstaffel; *— bommenwerpers, jachtvliegtuigen,* Bomben-, Jagdstaffel.

escal/atie Eskalation *w.* ▼**—eren** eskalieren.

escort/e Eskorte *w,* Geleit *s.* ▼**—eren** eskortieren, begleiten.

esculaap Äskulap *m;* (*teken*) Äskulapschlange *w*, -stab *m.*

esdoorn Ahorn *m.*

eskader Geschwader *s; — bommenwerpers, jachtvliegtuigen,* Bomben-, Jagdgeschwader.

eskadron Schwadron *w.*

Eskimo Eskimo *m.*

esp Espe, Zitterpappel *w.* ▼**—eblad** Espenblatt *s.* ▼**—ehouten** espen, Espen...

esperant/ist Esperant/ist *m.* ▼**E—o** E.o *s.*

espresso Espresso *m.*

essay Essay *m & s.*

essehouten eschen, Eschen...

essence Essenz *w.*

essent/ie Wesen *s,* Essenz *w.* ▼**—ieel** wesentlich, essentiell.

establishment Establishment *s.*

estafette Stafette *w.* ▼**—loop** Staffellauf *m.* ▼**—ploeg** Staffelmannschaft *w;* (*v. dames*) Damenstaffel *w.*

estheet Ästhet *m.* ▼**esthet/ica** Ästhet/ik *w.* ▼**—icus** Ä.iker *m.* ▼**—isch** ästhetisch; (*opvoeding, vorming, ook*) gesamtmusisch.

Estland Estland *s.* ▼**—er** Este *m.* ▼**—s** estnisch.

etablissement Etablissement *s.*

etage Stockwerk *s,* Stock *m,* Etage *w; op de tweede —*, im zweiten Stock. ▼**—woning** Etagenwohnung *w.*

etalage Auslage *w;* Schaufenster *s.* ▼**—doos, —dozen** Schaupackung *w.* ▼**—verlichting** Schaufenster/beleuchtung *w.* ▼**—wedstrijd** S.wettbewerb *s.* ▼**etal/eren** auslegen. ▼**—eur** Schaufenstergestalter *m.*

etappe Etappe *w; in —n,* etappenweise. ▼**—dienst** Etappendienst *m.*

eten I *ww* essen; (*v. dieren*) fressen; *uit — gaan,* auswärts e.; *hij kan goed —*, er ist ein starker Esser. **II** *zn* Essen; Fressen *s; na, voor het —*, nach, vor Tisch, dem E.; *ten — vragen,* zum E. einladen. ▼**etens/bak** Freßtrog *m.* ▼**—bakje** (*voerbakje*) Futternäpfchen *s.* ▼**—kast** Speise/schrank *m.* ▼**—lucht** S.geruch *m.* ▼**—tijd** Eßzeit *w.* ▼**—swaar** Eßwaren *Mz.* ▼**—tje** Essen *s.* ▼**eter** Esser *m; een grote —*, ein starker E.

eterniet Eternit *s.* ▼**—plaat** E.platte *w.*

ether Äther *m.* ▼**—isch** ätherisch.

ethica Ethik *w.* ▼**ethicus** Ethiker *m.* ▼**ethiek** Ethik *w.*

Ethio/pië Äthio/pien *s.* ▼**—iër** Ä.pier *m.* ▼**—pisch** ä.pisch.

ethisch ethisch.

etiket Etikett, Aufklebeschild *s.* ▼**—teren** etikettieren.

etiquette Etikette *w;* (*aan hof*) Hofsitte *w.*

etmaal vierundzwanzig Stunden.

etnisch ethnisch. ▼**etno/graaf** Ethno/graph *m.* ▼**—grafie** E.graphie *w.* ▼**—grafisch** e.graphisch. ▼**—loog** E.loge *m.*

ets Radierung *w.* ▼**—en** radieren, ätzen; (*scheik.*) ä. ▼**—er** Radierer *m.* ▼**—grond** Radierfirnis, Ätz/grund *m.* ▼**—naald** R.-, Ä.-nadel *w.*

ettelijk etlich; (*verscheidene*) mehrere.

etter Eiter *m.* ▼**—achtig** e.ig, e.artig. ▼**—buil** E.beule *w.* ▼**—dracht** E.fluß *m.* ▼**—en** eitern.

etui Etui *s,* Behälter *m;* (*v. bril*) Futteral *s,* (*v. stel instrumenten*) Besteck *s.*

etymolo/gie Etymolo/gie *w.* ▼**—gisch** e.gisch. ▼**—og** E.ge *m.*

eucharist/ie Eucharist/ie *w.* ▼**—ieviering** E.iefeier *w.* ▼**—isch** e.isch.

eufem/isme Euphemismus *m.* ▼**—istisch** euphemistisch, beschönigend.

Euratom Euratom *w,* Europäische Atomgemeinschaft.

euro/cheque Euro/scheck, E.cheque *m.* ▼**E—markt** E.markt, gemeinsamer Markt. ▼**E—pa** E.pa *s.* ▼**E—peaan** E.päer *m.* ▼**e—peaniseren** e.päisieren. ▼**E—pees** e.päisch; *Europese Betalingsunie, Defensiegemeenschap, Economische Gemeenschap, Gemeenschap voor Kolen en Staal,* Europäische Zahlungsunion (E.Z.U.); Verteidigungsgemeinschaft (E.V.G.); Wirtschaftsgemeinschaft (E.W.G.); Gemeinschaft für Kohle und Stahl, Montanunion *w.* ▼**E—visie** Eurovision *w.*

euthanasie Euthanasie *w.*

euvel I *zn* Übel *s.* **II** *bn & bw* übel; *iem. iets — duiden,* einem etwas übelnehmen.

evacu/atie (*v. personen*) Evakuier/ung *w;* (*ontruiming v. stad enz.*) Räumung *w.* ▼**—é** E.te(r) *m.* ▼**—eren** evakuieren; räumen.

evalu/atie Evaluierung, Evaluation, Bewertung *w.* ▼**—eren** evaluieren, bewerten.

evangelie Evangelium *s; het — v. Johannes, Lucas, Marcus, Mattheus,* das E. Johannis, Lucä, Marci, Matthäi. ▼**—boek** Evangelienbuch *s.* ▼**—prediking** Verkündigung *w* des Evangeliums.

evangel/isatie Evangel/isation *w.* ▼**—isch** e.isch. ▼**—ist** E.ist *m.*

even I *bn* gerade; *— getal,* gerade Zahl; *het is mij om het —*, es ist mir gleichgültig, einerlei; *om 't — (wie het zegt),* gleichviel, gleichgültig. **II** *bw* (*een ogenblik*) einen Augenblick; (*'s even*) mal; (*gelijk*) gleich; (*evenzo*) ebenso; (*nauwelijks*) kaum, knapp; (*hoor*) *eens —!,* mal!; (*wil je dit*) — (*voor me doen?*), (schnell) mal; (*hij spreekt beide talen*) *— vloeiend,* gleich fließend; (*hij en ik zijn*) *— oud,* gleich alt; (*hij is*) *— oud als ik,* ebenso alt wie ich; (*hij is*) *— vlijtig als gehoorzaam,* ebenso fleißig als gehorsam; *hij haalde 't* (*de trein*) *maar —*, er erreichte den Zug mit knapper Not, gerade noch; (*hij was*) *maar —* (*te laat*), nur etwas, nur ein wenig; *is je broer — een boffer!,* ist dein Bruder aber ein Glückspilz!; (*die hebben ze*) (*maar*) *—* (*tjes*) (*te pakken gehad*), mal tüchtig, nur ein bißchen.

evenaar Äquator *m;* (*v. balans*) Zunge *w.*

evenals ebenso wie, gleichwie.

evenaren: *iem. in iets —*, einem in etwas [3] gleichkommen.

evenbeeld Ebenbild *s.;* (*God schiep de mens*) *naar zijn —*, ihm zum Bilde.

eveneens ebenfalls.

evenement Ereignis *s.*

even/goed ebenso gut; (*evenzeer*) ebensowohl. ▼**—knie**: *iemands — (zijn),* einem ebenbürtig. ▼**—mens** Mitmensch *m.*

evenmin ebensowenig.

evennaaste Mitmensch, Nächste(r) *m.*

evenredig proportional, verhältnismäßig, entsprechend; *recht — met het produkt,* direkt p. dem Produkt; *omgekeerd — met het kwadraat,* umgekehrt p. dem Quadrat; *recht — zijn met,* in geradem Verhältnis stehen zu; *— aandeel in de winst,* entsprechender Gewinnanteil; *—e vertegenwoordiging,* Proportionalvertretung *w; — blijven,* in gleichem Verhältnis bleiben; (*de winst*) *— aan de ingelegde gelden* (*verdelen*), nach

Verhältnis der eingelegten Gelder; (*het loon*) *is — met* (*aan*) *de prestatie*, entspricht der Leistung; (*het loon*) *is niet — met* (*aan*) *de prestatie*, steht in keinem Verhältnis zur Leistung. ▾**—heid** Verhältnis *s*; (*algebraïsche of rekenkundige vorm*) Proportion, Verhältnis/gleichung *w*; *in — met*, in gleichem V. zu; *naar — van*, nach V. [2]; (*de prijs*) *naar — (verlagen)*, entsprechend.
eventjes *zie* **even II**.
eventu/aliteit Eventualität, Möglichkeit *w*. ▾**—eel** eventuell; (*bn*) etwaig; (*bw*) etwa.
evenveel gleichviel; ebensoviel; *— als*, ebensoviel wie; *er voor — bij zitten*, nicht mitzählen; nicht mitmachen.
evenwel aber, jedoch, dennoch, gleichwohl.
evenwicht Gleichgewicht *s*; *het — bewaren*, das G. aufrechterhalten, s. im G. halten. ▾**—ig**: *een — karakter*, ein ausgeglichener Charakter. ▾**—igheid** Ausgeglichenheit *w*. ▾**—sorgaan** G.sorgan *s*. ▾**—sstoornis** G.sstörung *w*.
evenwijdig parallel; *de —e* (*lijn*), die Parallele. ▾**—heid** Parallelität *w*.
evenzeer ebensowohl, in gleichem Maße.
evenzo ebenso.
ever Eber *m*; (*wild zwijn, ook*) Wildschwein *s*.
evident evident, augenscheinlich.
evolu/eren evolvieren. ▾**—tie** Evolution *w*. ▾**—tieleer** E.slehre *w*. ▾**—tietheorie** E.stheorie *w*.
ex: *— dividend*, ohne Dividende; (*in samenstellingen*: *oud, gewezen*) ehemalig, (*vooral*: *ten val gebracht*) Ex... (ehemaliger Minister, Exminister).
exact exakt, genau.
examen Examen *s*, Prüfung *w*; *— afleggen, doen*, das E. machen; *door 't — komen*, durchkommen, die P. bestehen; *voor 'n — zakken*, (in einer P.) durchfallen. ▾**—commissie** P.sausschuß *m*. ▾**—eisen** P.sbedingungen *Mz*. ▾**—geld** P.sgebühr *w*. ▾**—kandidaat** Prüfling; E. kandidat *m*. ▾**—opgave** E.-, P.saufgabe *w*. ▾**—rooster** P.sstundenplan *m*. ▾**examin/andus** Examin/and, Prüfling *m*. ▾**—ator** E.ator, Prüfer *m*. ▾**—eren** e.ieren, prüfen.
excavateur Greifermaschine *w*.
excell/ent exzellent. ▾**—entie** Exzellenz *w*; (*Uwe*) *E—*, Euer Exzellenz; *aan Zijne E. de Minister*, an den Herrn Minister. ▾**—eren** exzellieren.
excentr/iciteit Exzentr/izität *w*. ▾**—iek I** *bn & bw* e.isch. **II** *zn* Exzenter *s*.
exceptioneel exzeptionell; *— geval*, Ausnahmefall *m*; *— (iets toestaan)*, ausnahmsweise.
excerperen exzerpieren. ▾**excerpt** Exzerpt *s*.
exces Exzeß *m*. ▾**—sief** exzessiv.
exclusief exklusiv; (*niet inbegrepen*) exklusive, ausschließlich; (*zonder bediening*) Bedienung nicht einbegriffen, exklusive, ohne.
excommuni/catie Exkommunikation *w*, Kirchenbann *m*. ▾**—ceren** exkommunizieren.
excursie Exkursion *w*, Lehrausflug *m*; (*uitweiding*) Exkurs *m*.
exc/useren entschuldigen, verzeihen. ▾**—uus** Entschuldigung, Verzeihung *w*; *zijn — maken*, s. entschuldigen; *om — vragen*, um Entschuldigung bitten.
execut/eren exekutieren, vollstrecken; (*terechtstellen*) hinrichten; (*noodzaken te verkopen*) zur Zwangsversteigerung bringen. ▾**—eur** Exekutor, Vollstrecker *m*. ▾**—eur-testamentair** Testamentsvollstrecker *m*. ▾**—ie** Exekution, (Zwangs)Vollstreckung *w*; (*terechtstelling*) Hinrichtung *w*; *uitstel van —*, Aufschub *m* des Vollstreckungsverfahrens, (*fam.*: *kort, nutteloos uitstel*) Galgenfrist *w*; *bij — (verkopen)*, zwangsweise. ▾**—ief** exekutiv. ▾**—iepeloton** Hinrichtungs-, Erschießungskommando *s*. ▾**—oir**: *—e maatregel*, Vollstreckungsmaßnahme *w*.
exeg/eet Exeg/et *m*. ▾**—ese** E.ese *w*.
exempel Exempel *s*.
exem/plaar Exem/plar *s*. ▾**—plarisch** e.plarisch.
exerc/eren exerz/ieren. ▾**—itie** E.ieren *s*; (*geest. oef.*) E.itium *s*. ▾**—itieterrein** E.ierplatz *m*.
exhibition/isme Exhibition/ismus *m*. ▾**—ist** E.ist *m*.
existent/ialisme Existentialis/mus *m*. ▾**—ialist** E.t *m*. ▾**—ie** Exist/enz *w*. ▾**—ieel** e.entiell. ▾**existeren** existieren, bestehen.
ex-libris Exlibris, Bücherzeichen *s*.
exorcisme Exorzismus *m*.
exotisch exotisch.
expans/ie Expansion *w*. ▾**—ief** expansiv. ▾**—iepolitiek** Expansionspolitik *w*.
expedi/ëren spedieren. ▾**—teur** Spediteur *m*. ▾**—tie 1** (*verzending*) Spedition *w*; **2** (*tocht*) Expedition *w*. ▾**—tieafdeling** Spedition, Versandabteilung *w*. ▾**—tiebedrijf** S.sbetrieb *m*, S.sfirma *w*, S.sgeschäft *s*. ▾**—tiekantoor** S.sgeschäft *s*; (*expeditiebureau*) Güterabfertigungsstelle *w*. ▾**—tieleger** E.sarmee *w*.
experiment Experiment *s*, Versuch *m*. ▾**—eel** e.ell, E.al..., E.ier...; *experimentele psychologie*, Experimentalpsychologie *w*; *— stadium*, Experimentierstadium *s*. ▾**—eerklas** Experimentierklasse *w*. ▾**—eerschool** Versuchsschule *w*. ▾**—eren** e.ieren, Versuche machen.
expert Experte, Sachverständige(r) *m*. ▾**expertise** Expertise *w*. ▾**—rapport** Sachverständigengutachten *s*.
expireren exspirieren, aushauchen, ausatmen; (*aflopen*) ablaufen, enden.
explic/atie Explikation, Erklärung *w*. ▾**—eren** explizieren, erklären. ▾**—iet, —ite** explizite.
exploderen explodieren, platzen.
exploit/ant Unternehmer *m*. ▾**—atie** Betrieb *m*; (*ontginning v. mijn; fig. uitbuiting*) Ausbeutung *w*. ▾**—atiekapitaal** Betriebs/kapital *s*. ▾**—atiemaatschappij** B.gesellschaft *w*. ▾**—atierekening** B.rechnung *w*. ▾**—atiekosten** laufende B.kosten *Mz*. ▾**—eren** (*in exploitatie brengen, hebben*) in Betrieb setzen, haben; (*v. mijn; fig.*) ausbeuten.
exploot Zustellungsurkunde *w*; *iem. een — (v. dagvaarding) betekenen*, einem eine Vorladung (amtlich) zustellen.
explor/atie Erforschung, Exploration *w*; (*in mijnwezen*) Schürfung *w*. ▾**—atiemaatschappij** (*mijnwezen*) Schürfgesellschaft *w*. ▾**—eren** erforschen, explorieren.
explos/ie Explosion *w*. ▾**—ief** explosiv, Spreng...; *explosieve stof*, Spreng-, Explosivstoff *m*. ▾**—iemotor** Explosionsmotor *m*.
expon/ent Exponent *m*. ▾**—entieel** Exponential... ▾**—eren** exponieren.
export Export *m*, Ausfuhr *w*. ▾**—artikel** E.-, A.artikel *m*. ▾**—eren** exportieren, ausführen. ▾**—eur** Export/eur *m*. ▾**—firma** E.firma *w*. ▾**—handel** E.handel *m*; (*de zaak*) E.geschäft, E.haus *s*. ▾**—premie** E.prämie, Ausfuhrprämie *w*. ▾**—slachterij** E.schlächterei *w*.
expos/ant Aussteller *m*. ▾**—é** Exposé *s*,

Auseinandersetzung *w.* ▾**—eren** ausstellen. ▾**—itie** Ausstellung *w;* (*uiteenzetting*) Exposition *w.*

expres I *bw* expreß, eigens; (*met opzet*) absichtlich. **II** *zn* (*trein*) Expreß, Fernschnellzug *m.* ▾**—brief** Eilbrief *m.* ▾**—se** (*brief*) Eilbrief *m;* (*ijlbode*) Eilbote *m;* (*als opschrift*) Eilzustellung *w; per — verzenden,* als Eilbrief, als Expreßgut senden. ▾**—sebestelling** Eilzustellung *w.* ▾**—sie** Ausdruck *m,* Expression *w.* ▾**—sief** ausdrucksvoll, expressiv. ▾**—sievak** Ausdrucksfach *s.* ▾**—sionisme** Expression/ismus *m.* ▾**—sionist** E.ist *m.* ▾**—sionistisch** e.istisch. ▾**—trein** Fern-D-Zug *m.*

exta/se Ekstase, Verzückung *w; in —,* in E., verzückt. ▾**—tisch** ekstatisch

exterieur Exterieur, Äußere(s) *s.*

extern I *bn* extern, auswärtig. **II** *zn* Externe(r) *m.* ▾**—aat** Externat *s.*

extra I *bw* extra. **II** *bn* extra, Extra...; (*speciaal*) Sonder...; (*hoger, meer*) Mehr...; (*aanvullend*) zusätzlich, Zusatz...; *— kwaliteit,* extrafeine, hochfeine, erstklassige Qualität; *iets —'s,* etwas Extra(e)s, Besonderes; *— aanbieding,* Sonderangebot *s; —bericht,* Sondermeldung *w; —blad,* Extra-, Sonderblatt *s; — dividend,* Extra-, Super-, Zusatzdividende *w; —-editie,* Sonderausgabe *w; — kosten,* Extra-, Mehrkosten *Mz; — nummer,* Sondernummer *w; — opbrengst,* Mehrertrag *m; — premie,* (*aanvullende premie*) Zusatz-, Zuschlagprämie *w; — tarra,* Extratarra *w; — voeding,* (*bijvoeding*) zusätzliche Nahrung. ▾**extraatje** Extra *s;* (*extra voordeel*) Extraprofit *m;* (*extra gerecht*) Extragericht *s.*

extract Extrakt *m;* (*uittreksel, ook*) Auszug *m.*

extraordinair extraordinär, außergewöhnlich.

extraparlementair außerparlamentarisch.

extrapoleren extrapolieren.

extratrein Sonderzug *m.*

extravagant extravagant; übertrieben.

extravert extravertiert.

extreem extrem. ▾**extrem/isme** E.ismus *m.* ▾**—ist** E.ist *m.* ▾**—istisch** e.istisch. ▾**—iteit** E.ität *w.*

ex-voto Exvoto *s.*

eyeliner Eyeliner *m.*

ezel Esel *m,* (*schildersezel*) Staffelei *w; een — stoot z. geen tweemaal aan dezelfde steen,* gebranntes Kind scheut das Feuer. ▾**—achtig** eselhaft. ▾**—achtigheid** Eselei *w.* ▾**—in** Eselin *w.* ▾**—innemelk** Eselsmilch *w.* ▾**—sbrug** Eselsbrücke *w.* ▾**—sdom** saudumm. ▾**—soor** Eselsohr *s.* ▾**—sveulen** Eselfüllen *s.*

f F *s.*

fa (*muz.*) Fa *s.*

faam Ruf *m;* (*gerucht*) Fama *w.*

fabel Fabel *w;* Märchen *s; —tjes vertellen,* fabeln. ▾**—achtig** fabelhaft. ▾**—dichter** Fabeldichter *m.*

fabri/cage Herstellung, Erzeugung, Fabrikation *w.* ▾**—ceren** herstellen, erzeugen, fabrizieren. ▾**fabriek** Fabrik *w,* Werk *s; naar de — (gaan),* (*fabrieksarb. zijn*) in die Fabrik. ▾**—sarbeider** Fabrik/arbeiter *m.* ▾**—sboter** F.butter *w.* ▾**—sbrandweer** Werk/feuerwehr *w.* ▾**—sfout** Fabrikationsfehler *m.* ▾**—sgeheim** Fabrik/geheimnis *s.* ▾**—sgoed** F.ware *w.*▾**—shal** W.halle *w.* ▾**—skantine** W.kantine *w.* ▾**—smerk** F.marke *w.* ▾**—splaats** F.stadt *w.* ▾**—sschoorsteen** F.schlot *m.* ▾**—ssirene** W.sirene *w.* ▾**—sstreek** Industriebezirk *m.* ▾**—svolk** F.arbeiter *Mz.* ▾**—swerk** F.arbeit *w.* ▾**fabrik/aat** Fabrik/at, Erzeugnis *s.* ▾**—ant** F.ant *m;* (*vervaardiger, ook*) Hersteller *m.*

façade Fassade *w.*

face-lift(ing) Facelifting *s;* (*fig.*) Schönheitsreparatur *w.*

facet Facette *w.* ▾**—(ten)oog** Facett(en)-, Netzauge *s.*

facie Visage, Fratze *w.*

faciliteit Erleichterung; Vergünstigung *w;* bequeme (Zahlungs) Bedingung.

facsimile Faksimile *s.*

factor Faktor *m.*

factorij 1 Faktorei, Handelsniederlassung *w;* **2** (*walvisvaarder*) Walfischfahrer *m* (mit Transiederei).

factotum Faktotum *s.*

fact/ureermachine Fakturiermaschine *w.* ▾**—ureren** fakturieren. ▾**—urist** Fakturist *m.* ▾**—uur** Faktur, Rechnung *w.* ▾**—uurbedrag** F.betrag *m.* ▾**—uurboek** F.enbuch *s.* ▾**—uurdatum** Rechnungsdatum *s.*

facult/atief fakultativ, wahlfrei; *— vak,* Wahlfach *s.* ▾**—eit** Fakultät *w; — der geneeskunde,* medizinische F.; *— der letteren en wijsbegeerte,* F. für Philologie und Philosophie; *— der rechtsgeleerdheid,* F. der Rechtswissenschaft. ▾**—eitsvereniging** F.sverein *m.* ▾**—eitsvergadering** F.ssitzung *w.*

fading Schwund *m,* Fading *s.*

faecaliën Fäkalien *Mz.*

fagot Fagott *s.* ▾**—tist** Fagottist *m.*

faïence Fayence *w.*

faill/eren fallieren, in Konkurs geraten; *hij is gefailleerd,* er ist in K. geraten, hat falliert; *gefailleerde,* Fallit *m.* ▾**—iet I** *bn* fallit; *—e boedel,* Konkursmasse *w; —e firma,* fallite, in Konkurs geratene Firma; *— gegaan zijn,* falliert haben, in K. geraten sein, (*fam.*) pleite gegangen sein; *iem. — verklaren,* über e.n den Konkurs verhängen, eröffnen; e.n in K.

erklären, e.n f. erklären; *z. — verklaren (geven)*, s. insolvent, s. für zahlungsunfähig erklären; den K. beantragen. **II** *zn* **1** *(faillissement) zie aldaar*; **2** *(de gefailleerde)* Fallit *m*.
▾**—ietverklaring** Konkurseröffnung *w*.
▾**—issement** Konkurs *m*, Falliment *s*; *zijn eigen — aanvragen*, den K. anmelden, beantragen; *iemands — aanvragen*, gegen e.n den K. beantragen; *iemands — uitspreken*, den K. über e.n verhängen, e.n in K. erklären; *het — beëindigen*, das K.verfahren aufheben; *in staat van — (zijn)*, zahlungsunfähig.
▾**—issementsaanvrage** Antrag *m* auf Konkurs(eröffnung).
▾**—issementsprocedure** K.verfahren *s*.
fair fair, ehrlich. ▾**fair play** Fair play *s*.
faki(e)r Fakir *m*.
fakkel Fackel *w*. ▾**—optocht** Fackelzug *m*.
falanx Phalanx *w*.
falen *(missen, fouten begaan)* fehlen; *(mislukken)* mißlingen, scheitern; *(in de steek laten, te kort schieten)* versagen; *(z. vergissen)* s. irren; *(ontbreken)* fehlen.
falie (Trauer)Schleier *m*; *(mantel zonder mouwen)* Umhang *m*; *op zijn — krijgen*, eins aufs Dach bekommen, *(pak slaag)* die Jacke voll kriegen; *iem. op zijn — geven*, e.m aufs Dach steigen, *(pak slaag)* die Jacke ausklopfen.
faliekant verkehrt, schief; *— aflopen*, schief gehen, ein verkehrtes Ende nehmen.
fallisch phallisch.
fall-out Fallout *m*.
fallus Phallus *m*.
falsaris Fälscher *m*.
falset Falsett *s*; Fistelstimme *w*.
falsificatie Fälschung *w*.
fameus famos.
famil/iaar familiär, vertraut. ▾**—iariteit** Familiarität, Vertraulichkeit *w*.
familie Familie *w*; *(verwanten)* Verwandtschaft *w*, Verwandte *Mz*; *— over krijgen*, Verwandte zu Besuch bekommen; *(hij is) — van me*, ein Verwandter von mir, mit mir verwandt; *van goede —*, aus guter F., *(behoorlijke fam.)* aus besserer F.
▾**—aangelegenheid** Familien/angelegenheit *w*. ▾**—band** F.band *s*. ▾**—bericht** F.anzeige *w*. ▾**—betrekking** verwandtschaftliche Beziehung. ▾**—bezoek** Verwandtenbesuch *m*. ▾**—graf** F.-, Erbbegräbnis *s*. ▾**—kring** F.kreis *m*.
▾**—kwaal** F.fehler *m*, F.krankheit *w*. ▾**—lid** F.mitglied *s*, Verwandte(r) *m*. ▾**—naam** F.name, Zuname *m*. ▾**—omstandigheden** F.verhältnisse *Mz*. ▾**—pension** F.heim *s*.
▾**—reünie** F.tag *m*. ▾**—ziek**: *hij is erg —*, er hat übertriebene verwandtschaftliche Gefühle.
fan Fan *m*; *voetbal—*, Fußballfan. ▾**—club** Fanklub *m*.
fanat/icus Fanat/iker *m*. ▾**—iek** f.isch.
▾**—isme** F.ismus *m*.
fancy-/artikel Mode-, Luxusartikel *m*.
▾**—fair** Wohltätigkeitsbasar *m*. ▾**—prijs** außerordentlich hoher Preis, Liebhaberpreis *m*.
fanfare 1 Fanfare *w*; **2** *(korps)* Bläserkorps *s*.
fantas/eren phantasie/ren. ▾**—ie** P. *w*; *(muz.)* Fantasie *w*. ▾**—ieartikelen** P.artikel *Mz*. ▾**—ieschortje** Tändelschürze *w*.
▾**—iestof** P.stoff *m*. ▾**—t** Phantas/t *m*.
▾**—tisch** p.tisch.
farao Pharao *m*.
farce Farce *w*.
fariz/eeër Pharisä/er *m*. ▾**—ees** p.isch.
▾**—eïsme** P.ismus *m*.
farm Farm *w*.
farmac/eut Pharmaz/eut *m*. ▾**—eutisch** p.eutisch. ▾**—ie** P.ie *w*.
fascine Faschine *w*.
fascineren faszinieren.
fascis/me Faschis/mus *m*. ▾**—t** F.t *m*.
▾**—tisch** f.tisch.
fase Phase *w*. ▾**—nvervorming** *(tel.)* P.nverzerrung *w*.
fastback *(v. auto)* Fließheck *s*.
fat Stutzer, Geck, Modenarr *m*.
fat/aal fatal; verhängnisvoll. ▾**—alisme** Fatalis/mus *m*. ▾**—alist** F.t *m*. ▾**—alistisch** f.tisch. ▾**—aliteit** Fatalität *w*.
fatsoen Anstand *m*; *(model, vorm)* Fasson *w*, Schnitt *m*; *zijn — houden*, anständig sein, den A. beobachten; *met goed —, voor zijn —*, anstandshalber. ▾**—eren** in Fasson bringen, fassonieren. ▾**—lijk** anständig. ▾**—lijkheid** Anstand *m*. ▾**—shalve** anstandshalber.
fatterig stutzerhaft, geckenhaft. ▾**—heid** stutzerhaftes Wesen.
fatum Fatum *s*.
faun Faun *m*.
fauna Fauna *w*.
fausset *zie* **falset**.
fauteuil Fauteuil *m*.
favoriet, —e Favorit *m*, F.in *w*.
fazant Fasan *m*. ▾**—eëi** Fasanenei *s*.
februari der Februar.
fecaliën Fäkalien *Mz*.
federa/lisme Födera/lismus *m*. ▾**—list** F.list *m*. ▾**—listisch** f.listisch. ▾**—tie** F.tion *w*.
▾**—tief** f.tiv.
fee Fee *w*. ▾**—ëriek** feenhaft.
feeks böse Sieben; *een kleine —*, eine kleine Hexe.
feest Fest *s*; *(plechtige viering)* Feier *w*; *(het zal me) een — (zijn)*, eine wahre Freude.
▾**—avond** Fest/abend *m*. ▾**—commissie** F.ausschuß *m*. ▾**—dag** F.tag, Feiertag *m*; *algemeen erkende —*, staatlich anerkannter Feiertag, gesetzlicher Feiertag; *christelijke —*, christliches Fest; *(on)veranderlijke —*, (un)bewegliches Fest; *zon- en —en*, Sonn- und Feiertage. ▾**—drukte** Fest/trubel *m*.
▾**—elijk** f.lich; *ik bedank er — voor*, na ich danke, ich danke bestens, ich danke für Obst.
▾**—elijkheid** Festlichkeit *w*, Fest *s*.
▾**—eling** *(resp.)* Feiernde(r), Jubilar *m*, Geburtstagskind *s*; *—en*, Fest/leute *Mz*.
▾**—en** ein F. feiern. ▾**—maal** F.essen *s*.
▾**—sigaar** *(fam.)* F.rübe *w*. ▾**—terrein** F.platz *m*. ▾**—varken** F.hammel *m*.
▾**—verlichting** F.beleuchtung *w*.
▾**—vieren** ein F. feiern. ▾**—viering** Feier *w*.
▾**—vreugde** F.freude *w*.
feil Fehl(er) *m*. ▾**—baar** fehlbar.
▾**—baarheid** Fehlbarkeit *w*. ▾**—loos** fehlerlos.
feit Tatsache *w*, Faktum *s*; *(daad, handeling)* Tat, Handlung *w*; *strafbaar —*, Straftat *w*; *de —en*, *(het feitenmateriaal)* Tatbestand *m*; *in —e*, faktisch, tatsächlich. ▾**—elijk** tatsächlich, faktisch; *(in een daad of daden bestaand)* tätlich; *(eigenlijk)* eigentlich.
▾**—elijkheid** Tatsächlichkeit *w*; *(gewelddaad)* Tätlichkeiten *Mz*.
▾**—enkennis** Tatsachen/kenntnis *w*; *(kennis v. zaken)* Sachkenntnis *w*.
▾**—enmateriaal** T.material *s*; *(geheel v. omstandigheden)* Tatbestand *m*.
fel heftig, scharf; *—le bliksemschicht*, greller, zuckender Blitz; *—le haat*, grimmiger, tödlicher Haß; *—le kleur*, grelle Farbe; *— licht*, grelles Licht; *— partijman*, leidenschaftlicher Parteimann; *— protest*, scharfer Protest; *—le wind*, scharfer Wind; *—le winter*, strenger Winter; *in de —le zon*, in der brennenden, prallen Sonne; *(de zon schijnt) —*, scharf; *— zijn op (iets)*, scharf sein, brennen auf [4].

▼**—heid** Heftigkeit; Schärfe; Grellheit; Leidenschaftlichkeit *w.*

felicit/atie Gratulation *w*, Glückwunsch *m.* ▼**—atiebrief** Gr.s-, Gl.schreiben *s.* ▼**—eren**: *iem. — met (iets)*, e.m gratulieren zu.

femel/aar, -ster Frömmler *m*, -in *w*; Mucker *m*, -in *w.* ▼**—achtig** frömmelnd, muckerisch. ▼**—arij** Frömmelei, Muckerei *w.* ▼**—en** frömmeln, muckern.

femin/isme Femin/ismus *m.* ▼**—iste** F.istin *w.* ▼**—istisch** f.istisch.

feniks Phönix *m.*

fenol Phenol *s.*

fenom/een Phänomen *s.* ▼**—enaal** phänomenal.

feodaal feudal; *— stelsel*, Feudalsystem *s.* ▼**feodalisme** Feudalismus *m.*

ferm tüchtig; (*kranig*) schneidig; (*energiek*) energisch; (*krachtig*) kräftig.

ferment/atie Fermentation, Gärung *w.* ▼**—eren** fermentieren, gären.

ferry(boot) Fährschiff, Fährboot *s.*

fest/ijn Fest *s*; (*feestmaal*) Festessen *s.* ▼**—ival** Musikfest *s*, Festspiele *Mz*, Festspiel *s.* ▼**—iviteit** Festlichkeit *w.*

fest/oen Feston *s.* ▼**—onneren** festonieren.

fêteren fetieren, feiern.

fetisj Fetisch *m.* ▼**—isme** F.ismus *m.*

feuilleton Feuilleton *s.*

fiasco Fiasko *s*, Mißerfolg *m*; (*het toneelstuk*) *werd 'n —*, machte F., fiel durch.

fiat I *zn* Zustimmung, Genehmigung *w*; Fiat *s*; *ergens zijn — op geven*, etwas genehmigen. **II** *tw*: *—!*, fiat! genehmigt! ▼**—teren** genehmigen.

fiber Fiber *w.*

fibrine Fibrin *s.*

fiche 1 Spielmarke *w*; **2** (*v. kaartsysteem*) Zettel *m.*

fict/ie Fiktion, Erdichtung *w.* ▼**—ief** fiktiv, erdichtet; *fictieve winst*, imaginärer Gewinn.

ficus Fikus *m.*

fideel fidel.

fiducie Fiduz *s.*

fielt Halunke, Schurke, Schuft *m.* ▼**—achtig** niederträchtig, schurkisch, schuftig.

fier stolz. ▼**—heid** Stolz *m.*

fiets Rad, Fahrrad *s.* ▼**—band** R.reifen *m*; (*buitenband, ook*) (Rad)Mantel *m*; (*binnenband*) (Rad)Schlauch *m.* ▼**—bel** Radglocke, -klingel *w.* ▼**—club** Radfahrerklub *m.* ▼**—en** (rad)fahren, radeln. ▼**—enbergplaats** Fahrrad/unterstellraum *m*; (*hok*) F.schuppen *m.* ▼**—enbewaarplaats** *zie* **—stalling**. ▼**—endief** F.marder *m.* ▼**—enrek** Fahrrädergestell *s.* ▼**—enstalling** Fahrrad/abstellplatz, F.unterstellraum *m*; (*buiten*) Radparkplatz *m*; (*buiten onder bewaking*) F.wache *w.* ▼**—enwinkel** F.handlung *w*, F.geschäft *s.* ▼**—er** Radfahrer, Radler *m.* ▼**—pad** Rad(fahr)weg *m.* ▼**—pijpen** Fahrrad/hosenbeine *Mz.* ▼**—pomp** F.pumpe *w.* ▼**—rok** Radelrock *m.* ▼**—sleutel** Engländer *m.* ▼**—slot** F.schloß *s.* ▼**—tas** Packtasche *w.* ▼**—tocht** Radtour *w.*

figur/ant (*alg.*) Figurant *m*; (*niet genoemde speler zonder sprekende rol*) Statist *m*; (*iem. die zwijgende rol bij toneel of film vervult, iem. v. h. 'volk'*) Komparse *m*; *de —en*, (*'het volk'*) Komparserie *w.* ▼**—eren** figurieren.

figuur Figur *w*; *een goed — slaan*, eine gute F. machen; *een treurig — slaan*, eine traurige F. spielen. ▼**—lijk** figürlich, bildlich. ▼**—zaag** Laubsäge *w*; *—zagen*, mit der Laubsäge arbeiten, aussägen.

fijn fein; (*teer*) zart; *— gehoor*, feines, scharfes Gehör; *— geweten*, zartes Gewissen; *— goud, zilver*, feines, reines Gold, Silber, Feingold, Feinsilber *s*; *—e vent*, famoser Kerl, prima Kerl, (*iron.*) sauberer Kerl; (*dat is me hier ook*) *een —e zaak*, eine saubere Wirtschaft; *—e zus*, Frömmlerin, Betschwester *w*; (*hij is*) *erg —*, sehr fromm, sehr religiös, strenggläubig, (*ongunstig*) bigott; (*hij is*) *een —e*, ein Feiner, ein Frömmler; *het —e v. d. zaak*, das Rechte von der Sache; (*dat is*) *—!*, aber fein!, (ja) großartig!, famos!; *— wrijven*, (*ook*) zerreiben. ▼**—besnaard** zartbesaitet. ▼**—gevoelig** fein/-, zartfühlend, f.fühlig; (*fijn gevoeld*) f.sinnig. ▼**—gevoeligheid** F.-, Zartgefühl *s*; F.sinn *m.* ▼**—hakken** kleinhacken, zerkleinern. ▼**—heid** F.heit; Zartheit; Frömmelei *w.* ▼**—kauwen** f.kauen ▼**—knijpen** zerkneifen. ▼**—korrelig** f.körnig. ▼**—maken** f. machen, f.reiben, zerreiben. ▼**—malen** zermahlen. ▼**—metaalbewerker** F.metallarbeiter *m.* ▼**—proever** F.schmecker *m.* ▼**—stampen** zerstampfen. ▼**—tjes**: *— aanvoelen*, sehr fein fühlen; (*iem.*) *— beetnemen*, hübsch anführen; *— (glimlachen)*, verschmitzt; (*iets*) *— (zeggen)*, ganz hübsch, ganz nett. ▼**—wrijven** fein reiben, zu Pulver reiben.

fijt Wurm *m.*

fik (*hond*) Spitz *m.*

fikken: *blijf er af met je —*, bleibe mit deinen Fingern davon.

fiks tüchtig, kräftig; *—e grijsaard*, rüstiger Greis; *zie ook* **fit**.

filantr/oop Philanthrop *m.* ▼**—opie** P.ie *w.* ▼**—opisch** p.isch.

filatel/ie Philatel/ie *w.* ▼**—ist** P.ist *m.*

file Reihe *w*, (*vooral v. rijdende voertuigen*) Schlange *w*; (*v. stilstaande voertuigen*) Stau *m*; *in 'n — rijden*, Schlange fahren; Kolonne fahren; *in 'n — staan*, anstehen, Schlange stehen, im Stau stehen.

fileren (*vis*) filetieren. ▼**filet** Filet *s.*

filharmonisch philharmonisch.

filiaal Filiale *w*, Zweiggeschäft *s*; (*bijkantoor*) Zweig-, Nebenstelle *w.* ▼**—houder** Filialleiter *m.*

filigraan Filigran *s.*

Filips Philipp *m.*

filister Philister *m.*

Filistijn Philister *m.*

film Film *m.* ▼**—acteur, —actrice** F.schauspieler *m*, -in *w.* ▼**—apparaat** (*projectie*) F.vorführgerät *s*, (*opname*) F.kamera *w.* ▼**—en** filmen; (*iets*) *—*, verfilmen. ▼**—festival** F.festspiele *Mz.* ▼**—isch** f.isch. ▼**—journaal** F. wochenschau *w.* ▼**—keuring** F.zensur *w.* ▼**—keuringscommissie** F.prüfungskommission *w.* ▼**—liga** F.allianz *w.* ▼**—maatschappij** F.gesellschaft *w.* ▼**—operateur** Kameramann *m*; (*vertoner*) (F.)Vorführer *m.* ▼**—opname** F.aufnahme *w.* ▼**—rol** F.rolle *w*; (*rolfilm*) Rollfilm *m.* ▼**—ster** F.star *m*, F.diva *w.* ▼**—strook** F.streifen *m.* ▼**—toestel** F.kamera *w.* ▼**—verhuring** F.verleih *m*; F.verleihanstalt *w.*

filol/ogie Philol/ogie *w.* ▼**—ogisch** p.ogisch. ▼**—oog** P.og *m.*

filo/soferen philo/sophieren. ▼**—sofie** P.sophie *w.* ▼**—sofisch** p.sophisch. ▼**—soof** P.soph *m.*

filter Filter *m & s.* ▼**—sigaret** F.zigarette *w.* ▼**—zakje** F.tüte *w.* ▼**filtraat** Filtrat, Filtricht *s.* ▼**filtreer/inrichting** Filteranlage *w.* ▼**—machine** Filtrier/maschine *w.* ▼**—papier** F.papier *s.* ▼**filtreren** filtrieren, filtern.

Fin Finne, Finnländer *m.*

finaal gänzlich, völlig; (*absoluut*) durchaus.

final/e Final/e *s*; (*in sport, ook*) Schlußrunde *w*; (*eindstrijd*) Endkampf *m*, (*bij hardlopen*) Endlauf *m*. ▾**—ist** F.ist *m*.

financ/ieel finanziell; *financiële politiek*, Finanzpolitik *w*; (*hij heeft*) *financiële moeilijkheden*, finanzielle, pekuniäre Schwierigkeiten, Geldschwierigkeiten. ▾**—iën** Finanzen *Mz*; *ministerie van —*, Finanz/ministerium *s*; (*ik moet even*) *naar F—*, zum F.amt. ▾**—ier** F.mann *m*; (*geldgever*) F.ier *m*. ▾**—ieren** f.ieren ▾**—iering** F.ierung *w*.

fineer/(blad) Furnier/(blatt) *s*. ▾**—hout** F.holz *s*. ▾**fineren** furnieren.

finesse Finesse *w*.

fingeren fingieren, erdichten; *gefingeerde koop*, Scheinkauf *m*.

finish Ziel *s*; (*eindstrijd*) Endkampf *m*.

Fin/land Finn/land *s*. ▾**—s** f.isch, f.ländisch. ▾**—se** F.in *w*.

fiool Phiole *w*; *de fiolen van zijn toorn* (*over iem. uitstorten*), die Schale des Zornes.

firma Firma *w*.

firmament Firmament *s*.

firmanaam Firmennamen *m*. ▾**firmant** Firmeninhaber *m*; (*vennoot*) Teilhaber, Gesellschafter *m*.

fis Fis *s*.

fiscaal I *bn* fiskalisch; Fiskal..., *fiscale rechten*, Finanzzölle *Mz*. **II** *zn* Fiskal *m*. ▾**fiscus** Fiskus *m*.

fistel Fistel *w*.

fit fit, in bester Form; *z. niet al te — voelen*, s. nicht ganz wohl fühlen.

fit/ter Installateur *m*. ▾**—ting** Fitting *s*; (*lamphouder*) Fassung *w*.

fixatief Fixativ *s*. ▾**fixeer/bad** Fixier/bad *s*. ▾**—bak** F.schale *w*. ▾**—middel** F.mittel, Fixativ *s*. ▾**fixeren** fixieren.

fjord Fjord *m*. ▾**—enkust** Fjordküste *w*.

flacon Flakon *m*.

fladderen flattern.

flagrant flagrant.

flakkeren flackern.

flamberen (*culinair*) flambieren.

flambouw Fackel *w*; (*gedragen kaarslicht*) Kerzenstock *m*.

flamingo Flamingo *m*.

flanel Flanell *m*. ▾**—len** f.en, Flanell...

flaneren flanieren.

flank Flanke *w*; (*v. dieren, ook*) Weiche *w*. ▾**—aanval** Flankenangriff *m*. ▾**—eren** flankieren.

flansen: *bij* (*in*) *elkaar —*, zusammenstoppeln, -schmieren.

flap (*v. boekomslag*) Umschlagklappe, Klappe *w*.

flapdrol Null *w*, Flaps *m*.

flaphoed Schlapphut *m*.

flappen: *er alles uit—*, alles herausplappern.

flapuit Schwätzer *m*, Schwätzerin *w*.

flard Fetzen *m*; *aan —en scheuren*, in Fetzen reißen.

flash-back Rückblende *w*.

flat Etagenwohnung *w* (*zie ook* **—gebouw**).

flater Schnitzer *m*; *een — begaan*, e.n S. machen.

flatgebouw Etagen(wohn)haus *s*; (*zonder galerij*) mehrstöckiges Zeilenhaus; (*met galerij*) Laubenganghaus *s*.

flatteren schmeicheln [3], flattieren; *geflatteerde balans*, geschmeichelte Bilanz; (*dit portret is*) *geflatteerd*, geschmeichelt.

flauw (*zwak, slap, mat*) flau, matt, schwach; (*niet zout of hartig, smakeloos, geesteloos, vervelend*) fade; (*onnozel, dwaas*) albern; (*afgezaagd*) abgeschmackt; *—e bocht*, flache Kurve; *geen — idee* (*van iets hebben*), keine blasse Ahnung; *—e onzin*, albernes Zeug; *—e praatjes*, fades Geschwätz; *—e stemming*, (*beurs*) flaue, lustlose Stimmung; (*de beurs, de wind*) *wordt —er*, flaut ab; *z. —* (*kinderachtig*) *gedragen*, s. kindisch benehmen. ▾**—erd**, **—erik** fader Kerl; (*iem. zonder durf*) Memme *w*. ▾**—heid** Flauheit, Mattigkeit; Fadheit *w*. ▾**—igheid** *zie* **—heid** *en* **—iteit**; (*kinderachtigheid*) Kinderei *w*. ▾**—iteit** fader Witz, Abgeschmacktheit, Albernheit *w*, albernes Getue; (*flauwe drukte, smoesje*) Flause *w*. ▾**—te** Ohnmacht *w*. ▾**—tjes** schwach, matt. ▾**—vallen** in Ohnmacht fallen, ohnmächtig werden.

fleemkous Schmeich/ler *m*; S.elkatze *w*.

flegma Phlegma *s*. ▾**—ticus** P.tiker *m*. ▾**—tiek** p.tisch.

flem/en schmeich/eln [3]. ▾**—er** S.ler *m*.

flens Flan(t)sch *m*, Flan(t)sche *w*. ▾**—bout** Flanschenschraube *w*.

flensje Plinse *w*.

fles Flasche *w*; *op de — gaan*, Pleite machen; *op de — zijn*, pleite sein. ▾**—je** Fläschchen *s*. ▾**—opener** Flaschen/öffner, Kronenkorköffner *m*. ▾**—semelk** F.milch *w*. ▾**—senrek** F.gestell *s*. ▾**—senspoelmachine** F.spülmaschine *w*. ▾**—sentrekker** Schwindler *m*. ▾**—sentrekkerij** Schwindel *m*. ▾**—senvuller** F.füller *m*.

flets matt; (*vaal*) fahl; (*verwelkt, verflenst*) welk; (*vermoeid*) abgespannt. ▾**—heid** Mattheit, Fahlheit *w*.

fleur Flor *m*; *in de —* (*van zijn leven*), in der Blüte; *de — is er af*, es hat seine Frische verloren. ▾**—ig** blühend; frisch; munter; (*kleurrijk*) farbenfroh; *—e kamer*, heiteres Zimmer. ▾**—op** Fleurop *w*.

flikflooi/en schmeicheln [3], fuchsschwänzeln. ▾**—er** Schmeichler, Fuchsschwänzer *m*. ▾**—erig** schmeichlerisch. ▾**—erij** Schmeichelei *w*, Fuchsschwanz *m*.

flikje Plätzchen *s*.

flikken flicken, ausbessern; (*klaarspelen*) fertigbringen, deichseln; (*dat heeft hij*) *'m aardig geflikt*, famos gedeichselt.

flikker (*homo*) Homosexuelle(r), Hundertfünfundsiebziger *m*; *iem. op zijn — geven*, e.m die Jacke vollhauen; *er geen — van weten*, keine blasse Ahnung davon haben.

flikker/en flimmern; (*sterker*) blitzen; (*flakkeren*) flackern; (*glinsteren*) glitzern; (*sterren*) flimmern, funkeln, g.; (*ogen*) flackern, funkeln, b. ▾**—ing** Flimmern, Blitzen, Flackern, Funkeln, Glitzern *s*. ▾**—licht** Flackerlicht *s*; (*v. vuurtoren*) Blinkfeuer *s*; (*bij spoorwegovergang*) Blinklicht *s*.

flink tüchtig; (*energiek*) energisch; (*flinkgebouwd, krachtig*) kräftig; (*enigszins ruw*) derb; (*stoer, stram*) stramm; (*kras*) rüstig; (*kloek*) herzhaft, beherzt; (*degelijk*) gediegen; (*tamelijk veel, groot*) hübsch; (*in vrij hoge mate*) gehörig; *een —e aanloop* (*nemen*), e.n herzhaften Anlauf; *een — eindje* (*van hier*), eine hübsche Strecke; *—e meid*, forsches, (*geestelijk*) tüchtiges Mädel; *—e officier*, schneidiger Offizier; *—e som*, bedeutende, erhebliche Summe; *— sommetje*, hübsche Summe; *—e storm*, gehöriger, richtiger Sturm; *—e vent*, tüchtiger Kerl, (*lichamelijk*) kräftiger, stämmiger Bursche, (*'n „hele" kerel*) ein ganzer Kerl; *z. — houden*, s. tapfer, gut halten; (*iem.*) *—* (*de waarheid zeggen*), gehörig; (*het regent*) *—*, gehörig, ordentlich, tüchtig; (*het is*) *— koud*, empfindlich kalt; *— zijn best doen*, tüchtig arbeiten, recht fleißig sein; *ik heb 't — warm gekregen*, mir ist ordentlich warm geworden; (*dat heb je*) — *gedaan*, richtig gemacht. ▼**—heid** Tüchtigkeit; Energie; Herzhaftigkeit *w*.

flip (*drank*; *bij schaatsen*) Flip *m*.

flipper Flipper *m*. ▼**—en** flippern. ▼**—automaat**, **—kast** Flipper *m*.

flirt Flirt *m*, Liebelei *w*; *hij* (*zij*) *is een* —, er (sie) flirtet gern, er ist ein Poussierstengel, sie ist eine Kokette. ▼**—en** flirten, poussieren.

flits Blitz, (zuckender) Strahl *m*. ▼**—blokje** B.würfel *m*. ▼**—en** zucken; (*met flitslamp*) b.en. ▼**—lamp** B.lampe *w*. ▼**—licht** B.licht *s*.

flodder 1 (*slordige vrouw*) Schlampe *w*; **2** (*flodderjurk*) Schlotterkleid, Fähnchen *s*; **3** (*losse flodder*) Platzpatrone *w*. ▼**—en** (*v. kleren*) schlottern. ▼**—ig** schlotterig.

floep! schwupp!

floers Flor, Kropp *m*, (*flg. sluier*) Schleier *m*.

flonker/en funkeln. ▼**—ing** Funkeln *s*.

floodlight Flutlicht *s*.

flop Flop *m*, Fiasko *s*, Mißerfolg *m*. ▼**—pen** mißlingen, fehlschlagen.

flor/a Flora *w*. ▼**—eren** florieren, blühen.

floret 1 (*zijde*) Florett *m*, F.seide *w*; **2** (*degen*) Floret *s*. ▼**—schermen** F.fechten *s*.

florissant blühend.

flottielje Flottille *w*. ▼**—leider** Flottillenführer *m*.

flox Phlox *w*.

fluctueren schwanken, fluktuieren.

fluïdum Fluidum *s*.

fluim Qualster *m*; —*en opgeven*, Q. auswerfen.

fluister/aar Flüster/er *m*. ▼**—campagne** F.propaganda *w*. ▼**—en** flüstern; (*geheimzinnig*) raunen; (*boosaardig*) zischeln; (*smoezen*) tuscheln.

fluit Pfeife *w*; (*muziekinstrument*) Flöte *w*; (*geluid v. fluit*) Pfiff *m*. ▼**—concert** Flötenkonzert *s*; (*uitfluiting*) Pfeifenkonzert *s*. ▼**—en** pfeifen; (*als muziek*) flöten; (*radiostoring*) tönen; *de hond* —, dem Hund p.; *je kunt ernaar* —, du hast das Nachsehen; (*dat is*) —, flöten gegangen. ▼**—ist** Flötenspieler *m*. ▼**—ketel** Pfeifkessel *m*. ▼**—signaal** Pfeifensignal *s*. ▼**—spel** Flötenspiel *s*. ▼**—speler** Flötenspieler, Flötist *m*. ▼**—toon** Flötenton *m*; (*als radiostoring*) Pfeifton *m*.

fluks flugs, sogleich.

fluor Fluor *s*.

fluoresc/entie Fluoresz/enz *w*. ▼**—eren** f.ieren. ▼**—erend** f.ierend.

fluorid/eren fluoridieren, fluor(is)/ieren. ▼**—ering** F.ierung *w*.

fluweel Sam(me)t *m*. ▼**—achtig** samtartig. ▼**—zacht** samtweich.

fluwelen samten, Samt...; (*hij heeft*) *een — tong*, eine glatte Zunge, er ist ein Schönredner.

flux de bouche Zungenfertigkeit *w*.

FM-ontvanger UKW-Empfänger *m*. ▼**FM-zender** UKW-Sender *m*.

fnuiken (*macht, trots enz.*) brechen; (*dat is*) —*d*, fatal.

f.o.b. frei (an) Bord, fob.

fobie Phobie *w*.

focus Fokus *m*.

foedraal Futteral, Gehäuse *s*.

foef(je) Kniff, Trick *m*.

foei! pfui!

foeilelijk abscheulich, mordshäßlich.

foelie 1 (*specerij*) Muskatblüte *w*; **2** (*bladmetaal*) Folie *w*. ▼**foeliën** foliieren.

foer/age Fur/age *w*. ▼**—ageren** f.agieren. ▼**—ier** F.ier *m*.

foeteren nörgeln, meckern; (*opspelen*) schimpfen, futtern.

foetsie futsch.

foetus Fetus, Fötus *m*.

fok 1 (*zeil*) Fock *w*; **2** (*het fokken*) Zucht *w*. ▼**—dier** Z.tier *s*. ▼**—hengst** Z.hengst *m*. ▼**—kemast** Fockmast *m*. ▼**—ken** züchten. ▼**—ker** Züchter *m*. ▼**—kerij** Zucht *w*; (*fokbedrijf, -plaats*) Züchterei *w*. ▼**—merrie** Zucht/stute *w*. ▼**—vee** Z.vieh *s*. ▼**—vereniging** Z.verein *m*. ▼**—zeug** Z.schwein *s*.

folder Falt-, Werbeblatt *s*.

foliant Foliant *m*, (*iron.*) Wälzer *m*.

foli/e Folie *w*. ▼**—eermachine** Foliiermaschine *w*. ▼**—ëren** foliieren.

folio Folio *s*. ▼**—papier** F.papier *s*. ▼**—vel** F.bogen *m*.

folklor/e Volkskunde, Folklor/e *w*. ▼**—ist** Volkskundler, F.ist *m*. ▼**—istisch** f.istisch.

folter/bank Folter/bank *w*. ▼**—en** f.n, martern. ▼**—ing** F.ung *w*. ▼**—kamer** F.kammer *w*. ▼**—(werk)tuig** F.gerät, F.zeug *s*.

fond Fond *m*.

fondament *zie* **fundament**.

fondant Fondant *m*.

fonds Fonds *m*; (*ziekenfonds enz., kas*) Kasse *w*; (*voor bepaald doel vastgelegd kapitaal*) Stiftung *w*; (*uitgeversfonds*) Verlag *m*; (*effect*) Wertpapier *s*, Effekt, Fonds *m*; *zijn —en*, (*gelden*) seine Gelder. ▼**—catalogus** Verlagskatalog *m*. ▼**—dokter** Kassenarzt *m*. ▼**—enbeurs** Fondsbörse *w*. ▼**—enblad** Börsenzeitung *w*. ▼**—lijst** Verlagsverzeichnis *s*. ▼**—patiënt** Kassenpatient *m*.

fondue Fondue *s*. ▼**fonduen** F. machen. ▼**fondue/pan** F.pfanne *w*. ▼**—stel** F.gerät *s*.

fonet/iek Phonetik *w*. ▼**—isch** phonetisch, lautlich.

fonkel/en funkeln. ▼**—ing** Funkeln *s*. ▼**—nieuw** funkel(nagel)neu.

fono/graaf Phono/graph *m*. ▼**—gram** P.gramm *s*. ▼**—logie** P.logie *w*.

fontanel Fontanelle *w*.

fonteln (Spring)Brunnen *m*. ▼**—tje** (*wasbakje*) (Wand)Waschbecken *s*; (*aan vogelkooi*) Trinknäpfchen *s*.

fooi Trinkgeld *s*; *geen —en!*, Trinkgelder verboten! ▼**—enstelsel** Trinkgeldersystem *s*.

fop/pen foppen. ▼**—per** Fopper *m*. ▼**—perij** Fopperei *w*. ▼**—speen** Schnuller *m*.

force majeure force majeure, höhere Gewalt.

forceren forcieren, erzwingen; (*openbreken*) aufbrechen, sprengen; (*bloembollen, planten*) treiben; (*een machine*) —, überanstrengen; *geforceerd*, forciert, gezwungen, unnatürlich; *geforceerde mars*, Gewaltmarsch *m*.

forel Forelle *w*.

forens Forense *m*. ▼**—trein** Forensen-, Vorortzug *m*.

form/a: *in optima* —, in optima forma, in bester Form; *pro* —, pro forma, der Form wegen. ▼**—aat** Format *s*. ▼**—aline** Formalin *s*. ▼**—alisme** Formalis/mus *m*. ▼**—alistisch** f.tisch. ▼**—aliteit** Formalität *w*; (*vormelijkheid*) Förmlichkeit *w*; (*vormkwestie*) Formsache *w*; *een hele boel —en*, (*minachtend*) ein ganzer Formelkram. ▼**—ateur** *zie* **kabinetsformateur**. ▼**—atie** Formation *w*; (*mil. afd.*) Verband *m*; — *bommenwerpers*, Bomberverband; *in* — (*vliegen*), im V. ▼**—eel** förmlich, formell; (*compleet, volslagen*; *uitdrukkelijk*) förmlich; (*de vorm betreffend*) formal. ▼**—eren** (*samenstellen*; *uitmaken*) bilden; (*gedaante geven, geestelijk vormen*) formen, gestalten; (*opstellen*) formieren, bilden. ▼**—idabel** formidabel, schrecklich, gewaltig. ▼**—ule** Formel *w*. ▼**—uleren** formulieren. ▼**—ulering** Formulierung *w*. ▼**—ulier** Formular, Formblatt *s*, Vordruck *m*; (*eed-*,

doopformulier enz.) Formel *w.*
fornuis Kochherd, Kochofen *m.*
fors kräftig, stark; (*forsgebouwd*) stämmig, robust; *—e slag*, derber, wuchtiger Schlag. ▾**—heid** Kraft, Stärke *w*; Wucht; Derbheit *w.*
forsythia Forsythie *w.*
fort 1 (*mil.*) Fort *s*; **2** (*dat is*) *zijn — niet*, nicht seine starke Seite. ▾**—engordel** Fortsgürtel *m.* ▾**—ificatie** Fortifikation *w*; (*vestingwerk*) Befestigungswerk *s*; *—s*, Befestigungsanlagen *Mz.*
fortuin Vermögen *s*; (*geluk*) Glück *s*; (*godin*) Fortuna *w*; *— maken*, sein G. machen, (*bezit verwerven*) s. ein V. erwerben; *de — dient hem*, das G. ist ihm hold; *de — lacht hem toe*, ihm lächelt F. ▾**—lijk**: *— zijn*, Glück haben. ▾**—zoeker** Abenteurer, Glücksritter *m.*
forum Forum *s*; (*gespreksf.*) Podiumgespräch *s.*
fosf/aat Phosphat *s.*
fosfor Phosphor *m.* ▾**—esceren** p.eszieren.
fossiel I *bn* fossil. **II** *zn* Fossil *s.*
foto (Licht)Bild *s*, Photographie *w*, Photo *s*; *een — nemen*, eine Aufnahme machen. ▾**—album** Photo/(graphie)album *s.* ▾**—artikelen** p.graphische Artikel *Mz.* ▾**—copie** P.kopie *w.* ▾**—copieerapparaat** P.kopierer, Kopierer *m.* ▾**—copiëren** p.kopieren. ▾**—-elektrisch** p.elektrisch. ▾**—geniek** p.gen. ▾**—graaf** P.graph *m.* ▾**—graferen** p.graphieren. ▾**—grafie** P.graphie *w.* ▾**—grafietoestel** p.graphischer Apparat. ▾**—grafisch** p.graphisch. ▾**—meter** P.meter *s.* ▾**—model** P.modell *s.* ▾**—montage** P.montage *w.* ▾**—reportage** Bildbericht *m*, Bildberichterstattung *w.* ▾**—safari** P.safari *w.* ▾**—technisch** p.technisch. ▾**—toestel** Kamera *w*, p.graphischer Apparat, P.apparat.
fouiller/en: *iem. op wapens —*, jemands Taschen, Kleider nach Waffen durchsuchen. ▾**—ing** Durchsuchung, Leibesvisitation *w.*
four/neren verschaffen; (*geld*) beschaffen; *vol gefourneerde aandelen*, voll eingezahlte Aktien. ▾**—nituren** Zutaten, Zubehörartikel *Mz.*
fout I *zn* Fehler *m*; (*tegen omgangsvormen, voorschriften enz.*) Verstoß *m*; (*vergissing*) Irrtum *m*, Versehen *s*; *grove —*, (*blunder*) grober Schnitzer. **II** *bn & bw* falsch, unrichtig, verkehrt. ▾**—ief** fehlerhaft, falsch; *foutieve handeling*, Fehlhandlung *w.* ▾**—loos** fehlerlos, fehlerfrei.
fox-terriër Foxterrier *m.*
foxtrott Foxtrott *m.*
foyer Foyer *s*, Wandelhalle *w.*
fraai schön; (*sierlijk*) zierlich; (*aardig, ook iron.*) hübsch, nett. ▾**—heid** Schönheit *w.* ▾**—igheid**: *gedwongen —*, etwas Unumgängliches; gezwungene Freundlichkeit; *en dergelijke fraaiigheden*, und Ähnliches; *het is allemaal voor de —*, es ist ja alles Komödie.
fract/ie Bruchteil *m*; (*in vertegenwoordigend lichaam*) Fraktion *w*; (*groep in pol. partij*) (Partei)Gruppe *w*; (*de koersen waren*) *een —* (*hoger*), um e.n B. ▾**—ieleider** F.sführer *m.* ▾**—ioneel** teilweise; (*hoger, lager*) um e.n Bruchteil. ▾**—uur** (*gotische drukletter*) Fraktur *w*; (*botbreuk*) Fraktur *w.*
fragment Bruchstück, Fragment *s.* ▾**—arisch** bruchstückweise, fragmentarisch.
frak Frack *m.*
framboos Himbeere *w.* ▾**frambozenjam** Himbeermarmelade *w.*
frame Rahmen *m*, Gestell *s.*
Française Französin *w.*
franchise Franchise *w.*
francisc/aan Franziskan/er *m.* ▾**—aans** f.isch. ▾**—anenklooster** F.erkloster *s.* ▾**—anes** F.erin *w.*
franco frei, franko; *— boord*, frei (an) Bord; *— fabriek*, frei Fabrik; *— spoor*, frei Bahn; *— station*, frei Bahnhof; *— thuis*, frei (ins) Haus; *— vracht en rechten*, fracht und zollfrei, franko Fracht und Zoll; *— aan wal*, frei Kai, franko Ufer.
franc-tireur Franktireur, Freischärler, Heckenschütze *m.*
franje Franse *w*, Fransen *Mz*; (*beuzelpraat*) unnützes Gerede; *vol —s*, fransig.
frank I: *— en vrij*, frank und frei. **II** *zn* **1** (*Franse munt*) Frank *m*; (*Zwitserse munt*) Franken *m*; **2** (*stamnaam*) Franke *m.*
frankeer/kosten Frankatur/kosten *Mz.* ▾**—machine** F.maschine *w.* ▾**—stempel** Freistempel *m.* ▾**—zegel** Briefmarke *w*, Postwertzeichen *s.* ▾**franker/en** frankieren, freimachen. ▾**—ing** Frankatur *w*; (*het frankeren*) Frankierung *w*; *— bij abonnement*, frei durch Ablösung.
Frankisch fränkisch.
Frankrijk Frankreich *s.*
Frans I *zn* **1** (*vóórnaam*) Franz *m*; *vrolijke —*, Bruder Lustig, (*v. meisje*) flottes Mädel; *leven van vrolijke —*, flottes Leben; **2** *het —*, das Französische; *zie* **Duits**. **II** *bn* französisch; (*iets*) *met een —e slag doen*, übers Knie brechen; *de —e tijd*, die Franzosenzeit; (*zij is*) *een —e*, eine Französin. ▾**—en**: *de —*, die Franzosen; *loop naar de —*, scher dich zum Teufel. ▾**—gezind** französisch gesinnt, franzosenfreundlich. ▾**—man** Franzose *m.* ▾**—oos** Franzmann *m.*
frapp/ant frappant. ▾**—eren** frappieren.
frase Phrase *w*; *holle —n*, leere Phrasen. ▾**—ren** (*muz.*) phrasieren.
frater Frater *m.* ▾**—niseren** fraternisieren.
frats Grimasse, Fratze *w*; (*grap*) Posse *w*; (*gril, kuur*) Grille, Schrulle *w*; *—en*, Albernheiten *Mz*, (*flauwe drukte*) Flausen *Mz*; *—en maken*, Grimassen, Fratzen schneiden; Flausen machen. ▾**—enmaker** Grimassen-, Fratzenschneider; Possenreißer; Flausenmacher *m.*
fraud/e Fraudation *w*, Betrug *m*; (*verduistering*) Defraudation *w*; *— plegen* = ▾**—eren** fraudieren; defraudieren. ▾**—eur** Fraudierende(r); Defraudant *m.* ▾**—uleus** fraudulös, betrügerisch; *— bankroet*, betrügerischer Bankrott; *— slachten*, Schwarzschlachten *s.*
free-kick Freistoß *m.*
free-lance freiberuflich; *— medewerker*, freier Mitarbeiter.
frees Fräse *w.* ▾**—boor** Fräser *m.* ▾**—machine** Fräser *m*, Fräsmaschine *w.*
free/-wheel Freilauf *m.* ▾**—wheelen** F. radeln.
fregat (*schip*) Fregatte *w.*
frequent frequen/t; (*vaak*) häufig. ▾**—ie** F.z *w.* ▾**—iemodulatie** F.zmodulation *w.*
fresco Fresko *s*, Freske *w.* ▾**—schildering** Freskomalerei *w.*
fret 1 (*dier*) Frett *m*; **2** (*boor*) Frett(bohrer) *m.*
Freudiaans Freudisch.
freule Fräulein *s*; (*dochter v. baron*) Freifräulein *s*, Freiin *w*; *— A.*, Fräulein von A.; (*aanspreking*) gnädiges Fräulein.
frez/en fräsen. ▾**—er** Fräser *m.*
fricandeau Frikandeau *s.*
frictie Friktion, Reibung *w.*
friemelen fummeln.
Fries I *zn* **1** Friese *m*; **2** (*taal*) Friesische(s) *s*; *zie* **Duits**. **II** *bn* friesisch.
fries Fries *m.*
Friese Friesin *w.*
Friesland Friesland *s.*

friet Fritte *w.*
frigidaire (elektrischer) Kühlschrank *m,* Gefriertruhe *w.*
frigide frigid(e).
frik Schulmeister, Pauker *m.*
frikadel Frikadelle *w.*
fris frisch; (*koel*) kühl; (*welvarend, gezond*) munter; *ik voel me zo — als een hoentje,* mir ist wohl wie dem Fisch im Wasser. ▼**—drank** Frischgetränk *s.*
fris/eerijzer Frisier-, Brenneisen *s.* ▼**—eertang** Brennschere *w.* ▼**—eren** frisieren. ▼**—eur** Friseur *m.*
frisheid Frische; Kühle *w.* ▼**frisjes** ziemlich kühl.
Frits Fritz *m.*
frituur Fritüre *w.*
frivool frivol.
fröbel/en fröbeln. ▼**—onderwijzeres** Kindergärtnerin *w.* ▼**—school** Kindergarten *m,* Fröbelschule *w.*
frommelen (zer)knittern, (zer)knüllen.
frons Runzel *w.* ▼**—en** runzeln.
front Front *w;* (*v. gebouw, ook*) Fassade *w;* (*v. overhemd*) Vorhemd *s; naar het — (gaan),* an die F. ▼**—aal** frontal. ▼**—aanval** Front/(al)angriff *m.* ▼**—balkon** F.balkon *m.* ▼**—correctie** F.begradigung *w.* ▼**—ispice** F.ispiz *s.* ▼**—lijn** F.linie *w.*
frotté Frottee, Frottierstoff *s.*
fruit Obst *s.* ▼**—boom** O.baum *m.*
fruiten bräunen.
fruit/kweker O.züchter *m.* ▼**—schaal** Fruchtschale *w.* ▼**—teelt** O.bau *m.*
frustr/atie Frustr/ation *w.* ▼**—eren** f.ieren.
f-sleutel F-Schlüssel *m.*
fuchsia Fuchsie *w.*
fuga Fuge *w.*
fuif Gesellschaft *w;* (*eetpartij*) Schmaus *m;* (*drinkpartij*) Zecherei *w,* (*vooral v. studenten*) Kneipe *w.* ▼**—nummer** Bummler *m.*
fuik Reuse *w.*
fuiven feiern; (*boemelen*) sumpfen, schwiemeln; (*drinken*) zechen, kneipen; (*eten*) schmausen.
fulmineren wettern, toben.
full-time: *— baan,* Ganztagsarbeit *w,* Full-time-Job *m; — kracht,* Vollzeitkraft, Vollarbeitskraft *w; — onderwijs,* Vollzeit-, Ganztagsunterricht, vollzeitlicher Unterricht.
funct/ie Funktion *w;* (*ambt, betrekking*) Amt *s,* Stellung, Stelle *w; in — (blijven),* im Amte; *in — treden,* seine Stelle antreten; *in — zijn,* im Amte sein, amtieren; *de — v. voorzitter waarnemen,* als Vorsitzender fungieren, (*voor 'n ander*) den Vorsitzenden vertreten. ▼**—ionaris** Funktionär *m;* (*ambtsdrager*) Amtswalter *m; de tegenwoordige —,* der jetzige Inhaber (des Amtes). ▼**—ioneel** funktionell. ▼**—ioneren** funktionieren. ▼**—ionering** Funktionierung *w.*
fund/ament Fundament *s,* Grundlage *w;* (*v. gebouw*) Gründung *w.* ▼**—amenteel** fundamental, grundlegend. ▼**—atie** Stiftung *w.* ▼**—eren** fundieren, gründen; *gefundeerde mening,* wohlbegründete Meinung. ▼**—ering** Gründung *w;* (*het funderen, ook*) Fundierung *w.*
funest fatal, verhängnisvoll.
fungeren fungieren; *—d burgemeester,* amtierender Bürgermeister, (*de burgemeester vervangend*) stellvertretender B.; *zie* **functie.**
fur/ie Furie *w;* (*Spaanse*) Meuterei *w.* ▼**—ieus** wütend. ▼**—ore** Furore *s.*
fuselier Füsilier *m.*
fuseren fusionieren. ▼**fusie** Fusion, Verschmelzung *w; een — aangaan,* s. verschmelzen, fusionieren.
fusilleren füsilieren, standrechtlich erschießen.
fust Faß *s;* (*verpakking*) Verpackung *w;* (*wijn*) *op —,* in Fässern; (*etaleren*) *met leeg —,* mit Leerpackung.
fut Energie, Kraft *w;* (*kranigheid*) Schneidigkeit *w; er zit geen — in die vent,* er hat keinen Mumm in den Knochen, er ist ein Mensch ohne Saft und Kraft.
futiliteit Futilität, Nichtigkeit *w.*
futloos energielos, kraftlos, ohne Saft und Kraft.
futselen *zie* **prutsen, knutselen, beuzelen, treuzelen.**
futur/isme Futurismus *m.* ▼**—istisch** futuristisch. ▼**—oloog** Futurologe *m.* ▼**—um** Futur(um) *s.*
fuut Steißfuß, Haubentaucher *m.*
fys/ica Physik *w.* ▼**—icus** P.er *m.*
fysiek I *bn* physisch. **II** *zn* Leibesbeschaffenheit *w.*
fysio/logie Physio/logie *w.* ▼**—loog** P.loge *m.* ▼**—nomie** P.nomie *w.* **fysisch** physisch; (*nat.*) physikalisch.

g G *s.*
gaaf I (*heel*) ganz; (*onbeschadigd*) unbeschädigt; (*ongedeerd*) unverletzt; (*volledig*) vollständig; (*goed, volledig bewaard gebleven*) gut, vollständig erhalten; (*v. karakter*) lauter; *— fruit,* gesundes Obst; *gave gulden,* vollwertiger Gulden. **II** *zn zie* **gave**. ▾**—heid** Ganzheit *w*, Ganzsein *s*; Unbeschädigtsein *s*; Güte *w.*
gaai (Eichel)Häher *m*; (*mikvogel*) Vogel *m.*
gaan gehen; *hoe gaat het met je?,* wie geht's dir?; *hoe gaat het met de zieke?,* wie steht es mit dem Kranken?; *hoe gaat het met de zaak?,* wie geht, was macht das Geschäft?; *het ga je goed!,* laß es dir gut gehen!; *het gaat hier om...,* es handelt s. hier um...; (*dit boek*) *gaat over...,* handelt von...; *het gaat om zijn leven,* es gilt sein Leben; *nu gaat 't er om,* nun gilt's; *— baden, bedelen, jagen, slapen, venten, vissen, wandelen, zwemmen,* baden, betteln, usw. gehen; *overigens moet 'gaan' + onbep. wijs anders vertaald worden, bijv.*: *ga hem zeggen,* gehe und sage ihm; *hij ging hem afhalen,* er ging und holte ihn ab, er ging (um) ihn abzuholen, er holte ihn ab; *ik ga eens kijken* (*of ik het vinden kan*), ich will mal nachsehen; (*dadelijk*) *gaat hij huilen,* fängt er an zu weinen; (*morgen*) *gaat hij* (*ons verlaten*), wird er; *wat ga je nu beginnen?,* was willst du nun anfangen?; *hij gaat werken,* er geht an die Arbeit; (*het spel*) *gaat beginnen,* fängt an; *het gaat regenen,* es will regnen; (*aanstonds*) *gaat het regenen,* fängt es an zu regnen; *groter — wonen,* eine größere Wohnung beziehen; *— liggen,* s. legen; *— staan,* s. stellen, (*opstaan*) aufstehen, s. erheben; *— zitten,* s. setzen. ▾**gaande**: (*een gesprek*) *— houden,* im Gange (er)halten; (*de belangstelling*) rege erhalten; *— maken,* in Gang setzen, (*belangstelling*) erregen; *wat is er —?,* was ist los?; *de — en komende man,* die Kommenden und Gehenden. ▾**—rij** *zie* **galerij**. ▾**—weg** allmählich. ▾**gaans**: *een uur —,* eine Wegstunde.
gaap Gähnen *s.*
gaar gar; (*hij is niet*) *goed —,* recht gescheit, recht bei Troste; *halve gare!,* verrückter Kerl! ▾**—keuken** Garküche *w.*
gaarne gern.
gaas Gaze *w*; (*v. metaal*) Drahtgeflecht *s.*
gaatjestang Lochzange *w.*
gabardine Gabardine *w*; (*jas*) Gabardine(mantel) *m.*
gabber Kumpel *m.*
gade Gatte *m*, Gattin *w.*
gadeslaan beobachten.
gading: *er is niets van mijn — bij,* dabei ist nichts nach meinem Geschmack, nichts das mir gefällt.
gaffel Gabel *w*; (*scheepst.*) Gaffel *w.* ▾**—vormig** gabelförmig.
gag Gag *m.*
gage (*v. scheepsvolk*) Heuer *w*; (*v. toneelspelers enz.*) Gage *w.*
gajes Gesindel *s.*
gal Galle *w.*
gala Gala *w*; *in —,* in G., in vollem Staat. ▾**—-avond** G.abend *m.* ▾**—bal** G.ball *m.*
galactisch galaktisch.
galafscheiding Gallenabsonderung *w.*
galant I *bn & bw* galant, artig. **II** *zn* Galan, Liebhaber *m*; (*niet spottend*) Verlobte(r) *m.*
galanterie Galanterie *w.* ▾**—ën** G.waren *Mz.* ▾**—(ën)winkel** G.laden *m.*
galblaas Gallenblase *w.*
galei Galeere *w.* ▾**—boef** Galeerensträfling *m.*
galerie Galerie *w.*
galerij Galerie *w.*
galg Galgen *m.* ▾**—eaas, —ebrok** G.strick, -braten *m*, -aas *s.* ▾**—ehumor** G.humor *m.* ▾**—emaal** Henkersmahlzeit *w.* ▾**—etronie** G.miene *w.* ▾**—eveld** Richtplatz, Rabenstein *m.*
Galilea Galiläa *s.*
galjoen Galeone *w.*
gallicaans gallikanisch.
gallicisme Gallizismus *m.*
Gall/ië Gall/ien *s.* ▾**—iër** G.ier *m.* ▾**—isch** g.isch.
galm Schall *m*; (*resonance*) Hall *m.* ▾**—bord** S.brett *s*; (*boven kansel*) S.deckel *m.* ▾**—en** hallen, schallen; (*schreeuwen*) schreien; (*een lied*) —, erschallen lassen. ▾**—gat** Schalloch *s.*
gal/mug Gall/mücke *w.* ▾**—noot** G.apfel *m.*
galon Galon *m*, Tresse *w*; (*boordsel*) Borte *w.* ▾**—neren** galonieren; (*boorden*) beborten.
galop Galopp *m*; *in —,* im G. ▾**—peren** g.ieren.
galsteen Gallenstein *m.*
galvan/isatie Galvan/isierung *w.* ▾**—isch** g.isch. ▾**—iseerinrichting** G.isieranstalt *w.* ▾**—iseren** g.isieren; (*draad*) verzinken. ▾**—isering** G.isierung, G.isation *w.* ▾**—ometer** G.ometer *m, s.* ▾**—oscoop** G.oskop *s.*
gal/wesp Gall/wespe *w.* ▾**—zucht** G.ensucht *w.*
gambiet Gambit *s.*
gamel Speisekessel *m.*
gamelan Gamelan(g) *s.*
gamma Gamma *s*; (*toonladder*) Tonleiter *w.*
gammel hinfällig; (*v. meubels enz., ook*) wacklig; (*bouwvallig*) baufällig; (*gebrekkig, wrak, v. oude mensen*) klapprig; (*afgemat*) marode, matt; (*katterig*) vergammelt.
gang Gang *m*; (*v. huis, ook*) Flur, Korridor *m*; (*beloop*) Verlauf *m*; (*tempo*) Tempo *s*; *— v. zaken,* (*loop v.d. gebeurtenissen*) G., V. der Ereignisse, (*toedracht*) Sachverlauf; *de gewone — van zaken,* der gewöhnliche Lauf der Dinge; *er — achter zetten,* Eile machen; *zijn — gaan,* (*beginnen*) anfangen, (*niet ophouden*) fortfahren, (*z. niet laten storen*) s. nicht stören lassen, (*zijn weg vervolgen*) seinen Weg fortsetzen; *ga je —!,* (*begin maar*) fange nur an!, (*doe het maar*) mach's nur!, (*toe maar*) nur zu!; (*mag ik je even passeren?*) *ga je —!,* bitte sehr!; *zijn eigen gang* (*gaan*), seinen eigenen Weg; *iem. zijn — laten gaan,* e.n gewähren lassen; (*alles gaat*) *gewoon zijn —,* seinen gewohnten G.; *aan de — blijven,* nicht aufhören, (*geen eind aan komen*) kein Ende nehmen; *aan de — brengen,* in G. bringen; *aan de — gaan,* anfangen; *aan de — houden,* im G.e erhalten; (*iem.*) *aan de — houden,* (*ingespannen bezighouden*) in Atem (er)halten, (*aan 't lijntje houden*), hinhalten; *aan de — komen,* in G. kommen, (*werk krijgen*) Arbeit bekommen; *aan de —* (*zijn*), im G.e, (*op dreef*) im Zuge, im Schwung; *met een*

werk aan de — (*zijn*), mit einer Arbeit beschäftigt; *in volle* — (*zijn*), in vollem G.e, (*v. fabriek enz.*) in vollem Betrieb; *op — brengen*, in G. bringen, (*auto*) ankurbeln, (*gesprek*) in Fluß bringen, (*iem.*) auf den Schwung bringen; *op — helpen*, in G., in Zug bringen, setzen; *op — komen*, in G., in Zug kommen, (*opschieten*) in Schwung kommen; *goed op — zijn*, gut (recht) im Zuge sein.
gangbaar gangbar; (*uitdrukking, ook*) üblich; (*mening, opvatting*) herrschend, landläufig; (*deze munt*) *is niet meer* —, ist außer Kurs gesetzt. ▾**—heid** Gangbarkeit; Gültigkeit *w*.
gang/boord Gangbord *s*. ▾**—etje**: *er een aardig — in hebben*, ein hübsches Tempo haben; (*hoe gaat het?*) *zo'n* —, so ziemlich, so leidlich, wie's geht. ▾**—loper** Gangläufer *m*. ▾**—maker** Schrittmacher *m*. ▾**—mat** Flurmatte *w*. ▾**—pad** (*in kerk enz.*) Durchgang *m*.
gangreen Gangrän *w, s*.
gangster Gangster *m*.
gannef Ganef, Gauner; (*scherts.*) Schelm *m*.
gans I *zn* Gans *w*; *wilde* —, Wildgans *w*; *lopen als de ganzen*, im Gänsemarsch gehen. **II** *bn* ganz. ▾**ganze/leverpastei** Gänse/leberpastete *w*. ▾**—nbord** G.spiel *s*. ▾**—nhoeder** G.hirt *m*. ▾**—poot** G.fuß *m*. ▾**—rik** G.rich *m*; (*plant*) G.kraut *s*. ▾**—veer** G.feder *w*; (*schrijfpen*) G.kiel *m*.
gap/en gähnen; (*wijd openstaan, v. wonden, spleten, kleren*) klaffen; (*dom kijken*) gaffen; —*de muil*, aufgesperrter Rachen. ▾**—er** Gähner *m*; (*nieuwsgierig, dom*) Gaffer *m*. ▾**—ing** Öffnung *w*; (*spleet*) Spalte *w*; (*leemte*) Lücke *w*.
gappen klauen, mausen.
garage Garage *w*; (*groot*) Auto-, Kraftwagenhalle *w*; (*v. één auto*) A.-, K.schuppen *m*; (*reparatiebedr., verkoop enz.*) Werkstatt *w*. ▾**—deur** G.tor *s*. ▾**—houder** G.nbesitzer *m*. ▾**garageren** garagieren.
garan/deren garantieren, verbürgen; (*vast beloven*) zusichern. ▾**—t** Garant, Bürge *m*. ▾**—tie** Garantie, Gewähr *w*; — *geven* (*voor iets*), die Garantie übernehmen, Gewähr leisten. ▾**—tiebewijs** Garantieschein *m*. ▾**—tieloon** garantierter Lohn.
gard(e) Gerte, Rute *w*.
garde Garde *w*.
garderobe Garderobe *w*; (*bewaarplaats, ook*) Kleiderablage *w*; (*al de kleren, ook*) Kleiderbestand *m*. ▾**—juffrouw** Garderobenfrau *w*.
gardiaan Guardian *m*.
gareel Kumt *s*; (*het getouw, trekstangen*) Geschirr *s*; (*iem.*) *in het — spannen*, ins Joch spannen; *in 't — lopen*, in den Sielen gehen, (*hard werken*) ins G. gehen.
garen I *zn* Garn *s*; (*getwijnd*) Zwirn *m*. **II** *bn*: — *handschoenen*, Zwirnhandschuhe. ▾**—-en-bandwinkel** Kurzwarengeschäft *s*.
garf Garbe *w*.
garn/aal Garnele *w*. ▾**—alenbroodje** G.nbrötchen *s*.
garn/eren garnieren; (*bezetten*) besetzen; (*met bont*) verbrämen; (*opsieren*) ausschmücken. ▾**—ering** Garnierung *w*, Besatz *m*, (*bont*) Verbrämung *w*. ▾**—ituur** Garnitur *w*.
garnizoen Garnison *w*; (*standplaats, ook*) Standort *m*; *te N. in — liggen*, N. als Standort haben. ▾**—scommandant** Platzkommandant *m*. ▾**—sdienst** G.(s)dienst *m*.
gas Gas *s*; *afgewerkt* —, Abgas *s*; — *geven*, Gas geben, (*fam. hard rijden*) gasen; *vol* — (*geven*), Vollgas. ▾**—aansteker** G.anzünder *m*. ▾**—afsluiting** G.sperre *w*. ▾**—automaat** G.automat *m*. ▾**—bedrijf** G.werk *s*, G.anstalt *w*. ▾**—bel** G.blase *w*. ▾**—beton** G.beton *m*. ▾**—brander** G.brenner *m*. ▾**—buis** G.rohr *s*. ▾**—cokes** G.koks *m*. ▾**—dicht** gasdicht; (*veilig voor gas*) gassicher. ▾**—fabriek** G.werk *s*. ▾**—fitter** G.einrichter *m*. ▾**—fles** G.flasche *w*. ▾**—fornuis** G.(koch)herd *m*. ▾**—geiser** G.wassererhitzer *m*. ▾**—houdend** g.haltig. ▾**—houder** G.behälter *m*. ▾**—kachel** G.ofen *m*. ▾**—kamer** G.kammer *w*. ▾**—kraan** G.hahn *m*. ▾**—leiding** G.leitung *w*. ▾**—lek** G.flucht *w*. ▾**—lucht** G.geruch *m*. ▾**—masker** G.maske *w*. ▾**—mengsel** G.gemisch *s*. ▾**—meter** G.messer *m*. ▾**—olie** G.öl *s*. ▾**—oline** G.oline *s*. ▾**—pedaal** G.tritt *m*. ▾**—penning** G.marke *w*. ▾**—pistool** G.pistole *w*. ▾**—pit** G.brenner *m*; (*de vlam*) G.flamme *w*. ▾**—slang** G.schlauch *m*. ▾**—stel** G.kocher *m*.
gast Gast *m*; (*in hotel, ook*) Fremde(r) *m*; (*jonge man*) Bursche *m*; *ruwe* —, roher B.; *vrolijke* —, lustiger Geselle; *te* — (*zijn*), zu G., zu Besuch.
gastanker Gastanker *m*.
gast/arbeider Gast/arbeiter, Fremdarbeiter *m*. ▾**—docent** G.lehrer *m*. ▾**—enboek** Fremdenbuch *s*. ▾**—eren** gastieren. ▾**—heer** G.geber *m*. ▾**—huis** Krankenhaus, Spital *s*. ▾**—maal** G.mahl *s*. ▾**—rol** G.rolle *w*.
gastro/nomie Gastro/nomie *w*. ▾**—noom** G.nom *m*. ▾**—nomisch** g.nomisch.
gasturbine Gasturbine *w*.
gast/voorstelling Gast/spiel *s*, G.vorstellung *w*. ▾**—vrij** g.lich, g.frei; (*gul*) g.freundlich. ▾**—vrijheid** G.freiheit, G.freundschaft; G.freundlichkeit *w*. ▾**—vrouw** G.geberin *w*.
gas/veld Gas/feld *s*. ▾**—verbruik** G.verbrauch *m*. ▾**—verlichting** G.beleuchtung *w*. ▾**—verwarming** G.heizung *w*. ▾**—vlam** G.flamme *w*. ▾**—voorziening** G.versorgung *w*; — *over lange afstand*, G.fernversorgung *w*. ▾**—vormig** g.förmig. ▾**—wolk** G.schwaden *m*.
gat Loch *s*; (*zeegat*) Gatt *s*; (*achterste*) Hintere(r), Arsch *m*; *een — maken om een ander — te stoppen*, ein L. aufmachen um das andere zu schließen; *een — in de lucht slaan*, die Hände über dem Kopf zusammenschlagen; *een — in de dag slapen*, in den hellen Tag hineinschlafen; *hij is voor geen — te vangen*, ihm ist nicht beizukommen; *iem. het — v.d. deur wijzen*, e.m zeigen wo der Zimmermann das L. gelassen hat; *er geen — in zien*, keinen Ausweg sehen; (*iem.*) *in de —en hebben*, sehen, (*doorzien*) durchschauen; *hij had direct in de —en* . . ., er hatte sofort weg . . .; (*iem.*) *in de —en houden*, im Auge behalten; *iets in de —en krijgen*, etwas bemerken, (*er lucht van krijgen*) Wind von etwas bekommen; *iem. in de —en krijgen*, (*doorzien*) hinter jemands Sprünge kommen; *dat loopt in de —en*, das springt in die Augen. ▾**—entang** Lochzange *w*. ▾**—likken** fuchsschwänzen. ▾**—likker** Fuchsschwänzer, Speichellecker *m*.
gaullis/me Gaullismus *m*. ▾**—t** Gaullist *m*.
gauw rasch, schnell; (*spoedig*) bald; *iem. te* — (*slim*) *af zijn*, e.m zu schlau sein; *te* — (*voorbarig*) *oordelen*, voreilig urteilen. ▾**—dief** Gauner *m*. ▾**—igheid, —te**: *in de* —, in der Eile.
gave Gabe *w*; — *v.h. woord*, G. der Rede.
gazel Gazelle *w*.
gazen: — *sluier*, Gazeschleier *m*.
gazeus: *limonade —e*, Brauselimonade *w*;

Springerl *s*.
gazon Rasen, (*groot*) -platz *m*. ▼**—sproeier** R.sprenger *m*.
ge (*ev*) du, (*mv*) ihr; (*beleefdheidsv.*) Sie.
geaard geartet. ▼**—heid** Art, Natur *w*, Charakter *m*; (*gesteldheid*) Beschaffenheit *w*.
geaarzel Zaudern, Zögern *s*.
geaccidenteerd: *— terrein*, hügeliges Gelände.
geacht: *—e heer*, geehrter, verehrter Herr; *—e vergadering!*, sehr verehrte Anwesende!
geaderd geädert, geadert, ädrig, adrig.
geadresseerde Adressat *m*.
geaffecteerd Affektiert. ▼**—heid** Affektation *w*.
geallieerd alliiert; *de —en*, die Alliierten.
geanimeerd: *— gesprek*, angeregtes Gespräch; *de beurs was zeer —*, das Geschäft (an der Börse) war sehr lebhaft.
gearmd Arm in Arm, untergefaßt.
geassureerde Assekurat *m*.
gebaar Gebärde *w*; *een loyaal —*, eine loyale Geste; *een mooi —*, eine schöne Geste; *met een breed —*, mit großer Geste.
gebaard bärtig.
gebabbel Geplauder *s*; (*gebazel*) Geschwätz *s*; (*v. kinderen*) Geplapper *s*.
gebak Gebäck *s*. ▼**—je** Törtchen *s*.
gebaren (*gebaren maken*) gestikulieren, Gebärden machen. ▼**—spel** Gebärdenspiel *s*, (*pantomime*) Pantomime *w*. ▼**—taal** Gebärdensprache *w*.
gebarsten rissig.
gebed Gebet *s*; *zijn — doen*, sein Gebet verrichten.
gebedel Bettelei *w*.
gebed/enboek Gebetbuch *s*. ▼**—enhuis** Bethaus *s*. ▼**—sformulier** Gebetformel *w*. ▼**—suur** Betstunde *w*. ▼**—sverhoring** Gebeterhörung *w*.
gebeente Gebein *s*; (*stoffelijk overschot*) Gebeine *Mz*; *wee je —!*, wehe dir!
gebeier Gebimmel *s*.
gebel Geklingel *s*.
gebelgd verstimmt. ▼**—heid** Verstimmtheit, Verstimmung *w*.
gebenedijd benedeit, gesegnet; *de —e*, die Gebenedeite.
gebergte Gebirge *s*.
gebeten: *— op*, erbittert, bitterböse auf [4].
gebeur/en geschehen, s. ereignen, vorgehen, vorfallen, vorkommen, passieren, s. zutragen; (*dat zal*) *me niet meer —*, mir nicht mehr p.; *het gebeurde*, das Vorgefallene, das Geschehene. ▼**—tenis** Begebenheit *w*; (*voorval*) Vorfall *m*; (*belangrijk*) Ereignis *s*; (*de ontwikkeling van 'n gebeuren*) Vorgang *m*; *blijde —*, freudiges E.; *de dagelijkse —sen*, die alltäglichen Begebenheiten.
gebied Gebiet *s*; (*domein, sfeer*) Bereich *m*; (*ruimte*) Raum *m*; (*district*) Bezirk *m*; (*jacht-, mijngebied*) Revier *s*; *— v. hoge, lage druk*, Hoch(druckgebiet), Tief(druckgebiet) *s*; *dat is zijn — niet*, das schlägt nicht in sein Fach, (*behoort niet tot zijn competentie*) das steht ihm nicht zu.
gebied/en gebieten; *hij gebood mij te komen*, er befahl mir zu kommen, er hieß mich kommen. ▼**—end** gebieterisch; (*onontkoombaar*) unabweislich, zwingend; *—e wijs*, Imperativ *m*, Befehlsform *w*. ▼**—enderwijze** (in) gebieterisch(em Tone). ▼**—er** Gebieter, Herrscher *m*.
gebint(e) Gebälk *s*.
gebit Gebiß *s*.
geblaat Geblök *s*.
gebladerte Blätter *Mz*.
geblaf Gebell *s*.
geblaseerd blasiert. ▼**—heid** Blasiertheit *w*.
geblinddoekt mit verbundenen Augen.
gebloemd: *—e stoffen*, geblümte Stoffe.
geblokt gewürfelt.
gebocheld bucklig.
gebod Gebot *s*; (*huwelijksafkondiging*) Aufgebot *s*; *onder de geboden staan*, aufgeboten sein.
geboefte Gesindel *s*.
geboemel Bummeln *s*.
gebonden gebunden; (*v. soep, ook*) sämig; *hij is —*, (*kan niet vrij handelen*) ihm sind die Hände gebunden, er hat gebundene Marschroute. ▼**—heid** Gebundenheit *w*.
gebons Bumsen *s*.
geboomte Bäume *Mz*.
geboorte Geburt *w*; *Berlijner van —*, aus Berlin gebürtig; *Fransman van —*, Franzose von G., ein geborener F.; *van de — af blind*, blind von G. ▼**—aangifte** Geburts/anzeige *w*. ▼**—akte** G.urkunde *w*. ▼**—bewijs** G.schein *m*. ▼**—dag**, **—datum** G.tag *m*. ▼**—dorp** G.ort *m*. ▼**—grond** Heimat *w*, H.boden *m*. ▼**—jaar** G.jahr *s*. ▼**—land** G.land *s*, Heimat *w*. ▼**—nbeperking** Geburten/beschränkung *w*. ▼**—ncijfer** G.ziffer *w*; *daling v.h. —*, G.abnahme *w*. ▼**—ndaling** G.rückgang *m*. ▼**—ngolf** G.welle *w*. ▼**—noverschot** G.überschuß *m*. ▼**—npiek** G.spitze *w*. ▼**—nregeling** G.regelung *w*. ▼**—nregister** Geburts/register *s*. ▼**—plaats** G.ort *m*. ▼**—recht** G.recht *s*. ▼**geboortig**: *— van Berlijn*, aus Berlin gebürtig. ▼**geboren** geboren; *Mevrouw L.-K.*, Frau L., geborene K.; *— en getogen*, geboren und erzogen.
geborneerd borniert, beschränkt.
gebouw Gebäude *s*. ▼**gebouwd**: *tenger —*, von zartem Körperbau.
gebraad Gebratene(s) *s*; (*gebraden vlees*) Braten *m*.
gebrabbel Geplapper *s*; (*koeterwaals*) Kauderwelsch *s*.
gebrand: *— zijn op*, erpicht sein auf [4].
gebrek (*niet of niet genoeg aanwezig*) Mangel *m*; (*fout, mankement*) Fehler *m*; (*lich. gebr., ook*) Gebrechen *s*; *— aan*, M. an [3]; *hij heeft — aan geld*, (*ook*) es mangelt (fehlt) ihm an G.; *bij — aan beter*, aus M. an etwas Besserem, in Ermangelung e.s Besseren; *bij — aan bewijs*, aus M. an Beweisen, in E. e.s Beweises; *aan boeken geen —*, Bücher in Hülle und Fülle; (*daar heerst*) *het ergste —*, die ärgste Not; *van —* (*omkomen*), vor Hunger; *in —e blijven*, (*ten achter zijn*) im Rückstand, im Verzug sein, s. in Verzug befinden, (*ten achter raken*) in R., in V. geraten, kommen; *in —e blijven* (*iets te doen*), unterlassen, versäumen, verfehlen; (*bij die ramp*) *is hij schandelijk in —e gebleven*, hat er schändlich versagt; (*ik zal niet*) *in —e blijven*, verfehlen, ermangeln; *in —e stellen*, in Verzug setzen; *lichamelijk —*, Körperfehler *m*; *— aan de voet*, Fußübel *s*; *de gebreken* (*v.d. ouderdom*), die Beschwerden, die Gebrechen; (*wij hebben allemaal onze*) *—en*, Fehler, Mängel; *zonder —en*, fehlerfrei. ▼**—kig** mangelhaft; (*'n lichaamsgebrek hebbend*) gebrechlich. ▼**—kige** Körperbehinderte(r), Gebrechliche(r) *m*, (*sterker*) Krüppel *m*. ▼**—kigenzorg** Krüppelfürsorge *w*. ▼**—kigheid** Mangelhaftigkeit, Gebrechlichkeit *w*.
gebrild bebrillt.
gebroed Brut *w*, Gezücht *s*.
gebroeders Gebrüder.
gebrom Gebrumm, Brummen *s*.
gebruik Gebrauch *m*; (*'t benutten*) Benutzung *w*; (*'t bezigen als middel voor bepaald doel of als grondstof*) Verwendung *w*; (*'t produktief maken*) Verwertung *w*; (*toepassing*) Anwendung *w*; (*v. spijs of drank*) Genuß *m*;

(*gewoonte, zede*) Brauch *m*, Sitte *w*; (*usance, handelsgebruik*) Usanz *w*, Brauch *m*; — *maken van*, G. machen von, gebrauchen, benutzen, verwenden, verwerten, anwenden (*zie boven*); *van de Franse taal — maken*, s. der französischen Sprache bedienen; *van de gelegenheid — maken*, die Gelegenheit benutzen; *buiten* —, außer G., (*buiten bedrijf*) außer Betrieb; *ten —e*, zum G.; *volgens plaatselijk* —, in ortsüblicher Weise; *voor eigen* —, zu eigenem G., (*behoefte*) für eigenen Bedarf. ▼**—elijk** gebräuchlich, üblich; (*dat is bij ons*) —, üblich, Brauch; *ter plaatse* —, ortsüblich. ▼**—en** gebrauchen, benutzen, verwenden, verwerten, anwenden, s. bedienen, *zie* **gebruik**; (*v. spijs of drank*) essen, trinken, genießen; (*v. maaltijd, medicijnen enz.*) einnehmen; *daarvoor laat ik mij niet* —, dazu gebe ich mich nicht her; *gebruikt u* (*nog een kop thee?*) belieben Sie. ▼**—er** Gebraucher, Benutzer *m*. ▼**—saanwijzing** Gebrauchs/anweisung *w*. ▼**—srecht** Nutzungsrecht *s*. ▼**—svoorwerp** G.gegenstand *m*. ▼**—swaarde** G.wert *m*.

gebruind gebräunt; sonnverbrannt.

gebrul Gebrüll *s*.

gebulder Gepolter *s*; (*v. storm*) Toben *s*; (*v. geschut*) Donnern *s*.

gecijfer Rechnerei *w*.

geclausuleerd klausuliert.

gecommitteerde Kommissar *m*; (*bij examen*) Prüfungsbeauftragte(r) *m*.

gecompliceerd kompliziert.

geconsigneerde Konsignatar *m*.

gedaagde Beklagte(r) *m*.

gedaan: (*klaar*) fertig; (*voorbij*) vorüber; (*beurst.*) bezahlt; (*met geld kun je veel*) *van hem — krijgen*, bei ihm erreichen; *iem. — geven*, e.n entlassen; *'t is niets* —, es ist nichts damit; *'t is met hem* —, es ist um ihn geschehen; *gedane zaken nemen geen keer*, geschehen ist geschehen; — *te 's-Gravenhage*, ausgefertigt im Haag.

gedaante Gestalt *w*; *van — veranderen*, eine andere G. annehmen; *onder de — van*, in der G. [2], (*schijn*) unter dem Schein [2]. ▼**—verandering, —verwisseling** Verwandlung *w*.

gedaas Geschwätz *s*.

gedacht/e Gedanke *m*; *de* —(*n*) (*herinnering*) *aan*, die Erinnerung, das Andenken an [4]; (*iets*) *in — houden*, im Gedächtnis behalten; (*iets*) *in* (*zijn*) *—n nemen*, in Erwägung ziehen; *in zijn* —(*n*), (*geest*) im Geiste; *naar alle —n*, nach aller Wahrscheinlichkeit; *tot andere —n* (*brengen, komen*), auf andere (bessere) G.n; *van — veranderen*, andrer Meinung werden; *zijn —en over iets laten gaan*, s. [3] etwas überlegen. ▼**—eloos** gedankenlos. ▼**—eloosheid** Gedankenlosigkeit *w*. ▼**—engang** Gedankengang *m*. ▼**—enis** Andenken *s*, Erinnerung *w*; (*plechtiger: nagedachtenis, ook*) Gedächtnis *s*; (*souvenir*) Andenken *s*; *ter — van*, zum A. an [4]; *zaliger* —, seligen Andenkens. ▼**—enisplaatje** Gedächtnisbildchen *s*. ▼**—ensprong** Gedanken/sprung *m*. ▼**—enstreep** G.strich *m*. ▼**—enwisseling** G.austausch *m*. ▼**—ig** eingedenk [2].

gedartel Getümmel *s*, Tändelei *w*.

gedateerd (*oud*) veraltet, nicht mehr zeitgemäß.

gedecideerd entschieden, bestimmt; (*resoluut*) entschlossen.

gedecolleteerd dekolletiert; *—e jurk*, (tief)ausgeschnittenes Kleid.

gedeelte Teil *m*; *bij —n*, teilweise; *bij —n* (*afbetalen*), in Raten; *voor 'n* —, zum T.; *voor het grootste* —, größtenteils. ▼**—lijk** teilweise; *—e betaling*, Teilzahlung *w*; *—e maansverduistering*, partielle Mondfinsternis; *—e vergoeding*, teilweise Vergütung.

gedegen gediegen.

gedelegeerde Delegierte(r), Abgeordnete(r), Beauftragte(r) *m*.

gedempt gedämpft; — *licht*, abgedämpftes Licht.

gedenk/boek Gedenkbuch *s*, Festschrift *w*. ▼**—dag** Gedächtnistag *m*. ▼**—en** gedenken [2]. ▼**—jaar** Gedenkjahr *s*. ▼**—naald** Gedächtnis/säule *w*. ▼**—plaat** G.-, Gedenktafel *w*. ▼**—schriften** Memoiren, Erinnerungen *Mz*. ▼**—steen** Denk-, Gedenkstein *m*. ▼**—teken** Denkmal *s*. ▼**—waardig** denkwürdig.

gedeprimeerd deprimiert, niedergeschlagen.

gedeputeerde Deputierte(r) *m*; *G— Staten*, Provinzalausschuß *m*.

gedesillusioneerd enttäuscht.

gedetailleerd detailliert in allen Einzelheiten; — *verslag*, auf Einzelheiten eingehender Bericht.

gedetineerde Häftling *m*.

gedicht Gedicht *s*.

gedienstig dienstfertig; (*voorkomend*) gefällig; *—e geest*, dienstbarer Geist; *onze —e*, unser Mädchen. ▼**—heid** Dienstfertigkeit, Gefälligkeit *w*.

gedierte Getier *s*, Tiere *Mz*; (*één dier*) Tier *s*.

gedijen gedeihen; *gestolen goed gedijt niet*, unrecht Gut gedeiht nicht.

geding Prozeß *m*, Gerichtsverfahren *s*; *in kort* —, im Kurzverfahren; *voorziening* (*vonnis*) *in kort* —, einstweilige Verfügung.

gediplomeerd (staatlich) geprüft; *—e*, Diplom-, Zeugnisinhaber *m*.

gedistilleerd *zn* Spirituosen, alkoholische Getränke *Mz*; *belasting op het* —, Getränkesteuer *w*.

gedistingeerd distinguiert.

gedoe Getreibe *s*; (*aanstellerig, gewichtig*) Getue *s*; (*in kranten*) Mache *w*; *het hele* —(*tje*), der ganze Kram; *klein* —, Kleinkrämerei *w*.

gedogen dulden; zulassen; erlauben.

gedomicilieerd: — *zijn*, seinen Wohnsitz haben, (*als rechtsterm*) zuständig sein; *—e wissel*, Domizilwechsel *m*; *de —e*, der Domiziliat.

gedonder Donnern *w*, Donner *m*; (*gedonderjaag*) Schererei *w*; *daar heb je het* —, da haben wir die Bescherung.

gedraai Drehen, Gedrehe *s*; (*fig.*) Ausreden *Mz*.

gedrag Betragen, Benehmen *s*; Aufführung *w*; (*gedragslijn*) Verhalten *s*; *van onbesproken* —, unbescholten; *bewijs van* (*goed*) *zedelijk* —, Führungs-, Unbescholtenheitszeugnis *s*; *wegens goed* —, wegen guter Führung. ▼**—en**: *z.* —, s. betragen, s. benehmen, s. aufführen; *z. — naar*, s. richten nach. ▼**—ingen** Benehmen *s*. ▼**—slijn** Verhalten *s*; *een — voorschrijven*, Verhaltungsregeln geben.

gedrang Gedränge *s*.

gedreun Dröhnen *s*.

gedrieën zu dritt, zu dreien.

gedrocht Ungetüm *s*. ▼**—elijk** ungeheuerlich; (*misvormd*) mißgestaltet.

gedrongen gedrängt; (*v. bouw*) gedrungen; *z. — voelen*, s. gedrungen fühlen. ▼**—heid** Gedrängtheit; Gedrungenheit *w*.

gedruis Geräusch *s*; (*lawaai*) Getöse *s*.

gedrukt gedrückt; (*neerslachtig, ook*) niedergeschlagen. ▼**—heid** Gedrücktheit; Niedergeschlagenheit *w*.

geducht (*gevreesd*) gefürchtet; (*wat vrees aanjagen kan*) furchtbar; (*flink, hevig*) gehörig, tüchtig; *een —e tegenstander*, ein mächtiger Gegner.
geduld Geduld *w*. ▾**—ig** geduldig. ▾**—oefening** G.sprobe *w*. ▾**—werk** G.sarbeit *w*.
gedupeerde Düpierte(r) *m*; (*oorlogsgetroffene*) Geschädigte(r) *m*.
gedurende während [2]; *— een week*, (*een week lang*) eine Woche lang.
gedurfd gewagt; (*koen*) kühn; (*vermetel*) verwegen.
gedurig beständig, fortwährend.
gedwee gefügig; (*volgzaam*) lenksam; *— als een lam*, lammfromm. ▾**—heid** Gefügigkeit; Lenksamkeit *w*. **gedweep (met)** Schwärmen *s*, Schwärmerei *w* (für). **gedwongenheid** Gezwungenheit *w*.
geef: *het is te —*, es ist umsonst.
geel I *bn* gelb. **II** *zn* Gelb *s*; *het — van het ei*, das Eigelb. ▾**—achtig** g.lich. ▾**—filter** G.scheibe *w*. ▾**—heid** G.heit *w*. ▾**—koper** Messing *s*. ▾**—sel** G. *s*. ▾**—zucht** G.sucht *w*.
geëmailleerd: *—e plaat*, Emailplatte *w*.
geëmancipeerd emanzipiert.
geen kein(er, -e, -es); *— een*, niemand, nicht einer. ▾**—szins** keineswegs; (*ik ben*) — (*tevreden*), gar nicht.
geest Geist *m*; *de — geven*, den G. aufgeben; *z. iets voor de — halen*, s. etwas vergegenwärtigen; *voor de — (staan)*, vor der Seele; *zwak van —*, geistesschwach. ▾**—dodend** geisttötend. ▾**—drift** Begeisterung *w*; *in — brengen*, begeistern. ▾**—driftig** begeistert.
geestelijk (*tegenover 'lichamelijk'*) geistig; (*tegenover 'wereldlijk'*) geistlich; *—e vorming*, Geistesbildung *w*; *— gestoord*, geistesgestört. ▾**—e** Geistliche(r) *m*. ▾**—heid** Geistlichkeit *w*.
geest/eloos geistlos. ▾**—eloosheid** Geistlosigkeit *w*. ▾**—enwereld** Geisterwelt *w*. ▾**geestes/arbeid** Geistes/arbeit *w*. ▾**—gave** G.gabe *w*. ▾**—gesteldheid** G.haltung *w*; (*mentaliteit*) G.verfassung *w*. ▾**—gestoord** g.gestört, g.krank. ▾**—houding** G.haltung *w*. ▾**—inspanning** G.anstrengung *w*. ▾**—kind** G.produkt *s*. ▾**—toestand** G.verfassung *w*. ▾**—zieke** G.kranke(r) *m*. ▾**—ziekte** G.krankheit *w*. ▾**—zwakte** G.schwäche *w*.
geestgrond Geest *w*, Geestboden *m*.
geestig geistreich; (*aardig*) witzig. ▾**—heid** Geist *m*; (*aardigheid*) Witz *m*.
geest/kracht Geisteskraft *w*. ▾**—rijk** geistreich; (*alcoholisch*) geistig. ▾**—verrukking, —vervoering** Begeisterung *w*; (*extase*) Verzückung *w*. ▾**—verwant I** *bn* geistesverwandt. **II** *zn* Geistesverwandte(r) *m*. ▾**—vol** geistvoll.
geeuw Gähnen *s*; *met 'n —*, gähnend. ▾**—en** gähnen. ▾**—erig**: *— worden, zijn*, Neigung zum Gähnen bekommen, fortwährend gähnen müssen. ▾**—honger** Heißhunger *m*.
geëxalteerd exaltiert.
geëxamineerde Examinand, Prüfling *m*.
geëxperimenteer Experimentiererei *w*.
geflirt Flirten *s*.
geflonker Funkeln, Glitzern *s*.
gefluister Geflüster, Flüstern *s*.
gefluit Pfeifen, Gepfeife *s*; (*als muziek*) Flöten *s*; (*v. radio*) Tönen *s*.
gefonkel Funkeln, Gefunkel *s*.
gefortuneerd vermögend.
gefundeerd fundiert; (*mening*) wohlbegründet.
gegaap Gaffen; Gähnen *s*.
gegadigde Interessent; Kauflustige(r) *m*; (*sollicitant*) Bewerber *m*.
gegeven I *zn* Angabe *w*; *—s*, (*feiten*) Daten *Mz*, (*materiaal*) Material *s*, (*officiële bescheiden*) Unterlagen *Mz*. **II** *bn* gegeben; *in de — omstandigheden*, unter den obwaltenden Umständen; *op een — ogenblik*, in e.m bestimmten Augenblick, (*plotseling*) auf einmal.
gegiechel Gekicher, Kichern *s*.
gegijzelde Geisel *w*.
gegil Geschrei *s*.
gegoed wohlhabend.
gegolfd (*golvend*) wellig; (*golvend gemaakt*) gewellt; *— karton*, Wellpappe *w*.
gegons Gesumme *s*; (*v. stemmen*) Geschwirr *s*.
gegoochel Taschenspielerei *w*, Hokus-pokus *m*.
gegrijns Grinsen *s*.
gegrinnik Gekicher; Grinsen *s*.
gegrom Gebrumme, Brummen *s*.
gegrond begründet; (*gerechtvaardigd*) berechtigt; *—e redenen*, triftige Gründe; *— zijn op*, s. gründen auf [4], beruhen auf [3].
gehaaid gerissen, ausgekocht.
gehaast I *bn & bw* eilig; (*gejaagd*) hastig; *altijd — zijn*, es immer sehr eilig haben. **II** *zn* Hasten, Jagen *s*.
gehaat verhaßt.
gehakkel Stammeln, Stottern *s*.
gehakt Gehackte(s), Hackfleisch *s*; *gebraden — =* **—bal** Hackbraten *m*. ▾**—balletje** Bulette *w*, Fleischklößchen *s*.
gehalte Gehalt *m*.
gehandicapt behindert, gehandikapt.
gehandschoend behandschuht.
gehard (*fig.*) abgehärtet. ▾**—heid** Abhärtung *w*.
geharnast geharnischt.
geharrewar Schererei *w*; (*gekrakeel*) Gezänk *s*.
gehaspel (*onhandig gesukkel*) Gestümper *s*; *zie ook* **geharrewar**.
gehavend arg zugerichtet; (*kleren*) zerfetzt, zerrissen; (*goederen*) beschädigt; (*mil. formaties*) angeschlagen; (*schepen, scheepslading*) havariert.
gehecht: *— zijn aan*, hängen an [3]. ▾**—heid** Anhänglichkeit *w* an [4].
geheel ganz; (*geheel en al, volkomen, ook*:) völlig, gänzlich; *— oor zijn*, ganz Ohr sein; *— en al*, ganz und gar; *— de Uwe*, (*als slot v. brief*) Ihr ergebenster, ganz ergebenst; *het —*, das Ganze; *in 't —*, im ganzen, (*in totaal*) insgesamt; *in 't — niet*, gar nicht; *in zijn —*, als Ganzes; *over het —*, im (großen und) ganzen.
geheelonthoud/er Abstinenzler *m*. ▾**—ing** Abstinenz *w*.
geheid: *het zit er — in*, es sitzt bombenfest.
geheim I *bn & bw* geheim; (*heimelijk*) heimlich; *— gedoe*, G.tuerei *w*; *— genootschap, politie enz.*, (*ook*) G.bund *m*, G.polizei *w*; *ergens — mee zijn*, ein Geheimnis aus etwas machen. **II** *zn* Geheimnis *s*; (*geheimzinnigheid*) Heimlichkeit *w*; *in 't —*, heimlich; *er geen — van maken*, kein Hehl daraus machen. ▾**—enis** Geheimnis *s*. ▾**—enisvol** geheimnisvoll. ▾**—houden** geheimhalten. ▾**—houding** Geheim/haltung *w*; *plicht tot —*, Schweigepflicht *w*; *onder de stiptste —*, unter der strengsten Verschwiegenheit. ▾**—schrift** G.schrift *w*. ▾**—zinnig** geheimnisvoll; *— gedoe*, Heimlichtuerei *w*, (*zo doen alsof men geheimen weet*) Geheimniskrämerei *w*. ▾**—zinnigheid** Geheimnisvolle(s) *s*; (*geheimzinnig gedoe*) *zie* **geheimzinnig**.
gehemelte Gaumen *m*.

geheugen Gedächtnis *s*; *in het — prenten*, dem G. einprägen; *in het — roepen*, ins G. zurückrufen; *nog vers in het — liggen*, noch in frischer Erinnerung liegen. ▾**—oefening** G.übung *w*. ▾**—verlies** G.schwund *m*.
gehinnik Wiehern, Gewieher *s*.
gehoest Husten *s*.
gehol Rennen, Gerenne *s*.
gehoor Gehör *s*; (*de toehoorders*) Zuhörerschaft *w*; *aan een verzoek — geven*, e.r Bitte G. geben; *aan een bevel — geven*, e.n Befehl befolgen; *iem. — verlenen*, e.m G. schenken, (*audiëntie*) e.m Audienz gewähren; *een gretig* — (*vinden*), aufmerksame Zuhörer; *geen — krijgen*, (*bij bellen enz.*) vergeblich klingeln, usw., (*bij tel.*) keine Verbindung bekommen; (*ik heb aansluiting*) *maar ik krijg geen —*, aber es meldet s. niemand, *om een — verzoeken*, um eine Audienz bitten; *op het —* (*spelen*), nach dem G.; *fijn van —* (*zijn*), feinhörig; *ten gehore* (*brengen*), zu G. ▾**—apparaat** Hörhilfe *w*. ▾**—gestoord** hörbehindert. ▾**—opening** G.-, Ohröffnung *w*. ▾**—orgaan** G.organ *s*. ▾**—safstand** Hörweite *w*; *binnen —*, in H. ▾**—scherpte** Hörschärfe *w*. ▾**—zaal** Hörsaal *m*.
gehoorzaam gehorsam; *— zijn aan*, e.m gehorsam sein, e.m gehorchen. ▾**—heid** Gehorsam *m*; *— aan*, Gehorsam gegen. ▾**gehoorzamen** (e.m) gehorchen.
gehorend (*gehoornd*) gehörnt.
gehorig hellhörig, schalldurchlässig; *'t is hier erg —*, man hört hier alles. ▾**—heid** Hellhörigkeit *w*.
gehos Tanzen und Springen *s*.
gehouden verpflichtet (zu etwas).
gehucht Weiler *m*.
gehuichel Heucheln *s*, Heuchelei *w*.
gehuil Geheul *s*; (*geschrei*) Weinen *s*.
gehuisvest: *— zijn*, (*woonachtig*) wohnhaft sein, wohnen, (*ondergebracht*) untergebracht sein.
gehumeurd gelaunt; *goed —* (*zijn*), gutgelaunt.
gehurkt im Hocksitz.
gehuwd verheiratet; *—en*, Verheiratete *Mz*; *—e staat*, Ehestand *m*.
geigerteller Geigerzähler *m*.
geijkt geeicht; (*fig.*) üblich, gebräuchlich; *—e term*, feststehender Ausdruck.
geil geil.
gein Spaß, Jux *m*; *voor de —*, zum Scherz; *—tje*, Ulk *m*; *—tjes maken*, Ulk machen; *geen —tjes*, Spaß beiseite!
geïncarneerd eingefleischt, inkarniert.
geïnteresseerd interessiert; *bij een onderneming — zijn*, an e.m Unternehmen beteiligt sein; *—e*, Beteiligte(r) *m*, (*belangstellende*) Interessent *m*.
geiser Gaswassererhitzer *m*; (*bron*) Geiser *m*.
geit Ziege *w*; (*wijfje v. gems enz.*) Geiß *w*. ▾**—ebok** Ziegenbock *m*.
gejaagd aufgeregt; (*haastig*) hastig; (*opgejaagd*) gehetzt; *— leven*, Hetzleben *s*. ▾**—heid** Aufregung *w*; (*haast*) Hast, Hetze *w*.
gejakker Hetzerei, Hetze *w*.
gejammer Jammern *s*.
gejank Gewinsel, Geheul *s*; (*gedrens v. kind*) Geflenne *s*.
gejoel Gejohle, Johlen *s*.
gejubel Jubel *m*.
gejuich Jauchzen *s*.
gek I *bn* toll, verrückt, närrisch; (*krankzinnig*) irrsinnig; (*grappig*) komisch; (*belachelijk*) lächerlich; (*zonderling*) sonderbar, merkwürdig; (*het is*) *om — te worden*, zum Tollwerden; *—ke praatjes*, albernes Zeug; *— zijn met iem.* (*iets*), e.n Narren an e.m (etwas) gefressen haben; *— zijn op*, vernarrt sein in [4], erpicht sein auf [4]; (*hij is*) *— op haar*, in sie vernarrt, närrisch in sie verliebt; *daar keek hij — van op*, da machte er große Augen; (*dat wordt*) *mij te —*, mir zu toll; *het al te — maken*, es gar zu toll treiben; (*dat is*) *lang niet —*, gar nicht übel; (*hij is*) *lang niet —*, gar nicht dumm. **II** *zn* Narr *m*; (*onverstandig*) Tor *m*; (*krankzinnige*) Irrsinnige(r) *m*; *de — steken met*, seinen Spaß treiben mit; (*iem.*) *voor de — houden*, zum besten haben; (*met zoiets*) *loop je voor —*, machst du dich zum Gespött; *voor — spelen*, die Rolle e.s Narren spielen, den Narren machen; (*rennen*) *als een —*, wie verrückt; *de —ken krijgen de kaart*, die dümmsten Bauern haben die dicksten Kartoffeln.
gekakel Gackern; (*fig.*) Geschwätz, Geplapper *s*.
gekanker Genörgel, Nörgeln, Meckern *s*.
gekant: *— zijn tegen iets*, s. e.m Dinge widersetzen.
gekarteld zackig; (*v. munten e.d.*) gerändelt.
gekeperd geköpert.
gekerm Gewimmer, Gewinsel *s*.
gekheid Spaß, Scherz *m*; (*dwaasheid*) Narrheit, Torheit *w*, (*stoeierij b.v. met meisjes*) Schäkerei *w*; *allemaal —*, alles Unsinn; *alle — op een stokje*, Spaß beiseite!; *— maken*, spaßen, scherzen, (*mal doen*) albern, dummes Zeug treiben, (*stoeien*) schäkern; *uit —*, (*voor de grap*) zum Spaß.
gekibbel Gezänk *s*.
gekir Girren *s*.
gekken/huis Irrenhaus *s*. ▾**—praat** Unsinn *m*, dummes Zeug. ▾**—werk** Wahnsinn, Unsinn *m*.
gekkin Närrin *w*.
geklaag Klagen, Geklage *s*.
gekleed gekleidet; *geklede jas*, Gehrock *m*; *— pak*, Gesellschaftsanzug *m*; *— en al* (*sprong hij in 't water*), ganzgekleidet; gekleidet wie er war; (*een zwarte jas*) *staat —*, kleidet anständig; (*dat*) *staat —*, gibt e.n vornehmen Anstrich.
geklets Klatschen *s*; (*gebabbel*) Geschwätz *s*.
gekleurd farbig; (*veelkleurig*) bunt; *—e film*, Farbfilm *m*; *— potlood*, Farbstift *m*.
geklots Klatschen *s*.
geknars (*v. tanden*) Geknirsch *s*.
geknetter Geknatter *s*.
geknipt: *— voor*, wie geschaffen für.
geknoei Gepfusche *s*; (*maakwerk*) Machwerk *s*; (*geklad*) Geschmiere *s*; (*boerenbedrog*) Schwindel *m*.
gekonkel Intrigen, Ränke *Mz*, Ränkespiel *s*; (*afgesproken werk*) Durchstecherei *w*; (*geheim gedoe*) Geheimtuerei *w*.
gekostumeerd kostümiert; *— bal*, Masken-, Kostümball *m*.
gekraak Krachen, Knarren *s*.
gekrakeel Gezänk *s*, Krakeel *m*.
gekrijs Gekreisch, Kreischen *s*.
gekrioel Gewimmel, Wimmeln *s*.
gekruid gewürzt; (*pikant*) gewürzig, (*fig.*) gepfeffert.
gekruld kraus; (*v. lang haar*) lockig.
gekscheren scherzen, spaßen.
gekskap Narrenkappe *w*.
gekuip Intrigieren, Ränkeschmieden, Ränkespiel *s*.
gekunsteld gekünstelt, affektiert; (*geveinsd*) erkünstelt. ▾**—heid** Affektiertheit, Künstelei *w*.
gekwebbel Geplapper, Geschwätz *s*.
gel Gel *s*.
gelaagd geschichtet; *— glas*, Verbundglas *s*.
gelaarsd: *—e kat*, gestiefelter Kater.
gelaat Antlitz, Gesicht *s*. ▾**—kunde**

Gesichts/kunde *w.* ▾**—skleur** G.farbe *w.* ▾**—strek** G.zug *m.* ▾**—suitdrukking** G.ausdruck *m.*
gelach Lachen *s*; (*schaterend*) Gelächter *s.*
gelag Zeche *w*; *een hard —*, ein hartes Schicksal. ▾**—kamer** Wirtsstube *w.*
gelang: *naar — (van)*, je nach; (*vgw*) je nachdem; *al naar —*, je nachdem.
gelasten befehlen.
gelaten gelassen, geduldig; (*berustend*) ergeben. ▾**—heid** Gelassenheit *w*; (*berusting*) Ergebenheit *w.*
gelatine Gelatine *w.*
geld Geld *s*; *contant —*, bares G.; *er met eigen — uitkomen*, mit dem Einsatz herauskommen; (*kinderen betalen*) *half —*, die Hälfte; *tegen half —*, gegen halbe Bezahlung; *het — in het water smijten*, das G. auf die Straße werfen; *te —e* (*maken*), zu Gelde; *voor geen — van de wereld*, nicht um alles in der Welt. ▾**—belegging** Geld/anlage *w.* ▾**—boete** G.strafe, G.buße *w.* ▾**—duivel** G.teufel *m.* ▾**—elijk** g.lich, pekuniär; (*de geldzaken betreffende*) finanziell; *—e beloning*, G.belohnung *w*; *—e moeilijkheden*, pekuniäre, finanzielle Schwierigkeiten; (*iem.*) *— steunen*, mit G. unterstützen; *— voordeel*, G.vorteil *m.*
gelden gelten; (*zijn aanspraken enz.*) *doen* (*laten*) *—*, geltend machen; *z. doen* (*laten*) *—*, s. geltend machen; *het geldt je leven*, es gilt dein Leben; (*dit verwijt*) *geldt jou*, gilt dir. ▾**—d** geltend; *algemeen —*, allgemein gültig; *de tot nu toe —e voorschriften*, die bisherigen Verordnungen.
Gelder/land Gelder/land, G.n *s.* ▾**—s** g.ländisch, g.nsch. ▾**—smann** G.länder *m.*
geldgebrek Geldmangel *m.*
geldig gültig; *—e redenen*, berechtigte, (*gegronde*) triftige Gründe. ▾**—heid** Gültigkeit *w.* ▾**—heidsduur** Gültigkeitsdauer *w.*
geldingsdrang Geltungsbedürfnis *s.*
geld/lening Geld/anleihe *w.* ▾**—makerij** G.macherei *w.* ▾**—markt** G.markt *m.* ▾**—middelen** G.mittel *Mz.* ▾**—nood** G.not *w.* ▾**—ontwaarding** G.entwertung *w.* ▾**—sanering** Währungsreform *w.* ▾**—schaarste** G.knappheit *w.* ▾**—schieter** G.geber *m.* ▾**—soort** G.sorte *w.* ▾**—stuk** G.stück *s.* ▾**—swaarde** Geld(es)wert *m*; *brief met —*, Geld-, Wertbrief *m.* ▾**—swaardig**: *— papier*, Wertpapier *s.* ▾**—verlegenheid** Geld/verlegenheit, G.klemme *w.* ▾**—wereld** Finanzwelt *w.* ▾**—wezen** G.wesen, Finanzwesen *s.* ▾**—winning** G.erwerb *m*; Goldgrube *w.* ▾**—zucht** G.gier *w.* ▾**—zuivering** G.reform *w.*
geleden: *een maand, een tijdje, niet lang —* (*was hij nog hier*), vor e.m Monat, vor einiger Zeit, vor nicht langer Zeit; *kort —*, vor kurzer Zeit, vor kurzem; *het is een maand, kort —*, es ist e.n Monat, kurze Zeit her.
gelederen *zie* **gelid**.
geleding Gliederung *w*; (*onderlinge verbinding; gewricht in dier- en plk.*) Gelenk *s*; (*deel tussen twee gewrichten, knopen*) Glied *s.* ▾**geleed** gegliedert; *gelede dieren*, Gliedertiere *Mz.* ▾**—potig**: *—potig dier, —e*, Gliederfüßler *m.*
geleerd gelehrt; (*dat is mij*) *te —*, zu hoch. ▾**—e** Gelehrte(r) *m.* ▾**—heid** Gelehrsamkeit *w*; (*'t geleerd zijn*) Gelehrtheit *w.*
gelegen gelegen; (*Keulen*) *is aan de Rijn —*, liegt am Rhein; (*dit dorpje*) *is schilderachtig —*, liegt malerisch; *het komt me niet —*, es paßt mir nicht; *er is mij veel aan —*, es liegt mir viel daran, mir ist viel daran gelegen; *hij laat er zich weinig aan — liggen*, es liegt ihm wenig daran; *zo is het ermee —*, so steht es darum, so verhält s. die Sache; *te —er tijd*, zu gelegener, zu gegebener Zeit.
gelegenheid Gelegenheit *w*; *bij* (*ter*) *— van*, bei G., gelegentlich [2]; (*ik ben niet*) *in de —* (*je te helpen*) in der Lage; *op eigen —*, auf eigene Faust; *per eerste —* (*verzenden*), mit nächster G.; (*zij komen*) *per eigen —*, mit eigenem Fuhrwerk, Wagen; *de — maakt de dief*, G. macht Diebe. ▾**—saanbieding** Gelegenheitsofferte *w.*
gelei Gelee *s & w*; (*v. dierlijke stoffen*) Gallerte *w.* ▾**—achtig** gelee-, gallertartig.
gelei/biljet Begleit/schein *m.* ▾**—brief** B.schreiben *s*; (*vrijgeleide*) Geleits-, Freibrief *m.* ▾**geleid**: *— projectiel*, Fernlenkgeschoß *s.* ▾**geleide** Geleit *s*; (*het begeleiden*) Begleitung *w*, (*deftiger*) Geleit *s*; (*militair geleide, ook*) Eskorte *w*; *iem. — doen*, e.m das G. geben. ▾**—briefje** Lieferschein *m.* ▾**—hond** Begleit-, Führhund *m.* ▾**—lijk** allmählich; (*bw, ook*) nach und nach. ▾**—lijkheid** allmählicher Übergang. ▾**geleid/en** (*vergezellen*) begleiten, geleiten; (*leiden, voeren*) führen; (*elektr., warmte enz.*) leiten; (*een dame naar huis*) *—*, b.; (*iem.*) *naar zijn plaats —*, an seinen Platz f.; *—de stoffen*, leitfähige Stoffe; *—d vermogen*, Leitungsvermögen *s.* ▾**—er** Begleiter *m*; (*v. elektr., warmte enz.*) Leiter *m.* ▾**—ing** Leitung *w.* ▾**—ingsvermogen** Leitungsvermögen *s*, Leitfähigkeit *w.* ▾**gelei/draad** Leitungsdraht *m.* ▾**—schip** Geleitschiff *s.*
geletterd literarisch gebildet; wissenschaftlich gebildet; studiert.
geleuter Gefasel, Gelaber *s.*
gelid Glied *s*; *de gelederen*, die Reihen; *in het —* (*marcheren, staan*), in Reih und Glied.
geliefd geliebt, beliebt, lieb. ▾**geliefhebber** dilettantisches Treiben. ▾**geliefkoosd** beliebt; *— plekje*, Lieblingsplätzchen *s.* ▾**gelieven** belieben; (*u*) *gelieve ons te berichten*, Sie wollen uns gefälligst mitteilen; *gelieve te zenden*, senden Sie bitte.
gelig gelblich.
gelijk I *bn & bw* gleich; *een — geval*, ein gleicher, ähnlicher Fall; (*hij is*) *in grootte met* (*aan*) *hem —*, ihm an Größe g., von gleicher Größe wie er; (*het is*) *mij —*, mir gleich, einerlei, eins; *z. zelf — blijven*, s. gleichbleiben; (*de twee treinen*) *komen — aan*, kommen zugleich an; (*het horloge*) *loopt —*, geht richtig; (*de clubs*) *speelden —*, trennten s. unentschieden; *met iem. — op werken*, gleichen Schritt mit e.m halten. **II** *zn*: *— (geen —) hebben*, recht (unrecht) haben; *altijd — willen hebben*, rechthaberisch sein; *iem. — geven*, e.m recht geben; *geen — krijgen*, unrecht bekommen; *iem. in het — stellen*, e.m recht geben, (*in rechtspraak*) zu jemands Gunsten entscheiden; *mijns, uws —e(n)*, meinesgleichen, Ihresgleichen; (*dat heeft*) *zijns —e niet*, seinesgleichen nicht. **III** *vgw* (*evenals, zoals*) wie. ▾**—benig** (*driehoek*) gleich/ schenkelig. ▾**—elijk** g.mäßig. ▾**—en** gleichen; (*minder sterk*) ähnlich sehen; (*enigszins*) ähneln; (*daarin*) *gelijkt hij volkomen op zijn vader*, gleicht er seinem Vater aufs Haar; *hij gelijkt sprekend op zijn broer*, er sieht seinem Bruder zum Verwechseln ähnlich; *zij gelijkt enigszins op haar zuster*, sie ähnelt ihrer Schwester. ▾**—enis** Ähnlichkeit *w*; (*parabel*) Gleichnis *s.* ▾**—gerechtigd** gleichberechtigt. ▾**—heid** Gleich/heit *w*; (*effenheid*) Ebenheit *w.* ▾**—hoekig** g.winkelig. ▾**—lopen** g.laufen; (*v. uurwerk enz.*) richtig gehen. ▾**—luidend** g. lautend; *— afschrift*, (*ook*) mit dem Original konforme Abschrift; *zie* **eensluidend**.

▾—**luidendheid** G.laut *m.* ▾—**maken** g. machen; (*v.d. grond*) ebnen; (*verschil vereffenen*) ausgleichen; *met de grond —*, dem Boden g. machen. ▾—**maker** Ausgleich *m,* Ausgleichstor *s*; *de — scoren*, das ausgleichende Tor schießen. ▾—**matig** g.mäßig; *— karakter*, ausgeglichener Charakter. ▾—**moedig** g.mütig. ▾—**moedigheid** G.mut *m.* ▾—**namig** g.namig. ▾—**richter** G.richter *m.* ▾—**schakelen** g. schalten. ▾—**schakeling** G.schaltung *w.* ▾—**soortig** g.artig. ▾—**soortigheid** G.artigkeit *w.* ▾—**spel** G.stand *m.* ▾—**spelen** unentschieden spielen; (*gelijk maken*) ausgleichen. ▾—**staan** g.stehen, g.kommen; *met iem. in kennis —*, e.m an Kenntnissen g.kommen. ▾—**stellen**: *iem. met een ander —*, e.n e.m andern g.stellen. ▾—**stelling** Gleichstellung *w.* ▾—**stemmig** g.stimmig. ▾—**stroom** G.strom *m.* ▾—**tijdig** g.zeitig. ▾—**tijdigheid** G.zeitigkeit *w.* ▾—**vloers** zu ebener Erde; *— wonen*, parterre wohnen. ▾—**vormig** g.förmig; (*meetk.*) ähnlich. ▾—**vormigheid** G.förmigkeit; Ähnlichkeit *w.* ▾—**waardig** g.wertig; *— tegenstander*, ebenbürtiger Gegner. ▾—**waardigheid** G.wertigkeit; Ebenbürtigkeit *w.* ▾—**zetten** (*uurwerk*) richtig stellen. ▾—**zijdig** g.seitig.
geloei Geheul; Gebrüll *s.*
gelofte Gelübde *s.*
gelokt lockig; *blond —*, blondlockig.
geloof Glaube *m*; *— in één God*, G. an e.n Gott; *tot welk — behoort hij?*, zu welcher Religion bekennt er sich?; *aan iets — hechten, slaan*, e.r Sache G.n beimessen; (*hij is*) *katholiek van zijn —*, seines G.ns (seinem G.n nach) katholisch; *op goed —* (*iets aannemen*), auf Treu G.n. ▾**geloofs/afval** Glaubens/abfall *m.* ▾—**belijdenis** G.bekenntnis *s.* ▾—**brieven** Beglaubigungsschreiben *s.* ▾—**genoot**, —**genote** G.genosse *m*, G.genossin *w.* ▾—**punt** G.punkt, G.satz *m.* ▾—**vervolging** G.verfolgung *w.* ▾—**verzaker** G.abtrünnige(r) *m.* ▾—**verzaking** G.abfall *m.* ▾—**vrijheid** G.freiheit *w*; (*godsdienstvrijheid*) Religionsfreiheit *w.*
geloofwaardig glaubhaft; (*v. personen*) glaubwürdig; (*v. berichten enz.*: *geloofbaar*) glaublich. ▾—**heid** Glaubwürdigkeit; Glaubhaftigkeit *w.*
geloop Gelaufe, Laufen *s.*
gelov/en glauben; *iem., iets —*, (*vertrouwen schenken aan*) e.m, e.r Sache g.; *iets —*, (*voor waar houden*), etwas [4] g.; *zijn ogen niet kunnen —*, seinen Augen nicht trauen können; *— aan* (*in*), g. an [4]; *iets van iem. —*, (*van hem aannemen*) e.m etwas g., (*hem tot zo iets in staat achten*) etwas von e.m g.; *geloof* (*dat van*) *me!*, glaube mir das!; (*hij wil*) *mij doen — dat...*, mich g. machen daß...; *dat zou ik —*, das will ich g.; *ik — van wel*, ich glaube ja; *hij heeft eraan moeten —*, er hat daran g. müssen. ▾—**ig** gläubig. ▾—**ige** Gläubige(r) *m.* ▾—**igheid** Gläubigkeit *w.*
geluid (*alg.*) Schall *m*; (*bepaald geluid*) Laut *m*; (*klank*) Klang *m*; (*verward geluid*) Geräusch *s*; *leer van het —*, Lehre *w* vom S.; *geen — geven*, keinen L. von sich geben; *snelheid boven die v.h. —*, Überschallgeschwindigkeit *w.* ▾—**demper** S.dämpfer *m.* ▾—**dicht** schalldicht. ▾—**loos** lautlos. ▾—**menger** Tonmeister *m.* ▾**geluids/band** Ton/band *m*; *op de — opnemen*, auf Band nehmen; *opneming op —*, T.bandaufnahme *w.* ▾—**barrière** Schall/mauer *w*; *de — doorbreken*, die S. durchbrechen. ▾—**camera** T.kamera *w.* ▾—**film** T.film *m.* ▾—**golf** S.welle *w.* ▾—**grens** S.grenze *w*; *de — overschrijden*, die S. durchbrechen. ▾—**hinder** Lärmbelästigung *w.* ▾—**installatie** Lautsprecheranlage *w.* ▾—**isolatie** S.isolierung *w.* ▾—**montage** T.schnitt *m.* ▾—**opname** S.aufnahme *w.* ▾—**signaal** T.signal, S.signal *s.* ▾—**snelheid** S.geschwindigkeit *w.* ▾—**sterkte** S.stärke *w.* ▾—**versterker** S.verstärker *m.* ▾—**vervorming** Lautverzerrung *w.* ▾—**wagen** T.wagen *m.* ▾—**wal** Lärmwall *m.* ▾—**weergave** T.wiedergabe *w.* ▾**geluid/werend** schallsicher. ▾—**wering** S.schutz *m.*
geluimd: *goed, slecht — zijn*, gut, übel gelaunt sein; guter, schlechter Laune sein.
geluk Glück *s*; *zijn — beproeven*, sein G. versuchen; *van — mogen spreken*, von G. sagen können; *het — diende hem*, das G. war ihm günstig; (*het is*) *meer — dan wijsheid*, mehr G. als Verstand; *— ermee!*, viel G.!; *op goed —* (*af*), aufs Geratewohl; *bij —*, zum G.; *je moet maar — hebben*, wer das G. hat führt die Braut heim. ▾—**je** Glücksfall *m.* ▾—**ken** gelingen, glücken; (*goed uitvallen*) (gut) geraten. ▾—**kig** glücklich; (*bw:*) *het is, was — dat...*, (*gelukkigerwijs*) glücklicherweise, zum Glück; *— zijn*, (*ook*) Glück haben. ▾**geluks/bode** Glücks/bote *m.* ▾—**kind** G.kind *s.* ▾—**poppetje** Maskotte *w*, G.bringer *m.* ▾—**telegram** Schmuckblattelegramm *s.* ▾—**vogel** G.pilz *m.* ▾**geluk/wens** Glückwunsch *m.* ▾—**wensen** Glück wünschen; (*feliciteren*) gratulieren [3]; beglückwünschen [4]; *iem. met zijn verjaardag —*, e.m zum Geburtstag gratulieren. ▾—**wenstelegram** Glückwunschtelegramm *s*; *zie* **gelukstelegram**. ▾—**zalig** glückselig. ▾—**zaligheid** Glückseligkeit *w.* ▾—**zoeker** Glücksritter *m.*
gemaakt gemacht; (*geaffecteerd*) affektiert; (*voorgewend*) erkünstelt. ▾—**heid** Affektiertheit, Geziertheit, Affektation, Ziererei *w.*
gemaal 1 (*echtgenoot*) Gemahl, Gatte *m*; 2 (*pompinrichting*) Pumpanlage *w.*
gemachtigde Bevollmächtigte(r) *m.*
gemak Bequemlichkeit; Leichtigkeit *w*; *zie* **gemakkelijk**; *zijn — houden*, (*z. stilhouden*) s. ruhig verhalten, (*z. geen moeite geven*) s. nicht bemühen; *hou je —!*, ruhig!; (*er*) *zijn —* (*van*) *nemen*, es s. bequem machen; (*iets*) *met —* (*doen kunnen*), ohne Mühe; (*iem.*) *op zijn — brengen, zetten*, beruhigen; *op z'n dooie —*, ganz gemächlich; *op z'n — gaan zitten*, s. bequem hinsetzen; *van* (*zijn*) *— houden*, die B. lieben; *van alle —ken voorzien*, mit allen B.en versehen; *voor 't —*, b.shalber; *het —* (*waarmee hij spreekt*), die Gewandtheit. ▾—**kelijk** (*gerieflijk, geen last veroorzakend*; *gemakzuchtig*) bequem; (*wat goed te doen enz. is*; *niet moeilijk*) leicht; *een — leventje* (*leiden*), ein bequemes Leben; (*het leven*) *— opnemen*, leicht nehmen; *een — spreker*, ein gewandter Redner; *hij is niet —*, er ist nicht leicht zu befriedigen, mit ihm ist schwer auszukommen; (*die onderwijzer*) *is niet —*, ist streng, scharf, sitzt scharf dahinter; *z. — bewegen*, (*in de omgang*) sehr gewandt sein; *je kunt je — vergissen*, man kann s. leicht irren; (*jij hebt*) *— praten*, gut reden; *het valt mij —*, es wird mir leicht, ist mir ein leichtes; *er — afkomen*, leichten Kaufs davonkommen; *zo — als wat*, kinderleicht. ▾—**shalve** bequemlichkeitshalber. ▾—**zucht** Bequem/lichkeit *w.* ▾—**zuchtig** b.
gemalin Gemahlin, Gattin *w.*

gemanierd *zie* **welgemanierd**.
gemarmerd marmoriert.
gemaskerd maskiert; *— bal*, Maskenball *m*.
gematigd gemäßigt; (*bezadigd*) maßvoll. ▾**—heid** Mäßigung *w*.
gember Ingwer *m*.
gemeen gemein; (*gemeenschappelijk, ook*) gemeinschaftlich; (*laag, ook*) niedertrachtig; (*schunnig*) schlüpfrig; (*lelijk*) scheußlich; *gemene deler*, gemeinschaftlicher Teiler, Generalteiler, -divisor *m*; (*Broeders*) *v.h. Gemene leven*, des gemeinsamen Lebens; *voor de gemene zaak*, für das Gemeinwohl; *gemene zaak* (*met iem. maken*), gemeinsame Sache; (*iets*) *met iem. —* (*hebben*), mit e.m gemein; (*het is*) *—* (*koud*), höllisch. ▾**—goed** Gemeingut *s*. ▾**—heid** Niederträchtigkeit, Gemeinheit *w*. ▾**—lijk** gewöhnlich. ▾**—plaats** Gemeinplatz *m*.
gemeenschap Gemeinschaft *w*; (*verkeer*) Verkehr *m*; (*verbinding*) Verbindung *w*; *buiten — van goederen*, nicht in Gütergemeinschaft. ▾**—pelijk** gemeinschaftlich; *— bezit*, Gemeinbesitz *m*; *— front*, Einheitsfront *w*; *—e markt*, gemeinsamer Markt. ▾**—szin** Gemeinsinn *m*.
gemeente Gemeinde *w*. ▾**—ambtenaar** G.beamte(r) *m*. ▾**—arts** Stadt/arzt *m*. ▾**—bedrijf** städtischer Betrieb. ▾**—belasting** G.steuer *w*. ▾**—bestuur** G.vorstand, S.rat *m*.; (*het besturen*) G.-, S.verwaltung *w*. ▾**—bode** S.bote *m*. ▾**—huis** Rathaus, G.amt *s*. ▾**—kas** G.-, S.kasse *w*. ▾**—klasse** G.größenklasse *w*. ▾**—lid** G.mitglied *s*. ▾**—lijk** städtisch, kommunal, Stadt..., Gemeinde..., Kommunal...; *de —e autoriteiten*, die städtischen Behörden; *—e begroting*, kommunaler Haushaltsplan; *—e bijdrage*, Gemeindezuschuß *m*; *— huisvestingsbureau*, städtisches Wohnungsamt. ▾**—ontvanger** städtischer Steuereinnehmer. ▾**—raad** S.-, G.rat *m*. ▾**—raadslid** S.rat *m*, G.ratsmitglied *s*. ▾**—raadsvergadering** S.verordnetenversammlung, G.ratssitzung *w*. ▾**—raadsverkiezing** Kommunalwahl *w*. ▾**—reiniging** S.reinigung *w*. ▾**—school** städtische Schule, G.schule *w*. ▾**—secretarie** S.kanzlei, G.schreiberei *w*. ▾**—secretaris** S.-, G.sekretär *m*. ▾**—verordening** städtische Verordnung, G.verordnung *w*. ▾**—wege**: *van —*, durch die G. ▾**—werken** städtisches Bauamt *s*. ▾**—wet** G.ordnung *w*.
gemeenzaam vertraulich.
gemeld erwähnt.
gemelijk verdrießlich.
gemenebest Gemeinwesen *s*, Republik *w*.
gemengd gemischt: *— bedrijf*, Mischwirtschaft *w*; *van — bloed*, mischblütig; *— gezelschap*, gemischte Gesellschaft; *— huwelijk*, Mischehe *w*; *— nieuws*, vermischte Nachrichten; *—e school*, gemischte Schule, (*gemengd-confessioneel*) Simultanschule *w*.
gemeubileerd möbliert; *—e boterham*, belegtes Butterbrot.
gemiddeld durchschnittlich, im Durchschnitt; *—e diepte*, mittlere Tiefe; *—e snelheid*, Durchschnitsgeschwindigkeit *w*; *het —e*, der Durchschnitt.
gemijterd infuliert.
gemis Mangel *m*; *bij — van* (*aan*) *een opvolger*, in Ermangelung e.s Nachfolgers, (*wegens — aan*) aus M. an e.m Nachfolger.
gemoed Gemüt *s*; (*ik vraag je dat*) *in —e*, auf dein Gewissen; *zijn — schoot vol*, ihm wurde das Herz voll; *op iemands — werken*, auf jemands Gemüt wirken; *tegen zijn —* (*spreken*), wider seine Überzeugung; *de —eren* (*waren verdeeld*), die Meinungen. ▾**—elijk** treuherzig; (*gezellig, hartelijk*) gemütlich. ▾**—elijkheid** Gemütlichkeit *w*. ▾**—ereerd** in aller Seelenruhe.
▾**gemoeds/aandoening** Gemütsempfindung *w*. ▾**—bezwaar** Gewissensskrupel *m*. ▾**—gesteldheid** Gemüts/verfassung, G.beschaffenheit *w*. ▾**—rust** G.ruhe *w*. ▾**—toestand** G.zustand *m*, G.verfassung, G.lage *w*.
gemoeid: *je leven is ermee —*, es gilt dein Leben; *er is veel geld mee —*, es erfordert viel Geld; (*een hele dag*) *is ermee —*, geht damit hin.
gemompel Gemurmel; (*gefluister*) Gemunkel *s*.
gemopper, **gemor** Gemurre; (*gekanker*) Genörgel, Meckern *s*.
gems Gemse *w*. ▾**—leer** Gemsleder *s*.
gemunt: *het op iem. — hebben*, es auf e.n abgesehen haben; (*dat*) *is op mij —*, geht auf mich.
gemutst gelaunt.
gen Gen *s*.
genaakbaar zugänglich.
genaamd genannt; *een man, N. —*, ein Mann namens N.
genade Gnade *w*; *— voor recht laten gelden*, G. für Recht ergehen lassen; *in iemands ogen — vinden*, vor e.m G. finden; *bij* (*van*) *Gods —*, von Gottes G.n; (*weer*) *in —* (*aangenomen worden*), zu G.n; *in staat van —* im Zustand der G.; *Uwe —*, Euer G.n. ▾**—beeld** Gnaden/bild *s*. ▾**—brood** G.brot *s*. ▾**—leer** G.lehre *w*. ▾**—loos** g.los. ▾**—middel** G.mittel *s*; *voorzien van de —en der H. Kerk*, versehen mit den Tröstungen der katholischen Kirche, wohl vorbereitet durch den Empfang der Sterbesakramente. ▾**—oord** G.ort *m*. ▾**—slag** G.stoß *m*.
genadig gnädig; (*er*) *—* (*afkomen*), (*ook*) glimpflich.
genaken (s.) nahen [3]; *hij is niet te —*, er läßt niemand vor s.
gendarme Gendarm *m*. ▾**—rie** Gendarmerie *w*.
gene jener [-e, -es]; *deze of —*, irgendeiner; *aan — zijde van*, jenseits [2].
gêne Gene *w*, Zwang *m*.
genea/logie Genea/logie *w*. ▾**—logisch** g.logisch.
genees/baar heilbar. ▾**—heer** Arzt *m*; *—-directeur*, dirigierender Arzt. ▾**—kracht** Heilkraft *w*. ▾**—krachtig** heilkräftig; *—e kruiden*, Heilkräuter. ▾**—kunde** Heilkunde, Medizin *w*. ▾**—kundig** ärztlich; (*meer op de wetenschap betrekking hebbend*) medizinisch; *gemeentelijke —e dienst*, städtischer Gesundheitsdienst, (*bureau*) städtisches Gesundheitsamt; *—e verklaring*, ärztliche Bescheinigung *w*. ▾**—kundige** Arzt *m*. ▾**—lijk** heilbar. ▾**—middel** Arznei *w*, Heilmittel *s*. ▾**—wijze** Heilverfahren *s*.
genegen: geneigt; *iem. — zijn*, e.m zugetan sein. ▾**—heid** Zuneigung *w*; *— voor iem. opvatten*, Z. zu e.m fassen.
geneigd geneigt; *men is — te veronderstellen*, man neigt zu der Annahme. ▾**—heid** Neigung *w*.
generaal I *zn* General *m*. **II** *bn* General..., allgemein; *generale biecht, repetitie, staf*, Generalbeichte, -probe *w*, -stab *m*. ▾**—-majoor** Generalmajor *m*.
general/aat General/at *s*. ▾**—iseren** g.isieren, verallgemeinern. ▾**—isering** G.isierung, Verallgemeinerung *w*. ▾**—issimus** G.issimus *m*. ▾**—iteit** G.ität *w*.
generatie Generation *w*, Geschlecht *s*. ▾**—kloof** G.slücke *w*.

generator Generator *m*; (*elektr., ook*) Dynamomaschine *w*. ▾—**aggregaat** G.satz *m*.
generen: *z*. —, (*schamen*) s. genieren.
genereren generieren.
generfd geadert; (*v. leer*) genarbt.
generlei keinerlei.
genet/ica Genet/ik *w*. ▾—**isch** g.isch.
geneugte Vergnügen *s*, Genuß *m*, Freude *w*.
Genève Genf *s*; *het meer van* —, der Genfer See.
genez/en (*beter worden*) heilen; (*v.e. ziekte beter worden, v. personen*) genesen; (*beter maken*) heilen, kurieren; *hij is er voor altijd van* —, er ist auf immer davon kuriert. ▾—**ing** Heilung; Genesung *w*; — *door gebed*, Gesundbeten *s*.
geni/aal genial. ▾—**aliteit** Genialität *w*.
genie 1 Genie *s*; **2** (*geniekorps*) Pionier/e *Mz*, P. korps *s*. ▾—**officier** P.offizier *m*. ▾—**soldaat** Pionier *m*.
geniep: *in 't* —, heimlich, hinterrücks. ▾—**ig** (heim)tückisch. ▾—**igerd** Heimtücker *m*.
geniet/baar genießbar. ▾—**en** genießen; *een goede gezondheid, goede reputatie* —, s. e.r guten Gesundheit, e.s guten Rufes erfreuen; *van zijn jeugd, van de natuur* —, seine Jugend, die Natur genießen; *hij genoot van deze heerlijke natuur*, er freute s. an dieser herrlichen Natur; (*een goed salaris*) —, beziehen; (*heb je*) *vandaag genoten?*, dich heute amüsiert? ▾—**ing** Freude *w*, Genuß *m*.
genit/aal genit/al. ▾—**aliën** G.alien *Mz*.
genitief Genitiv *m*, zweiter Fall.
genocide Genozid *m, s*.
genodigde Eingeladene(r) *m*; (*uitvoering voor*) —*n*, geladene Gäste.
genoeg genug; (*meer dan*) — *van iets krijgen*, etwas satt bekommen; *er maar niet* — *van kunnen krijgen naar iets te kijken*, s. an etwas nicht satt sehen können. ▾—**doening** Genugtuung *w*.
genoegen Vergnügen *s*, Freude *w*; (*behagen*) Gefallen *s*; (*tevredenheid*) Zufriedenheit *w*; (*iem.*) *het* — *doen*, den G. tun; *het doet* (*geeft*) *mij* —, es freut mich; *het doet mij* —, (*u te mogen vergezellen*), ich mache mir ein V. daraus; *ik heb het* — (*u mede te delen*), ich habe das V.; (*met wie heb ik*) *het* — (?), die Ehre; (*het is me*) *een waar* —, ein großes V.; — *met iets nemen*, (*z. laten welgevallen*) s. etwas gefallen lassen, (*z. met iets tevreden stellen*) s. mit etwas begnügen, (*met iets tevreden zijn*) mit etwas zufrieden sein; — *scheppen, vinden in*, G., V. finden an [3]; (*iem.*) *een* — *verschaffen*, ein V. machen; (*bent u*) *naar uw* — (*kunnen slagen*), nach Ihrem Wunsch; *is het boek naar uw* —?, gefällt Ihnen das Buch?; (*bedien u*) *naar* —, nach belieben; (*wij zullen dit*) *naar* (*tot*) *uw* — (*verzorgen*), zu Ihrer Zufriedenheit; *tot* —!, auf Wiedersehen!; *ten* — *van*, zur Zufriedenheit [2]; *de* —*s* (*v.e. badplaats*), die Vergnügungen; *zucht naar* —*s*, Vergnügungssucht *w*.
genoeg/lijk vergnüglich. ▾—**zaam** genügend.
genoemd genannt, erwähnt.
genoopt: *z*. — *zien*, s. veranlaßt, (*sterker*) genötigt sehen.
genoot Genosse *m*. ▾—**schap** Gesellschaft *w*.
genot Genuß *m*; — *voor de ogen*, Augenweide *w*; — (*v.e. weiland*), Nießbrauch *m*; — *van de opbrengst*, Nutznießung *w*. ▾—**middel** G.mittel *s*. ▾—**vol** g.reich. ▾—**zucht** G.sucht *w*. ▾—**zuchtig** g.süchtig.
genre Genre *s*; *literair* —, literarische Gattung. ▾—**schilder** Genremaler *m*.
gentleman's agreement Gentleman's Agreement *s*.
geoctrooieerde Patentinhaber *m*.
geoefend geübt, geschult.
geo/fysica Geo/physik *w*. ▾—**graaf** G.graph *m*. ▾—**grafie** G.graphie *w*. ▾—**grafisch** g.graphisch. ▾—**logie** G.logie *w*. ▾—**logisch** g.logisch. ▾—**loog** G.loge *m*.
geoorloofd erlaubt.
georganiseerd (overleg) organisiert.
geoutilleerd ausgerüstet.
gepaard gepaart, paarweise; — *gaan met*, verbunden sein mit; —*e organen*, paarige Organe.
gepakt: — *en gezakt*, mit Sack und Pack.
geparenteerd: — *aan*, verwandt mit.
gepast passend, angemessen; (*fatsoenlijk*) schicklich; — *geld*, abgezähltes Geld, —*e beloning*, angemessene Belohnung; *een* — *gebruik* (*van iets maken*), e.n angemessenen Gebrauch; *een* — *woord*, ein passendes Wort; (*verzoeke*) *met* — *geld* (*te*) *betalen*, (*bijv. in bus*) das Fahrgeld ist abgezählt bereit zu halten. ▾—**heid** Angemessenheit, Schicklichkeit *w*.
gepatenteerd patentamtlich geschützt.
gepeins Nachsinnen, Nachdenken *s*; (*gepieker*) Grübeln *s*.
gepensioneerd pensioniert; — *majoor*, Major a.D. (außer Dienst); —*e*, Pensionierte(r), Ruheständler *m*.
gepeperd gepfeffert.
gepeupel Pöbel, Mob *m*.
gepikeerd pikiert, verärgert.
geplaag Quälerei *w*, Quälen, Gequäle *s*; (*voor de grap*) Necken *s*.
geploeter (*hard werken*) Schinderei *w*.
gepluimd mit Federn, mit e.m Federbusch versehen.
geporteerd: — *zijn voor*, eingenommen sein für, begeistert sein für.
gepraat Geplauder *s*; (*geklets*) Geschwätz *s*; (*praatjes*) Gerede *s*.
gepreek Salbaderei *w*.
gepresseerd: — *zijn*, es eilig haben.
geprevel Gemurmel, Murmeln *s*.
geprikkeld gereizt.
geprofest: — *zijn*, Profeß getan, abgelegt haben; *iem. die* — *is*, der Profeß.
geprogrammeerd: —*e instructie*, programmierter Unterricht.
gepromoveerd promoviert.
geprononceerd prononciert; —*e gelaatstrekken*, ausgeprägte Gesichtszüge.
geproportioneerd proportioniert; *goed* —, (*ook*) wohlgestaltet.
gepruil Schmollen *s*.
gepruts (*geknoei*) Pfuscherei *w*; (*gelap*) Geflicke *s*; (*speels gedoe*) Getändel *s*; (*gepeuter*) Tüftelei *w*; (*geknutsel*) Basteln *s*.
geraakt (*beledigd*) verletzt; (*geprikkeld*) gereizt; *gauw* — (*zijn*), sehr empfindlich. ▾—**heid** Gereiztheit, Verstimmung *w*.
geraamte Gerippe *s*; (*skelet, ook*) Skelett *s*.
geraas Getöse *s*, (*lawaai*) Lärm *m*.
geraden ratsam; *het is je* —, das möchte ich dir raten.
geraffineerd raffiniert. ▾—**heid** Raffinement *s*.
geraken geraten; [zu etwas] gelangen.
geranium Geranie *w*.
gerant Geschäftsführer *m*.
gerecht I *zn* **1** Gericht *s*; *voor 't* — *verschijnen*, vor G. erscheinen; **2** (*spijs*) Gericht *s*, Speise *w*; (*gang*) Gang *m*. **II** *bn* gerecht. ▾—**elijk** gericht/lich; — *akkoord*, Zwangsvergleich *m*; —*e moord*, Justizmord *m*; —*e uitspraak*, Richterspruch *m*; —*e verkoop*, Zwangsverkauf *m*; *langs* —*e weg*, auf dem Rechtswege; *iem.* — *vervolgen*, g.lich gegen e.n einschreiten, e.n

g.lich belangen. ▾—**igd** berechtigt. ▾—**igde** Berechtigte(r); (*houder*) Inhaber *m*. ▾—**igdheid** Berechtigung *w*. ▾—**igheid** Gerechtigkeit *w*. ▾**gerechts/bode** Gerichts/bote *m*. ▾—**dienaar** G.diener *m*. ▾—**hof** Oberlandesgericht *s*.

gerechtvaardigd (*rechtvaardig*) gerecht; —*e twijfel*, berechtigter Zweifel.

geredeneer Räsonieren *s*.

gereed (*klaar met iets, af*) fertig; (*bereid, gereed tot iets*) bereit; — *voor verzending*, versandfertig; (*de goederen liggen*) *voor* (*ter*) *verzending* —, versandbereit; — *voor het gebruik*, f. zum Gebrauch, gebrauchsfertig; *gerede aanleiding*, willkommener Anlaß; *gerede aftrek* (*vinden*), guten Absatz; — *geld*, bares Geld; *gerede ingang* (*vinden*), leichten Anklang. ▾—**heid** Bereitschaft *w*. ▾—**houden** bereit/halten; (*troepen*) —, in B.schaft halten. ▾—**komen** f. werden. ▾—**leggen** b.legen. ▾—**liggen** b.liegen; (*af*) f.liegen. ▾—**maken** f.machen; (*maaltijd, drank*) zubereiten; *z*. —, (*voor iets, om iets te doen*) s. anschicken (zu etwas, etwas zu tun); *z*. — *voor de strijd*, s. rüsten zum Kampf.

gereedschap Gerät *s*. ▾—**stas** Werkzeugtasche *w*. ▾—**skist** Gerätkasten *m*.

gereed/staan bereit/stehen; (*af*) fertig stehen; (*het eten*) *staat gereed*, ist f.; (*de trein*) *staat gereed*, steht f., (*klaar om te vertrekken*) steht (zur Abfahrt) b.; *hij stond juist — om uit te gaan*, er war gerade im Begriff auszugehen. ▾—**zetten** b.stellen.

gereformeerd reformiert; (*v.d. gereformeerde Kerken van Ned.*) kalvinistisch. ▾—**e** Kalvinist *m*.

geregeld regelmäßig; (*ordelijk*) ordentlich; (*bestendig, vast*) ständig; —*e levenswijze*, gut geregeltes Leben; *een* — (= *volslagen*) *gevecht*, ein förmliches Gefecht.

gerei Gerät, Zeug *s*.

gerekt gedehnt; (*langdradig*) weitschweifig.

gerenommeerd renommiert.

gereserveerd reserviert; (*plaats, ook*) belegt; (*zeer*) — (*zijn*), zurückhalt/end. ▾—**heid** Z.ung, Reserve *w*.

gereutel Röcheln, Geröchel *s*.

geriatrie Geriatrie *w*.

geribd gerippt.

geribbeld: —*e zool*, Profilsohle *w*.

gericht: —*e antenne*, (*ook*) Richtantenne *w*.

gerief (*voordeel*) Nutzen *m*; (*gemak*) Bequemlichkeit *w*; (*gerei*) Gerät *s*. ▾—**elijk** bequem. ▾—**elijkheid** Bequemlichkeit *w*. ▾**gerieven** dienen, Hilfe leisten; *iem. ergens mee* —, e.m mit etwas d.; *om de reizigers te* —, zur größeren Bequemlichkeit der Reisenden.

gering gering; (*niet de moeite waard om over te praten*) geringfügig; *in het* (*minste of*) —*ste niet*, nicht im gering/sten. ▾—**heid** G.fügigkeit *w*. ▾—**schatten** g.schätzen. ▾—**schattend** g.schätzig. ▾—**schatting** G.schätzung *w*.

gerinkel Geklirr *s*.

geritsel Rascheln *s*.

Germaan German/e *m*. ▾—**s** g.isch. ▾—**se** G.in *w*. ▾**German/ië** G.ien *s*. ▾—**isme** G.ismus *m*. ▾—**ist** G.ist *m*. ▾—**istiek** G.istik *w*. ▾—**istisch** g.istisch.

gerochel Geröchel *s*.

geroddel Geklatsch *s*.

geroep Rufen *s*.

geroepen: — *zijn*, berufen sein.

geroezemoes (lärmender) Wirrwarr *m*, Durcheinander *s*, (*v. stemmen*) Geschwirr *s*.

geroffel Wirbeln *s*.

gerokt befrackt, im Frack.

gerommel dumpfes Getöse *s*; (*v. donder*) dumpfes Rollen *s*.

geronk (*v. motor*) Brummen *s*, (*sterker*) Rattern *s*.

geronnen geronnen.

gerontologie Gerontologie *w*.

geroutineerd erfahren, bewandert, routiniert.

gerst Gerste *w*. ▾—**ebier** Gerstenbier *s*.

gerucht Gerücht *s*; (*lawaai*) Lärm *m*; *'t — gaat, dat...*, es geht das G., es verlautet, daß...; *bij* —*e* (*iets weten*), vom Hörensagen; *in 'n kwaad* — (*staan*), in üblem Rufe. ▾—**makend** aufsehenerregend.

geruim geraum.

geruis Geräusch *s*; (*v. bomen, regen enz.*) Rauschen *s*. ▾—**loos** g.los.

geruit gewürfelt, kariert.

gerust ruhig; *hij was niet* —, (*voor zijn kind thuis was*), er hatte keine Ruhe; *daar kun je — op zijn*, darauf kannst du dich verlassen; (*ik ben*) *er nog niet — op dat*, (*ook*) noch nicht ganz sicher, daß; *dat mag ik* —, das darf ich wohl. ▾—**heid** Ruhe *w*. ▾—**stellen** beruhigen. ▾—**stelling** Beruhigung *w*.

ges (*muz.*) Ges *s*.

geschaard: *op een rij* —, in Reih und Glied.

geschapen 1 *zo staat het ermee* —, damit ist es so beschaffen; *daarmee is het slecht* —, darum ist es übel bestellt; **2** *al het* —*e*, alles Geschaffene.

gescharrel (*gedoe*) Getue *s*; (*gevrij*) Liebelei *w*, Techtelmechtel *s*; (*geslenter*) Geschlender, Getrödel *s*; (*handel in oude rommel*) Getrödel, Geschacher *s*.

geschater schallendes Gelächter.

geschenk Geschenk *s*; *ten —e geven*, schenken, zum G. geben; *ten —e krijgen*, geschenkt bekommen. ▾—**zending** G.paket, Liebesgabenpaket *s*.

geschetter Schmettern, Geschmetter *s*; (*gesnoef*) Prahlerei, Flunkerei *w*.

geschied/en geschehen, s. ereignen; (*plaatsvinden v. betalingen, leveringen enz.*) erfolgen; (*betaling*) *is geschied*, ist erfolgt. ▾—**enis** Geschichte *w*; *het einde van de* —, (*fig.*) das Ende vom Lied. ▾—**enisboek** Geschichtsbuch *s*. ▾—**kundig** geschichtlich. ▾—**kundige** Historiker *m*. ▾—**schrijver** Geschichtschreiber *m*.

geschift: (*hij is*) —, bekloppt.

geschikt geeignet; (*passend, gepast*) passend; (*bruikbaar*) tauglich, (*v. personen, ook*) anstellig; (*in staat*) fähig; (*flink*) tüchtig; (*in omgang*) nett; *de —e man daarvoor*, (*daartoe*), der geeignete Mann dazu; *hij is niet — voor advocaat*, er eignet s. nicht zum Rechtsanwalt; *hij is niet — voor onderwijzer*, er taugt nicht zum Lehrer; (*dat is*) *geen — onderwerp voor jou*, kein geeigneter Gegenstand für dich; (*dit vloerkleed*) *is buitengewoon — voor* (*een huiskamer*) eignet s. vortrefflich für; (*deze knecht is*) *voor alles* —, zu allem tauglich; *hij is niet voor werken* —, er taugt nicht zur Arbeit; *niet — om te werken*, arbeitsunfähig; *niet voor de dienst* —, dienstuntauglich. ▾—**heid** Eignung; Tauglichkeit; Fähigkeit *w*; — *voor een beroep*, Berufseignung *w*; *bij gebleken* —, bei Bewährung. ▾—**heidsonderzoek** Eignungsprüfung *w*.

geschil Streit *m*, S.igkeit *w*. ▾—**punt** S.punkt *m*.

geschipper kompromißlerische Haltung; Halbheit *w*.

geschoold geschult; (*vakkundig*) gelernt.

geschreeuw Geschrei, Schreien *s*.

geschrift Schrift *w*.

geschubd schuppig.

geschuifel Scharren, Gescharre *s*.

geschut Geschütz *s*; *een stuk* —, ein G.; *met grof — beginnen*, grobes G. auffahren lassen.

▼—**poort** G.pforte *w.* ▼—**toren** G.turm *m.* ▼—**vuur** G.-, Artilleriefeuer *s.*

gesel Geißel *w.* ▼—**en** geißeln; (*vroeger, ook*) stäupen; (*de stormen*) — (*de zee*), peitschen. ▼—**ing** G.ung *w.* ▼—**kolom** Staupsäule *w*, G.pfahl *m.* ▼—**roede** G.rute *w*, Staupbesen *m.*

gesitueerd: *goed* —, in guten Verhältnissen; *de beter —en*, die Bessergestellten.

gesjacher Schachern *s*, Schacherei *w.*

gesjochten: — *zijn*, (*geruïneerd, arm*) abgebrannt, ganz platt sein, (*gefopt*) in der Klemme, in der Tinte sitzen; *nu ben je* —, jetzt bist du geliefert.

gesjouw (*gesleep*) Geschlepp *s*; (*zwaar werken*) Schinderei, Schufterei *w.*

geslacht Geschlecht *s*; (*soort*) Gattung *w.* ▼—**elijk** geschlechtlich; —*e gemeenschap*, geschlechtlicher Verkehr. ▼**geslachts/boom** Stammbaum *m.* ▼—**daad** Geschlechts/akt *m.* ▼—**deel** G.teil *m.* ▼—**drift** G.trieb *m.* ▼—**naam** G.name *m.* ▼—**orgaan** G.organ *s.* ▼—**rijp** g.reif. ▼—**rijpheid** G.reife *w.* ▼—**uitgang** G.endung *w.* ▼—**ziekte** G.krankheit *w.*

geslenter Geschlender, Schlendern *s.*

geslepen (*sluw*) schlau, verschlagen, verschmitzt, gerieben. ▼—**heid** Schlauheit *w* usw.

gesloten geschlossen; (*op slot*) verschlossen; (*dat is voor hem*) *een — boek*, ein Buch mit sieben Siegeln; (*zitting*) *met — deuren*, bei (hinter) v.en Türen; — *karakter*, v.er Charakter; — *tijd*, (*voor jacht enz.*) Schonzeit *w*; *erg* — (*zijn*), sehr v., sehr zugeknöpft; (*hij is*) — *als een graf*, verschwiegen wie das Grab. ▼—**heid** Verschlossenheit; (*stilzwijgendheid*) Verschwiegenheit; (*aaneen-, opgeslotenheid*) Geschlossenheit *w.*

gesluierd verschleiert; (*v. stem*) gedämpft.

gesmoes Geschmuse, Getuschel *s.*

gesnater Schnattern, Geschnatter *s.*

gesnik Schluchzen, Geschluchze *s.*

gesnoep Naschen, Genasche *s.*

gesnork, gesnurk Geschnarche, Schnarchen *s.*

gesoigneerd gepflegt, soigniert.

gesol Gehänsel; (*gescherts*) Getändel; (*gespeel*) Spielen; (*gesleep*) Geschleppe *s.*

gesorteerd: *goed* —, gut assortiert; (*in deze artikelen*) *zijn wij goed* (*ruim*) —, haben wir eine reiche Auswahl.

gesp Schnalle *w*; (*spang*) Spange *w.*

gespan Gespann *s.*

gespannen gespannt; *met — aandacht*, mit angespannter Aufmerksamkeit.

gespatieerd: —*e druk*, Sperrdruck *m*; — *gedrukt*, gesperrt (gedruckt).

gespen (zu-, fest)schnallen.

gespierd muskelig; (*sterk*) —, muskulös. ▼—**heid** Muskelstärke *w*; (*fig.*) Kraft *w.*

gespijbel Schulschwänzen *s.*

gespikkeld gesprenkelt.

gespleten gespalten; (*v. persoonlijkheid*) innerlich zerrissen. ▼—**heid** innere Zerrissenheit *w.*

gespoord gespornt.

gesprek Gespräch *s*; (*met iem.*) *in — zijn*, ein G. führen, (*in onderhandeling*) in Unterhandlung stehen; *in* —, (*tel.*) besetzt. ▼—**kenteller** Gesprächszähler *m.* ▼—**kosten** Gesprächsgebühren *Mz.* ▼—**sforum** Podiumgespräch *s.* ▼—**sleider** Gesprächsleiter, Diskussionsleiter *m.*

gespuis Gesindel, Gelichter *s.*

gestaag, gestadig (*bestendig*) beständig; (*gelijkmatig vóórtdurend*) stet, stetig; (*aanhoudend*) anhaltend; (*voortdurend, telkens herhaald*) fortwährend; —*e zorg*, beständige Sorge; —*e arbeid*, stete Arbeit; —*e daling* (*v.d. prijzen*), stetiges Sinken; —*e regen*, anhaltender Regen.

gestalte Gestalt *w*; (*lichaamsbouw, ook*) Wuchs *m*; *slank van* —, von schlanker G.

gestand: — *doen*, halten.

geste Geste, Gebärde *w.*

gesteeld gestielt.

gesteente Gestein *s.*

gestel Konstitution *w*; *gezond van — zijn*, eine gesunde K. haben; *een zenuwachtig* —, ein nervöses Temperament; (*de koorts ondermijnt*) *zijn* —, seinen Körper; *zijn* — (*kan er niet tegen*), seine Natur, sein Körper, seine Gesundheit; *zijn hele* — (*is in de war*), sein ganzer Organismus, (*zenuwgestel*) sein ganzes Nervensystem.

gesteld I *bn*: *hoe is het met de zieke —?*, wie steht es um den Kranken?; *het is met de zaak zo* —, die Sache verhält sich so; *het is er slecht mee* —, es ist schlecht darum bestellt; *op iets — zijn*, auf etwas [4] halten, großen Wert auf etwas [4] legen, (*verzot zijn op*) auf etwas [4] versessen sein; *erg op iem. — zijn*, große Stücke auf e.n halten; *hij was* (*bleef*) *erop* —, er bestand darauf; *op zoiets ben ik helemaal niet* —, so etwas verbitte ich mir; *op zo'n gezelschap ben ik niet* —, nach e.r solchen Gesellschaft verlangt mich nicht; *ik ben er allesbehalve op —, dat...*, ich bin durchaus nicht darauf erpicht daß... **II** *vgw*: — *dat je gelijk hebt*, angenommen daß du recht hättest; *maar — eens, dat het niet zo is*, aber angenommen, nehmen wir einmal an, es sei nicht so; — *het geval*, gesetzt den Fall. ▼—**heid** Beschaffenheit *w*, Zustand *m*; (*v. gemoed*) Verfassung *w*; *bepaling v.* —, prädikatives Attribut.

gestemd gestimmt, aufgelegt.

gesternte Gestirn *s*; *zijn goed* —, sein guter Stern.

gesticht Anstalt *w*; (*klooster*) Stift *s.*

gesticuleren gestikulieren.

gestoei (Herum)Tollen *s*; (*met meisjes*) Schäkerei *w*, Schäkern *s.*

gestoelte (*samenstel v. banken, stoelen*) Gestühl *s*; (*zetel*) Sitz *m.*

gestommel Gepolter, Poltern *s.*

gestook (*fig.*) Hetzen, Gehetze *s*, Hetzerei *w.*

gestreept gestreift; (*gearceerd*) gestrichelt; (*muzieknoten*) gestrichen.

gestrekt (*draf, galop, hoek*) gestreckt.

gestreng streng. ▼—**heid** Strenge *w.*

gestroomlijnd stromlinienförmig.

gestudeerd studiert; —*e*, Studierte(r), Akademiker *m.*

gesukkel Kränkeln *s*; (*gestumper*) Stümperei *w*, Gestümper *s*; (*bij het lopen*) Getrödel *s.*

getailleerd tailliert.

getal Zahl *w*; *ten —e van 15, 15 in* —, 15 an der Z.; *in groten —e*, in großer Z.; *een — van twee cijfers*, eine zweistellige Z.; *in — de meerderen zijn*, zahlenmäßig überlegen sein. ▼—**lenreeks** Zahlenreihe *w.* ▼—**snorm** Maßstabzahl *w.* ▼—**sterkte** numerische Stärke.

getand gezahnt; (*v. postzegels*) gezähnt; (*puntig*) zackig; (*fijn*) —, gezähnelt.

getapt beliebt, gern gesehen.

geteem Salbaderei *w.*

geteut Getrödel, Trödeln *s.*

getier Lärmen *s*, Lärm *m*, Toben *s*; (*moordgeschreeuw*) Gezeter, Zetergeschrei *s.*

getij/(de) Gezeit *w*; *de getij(d)en*, (*liturgische gebeden*) Stunden-, Breviergebete, Horae *Mz.* ▼—**denboek** Brevier *s.* ▼—**dencentrale** Gezeitenkraftwerk *s.* ▼—**haven** Zeithafen *m.* ▼—**rivier** Gezeitenfluß *m.* ▼—**stroom**

Gezeitstrom, Zeitstrom *m.*
getik Ticken *s*; (*typen*) Tippen *s.*
getikt: *hij is een beetje* —, er hat e.n Sparren zuviel, ist ein wenig übergeschnappt, ist ein bißchen verrückt.
getint: *liberaal — zijn*, e.n liberalen Anstrich haben.
getiteld tituliert; (*een boek*) —, mit dem Titel.
getob (*met ziekte*) Kränkeln *s* ohne Ende; (*misère*) Elend *s*; (*gezwoeg*) Plackerei *w*; (*beslommeringen*) Mühseligkeiten *Mz*; (*gepieker*) Grübeln *s.*
getoeter Tuten *s*; (*v. auto*) Hupen *s.*
getouw Webstuhl *m.*
getrappel Getrampel *s*; (*v. baby*) Gestrampel *s.*
getreiter Piesacken *s*, Piesackerei *w.*
getreuzel Trödeln, Getrödel; (*geaarzel*) Drucksen *s.*
getroebleerd verrückt, übergeschnappt, nicht bei Troste.
getroosten: *z. gaarne iets* —, s. gerne etwas gefallen lassen; *z. inspanning* —, Anstrengungen machen; *z. alle inspanning* —, keine Anstrengung scheuen; *z. veel moeite* —, s. viel Mühe geben; *ik zal me gaarne alle moeite* —, ich will mich keine Mühe verdrießen lassen; *z. offers* —, Opfer bringen.
getroubleerd verrückt, nicht bei Troste.
getrouw treu; (*deftig*) getreu; *een oude —e*, ein alter treuer Diener. ▾**—heid** Treue *w.*
getto G(h)etto *s.*
getuigd (*v. paard*) geschirrt; (*v. schip*) aufgetakelt.
getuig/e Zeuge *m*, Zeugin *w.* ▾**—en** zeugen; (*iets*) —, bezeugen; (*dat*) *getuigt van weinig smaak*, zeugt von wenig Geschmack. ▾**—enis** Zeugnis *s*; (*getuigenverklaring, ook*) Aussage *w.* ▾**—enverhoor** Zeugen/vernehmung *w*, Z.verhör *s.* ▾**—enverklaring** Z.aussage *w.* ▾**—schrift** Zeugnis *s.*
getweeën zu zweit, zu zweien.
getwist Gezänk, Gezanke *s.*
geul Rinne *w*; (*in wadden*) Priel *s*; (*smalle gleuf in vaste lichamen*) Rille *w.*
geur Geruch *m*; (*aangenaam*) Duft *m*; (*v. wijn, ook*) Bukett *s*; (*iets*) *in —en en kleuren* (*vertellen*), mit allen Einzelheiten; *in een — van heiligheid*, im G. der Heiligkeit. ▾**—en** duften. ▾**—ig** duftig. ▾**—igheid** Wohlgeruch *m.*
geus Geuse *m.*
gevaar Gefahr *w*; *in — brengen*, in G. bringen, gefährden; *op — af* (*van*) *te verdrinken*, auf die G. hin zu ertrinken; — *lopen* (*te vallen*), G. laufen; (*zijn positie*) *loopt* —, ist gefährdet, *loopt daardoor* —, wird dadurch gefährdet; *dat kan geen —, daar is geen — bij*, das hat keine G., es ist keine G. dabei; *er is geen — voor de zieke*, der Kranke ist außer G. ▾**—lijk** gefährlich. ▾**—te** Koloß *m*; (*v. gebouw enz.*) Riesenbau *m*; (*wangedrocht*) Ungetüm *s.* ▾**—vol** gefahrvoll.
geval Fall *m*; (*voorval*) Vorfall *m*; (*geschiedenis*) Geschichte *w*; (*toeval*) Zufall *m*; *in — van brand*, im F.e e.s Feuers; *in — van niet-betaling*, im Nichtzahlungsfall; *in — van nood*, im F. der Not, im Notfall; *in alle* (*elk*) —, jedenfalls, auf jeden F.; *in geen* —, auf keinen F., keinesfalls; *bij voorkomende —len*, vorkommendenfalls; *in —* (*dat*), *voor het —* (*dat*), f.s; *behalve voor het —* (*dat*), außer im F. daß. ▾**—len**: *het geviel dat*, es geschah daß; *z.* (*alles*) *laten* —, s. (alles) gefallen lassen.
gevangen/bewaarder Gefängniswärter *m.* ▾**—e** Gefangene(r) *m*; (*arrestant*) Verhaftete(r) *m*; *politieke* —, politischer Häftling. ▾**—houden** gefangenhalten; (*in hechtenis houden*) in Haft behalten. ▾**—is** Gefäng/nis *s*; *ook* = **—isstraf** G.nisstrafe *w*, (*kort*) G.nis *s*; — *van ten hoogste 1 maand*, G.nis bis zu e.m Monat. ▾**—maken, —nemen** gefangen/nehmen; (*arresteren*) verhaften, festnehmen. ▾**—neming** G.nahme *w*; (*arrestatie*) Verhaftung *w.* ▾**—schap** G.schaft *w.* ▾**—wagen** Polizeiwagen *m.* ▾**—zetten** einsperren.
▾**gevankelijk**: — *wegvoeren*, gefänglich abführen.
gevaren/driehoek Warndreieck *s.* ▾**—klasse** Gefahrenklasse *w.*
gevat schlagfertig, gewandt. ▾**—heid** Schlagfertigkeit, Gewandtheit *w.*
gevecht Gefecht *s*; (*strijd*) Kampf *m*; (*woordgevecht*) Streit *m*; (*kloppartij*) Schlägerei *w*, (*stoeiend*) Balgerei *w*; *buiten — stellen*, außer G. setzen; — *van man tegen man*, Nahkampf *m*, Handgemenge *s.*
▾**gevechts/actie** Kampf/handlung *w.* ▾**—eskader** K.geschwader *s.* ▾**—formatie** Gefechts/formation *w*; (*v. vliegtuigen, ook gevechtsafdeling*) K.verband *m.* ▾**—klaar** g.bereit, k.bereit. ▾**—lijn** G.linie *w.* ▾**—vliegtuig** K.flugzeug *s.* ▾**—waarde** G.wert *m.* ▾**—wagen** K.wagen *m.*
geveder/d gefiedert. ▾**—te** Gefieder *s.*
geveinsd (*huichelachtig*) heuchlerisch; (*voorgewend*) vorgeschützt; (*gehuicheld*) erheuchelt.
gevel (*voorgevel*) Fassade, Front *w*; (*topgevel*; *fam.: neus*) Giebel *m.* ▾**—dak** G.dach *s.* ▾**—toerist** Fassadenkletterer *m.*
geven geben; *dat geeft niets*, (*hindert niet*) das macht nichts, (*helpt niet*) das hilft nichts (*levert niets op*) dabei kommt nichts heraus; *het geeft je niets of je al ...*, es nützt dir nichts daß du ...; *ik geef er niets om*, (*kan mij niet schelen*) es ist mir einerlei, (*maakt mij niets uit*) ich mache mir nichts daraus; *veel om iets geven*, (*er waarde aan hechten*) viel auf etwas [4] geben; *hij geeft niets om hem*, er kümmert s. nicht um ihn, (*stoort z. niet aan hem*), kehrt s. nicht an ihn; *wat geeft hij erom!*, was kümmert's ihn!; *ik gaf 'n lief ding, als ik het wist*, ich gäbe was darum, wenn ich es wüßte; (*zou het nog ooit anders worden?*) *ik geef er niet veel voor*, ich gebe nicht viel darauf. ▾**gever** Geber *m*; (*schenker*) Schenker *m*; (*v. gave*) Spender *m.*
gevestigd: *in A. — zijn*, in A. ansässig, wohnhaft sein, (*v. maatschappijen, officiële instellingen enz.*), in A. ihren (seinen) Sitz haben; (*v. zaken, winkels*) s. in A. befinden; *—e mening*, feste Meinung; *—e reputatie*, wohlbegründeter Ruf; *van oudsher —e zaak*, altangesessenes Geschäft.
gevit Krittelei *w*, Kritteln *s.*
gevlamd geflammt; (*v. hout, ook*) maserig, gemasert.
gevlei Schmeichelei *w*, Geschmeichel *s.*
gevlekt gefleckt; (*v. dieren, ook*) scheckig; (*met inkt*) verkleckst; (*de goederen*) *zijn* —, weisen Flecken auf.
gevleugeld geflügelt; *—e dieren*, Geflügel *s.*
gevlij: *iem. in 't — komen*, e.m entgegenkommen; *iem. in 't — zien te komen*, s. bei e.m einschmeicheln.
gevoeglijk füglich; (*gerust*) ruhig; (*passend*) passend.
gevoel Gefühl *s*; (*meer gewaarwording, indruk v. gemoed*) Empfindung *w*; — *van angst*, G. der Angst, Angstgefühl; *op het —* (*af*), nach dem G., (*op de tast*) tappend; *op iemands — werken*, auf jemands Gemüt wirken; (*hij zong*) *met* —, mit E. ▾**—en I** *ww* fühlen; (*v. gemoedsgewaarwordingen*) empfinden; *behoefte aan rust* —, Bedürfnis nach Ruhe

fühlen; *behoefte* — (*ook een woordje te zeggen*), das Bedürfnis empfinden; *u gevoelt* (*toch wel, dat dat niet gaat*), Sie begreifen; *z. doen* —, s. fühlbar machen. **II** *zn* **1** (*mening*) Meinung, Ansicht *w; naar mijn* —, meiner M. nach; *naar mijn persoonlijk* —, nach meinem persönlichen Dafürhalten; *van — zijn*, der M. sein; **2** (*gevoel*) *zie daar*; —*s van dankbaarheid*, Gefühle der Dankbarkeit. ▼—**ig** empfindlich; (*sentimenteel*) empfindsam; (*eig. 'voelbaar', ook*) fühlbar; (*v. fotografische platen enz.*) lichtempfindlich; (*ontvankelijk voor een goed woord, schoonheid enz.*) empfänglich [für]; — *verlies*, empfindlicher Verlust, (*eig.*) fühlbarer Verlust. ▼—**igheid** Empfindlichkeit *w*. ▼—**loos** gefühllos; (*levenloos*) fühllos ▼—**loosheid** Gefühl-, Fühllosigkeit *w*. ▼—**sleven** Gefühls/leben *s*. ▼—**smens** G.-, Gemütsmensch *m*. ▼—**waarde** G.wert *m*. ▼—**zenuw** G.nerv *m*. ▼—**vol** gefühlvoll.

gevogelte Geflügel *s*.

gevolg 1 (*v. koning enz.*) Gefolge *s*; **2** (*uitvloeisel*) Folge *w*; (*resultaat*) Erfolg *m*; *aan een uitnodiging — geven*, e.r Einladung F. leisten; *aan een plan — geven*, e.n Plan ausführen; *met goed* —, mit (gutem) E.; *ten —e* (*tot* —) (*hebben*), zur F.; *ten —e van het slechte weer*, infolge des schlechten Wetters. ▼—**trekking** Folgerung *w*, Schluß *m*; —*en maken*, Schlüsse, Folgerungen ziehen; folgern; (*daaruit*) *maak ik de* —, (er)schließe ich.

gevolmachtigde Bevollmächtigte(r) *m*; *bijzondere* —, Sonderbeauftragte(r) *m*.

gevonden: — *voorwerp*, Fundsache *w*, Fundstück *s*.

gevorderd *zie* **vorderen**.

gevorkt gabelig, gabelförmig, gegabelt.

gevraag Gefrage *s*.

gevrij Gekose *s*.

gevuld gefüllt; (*v. gezicht enz.*) voll; (*rond en dik*) rundlich; (*volslank*) vollschlank.

gewaad Gewand *s*.

gewaagd gewagt; (*vermetel*) verwegen; (*gedurfd*) kühn; *aan elkaar — zijn*, einander gewachsen sein.

gewaand vermeintlich, angeblich.

gewaarword/en gewahr werden, bemerken; (*bespeuren*) verspüren. ▼—**ing** Empfindung *w*.

gewag: — *maken van iets* = —**en**: — *van iets*, etwas erwähnen, e.s Dinges Erwähnung tun.

gewapend bewaffnet; (*toegerust*) gerüstet; (*in techniek*) armiert, bewehrt; — *beton*, (*ook*) Eisenbeton *m*; —*e macht*, bewaffnete Macht. ▼—**erhand** mit bewaffneter Hand, mit den Waffen.

gewas Gewächs *s*; (*oogst*) Ernte *w*; *eigen* —, (*v. wijn*) eigenes Wachstum.

gewatteerd wattiert; —*e deken*, Steppdecke *w*.

gewauwel Gefasel *s*, Faselei *w*; (*gezeur*) Salbaderei *w*.

geween Gewein, Weinen *s*.

geweer Gewehr *s*; (*jachtgeweer, voor hagel*) Flinte *w*; *in het* — (*roepen*), ins G.; *met het — aan de voet*, G. bei Fuß. ▼—**kogel** G.kugel *w*. ▼—**kolf** G.kolben *m*. ▼—**loop** G.-, Flintenlauf *m*. ▼—**schot** G.schuß *m*. ▼—**vuur** G.feuer *s*.

gewei Geweih *s*.

geweifel Schwanken *s*.

geweld Gewalt *w*; (*lawaai*) Lärm *m*; *iem., de waarheid — aandoen*, e.m, der Wahrheit G. antun; *iem., zichzelf — aandoen*, (*tot iets dwingen*) e.m, s. Zwang antun; — *plegen*, G. anwenden; *met* —, mit G.; *met alle* — (*wilde hij dit ook hebben*), um jeden Preis; (*hij schreeuwde*) *met* (*van*) —, gewaltig. ▼—**daad** G.tat *w*. ▼—**dadig** g.sam; (*geweld doende, onrechtmatig*) g.tätig. ▼—**dadigheid** G.tätigkeit *w*; (*gewelddaad, ook*) G.tat *w*. ▼—**enaar** (*alg.*) G.mensch *m*; (*dwingeland*) Tyrann *m*. ▼—**ig** gewaltig; — *belangrijk*, äußerst wichtig; — *groot*, ungeheuer groß; —*e prestatie*, riesige Leistung; — *rijk*, fabelhaft reich; (*dat is*) —*!*, ja großartig! ▼—**pleging** Gewalttätigkeit *w*.

gewelf Gewölbe *s*.

gewemel Gewimmel *s*.

gewen/d gewohnt, gewöhnt; *iets — zijn*, etwas gewohnt, an etwas [4] gewöhnt sein; *aan iets — raken*, s. an etwas [4] gewöhnen; *jong — oud gedaan*, jung gewohnt, alt getan. ▼—**nen** (*gewoon maken*) gewöhnen [an + 4]; (*gewoon raken*) s. gewöhnen [an + 4].

gewerveld gewirbelt; —*e dieren*, Wirbeltiere.

gewest (*landstreek*) Gegend *w*; (*provincie*) Provinz *w*. ▼—**elijk** landschaftlich; (*provinciaal*) provinziell; (*dialectisch*) mundartlich; — *arbeidsbureau*, Bezirksarbeitsamt *s*; — *bestuur*, Provinzialbehörde *w*.

geweten Gewissen *s*; *zijn — spreekt*, das G. schlägt ihm. ▼—**loos** g.los. ▼—**loosheid** G.losigkeit *w*. ▼**gewetens/angst** Gewissens/angst *w*. ▼—**bezwaar** G.skrupel *m*. ▼—**geld** G.geld *s*. ▼—**onderzoek** G.erforschung *w*. ▼—**vol** gewissenhaft. ▼—**vraag** Gewissens/frage *w*. ▼—**wroeging** G.bisse *Mz*. ▼—**zaak** G.sache *w*; (*g*)*een — van iets maken*, s. (k)ein Gewissen aus etwas machen.

gewettigd berechtigt; (*wettig*) gesetzmäßig.

geweven: — *stoffen*, Webstoffe *Mz*.

gewezen ehemalig.

gewicht Gewicht *s*; (*gewichtigheid*) Wichtigkeit *w*; *droog* —, Trockengewicht; *veel — aan iets hechten*, viel G. auf etwas legen; — *in de schaal leggen*, ins G. fallen, G. haben; (*de plank*) *was niet bestand tegen het — van zijn lichaam*, konnte die Schwere seines Körpers nicht ertragen; *zijn — aan goud waard zijn*, nicht mit Gold zu bezahlen sein; *bij het* — (*verkopen*), nach dem G.; *in — aankomen*, an G. zunehmen; (*een persoon, iets*) *is van* (*geen*) —, ist von, ist ohne G., fällt (nicht) ins G., hat (kein) G.; (*dat is*) *van 't grootste* —, von größter W.; *man, zaak v.* —, Mann, Sache von W., von Bedeutung, wichtiger Mann, wichtige Sache. ▼—**heffen** Gewichtheben *s*. ▼—**ig** wichtig; — *doend*, wichtigtuerisch. ▼—**igdoenerij** Wichtigtuerei *w*. ▼—**igheid** Wichtigkeit *w*. ▼—**loosheid** Schwerelosigkeit *w*. ▼**gewichts/besparing** Gewichts/ersparnis *w*. ▼—**toeneming** G.zunahme *w*, G.ansatz *m*. ▼—**verlies** G.verlust *m*.

gewiebel Gewippe, Wippen *s*.

gewiekst gewichst; (*ervaren, handig*) gewiegt. ▼—**heid** Verschlagenheit, Geriebenheit *w*; (*handigheid*) Gewiegtheit *w*.

gewijd geweiht; —*e geschiedenis*, biblische Geschichte; —*e muziek*, geistliche Musik, Kirchenmusik *w*; — *water*, geweihtes Wasser.

gewijsde: *in kracht van — gaan*, Rechtskraft erlangen, rechtskräftig werden.

gewild gewollt; (*in trek*) gesucht; (*in een gezelschap*) — *zijn*, gerngesehen werden.

gewillig willig, folgsam. ▼—**heid** W.keit, F.keit *w*.

gewin Gewinn *m*. ▼—**nen** gewinnen. ▼—**zucht** G.sucht *w*.

gewis gewiß.

gewoel Gewühl *s*; (*bedrijvigheid*) Treiben *s*.

gewonde Verwundete(r) *m*.

gewonnen gewonnen; *z. — geven*, s. besiegt

geben; *zo —, zo geronnen*, wie g. so zerronnen.
gewoon (*gewend* (*aan*), *wat tot gewoonte geworden is*) gewohnt; (*zó, als het doorgaans pleegt te zijn*) gewöhnlich; (*gewoonweg*) einfach, geradezu; *aan iets — zijn*, etwas gewohnt sein, an etwas [4] gewöhnt sein; *aan iem., elkaar — zijn*, an e.n, aneinander gewöhnt sein; *aan iets, iem. — raken, worden*, s. an etwas, an e.n gewöhnen; (*mijn vader*) *was altijd — te zeggen*, pflegte immer zu sagen; *gewone breuken*, gemeine Brüche; *— hoogleraar*, ordentlicher Professor; *— lager onderwijs*, Elementarunterricht *m*; *— jaar* (*of een schrikkeljaar*), gemeines Jahr; *gewone en buitengewone leden*, ordentliche und außerordentliche Mitglieder; *in 't gewone leven*, im gewöhnlichen Leben, im Alltagsleben; *de gewone man*, der einfache Mann; *de gewone rechter*, der ordentliche Richter; *— soldaat*, gemeiner Soldat; *op de gewone tijd*, zu gewohnter Zeit; (*het is*) *— onmogelijk*, einfach unmöglich; (*het is*) *— verschrikkelijk*, geradezu fürchterlich; (*'t is*) *— onzin*, ja reiner Unsinn. ▾**—lijk** gewöhnlich. ▾**—te** Gewohnheit *w*; (*algemeen aangenomen gebruik*) Gebrauch, Brauch *m*, Sitte *w*; *een — van iets* (*maken*), eine Gewohnheit aus etwas; (*dat is*) *een — van hem geworden*, ihm zur Gewohnheit geworden; (*dat is hier*) *de —*, Brauch; *zeden en —n*, Sitten und Gebräuche; *ouder —*, nach alter Gewohnheit, nach altem B.; *volgens*, (*als*) *naar —*, in gewohnter Weise, wie gewöhnlich. ▾**—terecht** Gewohnheitsrecht *s*. ▾**—tjes** ganz gewöhnlich, alltäglich. ▾**—weg** einfach, geradezu.
geworteld (*ingeworteld*), eingewurzelt; *— zijn*, wurzeln; *diep — wantrouwen*, tief wurzelndes Mißtrauen.
gewricht Gelenk *s*. ▾**—sontsteking** G.entzündung *w*. ▾**—sreumatiek** G.rheumatismus *m*.
gewroet Gewühl, Wühlen *s*; (*gezwoeg*) Rackern *s*; (*gekuip*) Intrigen, Machenschaften *Mz*.
gewrongen gekünstelt; (*verdraaid*) verdreht; (*stijl*) verschroben.
gezag Gewalt, Macht *w*; (*geestelijk overwicht, autoriteit*) Autorität *w*; *het openbaar —*, die Obrigkeit; *— genieten*, A. genießen; *het — voeren over*, den Befehl führen über; (*zijn woord*) *heeft —*, ist maßgebend; *op eigen —*, eigenmächtig; *op —* (*v.e. schrijver*), auf die Gewähr; *'t geloven op —*, der Autoritätenglaube; *een man van —*, eine Autorität. ▾**—hebbend** maßgebend. ▾**—hebber** Gewalt-, Befehls-, Machthaber *m*. ▾**—sorgaan**: *'t Hoge G—*, die Hohe Behörde. ▾**—voerder** Schiffskapitän *m*; (*v. vliegtuig*) Flugkapitän *m*.
gezamenlijk I *bn* (*geheel, totaal, alle bij elkaar*) gesamt, Gesamt..., (*allemaal, zonder uitzondering, compleet*) sämtlich; (*gemeenschappelijk*) gemeinschaftlich; (*verenigd*) verein(ig)t; *de —e aanwezigen*, sämtliche Anwesenden; *het — bedrag*, der Gesamtbetrag. **II** *bw* zusammen.
gezang Gesang *m*. ▾**—boek** G.buch *s*. ▾**—bundel** Liedersammlung *w*.
gezanik Klönen *s*; (*bijv. van kind*) Gequengel *s*; (*geklets*) Getratsch *s*; (*geharrewar*) Schererei *w*.
gezant Gesandte(r) *m*. ▾**—schap** Gesandtschaft *w*. ▾**—schapsraad** Gesandtschafts-, Legationsrat *m*.
gezegde (*wat iem. zegt*) Worte *Mz*; (*uitlating*) Äußerung *w*; (*zegswijze*) Redensart *w*; (*gram.*) Satzaussage *w*, Prädikat *s*.
gezegeld versiegelt; (*ingedrukt*) gestempelt; *—papier*, Stempelpapier.
gezeg/gen: *z. laten —*, s. raten lassen. ▾**—lijk** folgsam.
gezel Geselle; (*makker*) Gefährte *m*.
gezellig gemütlich; (*niet afgezonderd*) gesellig; *— avondje*, (*partijtje*) geselliger Abend; *— samenzijn*, geselliges Beisammensein. ▾**—heid** Gemütlichkeit *w*; (*het in gezelschap zijn*) Geselligkeit *w*; *hij houdt van —*, er ist eine gesellige Natur.
gezellin Gefährtin *w*. ▾**gezelschap** Gesellschaft *w*; *iem. — houden*, e.m G. leisten; *juffrouw van —*, Gesellschaftsdame, Gesellschafterin *w*. ▾**—sbiljet** Gesellschafts/billet *s*. ▾**—sspel** G.spiel *s*.
gezet (*zwaarlijvig*) wohlbeleibt; (*v. dames, ook*) stark; (*geregeld*) regelmäßig; (*vastgesteld*) bestimmt; *op — te tijden*, zu bestimmten Zeiten.
gezeten (*met vaste woonplaats*) seßhaft; (*welgesteld*) begütert.
gezetheid Beleibtheid, Korpulenz *w*; (*v. dames, ook*) Stärke *w*.
gezicht Gesicht *s*; (*het zien*) Anblick *m*; (*uitzicht*) Aussicht *w*; *'n zuur — zetten*, ein saures G., eine saure Miene machen; *scherp van — zijn*, scharfe Augen haben; (*dat is*) *geen —!*, nicht zum Ansehen; *zover het — reikt*, soweit der Blick reicht; *—en trekken*, Gesichter schneiden; *in het — v.d. haven*, im Angesicht, angesichts des Hafens; (*iem. iets*) *in zijn —* (*zeggen*), ins G.; *iem. in zijn —* (*liegen*), e.m ins G.; *op het eerste —*, auf den ersten Blick; *— op Parijs*, Ansicht *w* von Paris; (*van hier heeft men*) *een mooi — op het meer, op de stad*, eine schöne Aussicht auf den See, e.n schönen Blick auf die Stadt; *uit het —* (*verliezen*), aus den Augen; (*ik ken hem*) *van —*, von Ansehen. ▾**gezichts/afstand** Sehweite *w*. ▾**—bedrog** Gesichts/täuschung *w*. ▾**—einder** G.kreis *m*. ▾**—hoek** Blickwinkel *m*; (*gelaatshoek*) G.winkel *m*. ▾**—kring** G.kreis *m*. ▾**—orgaan** Sehorgan *s*. ▾**—punt** G.punkt *m*. ▾**—scherpte** Sehschärfe *w*. ▾**—stoornis** Sehstörung *w*. ▾**—veld** G.-, Blickfeld *s*. ▾**—verlies** G.verlust *m*. ▾**—vermogen** Sehvermögen *s*. ▾**—zin** G.sinn *m*. ▾**—zintuig** Sehorgan *s*.
gezien I *bn* (*geacht*) angesehen; *zeer — zijn*, in hohem Ansehen stehen; *voor — tekenen*, mit Visum versehen, (*minder off.*) unterzeichnen. **II** *vz* (*met het oog op*) mit Rücksicht auf [4]; *— de omstandigheden*, in Anbetracht der Verhältnisse; *— het feit*, angesichts der Tatsache.
gezin Familie *w*.
gezind gesinnt, geneigt. ▾**—heid** Gesinnung *w*; (*geloofsovertuiging*) religiöse Überzeugung *w*; *de — tot het kwade*, die Neigung zum Bösen. ▾**—te** Konfession *w*.
gezins/hoofd Familien/haupt *s*. ▾**—hulp** Hauspflege, F.hilfe *w*; (*pers.*) Hausfrauenablöserin *w*. ▾**—leven** F.leben *s*. ▾**—lid** F.mitglied *s*. ▾**—verband**: *in —* (*leven*), in häuslicher Gemeinschaft. ▾**—vermeerdering** F.zuwachs *m*. ▾**—verzorging** F.versorgung *w*. ▾**—verzorgster** F.fürsorgerin, F.pflegerin, F.versorgerin *w*. ▾**—zorg** F.fürsorge *w*.
gezocht gesucht; *zeer — artikel*, stark gesuchter Artikel; (*dat is*) *ver —*, weit hergeholt.
gezond gesund; *z. — voelen*, s. wohl fühlen; *— en wel*, frisch und gesund; (*hij is*) *— en wel*, wohlauf; *— en wel* (*gearriveerd*), g. und wohlbehalten; *zo — als een vis*, (so) g. wie der Fisch im Wasser. ▾**—heid** G.heit *w*; *op iemands —* (*drinken*), auf jemands Wohl; *op*

uw —!, auf Ihre G.heit! *voor de —*, g.heitshalber. ▼**—making** Gesundung, Sanierung *w.*
gezondheids/attest Gesundheits/schein *m.* ▼**—dienst** G.dienst, Sanitätsdienst *m.* ▼**—redenen**: *om —*, aus G.rücksichten, g.halber. ▼**—toestand** G.zustand *m.* ▼**—zorg** G.fürsorge, G.pflege *w.* ▼**gezondmaking** Gesundung, Sanierung *w.*
gezouten gesalzen; *— vis*, Salzfisch.
gezusters Schwestern *Mz.*
gezwam Geschwafel *s*; *— in de ruimte*, Geschwätz ins Blaue hinein.
gezwel Geschwulst *w.*
gezwets Geflunker *s*, Flunkerei, Prahlerei *w.*
gezwind geschwind; *met —e pas*, im Geschwindschritt.
gezwoeg Plackerei *w*, Rackern *s.*
gezwollen geschwollen; (*gezicht, ook*) aufgedunsen; (*v. stijl*) schwülstig.
gezworene Geschworene(r) *m*; *rechtbank van —n*, Schwurgericht *s.*
ghost-writer Ghostwriter *m.*
gids Führer *m.*
giechelen kichern.
giek 1 (*roeiboot*) Gig *s*; *vierriems, achtriems —*, Vierer, Achter *m*; **2** (*spriet*) Giek(baum) *m.*
gier 1 (*vogel*) Geier *m*; **2** (*zwenking v. schip*) Gier *w*; **3** (*mest*) Jauche *w.* ▼**gieren 1** (*gillen*) kreischen; (*v. wind*) heulen; (*v. granaten*) pfeifen; (*v. 't lachen*) wiehern; (*dat is*) *om te —*, zum Schießen; **2** (*zwaaien*) schwenken; (*v. schip*) gieren; **3** (*mesten*) jauchen.
gierig geizig. ▼**—aard** Geizhals *m.* ▼**—heid** Geiz *m.*
gier/pomp Jauchepumpe *w.* ▼**—pont** Gierfähre, -brücke, Seilfähre, Kettenfähre *w.* ▼**—put** Jauchegrube *w.*
gierst Hirse *w.* ▼**—epap** Hirsebrei *m.*
gierzwaluw Mauer/schwalbe *w*, M.segler *m.*
giet/beton Gußbeton *m.* ▼**—bui** Regenguß *m.* ▼**—en** gießen; *het —*, der Guß; *gegoten ijzer*, Gußeisen *s*; *'t zit hem als* (*aan het lijf*) *gegoten*, es sitzt ihm wie angegossen. ▼**—er** Gießkanne *w*; (*persoon*) Gießer *m.* ▼**—erij** Gießerei *w.* ▼**—ijzer** Gußeisen *s.* ▼**—kroes** Gießtiegel *m.* ▼**—sel** Guß *m.* ▼**—vorm** Guß-, Gießform *w.*
gif, gifbeker *enz. zie* **gift 2.**
gift 1 (*gave*) Gabe *w*; (*schenking*) Spende *w*; *— in geld*, Geldgeschenk *s*, Geldspende *w*; **2** (*vergift*) Gift *s.* ▼**—beker** Giftbecher *m.* ▼**—gas** Giftgas *s.* ▼**—ig** giftig. ▼**—slang** Giftschlange *w.*
gigantisch gigantisch.
gij du; (*mv*) ihr; (*beleefdheidsv.*) Sie.
gijzel/aar (*gegijzelde*) Geisel *w*, (*gijzelhouder*) Geiselnehmer *m*; *politiek —*, Geiselhäftling *m*; *—s geven*, Geiseln stellen. ▼**—en** (*gevangenzetten*) einsperren; (*als onderpand voor schulden*) in Schuldhaft nehmen; (*als politiek gijzelaar*) in Geiselhaft nehmen. ▼**—ing** Haft *w*; (*modern*) Geiselnahme *w*; (*wegens schulden*) Schuldhaft *w*; (*als politiek gijzelaar*) Geiselhaft *w*; *in — nemen*, (*van soldaten*) als Geiseln abführen.
gil Schrei *s*; *een — geven*, aufschreien.
gild(e) Zunft, Gilde, Innung *w.* ▼**gildewezen** Zunft-, Gildewesen *s.*
gillen laut aufschreien; *een —de kreet*, ein gellender Schrei; *'t is om te —*, es ist zum Schießen.
gin Gin *m.*
ginds I *bw* dort, drüben; *tot —*, bis dorthin. **II** *bn* jener (jene, jenes); *aan —e kant van de rivier*, jenseits des Flusses.
ginnegappen kichern.
gips Gips *m.* ▼**—afdruk** G.abdruck *m.* ▼**—afgietsel** G.abguß *m.* ▼**—en** *bn* gipse(r)n, Gips... ▼**—verband** Gipsverband *m.*
giraal: *— geld*, Giralgeld, Buchgeld *s.*
giraf Giraffe *w.*
gireren überweisen; *iem. 'n bedrag —*, e.m e.n Betrag auf sein Girokonto, (*postgiro*) auf sein Postscheckkonto ü. ▼**giro** Giro *s*, Überweisung *w*; (*girodienst*) Girodienst *m*; (*girorekening*) Girokonto *s*, (*v. postgiro*) Postscheckkonto *s*; *per —*, auf dem Girowege, (*postgiro*) durch Postüberweisung. ▼**—betaalkaart** Scheckkarten-Scheck *m.* ▼**—betaalpas** Scheckkarte *w.* ▼**—biljet** Überweisungsformular *s.* ▼**—dienst** Girodienst *m.* ▼**—kantoor** Postscheckamt *s.* ▼**—nummer** Girokontonummer *w*; (*postgiro*) Postscheck(konto)nummer *w.* ▼**—overschrijving** Überweisungsauftrag *m*; (*bedrag*) Überweisung *w.* ▼**—rekening** Girokonto *s*; (*postgiro*) Postscheckkonto *s.* ▼**—verkeer** Giroverkehr *m.*
gis: *op de — af*, aufs Geratewohl.
gispen tadeln, rügen.
gissen vermuten, mutmaßen; *naar iets —*, nach etwas raten. ▼**gissing** Vermutung *w*; *naar —*, mutmaßlich, vermutlich.
gist Hefe *w*; *droge —*, Preßhefe. ▼**—en** gären (*eig.*: *st.*; *fig.*: *zw.*); *het gistte onder het volk*, es gärte im Volke.
gister/avond gestern abend. ▼**—en** gestern; *de dag van —*, der gestrige Tag; *uw schrijven v. —*, Ihr geehrtes Schreiben von gestern, Ihr geehrtes Gestriges; (*hij is niet*) *v. —*, von gestern. ▼**—(en)middag** gestern nachmittag. ▼**—(en)morgen** gestern morgen. ▼**—(en)nacht** gestern nacht.
gist/fabriek Preßhefefabrik *w.* ▼**—ing** Gärung *w*; *er was — onder 't volk*, es gärte im Volke. ▼**—ingsproces** Gärungsprozeß *m.* ▼**—kiem** Hefekeim *m.*
git Gagat *m*; (*verwerkt als sieraad enz.*) Jett *m, s.*
gitaar Gitarre *w.* ▼**—spel** Gitarren/spiel *s.* ▼**gitarist** G.spieler *m.*
gitzwart pechschwarz.
glaasje Gläschen *s*; *een — pakken*, eins trinken; (*te diep*) *in het — kijken*, ins Glas gucken; *— op, laat je rijden*, fahre ohne Promille.
glac/é(handschoen) Glacéhandschuh *m.* ▼**—eren** glacieren; (*v. papier*) glänzen.
glad glatt; (*glibberig, ook*) glitschig, schlüpfrig; (*slim*) gerieben; (*dat*) *is nogal —*, versteht s. (am Rande), ist selbstverständlich; (*alles gaat hem*) *— af*, glatt von der Hand; *dat zal hem niet — zitten*, da wird er übel ankommen; (*iets*) *— vergeten zijn*, glatt, einfach, total, vergessen haben; *— verkeerd*, ganz falsch. ▼**—af**: (*iets*) *— weigeren*, glatt(weg) abschlagen. ▼**—akker** (*listig iem.*) geriebener Kerl; (*fielt*) Schurke, Halunke *m.* ▼**—harig** glatthaarig. ▼**—heid** Glätte, Glattheit *w.*
gladiator Gladiator *m.*
gladiool Gladiole *w.*
glad/janus Schlaumeier *m.* ▼**—maken** glätten, glattmachen. ▼**—strijken** glattstreichen, (aus)glätten. ▼**—weg** glatt(weg).
glans Glanz *m*; *met — slagen*, (*voor examen*) glänzend durchkommen. ▼**—linnen** Glanzleinwand *w.* ▼**—machine** Glänzmaschine *w.* ▼**—middel** Glänze *w.* ▼**—periode** Glanz/periode *w.* ▼**—punt** G.punkt *m.* ▼**—rijk** g.reich. ▼**—verf** G.farbe *w.* ▼**glanz/en** glänzen; (*met een zachte glans*) schimmern; (*glanzend maken*) glänzen, (*polijsten*) glätten. ▼**—er** Glänzer, Glätter *m.*

▾—**ig** glänzend; (*gepolijst*) poliert.
glas Glas *s*; (*vensterruit*) Scheibe *w*; (*scheepst. is mv*: Glasen); *zijn eigen glazen ingooien*, den Ast absägen auf dem man sitzt; *twee glazen bier*, zwei Glas Bier; *gebrandschilderde glazen*, bunte Glasfenster. ▾—**achtig** glas/artig; g.ig. ▾—**blazen** G.blasen *s*. ▾—**blazer** G.bläser *m*. ▾—**blazerij** G.hütte *w*. ▾—**draad** G.faden *m*. ▾—**fiber** G.fiber *w*. ▾—**gordijn** Fenstergardine *w*. ▾—**helder** g.hell; (*duidelijk*) sonnenklar; (*helder klinkend*) glockenrein. ▾—-**in-lood-raam** Bleiglasfenster *s*. ▾—**plaat** Glas/platte *w*. ▾—**scherf** G.scherbe *w*. ▾—**schilderen** G.malerei, Kunstgläserei *w*. ▾—**snijder** G.schneider *m*. ▾—**verzekering** G.versicherung *w*. ▾—**werk** G.arbeit *w*; (*de vensterruiten v.e. gebouw*) G.werk *s*; (*glazen voorwerpen*) G.waren *Mz*; (*serviesgoed*) G.geschirr *s*. ▾—**wol** G.wolle, -watte *w*. ▾**glazen** gläsern, Glas..., aus Glas; — *deur*, Glastür. ▾—**ier** Glasmaler *m*. ▾—**maker** Glaser *m*; (*insekt*) Wasserjungfer *w*. ▾—**spuit** Fenster/spritze *w*. ▾—**wasser** (*persoon*) F.putzer *m*; (*borstel*) F.-, Glasbürste *w*. ▾—**wasserij** Fensterputzgeschäft *s*. ▾**glazig** glasig.
glazuren glasieren, verglasen. ▾**glazuur**, **glazuursel** Glasur *w*.
gletsjer Gletscher *m*.
gleuf (*spleet*) Spalt, Schlitz *m*; (*v. automaat enz.*) Einwurf *m*; (*groef*) Rille *w*; (*voeg*) Nute *w*; (*geul*) Rinne *w*; (*voor*) Furche *w*; (*v. hoed*) Kniff *m*.
glibber/en glitschen. ▾—**ig** schlüpfrig, glitschig. ▾—**igheid** S.keit *w*.
glij/baan Gleit/bahn *w*; (*in speeltuin*) Rutschbahn *w*. ▾—**boot** G.boot *s*, Hydroplan *m*. ▾—**den** gleiten; (*schuiven*) rutschen; (*slibberen, slippen*) glitschen; (*glippen*) schlüpfen; (*vluchtig*) huschen; (*zijn blik*) *gleed langs me heen*, streifte mich; (*de sneeuwmassa's*) *raakten aan het* —, kamen ins Rutschen. ▾—**dend**: —*e werktijd*, gleitende Arbeitszeit; —*e werktijd invoeren*, die Arbeiter gleiten lassen; (*in dit bedrijf*) *heeft men —e werktijden*, wird geglitten. ▾—**goot** Förderrinne *w*. ▾—**vlak** Gleit/fläche *w*. ▾—**vlucht** G.flug *m*.
glimlach Lächeln *s*. ▾—**en** lächeln.
glimmen glimmen; (*blinken*) blinken; (*zacht glanzen*) schimmern; —*de foto's, schoenen, zijde*, glänzende Bilder, Schuhe, Seide.
glimp Schein *m*; (*zweem*) Anflug, Schimmer *m*; — *v. spot*, A. von Spott; — *v. hoop*, Schimmer von Hoffnung.
glimworm Glühwurm, Leuchtkäfer *m*.
glinster/en glänzen; (*flikkeren*) flimmern; (*v. bevroren ruiten, metaal, zee enz.*) glitzern; (*v. sterren*) funkeln. ▾—**ing** Glanz *m*.
glippen schlüpfen; (*uitglijden*) ausgleiten; (*glijden*) gleiten; (*ontschieten*) entschlüpfen, entwischen; (*hij liet het mes uit de hand*) —, fahren.
glit Glätte *w*.
globaal ungefähr; — *genomen*, im großen und ganzen; *globale methode*, Globalmethode *w*.
globe Globus *m*. ▾—**trotter** Globetrotter *m*.
gloed Glut *w*; *de* — (*ligt er nog op*), der Glanz; (*iets*) *met* — (*verdedigen*), mit Feuer. ▾—**nieuw** funkelnagelneu.
gloei/draad Glühfaden *m*; (*verwarming*) Heizdraht *m*. ▾—**en** glühen; (*zijn ogen*) — *van koorts*, brennen vor Fieber. ▾—**kousje** Glüh/körper *m*. ▾—**lamp** G.birne *w*.
glooi/en: (*de weg*) *glooide een weinig*, lief ein wenig ab. ▾—**end** geneigt. ▾—**ing** (*v. dijk enz.*) Böschung *w*; (*v. heuvel*) Abhang *m*; (*het glooien*) Neigung *w*.
gloren (*de ochtend*) *begint te* —, bricht an.
glorie Glorie *w*; (*roem*) Ruhm *m*; (*luister*) Glanz *m*; (*aureool*) Glorie, Gloriole *w*; *de* — (*des hemels*) die Herrlichkeit; (*zijn zoon is*) *zijn* —, sein Stolz; *Hollands* —, Hollands R.; *in volle* —, in vollem Glanz; — *zij den Vader*, Ehre sei dem Vater. ▾—**dag** Glanztag *m*. ▾—**kroon** Ehrenkrone *w*. ▾—**rijk**, **glorieus** glorreich.
glos(se) Glosse *w*. ▾**glossarium** Glossar *s*.
gloxinia Gloxinie *w*.
glucose Glukose *w*.
gluip/en lauern; (*gluiperig doen*) schleichen. ▾—**er(d)** Schleicher *m*. ▾—**erig** heimtückisch. ▾—**erigheid** Schleicherei *w*.
glunderen schmunzeln.
gluren gucken, lugen, spähen. ▾**gluurder** Spanner, Voyeur *m*.
glycerine Glyzerin *s*. ▾—**spuitje** Glyzerinspritze *w*.
gnuiven schmunzeln.
goal Tor *s*. ▾—**paal** Torpfosten *m*.
gobelin Gobelin *m*.
God Gott *m*; — *zij met ons!*, G. mit uns!, — *noch gebod vrezen*, s. weder vor G. noch dem Teufel fürchten; *van — noch gebod weten*, weder G. noch seine Gebote kennen; (*leven*) *als* — (*in Frankrijk*), wie ein G.; —*s water over —s akker laten lopen*, den lieben G. e.n guten Mann sein lassen. ▾**goddank** gottlob. ▾**goddelijk** göttlich. ▾**goddeloos** gottlos. ▾—**heid** Gottlosigkeit *w*.
goden/dom Götter/tum *s*. ▾—**leer** G.lehre *w*. ▾—**schemering** G.dämmerung *w*.
god/gans(elijk): *de —e dag*, den lieben langen Tag. ▾—**geklaagd**: *'t is* —, Gott sei es geklagt. ▾—**geleerde** Gottgelehrte(r), Theologe *m*. ▾—**geleerdheid** Gottesgelehrsamkeit, Theologie *w*; *doctor in de* —, Doktor der Theologie.▾—**gevallig** gott/gefällig. ▾—**gewijd** g.geweiht. ▾—**heid** Gottheit *w*. ▾—**in** Göttin *w*. ▾—**lasterend** gotteslästerlich. ▾—**loochenaar** Gottesleugner *m*. ▾**G—mens** Gottmensch *m*. ▾—**sakker** Gottesacker *m*.
godsdienst Gottesdienst *m*; (*religie, ook godsdienstles*) Religion *w*; *de christelijke* —, die christliche R. ▾—**ig** religiös; (*vroom, ook*) fromm. ▾—**igheid** Religiosität, Frömmigkeit *w*. ▾—**ijver** Glaubenseifer *m*. ▾—**leer** Religions/lehre *w*. ▾—**leraar** R.lehrer *m*. ▾—**oefening** Gottesdienst *m*; (*kort; persoonlijk*) Andacht *w*. ▾—**onderwijs** R.unterricht *m*. ▾—**oorlog** R.krieg *m*. ▾—**plechtigheid** religiöse Feierlichkeit. ▾—**twist** R.streit *m*. ▾—**vrijheid** R.freiheit *w*. ▾—**waanzin** religiöser Wahnsinn *m*. ▾—**zin** religiöser Sinn.
gods/gericht Gottes/gericht *s*. ▾**G—gezant** G.gesandte(r) *m*. ▾—**huis** G.haus *s*. ▾—**lamp** ewige Lampe. ▾—**lasteraar** G.lästerer *m*. ▾—**lastering** G.lästerung *w*. ▾**G—man** G.mann *m*. ▾—**mogelijk**: (*hoe is 't*) —*?*, um alles in der Welt möglich? ▾—**naam**: *in* —, in Gottes Namen; (*hou je*) *in* — (*stil*), um Gottes willen. ▾—**oordeel** G.urteil *s*. ▾**G—rijk** G.reich *s*. ▾—**vrede** G.friede *m*. ▾—**vrucht** G.furcht *w*. ▾**G—wege**: *v.* —, im Namen Gottes. ▾—**wil**: *om* —, um Gottes willen.
god/vergeten gott/vergessen. ▾—**verlaten** g.verlassen. ▾—**vrezend**, —**vruchtig** gottesfürchtig. ▾—**vruchtigheid** Gottesfurcht *w*. ▾—**zalig** gottselig.
goed I *bn & bw* gut; (*juist, in orde*) richtig; — *voor*, (*op bons*) gültig für; *waar is dat — voor?*, wozu dient das?; *op een —e dag* (*keer*), eines Tages; *een —e honderd stuks*, gut hundert

Stück; (*het duurt*) *een — uur*, eine gute Stunde; *een —e vijftiger*, ein starker Fünfziger; *hij is niet —*, (*niet wel*) er ist (ihm ist) nicht wohl; *jullie zijn — af!*, ihr seid gut dran!; *wees zo — mij mede te delen*, teilen Sie mir gütigst mit; (*jij hebt*) — (*lachen*), gut; *als ik het — heb*, wenn mir recht is; (*dat is*) *allemaal — en wel*, alles schön und gut; *— en wel* (*thuis aankomen*), gut und wohlbehalten; (*we waren*) *— en wel thuis of...*, kaum zu Hause, da...; *al te — is buurmans gek*, wer s. grün macht den fressen die Ziegen; *voor —*, auf (für) immer, (*definitief*) endgültig; *mij —*, mir recht!; *zo — en zo kwaad als het ging*, wie es eben (an)ging; *— zo!*, schön! **II** *zn* (*wat goed is*) Gute(s) *s*; (*bezit, bezitting, ook grond*) Gut *s*; (*waar*) Ware *w*; (*waar die van de een naar de ander gezonden wordt*) Gut *s*; (*stof*) Stoff *m*, Zeug *s*; (*wat men niet wil of kan noemen*) Zeug *s*; (*spulletjes*) Sachen *Mz*; *gebreide —eren*, Strickwaren *Mz*; (*wat is dat*) *voor —je?*, für Zeug?; *schoon —* (*aantrekken*), reine Wäsche; *mijn zondags —*, meine Sonntagskleider; *het kleine —je*, die kleinen Kinder, die Kleinen, das junge Völkchen; *z. te — doen aan*, s. gütlich tun mit; (*geld van iem.*) *te — hebben*, zu fordern haben; (*geld*) *van iem. te — houden*, bei e.m guthaben; (*nog iets*) *te —* (*in 't vooruitzicht*) (*hebben*), in Aussicht; *iem. iets ten —e houden*, e.m etwas zugute halten; *ten —e* (*komen*), zugute.

goedaardig (*persoon*) gutherzig; (*ziekte*) gutartig. ▾**—heid** Gutherzigkeit *w*, (*med.*) Gutartigkeit *w*.

goed/achten für gut halten. ▾**—deels** großenteils, größtenteils. ▾**—doen**: *iem. —*, e.m wohltun, (*deugd doen*) guttun. ▾**—dunken**: *naar —*, nach (seinem, Ihrem usw.) Gutdünken, Belieben; *naar eigen —*, nach eigenem Ermessen. ▾**—endag** guten Tag!; (*bij weggaan*) auf Wiedersehen!; *— zeggen*, Abschied nehmen; (*ook*) begrüßen.

goederen *zie* **goed II**. ▾**—beurs** Waren/börse *w*. ▾**—dienst** Güter/dienst *m*. ▾**—inzameling** Sachspendensammlung *w*. ▾**—kantoor** G.abfertigung(sstelle) *w*; (*alg., ook*) Speditionsbüro *s*. ▾**—lift** Lastenaufzug *m*. ▾**—loods** G.schuppen *m*. ▾**—perron** (*laadperron*) Laderampe *w*. ▾**—prijs** W.preis *m*. ▾**—ruil** W.austausch *m*. ▾**—station** G.bahnhof *m*. ▾**—trein** G.zug *m*. ▾**—vervoer** G.beförderung *w*. ▾**—voorraad** W.bestand *m*. ▾**—wagen** G.wagen *m*. ▾**—zending** W.sendung *w*.

goedertieren barmherzig; (*genadig*) gnädig (*welwillend*) wohlwollend. ▾**—heid** Barmherzigkeit, Gnade *w*, Wohlwollen *s*.

goed/gebouwd wohlgebaut. ▾**—geefs** freigebig. ▾**—gelovig** leicht-, gutgläubig; (*rechtzinnig*) rechtgläubig. ▾**—gelovigheid** Leicht-, Gutgläubigkeit *w*. ▾**—geluimd** gutgelaunt. ▾**—gevormd** wohlgebildet. ▾**—gewicht** Gutgewicht *s*. ▾**—gezind** wohlgesinnt; *iem. — zijn*, e.m wohlwollen. ▾**—gunstig** wohlwollend; *iem. — gezind zijn*, e.m gewogen sein; *een — onthaal* (*vinden*), eine günstige Aufnahme.

goedhartig gutherzig. ▾**—heid** G.keit, Herzensgüte *w*.

goedheid Güte *w*; *grote —!*, du meine Güte!

goedig gutherzig, gutmütig.

goedje *zie* **goed**.

goedkeur/en billigen, gutheißen; (*meer off.*) genehmigen; (*verklaren dat iets aan gestelde eisen voldoet*) (für) tauglich erklären; (*iem.*) *—*, für gesund, (*voor dienst*) dienstfähig, (*militaire dienst*) diensttauglich erklären; (*een contract*) *—*, annehmen; *zie ook* **goedvinden I**. ▾**—end** (*bijv. knikje*) beifällig; *— beschikken op*, genehmig/en. ▾**—ing** Billigung, G.ung, Tauglichkeitserklärung *w*; (*instemming*) Beifall *m*; *— aanvragen*, G.ung nachsuchen; *iets aan iem. ter — voorleggen*, e.m etwas zur G.ung unterbreiten, vorlegen; *aan — onderworpen*, g.ungspflichtig; *behoudens —*, vorbehaltlich der G.ung; *de algemene — wegdragen*, allgemeinen Beifall finden; *zie ook* **goedvinden II**.

goedkoop billig, wohlfeil; (*goed en niet duur*) preiswert; *er — afkomen*, leichten Kaufs davonkommen; *— duurkoop*, wohlfeil kostet viel Geld. ▾**—heid, —te** Billigkeit *w*.

goed/lachs: *— zijn*, gern lachen. ▾**—leers** gelehrig; *hij is —*, er hat eine rasche Auffassungsgabe. ▾**—maken** gutmachen; (*'n achterstand, tekort*) ausgleichen; (*vergoeden*) ersetzen; (*opbrengen*) einbringen. ▾**—moedig** gutmütig. ▾**—praten** beschönigen. ▾**—schiks** (*met goed fatsoen*) schicklich; (*zonder tegenstreven*) gutwillig; *— of kwaadschiks*, gutwillig oder gezwungen. ▾**—smoeds** guten Mutes. ▾**—vinden I** *ww* gutfinden; (*goedkeuren*) billigen, genehmigen (*zie* **goedkeuren**); (*doe*) *zoals je goedvindt*, wie es dir beliebt; (*mag hij roken? zijn vader*) *vindt het goed*, gestattet es. **II** *zn* Gutdünken *s*; (*oordeel*) Ermessen *s*; *met — van*, im Einverständnis mit; *met onderling —*, in gegenseitigem Einvernehmen; *met uw —*, mit Ihrer Erlaubnis. ▾**—willig** gut-, bereitwillig; (*welwillend*) wohlwollend. ▾**—zak** guter Schlucker.

goegemeente der gemeine Mann, die Menge.

goeierd Gute(r) *m*; guter Schlucker.

goelasj Gulasch *s*, *m*.

goeroe Guru *m*.

gok: *op de —*, aufs Geratewohl. ▾**—kantoor** Winkelbank, Animierbank *w*. ▾**—ken** spielen; spekulieren. ▾**—ker** Spieler; Spekulant *m*. ▾**—spel** Glücksspiel *s*.

golf Welle *w*; (*groot*) Woge *w*; (*baai*) Golf, Meerbusen *m*; (*spel*) Golf(spiel) *s*; *groene —*, grüne Welle; *lange —*, Langwelle. ▾**—baan** Golf/bahn *w*. ▾**—beweging** Wellen/bewegung *w*. ▾**—breker** W.brecher *m*. ▾**—club** G.klub *m*. ▾**—en** Golf spielen. ▾**—geklots** W.schlag *m*. ▾**—karton** Wellpappe *w*. ▾**—lengte** Wellen/länge *w*. ▾**—links** G.platz *m*. ▾**—radius** W.bereich *m*. ▾**—slag** W.schlag *m*; (*zeegang*) W.gang *m*. ▾**—stick** G.schläger *m*. ▾**G—stroom** G.strom *m*. ▾**golv/en** wogen; (*v. haar, kleren*) wallen; (*het haar*) *—*, wellen; (*het terrein*) *golft*, wellt sich; *—d haar*, (*van nature*) welliges Haar, (*loshangend*) wallendes Haar, (*golvend gemaakt*) gewelltes Haar; *gegolfd karton*, Wellpappe *w*. ▾**—ing** Wellenbewegung *w*; (*v. menigte*) Wogen *s*; *— in het terrein*, Geländewelle *w*.

gom Gummi *s*; (*vlakgom, stuf*) G. *m*; (*bijv. van postzegels*) Gummierung *w*. ▾**—elastiek** Gummielastikum *s*. ▾**—men** gummieren.

gondel Gondel *w*. ▾**—en** gondeln. ▾**—ier** G.führer *m*.

gong Gong *m*. ▾**—slag** Gongschlag *m*.

goniometrie Goniometrie *w*.

gonorrhoe Gonorrhö, Gonorrhöe *w*.

gonzen summen.

goochel/aar Zauberkünstler, Taschenspieler, Gaukler *m*. ▾**—arij** Gaukelei, Taschenspielerei *w*. ▾**—en** zaubern; (*minachtend*) gaukeln. ▾**—kunst** Taschenspieler-, Zauber-, Gaukelkunst *w*. ▾**—spel** Gaukelspiel *s*. ▾**—stuk, —toer** Taschenspieler-, Zauberkunststück *s*.

goochem schlau, gescheit. ▾**—erd** schlauer

Fuchs, Schlaumeier, Pfiffikus *m.*
goodwill Goodwill *m*; (*hand*) Geschäftswert *m*, stille Werte *Mz.*
gooi Wurf *m*; (*bij kegelen*) Schub *m*; *ergens een — naar doen*, (*kansje wagen*) sein Glück versuchen. ▼**—en** werfen; (*kegelsp.*) schieben; *het* (*gesprek*) *op iets anders —*, das Gespräch auf e.n anderen Gegenstand bringen.
goor(achtig) schmutzig; (*vuilgrijs*) schmutziggrau; *gore taal uitslaan*, schlüpfrige Reden führen.
goot Rinne *w*; (*straatgoot*) Gosse *w*. ▼**—pijp** Fallrohr *s*. ▼**—steen** Rinnstein *m*; (*in keuken enz.*) Ausguß, Spülstein *m*.
gordel Gürtel *m*. ▼**—roos** G.rose *w*. ▼**gorden** gürten; (*met gordel omgeven*) umgürten.
gordiaans: *—e knoop*, gordischer Knoten *m*.
gordijn Vorhang *m*; (*meer doorzichtig, bijv. glasgordijn*) Gardine *w*; *het ijzeren —*, der eiserne V. ▼**—koord** Gardinenschnur *w*; (*waar men aan trekt*) Zugschnur *w*. ▼**—sluiter** (*in fototoestel*) Rollverschluß *m*.
gorgel/drank Gurgelwasser *s*. ▼**—en** gurgeln.
gorilla Gorilla *m*.
gort Grütze *w*; (*gerst*) Graupen *Mz*. ▼**—epap** Grützbrei *m*. ▼**—ig**: *hij maakt het* (*al te*) *—*, treibt es zu arg, zu toll.
got/iek Gotik *w*. ▼**—isch** gotisch.
goud Gold *s*; *eerlijk als —*, grundehrlich; *het is al geen — wat er blinkt*, es ist nicht alles Gold was glänzt. ▼**—blond** gold/ig; *met —e krullen*, g.lockig. ▼**—delver** G.gräber *m*. ▼**—dorst** G.gier *w*. ▼**—draad** G.draht *m*; (*gesponnen*) G.faden *m*. ▼**—en** g.en, Gold... ▼**—enregen** G.regen *m*. ▼**—fazant** G.fasan *m*. ▼**—galon** G.borte *w*. ▼**—geel** g.gelb. ▼**—gehalte** G.gehalt *m*. ▼**—houdend** g.haltig. ▼**—kleurig** g.farbig. ▼**—klomp** G.klumpen *m*. ▼**—laag** G.schicht *w*; (*vaste laag goud op een voorwerp*) G.platte *w*. ▼**—mijn** G.grube *w*; (*fig. ook*) Fundgrube *w*. ▼**—renet** G.reinette *w*. ▼**—reserve** G.reserve *w*.
Gouds Goudaer; *—e kaas*, Goudakäse *m*; *—e pijp*, (*ook*) Holländerpfeife *w*.
goud/sbloem Gold/blume *w*. ▼**—smid** G.schmied *m*. ▼**—staaf** G.stab *m*; (*baar*) G.barren *m*. ▼**—vis** G.fisch *m*. ▼**—viskom** G.fischglas *s*. ▼**—voorraad** G.bestand *m*. ▼**—vulling** G.füllung *w*.
gouvern/ante Gouvernante *w*. ▼**—ement** Regierung *w*, Gouvernement *s*. ▼**—ementeel** Regierungs..., Gouvernements... ▼**—ementsambtenaar** Regierungsbeamte(r) *m*. ▼**—eur** Gouverneur *m*; (*opvoeder*) Hauslehrer *m*. ▼**—eur-generaal** Generalgouverneur *m*.
gouw Gau *m*, Landschaft *w*.
gouwenaar Holländerpfeife, lange Tonpfeife *w*.
graad Grad *m*; *— van bloedverwantschap, van hardheid enz.*, Verwandtschaftsgrad, Härtegrad; *bij een temperatuur van 25 graden* (25°), bei 25 Grad (25°) Wärme; (*iem.*) *een academische — toekennen*, e.n akademischen G. erteilen; *nog een —je erger*, noch um e.n G. schlimmer. ▼**—boog** G.bogen *m*; (*halve cirkel van celluloid enz.*) Winkelmesser *m*. ▼**—verdeling** G.einteilung *w*.
graaf Graf *m*. ▼**—schap** Grafschaft *w*.
graaf/machine Grabemaschine *w*. ▼**—werk** Erdarbeiten *Mz*.
graag gern; *heel —!, wat —!*, recht g.; *een grage maag*, ein hungriger Magen.
graagte: *met —* (*gelezen worden*), mit Eifer; *met —* (*iets aannemen*), recht gern.
graaien grabbeln; (*naar iets*) *—*, grapsen.
graal Gral *m*. ▼**—ridder** Gralsritter *m*.
graan Getreide *s*; *granen*, (*graansoorten*) G.arten *Mz*; *brand in 't —*, G.brand *m*. ▼**—binder** (*zelfbinder*) Bindemäher *m*. ▼**—bouw** G.bau *m*. ▼**—elevator** G.heber, Elevator *m*. ▼**—korrel** G.korn *s*. ▼**—maaier** **1** (*persoon*) Schnitter *m*; **2** (*machine*) Mähmaschine *w*, (*ook binder*) Mähbinder *m*, (*ook dorser*) Mähdrescher *m*. ▼**—markt** G.markt, Kornmarkt *m*. ▼**—pakhuis** G.speicher *m*. ▼**—silo** G.silo *m, s*, G.speicher *m*. ▼**—tje** Körnchen *s*. ▼**—vrucht** G.frucht, Kornfrucht *w*. ▼**—zuiger** G.heber *m*.
graat Gräte *w*; *van de — vallen*, (*flauwvallen*) ohnmächtig werden; *ik val van de —*, (*ook*) mir ist flau vor Hunger; *van graten ontdoen*, entgräten. ▼**—achtig** grätig.
grabbel: (*geld*) *te — gooien*, in die Grabbel werfen, (*fig.*) vergeuden; (*zijn eer*) *te — gooien*, wegwerfen. ▼**—en** grabbeln, grapsen. ▼**—ton** Grabbeltonne *w*.
gracht Kanal *m*, Gracht *w*; (*stadsgracht*) Stadtgraben *m*; (*om vesting*) Graben *m*.
gracieus graziös, anmutig.
graderen gradieren.
graduale Graduale *s*.
gradueel graduell.
graf Grab *s*; (*gemetseld, vooral familiegraf*) Gruft *w*; *ten grave dalen*, in die Grube fahren; *ten grave dragen*, zu Grabe tragen. ▼**—delver** Totengräber *m*.
grafelijk gräflich.
graffito Graffito *m, s*.
grafi/cus Graphi/ker *m*. ▼**—sch** g.sch.
grafiek graphische Darstellung *w*.
grafiet Graphit *m*.
graf/kapel Grabkapelle *w*. ▼**—kelder** Gruft *w*. ▼**—kuil** Grube *w*. ▼**—legging** Grab/legung *w*. ▼**—monument** G.mal *s*.
grafo/logie Grapho/logie *w*. ▼**—loog** G.loge *m*.
graf/schender Grab/schänder *m*. ▼**—schennis** G.schändung *w*. ▼**—schrift** G.schrift *w*. ▼**—steen** G.stein *m*. ▼**—stem** Grabestimme *w*. ▼**—tombe** G.mal *s*. ▼**—waarts**: *—* (*dragen*), zu Grabe. ▼**—zang** G.gesang *m*, G.lied *s*. ▼**—zerk** G.stein *m*, G.platte *w*.
gram Gramm *s*. ▼**—calorie** G.kalorie *w*.
grammat/ica Grammat/ik *w*. ▼**—icaal** g.ikalisch. ▼**—icus** G.iker *m*. ▼**—isch** g.isch.
grammofoon Grammophon *s*, Plattenspieler *m*. ▼**—aansluiting** Grammoanschluß *m*. ▼**—muziek** Schallplattenmusik *w*. ▼**—naald** Grammophonnadel *w*. ▼**—opname** Schallplattenaufnahme *w*. ▼**—plaat** Schallplatte *w*. ▼**—versterker** Grammoverstärker *m*.
gramschap Zorn *m*.
gramstorig ungehalten.
granaat Granate *w*. ▼**—appel** Granat/apfel *m*. ▼**—scherf, —splinter** G.splitter *m*. ▼**—trechter** G.trichter *m*. ▼**—werper** G.werfer *m*.
granaten: *— halsketting*, Granathalskette *w*.
grandioos großartig.
graniet Granit *m*. ▼**—blok** G.block *m*. ▼**—en**: *— vloer*, G.boden *m*. ▼**—groeve** G.bruch *m*.
grap Spaß, Scherz *m*; (*geestigheid*) Witz *m*; (*malligheid*) Posse *w*; (*kluchtig verhaal*) Schwank *m*; *—pen uithalen*, Possen reißen; *een — met iem. uithalen*, e.n Spaß mit e.m treiben; *een — van iets maken*, e.n Spaß aus etwas machen; *maak geen —jes!*, mach keine Späße!; *geen —pen!*, Spaß beiseite!; (*dat is ook*) *een mooie —!*, eine schöne Geschichte!; *voor* (*uit*) *de —*, *bij wijze van —*, zum Spaß,

zum Scherz.
grape-fruit Grapefruit *w*, (*sap*) G.saft *m*.
grap/jas, —penmaker Spaßmacher *m*; (*geestig iem.*) Witzbold *m*; (*schalk*) Schalk *m*. ▾**—penmakerij** Spaßerei *w*. ▾**—pig** spaßhaft, spaßig; (*komiek*) komisch, ulkig; (*koddig*) drollig; (*geestig*) witzig. ▾**—pigheid** Spaßhaftigkeit, Witzigkeit *w*; Witz *m*.
gras Gras *s*; *iem. het — voor de voeten wegmaaien*, e.m zuvorkommen; *er geen — over laten groeien*, sogleich darangehen. ▾**—achtig** grasartig, -ähnlich. ▾**—berm** Rasenzunge *w*. ▾**—boter** G.butter *w*. ▾**—duinen**: *in geschiedenis —*, s. zum Vergnügen mit Geschichte beschäftigen. ▾**—land** G.land *s*; (*weideplaats*) Weide *w*; (*hooiland*) Wiese *w*. ▾**—linnen** G.leinen *s*. ▾**—(maai)machine** G.mäher; (*voor gazon*) Rasenmäher *m*. ▾**—mat** G.narbe *w*; (*v. gazon*) Rasendecke *w*. ▾**—perk** Rasen(platz) *m*. ▾**—roller** Rasenmäher *m*. ▾**—spriet** G.halm *m*. ▾**—veld** G.platz *m*; (*gazon*) Rasen(platz) *m*. ▾**—vlakte** G.ebene *w*. ▾**—zaad** G.samen *m*. ▾**—zode** G.scholle, G.sode *w*.
gratie Grazie *w*; (*bevalligheid, ook*) Anmut *w*, Reiz *m*; (*gunst*) Gunst *w*; (*ontheffing v. straf*) Gnade *w*; (*bij iem.*) *in de — zijn*, in Gunst stehen; *bij iem. uit de — raken*, jemands Gunst verlieren; *bij de — Gods*, von Gottes Gnaden; *recht van —*, Begnadigungsrecht *s*; *verzoek om —*, Gnadengesuch *s*; *— vragen*, ein Gnadengesuch einreichen; *— verkrijgen*, begnadigt werden; *— verlenen*, begnadigen; *— weigeren*, das Gnadengesuch ablehnen. ▾**—besluit** Gnadenerlaß *m*. ▾**—verlening** Begnadigung *w*. ▾**—verzoek** Gnadengesuch *s*.
gratificatie Gratifikation *w*.
gratineren überkrusten, gratinieren.
gratis umsonst, unentgeltlich, gratis; *entree —*, freier Zutritt; *— bijlage*, Gratisbeilage *w*.
grauw I *bn* grau; (*betrokken, triest*) trübe. **II** *zn* **1** (*kleur*) Grau *s*; **2** (*gepeupel*) Pöbel *m*; **3** (*snauw*) Anschnauzer *m*. ▾**—achtig** gräulich. ▾**—bruin** graubraun. ▾**—en** grauen; (*snauwen*) brummen. ▾**—grijs** greisgrau. ▾**—heid** Graue *w*; (*eentonigheid*) Grau *s*. ▾**—ig** graulich. ▾**—tje** Grauchen, Grautier *s*.
graveer/der Gravierer, Stempelschneider; Kupferstecher *m*. ▾**—ijzer** Grab/eisen *s*; (*beitel*) G.meißel *m*; (*naald, stift*) G.stichel *m*. ▾**—inrichting** Gravier/anstalt *w*. ▾**—kunst** G.kunst, Kupferstecherkunst *w*. ▾**—naald** Radiernadel *w*, *zie ook*: **—ijzer**. ▾**—staal, —stift** *zie* **—ijzer**. ▾**—werk** Gravier-, Kupferstecherarbeit *w*; (*graveersel*) Stich, Kupferstich *m*; (*gravures*) Stiche *Mz*.
gravel roter Sand.
graven graben.
's-Gravenhage Haag *s*; *te —*, Im Haag.
graver Gräber *m*.
graveren gravieren, stechen.
graveur *zie* **graveerder**.
gravin Gräfin *w*; (*ongehuwde gravendochter*) Komtesse *w*.
gravure Stich *m*, Gravüre *w*.
grazen grasen; (*het vee*) *laten —*, weiden; *te — nemen*, verulken, verkohlen.
greep Griff *m*; *de — van iets weten, weg hebben*, etwas im Griff haben.
Greet(je) Grete *w*, Gretchen *s*.
gregoriaans I *bn* Gregorianisch. **II** *zn* Gregorianischer Gesang, Gregorianik *w*.
grein 1 (*gewicht*) Gran *s*; *een —tje zout*, ein Körnchen Salz; *geen —(tje) verstand*, kein Funke Verstand; **2** (*weefsel*) Kamelott *m*.
grenadier Grenadier *m*.
grenadine Grenadine *w*.
grendel Riegel *m*; (*v. geweer*) Schloß *s*; *de — op de deur doen*, der Tür den R. vorschieben. ▾**—en** (ver)riegeln; (*blokkeren, afsluiten*) sperren. ▾**—inrichting** Sperrvorrichtung *w*. ▾**—sluiting** Riegelverschluß *m*.
grenehout Kiefern-, Föhrenholz *s*.
grenehouten, grenen Kiefer...
grens Grenze *w*; *binnen* (*tot op*) *zekere grenzen blijven*, s. innerhalb gewisser Grenzen halten; (*iem.*) *over de grenzen zetten*, ausweisen; *er zijn grenzen*, alles hat seine Grenzen. ▾**—afbakening** Grenz/abmarkung *w*. ▾**—afsluiting** G.sperre *w*. ▾**—bewaking** G.schutz *m*. ▾**—bewoner** G.bewohner, Grenzer *m*. ▾**—correctie** G.berichtigung *w*. ▾**—documenten** Zollpapiere *Mz*. ▾**—ganger** G.gänger *m*. ▾**—geschil** G.streitigkeit *w*. ▾**—geval** G.fall *m*. ▾**—incident** G.zwischenfall *m*. ▾**—kantoor** G.stelle *w*, Zollamt *s*. ▾**—lijn** G.linie *w*. ▾**—overgang** G.übertritt *m*; *bewijs voor —*, G.schein *m*. ▾**—paal** G.pfahl *m*. ▾**—post** G.posten *m*; (*doorlaatpost*) G.stelle *w*. ▾**—rechter** (*sp.*) Linienrichter *m*.
grenz/eloos grenz/enlos. ▾**—en** g.en [an + 4].
greppel Graben *m*. ▾**—trekker** G.ziehgerät *s*.
gresbuis Steinzeugrohr *s*.
gretig (*gulzig, begerig*) gierig [nach]; (*minder sterk*) begierig [nach, auf + 4]; (*meer zinnelijk*) lüstern [nach]; (*hongerig*) hungrig; (*ijverig*) eifrig; — (*eten*), mit Appetit; — (*toetasten*), tüchtig; (*een gelegenheid*) *— aangrijpen*, gern ergreifen; (*zulke verhaaltjes vinden vaak*) *een* (*te*) *— oor*, ein (nur zu) geneigtes Ohr; (*dit boek*) *wordt — gekocht en gelezen*, findet e.n reißenden Absatz und wird mit Eifer gelesen. ▾**—heid** Gier *w*; (*ijver*) Eifer *m*; (*eetlust*) Appetit *m*.
gribus 1 (*woning*) alte Baracke; **2** (*achterbuurt*) Hinterviertel, Elendviertel *s*.
grief Beschwerde *w*; (*ergernis*) Ärgernis *s*; (*belediging*) Kränkung *w*; *grieven wegnemen*, Beschwerden abstellen.
Griek Griech/e *m*. ▾**—enland** G.enland *s*. ▾**—s** g.isch; (*zij is*) *een —e*, eine G.in; *zie* **Duits**.
griend (*griendland*) Weiden/bruch *m* & *s*; (*waard*) W.werder *m*; (*bos van griendhout*) W.gebüsch *s*; (*griendhout*) W.holz *s*. ▾**—cultuur** Korbweidenkultur *w*.
grienen greinen; (*v. kinderen*: *drenzen*) flennen.
griep Grippe *w*. ▾**—erig** grippeartig, grippal, grippös.
gries Grieß *m*. ▾**—meel** Grießmehl *s*. ▾**—meelpap** Grießsuppe *w*.
griet 1 (*vogel*) Uferschnepfe *w*; **2** (*vis*) Glattbutt *m*; **3** (*meisje*) Mädel *s*.
griev/en schmerzen; (*kwetsen*) kränken. ▾**—end** schmerzlich; (*kwetsend*) kränkend.
griezel Schau(d)er *m*; *— v. een vent*, schauderhafter Kerl. ▾**—en** schaudern; *ik griezel*, (*ook*) mich gruselt. ▾**—film** Gruselfilm *m*. ▾**—ig** schauderhaft, -erregend; (*bijv. film*) gruselig; (*naar*; *alleen versterkend*) unheimlich. ▾**—roman** Schauerroman *m*. ▾**—tje**: *een —*, ein klein wenig, ein Körnchen. ▾**—verhaal** Schauergeschichte *w*.
grif (*vaardig*) gewandt; (*vlug*) rasch; (*vlot*) flott; (*gemakkelijk*) leicht; (*volgaarne*) recht gern; (*terstond*) gleich; (*zonder meer*) ohne weiteres; (*dat heeft hij*) —, im Griff, weg.
griffel Griffel *m*; (*entrijs*) Pfropfreis *s*. ▾**—doos** Griffelkasten *m*. ▾**—en** (*enten*) pfropfen.
griffen einritzen, eingraben; *in het geheugen*,

in het hart —, ins Gedächtnis, dem Herzen einprägen.
griffie (*alg.*) Kanzlei *w*; *ter — deponeren*, zur Einsicht vorlegen, (*ter zijde leggen*), zu den Akten legen.
griffier Urkundsbeamte(r), Gerichtsschreiber *m*; (*anders*) Protokollführer *m*; (*chef v. griffie*) Kanzleivorsteher *m*.
grifweg schlankweg.
grijns/lach Grinsen *s*; (*grinniken*) Feixen *s*. ▾**—lachen, grijnzen** grinsen; feixen.
grijp/arm Greifarm *m*. ▾**—en** greifen; (*te pakken krijgen*) ergreifen; *— naar*, g. nach, (*naar snelbewegend iets*) haschen nach; *naar de pen, naar de wapens* —, zur Feder, zu den Waffen g., die Feder, die Waffen e.; *om zich heen* —, um s. g.; *naar z'n hoofd* —, s. an den Kopf g.; (*door een drijfriem*) *gegrepen worden*, erfaßt werden; *voor het — liggen*, zum Greifen nahe sein, (*er in overvloed zijn*) reichlich zur Hand sein. ▾**—er** Greif/er *m*. ▾**—kraan** G.erkran *m*. ▾**—staart** G.schwanz *m*.
grijs grau. ▾**—aard** Greis *m*. ▾**—groen** graugrün. ▾**—heid** Grauheit *w*; (*ouderdom*) Greisenalter *s*. ▾**—kleurig** graufarbig.
grijzen ergrauen.
grijzig gräulich.
gril Grille *w*; (*dwaze inval*) Schrulle *w*; (*luim*) Laune *w*.
grill Grill, Bratrost *m*. ▾**grille** (*v. auto*) Kühlergrill *m*, Kühlerverkleidung. ▾**grillen** **1** schaudern, frösteln; **2** (*roosteren*) grillen.
gril/lig (*wispelturig*) launenhaft; (*vreemd*) wunderlich; (*zonderling v. vorm*) bizarr. ▾**—ligheid** Launenhaftigkeit; Wunderlichkeit; Bizarrerie *w*.
grillroom Grillroom *m*, Grillrestaurant *s*.
grimas Grimasse, Fratze *w*; *—sen maken*, Grimassen schneiden. ▾**—senmaker** Grimassenmacher *m*.
grim/e Schminken *s*; (*de gehele opmaak v.e. toneelspeler*) Maske *w*. ▾**—eersel** Schminke *w*. ▾**—eren** schminken. ▾**—eur** Maskenbildner *m*.
grimmig grimmig. ▾**—heid** Grimmigkeit *w*.
grind Kies *m*. ▾**—weg** K.weg *m*.
grinniken kichern; (*spottend*) feixen.
grissen grapsen.
groef, groeve (*greppel*) Graben *m*; (*grafkuil*; *in mijnb.*) Grube *w*; (*steengroeve*) Bruch *m*; (*op pilaren, grammofoonplaat enz.*) Rille *w*; (*in zijkant v. plank*) Nut(e) *w*, (*sponning*) Falz *m*; *— en messing*, Nut *w* und Feder *w*; (*rimpel*) Furche *w*.
groei Wachstum *s*, Wuchs *m*, Wachsen *s*; (*toeneming*) Zuwachs *m*; *in de — zijn*, im Wachsen sein; *op de — (gemaakt)*, auf Zuwachs. ▾**—en** wachsen; (*hier*) *groeit die plant niet goed*, gedeiht diese Pflanze nicht; *in iemands kleren* —, in jemands Kleider hineinwachsen; *uit zijn kleren* —, seine Kleider verwachsen; *in andermans leed* —, s. über das Leid e.s andern freuen. ▾**—fondsen** Wachstumswerte, Wachswerte *Mz*. ▾**—hormoon** Wachstumshormon *s*. ▾**—koorts** Wachstumsfieber *s*. ▾**—kracht** Triebkraft *w*. ▾**—percentage** Zuwachsrate, Wachstumsrate *w*. ▾**—plaats** (*v. planten*) Standort *m*. ▾**—stuipjes** Wachstumskrämpfe *Mz*. ▾**—zaam** fruchtbar; (*v. weer*) gedeihlich.
groen I *bn* grün; (*onrijp*) unreif; (*hij is nog*) *zo — als gras*, ein grüner Junge; *het —e licht geven*, grünes Licht geben. **II** *zn* (*kleur*) Grün *s*; (*groenversiering, takken*) Grün *s*; (*de groene natuur enz.*) Grüne(s) *s*; (*een huisje*) *in 't* —, im Grünen; (*nieuweling*) Neuling *m*; (*student*) Fuchs *m*. ▾**—achtig** grünlich. ▾**—bemesting** Gründüngung *w*. ▾**—heid** Grüne *w*; (*onervarenheid*) Grünheit *w*; (*onrijpheid*) Unreife *w*. ▾**—ig** grünlich.
Groenland Grönland *s*. ▾**—s** grönländisch.
groen/lopen die Fuchszeit durchmachen. ▾**—maken** mit Grün schmücken.
groente Gemüse *s*; *— in blik*, Büchsengemüse *s*. ▾**—boer** G.händler *m*. ▾**—handel** G.handel *m*; (*winkel*) G.handlung *w*. ▾**—kar** G.karren *m*. ▾**—kweker** G.züchter *m*. ▾**—kwekerij** Gärtnerei *w*; (*teelt*) Gemüse/bau *m*. ▾**—man** G.mann *m*. ▾**—soep** G.suppe *w*. ▾**—tuin** G.garten *m*. ▾**—veiling** G.versteigerung *w*.
groen/tijd Fuchszeit *w*. ▾**—tje** Grünschnabel *m*; (*nieuweling*) Neuling *m*; (*student*) Fuchs *m*. ▾**—voe(de)r** Grünfutter *s*.
groep Gruppe *w*; (*foto*) Gruppenbild *s*. ▾**—age** Sammelladung *w*. ▾**—eren** gruppieren. ▾**—ering** Gruppierung *w*. ▾**—foto** Gruppen/bild *s*. ▾**—scommandant** G.führer *m*. ▾**—sgewijs** g.weise. ▾**—spraktijk** Gruppenpraxis *w*. ▾**—sseks** Gruppensex *m*. ▾**—stherapie** G.therapie *w*. ▾**—sverband** G.zusammenhang *m*. ▾**—swerk** G.arbeit *w*. ▾**—taal** Sondersprache *w*.
groet Gruß *m*; *de —en doen*, Grüße überbringen; *de —en aan je zuster*, grüß (mir) deine Schwester; *de —en aan uw vader*, grüßen Sie Ihren (Herrn) Vater (von mir), viele Grüße an Ihren (Herrn) Vater, empfehlen Sie mich Ihrem Vater; *de —en thuis!*, sagen Sie daheim e.n Gruß von mir; *u moet de —en hebben van mijn broer*, der Bruder läßt schön grüßen, ich soll Sie von meinem Bruder grüßen; *na beleefde —en verblijven wij*, wir begrüßen Sie hochachtungsvoll. ▾**—en** grüßen; *groet uw moeder van mij*, empfehlen Sie mich Ihrer Frau Mutter; *ik heb de eer u te* —, ich empfehle mich Ihnen!; *zie ook* **groet**.
groev/e *zie* **groef**. ▾**—en** aushöhlen; (*met beitel*) auskehlen; (*met schaaf*) ausnuten; (*in voorhoofd*) furchen.
groezelig schmutziggrau, unsauber.
grof grob; *— geld* (*verdienen*), viel Geld; (*om*) — (*geld*) *spelen*, hoch spielen; *een grove kam*, ein weiter Kamm; *grove onrechtvaardigheid*, schreiende Ungerechtigkeit; *door grove schuld*, durch grobe Fahrlässigkeit; *in grove trekken* (*weergeven*), in großen Zügen; *grove zeef*, Grobsieb *s*; (*iem.*) — (*beledigen*), gröblich. ▾**—gebouwd** grobknochig; (*lomp*) grobschlächtig. ▾**—heid** Grob/heit *w*. ▾**—korrelig** g.körnig. ▾**—smid** G.schmied *m*. ▾**—wild** Hochwild *s*.
grog, grok Grog *m*. ▾**—stem** Bierbaß *m*.
grol Posse *w*; *grillen en —len*, Grillen und Schrullen.
grom/men murren; (*dreigend grommen v. hond enz.*) knurren. ▾**—mer** Brummbär *m*. ▾**—mig** mürrisch. ▾**—pot** *zie* **—mer**.
grond (*aarde*) Boden *m*, Erde *w*, Grund *m*; *zie onderstaande voorbeelden*; (*onder water liggende bodem*; *grondslag*; *ondergrond*, *diepste deel van iets*; *oorzaak, reden*) Grund *m*; (*op de rotsen ligt maar een beetje*) —, E.; — *graven*, G. graben; *de uitgegraven* — (*wegvoeren*), die ausgegrabene E.; (*100 m³*) — *verzetten*, B. bewegen; *de* — (*bewerken*), den B.; *een mooi stuk* —, ein schönes Grundstück; *vaste* — (*onder de voeten hebben*), festen B.; *de — leggen voor*, den G. legen zu; *aan de — raken*, auf den G. geraten; *boven of onder de* —, (*mijnb.*) über oder unter Tag; *door de* — (*zinken*), in die E., in den B.; *in de* — (*ben ik het met hem eens*), im Grunde genommen; *in de* — (= *in wezen*) (*heeft hij*

gelijk), im Grunde; *in de — van zijn hart* (*had hij gehoopt dat...*), im Grunde seines Herzens; (*een schip*) *in de — boren*, in den G. bohren; *op de — gaan zitten*, s. auf den B. (auf die Erde) setzen; *op* (*tegen*) *de —* (*gooien*), zu B.; *op de —* (*liggen*), am B., auf dem B.; (*het paard viel*) *op de —*, zu B.; (*het glas viel*) *op de —*, auf den B.; (*hij woont*) *op zijn eigen —*, auf eigenem G. und B.; *op welke —* (*beweer je dat?*), aus welchem G.; (*iets*) *op goede —en* (*bewijzen*), mit guten Gründen; *op — van*, auf Grund [2], (*krachtens*) kraft [2], (*wegens*) wegen [2]; *te —e gaan, richten*, zugrunde gehen, zugrunde richten; *aan iets ten —e liggen*, e.r Sache zugrunde liegen; *uit de — stampen*, aus dem B. stampfen; (*haten*) *uit de — van zijn hart*, aus dem G. seines Herzens; (*dat meen ik*) *uit de — van mijn hart*, aus Herzensgrund; *van de — af opnieuw beginnen*, von G. aus neu anfangen. ▾**grond/achtig** grundig. ▾**—beginsel** Prinzip *s*, Grundsatz *m*; (*eerste begin*) Prinzip *s*, Anfangsgrund *m*. ▾**—begrip** Grund/begriff *m*. ▾**—belasting** G.steuer *w*. ▾**—bewerking** Boden/bearbeitung *w*. ▾**—bezit** G.besitz *m*. ▾**—bezitter** G.besitzer *m*. ▾**—boring** Erdbohrung *w*. ▾**—dienst** (*luchtv.*) B.dienst *m*. ▾**—eloos** b.los. ▾**—en** gründen; (*grondverven*) grundieren. ▾**—erig** (*v. smaak*) grundig; (*met gronddeeltjes*) erdig. ▾**—gebied** Gebiet *s*; (*territorium*) Hoheitsgebiet *s*. ▾**—gedachte** G.gedanke *m*. ▾**—gesteldheid** B.beschaffenheit *w*.

grondig gründlich; (*diepgaand*) eingehend; (*ingrijpend*) durchgreifend, einschneidend; (*op goede gronden steunend*) wohlbegründet; (*zie gegrond*); (*z'n vak*) — *verstaan*, g., aus dem FF (Effeff) verstehen. ▾**—heid** G.keit *w*.

grond/ijs Grund/eis *s*. ▾**—kabel** unterirdisches Kabel *s*. ▾**—kamer** G.kammer *w*. ▾**—laag** (*onderste laag*) G.schicht; (*aardlaag*) Boden/schicht *w*. ▾**—lasten** G.lasten *Mz*. ▾**—legger** Gründer *m*. ▾**—legging** Gründung *w*. ▾**—leiding** unterirdische Leitung *w*; (*aardleiding*) Erdleitung *w*. ▾**—loon** Grund/lohn *m*. ▾**—onderzoek** B.untersuchung *w*. ▾**—oorzaak** G.ursache *w*. ▾**—personeel** B.personal *s*. ▾**—rechten** G.rechte *Mz*. ▾**—regel** G.regel *w*. ▾**—slag** G.lage *w*; (*v. belasting*) Steuergegenstand *m*; (*v. berekening*) Basis *w*; —, (*—en*) *leggen voor* (*van, tot*), den G. legen zu; *aan iets ten — liggen*, e.r Sache zugrunde liegen. ▾**—soort** Bodenart *w*. ▾**—stelling** G.satz *m*; (*axioma*) Axiom *s*. ▾**—stof** (*bij de industrie*) Rohstoff; (*uitgangsstof*) G.stoff *m*; (*hoofdbestanddeel*) G.material *s*. ▾**—stoffenpositie** Rohstofflage *w*. ▾**—strijdkrachten** Bodenstreitkräfte *Mz*. ▾**—troepen** Bodentruppen *Mz*. ▾**—verbetering** Bodenverbesserung *w*. ▾**—verf** G.farbe *w*. ▾**—verven** grundieren. ▾**—verzakking** Bodensenkung *w*. ▾**—vesten I** *zn* G.lagen *Mz*. **II** *ww* gründen. ▾**—vester** Gründer *m*. ▾**—vlak** G.fläche *w*. ▾**—water** G.wasser *s*. ▾**—waterpeil** G.wasserspiegel *m*. ▾**—werk** Erdarbeiten *Mz*. ▾**—werker** Erdarbeiter *m*.

grondwet (*alg.*) Grundgesetz *s*; (*constitutie*) Verfassung *w*, (*thans in Duitsland ook*) Grundgesetz *s*. ▾**—sartikel** Verfassungs/artikel *m*. ▾**—swijziging** V.abänderung *w*. ▾**—telijk** (*tot de grondwet behorend*) Verfassungs...; (*op een grondwet gevestigd*) konstitutionell. ▾**—tig** (*in overeenstemming met de grondwet*) verfassungsmäßig; (*op een grondwet gevestigd*) *zie* **grondwettelijk**.

grond/zee Grundsee *w*. ▾**—zeil** Bodendecke *w*. ▾**—zicht** Bodensicht *w*.

groot groß; *grote mogendheid*, Groß/macht *w*; *een — kwartier*, eine gute Viertelstunde; *— gaan op*, prahlen mit; *— met elkaar zijn*, dicke Freunde sein; *in het —*, im großen; *handel drijven in het —*, Engrosgeschäfte machen; (*een wissel*) *— f 1000*, im Betrage von hfl 1000; (*een bedrag*) *— f 100*, (in Höhe) von hfl 100. ▾**—bedrijf** G.betrieb *m*. ▾**—beeldtelevisie** G.bildfernsehen *s*. ▾**—boek** Hauptbuch *s*; *het — der nationale schuld*, das H. der niederländischen Staatrentenschuld, (*in West-Duitsland*) Bundesschuldbuch *s*; *inschrijving in 't —*, Schuldbucheintragung *w*. ▾**—brengen** g.ziehen; (*opvoeden*) erziehen.

Groot-Brittannië Großbritannien *s*.

groot/doen dicktun, s. großtun. ▾**—doenerij** Groß/-, Dicktuerei *w*. ▾**—grondbezit** G.grundbesitz *m*. ▾**—handel** G.handel *m*; (*de zaak*) G.handlung *w*. ▾**—handelaar** G.händler *m*. ▾**—handelprijs** G.handelspreis *m*. ▾**—heid** Größe *w*; *— in film-, sportwereld*, Film-, Sportgröße. ▾**—heidswaan(zin)** Größenwahn *m*. ▾**—hertog** Groß/herzog *m*. ▾**—hertogdom** G.herzogtum *s*. ▾**—hoeklens** Weitwinkelobjektiv *s*. ▾**—houden**: *z. —*, s. nichts merken lassen, (*wanneer men inwendig kwaad is*) gute Miene zum bösen Spiel machen, (*niet voor anderen willen onderdoen en z. ook royaal betonen*) s. nicht lumpen lassen; *houd je maar niet zo groot!*, tu nur nicht so! ▾**—industrieel** G.industrielle(r) *m*. ▾**—je** G.mütterchen *s*; *loop naar je —!*, geh zum Kuckuck! ▾**—kapitaal** G.kapital *s*. ▾**—majoor** Major *m*. ▾**—meester** G.meister *m*. ▾**—moe(der)** G.mutter *w*. ▾**—moedig** g.mütig. ▾**—moedigheid** G.mut *m*. ▾**—ouders** G.eltern *Mz*.

groots, grootscheeps großartig; (*van opzet*) großzügig; *grootscheepse razzia*, Großrazzia *w*. ▾**groots(ig)** hochmütig, stolz. ▾**grootsigheid** Hochmut, Stolz *m*.

groot/spraak Groß/sprecherei; Windbeutelei, Aufschneiderei, Angeberei *w*; *zonder —*, (*overdrijving*) ohne Überhebung. ▾**—sprakig** g.sprecherisch, prahlerisch, dicktuerisch. ▾**—spreken** prahlen, aufschneiden. ▾**—steeds** g.städtisch. ▾**—te** Größe *w*; *ter — v. e. kippeëi*, von der Größe e.s Hühnereies. ▾**—vader** Groß/vater *m*. ▾**—vorst** G.fürst *m*.

gros (*12 dozijn*; *v. strijdmacht*) Gros *s*; (*merendeel*) Mehrzahl *w*; *boven het — uitsteken*, über den großen Haufen hinausragen; *ook* = **—lijst** Kandidatenliste *w*.

grossier Grossist *m*. ▾**—derij** Großhandlung *w*. ▾**—prijs** Großhändlerpreis *m*.

grot Höhle *w*; (*ondiep*; *nabootsing*) Grotte *w*.

grotelijks gewaltig, sehr, in hohem Grade.

groteluiskind Kind vornehmer Leute.

grotendeels großenteils, größtenteils.

grotesk grotesk. ▾**—e** Groteske *w*.

grotestads/bewoner Großstädter *m*. ▾**—manieren** Großstadtmanieren *Mz*.

grotwoning Höhlenwohnung *w*.

gruis Staub *m*; (*stukgebrokkeld gesteente, vooral graniet*) Grus *m*; *— v. steenkolen*, Kohlengrus *m*. ▾**—kolen** Gruskohle *w*. ▾**gru(i)ze(le)menten** Stücke, Scherben *Mz*. ▾**gruizelen** zerschmettern.

grut/(je) (*gebroken graan*) Grütze *w*; (*klein goedje*) kleines Zeug, (*v. kinderen, ook*) Kleinvolk *s*. ▾**—ten** Grütze *w*; (*v. gerst*)

Graupen *Mz.* ▾**—tenbrij** Grützbrei *m.* ▾**—ter** Grütz-, Graupen-, Mehlhändler *m;* (*grutmolenaar*) Graupner *m.* ▾**—terij** Grütz/warengeschäft *s;* (*grutmolen*) G.mühle *w.* ▾**—terswaren** G.waren, Mehlwaren *Mz.*
gruw/el Greuel *m.* ▾**—eldaad** G.tat *w.* ▾**—elijk** greulich, scheußlich. ▾**—elpropaganda** Greuel/hetze *w.* ▾**—elstuk** G.tat *w;* (*v. toneelstuk*) Schauerstück *s.* ▾**—en** s.grauen; *ik gruw ervan,* mir graut davor.
gruyère(kaas) Greyerzer (Käse), Gruyère(käse) *m.*
guerrilla(oorlog) Guerilla *w,* Partisanenkrieg *m.* ▾**guerrilla(strijder)** G.kämpfer, Partisane *m.*
guillotine Guillotine *w.* ▾**—ren** guillotinieren.
Guinees biggetje Meerschweinchen *s.*
guirlande Girlande *w.*
guit Schelm, Schalk *m.* ▾**—achtig** schelmisch, schalkhaft. ▾**—enstreek** Schelmenstreich *m.* ▾**—ig** *zie* **—achtig.** ▾**—igheid** Schalkhaftigkeit *w.*
gul freigebig; (*hartelijk*) herzlich; (*ongedwongen*) offen.
gulden I *bn* golden. **II** *zn* Gulden *m.*
gulheid Freigebigkeit; Herzlichkeit *w.*
gulp (*v. broek*) Hosenschlitz *m;* (*straal vloeistof*) Strom *m.* ▾**—en** (hervor)strömen.
gulweg offen(herzig).
gulzig gierig, gefräßig. ▾**—aard** Vielfraß *m.* ▾**—heid** Gefräßigkeit, Gier *w.*
gum *zie* **gom.**
gummi Gummi *s.* ▾**—artikelen** G.artikel *Mz.* ▾**—regenjas** G.mantel *m.* ▾**—stok** G.knüppel *m.*
gunn/en gönnen; *het is je gegund,* ich gönne es dir; (*een firma een werk*) —, zuweisen; *een aanbesteding aan de laagste inschrijver* —, die Ausführung e.r Arbeit an den Mindestfordernden vergeben; *het perceel is niet gegund, werd aan de hoogste bieder gegund,* das Grundstück ist nicht zugewiesen worden, wurde dem Meistbietenden zugeschlagen. ▾**—ing** Zuweisung *w,* Zuschlag *m; de* — (*v. dit perceel*) *wordt aangehouden,* das Grundstück wird nicht zugeschlagen.
gunst Gunst *w;* (*faciliteit*) Vergünstigung *w; ik vraag geen* —, ich bitte um keine V.; *z. in iemands* — *aanbevelen,* s. e.m empfehlen; *bij iem. in de* — *komen,* jemands G. erlangen; *in de* — *zijn,* in G. stehen; *uit de* — *geraken,* aus der G. kommen; *ten* —*e van,* zugunsten [2]; *te zijnen* —*e,* zu seinen G.en. ▾**—bejag** G.bemühung *w.* ▾**—betoon, —betoning, —bewijs** (*het betonen van gunst*) G.bezeigung *w,* (*blijk van gunst*) G.beweis *m.* ▾**—eling** Günstling *m.* ▾**—ig** günstig; (*genadig*) gnädig; (*het geluk*) *was hem* —, war ihm hold; *een* — *oor* (*lenen*), ein geneigtes Ohr; *een* — *onthaal* (*vinden*), eine freundliche Aufnahme; — *bekend staan,* vorteilhaft bekannt sein; (*de oogst was*) —, ergiebig.
guts 1 (*beitel*) Hohlmeißel *m,* (*v. beeldh.*) Gutsche *w;* **2** (*hoeveelh. vloeist.*) Guß *m.* ▾**—en** strömen; (*v. zweet*) triefen.
guttapercha Guttapercha *w.*
guur rauh; (*nat en koud*) naßkalt. ▾**—heid** Rauheit *w.*
gymnas/iaal gymnas/ial, G.ial... ▾**—iast** G.iast *m.* ▾**—ium** G.ium *s; leraar aan een* —, G.iallehrer *m;* — *α, β,* G. A-Abteilung, altsprachlicher Zweig, B.-Abteilung, mathematisch-naturwissenschaftlicher Zweig.
gymnast Turner *m.* ▾**—iek** Turnen *s,* Gymnastik *w;* — *voor meisjes,* Mädchenturnen. ▾**—iekdemonstratie** Turn/fest, Schauturnen *s.* ▾**—iekschoen** T.schuh *m.* ▾**—iektoestel** T.gerät *s.* ▾**—iekzaal** T.saal *m,* T.halle *w.* ▾**—isch** gymnastisch; —*e oefeningen,* T.übungen.
gynaeco/logie Gynäkologie *w.* ▾**—loog** G.loge, Frauenarzt *m.*
gyroscoop Gyroskop *s.*

h H *s*.
Haag: *Den* —, Haag; *in Den — wonen*, im Haag wohnen.
haag Hecke *w*, Hag *m*. ▾**—beuk** Hain-, Hage-, Weißbuche *w*.
Haags Haager.
haagwinde Zaunwinde *w*.
haai Hai(fisch) *m*; (*het geld*) *is naar de —en*, ist flöten gegangen; (*hij gaat*) *naar de —en*, zum Teufel. ▾**—(e)baai** Mannweib *s*; (*kijfziek*) böse Sieben *w*, zänkisches Weibsstück *s*.
haak Haken *m*; (*winkelhaak*) Winkel *m*; (*tekenhaak*) Anschlagwinkel *m*; (*tekenlat*) Reißschiene *w*; (*tel.*) Gabel *w*; *haken en ogen*, (*lett.*) Haken und Ösen, (*geharrewar*) Häkeleien *Mz*, (*moeilijkheden*) Schwierigkeiten *Mz*, (*ruzie*) Händel *m*; *er is iets niet in de* —, es ist etwas nich ganz richtig, etwas stimmt nicht; *aan de — slaan*, (*machtig worden*) erangeln, (*iem. aanklampen*) anhauen. ▾**—blok** Hakenblock *m*. ▾**—garen** Häkelgarn *s*. ▾**—je** (*in schrift en druk*) Klammer *w*; (*een woord*) *tussen* (*twee*) *—s*, zwischen (in) Klammern; (*een woord*) *tussen* (*twee*) *—s zetten*, einklammern; *tussen twee —s* (*gezegd*), beiläufig bemerkt; *zeg, tussen twee —s*, was ich sagen wollte, da fällt mir eben ein. ▾**—pen** Häkelnadel *w*. ▾**—s** winkelrecht; *niet — staan*, nicht im Winkel stehen, winkelschief sein; (*een balk*) *— afwerken*, abvieren; (*een buis*) *— ombuigen*, kröpfen. ▾**—werk** Häkelarbeit *w*.
haal (*trek*) Zug *m*; (*met pen, ook*) Strich *m*; *aan de — gaan*, s. davonmachen.
haalbaar erreichbar.
haan Hahn *m* (*ook v. geweer*); *bij iem. de rode — laten kraaien*, e.m den roten H. aufs Dach setzen; *de gebraden — uithangen*, den großen Herrn spielen; *zijn — moet altijd koning kraaien*, es muß immer alles nach seinem Kopfe gehen. ▾**—pal** Sicherung *w*. ▾**—tje** Hähnchen *s*; (*vechtersbaasje*) Kampfhahn *m*; *— de voorste*, Haupthahn *m*; *het — van de toren*, Turmhahn *m*.
haar I *zn* Haar *s*; *de haren opmaken*, das H. machen; *geen — op mijn hoofd dat eraan denkt*, das fällt mir im Traum nicht ein; *geen — beter*, um kein H. besser; *het scheelde* (*g*)*een — of ik had me gesneden*, um ein H. hätte ich mich geschnitten; *geen grijs — ervan krijgen*, sich keine grauen H.e darüber wachsen lassen; (*iem., iets*) *bij het —* (*of: met de haren*) *erbij slepen*, an den H.en herbeiziehen; *iem. in het — vliegen*, e.m in die H.e fahren; *met de handen in het — zitten*, weder aus noch ein wissen; *op een — na* (*gebeurd*), um ein H.; *alles op haren en snaren zetten*, alle Hebel in Bewegung setzen, alle Minen springen lassen, alle Kräfte aufbieten; *spijt over iets hebben als haren op zijn hoofd*, etwas unendlich bedauern; *zijn wilde haren verliezen*, s. die Hörner ablaufen. **II** (*pers. vnw*) *3e nv ev*: ihr; *3e nv mv*: ihnen; *4e nv ev en mv*: sie; (*bez. vnw*) ihr. ▾**haar/band** Haar/band *s*, H.binde *w*. ▾**—barst(je)** H.riß *m*. ▾**—borstel** H.bürste *w*. ▾**—bos** H.büschel, H.schopf *m*; (*haardos*) H.wuchs *m*. ▾**—bosje** (*neerhangend*) H.zotte(l) *w*. ▾**—breed** h.breit; *geen* —, kein H.breit. ▾**—buisje** H.röhre *w*.
haard Herd *m*; *open* —, offener Kamin; *gezellig om de —* (*zitten*), am häuslichen H.; *in het hoekje van de* —, am traulichen Kamin; *eigen — is goud waard*, eigner H. ist Goldes wert. ▾**—bank** Ofenbank *w*. ▾**—ijzer** Feuerbock *m*. ▾**—kleedje** H.teppich *m*.
haar/dos Haar/wuchs *m*. ▾**—droger** H.trockner, Föhn *m*. ▾**—droogkap** H.trockenhaube *w*.
haard/scherm Ofenschirm *m*. ▾**—stede** Herd *m*, H.stätte *w*; (*woning*) heimischer H. ▾**—stel** H.garnitur *w*. ▾**—vuur** H.feuer *s*.
haar/fijn haar/fein, (*nauwkeurig*) h.klein. ▾**—groei** H.wuchs *m*. ▾**—hamer** H.-, Dengelhammer *m*. ▾**—klover** H.klauber, -spalter *m*. ▾**—knippen** H.schneiden *s*. ▾**—lak** H.lack *m*. ▾**—lok** H.locke, (*streng*) H.strähne *w*. ▾**—passer** H.zirkel *m*. ▾**—pijn** Katzenjammer *m*. ▾**—scherp** h.scharf. ▾**—speld** H.nadel *w*. ▾**—speldbocht** H.nadelkurve *w*. ▾**—stukje** H.ersatz *m*, Toupet *s*. ▾**—tooi** H.schmuck, H.putz *m*. ▾**—uitval** H.schwund *m*. ▾**—vat** H.gefäß *s*, Kapillargefäß *s*, Kapillare *w*. ▾**—vatenstelsel** H.gefäße *Mz*. ▾**—verf** H.farbe *w*. ▾**—verfmiddel** H.färbemittel *s*. ▾**—verzorging** H.pflege *w*. ▾**—wassen** *zn* H.wäsche, Kopfwäsche *w*. ▾**—zakje** H.beutel *m*; (*v. haarwortel*) H.zwiebel *w*.
haas 1 (*dier*) Hase *m*; *gebraden* —, Hasenbraten *m*; (*lopen*) *als een* —, wie ein Wiesel; (*hij is*) *zo bang als een* —, ein Angsthase, Hasenfuß; **2** (*stuk vlees*) Filet, Lendenstück *s*. ▾**—je** (*je bent*) *het* —, geliefert; (*hij is altijd*) *het* —, der Dumme. ▾**—je-over** Bockspringen *s*; *— doen*, Bock spielen.
haast I *zn* Eile *w*; (*gejaagdheid*) Hast *w*; *— maken*, s. beeilen; *met het werk meer — maken*, mit der Arbeit mehr eilen, die Arbeit beschleunigen; *dat heeft geen* —, es hat keine E. damit; *is er dan zo'n — bij het werk?*, eilt denn die Arbeit gar so sehr?; *in* (*aller*) —, in (aller) E.; *in de*(*r*) *—* (*iets vergeten*), in der Übereilung; (*iets*) *in —* (*oppervlakkig*) *afhandelen*, übers Knie brechen. **II** *bw* fast, beinahe; (*spoedig*) bald; (*het regent*) *— niet*, kaum; (*het is*) *— niet te geloven*, kaum glaublich; (*kom je*) *—?*, endlich?; *komt er — wat?*, wird's bald?; *men zou —* (*denken*), man möchte wohl. ▾**haast/en** eilen; *iem.* —, e.n drängen; *zich* —, s. beeilen; *hij haastte zich* (*naar huis*), er eilte; *ik ben gehaast*, ich habe Eile; *haast u langzaam*, eile mit Weile; *haastje-repje!*, mach schnell!; (*hij is*) *haastje-repje weggelopen*, haste was kannste davongelaufen. ▾**—ig** eilig; (*v. innerlijke opwinding en ongeduld, gejaagd, driftig*) hastig; *—e spoed is zelden goed*, zu große Hast hat's oft verpaßt. ▾**—werk** eilige Arbeit.
haat Haß *m*; *vol* (*van*) —, haßerfüllt. ▾**—dragend** nachtragend. ▾**—dragendheid** Groll *m*, Unversöhnlichkeit *w*.
habijt Kutte *w*.
habitus Habitus *m*.
Habsburgs Habsburger, habsburgisch.
hachee Haschee *s*.
hachelijk mißlich, heikel.
hachje: *bang voor zijn* —, besorgt um seine Haut; *er het — bij inschieten*, das Leben dabei einbüßen.
Hades Hades *m*.

had(s)ji Hadschi *m.*
haf Haff *s.*
haft Eintagsfliege *w.*
hagedis Eidechse *w.*
hagedoorn Hagedorn *m.*
hagel Hagel *m*; (*schiethagel, ook*) Schrot *s.* ▾**—blank** h.weiß. ▾**—bui** H.schauer *m.* ▾**—en** h.n. ▾**—korrel** H.korn *s*; (*om te schieten*) Schrotkorn *s.* ▾**—schade** H.schaden *m.* ▾**—slag** H.schlag *m*; (*strooisel*) Anis-, Schokoladenstreusel *s & m.* ▾**—steen** H.stein *m*, Schloße *w.* ▾**—wit** schlohweiß.
Hagenaar Haager *m.*
hage/preek Hecken/predigt *w.* ▾**—roos** H.rose *w.*
hairspray Haarspray *m, s.*
hak 1 (*houw*) Hieb *m*; (*iem.*) *een — zetten*, e.n H. versetzen; **2** (*gereedschap*) Hacke *w*; **3** (*hiel*) Hacke, Ferse *w*; (*onder schoen*) Absatz *m*; *zie* **hiel**; **4** *van de — op de tak springen*, vom Hundertsten ins Tausendste kommen. ▾**—band** Hackenband *s.* ▾**—beitel** Lochbeitel *m.* ▾**—bijl** Hack/beil *s.* ▾**—blok** H.block, H.klotz *m.*
haken haken; (*bij voetbal; handwerk*) häkeln; (*heftig verlangen*) s. sehnen [nach]; (*met zijn jas aan een spijker*) *blijven —*, hängen bleiben; (*in elkaar*) *—*, greifen.
hakenkruis Hakenkreuz *s.*
hakhout Schlagholz *s*; Niederwald *m.*
hakkel/aar Stammler; (*met spraakgebrek*) Stotterer *m.* ▾**—en** stammeln; stottern.
hak/ken hacken; (*houwen; hout*) hauen; (*altijd*) *op iem. zitten te —*, auf e.n (herum)hacken; *erop in —*, drauf loshauen; (*dat*) *hakt erin*, reißt ein großes Loch in den Beutel. ▾**—mes** Hackmesser *s.* ▾**—sel** (*stro*) Häcksel *s.* ▾**—stuk** Hackenstück *s.* ▾**—vlees** Hackfleisch *s.*
hal Halle *w*; (*v. woning*) Diele *w*, Flur *m.*
halen holen; *kom je me vanavond —?*, holst du mich heute abend ab?; (*de zieke zal de avond niet*) *—*, erleben; (*een mooi cijfer*) *—*, bekommen; *de dokter laten —*, nach dem Arzt schicken; (*de politie*) *—*, herbeirufen; (*geen 100 pond*) *—*, wiegen; (*de kaas heeft een goede prijs*) *gehaald*, erzielt; (*de trein*) *—*, erreichen; (*loop maar niet zo hard,*) *je haalt het toch niet*, du kommst doch zu spät; (*zich een ziekte*) *op de hals —*, zuziehen; (*alles*) *erbij —*, herbeiziehen; (*een deskundige*) *erbij —*, hinzuziehen; (*dit boek*) *haalt niet bij dat*, ist nichts gegen das; (*alles*) *door elkaar —*, durcheinanderwerfen; *iem. erdoor —*, e.n durchbringen, e.m (hin)durchhelfen, (*voor de gek houden*) e.n zum besten haben; (*alles*) *naar zich toe —*, an sich [4] ziehen; (*een boek uit de kast*) *—*, nehmen; (*een kind uit het water*) *—*, retten; (*zijn horloge uit de zak*) *—*, (hervor)ziehen; *eruit —*, *wat eruit te — is*, herausschlagen was herauszuschlagen ist; *waar — we het geld vandaan?*, wo nehmen wir das Geld her; *men heeft het daar maar voor het —*, man brauchts da nur zu nehmen; (*de zieke*) *haalt het wel*, kommt schon durch; *halen!*, (*commando*) Holen!, (*bij toneel*) Vorhang!
half halb; *halve bol, maan, wees enz.*, Halbkugel *w*, -mond *m*, -waise *w*; *betrekking voor halve dagen*, Halbtagsstellung *w*; *voor — geld*, zum halben Preis; (*kinderen*) *— geld*, zahlen die Hälfte; *— Duitsland*, halb Deutschland; *— Zwitserland*, die halbe Schweiz; *— mei*, Mitte Mai, im halben Mai; *— om —*, halb und halb; *— om — doen*, halbpart machen; *vijf en een —*, fünfeinhalb; *vijf en een — jaar*, fünf(und)einhalb Jahre, fünf und ein halbes Jahr; *het —*, das Halb; *twee halven maken een heel*, zwei Halbe machen ein Ganzes; *ten halve*, zur Hälfte, halb.
▾**half/automatisch** h.automatisch. ▾**—back** Läufer *m.* ▾**—backslinie** Läuferreihe *w.* ▾**—bakken** halbgebacken; (*fig., ook*) halb(schürig). ▾**—bloed** Halb/blütige(r) *m*; *— paard*, H.blut *s.* ▾**—broer** H.bruder *m.* ▾**—donker** *zn* H.dunkel *s.* ▾**—dood** h.tot. ▾**—door** mittendurch, entzwei. ▾**—-en-half** halb und halb. ▾**—fabrikaat** H.fabrikat *s*, H.fertigware *w.* ▾**—geleider** H.leiter *m.* ▾**—heid** H.heit *w.* ▾**—jaar** H.jahr *s.* ▾**—jaarlijks** h.jährlich. ▾**—leren**: *— band*, H.leder-, H.franzband *m.* ▾**—maandelijks** h.monatlich. ▾**—produkt** H.produkt, H.fabrikat *s.* ▾**—rond I** *zn* H.kugel *w.* **II** *bn* h.rund. ▾**—slachtig** h.schlächtig; (*fig*) zwitterartig; *— antwoord*, unbestimmte, unsichere Antwort. ▾**—slachtigheid** H.heit *w.* ▾**—steensmuur** H.steinmauer *w.* ▾**—stok** h.mast; (*de vlag hangt*) *—*, auf H.mast. ▾**—time** H.zeit *w.* ▾**—uur** h.e. Stunde; *om het —*, jede h.e Stunde, h.stündlich. ▾**—uurdienst** h.stündlicher Verkehr. ▾**—vasten** H.fasten *Mz.* ▾**—was** H.erwachsene(r) *m.* ▾**—wassen** h.wüchsig. ▾**—weg** h.wegs. ▾**—wijs** nicht recht gescheit. ▾**—wollen** h.wollen. ▾**—zuster** H.schwester *w.* ▾**—zwaargewicht** (*sp.*) H.schwergewicht s; (*bokser*) H.schwergewichtler *m.*
hall *zie* **hal**.
halleluja Halleluja *s.*
hallenkerk Hallenkirche *w.*
hallucin/atie Halluzin/ation *w.* ▾**—ogeen** H.ogen *s.*
halm Halm *m.*
halma Halma *s.*
halo Halo *m.*
halogeen Halogen *s.*
hals Hals *m*; (*v. zeil, mv*: Halsen); *lage —*, (*v. jurk*) (tiefer) Ausschnitt; *om —* (*brengen*), ums Leben; *z. iets op de — halen*, s. etwas auf den H. laden, s. etwas zuziehen; *— over kop*, H. über Kopf; (*een goeie*) *—*, Schlucker *m*; *onnozele —*, Tropf *m.* ▾**—ader** H.ader *w.* ▾**—band** H.band *s.* ▾**—brekend** h.brecherisch, h.brechend. ▾**—doek** H.tuch *s*, H.binde *w.* ▾**—lengte** H.länge *w.* ▾**—misdaad** Kapitalverbrechen *s.* ▾**—slagader** H.schlagader *w.* ▾**—snoer** H.schnur *w*, H.band *s*, H.kette *w.* ▾**—starrig** h.starrig. ▾**—starrigheid** H.starrigkeit *w.*
halster Halfter *w.* ▾**—touw** H.leine *w.*
hals/wervel Hals/wirbel *m.* ▾**—wijdte** H.weite *w.* ▾**—zaak** Kapitalverbrechen *s.*
halt halt; *— houden*, halten, halt machen. ▾**halte** Haltestelle *w.*
halter Hantel *w*; *met —s werken*, hanteln.
halvemaan Halbmond *m.*
halver/en halb(ier)en. ▾**—hoogte** zur halben Höhe. ▾**—ing** Halbierung *w.* ▾**—wege**: *— de berg*, halbwegs den Berg hinauf, hinab; *— de dijk*, auf halbem Deich. ▾**—wind** halbwinds. ▾**halvezolen** halbsohlen.
ham Schinken *m.*
hamburger Hamburger *m.*
hamel Hammel *m.*
hamer Hammer *m*; *onder de — komen*, unter den H. kommen. ▾**—en** hämmern; *op iets —*, (*fig.*) auf etwas [4] drängen; *maar steeds op hetzelfde blijven —*, immerzu auf dasselbe zurückkommen. ▾**—slag** Hammer/schlag *m*; (*schilfers, ook*) H.schlacke *w.* ▾**—stuk**: (*dit agendapunt*) *is een —*, kann (in der Versammlung) schnell (ohne namentliche Abstimmung) abgehandelt werden.
hammondorgel Hammondorgel *w.*
hamster Hamster *m.* ▾**—aar** H.er *m.* ▾**—en**

h.n.
hamvraag schwierigste Frage.
hand Hand *w*; *een mooie — v. schrijven*, eine schöne Hand(schrift); *de — aan iets houden*, etwas nicht vernachlässigen; *de* (*laatste*) — *leggen aan*, (die letzte) H. legen an [4]; *de — aan zichzelf slaan*, H. an sich legen; *iem. de — boven het hoofd houden*, die Hände über e.n halten; *overal de — in hebben*, bei allem seine Hände im Spiel haben; *de — op iets leggen*, die H. auf etwas legen, (*in beslag nemen*) etwas beschlagnahmen; *de — op een misdadiger leggen*, e.n Verbrecher verhaften; (*ik geef je*) *mijn — erop!*, die H. darauf!; *het zijn twee —en op een buik*, sie spielen unter einer Decke; *zijn — onder iets zetten*, etwas unterschreiben; *geen — voor ogen zien kunnen*, die H. vor den Augen nicht sehen können; *—en thuis!*, Hände weg davon!; *de —en vol hebben*, alle Hände voll zu tun haben; *zij heeft de —en vol aan haar kinderen*, die Kinder machen ihr viel zu schaffen; *vele —en maken licht werk*, viele Hände machen leicht ein Ende; (*iem. iets*) *aan de — doen*, besorgen, (*iem. een middel*) an die H. legen; *— aan —* (*gaan*), H. in H.; *iets aan de — hebben*, s. mit etwas beschäftigen; (*wat*) *heb ik nu aan de —?*, wird mir jetzt passieren?; *aan de betere — zijn*, s. auf dem Wege der Besserung befinden; (*wat*) *is er aan de —?*, ist los?; *aan de — van*, an H. [+2]; (*iets*) *achter de — hebben*, hinter der H. haben; *achter de — zitten*, in der Hinterhand; *bij de —* (*blijven, hebben*), zur H.; *iem. bij de — leiden, nemen*, e.n an der H. führen, fassen; (*iets*) *bij de —* (*nemen*), zur H.; (*ik neem wat toevallig*) *bij de — is*, zur H. ist; (*is mijnheer al*) *bij de —?*, auf(gestanden), gekleidet, zu sprechen?; *zij is erg bij de —*, sie ist sehr gewandt, sie hat eine geschickte H.; (*iem. iets*) *in —en geven*, in die H. geben; (*iem. de verkoop v.e. artikel*) *in —en geven*, übertragen; (*het boek kwam mij*) *in —en*, in die Hände; (*zijn brief*) *kwam ons niet in —en*, erreichte uns nicht; (*iem. iets*) *in —en* (*spelen*), in die Hände; (*het geld*) *in —en krijgen*, in die H. bekommen; (*iem.*) *in —en* (*vallen*), in die Hände; *iem. in de — werken*, e.m in die Hände arbeiten; (*iets*) *in de — werken*, fördern; (*zijn lot*) *is, ligt in uw —en*, liegt, steht in Ihrer H.; *de heer Meyer in —en*, (*op brief*) zu Händen des Herrn Meyer; *met de — gemaakt*, handgearbeitet; *met de — geschreven*, handgeschrieben; *met de — op het hart*, (die) H. aufs Herz; *met — en tand* (*verdedigen*), aufs heftigste; (*iem.*) *naar zijn — zetten*, dressieren; (*ik kan*) *hem naar mijn — zetten*, mit ihm machen, was ich will; (*niets*) *om —en* (*hebben*), zu tun; *iets om —en hebben*, mit etwas beschäftigt sein; *om de — van de dochter vragen*, um die H. der Tochter bitten, anhalten; (*een werk*) *onder —en* (*hebben*), unter den Händen; (*iem.*) *onder —en nemen*, vornehmen; (*iets*) *onder —en* (*nemen*), in Angriff, in Arbeit; *onder iemands —en zijn*, von e.m behandelt werden; *onder de —*, unter der H.; (*iem.*) *op zijn —* (*hebben*), auf seiner Seite; *op —en en voeten*, auf Händen und Füßen, auf allen vieren; *— over — toenemen*, überhand nehmen; (*iets*) *ter — nemen*, in die H. nehmen, (*fig. ook*) vornehmen, in Angriff nehmen; (*iem. iets*) *ter — stellen*, übergében, überréichen, einhändigen; (*iets*) *uit —en* (*geven*), aus der H.; (*iem. werk*) *uit —en* (*nemen*), aus den Händen; *uit de —* (*kopen*), aus freier H.; *verkoop uit de vrije —*, freihändiger Verkauf; *uit de eerste —*, aus erster H.; *uit de —* (*tekenen*), aus freier H.; *uit de — geschilderd*, handgemalt; (*deze artikelen*) *gaan vlot van de —*, werden flott verkauft; (*iets*) *van de — doen*, verkaufen, wegtun; (*voorraden*) *van de — doen*, absetzen; (*iets*) *van de — wijzen*, ablehnen, von der H. weisen; *van de — in de tand* (*leven*), aus (von) der H. in den Mund; *van hoger —*, auf höhern Befehl, höhern Orts; (*dit ligt*) *voor de —*, (*is duidelijk*) auf der Hand; (*het ligt*) *voor de —* (*eraan te denken*), nahe; (*dit ligt*) *meer voor de —*, näher; *een voor de — liggende gedachte*, ein naheliegender Gedanke; *voor de — zitten*, die Vorhand haben. ▾**hand/bagage** Hand/gepäck *s*. ▾**—bal** H.ball *m*. ▾**—bereik**: *binnen —*, in Reichweite, in Griffweite. ▾**—boei** H.fessel, H.schelle *w*. ▾**—boek** H.buch *s*. ▾**—boog** H.bogen *m*. ▾**—boogschutter** H.bogenschütze *m*. ▾**—breed** H.breit *w*; *rand v.e. —*, h.breiter Rand. ▾**—camera** H.kamera *w*. ▾**—doek** H.tuch *s*. ▾**—doekenrek(je)** H.tuchhalter *m*. ▾**—druk** Händedruck *m*.
handel 1 Handel *m*; (*zaak, winkel*) Handlung *w*, Geschäft *s*; *— drijven in*, Handel treiben mit; *de —* (*aan de beurs*) (*was zeer geanimeerd*), das G.; *de — in katoen*, das Baumwollgeschäft; (*hij heeft*) *een — in koloniale waren*, eine Kolonialwarenhandlung; *— in tabak*, Handel mit Tabak, Tabakhandel; *— op* (*Amerika*), Handel mit; *in de —* (*zijn*), im Handel, (*v. persoon*) Kaufmann, im Handel tätig; *iemands —en wandel*, jemands Tun und Treiben; **2** (*handvat*) Kurbel *w*, Handgriff *m*; (*hefboom*) Hebel *m*. ▾**—aar** Händler, Kaufmann *m*; *— in oud ijzer*, Alteisenhändler. ▾**—baar** (*v. personen*) gefügig; (*v. zaken*) handlich; (*v. stoffen, goed te bewerken*) leicht zu bearbeiten. ▾**—drijvend** handeltreibend. ▾**—en** handeln; Handel treiben; (*te werk gaan, ook*) verfahren; (*optreden*) vorgehen; *niet praten, maar —*, nicht reden, handeln!; (*edel*) *jegens iem. —*, an e.m handeln; *—d optreden*, (*ingrijpen*) einschreiten; (*het boek*) *handelt over*, handelt von; *in tabak —*, mit Tabak handeln, Handel treiben mit Tabak. ▾**—ing** Handlung *w*; *de Handelingen der Apostelen*, die Apostelgeschichte; *de —en* (*van de Tweede Kamer*), die Verhandlungen, (*geschrift met verslag hiervan*) der Sitzungsbericht; *— voor gemene rekening*, Partizipationsgeschäft *s*. ▾**—ingsbekwaam** geschäftsfähig. ▾**—(s)maatschappij** Handelsgesellschaft *w*. ▾**handels/agent** Handels/agent *m*. ▾**—artikel** H.artikel *m*. ▾**—avondschool** H.abendschule *w*. ▾**—balans** H.bilanz *w*. ▾**—bank** H.bank *w*. ▾**—bediende** H.angestellte(r) *m*. ▾**—belang** H.interesse *s*. ▾**—betrekking** Geschäftsverbindung *w*; *—en* (*tussen deze twee landen*), H.beziehungen. ▾**—correspondent** H.korrespondent *m*. ▾**—correspondentie** H.korrespondenz *w*, kaufmännischer Briefwechsel. ▾**—dagschool** H.schule mit Tagesunterricht. ▾**—embargo** H.embargo *s*. ▾**—firma** H.haus *s*, Firma *w*. ▾**—gebruik** H.brauch *m*; *volgens —*, h.üblich. ▾**—geest** H.geist *m*. ▾**—kantoor** H.kontor *s*. ▾**—kapitaal** Geschäftskapital, Handelskapital *s*. ▾**—kennis** kaufmännische Kenntnisse *Mz*; (*handelsleer*) H.kunde *w*. ▾**—kringen** H.-, Geschäftskreise, kaufmännische Kreise *Mz*. ▾**—man** H.mann, Kaufmann *m*. ▾**—merk** H.marke *w*, Warenzeichen *s*. ▾**—monopolie** H.monopol *s*. ▾**—onderwijs** kaufmännischer Unterricht. ▾**—opleiding** kaufmännische Bildung. ▾**—overeenkomst** H.vertrag *m*, H.abkommen *s*. ▾**—plaats** H.platz *m*. ▾**—recht** H.recht *s*. ▾**—register** H.register

s. ▾**—reiziger** Geschäfts/reisende(r), Vertreter *m.* ▾**—rekenen** kaufmännisches Rechnen, H.rechnen *s.* ▾**—relatie** H.-, G.verbindung *w.* ▾**—term** kaufmännischer Ausdruck. ▾**—verdrag** H.vertrag *m.* ▾**—vlag** H.flagge *w.* ▾**—waarde** H.wert *m.* ▾**—wereld** G.welt *w.* ▾**—wetenschappen** H.wissenschaften *Mz.* ▾**—zaak** H.geschäft *s.*
handelwijze Handlungsweise *w.*
hand/enarbeid Handarbeit *w*; (*op school*) Werkarbeit *w*; *onderwijs in —*, Handfertigkeits-, Werkunterricht *m.* ▾**—-en spandiensten** Hand- und Spanndienste *Mz.* ▾**—gebaar** Handgebärde *w.* ▾**—geklap** Händeklatschen *s.* ▾**—geld** Hand/geld *s.* ▾**—gemeen I** *bn* h.gemein. **II** *zn* H.gemenge *s.* ▾**—granaat** H.granate *w.* ▾**—greep** H.griff *m.* ▾**—haven** (*gezag, orde, rust; aanbod, bewering, gewoonte, prijs*) aufrechterhalten; (*zijn positie, zijn recht, zich*) behaupten; (*het recht*) wahren; *zijn eisen —*, auf seinen Forderungen bestehen; (*een bestaande toestand*) —, beibehalten; (*iem.*) *in zijn betrekking —*, in seiner Stellung (be)lassen.
handicap Handikap *s.* ▾**—pen** hemmen; benachteiligen. ▾**—race** Ausgleichsrennen *s.*
handig gewandt; (*bekwaam*) geschickt; (*vlug*) behende; (*gemakkelijk te hanteren*) handlich; (*met zo'n machine gaat dat*) —, schnell und leicht. ▾**—heid** Gewandtheit, Geschicklichkeit *w*; (*hanteerbaarheid*) Handlichkeit *w.*
hand/je: *een — helpen*, mit Hand anlegen; *iem. een — helpen*, e.m ein wenig (nach)helfen; *daar heeft hij een — van*, so macht er 's immer, das ist so seine Art, (*dat verstaat hij*) das hat er im Griff, das hat er weg. ▾**—jevol** Hand/voll *w.* ▾**—kar** H.karren *m.* ▾**—koffer** H.koffer *m.* ▾**—kracht** H.betrieb *m.* ▾**—kus** H.kuß *m.* ▾**—langer** Helfer *m*; (*medeplichtige*) Helfershelfer *m*; (*politiespion*) Spitzel *m.* ▾**—leiding** Anleitung *w*, Leitfaden *m.* ▾**—lichting** Volljährigkeitserklärung *w*; *iem. — verlenen*, e.n volljährig erklären. ▾**—omdraai**: *in een —*, im Hand/umdrehen. ▾**—oplegging** H.auflegung *w.* ▾**—palm** H.fläche *w.* ▾**—reiking** Hilfeleistung *w.* ▾**—rem** Handbremse *w.* ▾**hands** (*voetbalsp.*) Hand(spiel) *s.* ▾**hand/schoen** Hand/schuh *m*; (*iem. de —*) *toewerpen*, hinwerfen; *met de — trouwen*, per Prokura heiraten. ▾**—schoen(en)kastje** H.schuhfach *s.* ▾**—schoen(en)winkel** H.schuhladen *m.* ▾**—schrift** H.schrift *w*; (*manuscript, ook*) Manuskript *s.* ▾**—slag**: *verkoop op —*, Verkauf *m* im H.schlag *m*; (*iem. iets*) *bij —* (*beloven*), in die Hand. ▾**—tasje** H.tasche *w.* ▾**—tastelijk** h.greiflich. ▾**—tastelijkheid** H.greiflichkeit, Tätlichkeit *w.* ▾**—tekening** H.zeichnung *w*; (*ondertekening*) Unterschrift *w.* ▾**—vaardigheid** H.fertigkeit *w.* ▾**—vat(sel)** Griff *m*; (*v. vaatwerk enz.*) Henkel *m.* ▾**—veger** Hand/feger, H.besen *m.* ▾**—vest** H.feste *w*; *het Handvest van de V.N.*, die Satzung der Vereinten Nationen. ▾**—vol** H.voll *w.* ▾**—vormig** h.förmig. ▾**—wagen** H.wagen, H.karren *m.* ▾**—weefstof** h.gewebter Stoff.
handwerk Hand/arbeit *w*; (*vak*) H.werk *s*; (*bedrijf*) Gewerbe *s*; *fraaie —en*, feinere H.arbeiten; *een — leren*, ein H.werk lernen; *een — uitoefenen*, ein G. treiben. ▾**—en** h.arbeiten. ▾**—er** H.arbeiter *m.* ▾**—sgezel** H.werksgeselle *m.* ▾**—snijverheid** H.werksindustrie *w.* ▾**—sstand** H.werkerstand *m.*
hand/wijzer Wegweiser *m.* ▾**—woordenboek** Hand/wörterbuch *s.* ▾**—zaag** H.säge *w.* ▾**—zaam** (*scheepst.*) h.sam. ▾**—zetsel** H.satz *m.*
hane/balk Hahnen/balken *m.* ▾**—gekraai** H.geschrei *s*, H.schrei *m.* ▾**—ngevecht** H.kampf *m.* ▾**—poot** H.fuß *m*; (*schrift*) Krakelfuß *m*, (*mv* ook) Gekritzel *s.*
hanga(a)r Schuppen *m*; (*v. vliegtuigen*) Flugzeughalle *w*, (*kleiner*) Flugzeugschuppen *m.*
hang/brug Hänge/brücke *w.* ▾**—buik** H.bauch *m.* ▾**—en** (*on.w*) hängen (hangen) [hing gehangen]; (*ov.w*) hängen [hängte, gehängt]; (*bij een verkoop*) *aan iets blijven —*, etwas ans Bein kriegen; (*van het geleerde is weinig*) *blijven —*, hängengeblieben; *dit hangt hun boven het hoofd*, dies steht ihnen bevor; (*overal*) *staan te —*, herumstehen; (*altijd op straat*) —, herumlungern; *met — en wurgen*, mit Hängen und Würgen; *—de geschillen*, schwebende Streitigkeiten; (*de kwestie*) *is nog —de*, schwebt noch. ▾**—ende** *vz*: *— het proces*, solange die Sache schwebt; *— de beraadslaging*, während der Beratung. ▾**—er** (*haak*) Haken *m*; (*kleerhanger*) Bügel, Rechen *m*; (*krantenhanger*) Halter *m*; (*sieraad*) Anhänger *m*; (*scheepst.*) Hänger *m*; —(*s*), (*alles wat aan iets hangt als versiering enz.*) Gehänge *s.* ▾**—erig** lustlos. ▾**—ijzer** Hänge/eisen *s.* ▾**—kast** H.schrank; (*kleerkast*) Kleiderschrank *m.* ▾**—klok** Wanduhr *w.* ▾**—lamp** H.lampe *w.* ▾**—lip** H.lippe *w*, H.maul *s.* ▾**—mat** H.matte *w.* ▾**—oor** H.ohr *s*; *de hangoren* (*v. jachthond*) der Behang. ▾**—op** Quark *m.* ▾**—partij** H.partie *w.* ▾**—plant** H.pflanze *w.* ▾**—slot** H.-, Vorlegeschloß *s.* ▾**—spoor** Schwebebahn *w.*
hannes (*sul*) Tropf *m*; (*knoeier*) Stümper *m.* ▾**—en** (*treuzelen*) drucksen; (*knoeien*) stümpern, pfuschen.
Hans Hans *m*; *— en Grietje*, Hänsel und Gretel.
hansop Hemdhose *w.*
hansworst Hanswurst *m.*
hanteerbaar handlich. ▾**hanter/en** führen; hantieren mit; (*meer: kunnen hanteren*) handhaben ▾**—ing** Führung, Handhabung, Hantierung (mit) *w.*
Hanze Hanse *w.* ▾**—stad** H.stadt *w.* ▾**—verbond** H.bund *m.*
hap Happen, Bissen *m*; *een — in iets doen*, in etwas [4] beißen; *—!*, schnapp!
haper/en hapern; (*blijven stoken*) stocken; (*een vers*) *zonder —* (*opzeggen*), ohne Stocken; *wat hapert eraan?*, woran hapert es?, (*wat scheelt je*) was fehlt dir?; *er hapert iets aan*, es stimmt etwas nicht; *het hapert hem aan geld*, es fehlt ihm an Geld. ▾**—ing** Stockung *w.*
hap/je Bissen *m*; *lekker —*, Leckerbissen; (*dat is*) *ook geen —!*, auch kein Spaß!, mir ein schönes Vergnügen! ▾**—pen** (zu)happen; *in iets —*, in etwas [4] beißen; (*naar iets*) schnappen; (*lucht*) schnappen. ▾**happening** Happening *s.* ▾**happig** happig; *— zijn op*, erpicht sein auf [4]. ▾**—heid** Happigkeit, Begierde *w.*
hard hart; (*ruw*) derb; (*krachtig*) kräftig; (*luid*) laut; (*snel*) schnell; (*zeer, erg*) stark, sehr; (*v. kleuren*) hart, grell; *een —e trap* (*krijgen*), e.n derben Fußtritt; — (*nodig*), dringend; *— ziek*, schwerkrank; — (*regenen, vriezen, waaien*), stark; — (*studeren, werken*), tüchtig; (*het gaat*) *— tegen —*, hart auf hart; (*die arme mensen hebben het*) —, schlecht, schwer; (*het valt hem*) —, schwer; *om het —st*, um die Wette. ▾**—board** Hartfaserplatte *w.*

▾**—draven** traben. ▾**—draverij** Trabrennen, Wettrennen *s.* ▾**—en** härten; (*iem., z.*) —, abhärten; (*ik kan het niet*) —, aushalten; (*het is niet*) *om te* —, zum Aushalten. ▾**—geel** knall-, hartgelb. ▾**—glas** Hartglas *s.* ▾**—handig** derb. ▾**—handigheid** Derbheit *w.* ▾**—heid** Härte *w.* ▾**—horend** schwerhörig; (*met opzet, ook*) harthörig. ▾**—horigheid** Schwerhörigkeit; Harthörigkeit *w.* ▾**—hout** Hartholz *s.* ▾**—houten** Hartholz... ▾**—ing** Härtung *w*; (*v. lichaam*), Abhärtung *w.* ▾**—leers** ungelehrig; (*onverbeterlijk*) unbelehrbar. ▾**—lijvig** hartleibig. ▾**—lopen** schnellaufen. ▾**—loper** Schnelläufer *m*; — *op de lange baan*, Langstreckenläufer, Langstreckler *m.* ▾**—loperij** Wettlaufen *s.* ▾**—nekkig** hartnäckig. ▾**—nekkigheid** Hartnäckigkeit *w.* ▾**—op** laut; — *dromen*, im Traum reden. ▾**—rijden** (*op schaats*) schnellaufen; (*wedstrijd*) Wettlaufen *s*; (*anders*) rennen; (*wedstrijd*) Wettrennen, Pferderennen *s.* ▾**—rijder** Schnelläufer *m.* ▾**—rijderij** Eiswettlauf *m.* ▾**—rood** knallrot. ▾**—soldeer** Hartlot *s.* ▾**—steen** Hau-, Werkstein *m*; (*blok*) Quader(stein) *m.* ▾**—stenen** Quader... ▾**—vallen**: *iem. om iets* —, e.m etwas übelnehmen, verübeln. ▾**—vochtig** hartherzig. ▾**—vochtigheid** Hartherzigkeit *w.*

hardware (*comp.*) Hardware *w.*

hard/zeiler Schnellsegler *m.* ▾**—zeilerij** Wettsegeln *s*, Segelregatta *w.*

harem Harem *m.*

haren I *bn* Haar..., hären; — *kleed*, härenes Gewand. **II** *ww* **1** (*v. zeis*) haaren, dengeln; **2** (*v. haar ontdoen*) abhaaren; **3** (*haar verliezen*) (s.) haaren.

harentwil: *om* —, (um) ihretwillen. ▾**harerzijds** ihrerseits.

harig behaart, haarig.

haring Hering *m*; *volle* —, Vollhering; *ijle* (*lege*) —, Hohlhering; *als —en in een ton*, wie die Heringe. ▾**—buis** Heringsbüse *w.* ▾**—kaken** Heringe kaken; *het* —, das Herings/kaken. ▾**—vangst** H.fang *m.*

hark Rechen *m*, Harke *w*; *stijve* —, Stockfisch *m.* ▾**—en** rechen, harken. ▾**—erig** steif.

harlekijn Harlekin *m.* ▾**—spak** H.sanzug *m.*

harmon/ie Harmon/ie *w.* ▾**—ieleer** H.ielehre *w.* ▾**—iëren** h.ieren. ▾**—ieus** h.isch. ▾**—ika** H.ika *w*; (*fam.*) Schifferklavier *s.* ▾**—isatie** H.isierung *w.* ▾**—isch** h.isch. ▾**—ium** H.ium *s.*

harnachement Geschirr *s*, Beschirrung *w.*

harnas Harnisch, Panzer *m*; *in het — jagen*, in H. bringen.

harp Harfe *w.* ▾**—(en)ist** Harfenist *m.*

harpoen Harpun/e *w.* ▾**—eren** h.ieren. ▾**—ier** H.ierer *m.*

harpspeler Harfenspieler *m.*

harrewarren s. zanken, s. streiten.

hars Harz *s.* ▾**—achtig** h.artig, h.ig. ▾**—gang** H.kanal *m.* ▾**—houdend** h.haltig.

hart Herz *s*; *het Heilig Hart*, das Herz-Jesu; (*het gaat*) *me aan het* —, mir zu Herzen; (*dit ligt mij*) *na aan 't* —, sehr am Herzen; *in zijn* — (*was hij 't ermee eens*), innerlich; *met — en ziel*, mit ganzem Herzen; *dat zijn woorden naar mijn* —, das ist mir aus dem Herz/en gesprochen; (*iem. iets*) *op het — drukken*, ans H. legen; (*iets niet*) *over het — kunnen verkrijgen*, übers H. bringen können; (*de hand*) *over 't — strijken*, übers H. legen; *ter —e gaan*, am Herzen liegen; *iets ter —e nemen*, s. etwas zu Herzen nehmen, (*moeite doen*) s. etwas angelegen sein lassen; *in het diepst van zijn* —, im tiefsten Herzen; *'t moet mij van 't* —, ich kann nicht umhin es zu sagen; *vrolijk van —e*, heiter von Natur; *zijn — aan iets ophalen*, s. an etwas zugute tun, (*genieten van*) s. herz/lich an etwas [3] (er)freuen; *iem. een — onder de riem steken*, e.m Mut machen; — (*voor iets hebben*), ein H.; *het* — (*hoog dragen*), den Kopf; *het — hebben*, es wagen; *heb 't — eens dat te doen!*, untersteh dich!; *daar heeft hij het — niet toe*, dazu hat er nicht das H.; *zijn — vasthouden*, das Schlimmste befürchten; *waar het — vol van is, loopt de mond van over*, wes das H. voll ist, des geht der Mund über. ▾**hart/aandoening** Herz/leiden *s.* ▾**—aanval** H.anfall *m.* ▾**—bewaking** H.überwachung *w.* ▾**—boezem** H.vorhof *m.* ▾**—brekend** h.brechend. ▾**—chirurgie** H.chirurgie *w.* ▾**—ebloed** H.blut *s.* ▾**—edief** H.liebe(r) *m.* ▾**—eklop** H.schlag *m.* ▾**—eleed** H.eleid *s.*

harte/lijk herz/lich; *zie ook* **hartig**. ▾**—lijkheid** H.lichkeit *w.* ▾**—loos** h.los. ▾**—loosheid** H.losigkeit *w.* ▾**—lust** Herzenslust *w.*

harten (*kaartspel*) Herz *s.* ▾**—aas** H.as *s.* ▾**—boer** H.bube *m.* ▾**—heer** H.könig *m.*

hart- en vaatziekten Herz- und Gefäßkrankheiten *Mz.*

harten/vrouw Herz/dame *w.* ▾**—zeven** H.sieben *w.*

hart/epijn Herzweh, (*leed*) Herzeleid *s.* ▾**—ewens** Herzenswunsch *m.* ▾**—gebrek** Herz/fehler *m.* ▾**—grondig** h.lich, h.innig. ▾**—ig** kräftig; (*v. spijzen, ook*) gesalzen, gewürzt, würzig, pikant. ▾**—infarct** H.infarkt *m.* ▾**—je** H.chen *s*; (*wat*) *zijn — begeert*, sein H. s. wünscht; *in het — van Afrika*, im H.en Afrikas; *in het — van de zomer*, im Hochsommer. ▾**—kamer** Herz/kammer *w.* ▾**—klep** H.klappe *w*; (*v. pomp*) Saugventil *s.* ▾**—klopping** H.klopfen *s.* ▾**—kwaal** H.leiden *s.* ▾**—-longmachine** H.-Lungen-Maschine *w.* ▾**—massage** H.massage *w.* ▾**—operatie** H.operation *w*; *een open — verrichten*, eine Operation am offenen Herz ausführen. ▾**—roerend** h.ergreifend. ▾**—sgeheim** H.ensgeheimnis *s.* ▾**—slag** H.schlag *m.* ▾**—specialist** H.spezialist *m.* ▾**—stikke**: — *donker*, stockfinster; — *dood*, mausetot; — *doof*, stocktaub. ▾**—stimulator** H.schrittmacher *m.*

hartstocht Leidenschaft *w.* ▾**—elijk** l.lich. ▾**—elijkheid** L.lichkeit *w.*

hart/streek Herz/gegend *w.* ▾**—svriend** H.ensfreund *m.* ▾**—transplantatie** H.verpflanzung, H.transplantation *w.* ▾**—vergroting** H.vergrößerung *w.* ▾**—verheffend** h.erhebend. ▾**—verlamming** H.lähmung *w*, H.schlag *m.* ▾**—verscheurend** h.zerreißend. ▾**—versterkend** h.stärkend. ▾**—versterking** H.stärkung *w.* ▾**—vormig** h.förmig. ▾**—werking** H.tätigkeit *w.* ▾**—zeer** H.eleid *s.* ▾**—ziekte** H.krankheit *w.*

hasj(iesj) Hasch(isch) *s.*

haspel Haspel *w.* ▾**—en** haspeln; (*kibbelen*) s. zanken, s. streiten; (*onhandig te werk gaan*) stümpern; (*alles*) *door elkaar* —, durcheinander werfen.

hatelijk gehässig; (*scherp*) anzüglich. ▾**—heid** G.keit, A.keit *w.* ▾**haten** hassen; *z. gehaat maken*, s. verhaßt machen.

hauss/e Hausse *w*; *à la* — (*speculeren*), auf die H. ▾**—ier** Haussier *m.*

haute-finance Hochfinanz *w.*

hauw Schote *w.*

have Habe *w*; *levende* —, Vieh *s*; — *en goed*, H. und Gut. ▾**—loos** (*eig.*) hablos, ohne Habe; (*slordig*) zerlumpt, schäbig.

haven Hafen *m.* ▾**—aanleg** H.bau *m.*

▾—**arbeider** H.arbeiter *m.* ▾—**bedrijf** H.betrieb *m.* ▾—**dam** H.damm *m,* Mole *w.*
havenen übel zurichten, arg mitnehmen; beschädigen; ramponieren; *zie* **gehavend**.
haven/geld Hafen/geld *s,* H.gebühren *Mz.* ▾—**hoofd** H.damm *m.* ▾—**licht** H.feuer *s.* ▾—**loods** H.lotse *m.* ▾—**meester** H.meister *m.* ▾—**mond** H.einfahrt *w.* ▾—**plaats** H.platz *m.* ▾—**politie** H.polizei *w.* ▾—**stad** H.stadt *w.* ▾—**staking** H.arbeiterstreik *m.* ▾—**werken** H.anlagen, H.bauten, H.werke *Mz.*
haver Hafer *m;* (*iem.*) *van — tot gort* (*kennen*), wie seine Tasche; (*iets*) *van — tot gort* (*vertellen*), in allen Einzelheiten. ▾—**kist** H.kiste *w; als de bok op de —,* begierig, happig.
haverklap: *om de —,* jeden Augenblick.
havermout Haferflocken *Mz.*
havik Habicht *m.* ▾—**sneus** Habichtsnase *w.*
havo allgemeinbildender weiterführender höherer Unterricht. ▾—-**diploma**, —-**leerling**, —-**school** Zeugnis *s* einer Schule für ..., Schüler *m* einer Sch. für ..., Schule *w* für allgemeinbildenden weiterführenden höheren Unterricht.
hazard Hasard *s.* ▾—**spel** H.spiel *s.*
hazelaar Hasel *w,* Haselstrauch *m.*
haze/leger Hasen/lager *s.* ▾—**lip** H.scharte *w.*
hazel/noot Hasel/nuß *w.* ▾—**worm** H.wurm *m.*
haze/pad: *het — kiezen,* das Hasen/panier ergreifen. ▾—**peper** H.pfeffer *m,* H.klein *s.* ▾—**prent** H.fährte *w.* ▾—**wind** Windhund *m.*
H-bom H-bombe *w* (Hydrogen-, Höllenbombe).
he! (*als aanroep*) he (da)!; *mooi —!,* schön, was!
headline Schlagzeile *w.*
heao *zie* **economisch**.
hearing Anhörung *w,* Hearing *s.*
hebbedingetje Dingelchen *s.*
hebbelijk anständig. ▾—**heid** Angewohnheit, Untugend *w.*
hebben I *ww* haben; (*zoiets*) *heb je* (*hier niet*), gibt es; *daar heb je hem,* da ist (steht, sitzt) er; *daar heb je 't* (*geduvel*) *al!,* da haben wir die Bescherung!; *ik heb 't warm,* mir ist warm, ich bin warm; (*hij kan niet veel*) —, ertragen, (*meer lichamelijk*) vertragen; (*vader*) *wil 't niet —,* erlaubt es nicht; (*hij wist niet*) *hoe hij 't had,* wie ihm war; (*wat*) *heb je eraan?,* hast du davon?; (*men weet nooit*) *wat men aan hem heeft,* wie man mit ihm dran ist; *aan hem heb je niets,* ihn kann man zu nichts gebrauchen; *hoe heb ik 't nu met je?,* was ist mit dir?; *ik heb 't niet op hem,* ich mag ihn nicht; *waar heb je 't over?,* wovon sprichst du?; *daar moet ik niets van —,* ich will davon nichts wissen, (*daar dank ik voor*) ich verzichte darauf; *ik moet niets van hem —,* ich kann ihn nicht riechen; *het van de zomer moeten —,* auf die Sommermonate angewiesen sein; *veel van zijn broer —,* seinem Bruder sehr ähnlich sehen; *het heeft er veel van* (*alsof* ...), es sieht sehr danach aus; (*lopen*) *van heb ik jou daar,* was haste was kannste. **II** *zn*: *hele — en houden,* ganzes Hab und Gut.
hebberig habgierig.
Hebreeër Hebräer *m.* ▾**Hebreeuws** hebräisch.
hebzucht Habsucht *w.* ▾—**ig** habsüchtig.
hecht *bn* fest, stark; (*duurzaam*) dauerhaft; — (*gebouwd*), solid. ▾—**draad** Heftfaden *m.* ▾—**en** heften; (*geen*) *waarde aan iets —,* e.r Sache (keinen) Wert beimessen (beilegen), (keinen) Wert auf etwas legen; *een bepaalde betekenis aan iets —,* e.n bestimmten Sinn mit etwas verbinden; *zijn goedkeuring aan iets —,* etwas gutheißen, (*off.*) etwas genehmigen; *z. aan iem. —,* s. an e.n hängen. ▾—**enis** Haft *w;* (*zwaarder*) Gefängnisstrafe *w;* (*iem.*) *in — nemen,* verhaften. ▾—**heid** Festigkeit *w.* ▾—**ing** Heftung *w.* ▾—**pleister** Heftpflaster *s.*
hectare Hektar *s.*
hecto/graaf Hekto/graph *m.* ▾—**graferen** h.graphieren. ▾—**gram** H.gramm *s.* ▾—**liter** H.liter *s.* ▾—**meter** H.meter *s.*
heden I *bw* heut/e; *de dag van —,* der h.ige Tag; *— ten dage,* h.zutage; *op —,* h.e; *tot — toe,* bis (auf) h.e; *van — af,* von h.e an. **II** *zn* H.e *s,* Gegenwart *w.* ▾—**avond** H.e abend. ▾—**daags** (*bn*) h.ig, jetzig.
heel ganz; *— zijn leven,* sein ganzes Leben; *— iets anders,* etwas ganz andres; (*het vaasje was nog*) —, ganz, heil; *— mooi,* sehr, ganz schön; (*dat is*) *al — lelijk,* ja recht häßlich; — (*veel*), sehr, recht; *— wat,* ziemlich viel; *— wat anders,* ganz etwas andres; *— wat beter,* (sehr), viel besser; (*we hebben daar*) *— wat* (*gezien*), manches; *men denkt dat het — wat* (*bijzonders*) *is,* man meint es wäre etwas ganz Besonderes; (*het heeft*) *— wat* (*gekost*), nicht wenig Mühe; *— niet,* gar nicht; *half en —* (*slaan*), (*v. klok*) halb und voll. ▾—**al** Weltall *s.* ▾—**baar** heilbar. ▾—**huids** unversehrt; *er — afkomen,* mit heiler Haut davonkommen. ▾—**kunde** Chirurgie, Heilkunde *w.* ▾—**meester** Wundarzt *m; zachte —s maken stinkende wonden,* der milde Arzt schlägt grobe Wunden.
heem Hof *m;* (*in ruimere zin*) Heimat *w.* ▾—**kunde** Heimatkunde *w.* ▾—**raad** Deichschöffe *m.* ▾—**raadschap** Deichamt *s.*
Heemskinderen Haimonskinder *Mz.*
heen hin; *— en weer,* h. und her; *waar ga je —?,* wo gehst du h., wohin gehst du?; *loop —!,* geh mir!; *ik ga er—,* ich gehe h.; (*we moeten*) —, fort, weg, davon; (*we moeten*) *er—,* hin; (*het leven rolt*) —, dahin; *nergens —,* nirgendwohin; *waar wil hij —?,* (*wat bedoelt hij?*) worauf will er hinaus?; (*om zoiets te doen moet men*) *al ver — zijn,* schon weit heruntergekommen sein, (*bijna gek*) wohl nicht bei Sinnen sein; (*iem. over iets*) — *brengen,* hinwegbringen; *over zich — laten gaan,* über s. ergehen lassen; *door iets —,* durch etwas hindurch; *zie ook* **overheen**. ▾—**brengen** (*weg*) fort-, wegbringen; *erheen brengen,* hinbringen. ▾—-**en terugreis** Hin- und Rückfahrt *w.* ▾—-**en-weer** hin und her. ▾—-**en-weerdienst** Pendelverkehr *m.* ▾—-**en-weerpraten** Hinundherreden *s.* ▾—**gaan** hingehen; (*weg*) fort-, weggehen; (*voort*) dahingehen; *erheen gaan,* hingehen. ▾—**glijden** (*voort*) dahingleiten; (*weg*) fortgleiten; (*over iets*) *heen glijden,* hinweggleiten, (*vluchtig*) hinweghuschen. ▾—**komen I** *ww* hinkommen; *over iets heen komen,* über etwas hinwegkommen, (*fig. ook*) etwas verwinden. **II** *zn*: *een goed — zoeken,* s. aus dem Staube machen. ▾—**lopen** (*weg*) fort-, weg-, davonlaufen, -gehen; (*over iets*) *heen lopen,* hinweggehen, (*vluchtig*) hinweghuschen. ▾—**praten**: *langs elkaar heen praten,* aneinander vorbeireden; (*om iets*) *heen praten,* herumreden. ▾—**reis** Hinreise, -fahrt *w;* (*met vliegtuig*) Hinflug *m.* ▾—**sluipen** (*weg*) s. fort-, davonschleichen; (*voort*) s. dahinschleichen. ▾—**stappen** (*weg*) davon-, wegschreiten; (*voort*) einherschreiten; *over iets heen stappen,* über etwas hinwegschreiten, (*fig.*) s. über etwas hinwegsetzen. ▾—**weg** Hinweg *m.*
heer Herr *m;* (*v. kaartspel*) König *m; Aan de*

Weled. Heer N., H.n N.; *zijn eigen — en meester (zijn)*, sein eigner H.; *— op kamers*, Zimmerherr *m*; *de (mijn) oude —*, mein Alter; *zo —, zo knecht*, wie der H., so der Knecht. ▾**—baan** Heerstraße *w*. ▾**heerlijk** herrlich; (*v. d. heer*) Herren...; *—e rechten*, Herren-, Herrschaftsrechte. ▾**—heid** Herrlichkeit *w*; (*adellijk goed*) Herrengut *s*, -sitz *m*. ▾**heer/oom** mein Onkel der Pfarrer (*enz.*), mein ehrwürdiger Onkel; (*pastoor*) der Herr Pfarrer. ▾**—schaar** Heerschar *w*. ▾**—schap**: *deftig —*, vornehmer Herr; *fijn —*, sauberer Patron; *lastig —*, schwieriger Mensch; *raar —*, wunderlicher Kauz; *vrolijk —*, lustiger Bruder; (*wat verbeeldt z.*) *dat —!*, das Herrchen da! ▾**—schappij** Herrschaft *w*; (*macht*) Gewalt *w*.
heers/en herrschen; (*v. epidemie ook*) wüten; (*hier*) *heerst een misverstand*, liegt ein Mißverständnis vor; *—d* (*van mening, smaak enz.*) (vor)herrschend; *onder de —de omstandigheden*, unter den obwaltenden Umständen. ▾**—er** Herrscher *m*. ▾**—eres** Herrscher/in *w*. ▾**—ersblik** H.blick *m*. ▾**—zucht** Herrsch/sucht, H.begierde *w*. ▾**—zuchtig** h.süchtig.
heertje Herrchen *s*; (*fatje*) Stutzer *m*; *weer 't — zijn*, wieder obenauf sein.
hees heiser. ▾**—heid** Heiserkeit *w*.
heester Strauch *m*; (*die 's winters tot de grond afsterft*) Staude *w*. ▾**—achtig** strauch-, staudenartig.
heet heiß; *voor heter vuren gestaan hebben*, härtere Nüsse zu knacken gehabt haben. ▾**—gebakerd** hitzig, hitzköpfig. ▾**—hoofd** Hitzkopf, Heißsporn *m*. ▾**—hoofdig** hitzköpfig. ▾**—hoofdigheid** Hitze *w*. ▾**—lopen** heißlaufen. ▾**—watertoestel** (*boiler*) Heißwasserspeicher *m*.
hef(fe) Hefe *w*.
hef/boom Hebel *m*. ▾**—boomschakelaar** H.schalter *m*. ▾**—brug** Hubbrücke *w*; (*in garage*) Hebebühne *w*. ▾**—deur** Hubtor *s*. ▾**—fen** (er)heben; (*sport*; *v. gewichten*) (hoch)stemmen; (*belastingen*) *—*, erheben. ▾**—fing** (*heffen v. belasting enz.*) Erhebung *w*; (*belasting*) Abgabe, Steuer *w*; (*in versleer*) Hebung *w*; *— bij de bron*, Quellen/besteuerung, Q.steuer *w*. ▾**—hoogte** Hubhöhe *w*. ▾**—installatie** Hebe/vorrichtung *w*. ▾**—kraan** H.kran *m*. ▾**—schroefvliegtuig** Hubschrauber *m*.
heft Heft *s*, Griff *m*; *'t — in handen houden*, das H. in der Hand behalten.
heftig heftig; (*opvliegend*) auffahrend; (*driftig*) jähzornig; hitzig; (*onstuimig*) ungestüm; (*hartstochtelijk*) leidenschaftlich. ▾**—heid** Heftigkeit *w*; Ungestüm *s*; Leidenschaftlichkeit *w*.
hef/truck Gabelstapler *m*. ▾**—vermogen** Hubvermögen *s*. ▾**—werktuig** Hebezeug *s*, -maschine *w*.
hegemonie Hegemonie, Vorherrschaft *w*.
heg/(ge) Hecke *w*, (Hecken)Zaun *m*; *— noch steg (weten)*, Weg noch Steg; *over — en steg*, über Stock und Stein. ▾**—gerank** Zaun/rübe *w*. ▾**—gewikke** Z.wicke *w*. ▾**—(ge)schaar** Heckenschere *w*.
hei *zie* **heide**.
heibaas Rammeister *m*.
heibel Krach *m*; (*rel*) Krawall *m*.
heibezem Heidebesen *m*.
heiblok Rammbär, -block *m*, Ramme *w*.
heide Heide *w*. ▾**—grond** H.boden *m*.
heiden Heide *m*. ▾**—dom** Heidentum *s*. ▾**heidens** heidnisch; *— lawaai*, Heidenlärm *m*.
heideontginning Heidekultur *w*.
heidin Heidin *w*.
heien rammen; (*palen*) einrammen; (*grond*) auspfählen. ▾**heier** Rammer *m*.
heiig diesig, neblig, dunstig; (*zeemanst.*) heiig.
heil Heil *s*; *veel — en zegen (in 't nieuwe jaar)!*, viel Glück und Segen (zum neuen Jahr)!; *daar verwacht ik niet veel — van*, davon erwarte ich nicht viel.
heila! holla!
Heiland Heiland *m*. ▾**heilbede** Segenswunsch *m*.
heilbot Heilbutt *m*.
heil/dronk Trinkspruch *m*, Gesundheit *w*. ▾**—gymnastiek** Heilgymnastik *w*.
heilig heilig; *'t Heilige der Heiligen*, das Allerheiligste; *— verklaren*, h.sprechen; *— (beloven)*, hoch und h.; (*dat is*) *zijn — huisje*, ihm etwas Sakrosanktes; *geen — huisje overslaan*, in allen Wirtshäusern einkehren; (*het weer is*) *nog — bij gisteren*, bei weitem nicht so schlecht wie gestern. ▾**—dom** Heilig/tum *s*. ▾**—e** H.e(r) *m*. ▾**—edag** H.entag *m*. ▾**—en** h.en. ▾**—enbeeld** H.enbild *s*. ▾**—enverering** H.enverehrung *w*. ▾**—heid** H.keit *w*. ▾**—makend** h.machend. ▾**—schennend** entheiligend, frevelhaft. ▾**—schenner** Heilig(tums)-, Gottesschänder *m*. ▾**—schennis** Entheiligung, Heiligtumsschändung *w*, Sakrileg *s*. ▾**—verklaring** Heiligsprechung *w*.
heil/loos heillos. ▾**—sleger** Heilsarmee *w*. ▾**—staat** Heilstaat *m*. ▾**—wens** Segenswunsch *m*. ▾**—zaam** heilsam.
heimachine Rammaschine, Dampframme *w*.
heimelijk heimlich; (*steels*) verstohlen. ▾**—heid** Heimlichkeit *w*.
heimwee Heimweh *s*.
Hein Heinz *m*; *magere —*, Freund Hein.
heinde: *— en ver*, weit und breit; *van — en ver(re)*, von fern und nahe.
heining Zaun *m*.
heipaal Rammpfahl, Pfahlbaum *m*.
heiplag Heideplagge *w*.
hei/stelling Rammgerüst *s*. ▾**—toestel** Ramme, Rammvorrichtung *w*. ▾**—werk** Rammarbeit *w*.
hek 1 (*afscheiding*) Zaun *m*; (*ijzeren traliewerk*) Gitter *s*; (*groot en hoog*) Gatter *s*; (*ijzeren staven*) Gitterzaun; (*gevlochten draad*) Drahtzaun; (*latten*) Lattenzaun; (*v. balkon, trap enz.*) Geländer *s*; **2** (*als deur draaibaar*) Gitter-, Gatter-, Lattentür *w*; (*groter*) Gitter-, Gattertor *s*; (*houten tuinhek*) Gartentür *w*, -tor *s*; (*houten weidehek*) Holztor *s*; *het — sluiten*, (*fig.*) die Reihe schließen; *het — is van de dam*, das Feld ist frei, (*er is geen houden meer aan*) es ist kein Halten . ehr, (*alle misbruiken kunnen insluipen*) da ist allem Unfug Tür und Tor geöffnet; *de —ken zijn verhangen*, das Blättchen hat s. gewendet; **3** (*v. schip*) Heck *s*. ▾**—boot** Heckboot *s*.
hekel 1 (*vlasbewerking*) Hechel *w*; *over de — halen*, durch die H. ziehen; **2** (*afkeer*) Widerwille *m*; *ik heb een — aan hem*, ich mag ihn nicht, (*sterker*) er ist mir zuwider. ▾**—dicht** Spottgedicht *s*, Satire *w*. ▾**—dichter** Satiriker *m*. ▾**—en** hecheln; (*fig.*) durchhecheln. ▾**—schrift** Schmähschrift *w*. ▾**—vers** Spottgedicht *s*, Satire *w*. ▾**—zucht** Schmähsucht *w*.
hekkesluiter Letzte(r) *m*.
heks Hexe *w*. ▾**—en** hexen; (*ik kan niet*) *—*, zaubern. ▾**—enjacht** Hexen/jagd *w*. ▾**—enketel** H.kessel *m*. ▾**—ensabbat** H.sabbat *m*. ▾**—entoer** H.kunst *w*. ▾**—enwerk**, **—erij** Hexerei *w*.
hek/werk Gitterwerk *s*; (*balustrade*) Geländer *s*. ▾**—wieler** Heckraddampfer *m*.

hel I *zn* Hölle *w*; *loop naar de —*, fahr zur H.! **II** *bn* & *bw* hell.
helaas leider.
held Held *m*. ▾**helden/daad** Helden/tat *w*. ▾**—dicht** H.gedicht *s*. ▾**—dood** H.tod *m*. ▾**—moed** H.mut *m*. ▾**—tenor** H.tenor *m*.
helder hell; (*duidelijk; niet vertroebeld*) klar; (*proper*) sauber, rein(lich); (*zeemanst.*) sichtig; *— blauw*, hellblau; (*hemel*) heiter, klar; (*klank, kleur, ogenblik*) hell; (*oordeel, verstand, stem, water*) klar; (*weer*) heiter, hell, sichtig; *— wit*, blütenweiß; (*de zon schijnt*) *—*, hell. ▾**—heid** Helle, Klarheit *w*, *enz.*; (*lichtsterkte*) Helligkeit *w*; (*v. stem*) heller Klang *m*. ▾**—ziend** hellseherisch; *—e*, Hellseher(in) *m, w*. ▾**—ziendheid** Hellsehen *s*.
heldhaftig heldenhaft, -mütig. ▾**—heid** Heldenmut *m*. ▾**heldin** Heldin *w*.
heleboel viel, eine große Anzahl, eine große Menge; *zie* **boel**.
helemaal ganz (und gar), gänzlich, völlig; *— niet*, gar nicht; *niet —*, nicht ganz; *ben je nu — (gek)?*, bist du nun total verrückt?
hel/en 1 (*genezen*) heilen; **2** (*gestolen goederen*) hehlen. ▾**—er** Hehler *m*.
helft Hälfte *w*; *de grootste —*, die größere H.; *de — groter*, um die H. größer; (*het werk is*) *voor de — klaar*, zur H. fertig.
helhond Höllenhund *m*.
heli/haven Heliport *m*. ▾**—kopter** Helikopter, Hubschrauber *m*.
heling 1 (*genezing*) Heilung *w*; **2** (*v. gestolen goed*) Hehlerei *w*.
heliograaf Heliograph *m*.
helium Helium *s*.
hellebaard Hellebarde *w*. ▾**—ier** Hellebardier *m*.
Helleen Hellene *m*. ▾**—s** hellenisch.
hellen (*overhangen*) überhängen; (*schuin aflopen, bijv. van weg*) s. neigen, s. senken, (*sterker*) abschüssig sein, abfallen; *—d vlak*, schiefe Ebene; *z. op een —d vlak bevinden*, auf die abschüssige Bahn geraten sein.
hellenis/me Hellenis/mus *m*. ▾**—t** H.t *m*.
helle/pijn Höllen/pein *w*. ▾**—vaart** H.fahrt *w*. ▾**—veeg** böse Sieben *w*.
helling 1 (*'t hellen*) Neigung *w*; (*v. weg, ook*) Abschüssigkeit, Senkung *w*; (*hoogteverschil bijv. van spoorbaan*) Gefälle *s*; **2** (*aflopende schuinte v. heuvel*) Abhang, Hang *m*; (*v. gracht, wal enz.*) Böschung *w*; **3** (*scheepshelling*) Helling *m* & *w*. ▾**—shoek** Neigungswinkel *m*. ▾**—start** Hangstart *m*.
helm Helm *m*; (*plant*) Sandhalm, Strandhafer *m*, Helmgras *s*. ▾**—draad** Staubfaden *m*. ▾**—knop** Staubbeutel *m*. ▾**—stok** Helmstock *m*.
help: *—!*, zu Hilfe!; *lieve —!*, du lieber Himmel! ▾**help/en** helfen; *iem. —*, e.m h., (*in winkel*) e.n bedienen; (*kan ik*) *je met f 10 —?*, dir mit 10 Gulden aushelfen?; (*een zieke*) *—*, pflegen; *iem. zijn jas — uittrekken*, e.m aus seinem Mantel helfen; *iem. — uitstappen*, e.m beim Aussteigen h.; (*ik heb*) *hem de mand — dragen*, ihm den Korb tragen h.; *iem. iets — onthouden*, e.n an etwas erinnern; *ik help het je wensen*, ich wünsche es mit dir; *iem. erdoor —*, e.m (hin)durchhelfen, e.n (hin)durchbringen; *iem. aan een betrekking —*, e.m zu e.r Stelle verhelfen; *hij is niet te —*, ihm ist nicht zu h.; *ik kan het niet —*, ich kann nichts dafür; (*het middel*) *helpt niet*, hilft, nützt nichts; *het helpt niet*, (*je moet mee*) da hilft kein Sträuben. ▾**—er** Helfer; (*assistent*) Gehilfe *m*. ▾**—ster** Helferin, Gehilfin *w*.
hels höllisch; *—e machine*, Höllenmaschine *w*; *— worden*, fuchswild werden.
Helvet/ië Helvet/ien *s*. ▾**—iër** H.ier *m*.
hem (*3e nv*) ihm; (*4e nv*) ihn; *hij is —*, er ist es, (*bij krijgertje enz.*) er ist dran; *geld doet het — niet alleen*, das Geld allein tut's nicht.
hemd Hemd *s*; *'t — is nader dan de rok*, das H. ist mir näher als der Rock; *iem. het — van zijn lijf vragen*, e.m ein Loch in den Bauch fragen; *geen — aan 't lijf* (*hebben*), kein H. auf dem Leibe. ▾**—jurk** Sackkleid *s*. ▾**—slip** Hemd/zipfel *m*. ▾**—smouw** H.(s)ärmel *m*.
hemel Himmel *m*; *— en aarde bewegen*, H. und Hölle (Erde) in Bewegung setzen; *in 's —s naam*, um (des) Himmel/s willen; *ten —*, gen H.; *goeie —!*, ach du lieber H.! ▾**—as** H.sachse *w*. ▾**—bed** H.bett *s*. ▾**—en** h.n. ▾**—gewelf** H.sgewölbe *s*. ▾**—hoog** h.hoch; *— verheffen*, in den H. erheben. ▾**—ing** H.sbewohner, Himmlische(r) *m*. ▾**—lichaam** Himmel/skörper *m*. ▾**—rijk** H.reich *s*. ▾**—ruimte** H.sraum *m*. ▾**—s** himmlisch; *—e goedheid!*, du meine Güte! ▾**—sblauw** himmel/blau. ▾**—sbreed** in gerader Linie, in der Luftlinie; *— verschillen*, h.weit verschieden sein. ▾**—sbreedte** H.sbreite *w*; (*afstand*) *in —*, in gerader Linie. ▾**—snaam**: *in 's —*, um (des) Himmels willen, in Gottes Namen. ▾**—swil**: *om 's —!*, um (des) H.s willen! ▾**—tergend** h.schreiend. ▾**—vaart**: *de — van Christus*, Christi H.fahrt. ▾**H—vaartsdag** H.fahrtstag *m*. ▾**—vreugde** himmlische Freude. ▾**—vuur** Himmelsfeuer *s*.
hemisfeer Hemisphäre *w*.
hemo/filie Hämophilie, Bluterkrankheit *w*. ▾**—globine** Hämoglobin *s*.
hen I *zn* Henne *w*. **II** *vnw*: *4e nv mv* sie.
hendel *zie* **handel 2**.
Hendrik: *brave —*, Tugendbold *m*.
Henegouwen Hennegau *m*.
hengel Angelrute *w*. ▾**—aar** Angler *m*. ▾**—en** angeln. ▾**—snoer** Angelschnur *w*.
hengsel Henkel *m*; (*v. deur*) Angel *w*.
hengst Hengst *m*. ▾**—en** büffeln, ochsen.
hennep Hanf *m*. ▾**—en** hanfen, Hanf... ▾**—teelt** Hanfbau *m*.
hens: *alle — aan dek!*, alle Mann an Deck!
her: *— en der*, hierher und dorthin; *van oudsher*, von alters her; *van eeuwen —*, Jahrhunderte alt, von vor Jahrhunderten; *een gewoonte van eeuwen —*, ein uralter Brauch; (*dit is*) *van jaren —* (*de gewoonte*), seit vielen Jahren.
herademen wieder aufatmen.
herald/iek Herald/ik *w*. ▾**—icus** H.iker *m*. ▾**—isch** h.isch.
heraut Herold *m*.
herbarium Herbarium *s*.
herbebossing Wiederaufforstung *w*.
herbeginnen aufs neue anfangen.
herbegraven umbetten.
herbenoem/en wiederernennen. ▾**—ing** Wiederernennung *w*.
herberg Wirtshaus *s*, Schenke *w*; (*jeugdherberg*) Herberge *w*. ▾**—en** beherbergen. ▾**—ier** Wirt *m*. ▾**—vader** (*v. jeugdherberg*) Herbergsvater *m*. ▾**—zaam** gastlich; wirtlich.
herbewapening Wiederaufrüstung, -bewaffnung *w*; *morele —*, moralische Aufrüstung.
herbezinning Neubesinnung *w*.
herbi/cide Herbizid *s*. ▾**—voor** Herbivore *m*.
herbloeien wieder aufblühen.
herboren neugeboren.
herbouw Wiederaufbau *m*.
herdenk/en gedenken; (*terugdenken aan*) zurückdenken an [4]; (*plechtig vieren*) feiern; *een held —*, e.s Helden g.; *de slachtoffers in warme bewoordingen —*, (*bijv. direct na ramp*) den Opfern e.n warmen Nachruf

widmen. ▾—**ing** Erinnerung *w;* (*gedachtenisviering*) Gedächtnis-, Gedenkfeier *w;* (*plechtigheid ter*) *— van de gesneuvelden,* Heldengedenkfeier. ▾—**ingszegel** Gedächtnismarke *w.*
herder Hirt *m;* (*schaapherder, ook*) Schäfer *m; Duitse —,* Schäferhund *m.* ▾—**in** Hirtin; Schäferin *w.* ▾—**lijk** hirtlich, geistlich; *—e plichten,* Hirtenpflichten *Mz; — schrijven,* Hirtenbrief *m; —e vermaning,* geistliche Ermahnung. ▾**herders/ambt** Hirten/amt *s.* ▾—**dicht** H.-, Schäfergedicht *s.* ▾—**hond** Schäferhund *m.* ▾—**staf** H.stab *m.* ▾—**tasje** Täschelkraut *s.* ▾—**volk** H.volk *s.*
herdisconteren rückdiskontieren.
herdop/en wiedertaufen; (*andere naam*) umtaufen. ▾—**ing** Wiedertaufen *s;* (*andere naam*) Umtaufen *s.*
herdruk (*v. vroeger uitgegeven werk*) Neudruck *m;* (*nieuwe oplage*) Neuauflage *w;* (*het boek*) *is in —,* wird neu aufgelegt. ▾—**ken** wieder abdrucken; (*nieuwe oplage*) neuauflegen.
hereboer Landwirt *m.*
heremiet Eremit *m.*
heren/artikelen Herren/artikel, -moden *Mz; zaak in —,* H.geschäft *s.* ▾—**dienst** Frondienst *m.* ▾—**fiets** H.rad *s.* ▾—**huis** herrschaftliche Wohnung; (*op landgoed*) Herrenhaus *s.*
heren/(ig)en wiederverein/igen. ▾—**iging** W.igung *w.*
heren/kleding Herren/kleidung *w.* ▾—**leven** H.leben *s.* ▾—**zaak** H.geschäft *s.*
herenting Wiederimpfung *w.*
heresie Häresie *w.*
herexamen Nachexamen *s.*
herfinancieren refinanzieren.
herfst Herbst *m.* ▾—**achting** h.lich. ▾—**draden** H.fäden *Mz.* ▾—**vakantie** H.ferien *Mz.*
hergebruik Wiederverwertung *w.*
hergeven wiedergeben.
hergroeper/en umgruppieren. ▾—**ing** Neu-, Umgruppierung *w.*
herhaald wiederholt; *—e malen* = —**elijk** wiederholt, zu wiederholten Malen. ▾**herhalen** wiederholen. ▾**herhaling** Wiederholung *w; bij —,* (= *in geval van*) im Wiederholungs/fall, (= *herhaaldelijk*) *zie aldaar.* ▾—**soefening** W.sübung *w.* ▾—**sonderwijs** Fortbildungsunterricht *m.* ▾—**steken** W.szeichen *s.*
herijk Neu-, Nacheichung *w.*
herinner/en erinnern; *iem. iets —,* e.n an etwas [4] e.; *wij — er u nog eens aan, dat...,* wir bringen Ihnen noch einmal in Erinnerung daß...; *z. iets —,* s. an etwas [4] e.; *ik herinner me het voorval nog,* ich erinnere mich des Vorfalls noch, noch an den Vorfall. ▾—**ing** Erinnerung *w;* (*geheugen*) Gedächtnis *s;* (*souvenir*) Andenken *s; ter — aan,* zur E. an [4], zum A. an [4]. ▾—**ingsmedaille** E.smedaille, Denkmünze *w.*
herinvesteren re-investieren.
herkansingsrit, -wedstrijd Hoffnungslauf *m.*
herkapitalis/atie Kapitalberichtigung *w.* ▾—**eren**: (*het aandelenkapitaal werd*) *van... tot...* (*ge*)*herkapitaliseerd,* von ... auf ... berichtigt.
herkauw/en wieder/käuen. ▾—**er** W.käuer *m.*
herken/baar wieder/erkennbar. ▾—**nen** (*weer kennen*) w.erkennen; (*onderscheiden*) erkennen. ▾—**ning** W.erkennung; Erkennung *w.* ▾—**ningsplaatje** E.smarke *w.* ▾—**ningsteken** E.szeichen *s;* (*luchtv.*) Kennzeichen *s.*
herkeur/en aufs neue untersuchen; (*med.*) aufs neue ärztlich untersuchen; (*v. vlees*) aufs neue beschauen; (*v. waren*) aufs neue prüfen. ▾—**ing** neue (ärztliche) Untersuchung, *enz.*
herkiesbaar wieder/wählbar; *z. — stellen,* eine W.wahl annehmen wollen; *z. niet — stellen,* eine W.wahl ablehnen. ▾**herkiez/en** w.wählen. ▾—**ing** W.wahl *w;* (*nieuwe verkiezing*) Neuwahl *w.*
herkomst Herkunft *w; bewijs van —,* Ursprungszeugnis *s.*
herkrijgen wiedererhalten, wieder-, zurückbekommen.
herleid/baar reduzierbar. ▾—**en**: — (*tot*), zurückführen, reduzieren (auf [4]), (*omrekenen*) umrechnen (in [4]). ▾—**ing** Zurückführung, Reduktion, Umrechnung *w.* ▾—**ingstabel** Umrechnungstabelle *w.*
herlev/en wieder/aufleben; *doen herleven,* w.beleben. ▾—**ing** W.aufleben *s.*
herlez/en noch einmal, von neuem, wieder lesen. ▾—**ing** erneutes, abermaliges Lesen.
hermafrodiet Hermaphrodit *m.*
hermelijn Hermelin *s;* (*bont*) H. *m.* ▾—**en** Hermelin...
hermetisch hermetisch.
hermitage Eremitage *w.*
hernem/en wieder-, zurücknehmen; (*antwoorden*) versetzen; (*weer beginnen*) wieder anfangen; *zie ook* **heroveren**. ▾—**ing** Wiedernahme *w;* Wiedereroberung *w.*
hernia Hernie *w.*
hernieuw/en erneuern; (*opnieuw doen*) erneuen; *met hernieuwde kracht,* mit erneuter Kraft. ▾—**ing** Erneuerung *w.*
heroïek, heroïsch heroisch.
heroïne Heroin *s.*
heropen/en wieder(er)öffnen; *zie* **openen**. ▾—**ing** Wiedereröffnung *w.*
heropvoed/en umerziehen. ▾—**ing** Umerziehung *w.*
heroriënt/atie Neuorientierung *w.* ▾—**eren** umorientieren. ▾—**ering** Umorientierung *w.*
herover/en wieder-, zurückerobern. ▾—**ing** Wieder-, Rückeroberung *w.*
herplaats/en aufs neue, wieder setzen; (*v. ambtenaar enz.*) wieder einsetzen; (*in krant*) wieder einrücken. ▾—**ing**: *— wegens misstelling,* Berichtigung *w.*
herrie Trubel *m;* (*lawaai*) Lärm *m;* (*kabaal*) Radau *m;* (*ruzie*) Krach *m; — schoppen,* R. machen, K. schlagen. ▾—**schoppen** R.-, K.macher *m.*
herrijz/en wieder auferstehen; *uit de dood —,* vom Tode auferstehen. ▾—**enis, —ing** Wiederaufstieg *m,* Wiederauferstehung, Auferstehung *w.*
herroep/en widerrufen. ▾—**ing** Widerruf *m,* -rufung *w.*
herschapen (*herboren*) neugeboren.
herschatting neue Einschätzung.
herschepp/en umschaffen, umgestalten, neugestalten. ▾—**ing** Umschaffung, Umgestaltung *w;* Neugestaltung *w.*
herschol/en umschulen. ▾—**ing** Umschulung *w.*
hersen/arbeid Kopfarbeit *w.* ▾—**bloeding** Gehirnblutung *w.* ▾—**en** Gehirn, Hirn *s; grote, kleine —,* Groß-, Kleinhirn; *hij heeft geen —,* ihm fehlt das Hirn im Kopfe; *zijn — gebruiken,* nachdenken; *hoe krijgt hij 't in zijn —?,* wie fällt es ihm ein?; (*iem.*) *de —* (*inslaan*), den Schädel. ▾—**gymnastiek** Hirn/gymnastik *w;* (*rad.*) Schnelldenkerturnier *s.* ▾—**kronkel** H.-, Gehirnwindung *w.* ▾—**loos** hirnlos. ▾—**pan** H.schale *w.* ▾—**s** *zie* —**en**. ▾—**schim** H.gespinst *s.* ▾—**schimmig** eingebildet.

▾**—schors** H.rinde *w.* ▾**—schudding** Gehirnerschütterung *w.* ▾**—spoeling** Gehirnwäsche *w.* ▾**—vliesontsteking** H.hautentzündung *w.* ▾**—werk** Kopf-, Geistesarbeit *w.*

herstel Wiederherstellung *w;* (*in ambt, in rechten*) Wiedereinsetzung *w;* (*v. koersen, prijzen*) Erholung *w;* (*genezing*) Genesung *w;* *— van grieven,* Abstellung *w* von Beschwerden; *het —* (*van de markt*), die Wiederbelebung; *economisch —,* wirtschaftliche E.; (*de koersen*) *waren in —,* erholten s.; (*ik wens u een spoedig*) *—,* Besserung *w; zijn —* (*vordert langzaam*), seine E.; *tot — van gezondheid,* zur E. ▾**—baar** wiederherstellbar; (*kleding enz.*) auszubessern, zu flicken; (*verlies*) ersetzlich. ▾**—bank** Wiederaufbaubank *w.* ▾**—betaling** Reparationszahlung *w.* ▾**—len** wiederherstellen; (*repareren, ook*) ausbessern, reparieren; (*schoenen*) flicken; (*gebouw*) restaurieren; (*fout, vergissing*) berichtigen; (*iem.*) *in zijn rechten —,* wieder in seine Rechte einsetzen; (*iem.*) *in zijn eer —,* rehabilitieren; (*het evenwicht*) *herstelt z.,* stellt s. wieder her; *z. —,* (*v. industrie, prijzen enz.*) s. erholen; (*z. van de schrik, v.e. verlies, v.e. ziekte*) *—,* erholen; (*even stond hij perplex, maar*) *hij herstelde zich spoedig,* er faßte s. bald wieder; *v.e. ziekte —,* von einer Krankheit genesen, s. von einer K. erholen; *een —de,* ein Genesender; *—de* (*zijn*), auf dem Wege der Besserung. ▾**—ler** Wiederhersteller; (*reparateur*) Reparateur *m.* ▾**—ling** (*reparatie*) Reparatur, Ausbesserung *w;* (*restauratie*) Restauration *w; zie verder* **herstel.** ▾**—lingsoord** Heilanstalt *w;* Erholungsheim *s.* ▾**—lingsteken** Auflösungszeichen *s.* ▾**—lingswerk** Wiederherstellungs-, Reparaturarbeit *w;* Restaurationsarbeit *w.* ▾**—(lings)werkplaats** Reparaturwerkstätte *w.* ▾**—werkzaamheden** (*bijv. aan gebouw*) Instandsetzungsarbeiten *Mz; zie ook* **—lingswerk**.

herstemming neue Abstimmung; *het voorstel komt in —,* über den Antrag wird aufs neue abgestimmt; (*deze kandidaat komt*) *in —,* in die Stichwahl.

herstructurering Umstrukturierung *w.*

hert Hirsch *m; vliegend —,* H.käfer *m.* ▾**—ejacht** H.jagd *w.* ▾**—enkamp** H.park, H.garten *m.*

hertog Herzog *m.* ▾**—dom** H.tum *s.* ▾**—elijk** h.lich. ▾**'s-Hertogenbosch** H.enbusch *s.* ▾**hertog/in** H.in *w.* ▾**—skroon** H.skrone *w.*

hertrouwen s. wieder verheiraten.

heruitvoer Wiederausfuhr *w.*

heruitzend/en eine Sendung wiederholen; (*relayeren*) übertragen. ▾**—ing** Übertragung *w.*

hervatt/en wiederaufnehmen; *de lessen worden hervat,* der Unterricht fängt wieder an. ▾**—ing** Wiederaufnahme *w;* Wiederanfang *m.*

herverdeling Umverteilung *w.*

herverkavel/en Grundstücke zusammenlegen. ▾**—ing** Flur-, Feldbereinigung *w.*

herverzeker/en rückversichern. ▾**—ing** Rückversicherung *w.*

hervinden wiederfinden.

hervorm/d reformiert; *de Hervormde Kerk,* die Reformierte Kirche. ▾**—en** umbilden; umgestalten, neu gestalten, verändern; (*kerkel., econ., staatk.*) reformieren. ▾**—er** Neugestalter *m;* (*staatk.*) Reformer *m;* (*kerkel.*) Reformator *m.* ▾**—ing** Neugestaltung, Umbildung *w;* (*kerkel.*) Reformation *w;* (*staatk., financ.*) Reform *w; — van het onderwijs,* Schulreform. ▾**—ingsmaatregel** Reformmaßnahme *w.*

herwaarder/en umwerten, neu bewerten. ▾**—ing** Neubewertung, Umwertung *w.*

herwaarts hierher; *her- en derwaarts,* hin und her.

herwinnen wiedergewinnen, wiedererlangen.

herzien revidieren; (*rectificeren*) berichtigen; (*zijn mening*) ändern; (*de prijzen*) neukalkulieren; *—e druk,* verbesserte Auflage. ▾**—ing** Revision; Änderung *w; — v. grondwet,* Verfassungsreform *w.*

hes Bluse *w,* Kittel *m.*

het (*lw*) das (der, die); (*pers. vnw*) es (er, sie).

heteluchtmotor Heißluftmotor *m.* ▾**—verwarming** Luftheizung *w.*

heten heißen; (*een jongen,*) *Piet geheten,* namens Peter; *naar het heet,* wie man sagt, angeblich; *hij heette mij te komen,* er hieß mich kommen.

heterdaad: *op — betrappen,* auf frischer Tat ertappen.

hetero/dyne: *— ontvanger,* Heterodynempfänger *m.* ▾**—geen** heterogen. ▾**—seksueel** heterosexuell.

hetgeen 1 (*datgene wat*): *— je zegt*(*, is niet juist*), das(jenige) was du sagst; was du sagst; *wegens —* (*hij gedaan heeft*), wegen dessen was; *veel van —* (*hij zegt is juist*), viel von dem was; **2** (*betr. vnw*) was.

hetze Hetze *w.*

hetzelfde dasselbe (derselbe, dieselbe); (*eender*) gleich; (*het is mij*) (*allemaal*) *—,* einerlei, ganz egal, alles eins; (*dat komt op*) *— neer,* eins hinaus; *van —!,* gleichfalls.

hetzij sei es; *— hij wil of niet,* sei es daß er will oder nicht; *— dit — dat,* entweder dies oder jenes.

heug: *tegen — en meug,* mit Widerwillen.

heug/en: *het heugt mij nog als de dag van gisteren,* ich erinnere mich noch daran, als ob es gestern geschehen wäre; *de tijd heugt mij niet dat...,* ich erinnere mich nicht der Zeit daß; *dat zal u —,* daran werden Sie noch (lange) denken. ▾**—enis** Erinnerung *w.* ▾**—lijk** erfreulich; (*gedenkwaardig*) denkwürdig.

heulen: *— met,* gemeinsame Sache machen mit, es halten mit.

heup Hüfte *w; het op de —en hebben,* furchtbar schlecht gelaunt sein, (*ongewoon ijverig zijn*) recht fleißig sein. ▾**—been** Hüftbein *s.* ▾**—gewricht** Hüftgelenk *s.* ▾**—wiegen** hüftwackeln.

heus 1 (*beleefd*) höflich; (*vriendelijk*) liebenswürdig; **2** (*werkelijk*) wirklich.

heuvel Hügel *m;* (*kleine hoogte*) Anhöhe *w.* ▾**—achtig, —ig** h.ig. ▾**—reeks, —rij** H.reihe *w,* H.zug *m.* ▾**—rug** H.rücken *m.* ▾**—top** H.spitze *w,* H.gipfel *m,* (*ronde top*) H.kuppe *w.*

hevel Heber *m.* ▾**—en** hebern.

hevig heftig; (*machtig*) gewaltig. ▾**—heid** Heftigkeit *w.*

hiaat Lücke *w;* (*tussen klinkers*) Hiatus *m.*

hibiscus Hibiskus *m.*

hiel Ferse, Hacke *w; iem. op de —en zitten,* e.m auf den Fersen sein; *de —en lichten,* die Fersen zeigen. ▾**—band** Hackenband *s.* ▾**—enlikker** Speichellecker *m.*

hiep, hiep, hoera! hipp, hipp, hurra!

hier hier; (*richting*) (hier)her; (*kom eens*) *—,* her; *ga — staan,* stelle dich hierher; *zie eens —,* sieh mal her; *— ter plaatse,* hierselbst, am hiesigen Orte; *in alle winkels —* (*ter plaatse*), in allen hiesigen Läden; *— te lande,* hierzulande; *naar —,* hierher; *tot —,* bis hierher. ▾**—aan** hieran; *—* (*heeft hij zijn bevordering*

te danken), diesem Umstande, dem. ▾**—achter**: *vlak* —, gleich hier hinten; — (*schuilt een geheim*), dahinter.
hiërarch/ie Hierarch/ie *w.* ▾**—iek, —isch** h.isch; *langs de —e weg*, (*ook*) auf dem Instanzenweg, (*ook*) Dienstweg, Amtsweg.
hier/beneden hier unten; (*op aarde*) hienieden. ▾**—bij** hierbei; — (*komt nog*) dazu; — (*zend ik u*), anbei; — (*deel ik u mede*), hierdurch, hiermit; (*de nodige stukken*) *gaan* —, liegen bei. ▾**—boven** hier oben; *zie —!*, sieh oben! ▾**—door** hierdurch. ▾**—heen** hierher. ▾**—in** hierin, darin. ▾**—langs** hier entlang; (*hij komt alle dagen*) —, hier vorbei; — (*komt u in de stad*), auf diesem Wege. ▾**—me(d)e** hiermit. ▾**—na** hiernach; (*daarop*) darauf; (*later*) nachher. ▾**—naast** hierneben; (*de buurman*) —, nebenan. ▾**—namaals** im Jenseits; *het* —, das J.
hiëroglief Hieroglyphe *w.*
hier/om hier-, darum; aus diesem Grunde. ▾**—omheen** hier herum. ▾**—omtrent** (*in deze buurt*) hier herum; (*omtrent deze zaak*) hierüber. ▾**—onder** hierunter; *zie* —, sieh unten! ▾**—op** hier-, darauf. ▾**—over** hierüber; (*zwijg*) —, hiervon; (*wie woont*) —, hier gegenüber. ▾**—tegen** hiergegen. ▾**—tegenover** hier gegenüber; (*daarentegen*) demgegenüber; — *staat dat hij iem. altijd zal helpen*, dagegen aber wird er e.m immer helfen. ▾**—toe** hierzu, dazu; *tot* —, bis hierher. ▾**—uit** hier-, daraus. ▾**—van** hiervon. ▾**—voor**: hierfür; hiervor; — (*stond een rij stoelen*), davor; *wacht je —!*, hüte dich davor!; (*hij is niet de man*) —, dazu; — (*woonde hij in A.*), vor dieser Zeit.
hi-fi-installatie HiFi-Anlage *w.*
high high.
hij er (sie, es); *hij, die dat doet* (*wordt gestraft*), derjenige der das tut, wer das tut.
hijgen keuchen; *naar adem* (*lucht*) —, nach Atem ringen, nach Luft schnappen.
hijs Zug *m*; (*werktuig*) Hebezeug *m*; (*dat was*) *een hele* —, ein schwerer Z. ▾**—balk** Hebebalken *m.* ▾**—blok** Hißblock *m*; (*takel*) Flaschenzug *m.* ▾**—en** aufziehen, hochziehen, hissen; (*vlag, zeilen*) hissen, heißen. ▾**—kraan** Hebekran *m.* ▾**—touw** Hißtau *s.*
hik Schlucken, Schluckauf *m.* ▾**—ken** schlucken, den Schluckauf haben.
hilariteit Hilarität, (allgemeine) Heiterkeit *w.*
hinde Hirschkuh, Hindin *w.*
hinder Ungemach *s*; *heb je — v. h. lawaai?*, hindert, stört der Lärm dich?; *ik heb — v. h. licht*, das Licht ist mir lästig; *nooit — hebben van koude voeten*, nie von kalten Füßen zu leiden haben. ▾**—en** hindern; (*storen*) stören; (*lastig vallen*) belästigen; (*het verkeer*) beeinträchtigen; (*wat*) *hindert het?*, was schadet es?; *dat hindert niet*, das macht nichts; (*zijn slecht gedrag*) *hindert mij*, verdrießt mich. ▾**—laag** Hinterhalt *m*; *in* — (*liggen*), im H. ▾**—lijk** hinderlich, störend; (*warmte*) unangenehm; (*gedrag*) ärgerlich. ▾**—nis** Hindernis *s*; *wedloop met —sen*, Hindernislauf *m.* ▾**—nisbaan** H.bahn *w.* ▾**—paal** Hindernis *s.* ▾**—wet** Belästigungsgesetz *s.*
Hindoe Hindu *m.*
hink/elen hinken; (*spel*) Hinkespiel *s.* ▾**—en** hinken; *op twee gedachten* —, zwischen zwei Gedanken h. ▾**—epink** Hinkebein *s*, Hinkende(r) *m.* ▾**—-stap-sprong** Dreisprung *m.*
hinniken wiehern.
hint Tip, Fingerzeig *m.*
hippie, hippy Hippie *m/v.*
histor/icus Historiker *m.* ▾**—ie** Geschichte *w.* ▾**—isch** historisch, geschichtlich.
hit Pony *m*; (*dienstmeisje*) Laufpudel *m.* ▾**—parade** Hitparade *w.*
hitsen hetzen.
hitte Hitze *w*; *tegen de — bestand*, hitzebeständig. ▾**—golf** Hitzewelle *w.* ▾**—schild** Hitzeschild *m.*
ho! ho!, halt!
hobbel Unebenheit *w.* ▾**—en** holpern; (*schommelen*) schaukeln. ▾**—ig** holperig. ▾**—paard** Schaukelpferd *s.*
hobby Hobby *s*, Fimmel *m.*
hobo Hoboe *w.* ▾**—ïst** Hoboist *m.*
hockey Hockey(spiel) *s.* ▾**—en** Hockey spielen. ▾**—er** H.spieler *m.* ▾**—stick** H.schläger *m.* ▾**—veld** H.platz *m.*
hoe wie; — (*dat*) *zo?*, wie so?; — *zit het?* (*komt er haast iets*), wird's bald?; — *eerder — beter*, je eher, je besser; — *eerder je vertrekt — beter het is*, je eher du abreist desto (um so) besser es ist; (*'t gaat*) — *langer — beter*, immer besser; — *gaarne* (*hij ook rookte*) so gerne; — *dan ook*, irgendwie; — *het* (*dan*) *ook zij*, — *dan ook* (*het gebeurde niet*), wie dem auch sei; *ja, — gaat dat*, wie das so geht!; *niet meer weten — of wat*, weder ein noch aus wissen; *het* —, das Wie.
hoed Hut *m*; *hoge* —, Zylinder *m.*
hoedanig was für ein. ▾**—heid** Eigenschaft *w*; (*gesteldheid*) Beschaffenheit; Qualität *w*; *in mijn — van voogd*, in meiner E. als Vormund; (*ik kom hier*) *in de — van*, als.
hoede Hut *w*; (*iets*) *onder zijn* — (*nemen*), in seine H., Obhut; *op zijn* — (*zijn*), auf der H.
hoededoos Hutschachtel *w.*
hoeden hüten; *z. — voor*, s. hüten vor [3].
hoed/enwinkel Hutladen *m.* ▾**—eplank** Hutablage *w.* ▾**—espeld** Hutnadel *w.* ▾**—je** Hütchen *s*; *onder een — te vangen zijn*, sehr kleinlaut sein; *onder één — spelen*, unter e.r Decke stecken.
hoef Huf *m.* ▾**—getrappel** H.getrappel *s.* ▾**—ijzer** H.eisen *s.* ▾**—ijzervormig** h.eisenförmig. ▾**—slag** H.schlag *m.*
hoegenaamd: — *niets*, gar, durchaus nichts.
hoek Ecke *w*; (*stil, verborgen*; *in meetk.*) Winkel *m*; (*vishaak*) Haken *m*; (*aan beurs*) Börsenecke *w*; *op de — van de straat*, an der Straßenecke; — *v. terugkaatsing*, Reflexionswinkel; — *v. d. mond*, Mundwinkel; (*iem.*) *in de — drukken*, (*in 't nauw drijven*) in die Enge treiben, (*achteruitzetten*) hintansetzen; *in alle —en en gaten*, in allen Ecken und Winkeln; *uit de — komen*, (*fig.*) s. sehen lassen, (*met iets voor de dag komen*) mit der Sprache herausrücken; (*hij kan soms*) *zo aardig uit de — komen*, recht gelungen sein; (*merken*) *uit welke* — (*de wind waait*), woher; *waait de wind uit dié —?*, pfeift der Wind aus dem Loch? ▾**hoek/bal** Eck/ball *m.* ▾**—er** Huker *m.* ▾**—huis** E.haus *s.* ▾**—ig** e.ig; (*vol hoeken*) winklig. ▾**—ijzer** Winkeleisen *s.* ▾**—je** E.chen *s*; (*plekje*) Plätzchen *s*; *verborgen* —, versteckter Winkel; *'t — om zijn*, um die E.e gegangen sein. ▾**—kamer** E.zimmer *s.* ▾**—man** Kursmakler *m.* ▾**—plaatsje** E.platz *m.* ▾**—punt** W.punkt *m.* ▾**—schop** E.stoß *m.* ▾**—slag** (*boksen*) Haken *m.* ▾**—snelheid** W.geschwindigkeit *w.* ▾**—steen** E.stein *m.* ▾**—tand** E.zahn *m.*
hoelang wie lange; *tot —?*, bis wann?
hoen Huhn *s.* ▾**hoender/hok** Hühner/stall *m.* ▾**—park** H.park *m*; (*fokkerij*) H.farm *w.*
hoepel Reif(en) *m.* ▾**—en** Reifen spielen. ▾**—rok** Reifrock *m.*
hoepla! hoppla!
hoer Hure *w.*
hoera I *tw* hurra! **II** *zn* Hurra *s*; *een — voor de jubilaris*, ein Hoch dem Jubilar.

▾**—stemming** Hochstimmung, Hochgestimmtheit *w.*
hoeren/kast Huren/haus, Bordell *s.* ▾**—loper** H.bock *m.* ▾**hoereren** huren.
hoes Überzug *m*; (*v. auto*) Schondecke *w*; (*v. gram.plaat*) Schallplattentasche *w.*
hoest Husten *m.* ▾**—bui** H.anfall *m.* ▾**—drank** H.trank *m.* ▾**—en** husten. ▾**—prikkel** H.reiz *m.* ▾**—stillend** h.stillend.
hoeve (Bauern)hof *m*, Gehöft *s.*
hoeveel wieviel; *met (z'n) hoevelen*, wieviel. ▾**—heid** Quantität, Menge *w*; (*quantum*) Quantum *s.* ▾**—ste** wieviel(s)te.
hoeven brauchen.
hoever wieweit; *in —(re)*, in w., in wiefern.
hoewel wiewohl, obwohl, obgleich, obschon.
hoezee! hurra!
hoezeer *zie* **hoewel**.
hof (*de hof, tuin*) Garten *m*; (*het hof*) Hof *m*; *— van appèl*, Appellationsgericht *s*; *een dame het — maken*, e.r Dame den H. machen. ▾**—dame** H.dame *w.* ▾**—felijk** höflich; galant; förmlich. ▾**—felijkheid** Höflichkeit *w.* ▾**—houding** Hof/haltung *w.* ▾**—je** Wohnhof *m*; (*voor arme oude lieden*) Spital *s*; (*van alleen levende dames*) Stift *s.* ▾**—leverancier** H.lieferant *m.* ▾**—meester** H.meister *m*; (*v. boot, vliegtuig*) Steward *m.* ▾**—meesteres** Stewardeß, Stewardin *w.* ▾**—meier** Hausmeier *m.* ▾**—nar** Hof/narr *m.* ▾**—ste(d)e** *zie* **hoeve**. ▾**—stoet** H.staat *m*, -gefolge *s.*
hogedrukgebied Hochdruckgebiet *s.*
hogepriester Hohe(r)priester *m.* ▾**—lijk** hohepriesterlich.
hoger *zie* **hoog**. ▾**—hand**: *van —*, höhern Ortes, auf höhern Befehl. ▾**H—huis** Oberhaus *s.* ▾**—-onderwijswet** Gesetz *s* zur Regelung des Hochschulunterrichts. ▾**—op** höher; *— (willen)*, höher hinaus.
hogeschool Hochschule, Universität *w*; *economische —*, Wirtschaftshochschule.
hok 1 (*v. dieren*) Stall *m*; (*v. wilde dieren*) Käfig *m*; (*berghok*) Schuppen *m*; (*afgeschoten ruimte*) Verschlag *m*; (*oud huis*) Loch *s*; **2** (*aantal schoven*) Puppe, Hocke *w.* ▾**—je** (*vakje*) Fach *s*; (*op formulier enz., voor één cijfer, letter enz.*) Kästchen *s*; (*badhokje*) Kabine *w.* ▾**—ken** hocken; (*blijven steken*) stocken, hapern; *bij elkaar —*, zusammenhocken, -sitzen, (*anders*) in wilder Ehe leben. ▾**—vast**: *iem. die — is*, Hausunke *w*, Stubenhocker *m.*
hol I *bn* & *bw* hohl; *—le bol, ruimte, lens, weg*, H.kugel *w*, -raum *m*, -linse *w*, -weg *m*; *in het —st van de nacht*, in tiefster Nacht; (*de zee*) *staat —*, geht h. **II** *zn* **1** Höhle *w*; **2** *op — slaan*, durchgehen; *zijn hoofd is op —*, er hat den Kopf verloren; *iemands hoofd op — brengen*, e.m den Kopf verdrehen; *zij heeft zijn hoofd op — gebracht*, (*ook*) sie hat es ihm angetan; *op een —letje*, in größter Eile.
hola! holla!
holbewoner Höhlenbewohner *m.*
holderdebolder holter(die)polter.
holding-company Holdinggesellschaft *w.*
hole (*sp.*) Hole, Loch *s.*
holenkunde Höhlenkunde *w.*
holheid Hohlheit *w.* ▾**holklinkend** hohlklingend, hohl; (*fig.*) hohl, leer.
Holland Holland *s*; *— in last*, H. in Nöten. ▾**—er** Holländer *m.* ▾**—s** holländisch.
hollen rennen; *het is met hem — of stilstaan*, er fällt von e.m Extrem ins andre. ▾**holletje**: *op een —*, in größter Eile.
hollerithsysteem Hollerithverfahren *s.*
hol/ogig hohl/äugig. ▾**—rond** h.rund, konkav.
holster Halfter *w.*
holte Höhlung *w*; (*uitholling*) Vertiefung *w*; *de — van de hand*, die hohle Hand. ▾**—dier** Hohltier *s.*
hom Milch *w.*
home Heim, Haus *s.*
homeo/paat Homöo/path *m.* ▾**—pathie** H.pathie *w.* ▾**—pathish** h.pathisch.
homerisch: *— gelach*, homerisches Gelächter. ▾**Homerus** Homer *m.*
hometrainer Home-, Heimtrainer *m.*
hommel Hummel *w.*
hommeles: *'t is (er) —*, es geht (dort) schief; (*ruzie*) da gibt's Krach.
homo Homo *m.* ▾**—fiel** h.phil *m.* ▾**—filie** H.philie *w.*
homo/geen homo/gen. ▾**—geniteit** H.genität *w.* ▾**—logeren** (*sp.*) h.logieren; (*jur.*) (gerichtlich) bestätigen. ▾**—loog** h.log. ▾**—niem** h.nym(isch). ▾**—seksualiteit** H.sexualität *w.* ▾**—seksueel I** *bn* h.sexuell. **II** *zn* H.sexuelle(r) *m.*
homp Brocken *m.* ▾**—elen** humpeln.
hond Hund *m*; *rode —*, (*ziekte*) Röteln *Mz*; *blaffende —en bijten niet*, Hunde die viel bellen, beißen nicht; *grote —en bijten elkaar niet*, eine Krähe hackt der andern die Augen nicht aus; *men moet geen slapende —en wakker maken*, man soll den Teufel nicht an die Wand malen; *de — in de pot vinden*, die Schüssel leer finden. ▾**honde/baantje** Hunde/arbeit *w.* ▾**—hok** H.hütte *w.* ▾**—leven** H.leben *s.* ▾**—nasiel** H.asyl *s.* ▾**—neus** Hundsnase *w.* ▾**—penning** Hunde/marke *w.* ▾**—ras** H.rasse *w.*
honderd hundert; *een — (mensen)*, etwa hundert; *3 ten —*, drei vom Hundert; *— uit praten, vragen*, e.m ein Loch in den Bauch reden, fragen; *dat, alles loopt in 't —*, das geht schief, alles geht drunter und drüber; *in 't — praten*, ins Blaue hineinreden; *zie ook* **vier(-)**. ▾**—duizend** hundert/tausend; *de —*, das große Los. ▾**—jarig** h.jährig. ▾**—ste** (der, die, das) h.ste; *een — (deel)*, ein H.stel. ▾**—tal** Hundert *s*; (*in rek.*) Hundert/er *m.* ▾**—voudig** h.fach, h.fältig.
honde/wacht Hunde/wache *w.* ▾**—weer** H.-, Sauwetter *s.* ▾**—ziekte** Staupe, H.pest *w.* ▾**honds** grob; (*sterker*) hündisch. ▾**—dagen** Hunds/tage *Mz.* ▾**—dolheid** H.wut *w.* ▾**—draf** Gundelkraut *s.* ▾**—vot** H.fott *m.*
honen verhöhnen. ▾**—d** höhnisch.
Hongaar Ungar *m.* ▾**—s** ungarisch. ▾**Hongarije** Ungarn *s.*
honger Hunger *m*; *v. — (sterven)*, vor H.; *— als een paard*, H. wie ein Bär, ein Wolf; *scheel zien v.d. —*, e.n Mordshunger haben. ▾**—dood** H.tod *m.* ▾**—en** hungern. ▾**—ig** hung(e)rig. ▾**—lijder** Hunger/leider *m.* ▾**—loon** H.lohn *m.* ▾**—oedeem** H.ödem *s.* ▾**—snood** H.snot *w.* ▾**—staking** H.streik *m.*
honi(n)g Honig *m*; *iem. — om de mond smeren*, e.m H. um den Mund schmieren, e.m um den Bart gehen. ▾**—bij** H.biene *w.* ▾**—kleurig** h.farben. ▾**—merk** H.mal *s.* ▾**—raat** H.wabe *w.* ▾**—raatradiateur** Wabenkühler *m.* ▾**—zoet** h.süß.
honk (*bij spel*) Frei(mal) *s*; *van — (gaan)*, von Haus; *van — (zijn)*, nicht zu Hause; *bij — (blijven)*, in der Nähe. ▾**—bal** (*spel*) Baseball *m.*
honneur Honneur *s*; *de —s waarnemen*, die Honneurs machen. ▾**honor/abel** honorabel. ▾**—air**: *— lid*, Ehrenmitglied *s.* ▾**—arium** Honorar *s.* ▾**—eren** honorieren; (*een wissel*) *bij aanbieding —*, bei Vorkommen h. ▾**—is causa**: *doctor —*, Doktor ehrenhalber (Dr. e.h.).

hoofd Kopf *m*; (*verhevener*) Haupt *s*; (*voornaamste*) Haupt *s*; (*v. e. zaak*) Prinzipal *m*; (*het voorste, de spits*) die Spitze; (*havenhoofd*) Mole *w*; — *v. d. afdeling*, Leiter der Abteilung, Abteilungschef *m*; *de —en van bestuur*, die Spitzen der Behörden; — (*van een bijkantoor*), Leiter *m*; — *van het bureau*, Bürovorsteher *m*; — *van dienst*, Dienstleiter *m*; — *van de gemeente*, Gemeindevorsteher *m*, (*v. grote stad*) Stadtoberhaupt *s*; — *v. h. gezin*, H. der Familie; — *v. een inrichting*, Leiter e.r Anstalt; — (*v. d. kerk*), (Ober)Haupt; — *v. d. school*, Schulvorsteher, Rektor *m*; *gekroonde —en*, gekrönte Häupter; *inlands* (*stam*)—, inländischer Häuptling; *ik heb er 'n hard — in*, es scheint mir bedenklich; *mijn — loopt om*, ich weiß nicht wo mir der K. steht; *aan een gevaar het — bieden*, e.r Gefahr die Spitze, Stirn bieten; *aan het — v. e. inrichting staan*, eine Anstalt leiten; *aan het — van de familie staan*, das Familienoberhaupt sein; *aan het —* (*v. h. leger, v. d. staat staan*), an der Spitze; *z. aan het — stellen*, s. an die Spitze stellen; *aan het —* (*v. d. tafel*), am obern Ende; *iem. aan 't — malen, zeuren*, e.m in den Ohren liegen; *niet goed bij —* (*zijn*), nicht recht gescheit; (*ik weet niet*) *wat me boven het — hangt*, was mir bevorsteht; (*het is*) *me door het — gegaan*, mir durchgegangen; *hoe krijg* (*haal*) *je 't in je —?*, wie fällt dir das ein?; *naar het —* (*stijgen*), zu Kopfe; (*iem. iets*) *naar het — slingeren*, an den Kopf werfen, (*verwijten*) vorwerfen; *iem. over het — groeien*, e.m über den K. wachsen; (*iets*) *over het — zien*, übersehen; *per —*, pro K.; *uit het —* (*kennen, leren, opzeggen*), auswendig; (*iets*) *uit het —* (*citeren, spelen, tekenen*), aus dem K., aus dem Gedächtnis; (*iem. iets*) *uit het — praten*, ausreden; (*dat moet je*) *uit je — zetten*, dir aus dem K. schlagen; *uit —e van*, wegen [2]; *uit dien —e*, aus dem Grund; *uit —e van zijn ambt*, auf Grund seines Amtes; *zoveel —en, zoveel zinnen!*, viele Köpfe, viele Sinne!
hoofd/afdeling Haupt/abteilung *w*. ▾**—agent** H.agent, Generalvertreter *m*; (*v. politie*) Oberwachtmeister *m*. ▾**—akte** H.lehrerdiplom *s*; *examen voor de —*, Hauptlehrerprüfung *w*. ▾**—ambtenaar** höherer Beamte(r). ▾**—arbeider** Kopf-, Geistesarbeiter *m*. ▾**—artikel** Hauptartikel *m*; (*in krant*) Leitartikel *m*.
hoofd/bestanddeel Haupt/bestandteil *m*. ▾**—bestuur** H.verwaltung *w*, -vorstand *m*; (*v. vereniging*) allgemeiner Vorstand *m*. ▾**—bewerking** (*in rekenk.*) Grundrechnungsart *w*. ▾**—boekhouder** Oberbuchhalter *m*. ▾**—boekhouding** H.buchhaltung *w*. ▾**—breken** Kopf/zerbrechen *s*. ▾**—buiging** K.beugung *w*. ▾**—bureau** (*off.*) H.amt *s*; Polizeipräsidium *s*; Zentralstelle *w*.
hoofd/commies Obersekretär *m*; (*bij belasting, post*) Obersteuer-, Oberpostsekretär. ▾**—commissaris** (*v. politie*) Polizeipräsident, -direktor *m*. ▾**—conducteur** Zugführer *m*.
hoofd/dader Haupt/täter *m*. ▾**—deksel** Kopf/bedeckung *w*. ▾**—doek** K.tuch *s*. ▾**—doel** H.zweck *m*, -augenmerk *s*.
hoofd/einde Kopfende *s*; (*v. tafel*) Hauptende *s*. ▾**—elijk**: — *onderwijs*, Einzelunterricht *m*; *—e stemming*, namentliche Abstimmung; — *aansprakelijk*, persönlich haftbar.
hoofd/figuur Haupt/figur *w*. ▾**—film** H.film *m*.
hoofd/gebouw Haupt/gebäude *s*. ▾**—geld** Kopfsteuer *w*. ▾**—gerecht** H.gericht *s*, H.gang *m*.
hoofd/ig eigensinnig, starrköpfig.
▾**—ingang** Haupteingang *m*. ▾**—ingeland** Deichschöffe *m*. ▾**—ingenieur** Ober/ingenieur *m*. ▾**—inspecteur** O.inspektor *m*; (*v. politie*) Polizeihauptkommissar *m*.
hoofd/kaas Kopfsülze *w*. ▾**—kantoor** Haupt/stelle *w*; (*off.*) H.amt *s*; (*v. zaak*) H.geschäft *s*; (*v. post*) H.postamt *s*. ▾**—kraan** H.hahn *m*. ▾**—kussen** Kopfkissen *s*. ▾**—kwartier** H.quartier *m*.
hoofd/leiding Hauptleitung *w*. ▾**—leidster** (*kleuterschool*) Kindergartenvorsteherin *w*. ▾**—letter** Majuskel *w*; *met — h*, mit großem H; *met een —* (*schrijven*), groß.
hoofd/maaltijd Haupt/mahlzeit *w*. ▾**—macht** H.macht *w*. ▾**—man** (*bijv. v. partij*) Haupt *s*; (*leider*) Führer *m*; (*v. bende*) Häuptling, Bandenführer *m*. ▾**—motief** Hauptmotiv, (*muz.*) Leitmotiv *s*.
hoofd/officier Stabsoffizier *m*. ▾**—onderwijzer** Haupt/lehrer *m*. ▾**—oorzaak** H.ursache *w*. ▾**—opzichter** Oberaufseher *m*.
hoofd/persoon Haupt/person *w*. ▾**—pijn** Kopfschmerzen *Mz*, -weh *s*. ▾**—plaats** H.ort *m*, H.stadt *w*. ▾**—postkantoor** H.post *w*, H.postamt *s*. ▾**—prijs** H.treffer, H.gewinn *m*. ▾**—punt** H.punkt *m*.
hoofd/redacteur Haupt/schriftleiter, Chefredakteur *m*. ▾**—regel** H.regel *w*; (*in rek.*) Grundrechnungsart *w*; (*boven aan blz.*) Kopfzeile *w*. ▾**—rekenen** Kopfrechnen *s*. ▾**—rol** H.rolle *w*. ▾**—rolspeler**: — *is*, in der Hauptrolle spielt.
hoofd/schotel Haupt/gericht *s*. ▾**—schudden** Kopf/schütteln *s*. ▾**—schuldige** H.schuldige(r) *m*. ▾**—stad** H.stadt *w*. ▾**—station** H.bahnhof *m*; H.station *w*. ▾**—som** H.summe *w*. ▾**—stedelijk** h.städtisch. ▾**—stel** K.geschirr *s*. ▾**—stembureau** Wahlprüfungsamt *s*. ▾**—steun** (*in auto*) Kopfstütze, -lehne *w*. ▾**—straat** H.straße *w*. ▾**—stuk** Kapitel *s*.
hoofd/telefoon Kopfhörer *m*. ▾**—telwoord** Haupt/zahlwort *s*. ▾**—thema** H.thema *s*. ▾**—trek** H.zug *m*.
hoofd/vak Haupt/fach *s*. ▾**—verkeersweg** H.verkehrsstraße *w*. ▾**—verpleegster** Oberwärterin, Oberschwester *w*. ▾**—vertegenwoordiger** H.-, Generalvertreter *m*.
hoofd/wassing Kopf/waschung *w*. ▾**—weg** Haupt/weg *m*, (*verkeersweg*) H.straße *w*. ▾**—werk** H.arbeit *w*; (*meesterstuk*) H.werk *s*; (*met het hoofd*) K.arbeit *w*.
hoofd/zaak Haupt/sache *w*; *in —*, in der H.sache. ▾**—zakelijk** h.sächlich. ▾**—zeer** Kopfgrind *m*. ▾**—zetel** H.sitz *m*. ▾**—zin** H.satz *m*. ▾**—zonde** H.sünde *w*. ▾**—zuster** Oberschwester *w*.
hoofs höfisch. ▾**—heid** Hofart *w*.
hoog hoch; *hoge adel, frequentie, spanning*, Hoch/adel *m*, H.frequenz, H.spannung *w*; *machine* (*enz.*) *met hoge druk*, H.druckmaschine *w*; — *water*, H.wasser *s*; *met — voorhoofd*, hochgestirnt; *op hoge benen* (*poten*), hochbeinig, (*fig.*) mit geschwollenem Kamm; *een hoge kleur krijgen*, stark erröten; *het is — tijd*, es ist (die) höchste Zeit; *drie verdiepingen —*, drei Stock hoch; — *en droog* (*zitten*), wohl und warm; *bij — en laag* (*verzekeren*), hoch und heilig; *hogere klassen*, höhere Klassen (*v. school*) Oberklassen, (*'bovenbouw'*) Oberstufe *w*; *hogere landbouwschool*, höhere Landbauschule; *hoger onderwijs*, Hochschulunterricht *m*; *zie* **hoogst**.
hoog/achten hoch/achten. ▾**—achtend**

h.achtungsvoll. ▾**—achting**: *met de meeste —*, mit vorzüglichster Hochachtung.
hoog/bejaard hoch/bejahrt. ▾**—blond** h.blond.
hoogconjunctuur Hochkonjunktur *w*.
hoog/dag hoher Festtag. ▾**—dienst** Hoch/amt *s*. ▾**—dravend** h.trabend; schwülstig. ▾**H—duits I** *bn* h.deutsch. **II** *zn* H.deutsch *s*.
hoog/edelachtbaar, —(edel)geboren, —edelgestreng hoch/wohlgeboren; *Hoogedelachtbare* (*enz.*) *Heer*, (*als aanspreking*) Ew (Euer) H.wohlgeboren. ▾**hoogeerwaard** h.würden; *Uw Hoogeerwaarde*, Ew. (Euer) H.würden.
hoogfeest Hochfest *s*; *het — van Kerstmis*, das hohe Weihnachtsfest.
hoog/gaand (*v. twist enz.*) heftig; (*v. zee*) hoch/gehend. ▾**—geacht** h.geachtet; *—e heer*, h.verehrter Herr. ▾**—gebergte** H.gebirge *s*. ▾**—geëerd** h.verehrt. ▾**—geleerd** h.gelehrt; (*iron.*) h. gelahrt; *Aan de Hooggeleerde Heer Prof. Dr. N.N.*, Herrn Professor Dr. N.N. ▾**—geplaatst** h.gestellt. ▾**—gerechtshof** Oberster Gerichtshof (*zo ook in Oost-Duitsland*); (*in West-Duitsland*) Bundesgerichtshof *m*; (*in Zwitserland*) Bundesgericht *s*. ▾**—gespannen** h.gespannt.
hoog/hartig hochmütig. ▾**—hartigheid** Hochmut *m*. ▾**—heemraad** Deichhauptmann *m*. ▾**—heemraadschap** Deichhauptmannschaft *w*. ▾**—heid** Erhabenheit *w*; (*titel*) Hoheit *w*. ▾**—houden** hochhalten; (*in ere*) in Ehren halten.
hoog/land: *de Schotse Hooglanden*, die schottischen Hochlande. ▾**—lander** Hochländer *m*. ▾**—leraar** Professor *m*; *— in de filosofie*, P. der Philosophie. ▾**—leraarsambt** Professur *w*. ▾**H—lied** Hohelied *s*. ▾**—lijk** höchlich. ▾**—lopend** heftig.
hoog/mis Hoch/amt *s*; (*de —*) *opdragen*, halten. ▾**—moed** H.mut *m*; (*— komt*) *voor de val*, vor dem Fall. ▾**—moedig** hochmütig. ▾**—moedswaanzin** Größenwahn *m*. ▾**—mogend** hochmögend.
hoog/nodig dringend nötig; (*noodzakelijk*) dringend notwendig; *het —e*, das Nötigste, das Notwendigste.
hoogoven Hochofen *m*. ▾**—bedrijf** Hüttenwerk *s*. ▾**—gas** Hochofengas *s*.
hoogrood hochrot.
hoog/schatten hoch/schätzen, h.achten. ▾**—spanning** H.spannung *w*. ▾**—spanningsleiding** H.spannungsleitung *w*, (*over lange afstand*) H.spannungsfernleitung *w*. ▾**—springen** h.springen; *het —*, der H.sprung.
hoogst höchst; *—e aantal, bod, druk, prijs, temperatuur*, Höchstzahl *w*, *enz.*; *—e bieder*, Meistbietende(r) *m*; *op de —e verdieping*, im obersten Stock; *— belangrijk*, äußerst wichtig; *—, ten —e* (*verbaasd*), aufs höchste, höchst; (*hij springt*) *het —*, am höchsten; (*hier zijn de Alpen*) *het —, op z'n —*, am höchsten; (*van al deze bergen is die*) *het —*, der höchste; *op zijn —*, (*op het hoogste punt*) auf dem Höhepunkt, auf dem Gipfelpunkt; *op zijn —, ten —e* (*vijf*), höchstens; *hechtenis van ten —e twee weken*, Haft *w* bis zu zwei Wochen.
hoogstaand hochstehend.
hoogstaangeslagen höchstbesteuert.
hoog/stammig hoch/stämmig. ▾**—stand** H.stand *m*.
hoogst/dezelve höchstderselbe, höchstdieselbe. ▾**—eigen**: *in — persoon*, in höchsteigener Person, höchstselber. ▾**—ens** höchstens. ▾**—waarschijnlijk** höchstwahrscheinlich.
hoogte Höhe *w*; (*kleine heuvel*) Anhöhe *w*; (*hij kan*) *daar geen — van krijgen*, nicht klug daraus werden; (*de vloot kruiste*) *ter — van*, auf der H. von; (*ik ontmoette hem*) *op deze —*, hier herum; *in de — houden, gaan*, in die H. halten, gehen; (*iem.*) *in de — steken*, (*ophemelen*) herausstreichen; (*iem.*) *uit de —* (*behandelen*), von oben herab; *uit de —* (*op iem. neerzien*), geringschätzig; *op één —* (*blijven*), auf gleicher H.; *van iets op de — blijven, houden, zijn*, über etwas auf dem Laufenden bleiben, halten, sein; *iem.* (*van iets*) *op de — stellen*, e.n (von etwas) benachrichtigen; *op de — brengen, zijn*, (*ook*) ins Bild setzen, im Bilde sein; *z. van iets op de — stellen*, s. nach etwas erkundigen, s. über etwas ins Bild setzen; *daarvan ben ik niet op de —*, darüber bin ich nicht unterrichtet; *van iets op de — zijn*, mit etwas vertraut sein, (*er alles van weten*) um etwas Bescheid wissen; *op de — van zijn tijd zijn*, auf der H. seiner Zeit stehen; *tot op zekere —* (*heb je gelijk*), in gewissem Sinne; (*een bedrag*) *ter — van*, in (der) H. von. ▾**hoogte/cirkel** Höhen/kreis *m*. ▾**—grens** Gipfelhöhe *w*. ▾**—lijn** H.linie *w*; (*in driehoek*) Höhe *w*. ▾**—merk** H.festpunkt *m*. ▾**—meter** H.messer *m*. ▾**—punt** Höhe-, Gipfelpunkt *m*; (*eig., meestal*) Höhen/punkt *m*. ▾**—record** H.rekord *m*. ▾**—roer** H.ruder *s*. ▾**—sprong** Hochsprung *m*. ▾**—verschil** Höhen/unterschied *m*. ▾**—vlucht** H.flug, Hochflug *m*. ▾**—vrees** H.angst *w*. ▾**—zon** H.sonne *w*.
hoog/tij: *— vieren* (*fig.*) triumphieren. ▾**—tijd** Festtag *m*; (*kerk.*) hoher Festtag.
hooguit höchstens.
hoog/veen Hoch/moor *s*. ▾**—verheven** hocherhaben. ▾**—verraad** H.verrat *m*. ▾**—vlakte** H.ebene *w*. ▾**—vlieger** (*fig.*) Koryphäe *m*; (*hij is geen*) *—*, Überflieger.
hoog/waardig hochwürdig; *Zijne Hoogwaardige Excellentie de Bisschop*, Seine Hochwürdige Exzellenz der Herr Bischof. ▾**—waardigheid**: *Zijne Doorluchtige Hoogwaardigheid*, Seine (Bischöfliche) Hochwürden. ▾**—waardigheidsbekleder** Würdenträger *m*. ▾**—waterlijn** Hochwasserlinie *w*. ▾**—werker** Hebebühne *w*.
hooi Heu *s*; *te veel — op zijn vork nemen*, zu viel übernehmen. ▾**—berg** H.stock, H.berg *m*. ▾**—broei** H.gärung *w*. ▾**—en** h.en. ▾**—kist** Kochkiste *w*. ▾**—koorts** H.schnupfen *m*, H.fieber *s*. ▾**—mijt** H.schober *m*. ▾**—opper** H.haufen *m*. ▾**—schudder** H.wender *m*. ▾**—vork** H.gabel *w*. ▾**—wagen** H.wagen; (*dier*) Weberknecht *m*.
hoon Hohn *m*. ▾**—gelach** H.gelächter *s*.
hoop 1 (*stapel*) Haufen *m*; (*hele boel, ook*) Menge *w*; (*het hooi*) *op hopen zetten*, in H. setzen; (*hij weet*) *een —*, viel; *een —* (*beter*), viel; (*geld*) *met hopen*, in Fülle; *bij hopen*, haufenweise; *op een —* (*je*) *staan*, in e.m H. beisammenstehen; *te — lopen*, zuhauf laufen; **2** (*verwachting*) Hoffnung *w*; (*iem. —*) *geven*, machen; *— hebben, dat...*, der H. sein, daß...; *de — uitspreken, dat...*, der H. Ausdruck geben, daß...; *in de —*, in der H., hoffend; *levend in de —, dat...*, der H. leben, daß...; *tussen — en vrees* (*zweven*), zwischen Furcht und H.; *op — van beter*, in Erwartung e.s Bessern; *op — van zegen*, in der besten Erwartung; *— doet leven*, H. läßt nicht zuschanden werden. ▾**—vol** hoffnungsvoll.
hoor/apparaat Hörapparat *m*. ▾**—baar** hörbar. ▾**—bril** Hörbrille *w*. ▾**—buis**

Hörrohr *s.* ▾**—der** (Zu)hörer *m.*
hoorn 1 (*stofnaam*) Horn *s*; **2** (*voorwerpsnaam i.a.b.*) Horn *s*; (*tel.*) Hörer *m*; *de—s opsteken*, die Hörner zeigen; *op de — blazen*, ins Horn stoßen; *de — van overvloed*, das Füllhorn. ▾**—aar** Hornis *w.* ▾**—achtig** hornartig, hornig. ▾**—blazer** Hornbläser, Hornist *m.* ▾**—en**: *— montuur*, hörnerne Fassung, Horngestell *s.* ▾**—geschal** Hörnerschall *m.* ▾**—vee** Hornvieh *s.* ▾**—vlies** Hornhaut *w.* ▾**—vliestransplantatie** Hornhautübertragung *w.*
hoor/spel Hörspiel *s.* ▾**—zitting** Anhörung *w*, Hearing *s.*
hoos Windhose, Wasserhose *w.* ▾**—vat** Ösfaß *s*, Handöse, Schöpfschaufel *w.*
hop (*vogel*) Wiedehopf *m.*
hop(pe) Hopfen *m.*
hopelijk hoffentlich. ▾**hopeloos** hoffnungslos; (*wanhopig*) verzweifelt; (*verwarring*) heillos; (*strijd*) aussichtslos; — (*vervelend*), schrecklich; (*'t is*) *om — te worden*, zum Verzweifeln. ▾**—heid** Hoffnungslosigkeit *w.* ▾**hopen 1** hoffen (auf [4]); *naar ik hoop*, h.tlich; *het is te —*, es steht zu h.; *'t is niet te —, dat* (*hij morgen komt*), ich will nicht h., daß...; h.tlich kommt er morgen nicht; *ik hoop van niet*, ich will's nicht h.; **2** (*op een hoop zetten*) (auf)häufen.
hopla! hoppla!
hopman Hauptmann *m*; (*v. padvinders*) Feldmeister *m.*
hor Fenstervorsatz, Drahtständer *m.*
horde 1 (*bende*) Horde *w*; **2** (*vlechtwerk*) Hürde *w*; **3** (*zeef*) Sieb *s.* ▾**—nloop** Hürdenlauf *m.*
horecabedrijf Hotel- und Gaststättengewerbe *s.*
horen I *zn* **1** *zie* **hoorn**; **2** (*horae*) Horen *Mz.* **II** *ww* hören; (*behoren*) gehören; *dat — en zien vergaat*, daß e.m Hören und Sehen vergeht; *zo mag ik het —*, das lasse ich mir gefallen; *van — zeggen*, vom Hörensagen; *men kan aan hem —, 't is best te —, dat* (*hij een Duitser is*), man hört es ihm an, daß; *ik zal eens gaan —* (*hoe het zit*), ich will mal nachfragen; *naar iem. —*, auf e.n hören; (*getuigen*) —, vernehmen; *de deskundigen gehoord*, nach Anhörung der Sachverständigen; (*die stoel*) *hoort hier niet* (*thuis*), gehört nicht hierher; *hij hoort bij ons*, er gehört zu uns; *dat hoort er zo bij*, das gehört zur Sache; *dat hoort zo*, das gehört s.; *het hoort niet, dat...*, es geziemt s. nicht daß...; (*een vader*) *hoort voor zijn kinderen te zorgen*, soll für seine Kinder sorgen; *niet vergeten hoor*, vergiß das ja nicht!; *hoor eens*, (*dat gaat niet!*), du.
horig hörig. ▾**horige** Hörige(r) *m.*
horizon/(t) Horizont *m.* ▾**—taal** horizontal, waagerecht; *horizontale antenne*, Horizontalantenne *w.*
horlepijp Hornpipe *w.*
horloge Uhr *w*; *op* (*volgens*) *mijn —*, nach meiner U. ▾**—bandje** U.armband *s.* ▾**—kast** U.gehäuse *s.* ▾**—maker** U.macher *m.* ▾**—winkel** Uhrenmacherladen, Uhrenladen *m.* ▾**—zakje** Uhrtasche *w.*
hormo(o)n Hormon *s.* ▾**hormonaal** h.al. ▾**hormoonpreparaat** H.präparat *s.*
horoscoop: *iemands — trekken*, e.m das Horoskop stellen.
horrelvoet Klumpfuß *m.*
hors d'oeuvre Hors d'oeuvre *s.*
horst Horst *m.*
hort Ruck, Stoß *m.*▾**—end**: *— en stotend*, ruckweise, stoßweise, (*bij spreken*) stockend und stammelnd.
hortensia Hortensie *w.*
hortus botanischer Garten *m.*
horzel Hornis(se) *w.*
hosanna! hosianna!
hospes Wirt *m.* ▾**hospita** Wirtin *w.*
hospitaal Hospital *s*; (*mil. ook*) Lazarett *s.* ▾**—linnen** H.tuch *s.* ▾**—schip** H.schiff *s*; (*mil.*) Lazarettschiff *s.* ▾**—soldaat** Sanitäter *m.*
hospit/ant Hospitant, Gasthörer *m.* ▾**—eren** hospitieren. ▾**—ium** Hospiz *s.*
hossen springen und tanzen.
hostess Hosteß *w.*
hostie Hostie *w.* ▾**—kelk** Hostiengefäß *s.*
hot: *— en haar*, hott und wist.
hot pants heiße Höschen *Mz.*
hotel Hotel *s*, Gasthof *m.* ▾**—bedrijf** H.gewerbe *s*; *—-, restaurant- en cafébedrijf*, Beherbergungs- und Gaststättengewerbe *s.* ▾**—houder** H.besitzer, (Gast)wirt *m.* ▾**—keten** H.kette *w.* ▾**—schakelaar** H.schalter *m.* ▾**—school** H.fachschule *w.* ▾**—sticker** H.marke *w.*
hotsen rumpeln, rütteln, stoßen.
hou: *iem. — en trouw* (*zweren*), e.m ewige Treue.
houdbaar haltbar. ▾**—heid** Haltbarkeit *w.*
houden halten; (*behouden*) behalten; (*examen, inzameling, parade, vergadering*) abhalten; (*congres, enquête, inzameling, vergadering*) (= *op touw zetten*) veranstalten; (*geen dienstboden*) *kunnen —*, behalten können; *de beslissing aan zich —*, s. die Entscheidung vorbehalten; (*iem. bij zich*) —, behalten; (*een geheim, opmerkingen, mening*) *voor zich —*, für sich behalten; (*de hoed*) *op het hoofd —*, aufbehalten; (*iets*) *in goede staat —*, in gutem Stand erhalten; (*het bed*) —, hüten; (*een dagboek*) —, führen; *de kust —*, an der Küste entlang fahren; *dit pad maar —*, diesem Pfad nur folgen; (*een verjaardag*) —, feiern; (*een winkel*) —, haben; (*de hand*) *boven, voor de ogen —*, über, vor die Augen halten; (*deze kleur*) *houdt niet*, hält s. nicht; *ik houd het ervoor dat*, ich bin der Ansicht daß...; *het zal erom —*, es wird schwer halten; (*deze peren*) *kan men niet lang* (*goed*) —, halten s. nicht lange; *van iem. —*, e.n lieben; *ik houd niet van wijn*, ich mag keinen Wein; *veel van voetballen —*, gern Fußball spielen; *van orde —*, auf Ordnung halten; *z. aan iem. —*, s. an e.n halten; *z. aan een dieet, aan de regels —*, eine Diät, die Regeln einhalten; (*niet weten*) *waaraan men zich te — heeft*, wie man daran ist; *z. doof —*, s. taub stellen; *z. goed —*, s. gut halten; *z. kalm —*, s. ruhig verhalten; *hij houdt z. maar zo*, er stellt s. nur so; *er is geen — aan*, es ist kein Halten mehr. ▾**houd/er** (*bijv. v. aandeel, pas, wissel*) Inhaber *m*; (*eigenaar, ook*) Besitzer *m*; (*v. handelsartikel*) Eigner *m*; (*ruimtehoudend lichaam*) Behälter *m*; (*voorwerp om iets vast te houden*) Halter *m.* ▾**—greep** (*sp.*) Haltegriff *m.* ▾**—ing** Haltung *w*; (*gedrag*) Benehmen *s*; (*gedragslijn*) Verhalten *s*; (*de —*) *aannemen*, (*v. militairen*) einnehmen; *in de — staan*, stramm stehen.
hout Holz *s*; *— op stam*, H. auf dem Stamme; *dood —*, Dürrholz *s*; *gewaterd —*, eingewässertes H.; *luchtdroog —*, gewittertes H.; *alle — is geen timmerhout*, nicht jedes H. gibt e.n Bolz; (*die opmerking*) *snijdt geen —*, trifft nicht zu; *het ging van dik — zaagt men planken*, es ging tüchtig drauf los; *het gaat daar van dik — zaagt men planken*, (*royaal*) dort wird aus dem vollen geschöpft. ▾**—aankap** H.schlag *m.* ▾**—achtig** h.artig. ▾**—baan** (*bosb.*) H.riese *w.* ▾**—blok** H.block, H.klotz *m*; (*langwerpig stuk gekloofd hout*) H.scheit *m.* ▾**—duif** Ringel-, Wald-, H.taube *w.* ▾**—en** hölzern, Holz... ▾**—erig**

hölzern, steif. ▾**—gasgenerator** Holz/gaserzeuger *m.* ▾**—gewas** H.gewächs *s;* (*bosje*) Gehölz *s.* ▾**—graniet** Steinholz *s.* ▾**—gravure** H.stich *m.* ▾**—hakker** H.hauer, H.hacker, H.fäller *m.* ▾**—houdend** (*papier*) h.haltig. ▾**—ig** h.ig. ▾**—je** Hölzchen *s; op zijn eigen —*, auf eigene Faust; *op een — bijten*, nichts zu beißen haben. ▾**—kever** Holz/käfer, H.bohrer *m.* ▾**—krul** Hobelspan *m.* ▾**—lijm** Holz/kitt *m.* ▾**—mijt** H.stoß *m.* ▾**—molm** H.mulm *m;* (*door houtworm*) H.mehl *s.* ▾**—opstand** H.bestand *m.* ▾**—skool** Holzkohle *w.* ▾**—skoolmijt** Holzmeiler *m.* ▾**—skooltekening** Kohlenzeichnung *w.* ▾**—sne(d)e** Holz/schnitt *m.* ▾**—snijder** H.schneider; (*beeldsn.*) H.schnitzer *m.* ▾**—snijkunst** H.schneidekunst *w.* ▾**—snijwerk** H.schnitzerei *w.* ▾**—snip** Waldschnepfe *w;* (*boterham met kaas*) Käsebrot *s,* (*in Keulen*) halber Hahn. ▾**—stapel** H.haufen, H.stoß *m.* ▾**—vester** Oberförster *m.* ▾**—vesterij** Oberförsterei *w;* (*het district*) Forstrevier *s.* ▾**—vesterswoning** Forsthaus *s.* ▾**—vezel** H.faser *w.* ▾**—vezelplaat** H.faserplatte *w.* ▾**—vrij** (*papier*) h.frei. ▾**—werf** H.hof *m.* ▾**—werk** H.arbeit *w;* (*houtwaren*) H.waren *Mz;* (*het houten gedeelte van iets*) H.werk *s.* ▾**—wol** H.wolle *w.* ▾**—worm** H.wurm *m.* ▾**—zagerij** Sägewerk *s,* Sägemühle *w.*

houvast (*handvatsel*) Handhabe *w;* (*steunpunt*) Halt *m;* (*soort kram*) Krampe *w;* (*vastigheid, aanknopingspunt*) (An)Halt *m; aan iem. 'n — hebben*, an e.m e.n Halt finden.

houw (*slag*) Hieb *m;* (*het houwen van 't hout*) Schlag *m.* ▾**—degen** Haudegen *m.* ▾**—eel** Hacke *w;* (*met breed gebogen blad*) Haue *w;* (*voor bergsport*) Pickel *m.* ▾**—en** hauen; *erop inhouwen*, dreinhauen. ▾**—itser** Haubitze *w.*

hovaardig hoffärtig. ▾**hovaardij** Hoffart *w.*

hoveling Hofmann *m* (*mv:* Hofleute); (*ongunstig*) Höfling *m.*

hovenier Gärtner *m.*

hovercraft Hovercraft, Luftkissenboot, Luftkissenfahrzeug *s.*

hozen ausosen.

hts höhere technische Schule. ▾**—-diploma, —-er, —-leerling** *zie* **havo**.

Hugenoot Hugenotte *m.*

huichel/aar Heuch/ler *m.* ▾**—aarster** H.lerin *w.* ▾**—achtig** h.lerisch. ▾**—arij** H.elei *w.* ▾**—en** h.eln; (*veinzen*) s. verstellen.

huid Haut *w;* (*v. kleinere dieren, behaarde huid*) Fell *s; van — veranderen* (*v. slangen enz.*), s. häuten; *een harde — (hebben)*, ein dickes Fell; *er de — aan wagen*, seine H. zu Markte tragen; *iem. op zijn — geven*, e.m die H. vollschlagen; *iem. op zijn — zitten*, e.m auf der Pelle sitzen; *de — verkopen voordat men de beer geschoten heeft*, die Bärenhaut verkaufen bevor man den Bären erlegt hat. ▾**—aandoening** H.leiden *s.* ▾**—arts** H.arzt *m.* ▾**—enkoper** Fell-, Hauthändler *m.*

huidig heutig.

huid/kanker Haut/krebs *m.* ▾**—kleur** H.farbe *w.* ▾**—mondje** H.pore *w;* (*plk.*) Spaltöffnung *w.* ▾**—plooi** H.falte *w.* ▾**—uitslag** H.ausschlag *m.* ▾**—verzorging** H.pflege *w.* ▾**—ziekte** H.krankheit *w.*

huif Haube *w;* (*v. kar*) Plane *w.* ▾**—kar** Planwagen *m.*

huig Zäpfchen *s.*

huik: *de — (naar de wind hangen)*, den Mantel.

huil/bui Weinkrampf *m.* ▾**—ebalk** Heulpeter, Plärrer *m.* ▾**—en** heulen; (*schreien*) weinen; (*drenzen v. kind*) flennen. ▾**—erig** weinerlich. ▾**—toon** Heulton *m.*

huis Haus *s; de heer, de vrouw des huizes*, der Herr, die Frau vom H.e; *aan — (brengen)*, ins H.; *bezorging aan —*, H.zustellung *w; dagelijks bij iem. aan — (komen)*, e.m täglich ins H.; *naar — brengen*, heimbringen; (*een dame*) *naar — brengen*, nach H.e begleiten, heimbegleiten; *te —*, zu H.e: *te mijnen huize*, bei mir zu H.e; *van — (gaan)*, von H.e; (*met zo'n weer ga ik niet*) *van —*, aus dem H.e; *van — zijn*, nicht zu H.e sein; (*al vele jaren*) *van — zijn*, von H.e weg sein; *van — tot —*, von H. zu H.; *van goeden huize*, aus gutem H.e; *van — uit*, von H. aus; *het Oostenrijkse Huis*, das H. Österreich; *ieder — heeft zijn kruis*, jedes Dach hat sein Ungemach. ▾**huis/adres** Privatadresse, Haus/adresse *w.* ▾**—akte** H.lehrerdiplom *s.* ▾**—arrest** H.arrest *m.* ▾**—arts** H.arzt *m.* ▾**—baas** H.wirt *m.* ▾**—bewaarder** H.wart *m.* ▾**—bezoek** H.besuch *m; — doen*, (*v. geestelijke*) die Pfarrkinder besuchen. ▾**—bezoeker** (*maatschappelijk hulpbetoon*) Fürsorger *m.* ▾**—braak** Einbruch *m.* ▾**—brand** H.brand *m.* ▾**—brandolie** leichtes Heizöl. ▾**—dier** Haustier *s.* ▾**—dokter** *zie* **—arts.** ▾**—elijk** häuslich; (*gezellig*) heimlich; *— gebruik*, Hausgebrauch *m; — geluk*, Familienglück *s; —e haard*, heimischer Herd; *—e kring*, Familienkreis *m; —e plicht*, Hauspflicht *w; met — verkeer*, mit Familienanschluß; (*z. ergens*) *— (voelen)*, heimisch. ▾**—elijkheid** Häuslichkeit *w.* ▾**—genoot** Hausgenosse *m; huisgenoten des geloofs*, Glaubensgenossen. ▾**—gezin** Familie *w.* ▾**—heer** Herr *m* vom Hause; *zie ook* **—baas.** ▾**—hen** (*fig.*) Hausunke *w.*

huishoud/beurs Haushaltsmesse *w.* ▾**—boek** Haushaltungs/buch *s.* ▾**—cursus** H. kurs *m.* ▾**—elijk** häuslich; (*goed wetende de huishouding te doen*) wirtschaftlich; *—e artikelen*, Haushaltungsgegenstände; *zaak in —e artikelen*, Haushalt(s) geschäft *s; —e behoeften*, Hausbedarf *m; —e bezigheden*, Haushaltarbeiten; *voor — gebruik*, für den Hausbedarf; *— reglement*, Hausordnung *w,* (*v. vereniging*) Satzung *w; —e vakken*, hauswirtschaftliche, haushälterische Fächer; *—e vergadering*, Mitgliederversammlung *w; —e voorlichting*, Haushaltsberatung *w; — werk*, Hausarbeit *w; —e zaken*, häusliche, (*v. vereniging*) interne Angelegenheiten; *—e zorgen*, Haushaltungssorgen. ▾**—en I** *ww* haushalten, wirtschaften; (*v. vijand, storm enz.*) hausen; (*de jeugd heeft daar*) *huisgehouden*, ihr Unwesen getrieben; *er is met hem geen huis te houden*, man kann mit ihm nicht auskommen. **II** *zn* Haushalt/ung *w,* Haushalt *m,* Wirtschaft *w;* (*huisgezin*) Familie *w; het — doen*, den H., die W. besorgen; *voor iem. het — doen*, e.m den H., die W. führen; *eigen —*, eigene Haushaltung; (*dat is me daar*) *een mooi —*, eine saubere W.; *een — van Jan Steen*, eine polnische W. ▾**—folie** (*doorzichtig*) Klarsichtfolie *w;* (*alum.*) Alu(minium)folie *w.* ▾**—geld** Wirtschaftsgeld *s.* ▾**—hulp** *zie* **—ing.** ▾**—ing** Haushalt *m; hoofd v.d. —*, Haushaltsvorsteherin *w; hulp in de —*, Haushalthilfe *w,* (*pers.*) Haushalt-, Hauswirtschafts-, Hausgehilfin, Stütze *w* der Hausfrau; *juffrouw voor de —*, Haustochter, -dame *w; zie* **—en II.** ▾**—jam** einfache Marmelade. ▾**—kunde** Haushaltungs-, Wirtschaftskunde *w.* ▾**—kundig** wirtschaftlich. ▾**—kundige** Hauswirtschafts/leiterin *w.* ▾**—lerares** H.lehrerin *w.* ▾**—onderwijs** H.-, Haushaltungsunterricht *m,* hauswirtschaftlicher Unterricht. ▾**—school** H.-, Haushaltungsschule *w,* hauswirtschaftliche Schule; *lagere —*

hauswirtschaftliche Elementarschule. ▼—**ster** Haushälterin *w*. ▼—**vakken** (*op school*) hauswirtschaftliche Fächer *Mz*. ▼—**zeep** Kernseife *w*.
huis/huur Haus/miete, Miete *w*. ▼—**jesmelker** Mietenjäger *m*. ▼—**jesslak** Gehäuseschnecke *w*. ▼—**kamer** Wohnzimmer *s*. ▼—**knecht** H.diener *m*. ▼—**meester** H.meister *m*. ▼—**moeder** H.mutter *w*. ▼—**mus** H.sperling *m*; (*fig.*) H.unke *w*. ▼—**personeel** H.angestellte(n) *Mz*. ▼—**plaag** (*pers.*) H.drache *m*. ▼—**raad** H.rat *m*, H.gerät *s*. ▼—**schilder** Stubenmaler *m*. ▼—**sloof** H.sklavin *w*. ▼—**telefoon** H.telefon *s*. ▼—-, **tuin- en keuken** ... Feld-, Wald- und Wiesen ... ▼—**vesten** (be)herbergen; *gehuisvest zijn*, wohnen. ▼—**vesting** Obdach *s*; (*het huisvesten*) Unterbringung, Beherbergung *w*; *voedsel en* —, Wohnung und Pflege. ▼—**vestingsbureau** Wohnungamt *s*. ▼—**vlijt** Heimarbeit *w*. ▼—**vredebreuk** H.friedensbruch *m*. ▼—**vrouw** H.frau *w*. ▼—**vuil** H.müll *m*. ▼—**vuilafvoerkoker** Müllschluckanlage *w*, Müllschlucker *m*. ▼—**waarts** nach Hause, heim. ▼—**werk** H.arbeit *w*; (*schoolwerk*) Schularbeiten *Mz*. ▼—**zoeking** H.suchung *w*; — *doen*, eine H.suchung vornehmen, durchführen.
huiver/achtig *zie* —**ig**. ▼—**en** schau(d)ern; (*v. kou, ook*) frösteln; *ik huiver v. d. kou*, ich fröstle, mich fröstelt, ich schau(d)ere vor Kälte, mich schau(d)ert vor K.; (*terugdeinzen*) zurückschrecken, s. scheuen. ▼—**ig**: — *zijn*, frösteln; schaudern; — *zijn* (*om iets te doen*), s. scheuen. ▼—**ing** Schau(d)er *m*; Frösteln *s*; *'n* — *voer hem door de leden*, ein Schauder faßte ihn an. ▼—**ingwekkend** schauderhaft, schaudererregend; —*e stilte*, schauerliche Stille.
huiz/ehoog haushoch. ▼—**en** wohnen; (*in krotten*; *v. dieren, rovers enz.*) hausen. ▼—**enbouw** Häuserbau *m*. ▼—**ing** Behausung *w*.
hulde Huldigung *w*; *iem.* — *bewijzen*, e.m huldigen, (*wegens verdienste*) e.m Anerkennung zollen; *alle* —*!*, alle Hochachtung! ▼—**betoon** Ehrenbezeigung *w*. ▼—**blijk** Huldigung *w*, Ehrengeschenk *s*.
huldig/en huldigen [*3*]. ▼—**ing** Huldigung, Ehrung *w*.
hullen hüllen.
hulp Hilfe *w*, Beistand *m*; (*noodhulp*) Aushilfe *w*; *eerste* — *bij ongelukken*, Rettungsdienst *m*; erste Hilfeleistung, Unfall/hilfe *w*, (*de post*) U.station, U.wache *w*. ▼—**akte** Lehrerdiplom *s*. ▼—**bank** Hilfskasse *w*. ▼—**behoevend** hilfsbedürftig. ▼—**behoevendheid** Hilfsbedürftigkeit *w*. ▼—**betoon** Hilfeleistung; Beihilfe, Unterstützung *w*; *maatschappelijk* —, Wohlfahrtspflege *w*, soziale Fürsorge; *bureau voor maatschappelijk* —, Wohlfahrtsamt *s*. ▼—**boek** Hilfsbuch *s*. ▼—**bron** Hilfsquelle *w*. ▼—**brug** Behelfsbrücke *w*. ▼—**dienst** Hilfsdienst *m*. ▼—**eloos** hilflos. ▼—**eloosheid** Hilflosigkeit *w*. ▼—**geroep** Hilferufe *Mz*, -ruf *m*. ▼—**je** *zie* —**kracht**. ▼—**kantoor** Hilfsstelle *w*; (*bijkantoor*) Zweigstelle *w*. ▼—**kelner** Aushilfskellner *m*. ▼—**kerk** Hilfskirche *w*; (*bijkerk*) Filialkirche *w*. ▼—**kracht** Aushilfskraft *w*. ▼—**middel** Hilfsmittel *s*. ▼—**motor** Hilfsmotor *m*. ▼—**post** Hilfsstation *w*; *Eerste-Hulppost*, Unfallstation *w*. ▼—**postkantoor** Hilfspostamt *s*; (*bijv. op klein dorp*) Posthilfsstelle *w*. ▼—**vaardig** hilfsbereit, dienstfertig. ▼—**vaardigheid** Hilfsbereitschaft *w*; (*gedienstigheid*) Dienstfertigkeit *w*. ▼—**verlening** Hilfeleistung *w*; (*actie*) Hilfsaktion *w*. ▼—**werkwoord** Hilfszeitwort *s*.
huls Hülse *w*. ▼—**el** Hülle *w*.
hulst Stechpalme *w*.
humaan human. ▼**human/isme** H.ismus *m*. ▼—**ist** H.ist *m*. ▼—**istisch** h.istisch. ▼—**itair** h.itär. ▼—**iteit** H.ität *w*.
humbug Humbug, Schwindel *m*.
humeur Laune, Stimmung *w*; (*temperament*) Temperament *s*; *in een goed, slecht* — (*zijn*), guter, übler L.; (*een onaangenaam*) —, Gemütsart *w*. ▼—**ig** launenhaft, launisch, übellaunig.
hummel Knirps, Dreikäsehoch *m*.
hummen hm sagen, (sich) räuspern.
humor Humor *m*. ▼—**ist** H.ist *m*. ▼—**istisch** h.istisch.
humus Humus *m*. ▼—**grond** H.boden *m*.
hun I *pers. vnw* [*3e nv*] ihnen; (*ze waren*) *met* — *zessen*, zu sechst, ihrer sechs. **II** *bezitt. vnw*: ihr.
Hun Hunne *m*. ▼**hunebed** Hünengrab *s*.
hunkeren: — *naar*, s. sehnen nach.
hunnentwil(le): *om* —, um ihretwillen. ▼**hunnerzijds** ihrerseits.
huppelen hupfen; (*trippelen*) tänzeln.
hup! hopp!
hups nett. ▼—**heid** Nettigkeit *w*.
huren mieten; (*scheepsvolk*) heuern; (*moordenaars*) dingen; (*schip, vliegtuig*) chartern; *gehuurd* (*wonen*), zur Miete.
hurken I *zn*: *op de* — *gaan zitten*, s. hinkauern. **II** *ww*: *op de grond* —, am Boden kauern.
hut Hütte *w*; (*schip*) Kabine, Kajüte *w*. ▼—**je** *met* — *en mutje*, mit dem ganzen Kram. ▼—**jongen** Boy *m*. ▼—**koffer** Kabinenkoffer *m*. ▼—**passagier** Kajütspassagier *m*.
huts(e)pot Hotschpott *m*; (*fig.*) Mischmasch *m*.
huur Miete *w*; (*v. scheepsvolk*) Heuer *w*; (*huurtijd*) Mietzeit *w*; *in* — (*hebben*), zur M.; *hoeveel* — *doet dit huis?*, wie hoch ist die M. dieses Hauses?; *de* — *eindigt met 1 jan.*, die M. läuft am 1. Jan. ab; *kamers te* —, Zimmer zu vermieten; *vrij v.* —, mietfrei. ▼—**auto** Miet/auto *s*, M.wagen *m*. ▼—**bescherming** M.erschutz *m*. ▼—**beschermingswet** M.erschutzgesetz *s*. ▼—**ceel**, —**contract** M.vertrag *m*. ▼—**commissie** M.einigungsamt *s*. ▼—**contract** M.(s)kontrakt *m*. ▼—**der** M.er *m*. ▼—**derving** M.verlust, M.ausfall *m*. ▼—**huis** M.(s)haus *s*, -wohnung *w*; *in 'n* — (*wonen*), zur Miete. ▼—**kazerne** M.skaserne *w*. ▼—**koetsier** Droschkenkutscher *m*. ▼—**koop** M.kauf *m*. ▼—**leger** Söldnerheer *s*. ▼—**ling** M.ling *m*; (*soldaat*) Söldner *m*. ▼—**moordenaar** gedungener Mörder. ▼—**opbrengst** M.ertrag *m*. ▼—**opzegging** M.skündigung *w*. ▼—**overeenkomst** M.vertrag *m*. ▼—**peil** Stand *m* des M.zinses. ▼—**penningen** M.geld *s*. ▼—**plafond** M.obergrenze *w*. ▼—**prijs** M.preis *m*. ▼—**rijtuig** M.skutsche, Droschke *w*. ▼—**schuld** M.schulden *Mz*. ▼—**soldaat** Söldner *m*. ▼—**ster** M.erin *w*. ▼—**stop** M.zinsstopp *m*. ▼—**subsidie** Wohngeld *s*. ▼—**termijn** Miet/srate *w*. ▼—**toeslag** M.beihilfe *w*. ▼—**troepen** M.struppen, Söldnertruppen *Mz*. ▼—**vergoeding** M.vergütung *w*. ▼—**verhoging** M.steigerung *w*. ▼—**waarde** M.wert *m*. ▼—**wet** M.gesetz *s*. ▼—**woning** M.wohnung *w*.
huwbaar heiratsfähig. ▼**huwelijk** (*het huwen*) Heirat, Ehe *w*; (*het gehuwd zijn*) E.; *een christelijk* — *aangaan*, in den Stand der

heiligen E. treten; *in het — treden*, in die E. treten, heiraten; *burgerlijk —*, Zivilehe, (*het burgerlijk trouwen*) Ziviltrauung *w*; *kerkelijk —*, Trauung *w*; *een goed — doen*, eine gute Partie machen; *— om het geld*, Geldheirat; *— bij volmacht*, *— met de handschoen*, Prokurationsehe, Ferntrauung *w*; (*kinderen*) *uit het eerste —*, erster E., (*iem. zijn dochter*) *ten — (geven)*, zur Frau; *een meisje ten — vragen*, e.m Mädchen e.n Heiratsantrag machen; *het sacrament des —s wensen te ontvangen*, (*afkondiging in kerk*) als e.liche Verlobte werden aufgeboten. ▾**—s** e.lich; *—e staat*, E.stand *m*. ▾**huwelijks/aangifte** Eheanzeige *w*. ▾**—aankondiging** Heirats/anzeige *w*. ▾**—aanzoek** H.antrag *m*. ▾**—advertentie** H.anzeige *w*. ▾**—afkondiging** H.verkündigung *w*, Aufgebot *s*. ▾**—band** Ehe/band *s*. ▾**—beletsel** E.hindernis *s*. ▾**—bemiddeling** E.vermittlung *w*, (*v. huwelijkskantoor*) E.anbahnung *w*. ▾**—bericht** H.anzeige *w*. ▾**—bootje**: *in 't — stappen*, in den E.hafen einlaufen. ▾**—bureau** H.vermittlungsstelle *w*; (*consultatiebureau*) E.beratungsstelle *w*. ▾**—contract** E.vertrag *m*. ▾**—feest** Hochzeit *w*. ▾**—formule** Trauungsformel *w*. ▾**—geluk** E.glück *s*. ▾**—geschenk** Hochzeitsgeschenk *s*. ▾**—goed** E.gut *s*; (*v. de vrouw*) Heirats/gut *s*. ▾**—inzegening** Trauung *w*. ▾**—leven** E.leben *s*. ▾**—liefde** e.liche Liebe. ▾**—makelaar** H.vermittler *m*. ▾**—mis** Hochzeitsmesse *w*. ▾**—plechtigheid** Heirats-, Hochzeitsfeier *w*; (*in kerk*) Trauungsfeier *w*. ▾**—plicht** E.pflicht *w*. ▾**—reis** Hochzeitsreise *w*. ▾**—trouw** e.liche Treue. ▾**—uitzet** (*aan huwende dochter*) Aussteuer *w*; (*alles wat meegegeven wordt aan zoon of dochter*) Ausstattung *w*. ▾**—voltrekking** Trauung, E.schließung *w*. ▾**—voorlichting** E.beratung *w*. ▾**—voorwaarden**: *op — getrouwd zijn*, e.n E.vertrag geschlossen haben. ▾**—zegen** E.segen *m*. ▾**huwen** heiraten, s. verheiraten, (*deftig*) s. vermählen; *hij is gehuwd*, er ist verheiratet; *zie ook* **trouwen**.

huzaar Husar *m*.

huzarensla Husarensalat *m*.

hyacint (*bloem*) Hyazinthe *w*; (*edelsteen*) Hyacinth *m*.

hybrid/e Hybride *w*. ▾**—isch** hybrid(isch), zwitterhaft; *— wezen*, Zwitterwesen *s*.

hydr/a Hydra *w*. ▾**—aat** Hydrat *s*. ▾**—aulica** Hydraulik *w*. ▾**—aulisch** hydraulisch.

hydro/cultuur Hydro/kultur *w*. ▾**—dynamica** H.dynamik *w*. ▾**—fiel** h.phil. ▾**—grafisch** h.graphisch. ▾**—meter** H.meter *s*. ▾**—statica** H.statik *w*. ▾**—xyde** H.xid *s*.

hyena Hyäne *w*.

hygiën/e Hygien/e, Gesundheitspflege *w*. ▾**—isch** h.isch.

hygro/meter Hygro/meter *s*. ▾**—scoop** H.skop *s*. ▾**—scopisch** h.skopisch.

hymne Hymne *w*.

hyper/bolisch hyperbolisch. ▾**—bool** Hyperbel *w*. ▾**—modern** ultra-, hypermodern, supermodern, übermodern.

hypn/ose Hypn/ose *w*. ▾**—otisch** h.otisch. ▾**—otiseren** h.otisieren. ▾**—otiseur** H.otiseur *m*.

hypo Fixiersalz *s*. ▾**—chonder** Hypo/chonder *m*. ▾**—chondrie** H.chondrie *w*. ▾**—chondrisch** h.chondrisch. ▾**—tenusa** H.tenuse *w*.

hypothecair hypo/thekarisch; *— krediet*, H.thekarkredit *m*; *—e rente*, H.thekarzinsen *Mz*; *—e lening, schuld, vordering*, H.thekenanleihe, -schuld, -forderung *w*; *—e obligatie*, Pfandbrief *m*; *onder — verband*, unter H.thekarverband. ▾**hypotheek** Hypothek *w*; *een — hebben op, nemen op*, eine H. haben auf [3], nehmen auf [4]; (*geld*) *op — nemen*, auf H. aufnehmen; (*geld*) *op — plaatsen*, in H.en anlegen; (*een —*) *aflossen*, lösen; *op eerste —*, in erster H.; (*met een —*) *bezwaard*, belastet; *vrij van —*, h.enfrei. ▾**—akte** H.enakte *w*. ▾**—bank** H.enbank *w*. ▾**—gever**, **—houder** H.enverleiher, H.engläubiger, H.ar *m*. ▾**—nemer** H.enschuldner *m*.

hypothe/se Hypoth/ese *w*. ▾**—tisch** h.etisch.

hyster/ica Hyster/ikerin *w*. ▾**—ie** H.ie *w*. ▾**—isch** h.isch.

I

i I *s.*
Iberisch: *het —e schiereiland*, die Iberische Halbinsel.
ibis Ibis *m.*
ico(o)n Ikone *w.*
ideaal I *bn* ideal. **II** *zn* Ideal *s.* ▾**ideal/iseren** ideal/isieren. ▾**—isme** I.ismus *m.* ▾**—ist** I.ist *m.* ▾**—istisch** i.istisch.
idee Idee *w*; *geen juist — (van iets hebben)*, keinen rechten Begriff; *geen flauw — (van iets hebben)*, keine blasse Ahnung; *naar mijn —*, meiner Meinung nach; *— in (iets hebben)*, Lust zu; *(dat) is maar een — van je!*, bildest du dir nur ein! ▾**ideëel** ideell. ▾**ideeënbus** Kasten *m* für Verbesserungsvorschläge. ▾**idee-fixe** fixe Idee.
ident/iek ident/isch. ▾**—ificatie** I.ifikation, I.ifizierung *w.* ▾**—ificeren** i.ifizieren; (*herkennen*) erkennen; *z. —*, s. ausweisen. ▾**identiteit** I.ität *w*; *zijn — bewijzen*, (*ook*) s. ausweisen. ▾**—sbewijs** Personalausweis *m*, Kennkarte *w.* ▾**—splaatje** Erkennungsmarke *w.*
ideologie Ideologie *w.*
idiomatisch idiomatisch. ▾**idioom** Idiom *s.*
idioot I *bn* idiotisch, blödsinnig; *idiote vent*, verrückter Kerl. **II** *zn* Idiot *m.* ▾**idiot/erie** Idiot/ie *w.* ▾**—erig** i.enhaft. ▾**—isme** I.ismus *m*; (*med.*) I.ie *w.*
idolaat abgöttisch; *— v. iem. zijn*, in e.n vernarrt sein. ▾**idolatrie** Idolatrie *w*, Götzendienst *m.* ▾**idool** Idol *s*; Abgott *m.*
idyll/e Idyll *s*, Idylle *w.* ▾**—isch** idyllisch.
ieder jeder (jede, jedes). ▾**—een** jeder(mann), ein jeder.
iel dünn, schwach; mager, hager.
iemand jemand, e.r; (*wie dan ook*) irgendeiner; *— anders*, j. anders, ein andrer; *een vreemd —*, (*een onbekende*) j. Fremdes, ein Fremde(r); (*dom*) *—*, Mensch; *een zeker —*, ein gewisser J.
iemker Bienenzüchter, Imker *m.*
iep Ulme *w.* ▾**—eboom** Ulmenbaum *m.* ▾**—en** ulmen, Ulmen...
Ieper Ypern *s.*
Ier Ire *m.* ▾**—land** Irland *s.* ▾**Iers** irisch, irländisch.
iets etwas; (*een weinig, ook*) ein wenig; (*wat dan ook*) irgend etwas; *— anders*, etwas anderes; (*dat*) *is net — voor hem*, (*typeert hem*) sieht ihm ähnlich, (*heeft hij gaarne*) ist sein Fall. ▾**—je** ein weinig; *een — te zout*, ein (klein) bißchen zu salzig. ▾**ietwat** etwas; ein wenig.
iezegrim Isegrim(m) *m.*
ijdel eitel; (*leeg*) leer; (*vergeefs*) vergeblich; *de —e dingen (van deze wereld)*, die nichtigen Dinge; *de naam des Heren — gebruiken*, den Namen Gottes mißbrauchen. ▾**—heid** Eitelkeit *w.* ▾**—tuit** eitles Mädchen; Geck *m.*
ijk Eich/ung *w.* ▾**—en** e.en. ▾**—kantoor** E.amt *s.* ▾**—loon** E.gebühr *w.* ▾**—merk** E.stempel *m.*
ijl I: *in aller —*, in aller Eile. **II** *bn* (*leeg*) leer; (*haar, lucht enz.*) dünn; (*klank, stem*) schwach, dünn. ▾**—bode** Eilbote *m.* ▾**—en 1** (*snellen*) eilen; **2** (*v. koorts*) irre reden. ▾**—goed** Eilgut *s.* ▾**—heid** Leere; Dünne; Schwäche *w.* ▾**—hoofd** Schwachkopf *m.* ▾**—ings** eilendst, eiligst.
ijs Eis *s*; (*consumptie-ijs, ook*) Gefrorene(s) *s*; *z. op glad — wagen*, s. aufs Glatteis wagen. ▾**—afzetting** E.ansatz *m.* ▾**—baan** E.bahn *w.* ▾**—beer** E.bär *m.* ▾**—beren** auf und abgehen. ▾**—berg** E.berg *m.* ▾**—blokje** E.würfel *m.* ▾**—breker** E.brecher *m.* ▾**—club** E.laufverein *m.* ▾**—co** Eis *s*, E.waffel, E.tüte *w.* ▾**—cokarretje** E.wagen, E.stand *m.* ▾**—coman** E.mann, E.verkäufer *m.* ▾**—elijk** entsetzlich, fürchterlich; scheußlich. ▾**—emmer** E.kübel *m.* ▾**—gang** E.gang *m.* ▾**—heiligen** E.heiligen *Mz.* ▾**—hockey** E.hockey *s.* ▾**—je** *zie* **—co**. ▾**—kap** E.haube *w.* ▾**—kast** E.-, Kühlschrank *m.* ▾**—kegel** E.zapfen *m.* ▾**—kelder** E.keller *m.* ▾**—klomp** E.klumpen *m.* ▾**—korst** E.decke *w.* ▾**—koud** e.kalt; (*fig.: koel*) eisig; (*zonder meer*) ganz einfach; (*met een stalen gezicht*) unverfroren. ▾**—kraam** E.stand *m.*
IJsland Island *s.* ▾**—s** isländisch.
ijs/lolly Eis *s* am Stiel, Eis/lutscher *m.* ▾**—pegel** *zie* **—kegel**. ▾**—salon** E.diele, -stube *w.* ▾**—schol, —schots** E.scholle *w.* ▾**—tijd** E.zeit *w.* ▾**—vlakte** E.fläche *w.* ▾**—vogel** E.vogel *m.* ▾**—zak** E.beutel *m.* ▾**—zee** E.meer *s.*
ijver (*geestdrift*) Eifer *m*; (*vlijt*) Fleiß *m*; (*naarstigheid*) Emsigkeit *w.* ▾**—aar** Eiferer *m*; (*in geloofszaken*) Glaubenseiferer, Zelot *m.* ▾**—en** eifern. ▾**—ig** eifrig; fleißig; emsig. ▾**—zucht** Eifersucht *w.*
ijzel Glatteis *s.* ▾**—en**: *het ijzelt*, es glatteist.
ijzen schaudern; *ik ijs ervan*, ich schaudere, mich schaudert davor.
ijzer Eisen *s*; *de —s onderbinden*, die Schlittschuhe anschnallen; *men moet het — smeden, als het heet is*, man muß das E. schmieden, solange es heiß ist; *men kan geen — met handen breken*, Unmögliches läßt s. nicht erzwingen. ▾**—bewapening** Eisen/bewehrung *w.* ▾**—draad** E.draht *m.* ▾**—en** eisern, (*lett., ook*) Eisen...; *— balk, gereedschap*, Eisen/balken *m*, E.gerät *s.* ▾**—erts** E.erz *s.* ▾**—gaas** E.gaze *w*; (*vlechtwerk*) Drahtgeflecht *s.* ▾**—garen** E.garn *s.* ▾**—gieterij** E.gießerei *w*, E.werk *s.* ▾**—handel** E.handel *m*; (*zaak*) E.handlung *w.* ▾**—houdend** e.haltig; *— zand*, E.sand *m.* ▾**—industrie** E.industrie *w.* ▾**—mijn** E.bergwerk *s.* ▾**—oer** E.stein *m*, Sumpferz *s.* ▾**—oxyde** E.oxid *s.* ▾**—pletterij** E.walzwerk *s.* ▾**—roest** E.rost *m.* ▾**—smelterij** E.hütte *w.* ▾**—sterk** e.stark, eisern. ▾**—tijd(perk)** Eisenzeit *w*, eisernes Zeitalter. ▾**—vreter** Eisen/fresser *m.* ▾**—waren** E.waren *Mz.* ▾**—werk** E.arbeit *w*; (*voorwerpen*) E.waren *Mz*; (*ijzeren deel v. iets*) E.werk *s.* ▾**—winkel, —zaak** E.handlung *w*, E.warengeschäft *s.*
ijz/ig (*koud*) eisig; (*ijselijk*) scheußlich, gräßlich; *zie ook* **—ingwekkend** schauderhaft, grauenerregend, grausig.
ik ich; *— voor mij*, ich für meine Person. ▾**—zucht** Ichsucht *w.* ▾**—zuchtig** selbstsüchtig, selbstisch.
illeg/aal illegal. ▾**—aliteit** Illegalität *w.*
illumin/atie Illumin/ation *w.* ▾**—eren** i.ieren.
illus/ie Illus/ion *w.* ▾**—oir** i.orisch.
illuster illuster.
illustr/atie Illustr/ation *w*; (*het illustreren*) I.ierung, Bebilderung *w*; (*tijdschrift*) die I.ierte.

▼**—ator** I.ator *m.* ▼**—eren** i.ieren, bebildern.
image das Image.
imaginair imaginär.
imbeciel imbezil(l).
imit/atie Imitation *w.* ▼**—atieleer** Kunstleder *s.* ▼**—ator** Imitator, Nachahmer *m.* ▼**—eren** imitieren, nachahmen.
imker *zie* **iemker**.
immens immens, unermeßlich.
immer immer.
immers ja; (*hij moet weten wat hij te doen heeft:*) *hij is* — (*geen kind meer*), denn er ist, ist er doch.
immigr/ant Einwander/er, Immigr/ant *m.* ▼**—atie** E.ung, I.ation *w.* ▼**—eren** einwandern, immigrieren.
immobiliën Immobilien *Mz.*
immoreel im-, unmoralisch.
immortelle Immortelle, Strohblume *w.*
immuniteit Immunität *w.* ▼**immuun** immun; — *maken*, immunisieren.
impasse Sackgasse *w*, Impaß *m*, mißliche Lage.
imper/atief I *bn* imperativisch. **II** *zn* Imperativ *m.* ▼**—fect(um)** Imperfekt *s.*
imperiaal I *bn* imperial. **II** *zn* **1** (*v. auto*) Dachgepäckträger *m*; **2** (*papierformaat*) Imperial *m*; **3** (*drukletter*) Imperial *w.*
imperial/isme Imperial/ismus *m.* ▼**—ist** I.ist *m.* ▼**—istisch** i.istisch. ▼**imperium** Imperium *s.*
impertinent impertinent, unverschämt, frech. ▼**—ie** Impertinenz *w.*
implic/eren implizieren. ▼**—iet** implizite.
imponderabilia Imponderabilien *Mz.*
imponeren imponieren [3].
impopulair nicht beliebt.
import Import *m*, Einfuhr *w.* ▼**—artikel** I.-, E.artikel *m.*
importantie Importanz *w.*
import/eren import/ieren, einführen. ▼**—eur** I.eur *m.* ▼**—handel** Einfuhr-, I.handel *m.*
imposant imposant, imponierend, eindrucksvoll, überwältigend.
impotent impotent. ▼**—ie** Impotenz *w.*
impregnatie Imprägnierung *w.*
impresario Impresario *m.*
impressie Impression *w.*
impressionisme Impressionismus *m.*
improduktief improduktiv.
improvis/atie Improvisation *w*; (*redevoering, ook*) Stegreifrede *w.* ▼**—eren** improvisieren, aus dem Stegreif reden (dichten, vortragen).
impuls Impuls *m.* ▼**—ief** impulsiv.
in I *vz* in [3/4] (*hij is — de kamer*), im Zimmer; (*hij loopt*) — *de kamer op en neer*, im Zimmer auf und ab; (*hij valt*) — *het water*, ins Wasser; — *het Duits* (*vertalen*), ins Deutsche; (*hoe zeg je dit*) — *het Duits*, auf deutsch, im Deutschen; — *de breedte* (*doorknippen*), der Breite nach; — (*dank terug*), mit; (*twaalf*) — *een dozijn*, auf ein Dutzend; — *elk geval*, auf jeden Fall, in jedem Fall, jedenfalls; (*hotel*) *'In de Gouden Leeuw'*, 'Zum Goldenen Löwen'; *hij logeert in de 'Gouden Leeuw'*, er wohnt im 'G.L.'; (*drie*) — *getal*, an der Zahl; (*zij is*) — *de twintig*, in den Zwanzigern; — *het wit* (*gekleed*), in Weiß; — (*één woord*), mit; — *tabak doen*, mit Tabak handeln; — (*Amsterdam komen*), nach; — *kennis* (*bij iem. achterstaan*), an Kenntnissen; — (*kracht enz. toenemen*), an [3]. **II** *bw*: (*hij gaat*) *de kamer* —, in das Zimmer (hinein); (*hij komt*) *de kamer* —, in das Zimmer (herein); *er zit niets* —, es ist nichts darin; (*ik ben*) *erin*, (*binnen*) drinnen; *hij zit erin*, er sitzt darin, (*is erin gelopen*) ist hereingefallen; (*ik heb het*) *erin gelegd*, hinein-, dareingelegt; *schik je erin*, füge dich darein; — *en uit*, aus und ein; *dag* —, *dag uit*, tagaus, tagein; (*dat wil*) *er bij mij niet* —, mir nicht ein; *tegen de stroom* —, gegen den Strom.
inaccuraat inakkurat.
inachtneming (*v. maatregelen bijv.*) Beobachtung *w*; (*v. omstandigheden*) Berücksichtig/ung *w*; *met — van*, mit, unter B.ung [2].
inadem/en einatmen. ▼**—ing** Einatmung *w.*
inaugureel: *inaugurele rede*, Inauguralrede *w.*
inbaar eintreibbar.
inbakeren einwickeln; (*iem., z. warm*) —, einmummen.
inbedrijfstelling Inbetriebsetzung *w.*
inbedroefd tieftraurig.
inbeeld/en: *z.* —, s. einbilden. ▼**—ing** Einbildung *w*; (*verwaandheid, ook*) Dünkel *m*, Eingebildetheit *w.*
inbegrepen (mit)einbegriffen, inbegriffen, einschließlich [2], inklusive [2]; *alle onkosten* —, alle Unkosten miteinbegriffen, einschließlich aller Unkosten; *bediening niet* —, Bedienung nicht einbegriffen; exklusive, ohne. ▼**inbegrip**: *met — van alle onkosten*, mit Inbegriff aller Unkosten.
inbeslagneming Beschlagnahme *w.*
inbewaringgeving das in Verwahrung geben.
inbezit/neming Besitznahme *w.* ▼**—stelling** Einsetzung *w* in den Besitz.
inbijten einfressen, ätzen, beizen.
inbinden einbinden; (*lagere toon aanslaan*) einlenken; *ingebonden boeken*, gebundene Bücher.
inbitter sehr bitter.
inblauw tiefblau.
inblazen einblasen; einflüstern; (*leven*) einhauchen.
inblij(de) herzensfroh.
inblikken (*groente enz.*) einbüchsen.
inboedel Mobiliar, Inventar *s.*
inboeken buchen, eintragen.
inboeten (*verliezen*) einbüßen.
inboezemen einflößen.
inboorling Eingeborene(r) *m.*
inboos bitterböse.
inborst Gemüt *s*; Charakter *m*; (*gezindheid*) Gesinnung *w.*
inbouw/element Einbauelement *s.* ▼**—en** einbauen; umbauen. ▼**—keuken** Einbauküche *w.* ▼**—meubel** Einbaumöbel *s.*
inbraaf kernbrav.
inbraak Einbruch *m.* ▼**—verzekering** E.sversicherung *w.* ▼**—vrij** e.ssicher.
inbranden einbrennen.
inbrek/en einbrechen. ▼**—er** Einbrecher *m.*
inbreng (*bij huwelijk*) Eingebrachte(s) *s*; (*in bank, spel, zaak*) Einlage *w*; (*in vennootschap*) Beitrag *m.* ▼**—en** einbringen; (*beschuldigingen, klachten*) vorbringen; (*wat heb je*) *hiertegen in te brengen*, dagegen einzuwenden; (*hij kon*) *daar niets tegen* —, nichts dagegen einwerfen; *niets in te brengen hebben*, nichts zu sagen haben.
inbreuk Eingriff *m*; — *maken op*, Eingriffe machen in [4], eingreifen in [4]; — *op de wet*, Verletzung *w* des Gesetzes.
inbrokkelen, inbrokken einbrocken, einbröckeln; (*zijn hele vermogen*) *erbij* —, dabei zusetzen; (*niets*) *in te brokken* (*hebben*), zu sagen.
inburgeren einbürgern; *ingeburgerd zijn*, s. eingebürgert haben.
incalculeren einplanen.
incapabel unfähig.
incarn/atie Inkarn/ation *w*; (*belichaming*) Verkörperung *w.* ▼**—eren** i.ieren.
incass/eerder Kassenbote *m.* ▼**—eren** einkassieren; (*kritiek, tegenslagen*) einstecken. ▼**—ering** Einkassierung *w*, Inkasso *s.* ▼**—eringsvermogen**: — *hebben*,

Kritik, Schläge usw. einstecken können. ▼**incasso** Inkasso *s.* ▼**—kosten** I.spesen *Mz.*
incest Inzest *m,* Blutschande *w.*
incident Zwischenfall *m.* ▼**—eel** gelegentlich; (*terloops*) nebenbei; *incidentele eis,* Zwischenklage *w.*
inclinatie Inklination *w.*
incluis, inclusief inklusive [2], einschließlich [2]; (*f 5,50*) —, Bedienung einbegriffen; mit; inklusive.
incognito I *bw* inkognito. **II** *zn* Inkognito *s.*
incompetent inkompetent, nicht zuständig.
incompleet inkomplett, unvollständig.
inconsequent inkonsequent, nicht folgerichtig. ▼**—ie** Inkonsequenz, Folgewidrigkeit *w.*
incontinentie Inkontinenz *w.*
inconveniënt Inkonvenienz *w.*
incourant inkurant, (*fondsen*) nicht notiert, nicht börsengängig; (*artikelen*) nicht marktgängig.
incubatietijd Inkubationszeit *w.*
incunabel Inkunabel *w,* Wiegendruck *m.*
indachtig eingedenk [2]; *wees mijner —,* gedenke meiner.
indammen eindämmen, (*eig. ook*) eindeichen.
indampen eindampfen.
indekken: *zich —,* s. eindecken.
indel/en einteilen; *bij de eerste groep —,* in die erste Gruppe e., der ersten Gruppe einreihen; (*rekruten*) *bij de artillerie —,* bei der Artillerie einstellen. ▼**—ing** Einteilung; Einreihung; Einstellung *w.*
indenken: (*z.*) *in iets —,* s. in etwas [4] (hin)eindenken; *als ik de mogelijkheid indenk* (*dat...*), wenn ich an die Möglichkeit denke...; *z. —,* s. vorstellen, s. denken.
inderdaad in der Tat, wirklich, tatsächlich; (*ja zeker*) allerdings.
inderhaast in (aller) Eile.
indertijd damals, seinerzeit.
indeuken eindrücken.
index Index *m.* ▼**—cijfer** I.ziffer *w.* ▼**—eren** Indexkoppeln; *geïndexeerde lening,* Indexanleihe *w;* (*de lonen worden*) *geïndexeerd,* indexgekoppelt.
Indi/a India *s.* ▼**—aan** Indianer *m.* ▼**—aans** indianisch. ▼**—aas** indisch.
indicatief indikativ *m.*
Indië Indien *s.*
indien wenn, falls.
indien/en einreichen; (*begroting*) vorlegen; (*rekeningen*) einreichen, einschicken; *een voorstel —,* e.n Antrag stellen, vorlegen, einbringen. ▼**—ing** Einreichung, Vorlegung, Einschickung, Einbringung *w.*
indienst/stelling Indienststellung *w.* ▼**—treding** (Dienst-, Amts)antritt *m; dag van —,* Antrittstag *m.*
Indiër Inder, Indier *m.*
indigestie Indigestion *w.*
indijken eindeichen.
indikken eindicken.
indirect indirekt.
Indisch indisch.
indiscr/eet indiskret. ▼**—etie** Indiskretion *w.*
individu Individu/um, Einzelwesen *s.* ▼**—aliteit** I.alität *w.* ▼**—eel** i.ell, Einzel...
Indo Indoeuropäer *m.*
indoctrin/atie Indoktrin/ierung, I.ation *w.* ▼**—eren** i.ieren.
Indo/-europeaan Indo/europäer *m.* ▼**-europees** i.europäisch. ▼**—germaan** I.germane *m.*
indologie Indologie *w.*
indom schrecklich dumm.
indommelen einnicken.
indompelen eintauchen.
Indones/ië Indones/ien *s.* ▼**—iër** I.ier *m.* ▼**—isch** i.isch.
indoor Hallen... ▼**—sport** H.sport *m.*
indopen eintauchen; (*soppen*) eintunken.
indraaien (hin)eindrehen; (*schroeven*) (hin)einschrauben; *z. ergens weten in te draaien,* s. in etwas [4] einzudrängen wissen; *de kast —,* ins Loch fliegen; (*de auto*) *draaide deze straat in,* bog in diese Straße ein.
indrijven: *de haven —,* in den Hafen hinein-, hereintreiben; (*een spijker*) —, eintreiben; (*het vee*) *de stal —,* in den Stall (hin)eintreiben.
indring/en (*on.w*) eindringen; (*ov.w*) eindrängen; *de kamer —,* in das Zimmer (hin)eindringen; (*iem.*) *de sloot —,* in den Graben hineindrängen; (*iem.*) *in een ambt —,* in ein Amt eindrängen; *z. —,* s. eindrängen. ▼**—er** Eindringling *m;* (*indringerig iem.*) Zudringliche(r) *m.* ▼**—erig** zudringlich.
indroevig tieftraurig.
indrogen eintrocknen. ▼**indroog** durch und durch trocken.
indruppelen einträpfeln, eintropfen.
indruisen: *— tegen,* widerstreben [3]; *tegen de waarheid —,* wahrheitswidrig sein; (*tegen de goede zeden*) —, verstoßen.
indruk Eindruck *m; een blijvende — maken,* (*ook*) nachhaltig wirken; *onder de — komen,* beeindruckt werden. ▼**—ken** eindrücken. ▼**—wekkend** eindrucksvoll, imponierend; (*roerend*) ergreifend.
in dubio in dubio, im Zweifel, unschlüssig.
induc/eren induzieren. ▼**—tie** Induktion *w.* ▼**—tief** induktiv. ▼**inductie/klos** Induktions/spule *w.* ▼**—stroom** I.strom *m.*
industr/ialisatie Industrialisierung *w.* ▼**—ialiseren** industrialisieren. ▼**—ie** Industrie *w; handel en —,* Handel und Gewerbe *s; tak van —,* Industriezweig *m.* ▼**—ieel I** *bn* industriell, gewerblich; *industriële waarden,* Industriepapiere *Mz.* **II** *zn* Industrielle(r) *m.* ▼**—iegebied** Industriegegend *w.* ▼**—ieschool** Industrie-, Gewerbeschule *w.*
indutten einnicken, einschlummern.
induwen eindrücken; (*iem.*) *de sloot —,* in den Graben stoßen.
ineen (*het een in het ander*) ineinander; (*zodat iets kleiner wordt; 'samen'; ook 'stuk'*) zusammen. ▼**—drukken** z.drücken. ▼**—flansen** z.flicken; (*links en rechts bijeenzoeken*) z.stoppeln. ▼**—frommelen** z.knüllen; (*papier, enz.*) z.knittern. ▼**—gedoken** z.gekauert. ▼**—gedrongen** z.gedrängt; (*v. gestalte*) gedrungen. ▼**—grijpen** ineinandergreifen. ▼**—krimpen** (*v. pijn*) s. krümmen; (*v. schrik*) z.fahren; *mijn hart kromp ineen,* das Herz krampfte sich mir z. ▼**—lopen** ineinanderlaufen; (*v. kamers*) ineinandergehen; (*samenlopen*) z.laufen.
ineens auf einmal, mit einem Male; *zo —,* so plötzlich; *betaling —,* einmalige Zahlung; *som —,* (*ronde som*) Pauschalsumme *w.*
ineen/schrompelen zusammen/schrumpfen. ▼**—schuiven** ineinander-, z.schieben. ▼**—slaan** z.schlagen; *de handen —,* (*fig.*) s. z.tun. ▼**—sluiten** ineinander-, z.schließen. ▼**—storten** z.stürzen, einstürzen; (*fig.*) z.brechen. ▼**—storting** Z.sturz, Einsturz *m;* (*fig.*) Z.bruch *m.* ▼**—strengelen** verschlingen. ▼**—vlechten** ineinanderflechten, verflechten. ▼**—vloeien** z.-, ineinanderfließen. ▼**—zakken** z.brechen, -sinken.
inent/en (*vaccineren*) impfen; (*anders*) einimpfen. ▼**—ing** (Schutz) Impfung *w; — tegen pokken,* Pockenimpfung; *bewijs van —,* Impfschein *m.*

inertie Inertie *w.*
in- en uitklaringsdienst Grenzabfertigungsdienst *m.*
infaam infam.
infanter/ie Infanterie *w.* ▼**—ist** Infanterist *m.*
infantiel infantil.
infarct Infarkt *m.*
infect/eren infizieren. ▼**—ie** Infektion, Ansteckung *w.* ▼**—iehaard** I.sherd *m.* ▼**—ieziekte** I.s-, A.skrankheit *w.*
infer/ieur I *bn* minderwertig, geringer. **II** *zn* Untergeordnete(r) *m.* ▼**—ioriteit** Inferiorität *w.*
infiltr/ant Infiltr/ant *m.* ▼**—atie** I.ation *w.* ▼**—eren** i.ieren.
infinitief Infinitiv *m.*
inflat/ie Inflation *w.* ▼**—ionistisch, —oir** inflationistisch, inflatorisch.
influenza Influenza, Grippe *w.*
influisteren einflüstern, (*geheimzinnig*) zuraunen.
inform/ant Informant *m.* ▼**—atica** Informatik *w.* ▼**—atie** Auskunft, Information *w*; *—s geven*, A., Informationen erteilen; *—s inwinnen*, Erkundigungen, Auskünfte, Informationen einziehen; *nadere —s zijn te bekomen bij*, nähere Auskunft erteilt, Näheres bei; *te uwer —*, zu Ihrer Information. ▼**—atiebureau** Auskunfts-, Informationsbüro *s*, Auskunftsstelle, Auskunftei *w.* ▼**—atiecentrum** Informationszentrum *s.* ▼**—atiedrager** Informations-, Datenträger *m.* ▼**—atief** informatorisch, informativ. ▼**—atietoon** Hinweiston *m.* ▼**—atieverwerking** Informations-, Datenverarbeitung *w.* ▼**—eel** informell. ▼**—eren**: *— naar*, s. erkundigen nach; *iem. omtrent iets —*, e.n über etwas unterrichten, informieren.
infrarood infrarot.
infrastructuur Infrastruktur *w.*
infunctietreding Amtsantritt *m.*
infuus Infusion *w.*
ingaan (hin)eingehen; (*van kracht worden*) in Kraft, in Wirkung treten; (*bij iem.*) *in- en uitgaan*, aus- und eingehen; *de tuin —*, in den Garten (hinein)gehen; *de deur —*, zur Tür hineingehen; (*dit artikel*) *gaat er goed in*, geht gut ab; *op iets —*, auf etwas [4] eingehen; (*de huur zal 1 mei*) —, anfangen; *tegen iem. —*, s. gegen e.n wehren, (*z. verzetten*) s. e.m widersetzen. ▼**—de**: *in- en uitgaande rechten*, Ein- und Ausfuhrzoll *m*; *— 1 april*, vom 1. April an; Anfang am, mit Wirkung vom (ab) 1. April; *direct —*, ab sofort. ▼**ingang** Eingang *m*; *— vinden*, E., (*weerklank*) Anklang finden; (*v. mening, ook*) s. durchsetzen; *met — van*, *zie* **ingaande**.
ingebeeld eingebildet.
ingeboren an-, eingeboren.
ingebouwd eingebaut; *—e schakelaar*, Einbauschalter *m.*
ingebrekestelling Inverzugsetzung *w.*
ingekankerd eingewurzelt.
ingeland Deichgenosse *m.*
ingelegd eingelegt; *—e vloer*, Parkettfußboden *m.*
ingelukkig tiefglücklich.
ingemeen hundsgemein.
ingenaaid geheftet, broschiert.
ingenieur Ingenieur *m*; (*v. technische hogeschool*) Diplomingenieur (Dipl.-Ing.). ▼**—sexamen** I.prüfung *w.*
ingenieus ingeniös.
ingenomen eingenommen; *met iem. — (zijn)*, für e.n, von e.m e.; *met zichzelf — (zijn)*, von s. selbst e., selbstgefällig; *hij is zeer — met zijn nieuwe betrekking*, seine neue Stelle gefällt ihm sehr; *hij was er erg mee —*, (*met het geschenk*) er war über das Geschenk sehr erfreut; *het — gewicht*, das Ladegewicht. ▼**—heid** Eingenommenheit *w* (für); *— met zichzelf*, Selbstgefälligkeit *w*; *met —* (*begroeten*), mit Wohlgefallen, mit Sympathie.
ingeschapen *zie* **ingeboren**.
ingeschreven (*v. cirkel enz.*) einbeschrieben.
ingesloten bei-, eingeschlossen; in-, beiliegend; — (*zend ik u*) anbei, in der Anlage; *— stuk*, Ein-, Beilage *w.*
ingespannen angestrengt; *goed — zijn*, gut ausgestattet sein.
ingetogen zurückgezogen, eingezogen; (*zedig*) sittig; (*eerbaar*) sittsam. ▼**—heid** Eingezogenheit, Zurückgezogenheit; Sittsamkeit *w.*
ingeval falls.
ingev/en eingeben. ▼**—ing** Eingebung *w.*
ingevolge (*volgens, overeenkomstig*) zufolge [3, 2]; (*als gevolgtrekking van, tengevolge van*) infolge [2]; *— uw orders*, Ihren Aufträgen z.; *— zijn wens*, seinem Wunsch z., z. seines Wunsches; *— ministeriële beschikking*, infolge ministerieller Anordnung, auf ministerielle Anordnung.
ingewand/(en) Eingeweide *s* (*ook Mz*); Gedärme *s.* ▼**—skwaal** Eingeweideübel, Darmleiden *s.*
ingewijde Eingeweihte(r) *m.*
ingewikkeld verwickelt. ▼**—heid** Kompliziertheit *w.*
ingeworteld eingewurzelt; *— kwaad*, (*ook*) eingerissenes Übel.
ingezetene Einwohner *m*; (*v.h. rijk*) Eingesessene(r) *m.*
ingierig erzgeizig.
ingoed herzensgut.
ingooi (*sp.*) Einwurf *m.* ▼**—en** einwerfen.
ingraven eingraben.
ingrediënt Ingredienz *w.*
ingreep Eingriff *m.* ▼**ingrijpen** eingreifen; (*v. politie enz.*) einschreiten; *— in*, eingreifen in [4]; *—d*, eingreifend, (*maatregel*) durchgreifend.
ingroeien: *in iets —*, in etwas hineinwachsen.
inhaal/verbod Überholungsverbot *s.* ▼**—strook** Überholstreifen *m.* ▼**—wedstrijd** Nachholspiel *s.*
inhaken einhaken; (*handwerk*) einhäkeln.
inhakken einhauen; (*dat*) *hakt er aardig in*, läuft ins Geld; *erop —*, drauf loshauen.
inhal/atie Inhalation *w.* ▼**—en** einholen; (*en voorbijlopen*) überholen; (*naar binnen*) hereinholen; (*oogst*) (her)einbringen; (*het verzuimde, de schade*) nachholen, einbringen; (*de verloren tijd, het verlies*) wieder einbringen; (*achterstand, tijdverlies inlopen*) aufholen. ▼**—eren** inhalieren. ▼**—ig** habsüchtig, habgierig; (*vrekkig*) geizig, filzig. ▼**—igheid** Habsucht, Habgier *w.*
inham Bucht, Bai *w.*
inhameren (*ook fig.*) einhämmern.
inhebben (*v. schip*) geladen sein mit; (*dat heeft*) *niets in*, nichts auf sich, nichts zu bedeuten; (*dat*) *heeft heel wat in*, ist gar nicht leicht.
inhechtenisneming Verhaftung *w*; *bevel tot —*, Haftbefehl *m.*
inheems einheimisch.
inheien einrammen; (*leerstof*) einpauken, einfuchsen.
inheet brennheiß.
inherent inhärent. ▼**—ie** Inhärenz *w.*
inhoud Inhalt *m.* ▼**—en** (*bevatten; behelzen*) enthalten; (*onderdrukken*) verhalten; (*adem; paard; iets bij veiling*) anhalten; (*tranen*) zurückhalten, verhalten; (*toorn*) bezwingen; (*woorden*) zurückhalten; (*eten*) bei s. halten;

(*iets v.h. loon*) einbehalten; *z.* —, an sich [4] halten, s. bezwingen, s. beherrschen; *met ingehouden adem, tranen,* mit verhaltenem Atem, verhaltenen Tränen; *ingehouden woede,* verhaltener Zorn. ▾—**ing** (*v.h. loon*) Einbehaltung *w.* ▾—**smaat** Hohlmaß *s.* ▾—**sopgaaf** Inhaltsangabe *w*; (*v. boek enz.*) Inhaltsverzeichnis *s.*

inhuldig/en: *een vorst* —, e.m Fürsten huldigen. ▾—**ing** Huldigung *w*; (*kroning enz.*) feierliche Einsetzung.

inhullen einhüllen.

inhuren wieder, von neuem mieten.

initiaal Initiale *w*, Anfangsbuchstabe *m.*

initiatief Initiative *w*; *het* — *nemen,* die I. ergreifen; *recht van* —, Antragsrecht *s*; *op* — *van,* auf Anregung [2]. ▾—**nemer** Initiator; Veranlasser *m.*

injectie Injektion, Einspritzung *w.* ▾—**kraan** Einspritzhahn *m.* ▾—**spuitje** Injektionsspritze *w.*

inkapselen einkapseln, verkapseln.

inkeer: *tot* — (*komen*), zur Einkehr.

inkelderen einkellern.

inkeep, inkeping Einkerbung, Kerbe *w.* ▾**inkepen** einkerben. ▾**inkeren**: *tot zichzelf* —, in s. gehen.

inkerven einkerben; (*kerven krijgen*) einreißen.

inkijk Einblick *m*; (*het naar binnen kijken*) Hineinsehen *s.* ▾—**en** einsehen; hinein-, hereinsehen, -gucken.

inklapbaar versenkbar.

inklar/en einklarieren; (*goederen*) verzollen. ▾—**ing** Einklarierung; Verzollung *w*; *bewijs van* —, Einklarierungs-, Zollabfertigungsschein *m.* ▾—**ingshaven** Zollabfertigungshafen *m.*

inklauteren hinein-, hereinklettern.

inkled/en einkleiden. ▾—**ing** Einkleidung *w.*

inklimmen: (*door het raam*) —, einsteigen; *een wagen* —, in e.n Wagen einsteigen.

inklinken 1 (*bouten*) einnieten; **2** (*v. grond*) s. setzen.

inkoken einkochen.

inkomen I *ww* einkommen; (*erin*) hinein-, hereinkommen; (*v. berichten, bestellingen, brieven, klachten, schepen*) einlaufen; (*v. gelden, stukken*) eingehen; (*hij kwam*) *de deur in,* zur Tür herein; *daar komt niets van in,* daraus wird nichts; —*de rechten,* Einfuhr-, Eingangszoll *m*; *ingekomen post,* Posteinlauf *m.* **II** *zn* Einkommen *s.* ▾—**sgrens** E.sgrenze *w.* ▾—**snivellering** E.sangleichung *w.* ▾—**sstijging** E.ssteigerung *w.* ▾**inkomst** Einzug *m.* ▾—**en** Einkünfte *Mz*; — *en uitgaven,* Einnahmen und Ausgaben. ▾—**enbelasting** Einkommensteuer *w.*

inkoop Einkauf *m*; *inkopen doen,* Einkäufe machen. ▾—**bureau** (*off.*) Beschaffungsamt *s.* ▾—**combinatie** Einkaufs/ring *m.* ▾—**(s)prijs** E.preis *m.* ▾—**(s)vereniging** E.genossenschaft *w.* ▾**inkop/en** einkaufen. ▾—**er** Einkäufer *m.*

inkort/en kürzen; (*verkorten*) verkürzen; (*redevoering*) (ab)kürzen; (*rok*) (ver)kürzen, kürzer machen; (*een touw*) einkürzen; (*iemands rechten enz.*) schmälern; (*iemands macht*) einschränken. ▾—**ing** Kürzung *w*; Einschränkung *w.*

inkorven einkorben.

inkoud steinkalt.

inkrijgen hinein-, hereinbekommen; (*hij kan het eten*) *er niet* —, nicht hinunterbringen.

inkrimp/en I *on.w* (ein)schrumpfen, eingehen; (*stof bij wassen*) einlaufen; (*v. voorraden*) einschrumpfen; (*v. wind*) (ein)krimpen. **II** *ov.w* (*fig.*) einschränken; (*personeel*) abbauen, einsparen, verringern; (*laken*) (ein)krimpen. ▾—**ing** Schrumpfung *w*; Einschränkung *w*; Abbau *m.*

inkt Tinte *w*; (*drukinkt*) Farbe *w.* ▾—**fles** Tinten/flasche *w.* ▾—**koker** T.faß *s.* ▾—**lap** T.wischer *m.* ▾—**lint** Farbband *s.* ▾—**pot** T.faß *s.* ▾—**potlood** T.stift *m.* ▾—**rol** Farbwalze *w.* ▾—**stel** Schreibzeug *s.* ▾—**vis** T.fisch *m.* ▾—**vlak** T.klecks *m.*

inkuilen einmieten.

inkuipen eintonnen.

inkwartier/en einquartier/en. ▾—**ing** E.ung *w*; *gedwongen* —, Zwangseinquartierung.

inlaat Einlaß *m.*

inlad/en einladen, verladen. ▾—**ing** Ein-, Verladung *w.* ▾—**ingshaven** Ladehafen *m.*

inland/er Eingeborene(r) *m.* ▾—**s** inländisch, einheimisch.

inlas Einsatz *m.* ▾—**sen** einschalten, einfügen. ▾—**sing** Einschaltung, Einfügung *w.*

inlaten einlassen; (*naar binnen*) herein-, hineinlassen; (*z. met iem.*) —, einlassen, abgeben; *z. met iets* —, s. mit etwas abgeben, befassen, beschäftigen, (*op iets ingaan*) s. auf etwas [4] einlassen.

inleg Einlage *w*; (*bij spel*) Einsatz *m*; (*v. kledingstuk*) Einschlag *m.* ▾—**blad** (*v. uittrektafel*) Einsatz *m*; (*inlegvel*) Einlegeblatt *s.* ▾—**boekje** Einlagen-, Sparkassenbuch *s.* ▾—**geld** Einlage *w*; Einsatz *m.* ▾—**gen** (*bijna i.a.b.*) einlegen; (*kledingstuk*) einschlagen. ▾—**ger** Einleger *m.* ▾—**kapitaal** Einlagekapital *s.* ▾—**stuk** (*inzetstuk*) Einsatz *m.* ▾—**vel** Einlegeblatt *s.* ▾—**werk** eingelegte Arbeit. ▾—**zool** Einlegesohle *w.*

inleid/en einleiten; (*introduceren*) einführen. ▾—**er** Referent *m.* ▾—**ing** Einleitung; Einführung *w*; — *tot* (*de filosofie*), Einführung in [4].

inlelijk grundhäßlich.

inleven: s. einleben in [4].

inlever/en einliefern, einsenden; (*indienen*) einreichen; (*al het koper*) —, abliefern. ▾—**ing** Ein-, Ablieferung *w.*

inlicht/en: *iem.* —, e.m (über etwas) Aufschluß, (*min of meer op verzoek*) Auskunft geben, (*van iets op de hoogte brengen*) e.n über etwas unterrichten; *verkeerd ingelicht zijn,* falsch unterrichtet sein. ▾—**ing** Auskunft *w*; (*opheldering*) Aufschluß *m*; —*en geven,* Auskunft erteilen; —*en inwinnen,* Erkundigungen einziehen. ▾—**ingendienst** Nachrichtendienst *m.* ▾—**ingsdienst** Auskunftsstelle *w.*

inliggend einliegend, beiliegend, beigeschlossen, anbei, in der Anlage.

inlijsten einrahmen.

inlijv/en: (*een gebied*) *bij een land* —, e.m Lande einverleiben; *bij een regiment* —, in ein Regiment einteilen. ▾—**ing** Einverleibung; Einteilung *w.*

inlopen einlaufen; (*binnengaan*) (hin)eingehen; *hij kwam de kamer* —, er kam in das Zimmer hereingelaufen; *de deur* —, zur Tür hineinlaufen, (*doen bezwijken*) die Tür einrennen; (*bij iem.*) *in- en uitlopen,* ein- und ausgehen; (*een achterstand*) —, einholen; (*een motor moet*) —, s. einlaufen; *op iem.* —, auf e.n zulaufen; *er* —, (*fig.*) hereinfallen; *er iem. laten* —, e.n hereinlegen.

inloss/en einlösen. ▾—**ing** Einlösung *w.*

inlui erzfaul.

inluiden einläuten; (*een nieuw tijdperk*) —, einleiten.

inmaak Einmachen *s*; (*het ingemaakte*) Eingemachte(s) *s*; *voor de* —, zum Einmachen. ▾—**fles** Einmachglas *s.* ▾**inmaken** einmachen.

in margine am Rande.
in memoriam zum Andenken.
inmeng/en einmischen; *z.* —, s. (hin)einmischen. ▾**—ing** Einmischung *w.*
inmeten einmessen.
inmetselen einmauern.
inmiddels inzwischen, unterdessen, mittlerweile.
innaaien einnähen; (*boek*) heften, broschieren.
innem/en einnehmen; *voor z.* —, für s. e. ▾**—end** einnehmend, gewinnend; *—e manieren*, gewinnende Manieren. ▾**—endheid** einnehmendes Wesen. ▾**—ing** Einnahme *w.*
innen einziehen, einkassieren, eintreiben; (*belasting*) einnehmen.
innerlijk I inner (*niet als naamw. deel v. gez. en als bw*), innerlich; *— en uiterlijk*, innerlich und äußerlich; *—e waarde*, innerer Wert; *— leven*, Innenleben. **II** *zn* Innere(s) *s.*
innig innig; (*v. gebed*: *vurig*) inbrünstig; (*hartelijk, zeer*) herzlich; *zijn —ste gedachten blootleggen*, sein Innerstes offenbaren; *—(st)e overtuiging*, inner(st)e Überzeugung. ▾**—heid** Innigkeit *w*; (*vurigheid*) Inbrunst *w.*
inning Einziehung, Eintreibung *w.*
innov/atie Innovation, Erneuerung *w.* ▾**—eren** erneuern, innovieren.
inontvangstneming Empfangnahme *w.*
inoogsten einernten.
inpakk/en einpacken; (*losjes in 'n papier enz.*) einschlagen, einwickeln. ▾**—er** Packer *m.*
inpalmen (*touw*) einpalmen; (*z. toeëigenen*) an s. reißen, s. zueignen; (*inpikken*) einstecken; (*iem.*) —, für sich gewinnen, (*ook*) bestechen, betören.
inpandgeving Verpfändung *w.*
inpass/en (hin)einpassen. ▾**—ing** Einpassung *w.*
inpeperen: (*iem. iets*) —, eintränken.
inperken einschränken.
inpersen (hin)einpressen.
inpikken einstecken; (*klaarspelen*) deichseln; (*iets*) *handig* —, hübsch einfädeln; (*de politie heeft hem*) *ingepikt*, hopp genommen.
inplakken einkleben.
inpolder/en einpoldern, eindeichen. ▾**—ing** Einpolderung, Eindeichung *w.*
inpompen einpumpen; (*iem. iets*) —, eintrichtern, einpauken.
inpoten einpflanzen.
inpraten: (*iem. iets*) —, einreden; *z. erin praten*, s. verschwatzen, (*vastpraten*) s. festreden.
inprenten einprägen; einschärfen.
inproppen einstopfen, einpropfen.
input (*comp.*) Input *m*, Eingabe *w.*
inquisit/eur Inquisit/or *m.* ▾**—ie** I.ion *w.* ▾**—oriaal** i.orisch.
inregenen einregnen.
inrekenen festnehmen, einsperren.
inricht/en einrichten; (*regelen, ook*) anordnen. ▾**—ing** Einrichtung *w*; (*toestel*) Vorrichtung *w*; (*gebouw*) Anstalt *w*; (*een technische installatie*) Anlage *w.*
inrij Einfahrt *w.* ▾**—den** einfahren; (*te paard*) einreiten; *de stad* —, in die Stadt (hinein)fahren; (*de auto*) *de garage* —, in die Garage (ein)fahren; *het water* —, in das Wasser fahren; (*een auto*) —, einfahren; *niet —!*, Einfahrt verboten, keine Einfahrt.
inrijgen einschnüren; (*met grote steken naaien*) einreihen; (*veters*) einziehen.
inrijpoort Einfahrttor *s.* ▾**inrit** Einfahrt *w*, (*te paard*) Einritt *m.*
inroep/en (*in huis roepen*) hereinrufen; (*iem.s hulp*) anrufen, (*beroep doen op iem.s hulp*) in Anspruch nehmen. ▾**—ing** Anrufen *s.*
inroesten einrosten.
inrollen einrollen; *de kelder* —, in den Keller hinein-, hereinrollen.
inrood sattrot.
inruil/en eintauschen. ▾**—ing** Eintausch *m.* ▾**—waarde** (*v. auto*) Wiederverkaufswert *m.*
inruim/en einräumen.
inrukken: *de stad* —, in die Stadt einrücken; *ingerukt!*, packe dich!; *ingerukt mars!*, weg(ge)treten!
inschakel/en einschalten. ▾**—ing** Einschaltung *w.*
inschenken einschenken.
inschep/en einschiffen. ▾**—ing** Einschiffung *w.*
inscheppen einschöpfen.
inscherpen einschärfen.
inscheuren einreißen.
inschieten einschießen; *ergens* —, in etwas [4] hineinschießen, -fahren; (*de kurk is*) *er te diep ingeschoten*, zu tief hineingegangen; (*geld, leven*) *erbij* —, dabei einbüßen; *daar schiet me iets in*, da fällt mir etwas ein.
inschikk/elijk (*toegevend*) nachsichtig; (*meegaand*) nachgiebig. ▾**—elijkheid** Nachsicht; Nachgiebigkeit *w.* ▾**—en** (*plaatsmaken*) zusammenrücken.
inschoppen eintreten; (*iets*) *de gang* —, in den Flur (hinein)stoßen, -treten.
inschrift Inschrift *w.* ▾**inschrijfgeld** Einschreibegebühr *w.* ▾**inschrijv/en** einschreiben; (*in de boeken, een register enz.*) eintragen; (*intekenen*) zeichnen; (*iem., iets*) *in* (*op*) *een lijst* —, in eine Liste eintragen; *z. laten* —, (*voor wedstr.*) s. melden; (*zijn bagage*) *laten* —, aufgeben; *op 'n lening* —, auf eine Anleihe zeichnen; *op aandelen* —, Aktien z., subskribieren; *voor* (*op*) *een leverantie, aanbesteding enz.* —, behufs e.r Lieferung usw. z.; *voor f 10000* —, (*bij leverantie enz.*) hfl 10.000 fordern, (*anders*) zeichnen. ▾**—er** Submittent *m*; (*op lening*) Zeichner, Subskribent *m*; *laagste* —, Mindestfordernde(r) *m.* ▾**—ing** Einschreibung *w* usw.; (*bij aanbestedingen enz.*) Submission *w*, Angebot *s*; (*op lening*) Zeichnung, Subskription *w*; *hoogste, laagste* —, höchste, niedrigste Forderung; *de aanbesteding heeft bij — plaats*, die Arbeit wird im Wege der Submission vergeben; *de — op een lening, de — van aandelen openstellen*, eine Anleihe, Aktien zur Zeichnung auflegen; *de — op de lening* (*sluit op 1 juli*), die Zeichnung, (die Subskription) der Anleihe. ▾**—ingsbedrag** Zeichnungsbetrag *m*; (*bij aanbestedingen*) Submissionssumme *w.* ▾**—ingsbiljet** Zeichnungsschein *m*; (*bij aanbesteding, ook*) Angebot, Submissionsformular *s*; *de —ten moeten worden ingezonden vóór 1 mei*, (*bij leveranties*) die Lieferungsangebote sind vor dem 1. Mai einzusenden. ▾**—ingsformulier** Anmeldungsformular *s.* ▾**—ingskoers** Ausgabekurs *m.*
inschuif/beker Klapp-, Einschiebebecher *m.* ▾**—blad** Anschiebestück *s.* ▾**—ladder** Schiebeleiter *w.* ▾**—tafel** Ausziehtisch *m.* ▾**inschuiven** einschieben; (*kunnen jullie een beetje*) —, zusammenrücken.
insekt Insekt *s.* ▾**—eneter** I.enfresser *m.* ▾**—icide** I.izid *s.*
inseminatie Insemination *w.*
insgelijks gleichfalls, ebenfalls.
insider Insider *m.*
insigne Abzeichen *s.*
insinuatie Insinuation *w*; (*hatelijke toespeling*) Anzüglichkeit *w.* ▾**insinueren** insinuieren; anzüglich werden.
inslaan einschlagen; (*pin*) *dieper de muur* —,

in die Wand hineinschlagen; (*goederen*) einkaufen; *aardappelen* —, s. mit Kartoffeln eindecken; *de wintervoorraad* —, den Winterbedarf decken; *een weg, een richting* —, e.n Weg, eine Richtung einschlagen; *een zijstraat* —, in eine Seitenstraße einbiegen; (*de bliksem*) *is ingeslagen*, hat eingeschlagen; *dat zal* —!, das wird zünden! ▾**inslag** Einschlag *m*; (*v. goederen*) Einkauf *m*.
inslapen einschlafen.
inslecht grundschlecht.
inslepen: *de haven* —, in den Hafen (her-, hin)einschleppen.
inslikken ein-, verschlucken; (*woorden*) verschlucken; (*tranen*) hinunterschlucken, v.
insluimeren einschlummern.
insluip/en s. einschleichen; (*v. misbruiken, ook*) einreißen; *het huis* —, s. ins Haus einschleichen. ▾—**ing** Einschleichung *w*.
insluit/en einschließen; (*bij een brief*) —, (e.m Brief) beischließen; (*omvatten*) in sich schließen; *dit sluit niet in, dat...*, dies bedeutet nicht, daß... ▾—**ing** Einschließung *w*.
insmeerborstel Auftragbürste *w*.
insmelten einschmelzen; (*zijn kapitaaltje is aardig*) *ingesmolten*, zusammengeschmolzen.
insmeren einschmieren.
insmijten einschmeißen; *de sloot* —, in den Graben schmeißen.
insneeuwen einschneien.
insnijd/en einschneiden. ▾—**ing** Einschnitt *m*.
insnoeren einschnüren.
insnuiven einschnauben, einatmen; einschnupfen.
insolide in-, unsolid; (*zeer solide*) äußerst solid.
insolvent insolvent, zahlungsunfähig; —*e boedel*, Konkursmasse *w*. ▾—**ie** Insolvenz, Zahlungsunfähigkeit *w*.
insoppen eintunken.
inspann/en (*paard, rijtuig*) an-, einspannen; (*fig.*) anstrengen; *alle krachten* —, alle Kräfte anstrengen, aufbieten, (*ook*) alles aufbieten; (*zijn vader had hem*) *goed ingespannen*, gut ausgestattet, mit allem Nötigen versehen. ▾—**ing** An-, Einspannen *s*; (*fig.*) Anstrengung *w*; *al te grote* —, Überanstrengung; *met — van alle krachten*, mit Aufbietung aller Kräfte; *met een geweldige* —, mit gewaltiger Anspannung.
inspect/eren inspizieren, besichtigen; (*de troepen*) mustern; *de erewacht* —, die Front der Ehrenwache abschreiten. ▾—**eur** Inspektor *m*; (*hoofd v. e. toezicht hebbende instantie*) Inspekteur *m*; — *v. belastingen*, Steuerinspektor; — *bij een verzekeringsmaatschappij*, Versicherungsinspektor; — *van politie*, Polizei(ober)kommissar *m*; — *v. d. mijnen*, Oberbergrat *m*. ▾—**eur-generaal** Generalinspektor *m*; (*mil.*) Generalinspekteur *m*; — *v. h. onderwijs*, Generalinspektor für das Unterrichtswesen; — *voor de scheepvaart*, Generalschiffahrtsinspektor. ▾—**ie** Inspektion *w*; (*het inspecteren, ook*) Besichtigung *w*; (*mil.*) B.; Musterung *w*. ▾—**iereis** Inspektionsreise *w*. ▾—**rice** Inspektorin *w*.
inspelen: (*z.*) —, s. einspielen.
inspiciënt Inspizient *m*.
inspijkeren einnageln.
inspinnen einspinnen.
inspir/atie Inspir/ation *w*; (*bezieling*) Begeisterung *w*. ▾—**eren** i.ieren; begeistern.
inspraak Mitsprache, Mitbestimmung *w*; *recht v.* —, Mitspracherecht *s*. ▾**inspreken** (*iem. moed*) einsprechen, einflößen; (*band*) besprechen.
inspringen einspringen; *de kamer* —, in das Zimmer hinein-, hereinspringen; *het kanaal* —, in den Kanal springen; *voor iem.* —, für e.n einspringen, e.n vertreten; (*een regel*) *laten* —, einrücken; (*dit huis*) *springt nogal veel in*, tritt ziemlich weit zurück.
inspuit/en einspritzen. ▾—**ing** Einspritzung *w*.
instaan: — *voor* (*iem., iets*) einstehen, haften, bürgen für; *voor de echtheid* —, (*ook*) die Echtheit verbürgen.
install/ateur Install/ateur *m*. ▾—**atie** I.ation *w*; (*v. nieuwe leden*) Aufnahme *w*; (*techn. inrichting*) Anlage, I.ation *w*. ▾—**eren** installieren; (*in ambt, ook*) (in das Amt) einweisen; (*nieuwe leden*) aufnehmen; (*technisch*) anlegen; (*zich; een woning*) einrichten.
instampen einstampfen; (*fig.*) einpauken.
instandhouding Instandhaltung *w*; (*v. orde, wet enz.*) Aufrechterhaltung *w*; (*behoud*) Erhaltung *w*.
instantie Instanz *w*.
instantkoffie Instantkaffee *m*.
instappen einsteigen; (*onderweg erbij komen in trein enz.*) zusteigen; *de kamer* —, ins Zimmer treten.
insteken (*indoen*) einstecken; (*prikken enz.*) einstechen; (*ergens de vinger*) —, hineinstecken; (*met een naald ergens*) *in steken*, hineinstechen; (*al zijn geld*) *erin steken*, hineinstecken; (*een draad*) —, einziehen; *wat steekt daar in?*, was ist dabei?
instel/baar einstellbar. ▾—**len** einsetzen; (*invoeren*) einführen; (*oprichten*) errichten; (*stichten*) stiften; (*toestel*) einstellen; *een eis* —, eine Klage einleiten; *een eis tot schadevergoeding* —, auf Schadenersatz klagen; (*een feest*) —, einsetzen, einführen; (*een onderzoek*) —, anstellen; *een vervolging tegen iem.* —, e.n Prozeß gegen e.n anstrengen (einleiten), gerichtlich gegen e.n vorgehen; *z. op iets* —, s. auf etwas [4] einstellen. ▾—**ling** Einsetzung; Einführung; Errichtung; Stiftung; Einstellung; Einleitung; Anstellung *w*; (*regeling*) Einrichtung *w*; (*instituut*) Anstalt *w*; — *van liefdadigheid*, Wohlfahrtseinrichtung *w*, (*het gebouw*) Wohltätigkeitsanstalt *w*; — *voor hoger onderwijs*, höhere Unterrichtsanstalt; (*een wetenschappelijke*) —, Institut *s*; (*openbare, sociale*) —*en*, Einrichtungen; *geen goddelijke maar menselijke* —*en*, keine göttlichen Verordnungen sondern Menschensatzungen.
instemm/en einstimmen; *met iem.* —, e.m beistimmen, beipflichten, zustimmen; *met een mening* —, e.r Meinung beitreten; (*met iets, met iem.*) —, (*eens zijn*) einverstanden sein. ▾—**ing** Beistimmung; Zustimmung *w*; — (*vinden*), Beifall; (*iets*) *met* — (*vernemen*), mit Wohlgefallen.
instigatie Anregung *w*; (*opstoking*) Anstiftung *w*.
instinct Instinkt, Trieb *m*. ▾—**ief**, —**matig** instinktiv, instinktmäßig.
insti/tutionaliseren institutionalisieren. ▾—**tutionalisering** Institutionalisierung *w*. ▾—**tutioneel** institutionell. ▾—**tuut** Institut *s*, Anstalt *w*; (*voor opvoeding en onderwijs*) Erziehungsanstalt *w*; — *voor blinden*, Blindenanstalt *w*; *directeur v. e.* —, Institutsvorsteher *m*.
instoppen (hin)einstopfen; (*indoen*) hineinstecken; (*iem. warm*) —, einmummeln.
instort/en einstürzen; (*in elkaar vallen, ook*) zusammenstürzen; (*v. zieke*) e.n Rückfall bekommen; (*iem. moed*) —, einflößen; *gevaar voor* —, Einsturzgefahr *w*. ▾—**ing** Einsturz *m*, Einstürzen *s*; Rückfall *m*.

instoten einstoßen; *de sloot* —, in den Graben (hinein)stoßen.
instouwen einstauen.
instruc/teur Lehrer, Instruktor; (*in autorijden*) Fahrlehrer *m*. ▾**—tie** Unterricht *m*, Instruktion; Anweisung *w*; (*order hoe te handelen*) Verhaltungsbefehl *m*; Dienstvorschrift *w*; (*rechtst.*) Voruntersuchung *w*, (*door rechtercommissaris*) Beweisaufnahme *w*; *rechter van* —, Untersuchungsrichter *m*. ▾**—tief** instruktiv; (*ophelderend*) aufschlußreich.
instrueren instruieren; Anweisungen, Verhaltungsmaßregeln geben; unterrichten.
instrument Instrument *s*. ▾**—aal** I.al..., i.al. ▾**—alist** I.alist *m*. ▾**—enbord** Armaturen-, I.enbrett *s*. ▾**—eren** instrumentieren. ▾**—maker** I.enmacher *m*; (*technicus, meestal*) Feinmechaniker *m*.
instuderen einstudieren.
instuif Empfang(sabend) *m*. ▾**instuiven**: *de kamer* —, in das Zimmer (hinein-, herein)stürzen; *het stuift hier in*, es stäubt hier ein.
insturen einsenden; (*iem.*) *de klas* —, ins Klassenzimmer schicken; (*een schip*) *de haven* —, in den Hafen steuern.
insufficiënt insuffizi/ent. ▾**—ie** I.enz *w*.
insuline Insulin *s*.
intact intakt; (*ongeschonden, ook*) unverletzt.
inteelt Inzucht *w*.
integendeel im Gegenteil.
integr/aal I *bn* integral. **II** *zn* Integral *s*. ▾**—aalrekening** Integralrechnung *w*. ▾**—atie** Integration, Eingliederung *w*; (*bedrijven, ook*) Verflechtung. ▾**—eren** integrieren, eingliedern, verflechten. ▾**—erend**: — *bestanddeel*, integrierender, wesentlicher Bestandteil. ▾**—iteit** Integrität *w*.
inteken/aar Subskri/bent, Zeichner *m*. ▾**—biljet** S.ptions-, Zeichnungsschein *m*. ▾**—en** s.bieren, zeichnen; — *op 'n boek*, ein Buch s.bieren; *zie ook* **inschrijven**. ▾**—ing** S.ption, Zeichnung *w*; *bij* — (*verkrijgbaar*), auf S.ption; *bij* — *f 10*, S.ptionspreis hfl 10. ▾**—lijst** S.ptionsliste; (*inzamellijst*) Sammel-, Zeichnungsliste *w*. ▾**—prijs** S.ptionspreis *m*. ▾**—termijn** Zeichenfrist *w*.
intellect Intell/ekt *m*; (*de intellectuelen*) I.igenz *w*. ▾**—ueel I** *bn* i.ektuell. **II** *zn* I.ektuelle(r) *m*. ▾**intelligent** intelligent. ▾**—ie** Intelligenz *w*. ▾**—ieonderzoek**, **—ietest** I.prüfung *w*. ▾**—quotiënt** I.quotient *m*.
intens intensiv; (*verlangen*) sehnsüchtig; — *gemeen*, hundsgemein. ▾**—ief** intensiv. ▾**—iteit** Intensität *w*. ▾**—ive-care-afdeling** Intensiv(pflege)station *w*. ▾**—iveren** intensivieren.
intentie Intention, Absicht *w*.
inter/city Inter-City(-Zug) *m*. ▾**—com** Wechselsprechanlage *w*. ▾**—communaal** inter/kommunal; — *gesprek*, Ferngespräch *s*. ▾**—confessioneel** i.konfessionell. ▾**—continentaal** i.kontinental; *intercontinentale raket, vlucht*, I.kontinentalrakete *w*, I.flug *m*. ▾**—departementaal** i.departemental. ▾**—dict** I.dikt *s*.
interen einschustern, das Kapital angreifen; (*zijn vermogen*) —, einzehren.
interess/ant interess/ant. ▾**—e** I.e *w*. ▾**—eren** i.ieren.
int(e)rest *zie* **rente**. ▾**—rekening** Zinsaufstellung, Zinsrechnung *w*.
interieur Interieur, Innere(s) *s*. ▾**—opname** Innenaufnahme *w*. ▾**—verzorging** Raumausstattung *w*. ▾**—verzorgster** (= **werkster**) Raumpflegerin, Raum-, Fußbodenkosmetikerin *w*.
interim: *ad* —, ad interim; *minister ad* —, Interimsminister *m*. ▾**—dividend** Interims-, Zwischendividende *w*.
inter/jectie Inter/jektion *w*. ▾**—kerkelijk** i.kirchlich. ▾**—landwedstrijd** Ländertreffen, Fußballänderspiel *s*. ▾**—lineair** i.linear. ▾**—linie** Durchschußlinie *w*. ▾**—lock** I.lock *m*. ▾**—lokaal** *zie* **—communaal**. ▾**—mediair I** *bn* i.mediär, Zwischen... **II** *zn* (*bemiddeling*) Vermittlung *w*; (*tussenpersoon*) Vermittler *m*. ▾**—mezzo** I.mezzo *s*. ▾**—mitterend** i.mittierend.
intern I *bn* intern; —*e geneeskunde*, innere Medizin; —*e leerling*, Internschüler *m*; —*e ziekte*, innere Krankheit. **II** *zn* Interne(r) *m*. ▾**—aat** Internat, Schülerheim *s*.
internation/aal internation/al, zwischenstaatlich; *internationale wedstrijd*, Länderkampf *m*, -spiel *s*. ▾**—al** (*sp.*) Nationalspieler *m*. ▾**—ale** I.ale *w*. ▾**—alisatie** I.alisierung *w*.
interner/en internier/en. ▾**—ing** I.ung *w*. ▾**internist** Internist *m*.
internuntiatuur Internuntiatur *w*.
inter/pellant Inter/pellant *m*. ▾**—pellatie** I.pellation, Anfrage *w*; *recht van* —, (das) Recht der I.pellation. ▾**—pelleren** i.pellieren; *de regering* —, eine Anfrage an die Regierung stellen. ▾**—planetair** interplanetar, Weltraum... ▾**—polatie** I.polation *w*. ▾**—pretatie** I.pretation, Auslegung, Deutung *w*. ▾**—preteren** i.pretieren, auslegen, deuten. ▾**—punctie** I.punktion *w*. ▾**—rumperen** unterbrechen. ▾**—ruptie** Unterbrechung *w*; (*onderbrekende opmerking*) Zwischenruf *m*. ▾**—ruptor** Unterbrecher *m*, (*elektr.*) Stromunterbrecher *m*. ▾**—stellair** i.stellar. ▾**—val** I.vall *s*. ▾**—ventie** I.vention *w*; (*bemiddeling, ook*) Vermittlung *w*; (*inmenging, ook*) Einmischung *w*. ▾**—view** I.view, Pressegespräch *s*. ▾**—viewen** i.viewen.
intiem intim, vertraut.
intijds (recht)zeitig.
intimidatie Einschüchterung *w*.
intimiteit Intimität, Vertraulichkeit *w*.
intocht Einzug *m*.
intomen zügeln, im Zaum halten.
intonatie Intonation *w*.
intransigent intransigent.
intransitief intransitiv.
intrappen eintreten; (*bij voetb.*) ins Tor schießen; *daar trapt niemand in*, (*fig.*) darauf fällt niemand herein.
intraveneus intravenös.
intrede Eintritt *m*; (*inkomst*) Einzug *m*; (*ambtsaanvaarding*) Antritt *m*; *zijn* — *doen*, (*in een ambt*) sein Amt antreten, (*v. predikant*) seine Antrittspredigt halten. ▾**intreden** eintreten; *een nieuw jaar* —, in ein neues Jahr eintreten; (*hij trad*) *de kamer in*, in das Zimmer (hin-, her)ein.
intrek: (*bij iem.*) *zijn* — *nemen*, Wohnung nehmen; *zijn* — *nemen in een hotel*, in e.m Hotel einkehren, absteigen, Wohnung nehmen. ▾**—baar** einziehbar. ▾**—ken** einziehen; (*binnentrekken*) (hin)einziehen; (*woorden, aanklacht, motie enz.*) zurücknehmen; (*opdracht, sollicitatie, wetsvoorstel, wissel enz.*) zurückziehen; (*besluit, bevel, order*) widerrufen; (*bestelling, order*) annullieren; (*besluit, wet, uitvoerverbod*) aufheben; (*bevoegdheid, rijbewijs, subsidie enz.*) (e.m) entziehen;

(*munten*) einziehen; *de verloven —*, den Urlaub sperren; *de stad —*, in die Stadt einziehen; (*dieper*) *het land —*, ins Land hineinziehen; *bij iem. —*, bei e.m Wohnung nehmen, zu e.m ziehen. ▾**—king** Einziehen *s;* Zurücknahme; Widerrufung, Aufhebung *w;* — (*v. h. rijbewijs*), Entzug *m;* — *v.d. verloven*, Urlaubssperre *w; met — van*, unter Z. (usw.) [2].
intrest *zie* **rente**.
intreurig tieftraurig.
intrig/ant Intrig/ant, Ränkeschmied *m.* ▾**—e** I.e; Machenschaft *w*, Ränkespiel *s*, Ränke *Mz;* (*in drama enz.*) Verwicklung *w*, I.e. ▾**—eren** i.ieren.
intrinsiek: *—e waarde*, innerer Wert.
introd/ucé, **—ucée** Gast *m.* ▾**—uceren** einführen, introduzieren. ▾**—uctie** Einführung; Introduktion *w.* ▾**—uctiebrief** Einführungsschreiben *s.* ▾**—uctiekaart** Introduktions-, Gastkarte *w.* ▾**—uctieprijs** Einführungspreis *m.*
intronisatie Inthronisation *w.*
introuwen (s.) (in ein Geschäft, in eine Familie) einheiraten; *bij iem. —*, (nach der Heirat) zu e.m ziehen.
introvert introvertiert.
intuït/ie Intuition *w; bij — =* **—ief** intuitiv.
intussen inzwischen; (*nochtans*) indessen.
inund/atie Inundation, Überschwemmung *w.* ▾**—atiegebied** I.sgebiet *s.* ▾**—eren** inundieren, überschwemmen.
inval Einfall *m; het is daar de zoete —*, da findet man stets eine gastfreundliche Aufnahme.
invalid/e I *bn* invalid(e); (*ongeschikt om kost te verdienen, te werken, dienst te doen*) erwerbs-, arbeits-, dienstunfähig; kriegsbeschädigt. **II** *zn* Invalide, Arbeits-, Erwerbs-, Dienstunfähige(r); Kriegsbeschädigte(r) *m.* ▾**—enwagentje** Krankenfahrstuhl *m.* ▾**—iteit** Invalidität *w;* (*ongeschiktheid om kost te verdienen enz.*) Erwerbs-, Arbeits-, Dienstunfähigkeit *w.* ▾**—iteitspensioen, —iteitsrente** Invalidenrente *w.* ▾**—iteitsverzekering** Invalidenversicherung *w.* ▾**—iteitswet** Invaliditätsversicherungsgesetz *s.*
inval/len einfallen; ein-, zusammenstürzen; (*v. duisternis, koude, vorst, winter*) eintreten, (*plotseling*) hereinbrechen; (*de avond*) *valt in*, bricht an; (*v. nacht*) hereinbrechen; *voor iem. —*, e.n vertreten; *het —*, (*v. duisternis, koude, winter*) Eintritt, Einbruch *m; na het — van de duisternis*, nach eingetretener Dunkelheit. ▾**—ler** Ersatzmann *m;* (*voor collega enz.*) Vertreter *m.* ▾**—shoek** Einfall/(s)winkel *m.* ▾**—spoort** E.tor *s.* ▾**—uur** Vertretungsstunde *w.* ▾**—sweg** Einfallsstraße *w.*
invaren in (den Hafen) (hin)einfahren.
invasie Invasion *w.* ▾**—troepen** Invasionstruppen *Mz.*
inventaris Inventar *s;* (*voorraad waren, ook*) Bestand *m; de — opmaken*, das I., den B. aufnehmen. ▾**—atie** Inventur, Inventar/aufnahme *w.* ▾**—eren** i.isieren.
inversie Inversion *w.*
inverzekeringstelling vorläufige Festnahme *w.*
invest/eren invest/ieren. ▾**—ering** I.ierung, I.ition *w; beperking van de —*, I.itionsbeschränkung *w.* ▾**—eringspolitiek** I.itionspolitik *w.*
investituur Investitur *w.*
invetten einfetten.
invit/atie Einladung *w.* ▾**—é** Gast *m.* ▾**—eren** einladen.
invlechten einflechten.
invliegen einfliegen; (*naar binnen*) hinein-, hereinfliegen; *er —*, (*fig.*) hereinfallen. ▾**invlieger** Einflieger *m.*
invloed Einfluß *m; — hebben op*, E. haben auf [4], beeinflussen; *onder — zijn*, betrunken sein, unter Alkoholeinfluß stehen. ▾**—rijk** e.reich. ▾**—ssfeer** Einflußgebiet *s*, Interessensphäre *w*, Wirkungsbereich *m.*
invochten anfeuchten.
invoeg/en einfügen, einschalten, einschieben; (*een muur*) —, ausfugen; (*na inhalen weer*) —, einscheren. ▾**—ing** Einfügung, Einschaltung; Einscherung *w.* ▾**—sel** Einschiebsel *s.* ▾**—strook** Einordnungs/spur *w*, —streifen *m*, —bahn *w*, Beschleunigungsstreifen *m*, Beschleunigungsspur *w.*
Invoer Einfuhr *w.* ▾**—artikel** E.ware *w.* ▾**—buis** Einführungsrohr *s.* ▾**—der** Einführer; Importeur *m.* ▾**—en** einführen; importieren. ▾**—handel** Einfuhr-, Importhandel *m.* ▾**—haven** Einfuhrhafen *m.* ▾**—ing** Einführung *w.* ▾**—leiding** (*telec.*) Einführungsleitung *w.* ▾**—recht** Einfuhr/zoll *m; vrij v. —*, zollfrei; *kantoor v. —en en accijnzen*, Zollstelle *w.* ▾**—vergunning** E.bewilligung *w.*
invorder/baar eintreibbar, einziehbar. ▾**—en** einfordern; (*innen*) eintreiben, einziehen. ▾**—ing** Einforderung; -treibung, -ziehung *w.*
invreten einfressen; *een —d kwaad*, ein einreißendes Übel.
invriezen einfrieren.
invrijheidstelling Infreiheitsetzung *w.*
invul/len (*formulieren*) ausfüllen; (*aanvullen*) ergänzen; (*in de boeken*) eintragen; *op een lijst —*, in eine Liste eintragen. ▾**—ling** Ausfüllung *w;* Ergänzung *w.* ▾**—oefening** Ergänzungsübung *w.*
inwaaien einwehen; (*naar binnen*) hinein-, hereinwehen.
inwaarts einwärts, nach innen; *—e beweging*, Einwärtsbewegung *w.*
inwachten entgegensehen [3]; *aanbiedingen worden ingewacht* (*onder letter N van dit blad*), Angebote (sind) einzureichen.
inwateren einwässern.
inwegen einwiegen.
inwendig (*bn*) inner; (*bw*) innen, innerlich, inwendig; *de —e mens versterken*, den inneren Menschen stärken; *voor — gebruik*, innerlich (anzuwenden).
inwerk/en: *— op*, einwirken auf [4]; *z. in iets —*, s. in etwas [4] (hin)einarbeiten; (*iem.*) —, einarbeiten. ▾**—ing** Einwirkung *w.* ▾**—ingtreding** Inkrafttreten *s; met — op 1 mei*, mit Wirkung vom 1. Mai.
inweven einweben.
inwijd/en einweihen. ▾**—ing** Einweihung *w.* ▾**—ingsfeest** E.sfest *s.*
inwikkelen einwickeln.
inwillig/en einwilligen, bewilligen; *een verzoek —*, in eine Bitte e., gewähren, (*meer off.*) ein Gesuch genehmigen. ▾**—ing** Einwilligung, Bewilligung, Gewährung, Genehmigung *w.*
inwinnen (*inlichtingen*) einziehen, einholen; *advies —*, s. Rat holen, (*off.*) ein Gutachten einholen.
inwippen: *de kamer —*, ins Zimmer hineinhüpfen; *bij iem. —*, bei e.m vorbeikommen.
inwissel/baar einzuwechseln; (*v. coupons*) einlösbar. ▾**—en** einwechseln; einlösen. ▾**—ing** Einwechslung; Einlösung *w.*
inwon/en: (*bij iem.*) —, wohnen; *bij iem. gaan —*, zu e.m ziehen; *—de* (*kinderen*), im Hause wohnende. ▾**—er** Einwohner *m;* (*v. huis*) Mitbewohner *m.* ▾**—ing** Wohnung; Mitbewohnung *w; plaats van —*, Wohnort *m.*

inwrijven einreiben.
inzaaien einsäen.
inzage Einsicht *w*; — *v. d. stukken* (*eisen*), E. in die Akten; — *v. d. boeken*, E.nahme der Bücher; *ter — leggen*, zur E. auf-, auslegen; *ter — liggen*, zur E. vor-, auf-, ausliegen; *ter —* (*sturen*), zur Kenntnisnahme, (*boeken*) zur Ansicht; *iem. — weigeren*, e.m die Einsichtnahme verweigern; *bij — v. d. boeken*, (*bij boekhouding*) bei der Durchsicht der Bücher.
inzake: — *de prijs*, betreffs, hinsichtlich des Preises; — *godsdienst*, in Sachen der Religion; — *Müller*, (*boven brief*) betrifft Müller.
inzakken einsinken; (*instorten*) einstürzen; *de grond —*, in den Boden einsinken; (*dieper*) *de grond —*, in den Boden hineinsinken.
inzamel/en einsammeln; (*collecteren*) sammeln. ▾**—ing** Einsammlung *w*; (*van gaven*) Sammlung, Kollekte *w*.
inzegen/en: *het huwelijk —*, die Eheschließung einsegnen. ▾**—ing** Einsegnung *w*; — *van het huwelijk*, Trauung *w*.
inzend/en einsenden; *op een tentoonstelling —*, eine Ausstellung beschicken; *ingezonden stuk*, Eingesandt *s*; *ingezonden mededeling*, (*advertentie*) Textanzeige *w*. ▾**—er** Einsender *m*. ▾**—ing** Einsendung; Beschickung *w*.
inzepen einseifen.
inzet Einsatz *m*; (*bij spel*) Einlage *w*; (*bij veiling*) Anbot *s*. ▾**—sel** Einsatz *m*. ▾**—ten** einsetzen; einlegen; *een huis op f 25000 —*, auf ein Haus hfl 25.000 anbieten; (*een lied*) —, anstimmen; *z. tegen iets —*, gegen etwas ankämpfen; *het —* (*der troepen*), der Einsatz.
inzicht Einsicht *w*; (*mening*) Ansicht *w*; *tot —* (*komen*), zur E.; *tot 'n ander — komen*, andrer A. werden. ▾**inzien I** *ww* einsehen; *de toekomst donker —*, der Zukunft mit Besorgnis entgegensehen; *'t donker —*, nichts Gutes ahnen; (*alles*) *donker —*, schwarz sehen; (*de toestand*) *ernstig —*, für bedenklich ansehen. **II** *zn*: *mijns —s*, meines Erachtens; (*bij nader*) —, Betrachtung.
inzink/en einsinken. ▾**—ing** Einsinken *s*; (*v. d. bodem*) Einsenkung *w*; (*v. zieke*) Rückfall *m*; (*economisch, politiek*) Niedergang *m*; (*geestelijk, psychisch*) Depression *w*.
inzitten: *ergens mee —*, mit etwas verlegen sein; *over iem. —*, s. Sorgen um e.n machen; (*hij zit*) *er lelijk mee in*, in der Klemme. ▾**—de** Insasse *m*.
inzoet sehr süß.
inzonderheid besonders, namentlich.
inzouten einsalzen.
in zover(re) insofern.
inzuigen einsaugen.
inzwachtelen einwickeln.
ion Ion *s*. ▾**—enbombardement** Ionenanprall *m*. ▾**—isatie** Ionisierung *w*. ▾**—iseren** ionisieren.
Iraaks irakisch.
Iraans iranisch.
Irak der Irak.
Iran Iran *s*.
iris Iris *w*. ▾**—diafragma** Irisblende *w*.
iron/ie Ironie *w*. ▾**—isch** ironisch.
irreëel irreal.
irrelevant irrelevant.
irrig/atie Bewässerung, Berieselung, Irrigation *w*. ▾**—atiewerken** Bewässerungs-, Berieselungsanlagen *Mz*. ▾**—eren** bewässern, berieseln; (*uitspoelen*) irrigieren.
irrit/atie Irritation, Reizung *w*. ▾**—eren** irritieren, reizen.
ischias Ischias *w*.
islam Islam *m*. ▾**—iet** Islamit *m*. ▾**—itisch** islamitisch.
isobaar Isobare *w*.
isolatie Isolation, Isolierung *w*. ▾**—band** Isolierband *s*. ▾**—materiaal** Isolationsmaterial *s*; (*isolerende stof*) Isolierstoff *m*. ▾**isol/ator** Isolator *m*. ▾**—ement** Isoliertheit *w*. ▾**—eren** isolieren. ▾**iso/t(h)erm** Iso/therme *w*. ▾**—toop** I.top *s*.
Israël Israel *s*. ▾**—i** I.i *m*. ▾**—iet** I.it *m*. ▾**—isch** i.isch. ▾**—itisch** i.itisch.
istmus Isthmus *m*.
Ital/iaan Ital/iener *m*. ▾**—iaans** i.ienisch. ▾**—ië** I.ien *s*.
it., **item** ebenso, desgleichen, item.
item Item *s*.
ivoor Elfenbein *s*. ▾**ivoren** elfenbeinern; — *toren*, Elfenbeinturm *m*.
izabel Isabelle *w*. ▾**—kleurig** isabellfarben; — *paard*, falbes Pferd, Isabelle *w*.

J *s.*
ja ja; (*zn*) Ja *s*; (*hij zei*) *er — op,* ja dazu; (*ik geloof*) *van —*, ja; (*zij knikte*) *van —*, bejahend.
jaag/lijn Treidel/leine *w.* ▾**—pad** T.weg, Leinpfad *m.*
jaar Jahr *s*; *in het — onzes Heren,* im Jahre des Herrn; *in* (*het —*) *1939* (*brak de oorlog uit*), (im Jahre) 1939; *in mijn jonge jaren,* in jüngern Jahren; *— op —*, Jahr für Jahr; *op zijn twintigste —*, mit 20 Jahren; (*een man*) *op jaren,* von Jahren; (*hij is al*) *op jaren* (*gekomen*), zu (hohen) Jahren; (*hij is reeds*) *op jaren,* bei Jahren; *'s —s, per —*, jährlich; *oogst van dit —*, diesjährige, heurige Ernte; *van het laatste, het vorig —*, letztjährig, vorjährig; (*een militair van mijn*) *—*, Jahrgang; (*hij heeft*) *wijn van een goed —*, e.n guten Jahrgang. ▾**jaar/abonnement** Jahres/bezug *m.* ▾**—bericht** J.bericht *m.* ▾**—beurs** Messe *w.* ▾**—boek** Jahrbuch *s*; *—en,* (*kronieken*) Annalen. ▾**—cijfer** Jahres/zahl *w*; (*statistische*) *—s,* J.angaben. ▾**—dag** J.tag *m*; (*verjaardag*) Geburtstag *m.* ▾**—feest** J.fest *s*, J.feier *w.* ▾**—gang** Jahrgang *m.* ▾**—geld** Jahrgeld *s.* ▾**—genoot** Jahrgangskollege *m.* ▾**—getij(de)** Jahres/zeit *w*; (*jaardienst*) J.gedächtnis *s*, Jahrzeit *w.* ▾**—kring** J.kreis *m*; J.ring *m.* ▾**—lijks** jährlich, alljährlich; *—e bijdrage, termijn e.d.,* (*ook*) Jahresbeitrag *m*, -rate *w.* ▾**—ling** Jährling *m.* ▾**—markt** Jahrmarkt *m.* ▾**—overzicht** Jahres/übersicht *w.* ▾**—premie** J.prämie *w.* ▾**—staat** J.ausweis *m.* ▾**—tal** J.zahl *w.* ▾**—telling** Zeitrechnung *w.* ▾**—verslag** J.bericht *m.* ▾**—wedde** J.gehalt *s.* ▾**—wisseling** J.wechsel *m*, J.wende *w.*
jabroer Jabruder, Jasager *m.*
jacht 1 Jagd *w*; (*haast*) Hast *w*; *— op klein wild,* niedere J.; *op —* (*gaan*), auf die J.; *— maken op,* J. machen auf [4]; **2** (*vaartuig*) Jacht *w.* ▾**—akte** Jagdschein *m.* ▾**—club** Jachtklub *m.* ▾**—en** hetzen, treiben. ▾**—eskader** Jagd/geschwader *s.* ▾**—gebied** J.gebiet *s*; (*district*) J.revier *s*, J.bezirk *m.* ▾**—geweer** J.gewehr *s*, J.flinte *w.* ▾**—haven** Jachthafen *m.* ▾**—hond** Jagd/hund *m.* ▾**—ig** hastig, gehetzt. ▾**—opziener** J.aufseher, Wildhüter *m.* ▾**—partij** J.partie *w.* ▾**—schotel** Jägereintopf *m.* ▾**—sneeuw** Schneegestöber *s.* ▾**—stoet** Jagd/gefolge *s.* ▾**—terrein** J.gebiet *s.* ▾**—tijd** J.zeit *w*; *gesloten —*, Schonzeit *w.* ▾**—vliegtuig** J.flugzeug *s*, Jäger *m*; *formatie —en,* Jagdverband *m.*
jacketkroon Jacketkrone *w.*
jackpot Jackpot *m.*
jacquet Cut(away) *m.*
jaeger Jäger *s.*
jaffa Jaffaapfelsine *w.*
jagen jagen; (*haasten, ook*) eilen, hasten; (*de wolken*) *— langs de* (*hemel*), j. am; (*op*) *hazen —*, (auf) Hasen [4] j.; *op een baantje —*, Jagd machen auf ein Amt; (*iem.*) *—*, jagen, treiben, hetzen; (*iem. het bloed*) *naar het gezicht —*, ins Gesicht jagen; (*iem.*) *op kosten —*, in Kosten bringen; *erdoor —*, (*verkwisten*) vergeuden, (*door de keel*) durch die Gurgel jagen; (*een wetsvoorstel*) *erdoor —*, durchpeitschen. ▾**jager** Jäger *m* (*ook: soldaat en vliegtuig*); (*haringjager, zeil*) Jager *m*; (*v. trekschuit*) Treidler *m.* ▾**—sgebruik** Jäger/-, Weidmannsbrauch *m.* ▾**—slatijn** J.latein *s.* ▾**—stas** Weid-, Jagdtasche *w.* ▾**—sterm** Jägerausdruck *m.*
jaguar Jaguar *m.*
jak 1 Jacke *w*; *iem. op zijn — komen,* e.m die J. vollhauen; **2** (*dier*) Jak *m.*
jakhals Schakal *m.*
jakkeren hetzen.
jakkes! bah!, pfui!
jaknikker Jabruder *m.*
jakobijn Jakobiner *m.* ▾**jakobijns** jakobinisch, Jakobiner...
jakobsladder Jakobsleiter *w.*
jaloers eifer/süchtig, neidisch. ▾**—heid** E.sucht *w.* ▾**jaloezie 1** E.sucht *w*, Neid *m*; **2** (*zonneblind*) Jalousie *w*; (*rolluik*) Rolladen *m.* ▾**—sluiting** Rollverschluß *m.*
jam Marmelade *w.*
jamb/e Jambus *m.* ▾**—isch** jambisch.
jammer Jammer *m*; *het is —, dat...,* (es ist) schade, daß; *wat is dat —!*, wie schade!; *— van* (*iem., iets*), schade um; (*het is*) *— genoeg waar,* leider wahr; *erg —*, jammerschade. ▾**—en** jammern. ▾**—klacht** Wehklage *w.* ▾**—kreten** Jammergeschrei *s.* ▾**—lijk** jämmerlich, jammervoll.
jampot Marmeladentopf *m*, -dose *w.*
Jan Johann *m*; *— en alleman,* (jeder) Hinz und Kunz; *Ome —*, das Leihamt; (*zijn horloge*) *is bij Ome —*, steht Gevatter; *naar Ome —* (*brengen*), zum Gevatter; *boven —* (*zijn*), aus dem Schneider, (*erbovenop*) obenauf, (*binnen*) ein gemachter Mann.
janboel polnische Wirtschaft; Wirrwarr *m.* ▾**Jan Boezeroen** Blusenmann *m.* ▾**jandorie** Donnerwetter! ▾**janhagel 1** Janhagel, Pöbel *m*; **2** (*koekje*) Janhagel *m.*
janitsaar Janitschar *m.*
janken winseln, heulen; (*v. kinderen*) plärren, flennen.
janklaassen (*v. poppenkast*) Kasper(le) *m*; *voor — spelen,* den Hanswurst machen. ▾**—spel** Kasperletheater *s*; Hanswurstiade *w*; (*gedoe*) Klimbim *m.*
janmaat Janmaat *m.* ▾**janplezier** Kremser *m.* ▾**Jan Publiek** der Mann von der Straße. ▾**Jan Rap**: *— en zijn maat,* Krethi und Plethi.
jansalie Schlafmütz/e *w.* ▾**—geest** S.igkeit *w.*
jansen/isme Jansen/ismus *m.* ▾**—ist** J.ist *m.*
jansul Tropf, Pinsel *m.* ▾**jantje** Hänschen *s*; (*matroos*) Blaujacke *m*; *de —s,* die blauen Jungen(s). ▾**Jantje Secuur** Sicherheitskommissar(ius) *m.* ▾**jantje-van-leiden**: *z. met een — van iets afmaken,* s. etwas mit e.r leeren Ausrede vom Halse schaffen.
januari der Januar.
jan-van-gent Tölpel *m.*
Jap Japs *m.* ▾**Japan** Japan *s.* ▾**—nees, —ner** Japaner *m.* ▾**—s** japanisch; *—e vaas, zijde,* Japanvase *w*, -seide *w.*
japon Kleid *s.* ▾**—stof** Kleiderstoff *m.*
jarenlang jahrelang; *—e* (*afwezigheid*), langjährige.
jargon Jargon *m*; (*dieventaal*) Rotwelsch *s*; (*koeterwaals*) Kauderwelsch *s.*
jarig 1 (*één jaar oud*) jährig; **2** (*morgen*) *is hij*

, hat er Geburtstag; *de —e*, das Geburtstagskind.
jarretel/(le) Strumpfhalter *m.* ▼**—gordel** Hüfthalter *m.*
jas Rock *m*; (*colbertjas*; *v. mantelpak, pyjama*) Jacke *w*; (*over bovenkleding, bijv. regen-, dokters-, kantoorjas*) Mantel *m.* ▼**—beschermer** Kleiderschutz *m.*
jasmijn Jasmin *m.*
jas/pand Rockschoß *m.* ▼**—schort** Ärmelschürze *w*; Kittelkleid *s.* ▼**—sehanger** Mantel-, Rockbügel *m.*
jassen 1 (*kaartspel*) jassen; **2** (*aardappelen*) schälen.
jaszak Rocktasche *w.*
jatten (*stelen*) klauen, klemmen, mausen.
Jav/a Java *s.*▼**—aan** J.ner *m.* ▼**—aans** j.nisch.
jawel jawohl; *en —*, (*daar kwam hij aan*), und wirklich; *—!*, (*kun je begrijpen!*) ja Kuchen! ▼**jawoord** Jawort *s.*
jazz Jazz *m.* ▼**—band** J.band *m*, J.kapelle *w.* ▼**—festival** J.festival *s.*
je I *pers. vnw*: (*ev 1e, 3e, 4e nv*) du, dir, dich; (*mv 1e, 3e, 4e nv*) ihr, euch, euch; (*beleefdheidsv. 1e, 3e, 4e nv*) Sie, Ihnen, Sie. **II** *bez. vnw*: (*ev*) dein, (*mv*) euer, (*beleefdheidsv.*) Ihr; (*dat is*) *jé man*, der richtige Mann; (*dat is*) *jé tabak*, der ideale Tabak; (*dit is*) *je ware middel*, das rechte Mittel. **III** *onpers. vnw*: (*1e nv*) man; (*3e nv*) einem; (*4e nv*) einen; *— kunt nooit weten*, man kann nie wissen; (*de dwaasheden*) *die — in — jeugd begaat, spijten — later*, die man (einer) in seiner Jugend begeht, tun einem später leid; *daar heb — 't* (*gedonder*) *al!*, da haben wir die Bescherung!
jeans Jeans *Mz*, Jeanshose *w*; *van —*, Jeans...; *gebleekte —*, verwaschene Jeans.
jee! je(mine)!
jeep Jeep *m.*
jegens gegen; (*de verplichtingen*) *— onze ouders*, unseren Eltern gegenüber.
Jehova Jehova *m*; *getuige v. —*, Zeuge Jehovas, Bibelforscher *m.*
jekker Joppe *w.*
jenever Genever, Branntwein, Schnaps *m.* ▼**—bes** Wacholderbeere *w.* ▼**—neus** Schnapsnase *w.* ▼**—stoker** Branntweinbrenner *m.* ▼**—struik** Wacholder(strauch) *m.*
jengelen quengeln, greinen.
jeremi/ade Jeremiade *w.* ▼**—ëren** jammern.
jerrycan (Benzin)Kanister *m.*
jersey (*stof*) Jersey *m*; (*hemd*) Jersey *s.*
Jeruzalem Jerusalem *s.*
jet Jet *m*, Düsenflugzeug *s.* ▼**—piloot** Düsenpilot *m.* ▼**—-set** Jet-set *m.*
jeugd Jugend *w*; *bedreigde —*, gefährdete J.; *misdadige —*, straffällige J.; *domme streek uit de —*, J. eselei *w*; *van z'n — af*, von J. auf. ▼**—beweging** J.bewegung *w.* ▼**—brigadier** J.brigadier *m.* ▼**—concert** Schülerkonzert *s.* ▼**—elftal** J.mannschaft *w.* ▼**—herberg** J.herberge *w.* ▼**—huis** J.heim *s.* ▼**—ig** jugendlich; (*van de jeugd, ook*) Jugend...; *—e personen*, Jugendliche *Mz.* ▼**—igheid** Jugendlichkeit *w.* ▼**—leider** J.führer *m.* ▼**—leiding** J.leitung *w.* ▼**—loon** J.lohn *m.* ▼**—portret** J.bild *s.* ▼**—vereniging** J.verein *m.* ▼**—werk 1** (*werk uit de jaren*) J.arbeit *w*, (*kunstwerk*) J.werk *s*; **2** (*jeugdbeweging*) J.bewegung *w*; *ook* = **—zorg** J.pflege, J.hilfe *w*; (*sociaal*) J.wohlfahrt *w*; (*voor rijpere jeugd*) J.fürsorge *w.* ▼**—werkloosheid** J.arbeitslosigkeit *w.*
jeuk Jucken *s*; *ik heb —* (*op mijn rug*), es juckt mich (auf dem Rücken). ▼**—en**: *mijn rug jeukt*, der Rücken juckt mich; *mijn vingers —*, die Finger jucken mir; *mijn maag begint te —*, mir knurrt der Magen. ▼**—erig** juckend. ▼**—poeder** Juckpulver *s.*
jezuïet Jesuit *m.* ▼**—encollege** Jesuitenkollegium *s.* ▼**jezuïtisch** jesuitisch.
Jezus Jesus *m*; *hart van —*, Herz Jesu; *kindje —*, Jesuskindlein, Jesulein *s.* ▼**—beweging** J.bewegung, Jesus-People-Bewegung *w.*
jicht Gicht *w*; *aan — lijdend*, g.krank. ▼**—ig** g.ig, g.isch. ▼**—knobbel** G.knoten *m.* ▼**—lijder** G.kranke(r) *m.*
Jiddisch jiddisch.
jij du; (*beleefdheidsv.*) Sie; *elkaar met — en jou aanspreken*, sich duzen.
jioe-jitsoe Jiu-Jitsu *s.*
Job Jobst *m*; (*Bijbelse naam*) Hiob *m*; *arm als —*, so arm wie H. ▼**jobs/bode** Hiobs/bote *m.* ▼**—tijding** H.post *w.*
joch(ie) Bub *m.*
jockey Jockey, Jockei *m.* ▼**—pet** Jockeymütze *w.*
jodel/en jodeln. ▼**—roep** Jodler *m.*
joden/buurt Juden/viertel *s.* ▼**—dom** J.tum *s.* ▼**—kerk** J.schule *w.* ▼**—lijm** J.pech *s*; (*speeksel*) Speichel *m.* ▼**jodin** Jüdin *w.*
jodium Jod *s.* ▼**—tinctuur** Jodtinktur *w.*
jodoform Jodoform *s.* ▼**—watten** J.watte *w.*
Joego/slaaf Jugo/slawe *m.* ▼**—slavië** J.slawien *s.* ▼**—slavisch** j.slawisch.
joel/en johlen. ▼**—feest** Julfest *s.*
jofel (furchtbar) nett, gemütlich; *—e vent*, dufter Kerl.
joga Joga *m.*
jogging Jogging *s.*
joghurt Joghurt *m.*
johannesbrood Johannisbrot *s.*
johannieter Johanniter *m.* ▼**—orde** J.orden *m.*
joint Joint *m.*
jojo Jo-Jo *s.*
joker Joker *m.*
jok/kebrok Lügenpeter *m.* ▼**—ken** lügen; scherzen, spaßen.
jol Jolle *w.*
jolig lustig, fröhlich, heiter. ▼**—heid** Lustigkeit, *enz. w.*
jonassen prellen.
jong I *bn* jung; *—er*, jünger; *—st*, jüngst; *— en oud*, j. und alt; *— in jaren*, j. an Jahren; *een nog vrij —e man*, ein jüngerer Mann; *de —ste* (*berichten*), die neuesten; *de —ste bediende*, der Lehrling, der Stift; *van —s af*, von Jugend auf, an. **II** *zn* (*v.e. dier*) Junge(s) *s.* ▼**jonge/dame** junge Dame. ▼**—dochter** Jungfer *w*, junges Mädchen. ▼**—heer** junger Herr. ▼**—juffrouw** Fräulein *s.* ▼**—juffrouwachtig** jüngferlich. ▼**—ling** Jüngling *m.* ▼**—lingschap** Jünglingschaft *w*; *de studerende —*, die studierende Jugend. ▼**—lui** junge Leute; (*ook*) das junge Paar; (*'t jonge volk*) Jungvolk *s*, die junge Welt. ▼**—man** junger Mann; Junggeselle *m.*
jongen I *zn* Junge, Bube, Knabe *m*; (*knechtje*) Bursche, Junge *m*; *— v. Jan de Wit*, famoser Kerl; *daar ben jij maar een kleine — bij*, dagegen bist du nur ein Waisenknabe. **II** *ww* jungen, Junge werfen. ▼**jongens/aard** Knaben/art *w.* ▼**—achtig** jungen/-, k.haft. ▼**—fiets** J.rad *s.* ▼**—gek** J.mädel *s.* ▼**—jaren** K.jahre *Mz.* ▼**—kleding** K.bekleidung *w.* ▼**—kop** K.kopf *m*; (*kapsel*) Bubikopf *m.* ▼**—school** K.schule *w.* ▼**—streek** K.-, J.-, Bubenstreich *m.*
jongeren: (*jongere mensen*) jüngere Leute *Mz*; (*jeugdige personen*) Jugendliche(n) *Mz*; (*jongere krachten*) Nachwuchs *m*; (*apostelen*) Jünger *Mz.* ▼**—paspoort**: *cultureel —*, Kulturpaß für Jugendliche,

Theaterpaß *m.*
jongetje Bübchen *s.*
jong/geborene Neugeborene(r) *m.* ▼**—gehuwden** Neuvermählte(n) *Mz.* ▼**—gezel** Junggeselle *m.*
jongl/eren jonglieren. ▼**—eur** Jongleur *m.*
jong/maatje Lehrling *m*; (*op schip*) Jungmatrose *m.* ▼**—mens** junger Mann.
jongstleden: *zondag —*, (am) letzten, (am) vorigen Sonntag; *6 juni —*, am letzten, vorigen 6. Juni; *uw brief van 21 dec. —*, Ihr Schreiben vom 21. Dez. d. J. (dieses Jahres) *of* v. J. (vorigen Jahres).
jonk Dschunke *w.*
jonk/er Junker *m.* ▼**—heer** (*titel*) Jonkheer van ... ▼**—heid** Jugend(zeit) *w.* ▼**—man** junger Mann. ▼**—vrouw** Fräulein *s*; (*als titel*) F. van ...; (*dochter van baron*) Freifräulein *s*, Freiin *w*; (*aanspreking*) gnädiges Fräulein; (*maagd*) Jungfrau *w.* ▼**—vrouwelijk** jungfräulich.
jood Jude *m.* ▼**—s** jüdisch; Juden ...
jool Vergnügen *s*; (*v. studenten*) Kommers *m.*
Joost Jost *m*; *dat mag — weten*, (das) weiß der Teufel.
Jordan/ië Jordan/ien *s.* ▼**—iër** J.er *m.* ▼**—isch** j.isch.
jota Jota *s.*
jou (*3e nv*) dir; (*4e nv*) dich.
joule Joule *s.*
journ/aal Journal *s*; (*in bioscoop*) Wochenschau *w*; (*tv*) Tagesschau *w.* ▼**—aliseren** j.isieren. ▼**—alist** J.ist, Zeitungsschriftsteller *m.* ▼**—alistiek I** *zn* J.istik *w*, J.ismus *m.* **II** *bn* j.istisch.
jouw (*bez. vnw*) dein.
jouwen schreien, schimpfen; (*joelen*) johlen.
jovi/aal jovial. ▼**—aliteit** J.ität *w.*
joyriding Spritzfahrt *w.*
Jozef Joseph *m*; (*de ware*) —, Jakob.
jubel/en jubeln, jauchzen. ▼**—jaar** Jubel/jahr *s.* ▼**—kreet** J.ruf *m.*
jubil/aris Jubil/ar *m*; *de* (*zilveren*) *—sen*, das (silberne) Jubelpaar. ▼**—eren** jubil/ieren. ▼**—eum** J.äum *s*; *honderdjarig —*, Hundertjahr(es)feier *w.* ▼**—eumzegel** J.äumsbriefmarke *w.*
juchtleer Juchten *m.*
judas Judas *m.* ▼**—kus** J.kuß *m.* ▼**—penning** J.silberling *m.* ▼**—sen** piesacken, zwiebeln.
Judea Judäa *s.*
judo Judo *s.* ▼**—ka** Judoka *m.*
juf Fräulein *s.* ▼**—fer** Jungfer *w*; (*juffrouw*) Fräulein *s.* ▼**—ferachtig** jüngferlich. ▼**—fershondje** Schoßhündchen *s*; *beven als een —*, zittern wie Espenlaub. ▼**—frouw** Fräulein *s*; (*gehuwd*) Frau *w*; *— van gezelschap*, Gesellschafterin *w.*
juich/en jauchzen, jubeln. ▼**—kreet** Jauchzer *m.*
juist I *bn* richtig; (*waar*) recht; (*nauwkeurig*) genau; (*antwoord*) richtig; *de —e man daarvoor*, der rechte Mann dazu; (*het hart*) *op de —e plaats* (*hebben*), auf dem rechten Fleck. **II** *bw* gerade, eben, just; (*zoëven*) (so)eben, vorhin; (*op de —e wijze*) richtig; (*nauwkeurig*) genau; (*'t is*) *—* (*1 uur*), eben, gerade; (*een woord*) *— schrijven*, richtig schreiben; *— op tijd*, gerade zur rechten Zeit; *— van pas*, gerade recht; (*dat is het*) *nu — waar het op aankomt*, gerade (eben), worauf es ankommt; (*niet gaan? integendeel*) *nu —* (*wel*), nun erst recht!; (*de steen viel*) *—* (*= vlak*) *voor me*, gerade vor mir nieder; *—* (*hetzelfde*), gerade, genau. ▼**—heid** Richtigkeit *w*; (*nauwkeurigheid*) Genauigkeit *w*; (*beslistheid*) Bestimmtheit *w.*
jujube Jujube *w.*
juk Joch *s.* ▼**—been** Jochbein *s.*
juke-box Jukebox *w*, Musikautomat *m.*
juli der Juli.
jullie I *pers. vnw* (*1e nv*) ihr, (*beleefdh.*) Sie (*3e nv*) euch, Ihnen; (*4e nv*) euch, Sie. **II** *bez. vnw* euer; (*beleefdh.*) Ihr.
jumbo(-jet) Jumbo(-Jet) *m.*
jumper Jumper *m.*
jungle Dschungel *m.*
juni der Juni.
junior junior, der Jüngere; *de —es*, die Junioren; *wielerwedstrijd voor —es*, Juniorenrennen *s.*
junkie Junkie, Rauschgiftsüchtige(r) *m.*
junta Junta *w.*
jureren jurieren.
juridisch juristisch; *— advies*, Rechtsgutachten *s*; *—e faculteit*, (*ook*) Rechtsfakultät *w.* ▼**juris/dictie** Juris/diktion *w.* ▼**—prudentie** J.prudenz *w*; (*verz. gevelde arresten*) Rechtsprechung *w.* ▼**jurist** Jurist *m*; (*student*) Rechtsbeflissene(r) *m.* ▼**—erij** Juristerei *w.*
jurisprudentie Jurisprudenz *w.*
jurk Kleid *s.*
jury Preisgericht *s*, Jury *w*; (*bij rechtspr.*) Schwurgericht *s*; (*sp.*) Kampfgericht *s.* ▼**—lid** Preisrichter; Geschworene(r); Kampfrichter *m.*
jus 1 (*recht*) Jus *s*; **2** (*vleessap*) Soße, Tunke *w*; (*ingedikt; sap*) Jus *w.* ▼**— d'orange** Orangensaft *m.* ▼**—kom** Soßen-, Tunkenschüssel *w.*
justit/ie Justiz *w*; (*rechterlijke macht, ook*) Gerichtsbehörde *w*; *ministerie van —*, Justizministerium, -amt *s.* ▼**—ieel** gerichtlich, Justiz...
Jut: *op de kop van — slaan*, den Lukas hauen.
jute Jute *w.*
juttepeer Butterbirne *w.*
jutter Strandräuber *m.*
juvenaat Juvenat *s.*
juweel Juwel *s.* ▼**juwelen**... Juwelen... ▼**juwelendoosje** Juwelenkästchen *s.* ▼**juwelier** Juwelier *m.* ▼**—swerk** Juwelier/arbeit *w.* ▼**—swinkel** J.laden *m.*

k K *s.*
ka 1 (*manwijf*) Mannweib *s*; **2** *zie* **kaai**.
kaag (*vaartuig*) Kaag *w.*
kaai (*kade*) Kai *m.* ▾**—geld** Kaigeld *s.*
kaaiman Kaimann, Alligator *m.*
kaaiwerker Kaiarbeiter, Schauermann *m.*
kaak 1 Kinnbacken *m*; (*boven- of onderkaak*) Kiefer *m*; *met beschaamde kaken* (*staan*), mit verschämten Wangen; **2** (*schandpaal*) Pranger *m*; *aan de — stellen*, an den P. stellen; **3** (*scheepsbeschuit*) Schiffszwieback *m.* ▾**—been** Kiefer/knochen *m.* ▾**—fractuur** K.bruch *m.* ▾**—holte** K.höhle *w.* ▾**—(holte)ontsteking** K.höhlenentzündung *w.* ▾**—je** Keks *m.* ▾**—slag** Backenstreich *m.* ▾**—spier** Kiefermuskel *m.*
kaal kahl; (*naakt*) nackt; (*sjofel*) schäbig; (*schriel*) dürftig, karg; (*v. kleren*: *tot op de draad versleten*) fadenscheinig; (*v. kleren*: *glimmend*) abgewetzt; *een kale boel*, eine armselige Wirtschaft; *kale huur*, Kaltmiete *w*; *er — afkomen*, schlecht (übel) dabei wegkommen; *zo — als een luis*, kahl wie ein Rattenschwanz. ▾**—geschoren** kahl/geschoren. ▾**—heid** K.heit, Schäbigkeit, Dürftigkeit *w*, usw. ▾**—hoofdig** k.köpfig. ▾**—kop** K.kopf *m.* ▾**—slag** Kahlschlag, Kahlhieb *m.*
kaan 1 (*vaartuig*) Kahn *m*; **2** (*v. vet*) Griebe, Grammel *w.*
kaap 1 Kap *s*; *K— de Goede Hoop*, das K. der Guten Hoffnung; **2** (*zeeroof*:) *ter — varen*, Kaperei treiben. ▾**K—kolonie** Kapkolonie *w.* ▾**K—s** kapisch, kapländisch, Kap... ▾**—stander** Gangspill *s*, Ankerwinde *w*, Kabestan *m*; (*alg.*: *windas*) Winde *w.* ▾**—vaart** Kaperfahrt, Kaperei *w.*
kaar Fischbehälter, -kasten *m.*
kaard/(e) Karde *w*; (*werktuig, ook*) Kratze, Krempel, Kardätsche *w.* ▾**—en** kard(ier)en, kardätschen, kratzen, krempeln; (*ruwen*) rauhen. ▾**—er** Wollkämmer, Kardätscher; Rauher *m.* ▾**—wol** Kratzwolle *w.*
kaars Kerze *w*; (*soms ook*) Licht *s.* ▾**—ehouder** Kerzen/halter *m.* ▾**—epit** K.docht *m.* ▾**—licht** K.licht *s.* ▾**—recht** k.gerade. ▾**—sterkte** K.stärke *w.* ▾**—vet** Lichttalg *m.*
kaart Karte *w*; (*v. kaartsysteem, ook*) Zettel *m*; (*zijn —en*) *op tafel leggen*, aufdecken; *open — (spelen)*, offenes Spiel; (*een land*) *in — brengen*, kartieren; *z. niet in de — laten kijken*, s. [3] nicht in die Karten gucken lassen; *iem. in de — spelen*, e.m die Karten in die Hand spielen; (*gegevens*) *op* (*in*) *— brengen*, auf Karten eintragen; (*dat is*) *een doorgestoken —*, ein abgekartetes Spiel. ▾**—catalogus** Zettelkatalog *m*, Kartothek *w.* ▾**—club** Kartenklub *m.* ▾**—en** Karten spielen. ▾**—enbak** (*v. kaartsysteem*) Karteikasten *m*, Kartei, Kartothek *w.* ▾**—enhuis** Karten/haus *s.* ▾**—hut, —kamer** (*scheepv.*) K.haus *s.* ▾**—je** Karte *w*; (*visitekaartje*) Visitenkarte; (*spoorkaartje*) Fahrkarte; *een — kopen, nemen*, eine F. lösen. ▾**—jesautomaat** Karten/automat *m.* ▾**—leggen** K.legen *s.* ▾**—legster** K.legerin *w.* ▾**—lezen** K.lesen *s.* ▾**—register** Kartei, Kartothek *w*; *in het — brengen*, in Kartei erfassen, auf e.r Karte eintragen; *een — bijhouden*, eine Kartei führen. ▾**—spel** Karten/spiel *s.* ▾**—spelen** K.spielen *s.* ▾**—speler** K.spieler *m.* ▾**—systeem** K.system *s*; (*de verzameling kaarten zelf*: *zie* **—register**).
kaas Käse *m*; *bolle —*, Kugelkäse; *platte —*, Radkäse; *z. de — niet van het brood laten eten*, s. die Butter nicht vom Brot nehmen lassen. ▾**—achtig** käseartig, käsig. ▾**—bereiding** Käse/bereitung *w.* ▾**—blokje** K.würfel *m.* ▾**—boer** K.bauer, K.r; (*verkoper*) K.händler *m.* ▾**—bolletje** (*hoed*) steifer Hut. ▾**—fondue** K.fondue *s.* ▾**—koekje** K.käulchen *s.* ▾**—makerij** K.rei *w.* ▾**—schaaf** K.hobel *m.* ▾**—stof** K.stoff *m*, Kasein *s.* ▾**—stolp** K.glocke *w.* ▾**—stremsel** K.lab *s.* ▾**—wei** K.molken *Mz.*
kaats/baan Ballspielplatz *m.* ▾**—bal** Schlagball *m.* ▾**—en** Ball spielen; *wie kaatst, moet de bal verwachten*, wer ausgibt muß auch wieder einnehmen. ▾**—er** Ballspieler *m.* ▾**—spel** Ballspiel *s.*
kabaal Radau, Lärm, Spektakel *m.*
kabbel/en plätschern; (*zacht murmelen*) rieseln; *de zee kabbelt*, die See kabbelt. ▾**—ing** Plätschern *s*; (*zee*) Kabbelung *w.*
kabel Kabel *s*; (*stalen draad voor transportdoeleinden*) Drahtseil *s.* ▾**—baan** K.bahn; (*langs luchtkabel*) Drahtseilbahn *w.* ▾**—ballon** Fesselballon *m.* ▾**—en** kabeln.
kabeljauw Kabeljau *m.* ▾**—filet** K.filet *s.*
kabel/lengte Kabel/länge *w.* ▾**—net** K.netz *s.* ▾**—spoor** K.bahn, Drahtseilbahn *w.* ▾**—televisie** K.fernsehen *s.* ▾**—touw** K.tau *s.*
kabinet Kabinett *s*; (*voor kunstvoorwerpen, schilderstukken*) Galerie *w*; (*kast*) Schrank *m*; (*werkkamer v. ambtenaar*) Büro *s*; *het — der koningin*, das K. der Königin. ▾**—formaat** K.format *s.* ▾**—scrisis** K.skrise *w.* ▾**—sformateur** der mit der K.sbildung Beauftragte. ▾**—sformatie** K.sbildung *w.* ▾**—skwestie** K.sfrage *w.* ▾**—sraad** K.srat *m.* ▾**—sschrijven** K.sschreiben *s.* ▾**—stuk** K.stück *s.*
kabouter(mannetje) Heinzelmännchen *s*, Kobold *m*; (*dreumes*) Knirps, Dreikäsehoch *m.*
kachel Ofen *m.* ▾**—glans** O.schwärze *w.* ▾**—hout** Brennholz *s.* ▾**—pijp** O.rohr *s*; (*hoge hoed*) Angströhre *w.* ▾**—warmte** O.wärme *w.*
kadast/er Kataster *m & s*, Grundbuch *s*; (*het bureau*) Katasteramt, Grundbuchamt *s*; *ambtenaar v.h. —*, Beamte(r) *m* beim Kataster. ▾**—raal** katastermäßig; *kadastrale kaart*, Kataster-, Flurkarte *w*; *kadastrale legger*, Grundbuch(blatt) *s*; *— ingeschreven*, grundbuchamtlich eingetragen. ▾**—reren** katastrieren, in den Kataster eintragen.
kadaver Kadaver *m.* ▾**—discipline** K.gehorsam *m.*
kade(-) *zie* **kaai(-)**.
kader Rahmen *m*; (*mil.*; *kern v. partij*) Kader *m*; *buiten het — vallen*, aus dem R. fallen; *vast —*, permanenter K. ▾**—lid** K.funktionär, Kader *m.* ▾**—opleiding** K.ausbildung *w.*
kadetje Brötchen *s*; (*hard*) Semmel *w.*
kadi Kadi *m.*
kadreren rahmen. ▾**kadrist** K.spieler *m.*
kaduuk (*bouwvallig*) verfallen; (*kapot, versleten*) schadhaft; (*fig.*: *oud en gebrekkig*) hinfällig, gebrechlich, kaduk.

kaf Spreu *w*; *het — v.h. koren scheiden*, die S. vom Weizen sondern.
kaffer Kaffer *m*. ▾**—achtig** kaffrig.
kaft Umschlag *m*.
kaftan Kaftan *m*.
kaft/en einschlagen. ▾**—papier** Einschlag-, Umschlagpapier *s*.
Kaïnsteken Kainszeichen, Kainsmal *s*.
kajak Kajak *m*.
kajuit Kajüte *w*. ▾**—sjongen** Kajüts-, Schiffsjunge *m*.
kak Kacke *w*; *kale —*, Windmacherei *w*, leerer Dunst.
kakebeen Kinnlade *w*.
kakel/aar Plapperer, Plapperhans, Schwätzer *m*. ▾**—aarster** Plapperliese, Schwätzerin *w*. ▾**—bont** kunterbunt; (*meer v. kleur*) buntscheckig. ▾**—en** gackern; (*fig.: babbelen*) plappern, schwatzen.
kakement Mundwerk *s*. ▾**kaken** (*haring*) kaaken, auskehlen.
kaketoe Kakadu *m*.
kaki Khaki *s* (*stof: m*). ▾**—kleurig** k.farben.
kakken kacken.
kakkerlak Kakerlak *m*.
kakofonie Kakophonie *w*.
kal(e)bas Kalebasse *w*.
kal(e)fat(er)en kalfatern.
kaleidoscoop Kaleidoskop *s*.
kalender Kalender *m*. ▾**—jaar** K.jahr *s*.
kalf Kalb *s*; *als het — verdronken is, dempt men de put*, wenn das Kind ertrunken ist, deckt man den Brunnen zu. ▾**—achtig** kälberhaft. ▾**—koe** trächtige Kuh. ▾**kalfs/borst** Kalbs/brust *w*. ▾**—bout** K.keule *w*. ▾**—fricandeau** K.nuß *w*. ▾**—gehakt** gehacktes Kalbfleisch. ▾**—kotelet** K.kotelett *s*. ▾**—lapje** K.schnitzel *s*. ▾**—leer** K.(s)leder *s*. ▾**—oester** K.schnitzel *s*. ▾**—vlees** Kalbfleisch *s*. ▾**—zwezerik** K.milch *w*.
kali Kali *s*.
kaliber Kaliber *s*; (*fig. ook*) Schlag *m*; *van groot, klein —*, groß-, kleinkalibrig.
kalief Kalif *m*. ▾**kalifaat** K.at *s*.
kalimest Kalidünger *m*. ▾**kalium** Kalium *s*. ▾**kalizout** Kalisalz *s*.
kalk Kalk *m*; (*metselspecie*) Mörtel *m*. ▾**—aanslag** (*in theeketel enz.*) K.ablagerung *w*. ▾**—aarde** K.erde *w*. ▾**—achtig** k.artig, kalkig. ▾**—arm** k.arm. ▾**—brander** K.brenner *m*. ▾**—en** k.en; (*muur*) k.en, tünchen, (*bepleisteren*) bewerfen. ▾**—groeve** K.bruch *m*. ▾**—houdend** k.haltig. ▾**—mortel** K.mörtel *m*. ▾**—zandsteen** K.sandstein *m*.
kalkoen Trut/hahn *m*, T.henne *w*, T.huhn *s*; Puter *m*, Pute *w*; *gebraden —*, Puter-, Putenbraten *m*. ▾**—s**: *zo rood als een —e haan*, puterrot. ▾**—tje** Viertelflasche *w*.
kalk/oven Kalk/ofen *m*. ▾**—steen** K.stein *m*.
kalligraaf Kalligraph *m*.
kalm ruhig; (*zeemanst.: windstil*) kalm; *blijf —!*, (*bewaar je kalmte*) nur die Ruhe bewahren!, ruhig Blut!; *houd je —!*, (*wees stil*) seid ruhig!, gebt Ruhe! *— aan wat!*, nur gemach! ▾**—eren** beruhigen; (*sussen*) besänftigen; *—d middel, kalmeringsmiddel*, Beruhigungs/mittel *s*, B.pille *w*.
kalmoes Kalmus *m*.
kalm/pjes ruhig; (*op z'n gemak*) gemütlich, gemächlich. ▾**—te** Ruhe *w*; (*zeemanst.: windstilte*) Kalme *w*; *zijn — verliezen*, die Fassung verlieren.
kalot Kalotte *w*.
kalven kalben. ▾**kalver/achtig** kälberhaft. ▾**—liefde** erste junge Liebe, Liebelei *w*.
kam Kamm *m*; (*v. strijkinstrument*) Steg *m*; *over één — scheren*, über e.n K. scheren.
kameel Kamel *s*.
kameleon Chamäleon *s*.
kamenier(ster) Zofe, Kammerjungfer *w*.
kamer Zimmer *s*; (*woonvertrek in gewone omgangstaal*) Stube *w*; (*kleiner en fig.*) Kammer *w*; *de — doen*, das Z. machen; (*de zieke moet*) *de — houden*, das Z. hüten; *op —s* (*wonen*), möbliert; *Eerste, Tweede Kamer*, Erste, Zweite K.; *K— van Koophandel en Fabrieken*, Industrie- und Handelskammer.
kameraad Kamerad *m*, K.in *w*; (*makker*) Gefährt/e *m*, G.in *w*; (*partijgenoot*) Genoss/e *m*, G.in *w*. ▾**—schap** K.schaft *w*. ▾**—schappelijk** k.schaftlich.
kamer/antenne Zimmer/antenne *w*. ▾**—arrest** Stubenarrest *m*. ▾**—bewaarder** Türhüter *m*. ▾**—bewoner** Z.bewohner *m*. ▾**—concert** Kammer/konzert *s*. ▾**—debat** K.debatte *w*. ▾**—dienaar** K.diener *m*. ▾**—fractie** K.fraktion *w*. ▾**—geleerde** Stubengelehrte(r) *m*. ▾**—gymnastiek** Z.gymnastik *w*. ▾**—heer** K.herr *m*. ▾**—japon** Hauskleid *s*. ▾**—jas** Schlafrock *m*. ▾**—lid** Abgeordnete(r) *m*; Mitglied *s* der Ersten (Zweiten) Kammer. ▾**—meisje** K.mädchen *s*; (*in hotel*) Z.mädchen *s*. ▾**—muziek** K.musik *w*. ▾**—ontbinding** K.auflösung *w*. ▾**—overzicht** K.übersicht *w*. ▾**—plant** Z.pflanze *w*. ▾**—scherm** Wandschirm *m*. ▾**—temperatuur** Z.temperatur; *op —*, (*v. wijn enz.*) z.warm. ▾**—verhuurder**, **—verhuurster** Wirt *m*, Wirtin *w*. ▾**—verkiezing** K.wahl *w*. ▾**—verslag** K.bericht *m*. ▾**—zanger** K.sänger *m*. ▾**—zitting** K.sitzung *w*.
kamfer Kampfer *m*. ▾**—spiritus** K.spiritus *m*.
kamgaren Kammgarn *s*.
kamikaze Kamikaze *m*.
kamille Kamille *w*. ▾**—t(h)ee** K.ntee *m*.
kamizool Kamisol *s*.
kammen kämmen.
kamp 1 (*legerplaats, ook fig.*) Lager *s*; **2** (*weiland*) Kamp *m*; **3** (*strijd*) Kampf *m*; *geen — geven*, es nicht aufgeben, nicht nachgeben. ▾**—commandant** L.führer *m*. ▾**kampeer/aanhangwagen** Wohnanhänger *m*. ▾**—auto** Wohnwagen *m*. ▾**—benodigdheden** Campingbedarfsartikel *Mz*. ▾**—der** Camper, Campinggast, (*trekker*) Zeltler *m*. ▾**—gids** Campingführer *m*. ▾**—tent** Kampierzelt *s*. ▾**—terrein** Camping-, Zelt(lager)platz *m*, Camping *s*. ▾**—uitrusting** Campingausrüstung *w*. ▾**—wagen** Wohnwagen *m*, Wohnmobil *s*. ▾**kampement** Lager *s*.
kampen kämpfen.
kamperen lagern, kampieren; (*op camping*) campen; (*v. trekkers*) zelten.
kamperfoelie Geißblatt *s*.
kampernoelje Champignon, Drieschling *m*.
kampioen (*sp.*) Meister *m*; (*strijder, voorvechter*) (Vor)Kämpfer, Kämpe *m*; *de — van Frankrijk*, der französische Landesmeister. ▾**—schap** Meisterschaft *w*.
kampleider Lagerführer *m*.
kampong Kampong *s*.
kamp/plaats Kampf/ platz *m*. ▾**—rechter** K.richter *m*. ▾**—vechter** Kämpfer, Kämpe *m*. ▾**—vuur** Lagerfeuer *s*. ▾**—winkel** Campingladen *m*.
kam/rad, **—wiel** Zahnrad *s*; (*v. hout, ook*) Kammrad *s*.
kan Kanne *w*; (*de zaak is nog niet*) *in —nen en kruiken*, abgemacht.
kanaal Kanal *m*; *het Kanaal*, der Ärmelkanal. ▾**—kiezer** (*tv*) K.wähler, K.schalter *m*. ▾**—vak** K.abschnitt *m*; (*pand*) K.haltung *w*. ▾**kanal/ennet** K.netz *s*. ▾**—isatie** K.isierung, Flußregelung, -begradigung *w*. ▾**—iseren** k.isieren.

kanarie Kanarien/vogel *m.* ▾**—geel** k.gelb.
kandel/aar Leuchter *m.* ▾**—aber** Kandelaber, Armleuchter *m.*
kandidaat Kandidat *m*; (*gegadigde, ook*) Bewerber *m*; (*examinandus, ook*) Prüfling *m*; (*iem. die vooruitzicht heeft op een betrekking*) Anwärter *m*; — *in de rechten*, K. der Rechte; — *tot de Heilige Dienst*, Pfarramts-, Predigtamtskandidat; — *stellen*, kandidieren, als Kandidaten aufstellen. ▾**—-notaris** Notariatskandidat *m.* ▾**—sexamen** Kandidat/enprüfung *w.* ▾**—stelling** K.enaufstellung *w.* ▾**kandidat/enlijst** K.enliste *w.* ▾**—uur** K.ur *w.*
kandij Kandis *s.* ▾**—suiker** K.-, Kandelzucker.
kaneel Zimt *m.* ▾**—kleurig** z.farbig, z.braun. ▾**—stok** Z.stange *w.*
kangoeroe Känguruh *s.* ▾**—schip** Leichterträgerschiff *s.*
kanis 1 (*vismandje*) Fischkorb *m*; **2** (*kop*) Deez *m*; (*bek*) Maul *s.*
kanjer (*iets wat groot is in zijn soort*) Kerl *m.*
kanker Krebs *m*; (*fig.*) K.schaden *m.* ▾**—aar** Nörgler, Meckerer *m.* ▾**—achtig** k.artig. ▾**—bestrijding** K.bekämpfung *w.* ▾**—en** nörgeln, meckern. ▾**—gezwel** K.geschwulst *w.* ▾**—instituut** Institut *s* für K.forschung. ▾**—verwekkend** k.erregend, k.erzeugend, karzinogen.
kannetje Kännchen *s.*
kannib/aal Kannibal/e *m.* ▾**—alisme** K.ismus *m.*
kano Paddelboot, Kanu *s.* ▾**—ën** Kanu fahren.
kanon Kanon/e *w*, Geschütz *s*; *zo zat als een —*, sternhagelvoll. ▾**—gebulder** K.endonner *m.* ▾**—nade** K.ade *w.* ▾**—neerboot** K.enboot *s.* ▾**—neren** k.ieren, mit K.en beschießen. ▾**—nevlees** K.enfutter *s.* ▾**—nier** K.ier *m.* ▾**—schot** K.enschuß *m.* ▾**—skogel** K.enkugel *w.* ▾**—vuur** K.enfeuer *s.*
kano/sport Kanu/sport *m.* ▾**—vaarder** K.fahrer, K.te *m.*
kans Chance *w*; (*vooruitzicht*) Aussicht *w*; (*mogelijkheid*) Möglichkeit *w*; (*gelegenheid*) Gelegenheit *w*; *een — wagen*, sein Glück versuchen; *de — keert*, das Glück wendet sich; *de — is gekeerd*, das Blättchen hat sich gewendet; *de — om te verdrinken* (*is groot*), die Gefahr zu ertrinken; — *van slagen, op succes*, A. auf Erfolg; (*de onderhandelingen*) *hebben geen — van slagen*, sind a.slos; *er bestaat* (*is*) *veel kans dat...*, es ist sehr wahrscheinlich daß...; *daar is niet veel — op*, dazu ist wenig A. vorhanden; *ik zie er geen — toe*, ich bringe es nicht fertig; *hij heeft — gezien* (*te ontsnappen*), es ist ihm gelungen; *je loopt* (*hebt*) — (*te verliezen*), du läufst Gefahr; (*iem.*) *de — geven*, die Gelegenheit bieten; *gelijke —en voor iedereen*, Chancengleichheit *w* für jeden.
kansel Kanzel *w.* ▾**—arij** Kanzlei *w.* ▾**—ier** Kanzler *m.* ▾**—rede** Kanzelrede *w.*
kans/hebber jemand der Chancen hat. ▾**—rekening** Wahrscheinlichkeitsrechnung *w.* ▾**—spel** Hasard-, Glücksspiel *s.*
kant I *zn* **1** (*zijde*) Seite *w*; (*rand*) Rand *m*; (*oever*) Ufer *s*; (*scherpe, spitse, stompe kant*) Kante *w*; (*een kist*) *op zijn — zetten*, kanten, (*met de smalle kant naar boven*) hochkant stellen; *dat raakt — noch wal*, das ist weder gehauen noch gestochen; (*iets*) *over zijn — laten gaan*, hingehen lassen; (*het is*) *aan de kleine —*, ziemlich klein; (*het leven*) *v.d. vrolijke — bekijken*, von der heiteren S. nehmen; *een nieuwe — aan de zaak zien*, der Sache eine neue S. abgewinnen; *aan* (*van*) *de ene —..., aan* (*van*) *de andere —...*, auf der e.n S., einerseits... aber andrerseits...; *van die —* (*heb je niets te vrezen*), von jener S.; *v.d. — v.d. overheid*, von seiten, seitens der Behörde; *ik van mijn —*, ich meinerseits; (*een oom*) *van moeders —*, mütterlicherseits; *ik moet die — op*, ich muß da hinaus; *de — van Berlijn op*, in der Richtung auf Berlin zu; *van de —en* (*van Arnhem*), aus der Umgebung; (*zet die lege flessen*) *aan de —*, beiseite; (*is de kamer*) *aan —?*, aufgeräumt?; *een zaak aan — doen*, ein Geschäft aufgeben; *iem. van — maken, helpen*, e.m den Garaus machen; *z. van — maken*, Hand an sich legen; **2** (*stof*) Spitzen *Mz*; *rok met* (*een*) —, Spitzenrock *m.* **II** *bw*: — *en klaar*, fix und fertig.
kanteel Zinne *w.*
kantel/deur Schwingtor *s.* ▾**—en** (um)kippen; (*omvallen, ook*) umschlagen; (*op zijn kant zetten*) kanten; *niet —!*, nicht stürzen!
kanten I *bn* Spitzen... **II** *ww* **1** (*kantig maken*) kanten; **2** *z. tegen iets —*, s. e.r Sache widersetzen.
kant-en-klaargerecht Fertiggericht *s.*
kantig kantig, eckig.
kantine Kantine *w.* ▾**—baas** K.nwirt *m.*
kantje 1 (*rand*) Rändchen *s*; *op 't — af*, mit knapper Not; (*dat*) *was op 't —*, hätte wenig gefehlt, (*bijna onbetamelijk*) war gewagt; *hij loopt de —s eraf*, er macht es s. leicht; **2** (*haring*) Kantje *s.*
kantklossen Spitzenklöppeln *s.*
kantlijn Randlinie *w.*
kanton Kanton *m*; (*onderafdeling v. arrondissement*) Bezirk *m.* ▾**—gerecht** Amtsgericht *s.* ▾**—naal** kantonal. ▾**—nement** Kantonnement *s.* ▾**—neren** kantonieren. ▾**—rechter** Amtsrichter *m.*
kantoor Kontor, Büro *s*; (*meer off.*) Amt *s*, Dienststelle, Geschäftsstelle *w*; (*bij advocaat, notaris*) Kanzlei *w*; (*handelshuis*) Haus *s*; *op een —* (*werken*), in e.m K.; *naar —* (*gaan*), ins B.; *ten kantore van*, bei; *ten kantore van de firma*, im B. der Firma; — *van afzending*, (*bij post*) Aufgabeamt *s*; *aan het goede — komen*, vor die rechte Schmiede gehen; *bij hem ben je net aan het goede —!*, (*iron.*) da bist du an den Rechten gekommen!; *hij kwam aan 't verkeerde —*, er kam schlecht an; (*met zo iets*) *is men bij mij aan het verkeerde —*, kommt man bei mir an die falsche Adresse. ▾**—agenda** Vormerkbuch *s.* ▾**—bediende** Büroangestellte(r), Handlungsgehilfe, Kontorist *m*; Büroangestellte, Handlungsgehilfin, Kontoristin *w.* ▾**—behoeften** Bürobedarf *m.* ▾**—boek** Geschäfts/buch *s.* ▾**—boekhandel** Schreibwaren-, Papierwarengeschäft *s.* ▾**—gebouw** Bürogebäude, G.haus *s.* ▾**—inrichting** Büro/einrichtung *w.* ▾**—jas** Kontor/kittel *m.* ▾**—kruk** K.schemel *m.* ▾**—machine** B.maschine *w.* ▾**—meubelen** B.möbel *Mz.* ▾**—personeel** B.personal *s.* ▾**—ruimte** B.raum *m.* ▾**—stoel** Schreib(tisch)sessel *m.* ▾**—tijd, —uren** B.stunden; *na —*, nach B.schluß. ▾**—werk(zaamheden)** B.arbeiten *Mz.*
kanttekening Randbemerkung *w.*
kantwerk Spitzen/arbeit *w.* ▾**—ster** S.klöpplerin *w.*
kanunnik Kanoniker, Dom-, Chorherr *m.* ▾**—es** Kanonissin *w.*
kap 1 Kappe *w*; (*aan mantel*) Kapuze *w*; (*v. auto, rijtuig, kinderwagen*) Verdeck *s*; (*v. lamp*) Schirm *m*; (*vrouwenmuts; v. motor; v. molen; v. valk*) Haube *w*; (*v. huis*) Dachstuhl *m*; (*wanneer*) *komt het huis onder de —?*, wird das Haus gerichtet?; **2** (*het kappen van bomen*) Schlag *m*; (*houw*) Hieb *m.*
kapdoos Toilettenkasten *m.*
kapel Kapelle *w*; (*vlinder*) Schmetterling *m.*

▾—**aan** Kaplan *m.* ▾—**meester** Kapellmeister *m.* ▾—**wagen** Kapellenwagen *m.*
kapen (*v. kaapvaarders*) kapern; (*gappen*) klauen; (*v. vliegtuigen*) entführen. ▾**kaper** (*kaapvaarder*) Kaper *m*; (*v. vliegtuigen*) Entführer *m*; *er zijn —s op de kust*, es sind Diebe in der Nähe, (*betrekking, meisje*) andere Bewerber sind auf der Bildfläche erschienen.
kaphout Schlagholz *s.*
kaping (*v. vliegtuigen*) Entführung *w.*
kapitaal I *zn* **1** Kapital *s*; *geplaatst —*, begebenes K.; **2** (*hoofdletter*) K.buchstabe *m.* **II** *bn* großartig, famos; *kapitale boerderij*, Großbauernhof *m*; *kapitale fout*, Hauptfehler *m*; *— huis*, stattliches Haus. ▾—**belegging** K.anlage *w.* ▾—**dienst** Schuldendienst *m.* ▾—**goederen** K.güter *Mz.* ▾—**heffing** K.steuer *w.* ▾—**krachtig** k.kräftig. ▾—**markt** K.markt *m.* ▾—**schaarste** K.knappheit *w*, K.mangel *m.* ▾—**vlucht** K.flucht *w.* ▾—**vorming** K.bildung *w.* ▾**kapital/isatie** K.isierung *w.* ▾—**iseren** k.isieren. ▾—**isering** K.isierung *w.* ▾—**isme** K.ismus *m.* ▾—**ist** K.ist *m.* ▾—**istisch** k.istisch.
kapiteel Kapitell *s*, Säulenknauf *m.*
kapitein (*in leger*) Hauptmann *m*; (*op schip*) Kapitän *m.*
kapittel Kapitel *s.* ▾—**en**: *iem. —*, e.n abkapiteln, e.m den Text lesen. ▾—**heer** Dom-, Stiftsherr *m.* ▾—**kerk** D.-, S.kirche *w.*
kapje (*brood*) Knust, Kanten *m*, Ränftchen *s.*
kap/laars Schaftstiefel *m*; (*met omslag*) Stulpenstiefel *m.* ▾—**mantel(tje)** Frisierumhang *m.* ▾—**meeuw** Lachmöwe *w.* ▾—**mes** Haumesser *s*; (*hakmes*) Hackmesser *s.*
kapok Kapok *m.* ▾—**boom** Wollbaum *m.*
kapot kaputt; (*stuk, ook*) entzwei, zerbrochen; *— huwelijk*, verwüstete Ehe; *—te jurk*, zerrissenes Kleid; *—te ruit*, zerbrochene, zerschlagene Fensterscheibe; *—te schoenen*, schadhafte Schuhe; *—gaan*, kaputt, in Stücke gehen, entzweigehen, (*breken*) zerbrechen, (*scheuren*) zerreißen.
kapot/jas Soldatenmantel *m.* ▾—**je** Kapotthut *m*, Kapotte *w*; (*condoom*) Pariser *m*, Kondom *s.*
kapot/maken kaputtmachen; (*breken*) zerbrechen; (*scheuren*) zerreißen. ▾—**slaan** entzwei-, kaputt-, in Stücke schlagen; (*geld*) verschwenden, verpulvern.
kap/pen 1 (*haar*) frisieren; (*het haar opmaken*) die Haare machen; **2** (*houwen*) hauen; (*vellen*) fällen; (*een bos, hout*) schlagen; (*anker, mast*) kappen. ▾—**per 1** (*coiffeur*) Friseur, Haarschneider *m*; **2** (*v. hout*) Holzhauer, -fäller *m.* ▾—**perswinkel** Friseurladen *m*, -geschäft *s*, Haarschneidesalon *m.* ▾—**pertje** Kaper *w.* ▾—**salon** Frisiersalon *m.*
kapseizen kentern, kapseisen.
kapsel 1 (*v. haar*) Frisur *w*; **2** (*omhulsel*) Kapsel *w.*
kapsones Getue *s*; *— maken*, Radau machen; *— hebben*, Wind machen.
kap/spiegel Toilettenspiegel *m.* ▾—**ster** Friseuse, Frisörin *w.* ▾—**stok** Kleider/rechen, K.ständer, K.halter *m*; (*met spiegel enz. in een vestibule*) Flurgarderobe *w*; (*fig.*) Aufhänger *m*; *aan de —* (*hangen*), (*fig.*) an den Nagel. ▾—**tafel** Toilettentisch *m.*
kapucijn Kapuziner *m.* ▾—**enklooster** K.kloster *s.* ▾—**er** (*erwt*) graue Erbse.
kapverbod Schlagverbot *s.*
kar Karren *m*; (*fiets*) Karre *w.*
karaat Karat *s*; *goud van 18 —*, 18-karätiges Gold.
karabijn Karabiner *m.*
karaf Wasserflasche *w*, (*kristallen fles*) Karaffe *w.*
karakter Charakter *m.* ▾—**iseren** c.isieren. ▾—**istiek I** *zn* C.istik *w.* **II** *bn* c.istisch. ▾—**loos** c.los. ▾—**loosheid** C.losigkeit *w.* ▾—**schets**, —**schildering** C.schilderung, C.skizze, C.istik *w.* ▾—**stuk** C.stück *s.* ▾—**trek** C.zug *m.*
karamel Karamel *m*; (*toffee*) Karamelle *w*, Sahnebonbon *m.*
karate Karate *s.* ▾—**ka** Karateka *m.*
karavaan Karawane *w.*
karbies Henkeltasche *w.*
karbonade Karbonade *w.*
karbonkel (*steen*) Karfunkel *m*; (*puist*) Karbunkel *m.*
karbouw (indischer) Büffel *m.*
kardinaal I *zn* Kardinal *m.* **II** *bn* k.; *kardinale deugd*, K.tugend *w.* ▾—**schap** K.swürde *w.*
kardoes (*huls*) Kartusche *w.*
kar(e)kiet (*grote*) Drosselrohr-, (*kleine*) Teichrohrsänger *m.*
karig karg; *— zijn met iets*, mit etwas kargen; *— met zijn woorden*, wortkarg; *— van iets voorzien*, kärglich mit etwas versehen. ▾—**heid** Kargheit *w.*
karikat/uriseren karikieren. ▾—**urist** Karikaturist *m.* ▾—**uur** Karikatur *w*, Zerrbild *s.*
karkas Gerippe, Skelett *s.*
karmeliet Karmeliter *m.*
karmijnrood karminrot.
karn Butter/faß *s.* ▾—**emelk** B.milch *w.* ▾—**en** b.n. ▾—**ton** B.faß *s.*
karos Karosse *w.*
karper Karpfen *m.*
karpet Teppich *m.*
karreman Karrenführer, Kärrner *m*; (*vuilnisman*) Müllfahrer *m.* ▾**karre/n** fahren, karren. ▾—**paard** Karren/pferd *s.* ▾—**spoor** K.-, Wagenspur *w.* ▾—**tje** Wägelchen *s*; (*fiets*) Karre *w.* ▾—**vracht** Fuhre *w.*
kartel Kartell *s*; *ontbinding v.d. —s*, Entflechtung *w* der Kartelle, Dekartellierung *w.*
kartel Kerbe *w*, Einschnitt *m.* ▾—**darm** Grimmdarm *m.* ▾—**en** rändeln; *gekartelde rand*, Randelung *w*; *zie ook* **gekarteld**. ▾—**ig** gerändelt. ▾—**ing**, —**rand** Rändelung *w*; (*v. postzegels*) Zähnung *w.*
kartèlvorming Kartellbildung *w.*
karter/en kartieren. ▾—**ing** Kartierung *w.*
karting Karting, Go-Kart-Fahren *s.*
kartets Kartätsche *w.* ▾—**vuur** K.nfeuer *s.*
karton Pappe *w*, Karton *m*; (*doos*) Karton *m*, (*groter*) Pappschachtel *w*; (*modelblad*; *verbeterblad*) Karton *m.* ▾—**nagefabriek** Pappwarenfabrik *w.* ▾—**nen** Papp..., Karton..., aus Pappe; *— doos*, Pappschachtel *w*, (*kleiner*) Karton *m.* ▾—**neren** kartonieren; *gekartonneerd*, (*v. boek*) kartoniert, in Pappband (gebunden).
kartuizer Kartäuser *m.*
karwats Karbatsche *w.*
karwei Arbeit *w*; (*dat is*) *een heel —*, eine schwere A.; *een lastig —*(*tje*), ein schweres Stückchen A.
karwij Kümmel *m.*
kas Kasse *w*; (*broeikas*) Gewächshaus, (*warm*) Treib-, Warmhaus, (*koud*) Kalthaus *s*; (*v. horloge enz.*) Gehäuse *s*; (*v. ogen, tanden*) Höhle *w*; *slecht bij —* (*zijn*), knapp bei Kasse; *het totale bedrag in —*, der Kasse/nbestand; *de — controleren, opnemen*, die K. revidieren; *de — houden*, die K. führen; *de — opmaken*, die K., den K.nbestand aufnehmen; *het opmaken v.d. —*, Kassenaufnahme *w*; *'s rijks —*, die Staatskasse; *groente uit de —*, Treibhausgemüse *s.* ▾—**bescheiden**

Kassenbeleg *m.* ▼**—boek** Kassenbuch *s.* ▼**—commissie** Rechnungsausschuß *m.* ▼**—druif** Treibhaustraube *w.* ▼**—geld** Kassen/geld *s*; (*totale bedrag*) K.bestand *m.* ▼**—houder** K.führer *m.*
kasjmier Kaschmir *m.*
kasmiddelen Kassengelder *Mz.*
kasplant Treibhauspflanze *w.*
kas/positie Kassen/bestand *m.* ▼**—register** Registrierkasse *w.* ▼**—rekening** K.rechnung *w.* ▼**kassa** Kasse *w*; *per —*, gegen (per) K. ▼**—bon** Kassenschein *m.* ▼**kassaldo** Kassenbestand *m.* ▼**kassier** Kassierer *m.* ▼**—sfirma** Bank/haus *s*, B.firma *w.* ▼**—skantoor** B.geschäft *s.* ▼**kasstuk** Kassenerfolg *m*; (*in boekhouding*) Kassenbeleg *m*, Kassenstück *s.*
kast Schrank *m*; (*bijv. v. bureau*) Fach *s*; (*studentenkamer*) Bude *w*; (*v. klok, piano enz.*) Gehäuse *s*; (*gevangenis*) Loch *s*, Kasten *m*; *een oude —*, ein alter Kasten.
kastanje Kastanie *w.* ▼**—bruin** kastanienbraun.
kaste Kaste *w.*
kasteel Schloß *s*; (*schaakspel*) Turm *m.*
kastegeest Kastengeist *m.*
kastekort Kassendefizit *s.*
kastelein Wirt *m.*
kastijd/en züchtigen; *z. —*, (*streng leven*) s. kasteien. ▼**—ing** Züchtigung; Kasteiung *w.*
kast/je: *v.h. — naar de muur*, von Hü nach Hott; *v.h. — naar de muur sturen*, von Pontius zu Pilatus schicken. ▼**—papier** Schrank/papier *s.* ▼**—randje** S.streifen *m*, Papierspitze *w.*
kasvoorraad Kassenbestand *m.*
kat Katze *w*; *de — de bel aanbinden*, der K. die Schelle anhängen; *de — uit de boom kijken*, sehen wie der Hase läuft; *hij knijpt de — in 't donker*, er treibt's in der Stille; (*leven*) *als — en hond*, wie Hund und K.; *als de — van honk is, dansen de muizen op tafel*, wenn die K. fort ist, tanzen die Mäuse; *staan te kijken als een — in een vreemd pakhuis*, dastehen wie die Kuh vorm neuen Tor; *de — bij het spek zetten*, den Bock zum Gärtner setzen; *een — in de zak kopen*, die Katze im Sack kaufen. ▼**—achtig** katzenhaft, -artig, -ähnlich; *ik ben niet —*, ich mag die Katzen nicht. ▼**—achtigen** Katzenartige *Mz.*
katafalk Katafalk *m.*
katalysator Katalysator *m.*
katapult Katapult *m*; (*speelgoed*) Schleuder *w.*
kater Kater *m*; *een — (hebben)*, e.n K., Katzenjammer.
katern Heft *s.*
kat(h)eder Katheder *s.*
kat(h)edraal I *zn* Kathedrale *w.* **II** *bn*: *kat(h)edrale kerk*, Kathedralkirche *w.*
kat(h)ode Kathode *w.* ▼**—buis** K.nröhre *w.* ▼**—straal** K.nstrahl *m.*
kat(h)ol/icisme Kathol/izismus *m.* ▼**—iek I** *zn* K.ik *m.* **II** *bn* k.isch; *een —e*, eine K.ikin.
katje Kätzchen *s*; (*zij is*) *geen — om zonder handschoenen aan te pakken*, eine Henne mit Sporen. ▼**—sspel** Katzbalgerei *w.*
katoen (*onbewerkt*) Baumwolle *w*; (*na bewerking*) Kattun *m*; (*in lamp*) Docht *m.* ▼**—drukkerij** K.druckerei *w.* ▼**—en** baumwollen, kattunen; *— stoffen*, Baumwollstoffe, K.waren *Mz.* ▼**—fabriek** K.-, Baumwollfabrik *w.* ▼**—tje** (Druck)kattun *m*; (*jurk*) K.kleid *s.*
katrol (*één schijf*) Rolle *w*; (*meer schijven in één blok*) Flasche *w*; (*meer dan één blok; takel*) Flaschenzug *m.* ▼**—blok** Flasche *w*; (*scheepst.*) Block *m.* ▼**—schijf** Rolle *w.*
katte/bak Katzen/trog *m*; (*v. auto, rijtuig*) Hintersitz *m.* ▼**—belletje** Zettel *m*, Zettelchen *s.* ▼**—darm** K.darm *m.* ▼**—gemauw** K.geschrei *s.* ▼**—gespin** K.schnurren *s.* ▼**—kop** K.kopf *m*; (*persoon*) Kratzbürste, Katze *w.* ▼**—kwaad** Dummejungenstreiche *Mz*; *— uithalen*, Unfug treiben. ▼**—rig** katzenjämmerlich, verkatert; *— zijn*, e.n Kater, Katzenjammer haben. ▼**—righeid** Katzenjammer, Kater *m.* ▼**—rug** Katzenbuckel *m.*
kattig bissig. ▼**—heid** B.keit *w.*
kat/uil Turm-, Kircheneule; (*velduil*) Sumpfohreule; (*ransuil*) Waldohreule *w.* ▼**—vis** (*witvis*) Weißfisch *m*; (*kleine vis*) kleiner Fisch.
kauw Dohle *w.*
kauw/en kauen. ▼**—gom** Kaugummi *m.* ▼**—spier** Kaumuskel *m.*
kavel Los *s*, Partie *w*, Posten *m*, Kawel *w.* ▼**—en** in Lose teilen, losen, kaweln.
kaviaar Kaviar *m.*
kazemat Kasematte *w*; (*bunker*) Bunker *m.*
kazen käsen.
kazerne Kasern/e *w.* ▼**—achtig** k.enhaft. ▼**—ren** k.ieren.
kazuifel Kasel *w.*
keel 1 Kehle *w*; (*lichaamsdeel, ook*) Hals *m*, Gurgel *w*; *iem. bij de — grijpen*, e.n an der K., G. fassen; *het hangt me de — uit*, es wächst (hängt) mir zum Halse heraus; (*het hart*) *klopt hem in de —*, schlägt ihm in den Hals hinauf; (*iem. het mes*) *op de — zetten*, an die K. setzen; *een — opzetten*, laut (auf)schreien, laut zu heulen anfangen; **2** (*her.*) *een veld van —*, ein rotes Feld. ▼**—arts** Kehlarzt *m.* ▼**—band** Halsband *s.* ▼**—gat** Schlund *m*, Gurgel *w*; *hij heeft 't in het verkeerde — gekregen*, es ist ihm in die unrechte Kehle gekommen. ▼**—geluid** Kehllaut *m.* ▼**—holte** Rachenhöhle *w.* ▼**—kanker** Rachen-, Halskrebs *m.* ▼**—klank** Kehllaut *m.* ▼**—-, neus- en oorarts** Hals-, Nasen- und Ohrenarzt, HNO-Arzt *m.* ▼**—ontsteking** Halsentzündung *w.* ▼**—pijn** Halsweh *s*, -schmerzen *Mz.* ▼**—stem** Kehlstimme *w.*
keep (*insnijding*) Kerbe, Einkerbung *w.*
keeper Torwart, Torhüter *m.*
keer (*wending*) Wendung *w*; (*maal*) Mal *s*; *dit* (*deze*) *—*, dieses M., diesmal; *één —*, einmal; *één enkele —*, ein einziges M.; *een enkele —*, (*nu en dan*) ab und zu, dann und wann; *twee —*, zweimal; *— op —*, einmal übers andere; *op een goede —*, *op zekere —*, e.s Tages; *voor de eerste —*, zum ersten Male; *te — gaan*, toben, lärmen. ▼**—dam** Kehr/damm *m*; (*stuw*) Wehr *s.* ▼**—dicht** Ringelgedicht, Rondo *s.* ▼**—koppeling** Kehrgetriebe *s.* ▼**—kring** Wendekreis *m.* ▼**—kringsgordel** Tropengürtel *m.* ▼**—punt** Wendepunkt *m.* ▼**—rijm** K.reim *m.* ▼**—sluis** Stauschleuse *w.* ▼**—tunnel** K.tunnel *m.* ▼**—zijde** K.seite *w*; (*achterkant*) Rückseite *w*; (*fig.*) K.seite, Schattenseite *w.*
kees(hond) Spitz *m.*
keet 1 Schuppen *m*; (*barak*) Baracke *w*; (*bouwkeet*) Bude *w*, (*v. directie*) Bauhütte *w*; **2** (*lol*) Spaß, Jux *m*; (*ruzie*) Krach *m*; (*herrie*) Radau, Lärm *m.*
keff/en kläffen. ▼**—er** Kläffer *m.*
keg Keil *m.*
kegel Kegel *m*; (*ijskegel*) Zapfen *m.* ▼**—aar** Kegler, Kegel/schieber *m.* ▼**—baan** K.bahn *w.* ▼**—en** k.n, K. schieben. ▼**—snede** K.schnitt *m.* ▼**—vormig** k.förmig, konisch. ▼**—wedstrijd** Preiskegeln *s.*
kei Stein *m*; (*kiezelsteen*) Kieselstein; (*straatkei*) Pflasterstein; (*flinke kerel*) Hauptkerl *m*, (*op school*) Hecht *m*, (*in sport*) Kanone *w*; (*iem.*) *op de —en zetten*, aufs

Pflaster setzen. ▼**—hard** steinhart.
keilbout Keilbolzen *m.*
keileem Geschiebelehm *m.*
keilen werfen, schmeißen; (*steentjes over 't water*) *—*, bämmeln.
keizer Kaiser *m.* ▼**—in** K.in *w.* ▼**—lijk** k.lich, Kaiser... ▼**—rijk** K.reich *s.* ▼**—schap** K.tum *s.* ▼**—shuis** K.haus *s.* ▼**—sne(d)e** K.schnitt *m.*
kelder Keller *m; naar de — gaan,* (*fig.*); zugrunde gehen, untergehen. ▼**—en** (ein)k.n; (*v. prijzen enz.*) stürzen; (*bij examen*) durchfallen. ▼**—gat** K.loch *s.* ▼**—luik** K.luke *w.* ▼**—verdieping** K.geschoß *s.* ▼**—woning** K.wohnung *w.*
kelen I *ww* (e.m) den Hals abschneiden; (*varken*) abstechen. **II** *zn* (*raapstelen*) Rübstielchen *Mz.* **III** *bn* (*her.*) rot.
kelk Kelch *m.* ▼**—blad** K.blatt *s.*
kelner Kellner *m; —!,* (Herr) Ober! ▼**—in** Kellnerin *w.*
Kelt Kelte *m.* ▼**—isch** keltisch.
kemel Kamel *s.* ▼**—sharen** kamelhären.
kemphaan Kampfhahn *m.*
kenau Mannweib *s.*
kenbaar kenntlich; (*te onderscheiden*) erkennbar; (*zijn mening*) *— maken,* äußern.
kendo Kendo *s.*
ken/getal Kenn/zahl, K.ziffer *w;* (*tel.*) Ortskennzahl, Vorwahlnummer *w.* ▼**—letter** K.buchstabe *m.*
kenmerk Kenn/zeichen, Merkmal *s.* ▼**—en** k.zeichnen. ▼**—end** k.zeichnend; (*karakteristiek*) bezeichnend.
kennel Kennel, Hundezwinger *m.*
kennelijk offenbar, augenscheinlich; *met de —e bedoeling,* in der unverkennbaren Absicht; *— verheugd zijn over iets,* sichtlich erfreut sein über etwas; *in —e staat* (*van dronkenschap*), offenbar betrunken.
kennen kennen; (*geleerd hebben*) können; (*verstaan; verstand hebben van*) verstehen; (*iem.*) *aan zijn stem —,* an seiner Stimme (er)kennen; *van buiten —,* auswendig können; (*zijn vak*) *grondig —,* gründlich verstehen; *ken uzelf!,* erkenne dich selbst!; (*iem. of iets*) *leren —,* kennenlernen; (*iem. in een zaak*) *—,* zu Rate ziehen, nicht umgehen; *te — geven,* zu erkennen geben, (*te verstaan geven*) zu verstehen geben; *z. als een waar vriend doen —,* s. als ein wahrer (e.n. wahren) Freund erweisen; *z. niet laten —,* s. nicht lumpen lassen. ▼**kenner** Kenner *m;* (*deskundige*) Sachverständige(r) *m.* ▼**—sblik** K.blick *m.*
kennis Kenntnis *w;* (*wetenschap, kunde*) K.se *Mz;* (*bewustzijn*) Bewußtsein *s;* (*een bekende*) Bekannte(r) *m; — maken* (*met iem.*), Bekanntschaft machen; *zijn — v.d. wiskunde* (*is gering*), seine K.se in der Mathematik; *— v.h. Duits,* Deutschkenntnisse; *— dragen* (*hebben*) *van iets,* mit etwas bekannt sein; *iem. — geven van iets,* e.m etwas mitteilen; *— krijgen van iets,* von etwas K. bekommen; *— nemen van iets,* K. von etwas nehmen, (*voor kennisgeving aannemen*) etwas zur K. nehmen; (*personen met elkaar*) *in — brengen,* bekannt machen; (*nader met iem.*) *in — komen,* bekannt werden; *van* (*met*) *iets in — gesteld worden,* von etwas in K. gesetzt werden; (*iem. iets*) *ter — brengen,* zur K. bringen; *— van zaken,* Sachkenntnis, (*v. handelszaken*) Geschäftskenntnis, *buiten mijn —,* ohne mein Wissen; *bij* (*volle*) *—,* bei vollem Bewußtsein; (*weer*) *bij —* (*komen*), zu sich; *een oude — van me,* ein alter Bekannter (eine alte Bekannte) von mir; *kring van —sen,* Bekanntenkreis *m; — hebben met een meisje,* mit e.m Mädchen gehen. ▼**—geving** Anzeige, Mitteilung *w;* (*off.*) Bekanntmachung *w; voor — aannemen,* zur K. nehmen; *enige en algemene —,* statt besonderer Anzeige. ▼**—leer** Erkenntnistheorie *w.* ▼**—making** Bekanntschaft *w;* (*het kennis maken*) Bekanntschaftmachen *s.* ▼**—neming** K.nahme *w; ter —,* zur K.nahme.
ken/schets Kennzeichnung *w.* ▼**—schetsen** kennzeichnen. ▼**—spreuk** Wahlspruch *m.* ▼**—teken** Kennzeichen, Merkmal *s.* ▼**—tekenbewijs** (Fahrzeug)Zulassungsbeweis *m.* ▼**—tekenplaat** Nummernschild *s.* ▼**—tekenen** kennzeichnen.
kenter/en umschlagen; (*scheeps-, zeeterm*) kentern. ▼**—ing** Kentern *s;* (*in gevoelens, openbare mening enz.*) Umschwung, Umschlag *m;* ▼ *v.d. getijden,* Gezeitenwechsel *m; in de — der tijden* (*geboren*), im Umbruch der Zeiten.
kenvermogen Erkenntnisvermögen *s.*
kepen kerben, einschneiden.
keper Köper *m;* (*her.*) Sparren *m;* (*iets*) *op de — beschouwen,* bei Lichte besehen. ▼**—en** köpern.
kepie Käppi *s.*
keram/iek Keram/ik *w.* ▼**—isch** k.isch.
kerel Kerl *m.*
keren 1 kehren, wenden; (*blad, hooi, kostuum, wagen*) w.; (*een kaart*) umschlagen; (*onheil*) abwenden, verhüten; (*water*) abhalten, hemmen; *ten beste —,* zum besten w., lenken; *hoe men het ook keert of wendt,* man mag es drehen und wenden wie man will; *z. ten goede —,* s. zum Guten w.; *in zichzelf —,* in s. gehen; *in zichzelf gekeerd,* in sich gekehrt; *z. niet te — of te wenden weten,* (*fig.*) weder aus noch ein wissen; (*de wind*) *is gekeerd,* hat s. gewendet; **2** (*vegen*) kehren. ▼**kerend**: *per —e post,* umgehend, postwendend.
kerf Kerb/e *w,* Einschnitt *m.* ▼**—stok** K.holz *s; op zijn —* (*hebben*), auf dem K.holz. ▼**—tabak** K.tabak *m.*
kerk Kirche *w; naar de —* (*gaan*), zur, in die K.; (*de —*) *in 't midden* (*laten*), im Dorf; *in de —* (*geboren*), auf dem Neubau. ▼**—bestuur** Kirchen/vorstand *m.* ▼**—bezoek** K.besuch *m.* ▼**—boek** Gebetbuch *s.* ▼**—cent** Pfennig *m* für den Klingelbeutel. ▼**—dienst** Gottesdienst *m.* ▼**—dorp** Kirchdorf *s.* ▼**—elijk** kirchlich; Kirchen-; *K—e Staat,* Kirchenstaat.
kerker Kerker *m.*
kerkeraad Kirchenvorstand *m.*
kerkeren einkerkern.
kerk/ezakje Klingelbeutel *m.* ▼**—gang** Kirchgang *m.* ▼**—ganger** Kirchen/gänger *m.* ▼**—gebouw** K.gebäude *s.* ▼**—genootschap** K.gemeinschaft *w;* (*kerkelijke gemeente*) K.gemeinde *w.* ▼**—geschiedenis** K.geschichte *w.* ▼**—hervorming** K.reform *w;* (*reformatie v. 16e eeuw*) Reformation *w.* ▼**—hof** Fried-, Kirchhof *m.* ▼**—klok** Kirchen/glocke *w;* • (*uurwerk*) (Kirch)Turmuhr *w.* ▼**—koor** K.chor *m.* ▼**—latijn** K.latein *s.* ▼**—leer** K.lehre *w.* ▼**—leraar** K.lehrer *m.* ▼**—meester** K.vorsteher *m.* ▼**—muziek** K.musik *w.* ▼**—plein** K.platz *m.* ▼**—raam** K.fenster *s.* ▼**—rat**: (*zo arm als*) *een —,* eine K.maus. ▼**—recht** K.recht *s.* ▼**—rechtelijk** k.rechtlich. ▼**—s** kirchlich, fromm. ▼**—scheuring** Kirchenspaltung *w.* ▼**—tijd** Kirchzeit *w; onder —,* während der Kirche. ▼**—toren** Kirchturm *m.* ▼**—uil** Kirch-, Schleiereule *w.* ▼**—vader** Kirchen/vater *m.* ▼**—vergadering** K.versammlung *w.* ▼**—vorst** K.fürst *m.* ▼**—waarts** zur Kirche.

▾—wet Kirchengesetz *s.* ▾—**wijding** Kirchweihe *w.* ▾—**zang** Kirchengesang *m.*
kermen wimmern, winseln.
kermis Kirmes *w*, Jahrmarkt *m*, Kirchweih *w*; *v.e. koude — thuiskomen*, übel dabei wegkommen. ▾—**bed** Notbett *s.* ▾—**ganger** Kirmesgänger *m.* ▾—**reizigers** Jahrmarktsleute *Mz.* ▾—**tent** Kirmesbude *w.* ▾—**terrein** Rummelplatz, Jahrmarkt *m.* ▾—**volk** fahrendes Volk. ▾—**zanger** Bänkelsänger *m.*
kern Kern *m*; (*dat is*) *de — van de zaak*, (*ook*) des Pudels Kern; *tot de — v.e. zaak doordringen*, e.r Sache auf den Grund gehen. ▾—**aandrijving** K.antrieb, Atom/antrieb *m.* ▾—**achtig** k.ig, k.haft, markig. ▾—**achtigheid** K.igkeit, Markigkeit *w.* ▾—**afval** A.abfall, A.müll *m.* ▾—**bewapening** A.rüstung *w*; *tegenstander van —*, K.waffengegner *m.* ▾—**bom** K.bombe, A.bombe *w.* ▾—**centrale** K.kraftwerk, A.kraftwerk *s.* ▾—**deling** K.teilung *w.* ▾—**energie** K.energie, K.kraft, A.energie, A.kraft *w.* ▾—**explosie** K.explosion *w.* ▾—**fusie** K.fusion *w.* ▾—**fysica** K.physik *w.* ▾—**getal** K.zahl *w.* ▾—**gezond** k.gesund. ▾—**hout** K.holz *s.* ▾—**kop** A.sprengkopf *m.* ▾—**lading** K.ladung *w.* ▾—**macht**, —**mogendheid** A.macht, Nuklearmacht *w.* ▾—**onderzeeër** A.unterseeboot, A.-U-Boot *s.* ▾—**onderzoek** K.forschung *w.* ▾—**oorlog** A.krieg, Nuklearkrieg *m.* ▾—**proef** A.versuch, A.test *m*; (*van kernwapens*) K.waffenversuch *m.* ▾—**punt** K.punkt *m.* ▾—**raket** A.rakete *w.* ▾—**reactie** K.reaktion *w.* ▾—**reactor** K.reaktor *m.* ▾—**splijting**, —**splitsing** K.spaltung *w.* ▾—**spreuk** K.spruch *m.* ▾—**stop** A.versuchsstopp, K.waffenversuchsstopp *m.* ▾—**vak** K.fach, K.pflichtfach *s.* ▾—**vraag** K.frage *w.* ▾—**vrucht** K.frucht *w*, K.obst *s.* ▾—**wapen** K.waffe, A.waffe *w*; *verdrag tegen de verspreiding van —*, A.waffensperrvertrag *m.*
kerosine Kerosin *s.*
kerrie Curry *m & s.*
kers Kirsche *w*; (*plant*) Kresse *w*; *Oostindische —*, Kapuzinerkresse. ▾**kerse/bloesem** Kirsch/blüte *w.* ▾—**boom** K.baum *m.* ▾—**hout** K.baumholz *s.* ▾—**nbrandewijn** K.(branntwein) *m.* ▾—**njam** K.enmarmelade *w.* ▾—**npluk** K.enernte *w.* ▾—**pit** K.kern, K.stein *m*; (*hoofd*) Deez *m.*
kerspel Kirchspiel *s*, Kirchsprengel *m.*
kerst/avond Christ/-, Weihnacht/s-, Heiligabend *m.* ▾—**boom** W.s-, C.baum *m.* ▾—**dag** W.stag *m*; *prettige —en!*, fröhliche W.en! ▾—**enen** c.ianisieren. ▾—**ening** C.ianisierung *w.* ▾—**feest** W.s-, C.fest *s*; *gelukkig —!*, fröhliche (frohe) W.en!; *zalig —!*, gesegnete W.en! ▾—**geschenk** W.sgeschenk *s*, W.sbescherung *w*; *'t geven van —en*, W.sbescherung *w.* ▾—**gratificatie** W.sgratifikation *w*, W.sgeld *s.* ▾**K—kind** C.kind *s.* ▾—**klokken** W.sglocken *Mz.* ▾—**krans** W.skranz, W.sring *m.* ▾—**kribbe** W.skrippe *w.* ▾—**lied** W.slied *s.* ▾—**mannetje** W.smann *m.* ▾**Kerstmis** W.en *s*, *Mz*; *met —*, zu W.en. ▾**kerst/mis** W.s-, C.messe *w.* ▾—**nacht** C.nacht *w.* ▾—**roos** W.s-, C.rose *w.* ▾—**tijd** W.szeit *w.* ▾—**vakantie** W.sferien *Mz.*
kersvers ganz frisch; (*nieuws*) brühwarm.
kervel Kerbel *m*; *dolle—*, Schierling *m.*
kerven (ein)kerben; (*tabak*) schneiden.
ketchup Ketchup *m, s.*
ketel Kessel *m.* ▾—**dal** Talkessel *m.* ▾—**huis** K.raum *m.* ▾—**lapper** K.flicker *m.* ▾—**muziek** Katzenmusik *w.* ▾—**steen** Kesselstein *m.* ▾—**trom** Kesselpauke *w.*
keten Kette *w*; (*stroomkring*) Kreis *m.* ▾—**en** ketten; (*boeien*) fesseln, in Ketten schlagen.
ketsen (*v. geweer*) versagen; (*bij biljarten*) kicksen; *vuur —*, Feuer schlagen.
ketter Ketzer *m.* ▾—**en** toben. ▾—**ij** K.ei *w.* ▾—**jacht** K.jagd, K.hetze *w.* ▾—**s** k.isch.
ketting Kette *w*; *aan de — leggen*, an die K. legen, (*schip*: *in beslag nemen*) mit Beschlag belegen. ▾—**bom** Ketten/bombe *w.* ▾—**botsing** Massenkarambolage *w.* ▾—**breuk** K.bruch *m.* ▾—**brief** K.brief *m.* ▾—**ganger** K.gänger *m.* ▾—**handel** K.handel *m.* ▾—**hond** K.hund *m.* ▾—**kast** K.kasten *m.* ▾—**reactie** K.reaktion *w.* ▾—**roker** K.raucher *m*; *hij is een —*, (*ook*) er raucht Kette. ▾—**zaag** K.säge *w.*
keu (*biljartstok*) Queue *s*, Billardstock *m.*
keuken Küche *w*; *centrale —*, Gemeinschaftsküche; *koude —*, kalte K.; *met gebruik van —*, mit Küchenbenutzung. ▾—**afval** Küchen/abfälle *Mz.* ▾—**fornuis** K.herd *m.* ▾—**gerei** K.gerät *s*; (*vaatwerk*) K.geschirr *s.* ▾—**kast** K.schrank *m.* ▾—**meid** Köchin *w*; (*keukenmeisje*) Küchen/mädchen *s.* ▾—**meidenroman** Hintertreppenroman *m.* ▾—**piet** K.peter *m.* ▾—**prinses** K.fee *w*; (*bazig*) K.dragoner *m.* ▾—**wagen** K.wagen *m*, Fahrküche *w.* ▾—**wekker** Küchenwecker, Kurzzeitwecker *m.* ▾—**zout** Küchensalz, Kochsalz *s.*
Keulen Köln *s*; *dom v. —*, Kölner Dom; *— en Aken zijn niet op één dag gebouwd*, Rom ist nicht an e.m Tage erbaut worden; *hij stond te kijken of hij het in — hoorde donderen*, er machte ein Gesicht wie die Katze wenn's donnert. ▾—**aar** Kölner *m.* ▾**Keuls** kölnisch; *— aardewerk*, Kölner Steingut *s.*
keur (*uitgelezen verscheidenheid*) Auswahl *w*; (*v. wijn*) Auslese *w*; (*overvloed*) Fülle *w*; (*keuze, verkiezing*) Wahl *w*; (*het puik*) Elite *w*, der beste Teil, die Besten, Blüte *w*; (*op goud, zilver*) Stempel *m*; (*op postzegels*) Prüfungszeichen *s*; *goud met —*, Probegold *s*; *goud zonder —*, ungeprobtes Gold. ▾—**bende** Elite-, Kerntruppe *w.* ▾—**collectie** ausgewählte Sammlung. ▾—**der** Prüfer *m*; (*v. vlees*) Beschauer *m*; (*v. goud enz.*) Probierer *m*; (*v. munten*) Wardein *m.* ▾—**en** prüfen, untersuchen; (*goud enz.*) proben; (*vlees*) beschauen; (*hengsten*) kören; (*med.*) ärztlich untersuchen; (*proeven*) probieren, kosten.
keurig fein; (*elegant, chic*) elegant; (*aardig*) hübsch, nett; (*lief, beeldig, aantrekkelijk*) reizend; (*fatsoenlijk*) anständig; (*onberispelijk*) tadellos; (*proper*) sauber; (*met zorg gekozen*) gewählt; (*heel mooi*) sehr schön, wunderschön; (*precies*) genau; (*hij schrijft*) *— netjes*, wie gestochen; (*dat heb je*) *er — netjes afgebracht*, fein gemacht; (*hij is altijd*) *— op tijd*, pünktlich da. ▾—**heid** Feinheit, Eleganz *w*; (*preciesheid*) Genauigkeit *w.*
keuring Prüfung, Untersuchung; Beschauung, Beschau; Körung *w.* ▾—**scommissie** Prüfungs/-, Untersuchungs/kommission *w.* ▾—**sdienst** P.-, U.amt *s*; (*warenkeuring*) P.dienst *m*; (*vleeskeuring*) Fleischbeschaudienst *m.*
keur/korps Elitekorps. ▾—**meester** *zie* **keurder**.
keurslijf Mieder, Schnürleibchen *s.*
keur/troepen Elitetruppen *Mz.* ▾—**vorst** Kurfürst *m.*
keus Wahl *w*; (*verscheidenheid om uit te kiezen*) Auswahl *w*; *een — doen*, eine W. treffen; *keuze uit de werken van Schiller*, A.

von Schillers Werken; *een goede* — (*hebben*), e.n guten Geschmack.
keutel Kötel *m*, Mistkugel *w*. ▼**—aar** Kleinigkeitskrämer *m*. ▼**—achtig** kleinlich.
keuter/(boer) Kleinbauer, Kätner *m*. ▼**—(boerder)ij** Kätnerstelle *w*.
keuvel/arij Plauderei *w*. ▼**—en** plaudern.
keuze *zie* **keus.** ▼**—commissie** Wahlausschuß *m*. ▼**—vak** Wahlfach *s*.
kever Käfer *m*.
kibbel/aar Zänker *m*. ▼**—achtig** zanksüchtig, zänkisch. ▼**—arij** Zänkerei *w*. ▼**—en** (s.) zanken.
kibboets Kibbuz *m*.
kidnap/pen kidnap/pen, entführen. ▼**—per** K.per, Entführer *m*. ▼**—ping** K.ping *s*, Entführung *w*.
kiek Aufnahme *w*. ▼**—eboe** kuckuck; — *spelen*, Verstecken spielen. ▼**—en I** *ww* knipsen. **II** *zn* Küchlein *s*. ▼**—toestel** Kamera *w*.
kiel 1 (*v. schip*) Kiel *m*; **2** (*kledingstuk*) Kittel *m*.
kiele-kiele I *tw* kille kille! **II** *bw*: *het was* —, es hätte wenig gefehlt, es war riskant; (*bij slagen, ontsnappen enz.*) mit knapper Not, mit genauer Not.
kiel/halen kielholen. ▼**—zog** Kielwasser *s*.
kiem Keim *m*. ▼**—cel** K.zelle *w*. ▼**—dodend** k.tötend. ▼**—en** k.en. ▼**—kracht** K.fähigkeit *w*. ▼**—krachtig** k.fähig. ▼**—plantje** K.ling *m*. ▼**—vrij** k.frei.
kienen Lotto spielen. ▼**kienspel** Lotto(spiel) *s*.
kier Spalte *w*; (*voeg, bijv. tussen planken v.e. vloer*) Fuge *w*; (*de deur*) *staat op een* —, ist angelehnt; *op een* — *zetten*, anlehnen.
kies I *zn* **1** (*tand*) Backenzahn *m*; *holle* —, hohler Zahn; **2** (*verbinding v. zwavel met metaal*) Kies *m*. **II** *bn* feinfühlig; zart(fühlend); (*kieskeurig*) wählerisch; —*e taak*, delikate Aufgabe; — (*aanduiden*), delikat; *op* —*e wijze*, rücksichtsvoll. ▼**—baar** wählbar. ▼**—baarheid** Wählbarkeit *w*. ▼**—college** Wahl/kollegium *s*. ▼**—deler** W.quotient *m*. ▼**—district** W.bezirk *m*. ▼**—drempel** Sperrklausel *w*. ▼**—gerechtigd** w.berechtigt.
kiesheid Zart-, Feingefühl *s*; (*welvoeglijkheid*) Schicklichkeit *w*.
kieskauw/en lange Zähne machen. ▼**—er** schlechter Esser.
kieskeurig wählerisch. ▼**—heid** wählerisches Wesen.
kies/kring Wahl/kreis *m*. ▼**—man** W.mann *m*.
kiespijn Zahnweh *s*, -schmerzen *Mz*.
kies/plicht W.pflicht *w*. ▼**—recht** W.recht *s*. ▼**—schijf** (*tel.*) Wähler *m*. ▼**—stelsel** Wahl/system *s*. ▼**—toon** (*tel.*) Amtszeichen *s*. ▼**—vereniging** W.verein *m*. ▼**—wet** W.gesetz *s*. ▼**—wetwijziging** W.reform *w*.
kietelen *zie* **kittelen**.
kieuw Kieme *w*. ▼**—spleet** K.nspalte *w*.
kievi(e)t Kiebitz *m*. ▼**—sei** K.ei *s*.
kiezel Kiesel *m*; (*grind*) Kies *m*. ▼**—pad** Kiespfad *m*. ▼**—steen** Kiesel(stein) *m*. ▼**—zuur I** *bn* kieselsauer. **II** *zn* Kieselsäure *w*.
kiez/en wählen; — *of delen*, entweder oder; *je moet* — *of delen*, du mußt dich schnell entscheiden. ▼**—er** Wähler *m*. ▼**—erskorps** Wählerschaft *w*. ▼**—erslijst** Wahlliste *w*.
kif(t) (*ruzie*) Zank *m*; (*naijver*) Neid *m*.
kijf: *buiten* —, unstreitig, ohne Frage; (*dat is*) *buiten* —, außer Frage. ▼**—ziek** zanksüchtig, zankhaft, zänkisch.
kijk Blick, Einblick *m* (in [4]); (*inzicht, begrip*) Einsicht *w* (in [4]); (*zienswijze*) Meinung, Ansicht *w*; (*iem.*) *een* — *op iets* (*geven*), Einblick in etwas; (*g*)*een goede* — *hebben op*, (k)einen richtigen B. haben für, auf [4]; *een andere* — *op iets hebben*, etwas anders sehen; *een eigen* — *op iets* (*hebben*), eine eigene M. von etwas; *daar is geen* — *op*, das ist nicht (ist kaum) zu erwarten, - wahrscheinlich; *te* — (*staan*), zur Schau; *met iets te* — *lopen*, etwas zur Schau tragen; *tot* —*!*, auf Wiedersehen! ▼**—buis** Guckkasten *m*. ▼**—dag** Besichtigungs-, Schautag *m*. ▼**—dichtheid** Sehbeteiligung, Einschaltung, Einschaltquote, Einschalthäufigkeit *w*. ▼**—en** gucken, blicken, schauen, sehen; (*zien*) sehen; *somber* —, finster dreinschauen; *naar binnen* —, hinein-, hereinsehen, -gucken, -blicken, -schauen; *naar iets* —, nach etwas sehen, (*gadeslaan*) etwas beobachten, (*bekijken*) s. [3] etwas ansehen, (*beschouwen*) etwas betrachten; *naar de kinderen* —, nach den Kindern sehen, auf die Kinder achten; *naar het spel* —, dem Spiele zusehen; *niet op geld* —, das Geld nicht ansehen; *hij kijkt niet op een gulden*, es kommt ihm auf e.n Gulden nicht an; (*zijn armen*) *komen erdoor* —, gucken (daraus) hervor; *plaatjes* —, Bilder besehen; *winkels* —, s. die Läden ansehen; *iem. iets laten* —, e.n etwas sehen lassen; *ik zal 'ns* — (*of ik nog geld heb*), ich will mal nachsehen; *onthutst staan te* —, verdonnert dastehen; *daar stond hij van te* —, das wunderte ihn; *ik kom gauw eens* —, ich spreche bald mal vor; *daar komt heel wat bij* —, das ist noch nicht so einfach; *kijk eens!*, sieh mal!; *kijk, kijk!*, guck, guck!, (*daar heb je hem ook*) ei, sieh da. ▼**—er** Zuschauer, Gucker *m*; (*tv*) Fernseh/teilnehmer, F.zuschauer *m*; (*verrekijker*) Fernrohr *s*; (*toneelkijker*) Opernglas *s*; (*veldkijker*) Fernstecher *m*; (*oog*) Gucker *m*; (*iem.*) *in de* —(*d*) (*hebben*), auf dem Kieker; *in de* —(*d*) *lopen*, auffallen. ▼**—gat** Guck/loch *s*. ▼**—geld** Fernsehgebühr *w*. ▼**—glas** G.glas *s*; (*oculair*) Schauglas *s*. ▼**—graag** schaulustig. ▼**—-in-de-pot** Topfgucker *m*. ▼**—je** Blick, Anblick *m*; *ergens een* — *nemen*, s. [3] die Sache ansehen. ▼**—kast** Guckkasten *m*; (*fam.*) Glotze *w*. ▼**—spel** (*vertoning*) Schaudarbietung *w*; (*kijkspel*) Schaubude *w*. ▼**—stuk** Ausstattungsstück *s*. ▼**—venster** Guckfenster *s*.
kijv/en keifen, zanken. ▼**—er** Zänker, Keifer *m*.
kik: *geen* — *laten*, keinen Muck(s), keinen Laut von s. geben.
kikker Frosch *m*. ▼**—bil(letje)** F.schenkel *m*. ▼**—dril** F.laich *m*. ▼**—visje** Kaulfrosch *m*, Kaulquappe *w*. ▼**kikvorsman** F.mann *m*.
kil I *zn* Kille *w*. **II** *bn* frostig, kalt; (*nat en koud*) feuchtkalt. ▼**—heid** feuchte Kälte; (*fig.*) Frostigkeit *w*.
killer Killer *m*.
kilo(gram) Kilogramm *s*.
kilometer Kilometer *s*. ▼**—boekje** K.heft *s*. ▼**—paal** K.pfosten *m*. ▼**—teller** K.zähler *m*. ▼**—vreter** K.fresser *m*.
kilowatt Kilowatt *s*. ▼**—uur** K.stunde *w*.
kilte (feuchte, nasse) Kälte *w*.
kim Horizont *m*, (*op zee, v. schip*) Kimm *w*. ▼**—duiking** Kimmtiefe *w*.
kimono Kimono *m*.
kin Kinn *s*; *dubbele* —, Doppelkinn.
kina/(bast) China/(rinde) *w*. ▼**—wijn** C.wein *m*.
kind Kind *s*; *van* — *af aan*, von K. auf; *het* — *bij zijn naam noemen*, das K. beim rechten Namen nennen; *het* — *v.d. rekening zijn*, es ausbaden müssen.
kinder/achtig kindisch. ▼**—achtigheid** (*gedrag*) kindisches Benehmen; (*wezen*) kindisches Wesen; (*handeling, handelwijze*)

Kinderei *w.* ▼**—aftrek** Kinder/ermäßigung *w.* ▼**—arts** K.arzt *m.* ▼**—bed** K.bett *s;* (*kraambed*) Kind-, Wochenbett *s.* ▼**—bescherming** Kinder/schutz *m; raad voor de —,* Kinderschutzrat *m.* ▼**—bewaarplaats** (*crèche*) K.tagesheim *s,* K.tagesstätte *w,* Kita *w;* (*tijdens kerkdienst enz.*) K.beaufsichtigung *w.* ▼**—bijslag** K.zuschlag *m,* K.geld *s.* ▼**—boek** K.buch *s.* ▼**—dagverblijf** K.hort *m.* ▼**—geneeskunde** K.heilkunde *w.* ▼**—goed** K.zeug *s,* K.kleidung *w;* (*wasgoed*) K.wäsche *w.* ▼**—hand**: *een — is gauw gevuld,* K.hand is bald gefüllt. ▼**—hoofd** Kindeskopf *m.* ▼**—hoofdjes** Kopf(stein)pflaster *s,* Katzenköpfe *Mz.* ▼**—juf(frouw)** Kinder/fräulein *s.* ▼**—kamer** K.stube *w.* ▼**—lijk** kindlich. ▼**—lijkheid** Kindlichkeit *w.* ▼**—loos** kinder/los. ▼**—loosheid** K.losigkeit *w.* ▼**—meisje** K.mädchen *s.* ▼**—rechter** Jugendrichter *m.* ▼**—rijmpje** K.vers *m.* ▼**—schoen** K.schuh *m; de —en ontwassen zijn,* die K.schuhe ausgetreten haben; *nog in de —en staan,* noch in den K.schuhen stecken. ▼**—spel** (*ook fig.*) K.spiel *s.* ▼**—sterfte** K.sterblichkeit *w.* ▼**—stoel** K.stuhl *m.* ▼**—tehuis** K.heim *s.* ▼**—toelage, —toeslag** K.zulage *w,* K.zuschlag *m,* K.geld *s.* ▼**—uurtje** (*rad.*) K.funk *m;* (*tv, ook*) K.fernsehen *s.* ▼**—verlamming** K.lähmung *w.* ▼**—verzorging** K.pflege *w.* ▼**—verzorgster** K.pflegerin *w.* ▼**—wagen** K.wagen *m.* ▼**—werk** K.arbeit *w;* (*onbeduidend iets*) K.spiel *s.* ▼**—wet** K.schutzgesetz *s.* ▼**—ziekte** (*ook fig.*) K.krankheit *w.* ▼**—zitje** K.sitz *m.*

kinds kindisch. ▼**—been**: *van — af,* von Kindheit an. ▼**—deel, —gedeelte** Kindesteil *s.* ▼**—heid 1** (*eerste jeugd*) Kindheit *w;* **2** (*v. oude mensen*) Altersschwäche *w.* ▼**—kind** Kindeskind *s,* Enkel *m,* Enkelin *w.* ▼**kindvrouwtje** Kindfrau *w.*

kinet/ica Kinet/ik *w.* ▼**—isch** k.isch.

kinine Chinin *s.*

kink Kink *w; er is een — in de kabel gekomen,* es ist ein Hindernis eingetreten; *er is een — in de kabel,* die Sache hat ihren Haken.

kinkel Lümmel *m.*

kinkhoest Keuchhusten *m.*

kin/nebak Kinnbacken *m.* ▼**—stoot** (*bokssp.*) Kinnhaken *m; een — toebrengen,* e.n K. landen.

kiosk Kiosk *m.*

kip Huhn *s,* Henne *w; redeneren als een — zonder kop,* dummes Zeug reden.

kip/auto Kipper *m.* ▼**—kar** Kippkarre *w,* Kippwagen *m.* ▼**—wagentje** Kippkarren, Kippwagen *m.*

kiplekker: *z. — voelen,* s. sauwohl fühlen. ▼**kippe/borst** Hühner/brust *w;* (*v. mensen*) Gänsebrust *w.* ▼**—boutje** H.schenkel *m;* (*gebraden kip*) H.braten *m.* ▼**—ëi** H.ei *s.* ▼**—gaas** Drahtgeflecht *s.* ▼**—kuur** Grille, Schrulle *w.*

kippen (*kantelen*) kippen; (*anker*) (auf)kippen.

kippen/boer (*fokker*) Hühner/züchter *m;* (*handelaar*) H.händler *m.* ▼**—fokkerij** H.farm *w;* (*het fokken*) H.zucht *w.* ▼**—hok** H.stall *m.* ▼**—loop, —ren** H.lauf *m.* ▼**kippe/soep** Hühner/suppe *w.* ▼**—vel** H.haut *w;* (*fig.*) Gänsehaut *w.* ▼**—voer** H.futter *s.*

kippig kurzsichtig. ▼**—heid** K.keit *w.*

kirren girren, gurren.

kissproof kußfest, kußecht.

kist Kiste *w;* (*doodkist*) Sarg *m.* ▼**—dam** Kistendamm *m;* (*noodkering op dijk*) Aufkadung *w.* ▼**—en** (*lijk*) einsargen; (*dam*) kisten, (*noodkering boven op de dijk*) aufkaden; *z. niet laten —,* s. nicht unterkriegen lassen, (*z. niet laten kennen*) s. nicht lumpen lassen. ▼**—enmaker** Kistenmacher *m.* ▼**—je** Kiste *w.*

kit 1 (*kolenkit*) Kohlenschütter *m;* **2** (*lijm*) Kitt *m.*

kitsch Kitsch *m.*

kittel/aar Kitzler *m.* ▼**—en** kitzeln. ▼**—ing** Kitzel *m.*

kitten (ver)kitten.

kittig (*kwiek*) wacker, flink; (*aardig*) nett, hübsch.

kiwi (*vogel*) Kiwi *m;* (*vrucht*) Kiwi *w.*

klaag/lied Klagelied *s.* ▼**—lijk** kläglich. ▼**K—muur** Klage/mauer *w.* ▼**—schrift** K.schrift *w.* ▼**—stem** K.stimme *w,* klägliche Stimme. ▼**—zang** Elegie *w.*

klaar (*duidelijk, helder*) klar; (*helder, licht*) hell; (*zuiver*) rein; (*af, gereedgekomen, gereed met iets*) fertig; (*bereid, gereed tot iets*) bereit; (*scheepst.*) klar; (*het is*) *— dag,* heller Tag; *klare hemel* (*lucht*), klarer, heiterer Himmel; *klare onzin,* reiner Unsinn; *— wakker,* völlig wach; (*hij heeft altijd een antwoord*) *—,* bereit; (*het is*) *— om te gebruiken,* gebrauchsfertig; *— voor de pers,* druckfertig; (*het schip*) *is — om te vertrekken,* ist f. zur Abfahrt; (*de trein*) *staat —,* steht b.; *— om te vliegen,* flugfertig, -bereit, (*gereed om te starten*) flugklar, (*in staat tot vliegen*) flugfähig; *— is Kees,* fertig ist die Laube. ▼**—blijkelijk** offenbar, augenscheinlich. ▼**—heid** Klarheit *w; tot — brengen,* aufklären. ▼**—komen** fertig werden; (*fam.*) klarkommen. ▼**—krijgen** fertigbringen. ▼**—leggen** bereitlegen. ▼**—licht** hellicht. ▼**—liggen** bereitliegen; (*af*) fertig liegen. ▼**—maken** fertigmachen; (*in orde*) in Ordnung bringen; (*maaltijd, drank*) zubereiten; (*iem. voor examen*) vorbereiten; *z. —,* (*z. gereedmaken om iets te doen*) s. anschicken, (*z. kleden enz. om uit te gaan*) s. fertig machen. ▼**—-over** Schülerlotse *m.* ▼**—spelen** fertigbringen. ▼**—staan** bereitstehen; (*af*) fertig stehen; (*op 't punt staan*) im Begriff stehen; *voor iem. —,* e.m zu Diensten stehen. ▼**—stomen** (*voor examen*) pressen. ▼**—zetten** bereitstellen.

Klaas Klaus *m; houten —,* hölzener Mensch, Klotz *m; een stijve —,* ein steifleinerner Geselle; *— Vaak,* der Sandmann.

klacht Klage *w;* (*grief; off. beklag*) Beschwerde *w; er komen —en binnen,* es laufen K.n ein; *een — indienen,* s. beschweren, (*bij rechtbank*) eine K. einreichen, (*aangifte bij politie*) eine Anzeige machen; *een — tegen iem. indienen,* eine K., eine B. gegen e.n einreichen. ▼**—enboek** B.buch *s.*

klad 1 (*kladwerk*) Kladde *w,* (*meer: ontwerp*) Konzept *s,* Entwurf *m;* **2** (*vlek*) Fleck *m;* (*inkt, verf enz.*) Klecks *m; een — op zijn naam,* ein Makel an seinem Namen; *ergens de — in brengen,* etwas in Mißkredit bringen, das Geschäft (den Handel, den Preis) verderben; (*iem.*) *bij de —den pakken, krijgen,* beim Wickel kriegen, am Schlafittchen nehmen. ▼**—boek** Kladde, Strazze *w.* ▼**—den** klecksen; (*smeren, morsen*) schmieren. ▼**—je** (*briefje*) Zettel *m; zie verder* **klad**. ▼**—papier** Konzeptpapier *s.* ▼**—schilder** Farbenkleckser *m.* ▼**—schrift** Kladde *w;* (*knoeiwerk*) Sudelei, Kleckserei *w.* ▼**—werk** Kladde *w;* (*knoeiwerk*) Kleckserei, Sudelei *w.*

klag/en klagen; (*zijn beklag doen*) s. beklagen, s. beschweren, Klage erheben; *over iem. niet te — hebben,* s. über e.n nicht beklagen können; *bij iem. over iets —,* s. bei e.m über etwas

beschweren, beklagen; *geen reden tot — hebben*, keinen Grund zur Klage haben. ▾**—er** Kläger *m*; *—s hebben geen nood*, der Kläger leidet keine Not.
klak Klaps *m*; (*hoed*) Klapphut *m*. ▾**—keloos** (*ongemotiveerd*) unbegründet; (*zo maar*) mir nichts dir nichts. ▾**—ken** (*met tong*) schnalzen.
klam feucht, klamm; *het —me zweet*, der kalte Schweiß.
klamboe Moskitonetz *s*.
klamheid Feuchtigkeit *w*.
klamp Klampe *w*. ▾**—en** klammern.
klandizie Kundschaft *w*; *iem. de — gunnen*, e.m die K. zuwenden.
klank Klang *m*; (*spraakklank*) Laut *m*; (*alg.: geluid*) Schall *m*; *in —, wat de — betreft*, klanglich, (*spraakklank*) lautlich. ▾**—beeld** Hörfolge *w*, Hörbild *s*. ▾**—bodem** Schall/boden *m*. ▾**—bord** S.deckel *m*. ▾**—demper** Sordine *w*. ▾**—film** Tonfilm *m*. ▾**—kast** Resonanzkasten *m*. ▾**—kleur** Klang/farbe *w*. ▾**—leer** Laut/lehre *w*; (*geluidsleer*) Schallehre *w*. ▾**—loos** k.los. ▾**—nabootsing** Schall-, K.-, L.nachahmung, Tonmalerei *w*. ▾**—rijk** k.voll, -reich. ▾**—verschuiving** L.verschiebung *w*. ▾**—wet** L.gesetz *s*. ▾**—wisseling** L.wechsel *m*.
klant Kunde *m*, Kundin *w*; (*kerel*) Kerl *m*; *vaste —*, ständiger Kunde; *stevige —*, stämmiger Bursche; *vrolijke —*, lustiger Bruder; *de —en*, (*ook*) die Kundschaft. ▾**—enkaart** Kunden/karte *w*. ▾**—enwerving** K.werbung *w*; (*ong.*) K.fang *m*.
klap Schlag *m*; (*lichter*) Klaps *m*; (*knal bijv. van zweep*) Knall *m*; (*verlies*) Schlag *m*, (*in zaken, ook*) Schlappe *w*; *— in 't gezicht*, (*ook fig.*) Schlag ins Gesicht; (*dat*) *is een — in zijn gezicht*, schlägt ihm ins Gesicht; *—pen* (*slaag*) *krijgen*, Prügel bekommen. ▾**—band** geplatzter Reifen. ▾**—brug** K.brücke *w*. ▾**—deur** K.tür *w*. ▾**—ekster** großer Würger *m*; (*klappei*) Klatsch/liese, K.base *w*.
klap/lopen schmarotzen. ▾**—loper** Schmarotzer *m*.
klappen klatschen; (*met tong*) schnalzen; (*babbelen*) schwatzen, plaudern; *in de handen —*, in die Hände k.en, (*teken v. bijval*) Beifall k.en; *uit de school —*, aus der Schule schwatzen.
klapper (*waarmee klapperend geluid wordt gemaakt; ook v. molen*) Klapper *w*; (*voetzoeker*) Schwärmer *m*; (*register*) (alphabetisches) Register *s*. ▾**—(boom)** Kokosbaum *m*. ▾**—en** klappern; (*v. zeilen*) schlagen. ▾**—tanden** mit den Zähnen k.; *hij klappertandt* (*van de kou*), die Zähne k. ihm vor Kälte. ▾**—tje** (*v. pistooltje*) Zündblättchen *s*, Amorce *w*.
klap/raam Klappfenster *s*. ▾**—roos** Klatschmohn *m*. ▾**—sigaar** Knallzigarre *w*. ▾**—stoel** Klappstuhl *m*. ▾**—stuk** (*vlees*) Querrippe *w*; (*successtuk*) Reißer *m*. ▾**—tafel** Klapptisch *m*. ▾**—wieken** die Flügel schlagen. ▾**—zoen** Schmatz *m*.
klaren (*laten bezinken, helder maken*) klären; (*schepen, koopwaren*) (ein-, aus)klarieren; (*anker, touw, vlag*) klaren; (*de wijn*) *wil niet —*, klärt s. nicht (ab); *hij klaart 't wel*, er bringt es schon fertig; *het begint te —*, es klärt s. auf, hellt s. auf.
klarinet Klarinette *w*. ▾**—speler, —tist** Klarinettist *m*.
klaring Klärung *w*; (*schepen, koopwaren*) Klarierung *w*.
klaroen Zinke *w*; (*trompet*) Trompete *w*.
klas(se) Klasse *w*; (*klaslokaal, ook*) K.nzimmer *s*; *school met zes —sen*, (*ook*) sechsklassige Schule; *de hogere —sen* (*op school*), die höheren K.n, (*bovenbouw*) die Oberstufe, (*in maatschappij*) die oberen K.n; *een coupé tweede —*, ein Abteil zweiter K. ▾**—bewustzijn** Klassen/bewußtsein *s*. ▾**—bezetting** Schülerzahl *w* der Klasse. ▾**—boek** K.buch *s*. ▾**—deler** erforderliche Mindestschülerzahl per Lehrer. ▾**—geest** K.geist *m*. ▾**—genoot** K.genosse *m*. ▾**—justitie** K.justiz *w*. ▾**—leraar** K.leiter, K.lehrer *m*. ▾**—lokaal** K.zimmer *s*. ▾**klasse/ment** Wertung *w*; *algemeen —*, Gesamtwertung; *individueel —*, Einzelwertung. ▾**—nhaat** Klassen/haß *m*. ▾**—nstrijd** K.kampf *m*. ▾**—ntegenstelling** K.gegensatz *m*. ▾**—nverschil** K.unterschied *m*. ▾**—ren** klassifizier/en. ▾**—ring** K.ung *w*; *zie ook* **—ment**. ▾**—vertegenwoordiger** Klassensprecher, -vertreter *m*.
klassiek klassisch; *—e taal en letteren*, Sprach- und Literaturwissenschaft in den alten Sprachen. ▾**—en** Klassiker *Mz*.
klassikaal klassenweise; *— onderwijs*, Klassenunterricht *m*.
klater/en plätschern. ▾**—goud** Flittergold *s*.
klauter/en klettern. ▾**—partij** Kletterpartie *w*.
klauw (*v. koeien enz.; aan ankers, machines*) Klaue *w*; (*v. roofdieren*) Tatze *w*; (*meer nagels alleen, v. roofvogel*) Kralle *w*; (*landbouwgereedschap*) Hacke *w*; (*hand*) Pranke *w*; (*meer fig.*) Kralle *w*; *in iemands —en vallen*, in jemands Krallen fallen. ▾**—en** kratzen, krallen. ▾**—hamer** Klauenhammer *m*. ▾**—zeer** Klauenseuche *w*.
klavecimbel Klavizimbel *s*.
klaver Klee *m*; *rode —*, Rotklee. ▾**—blad** K.blatt *s*; (*verkeersplein*) Autobahnkreuz, K.blatt *s*. ▾**—en** Treff, Kreuz *s*. ▾**—enaas** *enz.* Kreuz-, Treffas *s* usw.; *zie* **hartenaas**. ▾**—jassen** jassen. ▾**—tjevier** Glücksklee *m*, vierblättriges Kleeblatt.
klavier Klavier *s*; (*hand*) Pranke, Tatze *w*.
kled/en kleiden; *z. —*, s. ankleiden, s. anziehen. ▾**—erdracht** Kleidertracht *w*; (*volksdracht*) (Volks)Tracht *w*. ▾**—ij, —ing** Kleidung *w*; (*kostuum*) Anzug *m*. ▾**kleding/industrie** Bekleidungs/industrie *w*. ▾**—magazijn** (*winkel*) B.-, Kleidergeschäft *s*. ▾**—stuk** Kleidungsstück *s*. ▾**kleed** Kleid *s*; (*op tafel enz.*) Decke *w*; (*op vloer*) Teppich *m*; (*iem.*) *in de kleren steken*, mit Kleidern versehen; *de kleren maken de man*, Kleider machen Leute; *dat glijdt langs zijn koude kleren af*, das kümmert ihn gar nicht, er macht s. gar nichts daraus; *dat gaat iem. niet in zijn koude kleren zitten*, das greift e.n sehr an. ▾**—geld** Kleidergeld *s*. ▾**—kamer** Ankleidezimmer *s*; (*om z. te verkleden*) Umkleidegelegenheit *w*. ▾**—hokje** An-, Umkleide-, Badekabine *w*.
kleef/kruid Kleb(e)kraut *s*. ▾**—pleister** Heftpflaster *s*. ▾**—stof** Kleb(e)stoff *m*. ▾**—strook** Klebestreifen *m*.
kleer/borstel Kleider/bürste *w*. ▾**—hanger** K.bügel *m*. ▾**—kast** K.schrank *m*. ▾**—koop** Altkleiderhändler *m*. ▾**—maker** Schneider *m*. ▾**—makerij** Schneiderei *w*. ▾**—makersbaas** Schneidermeister *m*. ▾**—scheuren**: *er zonder — afkomen*, mit heiler Haut davonkommen.
klef klitschig; (*klam*) feucht.
klei Ton *m*; (*vette kleigrond*) Klei *m*; *Limburgse —*, Löß *m*; *van — gemaakt*, tönern. ▾**—aardappel** Kleikartoffel *w*. ▾**—aarde** Tonerde *w*; (*zeer vet*) Kleierde *w*. ▾**—achtig** tonig, tonartig, kleiig. ▾**—boer** Marsch-, Kleibauer *m*. ▾**—duivenschieten** Tontaubenschießen *s*. ▾**—en** mit Ton bossieren, in Ton modellieren. ▾**—grond**

Tonbodem *m*; (*zeer vet*) Klei-, Marschboden *m*.
klein klein; *—e boer*, Kleinbauer *m*; *een — uur*, eine kleine Stunde; *een —e tien jaren*, fast zehn Jahre; *tot in de —ste bijzonderheden*, bis ins kleinste; *in het —* (*verkopen*), im kleinen; *verkoop in het —*, Kleinverkauf *m*.
Klein-Azië Kleinasien *s*.
klein/bedrijf Klein/betrieb *m*. ▾**—beeld(foto)** K.bild(foto) *s*. ▾**—camera** K.bildkamera *w*. ▾**—burgerlijk** k.-, spießbürgerlich. ▾**—dochter** Enkelin *w*. ▾**—duimpje** Däumling *m*. ▾**—e** Kleine(r) *m*; (*v. kind, ook*) Kleine(s) *s*, Baby *s*. ▾**—eren** verkleinern, herabsetzen. ▾**—ering** Herabsetzung *w*. ▾**—geestig** kleinlich. ▾**—geestigheid** Klein/lichkeit *w*. ▾**—geld** K.geld *s*. ▾**—gelovig** k.gläubig. ▾**—goed** K.zeug *s*; (*kinderen*) Kroppzeug, Kropptüg *s*. ▾**—handel** Klein/-, Detailhandel *m*. ▾**—handelsprijs** K.handelspreis *m*. ▾**—hartig** k.mütig. ▾**—heid** K.heit *w*. ▾**—igheid** K.igkeit *w*. ▾**—kind** Enkel *m*, Enkelin *w*. ▾**—krijgen** k.machen; (*iem.*) k.kriegen, kirre kriegen, (*eronder*) unterkriegen. ▾**—kunst** K.kunst *w*. ▾**—maken** k.machen, zerkleinern; (*geld*) wechseln; (*iem.*) *—*, ducken (*zie ook*: **—krijgen**). ▾**—moedig** k.mütig, verzagt. ▾**—moedigheid** K.mut *m*. ▾**—ood** K.od *s*. ▾**—steeds** k.städtisch. ▾**—steedsheid** K.städterei *w*. ▾**—tje** Kleine(s) *s*; *vele —s maken een groot*, viele Wenig machen ein Viel; *op de —s passen*, auch im kleinen sparsam sein. ▾**—vee** K.lichkeit *w*. ▾**—zerig** wehleidig, weichlich, pimplig, empfindlich. ▾**—zerigheid** Wehleidigkeit *w*. ▾**—zielig** k.lich. ▾**—zoon** Enkel *m*.
klem (*om iets vast te klemmen*) Klemme *w*; (*om iets te vangen, voetklem, val*) (Fang-, Fuß)Eisen *s*, Falle *w*; (*nood, verlegenheid*) K.; (*nadruk*) Nachdruck *m*; (*klemtoon*) Ton *m*; (*tetanus*) Starrkrampf *m*; *— zitten*, verklemmt sein; *in de — zitten*, in der K. sitzen; *aan de woorden — bijzetten*, den Worten Nachdruck geben; *met — van redenen*, mit triftigen Gründen. ▾**—men** k.n; (*een kind*) *tegen z. aan—*, an sich pressen; *—d bewijs*, schlagender Beweis; *—de redenen*, triftige Gründe. ▾**—schroef** Klemmschraube *w*. ▾**—spanning** Klemmenspannung *w*. ▾**—toon** Ton, Akzent *m*; (*nadruk*) Nachdruck *m*; *de — op iets leggen*, etwas betonen. ▾**—toonteken** Tonzeichen *s*. ▾**—veer** Klemmfeder *w*.
klep Klappe *w*; (*v. kan, piano, achter aan broek enz.*) Deckel *m*; (*aan pet*) Schirm *m*; (*v. motor, aan stoommachine*) Ventil *s*; (*klepper*) Klapper *w*. ▾**—broek** (*achter*) Deckelhose *w*.
klepel Klöppel, Schwengel *m*.
klepp/en klappern; (*v. klok*) läuten. ▾**—er** (*paard*) Klepper *m*; (*klaphoutje*) Klapper *w*. ▾**—eren** klappern.
klepto/maan Klepto/mane *m*. ▾**—manie** K.manie *w*.
kleren/(-) *zie* **kleed, kleer-**. ▾**—standaard** Kleiderständer *m*.
klerik/aal I *bn* klerik/al. **II** *zn* K.ale(r) *m*. ▾**—alisme** K.alismus *m*.
klerk Schreiber *m*; (*bij griffie*) Kanzleischreiber *m*; (*op handelskantoor*) Kontorist *m*; (*bij posterijen*) Postassistent *m*.
klets (*kort klinkende slag*) Klatsch *m*; (*gepraat*) Geschwätz *s*, (*onzin*) Quatsch *m*, (*boosaardig*) Klatsch *m*. ▾**—en** klatschen; (*babbelen*) schwatzen, (*aan een stuk*) plappern, quatschen, klatschen; (*smijten*) schmeißen. ▾**—er** Schwätzer, Plapperer, Quatschkopf *m*. ▾**—erig** geschwätzig, plapperhaft, klatschhaft. ▾**—koek** Quatsch *m*. ▾**—kop** (*kaal*) Glatze *w*. ▾**—kous** Klatschbase *w*. ▾**—majoor, —meier** *zie* **kletser**. ▾**—nat** pudel-, klatschnaß. ▾**—praatje** *zie* **klets**.
kletteren (*v. wapens enz.*) klirren; (*v. hagel*) prasseln; (*v. regen*) klatschen, schlagen.
kleum/en frieren. ▾**—er** Fröstling *m*.
kleur Farbe *w*; (*v. schaamte, verlegenheid*) Röte *w*; *lokale —*, Lokalfarbe, lokale Färbung; *— bekennen*, (*lett. en fig.*) F. bekennen; *een mooie — (mooi —tje) aan iets geven*, e.r Sache e.n schönen Anstrich geben; *een hoge — hebben*, ein stark gerötetes Gesicht haben; *zij kreeg een —*, sie errötete. ▾**—bad** (*fot.*) Tonbad *s*. ▾**—boek** Kolorierbuch *s*. ▾**—breking** F.enbrechung *w*. ▾**—doos** F.enkasten *m*. ▾**—echt** f.echt. ▾**kleuren** färben; (*tekeningen enz.*) kolorieren; (*blozen*) erröten. ▾**—beeld** Farben/bild *s*. ▾**—blind** f.blind. ▾**—blindheid** F.blindheit *w*. ▾**—combinatie** F.zusammenstellung *w*. ▾**—dia** Farbdia *s*. ▾**—druk** Farben/druck *m*. ▾**—film** F.-, Farbfilm *m*. ▾**—foto** Farbfoto *s*. ▾**—fotografie** Farben/photographie *w*. ▾**—pracht** F.pracht *w*. ▾**—spel** F.spiel *s*. ▾**—televisie** Farbfernsehen *s*. ▾**—televisietoestel** Farbfernsehgerät *s*, Farbfernseher *m*. ▾**—weelde** Farbenfülle *w*. ▾**kleur/filter** Farb(en)filter *m*. ▾**—fixeerbad** Tonfixierbad *s*. ▾**—gevoel** Farbensinn *m*. ▾**—houdend** farbecht. ▾**—ig** farbig. ▾**—krijt** farbige Kreide. ▾**—ling** Farbige(r) *m*; (*halfbloed*) Mischling *m*. ▾**—loos** farblos. ▾**—middel** Färbe-, Farbmittel *s*. ▾**—potlood** Farb-, Buntstift *m*. ▾**—rijk** farbig, farbenfroh, -freudig. ▾**—schakering** Farbenstufe *w*, -ton *m*. ▾**—sel** Färbemittel *s*. ▾**—stof** Farbstoff *m*.
kleuter Kleinkind *s*; Knirps *m*; (*v. meisje*) kleines Ding. ▾**—leeftijd** Kleinkinderalter *s*. ▾**—leidster** Kindergärtnerin *w*. ▾**—onderwijs** Kleinkinder-, Vorschulunterricht *m*; *geïntegreerd — en basisonderwijs*, integrierte Vor- und Grundschule *w*. ▾**—onderwijswet** Gesetz *s* über die Kleinkinderschulen. ▾**—school** Kindergarten *m*; (freiwillige) Vorschule *w*.
klev/en kleben; (*een man*) *op wie geen smet kleeft*, an dem kein Makel haftet. ▾**—erig** klebrig. ▾**—erigheid** Klebrigkeit *w*.
kliederen manschen.
kliek Clique, Klicke, Koterie, Sippschaft *w*; (*restje eten*) Rest *m*; *de hele —*, die ganze S. ▾**—geest** Clique-, Koteriegeist *m*. ▾**—jesdag** Restetag *m*.
klier Drüse *w*; *—en*, (*aandoening*) Skrofeln *Mz*; *last v. —en hebben*, an Skrofeln leiden; *— van een vent*, Ekel *m*, ekelhafter Kerl; *— die je bent!*, du Ekel! ▾**—achtig** skrofulös. ▾**—gezwel** Drüsengeschwulst *w*.
klieven spalten; durchschnéiden.
klik (*v. uurwerk*) Vorschlag *m*; (*v. schip*) Hacke *w*; (*met tong*) Schnalz *m*. ▾**—ken** klicken; (*aanbrengen*) angeben, verraten; (*schoolt.*) petzen. ▾**—ker, —spaan** Angeber; Petzer *m*.
klim Aufstieg *m*; *een hele —*, ein schwerer Aufstieg.
klimaat Klima *s*. ▾**—gordel** klimatische Zone. ▾**—regeling** Klimatisierung *w*. ▾**klimato/logie** Klimatologie *w*. ▾**—logisch** klimatisch.
klim/boon Stangenbohne *w*. ▾**—erwt** Stengelerbse *w*. ▾**—ijzer** Steig-, Klettereisen *s*. ▾**—men** steigen; (*klauteren; ook van klimplanten*) klettern; *in een boom —*, auf e.n Baum steigen, klettern; *bij het — der jaren*, bei zunehmendem Alter. ▾**—op** Efeu *m*.

▾**—plant** Kletter/pflanze *w.* ▾**—rek** K.gerüst *s;* (*wandrek*) K.wand *w.* ▾**—roos** K.rose *w.* ▾**—spoor** K.-, Steigeisen *s.* ▾**—touw** K.tau *s.*
kling Klinge *w; over de — jagen,* über die K. springen lassen.
klingel/en klingeln. ▾**—ing**! klingling!
kliniek Klinik *w.* ▾**klinisch** klinisch.
klink Klinke *w;* (*in kledingstukken*) Zwickel *m;* (*de deur*) *op de — doen, van de — doen,* zuklinken, aufklinken; (*de deur*) *is op de —,* ist eingeklinkt. ▾**—bout** Nietbolzen *m.*
klinken 1 klingen; (*schallen, galmen*) schallen; (*weerklinken*) erschallen; (*weergalmen*) hallen; (*luiden*) lauten; *met —de munt* (*betalen*), mit klingender Münze; *een —de naam,* ein Name der Klang hat; *—de oorveeg,* schallende Ohrfeige; *er klonk een gelach, een lied,* ein Gelächter, ein Lied erscholl; *dof —de stappen,* dumpf hallende Schritte; (*de d*) *klinkt als t,* lautet wie t; *op zijn gezondheid —,* auf seine Gesundheit anstoßen; *dat klinkt als een klok,* das hat Hand und Fuß; (*een redevoering*) *die klinkt als een klok,* die s. hören lassen darf; **2** (*v. metalen*) nieten, vernieten; *het klinken,* die Nietung; *geklonken buis,* Nietrohr *s.*
klink/er 1 (*taalk.*) Vokal, Selbstlaut *m;* **2** (*baksteen*) Klinker *m;* **3** (*v. metalen*) Nieter *m.* ▾**—erweg** Klinkerstraße *w.* ▾**—hamer** Niethammer *m.* ▾**—klaar** rein, pur; *klinkklare onzin,* barer Unsinn. ▾**—nagel** Nietnagel *m.*
klip Klippe *w;* (*hij werkt*) *tegen de —pen op,* was das Zeug hält; (*hij liegt*) *tegen de —pen op,* daß s. die Balken biegen. ▾**—geit** Steinziege, Gemse *w.* ▾**—per** Klipper *m,* Klipperschiff *s.* ▾**—vis** Klippfisch *m.* ▾**—zout** Steinsalz *s.* ▾**—zwaluw** Salangane *w.*
klis Klette *w.*
klisteerspuit Klistierspritze *w.*
klit Klette *w; die twee hangen als —ten aan elkaar,* die beiden halten zusammen wie die Kletten. ▾**—teband** Klebeband *s.*
klodder (*klont*) Klumpen *m;* (*inkt, verfvlek*) Klecks *m.* ▾**—en** (*knoeien*) matschen; (*met inkt, verf*) klecksen.
kloek I *bn & bw* stark, kräftig; (*potig*) handfest; (*robuust*) stämmig; (*flink*) tüchtig, (*flink rechtop*) stramm; (*groot en statig*) stattlich; (*moedig*) mutig, herzhaft; (*manmoedig*) mannhaft, beherzt; (*stoutmoedig*) kühn; *— besluit,* kühner Entschluß; *—e gestalte,* kräftige, (*rijzig*) stattliche Gestalt; *de —e houding* (*v.d. soldaten*), (*bij parade*) die stramme Haltung; *—e kerel,* handfester, stämmiger Bursche; *—e zeelui,* tüchtige Seeleute. **II** *zn* (*broedse hen*) Glucke *w.* ▾**—moedig** tapfer, beherzt, herzhaft.
kloffie Kluft *w.*
klok Glocke *w;* (*uurwerk*) Uhr *w;* (*een man*) *v. d. —,* nach der U.; (*iets*) *aan de grote — hangen,* an die große G. hängen; *de — horen luiden, maar niet weten waar de klepel hangt,* die G. läuten hören, aber nicht wissen wo sie hängt. ▾**—gelui** Glockengeläute *s.* ▾**—huis** (*v. vrucht*) Kernhaus *s.* ▾**—kekast** U.gehäuse *s.*
klokken glucken, glucksen.
klok/kenmaker Uhrmacher *m.* ▾**—kenspel** Glocken/spiel *s.* ▾**—ketoren** G.turm *m.* ▾**—ketouw** G.strang *m.* ▾**—rok** G.rock *m.* ▾**—slag** G.schlag *m; — twaalf,* Schlag zwölf. ▾**—spijs** G.speise *w.* ▾**—vormig** g.förmig.
klomp Klumpen *m;* (*aan voet*) Holzschuh *m; — goud,* Goldklumpen; *nu breekt mij de —,* nun schlägt's aber dreizehn. ▾**—enmaker** Holzschuhmacher *m.* ▾**—voet** Klumpfuß *m.*
klont Klumpen *m;* (*aardkluit, ook*) Scholle *w.* ▾**—er** Klumpen *m;* (*aanhangende klompjes modder, vuil*) Klunker *w & m.* ▾**—eren** klumpern, (s.) klumpen, (s.) klümpern. ▾**—erig** klumpig. ▾**—je** (*suiker*) Zuckerwürfel *m,* (*kandij*) Kandisstückchen *s; zo klaar als een —,* sonnenklar. ▾**—jessuiker** Würfelzucker *m.*
kloof (*aardspleet; ook fig.*) Kluft *w;* (*langwerpig, diep, nauw dal*) Schlucht *w;* (*spleet*) Spalte *w,* (*smaller*) Ritze *w;* (*barst, bijv. in huid*) Riß *m;* (*hij heeft*) *zijn handen vol —jes,* rissige Hände.
kloon Klon *m.*
klooster Kloster *s.* ▾**—broeder** K.bruder *m.* ▾**—cel** K.zelle *w.* ▾**—gang** K.gang *m.* ▾**—ling** K.bruder, Mönch *m;* (*mv ook*) K.-, Ordensleute *Mz.* ▾**—linge** K.schwester *w.* ▾**—orde** K.orden *m.*
kloot Kugel *w,* Ball *m;* (*zaadbal*) Hoden *m.* ▾**—jesvolk** Pöbel *m,* Lumpenvolk *s.* ▾**—zak** Hodensack *m;* (*scheldn.*) Lümmel *m,* (*sukkel*) Trottel *m,* (*nare vent*) Ekel *m.*
klop Schlag *m;* (*op deur*) Klopfen *s; — krijgen,* (*verliezen*) geschlagen werden. ▾**—boor** Schlagbohrmaschine *w.* ▾**—geest** Klopfgeist *m.* ▾**—jacht** Treibjagd *w;* (*naar een middelpunt toe*) Kesseltreiben *s;* (*fig.*) Hetzjagd *w.* ▾**—je** Begine *w.* ▾**—partij** Schlägerei, Keilerei, Rauferei *w.* ▾**—pen** klopfen; (*overeenstemmen, uitkomen*) stimmen; (*overwinnen*) schlagen; (*v. hart*) klopfen, pochen, schlagen; *er wordt geklopt,* es klopft (an die Tür); (*eieren, slagroom*) *—,* schlagen; *iem. geld uit de zak —,* e.m Geld aus der Tasche locken; *dat klopt niet* (*met de boeken*), das stimmt nicht (mit den Büchern überein). ▾**—per** Klopfer *m.* ▾**—vast** klopffest.
klos Spule *w;* (*voor garen enz.*) Rolle *w;* (*kantklos*) Klöppel *m;* (*blok*) Klotz *m.* ▾**—sen 1** (*garen*) aufwinden; (*kant*) klöppeln; *gekloste kant,* Klöppelspitzen *Mz;* **2** (*plomp lopen*) trampeln, trampsen, poltern, klotzen.
klotsen schlagen; (*tegen elkaar*) zusammenstoßen; (*zee*) klatschen; (*v. golven*) schlagen.
kloven spalten, klieben.
klucht (*kort toneelstuk*) Posse *w,* Schwank *m;* (*grap*) Spaß *m;* (*troep*) Schar *w,* (*vogels*) Flug, Strich *m.* ▾**—ig** komisch, possenhaft.
kluif Knochen *m;* (*erwtensoep met*) *—,* Eisbein; *een lekker —je,* ein leckerer Bissen; *daar zal hij een hele — aan hebben,* das wird ihm zu schaffen machen, das ist für ihn ein harter Bissen. ▾**—fok** Klüverfock *w.*
kluis Klause, Zelle *w;* (*b.v. in bankgebouw*) Stahlkammer *w;* (*brandkast*) Tresor *m.* ▾**—gat** Klüse *w,* Klüsenloch, Klüsgatt *s.*
kluister Fessel *w.* ▾**—en** fesseln.
kluit Klumpen *m;* (*aardkluit*) Scholle *w;* (*om wortels*) Erd-, Wurzelballen *m;* (*boterkluit*) Stück *s; uit de —en gewassen,* tüchtig gewachsen. ▾**—je**: *met een — in het riet sturen,* mit glatten Worten abspeisen.
kluiven: (*aan een been*) *—,* nagen, knabbern, knuppern; *daar is wat aan te —,* das ist eine harte Nuß zum Knacken.
kluizenaar Klausner, Einsiedler *m.* ▾**—scel** K.zelle *w.* ▾**—sleven** E.leben *s.*
klungel nichtswürdiges Ding; (*geschrift*) Wisch *m;* (*vod*) Lumpen *m;* (*knoeier*) Pfuscher *m;* (*vent van niks*) Jammerlappen *m;* (*sul*) Tropf *m.* ▾**—en** pfuschen; (*beuzelen*) tändeln. ▾**—ig** stümperhaft. ▾**—werk** Pfuscherei *w.*
klus Arbeit, Aufgabe *w; een hele —,* eine schwere A. ▾**—je** Gelegenheitsarbeit *w; —s opknappen,* Gelegenheitsarbeiten verrichten. ▾**—jesman** Gelegenheitsarbeiter *m.*
kluts: *de — kwijtraken,* aus der Fassung

kommen. ▾—**en** (*eieren*) schlagen.
kluwen Knäuel *m & s.*
klysma Klistier *s.*
knaagdier Nagetier *s.*
knaap Knabe, Bube *m;* (*jongeman*) Bursche *m;* (*kerel*) Kerl *m.*
knabbelen knabbern.
knäckebröd Knäckebrot *s.*
knag/en nagen; *twijfels — aan hem, zijn geweten,* Zweifel nagen an ihm, an seinem Gewissen; *zijn geweten knaagt,* sein Gewissen quält ihn, er hat Gewissensbisse; *—de pijn,* nagender Schmerz. ▾—**ing** Nagen *s;* (*v. geweten*) Gewissensbisse *Mz.*
knak Knacks *m;* (*breuk*) Bruch, Riß *m;* (*zijn gezondheid heeft*) *een — gekregen,* e.n K. bekommen; (*de handel, het vertrouwen heeft*) *een geduchte — gekregen,* e.n schweren Stoß erlitten. ▾—**ken** (*stammen, stengels enz.*) knicken; (*knak laten horen*) knacken; (*zijn gezondheid*) *is geknakt,* ist zerrüttet; (*de herhaalde tegenspoed heeft hem*) *geknakt,* gebrochen, geknickt. ▾—**worst** Knackwurst *w.*
knal *zn* Knall *m.* ▾—**demper** Schalldämpfer *m.* ▾—**effect** Knall/effekt *m.* ▾—**gas** K.gas *s.* ▾—**geel** knallgelb. ▾—**len** knallen. ▾—**pot** Auspufftopf *m.* ▾—**rood** knallrot.
knap I *bn & bw* (*flink, knap in zijn vak*) tüchtig; (*handig*) geschickt; (*bedreven*) gewandt; (*talentvol*) fähig; (*schrander, verstandig*) klug, gescheit, intelligent; (*v. uiterlijk*) hübsch; (*net*) nett, sauber, ordentlich; *— in het rekenen,* ein guter, gewandter Rechner; (*dat heb je*) *— gedaan,* fein, recht schön, (*handig*) geschickt, (*verstandig*) klug gemacht; *iem. te — af zijn,* e.m über(legen), (*te slim*) e.m zu schlau sein; — (*duur*) ziemlich, reichlich. **II** *zn* Knacks, Knicks *m.* ▾—**heid** Tüchtigkeit, Geschicklichkeit, Gewandtheit; Fähigkeit, Klugheit, Gescheitheit, Intelligenz, Hübschheit *w,* hübsches Aussehen; Nettigkeit, Sauberkeit *w.*
knappen knacken; (*v. vuur, sneeuw enz.*) knistern; (*ik hoor het glas*) —, knicken; (*de touwen*) —, reißen.
knapperd (*schrander*) kluger Kopf; (*bekwaam*) tüchtiger, geschickter Mensch.
knapperen knistern.
knapzak Knappsack *m.*
knars/en (*v. zand, sneeuw, tanden*) knirschen; (*oude deur, wielen van wagen*) knarren; (*deur op haar hengsels, werktuigen die niet gesmeerd zijn*) kreischen. ▾—**etanden** mit den Zähnen knirschen; *—d,* zähneknirschend.
knauw (*beet*) Biß *m;* (*fig.*) Knacks *m.* ▾—**en** beißen; kauen; (*fig.*) (e.m) den Knacks geben, (e.n) brechen.
knecht Knecht *m;* (*handwerkgezel*) Geselle *m;* (*huisknecht*) Diener *m.* ▾—**en** knechten. ▾—**je** Junge, Bursche *m.*
kneden kneten. ▾**kneed/baar** knetbar. ▾—**bom** Plastikbombe *w.*
kneep Kniff *m;* (*truc, ook*) Pfiff *m; de — te pakken hebben,* den K. heraus haben; *daar zit 'm de —,* da liegt der Hase im Pfeffer.
knekelhuis Beinhaus *s.*
knel: *in de — zitten,* in der Klemme sitzen. ▾—**len** klemmen; (*fig.*) drücken; *zijn vingers —,* s. die Finger klemmen; *mijn schoen knelt,* der Schuh drückt mich. ▾—**punt** Engpaß *m,* schwierige Situation.
knerpen knirschen.
knersen *zie* **knarsen**.
knetter/en knattern; (*knapperen van vuur*) knistern. ▾—**gek** plemplem, plem. ▾—**slag** Knatterschlag *m.*
kneukel Knöchel *m;* (*fig.*) Finger *m.*
kneusje (*ei*) Knickei *s;* (*auto*) Unfallauto *s.*
▾**kneuz/en** quetschen. ▾—**ing** Quetschung *w.*
knevel Knebel *m;* (*snor*) Schnurrbart *m.* ▾—**arij** (*afpersing*) Erpressung *w.* ▾—**en** knebeln; (*iem. geld afpersen*) e.n aussaugen, Geld von e.m erpressen.
knibbel/aar Knauser *m;* (*pingelaar*) Feilscher *m.* ▾—**arij** Knauserei *w;* Gefeilsche *s.* ▾—**en** knausern; feilschen.
knickerbocker Bundhose, Wanderhose *w.*
knie Knie *s;* (*in broek*) Beule *w; met doorgezakte* (*slappe*) *knieën,* mit schlaffen, mit schlotternden K.n; (*iets*) *onder de — hebben,* innehaben; (*iem.*) *onder de — krijgen,* unterkriegen; (*iets*) *onder de — krijgen,* meistern; (*iem.*) *over de — leggen,* übers K. legen; (*iem.*) *op de —en krijgen,* auf (in) die Knie zwingen; *tot aan de —en* (*in het water staan*), k.tief; (*het water stond*) *tot aan de —en,* k.hoch. ▾—**broek** K.hose *w.* ▾—**buiging** K.beuge *w;* (*uit eerbied*) K.beugung *w.* ▾—**holte** K.kehle, K.höhle *w.* ▾—**kous** K.strumpf *m.*
kniel/bank Knieschemel *m.* ▾—**en** knien; *geknield liggen,* auf den Knien liegen. ▾—**kussen** Kniepolster *s.*
knieschijf Kniescheibe *w.*
knies/oor Griesgram *m.* ▾—**orig** grämlich.
knie/stuk Knie/stück *s;* (*v. buis*) K.(rohr) *s.* ▾—**val** K.fall *m.* ▾—**vrij** k.frei. ▾—**warmer** K.wärmer *m.*
kniez/en s. grämen. ▾—**er** Griesgram *m.*
kniezwaai Kniewelle *w.*
knijp: *in de — zitten,* in der Platsche, in der Tinte, in der Klemme sitzen. ▾—**en** kneifen, zwicken; (*plagen, kwellen*) zwacken, placken; *'m —,* in der Klemme sitzen; *het gas —,* den Motor drosseln.▾—**er** Kneifer *m;* (*wasknijper, klem enz.*) Klammer *w.* ▾—**tang** Kneif-, Beißzange *w.*
knik Knick *m;* (*met 't hoofd*) Nicken *s; een —je,* ein leises Nicken. ▾—**kebenen** schlottern. ▾—**kebollen** (mit dem Kopf) nicken, einnicken. ▾—**ken** knicken; (*met hoofd*) nicken; *met —de knieën,* mit schlotternden Knien.
knikker Murmel, Marmel *w,* Knicker, Klicker, Schusser *m; kale —,* Glatze *w.* ▾—**en** murmeln, marmeln, knickern, klickern, schussern. ▾—**spel** Murmel-, Kugelspiel *s.*
knip 1 (*knipgeluid*) Knips *m;* (*met vingers*) Schnipser, Schneller *m; — voor de neus,* Nasenstuber *m;* (*hij is*) *geen — voor de neus waard,* keinen Schuß Pulver wert; **2** (*met schaar*) Einschnitt *m;* **3** (*voorwerp*) (*op deur*) Schieber *m; de — op de deur doen,* die Tür verriegeln; (*knipslot*) Schnappschloß *s;* (*veer*) (Schließ) Feder *w;* (*knipbeugel*) Knippbügel *m;* (*vogelknip*) (Vogel) Falle *w,* Vogelschlag *m.* ▾—**beurs** Bügel-, Knipptasche *w.* ▾—**kaart** Knipskarte *w.* ▾—**les** Zuschneideunterricht *m.* ▾—**mes** Schnapp-, Klappmesser *s; buigen als een —,* zusammenklappen wie ein Taschenmesser. ▾—**ogen** blinzeln, zwinkern; *tegen iem. —,* e.m zublinzeln. ▾—**oogje** verstohlener Wink; *iem. een — geven,* e.m zublinzeln. ▾—**patroon** Schnittmuster *s;* (*geknipt voorbeeld*) Zuschneideplan *m.* ▾**knippen** (*knipgeluid geven*) knipsen, (*met vingers, ook*) schnipsen; (*met een knip doen wegvliegen*) knipsen, schnellen; (*fotograferen*) knipsen; (*met schaar af-, doorsnijden*) schneiden; (*jurk enz. met schaar vereiste vorm geven*) zuschneiden; (*coupons*) abschneiden; (*kaartjes*) knipsen; (*met ogen*) blinzeln; (*de dief*) *is geknipt,* ist geschnappt, ist abgefaßt worden; *voor iets geknipt zijn,* für etwas wie geschaffen sein.

knipper/en blinkern, blinken; (*met ogen, ook*) blinzeln. ▾**—licht** Blink/licht, B.feuer *s*; (*v. auto*) B.leuchte *w*.
knip/schaar Knippschere *w*. ▾**—sel** (*snipper*) Schnitzel *s*; (*uit krant*) Ausschnitt *m*; (*uitgeknipte figuur*) Scherenschnitt *m*; (*v. jurk*) (Zu)Schnitt *m*. ▾**—seldienst** Ausschnittbüro *s*. ▾**—slot** Schnappschloß *s*. ▾**—tang** Schneidzange *w*; (*voor kaartjes*) Lochzange *w*. ▾**—tor** Schnellkäfer *m*.
KNO-arts HNO-Arzt *m*.
knobbel Höcker, Buckel *m*; (*ziekteknobbel*) Knoten *m*; (*knokkel, knoest*) Knorren *m*. ▾**—ig** knotig, höckerig. ▾**—jicht** Knotengicht *w*.
knock-out Knockout, Niederschlag *m*; — (*slaan*), knockout.
knoei: *in de — zitten*, in der Patsche stecken. ▾**—boel** Sudelei, Schmiererei *w*; (*slecht werk*) Pfuscherei *w*; (*bedrog*) Schwindel *m*. ▾**—en** sudeln, schmieren; (*slecht werk leveren*) pfuschen; (*bedriegen*) schwindeln; (*aanlengen van melk*) panschen. ▾**—er** Sudler, Schmierer; Pfuscher, Schwindler; Panscher *m*. ▾**—erij** Pfuscherei *w*, Pfuschwerk *s*; (*bedrog*) Schwindel *m*, (*in geldzaken, ook*) Schiebung *w*. ▾**—pot** Sudler, Pfuscher *m*. ▾**—werk** *zie* **—boel** *en* **—erij**.
knoest Knorren *m*. ▾**—ig** knorrig.
knoet Knute *w*.
knoflook Knoblauch *m*.
knokig knochig.
knok Knochen *m*. ▾**—kel** Knöchel *m*; (*fig.*) Finger *m*.
knok/ken s. raufen, s. keilen. ▾**—partij** Rauferei, Schlägerei *w*. ▾**—ploeg** Schlägergruppe *w*.
knol Knolle *w*, Knollen *m*; (*groente*) weiße Rübe *w*; (*paard*) Gaul *m*; *iem. —len voor citroenen verkopen*, e.m ein X für ein U machen. ▾**—achtig** knollenartig. ▾**—gewas** Knollengewächs *s*. ▾**—lenland** Rübenfeld *s*. ▾**—lentuin**: *in zijn — (zijn)*, in seinem Esse. ▾**—raap** Steckrübe *w*. ▾**—selderij** Knollensellerie *m*. ▾**—vormig** knollenförmig. ▾**—zaad** Rübsamen *m*.
knook Knochen *m*.
knoop Knoten *m*; (*aan kledingstuk*) Knopf *m*; *een — aanzetten*, e.n Knopf annähen; *een — leggen*, e.n Knoten schlingen; *een — in de zakdoek leggen*, e.n Knoten ins Taschentuch machen; *ergens een — op leggen*, (*vloeken*) e.n Trumpf auf etwas setzen; *in de — raken*, s. verknoten; (*het touw*) *is in de —*, hat e.n Knoten; *uit de — krijgen*, entknoten, (*fig.*) den Knoten lösen; *daar zit 'm de —*, da liegt der Hund begraben, da steckt der Knoten. ▾**—punt** Knotenpunkt *m*. ▾**—sgat** Knopfloch *s*. ▾**—sgatenzijde** Knopflochseide *w*. ▾**—sluiting** Knopfverschluß *m*.
knop Knopf *m*; (*bloem-, bladknop*) Knospe *w*.
knopen knüpfen; (*dichtknopen v. mantel enz.*) (zu)knöpfen; (*touw*) *aan elkaar —*, aneinanderknüpfen, -binden; (*netten*) —, stricken; *geknoopt tapijt*, Knüpfteppich *m*.
knor/ren grunzen; (*v. hond*) knurren; (*mopperen*) brummen; *op iem. —*, auf e.n schelten. ▾**—repot** Brummbär, Griesgram *m*. ▾**—rig** mürrisch, knurrig, brummig.
knot (*breigaren*) Docke *w*; (*haarwrong*) Knoten *m*, (*opzij van 't hoofd*) Schnecke *w*; (*kluwen*) Knäuel *m*; *— breiwol*, Strickwolldocke.
knots Keule *w*. ▾**—zwaaien** Keulenschwingen *s*.
knot/ten (*bomen*) stutzen, kappen; (*wilgen*) köpfen; (*staart*) stutzen; (*vleugels*) beschneiden; (*fig.*) beschneiden. ▾**—wilg** Kopfweide *w*.
know-how Know-how *s*.
knudde: *'t is —*, es ist nicht viel.
knuffelen knutschen; *elkaar —*, sich abknutschen.
knuist Faust *w*.
knul Kerl *m*; (*lomperd*) Tölpel *m*; (*lummel*) Lümmel *m*; (*sul*) Tropf *m*.
knuppel Knüppel *m*. ▾**—en** prügeln.
knus(jes) gemütlich, behaglich, traulich.
knutsel/aar Bastler *m*. ▾**—en** basteln. ▾**—werk** Bastelei, Bastelarbeit *w*.
kobalt Kobalt *m*. ▾**—straler** K.strahler *m*.
koddebeier Feldhüter, Waldschütz *m*.
koddig drollig. ▾**—heid** Drolligkeit *w*.
koe Kuh *w*; *de — bij de horens vatten*, den Stier an den Hörnern fassen; *oude —en uit de sloot halen*, alten Kohl aufwärmen; (*men kan nooit weten*) *hoe een — een haas vangt*, wie der Hase läuft; *men noemt geen — bont, of er zit een vlekje aan*, es wird keine Kuh Blesse genannt, die nicht e.n weißen Fleck vorm Kopfe hat. ▾**—handel** Kuh/handel *m*. ▾**—iedrek** K.fladen *m*. ▾**—(ie)huid** K.haut *w*.
koeioneren kujonieren, schurigeln.
koek Kuchen *m*; *voor zoete — opeten*, s. gefallen lassen; (*dat is voor hem*) *gesneden —*, ein leichtes; *het was — en ei tussen hen*, sie waren ein Herz und eine Seele. ▾**—bakker** K.bäcker *m*.
koekeloeren (*gluren*) gucken; *zitten te —*, müßig dasitzen; *altijd thuis zitten te —*, immer zu Hause hocken.
koek/en (*tot een koek worden*) zum Kuchen werden. ▾**—enbakkerij** K.bäckerei *w*. ▾**—epan** K.pfanne *w*. ▾**—je** Küchel(chen) *s*.
koekoek Kuckuck *m*; *dat haal je de —!*, hol dich der K.! ▾**—sbloem** K.slichte, Lichtnelke, K.sblume *w*. ▾**—sklok** K.suhr *w*.
koel kühl; (*niet vriendelijk*) frostig, kalt; *het hoofd — houden*, e.n k.en Kopf behalten; *in —en bloede*, mit kaltem Blute. ▾**—apparaat** Kühl/apparat *m*. ▾**—bak** (*voor wijn enz.*) K.er *m*; (*in smederij*) K.trog *m*; (*in bierbrouwerij*) K.schiff *s*. ▾**—bloedig** kaltblütig. ▾**—bloedigheid** Kaltblütigkeit *w*. ▾**—cel** Kühl/zelle *w*, K.raum *m*. ▾**—en** k.en; (*zijn woede*) —, k.en, (*op iem.*) an e.m auslassen; *gekoeld vlees*, K.fleisch *s*; *gekoeld door lucht*, luftgekühlt. ▾**—er** K.er *m*. ▾**—heid** K.e, Kälte *w*; (*fig.*) Kühlheit *w*, (*sterker*) Kälte, Frostigkeit *w*. ▾**—huis** Kühlhaus *s*. ▾**—huisboter** Kühlhausbutter *w*.
koelie Kuli *m*.
koel/ing Kühlung *w*. ▾**—inrichting**, **—installatie** Kühlanlage *w*; (*vries*) Kälte-, Gefrieranlage *w*. ▾**—kamer** Kühl/kammer *w*. ▾**—kast** K.schrank *m*. ▾**—machine** K.maschine *w*; (*vries*) Kältemaschine *w*, Kälteerzeuger *m*. ▾**—middel** Kühlmittel *s*. ▾**—systeem** Kühlsystem *s*. ▾**—te** Kühle *w*; (*zeemanst.*) Kühlte *w*. ▾**—techniek** Kältetechnik *w*. ▾**—tje** Lüftchen *s*. ▾**—tjes** ein wenig kühl; (*fig. sterker*) frostig. ▾**—water** Kühlwasser *s*.
koe/melk Kuh/milch *w*. ▾**—mest** K.mist *m*, Rinderdüng *m*.
koen kühn. ▾**—heid** Kühnheit *w*.
koepel Kuppel *w*; (*helmdak van toren*) Helm *m*; (*tuinhuisje*) Gartenhaus *s*. ▾**—dak** K.dach *s*; (*helmdak*) Helmdach *s*. ▾**—graf** K.grab *s*. ▾**—vormig** k.förmig.
koepok Kuhpocke *w*. ▾**—inenting** K.nimpfung *w*. ▾**—stof** K.nstoff *m*.
koeren gurren, girren.
koerier Kurier, Eilbote *m*. ▾**—sdienst**

Kurierdienst *m.*
koers Kurs *m;* (*snelheidswedstrijd*) Rennen *s;* (*de schepen*) *zetten — naar,* nehmen K. nach (auf [4]); *uit de — raken,* vom K. abkommen; (*de zaken hebben*) *een andere* — (*genomen*), eine andere Wendung; *een verkeerde — nemen,* e.n falschen K. einschlagen; (*munten*) *buiten — stellen,* außer K. setzen; *de —en zijn iets gezakt,* die K.e sind etwas gewichen; — *van de dag,* Tageskurs; *geboden —,* Geldkurs; *gevraagde —,* Briefkurs; *gedwongen —,* Zwangskurs; *tegen een — van,* zum K.e von. ▾**—blad** K.blatt *s.* ▾**—daling** K.rückgang *m;* (*sterk en plotseling*) K.sturz *m.* ▾**—en** steuern, K. nehmen. ▾**—herstel** K.aufbesserung *w.* ▾**—houdend** k.haltend. ▾**—lijst** K.zettel *m.* ▾**—notering** K.notierung *w.* ▾**—schommeling** K.schwankung *w.* ▾**—stop** K.stopp *m.* ▾**—verlaging** K.herabsetzung *w.* ▾**—verschil** K.differenz *w.*
koes(t): *—!,* kusch!, ruhig!; *z. — houden,* s. ruhig verhalten; (*onderdanig zijn*) kuschen.
koestal Kuhstall *m.*
koester/en (*verwarmen*) erwärmen; (*liefderijk verplegen, bijv. zuigeling, zieke*) hegen und pflegen; (*haat, hoop, liefde, vrees, verwachting, wens enz.*) hegen; *z. in het zonnetje —,* s. an der Sonne erwärmen, s. sonnen; (*liefde*) *— voor,* h. zu; *het voornemen —,* die Absicht haben. ▾**—ing** Hegen, Pflegen *s.*
koeterwaals I *bn* kauderwelsch. **II** *zn* K. *s.*
koets Kutsche *w.* ▾**—huis** Kutschenhaus *s.* ▾**—ier** Kutscher *m.* ▾**—poort** (Tor) Einfahrt *w.* ▾**—werk** Karosserie *w.*
koevoet Kuhfuß *m.*
koffer Koffer *m.* ▾**—grammofoon** K.grammophon *s,* Phonokoffer *m.* ▾**—radio** K.empfänger *m.* ▾**—rek** (*v. auto*) K.brücke *w.* ▾**—ruimte** K.raum *m.* ▾**—schrijfmachine** K.schreibmaschine *w.* ▾**—tje** Köfferchen *s.*
koffie Kaffee *m; op de — komen,* zum K. kommen, (*fig.*) übel bei etwas wegkommen. ▾**—automaat** K.automat *m.* ▾**—baal** K.ballen *m.* ▾**—blad** K.brett *s.* ▾**—boon** K.bohne *w.* ▾**—branderij** K.brennerei *w.* ▾**—bus** K.büchse *w.* ▾**—concert** K.konzert *s.* ▾**—dik** K.satz *m; zo helder als —,* so klar wie dicke Tinte. ▾**—drinken** K.trinken *s;* (*lunchen*) das zweite Frühstück einnehmen. ▾**—export** K.-Export *m.* ▾**—extract** K.-Extrakt *m.* ▾**—filter** K.filter *m.* ▾**—huis** K.haus *s.* ▾**—kamer** Erfrischungsraum *m;* (*foyer*) Foyer *s,* Wandelhalle *w.* ▾**—kan** K.kanne *w;* (*met filterinrichting*) K.maschine *w.* ▾**—kopje** K.tasse *w.* ▾**—leut** K.tante, K.schwester *w.* ▾**—maaltijd** Gabelfrühstück *s.* ▾**—melk** K.milch *w.* ▾**—molen** K.mühle *w.* ▾**—oogst** K.-Ernte *w.* ▾**—pauze** K.pause *w.* ▾**—plantage** K.pflanzung *w.* ▾**—poeder** K.pulver *s.* ▾**—pot** K.kanne *w.* ▾**—praatje** K.klatsch *m,* K.schwätzchen *s.* ▾**—room** K.sahne *w.* ▾**—servies** K.service, K.geschirr *s.* ▾**—surrogaat** K.-Ersatz *m.* ▾**—tafel** K.tisch *m;* (*koffiemaaltijd*) K.tafel *w.* ▾**—uurtje** K.stündchen *s.* ▾**—zetapparaat** K.maschine *w,* K.automat *m.*
kogel Kugel *w; de — krijgen,* erschossen werden; *tot de —* (*veroordelen*), zum Tode durch Erschießung; *de — is door de kerk,* die Sache ist entschieden. ▾**—afsluiting** K.verschluß *m.* ▾**—baan** K.-, Flugbahn *w.* ▾**—en** k.n. ▾**—gewricht** K.gelenk *s.* ▾**—lager** K.lager *s.* ▾**—regen** K.regen *m.* ▾**—rond** k.rund. ▾**—slingeren** K.werfen *s.* ▾**—stoten** K.stoßen *s.* ▾**—vanger** K.fang *m.* ▾**—ventiel** K.ventil *s.* ▾**—vormig** k.förmig. ▾**—vrij** k.fest; *— glas,* Panzerglas *s.*
kohier Steuer/liste *w.* ▾**—artikel** S.nummer *w.*
kok Koch *m.*
kokarde Kokarde *w.*
koken kochen, sieden; *—d heet,* siedend heiß; *— van woede,* kochen vor Wut. ▾**koker 1** (*kooktoestel*) Kocher *m;* **2** (*om in te bewaren*) Behälter *m,* Futteral *s;* (*v. pijlen, golfstokken enz.*) Köcher *m;* (*v. sigaren, sigaretten*) Etui *s,* Tasche *w;* (*v. naalden*) Büchse *w;* (*inkt*) Tintenfaß *s; kartonnen —,* (*voor kaarten enz.*) Papprähre *w;* (*dat*) *komt niet uit zijn —,* stammt nicht von ihm, kommt nicht aus seinem Hirn, ist nicht auf seinem Mist gewachsen. ▾**—ij** Kocherei *w,* Kochen *s.*
kokerjuffer Köcherjungfer *w.*
koket kokett. ▾**—te** Kokette *w.* ▾**—teren** kokettieren. ▾**—terie** Koketterie *w.*
kokhalzen: *hij kokhalst,* (*dreigt te braken*) es stößt ihm auf; *hij kokhalst bij dit eten,* er würgt an diesem Essen.
kokker(d) (*neus*) Gurke *w.*
kokkerellen gerne und gut kochen, in der Küche herumhantieren.
kokkin Köchin *w.*
kokmeeuw Lachmöwe *w.*
kokos/bast Kokos/bast *m.* ▾**—loper** K.läufer *m.* ▾**—mat** K.matte *w.* ▾**—noot** K.nuß *w.* ▾**—olie** K.öl *s.* ▾**—palm** K.palme *w.* ▾**—vezel** K.faser *w.* ▾**—zeep** K.seife *w.*
koks/jongen Küchenjunge *m.* ▾**—maat** Kochjunge *m,* Kochsmaat *m.*
kolbak Kalpak, Kolpak *m.*
kolchose, kolchoz Kolchose, Kollektivwirtschaft *w.*
kolder 1 (*kledingstuk*) Koller *s;* **2** (*ziekte*) Koller *m;* (*onzin*) Blödsinn *m;* (*het paard*) *heeft de —,* leidet an Koller; *hij heeft de — in zijn kop,* bei ihm rappelt's, er hat e.n Rappel.
kolen (Stein) Kohlen *Mz; — innemen,* (*v. schepen, ook*) k.; *op hete — zitten,* (wie) auf (glühenden) K. sitzen. ▾**—bak** K.kasten *m.* ▾**—bekken** K.becken *s;* (*district*) K.revier *s.* ▾**—brander** Köhler *m.* ▾**—damp** Kohlendampf *m.* ▾**K—- en Staalgemeenschap** Kohle-Stahl-Union, (Europäische) Montanunion *w.* ▾**—fornuis** Kohlen/herd *m.* ▾**—gruis** K.grus, K.grieß *m,* K.klein *s.* ▾**—handel** K.handel *m;* (*de zaak*) K.handlung *w.* ▾**—hok** K.schuppen *m;* (*in schuurtje*) K.verschlag *m.* ▾**—hoop** (*bij mijn*) K.halde *w.* ▾**—kist** K.kasten *m.* ▾**—kit** K.eimer, K.schütter *m.* ▾**—laag** K.schicht *w,* K.flöz *s.* ▾**—mijn** K.grube *w;* (*in bedrijf*) K.bergwerk *s;* (*het hele bedrijf*) Zeche *w.* ▾**—schop** K.schaufel *w.* ▾**—slik** K.schlamm *m.*
kolf Kolben *m.* ▾**—je**: (*dat*) *is een — naar zijn hand,* ist gerade sein Fall, paßt ihm gerade in die Hand. ▾**—spel** Kolben/spiel *s.* ▾**—vormig** k.förmig.
kolibrie Kolibri *m.*
koliek Kolik *w.*
kolk (*door of in water uitgeschuurd*) Kolk *m;* (*plas*) Tümpel *m;* (*draaikolk*) Strudel *m;* (*v. sluis*) Kammer *w.* ▾**—en** strudeln, wirbeln.
kolom Säule *w;* (*in krant enz.*) Spalte *w;* (*bij boekhandel enz.*) Kolumne *w; van* (*in*) *twee —men,* zweispaltig. ▾**—breedte** Spaltenbreite *w.* ▾**—kachel** Kanonenofen *m.*
kolonel Oberst *m;* (*lid v. junta*) Obrist *m.* ▾**—sbewind** Obristenregierung, Militärjunta *w.*
kolon/iaal I *bn* kolonial, Kolonial...; *koloniale politiek,* Kolonialpolitik *w; zaak in koloniale waren,* Kolonialwarengeschäft *s.* **II** *zn* Kolonialsoldat *m;* (*in D.*) Schutztruppler *m.* ▾**—ie** Kolonie *w;* (*nederzetting*) Siedlung *w,* (*meer eerste nederzetting*) Ansiedlung *w;*

minister van koloniën, Kolonialminister *m.* ▼**—isatie** Kolonisation *w*; (*met nieuwe bewoners bevolken*) Besiedlung *w.* ▼**—iseren** kolonisieren, besiedeln. ▼**—ist** Kolonist *m*; (*v. volksplanting*) Ansiedler *m.*

koloriet Kolorit *s*, Farbengebung *w*; (*het effect*) Farbenwirkung *w.*

kolos Koloß *m.* ▼**—saal** kolossal, riesig.

kolven kolben.

kom Schüssel, Schale *w*; (*kopje*) Tasse *w*; (*nap*) Napf *m*; (*waskom*) Becken *s*; (*voor goudvissen*) Glas *s*; (*in de aardoppervlakte*) Mulde, Senke *w*; (*bassin*) Bassin *s*; (*vijver*) Teich *m*; (*v. gemeente*) inneres Gebiet der Gemeinde; *bebouwde —*, geschlossene Ortschaft, (*v. bep. gemeente*) geschlossener Ortsteil.

komaan! wohlan!

komaf: *van goede —*, aus guter Familie; *van lage —*, von niederer Abkunft, Geburt.

kombuis Kombüse *w*; (*fornuis*) Kochherd *m.*

komed/iant Komödiant *m*; (*niet verachtelijk: toneelspeler*) Schauspieler *m.* ▼**—ie** (*blijspel*) Lustspiel *s*, Komödie *w*; (*fig.*) Komödie *w*; Theater *s*; *hij speelt —*, (*doet maar zo*) er macht Theater. ▼**—iespel** Komödienspiel *s*, Komödie *w*; (*fig. ook*) Theater *s.*

komeet Komet *m.*

komen kommen; *hij kwam me vertellen*, er kam (um) mir zu erzählen, er kam und erzählte mir; *ik kom je morgen vertellen*, ich komme morgen (um) dir zu erzählen, werde (will) dir morgen erzählen, erzähle dir morgen; *hij kwam ons bezoeken*, er besuchte uns, machte uns e.n Besuch; *hij kwam bij ons staan* (*zitten, liggen*), er stellte s. (setzte s., legte s.) zu uns; (*bij iem.*) *— logeren*, zu Besuch kommen; (*daar*) *komt hij aanhollen*, kommt er herangerannt; (*van overal*) *kwamen de mensen aansnellen*, kamen die Leute herbeigeeilt, eilten die Leute herbei; *— aandansen*, herangetanzt kommen, tanzend herankommen, herantanzen; *hij kwam te vallen*, er fiel; *als de vader komt te sterven, komt de moeder voor een zware taak te staan*, wenn der Vater stirbt, steht die Mutter vor e.r schweren Aufgabe; *hij kwam naast me te zitten*, er kam neben mich zu sitzen; (*dat*) *komt hem duur te staan*, kommt ihm teuer zu stehen; (*dat*) *komt, omdat...*, kommt daher weil...; (*dat*) *komt wel*, (*nl. in orde*) wird s. schon finden; *nu komt het pas!*, jetzt fängt es eben an!; *hij komt er wel*, (*speelt het wel klaar*) er bringt 's schon fertig, (*verdient zijn brood*) bringt s. schon durch, (*door examen*) wird schon durchkommen; *er niet kunnen —*, (*bijv. met geld*) nicht auskommen können; *zo kom je er nooit*, so kommst (gelangst) du nie ans Ziel; *er komt* (*sneeuw*), es gibt; *hoe kom je aan dit boek?*, woher hast du dieses Buch?; *aan zijn geld —*, zu seinem Gelde kommen; *hoe kom je erbij, ertoe* (*zoiets te doen*), wie kommst du dazu?; *daar komt nog bij*, dazu kommt noch; (*de brief*) *is in zijn handen gekomen*, ist in seine Hände gelangt; *tot het inzicht —*, zur Erkenntnis gelangen; *dat komt ervan* (*als je ongehoorzaam bent*), das kommt davon; *van studeren komt nu toch niets*, mit dem Studieren wird's nun doch nichts; *daar komt niets van*, daraus wird nichts; *laat ervan — wat wil*, mag daraus werden was will; *het zal er nu toch van —*, es wird nun doch so weit kommen; *'t is een — en gaan*, die einen kommen, die andern gehen; *— de week*, nächste Woche; *kom nou*, komm doch; *kom nou*, (*dat maak je me niet wijs*) geh schon; *kom, kom* (*niet zo bang*), ei was.

komfoor Kohlenpfanne *w*, Wärmbecken *s*; (*theelichtje*) Lämpchen *s*; (*gas, elektr.*) Kocher *m.*

komiek I *bn* komisch; *het —e*, das Komische, die Komik. **II** *zn* **1** Komik *w*; **2** = **—eling** Komiker *m.* ▼**—erig** (etwas) komisch.

komijn Kümmel *m.* ▼**—ekaas** K.käse *m.*

komisch *zie* **komiek I**.

komkommer Gurke *w.* ▼**—tijd** Sauregurkenzeit *w.*

komma Komma *s*, Beistrich *m.* ▼**—punt** Semikolon *s*, Strichpunkt *m.*

kommer Kummer *m.* ▼**—lijk** kümmerlich, dürftig, elend. ▼**—vol** kummer-, sorgenvoll.

kompas Kompaß *m.* ▼**—huis** K.gehäuse *s.* ▼**—naald** K.nadel *w.* ▼**—streek** K.strich *m.*

komplot Komplott *s.*

kompres I *zn* Kompresse *w*, Umschlag *m.* **II** *bn* kompreß.

komst Ankunft *w*, Kommen *s*; (*v. trein*) Eintreffen *s*; *op —*, im Anzug; (*de trein*) *is op —*, wird bald eintreffen.

komvormig (*v. laagte*) muldenförmig.

kond: *— doen*, bekanntmachen.

konfijten in Zucker einmachen, kandieren; *gekonfijte vruchten*, kandierte Früchte.

Kongo Kongo *s*; (*rivier*) K. *m.* ▼**—lees I** *zn* K.lese *m.* **II** *bn* k.lesisch.

kongsi(e) Clique *w.*

konijn Kaninchen *s.* ▼**—ehok** K.stall *m.* ▼**—ehol** K.bau *m*, K.höhle *w.* ▼**—evel** K.fell *s.*

koning König *m.* ▼**—in** K.in *w*; (*v. bijen*) Weisel *m.* ▼**—in-moeder** K.inmutter *w.* ▼**—innedag** Geburtstag *m* der K.in. ▼**—sadelaar** Kaiseradler *m.* ▼**—schap** König/tum *s*, K.swürde *w.* ▼**—sgezind** k.streu, k.sgesinnt. ▼**—sgezindheid** Royalismus *m*, K.streue *w.* ▼**—shuis** K.shaus *s.* ▼**konink/lijk** königlich; *—e goedkeuring*, königliche Genehmigung; *— huis*, Königshaus *s*; *de —e weg bewandelen*, den geraden Weg gehen. ▼**—rijk** Königreich *s.*

konisch konisch, kegelförmig; *—e klep*, Kegelventil *s*; *— rad*, Kegelrad *s.*

konkel/aar Intrig/ant, Ränkeschmied *m.* ▼**—aarster** I.antin *w.* ▼**—arij** I.en, Ränke *Mz.* ▼**—en** i.ieren, Ränke schmieden.

konstabel Konstabler *m.*

kont Hintern *m*, Po(po) *m.*

konterfeit/en (ab)konterfeien, malen. ▼**—sel** Konterfei, Bildnis *s.*

konvooi Konvoi *m*, Schutzgeleit *s*; (*met het geleide samen*) Geleitzug *m.* ▼**—eren** geleiten. ▼**—schip** Geleitschiff *s.*

kooi Käfig *m*; (*voor vogels, ook*) Bauer *s & m*; (*voor grotere wilde dieren*) Zwinger *m*; (*stal*) Stall *m*; (*omheining als bijv. bij schaapskooi*) Hürde *w*; (*om wilde eenden te vangen*) Herd *m*, Koje *w*; (*mijnlift*) Förderkorb *m*; (*op schepen*) Koje *w.* ▼**—eend** Lock-, Herdente *w.* ▼**—en** (*vogels*) in e.n Käfig einsperren; (*schapen in omheinde ruimte*) einpferchen. ▼**—ker** Entenfänger *m.*

kook Kochen *s*; *aan de —* (*brengen*), zum K.; *aan de — zijn*, kochen; *van de — zijn*, nicht mehr kochen, (*fig.*) aus der Fassung, (*onwel*) unwohl sein. ▼**—boek** Koch/buch *s.* ▼**—cursus** K.kurs(us) *m.* ▼**—gerei** K.gerät *s*; (*vaatwerk*) K.geschirr *s.* ▼**—hitte** K.-, Siedehitze *w.* ▼**—ketel** K.kessel *m*; (*snelkoker*) K.er *m.* ▼**—kunst** K.kunst *w.* ▼**—pan** K.pfanne *w*; (*hoger: kookpot*) K.topf *m*; (*in suikerfabriek enz.*) Siedepfanne *w.* ▼**—plaat** K.platte *w.* ▼**—punt** Siede-, K.punkt *m*; (*v. kookstel*) K.stelle *w.* ▼**—sel** Gekochte(s) *s.* ▼**—ster** Köchin, Koch/frau *w.* ▼**—tijd** K.zeit *w.* ▼**—(toe)stel** K.apparat *m.* ▼**—was** K.wäsche *w.*

kool 1 (*steen-, houtskool*) Kohle *w*; **2** (*groente*) Kohl *m*; (*witte en rode, ook*)

Kopfkohl *m*; (*één exemplaar*) Kohlkopf *m*; *witte —*, Weißkohl; *groeien als —*, prächtig gedeihen; *iem. een — stoven*, e.m e.n Schabernack spielen. ▼**—as** Kohl/enasche *w*. ▼**—borstel** K.ebürste *w*. ▼**—draadlamp** K.enfadenlampe *w*. ▼**—houdend** k.ehaltig. ▼**—hydraat** K.e(n)hydrat *s*. ▼**—mees** K.meise *w*. ▼**—monoxyde** K.enmonoxyd *s*. ▼**—plant** K.pflanze *w*. ▼**—raap** K.rabi *m*; (*onder de grond*) Steckrübe *w*. ▼**—rabi** K.rabi *m*. ▼**—rups** K.raupe *w*. ▼**—spits** K.enspitze *w*. ▼**—stof** K.enstoff *m*. ▼**—stronk** K.strunk *m*. ▼**—teer** K.enteer *m*. ▼**—vis** Köhler, Seelachs *m*. ▼**—waterstof** Kohl/enwasserstoff *m*. ▼**—witje** K.weißling *m*. ▼**—zaad** Raps *m*, K.saat *w*. ▼**—zaadolie** Rüböl *s*. ▼**—zuur I** *zn* K.ensäure *w*. **II** *bn* k.ensauer. ▼**—zuurhoudend** k.ensäurehaltig. ▼**—zwart** k.(raben)schwarz.

koon Wange, Backe *w*.

koop Kauf *m*; *een slechte — doen*, e.n Fehlkauf machen; *een — sluiten*, e.n K. abschließen, tätigen; *door — verkrijgen*, käuflich erwerben; *op de — toe* (*krijgen*), mit in den K.; (*een huis*) *te —*, zu verkaufen; *te — gevraagd*, zu kaufen gesucht; *te — aanbieden*, zum Verkauf anbieten, (*op straat enz.*) feilbieten, feilhalten; (*een huis*) *te — zetten*, zum V. anschlagen; (*deze dingen zijn ook*) *afzonderlijk te —*, einzeln käuflich; (*zulke dingen zijn niet*) *gemakkelijk te —*, leicht zu bekommen, leicht erhältlich; *met iets te — lopen*, (*ten toon spreiden*) etwas zur Schau tragen; *weten wat er in de wereld te — is*, Bescheid wissen. ▼**—akte** Kauf/vertrag *m*. ▼**—avond** Einkaufsabend *m*, verkaufsoffener Abend. ▼**—briefje** K.zettel *m*; (*v. makelaar*) Schlußzettel *m*. ▼**—contract** K.vertrag *m*. ▼**—flat** Eigentumswohnung *w*. ▼**—graag** k.lustig. ▼**—handel** K.handel *m*; *daden van —*, Handelsgeschäfte *Mz*. ▼**—je** billiger Einkauf; (*gelegenheidsaanbieding*) Gelegenheitskauf *m*; *voor een —*, für ein Spottgeld; *daar heb ik een — aan gehad*, das habe ich um ein Spottgeld gekauft. ▼**—jesjager** Profitjäger *m*. ▼**—kracht** K.kraft *w*; *vermindering van —*, K.kraftschwund, -verlust *m*. ▼**—krachtig** k.kräftig. ▼**—lieden**, **—lui** K.leute *Mz*. ▼**—lust** K.lust *w*.

koopman Kaufmann, Handelsmann *m*. ▼**—sboek** Handelsbuch, Geschäftsbuch *s*. ▼**—schap** Handel *m*; (*goederen*) Kaufgüter, Handelswaren *Mz*; (*talent*) kaufmännische Anlagen *Mz*. ▼**—sgebruik** Handelsbrauch *m*.

koop/order Kauf/auftrag *m*. ▼**—penning** K.schilling *m*; *—en*, (*ook*) K.geld *s*, K.summe *w*. ▼**—prijs** K.preis *m*. ▼**—staking** K.boykott *m*.

koopvaar/der Kauf/fahrer *m*. ▼**—dij** Handels/schiffahrt, K.fahrtei *w*; (*stuurman*) *ter —*, auf H.schiffen. ▼**—dijschip** H.schiff, K.fahrteischiff *s*. ▼**—dijvloot** H.flotte *w*.

koop/vernietigend den Kauf rückgängig machend. ▼**—vrouw** Händlerin *w*. ▼**—waar** Kauf/ware *w*. ▼**—waarde** K.wert *m*. ▼**—woning** Eigentumswohnung *w*. ▼**—ziek** k.süchtig.

koor Chor *m*; (*plaats in kerk*) C. *s*; *in —*, im C.

koord Schnur *w*; (*dun bindtouwtje*) Bindfaden *m*; (*steviger*) Strick *m*; (*langer en dikker*) Leine *w*; (*v. koorddanser*) Seil *s*. ▼**—dansen** Seiltanzen *s*. ▼**—danser** Seiltänzer *m*. ▼**koorde** (*meetk.*) Sehne *w*.

koor/dirigent Chor/direktor *m*. ▼**—heer** C.herr, Domherr *m*. ▼**—hemd** C.hemd *s*, C.rock *m*. ▼**—kap** C.kappe *w*, Pluviale *s*. ▼**—knaap** C.knabe *m*.

koorts Fieber *s*; *hoge —* (*hebben*), starkes F.; *de — opnemen*, die Temperatur messen. ▼**—aanval** F.anfall *m*. ▼**—achtig** f.ig, f.isch; (*fig.*) f.haft; *—e haast*, f.nde Hast; *— zijn*, f.n, F. haben. ▼**—achtigheid** F.haftigkeit *w*. ▼**—drankje** F.trank *m*. ▼**—ig** *zie* **—achtig**. ▼**—lijder** F.kranke(r) *m*. ▼**—rilling** F.frost *m*; *—en*, Schüttelfrost *m*. ▼**—t(h)ermometer** F.thermometer *s*. ▼**—vrij** f.frei. ▼**—werend** f.abwehrend.

koor/zang Chor/gesang *m*. ▼**—zuster** C.schwester *w*.

koosjer koscher.

kootje (*v. vinger*) Fingerknochen *m*, -glied *s*.

kop Kopf *m*; (*om uit te drinken*) Tasse *w*; (*opschrift in krant*) Kopf-, Schlagzeile *w*; (*wolk*) Gewitterwolke *w*; (*v. stoet*) Spitze *w*; (*v. lucifer*) Kuppe *w*; (*het verzet*) *de — indrukken*, unterdrücken; *een —* (*als vuur*) *krijgen*, über und über erröten; *een —* (*je*) *kleiner* (*maken*), e.n Kopf kürzer; *een — tonen*, e.n Kopf aufsetzen; *— op!*, Kopf hoch!; *aan de — liggen*, an der S. liegen; *iem. die aan de — rijdt*, S.nfahrer *m*; *iem. op zijn — geven*, (*standje*) e.n schelten, (*sterker*) e.m e.n Rüffel erteilen, (*een pak slaag*) e.n (durch)prügeln; *op zijn — krijgen*, (*standje*) Schelte bekommen, (*slaag*) Prügel bekommen, (*in spel*) das Spiel verlieren; (*iem.*) *op de — zitten*, kujonieren, kudeln; (*iets*) *op de — zetten*, auf den Kopf stellen; (*z. niet*) *op z'n — laten zitten*, auf den Kopf spucken lassen; *op de — af*, aufs Haar genau; (*het is*) *op de — af 10 uur*, gerade zehn Uhr; *over de — gaan*, umschlagen, (*failliet gaan*) pleite gehen; *over de — slaan*, s. überschlagen. ▼**—bal** Kopfstoß *m*.

kopen kaufen; (*op verkoping enz., ook*) erstehen; (*de overwinning werd duur*) *gekocht*, erkauft. ▼**koper** Käufer *m*.

koper (*metaal*) Kupfer *s*; (*koperen blaasinstrumenten v. orkest*) Blech *s*; *geel —*, Gelbkupfer, Messing *s*. ▼**—achtig** k.artig, k.ig. ▼**—draad** K.draht *m*. ▼**—druk** K.druck *m*. ▼**—en I** *bn* kupfern, Kupfer...; *de — slang*, die eherne Schlange. **II** *ww* (*v. schepen*) kupfern: *gekoperde huid*, Kupfer/haut *w*. ▼**—erts** K.erz *s*. ▼**—gieterij** Gelbgießerei *w*. ▼**—goed** K.ware *w*; (*de gezamenlijke koperen voorwerpen*) Kupfer *s*; (*in keuken*) K.geschirr *s*. ▼**—gravure** K.stich *m*. ▼**—groen** K.grün *s*; (*koperroest, ook*) Grünspan *m*. ▼**—kleurig** k.farbig. ▼**—mijn** K.bergwerk *s*. ▼**—muziek** Blechmusik *w*. ▼**—oxyde** K.oxid *s*. ▼**—slager** K.schmied *m*. ▼**—slagerij** K.schmiede *w*. ▼**—vitriool** K.vitriol *m*. ▼**—werk** K.waren *Mz*, K. *s*; (*in keuken*) K.geschirr *s*.

kopgroep Spitzengruppe *w*.

kopie Kopie *w*; (*afschrift, ook*) Abschrift *w*; (*v. schilderstuk, ook*) Nachbildung *w*; *voor — conform*, die gleichlautende Abschrift bezeugt; *zie ook* **kopij**. ▼**kopieer/apparaat** Kopier/gerät *s*. ▼**—inkt** K.tinte *w*. ▼**—machine** K.maschine *w*. ▼**—papier** K.papier *s*. ▼**kopiëren** kopieren; (*schilderij*) nachbilden. ▼**kopiist** Kopist *m*.

kopij Manuskript *s*. ▼**—recht** Verlags-, Autorrecht *s*.

kopje Köpfchen *s*; Tasse *w*; *zie* **kop**. ▼**—duikelen** e.n Purzelbaum schlagen, purzeln. ▼**—-onder**: *— gaan*, kopfunter gehen. ▼**—sdoek** Geschirrtuch *s*.

kop/klep obengesteuertes Ventil. ▼**—lamp** Scheinwerfer *m*. ▼**—lastig** kopflastig. ▼**—licht** Vorderlicht *s*; *zie* **—lamp**. ▼**—man** Spitzenfahrer *m*. ▼**—pakking** Zylinderkopfdichtung *w*.

koppel 1 (*leren band*) Koppel *s*; **2** (*paar*) Paar *s*;

(*v. duiven, pistolen*) Paar *s;* (*honden, paarden*) Koppel *w;* (*ossen*) Joch *s;* (*patrijzen*) Volk *s.* ▾**—aar** Kuppler *m.* ▾**—aarster** Kupplerin *w.* ▾**—arij** Kuppelei *w.* ▾**—baas** Verleiher, Leiharbeitgeber, Subunternehmer *m.* ▾**—bout** Kuppelbolzen *m.* ▾**—en** (*mechanisch; ook v. mensen*) kuppeln; (*elektr.; v. honden, paarden enz.*) koppeln; (*v. woorden*) verbinden.
koppeling (*mechanisch*) Kupplung *w;* (*elektr.*) Kopplung *w.* ▾**—sas** Kupplungs/welle *w.* ▾**—spedaal** K.fußhebel *m.*
koppel/riem Koppelriemen *m.* ▾**—stang** Kuppel-, Kupplungsstange *w.* ▾**—teken** Bindestrich *m.* ▾**—verkoop** Warenkopplung *w,* Kopplungsgeschäft *s.* ▾**—werkwoord** Kopula *w.* ▾**—woord** Kuppelwort, Bindewort *s.*
koppen (*voetbal; v. kop ontdoen*) köpfen. ▾**—snellen** Kopf/jägerei *w.* ▾**—sneller** K.jäger *m,*
koppig starrköpfig, eigensinnig, trotzig; (*weerbarstig, v. paarden*) störrisch; (*v. drank*) hitzig, (*vooral v. wijn*) feurig. ▾**—heid** Starrköpfigkeit *w,* Trotz *m;* (*weerbarstigheid*) Störrigkeit *w;* (*v. wijn*) Feuer *s.*
kopra Kopra *w.*
kops: *—hout,* Kopfholz *s; —e laag,* Kopfschicht *w.*
kop/schuw kopfscheu. ▾**—spiegellamp** kopfverspiegelte Lampe. ▾**—spijkertje** (*geblauwd*) Blauzwecke *w.* ▾**—-staart-botsing** Auffahrunfall *m.* ▾**—station** Kopf/bahnhof *m.* ▾**—stem** K.stimme *w.* ▾**—stuk** K.stück *s;* (*leider*) Führer *m;* (*vooraanstaand persoon in partij*) Prominente(r) *m; de —ken v.e. partij,* (*ong.*) die Parteibonzen. ▾**—telefoon** K.hörer *m.* ▾**—zorg** K.zerbrechen *s,* (schwere) Sorge *w; z.—(en) maken over iets,* s. den K. über etwas zerbrechen.
koraal 1 (*gezang*) Choral *m;* **2** (*stofnaam*) Koralle *w;* **3** *zie* **kraal 2.** ▾**—eiland** Korallen/insel *w.* ▾**—muziek** C.musik *w.* ▾**—rif** K.riff *s.* ▾**koralen** korallen, Korallen...
koran Koran *m.*
kordaat herzhaft, tapfer. ▾**—heid** Herzhaftigkeit, Tapferkeit *w.*
kordon Kordon *m.*
Kore/a Korea *s.* ▾**—aan** Koreaner *m.* ▾**—aans** koreanisch.
koren Korn, Getreide *s; geen — zonder kaf,* kein Weizen ohne Spreu; (*dat is*) *— op zijn molen,* Wasser auf seine Mühle. ▾**—aar** K.ähre *w.* ▾**—beurs** K.-, Getreide/börse *w.* ▾**—blauw** k.blumenblau. ▾**—bloem** (blaue) K.blume *w.* ▾**—halm** K.halm *m.* ▾**—maat** K.-, G.maß *s; zijn licht onder de — zetten,* sein Licht unter den Scheffel stellen. ▾**—markt** K.-, G.markt *m.* ▾**—mijt** K.schober *m.* ▾**—schoof** K.garbe *w.* ▾**—schuur** K.scheune *w;* (*fig.*) K.kammer *w.* ▾**—zolder** K.boden, K.speicher *m.*
korf Korb *m.* ▾**—bal** K.ball *m.* ▾**—ballen** K.ballspielen *s.*
korhoen Birk-, Spielhuhn *s.*
korist Chorist *m.* ▾**—e** Choristin *w.*
kornet 1 (*persoon*) Kornett *m;* **2** (*net*) Kurre *w;* **3** (*muziekinstrument*) Kornett *s;* **4** (*muts*) Kornette *w.*
kornoelje Kornelkirsche *w.*
kornuit Kamerad *m.*
korporaal Korporal *m;* (*in Duitsland*) Obergefreite(r) *m.*
korps Korps *s.* ▾**—commandant** K.führer *m.* ▾**—geest** K.geist *m.*
korrel Korn *s; een —(tje) zout,* ein Körnchen Salz; *grof van —,* grobkörnig. ▾**—en** körnen. ▾**—ig** körnig. ▾**—ing** Körnung *w.*
korset Korsett, Mieder *s.* ▾**—balein** K.einlage, K.stange *w.* ▾**—veter** K.nestel *w.*
korst Rinde, Kruste *w;* (*broodkapje*) Ränftchen *s;* (*v. wond*) Kruste *w,* Schorf *m.* ▾**—en** krustig, schorfig werden. ▾**—loos**: *korstloze kaas,* Schmelzkäse *m.* ▾**—mos** Flechte *w.*
kort kurz; *het is — dag,* die Zeit ist nur k.; *aan het —ste eind trekken,* den kürzeren ziehen; *— geld,* kurz/fristiges Geld; *—e golf,* K.welle *w; — papier,* (*geldswaardig*) k.sichtiges Papier; *na —er of langer tijd,* über k. oder lang; *in de —st mogelijke tijd,* in kürzester Zeit; *lening op —e termijn,* kurz/fristige Anleihe; *— verhaal,* (*= schets*) K.geschichte *w; —e wissel,* k.sichtiger Wechsel; (*alles*) *— en klein* (*slaan*), k. und klein; *— van stof,* k. angebunden; *'t — maken,* es k. machen; *maak 't —, wees —,* faß dich k.!; *in 't —, om — te gaan,* k. (gesagt); *heel in 't —* (*iets vertellen*), in aller Kürze; *sinds —,* seit kurz/em; *tot voor —,* bis vor k.em; *iem. te — doen,* e.m schaden, (*fig.*) e.m zu nahe treten; (*ergens bij*) *te — komen,* zu k. kommen; (*handen*) *te — komen,* zu wenig haben; *ik kom* (*heb*) *nog twee boeken te —,* es fehlen mir noch zwei Bücher; *te — schieten,* zu k. schießen; (*zijn krachten*) *schieten te —,* lassen ihn im Stich, versagen; (*zijn middelen*) *schieten te —,* reichen nicht aus; *in zijn plicht te — schieten,* seine Pflicht nicht erfüllen. ▾**kortaangebonden** kurz angebunden.
kortademig kurzatmig. ▾**—heid** K.keit *w.*
kort/af einsilbig, kurz angebunden; (*kortweg, rondweg*) rund-, schlankweg. ▾**—bij** ganz nahe, nahebei. ▾**—egolfzender** Kurzwellensender *m.* ▾**—elings** kürzlich, vor kurzem, neulich. ▾**—en** kürzen; (*oren, staart, vleugels*) stutzen; *de tijd — met,* s. die Zeit vertreiben mit; (*de avond*) *— met kaarten,* mit Kartenspielen verbringen; *op de rekening iets —,* etwas von der Rechnung abziehen; *iem. op het loon —,* e.n am Lohn kürzen; (*de dagen*) *—,* werden kürzer. ▾**—harig** kurzhaarig. ▾**—heid** Kürz/e *w.* ▾**—heidshalve** der K.e wegen.
korting Abzug, Rabatt *m;* (*voor contant*) Skonto *s;* (*reductie*) Nachlaß *m; — op het gewicht,* Gewichtsabzug; *— op de prijs,* Preisnachlaß *m; contant 2 % —,* 2 % A. gegen bar; *— geven,* e.n A., R., ein S., e.n N. gewähren; *— op het salaris,* Gehaltskürzung *w; tijdens de uitverkoop 10 % — op alle goederen,* im Ausverkauf 10 % R. auf alle Waren.
kort/lopend kurzfristig. ▾**—om** kurz. ▾**—sluiting** Kurz/schluß *m.* ▾**—stondig** k., von k.er Dauer. ▾**—voer** K.futter *s.* ▾**—weg** k.weg, k.erhand. ▾**—wieken** die Flügel stutzen; *iem. —,* e.m die Flügel beschneiden.
kortzicht kurze Sicht; *wissel op —,* kurzsicht/iger Wechsel. ▾**—ig** k.ig. ▾**—igheid** K.igkeit *w.*
korven einkorben.
korvet Korvette *w.*
korzelig ärgerlich, verdrießlich. ▾**—heid** Verdrießlichkeit *w.*
kosmet/iek Kosmetik, Schönheitspflege *w;* (*schoonheidsmiddel*) Kosmetikum, Schönheitsmittel *s.* ▾**—isch** kosmetisch.
kosm/isch kosmisch; *—e stralen,* (*ook*) Raumstrahlen. ▾**—ografie** Kosmo/graphie *w.* ▾**—onaut** K.naut *m.* ▾**—opoliet** K.polit *m.* ▾**—opolitisch** k.politisch. ▾**—os** Kosmos *m.*
kost Kost *w,* Essen *s;* (*onkosten*) Kosten *Mz; oude —,* (*fig.*) alte Geschichte; *— en inwoning,* Unterkunft und Verpflegung; *vrij — en inwoning,* freie Station; *iem. de — geven,*

e.n beköstigen; *zijn ogen de — geven*, die Augen aufmachen; *de — (verdienen)*, den Lebensunterhalt, sein Brot; *(iem.) bij iem. in de — doen*, bei e.m in Kost, in Pension geben; *bij iem. in de — gaan*, zu e.m in Pension gehen; *in de — (zijn)*, in Pension; *voor zijn eigen — zorgen*, sich selbst verköstigen; *wat doet hij voor de —?*, womit verdient er sich sein Brot?; *ten —e van*, auf kosten [2], *(veel geld) ten —e leggen*, aufwenden; *(geld, tijd) ten —e leggen aan*, verwenden auf [4]; *ten —e van veel tijd en geld*, mit e.m großen Kosten- und Zeitaufwand.

kostbaar *(veel waard)* kost/bar; *(duur)* k.spielig, teuer. ▼**—heid** K.barkeit; K.spieligkeit *w*.

kostbaas Wirt, Kostherr *m*.

kostelijk köstlich.

kosteloos kostenfrei; *(gratis)* unentgeltlich; *(vrij van verschuldigde rechten, leges)* gebührenfrei; *— onderwijs*, unentgeltlicher Unterricht. ▼**kosten I** *zn* Kosten *Mz*, *(v. te verrekenen onkosten in handel)* Spesen *Mz*; *(officieel)* Gebühren *Mz*, *(meer: verschuldigd recht)* Gebühr *w*; *(het ten koste gelegde)* Aufwand *m*; *— van aanleg*, Anlagekosten; *— van incassering*, Inkassospesen; *— van aantekening*, Einschreibegebühr(en); *— voor reclame*, Aufwand für Reklame; *eigen —*, Selbstkosten; *de — goedmaken*, die K. wieder einbringen, ausgleichen, wettmachen; *zijn — goedmaken, eruit halen*, auf seine K. kommen; *met grote — (gepaard gaan)*, mit großem K.aufwand; *(iem.) op — jagen*, in K. stürzen; *op — van*, auf K. [2]. **II** *ww* k.; *het zal je de kop niet —*, den Kopf wird's nicht k.; *het kost wat het kost*, koste es was es wolle; *—de prijs, zie* **kostprijs**. ▼**—berekening** Kostenberechnung *w*. ▼**—bewaking** K.überwachung, K.überprüfung *w*.

koster Küst(n)er; *(rk meestal)* Mesner *m*.

kost/ganger Kost/gänger *m*, *(eenvoudiger)* Schlafbursche *m*. ▼**—geld** K.geld *s*. ▼**—heer** Pensionär, Zimmerherr *m*. ▼**—huis** K.haus *s*, Pension *w*. ▼**—juffrouw** Wirtin *w*. ▼**—prijs** Selbstkosten-, Kostenpreis *m*; *(v. fabrikaten, ook)* Gestehungspreis *m*. ▼**—school** Institut *s*, Erziehungsanstalt *w*; *(meisjes, ook)* Pensionat *s*.

kostumeren kostüm/ieren; *gekostumeerd bal*, K.ball *m*. ▼**kostuum** K. *s*; *(jurk)* Kleid *s*; *(pak)* Anzug *m*. ▼**—naaister** K.schneiderin *w*.

kostwinn/er Ernährer *m*. ▼**—ersvergoeding** Familienunterstützung *w*. ▼**—ing** Broterwerb *m*; Brotstelle *w*.

kot *(vertrek)* Loch *s*; *(krot)* alte Baracke, Hütte *w*; *(gevangenis)* Loch, Kistchen *s*.

kotelet Kotelett *s*.

kotsen kotzen, s. erbrechen, s. übergeben.

kotter Kutter *m*.

kou Kälte *w*; *— in het hoofd*, Schnupfen *m*; *— vatten*, s. erkälten, s. den Schnupfen holen; *wat doe je in de —?*, was wagst du dich aufs Glatteis. ▼**koud** kalt; *ik heb het —*, ich friere, mich friert; *ik werd er — van*, es überlief mich kalt; *ik word er — van (als ik er aan denk)*, mich schaudert; *juffrouw voor het — buffet*, kalte Mamsell, Kaltmamsell *w*; *groente van de —e grond*, im Freien gewachsenes Gemüse; *een geleerde van de —e grond*, ein armseliger Gelehrter; *kouwe drukte*, Windmacherei, Schaumschlägerei *w*. ▼**—asfalt** Kaltasphalt *m*. ▼**—bloed** *(paard)* Kaltblüter *m*. ▼**—bloedig** kaltblütig. ▼**—e** *zie* **kou**. ▼**—efront** Kaltfront *w*. ▼**—egolf** Kältewelle *w*. ▼**—heid** Kälte *w*. ▼**—makend**: *— mengsel*, Kältemischung *w*. ▼**—vuur** kalter Brand. ▼**—walserij** Kaltwalzwerk *s*. ▼**kou/front** Kaltfront *w*. ▼**—kleum** Fröstling *m*.

kous Strumpf *m*; *met de — op de kop thuiskomen*, unverrichteter Dinge zurückkommen; *de — op de kop krijgen*, *(blauwtje lopen)* e.n Korb bekommen. ▼**—eband** Strumpfband *s*, Straps *m*; *orde van de —*, Hosenbandorden *m*. ▼**—enwinkel** Strumpfladen *m*. ▼**—evoet**: *op —en*, auf bloßen Strümpfen. ▼**—je** Strümpfchen *s*; *(v. gloeilamp)* Strumpf *m*, Glühkörper *m*; *(v. olielamp)* Docht *m*.

kout Plauderei *w*, Geplauder *s*. ▼**—en** gemütlich plaudern. ▼**—er 1** *(prater)* Plauderer *m*; **2** *(v. ploeg)* Sech, Kolter *s*; *(ploeg)* Pflug *m*.

kouvatten s. erkälten.

kouwelijk frostig, leicht frierend.

kozak Kosak *m*. ▼**—kenkoor** Kosakenchor *m*.

kozijn Rahmen *m*.

kraag Kragen *m*; *een stuk in zijn — hebben*, e.n Rausch haben, e.n sitzen haben.

kraai Krähe *w*; *bonte —*, Nebelkrähe *w*; *zwarte —*, Rabenkrähe; *één bonte — maakt nog geen winter*, eine Schwalbe macht noch keinen Sommer; *kind noch — (hebben)*, weder Kind noch Kegel. ▼**—emars**: *de — blazen*, abrutschen, abkratzen. ▼**—en** krähen; *er kraait geen haan naar*, kein Hahn kräht danach. ▼**—enest** Krähen/nest *s*. ▼**—epoot** K.fuß *m*.

kraak *(gekraak)* Krach *m*; *(luchtv.: crash)* Bruch *m*; *(inbraak)* Einbruch *m*; *(oude man)* Kracher *m*; *een —je zetten*, einbrechen. ▼**—actie** Hausbesetzung *w*.

kraakbeen Knorpel *m*. ▼**—achtig** k.artig, knorpelig.

kraak/destillatie *(petr.)* Krack/destillation *w*. ▼**—installatie** K.vorrichtung *w*. ▼**—porselein** feines Porzellan. ▼**—proces** K.verfahren, Spaltverfahren *s*. ▼**—stem** knarrende Stimme. ▼**—zindelijk** blitzsauber.

kraal 1 *(kafferdorp)* Kra(a)l *m & s*; **2** *(koraal)* Koralle, (Glas)Perle *w*; *(v. rozenkrans)* Perle *w*. ▼**—oogjes** Perläuglein *Mz*.

kraam 1 *(op markt)* Bude *w*; *(dat) komt in zijn — niet te pas*, paßt ihm nicht in den Kram; **2** *(kraambed)* Wochen-, Kindbett *s*. ▼**—bezoek** Wochen/(bett)besuch *m*. ▼**—geld** W.geld *s*. ▼**—heer** Kindelvater *m*. ▼**—hulp** W.hilfe *w*. ▼**—inrichting** Entbindungsheim *s*. ▼**—kamer** W.zimmer *s*. ▼**—verpleegster** W.pflegerin, Hebammenschwester *w*. ▼**—verzorging** W.hilfe; W.fürsorge *w*. ▼**—vrouw** Wöchnerin *w*.

kraan 1 *(water-, gaskraan enz.)* Hahn *m*; **2** *(hijstoestel)* Kran *m*; *draaibare —*, Drehkran *m*; *drijvende —*, Schwimmkran *m*; *rijdende —*, fahrbarer Kran; **3** *(vogel)* Kranich *m*; **4** *(persoon)* Hauptkerl, Matador *m*; *(op school in bepaald vak)* Hecht *m*; *(geleerde in een vak)* Fachgröße *w*; *(in sport, in beroep)* Kanone *w*; *— v.e. vent*, tüchtiger Kerl. ▼**—arm** Kran/ausleger *m*. ▼**—drijver, —machinist** K.führer *m*. ▼**—vogel** K.ich *m*. ▼**—wagen** K.wagen *m*; *(om auto's weg te slepen)* Abschleppwagen *m*.

krab *(schram)* Kratz *m*, Schramme *w*.

krab(be) *(dier)* Krabbe *w*.

krabbel 1 *(slecht schrift)* Gekritzel *s*; **2** *(schets)* Skizze *w*. ▼**—en** kratzen; *(slecht schrijven)* kritzeln. ▼**—ig** kritzelig. ▼**—poot** *(persoon)* Kritzler *m*; *(het schrift)* Gekritzel *s*. ▼**—schrift** Gekritzel *s*, Kritzelei *w*.

krab/ben kratzen; *(v. kippen)* scharren. ▼**—ber** *(persoon)* Kratzer *m*; *(werktuig, ook)* Kratzeisen *s*. ▼**—sel** Abgekratzte(s) *s*; *(schraapsel)* Schabsel *s*.

kracht Kraft *w*; *een eerste —*, *(in 'n zaak)* eine

erste K., eine Spitzenkraft; — *van wet krijgen*, Gesetzeskraft erlangen; *weer op —en (komen)*, wieder zu Kräften; *in de — van zijn leven*, in seinen besten Jahren; *met bindende —*, mit bindender Wirkung; (*de fabriek*) *werkt op volle —*, arbeitet mit voller Kraft, (*heeft volop werk*) ist vollbeschäftigt; (*hij is nog*) *op —en*, bei Kräften; *van — blijven*, in Kraft bleiben; *van — worden*, in Kraft treten; *onmiddellijk van — worden*, mit sofortiger Wirkung in Kraft treten; *lagere prijzen zijn thans van —*, es gelten jetzt niedrigere Preise; (*God geeft*) — *naar kruis*, Schultern nach der Bürde. ▾—**bron** Kraft/quelle *w*. ▾—**centrale** K.werk *s*. ▾—**dadig** kräftig, tatkräftig, energisch; — (*effectief*) *middel*, wirksames Mittel. ▾—**dadigheid** Kraft, Energie *w*. ▾—**eloos** kraft/los. ▾—**eloosheid** K.losigkeit *w*. ▾—**enleer** K.lehre *w*. ▾—**ens** kraft [2], vermöge [2]. ▾—**ig** kräftig; (*effectief*) wirksam; (*kort en*) —, kernig. ▾—**installatie** Kraft/(übertragungs)anlage *w*. ▾—**lijn** K.linie *w*. ▾—**mens** K.mensch *m*. ▾—**overbrenging** K.übertragung *w*. ▾—**patser** K.bold *m*. ▾—**proef** K.probe *w*. ▾—**sinspanning** K.anstrengung *w*. ▾—**sport** Schwerathletik *w*. ▾—**station** K.werk *s*. ▾—**stroom** K.strom *m*. ▾—**term** K.ausdruck *m*. ▾—**toer** K.stück *s*. ▾—**veld** K.feld *s*. ▾—**voedsel** K.nahrung *w*. ▾—**voer** K.futter *s*.

krak Krach *m*; (*knak*) Knacks *m*; (*breuk*) Bruch, Sprung *m*; (*een*) — *geven*, Krach machen; —*!*, krach!, knacks!

krak/eel Krakeel, Zank *m*. ▾—**elen** krakeelen, zanken. ▾—**eler** Krakeeler, Zänker *m*.

krakeling Brezel *w*; *zoute —*, Salzbrezel.

krak/en 1 (*gekraak laten horen*) krachen; (*v. deur, nieuwe schoenen, wagenrad enz.*) knarren; (*v. sneeuw*) knirschen; (*het vriest*) *dat het kraakt*, Stein und Bein; —*de wagens lopen het langst*, knarrende Räder halten am längsten; —*de stem*, knarrende Stimme; **2** (*doen breken*) knacken, krachen; (*brandkast, auto*) knacken; (*leegstaande huizen enz.*) besetzen; *harde noten te — krijgen*, harte Nüsse zu knacken haben; (*een boek, iem.*) —, (*afkammen*) heruntermachen; **3** (*olie*) kracken, spalten. ▾—**er** (*noten*; *v. brandkast, auto*) Knacker *m*; (*v. huis*) Hausbesetzer *m*; *een oude —*, ein alter Kracher.

kralen korallen, Korallen..., Perlen...

kram Krampe, Klammer, Kramme *w*.

kramer Krämer *m*; (*venter*) Hausierer *m*.

krammen krampen.

kramp Krampf *m*; (*buikpijn*) Bauchgrimmen *s*. ▾—**achtig** krampfhaft.

kranig tüchtig; (*meer v. uiterlijk*) schneidig.

krankzinnig irrsinnig, geisteskrank, verrückt. ▾—**e** Irrsinnige(r), Geisteskranke(r), Verrückte(r) *m*. ▾—**engesticht** Irrenanstalt *w*. ▾—**heid** Irr-, Wahnsinn *m*, Geisteskrankheit *w*.

krans Kranz *m*; (*vriendenkring*) Kränzchen *s*. ▾—**en** (be)kränzen. ▾—**legging** Kranzniederlegung *w*. ▾—**slagader** Kranzarterie *w*.

krant Zeitung *w*. ▾—**eartikel** Zeitungs/artikel *m*. ▾—**ebericht** Z.nachricht *w*. ▾—**eknipsel** Z.ausschnitt *m*. ▾—**ekop** Schlagzeile *w*. ▾—**elezer** Z.leser *m*. ▾—**enhanger** Z.halter *m*. ▾—**enjongen** Z.junge *m*. ▾—**enloper** Z.(aus)träger *m*. ▾—**enman** Z.mann *m*. ▾—**enpapier** Z.papier *s*; *waar hij woont is de wereld met — dichtgeplakt*, er wohnt wo sich die Füchse, wo Fuchs und Hase einander gute Nacht sagen. ▾—**enstalletje** Z.stand *m*. ▾—**enwijk** Tragbezirk *m*.

krap knapp; (*ternauwernood*) mit knapper Not, kaum; *hij zit er — bij*, das Geld ist ihm knapp; (*we zitten hier*) —, gedrängt.

kras I *zn* Kratz *m*; (*schram*) Kratzer *m*, Schramme *w*, (*in huid*) Ritzer *m*. **II** *bn & bw* (*v. oude mensen*) rüstig; (*streng, scherp*) scharf; (*min of meer grof, hardhandig*) derb; (*sterk*) stark; (*in hoge mate*) kraß; (*dapper*) tapfer; (*dat is*) —*!*, stark; —*se tegenstelling*, krasser Gegensatz. ▾—**heid** Rüstigkeit, Schärfe *w*. ▾—**sen** kratzen; (*v. uilen enz.*) krächzen.

krat (*verpakkingsmateriaal*) Lattenkiste *w*; (*voor flessen*) Kasten *m*; (*voor glas, porselein*) Haraß *m*.

krater Krater *m*.

krats: (*iets*) *voor een — (kopen)*, für ein (zu e.m) Spottgeld.

krediet Kredit *m*; *blanco —*, Blankokredit, offener K.; *buitenlands —*, Auslandskredit; *levering op —*, Lieferung *w* auf K., auf Ziel; (*iem.*) *een — verlenen*, e.n K. gewähren; (*iem.*) *een — van twee maanden toestaan*, zwei Monate Ziel gewähren; *iem. geen — meer geven*, e.m den K. sperren. ▾—**bank** K.bank *m*. ▾—**beperking** K.einschränkung *w*. ▾—**brief** K.brief *m*, Akkreditiv *s*; *circulaire —*, Reisekreditbrief. ▾—**instelling** K.anstalt *w*. ▾—**verlening** K.gewährung *w*. ▾—**waardig** k.fähig, k.würdig.

kreeft Krebs *m*; (*grote zeekreeft*) Hummer *m*; *zo rood als een —*, k.rot. ▾—**egang** K.gang *m*. ▾—**esla** Hummersalat *m*. ▾—**esoep** Hummersuppe *w*. ▾—**skeerkring** Wendekreis *m* des Krebses.

kreek (*inham*) Bucht *w*; (*stilstaand water*) Gewässer *s*; (*geul*) Rinne *w*.

kreet Schrei *m*; — *van vreugde*, Freudenschrei; — *van verbazing*, Ausruf *m* des Staunens.

kregel reizbar, krittlig; *ook* = —**ig** ärgerlich. ▾—**igheid** Ärgerlichkeit *w*.

krekel Grille *w*; (*huiskrekel, ook*) Heimchen *s*, Zirpe *w*.

Kremlin Kreml *m*.

kreng Aas *s*; (*scheldwoord, ook*) Luder *s*.

krenk/en kränken; (*beledigen*) verletzen; *iem. geen haar —*, e.m kein Haar krümmen. ▾—**ing** Kränkung; Verletzung *w*.

krent Korinthe *w*; (*gierig mens*) Knauser *m*. ▾—**enbrood** Korinthenbrot *s*. ▾—**enkakker** Kleinigkeitskrämer *m*. ▾—**enweger** (*kruidenier*) Krämer *m*; (*fig.*) Kleinkrämer *m*. ▾—**erig** (*gierig*) knauserig, knickerig; (*benepen*) kleinkrämerisch. ▾—**erigheid** Knauserei, Knickerei; Kleinigkeitskrämerei *w*, Krämergeist *m*.

kreuk Falte *w*, Knitter *m*. ▾—**el 1** *zie* **kreuk**; **2** (*alikruik*) Uferschnecke *w*. ▾—**elen** knittern, knüllen; zerknittern, zerknüllen. ▾—**elig** zerknittert, zerknüllt. ▾—**elzone** Knautschzone *w*. ▾—**en** *zie* —**elen**. ▾—**vrij** knitter/frei, k.fest.

kreunen stöhnen, ächzen.

kreupel lahm; (*mank*) hinkend; — *lopen*, hinken, humpeln, (*een beetje slepend*) lahm gehen; (*het paard*) *loopt —*, lahmt. ▾—**bos** Dickicht, Gestrüpp *s*. ▾—**heid** Lahmheit *w*. ▾—**hout** Unterholz, Gestrüpp, Dickicht *s*.

krib/(be) Krippe *w*; (*in rivier*) Buhne, Kribbe *w*; (*bed*) Bett *s*. ▾—**bebijter** Krippen/beißer, K.setzer; (*korzelig*) Murrkopf, Bärbeißer; (*nurks*) Nörgler *m*. ▾—**bebijtster** Zänkerin *w*. ▾—**big** mürrisch; (*geprikkeld*) kribbelig, gereizt; (*twistziek*) zänkisch.

kriebel Kribbel *m*, Jucken *s*; *de — krijgen*, (*bijv. in de vingers*) die Finger jucken e.m. ▾—**en** kribbeln, jucken; (*kietelen*) kitzeln; (*slecht schrijven*) kritzeln. ▾—**ig** kribbelig; (*v. schrift*) kritzlig. ▾—**schrift** Gekritzel *s*.

kriek (schwarze) Süßkirsche *w*; (*wild*) Vogelkirsche *w*; *z. een* — (*lachen*), e.n Ast, e.n Buckel; *ook* = **krekel**. ▾**—en 1** (*v. krekels*) zirpen; **2** (*de dag*) *begint te* —, bricht an; *het begint te* —, der Morgen graut; *het — van de dag*, der Tagesanbruch.
kriel 1 (*klein persoon*) Kleine(r), Zwerg *m*; **2** (*kleingoed*) Kleinzeug *s*; (*uitschot*) Ausschuß *m*; (*kinderen*) Kroppzeug *s*. ▾**—haan** Z.hahn *m*. ▾**—kip** Z.huhn *s*.
krieuwel Kribbel, Kitzel *m*. ▾**—en** (*krioelen*) wimmeln; (*kriebelen*) kribbeln, jucken; (*kietelen*) kitzeln.
krijg Krieg *m*.
krijgen bekommen; (*ontvangen wat iem. ons zendt of geeft*) erhalten; (*meer omgangstaal*) kriegen; (*iets*) *gestuurd* —, geschickt b.; (*zijn waren uit Duitsland*) —, beziehen; *jongen* —, Junge k., bekommen; (*ze hebben*) *elkaar gekregen*, s. gekriegt; (*wacht maar*,) *ik zal hem wel* —, ich krieg ihn schon; *die vent zal ik —!*, dem will ich's aber zeigen; (*voorzichtig*) *anders krijg je met mij te doen*, sonst kriegst du es mit mir zu tun; *hij heeft iets gekregen*, (*ongeluk*) ihm ist etwas passiert; *ik krijg het warm*, mir wird warm; (*iem., een wet enz.*) *erdoor* —, durchbringen; (*het eten*) *er niet door kunnen* —, nicht hinunterbringen können; *eronder* —, unterkriegen; (*iem.*) *er niet toe kunnen* —, nicht dazu bringen, bewegen können; *hij krijgt er wat van*, er kriegt es über sich; *je zou er wat van —!*, es ist um Junge zu kriegen!; (*de kast niet*) *dicht* —, zukriegen; (*een machine*) *niet aan de gang kunnen* —, nicht in Gang bringen können; (*iem.*) *aan het lachen, aan het werken* —, zum Lachen, zur Arbeit bringen; (*in beweging, in orde*) —, bringen; (*geen woord*) *uit iem. kunnen* —, aus e.m herausbringen können.
krijger Krieger *m*. ▾**—tje**: — *spelen*, Haschemann spielen, Fangen spielen. ▾**krijgs/artikel** Kriegs/artikel *m*. ▾**—dans** K.tanz *m*. ▾**—dienst** K.dienst, Militärdienst *m*. ▾**—gevangene** K.gefangene(r) *m*. ▾**—gevangenschap** K.gefangenschaft *w*. ▾**—gewoel** K.gewühl *s*. ▾**—haftig** kriegerisch. ▾**—haftigheid** Tapferkeit *w*, Heldenmut *m*. ▾**—kans** Kriegs/glück *s*. ▾**—kunde** K.kunde *w*. ▾**—list** K.list *w*. ▾**—macht** K.macht *w*. ▾**—makker** K.kamerad *m*. ▾**—man** K.mann, Krieger *m*. ▾**—raad** Kriegs/rat *m*; (*rechtbank*) K.gericht, Militärgericht *s*. ▾**—rumoer** K.lärm *m*. ▾**—school** K.schule *w*. ▾**—tucht** K.zucht *w*. ▾**—verrichting** K.verrichtung, K.tat *w*. ▾**—zuchtig** kriegerisch.
krijsen kreischen, schreien.
krijt 1 (*stofnaam*) Kreide *w*; *pijpje* —, K. *w*, K.stift *m*; (*bij iem.*) *in het* — (*staan*), in der K.; **2** (*strijdperk*) Schranken *Mz*; *in het — treden*, in die S. treten. ▾**—aarde** K.erde *w*. ▾**—achtig** k.artig, kreidig. ▾**—bakje** Kreide/kasten *m*. ▾**—en 1** (*schreeuwen*) schreien; (*schreien*) weinen; **2** (*met krijt besmeren*) k.n. ▾**—streep** K.strich *m*, K.linie *w*; (*in stof*) K.streifen *m*. ▾**—tekening** K.zeichnung *w*. ▾**—wit** k.weiß.
krik (*voor opvijzelen v. auto's*) Wagenheber *m*.
krimp (*gebrek*) Mangel *m*; — *geven*, (*toegeven*) nachgeben, (*in zijn schulp kruipen*) klein beigeben. ▾**—en** (*v. textiel*) krumpfen, schrumpfen, einlaufen; (*v. voorraden enz.*) (ein)schrumpfen; (*v. wind*) (auf)krimpen; (*hout*) *krimpt*, schwindet; (*wol*) *krimpt*, geht ein; (*deze stof is bij 't wassen*) *erg gekrompen*, sehr eingelaufen; (*laken*) —, (*kleiner doen worden*) krimpen; — *van de pijn*, s. krümmen, s. winden vor Schmerzen; — *van kou*, zusammenschrumpfen vor Kälte; *mijn hart kromp v. medelijden*, das Herz krampfte s. mir vor Mitleid zusammen. ▾**—folie** Schrumpffolie *w*. ▾**—ing** Krimpe *w*, Krimpen, Einlaufen *s*. ▾**—vrij** einlaufsicher, krimpfrei, krumpffrei, krumpfecht.
kring Kreis *m*; (*v. tabaksrook*; *als men een steen in 't water gooit*; *om ogen*; *jaarring in bomen*; *om zon, maan*) Ring *m*; *blauwe —en* (*onder de ogen*), blaue Schatten. ▾**—elen** winden, s. schlängeln, s. schlingen; (*kringen vormen*) s. ringeln. ▾**—loop** K.lauf *m*. ▾**—vormig** k.-, ringförmig.
krioelen wimmeln.
krip Krepp *m*; (*floers*) Flor *m*. ▾**—floers** Kreppflor *m*. ▾**—pen** Krepp..., Flor...
kris 1 (*dolk*) Kris *m*; **2**: — *en kras* = **kriskras** kreuz und quer, die Kreuz und Quere.
kristal Kristall *m*; (*voorwerpen v. kristal*) Kristall *s*. ▾**—helder** k.hell. ▾**—len** Kristall..., k.en. ▾**—lijn** Kristall *m*. ▾**—lijnen** k.in, k.inisch; (*kristallen*) k.isch, k.en, Kristall... ▾**—lisatie** K.isation *w*. ▾**—liseren** k.isieren. ▾**—ontvanger** K.empfänger *m*. ▾**—suiker** K.zucker *m*.
krit/iek I *bn* kritisch, bedenklich, bedrohlich, heikel, mißlich. **II** *zn* Kritik *w*; *beneden alle* —, unter aller Kritik; — *op iem. uitoefenen*, Kritik an e.m üben. ▾**—isch** kritisch. ▾**—iseren** kritisieren.
krocht Spelunke, Höhle *w*; (*crypte*) Krypte *w*.
kroeg Kneipe, Schenke *w*. ▾**—avond** (*stud.*) Korpskneipe *w*. ▾**—baas** (Kneip-, Schenk)Wirt *m*. ▾**—jool** Kommers *m*, Festkneipe *w*. ▾**—loper** Kneipbruder *m*.
kroep Krupp *m*.
kroes I *zn* Becher *m*; (*bierkroes*) Kanne *w*; (*smeltkroes*) Tiegel *m*. **II** *bn* kraus. ▾**—haar** krauses Haar. ▾**—harig** kraushaarig. ▾**—kop** Krauskopf *m*. ▾**kroez/en** s. kräuseln; (*kroes maken*) kräuseln. ▾**—ig** kraus.
kroketje Krokette *w*.
krokodil Krokodil *s*. ▾**—letranen** K.stränen *Mz*.
krokus Krokus *m*.
krols rammelig, brünstig.
krom krumm; (*z.*) — (*lachen*), schief. ▾**—baangeschut** Krummbahngeschütz *s*. ▾**—benig** krummbeinig. ▾**—groeien** krumm wachsen, verwachsen. ▾**—heid** Krümme, Krummheit *w*. ▾**—liggen** krumm liegen. ▾**—lijnig** krummlinig. ▾**—lopen** krumm gehen. ▾**—me 1** Krumme(r) *m*; **2** (*lijn*) Kurve *w*. ▾**—men** krümmen. ▾**—ming** Krümmung *w*; (*v. weg*) Kurve *w*. ▾**—praten** stümperhaft sprechen. ▾**—staf** Krummstab *m*. ▾**—trekken** s. ziehen, s. krümmen; (*v. hout*) s. werfen.
kronen krönen.
kroniek Chronik *w*. ▾**—schrijver** C.schreiber, Chronist *m*.
kroning Krönung *w*.
kronkel Windung, Schlinge, (*meer in elkaar*) Verschlingung *w*; — *in de darm*, Darmverschlingung. ▾**—darm** (*deel v. dunne darm*) Krummdarm *m*; (*v. dikke darm*) Grimmdarm *m*. ▾**—en** s. winden; (*v. beekje enz.*) s. schlängeln; *in elkaar* —, s. verschlingen; *in elkaar gekronkeld*, verschlungen; — *de weg*, gewundener Weg. ▾**—ig** (s.) schlängelnd, gewunden. ▾**—ing** Windung *w*. ▾**—pad** Schlängelpfad *m*. ▾**—weg** Schlängelweg *m*, gewundener Weg; *langs —en gaan*, (*fig.*) krumme Wege gehen.
kroon Krone *w*; (*lichtkroon*) Kronleuchter *m*; *de — spannen*, alles (alle) übertreffen; (*dat*) *zet de — op het werk*, setzt dem Werk die

Krone auf; *iem. naar de — steken*, mit e.m wetteifern. ▼**—domein** Kron/domäne *w.* ▼**—getuige** K.zeuge *m.* ▼**—glas** K.glas *s.* ▼**—jaar** Festjahr *s.* ▼**—juweel** K.juwel *s.* ▼**—kolonie** K.kolonie *w.* ▼**—kurk** K.enverschluß, K.enkork *m.* ▼**—lijst** Kranzgesims *s*, Karnies *s.* ▼**—luchter** Kron/leuchter *m.* ▼**—pretendent** K.bewerber *m.* ▼**—prins** K.prinz *m.* ▼**—prinses** K.prinzessin *w.* ▼**—vormig** kronenförmig.

kroos (*eendekroos*) Entengrün *s.*

kroost Kinder *Mz*, Nachkommenschaft *w.*

kroot rote Rübe.

krop 1 (*sla enz.*) Kopf *m*; *— sla*, Salatkopf *m*; **2** (*kropgezwel*) Kropf *m.* ▼**—duif** Kropftaube *w.* ▼**—gezwel** Kropfgeschwulst *w.* ▼**—pen 1** (*vetmesten*: *v. ganzen enz.*) nudeln; **2** (*v. sla*) köpfen, Köpfe bekommen. ▼**—salade** Kopfsalat *m.* ▼**—ziekte** Kropfkrankheit *w.*

krot Loch *s*, alte Baracke *w*; (*arme mensen*) *in kleine —ten*, in engen Löchern.

kruid Kraut *s*; *—en*, (*specerij*) Gewürz *s.* ▼**—achtig** kräuterartig; gewürzartig. ▼**—en** würzen. ▼**—enazijn** Kräuteressig *m.*

kruidenier Kolonialwaren-, Gewürzhändler *m*; (*minachtend en fig.*) Krämer *m.* ▼**—sgeest** Krämergeist *m.* ▼**—swaren** Kolonial-, Materialwaren *Mz.* ▼**—swinkel** Kolonialwarenhandlung *w.*

kruid/enpotje Gewürzglas *s.* ▼**—enrek** Gewürzschrank *m.* ▼**—ent(h)ee** Kräutertee *m.* ▼**—enwijn** Gewürzwein *m.* ▼**—erij** Gewürz *s.* ▼**—ig** würzig. ▼**—je-roer-mij-niet** das Kräutlein Rührmichnichtan. ▼**—kaas** Kräuterkäse *m.* ▼**—koek** Gewürzkuchen *m.* ▼**—nagel** Gewürznelke *w.* ▼**—noot** Muskatnuß *m.*

krui/en 1 (*een kruiwagen voor zich uit duwen*) (den Schubkarren) schieben; (*met kruiwagen vervoeren*) karren, (im Schubkarren) schieben; **2** (*v. rivier*) mit Treibeis gehen; (*v.h. ijs*) s. stauen; *het —*, das Eistreiben, der Eisgang. ▼**—er** Gepäckträger, Dienstmann *m.* ▼**—ersloon** Trägerlohn *m.*

kruik Krug *m*; (*bijv. in bed*) Wärmflasche *w*; *de — gaat zo lang te water tot zij breekt*, der Krug geht so lange zu(m) Wasser (zum Brunnen) bis er bricht.

kruim Krume *w.* ▼**—el** Krümel *s & m*; (*v. brood meestal*) Brosame *w*; *geen —(tje) verstand*, kein Fünkchen Verstand. ▼**—eldiefstal** kleiner Diebstahl. ▼**—elen** (*tot kruimels maken*) (zer)krümeln; (*tot kruimels worden*) s. krümeln. ▼**—elig** krümelig. ▼**—eltje** Krümchen *s.*

kruin (*v. hoofd*) Scheitel *m*; (*v. golven*) Kamm *m*; (*v. berg*) Gipfel *m*; (*v. dijk*) Krone *w*; (*v. boom*) Wipfel *m*; (*kroon v. boom*) Krone *w.* ▼**—schering** Tonsur *w.*

kruip/en kriech/en; *—de dieren*, K.tiere. ▼**—er** K.er *m.* ▼**—erig** k.erisch. ▼**—erij** K.erei *w.* ▼**—pakje** Strampelhöschen *s.*

kruis Kreuz *s*; *een — maken* (*slaan*), ein K. schlagen, s. bekreuzigen; *iem. het — nageven*, drei Kreuze hinter e.m machen; *— of munt*, Kopf oder Schrift. ▼**—afneming** Kreuz/abnahme *w.* ▼**—balk** K.balken *m*; (*dwarsbalk*) Querbalken *m.* ▼**—band** K.band *s*; (*voor verzending, ook*) Streifband *s.* ▼**—beeld** K.bild, Kruzifix *s.* ▼**—bes** Stachelbeere *w.* ▼**—bestuiving** Fremdbestäubung *w.* ▼**—beuk** Kreuz/arm *m*, Querschiff *s.* ▼**—boom** (*kruishout*) K.holz *s*, K.pfahl *m*; (*tourniquet*) K.haspel, Drehkreuz *s*, (*boom*) K.baum *m.* ▼**—dagen** Rogationstage *Mz.* ▼**—dood** K.estot *m.* ▼**—elings** k.weise. ▼**—en** k.en; *elkaar —*, s. k.en; *met gekruiste armen*, mit verschränkten Armen. ▼**—er** K.er *m.* ▼**—gewijs**, **—gewijze** k.weise. ▼**—hout** K.holz *s*, Querholz *s*; (*kruis*) K. *s.* ▼**—igen** k.igen. ▼**—iging** K.igung *w.* ▼**—ing** K.ung *w.* ▼**—jassen** k.jassen. ▼**—je** K.chen *s*; *ergens een — bij zetten*, etwas ankreuzen; *al drie —s achter de rug hebben*, schon über die Dreißig hinaus sein. ▼**—offer** K.esopfer *s.* ▼**—paal** K.esstamm *m*; (*tourniquet*) Drehkreuz *s.* ▼**—punt** K.punkt *m*; K.ungsstelle *w*; (*v. twee straten*) Straßenkreuzung *w*; (*knooppunt*) Knotenpunkt *m*; *gevaarlijk —!*, Straßenkreuzung! ▼**—raket** Marschflugkörper *m.* ▼**—ridder** Kreuz/ritter *m.* ▼**—sleutel** K.schlüssel *m.* ▼**—snelheid** Reisegeschwindigkeit *w.* ▼**—spin** K.spinne *w.* ▼**—steek** K.stich *m.* ▼**—teken** K.eszeichen *s.* ▼**—tocht** K.zug *m.* ▼**—vaarder** K.fahrer *m.* ▼**—verhoor** K.verhör *s.* ▼**—vormig** k.förmig. ▼**—vuur** K.feuer *s.* ▼**—weg** K.weg *m.* ▼**—woorden** K.esworte *Mz.* ▼**—woordraadsel** K.worträtsel *s.*

kruit (Schieß) Pulver *s*; *met los — (schieten)*, blind. ▼**—damp** Pulver/dampf *m.* ▼**—magazijn** P.magazin *s.*

kruiwagen Schub-, Schiebkarren *m*; *een —, —s (hebben)*, e.n Gönner, einflußreiche Verbindungen, Vorspann.

kruizemunt Krauseminze *w.*

kruk 1 (*voor gebrekkigen*) Krücke *w*; *op (met) twee —ken lopen*, an zwei Krücken gehen; **2** (*handvatsel*) Griff *m*; **3** (*deel v. machine*) Kurbel *w*; **4** (*stoel*) Schemel, Hocker, Bock *m*; **5** (*knoeier*) Stümper *m*; (*ziekelijk iem.*) Kränkler *m.* ▼**—as** Kurbel/achse *w*; (*om beweging over te brengen*) K.welle *w.* ▼**—ken** stümpern; (*ziekelijk zijn*) kränkeln. ▼**—kig** (*onbeholpen*) stümperhaft; (*sukkelend*) kränklich. ▼**—stang** Kurbelstange *w.*

krul (*schaafsel*) Hobelspan *m*; (*krullende lijn als versiering enz.*) Schnörkel *m*; (*haarkrul*) Locke *w*; (*bijv. in varkensstaart*) Ringel *m*; *lange —len*, Hängelocken, Ringellocken; *—len zetten (in het haar)*, das Haar kräuseln, (*lange krullen*) das Haar locken; *met veel —len versierd*, verschnörkelt. ▼**—andijvie** krause Endivie. ▼**—haar** krauses Haar, (*lange krul*) lockiges Haar. ▼**—lebol** Krauskopf *m*; (*lange krullen*) Lockenkopf *m.* ▼**—len** (*in de krul leggen*) kräuseln, frisieren, (*lange krullen*) locken, ringeln; (*in de krul zijn*) s. kräuseln, (*lange krullen*) s. locken; (*met veel krullen versieren*) verschnörkeln. ▼**—lenjongen** Lehrjunge *m.* ▼**—letter** verschnörkelter Buchstabe. ▼**—lig** (*kort krulhaar*) kraus; (*lang krulhaar*) lockig. ▼**—speld** Lockenwickel *m.* ▼**—staart** (*v. varken*) Ringelschwanz *m.* ▼**—tabak** Krolltabak *m.* ▼**—tang** Frisiereisen *s.* ▼**—ziekte** Kräuselkrankheit *w.*

kubiek Kubik...; (*kubusvormig*) kubisch; *—e inhoud*, Kubikinhalt *m*; *—e meter*, Kubikmeter *s.* ▼**kubisme** Kubismus *m.* ▼**kubist** Kubist *m.* ▼**kubus** Kubus, Würfel *m.* ▼**—vormig** würfelförmig.

kuch 1 Hüsteln *s*; **2** (*brood*) Kommißbrot *s.* ▼**—en** hüsteln. ▼**—hoest** trockner Husten.

kudde Herde *w.* ▼**—dier** H.ntier *s.* ▼**—geest** H.ngeist *m.* ▼**—mens** H.nmensch *m.*

kuier Spaziergang, Bummel *m*; *aan de — zijn*, e.n S., e.n B. machen.

kuif Schopf *m*; (*korte opstaande haren*) Bürste *w*; (*v. vogels*) Haube *w.* ▼**—eend** Haubenente *w.*

kuiken Küchlein, Küken *s*; (*fig.*) Schafskopf *m*, Küken *s.*

kuil 1 Grube *w*; (*gat*) Loch *s*; (*om aardappels*

enz. in te kuilen) Miete *w*; *wie een — graaft voor een ander, valt er zelf in*, wer andern eine G. gräbt, fällt selbst hinein; **2** (*visnet*) Kül *s*. ▾**—en** (*aardappels*) einmieten; (*gras*) eingraben. ▾**—tje** (*in kin*) Grübchen *s*.
kuip Kufe *w*; (*waskuip*) Wanne *w*, Bottich *m*; (*badkuip*) Wanne *w*; (*voor planten*) Kübel *m*. ▾**—bad** Wannenbad *s*. ▾**—en** Fässer binden; (*fig.*) intrigieren, Ränke schmieden. ▾**—er** Böttcher, Küfer, Faßbinder *m*; (*fig.*) Intrigant, Ränkeschmied *m*. ▾**—erij** Böttcherei *w*; (*fig.*) Intrigen, Ränke *Mz*. ▾**—hout** Daubenholz *s*.
kuis keusch. ▾**—en** reinigen, säubern; *gekuiste stijl*, gewählter, feiner, reiner, edler Stil. ▾**—heid** Keuschheit *w*.
kuit 1 (*deel v. been*) Wade *w*; **2** (*viszaad*) Rogen, Laich *m*; *— schieten*, laichen. ▾**—been** Wadenbein *s*. ▾**—broek** Kniehosen *Mz*. ▾**—haring** Rogenhering *m*.
kul: *flauwe —*, Flausen *Mz*, dummes Zeug *s*.
kummel Kümmel *m*.
kund/e Kenntnisse *Mz*, Wissen *s*. ▾**—ig** kundig; (*bekwaam*) fähig, geschickt, tüchtig; *ter zake —*, sachverständig, sachkundig. ▾**—igheid** Kenntnisse *Mz*; (*bekwaamheid*) Fähigkeit, Geschicklichkeit, Tüchtigkeit *w*.
kunne: *van beiderlei —*, beiderlei Geschlechts.
kunnen können; (*dat*) *kan niet*, geht nicht, kann nicht sein, ist nicht möglich; *het kan wel* (*zijn*), (*dat ik me vergis*), es mag (kann) sein, es ist wohl möglich; *het kan* (*= is misschien*) *enkele jaren geleden geweest zijn*, es mag (kann) einige Jahre her gewesen sein; *dat kan wèl*, das geht doch; *voor mijn part kan hij gaan*, meinetwegen mag (kann) er gehen; *hij kan nog zo goed zijn*, (*op dit punt vertrouw ik hem niet*), er mag noch so gut sein; *hem kunt u gerust vertrouwen*, ihm dürfen Sie trauen; *het zou wel anders kunnen zijn, dan u zegt*, es könnte (es dürfte) wohl anders sein als Sie sagen; *ergens niet tegen —*, etwas nicht vertragen, (*geestelijk*: *uitstaan*) ertragen können; *ergens niet uit —*, etwas nicht begreifen, aus etwas nicht klug werden können.
kunst Kunst *w*; (*kunststuk*) K.stück *s*; *de — van schermen*, die K. des Fechtens; *de — van lezen, schrijven*, die K. zu lesen, zu schreiben; *volgens de regelen der —*, k.gerecht; (*dat is*) *nu juist de —*, es eben; *—en met de kaart*, Kartenkunststücke *Mz*; (*dat zijn maar*) *—en*, Flausen; (*zij heeft*) *—en*, Launen; *ik zal hem die —en wel afleren*, ich werde ihm diese Streiche schon austreiben; *malle —en*, albernes Zeug; *haal nu geen —en* (*= dwaasheden*) *uit!*, mach keine Geschichten. ▾**—aas** künstlicher Köder. ▾**—academie** Kunstakademie *w*. ▾**—arm** künstlicher Arm. ▾**—been** künstliches Bein. ▾**—beschouwing** Kunst/betrachtung *w*. ▾**—bezit** K.besitz *m*. ▾**—bloem** künstliche Blume. ▾**—criticus** Kunst/kritiker *m*. ▾**—drukpapier** K.druckpapier *s*. ▾**—enaar** Künstler *m*. ▾**—enaarschap** Künstlertum *s*. ▾**—enares** Künstlerin *w*. ▾**—enmaker** Akrobat, Tausendkünstler, Gaukler *m*. ▾**—enmakerij** Akrobatenkünste, Kunststücke *Mz*, Gauklerei *w*; (*fig.*) Künstelei, Firlefanzerei *w*. ▾**—gebit** künstliches Gebiß. ▾**—genootschap** Kunst-, Künstlerverein *m*. ▾**—genot** Kunst/genuß *m*. ▾**—genre** K.gattung *w*. ▾**—geschiedenis** K.geschichte *w*. ▾**—greep** K.griff *m*; (*listigheid*) Kniff, Trick *m*. ▾**—handel** Kunst/handel *m*; (*de zaak*) K.handlung *w*. ▾**—historisch** k.geschichtlich. ▾**—ig** k.voll. ▾**—ijs** künstliches Eis. ▾**—ijsbaan** Kunst/eisbahn *w*. ▾**—je** K.stück *s*, K.griff *m*; (*list*) Trick, Kniff *m*; *een koud —je!* (*zoiets te doen als je niet naar geld behoeft te kijken*), Kunst/stück!; *zie ook* **kunst**. ▾**—kenner** K.kenner *m*. ▾**—licht** künstliches Licht; *opname bij —*, Kunst/lichtaufnahme *w*. ▾**—liefhebber** K.liebhaber, -freund *m*. ▾**—lievend** k.liebend. ▾**—maan** künstlicher Mond. ▾**—matig** künstlich; *— broeden*, Kunst/brut *m*. ▾**—mest** K.dünger *m*. ▾**—middel** K.mittel *s*; (*truc*) K.griff *m*. ▾**—moeder** Schirmglucke *w*. ▾**—nier** künstliche Niere. ▾**—nijverheid** K.gewerbe *s*; *school voor —*, K.gewerbeschule *w*. ▾**—oog** künstliches Auge. ▾**—rijden** (*op schaatsen*) Kunst/lauf *m*; (*op paard*) K.reiten *s*. ▾**—rijder** K.reiter *m*; (*schaatser*) Eiskunstläufer *m*. ▾**—schaats** K.laufschlittschuh *m*. ▾**—schilder** (K.) Maler *m*. ▾**—stuk** K.stück *s*. ▾**—tentoonstelling** K.ausstellung *w*. ▾**—vaardig** k.fertig. ▾**—veiling** K.auktion *w*. ▾**—verzameling** K.sammlung *w*. ▾**—vezel** K.faser *w*. ▾**—voorwerp** K.gegenstand *m*. ▾**—waarde** K.wert *m*, künstlerischer Wert. ▾**—werk** Kunst/werk *s*. ▾**—wol** K.wolle *w*. ▾**—zij(de)** K.seide *w*, Glanzstoff *m*. ▾**—zinnig** k.sinnig. ▾**—zinnigheid** K.sinn *m*.
kuras Küraß *m*.
kuren *zie* **kuur**.
kurk Kork *m*; (*stop, ook*) Propfen, Stöpsel *m*. ▾**—droog** knochentrocken. ▾**—eik** Korkeiche *w*. ▾**—en I** *ww* (ver)korken. **II** *bn* korken, Kork...; *— zool*, Korksohle *w*. ▾**—enzak** (*scheepst.*) Korkfender *m*. ▾**—etrekker** Korkzieher (*ook*: *haarkrul*), Propfenzieher *m*; (*luchtv.*) Trudel *m*.
kus Kuß *m*. ▾**—handje** K.hand *w*.
kussen I *ww* küssen. **II** *zn* Kissen *s*; (*in auto, v. stoelen enz.*) Polster *s*; *op het — komen*, zur Regierung gelangen. ▾**—blok** Lager *s*. ▾**—sloop** Kopfkissen-, Kissenbezug, K.überzug *m*, K.hülle *w*.
kust 1 Küste *w*; **2**: *te — en te keur*, in Hülle und Fülle; *te — en te keur zijn*, in reicher Auswahl vorhanden sein. ▾**—batterij** Küsten/batterie *w*. ▾**—boot** K.dampfer *m*. ▾**—gebied** K.gebiet *s*. ▾**—lijn** K.linie *w*. ▾**—plaats** K.ort *m*. ▾**—sleepvaart** K.schleppschiffahrt *w*. ▾**—streek** K.strich *m*. ▾**—vaarder** K.fahrer *m*. ▾**—vaart** K.fahrt, K.schiffahrt *w*. ▾**—verdediging** K.schutz *m*, K.verteidigung *w*. ▾**—wacht** K.wache *w*.
kut Schlitz *m*, Fut *w*, Muschi *w*.
kuur (*med.*) Kur *w*; *een — doen*, eine K. (durch)machen; (*gril*) Grille, Laune *w*.
kwaad I *bn & bw* böse; (*slecht*) böse, schlecht; (*erg, onaangenaam*) schlimm; (*lelijk, ellendig*) übel; *— op iem.* (*zijn*), b. auf e.n, e.m b.; *kwade vrienden met elkaar* (*zijn*), b. miteinander; *'t — hebben, er — aan toe zijn*, ü. dran sein; (*dat is*) *lang niet —*, gar nicht ü., (*fam.*) nicht uneben; *hij kreeg het te —*, es wurde ihm zu schlimm, (*onwel*) ihm wurde schlecht, (*braakneiging*) ihm wurde ü.; *z. — maken*, b. werden, (*innerlijk*) s. bosen, (*driftig*) s. ereifern. **II** *zn* Böse(s), Übel *s*; (*nadeel*) Schaden *m*; (*zonde*) Sünde *w*; *— doen*, sündigen, (*onheil stichten*) Unheil stiften, (*nadeel doen*) schaden [3]; *iem. — (aan)doen*, e.m Böses tun; (*dat zal*) *u — doen*, Ihnen schaden; (*dat*) *doet meer — dan goed*, schadet mehr als es nützt; (*dat*) *kan geen —*, kann nicht sch.; *'n noodzakelijk —*, ein notwendiges Ü.; *van zijn vriend wil hij geen — horen*, auf seinen Freund läßt er nichts kommen; *iem. iets ten kwade duiden*, e.m etwas übelnehmen; *van geen — weten*, (*argeloos zijn*) ohne Arg sein; *van twee*

kwaden het minste kiezen, das kleinere Ü. wählen; *hij vervalt van — tot erger*, es wird mit ihm immer schlimmer. ▾**—aardig** bösartig; (*met bedoeling*) boshaft. ▾**—aardigheid** Bösartigkeit; Boshaftigkeit *w*. ▾**—denkend** argwöhnisch. ▾**—heid** Zorn *m*. ▾**—schiks** *zie* **goedschiks**. ▾**—spreken** klatschen; *van iem. —*, e.m Böses nachsagen, (*sterker*) e.n verlästern, verleumden. ▾**—spreker** Klatschmaul, (*sterker*) Lästermaul *s*; Verleumder *m*. ▾**—sprekerij** Klatscherei, üble Nachrede *w*, (*sterker*) Verleumdung *w*. ▾**—willig** böswillig. ▾**—willigheid** Böswilligkeit *w*, böser Wille; (*onwelwillendheid*) Übelwollen *s*.

kwaal Übel, Leiden *s*.

kwab/(be) (*dier*) Quappe *w*; (*verdikking*) Wulst *w*; (*vet-, vleesklomp*) Klumpen *m*, Quabbe *w*; (*aan hals bijv. van koe*) Wamme *w*; (*v. hersenen, longen*) Lappen *m*. ▾**—aal** Aalquappe, -raupe *w*. ▾**—big** quabb(l)ig.

kwadr/aat Quadr/at *s*. ▾**—ant** Q.ant *m*. ▾**—ateren** q.ieren. ▾**—atuur** Q.atur *w*. ▾**—ofonie** Q.ophonie *w*. ▾**—ofonisch** q.ophonisch.

kwajongen Lausbub, Taugenichts *m*; (*schalk*) Schelm *m*. ▾**—sachtig** knaben-, bubenhaft; (*schalks*) schelmisch; (*straatjongensachtig*) bübisch. ▾**—sstreek** Schelmenstreich *m*; (*schalksheid*) Schelmerei *w*.

kwaken (*v. kikker*) quaken; (*v. eenden*) gackern, schnattern.

kwaker Quäker *m*.

kwakkel 1 (*vogel*) Wachtel *w*; **2** *aan de — zijn*, kränkeln. ▾**—aar** Kränkling *m*, kränkelnder Mensch. ▾**—en** (*sukkelen*) kränkeln; (*v. weer: tussen sneeuw of regen*) schlackern. ▾**—weer** unbeständiges Wetter, Schlack(er)wetter *s*. ▾**—winter** milder Winter, läppischer Winter.

kwakken (*werpen*) schmettern, schleudern, schmeißen; (*met kwak vallen*) quatschen.

kwakzalv/en quacksalb/ern. ▾**—er** Q.er, Kurpfuscher, Scharlatan *m*. ▾**—erij** Q.erei *w*. ▾**—ersmiddel** Q.ermittel *s*.

kwal Qualle *w*; *— v.e. vent*, ekliger Kerl, Ekel *s & m*.

kwalificatie Qualifikation *w*. ▾**—wedstrijd** Ausscheidungsspiel *s*, -wettkampf *m*. ▾**kwalificeren** qualifizieren.

kwalijk übel, unsauber, anrüchig; *iem. iets — nemen*, e.m etwas übelnehmen, verübeln; *neem me niet —*, entschuldigen Sie, Verzeihung bitte; *— riekend*, übelriechend; *iem. — gezind zijn*, e.m übelwollen.

kwalit/atief qualitativ. ▾**—eit** Qualität *w*; (*waren*) *v.d. eerste —*, erster Güte, Q.; (*hij heeft*) *vele* (*goede*) *—en*, viele gute Eigenschaften; *in mijn — als voorzitter*, (in meiner Eigenschaft) als Vorsitzender. ▾**—eitsaanduiding** Qualitäts/bezeichnung, Gütebezeichnung *w*. ▾**—eitsprodukt** Q.produkt *s*. ▾**—eitssigaar** Q.zigarre *w*.

kwansel/aar Schacher/er *m*. ▾**—arij** S.ei *w*. ▾**—en** schachern.

kwansuis zum Schein.

kwant Geselle, Bursche *m*; *rare —*, sonderbarer Kauz, seltener Vogel; *vrolijke —*, lustiger Bruder.

kwantit/atief quantitativ, mengenmäßig. ▾**—eit** Quantität, Menge *w*.

kwark Quark *m*.

kwart 1 (*vierde*) Viertel *s*; *een — vel*, ein Viertelbogen; *een — appel*, ein viertel Apfel; *een — liter*, ein Viertelliter; *een — liter wijn*, ein Viertel Wein; *— over tien*, (ein) Viertel nach zehn, (ein) Viertel (auf) elf; *— voor tien*, (ein) Viertel vor zehn, drei Viertel (auf) zehn; **2** (*noot*) Viertelnote *w*; (*interval*) Quarte *w*. ▾**—aal** Vierteljahr, Quartal *s*; *per —*, vierteljährlich. ▾**—aalstaat** Vierteljahrsverzeichnis *s*. ▾**—draai** Vierteldrehung, Viertelwendung *w*.

kwartel Wachtel *w*.

kwartet Quartett *s*.

kwartfinale Viertelfinale *w*.

kwartier (*15 minuten*) Viertel *s*, Viertelstunde *w*; (*maanfase; wijk*) Viertel *s*; (*tijd. huisvesting, spec. v. sold.; deel v. wapenschild*) Quartier *s*; *in — krijgen*, ins Q., einquartiert bekommen; *in — (liggen)*, im Q. ▾**—arrest** Stubenarrest *m*. ▾**—maker** Q.macher *m*. ▾**—muts** Feldmütze *w*. ▾**—tje** Viertelstündchen *s*.

kwart/ijn Quartant, Quartband *m*. ▾**—je** Viertelgulden *m*. ▾**—noot** Viertelnote *w*. ▾**—o** Quarto *s*; *in —*, in Quartoformat. ▾**—rust** (*muz.*) Viertelpause *w*.

kwarts Quarz *m*. ▾**—achtig** q.artig. ▾**—horloge** Q.uhr *w*. ▾**—lamp** Q.lampe *w*.

kwast 1 (*in hout*) Ast, Knorr(en) *m*; **2** (*om te verven, scheren enz.*) Pinsel *m*; (*breed en groot*) Quast *m*; (*pluim*) Quaste, Troddel *w*, Klunker *m*; **3** (*zot*) Narr *m*; (*fat*) Geck, Stutzer *m*; **4** (*drank*) Zitronenwasser *s*. ▾**—erig** geckenhaft *m*. ▾**—ig** (*v. hout*) ästig, knorrig.

kwebbel Klatschbase *w*; (*mond*) Klappe *w*; *houd je —!*, halt die Klappe! ▾**—en** plappern, schwatzen, tratschen.

kwee Quitte *w*. ▾**—appel** (Apfel)Quitte *w*.

kweek 1 (*gras*) Quecke *w*; **2** (*het kweken*) Züchtung, (Auf-, An-)Zucht *w*; (*het gekweekte*) Zucht *w*. ▾**—bed** Pflanzbeet *s*. ▾**—plaats** Pflanzstätte *w*. ▾**—reactor** Brutreaktor *m*. ▾**—school** Bildungsanstalt *w*; (*fig.*) Pflanzstätte *w*; *— voor onderwijzers*, Lehrerbildungsanstalt *w*, pädagogische Akademie; *— voor de zeevaart*, Seefahrtschule *w*. ▾**—schoolonderwijs** Lehrerbildung *w*. ▾**—schoolwet** Gesetz *s* über die Lehrerbildung.

kweepeer (Birn) Quitte *w*.

kwek/eling Zögling *m*; (*toek. onderwijzer*) Schulamtskandidat *m*, angehender Lehrer. ▾**—en** (*v. planten*) ziehen; (*planten uit zaad aankweken; bacteriën*) züchten; (*fig.: verwekken, doen ontstaan*) erzeugen, erregen; (*fig.: koesteren, zorg besteden aan*) hegen; (*overschotten, rente*) erzielen. ▾**—er** Züchter *m*. ▾**—erij** Gärtnerei *w*; (*v. bomen*) Baumschule *w*.

kwel/dam Kuver-, Qualmdeich *m*. ▾**—der** Groden, Queller *m*.

kwelen trillern, singen.

kwel/geest Quälgeist *m*. ▾**—len** quälen. ▾**—lerij** Quälerei *w*. ▾**—ling** Qual *w*.

kwelwater hervorquellendes Wasser, Qualm *m*; (*door rivierdijk*) durch den Deich dringendes Wasser.

kwelziek quälsüchtig.

kwestie Sache, Angelegenheit *w*; (*probleem*) Frage *w*; (*geschil, ruzie*) Streit *m*; (*dat*) *is buiten —*, steht (ist) außer F.; (*daar is*) *geen — van!*, davon kann gar keine Rede sein, (*geen kans op*) (das ist) ausgeschlossen; *er is — van, dat ...*, es verlautet, daß ...; *de persoon in —*, die fragliche Person; *de zaak in —*, die in Frage stehende Angelegenheit; *— krijgen*, S. bekommen; *— zoeken*, S., Zank suchen; (*dat*) *staat buiten de —*, gehört nicht zur Sache; (*'t is slechts*) *een — van tijd*, eine Frage der Zeit; (*dat*) *is een — van gewoonte, opvatting*, ist Gewohnheitssache, Ansichtssache.

kwets/baar verwundbar, verletzbar. ▾**—baarheid** Verwundbarkeit, Verletzbarkeit, Verletzlichkeit *w*. ▾**—en** verwunden, verletzen; (*fig.*) verletzen; (*kneuzen*) quetschen. ▾**—ing** Verwundung,

Verletzung; Quetschung *w.* ▾**—uur** Verwundung, Verletzung *w.*
kwetteren schnattern; (*vogels*) zwitschern, (*harder*) schmettern.
kwezel Betschwester *m.* ▾**—aar** Frömmler *m.* ▾**—arij** Frömmelei *w.* ▾**—en** frömmeln.
kwibus Narr *m*; *een gekke —*, ein komischer, närrischer Kauz.
kwiek flink, lebhaft, quick; (*v. hoedje*) schick, fesch.
kwijl Geifer, Sabber *m.* ▾**—en** geifern, sabbern.
kwijn/en hinsiechen; (*v. planten*) verkümmern; (*v. handel*) daniederliegen, hinschwinden. ▾**—end** schwach, matt, hinfällig; (*v. planten*) hinwelkend; (*teder smachtend*) sehnsüchtig; *—e zieke*, hinsiechender Kranke(r) *m*; *—e ziekte*, schleichende Krankheit.
kwijt: (*iets*) *— zijn*, verloren haben, (*er vanaf zijn*) los sein; (*in het gedrang*) *ben ik mijn stok — geraakt*, ist der Stock mir abhanden gekommen; *zijn hoofd — raken*, den Kopf verlieren. ▾**—en**: *z. van een opdracht, een taak —*, s. e.s Auftrags, e.r Aufgabe entledigen; *z. van een belofte, van een plicht —*, ein Versprechen, eine Pflicht erfüllen; (*een schuld*) —, bezahlen. ▾**—ing** (*v. schuld*) Bezahlung *w*; (*v. plicht enz.*) Erfüllung *w*; (*het bewijs dat schuld gekweten is*) Quittung *w*; *— verlenen*, Quittung geben. ▾**—raken**: *iets —*, etwas verlieren, (*er vrij van worden, er vanaf komen*) etwas loswerden. ▾**—schelden** schenken; (*schuld, straf*) erlassen. ▾**—schelding** Erlaß *m*, Erlassung *w*; *— van straf*, Straferlaß *m.*
kwik Quecksilber *s.* ▾**—barometer** Q.barometer *s.* ▾**—kolom** Q.säule *w*; (*v. thermometer*) Q.faden *m.* ▾**—staart** Bachstelze *w.*
kwink/eleren trillern, quinkelieren. ▾**—slag** Witz *m*, Witzwort *s.*
kwint (*muz.*) Quinte *w.* ▾**—essens** Quintessenz *w.* ▾**—et** Quintett *s.*
kwispel/en wedeln; *ook* = **—staarten** (schwanz)wedeln; (*fig.*) (fuchs)schwänzeln.
kwistig freigebig; (*sterker; ook*: *verkwistend*) verschwenderisch; (*overvloedig*) reichlich; *met —e hand*, mit milder Hand. ▾**—heid** Freigebigkeit; Verschwendung *w.*
kwitantie Quittung *w*, Empfangschein *m*; *een — aanbieden*, eine Q. vorzeigen. ▾**—zegel** Q.smarke *w.* ▾**kwiteren** quittieren.
kyno/logie Kyno/logie *w.* ▾**—loog** K.loge *m.*
kyste Zyste *w.*
KZ-syndroom KZ-Syndrom *s.*

L

la (*lade*) Lade *w*; (*v. tafel, ook*) Schub *m.*
laad/bak Lade/kasten *m*; (*container*) Behälter *m.* ▾**—brief** L.schein, L.zettel *m.* ▾**—brug** L.-, Verladebrücke *w.* ▾**—kist** Güterbehälter *m.* ▾**—kraan** L.-, Verladekran *m.* ▾**—plaats** L.platz *m*, L.stelle *w.* ▾**—perron** L.rampe, L.buhne *w.* ▾**—ruim, —ruimte** L.raum *m.* ▾**—station** (*elektr.*) L.station *w.* ▾**—steiger** L.brücke *w.* ▾**—vermogen** L.fähigkeit *w.*
laag I *bn & bw* niedrig; (*gemeen, ook*) gemein, niederträchtig; (*stem, zingen*) tief; *lage schoenen*, Halbschuhe; (*de barometer*) *is erg —*, steht sehr tief; *—ste punt*, Tiefpunkt *m*; *het lage land*, das Tiefland; *lage stand v.d. barometer, v.h. water, v.d. koersen*, niedriger Wasser-, Barometer-, Kursstand, Tiefstand *m* des Wassers usw.; (*zeer*) *lage temperaturen*, tiefe Temperaturen; *— water*, Niedrig-, Niederwasser *s*; *—* (*gezonken*), tief; *— bij de grond*, tief am Boden, (*fig.*) banal, trivial, platt; *—ste inschrijver*, Mindestfordernde(r) *m*; *van lage afkomst*, von niedriger, niederer, geringer Herkunft, von niederer Geburt; *lage(re) adel*, niederer Adel; *de lagere standen*, die niederen, die untern Stände, die unteren Klassen; *hoog en —* (*was aanwezig*), hoch und niedrig; *lagere akte*, Elementardiplom *s*; *lager akte-examen*, Examen *s* für das Lehramt an Elementarschulen; *de lagere klassen* (*v. school*), die unteren Klassen, die Elementarklassen, (*onderbouw*) die Unterstufe; (*gewone*) *lagere school*, Grund-, Volks-, Elementarschule *w*; *lager beroepsonderwijs*, elementarer berufsbildender Unterricht; *lagere schoolopleiding*, elementare Schulausbildung; *lager technisch onderwijs*, technischer Elementarunterricht; *lage druk*(*king*), Niederdruck, Tiefdruck *m*; *gebied v. lage druk*, Tief(druckgebiet) *s*; *te lage druk*, Unterdruck *m*; *lage eisen* (*stellen*), geringe Anforderungen; (*die straf is veel te*) *—*, gering. **II** *zn* Schicht *w*; (*wat men in afwisselende lagen op elkaar legt*) Lage *w*; (*salvo*) Lage *w*; *een — kolen*, eine S. Kohlen, Kohlenschicht; *in lagen*, s.enweise; *iem. de volle — geven*, (*fig.*) e.m sein Fett geben, e.n mit Scheltworten überladen, e.n tüchtig abkanzeln; (*iem.*) *lagen leggen*, Schlingen legen, Fallen stellen. ▾**laag-bij-de-gronds** abgeschmackt, banal, trivial, platt. ▾**laag/bouw** Flachbau *m.* ▾**—frequent...** Nieder/frequenz... ▾**—hartig** n.trächtig. ▾**—hartigheid** N.trächtigkeit *w.* ▾**—heid** Niedrigkeit *w*; (*gemeenheid*) N.trächtigkeit *w.* ▾**—land** Tiefland *s*; (*v. vlakten, dalen enz. gezegd*) N.ung *w*; (*benedenland*) Unterland *s.* ▾**—sgewijs** schichtenweise. ▾**—spanning** N.spannung *w.* ▾**—stbetaalden** Mindestlohnbezieher *Mz.* ▾**—te** (*het laag zijn*) Niedrigkeit *w*; (*diepte*) Tiefe *w*; (*laag, lager gelegen land*) Niederung *w*; (*verlaging,*

inzinking) Vertiefung *w*; *naar de — gaan*, hinabgehen, abwärts gehen. ▾**—tij** Niedrigwasser *s*. ▾**—veen** Tief(lands)moor, Niederungsmoor *s*. ▾**—vlakte** Tiefebene *w*. ▾**—waterlijn** Niedrigwassermarke *w*.
laaien lodern.
laakbaar tadelhaft, tadelnswert.
laan Allee *w*; *iem. de — uitsturen*, e.m den Laufpaß geben.
laars Stiefel *m*; *hij lapt 't aan zijn —*, er schert s. den Henker darum.
laat spät; *hoe — is het?*, wie spät, wieviel Uhr ist es?; *de late middeleeuwen*, das Spätmittelalter; *op de late avond*, am späten Abend; *'s avonds —*, abends spät, spät am Abend, spätabends; (*de trein zal vermoedelijk*) *te — aankomen*, verspätet, mit Verspätung eintreffen; *ik ben wat —*, ich habe mich etwas verspätet; *beter — dan nooit*, besser spät als gar nicht; (*weten*) *hoe — het is*, (*fig.*) wie die Sachen stehen, was die Glocke geschlagen hat; *hoe later op de avond, hoe schoner volk*, je später der Abend, je schöner die Gäste; *zie* **laatst**. ▾**—bloeier** (*fig.*) Spätentwickler, (*fam.*) Spätzünder *m*.
laatdunkend dünkelhaft. ▾**—heid** Dünkel *m*.
laatkoers Briefkurs *m*.
laatkomer Spätling, Nachzügler *m*.
laatst letzt; (*tegenstelling v.* 'vroegst') spätest; (*bw: onlangs*) neulich, vor kurzem; (*ik had twee vrienden, Jan en Piet;*) *de —e is*, letzterer ist; *op de —e v.d. maand*, am letzten des Monats, am Monatsletzten; *in de —e tijd*, in letzter(er) Zeit, neuerdings, (*in de laatste jaren*) in neuerer Zeit; *opvattingen v.d. —e tijd*, neuzeitliche Anschauungen; (*hij kwam*) *'t —*, zuletzt, als letzter von allen; (*allen kwamen te laat, maar Piet kwam*) *het —*, am spätesten; *het —* (*dat ik hem zag*), das letzte Mal; *in* (*op*) *'t —* (*bleef er niets anders over*) schließlich, am Ende, zuletzt; *in het — van mei*, Ende Mai; *in* (*op*) *het — van de maand*, gegen Ende des Monats, gegen Monatsende; *'t loopt op het —*, es geht zu Ende, es geht dem Ende zu; *'t loopt met hem op 't —*, (*ook*) er pfeift auf dem letzten Loch, es ist mit ihm Matthäi am letzten; *op z'n —*, spätestens; *ten —e*, zuletzt, schließlich; *ten langen —e*, zuletzt, schließlich, zu guter Letzt; (*ten eerste, ten tweede... en*) *ten —e*, letztens; *voor het —*, zum letztenmal. ▾**—genoemd** letzterwähnt, letztgenannt. ▾**—leden**: *zondag —*, am letzten, am vorigen Sonntag; *op 8 mei —*, am 8. Mai dieses Jahres (d. J.); *op 30 dec. —*, am 30. Dez. vorigen Jahres (v. J.).
label (Anhänge-, Gepäck-, Adreß)Zettel *m*.
labiaal I *bn* labial, Lippen... **II** *zn* Labial, Lippenlaut *m*.
labiel labil.
laborant(e) Laborant *m* (L.in *w*). ▾**laboratorium** Laboratorium *s*. ▾**—assistente** L.assistentin, L.gehilfin *w*.
laboreren laborieren.
labyrint Labyrinth *s*.
lach Lachen *s*; *in de — schieten*, auflachen, in L. ausbrechen. ▾**—bui** Gelächter *s*, Lachanfall *m*; *een — krijgen*, in G. ausbrechen; *hij had een —*, er war in lächeriger Stimmung. ▾**—(e)bek** Lacher *m*. ▾**—en** lachen; (*glimlachen*) lächeln; *om* (*met*) *iets —*, über etwas lachen; (*'t is*) *om te —*, zum Lachen; *ik moet erom —*, es lächert mich; *het — inhouden*, das Lachen verhalten, s. des Lachens enthalten; (*hij kon*) *zich niet inhouden van 't —*, s. vor Lachen nicht halten; *hij lachte z. krom*, er wälzte s., bog s. vor Lachen; *z. 'n ongeluk, 'n aap enz. —*, s. krank, schief, bucklig, e.n Ast lachen; (*'t is*) *om je dood te —*, zum Totlachen, zum Piepen; (*hij laat niet met zich*) *—*, spaßen; *— als een boer die kiespijn heeft*, süßsauer lachen; *wie 't laatst lacht, lacht 't best*, wer zuletzt lacht, lacht am besten. ▾**—er** Lacher *m*. ▾**—erig** lächerig, lachlustig. ▾**—je** Lächeln *s*. ▾**—spiegel** Zerrspiegel *m*. ▾**—stuip** unaufhaltsames Gelächter. ▾**—succes** Heiterkeitserfolg *m*. ▾**—wekkend** lachenerregend; (*belachelijk*) lächerlich.
laconiek lakonisch.
lacune Lücke, Lakune *w*.
ladder Leiter *w*; (*in kous enz.*) Laufmasche *w*; *er zit een —* (*in je kous*), es läuft eine Masche; *een — ophalen*, eine Laufmasche aufnehmen, auffangen. ▾**—en**: (*deze kousen*) *— niet*, sind maschenfest, bekommen keine Laufmaschen. ▾**—sport** Leiter/sprosse *w*. ▾**—wagen** L.wagen *m*; (*v. brandweer*) Drehleiterwagen *m*.
lade (*v. geweer*) Schaft *m*; *zie verder* **la**.
laden laden; (*het schip*) *is —de*, ist im Laden begriffen. ▾**—lichter** Ladendieb *m*. ▾**lading** Ladung *w*. ▾**—meester** Lademeister *m*. ▾**—sbrief** Lade-, Ladungsschein *m*.
lady Lady *w*. ▾**—killer** L.killer, Frauenheld *m*.
laf feige, feigherzig; (*flauw*) fade, abgeschmackt; (*v. spijzen*) fade; (*v. drank*) schal; (*v. weer*) schwül. ▾**—aard** Feigling *m*, Memme *w*. ▾**—bek** Feigling, Hasenfuß *m*.
lafenis Labung *w*, Labsal *s*.
laf/hartig feige, feigherzig. ▾**—heid** Feigheit, Feigherzigkeit; Fadheit, Abgeschmacktheit; Schalheit *w*; *zie* **laf**.
lagedrukgebied Tiefdruckgebiet *s*.
lager I *bn & bw zie* **laag I**. **II** *zn* Lager *s*; *ook* = **—bier** Lagerbier *s*. ▾**—eind** unteres Ende. ▾**—huis 1** (*parlement*) Unterhaus *s*; **2** (*technisch*) Lagergehäuse *s*. ▾**—-onderwijswet** Volksschulgesetz *s*.
lagune Lagune *w*.
lak Lack *m*; (*lakzegel*) Siegel *m*; *daar heb ik — aan*, ich pfeife darauf, ich schere mich den Teufel darum; *ik heb — aan je*, du kannst mir den Buckel herunterrutschen, ich pfeife dir was.
lakei Lakai *m*.
laken I *zn* Tuch *s*; (*beddelaken*) Bettuch *s*, Laken *s & m*; *de —s uitdelen*, zu befehlen haben; *van hetzelfde — een pak krijgen*, dasselbe bekommen, auch die Jacke voll kriegen. **II** *ww* tadeln, rügen; (*iets*) *in iem. —*, an e.m tadeln. ▾**—s** tuchen, Tuch... ▾**—swaard** tadelnswert.
lakken lackieren; (*brief*) versiegeln.
lakmoes Lackmus *s*.
laks laß, lässig, lasch, lax.
lakschoen Lackschuh *m*.
laksheid Laß-, Lässig-, Lasch-, Laxheit *w*.
lak/stempel Petschaft *s*. ▾**—verf** Lack/farbe *w*. ▾**—werk** L.arbeiten, lackierte Waren *Mz*.
lala: (*'t is*) *maar —*, nur so so.
lallen lallen.
lam I *zn* Lamm *s*. **II** *bn & bw* lahm; (*verlamd*) gelähmt; (*onaangenaam*) dumm, fatal, mißlich; *—me hand*, lahme Hand; (*hij is*) *—*, (*verlamd*) gelähmt; *—me boel*, dumme, fatale, elende, mißliche Geschichte; *—me vent*, elender, miserabeler, jämmerlicher Kerl; (*z.*) *—* (*werken*), halbtot; *als — geslagen van* (*schrik*), wie gelähmt vor.
lama 1 (*dier*) Lama *s*; **2** (*priester*) Lama *m*.
lambriz/eren täfeln. ▾**—ering** Täfelung *w*, Getäfel *s*.
lamel Lamelle *w*.
lamenteren lamentieren.
lam/heid Lahmheit *w*; *als met — geslagen*, wie gelähmt. ▾**—lendig** lustlos; (*akelig, naar*) elend, miserabel; (*traag, lui*) schlaff, lässig; *zie ook* **lam II**. ▾**—lendigheid** Lustlosigkeit *w*;

(*luiheid*) Schlaffheit, Lässigkeit *w*. ▾**—meling** elender Kerl, Lump *m*.
lammeren lamme(r)n.
lammergier Lämmergeier *m*.
lammetjespap Mehlbrei *m*.
lamoen Gabeldeichsel *w*.
lamp Lampe *w*; (*rad.*) Röhre *w*; *tegen de — lopen*, erwischt werden. ▾**—eglas** Lampen/glas *s m*. ▾**—ekap** L.schirm *m*.
lampet/kan (Waschwasser)Kanne *w*, Lampette *w*. ▾**—kom** (Wasch)Becken *s*.
lamp/houder Lampen/fassung *w*; (*rad.*) Röhren/fassung *w*. ▾**—huls** L.-, R.sockel *m*. ▾**—ion** Lampion *m & s*, Papierlaterne *w*. ▾**—licht** Lampenlicht *s*.
lams/bout Hammel/keule, Lammskeule *w*. ▾**—kotelet** H.kotelett *s*.
lamslaan: *iem.* —, e.n (krumm und) lahm schlagen; *als lamgeslagen*, wie zerschlagen.
lamstraal elender, verfluchter Kerl, Lump *m*.
lams/vacht, —vel Lamm/fell *s*. ▾**—vlees** L.fleisch, Hammelfleisch *s*.
lanceer/basis Abschußbasis *w*. ▾**—buis** Torpedo-, Ausstoßrohr *s*. ▾**—inrichting** Lancier/vorrichtung *w*; (*raketbasis*) Abschußrampe *w*. ▾**—platform** Abschußrampe *w*. ▾**lancer/en** l.en; (*v. torpedo, ook*) ausstoßen; (*raket*) abschießen; (*gerucht*) im Umlauf bringen; (*mode*) aufbringen; (*een bericht*) *in de krant* —, in die Zeitung l.en; (*een nieuwe film*) —, starten. ▾**—ing** Abschuß *m*.
lancet Lanzette *w*. ▾**—etui** Lanzettbesteck *s*.
land Land *s*; *aan* — (*gaan*), an(s) L.; *naar* —, l.wärts; *op het* — (*wonen*), auf dem L.e; *te — en ter zee*, zu Wasser und zu L.; *hier te —e*, hierzulande; *oorlog te* —, L.krieg *m*; *meer het — in*, weiter l.einwärts; *het — op*, (*naar buiten*) aufs L.; *het — aan iem. hebben*, e.n nicht leiden können, e.m nicht grün sein; *het — aan iets hebben*, e.n Widerwillen gegen etwas haben; *'s —s gebruik, regering*, der Landesbrauch, die Landesregierung; *'s —s kas*, die Staatskasse; *'s —s wijs, 's —s eer*, andere Länder, andere Sitten. ▾**—aanwas** Landanwuchs *m*. ▾**—aanwinning** Landgewinnung *w*. ▾**—aard** Landesart *w*, Nationalcharakter *m*; (*nationaliteit*) Nationalität *w*. ▾**—arbeider** Landarbeiter *m*.
landauer Landauer *m*.
landbouw Landwirtschaft *w*; (*akkerbouw*) Ackerbau *m*; (*hogere school*) *voor tropische landbouw*, für die tropische Landbauwirtschaft; *minister v.* —, Landwirtschaftsminister *m*; (*minister*(*ie*)) *v. —, visserij en voedselvoorziening*, für Landwirtschaft, Fischerei und Ernährung. ▾**—akte** Landbaudiplom *s*. ▾**—artikel** Landwirtschafts/artikel *s*. ▾**—bank** L.-, Agrarbank *w*. ▾**—bedrijf** Landwirtschaft, Wirtschaft *w*, landwirtschaftlicher Betrieb. ▾**—beleid** Agrarpolitik *w*. ▾**—berichten** (*rad.*) Landwirtschafts/dienst *m*. ▾**—consulent** L.berater *m*. ▾**—coöperatie** landwirtschaftliche Genossenschaft. ▾**—- en tuinbouwonderwijs** Landbau- und Gartenbauunterricht *m*. ▾**—er** Bauer, Landmann *m*; (*grote boer*) Landwirt *m*. ▾**—gereedschap** Ackergerät *s*; *—pen*, (*landbouwwerktuigen*) landwirtschaftliche Geräte, Ackerbaugeräte *Mz*. ▾**—grond** Ackerboden *m*. ▾**—hogeschool** landwirtschaftliche Hochschule *w*. ▾**—huishoudonderwijs**: *lager, middelbaar* —, elementarer, mittlerer ländlicher Hauswirtschaftsunterricht; *hoger* —, höhere Schule für ländlichen Hauswirtschaftsunterricht, höhere landwirtschaftliche Haushaltungsschule. ▾**—kredietbank** Agrarkreditanstalt *w*. ▾**—kunde** Landwirtschaft, Landwirtschaftslehre, Wirtschaftskunde *w*. ▾**—kundig** landwirtschaftlich; *— ingenieur*, Landwirtschaftsingenieur *m*. ▾**—kundige** Landwirt, Landwirtschaftskundige(r) *m*; (*met diploma landbouwhogeschool*) Diplomlandwirt *m*. ▾**—kwestie** Agrarfrage *w*. ▾**—maatschappij** Ackerbaugesellschaft *w*. ▾**—machine** landwirtschaftliche Maschine, Landmaschine *w*. ▾**—onderwijs** landwirtschaftlicher Unterricht; *lager* —, landwirtschaftlicher Elementarunterricht, elementarer Landbauunterricht; *hoger* —, höhere Schule für Landwirtschaftsunterricht. ▾**—onderwijzer** Landwirtschaftslehrer *m*. ▾**—politiek** Agrarpolitik *w*. ▾**—produkt** landwirtschaftliches Produkt, Ackerbauprodukt *s*. ▾**—proefstation** landwirtschaftliche Versuchsstation. ▾**—schap** Bauernschaft *w*. ▾**—school** landwirtschaftliche Schule, Landwirtschaftsschule, Ackerbauschule *w*. ▾**—staat** Agrarstaat *m*. ▾**—streek** Ackerbaugegend *w*. ▾**—tentoonstelling** Landwirtschaftsausstellung *w*. ▾**—tractor** Ackerbauschlepper *m*. ▾**—voorlichtingsdienst** landwirtschaftliche Beratungsstelle *w*. ▾**—werktuig** landwirtschaftliches Gerät. ▾**—werkzaamheden** landwirtschaftliche Arbeiten. ▾**—wetgeving** Agrargesetzgebung *w*.
land/dag Land/tag *m*. ▾**—drost** L.drost *m*. ▾**—eigenaar** L.besitzer, Grundbesitzer *m*. ▾**—elijk** ländlich; *— comité*, Nationalausschuß *m*; *— kampioen*, Landesmeister *m*. ▾**landen** landen; (*de vijand*) *landt aan de kust*, landet an der Küste, *landt troepen*, landet Truppen, bringt Truppen an Land; (*het watervliegtuig*) *landt*, geht aufs Wasser nieder, landet auf dem Wasser, wassert. ▾**land/engte** Landenge *w*. ▾**—enklassement** Länderklassement *s*, Länderwertung *w*. ▾**—- en tuinbouwberichten** (*radio*) Landfunk *m*. ▾**—- en volkenkunde** Länder- und Völkerkunde *w*. ▾**—enwedstrijd** Ländertreffen *s*, -kampf *m*.
landerig verdrießlich, ärgerlich, verstimmt. ▾**—heid** Verdrossenheit, üble Laune *w*.
land/erijen Ländereien *Mz*. ▾**—genoot** Lands/mann *m*; *landgenoten*, L.leute *Mz*. ▾**—genote** L. männin *w*. ▾**—goed** (Land)Gut *s*. ▾**—grens** Landesgrenze *w*. ▾**—heer** Grundbesitzer, -herr *m*; (*heer op landgoed*) Gutsbesitzer, -herr *m*. ▾**—honger** Landhunger, Länderdurst *m*. ▾**—hoofd** (*v. brug*) Widerlager *s*; (*v. haven*) Mole *w*. ▾**—huis** Landhaus *s*.
landing Landung *w*; *— op het water*, Wasserung *w*, Landung auf dem Wasser. ▾**landings/baan** Lande/bahn *w*. ▾**—baken** L.funkfeuer *s*, Funkbake *w*. ▾**—divisie** Landungsdivision *w*. ▾**—gestel** Fahrgestell *s*. ▾**—klep** Landeklappe *w*. ▾**—plaats** Landungsstelle *w*, -platz *m*; (*v. vliegt.*) Landeplatz *m*. ▾**—recht** Landerecht *s*. ▾**—steiger** Landungssteg *m*. ▾**—terrein** = **—plaats**. ▾**—troepen** Landungstruppen. ▾**—vaartuig** Landungsfahrzeug *s*.
land/inwaarts land/einwärts. ▾**—jonker** L.junker *m*. ▾**—kaart** L.karte *w*. ▾**—klimaat** L.klima *s*. ▾**—leger** L.truppen *Mz*, Heer *s*. ▾**—lopen** L.streicherei *w*, Vagabundieren, Herumstrolchen *s*. ▾**—loper** L.streicher, Vagabund, Strolch *m*. ▾**—loperij** L.streicherei, Vagabondage *w*. ▾**—macht** L.macht *w*, Heer *s*. ▾**—man** L.mann *m*.

▾**—meter** L.-, Feldmesser, Geometer, Vermessungsingenieur *m.* ▾**—meting** L.esvermessung *w.* ▾**—mijn** L.-, Tretmine *w.* ▾**—ontginning** Urbarmachung *w* des Bodens.

landouw Aue, Flur *w*, Gefilde *s.*

land/paal Land/marke *w*, Grenzpfahl *m.* ▾**—pacht** L.zins, Pachtzins *m.* ▾**—post** Überlandpost *w.* ▾**—rente** Bodenrente *w.* ▾**—rot** L.ratte *w.* ▾**—rover** L.rover *m.* ▾**—sbelang** Staatsinteresse *s.* ▾**—sbestuur** L.esverwaltung *w.* ▾**—schap** L.schaft *w.* ▾**—schappelijk** l.schaftlich. ▾**—schapspark** L.schaftsschutzgebiet *s.* ▾**—schapsschilder** L.schaftsmaler *m.* ▾**lands/dienaar** Staats/angestellte(r) *m.* ▾**—grens** Landesgrenze *w.* ▾**—heer** Landesherr *m.* ▾**—heerlijk** landesherrlich; *—e rechten*, Hoheitsrechte. ▾**—man** Landsmann *m.* ▾**—taal** Landessprache *w.* ▾**land/storm** Land/sturm *m*; *lid v.d. —*, L.stürmer *m.* ▾**—streek** Gegend *w*, L.strich *m.* ▾**lands/verdediging** Landes/verteidigung *w.* ▾**—vrouwe** L.herrin, L.fürstin *w.* ▾**land/tong** Landzunge *w.* ▾**—verhuizer** Auswanderer *m*; (*inkomend*) Einwanderer *m.* ▾**—verhuizing** Auswanderung; Einwanderung *w.* ▾**—verraad** Landes/verrat *m.* ▾**—verrader** L.verräter *m.* ▾**—volk** Land/volk *s.* ▾**—voogd** L.vogt *m.* ▾**—waarts** l.wärts; (*deze stad*) *is — (in) gelegen*, ist l.einwärts gelegen. ▾**—weg** Feldweg *m*; (*tegengestelde v. zeeweg*) L.weg *m.* ▾**—wijn** L.wein *m.* ▾**—winning** L.gewinnung *w.*

lang lang; (*lange tijd*) l.e; (*hij viel*) *zo — als hij was*, so l. er war, seiner (ganzen) Länge nach; *het is zo — als het breed is*, es ist so breit wie lang; *— en breed* (*over iets spreken*), ein langes und breites; (*dat had je*) *al — moeten zeggen*, längst, schon lange sagen sollen; *hoe —er hoe liever*, je länger je lieber; *hoe —er hoe beter*, immer besser; *dagen —*, tagelang; *jaren —*, jahrelang, Jahre hindurch; *drie dagen —*, drei Tage lang; *drie maanden —*, drei Monate lang, hindurch; *'t niet — maken*, nicht lange bleiben, (*niet veel woorden gebruiken*) s. kurz fassen; *hij heeft — werk*, er macht (braucht) lange; *heb je — werk?*, dauert es lange?; *— niet, bij —e* (*na*) *niet* (*zo rijk*), bei weitem nicht; (*ik heb haar*) (*in*) *—* (*niet gezien*), lange, seit langem, seit längerer Zeit; *— niet slecht*, gar nicht übel; *sedert —*, seit langem; *hij heeft zijn —ste tijd gehad*, er ist seine längste Zeit dagewesen; *dat zal de —ste tijd geduurd hebben*, das wird am längsten gedauert haben; *op z'n —st*, längstens, höchstens; *— zal hij leven!*, er soll leben, er lebe hoch!; *— leve de jubilaris*, es lebe der Jubilar!, ein Hoch dem Jubilar! ▾**lang/ademig** lang/atmig. ▾**—armig** l.armig. ▾**—benig** l.beinig. ▾**—dradig** weitschweifig, l.stielig. ▾**—dradigheid** Weitschweifigkeit, L.stieligkeit *w.* ▾**—durig** lang, lange dauernd, lange während; langjährig; (*veel tijd in beslag nemend en onaangenaam*) langwierig. ▾**—durigheid** lange Dauer; Länge; Langwierigkeit *w.* ▾**lange-afstand/bommenwerper** Langstrecken/-, Fern/bomber *m.* ▾**—geschut** F.geschütz *s.* ▾**—loper** L.läufer, Langläufer, Langstreckler *m.* ▾**—raket** L.-, F.rakete *w.* ▾**—vlucht** L.flug *m.* ▾**—wapen** F.waffe *w.* ▾**langer** länger; *zie* **lang**. ▾**lang/gerekt** lang/gedehnt, (*lang aangehouden*) l.gezogen, l.angehalten. ▾**—harig** l.haarig. ▾**—jarig** l.jährig. ▾**—lauf** L.lauf *m.* ▾**—en** den L.lauf betreiben. ▾**—er** L.läufer *m.* ▾**—lauftraject** Loipe, Langlaufbahn *w.* ▾**—lopend** l.fristig. ▾**—oor** L.ohr *s.* ▾**—parkeerder** L.parker *m.*

langs entlang [*2, 3, 4*; *meestal achter zn in 4e nv.*]; an [3] entlang; längs [2, 3]; an [3] vorbei (vorüber); an [3]; auf[3]; (*zie onderstaande voorb.*) (*we liepen*) *— de rivier*, den Fluß e., an dem Fluß e.; (*het pad*) *liep — de rivier*, zog s. längs des Flusses (dem Fluß) hin; (*de optocht komt*) *— ons huis*, an unserem Haus vorbei, vorüber; (*de huizen*) *— de straat*, an der Straße; (*de planten groeien*) *— het water*, am Wasser; (*de wind jaagt de wolken*) *— de hemel*, am Himmel hin; *— het touw* (*naar beneden glijden*), am Tau; *—* (*via*) *deze weg*, auf diesem Wege; *— een omweg*, auf e.m Umweg; *— chemische weg*, auf chemischem Wege; (*tranen lopen*) *— de wangen*, über die Wangen; *altijd — de straat slenteren*, s. immer auf der Straße herumtreiben; (*rechtuit*) *deze straat —*, diese Straße herunter; (*vlaggen*) *de hele straat —*, die ganze Straße herunter; *boven —*, oben hin, oben entlang; *daar kom je niet —*, darum kannst du nicht herum; *iem. er flink van — geven*, e.n tüchtig durchprügeln, (*fig.*) e.n tüchtig abkanzeln. ▾**langsdoorsnede** Längsschnitt *m.*

lang/slaper Langschläfer *m.* ▾**—speelplaat** Langspielplatte *w.* ▾**langst** längst; *zie* **lang**. ▾**—levend** längstlebend, überlebend.

langszij(de) längsseit(s) [2]; (*goederen*) *vrij —* (*leveren*), frei Längsseite.

lang/uit der Länge nach, längelang. ▾**—verbeid** lang ersehnt. ▾**—werpig** länglich.

lang/zaam langsam; (*traag*) träge; *— van begrip*, l., schwer von Begriff; *— aan* (*werd het donker*), allmählich; *maar — aan!*, immer l. voran! ▾**—zaam-aan-actie, -staking** Bummelstreik *m.* ▾**—zamerhand** allmählich, nach und nach.

lankmoedig langmütig. ▾**—heid** Langmut *w.*

lanoline Lanolin *s.*

lans Lanze *w*; *een — breken voor*, eine L. einlegen, brechen für. ▾**—steek** L.nstich *m.*

lantaarn, lantaren Laterne *w.* ▾**—paal** Laternen/pfahl *m.* ▾**—plaatje** L.bild, Diapositiv *s.*

lanterfant Müßiggänger, Faulenzer *m.* ▾**—en** herumlungern, müßig gehen, faulenzen.

lap Lappen *m*; (*verstelstuk*) Flicken *m*, Flicklappen *m*, Stück *s*, (*op schoenen, ook*) Fleck *m*, (*op bovenleer, ook*) Riester *m*; (*flarde*) Fetzen, Lumpen *m*; (*overgebleven stuk stof, restant*) Rest *m*; (*kalfs-, varkenslapje*) Schnitte *w*; (*bankbiljet*) Schein *m*; (*dronkelap*) Trunkenbold *m*; *een — land*, ein Grundstück; (*een gezicht*) *van ouwe —pen*, wie sieben Tage Regenwetter.

Lap Lappe, Lappländer *m.*

lapje: (*iem.*) *voor het — houden*, zum besten haben, verulken, aufziehen; *zie* **lap**.

Lapland Lappland *s.* ▾**—s** lappländisch.

lapmiddel Flickmittel, Palliativ *s*, Notbehelf *m.* ▾**lappen** (*verstellen*) flicken, ausbessern; *de glazen —*, die Fenster putzen; (*we zullen*) *'m dat wel —*, das schon fertig bringen, schon deichseln; (*dat heeft hij*) *'m fijn gelapt*, fein gemacht; (*wie heeft*) *mij dat gelapt*, mir den Streich gespielt?; (*iem.*) *erbij —*, (*bekeuren*) aufschreiben, (*aanklagen*) anzeigen; (*zijn geld*) *erdoor —*, verjuckeln. ▾**—deken** Flickendecke *w*; (*fig.*) zusammengestoppeltes Flickwerk. ▾**—mand** Lappen-, Flickenkorb *m*; *in de — zijn*, krank sein. ▾**—markt** (*vodden*) Trödelmarkt *m.*

lapsus Lapsus *m.*

lapwerk Flick/arbeit *w*, F.werk *s* (*ook fig.*).

larderen spicken.
larie(koek) Larifari *s*, Quatsch, Unsinn *m*.
lariks Lärche *w*.
larve Larve *w*.
las Lasche *w*; (*aaneengeweld*) Schweiße *w*; (*plaats waar twee stukken tegen elkaar stoten, voeg, railstoot*) Stoß *m*; (*v. elektr. draden*) Verbindung(sstelle) *w*; (*het opgelegd verbindend stuk*) Stoßverbindung *w*, (*bij spoorstaven*) Lasche *w*, (*alg.*) Verbindungsstück *s*. ▾**—apparaat** Schweiß/apparat *m*. ▾**—baar** s.bar. ▾**—bout** S.bolzen *m*. ▾**—brander** S.brenner *m*.
laser Laser *m*. ▾**—straal** L.strahl *m*.
lash-schip LASH-Carrier *m*, Leichterträgerschiff *s*.
las/naad Laschnaht *w*; (*aaneengeweld*) Schweißnaht *w*. ▾**—plaat** (*het verbindingsstuk*) Stoßverbindung *w*; (*bijv. bij spoorstaven*) Lasche *w*; (*plaatijzer*) Laschenblech *s*. ▾**lass/en** (*door verbindingsstukken*) laschen; (*aaneensmelten*) schweißen; (*v. draden, met elkaar verbinden*) verbinden; (*hout*) einfalzen; *autogeen —*, autogene Schweißung, Gas(schmelz)schweißung *w*. ▾**—er** Schweißer *m*. ▾**—ing** Laschung; Schweißung; Verbindung *w*.
lasso Lasso *m & s*.
last Last *w*; (*wat voor iem. een zwaar gewicht heeft om te dragen, lett. en fig., ook*) Bürde *w*; (*lading*) Ladung *w*; (*inhoudsmaat, gewichtsmaat*) Last *w*; (*bezwaar, ongemak*) Beschwerde *w*; (*moeilijkheden*) Schwierigkeiten, Unannehmlichkeiten *Mz*; (*moeite*) Mühe *w*; (*geldelijke verplichting*) Last *w*, (*meer 'belasting'*) Abgabe, Steuer *w*; (*opdracht*) Auftrag *m*; *de — der jaren*, die Last der Jahre, der Druck des Alters; (*iem.*) *— bezorgen*, Schwierigkeiten machen, (*moeite*) zu schaffen machen, Mühe machen; *veel — met iem. hebben*, viel mit e.m zu schaffen haben, seine liebe Not mit e.m haben; *daar heb je de nodige — mee*, (*zorg en werk*) damit hat man seine Last; *— van de maag* (*hebben*), Magenbeschwerden; *ik heb — van het lawaai*, der Lärm hindert mich, stört mich; *iem. tot — zijn*, e.m zur Last sein, fallen; *sociale —en*, soziale Lasten; *op zware —en zitten*, schwere Abgaben zu bezahlen haben, (*meer alg.*) große Unkosten haben; (*geen kinderen meer*) *tot zijn —, te zijnen —e hebben*, zur Last haben, zu versorgen haben; *op — van*, im Auftrag [2]; *iem. — geven*, e.m Auftrag geben; (*iem. iets*) *ten —e leggen*, zur Last legen; *ten —e van de koper*, zu Lasten des Käufers. ▾**last/brief** Auftrag *m*, Mandat *s*. ▾**—dier** Lasttier *s*.
laster Verleumdung *w*; (*honen wat iem. heilig is*) Lästerung *w*. ▾**—aar** Verleumder; Lästerer *m*. ▾**—campagne** Verleumdungshetze *w*. ▾**—en** (*honen wat iem. heilig is*) lästern; (*belasteren, kwaad spreken van*) verleumden; *over iem. —*, über e.n lästern; *God —*, (wider) Gott lästern. ▾**—ing** *zie* **laster**. ▾**—lijk** verleumderisch; lästerlich. ▾**—praat** verleumderische Reden *Mz*, Klatsch *m*. ▾**—taal** Lästerrede *w*.
last/gever Auftraggeber *m*; (*volmachtgever*) Mandant *m*. ▾**—geving** Auftrag *m*; (*instructie*) Weisung *w*; (*mandaat*) Mandat *s*. ▾**—hebber** Beauftragte(r) *m*; (*gevolmachtigde*) Bevollmächtigte(r), Mandatar *m*.
lastig schwierig; (*hinderlijk, overlast veroorzaken*) lästig; (*met bezwaren verbonden*) beschwerlich; (*ongerieflijk, geen gemak gevend*) unbequem; (*netelig*) heikel, mißlich; *— kind*, lästiges Kind, (*moeilijk op te voeden*) schwieriges, schwererziehbares Kind; (*z.*) *in een — parket* (*bevinden*), in e.r mißlichen Lage; *—e weg*, beschwerlicher, mühsamer Weg; (*dat zal*) *— gaan*, schwer halten; *het zal hem — vallen* (*dit te doen*), es wird ihm schwer fallen; *iem. — vallen, 't iem. — maken*, e.n belästigen, e.m lästig sein, e.m zur Last fallen; *een meisje — vallen*, e.m Mädchen gegenüber, zudringlich werden, ein Mädchen belästigen. ▾**—heid** Schwierigkeit, Lästigkeit, Beschwerlichkeit *w*; *zie* **lastig**. ▾**lastpost** lästiges Kind, lästiger Mensch.
lat Latte *w*.
latafel Kommode *w*.
laten lassen; *laat maar!*, laß nur!; *laat ('t) maar* (*rusten*), laß es gut sein!; *laat dat*, (*houd op*) laß das (sein)!, (*niet doen*) laß das (bleiben)!; (*dat*) *zal ik wel netjes —*, werde ich hübsch bleiben lassen; *laat hem* (*zijn gang*) *maar* (*gaan*), laß ihn nur machen, nur gewähren!; *het er niet bij —*, es nicht dabei bewenden lassen, es nicht auf s. beruhen lassen; *we zullen het hierbij —*, wir wollen es hierbei bewenden lassen; (*deze keer*) *zal ik 't nog bij deze kleine straf laten*, will ich es noch bei (mit) dieser kleinen Strafe bewenden lassen; (*iets*) *— voor wat het is, in het midden —*, dahingestellt sein lassen; (*ik weet niet*) *waar ik mijn hoed gelaten heb*, wo mir der Hut hingekommen ist; *er eentje —*, e.n (Wind fahren) lassen; (*iem. iets voor f 100*) *—*, (ab-, über)lassen; *hij liet mij het boek zien*, er ließ mich das Buch sehen; (*de kleermaker*) *liet zijn zoon een kostuum maken*, (*= de zoon maakt het*) ließ seinen Sohn, (*= voor zijn zoon*) ließ seinem Sohn e.n Anzug machen; *laat mij gaan*, (*sta, staat toe, dat ik ga*) laß (laßt, lassen Sie) mich gehen; *laat ik, laat me* (*voorzichtig zijn*), ich will, muß; *— we, laat ons God dankbaar zijn*, laßt uns Gott dankbar sein, seien wir Gott dankbar, wir wollen Gott dankbar sein; *laat hij z. maar kalm houden*, er soll, er möge s. nur ruhig verhalten, er verhalte s. nur ruhig; *laat hij, laat hem maar komen*, er mag, er soll nur kommen, er komme nur; *laat het succes ook niet groot zijn*, (*we hebben toch iets bereikt*), mag der Erfolg auch nicht groß sein; *het doen en —*, das Tun und Lassen, das Tun und Treiben.
latent latent.
later später; *zie* **laat**.
latex Latex *m*.
lat(h)yrus Platterbse *w*.
Latijn Latein *s*; *hoe zegt men dat in het —?*, wie heißt das auf lateinisch?; *hij is aan het einde van zijn —*, er ist mit seinem L. zu Ende, ihm geht das L. aus. ▾**—s** lateinisch; *—-Amerika*, Lateinamerika *s*; *—e letter*, Lateinschrift *w*. ▾**latinist** Latinist *m*.
latrine Latrine *w*.
lat/tenrooster Latten/rost *m*. ▾**—werk** L.werk, L.gestell *s*; (*voor leibomen*) Spalier *s*; (*voor plafond*) Stukkaturverschalung *w*.
laurier Lorbeer *m*. ▾**—bes** Lorbeere *w*. ▾**—blad** Lorbeerblatt *s*. ▾**—kers** Kirschlorbeer *m*.
lauw lau.
lauwer Lorbeer *m*; *op zijn —en rusten*, auf seinen L.en ausruhen. ▾**—en** mit L.en krönen. ▾**—krans** L.kranz *m*.
lauw/heid Lauheit (*eig. ook*) Lauigkeit *w*; (*fig. ook*) Lausinn *m*. ▾**—warm** lau(warm).
lava Lava *w*. ▾**—stroom** L.strom *m*.
lavement Lavement *s*, Klistier; *een — zetten*, ein K. geben; (e.n) klistieren.
laven laben, erquicken.
lavendel Lavendel *m*. ▾**—olie** L.öl *s*.
laveren lavieren; (*dronkaard*) hin und

hertaumeln.
laving Labung *w.*
lavo allgemeinbildender weiterführender Elementarunterricht.
lawaai Lärm *m;* (*spektakel, ook*) Spektakel *m;* (*kabaal, ook*) Radau *m; hels —*, Höllen-, Heidenlärm; *— maken*, L., S. machen, lärmen, spektakeln; (*snoeven*) s. patzig machen, windbeuteln; *— schoppen*, R., Krach machen. ▾**—(er)ig** lärmend, geräuschvoll; (*opschepperig*) aufschneiderisch, patzig. ▾**—maker** Lärmmacher *m.* ▾**—overlast** Lärmbelästigung *w.*
lawine Lawine *w.*
lawn-tennis Lawn-Tennis, Rasentennis *s.*
laxans, laxatief, laxeermiddel Laxier-, Abführmittel, Laxativ *s.* ▾**laxeren** laxieren.
lay-out Layout *s.* ▾**—man** Layouter *m.*
lazaret Lazarett *s.*
lazarus I *zn* Aussätzige(r), Leprose *m.* **II** *bn* (*dronken*) sternhagelvoll. ▾**lazerij** Lepra *w,* Aussatz *m; iem.* (*een pak*) *op zijn — geven*, e.n verprügeln.
lazuren azurn, lasurfarben. ▾**lazuur** Lasur *w.*
leao *zie* **economisch**.
leas/e, —ing Leasing *s.* ▾**—en** leasen. ▾**—ingonderneming** Mietanlagengeschäft *s.*
leb(be) Lab *s,* Renn *w;* (*lebmaag*) Labmagen *m.*
lebberen läppern.
lect/or Lektor *m.* ▾**—oraat** Lektorat *s.* ▾**—rice** Vorleserin *w.*
lectuur Lektüre *w.*
lede/maten (*armen en benen*) Glieder, Gliedmaßen *Mz;* (*personen*) Mitglieder *Mz.* ▾**—nlijst** Mitgliederverzeichnis *s.* ▾**—npop** Glieder-, Gelenkpuppe *w.* ▾**—nvergadering** Mitglieder/versammlung *w.* ▾**—nwinst** M.zuwachs *m.*
leder, leder-, *zie* **leer 2, leer-, leren I**.
ledig *zie* **leeg**. ▾**—en** (aus)leeren. ▾**—gang** Müßiggang *m.* ▾**—heid** (*leegheid*) Leerheit *w;* (*nietsdoen*) Müßigkeit *w; — is des duivels oorkussen*, Müßiggang ist aller Laster Anfang. ▾**—ing** (Aus)Leerung *w.*
ledikant Bettstelle *w,* -gestell *s.*
leed I *zn* Leid *s;* (*verdriet, ook*) Kummer *m; het doet mij —*, es tut mir l.; (*de arme kerel*) *doet mij —*, tut mir l., dauert mich; *iem. — (aan)doen*, e.m etwas zuleide tun, e.m ein L. antun; (*iem.*) *— veroorzaken*, K. machen. **II** *bn*: *met lede ogen*, mit scheelen Augen. ▾**—gevoel** L. *s; zie ook* **—wezen**. ▾**—vermaak** Schadenfreude *w; vol —*, schadenfroh. ▾**—wezen** Bedauern, L.wesen *s; tot mijn —*, zu meinem B., L.wesen.
leef/baar lebbar, wo es sich (gut) leben läßt. ▾**—baarheid** Lebbarkeit *w.* ▾**—gemeenschap** Lebens/gemeinschaft *w.* ▾**—milieu** Umwelt *w,* L.bereich *m.* ▾**—regel** L.regel *w.* ▾**—ruimte** L.raum *m.*
leeftijd Alter *s; op hoge —*, in hohem A.; *op dertigjarige —*, im A. von dreißig Jahren, in dreißigjährigem A., dreißig Jahre alt; *op dertigjarige —* (*is hij getrouwd*), mit dreißig Jahren; *op — komen*, in die Jahre kommen, älter werden, (*hoge leeftijd*) bejahrt werden; *een man op —*, ein älterer Mann, (*gevorderde leeftijd*) ein Mann in vorgerücktem A., (*nog ouder*) ein bejahrter Mann, ein Mann von Jahren; *hij is al op —*, er ist schon bei Jahren; *alle —en*, (*film*) jugendfrei. ▾**—sgrens** Alters/grenze *w.* ▾**—sgroep** A.gruppe *w.* ▾**—sopbouw** A.aufbau *m.* ▾**—sverschil** A.unterschied *m.*
leef/tocht Proviant *m,* Lebensmittel *Mz,* Mundvorrat *m.* ▾**—wijze** Lebensweise *w.*
leeg leer; (*nietsdoende*) müßig; *lege tijd*, freie Zeit, Muße(zeit) *w; —maken*, leer machen, ausleeren, leeren. ▾**—drinken** leeren, leer-, austrinken. ▾**—gewicht** Leergewicht *s.* ▾**—gieten** leeren, leer-, ausgießen. ▾**—heid** Leerheit, Hohlheit *w.* ▾**—hoofd** Hohlkopf *m,* leerer Kopf. ▾**—loop** Leerlauf, -gang *m.* ▾**—lopen** leerlaufen, s. leeren; (*vat, ook*) auslaufen; (*niets doen*) müßig gehen, faulenzen; (*zonder werk*) arbeitslos sein. ▾**—loper** Müßiggänger *m.* ▾**—pompen** leer-, auspumpen. ▾**—scheppen** leer-, ausschöpfen. ▾**—staan** leer stehen. ▾**—staand** leerstehend. ▾**—te** Leere *w;* (*fig.*) Öde *w;* (*leemte*) Lücke *w.*
leek Laie *m; als een —*, laienhaft.
leem Lehm *m.* ▾**—achtig** l.ig. ▾**—grond** L.boden *m.* ▾**—kuil, —put** L.grube *w.*
leemte Lücke *w; — in de wet*, Gesetzlücke *w; zonder —*, lückenlos.
leen: *te(r)* (*ln*) *— geven*, leihen; *te(r) — hebben, krijgen*, geliehen haben, bekommen; *ik zal hem het boek te — vragen*, ich will ihn bitten mir das Buch zu leihen; (*leengoed*) Leh(e)n *s; in — bezitten*, zu Leh(e)n haben, tragen; *in — geven*, zu Leh(e)n geben. ▾**—bank** Darleh(e)nskasse *w.* ▾**—-en-pachtwet** Pacht- und Leihgesetz *s.* ▾**—goed** Leh(e)ns/gut *s.* ▾**—heer** L.herr *m.* ▾**—man** L.mann *m.* ▾**—plichtig** l.pflichtig. ▾**—stelsel** L.wesen *s.* ▾**—tjebuur**: *— spelen*, borgen, leihen.
leep 1 (*slim*) schlau, pfiffig, verschlagen; **2** (*v. ogen*) triefend. ▾**—heid** Schlauheit, Pfiffigkeit *w.*
leer 1 (*lering; stelsel*) Lehre *w; bij iem. in de — doen, gaan, komen, zijn*, bei e.m in die L. geben, gehen, kommen, in der L. sein, stehen; *dit zij je tot een —!*, laß dir das zur L. dienen!; **2** (*leder*) Leder *s; van — trekken*, vom Leder ziehen; *— om —*, Wurst wider Wurst, wie du mir so ich dir. ▾**—achtig** lederartig, ledrig.
leer/begrip Lehr/begriff *m.* ▾**—boek** L.buch *s;* (*schoolboek*) Schulbuch *s.* ▾**—dicht** L.gedicht *s,* L.dichtung *w.* ▾**—- en opvoedingsmoeilijkheden** Lern- und Erziehungsschwierigkeiten. ▾**—gang** L.gang *m.* ▾**—geld** L.geld; Schulgeld *s.* ▾**—gierig** lernbegierig. ▾**—gierigheid** Lernbegierde *w.*
leer/handel Leder/handel *m;* (*zaak*) L.handlung *w.* ▾**—huid** L.haut *w.*
leer/jaar Lehr/jahr; Schuljahr *s.* ▾**—jongen** L.junge, L.ling *m; plaats als —*, L.stelle *w.* ▾**—kracht** L.kraft *w.* ▾**—kring** L.stufe *w.* ▾**leerling** Schüler *m,* Schülerin *w;* (*ambacht*) Lehrling *m,* Lehrmädchen *s;* (*volgeling v.e. leer*) Jünger *m.* ▾**—enschaal** Klassenschülerzahl *w.* ▾**—envereniging** Schülerverein *m.* ▾**—-machinist** Lokomotivführeranwärter *m.* ▾**—stelsel** Lehrlings(ausbildungs)wesen *s.* ▾**—-verkoopster** Laden-, Verkaufsgehilfin *w.* ▾**—-verpleegster** Lernschwester, Krankenpflegeschülerin *w.* ▾**—-vlieger** Flugschüler *m.*
leerlooi/en gerben. ▾**—er** Gerber *m.*
leer/meester Lehr/meister, L.er *m.* ▾**—middel** L.mittel *s.* ▾**—moeilijkheden** Lernschwierigkeiten *Mz.* ▾**—opdracht** Lehr/auftrag *m.* ▾**—plan** L.-, Schul/plan *m.* ▾**—plicht** S.pflicht *w.* ▾**—plichtig** s.pflichtig. ▾**—plichtvrij** nicht mehr s.pflichtig. ▾**—plichtwet** S.pflichtgesetz *s.* ▾**—rijk** lehr/reich. ▾**—school** (L.)Schule *w;* (*oefenschool bij kweekschool*) Übungsschule *w; een harde — doorlopen*, durch eine strenge L.schule gehen. ▾**—stellig** dogmatisch. ▾**—stelling** L.satz *m,* Dogma *s.* ▾**—stelsel** L.gebäude, L.system *s.* ▾**—stoel** L.stuhl *m.* ▾**—stof** (*te*

onderwijzen) L.stoff *m*; (*te bestuderen*) Lernstoff *m*. ▾**—stuk** Dogma *s*, Lehrsatz *m*. ▾**—tijd** (*ambacht*) Lehrzeit *w*; (*schooljaren*) Lernzeit *w*. ▾**—vak** Lehrfach *s*.
leer/waren Leder/waren *Mz*. ▾**—werk** L.werk *s*; (*voorwerp(en) v. leer*) L.arbeit *w*, L.arbeiten, L.waren *Mz*; (*mil.*) L.zeug *s*.
leer/wijze Lehrmethode, -weise *w*. ▾**—zaam** (*gemakkelijk of gaarne lerend*) gelehrig, lernbegierig; (*vol lering*) lehrreich. ▾**—zaamheid** Gelehrigkeit, Lernbegierde *w*; Lehrreiche *s*.
lees/apparaat (*v. microfilms*) Lesegerät *s*; (*comp.onderdeel*) Leseautomat *m*, Lesemaschine *w*. ▾**—baar** (*wat schrift betreft*) leserlich; (*wat inhoud betreft*) lesbar. ▾**—baarheid** Leserlichkeit; Lesbarkeit *w*. ▾**—beurt**: *een — vervullen*, e.n Vortrag halten. ▾**—bibliot(h)eek** Leihbibliothek *w*. ▾**—blindheid** Lese/blindheit, Wortblindheit *w*. ▾**—boek** L.buch *s*; *eerste —je*, Fibel *w*. ▾**—bril** L.brille *w*. ▾**—gewoonten** L.gewohnheiten *Mz*. ▾**—lamp** L.lampe *w*. ▾**—portefeuille** L.mappe *w*. ▾**—stof** L.stoff *m*.
leest Leisten *m*; (*gestalte*) Gestalt, Figur *w*; (*taille*) Taille *w*; (*alles*) *op dezelfde — schoeien*, über e.n L. schlagen; *slank van —*, von schlankem Wuchs.
lees/tafel Bücher-, Lese/tisch *m*. ▾**—teken** Satzzeichen *s*. ▾**—vaardigheid** L.fertigkeit *w*. ▾**—zaal** L.halle *w*, L.saal *m*.
leeuw Löwe *m*; (*dichterlijk*) Leu *m*. ▾**leeuwe/(aan)deel** Löwen/anteil *m*. ▾**—bek** L.maul *s*. ▾**—jong** L.junge(s) *s*, junger Löwe. ▾**—kuil** L.grube *w*. ▾**—moed** L.mut *m*. ▾**—ntemmer** L.bändiger *m*.
leeuwerik Lerche *w*. ▾**—szang** L.ngesang *m*.
leeuwin Löwin *w*.
leewater Glied-, Gelenkwasser *s*.
lef: (*het*) *— hebben*, den Mut haben; *— maken*, s. spatzig machen, dicktun. ▾**—maker** patziger Bursche, Dicktuer, Schaumschläger *m*.
leg (Eier) Legen *s*, Legezeit *w*; *de* (*kippen*) *zijn al aan de —*, *van de —*, legen schon, legen nicht mehr.
legaal legal, gesetzlich. ▾**legaat 1** (*persoon*) Legat *m*; **2** (*erflating*) Legat, Vermächtnis *s*. ▾**legali/satie** Legalisierung, Beglaubigung *w*. ▾**—seren** legalisieren, beglaubigen. ▾**—teit** Legalität *w*. ▾**legat/aris** Legat/ar, Vermächtnisnehmer *m*. ▾**—eren** vermachen. ▾**—ie** L.ion, Gesandtschaft *w*. ▾**—ieraad** L.ionsrat *m*. ▾**—or** L.or, Erblasser *m*.
leg/batterij Lege/batterie *w*, L.kasten *m*. ▾**—boor** L.bohrer *m*.
legen (aus)leeren.
legendarisch legendarisch, legendenhaft, legendär. ▾**legende** Legende *w*.
leger (*krijgsmacht*) Heer *s*, Armee *w*; (*legergroep*) Armee *w*; (*grote menigte*) Heer *s*; (*ligplaats, kamp*) Lager *s*; *Leger des Heils*, Heilsarmee. ▾**—afdeling** Heer/esabteilung *w*. ▾**—bericht** H.esbericht *m*. ▾**—commandant** H.führer; Oberbefehlshaber *m*. ▾**legeren** lagern.
legéren legieren. ▾**legéring** Legierung *w*.
leger/ing Lagerung *w*. ▾**—kamp** Lager *s*. ▾**—korps** Armeekorps *s*. ▾**—leiding** Heeresleitung *w*. ▾**—predikant** Militärpfarrer *m*. ▾**—schaar** Heerschar *w*. ▾**—stede** Lager *s*. ▾**—tent** Lagerzelt *s*. ▾**—trein, —tros** Train *m*. ▾**—voorraden** Heeresbestände *Mz*.
leges Gebühren *Mz*; *vrij van — zijn*, gebührenfrei sein, keiner Gebühr unterliegen.
legg/en legen; (*v. buizen, kabels, ook*) verlegen. ▾**—er** (*persoon*; *leghen*) Leger *m*; (*grondbalk*) Grundbalken *m*; (*onder spoorrails*) Schwelle *w*; (*register*) Register *s*; (*v. kadaster*) Grundbuch(blatt), Katasterblatt *s*. ▾**leghen** Legehenne *w*.
legio: *er zijn — bezoekers*, die Zahl der Besucher ist Legion. ▾**legioen** Legion *w*; *— van eer*, Ehrenlegion *w*.
legislat/ief legislativ. ▾**—uur** Legislatur *w*. ▾**legitiem** legitim, gesetzmäßig; *—e portie*, Pflichtteil *m*. ▾**legitimatie** Legitimation *w*, Ausweis *m*. ▾**—bewijs, —kaart** A. *m*, A.karte *w*. ▾**legitim/eren** legitimieren; *z. —*, s. ausweisen, s. legitimieren. ▾**—iteit** Legitimität *w*.
leg/kaart Legespiel, Mosaikspiel *s*. ▾**—kast** (*voor ondergoed*) Wäscheschrank *m*; *hangen —*, Kleider- und Wäscheschrank *m*. ▾**—kip** Legehenne *w*. ▾**—penning** Denk-, Schaumünze, Medaille *w*. ▾**—puzzel** *zie* **—kaart**. ▾**—sel** Gelege *s*.
lei Schiefer *m*; (*om op te schrijven*) S.tafel *w*; (*op dak*) S.platte *w*; *met een schone — beginnen*, von neuem anfangen.
lei/band Lauf/riemen, L.gurt *m*, Gängelband *s*; *aan de — lopen*, (*fig.*) am G. gehen, s. am G. führen lassen. ▾**—boom** Spalierbaum *m*.
leiden (*aanvoeren, voeren, brengen*) führen; (*meer een richting aan iets geven, leiding geven*) leiten; (*een kind aan de hand*) —, führen; (*een losbandig leven*) —, f.; (*deze weg*) *leidt naar A*, führt nach A; (*een bedrijf, concert, vergadering, gas of water door buizen*) —, l.; (*z. door bepaalde gedachten*) *laten —*, l. lassen; *een —de gedachte*, ein Leitgedanke; *—d motief*, Leitmotiv *s*; *de —de partij*, die führende Partei; *geleide economie*, gelenkte, gesteuerte Wirtschaft, Wirtschaftslenkung *w*.
Leiden: *— in last*, Holland in Nöten.
leid/er Leiter, Führer *m*. ▾**—erschap** Führerschaft *w*. ▾**—ing** Leitung; Führung *w*; (*v. gas enz.*) Leitung *w*; *de — hebben*, (*sp.*) führen. ▾**—ingbuis** Leitungsrohr *s*. ▾**—inggevend**: *— personeel*, leitende Angestellte *Mz*. ▾**—ingnet** Leitungs/netz *s*. ▾**—ingwater** L.wasser *s*. ▾**—motief** Leitmotiv *s*.
leidraad Leitfaden *m*.
Leids: *—e fles*, Leidener Flasche.
lei(d)sel Zügel *m*. ▾**leidsman** Führer *m*. ▾**leidster** Führerin; Leiterin *w*.
lei/en Schiefer..., schiefern; *dat loopt van een — dakje*, das geht wie geschmiert, wie am Schnürchen. ▾**—steen** Schiefer/(stein) *m*. ▾**—steengebergte** S.gebirge *s*.
lek I *bn* leck; (*v. band*) undicht; *een —ke band krijgen*, Reifenschaden bekommen; (*het schip*) *sloeg —*, sprang leck, bekam ein Leck. **II** *zn* (*lekgat*) Leck *s*; (*in band*) undichte Stelle *w*, Loch *s*; (*fig.*) Loch *s*; (*het lekken*) Lecken *s*; (*v. elektr.*) Streuung *w*; *een — stoppen*, ein Leck, (*fig.*) ein Loch stopfen. ▾**—bakje** Tropf/fänger *m*, T.fäßchen *s*, T.schale *w*. ▾**—dicht** lecksicher.
leke/broeder Laien/bruder *m*. ▾**—oog** L.auge *s*.
lekkage (*verlies door lekken*) Leckage *w*, Leckschaden *m*; *zie ook* **lek II**. ▾**lekken** **1** lecken; lecksein; (*elektr.*) streuen; (*op zolder*) *lekt het*, tropft es, sickert es durch; **2** (*likken*) lecken; (*vlammen, ook*) züngeln.
lekker schmackhaft, wohlschmeckend, lecker; (*appetijtelijk*) appetitlich; (*heerlijk*) herrlich; (*behaaglijk*) angenehm; (*gezond, wel*) wohl; (*kieskeurig, lekkerbekkig*) wählerisch, lecker(haft), schleckerig; *—e baby*, süßes, liebes Baby; *een —e geschiedenis*, (*iron.*) eine hübsche Geschichte, eine nette Bescherung; *—e jongen*, (*iron.*) sauberer Bruder; (*dat*

smaakt) —, herrlich, gut, fein; *ik voel me niet* —, ich fühle mich nicht wohl, ich bin unwohl; *ik voel me erg* —, ich fühle mich urbehaglich, mir ist sauwohl; *iem.* — *maken*, e.m den Mund wässerig machen; *dank je* —, ich danke!; (*nu doe ik*) *het* — *niet*, es eben nicht! ▾**lekker/bek** Lecker/maul, Schleckermaul *s.* ▾—**nij** L.bissen *m*; (*snoepgoed*) L.ei, Näscherei *w.* ▾—**s** Süßigkeiten, Näschereien, L.eien *Mz.* ▾—**tjes** (*aardig, fijntjes*) hübsch, fein.
lel Lappen *m*, Läppchen *s*; (*v. haan*) Kehllappen *m*; (*klap*) Schlag *m*; (*straatmeid*) Dirne *w*; (*om de oren*) Maulschelle *w.*
lelie Lilie *w.* ▾—**achtig** lilienartig. ▾—**blank** lilienweiß. ▾—**tje-van-dalen** Maiglöckchen *s.*
lelijk häßlich; —*e geschiedenis*, dumme Geschichte; — *geval*, schlimmer, bedenklicher Fall; *een* — *gezicht zetten*, eine saure Miene machen; —*e kwaal*, böses, schlimmes Übel; — *weer*, schlechtes, böses, häßliches Wetter; — *kijken*, böse, finster, sauer dreinsehen; — *ruiken*, übel riechen; (*die hoed staat je*) —, schlecht; *er* — *aan toe zijn*, übel dran sein; *er* — *uitzien*, häßlich, (*bedenkelijk*) schlimm, bedenklich aussehen; (*z.*) — (*vergissen*), arg, schrecklich. ▾—**erd** häßlicher Kerl; —*!*, du Ekel!, (*scherts.*) du böser Mensch! ▾—**heid** Häßlichkeit *w.*
lellebel Schlampe *w.*
lelletje Läppchen *s.*
lem/en *bn* Lehm..., lehmen. ▾—**ig** lehmig.
lemma Lemma *s.*
lemmer, lemmet Klinge *w.*
lende Lende *w*; *pijn in de* —*n*, Lenden/schmerzen *Mz.* ▾—**ndoek** L.tuch *s*, L.schurz *m.* ▾—**streek** L.gegend *w.* ▾—**stuk** L.stück *s*, L.braten *m.*
lenen leihen, borgen; *het oor* —, das Ohr leihen, Gehör schenken; *z.* — *tot*, s. hergeben zu, (*geschikt zijn*) s. eignen zu. ▾**lener** (*ontvanger*) Leiher, Borger *m*; (*gever*) Verleiher, Darleiher *m.*
lengen länger werden. ▾**lengte** Länge *w*; *in de* — (*doorsnijden*), der Länge nach; *tot in* — *van dagen*, noch lange Zeit. ▾—**as** Längen-, Längsachse *w.* ▾—**cirkel** Längenkreis *m.* ▾—**dal** Längstal *s.* ▾—**doorsnede** Längen(durch)schnitt, Längsschnitt *m.* ▾—**graad** Längen/grad *m.* ▾—**maat** L.maß *s.* ▾—**richting** L.richtung, Längsrichtung *w.*
lenig geschmeidig, biegsam. ▾—**en** lindern; (*straf*) mildern. ▾—**heid** Geschmeidigkeit, Biegsamkeit *w.* ▾—**ing** Linderung; Milderung *w.*
lening Anleihe *w*; (*meer klein voorschot*) Darlehen *s*; *een* — *aangaan*, eine A. abschließen.
lenin/isme Lenin/ismus *m.* ▾—**ist** L.ist *m.*
lens I *zn* Linse *w.* **II** *bn* leer; (*scheepst.*) lenz; (*de pomp*) *is* —, zieht nicht. ▾—**opening** Blende *w.* ▾—**pomp** Lenzpumpe *w.* ▾—**vormig** linsenförmig.
lente Frühling *m*; (*dicht.*) Lenz *m*; *vroeg in de* —, im Vorfrühling. ▾—**achtig** frühling/haft. ▾—**bloem** F.sblume *w.* ▾—**maand** F.smonat *m.*
lenzen leermachen; (*scheepst.*) lenzen.
lenzenstel Objektivsatz *m.*
lepel Löffel *m.* ▾—**aar** Löffler *m.*▾—**boor** Löffel/bohrer *m.* ▾—**doosje** L.kästchen *s.* ▾—**en** löffeln.▾—**sgewijs** löffelweise.
leperd Schlaumeier, -berger, Pfiffikus *m.*
leppen läppern, schlürfen.
lepra Lepra *w*, Aussatz *m.* ▾—**lijder, leproos** Leprakranke(r), Aussätzige(r) *m.*
leraar (Gymnasial-, Realschul-, Oberschul-, Ober) Lehrer *m*; (*meer als titel*) Studienrat, Oberstudienrat *m*; (*predikant*) Prediger *m*; — *in volledige*, (*niet-volledige*) *betrekking*, ganztätig, (teilzeitlich) angestellter L.; — *in tijdelijke, vaste dienst*, zeitweiliger, ständiger L. ▾—**schap** Lehr/amt, L.eramt *s.* ▾—**svergadering** L.erkonferenz *w.* ▾**leraren** lehren, dozieren. ▾—**korps** Lehrerschaft *w*, Lehrkörper *m.* ▾—**opleiding** Lehrerbildung *w.* ▾**lerares** (Gymnasial-, Oberschul) Lehrerin *w*; (*meer als titel*) Studienrätin *w.*
leren I *bn* (*v. leer*) ledern, Leder.... **II** *ww* (*onderwijzen*) lehren; (*zich kennis of vaardigheid eigen maken*) lernen; *iem. iets* —, e.n etwas lehren; *hij leert voor elektricien*, er lernt Elektrotechniker. ▾**lering** (*les*) Lehre *w*; (*catechisatie*) Religionsunterricht *m*, (*rk, ook*) Kommunionsunterricht *m*; *tot* —, zur Belehrung; —*en wekken, voorbeelden trekken*, Beispiel ist die beste Lehre.
les Lektion *w*; (*lesuur, privaatles*) Stunde *w*; (*lering*) Lehre *w*; (*in 't alg.*: *onderricht*) Unterricht *m*; —*geven in het Duits*, deutsche Stunden geben, (*alg.*: *onderricht in 't Duits*) Unterricht im Deutschen geben, erteilen; (*bij iem.*) — *halen*, Stunden nehmen; *iem. de* — *lezen*, e.m den Text, die Leviten lesen, e.m den Standpunkt klarmachen; *per* — *betaald*, stundenweise bezahlt.
lesb/ienne Lesbierin *w.* ▾—**isch** lesbisch.
les/auto Lehrfahrzeug *s*, Fahrschulwagen *m*; (*achter op zo'n auto*) Fahrschule! ▾—**brief** Lehr-, Studienbrief *m.* ▾—**geld** Stunden-, Kursgeld *s.* ▾—**geven** Stundengeben, Unterrichten *s.* ▾—**lokaal** Lehrzimmer *s*; (*in school*) Klassen/zimmer *s*, K.raum *m.* ▾—**rooster** Stundenplan *m.*
lessen 1 (*stillen*) löschen, stillen; **2** (*lesgeven*) Stunden geben.
lessenaar Pult *s*; *hoge* —, Stehpult *s.*
lest: *ten* —*e*, zuletzt; *ten langen* —*e*, zu guter Letzt; — *best*, das Beste kommt zuletzt; *zie ook* **laat**.
les/tijden Unterrichtszeiten *Mz.* ▾—**toestel** *zie* —**vliegtuig**. ▾—**uur** (Unterrichts) Stunde *w*; (*f 10*) *per* —, pro Stunde; *per* — (*betaald worden*), stundenweise. ▾—**vliegtuig** Schulflugzeug *s.* ▾—**wagen** *zie* —**auto**.
letharg/ie Letharg/ie *w.* ▾—**isch** l.isch.
letsel Schaden, Körperschaden *m*; (*verwonding*) Verletzung *w*; — *krijgen*, zu S. kommen, S. nehmen; *iem.* — *toebrengen*, e.n zu S. bringen, e.n verletzen; *zonder* —, ohne sich zu verletzen, unverletzt.
letten 1 achtgeben (auf [4]), achten (auf [4]); — *op iets*, (*in aanmerking nemen*) etwas berücksichtigen, Rücksicht nehmen auf etwas [4]; *op de voorschriften* —, die Vorschriften beachten; *let nu eens op!*, jetzt gib mal acht!, jetzt aufgepaßt; *let op* (*onthoud*) *wat ik zeg*, merke dir, was ich sage; *let wel!*, merkt es wohl!, wohlgemerkt!; *gelet op de omstandigheden*, unter Berücksichtigung der Umstände, in Anbetracht der Verhältnisse; **2** (*beletten*) abhalten, hindern; *wat let me of ik ga?*, was hält mich ab zu gehen?, was hindert mich daran zu gehen?
letter Buchstabe *m*; (*lettertype*) Schrift, Letter, (Druck) Type *w*; *met een kleine* — (*schrijven*), klein; (*iets*) *naar de* — *opvatten*, buchstäblich, wörtlich nehmen; *naar de* — (*der wet*), nach dem B.n; (*brieven*) *onder* — *B*, unter dem Kennbuchstaben, unter der Chiffre B. ▾—**dief** Plagiator *m.* ▾—**dieverij** Plagiat *s.* ▾—**en** *zn* (*letterkunde*) Literatur *w*; (*wetensch.*) Philologie *w*; (*brief*) Schreiben *s*, Zeilen *Mz*; *doctor in de* —, Doktor der Ph. ▾—**gieten** Schriftgießen *s.* ▾—**greep** Silbe

w. ▾**—greepraadsel** Silbenrätsel *s.* ▾**—knecht** Buchstabenmensch *m.*

letterkund/e Literatur *w.* ▾**—ig** literarisch. ▾**—ige** Schriftsteller *m,* S.in *w;* (*filoloog*) Philologe *m.*

letter/lijk buchstäblich; — (*vertalen*), wörtlich; (*met hem is*) — (*niets te beginnen*), geradezu. ▾**—raadsel** Buchstaben/rätsel *s.* ▾**—schrift** B.schrift *w.* ▾**—slot** B.schloß *s.* ▾**—soort** Schrift/art *w.* ▾**—teken** S.zeichen *s.* ▾**—type** Letter *w.* ▾**—woord** Aküwort *s* (Abkürzungswort). ▾**—zetter** Schriftsetzer *m;* (*tor*) Buchdrucker *m.* ▾**—zifterij** Silbenstecherei *w.*

leugen Lüge *w; hij hangt van —s aan elkaar,* er lügt wenn er den Mund auftut; *aan de eerste — niet gebarsten zijn,* um eine Lüge nicht verlegen sein; *al is de — nog zo snel, de waarheid achterhaalt haar wel,* Lügen haben kurze Beine. ▾**—aar** Lügner *m.* ▾**—achtig** lügenhaft, lügnerisch. ▾**—achtigheid** Lügen/haftigkeit *w.* ▾**—beest** L.maul *s.* ▾**—detector** L.detektor *m.* ▾**—taal** L.sprache *w,* lügenhafte Reden *Mz.*

leuk (*aardig*) hübsch, nett, reizend; (*grappig*) komisch, ulkig; (*koddig*) drollig; (*dat was gisteravond*) *een erg —e boel,* (*fuif*) eine furchtbar nette Gesellschaft; (*dat is*) *me ook een —e boel,* (*iron.*) ja eine nette Geschichte!, ja reizend!; *—e grap,* gelungener Witz; *— hoedje,* reizendes, fesches Hütchen; *—e kerel,* gelungener, famoser Kerl; *—e meid,* fesches, flottes Mädel; (*dat staat je*) —, reizend; (*dat*) *vond hij niets —,* war ihm nicht recht angenehm; *maar dat is —!,* das ist aber fein!, ist ja reizend!

leukemie Leukämie *w.*

leuk/erd gelungener Kerl; (*jij bent*) *me ook een —!,* mir auch einer! ▾**—jes, —weg** ganz ruhig, trocken, ohne eine Miene zu verziehen.

leuko/cyt Leuko/zyt *m.* ▾**—plast** L.plast *s.*

leun/en (s.) lehnen; *op een stok —,* s. auf e.n Stock stützen; *tegen de muur —,* (*ertegen staan*) an der Wand l., (*ertegen gaan staan*) s. an die Wand l. ▾**—ing** (*v. brug, trap enz.*) Geländer *s;* (*bij trap alleen stang*) Handlauf *m;* (*v. stoel enz.*) Lehne *w.* ▾**—(ing)stoel** Lehn-, Armstuhl *m.*

leur/der Hausierer *m.* ▾**—en** hausieren.

leus Losung *w;* (*devies, kernspreuk*) Wahlspruch *m; voor de —,* zum Schein.

leut(e) Spaß *m,* Vergnügen *s.* ▾**leuter/aar** Fasler, Faselhans *m;* (*talmer*) Trödler *m.* ▾**—en** faseln, schwafeln; (*talmen*) trödeln. ▾**—praatje** Faselei *w,* Quatsch *m.* ▾**leutig** lustig, fidel.

Leuven Löwen *s.*

Levant Levante *w.* ▾**—ijns, —s** levant(in)isch.

leven I *zn* Leben *s;* (*lawaai*) Lärm *m; het — aandurven,* das L. bejahen; *het — er afbrengen,* mit dem L. davonkommen; *— in iets brengen,* (*doen opleven*) etwas beleben; (*'s morgens*) *komt er weer — in de stad,* belebt s. die Stadt wieder; *een lekker —(tje), een lekker lui —(tje)* (*leiden*), ein herrliches Leben, ein Schlaraffenleben; *er is niet veel — in de handel,* der Handel ist nicht sehr lebhaft; *mijn — lang,* mein Leben lang, mein Lebtag, zeitlebens, zeit meines Lebens; *bij zijn —,* zu (bei) seinen Lebzeiten; *bij — en welzijn,* so Gott will, hoffentlich; *in —* (*burgemeester v. A.*), bei (seinem) Lebzeiten; *in ('t) — blijven, houden, laten, zijn,* am Leben bleiben, erhalten, lassen, sein; (*een strijd*) *op — en dood,* auf Tod und Leben; *voor het —* (*benoemen*), auf Lebenszeit; (*ik heb hem*) *van mijn — niet, nooit van mijn —* (*gezien*), (all) mein Lebtag nicht; *wel heb je van je —!,* du meine Güte!, hab ich mein Lebtag!; *toen had je het lieve —(tje) aan de gang,* da war der Teufel los. **II** *ww* leben; *'t is hier goed —,* hier lebt sich's gut, das Leben ist hier gut; *hij leeft alleen maar voor genot,* er lebt nur dem Genuß; *te weinig om te — en te veel om te sterven,* zum Leben zu wenig, zum Sterben zu viel; *die dan leeft, die dan zorgt,* keine Sorgen vor der Zeit; *leve de jubilaris!,* es lebe der Jubilar!, ein Hoch dem Jubilar! ▾**levend** lebend, lebendig; (*leven uitend; werkend*) lebendig; *—e beelden,* lebende Bilder; *—e bloemen,* (*geen kunstbloemen*) lebende Blumen; *— geloof,* lebendiger Glaube; *een nog —e getuige,* ein noch lebender Zeuge; *— gewicht,* Lebendgewicht *s; —e have,* Vieh *s,* Viehbestand *m,* lebendes Inventar; *—e jongen* (*ter wereld brengen*), lebendige Junge; *—e schepsels,* lebendige Geschöpfe; *—e taal,* lebende Sprache; *— water,* lebendes Wasser; *— wezen,* lebendes Wesen, Lebewesen *s; geen —e ziel,* keine lebend(ig)e Seele; *de —en,* die Lebend(ig)en; *ik ben nog —,* noch lebendig; (*de vis*) *is nog —,* lebt noch; *meer dood dan —,* mehr tot als lebendig; — (*begraven*), lebendig. ▾**—barend** lebend(ig)gebährend.

levendig lebhaft; *—e fantasie,* lebhafte, lebendige Phantasie; *—e geest,* reger, lebhafter, lebendiger Geist; *—e straat,* lebhafte, belebte Straße; *— verkeer,* lebhafter, reger Verkehr; *—e vraag,* rege Nachfrage; *— van geest,* geistig regsam, rege; (*de belangstelling*) *— houden,* rege erhalten; (*de herinnering*) *— houden,* lebendig erhalten. ▾**—heid** Lebhaftigkeit *w.*

levenloos leblos. ▾**—heid** Leblosigkeit *w.*

levenmaker Lärmmacher *m.*

levens/aanvaarding Lebens/bejahung *w.* ▾**—beginsel** L.prinzip *s.* ▾**—behoefte** L.bedürfnis *s; —n,* (*levensbenodigdheden*) L.bedarf *m,* L.bedürfnisse *Mz.* ▾**—behoud** L.erhaltung *w.* ▾**—belang** L.interesse *s.* ▾**—bericht** L.bericht *m.* ▾**—beschouwing** L.anschauung *w.* ▾**—beschrijving** L.beschreibung *w,* L.bild *s.* ▾**—dagen** L.tage *Mz.* ▾**—doel** L.zweck *m;* (*eindpunt*) L.ziel *s.* ▾**—duur** L.dauer *w.* ▾**—echt** l.echt. ▾**—ervaring** L.erfahrung *w.* ▾**—geesten** L.geister *Mz; de — bij iem. weer opwekken,* e.n wiederbeleben; *de — weer trachten op te wekken,* Wiederbelebungsversuche anstellen. ▾**—gevaar** L.gefahr *w.* ▾**—gevaarlijk** lebensgefährlich; *—!,* Achtung!, Todesgefahr! ▾**—gezel** L.gefährte *m.* ▾**—gezellin** L.gefährtin *w.* ▾**—groot** l.groß; *meer dan —,* überlebensgroß. ▾**—kwestie** L.frage *w.* ▾**—lang** l.länglich; (*voor altijd*) auf L.zeit; (*mijn, zijn enz. leven lang*) zeitlebens; *— krijgen,* zu l.länglicher Gefängnisstrafe verurteilt werden. ▾**—licht** L.licht *s; het — aanschouwen,* das Licht der Welt erblicken. ▾**—loop** Lebenslauf *m.* ▾**—lustig** l.lustig, -froh.

levensmiddelen Lebensmittel *Mz.* ▾**—bedrijf** (*zaak*) Lebensmittel/geschäft *s;* (*hij werkt*) *in het —,* in der L.branche. ▾**—pakket** L.paket *s.* ▾**—voorziening** L.versorgung *w.*

levens/moe(de) lebens/müde, l.satt. ▾**—moeheid** L.müdigkeit *w.* ▾**—omstandigheid** L.umstand *m,* L.verhältnis *s; in alle levensomstandigheden,* in jeder L.lage. ▾**—onderhoud** L.unterhalt *m;* (*levensstandaard*) L.haltung *w; in zijn — voorzien,* s. ernähren; *kosten v. —,* L.haltungskosten. ▾**—peil** L.niveau *s.* ▾**—periode** L.abschnitt *m.* ▾**—ruimte** L.raum *m.* ▾**—schets** L.abriß *m,* L.bild *s.*

▾**—standaard** L.haltung *w*, L.standard *m*; *de —is hoog*, die L.haltungskosten sind hoch. ▾**—teken** L.zeichen *s*. ▾**—vatbaar** l.fähig. ▾**—vatbaarheid** L.fähigkeit *w*. ▾**—verwachting** L.erwartung *w*. ▾**—verzekering** L.versicherung *w*. ▾**—vreugde** L.freude *w*. ▾**—wijze** L.weise *w*; (*gedrag*) L.führung *w*.
leven/tje *zie* **leven**. ▾**—wekkend** belebend; (*verheven taal*) lebenspendend.
lever Leber *w*; *iemands — doen schudden*, e.m das Zwerchfell erschüttern. ▾**—aandoening** Leberkrankheit *w*.
leveran/cier Liefer/ant *m*. ▾**—tie** L.ung *w*. ▾**leverbaar** l.bar.
lever/bot Leber/egel *m*. ▾**—botziekte** L.egelseuche *w*. ▾**—cirrose** L.zirrhose, L.schrumpfung *w*.
lever/en liefern; (*presteren*) leisten; (*iem. iets*) *aan huis —*, ins Haus liefern, zu Hause abliefern; *aan de kleinhandel —*, an den Kleinhandel liefern, den K. beliefern; (*een bijdrage*) —, leisten, (*artikel voor tijdschrift*) liefern; (*stof tot een gesprek*) —, verschaffen, geben; *mooi werk —*, schöne Arbeit leisten; (*dat*) *levert hij 'm wel*, bringt er schon fertig; (*dat heeft hij*) *'m prachtig geleverd*, fein gemacht; (*wie heeft*) *me dat geleverd?*, mir den Streich gespielt?; *hij is geleverd!*, der ist geliefert. ▾**—ing** Lieferung *w*; *bewijs, dag v. —*, Lieferungsschein *m*, Lieferungstag *m*; *plaats v. —*, Liefer-, Leistungsort *m*; *franco —*, freie Lieferung; *— franco spoor*, Lieferung frei Waggon. ▾**leverings/certificaat** Lieferungs/anweisung *w*. ▾**—contract** L.vertrag *m*. ▾**—termijn** Liefer/frist *w*. ▾**—tijd** L.zeit, L.frist *w*.
lever/kanker Leber/krebs *m*, L.karzinom *s*. ▾**—kleurig** l.farben. ▾**—kwaal** L.leiden *s*. ▾**—pastei** L.pastete *w*.
levertijd Lieferzeit *w*.
lever/traan Leber/tran *m*. ▾**—worst** L.wurst *w*.
lexico/graaf Lexiko/graph *m*. ▾**—grafisch** l.graphisch. ▾**—logisch** l.logisch. ▾**—loog** L.loge *m*. ▾**lexicon** Lexikon *s*.
lezen lesen (*ook aren*); (*voordracht houden*) Vortrag halten; (*elektronisch, magnetisch, optisch*) abtasten, abfühlen; (*dat boek*) *is goed te —*, liest s. gut; *iem. iets van zijn gezicht —*, e.m etwas am Gesicht ablesen; *de woorden van iemands lippen —*, e.m die Worte von den Lippen l.; *de vreugde was* (*stond*) *in zijn ogen te —*, man las ihm die Freude aus den Augen. ▾**—aar** (Lese)Pult *s*. ▾**—swaard(ig)** lesenswert. ▾**lezer** Leser *m*. ▾**—es** Leserin *w*. ▾**lezing** (*het lezen*) Lesen *s*; (*voordracht*) Vortrag *m*; (*v. wetsontwerp in vertegenw. lich.*) Lesung *w*; (*wijze waarop iets wordt voorgesteld*) Auffassung, Vorstellung *w*; (*variant in tekst*) Lesart *w*; (*iets*) *na —* (*doorzenden*), nach Durchsicht; *ter — leggen, liggen*, (zur Einsicht) auslegen, ausliegen; auflegen, aufliegen.
liaan Liane *w*.
liaison Liaison *w*; (*verhouding*) (Liebes)Verhältnis *s*, Liebschaft *w*.
lias (*snoer*) Aufzeihfaden *m*, Schnur *w*; (*bundel*) Stoß *m*.
Libanees I *bn* libanesisch. **II** *zn* Libanese *m*. ▾**Libanon** Libanon *m*.
libel (*pamflet*) Libell *s*; (*insekt; waterpas*) Libelle *w*.
liber/aal I *bn* liber/al. **II** *zn* L.ale(r) *m*. ▾**—alisatie, —alisering** L.alisierung *w*. ▾**—aliseren** l.alisieren. ▾**—alisme** L.alismus *m*. ▾**—alist** L.alist *m*. ▾**—alistisch** l.alistisch. ▾**—aliteit** L.alität *w*.
Liberiaan Liberian/er *m*. ▾**—s** l.isch.
libertijn Libertin, Freigeist *m*.
libido Libido *w*.
Libië Libyen *s*. ▾**Libiër** Libyer *m*. ▾**Libisch** libysch.
librettist Librettist *m*. ▾**libretto** Libretto *s*.
licentiaat Lizentiat *s*. ▾**licentie** Lizenz *w*. ▾**—houder** L.inhaber *m*.
lichaam Körper *m*; (*v. mens, ook*) Leib *m*; (*met rechtspersoonlijkheid*) K.schaft *w*; *het — des Heren*, der L. des Herrn; (*gezond*) *naar — en ziel*, an L. und Seele; *over heel 't —* (*transpireren*), am ganzen L.; *openbaar —*, öffentliche K.schaft; *wetgevend —*, gesetzgebender K., gesetzgebende K.schaft. ▾**lichaams/behoeften** k.liche Bedürfnisse. ▾**—beweging** Körper/-, Leibes/bewegung *w*. ▾**—bouw** K.bau *m*. ▾**—deel** K.teil *m*. ▾**—gebrek** K.fehler *m*, k.liches Gebrechen. ▾**—gestalte** K.gestalt *w*. ▾**—gestel** Konstitution, L.beschaffenheit *w*. ▾**—houding** Körper/haltung *w*. ▾**—kracht** K.kraft *w*. ▾**—oefening** L.übung *w*. ▾**—temperatuur** K.temperatur *w*. ▾**—verzorging** K.pflege *w*. ▾**—warmte** K.wärme *w*. ▾**lichamelijk** k.lich; *—e arbeid*, K.arbeit *w*; *—e opvoeding*, K.erziehung *w*; *—gebrekkig*, k.behindert. ▾**—heid** K.lichkeit *w*.
licht I *bn & bw* leicht; (*helder v. kleur, niet donker*) hell; (*bw: misschien*) vielleicht; *— bier*, (*v. kleur*) helles Bier, (*weinig alkohol*) leichtes Bier; *— bouwmateriaal*, Leichtbaustoff *m*; *op —e dag*, am hellen Tag; *—e grond*, leichter Boden; *—e vrouw*, Dirne *w*; (*alles*) *— opnemen*, leicht nehmen, auf die leichte Achsel nehmen; *zo — als een veer*, federleicht. **II** *zn* Licht *s*; *iem. het — in de ogen niet gunnen*, e.m die Augen im Kopf nicht gönnen, e.m nicht die Luft gönnen; *bij iem. zijn — opsteken*, bei e.m Aufschluß holen, s. bei e.m erkundigen; *iem. — verschaffen*, e.m ein L. aufstecken, e.m etwas erklären, e.n über etwas aufklären; *— werpen, doen vallen op*, L. werfen auf [4]; *dat werpt een ander — op de zaak*, das läßt die Sache in e.m andern L. erscheinen; (*een boek*) *het — doen zien*, erscheinen lassen, veröffentlichen, herausgeben; *aan het — brengen, komen*, ans L., an den Tag bringen, kommen; (*al spoedig*) *kwam aan het — dat...*, stellte es s. heraus daß...; (*iets*) *in het — stellen*, (*op voorgrond plaatsen*) hervorheben; *tussen — en donker*, zwischen L. und Dunkel, im Zwielicht; (*hij is*) *geen —*, kein großes L. ▾**licht/bak** (*v. stropers*) Scheinwerfer *m*; (*reclame*) Transparent *s*. ▾**—baken** Leuchtbake *w*. ▾**—beeld** Lichtbild *s*; *lezing met —en*, Lichtbildervortrag *m*. ▾**—blauw** hellblau; lichtblau. ▾**—blond** hell-, lichtblond. ▾**—boei** Leuchtboje *w*. ▾**—bron** Lichtquelle *w*. ▾**—bruin** hellbraun. ▾**—bundel** Licht/bündel *s*, L.garbe *w*. ▾**—dicht** l.dicht, l.undurchlässig. ▾**—druk** L.druck *m*, L.pause *w*. ▾**—echt** l.beständig, l.echt. ▾**—effect** L.effekt *m*, L.wirkung *w*. ▾**lichte/kooi** Dirne *w*. ▾**—lijk** leicht; (*enigszins*) einigermaßen, ein wenig.
lichten 1 (*licht geven, verspreiden*) leuchten; (*licht worden*) hell werden; (*weerlichten*) wetterleuchten, blitzen; *iem. in het gezicht —*, e.m ins Gesicht l.; (*in het oosten begint het*) *te —*, zu tagen; *een —d voorbeeld*, ein l.des Beispiel, Vorbild; *—de letters, vuurpijl*, Leucht/schrift *w*, L.rakete *w*; *het — v.d. zee*, das Meeresleuchten; **2** (*tillen, opheffen*) heben; (*zie echter voorb.*): *een akte —*, s. eine beglaubigte Abschrift e.r Akte ausfertigen lassen; (*het anker*) —, lichten; (*brievenbus, fuik, lade*) —, (aus)leeren; *de hand met iets —*,

es nicht genau mit etwas nehmen, bei etwas ein Auge zudrücken; (*de hoed*) —, lüften; (*een schip*) —, (*gezonken schip*) lichten, heben, (*de lading v.e. schip*) leichtern, (*gedeeltelijk*) leichten, lichten; (*troepen*) —, ausheben; (*een stuk uit een dossier*) —, herausnehmen; (*door de politie*) *van zijn bed gelicht*, aus dem Bette heraus verhaftet.

lichter 1 (*waarop, waaraan, waarin licht brandt*) Leuchter *m*; **2** (*schip*) L(e)ichter *m*.

licht/e(r)laaie lichterloh; *in — staan*, l. brennen. ▾**—fakkel** Leuchtbombe *w*. ▾**—gas** Leuchtgas *s*. ▾**—gebouwd** leichtgebaut. ▾**—gelovig** leichtgläubig. ▾**—gelovigheid** Leichtgläubigkeit *w*. ▾**—geraakt** empfindlich, reizbar. ▾**—geraaktheid** Empfindlichkeit, Reizbarkeit *w*. ▾**—gevend** leuchtend, Leucht...; *—e buis, verf enz.*, Leucht/röhre, L.farbe *w* usw. ▾**—gevoelig** (*gevoelig voor licht*) lichtempfindlich. ▾**—gewapend** leicht/bewaffnet. ▾**—gewicht** L.gewicht *s*; (*persoon*) L.gewichtler *m*. ▾**—glans** Lichtglanz *m*. ▾**—grijs** hellgrau, lichtgrau. ▾**—hal** Lichthof *m*. ▾**—hart** Leicht/fuß *m*. ▾**—hartig** l.sinnig, sorglos. ▾**—heid** L.igkeit *w*; (*vlugheid, handigheid*) Gewandtheit *w*. ▾**—hoofdig** l.sinnig, unbesonnen.

lichting (*het omhoogbrengen*) Heben *s*, Hebung *w*; (*v. schip, ook*) Lichten *s*; (*overbrenging v. goederen uit schip*) Leichterung *w*; (*v. brievenbus*) Leerung *w*; (*v. troepen*) Aushebung *w*; *de nieuwe —*, der neue Aushub; *— 1935*, Jahresklasse 1935.

licht/installatie Licht/-, Beleuchtungsanlage *w*. ▾**—jaar** L.jahr *s*. ▾**—kap** L.haube *w*. ▾**—kever** Leucht/käfer *m*. ▾**—kogel** L.kugel *w*. ▾**—koker** Lichtschacht *w*. ▾**—krans** Lichthof *m*; Aureole *w*, Heiligenschein *m*. ▾**—krant** Leuchtschriftnachrichten *Mz*. ▾**—kring** Lichtkreis *m*. ▾**—kroon** Kronleuchter *m*. ▾**—leiding** Licht/leitung *w*. ▾**—mast** L.mast *m*. ▾**—matroos** Leichtmatrose *m*. ▾**—meter** Lichtmesser *m*, Photometer *s*. ▾**—mis** Lichtmeß, Mariä Reinigung *w*. ▾**—mis** (*losbol*) Wüstling *m*, (*minder sterk*) Liederjahn, Leichtfuß *m*, lockerer Zeisig. ▾**—net** Lichtnetz *s*. ▾**—orgel** Lichtorgel *w*. ▾**—pistool** Leuchtpistole *w*. ▾**—punt** Lichtpunkt *m*. ▾**—reclame** Leucht-, Lichtreklame *w*. ▾**—rood** hellrot. ▾**—schakelaar** Licht/schalter *m*. ▾**—schijn(sel)** L.schein *m*, (*zwak*) L.schimmer *m*. ▾**—schip** Leucht-, Feuerschiff *s*. ▾**—schuw** licht/scheu. ▾**—sein** L.signal *s*. ▾**—snelheid** L.geschwindigkeit *w*. ▾**—stad** Lichterstadt *w*. ▾**—sterkte** Licht/stärke; Leuchtkraft *w*. ▾**—straal** L.strahl *m*. ▾**—vaardig** leichtfertig, unbesonnen. ▾**—vaardigheid** Leichtfertigkeit *w*. ▾**—val** Lichteinfall *m*. ▾**—voetig** leichtfüßig. ▾**—wedstrijd** Flutlichtspiel *s*. ▾**—zijde** Lichtseite *w*. ▾**—zinnig** leicht/sinnig. ▾**—zinnigheid** L.sinn *m*.

lid Glied *s*; (*gewricht*) Gelenk *s*; (*v. vereniging, partij enz.*) Mitglied *s*; (*v. groep, politie enz.*) Angehörige(r); (*v. wetsartikel*) Absatz *m*; (*ooglid*) Augenlid *s*; (*deksel*) Deckel *m*; *— v.e. geheim genootschap*, Geheimbündler *m*; *— v.d. raad*, Ratsmitglied; *ik heb het in al mijn leden*, es liegt mir in allen Gliedern; (*een ziekte*) *onder de leden* (*hebben*), in den Gliedern; *over al zijn leden* (*sidderen*), an allen Gliedern, am ganzen Leibe; (*de arm is*) *uit het —*, aus dem Gelenk; *zijn arm uit het — vallen*, s. beim Fallen den Arm verrenken; *weer in het — zetten*, wieder einrenken; *'n fijn —*, (*iron.*) eine feine Nummer, ein schöner Kerl; (*je bent*) *me ook 'n mooi —!*, mir auch einer! ▾**—cactus** Glieder(blatt)kaktus *m*. ▾**—maat** Mitglied *s*; (*deel v.h. lichaam*) Glied *s*, Gliedmaße *w*. ▾**—maatschap** Mitgliedschaft *w*; *bewijs v. —*, Mitgliedsausweis *m*. ▾**—staat** Mitglied(s)staat *m*. ▾**—woord** Artikel *m*, Geschlechtswort *s*; *— v. bepaaldheid*, bestimmter A.

lied Lied *s*.

lieden Leute *Mz*.

lieder/boek Lieder/buch *s*. ▾**—bundel** L.sammlung *w*.

liederlijk liederlich. ▾**—heid** L.keit *w*.

liedertafel Liedertafel *w*. ▾**liedje** Liedchen *s*; *'t eind van 't —*, das Ende vom Lied; (*'t is*) *het oude —*, das alte Lied, die alte Geschichte; (*'t is altijd*) *hetzelfde —*, dasselbe Lied, die alte Leier. ▾**—szanger** Lieder-, (*straatzanger*) Bänkelsänger *m*.

lief I *bn* lieb; (*aardig, ook*) hübsch, nett, reizend; (*beminnelijk, vriendelijk*) liebenswürdig; *lieve deugd!*, du meine Güte!; *een lieve jongen*, (*iron.*) ein sauberer Bursche; *een — jongetje*, (*iron.*) ein sauberes Früchtchen; *toen had je 't lieve leventje aan de gang*, da ging der Spektakel los; (*dat zijn*) *lieve mensen*, nette Leute; *— doen*, (*vleien*) schmeicheln, schöntun, schöne Worte machen; *— tegen iem. doen*, (*bijv. meisje*) e.m schöne Augen machen, e.m schöntun, schön mit e.m tun; (*iem.*) *— krijgen*, lieb gewinnen; (*dat is*) *— van je*, nett, liebenswürdig von dir; *iets voor — nemen*, mit etwas fürliebnehmen, vorliebnehmen; *net zo — niet*, ebenso gern nicht. **II** *zn* Lieb *s*; (*meisje*) Lieb(chen) *s*, Liebste *w*, Schatz *m*; (*dicht.*) Geliebte(r) *m*.

liefdadig wohltätig; *—e instelling*, Wohltätigkeits-, Wohlfahrtseinrichtung *w*, (*gebouw*) Wohltätigkeitsanstalt *w*. ▾**—heid** Wohltätigkeit *w*.

liefde Liebe *w*; *— voor de kunst, het vaderland*, L. zur Kunst, zum Vaterland; (*ik doe het*) *met —*, recht gern, mit Vergnügen, mit L.; (*ik doe het*) *uit — voor, ter — van je ouders*, deinen Eltern zuliebe. ▾**liefde/band** Lieb/esband *s*. ▾**—blijk** L.esbeweis *m*. ▾**—gesticht** Spital *s*, Wohltätigkeitsanstalt *w*. ▾**—leven** L.esleben *s*. ▾**—loos** l.los. ▾**—loosheid** L.losigkeit *w*. ▾**—rijk** l.reich, l.evoll. ▾**—sbetrekking** L.esverhältnis *s*, L.schaft *w*. ▾**—sgeschiedenis** L.esgeschichte *w*. ▾**—sverklaring** L.eserklärung *w*, L.esgeständnis *s*. ▾**—vol** l.evoll. ▾**—werk** L.eswerk *s*; (*maatschappelijk*) Wohlfahrtsarbeit *w*. ▾**—zuster** barmherzige Schwester *w*. ▾**lief/doenerij** Schöntuerei *w*.

lief(e)lijk lieblich; (*bevallig*) anmutig; (*dicht.*) hold. ▾**—heid** Lieblichkeit, Anmut *w*.

liefhebb/en lieben, liebhaben; *uw — de zuster*, Deine Dich liebende Schwester. ▾**—er** Liebhaber *m*; (*afnemer v. koopwaar*) Abnehmer *m*; (*sollicitant*) Bewerber *m*; (*gegadigde*) Interessent *m*; *— v. muziek*, Freund der Musik, Musikfreund. ▾**—eren**: *in iets —*, als Dilettant etwas treiben, etwas als Liebhaberei treiben, etwas dilettantisch betreiben. ▾**—erij** Liebhaberei *w*; (*voorliefde*) Vorliebe *w*; (*lievelingsbezigheid*) Lieblingsbeschäftigung *w*. ▾**—erijtoneel** Liebhaberbühne *w*.

lief/heid Liebenswürdigkeit *w*; (*bevalligheid*) Anmut *w*. ▾**—je** Liebchen, Lieb *s*; (*v. kind*) liebes Kind, Liebe(s) *s*, Herzchen *s*. ▾**—kozen** liebkosen. ▾**—kozing** Liebkosung *w*.

liefst am liebsten; (*bij voorkeur*) vorzugsweise;

(*dat doe ik*) *— niet*, lieber nicht; (*wie gaat er bij zo'n weer uit*) *en —* (*zonder paraplu!*), und das; *maar — een uur* (*te laat*), nicht weniger als eine Stunde. ▼**—e** Liebste(r) *m*; (*v. meisje, ook*) Liebchen, Lieb *s*.
lieftallig anmutig, liebreizend. ▼**—heid** Anmut *w*, Liebreiz *m*.
liegen lügen; *dat lieg je*, du lügst; *hij liegt dat hij zwart ziet*, er lügt das Blaue vom Himmel herunter; *hij liegt of het gedrukt is*, er lügt wie gedruckt.
lier Leier *w*; (*hijstoestel*) Winde *w*; *de — aan de wilgen hangen*, das Dichten aufgeben.
lièren liieren.
lierzang lyrischer Gesang.
lies 1 (*lichaamsdeel*) Leiste, Leistengegend *w*; **2** (*plk.*) Liesch *s*, Liesche *w*. ▼**—breuk** Leistenbruch *m*.
Lieveheer Herrgott *m*.
lieveheersbeestje Marienkäfer, Siebenpunkt *m*.
lieve/ling Liebling *m*. ▼**—lingsbezigheid** L.sbeschäftigung *w*. ▼**—lingskost** L.sessen, L.sgericht *s*. ▼**—moederen**: *daar helpt geen — aan*, da hilft kein Ach und Weh.
liever lieber; *of laat ik — zeggen*, oder besser gesagt; (*dat kun je niet*) *of —* (*gezegd*) *nog niet*, oder vielmehr noch nicht.
lieverd Liebling *m*; (*je bent*) *me een —*(*je*), mir ein Schöner, ein sauberes Früchtchen!
lieverlede: *van —*, nach und nach, allmählich.
Lievevrouw Unsre Liebe Frau; (*beeld*) Marienbild *s*. ▼**—ekerk** Liebfrauenkirche *w*.
lievigheid Liebenswürdigkeit, Freundlichkeit *w*; (*mooidoenerij*) Schöntuerei *w*.
liflafje Leckerei *w*, Schleck *m*.
lift Aufzug, Fahrstuhl, Lift *m*; *een — krijgen*, mitgenommen werden. ▼**—boy** Liftboy, Liftjunge *m*.
lift/centrale Mitfahrt-Zentrale *w*. ▼**—en** per Anhalter reisen, per (mit) Autostopp fahren, Autostopp machen, trampen. ▼**—er** Streckensteher, Anhalter, Tramper *m*.
liftkoker Fahr(stuhl) schacht *m*.
liftster Anhalterin, Tramperin *w*.
liga Liga *w*.
lig/bad Liege/bad *s*. ▼**—dag** L.tag *m*. ▼**—geld** L.geld *s*. ▼**—gen** liegen; *gaan —*, s. legen; *hier ligt...*, (*grafschrift*) hier ruht, hier liegt; *het ligt niet aan mij*, es liegt nicht an mir; *waar zou dat aan —?*, woran mag das liegen?; *het ligt alleen nog aan jouw beslissing*, es kommt nur noch auf deine Entscheidung an; (*dit regiment*) *ligt in A*, steht in A, hat A als Standort; *hij ligt uit het raam*, er lehnt s. aus dem Fenster, zum Fenster hinaus, er hat s. zum Fenster hinausgelegt; *ter lezing —*, (zur Einsicht) auf-, ausliegen; *hij heeft het lelijk laten —*, er hat seine Sache schlecht gemacht; *het* (*het feit, de zaak*) *ligt ertoe*, es ist nun einmal nicht anders; (*hij*) *lag in het hooi te slapen*, lag im Heu und schlief, lag schlafend in dem Heu; (*het kind*) *ligt heerlijk te slapen*, schläft herrlich; *lig toch niet zo te zaniken*, quengle doch nicht so; *—d geld*, Bargeld *s*; *—de goederen*, (*gronden*) liegende Güter, Liegenschaften *Mz*. ▼**—ger** (*balk*) Träger *m*; (*biels*) Schwelle *w*. ▼**—ging** Lage *w*; (*slaapplaats*) Lager *s*. ▼**—plaats** Liege/platz *m*. ▼**—stoel** L.stuhl *m*.
liguster Liguster *m*, Rainweide *w*.
lij Lee, Leeseite *w*; *aan* (*in*) *—*, an Lee; *te —*, auf Lee, leewärts.
lijdelijk passiv, untätig, leidend. ▼**—heid** Passivität *w*, tatenloses Zusehen; (*berusting*) Ergebung *w*.
lijden I *ww* leiden; (*dulden, ook*) dulden, ertragen; *— aan*, l. an [3]; (*nederlaag, schade, verliezen*) *—*, erleiden; *het lijdt geen twijfel*, es unterliegt keinem Zweifel; (*dat*) *lijdt geen uitstel*, leidet, duldet keinen Aufschub; *hij kan niet —* (*dat iem. onrecht geschiedt*), er kann es nicht leiden; *dat kan* (*mijn beurs*) *niet —*, das erlauben meine Mittel nicht; *bij hem kan 't —*, er hat's dazu; (*het is klaar,*) *dat kan wat —*, das ist etwas wert; (*iem.*) *mogen —*, (leiden) mögen; *ik mag — dat hij niet komt*, hoffentlich kommt er nicht, mir wäre es lieber wenn er nicht käme; *ik mag het —!*, meinetwegen; *het ergste is geleden*, das Schlimmste ist vorüber, ist überstanden. **II** *zn* Leiden *s*; *het Lijden des Heren*, das Leiden Christi; *nu is hij uit zijn —*, nun ist er (von seinem Leiden) erlöst; *na — komt verblijden*, auf Regen folgt Sonnenschein. ▼**lijdend** leidend; *de —e partij zijn*, der leidende Teil sein; *— voorwerp*, (Akkusativ)Objekt *s*; *—e vorm*, Leideform *w*, Passiv *s*; *—e zin*, Passivsatz *m*.
▼**lijdens/geschiedenis** Leidens/geschichte *w*. ▼**—meditatie** Passions/andacht, P.predigt *w*. ▼**—week** L.-, P.woche *w*. ▼**—weg** L.weg *m*. ▼**lijd/er** Leidende(r) *m*; (*patiënt*) Patient, Kranke(r) *m*. ▼**—zaam** geduldig, gelassen; (*berustend*) ergeben. ▼**—zaamheid** Ergebung, Gelassenheit; Geduld *w*; *zijn ziel in — bezitten*, s. in Geduld fassen.
lijf Leib *m*; (*lichaam, ook*) Körper *m*; (*geen hemd*) *aan het —* (*hebben*), auf dem Leibe; *kom me niet aan m'n —*, rühre mich nicht an!; (*iets*) *aan den lijve ondervinden*, am eignen Leibe erfahren; *de duivel in levenden lijve*, der leibhaftige Teufel; *pijn in het —*, Leibschmerzen *Mz*, (*krampen*) Leibschneiden *s*; (*dat heeft*) *weinig om 't —*, wenig zu bedeuten, nicht viel auf sich; *iem. de koorts op het — jagen*, e.m e.n heftigen Schrecken einjagen; *iem. te — gaan*, e.m zu Leibe gehen, auf den Leib rücken; *iem. tegen 't — lopen*, (*ontmoeten*) e.m begegnen, (*onder iemands bereik komen*) e.m in den Wurf kommen; *iem. van zijn — houden*, s. e.n vom Leibe halten. ▼**—arts** Leib/arzt *m*. ▼**—blad** L.blatt *s*. ▼**—eigene** L. eigene(r) *m*. ▼**—elijk** l.lich. ▼**—goed** L.wäsche *w*. ▼**—je** L.chen *s*, (*keurslijfje*) Mieder *s*. ▼**—rente** L.rente *w*. ▼**—rentetrekker** L.rentner *m*. ▼**—sbehoud** Lebensrettung, Leibeserhaltung *w*; *om — smeken*, um sein Leben bitten. ▼**—sdwang** Personalarrest *m*; (*gijzeling*) Schuldhaft *w*. ▼**—sgevaar** Lebensgefahr *w*. ▼**—spreuk** Leib/spruch *m*; (*devies*) Wahlspruch *m*. ▼**—straf** Körperstrafe *w*; (*vroeger*) L.esstrafe *w*. ▼**—wacht** L.wache *w*.
lijk 1 Leiche *w*; (*v. mens, ook*) Leichnam *m*; (*v. dieren, ook*) Kadaver *m*; *levend —*, lebendiger Leichnam; *wandelend —*, wandelnde Leiche; **2** (*v. zeil*) Liek, Leik *s*. ▼**—auto** Leichen/wagen *m*, L. auto *s*. ▼**—baar** L.-, Totenbahre *w*. ▼**—bezorger** L.bestatter *m*. ▼**—bezorging** L.bestattung *w*; *wet op de —*, Bestattungsgesetz *s*. ▼**—bidder** L.bitter *m*. ▼**—bleek** leichen-, totenblaß. ▼**—dienst** Toten-, L.amt *s*; (*alg.; plechtigheid*) L.feier *w*. ▼**—drager** L.träger *m*.
lijken 1 (*overeenkomst hebben met*) gleichen [3], ähnlich sein [3]; (*minder sterk*) ähnlich sehen [3], ähneln [3]; (*zie* **gelijken**); (*schijnen*) scheinen; (*in schijn zijn*) zu sein scheinen; *op iets —*, e.m Dinge ähnlich sehen, Ähnlichkeit mit etwas haben; (*een huis*) *dat bijna een kasteel lijkt*, das fast wie ein Schloß aussieht; (*dat*) *lijkt zo*, scheint so; *gezond —*, gesund zu sein scheinen; (*dat*) *lijkt me niet de moeite waard*, scheint mir nicht der Mühe wert; *'t lijkt alsof*, es sieht aus als ob; *dat lijkt nergens naar*, das ist gar nichts!; *'t lijkt er niet*

naar!, durchaus nicht!; **2** (*bevallen*) gefallen; (*passen*) passen; **3** (*zeilterm*) leiken.
lijk/enberover Leichen/fledderer *m*. ▾**—enhuisje** L.haus *s*. ▾**—kist** Sarg *m*. ▾**—kleed** L.tuch *s*; (*over kist, baar*) Sarg-, Bahrtuch *s*; (*doodshemd*) L.hemd *s*. ▾**—kleur** L.farbe *w*. ▾**—koets** L.wagen *m*. ▾**—lucht** L.geruch *m*. ▾**—mis** L.-, Totenamt *s*. ▾**—rede** L.rede *w*. ▾**—schennis** L.schändung *w*. ▾**—schouwer** L.beschauer *m*. ▾**—schouwing** L.schau *w*; (*resultaat*) L.befund *m*. ▾**—staatsie** L.begängnis *s*. ▾**—stoet** L.zug *m*. ▾**—verbranding** L.verbrennung *w*; (*in crematorium*) Feuerbestattung *w*. ▾**—wade** L.tuch *s*. ▾**—wagen** L.wagen *m*. ▾**—wit** l.blaß, totenbleich.
lijm Leim *m*. ▾**—band** L.ring *m*. ▾**—en** leimen; *iem. —*, e.n auf den Leim führen; *z. door iem. laten —*, e.m auf den L. gehen. ▾**—er** L.er *m*; (*zeur*) L.sieder *m*. ▾**—(er)ig** l.ig, klebrig; — (*spreken*), schleppend, in schleppendem Tone. ▾**—pot** L.topf, L.tiegel *m*. ▾**—tang** L.zwinge *w*; (*groot*) L.knecht *m*.
lijn Linie *w*; (*touw, koord*) Leine *w*, Seil *s*; (*tv*) Zeile *w*; *aan de — blijven* (*tel.*), am Apparat bleiben; *aan de* (*slanke*) *— doen*, auf die (schlanke) Linie achten; *de —en*, (*spoorwegen*) die Bahnen; *de — trekken*, (*z. aan werk onttrekken*) s. drücken, (*niets uitvoeren*) trödeln, faulenzen; *één — trekken*, an e.m Strang ziehen; *in afdalende —*, in absteigender Linie; *in grote —en*, in großen Zügen, in groben Umrissen; (*dat ligt*) *in dezelfde —*, auf derselben Linie; (*dat*) *ligt niet in zijn —*, liegt ihm nicht, (*ook*) schlägt nicht in sein Fach; *op één — stellen*, auf gleiche Linie, auf eine Stufe stellen; *over de hele —*, auf der ganzen Linie; *eenvoudig van —*, von einfacher Linienführung. ▾**lijn/baan** Seilerbahn *w*. ▾**—dienst** Liniendienst *m*. ▾**—en** liniieren; (*afvallen*) auf die (schlanke) Linie achten. ▾**—frequentie** (*tv*) Zeilenfrequenz *w*.
lijn/koek Leinkuchen *m*. ▾**—olie** Leinöl *s*.
lijn/opzichter Bahnaufseher *m*. ▾**—recht** schnurgerade; (*deze twee opvattingen*) *staan — tegenover elkaar*, stehen s. schnurstracks gegenüber; (*zijn mening*) *stond er — tegenover*, war der gerade Gegensatz; *— met iets in strijd zijn*, in geradem Widerspruch mit etwas stehen. ▾**—tekenen** Linearzeichnen *s*. ▾**—tje**: (*iem.*) *aan 't —* (*hebben*), an der Leine, am Schnürchen; (*iem.*) *aan het — houden*, hinhalten. ▾**—trekken** trödeln, faulenzen. ▾**—trekker** Linienzieher *m*; (*fig.*) Trödler, Faulenzer *m*, (*z. aan iets onttrekken*) Drückeberger *m*. ▾**—vliegtuig** Linienflugzeug *s*. ▾**—vlucht** Linienflug *m*. ▾**—vormig** linienförmig.
lijnwaad Leinwand *w*.
lijnwerker (*spoorw.*) Bahnarbeiter *m*.
lijnzaad Leinsamen *m*; (*uitgezaaid*) Leinsaat *w*; (*daar groeit*) —, Lein, Flachs *m*.
lijs 1 (*traag iem.*) Nölpeter *m*, Nölsuse *w*; **2** (*lang iem.*) lange Latte *w*.
lijst (*v. schilderijen enz., ook fig.*) Rahmen *m*; (*rand*) Leiste *w*; (*reeks namen enz. onder elkaar*) Liste *w*, Verzeichnis *s*, (*alfabetisch*) Verzeichnis, Register *s*, (*specificerende staat*) Aufstellung *w*; (*een plaat*) *in een — zetten*, einrahmen; (*namen*) *op een — zetten*, in eine Liste eintragen. ▾**—aanvoerder** Spitzenkandidat, Listenführer *m*. ▾**—en** einrahmen. ▾**—enmaker** Rahmenmacher, Einrahmer *m*.
lijster Drossel *w*; (*zingen*) *als een —*, wie eine Lerche. ▾**—bes** Vogel-, Drossel-, Ebereschenbeere *w*; (*boom*) Eberesche *w*, Vogelbeerbaum *m*.
lijsttrekker Spitzenkandidat *m*.
lijstwerk Sims-, Leistenwerk *s*.
lijvig stark, dick, umfänglich; (*v. personen, ook*) beleibt, korpulent. ▾**—heid** Umfang *m*, Dicke, Stärke *w*; (*v. personen*) Beleibtheit, Korpulenz, Stärke *w*.
lijwaarts leewärts.
lijzebet Nölsuse *w*.
lijzeil Leesegel *s*.
lijzig nöl(er)ig, schleppend; *— praten*, in schleppendem Tone, gedehnt sprechen.
lijzij(de) Leeseite *w*.
lik Lecken *s*, Lecke *w*; (*oorveeg*) Maulschelle *w*; (*gevang*) Kittchen *s*.
likdoorn Hühnerauge *s*. ▾**—pleister** H.npflaster *s*.
likeur Likör *m*. ▾**—stel** L.service *s*.
lik/kebaard Schlecker *m*, Leckermaul *s*. ▾**—kebaarden** s. die Lippen lecken; *naar iets —*, s. die Finger nach etwas lecken. ▾**—ken 1** lecken; (*v. vlammen, ook*) züngeln; (*vleien*) e.n um den Bart gehen; **2** (*polijsten*) glätten, polieren.
lil Gallerte *w*.
lila I *zn* Lila *s*. **II** *bn* lila(farbig).
lillen (*v. gelei enz.*) schwabbeln, quabbeln; (*v. delen v. gedood lichaam*) zucken.
lilliput/achtig liliputanerhaft, liliputisch. ▾**—ter** Liliput(an)er *m*.
Limburg Limburg *s*. ▾**—er** L.er *m*. ▾**—s** l.isch.
lim/iet Limite *w*, Limitum *s*; (*prijsgrens*) Limit *s*, Preisgrenze *w*; *z. stipt aan een — houden*, ein Limitum genau einhalten. ▾**—it** Limit *s*. ▾**—iteren** limitieren.
limonade Limonade *w*; *— gazeuse*, Brauselimonade *w*. ▾**—stroop** Limonadensirup *m*.
linde Linde *w*. ▾**—bloesem** Linden/blüte *w*; *t(h)ee van —*, L.blütentee *m*. ▾**—houten, —n** linden, Linden…
lineair linear.
lingerie Weißwaren *Mz*; (Unter)Wäsche, Damenwäsche *w*. ▾**—zaak** Weißwarengeschäft *s*.
linguïst Linguist *m*. ▾**—iek** L.ik *w*. ▾**—isch** l.isch.
liniaal Lineal *s*. ▾**linie** Linie *w*; *over de hele —*, auf der ganzen L. ▾**liniëren** liniieren. ▾**linie/schip** Linien/schiff *s*. ▾**—troepen** L.truppen *Mz*.
link (*slecht, berucht, dubieus*) link; (*handig, slim*) schlau, pfiffig; *—e jongen* (*duistere figuur*), linker Vogel, (*handig*) geriebener Kerl, Schlaumeier.
linker (*in ss*) link; *zijn —arm*, sein linker Arm; *zijn — buurman*, sein Nachbar zur Linken. ▾**—been** linkes Bein; *met het — uit bed gestapt zijn*, mit dem linken Bein zuerst aufgestanden sein.
linkerd (*slimmerik*) Schlaumeier *m*; (*meer geniepig*) Heimtücker *m*.
linker/hand linke Hand, Linke *w*; *aan de —*, zur Linken, zur linken Hand. ▾**—zijde**: *de —*, die linke Seite, (*in parlement*) die Linke.
links I *bn* links; (*linker*) link; (*onhandig*) linkisch; *het —e huis*, das linke Haus; *de —e kant* (*v.e. kous*), die linke Seite; *hij is —*, (*linkshandig*) er ist links, linkshändig, (ein) Linkser, (ein) Linkshänder, (*in politiek*) er ist links, steht links; *—e partij, pers*, Linkspartei, -presse *w*; — (*stemde tegen het wetsvoorstel*), die Linke; (*hij behoort*) *tot —*, zur Linken, der Linken an; *—e beweging, bocht, schroefdraad*, Linksbewegung, -kurve *w*, -gewinde *s*; *—e schroef*, linksgängige Schraube. **II** *bw* links; (*onhandig*) linkisch; *— van je*, links von dir; *— van de straat*, links

(von) der Straße; (*hij eet*) —, links, mit der linken Hand; — *houden*, links verkehren; (*iem.*) — *laten liggen*, links liegen lassen. **III** *zn* (*golfterrein*) Golfplatz *m.* ▾**—af** (nach) links. ▾**—binnen** (*voetb.*) linker Innenstürmer, Linksinnen, Halblinks *m.* ▾**—buiten** (*voetb.*) linker Außenstürmer, Linksaußen *m.* ▾**—handig** linkshändig. ▾**—heid** Linkshändigkeit *w*; (*onhandigheid*) Linkischkeit, Ungeschicktlichkeit *w.* ▾**—om** linksum.
linnen I *zn* Leinwand *w*, Leinen *s*; *zie ook* **—goed**. **II** *bn* leinen, Leinen...; — *goederen*, Leinenwaren; Weißwaren *Mz.* ▾**—goed** Leinenzeug *s*; (*witgoed*) Weißzeug *s*; (*ondergoed*) Wäsche *w.* ▾**—juffrouw** Wäsche/mamsell *w.* ▾**—kamer** W.kammer *w.* ▾**—kast** W.schrank, Leinenschrank *m.* ▾**—winkel** Weißwarengeschäft *s*, -handlung *w.*
linoleum Linoleum *s.* ▾**—snede** Linol(eum)schnitt *m.*
linolzuur Linolsäure *w.*
lint Band *s.* ▾**—bebouwing** Reihenhäuserbau *m.* ▾**—je** Bändchen *s*; (*onderscheiding*) Orden *m*; *een — krijgen*, einen Orden bekommen. ▾**—vormig** bandförmig. ▾**—worm** Band/wurm *m.* ▾**—zaag** B.säge *w.*
linze Linse *w.* ▾**—nsoep** Linsensuppe *w.*
lip Lippe *w*; (*bij dierebek als van hond*) Lefze *w*; (*v. wond*) Rand *m*; *op zijn —pen bijten*, s. auf die Lippen beißen; (*geen woord*) *over de —pen krijgen*, über die Lippen bringen; *een — trekken*, ein schiefes Maul machen. ▾**—letter** Lippen/laut *m.* ▾**—lezen** L.lesen *s.* ▾**—penstift, —stick** L.stift *m.*
liquid/atie Liquidation *w*; *die zaak is in* —, das Geschäft befindet s. in L., in Auflösung; *tot — overgaan*, in L. treten, s. auflösen; (*hij is*) *met de — der zaken belast*, mit der Abwicklung der Geschäfte beauftragt. ▾**—e** liquid; (*v. geldmiddelen, ook*) flüssig. ▾**—eren** liquidieren; (*firma, ook*) auflösen; (*de zaken, ook*) abwickeln. ▾**—iteit** Liquidität *w*; (*v.d. geldmarkt*) Geldflüssigkeit *w.* ▾**—iteitsmoeilijkheden** L.sschwierigkeiten *Mz*, L.sengpaß *m.* ▾**—iteitsreserve** L.sreserve *w.*
lire Lira *w* (*mv* Lire).
lis 1 (*bloem*) Schwertlilie, -blume *w*; **2** *zie* **lus**. ▾**—dodde** Liesch/rohr *s*, L.kolben, Rohrkolben *m.*
lispelen lispeln.
list List *w.* ▾**—ig** listig, schlau, verschmitzt, verschlagen. ▾**—igheid** Listigkeit *w.*
litanie Litanei *w.*
liter Liter *s*; *bij de —, bij —s*, literweise. ▾**—fles** Literflasche *w.*
lit(t)er/air liter/arisch. ▾**—air-historicus** L.arhistoriker *m.* ▾**—ator** Schriftsteller, L.ator *m.* ▾**—atuur** L.atur *w.* ▾**—atuurgeschiedenis** L.aturgeschichte *w.*
lit(h)o/graaf Litho/graph *m.* ▾**—graferen** l.graphieren. ▾**—grafie** L.graphie *w.* ▾**—grafisch** l.graphisch.
Litouw/en Litau/en *s.* ▾**—er** L.er *m.* ▾**—s** l.isch.
lits-jumeaux Doppelbett *s.*
litteken Narbe *w*; (*v. houw, vooral op gezicht*) Schmiß *m*, Schmarre *w.*
liturg/ie Liturg/ie *w.* ▾**—isch** l.isch.
live- Live-. ▾**live-uitzending** Live-Sendung, Direktsendung, Originalübertragung *w.*
livrei Livree *w.* ▾**—knecht** L.bediente(r) *m.*
lob (*plk.*) Lappen *m.*
lobbes Tropf, Gimpel *m*; *goeie* —, guter Schlucker. ▾**—achtig** (*sulachtig*) pinselhaft; (*goedig*) gutherzig.
lobby Lobby *w.* ▾**—en, —ing** L.ing *s*, L.ismus *m.* ▾**—ist** L.ist *m.*
lobelia Lobelie *w.*
loc Lok(omotive) *w.*
lock-out Ausschluß *m*, Aussperrung *w.*
loco loco; *in* —, in loco, an Ort und Stelle; *handel in* —, Lokogeschäft *s*; — *levering*, Lokolieferung *w*; — *station*, loco Bahnhof. ▾**—-burgemeester** Bürgermeister in Vertretung, stellvertretender B. ▾**—motief** Lokomotive *w.* ▾**—motievenloods** Lokomotivschuppen *m.*
lodderig schläfrig, dösig.
loden I *bn* **1** (*v. lood*) bleiern, Blei...; — *buis*, Bleirohr *s*; *met — schoenen gaan*, Blei an den Füßen, an den Sohlen haben; **2** (*v. loden*) *zie* **loden III**. **II** *ww* (*met dieplood of schietlood*) loten; (*v. e. loodje voorzien*) verbleien; (*met lood vullen of dekken*) bleien; (*glas in lood zetten*) in Blei (ein)fassen, verbleien. **III** *zn* (*stof*) Loden *m*; (*jas v. loden*) Lodenmantel *m*, (*kort*) Lodenjoppe *w.* ▾**loding** (*peiling*) Lotung *w*; (*verzegeling*) Verbleiung *w.*
Lodewijk Ludwig.
loeder Luder, Aas *s.*
loef Luv *w*; *een schip de — afsteken, knijpen*, e.m Schiff die L. abgewinnen; *iem. de — afsteken*, (*fig.*) e.m den Rang ablaufen. ▾**—zij(de)** Luvseite *w.*
loeien brüllen; (*koe, ook*) muhen; (*storm, ook*) heulen, tosen; (*wind, sirene*) heulen.
loens schielend; — *zien*, etwas schielen. ▾**—en** schielen.
loep Lupe *w*; *onder de — nemen*, unter die L. nehmen. ▾**—zuiver** lupenrein.
loer: *op de — (staan)*, auf der Lauer; *iem. een — draaien*, e.m e.n (bösen) Streich spielen. ▾**—der** Laurer *m*; (*spieder*) Späher *m.* ▾**—en** lauern; (*spieden*) spähen; *op iem.* —, auf e.n lauern, (*v. politie*) fahnden; (*door het sleutelgat*) —, gucken.
loev/en luven. ▾**—er(t)**: *te* —, an der Luvseite.
lof 1 (*lofbetuiging*) Lob *s*; *met* —, (*cum laude*) mit L., mit Auszeichnung; (*dat strekt u*) *tot* —, zur Ehre; *alle —!*, alle Anerkennung!, alle Achtung!; **2** (*godsdienstoef.*) (Nachmittags-, Abend-) Andacht *w*; **3** (*v. aardappelen enz.*) Kraut *s*; (*witlof*) Brüsseler Zichorienwurzel *w.* ▾**—dicht** Lobgedicht *s.* ▾**—felijk** löblich, lobenswert; — *over iem. spreken*, sehr anerkennend von e.m sprechen. ▾**—lied** Lob/lied *s.* ▾**—prijzen** l.preisen. ▾**—rede** L.rede *w.* ▾**—redenaar** L.redner *m.* ▾**—spraak** L.spruch *m.* ▾**—trompet**: *de — steken*, jemands L. ausposaunen. ▾**—tuiting** L.eserhebung *w*, L.spruch *m.* ▾**—waardig** l.enswert. ▾**—werk** Laubwerk *s.* ▾**—zang** Lobgesang *m.*
log I *bn & bw* schwerfällig, plump. **II** *zn* Log *s.*
logaritme Logarith/mus *m.* ▾**—ntafel** L.mentafel *w.*
logboek Logbuch *s.*
loge Loge *w.*
logé Gast, Logiergast *m*; *—s hebben*, Logierbesuch haben. ▾**logeer/bed** Gast/bett *s.* ▾**—gast** Logiergast *m.* ▾**—gelegenheid** Unterkunftsmöglichkeit, Logiergelegenheit *w*; (*wij hebben thuis geen*) —, G.bett, Fremdenzimmer. ▾**—kamer** Fremden-, G.zimmer *s.* ▾**logement** G.wirtschaft *w*; (*iets beter*) G.hof *m.* ▾**—houder** G.wirt, G.hofbesitzer *m.*
logen laugen.
logenstraffen Lügen strafen.
logeren wohnen; (*in hotel, ook*) logieren; (*bij kennissen enz., ook*) zu Besuch, auf Logierbesuch sein; (*huisvesten*) unterbringen;

bij iem. gaan —, zu e.m zu Besuch, auf Logierbesuch gehen.
loggen loggen.
logger Logger, Lugger *m.*
logheid Schwerfälligkeit, Plumpheit *w.*
logica Logik *w.*
logies Wohnung *w;* (*op schip*) Logis *s;* — *en ontbijt*, W. und Frühstück.
logisch logisch.
logistiek I *zn* Logistik *w.* **II** *bn* logistisch.
logoped/ie Logopädie *w.* ▾**—ist** Logopädist, Sprachlehrer *m.*
lok (Haar)Locke *w.*
lokaal I *bn* lokal, örtlich; — *dagblad*, Lokalanzeiger *m; lokale kennis, toestanden enz.*, Lokalkenntnisse, -verhältnisse; — *gesprek*, Ortsgespräch *s;* — *verkeer*, Ortsverkehr, Stadtverkehr, (*buurtverkeer*) Vorort-, Nah-, Lokalverkehr *m.* **II** *zn* Raum *m*, Lokal *s.* ▾**—spoorweg** Lokalbahn, Kleinbahn *w.* ▾**—trein** Lokalzug *m.*
lokaas Lockspeise *w;* (*voor dier*) Köder *m.*
lokali/satie Lokali/sierung *w.* ▾**—seren** l.sieren. ▾**—teit** L.tät, Räumlichkeit *w.*
lok/artikel Lock/artikel *m.* ▾**—eend** L.ente *w.*
lokatie (*bij olieboring*) Lokation *w.*
loket Schalter *m;* (*v. safe*) Schrankfach *s;* (*vak in kastje enz.*) Fach *s.* ▾**—tist(e)** Schalterbeamte(r) *m*, -beamtin *w.*
lok/ken (heran)locken; (*met aas, ook*) ködern. ▾**—ker** Lock/er *m.* ▾**—middel** L.mittel *s.* ▾**—vogel** L.vogel *m.*
lol Spaß, Jux *m; voor de —*, zum S.; (*dat doe ik ook niet*) *voor de —*, zum Vergnügen; *dat doet me —!*, (*iron.*) das ist mir Wurst. ▾**—broek** Spaßmacher *m.* ▾**—letje** Spaß, Scherz *m; dat is geen —*, das ist kein Spaß. ▾**—lig** fidel, lustig; *—e avond*, lustiger Abend; *—e kerel*, fideler Bursche; (*dat is*) *me ook een —e boel*, mir auch eine schöne Geschichte, eine nette Bescherung.
lolly Lutschstange *w*, Lutscher *m.*
lommer Schatten *m;* (*gebladerte*) Laub *s.*
lommerd Pfand-, Leihhaus *s;* (*meer als gemeent. instelling*) Versatzamt, Leihamt *s; naar de — brengen*, ins Leihhaus bringen, versetzen; (*zijn horloge*) *is in de —*, (*fam.*) steht Gevatter. ▾**—briefje** Pfand/schein *m.* ▾**—houder** P.verleiher *m.*
lommer/ig schattig. ▾**—rijk** schattenreich.
lomp I *bn & bw* (*plomp*) plump; (*onbehouwen*) ungeschlacht, ungehobelt; (*ongemanierd*) ungeschliffen, flegelhaft; (*lummelachtig*) lümmelhaft; (*ruw, grof*) grob, derb; (*onhandig*) ungeschickt, täppisch. **II** *zn* Lumpen *m; in —en gehuld*, (*ook*) zerlumpt. ▾**—enkoopman** Lumpenhändler *m.* ▾**—erd** ungeschliffener Kerl, Flegel, Grobian *m;* (*onhandig*) Tölpel *m.* ▾**—heid** Plumpheit; Ungeschliffenheit, Flegelhaftigkeit; Grobheit; Ungeschicktlichkeit *w.*
lom-school Schule *w* für Kinder mit Lernschwierigkeiten und schwer erziehbare Kinder.
Londen London *s.* ▾**—aar** L.er *m.* ▾**—s** L.er.
lonen lohnen; *'t loont de moeite*, es lohnt (s.) die Mühe; *'t loont de moeite niet*, es verlohnt die Mühe nicht; *'t loont de moeite niet erheen te gaan*, es verlohnt s. nicht hinzugehen.
long Lunge *w; hij heeft het aan de —en*, seine Lungen sind angegriffen; *over de —en roken*, auf Lunge rauchen. ▾**—aandoening** Lungen/affektion *w.* ▾**—blaasje** L.bläschen *s.* ▾**—drink** Longdrink *m.* ▾**—kanker** Lungen/krebs *m.* ▾**—kwaal** L.leiden *s*, L.krankheit *w.* ▾**—kwab** L.flügel *m.* ▾**—lijder** L.kranke(r) *m.* ▾**—ontsteking** (*dubbele*) (beiderseitige) L.entzündung *w.* ▾**—ziekte** L.krankheit *w;* (*v. vee*) L.seuche *w.*
lonk verstohlener Blick, (Augen)Wink *m; iem. een —je geven*, e.m e.n verstohlenen B. zuwerfen, e.m zuzwinkern, (*verliefd*) e.m e.n verliebten Blick zuwerfen, mit e.m liebäugeln. ▾**—en** (lieb)äugeln.
lont Lunte *w;* — *ruiken*, L.riechen; *de — in het kruit steken*, die L. ans Pulverfaß legen.
loochen/aar Leugner *m.* ▾**—en** (*het bestaan, de waarheid v. iets ontkennen*) leugnen; (*iets ontkennen*) verneinen, (*betwisten*) in Abrede stellen; *dat valt niet te —*, das läßt s. nicht leugnen. ▾**—ing** Leugnung *w.*
lood Blei *s;* (*diep- en schietlood, ook*) Lot *s;* (*klein gewicht*) Lot *s;* (*ter verzegeling*) (Blei)Plombe *w; als — op het hart drukken*, bleischwer auf dem Herzen liegen; *in 't —* (*staan*), im L., l.recht; *uit het — gezakt* (*zijn*), aus dem L. gewichen, l.schief; *in — gevatte ruiten*, in B. gefaßte, b. gefaßte Scheiben; (*het is*) *— om oud ijzer*, Jacke wie Hose, gehüpft wie gesprungen. ▾**—gieter** Klempner *m;* (*eig.*) B.gießer *m.* ▾**—grijs** b.grau. ▾**—houdend** b.haltig. ▾**—je** (Blei) Plombe *w; het — moeten leggen*, den kürzern ziehen; *de laatste —s wegen 't zwaarst*, das Ende trägt die Last. ▾**—kabel** B.kabel *s.* ▾**—lijn** (*meetk.*) Senkrechte, Lot/rechte *w*, L. *s;* (*v. dieplood*) L.leine *w;* (*schietlood*) B.schnur *w; een — neerlaten*, ein L., eine Senkrechte fällen. ▾**—menie** B.mennige *w.* ▾**—mijn** B.grube *w.* ▾**—recht** senkrecht.
loods 1 (*persoon*) Lotse *m;* **2** (*bergplaats*) Schuppen *m;* (*grote hangar enz.*) Halle *w.* ▾**—ballon** Pilotballon *m.* ▾**—boot** Lotsen/boot *s*, L.dampfer *m.* ▾**—dienst** L.dienst *m.* ▾**—en** lotsen.
lood/vergiftiging Blei/vergiftung *w.* ▾**—wit** B.weiß *s.* ▾**—zwaar** b.schwer.
loof Laub *s*, Blätter *Mz;* (*v. aardappelen enz.*) Kraut *s.* ▾**—boom** L.baum *m.* ▾**—bos** L.wald *m.* ▾**—huttenfeest** L.hüttenfest *s.* ▾**—rijk** l.reich, l.ig.
loog Lauge *w.* ▾**—zout** Laugensalz *s.*
looi Gerberlohe, Lohe *w.* ▾**—en** gerben, lohen. ▾**—er** (Loh)Gerber *m.* ▾**—erij** (Loh)Gerberei *w.* ▾**—kuip** Lohkufe *w.* ▾**—schors** Lohrinde *w.* ▾**—stof** Gerbstoff *m.*
look Lauch *m.* ▾**—prei** Porree *m.*
loom matt, müde; (*traag*) träge; (*v. weer*) schwül, abmattend; *ik ben zo — in mijn benen*, es liegt mir so schwer in den Beinen. ▾**—heid** Mattigkeit; Schwüle *w.*
loon Lohn *m; hoe hoog is je — thans?*, wieviel L. beziehst du jetzt?; — *naar werken*, wie die Arbeit, so der L.; (*hij heeft*) — *naar werken*, seinen verdienten L. ▾**—actie** L.bewegung *w.* ▾**—administratie** L.buchhaltung *w.* ▾**—arbeit** L.arbeit *w.* ▾**—belasting** L.steuer *w.* ▾**—beleid** L.politik *w.* ▾**—briefje** L.zettel *m.* ▾**—derving** L.ausfall *m.* ▾**—dienst** L.dienst *m.* ▾**—eis** L.forderung *w.* ▾**—- en prijsvorming** L.- und Preisgestaltung *w.* ▾**—grens** Arbeitsverdienstgrenze *w.* ▾**—intensief** l.intensiv. ▾**—kosten** L.kosten *Mz.* ▾**—lijst** L.liste *w.* ▾**—onderhandelingen, —overleg** L.verhandlungen *Mz.* ▾**—pauze** L.pause *w.* ▾**—plafond** L.höchstsatz *m.* ▾**—-prijs-spiraal** L.-Preis-Spirale *w.* ▾**—ronde** L.runde *w.* ▾**—schaal** L.skala, L.staffel *w.* ▾**—staat** L.liste *w.* ▾**—standaard** L.stufe *w.* ▾**—stijging** L.anstieg *m.* ▾**—stop** L.stopp *m.* ▾**—strookje** L.streifen *m.* ▾**—sverhoging** L.erhöhung, L.aufbesserung *w.* ▾**—sverlaging** L.senkung *w;* (*alg. en*

geleidelijk) L.abbau *m.* ▼**—trekkend** besoldet, Lohn... ▼**—trekker** L.empfänger, L.arbeiter *m.* ▼**—vloer** L.mindestsatz *m.* ▼**—vorming** L.gestaltung *w.* ▼**—zakje** L.tüte *w.*

loop Lauf *m*; (*gang*) Gang *m*; (*v. machine, ook*) Gang *m*; (*verloop*) Verlauf *m*; *de* — (*der dingen*), der L.; *de — der gebeurtenissen*, der V., der G. der Ereignisse; *de* — (*hebben*), (*bijv. van 'n zaak*) großen Zulauf; *de vrije* — (*laten*), freien L.; *in de — v.d. dag, v.h. gesprek*, im L.e des Tages, des Gesprächs; *op de — gaan*, s. davonmachen, davonlaufen, Reißaus nehmen, (*stil ervandoor gaan*) durchbrennen; (*de kassier*) *is op de* —, ist durchgebrannt, ist über alle Berge; *rode* —, rote Ruhr. ▼**—baan** L.bahn *w*; (*v. hemellichamen*) Bahn *w.* ▼**—brug** L.brücke, L.bühne *w*; Fußgängerbrücke *w.* ▼**—contact** Gleit-, Schiebekontakt *m.* ▼**—gips** Gehgips, Gehverband *m.* ▼**—graaf** Schützengraben, (*alleen ter verbinding dienend*) L.graben *m.* ▼**—gravenoorlog** Stellungskrieg *m.* ▼**—ing** Looping *s.* ▼**—je** Spaziergang *m*, kleiner Gang; (*aanloop*) Anlauf *m*; (*in muziek*) Lauf *m*; (*kneep*) Kniff *m*; *een — met iem. nemen*, e.n hänseln. ▼**—jongen** Lauf/junge *m.* ▼**—klanten** L.kundschaft *w.* ▼**—kraan** L.kran *m.* ▼**—lamp** Handlampe *w.* ▼**—neus** Triefnase *w.* ▼**—pas** L.schritt *m.* ▼**—plank** L.brett *s*; (*naar schip toe, ook*) L.steg *m*, L.planke *w*, (*breed*) L.brücke *w*; (*aan trein*) Trittbrett *s.* ▼**—rek** L.gitter *s*, L.stall *m.* ▼**—s** läufig, brünstig. ▼**—ster** Läuferin *w.* ▼**—tijd** L.zeit, L.frist *w.* ▼**—vlak** L.fläche *w.*

loor: *te — gaan*, verloren gehen.

loos (*listig*) schlau, listig; (*leeg*) taub; (*niet echt*) blind; — *alarm*, blinder Alarm; *loze bodem*, falscher Boden; — *gerucht*, bloßes, leeres Gerücht; *loze kwant, streek*, loser Vogel, Streich.

loot Schoß, Schößling, Sproß, Sprößling, Trieb *m*; (*aflegger*) Ableger *m*; (*fig.*) Sproß, Sprößling *m.*

lopen laufen; (*gewoon, stapvoets gaan; gaan*) gehen; (*v. machine, uurwerk enz.*) l., g.; (*v. oog*) triefen; *er loopt* (*een gerucht*), es geht; (*tussen A en B*) *loopt* (*geen trein*), verkehrt, (*die winkel*) *loopt*, hat großen Zulauf; *de zaak loopt*, die Sache ist im Gange, (*handel*) das Geschäft geht; *het liep anders*, es kam anders; *hier loopt 't niet gemakkelijk*, hier läuft sich's nicht bequem; *loop heen!*, geh mir!; (*men kan nooit weten,*) *hoe 't loopt*, wie es kommt; *als 't hoog loopt*, wenn's hoch kommt; (*de ruzie*) *liep zo hoog dat...*, wurde so hitzig daß...; (*die weg*) *loopt niet verder*, führt nicht weiter; (*dat*) *loopt verkeerd*, geht schief; *ik loop 't maar*, ich gehe nur zu Fuß; (*hij is*) *komen* —, zu Fuß gekommen; (*hij is*) *gaan* —, davongegangen, -gelaufen, (*ervandoor*) über alle Berge, durchgebrannt; *laat hém maar —!*, laß ihn nur machen!; *het loopt in de miljoenen*, es geht in die Millionen; *hij loopt naar de 60*, er wird bald 60; (*deze bus*) *loopt op de trein van 9 uur*, hat Anschluß an den Neunuhrzug; (*een gracht*) *loopt om het kasteel*, zieht s. um das Schloß; (*het schip*) *is op een rif gelopen*, is auf ein Riff aufgelaufen; *ik heb er nog geen half uur over gelopen*, ich habe noch keine halbe Stunde dazu gebraucht; *het loopt tegen twaalven*, es geht auf zwölf; *hij liep vrolijk te fluiten*, lustig pfeifend ging er daher, er ging und pfiff lustig. ▼**lop/end** laufend; (*v. water*) fließend; *de —e band*, das laufende Band, das Fließband; *—e hand*, fließende, geläufige Hand; — *oog*, Triefauge *s*; — *oor*, Ohrenlaufen *s*; — *schrift*, Kurrentschrift *w*, laufende Schrift; *als een — vuurtje*, wie ein Lauffeuer; *de —e zaken*, die laufenden Geschäfte. ▼**—er** Läufer *m* (*ook: in gang, op tafel, trap, in schaakspel enz.*); (*boodschaploper, ook*) Bote *m*; (*op toetsen v. piano*) Tastenschoner *m*; (*sleutel*) Dietrich, Nachschlüssel *m*; (*poot*) Lauf *m.*

lor Lumpen, Lappen *m*; (*v. boek enz.*) Wisch *m*; *geen* — (*waard*), keinen Deut; *'t kan me geen — schelen*, ich pfeife darauf.

lord Lord *m.*

lorgnet Kneifer, Zwicker *m.*

lork(eboom) Lärche *w.*

lorre Lorchen *s.*

lorrie Lore *w*; (*spoorwegdienstwagentje*) Draisine *w.*

los I *bn & bw* (*niet bevestigd, gebonden of verpakt; losgeraakt*) lose; (*niet stevig vastzittend, minder vast; niet vast opeengepakt, ook v. zand enz.; ook lichtzinnig*) locker; (*ongedwongen*) ungezwungen; (*vaag*) unbestimmt; (*vrij*) frei; *een deur* — (*= open*) *maken*, eine Tür aufmachen; — (*= open*) *zijn*, offen sein; (*alle delen v. deze uitgave zijn*) — *te krijgen*, einzeln käuflich; *—se aantekeningen*, zerstreute Notizen; *—se arbeiders, arbeiders in —se dienst*, Gelegenheitsarbeiter; *—se* (*= invallende*) *gedachten*, Gedankenspäne *Mz*; *geen — geld* (*hebben*), kein bares Geld; *op —se gronden*, ohne bestimmte, triftige Gründe; (*dat steunt*) *op —se gronden*, auf unsichern Gründen; *met — haar*, mit aufgelösten Haaren; *—se klant*, lockerer Vogel, (*v. winkel*) Laufkunde *m*; *—se nummers*, Einzelnummern; —(*jes*) (*inpakken*), lose, leicht; (*honden*) — *laten lopen*, frei herumlaufen lassen; *maar er op —!*, nur drauf los!; *er op — leven, liegen, slaan*, drauf losleben, -lügen, -schlagen; *erop — praten*, ins Blaue hineinreden; — *van 't aardse*, nicht mehr am Zeitlichen hängend, losgelöst vom Irdischen. **II** *zn* Luchs *m.* ▼**los/baar** rückzahlbar; (*pand*) einzulösend, lösbar; *losbare* (*obligatie*), ausgeloste. ▼**—bandig** zügellos, ungebunden. ▼**—bandigheid** Zügellosigkeit, Ungebundenheit *w.* ▼**—barsten** (*door barsten opengaan, losgaan*) aufbersten, aufbrechen, losplatzen; (*losbreken*) losbrechen, losplatzen; (*uitbarsten*) ausbrechen; (*v. vuurwapen*) losgehen. ▼**—barsting** Ausbruch *m*; Losplatzen, Losbrechen; Losgehen *s.* ▼**—binden** lösen, losbinden. ▼**—bladig**: (*v. register enz.*) Loseblätter...; (*plk.*) freiblättrig; *—e uitgave*, Loseblattausgabe *w*; *als — systeem verschijnen*, in Loseblattform erscheinen. ▼**—bol** lockerer Vogel; (*sterker*) Wüstling *m.* ▼**—branden** losbrennen, (*open*) aufbrennen; (*vuurwapenen*) losbrennen, abfeuern, (*afgaan*) losgehen. ▼**—breken** losbrechen, (*open*) aufbrechen; (*v. storm, onweer*) losbrechen; (*v. gevangene, onweer, woede*) ausbrechen; (*de hond*) *is losgebroken*, hat s. losgerissen. ▼**—dagen** Lösch-, Ausladungstage *Mz*, Löschzeit *w.* ▼**—draaien** losdrehen, (*open*) aufdrehen. ▼**—gaan** losgehen, loslassen, s. lösen; (*open*) aufgehen; (*minder vast*) s. lockern; *op iem.* —, auf e.n losgehen; *dat gaat erop los!*, jetzt geht's los. ▼**—geld** Lösegeld *s*; (*v. ladingen*) Löschgeld *s.* ▼**—haken** loshaken, (*open*) aufhaken. ▼**—hangen** lose hängen; (*niet goed vastzitten*) locker hängen; *met —d haar*, mit aufgelösten, offenen Haaren. ▼**—heid** Lockerheit; Ungezwungenheit; Leichtigkeit *w*; *zie* **los.** ▼**—jes** lose; (*fig.*) leicht; *ergens — overheen lopen*, flüchtig über etwas hinhuschen. ▼**—knopen** losknöpfen, (*open*) aufknöpfen; (*uit de knoop maken*) losknüpfen; (*das, strik*) aufknoten.

▾**—komen** loskommen, frei werden; (*uit gevangenis enz.*) freigelassen, entlassen werden; (*de tongen*) *kwamen los*, lösten sich; (*v. vliegtuigen*) abheben. ▾**—kopen** los-, freikaufen. ▾**—koppelen** loskuppeln; (*v. honden*) loskoppeln. ▾**—krijgen** loskriegen, losbekommen, losmachen, (*open*) aufbekommen, aufkriegen, aufbringen. ▾**—laten** loslassen; (*vrij laten*) freilassen; (*open*) offenlassen; (*over iets*) *niets —*, nichts verlauten lassen; *niet —*, (*aanhouden*) nicht locker lassen. ▾**—lippig** geschwätzig. ▾**—lopen** frei umherlaufen, -gehen; *dat loopt wel los*, das wird s. schon machen. ▾**—maken** losmachen, lösen, loslösen; (*minder vast*) lockern; (*open*) aufmachen; (*knoop in een touw*) lösen, aufknüpfen; (*pakje*) aufbinden; (*een kapitaal, gelden*) —, flüssig machen; (*de wijn zal de tongen*) —, lösen; (*z. van de vijand*) —, s. lösen. ▾**—plaats** Ausladestelle *w*, Löschplatz *m*. ▾**—prijs** Lösegeld *s*. ▾**—raken** loskommen, s. lösen, (*minder vast*) s. lockern; (*naad*) aufgehen; (*v. schip*) flott werden. ▾**—rukken** losreißen.

löss Löß *m*.

los/scheuren losreißen, (*open*) aufreißen. ▾**—schroeven** losschrauben, (*open*) aufschrauben. ▾**—sen** ausladen, (*scheepst.*) löschen; (*wagen*) abladen; (*inlossen*) einlösen; (*afschieten*) abfeuern; (*een schot*) —, abgeben; (*v. postduiven*) ablassen. ▾**—ser** Auslader, Löscher *m*. ▾**—sing** Löschung, Ausladung; Abladung; (Ein)Lösung *w*. ▾**—singshaven** Löschhafen *m*. ▾**—slaan** losschlagen, (*open*) aufschlagen; (*een beetje*) —, lockern; *erop —*, drauf losschlagen. ▾**—springen** losspringen, (*open*) aufspringen. ▾**—tijd** Auslade-, Löschungstage *Mz*, Löschzeit *w*. ▾**—stormen**: *op iem. —*, auf e.n losstürzen. ▾**—tornen** lostrennen; (*een naad*) auftrennen. ▾**—trekken** losziehen, (*open*) aufziehen. ▾**—weg** leichthin. ▾**—weken** losweichen; (*postzegel*) loslösen, abweichen. ▾**—werken** losarbeiten, (*open*) aufarbeiten; *z. —*, s. lockern. ▾**—wringen** losringen.

lot Los *s*; (*noodlot*) Schicksal, Geschick *s*, (*alleen ong.*) Verhängnis *s*; (*iem.*) *aan zijn — overlaten*, seinem S. überlassen; (*het is*) *een — uit de loterij*, ein seltener Glücksfall. ▾**—eling** Konskribierte(r) *m*. ▾**—en** losen; *erin —*, s. festlosen; (*iets*) —, gewinnen. ▾**—erij** Lotterie *w*. ▾**—erijbriefje** Lotteriezettel *m*. ▾**—genoot** Schicksalsgenosse *m*. ▾**—geval** Schicksal *s*; *—len*, (*avonturen*) Abenteuer *Mz*.

Lotharingen Lothringen *s*.

loting Losen *s*; *bij — bepalen*, durchs Los bestimmen.

lotion Lotion *w*.

lotje: *hij is van — getikt*, er hat ein Sparren zuviel.

lots/verbetering Besserstellung *w*. ▾**—verbondenheid** Schicksalsverbundenheit *w*.

lotto(spel) Lotto(spiel) *s*.

louche widerlich.

louter rein, lauter, pur; (*niets dan*) lauter; (*slechts*) nur, bloß; *— toeval*, reiner Zufall; *dat zijn — leugens*, das sind ja lauter Lügen; *— uit medelijden*, nur, bloß aus Mitleid. ▾**—en** läutern. ▾**—ing** Läuterung *w*.

loven loben, preisen; (*God*) l., lobpreisen; *God zij geloofd*, Gott sei Lob; *— en bieden*, (markten und) feilschen.

lover Laub *s*. ▾**—tje** (Gold-, Silber) Flitter *m*.

loy/aal loyal. ▾**—aliteit** Loyalität *w*.

loz/en (*water*) abführen; (*de polder*) *loost op de rivier*, entwässert s. in den Fluß; (*iem.*) —, loswerden. ▾**—ing** (*v. water*) Abführung; Entwässerung *w*.

LSD LSD *s*.

lts elementare technische Schule. ▾**—-diploma, —-er, —-leerling** *zie* **havo**.

lubber/en schlottern. ▾**—ig** schlotterig.

lucht Luft *w*; (*hemel*) Himmel *m*; (*geur*) Geruch *m*, (*aangenaam*) Duft *m*; (*de open lucht*), das Freie; *de — breekt*, die Wolken teilen sich; *er hangt daar een donkere —*, dort hängen dunkele Wolken; *de — klaart op*, der H. klärt s. auf; *in de frisse —* (*gaan*), an die frische L., ins Freie; *het hangt in de —*, (*onzeker*) es schwebt in der L., (*dreigt te komen*) es liegt in der L.; *dat zit in de —*, (*geest v.d. tijd*) das liegt in der L.; *er zit onweer in de —*, es ist ein Gewitter im Anzug; (*hij kwam*) *uit de — vallen*, hereingeschneit; *niet van de — zijn*, kein Ende nehmen; (*zijn gemoed*) *— geven*, L. machen; *de — van iets krijgen*, Wind von etwas bekommen, etwas wittern. ▾**lucht/aanval** Luft/angriff *m*. ▾**—afweergeschut** L.abwehr-, Flugabwehr-, Flakgeschütz *s*. ▾**—afzuiging** L.abzug *m*. ▾**—alarm** L.-, Fliegeralarm *m*. ▾**—ballon** L.ballon *m*. ▾**—band** L.reifen *m*; (*binnenband*) Schlauch *m*; (*buitenband*) Mantel *m*. ▾**—basis** Flugzeugbasis *w*. ▾**—bed** L.matratze *w*; (*op water*) Schwimmatratze *w*. ▾**—bel** L.blase *w*. ▾**—bescherming** L.schutz *m*. ▾**—bevochtiger** L.befeuchter *m*. ▾**—brug** L.brücke *w*; (*in garage*) Hebebühne *w*. ▾**—bus** Airbus *m*. ▾**—dicht** l.dicht. ▾**—dienst** Flug-, L.dienst *m*. ▾**—doelartillerie** Flakartillerie *w*. ▾**—doelgeschut** Flackgeschütz *s*, Fliegerabwehrkanonen *Mz*, Flak *w*. ▾**—doelmitrailleur** Flugabwehrmaschinengewehr *s*. ▾**—doop** L.taufe *w*. ▾**—druk** L.druck *m*; *gebied v. hoge, lage —*, Hoch, Tief *s*. ▾**—drukhal** L.tragehalle *w*. ▾**—drukhamer** Preßluft-, Drucklufthammer *m*. ▾**—drukrem** L.druck-, Druckluft-, Luftbremse *w*. ▾**—en** lüften; *zijn hart, toorn —*, seinem Herzen, Zorn Luft machen; (*zijn kennis*) —, auskramen; (*iem.*) *niet kunnen — of zien*, nicht riechen können.

luchter Leuchter, Arm-, Kronleuchter *m*.

lucht/eskader Luft/geschwader *s*. ▾**—filter** L.filter *m*. ▾**—foto** L.aufnahme *w*. ▾**—gekoeld** l.gekühlt. ▾**—gevaar** L.-, Fliegergefahr *w*. ▾**—gevecht** L.kampf *m*. ▾**—hartig** sorglos, leichtherzig. ▾**—hartigheid** Sorglosigkeit, Leichtherzigkeit *w*. ▾**—haven** Flug-, Lufthafen *m*. ▾**—ig** luftig; (*v. gebak*) locker; (*v. stoffen*) leicht; (*gemakkelijk; licht*) leicht; (*lichtzinnig*) leichtsinnig; *—*(*jes*) *over iets heenlopen*, flüchtig über etwas hinweggehen; *— gekleed*, leichtbekleidet. ▾**—je** Lüftchen *s*; (*onaangename reuk*) Geruch *m*; *een — scheppen*, ein wenig an die Luft gehen; *er is een — aan*, es riecht übel, (*fig.*) die Geschichte ist faul, ist anrüchig. ▾**—kasteel** Luft/schloß *s*. ▾**—koeling** L.kühlung *w*; *met —*, l.gekühlt. ▾**—koker** L.rohr *s*, L.kanal *m*; (*mijnb.*) L.schacht *m*. ▾**—kussen** L.kissen *s*. ▾**—kussenboot, —kussenvoertuig** L.kissenfahrzeug *s*. ▾**—laag** L.schicht *w*. ▾**—landing** L.landung *w*. ▾**—landingstroepen** L.landetruppen *Mz*. ▾**—ledig I** *bn* l.leer. **II** *zn* L.leere *w*. ▾**—lijn** Fluglinie *w*. ▾**—macht** L.waffe *w*. ▾**—oorlog** L.krieg *m*. ▾**—pijp** L.röhre *w*. ▾**—piraat** L.pirat *m*. ▾**—piraterij** L.piraterie *w*. ▾**—pomp** L.pumpe *w*. ▾**—post** L.-, Flugpost *w*. ▾**—postbrief** L.postbrief *m*. ▾**—recht**

L.recht *s*; (*porto*) L.postzuschlag *m*. ▾**—reclame** L.reklame *w*. ▾**—reiziger** L.reisende(r), Fluggast *m*. ▾**—route** Flugstrecke *w*. ▾**—ruim** L.raum *m*. ▾**—schip** L.schiff *s*. ▾**—sprong** L.sprung *m*. ▾**—streek** L.gegend *w*, Himmelstrich *m*. ▾**—strijdkrachten** L.streitkräfte *Mz*. ▾**—toevoer** L.zuführung *w*. ▾**—vaart** L.fahrt *w*. ▾**—vaartmaatschappij** L.fahrtgesellschaft *w*. ▾**—vaartschool** L.fahrtschule *w*. ▾**—verdediging** L.abwehr *w*. ▾**—verkeer** L.-, Flugverkehr *m*. ▾**—verkeersleider** Fluglotse, Flugleiter *m*. ▾**—verontreiniging** L.verschmutzung, L.verseuchung *w*. ▾**—verversing** Lüftung *w*; (*v. mijnen*) Bewetterung *w*. ▾**—vervuiling** Luft/verschmutzung *w*. ▾**—verwarming** L.heizung *w*. ▾**—vloot** L.flotte *w*. ▾**—vracht** L.fracht *w*. ▾**—waardig** l.tüchtig. ▾**—wacht** Flugwache *w*. ▾**—weerstand** L.widerstand *m*. ▾**—zak** L.sack *m*; (*bij vliegen*) L.loch *s*. ▾**—ziek** l.krank. ▾**—zuivering** L.reinigung *w*.

lucifer Streichholz, Zündhölzchen *s*. ▾**—sdoosje** S.schachtel *w*.

lucratief einträglich, lukrativ.

ludiek spielerisch.

luguber unheimlich.

lui I *bn* faul; (*beurst.*) flau; *—e stoel*, Liegestuhl, Faulenzer *m*; *hij is liever — dan moe*, er bohrt das Brett wo es am dünnsten ist. **II** *zn* Leute *Mz*; *de oude —*, die Eltern. ▾**—aard** Faul/enzer, F.pelz *m*; (*dier*) F.tier *s*.

luid laut. ▾**—en** lauten; (*klokken*) läuten; (*het schrijven*) *luidt als volgt*, lautet folgendermaßen, hat den folgenden Wortlaut; *het luidt voor de kerk*, es läutet zur Kirche. ▾**—ens** laut [2]. ▾**—keels** aus vollem Halse, aus voller Kehle. ▾**—ruchtig** geräuschvoll, lärmvoll; (*veel leven makend*) lärmend; — (*zingen*), laut; *— van aard zijn*, eine lärmende Art, ein lautes Wesen haben. ▾**—ruchtigheid** Lärm *m*, Geräusch *s*; (*aard*) lärmende Art, lautes Wesen. ▾**—spreker** Lautsprecher *m*. ▾**—sprekerbox** Lautsprecherbox *w*.

luier Windel *w*. ▾**luieren** faulenzen. ▾**luierik** Faulpelz *m*. ▾**luiermand** Kinder-, Wickelzeug *s*.

luifel Vor-, Schirmdach *s*.

luiheid Faulheit *w*.

luik Luke *w*; (*blind*) (Fenster)Laden *m*; (*paneel v. schilderij*) Flügel *m*.

Luik Lüttich *s*.

luikje (*in keukenmuur*) Durchreiche *w*.

lui/lak Faulpelz *m*. ▾**—lakken** faulenzen. ▾**—lekkerland** Schlaraffenland *s*.

luim Laune *w*; *in een goede, slechte — zijn*, (bei) guter, schlechter L. sein. ▾**—ig** (*humeurig*) launenhaft, launisch; (*slecht geluimd*) übellaunig; (*grappig*) launig, humoristisch.

luipaard Leopard *m*.

luis Laus *w*.

luister Glanz *m*, Pracht *w*; (*roem*) Ruhm *m*.

luister/aar Horcher, Lauscher; (*radio*) (Rundfunk)Hörer, R.teilnehmer *m*. ▾**—apparaat** Horchapparat *m*. ▾**—bijdrage** Rundfunkgebühren *Mz*. ▾**—dichtheid** Hörbeteiligung *w*. ▾**—- en kijkdichtheid** Einschalthäufigkeit *w*. ▾**—- en kijkgeld** Rundfunk- und Fernsehgebühr *w*. ▾**—en** (*gespannen, scherp*) horchen, (*tersluiks*) lauschen; (*alg.*) hören; (*toehoren*) zuhören; (*gehoorzamen*) gehorchen; *naar iem., naar goede raad —*, auf e.n, auf guten Rat hören; *naar een spreker —*, e.m Redner zuhören; *naar de naam Jan —*, auf den Namen Johann hören; *naar de radio —*, Rundfunksendungen abhören, Rundfunk hören; *naar het roer —*, dem Ruder gehorchen; *zeg, luister eens*, du, höre mal; (*vertel maar,*) *ik —*, ich höre; *luister nu eens goed*, höre nun mal gut zu; *dat luistert nauw*, das erfordert große Genauigkeit. ▾**—post** Horchposten *m*. ▾**—programma** Programmfolge *w*.

luisterrijk glänzend, prachtvoll.

luister/spel Hörspiel *s*. ▾**—toets** Hörprobe *w*. ▾**—vaardigheid** Hörverständnis *s*. ▾**—vergunning** Rundfunkgenehmigung *w*. ▾**—vink** *zie* **luisteraar**.

luit Laute *w*.

luitenant Leutnant *m*; *eerste —*, Oberleutnant; *tweede —*, L. ▾**—-admiraal** Admiral-leutnant *m*. ▾**—-generaal** Generalleutnant *m*; (*ook*: General der Infanterie usw). ▾**—-kolonel** Oberstleutnant *m*. ▾**—-ter-zee 1e klasse** Kapitänleutnant *m*.

luitspeler Lautenschläger, -spieler *m*.

luiwagen Schrubber *m*; (*scheepst.*) Leuwagen *m*.

luiwammes Faulpelz *m*.

luizen lausen; *erin —*, reinschlittern. ▾**—kam** Läusekamm *m*. ▾**—markt** Lumpenmarkt *m*. ▾**luizig** lausig, lumpig.

lukken glücken, gelingen. ▾**lukraak** aufs Geratewohl, wahllos.

lul (*penis*) Schwanz, Säbel *m*; (*sukkel*) Trottel, Tropf *m*. ▾**—len** (*kletsen*) schwatzen, faseln.

lumbaalpunctie Lumbalpunktion *w*.

lumineus glänzend; (*eig.*) luminös, lichtvoll.

lummel Lümmel *m*. ▾**—achtig** lümmelhaft. ▾**—achtigheid** Lümmelei *w*; (*geaardheid*) lümmelhaftes Wesen. ▾**—en** herumlungern.

lunapark Vergnügungspark, Rummelplatz *m*.

lunch Lunch *m*; (*warm, ook*) Gabelfrühstück *s*. ▾**—en** lunchen. ▾**—pakket** Lunchpaket *s*. ▾**—pauze** Mittagspause *w*. ▾**—room** Konditorei *w*; (*in warenhuizen*) Erfrischungsraum *m*.

lupine Lupine, Feigbohne *w*.

lupus Lupus *m*.

lurken lutschen.

lurven: (*iem.*) *bij zijn — pakken*, beim Wickel fassen.

lus (*strik*) Schlinge, Schleife *w*; (*v. jas enz.*) Aufhänger *m*, Hängsel *s*; (*v. hoge schoen*) Strippe, Schlaufe *w*; (*in tram*) Strippe *w*; (*dubbele bocht in weg enz.*) Schleife *w*.

lust Lust *w*; *nergens — in hebben*, zu nichts L. haben; (*dat is*) *zijn — en zijn leven*, seine ganze L., seine L. und seine Freude; *iem. de — in* (*tot*) *iets doen vergaan*, e.m die L. zu etwas benehmen; (*dat zal*) *je de — wel doen vergaan*, dir die L. schon austreiben; *een — voor de ogen*, eine Augenweide. ▾**—eloos** lustlos, unlustig. ▾**—eloosheid** Lustlosigkeit, Unlust *w*. ▾**lusten** mögen, gern essen (trinken); *ik lust* (*geen wijn*), ich mag; *lust je nog wat?*, hast du noch Appetit, wünschest (willst) du noch etwas?; (*iem.*) *niet —*, nicht mögen, nicht ausstehen können; *iem. —*, s. vor e.m nicht fürchten; *ik lust hem!*, er soll nur kommen!; (*hij heeft*) *ervan gelust*, sein Teil bekommen, es abgekriegt.

luster Lüster, Kronleuchter *m*.

lust/gevoel Lust/gefühl *s*, L.empfindung *w*. ▾**—hof** L.garten *m*. ▾**—ig** lustig, heiter, munter; (*flink*) tüchtig. ▾**—moord** Lust/mord *m*. ▾**—oord** L.ort, L.garten *m*.

lustre Lüster *m*; *—jasje*, L.jacke *w*.

lustrum Lustrum, Jahrfünft *s*. ▾**—feest** L.-, J.feier *w*.

luther/aan Luther/aner *m*. ▾**—anisme** (*godsdienst*) L.anismus *m*; (*leer v. Luther; kerk*) L.tum *s*. ▾**—s** l.isch.

luttel klein, gering; wenig.
luur Windel *w*; (*iem.*) *in de luren leggen*, hineinlegen.
luw windfrei, still; (*zoel*) lau, mild. ▾**—en** (*v. wind*) s. legen, abflauen; (*fig.*) nachlassen. ▾**—te** windstiller Ort, Windschatten *m*; (*zeemanst.*) Laute *w*.
luxe Luxus *m*. ▾**—artikel** L.artikel *m*. ▾**—auto** L.auto *s*. ▾**—broodbakkerij** Feinbäckerei *w*. ▾**—-editie** L.ausgabe *w*. ▾**—hut** L.kabine w.
Luxemburg Luxemburg *s*. ▾**—s** luxemburgisch, Luxemburger.
luxueus luxuriös.
lyceum Lyzeum *s* (= *in D.*: höhere Mädchenschule).
lymf(e) Lymphe *w*. ▾**—vaten** Lymphgefäße *Mz*.
lynch/en lynchen. ▾**—recht** Lynchjustiz *w*.
lynx Luchs *m*.
lyr/iek Lyrik *w*. ▾**—isch** lyrisch; *— dichter*, Lyriker *m*.
lysol Lysol *s*.

m M *s*.
ma Mama *w*.
maag Magen *m*; (*iem. iets*) *in zijn — stoppen*, anschmieren; (*dat*) *zit hem dwars in de —*, liegt ihm schwer im M.; *ergens mee in de — zitten*, (*niet kwijt kunnen*) etwas nicht loswerden können, (*verlegen zitten*) s. mit etwas keinen Rat wissen. ▾**—bitter** M.bitter *m*. ▾**—bloeding** M.blutung *w*.
maagd Jungfrau *w*; (*dienstmeid*) Mädchen *s*, (*bij boeren*) Magd *w*.
maagdarmkanaal Magen-Darm-Kanal *m*.
maagdelijk jungfräulich; *— woud*, Urwald *m*. ▾**—heid** J.keit *w*. ▾**maagden/honi(n)g** Jungfern/honig *m*. ▾**—palm** (*plant*) Immergrün, Singrün *s*. ▾**—roof** J.-, Mädchenraub *m*. ▾**—vlies** J.häutchen *s*.
maag/holte Magen/höhle *w*. ▾**—kanker** M.krebs *m*. ▾**—kwaal** M.leiden *s*. ▾**—lijder** M.kranke(r) *m*. ▾**—pijn** M.schmerzen *Mz*. ▾**—sap** M.saft *m*. ▾**—streek** M.gegend *w*. ▾**—zuur** M.säure *w*; (*last van —*) Sodbrennen, M.brennen *s*. ▾**—zweer** M.geschwür *s*.
maai/dorsmachine Mäh/drescher *m*. ▾**—en** m.en; (*koren*) schneiden. ▾**—er** M.er *m*; (*v. koren*) Schnitter *m*. ▾**—land** M.feld *s*. ▾**—loon** M.erlohn *m*. ▾**—machine** M.maschine *w*. ▾**—veld** Bodenoberfläche *w*.
maak: *in de — zijn*, in der Mache, in Arbeit sein, gemacht werden. ▾**—loon** Arbeits-, Macherlohn *m*; (*v. vervaardiging*) Herstellungslohn *m*. ▾**—sel** Produkt, Fabrikat *s*; (*verhevener*) Werk *s*; (*vorm waarin, wijze waarop iets gemaakt is, al naar betekenis*) Arbeit *w*, Bau, Schnitt *m*; (*de mens is*) *Gods —*, Gottes Geschöpf. ▾**—werk** Mache *w*, Machwerk *s*; (*handw.*) handwerkliche Produktion.
maal 1 (*keer*) Mal *s*; *voor de eerste —*, zum ersten Male, zum erstenmal; **2** (*maaltijd*) Mahl *s*. ▾**—derij** Müllerei *w*; (*gebouw*) Mühle *w*. ▾**—machine** Mahlmaschine *w*. ▾**—steen** Mühlstein *m*. ▾**—stroom** Mahlstrom, Wirbel, Strudel *m*. ▾**—teken** Multiplikationszeichen *s*. ▾**—tijd** Mahlzeit *w*.
maan Mond *m*; *afgaande —*, abnehmender M.; *nieuwe —*, Neumond; *volle —*, Vollmond; (*het is*) *lichte —*, Mondschein; *bij heldere —*, bei hellem Mondschein; (*zijn hele vermogen*) *is naar de —*, ist zum Kuckuck; *loop naar de —*, scher dich zum Teufel!; (*je kunt*) *naar de — lopen*, mir den Buckel runterrutschen.
maanbrief Mahnbrief *m*.
maand Monat *m*; *per —*, monatlich; *per twee —en*, zweimonatlich; *verblijf v. twee —en*, zweimonatiger Aufenthalt; *op* (*per*) *3 —en* (*kopen, leveren*), gegen 3 Monate Ziel.
maandag Montag *m*; *— houden*, blauen M. machen. ▾**—s** am M., M.s; (*bn*) montäglich, Montags...
maand/blad Monats/schrift *w*, M.heft *s*. ▾**—elijks** monatlich; (*bn*: *meestal*)

Monats… ▾**—geld, —loon** Monats/geld *s;* (*salaris*) M.gehalt *s*, monatliche Besoldung; M.verdienst *m.* ▾**—staat** M.ausweis *m.* ▾**—verband** M.binde, Damenbinde *w.* ▾**—verslag** M.bericht *m.*
maan/gestalten Mond/phasen *Mz.* ▾**—jaar** M.jahr *s.* ▾**—kop** (*plant*) Mohn *m;* (*vrucht*) Mohnkapsel *w.* ▾**—krater** Mond/krater *m.* ▾**—lander** M.(lande)fähre *w.* ▾**—landing** M.landung *w.* ▾**—reis, —vlucht** M.flug *m.* ▾**—sverduistering** M.finsternis *w.* ▾**—voertuig** M.mobil *s.* ▾**—vormig** m.förmig. ▾**—zaad** Mohn(samen) *m.*
maar I *vgw* aber; sondern (*als in de voorzin een ontkenning staat en de tweede zin een rechtstreekse tegenstelling van de eerste uitdrukt; in de voorzin kan dan niet 'weliswaar' ingevoegd worden*); (*zijn vader is dood,*) — *zijn moeder* (*leeft nog*), aber seine Mutter, seine Mutter aber; (*hij is niet rijk*) *— arm*, sondern arm; (*hij is*) (*weliswaar*) *niet rijk, — tevreden*, (zwar) nicht reich, aber zufrieden; *niet alleen…, — ook*, nicht nur… sondern auch. **II** *bw* nur, bloß; *blijf — kalm*, bleibe nur ruhig!; (*hij heeft*) *z. alleen — geschramd*, s. bloß geritzt; *dat zijn allemaal — woorden*, das sind alles nur Worte, bloße Worte. **III** *zn* Aber *s; er is een — bij*, es ist ein A. dabei, es abert sich; *geen maren!*, still mit dem Aber!; (*mare*) Kunde, Nachricht *w.*
maarschalk Marschall *m.* ▾**—sstaf** M.sstab *m.*
maart der März. ▾**maarts** März…; *—e buien*, Märzschauer *Mz.*
Maas (*riv.*) Maas *w.*
maas Masche *w; door de mazen v.d. wet kruipen*, durch die Maschen des Gesetzes schlüpfen; *met fijne mazen*, feinmaschig. ▾**—wijdte** Maschenweite *w.* ▾**—wol** Stopfwolle *w.*
maat 1 Maß *s*, (*v. schoenen, ook*) Größe *w;* (*muz.*) Takt *m;* (*dat*) *doet de — overlopen*, macht das M. voll; *met dezelfde, met twee maten* (*meten*), mit gleichem, mit zweierlei M.; (*dat is meten met*) *twee maten*, zweierlei M.; *kostuum naar —*, Anzug nach M., nach M. gearbeiteter Anzug; *kleding naar —*, (*zaak*) M.geschäft *s; naar* (*op*) *—* (*maken*), nach M.; (*iets*) *op — (= passend)* (*maken*), zu M.; *op de —* (*v.d. muziek*), nach dem T.; *uit de — raken*, aus dem T. kommen; *zesachtste —*, Sechsachteltakt *m; — voor droge, voor natte waren*, Trockenmaß, Flüssigkeitsmaß; **2** (*makker*) Kamerad *m;* (*bij spel*) Partner *m.* ▾**—eenheid** M.einheit *w.* ▾**—gevoel** Taktgefühl *s.* ▾**—glas** Meßglas *s.* ▾**—houden** Maß halten, maßhalten; (*muz.*) Takt halten.
maatje 1 Kamerad *m;* (*in ambacht*) Lehrling *m;* **2** (*mamaatje*) Mamachen *s;* **3** (*kleine maat*) (kleines) Maß, Deziliter *s.* ▾**—sharing** Matjeshering *m.*
maat/kleding Maß/bekleidung *w.* ▾**—regel** M.nahme, M.regel *w; —en nemen*, M.nahmen ergreifen, M.regeln treffen; *algemene — van bestuur*, allgemeine Verwaltungsverordnung.
maatschap Gesellschaft *w.* ▾**—pelijk** g.lich, sozial; *— kapitaal*, G.skapital *s; — werk*, Wohlfahrtsarbeit *w*, soziale Fürsorge; *— werkster*, Sozialfürsorgerin, Wohlfahrtspflegerin *w;* (*minister, -ie*) *v. — werk*, für soziale Fürsorge; *school voor — werk*, Wohlfahrtsschule *w*, Schule für Sozialarbeit. ▾**—pij** Gesellschaft *w; — op aandelen*, Aktiengesellschaft. ▾**—pijkritiek** G.skritik, Sozialkritik *w.* ▾**—pijleer** G.skunde *w.*
maat/staf Maßstab *m;* (*dit kan niet*) *tot — dienen*, maßgebend sein. ▾**—stok** Maßstock *m;* (*muz.*) Takt/stock *m.* ▾**—teken** T.vorzeichen *s.* ▾**—vast** t.fest. ▾**—werk** Maßarbeit *w.*
macaber makaber.
macadamweg Makadamstraße *w.*
macaroni Makkaroni, Nudeln *Mz.*
mach Mach *s.*
machinaal maschinell, maschinenmäßig; mechanisch; (*met machines gedreven of vervaardigd, ook*) Maschinen…; *— vervaardigen*, mechanisch, auf mechanischem Weg herstellen; *machinale spinnerij*, Maschinenspinnerei *w.*
machinatie Machenschaft *w*, (*meestal mv*) Machenschaften, Machination *w.*
machine Maschine *w.* ▾**—-as** Maschinen/welle *w.* ▾**—bankwerker** M.schlosser *m.* ▾**—bouw** M.bau *m.* ▾**—garen** M.garn *s.* ▾**—geweer** M.gewehr *s.* ▾**—kamer** M.raum *m*, M.haus *s*, (*groot*) M.halle *w.* ▾**—olie** M.öl *s.* ▾**—pistool** M.pistole *w.* ▾**—rie** Maschinerie *w.* ▾**—schrift** M.schrift *w.* ▾**—schrijven** M.schreiben *s.* ▾**—zetter** M.setzer *m.* ▾**machinist** M.meister, M.führer, Maschinist *m;* (*v. trein*) Lokomotivführer *m;* (*v. bulldozer*) Schürfkübelbaggerführer *m.*
macht Macht *w*, (*meer werkend*) Gewalt *w*, (*kracht*) Kraft *w;* (*groot aantal*) ganze Menge; (*wisk.*) Potenz *w; geestelijke en wereldlijke —*, geistliche und weltliche G.; (*ouderlijke, priesterlijke*) *—*, G.; (*hemelse, helse*) *—en*, Mächte; (*wetgevende, uitvoerende, rechterlijke*) *—*, G.; *de — over leven en dood*, die G. über Tod und Leben; *de — over het stuur kwijtraken*, die Herrschaft über den Wagen verlieren; *zijn — te buiten gaan*, seine M. überschreiten; *aan de — komen*, an die M. gelangen; *bij —e* (*zijn*), imstande; *dat gaat boven mijn —*, das übersteigt meine Kräfte; (*iem.*) *in zijn — hebben, krijgen*, in der G. haben, in seine G. bekommen; *ik heb het in mijn —*, es steht in meiner M., es steht bei mir; *uit alle —*, aus allen Kräften, aus Leibeskräften. ▾**—eloos** machtlos; (*krachteloos*) kraftlos; *machteloze woede*, ohnmächtige Wut. ▾**—eloosheid** Machtlosigkeit *w.* ▾**—gever** Auftrag-, Vollmachtgeber *m.* ▾**—hebbend** machthabend, gewalthabend. ▾**—hebber** Macht-, Gewalthaber *m.* ▾**machtig** mächtig; (*v. spijzen*) schwer, fett; *een taal — zijn*, e.r Sprache m. sein, eine S. beherrschen; (*ik kan dat portret niet*) *— worden*, habhaft werden, bekommen; (*dat is*) *mij te —*, mir zu viel, zu stark. ▾**—en** ermächtigen; (*volmacht geven, ook*) bevollmächtigen. ▾**—ing** Ermächtigung; Vollmacht *w; — geven*, E. erteilen, (*persoon, ook*) V. erteilen, [e.n] bevollmächtigen. ▾**—ingswet** Ermächtigungsgesetz *s.*
▾**machts/aanvaarding** Macht/antritt *m.* ▾**—apparaat** M.apparat *m.* ▾**—betoon** M.entfaltung *w.* ▾**—middel** M.mittel *s.* ▾**—misbruik** M.mißbrauch *m*, M.überschreitung *w.* ▾**—politiek** M.politik *w.* ▾**—sfeer** M.bereich *m.* ▾**—verheffing** Potenzierung *w.* ▾**—vertoon** M.aufwand *m*, M.entfaltung *w.* ▾**—wellust** M.rausch *m.*
macro/biotiek Makro/biotik *w.* ▾**—biotisch** m.biotisch. ▾**—-economie** M.ökonomie *w.* ▾**—-economisch** m.ökonomisch.
made Made *w.*
madelief Maßliebchen *s*, Gänseblume *w.*
madonna Madonna *w.*
madriga(a)l Madrigal *s.*
Madrileen(s) Madrider.
maëstro Maestro *m.*
maf: — (*hebben*), Schlaf. ▾**—fen** pennen.

maffia Mafia *w.*
magazijn Lager, Warenlager, Lagerhaus *s;* (*winkel*) Laden *m,* Geschäft *s;* (*v. geweer*) Magazin *s.* ▼**—bediende** Lager/gehilfe *m.* ▼**—boek** L.-, Bestandsbuch *s.* ▼**—meester** L.verwalter *m.* ▼**—voorraad** L.bestand *m.*
magazine Magazin *s.*
mager mager; (*lang en mager*) hager; (*als een skelet*) dürr; *—e kaas,* Mager/käse *m; zo — als een geraamte, hout,* klapperdürr, spindeldürr, knochenmager. ▼**—heid** M.keit; H.keit *w.* ▼**—tjes** mager; (*karig*) kärglich; (*armoedig*) dürftig, ärmlich.
mag/ie Mag/ie *w.* ▼**—iër** M.ier *m.* ▼**—isch** m.isch.
magirusladder Dreh-, Magirusleiter *m.*
magist/er Magister, Meister *m.* ▼**—raal** meisterhaft. ▼**—raat** Magist/rat *m;* (*persoon*) M.ratsperson *w,* (*als lid v.d. magistraat*) M.ratsmitglied *s.* ▼**—ratuur** M.ratur *w;* (*waardigheid*) M.ratswürde *w.*
magma Magma *s.*
magnaat Magnat *m.*
magneet Magnet *m.* ▼**—band** M.band *s.* ▼**—ijzer** M.eisen *s.* ▼**—naald** M.nadel *w.*
magnesi/a Magnesia *w.* ▼**—um** Magnesium *s.*
magnet/isch magnet/isch; *— veld,* M.feld *s.* ▼**—iseren** m.isieren. ▼**—iseur** M.iseur *m.* ▼**—isme** M.ismus *m.* ▼**—ofoon** M.ophon, Tonbandgerät *s.*
magnifiek prachtvoll, glänzend.
magnolia Magnolie *w.*
mahonie Mahagoni(holz) *s.*
maiden/-speech Jungfern/rede *w.* ▼**—-trip** J.fahrt *w.*
maillot Strumpfhose *w.*
maintenee Mätresse *w.*
maïs Mais *m,* Welschkorn *s.* ▼**—korrel** M.korn *s.*
maisonnette Maison(n)ette(wohnung) *w.*
maîtresse Mätresse *w.*
maïzena Maizena *s,* Maisstärkepuder *m.*
majest/eit Majestät *w; Uwe, Hare, Zijne —,* Eure (Ew.), Ihre, Seine M. ▼**—eitsschennis** M.sbeleidigung *w,* M.sverbrechen *s.* ▼**—ueus** m.isch.
majeur Dur *s; A —,* A-dur.
majoor Major *m;* (*sergeant-majoor*) Feldwebel *m.*
majoreren (bei e.r Emission) mehr als den verlangten Betrag zeichnen.
majorette Majorette *w.*
mak zahm; (*paard*) fromm; *— als een lam,* z. wie ein Lamm, lammfromm.
makelaar Makler *m; — in effecten, in huizen enz.,* Effekten-, Häusermakler. ▼**—dij** (*ambt*) M.amt *s,* M.beruf *m.* ▼**—sloon** M.lohn *m,* M.gebühr *w.* ▼**—sprovisie** M.gebühr *w.*
makelij (*al naar betekenis*) Arbeit *w,* Bau, Schnitt *m;* (*ong.*) Machwerk *s.*
maken machen; (*vervaardigen, ook*) herstellen, verfertigen, anfertigen; (*repareren*) reparieren; *hoe maakt u het?,* wie geht's Ihnen?; *iem. niets kunnen —,* e.m nichts anhaben können; (*ik wil niets met hem*) *te —* (*hebben*), zu schaffen, zu tun; *daar heb je niets mee te —,* das geht dich nichts an; (*een prijs*) *—,* erzielen; (*iem.*) *aan 't lachen —,* lachen machen. ▼**maker** Verfertiger; (*v. boek*) Verfasser; (*v. muziek*) Komponist; (*schepper*) Schöpfer *m; wie is de —?,* (*ook*) wer hat es gemacht?
make-up Make-up *s; — gebruiken,* M.verwenden; *geen — gebruiken,* (*ook*), kein M.tragen; *— aanbrengen,* M.auflegen, auftragen; *— verwijderen,* M.abtragen.
makheid Zahmheit *w.*
makker Gefährte, Kamerad *m.*
makreel Makrele *w.*
mal I *bn & bw* närrisch; toll, verrückt; (*ben je*) *—?,* t., v.?; *ben je —!,* (*er gebeurt niets*), ach was!; *zo —* (*ben ik niet*), so dumm; *—le geschiedenis,* komische, (*onaangenaam*) dumme Geschichte; *voor de — houden,* zum besten, zum Narren haben; *zie* **gek. II** *zn* Schablone *w;* (*v. gietwerk*) Formbrett *s;* (*meetwerktuig, maat in vaste vorm*) Lehre *w,* Lehr *s;* (*scheepst.*) Mall *s.*
malachiet Malachit *m.*
malaise Depression, Tiefkonjunktur, Geschäftsstille *w.*
malaria Malaria *w.* ▼**—mug** M.mücke *w.*
Maleier Malaie *m.* ▼**Maleis** malaiisch.
malen 1 (*v. molen enz., fijnmalen*) mahlen; *wie eerst komt, eerst maalt,* wer zuerst kommt, mahlt zuerst; **2** (*zeuren*) quengeln; (*onzin praten*) faseln; (*niet goed bij 't hoofd zijn*) rappelköpfisch sein, e.n Rappel haben, spinnen; *dat maalt hem door 't hoofd,* er grübelt darüber.
malheid Torheit, Narrheit *w.*
malheur Malheur, Unglück *s.*
maliënkolder Ringpanzer, Kettenpanzer *m,* Panzerhemd *s.*
maling: *— hebben aan,* s. nicht kümmern um, pfeifen auf [4]; *ik heb — aan je,* ich pfeife dir was, ich werde dir was husten; *in de — nemen,* hänseln.
malle/jan Blockwagen *m.* ▼**—molen** Karussell *s.* ▼**—praat** Unsinn *m,* dummes Zeug. ▼**malligheid** (*dwaasheid*) Torheit *w;* (*gekheid*) Possen *Mz;* (*onzin*) dummes Zeug.
mals (*v. vlees, gras enz.*) saftig; (*v. vlees, ook*) zart, (*toebereid*) mürbe; (*v. regen*) mild; (*fig.*) gelinde, zart.
malversatie Veruntreuung, Unterschlagung *w.*
mam/a Mama *w.* ▼**—aatje** Mamachen *s.* ▼**—mie** Mutti *w.*
mammoet Mammut *s.* ▼**—tanker** M.tanker, Großtanker *m.*
mammon Mammon *m.*
man Mann *m;* (*echtgenoot, ook*) Gatte *m; de gewone —,* der M. von der Straße; *de kleine —,* die kleinen Leute; *—nen broeders!,* Männer und Mitbrüder!; *— en paard* (*noemen*), den Mann mit Namen und Zunamen; *op de — af,* geradeheraus, unumwunden; (*hij is*) *er de — niet naar,* nicht der Mann dazu; *een — een —, een woord een woord,* ein Mann, ein Wort.
manag/ement Manag/ement *s.* ▼**—en** m.en. ▼**—er** M.er *m.* ▼**—erziekte** M.erkrankheit *w.*
manbaar mannbar.
manche (*bridge*) Partie *w;* (*wielrennen*) Lauf *m;* (*paardesp.*) Durchgang *m.*
manchester Manchester *m.*
manchet Manschette *w.* ▼**—knoop** M.nknopf *m.*
manco Manko *s;* (*v. gewicht, ook*) Fehl-, Untergewicht *s;* (*aan geld, ook*) Fehlbetrag *m.*
mand Korb *m; door de — vallen,* s. verraten.
mandaat Mandat *s,* Bevollmächtigung, Vollmacht *w;* (*tot betaling*) Zahlungsanweisung *w.* ▼**—gebied** Mandatgebiet *s.*
mandarijn Mandarin *m.* ▼**—tje** Mandarine *w.*
mandataris Mandatar, Bevollmächtigte(r), Beauftragte(r) *m.*
mandefles Korbflasche *w.*
mandekking (*sp.*) Manndeckung *w.*
mandement Hirtenbrief *m,* Mandement *s.*
mandenmaker Korb/flechter, K.macher *m.* ▼**mandewerk** K.werk *s,* K.waren *Mz,* K.arbeit *w.*
mandoline Mandoline *w.*
mandril Mandrill *m.*

manege Manege, Reitbahn, -schule, -halle *w.* ▾**—paard** Schulpferd *s.*
manen I *zn* Mähne *w; (een leeuw heeft) —,* eine Mähne. **II** *ww* mahnen. ▾**maner** Mahner *m.*
maneschijn Mondschein *m.*
maneuver *zie* **manoeuvre.**
mangaan Mangan *m.*
mangat Mannloch *s.*
mangel 1 (*werktuig*) Mange(l), Rolle *w;* **2** *zie* **—wortel.** ▾**—en 1** rollen, mangeln; **2** (*ontbreken*) fehlen, mangeln. ▾**—wortel** Runkel-, Futterrübe *w.*
manhaftig mannhaft, herzhaft. ▾**—heid** Mannhaftig-, Herzhaftigkeit *w.*
maniak Monomane, Fanatiker *m.*
manicur/e Maniküre; Hand-, Nagelpflege *w.* ▾**—en** maniküren.
manie Manie *w.*
manier Weise *w;* (*stijl v. kunstenaar*) Manier *w; goede, fijne, slechte —en* (*hebben*), gute, feine, schlechte Manieren; *geen —en kennen,* keinen Anstand, kein Gefühl für Anstand, keine (Lebens)Art haben; *losse —en hebben,* s. ungezwungen bewegen; (*dat is toch*) *geen — van doen,* keine Art; *wat zijn dat voor —en!,* was ist das für eine Art!; (*dat is zo*) *zijn — van doen,* seine Art; *— van handelen,* Handlungsweise; *zijn — van leren, vragen,* seine Art zu lernen, zu fragen; *de — waarop,* die Art und Weise wie; *op deze —,* auf diese, in dieser Weise.
manifest I *zn* Manifest *s;* (*scheepst., ook*) Ladungsverzeichnis *s.* **II** *bn* manifest, handgreiflich, deutlich. ▾**—ant** (*betoger*) Kundgeber *m.* ▾**—atie** Manifestation *w;* (*betoging*) Kundgebung *w.* ▾**—eren** manifestieren; eine Kundgebung abhalten.
manilla Manila(zigarre) *w.*
maniok Maniok *m.*
manipel Manipel *w.*
manipul/atie Manipulation *w.* ▾**—eren** manipulieren.
manisch manisch; *—-depressief,* manisch-depressiv.
mank hinkend, lahm; *— lopen,* hinken, lahm gehen; (*v. paard*) lahmen; *aan hetzelfde euvel — gaan,* an demselben Übel (Fehler) leiden; (*elke vergelijking*) *gaat —,* hinkt. ▾**—ement** Fehler *m;* (*letsel*) Schaden *m.* ▾**—(e)poot** Hinkebein *s.* ▾**—eren** fehlen; *wat mankeert je?,* was fehlt dir?; *zonder —,* unfehlbar, ganz gewiß, todsicher, treffsicher, mit Sicherheit, ohne Ausnahme; (*anders*) ich werde nicht verfehlen; *zie* **ontbreken.**
man/kracht menschliche Arbeitskraft; (*aantal, voor bepaald werk geschikte personen*) Menschenmaterial *s,* (*mil.*) Streitkräfte *Mz.* ▾**—lief** lieber Mann!; der liebe Mann. ▾**—lijk** *zie* **—nelijk.** ▾**—moedig** mannhaft.
manna Manna *s & w.*
mannelijk männlich; (*dapper*) mannhaft; *—e kracht,* Manneskraft *w.* ▾**—heid** Männlichkeit *w;* (*dapperheid*) Mannhaftigkeit *w;* (*geslachtsdeel*) männliches Glied. ▾**mannen/huis** Altmännerheim, Männerspital *s.* ▾**—klooster** Mannskloster *s.* ▾**—koor** Männerchor *m.* ▾**—moed** Mannesmut *m.* ▾**—stem** Männerstimme *w.* ▾**—taal** mannhafte Sprache *w.* ▾**—werk** Männerarbeit *w.*
mannequin Mannequin *s,* Vorführdame *w.*
mannetje Männlein *s;* (*dier*) Männchen *s; — voor —,* Mann für Mann, (*langzaam nauwkeurig*) langsam und peinlich genau; *zijn — staan,* seinen Mann stehen; *een — sturen* (*om iets te doen enz.*), jemand schicken. ▾**—sarend** männlicher Adler, Adlermännchen *s.* ▾**—skerel** tüchtiger, ganzer Kerl, Hauptkerl *m.* ▾**—sputter** *zie* **—skerel;** (*vrouw*) Mannweib *s.* ▾**mannin** Männin *w.*
manoeuvr/e, maneuver Manöver *s; op — gaan,* ins M. ziehen; *tijdens de —s,* im M. ▾**—eerbaar** manövrierfähig. ▾**—eren** manövrieren.
manometer Manometer *s.*
mans: *— genoeg,* Manns genug; (*hij is*) *heel wat —,* ein Hauptkerl. ▾**manschap** (Schiffs) Mannschaft *w; —pen,* Mannschaften *Mz.* ▾**mans/hoog** m.hoch. ▾**—hoogte** M.höhe *w.* ▾**—kleren** Männerkleidung *w.* ▾**manslag** Totschlag *m.* ▾**mans/lengte** Manns/länge *w.* ▾**—persoon** M.person *w.* ▾**—volk** M.volk *s,* M.leute *Mz.*
mantel Mantel *m;* (*kort damesmanteltje*) Jacke *w; iem. de — uitvegen,* e.m den Kopf waschen. ▾**—kap** Kapuze *w.* ▾**—kraag** M.kragen *m.* ▾**—meeuw** M.möwe *w.* ▾**—organisatie** M.organisation *w.* ▾**—pak** Jackenkleid, Kostüm *s.*
manuaal Manual *s.*
manufact/uren Manufaktur/waren *Mz.* ▾**—urenwinkel** M.warenhandlung *w.* ▾**—urier** M.ist *m.* ▾**—uurzaak** M.warengeschäft *s.*
manuscript Manuskript *s,* Handschrift *w; in —,* im Manuskript, handschriftlich.
manusje-van-alles Faktotum *s.*
man/uur Arbeitsstunde *w.* ▾**—volk** Männer *Mz.* ▾**—wijf** Mannweib *s.* ▾**—ziek** mannstoll.
map Mappe *w.*
maquette Modell *s,* Maquette *w.*
maraboe Marabu *m.*
maraskijn Maraschino *m.*
marathonloop Marathonlauf *m.*
marchanderen markten, feilschen.
marcheren marschieren; (*opschieten*) vorwärtsgehen.
marconist Funker *m.*
mare Nachricht, Kunde *w.*
marechaussee Militärpolizei, Feldjägertruppe *w;* (*persoon*) Militärpolizist, Feldjäger *m.*
maretak Mistel *w.*
margarine Margarine *w.*
marg/e 1 (*rand*) Rand *m; aantekening in de —,* Randbemerkung, Marginalbemerkung *w;* **2** (*speelruimte*) Marge *w,* Spielraum *m,* Spanne *w;* (*hand.*) Marge, Handelsspanne *w.* ▾**—inaal** Marginal..., Rand..., marginal; *marginale groepen,* marginale Gruppen, Randgruppen. ▾**—ine**: *in —,* am Rande.
margriet Margerite *w,* große Gänseblume.
Maria Maria *w.* ▾**—beeld** Marienbild *s.* ▾**—-Boodschap** Mariä Verkündigung *w.* ▾**—feest** Marienfest *s.* ▾**—-Geboorte** Mariä Geburt *w.* ▾**—-Hemelvaart** Mariä Himmelfahrt *w.*
marihuana Marihuana *s;* (*fam.*) Kif *m; — roken,* M. rauchen, (*fam.*) kiffen. ▾**—roker** M.raucher, (*fam.*) Kiffer *m.*
marine Marine *w.* ▾**—basis** M.basis *w,* Flottenstützpunkt *m.* ▾**—blauw** m.blau. ▾**—officier** M.-, Seeoffizier *m.*
marineren marinieren.
marine/station Marine/station *w.* ▾**—vliegtuig** M.-, Seeflugzeug *s.* ▾**—werf** M.werft *w.* ▾**marinier** M.-, Seesoldat, Mariner *m.*
marionet Marionette *w.* ▾**—tenspel** M.nspiel *s.*
maritiem maritim.
marjolein Majoran *m.*
mark (*i.a.b.*) Mark *w.*
mark/ant markant. ▾**—eren** markieren; *de pas —,* auf der Stelle treten.
marketentster Marketenderin *w.*

marketing Marketing *s.*
mark/ies 1 (*titel*) Marquis *m*; **2** (*zonnescherm*) Markise *w.* ▾**—iezin** Marquise *w.* ▾**—izaat** Marquisat *s.*
markt Markt *m*; *naar de* — (*gaan*), zu M.e; *op de* — (*wonen*), am M. (M.platz); *ter* — (*brengen, gaan*), auf den M.; *voor de* — *geschikt*, m.fähig, -gängig; *van alle* —*en thuis zijn*, in allen Sätteln gerecht, mit allen Wassern gewaschen sein. ▾**—aandeel** M.anteil *m.* ▾**—analyse** M.analyse *w.* ▾**—bericht** M.bericht *m.* ▾**—en** auf den M. gehen; auf den M. bringen. ▾**—ganger** M.gänger *m.* ▾**—geschreeuw** M.schreierei *w.* ▾**—onderzoek** M.forschung *w*; *bureau voor* —, Institut *s* für Absatzforschung. ▾**—positie** M.lage *w.* ▾**—prijs** M.preis *m.* ▾**—waar** M.ware *w.* ▾**—waarde** M.wert *m.*
marmelade Konfitüren *Mz.*
marmer Marmor *m.* ▾**—achtig** m.artig. ▾**—beeld** M.bild *s.* ▾**—en I** *bn* m.n, Marmor...; —*plaat*, M.platte *w.* **II** *ww* m.ieren. ▾**—groeve** M.bruch *m*, M.grube *w.*
marmot Murmeltier *s*; (*in Alpen, ook*) Marmotte *w*; (*Guinees biggetje*) Meerschweinchen *s.*
marokijn(leder) Maroquin, Saffian *m.* ▾**Marok/kaan** Marokkaner *m.* ▾**—kaans** marokkanisch. ▾**—ko** Marokko *s.*
Mars Mars *m.* ▾**—bewoner** M.bewohner *m.*
mars 1 (*v. marcheren*) Marsch *m*; *op* — *gaan*, s. in Marsch setzen, s. auf den Weg machen; —*!*, marsch!; **2** (*korf*) Korb *m*; (*scheepst.*) Mars *m & w*, Mastkorb *m*; *niet veel in zijn* — (*hebben*), nicht viel Grütze im Kopf; **3** (*broekland*) Marsch *w.*
marsepein Marzipan *m.*
mars/kramer Hausierer *m.* ▾**—land** Marsch/land *s.* ▾**—order** M.befehl *m.* ▾**—route** M.route, M.linie *w.* ▾**—tempo** M.geschwindigkeit *w*; (*muz.*) M.tempo *s.* ▾**—tenue** M.anzug *m*, (*mil., ook*) feldmarschmäßige Ausrüstung. ▾**—vaardig** m.fertig, -bereit. ▾**—zeil** Marssegel *s.*
martel/aar Märtyrer *m.* ▾**—aarschap** M.tum *s.* ▾**—ares** M.in *w.* ▾**—dood** Marter-, M.tod *m.* ▾**—en** martern, foltern. ▾**—ing** Marter, Folter *w.* ▾**—tuig** Martergerät, Folterwerkzeug *s.*
marter (*dier*) Marder *m*; (*bont*) M.(pelz) *m*, M.fell *s.*
martiaal martialisch.
marva Marinehelferin *w.*
marxis/me Marxis/mus *m.* ▾**—t** M.t *m.* ▾**—tisch** m.tisch.
mascara Mascara *s*, Wimperntusche *w*; (*stift enz. voor het aanbrengen*) Mascara *m.*
mascotte Maskotte *w.*
mask/er Maske *w*; (*v. insekt*) Larve *w.* ▾**—erade** Maskenzug *m*, Maskerade *w.* ▾**'—eren** maskieren, s. vermummen. ▾**—éren** maskieren, verbergen, verdecken; (*mil.*) tarnen.
masoch/isme Masoch/ismus *m.* ▾**—ist** M.ist *m.* ▾**—istisch** m.istisch.
mass/a Masse *w*; (*menigte, ook*) Menge *w*, Haufen *m*; *bij* (*in*) —*'s*, massenweise; *bij grote* —*'s*, massenhaft; *de grote* —, die breite Masse. ▾**—aal** massig; (*in massa, ook*) massenhaft; *massale aanval*, massierter Angriff, Massenangriff *m*; — *optreden*, massenhaftes Auftreten. ▾**massa/-artikel** Massen/artikel *m.* ▾**—communicatiemiddel** M.kommunikationsmittel *s.* ▾**—demonstratie** M.kundgebung *w.*
massage Massage *w.*
massa/graf Massen/grab *s.* ▾**—medium** M.medium *s.* ▾**—mens** Herdenmensch *m.* ▾**—moord** M.mord *m.* ▾**—produkt** M.produkt *s.* ▾**—produktie** M.erzeugung; (*massificatie*) Vermassung *w.* ▾**—psychose** M.psychose *w.*
mass/eren massieren. ▾**—eur** Masseur, Massierer *m.* ▾**—euse** Masseuse, Massiererin *w.*
massief I *bn* massiv; *massieve band enz.*, (*ook*) Vollreifen *m* usw. **II** *zn* Massiv *s.*
mast Mast *m*; *grote* —, Großmast *m.* ▾**—boom** Mast(baum) *m*; (*boomsoort*) Kiefer, Föhre *w*, (*ook*) Tanne, Fichte *w.* ▾**—bos** Tannen-, Fichten-, Kiefernwald *m*; (*fig.*) Mastenwald *m.*
mastiek Mastix *m.*
mastodont Mastodon *s.*
masturb/atie Masturb/ation *w.* ▾**—eren** m.ieren.
mat I *bn* matt; —*te zijde*, Mattseide *w*; (*schaaksp.*) (schach)matt. **II** *zn* Matte *w*; (*v. stoel*) Strohsitz, Binsenflechtsitz *m*; *een* — *vijgen*, ein Korb Feigen; *zijn* —*ten oprollen*, sein Bündel schnüren.
matador Matador *m.*
match Match *s/m*, Wettspiel *s.*
mate Maß *s*; *in die* —, in dem Maße; *in meerdere of mindere* —, mehr oder weniger. ▾**mateloos** maßlos, über alle Maßen. ▾**—heid** Maßlosigkeit *w.* ▾**maten en gewichten** Maße und Gewichte.
materiaal Material *s.* ▾**—moeheid** M.ermüdung *w.* ▾**material/en** Material/ien *Mz.* ▾**—isatie** M.isierung *w.* ▾**—isme** M.ismus *m.* ▾**—ist** M.ist *m.* ▾**—istisch** m.istisch. ▾**mater/ie** Materie *w*, Stoff *m*; (*onderwerp, ook*) Gegenstand *m*, Thema *s*; (*etter*) Eiter *m.* ▾**—ieel I** *bn* materiell; *materiële schade*, (*ook*) Sachschaden *m.* **II** *zn* Material *s*; *rollend* —, rollendes Material, Roll-, Fahrmaterial *s*, Fahr-, Wagenpark *m.*
mat/glas Matt-, Milchglas *s*, mattiertes Glas. ▾**—glazen** aus mattgeschliffenem Glas, aus mattiertem Glas; — *ruit*, Mattscheibe *w.* ▾**—heid** (*v. kleur enz.*) Mattheit *w*; (*moeheid*) Mattigkeit *w.*
mathemat/ica Mathematik *w.* ▾**—icus** M.er *m.* ▾**—isch** mathematisch.
matig mäßig. ▾**—en** m.en. ▾**—heid** M.keit *w.* ▾**—ing** M.ung *w.*
matin/ee Matinee *w*; (*middagvoorstelling*) Nachmittagsvorstellung, -aufführung *w.* ▾**—eus**: (*hij is*) —, früh auf, ein Frühaufsteher.
matje kleine Matte *w*; (*op tafel*) Untersetzer *m*; *iem. op het* — *roepen*, e.n zur Verantwortung rufen.
matras Matratze *w.*
matriarchaat Matriarchat *s.*
matrijs Matrize *w*; (*in smederij*) Gesenk *s.* ▾**matrix** Matrix *w.*
matrone Matrone *w.*
matroos Matrose *m.* ▾**matrozen/kraag** Matrosen/kragen *m.* ▾**—pak** M.anzug *m.*
matteklopper Teppichklopfer *m.* ▾**matten I** *bn*: — *stoel*, Binsen-, Strohstuhl *m.* **II** *ww* mit Matten belegen; (*stoelen*) —, mit Binsen beflechten, mit Strohsitz versehen. ▾**matten/bies** Matten/binse *w.* ▾**—maker** M.flechter *m.*
mausoleum Mausoleum *s.*
mauwen miauen.
mavo allgemeinbildender weiterführender Mittelschulunterricht. ▾**—-diploma**, **—-leerling**, **—-school** *zie* **havo**.
maxi-jurk Maxikleid *s.* ▾**maximaal** Maximal..., Höchst..., maximal; *maximale aantal*, Höchstzahl *w*; *maximale kracht*, Maximalkraft *w*; — *toelaatbaar*, höchstzulässig. ▾**maximum** Maximum *s*; Höchstbetrag *m*; Höchstmaß *s*; (*in*

weerbericht) Hoch *s*; *—belasting*, Höchst-, Maximalbelastung *w*, (*last*) Maximallast *w*; *—salaris*, Höchstgehalt *s*. ▾**—bedrag** Maximal-, Höchst-, Meistbetrag *m*. ▾**—druk** Maximal-, Höchstdruck *m*. ▾**—snelheid** Höchstgeschwindigkeit *w*; (*verkeersbord*) zugelassene Höchstgeschwindigkeit; (*maximum toelaatbare rij-, vaarsnelheid*) höchstzulässige Fahrgeschwindigkeit *w*. ▾**—thermometer** Maximumthermometer *s*.
mayonaise Mayonnaise, Majonase *w*.
mazelen Masern *Mz*.
mazen strickstopfen, mit Maschenstich ausbessern.
mazurka Masurka *w*.
mazzel Massel, Dusel *m*. ▾**—en** gute Geschäfte machen; (*mazzel hebben*) e.n unglaublichen Massel haben.
m.b.o. mittlerer berufsbildender Unterricht.
mecanicien Mechaniker *m*; (*in vliegt.*) Bordwart *m*.
mecenas Mäzen *m*.
mechan/ica Mechan/ik *w*. ▾**—icus** M.iker *m*. ▾**—iek** M.ismus *m*, M.ik *w*. ▾**—isatie, —isering** M.isierung *w*. ▾**—isch** m.isch. ▾**—iseren** m.isieren. ▾**—isme** M.ismus *m*.
medaill/e Medaille *w*. ▾**—on** Medaillon *s*.
me(d)e I *bw* mit; (*dat is*) *— in uw belang*, auch in Ihrem Interesse; *voor ss met 'mede' zie ook ss met 'mee'*. **II** *zn* **1** (*drank*) Met *m*; **2** (*meekrap*) Krapp *m*.
mede/aansprakelijk mit/verantwortlich. ▾**—aansprakelijkheid** M.verantwortlichkeit *w*. ▾**—ambtenaar** Amtsgenosse, Kollege *m*. ▾**—beklaagde** M.angeklagte(r) *m*. ▾**—belanghebbende** M.beteiligte(r) *m*. ▾**—beslissingsrecht** M.bestimmungsrecht *s*. ▾**—bestuurslid** Vorstandsmitglied *s*. ▾**—bewoner** M.bewohner *m*. ▾**me(d)ebrengen** m.bringen; (*in de aard liggen van, veroorzaken*) mit s. bringen. ▾**mede/contractant** Vertragsgegner *m*. ▾**—deelbaar** m.teilbar. ▾**—deelzaam** m.teilsam. ▾**me(d)edelen** m.teilen. ▾**mededelend** (*taalk.*) behauptend; *—e zin*, Behauptungssatz *m*. ▾**mededeling** M.teilung *w*. ▾**me(d)edingen** s. m.bewerben; konkurrieren; *— naar*, s. m.bewerben um. ▾**mede/dinger** M.bewerber, Konkurrent *m*. ▾**—dinging** M.bewerbung *w*; Wettbewerb *m*, Konkurrenz *w*; *buiten —*, außer W., juryfrei. ▾**—directeur** M.direktor *m*. ▾**—dogen** M.leid *s*. ▾**—ëigenaar** M.eigentümer, M.besitzer, M.inhaber *m*. ▾**—firmant** M.teilhaber *m*. ▾**me(d)egaan** m.gehen; *met iem. —*, (*eens zijn, instemmen*) mit e.m einverstanden sein, e.m (etwas) beistimmen; (*een paar maanden*) *gaan deze schoenen nog wel mee*, halten s. diese Schuhe schon noch. ▾**mede/gevangene** M.gefangene(r) *m*. ▾**—gevoel** M.gefühl *s*. ▾**—helper** M.helfer *m*. ▾**—huurder** Mietsgenosse *m*. ▾**—klinker** Mit/laut, Konsonant *m*. ▾**me(d)eleven** m.leben; (*meevoelen*) m.empfinden. ▾**mede/lid** M.glied *s*. ▾**—lijden** M.leid *s*. ▾**—lijdend** m.leidig. ▾**—lijdenswaardig** m.leidenswert, bedauernswert. ▾**—mens** M.mensch *m*. ▾**—minnaar** Nebenbuhler *m*.
Meden Meder *Mz*.
mede/ondertekenaar Mit/unterzeichnete(r) *m*. ▾**—ondertekenen** m.unterzeichnen; (*contrasigneren*) gegenzeichnen. ▾**—ondertekening** M.unterzeichnung *w*; (*contrasignering*) Gegenzeichnung *w*. ▾**—oorzaak** M.ursache *w*. ▾**—passagier** M.reisende(r) *m*. ▾**—plichtige** M.schuldige(r), Helfershelfer *m*. ▾**—plichtigheid** M.schuld, Beihilfe *w*; *— aan*, M.schuld an [3], B. zu. ▾**—schuldige** M.schuldige(r) *m*. ▾**me(d)eslepen** m.schleppen; (*meesleuren*) m.schleifen; (*v. water, geestdrift enz.*) mit (s.) fortreißen; (*fig.*) hinreißen; *z. door zijn woede laten —*, s. vom Zorn hinreißen lassen; (*iem.*) *in 't ongeluk —*, ins Unglück mitreißen; *door de geestdrift meegesleept*, von der Begeisterung fortgerissen; *—de welsprekendheid*, hinreißende Beredsamkeit. ▾**mede/speler** M.spieler *m*. ▾**—stander** Anhänger *m*. ▾**—student** Kommilitone, Studienkollege *m*. ▾**—vennoot** M.gesellschafter, M.inhaber *m*. ▾**—verantwoordelijk** m.verantwortlich. ▾**—verzekeren** m.versichern. ▾**me(d)e/voelen** m.fühlen, m.empfinden. ▾**—werken** m.wirken; (*aan een werk deelnemen*) m.arbeiten; (*de natuur*) *werkt mee*, hilft mit; (*het weer*) *werkt mee*, ist günstig; (*dit alles*) *werkte mee om...*, trug dazu bei... ▾**mede/werker** M.arbeiter *m*; *de —s*, (*bijv. bij uitvoering*) die M.wirkenden. ▾**—werking** M.wirkung *w*; *met — van*, unter M.wirkung von. ▾**—weten** M.wissen *s*, (*voorkennis*) Vorwissen *s*; *buiten mijn —*, ohne mein (M.-, Vor-)Wissen. ▾**—zeggenschap** M.bestimmungsrecht *s*.
media (*taalk.*) Media *w*; (*publiciteitsorg.*) Media *Mz*.
medicament Medikament *s*. ▾**medicijn** Medizin, Arznei *w*; (*mv: geneeskunde*) Medizin *w*; *in de —en* (*studeren*), Medizin; *doctor in de —en*, Doktor der Medizin. ▾**—kastje** Medizinschränkchen *s*. ▾**medicinaal** medizinal, medizinisch; *—gewicht*, Apothekergewicht *s*. ▾**medicus** Arzt *m*; (*student*) Mediziner *m*.
medio: *— april*, Mitte April, medio A.
medisch medizinisch; ärztlich; (*zie* **geneeskundig**); *— adviseur*, ärztlicher Berater, medizinischer Beirat; *—e behandeling*, ärztliche Behandlung; *—student*, Mediziner *m*; *—e wetenschap*, medizinische Wissenschaft; *op — advies*, auf ärztlichen Rat. ▾**—-opvoedkundig**: *—bureau*, ärztliche pädagogische Anstalt, medizinisch-pädagogische Beratungsstelle.
medit/atie Meditation, Betrachtung *w*. ▾**—eren** meditieren, nachdenken.
medium Medium *s*.
medusakop Medusenhaupt *s*.
mee *zie* **mede I** *en* **II**; *voor ss met 'mee' zie ook* **'mede'**. ▾**—doen** mitmachen, mittun; s. beteiligen an [3]. ▾**—dogend** mitleidig, erbarmungsvoll. ▾**—dogenloos** unbarmherzig, mitleidslos, (*niets ontziend*) rücksichtslos. ▾**—dogenloosheid** Unbarmherzigkeit, Rücksichtslosigkeit, Schonungslosigkeit *w*. ▾**—ëten** mitessen. ▾**—ëter** (*ook: puistje*) Mitesser *m*. ▾**—gaand** gefügig, willfährig, nachgiebig. ▾**—gaandheid** Gefügigkeit, Nachgiebigkeit *w*. ▾**—geven** mitgeben; (*doorbuigen, wijken*) nachgeben. ▾**—komen** mitkommen.
meekrap Krapp *m*. ▾**—rood** krapprot.
mee/krijgen mit/bekommen, m.kriegen. ▾**—kunnen** m.können; (*in school*) m.kommen.
meel Mehl *s*. ▾**—achtig** m.artig, m.ig. ▾**—dauw** Meltau *m*. ▾**—draad** Staubgefäß, -blatt *s*. ▾**—fabriek** Mehlfabrik *w*. ▾**—kalk** Staubkalk *m*. ▾**—kost** Mehlspeise *w*.
mee/lokken mitlocken; *— naar een afgelegen plekje*, an eine entlegene Stelle locken. ▾**—lopen** mitlaufen, -gehen; *als 't meeloopt*, wenn's gut geht, wenn wir Glück haben; *alles loopt hem mee*, er hat immer Glück, alles

gelingt ihm. ▾—**loper** Mitläufer *m.*
meeluister/apparaat Abhörapparat *m.* ▾—**en** mithören, mit anhören; (*afluisteren*) abhorchen, abhören.
mee/maken mit/machen; (*beleven*) erleben. ▾—**nemen** m.nehmen.
meent Gemeindeweide *w.*
meepraten mitreden; mitsprechen; *daar kan hij van —*, davon weiß er ein Lied zu singen.
meer I mehr; *— gematigd oordeel*, milderes Urteil; *— beroemde* (*kunstenaar*), berühmterer; *— geroemde* (*kunstenaar*), mehr gerühmter; *— lui dan dom*, mehr faul als dumm; *— dan* (*100 000 inwoners*), mehr als, über; *— dan duidelijk*, überdeutlich; *al — en —*, immer mehr; *— niet*, weiter nichts; *en zo —*, und so weiter; (*hij is*) *niet —*, nicht mehr, dahin, tot; (*ik zal het*) *niet — doen*, nicht wieder tun; (*ik blijf*) *niet —*, nicht länger; *niet — dan* (*5 minuten*), nicht mehr als, nur; *onder —*, unter anderm, unter andern; *zonder —*, ohne weiteres; *te — omdat*, um so mehr als, zumal da. **II** *zn* See *m.*
meerboei Festmacheboje *w.*
meerder I *bn* größer, höher; *de —e kosten, opbrengst enz.*, die Mehrkosten, der Mehrertrag. **II** *telw* (*verscheiden*): *—e dagen*, mehrere Tage. ▾—**e** *zn* (*superieur*) Vorgesetzte(r) *m*; *hij is mijn — in kracht*, er ist mir an Kräften überlegen. ▾—**en** (ver)mehren; (*meer worden*) s. mehren; (*bij breien*) (Maschen) aufnehmen. ▾**meerderheid** Mehrheit, Majorität *w*; (*in kracht enz.*; *geestelijk overwicht*) Überlegenheit *w*; *bij — van stemmen*, durch (mit) Stimmenmehrheit; (*er was*) *een — van 5 stemmen*, ein Mehr von 5 Stimmen; *de — v.h. dorp* (*wist niets*), der größere Teil, die meisten Leute des Dorfes. ▾—**sbesluit** Mehrheitsbeschluß *m.* ▾—**sdeelneming** Mehrheitsbeteiligung *w*; Aktienmajorität *w.* ▾**meerderjarig** voll-, großjährig, majorenn; *— verklaren*, v. erklären, mündig sprechen. ▾—**heid** Voll-, Großjährigkeit *w.* ▾—**verklaring** Volljährigkeitserklärung *w.*
mee/reizen mit/reisen. ▾—**rekenen** m.rechnen; m.zählen.
meer/fasig mehr/phasig, M.phasen... ▾—**gemeld**, —**genoemd** m.genannt, m.erwähnt. ▾—**gevorderd** (weiter) fortgeschritten.
meerijden mitfahren; (*op rijdier*) mitreiten.
meerketting Festmacher-, Festlegekette *w.*
meerkeuze/toets Mehrwahl/test *m.* ▾—**vraag** M.frage *w.*
meer/koet Bleßhuhn *s.* ▾—**kol** Eichelhäher, Markolf *m.*
meer/lettergrepig mehr/silbig. ▾—**maals**, —**malen** öfters, m.mals.
meer/min Meer(jung)frau *w*; Meerweib *s.* ▾—**paal** Festmacher-, Vertäupfahl *m.*
meerpolig mehrpolig.
meer/ring Festmacher-, Vertäuring *m.* ▾—**schuim** Meerschaum *m.* ▾—**schuimen** Meerschaum..., meerschaumen.
meer/slachtig mehr/geschlechtig. ▾—**stemmig** m.stimmig. ▾—**talig** m.sprachig.
meertouw Festmachetau, Vertäuungstau, Landfest *s.*
meertrapsraket Mehrstufenrakete *w*, mehrstufige Rakete.
meerval Waller *m.*
meervoud Mehrzahl *w*, Plural *m.* ▾—**suitgang** M.-, P.endung *w.* ▾—**ig** mehrfach; (*gram.*) in der Mehrzahl stehend.
meerwaard/e Mehrwert *m.* ▾—**ig** (*chem.*) m.ig.
mees Meise *w.*
mee/slepend hinreißend. ▾—**sleuren** mitschleifen; *zie ook* **medeslepen.**
meesmuilen schmunzeln.
mee/spelen mitspielen. ▾—**spreken** *zie* —**praten.**
meest meist; *de —e* (*mensen*), die meisten; *het —e ervan*, das meiste davon; (*hij lijdt*) *er 't — onder*, am meisten darunter; (*'s middags is hij*) *—* (*niet thuis*), meistens; *met de —e voorzichtigheid*, mit der größten Vorsicht; *de — bezochte* (*badplaatsen*), die besuchtesten; *op z'n — 10*, höchstens zehn. ▾—**al** meistens, meistenteils. ▾—**begunstigd** meistbegünstigt; *op voet van —e natie* (*staan met*), im Meistbegünstigungs/verhältnis; *verdrag op voet v. —e natie*, M.vertrag *m.* ▾—**begunstigingsclausule** Meistbegünstigungsklausel *w.* ▾—**biedende** Meistbietende(r) *m.* ▾—**endeels** meistens, meistenteils. ▾—**entijds** meistens.
meester Meister *m*; (*eigenaar, gebieder, heer*) Herr *m*; (*onderwijzer*) Lehrer *m*; *— timmerman*, Zimmermeister; *een — in de kunst*, ein M. in der Kunst; *— in de rechten*, Doktor der Rechte; *z. — maken van iets*, s. e.r Sache bemächtigen; *iets — worden*, (*te boven komen*) e.r Sache, über etwas H. werden; (*de vijand is*) *— van de stad*, H. der Stadt; *de toestand —* (*zijn*), H. der Lage; *een taal — zijn*, e.r Sprache mächtig sein, eine Sprache beherrschen; *zijn drift niet — zijn*, seinen Zorn nicht bemeistern, beherrschen können; (*hij is*) *zichzelf niet meer —*, nicht mehr H. über sich, seiner selbst nicht mehr H. (nicht mehr mächtig). ▾—**achtig** (*bazig*) herrisch; (*schoolmeesterachtig*) schulmeisterlich. ▾—**es** Herrin, Gebieterin *w.* ▾—**hand** M.hand *w.* ▾—**knecht** (*in fabriek enz.*) Werkmeister, Werkführer *m*; (*bij ambachtsman*) Obergeselle *m*; (*in magazijn*) Obergehilfe *m.* ▾—**lijk** m.haft, m.lich; *— schot*, M.schuß *m.* ▾—**schap** M.schaft; Herrschaft *w.* ▾—**stitel** Titel *m* e.s Doktors der Rechte. ▾—**stuk** M.stück *s.* ▾—**werk** M.werk *s.*
meet Anfangsstrich *m*, -linie *w*; *van — (af) aan*, von Anfang an.
meet/baar meß/bar. ▾—**baarheid** M.barkeit *w.* ▾—**band** M.band, Bandmaß *s.*
meetellen mitzählen; *niet —*, (*ook*), nicht wichtig sein, ohne Bedeutung sein, nicht mitreden dürfen.
meeting Meeting *w*, Treffen *s.*
meet/instrument Meß/instrument *s.* ▾—**kunde** Geometrie *w*; *vlakke —*, Planimetrie *w*; *beschrijvende —*, darstellende G. ▾—**kundig** geometrisch. ▾—**lat** M.latte *w.* ▾—**net** M.netz *s.*
meetronen mitlocken.
meeuw Möwe *w.* ▾—**eëi** Möwenei *s.*
mee/vallen (*fig. betekenis niet letterlijk te vertalen*; *hier volgen enkele voorbeelden van omschrijvingen*) die Erwartung(en) übertreffen; besser ausfallen als man erwartet hat; (*het werk*) *is me meegevallen*, war nicht so schwierig, war leichter, war besser, war schöner usw. als ich erwartet hatte; (*de toestand v.d. gewonden*) *viel mee*, war nicht so schlimm als man anfangs gedacht hatte; (*de prijs*) *viel me mee*, war niedriger als ich gedacht hatte; *hij valt heel best mee*, er ist gar nicht so schlimm; *'t zal wel —*, es wird nicht so schwer sein, nicht so schlimm werden, es wird schon gehen; *dat viel mee*, das war ein unerwartetes Glück, das war Schwein; *dat viel niet mee*, das war eine Enttäuschung; *het valt niet mee* (*zijn enig kind te moeten verliezen*) es ist gar schwer. ▾—**valler** Glücksfall *m*,

unerwartetes Glück; (*buitenkansje*) unerwarteter Vorteil, Extraprofit *m.* ▼—**voeren** mit/führen. ▼—**warig** m.leidig. ▼—**zitten**: *'t zit mee*, wir haben Glück, kein Pech.
mega/foon Mega/phon *s.* ▼—**ton** M.tonne *w.* ▼—**watt** M.watt *s.*
mei 1 (*maand*) der Mai; *1e mei*, (*ook*) Maifeiertag *m*, Maifeier *w*; **2** (*tak*) Maie *w*, Maien(zweig) *m.* ▼—**bloempje** Mai/glöckchen, M.blümchen *s.*
meid (*dienstmeisje*) Mädchen *s*, (*bij boeren*) Magd *w*; (*meisje*) Mädchen, Mädel *s*; (*straatmeid*) Dirne *w.*
mei/doorn, —doren Weiß-, Rot-, Hagedorn *m.*
meier Meier, Pächter *m*; (*rentmeester*) Verwalter. ▼—**en** faseln, salbadern, quasseln.
mei/feest Mai/feier *w.* ▼—**kers** Frühkirsche *w.* ▼—**kever** M.käfer *m.*
mein/edig meineidig. ▼—**eed** Meineid *m*; *een — doen*, e.n Meineid schwören.
meisje Mädchen, Mädel *s*; (*verloofde*) Verlobte, Braut *w*; (*dienstmeisje*) Mädchen *s*; (*dienst*)*— alleen*, Alleinmädchen, Mädchen für Alles; *tweede —*, Zweitmädchen. ▼—**sachtig** mädchen/haft. ▼—**sgek** M.narr *m.* ▼—**skostschool** M.pensionat *s.*
mei/tak Maienzweig *m.* ▼—**veld** Maifeld *s.* ▼—**zoe(n)tje** Maßliebchen *s.*
mejuffrouw Fräulein *s*; (*boven brief*) Sehr geehrtes Fräulein!; (*gehuwd*) Frau *w.*
Mekkaganger Mekkapilger *m.*
mekkeren meckern, blöken.
melaats aussätzig. ▼—**e** Aussätzige(r) *m.* ▼—**heid** Aussatz *m.*
melanchol/icus Melanchol/iker *m.* ▼—**ie** M.ie *w.* ▼—**iek** m.isch.
melange Melange *w.*
melasse Melasse *w.*
meld/en melden, mitteilen; (*de ontvangst v.e. brief*) —, anzeigen. ▼—**enswaard(ig)** meldenswert. ▼—**er** Melder *m.* ▼—**ing** Meldung; Mitteilung; Anzeige *w*; *— maken van*, melden, (*gewag maken van*) erwähnen.
mêleren melieren, mischen.
melig mehlig; (*flauwgrappig*) öde, langweilig.
melis(se) Melisse *w.*
melk Milch *w*; *— geven*, (*v. koe*) m.en, M. geben; *niets in de — te brokken hebben*, nichts zu sagen haben, keinen Einfluß haben, nicht viel gelten, (*niets bezitten*) nichts in die M. zu brocken haben; (*een land*) *van — en honing*, da M. und Honig fließt. ▼—**achtig** m.ig, m.ähnlich. ▼—**afromer** (M.) Entrahmer *m.* ▼—**afscheiding** M.absonderung *w.* ▼—**baard** M.bart *m.* ▼—**boer** M.mann *m.* ▼—**boerenhondehaar** Flachshaar *s.* ▼—**emmer** M.eimer *m*; (*om in te melken*) Melkeimer *m.* ▼—**en** melken; (*duiven*) züchten. ▼—**er** Melker *m.* ▼—**erij** (*zuivelbedrijf*) Molkerei, Milchwirtschaft *w*; (*melkveebedrijf*) Milchviehhaltung, Milchwirtschaft *w*; (*het melken*) Melken *s*, Melkerei *w*; (*melkplaats*) Melkstand *m.* ▼—**fabriek** Molkerei *w.* ▼—**gebit** Milch/gebiß *s.* ▼—**gift** M.leistung *w.* ▼—**glas** M.glas *s.* ▼—**inrichting** M.wirtschaft *w.* ▼—**knecht** Melker *m.* ▼—**koe** Milchkuh, Melkkuh *w.* ▼—**koetje** melkende Kuh. ▼—**machine** Melkmaschine *w*, Melkanlage *w.* ▼—**meid** Milch/magd *w.* ▼—**muil** M.bart *m.* ▼—**opbrengst** M.ertrag *m*; (*melkgift*) M.leistung *w.* ▼—**poeder** M.pulver *s*, Trockenmilch *w.* ▼—**slijter** M.händler *m.* ▼—**ster** Melkerin *w.* ▼—**stoel** Melkstuhl, -schemel *m.* ▼—**tand** Milchzahn *m.* ▼—**tijd** Melkzeit *w.* ▼—**vee** Milch/vieh *s.* ▼—**veehouderij** M.viehhaltung *w.* ▼—**weg** M.straße *w.* ▼—**wit** m.weiß.
melo/die Melodie *w.* ▼—**dieus** melodiös. ▼—**disch** melodisch.
melo/drama Melodrama *s.* ▼—**dramatisch** m.tisch.
meloen Melone *w.* ▼—**pit** M.nkern *m.*
membraan Membran(e) *w.*
memento Memento *s.* ▼**memoires** Memoiren, Erinnerungen, Denkschriften *Mz.* ▼**memor/abel** memorabel. ▼—**andum** Memorandum *s.* ▼—**eren** erwähnen. ▼—**iaal** Memorial *s.* ▼—**ie** Gedächtnis *s*; (*geschrift*) Denkschrift *w*, Promemoria, Memorial *s*; *kort van — zijn*, ein kurzes G. haben; *— van antwoord*, Antwortnote *w*; *— van grieven*, Beschwerdeschrift *w*; *— van toelichting*, Begleitschreiben *s*, (*bij wetsontwerp*, *ook*) Motivierung *w*; *pro —*, pro memoria. ▼—**iseren** memorieren, auswendig lernen.
men man.
menage (*mil.*) Verpflegung *w*; (*soldatenkeuken*) Mannschaftsküche *w.* ▼—**ketel** Speisekessel *m.* ▼—**meester** Küchenunteroffizier *m.* ▼**menagerie** Menagerie, Tierbude *w.*
meneer *zie* **mijnheer.**
menen meinen; *ik meen 't* (*in ernst*), *het is gemeend*, ich meine es ernstlich, es ist mir Ernst damit, es ist mein (voller) Ernst, es ist ernstlich gemeint; *dat zou ik —*, das will ich meinen; *hij meende* (*hem te kennen*), er glaubte; *hij meent het te kunnen*, er glaubt daß er es kann; *hij meent een hele meneer te zijn*, er dünkt s. ein großer Herr. ▼—**s**: *het is —*, es ist ernstlich gemeint, es ist (mein, sein usw.) Ernst; *nu is het —*, jetzt gilt's; *nu wordt het —*, nun wird's Ernst.
meng/baar mischbar. ▼—**bak** Mischtrog *m.* ▼**mengel/ing** Mischung *w*; *letterkundige —en*, Miszellen *Mz*, literarisches Allerlei. ▼—**moes** Mischmasch *m.* ▼**meng/en** mischen, (*minder innig*, *ook*) mengen; (*vergif*) *door het eten —*, unters (ins) Essen mischen; *z. — in*, s. (ein)mischen in [4]; *gemengde mest*, Mischdünger *m*; *gemengd voer*, Mengfutter *s*; *zie* **gemengd.** ▼—**er** Misch/er *m.* ▼—**ing** M.ung; Mengung *w.* ▼—**kraan** M.hahn *m.* ▼—**koren** Mischkorn, Mengkorn *s.* ▼—**proces** Misch/ungsvorgang *m.* ▼—**sel** Gemisch *s*, M.ung *w.* ▼—**smering** (*voor bromfietsen enz.*) Gemisch *s.* ▼—**taal** M.sprache.
menie Mennige *w.* ▼**meniën** mennigen.
menig manche(r), manche, manch(es). ▼—**een** mancher. ▼—**erhande, —erlei** mancherlei. ▼—**maal** manches Mal, öfters. ▼—**te** Menge *w.* ▼—**vuldig** zahlreich, (*veelsoortig*) mannigfaltig; (*vaak voorkomend*, *dikwijls*) häufig. ▼—**vuldigheid** Mannigfaltigkeit *w*; (*talrijkheid*) große Anzahl *w.*
mening Meinung, Ansicht *w*; (*bedoeling*) Absicht *w*; *de openbare —*, die öffentliche M.; *bij zijn — blijven*, auf seiner M. beharren; *van — zijn*, der M., der Ansicht sein; *volgens mijn —*, meiner M. nach, meiner Ansicht nach, meines Erachtens. ▼—**suiting** M.säußerung *w*; *vrijheid van —*, Freiheit *w* der M., M.sfreiheit *w.* ▼—**sverschil** M.sverschiedenheit *w.* ▼—**svorming** M.sbildung *w.*
menist Mennonit *m.* ▼—**enkerk** M.enkirche *w.*
menn/en lenken. ▼—**er** Lenker *m.*
menopauze Menopause *w.*
mens Mensch *m*; (*het mens = vrouw*) Frau, Person *w*; (*minachtend*) Mensch *s*; *de —en* (*zeggen 't*), die Leute; (*het zijn*) *arme —en*,

arme Leute; *onze —en*, unsere Leute; (*plaats voor 10*) *—en*, Personen; *het arme —*, die arme Frau; (*zij is*) *een idioot —*, eine verrückte Person; *dat mens!*, das Mensch!; *geen —* (*te zien*), keine (lebende) Seele; *de grote —en*, die Erwachsenen; *onder de —en* (*komen*), unter die Leute.
mensa Mensa *w*; (*v. altaar*) Mensa *w*, Altartisch *m*.
mens/aap Menschenaffe *m*. ▾**—dom** Menschheit *w*. ▾**—elijk** menschlich; *—e natuur*, (*ook*) Menschennatur *w*. ▾**—elijkerwijs**: *— gesproken*, nach menschlichem Ermessen, nach menschlicher Berechnung. ▾**—elijkheid** Menschlichkeit *w*. ▾**mensen/eter** Menschen/fresser *m*. ▾**—gedaante** M.gestalt *w*. ▾**—hater** M.hasser *m*. ▾**—heugenis**: *sedert, bij —*, seit M.gedenken. ▾**—kennis** M.kenntnis *w*. ▾**—kinderen!** M.skind(er)! ▾**—leeftijd** M.alter *s*. ▾**—massa** M.menge *w*. ▾**—schuw** m.scheu, leutescheu. ▾**—werk** M.werk *s*. ▾**—zee** M.meer *s*. ▾**mens/heid** Menschheit *w*. ▾**—kunde** Biologie *w*; (*mensenkennis*) Menschen/kenntnis *w*. ▾**—kundig** von M.kenntnis zeugend. ▾**—lievend** m.freundlich. ▾**—onterend** m.entehrend. ▾**—onwaardig** m.unwürdig.
menstru/atie Menstru/ation *w*. ▾**—eren** m.ieren.
mens/waardig menschenwürdig. ▾**—wording** Menschwerdung *w*.
mentaal mental, geistig. ▾**mentaliteit** Mentalität *w*.
menthol Menthol *s*.
mentor Mentor *m*.
menu Menü *s*, Speisenfolge; Tischkarte; Speisekarte *w*.
menuet Menuett *s*.
mep Schlag *m*, Ohrfeige *w*. ▾**—pen** schlagen, hauen; (*katten*) totschlagen.
merci!, danke (bestens)!; (*iron.*) ich danke!
Mercurius Merkur *m*.
merel Amsel, Schwarzdrossel *w*.
meren festmachen, anbinden; (*aan tuiankers*) vertäuen.
meren/deel der größere Teil, Mehrzahl *w*; *het — der mensen*, die meisten Leute; *voor 't — = —***deels** größtenteils, zum größern Teil.
merg Mark *s*; *door — en been*, durch M. und Bein; (*aristocraat*) *in — en been*, bis in die Knochen, in M. und Bein.
mergel Mergel *m*. ▾**—achtig** m.ig, m.artig. ▾**—groeve** M.grube *w*.
mergpijp Markknochen *m*, -röhre *w*.
meridiaan Meridian *m*. ▾**—shoogte** M.höhe *w*.
merinos Merino *m*. ▾**—wol** M.wolle *w*.
merk Marke *w*; Zeichen *s*; (*kenteken*) Kennzeichen, Merkmal *s*; (*handels-, fabrieksmerk*) (Schutz)Marke *w*, Warenzeichen *s*; (*keur op goud*) Stempel *m*; (*zeemanst.*) Marke *w*. ▾**—artikel** Markenartikel *m*. ▾**—baar** (be)merkbar; (*aanzienlijk*) merklich; *een nauwelijks merkbare vooruitgang*, ein kaum merklicher, merkbarer Fortschritt. ▾**—doek** Zeichentuch *s*. ▾**—en 1** (*begrijpend bemerken, vermoeden, voelen*) merken; (*zien, horen, waarnemen*) bemerken; *niets laten —*, s. [3] nichts m. lassen; **2** (*met een merk tekenen*) zeichnen; markieren; (*met kenteken aangeven*) bezeichnen; (*wasgoed*) zeichnen; (*deze sigaren*) *zijn niet gemerkt*, sind ohne Marke. ▾**—enbureau** (*in Duitsl.*) Bundespatentamt *s*. ▾**—enwet** Markenschutzgesetz, Warenzeichengesetz *s*. ▾**—fiets** Markenrad *s*. ▾**—garen** Zeichengarn *s*. ▾**—ijzer** Merkeisen *s*, Zeichenstempel *m*. ▾**—inkt** Zeichen/tinte *w*. ▾**—letter** Z.buchstabe *m*. ▾**—loos** ohne Marke. ▾**—naam** Markenname *m*. ▾**—steen** Markstein *m*. ▾**—teken** Merkzeichen, Kennzeichen, Merkmal *s*. ▾**—waardig** merkwürdig. ▾**—waardigheid** Merkwürdigkeit *w*; (*beziensw.*) Sehenswürdigkeit *w*.
merrie Stute *w*. ▾**—veulen** Stutenfüllen *s*.
mes Messer *s*; *zijn — snijdt van twee kanten*, er macht e.n doppelten Schnitt.
mesalliance Mesalliance, Mißheirat *w*.
mescaline Meskalin *s*.
mesjokke meschugge.
mespunt Messerspitze *w*.
mess (*mar.*) Messe *w*.
mes/scherp messer/scharf. ▾**—selegger** M.bänkchen *s*. ▾**—senbak** M.kasten *m*. ▾**—senslijper** M.schleifer *m*. ▾**—setrekker** M.stecher, M.held *m*.
Messi/aans messianisch. ▾**—as** Messias *m*.
messing 1 (*metaal*) Messing *s*; **2** (*v. plank*) Feder *w*; *— en groef*, Nut und Feder.
messteek Messerstich *m*.
mest Mist *m*; (*voor bemesting, meestal*) Dünger, Dung *m*. ▾**—en 1** (*land*) düngen; **2** (*vetmesten*) mästen. ▾**—hoen** Masthuhn *s*. ▾**—hoop** Mist-, Düngerhaufen *m*. ▾**—ing 1** (*v. vee*) Mästung *w*; **2** (*v. land*) Düngung *w*. ▾**—kalf** Mastkalb *s*. ▾**—kar** Mist-, Dungkarren *m*. ▾**—kever** Mistkäfer *m*. ▾**—stof** Düngestoff *m*, Düngemittel *s*. ▾**—vaalt** *zie* **—hoop**. ▾**—vee** Mastvieh *s*.
met mit; *— deze* (*hebben wij de eer*...), hiermit; *— een kruk* (*lopen*), an e.r Krücke; (*wij komen*) *— de fiets*, auf dem Rad; *— de naam* (*Piet dopen*), auf den Namen; (*het is*) *— hem gedaan*, aus mit ihm, um ihn geschehen; *— dat al*, bei alledem, trotzdem, trotz alledem; *— al zijn rijkdom* (*is hij zeer ongelukkig*) bei all seinem Reichtum; *— mooi weer*, bei schönem Wetter; *— goede bedoeling*, in guter Absicht; *— vakantie gaan*, in die Ferien gehen; *— een kraan* (*ophijsen*), mittels e.s Kranes, mit e.m Kran; *— guldens* (*rekenen*), nach Gulden; (*de prijs*) *— een gulden* (*verlagen*), um e.n Gulden; (*het huis*) *— de hele inboedel*, samt dem ganzen Inventar; *— Kerstmis*, zu Weihnachten; *— de vakantie* (*thuiskomen*), zu Beginn der Ferien; *— 1 mei* (*kom ik*), zum 1. Mai; (*wat heb je*) *— je verjaardag gekregen*, zum Geburtstag bekommen; (*wij waren*) *— z'n* (*— ons*) *vieren*, zu vieren, zu viert, es waren unser vier; (*iets*) *— getallen* (*bewijzen*), zahlenmäßig; *— het pond* (*verkopen*), pfundweise; *hij stond — de kraag van zijn jas hoog opgeslagen en — de handen in de zak te wachten*, er stand den Mantelkragen hoch aufgezogen und die Hände in der Tasche und wartete; *hij ging door — spreken*, er fuhr fort zu reden; *we zullen beginnen — te*..., wir wollen damit anfangen, daß wir...
metaal Metall *s*; *wit —*, Weißguß *m*, Weißmetall *s*. ▾**—achtig** metall/ähnlich, m.artig, m.isch. ▾**—bewerker** M.arbeiter *m*. ▾**—bewerking** M.bearbeitung *w*. ▾**—draad** M.draht *m*; (*in lamp*) M.faden *m*. ▾**—draadlamp** M.fadenlampe *w*. ▾**—gaas** M.gaze, Drahtgaze *w*, Drahtgewebe *s*. ▾**—gieterij** M.gießerei *w*. ▾**—houdend** m.haltig. ▾**—industrie, —nijverheid** M.industrie *w*. ▾**—kunde** M.kunde *w*. ▾**—moeheid** M.ermüdung *w*. ▾**—slak** M.schlacke *w*. ▾**—smelterij** Erzhütte *w*.
meta/fora Meta/pher *w*. ▾**—fysica** M.physik *w*.
metalen metallen; *— buis*, Metallröhre *w*. ▾**metall/iek** metallisch; Metall... ▾**—oïde** Metalloid *s*. ▾**—urgie** Metallurgie *w*.

metamorfos/e Metamorphos/e *w.* ▾**—eren** m.ieren.
meteen (*tegelijk*) zugleich, zu gleicher Zeit; (*terstond, dadelijk*) gleich; *zo —*, gleich.
meten messen.
meteoor Meteor *s.* ▾**—steen** M.stein *m.* ▾**meteoriet** Meteorit *m.* ▾**meteoro/logie** Meteoro/logie *w.* ▾**—logisch** m.logisch; *— instituut*, m.logisches Institut, m.logische Station, Wetterwarte *w*; *— station*, Wetterstelle *w.* ▾**—loog** M.log(e) *m.*
meter 1 (*lengtemaat*) Meter *s*; (*persoon, meettoestel*) Messer *m*; (*elektr., water*) Zähler *m*; (*gas, ook*) Gasuhr *w*; **2** (*doopmoeder*) Patin *w.* ▾**—bord** Zähler/tafel *w.* ▾**—huur** Z.miete; Gasuhrmiete *w.* ▾**—opnemer** Messer-, Zählerkontrolleur, -ableser *m.* ▾**—stand** Zählerstand *m.*
metgezel Gefährte *m.* ▾**—lin** Gefährtin *w.*
methaan Methan *s.* ▾**methanol** Methanol *s.*
method/e Methode *w*; (*procédé*) Verfahren *s.* ▾**—iek** Methodik *w.* ▾**—isch** methodisch, planmäßig. ▾**—ist** Methodist *m.*
methyl Methyl *s.* ▾**—alcohol** M.alkohol *m.*
métier Metier, Handwerk *s*, Beruf *m.*
meting Messung *w.*
metriek I *zn* Metrik *w.* **II** *bn* metrisch.
metro U-Bahn, Metro *w.* ▾**—noom** Metro/nom *s*, Taktmesser *m.* ▾**—poliet** M.polit *m.* ▾**—polis, —pool** M.pole *w.*
metrum Metrum *s.*
metsel/aar Maurer *m.* ▾**—aarswerk** M.arbeit *w.* ▾**—arij** M.ei *w.* ▾**—en** mauern. ▾**—kalk** M.kalk *m.* ▾**—specie** Mörtel, Speis *m.* ▾**—steen** Mauerstein *m.* ▾**—werk** Mau(r)erarbeit *w*; (*gemetseld werk*) Mauerwerk *s*; *met — bekleden*, ausmauern.
metten Mette *w*; *donkere —*, Finstermette; *korte — (maken)*, kurzen Prozeß.
metter/daad in der Tat, wirklich, tatsächlich. ▾**—tijd** mit der Zeit. ▾**—woon**: *z. — vestigen*, s. niederlassen, seinen Wohnsitz nehmen; (*v. kolonisten*) s. ansiedeln.
metworst Mettwurst *w.*
meubel Möbel *s*; (*zij is*) *een lastig —*, ein lästiges Geschöpf. ▾**—en** möblieren. ▾**—magazijn** M.handlung *w*, M.geschäft *s.* ▾**—maker** Tischler *m.* ▾**—makerij** Tischlerei *w.* ▾**—plaat** Tischlerplatte *w.* ▾**—stuk** M.(stück) *s.* ▾**meubil/air** Mobiliar *s*, Möbel *Mz.* ▾**—eren** möblieren; *gemeubileerde kamer*, möbliertes Zimmer; *op gemeubileerde kamers (wonen)*, möbliert. ▾**—ering** Möblierung *w.*
meug: *ieder zijn —*, jeder nach seinem Geschmack.
meun Döbel *m.*
meute Meute *w.*
mevrouw Frau *w*; (*aanspreking*) gnädige Frau; (*boven brief*) Sehr verehrte gnädige Frau; *— de gravin*, die Frau Gräfin, (*aanspreekvorm*) Frau Gräfin; (*goedendag*) *—!*, gnädige Frau, (*met naam of titel v. man*) Frau Müller, Frau Doktor; *is — thuis?*, ist die gnädige Frau, Frau Müller, die Frau Doktor zu Hause?; *is — (al klaar?)*, (*tot die mevrouw zelf*) ist (sind) die gnädige Frau; *doet u de groeten aan —*, (*tegen haar man*) empfehlen Sie mich Ihrer Frau Gattin.
Mexic/aan Mexik/aner *m.* ▾**—aans** m.anisch. ▾**—o** M.o *s.*
mezzosopraan Mezzosopran *m.*
miauw miau. ▾**—en** m.en.
mica Glimmer *m*, Mika *w.*
micro/be Mikro/be *w.* ▾**—cosmos** M.kosmos *m.* ▾**—-economie** M.ökonomie *w.* ▾**—film** M.film *m.* ▾**—foon** M.phon, Mikro *s.* ▾**—meter** M.meter *s.*
micron Mikron *s.*
micro/organisme Mikro/organismus *m.* ▾**—processor** M.prozessor *m.* ▾**—scoop** M.skop *s.* ▾**—scopisch** m.skopisch.
middag Mittag *m*; (*namiddag*) Nachmittag *m*; *des —s*, (*om 12 u.*) mittags, am M., (*anders*) nachmittags, am N.; *heden—, van—*, heute nachmittag; (*om 4 u.*) *na de —*, nachmittags; *tegen de —*, gegen M. ▾**—cirkel** M.skreis *m.* ▾**—dutje** *zie* **—slaapje**. ▾**—eten** M.(s)essen *s.* ▾**—hoogte** M.shöhe *w.* ▾**—maal** M.smahl *s.* ▾**—malen** zu M. essen. ▾**—slaapje** M.sschläfchen *s.* ▾**—uur** M.sstunde *w*; *tijdens de middaguren gesloten*, über Mittag geschlossen. ▾**—voorstelling** Nachmittagsaufführung *w.*
middel 1 (*v.h. lichaam, taille*) Taille, Hüfte *w*; **2** (*andere bet.*) Mittel *s*; *door — van*, mittels [2]; *— van bestaan*, Erwerbs-, Subsistenzmittel; *zonder —en van bestaan*, erwerbslos, *—en van vervoer*, Beförderungs-, Transportmittel; *openbare —en*, Staats-, Gemeindefinanzen *Mz*; *er is, ik weet er geen — op*, ich weiß, es gibt kein M.
middel/aar Mittler, Vermittler *m*, Mittelsperson *w.* ▾**—aarschap** Mittleramt *s.* ▾**—ares** Mittlerin *w.* ▾**—baar** mittler; *van middelbare gestalte*, von mittlerer Größe; *stad van middelbare grootte*, Stadt von mittlerer Größe, mittelgroße Stadt, Mittelstadt; *van middelbare leeftijd*, mittleren Alters, von mittleren Jahren; *— onderwijs*, höherer Unterricht; Oberschulwesen *s*; *middelbare school*, höhere Schule, Oberschule *w*; *middelbare meisjesschool*, höhere Mädchenschule, Mädchenoberschule; *middelbare akte*, Diplom *s* für Oberschullehrer, Befähigungsdiplom für das Lehramt an höheren Schulen, Mittelschullehrerdiplom; *— beroepsonderwijs*, mittlerer berufsbildender Unterricht; *— landbouwonderwijs*, mittlere Schule für Landwirtschaftsunterricht; *— nijverheidsonderwijs*, höherer technischer und hauswirtschaftlicher Unterricht; *middelbare landbouwschool, nijverheidsschool*, mittlere Landbauschule, technische, hauswirtschaftliche Schule; *zie* **mavo**. ▾**—baar-onderwijswet** Gesetz *s* über den höheren Unterricht.
middel/eeuwen Mittelalter *s.* ▾**—eeuwer** m.licher Mensch. ▾**—eeuws** m.lich.
middel/erwijl mittlerweile. ▾**—evenredig**: *de —e*, die mittlere Proportionale, das Mittel; *de meetkundig —e*, das geometrische Mittel. ▾**—fijn** feinmittel. ▾**—gewicht** Mittel/gewicht *s*; (*bokser zelf*) M.gewichtler *m.* ▾**—groot** m.groß, Mittel... ▾**M—hoogduits I** *zn* M.hochdeutsch *s.* **II** *bn* m.hochdeutsch. ▾**—kleur** M.farbe *w.* ▾**M—lands** m.ländisch; *de —e Zee*, das M.ländische Meer, das M.meer. ▾**—lang** (*op —e termijn*) m.fristig. ▾**—lijk** m.bar. ▾**—lijn** (*diameter*) Durchmesser *m.*
middel/maat Mittel/maß *s.* ▾**—matig** m.mäßig; (*middelbaar*) mittler; (*gemiddeld*) Durchschnitts...; *— groot*, mittelgroß; *—e oogst*, Mittel/-, Durchschnittsernte *w.* ▾**—matigheid** M.mäßigkeit *w.* ▾**—moot** M.stück *s.*
middelpunt Mittelpunkt *m.* ▾**—vliedend** zentrifugal, Zentrifugal...; *—e kracht*, Zentrifugal-, Fliehkraft *w.* ▾**—zoekend** zentripetal, Zentripetal...; *—e kracht*, Zentripetal-, Ziehkraft *w.*
middel/schot Mittel/wand *w.* ▾**—soort** M.sorte *w*, -schlag *m.* ▾**—ste** mittelst (-); (*ongeveer in 't midden*) mittler; *de —e klassen*, die Mittelklassen; *het —e stuk*, das Mittelstück; *de —e term*, (*rekenk.*) das Mittelglied. ▾**—vinger** Mittel/finger *m.*

▾**—voet** M.fuß *m.*
midden I *zn* Mitte *w; in het— (v.d. maand)*, in der M.; *in het— van mei*, M. Mai; (*iets*) *in het —brengen*, vorbringen, (*ter sprake*) aufs Tapet bringen, (*tegen iets in*) einwenden; (*iets*) *in het — laten*, dahingestellt sein lassen; *op het — v.d. dag*, mitten am Tage; *te — der gevaren*, inmitten der Gefahren; (*iem.*) *uit hun —*, aus ihrer Mitte. **II** *bw* mitten; *— in de nacht*, mitten in der Nacht; (*hij is*) *— in de veertig*, Mitte Vierzig, der Vierziger; *hij ging — op straat staan*, er stellte s. mitten auf die Straße.
▾**midden**- *zie ook* **middel-**.
Midden-Afrika Mittel/afrika *s.*
▾**Midden-Amerika** M.amerika *s.*
midden/berm Mittelstreifen *m.*
▾**—bermbeveiliging** Mittelstreifensicherung *w;* (Leitplanke *w,* Gitterschutz *m,* Drahtzaum *m*). ▾**—door** mittendurch, entzwei. ▾**—- en kleinbedrijf** Mittel- und Kleinbetrieb *m.*
Midden-Europa Mitteleuropa *s.*
midden/gang Mittelgang *m.* ▾**—in** in der (die) Mitte; *er — (zijn, zitten)*, mittendrin; *er — (komen, springen)*, mittenhinein; (*hij liep*) *—*, in der Mitte; *hij ging — zitten*, er setzte s. in die Mitte. ▾**—golf** Mittel/welle *w.* ▾**—groep** (*sociaal*) M.schicht, M.klasse *w;* (*wat inkomen betreft*) mittlere Einkommensgruppe *w,* Bezieher *Mz* mittlerer Einkommen.
▾**—klasse** M.klasse *w,* mittlere Klasse; *—n, (v. school, ook)* M.stufe *w; auto uit de —*, M.klassenwagen *m.* ▾**—lijn** M.linie *w.*
▾**—man** (*tussenpersoon*) M.smann *m;* (*pol.*) Mitglied *s* e.r Partei der Mitte. ▾**—moot** M.stück *s.* ▾**—oorontsteking** M.ohrentzündung *w.* ▾**M—-Oosten** Mittlerer Osten. ▾**—rif** Zwerchfell *s.*
▾**—rijm** M.reim *m.* ▾**—school** Gesamtschule *w.* ▾**—speler** Läufer *m.*
▾**—stand** M.stand *m.* ▾**—stander** M.standsangehörige(r) *m,* M.ständler *m.*
▾**—standsbond** M.standsverband *m.*
▾**—standsdiploma** Befähigungszeugnis *s* für Kaufmanns-, Handwerks-, Industrie- oder Dienstleistungsbetriebe, für Einzelhändler und Gewerbetreibende. ▾**—standsexamen** Kaufmannsgehilfenprüfung *w.* ▾**—stof** Mittel *s.* ▾**—streep** (*op weg*) M.linie *w.*
▾**—strook** M.streifen *m.* ▾**—voor** M.stürmer *m.* ▾**—weg** M.weg *m; de gulden —*, der goldene M.weg.
middernacht Mitternacht *w; te —*, um M.
▾**—elijk** mitternächtlich. ▾**—(s)mis** Mitternachts/messe *w.* ▾**—zon** M.sonne *w.*
midget-golf Minigolf, Kleingolf *s.*
mid/scheeps mittschiffs. ▾**—voor** Mittelstürmer *m.* ▾**—winter** Mittwinter *m.*
▾**—zomer** Mitt-, Hochsommer *m.*
▾**—zomernacht** Mittsommernacht *w.*
mie (*homo*) warmer Bruder, Schwule(r) *m.*
mier Ameise *w.* ▾**—eëi** Ameisenei *s.* ▾**—en** (*zaniken*) quengeln; *aan iets zitten te —*, an etwas [3] (herum)petern, (*knoeien*) herumpfuschen. ▾**—enhoop** Ameisen/haufen *m.* ▾**—ezuur** A.säure *w.*
mierik, —(s)wortel Meerrettich *m.*
mieter: *iem. op zijn — geven*, e.n durchhauen, verprügeln; *op zijn — krijgen*, Prügel bekommen; *hoge —*, hohes Tier; *geen —*, nicht das Geringste; *ik geef er geen — om*, ich pfeife darauf, ich schere mich den Teufel darum.
▾**—en** (*smijten*) schmeißen; (*vallen*) stürzen.
mieters (*heerlijk, leuk*) fein; *— mooi*, verteufelt schön; *—e camera*, tolle Kamera.
mietje: *elkaar geen — noemen*, einander nichts vormachen; *zie ook* **mie**.
miezer/en (*fijn regenen*) nieseln, staubregnen. ▾**—ig** (*v. weer*) trübe; (*ongezond*) mickerig, pimplig; (*nietig*) winzig.
migraine Migräne *w.* ▾**—stift** M.stift *m.*
migratie Migration *w.*
mij (*3e nv*) mir; (*4e nv*) mich.
mijden meiden.
mijl Meile *w.* ▾**—enver** meilenweit. ▾**—paal** Meilenstein, -zeiger *m;* (*fig.*) Markstein *m.*
mijmer/aar Träumer, Grübler *m.* ▾**—en** träumen, sinnen, grübeln. ▾**—ing** Träumerei, Grübelei *w.*
mijn I *vnw* mein; (*ik was*) *— handen*, mir die Hände; (*dit boek is*) *het —e*, das meinige, das meine; (*zijn huis is groter dan*) *het —e*, das meinige, das meine, meines; (*ik heb*) *het —e (gedaan)*, das Meinige, das Meine; *de —en*, die Meinigen, die Meinen; *'t — en 't dijn*, das Mein und Dein; *—!, (bij verkoping)* mir! **II** *zn* **1** (*steenkool— enz.*) Bergwerk *s,* Grube, Zeche *w; in de — afdalen*, in die G. fahren; **2** (*ter ontploffing*) Mine *w; drijvende —*, schwimmende M., Treibmine *w; —en leggen*, Minen legen, verlegen; *— leggen in (voor) de havens*, die Häfen verminen; **3** (*veiling*) Versteigerung *w.* ▾**—aandeel** Montanaktie *w,* Bergwerksanteil *m;* (*zonder nom. waarde*) Kux *m.* ▾**—arbeid** Berg/-, Grubenarbeit *w.*
▾**—bedrijf** B.werksbetrieb *m.* ▾**—bouw** B.bau *m.* ▾**—bouwkunde** B.baukunde *w.*
▾**—bouwkundig**: *—e hogeschool*, B.akademie *w; — ingenieur*, (Diplom)Bergingenieur *m; een —e*, ein B.baukundiger. ▾**—concessie** B.baurecht *s;* (*terrein*) Grubenfeld *s.*
mijnen (er)steigern, kaufen.
mijnenlegger Minenleger *m,* -boot *s.*
mijnent: *te —*, bei mir; *te — (komen ontbieden enz.)*, zu mir. ▾**—halve, —wege** meinethalben, meinetwegen. ▾**—wil(le)**: *om —*, um meinetwillen.
mijnen/veger Minen/räumer *m,* M.suchboot *s,* M.sucher *m,* (*kleiner*) Räumboot *s.*
▾**—veld** M.feld *s.*
mijnerzijds meinerseits.
mijn/emplacement Gruben/gelände *s.*
▾**—exploitatie** Bergbau, G.betrieb *m.*
▾**—gang** G.gang *m;* (*horizontaal*) Stollen *m.*
▾**—gas** G.gas *s;* (*mijnlucht*) G.wetter *Mz;* (*ontploffing ervan*) schlagende Wetter *Mz.*
mijnheer Herr *m;* (*als aanspreking*) Herr Bürgermeister, Herr Direktor, Herr Lehrer usw., (*zonder titel*) Herr Müller, (*tegen onbekenden door kelners, portiers, winkelbedienden enz.*) mein Herr, (*overigens*) Herr (*of onvertaald*); *— de inspecteur*, der Herr Inspektor, (*aanspreking*) Herr Inspektor; *is — thuis?*, ist der Herr Bürgermeister usw., Herr Müller, der (gnädige) Herr zu Hause?; *is — (al klaar?)*, (*tot die heer*) ist der Herr; *— (— en mevrouw) is (zijn) op reis*, die Herrschaft (die Herrschaften) ist (sind) verreist; *Mijnheer*, (*boven brieven*: *links boven volledig adres; bij zakenbrieven het woord 'Mijnheer' verder niet vertalen; bij andere brieven nog*:) Sehr geehrter Herr!, (*eventueel plus titel of naam bijv.*) Sehr geehrter Herr Professor!
mijn/hout Grubenholz *s.* ▾**—industrie** Montan-, Bergwerksindustrie *w.*
▾**—ingenieur** Bergingenieur *m.* ▾**—lamp** Grubenlampe *w.* ▾**—onderneming** Bergwerksgesellschaft *w.* ▾**—opzichter** Steiger *m.* ▾**—ramp** Bergwerkskatastrophe *w.* ▾**—schacht** Schacht *m.* ▾**—streek** Bergbaurevier *s.* ▾**mijnwerker** Bergarbeiter, Bergmann, Grubenarbeiter, Knapp/e *m; alle —s v.e. mijn(streek)*, K.schaft *w.* ▾**—sbond** Bergarbeiter-, K.schaftsverein *m,* K.schaft *w.*
▾**—slamp** Grubenlampe *m.* ▾**—spet** Bergmannskappe *w.* ▾**mijnwezen**

Bergwesen *s.*
mijt 1 (*insekt*) Milbe *w*; **2** (*stapel hooi enz.*) Feimen *m*, Dieme *w*; (*hout*) Stoß *m*.
mijter Mitra, Inful, Bischofsmütze *w*.
mijzelf mir selbst, selber; mich selbst, selber.
mik 1 (*brood*) Brot *s*; **2** (*gaffelvormig iets*) Micke, Gabel *w*. ▾**—ken**: — *op*, zielen nach, auf [4]. ▾**—mak**: *de hele* —, der ganze Kram. ▾**—punt** Ziel/punkt *m*; (*fig.*) Z.scheibe *w*.
Mil/aan Mail/and *s*. ▾**—anees I** *zn* M.änder *m*. **II** *bn* m.ändisch, M.änder.
mild mild; (*vrijgevig*) freigebig. ▾**—dadig** m.tätig, freigebig. ▾**—dadigheid** M.tätigkeit, Freigebigkeit *w*. ▾**—heid** Freigebigkeit, M.tätigkeit *w*; (*zachtheid*) Milde *w*.
milicien Militärpflichtige(r) *m*.
milieu Umwelt *w*, Milieu *s*, Lebenskreis *m*; *bekrompen* —, beschränkte Verhältnisse *Mz*. ▾**—beheer** U.pflege *w*. ▾**—bescherming** U.schutz *m*. ▾**—bewust** u.bewußt. ▾**—deskundige** U.experte *m*. ▾**—hygiëne** U.hygiene *w*. ▾**—verontreiniging**, **—vervuiling** U.verschmutzung *w*. ▾**—vriendelijk** u.freundlich.
milit/air I *bn* militärisch; Militär...; *met —e eer*, mit militärischen Ehren; *—e academie, arts, dienst, politie, rechtspraak enz.*, Militärakademie *w*, -arzt, -dienst *m*, -polizei, -gerichtsbarkeit *w* usw.; — *tehuis*, Wehrmachtsheim *s*; *vrij van —e dienst*, militärfrei. **II** *zn* Militär; Soldat; Wehrmachtangehörige(r) *m*; *—en* (*vrij toegang*), Militärpersonen, Wehrmachtsangehörige; *de —en*, (*het geheel*) das Militär. ▾**—ant** militant. ▾**—ariseren** militarisieren. ▾**—arisme** Militaris/mus *m*. ▾**—arist** M.t *m*. ▾**—aristisch** m.tisch. ▾**—ie** Miliz *w*.
miljard Milliarde *w*. ▾**—air** Milliardär *m*. ▾**miljoen** Million/e *w*. ▾**—ennota** Staatshaushaltplan, Haushaltsetat *m*. ▾**—enstad** M.enstadt. ▾**—ste** der (die, das) millionste. ▾**miljonair** M.är *m*.
mille Mille, Tausend *s*; (*twee*) *per* —, vom T. ▾**millenium** Millenium, Jahrtausend *s*. ▾**milli/bar** Milli/bar *s*. ▾**—gram** M.gramm *s*. ▾**—meter** M.meter *s*. ▾**—meteren** die Haare kurz schneiden.
milt Milz *w*. ▾**—vuur** M.brand *m*.
milva Wehrmachtshelferin *w*.
mime Mimenspiel *s*. ▾**mimisch** mimisch.
mimicry Mimikry; Schutzfarbe *w*.
mimiek Mimik *w*.
mimietje Einschiebetischchen *s*.
min I (*nietig*) winzig; (*zwak*) schwach; (*ziekelijk, zwak*) schwächlich; (*gering*) gering; (*kleinzielig*) kleinlich; (*laaghartig*) niederträchtig; (*zijn examen*) *was —netjes*, war nur schwach; *een — idee van iem. hebben*, klein von e.m denken; — *of meer*, mehr oder weniger; *zo — mogelijk*, möglichst wenig; *10 — 5*, 10 weniger 5; *5* —, 5 minus; — *5 graden*, minus 5 Grad. **II** *zn* **1** (*liefde*) Liebe, Minne *w*; **2** (*voedster*) Amme *w*.
minacht/en geringschätzen, verachten; *—d*, geringschätzig, verächtlich. ▾**—ing** Geringschätzung *w*; *met* — (*behandelen*), geringschätzig.
minaret Minarett *s*.
minder weniger; geringer; — *aangenaam*, weniger angenehm; *van — betekenis*, von geringerer Bedeutung, weniger wichtig; *de —e goden*, die minderen Götter; *de —e man*, der gemeine Mann; *de —e standen*, die niederen, unteren Stände; *de kwaliteit is — dan die v.h. vorig jaar*, die Güte steht hinter der des Vorjahres zurück; — *worden*, (*afnemen*) abnehmen, (*v. hitte, koorts, onweer, wind, ijver enz.*) nachlassen; *hij wordt er niet — om*, er wird darum nicht geringer, nicht schlechter; *de zieke wordt* —, der Kranke wird immer schwächer, mit dem Kranken geht es abwärts; (*dat*) *is* —, ist weniger wichtig, (*heeft — te betekenen*) hat weniger auf sich, (*doet er — toe*) macht nichts; *ik doe het niet* —, ich tue es nicht darunter, gebe es nicht billiger; *des te* —, um so weniger; *in — dan geen tijd*, im Nu, in kürzester Zeit; *niemand — dan A.*, kein Geringerer als A.; *zie* **mindere**.
▾**minder/begaafde** Minderbegabte(r) *m*. ▾**—broeder** Minorit *m*. ▾**—e** (*ondergeschikte*) Untergebene(r) *m*; (*militair zonder rang*) Soldat, Gemeine(r) *m*; *de —e zijn van zijn tegenstander*, seinem Gegner unterlegen sein; *in kennis de —e van iem. zijn*, an Kenntnissen hinter e.m zurückstehen. ▾**—en** (*minder worden*) abnehmen, (*v. wind, koude, ijver enz.*) nachlassen; (*bij breien*) abnehmen, mindern; (*zeilen*) —, einziehen. ▾**—hedenprobleem** Minderheitenproblem *s*. ▾**—heid** (*in aantal*) Minderheit, Minorität *w*; (*in kennis, kracht enz.*) Unterlegenheit *w*; (*nationale*) *minderheden*, Minderheiten; (*bij stemming*) *in de — blijven, zijn*, in der Minderheit bleiben, sein; *in de — zijn, de — vormen*, in der Minderzahl sein. ▾**—ing** (*bij breien*) Minderung *w*; (*bedrag, onkosten enz.*) *in — brengen*, in Abzug bringen; *in* — (*v. rekening*) *ontvangen*, als Abschlagszahlung erhalten; *betaling in* —, (*v.e. rekening*) abschlägliche Zahlung.
minderjarig minder/jährig. ▾**—heid** M.jährigkeit *w*.
minder/ontwikkeld unterentwickelt. ▾**—valide** (Körper)behinderte(r), Teilwerksfähige(r) *m*.
minderwaardig m.wertig; — (*= vuil*) *geschrijf*, Schundliteratur *w*; — *goed*, m.wertige Ware, (*tegen spotprijs*) Schleuderware *w*, (*uitschot*) Schundware *w*. ▾**—heidscomplex** M.wertigkeitskomplex *m*.
miner/aal I *bn* mineral/isch; *minerale bron*, M.quelle *w*. **II** *zn* M. *s*. ▾**—aalwater** M.wasser *s*. ▾**—alogie** M.ogie *w*. ▾**—aloog** M.og(e) *m*.
mineur 1 (*muz.*) Moll *s*; *a* —, a-moll; **2** (*soldaat*) Mineur *m*.
minheid Niederträchtigkeit, Gemeinheit *w*.
mini I *zn* Mini *s*. **II** *vv* mini..., Mini...
miniatuur Miniatur *w*. ▾**—schilder** M.maler *m*.
miniem minimal, sehr klein, winzig. ▾**mini/maal** minimal, Minimal...; — *gewicht*, Minimal-, Mindestgewicht *s*. ▾**—maliseren** minimalisieren.
minimum Minimum, Mindestmaß *s*; (*weerbericht*) Minimum, Tief *s*; — *aantal*, Mindestzahl *w*; — *waarde*, Mindestwert *m*. ▾**—bedrag** Mindestbetrag *m*. ▾**—druk** Minimal-, Mindest/druck *m*. ▾**—eis** M.forderung *w*. ▾**—loon** Mindest-, Minimallohn *m*. ▾**—loontrekker** Mindest/lohnbezieher *m*. ▾**—tarief** M.satz *m*. ▾**—thermometer** Minimumthermometer *s*. ▾**—vermogen** Minimal-, Mindestleistung *w*.
mini/-pil Minipille *w*. ▾**—-rok** Minirock, Mini *m*. ▾**—seren** minimieren, minimisieren.
minister Minister *m*; *eerste* —, Premierminister *m*; *gevolmachtigd* —, bevollmächtigter M.; — *van staat*, Staatsm.; — *van algemene zaken*, M. für allgemeine Angelegenheiten; — *van arbeid*, Arbeitsm.; — *van binnenlandse zaken*, Innenm.; M. des Innern; — *van buitenlandse zaken*, Außenm., M. des Auswärtigen; — *van defensie*, Verteidigungsm.; — *van economische zaken*, Wirtschaftsm.; — *van*

financiën, Finanzm.; — *van justitie,* Justizm.; — *van landbouw en visserij,* M. für Landwirtschaft und Fischerei; — *van onderwijs en wetenschappen,* M. für Bildung und Wissenschaften; — *van ontwikkelingssamenwerking,* M. für Entwicklungshilfe; — *van volkshuisvesting, ruimtelijke ordening en milieu,* M. für Wohnungswesen, Raumordnung und Umweltschutz; — *van sociale zaken,* M. für soziale Angelegenheiten; — *van verkeer en waterstaat,* M. für Verkehr und Wasserwirtschaft, Verkehrsm.; — *van welzijn, volksgezondheid en cultuur,* M. der sozialen Fürsorge, Gesundheit und Kultur; — *zonder portefeuille,* M. ohne Geschäftsbereich, ohne Portefeuille. ▾**ministerie** Ministerium *s;* — *van algemene zaken,* M. für allgemeine Angelegenheiten; *Openbaar M—,* Staatsanwaltschaft *w; zie verder bij* **minister**. ▾**ministerieel** ministeriell; — *besluit,* Ministerialerlaß *m; ministeriële verantwoordelijkheid,* Ministerverantwortlichkeit *w.* ▾**minister/portefeuille** Minister/portefeuille *w.* ▾**—-president** M.präsident *m.* ▾**—raad** M.rat *m.* ▾**—schap** M.amt *s.* ▾**—szetel** M.sessel *m.*

minn/aar Geliebte(r), Liebhaber *m;* (*v. kunst, sport enz.*) Liebhaber, Freund *m.* ▾**—ares** Geliebte, Freundin *w.* ▾**—arij** Liebschaft, Liebelei *w.* ▾**minne** Liebe, Minne *w;* (*iets*) *in der — schikken,* in Güte, gütlich abmachen, beilegen; auf gütlichem Weg beilegen, zum Austrag bringen. ▾**—brief** Liebes/brief *m.* ▾**—dicht** L.gedicht *s.* ▾**—kozen** kosen. ▾**—kozerij** Gekose, Kosen *s,* Koserei *w.* ▾**—lied** L.lied *s.* ▾**—lijk** gütlich, auf gütlichem Wege, in Güte; *—e schikking,* gütlicher Vergleich, gütliches Abkommen; *een voorstel tot —e schikking,* ein Vorschlag zur Güte. ▾**minnen** lieben; *—d paar,* Liebespaar *s.* ▾**minne/nijd** Eifersucht *w.* ▾**—nswaard(ig)** liebenswürdig. ▾**—pijn** Liebes/qual *w.* ▾**—spel** L.spiel *s.*

minnetjes (*zwakjes*) schwach.

minne/zang (*in middeleeuwen*) Minnesang *m;* (*anders*) L.gesang *m.* ▾**—zanger** (*in middeleeuwen*) Minnesänger; L.dichter *m.*

minpunt Minuspunkt *m,* Minus *s;* (*sp., ook*) Fehlpunkt *m.*

minst wenigst, mindest, geringst; *niet de —e zorg,* nicht die geringste Sorge; *in 't — niet, niet* (*in*) *het —,* nicht im geringsten, im mindesten; *op zijn —,* mindestens, zum mindesten, wenigstens; *ten —e,* wenigstens; *wees maar de —e!,* gib nur nach! ▾**—ens** mindestens, wenigstens.

minstreel Minstrel, Minnesänger *m.*

minteken Minuszeichen *s.* ▾**minus I** *bw* minus. **II** *zn* (*tekort*) Fehlbetrag *m,* Minus *s.* ▾**minuscuul** winzig.

minutieus minuziös, peinlich genau. ▾**minuut** Minute *w;* (*v. akte, ook*) Urschrift *w,* Original *s; op de — af,* auf die M. ▾**—wijzer** M.nzeiger *m.*

minvermogend weniger bemittelt, minderbemittelt, (teilweise) unvermögend, unbemittelt.

minzaam freundlich, (*tegen ondergeschikten*) leutselig.

mirabel Mirabelle *w.*

miraculeus mirakulös; (*wonderbaar*) wunderbar; (*wonderdoend*) wundertätig. ▾**mirakel** Mirakel, Wunder *s.* ▾**—spel** Mirakel *s.*

mirre Myrrhe *w.*

mirt(e) Myrte *w.*

mis I *bn & bw*: *—!, — poes!, glad —!,* weitgefehlt, fehlgeschossen!; (*het schot*) *was —,* ging fehl; (*dat is*) *—,* (*verkeerd*) falsch, unrichtig, verkehrt; *— zijn, 't — hebben,* s. irren, im Irrtum sein, s. täuschen; (*dat is*) *lang niet —,* nicht ohne, nicht von Pappe; (*hij kreeg een brief*) *die niet — was,* der s. gewaschen hatte; *hij is niet —,* er läßt nicht mit s. spaßen, (*weet zijn weetje*) er ist nicht auf den Kopf gefallen; *het is weer —,* es ist wieder nichts, (*niet in orde*) es stimmt wieder nicht; *het is weer — met de zieke,* der Kranke hat wieder e.n Rückfall bekommen, es steht wieder schlecht um den Kranken. **II** *zn* Messe *w; gezongen —,* Singmesse; *gelezen, stille —,* stille M.; *de — doen, opdragen,* die M. lesen, zelebrieren; — (*horen*), die M.; *naar de —* (*gaan*), in die M.

misbaar I *zn* Lärm *m,* Geschrei *s.* **II** *bn* (*gemist kunnende worden*) entbehrlich.

misbaksel Mißgebilde *s;* (*pers.*) mißratenes Geschöpf, (*monster*) Scheusal *s;* (*eig.*) mißratenes Gebäck.

misboek Meßbuch *s.*

misbruik Mißbrauch *m;* — *v. vertrouwen,* M. des Vertrauens, Vertrauensmißbrauch. ▾**—en** mißbrauchen.

mis/daad Verbrechen *s;* (*zwaar vergrijp tegen goddelijke of menselijke wetten*) Freveltat *w; een — jegens, tegen de mensheid,* ein Verbrech/en an der Menschheit. ▾**—dadig** v.erisch; frevelhaft, frevlerisch. ▾**—dadiger** V.er; Frevler *m.* ▾**—dadigheid** Kriminalität *w.*

misdeeld schlecht bedacht; (*arm*) arm, bedürftig; — *van geest,* unbegabt, geistesschwach; *armen en —en,* Arme und Bedürftige.

misdienaar Meßdiener *m.*

mísdoen verkehrt tun. ▾**mis/dóen** fehlen, sündigen, freveln; verbrechen, verschulden; (*wat heeft hij*) *misdaan?,* verbrochen?; (*wie heeft*) *je iets misdaan?,* dir etwas zuleide getan?; *tegen iem. —,* e.n beleidigen; (*tegen de voorschriften*) —, sündigen, verstoßen. ▾**—dragen**: *z. —,* s. schlecht benehmen, s. schlecht aufführen. ▾**—drijf** Verbrechen *s,* (*zwakker*) Vergehen *s.* ▾**—drijven** *zie* **—dóen**.

misdruk Fehldruck *m;* (*bedrukt papier dat niet is te gebruiken*) Makulatur *w.*

mise-en-scène Inszenierung *w.*

miserabel miserabel. ▾**misère** Misere *w,* Elend *s.*

mis/gaan fehlgehen, falschgehen, danebengehen; (*de zaak*) *gaat mis,* geht schief, mißlingt, schlägt fehl. ▾**—geboorte** Mißgeburt *w;* (*te vroeg*) Fehlgeburt *w.*

misgewaad Meßgewand *s.*

mis/gewas (*mislukte wasdom, oogst*) Mißwachs *m,* Mißernte *w;* (*mislukte plant*) Mißgewächs *s.* ▾**—gooien** fehlwerfen. ▾**—greep** Fehl-, Mißgriff *m.* ▾**—grijpen** fehlgreifen. ▾**—gunnen** mißgönnen. ▾**—hagen I** *zn* Mißbehagen *s.* **II** *ww* mißfallen.

mishandel/en mißhandeln; (*kwellen*) quälen. ▾**—ing** Mißhandlung; Quälerei *w.*

miskenn/en verkennen; *het valt niet te —,* es ist unverkennbar, läßt s. nicht leugnen. ▾**—ing** Verkennung *w.*

miskleun Dummheit *w,* Fehler *m.* ▾**—en** fehlen, fehlgreifen.

mis/koop Fehl/kauf *m.* ▾**—kraam** F.geburt *w.*

misleid/en (*op dwaalspoor brengen*) irreführen; (*door schijn*) täuschen; (*bedriegen*) betrügen; (*listig*) hintergehen; (*om de tuin leiden*) hinters Licht führen; *z. laten —,* s. täuschen, s. irreführen lassen, (*v.d. wijs laten brengen*) s. beirren lassen; (*door de duisternis*) *misleid,* getäuscht. ▾**—end**

irreführend. ▼**—er** Betrüger *m.* ▼**—ing** Irreführung, Täuschung *w*, Betrug *m*, Hintergehung *w*.

mislopen (*verkeerd lopen*) fehlgehen, falsch, verkehrt gehen; (*ongunstig aflopen*) mißlingen, fehlschlagen, schief gehen; (*ver-, afdwalen, ook*: *z. mislópen*) s. verlaufen; *iem., zijn roeping —*, e.n, seinen Beruf verfehlen; *we waren elkaar misgelopen*, wir hatten uns verfehlt, einander verfehlt; *de straf —*, der Strafe entgehen; *de trein —*, den Zug verfehlen, verpassen; (*die mooie gelegenheid*) *ben ik misgelopen*, habe ich mir entgehen lassen, habe ich versäumt.

mislukk/eling gescheiterte Existenz *w.* ▼**—en** mißlingen, fehlschlagen; (*fig.*: *schipbreuk lijden*) scheitern; *het mislukt*, es mißlingt, gelingt nicht; (*de onderhandelingen zijn*) *mislukt*, gescheitert; (*de oogst is*) *mislukt*, mißraten; *een mislukt genie*, ein verfehltes Genie. ▼**—ing** Mißlingen, Fehlschlagen, Scheitern *s*; (*wat mislukt is*) Mißerfolg, Fehlschlag *m*.

mis/maakt entstellt, verunstaltet; (*wanstaltig*) miß/gestalt(et); (*vergroeid*) verwachsen, m.wachsen. ▼**—maaktheid** Entstelltheit, Verunstaltung; M.gestalt *w.* ▼**—maken** entstellen, verunstalten.

mismoedig miß/mutig, niedergeschlagen. ▼**—heid** M.mut *m*, N.heit *w*.

mis/noegd miß/vergnügt, unzufrieden, verstimmt. ▼**—noegdheid** M.vergnügen *s*, Unzufriedenheit *w.* ▼**—noegen** M.vergnügen, M.fallen *s*.

misoffer Meßopfer *s*; *het — opdragen*, das M. darbringen.

misoogst Miß-, Fehlernte *w*.

mispel Mispel *w.* ▼**—aar** Mispelbaum *m*.

mis/plaatst übel angebracht; (*dat kastje is daar*) —, nicht an seinem Platz. ▼**—prijzen** mißbilligen, tadeln. ▼**—punt** (*fig.*) Ekel *s*, Lump *m*; *wat een —!*, das Ekel! ▼**misraden** fehlraten; *misgeraden!*, (weit) gefehlt! ▼**misráden** falsch raten. ▼**misrekenen** falsch, verkehrt rechnen, s. verrechnen. ▼**mis/rékenen**: *z. —*, s. verrechnen, (*z. vergissen*) s. täuschen. ▼**—rekening** (*fout in berekening*) fehlerhafte Berechnung; (*teleurstelling*) Enttäuschung *w.* ▼**—rijden** verkehrt fahren, fehlfahren; (*af-, verdwalen*) s. verfahren; *we zijn elkaar misgereden*, wir haben uns verfehlt.

miss Miß, Miss *w*.

missaal Missal(e), Meßbuch *s*.

misschien vielleicht; (*soms, ook*) etwa.

misschieten fehlschießen.

misselijk (*onpasselijk*) übel, schlecht, unpäßlich; (*fig.*) widerlich, ekelhaft, eklig; *hij wordt —*, ihm wird übel, schlecht. ▼**—heid** Übelsein *s*, Übelkeit, Unpäßlichkeit *w*; (*fig.*) Widerlichkeit, Widerwärtigkeit *w*.

missen fehlen; (*bemerken, voelen dat iem. of iets niet aanwezig is*) vermissen; (*ontberen, derven*) entbehren; (*iem. of iets mislopen, niet bereiken*) verfehlen; *ik mis een woordenboek*, (*ik heb het nodig, maar bezit het niet*) mir fehlt ein Wörterbuch; (*hij schoot, maar hij*) *miste*, fehlte, verfehlte das Ziel; (*het schot*) *miste*, ging fehl; *ik heb je erg gemist*, du hast mir sehr gefehlt; (*op die vergadering heb ik je*) *gemist*, vermißt; *hij kan niet gemist worden*, man kann ihn nicht entbehren, er ist unentbehrlich, (*in mil. en andere diensten*) er ist unabkömmlich; (*niets*) *voor een ander kunnen —*, für e.n anderen übrig haben; *ik kan je — als kiespijn*, du kannst mir gestohlen werden; (*de aansluiting, de trein*) —, verfehlen, verpassen; (*je hebt een mooie gelegenheid*) *gemist*, versäumt; *geen woord —*, jedes Wort verstehen; *hij had niets te —*, er war gedrückter Stimmung. ▼**misser** (*misslag*) Fehlschlag, Fehler, Fehlgriff, Mißgriff *m*; (*misschot*) Fehlschuß *m*; (*mislukking*) Mißerfolg *m*, Mißlingen *s*.

missie Mission *w.* ▼**—huis** M.shaus *s.* ▼**—werk** M.sarbeit *w.* ▼**missionaris** M.ar, M.är *m.* ▼**missive** Schreiben *s*, Zuschrift, Missive *w*.

mis/slaan fehlschlagen, verkehrt schlagen; (*de bal*) —, fehlen. ▼**—slag** Fehlschlag *m*; (*fig.*) Fehler, Fehlgriff *m.* ▼**—staan** übel stehen, schlecht kleiden. ▼**—stand** Übelstand *m.* ▼**—stap** Fehltritt *m.* ▼**—stappen** fehltreten. ▼**—stelling** Verstellung *w*; (*vergissing*) Versehen *s*; (*typ.*) Setzfehler *m.* ▼**—stoot** Fehlstoß, -hieb *m*; (*biljart.*) Fehlstoß, Kickser *m*.

mist Nebel *m* ▼**—achterlamp** N.schlußleuchte *w*.

mistasten fehlgreifen.

mistbank Nebelbank *w*.

mistel Mistel *w*.

mist/en nebeln, neblig sein. ▼**—hoorn** Nebel/horn *s.* ▼**—ig** neblig. ▼**—lamp** N.lampe *w*, -scheinwerfer *m*.

mistroostig mißmutig, niedergeschlagen. ▼**—heid** Mißmut *m*, Niedergeschlagenheit *w*.

mistvorming Nebelbildung *w*.

mis/vatten falsch auffassen, mißverstehen. ▼**—vatting** Mißverständnis *s*, Irrtum *m.* ▼**—verstand** Mißverständnis *s.* ▼**—vormen** verunstalten, entstellen. ▼**—vorming** Verunstaltung, Entstellung *w.* ▼**—zeggen**: (*heb ik*) *daaraan iets miszegd*, damit etwas Schlimmes gesagt; (*hij heeft mij nooit*) *iets miszegd*, etwas Unangenehmes gesagt.

mitella Mitella *w*.

mitigeren lindern, mildern.

mitrailleren mit Maschinengewehren beschießen, töten. ▼**mitrailleur** Maschinengewehr *s.* ▼**—snest** M.nest *s.* ▼**—vuur** MG.-Feuer *s*.

mits vorausgesetzt daß; wenn nur; unter der Bedingung daß. ▼**—dien** somit, mithin, demnach, folglich, daher, deshalb. ▼**—gaders** (*als ook*) wie auch; (*benevens*) mitsamt.

mix/en mixen, mischen. ▼**—er** (*i.a.b.*) Mixer *m.* ▼**—tuur** Mixtur *w*.

M.O.-akte *zie* **middelbaar**: *opleidingsinstituut voor —n*, Bildungsanstalt *w* für Oberschullehrer.

mobiel mobil. ▼**mobilia** M.ien *Mz.* ▼**mobilis/atie** M.machung *w*; *gedeeltelijke —*, Teilmobilmachung *w.* ▼**—atieplan** M.machungsplan *m.* ▼**—eren** m. machen, m.isieren. ▼**mobiliteit** M.ität *w.* ▼**mobilofoon** Funksprecher, M.funk *m*.

mod/aal Modal... modal; *modale werknemer*, Durchschnittsverdiener *m.* ▼**—aliteit** Modalität *w*.

modder Schlamm *m*; (*vuil*) Kot, Dreck *m*; (*iem.*) *door de — halen*, in den Dreck ziehen, treten. ▼**—aar** (*knoeier*) Schmierer, Sudler *m*; (*prutser*) Pfuscher *m*; (*schipperaar*) Halbling *m.* ▼**—bad** Moor-, Schlammbad *s.* ▼**—en** (*prutsen*) pfuschen; (*knoeien*) sudeln; (*schipperen*) vermitteln. ▼**—ig** schlammig; (*met modder bevuild*) dreckig. ▼**—poel** Schlammpfütze *w*; (*stilstaand water, ook fig.*) Pfuhl, Sumpf *m.* ▼**—schuit** Schlamm/prahm *m.* ▼**—sloot** S.graben *m.* ▼**—spat** Dreck-, S.spritzer *m.* ▼**—vet** feist.

mode Mode *w*; *—s*, (*modeartikelen*) Mode-, Putzwaren *Mz*; *in de — (brengen)*, in M.; *in de — komen*, in M. kommen, M. werden; (*dat is*) *erg in de —*, große M.; *met de — meedoen*, mit der M. gehen; *uit de — gaan*, aus der M. kommen. ▾**—artikel** M.artikel *m*; *—en*, M.waren. ▾**—blad** M.zeitung *w*, M.nblatt *s*. ▾**—gek** M.narr *m*. ▾**—gril** M.laune *w*.

model I *zn* (*voor kunstenaars*; *model, meestal in 't klein, waarnaar het eigenlijke werk wordt uitgevoerd*; *gietstukontwerp*) Modell *s*; (*vaststaande, voorgeschreven vorm, type v. gebruiksvoorwerpen, toonbeeld v. iets, ook fig.*) Muster *s*; *er zit geen — meer in die hoed*, der Hut hat keine Fasson mehr; (*hoed*) *model 1949*, F. 1949; *een — van een jongen*, ein Musterknabe. **II** *bw & bn* (*mil.*: *volgens voorschrift*) vorschriftsmäßig; *dat is —*, das ist musterhaft, prima. ▾**—boek** Muster/buch *s*. ▾**—boerderij** M.wirtschaft *w*. ▾**—bouwer** Modellbauer *m*. ▾**—bouwdoos** Modellbaukasten *m*. ▾**—inrichting** Muster/anstalt *w*. ▾**—keuken** M.küche *w*. ▾**—klas** M.klasse *w*; (*voor tekenen naar levend model*) Modell/klasse *w*. ▾**—leren** m.ieren. ▾**—leur** M.eur, M.ierer *m*. ▾**—maker** M.tischler *m*. ▾**—school** Musterschule *w*. ▾**—spoorweg** Modell/eisenbahn *w*. ▾**—tekening** M.zeichnung *w*; (*patroon*) Musterzeichnung *w*.

mode/magazijn Mode/(n)geschäft *s*, Putzwarenhandlung *w*. ▾**—ontwerper** M.schöpfer, M.gestalter *m*. ▾**—plaat** M.bild *s*. ▾**—pop** M.puppe, -dame *w*.

modera/men Modera/men *s*. ▾**—tor** M.tor *m*.

modern modern; (*v.d. laatste tijd, ook*) neuzeitlich; (*overeenkomstig de tijd, ook*) zeitgemäß; (*hedendaags*) heutig; *de —e talen*, die neueren Sprachen; *leraar, student in de —e talen*, Neusprachler *m*; *de —e tijd*, die Neuzeit, die moderne Zeit. ▾**—iseren** m.isieren. ▾**—isme** M.ismus *m*. ▾**—ist** M.ist *m*; (*nieuwlichter*) Neutümler *m*, (*in kunst*) Neutöner *m*. ▾**—iteit** M.ität *w*.

mode/show Mode/schau *w*. ▾**—snufje** M.neuheit *w*, (letzter) M.schrei. ▾**—tint** M.farbe *w*. ▾**—vak** M.geschäft *s*; M.industrie *w*; (*leervak dat in de mode is*) M.fach *s*. ▾**—vakschool** Näh- und Zuschneideschule *w*. ▾**—zaak** Putz-, Mode(n)geschäft *s*. ▾**modieus** modisch.

modifi/catie Modifi/kation *w*. ▾**—ceren** m.zieren.

modiste Modistin, Putzmacherin *w*.

modul/atie Modulation *w*. ▾**—eren** modulieren.

modul(us) Model *m*; (*wisk., tech.*) Modul *m*.

modus Modus *m*; (*gram., ook*) Aussageweise *w*.

moe I *zn* Mutter, Mutti *w*. **II** *bn & bw* müde; *ik ben het —*, ich bin es müde, ich habe (bin) es satt; (*ik ben*) *hem —*, (*ook*) seiner überdrüssig; *zo — als een hond*, müde wie ein Hund, hundsmüde.

moed Mut *m*; *— geven*, M. geben, machen; *— houden*, M. halten; *— houden!*, Kopf hoch!; *de — erin houden*, M. beibehalten; *— scheppen*, M. fassen; *ik ben angstig te —e*, mir ist bang zumute; (*ik heb*) *er nogal — op*, ziemlich viel Vertrauen darauf. ▾**—eloos** mutlos. ▾**—eloosheid** Mutlosigkeit *w*.

moeder Mutter *w*; (*v. klooster*) Oberin, Priorin *w*, (*aanspreking*) ehrwürdige M.; *een tweede — voor iem. zijn*, M.stelle an e.m vertreten. ▾**—en**: *over iem. —*, e.n bemuttern. ▾**—hart** M.herz *s*. ▾**—koek** M.kuchen *m*, Plazenta *w*. ▾**—lief** liebe M.; *daar helpt geen — aan*, da hilft kein Ach und Weh. ▾**—lijk** mütterlich; *het — erfdeel*, das Mütterliche. ▾**—loos** mutterlos. ▾**M—maagd** die Jungfrau Maria. ▾**—maatschappij** Stammgesellschaft *w*. ▾**—-overste** Oberin *w*. ▾**—schap** Mutter/schaft *w*. ▾**—sgek** M.närrchen *s*. ▾**—skant**: *van —*, mütterlicherseits. ▾**—skind** Mutter/kind, -söhnchen *s*. ▾**—taal** M.sprache *w*. ▾**—tje** Mütterchen *s*; *— spelen*, Muttersein spielen. ▾**—vlek** Muttermal *s*. ▾**—ziel**: *— alleen*, mutterseelenallein.

moedig mutig, tapfer.

moedwil Mutwille *m*; (*opzet*) Absicht *w*; *met —*, a.lich, in böser A. ▾**—lig** a.lich, vorsätzlich, böswillig. ▾**—ligheid** A.lichkeit, Vorsätzlichkeit *w*.

moeheid Müdigkeit, Ermüdung *w*.

moei/al: *hij is een —*, er mischt s. in alles hinein. ▾**—en** (*lastig vallen*) belästigen, bemühen; (*iem.*) *in een zaak —*, in eine Sache hineinziehen; (*hij was*) *in de zaak niet gemoeid*, bei (an) der Sache nicht beteiligt; *z. in iets —*, s. in etwas [4] hineinmischen, s. mit etwas einlassen.

moeilijk schwer; (*moeilijk op te lossen, te behandelen, te leren*) schwierig; (*met veel last gepaard gaande*) mühsam, mühselig; (*hinderlijk lastig*) lästig; (*netelig*) heikel; *het iem. — maken*, es e.m schwer machen; *— kind*, schwieriges, schwer erziehbares Kind, (*met lastig humeur*) lästiges Kind; *—e taak*, schwierige, (*die veel van onze krachten eist*) schwere Aufgabe; *— te begrijpen*, schwerverständlich. ▾**—heid** Schwierigkeit *w*. ▾**moeite** Müh/e *w*; (*moeitedoening*) Bemühung *w*, (*meer als vriendelijke dienst*) M.ewaltung *w*; (*de zorgen en*) *—n* (*v.h. leven*), M.seligkeiten, M.sale; *alle —n waren tevergeefs*, alle Bemühungen waren umsonst; *— doen, z. — getroosten*, s. M.e geben, s. bemühen; *als u de — wilt doen om boven te komen*, wenn Sie s. heraufbemühen wollen; *doe maar geen —*, bemühen Sie s. nicht; *— doen voor*, s. bemühen um; *de — nemen*, s. die M.e nehmen, geben; *het is de — niet waard*, es ist nicht der M.e wert; *dat is de — waard*, das lohnt die M.e, es lohnt (s.) der M.e, das zu tun; (*dat*) *gaat in één — door*, geht in e.m hin, ist ein Aufwaschen; (*wij danken u*) *voor uw —*, für Ihre M.ewaltung, für Ihre Bemühung(en). ▾**—loos** m.elos. ▾**—vol** m.evoll, m.selig, m.sam. ▾**moeizaam** m.sam.

moeke Muttchen *s*, Mutti, Mutter *w*.

moer 1 (*moeder*) Mutter *w*; (*plant*) Mutterpflanze *w*; **2** (*v. schroef*) (Schrauben)Mutter *w*; **3** (*bezinksel*) Hefe *w*; **4** (*moerassig land*) Sumpfland *s*, Morast *m*.

moeras Sumpf *m*, (*groter*) Morast *m*. ▾**—gas** S.gas *s*. ▾**—sig** s.ig, morastig; *— land*, S.land *s*. ▾**—vorming** Versumpfung *w*.

moer/bei Maulbeere *w*; (*boom*) Maulbeerbaum *m*. ▾**—bout** Mutterbolzen *m*. ▾**—en 1** (*troebel maken*) trüben; **2** kaputt machen. ▾**—grond** Sumpfboden *m*. ▾**—konijn** Zibbe *w*. ▾**—schroef** Mutterschraube *w*. ▾**—sleutel** Mutterschlüssel, Schraubenschlüssel *m*.

moes 1 Mus *s*; (*groente*) Gemüse *s*; *tot — slaan*, zu M., zu Brei hauen; **2** (*moeder*) Mutti *w*. ▾**—appel** M.apfel *m*. ▾**—groente** Gemüse *s*.

moesje (*op stoffen*) Tupfen *m*.

moesson Monsun *m*.

moestuin Gemüse-, Küchengarten *m*.

moet (*dwang*) Muß, Müssen *s*; (*indruk*) Spur *w*; (*vlek*) Flecken *m*; (*deuk*) Delle *w*.

moeten (*natuurlijke of logische noodzakelijkheid, het kan niet anders*; *het is vanzelfsprekend*; *er zit niets anders op*) müssen; (*alle mensen*) *—* (*sterven*), müssen; (*na de winter*) *moet* (*de lente komen*), muß;

(*ik heb lang*) *— wachten*, warten müssen; *hij moet* (*het gedaan hebben, want er is niemand anders in de kamer geweest*), er muß; (*hij is zeker ziek? ja,*) *dat moet wel*, das muß wohl sein; (*het is al laat, nu*) *— we* (*toch naar huis*), müssen wir; (*deze artikelen zijn vrij, maar*) *voor die moet u invoerrechten betalen*, jene müssen Sie verzollen (*= een noodzakelijk gevolg v. bestaande voorschriften; zie ook beneden*); (*het is aanbevelenswaardig, voor iem.s bestwil; men heeft het graag; meer raad dan bevel*) müssen; *je moet* (*toch wat beter studeren, niet te veel roken, hem eens bezoeken*), du mußt; *je moet* (*nu gaan, anders kom je te laat*), du mußt; (*wil, bevel, opdracht v. ander dan onderwerp; deze ander kan zijn een persoon, maar ook een wet, voorschrift, gebruik, hogere macht enz.*) sollen; *je moet* (*je werk alleen maken*), (*ik wil het*) du sollst; (*om 10 uur*) *moet ik* (*thuis zijn*), (*vader wil dat*) soll ich; *het heeft zo — zijn*, (*hogere macht wilde het*) es hat so sein sollen; *als 't dan moet*, wenn's denn sein soll; (*men vraagt naar wil v.e. ander*) sollen; *moet ik* (*u het boek sturen?*), soll ich?; (*twijfel, besluiteloosheid; vraag die twijfel uitdrukt*) sollen; *wat moet* (*ik toch doen?*), was soll?; (*hij wist niet,*) *wat* (*of*) *hij doen moest*, was er tun sollte; *wat moet dat betekenen?*, (*ik weet 't niet*) was soll das bedeuten?; *waar moet dat heen?*, wo soll das hinaus?; *en dat moet ik allemaal maar geloven?*, und das alles soll ich ja glauben?; (*behoren te, dienen te*) sollen; *je moest* (*je schamen*), du solltest; (*men zegt; een gerucht*) sollen; *hier moet* (*vroeger een huis gestaan hebben*), hier soll; (*voor verdere bijzonderheden zie spraakkunst; hier volgen nog enkele voorbeelden*:) (*hij riep*) *dat ik boven moest komen*, (*bevel*) daß ich heraufkommen solle, (*meer wens*) ich möchte (möge) mal heraufkommen; *dat hij nu ook juist vandaag moest komen!*, daß er auch gerade heute kommen muß!; *moet u* (*niet meer eten?*), wollen Sie; *wat moet je hier?*, was willst du hier?; (*de kachel*) *moet* (*niet uitgaan*), darf, soll; *— is dwang*, Muß ist eine harte Nuß. ▾**moetje** Mußehe *w*; *zie ook* **moet**.

Moezel Mosel *w*. ▾**moezel** Mosel(wein) *m*.

mof 1 (*v. handen*) Muff *m*; **2** (*aan buis enz.*) Muffe *w*; **3** (*Duitser*) Muff *m*. ▾**—felen** (*in moffeloven*) muffeln; (*iets*) *in zijn zak —*, in die Tasche praktizieren. ▾**—feloven** Muffelofen *m*.

mogelijk möglich; (*misschien*) vielleicht; *bij —e moeilijkheden*, bei etwaigen, eventuellen Schwierigkeiten; *alle —e middelen*, alle erdenklichen Mittel; *al 't —e doen*, alles möglich/e tun; *de grootst —e voordelen*, die m.st großen, denkbar größten Vorteile; *met de meest —e zorg*, mit der m.st großen, mit m.ster Sorgfalt; *in de kortst —e tijd*, in m.st kurzer Zeit; *zo —*, wo m., wenn m.; *zo goed —*, so gut wie m., m.st gut; *zo spoedig —*, m.st bald, baldmöglichst. ▾**—erwijze** m.erweise. ▾**—heid** M.keit *w*; *met geen —*, unmöglich, beim besten Willen nicht.

mogen (*verlof hebben, het recht hebben*) dürfen; (*in veronderstellende zinnen*: *mocht ik, jij ... enz.*) sollte ich, solltest du usw.; (*anders meestal*) mögen; *je mag* (*hier niet roken*), man darf; *mocht hij* (*niet komen?*), durfte er?; (*dat*) *had je niet — doen*, hättest du nicht tun dürfen; *hem mag je gerust vertrouwen*, ihm darfst du ruhig trauen; (*dat*) *mag niet*, darf nicht geschehen, darf nicht sein, ist nicht erlaubt; *mag je van je vader roken?*, erlaubt dir dein Vater zu rauchen?; *hij mag 't niet van zijn moeder*, seine Mutter will es nicht; *hij mag niet roken van de dokter*, der Arzt hat ihm verboten zu rauchen; *mag ik wat vuur van u, zou ik u om wat vuur — vragen?*, dürfte ich Sie um etwas Feuer bitten?; *mocht hij* (*om 10 uur nog niet hier zijn, dan ...*), sollte er; *moge* (*het u gelukken*), möge; (*ik hoop dat het spoedig*) *mag gebeuren*, geschehen mag; *mocht* (*hij toch spoedig komen!*), möchte; *wat hij ook doen mag* (*moge*), (*het helpt hem niet*), was er auch tun mag; *voor mijn part mag je* (*uitgaan*), meinetwegen magst du; *ik mocht die kerel niet*, ich mochte den Kerl nicht; *je mocht je eens vergissen*, du möchtest, könntest dich irren; *het heeft niet — zijn*, es hat nicht sein sollen; (*hun geluk*) *mocht* (*= zou*) (*niet van lange duur zijn*), sollte.

mogendheid Macht *w*; *grote —*, Großmacht *w*.

mogol Mogul *m*.

mohair Mohär *m*.

mohammed/aan Mohammedan/er *m*. ▾**—aans** m.isch. ▾**—anisme** M.ismus *m*.

moiré I *bn* moiriert. **II** *zn* Moiré *m & s*.

mok 1 (*kroes*) Becher *m*; **2** (*paardeziekte*) Mauke *w*.

moker Schmiedehammer, Moker, Schlägel *m*. ▾**—en** hämmern. ▾**—slag** Hammerschlag *m*.

Mokerhei: (*ik wou*) *dat je op de — zat*, daß du wärest wo der Pfeffer wächst.

mokka Mokka *m*. ▾**—kopje** M.tasse *w*.

mokkel Mädel *s*.

mokken maulen; (*pruilen*) schmollen.

mol 1 (*dier*) Maulwurf *m*; **2** (*in muziek*) das b; (*toonaard*) Moll *s*.

Moldavië die Moldau.

molec/ulair Molekular... ▾**—ule** Molekül *s*.

molen Mühle *w*; *met —tjes lopen, een klap v.d. — weghebben*, e.n Sparren zu viel haben, übergeschnappt sein. ▾**—aar** Müller *m*. ▾**—aarsvrouw** Müllerin *w*. ▾**—beek** Mühl/bach *m*. ▾**—kap** M.enhaube *w*. ▾**—maker** M.enbauer *m*. ▾**—rad** M.rad *s*. ▾**—steen** M.stein *m*. ▾**—wiek** M.enflügel *m*.

molest (*overlast*) Belästigung *w*; (*oorlogs—*) Kriegs(gewalt)schaden *m*. ▾**—atie** Belästigung *w*. ▾**—eren** belästigen, molestieren. ▾**—premie** Kriegsrisiko(versicherungs)prämie *w*. ▾**—risico** Kriegsrisiko *s*. ▾**—verzekering** Kriegsschädenversicherung *w*, Versicherung gegen Kriegsgefahr.

molleklem Maulwurfsfalle *w*.

mollen (*kapotmaken*) kaputt machen.

mollig mollig, weich. ▾**—heid** Molligkeit *w*.

molm (*v. hout*) Mulm *w*; (*v. turf*) Torfmull *m*. ▾**—en** mulmen, in Mulm zerfallen.

molotofcocktail Molotowcocktail *m*.

mol/sgat Maulwurfs/loch *s*. ▾**—shoop** M.hügel *m*. ▾**—sla** Löwenzahn(salat) *m*. ▾**—teken** (*muz.*) das b.

molton Molton *m*. ▾**—nen** Molton...

mom, —bakkes Maske *w*.

moment (*ogenblik*) Moment, Augenblick *m*; (*anders*) Moment *s*. ▾**—eel** augenblicklich, im Augenblick, momentan. ▾**—opname** M.aufnahme *w*. ▾**—sluiter** M.verschluß *m*.

mompelen murmeln, (in den Bart) brummen; (*tersluiks zeggen*) munkeln.

monarch Monarch *m*. ▾**—aal** m.isch. ▾**—ie** M.ie *w*. ▾**—ist** M.ist *m*. ▾**—istisch** m.istisch.

mond Mund *m*; Maul *s*; (*v. rivier, kanon, pijp enz.*) Mündung *w*; *een grote — hebben, opzetten*, ein großes Maul haben; (*ieder*) *heeft er de — vol van*, spricht davon; *houd je —!*, halt den Mund!, halt die Klappe!; *maar houd je — hoor*, (*verraad het niet*) reinen Mund gehalten;

10—en moeten openhouden, zehn Mäuler zu ernähren haben; *zijn —je, de — roeren*, sein Maulwerk gehen lassen; *hij weet zijn —je te roeren*, er hat ein geläufiges Mundwerk; *bij —e van*, durch; (*iem. iets*) *in de — geven*, in den Mund legen; (*iem. het antwoord*) *in de — geven*, ins Maul schmieren; (*een woord*) *vaak in de — hebben*, viel im Munde führen; *held met de —*, Maulheld *m*; *met de — vol tanden staan*, nichts zu sagen wissen, wie auf den Mund geschlagen sein; *met twee —en spreken*, doppelzüngig sein; *niet op zijn —(je)* (*gevallen zijn*), nicht auf den Mund, aufs Maul; *iem. de woorden uit de — nemen*, e.m das Wort aus dem (vom) Munde nehmen; *iets uit de — sparen*, s. etwas am Munde absparen.

mondain mondän.

mond/behoeften Mund/bedarf *m*. ▾**—dood** m.tot. ▾**—eling** mündlich. ▾**—en** (*smaken*) munden; (*uitmonden*) münden [in 4]. ▾**—- en klauwzeer** Maul- und Klauenseuche *w*. ▾**—harmonika** M.harmonika *w*; (*fam.*) M.hobel *m*. ▾**—hoek** M.winkel *m*. ▾**—holte** M.höhle *w*. ▾**—hygiënist** M.hygieniker *m*.

mondiaal mondial.

mondig mündig, volljährig; *— verklaren*, mündig sprechen. ▾**—heid** Mündigkeit *w*. ▾**—verklaring** Mündigsprechung, Volljährigkeitserklärung *w*.

monding Mündung *w*. ▾**mondje** Mündchen, Mäulchen *s*; *— dicht*, reinen Mund gehalten!; *zie* **mond.** ▾**—smaat** abgepaßt, kärglich. ▾**—vol** Mundvoll *m*; *een — Engels*, ein paar Worte Englisch. ▾**mond/klem** Mund/klemme *w*; (*v. vee*) Maulsperre *w*. ▾**—-op—-beademing** M.-zu-M.-Beatmung *w*. ▾**—spoeling** M.wasser *s*; (*het spoelen*) M.spülung *w*. ▾**—stuk** M.stück *s*. ▾**—-tot—-reclame** M.propaganda *w*. ▾**—vol** M.voll *m*.

monetair monetär, Währungs...; *— fonds*, Währungsfonds *m*.

Mong/olië die Mongol/ei. ▾**—ool** M.e *m*. ▾**—ools** m.isch. ▾**—ooltje** Mongölchen *s*, Mongoloide *m/w*.

monitor Monitor *m*.

monnik Mönch *m*; *gelijke —en gelijke kappen*, gleiche Brüder, gleiche Kappen. ▾**monniken/klooster** Mönchs/kloster *s*. ▾**—werk** M.arbeit *w*; (*fig.*) verlorene Liebesmühe; *— doen*, leeres Stroh dreschen. ▾**—wezen** M.wesen, M.tum *s*. ▾**monniks/kap** M.kappe *w*; (*plant*) Eisenhut *m*, Akonit *s*. ▾**—pij** M.kutte *w*.

monocle Monokel, Einglas *s*.

mono/cultuur Mono/kultur *w*. ▾**—gaam** m.gam. ▾**—gamie** M.gamie *w*. ▾**—grafie** M.graphie *w*. ▾**—gram** M.gramm *s*. ▾**—kini** M.kini *m*. ▾**—loog** M.log *m*. ▾**—maan I** *bn* m.man(isch). **II** *zn* M.mane *m*. ▾**—polie** M.pol *s*, Alleinhandel *m*, Allein(handels)recht *s*. ▾**—poliseren** m.polisieren. ▾**—rail** Einschienenbahn *w*. ▾**—syllabe** M.syllabum *s*. ▾**—theïsme** M.theismus *m*. ▾**—tonie** M.tonie *w*. ▾**—toon** m.ton, eintönig. ▾**—type** M.type *w*.

monseigneur Monsignore *m*.

monster 1 (*staaltje*) Muster *s*, Probe *w*; *— zonder waarde*, M. ohne Wert; *—s steken, trekken*, M. ziehen, Proben ziehen (stechen); *twee stel —s*, zwei M.kollektionen; *offerte met —*, bemusterte Offerte; (*verkoop*) *op —*, nach M., nach P.; **2** (*gedrocht*) Ungeheuer, Ungetüm, Scheusal, Monstrum *s*; (*fantastisch, schrikaanjagend, reusachtig*) Monster *s*. ▾**—achtig** ungeheuerlich, monströs; (*geweldig groot*) ungeheuer; (*afgrijselijk*) scheußlich. ▾**—boek** Musterbuch *s*. ▾**—boekje** (*v. zeeman*) Seefahrtbuch *s*. ▾**—en** mustern; (*v. zeelieden*) s. anmustern lassen, s. anheuern lassen. ▾**—flesje** Probeflasche *w*. ▾**—ing** Musterung *w*; (*v. zeelieden*) Anheuern *s*. ▾**—lijk** monströs, ungeheuerlich. ▾**—manifestatie** (*sportevenement, betoging enz.*) Monsterveranstaltung *w*. ▾**—proces** Monsterprozeß *m*. ▾**—rol** Musterrolle *w*. ▾**—verbond** Mißbund *m*.

monstrans Monstranz *w*.

monstrueus monströs.

montage Montage *w*; (*v. film, ook*) Schnitt *m*. ▾**—bouw** M.bau *m*, Fertigbauweise *w*. ▾**—lijn** Fertigungsstraße *w*. ▾**—wagen** M.wagen *m*; (*voor elektr. bovenleidingen*) Turmwagen *m*. ▾**—woning** Fertighaus *s*, präfabriziertes Haus; (*ook*) montiertes Haus, Montagewohnung *w*.

monter munter, heiter, lustig.

mont/eren montieren; (*v. edelstenen*) einfassen; (*aankleden v. toneelstuk*) ausstatten. ▾**—ering** Montierung *w*; (*v. machines enz.*) Montage *w*; (*v. edelstenen*) Fassung *w*; (*v. toneelstuk*) Ausstattung *w*. ▾**—eur** Monteur *m*. ▾**—uur** (*v. bril, edelstenen*) Fassung *w*; (*v. bril, ook*) Gestell *s*.

monument Denkmal, Monument *s*. ▾**—aal** monumental. ▾**—enzorg** D.schutz *m*, -pflege *w*.

mooi I *bn & bw* schön; *—e boel!*, schöne, hübsche, nette Geschichte!, nette Bescherung!; (*het was me daar*) *een —e boel*, eine saubere Wirtschaft; *— heer(schap)!*, sauberer Patron, netter Kunde!; *— sommetje*, hübsches Sümmchen; *daar kan hij lang — mee zijn*, das kann lange dauern, das kann eine langwierige Geschichte für ihn werden; (*iem.*) *—(tjes) beetnemen*, hübsch anführen, aufziehen; *— doen, praten*, schöntun, schönreden, fuchsschwänzeln; (*jij hebt*) *— praten*, gut reden; *— zitten*, (*v. hond*) schön machen; *— zo!*, schön!; *wel nu nog —er!*, das wäre noch schöner!; *dat is me 'n —e*, das ist einer!, eine feine Nummer!; *niet veel —s*, nicht viel Schönes, Gutes. **II** *zn*: *het —e*, das Schöne, die Schönheit. ▾**—doener** Schön/tuer *m*. ▾**—doenerij** S.tuerei *w*. ▾**—erd** (*iron.*) sauberer Bursche (Patron, Gast), netter Kunde. ▾**—heid** S.heit *w*, S.e(s) *s*. ▾**—igheid** S.heit *w*; (*iron.*) schöner Schein. ▾**—prater** S.redner, S.schwätzer, Fuchsschwänzer *m*. ▾**—praterij** S.rednerei, Schmeichelei *w*. ▾**moois** Schöne(s) *s*; schöne Sachen; *dat is wat —!*, (das ist) eine schöne Geschichte! ▾**mooi/schrijverij** Schönschreiberei *w*. ▾**—zitten** (*v. hond*) Schönmachen *s*.

Moor (*in Noord-Afrika, Spanje*) Maure *m*. ▾**moor 1** (*een zwarte*) Mohr *m*; **2** (*paard*) Rappe *m*; **3** (*gevlamde stof*) Mohr *m*.

moord Mord *m*; *een — doen*, e.n M. begehen; *poging tot —*, M.versuch *m*; *de — op de koning*, die Ermordung des Königs; *—!*, Mord!, Mordio!; *— en brand* (*schreeuwen*), Zeter und Mord, zetermordio. ▾**—aanslag** Mordanschlag, -versuch *m*. ▾**—dadig** mörderisch; *—e dorst*, Mordsdurst; *— geschreeuw*, mörderisches Geschrei. ▾**—dadigheid** mörderische Wut, Grausamkeit *w*. ▾**—en** morden. ▾**—enaar** Mörder *m*. ▾**—enares** Mörderin *w*. ▾**—end** mörderisch; (*uitputtend*) aufreibend; *— klimaat*, mörderisches Klima; *— werk*, aufreibende Arbeit; *het — staal*, der Mordstahl. ▾**—griet** Pracht-, Mords-, Teufelsmädel *s*, (kesse) Motte, Wuchtbrumme *w*. ▾**—kuil** Mördergrube *w*. ▾**—partij** Gemetzel, Blutbad *s*. ▾**—tuig**, **—wapen** Mordwaffe *w*.

▾—**zaak** Mordfall, Mordprozeß *m.*
moorkop Mohrenkopf *m.*
Moors maurisch.
moot Stück *s*, Scheibe *w*, Schnitt *m.*
mop 1 (*stuk, brok*) Stück *s*, Brocken *m*; **2** (*vlek*) Klecks *m*; **3** (*baksteen*) Backstein *m*; **4** (*koekje*) Küchelchen, Plätzchen *s*; **5** (*grap*) Witz, Spaß *m*; *—pen tappen*, Witze reißen, machen; *vuile —*, Zote *w*; **6** (*liedje*) Melodie *w*, Stückchen *s* (Musik); *een —je spelen*, ein Stückchen spielen; **7** (*geld*) (*hij heeft*) *—pen*, Moos, Draht, Knöpfe; **8** (*hond*) Mops *m.* ▾—**neus** Mopsnase *w.* ▾—**pentapper** Witzereißer, Witzbold *m.* ▾—**pentrommel** Kuchendose *w*; (*fig.*) Witzecke *w.*
mopper/aar Murrkopf, Brummbär, Meckerer *m.* ▾—**en** brummen, murren, meckern. ▾—**ig** murrig, brummig.
moppig spaßig, komisch.
mops Mops(hund) *m.*
moraal Moral *w.* ▾**moral/iseren** m.isieren. ▾—**ist** M.ist *m.* ▾—**iteit** M.ität *w.*
moratorium Moratorium *s.*
Morav/ië Mähren *s.* ▾—**isch** mährisch.
morbide morbid.
moreel I *bn & bw* moralisch. **II** *zn* Stimmung, Gesinnung *w*; *het —* (*der troepen*), die Moral.
morel Morelle *w.* ▾—**leboom** M.nbaum *m.*
morene Moräne *w.*
mores: *iem. — leren*, e.n Mores lehren.
morf/ine Morph/ium, M.in *s.* ▾—**inespuitje** M.iumspritze *w.* ▾—**inist** M.inist *m.*
morfolog/ie Morpholog/ie *w.* ▾—**isch** m.isch.
morgen morgen; *de —*, der M. (*ook landmaat*); *goede—*, guten M.; *'s —s*, m.s, am M.; *'s —s vroeg*, frühmorgens, m.s früh, am frühen M.; *van—*, heute m.; *van— vroeg*, heute früh; *— brengen!*, ja Kuchen!; *de dag van —*, der morgige Tag. ▾—**avond** morgen abend. ▾—**blad** Morgen/blatt *s*, M.zeitung *w.* ▾—**dienst** M.gottesdienst *m.* ▾—**gebed** M.gebet *s*, M.andacht *w.* ▾—**krieken** Tagesgrauen *s.* ▾—**land** M.land *s.* ▾—**middag** m. nachmittag. ▾—**ochtend** m. früh, m. vormittag. ▾—**rood** M.rot *s*, M.röte *w.* ▾—**ster** M.stern *m.* ▾—**stond** M.stunde *w*; *de — heeft goud in de mond*, M.stunde hat Gold im Munde. ▾—**vroeg** morgen früh, morgen vormittag. ▾—**wijding** M.andacht *w.* ▾—**ziekte**: *last hebben van —*, ein M.muffel sein.
Moriaan Mohr *m*; *het is de — gewassen*, das heißt e.n Mohren weißwaschen wollen; *'t is bij hem de — gewassen*, an ihm ist Hopfen und Malz verloren.
mormel Scheusal *s*; (*hond*) Köter *m.* ▾—**dier** Murmeltier *s.*
mormoon Mormone *m.*
morning-afterpil Pille *w* danach.
morrelen (*broddelen*) stümpern, hudeln; (*aan een ding*) *zitten te —*, nesteln, petern, herumfingern.
morren murren, brummen.
morsdood mausetot.
morse-alfabet Morsealphabet *s.*
mors/ebel Schlampe, Schmutzliese *w.* ▾—**en** (*knoeien*) sudeln; (*bijv. bij eten op kleren, tafellaken enz.*) kleckern; (*met inkt*) klecksen; (*wijn*) *—*, (*bij inschenken*; *uit een glas enz.*) verschütten; (*wie heeft hier sigareas*) *gemorst?*, fallen lassen? ▾—**epot** Schmutzfink *m*; Schmutzliese *w.* ▾—**erij** Sudelei; Kleckerei; Kleckserei *w.*
morsesleutel Morsetaste *w.*
morsig schmutzig; (*slonzig*) schlampig.
mortaliteit Mortalität *w*; Sterblichkeitsziffer *w.*
mortel Mörtel *m.* ▾—**bak** M.trog *m.*
mortier Mörser *m.*
mortuarium Mortuarium *s.*
mos (*plant*) Moos *s.* ▾—**achtig** m.artig, m.ig. ▾—**groen** m.grün.
moskee Moschee *w.*
Moskou Moskau *m.* ▾**Moskoviet** Moskowiter, Moskauer *m.* ▾**Moskovisch** moskowitisch.
moslem, moslim Moslem *m.* ▾—**s** moslem(in)isch.
mossel Muschel *w.* ▾—**bank** M.bank *w.*
mossig moosig, bemoost.
most Most *m.*
mosterd Senf *m.* ▾—**gas** S.gas *s.*
mot 1 (*insekt*) Motte *w*; *in deze mantel zit —*, dieser Mantel ist von Motten angefressen, ist vermottet; *tegen — behandelen*, einmotten; *tegen —ten bestand*, mottenfest; **2** Uneinigkeit *w*, Zank *m.* — (*met iem. hebben*), Krach; — (*zoeken*), Händel. ▾—**balletje** Motten/kugel *w.* ▾—**echt** m.echt, m.fest.
motel Motel *s.*
motgaatje Motten/loch *s*; *—s*, (*ook*) M.schäden *Mz.*
mot/ie Antrag *m*; *— van wantrouwen*, Mißtrauensantrag, -votum *s*; (*een —*) *indienen*, stellen, einbringen. ▾—**ief** Motiv *s*; (*beweegreden, ook*) Beweggrund *m.* ▾—**ivatie** Motivation *w.* ▾—**iveren** begründen, motivieren. ▾—**ivering** Begründung, Motivierung *w.*
motor Motor *m*; (*motorfiets, ook*) M.rad, Kraftrad *s.* ▾—**agent** M.polizist *m.* ▾—**blok** M.block *m.* ▾—**boot** M.boot *s.* ▾—**brigade** M.radabteilung *w.* ▾—**carrier** M.dreirad, Kraftdreirad *s.* ▾—**cross** Moto-Cross *s.* ▾—**crosser** M.radrennfahrer *m.* ▾—**defect** M.schaden *m.* ▾—**fiets** M.rad, Kraftrad *s*; (*lichter*) M.fahrrad *s.* ▾—**iek** Motorik *w.* ▾—**isch** m.isch; *—e drijfkracht*, Kraftbetrieb *m.* ▾—**iseren** m.isieren. ▾—**kap** M.haube *w.* ▾—**ongeluk** M.unfall *m.* ▾—**ordonnans** Kraftrad-, Kradmelder *m.* ▾—**pech** M.panne *w.* ▾—**renner** M.(rad)rennfahrer *m.* ▾—**rijder** M.fahrer, Kraft-, Kradfahrer *m.* ▾—**rijtuig** Kraftfahrzeug *s.* ▾—**rijtuigenbelasting** Kraftfahrzeugsteuer *w.* ▾—**rijtuigenverzekering** Kraftfahrzeugversicherung *w*; (*WA*) Kraftfahrzeug-Haftpflichtversicherung *w.* ▾—**torpedoboot** Schnellboot *s.* ▾—**tractie** M.antrieb *m.* ▾—**voertuig** *zie* —**rijtuig.** ▾—**wagen** M.-, Triebwagen *m.* ▾—**wedstrijd** M.radrennen *s.*
motregen Staubregen *m.* ▾—**en** nieseln, staubregnen.
mot/tenschade Mottenschaden, -fraß *m.* ▾—**tig** (*pokdalig*) pockennarbig, blatternarbig; (*door mot aangevreten*) mottenzerfressen; (*v. weer*) neblig. ▾—**vrij** mottenecht.
motto Motto *s*, Leitspruch *m*; Kennwort *s.*
mousse Mousse *w.*
mousselin/e Musselin *m.* ▾—**en** Musselin...
mousseren moussieren; *—de wijn*, Schaumwein *m.*
mout Malz *s.* ▾—**eest** M.darre *w.* ▾—**en** mälzen.
mouw Ärmel *m*; *het achter de —* (*hebben*), es faustdick hinter den Ohren; *iem. iets op de — spelden*, e.m e.n Bären aufbinden, etwas aufbinden, Lügen aufbinden; *uit de — schudden*, aus dem Ä. schütteln; *de handen uit de —en steken*, die Hände rühren, Hand anlegen; (*hij weet*) *er altijd een — aan te passen*, zu jeder Hacke e.n Stiel zu finden. ▾—**loos** ä.los. ▾—**schort** Ä.schürze *w.*
moyenne Generaldurchschnitt *m.*

mozaïek Mosaik *s.* ▾**—tegel** M.platte *w.* ▾**—vloer** M.fußboden *m.* ▾**—werk** M.arbeit *w.*
Mozaïsch mosaisch. ▾**Mozes** Moses *m.*
m.t.s. *zie* **technisch**.
mud Hektoliter *s.* ▾**—vol** geproptt voll.
muf muffig; (*bedorven*) moderig; (*bedompt*) dumpfig; *—fe lucht*, Moderduft *m.* ▾**—fen** muffig riechen. ▾**—heid** Muffigkeit *w.*
mug Mücke *w*; *van een — (een olifant maken)*, aus e.r M. ▾**mugge/beet** Mücken/stich *m.* ▾**—nnet** M.netz, M.garn *s.* ▾**—ziften** Haare spalten, Haarspalterei treiben. ▾**—zifterij** Haarspalterei *w.*
muil 1 (*bek*) Maul *s*; (*v. monster, roofdieren, ook*) Rachen *m*; **2** (*schoeisel*) Pantoffel *m.* ▾**—band** M.korb *m.* ▾**—banden** (*hond*) den M.korb anlegen; *iem. —*, e.m das M. stopfen. ▾**—ezel** M.esel *m.* ▾**—peer** M.schelle *w.*
muis Maus *w* (*ook v. hand*); *dat —je zal een staartje hebben*, das Ding wird üble Folgen haben. ▾**—jes** Aniszucker *m.* ▾**—kleurig** mausfarbig. ▾**—stil** mäuschenstill.
muit/eling Meuter/er *m.* ▾**—en** m.n; *aan 't — slaan*, M.ei machen. ▾**—er** M.er *m.* ▾**—erij** M.ei *w.* ▾**—ziek** m.isch.
muize/gat Mäuse/loch *s.* ▾**—keutels** M.dreck *m.* ▾**muizen** mausen. ▾**muizenissen** Grillen *Mz*; *— in 't hoofd halen*, Grillen fangen, s. Grillen in den Kopf setzen. ▾**muize/ntarwe** Mäusekorn *s.* ▾**—staart** Mause-, Mäuseschwanz *m.* ▾**—val** Mause-, Mäusefalle *w.*
mul I *bn* locker. **II** *zn* Mulm *m*; (*stof*) Staub *m*; (*turfmolm*) Torfmull *m.*
mulat Mulatte *m.* ▾**—tin** Mulattin *w.*
mulder Müller *m.*
mulheid Lockerheit *w.* ▾**mullig** locker.
mulo *zie* **ulo**.
multi/disciplinair interdisziplinär. ▾**—functioneel** multi/funktional. ▾**—miljonair** M.millionär *m.* ▾**—nationaal** m.national. ▾**—national** Multi *m*, m.nationaler Konzern, m.nationales Unternehmen, m.nationale Gesellschaft; *de —s*, die M.s.
multipel I *bn* multipel. **II** *zn* Multiple *s.* ▾**multiple choice** Multiple-Choice-Verfahren *s*, Mehrwahltest *m*; *— vragen*, Mehrwahlfragen *Mz.* ▾**multiple sclerose** multiple Sklerose. ▾**multi/plex** Sperrholz *s.* ▾**—plicatie** Multiplikation *w.* ▾**—pliceren, —pliëren** multiplizieren. ▾**multomap** Ringbuch *s*, Ringhefter *m.*
mum: *in een — van tijd*, im Nu, im Handumdrehen, in kürzester Zeit.
mummelen mummeln.
mummie Mumie *w.*
munitie Munition *w*, Schießbedarf *m.* ▾**—depot, —magazijn** M.slager *s.*
munster Münster *s.*
munt 1 Münze *w*; (*gebouw, ook*) Münzgebäude *s*, -anstalt, -stätte *w*; (*valuta*) Währung *w*; *— slaan*, Münzen prägen, (*goud tot munten slaan*) Gold ausmünzen; *— uit iets slaan*, Kapital aus etwas schlagen, etwas auswerten, ausmünzen; (*iets*) *voor goede — aannemen*, für bare Münze nehmen; **2** (*plant*) Minze *w.* ▾**—eenheid** Münz/-, Währungseinheit *w.* ▾**—en** m.en, prägen; *het op iem. gemunt hebben*, es auf e.n abgesehen haben. ▾**—enkabinet** M.kabinett *s.* ▾**—er** M.er *m*; *vals(e) —*, Falschmünzer. ▾**—gasmeter** Gasautomat *m*, M.gasuhr *w.* ▾**—hervorming** Währungsreform *w.* ▾**—kunde** M.kunde, Numismatik *w.* ▾**—loon** M.kosten *Mz.* ▾**—meter** (*elektr.*) M.zähler *m*; (*gas*) M.gasuhr *w.* ▾**—olio** Minzöl *s.* ▾**—standaard** Münz/fuß *m*, M.währung *w.* ▾**—stelsel** M.system *s.* ▾**—stuk** M.stück *s*, M.e *w.* ▾**—telefoontoestel** M.fernsprecher *m.* ▾**—unie** M.konvention *w.*
murmelen murmeln; (*v. water, ook*) plätschern, rieseln.
murw mürbe; (*iem.*) *— maken*, m.machen, zermürben; (*iem.*) *— (slaan)*, windelweich. ▾**—heid** Mürbigkeit *w.*
mus Sperling, Spatz *m.*
musculatuur Muskulatur *w.*
museum Museum *s.*
music/al Musical, Singspiel *s.* ▾**—eren** musizieren. ▾**—us** Musiker *m.*
muskaat 1 (*noot*) Muskat *m*, M.nuß *w*; **2** (*wijn*) M.(wein), M.eller *m.* ▾**—boom** M.baum *m.*
musket Muskete *w.* ▾**musketier** Musketier *m.*
muskiet Moskito *m.* ▾**—engaas** M.gaze *w.*
muskus Moschus, Bisam *m.* ▾**—dier** M.tier *s.* ▾**—rat** B.ratte *w.*
musse/ëi Spatzen/ei *s.* ▾**—nest** S.nest *s.*
mustang Mustang *m.*
mutatie Mutation *w*, Wechsel *m* (*ook v. stem*); (*verandering*) Veränderung *w*; (*overplaatsing*) Versetzung *w*, (*v. ambtenaar, vaak*) Beförderung und Versetzung.
muts Mütze *w* (*ook netmaag*); (*onder hoofddeksel v. vrouwen*) Haube *w*; *de — staat hem verkeerd*, er ist übler Laune; *er met de — naar gooien*, ins Blaue hineinraten.
mutserd Reisigbündel *s.*
muur 1 Mauer *w*; (*binnenmuur, wand*) Wand *w*; *de muren (hebben, oren)*, die Wände; *tussen vier muren zitten*, eingesperrt sein; **2** (*plant*) Vogelmiere *w.* ▾**—anker** M.anker *m.* ▾**—bloem** Goldlack *m*; (*fig.*: *op bal*) M.blümchen *s.* ▾**—dikte** M.-, Wand/dicke, -stärke *w.* ▾**—kast** W.schrank *m.* ▾**—krant** W.zeitung *w.* ▾**—lamp** W.lampe *w.* ▾**—schildering** W.gemälde *s.* ▾**—vast** m.fest; (*fig. ook*) bomben-, felsenfest; (*vast aan de wand*) wandfest. ▾**—verf** M.farbe *w.*
muze Muse *w.*
muzelman Muselmann *m.*
muziek Musik *w*; (*waarnaar men speelt of zingt*) Noten *Mz*; (*gedrukte muziekwerken*) M.alien *Mz*; *met volle —*, mit klingendem Spiel; *op — zetten*, in M., in Noten setzen, vertonen. ▾**—avondje** m.alische Abendunterhaltung, m.alischer Abend. ▾**—boek** Notenbuch *s.* ▾**—cassette** M.kassette *w.* ▾**—concours** M.wettkampf *m.* ▾**—doos** Spieldose *w.* ▾**—gezelschap** M.verein *m.* ▾**—handel** M.alienhandlung *w.* ▾**—instrument** M.instrument *s.* ▾**—lessenaar** Notenpult *s.* ▾**—noot** M.note *w.* ▾**—papier** Notenpapier *s.* ▾**—schrift** Notenschrift *w.* ▾**—standaard** Notenständer *m.* ▾**—stuk** M.stück *s.* ▾**—tent** M.pavillon, Kiosk *m.* ▾**—uitvoering** m.alische Aufführung, Konzert *s.* ▾**muzik/aal** musikalisch. ▾**—ant** Musikant *m.*
myst/erie Mysterium *s.* ▾**—eriespel** Mysterienspiel *s.* ▾**—erieus** mysteriös, geheimnisvoll. ▾**—icus** Mystiker *m.* ▾**—iek I** *bn* mystisch; *het —e lichaam van Christus*, Christi mystischer Leib. **II** *zn* Mystik *w.* ▾**—ieken** Mystiker *Mz.* ▾**—ificatie** Mystifikation *w.* ▾**—ificeren** mystifizieren.
myth/e Mythos *m.* ▾**—isch** mythisch. ▾**—ologie** Myth/ologie *w.* ▾**—ologisch** m.ologisch. ▾**—oloog** M.ologe *m.*

n N *s.*

na I *vz* nach; (*bij rangorde, ook*) nächst, (*hij kwam*) — *mij*, nach mir; — *jou* (*is zij mij de liefste*), nächst dir; (*een jaar*) — *dezen*, nach heute, (*later*) nachher; *de een — de ander*, e.r nach dem anderen; *'t ene jaar — 't andere, jaar — jaar*, ein Jahr nach dem andern, ums andre; *week — week*, Woche um Woche; — *dit gezegd te hebben*, nachdem er dies gesagt hatte. **II** *bw* nahe; (*achterna; later*) nach; (*de hond blaft*) *hem* —, ihm nach; (*het vuur brandde nog*) —, nach; (*dat ligt*) *mij — aan 't hart*, mir nahe am Herzen; *iem. — op de hielen zitten*, e.m dicht auf den Hacken sein; *op één gulden* —, bis auf e.n Gulden; *op een, twee — de oudste*, der zweit-, drittälteste; (*alle broers waren er*) *op de jongste* —, außer dem jüngsten; *bij* (*op*) *lange* (*verre*) — *niet*, bei weitem nicht; *iem. te — komen*, e.m zu nahe treten; (*dat*) *was zijn eer te* —, ging ihm an seine Ehre; (*de goeden*) *niet te — gesproken*, in allen Ehren; (*soep ... en pudding*) —, nach; *hem —!*, ihm nach!, hinter ihm her!

naad Naht *w*; *het —je van de kous willen weten*, alles haarklein wissen wollen; (*z.*) *uit de* — (*werken*), zuschanden. ▾**—loos** nahtlos.

naaf Nabe *w*. ▾**—dop** Naben/kapsel *w*. ▾**—rem** N.bremse *w*.

naai/cursus Näh/kurs(us) *m*. ▾**—doos** N.kasten *m*. ▾**—en** n.en; (*wonde, ook*) vernähen; (*boeken*) heften. ▾**—garen** N.garn *s*. ▾**—gerei** N.zeug *s*. ▾**—goed** N.zeug *s*. ▾**—machine** N.maschine *w*. ▾**—mandje** N.körbchen *s*. ▾**—ster** N.erin *w*. ▾**—tafel** N.tisch *m*. ▾**—werk** N.arbeit *w*.

naakt nackt; *studie naar —model*, Aktstudie *w*; *naar het* — (*schilderen*), nach n.em Modell; *het* —, (*schilderstuk*) der Akt. ▾**—bloemig** n.blütig. ▾**—cultuur** N.kultur, Freikörperkultur *w*. ▾**—figuur** Aktfigur *w*. ▾**—foto** N.foto, N.bild *s*. ▾**—heid** N.heit *w*. ▾**—loper** N.gänger, Nudist *m*. ▾**—strand** N.badestrand *m*. ▾**—studie** Aktstudie *w*. ▾**—zadige** N.samer *m*.

naald Nadel *w*; (*gedenkzuil*) Obelisk *m*; *heet v.d.* —, brühwarm, funkelnagelneu. ▾**—boom** N.baum *m*. ▾**—bos** N.wald *m*. ▾**—hak** Bleistiftabsatz *m*. ▾**—hout** N.holz *s*.

naam Name *m*; (*reputatie, ook*) Ruf *m*; *iem.s goede — aantasten*, e.n in üblen R. bringen; *de — Piet dragen*, den Namen Peter tragen, führen; *een goede — hebben*, in gutem R. stehen; — *maken*, s. e.n Namen machen; *de — v.d. dader noemen*, den Täter namhaft machen; *in — koning*, dem Namen nach König; *in — v.d. wet*, im Namen des Gesetzes; *met name*, namentlich; (*een jongen*) *met name Jan*, mit Namen, namens Johann; *aandeel op* —, Namensaktie *w*; (*deze stukken*) *zijn op* —, lauten auf den Namen; (*de pas*) *staat op — van Müller*, lautet auf den Namen Müller; (*dit huis staat*) *op — van mijn broer*, auf dem Namen meines Bruders; *te goeder* — (*en faam*) *bekend staan*, in gutem R. stehen; *uit — van*, im Namen, im Auftrag; (*zeg hem maar*) *uit mijn* —, von meinetwegen; *van* — (*kennen*), dem Namen nach; *een man van* —, ein Mann von Namen, ein namhafter Mann; *zonder* —, namenlos. ▾**—bord** Namen/schild *s*. ▾**—dag** N.stag *m*, N.sfest *s*. ▾**—genoot** N.sbruder, N.svetter *m*. ▾**—genote** N.sschwester *w*. ▾**—geving** N.gebung *w*. ▾**—kaartje** Besuchs-, Visitenkarte *w*. ▾**—lijst** N.verzeichnis *s*. ▾**—loos** n.los. ▾**—plaat(je)** N.schild *s*; (*v. firma*) Firmenschild *s*. ▾**—sverandering** N.sänderung *w*. ▾**—sverklaring** N.deutung *w*. ▾**—val** Fall, Kasus *m*. ▾**—valsuitgang** Kasus-, Fallendung *w*. ▾**—woord** Nennwort, Nomen *s*. ▾**—woordelijk**: — *deel v.h. gezegde*, Prädikativ *s*.

naäp/en (e.n) nachäffen. ▾**—er** Nachäffer *m*. ▾**—erij** Nachäfferei *w*.

naar I *vz* nach; (*beweging naar persoon toe*) zu; (*naar iets toe*) zu, nach; — *beneden brengen*, hin-, herunterbringen; — *beneden kijken*, hinabsehen, herabschauen; — *binnen gooien*, hinein-, hereinwerfen; (*ik ga*) — *boven*, hinauf; (*kom*) — *boven*, herauf; — *buiten kijken*, hinaus-, herausblicken; — (*Amsterdam, Frankrijk gaan*), nach; — *de beurs, het feest, het hotel, de kerk, het postkantoor, het vliegveld, de school, het station gaan*, zur Börse, zum Fest, zum Hotel, zur (in die) Kirche, zum Postamt, zum Flugplatz, zur (in die) Schule, zum Bahnhof gehen; — *de bioscoop, het buitenland*, (*het*) *kantoor, de opera, Zwitserland gaan*, ins Kino, Ausland, Kontor, in die Oper, in die Schweiz gehen; — *het bal* (*gaan*), auf den Ball; — *de post brengen*, auf die Post tragen; *hij ziet er wel — uit*, er sieht ganz danach aus; *'t is er ook* —, es ist auch danach, es sieht auch danach aus. **II** *vgw* wie; — *men beweert*, wie man behauptet. **III** *bn & bw* (*treurig*) traurig; (*onaangenaam*) unangenehm; (*vervelend*) leidig; (*angstig, eng*) grausig, unheimlich; (*afstotend*) widerlich, eklig; (*onpasselijk*) übel, schlecht; *nare geschiedenis*, leidige Geschichte; *nare vent*, widerlicher, ekliger Kerl; *hij wordt* —, ihm wird übel, schlecht; *er — aan toe zijn*, übel daran sein; *je wordt er — van*, dabei wird e.m übel.

naardien weil, da.

naargeestig trübselig, trübsinnig; — *oord*, unheimlicher Ort. ▾**—heid** Trübseligkeit *w*, Trübsinn *m*.

naargelang *zie* **gelang**.

naar/heid Traurigkeit, Unannehmlichkeit, Leidigkeit, Unheimlichkeit, Widerlichkeit, Übelkeit; *zie* **naar III**. ▾**—ling** Ekel *s*.

naarmate nach Verhältnis, je nach; (*vgw*) je nachdem; *naar mate van mijn krachten*, nach V. meiner Kräfte, je nach meinen Kräften; (*al*) — (*de dagen korten*), je nachdem.

naarstig emsig, fleißig. ▾**—heid** E.keit *w*, Fleiß *m*.

naast I *bn* nächst; *de —e prijs*, der äußerste Preis; (*ieder is*) *zichzelf het* —, sich selbst der Nächste; *de —e tot iets zijn*, die meisten Ansprüche auf etwas haben; *ten —e bij*, nahezu, ungefähr; *ten —e bij 25%*, etwa 25%. **II** *bw* (*hij staat*) *mij het* —, mir am nächsten. **III** *vz* neben [3/4]; (*in rangorde direct volgende op*) nächst; (*hij woont*) — *de kerk*, neben der Kirche; *ik ging — hem zitten*, ich setzte mich neben ihn; (*de bakker*) — *ons*, neben uns, (*hiernaast*) nebenan; — *de industrie* (*is de landbouw het voornaamste*), nächst der Industrie; (*de bal*) *ging* (*er*) —, ging daneben, vorbei; (*dat is*) *er helemaal* —, ganz falsch. ▾—**bestaande** (nächste(r)) Verwandte(r). ▾—**bijgelegen**, —**bijzijnd** nächst. ▾—**e** Nächste(r) *m.* ▾—**en** an s. bringen; (*overnemen*) übernehmen; (*door staat*) verstaatlichen. ▾—**enliefde** Nächstenliebe *w.* ▾—**gelegen** nächst. ▾—**ing** Verstaatlichung, Übernahme *w.*

na/behandeling Nach/behandlung *w.* ▾—**beschouwing** n.trägliche Betrachtung. ▾—**bespreking** n.trägliche Besprechung. ▾—**bestaande** nahe(r) Verwandte(r) *m.* ▾—**bestellen** nach/bestellen. ▾—**bestelling** N.bestellung *w.* ▾—**betalen** n.zahlen; (*bijbetalen*) zuzahlen. ▾—**betrachting** n.trägliche Betrachtung, Erwägung *w.* ▾—**beurs** N.börse *w.*

nabij nahe; (*vz*) nahe bei (an), in der (die) Nähe; *de —e stad*, die nahe Stadt; *de meest—e stad*, die nächste Stadt; *de dood—*, dem Tode nahe; *— de school*, nahe bei der Schule, in der Nähe der Schule; (*hij is*) *— de 40*, an die 40; *tot — de brug*, bis nahe an die Brücke; *van — bekijken*, aus der Nähe, von nahem betrachten; (*z.*) *meer van —* (*met een zaak bezighouden*), näher; *van heel —* (*bekijken*), aus nächster Nähe; (*iem.*) *van —* (*kennen*), näher, aus nächster Nähe. ▾—**gelegen** nahe, naheliegend; (*naburig*) *zie daar.* ▾—**heid** Nähe *w.* ▾—**komen**: *de waarheid —*, der Wahrheit nahekommen; *iem. in kennis —*, e.m an Kenntnissen fast gleichkommen; (*de zomer*) *komt nabij*, naht heran; *de volmaaktheid —d*, der Vollkommenheit s. nähernd; *—d*, (*gelijkend*) ähnlich. ▾—**zijnd** nahe.

na/blijven nach/bleiben; (*langer blijven*) länger bleiben; (*school*) n.sitzen; (*achterblijven*) zurückbleiben; *de nagebleven betrekkingen*, die Hinterbliebenen. ▾—**bloei** N.blüte *w.* ▾—**bloeien** n.blühen. ▾—**blussing(swerk)** N.löscharbeiten *Mz.* ▾—**bootsen** n.ahmen; (*namaken*) n.bilden. ▾—**bootsing** N.ahmung; N.bildung *w.* ▾—**brengen** n.bringen. ▾—**burig** benachbart, N.bar . . .; (*nabij*) nahe(liegend); *— dorp*, N.bardorf *s.* ▾—**buurschap** N.barschaft *w.* ▾—**calculatie** N.berechnung *w.* ▾—**checken** n.prüfen.

nacht Nacht *w*; *'s —s*, n.s; *tot 's —s drie uur*, bis drei Uhr n.s; *bij —*, bei N., in der N.; *diep in de —*, tief in der N., in tiefer N.; *tot diep in de —*, bis tief in die N. (hinein); *op zekere —*, e.s N.s; *gister—*, gestern n.; *de — van 1 op 2 april*, die N. vom 1. zum 2. A. ▾—**blind** n.blind. ▾—**boot** N.dampfer *m.* ▾—**braken** in der N. umherschwärmen; bei N. (aufsitzen und) arbeiten. ▾—**braker** N.schwärmer; N.arbeiter *m.* ▾—**café** N.lokal *s*, N.bar *w.* ▾—**club** N.klub *m.* ▾—**crème** N.creme *w.* ▾—**dienst** N.dienst *m*; (*nachtploeg*) N.schicht *w.*

nachtegaal Nachtigall *w.*

nacht/elijk nächtlich; Nacht . . .; *—e aanval*, Nachtangriff *m.* ▾—**evening** Nacht/gleiche *w.* ▾—**gelegenheid** N.lokal *s.* ▾—**goed** N.zeug *s.* ▾—**(ja)pon** N.kleid *s.* ▾—**kaars** N.kerze *w*; *uitgaan als een —*, ausgehen wie das Hornberger Schießen. ▾—**kastje** N.tisch *m.* ▾—**kluis** N.tresor *m.* ▾—**kroeg** N.lokal *s.* ▾—**leven** N.leben *s.* ▾—**logies** N.herberge *w*; Unterkunft *w* für die N., Schlafgelegenheit *w.* ▾—**merrie** N.mahr, Alp *m.* ▾—**mis** N.messe *w.* ▾—**ploeg** N.schicht *w.* ▾—**rust** N.ruhe *w.* ▾—**slot** N.schloß *s*; *op — doen*, den N.riegel vorschieben, zweimal verschließen. ▾—**spiegel** N.geschirr *s.* ▾—**trein** N.zug *m.* ▾—**uil** N.eule *w.* ▾—**veiligheidsdienst** N.sicherheitsdienst *m*, Wach- und Schließgesellschaft *w.* ▾—**verblijf** N.lager *s*; *zie ook* —**logies**. ▾—**vlinder** N.falter *m.* ▾—**vorst** N.frost *m.* ▾—**wake**, —**wacht** N.wache *w*, *ook* = —**waker** N.wächter *m.* ▾—**zoen** Gutenachtkuß *m.* ▾—**zuster** N.schwester *w.*

nacijferen nachrechnen.

nadagen letzte Periode; (*tijd v. achteruitgang*) Niedergang, Verfall *m.*

nadat nachdem.

nadeel Nachteil, Schaden *m*; *iem. — doen*, e.m schaden; *ik heb er geen — bij*, ich leide keinen S. dabei; *in zijn —*, zu seinem N., S.; *ten nadele v.d. maatschappij*, zum S., auf Kosten der Gesellschaft; *iets te zijnen nadele zeggen*, ihm etwas Schlimmes nachsagen; *ten nadele komen*, *tot — strekken*, zum N. gereichen. ▾**nadelig** nachteilig, schädlich; *— voor de gezondheid*, der Gesundheit schädlich, gesundheitsschädlich; *— saldo*, Verlustsaldo *m.*

nadenk/en I *ww* nach/denken; (*peinzen*) sinnen; *ik zal er nog eens goed over —*, ich will's mir noch mal reiflich überlegen. **II** *zn* N.denken *s*, Überlegung *w*; *tot —* (*komen*), zur Besinnung. ▾—**end** n.denklich.

nader näher; (*nauwkeuriger*) genauer; *iets —s*, etwas Näheres; *ik zal u — schrijven*, ich schreibe Ihnen Näheres; *— v. iets horen*, ein Näheres, das Nähere, ein Weiteres, das Weitere hören; *tot — bericht*, bis auf weiteres. ▾—**bij** näher. ▾—**en** s. nähern [3] (*v. pers. en tijd, ook*) nahen [3]; herannahen; näher kommen; (*het schip*) *naderde de kust*, näherte s. der Küste; (*het jaar*) *nadert zijn einde*, naht seinem Ende; (*het uur der beslissing*) *nadert*, naht (heran); *wij naderden al meer en meer*, wir kamen immer näher; *het —*, das Herannahen. ▾—**hand** nachher, später. ▾—**ing** Herannahen *s.*

nadien seitdem; *kort —*, kurz nachher.

na/doen: *iem. iets —*, e.m etwas nach/machen, n.tun; *iem. —*, e.n n.ahmen, n.machen. ▾—**dorst** N.durst *m.* ▾—**dragen** n.tragen. ▾—**druk** N.druck *m*; *de — leggen op*, etwas betonen, etwas (besonders) hervorheben; *met —*, n.drücklich, mit N.druck, mit Betonung. ▾—**drukkelijk** n.drücklich. ▾—**druppelen** n.tröpfeln, n.tropfen. ▾—**fluiten** (e.m) n.pfeifen, (ein Lied) n.pfeifen.

nafta Naphtha *s.* ▾—**leen**, —**line** Naphthalin *s.*

nagaan: *iem. —*, e.m nach/gehen, folgen; *iem., iem.s gangen —*, e.n, seine Gänge beobachten; *een spoor —*, e.r Spur n.gehen, eine Spur verfolgen; (*je moet*) *dit spoor —*, dieser Spur folgen; *een zaak —*, e.r Sache n.forschen, n.gehen; (*de verdere ontwikkeling v.e. zaak*) *—*, verfolgen; *voor zover ik heb kunnen —*, soweit ich habe feststellen können; (*het werkvolk*) *—*, beaufsichtigen, überwachen; *iets —*, etwas kontrollieren; (*de rekeningen*) *—*, prüfen, durchsehen; *hij kan de boel niet behoorlijk —*, er kann nicht nach dem Rechten sehen; *als ik alles* (*wel*) *naga*, wenn ich alles recht bedenke; *nu kun je —* (*wat hij geleden heeft*), nun kannst du dir denken, dir vorstellen; *ga maar bij jezelf na!*, denke dir nur selbst!

na/galm Nach/hall *m.* ▾—**geboorte** N.geburt *w.* ▾—**gedachtenis** Andenken *s*; *iem.s — in ere houden*, e.m ein ehrendes A., ein ehrenvolles Gedächtnis bewahren; *ter — van*, zum A. an [4], zum G. [2]; *kerk ter — van de gesneuvelden*, Heldengedächtniskirche *w.*

nagel Nagel *m*; (*kruidnagel, ook*) (Gewürz)Nelke *w*, Näglein *s*; *een — aan mijn doodkist*, ein N. zu meinem Sarg; *op zijn —s bijten*, an den Nägeln kauen, s. die Nägel beißen. ▾—**borstel** Nagel/bürste *w.* ▾—**en** nageln; *als aan de grond genageld*, wie angenagelt. ▾—**garnituur** N.etui,

Maniküretui *s*, Maniküre *w*. ▾**—kaas** Kümmelkäse *m*. ▾**—lak** N.lack *m*. ▾**—riem** N.band *s*. ▾**—riemoplosser** N.hautentferner *m*. ▾**—schaar** N.schere *w*. ▾**—vast** n.fest; *wat — is*, (*bij huurhuis*) Niet- und Nagelfestes. ▾**—vijl** N.feile *w*.
nagemaakt nachgemacht, nachgeahmt, künstlich.
nagenoeg nahezu, ungefähr.
na/gerecht Nach/tisch *m*. ▾**—geslacht** (*iem.s*) N.kommenschaft *w*, N.kommen *Mz*; (*alg.*) N.welt *w*. ▾**—geven** n.geben; *iem. iets —*, e.m etwas n.sagen , -rühmen. ▾**—gewas** N.wuchs *m*. ▾**—gloeien** n.glühen. ▾**—herfst** Spätherbst *m*. ▾**—heffing** (*belasting*) N.versteuerung *w*; (*v. rechten*) N.verzollung *w*. ▾**—hollen** (e.m) n.stürmen, n.eilen. ▾**—houden** (*leerlingen*) n.sitzen lassen; *er een auto op —*, s. ein Auto halten; (*dit artikel*) *houden wij er niet op na*, führen wir nicht.
naïef naiv. ▾**naïeveling** Naivling *m*.
naijver Eifersucht *w*; (*gunstig*) Nach-, Wetteifer *m*. ▾**—ig** eifersüchtig, wetteifernd.
naïveteit Naivität *w*.
najaar Spätjahr *s*, Herbst *m*. ▾**—sbeurs** H.messe *w*. ▾**—sopruiming** H.ausverkauf *m*. ▾**—stinten** H.farben *Mz*.
na/jagen (e.m) nach/jagen, -setzen; *roem —*, dem Ruhm n.jagen, n.streben; *een doel —*, ein Ziel verfolgen. ▾**—joelen, —jouwen** (e.m) n.schreien, Schimpfworte n. rufen. ▾**—kaarten** nachträglich Betrachtungen anstellen. ▾**—kauwen** n.kauen; (*fig.*) n.beten.
nakie: *in zijn —*, nackt.
nakijken (*achterna*) (e.m) n.blicken, n.sehen; *iets —*, (*controleren*) etwas n.sehen, (*doorkijken*) durchsehen; (*iets in een boek*) —, n.sehen, n.schlagen; (*de boeken, rekeningen*) —, durchsehen, prüfen, n.sehen; *drukproeven —*, Korrekturen lesen; *het huiswerk —*, die Schulaufgaben n.sehen, n.prüfen; (*een les nog eens*) —, durchnehmen, durchsehen, n.sehen; (*een machine*) —, n.sehen, (*grondig, reviseren*) überholen; (*thema's*) —, korrigieren; *ik zal eens — (of...)*, ich will mal n.schauen; *bij 't — (v.d. boeken)*, bei Durchsicht. ▾**—klank** N.klang *m*. ▾**—klinken** n.klingen, n.hallen, n.tönen.
nakom/eling Nach/komme, Enkel *m*. ▾**—elingschap** *zie* **nageslacht**. ▾**—en** n.kommen [3]; (*later komen, ook*) später kommen; *een belofte, zijn plicht —*, e.m Versprechen, seiner Pflicht n.kommen; ein V., seine P. erfüllen; *een bevel, voorschrift —*, e.m Befehl, e.r Vorschrift n.kommen; (*de voorschriften*) *precies —*, genau befolgen; (*de voorwaarden*) —, einhalten; *nagekomen berichten*, später eingelaufene Nachrichten. ▾**—er** Nachzügler, Spätling *m*. ▾**—ertje** *zie* **—er**; (*jongste kind*) Nesthäkchen *s*. ▾**—ing** Erfüllung, Einhaltung *w*.
nakruipen (e.m) nachkriechen.
nakuren eine Nachkur machen.
nalat/en (*bij overlijden*) hinterlassen; (*achterwege laten, niet doen*) unterlassen; (*indrukken, sporen*) —, zurücklassen; (*een blijvende indruk*) —, hinterlassen; *laat dat na!*, unterlaß das!; (*zijn plichten*) —, versäumen; *laat die dwaasheden na*, höre auf mit diesen Albernheiten; *ik kan niet — (op te merken)*, ich kann nicht umhin; *de nagelaten betrekkingen*, die Hinterlassenen, die Hinterbliebenen; *nagelaten werken* (*v. dichter enz.*), nachgelassene Werke. ▾**—enschap** Hinterlassenschaft *w*; (*vooral v. dichter, geleerde enz.*) Nachlaß *m*. ▾**—ig** nachlässig; (*meer schuldig*) fahrlässig; (*traag, slordig*) saumselig; *—e betaler*, säumiger, nachlässiger, (*traag*) saumseliger Zahler. ▾**—igheid** Nachlässigkeit, Fahrlässigkeit, Saumseligkeit *w*; (*nalating*) Unterlassung *w*.
na/leven: *een bepaling —*, eine Bestimmung einhalten; *een contract —*, e.m Vertrag nachkommen, e.n V. erfüllen, e.n Kontrakt einhalten; *zijn plicht —*, seiner Pflicht nachkommen, seine P. erfüllen; *een voorschrift —*, eine Vorschrift befolgen, e.r Vorschrift nachkommen; *de wetten —*, die Gesetze einhalten, beobachten. ▾**—leveren** nach/liefern. ▾**—leving** Erfüllung, Einhaltung, Befolgung *w*; *zie* **—leven**. ▾**—lezen** n.lesen; (*herlezen*) noch einmal lesen. ▾**—lezing** N.lesen *s*; abermaliges Lesen. ▾**—lopen** (e.m) n.laufen, n.gehen; (*hij kan*) *alles niet —*, nicht auf alles achthaben. ▾**—maakgeld** n.gemachtes Geld. ▾**—maak(sel)** N.ahmung *w*; (*v. schilderstuk enz.*) Kopie *w*; *wacht u voor —!*, vor N.ahmung wird gewarnt. ▾**—maken** n.machen, n.ahmen; (*geld, handtekening, ook*) fälschen.
nam/elijk nämlich. ▾**—eloos** namenlos, unsäglich. ▾**—ens** im Namen [2]; (*opdracht*) im Auftrag [2]; *— mij*, in meinem Namen; *— de firma* (*tekenen*), im A., in Vertretung der Firma.
na/meten nach/messen. ▾**—middag** N.mittag *m*; *'s —s*, n.mittags; *in de —*, am N.mittag. ▾**—nacht** Spätnacht *w*. ▾**—ogen** (e.m) n.blicken, -schauen. ▾**—ontsteking** N.-, Spätzündung *w*. ▾**—oogst** N.ernte, -lese *w*. ▾**—oorlogs** N.kriegs...
nap Napf *m*.
napalm Napalm *s*. ▾**—bom** N.bombe *w*.
Napels I *zn* Neapel *s*. **II** *bn* neapolitanisch, Neapel...
napijn Nachschmerzen *Mz*.
napluizen: *iets —*, etwas ausklauben, e.r Sache nachforschen.
Napoleontisch napoleonisch.
Napolitaan Neapolitaner *m*. ▾**—s** neapolitanisch.
nappa(leer) Nappa(leder) *s*.
naprat/en (e.m) nach/plappern, n.schwatzen, n.beten; *nog een beetje —*, n.her noch ein wenig plaudern. ▾**—er** N.beter *m*. ▾**—erij** N.beterei *w*.
napret Nachvergnügen *s*.
nar Narr *m*.
narcis Narzisse *w*. ▾**—me** Narzißmus *m*.
narco/se Narko/se *w*. ▾**—ticabrigade** Rauschgiftdezernat *s*, N.tikabrigade *w*. ▾**—ticum** N.tikum *s*. ▾**—tisch** n.tisch. ▾**—tiseren** n.tisieren. ▾**—tiseur** N.tiseur *m*.
na/rede Schlußwort *s*, Nach/rede *w*. ▾**—reizen** (e.m) n.reisen. ▾**—rekenen** n.rechnen, n.prüfen. ▾**—rennen** (e.m) n.rennen.
narigheid Elend *s*, Jammer *m*; (*onaangenaamheid*) Unannehmlichkeit, Verdrießlichkeit *w*; (*akeligheid*) Widerlichkeit *w*; (*griezeligheid*) Unheimlichkeit *w*; *stuk —!*, du Ekel!
na/rijden (e.m) nach/fahren, -reiten; *iem. —*, (*fig.*) e.n streng beaufsichtigen, hinter e.m her sein. ▾**—roepen** (e.m) n.rufen.
narren/kap Narren/kappe *w*. ▾**—pak** N.kleid *s*.
narwal Narwal *m*.
NASA NASA *w*.
nasaal I *bn* nasal. **II** *zn* Nasal *m*.
na/schilderen nach/malen; *iem. —*, (*naar zijn voorbeeld*) e.m n.malen. ▾**—scholen** fortbilden. ▾**—scholing** Fortbildung *w*. ▾**—schreeuwen** (e.m) n.schreien. ▾**—schrift** N.schrift *w*. ▾**—schrijven** (*overschrijven*) abschreiben, kopieren, (*een*

voorbeeld) n.schreiben. ▾**—seizoen** Spätsaison *w.* ▾**—slaan** n.schlagen. ▾**—slagwerk** N.schlagewerk *s.* ▾**—sleep** Gefolge; *s;* (*iets*) *als* — (*hebben*), im G.; *als — v.d.* (*revolutie*), im G. der. ▾**—smaak** N.geschmack *m.* ▾**—snuffelen** n.schnüffeln, n.stöbern. ▾**—spel** N.spiel *s.* ▾**—spelen** n.spielen. ▾**—speuren** n.spüren [3], n.forschen [3]. ▾**—spoelen** n.spülen, n.waschen. ▾**—sporen** n.spüren [3], n.forschen [3]; *iem.* —, (*per trein*) e.m n.reisen. ▾**—sporing** N.forschung *w,* N.spüren *s;* —*en doen,* N.forschungen anstellen. ▾**—springen** (e.m) n.springen. ▾**—staren** (e.m) n.starren. ▾**—streven** n.streben [3]; *een doel* —, (*ook*) ein Ziel verfolgen; *iem.* —, (*ook*) e.m n.eifern. ▾**—sturen** n.schicken. ▾**—sukkelen** (e.m) n.trödeln. ▾**—synchronisatie** N.synchronisation *w.* ▾**—synchroniseren** n.synchronisieren.

nat I *bn* naß; — *tot op 't hemd,* naß, durchnäßt bis auf die Haut; *inhoudsmaat voor* —*te waren,* Flüssigkeitsmaß *s.* **II** *zn* Naß *s.*

na/tafelen bei Tische sitzen bleiben. ▾**—tekenen** nach/zeichnen. ▾**—tellen** n.zählen.

nat/hals nasser Bruder. ▾**—heid** Nässe *w.*

natie Nation *w.* ▾**nationaal** national, National...; *nationale feestdag,* Nationalfeiertag *m; nationale cultuur,* bodenständige Kultur; *de nationale kampioen van Engeland,* der englische Landesmeister; *nationale schuld,* Staatsschuld *w.* ▾**—-socialisme** National/sozialismus *m.* ▾**—-socialist** N.sozialist *m.* ▾**—-socialistisch** n.sozialistisch. ▾**national/isatie** N.isierung *w;* — *v.d. grond,* Bodenverstaatlichung *w.* ▾**—iseren** n.isieren, verstaatlichen. ▾**—isme** N.ismus *m.* ▾**—ist** N.ist *m.* ▾**—istisch** n.istisch; — *China,* N.china *s.* ▾**—iteit** N.ität *w;* (*hij is van*) *Duitse* —, deutscher Staatsangehöriger. ▾**—iteitsbeginsel** N.itätsprinzip *s.* ▾**—iteitsbewijs** Heimatschein *m.* ▾**—iteitsgevoel** N.itätsgefühl *s.* ▾**—iteitskenteken** (*op vliegt.*) Hoheitsabzeichen, N.itätenzeichen *s.* ▾**—iteitsplaat** (*v. auto enz.*) N.itätszeichen *s.*

NATO *zie* **NAVO**.

natrekken (e.m) nach/ziehen, n.fahren; (*overtrekken*) n.ziehen; (*controleren*) n.prüfen.

natrium Natrium *s.* ▾**natron** Natron *s.*

natten nässen, netzen. ▾**nattig** näßlich, feucht. ▾**—heid** Nässe, Feuchtigkeit *w;* — *voelen,* (*fig.*) etwas merken, Gefahr (Unrat) wittern.

natura: *in* —, in natura, in Natur; *belasting in* —, Naturalabgaben *Mz,* -steuer *w; betaling in* —, Sachleistung *w; betaling v. loon in* —, Sachlohnung *w; verstrekking in* —, Natural-, Sachleistung *w.* ▾**—liën** Naturalien *Mz.* ▾**—lisatie** Naturalisierung, Einbürgerung *w.* ▾**—liseren** naturalisieren, einbürgern. ▾**—lisme** Naturalismus *m.* ▾**—list** Naturalist *m.* ▾**—listisch** naturalistisch. ▾**naturel I** *bn* naturell. **II** *zn* Eingeborene(r) *m.*

natuur Natur *w; een tweede* — (*geworden*), zur zweiten N.; *van nature,* von N. ▾**—bad** Freiluftbad *s.* ▾**—bescherming** N.schutz *m.* ▾**—beschrijving** N.beschreibung *w.* ▾**—drift** N.trieb *m.* ▾**—geneeswijze** N.heilverfahren *s.* ▾**—getrouw** n.getreu. ▾**—historisch** n.historisch, -geschichtlich. ▾**—kennis** (*natuurlijke historie*) N.kunde, -geschichte *w.* ▾**—kracht** N.kraft, -gewalt *w.* ▾**—kunde** Physik *w.* ▾**—kundig** physikalisch. ▾**—kundige** Physiker *m;* (*beoefenaar v.d. natuurwetenschap*) N.wissenschaftler *m.* ▾**—liefhebber** N.freund *m.* ▾**natuurlijk** natürlich; (*bw: vanzelfsprekend, ook*) selbstverständlich; —*e historie,* Naturkunde *w,* (*op school ook*) Naturgeschichte *w;* — *gas,* Naturgas *s.* ▾**—erwijs** n.(erweise), selbstverständlich. ▾**—heid** N.keit *w.* ▾**natuur/mens** Natur/mensch *m.* ▾**—monument** N.denkmal *s; vereniging tot behoud van* —*en,* Verein *m* zur N.denkmalpflege. ▾**—ramp** N.katastrophe *w.* ▾**—reservaat** N.schutzgebiet *s.* ▾**—schoon** N.schönheit *w;* Schönheit der N. ▾**—staat** N.zustand *m.* ▾**—verschijnsel** N.erscheinung *w.* ▾**—wet** N.gesetz *s.* ▾**—wetenschap** N.wissenschaft *w.*

nautiek Nautik, Schiffahrtskunde *w.* ▾**nautisch** nautisch.

nauw I *bn & bw* eng; (*nauwkeurig, precies*) genau; (*nauwelijks*) kaum; *een* —*sluitende japon,* ein eng, ein knapp anliegendes Kleid; (*we zaten*) —, eng(e) beisammen; — (*verwant zijn*), nahe; *niet zo* — *kijken,* es nicht so genau nehmen; — *van geweten,* gewissenhaft. **II** *zn* Enge *w;* (*zeeëngte*) Meerenge *w; in 't* — *brengen,* in die Enge treiben; *in 't* — (*zitten*), in der Klemme, Patsche; *'t Nauw van Calais,* die Straße von Calais. ▾**—elijks** kaum. ▾**—gezet** (*v. geweten*) gewissenhaft; (*nauwkeurig*) genau; (*stipt*) pünktlich. ▾**—gezetheid** Gewissenhaftigkeit, Genauigkeit, Pünktlichkeit *w.* ▾**—heid** Enge *w.* ▾**—keurig** genau; (*grondig*) eingehend. ▾**—keurigheid** Genauigkeit *w.* ▾**—lettend** genau. ▾**—lettendheid** Aufmerksamkeit; Genauigkeit *w.* ▾**—sluitend** eng anliegend, eng anschließend. ▾**—te** Enge *w;* (*pas*) Engpaß *m;* (*zeeëngte*) Meerenge *w.*

navel Nabel *m.* ▾**—bandje** N.binde *w.* ▾**—breuk** N.bruch *m.* ▾**—streng** N.strang *m,* N.schnur *w.*

navenant dementsprechend, nach Verhältnis.

navertellen nacherzählen.

naverwant nahe verwandt.

navigat/ie Navigation *w; akte van* —, Navigations-, Schiffahrtsakte *w.* ▾**—ielichten** Positionslichter *Mz.* ▾**—or** Orter *m.*

NAVO die NATO (Organisation *w* des Nordatlantikvertrages).

navolg/baar nach/ahmlich. ▾**—en** n.folgen [3]; (*nadoen*) n.ahmen; *een groot kunstenaar* —, e.m großen Künstler n.folgen; *een voorbeeld* —, ein Beispiel n.ahmen. ▾**—end** n.stehend. ▾**—enswaard(ig)** n.ahmenswert. ▾**—er** N.ahmer *m;* (*volgeling*) N.folger *m.* ▾**—ing** N.ahmung *w; de* — *van Christus,* die N.folge Christi; *in* — *van iem.,* nach jemands Vorbild; *ter* — *van,* zur N.ahmung [2].

na/vorderen nach/fordern. ▾**—vordering** N.forderung *w;* (*v. belasting, ook*) Neuveranlagung, Nach/steuer *w.* ▾**—vorsen** n.forschen [3]. ▾**—vorsing** N.forschung *w.* ▾**—vraag** N.frage *w;* — *naar iets doen,* wegen e.r (über eine) Sache N.frage halten, n.fragen, s. nach etwas (nach e.m) erkundigen; (*ik zal bij een andere boekhandel*) — *naar dit werk doen,* anfragen ob sie dieses Werk vorrätig haben. ▾**—vragen** n.fragen, s. erkundigen. ▾**—weeën** N.wehen *Mz.* ▾**—werken** n.arbeiten; (*nawerking hebben*) n.wirken. ▾**—werking** N.wirkung *w.* ▾**—wijzen** (e.m) n.weisen; *iem. met de vinger* —, mit dem Finger auf e.n weisen.

▾—**zaat** N.komme *m.* ▾—**zeggen** n.sagen. ▾—**zenden** n.senden, n.schicken. ▾—**zending** N.sendung *w;* (*latere zending*) spätere Sendung. ▾—**zetten** (e.m) n.setzen. ▾—**zien** *zie* —**kijken**. ▾—**zitten** (*in school*) n.sitzen; *iem.* —, e.m n.setzen. ▾—**zoeken** n.suchen; (*iets in een boek*) —, n. schlagen. ▾—**zomer** N.-, Spätsommer *m.* ▾—**zorg** N.sorge *w;* (*na ziekte*) N.pflege *w.*

necessaire Necessaire *s.*

necro/logie Nekro/log *m.* ▾—**loog** N.logenschreiber *m.*

nectar Nektar *m.* ▾—**ine** N.ine *w.*

nee *zie* **neen**.

ne(d)er nieder; (*meer richting 'naar beneden' en dan als speciaal het begin- of eindpunt op de voorgrond treedt*) hinunter, herunter; hinab, herab; (*bij ss als 'waar moet ik de asbak neerzetten', waar 'neer' niet meer de betekenis heeft van 'naar beneden, naar omlaag', daarom ook kan wegblijven*: hin-); *op en* —, auf und ab; auf und nieder; *van boven* —, von oben herab. ▾**Nederduits I** *bn* niederdeutsch. **II** *zn* Niederdeutsch *s.*

nederig bescheiden; (*eenvoudig*) einfach; (*weinig eisend*) anspruchslos; (*deemoedig*) demütig. ▾—**heid** Bescheidenheit; Anspruchslosigkeit; Demut *w.*

nederlaag Niederlage *w; de — lijden,* eine N. erleiden.

Nederland Holland *s,* (*off.*) die Niederlande *Mz.* ▾—**er** Holländer, Niederländer *m.* ▾—**erschap** (*de Ned. nationaliteit*) die niederländische Staatsangehörigkeit; *bewijs van* —, Heimatschein *m.* ▾—**s I** *bn* holländisch, niederländisch. **II** *zn* Holländisch, Niederländisch *s; zie* **Duits**. ▾—**s-Indisch** niederländisch-indisch. ▾—**s-Oost-Indië** Niederländisch-Ostindien *s.*

Neder-Rijn Niederrhein *m.* ▾**neder/waarts** niederwärts, abwärts, nach unten. ▾—**zetting** Niederlassung, Siedlung *w;* (*eerste nederzetting v. kolonisten*) Ansiedlung *w.*

neef (*kind v. broer of zus*) Neffe *m;* (*kind v. oom of tante*) Vetter *m.*

neen nein; (*hij kan*) *geen* — (*zeggen*), nicht nein; *met* — (*antwoorden*), mit (e.m) Nein; (*hij zei*) *van* —, nein; — *maar!*, nein, so was!; — *maar, wat aardig!*, ach nein, wie nett!; *wel* —*!*, nicht doch!

neer *zie* **neder**. ▾—**buigen** niederbeugen; (*het hoofd*) —, neigen; *met neergebogen hoofd*, mit gesenktem Kopf; *z.* —, s. niederbeugen, s. tief verneigen. ▾—**buigend** (*genadig uit de hoogte*) herablassend. ▾—**dalen** herab-, hinab-, nieder/steigen, n.sinken; (*vliegt.*) n.gehen; (*regen*) herab-, n.fallen; (*de ballon*) *daalde snel neer*, sank schnell herab; *in het graf* —, ins Grab sinken; *uit de hemel* —, vom Himmel herabsteigen, herabkommen; (*de Heilige Geest*) *daalde over hen neer*, kam auf sie herab; *neergedaald ter helle*, hinab-, n.gefahren zur Hölle. ▾—**daling** Herab-, Hinabsteigen; N.sinken *s;* N.gang *m;* Herabkunft *w.* ▾—**duiken** n.-, hinab-, untertauchen; (*bukken*) s. (nieder)ducken. ▾—**duwen** n.drücken; (*iets ergens*) —, hinstecken, hinlegen; (*iem. ergens*) —, hinsetzen, hinstoßen. ▾—**dwarrelen** n.-, herabwirbeln. ▾—**gaan** hinunter-, hinabgehen; *in — de lijn*, in absteigender, fallender Linie. ▾—**gang** N.gang *m.* ▾—**golvend**: — *haar*, herabwallendes Haar. ▾—**gooien** n.werfen; (*iets ergens*) —, hinwerfen. ▾—**haal** Grundstrich *m.* ▾—**halen** herunterholen; (*vliegt., ook*) abschießen; (*de zeilen, ook*) n.holen, streichen; (*muur*) n.reißen; (*iem., iets*) —, (*afkammen*) heruntermachen. ▾—**hangen** herunter-, herabhängen; (*wie heeft dat*) *hier neergehangen?*, hierher gehängt?; *hang het daar neer*, hänge es dorthin. ▾—**hurken** n.kauern. ▾—**kijken** n.blicken; hinab-, herabblicken, -sehen; *op iem.* —, auf e.n herabsehen. ▾—**kladden** n.schmieren, hinschmieren. ▾—**klappen** n.-, herunterklappen. ▾—**knallen** n.knallen, n.schießen. ▾—**knielen** n.knien; (*ergens*) —, hinknien. ▾—**komen** n.kommen; (*v. vliegt. enz.*) n.fallen, (*landen*) n.gehen; *op de grond* —, zur Erde n.kommen; *met een klap op de grond* —, hart am Boden aufschlagen; (*alles*) *komt natuurlijk weer op mij neer*, wird mir natürlich wieder aufgeladen (auf den Hals geladen) werden; (*de inhoud van zijn schrijven*) *kwam hierop neer*, war kurz folgender; (*dat*) *komt op hetzelfde neer*, kommt, läuft auf eins hinaus. ▾—**kwakken I** *on.w* n.stürzen. **II** *ov.w* n.schmeißen. ▾—**laten** n.-, herunter-, herablassen; (*de kist in het graf*) —, senken. ▾—**leggen** n.legen; (*waar zal ik dat boek*) —?, hinlegen?; (*de kaarten*) (*open*) —, (offen) hinlegen; (*iem.*) —, (*neerschieten*) n.knallen, (*dier*) erlegen; (*de voorschriften*) *naast z.* —, nicht beachten; *z.* —, s. hinlegen, s. n.legen; *z. erbij* (*bij iets*) —, s. darein (in etwas [4]) fügen. ▾—**liggen** daniederliegen. ▾—**planten** hinpflanzen. ▾—**ploffen I** *on.w* n.stürzen; *in een stoel* —, s. in e.n Sessel fallen lassen; *op de grond* —, hart am Boden aufschlagen. **II** *ov.w* n.schmettern. ▾—**sabelen** n.säbeln; (*in grotere hoeveelheid*) n.metzeln. ▾—**schieten** n.-, herabschießen; (*doodschieten*) n.schießen, (*v. dieren, ook*) erlegen; (*iets naar beneden*) herabschießen; (*vliegt.*) abschießen; (*de valk*) *schoot op de vogel neer*, schoß auf den Vogel nieder, herab. ▾—**schrijven** n.schreiben; (*overal alles*) —, hinschreiben. ▾—**slaan** n.schlagen; (*chem.: neerslag vormen*) s. n.schlagen. ▾—**slachtig** n.geschlagen. ▾—**slachtigheid** N.geschlagenheit *w.* ▾—**slag** N.schlag *m.* ▾—**slaggebied** N.schlagsgebiet *s.* ▾—**smijten** n.schmeißen; (*zijn boeken ergens*) —, hinschmeißen. ▾—**steken** (*doodsteken*) n.stechen, erstechen. ▾—**storten** n.stürzen, herabstürzen; (*v. vliegt.*) abstürzen; *het* — (*v. vliegt.*), der Absturz. ▾—**strijken** (*v. vogels enz.*) s. n.lassen. ▾—**strooien** n.streuen; (*overal alles*) —, hinstreuen. ▾—**tellen** hinzählen. ▾—**vallen** n.fallen; herunter-, hinunter-, herab-, hinabfallen; (*hij struikelde en*) *viel er neer*, fiel (stürzte) hin. ▾—**vellen** n.schlagen, n.strecken, n.machen. ▾—**vlijen** hinlegen, -strecken; *zich* —, s. hinschmiegen. ▾—**waarts** *zie* **nederwaarts**. ▾—**werpen** n.werfen, herab-, hinabwerfen; (*overal alles*) —, hinwerfen. ▾—**zetten** n.setzen, hinsetzen; (*de koffer*) —, hinstellen; *zet de stoelen hier neer, daar neer*, stelle die Stühle hierher, dorthin; *iem. er flink* —, e.m den Standpunkt klarmachen; *z.* —, s. n.-, hinsetzen, (*gaan wonen*) s. n.lassen. ▾—**zien** n.sehen; herabsehen; *op iem.* —, auf e.n herabsehen.

neet Niß *w.* ▾—**oor** Murrkopf, Griesgram *m.*

negatief I *bn* & *bw* negativ. **II** *zn* Negativ *s.*

negen neun; *alle* —, alle neun, (*bij kegelen*) alle neune. ▾**negen(-)** *zie ook* **vier(-)**. ▾—**oog 1** (*zweer*) Karbunkel *m;* **2** (*vis*) Neunauge *s.* ▾—**proef** Neunerprobe *w.* ▾—**tienhonderd** neun/zehnhundert. ▾—**tig** n.zig; *zie* **veertig**.

neger Neger, (*fam.*) Tintenkopf *m.* ▾—**achtig** n.artig. ▾—**cultuur** N.kultur *w.*

negéren (*ontkennen*) negieren; (*iem.*) —, ignorieren, (*niet willen zien*) schneiden; (*iets*) —, außer acht lassen, ignorieren.
négeren kujonieren, piesacken. ▾**neger/hut** Negerhütte *w.* ▾**—ij** (*kleine plaats*) Nest, Loch *s.* ▾**—in** Neger/in *w.* ▾**—zoen** N.(schaum)kuß *m.* ▾**—wijk** N.viertel *s.*
negligé Negligé, Morgenkleid *s.*
negorij Negorei *w*; *zie* **negerij**.
negotie Geschäft *s*, Handel *m*, Kaufware *w*; *goede —!*, gute Verrichtung! ▾**—penning** Handelsmünze *w.*
neig/en neigen; (*naar beneden gaan, hellen*) s. neigen; (*fig.: overhellen tot*) hinneigen (zu); (*de dag*) *neigt ten avond*, neigt s. zur Rüste, neigt s. dem Ende zu. ▾**—ing** Neigung *w*; (*sterk en meestal ong.*) Hang *m*; (*aangeboren*) Trieb *m*; (*hand.*) Tendenz, N. *w*; *— om te stelen*, N., H. zum Stehlen; (*de beurs toont*) *een — tot stijgen*, eine steigende Tendenz.
nek (*achterste deel v. hals*) Nacken *m*, Genick *s*; (*hals*) Hals *m*; *de* (*zijn*) *— breken*, den H. brechen, s. das G. brechen; *iem. de —* (*breken*), e.m das G.; *iem. in de — zien*, e.n prellen, beschummeln; *iem. met de — aankijken*, e.n keines Blickes würdigen; *iem. op zijn — zitten*, e.m auf dem N. sitzen; *zie ook* **hals.** ▾**—-aan—-race** Kopf-an-Kopf-Rennen *s.* ▾**—haar** N.haar *s.* ▾**—ken**: *iem. —*, e.m das G., den H. brechen. ▾**—kramp** G.starre *w.* ▾**—schot** G.schuß *s.* ▾**—slag** N.schlag *m*; (*dat gaf hem*) *de —*, den Todesstoß, den Rest. ▾**—vel**: *iem. bij z'n — pakken*, e.n am G. packen, beim Kanthaken nehmen.
nemen nehmen; (*iets*) *op z. —*, auf s. nehmen, übernéhmen; (*een taak*) *op z. —*, übernéhmen; (*iets*) *erbij —*, hinzunehmen; (*iem.*) *ertussen —*, zum besten haben, verulken; *'t er fijn van —*, s. e.n guten Tag, s. gute Tage machen, s. gütlich tun; *hij neemt 't er goed van*, er läßt es s. wohl sein; *dat neem ik niet*, das lasse ich mir nicht bieten, nicht gefallen. ▾**nemer** Nehmer, Nehmende(r) *m*; (*v. wissel*) Nehmer, Remittent *m.*
neo/classicisme (*arch.*) Neoklassizismus *m*; (*lit.*) Neuklassizismus *m*, Neuklassik *w.* ▾**—fascisme** Neofaschismus *m.* ▾**—gotiek** Neugotik *w.* ▾**—klassiek** Neuklassik *w.* ▾**—kolonialisme** Neokolonialismus *m.* ▾**—logisme** Neologismus *m*, Neubildung. ▾**—mist** Neomist, Neupriester *m.*
neon Neon *s.*
neo/nazi Neonazi, Neonazist *m.* ▾**—nazisme** Neonazismus *m.*
neonbuis Neonröhre *w.*
nep Nepp *m*; (*waardeloos goed*) Neppware *w.*
nepotisme Nepotismus *m.*
nep/pen nep/pen. ▾**—perei** N.perei *w.*
Neptunus Neptun *m.*
nerf 1 (*bladnerf*) Nerv *m*; **2** (*in leer*) Narbe *w.*
nergens (*op of in geen enkele plaats*) nirgend(s), nirgend(s)wo; (*dat*) *dient — toe*, dient zu nichts, hat gar keinen Zweck; (*hij*) *is — goed voor*, taugt zu nichts.
nering Geschäft *s*; Handel *m*; Gewerbe *s.* ▾**—doende** Gewerbetreibende(r), Kleinhändler *m.*
nerts Nerz *m.*
nerveus nervös. ▾**—heid** Nervosität *w.*
nervig (*v. blad*) nervig; (*v. leder*) narbig.
nervositeit Nervosität *w.*
nescafé Nescafe, -kaffee *m.*
nest Nest *s*; (*v. roofvogels, ook*) Horst *m*; (*meisje*) schnippisches Ding, (*verwaand*) hochnäsiges Ding, (*brutaal*) kleine Kröte; *een — schalen*, ein Satz Schüsseln. ▾**—blijver** Nesthocker *m.*
nestel Nestel *w.* ▾**nest/elen** nisten; *z. —*, s. einnisten. ▾**—eling** (*vogel*) Nestling *m.* ▾**—erig** (*v. meisje*) schnippisch. ▾**—haar** Nest/haar *s.* ▾**—kastje** N.kästchen *s.* ▾**—kuiken** N.küchlein *s.* ▾**—veren** N.federn *Mz.* ▾**—vlieder** N.flüchter *m.* ▾**—zitter** N.hocker *m.*
net I 1 *bn & bw* (*aardig, lief*) nett, hübsch; (*proper, zindelijk*) sauber, nett; (*fatsoenlijk*) anständig, nett; *— te manieren*, feine Manieren; *in het —* (*schrijven*), ins Reine; *het —*, die Reinschrift; **2** *bw* (*juist*) gerade, eben; (*precies*) genau; (*het is*) *—* (*12 uur*), gerade, eben; (*ik weet het*) *zo — niet meer*, so genau nicht mehr; (*dat is*) *mij — het zelfde*, mir gleich; *— op tijd*, gerade recht; (*dat*) *is — wat voor hem*, (*kun je van hem verwachten*) sieht ihm ähnlich; (*dat is*) *— wat voor mij*, gerade mein Fall; *— goed*, (*hij heeft zijn verdiende loon*) ihm geschieht gerade recht; *— genoeg*, gerade genug; *— zo oud*, ebenso alt; *—* (*was hij nog hier*), soeben. **II** *zn* Netz *s* (*i.a.b. behalve 'netschrift', zie* **I**); *achter het — vissen*, das Nachsehen haben.
netel Nessel *w*; *dove—*, Taubnessel. ▾**—doeks** aus Nessel. ▾**—ig** mißlich, heikel. ▾**—igheid** Mißlichkeit *w.* ▾**—roos** Nesselausschlag *m*, N.sucht *w.*
net/heid Nettigkeit, Sauberkeit, Anständigkeit *w*; *zie* **net I.** ▾**—hemd** Netzhemd *s.* ▾**—jes**: (*dat heb je*) *'m — geleverd*, hübsch, fein gemacht; *zie* **net I.** ▾**—maag** Netzmagen *m.* ▾**—nummer** (*tel.*) Vor(aus)-, Vorwählnummer *w.* ▾**—schrift** Reinschrift *w*; (*'t cahier*) Reinheft *s.* ▾**—spanning** Netz/spannung *w.* ▾**—tenboeter** N.flicker *m.*
netto netto; *— loon*, Netto/lohn *m*; *— ontvangst*, N.einnahme *w.* ▾**—gewicht** N.-, Reingewicht *s.* ▾**—loon** N.lohn *m.* ▾**—prijs** N.preis *m.* ▾**—winst** N.-, Reingewinn *m.*
net/vlies Netz/haut *w.* ▾**—werk** N.werk *s.*; *— van meetstations*, Netz *s* von Meßstationen.
neuken (*vulg.*) bumsen.
Neurenberg Nürnberg *s.* ▾**—s** N.er.
neuriën trällern, summen.
neuro/chirurg Neuro/chirurg *m.* ▾**—chirurgie** N.chirurgie *w.* ▾**—logie** N.logie *w.* ▾**—logisch** n.logisch. ▾**—loog** N.loge *m.* ▾**—se** N.se *w.* ▾**—ticus** N.tiker *m.* ▾**—tisch** n.tisch.
neus Nase *w*; (*v. schoen*) Spitze *w*; (*dat*) *zal ik hem niet aan zijn — hangen!*, werde ich ihm gerade auf die N. binden!; (*dat kan ik*) *toch niet aan je — zien*, dir doch nicht an der N. ansehen; (*iem.*) *bij de — nemen*, an der N. herumführen; (*iem. iets*) *door de — boren*, abknöpfen; *door de — praten*, durch die N. sprechen, näseln; *iets in de — krijgen*, etwas in die N. bekommen, Wind von etwas bekommen; *langs z'n — weg* (*iets zeggen*), ganz nebenbei, wie ohne Absicht; *met zijn — in de boter vallen*, zu guter Stunde kommen; (*overal*) *met zijn — bij zijn*, mit der N. dabei sein; (*altijd*) *met zijn — in de boeken zitten*, über den Büchern sitzen; (*iem. iets*) *onder de — wrijven*, unter die N. reiben; *lelijk op zijn — kijken*, ein langes Gesicht machen; *hij stond op zijn — te kijken*, er sah ganz verdutzt drein; (*iem.*) *de pen op de — zetten*, den Daumen aufs Auge setzen; *overal zijn — in steken*, in alles die N. stecken; *de — in de wind steken*, die N. aufwerfen, hochtragen; *een lange — tegen iem. maken*, e.m eine lange N. machen; *dat ging zijn — voorbij*, da hatte er das Nachsehen, (*kreeg hij niets van*) das ging ihm an der N. vorbei; (*hij ziet niet verder*) *dan zijn — lang is*, als seine N.; *wie zijn — schendt, schendt zijn aangezicht*, wer seine N.

abschneidet, schändet sein Angesicht. ▼**—been** Nasen/bein *s.* ▼**—bloeding** N.bluten *s.* ▼**—correctie** N.korrektur, N.plastik *w.* ▼**—druppels** N.tropfen *Mz.* ▼**—gat** N.loch *s*, (*v. paarden, grote dieren*) Nüster *w.* ▼**—holte** N.höhle *w.* ▼**—hoorn** Nashorn *s.* ▼**—je** Näschen *s*; *het — van de zalm*, das Allerbeste, das Allerschönste, das Feinste von Feinem. ▼**—keelholte** N.-Rachen-Raum, N.rachenraum *m.* ▼**—kegel** Raketenspitze *w*; (*ruimtecapsule*) Raumkapsel *w.* ▼**—klank** N.-, Nasallaut *m.* ▼**—lastig** (*luchtv.*) kopflastig. ▼**—lengte** N.länge *w.* ▼**—verkoudheid** Schnupfen *m.* ▼**—vleugel** N.flügel *m.* ▼**—wiel** Bugrad *s.* ▼**—wijs** naseweis. ▼**—wijsheid** Naseweisheit *w.*

neutje Schnäpschen *s.*

neutr/aal neutr/al. ▼**—alisatie** N.alisation *w.* ▼**—aliseren** n.alisieren. ▼**—alisme** N.alismus *m.* ▼**—alist** N.alist *m.* ▼**—aliteit** N.alität *w.* ▼**—aliteitspolitiek** N.alitätspolitik *w.* ▼**—aliteitsverklaring** N.alitätserklärung *w.*

neutron Neutron *s.* ▼**—enbom** N.enbombe *w.*

neuzen schnüffeln.

nevel Nebel *m.* ▼**—achtig** neblig; (*fig.*) nebel/haft. ▼**—bank** N.bank *w.* ▼**—en** n.n; (*door nevel maskeren*) ver-, einnebeln. ▼**—gordijn** N.vorhang *m*; *een — leggen*, n.n, (etwas) ein-, vernebeln. ▼**—ig** neblig. ▼**—sliert** N.fetzen *s.*

neven/bedoeling Neben/absicht *w.* ▼**—bedrijf** N.gewerbe *s*, N.betrieb *m.* ▼**—betrekking** N.amt *s*, N.beruf *m.* ▼**—geschikt** beigeordnet. ▼**—inkomsten** N.einkünfte *Mz.* ▼**—produkt** N.produkt *m.* ▼**—schikkend** beiordnend. ▼**—sgaand** beigefügt, bei-, inliegend. ▼**—staand** n.stehend. ▼**—werkzaamheden** N.beschäftigung *w.*

New York Neuyork. ▼**—s** N.er.

nicht (*kind v. broer of zus*) Nichte *w*; (*kind v. oom of tante*) Kusine, Base *w*; (*homo*) Homo, Homoseksuelle(r) *m.*

nicotine Nikotin *s.* ▼**—vrij** nikotinfrei.

niemand niemand, keiner. ▼**—sland** N.land *s.*

niemendal gar nichts, durchaus nichts. ▼**—letje** höchst unbedeutende Sache (Angelegenheit); Lappalie *w*; (*v. toneelstuk*) anspruchsloses Bühnenstück.

nier Niere *w.* ▼**—bekken** Nieren/becken *s.* ▼**—kwaal** N.leiden *s.* ▼**—steen** N.stein *m.* ▼**—transplantatie** N.transplantation *w.*

nies/bui Nies/anfall *m.* ▼**—kruid** N.wurz *w.*

niet I nicht; *het —*, das Nichts; *om* (*voor*) *—*, umsonst; *te — doen*, (*herroepen*) widerrufen, (*ongedaan maken*) rückgängig machen, (*te gronde richten*) zunichte machen; *te — gaan*, zunichte, zugrunde gehen. **II** *zn* **1** (*in loterij*) Niete *w*; **2** (*klinknagel*) Niet *m* & *s*, Niete *w*, Nietnagel *m*; *zie* **nietje**. ▼**—-aanvalsverdrag** Nichtangriffsvertrag *m.* ▼**—-bindend** unverbindlich.

nieten nieten; (*met nietjes*) heften.

niet-/gebonden nicht/paktgebunden, blockfrei. ▼**—geleidend** n.leitend. ▼**—gerechtigd** n.berechtigt.

nietig (*ongeldig*) nichtig, ungültig, unwirksam; (*waardeloos*) nichtig; (*gering, klein*) geringfügig, (*heel klein*) winzig; *— voorwendsel*, nichtiger Vorwand. ▼**—heid** N.keit, G.keit, W.keit *w*; (*bagatel*) Bagatelle *w.* ▼**—verklaring** Nichtigkeitserklärung *w.*

niet-/ijzermetalen Nicht/eisenmetalle. ▼**—ingezetene** (*in deviezenverkeer*) Devisenausländer *m.* ▼**—inmengingspolitiek** N.einmischungspolitik *w.*

niet/je Heftklammer *w.* ▼**—machine** Hefter *m*, Heftmaschine *w.*

niet-/nakomen Nicht/einhaltung, N.befolgung *w.* ▼**—officieel** n.amtlich. ▼**—ontvankelijk** n.empfänglich; (*jur.*) unzulässig. ▼**—roker** N.raucher *m.*

niets nichts; *het —*, das N.; *— aan te doen!*, n. zu machen!; *dat is —, geeft —*, (*hindert niet*) das macht n., tut n., (*heeft — te betekenen*), das hat n. zu bedeuten, n. auf sich; *'t is — gedaan*, damit ist es n.; (*ik vond het*) *— aangenaam*, gar nicht angenehm; *— geen* (*geld*), gar kein; *voor —*, umsonst; *— voor —*, nichts umsonst; umsonst ist der Tod; (*hij heeft dat*) *niet voor —* (*verboden*), nicht ohne Grund; *een vent van —*, eine Null, ein Nichts; (*dat is*) *iets van —*, eine Kleinigkeit. ▼**—betekenend** nichts/bedeutend. ▼**—doen** N.tun *s*; (*ledigggang*) Müßiggang *m.* ▼**—doener** N.tuer *m*, Müßiggänger *m.* ▼**—nut** N.nutz, Taugenichts *m.* ▼**—waardig** n.würdig. ▼**—zeggend** n.sagend.

niet/tegenstaande I *vz* ungeachtet [2], trotz [2, 3]; *— dat*, dessenungeachtet, trotzdem; *— dat alles*, trotz alledem. **II** *vgw* trotzdem, obgleich. ▼**—temin** trotzdem, nichtsdestoweniger; (*evenwel*) dennoch.

nieuw I *bn & bw* neu; *de —-aangekomenen*, die Neuangekommenen; *— gebouw*, (*nieuwbouw*) Neubau *m*; *—e stad* (*swijk*), Neustadt *w*; *—* (*gevormd*) *woord*, Neubildung *w*; *de —e geschiedenis*, die neuere Geschichte; *de —e talen*, die neueren Sprachen; *de —ere tijd*, die Neuzeit; *iets —s*, etwas Neues. **II** *zn*: *het —e*, das Neue, die Neuheit; *het —e is eraf*, es hat den Reiz, den Glanz, die Frische der Neuheit verloren; *in het — steken*, neu kleiden. ▼**—-aangekomene** Neu/ankömmling *m.* ▼**—bakken** (*eig.*) frischgebacken; (*fig.*) n.(ge)backen. ▼**—bouw** N.bau *m.* ▼**—eling** N.ling *m.* ▼**—emaan** N.mond *m.* ▼**—erwets** n.modisch. ▼**—gebouwd** n.erbaut; *— huis*, (*nieuwbouw*) N.bau *m* (*mv*: N.bauten).

Nieuw-Guinea Neuguinea *s.*

nieuw/heid Neuheit *w.* ▼**—igheid** (*wat nieuw in de handel is*) N.heit, Novität *w*; (*onstoffelijk*: *nieuw denkbeeld*; *verandering enz.*) N.erung *w*; (*nieuwtje*) N.igkeit *w.*

nieuwjaar Neujahr *s*; *gelukkig —!*, viel Glück zum neuen Jahre!, prosit Neujahr! ▼**—sbezoek** Neujahrs/besuch *m.* ▼**—sboodschap** N.botschaft *w.* ▼**—sfooi** N.geld *s*; (*iets*) *als — krijgen*, zum Neujahr bekommen. ▼**—skaart** N.karte *w.* ▼**—swens** N.wunsch *m.*

nieuw/komer Neu/ankömmling *m.* ▼**—koop** N.kauf *m.* ▼**—lichter** N.erer, N.töner *m.* ▼**N.-Links** die Jusos, die Jungsozialisten. ▼**—modisch** n.modisch.

nieuws Neue(s) *s*; (*bericht, tijding*) Nachricht *w*; (*berichten*) Neuigkeiten, Nachrichten *Mz*; *iets —*, etwas Neues, (*nieuwtje*) eine Neuigkeit, (*nieuw artikel*) eine Neuheit; *wat voor —?*, was gibt's Neues?; *geen —*, nichts Neues; *geen —, goed —*, keine Nachricht gute Nachricht; (*dat is*) *het — v.d. dag*, die Tagesneuigkeit; *'t — v.d. dag* (*vertellen*), (*ook*) die Tagesneuigkeiten; *buitenlands —*, Nachrichten aus dem Ausland; *gemengd —*, Vermischtes *s*; *'t laatste —*, die neuesten Nachrichten. ▼**—agentschap** Nachrichtenagentur *w.* ▼**—bericht** Nachricht *w.* ▼**—blad** Zeitung *w*, Nachrichtenblatt *s.* ▼**—garing** Informationsbeschaffung *w.* ▼**—gierig** (*naar*) neugierig (auf [4]); *— Aagje*, Jungfer Neugier *w.* ▼**—gierigheid** Neugier(de) *w.*

▾**—lezer** Nachrichtensprecher *m*.
▾**—uitzending** Nachrichtensendung *w*.
nieuwtje Neuigkeit *w*; (*nouveauté*) Neuheit *w*; *het — is eraf*, es hat den Reiz des Neuen verloren. ▾**—sjager** Neuigkeitsjäger *m*.
nieuw/vorming Neubildung *w*. ▾**—waarde** Neuwert *m*; *verzekering tegen —*, Neuwertversicherung *w*.
Nieuw-Zeeland Neuseeland *s*.
niezen niesen.
nihil nihil, nichts. ▾**—isme** Nihilismus *m*.
nijd Neid *m*. ▾**—as** Griesgram, N.hammel *m*. ▾**—ig** ärgerlich, böse; (*afgunstig*) n.isch; *z. — maken*, s. ärgern, böse werden; *zo — als een spin*, giftig wie eine Spinne. ▾**—igheid** Ärger *m*, Wut *w*.
nijg/en s. verneigen; (*lichte kniebuiging*) knicksen. ▾**—ing** Verneigung *w*; Knicks *m*.
Nijl Nil *m*. ▾**nijlpaard** N.pferd *s*.
Nijm/eegs nimwegisch. ▾**—egen** Nimwegen *s*.
nijp/en kneifen, zwicken; (*benauwen*) drücken, bedrängen; *—de armoe*, bittere Not; *—d gebrek*, (*tekort*) empfindlicher Mangel; *—de kou*, grimmige Kälte. ▾**—tang** Kneif-, Beißzange *w*.
nijver emsig, arbeitsam. ▾**nijverheid** Gewerbe *s*, Industrie *w*, Gewerbefleiß *m*. ▾**—sakte** Lehrerdiplom *s* für den gewerblichen, den hauswirtschaftlichen Unterricht. ▾**—sonderwijs** technischer und hauswirtschaftlicher Unterricht; *lager —*, technischer und hauswirtschaftlicher Elementarunterricht; *lerares bij het —*, Hauswirtschaftslehrerin *w*. ▾**—sschool** technische, hauswirtschaftliche Schule, Gewerbe-, Fach-, Berufsschule *w*. ▾**—stentoonstelling** Gewerbeausstellung *w*.
nikkel Nickel *s*. ▾**—en** Nickel..., von, aus N.
nikker 1 *zie* **neger**; **2** (*watergeest*) Nix *m*.
niks *zie* **niets**. ▾**—en** nichts tun, faulenzen, auf der faulen Haut liegen, müßiggehen.
nimbus Nimbus, Heiligenschein *m*.
nimf Nymphe *w*.
nimmer nie, nimmer. ▾**—meer** nie wieder, nimmermehr.
nippel Nippel *m*.
nippen nippen.
nippertje: *op het —*, im letzten Augenblick; (*ternauwernood*) mit knapper Not.
nis Nische *w*. ▾**—gewelf** Nischengewölbe *s*.
nitraat Nitrat *s*. ▾**nitro...** Nitro... ▾**—benzeen** N.benzol *s*. ▾**—geen** N.gen *s*. ▾**—glycerine** N.glyzerin *s*.
niveau Niveau *s*; (*conferentie*) *op hoog —*, auf hoher Rangstufe, Ebene; *conferentie op 't hoogste —*, Gipfelkonferenz *w*. ▾**—verschil** N.unterschied *m*. ▾**nivell/eren** nivellieren. ▾**—ering** Nivellierung *w*.
nobel nobel.
Nobelprijs N.preis *m*. ▾**—winnaar** N.preisträger *m*.
noch noch; (—) *geld, — goed*, weder Geld noch Gut. ▾**—tans** dennoch.
no claim(korting) Schadenfreiheitsrabatt *m*.
nod/e ungerne, widerstrebend. ▾**—eloos** unnötig. ▾**—ig** nötig; (*noodzakelijk*) notwendig; *hoog* (*hard*) *—*, sehr (dringend) nötig; (*iem.*) *— hebben*, nötig haben, brauchen; *zo —*, wenn (wo) nötig, nötigenfalls; *voor zover —*, soweit es nötig ist; *daar heb je niets mee —*, das geht dich gar nichts an; *het —e*, das Nötige; *het hoog, hoogst —e*, das Notwendigste, das Nötigste; (*je hebt zeker weer*) *het —e* (*vergeten*), irgend etwas, vieles, das Wichtigste. ▾**—(ig)en** einladen, bitten; (*iem.*) *op een kopje thee —*, zum Tee b., e.
noem/en nennen; *je moet me* (*de naam van*) *de dader —*, du mußt mir den Täter namhaft machen; (*vele geleerden*) *zoals, om maar eens iem. te —, Einstein*, wie zum Beispiel, wie etwa Einstein. ▾**—enswaard(ig)** nennenswert. ▾**—er** Nenner *m*; *onder één — brengen*, auf e.n gemeinsamen Nenner bringen.
noenmaal Mittagsmahl *s*.
noest *bn* emsig.
nog noch; (*ik zal het*) *vandaag — doen*, noch heute tun; (*hij werkt*) *nóg al*, (*steeds*) immer noch; *nóg al* (*geen brief van hem*), noch immer; *— maar* (*een kwartier*), nur noch; (*ik heb*) *— maar* (*één hoofdstuk gelezen*), nur erst; (*dat maakt hem*) *— maar* (*bozer*), nur noch; (*hij zal*) *— wel* (*komen*), schon noch; *tot — toe*, bis jetzt, bis hierher; (*dat is het beste boek dat ik hierover*) *—* (*gelezen heb*), bis jetzt; (*dat*) *zou — mooier zijn!*, wäre ja noch schöner; *dat ontbrak er — maar aan!*, das fehlte (gerade) noch!
noga Nugat *m*. ▾**—kraam** N.bude *w*.
nog/al ziemlich; *— erg veel*, reichlich viel; *het gaat —*, es geht so ziemlich, leidlich; *— eens*, manchmal, öfters, nicht selten; *— niet veel*, nicht sehr viel; *hij is — niet dom*, zum Glück ist er nicht dumm, (*iron.*) als ob er nicht dumm wäre! ▾**—maals** noch-, abermals.
no-iron bügelfrei, no iron.
nok 1 (*v. dak*) First *m*; (*scheepst.*) Nock *s*; **2** (*uitsteeksel bijv. op as*) Nocken *m*. ▾**—balk** Firstbalken *m*. ▾**—kenas** Nockenwelle *w*. ▾**—pan** Firstziegel *m*.
nomaden Nomaden *Mz*.
nomin/aal nominell; *nominale waarde*, Nominal-, Nennwert *m*. ▾**—atie** (*benoeming*) Ernennung *w*; (*voordracht*) Kandidatenliste, Vorschlagsliste *w*; *recht van —*, Vorschlagsrecht *s*; *op de — staan*, auf der K., V. stehen, (*fig., gevaar lopen*) Gefahr laufen. ▾**—atief** Nominativ, Wer-, Nennfall *m*.
non Nonne *w*.
non-/acceptatie Nichtannahme *w*; *protest van —*, Protest mangels Annahme. ▾**—actief** inaktiv, zur Disposition (gestellt) (z. D.); *officier op —*, Offizier z. D.; *op — stellen*, zur Disposition stellen. ▾**—activiteit** Dispositions/stand *m*. ▾**—activiteitssalaris** D.gehalt *s*. ▾**—agressiepact** Nichtangriffspakt *m*.
nonchal/ance Nonchalance, Nachlässigkeit *w*; (*schuldig, nalatig*) Fahrlässigkeit *w*. ▾**—ant** nonchalant, nachlässig; fahrlässig.
non-/combattant Nichtkämpfer *m*. ▾**—conformisme** Nonkonformis/mus *m*. ▾**—conformist** N.t *m*. ▾**—conformistisch** n.tisch. ▾**—ferrometalen** Nichteisenmetalle *Mz*. ▾**—figuratief** nonfigurativ. ▾**—food** Non-food-Artikel *m*, Non-foods *Mz*. ▾**—interventie** Nichtintervention, Nichteinmischung *w*. ▾**—proliferatieverdrag** Nonproliferationsvertrag *m*.
nonsens Unsinn, Blödsinn *m*.
non-stop nonstop; (*zij*) *vliegen —* (*naar New York*), fliegen im Nonstop. ▾**—vlucht** Nonstop-, Ohnehaltflug *m*.
non-valeur Nonvaleur *m*.
nood Not *w*; *door de — gedwongen, uit —*, notgedrungen; *in de — zitten*, in N., in Nöten sein; *als de — aan de man komt*, wenn Not an Mann geht; *— breekt wet*, N. bricht Eisen, N. kennt kein Gebot; *als de — het hoogst is, is de redding nabij*, wenn die N. am größten, ist Gottes Hilfe am nächsten; *in de — leert men zijn vrienden kennen*, den Freund erkennt man in der N.; *van de — een deugd maken*, aus der N. eine Tugend machen; *het heeft geen —*, damit hat's keine N.; *geen —!*, keine Sorge!

▾**—aggregaat** N.aggregat *s.* ▾**—bouw** Behelfsbau *m.* ▾**—brug** N.-, Behelfsbrücke *w.* ▾**—deur** N.tür *w.* ▾**—druft** N.durft *w.* ▾**—druftig** n.dürftig. ▾**—gebied** N.standsgebiet *s.* ▾**—gedwongen** n.gedrungen. ▾**—geval** N.fall *m.* ▾**—hulp** N.behelf; N.helfer *m;* Aushilfe *w,* Aushelfer *m,* Aushilfsmädchen *s,* Aushilfskraft *w; als —,* (*om te helpen*) zur Aushilfe, aushilfsweise. ▾**—klok** N.glocke *w.* ▾**—kreet** N.schrei *m.* ▾**—landing** N.landung *w; een — maken,* n.landen, (*op water*) n.wassern. ▾**—lijdend** n.leidend; *— gebied,* N.standsgebiet *s.* ▾**—lijdende** Hilfsbedürftige(r) *m.* ▾**—lot** Schicksal, Geschick; (*onverbiddelijk*) Verhängnis *s.* ▾**—lottig** verhängnisvoll. ▾**—maatregel** N.-, Behelfsmaßnahme *w.* ▾**—oplossing** N.lösung *w.* ▾**—rantsoen** N.ration *w.* ▾**—rem** N.bremse *w.* ▾**—sein** N.signal *s.* ▾**—situatie** N.situation, N.lage *w.* ▾**—sprong** N.lösung *w,* einziger Ausweg. ▾**—toestand** N.lage *w; de — afkondigen,* den N.stand verkünden. ▾**—uitgang** N.ausgang *m,* (*in bus, trein enz.*) N.ausstieg *m.* ▾**—verlichting** N.beleuchtung *w.* ▾**—weer 1** (*tegenweer*) N.wehr *w;* **2** (*slecht weer*) Unwetter *s.* ▾**—woning** N.-, Behelfswohnung *w.* ▾**—zaak** N.wendigkeit *w; uit —,* n.gedrungen; *zonder —,* ohne Not, unnötigerweise. ▾**—zakelijk** n.wendig. ▾**—zakelijkerwijs** n.wendigerweise. ▾**—zakelijkheid** N.wendigkeit *w.* ▾**—zaken** nötigen, zwingen.

nooit nie(mals); *— niet,* nie; *— of (te) nimmer,* nie und nimmer; (*hij komt*) *—,* nie, (*zeker niet*) bestimmt nicht.

Noor Norweger *m.*

noord Nord(en) *m; om de — varen,* nördlich herumfahren; (*de wind*) *is —,* ist nord, nördlich; *— houden,* nördlich, in nördlicher Richtung, nach Norden fahren; *— ten oosten,* Nord zu Osten.

Noord/-Afrika Nord/afrika *s.* ▾**—atlantische Verdragsorganisatie** N.atlantikpakt-Organisation *w,* N.atlantikpakt *m.* ▾**—brabants** N.brabanter.

noord/elijk nördlich; (*noords*) nordisch; *— halfrond,* nördliche Halbkugel, Nordhalbkugel. ▾**—en** Norden *m; in het —,* im N.; (*de wind draait*) *naar het —,* nach N.; (*deze kamer ligt*) *op het —,* nach N.; *uit, van 't —,* aus, von N.; *ten — van,* nördlich von, nördlich [2]. ▾**—enwind** Nordwind *m.* ▾**noorder/breedte** nördliche Breite; *52° —,* 52° nördlicher Breite. ▾**—keerkring** nördlicher Wendekreis, Wendekreis des Krebses. ▾**—licht** Nord-, Polarlicht *s.* ▾**—ling** Nordländer *m.* ▾**—zon** Nordersonne, Mitternachtssonne *w; met de — vertrekken,* s. heimlich aus dem Staube machen, (*om geld enz.*) durchbrennen. ▾**noord/kant** Nord/seite *w.* ▾**—noordoost, -west** N.nordost(en) *m,* -west(en) *m; zie* **noord.** ▾**—oost, —oosten** N.ost(en) *m; zie* **noord(en).** ▾**—oostenwind** N.ostwind *m.*

noordpool Nordpol *m.* ▾**—cirkel** nördlicher Polarkreis. ▾**—expeditie** N.expedition *w.* ▾**—gebied** N.argebiet *s.* ▾**—reiziger** N.fahrer *m.*

noord/punt Nord/punkt *m.* ▾**—s** n.isch. ▾**—vaarder** N.landfahrer *m.* ▾**—waarts** n.wärts. ▾**—west(en)** N.west(en) *m; zie* **noord(en).** ▾**—westenwind** N.westwind *m.* ▾**N—zee** N.see *w.* ▾**—zijde** N.seite *w.*

Noor/man Normanne *m.* ▾**—s I** *bn* norwegisch. **II** *zn* Norwegisch *s.* ▾**—wegen** Norwegen *s.*

noot 1 (*muzieknoot; aantekening*) Note *w; op noten* (*zingen*), nach Noten; *veel noten op zijn zang hebben,* sehr anspruchsvoll sein; *— onder aan de bladzijde,* Fußnote; **2** (*vrucht*) Nuß *w;* Nußbaum *m.* ▾**—jeskool** Nußkohle *w.* ▾**—muskaat** Muskatnuß *w.*

nop Noppe *w;* (*pluis*) Flocke *w;* (*onder sportschoen*) Stollen *m.*

nopen zwingen, nötigen. ▾**nopens** über, hinsichtlich [2].

nopjes: *in zijn — zijn,* guter Dinge sein.

nopjesgoed Noppenstoff *m,* Knötchenzeug *s.*

nor Loch *s.*

norm Norm *w.* ▾**—aal I** *bn & bw* normal; Normal ...; *de normale belasting,* (*v. machine*), *het — gewicht, de normale prijs enz.,* die Normal/belastung, das N.gewicht, der N.preis usw.; *beneden, boven het normale,* unter-, übernormal. **II** *zn* Normale *w.* ▾**—aalkaars** Normalkerze *w.* ▾**—aalschool** Lehrerseminar *s,* Normalschule *w.* ▾**—alisatie** Normung, Normierung *w;* (*v. rivier*) Regulierung *w.* ▾**—aliseren** normen, normieren; (*v. betrekkingen*) normalisieren; (*v. rivier*) regulieren. ▾**—alisering** Normung, Normierung *w;* (*v. betrekkingen enz.*) Normalisierung; (*v. rivier*) Regulierung *w.* ▾**—aliter** normalerweise; für den, im Normalfall; nach der Regel. ▾**—atief** normativ, maßgebend, als Norm dienend, als Regel geltend. ▾**—eren** normieren, normen.

nors unwirsch, mürrisch. ▾**—heid** Mürrischkeit *w.*

nostal/gie Nostal/gie *w.* ▾**—gisch** n.gisch.

nota Nota, Rechnung *w;* (*off. schriftelijke mededeling, verklaring*) Note *w;* (*memorandum*) Denkschrift *w; — van iets nemen,* Notiz, Vormerkung von etwas nehmen, (*voor kennisgeving aannemen*) etwas zur Kenntnis nehmen.

notabelen Notabeln; *de —* (*v.h. dorp*), die Honoratioren.

nota bene! nota bene!, beachte (wohl)!; (*iron.*) warum nicht gar!, (*nu heeft hij het*) *nota bene* (*wéér vergeten*), wahrhaftig.

notar/iaat Notar/iat *s.* ▾**—ieel** n.iell; *notariële akte,* (*ook*) N.iatsakte *w.* ▾**—is** Notar *m.* ▾**—isambt** N.iat *s.* ▾**—iskantoor** N.iat *s,* N.iatskanzlei *w.* ▾**—iskosten** N.iatsgebühr *w.*

note/boom Nuß/baum *m.* ▾**—dop** N.schale *w.* ▾**—hout** N.baumholz *s.* ▾**—houten** N.baum ... ▾**—kraker** N.knacker *m.* ▾**—muskaat** Muskatnuß *w.* ▾**noten** *bn* Nuß..., Nußbaum...

noten/balk Noten/linien *Mz.* ▾**—schrift** N.schrift *w.*

noter/en notieren; (*een order*) vormerken. ▾**—ing** Notierung *w; in de* (*off.*) *— opnemen,* (*beurst.*) zur Notiz zulassen.

notie Begriff *m,* Idee *w; niet de minste —* (*van iets*), keine blasse Ahnung. ▾**notifi/catie** Notifi/kation *w.* ▾**—ceren** n.zieren. ▾**notitie** Notiz, Aufzeichnung, Anmerkung *w; — van iets nemen,* N., Vormerkung von etwas nehmen, (*er acht op slaan*) etwas beachten; *helemaal geen — van iem. nemen,* e.n gar nicht beachten. ▾**—boekje** N.-, Merkbuch *s.* ▾**notoir** notorisch, offenkundig.

notul/en Protokoll *s; de — houden, maken,* das P. führen; *wie houdt de —?,* wer ist der P.führer?; *de — arresteren, goedkeuren,* das P. genehmigen; *in de — opnemen,* zu P. nehmen; (*iets*) *in de — laten opnemen,* zu P. geben. ▾**—eren** zu P. nehmen, p.ieren. ▾**—ist** P.ant, P.führer *m.*

nouveauté Neuheit, Neuigkeit (in der Mode), Nouveaute *w.*

novelle Novell/e *w.* ▾**—nschrijver** N.ist *m.*

november der November.
novic/e Noviz/e *m & w.* ▾**—iaat** N.iat *s.*
noviteit Neuheit, Novität *w.* ▾**novum** Novum *s.*
nozem Halbstarke(r) *m.*
nu nun; (*op dit ogenblik, heden*) jetzt; *tot — toe*, bis jetzt, bisher; *de tot — toe geldende regeling*, die bisherige Regelung; *van — af aan*, von nun an, von jetzt ab; *— dit, dan dat*, bald dies, bald jenes; (*hij is*) *— eerst, — pas* (*aangekomen*), eben erst; *— en dan*, dann und wann, ab und zu; — (*gebeurde het dat ...*), nun, da; *— en of!*, na, und ob!; (*vgw*) nun (da), jetzt da; — (*de lente weer komt*), nun, jetzt da.
nuanc/e Nuance, Abtönung, Abstufung, Schattierung *w.* ▾**—eren** nuancieren, abtönen, abstufen, schattieren. ▾**—ering** Nuancierung *w.*
nuchter nüchtern; *op de —e maag*, auf n.en Magen, (*innemen*) n. einnehmen; *— kalf*, Milchkalb *s,* (*fig.*) Milchbart *m.* ▾**—heid** N.heit *w.* ▾**—ling** n. denkender Mensch.
nucleair nuklear; *—e wapens*, N.waffen *Mz.*
nud/isme Nudismus *m*, Freikörperkultur *w.* ▾**—ist** Nudist *m.*
nuf Zierpuppe *w;* (*preuts*) Zimperliese *w.* ▾**—fig** geziert, zimperlich; *— doen*, s. zieren, zimperlich tun. ▾**—figheid** Geziertheit, Zimperlichkeit *w.*
nuk Laun/e, Grille, Mucke *w.* ▾**—kig** l.isch, l.enhaft. ▾**—kigheid** L.enhaftigkeit *w.*
nul Null *w; twee graden onder —*, zwei Grad unter N.; *— op het rekest krijgen*, abschlägig beschieden werden; *— komma —*, N. Komma nichts; *van — en gener waarde*, null und nichts; *van het jaar —*, von Anno dazumal, aus Anno Tobak; *een — in 't cijfer* (*zijn*), bloß eine N. ▾**—groei** N.wachstum *s.* ▾**—lijn** Nullinie *w;* (*econ.*) N.wachstum *s*, N.grenze *w.* ▾**—oplossing, —optie** Nullösung, N.option *w.* ▾**—punt** N.punkt *m.*
numer/iek zahlenmäßig, numerisch. ▾**—o** Nummer *w*, Numero *s;* (*dat is*) *— 2*, Numero 2. ▾**—oteur** Numerierapparat *m.* ▾**—us clausus, fixus** Numerus-clausus *m.* ▾**nummer** Nummer *w; een — draaien*, (*tel.*) eine N. wählen; *iem. op zijn — zetten*, e.m den Standpunkt klarmachen; *— 100*, (*wc*) N. Null; (*brieven*) *onder — 93*, unter der Kennziffer 93. ▾**—bord** Nummern/tafel *w;* (*in hotel enz.*) N.kasten, Klapperkasten *m;* (*v. auto*) N.schild *s.* ▾**—en** numerieren, nummern. ▾**—ing** Numerierung *w.* ▾**—plaat(je)** Nummernschild *s.* ▾**—schijf** (*tel.*) Nummer/scheibe *w*, N.wähler *m*, Wählscheibe *w.* ▾**—slot** Zahlenschloß *s.* ▾**—tje** Nummer *w; een — maken*, (*vulg.*) eine N. machen, schieben.
nunt/iatuur Nunziatur *w.* ▾**—ius** Nuntius *m.*
nurks I *bn* mürrisch, unwirsch. **II** *zn* Nörgler, Murrkopf *m.* ▾**—heid** mürrisches Wesen, Unwirschheit *w.*
nut Nutzen *m;* (*het is*) *ten algemenen —te*, gemeinnützig, im allgemeinen Interesse; *z. iets ten —te maken*, s. etwas zunutze machen, etwas benutzen; *tot — van 't algemeen*, zum gemeinen N.; *van — zijn*, von N. sein, nützen; *'t is van geen —*, es hat keinen Nutzen, keinen Zweck. ▾**—sbedrijf**: *openbaar —*, öffentlicher Versorgungsbetrieb. ▾**—teloos** nutzlos, unnütz; *nutteloze moeite*, vergebliche, verlorene Mühe. ▾**—teloosheid** Nutzlosigkeit *w.* ▾**nuttig** nützlich; *— effect, —e kracht* (*enz., tech.*), Nutzeffekt *m*, -kraft *w.* ▾**—en** genießen, einnehmen, zu s. nehmen. ▾**—heid** Nützlichkeit *w.* ▾**—ing** Genuß *m*, Einnehmen *s;* (*als deel v.d. mis*) Kommunion *w.*
nylon Nylon *s; —s*, Nylons, Nylonstrümpfe *Mz.*

O

o O *s; —!*, oh!, (*in verbinding met andere woorden*) o; *— wat een stommiteit*, o diese Dummheit!; *— ja!*, o ja!; *— neen*, ach nein!; *— zo!*, ach so!
oase Oase *w.*
o-benen O-Beine *Mz.*
ober Ober(kellner) *m; —!*, Herr Ober!
object Objekt *s.* ▾**—ie** Bedenken *s*, Einwand *m.* ▾**—ief I** *bn* objektiv. **II** *zn* Objektiv *s.* ▾**—iviteit** Objektivität *w.*
oblig/aat I *bn* obligat. **II** *zn* (*muz.*) Solo *s.* ▾**—atie** Obligation *w;* (*waardepapier, ook*) (Teil)Schuldverschreibung *w; — op naam*, Inhaberschuldverschreibung; *een — aflossen*, eine O. einlösen. ▾**—atiehouder** O.sinhaber *m.* ▾**—atielening** O.enanleihe *w.* ▾**—atoir** obligatorisch. ▾**—o** Obligo *s.*
obsc/een obszön. ▾**—eniteit** Obszönität *w.*
obscuur obskur.
observ/ant Observ/ant *m.* ▾**—antie** O.anz *w.* ▾**—atie** O.ation, Beobachtung *w.* ▾**—atiepost** O.ations-, B.sposten *m.* ▾**—atorium** O.atorium *s;* (*sterrenwacht, ook*) Sternwarte *w.* ▾**—eren** o.ieren, beobachten.
obsessie Obsession *w.*
obstakel Obstakel, Hindernis *s.*
obstinaat obstinat.
obstruc/tie Obstruk/tion *w; — voeren*, O. machen. ▾**—tiepolitiek** O.tionspolitik *w.* ▾**—tionisme** O.tionismus *m.* ▾**—tionist** O.tionist *m.*
occasion Gelegenheitskauf *m;* (*auto*) Gebrauchtwagen *m.* ▾**—eel** gelegentlich, okkasionell.
occult okkult. ▾**—isme** O.ismus *m.*
occuperen okkupieren, besetzen; (*z. met iets*) —, beschäftigen.
oceaan Ozean *m.* ▾**—vlucht** O.flug *m.* ▾**ocean/isch** ozean/isch. ▾**—ografie** O.graphie *w.*
och! ach!; *—arm!*, ach weh!; (*helaas*) leider; *— heer!*; ach du lieber Herr!; *— kom!, — wat!*, ach was!
ochtend Morgen *m; 's —s*, m.s, des M.s; *zie ook* **morgen**. ▾**—blad** M.blatt *s.* ▾**—gloren** M.rot *s.* ▾**—gymnastiek** M.gymnastik *w.* ▾**—jas** M.mantel *m.* ▾**—krieken** Tagesanbruch *m.*
octaaf Oktave *w; zie ook* **octavo**.
octaan/gehalte, —getal Oktanzahl *w*, -wert *m; benzine met hoger —*, höher oktaniges Benzin.
octant Oktant *m.*
octavo I *zn* Oktav *s; groot-—*, Großoktav; *boek in —*, Oktavband. **II** *bn* Oktav...
octrooi Patent *s; op* (*voor*) *iets — aanvragen, nemen*, etwas zum P. anmelden; *— verkrijgen*, p.iert werden; *— verlenen*, P. erteilen; *inbreuk op, schending van 't —*, P.verletzung *w.* ▾**—aanvraag** P.gesuch *s*, P.anmeldung *w.* ▾**—brief** Patent *s.* ▾**—bureau** P.anwaltsamt *s.* ▾**—eren** p.tieren.

▾—**gemachtigde** P.anwalt *m.* ▾—**houder** P.inhaber *m.* ▾—**raad** P.amt *s.* ▾—**recht** P.recht *s.* ▾—**wet** P.gesetz *s.*
ocul/air Okul/ar *s.* ▾—**atie** O.ation *w.* ▾—**eren** o.lieren.
ode Ode *w.*
odeur Parfüm, Odeur *s.*
oecum/ene Ökum/ene *w.* ▾—**enisch** ö.enisch.
oedeem Ödem *s.*
oefen/boek Übungsbuch *s.* ▾—**en** üben; *geduld —*, Geduld üben, s. gedulden; *geoefend personeel*, geschultes Personal. ▾—**ing** Übung *w*; (*thema, opgave*) Aufgabe *w*; (*godsdienst*) Andachtsübung *w*, (*groter en niet individueel*) Gottesdienst *m*, (*stichtelijk uur*) Erbauungsstunde *w*; *vrije en ordeoefeningen*, Frei- und Ordnungsübungen; *verplichte —en*, Pflichtübungen; *ter —*, zur Ü., ü.shalber; *— baart kunst*, Ü. macht den Meister. ▾—**kamp** Übungs/lager *s.* ▾—**meester** Ü.leiter, Ü.meister *m.* ▾—**schip** Ü.schiff, Schulschiff *s.* ▾—**school** Lehrschule *w.*
Oegand/a Ugand/a *s.* ▾—**ees** u.isch.
oehoe Uhu *m.*
oekaze Ukas *m.*
Oekraïne die Ukrain/e. ▾**Oekraïens** u.isch.
oer (Rasen)Eisenstein *m.*
Oeral Ural *m.*
oer/bewoner Urbewohner *m.* ▾—**gezellig** urgemütlich. ▾—**gezond** kerngesund. ▾—**mens** Urmensch *m.* ▾—**os** Auerochs *m.* ▾—**oud** uralt. ▾—**sterk** bärenstark. ▾—**stom** erz-, saudumm. ▾—**taal** Ursprache *w.* ▾—**tijd** Urzeit *w.* ▾—**vervelend** äußert langweilig, stinklangweilig. ▾—**woud** Urwald *m.*
OESO OEEC *w* (Organisation für wirtschaftliche Zusammenarbeit und Entwicklungshilfe).
oester Auster *w.* ▾—**cultuur** Austern/kultur *w.* ▾—**put** A.teich *m.* ▾—**schelp** A.schale *w.* ▾—**teelt** A.zucht *w.* ▾—**zaad** A.brut *w.*
oestrogeen Östrogen *s.*
oeuvre Gesamtwerk, Oeuvre *s.*
oever Ufer *s*; *buiten de —s treden*, austreten, über die U. treten. ▾—**bekleding** U.bekleidung, U.befestigung *w.* ▾—**loos** u.los.
of 1 (*nevenschikkend*; *er is keuze tussen twee*) oder; *— ... —*, entweder ... oder; *niet meer — minder dan*, nicht mehr und weniger als; *een dag — acht*, etwa acht Tage; *een dag — wat*, einige Tage; (*je bent 't toch met me eens!*) *— niet?*, oder (nicht)?; **2** (*onderschikkend*: *bijzin drukt iets twijfelachtigs, onzekers uit*) ob; (*hij vraagt*) *— ik meega*, ob ich mitgehe; (*ik twijfel*) *— het zal lukken*, ob es gelingen wird (*zie ook lager*); (*alsof, vergelijkende zinnen*) als ob; (*hij doet*) *— hij alles weet*, als ob er alles weiß, (wisse, wüßte), als wisse (wüßte) er alles; (*doe*) *of je thuis bent*, als ob du zu Hause wärest; (*toegevende zinnen*) (*hij moet betalen*) *— hij wil — niet*, ob er will oder nicht, er mag wollen oder nicht; (*tenzij, behalve indien*) es sei denn daß; (*ik ga mee*) *— het moet regenen*, es sei denn daß es regnet, außer wenn es regnet; (*andere gevallen*) (*ik betwijfel niet*) *— het zal lukken*, daß es gelingen wird; (*het scheelde niet veel*) *— hij was gevallen*, so wäre er gefallen; (*er is geen museum*) *— hij heeft het bezocht*, das er nicht besucht hat; (*ik zie hem nooit*) *— hij rookt een pijp*, ohne daß er eine Pfeife raucht, daß er keine Pfeife raucht; (*nauwelijks waren we thuis*) *— het begon te regenen*, da fing es zu regnen an, als es anfing zu regnen; (*het zal niet lang duren*) *— iedereen weet het al*, so weiß (da weiß) jedermann es schon, und jedermann weiß es schon; (*een boek kan niet zo duur zijn*) *— hij koopt het*, daß er es nicht kauft; (*hij weet niet beter*) *— het hoort zo*, als daß es s. so gehört; *ik weet niet beter — hij leeft nog*, soviel ich weiß lebt er noch; *het kan niet anders, — jij moet het gedaan hebben*, es ist nicht anders möglich, du mußt es getan haben; (*dat kan niet gebeurd zijn*) *— ik moest me al erg vergissen*, (oder) ich müßte mich denn sehr irren; *— hij nog leeft?*, ob er noch lebt?; *— ik dat kan!*, (und) ob ich das kann!; (*wil je mee?*) *nou — ik!, en —!*, na und ob!; *— ik blij ben!*, bin ich aber froh!
offensief I *bn* offensiv; *— en defensief verbond*, Schutz- und Trutzbündnis *s*, Offensiv- und Defensivallianz *w*. **II** *zn* O.e; *het — beginnen*, die O.e ergreifen.
offer Opfer *s*; *een — brengen*, ein O., etwas als O. darbringen, (*fig.*) ein O. bringen; *tot —s in staat*, o.fähig. ▾—**aar** O.er *m.* ▾—**ande** O.gabe *w*; (*deel v.d. mis*) O.ung *w*, Offertorium *s.* ▾—**blok** Opfer/stock, O.kasten *m.* ▾—**en** o.n. ▾—**gave** O.gabe *w.*
offerte Offerte *w*, Angebot *s*; *een — doen*, eine O., ein A. machen.
offervaardig opferwillig, -freudig. ▾—**heid** Opferwilligkeit, -freudigkeit *w*, -sinn *m.*
official (*sp.*) Offizielle(r).
officie Offizium *s.*
officieel offiziell, amtlich; *een — gezicht zetten*, eine Amtsmiene aufstecken; *van officiële zijde*, von amtlicher Seite, amtlicherseits.
officier Offizier *m*; *— v.d. dag*, taghabender Offizier; *— bij de generale staf*, Generalstabsoffizier; *— van gezondheid*, Sanitätsoffizier, Militärarzt *m*, (*1e klas*) Oberstabsarzt, (*2e kl.*) Stabsarzt; *— v.d. infanterie*, Infanterieoffizier; *— v. justitie*, Staatsanwalt *m*; *— v.d. week*, Offizier vom Dienst. ▾—**enkorps** O.korps *m.* ▾—**srang** O.srang *m.* ▾—**-vlieger** Fliegeroffizier *m.*
officieus offiziös, halbamtlich. ▾**officio**: *ex —*, ex officio, von Amtswegen.
offreren offrieren, anbieten.
offsetdruk Offsetdruck *m.*
off side abseits.
ofschoon obschon, obgleich, obwohl.
oftewel oder.
ogen blicken, schauen; (*dat*) *oogt niet*, sieht nicht schön an, hat kein schönes Aussehen. ▾—**blik** Augenblick *m*; *in 'n —*, im Nu, in einem A.; *op dat —*, in dem A.; *op het —, dat*, im A., da ... (als); *op 't —*, (*thans*) zur Zeit, a.lich, momentan; *onder de omstandigheden v.h. —*, unter den jetzigen Umständen, (*de heersende omstandigheden*) den obwaltenden Umständen; *een —!*, e.n A.! ▾—**blikkelijk** a.lich; (*terstond, ook*) (so)gleich, sofort, unverzüglich. ▾—**dienaar** Augendiener *m.* ▾—**schijnlijk** (*naar 't schijnt*) anscheinend; (*schijnbaar*) scheinbar. ▾—**schouw**: *in — (nemen)*, in Augenschein.
ohm Ohm *s.*
oker Ocker *m.* ▾—**kleurig** ockerfarbig.
okkernoot Walnuß *w*; Walnußbaum *m.*
oksaal Chorbühne *w.*
oksel Achsel *w.* ▾—**holte** A.höhle *w.*
okshoofd Oxhoft *s.*
oktober der Oktober.
oleander Oleander *m.*
olie Öl *s*; *—s*, (*olieaandelen*) Ölwerte, Ölaktien *Mz.* ▾—**aanvoer** Ölzufuhr *w.* ▾—**achtig** ölig. ▾—**bol** Ölstrudel *m.* ▾—**boycot** Öl-, Erdölboykott *m.* ▾—**crisis** Öl-, Erdölkrise *w.* ▾—**druk** Öldruck *m.* ▾—**dom** stock-, saudumm. ▾—**embargo** Öl-, Erdölembargo *s.* ▾—**-en-azijnstel** Menage *w*, Essigölgestell *s.* ▾—**houdend** ölhaltend,

ölhaltig. ▾**—jas** Öljacke *w.* ▾**—kachel** Ölofen *m.* ▾**—leiding**Ölleitung *w.* ▾**—maatschappij** Erdöl-, Ölgesellschaft *w.* ▾**—man** Ölhändler *m.* ▾**oliën** ölen; *geolied papier*, geöltes Papier, Ölpapier *s.* ▾**olie/noot** Erdnuß *w.* ▾**—peil** Ölstand *m.* ▾**—peilstok** Ölmeßstab *m.* ▾**—pijpleiding** Erdölleitung *w.* ▾**—producerend** (erd)ölproduzierend. ▾**—produktie** Ölförderung *w.* ▾**—raffinaderij** Öl-, Erdölraffinerie *w.* ▾**—sel**: *het heilig —*, die letzte Ölung. ▾**—slagerij** Ölschlägerei *w.* ▾**—stook(verwarming)** Ölfeuerung, Ölheizung *w.* ▾**—tank** Ölbehälter *m.* ▾**—verbruikend** ölverbrauchend. ▾**—verf** Ölfarbe *w*; *portret in —*, Ölbild *s.* ▾**—verfschilderij** Ölgemälde *s.* ▾**—zaad** Ölsamen *m.*

olifant Elefant *m.* ▾**—ejacht** E.enjagd *w.* ▾**—shuid** E.haut *w*; (*in dit beroep*) *moet je een — hebben*, muß man s. eine E. zulegen; *'n — hebben*, (*ook*) dickfellig sein. ▾**—ssnuit** E.enrüssel *m.*

olijf Olive *w*; Oliven-, Ölbaum *m*; *hof van olijven*, Ölgarten *m.* ▾**—berg** Ölberg *m.* ▾**—boom** Oliv/en-, Ölbaum *m.* ▾**—groen** o.(en)grün. ▾**—kleurig** o.(en)farbig. ▾**—olie** O.enöl *s.* ▾**—tak** Ölzweig *m.*

olijk (*guitig*) schalkhaft; (*leep*) pfiffig; *—e klant* = **—erd** Schalk; Pfiffikus *m.*

olm Ulme *w.* ▾**—eboom** Ulmenbaum *m.*

olymp/iade Olympiade *w.* ▾**—isch**: *de —e spelen*, die Olympischen Spiele. ▾**O—us** Olymp *m.*

om I *vz* um; (*wegens*) wegen; *— de boom* (*dansen*), um den Baum (herum); *— het huis heen* (*lopen*), um das Haus herum; *zie — je heen*, blicke um dich; *— 10 uur*, um zehn Uhr; *— kwart over 10*, ein Viertel nach zehn; *— Pasen*, um Ostern (herum); (*hij is*) *—* (*en nabij*) *de 40*, um die Vierzig (herum), ungefähr vierzig; *— een taxi bellen*, nach e.m Taxi telephonieren; *— het leven* (*komen*), ums Leben; (*hij kwam*) *— het geld*, um das Geld zu holen, wegen des Geldes; *— de andere dag*, e.n Tag um den andern, jeden zweiten Tag; *— de drie dagen*, alle drei Tage, jeden dritten Tag; *— het uur*, jede Stunde, stündlich; *je hoeft het — mij niet te laten*, du brauchst es meinetwegen nicht zu unterlassen; (*ik heb geen tijd*) *— je te helpen*, dir zu helfen; (*geen geduld*) *— te wachten*, zu warten; (*ik ben bereid*) *— je te helpen*, dir zu helfen; (*wij besloten*) *— te vertrekken*, abzureisen; (*een pen*) *— te schrijven*, zum Schreiben; (*in doelaanwijzende en gevolgaanduidende zinnen*; *— te*, um zu); (*wij eten*) *— te leven*, (*ten einde*) um zu leben; (*je bent*) *oud genoeg — dat te begrijpen*, alt genug um das zu verstehen; (*hij is*) *te arm — dat te kopen*, zu arm um das zu kaufen; *ik had blind moeten zijn — dat niet te zien*, ich hätte blind sein müssen um das nicht zu sehen. **II** *bw* um; (*omver, ook*) über den Haufen, zu Boden, nieder; (*hij kwam*) *de hoek —*, um die Ecke (herum); (*hij heeft*) *een das —*, e.n Schal um; *hij deed een mantel —*, er tat, legte e.n Mantel um; *zij deed een schort —*, sie band eine Schürze um; (*de tijd*) *is —*, ist um, ist herum; (*deze weg is*) *—*, um; (*de wind*) *is —*, ist umgelaufen; *— en —*, der Reihe nach; *we lopen nog een straatje —*, wir machen noch e.n kleinen Spaziergang; *'m — hebben*, beschwipst sein, e.n Schwips haben.

oma Großmutter, Großmama, Oma *w.*

omarm/en umarmen. ▾**—ing** Umarmung *w.*

ómbinden úmbinden.

omblad Umblatt *s.* ▾**ómbladeren** úmblättern.

ómblazen úmblasen.

ómboeken umbuchen.

ómboorden (*ómnaaien*) (ein)säumen, úmnähen; (*omzómen*) = **omboórden** um'säumen, umgében, (*met bont enz.*) verbrämen. ▾**omboordsel** Borte *w*, Besatz *m*, Verbrämung *w.*

ombouw Umbau *m.* ▾**ómbouwen** úmbauen.

ombrengen (*om het leven*) umbringen; (*tijd*) ver-, hinbringen; (*rondbrengen*) herumbringen, austragen.

ombudsman Ombudsmann, Bürgerbeauftragte(r), Bürgerberater *m.*

ómbuigen úmbiegen, (*scherp*) úmknicken. ▾**omcirkelen** umkreisen.

omdat weil; (*dat komt*) *omdat ...*, (daher,) weil.

omdíjken umdéichen. ▾**ómdoen** úmtun; (*boord, halsketting*) anlegen; (*sjaal*) úmlegen, úmschlagen; (*schort*) úmbinden, vortun. ▾**ómdolen** umherirren, herumschweifen. ▾**ómdopen** úmtaufen.

omdraai (*v. weg*) Biegung *w*; (*omkeer, in opvattingen enz.*) Umkehr *w.* ▾**—en** úmdrehen; (*de wind*) *draait om*, dreht s. um; *hij is omgedraaid* (*bijv. in politieke opvatting*), er hat umgesattelt; *z. —*, s. umdrehen, s. umwenden. ▾**—ing** Umdrehung *w.*

ómdragen (her)úmtragen. ▾**ómduwen** úmstoßen.

omelet Omelette *w*, Eierkuchen *m*; *—te soufflée*, Eierkuchenauflauf *m.*

omflóersen umflóren.

ómgaan úmgehen; (*v. tijd*) um-, vergehen; (*rondgaan*) herumgehen; (*rond iets gaan*) um ... herumgehen; (*z. afspelen*) s. ereignen, vorgehen; *een hoek —*, um eine Ecke biegen, gehen; (*ik weet niet wat er in zijn binnenste*) *omging*, vorging; (*wat voor gedachten*) *gaan daar al niet in zijn hoofd om*, gehen ihm da nicht im Kopfe herum; (*in de handel*) *ging weinig om*, ging wenig um, war es still; (*het was slap op de beurs*,) *er ging weinig om*, der Umsatz war gering; *dat gaat buiten hem om*, das geschieht ohne sein Wissen, (*heeft hij niets mee te maken*) damit hat er nichts zu schaffen, (*trekt hij z. niets van aan*) darum kümmert er s. gar nicht; (*een jaar*) *gaat snel om*, geht schnell (her)um; *er gaat geen dag om, dat ...*, es vergeht kein Tag, daß ...; *er gaat een lelijk praatje over haar om*, es geht ein übles Gerücht über sie um; (*met iem.*) *—*, umgehen, (*omgang hebben, ook*) verkehren. ▾**omgaand** umgehend; *per —e*, umgehend, postwendend, mit umgehender Post; *uw antwoord per —*, Ihre umgehende Antwort. ▾**omgang** Umgang *m*, (*met iem., ook*) Verkehr *m*; (*processie*) U., Umzug *m*; (*met iem.*) *— hebben*, umgehen, verkehren; *aangenaam, gezellig in de —*, umgänglich. ▾**—staal** Umgang/ssprache *w.* ▾**—svormen** U.sformen *Mz.*

omgekeerd umgekehrt; *de —e wereld*, die verkehrte Welt. ▾**omgelanden** umwohnende Grundbesitzer. ▾**ómgelegen** úmliegend. ▾**omgeschreven**: *— cirkel*, úmbeschriebener Kreis, Umkreis *m*; *— veelhoek*, umschriebenes Vieleck.

ómgespen úmschnallen.

omgéven umgében, umríngen. ▾**omgeving** Umgébung *w*, (*omstreken, ook*) Umgégend *w.*

ómgooien úmwerfen; (*omver, ook*) über den Haufen werfen. ▾**ómgorden** úmgürten. ▾**omgórden** um'gürten.

omhaal Umstände *Mz*; (*v. woorden*) Weitschweifigkeit *w*; (*iets*) *met veel —* (= *breedvoerig*) (*vertellen*), umständlich; *zonder*

veel —, ohne Umschweife.
ómhakken úmhacken, -hauen. ▼**ómhalen** (*omver*) úmreißen, úmstürzen; (*muur enz.*) niederreißen; (*schip*) úmlegen; *iem.* —, (*ompraten*) e.n herumkriegen. ▼**ómhangen** úmhängen. ▼**omhángen** um'hängen.
om hebben umhaben; *'m* —, betrunken, berauscht sein.
omheen herum; *er*—, (drum) herum; *er— draaien, praten*, um die Sache herumgehen.
omhéinen um'zäunen, einzäunen, einfried(ig)en, einhegen. ▼**omheining** Umzäunung, Zaun *w*; *een — van prikkeldraad*, ein Stacheldrahtzaun.
omhélzen umármen; (*een godsdienst*) —, annehmen. ▼**omhelzing** Umarmung *w*.
omhoog empor, in die Höhe; (*meer op doel gericht*) hinauf; *naar* —, nach oben, hinauf, *van* —, von oben; *handen* —!, Hände hoch!; *hoofd* —!, Kopf hoch!; *voor ss met* **omhoog-** *zie ook* **op-**. ▼**—beuren** emporheben, in die Höhe heben. ▼**—brengen** (*tot bloei*) hochbringen, in die Höhe bringen. ▼**—gaan** in die Höhe gehen; (*v. barometer, prijzen*) steigen; (*de weg*) *gaat omhoog*, steigt an. ▼**—houden** in die Höhe halten, hochhalten. ▼**—komen** (*uit een lagere stand in maatschappij enz.*) emporkommen; (*v. iem. die ligt of zit*) s. erheben; (*in bed*) s. aufrichten; (*het water*) *komt omhoog*, steigt; (*het koren*) *komt al omhoog*, geht schon auf; (*ik ben boven,*) *kom maar omhoog*, komme nur herauf. ▼**—schieten** (*v. prijzen*) in die Höhe schnellen, emporschnellen; (*v. planten*) aufschießen. ▼**—slaan** (*kraag v. jas*) aufschlagen; (*de ogen*) emporschlagen. ▼**—steken** (*de armen*) in die Höhe strecken, emporstrecken; (*de vinger*) aufheben; (*z. recht in de hoogte uitstrekken, bijv. van rotsen*) emporragen. ▼**—werken**: *z.* —, s. emporarbeiten. ▼**—zitten** (*scheepst.*) aufgelaufen sein; (*fig.*) aufgeschmissen sein.
omhúllen um'hüllen. ▼**omhulsel** Hülle, Umhüllung *w*.
omineus ominös, unheilvoll, bedenklich.
omissie Auslassung *w*; (*nalatigheid*) Unterlassung *w*.
ómkantelen úmkippen. ▼**ómkappen** úmhauen.
omkeer Umkehr *w*; (*in opvattingen, iem.s lot enz.*) Umschwung *m*; (*meer innerlijke verandering*) Wandlung *w*; (*ingrijpende verandering, fig. revolutie*) Umwälzung *w*, (*v. alle begrippen en verhoudingen*) Umbruch *m*. ▼**—baar** umkehrbar. ▼**ómkeren** úmkehren; *zie* **omdraaien.** ▼**omkering** Umkehrung *w*; *zie* **omkeer**.
ómkijken (s.) úmsehen, (s.) úmblicken; *naar iem., iets* —, s. nach e.m, etwas umsehen; *naar een betrekking* —, s. nach e.r Stelle umtun; *naar de kinderen* —, auf die Kinder achten; *niet naar iem.* —, (*ook*) s. nicht um e.n kümmern; *ik heb er helemaal geen — naar*, ich brauche darauf gar nicht zu achten.
ómkleden úmkleiden. ▼**omkléden** umkléiden; *met redenen* —, begründen, motivieren, mit Gründen versehen. ▼**omkleding** Umkleidung *w*. ▼**omkleedsel** Hülle *w*.
omklémmen umklámmern. ▼**omknéllen** umklámmern. ▼**ómkomen** (*om 't leven*) úmkommen; *de hoek* —, um die Ecke herumkommen, biegen; *hoe komt die tijd nog om!*, wie kommt die Zeit noch herum!; (*de dag*) *kwam maar niet om*, wollte nicht herum.
omkoopbaar bestechlich, käuflich. ▼**—heid** B.keit, K.keit *w*. ▼**omkopen** bestechen. ▼**omkoperij, omkoping** Bestechung *w*; *poging tot* —, B.sversuch *m*.
omkránsen um'kränzen. ▼**ómkrijgen** úmbekommen; (*een boom*) úmkriegen; (*ompraten*) herumkriegen; *'m* —, beschwipst, betrunken werden. ▼**ómkruipen** herumkriechen; (*v. tijd, ook*) vorbeikriechen. ▼**ómkrullen I** *ov.w* úmbiegen. **II** *on.w* s. aufrollen, s. umlegen.
omlaag unten; (*naar beneden*) nach u., hinunter, herunter; *van* —, von u. herauf (hinauf). ▼**—gaan** hinuntergehen; (*v. barometer, prijzen enz.*) fallen, sinken. ▼**—komen** herunterkommen.
ómleggen úmlegen; (*verband*) anlegen; (*verkeer, rivier*) úmleiten. ▼**ómlegging** Umleitung *w*.
ómleiden herumführen; (*verkeer, rivier*) úmleiten. ▼**omleiding** Umleitung, Verkehrsablenkung *w*. ▼**—sroute** Umleitungsstrecke, -straße *w*.
ómliggen (*omver*) úmliegen. ▼**omliggend** úmliegend.
omlijn/en umreißen, umranden; abgrenzen; *scherp omlijnd*, scharf umrissen. ▼**—ing** Umriß *m*, Umrandung *w*.
omlijsten einrahmen. ▼**—ing** Einrahmung *w*; (*het omlijstende*) Rahmen *m*.
omloop Umlauf *m*; (*v. bloed, ook*) Kreislauf *m*; (*aan molen, toren enz.*) Umgang *m*; (*geld*) *buiten — stellen*, außer Kurs setzen; *in — brengen*, in Umlauf setzen, bringen; (*geruchten*) *zijn in* —, sind in Umlauf, gehen um. ▼**—baan** U.bahn *w*. ▼**—snelheid** U.sgeschwindigkeit *w*. ▼**—(s)tijd** U.zeit *w*; (*v. wissel*) Laufzeit *w*. ▼**omlopen** úmlaufen; (*omweg*) úmgehen; *de stad* —, um die Stadt herumgehen; *we gaan nog een straatje, een eindje* —, wir machen noch e.n kleinen Spaziergang, e.n kleinen Bummel; (*omver*) úmlaufen, úmrennen, über den Haufen rennen; *het hoofd loopt me om*, ich weiß nicht wo mir der Kopf steht.
omme- *zie ook* **om-**. ▼**—landen** Umland *s*. ▼**—zien**: *in een* —, im Handumdrehen, im Nu. ▼**—zijde** Rückseite *w*; *aan* —, auf der Rückseite, umseitig; *zie* —, bitte wenden.
ommúren ummáuern.
omnibus Omnibus *m*.
omnipotent omnipot/ent. ▼**—ie** O.enz. *w*.
omnium (*wielersp.*) Omnium *s*.
omnivoor Omnivore, Allesfresser *m*.
ompalen umpfählen.
ómplaatsen úmstellen, -setzen. ▼**ómplanten** úmpflanzen. ▼**omplánten** umpflánzen. ▼**ómploegen** úmpflügen. ▼**ómpraten** bereden, herumkriegen, herumstimmen. ▼**omránden** um'rändern, umránden.
omrásteren umgíttern, um'zäunen. ▼**omrastering** Drahtzaun *m*, Umzäunung *w*.
ómreizen (*omweg*) úmreisen; (*om iets heen*) um ... herumreisen, (etwas) umréisen.
ómrekenen úmrechnen. ▼**omrekening** Umrechnung *w*. ▼**—skoers** U.skurs *m*.
ómrijden (*omweg*) úmfahren, -reiten; (*om iets heen*) um ... herumfahren, (etwas) umfáhren, -réiten; (*omver*) úm-, niederfahren, -reiten, über den Haufen fahren (reiten).
omríngen umríngen, umgében.
omroep (*rad.*) Rundfunk *m*; (*het radiowezen*) Funkwesen *s*. ▼**—bedrijf** Funkbetrieb *m*. ▼**—bijdrage** Rundfunkbeitrag *m*. ▼**—en** ausrufen; (*rad.*) rundfunken, (*aankondigen*) im Rundfunk ansagen. ▼**—er** Ausrufer *m*; (*rad.*) Ansager *m*. ▼**—gids** Rundfunkzeitschrift *w*, -programm *s*. ▼**—station** Funkstation *w*. ▼**—ster** Ansagerin *w*. ▼**—vereniging** Rundfunkverein *m*.

ómroeren úmrühren.
ómrollen úmrollen; (*z. wentelen*) s. úmwälzen; (*omvallen*) úmfallen, úmschlagen.
ómruilen úmtauschen. ▾**omruiling** Umtausch *m.*
omschakel/aar Umschalt/er *m.* ▾**—en** ú.en. ▾**—ing** U.ung *w.*
ómschieten úmschießen.
ómschol/en úmschulen. ▾**—ing** Umschulung *w.*
ómschoppen úmtreten, mit dem Fuß úmstoßen.
omschrijfbaar zu umschréiben. ▾**omschrijven** (*met enkele woorden*) umschréiben; (*iets*) *nader, nauwkeurig, uitvoerig* —, näher, genau, ausführlich beschreiben. ▾**omschrijving** Umschreibung; Beschreibung *w.*
ómschudden úmschütteln.
omsíngel/en umzíngeln, einschließen, einkreisen; (*wild bij klopjacht; ook legermacht*) einkesseln; (*de politie*) *omsingelde* (*het huis*), umstellte. ▾**—ing** Umzingelung, Einschließung, Einkreisung; Einkesselung; Umstellung *w.* ▾**—ingspolitiek** Einkreisungspolitik *w.*
ómslaan úmschlagen; (*blad, ook*) úmwenden; (*omvallen*) úmschlagen, úmstürzen; (*v. schip*) úmschlagen, kentern; (*de stemming, het weer*) *slaat om*, schlägt um; (*de wagen*) *sloeg om*, schlug um, stürzte um, kippte um; *de broekspijpen* —, die Hosenbeine umschlagen, die Beinkleider umkrempeln; *een doek* —, (*om zijn schouders*) s. ein Tuch umschlagen; *de hoek* —, um die Ecke biegen; (*de kosten*) — (*over*), úmlegen, verteilen (auf [4]); (*een mantel*) —, umwerfen, umlegen.
omslachtig weitschweifig, umständlich.
omslag Umschlag *m*; (*v. boek, ook*) Decke *w*; (*omhaal*) Umstände *Mz*; *hoofdelijke* —, Umlage *w*, (*belasting*) Kopfsteuer *w*; *geen* — (*maken*), keine Umstände. ▾**—doek** Umschlagetuch *s.*
omslúieren umschléiern. ▾**omslúiten** umschlíeßen, einschließen. ▾**ómsmelten** úmschmelzen. ▾**ómsmijten** úmschmeißen. ▾**omspánnen** umspánnen. ▾**ómspelden** úmstecken. ▾**ómspitten** úmgraben, (*licht: bijv. bloembed*) úmstechen. ▾**ómspoelen** ausspülen. ▾**omspóelen** um'spülen, umfließen, umflúten. ▾**ómspringen** (*omver; springende omkeren*) úmspringen; (*raar met iem., met iets*) —, úmgehen, úmspringen; (*erg raar met zijn geld*) —, wirtschaften. ▾**omspríngen** umspríngen. ▾**omstaan**: *gaan* —, s. umdrehen, (*onderling v. plaats verwisselen*) s. umstellen; *om iets* —, um etwas losen. ▾**omstaand** (*aan de keerzijde*) umstehend, (*als bw ook*) umseitig, auf der Rückseite; *de —en*, die Umstehenden; *de —e huizen*, die herumstehenden Häuser. ▾**omstander** Umstehende(r) *m.*
omstandig umständlich, ausführlich. ▾**—heid** Umstand *m*; (*uitvoerigheid*) Umständlichkeit, Ausführlichkeit *w*; *financiële omstandigheden*, finanzielle Verhältnisse; *door de omstandigheden gedwongen*, unter dem Zwang der Verhältnisse; *in alle omstandigheden v.h. leven*, in allen Lebensverhältnissen, in jeder Lebenslage; *in gezegende omstandigheden* (*zijn*), guter Hoffnung; (*al*) *naar omstandigheden*, (je) nach den Umständen; *onder geen enkele* —, unter keinen Umständen; *wegens omstandigheden*, Umstände halber, umstandshalber.
ómstoten úmstoßen. ▾**omstrálen** umstráhlen.
omstreeks ungefähr, etwas; (*een man*) *van — 30*, von etwa 30 Jahren, um die Dreißig; — *Kerstmis*, um Weihnachten (herum); — *die tijd*, um diese Zeit; *zie ook* **omtrent**.
omstreken Umgegend *w*, (*omgeving, ook*) Umgebung *w.*
omstréngelen umschlíngen. ▾**omstrengeling** Umschlingung *w.*
ómstulpen úmstülpen. ▾**omstúwen** um'drängen, umríngen. ▾**ómtoveren** úmzaubern. ▾**ómtrappen** úmtreten, mit e.m Fußtritt (mit Fußtritten) úmwerfen.
ómtrek (*omlijning; trek*) Umriß *m*; (*lengte v.d. begrenzingslijn, omvang*) Umfang *m*; (*v. cirkel*) Peripherie *w*, Umfang *m*; (*omgeving*) Umgebung, Umgegend, Nachbarschaft *w*; (*kring, rondte*) Umkreis *m*; *in een — van twee uren*, in e.m Umkreis von zwei Stunden, zwei Stunden im Umkreis. ▾**ómtrekken** (*omver*) úmziehen, (*gebouwen enz.*) niederreißen; (*leger, ruimte enz., ook omtrékken*) umgéhen; *—de beweging*, Umgéhung *w.*
omtrent I *bw* etwa, ungefähr. **II** *vz* (*v. tijd*) um; — *Pasen*, um Ostern; (*v. plaats*): — *het stadhuis*, in der Nähe des Rathauses, nahe beim Rathaus; (*aangaande*) über [4]; (*met betrekking tot*) hinsichtlich [2], in bezug auf [4], betreffs [2]; *zie ook* **omstreeks**.
ómtuimelen úmfallen. ▾**ómturnen** úmerziehen. ▾**ómvallen** úmfallen; úmstürzen; — *v.d. slaap*, umfallen vor Schlaf; — *van 't lachen*, s. kugeln, s. wälzen vor Lachen; *je valt om van de prijzen*, die Preise sind furchtbar.
omvang Umfang *m.* ▾**—en** umfángen, umfássen. ▾**—rijk** umfangreich; (*veel omvattend*) umfassend; *—e kennis*, (viel)umfassende Kenntnisse.
ómvaren (*omver*) úmfahren, über den Haufen fahren; (*om iets heen*) umfáhren, um ... herumfahren; (*omweg*) úmfahren.
omvátten umfássen. ▾**omvatting** Umfassung *w.*
omver um ..., zu Boden, nieder ...; (*overhoop*) über den Haufen; *voor ss met* **omver**- *zie ook* **om-**. ▾**—gooien** úmwerfen, über den Haufen werfen. ▾**—halen** niederreißen, niederholen. ▾**—stoten** úm-, niederstoßen. ▾**—werpen** úmwerfen, -stürzen, -stoßen. ▾**—werping** (*fig.*) Umsturz *m.*
omvléchten umfléchten; (*kabel*) um'klöppeln. ▾**ómvliegen** (*omweg; omver*) úmfliegen; (*om iets heen*) um ... herumfliegen, umflíegen; (*v. tijd*) dahinfliehen; *de hoek* —, um die Ecke herumfliegen. ▾**omvlóeien** umfließen. ▾**ómvormen** úmformen, úmbilden. ▾**ómvouwen** úmbiegen, úmlegen; (*vouw maken in papier enz.*) úmbrechen, úmfalzen; (*netjes vouwen v. papier, servetten enz.*) úmfalten. ▾**ómwaaien** úmwehen. ▾**omwáaien** umwéhen. ▾**omwállen** mit e.m Wall umgeben, umwállen. ▾**ómwandelen** umher-, herumspazieren. ▾**ómwassen** (*vaatwerk*) aufwaschen, spülen.
omweg Umweg *m*; *langs een* —, auf Umwegen, auf e.m Umweg.
ómwenden úmwenden.
ómwentelen úmwälzen; (*om z'n as draaien*) úmdrehen, rotieren. ▾**omwenteling** Umwälzung *w*; (*draaiing om as*) Umdrehung; Rotation *w*; (*ingrijpende verandering, vooral staatk.*) Umwälzung, Revolution *w*; (*gewelddadig*) Umsturz *m.* ▾**—sas** Umdrehungs-, Rotationsachse *w.* ▾**—stijd** Umlaufszeit *w.*
ómwerken úmarbeiten; (*boek enz., ook*) überarbeiten. ▾**omwerking** Umarbeitung *w.* ▾**omwerpen** umwerfen, umstoßen, über den Haufen werfen. ▾**ómwikkelen**

úmwickeln. ▾**omwíkkelen** umwíckeln. ▾**ómwinden** úmwinden. ▾**omwínden** umwínden, umwíckeln. ▾**omwindsel** Umwick(e)lung, Umwindung *w.* ▾**ómwippen** úmkippen. ▾**ómwisselen** úmwechseln; (*afwisselen*) abwechseln. ▾**ómwoelen** úmwühlen. ▾**omwóelen** umwícklen.
ómwonend úmwohnend. ▾**omwonende, omwoner** Umwohner *m.*
ómwroeten úmwühlen. ▾**ómzagen** úmsägen. ▾**ómzakken** úmsinken. ▾**ómzeggen**: *iets laten* —, etwas ansagen lassen.
omzéilen umschíffen, umségeln; *een moeilijkheid* —, e.r Schwierigkeit aus dem Wege gehen.
omzendbrief Rundschreiben *s*; (*herderlijk schrijven*) Hirtenbrief *m.*
omzet Umsatz *m*; *in koffie was er een belangrijke* —, bedeutende Umsätze in Kaffee kamen zustande. ▾**—belasting** Umsatzsteuer *w.* ▾**ómzetten** (*anders zetten*) úmstellen, úmsetzen; (*in handel*) úmsetzen; (*chem.*) verwandeln, úmwandeln; (*de firma*) *zet jaarlijks voor ongeveer 4 miljoen om*, hat e.n jährlichen Umsatz von etwas 4 Millionen; (*in geld*) —, úmsetzen; (*zetmeel wordt in suiker*) *omgezet*, umgesetzt; (*een muziekstuk in een andere toonsoort*) —, úmsetzen; (*een zaak*) *in een N.V.* —, in eine Aktiengesellschaft úmwandeln; (*in energie*) —, úmwandeln; (*de grond diep*) —, úmgraben, úmarbeiten; (*het koren*) —, úmstechen, úmschaufeln; (*een machine*) —, úmsteuern; (*hij kwam*) *de hoek* —, um die Ecke herum. ▾**omzetting** Umsetzung; Umstellung; Verwandlung, Umwandlung; Umsteuerung *w.*
omzichtig umsichtig. ▾**—heid** Umsicht *w.*
omzien (s.) úmsehen; *zie verder* **omkijken**.
ómzomen (ein)säumen. ▾**omzómen** um'säumen; (*met bont*) verbrämen.
omzwaai Umschwung *m*, Wendung *w*; (*fig.*) Umschwung *m*; (*gymn.*) Welle *w.* ▾**ómzwaaien** úmschwingen; (*omzwenken*) úmschwenken; (*fig.*) úmsatteln.
omzwáchtelen umwíckeln. ▾**ómzwenken** úmschwenken. ▾**omzwérmen** um'schwärmen. ▾**ómzwerven** (*omdolen*) umherirren; (*rondzwerven*) umherschweifen, s. herrumtreiben. ▾**omzwerving** Wanderung, Irrfahrt *w.* ▾**ómzwikken** (mit dem Fuß) úmknicken.
onaan/doenlijk unempfindlich. ▾**—gedaan** ungerührt. ▾**—gediend** unangemeldet. ▾**—genaam** unangenehm; (*onverkwikkelijk*) unerfreulich. ▾**—genaamheid** Unannehmlichkeit *w*; (*hatelijkheid*) Anzüglichkeit *w.* ▾**—geraakt, —geroerd** unberührt, unangerührt; (*onvermeld*) unerwähnt. ▾**—tastbaar** unangreifbar, -tastbar. ▾**—tastbaarheid** Unantastbarkeit, Unangreifbarkeit *w.* ▾**—trekkelijk** reizlos. ▾**—vaardbaar** unannehmlich. ▾**—zienlijk** unansehnlich; (*niet in aanzien*) unangesehen; (*onbeduidend*) unbedeutend.
onaardig unfreundlich, unliebenswürdig; *niet* —, (*niet slecht*) nicht übel. ▾**—heid** Unliebenswürdigkeit *w.*
onachtzaam unachtsam, nachlässig, fahrlässig. ▾**—heid** Unachtsamkeit, N.-, F.keit *w.*
onaf/gebroken ununterbrochen, unablässig, unausgesetzt. ▾**—gewerkt** unfertig, unvollendet; *—e produkten*, (*ook*) Halbfabrikate. ▾**—hankelijk** unabhängig. ▾**—hankelijkheid** Unabhängigkeit *w.* ▾**—scheidbaar** unzertrennbar, unlöslich. ▾**—scheidelijk** unzertrennlich. ▾**—wendbaar** unab/wendbar. ▾**—wijsbaar** u.weislich. ▾**—zetbaar** u.setzbar. ▾**—zienbaar** u.sehbar, u.sehlich.
onan/eren onan/ieren. ▾**—ie** O.ie *w.*
onattent unaufmerksam.
onbaatzuchtig uneigennützig, selbstlos. ▾**—heid** U.keit, S.igkeit *w.*
onbarmhartig unbarmherzig. ▾**—heid** U.keit *w.*
onbe/antwoord unbeantwortet; unerwidert. ▾**—bouwd** unbebaut. ▾**—daarlijk** unaufhaltsam, unbezwingbar.
onbedacht unbedacht, unüberlegt. ▾**—zaam** unbedachtsam, unbesonnen. ▾**—zaamheid** Unbedachtsamkeit *w.*
onbe/denkelijk: *niet* —, (nicht un)bedenklich, nicht ungefährlich. ▾**—dorven** unverdorben. ▾**—dreven** unerfahren, ungeübt, unbewandert. ▾**—drevenheid** Unerfahrenheit *w.* ▾**—drieglijk** untrüglich.
onbeduidend unbedeutend; (*gering*) geringfügig; (*niet in 't oog vallend*) unscheinbar. ▾**—heid** Unbedeutendheit; G.keit; Unscheinbarkeit *w.*
onbedwingbaar unbezwingbar, unbezwinglich.
onbegaanbaar ungangbar, (*v. terrein, ook*) unwegsam. ▾**—heid** Unwegsamkeit, Ungangbarkeit *w.*
onbegonnen: (*dat is*) *— werk*, eine hoffnungslose Arbeit, ein unausführbares Unternehmen, verlorene Liebesmühe.
onbegrensd unbegrenzt, unbeschränkt. ▾**—heid** Unbegrenztheit *w.*
onbe/grepen unverstanden, unbegriffen. ▾**—grijpelijk** unbegreiflich, unverständlich, unfaßlich.
onbehaaglijk unangenehm; (*niet lekker, niet op zijn gemak*) unbehaglich. ▾**—heid** Unannehmlichkeit; Unbehaglichkeit *w*; *gevoel van* —, Gefühl des Unbehagens.
onbe/heerd herrenlos. ▾**—heerst** unbeherrscht.
onbeholpen unbeholfen, ungeschickt. ▾**—heid** Unbeholfenheit *w.*
onbehoorlijk ungehörig; (*onbetamelijk*) ungebührlich; (*ongepast*) unschicklich. ▾**—heid** Ungehörigkeit, Ungebührlichkeit, Unanständigkeit *w.*
onbehouwen unbehauen; (*fig.*) ungeschlacht, plump, (*ongemanierd*) ungehobelt, ungeschliffen; *— antwoord*, grobe, rohe Antwort. ▾**—heid** Plumpheit, Roheit *w.*
onbehuisd obdachlos; *tehuis voor —en*, Asyl *s* für Obdachlose.
onbekend: *— maakt onbemind*, unbekannt, unverlangt. ▾**—e** Unbekannte(r) *m*; (*in wisk.*) Unbekannte *w.* ▾**—heid** (*het niet gekend zijn*) Unbekanntheit *w*; (*niet bekend zijn met*) Unbekanntschaft *w*; (*niet kennen*) Unkenntnis *w*; *— met de wetten*, Unkenntnis der Gesetze.
onbe/kommerd unbekümmert, unbesorgt. ▾**—kookt** unbesonnen, unüberlegt. ▾**—krompen** unbeschränkt; (*breed v. opvatting*) großzügig.
onbekwaam unfähig, ungeschickt. ▾**—heid** Unfähigkeit, Ungeschicklichkeit *w.*
onbelangrijk unbedeutend, unwichtig; (*niet-essentieel*) unwesentlich. ▾**—heid** Unbedeutendheit *w.*
onbelast unbeschwert; (*belastingvrij*) unbesteuert, steuerfrei; (*tech.*) unbelastet, Leer...; *het — lopen*, (*v.e. machine*) der Leergang. ▾**—baar** steuerfrei.
onbeleefd unhöflich. ▾**—heid** Unhöflichkeit

w.
onbe/lemmerd unbehindert, ungehindert. ▾**—mand** unbemannt. ▾**—merkt** unbemerkt. ▾**—middeld** unbemittelt, mittellos, unvermögend.
onbenullig (*v. persoon*) täppisch, ungeschickt; (*onbelangrijk*) unbedeutend; (*onnozel*) einfältig, (*dwaas*) albern. ▾**—heid** Ungeschicklichkeit; Unbedeutendheit; Einfältigkeit; Albernheit *w.*
onbenut unbenutzt.
onbepaal/baar unbestimmbar. ▾**—d** unbestimmt; (*onbegrensd*) unbegrenzt; *voor —e tijd*, auf unbestimmte Zeit; *—e wijs*, (*taalk.*) Infinitiv *m.* ▾**—heid** Unbestimmtheit *w*; *lidwoord v. —*, unbestimmter Artikel.
onbe/perkt unbeschränkt, unbegrenzt; (*v. macht*) unumschränkt. ▾**—proefd** unversucht. ▾**—raden** unbesonnen, unüberlegt. ▾**—redeneerd** unüberlegt. ▾**—reisd** (*pers.*) unbewandert; (*gebied enz.*) unbereist, unbesucht. ▾**—reikbaar** unerreichbar. ▾**—rekenbaar** unberechenbar. ▾**—rijdbaar** (*voor voertuig*) un(be)fahrbar; (*voor rijdier*) unreitbar.
onberispelijk tadellos, untadelig. ▾**—heid** T.igkeit *w.*
onberoerd unbewegt.
onbeschaafd ungebildet; (*ongemanierd*) ungeschliffen, ungehobelt; (*ruw*) roh. ▾**—heid** Mangel *m* an Bildung, Unbildung; Ungeschliffenheit; Roheit *w.*
onbeschaamd unverschämt; (*brutaal*) frech. ▾**—heid** U.heit; F.heit *w.*
onbeschadigd unbeschädigt.
onbescheiden unbescheiden. ▾**—heid** U.heit *w.*
onbeschermd unbeschützt, schutzlos.
onbeschoft unverschämt, frech, grob. ▾**—heid** U.heit, F.heit *w.*
onbe/schrijf(e)lijk unbeschreiblich. ▾**—schroomd** ungescheut, furchtlos, freimütig. ▾**—schut** ungeschützt, unbeschützt. ▾**—slagen** unbeschlagen; (*fig.*) unvorbereitet; *— ten ijs komen*, unbeschlagen aufs Eis kommen. ▾**—slapen** unbenutzt; (*het bed was*) *nog —*, noch nicht beschlafen. ▾**—slecht** unentschieden, unerledigt. ▾**—slist** unentschieden. ▾**—smet** unbefleckt, makellos; (*niet door smetstof aangedaan*) unangesteckt, ansteckungsfrei. ▾**—snoeid** unbeschnitten; (*fig.*) ungeschmälert. ▾**—speelbaar** unbespielbar. ▾**—spoten** nicht gespritzt, unbesprüht. ▾**—sproken** unbesprochen; (*onberispelijk*) unbescholten. ▾**—staanbaar** unmöglich; *— met*, unvereinbar mit. ▾**—stelbaar** unbestellbar; *indien —*, falls nicht zustellbar. ▾**—stemd** unbestimmt. ▾**—stendig** unbeständig; veränderlich. ▾**—storven** (*vlees*) noch zu frisch; (*metselwerk, verf*) noch nicht völlig trocken; *— weduwnaar*, Strohwitwer *m.* ▾**—streden** unbestritten, unangefochten. ▾**—stuurbaar** unlenkbar; (*v. land enz.*) unregierbar, nicht zu regieren. ▾**—suisd** unbesonnen, übereilt. ▾**—taalbaar** unbezahlbar; (*kostelijk*) köstlich.
onbetamelijk ungebührlich, unschicklich. ▾**—heid** Unschicklichkeit, Ungebührlichkeit *w*; *onbetamelijkheden*, (*ook*) Unfug *m.*
onbe/tekenend unbedeutend. ▾**—teugeld** ungezügelt. ▾**—trouwbaar** unzuverlässig. ▾**—tuigd**: *z. niet — laten*, nicht zurückbleiben, s. nach Kräften beteiligen.
onbetwist *zie* **onbestreden**. ▾**—baar** unstreitig, unanfechtbar.
onbe/vaarbaar unschiffbar. ▾**—vangen** unbefangen. ▾**—vattelijk** ungelehrig, begriffsstutzig, (*onbegrijpelijk*) unverständlich. ▾**—vestigd** (*v. bericht enz.*) unbestätigt. ▾**—vlekt** unbefleckt.
onbevoegd unbefugt; (*incompetent*) inkompetent, (*v. ambtenaar, rechter enz.*) unzuständig; (*v. leraar*) nicht-vollbefähigt; (*niet gerechtigd*) unberechtigt; *z. — verklaren*, s. für unbefugt, unzuständig erklären; *— gegeven lessen*, von nicht-vollbefähigten Lehrern erteilten Stunden; *verboden voor —en*, Unbefugten ist der Eintritt verboten. ▾**—heid** Unbefugtheid; Inkompetenz; Unzuständigkeit *w.*
onbevolkt nicht bevölkert.
onbevooroordeeld vorurteilsfrei, unbefangen.
onbevredigend unbefriedigend.
onbevreesd furchtlos, unverzagt. ▾**—heid** F.igkeit, U.heit *w.*
onbewaakt unbewacht; *—e overweg*, (*zonder bomen*) unbeschrankter Bahnübergang; (*alg.*) ungesicherter B.
onbeweeglijk unbeweglich, regungslos; (*fig.*) unerschütterlich. ▾**—heid** Unbeweglichkeit, Regungslosigkeit; (*fig.*) Unerschütterlichkeit *w.*
onbe/werkt unbearbeitet; roh; *—e (grond)stoffen*, Rohstoffe *Mz.* ▾**—wijsbaar** unerweislich, unbeweisbar. ▾**—wimpeld** unumwunden. ▾**—wogen** unbewegt; (*onaangedaan*) ungerührt. ▾**—wolkt** unbewölkt, wolkenlos. ▾**—woonbaar** unbewohnbar; *— (verklaren)*, für u. ▾**—wust** unbewußt; (*onwetend*) unwissentlich. ▾**—zadigd** ungestüm. ▾**—zet** unbesetzt; (*vacant, ook*) offen, frei, erledigt. ▾**—zoedeld** unbefleckt. ▾**—zoldigd** unbesoldet. ▾**—zonnen** unbesonnen.
onbezorgd (*onbekommerd*) unbesorgt; (*vrij v. zorgen*) sorgenfrei. ▾**—heid** U.heit *w.*
onbezwaard unbeschwert; (*v. goederen*) schuldenfrei, unbelastet.
onbillijk unbillig, ungerecht. ▾**—heid** Unbilligkeit, Ungerechtigkeit *w.*
onblusbaar unlöschbar, unauslöschlich.
onboetvaardig unbußfertig.
onbrandbaar un(ver)brennbar; (*brandvrij*) feuerfest, feuersicher.
onbreekbaar unzerbrechlich; bruchsicher, bruchfest.
onbruik: *in — raken*, außer Gebrauch kommen. ▾**—baar** unbrauchbar, unverwendbar.
onbuig/baar unbiegbar, unbiegsam; (*taalk.*) unbeugbar. ▾**—zaam** unbiegsam; (*fig.*) unbeugsam.
oncontroleerbaar unkontrollierbar.
ondank Undank *m*; *— is 's werelds loon*, U. ist der Welt Lohn; *zijns —s*, wider (seinen) Willen, ohne es zu wollen. ▾**—baar** undankbar.
ondanks trotz [2/3], ungeachtet [2]; *— alles*, trotz alledem; *— dat*, trotzdem.
ondeelbaar unteilbar; (*uiterst klein*) unendlich klein.
ondemocratisch undemokratisch.
ondenkbaar undenkbar.
onder I *vz* unter [3/4]; (*gedurende, ook*) während; (*de kat lag*) *— de kast*, u. dem Schrank, (*kroop*) *— de kast*, u. den Schrank, (*kroop*) *van— de kast te voorschijn*, u. dem Schrank hervor; *— de brug doorvaren*, u. der Brücke hindurchfahren; (*kinderen*) *— de 10 jaar*, u. zehn Jahren; *niet — de 100 pond*, nicht u. hundert Pfund; *— andere*, u. anderm, u. andern; (*we zijn*) *— elkaar*, u. uns; (*zijn bezit*) *— zijn kinderen* (*verdelen*), u. seine Kinder; (*geld*) *— de armen* (*verdelen*), unter (an) die Armen; *— het eten* (*wordt er niet gesproken*), bei Tische; *—* (*het genot van*) *een glas wijn*,

bei(m Genuß von) e.m Glas Wein; *— het praten (zijn tijd vergeten)*, über dem Plaudern; *— zijn bereik (komen)*, in seinen Bereich; *— de uitroep*, mit dem Ausruf; *iets — zich, — zijn berusting hebben*, etwas in Verwahrung, in seinem Besitz haben; (*manschappen*) *— zich hebben*, befehligen. **II** *bw* unten; *— aan de bladzijde*, unten an der Seite; *—langs*, unten herum; *naar —*, hinunter, herunter, nach unten; (*het blad is*) *van — geel*, unten gelb; (*vijfde regel*) *van —*, von unten; *van — op*, von unten auf; *van — tot boven*, von oben bis unten; (*de zon is nog niet*) *—*, unter(gegangen); (*de tegenstander*) *er— hebben*, unterhaben; (*de jongens*) *er— hebben*, unter der Fuchtel haben; (*iem.*) *er— krijgen*, unterkriegen; *er— zitten*, (*onder de plak*) unter dem Pantoffel stehen; *erop of er—*, alles oder nichts; *ten — gaan*, untergehen, (*te gronde*) zugrunde gehen. ▾**—aan** unten; (*hij zat*) *geheel—*, ganz unten, untenan; *hij ging helemaal — zitten*, er setzte s. ganz unten, untenhin.

onder/aanbesteden unter/verdingen. ▾**—aannemer** Teilunternehmer *m*. ▾**—aards** u.irdisch. ▾**—af** (von) unten herab; von unten herauf. ▾**—afdeling** U.abteilung *w*. ▾**—arm** U.arm *m*. ▾**—baas** Werkführer, Obergeselle *m*. ▾**—belicht** u.belichtet. ▾**—betaald** u.bezahlt. ▾**—bevelhebber** U.befehlshaber *m*. ▾**—bewustzijn** U.bewußtsein *s*.

onder/bezet unter/besetzt. ▾**—bezetting** U.besetzung *w*.

onder/bieden unter/bieten. ▾**—binden** u.binden; (*schaatsen, ook*) anschnallen.

onderbouw Unter/bau *m*; (*v. middelbare school*) U.stufe *w*.

onder/breken unter/brechen. ▾**—breking** U.brechnung *w*.

onderbrengen unterbringen.

onder/broek Unter/hosen *Mz*. ▾**—buik** U.bauch *m*. ▾**—buur** Nachbar *m* unten. ▾**—curatelestelling** Entmündigung *w*, Anordnung *w* e.r Vormundschaft, Bestellung *w*. e.s Vormunds. ▾**—daan** U.tan; Staatsangehörige(r) *m*. ▾**—dak** Obdach *s*, U.kunft *w*; *iem. — verschaffen*, e.n u.bringen.

onderdanig unter/tänig; *aan iem. — zijn*, e.m u.gében, ú.tan sein; *uw —e dienaar*, Ihr ergeben(st)er, u.tänig(st)er Diener. ▾**—heid** U.tänigkeit *w*.

onderdeel Teil *m*; Teilstück *s*; (*afzonderlijk deel*) Einzelteil *m*; (*v. machine*) Maschinenteil *m*; *onderdelen*, (*toebehoren, v. machines enz.*) Zubehörteile *Mz*, Zubehör *s*, (*reservedelen*) Ersatzteile *Mz*; (*onderafdeling*) Unterabteilung *w*; (*fractie*) Bruchteil *m*.

onderdeks unter Deck.

onderdirecteur Unterdirektor *m*, stellvertretender Direktor; (*aan school*) Stellvertreter des Direktors.

onder/doen (*schaatsen*) anschnallen; *in flinkheid voor niemand —*, keinem an Tüchtigkeit nachstehen, etwas nachgeben; *in niets voor iem. —*, e.m in keiner Hinsicht nachstehen, e.m nichts nachgeben. ▾**—dompelen** untertauchen.

onderdoor unten durch, unten hin; (*de poort was dicht, maar de kat*) *is er — gekropen*, ist unten durchgekrochen, darunter (hin)durchgekrochen; *ergens — glippen, lopen enz.*, unter etwas hindurchschlüpfen, -gehen; *onder de poort, de tunnel door gaan*, durch das Tor, durch den Tunnel (hindurch)gehen; (*een paar fouten*) *zullen er wel mee — lopen*, werden wohl mit únterlaufen. ▾**—gang** Unterführung *w*.

onderdruk Unterdruck *m*. ▾**ónder/drukken** (hin)únterdrücken. ▾**—drúkken** unter/'drücken; (*zijn tranen*) zurückdrängen, (*met geweld*) niederkämpfen. ▾**—drukker** U.drücker *m*. ▾**—drukking** U.drückung *w*.

onder/duiken unter/tauchen. ▾**—duiker** U.getauchte(r) *m*.

onderduwen (hin)unterdrücken.

onder/een unter-, durcheinander. ▾**—einde** unteres Ende. ▾**—en**: *heila, van —!*, heda, Vorsicht!; *zie verder* **onder II**.

óndergaan únter/gehen. ▾**onder/gáan** (*de dood, zijn lot, smaad, straf*) erleiden; (*invloed, verandering, verbetering, vernedering*) erfahren; *een operatie —*, s. operieren lassen; (*zijn straf*) *—*, (*uitzitten*) verbüßen, absitzen; *een verhoor —*, verhört, vernommen werden. ▾**—gang** U.gang *m*; (*verderf*) Verderben *s*.

onder/geschikt unter/geordnet; *—e ambtenaren, officieren*, Subalternbeamte, -offiziere; (*dat is*) *van — belang*, von geringer Wichtigkeit, Nebensache; *aan iem. — maken*, e.m u.ordnen; *aan iem. — zijn*, e.m u.geordnet sein, u.stellt sein. ▾**—geschikte** U.gébene(r) *m*; *de —n*, die U.gebenen, (*'t personeel*) die Angestellten. ▾**—geschiktheid** U.gébenheit *w*.

ondergetekende Unterzeichnete(r) *m*.

ondergewicht Untergewicht *s*.

ondergoed (Leib)Wäsche, Unter/wäsche *w*, U.zeug *s*.

ondergraven untergraben.

onder/grond Unter/grund *m*. ▾**—gronds** u.irdisch; *—e kabel*, u.irdisches Kabel; *—e arbeid*, (*in mijn*) U.tagearbeit *w*; *—e (bouw)werken*, Tiefbau *m*, Tiefbauten *Mz*; *—e winning*, (*mijnb.*) Tiefbau *m*; *de —e*, (*de —e spoorweg*) die U.grundbahn; (*de —e beweging, het — verzet*) die Widerstands-, U.grundbewegung, die illegale Bewegung; *de —en*, die Illegalen.

onder/handelaar Unter/händler *m*. ▾**—handelen** u.handeln, verhandeln. ▾**—handeling** U.handlung, Verhandlung *w*; *—en aanknopen*, U.handlungen anknüpfen, Verhandlungen einleiten, anbahnen.

onder/hands: *—e verkoop*, Verkauf aus freier Hand, freihändiger Verkauf, Verkauf unter der Hand; *—e akte*, Privaturkunde *w*; *— akkoord*, gütlicher, außergerichtlicher Vergleich. ▾**—havig** betreffend; *in het —e geval*, im vorliegenden Fall. ▾**—hevig**: *— zijn aan iets*, etwas [3] unter/worfen sein, u.líegen; *aan bederf — zijn*, leicht verderblich sein; *aan gevaren — zijn*, Gefahren ausgesetzt sein; *aan geen twijfel — zijn*, keinen Zweifel u.liegen; *aan twijfel — zijn*, zweifelhaft sein; *aan invoerrechten, porto enz. —*, zoll-, portopflichtig.

onder/horig (*ondergeschikt*) unter/gében; (*bijbehorend*) zugehörig; (*afhankelijk*) abhängig; (*de kapitein*) *en de hem —e manschappen*, und die seinem Befehl u.stellten Mannschaften; *aan iem. — zijn*, (*tot zijn rechtsgebied behoren*) e.m u.stéhen, u.stellt sein. ▾**—horige** U.gébene(r) *m*; *mijn —n*, (*mijn mensen*) meine Angehörigen. ▾**—horigheid** U.gébenheit; Zugehörigkeit; Abhängigkeit; Angehörigkeit *w*.

onderhoud Unter/haltung *w*; (*verzorging, voeding enz. van personen; levensonderhoud*) U.halt *m*; (*v. gebouwen, dijken, wegen enz.*) U.haltung *w*; (*meer: instandhouding*) Instandhaltung *w*; (*het in goede staat houden*) Erhaltung *w*; (*meer verzorging bijv. van tuin, bloemen enz.*) Pflege *w*; (*tech. service*) Wartung *w*; (*gesprek*) U.redung *w*, (*meer alg., niet over bepaald onderwerp*) Gespräch *s*, (*meer gezellig, conversatie*) U.haltung *w*; *in zijn eigen — voorzien*, s. selbst ernähren; *in goede staat van* —, gut erhalten, in gutem Zustande; *met iem. een* — *hebben*, eine U.redung mit e.m haben. ▾—**en** u.hálten; (*in stand houden van gebouwen enz.*) instandhalten; (*in goede staat houden*) in gutem Zustand erhalten, gut erhalten; (*verzorgen, goed onderhouden v. tuin enz.*) pflegen; (*meer tech. service*) warten; (*geboden, wetten*) halten, befolgen; (*zijn gezin*) ernähren, u.halten; (*autobussen*) — *het verkeer*, vermitteln den Verkehr, halten den Verkehr aufrecht; *iem. over iets* —, (*over iets spreken*) e.n über etwas u.halten, (*iets voor ogen houden*) e.m über etwas (wegen e.r Sache) Vorstellungen machen, (*meer ter verantwoording*) e.n über etwas zur Rede stellen. ▾—**end** u.haltend; *een* — *verteller*, ein u.haltsamer Erzähler. ▾—**plichtig** u.haltspflichtig. ▾—**sbijdrage** U.haltsbeitrag *m.* ▾—**scontract** Instandhaltungsvertrag *m.* ▾—**skosten** U.haltungskosten, (*voor personen*) U.haltskosten, (*instandhouding*) Instandhaltungskosten. ▾—**smonteur** Wartungsmonteur *m.* ▾—**svoorschriften** Instandhaltungs-, Wartungsvorschriften *Mz.*

onder/hout Unter/holz *s.* ▾—**huids** u.häutig, u. der Haut, subkutan; —*e inspuiting*, subkutane Einspritzung; — *bindweefsel*, U.hautfettgewebe *s.* ▾—**huis** U.haus *s.*

onder/huren (*deel v. huis*) in Unter-, Aftermiete nehmen. ▾—**huur** U.-, Aftermiete *w.* ▾—**huurder** U.-, Aftermieter *m.*

onderin: (*het ligt*) —, unten (drin); (*ik leg het*) —, unten hinein.

onder/jurk Unter/kleid *s.* ▾—**kaak** U.kiefer *m.* ▾—**kant** U.seite *w.*

onderkennen unterscheiden, erkennen.

onder/kin Unter/kinn, Doppelkinn *s.* ▾—**kleding** U.kleidung, U.wäsche *w.* ▾—**kleren** U.kleider *Mz.*

onder/koelen unter/kühlen. ▾—**koeling** U.kühlung *w.*

ónder/komen I *zn* Obdach *s*, Unter/kunft *w*, U.kommen *s*; (*mil. schuilplaats*) U.stand *m.* **II** *ww* ú.kommen. ▾—**kómen** in Verfall geraten.

onderkoning Unter-, Vizekönig *m.*

onderkrijgen únterkriegen.

onder/krúipen: (*in prijzen*) (e.m) unterbíeten; (*bij benoeming enz.*) ausstechen. ▾—**kruiper** Intrigant *m*; (*in prijzen*) Preisverderber *m*; (*bij staking*) Streikbrecher *m.* ▾—**kruiperij** Intrigen *Mz*; (*bij staking*) Streikbruch *m.*

onder/laag Unter/schicht *w*; (*onderlegger; grondslag*) U.lage *w.* ▾—**laken** U.laken *s*, unteres Bettuch.

onderlangs unten hin, unten entlang.

onder/legd: *in iets* — (*zijn*), in etwas beschlagen; *goed, technisch* — (*zijn*), gut, technisch vorgebildet. ▾—**legger** Unterlage *w*; (*balk*) Träger *m.*

onderliggen únterliegen; unten liegen; unter Wasser stehen; (*het onderspit delven*) (e.m) unterlíegen; *de* —*de partij*, die besiegte Partei.

onder/lijf Unter/leib *m.* ▾—**lijfje** U.leibchen *s.*

onderling gegenseitig; (*wederzijds*) beiderseitig; —*e overeenkomst*, Gegenseitigkeitsvertrag *m*; *met* — *goedvinden*, in gegenseitigem, (*v. twee*) in beiderseitigem Einvernehmen; — *beraadslagen*, s. untereinander beraten, s. gegenseitig beraten; — *ruzie hebben*, s. untereinander zanken.

onderlip Unterlippe *w.*

onderlopen überschwemmt werden; *laten* —, überschwemmen lassen.

onder/maans irdisch; *het* —*e leven*, das Erdenleben; *in dit* —*e*, hienieden, auf dieser Welt. ▾—**maats** under dem Mindestmaß. ▾—**melk** Magermilch *w.*

onder/mijnen unter/miníeren; (*fig.*) u.gráben. ▾—**mijning** U.minierung, U.grabung *w.*

ondernem/en unternehm/en. ▾—**end** u.end; u.ungslustig. ▾—**er** U.er *m.* ▾—**ing** U.en *s*, U.ung *w*; *particuliere* —, Privatunternehmen *s.* ▾—**ingsgeest** U.ungsgeist *m.* ▾—**ingslust** U.ungslust *w.* ▾—**ingsraad** Betriebsrat *m*; *een* — *instellen*, e.n B. bilden. ▾—**ingswinst** U.ensgewinn *m.*

onder/officier Unteroffizier *m.* ▾—**om** unten herum. ▾—**onsje** intime Gesellschaft, intimes Beisammensein; (*ong.*) Clique *w.* ▾—**ontwikkeld** unterentwickelt.

onder/pacht Unter/-, Afterpacht *w.* ▾—**pand** U.pfand, Pfand *s*; *op* — (*lenen*), auf P.; *tegen* — *van*, gegen Hinterlegung von. ▾—**rand** unterer Rand.

onderregenen: *het speelterrein is ondergeregend*, der Regen hat den Spielplatz überschwemmt; der Spielplatz ist vom Regen überschwemmt worden.

onderricht Unter/richt *m.* ▾—**en** u.richten. ▾—**ing** U.richtung *w*; (*lering*) U.weisung *w*; (*catechisatie*) Religionsunterricht *m.*

onderrok Unterrock *m.*

onder/schatten unter/schätzen. ▾—**schatting** U.schätzung *w.*

onderscheid Unter/schied *m*; *jaren des* —*s*, Jahre der Vernunft, U.scheidungsalter *s*; *oordeel des* —*s*, U.scheidungsvermögen *s.* ▾—**en I** *ww* u.scheiden; (*eervol*) auszeichnen; *z. boven anderen* —, s. vor andern a. **II** *bn* (*verschillend*) u.schieden, verschieden; (*verscheiden*) mehrere. ▾—**enheid** U.schiedenheit *w.* ▾—**enlijk** beziehungsweise. ▾—**ing** U.scheidung *w*; (*eervol*) Auszeichnung *w.* ▾—**ingsteken** U.scheidungszeichen *s*, (*mil.*; *insigne*) Abzeichen *s.* ▾—**ingsvermogen** U.scheidungsvermögen *s.*

onder/scheppen abfangen; (*brief enz., ook*) unterschlagen. ▾—**schepping** Abfangen *s*; Unterschlagung *w.* ▾—**scheppingsvliegtuig** Abfangjäger *m.*

onder/schikkend únter/ordnend. ▾—**schikking** U.ordnung *w.*

onder/schrift Unter/schrift. ▾—**schrijven** u.schréiben.

onderschuiven únterschieben.

ondershands unter der Hand, aus freier H.; *zie* **onderhands.**

ondersneeuwen únterschneien, überschneit werden.

onder/spit: *het* — *delven*, den kürzern ziehen, unterlíegen. ▾—**spitten** untergraben.

onderst unterst, (*niet het alleronderst*) unter; *de* —*e laag*, die unterste Schicht, (*v. twee*) die untere Schicht, die Unterschicht; *de* —*e lagen*, die unteren Schichten; *'t* — *uit de kan willen hebben*, das Tuch an fünf Zipfeln fassen wollen; *wie het* —*e uit de kan wil hebben, krijgt het lid op de neus*, wer zu viel haben will, dem wird wenig.

ónderstaan unter Wasser stehen. ▾**onder/stáán** s. unterstehen. ▾—**staand** nachstehend, untenstehend; (*bw ook*) weiter unten. ▾—**stand** Unter/stützung *w*; (*schuilplaats*) U.stand *m.* ▾—**standig** (*plk.*) u.ständig.

onderst(e)boven: (*alles*) — *gooien*, über den Haufen werfen, durcheinanderwerfen, (*omver*) umwerfen; *'t* — *keren*, das Oberste zuunterst kehren, das Unterste zuoberst kehren.

ondersteek Stechbecken *s*, Unterschieber *m.*

onderstel Untergestell *s*; (*v. vliegt*) Fahrgestell

s. ▼**—len** voraussetzen, annehmen; *ondersteld*, vorausgesetzt; *het onderstelde*, (*meetk.*) die Voraussetzung. ▼**—ling** Voraussetzung *w*.
onder/steunen unter/stützen. ▼**—steuning** U.stützung *w*; Beistand *m*. ▼**—steuningsfonds** U.stützungskasse *w*, -fonds *m*.
onderstoppen (*onderdekken*) únter-, zudecken, (*in bed*) einstopfen; (*onder de grond*) verscharren.
onder/strépen unter/stréichen. ▼**—streping** U.streichung *w*.
onder/stromen überschwemmt werden. ▼**—stroom** Unter/strömung *w*. ▼**—stuk** U.stück *s*.
onder/tekenaar Unter/zeichner *m*. ▼**—tekenen** u.zéichnen, -schréiben. ▼**—tekening** U.zeichnung, -schreibung *w*; (*handtekening*) U.schrift *w*.
onder/titel Unter/titel *m*. ▼**—titelen** u.titeln. ▼**—titeling** U.titelung *w*.
onder/toezichtstelling Unter/schutzaufsichtstellung *w*. ▼**—toon** U.ton *m*.
ondertrouw Aufgebot *s*; (*het aantekenen*) die Bestellung des Aufgebots; (*de inschrijving door de ambtenaar*) die (standesamtliche) Einschreibung; *in — gaan*, das Aufgebot bestellen, s. aufbieten lassen, s. (auf dem Standesamt) einschreiben lassen; *in — opnemen*, standesamtlich einschreiben. ▼**—en** (*zie*: *in ondertrouw gaan*, *opnemen*); (*ze zijn*) *ondertrouwd*, aufgeboten worden; *de ondertrouwden*, die Brautleute.
ondertussen inzwischen, indessen.
onderuit unten heraus, unten hervor; *ergens niet — kunnen*, s. e.r Verpflichtung usw. nicht entziehen können. ▼**—gaan** fallen.
ondervangen (*onderscheppen*) abfangen; *een bezwaar, een moeilijkheid —*, (*voorkomen*) e.m Bedenken, e.r Schwierigkeit zuvorkommen, begegnen, (*wegnemen*) ein Bedenken heben, eine Schwierigkeit beseitigen.
onder/verdelen unter/teilen. ▼**—verdeling** U.teilung *w*.
onder/verhuren unter/vermieten. ▼**—verhuurder** U.vermieter *m*.
onder/verzekeren unter/versichern. ▼**—verzekering** U.versicherung *w*.
onder/vinden erfahren; *grote moeilijkheden —*, auf große Schwierigkeiten stoßen. ▼**—vinding** Erfahrung *w*; *bij —*, aus E.; *een man van —*, ein erfahrener Mann.
onder/voed unter/ernährt. ▼**—voeding** U.ernährung *w*.
ondervoorzitter Vizepräsident, zweite(r) Vorsitzende(r) *m*.
onder/vragen befragen; (*uitvragen*) ausfragen; (*in verhoor nemen*) vernehmen, verhören; *iem. over iets —*, e.n über, wegen, um etwas befragen. ▼**—vrager** Frager *m*. ▼**—vraging** Befragung *w*; (*verhoor*) Verhör *s*.
onderwaarderen unterwerten.
onderwatersport Unterwassersport *m*.
onderweg unterwegs.
onderwereld Unterwelt *w*.
onderwerp Gegenstand *m*; (*v. gedicht, opstel, gesprek enz., ook*) Thema *s*; (*v. zin*) Subjekt *s*, Satzgegenstand *m*; *— van gesprek*, Gesprächsthema, -gegenstand. ▼**—elijk** in Rede stehend, betreffend. ▼**—en** unter/werfen; *aan een onderzoek —*, e.r U.suchung u.werfen, u.ziehen; *iets aan de goedkeuring van iem. —*, e.m etwas zur Genehmigung vorlegen, u.breiten; *z. aan een examen —*, s. e.m Examen u.werfen, s. e.r Prüfung u.ziehen; *z. aan Gods wil, aan zijn lot —*, s. in Gottes Willen, s. in seinem Schicksal ergeben, s. dem Willen Gottes, s. seinem Schicksal u.werfen. ▼**—ing** U.werfung *w*; (*berusting*) Ergebung *w*. ▼**—szin** Subjektsatz *m*.
onderwicht Unter-, Mindergewicht *s*, Gewichtsmanko *s*.
onderwijl während-, unterdessen.
onderwijs Unterricht *m*; (*onderwijswezen*) U.swesen *s*; *algemeen voortgezet —*, allgemeinbildender weiterführender U. (*zie* **havo, mavo, lavo**); *buitengewoon —*, Sonderunterricht; *school voor buitengewoon —*, Hilfschule *w*; *hoger —*, Hochschul-, Universitätsunterricht; *het lager —*, das Volksschulwesen; *lager — (genieten)*, Elementarunterricht; *middelbaar —*, höherer U.; *— per brief*, Fernunterricht; *inrichting voor —*, Unterrichts/-, Lehranstalt *w*; *instituut voor schriftelijk —*, Fernschule *w*; *minister(ie) v. —*, U.minister *m*. (U.ministerium *s*); *minister(ie) van — en wetenschappen*, Bildungs- und Wissenschaftsminister(ium); *— geven*, U. geben, erteilen; *het geven van —*, die Unterrichtserteilung; *het — in het Duits*, der deutsche Sprachunterricht. ▼**—bevoegdheid** Lehr/befähigung, -berechtigung *w*; *lagere, middelbare —*, elementare, höhere L. ▼**—experiment** Unterrichts/experiment *s*. ▼**—film** U.film *m*. ▼**—inrichting** U.-, L.anstalt *w*. ▼**—krachten** L.kräfte *Mz*. ▼**—kunde** U.kunde, U.lehre *w*. ▼**—man** Schulmann *m*. ▼**—methode** U.methode *w*. ▼**—middelen** U.-, Lehrmittel *Mz*. ▼**—nota** Denkschrift *w* über die Regelung des Schulwesens. ▼**—opdracht** L.auftrag *m*. ▼**—raad** U.rat *m*. ▼**—stelsel** U.wesen *s*. ▼**—vernieuwing** U.erneuerung, Schulreform *w*. ▼**—verslag** Bericht *m* über das Unterrichtswesen. ▼**—vrijheid** U.freiheit *w*. ▼**—wereld** L.erwelt *w*. ▼**—wet** U.gesetz *s*.
▼**onderwijz/en** unterrichten, lehren; *iem. Duits —*, e.n Deutsch lehren, e.n im Deutschen unterrichten; *—d personeel*, Lehrpersonen *Mz*, Lehrerpersonal *s*; *het —d personeel*, die Lehrer, die Lehrerschaft, (*v. één school, ook*) der Lehrkörper. ▼**—er** Lehrer *m*; *— met hoofdakte*, Hauptlehrer *m*. ▼**—eres** Lehrer/in *w*. ▼**—ersakte** L.diplom *s*. ▼**—ersbond** L.verband *m*. ▼**—erskorps** L.schaft *w*, Lehrer *Mz*; (*v. één school, ook*) Lehrkörper *m*. ▼**—ersopleiding** Lehrerbildung, Ausbildung *w* von Lehrern.
onderworpen unterworfen; (*deemoedig*) unterwürfig, demütig; (*berustend*) ergeben. ▼**—heid** Unterwürfigkeit; Ergebung *w*.
onder/zeeboot, —zeeër Unterseeboot, U-boot *s*. ▼**—zees** unter/seeisch; *—e kabel*, u.seeisches Kabel, U.seekabel *s*.
onder/zetsel Unter/satz *m*. ▼**—zetten** (*er...*) ú.setzen, -stellen; (*onder water*) unter Wasser setzen. ▼**—zetter** U.setzer *m*.
onderzijde Unterseite *w*.
onderzoek Unter/suchung *w*; (*toetsing*) Prüfung *w*; (*wetenschappelijke navorsing*) Forschung, Nachforschung *w*; *geneeskundig —*, ärztliche U.suchung; *— aan den lijve*, (*v. douane*) Leibesvisitation *w*; *— naar geschiktheid*, Eignungsprüfung *w*; *een — instellen, — doen naar iets*, eine U.suchung über etwas anstellen; (*de justitie zal*) *een — instellen*, Ermittlungen anstellen; *in — zijn*, u.sucht werden; *recht van —*, das Recht U.suchungen durchzuführen. ▼**—centrum** Forschungszentrum *s*. ▼**—en** u.suchen; (*toetsen*) prüfen; (*vorsen*) (er)forschen, (*navorsen*) nachforschen [3]. ▼**—er**

U.sucher, Forscher *m*. ▼—**ingstocht** Forschungsreise *w*. ▼—**programma** Forschungsprogramm *s*. ▼—**tafel** (*v. arts*) U.suchungsliege *w*.
ondeug/d 1 (*bijv. gierigheid*) Laster *s*; (*verkeerde gewoonte, bijv. snoeplust*) Untugend *w*; (*guitigheid*) Schalkhaftigkeit *w*; **2** (*persoon*) Taugenichts, (*guit*) Schalk, Schelm *m*. ▼—**delijk** untauglich. ▼—**end** (*stout*) unartig, ungezogen; (*guitig*) schalkhaft. ▼—**endheid** Unartigkeit, Ungezogenheit; Schalkhaftigkeit *w*.
ondienst schlechter Dienst, Undienst *m*. ▼—**ig** undienlich, untauglich.
ondiep untief, flach; (*doorwaadbaar; fig.*) seicht. ▼—**te** Untiefe *w*; seichte Stelle.
ondier Untier, Ungeheuer *s*.
onding Unding *s*.
ondoelmatig unzweckmäßig.
ondoenlijk nicht tunlich, unmöglich, untunlich.
ondoor/dacht unüberlegt. ▼—**dringbaar** undurchdringlich. ▼—**grondelijk** unergründlich. ▼—**schijnend** undurchscheinend, undurchsichtig. ▼—**zichtig** undurchsichtig.
ondraag/baar untragbar. ▼—**lijk** unerträglich.
ondubbelzinnig unzweideutig.
onduidelijk undeutlich. ▼—**heid** U.keit *w*.
ondulatie Ondulation *w*.
onduldbaar unduldbar, unerträglich.
onduleren ondulieren, wellen.
onecht unecht, falsch; — *kind*, uneheliches Kind. ▼—**heid** Unechtheit *w*.
onedel unedel.
oneens uneinig; *'t — zijn*, uneinig sein; *'t — zijn met*, nicht einverstanden sein mit.
oneer Unehre *w*. ▼—**baar** unehrbar, unanständig. ▼—**biedig** unehrerbietig. ▼—**biedigheid** Unehrerbietigkeit *w*. ▼—**lijk** unehrlich; —*e concurrentie*, unlauterer Wettbewerb. ▼—**lijkheid** Unehrlichkeit *w*. ▼—**vol** unehrenhaft, nicht ehrenvoll.
oneetbaar nicht eßbar, ungenießbar.
oneffenheid Unebenheit *w*.
oneigenlijk uneigentlich; (*fig. ook*) bildlich, übertragen. ▼**oneindig** unendlich.
one-man show One-man-Show *w*.
onenig uneinig. ▼—**heid** U.keit *w*; (*tweedracht*) Zwietracht *w*; (*twist*) Zwist *m*.
onervaren unerfahren. ▼—**heid** U.heit *w*.
onesthetisch unästhetisch.
oneven ungerade; (*oneffen*) uneben. ▼—**redig** unverhältnismäßig, unproportioniert. ▼—**wichtig** unausgeglichen.
onfatsoenlijk unanständig. ▼—**heid** U.keit *w*.
onfeilbaar unfehlbar. ▼—**heid** U.keit *w*.
onfortuinlijk unglücklich. ▼**onfraai** unschön. ▼**onfris** unfrisch; (*niet helder*) unsauber. ▼**ongaar** ungar. ▼**ongaarne** ungern. ▼**ongans**: *z. — eten*, s. überessen. ▼**ongastvrij** ungastlich, unwirtlich.
ongeacht I *bn* ungeschätzt, ungeachtet. **II** *vz* ungeachtet [2], trotz [2/3].
onge/baand ungebahnt, unwegsam. ▼—**bleekt** ungebleicht. ▼—**blust** ungelöscht. ▼—**bogen** ungebeugt.
ongebonden ungebunden; (*losbandig, ook*) locker, zügellos. ▼—**heid** Ungebundenheit *w*.
onge/boren ungeboren. ▼—**brand** ungebrannt; —*e koffie*, Rohkaffee *m*. ▼—**breideld** ungezügelt, zügellos. ▼—**bruikelijk** ungebräuchlich, nicht üblich. ▼—**bruikt** unbenutzt, ungebraucht. ▼—**build** ungebeutelt.
onge/daan ungetan; — (*maken*), ungeschehen; (*v. koop enz.*) rückgängig; (*niets*) — (*laten*), (*onbeproefd*) unversucht. ▼—**dateerd** undatiert. ▼—**deerd** unversehrt, unverletzt. ▼—**dekt** ungedeckt; (*hand. en mil., ook*) ohne Deckung; *met — hoofd*, unbedeckten Hauptes, mit entblößtem Haupt. ▼—**desemd** ungesäuert.
ongedierte Ungeziefer *s*.
ongeduld Ungeduld *w*. ▼—**ig** ungeduldig.
ongedurig unbeständig, unruhig. ▼—**heid** Unbeständigkeit, Unruhe *w*.
ongedwongen ungezwungen, ungekünstelt; — *kout*, zwanglose Unterhaltung. ▼—**heid** Ungezwungenheit *w*.
onge/ëvenaard unerreicht, beispiellos. ▼—**fortuneerd** unvermögend. ▼—**frankeerd** unfrankiert. ▼—**fundeerd** unbegründet.
ongegeneerd ungeniert. ▼—**heid** Ungeniertheit *w*.
ongegrond unbegründet, grundlos. ▼—**heid** G.igkeit *w*.
ongehinderd ungehindert, unbehindert.
ongehoord (*eig.*) ungehört; (*buitensporig*) unerhört; (*fam. ook*) unverschämt.
ongehoorzaam ungehorsam. ▼—**heid** Ungehorsam *m*.
ongehuwd unverheiratet, ledig; —*e staat*, lediger Stand, Ledigenstand *m*. ▼—**enaftrek** Ledigenabzug *m*.
onge/ïnteresseerd uninteressiert, teilnahmlos. ▼—**kend** ungekannt; (*weergaloos*) unvergleichlich, beispiellos; —*e ellende*, namenloses Elend. ▼—**kookt** ungekocht, roh. ▼—**kreukt** unzerknittert; (*fig.*) unverletzt. ▼—**kuist** derb, ungepflegt. ▼—**kunsteld** ungekünstelt.
ongeldig ungültig. ▼—**heid** U.keit *w*. ▼—**verklaring** U.keitserklärung *w*.
ongeleed ungegliedert.
ongelegen ungelegen; *op — tijd*, zu ungelegen/er Zeit. ▼—**heid** U.heit *w*.
ongeletterd ungebildet, ungelehrt.
ongelijk I *bn* & *bw* ungleich; (*oneffen, ook*) uneben; (*deze tafels zijn*) — *van hoogte*, von ungleicher Höhe. **II** *zn* Unrecht *s*; — *hebben*, u. haben, im U. sein; — *krijgen*, u. bekommen; *in het — stellen*, ins U. setzen; — *bekennen*, sein U. eingestehen. ▼—**benig** ungleich/schenklig. ▼—**heid** U.heit *w*. ▼—**matig** u.mäßig. ▼—**matigheid** U.mäßigkeit *w*. ▼—**slachtig**, —**soortig** u.artig. ▼—**vormig** u.förmig. ▼—**waardig** u.wertig. ▼—**zijdig** u.seitig.
onge/likt ungeleckt, ungeschlacht, ungeschliffen. ▼—**limiteerd** unlimitiert. ▼—**linieerd** unliniiert. ▼—**lofelijk** unglaublich. ▼—**logen** ungelogen, entschieden, ich lüge nicht.
ongeloof Unglaube *m*. ▼—**waardig** unglaubwürdig, unglaubhaft. ▼**ongelovig** ungläubig. ▼—**heid** U.keit *w*.
ongeluk Unglück *s*, (*mv meestal*: Unglücksfälle); (*ongeval*) Unfall *m*; (*tegenspoed*) Mißgeschick, Pech *s*; *plaats v.h.* —, Unfallstelle *w*; *pas op, anders gebeuren er —ken!*, Vorsicht sonst passiert ein Unglück; *het — wilde, dat hij er nog niet was*, unglück/licherweise war er noch nicht da; *bij* —, (*ongelukkigerwijze*) zum U., u.licherweise; *het gebeurde per* (*bij*) —, *het was een* —, (*een abuis*) es geschah aus Versehen; *een — zit in een klein hoekje*, U. kommt über Nacht; (*iem.*) *een — slaan*, arg zurichten; *z. een — werken*, s. zuschanden arbeiten. ▼—**kig** u.lich; (*bw*: *ongelukkigerwijze*) u.licherweise; — *zijn*, (*geen geluk hebben*) U., Pech haben; —

aflopen, u.lich ablaufen, ein schlimmes Ende nehmen; *— in het spel, gelukkig in de liefde*, U. im Spiel, Glück in der Liebe. ▾**—kigerwijs** u.licherweise. ▾**—sbode** U.sbote *m.* ▾**—sgetal** U.szahl *w.* ▾**—svogel** U.svogel *m.*
ongemak Ungemach *s*; (*bezwaar*) Beschwerde *w*; (*ongerieflijkheid*) Unbequemlichkeit *w*; (*gebrek, kwaal*) Übel *s*, Fehler *m*; *allerlei —ken*, allerhand Ungemach; *de —ken* (*v.d. ouderdom*), die Beschwerden; (*hij heeft*) *een — aan de voet*, e.n Schaden am Fuß, ein Fußübel. ▾**—kelijk** (*ongerieflijk*) unbequem; (*bezwaarlijk*) beschwerlich; (*lastig*) lästig, schwierig; (*terdege, geducht*) tüchtig, gehörig; *een — heer*, ein u.er, l.er Mensch. ▾**—kelijkheid** U.lichkeit; B.lichkeit; L.keit; S.keit *w.*
ongemanierd unmanierlich, unanständig. ▾**—heid** Unmanierlichkeit *w.*
ongemeen ungemein, ungewöhnlich, außerordentlich.
onge/meend nicht gemeint. ▾**—merkt** unbemerkt; (*zonder merkteken*) ungezeichnet. ▾**—meubileerd** unmöbliert. ▾**—moeid** unbehelligt, ungestört; (*iem.*) *—* (*laten*), ungeschoren, unbehelligt, in Ruhe. ▾**—motiveerd** unmotiviert, unbegründet.
ongenaakbaar unzugänglich, unnahbar.
ongenad/e Ungnade *w.* ▾**—ig** ungnädig; (*onbarmhartig*) unbarmherzig, mitleidslos; (*geducht, terdege*) tüchtig, gehörig.
ongeneeslijk unheilbar.
ongenegen abgeneigt, ungeneigt; *niet — zijn* (*iets te doen*), nicht abgeneigt sein; *iem. niet — zijn*, e.m nicht ungeneigt, e.m zugetan sein.
ongenietbaar ungenießbar.
ongenodigd ungeladen, ungebeten.
ongenoeg/en Mißvergnügen, Mißfallen *s*; Unzufriedenheit *w*; (*onenigheid*) Uneinigkeit *w*; (*geharrewar*) Schererei *w*; (*twist*) Zwist *m*; *— met elkaar hebben*, uneinig sein, Zwist miteinander haben; *— met iem. krijgen*, mit e.m in Zwist geraten, (*onmin*) s. mit e.m überwerfen. ▾**—zaam** ungenügend, unzureichend.
onge/nood ungebeten, ungeladen. ▾**—nummerd** nicht numeriert. ▾**—oefend** ungeübt; unerfahren. ▾**—oorloofd** unerlaubt; (*ontoelaarbaar*) unzulässig, unstatthaft. ▾**—organiseerd** nicht organisiert.
ongepast unpassend, ungeziemend, ungebührlich; (*onwelvoeglijk*) unschicklich, unanständig. ▾**—heid** Unschicklichkeit, Ungebührlichkeit *w.*
onge/permitteerd unerlaubt; (*fig.*) schändlich. ▾**—poetst** ungeputzt; (*schoenen, ook*) ungewichst. ▾**—polijst** unpoliert. ▾**—raden** unratsam.
ongerecht/igheid Ungerechtigkeit *w*; *ongerechtigheden*, (*onbetamelijkheden*) Ungebührlichkeiten *Mz*, (*baldadigheden*) Unfug *m*, (*kleine gebreken*) Ungenauigkeiten, Unvollkommenheiten *Mz*; (*bijv. vuil in water*) Ungehörige(s) *s.* ▾**—vaardigd** ungerechtfertigt.
ongerede: *in het — raken*, in Unordnung geraten; (*verloren*) abhanden kommen.
ongeregeld unordentlich; ungeregelt; (*regelloos*) regellos; (*onregelmatig*) unregelmäßig; *—e goederen*, Ramschwaren; *koopman in —e goederen*, Ramscher *m*; *op —e tijden*, gelegentlich. ▾**—heid** Unordnung; Regellosigkeit; Unregelmäßigkeit *w*; *ongeregeldheden*, (*relletjes*) Unruhen *Mz.*
ongerekend ungerechnet, nicht (mit)gerechnet.
ongerept (*onaangeraakt*) unberührt; (*onbevlekt*) unbefleckt, rein; (*v. wouden*) jungfräulich.
ongerief Ungemach *s*, Unbequemlichkeit *w.* ▾**—(e)lijk** unbequem.
ongerijmd ungereimt, widersinnig; *bewijs uit het —e*, indirekter Beweis. ▾**—heid** Ungereimtheit *w*, Widersinn *m.*
ongerust besorgt; unruhig, aufgeregt; *—* (*in zorg*) *zijn over*, besorgt, in Sorge sein um, Sorge(n) haben um; *iem. — maken*, e.n beunruhigen, e.m Sorge(n) machen; *z. — maken*, s. beunruhigen, s. aufregen, s. Sorge(n) machen. ▾**—heid** Unruhe, Besorgnis *w.*
ongeschikt (*v. pers.*) unfähig; (*v. pers. en zaken*) ungeeignet, untauglich; *voor iets —* (*zijn*), zu etwas unfähig, ungeeignet, untauglich; *— voor de dienst*, dienstuntauglich, -unfähig; *— om te werken*, unfähig zur Arbeit, arbeitsunfähig; *op een —e tijd*, zu ungelegener Zeit; (*hij was*) *niet —*, recht nett, recht gefällig. ▾**—heid** Unfähigkeit; Untauglichkeit *w.*
onge/schoeid barfüßig; *—e karmeliet*, Barfußkarmeliter *m.* ▾**—schokt** unerschüttert. ▾**—schonden** unverletzt, unversehrt; unbeschädigt. ▾**—schoold** ungeschult; (*arbeider*) ungelernt. ▾**—schoren** unrasiert; (*v. schapen enz.*) ungeschoren. ▾**—schreven** ungeschrieben; *— wet*, ungeschriebenes Gesetz. ▾**—slagen** (*sp.*) unbesiegt.
ongestadig unbeständig, veränderlich.
ongesteld unwohl, unpäßlich. ▾**—heid** Unwohlsein *s*, Unpäßlichkeit *w*; (*menstruatie*) Monatsblutung *w.*
onge/stoffeerd unmöbliert. ▾**—stoord** ungestört, unbehindert. ▾**—straft** ungestraft, straflos. ▾**—tand** (*postz.*) ungezahnt. ▾**—tekend** nicht unterschrieben, ohne Unterschrift. ▾**—trouwd** *zie* **ongehuwd**.
ongetwijfeld unzweifelhaft, ohne Zweifel, zweifelsohne.
ongevaarlijk ungefährlich.
ongeval Unfall; Unglücksfall *m.* ▾**—lenverzekering** Unfall/versicherung *w.* ▾**—lenwet** U.versicherungsgesetz *s.*
ongevallig unangenehm.
ongeveer ungefähr, etwa; *— de prijs*, der ungefähre, annähernde Preis.
ongeveinsd unverstellt, ungeheuchelt.
ongeverfd unangestrichen; (*stoffen*) ungefärbt.
ongevoelig unempfindlich; (*v. personen, ook*) gefühllos. ▾**—heid** Unempfindlichkeit; G.igkeit *w.*
onge/vraagd unaufgefordert, ungebeten. ▾**—wapend** unbewaffnet. ▾**—wenst** nicht erwünscht, unerwünscht; *—e vreemdelingen*, lästige Ausländer. ▾**—werveld** wirbellos. ▾**—wettigd** unberechtigt, unbegründet. ▾**—wild** ungewollt; (*v. waren*) wenig gesucht, ohne Nachfrage.
ongewis ungewiß, unsicher.
ongewoon (*ongewend*) ungewohnt; (*zeldzaam*) ungewöhnlich, selten. ▾**—heid** Ungewöhnlichkeit *w.* ▾**—te** Ungewohnheit *w.*
ongezegeld (*niet op zegel*) ungestempelt; (*niet dichtgelakt*) unversiegelt.
ongezeglijk ungehorsam, unfolgsam.
ongezellig ungemütlich; (*eenzelvig*) ungesellig.
ongezien ungesehen, unbemerkt; (*zonder nauwkeurig gezien, onderzocht te hebben*) unbesehen.
ongezond ungesund; (*nadelig, schadelijk*) schädlich; (*fig.: ziekelijk*) krankhaft.

ongezouten ungesalzen; — (*de waarheid zeggen*), ungeschminkt, — *taal*, derbe Sprache.
ongodsdienstig irreligiös. ▾**—heid** Irreligiosität *w*.
ongrondwettig verfassungswidrig.
ongunst Ungunst, Ungnade *w*. ▾**—ig** ungünstig; — (= *afkeurend*) *oordeel*, abfälliges Urteil.
onguur widerlich, garstig; (*griezelig, luguber*) unheimlich; (*v. weer*) rauh; *ongure elementen*, unlautere Elemente.
onhandelbaar (*v. pers.*) ungefügig, widerspenstig; (*niet te hanteren*) unhandlich.
onhandig ungeschickt, unbeholfen; (*v. zaken*) unhandlich. ▾**—heid** Ungeschicklichkeit, Unbeholfenheit *w*.
onhartelijk wenig herzlich, unfreundlich.
onhebbelijk unangenehm; (*ongemanierd*) unmanierlich; (*lomp*) grob. ▾**—heid** (*onhebbelijke gewoonte*) Unart; Unmanierlichkeit; Grobheit *w*.
onheil Unheil *s*; *plaats des —s*, Unheilsstätte *w*. ▾**—spellend** unheilverkündend; (*griezelig, akelig*) unheimlich.
onherbergzaam unwirtlich. ▾**—heid** Unwirtlichkeit *w*.
onher/kenbaar unkenntlich. ▾**—leidbaar** unreduzierbar. ▾**—roepelijk** unwiderruflich; (*onvermijdelijk*) unvermeidlich; (*onherstelbaar*) unwiederbringlich; (*hij is*) — (*verloren*), unrettbar. ▾**—stelbaar** nicht wiederherstellbar; (*verlies enz.*) unersetzlich, unwiederbringlich; (*ongeneeslijk*) unheilbar; (*niet te repareren*) reparaturunfähig.
onheuglijk undenklich; *sedert —e tijden*, seit un(vor)denklichen Zeiten. ▾**onheus** unfreundlich, unliebenswürdig; unhöflich. ▾**onhoffelijk** unhöflich. ▾**onhoorbaar** unhörbar. ▾**onhoudbaar** unhaltbar. ▾**onhuiselijk** unhäuslich. ▾**onhygiënisch** unhygienisch. ▾**oninteressant** uninteressant.
onin/baar unein/bringlich, u.treibbar. ▾**—gevuld** unausgefüllt. ▾**—gewijd** uneingeweiht.
onjuist unrichtig; (*onnauwkeurig*) ungenau; (*niet ter zake dienend*) unzutreffend; (*onwaar*) unwahr. ▾**—heid** Unrichtigkeit; Ungenauigkeit, Unwahrheit, Falschheit *w*.
onkenbaar unkenntlich.
onkerkelijk unkirchlich.
onkies unzart, indelikat. ▾**—heid** Unzartheit *w*.
onklaar unklar, undeutlich; (*scheepst.*) unklar; — *worden*, in Unordnung geraten.
onkosten Unkosten *Mz*; (*hand., ook*) Spesen *Mz*; *nota van* —, Spesennota *w*; (*iem.*) *op — jagen*, in Unkosten stürzen; *zijn — eruit halen*, auf seine Kosten kommen. ▾**—nota**, **—rekening** Spesennota, —rechnung, Unkostenrechnung *w*. ▾**—vergoeding** Kostenersatz *m*.
onkreukbaar (*pers.*) unbestechlich; (*trouw enz.*) unerschütterlich.
onkruid Unkraut *s*.
onkuis unkeusch. ▾**—heid** Unkeuschheit *w*.
onkund/e Unkenntnis, Unwissenheit *w*. ▾**—ig** unkundig, unwissend; *van iets — zijn*, von etwas nichts wissen; (*iem.*) *van iets* — (*laten*), in Unwissenheit über etwas.
onkwetsbaar unverwundbar, unverletzlich.
onlangs neulich, kürzlich, vor kurzem.
onledig: *z. — houden met*, s. befassen, s. beschäftigen mit.
onleesbaar (*slecht schrift*) unleserlich; (*v. inhoud*) unlesbar. ▾**onlesbaar** unlöschbar, unstillbar. ▾**onlogisch** unlogisch. ▾**onloochenbaar** unleugbar, unverkennbar.
▾**onlosmakelijk** unlöslich.
onlust Unlust *w*. ▾**—en** Unruhen, Wirren *Mz*.
onmaatschappelijk ungesellschaftlich, asozial.
onmacht Unvermögen *s*, Unfähigkeit *w*; (*bezwijming*) Ohnmacht *w*. ▾**—ig** machtlos; nicht imstande.
onmatig unmäßig. ▾**—heid** Unmäßigkeit *w*.
onmeedogend erbarmungslos, schonungslos.
onmeetbaar unmeßbar. ▾**—heid** U.keit *w*.
onmens Unmensch *m*. ▾**—elijk** u.lich.
onmerkbaar unmerklich, unmerkbar.
onmetelijk unermeßlich. ▾**—heid** U.keit *w*.
onmiddellijk I *bn* unmittelbar; (*rechtstreeks, ook*) direkt; (*dadelijk*) sofortig; *—e hulp*, sofortige Hilfe; *in de —e nabijheid*, in unmittelbarer, in nächster Nähe. **II** *bw* (*terstond*) sofort, (so)gleich, auf der Stelle; (*rechtstreeks*) unmittelbar, direkt; *voor— gevraagd*, per (für) sofort gesucht; *— ingaand*, ab sofort, mit sofortiger Wirkung.
onmin Unfriede *m*, Uneinigkeit, Zwietracht *w*; *met iem. in — raken*, s. mit e.m entzweien, s. mit e.m überwérfen.
onmisbaar unentbehrlich; (*v. pers., ook*) unabkömmlich.
onmiskenbaar unverkennbar.
onmogelijk unmöglich. ▾**—heid** U.keit *w*.
onmondig unmündig. ▾**—heid** U.keit *w*.
onnadenkend unüberlegt, gedankenlos. ▾**—heid** G.igkeit, U.heit *w*.
onna/speurbaar, **—speurlijk** unerforschlich, unergründlich.
onnatuur Unnatur *w*. ▾**—lijk** unnatürlich; (*gemaakt, ook*) affektiert, geziert.
onnauwkeurig ungenau. ▾**—heid** Ungenauigkeit *w*.
onnavolgbaar unnachahmlich.
onnederlands unniederländisch.
onneembaar uneinnehmbar.
onnodig unnötig; überflüssig; (*bw, ook*) unnötigerweise; *—e vraag*, müßige, zwecklose Frage.
onnoem/baar unnennbar. ▾**—(e)lijk** unnennbar; (*onuitsprekelijk*) unaussprechlich, unsäglich; *—e ellende*, namenloses Elend.
onnozel einfältig, albern, dumm; (*onschuldig*) unschuldig, harmlos; *— kalf*, *—e hals*, einfältiger Tropf, Einfaltspinsel *m*; *—e bloedjes van kinderen*, unschuldige kleine Kinder; (*ik kreeg*) *een — dubbeltje*, e.n armseligen Groschen; *een paar —e centen*, ein paar lumpige, lausige Pfennige. ▾**O—e-kinderen** (*28 dec.*) Kindertag *m*. ▾**—heid** Einfältigkeit, Albernheit, Dummheit *w*; (*onschuld*) Unschuld, Harmlosigkeit *w*; *heilige —*, heilige Einfalt.
onnut I *bn* unnütz. **II** *zn* Nichtsnutz *m*.
onom/koopbaar unbestechlich. ▾**—stotelijk** unumstößlich, unwiderleglich. ▾**—wonden** unumwunden.
ononderbroken ununterbrochen.
onont/beerlijk unentbehrlich. ▾**—bindbaar** unauflöslich, unauflösbar; (*in factoren*) unzerlegbar; (*het kath. huwelijk is*) —, unlöslich. ▾**—gonnen** (*gronden*) unkultiviert; (*fig.*) unaufgeschlossen. ▾**—koombaar** unentrinnbar, unumgänglich. ▾**—vankelijk** unempfänglich. ▾**—vlambaar** unentzündbar. ▾**—warbaar** unentwirrbar. ▾**—wikkeld** unentwickelt; (*zonder geestel. ontwikkeling*) ungebildet.
onooglijk unansehnlich, unschön, häßlich, abstoßend; unappetitlich; (*onbeduidend*) unscheinbar; *— mannetje*, unscheinbares Männchen. ▾**onoorbaar**: *onoorbare praktijken*, unlautere Praktiken.

▾**onoordeelkundig** unverständig, unvernünftig.
onop/gehelderd unaufgeklärt. ▾**—gelost** ungelöst; (*in vloeistof*) unaufgelöst. ▾**—gemaakt** (*bed, haar*) ungemacht. ▾**—gemerkt** unbemerkt, unbeachtet. ▾**—gevoed** unerzogen.
onophoudelijk unaufhörlich, unablässig, unausgesetzt.
onoplettend unaufmerksam. ▾**—heid** Unaufmerksamkeit *w.*
onoplosbaar unauflöslich; (*v. moeilijkheden, raadsels enz.*) unlösbar.
onoprecht unaufrichtig. ▾**—heid** U.keit *w.*
onopvallend unauffällig.
onopzegbaar unkündbar.
onopzettelijk unabsichtlich.
onordelijk unordentlich.
onover/brugbaar unüber/brückbar. ▾**—dacht** u.legt. ▾**—gankelijk** (*taalk.*) intransitiv, ziellos. ▾**—komelijk** u.windlich, u.steiglich. ▾**—legd** u.legt. ▾**—trefbaar** u.trefflich. ▾**—troffen** u.troffen. ▾**—win(ne)lijk** u.windlich; unbesiegbar. ▾**—zichtelijk** u.sichtlich. ▾**—zienbaar** u.sehbar.
onparlementair unparlamentarisch.
onpartijdig unparteiisch. ▾**—heid** Unparteilichkeit *w.*
onpas: *te —*, ungelegen.
onpasselijk unpäßlich; *hij wordt —*, ihm wird übel. ▾**—heid** Unpäßlichkeit, Übelkeit *w.*
onpeilbaar unermeßlich, unergründlich; *onpeilbare diepte*, bodenlose Tiefe. ▾**onpersoonlijk** unpersönlich. ▾**onplezierig** unangenehm. ▾**onpraktisch** unpraktisch.
onraad Gefahr *w*; *— speuren*, G. wittern.
onrecht Unrecht *s*; *ten —e*, mit U. ▾**—matig** u.mäßig. ▾**—vaardig** ungerecht. ▾**—vaardigheid** Ungerechtigkeit *w.*
onredelijk unbillig, ungerecht. ▾**—heid** Unbilligkeit, Ungerechtigkeit *w.*
onregelmatig unregelmäßig. ▾**—heid** Unregelmäßigkeit *w.*
onrein unrein; (*onkuis*) unkeusch; (*onzindelijk*) unsauber, unreinlich. ▾**—heid** Unreinheit; Unkeuschheit; Unsauberkeit, Unreinlichkeit *w.*
onrijp unreif. ▾**—heid** Unreife, Unreifheit *w.*
onroerend unbeweglich; *—e goederen*, unbewegliche Güter, Immobilien, Liegenschaften *Mz.*
onrust Unruhe *w*; (*rusteloosheid*) Ruhelosigkeit *w*; (*in horloge*) Unruhe *w*; (*persoon*) unruhiges Kind, unruhiger Mensch usw. ▾**—barend** beunruhigend. ▾**—ig** unruhig. ▾**—stoker** Unruhstifter, Aufwiegler *m.*
ons I *pers.vnw* uns. **II** *bez.vnw* unser [unsere, unser]; *we waren met ons drieën*, wir waren zu drei, es waren unser drei; *— aller vriendin*, unser aller Freundin; (*hun huis en*) *het onze*, das unsrige, das unsre; *de onzen* (*hebben overwonnen*), die Unsrigen. **III** *zn* (*100 gram*) Hektogramm *s.*
onsamenhangend unzusammenhängend. ▾**onschadelijk** unschädlich. ▾**onschatbaar** unschätzbar. ▾**onscheidbaar** untrennbar; (*onafscheidelijk*) unzertrennlich. ▾**onschendbaar** unverletzlich. ▾**—schuld** Unschuld *w.* ▾**—ig** unschuldig; (*waar geen kwaad bij zit*) harmlos; *met een — gezicht*, mit e.r Unschuldsmiene.
onsmakelijk unschmackhaft, unappetitlich. ▾**onsplinterbaar** (*glas*) splitterfrei. ▾**onsportief** unsportlich.
onstandvastig unbeständig. ▾**—heid** U.keit *w.*
onsterfelijk unsterblich. ▾**—heid** U.keit *w.*
onsterk nicht stark. ▾**onstoffelijk** unkörperlich.
onstuimig ungestüm, heftig, stürmisch. ▾**—heid** Ungestüm *s.*
onsympathiek unsympathisch.
ontaard (*bijv. vader, kunst*) entartet; (*bedorven, bijv. kind*) ungeraten. ▾**—en** entarten, ausarten, aus der Art schlagen. ▾**—heid** Unnatur *w.* ▾**—ing** Ent-, Ausartung *w.*
ontastbaar unfühlbar, untastbar, ungreifbar.
ontber/en entbehren. ▾**—ing** Entbehrung *w.*
ontbieden: (*iem.*) *—*, (*bevel*) zu s. berufen, kommen heißen, (*anders*) zu s. bescheiden, kommen lassen; *de dokter —*, den Arzt holen lassen, nach dem Arzt schicken.
ontbijt Frühstück *s*; *het — gebruiken*, das F. einnehmen. ▾**—bordje** F.steller *m.* ▾**—en** f.en. ▾**—koek** Honigkuchen *m.* ▾**—spek** F.sspeck *m.*
ontbind/baar auflösbar, auflöslich; (*in factoren*) zerlegbar; *zie ook* **ontbinden** *en* **ontleden**. ▾**—en** (*losmaken*) losbinden; (*huwelijk, parlement, vereniging enz.*) auflösen; (*in factoren*; *krachten*) zerlegen; (*de macht*) *om te binden en te —*, zu binden und zu lösen; *ontbonden worden*, (*tot ontbinding overgaan*) s. zersetzen; (*chem., zie* **ontleden**). ▾**—ing** Auflösung; Zerlegung *w* (*zie* **ontbinden**); (*v. lijken*; *rotting*) Verwesung, Fäulnis *w*; (*zedelijk of politiek bederf*) Zersetzung *w*; *in* (*tot*) *— overgaan*, s. zersetzen, (*v. lijk*) in V., in F. übergehen; *in staat v. — verkeren*, in V. übergegangen sein, in stark verwestem Zustand sein. ▾**—ingsproces** Zersetzungsprozeß *m.*
ontbladeren entblättern.
ont/bloot entblößt; *van alle grond —*, völlig unbegründet. ▾**—bloten** entblößen.
ontboezeming (Herzens) Erguß *m.*
ontbolsteren (aus)schälen; (*fig.*) zivilisieren.
ontboss/en entwalden, abholzen. ▾**—ing** Entwaldung *w.*
ontbrand/baar entzündbar, entzündlich. ▾**—en** entbrennen, entflammen; (*eig. ook*) s. entzünden, Feuer fangen; *doen —*, entzünden, (*fig.*) entflammen. ▾**—ing** Entbrennen *s*, Entzündung, Entflammung *w.* ▾**—ingsgevaar** Entzündungsgefahr *w.*
ontbrek/en fehlen; *het ontbreekt hem aan geld*, es fehlt (mangelt) ihm an Geld, das G. fehlt ihm; (*in dat gezin*) *ontbreekt* (*het aan*) *alles*, mangelt es an allem; *wat ontbreekt er nog aan*, was fehlt noch daran; *dat ontbrak er nog maar aan!*, das fehlte (gerade) noch!; *het z. aan niets laten —*, s. nichts abgehen lassen, es s. an nichts fehlen lassen. ▾**—end** fehlend, Fehl...; *het —e bedrag*, der Fehlbetrag, der fehlende Betrag.
ontcijfer/en entziffer/n. ▾**—ing** E.ung *w.*
ontdaan bestürzt, entsetzt; *— gezicht*, verstörtes Gesicht.
ontdekk/en entdecken; (*opsporen*) ausfindig machen. ▾**—er** Entdecker *m.* ▾**—ingsreiziger** Entdeckungs-, Forschungsreisende(r) *m.* ▾**—ingstocht** Entdeckungs-, Forschungsreise *w.*
ontdoen befreien; *z. van iets —*, s. von etwas b., s. e.r Sache entledigen, (*afstand v. iets doen, weggeven*) s. e.s Dinges entäußern, (*iets verkopen*) etwas verkaufen; *z. van iem. —*, s. e.n vom Halse schaffen, (*uit de weg ruimen*) e.n beseitigen; *z. van zijn kleren —*, die Kleider ausziehen; *z. van zijn hoed, overjas —*, den Hut, den Überzieher ablegen; (*vliegtuigvleugels*) *van ijs —*, enteisen; *van de schors —*, entrinden.

ontdooi/en auftauen; (*koelkast enz.*) abtauen. ▾**—ing** Auftauung; Abtauung *w*; *automatische —*, vollautomatische Abtauung.
ontduik/en (*wet enz.*) umgehen; (*belastingen*) hinterziehen; *een slag —*, e.m Schlage ausweichen. ▾**—ing** Umgehung *w*; *— van belastingen*, Steuerhinterziehung *w*.
ontegen/sprekelijk unwider/sprechlich, u.leglich. ▾**—zeglijk** u.leglich, unstreitig.
onteigen/en enteignen. ▾**—ing** Enteignung *w*. ▾**—ingsprocedure** E.sverfahren *s*.
ontelbaar unzählbar, zahllos.
ontembaar unzähmbar.
onteren entehren.
onterven enterben.
ontevreden (*over*) unzufrieden (mit). ▾**—heid** Unzufriedenheit *w*.
ont/fermen: *z. — over iem.*, s. erbarmen über e.n, s. seiner erbarmen; *z. over een kind —*, (*ook*) s. e.s Kindes annehmen. ▾**—ferming** Erbarmung *w*, Erbarmen *s*.
ontfutselen entwenden.
ontgaan entgehen; (*uit het geheugen*) entfallen; *de dood —*, dem Tode entgehen.
ontgelden entgelten; (*hij moest het weer*) —, entgelten, ausbaden.
ontginn/en (*grond*) urbar machen; (*produktief maken, ook fig.*) ausbeuten; (*winnen v. delfstoffen*) Kohle, Erze usw. abbauen. ▾**—ing** Urbarmachung; Ausbeutung *w*; Abbau *m*; (*het ontgonnen land*) urbar gemachtes Land, (*tevoren bosrijk*) Rodung *w*.
ontglippen entschlüpfen; (*ontsnappen*) entwischen; *aan de aandacht —*, der Aufmerksamkeit entgehen.
ontgloeien erglühen; (*fig. ook*) entbrennen.
ontgoochelen enttäuschen.
ontgrendelen ent-, aufriegeln.
ontgroeien entwachsen.
ontgroen/en (*stud.*) e.m die Fuchstaufe erteilen. ▾**—ing** Fuchstaufe *w*.
ont/haal (*ontvangst*) Aufnahme *w*; (*spijs en drank*) Bewirtung *w*. ▾**—halen** (*op*) bewirten (mit).
onthalzen enthaupten, köpfen.
ont/haren enthaaren. ▾**—haringsmiddel** Enthaarungsmittel *s*.
onthecht/en: *z. aan iets —*, auf etwas verzichten, s. von etwas loslösen. ▾**—ing**: *— aan het aardse*, Loslösung *w* vom Irdischen.
ontheemde Heimatvertriebene(r), Entheimatete(r) *m*.
ont/heffen entheben, befreien; *v.e. eed —*, von e.m Eide entbinden; *van de ouderlijke macht —*, aus der elterlichen Gewalt entsetzen; *v.h. commando —*, des Befehls entsetzen; *van zorgen —*, der Sorgen entheben, überheben, von Sorgen befreien; *iem. van zijn straf, schuld —*, e.m seine Strafe, seine Schuld erlassen. ▾**—heffing** Enthebung; Befreiung; Erlassung *w*; *— van belasting, straf*, Steuererlaß, Straferlaß *m*.
ontheiligen entheiligen, entweihen.
onthoofden enthaupten.
onthoud/en (*niet vergeten*) (im Gedächtnis) behalten; *onthoud dat wel!*, merk dir das!; *iem. iets helpen —*, e.n an etwas [4] erinnern; *iem. iets —*, e.m etwas vorenthalten; *z. van alcohol, van stemming —*, s. des Alkohols, der Abstimmung enthalten. ▾**—er** Abstinenzler *m*. ▾**—ing** Enthaltung *w*; (*niet geven*) Vorenthaltung *w*; (*het opzettelijk derven van spijs en drank enz.*) Abstinenz, Enthaltsamkeit *w*. ▾**—ingsdag** Abstinenztag *m*.
onthull/en enthüllen. ▾**—ing** Enthüllung *w*.
onthutsen bestürzen, verdutzt machen.
ontij: *bij nacht en —*, bei Nacht und Nebel, (*op een zeer laat uur*) nächtlicherweile, in tiefster Nacht; *te(n) —de*, zur Unzeit, zu ungelegener Zeit. ▾**—dig** unzeitig, zur Unzeit, ungelegen; (*te vroeg*) vorzeitig.
ontkalken entkalken.
ontkenn/en (*tegenst. v. bevestigen*) verneinen; (*loochenen*) leugnen; (*bestrijden*) in Abrede stellen. ▾**—end** verneinend; *— antwoord*, verneinende Antwort. ▾**—ing** Verneinung; Leugnung *w*.
ontkerstenen entchristlichen, dem Christentum entfremden.
ontketenen entfesseln.
ontkiem/en keimen; (*v. kiemen ontdoen*) entkeimen; (*het zaad*) *is nog niet ontkiemd*, hat noch nicht gekeimt. ▾**—ing** Keimen *s*.
ontkleden entkleiden.
ontkleuren entfärben; (*kleurloos worden*) s. entfärben.
ontknop/en (*jas*) aufknöpfen; (*touw*) aufknüpfen; (*ontwarren*) entknoten; (*fig.*) den Knoten lösen. ▾**—ing** (*v. verwikkeling in drama enz.*) Lösung *w* des Knotens; (*einde*) Ende *s*.
ontkolen entkohlen.
ontkomen entkommen, entgehen, entrinnen; (*ontsnappen*) entwischen, entfliehen; *de dood —*, dem Tode entgehen; *een gevaar —*, e.r. Gefahr entrinnen, entkommen; *daaraan valt niet te —*, das ist unvermeidlich, unumgänglich; *daaraan kun je niet —*, (*van afkomen*) darum kannst du nicht herumkommen.
ontkoppel/en aus-, entkuppeln; (*uitschakelen*) ausrücken. ▾**—ingspedaal** Kupplungspedal *s*.
ontkurken ent-, aufkorken.
ontlad/en entladen; (*goederen*) ausladen; (*wagen*) entladen, abladen; (*schip*) löschen. ▾**—er** Entlader *m*. ▾**—ing** Entladung; Ausladung; Löschung *w*.
ontlast/en entlasten; *zijn gemoed —*, seinem Gemüt Luft machen; *Z —*, (*v. onweer enz.*) s. entladen, (*v. rivier enz.*) s. ergießen; (*z. —*), (*stoelgang*) Stuhlgang haben. ▾**—ing** Entlastung; Entladung *w*; (*stoelgang*) Stuhlgang *m*; (*uitwerpselen*) Exkremente *Mz*.
ontled/en zergliedern, analysieren, zerlegen; (*lijk*) sezieren, (*dierelichaam*) zerlegen; (*zinnen*) zergliedern; (*chem.*) zerlegen, zersetzen. ▾**—ing** Zergliederung, Analyse, Zerlegung; Sezierung; Zersetzung *w*. ▾**ontleed/kunde** Anatomie *w*. ▾**—kundig** anatomisch; *de —e*, der Anatom. ▾**—mes** Seziermesser *s*.
ontlenen entnehmen; (*woord, gedachte enz., niet letterlijk, meer afkijkend*) entlehnen; (*gegevens*) *aan de statistieken —*, den Statistiken entnehmen; (*de maan, die*) *haar licht aan de zon ontleent*, sein Licht von der Sonne herbekommt; (*zijn naam*) *aan iets —*, von etwas herleiten.
ontlokken entlocken.
ontlopen entgehen, entlaufen, entrinnen; *zij — elkaar niet veel*, zwischen ihnen ist kein großer Unterschied; (*dat*) *ontloopt elkaar niet veel*, stimmt ziemlich genau überein.
ontluiken s. öffnen, s. entfalten, aufblühen; (*doen opengaan*) öffnen, erschließen; *—de schoonheid*, aufblühende Schönheit.
ont/luisteren des Glanzes berauben. ▾**—luizen** entlausen. ▾**—maagden** entjungfern. ▾**—mannen** entmannen.
ontmantel/en (*stad*) entfestigen; (*fabriek*) demontieren. ▾**—ing** Entfestigung; Demontage *w*.
ontmaskeren entlarven.
ontmenselijk/en entmenschlichen, entmenschen. ▾**—ing** Entmenschlichung *w*.
ontmoedigen entmutigen.

ontmoet/en (*tegenkomen*) begegnen [3]; (*meer: treffen*) treffen; (*stoten op*) stoßen auf [4]; *we hebben elkaar ontmoet*, wir sind einander begegnet; (*hun blikken*) ontmoetten elkaar, begegneten sich; *we — elkaar* (*morgen bij het station*), wir treffen uns; *hij ontmoette in de bioscoop oude vrienden*, er traf im Kino mit alten Freunden zusammen; *tegenstand —*, auf Widerstand stoßen. ▾**—ing** Begegnung *w*; (*opzettelijke samenkomst*) Zusammenkunft *w*; *vriendschappelijke —*, (*voetb.*) Freundschaftsspiel *s*. ▾**—ingscentrum** Begegnungsstätte *w*. ▾**—ingspunt** Treffpunkt *m*.

ontnemen (ab)nehmen; (*ontlenen*) entnehmen; (*iem. het woord*) —, entziehen.

ontnuchter/en ernüchtern; (*ontgoochelen*) enttäuschen. ▾**—ing** Ernüchterung; Enttäuschung *w*.

ontoe/gankelijk unzu/gänglich. ▾**—laatbaar** u.lässig. ▾**—reikend** u.reichend, u.länglich. ▾**—rekenbaar** u.rechnungsfähig. ▾**—rekeningsvatbaar** zurechnungsunfähig. ▾**—schietelijk** wenig entgegenkommend.

ontoombaar unbezähmbar.

ontoonbaar schändlich, schrecklich; *je ziet er — uit*, du kannst dich so nicht sehen lassen.

ontpitten entkernen.

ontplof/baar explodierbar; *ontplofbare stof*, Explosivstoff *m*. ▾**—fen** explodieren. ▾**—fing** Explosion *w*. ▾**—fingsgevaar** Explosionsgefahr *w*. ▾**—fingsmiddel** Explosiv-, Sprengstoff *m*.

ontplooi/en entfalten. ▾**—ing** Entfaltung *w*.

ontpoppen: *z.* —, s. entpuppen.

ontraadselen enträtseln.

ontraden abraten, widerraten.

ontrafelen entwirren.

ontredder/d arg zugerichtet; (*v. schepen*) ramponiert; (*ontwricht*) zerrüttet; *in een —e toestand*, in e.m jämmerlichen, zerrütteten Zustand. ▾**—ing** Zerrüttung *w*.

ontrieven: *iem.* —, e.m Ungelegenheiten machen; *als ik u niet ontrief*, wenn ich Sie nicht beraube.

ontroer/d gerührt. ▾**—en** rühren; (*hevig*) erschüttern. ▾**—ing** Rührung *w*.

ontrollen entrollen; (*openrollen, ook*) aufrollen.

ontromen entrahmen.

ontroostbaar untröstlich.

ontrouw I *bn* & *bw* untreu; (*trouweloos*) treulos. **II** *zn* Untreue *w*; Treulosigkeit *w*.

ontroven rauben.

ontruim/en räumen; (*uitruimen*) ausräumen. ▾**—ing** (Aus)Räumung *w*.

ontrukken entreißen.

ontschep/en I *ov.w* (*personen*) ausschiffen; (*goederen, ook*) ausladen; *z.* —, s. ausschiffen, (*ook*) ans Land gehen. **II** *on.w* s. ausschiffen. ▾**—ing** Ausschiffung *w*.

ontschieten (*plotseling en snel*) entfahren; (*ontglippen*) entschlüpfen; (*uit geheugen*) entfallen, entgehen; *hij ontschoot*, er entwischte.

ontsier/en verunzieren; (*sterker*) verunstalten, entstellen. ▾**—ing** Verunzierung; Verunstaltung, Entstellung *w*.

ontslaan: (*iem. uit iets*) —, entlassen; (*uit zijn ambt*) —, (*ook*) aus seinem Amte entsetzen; (*ambtenaren*) —, (*stelselmatig doen afvloeien*) abbauen; *iem. van zijn eed* —, e.n von seinem Eid entbinden; *v.e. verplichting* —, e.r Verpflichtung entheben; (*iem.*) *van zijn zonden, v.e. verplichting* —, von seinen Sünden, von e.r Verpflichtung lossprechen; *iem. van zijn straf* —, e.m seine Strafe erlassen. ▾**ontslag** Entlass/ung *w*; (*mil., ook*) Abschied *m*; (*de minister heeft*) *zijn — aangeboden*, seinen Rücktritt eingereicht, erklärt; *hij heeft — aangevraagd*, er hat um seine E.ung gebeten, (*off.*) er ist um seine E.ung eingekommen; *iem. — geven*, einen e.en; *— indienen*, seine E.ung einreichen, um seine E.ung einkommen; (*zijn*) *— krijgen*, seine E.ung bekommen; (*zijn*) *— nemen*, seine E.ung, seinen A. nehmen, vom Amte zurücktreten; *een verzoek om —*, = **—aanvraag** E.ungs-, Abschieds-, Rücktrittsgesuch *s*. ▾**—brief** E.ungsschreiben *s*. ▾**—neming** Rücktritt *m*; Kündigung *w*. ▾**—verlening** Entlassung *w*.

ont/slapen ent/schlafen. ▾**—slippen** e.schlüpfen. ▾**—sluieren** e.schleiern, e.hüllen.

ontsluit/en aufschließen; (*fig., ook*) erschließen; *z.* —, s. aufschließen, s. öffnen. ▾**—ing** Aufschließung; Erschließung *w*.

ontsmett/en desinfizieren. ▾**—ing** Desinfizierung, Desinfektion *w*. ▾**—ingsdienst** Desinfektionsdienst *m*.

ontsnapp/en ent/wischen, e.fliehen; (*ontglippen*) e.schlüpfen; (*ontgaan*) e.gehen; (*v. gas enz.*) e.weichen; (*uit de gevangenis*) —, e.fliehen, e.springen; *aan een gevaar —*, einer Gefahr e.rinnen, e.kommen; *aan het oog —*, s. dem Auge e.ziehen. ▾**—ing** Flucht *w*; E.wischen *s*; E.weichung *w*; E.rinnen *s*. ▾**—ingsclausule** Ausweichklausel *w*.

ontspann/en ab-, entspannen; *z.* —, s. erholen. ▾**—er** (*fot.*) Auslöser *m*. ▾**—ing** Abspannung *w*; (*ophouden v. gespannen toestand*) Entspannung *w*; (*verpozing*) Erholung *w*; (*meer: amusement*) Unterhaltung *w*; *reis voor —*, Erholungsreise *w*; *uur van —*, Erholungsstunde *w*. ▾**—ingsgelegenheid** (*amusementsplaats*) Unterhaltungsstätte *w*. ▾**—ingslectuur** Unterhaltungslektüre *w*. ▾**—ingslokaal** Erholungsraum *m*; Vergnügungslokal *s*. ▾**—ingspolitiek** Entspannungspolitik *w*.

ontsparing Entsparung *w*.

ontspiegelen entspiegeln.

ontspinnen: *z.* —, s. entspinnen.

ontspor/en (*ook fig.*) entgleisen. ▾**—ing** Entgleisung *w*.

ontspringen (*v. rivier enz.*) entspringen; (*ontkomen*) entkommen, entlaufen, entrinnen; *de dans* —, der Gefahr entrinnen.

ontspruiten entsprießen; (*uitspruiten*) (hervor-, aus)sprießen.

ontstaan I *ww* entstehen; (*daaruit kunnen*) *voor hem moeilijkheden —*, ihm Schwierigkeiten erwachsen; *doen —*, hervorrufen, hervorbringen, (*aanleiding geven tot*) veranlassen. **II** *zn* Entstehen *s*, Entstehung *w*, Ursprung *m*.

ontstek/en (*aansteken*) anzünden; (*doen ontbranden*) entzünden; (*tech.: gewoonl.*) zünden; (*de wonde begint*) *te —*, s. zu entzünden; (*in liefde enz.*) —, entbrennen; *zie* **ontstoken**. ▾**—er** Anzünder *m*; (*tech.*) Zünder *m*. ▾**—ing** Entzündung *w*; (*tech.: v. motor enz.*) Zündung *w*. ▾**—ingsbuis** Zündröhrchen *s*. ▾**—ingskabel** Zündkabel *m*.

ontsteld bestürzt, entsetzt; (*van zijn stuk*) außer Fassung; *— gezicht*, verstörtes Gesicht.

ontstelen stehlen, entwenden.

ontstel/len erschrecken, in Bestürzung geraten, s. entsetzen; (*doen schrikken*) entsetzen, erschrecken, bestürzt machen, in Bestürzung versetzen. ▾**—tenis** Bestürzung *w*, Entsetzen *s*: (*van zijn stuk*) Fassungslosigkeit *w*.

ontstemm/en verstimmen. ▾**—ing** Verstimmung *w*.

ontstentenis: *bij — van*, (*bij gemis aan*) in Ermangelung [2], (*bij afwezigheid van*) in Abwesenheit [2].
ontstichten ärgern, empören.
ontstoken (*v. ogen enz.*) entzündet; *in toorn, woede —*, zorn-, wutentbrannt.
ontstoren entstören.
onttakelen abtakeln.
ontrekk/en entziehen; (*ontrukken*) entreißen; *z. aan zijn verplichtingen —*, s. seinen Verbindlichkeiten (Verpflichtungen) entziehen. ▾**—ing** Entziehung *w*.
onttronen entthronen.
ontucht Unzucht *w*; *— plegen*, U. treiben. ▾**—ig** unzüchtig.
ontuig (*gespuis*) Gesindel *s*; (*uitschot*) Schund *m*.
ontvallen entfallen; (*door de dood*) entrissen werden; (*de moed*) *ontviel hem*, entsank ihm; (*dat woord*) *is mij in drift —*, ist mir im Zorn entfahren; (*daarover*) *liet hij z. geen woord —*, ließ er kein Wort fallen, verlauten.
ontvang Empfang *m*. ▾**—avond** Empfangs/abend *m*. ▾**—bewijs** E.schein *m*; (*v. postzending*) Rückschein *m*. ▾**—en** empfangen; (*krijgen, ook*) bekommen, (*wat mij gezonden of gegeven wordt*) erhalten; (*geld beuren*) empfangen, lösen; (*geld innen*) einnehmen; (*zijn boek*) *is in vakkringen zeer gunstig —*, ist von Fachkreisen sehr freundlich aufgenommen worden. ▾**—enis**: *de onbevlekte —*, die unbefleckte Empfängnis. ▾**—er** Empfänger *m* (*ook radio*); (*v. belast. enz.*) Einnehmer *m*; *— der belastingen*, Steuereinnehmer. ▾**—erskantoor** Steueramt *s*. ▾**—installatie** Empfangs/anlage *w*. ▾**—kamer** E.zimmer *s*. ▾**—st** Empfang *m*; (*onthaal*) Aufnahme; Einnahme *w* (*zie* **—en**); (*het binnenkomen bijv. van geld, orders enz.*) Eingang *m*; *—en en uitgaven*, Einnahmen und Ausgaben; *bericht van —*, Empfangsanzeige *w*; *datum van —*, Eingangsdatum *s*; *het in — nemen*, die Empfangnahme; *voor — tekenen*, den Empfang bescheinigen; *een gunstige — vinden*, freundlich aufgenommen werden, eine gute Aufnahme finden; *de — weigeren*, die Empfangnahme verweigern. ▾**—stbericht** Empfangsanzeige *w*. ▾**—toestel** Empfangsapparat, Empfänger *m*. ▾**ontvankelijk** empfänglich, (*gevoelig*) empfindlich (für); (*jur.*) zulässig; *voor verstandige voorstellen altijd — zijn*, vernünftigen Vorgängen immer zugänglich sein; *altijd voor nieuwe ideeën — zijn*, für neue Ideen immer aufgeschlossen sein; *niet — verklaren*, als unzulässig abweisen. ▾**—heid** Empfänglichkeit, Empfindlichkeit *w*; (*jur.*) Zulässigkeit *w*.
ontveinzen verhehlen; (*ik wil*) *dit niet —*, dies nicht v., kein Hehl daraus machen.
ontvell/en die Haut abschürfen; *z'n knie —*, s. das Knie aufschinden, zerschinden. ▾**—ing** Abschürfung *w*.
ontvett/en entfetten. ▾**—ingskuur** Entfettungskur *w*.
ontvlam/baar entzündlich, entzündbar; *licht —*, leicht entzündlich, (*fig.*) leicht entflammend; (*prikkelbaar*) erregbar. ▾**—men I** *on.w* s. entzünden, entflammen; (*fig.*) entflammen; (*in liefde, toorn*) *—*, entbrennen; *doen —*, entzünden, entflammen. **II** *ov.w* entzünden; (*fig., ook*) entflammen.
ont/vlekken entflecken. ▾**—vlezen** entfleischen.
ontvlucht/en entfliehen, fliehen; *iem. —*, e.m entfliehen, e.n fliehen. ▾**—ing** Flucht *w*.
ontvoer/en entführen. ▾**—der** Entführer *m*. ▾**—ing** Entführung *w*.
ontvolk/en entvölkern. ▾**—ing** Entvölkerung *w*.
ontvoogden mündig sprechen.
ontvouwen entfalten; (*uiteenzetten*) auseinandersetzen, darlegen.
ontvreemd/en entwenden. ▾**—ing** Entwendung *w*.
ontwaken ent-, aufwachen.
ontwapen/en entwaffnen; (*verminderen v. leger, vloot*) abrüsten. ▾**—ing** Entwaffnung, Abrüstung *w*. ▾**—ingsconferentie** Abrüstungskonferenz *w*.
ontwaren gewahr werden.
ontwarren entwirren.
ontwassen entwachsen.
ontwateren entwässern.
ontwenn/en (e.m, s. etwas) abgewöhnen; (e.n, s. von etwas) entwöhnen; (*het lachen*) *ontwend zijn*, verlernt haben. ▾**—ing** Entwöhnung, Abgewöhnung *w*; (*v. drankzuchtigen enz.*) Entziehung *w*. ▾**—ingskuur** Entziehungskur *w*.
ontwerp Entwurf *m*; (*v. wet*) (Gesetz)Entwurf *m*, (*ingediend*) (Gesetzes)Vorlage *w*; (*wie heeft*) *het — voor de nieuwe kerk gemaakt*, den Plan zur neuen Kirche entworfen. ▾**—contract** Vertragsentwurf *m*. ▾**—en** entwerfen. ▾**—er** Entwerfer *m*. ▾**—tekening** Entwurfszeichnung; Planzeichnung *w*.
ontwijd/en entweihen. ▾**—ing** Entweihung *w*.
ontwijfelbaar unzweifelhaft, zweifellos.
ontwijk/en ausweichen [3]; (*ontsnappen*) entweichen; *de beantwoording van een vraag —*, e.r Frage ausweichen; (*een antwoord, moeilijkheid*) *—*, (*ook*) umgehen, vermeiden; (*elkaar zo veel mogelijk*) *—*, meiden. ▾**—end** ausweichend, entweichend.
ontwikkel/aar Entwickler *m*. ▾**—d** entwickelt; (*door studie gevormd*) gebildet; *algemeen —*, allgemein gebildet. ▾**—en** entwickeln; (*beschaven, door studie enz. vormen*) bilden; (*lich. of geest tot volle ontwikkeling brengen*) ausbilden; (*aan de dag leggen, ontplooien*) entfalten; (*een plan*) *—*, entwickeln, (*verklaren*) darlegen, (*uiteenzetten*) ausführen; *z. —*, s. entwickeln, s. bilden, s. ausbilden, s. entfalten. ▾**—ing** Entwicklung; Bildung; Ausbildung; Entfaltung *w*; *algemene —*, Allgemeinbildung. ▾**—ingsgang** Entwicklungs/-, Werdegang *m*. ▾**—ingsgebied** E.gebiet *s*. ▾**—ingshulp** E.hilfe *w*; *ministerie voor —*, E.hilfe-Ministerium *s*. ▾**—ingslanden** E.länder *Mz*. ▾**—ingssamenwerking** Zusammenarbeit *w* mit E.ländern. ▾**—tank** E.dose, Bildtrommel *w*.
ont/worstelen entreißen, entringen; *aan de zee ontworsteld*, dem Meere abgerungen, abgewonnen; *z. —*, s. entreißen, s. losringen. ▾**—wortelen** entwurzeln.
ontwricht/en verrenken; (*fig.*: *uit het verband rukken*) aus den Fugen reißen, (*ontredderen*) zerrütten; (*het verkeer*) *is ontwricht*, ist völlig gestört. ▾**—ing** Verrenkung *w*; (*fig.*) Zerrüttung *w*.
ontwringen entringen, entwinden.
ontzag Respekt *m*, Achtung *w*, (*eerbied*) Ehrfurcht *w*; *— voor iem.* (*hebben*), R., E. vor e.m; *— hebben*, respektiert werden; (*die onderwijzer*) *heeft er — onder*, hält sie gehörig in Zucht; *zijn —* (*verliezen*), sein Prestige. ▾**—lijk** ungeheuer, gewaltig, kolossal; (*vreselijk*) furchtbar; (*groots*) großartig; *— aardig*, furchtbar nett. ▾**—wekkend** ehrfurchtgebietend, imposant, überwältigend.
ontzegelen entsiegeln.
ontzegg/en (*zeggen dat iem. iets niet heeft*)

[e.m etwas] absprechen; (*weigeren*) versagen, verweigern; (*verbieden*) verbieten, untersagen; *iem. het recht* —, e.m das Recht absprechen, (*door rechtbank*) aberkennen; *iem. zijn eis* —, (*jur.*) e.n mit seiner Klage abweisen; *iem. de toegang* —, e.m. den Zutritt untersagen; *z. een genoegen* —, s. ein Vergnügen versagen. ▾—**ing** Absprechung; Verweigerung *w*; Verbot *m*; Untersagung; Aberkennung; Abweisung *w*; *zie* **ontzeggen**.

ontzenuwen entnerven; (*argument, bewijs, betoog enz.*) entkräften.

ontzet I *zn* (*v. stad enz.*) Entsatz *m*; (*v. pers.*) Befreiung *w*. **II** *bn* (*ontsteld*) entsetzt; (*v. machineonderdelen enz.*) versetzt, entsetzt. ▾—**ten** entsetzen (*ook v. stad*); *iem. uit zijn ambt* —, e.n seines Amtes entsetzen, e.n absetzen; (*iem.*) *uit de macht* —, entmachten; (*we probeerden hem te*) —, befreien. ▾—**tend** entsetzlich; — *duur*, schrecklich teuer; — *koud*, furchtbar kalt. ▾—**ting** (*schrik*) Entsetzen *s*; (*uit ambt*) Entsetzung, Absetzung *w*; (*v. stad*) Entsatz *m*; (*v. pers.*) Befreiung *w*.

ontzielen entseelen.

ontzien (*sparen*) schonen; (*attent, met consideratie behandelen*) mit Rücksicht, rücksichtsvoll behandeln; (*rekening houden met*) Rücksicht nehmen [auf 4]; (*vrezen*) fürchten; (*respecteren*) respektieren; (*geen gevaren, kosten, moeite*) scheuen; *z.* —, s schonen, s. in acht nehmen; *niets* —*d*, rücksichtslos.

ontzilten entsalzen.

ontzinken entsinken.

onuit/blusbaar unauslöschlich. ▾—**gegeven** (*niet gepubliceerd*) unveröffentlicht; (*v. geld*) unausgegeben. ▾—**puttelijk** unerschöpflich. ▾—**roeibaar** unaus/rottbar. ▾—**sprekelijk** u.sprechlich. ▾—**staanbaar** u.stehlich. ▾—**voerbaar** u.führbar. ▾—**wisbaar** u.löschlich, unverwischbar.

onvaderlands unvaterländisch; *ook* = —**lievend** unpatriotisch, unvaterlandsliebend.

onvast unfest; (*onzeker*) unsicher; (*onbestendig, ongedurig*) unbeständig, unstet; (*v. slaap*) leicht; (*v. koersen, prijzen enz.*) schwankend.

onvatbaar unempfänglich (für); (*ongevoelig*) unempfindlich (für, gegen); — *voor verbetering*, keiner Besserung fähig.

onveilig unsicher; (*sein*) *op* —, auf 'Gefahr', (*zegsw.*) auf 'Halt'. ▾—**heid** Unsicherheit *w*.

onver/anderd unver/ändert. ▾—**anderlijk** u.änderlich, unabänderlich; —*e feestdagen*, unbewegliche Feste.

onverantwoord unver/antwortet. ▾—**elijk** u.antwortlich. ▾—**elijkheid** U.antwortlichkeit *w*.

onver/beterlijk unverbesserlich. ▾—**biddelijk** unerbittlich; (*niets ontziend*) rücksichtslos; (*onvermijdelijk*) unvermeidlich, unweigerlich. ▾—**bloemd** unverblümt, unumwunden. ▾—**breekbaar**, —**brekelijk** unverbrüchlich; (*v. vriendschapsbanden enz.*) unlöslich. ▾—**buigbaar** unbeugbar, unbiegbar, undeklinierbar, unflektierbar. ▾—**dacht** unverdächtig. ▾—**dedigbaar** nicht zu verteidigen, unhaltbar. ▾—**deeld** ungeteilt; (*het was*) *geen* — *genoegen*, kein reines Vergnügen. ▾—**diend** unver/dient. ▾—**dienstelijk** u.dienstlich; *niet* —, nicht übel.

onverdraag/lijk unerträglich. ▾—**zaam** unverträglich; (*godsd.*) unduldsam, intolerant. ▾—**zaamheid** Unverträglichkeit, Unduldsamkeit *w*.

onverdroten unverdrossen; *met* — *ijver*, mit unermüdlichem Fleiß.

onver/enigbaar unvereinbar. ▾—**flauwd** ungeschwächt, unver/mindert. ▾—**gankelijk** u.gänglich. ▾—**geeflijk** u.zeihlich. ▾—**gelijkelijk** u.gleichlich. ▾—**getelijk** u.geßlich. ▾—**golden** u.golten. ▾—**handelbaar** (*v. wissels*) nicht diskontierbar, nicht begebbar. ▾—**hinderd** unbehindert, unbehelligt, ungestört.

onverhoeds unerwartet, plötzlich; (*onvoorziens*) unversehens.

onver/holen unverhohlen, unumwunden. ▾—**hoopt** unverhofft, unvorhergesehen. ▾—**kiesbaar** unwählbar. ▾—**klaarbaar** unerklärlich. ▾—**kocht** unver/kauft; (*wij bieden u aan,*) *mits* —, Zwischenverkauf vorbehalten. ▾—**koopbaar** u.käuflich. ▾—**kort** u.kürzt; (*v. tekst enz.*) nicht gekürzt. ▾—**krijgbaar** nicht erhältlich, nicht zu haben. ▾—**kwikkelijk** unerfreulich.

onverlaat Verruchte(r), Elende(r) *m*.

onver/let ungestört; (*ongedeerd*) unverletzt. ▾—**meld** unerwähnt. ▾—**mengd** unvermischt.

onvermijdelijk unvermeidlich.

onverminderd I *bn* & *bw* unvermindert; ungeschmälert; (*deze bepaling*) *blijft* — *van kracht*, bleibt unberührt. **II** *vz* (*behoudens*) unbeschadet [2].

onver/moeibaar unermüdlich. ▾—**moeid** unermüdet; (*onafgebroken*) unablässig.

onver/mogen Unvermögen *s*, Impotenz *w*; (*betalingsonmacht*) Zahlungsunfähigkeit, Insolvenz *w*; *bewijs van* —, Mittellosigkeitsnachweis *m*, Armutszeugnis *s*, (*v. onbekwaamheid*) Inkompetenzschein *m*. ▾—**mogend** unvermögend; (*onbemiddeld*) unbemittelt, mittellos.

onvermurwbaar uner/weichlich, u.bittlich.

onver/pakt unverpackt, lose. ▾—**poosd** ununterbrochen, unablässig. ▾—**richt**: —*erzake*, unverrichteter Dinge (Sache).

onversaagd unverzagt, furchtlos. ▾—**heid** U.heit, F.igkeit *w*.

onverschillig gleichgültig; — *voor iets*, g. gegen, unempfindlich für; (*dat is me*) —, g., einerlei, gleich, ganz egal; (*dat laat hem*) —, kalt; — *wie het zij*, gleichviel wer es sei. ▾—**heid** Gleichgültigkeit *w*.

onver/schrokken unerschrocken, unverzagt. ▾—**slijtbaar** unverschleißbar. ▾—**sneden** unverschnitten, unvermischt.

onverstaanbaar unverständlich. ▾—**heid** Unverständlichkeit *w*.

onverstand Unverstand *m*, Unvernunft *w*. ▾—**ig** unverständig, unvernünftig, unklug.

onver/stoorbaar unerschütterlich; (*niet van de wijs te brengen*) unbeirrbar; (*koelbloedig*) gleichmütig. ▾—**taalbaar** unübersetzbar. ▾—**teerbaar** unverdaulich. ▾—**togen** unanständig, anstößig. ▾—**vaard** unverzagt, furchtlos. ▾—**valst** unverfälscht. ▾—**vangbaar** unersetzlich. ▾—**voerbaar** nicht transportabel. ▾—**vreemdbaar** unveräußerlich; (*iets*) — (*bezitten*), unverlierbar. ▾—**vulbaar** unerfüllbar.

onver/wacht unerwartet. ▾—**wachts** unerwartet, unerwarteterweise, unversehens.

onverwarmd: —*e kamer*, ungeheiztes Zimmer.

onverwijld unverzüglich; —*e hulp*, sofortige Hilfe.

onver/woestbaar unverwüstlich, unzerstörbar. ▾—**zadelijk**, —**zadigbaar** unersättlich. ▾—**zadigd** ungesättigt. ▾—**zekerd** unversichert. ▾—**zettelijk** unerschütterlich, unbeugsam. ▾—**zoenlijk** unversöhnlich. ▾—**zorgd** unversorgt;

(*haren, handen, taal, tuin, zieke enz.*) ungepflegt; — *werk*, nachlässige Arbeit. ▾**—zwakt** ungeschwächt.
onvindbaar unauffindbar.
onvoldaan unbefriedigt, (*onbetaald*) unbezahlt. ▾**—heid** Unbefriedigtsein *s*.
onvol/doend(e) ungenügend, unzulänglich, nicht hinreichend; (*op rapport*) ungenügend; *een — voor Engels krijgen*, Ungenügend in Englisch bekommen. ▾**—dragen** unzeitig geboren; (*fig.*) unreif. ▾**—komen** unvollkommen. ▾**—ledig** unvollständig. ▾**—maakt** unvollkommen. ▾**—prezen** über alles Lob erhaben. ▾**—tallig** unvollzählig; (*v. vergadering enz., ook*) beschlußunfähig. ▾**—tooid** unvollendet; — *tegenw. tijd*, (unvollendete) Gegenwart *w*, Präsens *s*; — *verleden tijd*, (einfache) Vergangenheit *w*, Imperfekt *s*; — *toekomende tijd*, Zukunft *w*, Futur *s*. ▾**—waardig** beschränkt arbeitsfähig; *—e*, Arbeitsbeschränkte(r), Körperbehinderte(r), Teilwerksfähige(r) *m*; *arbeid voor —en*, Arbeit für Körperbehinderte.
onvoor/bereid unvor/bereitet; — *spreken*, (*ook*) aus dem Stegreif sprechen. ▾**—delig** u.teilhaft; (*ongunstig*) ungünstig. ▾**—waardelijk** unbedingt; *—e overgave*, bedingungslose Übergabe (Kapitulation); (*iets*) — (*aannemen*), bedingungslos.
onvoorzichtig unvorsichtig. ▾**—heid** U.keit *w*.
onvoor/zien unvorhergesehen; unerwartet; *behoudens —e omstandigheden*, Unvor/hergesehenes vorbehalten; *—e uitgaven*, u.hergesehene Ausgaben, U.hergesehene(s) *s*. ▾**—ziens** unversehens.
onvrede Unfriede(n) *m*.
onvriendelijk unfreundlich. ▾**—heid** U.keit *w*.
onvrij unfrei, nicht frei; *het is hier erg —*, man ist hier vor Spähern, vor Lauschern nicht sicher. ▾**—willig** unfreiwillig.
onvrouwelijk unweiblich.
onvruchtbaar unfruchtbar. ▾**—heid** Unfruchtbarkeit *w*.
onwaar unwahr. ▾**—achtig** unwahrhaft(ig).
onwaard/e Unwert *m*; *van — verklaren*, für null und nichtig, für ungültig erklären. ▾**—eerbaar** unschätzbar. ▾**—ig** unwürdig.
onwaarheid Unwahrheit *w*.
onwaarschijnlijk unwahrscheinlich. ▾**—heid** U.keit *w*.
onwankelbaar unerschütterlich.
onweer Gewitter *s*; (*zwaar*) Ungewitter, Unwetter *s*. ▾**—achtig** gewitterhaft, gewitterig.
onweerlegbaar unwiderleglich.
onweers/bui Gewitter/schauer *m*, G. *s*. ▾**—lucht** G.himmel *m*.
onweerstaanbaar unwiderstehlich; (*niet te stuiten*) unaufhaltsam.
onwel unwohl, unpäßlich. ▾**—kom** unwillkommen. ▾**—levend** unhöflich. ▾**—luidend** übellautend, mißtönend. ▾**—luidendheid** Mißklang *m*. ▾**—voeglijk** unschicklich, unanständig. ▾**—willend** ungefällig, unfreundlich.
onwennig: (*z.*) — (*voelen*), nicht heimisch; *hij voelt z. hier nog —*, (*ook*) er hat s. hier noch nicht eingewöhnt.
onweren donnern, blitzen, wettern, gewittern; *het gaat —*, es gibt ein Gewitter.
onwerk/elijk unwirklich. ▾**—zaam** (*zonder uitwerking*) unwirksam.
onweten/d unwissend; (*bw: onwetens*) unwissentlich. ▾**—dheid** Unwissenheit, Unkenntnis *w*. ▾**—s** unwissentlich. ▾**—schappelijk** unwissenschaftlich.
onwettig ungesetzlich, gesetzwidrig; (*kind*) unehelich.
onwijs unklug, unvernünftig; (*gek*) verrückt.
onwil Widerwilligkeit *w*; (*weerspannigheid*) Widerspenstigkeit, Widersetzlichkeit *w*; (*gebrek aan goede wil*) böser Willen. ▾**—lekeurig** unwillkürlich. ▾**—lens** ohne es zu wollen; *willens of —*, wohl oder übel. ▾**—lig** widerwillig; (*weerspannig*) widerspenstig, widersetzlich; *—e betaler*, böswilliger Schuldner; *met —e honden is het slecht hazen vangen*, mit gezwungenen Hunden ist übel jagen.
onwrikbaar unerschütterlich.
onzacht unsanft.
onzalig unselig, heillos.
onzedelijk unsittlich, unmoralisch. ▾**—heid** Unsittlichkeit *w*. ▾**onzedig** unsittsam; (*niet eerbaar*) unanständig, unzüchtig. ▾**—heid** Unsittlichkeit, Unanständigkeit *w*.
onzegbaar unsagbar, unsäglich.
onzeker ungewiß, unsicher; (*onvast, onbetrouwbaar*) unsicher; (*besluiteloos*) unentschieden; *in het —e* (*laten*), im Ungewissen. ▾**—heid** Ungewißheit; Unsicherheit *w*.
onzelfstandig unselbständig. ▾**—heid** U.keit *w*.
onzelfzuchtig uneigennützig, selbstlos. ▾**—heid** U.keit, S.igkeit *w*.
Onze-Lieve-Heer der liebe Herrgott. ▾**onze-lieve-heersbeestje** Marienkäfer *m*. ▾**Onze-Lieve-Vrouw** Unsre Liebe Frau. ▾**onze-lieve-vrouwebedstro** Waldmeister *m*. ▾**Onze-Lieve-Vrouwekerk** Liebfrauenkirche *w*.
onzent: *te(n)* —, bei uns (zu Hause), in unserem Hause, hier; (*richting*) zu uns, in unser Haus, hierher. ▾**—wege**: *van —*, unserseits, unsertwegen. ▾**—wil(le)**: *om —*, um unsertwillen. ▾**onzerzijds** unserseits. ▾**onzevader** Vaterunser *s*.
onzichtbaar unsichtbar.
onzijdig neutral; (*taalk.*) sächlich. ▾**—heid** Neutralität *w*.
onzin Unsinn *m*; — *verkopen*, Unsinn, Quatsch reden, quatschen.
onzindelijk unreinlich, unsauber.
onzinnig unsinnig; — *gepraat*, sinnloses Geschwätz. ▾**—heid** Unsinn *m*, Unsinnigkeit *w*.
onzuiver unrein; (*bedoelingen*) unlauter; (*weegschaal*) ungenau; (*bruto*) brutto. Brutto…, Roh…; — *in de leer*, nicht rechtgläubig. ▾**—heid** Unreinheit; Unlauterkeit *w*; (*vuiligheid*) Unreinigkeit *w*.
ooft Obst *s*. ▾**—teelt** O.zucht *w*.
oog Auge *s*; (*blik, oogopslag*) Blick *m*; (*v. naald*) Öhr *s*; (*voor haak enz.*) Öse *w*; *zijn ogen in zijn zak steken*, die A.n in die Tasche stecken; *zijn ogen uitkijken*, s. die A.n aussehen, (*grote ogen opzetten*) große A.n machen; *z. de ogen uitkijken aan iets*, s. an etwas nicht satt sehen können; *een — in 't zeil houden*, achtgeben, (*toezien, dat alles goed gaat*) nach dem Rechten sehen, (*een wakend oog houden op*) ein wachsames A. auf e.n, auf etwas haben, (*iets scherp in 't oog houden*) etwas fest (scharf) im A. behalten; *'t — gericht houden op*, das A. gerichtet halten auf [4], (*fig.: naar iets streven*) sein A.nmerk richten auf [4]; *niet veel — op iets* (*hebben*), keinen richtigen B. für etwas; *'n — op de kinderen houden*, auf die Kinder achtgeben, achten; *mijn — viel erop*, mein B. fiel darauf; *op iem. het — laten vallen*, das A. auf e.n werfen; *z'n ogen over iets laten gaan*, (*dóórkijken*) etwas dúrchsehen; *een scherp* — (*voor iets hebben*), e.n scharfen B.; *zijn ogen voor iets sluiten*, seine A.n gegen etwas verschließen; *je kunt*

het aan zijn ogen zien, man sieht ihm's an den A.n an; *door het — v.e. naald kruipen,* mit knapper Not davonkommen; *in mijn —,* meiner Ansicht nach, in meinen A.n; *met de hoed diep in de ogen,* den Hut tief in die Stirn gedrückt; (*iets*) *in 't — houden,* im A. behalten, (*niet vergeten*) nicht vergessen; (*zijn voordeel*) *in 't — houden,* im A. haben; (*iem.*) *in 't — houden,* im A. behalten, nicht aus den A.n lassen; (*daarbij*) *moet men in 't — houden, dat...,* soll man bedenken, in Betracht ziehen daß...; (*iem., iets*) *in 't — krijgen,* erblicken; *in het — lopen, vallen,* in die A.n fallen, auffallen; *in het — lopend,* auffallend, auffällig; *iets in iemands ogen lezen,* e.m etwas an den A.n ablesen; *de guitigheid staat* (*is*) *in zijn ogen te lezen,* der Schalk sieht ihm aus den A.n; *met het — op,* mit Rücksicht, in Hinsicht, im Hinblick auf [4]; *met het — op zijn hoge leeftijd,* (*ook*) in Anbetracht seines hohen Alters; (*iets*) *met een half —* (*zien*), flüchtig, halb; *iem. naar de ogen zien,* e.m alles an den A.n absehen; *hij behoeft niemand naar de ogen te zien,* er braucht nach niemand zu fragen; *— om —,* A. um A.; *iem. iets onder 't — brengen,* e.m etwas vor A.n halten, bringen, führen, (*op iets wijzen*) e.n auf etwas hinweisen, (*op iets attent maken*) e.n auf etwas aufmerksam machen; *onder iemands ogen komen,* e.m unter die A.n kommen; *de dood onder de ogen zien,* dem Tode ins A. sehen; *een kwestie onder 't — zien,* e.r Frage näher treten; *iem., iets op 't — hebben,* e.n, etwas im A. haben, (*bedoelen*) e.n, etwas meinen, (*v. plan zijn*) etwas beabsichtigen, vorhaben; *op 't —,* dem Anschein nach, anscheinend; *op je ogen!,* ich pfeife dir was!; *goed uit zijn ogen kijken,* seine A.n gut gebrauchen, die A.n aufmachen; *kijk uit je ogen!,* tu, mach, sperr die A.n auf!; (*hij is te lui*) *dat hij uit zijn ogen kijkt,* daß er sieht; *uit het —, uit het hart,* aus den A.n, aus dem Sinn; *uit mijn ogen!,* geh mir aus den A.n!; (*God*) *voor ogen houden,* vor A.n haben; *voor het — van de wereld,* vor den Leuten; *'t — moet ook wat hebben,* das A. will befriedigt sein; (*dat huis*) *heeft geen —,* sieht s. nicht schön an. ▾**—appel** Augapfel *m.* ▾**—arts** Augen/arzt *m.* ▾**—badje** A.näpfchen *s.* ▾**—bol** A.ball *m.* ▾**—druppels** A.tropfen *Mz.* ▾**—getuige** A.zeuge *m.* ▾**—getuigeverslag** A.zeugenbericht *m,* (*ook*) Hörbericht *m.* ▾**—glas** A.glas *s;* (*oculair*) Okular *s.* ▾**—heelkundig** a.heilkundig; *—e hulp,* a.ärztliche Hilfe; *—e kliniek,* A.klinik *w.* ▾**—hoek** A.winkel *m.* ▾**—hoogte**: *op —,* in A.höhe *w.* ▾**—je** Äuglein, Äugelchen *s;* (*voor haakjes enz., ringetje*) Öse *w;* (*hij heeft*) *een — op haar,* ein Auge auf sie (geworfen); *een — toedoen,* ein Auge zudrücken; *zie* **oog**. ▾**—jesgoed** Gänseaugenzeug *s.* ▾**—kas** Augen/höhle *w.* ▾**—klep** A.blende, Scheuklappe *w.* ▾**—lid** A.lid *s.* ▾**—lijder** A.kranke(r) *m.* ▾**—lijdersgesticht** A.heilanstalt *w.* ▾**—lijk** angenehm fürs Auge, nett, hübsch. ▾**—luikend**: *iets — toelaten,* bei etwas ein Auge zudrücken. ▾**—merk** Augenmerk *s;* (*bedoeling*) Absicht; *met 't —,* in der Absicht. ▾**—ontsteking** Augen/entzündung *w.* ▾**—opslag** Blick *m;* *in één —,* mit e.m B. ▾**—punt** (*v. perspectief; verrekijker*) A.punkt *m;* (*fig.*) Gesichtspunkt, Standpunkt *m;* (*iets*) *uit een bepaald —* (*zien*), aus e.m bestimmten G., von e.m bestimmten S. ▾**—schaduw** Lidschatten *m.*

oogst Ernte *w;* (*v. wijn*) (Wein)Lese *w.* ▾**—en** ernten. ▾**—er** E.r, E.arbeiter *m;* (*maaier*) Schnitter *m;* (*v. wijn*) Weinleser *m.* ▾**—feest** E.fest *s.* ▾**—maand** E.monat *m.*

oog/verblindend (augen/)blendend. ▾**—wenk** A.wink *m;* *in een —,* im Nu. ▾**—wimper** A.wimper *w.* ▾**—wit** das Weiße im Auge; (*doel*) A.merk *s.*

ooi Mutterschaf *s.*

ooievaar Storch *m.* ▾**—sbek** S.schnabel *m.*

ooit je, jemals.

ook auch; *— goed!,* schon gut!; (*dat is*) *waar —,* ja wahr; (*kun je mij*) *— zeggen...,* vielleicht sagen; (*hoe heet zij*) *— weer?,* gleich?; *hij komt óók al niet,* auch er kommt nicht.

oom Onkel, Oheim *m;* *hoge ome,* großes, hohes Tier; *zie* **Jan**.

oor Ohr *s;* (*handvat*) Henkel *m,* (*v. kopjes enz., ook*) Öhr *s;* *iem. oren aannaaien,* e.m e.n Bären aufbinden; *het — scherpen,* die O.en spitzen; (*iem.*) *de oren* (*wassen*), den Kopf; *iem. aan de oren malen,* e.m in den O.en liegen; *aan dat — is hij doof,* auf dem O. ist er taub, (*fig.*) dafür hat er kein O.; (*iem. iets*) *in 't — blazen,* ins O. raunen; *iets in zijn oren knopen,* s. etwas hinter die O.en schreiben; *maar met een half — luisteren,* nur mit halbem O.e zuhören; *iem. om zijn oren geven,* e.m eins hinter die O.en geben; *klap om de oren,* O.feige *w;* *op één — gaan liggen,* s. aufs O. legen; *'t is op een — na gevild,* wir sind fast am Ende; *tot achter de oren kleuren,* bis über die O.en, über und über rot werden; *ter ore* (*komen*), zu O.en; *dat ging 't ene — in, 't andere uit,* das ging zu dem e.n O. hinein, zum andern hinaus; *daar had hij wel oren naar,* das sagte ihm wohl zu. ▾**—arts** O.enarzt *m.*

oorbaar angemessen; (*welvoeglijk*) schicklich, anständig; (*dat is*) *niet —,* (*ontoelaatbaar*) verpönt.

oor/bel (*al naar vorm*) Ohrring *m,* -gehänge *s,* -perle *w.* ▾**—biecht** Ohrenbeichte *w.*

oord Ort *m;* (*streek*) Gegend *w.*

oordeel Urteil *s;* (*mening*) Meinung *w;* *het laatste —,* das Jüngste Gericht; *naar mijn —,* meiner Ansicht nach; (*ik ben*) *van —,* der A., der M.; *leven als een —,* Heidenlärm *m.* ▾**—kundig** verständig, einsichtig, einsichtsvoll. ▾**—sdag** jüngster Tag. ▾**oordelen** urteilen; (*iets niet*) *raadzaam —,* für ratsam halten; *oordeelt niet, opdat gij niet geoordeeld wordt,* richtet nicht, auf daß ihr nicht gerichtet werdet!

oor/getuige Ohrenzeuge *m.* ▾**—hanger** Ohrgehänge *s.* ▾**—heelkunde** Ohrenheilkunde *w.* ▾**—klep** Ohrenschützer *m,* -klappe *w.* ▾**—knop** Ohrperle *w,* -ring *m.*

oorkonde Urkunde *w,* Dokument *s.*

oorkussen Kopfkissen *s.*

oorlam Schnaps *m.*

oor/lapje, —lel Ohrläppchen *s.*

oorlog Krieg *m;* *— voeren,* K. führen; (*iem.*) *de — aandoen,* den K. erklären; *ten —* (*trekken*), in den K.; *minister van —,* Kriegsminister *m;* *op voet van — leven,* auf dem Kriegsfuß stehen; *staat van —,* Kriegszustand *m.* ▾**—en** Krieg führen, kriegen. ▾**oorlogs/begroting** Kriegs/budget *s,* Wehrhaushaltsplan *m.* ▾**—bodem** K.schiff *s.* ▾**—correspondent** K.berichterstatter, -berichter *m.* ▾**—getroffene** (*materieel*) K.geschädigte(r) *m;* (*lichamelijk*) K.beschädigte(r) *m.* ▾**—gevaar** K.gefahr *w.* ▾**—geweld** K.gewalt *w.* ▾**—gezind** kriegerisch gesinnt. ▾**—invalide** Kriegs/beschädigte(r), -versehrte(r) *m.* ▾**—kans(en)** K.glück *s.* ▾**—lening** K.anleihe *w.* ▾**—misdadiger** K.verbrecher *m.* ▾**—pad** K.pfad *m.* ▾**—recht** K.recht *s.* ▾**—schade** K.schaden *m;* *materiële —,* K.sachschaden *m;* *bureau voor —,* K.schädenamt *s.* ▾**—schip** K.schiff *s.* ▾**—schuld** K.schuld *w.* ▾**—slachtoffer** K.opfer *s.* ▾**—sterkte** K.stärke *w;* *op —,*

k.stark. ▾—**tijd** K.zeit *w*; *in* —, in K.zeiten. ▾—**toneel** K.schauplatz *m*. ▾—**tuig** K.bedarf *m*. ▾—**verklaring** K.erklärung *w*. ▾—**vloot** K.flotte *w*. ▾—**winst** K.gewinn *m*. ▾—**winstmaker** K.gewinnler *m*. ▾**oorlog/voerend** kriegführend. ▾—**zuchtig** kriegerisch (gesinnt).
oor/ontsteking Ohren/entzündung *w*. ▾—**pijn** O.schmerzen *Mz*. ▾—**schelp** Ohrmuschel *w*. ▾—**smeer** Ohrenschmalz *s*.
oorsprong Ursprung *m*; *van Duitse* —, von deutscher Herkunft. ▾**oorspronkelijk** ursprünglich; (*oudste, eerste, ook*) Ur...; (*origineel, ook*) originell, Original...; (*hij is*) — originell, ein origineller Mensch; *'t —e*, das Original. ▾—**heid** Ursprünglichkeit; Originalität *w*.
oor/suizing Ohrensausen *s*. ▾—**veeg** Ohrfeige, Maulschelle *w*. ▾—**verdovend** ohren/betäubend. ▾—**worm** O.wurm *m*; (*een gezicht*) *als een* —, wie sieben Tage Regenwetter.
oor/zaak Ursache *w*; *kleine oorzaken hebben* (*soms*) *grote gevolgen*, kleine Ursachen, große Wirkungen. ▾—**zakelijk** ursächlich, kausal. ▾—**zakelijkheid** Kausalität *w*.
oost Ost(en) *m*; *in — en west*, in Ost und West; *de wind is* —, es ist Ostwind, der Wind is ost; *— ten noorden*, Ost zum Norden; *— west, thuis best*, Ost, Süd, West, zu Haus ist's am best; *om de* —, in östlicher Richtung. ▾**Oost** Ostindien *s*. ▾**O—-Afrika** Ostafrika *s*. ▾**O—aziatisch** ostasiatisch. ▾**O—blok** Ostblock *m*. ▾**O—blokland** Ostblockstaat *m*. ▾**O—duits** ostdeutsch. ▾**O—-Duitsland** Ostdeutschland *s*, Deutsche Demokratische Republik *w*. ▾—**elijk** östlich; *—e zone*, Ostzone *w*. ▾—**en** Osten *m*; *ten — van de Rijn*, östlich vom Rhein, des Rheins; *zie* **noorden**. ▾**O—en** (*morgenland*) Orient *m*; *'t Midden-—*, der mittlere Osten, der Mittelosten; *'t Nabije* —, der Nahe Osten, der Nahost; *'t Verre* —, der Ferne Osten, der Fernost.
Oostenrijk Österreich *s*. ▾—**er** Ö.er *m*. ▾—-**Hongarije** Ö.-Ungarn *s*. ▾—**s** ö.isch.
oostenwind Ostwind *m*. ▾**ooster/grens** Ostgrenze *w*. ▾—**kim** östlicher Horizont. ▾—**lengte** östliche Länge; *4 graden* —, 4 Grad östlicher Länge. ▾—**ling** Orientale, Morgenländer *m*. ▾—**s** orientalisch, morgenländisch.
Oost/-Europa Osteuropa *s*. ▾—-**Indië** Ostindien *s*. ▾—**indisch** ostindisch; *— doof zijn*, dicke Ohren haben, den Tauben spielen; *—e inkt*, (chinesische) Tusche *w*; *—e kers*, Kapuzinerkresse *w*.
oost/kant Ost/seite *w*. ▾—**kust** O.küste *w*. ▾—**noordoost** o.nordost. ▾—**waarts** o.wärts. ▾**O—-Westconflict** O.-West-Konflikt *m*. ▾**O—zee** O.see *w*. ▾—**zuidoost** o.südost.
ootje: *in 't — nemen*, hänseln, verulken.
ootmoed Demut *w*. ▾—**ig** demütig.
op I *vz* auf [3/4]; (*hij zit*) *— de bank*, auf der Bank; *hij gaat — de bank zitten*, er setzt s. auf die Bank; (*hij wacht*) *— straat — zijn vriend*, auf der Straße auf seinen Freund; *— z'n Frans*, (*in 't Frans*) auf französisch, im Französischen, (*anders*) auf französische Weise; *— deze dag*, an diesem Tag; *— zekere morgen*, an e.m Morgen, e.s Morgens; *— 1 augustus*, am 1. August; *— een zondag*, an e.m Sonntag; (*zijn verjaardag*) *valt — een zondag*, fällt auf e.n Sonntag; *— deze plaats* (*kun je de optocht goed zien*), an dieser Stelle; (*in de lente is de natuur*) *— haar mooist*, am schönsten; *— dit bewijs* (*krijgt u de bagage terug*), gegen diesen Schein; (*hoeveel maal*) *gaat 5 — 20*, geht 5 in 20; *— een diepte van*, in e.r Tiefe von; *— pantoffels lopen*, in Pantoffeln gehen; (*het huis*) *lag — het noorden*, nach, gegen Norden; *— het gehoor* (*spelen*), nach dem Gehör; *— de klank af*, dem Klange nach; (*kom je ook*) *— mijn verjaardag?*, zu meinem Geburtstag?; (*de mark*) *— 1,20 rekenen*, zu 1,20 rechnen; (*iem.*) *— de thee vragen*, zum Tee bitten; *van de ene dag — de andere*, von e.m Tag zum andern; *in de nacht van maandag — dinsdag*, in der Nacht (vom Montag) zum Dienstag; *— de bepaalde tijd*, zur bestimmten Zeit; *— dit uur*, zu dieser Stunde. **II** *bw* auf; hin-, herauf; (*plotseling liep het kind*) *de straat* —, auf die Straße; (*ga*) *de trap* —, die Treppe hinauf; (*kom*) *de trap* —, die Treppe herauf; *de rivier* —, (*stroomopwaarts*) den Fluß hinauf; *tegen de hoogte* —, die Anhöhe hinauf; *iets verder*—, etwas weiter hinauf; *trap —, trap af*, treppauf, treppab; *— en neer*, auf und ab, (*omhoog en omlaag*) auf und nieder; (*de koersen*) *gaan — en neer*, schwanken; *het — en neer gaan*, das Aufundabgehen; (*hij is*) *nog laat* —, noch spät auf; *totaal — zijn*, ganz erschöpft sein, (*v. oude man*) völlig abgelebt sein; *ben je al — geweest?*, hast du schon Examen gemacht?; (*mijn geld*) *is* —, ist alle; *mijn geld raakt* —, das Geld geht mir aus; *er — of eronder*, alles oder nichts, entweder oder; *—!*, auf!; *kom maar —!, vertel maar —!*, komme nur!, erzähle nur!
opa Großvater, Großpapa, Opa *m*.
opaal Opal *m*.
opbaggeren auf/baggern. ▾**opbakken** a.braten, a.backen. ▾**opbaren** a.bahren. ▾**opbellen** (*tel.*) anrufen.
opberg/en auf/räumen, weglegen; (*bewaren*) a.heben; (*akten, post enz.*) ablegen. ▾—**meubel** Mehrzweckmöbel, Kastenmöbel *s*. ▾—**ruimte** Raum *m* zum Aufbewahren, Aufbewahrungsraum *m*; (*voor akten enz.*) Ablage *w*. ▾—**systeem** Ablagesystem *s*.
opbeuren auf/heben; (*fig.*) ermutigen, ermuntern, a.heitern; (*stemming enz.*) heben. ▾**opbiechten** beichten; (*bekennen*) gestehen; *alles* —, alles herunterbeichten; *biecht maar eens op*, nur heraus mit der Sprache. ▾**opbieden** höher bieten; (*bij kaartsp.*) reizen; *tegen iem.* —, e.n überbieten.
opblaas/baar auf/blasbar. ▾—**boot** Schlauchboot *s*. ▾—**hal** Traglufthalle *w*. ▾—**blazen** a.blasen; (*een brug enz.*) sprengen; (*de zaak*) *geweldig* —, mächtig a.bauschen.
opblijven aufbleiben.
opbloei Auf/schwung *m*, Wiederaufblühen *s*. ▾—**en** a.blühen, erblühen.
opbod höheres Gebot; *bij — verkopen*, im Aufstreich, meistbietend verkaufen; versteigern.
opbollen auf/bauschen, a.blähen. ▾**opborrelen** a.sprudeln; (*kokend water*) a.brodeln; (*uit de grond*) hervorsprudeln, -quellen.
opbouw Auf/bau *m*. ▾—**en** a.bauen, erbauen. ▾—**werk** A.bauarbeit *w*.
opbranden auf/brennen. ▾**opbrassen** (*scheepst.*) a.brassen. ▾**opbreken** (*openbreken; vertrekken*) a.brechen; (*afbreken*) abbrechen; *de straat* —, das Pflaster auf/reißen, die Straße a.brechen; (*het beleg*) —, a.heben; (*morgen*) *breken we op*, gehen wir fort, treten wir die Reise an; (*dat eten*) *breekt me op*, stößt mir a.; (*dat zal*) *hem lelijk* —, ihm teuer zu stehen kommen.
opbreng/en (*omhoog*) hinauf-, heraufbringen; (*het eten op tafel*) auftragen; (*grootbrengen*) großziehen; (*opleveren*) einbringen, eintragen; (*belastingen enz.*) aufbringen, bezahlen; (*de hoge belastingen,*

kosten) *niet kunnen* —, nicht erschwingen können; (*een dronkeman*) aufs Polizeiamt bringen; (*schepen enz.*) aufbringen; (*een hoge prijs*) erzielen; (*het geduld, de moed*) *niet kunnen* —, nicht aufbringen können; (*de collecte*) *bracht veel op*, brachte viel ein; *de oogst heeft dit jaar weinig opgebracht*, der Ertrag der Ernte war dieses Jahr gering; (*kapitaal*) *brengt rente op*, trägt, bringt Zinsen, verzinst *s.* ▾**—st** Ertrag *m*; (*ontvangen geld bij verkoop enz.*) Erlös *m*.

opcenten Zuschlag *m*; (*belasting*) Steuerzuschlag *m*, Zuschlagsteuer *w*.

opdagen erscheinen.

opdat damit.

opdienen auftragen. ▾**opdiepen** ausgraben; (*opsnuffelen*) aufstöbern, -treiben; (*uit zak*) hervorziehen; (*uitdiepen*) austiefen. ▾**opdirken** auf/donnern. ▾**opdissen** a.tischen. ▾**opdoeken** a.geben; *de zaak is opgedoekt*, das Geschäft ist eingegangen. ▾**opdoemen** a.tauchen.

opdoen (*goederen, voorraad enz., inslaan*) einkaufen, s. versehen mit; (*aanschaffen*) s. anschaffen; (*verwerven*) s. erwerben; (*opscharrelen*) auftreiben; (*hier of daar oppikken*) aufgabeln; (*verzamelen*) sammeln; (*ziekte enz. op de hals halen*) s. zuziehen, s. holen; (*vuil*) aufnehmen; *aardappels voor de winter* —, s. für den Winter mit Kartoffeln eindecken; (*hij heeft*) *een aardig buikje opgedaan*, s. ein Bäuchlein zugelegt; (*de ervaring*) —, machen; (*een indruk van iets*) —, gewinnen; (*nieuwe krachten*) —, sammeln; *kennis* —, s. Kenntnisse erwerben; *ondervinding*(*en*) —, Erfahrungen sammeln; *slechte ondervindingen met iem.* —, schlechte Erfahrungen mit e.m machen; (*het eten*) —, auftragen, auftischen; (*de vloer*) —, aufnehmen; *z.* —, s. zeigen, s. darbieten; (*de vraag*) *doet z. op*, kommt auf.

opdoffen (auf)putzen; *z.* —, s. zurechtmachen, s. fein machen; *zij had z. geweldig opgedoft*, sie war mächtig aufgetakelt. ▾**opdokken** blechen, berappen. ▾**opdonderen**: *donder op!*, scher dich zum Teufel!; (*hij is*) *opgedonderd*, abgekratzt.

opdooi (*v. wegdek*) Frostaufbruch *m*; durch Frost entstandene Aufbrüche. ▾**—en** auftauen.

opdraaien aufdrehen; *iem. voor iets laten* —, e.m etwas auf den Hals schieben; *voor iets moeten* —, etwas besorgen müssen, (*v. iets de dupe zijn*) etwas ausbaden müssen; *hij draaide ervoor op*, (*moest dokken*) er mußte herhalten.

opdracht Auftrag *m*; (*in boek, v. kunstwerk enz.*) Widmung, Zueignung *w*; (*in*) — *hebben*, den A. haben, beauftragt sein; *in — van*, im A. [2]; *de — van Christus* (*in de tempel*); die Darstellung Christi. ▾**—gever** A.geber *m*. ▾**opdragen** auftragen; (*naar boven*) hinauf-, herauftragen; *iem. iets* —, e.m etwas auftragen, e.n mit etwas beauftragen; (*iem. een boek, een kunstwerk*) —, widmen, zueignen; *de Heer een offer* —, dem Herrn ein Opfer darbringen.

opdraven hinauf-, herauftraben; *iem. laten* —, (*fig.*) e.n kommen lassen. ▾**opdreunen** her(unter)leiern, herplappern. ▾**opdrijven** auftreiben; (*de prijzen*) hinauftreiben, in die Höhe treiben; *de eisen te hoog* —, die Anförderungen zu hoch hinauftreiben, zu stark in die Höhe schrauben.

opdring/en I *ov.w* aufdrängen; (*iem. iets*) —, aufdrängen, aufnötigen, aufzwingen. **II** *on.w* hinaufdringen; (*naar voren*) herandringen, vorwärtsdringen; *z.* —, s. aufdrängen. ▾**—erig** zudringlich.

opdrinken auftrinken; (*een hele fles*) austrinken. ▾**opdrogen** auftrocknen; (*uitdrogen*) austrocknen, (*v. bronnen, ook*) versiegen; *—d middel*, Trockenmittel *s*.

opdruk Auf/druck *m*. ▾**—ken** (*met letters enz.*) a.drucken; (*met stempel*) a.prägen.

opduiken auf/tauchen. ▾**opduwen** a.drücken, in die Höhe drücken; (*voorwaarts*) vorwärts drängen; (*iem.*) *de trap* —, die Treppe hinaufdrängen. ▾**opdweilen** a.wischen, -waschen.

opeen aufeinander, zusammen. ▾**—drijven** z.treiben. ▾**—gepakt** z.gedrängt, -gepackt, a.gehäuft. ▾**—hopen** an-, aufeinander-, z.häufen. ▾**—hoping** Anhäufung, Häufung *w*.

opeens auf einmal, mit e.m Male.

opeen/stapelen aufeinander-, an-, zusammenhäufen. ▾**—stapeling** Aufeinander-, Anhäufung *w*. ▾**—volgend** aufeinanderfolgend. ▾**—volging** Aufeinander-, Reihenfolge *w*.

opeis/baar einforderbar. ▾**—en** auffordern; (*geld enz. invorderen*) einfordern; (*terug*) zurückfordern; *iets voor zich* —, (*aanspraak maken op*) etwas für s. beanspruchen.

open offen; (*de deur staat*) —, offen; (*maak de deur*) —, auf; *met — ramen* (*slapen*), bei offenen Fenstern; *in de — lucht*, im Freien; *in 't — veld*, auf freiem Feld; *— plek*, (*in 't bos, waar bomen gekapt zijn*) Lichtung *w*; *de — school*, die offene Schule; *— en bloot*, ganz offen.

openbaar öffentlich; *Openbaar Ministerie*, Staatsanwaltschaft *w*; *ambtenaar v.h. O.M.*, Staatsanwalt *m*; *openbare lagere school*, öffentliche Elementarschule, Gemeinschaftschule *w*; *op de openbare weg*, auf ö.er Straße; *— maken*, veröffentlichen; *— worden*, ö.bekannt werden, an die Ö.keit treten; *in 't* —, ö.; *z. in 't — vertonen*, s. der Ö.keit zeigen. ▾**—heid** Ö.keit *w*. ▾**—making** Veröffentlichung *w*. ▾**openbar/en** offenbaren; *z.* —, s. offenbaren, (*blijken*) s. zeigen. ▾**—ing** Offenbarung *w*.

open/barsten auf/bersten. ▾**—breken** a.brechen, *een CAO* —, e.n Tarifvertrag vorzeitig kündigen. ▾**—doen** a.machen, a.tun, öffnen. ▾**—draaien** a.drehen. ▾**—duwen** a.stoßen, a.drücken. ▾**—en** öffnen; (*fig.*: *beginnen, bijv. bijeenkomst, jacht, krediet, parlement, onderhandelingen, tentoonstelling, verkeerslijn, zaak enz.*) eröffnen; (*testament*) eröffnen; (*mogelijkheden*) — *z.*, eröffnen s.; (*de beurs*) *opende vast*, eröffnete in fester Haltung. ▾**—er** Öffner *m*. ▾**—gaan** a.gehen, s. öffnen. ▾**—gevallen** frei geworden, erledigt; *zie* **openvallen.** ▾**—gewerkt** (*met gaatjes*) durchbrochen. ▾**—gooien** a.werfen. ▾**—halen** (*aan spijker, huid enz.*) a.reißen, a.ritzen.

openhartig offenherzig. ▾**—heid** O.keit *w*.

open-hartoperatie offene Herzoperation, Operation *w* am offenen Herzen.

openheid Offenheit *w*.

openhouden offen halten.

opening Öffnung *w* (*ook concr.*); Eröffnung *w*. ▾**openings/koers** Eröffnungs/kurs *m*. ▾**—plechtigheid** E.feier *w*. ▾**—zet** E.zug *m*.

open/krabben auf/kratzen. ▾**—krijgen** a.bekommen, a.kriegen, a.bringen. ▾**—laten** offen lassen. ▾**—leggen** (*fig.*) eröffnen; (*de boeken*: *er inzage van geven*) offenlegen; (*het leesboek*) aufschlagen; (*plan*) bloß-, darlegen; (*de kaarten*) —, auf den Tisch legen, aufdecken. ▾**—liggen** offen liegen. ▾**—lijk** öffentlich; (*onverholen, open*) offen; *in —e vijandschap*, in offener Fehde.

openlucht die freie Luft, das Freie.

▾**—bijeenkomst** Versammlung *w* unter freiem Himmel. ▾**—festival** (*popmuz. enz.*) Open-air-Festival *s.* ▾**—museum** Freilicht-, Freiluftmuseum *s.* ▾**—school** Freiluft/schule *w.* ▾**—spel** F.spiel *s;* (*toneel*) Freilicht/aufführung *w.* ▾**—theater** F.theater *s.*
open/maken auf/machen, öffnen. ▾**—rijten, —rukken** a.reißen. ▾**—scheuren** a.reißen. ▾**—schuiven** a.schieben, öffnen; (*gordijnen*) zurückschieben, beiseite ziehen. ▾**—slaan** a.schlagen; (*piano enz.*) a.klappen. ▾**—slaand**: *—e deur, —raam,* Flügeltür *w,* -fenster *s.* ▾**—snijden** a.schneiden. ▾**—spalken, —sperren** (*v. ogen*) a.sperren, a.reißen. ▾**—springen** a.springen; (*slot, ook*) a.schnappen. ▾**—staan** offenstehen; *—de post,* offenstehender, offener Posten. ▾**—steken** (*zweer*) a.stecken; (*vat*) anzapfen, anstecken. ▾**—stellen** eröffnen; (*zijn huis*) öffnen; *de inschrijving op een lening —,* die Subskription auf eine Anleihe eröffnen, eine Anleihe zur Zeichnung auflegen; (*een spoorlijn*) *voor 't verkeer —,* dem Verkehr übergében; *de toegang —,* den Zutritt gestatten; *opengesteld zijn,* (*ook*) offen stehen. ▾**—stelling** Eröffnung *w.*
op-en-top ganz und gar, vom Scheitel bis zur Sohle; *zie* **top.**
open/trappen auf/treten. ▾**—trekken** a.ziehen. ▾**—vallen** a.fallen; (*betrekking*) frei, offen werden; *opengevallen betrekking,* erledigte Stelle. ▾**—vouwen** entfalten, auseinanderfalten. ▾**—waaien** a.wehen. ▾**—zetten** öffnen, a.machen; *zijn oren —,* die Ohren a.tun.
opera Oper *w;* (*gebouw, ook*) Opernhaus *s.* ▾**—orkest** Opernorchester *s.*
opera/teur Operat/eur *m.* ▾**—tie** O.ion *w; z. aan een — onderwerpen,* s. e.r O.ion unterziehen. ▾**—tiebasis** O.ionsbasis *w.* ▾**—tief** o.iv. ▾**—tiekamer** O.ionszimmer *s.* ▾**—tioneel** einsatzfähig, -bereit.
operazanger Opernsänger *m.*
opereren operieren.
operette Operette *w.* ▾**—gezelschap** Operettengesellschaft *w.*
opeten auf/essen, verspeisen; (*hij zal je niet*) —, fressen. ▾**opfleuren I** *ov.w* a.frischen; (*fig.*) a.heitern, a.muntern. **II** *on.w* s. a.frischen; (*fig.*) a.blühen; (*gezicht enz.*) s. a.heitern, s. a.klären; (*zieke*) s. erholen. ▾**opflikkeren** a.flackern; *flikker op!,* scher dich zum Teufel!; *ook* = **opflitsen** a.blitzen. ▾**opfokken** a.ziehen, a.züchten.
opfriss/en auffrischen; erfrischen; *van dat bad ben ik heerlijk opgefrist,* das Bad hat mich herrlich erfrischt, erquickt; *z. wat —,* s. ein wenig erfrischen. ▾**—ing** Auf-, Erfrischung *w.*
opgaaf Angabe *w;* (*die gemaakt moet worden, taak*) Aufgabe *w; — v. prijs,* Preisangabe *w.*
opgaan aufgehen; (*bestijgen*) hinaufgehen; (*opraken*) zu Ende gehen, alle werden; (*v. bewering, redenering, vergelijking enz.*) zutreffen; *de trap —,* die Treppe hinaufgehen; *de straat —,* auf die Straße gehen; *er gaat een geschreeuw op,* es erhebt s. ein Geschrei; *er gaat mij een licht op,* mir geht ein Licht auf, (*hum.*) ein Seifensieder auf; *geheel in de kunst —,* völlig in der Kunst aufgehen, s. ganz der K. widmen; *voor een examen —,* ein Examen machen, ins E. steigen; (*die regel*) *gaat niet op,* trifft nicht zu; (*dat*) *gaat niet op,* geht nicht an; *zijn voorraden gaan op,* die Vorräte gehen ihm aus; *op- en neergaan,* auf und abgehen, (*omhoog en omlaag*) auf- und niedergehen; *bij 't — v.d. zon,* bei Sonnenaufgang. ▾**opgaand** aufgehend; *—e bomen,* hochstammige Bäume; *— bos,* Hochwald *m; in —e lijn,* in (auf)steigender Linie. ▾**opgang** Aufgang *m; — maken,* Beifall, Anklang finden; (*erin gaan*) in Aufnahme kommen, Eingang finden.
opgave *zie* **opgaaf.**
opge/blazen aufgeblasen; (*opgezet, dik*) aufgedunsen. ▾**—laten**: *— zijn,* aufgeschmissen sein; *met iem., iets — zijn,* e.n, etwas auf dem Halse haben.
opgeld Aufgeld, Agio *s; — doen,* (*fig.*) Beifall finden, (*in trek zijn*) gesucht sein.
opge/prikt (*fig.*) geschmiegelt. ▾**—propt**: *— vol,* gedrängt voll; (*we zaten*) —, zusammengedrängt. ▾**—ruimd** aufgeräumt; heiter. ▾**—scheept**: *met iem., iets — zitten,* e.n etwas auf dem Halse haben. ▾**—schoten** aufgewachsen; *hoog —,* hoch aufgeschossen; *— kwajongen,* halbwüchsiger Bengel. ▾**—schroefd** geschraubt, geziert; (*bombastisch*) schwülstig. ▾**—sloten**: *dat ligt daarin —,* das ist darin enthalten. ▾**—smukt** aufgeputzt, aufgeschmückt; (*gekunsteld v. stijl enz.*) gekünstelt, geziert; (*bombastisch*) schwülstig.
opgetogen entzückt. ▾**—heid** Entzücken *s.*
opgeven aufgeben; (*afgeven, hierheen geven*) hergeben; (*vermelden, zeggen*) angeben; (*bloed, slijm*) auswerfen; *zijn aanspraken —,* auf seine Ansprüche verzichten, seine A. aufgeben; (*hij heeft*) *het opgegeven,* aufgegeben; *hij geeft 't niet op,* er läßt nicht locker; (*mijn benen*) *geven 't op,* versagen mir den Dienst; (*adres, data, namen, prijs enz.*) —, angeben; *als reden —,* als Grund anführen; *z. —* (*als lid, v. examen*) s. anmelden; *hoog van iets —,* viel Aufhebens (Wesens) von etwas machen.
opgewassen: *tegen iem. — zijn,* e.m gewachsen sein; (*gelijkstaan*) e.m gleichkommen; *tegen de moeilijkheden niet — zijn,* den Schwierigkeiten nicht gewachsen sein.
opgewekt munter, lebhaft, heiter; (*v. handel*) lebhaft. ▾**—heid** Munterkeit, Lebhaftigkeit, Heiterkeit *w.*
opgewonden aufgeregt, erregt. ▾**—heid** Aufregung, Erregung *w.*
opgezet (*gezwollen*) aufgedunsen; (*v. dieren*) ausgestopft.
opgieten auf/gießen. ▾**opgooien** a.werfen, in die Höhe werfen.
opgrav/en ausgrab/en. ▾**—ing** A.ung *w.*
opgroeien auf-, heranwachsen.
ophaal Aufstrich, Haarstrich *m.* ▾**—brug** Zugbrücke *w.* ▾**—gordijn** Rollvorhang *m.* ▾**—net** Zugnetz *s.* ▾**ophalen** (*optrekken*) auf/ziehen; (*uit water opvissen*) a.fischen; (*scheepst.*) a.holen; (*afhalen*) abholen; (*kennis, kleuren enz. opfrissen*) auf/frischen; (*wanneer men iets verzuimd heeft, ten achter is*) nachholen; (*inzamelen*) sammeln, einnehmen; (*oude historie*) a.rühren; (*kous*) a.ziehen, (*ladders*) (Laufmaschen) a.nehmen, (*ter reparatie gegeven ding*) (zurück)holen; *de neus — voor,* die Nase rümpfen über. ▾**ophaler** Sammler, Einsammler *m;* (*afhaler*) Abholer *m.*
ophanden: *— zijn,* bevorstehen.
ophang/en (*jas, plaatwerk, was enz.*) auf/hängen; (*misdadiger*) (a.)hängen, henken; *z. —,* s. erhängen; *een tafereel van iets —,* eine Schilderung von etwas geben. ▾**—ing** A.-, Erhängung *w.* ▾**—punt** A.hängepunkt *m.* ▾**—toestel** A.hängevorrichtung *w.*
ophebben aufhaben; (*het kind heeft het eten*) *op,* auf; *het eten al —,* (*ook*) schon gegessen haben; (*hij heeft*) *wat* (*te veel*) *op,* schon

etwas getrunken, schon e.n sitzen; *veel met iem., met iets* —, viel auf e.n, auf etwas halten; sehr für e.n, für etwas eingenommen sein, (*met iem., ook*) große Stücke auf e.n halten; *niet veel met iem.* —, (*ook*) e.n nicht mögen.

ophef: *veel* — (*van iets maken*), viel Aufhebens; *met groot* —, mit großem Lärm. ▾**—fen** aufheben; erheben; (*wegnemen*) beseitigen; (*doen eindigen*) aufheben; (*een last*) —, (auf)heben; (*de hand tegen iem., het hoofd*) —, erheben; *een zaak* —, ein Geschäft eingehen lassen, aufgeben; (*twijfel*) —, erledigen; (*een verkeersbelemmering*) —, beheben, beseitigen; (*de verschillen*) —, ausgleichen; (*dat*) *heft elkaar op*, hebt s. auf, gleicht s. aus; (*dat tijdschrift, die zaak is*) *opgeheven*, eingegangen. ▾**—fing** Aufhebung; Erhebung; Beseitigung *w*; *wegens — v.d. zaak*, wegen Aufgabe des Geschäfts. ▾**—fingsuitverkoop** Ausverkauf *m* wegen Geschäftsaufgabe.

ophelder/en I *on.w* (*v. weer, gezicht enz.*) s. auf/hellen, s. a.klären. **II** *ov.w* (*een misverstand, iets raadselachtigs enz.*) a.klären; (*toelichten, verklaren*) erläutern, erklären. ▾**—ing** A.klärung; Erläuterung, Erklärung *w*; *iem. — omtrent iets geven*, e.m A.schluß über etwas geben, e.n über etwas a.klären.

ophelpen: *iem.* —, e.m a.helfen. ▾**ophemelen** herausstreichen, verhimmeln. ▾**ophijsen** a.hissen, (*scheepst., ook*) a.heißen.

ophitsen (auf/)hetzen; (*opruien*) a.wiegeln; (*een hond*) *tegen iem.* —, auf e.n hetzen; *—de woorden*, hetzerische Worte; *—de rede*, Hetzrede *w*. ▾**—er** (A.)Hetzer *m*. ▾**—ing** A.hetzung, Hetzerei; A.wiegelung *w*; — *tot oorlog*, Kriegshetzerei, -treiberei *w*.

ophoepelen s. packen, abkratzen.

ophog/en erhöhen, aufhöhen; (*terrein*) aufhöhen, (*met puin*) auf-, anschütten. ▾**—ing** Erhöhung, Aufhöhung, An-, Aufschüttung *w*.

ophop/en auf-, anhäufen; (*bij wijze v. voorraad*) aufspeichern. ▾**—ing** Anhäufung *w*.

ophoren: *van iets* —, etwas mit Erstaunen hören; *daar hoorde hij van op*, das wunderte ihn, darüber wunderte er s.

ophouden (*tegenhouden*) aufhalten; (*eindigen, uitscheiden*) aufhören, (*een ogenblik*) innehalten; (*verhinderen te vallen*) halten; (*omhoog houden*) hochhalten, emporhalten; (*de hoed*) —, aufbehalten; (*de hand enz.*) —, hin-, herhalten; *houd je hand eens op*, halt die Hand mal auf!; (*zijn eer, naam, stand*) —, hochhalten, aufrechterhalten; (*de sleep v.e. japon een beetje*) —, aufheben, aufnehmen; (*zo'n werk*) *houdt lang op*, kostet, nimmt viel Zeit; *dan houdt alles op*, da hört (s.) doch alles auf!; (*het tijdschrift, de zaak*) *houdt op te bestaan*, geht ein; (*deze firma's, overeenkomsten*) *houden op te bestaan*, erlöschen; — *lid te zijn* (*van*), ausscheiden aus; *z. ergens* —, s. irgendwo aufhalten, irgendwo verweilen; *z. — met*, s. beschäftigen, s. befassen, s. abgeben mit; (*met zo'n vent*) *houd ik me niet op*, gebe ich mich nicht ab, (*ook*) will ich nichts zu schaffen haben; (*een perceel, een huis bij een verkoop*) —, nicht zum Zuschlag gelangen lassen, anhalten; *zonder* —, unaufhörlich, (*in één adem*) ohne abzusetzen.

opinie Meinung *w*; *naar mijn* —, meiner M. nach; *van — zijn*, der M. sein. ▾**—onderzoek** M.sforschung, -umfrage *w*. ▾**—peiling** M.sumfrage *w*.

opium Opium *s*; — *schuiven*, O. rauchen. ▾**—kit** O.kneipe *w*, O.haus *s*. ▾**—schuiver** O.raucher *m*.

opjagen aufjagen; (*ophitsen*: *tot te grote spoed aanzetten*; *mensen als wild*) hetzen; *stof* —, Staub aufjagen, (*fig.*) aufwirbeln; (*de prijzen*) —, hinauftreiben.

opkal(e)fateren ausbessern.

opkamer Halbgeschoß, -zimmer *s*.

opkammen aufkämmen.

opkijken aufsehen, -blicken, -schauen; *hij durft haast niet op te kijken*, er wagt es kaum aufzusehen, die Augen aufzuschlagen; *met bewondering naar* (*tegen*) *iem.* —, bewundernd zu e.m aufsehen, -schauen; *tegen iem.* —, Ehrfurcht vor e.m haben, ehrfurchtsvoll zu e.m emporblicken, (*hoogachten*) e.n hochschätzen; *vreemd* —, große Augen machen, ein erstauntes Gesicht machen; *hij keek er* (*vreemd*) *van op*, er sah verwundert drein, er machte große Augen; *daar kijk ik* (*vreemd*) *van op*, das wundert mich, das höre ich mit Erstaunen; *daar zal hij van* —, da wird er Augen machen.

opkikkeren s. aufrappeln, s. erholen; (*iem.*) aufpulvern, ermuntern.

opklap/baar aufklappbar; *opklapbare zitting*, Klappsitz *m*. ▾**—bed** Klappbett *s*.

opklar/en (*helder maken*) aufklären; (*helder worden*) s. aufklären, s. auffhellen. ▾**—ing** Aufklärung *w*.

opklauteren: *de trap* —, die Treppe hinauf-, heraufklettern; *tegen de muur* —, an der Mauer hinaufklettern.

opklimmen aufsteigen; hinaufsteigen; (*een berg, een trap*) —, hinauf-, heraufsteigen; (*tegen*) *een hoogte* —, eine Anhöhe hinauf-, hinansteigen; *tegen een boom* —, an e.m Baum hinaufklettern; *tot afdelingschef* —, zum Abteilungsleiter aufsteigen, befördert werden; *tot* (*naar*) *een hogere betrekking* —, in eine höhere Stelle aufrücken, emporsteigen, vorrücken; *tot een hoge waardigheid* —, zu e.r hohen Würde aufsteigen; *van 't gemakkelijke tot het moeilijke* —, vom Leichten zum Schwierigen schreiten; (*de prijs, het salaris*) *klimt op met* . . ., steigt mit . . .; (*de belastingen, prijzen enz.*) *klimmen regelmatig op*, staffeln (s.); (*het salaris*) *klimt meestal op naargelang de dienstjaren*, ist meistens nach den Dienstjahren gestaffelt; *—de reeks*, (auf)steigende Reihe.

opkloppen auf/klopfen. ▾**opknabbelen** a.knabbern.

opknappen (*mooi, netjes maken*) auf/putzen; (*in orde maken*) in Ordnung bringen, (*kamer*) zurechtmachen, richten; (*opfrissen*) a.frischen; (*oude kleren, meubels*) a.arbeiten; (*huis, bijv. door laten verven*) a.frischen, (*wat in verval is*) instandsetzen; (*de dokter zal de zieke wel weer*) —, auf die Beine bringen, a.bringen; *z.* —, s. zurechtmachen, s. putzen, (*opfrissen*) s. (durch ein Bad) erfrischen, s. a.frischen; (*dat zal hij*) *wel* —, schon machen, deichseln; (*v. zieke enz.*: *beter worden*) s. erholen; *van een glas zul je* —, ein Glas Wein wird dich a.frischen, erfrischen; (*wat bloemen,*) *daar knapt de hele kamer van op*, das schmückt das ganze Zimmer; (*het weer*) *knapt op*, wird besser, klärt s. auf.

opknopen (*v. opknooppakje enz.*) auf/knöpfen; (*ophangen*) a.knüpfen, henken; *z.* —, s. erhängen. ▾**opkoken** a.kochen.

opkomen aufkommen; (*v. zon, zaad, kokende melk enz.*) aufgehen; (*v. mist, wolken, tranen*) aufsteigen; (*v. onweer*) heraufziehen, im Anzug sein; (*v. koorts*) s. erheben; (*v. iem. die gevallen is*) auf-, emporkommen; (*die ligt of zit*) s. erheben, hochkommen; (*in stand of rang*) emporkommen, aufsteigen; (*op toneel*) auftreten, auf die Bühne kommen; (*ergens* *verschijnen*) erscheinen, s. einfinden; (*ter bestemder plaatse*) s. einstellen; *zie beneden*; (*hij kwam*) *de trap op*, die Treppe herauf; (*ik kon*) *de trap niet* —, die Treppe nicht hinaufkommen; *de rivier* —, (*stroomopwaarts*) den Fluß heraufkommen; (*de menigte*) *kwam het marktplein op*, kam auf den Marktplatz; (*het water*) *komt op*, steigt; (*de vloed*) *komt op*, steigt, schießt an; (*het eten zal*) *best* —, schon alle werden; (*de gedachte*) *kwam bij me op*, kam (stieg) in mir auf; *er kwam twijfel bij me op*, mir kamen Zweifel; *het is nooit bij* (*in*) *me opgekomen*, es ist mir nie eingefallen, ich bin nie auf den Gedanken gekommen; *ik kan er niet* —, es will mir nicht einfallen; (*vijf kandidaten*) *waren niet opgekomen*, hatten s. nicht eingefunden, eingestellt; (*slechts 20 leden waren*) *opgekomen*, anwesend; *het publiek was slecht opgekomen*, die Teilnahme des Publikums war gering; *vele kiezers zijn opgekomen*, viele Leute haben s. an den Wahlen beteiligt; (*de militairen*) *moeten* —, werden einberufen, eingezogen; (*wanneer moeten de rekruten*) —?, s.stellen?; *tegen iets* —, gegen etwas protestieren, Einspruch erheben; *tegen een bewering* —, e.r Behauptung widersprechen; (*mijn gemoed*) *komt daar tegen op*, empört s. dagegen; *tegen iem.* —, s. e.m widersetzen; *voor iem.*, *voor iets* —, für e.n, für etwas eintreten, (*in rechte vertegenwoordigen*) e.n vertreten; *voor iem.s belangen* —, jemands Interessen vertreten; *voor zijn rechten* —, seine Rechte verteidigen; *laat ze maar* —, sie sollen nur kommen!; *het —d geslacht*, das heranwachsende Geschlecht; *een —d onweer*, ein heraufsteigendes Gewitter. ▾**opkomst** (*v. zon enz.*) Aufgang *m*; (*fig.*: *omhoogkomen*) Emporkommen *s*, (*v. handel, nijverheid, stad enz., ook*) Aufschwung *m*, Aufblühen *s*, (*v. personen, ook*) Aufstieg *m*; (*bij vergaderingen enz.*) Besuch *m*; (*bij verkiezingen*) Wahlbeteiligung *w*; (*onder de wapenen*) Gestellung *w*; (*v. toneelspeler*) Auftritt *m*; *grote* —, zahlreicher Besuch, große Teilnahme.

opkop/en aufkaufen. ▾**—er** Aufkäufer *m*; (*in oud goed*) Althändler *m*.

opkrabbelen (*v. iem. die gevallen is*; *v. zieken*) wieder aufkommen, wieder auf die Beine kommen; (*op papier*) aufkritzeln. ▾**opkrassen** (*weggaan*) abkratzen. ▾**opkrijgen** (*iem. overeind krijgen*) aufbringen, hochkriegen; (*optillen*) aufheben; (*een taak enz.*; *hoed op 't hoofd*) aufbekommen, aufkriegen. ▾**opkrikken** anhebeln, hochwinden. ▾**opkroppen** (*verdriet enz.*) verschlucken, in s. fressen; *opgekropte woede*, aufgespeicherte Wut.

opkunnen (*opeten, opdrinken*) aufessen (auftrinken) können; (*overeind komen*) aufkommen (aufstehen) können, aufkönnen; *hij kan de trap niet op*, er kann die Treppe nicht hinauf, herauf; (*niet tegen de wind*) —, ankommen können; *tegen iem. niet* —, gegen e.n nich ankönnen, nicht aufkommen können, (*ook*) e.m nicht gewachsen sein; (*het eten niet*) —, bewältigen können; *hij kan zijn plezier wel op*, er erlebt nicht viel Freude, seine Lage ist nichts weiniger als angenehm; *het kan schijnbaar niet op*, es ist als ob es kein Ende nehmen könne; (*het geld*) *kan toch wel op*, wird sowieso schon alle werden.

opkweken auf-, großziehen; (*planten*) (heran)züchten.

oplaag Auflage *w*.

oplaaien auflodern. ▾**opladen** aufladen, (*fig. ook*) aufbürden. ▾**oplappen** flicken, ausbessern. ▾**oplaten** (*vlieger*) steigen lassen; (*hoed op 't hoofd*) auflassen; (*kinderen tot acht uur*) —, aufbleiben lassen.

opleg/gen auflegen; (*belastingen, boete, eed, geheimhouding enz., dus*: *verplichten tot iets*) auferlegen; (*in pakhuis*) auf-, einlagern; (*schepen*) auflegen; *iem. een straf* —, e.m eine Strafe auferlegen, (*meer als rechter*) eine Strafe über e.n verhängen; (*iem. zijn wil*) —, aufzwingen; *het er te dik* —, (*fig.*) dick auftragen. ▾**—ger** Sattelschleppanhänger *m*, aufgesattelter Anhänger; (*met trekker samen*) Sattelschlepper *m*. ▾**—ging** Auf(er)legen *s*, Auf(er)legung *w*. ▾**—sel** Besatz *m*.

opleid/en (*opwaarts leiden*) hinaufführen, -leiten; (*op het toneel, ten dans leiden*) aufführen; (*fig.*) heranbilden, ausbilden; *voor onderwijzer* —, zum Lehrer heran-, ausbilden; (*voor een examen*) —, vorbereiten. ▾**—er** (*v. examen enz.*) Lehrer *m*. ▾**—ing** Ausbildung, Heranbildung *w*; (*voor examen*) Vorbereitung *w*; *eerste* —, Grundausbildung; *gymnasiale* —, Gymnasialbildung; *verdere* —, Fortbildung; — *tot architect, verpleegster*, A. zum Architekten, zur Krankenpflegerin; — *tot leraar bij het vhmo*, Oberlehrerbildung, A. von Oberlehrern. ▾**—ingscursus** Ausbildungslehrgang *m*. ▾**—ingsinstituut** Bildungsanstalt *w*. ▾**—ingsschip** Schulschiff *s*. ▾**—ingsschool** Ausbildungsschule *w*.

oplepelen auflöffeln; (*fig.*) auftischen.

oplett/en achtgeben, aufmerksam sein, aufpassen; *let eens op*, gib mal acht, paß mal auf; —!, *opgelet!*, Obacht!; *let op!*, (*opgepast!*) Achtung!. ▾**—end** aufmerksam. ▾**—endheid** Aufmerksamkeit *w*.

opleven (wieder)aufleben.

opleveren liefern; (*in geld, als winst*) eintragen, einbringen; (*voordeel*) bringen, gewähren; (*aangenomen werk*) liefern, übergeben; (*tot resultaat hebben*) ergeben; *winst* —, Gewinn abwerfen, eintragen; *'t levert niet veel op*, es wirft nicht viel ab; (*dat*) *levert geen moeilijkheden op*, macht keine Schwierigkeiten. ▾**oplevering** Lieferung; Übergabe *w*. ▾**—stermijn** Lieferfrist *w*.

opleving (Wieder)Aufleben *s*.

oplezen vorlesen; (*lijst met namen, notulen enz.*) verlesen.

oplicht/en 1 (*helder worden*) s. auf/hellen; **2** (*optillen*) a.heben; (*bedriegen, beetnemen*) beschwindeln, betrügen; (*afzetten*) prellen; *de sluier* —, (*fig.*) den Schleier lüften. ▾**—er** Schwindler *m*; (*gentleman-oplichter*) Hochstapler *m*; (*afzetter*) Preller *m*. ▾**—erij** Schwindel *m*; Hochstapelei; Prellerei *w*. ▾**—ing** A.hebung *w*; Schwindel *m*.

oplikken auflecken. ▾**oploeven** aufluven.

oploop Auflauf *m*. ▾**oplopen** (*een trap*) hinaufgehen, -laufen; (*hij liep*) *de straat op*, auf die Straße; (*deze weg*) *loopt op*, steigt an; *tegen een hoogte* —, eine Höhe hinaufgehen; *ik kom bij gelegenheid wel eens* —, ich werde gelegentlich mal bei dir vorsprechen; (*met iem. een eindje*) —, (mit)gehen; (*opzwellen v. lichaamsdelen enz.*) an-, aufschwellen, an-, auflaufen; (*v. water*) auflaufen, anschwellen; (*v. kosten, interest, schulden, tegoed enz.*) auf-, anlaufen, anwachsen; (*v. koersen, prijzen enz.*) anziehen, steigen; (*de koorts*) *loopt op*, steigt; *een geldboete* —, s. eine Geldstrafe zuziehen; (*een pak slaag*) —, bekommen; *een verkoudheid* —, s. eine Erkältung holen, zuziehen; *op en neer lopen*, auf- und abgehen. ▾**oplopend** (*terrein*) ansteigend.

oplos/baar (*vraagstuk enz.*) (auf)lösbar; (*nat. en chem.*) lös/lich, auflösbar. ▾**—baarheid** L.barkeit; L.lichkeit, A.keit *w*. ▾**—koffie** l.licher Kaffee, Pulverkaffee, Instantkaffee *m*. ▾**—middel** L.ungsmittel *s*. ▾**—sen**

(*moeilijkheid, raadsel, enz.*) l.en; (*iets in een vloeistof*) auflösen; (*alle moeilijkheden*) *zijn tot ieders tevredenheid opgelost*, haben s. in Wohlgefallen aufgelöst; (*suiker*) *lost in water op*, löst s. in Wasser; *slijm—d middel*, schleimlösendes Mittel. ▾**—sing** Lösung; Auflösung *w.*

opluch t/en (*verlichting geven*) Erleichterung geben, erleichtern; *z. opgelucht voelen*, s. erleichtert fühlen. ▾**—ing** Erleichterung *w.*

opluister/en: *een feest* —, e.m Fest Glanz verleihen, den Glanz e.s Festes erhöhen. ▾**—ing**: *ter* —, zur Erhöhung des Glanzes.

opmaak (*v. bericht in krant; verpakking v. Aufmachen s*, Aufmachung *w*; (*typ.: de waren*) Aufmachung *w*; (*make-up*) Aufmachen *s*, Aufmachung *w*; (*typ.: de gezette tekst in pagina's afdelen*) Umbruch *m.* ▾**opmaken**: *alles* —, alles aufessen, nichts übrig lassen; (*verkwisten*) verschwenden, durchbringen; (*bed, de haren*) machen; (*de waren*) *fijn* —, hübsch aufmachen, zurechtmachen; (*de was*) —, besorgen, zurechtmachen; (*gevolgtrekkingen maken*) schließen; *een akte* —, eine Urkunde aufsetzen; *een akte van iets laten* —, (*door notaris*) eine Urkunde über etwas aufnehmen lassen; *de begroting* —, den Etat aufstellen; *een begroting* (*v.d. kosten*) —, die Kosten veranschlagen; *een bestek* (*v.d. kosten*) —, den Kostenvoranschlag machen; (*'n contract*) —, aufsetzen; *een lijst, staatje* —, ein Verzeichnis, eine Liste machen; (*'n rekening*) —, aufstellen, schreiben; (*de rekening*) —, machen; (*'n verklaring*) —, abfassen; (*'n verslag*) —, aufstellen, abfassen; *een vel druks* (*het zetsel*) —, (*typ.*) den Satz umbrechen; *uit die woorden maak ik op dat...*, aus diesen Worten schließe ich, folgere ich, daß...; (*daaruit*) *valt op te maken*, läßt s. erschließen; *z.* —, s. aufmachen (*ook ong.*), (*make-up enz.*) s. zurechtmachen, *z.* — *tot*, (*gereedmaken*) s. anschicken zu. ▾**opmaker** (*verkwister*) Verschwender, Durchbringer *m*; (*typ.*) Metteur *m.*

opmarcheren aufmarschieren; (*ophoepelen*) s. packen, abkratzen; *opgemarcheerd!*, Abmarsch!, pack dich!, hau ab! ▾**opmars** Aufmarsch *m*, (*meer: het oprukken*) Vormarsch *m*; (*v. vijand*) Anmarsch *m.*

opmerk/elijk bemerkenswert; (*opvallend*) auffallend, merkwürdig. ▾**—en** bemerken; *iem. iets doen* —, e.n auf etwas [4] aufmerksam machen. ▾**—enswaard(ig)** bemerkenswert, merkwürdig. ▾**—er** Beobachter *m.* ▾**—ing** Bemerkung *w.* ▾**—ingsgave** Beobachtungsgabe *w.* ▾**—zaam** aufmerksam. ▾**—zaamheid** Aufmerksamkeit *w.*

opmet/en aufmessen; (*v. landmeter*) vermessen. ▾**—er** Vermesser *m.* ▾**—ing** Auf-, Vermessung *w*; *—en doen*, Vermessungen vornehmen.

opmonteren aufmuntern, -heitern.

opname Aufnahme *w*; *eigen* —, (*rad.*) rundfunkeigene Schallaufnahme; — *op grote afstand, van dichtbij*, Fern-, Nahaufnahme; *vertraagde* —, (*film, enz.*) Zeitlupenaufnahme *w*; *versnelde* —, (*film enz.*) Zeitrafferaufnahme *w.* ▾**—capaciteit**: — *v.d. markt*, Marktaufnahmefähigkeit *w.* ▾**—kop** Tonkopf *m.* ▾**—techniek** Aufnahmetechnik *w.* ▾**opnem/en** aufnehmen; (*oprapen, opbeuren, ook*) aufheben; (*succes hebben*) in Aufnahme kommen, Beifall finden; (*geld*) aufnehmen, (*v. tegoed op bank*) abheben, erheben; *de pen* —, die Feder ergreifen; zu der Feder greifen; (*de stemmen*) —, sammeln; (*de temperatuur*) —, messen; *tijd* —, Zeit nehmen; (*iem.*) —, (*gadeslaan*) beobachten; (*iem.*) *scherp* —, (von Kopf zu Fuß) mustern; *de situatie goed* —, die Lage in s. aufnehmen; (*iets*) *verkeerd* —, übel aufnehmen; (*iets*) *te hoog, te ernstig* —, zu wichtig, zu ernst nehmen; *iets licht* —, (es mit) etwas leicht nehmen, etwas von der leichten Seite nehmen; *'t tegen iem.* —, es mit e.m aufnehmen; *'t voor iem.* —, für e.n eintreten. ▾**—er** Aufnehmer *m*; (*tijdopn.*) Zeitnehmer *m*; (*landmeter*) Feldmesser *m.* ▾**—ing** Aufnahme *w*; (*v. temp.*) Messung *w.*

opnieuw aufs neue, von neuem.

opnoemen nennen, hersagen; (*opsommen*) aufzählen.

opoffer/en (auf)opfern. ▾**—ing** Opfer *s*, Aufopferung *w.* ▾**—ingsgezind** opferwillig, -freudig.

oponthoud Aufenthalt *m.*

oppakken (*optillen, oprapen*) aufheben, -nehmen; (*inrekenen*) festnehmen, verhaften, einsperren; (*bij elkaar pakken, inpakken*) zusammenpacken, einpacken; (*opladen*) aufpacken, aufladen.

oppas (*bij baby*) Babysitter *m*; (*die zieke heeft*) *een goede* —, eine gute Pflege; (*we hebben*) *geen* — *vanavond*, heute abend keinen zum Aufpassen. ▾**—sen** (*opletten*) aufpassen, achtgeben; *pas op* (*anders val je*)*!*, Vorsicht!, gib acht!, paß auf!; — *is de boodschap!, opgepast!*, jetzt heißt es aufpassen!, aufgepaßt!; (*z. hoeden*) s. hüten; *pas op voor de hond!*, hüte dich vor dem Hund, (*op waarschuwingsbord*) Vorsicht, bissiger Hund!; *daar zal ik wel netjes voor* —, (*niet doen*) das werde ich hübsch bleiben lassen; (*verzorgen, bedienen*) versorgen, bedienen, aufwarten [3], (*zieken, kinderen*) warten, pflegen; (*goed*) —, (*z. goed gedragen*) s. gut aufführen, s. gut benehmen; (*een hoed*) —, aufprobieren. ▾**—send** ordentlich, brav, solid. ▾**—ser** (*persoon die toezicht houdt; v. dieren*) Wärter *m*; (*v. zieken*) Krankenwärter, -pfleger *m*; (*bediende*) Bediente(r), (*v. officieren*) Bursche *m.*

oppeppen aufputschen, aufpeitschen.

opper (*hooi*) Schober, Haufen *m.* ▾**—arm** Ober/arm *m.* ▾**—best** vorzüglich. ▾**—bestuur** O.herrschaft *w*; (*de personen*) O.behörde *w.* ▾**—bevel** O.befehl *m*, O.kommando *s*, (*de hoogste legerleiding*) O.ste Heeresleitung. ▾**—bevelhebber** O.befehlshaber *m.* ▾**—commando** O.kommando *s.*

opperen 1 (*uiten*) äußern; (*plan*) vorschlagen, aufs Tapet bringen; **2** (*hooi*) aufschobern.

opper/gezag Ober/gewalt *w.* ▾**—heerschappij** O.herrschaft *w.* ▾**—hoofd** O.haupt *s*; (*v. rovers, 'n wilde stam*) Häuptling *m.* ▾**—huid** O.haut *w.* ▾**—kleed** O.kleid *s.* ▾**—macht** O.gewalt *w.* ▾**—machtig** allmächtig, souverän; (*zeer machtig*) übermächtig. ▾**—man** Handlanger *m.* ▾**—officier** General *m*; (*zeemacht*) Flaggoffizier *m.* ▾**—priester** O.priester *m.* ▾**—rechter** O.richter *m.*

oppersen (*water enz.*) hinauf-, heraufpressen; (*kleren*) aufbügeln.

opperst oberst, höchst.

oppertoezicht Oberaufsicht *w.*

oppervlak Fläche *w*; (*buitenste, bovenste, opperste vlak*) Oberfläche *w*; *het* — *v.e. cirkel*, die Kreisfläche, der Flächeninhalt e.s Kreises. ▾**—kig** ober/flächlich. ▾**—kigheid** O.flächlichkeit *w.* ▾**—te** O.fläche *w*; (*gebied*) Fläche *w*; *bebouwde* —, (*landb.*) Anbaufläche *w*; — *v.d. zee*, Meeresspiegel *m.* ▾**—tespanning** O.flächenspannung *w.* ▾**—tewater** Tagewasser *s.*

opper/wachtmeester (*mil.*) Oberfeldwebel *m*; (*politie*) Hauptwachtmeister *m*. ▼**O—wezen** höchstes Wesen.
oppeuzelen verschmausen; (*knabbelend*) auf/knabbern. ▼**oppikken** a.picken; (*toevallig vinden en meenemen*) a.gabel, a.gattern, a.treiben; (*schipbreukeling*) aus dem Wasser fischen, a.fischen; (*misdadiger*) erwischen, abfassen. ▼**opplakken** a.kleben, (*landkaarten, foto's op linnen of karton*) a.ziehen. ▼**oppoetsen** a.putzen. ▼**oppoken** a.schüren. ▼**oppompen** a.pumpen.
oppon/ent Opponent, Gegner *m*. ▼**—eren** opponieren, widersprechen.
opporren (*kachel*) (auf)schüren; (*aansporen*) antreiben.
opportun/isme Opportun/ismus *m*. ▼**—ist** O.ist *m*. ▼**—istisch** o.istisch. ▼**—iteit** O.ität *w*. ▼**opportuun** o.
oppos/ant Gegner *m*. ▼**—itie** Opposit/ion *w*; *— voeren*, O.ion machen. ▼**—itiepartij** O.ionspartei *w*.
oppotten auf/sparen, zurücklegen; (*voorraden*) a.speichern; (*goud*) horten, a.speichern; (*plant*) in einen Topf setzen. ▼**opprikken** a.stecken. ▼**opproppen** vollpfropfen; *opgepropt vol*, gepfropft voll. ▼**oprakelen** (*vuur*) a.schüren; (*uit de as*) a.scharren; (*fig.*) a.wärmen, -rühren. ▼**opraken** zu Ende gehen, alle werden, ausgehen. ▼**oprapen** auf/heben, a.nehmen; (*verzamelend; fig.*) a.lesen; (*snel oprapen*) a.raffen.
oprecht auf/richtig; (*rond en open*) gerade; (*openhartig*) offen; *—e vaderlanders*, richtige Patrioten. ▼**—heid** A.richtigkeit; Gradheit *w*.
oprekken recken; (*handschoenen, schoenen*) ausweiten.
opricht/en errichten, gründen; (*omhoogbrengen, -heffen*) aufrichten; (*gebouw, gedenkteken, steiger; instituut, school; loodlijn*) errichten; (*handelszaak, maatschappij, partij, vereniging enz.*) gründen; (*klooster, orde, rijk, school enz.: stichten*) stiften; (*het hoofd*) aufrichten, erheben; (*iem.*) —, (*eig. en fig.*) aufrichten; *z. —*, s. aufrichten, (*gaan staan*) s. erheben. ▼**—er** Gründer, Errichter, Stifter *m*. ▼**—ersaandeel** Gründeraktie *w*. ▼**—ing** Gründung, Errichtung, Stiftung; Aufrichtung *w*; *akte van —*, Gründungsurkunde *w*, (*v. vennootschap*) Gesellschafts-, Gründungsvertrag *m*. ▼**—ingskapitaal** Stamm-, Grundkapital *s*. ▼**—ingsvergadering** Gründungsversammlung *w*.
oprij/den hinauf-, herauffahren, (*op rijdier*) -reiten; (*tegen*) *de dijk —*, den Deich hinauf-, herauffahren; (*'n auto van de garage*) *de straat —*, auf die Straße fahren; *de straat op en neer rijden*, die Straße auf- und abfahren; *naast iem. —*, neben e.m herfahren, -reiten; *rijd op!*, fahr zu! ▼**—laan** Auf-, An-, Zufahrt *w*.
oprijzen s. erheben; (*omhoogsteken v. bergen enz.*) aufragen, emporragen; (*v. stofwolken, zon enz.*) aufsteigen, emporsteigen; (*v. beelden in de geest, v. gedachten, vermoedens enz.*) aufsteigen; (*v. moeilijkheden*) aufkommen, entstehen.
oprisp/en rülpsen, aufstoßen; (*het eten*) *rispt me op*, stößt mir auf. ▼**—ing** Rülps(er) *m*, Aufstoßen *s*.
oprit Auf-, Anfahrt *w*; (*bij 't spoor enz.*) Rampe *w*.
oproeien hinauf-, heraufrudern; *tegen de stroom —*, gegen den Strom (an)rudern, (*fig.*) gegen den Strom schwimmen.
oproep Aufruf *m*; (*tel.*) Anruf *m*; *zie ook* **—ing.** ▼**—en** (*wakker roepen, ook fig.*) wachrufen; (*geesten*) heraufbeschwören; (*tot strijd*) aufrufen; (*opwekken tot iets*) auffordern; (*getuigen*) vorladen; (*onder de wapenen*) einberufen; (*voor bepaalde diensten*) heranziehen; (*bijeenroepen*) zusammen-, einberufen; (*leden ter vergadering*) einladen. ▼**—ing** Aufruf *m*; Heraufbeschwörung; Aufforderung; Vorladung; Einberufung; Heranziehung; Zusammenberufung; Einladung *w*; *— onder wapenen*, (*voor lichting*) Aufgebot *s*, Einberufung *w*, (*voor enkeling*) Gestellungsbefehl *m*, Einberufungsschreiben *s*; (*voor verkiezing*) Wahlkarte *w*; (*convocatie*) Einlad/ung *w*, E.ungsschreiben *s*, E.ungszettel *m*. ▼**—signaal** Anrufzeichen *s*. ▼**—toon** Freizeichen *s*.
oproer Aufruhr *m*, (*meer opstand*) Empörung *w*, Aufstand *m*; (*opstootje*) Krawall *m*; (*plotselinge revolutionaire omwentelingspoging*) Putsch *m*; *— kraaien*, Auf/ruhr krähen; *— maken*, e.n A.ruhr machen, s. empören. ▼**—ig** a.rührerisch, a.ständisch. ▼**—igheid** a.rührerische Gesinnung, Empörungsgeist *m*. ▼**—kraaier** A.wiegler, A.ruhrstifter *m*. ▼**—ling** A.ständische(r) *m*, A.rührer, Rebell *m*. ▼**—maker** A.ruhrstifter, Krawallmacher *m*; *zie* **—ling.**
oproken aufrauchen.
oprol/automaat Auf/rollapparat *m*. ▼**—len** a.rollen (*ook v. front, ondergrondse organisatie enz.*), zusammenrollen.
oprotten sich fortscheren, sich packen.
oprui/en auf/hetzen, a.wiegeln; *—d*, hetzerisch, a.wieglerisch. ▼**—er** A.wiegler, A.hetzer *m*. ▼**—ing** A.wiegelei, A.hetzerei, A.hetzung *w*.
opruim/en aufräumen; (*opbergen*) wegräumen; (*uitverkopen*) räumen, ausverkaufen; (*oude rommel; ook fig.: 'n eind maken aan*) aufräumen mit; (*iem. doden*) aus dem Wege räumen, liquidieren. ▼**—ing** Aufräumung, Räumung *w*; (*uitverkoop*) Ausverkauf, Räumungsausverkauf, Schlußverkauf *m*; *— van zomerartikelen*, Sommerschlußverkauf; *— houden*, aufräumen. ▼**—ingsdienst** Aufräumungs-, Räumungsdienst *m*.
oprukken aufmarschieren, vorrücken; (*tegen de vijand*) —, vorrücken; (*de vijand*) *rukte onweerstaanbaar op*, drang (stieß) unaufhaltsam vor.
opscharrelen auf/treiben, -stöbern, -gabeln. ▼**opschenken** a.gießen. ▼**opschepen**: *iem. met iets —*, e.m etwas a.laden.
opschepp/en (*met schep*) auf/schöpfen; (*met schop*) a.schaufeln; (*soep*) a.füllen; (*opdissen*) a.tischen; (*fig.: snoeven*) a.schneiden; *iem. iets —*, e.n mit etwas bedienen, e.m etwas auf den Teller geben; *schep eens op!*, bediene dich mal!; *ik heb het ook niet voor 't —*, das Geld liegt hier nicht nur so aufgehäuft; *opgeschept liggen*, in Überfluß vorhanden sein, in großer Anzahl dasein. ▼**—er** Auf/schneider *m*. ▼**—erig** a.schneiderisch. ▼**—erij** A.schneiderei *w*.
opscheren gegen den Strich rasieren.
opschieten (*naar boven, opgroeien*) aufschießen; *de trap —*, die Treppe hinaufschießen, hinauffliegen; (*vooruitkomen*) vorwärtskommen, Fortschritte machen; (*voortmaken*) s. beeilen, schnell machen; (*v tijd*) vorrücken, vorschreiten, zu Ende gehen; (*de tijd*) *begint mooi op te schieten*, ist bald herum; (*het werk*) *schiet op*, geht gut vorwärts; *het werk schiet niet op*, die Arbeit kommt nicht von der Stelle, ich komme mit der Arbeit nicht vorwärts; *goed met elkaar kunnen —*, gut miteinander

auskommen können; *schiet op!*, mach schnell!, (*lopen, rijden*) geh zu!, fahr zu!, (*hoepel op*) packe dich!; (*alle patronen*) —, verschießen.
opschik Putz, Schmuck *m*; (*ijdele praal*) Flitterstaat *m*. ▾**—ken** (*tooien*) (auf)putzen, herausputzen; (*de kussens*) zurechtlegen; (*plaatsmaken*) zusammen-, hinaufrücken.
opschilderen aufmalen; (*opnieuw*) aufs neue malen; (*opverven*) ein wenig, aufs neue anstreichen.
opschort/en (*kleren*) aufschürzen; (*uitstellen*) verschieben, hinausschieben, aufschieben; (*betalingen*) hinausschieben; (*straf, terechtstelling*) aussetzen; *zijn oordeel* —, sein Urteil hinausschieben, mit seinem U. zurückhalten. ▾**—ing** (*uitstel*) Aufschub *m*, Verschiebung *w*; (*v. terechtstelling, straf enz.*) Aussetzung *w*.
opschrift Aufschrift *w*; (*'titel' v. gedicht enz.*) Überschrift *w*; (*in steen enz. gehouwen; op munten*) Inschrift *w*. ▾**opschrijfboekje** Notizbuch *s*. ▾**opschrijven** aufschreiben; (*aantekenen, ook*) aufzeichnen, notieren; *ten dode opgeschreven*, dem Tode geweiht, (*fig.*) zum Tode verurteilt.
opschrikken I *ov.w* aufschrecken. **II** *on.w* aufschrecken; (*uit slaap enz.*) auffahren.
opschroeven aufschrauben; (*eisen, prijzen enz.*) in die Höhe schrauben, emporschrauben; (*veel ophef maken van*) aufbauschen; *opgeschroefd*, stark übertrieben, (*gekunsteld*) geschraubt, (*bombastisch*) schwülstig.
opschrokken herunterschlingen.
opschudd/en aufschütteln; (*krachtiger*) aufrütten. ▾**—ing** (*fig.*) Aufregung *w*.
opschuiv/en auf-, hinaufschieben, in die Höhe schieben; (*stoel, tafel*) rücken; (*plaats maken*) rücken, weiter-, zusammenrücken; *schuif wat op*, rücke ein wenig!; (*in rang*) aufrücken; (*uitstellen*) auf-, verschieben. ▾**—ing** Aufschieben *s*; (*uitstel*) Aufschub *m*.
opsier/en (auf)schmücken, aufputzen. ▾**—ing** Ausschmückung *w*, (Auf)Schmücken *s*.
opslaan aufschlagen; (*goederen in pakhuis*) (ein)lagern; (*de huishuur, de prijs*) steigern; (*het loon*) erhöhen, aufbessern; (*voorraad enz. inkopen, opdoen*) einkaufen, s. versorgen mit; *opgeslagen liggen, zijn*, (*v. goederen*) lagern; *zijn winterprovisie* —, den Winterbedarf einkaufen, seinen W. decken; (*aardappelen*) *in de kelder* —, einkellern. ▾**opslag** Aufschlag *m*; (*v. prijs*) Steigerung *w*, A.; (*v. huishuur*) S.; (*v. loon, salaris*) Erhöhung, Aufbesserung *w*; (*v. goederen in pakhuis*) (Ein)Lagerung *w*; *iem. — geven*, jemands Lohn, Gehalt erhöhen, aufbessern, e.n aufbessern. ▾**—bedrijf** Lager/geschäft *s*. ▾**—loods** L.schuppen *m*. ▾**—plaats** L.stelle *w*; (*gebouw*) L.raum *m*, -haus *s*. ▾**—terrein** L.platz *m*.
opslobberen aufschlürfen. ▾**opslokken** verschlucken. ▾**opslorpen** (*slurpend opdrinken*) aufschlürfen; (*opzuigen*) aufsaugen. ▾**opsluit/en** einschließen; (*in gevangenis enz.*) einsperren; (*wegsluiten*) verschließen; *z.* —, s. einschließen, (*fig.*) s. verschließen; (*het achterste gelid*) *sluit op*, schließt auf. ▾**—ing** Einschließung, Einsperrung *w*.
opsmuk (Auf)Putz, Schmuck *m*. ▾**—ken** ausschmücken, (auf)schmücken, (auf)putzen.
opsnijd/en aufschneiden; (*fig. ook*) prahlen, renommieren. ▾**—er** Aufschneider, Prahler, Renommist *m*. ▾**—erig** aufschneiderisch. ▾**—erij** Aufschneiderei, Renommage *w*.
opsnoepen auf/naschen. ▾**opsnorren** *zie* **opscharrelen.** ▾**opsnuffelen** (*fig.*) a.stöbern. ▾**opsnuiven** a.schnauben, einschnauben, einatmen.
opsomm/en auf/zählen, herzählen. ▾**—ing** A.zählung *w*.
opsparen zusammensparen. ▾**opspatten** auf/spritzen, (*vonken*) a.sprühen. ▾**opspelden** a.stecken. ▾**opspelen** (*beginnen te spelen*) anspielen; (*een kaart*) ausspielen; (*te keer gaan*) wettern, poltern, auf/begehren; *tegen iem.* —, (*standje geven*) e.n schelten, schimpfen, (*uitvaren*) gegen e.n herausfahren. ▾**opspeuren** a.spüren, a.stöbern. ▾**opspoelen** (*op spoel*) a.spulen; (*was, vaatwerk*) (aus)spülen.
opspor/en aufspüren, ausspüren; (*door zoeken, vinden*) ausfindig machen, ermitteln; *een misdadiger* —, (*door politie*) nach e.m, auf e.n Verbrecher fahnden. ▾**—ing** Aufspüren; Ausfindigmachen *s*; Ermittelung; Fahndung *w*. ▾**—ingsambtenaar** Fahndungsbeamte(r) *m*. ▾**—ingsdienst** (*politie*) Fahndungsdienst *m*; (*delfstoffen*) Explorationsdienst *m*. ▾**—ingsregister** Fahndungsbuch *s*.
opspraak: *in* — (*brengen, komen*), ins Gerede.
opspringen auf/springen; (*v. verrassing, schrik enz. opvliegen*) a.fahren; (*verend*) a.schnellen; *tegen iem.* —, (*v. hond*) an e.m hinaufspringen. ▾**opspuiten** a.spritzen; (*terrein*) a.spülen. ▾**opstaan** a.stehen; sich erheben; (*uit het graf*) (a.)erstehen; (*in opstand komen*) s. empören, s. erheben; *Christus is opgestaan*, Christ ist erstanden; —*de kraag*, Stehkragen *m*.
opstal Baulichkeiten *Mz*, die aufstehenden Gebäude; *recht v.* —, Erbbaurecht *s*.
opstand Aufstand *m*, Empörung, Erhebung *w*; *in — komen*, s. empören; *tegen de onderdrukkers in — komen*, gegen die Unterdrücker aufstehen; *tegen het noodlot in — komen*, s. wider das Schicksal auflehnen; (*bouwk.: tekening*) Aufriß *m*; (*inrichting v. winkel enz.*) Einrichtung *w*; (*opzetstuk, opstaande rand*) Aufsatz *m*; (*boswezen*) Bestand *m*; *gemengde* —, Mischbestand *m*. ▾**—eling** Aufständische(r) *m*, Empörer, Rebell *m*. ▾**—ig** aufständisch; rebellisch, (*weerspannig*) aufsässig. ▾**—ing** Auferstehung *w*.
opstap Auftritt *m*; —*je!*, Vorsicht Stufe!
opstapel/en auf/stapeln, a.schichten, a.häufen, anhäufen; *torenhoog* —, (auf)türmen; *z.* —, s. (an)häufen; (*wolken*) *stapelen z. op*, türmen s. ▾**—ing** Aufstapelung, Aufschichtung *w*.
opstappen (*de trap, een stoep*) hinauf-, heraufsteigen, -gehen, -schreiten; (*bij welke tramhalte wil je*) —, einsteigen; (*weggaan*) weg-, fort-, weitergehen; (*hij kon*) —, abschieben.
opsteken aufstecken; in die Höhe stecken; (*opheffen*) aufheben, emporheben, (*meer: strekken*) emporstrecken; (*aansteken*) anzünden, anbrennen; (*v. wind*) s. erheben; (*de haren*) auf/stecken; (*de hand, zijn vinger*) a.heben; (*de vinger*) —, (*in school*) heben; *het hoofd* —, den Kopf erheben, (*fig.*) s. erheben, s. rühren; (*de oren*) —, spitzen; (*de paraplu*) a.spannen; *steek eens op*, rauchen Sie mal!; *bij iem. zijn licht* —, s. von e.m belehren lassen: (*hij heeft*) *er niet veel van opgestoken*, nicht viel dabei gelernt.
opstel Aufsatz *m*. ▾**—len** aufstellen; (*brief, contract, rapport enz.*) aufsetzen, abfassen. ▾**—ler** Verfasser *m*. ▾**—ling** Aufstellung *w*, Aufstellen *s*; Abfassung, Aufsetzung *w*.
opstijg/en aufsteigen; (*omhoogstijgen, ook*)

emporsteigen; (*de ladder*) hinauf-, heraufsteigen. ▾**—ing** Aufstieg *m*, Aufsteigung *w*, Aufsteigen *s*.
opstok/en (*vuur*) (an)schüren; (*stokende verbruiken*) aufbrennen; (*ophitsen*) aufhetzen; *iem. iets —*, e.m etwas eingeben, e.n zu etwas antreiben. ▾**—er** (Auf)Hetzer *m*.
opstootje Krawall, Auflauf *m*.
opstopp/en vollstopfen; (*opvullen, opzetten*) ausstopfen. ▾**—er** Puff, Stups, Stoß, Hieb *m*. ▾**—ing** (*het stuiten*) Hemmung, Versperrung, Aufstauung *w*; (*v. verkeer; het opgestopt zijn*) Stockung, Stauung, Hemmung *w*; (*v. wagens*) Stauung *w*; (*wagens die*) *een — veroorzaken*, s. stauen.
opstrijken auf/streichen; (*geld, de winst enz.*) einstreichen; (*met strijkijzer*) a.bügeln. ▾**opstropen** a.streifen; (*de mouwen*) *stropen op*, schieben s. in die Höhe. ▾**opstuiven** a.stieben, (*meer dwarrelend*) a.wirbeln; (*van zijn stoel*) *—*, a.fahren; (*de trap*) *—*, hinauf-, herauffliegen, -stürmen; (*fig.*) a.brausen, a.fahren. ▾**opsturen** senden, schicken; (*papieren, stukken*) einsenden, -schicken; (*nasturen*) nachsenden, - schicken. ▾**opstuwen** a.stauen; (*het water, het verkeer*) *wordt opgestuwd*, staut s.; (*een voorwerp onder water wordt*) *opgestuwd*, a.getrieben. ▾**optakelen** a.hissen; (*schip*) a.takeln; (*fig.*) a.takeln, a.putzen, a.donnern. ▾**optekenen** a.zeichnen, a.schreiben, notieren.
optel/len zusammenzählen, addieren; *zie ook* **opsommen**. ▾**—fout** Additionsfehler *m*. ▾**—ling** Zusammenzählung, Addierung *w*; (*optelsom*) Addition *w*. ▾**—machine** Addiermaschine *w*.
optant Optant *m*. ▾**optéren** (*kiezen*) optieren [für].
ópteren (*opmaken*) aufzehren.
optica Optik *w*. ▾**opticien** Optiker *m*.
optie Option, Wahl *w*; *tot 1990 in — hebben*, bis 1990 die Vorhand haben.
optiek Optik *w*.
optillen auf/heben, a.nehmen.
optim/aal optimal. ▾**—aliseren** o.isieren. ▾**—alisering** O.isierung *w*.
optimis/me Optimismus *m*. ▾**—t** Optimist *m*. ▾**—tisch** optimistisch.
optisch optisch.
optocht Zug, Aufzug *m*.
optornen: *tegen iets —*, gegen etwas ankämpfen.
optreden I *ww* auftreten; (*handelen*) vorgehen; (*ingrijpend tussenbeide komen, v. iem. die gezag heeft*) einschreiten; *krachtig, met beslistheid, met geweld enz. —*, energisch, entschieden, mit Gewalt vorgehen; (*op die manier moet je*) *tegen hem —*, gegen ihn, mit ihm verfahren. **II** *zn* Auftreten *s*; (*gedrag*) Benehmen, Verhalten *s*; (*handelen*) Vorgehen *s*.
optrekje kleine (Sommer)Wohnung. ▾**optrekken** aufziehen; hinauf-, herauf-, emporziehen; (*muur, steiger enz.*) aufführen; (*de neus*) *voor iets —*, über etwas rümpfen; (*het leger*) *trekt op*, marschiert auf, rückt vor, (*breekt op*) bricht auf; (*de mist, de kruitdamp*) *trekt op*, steigt auf, verzieht s.; (*de vloer*) *trekt op*, ist feucht; (*veel met iem.*) *moeten —*, zu schaffen haben; *met een vervelende kerel moeten —*, e.n langweiligen Kerl auf dem Hals haben; *z. —*, s. hinaufziehen, (*aan rekstok*) e.n Klimmzug machen.
optuigen (*paard*) schirren; (*schip; ook v. personen*) auftakeln. ▾**optutten**: *z. —*, s. aufdonnern.
opus Opus *s*.
opvall/en auf/fallen. ▾**—end** a.fallend, a.fallig.
opvang/centrum Auffanglager *s*. ▾**—en** auffangen; (*v. brieven: onderscheppen*) abfangen.
opvaren: *de rivier —*, den Fluß hinauffahren; *tegen de stroom —*, gegen den Strom fahren, (*fig.*) gegen den Strom schwimmen. ▾**—den** Passagiere und Bemannung; (*alleen bemanning*) Schiffsmanschaft *w*.
opvatt/en auf/nehmen, a.fassen; (*een plan*) fassen; (*liefde*) *voor iem. —*, zu e.m fassen; (*een woord*) *in de goede zin —*, im guten Sinne a.fassen; (*iets*) *als een belediging —*, als eine Beleidigung a.nehmen, a.fassen; (*iets tragisch, te gewichtig*) *—*, nehmen. ▾**—ing** A.fassung *w*; (*mening*) Ansicht *w*; *breed v. —*, großzügig; *iem. met brede —*, ein großzügiger Mensch.
opvegen (*zand, vuil*) zusammenkehren, -fegen, aufnehmen; (*een kamer*) (aus)kehren, -fegen; (*de vloer*) kehren. ▾**opverven** anstreichen. ▾**opvijzelen** auf/schrauben, -winden; (*fig.*) herausstreichen. ▾**opvissen** a.fischen. ▾**opvlammen** a.flammen; (*hoog en helder*) a.lodern.
opvlieg/en auf/fliegen; (*plotseling v. schrik, v. zetel*) a.fahren, a.springen; (*driftig worden*) a.fahren, a.brausen; *de trap —*, die Treppe hinauf-, herauffliegen. ▾**—endheid** Jähzorn *m*; auffahrendes, aufbrausendes Wesen.
opvoed/en erziehen; *—de waarde*, erzieherischer Wert, (*een straf moet*) *een —de uitwerking hebben*, erziehlich wirken. ▾**—end** erzieherisch, erziehlich, Erziehungs... ▾**—er** Erzieher *m*. ▾**—ing** Erziehung *w*; *— en onderwijs*, Erziehungswesen *s*; *gebrek in de —*, Bildungslücke *w*. ▾**—ingsgesticht** Erziehungsanstalt *w*; (*v. rijkswege*) *Fürsorgeheim s*. ▾**—kunde** Pädagogik, Erziehungslehre *w*. ▾**—kundig** pädagogisch, erzieherisch, erziehlich; *— bureau*, pädagogische Anstalt, Beratungsstelle *w*. ▾**—kundige** Pädagog *m*. ▾**—ster** Erzieherin *w*.
opvoer/en hinauf-, heraufführen; (*kolen uit mijn*) fördern; (*toneelstuk; persoon ten tonele*) aufführen; (*prijzen*) hinauftreiben, steigern; (*produktie, welstand*) steigern, heben; (*de eisen te hoog*) *—*, schrauben, hinauftreiben. ▾**—ing** (*toneel*) Aufführung *w*.
opvolg/en: *iem. —*, (*op troon, in ambt enz.*) e.m nachfolgen; (*bevel, raad, voorschriften*) befolgen, (*bevel, ook*) e.m Befehl Folge leisten; (*in leeftijd*) *elkaar —*, aufeinander folgen. ▾**—er** Nachfolger *m*. ▾**—ing** Nachfolge *w*; (*op de troon*) Thronfolge *w*; (*v. bevel, raad enz.*) Befolgung *w*; (*opeenvolging*) Aufeinanderfolge *w*. ▾**—ster** Nachfolgerin *w*.
opvorder/baar einforderbar. ▾**—en** ein-, zurückfordern; (*mil.*) anfordern, requirieren. ▾**—ing** Ein-, Zurück-, Anforderung, Requisition *w*.
opvouw/baar (zusammen)faltbar, zusammenlegbar; *opvouwbare boot, doos, wagen*, Faltboot *s*, -schachtel *w*, -wagen *m*; *opvouwbare duimstok*, Klapp-, Faltmaßstab *m*; *opvouwbare fiets, ladder*, Klappfahrrad *s*, Klappleiter *w*. ▾**—en** (zusammen)falten, zusammenlegen.
opvragen (*terug*) zurückfordern. ▾**opvreten** auf/fressen. ▾**opvrolijken** a.muntern, a.heitern.
opvullen (an)füllen; (*kussens; dieren: opzetten*) ausstopfen; (*volstoppen*) vollstopfen. ▾**—ling** Füllung, Anfüllung *w*; Ausstopfung *w*. ▾**—sel** Füllung *w*, Füllsel *s*.
opwaaien aufwehen; aufgeweht werden.

opwaarder/en aufwerten. ▾**—ing** Aufwertung *w.*
opwaarts I *bw* auf/wärts, hinauf. **II** *bn*: *—e beweging*, A.wärtsbewegung *w*; *—e druk*, (*nat.*) A.trieb *m*; *in —e lijn*, in a.steigender Linie; *—e tendens*, steigende Tendenz.
opwacht/en: *iem.* —, e.n erwarten, auf e.n warten; (*met kwade bedoeling*) e.m auflauern. ▾**—ing**: *zijn — bij iem. maken*, e.m seine Aufwartung machen.
opwarmen auf/wärmen; (*iem. voor iets*) —, begeistern. ▾**opwassen** (*opgroeien*) a.wachsen; *tegen iem. opgewassen zijn*, e.m gewachsen sein. ▾**opwegen**: *tegen iem., tegen elkaar* —, e.m, s. die Waage halten; *het een weegt tegen 't ander op*, (*fig.*) das eine wiegt das andere auf.
opwekk/en (*uit slaap enz. doen opstaan*) aufwecken; (*iem. van de dood*) —, (auf)erwecken; (*gaande maken, doen ontstaan*) erregen; (*argwaan, begeerte, medelijden*) erregen, erwecken; (*herinneringen*) wachrufen, erwecken; (*elektr.*) erregen, erzeugen; (*iem. tot iets*) anregen, ermuntern; (*eetlust*) anregen, reizen; *de levensgeesten bij iem.* —, e.n wiederbeleben. ▾**—end** anregend; (*opvrolijkend*) ermunternd, heiter. ▾**—ing** Aufweckung; Erweckung; Erregung; Anregung; Ermunterung *w.*
opwell/en aufquellen, hervorquellen; (*tranen*) *welden in haar ogen op*, quollen ihr aus den Augen; (*v. gevoelens*) s. regen, (*sterker*) aufwallen; (*de gedachte*) *welde in mij op*, stieg in mir auf. ▾**—ing** (*fig.*) Anwandlung *w*; (*sterker*) Aufwallung *w*; (*het gebeurde*) *in een — van toorn*, in aufwallendem Zorn.
opwerk/en hinauf-, heraufarbeiten; (*een zware kist de trap*) —, hinaufschaffen, -arbeiten; (*een tekening*) auf/arbeiten; (*oude meubels enz.*) a.arbeiten, a.frischen; (*v. kernmateriaal*) a.arbeiten; (*het borduursel is veel te hoog*) *opgewerkt*, a.gelegt, a.getragen; *z.* —, s. emporarbeiten, s. heraufarbeiten. ▾**—ing** A.arbeitung *w.*
opwerp/en aufwerfen; *bezwaren* —, Einwendungen erheben, Einwände machen, Bedenken äußern. ▾**—ing** (*fig.*: *tegenwerping*) Einwand *m*, Einwendung *w.*
opwind/en aufwinden; (*horloge, klok*) aufziehen; (*iem., z.*) —, aufregen, (*z., ook*) s. ereifern. ▾**—ing** Aufregung, Erregung *w.*
opwippen auf/wippen; (*oplichten*) a.klappen; *van zijn stoel* —, vom Stuhl a.wippen, a.springen, a.schnellen; (*het bordes*) —, hinaufhüpfen, hinaufspringen. ▾**opwrijven** a.reiben.
opzeg/baar kündbar. ▾**—gen** (*les, gedicht enz.*) hersagen; (*betrekking, gehoorzaamheid, huur, krediet enz.*) kündigen; *iem.* —, e.m kündigen; *met 14 dagen —s*, mit vierzehntägiger Kündigungsfrist, mit 14 Tagen Kündigung; *zeg op!*, sag an! ▾**—ging** (*les enz.*) Hersagen *s*; (*betrekking, contract enz.*) Kündigung *w.* ▾**—gingstermijn** Kündigungsfrist *w.*
opzeilen (e.n Fluß) hinauf-, heraufsegeln; *tegen de wind* —, gegen den Wind segeln. ▾**opzenden** (*gebeden, een blik*) (hin)aufsenden; *zie verder* **opsturen**.
opzet 1 (*plan, toeleg*) Vor/satz *m*; (*bedoeling*) Absicht *w*; *met* —, a.lich, (*met voorbedacht*) v.sätzlich, mit V.satz; *dat is niet met — gebeurd*, das beruht nicht auf V.satz; *met het — om* (*dit te doen*), in der A.; *zonder* —, ohne A., unabsichtlich; **2** (*opzetstuk, opstand*) Aufsatz *m*; **3** (*v. drama enz., ontwerp*) Anlage *w*; Entwurf *m*; *de — van deze roman deugt niet*, dieser Roman ist schon in der Anlage, im Plan verfehlt; (*de hele zaak*) *was groot, Amerikaans van* —, wurde groß, amerikanisch aufgezogen. ▾**—telijk** absichtlich; (*met voorbedacht*) vorsätzlich; *— voor dat doel*, eigens zu diesem Zweck. ▾**—ten** auf/setzen; (*kegels*) a.setzen, a.stellen; (*ladder, ledikant, schaakstukken, val*) a.stellen; (*iem. die gevallen is, een mast*) a.richten; (*kramen, tenten*) a.schlagen; (*grammofoonplaat*) a.legen; (*paraplu*) a.spannen; (*de haren, manen, stekels, veren*) sträuben; *de veren* —, (*v. vogels, ook*) die Federn a.plustern, s. a.plustern; (*dieren*) ausstopfen; (*een breiwerk*) aufschlagen; (*steken, ook*) auflegen; (*winkel, zaak*) eröffnen, errichten; (*een eigen huishouden*) gründen; (*een roman, toneelstuk, kunstwerk, plan*) anlegen; (*een feest, onderneming*) *groots* —, groß aufziehen; *een grote mond* —, ein großes Maul machen; (*grote ogen*) —, machen; (*zwellen*) (an)schwellen; *opgezet gezicht*, aufgedunsenes Gesicht; (*ophitsen*) aufhetzen; (*mensen*) *tegen elkaar* —, gegeneinander hetzen; (*de koorts*) *komt* —, erhebt sich; (*de vloed*) *komt* —, kommt herauf; (*de bui, het onweer*) *komt* —, zieht herauf; (*van alle kanten*) *kwam de vijand* —, rückte der Feind heran, tauchte der Feind auf; (*in de laatste ronde*) *kwam de renner* —, rückte der Rennfahrer auf.
opzicht (*toezicht*) Aufsicht *w*; (*betrekking*) Hinsicht; Beziehung *w*; *het — hebben over*, die A. führen über; *in alle —en*, in jeder H.; *ten —e van*, in bezug auf [4], bezüglich [2], (*ten aanzien van*) h.lich [2], in H. auf [4]; *te dien —e*, in dieser H., was das betrifft; *te mijnen —e*, mir gegenüber, in Bezug auf mich, was mich betrifft. ▾**—er** Aufseher *m*; (*in mijn*) Steiger *m.* ▾**—ig** auffällig, auffallend; *— gekleed gaan*, (*ook*) auffallen durch seine Kleidung; (*v. kleuren, ook*) grell. ▾**—igheid** Auffälligkeit *w.*
opzichzelfstaand vereinzelt, einzeln; *— geval*, vereinzelter Fall, Einzelfall *m.*
opzien I *ww* aufsehen, -blicken, -schauen; *tegen een taak* —, s. vor e.r Aufgabe scheuen, (*sterker*) vor e.r Aufgabe zurückschrecken; (*ouders*) *zien vaak met schrik tegen de vakantie op*, sehen den Ferien oft mit Schrecken entgegen; *tegen de kosten* —, die Kosten scheuen; *zie ook* **opkijken**. **II** *zn* Aufseh/en *s*; *— baren*, A.en erregen. ▾**—barend** a.enerregend. ▾**—er** *zie* **opzichter**.
opzij *zie* **zij II**.
opzitten aufsitzen; (*v. honden*) schön machen; (*v. haas*) Männchen machen; *daar zal wat voor je* —, du kannst dich auf etwas gefaßt machen, du wirst etwas abkriegen; (*als je het niet doet*) *zit er wat voor je op*, setzt's was; *er zit niets anders op*, es bleibt nichts anders übrig, es geht nun mal nicht anders; (*de vakantie*) *zit er weer op*, sind wieder vorüber; (*dat*) *zit er weer op*, ist wieder gemacht, haben wir wieder geschafft, wäre fertig.
opzoeken aufsuchen; (*in boek*) nachschlagen; (*bezoeken*) besuchen. ▾**opzouten** einsalzen; (*bewaren*) aufbewahren. ▾**opzuigen** aufsaugen. ▾**opzuipen** aufsaufen; (*hele fles*) aussaufen; (*zijn geld*) versaufen.
opzwell/en (an)schwellen; *opgezwollen gezicht*, aufgedunsenes Gesicht. ▾**—ing** Anschwellung *w.*
opzwemmen: *de rivier* —, den Fluß hinaufschwimmen; *tegen de stroom* —, gegen den Strom schwimmen. ▾**opzwepen** aufpeitschen; (*opruien*) aufhetzen.
orakel Orakel *s.* ▾**—spreuk** O.spruch *m.*

orang-oetan(g) Orang-Utan *m.*
Oranje (*vorstendom*) Oranien *s*; *Huis van —*, Haus Oranien; (*pers.*) Oranier *m*; Oranierin *w.* ▼**oranje I** *bn* orange(farben). **II** *zn* (*boom*) Orangenbaum *m*; (*vrucht*) Orange, Pomeranze *w*; (*kleur*) Orange *s.* ▼**—appel** Orange, Pomeranze *w.* ▼**—boom** Orangenbaum *m.* ▼**O—gezind** Oranienfreundlich. ▼**—kleurig** orangefarbig. ▼**—lint** orangefarbenes Band. ▼**—vorst** Oranier *m.*
orat/ie Rede *w*; (*in mis*) Kirchengebet *s.* ▼**—orisch** oratorisch, rednerisch. ▼**—orium** Oratorium *s.*
orchidee Orchidee *w.*
orde Ordnung *w* (*ook*: *indeling in plant- en dierk. enz.*); (*klooster-, ridderorde enz.*) Orden *m*; *de — van de Nederlandse Leeuw*, der Niederländische Löwenorden; *— van advocaten*, Anwaltsverband *m*; *— houden*, Ordnung, Disziplin halten; *— op zijn zaken stellen*, seine Angelegenheiten in Ordnung bringen, ordnen, (*bij sterven*) sein Haus bestellen; *— van de dag*, Tagesordnung *w*; *aan de — stellen*, auf die Tagesordnung setzen; (*een kwestie*) *aan de — stellen*, zur Diskussion stellen; *aan de — zijn*, an der T. sein; (*v. kwestie, ook*) zur D. sein, (stehen); (*iets*) *in — brengen, maken*, in Ordnung bringen, (*afdoen*) erledigen; (*de haren*) *in — maken*, richten; (*de kamer*) *in — maken*, zurechtmachen; (*dat*) *komt* (*vanzelf*) *wel in —*, wird s. schon finden, wird s. schon machen, gibt s. von selbst; *in — komen*, (*op zijn pootjes terechtkomen*) ins Lot kommen; *komt in —!*, geht in Ordnung!, machen wir!, wird gemacht!; *in —!*, in Ordnung!, richtig!; (*dat*) *is in —*, ist in Ordnung, (*afgedaan*) ist erledigt, (*klopt*) stimmt; (*de zieke*) *is weer in —*, hat s. wieder erholt, ist wiederhergestellt; *zo, ben je weer in —?*, na, wieder auf dem Posten?; *in goede — ontvangen*, in Ordnung, ordnung/smäßig erhalten; *op — zijn*, in Ordnung sein, (*op orde gesteld zijn*) auf Ordnung halten; *tegen, in strijd met de —*, o.swidrig; *voor, ter wille van de goede —*, o.shalber; *gevoel voor —*, O.ssinn *m*; *reglement van —*, Geschäftsordnung *w*; *de openbare —*, die öffentliche O.; *voorschriften betreffende de handhaving van de openbare —*, Verordnung über den O.sschutz. ▼**—bewaarder** Ordner *m.* ▼**—broeder** Ordensbruder *m.* ▼**—commissaris** Ordner *m.* ▼**—kleed** Ordenskleid *s.* ▼**—lievend** ordnungsliebend. ▼**—lijk** ordentlich, geordnet, ordnungsmäßig. ▼**—lijkheid** Ordnung *w.* ▼**—lint** Ordensband *s.* ▼**—loos** ordnungslos, unordentlich. ▼**—loosheid** Ordnungslosigkeit *w.* ▼**—nen** ordnen. ▼**—ning** Ordnung *w*; (*econ.*) Planwirtschaft *w*, gelenkte Wirtschaft. ▼**—ntelijk** ordentlich, anständig.
order (*bevel*) Befehl *m*, Order *w*; (*opdracht*; *bestelling*) Auftrag *m*; *tot nader —*, bis auf weiteren B., bis auf weiteres (näheres); (*ik ben*) *tot uw —s*, (ich stehe) zu (Ihren) Diensten; *wat is er van uw —s?*, was steht zu (Ihren) Diensten?, was (ist) gefällig?; *nog iets van uw —?*, (ist) sonst noch etwas gefällig?; *overeenkomstig uw —*, Ihrem A., B. gemäß; *op — van*, im A. [2]; *— tot inkoop*, Kaufauftrag; *een — plaatsen*, e.n A. vergeben, (*bemachtigen*) e.n A. einholen; *de nog uit te voeren —s*, (*in portefeuille*) der A.sbestand; *te betalen aan de — van...*, zahlen Sie an die Order des Herrn...; *aan de heer N. of —*, an Herrn N. oder seine Order; *cheque aan —*, Orderscheck *m.* ▼**—bestand** A.sbestand, -polter *m.* ▼**—bevestiging** A.sbestätigung *w.* ▼**—boek** Bestellungs-, Kommissionsbuch *s.* ▼**—briefje** (*betaalbriefje*) (Zahlungs)Anweisung *w*; (*bestelbriefje*) Bestellzettel *m*; (*promesse*) Sola-, Eigenwechsel *m.* ▼**—portefeuille** *zie* **—bestand**.
orde/sgeestelijke Ordens/geistliche(r) *m.* ▼**—teken** O.zeichen *s.*
ordeverstoring (öffentliche) Ruhestörung *w*; (*wanordelijkheden*) Unruhen, Ruhestörungen *Mz.*
ordinaat (*wisk.*) Ordinate *w.*
ordinair ordinär, gewöhnlich, alltäglich.
ordner Ordner *m.*
ordonn/ans Ordonnanz *w*; (*mil., meestal*) Melde/gänger, M.fahrer, M.reiter, M.r *m.* ▼**—ansdienst** M.dienst *m.* ▼**—antie** Verordnung *w*; (*v. kunstwerk*) Anordnung *w.* ▼**—eren** vorschreiben, befehlen; (*v. kunstwerk*) anordnen.
oreren reden; (*druk praten*) schwadronieren.
orgaan Organ *s.* ▼**—donor** O.spender *m.*
organ/iek organ/isch. ▼**—igram** O.igramm *s*, O.isationsplan *m.* ▼**—isatie** O.isation *w*; (*v. congres, feest enz.*) Veranstaltung *w*; *een geheime —*, eine geheime Verbindung; *lid v.e. geheime —*, Geheimbündler *m*; *O. voor Europese Economische Samenwerking*, O. für Europäische Wirtschaftliche Zusammenarbeit; *O. voor Economische Samenwerking en Ontwikkeling*, O. für Wirtschaftliche Zusammenarbeit und Entwicklungshilfe. ▼**—isatieschema** O.isationsplan *m.* ▼**—isator** O.isator *m*, (*v. feest enz.*) Veranstalter *m.* ▼**—isatorisch** o.isatorisch. ▼**—isch** o.isch. ▼**—iseren** o.isieren; (*congres, feest enz.*) veranstalten; *een georganiseerde*, ein O.isierter. ▼**—isme** O.ismus *m.*
organist Organist *m.*
orgasme Orgasmus *m.*
orgel Orgel *w*; (*straatorgel*) Drehorgel *w*, (*klein*) Leierkasten *m.* ▼**—bespeling** O.spiel *s.* ▼**—draaier, —man** O.mann, Leierkastenmann *m.* ▼**—register** O.register *s*, O.zug *m.*
orgie Orgie *w.*
oriënt/atie Orientierung *w*; (*bij kerkenbouw*) Ostung *w.* ▼**—atietocht** Orientier/ungsfahrt *w.* ▼**—eren** o.en; (*een kerk*) osten. ▼**—eringsvermogen** O.rungsvermögen *s*, Ortssinn *m.*
origin/aliteit Originalität *w.* ▼**—e** Herrkunft, Abstammung *w.* ▼**—eel I** *bn* Original..., originell; *originele bewijsstukken*, urkundliche Beweisstücke; *originele kerel*, origineller, urwüchsiger Mensch; *een — mens*, (*zonderling, type*) ein Original, ein origineller Kauz. **II** *zn* Original *s*; (Urbild *s*; Urschrift; Urfassung *w*).
orkaan Orkan *m.*
orkest Orchester *s.* ▼**—bak** O.raum *m.* ▼**—dirigent** O.leiter, Direktor, Dirigent *m.* ▼**—partij** O.stimme *w.* ▼**—ratie** Orchestrierung *w.*
ornaat Ornat *s.* ▼**ornament** Ornament *s.* ▼**—eel** o.al. ▼**—iek** O.ik *w.*
ornitho/logie Ornitho/logie *w.* ▼**—loog** O.loge *m.*
ortho/dox ortho/dox, rechtgläubig. ▼**—doxie** O.doxie *w.* ▼**—grafie** O.graphie *w.* ▼**—pedie** O.pädie *w.* ▼**—pedisch** o.pädisch.
os Ochse *m*; (*slapen*) *als een —*, wie ein Dachs.
oscill/atie Oszill/ation *w.* ▼**—eren** o.ieren.
osse/bloed Ochsen/blut *s.* ▼**—haas** O.filet, Rinderfilet *s*, (*gebraden*) Filetbraten *m.* ▼**—staartsoep** O.schwanzsuppe *w.* ▼**—tong** O.zunge *w.*

ostentatief ostentativ.
otium Otium *s*, Muße *w*.
otter Otter *m*. ▾**—bont** O.pelz *m*.
oud alt; *— papier*, Altpapier *s*; *de —e stad*, (*deel*) die Altstadt; *een kind van drie jaar —*, ein dreijähriges Kind; *mijn —e heer*, mein Alter; *de —e lui*, die Alten, die alten Herrschaften, die Eltern; *—e jongen!*, alter Junge!, altes Haus!; *op zijn —e dag*, auf seine alten Tage, in seinen alten Tagen; *voor de —e dag*, für die alten Tage; *hoe —er, hoe gekker*, Alter schützt vor Torheit nicht; *van 't — in 't nieuw vieren*, Silvesterabend feiern. ▾**—achtig** ältlich. ▾**—bakken** altbacken. ▾**—burgemeester** ehemaliger Bürgermeister. ▾**O—duits** altdeutsch. ▾**oude** Alte(r) *m*; *—n en jongen*, Alte und Junge; *de —n*, die Alten; *—n van dagen*, alte Leute; *tehuis voor —n van dagen*, Altersheim *s*. ▾**—dagsvoorziening** Altersversorgung *w*. ▾**—heer** Alte(r) *m*, alter Herr. ▾**—jaarsavond** Silvesterabend *m*. ▾**—lui** Alte *Mz*; *je —*, deine Eltern. ▾**—mannenhuis** Altmännerheim *s*.
ouder Vater *m*; Mutter *w*; e.r der Eltern; (*in erfelijkheidsleer, statistiek*) Elter *m*; *van — tot —*, von Geschlecht zu Geschlecht, von altersher. ▾**—avond** Eltern/abend *m*. ▾**—commissie** E.rat, E.ausschuß *m*.
ouderdom Alter *s*; *de — komt met gebreken*, das A. hat seine Beschwerden, seine Gebrechen; *in de — van*, im A. von. ▾**—skwaal** A.sbeschwerde *w*, A.sgebrechen *s*. ▾**—spensioen**, **—srente** A.srente *w*. ▾**—szorg** A.sversorgung *w*. ▾**—swet** *zie* **AOW**. ▾**—szwakte** A.sschwäche *w*.
ouder/ejaars(student) Student *m* älteren Semesters. ▾**—huis** Eltern/haus *s*. ▾**—liefde** E.liebe *w*. ▾**—lijk** elterlich; *— huis*, Eltern/haus *s*. ▾**—ling** (Kirchen)Älteste(r) *m*. ▾**—loos** e.los. ▾**—paar** E.paar *s*. ▾**—raad** E.beirat *m*. ▾**—s** E. *Mz*. ▾**—schap** E.schaft *w*. ▾**—wets** altmodisch, altertümlich.
oud/evrouwenhuis Altersheim *s* für Frauen. ▾**—ewijvenpraat** Altweibergeschwätz *s*. ▾**—gediende** Veteran *m*.
oudheid (*oude tijd*) Altertum *s*; (*voorwerp, ook*) Antiquität *w*; (*ouderdom*) Alter *s*, *de klassieke —*, das klassische Altertum, die Antike; (*hij verzamelt*) *oudheden*, Altertümer, Antiquitäten. ▾**—kunde** Altertumskunde, Archäologie *w*. ▾**—kundig** archäologisch. ▾**—kundige** Altertumskundige(r) *m*, Archäologe *m*.
oud/hollands altholländisch; *— papier*, Büttenpapier *s*. ▾**—-hoogleraar** emeritierter Professor. ▾**—-international** Altinternationale(r) *m*. ▾**—je** Alte(r) *m* & *w*. ▾**—-katholiek I** *bn* altkatholisch. **II** *zn* Altkatholik *m*. ▾**—-leerling** ehemaliger Schüler, alter Schüler. ▾**—-lid** ehemaliges Mitglied. ▾**—-officier** ehemaliger Offizier. ▾**—oom** Großonkel *m*. ▾**—roest** altes Eisen; *handelaar in —*, Alteisenhändler *m*. ▾**—s(her)**: *van —*, von alters her, von jeher. ▾**—ste** (Alteste(r) *m*, (*van twee*) Ältere(r) *m*. ▾**—-strijder** Veteran *m*; ehemaliger Frontsoldat. ▾**—tante** Großtante *w*. ▾**—tijds** ehemals, vormals.
outcast Outcast *m*.
outill/age Ausrüstung, Ausstattung *w*. ▾**—eren** ausrüsten, ausstatten.
output (*comp.*) Output *m*, *s*, Ausstoß *m*.
outsider Outsider, Außenseiter *m*.
ouverture Ouvertüre *w*.
ouvreuse Platzanweiserin *w*.
ouwe Alte(r) *m*; *zie* **oud** *en* **oude**.
ouwel Oblate *w*.
ouwelijk ältlich.
ovaal I *bn* oval, länglichrund. **II** *zn* Oval, Eirund *s*.
ovatie Ovation *w*.
oven Ofen *m*; (*in fornuis*) Bratröhre *w*.
over I *vz* über (*meestal 4e nv*; *in de bet. 'aan de overkant van' 3e nv, bijv.*: *— de grens wonen*, über der Grenze wohnen; *andere voorbeelden met 3e nv zie lager*); (*het is*) *— twaalf*, über zwölf, zwölf Uhr vorbei, zwölf Uhr durch; (*10 min.*) *— 12*, nach 12; *—dag*, am Tage; (*zij heeft iets vriendelijks*) *— z.*, an s.; *— 't hele lichaam* (*beven, nat zijn*), am ganzen Körper; (*iem. iets*) *— de post sturen*, durch die Post zuschicken; *zorg hebben — iem.*, um e.n Sorge haben; (*nog enkele voorbeelden van* über + *3e nv*:) (*altijd*) *— de boeken* (*zitten*), über den Büchern; (*de armen*) *— de borst kruisen*, über der Brust kreuzen; *— de jurk* (*een mantel dragen*), über dem Kleid. **II** *bw* (*ik heb, er zijn*) *nog slechts drie gulden —*, nur noch drei Gulden übrig; (*er is nog plaats*) *—*, übrig, frei; (*deze leerlingen zijn*) *—*, versetzt worden; (*het gevaar is*) *—*, vorüber, vorbei; (*hij verdiende een gulden*) *—*, mehr; (*werk je vanavond*) *—*, länger; (*je leest die zin fout*,) *lees hem —*, lies ihn noch einmal, aufs neue; (*maak*) *dat werk twee keer —*, die Arbeit zweimal; (*hij tekent het portret*) *—*, (*opnieuw*) aufs neue, von neuem, (*anders*) um, (*van een ander na*) ab, nach; (*meet dat*) *eens —*, noch einmal, mal nach; *— krijgen*, (*naar de overkant v. rivier, naar ginds*) hinüberbekommen, -kriegen, (*hierheen, naar deze kant*) herüberkommen, -kriegen; *de rivier — krijgen*, über den Fluß hinüber-, herüberkriegen; (*ik krijg familie*) *—*, zu Besuch; (*hij komt voor een maand*) *—*, herüber; (*vele schepen*) *varen de Rijn — naar Bazel*, fahren über den Rhein nach Basel; (*hij gooit het*) *de muur —*, über die Mauer; (*hij ging*) *de brug —*, über die Brücke (hinüber); (*de veerman*) *zette hem —*, setzte ihn über; (*hij voer*) *naar Engeland —*, nach England hinüber; (*leg*) *het kind een deken —*, dem Kind eine Decke über; *— het geweer!*, das Gewehr über!; *te —*, im Überfluß, in Hülle und Fülle; *een schelden — en weer*, ein Schimpfen hin und her.
overal uberall, allenthalben.
overal(l) Über(zieh)anzug, Schutzanzug *m*.
overbagage Übergepäck *s*.
overbekend all-, weltbekannt.
overbelast/en überlásten; (*fig. vooral*) überbürden; (*elektr.*) überbelasten, (*v. machine enz.*: *te veel eisen van*) 'überbeanspruchen. ▾**—ing** Überbelastung, Überbürdung; Überlastung; Überbeanspruchung *w*.
overbeleefd übertrieben höflich, überhöflich.
overbelichten (*fot.*) überbelichten.
overbeschaafd überbíldet; überfeinert.
overbesteding Überverausgabung *w*.
over/bevolking 'Überbevölkerung *w*. ▾**—bevolkt** über'völkert.
overblijf/lokaal Pausenhalle *w*. ▾**—sel** Überrest, Rest *m*, Überbleibsel *s*. ▾**overblijv/en** (*overschieten*) übrig bleiben; *er bleef ons niets anders over dan...*, es blieb uns nichts andres übrig als...; *het —de*, das übrige, der Rest; (*een nachtje*; *in school*; *op 't werk*) (da)bleiben; (*tussen de middag*) *—*, in der Mittagspause dableiben; *voor straf moeten —*, (*in school*) nachsitzen müssen; *een trein —*, bis zum nächsten Zug bleiben; (*achterblijven*) zurückbleiben; *de —den*, (*nagelaten betrekkingen*) die Hinterbliebenen; *—de planten*, ausdauernde, überwinternde Pflanzen, Dauerpflanzen. Stauden. ▾**—er** (in der Mittagspause) Bleibende(r) *m*.

overblúffen verblüffen, über'tölpeln.
overbodig 'überflüssig, únnötig; *—e vraag*, müßige Frage.
overboek/en überträgen, úmbuchen; (*geld*: *overmaken*) überweisen. ▾**—ing** Übertragung; Umbuchung; Überweisung *w*.
overboord über Bord.
óverbreng/en (*brieven, berichten enz.*) überbríngen; (*berichten, ook*) übermítteln; (*groeten enz.*) ausrichten; *alles aan iem. —*, (*verklikken*) e.m alles zutragen; (*tech.*: *beweging, elektr., krachten, trillingen*; *handelst.*: *overboeken; iets in een andere taal enz.*; *een ziekte*) überträgen; (*het saldo*) *op nieuwe rekening —*, auf neue Rechnung vortragen; (*van hier naar ginds, naar de overkant*) (hin)überbringen, (*omgekeerd*) herüberbringen; (*alg.*: *vervoeren*) transportieren, (*pers.*) überführen; (*ik moet mijn meubels nog*) —, hinüberbringen; (*deze vrachtrijders*) *brengen ook meubels over*, transportieren, befördern auch Möbel; (*de gesneuvelden*) *naar het vaderland*, (*iem.*) *naar het ziekenhuis —*, in die Heimat, ins Krankenhaus 'überführen; (*de misdadiger*) *naar de gevangenis —*, ins Gefängnis abführen; (*het bedrijf*) *naar een andere plaats —*, in e.n andren Ort verlegen; (*een kind*) *de straat —*, über die Straße bringen; (*iem.*) *de rivier —*, über den Fluß setzen, bringen. ▾**—er** Überbringer, Ausrichter, Zuträger, Über'träger *m*. ▾**—ing** Überbríngung, Übermíttlung, Überträgung *w*; Transport *m*, Beförderung, Über'führung, Abführung *w*.
overbrieven (*verklikken*) hinterbríngen, angeben, zutragen.
overbrugg/en über'brücken. ▾**—ing** Überbrückung *w*, (*over straat*) Überführung *w*. ▾**—ingskrediet** Überbrückungs-, Zwischenkredit *m*. ▾**—ingstoelage** Überbrückungszulage *w*.
óverbuigen 'überbiegen; *z. naar iem. —*, s. nach e.m hin-, vorneigen.
overbuur Nachbar *m* drüben; (*bijv. aan tafel*) Gegenüber *s*.
over/capaciteit Über/kapazität *w*. ▾**—compensatie** Ü.kompensation *w*. ▾**—compleet** ü.zählig. ▾**—consumptie** Ü.konsumtion *w*.
over/daad Überfluß *m*, (*weelderig*) Üppigkeit *w*; (*verkwisting*) Verschwendung *w*; (*onmatigheid*) Unmäßigkeit *w*. ▾**—dadig** üppig; verschwenderisch; unmäßig.
overdag am Tag, tagsüber.
overdékken überdécken; (*met dak*) überdáchen; *overdekte tennisbaan*, Hallentennisplatz *m*, Tennishalle *w*; *overdekte tribune*, überdachte Tribüne; *overdekt zwembad*, Hallenbad *s*.
overdénk/en überdénken, überlégen, erwägen. ▾**—ing** Überlegung, Erwägung *w*; (*beschouwing*) Betrachtung *w*.
overdoen (*opnieuw*) noch einmal machen (tun), wiederholen; (*wat omwerken*) umarbeiten; (*zijn zaken*) überträgen, überlássen, abtreten; (*goederen*) verkaufen, überlássen, ablassen; (*iets in een ander vat*) 'übergießen, 'überschütten.
overdonderen verblüffen.
over/dosering Über/dosierung *w*. ▾**—dosis** Ü.dosis *w*.
overdraagbaar übertragbar. ▾**overdracht** Überträgung *w*; (*meer overgave*) Übergabe *w*; (*jur.*: *v. onroerend goed*) Auflassung *w*; (*afstand van recht*) Abtretung *w*; *akte van —*, Übertragungs-, Abtretungsurkunde *w*. ▾**—edelijk** überträgen, bildlich (angewendet), figürlich. ▾**—skosten** Auflassungskosten *Mz*. ▾**overdrag/en** (*ambt, eigendom enz.*) überträgen; (*jur.*: *ook*) abtreten; (*wissel, ook*) indossieren, weiterbegeben; (*een ziekte*) *op iem. —*, auf e.n überträgen; (*naar andere plaats dragen*) hinüber-, herüber-, 'übertragen. ▾**—er** (*v. rechten*) Abtretende(r) *m*; (*overbrenger*) Überträger *m*.
over/dreven übertríeben. ▾**'—drijven** hinüber-, 'übertreiben; (*voorbijdrijven*) vorüberziehen; (*v. onweer, ook*) s. verziehen. ▾**—drijven** übertréiben. ▾**—drijving** Übertréibung *w*.
overdruk I *bn*: *hij heeft het —*, er ist (allzu) sehr beschäftigt. **II** *zn* **1** Abdruck *m*; (*afzonderlijke afdruk*) Sonderdruck, Separatabdruck *m*; **2** (*bijv. op postzegel*) Aufdruck, Überdruck *m*; **3** (*spanning v. gas enz.*) Überdruck *m*. ▾**—ken** ab-, nachdrucken; (*bijv. postzegels*) aufdrucken; (*opnieuw*) aufs neue drucken, noch einmal drucken; (*anders*) umdrucken; (*meer*) mehr drucken.
overduidelijk mehr als deutlich, überdeutlich.
overdwars querüber.
overeen (*over elkaar*) übereinander; (*dat komt*) *— uit*, auf eins heraus. ▾**—brengen** in Übereinstimmung, in Einklang bringen; (*iets met zijn geweten*) *niet overeen kunnen brengen*, nicht vereinbaren können. ▾**—komen** (*afspreken*) übereinkommen, (*meer*: *vaststellen, bepalen*) vereinbaren; (*overeenstemmen*) übereinstimmen; *op de overeengekomen voorwaarden*, zu den vereinbarten Bedingungen; *op nader overeen te komen voorwaarden*, zu näher zu bestimmenden Bedingungen; (*zij konden*) *omtrent de prijs niet —*, über den Preis nicht einig werden, s. über den Preis nicht einigen; *niet met de waarheid —*, nicht mit der Wahrheit übereinstimmen, der W. nicht entsprechen; *zie* **—komstig**. ▾**—komend** übereinstimmend, entsprechend; (*gelijk*) gleich; (*gelijkend*) ähnlich. ▾**—komst** Übereinstimmung *w*, (*meer gelijkenis*) Ähnlichkeit *w*; (*afspraak*) Übereinkunft *w*, Übereinkommen *s*, (*deftiger en meer contractueel*) Vereinbarung *w*, (*meer na langere of kortere onderhandelingen, regeling*) Abkommen *s*, (*volledig contract, verdrag*) Vertrag *m*; *economische —*, Wirtschaftsabkommen, -vertrag; *een — aangaan*, eine Übereinkunft, Vereinbarung, ein Abkommen treffen. ▾**—komstig I** *bn* übereinstimmend, ähnlich, entsprechend; *in een — geval*, in e.m ähnlichen Fall; *—e hoeken*, korrespondierende Winkel, Gegenwinkel *Mz*; *met het klimaat —e kleding*, dem Klima entsprechende Kleidung. **II** *vz* gemäß [3], entsprechend [3]; (*dat*) *is niet — de waarheid*, ist nicht der Wahrheit gemäß, entspricht nicht der W.; *— de natuur*, naturgemäß; *— zijn wens* (*handelen*), seinem Wunsch gemäß; *— hiermede*, dementsprechend, demgemäß; *— het oorspronkelijke*, in Übereinstimmung mit dem Original. ▾**—komstigheid** Ähnlichkeit, Übereinstimm/ung *w*. ▾**—stemmen** ü.en. ▾**—stemming** Ü.ung, *w*, Einklang *m*; *in — brengen met*, in Ü.ung, in E. bringen mit; (*zijn woorden en daden*) *zijn niet met elkaar in —*, stehen nicht miteinander im E.; *niet in — met de feiten zijn*, den Tatsachen nicht entsprechen; *in — met, zie* **—komstig II**.
overeind aufrecht; *— gaan zitten*, s. aufrichten; *van zijn stoel — komen*, s. vom Stuhl erheben, vom Stuhl aufstehen; *— zetten*, aufrichten.
over en weer (*heen en weer*) hin und her; (*her- en derwaarts, ook*) hinüber, herüber; (*wederkerig*) gegenseitig, wechselweise; *na lang — praten*, nach langem Hin- und Herreden.

over/erfelijk erblich. ▾**—erven** vererben. ▾**—erving** Vererbung *w.*
overéten: *z.* —, s. überéssen.
overgaaf *zie* **overgave**.
overgaan 'übergehen; (*op school*) versetzt werden; (*voorbijgaan*) vorübergehen; *de grens* —, über die Grenze gehen, die G. überschreiten; *we gaan over*, (*naar de overzijde*) wir gehen hinüber; *de bel gaat over*, die Klingel geht; (*de ballast*) *gaat over*, rollt über; (*de pijnen*) *gaan over*, lassen nach, gehen vorüber; *naar een andere partij* —, zu e.r andern Partei 'übertreten, hinüberwechseln; *tot bederf* —, in Fäulnis übergehen; *tot de beraadslaging* —, in die Beratung eintreten; *tot bestuursverkiezing* —, zur Vorstandswahl schreiten; (*hij zal*) *er niet gemakkelijk toe overgaan*, sich nicht leicht dazu entschließen. ▾**overgang** Übergang; Übertritt *m*; Versetzung *w.* ▾**—sbepaling** Übergangsbestimmung *w.* ▾**—sexamen** V.sprüfung *w.* ▾**—sjaren** Wechseljahre *Mz.* ▾**—svergadering** V.skonferenz *w.*
overgankelijk (*spraakk.*) transitiv, zielend.
overgave Übergabe *w*; (*overdracht*) Übertrágung *w*; (*toewijding*) Hingabe, Hingebung *w*; *de — aan Gods Wil*, die Ergebung in den Willen Gottes.
over/gedienstig übertrieben gefällig. ▾**—gelukkig** überglücklich.
overgeven übergében, (*overreiken*) überreíchen, (*ter hand stellen*) einhändigen; (*braken*) s. erbrechen, s. übergében; (*een ambt*) übertrágen, übergében; (*bloed*) —, (aus)brechen, auswerfen, speien; *z. aan de vijand, aan de drank* —, s. dem Feind, dem Trunk ergeben; *z. aan Gods wil* —, s. in Gottes Willen ergeben; *z. aan iem., aan iets* —, (*sterker: met opoffering van alles; ook volkomen willoos*) s. e.m, e.r Sache hingeben; *z. aan zijn hartstocht* —, s. seiner Leidenschaft hingeben, seinen Leidenschaften frönen.
overgevoelig überempfindlich; (*sentimenteel*) empfindsam.
overgewicht Übergewicht *s.*
óvergieten 'übergießen; (*bijv. klok*) umgießen. ▾**overgíeten** übergíeßen.
overgooi/en (*naar iem. of over iets heen*) hinüber-, herüberwerfen; (*nog eens*) noch einmal werfen; (*een deken, jas*) 'überwerfen. ▾**—er** Trägerrock *m.*
overgordijn Übergardine *w.*
overgróeien überwáchsen.
over/groot 'übergroß. ▾**—grootmoeder** Urgroß/mutter *w.* ▾**—grootvader** U.vater *m.*
overhaast/en übereíl/en. ▾**—(ig)** ü.t. ▾**—ing** Ü.ung *w.*
overhalen (*naar zich toe*) herüberholen; (*met veerbootje enz.*) 'überholen; (*iem. tot een partij*) herüber-, hinüberziehen; (*tot iets overreden*) überréden, bereden, bewegen; (*de bel*) ziehen; (*de haan*) spannen; (*de zeilen*) 'überholen, umlegen; (*het schip*) *haalt over*, holt über; (*distilleren*) destillieren.
overhand Oberhand *w*; *de — hebben, krijgen*, die O. haben, bekommen (gewinnen); *de — hebben*, (*v. mening enz.: overheersen*) vorherrschen, vorherrschend sein, überwíegen. ▾**—igen** einhändigen, übergében, überréichen; (*rekening enz. doen toekomen*) zustellen; (*in begeleidend schrijven bij ingesloten factuur*) behändigen. ▾**—iging** Einhändigung, Überreichung; Zustellung *w.*
overhands (*naaien*) überwendlich.
óverhangen 'überhängen; (*v. dak, ook*) vorspringen; *—de rots*, überhängender Felsen, Überhang.
overhead/kosten Gemeinkosten *Mz.* ▾**—projector** Overheadprojektor, Arbeitsprojektor, Tageslichtschreiber *m.*
overhebben (*meer hebben dan nodig is, overhouden*) übrighaben; *voor iem. iets* —, (*fig.*) für e.n etwas übrighaben; *alles voor iem.* —, für e.n alles aufopfern, alles hingeben; (*wat*) *heb je ervoor over?*, gibst du dafür?, ist es dir wert?; *daar heb ik niets voor* —, dafür (dazu) gebe ich mein Geld nicht her, darum gebe ich mir keine Mühe; *ik had er een lief ding voor over als ik wist...*, ich gäbe viel darum wenn ich wüßte...
overheen über... hin; *er*—, darüber, darüberhin; (*bovendien*) obendrein; *leg er een doek* —, lege ein Tuch darüber; *daar ben ik al lang* —, ich bin schon lange darüber hinweg, das habe ich schon lange verwunden; (*iem.*) *er — brengen*, darüber hinwegbringen; *ergens licht — gaan*, leicht über etwas (hin)weggehen; *er zijn al twee jaren — gegaan*, seitdem sind schon zwei Jahre verstrichen; (*hij kan*) *er niet — komen*, nicht darüber hinwegkommen, (*fig. ook*) es nicht verwinden; *ergens vluchtig — lopen*, über etwas hinweghuschen; *ergens — lezen*, etwas überlésen; *ergens — praten*, weitersprechen ohne s. etwas merken zu lassen; *ergens — stappen*, (*fig.*) über etwas hinwegsehen, hinweggehen, (*over bezwaren*) s. über etwas (hin)wegsetzen; *z. er — zetten*, s. darüber hinwegsetzen.
overheerlijk vorzüglich; wunderschön.
overheers/en beherrschen; (*v. mening enz.: de overhand hebben*) vorherrschen, überwíegen. ▾**—er** Beherrscher; (*dwingeland*) Gewaltherrscher *m.* ▾**—ing** Beherrschung; Gewaltherrschaft; Vorherrschung *w*; *vreemde* —, Fremdherrschaft *w.*
overheid (*waarbij het regeringsgezag berust*) Obrigkeit *w*; (*college v. pers. aan wie enig gezag is opgedragen, autoriteiten*) Behörde *w*; *aan de — gehoorzamen*, der O. gehorchen; *geestelijke, wereldlijke* —, geistliche, weltliche O.; *burgerlijke, militaire* —, Zivil-, Militärbehörde *w*; *stedelijke* —, städtische Behörde, Stadtbehörde *w*, städtische O. ▾**—sambt** o.liches Amt. ▾**—sbedrijf** Unternehmen *s* der öffentlichen Hand, öffentliches Unternehmen. ▾**—sbemoeiing** Staatseinmischung *w.* ▾**—betrekking** behördliche Stelle; Staatsdienst, Verwaltungsposten *m.* ▾**—sdienst** öffentlicher Dienst; (*orgaan*) Dienststelle *w.* ▾**—sgezag** obrigkeitliche Gewalt. ▾**—sinstantie** (öffentliche) Dienststelle *w.* ▾**—sorgaan** behördliche Stelle, Körperschaft. ▾**—personeel** Obrigkeitspersonal *s.* ▾**—spersoon** obrigkeitliche Person, Magistratsperson *w*, Magistrat *m.* ▾**—ssubsidie** staatliche Beihilfe. ▾**—suitgaven** öffentliche Ausgaben. ▾**—swege**: *van* —, obrigkeitlich; behördlich(erseits).
overhellen 'überhängen, (s.) neigen, s. vorneigen; (*fig.*) neigen, zuneigen; (*het schip, de weegschaal*) *helt naar deze kant over*, neigt (s.) nach dieser Seite; (*'t schip*) *helt over*, legt s. über; *naar het socialisme* —, zum Sozialismus hinneigen; *tot een mening* —, zu e.r Ansicht neigen, e.r A. zuneigen, s. zu e.r A. hinneigen.
overhemd Oberhemd *s.*
overhevelen hebern.
overhoop (*dooreen*) durcheinander; (*over elkaar*) übereinander; (*omver, neer*) über den Haufen; (*de hele kamer*) *stond* —, war in Unordnung; *met iem. — raken*, s. mit e.m

überwerfen, s. mit e.m entzweien. ▼**—gooien** durcheinanderwerfen; (*omver*) über den Haufen werfen. ▼**—halen** durcheinanderwerfen; (*te voorschijn halen*) hervorholen. ▼**—liggen** durcheinander liegen; *met iem. — liggen*, (*in onmin leven*) mit e.m zerfallen sein, s. mit e.m entzweit haben; *voortdurend met iem. —*, (*ruzie hebben*) e.m fortwährend in den Haaren liegen; *met zichzelf —*, mit s.selbst zerfallen sein. ▼**—schieten** über den Haufen schießen, niederknallen. ▼**—zetten** in Unordnung bringen.

overhoren: (*iem.*) *de les enz.*, e.m die Lektion abhören, abfragen; (*een leerling*) —, über'hören; (*een klas*) —, abfragen.

overhouden (*nog over, als rest hebben*) übrigbehalten; *geld —*, (*overleggen*) erübrigen; (*hij heeft*) *er iets van overgehouden*, (*bijv. v. ziekte*) davon etwas abbekommen; (*die appels kan men*) —, (lange, den Winter über) erhalten; *het houdt niet over*, es könnte besser sein.

overig übrig; *al het —e*, alles ü.e; *voor het —e*, im ü.en, ü.ens. ▼**—ens** ü.ens.

overijl/en überéilen. ▼**—ing** Übereilung *w*.

over/jarig (*meer dan een jaar oud*) überjährig; *—e planten*, mehrjährige Pflanzen, *zie ook* **—blijven**.

overjas Überzieher, Mantel *m*.

over/kant *zie* **—zijde**.

overkapp/en überdachen. ▼**—ing** Überdachung *w*; (*de trein was nog niet*) *onder de —*, in der Bahnhofshalle.

óverkijken (*nog eens nazien*) dúrchsehen; (*naar andere zijde*) hinüber-, herübersehen, -blicken. ▼**overkíjken** überblícken, -séhen.

overkleed (*over ander kleed*) Überkleid, (*bovenkleed*) Oberkleid *s*.

overklimmen 'über-, hinüber-, herübersteigen, -klettern; *een muur —*, über eine Mauer (hinüber)steigen, eine M. überstéigen.

overkluizen überwölben. ▼**overkoepel/en** überwölben, mit einer Kuppel überdecken; *—de organisatie*, Dachverband *m*, -organisation *w*. ▼**—ing** Überwölbung *w*.

overkoken 'überkochen.

over/komelijk übersteiglich, überwindlich. ▼**'—komen** herüber-, hinüber-, 'überkommen; (*de veerpont was weg; we konden niet meer*) —, hinüberkommen, (*als mijn oom*) *overkomt*, herüberkommt, zu uns kommt, zu Besuch kommt. ▼**—kómen** (*gebeuren*) passieren, geschehen, zustoßen; (*te boven komen*) überwinden; *hem is een ongeluk —*, ihm ist ein Unglück zugestoßen; (*dat kan*) *de beste —*, e.m jeden passieren; (*hij wist niet*) *wat hem overkwam*, wie ihm geschah; *wat overkomt je*, was fehlt dir, hast du, fällt dir ein? ▼**—komst** Herüber-, Hinüber-, Überkunft *w*.

overlaad/haven Umschlaghafen *m*. ▼**—station** Umladebahnhof *m*.

overlaat Überfall *m*, Überfallwehr *s*, Überlaßdeich *m*.

óver/laden 'über-, umladen; (*vooral bij schepen*) um-, überschlagen. ▼**—láden** über/láden; (*met werk*) ü.láden, ü.'häufen, ü.'bürden; (*met orders, verwijten, tafel met boeken enz.*) ü.'häufen; (*met smaad, verwijten, bloemen*) ü.'schütten; (*geestelijk*) ü.'bürden, ü.láden; (*de markt is*) —, überführt. ▼**'—lading** Um-, Überladung *w*; (*vooral bij schepen*) Umschlag *m*. ▼**—láding** Überládung, -'häufung, -'bürdung *w*.

overlandreis Überlandreise *w*.

overlangs der Länge nach; *—se doorsnede, naad enz.*, Längsschnitt *m*, -naht *w*.

overlapp/en (*tech., rad.*) überláppen. ▼**—ing** Überlappung *w*.

overlast Überlast, Belästigung *w*; *iem. — aandoen*, e.n belästigen.

overlaten überlássen; (*als rest*) übriglassen; (*over rivier enz. laten gaan*) hinüber-, herüberlassen; *iets aan iem. —*, e.m etwas überlássen, (*aan zijn beslissing, ook*) e.m etwas anheimstellen.

over/leden gestorben; *zijn — vader*, sein verstorbener, sein seliger Vater; *haar — man*, ihr verstorbener Gatte, ihr Seliger. ▼**—ledene** Verstorbene(r) *m* & *w*, Hingeschiedene(r) *m* & *w*.

over/leg Überlegung *w*; (*beraadslaging*) Beratung *w*; (*ruggespraak in ruimere zin*) Rücksprache *w*; (*contact opnemen*) Fühlungnahme *w*; *met iem. — plegen, in — treden*, s. mit e.m beraten, R. mit e.m nehmen (halten), (*het eens zien te worden*) s. mit e.m ins Einvernehmen setzen, s. mit e.m verständigen; *bij nader —*, bei näherer Ü.; *in — met*, im Einverständnis mit; *met onderling —*, in gegenseitigem Einverständnis; (*iets*) *met, zonder — doen*, mit, ohne Ü., Bedacht tun; *na rijp —*, nach reiflicher Ü., Erwägung; *na gemeenschappelijk —*, nach gemeinschaftlicher Beratung. ▼**—léggen** überlégen; *iets met iem. —*, etwas mit e.m überlégen, s. mit e.m über etwas beraten. ▼**'—leggen** (*overhouden, ter zijde leggen*) erübrigen, ersparen, zurücklegen; (*de boeken, bewijzen, getuigschriften enz.*) vorlegen; (*het roer, het schip, de zeilen*) 'überlegen; *er een deken —*, eine Decke 'überlegen. ▼**'—legging** Erübrigung, Ersparung; Vorlegung *w*; *tegen —* (*v.d. bewijsstukken*), gegen Vorlegung, Vorlage. ▼**—légging** Überlegung; Erwägung; Beratung *w*; *zie* **—leg**. ▼**—legorgaan** (*v. vakbonden enz.*) Dachverband *m*.

over/leven überlében. ▼**—levende** Überlebende(r) *m*.

overlever/en überlíefern; *aan de vijand —*, dem Feinde überlíefern, ausliefern, übergében; (*een dief aan de politie*) —, übergében; *helemaal aan iem. overgeleverd zijn*, e.m ganz und gar ausgeliefert sein. ▼**—ing** Überlieferung *w*; *bij —*, durch Ü.

overleving Überlebung *w*; *bij —*, im Ü.sfall.

óverlezen noch einmal lesen; *iets vluchtig —*, etwas flüchtig durchlesen, durchnehmen, etwas überlésen.

overlig/dag Überliege/tag *m*. ▼**—geld** Ü.geld, Liegegeld *s*. ▼**—gen** 'überliegen; (*langer blijven liggen*) (länger) liegen bleiben; (*het schip*) *ligt* (*= helt*) *over*, legt s. über.

overlijden I *ww* sterben, ver-, hinscheiden. **II** *zn* Tod *m*, Ver-, Hinscheiden *s*; *akte van —*, Sterbeurkunde *w*; *bij —*, im Todesfall. ▼**—saangifte** Sterbefall-, Todesanzeige *w*. ▼**—sakte** Sterbeurkunde *w*. ▼**—sbericht** Todesanzeige *w*. ▼**—sverzekering** Todesfallversicherung *w*.

over/loop (*portaal*) Vorplatz *m*; (*onderbreking v. trap*) Absatz, Podest *m*; (*gang*) Korridor *m*; (*het overstromen, de afvoer voor het teveel aan water*) Überlauf *m*; (*plaats waar men mag overlopen*) Übergang *m*. ▼**—lópen** überláufen. ▼**'—lopen** (*je mag hier niet*) —, über/gehen, ü.laufen; (*er is weinig verkeer; je kunt nu vlug*) —, hinüber-, herüberlaufen, -gehen; *de straat —*, über die Straße (hinüber)gehen, die S. über/quéren; *naar de vijand —*, zum Feind ü.laufen; (*overvloeien*) ü.fließen, ü.laufen; (*de maat*) *doen —*, voll machen, zum Ü.laufen bringen. ▼**—loper** Ü.läufer *m*; (*over gang-, traploper*) Läuferschoner *m*.

overluid überlaut.

overmaat Übermaß *s*; (*handelst.: in gewicht enz.*) Zuschlag *m*; *tot — van ramp*, um das Maß vollzumachen.
overmacht Übermacht *w*; (*jur. en handel*) höhere Gewalt; *behoudens in geval van —*, höhere Gewalt vorbehalten. ▾**—ig** (*de overmacht hebbend*) überlégen; (*zeer, al te machtig*) 'übermächtig.
over/maken (*opnieuw*) noch einmal, aufs neue machen; (*meer*) mehr machen; (*zenden*) über/máchen, -sénden, -míttein; (*geld*) ü.máchen, (*per giro enz.*) ü.wéisen. ▾**—making** (*zending*) Ü.machung, -sendung, -weisung *w*; *telegrafische —*, telegraphische Ü.weisung, Drahtüberweisung *w*.
overmánnen übermánnen, -'wältigen.
overmatig 'übermäßig.
overmeester/en über'wältigen, -mánnen. ▾**—ing** Überwältigung *w*; (*v. stad*) Eroberung *w*.
overmoed Übermut *m*. ▾**—ig** 'übermütig.
overmorgen übermorgen.
overnaads: *—e boot*, klinkergebautes Boot, Klinkerboot *s*.
overnacht/en übernáchten, nächtigen. ▾**—ing** Übernachtung *w*.
over/name Übernahme *w*; *— door de staat*, Verstaatlichung *w*. ▾**—nemen** (*de leiding, schulden, een zaak enz.*), übernéhmen; (*iets*) *uit een boek* (*enz.*) —, aus e.m Buch entnehmen; (*onze taal heeft vele vreemde woorden, alle buitenlandse bladen hebben dit bericht*) *overgenomen*, aufgenommen; (*het is koud, je moet nog maar een deken*) —, 'übernehmen; (*bij kaartspel*) 'übernehmen; (*bedrijven die*) *door de staat overgenomen worden*, verstaatlicht werden. ▾**—neming** *zie* **—name**. ▾**—nemingsvoorwaarden** Übernahmebedingungen *Mz*.
overoud uralt.
overpakken umpacken.
overpeinz/en überdénken, betrachten, erwägen. ▾**—ing** Nachdenken *s*, Betrachtung, Erwägung *w*.
overplaats/en versetzen. ▾**—ing** Versetzung *w*.
overplakken überkleben.
overplant/en verpflanzen, versetzen, (*eig. ook*) umpflanzen. ▾**—ing** Um-, Verpflanzung *w*, (*v. organen*) Verpflanzung *w*.
overproduktie Überproduktion *w*.
overréd/en über/réden, bereden. ▾**—ing** Ü.redung *w*. ▾**—ingskracht** Ü.redungskraft *w*.
overreiken überréichen; *reik me dat boek eens over*, bitte reichen Sie mir das Buch mal her(über).
overrekenen noch einmal ausrechnen, nachrechnen.
óver/rijden über-, hinüber-, herüberfahren; -reiten; noch einmal fahren, reiten; *moeten —*, (*bij wielerwedstrijd*) ins Stechen kommen. ▾**—rijden** überfáhren, -réiten.
overrijp überreif.
overrómpel/en überrúmpeln. ▾**—ing** Überrumpelung *w*.
overschaduwen überschátten; (*overtreffen*) in den Schatten stellen, verdunkeln.
overschakel/en umschalten. ▾**—ing** Umschaltung *w*.
overschátt/en über'schätzen. ▾**—ing** Überschätzung *w*.
overschenken úm-, 'übergießen.
overschieten (*overblijven*) übrig bleiben; *voor mij schoot er niets over*, (*ook*) für mich fiel nichts ab; *het —de bedrag*, der übrigbleibende Betrag, der Restbetrag.
óverschilderen noch einmal malen, (*verven*) anstreichen.
overschoen Überschuh *m*.
overschot (*surplus; batig saldo*) Überschuß *m*; (*rest*) Rest *m*; (*v. tafel*) Reste *Mz*; (*restant van partij goederen*) Restbestand *m*; *het stoffelijk —*, die sterblichen Überreste, die irdischen Reste.
overschreeuwen überschréien.
overschrijden überschréiten.
overschrijv/en (*nog eens*) noch einmal schreiben, (*en veranderen*) umschreiben; (*naschrijven*) abschreiben, kopieren; (*overboeken; op de naam v.e. ander brengen*) übertrágen; (*v. onroerend goed, ook*) überschréiben; (*geld, vooral per giro*) überwéisen; (*het bedrag*) *op zijn postrekening —*, seinem Postcheckkonto überweisen. ▾**—ing** Umschreiben; Abschreiben *s*; Übertrágung; Überwéisung *w*.
overseinen (hinüber-, herüber)telegraphieren, drahten, (*draadloos*) funken, (*met tekens*) signalisieren, (*met vlaggen*) winken, (*met licht*) blinken.
over/slaan (*al of niet opzettelijk voorbijgaan, weglaten*) über/schlágen, ü.géhen; (*over 't hoofd zien*) ü.séhen; (*een bladzijde, een dag*) —, ü.schlágen; (*een woord, regel*) —, ü.schlágen, ü.séhen, (*uit-, weglaten*) auslassen; (*een klas*) —, ü.springen, ü.schlágen; (*iem. bij een bevordering, verdeling enz.*) —, ü.géhen; (*het bijwonen van iets verzuimen*) versäumen, auslassen, ü.schlágen; (*een bal*) —, (*bijv. over muur*) hinüberschlagen, über die Mauer (hinüber) schlagen; (*de vlammen*) *sloegen op 't andere huis over*, schlugen auf das andere Haus über; *—de golven*, überschlagende Wellen; (*de ziekte*) *is op anderen overgeslagen*, hat andere angesteckt; *de stem slaat over*, die Stimme schlägt über, überschlägt sich; (*een doek*) —, 'überschlagen. ▾**—slag** (*aan kleed*) Aufschlag, Umschlag *m*; (*kaartspel*) Überstich *m*; (*raming*) Überschlag *m*; (*v. lading*) Umschlag *m*.
overspann/en I *ww* überspánnen; *z. —*, s. überánstrengen, s. überárbeiten. **II** *bn* (*overdreven; excentriek*) überspánnt; (*overprikkeld*) überréizt; *hij is —*, (*overwerkt*) er hat s. überarbeitet, ist überreizt. ▾**—ing** Überanstrengung, -arbeitung; -reizung, -spannung *w*; (*afstand tussen twee brugpijlers*) Stützweite *w*.
oversparen ersparen, erübrigen, zurücklegen.
overspel Ehebruch *m*. ▾**—ig** ehebrecherisch; *—e man, vrouw*, Ehebrecher(in).
overspringen über-, hinüber-, herüberspringen; (*overslaan*) überspringen, überschlágen; *een muur, sloot —*, über eine Mauer, e.n Graben springen, eine M., e.n G. überspríngen.
over/staan: *ten — van*, in Gegenwart [2]; *ten — v.e. notaris*, durch e.n Notar, in Gegenwart e.s Notars. ▾**—staand**: *—e hoeken*, gegenständige Winkel; *—e zijde*, Gegenseite *w*.
overstag: — (*gaan*), über Stag; (*iem.*) — *werpen*, (*v. gevoelen doen veranderen*) herumbringen, (*in verwarring*) außer Fassung bringen; (*iem.*) — *helpen*, (*de voet lichten*) ausstechen.
overstap/je Umsteig(e)-, Anschlußkarte *w*, Umsteiger *m*. ▾**—pen** (*bij treinreis enz.*) umsteigen; *de straat —*, über die Straße schreiten, (*oversteken*) die S. überschréiten, überquéren; *de drempel —*, die Schwelle übertréten; (*van de ene steen op de andere*) —, 'übertreten. ▾**—station** Umsteigestation *w*.
overste (*v. klooster*) Superior, Obere(r) *m*, Superiorin, Oberin *w*; (*mil.*) Oberstleutnant *m*.

oversteek Überfahrt *w*; (*oversteekplaats*) Überquerungsstelle *w*. ▾**—plaats** Fußgängerüberweg, -übergang, -streifen *m*; (*alg.*) Überquerungsstelle. ▾**oversteken** (*naar Engeland*) hinüberfahren, schiffen; *de rivier —*, über den Fluß (hinüber)fahren; (*het gelukte de vijand*) *naar de andere oever over te steken*, auf das andere Ufer überzusetzen; *de straat —*, die Straße überquéren; *hier —!*, Überweg für Fußgänger!; (*het is niet druk op straat*: *we kunnen nu*) —, hinübergehen, überquéren; (*ruilen*) tauschen; *gelijk —*, Zug um Zug, zugleich übergében; *—de wielrijders*, Radweg kreuzt; *—d wild!*, Wildwechsel!
overstelp/en über/'häufen; (*met bloemen, geschenken, verwijten enz.*) ü.'schütten; (*met werk*) ü.häufen, ü.láden; (*de markt*) ü.führen, ü.'füllen; *door gevoelens overstelpt worden*, von Gefühlen ü.wältigt, ü.mannt werden. ▾**—ing** Ü.häufung, Ü.schüttung, Ü.ladung *w*.
over/stémmen über/stimmen; (*door geluid, ook*) ü.schállen, ü.'tönen. ▾**—strálen** ü.stráhlen.
óver/stromen 'überströmen, -fließen; (*de rivieren*) *stromen over*, (*treden buiten oevers*) treten über. ▾**—strómen** über/schwémmen, ü.flúten, ü.'strömen. ▾**—stroming** Ü.schwemmung *w*.
óversturen (*toesturen*) übersénden, zuschicken; (*iem. naar andere zijde of omgekeerd*) hin-, herüberschicken.
overstuur: *hij raakte geheel —*, er kam ganz aus der Fassung; *alles gaat —*, alles geht drunter und drüber; (*mijn maag is*) —, in Unordnung; (*zijn zenuwen zijn*) —, überreizt.
overtállig 'überzählig.
óver/tekenen aufs neue, noch einmal zeichnen; (*natekenen*) nach-, abzeichnen; (*anders*) umzeichnen. ▾**—tékenen** (*lening enz.*) überzéichnen.
overtellen noch einmal zählen, nachzählen.
overtikken nachtippen; (*opnieuw*) aufs neue, noch einmal tippen.
óver/tillen hinüber-, herüberheben, über etwas (hinüber) heben. ▾**—tillen**: *z.* —, s. überhében.
overtocht Überfahrt *w*; (*over rivier, ook*) Übergang *m*.
overtollig 'überflüssig.
overtred/en übertréten; (*schenden, ook*) verletzen; *een voorschrift —*, eine Vorschrift übertreten, (*ertegen misdoen*) gegen eine V. verstoßen; *de wet —*, das Gesetz übertreten, verletzen, (*in strijd handelen met*) dem G. zuwiderhandeln. ▾**—er** Übertreter *m*; (*v. verkeersvoorschriften*) Verkehrssünder *m*. ▾**—ing** Übertretung, Verletzung *w*; Verstoß *m* (gegen), Zuwiderhandlung *w* (gegen); *in geval van —*, *bij —*, im Übertretungsfalle; *—en zullen worden gestraft met een boete van...*, Zuwiderhandlungen werden mit e.r Geldstrafe in Höhe von... belegt; *in — zijn*, die (polizeilichen) Vorschriften übertréten.
overtreff/en über/tréffen; (*alle verwachtingen*) ü.stéigen; *iem. in kennis —*, e.n an Kenntnissen ü.tréffen, (*ver*) ü.rágen, e.m an K. ü.légen sein; *iem.* (*proberen te*) —, e.n ü.bíeten. ▾**—end**: *—e trap*, Superlativ *m*, Höchststufe *w*.
over/trek Überzug *m*. ▾**'—trekken**, hinüber-, herüber-, 'überziehen; (*onweersbui enz.*) vorüberziehen; (*tekening*) ab-, dúrchzeichnen, (*met calqueerpapier*) dúrchpausen. ▾**—trékken** überzíehen. ▾**—trekpapier** Kopierpapier, (*calqueerpapier*) Pauspapier *s*.
overtróeven (*kaartspel*: *óvertroeven*) übertrúmpfen.
overtuig/en überzéugen; *van iets overtuigd zijn*, von etwas überzeugt sein; *ervan overtuigd zijn dat...*, überzeugt sein daß...; *een beklaagde het —d bewijs van zijn misdaad leveren*, e.n Angeklagten des Verbrechens über'führen; *—d bewijs*, überzeugender, einwandfreier Beweis. ▾**—ing** Überzeugung *w*.
over/uur Über/stunde *w*. ▾**—vaart** Ü.fahrt *w*.
overval Über/fall *m*. ▾**—len** ü.fállen. ▾**—ler** Angreifer, Räuber *m*. ▾**—wagen** Ü.fallwagen *m*.
óver/varen über-, hinüber-, herüberfahren. ▾**—váren** überfáhren.
oververbruik Mehrverbrauch *m*.
oververhitten überhítzen.
oververmoeid über'müdet. ▾**—heid** Übermüdung *w*.
oververtellen noch einmal erzählen; wiedererzählen, weitererzählen; (*iem. iets*) —, erzählen; (*verklikken*) zutragen.
oververzadig/en übersättigen. ▾**—ing** Übersättigung *w*.
oververzeker/en überversichern. ▾**—ing** Über-, Mehrversicherung *w*.
overvleugel/en über'flügeln. ▾**—ing** Überflügelung *w*.
óver/vliegen über-, hinüber-, herüberfliegen; *de stad —*, über die Stadt fliegen, die Stadt überfliegen; *laag —de vliegtuigen!*, (*op verkeersbord*) Flugschneise! ▾**—vliegverbod** Überflugsperre *w*.
overvloed Über/fluß *m*; *— van goederen*, Ü.fluß an Gütern; *in —* (*leven*), im Ü.fluß; (*dat hebben we*) *in —*, im Ü.fluß, in Hülle und Fülle; (*boeken*) *in —*, die Menge, in Hülle und Fülle; *ten —e*, zum Ü.fluß, obendrein. ▾**—ig** reichlich; *—e oogst*, reichliche, ergiebige Ernte; *— van iets gebruik maken*, ausgiebigen Gebrauch von etwas machen; — (*voorhanden zijn*), im Überfluß, in Hülle und Fülle.
óvervloeien 'überfließen.
óver/voeren über-, hinüber-, herüberführen. ▾**—vóeren**: **1** (*de markt*) —, über'führen; **2** (*dieren*) über'füttern.
overvol über'füllt; (*de mand was*) —, übervoll.
overvracht Überfracht *w*.
overvrágen überfórdern.
overvriendelijk überausfreundlich.
overwaaien über-, hinüber-, herüberwehen; (*zo nu en dan komt hij eens*) —, herübergeflogen; (*het onweer zal wel*) —, vorüberziehen.
over/waard doppelt, reichlich wert. ▾**—waarde** Über-, Mehrwert *m*. ▾**—waarderen** überbewerten, überwérten.
overweg I *zn* Bahnübergang, Übergang *m*; *onbewaakte —*, ungesicherter, (*zonder afsluitbomen*) unbeschrankter B. **II** *bw*: (*met iem. niet*) *— kunnen*, auskommen können; *zij kunnen goed met elkaar —*, sie vertragen s. sehr gut, können gut mit einander auskommen; (*met iets niet*) *— kunnen*, zurechtkommen können.
overweg/en (*overdenken*) erwägen; *—de dat...*, in der Erwägung daß...; *alles wel overwogen*, alles wohl erwogen; (*de doorslag geven*) überwíegen, ausschlaggebend sein. ▾**—end** überwíegend; (*meestal, ook*) vórwiegend; (*doorslaggevend*) ausschlaggebend; *van — belang* (*zijn*), ausschlaggebend. ▾**—ing** Erwägung *w*; (*iets*) *in — nemen*, in E. ziehen; *de kosten in — nemende*, in E. der Kosten; *ik geef 't je in —*, (*denk er eens over na*) überleg dir's, denk mal darüber nach; *iem. iets in — geven*, e.m etwas nahelegen, (*de beslissing aan hem laten*) e.m etwas anheimstellen; *een punt v. — uitmaken*, erwogen werden; (*grond v. vonnis*) Entscheidungsgrund *m*.

overwegwachter Schrankenwärter *m.*
overweldig/en über'wältigen. ▼**—er** Überwältiger *m.* ▼**—ing** Überwältigung *w.*
over/werkÜberarbeit *w*, Überstunden *Mz*; Extraarbeit, Mehrarbeit *w.* ▼**'—werken** länger arbeiten; (*overuren maken*) 'überarbeiten, Überstunden machen. ▼**—wérken**: *z.* —, s. überárbeiten, s. überánstrengen. ▼**—werkuren** Überstunden *Mz.*
overwicht Übergewicht *s*; (*handel*: *goedgewicht*) Gutgewicht *s*; (*fig.*) Übergewicht *s*, (*ook*) Überlegenheit *w.*
overwinn/aar Sieger; Besieger; Überwinder *m.* ▼**—en** (*alleen*: *de zege behalen*) siegen; (*iem., iets*) besiegen, siegen über, (*vooral fig., ook*) überwinden; *iem. in een wedstrijd* —, in e.m Wettkampf über e.n siegen. ▼**—ing** Sieg *m*; Besiegung; Überwindung *w*; *de — van de Fransen*, der Sieg der Franzosen, (*op de Fransen*) die Besiegung der F., der Sieg über die F. ▼**—ingsroes** Siegestaumel *m.*
overwinst Mehrgewinn, Überschuß *m.*
overwinter/en überwíntern. ▼**—ing** Überwinterung *w.*
overwippen hinüber-, herüberwippen.
overwoekeren überwúchern; *met onkruid overwoekerd*, (*ook*) verunkrautet.
overwonnene Besiegte(r) *m.*
over/zee Übersee; *ministerie van zaken overzee*, Ministerium für überseeische Angelegenheiten. ▼**—zees** Übersee..., überseeisch.
óverzeilen (*opnieuw*) noch einmal, aufs neue segeln; *de zee* —, über das Meer (hinüber)segeln.
overzenden (*toezenden*) übersénden, zusenden, zuschicken, senden; (*naar de overzijde*; *van de ene naar de andere plaats*) hinüber-, herübersenden, -schicken.
overzet Fähre *w.* ▼**—boot, —veer** Fährschiff *s*, Fährkahn *m*, Fähre *w.* ▼**—dienst** Fährdienst *m.* ▼**—ten** (*overvaren*) 'übersetzen, 'überfahren; (*vertalen*) übersétzen, übertrágen. ▼**—ter** Fährmann *m*; Übersétzer *m.* ▼**—ting** 'Übersetzen *s*; Übersétzung, Übertrágung *w.*
overzicht Über/sicht *w*; (*over landschap, ook*) Ü.blick *m*; (*korte inhoud*) Abriß *m.* ▼**—elijk** ü.sichtlich. ▼**overzíen** ü.séhen, ü.blícken; (*de gevolgen*) *zijn niet te* —, sind nicht abzusehen, sind unabsehbar. ▼**—baar** übersehbar.
overzij(de) andere Seite, gegenüberliegende Seite; *aan de* —, auf (an) der anderen Seite; *aan de — v.d. rivier*, jenseits des Flusses; *mijn buurman, de mensen aan de* —, der Nachbar, die Leute drüben.
óverzwemmen 'über-, hinüber-, herüberschwimmen.
ovulatie Ovulation *w.*
oweeër Kriegsgewinnler *m.*
oxyd/atie Oxydation *w.* ▼**—e** Oxyd *s.* ▼**—eren** oxydieren.
ozon Ozon *s.* ▼**—houdend** o.haltig. ▼**—iseren** o.isieren. ▼**—laag** O.schicht *w.*

P

p P *s.*
pa Papa *m.*
paadje Pfad *m.*
paai/en 1 beschwichtigen; *met mooie beloften* —, mit leeren Versprechungen hinhalten; **2** (*v. vissen*) laichen, paaren. ▼**—tijd** Laichzeit, Laiche *w.*
paal Pfahl *m*; (*voor elektr. leidingen, ook v. beton of ijzer*) Mast *m*; (*dat staat*) *als een — boven water*, bombenfest; *— noch perk* (*kennen*), keine Grenzen; *— en perk aan iets stellen*, e.r Sache Schranken setzen. ▼**—bewoner** Pfahl/bauer *m.* ▼**—vast** mauerfest; (*fig.*) unumstößlich. ▼**—werk** P.werk *s*; (*fundering v. heipalen*) P.rost *m.* ▼**—woning** P.bau *m* (*mv* P.bauten).
paap Pfaffe *m.* ▼**—s, —sgezind** pfäffisch, (*pausgezind*) papistisch.
paar Paar *s*; *drie — schoenen*, drei P. Schuhe; *'n — dagen*, ein p. Tage, einige T.; *'n — keer*, ein p.mal; *bij 't —* (*verkopen*), p.weise; *— aan —, bij paren* (*lopen*), P. und P., zu P.en; *— of onpaar*, p. oder unpaar.
paard Pferd *s* (*ook bij gymn.*), Roß *s*; (*knol*) Gaul *m*; (*schaken*) Springer *m*, Pferd *s*; *te —* (*stijgen*), zu P.e, aufs P.; *men moet een gegeven — niet in de bek zien*, e.m geschenkten G. sieht man nicht ins Maul; *de —en achter de wagen spannen*, das P. hinter den Wagen spannen, den G. beim Schwanze aufzäumen; (*het oog v.d. meester maakt*) *het — vet*, das Vieh fett; *iem. te —* (*helpen*), e.m in den Sattel; (*iem.*) *over het — tillen*, durch übermäßiges Lob verwöhnen (und dadurch dünkelhaft machen). ▼**paarde/bek** Pferde/maul *s.* ▼**—bloem** Löwenzahn *m.* ▼**—boon** P.-, Saubohne *w.* ▼**—getrappel** P.getrappel *s.* ▼**—haar** P.haar *s*; (*vulmateriaal*) Roßhaar *s.* ▼**—haren** p.-, roßhaaren, P.-, Roßhaar... ▼**—hoef** P.huf *m*; (*plant*) Huflattich *m.* ▼**—horzel** P.bremse *w.* ▼**—kastanje** Roßkastanie *w.* ▼**—kracht** P.kraft *w*; (*eenheid van arbeidsvermogen, ook*) P.stärke *w*; (*een machine*) *van 60 —*, von 60 P.stärken. ▼**—middel** P.arznei *w*; (*fig.*) P.kur *w.* ▼**paarden/arts** P.-, Roßarzt *m.* ▼**—fokkerij** P.zucht *w*; (*stoeterij*) Gestüt *s.* ▼**—keuring** P.schau *w.* ▼**—slager** P.schlächter *m.* ▼**—spel** Zirkus *m.* ▼**—stoeterij** Gestüt *s*, Stuterei *w.* ▼**—volk** Reiterei *w.* ▼**paarde/poot** Pferde/fuß *m.* ▼**—sport** P.sport *m.* ▼**—sprong** (*schaken*) Rösselsprung *m.* ▼**—staart** P.schwanz, P.schweif *m*; (*plant*) Schachtelhalm *m.* ▼**—tractie** P.förderung *w.* ▼**—tram** P.bahn *w.* ▼**—tuig** P.geschirr *s.* ▼**—vijg** P.apfel *m.* ▼**—voet** P.fuß *m*; (*misvormde voet, ook*) Klumpfuß. ▼**—werk** P.arbeit *w.* ▼**paard/je** Pferdchen *s*; *— spelen*, Pferd spielen. ▼**—rijden** reiten; *het* —, das Reiten, die Reitkunst. ▼**—rijder (-ster)** Reiter(in) *m* (*w*).
paarlemoer Perlmutter *w.* ▼**—en**

Perlmutter..., perlmuttern.
paars violett(farbig).
paar/sgewijs paarweise. ▼**—tijd** Paarungszeit *w.* ▼**—tje** Pärchen, Paar *s.* ▼**—vorming** Paarbildung *w.*
Paasavond Osterabend, -vigil *m.* ▼**paas/best**: *op zijn —*, im besten Staat, in vollem Wichs. ▼**—biecht** österliche Beichte *w.* ▼**—brood** Oster/brot *s*; (*bij joden*) Matze *w.* ▼**—dag** O.tag *m*; *eerste —*, O.sonntag *m*; *tweede —*, O.montag *m.* ▼**—ei** O.ei *s.* ▼**—feest** O.fest *s.* ▼**—haas** O.hase *m.* ▼**—kaars** O.kerze *w.* ▼**—mars** O.marsch *m.* ▼**—tijd** O.zeit *w*; (*acht weken*) österliche Zeit. ▼**—vakantie** O.ferien *Mz.* ▼**—viering** O.(nacht)feier *w.* ▼**—wake** O.vigil *m.* ▼**—week** O.woche *w*; (*voor Pasen*) Karwoche *w.* ▼**P—zaterdag** Karsamstag, O.sonnabend *m.*
paatje Papachen *s.*
pacemaker Herzschrittmacher *m.*
pacht Pacht *w*; (*de wijsheid*) *in —* (*hebben*), in Erbpacht, gepachtet. ▼**—besluit** P.verordnung *w.* ▼**—brief, —ceel** P.brief *m.* ▼**—contract** P.vertrag *m.* ▼**—en** p.en. ▼**—er** Pächter *m.* ▼**—hoeve** Pacht/hof *m.* ▼**—kamer** P.kammer *w.* ▼**—penningen, —som** P.zins *m*, P.summe *w.* ▼**—vrij** p.frei. ▼**—wet** P.schutzgesetz *s.*
pacif/icatie Pazif/izierung *w.* ▼**—iceren** p.izieren. ▼**—isme** P.ismus *m.* ▼**—ist** P.ist *m.* ▼**—istisch** p.istisch.
pact Pakt *m.*
pad (*weg*) Pfad *m*; *altijd op —* (*zijn*), nie zu Hause, immer unterwegs; *vroeg op —* (*zijn*), früh auf dem Wege; *op — gaan*, s. auf den Weg, auf die Beine machen, (*de boer op*) auf die Walze gehen; *op het goede —* (*zijn*), auf der rechten Bahn; (*dier*) Kröte *w.* ▼**—destoel** Pilz *m*; *eetbare —*, eßbarer Pilz, Speisepilz; *als —en* (*uit de grond*) *verrijzen*, wie (die) Pilze aus der Erde schießen, wachsen.
paddock Paddock *m.*
pad/vinder Pfad/finder *m.* ▼**—vindersdolk** Fahrtenmesser *s*, -dolch *m.* ▼**—vinderskamp** P.finderlager *s.* ▼**—vinderswelp** Wölfling *m.* ▼**—vindster** P.findermädel *s.* ▼**—vinderij** P.finderwesen *s.*
paf I *tw* paff. **II** *bn* (*opgeblazen, dik*) aufgeblasen, aufgebläht; (*loom*) matt, schlaff; *ik sta —!*, ich bin paff, starr!; *hij stond er eenvoudig — van*, er war einfach paff darüber. **III** *zn* (*v. geweer en bij roken*) Paff *m*; (*slag*) Puff, Schlag *m.* ▼**—fen** (*schieten, roken*) paffen. ▼**—f(er)ig** *zie* **paf II**. ▼**—zak** Dickus *m.*
pagaai Pagaie *w*, Paddel *s.* ▼**—en** pagaien, paddeln.
paganisme Paganismus *m.*
page Page *m.* ▼**—kop** Bubi-, Pagenkopf *m.*
pagin/a Pagin/a, Seite *w.* ▼**—atuur** P.ierung *w.* ▼**—eren** p.ieren. ▼**—ering** P.ierung *w.*
pagode Pagode *w.*
pair: *au —*, au pair; (*pers.*) Au-pair-Mädchen *s.*
pais: *— en vree*, Friede(n) und Einigkeit.
pak Pack *s*; (*bundel*) Bündel *s*; (*pakket*) Paket *s*; (*stapel*) Stoß *m*; (*kostuum*) Anzug *m*; *een — slaag*, eine Tracht Prügel; *met — en zak*, mit Sack und Pack; *dat is een — van mijn hart*, mir fällt ein Stein vom Herzen; *bij de —ken neerzitten*, die Hände in den Schoß legen. ▼**—ezel** Packesel *m.* ▼**—garen** Bindegarn *s.* ▼**—huis** Lager *s*, L.raum *m*, -haus *s.* ▼**—huisknecht** L.knecht *m.* ▼**—huismeester** L.(haus)verwalter, L.ist *m.* ▼**—ijs** Packeis *s.*
Pakist/aan, —aner Pakist/aner, P.ani *m.* ▼**—aans** p.anisch. ▼**—an** P.an *s.*
pakje Päckchen *s*, (kleines) Paket; (*sigaretten, thee enz.*) Packung *w*; *in —s van 12*, in Dutzendpackung. ▼**—sdrager** (Gepäck)Träger, Dienstmann *m.* ▼**pakkage** Gepäck *s.*
pakk/en (*inpakken*) (ein)packen; (*grijpen*) fassen, packen, (*in de hand nemen, krijgen*) ergreifen; (*iem. snappen*) erwischen; (*gevangen nemen*) festnehmen, verhaften; (*fig.: boeien*) packen, fesseln; (*meisje enz. omhelzen*) umarmen, (ab)küssen; (*zijn boeken*) *onder de arm —*, under den Arm nehmen; (*die film heeft me*) *gepakt*, gepackt, ergriffen; (*de hond heeft hem*) *lelijk te — gehad*, übel zugerichtet; (*iem.*) *te — nemen*, (*foppen*) anführen, zum besten haben, hereinlegen, (*bedriegen*) betrügen, beschwindeln; *'t te — krijgen*, (*de slag ervan beet*) auf den Dreh kommen, den richtigen D. rauskriegen; *'t te — hebben*, (*erachter zijn*; *verliefd zijn*) es weghaben, (*verkouden*) e.n tüchtigen Schnupfen haben, s. erkältet haben; *pak je weg!*, packe dich!; *pak ze!*, (*tegen hond*) faß! ▼**—end** (*boeiend*) packend, fesselnd; *—e reclame*, wirkungsvolle Reklame. ▼**—er** Packer *m.* ▼**—erd** Kuß *m.* ▼**—erij** Packerei *w*; (*het pakken*) Packen *s*, Packung *w.*
pakket Paket; Päckchen *s.* ▼**—boot** Paketboot *s*, Postdampfer *m.* ▼**—post** Paketpost *w.* ▼**—vaart** Paketfahrt *w.*
pakking (*tech.*) Packung, Dichtung, Liderung *w.* ▼**—ring** Dichtungsring *m.*
pak/kist Pack/kiste *w.* ▼**—papier** P.papier *s.* ▼**—touw** P.schnur *w.*
pal I *bw*: *— staan*, unbeweglich stehen; (*fig.*) standhalten; *— staan voor iets*, etwas bis zum Äußersten verteidigen; *—* (*voor de deur*), gerade. **II** *zn* Sperrklinke *w.*
paladijn Paladin *m.*
paleis Palast *m*, Schloß *s.* ▼**—revolutie** P.revolution *w.* ▼**—wacht** S.wache *w.*
palen: *— aan*, stoßen an [4].
paleontologie Paläontologie *w.*
Palestijn Palästinenser, (*vroeger*) Palästiner *m.* ▼**—s** palästinensisch; palästinisch; *de —e bevrijdingsorganisatie*, die palästinensische Befreiungsbewegung. ▼**Palestina** Palästina *s.*
palet (*v. schilder*) Palette *w.*
palfrenier Livreediener *m.*
paling Aal *m.* ▼**—fuik** A.reuse *w.*
palissade Palisade *w.*
palissanderhout Palisanderholz *s.*
paljas Bajazzo, Hanswurst; Possenreißer *m.*
pallet (*laadbord*) Palette *w.*
palliatief Palliativ *s.*
pallium Pallium *s.*
palm 1 (*boom, tak*) Palme *w*; (*heester*) Buchs *m*; (*op Palmzondag gewijd*) Palm *m*; **2** (*v. hand*) Handfläche *w*; (*maat*) Palm *m.* ▼**—boom** Palm/baum *m*; (*heester*) Buchsbaum *m.* ▼**—hout** P.holz *s*; Buchs(baum)holz *s.* ▼**—olie** P.öl *s.* ▼**—paas** P.stange *w.* ▼**P—pasen, —zondag** P.sonntag *m.* ▼**—struik** Buchsbaum *m.* ▼**—tak** P.(en)zweig *m*; (*eig., ook*) P.wedel *m.*
pal/rad Sperrad *s.* ▼**—veer** Sperrfeder *w.*
Palts Pfalz *w*; *v.d. —*, pfälzisch, Pfälzer... ▼**—er** Pfälzer *m.* ▼**p—graaf** Pfalzgraf *m.*
pamflet Pamphlet *s.* ▼**—schrijver** P.ist *m.*
pampa Pampa *w.*
pan Pfanne; Bratpfanne *w*; (*dieper*) (Koch-, Milch)Topf *m*; (*dakpan*) (Dach)Ziegel *m*, (*soms ook*) Pfanne *w*; *in de — hakken*, niedermetzeln, niedermachen.
pan- (*in ss*) pan-; *—europees*, paneuropäisch.
panacee Panazee *w*, Allheilmittel *s.*
panama(hoed) Panama(hut) *m.*

pancreas Pankreas *s.*

pand 1 (*waarborg, onderpand*) Pfand *s*; (*iets*) *in* — (*geven*), als, zum P.; *in* — (*nemen*), zum P.; **2** (*perceel, huis*) Haus, Gebäude *s*; **3** (*kanaalgedeelte tussen twee sluizen*) Haltung *w*; (*wegvak*) Strecke *w*; (*v. dijk*) Pfand *s*; **4** (*gang om binnenplaats v. klooster*) Kreuzgang *m*; (*binnenplaats zelf*) Klosterhof *m*; **5** (*slip v. jas*) Schoß *m*; (*anders: deel v. kledingstuk*) Stück *s*, Teil *m*. ▼**—en** pfänden. ▼**—gever** Pfand/leiher *m*. ▼**—houder** P.inhaber *m*. ▼**—jesbaas** P.leiher *m*. ▼**—jeshuis** P.haus *s*. ▼**—jesjas** Schoßrock *m*; (*herenrok*) Frack *m*; (*jacket*) Cut(away) *m*. ▼**—lossing** P.lösung *w*. ▼**—nemer** P.nehmer *m*.

pandoer (*kaartsp.*) Pandur *s*. ▼**—en** Pandur spielen.

pand/recht Pfandrecht *s*. ▼**—verbeuren** Pfänderspiel *s*.

paneel (*v. deur enz.*) Füllung *w*; (*v. houten lambrizering*) Paneel *s*; (*schilderstuk op hout*) Tafelbild *s*; *op* — (*schilderen*), auf Holz. ▼**—werk** Fachwerk *s*; (*houten lambrizering*) Täfelwerk, Getäfel *s*.

paneermeel Paniermehl *s*.

panel Panel *s*.

paneren panieren.

panharing Brathering *m*.

paniek Panik *w*. ▼**—erig** p.artig. ▼**—stemming** P.stimmung *w*. ▼**panisch** panisch.

panklaar pfannen-, topffertig. ▼**panlat** Dachlatte *w*.

panne Panne *w*.

panne/bier Richtfest *s*. ▼**—deksel** Topf-, Pfannendeckel *m*. ▼**—koek** Pfannkuchen *m*. ▼**—likken** schmarotzen. ▼**—likker** Schmarotzer *m*. ▼**—lap** Topflappen *m*. ▼**—spons** Pfannenreiniger *m*. ▼**pannen/bakker** Ziegel/brenner *m*. ▼**—bakkerij** Z.brennerei *w*. ▼**—dak** Z.dach *s*.

panopticum Panoptikum *s*.

panorama Panorama *s*.

pan(s)fluit Panflöte *w*.

pantalon Beinkleid *s*, Beinkleider *Mz*, Hose *w*, Hosen *Mz*.

panter Panther *m*.

pantheïs/me Pantheis/mus *m*. ▼**—tisch** p.tisch.

pantoffel (*achter open*) Pantoffel *m*, (*anders*) Hausschuh *m*; (*met houten zolen*) Holzpantoffel *m*, Pantine *w*; *onder de — zitten*, unter dem Pantoffel stehen. ▼**—held** Pantoffelheld *m*. ▼**—parade** Schaupromenade *w*.

pantomime Pantomime *w*. ▼**—speler** Pantomime *m*.

pantry Pantry, Anrichte *w*.

pantser Panzer *m*; (*v. onderzeese kabel*) Armierung *w*. ▼**—afweergeschut** P.abwehrgeschütz *s*, P.abwehrkanonen *Mz*, Pak *w*. ▼**—auto** Panzer/auto *s*, P.wagen *m*. ▼**—divisie** P.division *w*. ▼**—en** p.n; (*onderzeese kabel*) armieren. ▼**—glas** P.glas *s*. ▼**—ing** P.ung *w*. ▼**—schip** P.schiff *s*. ▼**—trein** P.zug *m*. ▼**—vuist** P.faust *w*. ▼**—wagen** P.wagen *m*.

panty Strumpfhose *w*; (*step-in*) Miederhöschen *s*.

pap Brei *m*; (*om zwerende vinger*) Breiumschlag *m*; (*in lakens enz.*) Appret *s*, Leim *m*, (*voor kettingdraden*) Schlichte *w*; (*om te plakken*) Kleister *m*, Pappe *w*; *weinig in de — te brokken hebben*, wenig Einfluß haben, wenig gelten, nichts dreinzureden haben.

papa Papa *m*.

papachtig breiartig.

papaver Mohn *m*; (*klaproos*) Klatschmohn *m*, Klatschrose *w*. ▼**—bol** M.kopf *m*.

papbuik Dickwanst *m*.

papegaai Papagei *m*. ▼**—achtig** p.enhaft. ▼**—eziekte** P.enkrankheit *w*.

paperassen Papiere, Briefschaften *Mz*. ▼**paper/back** Paperback *s*. ▼**—clip** (Brief)Klammer *w*.

papier Papier *s* (*ook waardepapier*); *—en*, Papiere, Schriftstücke, Dokumente, (*paperassen*) Briefschaften *Mz*; *goede —en* (*hebben*), gute Zeugnisse; (*iets*) *op 't —* (*brengen*), zu P.; (*dat*) *loopt in de —en*, läuft ins Geld; *stukje —*, (*briefje*) Zettel *m*; (*hand.*) *lang —*, langes (langsichtiges) Papier; *prima —*, prima Wechsel, prima Devisen; *— aan toonder*, Inhaberpapier; *— op naam*, Namenpapier. ▼**—achtig** p.artig, p.ähnlich. ▼**—en** *bn* p.en, Papier...; *— geld*, P.geld *s*. ▼**—fabriek** P.fabrik *w*. ▼**—klem** Briefklammer, Büronadel *w*. ▼**—-maché** P.maché *s*, P.masse *w*. ▼**—maker** P.er *m*. ▼**—mand** P.korb *m*. ▼**—merk** Wasserzeichen *s*. ▼**—snipper** P.schnitzel, P.schnipsel *s*. ▼**—soort** P.sorte *w*. ▼**—strook** P.streifen *m*. ▼**—tje** Zettel *m*. ▼**—winkel** P.(waren)handlung *w*, P.geschäft *s*; (*fig.*) P.kram *m*.

papil Papille *w*.

papillot Papillotte *w*, (Haar)Wickel *m*.

papisme Papismus *m*.

pap/kind aufgepäppeltes Kind, Päppelkind *s*. ▼**—lepel** Breilöffel *m*; (*iem. iets*) *met de — ingeven*, in den Mund legen, schmieren.

Papoe/a Papua *m*. ▼**—aas I** *zn* Papuasprache *w*. **II** *bn* Papua...

pappen (*zwerende vinger*) bähen, Breiumschläge auflegen; (*textiel*) appretieren, glänzen, (*kettingdraden*) schlichten; (*plakken*) kleistern, pappen.

pappenheimers Pappenheimer *Mz*.

pap/perig (*breiachtig*) breiig; (*v. pers.*) dicklich. ▼**—pot** Breitopf *m*; *bij moeders — blijven*, bei Muttern hinterm Ofen hocken.

paprika Paprika *m*.

papyrus Papyrus *m*. ▼**—rol** P.rolle *w*.

papzak Dickwanst *m*.

paraaf Paraphe *w*, Namenszug *m*.

paraat parat, bereit. ▼**—heid** Bereitschaft *w*.

parabel Parabel *w*. ▼**parabolisch** parabolisch. ▼**parabool** Parabel *w*.

parachut/e Fallschirm *m*. ▼**—eren** mit (an) e.m F. abwerfen. ▼**—esprong** F.absprung *m*. ▼**—ist** F.springer *m*, (*mil.*) F.jäger *m*; *—en*, (*mil.*) F.truppen.

parade Parade *w*. ▼**—mars** P.marsch *m*. ▼**—pas** P.schritt *m*. ▼**paraderen** paradieren.

paradijs Paradies *s*. ▼**—achtig** p.isch. ▼**—appel** P.apfel *m*. ▼**—vogel** P.vogel *m*.

paradox I *zn* Paradox *s*. **II** *bn* = **—aal** paradox.

paraferen paraphieren, (mit dem Namenszug) unterzeichnen.

paraffine Paraffin *s*.

para/frase Para/phrase *w*. ▼**—fraseren** p.phrasieren. ▼**—graaf** P.graph *m*.

parallel I *bn & bw* parallel; Parallel...; *met de weg — lopen*, (mit) dem Weg p. laufen. **II** *zn* P.e *w*; *een — trekken*, eine P.e ziehen. ▼**—klas** P.klasse *w*. ▼**—lepipedum** P.epiped(on) *s*. ▼**—lisme** P.ismus *m*. ▼**—logram** P.ogramm *s*; *— van krachten*, Kräfteparallelogramm. ▼**—weg** P.weg *m*.

parament Paramente *w*.

para/militair para/militärisch. ▼**—nimf** P.nymph *m*. ▼**—noot** P.nuß *w*.

paraplu Regenschirm *m*; *opvouwbare —*, Taschenschirm *m*. ▼**—antenne** Schirm/antenne *w*. ▼**—bak** S.ständer *m*.

parapsychologie Parapsychologie *w*.

paras/iet Parasit, Schmarotzer *m.* ▾**—itair** p.är. ▾**—iteren** p.ieren. ▾**—itisme** P.ismus *m*, S.tum *s.*
para/sol Para/sol, Sonnenschirm *m.* ▾**—tyfus** P.typhus *m.* ▾**—troepen** Luftlandetruppen *Mz.*
parcours Strecke *w.*
pardoes geradeswegs; (*uitroep, als iets valt*) pardauz!
pardon I *zn* Pardon *m*; *— vragen*, um Verzeihung bitten. **II** *tw*: *—!*, Verzeihung (bitte)!; entschuldigen Sie!; bitte! ▾**—neren** pardonieren, verzeihen.
parel Perl/e *w*; *—en voor de zwijnen* (*werpen*), P.en vor die Säue. ▾**—cokes** P.koks *m.* ▾**—duiker** P.entaucher *m.* ▾**—en** p.en. ▾**—gerst** P.gerste *w.* ▾**—grijs** p.grau. ▾**—hoen** P.huhn *s.* ▾**—moer(-)** *zie* **paarlemoer(-).** ▾**—oester** P.enauster *w.* ▾**—snoer** P.enschnur *w.*
paren paaren; (*de dieren*) — (*zich*), paaren s.; (*z.*) *— aan*, (s.) verbinden mit.
pareren parieren.
parfum Parfüm *s.* ▾**—eren** p.ieren. ▾**—erie** P.erie *w*, P.geschäft *s.*
pari pari; *het —*, das Pari, der Nennwert; *uitgifte beneden —*, (*v. lening*) Unterpariemission *w*; *aflosbaar à —*, zum Nennwert rückzahlbar.
paria Paria *m.*
Parijs Paris *s*; (*als bn*) Pariser. ▾**Parijzenaar** Pariser *m.*
paring Paarung *w.*
pariteit Parität *w.*
park Park *m.*
parkeer/baan (*ruimtev.*) Park/bahn *w.* ▾**—der** P.er *m.* ▾**—garage** P.(hoch)haus *s.* ▾**—gelden, —kosten** P.gebühren *Mz.* ▾**—haven** P.bucht *w.* ▾**—kaart** P.schein *m.* ▾**—licht** P.licht *s*, P.leuchte *w.* ▾**—meter** P.uhr *w*, P.ometer *s*; (*hum.*) Groschengrab *s.* ▾**—plaats** P.platz *m*, P.stelle *w.* ▾**—ruimte** P.raum *m*; (*tussen auto's*) P.lücke *w*; *gebrek aan —*, P.raumnot *w.* ▾**—schijf** P.scheibe *w.* ▾**—strook** Abstell-, P.streifen *m.* ▾**—studie** (*i.p.v. definitieve studie*) P.studium *s.*▾**—terrein** P.platz *m.* ▾**—verbod** P.verbot *s*; *overtreder v.h. —*, P.sünder *m.* ▾**—wachter** P.wärter *m.* ▾**parkeren** p.en.
parket Parkett *s*; (*openb. min.*) Staatsanwaltschaft *w*; (*schouwburgplaats*) P.(platz) *m*; (*vloer*) P.boden *m*, P. *s*; *in een moeilijk — zitten*, s. in e.r mißlichen Lage befinden.
parkiet (Edel)Sittich *m.*
parkwachter Parkwärter *m.*
parlement Parlament *s.* ▾**—air I** *bn & bw* p.arisch (*bij parlementair behorend*) P.är...; *—e vlag*, P.ärfahne *w.* **II** *zn* P.är *m.* ▾**—ariër** P.arier *m*, P.smitglied *s.* ▾**—eren** p.ieren, unterhandeln. ▾**—sgebouw** P.sgebäude *s.* ▾**—slid** P.smitglied *s.*
parlevinker Bootshändler *m.*
parmant/(ig) stolz, keck; (*statig*) stattlich; — (*voort*)*stappen*, einherstolzieren. ▾**—igheid** Stolz *m*, Keckheit *w.*
Parmezaans: *—e kaas*, Parmesankäse *m.*
paroch/iaal parochial; *parochiale kerk*, Parochial-, Pfarrkirche *w.* ▾**—iaan** Pfarrkind *s*, Angehörige(r) e.r Pfarrei. ▾**—ie** Parochie *w*, Kirchspiel *s*, Pfarre(i) *w*, Pfarrbezirk *m.* ▾**—iehuis** Gemeinschaftshaus *s* der Pfarre, Pfarrheim *s.* ▾**—iekerk** Pfarr-, Parochialkirche *w.*
parod/ie Parodie *w.* ▾**—iëren** parodieren.
parool Parole, Losung *w.*
part 1 (*deel*) Teil, Anteil *m*; *ergens — noch deel aan hebben*, bei etwas gar nicht beteiligt sein; *voor mijn —*, meinetwegen; *ik voor mijn —*, ich für meinen T.; **2** (*mijn geheugen*) *bogint me —en te spelen*, versagt ab und zu, läßt mich im Stich; *iem. een — spelen*, e.m e.n Streich spielen.
parterre Parterre *s*; (*v. huis, ook*) Erdgeschoß *s.*
particip/atie Partiz/ipation, Teilnahme *w.* ▾**—eren** p.ipieren, teilnehmen. ▾**—ium** P.ip, Mittelwort *s.*
particulier I *bn & bw* Privat..., privat; *— belang, bezit, persoon enz.*, Privatinteresse *s*, -besitz *m*, -person *w*; (*iem.s*) *—e aangelegenheden, mening*, persönliche, private Angelegenheiten, Meinung; (*iem.*) — (*kennen*), persönlich, sehr gut, intim. **II** *zn* Privatperson *w*, Privatmann, Privatier *m.*
partieel partiell, teilweise, Teil...; *— onderwijs*, teilzeitlicher Unterricht, Teilzeitbildung *w*; *school voor — onderwijs*, Teilzeitschule *w.*
partij (*groep v. pers. met dezelfde beginselen*; *iem.s aanhang*; *bij rechtszaak, contract*; *één van twee of meer* (*groepen v.*) *pers. die tegenover elkaar staan*) Partei *w*; (*hoeveelheid handelsartikelen*) Partie *w*; (*alg.*: *'n aantal, 'n boel*) Menge, Anzahl *w*, Haufen *m*; (*aantal pers.*: *ong.*) Bande *w*; (*gedeelte, onderdeel v. iets*; *boomgroep enz. in landschap, op schilderstuk enz.*) Partie *w*; (*in concertstuk, muziek*) Partie, Stimme *w*; (*v. toneelstuk*) Partie, Rolle *w*; (*spel, spelletje biljart, schaak, voetbal enz.*) Partie *w*; (*tochtje, jacht-, roeipartij*) Partie *w*; (*feestavondje, feestje*) Gesellschaft *w*; (*huwelijkskandidaat, huwelijk*) Partie *w*; *— van iets trekken*, etwas benutzen, ausnutzen, s. etwas zunutze machen; *iem.s —, — voor iem. kiezen*, jemands Partei nehmen, ergreifen, für jemand Partei nehmen, ergreifen; *— kiezen tegen iem.*, gegen jemand Partei nehmen; *— kiezen*, Stellung nehmen; *de wijste — kiezen*, der klügere, der klügste sein; *de eisende, de klagende —*, (*jur.*) der Kläger; *aangeklaagde, verwerende —*, Beklagte(r) *m*; *de lijdende — (zijn)*, der leidende Teil; *ook v.d. — zijn*, mit von der Partie sein, auch mitmachen, auch dabei sein; *naar een —(tje) (gaan)*, in eine Gesellschaft; *zij doet een goede —*, sie macht eine gute Partie. ▾**—belang** Partei/interesse *s.* ▾**—bestuur** P.vorstand *m.* ▾**—blad** P.blatt *s.* ▾**—congres** P.kongreß *m.* ▾**—dig** p.isch, p.lich. ▾**—digheid** P.lichkeit *w.* ▾**—ganger** P.gänger *m.* ▾**—genoot** P.genosse *m.* ▾**—leider** P.führer *m.* ▾**—lid** P.mitglied *s.* ▾**—loos** p.los. ▾**—politiek** P.politik *w.* ▾**—program** P.programm *s.* ▾**—schap** P.ung *w*; (*partijdigheid*) P.lichkeit *w.*
partikel Partikel *w.*
partituur Partitur *w.*
partizaan (*pers.*) Partisan(e) *m.*
partner Partner *m.* ▾**—ruil** P.tausch *m.* ▾**—schap, —ship** P.schaft *w.* ▾**—stad** P.stadt *w.*
part-time nicht ganztägig beschäftigt; *— werk*, Teilzeitbeschäftigung *w.* ▾**part-timer** Teilzeitkraft *w.*
parvenu Emporkömmling, Parvenü *m.* ▾**—achtig** protzig.
pas I *zn* **1** (*stap*) Schritt *m*; (*bergpas*; *paspoort*) Paß *m*; (*boven aan jurk*) Passe *w*; *in de — blijven*, (gleichen) S. halten; *uit de — raken*, aus dem S. kommen; *in de — gaan lopen*, Tritt fassen; *in de —!*, Tritt gefaßt!, (*blijven*) Tritt halten!; *iem. de — afsnijden*, e.m den Weg vertreten, verlegen; (*bij iem.*) *in de — staan*, gut angeschrieben sein; **2** (*je komt*) *juist van —*, gerade recht, zur rechten Zeit; (*dat komt*) *me goed van —*, mir gut zustatten, mir eben recht; *het geeft geen —, het komt niet te —*, es geziemt s. nicht, es schickt s. nicht; (*hij wist*

het) aardig te — te brengen, geschickt anzubringen; (*ik zei het*) *toen het in het gesprek te — kwam*, als das Gespräch es mit s. brachte, als die Rede darauf kam; (*die opmerking*) *kwam niet te —*, war übel angebracht; *het komt hem in zijn kraam te —*, es paßt ihm in den Kram; (*oude kleren niet wegdoen,*) *ze kunnen later te — komen*, man kann sie später vielleicht gebrauchen; (*de chef*) *moest eraan te — komen*, mußte s. einmischen; *te — en te onpas*, passend und unpassend; (*een kledingstuk*) *van — maken*, passend machen. **II** *bw* (*juist, zoëven*) (so)eben; (*daarstraks*) vorhin; (*onlangs*) vor kurzem, neulich; (*nauwelijks*) kaum; (*eerst; niet eerder, meer, verder dan*) erst; *net —*, eben erst; *zo —*, soeben; *hij was — thuis, of hij moest* (*al weer weg*), kaum war er zu Hause, da mußte er ...; *dan —*, erst dann; (*ik heb*) *— de helft af*, erst die Hälfte, kaum (mehr als) die Hälfte fertig; *— gebouwd huis*, neugebautes Haus; *— opgericht*, neugegründet; *— gevallen sneeuw*, frisch gefallener Schnee; *— geverfd*, frisch gestrichen. ▾**—controle** Paßkontrolle *w.*

Pasen Ostern *s, Mz*; *witte —*, weiße O.; *— valt laat*, O. fällt spät; *zijn — houden*, seine O. halten.

pasfoto Paßbild *s.*

pas/geboren neugeboren. ▾**—gehuwd** neuvermählt.

pasgeld kleines Geld, Scheidemünze *w.*

pasja Pascha *m.*

pas/kamer Anprobe/zimmer, A.kabinett *s*, Kabine *w*, Anprobe *w.* ▾**—klaar** zur Anprobe fertig.

paskwil Pasquill *s*; (*'t is*) *een —*, lächerlich.

pas/lood Senkblei, -lot *s*; (*waterpas*) *zie aldaar.* ▾**—munt** Scheidemünze *w.* ▾**—poort** Paß *m*; (*mil.*) Militärpaß *m.*

pass (*sp.*) Paß(ball) *m.*

passaat(wind) Passat(wind) *m.*

passabel passabel. ▾**passage** Passage *w*; (*doorgang, doortocht, ook*) Durchgang *m*, Durchfahrt *w*; (*winkelgalerij*) Galerie, Passage *w*; (*in boek*) Stelle *w*; (*in deze straat is*) *weinig —*, wenig Verkehr. ▾**—biljet** Fahr/schein *m*; (*scheepv.*) Schiffskarte *w.* ▾**—bureau** Reisebüro *s.* ▾**—geld** *s*, F.geld *s*, F.preis *m*, Passagiergeld *s.*

passagier Fahrgast, Passagier, Reisende(r) *m*; (*vliegt., ook*) Fluggast *m*; *blinde —*, blinder P., Schwarzfahrer *m.* ▾**—en** an Land gehen; (*zn*) Landgang *m.* ▾**passagiers/accommodatie** Fahrgasteinrichtung *w.* ▾**—boot** Personendampfer *m*, Passagierschiff *s.* ▾**—trein** Personenzug *m.* ▾**—vliegtuig** Verkehrs-, Passagierflugzeug *s.* ▾**passant** Passant, Durchreisende(r) *m*, Durchzügler *m.*

passement Posament *s.*

passen passen; (*betamen*) (s.) geziemen, s. schicken; (*geld*) abpassen, abzählen; (*kaartsp.*) p.; (*die jurk*) *past je goed*, paßt dir gut; (*een jurk*) *—*, anprobieren; (*zo'n uitdrukking*) *past je niet*, geziemt dir nicht; (*tweede klas reizen,*) *dat past u niet*, das schickt s. nicht für Sie; (*zoveel geld uitgeven,*) *dat past me nu niet*, das paßt mir jetzt nicht, kann ich mir jetzt nicht leisten; *ik kan het niet —*, (*bij betaling*) ich habe es nicht passend; *— bij*, passen zu; *bij elkaar —*, zusammenpassen; *op de kinderen —*, auf die Kinder achten; *op het huis —*, das Haus hüten; *pas op voor de hond!*, hüte dich vor dem Hund!; *op zijn woorden —*, vorsichtig sein in der Wahl seiner Worte; *net gepast!*, stimmt genau! ▾**passend** passend; *— bij*, p. zu; *—e gelegenheid, woorden*, passende Gelegenheit, Worte; *—e beloning*, angemessene Belohnung.

passe-partout Passepartout *m*; (*sleutel*) Hauptschlüssel *m*; (*entreekaart*) Dauerkarte *w.*

passer Zirkel *m*; *kromme —*, Greifzirkel. ▾**—doos** Reißzeug *s.*

passeren passieren; vorbeigehen; (*gebeuren*) passieren, s. ereignen; (*op een reis vele grenzen, steden*) *gepasseerd zijn*, passiert haben; (*de optocht zal*) *ons huis —*, an unserm Hause vorbeikommen; (*iem.*) *—*, (*bijv. bij benoeming*) übergéhen; (*de tijd*) *—*, zubringen; *de zestig gepasseerd zijn*, über 60 Jahre alt sein; (*iets niet zonder meer*) *kunnen laten —*, hingehen lassen können; *een akte —*, eine Urkunde aufnehmen; *het dividend —*, keine Dividende ausschütten.

passie Passion *w*; (*hartstocht, ook*) Leidenschaft *w.* ▾**—bloem** P.sblume *w.*

passief I *bn & bw* passiv. **II** *zn* (*passiva*) Passiva, Passiven *Mz*; (*gram.*) Passiv *s*, Leideform *w.* ▾**—zijde** Passivseite *w.*

passie/preek Passions/predigt *w.* ▾**—spel** P.spiel *s.* ▾**—week** P.woche *w.* ▾**passionist** Passionist *m.*

passiva *zie* **passief II.** ▾**passiviteit** Passivität *w.*

pasta Paste, Pasta *w.* ▾**pastei** Pastete *w.* ▾**—bakker** P.nbäcker *m.* ▾**—tje** Pastetchen *s*, Pastete *w.*

pastel (*tekening*) Pastell *s*; (*krijt*) P.(stift) *m*; (*plant*) Waid *m*; *portret in —*, P.bild *s*, Bild in P.farben; *in —* (*schilderen*), in P. ▾**—kleur** P.farbe *w.* ▾**—tekening** P.bild *s*, P.zeichnung *w.*

pasteuris/atie Pasteuris/ierung *w.* ▾**—eren** p.ieren.

pastille Pastille *w*, Plätzchen *s.*

past/oor Pfarrer, Pastor *m.* ▾**—oorschap** Pfarramt, Pastorat *s.* ▾**—oorsplaats** Pfarrstelle *w.* ▾**—or** Pastor *m.* ▾**—oraal** pastoral; *pastorale brief*, Pastoral-, Hirtenbrief *m.* ▾**—orale** Pastorale *s.* ▾**—orie** Pfarrhaus *s*, Pfarre *w.*

pasvorm Paßform *w.*

pat 1 (*schaaksp.*) patt; **2** (*v. bretels; op uniform*) Patte *w.*

patat, patates frites Pommes frites *Mz.* ▾**—kraam** Pommes-frites-Bude *w.*

pateen Patene *w.*

patent I *zn* Patent *s*; *— voor iets aanvragen*, etwas zum P. anmelden. **II** *bn & bw* vorzüglich, ausgezeichnet, p.; *een —e kerel*, ein p.er Kerl. ▾**patent(-)** *zie ook* **octrooi(-).** ▾**—aanvraag** P.anmeldung *w*, P.gesuch *s.* ▾**—eren** p.ieren; *gepatenteerd*, (*ook*) p.amtlich geschützt. ▾**—nemer** P.inhaber *m.* ▾**—olie** P.-, Lampenöl *s.* ▾**—sluiting** P.verschluß *m.*

pater Pater *m* (*mv ook*: Patres); *een —*(*tje*) *goedleven*, ein Herr Wohlleben. ▾**—nalisme** Bevormundung *w.* ▾**—noster** Paternoster, Vaterunser *s*; Rosenkranz *m.*

path/etisch path/etisch. ▾**—ologie** P.ologie *w.* ▾**—ologisch** p.ologisch. ▾**—oloog** P.ologe *m.* ▾**—oloog-anatoom** p.ologischer Anatom. ▾**—os** P.os *s.*

patience(spel) Patience *w*, P.spiel *s.*

patiënt Patient *m.* ▾**—e** Patientin *w.*

patio Patio *m.*

patri/arch Patriarch *m.* ▾**—archaal** p.alisch. ▾**—archaat** P.at *s.* ▾**—ciër** Patrizier *m.* ▾**—cisch** patrizisch.

patrijs 1 (*vogel*) Rebhuhn *s*; **2** (*stempelvorm*) Patrize *w.* ▾**—hond** Hühnerhund *m.* ▾**—poort** Bull-, Ochsenauge *s.* ▾**patrijzejacht** Rebhühnerjagd *w.*

patriot Patriot, Vaterlandsfreund *m.* ▾**—tisch** patriotisch, vaterländisch. ▾**—tisme**

Patriotismus *m*, Vaterlandsliebe *w*.
patron/aat (*beschermheerschap*) Schutzherrschaft *w*; Patron/at *s*. ▼**—es** P.in, Schutzheilige *w*; (*beschermvrouwe*) Schutzherrin *w*. ▼**patroon** 1 (*beschermheilige*) Patron, Schutzheilige(r) *m*; (*beschermheer*) Schutzherr *m*; 2 (*chef*) Chef, Prinzipal; (*baas*) Meister *m*; 3 (*geweerpatroon*; *vulpatroon*) Patrone *w*; 4 (*model*) Muster, Modell *s*; (*knippatroon*) Schnittmuster *s*; (*dessin*) Muster, Dessin *s*. ▼**—heilige** Schutzheilige(r) *m*. ▼**—houder** Patronen/rahmen *m*, Ladestreifen *m*. ▼**—huls** P.hülse *w*. ▼**—tas** P.tasche *w*. ▼**—tekenaar** Musterzeichner *m*.
patrouill/e Patrouille *w*; (*mil.*: *ter verkenning, meestal*) Spähtrupp *m*; (*politie, meestal*) Streife, Streifwache *w*; (*het patrouilleren*) Streifgang *m*, Streife *w*; *activiteit van —s*, Spähtrupptätigkeit *w*. ▼**—eauto** Streifenwagen *m*. ▼**—ecommandant** Spähtrupp-, Streifen-, Patrouillenführer *m*. ▼**—eren** patrouillieren, streifen. ▼**—evaartuig** Patrouillenboot *s*.
pats Patsch *m*; *—!*, patsch!, klatsch! ▼**—en** patschen; (*smijten*) schmeißen.
patsituatie, —stelling Patt *s*, P.situation, P.stellung *w*.
pauk Pauke *w*. ▼**—enist, —eslager** P.nschläger, P.r *m*. ▼**—epaard** P.npferd *s*.
pauper Arme(r) *m*. ▼**—iseren** verelenden. ▼**—isme** Pauperismus *m*, Verelendung *w*.
paus Papst *m*. ▼**—dom** P.tum *s*. ▼**—elijk** päpstlich. ▼**—gezind** päpstlich gesinnt, papistisch. ▼**—keuze** Papst/wahl *w*. ▼**—schap** P.tum *s*; (*waardigheid*) päpstliche Würde.
pauw Pfau *m*. ▼**—blauw** p.enblau. ▼**—estaart** P.enschwanz *m*.
pauz/e Paus/e *w*. ▼**—eren** p.ieren. ▼**—eteken** P.enzeichen *s*.
paviljoen Pavillon *m*.
pavoiseren Flaggengala anlegen.
p.c.-vezel Pe-Ce-Faser *w*.
peau-de-suède Schwedenleder *s*.
pech Pech *s*. ▼**—lamp** Warnblinkleuchte *w*. ▼**—vogel** P.vogel *m*.
pecuniair finanziell, pekuniär.
pedaal Pedal *s*; (*v. auto*) Fußhebel *m*. ▼**—emmer** Tretabfalleimer *m*.
pedag/ogie(k) Päda/gogik *w*. ▼**—ogisch** p.gogisch. ▼**—oog** P.gog *m*.
pedant I *bn & bw* eingebildet, dünkelhaft. **II** *zn* eingebildeter, dünkelhafter Mensch. ▼**—erie** Einbildung *w*, Dünkel *m*.
peddel Paddel *s*. ▼**—en** (*fietsen*) radeln; (*roeien*) paddeln.
pedel Pedell *m*.
pedestal *zie* **piëdestal**.
pedicure 1 (*pers.*) Pediküre *w & m*, Fußpfleger(in); **2** (*voetverzorging*) Pediküre, Fußpflege *w*.
pedo/fiel I *zn* Pädo/phile *m*. **II** *bn* p.phil. ▼**—filie** P.philie *w*. ▼**—logie** P.logie *w*; (*bodemkunde*) Pedologie *w*. ▼**—logisch** pädo/logisch. ▼**—loog** P.loge *m*.
pee: *de — in hebben*, ärgerlich, verstimmt, übelgelaunt sein; *de — aan iem. hebben*, e.n nicht riechen können.
peeling Peeling *s*.
peen Möhre, Mohrrübe, Karotte *w*.
peepshow Peep-Show *w*.
peer Birne *w* (*ook gloeilamp*). ▼**—vormig** birnenförmig.
pees Sehn/e *w*. ▼**—achtig** s.ig. ▼**—schede** S.enscheide *w*.
peet(oom, -tante) Pate *m*; Patin *w*. ▼**—schap** Patenschaft *w*.
pegel Eiszapfen *m*.
peignoir Morgenrock *m*, -kleid, Peignoir *s*.
peil (*maatstaf voor waterstand*) Pegel *m*, (Wasser)Stand *m*; (*fig.*) Niveau *s*, (*stand*) Stand *m*; *boven Amsterdams —*, über Amsterdamer P.; *'t hoogste — (bereikt hebben)*, (*ook fig.*) den höchsten S.; *beneden — zijn*, unter dem N. stehen; (*dat is*) *beneden alle —*, (*fam.*) unter aller Kanone; *op — houden*, auf dem N. erhalten; *op een hoog — (staan)*, auf hohem N.; *op lager —*, (*trap, plan*) auf niedriger Stufe; *daar kun je geen — op trekken*, das entzieht s. aller Berechnung; *op iem. geen — kunnen trekken*, s. auf e.n nicht verlassen können. ▼**—datum** Stichtag *m*. ▼**—en** (*scheepst.*; *rad.*: *diepte, richting, ligging*) peilen; (*met peillood*) loten; (*jenever, wijn enz. op fust*) —, eichen, visieren; (*onderzoeken*) prüfen; (*wie kan de diepte van hun ellende*) —, ergründen; (*een vliegtuig*) —, (*in peiling nemen*) anpeilen. ▼**—glas** Wasserstandsglas *s*. ▼**—hoogte** Pegelhöhe *w*. ▼**—ing** Peilung; Lotung; Eichung, Visierung; Prüfung *w*. ▼**—lood** Senkblei, Tieflot *s*. ▼**—loos** unergründlich, bodenlos. ▼**—schaal** Pegelskala *w*, Pegel *m*. ▼**—stok** Peilstock; Eich-, Visierstab *m*.
peinzen sinnen, grübeln; *— over iets*, über etwas nachsinnen, nachdenken.
pek Pech *s*; *wie met — omgaat, wordt ermee besmet*, wer P. angreift, besudelt s. ▼**—achtig** p.artig. ▼**—draad** P.draht *m*.
pekel Pökel *m*, Salzlake *w*. ▼**—en** (ein)pökeln. ▼**—haring** P.hering *m*. ▼**—vlees** P.fleisch *s*. ▼**—wagen** Salzstreuwagen *m*. ▼**—zonde** alte Sünde; kleine, läßliche Sünde.
pekinees Pekinghund *m*.
pekken (ver)pichen.
pelgrim Pilger *m*, (*naar genadeoord*) Wall/fahrer, W.er *m*. ▼**—age, —stocht** P.fahrt *w*; (*naar genadeoord*) W.fahrt *w*; *een — ondernemen*, eine P.fahrt machen, p.n; eine W.fahrt machen, w.fahr(t)en.
pelikaan Pelikan *m*.
pellen schälen; (*amandelen*) herausschälen; *gepelde gerst*, geschälte Gerste, Gerstengraupen *Mz*.
peloton (*v. compagnie*) Zug *m*; (*executie—*) Peloton *s*; (*wielersp.*) Peloton, Hauptfeld *s*.
pels Pelz *m*; Pelz/rock, -mantel *m*. ▼**pels/(-)** *zie ook* **bont(-)**. ▼**—jager** P.jäger *m*. ▼**—werk** P.werk *s*, Rauchwaren *Mz*. ▼**pelterij** Pelz-, Rauch-, Kürschnerwaren *Mz*.
peluw Pfühl *m*; (*onder hoofdkussen*) Keilkissen *s*.
pen (*schrijfpen, slagpen v. vogels*) Feder *w*; (*houten pin, paaltje, bijv. tentpen*) Pflock *m*; (*pin*) Nagel, Stift *m*; (*bijv. in zool*) Zwecke *w*, Stift *m*; (*v. stekelvarken*) Stachel *m*; *— en gat*, (*bij timmerwerk*) Zapfen *m* und Zapfenloch *s*; *de — opvatten*, die F. ergreifen; *een scherpe — hebben*, eine spitze, scharfe F. führen; (*iem. iets*) *in de — geven*, in die F. diktieren; *'t is in de —*, es wird vorbereitet.
penalty Elfmeter(stoß) *m*.
penantspiegel Pfeilerspiegel *m*.
penarie: *in de — (zitten)*, in der Patsche, (*in de knoei*) in der Tinte.
penaten Penaten *Mz*.
PEN-club PENklub *m*.
pendant Pendant, Gegenstück *s*.
pendel/aar Pendler *m*. ▼**—en** pendeln. ▼**—dienst** Pendelverkehr, -dienst *m*. ▼**pendule** Stutzuhr, Pendüle *w*.
penetr/ant penetrant, durchdringend. ▼**—atie** Penetration, Durchdringung *w*, Eindringen *s*; (*in frontstelling*) Einbruch *m*. ▼**—eren** penetrieren, durchdringen.

penhouder Federhalter *m.*
penibel penibel, peinlich.
penicilline Penizillin, Penicillin *s.*
penis Penis *m.*
penitent Pönitent *m.* ▾**—ie** Pönitenz *w.*
penn/elikker Feder/fuchser *m.* ▾**—emes** F.messer *s.* ▾**—en** schreiben, (*schoenzolen*) zwecken. ▾**—enbakje** F.schale *w.* ▾**—estreek** F.strich *m.* ▾**—estrijd** F.streit, F.krieg *m.* ▾**—evrucht** schriftstellerische Leistung.
penning Pfennig *m*; (*gedenkpenning enz.*) Denkmünze, Medaille *w*; (*herkenningsteken, honde-, speelpenning enz.*) Marke *w*; *op de —* (*zijn*), ein P.fuchser; *tot de laatste —* (*betalen*), bis auf den letzten P. ▾**—kabinet** Münzenkabinett *s.* ▾**—kruid** P.kraut *s.* ▾**—meester** Kassenführer, -wart, Schatzmeister *m.* ▾**—ske**: *het — der weduwe*, das Scherflein der Witwe.
pens Pansen *m*; (*plat: buik*) Bauch *m*, (*dikke buik*) Wanst *m.*
penseel Pinsel *m.* ▾**penselen** pinseln; (*schilderen*) malen.
pensioen Pension *w*, Ruhegehalt *s*; *met — gaan, z'n — nemen*, in den Ruhestand treten, s. pensionieren lassen, in Pension gehen; *op — stellen*, in den Ruhestand versetzen; *recht op —*, Pensionsberechtigung *w.* ▾**—(s)aanvrage** Pensions/gesuch *s.* ▾**—(s)bijdrage** P.beitrag *m.* ▾**—fonds** P.fonds *m.* ▾**—gerechtigd** p.berechtigt; *—e leeftijd*, P.alter *s.* ▾**—(s)grondslag** P.grundlage *w.* ▾**—(s)regeling** P.ordnung *w.*
pension Pension *w*; (*het huis, ook*) Fremdenheim *s*; *bij iem. in — doen*, bei e.m in P. geben. ▾**—aat** P.at *s.* ▾**—aire** P.ärin *w.* ▾**—aris** P.är *m.* ▾**—eren** p.ieren, in den Ruhestand versetzen. ▾**—ering** P.ierung *w.* ▾**—gast** P.sgast *m.* ▾**—houder** P.shalter *m.* ▾**—houdster** P.sinhaberin *w.* ▾**—prijs** P.preis *m.*
pentekening Federzeichnung *w.*
peper Pfeffer *m.* ▾**—bus** P.büchse *w.* ▾**—duur** gepfeffert. ▾**—en** pfeffern. ▾**—-en-zoutkleurig** pfeffer- und salzfarbig, graumeliert. ▾**—-en-zoutstel** Menage *w*, Gewürzständer *m.* ▾**—koek** Pfeffer/kuchen *m.* ▾**—molen** P.mühle *w.* ▾**—munt** P.minze *w.* ▾**—muntje** P.minztablette *w.* ▾**—noot** P.nuß *w.*
pepmiddel Pep-, Aufputschmittel *s.*
peppel Pappel *w.*
peppil Peppille *w.*
pepsine Pepsin *s.*
per per; *— order*, im Auftrag (i.A.); *— post*, durch die Post, mit der P.; *— luchtpost*, mit Flugpost; *— vliegtuig* (*verzenden*), auf dem Luftwege; *— auto* (*komen*), mit dem Auto; *— fiets, schip* (*komen*), zu Rad, zu Schiff; *— dag*, täglich, pro Tag; *— dag* (*huren*), tagweise; *— jaar*, jährlich, das Jahr, im Jahre, per Jahr; *— maand*, monatlich, im Monat; (*f 5*) *— uur*, (für) die Stunde, je Stunde; *— uur* (*betaald worden*), stundenweise; (*75 km*) *— uur* (*rijden*), in der Stunde; *een snelheid v. 75 km — uur*, eine Stundengeschwindigkeit von 75 km; (*f 10*) *— dozijn*, je Dutzend, das Dutzend; (*f 1*) *— stuk*, das Stück; *— dozijn, pond* (*verkopen*), dutzendweise, pfundweise; *— nummer*, die Nummer, pro Nummer; *— persoon*, die Person, je Person; *inkomen, verbruik — persoon, hoofd*, Pro-Kopf-Einkommen *s*, Pro-Kopf-Verbrauch *m.*
perceel Los *s*; (*vooral v. grond*) Parzell/e *w*; (*gebouw*) Haus *s*; *— bouwgrond*, Baustelle *w*; *in percelen verdelen*, p.ieren. ▾**—sgewijs** losweise, in Losen, in P.en, p.enweise.
percent Prozent *s*; *tegen 5 —*, zu 5 P., zu 5 vom Hundert; *3-percentslening*, dreiprozentige Anleihe. ▾**—age** P.satz *m.* ▾**—rekening** P.rechnung *w.* ▾**—sgewijs** p.weise, p.ual.
percolator Perkolator *m.*
percuteren perkutieren.
pereboom Birnbaum *m.*
perfect perfekt. ▾**—ie** P.ion *w*; *in de —*, perfekt. ▾**—ioneren** p.ionieren, vervollkommnen. ▾**—um** Perfekt *s*, vollendete Gegenwart.
perfide perfid, treulos.
perfor/atie Perfor/ation *w*; (*perforatielijn, ook*) Reizlinie *w.* ▾**—ator** P.ator, Locher *m.* ▾**—eermachine** P.iermaschine *w.* ▾**—eren** p.ieren.
pergola Pergola *w.*
periferie Peripherie *w.*
perifras/e Periphras/e *w.* ▾**—eren** p.ieren.
perikel Gefahr *w.*
periode Periode *w*; Zeitabschnitt, Zeitraum *m.* ▾**—bouw** P.nbau *m.* ▾**periodiek I** *bn & bw* periodisch. **II** *zn* Zeitschrift *w.*
periscoop Periskop, Sehrohr *s.*
peristaltisch peristaltisch.
perk (*bloemperk*) Beet *s*; (*grens*) Grenze, Schranke *w*; *alle —en te buiten gaan*, alle S.n durchbrechen; (*dat gaat*) *de —en te buiten*, zu weit; *binnen de —en* (*houden*), in den S.n.
perkament Pergament *s.* ▾**—en** p.en, Pergament... ▾**—papier** P.papier *s.*
perlon Perlon *s.*
permanent I *bn & bw* ständig, permanent, dauernd. **II** *zn* (*— wave*) Dauerwellen *Mz.* ▾**—en**: *z. laten —*, s. Dauerwellen machen lassen.
permissie (*toestemming*) Erlaubnis *w*; *met — gaan*, (*v. mil. enz.*) auf Urlaub gehen; *met* (*uw*) *—*, mit Verlaub. ▾**permissive society** permissive Gesellschaft. ▾**permitteren** erlauben; (*zo'n uitgave kan ik*) *mij niet —*, mir nicht leisten.
peroratie Schlußrede *w*; Redeschluß *m*, Peroration *w.*
peroxyde Peroxyd *s.*
perpetueel beständig, fortwährend, perpetuell.
perplex perplex, bestürzt, platt.
perron Bahnsteig *m.* ▾**—kaartje** B.karte *w.*
pers 1 Presse *w*; *ter —e* (*zijn*), unter, in der P.; **2** (*tapijt*) Perser(teppich) *m*; (*pers.*) Perser *m.* ▾**—afdeling** Presse/stelle *w.* ▾**—agentschap** Nachrichten/-, P.agentur *w*; die Deutsche P.agentur (dpa). ▾**—attaché** P.attaché *m.* ▾**—bericht** P.nachricht *w*; *de —en*, (*rad.*) der N.dienst. ▾**—bureau** N.büro *s*; (*v. off. instelling*) P.stelle *w.* ▾**—campagne** P.kampagne *w*, (*ong.*) P.hetze *w.* ▾**—centrum** P.zentrum *s.* ▾**—conferentie** P.konferenz *w.* ▾**—delict** P.vergehen *s.* ▾**—dienst** P.stelle *w*, P.amt *s.* ▾**—en** p.n. ▾**—er** Presser *m.* ▾**—fotograaf** Bildberichterstatter, Pressephotograph *m.* ▾**—gas** Preßgas *s.*
persifl/age Persiflage *w.* ▾**—eren** persiflieren.
pers/ijzer Preßeisen *s.* ▾**—ing** Pressung *w.* ▾**—kaart** Pressekarte *w.* ▾**—klaar** druckfertig. ▾**—kuip** Weinpresse, Kelter *w.* ▾**—leiding** Druckleitung *w.* ▾**—lucht** Preßluft *w.*
person/age Person *w*; *hoge —s*, hohe Persönlichkeiten. ▾**—alia** Personalien *Mz*; (*kranterubriek*) Personalnachrichten *Mz.* ▾**—alisme** Personalismus *m.* ▾**—aliteit** Persönlichkeit *w.* ▾**—eel I** *zn* Personal *s*; Angestellte(n) *Mz*, Angestelltenschaft *w*; (*v. fabriek enz., ook*) Belegschaft *w*; *gebrek aan*

—, Personalmangel *m.* **II** *bn & bw* persönlich; *personele belasting*, Personalsteuer *w*; *personele unie*, Personalunion *w*.
▾**—eelchef** Personal/chef *m*.
▾**—eelsbezetting** P.bestand *m*.
▾**—eelsraad** Betriebsrat *m*. ▾**—eelsstop** P.stopp *m*. ▾**—eelszaken** P.angelegenheiten *Mz*; *afdeling —*, P.abteilung *w*. ▾**—enauto** Personen(kraft)wagen *m*. ▾**—enlift** Personenaufzug *m*. ▾**—entrein** Passagierzug *m*; (*stoptrein*) Personen/zug *m*.
▾**—envervoer** P.beförderung *w*.
▾**—ificatie** Person/ifikation, P.ifizierung *w*.
▾**—ifiëren** p.ifizieren.
persoon Person *w*; *ik voor mijn —*, ich für meine P.; *mijn —tje*, meine Wenigkeit; *in hoogst eigen —*, in höchst eigner P. ▾**—lijk** persön/lich. ▾**—lijkheid** P.lichkeit *w*.
▾**—sbeschrijving** Personal/beschreibung *w*. ▾**—sbewijs** P.ausweis *m*, Kennkarte *w*.
▾**—sgegevens** Personalien *Mz*. ▾**—snaam** Personen/name *m*. ▾**—sverheerlijking** P.kult *m*. ▾**—sverwisseling** P.wechsel *m*.
pers/orgaan Presse/organ *s*. ▾**—overzicht** P.schau *w*.
perspect/ief Perspektive *w*. ▾**—ivisch** perspektivisch.
pers/pomp Preß-, Druckpumpe *w*. ▾**—stem** Pressestimme *w*. ▾**—tribune** Pressetribüne *w*. ▾**—vorm** Preßform *w*. ▾**—vrijheid** Pressefreiheit *w*.
pertinent entschieden, bestimmt; *—e leugen*, unverschämte Lüge.
Peru Peru *s*. ▾**—aan** P.aner *m*. ▾**—aans** p.anisch.
pervers pervers. ▾**—iteit** P.ität *w*.
Perzië Persien *s*.
perzik Pfirsich *m*. ▾**—(e)boom** P.baum *m*.
Perzisch persisch; *—e Golf*, Persischer Meerbusen; *—e oorlogen*, Perserkriege; *—tapijt*, Perser(teppich) *m*.
peseta Peseta *w*.
pessarium Pessar *s*.
pessimis/me Pessimis/mus *m*. ▾**—t** P.t *m*.
▾**—tisch** p.tisch.
pest Pest *w*; *geval van —*, P.fall *m*; *de — aan iem. hebben*, e.n nicht riechen können, (*sterker*) e.n hassen wie die P.; *de — in hebben*, ärgerlich, übler Laune sein; *krijg de —!*, krieg die Kränke! ▾**—bui** stinkige Laune.
▾**—buil** P.beule *w*. ▾**—en** piesacken, zwiebeln. ▾**—epidemie** Pestseuche *w*.
▾**—erij** Piesacken, Zwiebeln *s*. ▾**—hol** Pesthöhle *w*. ▾**—ilentie** Pestilenz *w*.
▾**—kop** Piesacker *m*. ▾**—lijder** Pestkranke(r) *m*. ▾**—vent** Ekel *s*.
pet Mütze *w*; (*met klep*) Schirmmütze; *er met de — naar gooien*, ins Blaue hineinraten, drauflosschwatzen; (*dat gaat*) *boven zijn —*, über seinen Horizont.
petekind Patenkind *s*. ▾**peter** Pate *m*.
▾**—schap** Patenschaft *w*.
peterselie Petersilie *w*. ▾**—saus** P.nsoße *w*.
petieterig: *— ventje*, winziger Kerl.
petit-four Petitsfours *Mz*, feines Kleingebäck.
petit-gris Feh *s*; (*dier*) sibirisches Eichhorn.
petit/ie Petition *w*, Bittgesuch *s*; *recht v. —*, Petitionsrecht *s*. ▾**—ionaris** Petent, Bittsteller *m*. ▾**—ioneren** petitionieren.
petrochem/ie Petrochem/ie. ▾**—isch** p.isch.
petroleum Petroleum, Erdöl *s*. ▾**—blik** P.kanister *m*. ▾**—houdend** p.haltig.
▾**—kachel** P.ofen *m*. ▾**—kan** P.kanne *w*.
▾**—lamp** P.lampe *w*. ▾**—maatschappij** Erdölgesellschaft *w*. ▾**—raffinaderij** Ölraffinerie *w*. ▾**—(toe)stel** P.kocher *m*.
▾**—veld** Ölfeld *s*.
petticoat Petticoat *m*.
petto: *in — (hebben)*, auf Lager, in Bereitschaft, in petto.
petunia Petunie *w*.
peukje (*v. sigaar*) Stummel *m*; (*v. sigaret, ook*) Kippe *w*.
peul Schote, Hülse *w*; *ook* = **—erwt** Zuckererbse *w*. ▾**—(e)schil** Schote, Hülse *w*; (*kleinigheid*) Kleinigkeit *w*. ▾**—tjes** Zuckererbsen *Mz*. ▾**—vrucht** Hülsenfrucht *w*.
peur Aalpuppe, -quaste *w*. ▾**—en** aalen.
peuter (*klein iem.*) Knirps *m*; (*voor pijp*) Räumer *m*. ▾**—aar** Kleinigkeitskrämer, Tüftler *m*. ▾**—en** (*in iets*) (herum)stochern; (*aan iets*) nesteln, herumfingern, herumpetern; (*peuterig doen*) tüfteln; *zie ook* **prutsen**.
▾**—ig** kleinlich, tüftelig; (*schrift*) kritzlig.
▾**—werk** Tüftelei *w*, kleinliche Arbeit, Kleinkram *m*; (*niet ong.*) Kleinarbeit, genaue Arbeit *w*.
peuzelen schnabulieren, schmausen.
pezig sehnig.
Philippijnen Philippinen *Mz*.
Phoenicië Phönizien *s*.
piama Pyjama, Schlafanzug *m*. ▾**—jas** P.jacke *w*.
pianist, **—e** Pianist *m*, P.in *w*. ▾**piano** Klavier, Piano *s*. ▾**—begeleiding** K.begleitung *w*.
▾**—concert** K.konzert *s*. ▾**—kruk** K.sessel *m*. ▾**—la** Pianola *s*. ▾**—les** K.stunde *w*.
▾**—partij** K.stimme *w*. ▾**—speler** K.spieler *m*. ▾**—stemmer** K.stimmer *m*.
pias Hanswurst; Possenreißer *m*.
piccolo Pikkolo *m*; (*fluit, ook*) P.flöte *w*.
pickles Pickles *Mz*.
picknick Picknick *s*. ▾**—artikelen** Ausflugsbedarfsartikel *Mz*. ▾**—en** p.en.
pick-up Tonabnehmer, Tonkopf, Pickup *m*.
picobello picobello.
piëdestal Piedestal, Fußgestell *s*.
piek Pike *w*; (*bergspits*) Pik *m*; (*scheepst.*) Piek *w*. ▾**—belasting** (*elektr.*) Spitzenbelastung *w*.
pieker/aar Grübler *m*. ▾**—en** grübeln, spintisieren; (*ook*) (nach)denken.
piekerig (*v. haar*) strähnig.
piekfijn pikfein.
piek/tijd, **—uur** (*verkeer, elektr. enz.*) Spitzenzeit *w*.
piemel Pimmel *m*. ▾**—en** pieseln, Pipi machen.
pienter gescheit, klug, hell; (*gewiekst*) gewiegt, (*ong.*) gerieben; *— kind*, gewecktes Kind.
piep piep; (*zn*) Piep(er) *m*. ▾**—en** piep(s)en; (*v. deur, enz.*) quietschen, kreischen; *zoals de ouden zongen, — de jongen*, wie die Alten sungen, zwitschern die Jungen; *'m —*, türmen, stiften gehen; *hij is 'm gepiept*, er ist auf und davon. ▾**—er** (*ook vogel*) Pieper *m*; (*oproepapparaatje*) Piepser *m*; (*aardappel*) Kartoffel *w*. ▾**—erig** piep(s)ig. ▾**—geluid** Pieper *m*. ▾**—jong** blutjung. ▾**—kuiken** (junges) Kücken, Piepküchlein *s*. ▾**—stem** piepsige Stimme. ▾**—toon** Pfeifton *m*.
▾**—zak**: *in de — zitten*, in tausend Ängsten sein.
pier 1 (*worm*) (Regen)Wurm *m*; *zo dood als een —*, mausetot; **2** (*dam in zee*) Mole *w*; Hafendamm *m*; (*vaste landingssteiger*) Pier *m*; (*wandelhoofd*) Seebrücke *w*; **3** *altijd de kwade — zijn*, es immer gefressen haben.
pierement Straßenorgel *w*.
pierenbad Nichtschwimmerbecken *s*.
pierewaaien bummeln, schwiemeln.
piet (*vogel*) Kanarienvogel *m*.
Piet Peter *m*; *een hele —*, ein ganzer Kerl, (*bolleboos*) ein Hauptkerl, (*schoolt.*) ein Hecht; *een hoge —*, ein hohes Tier.

piëta Pieta *w.* ▾**piëteit** Pietät *w.*
pietepeuterig (*overdreven precies*) peinlich genau; (*schrift*) kritzlig; *zie ook* **pietluttig.** ▾**pieterig** (*klein*) winzig; (*min*) schwächlich.
pieterman (*vis*) Petermännchen *s.*
Pieterspenning Peterspfennig *m.*
piëtis/me Pietis/mus *m.* ▾**—t** P.t *m.*
pietlut Kleinigkeitskrämer, Pedant *m.* ▾**—tig** kleinlich, pedantisch. ▾**—tigheid** Kleinlichkeit *w.*
pigment Pigment *s.* ▾**—atie** P.ation, P.ierung *w.*
pij Kutte *w.*
pijl Pfeil *m*; *als een — uit de boog*, wie ein P. (vom Bogen); *meer dan één — op zijn boog (hebben)*, noch andere Pfeile im Köcher. ▾**pijl(en)bundel** Pfeilbündel *s.*
pijler Pfeiler *m.* ▾**—boog** P.bogen *m.* ▾**—brug** P.brücke *w.*
pijl/koker Pfeil/köcher *m.* ▾**—kruid** P.kraut *s.* ▾**—snel** p.schnell. ▾**—vormig** p.förmig.
pijn 1 (*smart*) Schmerzen *Mz*, Schmerz *m*; *— in het hoofd*, Kopfschmerzen *Mz*, Kopfweh *s*; *— doen*, weh tun, schmerzen; **2** (*boom*) Kiefer, Föhre *w*; (*Zuid-Europa*) Pinie *w.* ▾**—appel** Tannenzapfen *m.* ▾**—bank** Folter(bank) *w*; *op de — leggen*, auf die F. spannen. ▾**—boom** *zie* **pijn 2.** ▾**—en** auspressen; *gepijnde honing*, Preßhonig *m.* ▾**—hout** Kiefern-, Föhren-; Pinienholz *s.*
pijn/igen peinigen, martern, quälen; *z. —*, s. martern, s. abquälen. ▾**—iger** Peiniger *m.* ▾**—iging** Peinigung; Marterung *w.* ▾**—lijk** (*lich. pijn veroorzakend*) schmerz/haft; (*geestel. leed*; *verdriet*) s.lich; (*gevoelig*: *eig. en fig.*) empfindlich; (*penibel, netelig*; *nauwkeurig, zorgvuldig*) peinlich; *ik heb —e handen*, mir schmerzen die Hände, ich habe schmerzende Hände; *— verlies*, schmerz/licher, empfindlicher Verlust. ▾**—lijkheid** S.haftigkeit; S.lichkeit; Empfindlichkeit; Peinlichkeit *w.* ▾**—loos** s.los. ▾**—stillend** s.stillend.
pijp (*tabaks-, orgel-*) Pfeife *w*; (*sigare-, sigarettepijp*) Spitze *w*; (*buis*) Röhre *w*, Rohr *s*; (*schoorsteen v. fabriek, stoomboot*) Schlot *m*; (*broeks-*) Bein *s*; (*lak, drop enz.*) Stange *w*; *—je krijt*, Kreidestäbchen *s*, -stift *m*; *— kaneel*, Zimtrohr *s*, (*stok*) Zimtstange *w*; *daar zal hij een lelijke — aan roken*, dabei wird er schlecht wegkommen. ▾**—aarde** Pfeifen/ton *m.* ▾**—ekop** P.kopf *m.* ▾**—ekrul** Ringellocke *w.* ▾**—en** (*fluiten*) pfeifen; *naar iem.s — (dansen)*, nach jemands Pfeife. ▾**—enla** Pfeifen/lade *w*; (*fig.*: *café, kamer enz.*) Schlauch *m.* ▾**—enrek** P.brett *s.* ▾**—epeuter** P.räumer *m.* ▾**—er** Pfeifer *m.* ▾**—esteel** Pfeifenstiel *m*; (*het regent*) *pijpestelen*, Bindfäden. ▾**—fitter** Rohrleger *m.* ▾**—kaneel** Stangenzimt *m.* ▾**—lak** Stangenlack *m.* ▾**—leiding** Rohrleitung *w.* ▾**—sleutel** Rohrschlüssel *m.* ▾**—tabak** Rauchtabak *m.* ▾**—zweer** Fistel *w*, F.geschwür *s.*
pik 1 *zie* **pek**: *ook voor ss*; **2** (*houweel*) Spitzhacke, Spitzhaue, Picke *w*; (*v. bergbeklimmers*) Pickel *m*; **3** (*met snavel, vork*) Pick *m*; (*met speld enz. ook*) Stich *m*; **4** *de — op iem. hebben*, e.n Pick auf e.n haben.
pikant pikant. ▾**—erie** Pikanterie *w.*
pik/broek Teerjacke *w.* ▾**—donker** stockfinster. ▾**—draad** Pechdraht *m.*
pikeren pikieren; *gepikeerd (zijn)*, pikiert, verschnupft.
piket Pikett *s.* ▾**—paal** Absteckpfahl *m.* ▾**—spel** Pikettspiel *s.* ▾**—ten** Pikett spielen.
pikeur (*drafsp.*) Trabrennfahrer *m*; (*instructeur*) Reitlehrer *m*; (*jag.*) Pikör *m.*
pik/haak Pickhaken *m.* ▾**—houweel** *zie* **pik 2.** ▾**—ken 1** picken; (*v. vogel, ook*) hacken; (*v. dorens, spelden enz.*: *prikken*) stechen; (*druk naaien*) sticheln; (*gappen*) klauen, klemmen, mausen; **2** *zie* **pekken**; **3** (*kleven*) kleben. ▾**—zwart** pechschwarz.
pil Pille *w* (*ook anticonceptie—*); (*dikke boterham*) dicke Schnitte; (*dik boek*) Wälzer *m*; (*dokter*) Arzt *m*; (*apotheker*) P.ndreher *m*; *bittere —*, bittere P.; *de — vergulden (voor iem.)*, (e.m) die bittere P. versüßen.
pilaar Pfeiler *m*, Säule *w.* ▾**—bijter** Frömmler *m.* ▾**—heilige** Säulenheilige(r) *m.*
pilaster Pilaster, Wandpfeiler *m.*
pillen/doos Pillen/schachtel *w.* ▾**—draaier** P.dreher *m.*
pilo Barchent *m.*
piloot Pilot, Flugzeugführer *m*; *automatische —*, automatischer P., Selbststeuerung *w*; *zonder —*, p.enlos.
pils Pilsener *s.*
piment Piment *m/s.*
pimpel/aar Pichler, Säufer, Zechbruder *m.* ▾**—en** picheln, süffeln, saufen, zechen. ▾**—mees** Blaumeise *w.* ▾**—paars** blaurot; (*fig.*) kunterbunt.
pimpernel (*plk.*) Pimpernell *m*, Pimpinelle *w.*
pin Nagel, Stift *m*, (*klein, spits*) Pinne *w*; (*houten pen, tentpen enz.*) Pflock *m*; (*voor zolen*) Zwecke *w*, Stift *m*; (*gierigaard*) Knauser *m.*
pince-nez Kneifer, Klemmer *m*, Pincenez *s.*
pincher Pinscher *m.*
pincet Pinzette *w.*
pinda Erdnuß *w.* ▾**—kaas** E.käse *w.*
pingel/aar Feilscher *m.* ▾**—en** feilschen.
pingpong Tischtennis, Pingpong *s.* ▾**—en** T.spielen. ▾**—tafel** T.tisch *m.*
pinguïn Pinguin *m.*
pink 1 (*vinger*) kleiner Finger; **2** (*boot*) Pinke *w*; **3** (*kalf*) Sterke *w*; Jungstier *m.*
pinkelen (*flonkeren*) funkeln, glitzern, flimmern; (*met ogen knippen*) blinzeln, zwinkern.
pinken I *zn*: *bij de — zijn*, gewandt sein; *vroeg bij de — zijn*, früh auf sein. **II** *ww*: (*een traan uit de ogen*) —, wischen; *zie verder* **pinkelen.**
Pinkster/avond Pfingst/abend *m.* ▾**—beweging** P.bewegung *w.* ▾**pinkster/bloem** P.blume *w*; (*veldkers*) Wiesenschaumkraut *s.* ▾**—dag** P.tag *m*; *eerste, tweede —*, P.sonntag, -montag. ▾**P—en** P.en *s*, *Mz*; *zie* **Pasen.** ▾**P—gemeente** P.gemeinde *w.*
pinnen (*schoenen enz.*) zwecken; (*aan of met pin vastmaken*) (an)pflöcken, (an)pinnen; *zie* **pin.**
pinnig knauserig; (*bits*) bissig.
pint Pinte *w*; Krug *m*; *een — bier*, (*ook*) ein Glas Bier.
pioen(roos) Päonie, Pfingstrose *w.*
pion (*schaaksp.*) Bauer *m.*
pionier Pionier *m.* ▾**—swerk** P.arbeit *w.*
pip Pips *m.*
pipet Pipette *w.*
pips piep(s)ig; *er — uitzien*, blaß, matt, kränklich aussehen.
piqué Pikee *m.*
piraat Pirat *m* (*ook radio en tv*).
piramide Pyramide *w.* ▾**—vormig** p.nförmig.
pirat/enschip Pirat/enschiff *s.* ▾**—enzender** P.ensender *m.* ▾**—erij** P.erie *w.*
pirouette Pirouette *w.*
pis Pisse *w*, Harn *m.*
pisang Pisang *m*, Banane *w.*
pis/bak Pißbecken, Pißort *m.* ▾**—blaas** Harnblase *w.* ▾**—pot** Nachttopf, Pißpott *m.* ▾**—sebed 1** (*insekt*) Assel *w*; **2** Bettpisser *m.* ▾**—sen** pissen, pinkeln, harnen. ▾**—ser**

Pisser *m*.
pistache Pistazie *w*; P.nbaum *m*; P.nnuß *m*; (*knalbonbon*) Knallbonbon *m*/*s*.
piste Piste *w*.
piston Piston *s*.
pistool (*wapen*; *munt*) Pistole *w*. ▾**—holster** Pistolenhalfter *m*.
pit (*v. kaars, olielamp*) Docht *m*; (*gas*) Flamme *w*, Brenner *m*; (*elektr. fornuis*) Kochstelle *w*, (*gasstel, ook*) Brennstelle *w*; (*v. vruchten*) Kern *m*, (*v. kers enz., ook*) Stein *m*; (*kooktoe*)*stel met 3—ten*, (*gas*) Dreiflammenbrenner *m*; (*merg, eig. en fig.*) Mark *s* (*fig., ook*) Gehalt *m*; *er zit geen—in*, es hat weder Saft noch Kraft; *er zit—in die vent*, der Kerl hat Schneid.
pitchpine (*boom*) Pitchpine *w*; (*hout*) P.holz *s*.
pitje: *op een laag—*, auf kleiner Flamme.
pitriet Peddigrohr *s*.
pitten (*slapen*) pennen.
pittig kernig, kernhaft, markig, kräftig.
pittoresk pittoresk, malerisch.
pitvrucht Kernfrucht *w*.
pizza Pizza *w*. ▾**pizzeria** Pizzeria, Pizzabäckerei *w*.
plaag Plage, Qual *w*; (*minder sterk*) Verdruß *m*. ▾**—geest** Quälgeist *m*. ▾**—ziek** quälerisch; (*voor de grap*) neckisch. ▾**—zucht** Quälsucht; Necksucht *w*.
plaat (*vlak stuk, plat iets*) Platte *w*; (*dun en v. staal, ook*) Blech *s*; (*prent*) Bild *s*; (*gravure*) (Kupfer)Stich *m*; (*bord, schild enz., bijv. naamplaatje*) Schild *s*; (*zandbank*) Sandbank, Plate *w*; *ijzeren—*, Eisenplatte *w*, -blech *s*; *de—poetsen*, Reißaus nehmen; *druppel op een gloeiende—*, Tropfen auf e.n heißen Stein. ▾**—druk** Kupferdruck *m*. ▾**—ijzer** Eisenblech, Blecheisen *s*; *gegolfd—*, Wellblech *s*.
plaats (*alg.*: *'al of niet nader bepaald punt of deel in de ruimte'*; *bijz.*: *deel v.d. ruimte waar mensen wonen = dorp, stad*) Ort *m*, (*als hand. zie beneden*); (*beschikbare ruimte; vaste plaats waar iem. of iets behoort te zijn; plaats om te staan of zitten*) Platz *m*; (*plek; punt of plek waar iem. of iets z. bevindt; passage in boek enz.; betrekking; ter aanwijzing v.e. rangorde*) Stelle *w*; (*binnenplaats*) Hof *m*; (*plein*) Platz *m*; *—* (*en tijd*), O.; *de—van handeling*, der Schauplatz der Handlung; *—v.h. misdrijf*, Tatort; *gewijde—*, geweihter O., geweihte Stätte; *de heilige—en*, die heiligen Stätten; *meetkundige—*, geometrischer O.; *vaste—*, (*in schouwburg*) ständiger Sitz; (*het is hier*) *de—niet om* (*hierover uit te weiden*), der O. nicht; *veel—beslaan*, viel Raum, P. einnehmen; *iem.s—* (*vervullen, innemen*), jemands Stelle; (*voor*) *iem.* (*zijn*) *—inruimen*, e.m seinen P. räumen, (*bijv. in ambt*) e.m die Stelle räumen; *voor iem.—maken*, e.m (für e.n) P. machen; *maak—!*, Platz da!; *—nemen op*, P. nehmen auf [3], s. setzen auf [4]; *—vinden, hebben, grijpen*, stattfinden; (*betaling*) *heeft nog niet—gehad*, ist noch nicht erfolgt; (*hier*) *heeft het ongeluk—gehad*, ist das Unglück geschehen, hat s. der Unfall ereignet; *in—van*, (an)statt [2]; *in—daarvan*, statt dessen; *in—dat hij zelf komt* (*stuurt hij z'n broer*), (an)statt selbst zu kommen; (*mijn broer*) *komt, treedt in de—van mijn vader*, tritt an die Stelle meines Vaters; (*als ik*) *in jouw—* (*was*), (wenn ich) an deiner Stelle (wäre); *in* (*op*) *de eerste—*, an erster Stelle, in erster Linie; (*iets*) *op de verkeerde—* (*brengen*), an die falsche Stelle; (*iets*) *weer op z'n—* (*brengen*), wieder an seinen P.; (*het hart*) *op de rechte—* (*hebben*), auf dem (am) rechten Fleck; (*die opmerking is hier niet*) *op haar—*, am P.; (*dat is hier*) *niet op z'n—*, fehl am O.; (*hij was daar*) *de juiste man op de juiste—*, der rechte Mann am rechten P.; *daar is hij op z'n—*, das ist eine geeignete Stelle für ihn; *iem. op zijn—zetten*, e.m den Standpunkt klar machen; *op de—* (*dood*) *blijven*, (tot) auf der Stelle bleiben; (*de brandweer was onmiddellijk*) *ter—e*, zur Stelle; (*om 8 uur*) *kwamen we ter* (*bestemder*) *—e*, trafen wir an Ort und Stelle ein; *volgens gebruik ter—e*, in ortsüblicher Weise; *bijzin van—*, Umstandssatz des Ortes; (*hand.*) (*de textielfabriek*) *hier ter—e, op onze—*, am (hiesigen) Platz; (*ons kantoor*) *te uwer—e*, auf Ihrem Platz; *de ter—e aanwezige voorraden*, die Vorräte am Platze.
▾**plaats/bekleder** Stellvertreter *m*. ▾**—bepaling** Ortsbestimmung *w*. ▾**—beschrijving** Ortsbeschreibung *w*. ▾**—bespreking** Platzreservierung *w*; (*voorverkoop*) Vorverkauf *m*. ▾**—bewijs** Fahrtausweis *m*, Fahrkarte *w*, -schein *m*; (*toegangskaartje*) Eintrittskarte *w*; (*v. genummerde of besproken plaats*) Platzkarte *w*. ▾**—elijk** örtlich, lokal, Orts..., Lokal...; (*handel, ook*) Platz...; *—commandant*, (*bij leger te velde*) Orts-, (*garnizoenscomm.*) Platz-, (*vestingscomm.*) Festungskommandant *m*; *—gebruik*, Ortsgebrauch *m*, (*handel*) Platzgebrauch *m*; *—nieuws*, örtliche Nachrichten *Mz*; Örtliches *s*; *—nieuwsblad*, Lokalanzeiger *m*; *—e tijd*, Ortszeit *w*, lokale Zeit; *—e voorraad*, (*handel*) Lokovorrat *m*. ▾**—en** setzen, stellen; (*onderbrengen*) unterbringen; (*aanbrengen*) anbringen; (*v. geld*: *beleggen*) anlegen; (*lening*) unterbringen; (*handelsartikelen*) anbringen, unterbringen, absetzen; (*in een betrekking*) anstellen; (*bij voetbal*: *de bal*; *bij boksen*: *een slag*) placieren; *niet geplaatst zijn*, (*sp.*) nicht placiert sein; *iets niet kunnen—*, (*ook*) keinen Raum, keinen Platz für etwas haben; (*een advertentie, een artikel*) *in een krant* (*laten*) *—*, in eine Zeitung einrücken (lassen); (*ladders, machines, een monument, tafels, wachtposten*) aufstellen; (*kramen*) aufschlagen; *orders—*, Aufträge vergeben, unterbringen; (*die opmerking was hier niet goed*) *geplaatst*, angebracht; *onder iem.* (= *iem.s bevel*) *geplaatst zijn*, e.m unterstellt sein. ▾**—gebrek** Platz-, Raummangel *m*. ▾**—grijpen, —hebben** stattfinden, vorgehen, s. ereignen. ▾**—ing** Unterbringung; Anbringung; Anlage; Anstellung *w*; Placieren *s*; Einrückung; Aufstellung *w*. ▾**—ingsbureau** Stellenvermittlungsbüro *s*. ▾**—ingscommissie**: *centrale—*, Zentralstelle *w* für die Vergabe von Studienplätze, Studienplatzvergabe *w*. ▾**—kaartenbureau** Fahrkartenausgabe *w*; (*plaatsbureau*) Kasse, Kartenausgabe *w*. ▾**—kaartje** Fahrkarte *w*, Fahrschein *m*; *zie* **—bewijs.** ▾**—naam** Orts/name *m*. ▾**—naambord** O.schild *s*, O.tafel *w*. ▾**—ruimte** Raum *m*.
plaat/snijder Graveur, Kupfer-; Stahlstecher *m*. ▾**—staal** Blech, Stahlblech *s*.
plaats/vervangend stellvertretend. ▾**—vervanger** Stellvertreter *m*. ▾**—vervanging** Stellvertretung *w*. ▾**—vinden** stattfinden. ▾**—vulling** Lückenbüßer *m*.
plaat/tang Blechzange *w*. ▾**—werk** **1** Bilderwerk *s*; (*met veel platen*) Bilderband *m*; **2** (*plaatijzer*) Verkleidungsblech *s*; (*v. plaatijzer gemaakt*) Blechwaren *Mz*. ▾**—werker** Blechschlosser *m*.
place-mat Platzdeckchen *s*, Set *m*.

placenta Plazenta *w.*
plafon(d) Decke *w*, Plafond *m*; (*v. lonen*) Plafond, Höchstsatz *m*; *aan het — zitten* (= *hoogste salarisrang in bepaalde functie*), das Höchstgehalt haben, die höchste zugängliche Stelle haben; (*niet meer presteren kunnen*) seine Leistungsgrenze erreicht haben. ▾**—verlichting** Decken/beleuchtung *w.* ▾**plafonnière** D.lampe *w.*
plag Plagge, Sode *w.*
plag/en plagen, quälen; (*uit scherts*) necken; *mag ik u even —*, darf ich Sie e.n Augenblick stören, belästigen. ▾**—er** Quälgeist, Quäler, Plager; Necker *m.* ▾**—erig** quälerisch; neckisch. ▾**—erij** Quälerei; Neckerei *w.*
plagge *zie* **plag.** ▾**—nhut** Plaggenhütte *w.*
plagi/aat Plagiat *s*; *— plegen*, ein P. begehen. ▾**—aris, —ator** P.or *m.*
plaid Plaid *s/m*, Reisedecke *w.*
plak (*vlees*) Schnitte *w*; (*chocolade*) Tafel *w*; (*strafwerktuig*) Placke *w*; *onder de — houden*, unter der Fuchtel halten; *hij zit onder de —* (*van zijn vrouw*), er steht unter dem Pantoffel. ▾**—band** Klebestreifen *m.* ▾**—boek** Klebeheft *s.* ▾**—kaat** Plakat *s.* ▾**—ken** kleben; (*met stijfsel*) kleistern; (*fietsband, ook*) flicken; *blijven —*, (*fig.*) lange dableiben, sitzenbleiben, (*vooral in café*) lange kleben. ▾**—ker** Kleber *m*; (*v. postz.*) Klebefalz *m*; (*fig.*) Kleber *m*, Klebepflaster *s*, seßhafter Gast. ▾**—kerig** klebrig. ▾**—middel** Klebe/mittel *s.* ▾**—plaatje** K.bild *s.* ▾**—pleister** K.pflaster *s.* ▾**—strook** K.streifen *m.* ▾**—zegel** Quittungsmarke *w.*
plamuren grundier/en. ▾**plamuur/mes** Spachtel *m.* ▾**—sel** G.masse *w.*
plan Plan *m* (*in verschillende bet.*); (*bedoeling*) Absicht *w*; (*voornemen*) Vorhaben, Vornehmen *s*; *van — zijn*, die A. haben, beabsichtigen; (*ga je mee of*) *ben je misschien iets anders van —*, hast du vielleicht etwas andres vor?; *volgens een vast —* (*werken*), planmäßig; *op een hoger — (staan)*, auf höherm Niveau, auf e.r höheren Stufe. ▾**—bord** Plantafel *w.* ▾**—bureau** Planungsstelle *w.*
planchet (*meettafeltje*) Meßtisch *m*; (*boven wastafel*) Brett(chen) *s.*
plan de campagne Schlachtplan *m.* ▾**planeconomie** Planwirtschaft, Wirtschaftslenkung *w*, gelenkte W.
planeet Planet *m.*
planeren planieren, ebnen; (*metaal*) glätten, schlichten; (*vliegw.*) in Gleitflug fliegen.
planet/arium Planet/arium *s.* ▾**—enstelsel** P.ensystem *s.*
planimetrie Planimetrie *w.*
plank (*alg.*) Brett *s*; (*voor vloer*) Diele *w*; (*nog dikker*) Bohle *w*; (*vooral scheepsplank*) Planke *w*; *op de —en komen*, die Bretter besteigen, (*v. toneelstuk*) über die Bretter gehen; *schutting van —en*, Bretterzaun *m*; *de — mis* (*zijn*), auf dem Holzweg. ▾**—en** brettern, Bretter...; *— vloer*, Bretterboden *m.* ▾**—enkoorts, —envrees** Lampen-, Bühnenfieber *s.* ▾**—gas** Vollgas *s.* ▾**—ier** (Bretter) Plattform *w.* ▾**—zeilen I** *zn* Windsurfing *s.* **II** *ww* W. betreiben, surfen. ▾**—zeiler** Windsurfer, Surfer *m.*
plan/matig planmäßig. ▾**—nen** planen. ▾**—nenmaker** Plänemacher. ▾**—ning** Planung, Planwirtschaft *w.* ▾**—ologie** Raumordnung *w.* ▾**—oloog** Raumordner *m.*
plant Pflanze *w.* ▾**—aarde** P.nerde *w.* ▾**—aardig** pflanzlich; *— voedsel*, Pflanzennahrung *w.*
plantage Plantage, Pflanzung *w.*
plant/eboter Pflanzenbutter *w.* ▾**—en** pflanzen; (*overeind plaatsen, oprichten*) aufstellen, aufsetzen, (*kruis, vaan enz.*) aufpflanzen. ▾**—enetend** pflanzen/fressend. ▾**—engordel** Vegetationszone *w.* ▾**—engroei** P.wuchs *m.* ▾**—enkweker** P.züchter *m.* ▾**—enkwekerij** Pflanzschule *w.* ▾**—enrijk** Pflanzenreich *s.* ▾**—entuin** botanischer Garten. ▾**—er** Pflanzer *m.* ▾**—esoort** Pflanzen/gattung *w.* ▾**—espuit** P.spritze *w.* ▾**—eziekte** P.krankheit *w.* ▾**—eziektekundig**: *—e dienst*, P.schutzdienst *m.* ▾**—goed** Pflanzgut *s.* ▾**—ing** Pflanzen *s*, Pflanzung *w.* ▾**—kunde** Pflanzen/lehre, P.kunde, Botanik *w.* ▾**—kundig** botanisch, p.kundig; *—e*, Botaniker, P.kenner. ▾**—soen** Anlagen *Mz*, Park *m.* ▾**—soen(en)dienst** Gartenamt *s.*
plaquette Plakette *w.*
plas (*op straat enz.*) Pfütze, Lache *w*; (*poel*) Pfuhl *m*; (*meer*) See *m*; (*alg.*: *van plas op straat tot klein meer, ook*) Tümpel *m*; *— bloed*, Blutlache; *de wijde —*, das große Wasser, der große Teich; *een — doen*, (*v. kinderen*) Pipi machen. ▾**—dankje** Dankeschön *s.*
plasma Plasma *s.*
plas/regen Platz-, Gußregen *m.* ▾**—regenen** (in Strömen) gießen. ▾**—sen** plätschern; (*water morsen, in water knoeien*) planschen; (*plasregenen*) gießen; (*plasje doen*) pinkeln, (*v. kinderen*) Pipi machen; *wassen en —*, planschen und manschen.
plast/ic I *zn* Plastik *w*, Plast *m.* **II** *bn* Plastik... ▾**—icband** P.einband *m.* ▾**—iciteit** Plastizität *w.* ▾**—iek** Plastik *w.* ▾**—ieken** Plastik...
plastron Plastron *m & s.*
plat I *bn & bw* platt; (*vlak, ook*) flach; (*v. taal*) platt, (*vulgair*) vulgär, gemein, niedrig; *het spoorwegverkeer ligt —*, die Eisenbahner streiken; *— bord*, flacher Teller; *op het —teland* (*wonen*), auf dem (platten) Lande; *— vlak*, flache Ebene; *— op de grond* (*liggen*), auf der platten Erde; *— op de grond vallen*, der Länge nach hinfallen; *— Amsterdams*, platte Amsterdamer Sprache, Amsterdamer Platt *s.* **II** *zn* (*platform*) Plattform *w*; (*terras*) Terrasse *w*; *het — v.d. degen*, die flache Klinge; (*streektaal*) Mundart *w*, Platt *s.*
plataan Platane *w.*
plat/bodem, —boomd (*vaartuig*) flachbodiges Fahrzeug. ▾**—branden** niederbrennen. ▾**—drukken** plattdrücken.
plateau Plateau *s*; (*presenteerblad*) Tablett *s.*
platebon Schallplattengutschein *m.*
plateel Fayence *w*, Steingut *s.*
platehoes (Schall) Plattenhülle *w*, Plattencover *s.* ▾**platen/atlas** Bilderatlas *m.* ▾**—boek** Bildband *m*; (*v. kind.*) Bilderbuch *s.* ▾**—koffer** Schallplattenkoffer *m.* ▾**—speler** Plattenspieler *m.* ▾**—winkel, —zaak** Schallplattengeschäft *s.* ▾**—wisselaar** Plattenwechsler *m.*
platform Plattform *w.* ▾**platheid** Plattheit, Flachheit; Trivialität *w.*
platina Platin *s*, Platina *w*; *— ring*, Platinring *m.* ▾**—blond** platinblond. ▾**platineren** platinieren.
plat/je Platt/form *w.* ▾**—lopen**: *iem.s deur —*, e.m die Tür einrennen. ▾**—neus** P.nase *w.*
Plato Plato *m.* ▾**platonisch** platonisch.
plat/schieten zusammenschießen. ▾**—slaan** plattschlagen; plätten.
plattegrond Plan *m*; (*v. gebouw*) Grundriß *m*; (*v. stad*) Stadtplan *m*; (*v. klas*) Klassenspiegel *m*; (*v. theater*) Bestuhlungsplan *m.*
platteland das platte, flache Land. ▾**—er** Land/bewohner *m.* ▾**—sbevolking** L.bevölkerung *w.* ▾**—sdokter** L.arzt *m.* ▾**—sschool** Dorfschule *w.*
plat/trappen platt treten; (*vertrappen*)

zertreten. ▾**—treden**: *platgetreden paden* (*fig.*), ausgetretene Pfade. ▾**—vis** Plattfisch *m.* ▾**—vloers** banal, trivial, platt. ▾**—voet** Plattfuß *m.* ▾**—weg** rundheraus, schlankweg. ▾**—zak** mit leerer Tasche; (*hij is*) —, abgebrannt.
plausibel plausibel, annehmbar.
plavei/en pflastern. ▾**—sel** Pflaster *s.* ▾**plavuis** Fliese, Steinplatte *w*, Pflasterziegel *m.*
play-back Playback *s.* ▾**—en** mit P. arbeiten.
play-boy Play-boy *m.*
pleb/aan Propst *m.* ▾**—ejer** Plebejer *m.* ▾**—isciet** Plebiszit *s.* ▾**plebs** Plebs *w, m.*
plecht Plicht *w.* ▾**—anker** P.anker *w.*
plecht/ig feierlich. ▾**—igheid** F.keit *w*; (*plechtige viering*) Feier *w.* ▾**—statig** feierlich; *zie ook* **statig.**
plee Abort *m*, Klo *s*, Lokus *m.*
pleeg/kind Pflege/kind *s.* ▾**—moeder** P.mutter *w.* ▾**—ouders** P.eltern *Mz.* ▾**—zuster** P.schwester *w*; Krankenschwester, -wärterin *w.*
pleet plattierte Ware. ▾**—zilver** Plattiersilber *s.*
plegen 1 (*bedrijven, doen*) begehen, verüben; **2** (*gewoon zijn*) pflegen.
pleidooi Plädoyer *s*, Verteidigung(srede) *w.*
plein Platz *m.* ▾**—vrees** P.angst *w.*
pleister 1 (*op wond enz.*) Pflaster *s*; **2** (*gips*) Gips *m*; (*aan muren*) Putz *m.* ▾**—en 1** (*met gips bestrijken*) übergipsen; (*muren*) verputzen; *gepleisterde graven*, übertunchte Gräber; **2** (*onderweg rusten*) Halt machen, (*in een herberg*) einkehren. ▾**—kalk** Gipskalk, Mörtel *m.* ▾**—plaats** Halteplatz *m*, Station *w*; (*in herberg*) Einkehr *w.* ▾**—werk** Gips-, Stukkaturarbeit *w*; (*op muur*) Wandverputz *m*; (*voorwerpen*) Gipswaren *Mz.*
pleit Prozeß *m*, Rechtssache *w*; (*geschil*) Streit *m*; *het — winnen*, siegen. ▾**—bezorger** Rechtsanwalt, Advokat *m*; (*fig.*) Verteidiger *m.*
pleite: *— gaan*, stiften gehen; *hij is —*, er ist über alle Berge; (*platzak*) er ist pleite.
pleit/en plädieren; *voor iem. —*, für e.n als Rechtsanwalt auftreten, e.n verteidigen; *— voor iem. of iets*, (*goed woord doen*) e.n, etwas befürworten; (*dat*) *pleit voor hem*, spricht für ihn. ▾**—er** Anwalt, Verteidiger *m.* ▾**—rede** Verteidigungsrede *w*, Plädoyer *s.* ▾**—zaak** Rechtshandel, Prozeß *m.*
plek (*vlek*) Flecken *m*; (*plaats*) Stelle *w*, Platz, Ort *m*; *een lief —je*, ein reizendes Plätzchen, Fleckchen. ▾**—ken** flecken, fleckig werden. ▾**—kerig** fleckig.
plempen zuwerfen, zuschütten.
plenair: *—e zitting*, Plenarsitzung, Vollversammlung *w.*
pleng/en (*wijn*) opfern; (*vergieten*) vergießen. ▾**—offer** Trankopfer *s*, Weiheguß *m.*
pleno: *in —*, in pleno, vollzählig, Voll..., Plenar...
plensbui Gußregen *m.*
plenum Plenum *s*, Vollversammlung *w*, Plenarsitzung *w.*
plenzen: *het plenst*, es gießt (wie mit Mulden).
pleonas/me Pleonas/mus *m.* ▾**—tisch** p.tisch.
plet/hamer Schlichthammer *m.* ▾**—machine** Plättmaschine *w.* ▾**—rol** Walzzylinder *m.* ▾**—ten** plätten; (*v. ijzer enz., vooral*) walzen. ▾**—ter**: *te — slaan*, zerschmettern; *te — vallen*, zerschmettert werden. ▾**—terij** Walzwerk *s.*
pleuris Pleuritis *w.*
plevier Regenpfeifer *m.*
plezier Vergnügen *s*, Freude *w*; *iem. — doen*, e.m F. machen; (*dat*) *doet me —*, freut mich; *doe me het —*, tun Sie mir den Gefallen; *echt — in iets vinden*, seine helle F. an etwas [3] haben; *veel — van zijn kinderen hebben*, viel F. an seinen Kindern erleben; *— maken*, s. amüsieren; *met —!*, mit (dem größten) V.!; *voor —*, zum V., vergnügungshalber; *veel —!*, viel V.! ▾**—boot** Vergnügungsdampfer *m.* ▾**—en**: *iem. —*, e.m ein Vergnügen machen; *om iem. te —*, um e.m e.n Gefallen zu tun. ▾**—ig** angenehm (*vermakelijk*) amüsant; (*genoeglijk*) vergnüglich. ▾**—jacht** Lustjacht *w.* ▾**—maker** lustiger Bruder, Spaßmacher *m.* ▾**—reis** Vergnügungsreise *w.* ▾**—tocht** Vergnügungs-, Lustfahrt *w.*
plicht Pflicht, Schuldigkeit *w*; *in strijd met de —*, pflichtwidrig; *overeenkomstig mijn* (*zijn enz.*) *—, volgens — =* **—matig** pflichtgemäß, -mäßig. ▾**—pleging** Höflichkeitsbezeigung *w*; *—en*, Umstände, Komplimente *Mz.* ▾**—(s)besef** Pflicht/gefühl *s.* ▾**—(s)betrachting** P.erfüllung *w.* ▾**—(s)getrouw** p.getreu. ▾**—(s)gevoel** *zie* **—(s)besef.** ▾**—shalve** p.gemäß. ▾**—svervulling** P.erfüllung *w.* ▾**—(s)verzaking, —(s)verzuim** P.verletzung *w.* ▾**—vergeten** p.vergessen.
plint Wand-, Fußleiste *w.*
plisseren plissieren, fälteln; *geplisseerde rok* = **plissé-rok** Plissee-, Faltenrock *m.*
ploeg 1 (*landbouwwerktuig*) Pflug *m*; *de handen aan de — slaan*, Hand an den P. legen; **2** (*houtverbinding*) Spund *m*; **3** (*groep*) Gruppe *w*; (*groep arbeiders met dezelfde werktijd*) Schicht *w*; (*sp.*) Mannschaft *w*; *het werken in —en*, die Schichtarbeit. ▾**—achtervolging** (*sp.*) Mannschaftsverfolgungsfahren *s.* ▾**—baas** Werkführer, Schichtmeister *m.* ▾**—en** pflügen; (*planken*) spunden. ▾**—enklassement** Mannschaftswertung *w.* ▾**—er** Pflüger *m.* ▾**—ijzer** Pflug/eisen *s.* ▾**—schaaf** Nuthobel *m.* ▾**—schaar** P.schar *w.* ▾**—staart** P.sterze *w.*
ploert Schuft, Lump *m.* ▾**—achtig** schuftig, gemein, lumpig. ▾**—endoder** Totschläger *m.* ▾**—enstreek** Schuftigkeit, Gemeinheit *w.* ▾**—ig** gemein, niederträchtig.
ploeter/aar sich abrackender Mensch. ▾**—en** (*hard werken*) s. abrackern, s. placken; (*in water*) planschen; (*in modder*) manschen.
plof (dumpfer) Schlag, Plump, Plumps(er) *m*; (*knal*) Knall *m*; *—!*, plump(s)! ▾**—fen** plumpsen, (hin)plumpen; (*ontploffen*) explodieren.
plomb/eersel Plomb/e, Zahnfüllung *w.* ▾**—eren** p.ieren, verbleien; (*tand*) p.ieren, füllen. ▾**—ering** P.ierung *w.*
plomp I *bn & bw* plump. **II** *zn* **1** Plumps *m*; **2** (*plant*) Wasser-, See-, Teichrose *w.* ▾**—en** plumpsen. ▾**—heid** Plumpheit *w.* ▾**—verloren** ohne weiteres, unerwartet. ▾**—weg** unverblühmt, unumwunden.
plons Plumps *m*; *—!*, plumps! ▾**plonzen** plumpsen.
plooi Falte *w*; (*rimpel, vooral in gezicht*) Runzel *w*; *het gezicht in de — zetten*, eine ernsthafte Miene aufsetzen, sein Gesicht in feierliche Falten legen. ▾**—baar** biegsam, geschmeidig; (*fig.*) gefügig, geschmeidig. ▾**—baarheid** Biegsamkeit, Geschmeidigkeit *w*; Gefügigkeit *w.* ▾**—en** falten; (*voorhoofd*) runzeln; (*plisseren*) plissieren, fälteln; (*schikken*) einrichten, anordnen; *'t zo weten te — dat...*, es so einzurichten, einzufädeln wissen daß...; *z. —*, s. fügen. ▾**—ing** Faltung *w*, Falten *s*; Fältelung *w.* ▾**—rok** Faltenrock *m.*
plots(eling) plötzlich; *—e dood*, jäher Tod.
pluche Plüsch *m.* ▾**pluchen** Plüsch...
plug Zapfen, Spund *m*; (*v. houtvezel en gips voor muur*) Dübel *m*; (*v. schoen*) Zwecke *w.*

▾**—gen** (*gram.platen*) pushen.
pluim Feder *w*; (*op helm enz.*) Federbusch *m*; (*kwast*) Quaste, Troddel *w*; (*aan muts*) Troddel *w*, Zipfel *m*; (*staart v. haas, konijn; staartpuntje v. wolf en vos*) Blume *w*; (*v. hert*) Wedel *m*; (*bloeiwijze*) Rispe *w*; *iem. een — op de hoed steken*, e.m ein Lob erteilen; *zie ook* **pluimpje.** ▾**—age** Gefieder *s*; *vogels v. diverse —*, Leute aller Art. ▾**—bal** Federball *m*. ▾**—hoed** Federhut *m*. ▾**—pje** Lob *s*; *iem. een — geven*, e.m (ein) Lob erteilen, e.n loben; *een — krijgen*, ein Lob erhalten, gelobt werden. ▾**—staart** Wedelschwanz *m*. ▾**—strijken** fuchsschwänze(l)n. ▾**—strijkerij** Fuchsschwänzerei *w*. ▾**—vee** Geflügel, Federvieh *s*. ▾**—veehouder** G.halter, G.züchter *m*. ▾**—veehouderij** G.haltung *w*. ▾**—veestapel** G.bestand *m*. ▾**—veeteelt** G.zucht *w*.
pluis 1 (*vlokje*) Flöckchen, Fäserchen *s*; **2** (*pluistouw*) Werg *s*, Hede *w*; **3** *bn* in Ordnung, richtig; (*het is hier*) *niet —*, nicht geheuer. ▾**pluiz/en 1** (*tot rafels, pluisjes trekken*) fasern, rupfen, pflücken; (*wol, pluksel*) zupfen; (*fig.*: *napluizen*) (aus)klauben; **2** (*rafels, pluisjes afgeven*) s. fasern, abfasern; (*vlokjes*) (s.) flocken, (*v. veren bed*) federn. ▾**—er** (*fig.*) (Aus)Klauber *m*. ▾**—erig** faserig, flockig.
pluk 1 Pflücken *s*; Ernte, Pflücke *w*; (*v. wijndruif*) (Wein)Lese *w*; **2** (*bosje*) Büschel *s*; (*haar, wol enz.*) Flausch *m*. ▾**—fruit** Pflück-, Brechobst *s*. ▾**—haren** s. raufen, s. in den Haaren liegen. ▾**—ken** pflücken; (*bloemen, fruit, ook*) brechen; (*kip enz.*) rupfen; (*onkruid, haren uit baard enz.*) (aus)raufen; (*aan iets trekken*) zupfen; (*iem.*) —, (*fig.*) rupfen, schinden; (*de vruchten*) —, (*fig.*) ernten. ▾**—ker** Pflücker; Brecher; Rupfer *m*. ▾**—loon** Pflückerlohn *m*. ▾**—sel** Scharpie *w*. ▾**—tijd** Pflückzeit; Erntezeit; (*wijndruif*) Lese(zeit) *w*. ▾**—wol** Rauf-, Ausschußwolle *w*.
plumeau Federwisch, Federwedel *m*.
plunder/aar Plünder/er *m*. ▾**—en** p.n. ▾**—ing** P.ung *w*. ▾**—ziek** p.ungs-, raubsüchtig.
plunje Kleider *Mz*, Anzug *m*; *in zijn beste —*, im Sonntagsstaat. ▾**—zak** Kleidersack, Seesack *m*; (*v. trekker*) Wandertasche *w*.
pluralis Plural *m*. ▾**pluraliteit** Pluralität *w*. ▾**pluriform** pluriform.
plus I *bw* plus, und. **II** *zn* Plus *s*. ▾**—four** Golfhose *w*. ▾**—minus** etwa, ungefähr. ▾**—punt** Pluspunkt *m*. ▾**—teken** Pluszeichen *s*.
pluto/craat Pluto/krat *m*. ▾**—cratie** P.kratie *w*.
plutonium Plutonium *s*.
pneumatisch pneumatisch, Druckluft..., Luft(druck)... ▾**pneumonie** Pneumonie *w*.
po Nachttopf *m*; (*v. kind.*) Töpfchen *s*.
poch/en prahlen, aufschneiden; *— op*, prahlen mit, s. brüsten mit, pochen auf [4]. ▾**—er** Prahler, Prahlhans, Aufschneider *m*.
pocheren pochieren; *gepocheerde eieren*, pochierte, verlorene Eier.
pochet Zier(taschen)tuch *s*.
pocket/boek Taschen/buch *s*. ▾**—camera** Pocketkamera *w*. ▾**—uitgave** T.ausgabe *w*.
podium Podium *s*, (*laag*) Auftritt *m*.
poedel Pudel *m*. ▾**—en** pudeln; (*in water ook*) planschen. ▾**—naakt** pudelnackt. ▾**—prijs** Trostpreis *m*.
poeder Pulver *s*; (*voor haren, huid*) Puder *m*. ▾**—chocola(de)** Kakaopulver *s*. ▾**—dons(je)** Puder/quaste *w*. ▾**—doos** P.schachtel, P.büchse *w*; (*in damestas*) p.dose *w*. ▾**—en** p.n. ▾**—koffie** Pulverkaffee *m*. ▾**—melk** Milchpulver *s*. ▾**—sneeuw** Pulverschnee *m*. ▾**—suiker** Puderzucker *m*. ▾**—vormig** pulverig, pulverförmig.
poëet Poet *m*.
poef Puff *m*.
poeha Lärm *m*; *veel — over iets* (*maken*), viel Aufhebens von etwas.
poeier(-) *zie* **poeder(-)**.
poel Pfuhl *m* (*eig. en fig.*); (*moerassig, ook*) Sumpf *m*.
poelet Suppenfleisch *s*.
poelier Geflügelhändler *m*.
poema Puma *m*.
poen 1 (*geld*) Moos *s*, Pinke *w*; **2** (*opschepper*) Protz *m*. ▾**—ig** protzig.
poep Kot *m*; (*windje*) Furz, Wind *m*. ▾**—en** kacken, etwas machen; (*windjes laten*) furzen. ▾**—erd** Popo, Po *m*.
poes Katze *w*; (*roepnaam voor kat*) Mieze *w*; *hij is niet voor de —*, er läßt nicht mit sich spaßen; (*dat is*) *niet voor de —*, kein Pappenstiel. ▾**—je** Kätzchen *s*; (*snoesje*) Pusselchen, Liebchen *s*. ▾**—lief** katzenfreundlich. ▾**—pas** Mischmasch *m*; (*omhaal*) Umstände *Mz*.
poesta Pußta *w*.
poëtisch poetisch.
poets: *iem. een — bakken*, e.m e.n Streich spielen. ▾**—doek** Putz/tuch *s*. ▾**—en** p.en. ▾**—gerei** P.mittel, P.zeug *s*. ▾**—katoen** P.wolle *w*. ▾**—lap** P.lappen *m*.
poezelig mollig, rundlich; (*vuil*) schmutzig.
poëzie Poesie *w*. ▾**—album** P.album *s*. ▾**—bundel** Gedichtsammlung *w*.
pof 1 (*aan mouw enz.*) Puff, Bausch *m*; **2** *op de — (kopen)*, auf Pump. ▾**—broek** Pumphose *w*. ▾**—fen 1** (*lenen*) borgen, pumpen; auf Pump kaufen, aufs Buch holen; **2** (*kastanjes*) braten. ▾**—fer** (*lener*) Pumper *m*.
poffertje Kräpfchen *s*. ▾**—skraam** K.bude *w*.
pofmouw Puffärmel *m*.
pog/en I *ww* suchen, versuchen, s. bemühen, s. bestreben. **II** *zn* Bestreben *s*, Mühe *w*. ▾**—ing** Versuch *m*; *een — doen*, e.n V. machen; *— tot moord*, Mordversuch.
pogrom Pogrom *m*.
point d'honneur Ehrensache *w*. ▾**pointe** Pointe *w*.
pok Pocke, Blatter *w*. ▾**—achtig, —dalig** pocken-, blatternartig.
poken schüren; *in de kachel, in 't vuur —*, im Ofen, im Feuer stochern; den Ofen, das Feuer schüren.
poker Poker *s*. ▾**—en** pokern, Poker spielen.
pok/ken Pocken, Blattern *Mz*. ▾**—kenbriefje** Impfschein *m*. ▾**—kig** pockig. ▾**—puist** Pocken-, Impfpustel *w*. ▾**—stof** Impfstoff *m*.
pol (*gras enz.*) Büschel *m*.
polair polar. ▾**polari/satie** Polari/sation, P.sierung *w*. ▾**—seren** p.sieren. ▾**—teit** P.tät *w*.
polder Polder *m*. ▾**—bestuur** P.behörde *w*. ▾**—gemaal** P.pumpwerk *s*. ▾**—jongen** P.arbeiter *m*. ▾**—lasten** P.lasten *Mz*.
polem/iek Polem/ik *w*. ▾**—isch** p.isch. ▾**—iseren** p.isieren. ▾**—ist** P.iker *m*. ▾**—ologie** P.ologie *w*. ▾**—ologisch** p.ologisch. ▾**—oloog** P.ologe *m*.
Polen Polen *s*.
poliep Polyp *m*.
polijst/en polieren, glätten. ▾**—poeder** Polierpulver *s*.
polikliniek Poliklinik *w*.
polio/myelitis Polio/myelitis *w*. ▾**—patiënt** P.kranke(r) *m*.
polis Police *w*. ▾**—houder** P.inhaber *m*.
politico/logie Polito/logie *w*. ▾**—loog** P.loge *m*. ▾**politicus** Politiker *m*.

politie Polizei; *door, vanwege de—* (*verboden enz.*), polizeilich. ▾**—agent** Schutzmann, Polizist *m.* ▾**—apparaat** Polizei/apparat *m.* ▾**—auto** P.auto *s*, P.wagen *m*; (*snel*) P.flitzer *m*; *zie ook* **—jeep**. ▾**—bericht** P.meldung *w*; (*radio*) P.funkspruch *m*; *de —en*, der P.funk; *extra —*, Durchsage *w* der Polizei; Fahndungsmeldung *w*. ▾**—bescherming** P.schutz *m*. ▾**—blad** Fahndungsblatt *s*. ▾**—bureau** P.amt *s*. ▾**—commissaris** P.rat *m*; (*hoofdcomm.*) P.direktor, (*v. grote steden*) P.präsident *m*. ▾**politieel** polizeilich, Polizei...; *politiële actie*, Polizeiaktion *w*. ▾**politie/escorte** Polizeibedeckung *w*. ▾**—jeep** (*met radio*) Funkstreifenwagen, Peterwagen *m*.

politiek I *bn & bw* politisch. **II** *zn* Politik *w*; *aan — doen*, P. treiben, machen.

politie/kamer Arreststube *w*; Kasernenarrest *m*. ▾**—kordon** Polizei/kette *w*. ▾**—maatregel** P.maßregel *w*, p.liche Maßregel. ▾**—macht** P.macht *w*; (*politieafd.*) P.aufgebot *s*. ▾**—onderzoek** p.liche Erhebungen. ▾**—post** P.wache *w*, P.posten *m*. ▾**—rapport** P.bericht *m*. ▾**—rechter** P.richter, Schnellrichter *m*. ▾**—reglement** P.ordnung *w*. ▾**—toezicht** P.aufsicht *w*. ▾**—verordening** P.verordnung *w*. ▾**—zaak** P.sache *w*. ▾**politioneel** p.lich, Polizei...

politiseren politisieren; (*iron.*) kannegießern.

politoer Politur *w*. ▾**—en** polieren.

polka Polka *w*.

pollen (*plk.*) Pollen *m*.

pollepel Schöpf-, Füllöffel *m*.

polo Polo *s*; (*te water*) Wasserballspiel, Wasserpolo *s*; (*te paard*) Reiterballspiel *s*. ▾**—hemd** Polobluse *w*.

polonaise Polonäse *w*.

pols Puls *m*; (*handgewricht*) Handgelenk *s*; (*springstok*) Springstock *m*; *iem. de — voelen*, (*ook fig.*), e.m den Puls fühlen. ▾**—ader** Puls/ader *w*. ▾**—en**: *iem. —*, e.m den P. fühlen. ▾**—horloge** Armbanduhr *w*. ▾**—slag** P.schlag *m*. ▾**—stok** Springstock, -stab *m*. ▾**—stokspringen** Stab(hoch)springen *s*. ▾**—tasje** Herrenhandtasche *w*.

poly/chromeren poly/chromieren. ▾**—ester** P.esther *m*. ▾**—ethyleen** P.äthylen *s*. ▾**—foon** p.phon. ▾**—gaam** p.gam(isch). ▾**—glot** P.glotte *m*. ▾**—technisch** p.technisch; *—e school*, P.technikum *s*. ▾**—theïsme** P.theismus *m*. ▾**—valent** p.valent. ▾**—vinyl**... P.vinyl...

pomerans Pomeranze *w*; (*v. keu*) Lederkappe *w*.

pommade Pomade *w*.

pommes frites Pommes frites *Mz*.

pomp Pumpe *w*; (*put*) Brunnen *m*; *loop naar de—!*, geh zum Henker!

pompadoer Pompadour *s*.

pomp/bak Pumpenkasten *m*. ▾**—bediende** (*v. tankstation*) Tankwart *m*.

pompelmoes Pampelmuse *w*.

pompen pumpen.

pompernikkel Pumpernickel *m*.

pompeus pompös.

pompinrichting Pumpanlage *w*.

pompoen Kürbis *m*.

pomp/station Pumpstation *w*, -werk *s*; (*benzine*) Tankstelle *w*. ▾**—water** Brunnenwasser *s*. ▾**—zwengel** Pumpenschwengel *m*.

pon Nachthemd *s*.

poncho Poncho *m*.

pond Pfund *s*; *— sterling*, P. Sterling; *bij het —, per — =* **—sgewijs** pfundweise. ▾**—spondsgewijs** nach Verhältnis, verhältnismäßig, pro rata.

poneren (als gegeben) annehmen, voraussetzen.

pons Stanze *w*; (*v. drijfwerk*) Punzen *m*. ▾**—band** Loch/streifen *m*. ▾**—bandaftaster** Abfühlstift *m*. ▾**—en** l.en, stanzen; punzen. ▾**—kaart** L.karte *w*. ▾**—kaartensysteem** L.kartenverfahren *s*. ▾**—machine** L.-, Stanzmaschine *w*. ▾**—ster, —typiste** L.erin *w*.

pont Fähre *w*, Fährschiff *s*.

pontifi/caal pontifikal; *pontificale mis*, Pontifikalamt *s*; *in —*, in vollem Ornat, (*iron.*) in vollem Wichs. ▾**—caat** Pontifikat *s*.

ponton Ponton *m*. ▾**—brug** P.brücke *w*. ▾**—nier** P.ier *m*. ▾**pontveer** Fähre *w*.

pony (*dier*) Pony *s*; (*haar*) Pony *m*, P.fransen *Mz*, P.frisur *w*.

pooien zechen, picheln.

pooier Lump *m*; (*souteneur*) Zuhälter, Lude *m*.

pook Schüreisen *s*; (*in auto*) Ganghebel *m*.

Pool Pole *m*.

pool 1 (*aardr., elektr., natuurk., wisk.*) Pol *m*; **2** (*haren v. fluweel enz.*) Pol *m*; **3** (*kledingstuk*) Düffel *m*; **4** (*Eng.*) Pool *m*. ▾**—beer** Polar/bär *m*. ▾**—cirkel** P.kreis *m*. ▾**—ijs** P.eis *s*. ▾**—onderzoek** P.forschung *w*. ▾**—reiziger** P.forscher *m*.

Pools polnisch; *—e landdag*, (*fig.*) polnische Wirtschaft.

pool/shoogte Polhöhe *w*; *— nemen*, (*fig.*) s. erkundigen. ▾**—ster** Polarstern *m*. ▾**—sterkte** Polstärke *w*. ▾**—streek** Polar/gegend *w*. ▾**—vlucht** P.flug *m*. ▾**—zee** P.meer *s*.

poon Knurrhahn, Seehahn *m*.

poort Tor *s*; (*klein*) Törchen, Pförtchen *s*, Pforte *w*; (*scheepst.*) Pforte *w*; *Bourgondische Poort*, Burgundische Pforte; *de IJzeren Poort*, das Eiserne Tor. ▾**—er** Bürger, Städter *m*. ▾**—gebouw** Tor/haus *s*. ▾**—wachter** T.wächter *m*.

poos Weile *w*, kurze Zeit; *een hele —*, eine geraume Zeit. ▾**—je** Weilchen *s*, Weile *w*.

poot (*v. kleine dieren*) Pfote *w*; (*v. grotere dieren*) Fuß *m*; (*voor hele been*) Bein *s*; (*v. meubels, lang*) Bein *s*, (*kort*) Fuß *m*; (*mensenhand, handschrift*) Pfote, Klaue *w*; *op zijn achterste poten gaan staan*, s. auf die Hinterbeine stellen; *op hoge poten*, (*fig.*) mit geschwollenem Kamm; *op zijn — spelen*, aufbegehren, spektakeln; *goed op poten staan*, Hand und Fuß haben; (*een brief*) *die op poten staat*, der s. gewaschen hat; *op zijn poten, pootjes terechtkomen*, (*v. kat*) auf die Pfoten, Füße fallen, (*fig.*) s. machen, ins Lot kommen; (*iets*) *op poten zetten*, organisieren, veranstalten, (wieder) in Ordnung bringen. ▾**—aan**: *— spelen*, s. (tüchtig) anstrengen, tüchtig anfassen. ▾**—aardappel** Pflanz/kartoffel *w*. ▾**—goed** P.gut *w*; (*jonge zaadplanten*; *vis in vijver*) Setzling *m*; (*v. oesters, vis*) Brut *w*. ▾**—je** Pfötchen, Füßchen *s*; (*voetjicht*) Zipperlein, Podagra *s*; *met hangende —s komen*, zu Kreuze kriechen. ▾**—jebaden** im Wasser waten. ▾**—vijver** Streckteich *m*. ▾**—vis** Fischbrut *w*; (*in vijver, ook*) (Ein)Satz, Setzling *m*.

pop 1 Puppe *w* (*ook v. insekt*); (*wijfjesvogel*) Weibchen *s*; *toen had je de —pen aan 't dansen*, da ging der Spektakel los, da gab's Krach; **2** (*Eng.Am.*) Pop *m*. ▾**—-art** Popart *w*. ▾**—cultuur** Popkultur *w*.

pope Pope *m*.

popelen klopfen, pochen, puppern; *hij popelt*, das Herz klopft, pocht ihm; es puppert ihm.

popeline Popeline *w*, Popelin *m*.

pop/feest, —festival Popfestival *s*. ▾**—groep** Popgruppe *w*. ▾**—muziek**

Popmusik *w.*

poppe/nkamer Puppen/stube *w.* ▼**—nkast** Kasperle-, P.theater *s;* (*fig.*) Umstände *Mz;* (*komedie*) Theater *s.* ▼**—nspel** P.spiel; P.-, Marionettentheater *s.* ▼**—rig** p.mäßig, p.haft; (*popperig fijn, ook fam. voor fijn*) puppig. ▼**—wagen** Puppenwagen *m.*

popster Popstar *w.*

popul/air populär, beliebt; (*verstaanbaar voor 't volk*) gemeinverständlich, volksnah, populär; (*met aard van 't volk overeenstemmend*) volkstümlich, populär. ▼**—air-wetenschappelijk** populärwissenschaftlich. ▼**—ariseren** popularisieren; gemeinverständlich machen. ▼**—arisering** Popularisierung *w.* ▼**—ariteit** Popularität; Beliebtheit; Gemeinverständlichkeit; Volkstümlichkeit *w.*

populatie Population *w.*

populier Pappel *w.* ▼**—en** Pappel . . .

popzanger Popsänger *m.*

por Stoß, Puff *m;* (*met mes*) Stich *m;* — *in de zij,* Rippenstoß *m.*

poreus porös. ▼**—heid** Porosität *w.*

porie Pore *w.*

porno Porno *m.* ▼**—film** P.film *m.* ▼**—grafie** P.graphie, Schmutzliteratur *w.* ▼**—grafisch** p.graphisch. ▼**—shop** P.shop, P.laden *m.*

porren (*duwen, stompen*) stoßen, puffen; (*met mes*) stechen; (*in vuur*) stochern; (*wekken*) wecken, purren; (*aanzetten*) antreiben, purren, puffen.

porselein Porzellan *s.* ▼**—en** Porzellan . . ., p.en. ▼**—kast** P.schrank *m.*

port 1 (*porto*) Porto *s,* Postgebühr *w,* Postgeld *s, aan — onderhevig,* porto-, gebührenpflichtig; *vrij van —,* portofrei, post(gebühren)frei; — *voor antwoord,* Rückporto *s;* **2** (*wijn*) Portwein *m.*

portaal (*v. kerk enz.*) Portal *s;* (*in huis enz.*) Flur *m,* Vestibül *s;* (*overloop*) Podest, Absatz *m;* (*v. bovenleiding*) Joch *s,* Querträger, Portal *m;* (*v. verkeersborden*) Tragbrücke *w.*

portable Reise-, Koffer/schreibmaschine *w;* K.grammophon *s;* K.radio *s;* (*tv*) Portable *m/s,* tragbarer Fernsehempfänger.

porte-brisée Flügeltür *w.*

portee Trag-, Reichweite *w.*

portefeuille Brieftasche *w,* Portefeuille *s;* (*voor akten, grote stukken; v. leeskring*) Mappe *w;* (*v. minister; ministerambt; voorraad waardepapieren*) Portefeuille *s;* (*minister*) *zonder —,* ohne Geschäftsbereich; *aandelen in —,* nicht ausgegebene Aktien, (*anders*) im Portefeuille. ▼**—kwestie** Vertrauensfrage *w.*

▼**portemonn/aie, —ee** Portemonnaie *s,* Börse *w.*

portie Portion *w;* Teil *m & s,* Anteil *m; een — ijs,* eine P. Eis.

port/iek (*overwelfde ingang*) Torbogen *m; zie ook* **portaal.** ▼**—ier 1** (*pers.*) Portier *m;* (*v. fabriek, ook*) Pförtner, Hausmeister *m;* (*v. klooster*) Pförtner *m;* (*concierge*) Hausmeister *m;* **2** (*deur*) (Wagen)Schlag *m,* Tür *w.* ▼**—ière** Portiere, Türvorhang *m.* ▼**—ierraampje** (*v. trein*) Wagenfenster *s.* ▼**—iershokje** Portiers-, Pförtnerloge *w.*

porto *zie* **port 1.**

portofoon Funksprechgerät *s.*

portokosten Portospesen *Mz.*

portret Porträt, Bildnis *s,* (*foto, vooral*) Bild *s,* Photographie *w; een raar —,* (*fig.*) ein sonderbarer Mensch, ein wunderlicher Kauz. ▼**—schilder** Porträtmaler *m.* ▼**—teren** porträtieren; photographieren.

Portug/al Portug/al *s.* ▼**—ees I** *zn* P.iese *m.* **II** *bn* p.iesisch.

portuur: (*dat is*) *geen — voor iem. als jij,* nicht deine Partei; *zij zijn passende porturen,* sie sind sich gleich.

port/vrij portofrei, postfrei. ▼**—wijn** Portwein *m.* ▼**—zegel** Nachportomarke *w.*

pos/e Pose, Haltung, Stellung *w.* ▼**—eren** posieren; *voor een schilder —,* e.m Maler sitzen, posieren. ▼**—eur** Poseur *m.*

positie Stellung, Position *w;* (*toestand; v. hand bij bespelen van strijkinstrumenten*) Lage *w;* (*betrekking*) Stellung, Stelle *w;* (*mil.*) Stellung *w; maatschappelijke —,* gesellschaftliche, soziale Stellung; *in een moeilijke — verkeren,* s. in e.r unangenehmen Lage befinden; *in — (verwachting) zijn,* in andern, in gesegneten Umständen sein; *zijn — vragen,* (*v. vliegtuig, schip*) s. seinen Standort geben lassen. ▼**—bepaling** (*plaatsbepaling*) Ortsbestimmung *w;* (*vliegtuig, ook*) Ortung *w.*

positief I *bn & bw* positiv; (*bevestigend*) bejahend; *een — standpunt ten opzichte van iets innemen,* positiv zu etwas stehen, etwas bejahen. **II** *zn* **1** (*fot.*) Positiv *s;* **2** (*stellende trap*) Positiv *m,* Grundstufe *w.*

positie/japon Umstandskleid *s.* ▼**—oorlog** Stellungskrieg *m.*

positieven: *niet bij zijn — zijn,* außer Fassung sein, (*bewusteloos*) das Bewußtsein verloren haben; (*weer*) *bij zijn — (komen),* zu sich, zu Bewußtsein. ▼**positivisme** Positivismus *m.*

post 1 (*wat met posterijen te maken heeft*) Post *w;* (*postbode*) Briefträger, P.bote *m; op de — doen, naar de — brengen,* auf die P. tragen, (*brief, ook*) in den Kasten werfen; *per kerende —,* p.wendend, umgehend, mit umgehender P.; *de — betreffend,* p.alisch, p.lich, Post . . .; *ingekomen, uitgegane —,* (*stukken*) P.eingang, P.ausgang *m;* **2** (*postpapier*) Brief-, P.papier *s;* **3** (*wachtpost, standplaats, ook fig.*) P.en *m;* (*betrekking*) P.en *m,* Stelle, Stellung *w,* Amt *s; — vatten,* P.en fassen; *de mening heeft — gevat,* die Meinung hat sich durchgesetzt; *op — staan,* P.en stehen; *op zijn — zijn,* auf dem P.en sein; **4** (*in boekhouding, handel*) P.en *m;* (*op begroting enz., ook*) Position *w; belangrijke —en afsluiten,* bedeutende Abschlüsse machen, tätigen; *op de begroting een — voor iets uittrekken,* auf dem Budget e.n Betrag für etwas auswerfen; **5** (*deurstijl enz.*) Pfosten *m.* ▼**—abonnement** Post/(zeitungs)bezug *m,* P.abonnement *s.*

postacademiaal postakademisch.

post/agentschap Post/stelle *w.* ▼**—ambtenaar** P.beamte(r) *m.* ▼**—auto** P.auto *s;* (*voor reizigers*) Kraftpost *w.* ▼**—bestelling** P.zustellung *w.* ▼**—blad** Kartenbrief *m.* ▼**—bode** P.bote, Briefträger *m.* ▼**—box, —bus** P.fach *s.* ▼**—cheque** P.scheck *m.* ▼**—cheque- en girodienst** P.scheck- und Giroverkehr *m;* (*de instelling*) P.scheckamt *s.* ▼**—code** P.leitzahl *w.*

postdateren zurückdatieren; (*latere datum*) vor(aus)datieren.

post/dienst Post/dienst *m.* ▼**—district** P.bezirk *m.* ▼**—duif** Brieftaube *w.*

postelein Portulak *m.*

posten 1 (*brief enz.*) auf die Post tragen, zur Post geben; **2** (*bij staking enz.*) Posten stehen. ▼**poster** Postensteher; (*bij staking*) Streikposten *m.* ▼**posteren** postieren; *z. —,* (*ook*) Posto fassen.

poste-restante postlagernd. ▼**posterijen** Postwesen *s,* Post *w; hoofdbestuur der —,* Oberpost-, Bundespostdirektion *w.*

posteriori: *a —,* nachträglich, a posteriori.

post/gelegenheid: *per eerste —,* mit erst(folgend)er Post. ▼**—giro** (P.)Scheckdienst *m;* (*nummer*) P.scheckkontonummer *w.* ▼**—girobiljet** P.überweisungsschein *m.* ▼**—iljon** P.ill(i)on *m.* ▾—**kamer** P.stelle *w.* ▾—**kantoor** P.amt *s.* ▾—**kwitantie** P.auftrag *m.* ▾—**merk** P.stempel *m.* ▾—**orderbedrijf** Versandhaus, -geschäft *s.* ▾—**pakket** P.paket *s.* ▾—**pakketformulier**, —**kaart** Paketkarte *w.* ▾—**papier** Briefpapier *s.* ▾—**rekening** Post/scheckkonto *s.* ▾—**rekeninghouder** P.scheckkunde *m.* ▾—**rijtuig** P.wagen *m.* ▾—**scriptum** P.skriptum *s*, Nachschrift *w.* ▾—**spaarbank** P.sparkasse *w.* ▾—**spaarbankboekje** P.sparkassenbuch *s.* ▾—**stempel** P.stempel *m.* ▾—**stuk** P.sache *w*, P.stück *s*; (*in postzegelverzameling*) Ganzsache *w.* ▾—**tarief** P.tarif *m.* ▾—**trein** P.zug *m.*

postul/aat Postul/at *s.* ▾—**ant** P.ant *m.*

postunie Weltpostverein *m.*

postuum post(h)um.

postuur Gestalt, Figur *w*; *flink van —*, von stattlichem Wuchs *w*; *klein van —*, von kleiner G.; *z. in — stellen*, s. in Positur setzen.

post/verkeer Post/verkehr *m.* ▾—**wissel** P.anweisung *w*; (*een bedrag*) *per — verzenden*, durch P.anweisung übermachen. ▾—**zak** P.sack *m.*

postzegel Briefmarke *w*; (*alg.*: *frankeerzegel*) Postwertzeichen *s*; *vel —s*, Briefmarken/bogen *m.* ▾—**album** B.album *s.* ▾—**automaat** B.automat *m.* ▾—**boekje** B.heft *s.* ▾—**verzamelaar** B.sammler *m.*

pot Topf *m*; (*bij spel*: *inzet*) Satz, Einsatz *m*, (*meer*: *kas*) Stamm *m*; (*om te verteren*) Kasse *w*; *een — bier* (*drinken*), e.n Schoppen (Bier), ein Krügel Bier; *'t is één — nat*, es kommt auf eins heraus; e.r ist wie der andre; *de — verwijt de ketel, dat hij zwart ziet*, ein Esel schilt den andern Langohr; *geen — zo scheef of er past een deksel op*, jeder Topf findet seinen Deckel; *de gewone —*, die Alltagskost. ▾—**aarde** Töpferton *m*; (*voor planten*) Topferde *w.* ▾—**as** Pottasche *w.* ▾—**bloem** Topfblume *w.* ▾—**dicht** fest verschlossen; (*v. personen*) zugeknöpft, verschwiegen; (*vliegveld enz.*) in Nebel gehüllt, unter e.r Nebelglocke, in e.m Nebelmeer.

pot/eling Setzling *m.* ▾—**en** pflanzen; (*aardappels*) legen; (*vis*) ein-, aussetzen.

poten/taat Poten/tat *m*; *rare —*, wunderlicher Heilige(r). ▾—**tiaal** P.tial *s.* ▾—**tie** P.z *w.* ▾—**tieel I** *bn & bw* p.tiell. **II** *zn* P.tial *s.*

pot/er Pflanzer *m*; (*aardappel*) Saat-, Pflanzkartoffel *w.* ▾—**grond** Topf-, Blumenerde *w.*

potig handfest, stämmig, robust.

pot/je Töpfchen *s*; *een — spelen*, ein Spielchen machen; *bij iem. een — kunnen breken*, bei e.m e.n Stein im Brett haben; *zie* **pot.** ▾—**jeslatijn** Küchenlatein *s.* ▾—**kachel** Kanonenofen *m.* ▾—**lepel** Schöpflöffel *m.*

potlood (*schrijfvoorwerp*) Bleistift *m*; *rood —*, Rotstift *m*; (*stof*) Graphit *m*; (*poetsmiddel*) Pottlot *s*, Schwärze *w.* ▾—**slijper** B.spitzer *m.*

potplant Topfpflanze *w.*

potpourri Potpourri *s.*

potsenmaker Possenreißer *m.* ▾**potsierlijk** possierlich.

pottekijker Topfgucker *m.*

potten Geld zurücklegen, etwas auf die hohe Kante legen; (*planten*) eintopfen.

pottenbakker Töpfer *m.* ▾—**ij** T.ei *w.* ▾—**sklei** T.ton *m.* ▾**potten/kast** Topfschrank *m.* ▾—**winkel** Töpferwarenladen *m.*

pot/ter Sparer *m.* ▾—**verteren** die Kasse vertun; *het —*, das Kassenfest.

potverdorie potztausend.

potvis Pottfisch, -wal *m.*

poule (*inzet*) Poule *w*; (*groep*) Gruppe *w.*

pousseren: (*pers.*) begönnern, fördern; (*zaak*) f.; *een artikel —*, den Vertrieb e.s Artikels f.

pover ärmlich, dürftig. ▾—**heid** Ä.keit, D.keit *w.*

Praag Prag *s.* ▾—**s** Prager.

praaien (an)preien, anrufen; (*fig.*) anreden.

praal Pracht *w*, Pomp *m*, Gepränge *s*, Prunk *m.* ▾—**bed** Paradebett *s.* ▾—**graf** Mausoleum *s*, (*graftombe*) Grabmal *s.* ▾—**hans** Prahlhans *m.* ▾—**wagen** Prunkwagen *m.* ▾—**ziek** prahlsüchtig, prahlerisch. ▾—**zucht** Prunksucht *w.*

praam (*vaartuig*) Prahm *m*, Prahme *w.*

praat (*gepraat*) Gerede, Geschwätz *s*; (*gebabbel*) Geplauder *s*; (*alg.*: *wat iem. spreekt, taal*) Rede *w*, Reden *Mz*; (*gesprek*) Gespräch *s*; *vuile —*, schmutzige Reden; *wat is dat voor —*, was sind das für Reden; *malle — verkopen*, albernes, dummes Zeug reden; (*iem.*) *aan de — houden*, plaudernd aufhalten, von der Arbeit abhalten, (*amuseren, bezighouden*) unterhalten, (*aan 't lijntje houden*) hinhalten; (*met iem.*) *aan de — raken*, ins Gespräch kommen; *altijd —s hebben*, (*veel babbelen*) immer schwatzen, ein Schwätzer sein; *veel —s hebben*, ein großes Maul haben, den Mund voll nehmen, (*grootspraak*) ein Großsprecher sein; *nu heeft hij zoveel —s niet meer*, nun ist er kleinlaut geworden; *zie* **praatje.** ▾—**achtig** plauderhaft, geschwätzig, schwatzhaft; (*praatgraag*) redselig; (*spraakzaam*) gesprächig. ▾—**je** (*gemoedelijk gesprek*) Plauderei *w*; (*babbeltje*) Schwätzchen *s*, Schwatz, Plausch *m*; (*wat de mensen zeggen*) Gerede *s*; (*gerucht*) Gerücht *s*; —*s*, (*gepraat*) Gerede *s*, (*geklets, geroddel*) Klatsch *m*, (*holle frasen*) Redensarten *Mz*, (*smoesjes, praatjes voor de vaak*) faule Fische, Flausen *Mz*, (*uitvluchten*) (leere) Ausreden *Mz*; *—s verkopen*, (*grootspraak*) ein Großsprecher sein; *zoals 't — gaat*, wie die Rede geht; *er lopen —s*, es geht das Gerede, es wird gemunkelt. ▾—**jesmaker** Schwätzer; Großsprecher *m.* ▾—**paal** Notrufsäule *w.* ▾—**stoel**: *op zijn — zitten*, in e.m fort plaudern, schwatzen. ▾—**vaar** (alter) Schwätzer *m.* ▾—**ziek** geschwätzig, schwatzhaft. ▾—**zucht** Geschwätzigkeit, Schwatzhaftigkeit *w.*

pracht Pracht *w*; *— v.e. meid*, P.mädel; *— v. e. huis*, wunderschönes Haus, P.haus. ▾—**band** P.(ein)band *m.* ▾—**ig** prächtig, prachtvoll, wundervoll, wunderschön, herrlich. ▾—**lievend** prachtliebend, prunkhaft. ▾—**vertoon** Prachtaufwand *m.*

practic/um Praktik/um *s.* ▾—**us** (*man uit de praktijk*) P.er *m*; (*praktisch iem.*) P.us *m.*

praeses Präsident, Vorsitzende(r), Vorsitzer *m.*

pragma/ticus Pragma/tiker *m.* ▾—**tiek**, —**tisch** p.tisch. ▾—**tisme** P.tismus *m.*

prairie Prärie *w.*

prak: *in de — rijden*, zu Bruch fahren. ▾—**je** (*kliek*) Rest *m*, Restessen *s.*

prakkezeren (prakkizeren) nachdenken; (*piekeren*) grübeln, spintisieren, ausdenken, ersinnen.

praktijk Praxis *w*; *— v.d. handel*, Handelspraxis; (*iets*) *in — brengen*, praktisch anwenden, in Anwendung bringen; *kwade —en*, (böse) Praktiken, Intrigen, Machenschaften, Kniffe *Mz*; *een eind maken aan iem.s —en*, e.m das Handwerk legen. ▾—**cursus** praktischer Lehrgang. ▾—**diploma** Fachdiplom *s*; kaufmännisches Fachdiplom (fürs Englische usw). ▾—**ervaring** praktische Erfahrung. ▾—**examen** Fachprüfung *w*; kaufmännische Prüfung. ▾—**jaar** Praxisjahr *s.* ▾—**leraar** Lehrer *m* für die praktischen Fächer.

▾—**onderwijs** praktischer Unterricht. ▾—**ruimte** Praxis *w.* ▾—**school** Praxisschule *w.* ▾—**werk** praktische Tätigkeit. ▾**prakt/isch** praktisch. ▾—**izeren** praktisieren; *—d geneesheer, katholiek*, praktischer Arzt, Katholik.
pral/en prahlen; (*pronken*) prunken; (*prijken*) prangen; (*schitteren*) glänzen. ▾—**er** Prahler, Prahlhans *m.* ▾—**erij** Prahlerei *w.*
prat: *— gaan op*, stolz sein auf [4], (*z. beroemen*) s. brüsten mit.
prat/en reden; (*babbelen*) plaudern, schwatzen; (*spreken, taalklanken voortbrengen*), sprechen; (*je hebt*) *mooi —*, gut r.; *met hem valt* (*wel*) *te praten*, er läßt (schon) mit s. r.; (*met jou*) *valt te —, kan ik —*, kann ich r., läßt sich r.; *— over*, sprechen von, über; r. über, von; *er valt over te —*, es läßt s. darüber r.; (*iem.*) *aan 't — krijgen*, zum R. bringen; *aan 't — raken*, ins Plaudern kommen; *iem. naar de mond —*, e.m nach dem Mund r.; *z. eruit —*, s. herausreden; *in zichzelf —*, vor s. hinreden. ▾—**er** Plauderer *m.*
prauw Prau *w.*
pré: Prä *s*; *een —* (*hebben*), ein P. ▾**preadvies** (vorläufiges) Gutachten *s*, einleitende Bemerkungen *Mz*; *een — over iets uitbrengen*, ein vorläufiges G. über etwas abgeben, etwas mit einleitenden B. versehen. ▾—**alabel** vorläufig. ▾—**ambule** Präambel *w*; (*inleiding*) Einleitung *w*; (*muz.*) Vorspiel, Präludium *s.*
prebende Präbende, Pfründe *w.*
precair prekär.
precedent Präzedenzfall *m*, Präzedenz *w.*
precies genau, präzis; (*juist, net*) gerade; (*stipt*) pünktlich; *niet zo — kijken, het niet zo — nemen*, es nicht so genau nehmen; *— om 12 uur, te 12 uur —*, Punkt 12 Uhr. ▾—**heid** Pünktlichkeit, Genauigkeit *w.*
precieus preziös.
preciseren präzis/ieren. ▾**precisie** P.ion *w.* ▾—**instrument** P.ionsinstrument *s.*
predestin/atie Prädestin/ation *w*; *leer v.d. —*, P.ationslehre *w.* ▾—**eren** p.ieren.
predikaat Prädikat *s*; (*gram., ook*) Satzaussage *w.*
predikant (*kanselredenaar*) Prediger *m*; (*dominee*) Pastor, Pfarrer *m.* ▾—**splaats** Pfarrstelle *w.* ▾**predikatie** Predigt *w.*
predikatief prädikativ.
predik/beurt: *een — vervullen*, predigen, eine Predigt halten; *de —en*, die Reihenfolge der Prediger. ▾—**en** predigen. ▾—**er** Prediger *m.* ▾—**heer** Predigermönch, Dominikaner *m.* ▾—**ing** Predigen *s*; *de — v.h. woord*, die Verkündigung des Wortes.
predispo/neren prädispo/nieren. ▾—**sitie** P.sition *w.*
preek Predigt *w.* ▾—**stoel** Kanzel *w.* ▾—**toon** Kanzelton, Predigtton *m.*
prefabhuis Fertighaus *s.* ▾**prefabri/catie** Vorfertigung *w*; Fertigbauweise *w.* ▾—**ceren** vorfertigen, vorfabrizieren.
prefatie Präfation *w.*
prefect Präfekt *m.* ▾—**uur** P.ur *w.*
preferabel vorzuziehen.
preferent bevorzugt; *— aandeel*, Prioritäts-, Vorzugsaktie *w*; *houder van —e aandelen*, Vorzugsaktionär *m*; *—e crediteuren*, Prioritätsgläubiger *m*, bevorzugte, bevorrechtigte Gläubiger, Gläubiger mit Konkursvorrecht; *—e lening*, Prioritätsanleihe *w.* ▾—**ie** Präferenz *w*, Vorzug *m.* ▾**prefereren** vorziehen; *dit boek — boven dat*, dieses Buch jenem vorziehen, diesem Buche den Vorzug geben vor jenem; *geprefereerd merk*, Vorzugsmarke *w.*
prefix Präfix *s.*
pregnant prägnant.
prehistorie Prähistorie, Vorgeschichte *w.*
prei Porree *m.*
prek/en predigen; (*wauwelen*) salbadern. ▾—**erig** belehrend, salbungsvoll.
prelaat Prälat *m.*
preliminair präliminar; *de —en*, die Präliminarien.
prelud/e Präludium *s.* ▾—**eren** präludieren.
prematuur vorzeitig.
premie Prämie *w.* ▾—**betaling** Prämien/zahlung *w.* ▾—**coupon** P.schein *m.* ▾—**lening** P.anleihe *w.* ▾—**lot** P.los *s.*
premier Premier; Ministerpräsident *m.* ▾**première** (*allereerste*) Uraufführung *w*; (*de eerste in een bepaalde plaats*) Erstaufführung *w*; (*voor beide ook wel*) Premiere *w.*
premie/reductie Prämien/nachlaß *m.* ▾—**reserve** P.reserve *w*, Deckungskapital *s.* ▾—**reservefonds** Deckungsstock *m.* ▾—**restitutie** Beitragsrückerstattung *w.* ▾—**verhoging** P.erhöhung *w.* ▾—**vrij** p.frei.
premisse Prämisse *w.*
premonstratenzer Prämonstratenser *m.*
prenataal pränatal.
prent Bild *s*; (*kinderprent*) Bilderbogen *m*; (*gravure*) (Kupfer)Stich *m.* ▾—**briefkaart** Ansichtskarte *w.* ▾—**en**: *z. iets in 't geheugen —*, s. etwas ins Gedächtnis prägen, s. etwas einprägen. ▾—**enboek** Bilderbuch *s.* ▾—**enkabinet** Kupferstichkabinett *s.* ▾—**je** Bildchen *s.* ▾—**kunst** Kupferstecherkunst *w.*
prepar/aat Präparat *s.* ▾—**eren** präparieren.
prepositie Präposition *w.*
prerogatief Prärogativ *s.*
presbyter/iaan Presbyter/ianer *m.* ▾—**iaans** p.ianisch. ▾—**ium** P.ium *s.*
presens Präsens *s*, Gegenwart *w.* ▾**present I** *zn* Geschenk, Präsent *s*; *— geven*, schenken; *— krijgen*, geschenkt bekommen. **II** *bn* anwesend, gegenwärtig, präsent; *—!*, hier!, (*tot uw orders!*) zu Diensten!, (*mil.*) zu Befehl!; *z. — melden*, (*mil. enz.*) s. zur Stelle melden. ▾—**abel** präsentabel. ▾—**atie** Präsentation, Präsentierung *w*; (*radio, tv, ook*) Moderation *w.* ▾—**ator** Präsentator *m*; (*radio, tv, ook*) Moderator *m.* ▾—**atrice** Präsentatorin; Moderatorin *w.* ▾—**eerblad** Tablett *s*; (*schenk-, dienblad*) Servierbrett *s*; (*voor brieven enz.*). Präsentierteller *m.* ▾—**eren** präsentieren, anbieten, (*radio, tv, ook*) moderieren; (*iem. ter kennismaking*) vorstellen; *z. —*, s. präsentieren; s. vorstellen. ▾—**exemplaar** Freistück, -exemplar *s*; (*ter kennismaking*) (kostenloses) Prüfungsstück *s*; (*bijv. 1 op 20 bestelde exemplaren*) (kostenloses) Lehrerhandstück *s.* ▾—**ie** Präsenz, Anwesenheit *w.* ▾—**iegeld** Präsenz/geld *s*, (*vacatiegeld*) Tagegeld *s*, Diäten *Mz.* ▾—**ielijst** P.liste *w*, Anwesenheitsliste *w*; *de — tekenen*, s. in die A. eintragen.
preservatief Schutz-, Vorbeugungsmittel *s*; (*condoom*) Präservativ *s.*
presid/ent Präsident *m*; (*voorzitter, ook*) Vorsitzende(r), Vorsitzer *m*; *— v.h. gerechtshof*, Oberlandesgerichtspräsident. ▾—**ent-commissaris** Aufsichtsratsvorsitzende(r) *m.* ▾—**entieel** präsidentiell, Präsidenten ... ▾—**entschap** (*v. vergadering enz.*) Präsidium *s*; (*v. republ.*) Präsidentschaft *w.* ▾—**entsverkiezing** Präsidentenwahl, Vorsitzerwahl *w.* ▾—**eren** präsidieren, das Präsidium, den Vorsitz führen; *een vergadering —*, e.r Versammlung präsidieren, vorsitzen, eine V. leiten. ▾—**ium** Präsidium *s*, Vorsitz *m.*

pres/kop Preßkopf *m.* ▾**—sen** pressen. ▾**—se-papier** Briefbeschwerer *m.* ▾**—seren** pressieren. ▾**pressie** Druck *m,* Pression *w.* ▾**—groep** P.sgruppe, Pressure-group, Druck-Gruppe *w.* ▾**—middel** Druckmittel *s.*
prest/atie Leistung *w;* Prästation *w.* ▾**—atievermogen** L.sfähigkeit *w.* ▾**—eren** leisten, prästieren; *in staat om wat te —,* leistungsfähig.
prestige Prestige *w; kwestie v. —,* Prestigefrage *w.*
pret Vergnügen *s,* Freude *w,* Spaß *m; — maken,* s. amüsieren; *voor de —,* zum Spaß.
preten/dent Prätendent *m.* ▾**—deren** prätendieren; (*beweren*) behaupten. ▾**—tie** Prätension *w;* (*aanspraak, ook*) Anspruch *m;* (*aanmatiging, ook*) Anmaßung *w; veel —s hebben,* anspruchsvoll sein. ▾**—tieloos** anspruchslos. ▾**—tieus** prätentiös, anspruchsvoll; (*aanmatigend*) anmaßend.
preteritum Präteritum *s,* Vergangenheit *w.*
pret/je: *dat is geen —,* das ist nichts weniger als angenehm. ▾**—maker** lustiger Bruder; (*grappenmaker*) Spaßmacher *m.* ▾**—tig** angenehm ; (*genoeglijk*) vergnüglich; (*vermakelijk*) amüsant; (*gezellig*) gemütlich; (*dat zijn*) *—e mensen,* nette Leute; *—e feestdagen!,* frohes Fest!; *—e Kerstmis,* fröhliche Weihnachten; *—e reis, vakantie!,* angenehme Reise, Ferien.
preuts spröde, zimperlich, prüde. ▾**—heid** Sprödigkeit, Zimperlichkeit, Prüderie *w.*
preval/ent präval/ent, vorherrschend, überlegen. ▾**—eren** p.ieren, vorherrschen, überwiegen, sehr stark überlegen sein.
prevelen murmeln.
prevent/ie Prävent/ion *w.* ▾**—ief** P.iv..., p.iv; *preventieve hechtenis,* Untersuchungshaft *w.*
prieel Laube *w.*
priem (*v. schoenm.*) Pfriem(en) *m,* Pfrieme *w.* ▾**—en** pfriemen; durchstéchen.
priemgetal Primzahl *w.*
priester Priester *m.* ▾**—es** P.in *w.* ▾**—lijk** priesterlich, Priester...; *—e staat,* Priester/staat *m.* ▾**—schap** (*ambt*) P.amt *s;* (*waardigheid*) P.würde *w;* (*al de priesters*) P.schaft *w,* P.tum *s;* = **—wijding** P.weihe *w.*
prijken prangen, prunken, prahlen.
prijs Preis *m;* (*winnend nummer in loterij*) Gewinn, Treffer *m;* (*scheepst.: buit*) Prise *w; — per stuk,* Einzelpreis; (*iets*) *daalt, stijgt in —,* sinkt, steigt im P.e; *op — blijven,* s. im P.e halten; *op — houden,* im P.e erhalten, auf P. halten; *tegen* (*voor*) *de — van,* zum P.e von; (*waren*) *tot* (*tegen*) *elke — van de hand doen,* zu jedem, um jeden P. losschlagen; (*iets*) *tot geen —* (*doen*), um keinen P., nicht um alles in der Welt; (*iets*) *v.d. — laten vallen,* vom P. ablassen; *prijzen uitloven,* P.e aussetzen; *een — behalen, winnen,* e.n P. gewinnen, davontragen; *lijst v.d. prijzen,* (*in loterij*) Gewinnliste *w; alle hoge prijzen* (*zijn er nog in*), alle hohen Gewinnummern; *— stellen,* (großen) Wert legen auf [4]; *iets op — weten te stellen,* etwas zu würdigen wissen; *— maken,* erbeuten. ▾**—aanduiding** Preis/auszeichnung *w.* ▾**—beheersing** P.überwachung *w;* (*de ambtenaren*) P.überwachungsbehörde *w.* ▾**—beheersingswet** P.kontrollgesetz *s.* ▾**—beleid** P.politik *w.* ▾**—bepaling** P.bestimmung *w.* ▾**—bewust** p.bewußt. ▾**—binding** P.bindung *w.* ▾**—breker** P.brecher *m.* ▾**—compensatie** P.ausgleich *m.* ▾**—controle** P.kontrolle *w.* ▾**—courant** P.liste *w,* P.verzeichnis *s,* P.kurant *m;* (*v. beurs*) Kursliste *w.* ▾**—daling** P.senkung *w,* P.fall *m;* (*plotseling en sterk*) P.sturz *m; een scherpe —,* ein scharfer P.rückgang, P.fall. ▾**—geven** p.geben; (*afstand doen van*) verzichten auf [4]. ▾**—houdend** p.haltend; (*in beursbericht*) stetig, behauptet. ▾**—index** P.index *w.* ▾**—kaartje** P.schild *s.* ▾**—lijst** P.liste *w,* P.verzeichnis *s.* ▾**—niveau** P.niveau *s,* P.ebene *w.* ▾**—notering** P.notierung *w.* ▾**—opdrijving** P.treiberei *w.* ▾**—opgave** P.angabe *w.* ▾**—peil** P.stand *m.* ▾**—raadsel** P.rätsel *s.* ▾**—schieten** P.schießen *s.* ▾**—spiraal** P.spirale *w.* ▾**—stijging** P.steigerung, P.erhöhung *w.* ▾**—stop** P.stopp *m.* ▾**—uitdeling** P.verteilung *w.* ▾**—verhoging** P.erhöhung *w.* ▾**—verlaging** P.ermäßigung, P.erniedrigung, P.senkung *w.* ▾**—verschil** P.unterschied *m.* ▾**—vraag** P.ausschreiben *s,* P.aufgabe *w.* ▾**—winnaar** P.träger *m.*
prijzen 1 (*loven*) loben, preisen; (*iem. gelukkig*) *—,* p.; **2** (*de prijs vermelden*) den Preis, die Preise angeben; *de artikelen —,* die Preise der Artikel angeben; die Waren auszeichnen, mit Preis(zeichen) versehen. ▾**—beschikking** Preis/(stopp)verordnung *w.* ▾**—slag** P.krieg *m.* ▾**—swaard(ig)** lobens-, preiswürdig. ▾**prijzig** teuer.
prik (*steek*) Stich *m.* ▾**—je**: *voor een —,* für ein Spottgeld, für e.n Spottpreis.
prikkel Stachel *m;* (*aansporing*) Ansporn *m;* (*bekoring; inwerking op de zintuigen of de zenuwen*) Reiz *m; de —* (*v.d. eerzucht*), der Sporn, der Stachel; (*reageren*) *op —s,* auf Reize. ▾**—baar** reizbar, (über)empfindlich. ▾**—draad** Stacheldraht *m; afsluiting van —,* Stacheldrahtzaun *m.* ▾**—draadversperring** Drahtverhau *m.* ▾**—en** (*van of als van kleine prikjes, tintelen, jeuken*) prickeln; (*irriteren, gaande maken; bekoren*) reizen; (*aanzetten*) reizen, anregen, antreiben, (*iem. ten goede*) anstacheln, (*ten kwade*) aufstacheln, aufreizen; (*deze spijzen*) *—* (*'t gehemelte*), reizen, (*aangenaam*) kitzeln. ▾**—hoest** Reizhusten *m.* ▾**—ing** Prickeln *s,* Reiz *m;* Reizung; Aufreizung *w.* ▾**—lectuur** Schundlektüre *w.*
prik/ken stechen. ▾**—sle(d)e** Pickschlitten *m.* ▾**—stok** Pickstock *m;* (*voor papier e.d.*) Drahtstecken *m.* ▾**—tol** Kreisel *m.*
pril zart, früh; *—le jeugd,* frühe Jugend, zartes Alter; *van mijn —le jeugd af,* von frühester Jugend an.
prim/a I *bn & bw* prima; erstklassig; *— kwaliteit,* erste Qualität, feinste Qualität, Primaqualität, erste Güte; *— merk,* (*best merk*) Qualitätsmarke *w.* **II** *zn* (*v. wissel*) Prima *w.* ▾**—aat 1** (*pers.*) Primas *m;* **2** = **—aatschap** Primat *s.* ▾**—air** primär, Primär...; *—e functie,* Primärfunktion *w; —e getallen,* Primzahlen; *—e weg,* Straße erster Ordnung.
prime (*muz.*) Prim(e) *w;* (*rk*) Prim *w.*
primeur (*eersteling*) Erstling *m; —s,* erste Gemüse, Früchte; Erstlinge; (*eerste bericht*) erste Nachricht, erste Veröffentlichung; *de — hebben,* als erster eine Nachricht bringen, bekommen.
primit/ief primitiv. ▾**—iviteit** P.ität *w.*
primo (*ten eerste*) erstens; (*op de eerste januari*) am ersten (Januar).
primula Primel *w.*
primus Primus(kocher) *m.*
princ/iep, —ipe Prinzip *s,* Grundsatz *m; in —* (*tegen iets zijn*), im P., grundsätzlich. ▾**—ipaal** Prinzipal *m;* (*lastgever*) Kommittent, Auftraggeber *m.* ▾**—ipieel** prinzipiell, grundsätzlich; (*dat wordt*) *een principiële kwestie,* eine Prinzipienfrage.
prins Prinz *m;* (*soms*) Fürst *m; v.d. — geen kwaad weten,* ganz ahnungslos sein.

▾**—dom** Fürstentum *s.* ▾**—elijk** prinzlich; fürstlich. ▾**—es** Prinzessin *w.* ▾**—essenboon** Prinzeß-, Brechbohne *w.* ▾**—-gemaal** Prinzgemahl *m.* ▾**—heerlijk** wie ein Fürst, wie die Fürsten.
prior Prior *m.*
priori: *a —*, a priori, von vorn herein.
prior/ij Prior/ei *w.* ▾**—in** P.in *w.*
prioriteit Priorität *w.* ▾**—saandeel** P.saktie *w.*
prisma Prisma *s.* ▾**—kijker** Prismenglas *s.*
privaat I *zn* Toilette *w*, Klosett *s.* **II** *bn* privat, Privat...; *— bezit*, Privatbesitz *m.* ▾**—docent** Privat/dozent *m.* ▾**—les** P.stunde *w.* ▾**—recht** P.recht *s.* ▾**—rechtelijk** p.rechtlich; *— lichaam*, Körperschaft des P.rechts. ▾**privatim** p.im. ▾**privé** Privat..., privat; *voor zijn —*, p.im; *—-gebruik*, P.gebrauch *m.* ▾**—-kantoor** P.kontor *s.* ▾**—-leven** P.leben *s.* ▾**—-rekening** P.konto *s.* ▾**—-secretaresse** P.sekretärin *w.*
privileg/e Privileg *s.* ▾**—iëren** p.ieren.
pro pro; *het — en contra*, das Für und Wider.
probaat probat, erprobt, bewährt.
prob/eersel Versuch *m.* ▾**—eren** probieren; versuchen.
probleem Problem *s*, (*kwestie, ook*) Frage *w.* ▾**—gebied** rückständiges Gebiet. ▾**—kind** P.kind *s.* ▾**—loos** p.los. ▾**—stelling** P.stellung *w.* ▾**problemat/iek I** *zn* Problemat/ik *w.* **II** *bn* = **—isch** p.isch.
procédé Verfahren *s.* ▾**procederen** prozessieren, e.n Prozeß führen; *tegen iem. gaan —*, e.n Prozeß gegen e.n anstrengen; (*te werk gaan*) prozedieren, verfahren. ▾**procedure** Prozedur *w*; Rechtsverfahren *s*, Rechtsgang *m*; Verfahren *s.* ▾**—kwestie** P.frage *w.*
procent *zie* **percent**. ▾**—ueel** prozentual.
proces Prozeß *m*; (*rechtsgeding, ook*) Rechtsstreit *m*; *iem. een — aandoen*, e.n P. gegen e.n anstrengen. ▾**—kosten** P.kosten *Mz.* ▾**—recht** Verfahrensrecht *s.*
processie Prozession *w.*
proces/stuk Prozeßakte *w.* ▾**—verbaal** Protokoll *s*; *een — van iets maken*, etwas zu P. nehmen, etwas protokollieren; *— opmaken*, ein P. aufnehmen; *een — van iets laten opmaken*, etwas zu P. geben; *— tegen iem. opmaken*, Strafanzeige gegen e.n erstatten; *— krijgen*, ein Strafmandat, e.n Strafbefehl bekommen; (von der Polizei) aufgeschrieben, notiert werden.
proclam/atie Proklam/ation, P.ierung, Bekanntmachung, Ausrufung *w.* ▾**—eren** proklamieren.
procur/atie Prokur/a *w*; (*iem.*) *— verlenen*, P.a erteilen; *per — tekenen*, per P.a zeichnen, ppa zeichnen. ▾**—atiehouder** P.ist *m.* ▾**—ator** P.ator *m.* ▾**—eur** Prozeßbevollmächtigte(r) *m*; (*advokaat en —*) Rechtsanwalt *m.* ▾**—eur-generaal** Oberstaatsanwalt, Generalstaatsanwalt; (*in Duitsland ook*) Ober-, Generalbundesanwalt *m.*
pro Deo kostenlos.
produc/ent Produzent, Erzeuger, Hersteller *m.* ▾**—er** Producer *m.* ▾**—eren** produzieren; (*voortbrengen, ook*) erzeugen; (*vervaardigen, ook*) herstellen.
produkt Produkt *s*, (*voortbrengsel, ook*) Erzeugnis *s.* ▾**—ie** P.ion, Erzeugung *w*; *in — nemen*, die P.ion von etwas aufnehmen. ▾**—iecapaciteit** P.ionskapazität *w.* ▾**—ief** p.iv; *— maken*, verwerten, (*ook*) nutzbringend verwenden. ▾**—iekosten** P.ions-, Herstellungskosten *Mz.* ▾**—iemiddelen** P.ionsmittel *Mz.* ▾**—ieproces** P.ionsprozeß *m.* ▾**—ievermogen** Leistungsfähigkeit, P.ionskapazität *w*; *fabriek met groot —*, leistungsfähige Fabrik. ▾**—iviteit** P.ivität, Leistungsfähigkeit *w.* ▾**—schap** Wirtschaftsgruppe *w.*
proef Probe *w*; (*experiment, poging*) Versuch *m*; (*in natuur- of scheikunde enz.*) Experiment *s*, Versuch *m*; (*drukproef*) Korrekturbogen *m*; (*proefafdruk v. foto*) P.abzug *m*; *de — doorstaan*, die P. bestehen; *met (van) iets een — nemen*, e.n V., eine P. mit etwas machen; *natuurkundige proeven nemen*, physikalische Experimente, Versuche anstellen, machen; *bij wijze van —, op —*, versuchsweise, zur P.; *als —, op —, bij wijze van —*, p.weise, auf P.; *op — (kopen)*, (*volgens monster*) nach P.; *op — (leveren)*, zur P.; (*iem.*) *op — (nemen)*, auf P.; (*iem., het geduld*) *op de — stellen*, auf die P. stellen; *proeve van bekwaamheid*, Befähigungsnachweis *m*; *proeven van bekwaamheid (afleggen)*, Fähigkeitsproben; *proeve van bewerking*, P.seite *w.* ▾**—aflevering** P.heft *s.* ▾**—balans** P.bilanz *w*; (*voor gewicht*) Probierwaage *w.* ▾**—ballon** Versuchs/ballon *m.* ▾**—bedrijf**, **—boerderij** (landwirtschaftlicher) V.betrieb. ▾**—boring** Bohrversuch *m.* ▾**—dier** V.tier *s.* ▾**—draaien** P. laufen lassen. ▾**—druk** P.druck *m*; (*afdruk*) P.abzug *m.* ▾**—houdend** p.haltig; (*beproefd*) erprobt, bewährt; *het is — gebleken*, (*de ondervinding heeft het als goed doen kennen*) es hat s. bewährt. ▾**—jaar** P.jahr *s.* ▾**—klasse** Prüfklasse *w.* ▾**—konijn** Versuchskaninchen *s.* ▾**—les** Probe/stunde; P.lektion *w.* ▾**—lokaal** Probierstube *w*, Ausschank *m.* ▾**—neming** Versuch *m*, Experiment *s*; *—en doen*, Versuche aus-, durchführen. ▾**—nummer** Probe/nummer *w.* ▾**—ondervindelijk** erfahrungsgemäß, erfahrungsmäßig; (*experimenteel*) Experimental..., experimental. ▾**—persoon** Versuchs/person *w.* ▾**—proces** P.prozeß *m.* ▾**—rijden** P.fahren *s.* ▾**—rit** P.fahrt *w*; (*te paard*) P.ritt *m.* ▾**—schrift** Doktorarbeit, Dissertation *w.* ▾**—station** V.anstalt, Prüfungsanstalt *w*; (*landb.*) V.station *w.* ▾**—steen** Probierstein *m.* ▾**—stomen** die Probe/fahrt machen; (*fig.*) auf P. arbeiten; (*met iets nieuws*) etwas (aus)probieren. ▾**—stuk** P.stück *s.* ▾**—tijd** P.zeit *w*; (*bij voorwaardelijke veroordeling*) Bewährungsfrist *w.* ▾**—tocht**, **—vaart** P.fahrt *w*; (*bij overdracht*) Abnahme(probe)fahrt *w.* ▾**—vel** P.-, Aushängebogen *m.* ▾**—veld** V.feld, Prüffeld *s.* ▾**—vlucht** Probe/flug *m*; (*bij overdracht*) Abnahmeflug *m.* ▾**—werk** P.arbeit *w*; (*repetitie*) Klassenarbeit *w.* ▾**—zending** P.sendung *w.*
proesten prusten.
proev/en kosten, versuchen; (*bep. smaak gewaarworden*) schmecken. ▾**—er** Probierer; Prüfer *m.*
prof Professor *m*; (*sp.*) Profi *m*; *— worden*, (*ook*) ins Profilager überwechseln.
prof/aan profan. ▾**—anatie** P.ation, P.ierung *w.* ▾**—aneren** p.ieren.
profclub Profiklub *m.*
profeet Prophet *m*; *geen — is in zijn eigen land geëerd*, ein P. gilt nichts in seinem Vaterlande.
profess/en die Ordensgelübde ablegen lassen; *geprofest worden*, die Ordensgelübde ablegen, Profeß tun. ▾**—ie** Beruf *m*, Profession *w*; (*kloostergelofte*) Profeß *w*; *van —*, von Beruf. ▾**professio/nal** Berufsspieler, -sportler, Profi *m.* ▾**—naliseren** professio/nalisieren, zum Beruf machen. ▾**—nalisering** P.nalisierung *w.* ▾**—nalisme** P.nalismus *m.* ▾**—neel** p.nell, berufsmäßig.

professor Professor *m*; — *in de theologie*, P. der Theologie; *uitwisseling van —en*, P.enaustausch *m*. ▾**—aal** p.al, (*min., ook*) p.enhaft; *professorale waardigheid*, P.würde *w*.
profet/eren proph/ezeien, weissagen. ▾**—es** P.etin *w*. ▾**—ie** P.ezeiung *w*. ▾**—isch** p.etisch.
proficiat! ich gratuliere!
profiel Profil *s*; *in (en)* —, im P. ▾**—schets** P.beschreibung, P.schilderung, P.ierung *w*.
profijt Profit, Vorteil, Gewinn, Nutzen *m*. ▾**—elijk** vorteilhaft, einträglich, gewinnbringend, profitabel.
profileren profilieren.
profit/eren profitieren; *van iets* —, von etwas profitieren, etwas benutzen; *v.d. gelegenheid* —, die Gelegenheit ausnutzen. ▾**—eur** Profiteur *m*.
pro forma pro forma, der Form wegen; zum Schein.
prof/sport Profi/sport *m*. ▾**—voetbal** P.fußball *m*.
profyl/actisch prophyl/aktisch. ▾**—axis** P.axe *w*.
prognos/e Prognos/e *w*. ▾**—tiek** P.tik *w*. ▾**—ticeren** p.tizieren.
program/(ma) Programm *s*; Musik-, Spielfolge; Festordnung *w*; *volgens* — = **—matisch** programmäßig. ▾**—maoverzicht** (*radio, tv*) Programm/vorschau *w*, P.hinweis *m*. ▾**—meertaal** P.iersprache *w*. ▾**—meren** p.ieren. ▾**—meur** P.ierer *m*.
progress/ie Progression, Staffelung *w*. ▾**—ief** progressiv, Progressiv...; *progressieve belasting*, Progressivsteuer *w*, gestaffelte Steuer.
project Projekt, Entwurf *m*. ▾**—eren** (*ontwerpen*) projektieren, planen, entwerfen; (*bij projectietekening; lichtbeelden*) projizieren. ▾**—groep** Projektgruppe *w*. ▾**—ie** Projektion *w*. ▾**—ieapparaat** Projektionsapparat, Bildwerfer *m*, Vorführgerät *s*. ▾**—iel** Projektil, Geschoß *s*; *geleid* —, Fernlenkgeschoß. ▾**—ielantaarn** Projektions/laterne *w*; *zie ook* **—ieapparaat**. ▾**—ieplaatje** Diapositiv *s*. ▾**—iescherm** P.schirm *m*. ▾**—ietekening** P.zeichnung *w*. ▾**—leider** Projektleiter *m*. ▾**—or** Projektor, Bildwerfer *m*.
prol/eet Prolet *m*. ▾**—etariaat** P.ariat *s*. ▾**—etariër** P.arier *m*. ▾**—etarisch** p.arisch.
prolongatie Prolongation *w*; (*geld*) *op — nemen*, in P. nehmen; (*geld*) *op — plaatsen*, in P.en anlegen. ▾**—gever** Kost-, Hineingeber *m*. ▾**prolongeren** prolongieren; (*film*) verlängern.
proloog Prolog *m*.
pro memorie/bedrag Erinnerungswert *m*. ▾**—post** Merkposten *m*.
promenade Promenade *w*. ▾**—dek** P.ndeck *s*.
promesse eigener Wechsel, Eigen-, Solawechsel *m*, Promesse *w*.
promillage Promillesatz *m*.
prominent prominent.
promo/ten: *een produkt* —, für ein Erzeugnis Promotion machen; *het — van*, die P. für. ▾**—tie** Beförderung *w*; (*tot doctor*) Promotion *w*; (*sp.*) Aufstieg *m*; *— maken*, befördert werden. ▾**—tiekansen** Beförderungsaussichten *Mz*. ▾**—tiewedstrijd** Aufstieg(s)spiel *s*. ▾**—tor** promovierender Professor; Promotor *m*; Förderer, Urheber; (*sp., show-business*) Promoter *m*. ▾**—veren** promovieren; seinen Doktor machen, die Doktorwürde erlangen; (*v. voetbalclub*) aufsteigen; *hij is gepromoveerd*, er hat promoviert; *gepromoveerde*, Promovierte(r), Doktorierte(r) *m*.
prompt prompt, pünktlich; (*wij zullen uw orders*) — (*uitvoeren*), bestens.
pronk Prunk *m*, (große) Pracht *w*; (*praal*) Gepränge *s*; (*tooi*) Schmuck *m*; *te* — (*staan*), zur Schau, (*aan de kaak*) am Pranger. ▾**—appel** Kürbis *m*. ▾**—boon** Feuerbohne *w*. ▾**—en** prunken; (*pralen*) prahlen; (*prijken*) prangen; (*v. pauw*) ein Rad schlagen. ▾**—er** Prunker, Prahler, Zierbengel *m*. ▾**—juweel** Kleinod *s*. ▾**—kamer** Prunkzimmer *s*. ▾**—stuk** Prachtstück *s*. ▾**—ziek** prunksüchtig.
pronomen Pronomen *s*.
prononceren prononcieren.
prooi Beute *w*; *een* — (*der vlammen*), ein Raub; *aan de haat ten — vallen*, dem Haß zur B. werden, fallen; eine B. des Hasses werden.
proost 1 Propst *m*; **2** (*prosit*) prosit!, prost! ▾**—dij** Propstei *w*.
prop (*plug, stop*) Pfropfen *m*; (*in buis, bloedvat*) Pfropf *m*; (*papier*) Kugel *w*; (*watten*) Bausch *m*; (*in de mond*) Knebel *m*; (*persoon*) Dickerchen *s*; *—je papier*, Papierkügelchen *s*; *hij had een — in de keel*, (*fig.*) die Kehle war ihm wie zugeschnürt; *op de —pen komen*, auf der Bildfläche erscheinen; *met iets op de —pen komen*, mit etwas herausrücken, etwas zur Sprache bringen.
propaan(gas) Propan(gas) *s*.
propaedeu/se Propädeut/ik *w*. ▾**—tisch** p.isch.
propagand/a Propaganda *w*, (*reclame*) Werbung, Werbetätigkeit *w*; *— maken*, P. machen, werben. ▾**—afilm** P.-, Werbefilm *m*. ▾**—ist** Propagandist, Werber *m*. ▾**—istisch** propagandistisch, Werbe...; *—e doeleinden*, werbende Zwecke, Werbezwecke. ▾**propageren** propagieren, werben für.
propeller Propeller *m*.
proper sauber, reinlich; (*verzorgd*) proper; *een — meisje, stadje*, ein properes Mädchen, Städtchen. ▾**—heid** S.keit, R.keit *w*.
propor/tie Propor/tion *w*, Verhältnis *s*; *enorme —s (aannemen)*, ungeheuere Ausmaße. ▾**—tioneel** p.tional, verhältnismäßig, nach Verhältnis, P.tional...
prop/pen pfropfen; (hinein)stopfen; (*ganzen*) nudeln. ▾**—peschieter** Klatschbüchse *w*; (*speelgoed*) Puste-, Blasrohr *s*. ▾**—vol** gedrängt voll, gepfropft voll, prallvoll.
proseliet Proselyt *m*.
prosit! prosit!, zum Wohl(sein)!
prospectus Prospekt *m*, (*reclame*) Werbeschrift *w*; *— wordt op aanvrage toegezonden*, ein Prospekt wird auf Anfrage zugestellt.
prostaat Prostata *w*.
prostit/uée Prostit/uierte *w*. ▾**—ueren** p.uieren. ▾**—utie** P.ution *w*.
protagonist Protagonist *m*.
protect/ie Protekt/ion *w*, Schutz *m*, Gönnerschaft *w*; (*econ. bescherming*) Schutz *m*. ▾**—ionisme** P.ionismus *m*. ▾**—ionistisch** p.ionistisch, schutzzöllnerisch, Schutzzoll...; *—e politiek*, p.ionistische Wirtschaftspolitik, Schutzzollpolitik *w*. ▾**—or** P.or *m*. ▾**—oraat** P.orat *s*; (*gebied, ook*) Schutzgebiet *s*. ▾**protégé(e)** Protégé, Schützling *m*. ▾**protegeren**: (*iem.*) begönnern, protegieren; (*iets*) fördern, begünstigen.
proteïne Protein *s*.
protest Protest *m*; *— aantekenen tegen*, P. erheben, Einspruch erheben, Verwahrung einlegen gegen; *— van non-betaling*, P. mangels Zahlung. ▾**—ant** P.ant *m*.

▾**—antisme** P.antismus *m.* ▾**—ants** p.antisch, evangelisch. ▾**—ants-christelijk** p.antisch. ▾**—betoging** P.kundgebung *w.* ▾**—demonstratie** P.demonstration *w.* ▾**—eren** p.ieren, P. erheben, Einspruch erheben. ▾**—mars** P.marsch, P.zug *m.* ▾**—meeting** P.kundgebung *w.* ▾**—nota** P.note *w.* ▾**—song** P.song *m.* ▾**—vergadering** P.versammlung *w.*
prothese Prothese *w.*
protocol Protokoll *s.* ▾**—lair** p.arisch.
proton Proton *s.*
proto/plasma Proto/plasma *s.* ▾**—type** P.typ *m.* ▾**—zoën** P.zoen *Mz.*
Provençaal Provenzal/e *m.* ▾**—s** p.isch.
provenu Erlös, Ertrag *m.*
proviand Proviant, Mundvorrat *m.* ▾**—eren** verproviant/ieren. ▾**—ering** V.ierung *w.*
provinc/iaal I *bn & bw* Provinzial..., provinzial; (*als in de provincie*) provinziell, (*minachtend*) provinzlerisch; *provinciale staten*, Provinzialstaaten *Mz.* **II** *zn* Provinzler *m*; (*v. kloosterprovincie*) Provinzial *m.* ▾**—ialisme** Provinzialismus *m.* ▾**—ie** Provinz *w.* ▾**—iestad** Provinzstadt *w.*
provis/ie (*hand.*) Provision *w*; (*voorraad*) Vorrat *m*; *— voor de winter*, Winterbedarf *m*; *met bijvoeging van 1 %—*, zuzüglich 1 % P. ▾**—iebasis** P.sbasis *w*; *op — werken*, auf, gegen P. arbeiten. ▾**—iekamer** Speise-, Vorrats/kammer *w.* ▾**—iekast** S.-, V.schrank *m.* ▾**—ioneel** provisorisch. ▾**—oir, —oor, —orisch** provisorisch, vorläufig.
provo Provo *m.*
provoc/ateur Provokateur *m.* ▾**—atie** Provokation *w.* ▾**—eren** provozieren.
provoost 1 (*pers.*) Profoß *m*; **2** (*straflokaal*) Arrestlokal *s*; (*de straf*) strenger Arrest.
proza Prosa *w.* ▾**—ïsch** p.isch. ▾**—ïst, —schrijver** P.schriftsteller, P.ist, P.iker *m.*
pruik Perücke *w*; (*staartpruik*) Zopf *m.* ▾**—enmaker** P.nmacher *m.* ▾**—entijd** Zopfzeit *w.*
pruil/en schmollen, maulen. ▾**—hoekje** Schmoll/winkel *m.* ▾**—mondje** S.mäulchen *s*; *een — trekken*, (*vooral v. kind*) den Mund zu e.r Schippe verziehen.
pruim Pflaume *w*; (*tabak*) Priem *m*; *gedroogde —en*, gedörrte Pflaumen, Backpflaumen. ▾**—eboom** Pflaumenbaum *m.* ▾**—edant** getrocknete Pflaume, Backpflaume, Prünelle *w.* ▾**—emondje** spitzes Mäulchen. ▾**—en** (*tabak*) priemen; (*eten*) schmausen. ▾**—tabak** Priem-, Kautabak *m.*
Pruis Preuße *m.* ▾**—en** Preußen *s.* ▾**—isch** preußisch; *— blauw*, Preußischblau *s.*
prul (*iets waardeloos*) wertloses Ding; (*geschrift*) Wisch *m*; (*vodje papier*) Fetzen *m*; (*vent van niks*) Jammerlappen *m*, Null *w*; (*knoeier in zijn vak*) Pfuscher, Stümper *m*; (*onbruikbaar iem.*) Taugenichts *m*; *— van een film, roman*, kitschiger Film, Kitschroman; (*dat toneelstuk*) *was een vreselijke —*, war fürchterlicher Kitsch; *oude —len*, alter Plunder, alter Kram; *—len*, (*waardeloze dingen*) wertloses Zeug, (*prullewaar, bocht*) Schund *m*, Schundwaren *Mz*, (*geen echt kunstwerk*) Kitsch *m.* ▾**—blaadje** Käseblatt *s.* ▾**—dichter** Dichterling, Reimschmied *m.* ▾**—laria** wertloses Zeug, Plunder *m.* ▾**—lenmand** Papierkorb *m.* ▾**—l(er)ig** wertlos; (*v. kunst*) kitschig. ▾**—schrijver** Skribent, Skribifax, Schmierer *m.* ▾**—werk** Stümperarbeit *w*, Pfuschwerk *s*, Pfuscherei *w*; (*kladwerk*) Sudelei *w*; (*smakeloze kunst*) Kitsch *m.*
prut Bodensatz *m*; (*knoeiboel*) Pfuschwerk *s*; (*prulwerk*) Quark *m.*
pruts/ding wertloses Ding. ▾**—en** (*knoeien*) pfuschen, stümpern; (*knutselen*) basteln; (*aan een ding*) *zitten te —*, herumflicken, -pfuschen, (*met vingers aan zitten*) -fummeln. ▾**—er** Pfuscher, Stümper; Bastler *m.* ▾**—werk** (*knoeiwerk*) Pfuscherei, Stümperei *w*; (*lampwerk*) Flickwerk *s*; (*knutselwerk*) Bastelei *w*; (*heel fijn werk*) Tüftelei, Tüffelarbeit *w.*
pruttel/aar Murrkopf *m*, brummiger Mensch. ▾**—en** (*borrelend koken*) brodeln, brudeln; (*spetteren*) pruzeln; (*mopperen*) murren.
psalm Psalm *m.* ▾**—dichter** P.endichter, P.ist *m.* ▾**—odiëren** p.odieren. ▾**psalter** Psalter *m.*
pseudo/... Pseudo...; pseudo... ▾**—niem** Pseudonym *s.*
psoriasis Psoriasis, Schuppenflechte *w.*
psych/e Psych/e *w.* ▾**—edelisch** p.edelisch. ▾**—iater** P.iater, Seelenarzt *m.* ▾**—iatrie** P.iatrie *w.* ▾**—iatrisch** p.iatrisch. ▾**—isch** p.isch, seelisch, Seelen... ▾**psycho/analyse** Psycho/analyse *w.* ▾**—logie** P.logie *w.* ▾**—logisch** p.logisch. ▾**—loog** P.loge *m.* ▾**—paat** P.path *m.* ▾**—se** P.se *w.* ▾**—somatisch** p.somatisch. ▾**—techniek** P.technik *w.* ▾**—technisch** p.technisch; *— onderzoek*, Eignungsprüfung *w.* ▾**—therapie** P.therapie *w.*
PTT Post-, Telegraphen- und Fernsprechwesen; *de —*, die niederländische Postverwaltung.
pub Pub *s.*
puber Puber/tierende(r), p.tärer Jüngling *m.* ▾**—teit** P.tät *w.* ▾**—teitsleeftijd** P.tätsalter *s.*
public/eren veröffentlichen, publizieren. ▾**—ist** Publizist *m.* ▾**—iteit** Publizität, Öffentlichkeit *w*; (*reclame*) Werbetätigkeit *w*; *— aan iets geven*, etwas öffentlich bekanntmachen. ▾**—iteitsafdeling** Werbeabteilung *w.*
public relations Public Relations *Mz*; *afdeling —*, Public-Relations-Abteilung *w.*
publiek I *bn & bw* öffentlich; (*algemeen bekend*) offenkundig; (*de verloving is nog niet*) *—*, offiziell; *— geheim*, öffentliches, offenes, offenkundiges Geheimnis; *—e vrouw*, öffentliches Mädchen, Freudenmädchen; *op —e weg*, auf öffentlicher Straße, offener S.; *—e werken*, öffentliche Arbeiten, (*de dienst*) das Bauamt; *directeur van —e werken*, Baudirektor *m*; *in 't —*, öffentlich; *— maken*, veröffentlichen, allgemein bekannt machen; *— worden*, öffentlich bekannt werden, an die Öffentlichkeit treten. **II** *zn* (*de mensen*) Publikum *s*; (*het openbaar*) Öffentlichkeit *w*; *z. in het — vertonen*, s. der Ö. zeigen. ▾**— recht** öffentliches Recht. ▾**—rechtelijk** öffentlich-rechtlich; *— lichaam*, Körperschaft des öffentlichen Rechts, öffentliche Körperschaft. ▾**publikatie** Bekanntmachung *w*; (*v. boek, wet*) Veröffentlichung *w*; (*uitgegeven geschrift of verhandeling*) Schrift *w*, Buch *s*, Artikel, Aufsatz *m.*
puck Puck *m*, Scheibe *w.*
pudding Pudding *m.* ▾**—poeder** P.pulver *s.*
puf: *geen — in* (*iets hebben*), keine Lust zu. ▾**puffen** schnaufen, blasen; (*lokomotief*) keuchen.
pui Fassade, Front *w*; (*bordes*) Freitreppe *w.*
puik I *bn & bw* ausgezeichnet, prima. **II** *zn* das Allerbeste, das Feinste, (*de bloem*) die Blüte, die Besten.
puilen: *de ogen — hem uit 't hoofd*, seine Augen quellen hervor.
puimsteen Bimsstein *m.*
puin Schutt *m*; (*voor wegenbouw*) Steinschlag, Schotter *m*; (*ruïne*) Trümmer *Mz*; *— ruimen*, Schutt wegräumen, enttrümmern;

in — (liggen), in Trümmern; *in — vallen*, in Trümmer gehen; *onder 't — bedolven*, verschüttet, unter den Trümmern begraben; *verboden — te storten!*, Schutt ablagern verboten! ▾**—hoop** Schutthaufen *m*; Trümmerhaufen *m*; *puinhopen*, (*ruïnes*) Trümmer *Mz.*

puist Pustel *w*; (*huidpuistje*) Finne *w*. ▾**—erig, —ig** pustelig; finnig. ▾**—je** (*bijv. in gezicht*) Blütchen *s*, Pickel *m*.

pukkel Pickel *m*, Pustel *w*.

pul Vase *w*; (*kruik*) Krug *m*; (*bierfles*) Flasche *w*.

pulken klauben; *in de neus —*, in der Nase bohren.

pullmantrein Pullmanzug *m*.

pullover Pullover, Überschwupper, Schlüpfer *m*.

pulp (*veevoer*) Rübenschnitzel *Mz*, (*brij v. vruchten*) Pulp *m*, Pulpe, Pülpe *w*; (*houtpap*) Holzschliff, Zellstoffbrei *m*.

puls/atie Puls/ation *w*. ▾**—eren** p.ieren.

pulver Pulver *s*. ▾**—isator** Zerstäuber, P.isator *m*.

pummel Lümmel *m*.

pumps Pumps *s*.

punaise Reißbrettstift *m*, Reiß-, Heftzwecke *w*.

punch Punsch *m*.

punct/eren punktieren. ▾**—ie** Punktion *w*. ▾**—ualiteit** Pünktlichkeit *w*. ▾**—uatie** Interpunktion *w*. ▾**—ueel** pünktlich. ▾**—uur** Punktur, Punktierung, Punktion *w*.

punt 1 (*de punt*) (*iets spits toelopends*) Spitze *w*; (*tip bijv. v. doek, jas, oor enz.*) Zipfel *m*; (*stip*) Punkt *m*; *— v.d. neus, v.e. mes enz.*, S. der Nase, e.s Messers, Nasen-, Messerspitze; *een — aan een stok maken*, e.n Stock zuspitzen; *dubbelpunt*, Doppelpunkt *m*; (*ik doe het niet,*) *—!*, (damit) Punktum!; **2** (*het punt*) Punkt *m*; (*plaats, plek, ook*) Stelle *w*; *— v. uitgang*, Ausgangspunkt; *het — in kwestie*, der streitige P.; *hoogste —*, höchster P., (*toppunt*) Gipfelpunkt; *laagste —*, (*stand*) Tiefpunkt *m*; *op het — van eer*, im P. der Ehre; *op dit — (zijn we het eens)*, in diesem P.; *op het — staan (van, om) iets te doen*, im Begriff sein (stehen) etwas zu tun; (*de zaak is*) *op het dode — gekomen*, auf dem toten P. angekommen; (*de machine staat*) *op het dode —*, im toten P.; *op —en (overwinnen)*, nach P.en; *overwinning op —en*, P.sieg *m*; *een goed — halen*, (*op school*) eine gute Note bekommen; *zie* **puntje**. ▾**—baard** Spitz/bart *m*. ▾**—beitel** S.stahl *m*. ▾**—beschermer** S.enschoner *m*. ▾**—dicht** Epigramm, Sinngedicht *s*. ▾**—dichter** Epigrammatiker *m*. ▾**—en** (an-, zu)spitzen.

punter Stechkahn *m*, Stehruderboot *s*. ▾**—en** mit dem Stechkahn fahren.

punt/éren punktieren. ▾**—eslijper** Bleistiftschärfer *m*. ▾**—gaaf** unbeschädigt. ▾**—gevel** Spitzgiebel *m*. ▾**—helm** Pickelhaube *w*. ▾**—hoofd** Spitzkopf; *een — van iets krijgen*, völlig verrückt von etwas werden. ▾**—ig** spitz(ig), scharf; *— gezegde*, witzige Bemerkung, Witzwort. ▾**—je** Pünktchen *s*; Spitze *w*; *als — bij paaltje komt*, wenn es darauf ankommt, wenn es gilt; *de —s op de i zetten*, das Tüpfelchen auf das i setzen; *in de —s gekleed*, geschniegelt und gebügelt, wie aus dem Ei gepellt; *in de —s kennen*, aus dem Effeff verstehen, können; *tot in de —s in orde*, in tadelloser Ordnung. ▾**—komma** Strichpunkt *m*, Semikolon *s*. ▾**—lassen** punktschweißen. ▾**—sgewijs** Punkt für Punkt, punktweise. ▾**—zakje** Tüte *w*.

pupil 1 (*v. oog*) Pupille *w*; **2** (*v. voogd*) Mündel *s, m & w*.

puree Püree *s*; (*aardappel-*) Kartoffelbrei *m*, -mus, -püree *s*; *in de — zitten*, in der Patsche sitzen.

puren saugen.

purg/atief I *zn* Purg/ativum, Abführmittel *s*. **II** *bn* p.ativ. ▾**—eermiddel** P.iermittel *s*. ▾**—eren** p.ieren, abführen.

purim(feest) Purimfest *s*.

puris/me Puris/mus *m*. ▾**—t** P.t *m*. ▾**—tisch** p.tisch.

puritein Puritan/er *m*. ▾**—s** p.isch.

purper Purpur *m*. ▾**—en I** *bn* purpurn, Purpur ... **II** *ww* purpurn; bepurpern. ▾**—kleurig** purpur/farbig. ▾**—slak** P.schnecke *w*.

purser (*mar.*) Zahlmeister *m*; (*luchtv.*) Chef-Steward.

pus Eiter *m*.

push/en pushen, puschen; (*drugs*) pushen. ▾**—er** Pusher *m*.

put (*waterput*) Brunnen *m*; (*kuil*) Grube *w*; (*mijnput*) Schacht *w*; *in de — zitten*, (*neerslachtig*) niedergeschlagen sein, (*geen uitweg weten*) s. keinen Rat wissen, nicht wo aus noch ein wissen. ▾**—deksel** B.deckel *m*; (*v. riool*) Gullydeckel *m*. ▾**—haak** B.haken *m*. ▾**—je** (*in wang*) Grübchen *s*; (*litteken v. pokken enz.*) Narbe *w*. ▾**—jesschepper** Kloakenfeger, Kanalräumer *m*.

puts(e) Pütze *w*.

putsch Putsch *m*.

puttee Wickelgamasche *w*.

putten schöpfen. ▾**putwater** Brunnenwasser *s*.

puur pur, rein, lauter; *pure onzin*, reiner, barer Unsinn.

puzzel (*leg-*) Puzzle *s*; (*anders*) Rätsel *s*, Aufgabe *w*; (*moeilijkheid*) Schwierigkeit *w*, Problem *s*. ▾**—aar** Puzzler *m*; Rätselfreund *m*. ▾**—en** puzzeln; Rätsel lösen, raten.

pygmee Pygmäe *m*.

pyjama *zie* **piama**.

Pyreneeën Pyrenäen *Mz*. ▾**Pyrenees** pyrenäisch; *— schiereiland*, Pyrenäenhalbinsel *w*.

pyro/maan Pyro/mane *m*. ▾**—manie** P.manie *w*. ▾**—techniek** P.technik *w*.

Pyrrusoverwinning Pyrrhussieg *m*.

Pythagoras Pythagoras; *de stelling van —*, der pythagoreische Lehrsatz.

pythisch pythisch.

python Python *m*.

Q

q Qu *s.*
quadrille Quadrille *w.*
quaestor Quästor *m.*
quantum Quantum *s.* ▾**—theorie** Quantentheorie *w.*
quarantaine Quarantäne *w*; *in — plaatsen*, unter Q. setzen, in Q. halten, Q. auferlegen; (*schip*) in Q. legen.
quasi quasi, sozusagen, gewissermaßen, gleichsam, angeblich; *—-godsdienstig*, quasireligiös; *—-geleerdheid*, Scheingelehrsamkeit *w.*
quatertemper Quatember *m.*
quatre-mains Klavierstück *s* für vier Hände; — (*spelen*), vierhändig.
querulant Querulant *m.*
queue (*rij*) Queue *w*; *— maken*, Schlange stehen.
quidam gewisser Jemand, Irgendwer, Quidam *m.*
quiëtisme Quietismus *m.*
quitte: *— zijn*, quitt sein, wett sein.
qui-vive: *op zijn — zijn*, auf dem Quivive sein.
quiz Quiz, Frage- und Antwortspiel *s.* ▾**—-master** Quizmaster *m.*
quorum Quorum *s.*
quot/a Quot/e *w.* ▾**—eren** *zie* **—iseren**. ▾**—iënt** Q.ient *m.* ▾**—isatie** Q.isierung, Q.enverteilung *w.* ▾**—iseren** q.isieren. ▾**—um** Q.e *w.*

R

r R *s.*
ra Rahe *w*; *grote —*, Großrahe.
raad Rat *m*; (*gemeenteraad*) Gemeinderat, Stadtrat *m*; *R. van Arbeid*, Arbeitersozialversicherungsamt *s*; *— van beroep*, Berufungsrat *m*; *— van eer*, Ehrengericht *s*; *R. van Europa*, Europarat; *— voor de kunst*, Kunstrat; *R. van State*, Staatsrat; *de Hoge R.*, der Oberste Gerichtshof, der Hohe Rat, (*in Duitsland*) das Bundesgericht; *lid v.d.* (*gemeente*)*—*, Gemeinderatsmitglied *s*, Stadtverordnete(r) *m*; *iem. — geven*, e.m raten, e.m e.n R. geben; *iemands — inwinnen*, s. bei e.m R. holen, R.s erholen; *overal — op* (*weten*), für alles R.; *geen —* (*meer*) (*weten*), s. keinen R. (mehr); *met zijn geld geen — weten*, nicht wissen was anzufangen mit seinem Geld; *naar — luisteren*, auf e.n R. hören; *iem. om — vragen, bij iem. te rade gaan*, e.n um R. fragen, e.n zu R.e ziehen; *zou ik u om — mogen vragen?*, dürfte ich Sie um R. bitten?; *op zijn —*, auf seinen R.; *ten einde — zijn*, nicht wissen wo aus noch ein, s. nicht zu helfen wissen, nicht mehr wissen, was man anfangen soll; *daar is wel — voor*, dem ist abzuhelfen, dafür gibt es Abhilfe; *de — bijeenroepen*, den R. berufen; *naar de —* (*gaan*), in den R. ▾**—adviseur** Berater *m.* ▾**—gevend** beratend. ▾**—gever** R.geber, Berater *m.* ▾**—geving** R.schlag, Rat *m*; *—en*, R.schläge *Mz.* ▾**—huis** R.haus *s.* ▾**—kamer** Beratungszimmer *s.* ▾**—pensionaris** R.spensionar *m.* ▾**—plegen**: *iem. —*, e.n zu R.e ziehen, um Rat fragen, s. bei e.m R.s erholen; *een boek —*, ein Buch zu R.e ziehen, in e.m Buch nachschlagen. ▾**—pleging** Beratung *w*; (*boek*) Nachschlagen *s.* ▾**—sbesluit** R.sbeschluß *m*; (*v. God*) R.schluß *m.*
raadsel Rätsel *s.* ▾**—achtig** r.haft. ▾**—achtigheid** R.haftigkeit *w.*
raads/fractie Rats/fraktion *w.* ▾**—heer** (*v. bestuursraad*) R.herr *m*; (*v. gerechtshof*) Gerichtsrat *m*; (*v. Hoge Raad*) Mitglied *s* des Obersten Gerichtshofes; (*schaaksp.*) Läufer *m.* ▾**—kelder** R.keller *m.* ▾**—lid** Gemeinderatsmitglied *s*, Stadtverordnete(r) *m*; (*alg.*) Rat *m.* ▾**—man** (*mv* **—lieden**) Berater *m*; (*minder off.*) Ratgeber *m.* ▾**—vergadering** Rats/versammlung *w.* ▾**—verkiezing** Gemeinderatswahlen *Mz.* ▾**—verslag** R.-, Sitzungsbericht *m.* ▾**—zitting** R.sitzung *w.* ▾**raad/zaal** R.saal *m.* ▾**—zaam** ratsam, empfehlenswert.
raaf Raabe *m.*
raaigras Raigras *s.*
raak: *— gooien, slaan, schieten, zijn*, treffen; (*getroffen*) getroffen; (*trefzeker*) treffsicher; *— antwoord*, schlagende Antwort; (*het schot*) *is —*, trifft, sitzt; *die was —*, der Hieb saß, das traf; *maar — kletsen*, ins Blaue hinein reden; *maar — leven, slaan*, nur drauf losleben, losschlagen. ▾**—lijn** Berührungs/linie,

Tangente *w.* ▾—**punt** B.punkt *m.* ▾—**cirkel** B.kreis *m.* ▾—**vlak** B.ebene *w.*
raam (*venster; broeiraam*) Fenster *s*; (*in andere betekenissen*) Rahmen *m*; *dubbele ramen*, Doppelfenster; *uit het — kijken*, zum F. hinausblicken. ▾—**antenne** R.antenne *w.* ▾—**biljet** Affiche *w.* ▾—**kozijn** F.rahmen *m.* ▾—**vertelling** R.erzählung *w.* ▾—**werk** (*arch.*) Gerippe *s.* ▾—**wet** R.gesetz *s.*
raap Rübe, Kohlrübe *w.* ▾—**koek** Öl-, Rapskuchen *m.* ▾—**kool** Kohlrabi *m.* ▾—**olie** Rüb-, Rapsöl *s.* ▾—**stelen** Rübstielchen *Mz.* ▾—**zaad** Rübs(am)en, Raps *m.*
raar sonderbar, wunderlich, seltsam; *'t loopt soms — in de wereld*, in der Welt geht's manchmal sonderbar zu; *rare klant*, sonderbarer Kauz, wunderlicher Heiliger; (*zij is*) *een — mens*, eine verdrehte Schraube; *ik word zo —*, mir wird nicht wohl, mir wird so wunderlich; (*ben je*) *—?*, verrückt?
raasdonders Kichererbsen *Mz.*
raaskallen irrereden, faseln.
raat (Honig)-Wabe *w.* ▾—**honi(n)g** Wabenhonig *m.*
rabarber Rhabarber *m.*
rabat 1 (*handelst.*) Rabatt, Abzug, Nachlaß *m*; **2** (*tuinbed*) Rabatte *w.* ▾—**schaaf** Simshobel *m.*
rabauw (*persoon*) Rabauke *m*; (*appel*) Renette *w.*
rabb/i Rabbi *m.* ▾—**ijn** Rabbiner *m.* ▾—**ijns** rabbinisch. ▾—**inaat** Rabbinat *s.*
rabies Rabies *w.*
race (Wett)Rennen *s.* ▾—**auto** Renn/wagen *m.* ▾—**baan** R.bahn *w.* ▾—**boot** R.boot *s.* ▾—**fiets** R.rad *s.* ▾—**n** r.en. ▾—**paard** R.pferd *s.* ▾—**r** R.er *m.* ▾—**wagen** R.wagen *m.*
racis/me Rassis/mus *m.* ▾—**t** R.t *m.* ▾—**tisch** r.tisch.
racket Racket *s*, Schläger *m.*
rad I *zn* Rad *s*; *— v. avontuur*, Glücksrad; *iem. een — voor de ogen draaien*, e.m e.n blauen Dunst vormachen. **II** *bn* & *bw* schnell, rasch, behende; *— van tong zijn*, zungenfertig sein, ein gutes Mundwerk haben.
radar Radar *m, s*; (*toestel*) R.gerät *s.* ▾—**contact** R.erfassung *w.* ▾—**controle** R.kontrolle *w.* ▾—**installatie** R.anlage *w.* ▾—**post**, **—station** R.station *w.* ▾—**scherm** R.schirm *m.* ▾—**waarnemer** R.beobachter *m.* ▾—**wagen** R.wagen *m.*
rad/braken radebrechen, rädern; (*taal enz.*) radebrechen; (*ik ben*) *geradbraakt*, wie gerädert. ▾—**draaier** Rädelsführer, Anstifter, Aufwiegler *m.* ▾—**draaierij** Aufwiegelei *w*; *—en*, Umtriebe *Mz.*
radeer/gummi Radier/gummi *m.* ▾—**mesje** R.messer *s.*
radeloos ratlos, verzweifelt. ▾—**heid** Ratlosigkeit, Verzweiflung *w.*
raden 1 (aanraden) raten; (*dat*) *zou ik je —!*, (*dreigend*) möchte ich dir r.; *'t is je niet geraden!*, ich möchte es dir nicht r.; **2** (*gissen*) raten; (*te weten komen*) erraten; *naar iets —*, nach etwas, auf etwas [4] r.; (*iemands gedachte*) e.; (*iem. iets*) *te — geven*, zu r. aufgeben.
radenrepubliek Räterepublik *w.*
rader/baar fahrbare Krankentrage. ▾—**boot** Raddampfer *m.*
radéren radieren.
rader/tje Räd(er)chen *s.* ▾—**werk** Räderwerk, Getriebe *s.*
radheid Schnelligkeit, Raschheit *w*; (*v. tong*) Zungenfertigkeit *w.*
radiaalband Radial-, Gürtelreifen *m.*
radiator Heizkörper, Radiator *m*; (*v. auto enz.*) Kühler *m.* ▾—**dop** Kühlerverschluß *m.*
radic/aal I *bn* & *bw* radikal. **II** *zn* **1** (*in politiek enz.*) Radikale(r) *m*; **2** (*het radicaal*) Diplom *s*, Titel *m*; (*chem.*) Radikal *s.* ▾—**alisme** Radik/alismus *m.* ▾—**alist** R.alist *m.* ▾—**alistisch** r.alistisch.
radijs Radies(chen) *s.*
radio Radio *s* (*abstr. en concr.*), Rundfunk *m* (*meestal alleen abstr.*); Funkwesen *s*; (*iets*) *door de —* (*gehoord hebben*), im Rundfunk, durch das Radio; *voor de —* (*spreken*), im Rundfunk, im Radio; *door middel v.d. —* (*meedelen*), im Rundfunk, auf dem Funkweg. ▾—**actief** radio/aktiv. ▾—**activiteit** R.aktivität *w.* ▾—**amateur** Funk/amateur *m.* ▾—**antenne** R.antenne *w.* ▾—**astronomie** R.astronomie *w.* ▾—**baken** F.bake *w.* ▾—**bericht** F.meldung *w*; *de —en*, (*nieuwsberichten*) die Nachrichten (des drahtlosen Dienstes). ▾—**bestel** F.wesen *s.* ▾—**beursberichten** F.börse *w.* ▾—**bode** Rundfunkzeitschrift *w.* ▾—**concert** Rundfunkkonzert *s.* ▾—**contact** F.kontakt *m.* ▾—**dienst** F.dienst *m.* ▾—**distributie** Drahtfunk *m.* ▾—**distributiecentrale** Drahtfunkbetrieb *m.* ▾—**gids** F.zeitung *w.* ▾—**grafie** R.graphie *w.* ▾—**grafisch** r.grafisch; *— bestuurd*, ferngelenkt. ▾—**gram** R.gramm *s*; (*radiotelegram*) F.spruch *m*, -telegramm *s.* ▾—**hut** F.bude, -kammer *w*, -raum *m.* ▾—**installatie** F.-, R.anlage *w.* ▾—**isotoop** R.isotop *s.* ▾—**lamp** R.röhre *w.* ▾—**loog** R.loge *m.* ▾—**luisteraar** F.hörer *m.* ▾—**luisterdienst** F.horchdienst *m.* ▾—**mast** F.turm, -mast *m.* ▾—**nieuwsdienst** Nachrichtendienst *m.* ▾—**omroep** Rundfunk *m.* ▾—**ontvangtoestel** R.-, Rundfunkempfänger *m.* ▾—**peiling** F.peilung *w.* ▾—**programma** Rundfunk-, R.programm *s.* ▾—**reclame** Rundfunkwerbung *w.* ▾—**rede** Rundfunkrede *w.* ▾—**reportage** Rundfunkreportage *w.* ▾—**reporter** Rundfunkreporter *m.* ▾—**station** R.-, F.station *w.* ▾—**studio** Rundfunkstudio *s.* ▾—**techniek** R.-, F.technik *w.* ▾—**telegrafisch** r.telegrafisch; *— station*, F.stelle *w.* ▾—**telegrafist** Funker *m.* ▾—**telescoop** R.teleskop *s.* ▾—**therapie** R.therapie *w.* ▾—**toestel** Radio-, Rundfunkapparat *m*, R.gerät *s*; *draagbaar —*, Kofferradio *s.* ▾—**uitzending** Rundfunksendung *w.* ▾—**uurtje** F.stunde *w.* ▾—**verbinding** F.verbindung *w.* ▾—**verkeer** R.-, F.verkehr *m.* ▾—**wekker** R.wecker *m.* ▾—**wezen** F.wesen *s.* ▾—**zender** F.-, R.sender *m.* ▾—**zendinstallatie** R.-, F.sendeanlage *w.* ▾—**zendstation** Sendestation *w.*
radium Radium *s.* ▾—**houdend** r.haltig.
radius Radius *m.*
radja Radscha *m.*
rafel Faser, Zaser *w.* ▾—**draad** loser Faden, Faser *w.* ▾—**en** (*loslaten*) (s.) fasern; (*uithalen*) (aus)fasern. ▾—**ig** faserig, zaserig.
raffia Raphia *w*; Raphiabast *m.*
raffin/aderij Raffin/erie *w.* ▾—**adeur** R.eur *m.* ▾—**ement** R.ement *s*, R.esse *w.* ▾—**eren** r.ieren.
rag Spinnengewebe *s.*
rage Mode, Manie *w.*
ragebol Spinnenfeger *m*, Eule *w.* ▾**ragen** spinnwebfegen, eulen. ▾**ragfijn** sehr fein; (*zeer dun*) hauchdünn.
ragoût Ragout *s.*
raid Raid, Überraschungsangriff *m.*
rail Schiene *w*; *—s*, (*spoor*) Gleis *s*, (*spoorlijn*) Schienenstrang *m.*

raison: *à — van*, gegen Zahlung von.
rak (*scheepst.*) Rack *m*.
rakelen schüren.
rakelings: *iem. — voorbijgaan*, an e.m vorbeistreifen; (*de steen*) *ging — langs mijn arm*, streifte meinen Arm.
raken (*treffen*) treffen; angehen, betreffen; (*aanraken*: *ook in meetk.*) berühren; (*geraken*) geraten, kommen; (*wat*) *raakt u dat?*, geht das Sie an?; *elkaar —*, s. berühren; *wie aan zijn zoon raakt, raakt aan hem*, wer seinem Sohn zu nahe kommt, kommt ihm zu nahe; *aan 't praten, 't slingeren — enz.*, ins Plaudern, ins Schleudern kommen; *aan de drank —*, s. dem Trunke ergeben; *in brand —*, in Brand geraten; *te water —*, ins Wasser fallen; *uit de mode —*, aus der Mode kommen; *eruit —*, hinaus-, herauskommen; *van de weg —*, vom Wege abkommen; (*bekend, vlot, vrij enz.*) —, werden; *verliefd — op*, s. verlieben in [4]; *verloren —*, verloren gehen.
raket (*projectiel*; *vuurpijl*) Rakete *w*; (*plant*) Rauke *w*. ▾**—aandrijving** Raketen/antrieb *m*, R.triebwerk *s*. ▾**—basis** R.basis *w*, R.(abschuß)rampe *w*. ▾**—motor** R.motor *m*. ▾**—vliegtuig** R.flugzeug *s*.
rakingshoek Berührungswinkel *m*.
rakker Racker, Strick, Range *m*; (*meisje*) Range, Göre *w*.
ral (*vogel*) Ralle *w*.
rally Rallye, Sternfahrt *w*. ▾**—rijder** R.fahrer *m*.
ram (*schaap*; *stormram*) Widder *m*; (*konijn*) Rammler *m*; (*aan schepen*; *heiblok*) Ramme *w*.
ramadan Ramadan *m*.
ram/en veranschlagen, schätzen (auf [4]). ▾**—ing** Schätzung *w*, Anschlag *m*, (*voorlopige*) Voranschlag *m*; *— v.d. oogst*, Ernteschätzung; *— van de kosten*, Kostenanschlag.
rammel: (*een pak*) *— krijgen*, (eine Tracht) Prügel bekommen. ▾**—aar 1** (*speelgoed*) Rassel, Klapper *w*; **2** (*haas, konijn*) Rammler *m*. ▾**—en** (*deuren, borden, met sleutels, geld*) klappern; (*geld, messen, sabel enz.*) klirren; (*wapens, ketens*) klirren, rasseln; (*met de sabel*) rasseln; (*rijdende wagens*) rumpeln, rattern; (*aan deuren enz.*) rütteln; (*op piano*) klimpern; (*rad praten*) plappern; *— v.d. honger*, e.n mordsmäßigen Hunger haben; *mijn maag rammelt*, der Magen knurrt mir. ▾**—ing** Tracht *w*, Prügel ▾**—kast** (*voertuig*) Rüttel-, Rumpel-, Klapperkasten *m*; (*piano*) Klimperkasten *m*.
rammen rammen.
rammenas Rettich *m*.
ramp Unheil *s*, Katastrophe *w*. ▾**—gebied** Katastrophengebiet *s*. ▾**—jaar** Notjahr *s*. ▾**—spoed** Mißgeschick, Unglück *s*, (*tegenspoed*) Widerwärtigkeiten *Mz*. ▾**—spoedig** unheilvoll, unglücklich. ▾**—zalig** unselig, unglücklich; *in een —e toestand*, in e.r elenden Lage. ▾**—zaligheid** Elend *s*, Unseligkeit *w*.
ramsj Ramsch *m*, Schleuderware *w*. ▾**—en** ramschen. ▾**—er** Ramscher *m*.
ranch Ranch *w*.
rancune Rankūne *w*.
rand Rand *m*; (*bij behangsel*) Borte *w*; (*aan herenhoed*) Krempe *w*. ▾**—en** rändern, rändeln. ▾**—schrift** Rand/schrift, Umschrift *w*. ▾**—staat** R.staat *m*. ▾**—storing** (*weerk.*) R.störung *w*. ▾**—verschijnsel** R.erscheinung *w*. ▾**—versiering** R.verzierung *w*.
rang Rang *m*; *alle —en doorlopen hebben*, alle Ränge durchgemacht haben, (*van onderop gediend hebben*) von der Pike auf gedient haben; *de — van kapitein hebben*, im Range e.s Hauptmanns stehen; *in — aan iem. gelijk zijn*, den gleichen R. mit e.m haben; *één rang boven iem. staan*, den R. über e.m haben; *oudste in —*, R.älteste(r) *m*; (*een geleerde*) *van de eerste rang*, ersten R.es; *volgens* (*naar*) —, r.mäßig. ▾**—cijfer** R.nummer *w*.
rang/eerder Rangierer, Verschieber *m*. ▾**—eeremplacement** Verschiebegelände *s*, -bahnhof *m*. ▾**—eren** rangieren, verschieben.
rang/getal Ordnungszahl *w*. ▾**—lijst** Rang/liste *w*. ▾**—nummer** R.nummer *w*. ▾**—orde** R.ordnung *w*; (*volgorde*) Reihenfolge *w*. ▾**—schikken** ordnen; *— onder*, rechnen zu, unter [4]; zählen zu. ▾**—schikking** (Rang)ordnung, Abstufung *w*. ▾**—telwoord** Ordnungszahl *w*.
ranja Orangeade *w*.
rank I *bn* schlank, rank; (*scheepst.*: *licht omslaand*) rank. **II** *zn* (*v. klimplanten enz.*) Ranke *w*; (*scheut*) Sproß, Trieb *m*. ▾**—heid** Schlankheit; Rankheit *w*.
ranonkel Ranunkel *w*.
rans ranzig.
ransel Ranzen *m*, Ränzel *s*; (*vooral v. sold.*) Tornister *m*; *een pak —*, eine Tracht Prügel. ▾**—en** prügeln. ▾**—ing** Prügelung *w*.
ransuil Ohreule *w*.
rantsoen (*het beschikbaar gestelde, toebedeelde*) Ration *w*; (*portie spijs*) Portion *w*; *op — stellen*, rationieren. ▾**—eren** rationieren, zuteilen. ▾**—ering** Rationierung, Zuteilung *w*.
ranzig ranzig.
rap flink, gewandt, behende, rasch; *— met de mond*, sprachfertig, wortgewandt, (*minder gunstig*) zungenfertig.
rapalje Pöbel *m*, Gesindel *s*.
rapen sammeln, (*haastig*) raffen; (*met kalk*) berappen, verputzen.
rapheid Flinkheit, Gewandtheit *w*.
rappel Erinnerung, Mahnung *w*; (*v. gezant*) Ab-, Zurückberufung *w*. ▾**—eren** erinnern; (*terugroepen*) zurückberufen, abberufen; *iem. iets —*, e.n an etwas (4) erinnern.
rapport Bericht, Rapport *m*; (*v. deskundige*) Gutachten *s*; (*mil.*) Meldung *w*, Rapport *m*; (*school*) Zeugnis *s*; *— uitbrengen*, B. erstatten; *— v. iem. maken*, e.n melden. ▾**—cijfer** (*school*) Zensur *w*. ▾**—eren** berichten, melden, rapportieren. ▾**—eur** Berichterstatter, Rapporteur *m*.
rapsodie Rhapsodie *w*.
rarigheid Sonderbarkeit *w*.
rariteit Rarität *w*.
ras I *zn* **1** Rasse *w*; *gemengd —*, Mischrasse; *iem. v. gemengd —*, Mischling *m*; *van goed —*, rassig; *van zuiver —*, rasserein, reinrassig; **2** (*wollen stof*) Rasch *m*. **II** *bn & bw* rasch, schnell. ▾**—echt** rasse/rein; *—e Hollander*, (*fig.*) richtiger Holländer. ▾**—genoot** R.nverwandte(r) *m*. ▾**—hond** R.hund *m*. ▾**—kenmerk** R.nmerkmal *s*.
rasp (*keukengereedsch.*) Reibe *w*; (*vijl*) Raspel *w*. ▾**—en** reiben; raspeln; *geraspte kaas*, Reibkäse.
rasse/haat Rassen/haß *m*. ▾**—ndiscriminatie** R.diskriminierung *w*. ▾**—nscheiding** R.trennung *w*. ▾**—nstrijd** R.kampf *m*. ▾**—nvraagstuk** R.frage *w*.
raster Gitter, Gatter *s*; (*v. cliché*) Raster *m*; (*tv*) Raster *s*. ▾**—ing** Rasterung *w*; (*afrastering*) Umzäunung, Vergitterung *w*; *ook* = **—werk** Gitter(werk) *s*, Gitterzaun, Lattenzaun *m*.
ras/vee Rassevieh *s*. ▾**—veredeling** (Rassen)Aufartung *w*. ▾**—zuiver** rasserein, reinrassig.
rat Ratte *w*.

rataplan: *de hele —*, der ganze Kram.
ratel Rassel, Schnarre, Knarre, Klapper *w*; (*mond*) Klappe *w*; (*pers.*) Plappermaul *s*, Plappertasche *w*. ▼**—aar** (*babbelaar*) Plappermaul *s*; (*boom*) Zitterpappel, Espe *w*; (*plant*) Klappertopf *m*. ▼**—en** rasseln, klappern; (*v. wagen, ook*) rattern; (*babbelen*) plappern, klappern. ▼**—slag** (*donder*) krachender, rasselnder Schlag. ▼**—slang** Klapperschlange *w*.
ratifi/catie Ratifi/kation, R.zierung *w*. ▼**—ceren** r.zieren.
ratio Ratio *w*. ▼**rational/isatie** Rational/isierung *w*. ▼**—iseren** r.isieren. ▼**—isme** R.ismus *m*. ▼**—ist** R.ist *m*. ▼**—istisch** r.istisch. ▼**rationeel** rationell; (*redelijk, logisch*) rational.
ratjetoe Mischmasch *m*.
rato: *naar —*, verhältnismäßig.
rats Eintopfgericht *s*; Soldatenkost *w*; *in de — zitten*, in der Schmiere sitzen, in der Patsche stecken.
ratte/klem Ratten/klemme *w*. ▼**—nkruit** R.pulver, Arsenik *s*. ▼**—staart** R.schwanz *m*.
rauw (*niet gekookt enz.*) roh; (*krijsend, schor, hard, onaangenaam*) rauh; (*v. huid*: *ontveld*) wund; *het —e vlees*, (*v. wond*) das blutige Fleisch; *—e wond*, offene Wunde; *dat viel me — op 't lijf*, das überrumpelte mich. ▼**—heid** Roheit; Rauheit *w*. ▼**—kost** Rohkost *w*.
ravage Verwüstung, Zerstörung *w*.
ravezwart rabenschwarz.
ravijn Schlucht *w*.
ravitaill/eren versorgen, verpflegen. ▼**—ering** Versorgung *w*, (*mil., ook*) Nachschub *m*.
ravotten s. balgen.
rayon 1 Rayon; Bezirk *m*; (*afdeling*) Abteilung *w*; **2** (*kunstvezel*) Reyon *m, s*. ▼**—industrie** R.industrie *w*. ▼**—nummer** (*PTT*) Postleitzahl *w*. ▼**—vezel** R.faser, Zellwolle *w*.
raz/en rasen, (*te keer gaan*) toben, wüten; (*v. kokend water*) singen. ▼**—end** rasend; wütend; toll; *als een —e*, wie verrückt; *—e pijn*, rasender Schmerz; *— zijn op iem.*, wütend gegen e.n sein; (*ben je*) *—?*, toll, verrückt?; (*'t is*) *om — te worden*, zum Rasendwerden, zum Tollwerden. ▼**—ernij** Raserei, Wut *w*; (*meer ziekelijk*) Tobsucht *w*.
razzia Razzia *w*.
reactie Reaktion *w*; (*v. prijzen enz., terugslag, ook*) Rückschlag *m*. ▼**—snelheid** Reaktions/geschwindigkeit *w*. ▼**—tijd** R.zeit *w*. ▼**react/ionair I** *bn & bw* reaktionär; *—e partij*, Rückschrittspartei *w*. **II** *zn* Reaktionär, Rückschrittler *m*. ▼**—iveren** reaktivieren. ▼**reactor** Reaktor *m*. ▼**—centrum** Kernforschungsanlage *w*.
▼**reageer/buisbaby** Retorten/baby, -kind *s*. ▼**—buisje** Reagenz-, Prüfglas *s*, Probierröhre *w*. ▼**—middel** Reagens *s*. ▼**reageren** reagieren.
real/ia Real/ien *Mz*. ▼**—isatie** R.isierung, R.isation *w*. ▼**—iseren** r.isieren, verwirklichen; (*te gelde maken*) r.isieren, zu Gelde machen, verkaufen; (*verzilveren*) versilbern; *z. —*, s. r.isieren. ▼**—isme** R.ismus *m*. ▼**—ist** R.ist *m*. ▼**—istisch** r.istisch. ▼**—iteit** R.ität, Wirklichkeit *w*.
reanimatie Reanimation, Reanimierung *w*.
reassurantie Rückversicherung, Reassekuranz *w*.
rebel Rebell, Empörer *m*. ▼**—leren** r.ieren, s. empören. ▼**—lie** R.ion, Empörung *w*. ▼**—s** r.isch, aufrührerisch, widerstrebend.
rebus Rebus *m & s*, Bilderrätsel *s*.
recalcitrant widerspenstig.
recapituleren rekapitulieren.
recens/ent Rezens/ent *m*. ▼**—eren** r.ieren, beurteilen, besprechen. ▼**—ie** R.ion *w*.
recent neu; kürzlich geschehen; (*biol.*) rezent; (*v. boek*) eben erschienen; *van —e datum*, von jungem Datum, neuesten Datums.
recepis Empfangsbescheinigung *w*; (*v. aandeel, oblig.*) Interims-, Zwischenschein *m*.
recept Rezept *s*; (*niet*) *verkrijgbaar zonder —*, rezeptpflichtig; rezeptfrei. ▼**—eren** r.ieren. ▼**—ie** Empfang *m*; (*opname*) Rezeption, Aufnahme *w*; (*in hotel*) Empfang *m*, Rezeption *w*; *— houden*, e.n E. abhalten, geben; *staande —*, stehender E., Stehempfang *m*. ▼**—iezaal** E.ssaal *m*. ▼**—ief** rezeptiv. ▼**—ionist** E.schef *m*. ▼**—ioniste** E.sdame *w*. ▼**—uur** Rezeptur *w*.
reces: (*de kamer*) *is op —*, hat die Sitzung vertagt, (*vakantie*) ist in den Ferien. ▼**—sie** Rezession *w*, Rückgang *m*.
recette Einnahme *w*.
recherch/e Kriminal/polizei, Kripo *w*, Fahndungs/dienst *m*. ▼**—eur** K.beamte(r), F.beamte(r), K.polizist, F.polizist *m*.
recht I *bn & bw* (*niet krom*) gerade; (*niet verkeerd, goed*; *echt, juist*) recht, richtig; *een —e hoek*, ein rechter Winkel; *een —e* (*lijn*), eine gerade Linie, eine Gerade; *de —e man op de —e plaats*, der rechte Mann am rechten Platz; *zo — als een kaars*, kerzengerade; (*hij is*) *niet — bij zijn verstand*, nicht recht bei Sinnen; (*deze weg en dan altijd*) *— door*, geradeaus; *— toe — aan*, (immer) geradeaus. **II** *zn* Recht *s*; (*gerechtigheid*) Gerechtigkeit *w*; (*belasting*) Zoll *m*, Steuer *w*, (*alg.*: *heffing*) Abgabe *w*, (*leges*) Gebühr *w*, Gebühren *Mz*; (*wie heeft*) *u het — daartoe gegeven*, Ihnen das R. dazu gegeben, (*bevoegdheid*) Sie dazu berechtigt; *het — hebben om dat te doen*, das R., die Berechtigung haben das zu tun; *— hebben op*, ein R., ein Anrecht haben auf [4]; *in zijn —* (*zijn*), im R.; *met het volste —*, mit vollem R.; *tot zijn —* (*komen*), zu seinem Rechte, (*z. doen gelden, goed uitkomen*) zur Geltung; (*dat portret*) *komt hier niet goed tot zijn —*, nimmt s. hier nicht gut aus; *het — zijn loop laten*, der G. ihren Lauf lassen; *student in de —en*, Student der Rechte; *hij studeert* (*in de*) *—en*, er studiert die Rechte; *in —en tegen iem. optreden*, den Rechtsweg gegen e.n beschreiten; (*iem.*) *in —e* (*vervolgen*), gerichtlich; *in- en uitgaande —en*, Ein-, und Ausfuhrzölle; *—en van registratie*, Registratursteuer, -gebühren; *vrij van —en*, zoll-, steuer-, gebührenfrei; *—en v.d. mens*, Menschenrechte *Mz*. ▼**—aan** geradeaus. ▼**—bank** Gericht *s*; *de gewone —*, das ordentliche G. ▼**—buigen** geradebiegen. ▼**—door** geradeaus. ▼**—eloos** rechtlos. ▼**—eloosheid** R.igkeit *w*. ▼**—en I** *zn* Zölle *Mz*; *zie* **recht II. II** *ww*: *zijn rug, zich —*, den Rücken, sich aufrichten. ▼**—ens** rechtens, rechtlich. ▼**rechter I** *zn* Richter *m*; (*rechtbank*) Gericht *s*; *economisch —*, Wirtschaftsrichter; *de gewone —*, das Zivilgericht; *naar de gewone —* (*verwijzen*), in das ordentliche Verfahren. **II** *bn* (*tegenst. v. linker*) recht; *zie* **linker.** ▼**—commissaris** Untersuchungsrichter *m*; (*bij faillissement*) Konkursrichter *m*. ▼**—hand** rechte Hand, Rechte *w*; *aan uw —*, zu Ihrer Rechten. ▼**—kant** rechte Seite. ▼**—lijk** richterlich; (*v.h. gerecht*) Gerichts..., gerichtlich; *— ambtenaar*, Gerichts-, Justizbeamte(r) *m*; *— college*, Richterkollegium *s*; *—e macht*, richterliche Gewalt, (*justitie*) Justiz-, Gerichtsbehörde *w*; *—e organisatie, uitspraak*, Gerichtsorganisation *w*, -urteil *s*. ▼**—sambt** Richter/amt *s*. ▼**—stoel** R.stuhl *m*. ▼**—zijde** rechte Seite; (*politiek*) Rechte *w*.
▼**recht/geaard** redlich, ehrlich; (*echt*) echt,

wahr, richtig. ▼**—gelovig** rechtgläubig. ▼**—gelovigheid** R.keit *w.* ▼**—hebbende** Berechtigte(r) *m.* ▼**—hoek** Rechteck *s.* ▼**—hoekig** rechtwinklig. ▼**—hoekszijde** Kathete *w.* ▼**—lijnig** geradlinig. ▼**—maken** gerade machen, richten. ▼**—matig** rechtmäßig. ▼**—matigheid** R.keit *w.* ▼**—op** aufrecht, geradeauf. ▼**—opstaand** aufrechtstehend.

rechts rechts; (*rechter*) recht; *de —e pers, de pers van —*, die Rechtspresse; *zie* **links.** ▼**—af** (nach) rechts; *zie* **linksaf.**

rechts/bedeling Rechts/pflege *w.* ▼**—beginsel** R.grundsatz *m.* ▼**—begrip** R.begriff *m.* ▼**—bekwaam** = **—bevoegd.** ▼**—belang** R.gut *s.* ▼**—bevoegd** r.fähig, zuständig. ▼**—bevoegdheid** R.fähigkeit *w.* ▼**—bijstand** R.hilfe *w.*

rechts/binnen Halbrechts, Rechtsinnen, rechter Innenstürmer *m.* ▼**—buiten** Rechtsaußen, rechter Außenstürmer *m.*

rechtschapen rechtschaffen, redlich, bieder. ▼**—heid** Rechtschaffenheit, Redlichkeit *w.*

rechts/college Richterkollegium *s.* ▼**—gang** Rechts/gang *m.* ▼**—gebied** R.gebiet *s*; (*jurisdictie*) Gerichtsbarkeit *w*; (*ressort*) Gerichtsbezirk *m.* ▼**—geding** (*proces*) R.handel, Prozeß *m*; (*de behandeling*) Gerichtsverfahren *s.* ▼**—geldig** r.gültig, -kräftig. ▼**—geldigheid** R.gültigkeit, -kraft *w.* ▼**—geleerde** Jurist *m.* ▼**—geleerdheid** R.wissenschaft, Jurisprudenz *w.* ▼**—gevoel** R.gefühl *s.* ▼**—grond** R.grund *m.*

rechtshandig rechtshändig; *—e*, Rechtshändige(r) *m*, Rechtser *m.*

rechts/herstel Rehabilitierung *w*, Wiedereinsetzung *w* in frühere Rechte. ▼**—ingang**: *aan een klacht — verlenen*, die Erhebung der öffentlichen Klage beschließen; *tegen iem. — verlenen*, das Verfahren gegen e.n eröffnen. ▼**—kracht** R.kraft *w.* ▼**—kundig** rechtskundig, juristisch; *— advies inwinnen*, (*ook*) e.n Rechtsanwalt zu Rate ziehen. ▼**—macht** Gerichtsbarkeit *w.*

rechts/om rechtsum. ▼**—omkeer(t)**: *— maken*, (rechtsum)kehrtmachen.

rechts/orde Rechts/ordnung *w.* ▼**—persoon** R.person, R.persönlichkeit *w*, rechtsfähige, juristische Person; *als — erkennen*, (*v. vereniging*) Rechtsfähigkeit verleihen. ▼**—persoonlijkheid** R.fähigkeit *w*; *— verkrijgen*, R.erlangen. ▼**—pleging** R.pflege *w.* ▼**—positie** R.position, R.stellung *w*; (*v.e. NV*) R.lage *w.* ▼**recht/spraak** Rechtsprechung *w*; (*jurisdictie*) Gerichtsbarkeit, Rechtspflege *w* ▼**—spreken** Recht sprechen. ▼**—sstaat** Rechtsstaat *m.* ▼**—staal** Rechts-, Gerichtssprache *w.* ▼**—standig** geradständig. ▼**rechts/term** Rechts/ausdruck *m.* ▼**—toestand** R.stand *m*; *—en*, R.verhältnisse *Mz.*

rechtstreeks direkt, unmittelbar; *—e uitzending, verkiezing, vlucht enz.*, Direkt/sendung *w*, D.wahl *w*, D.flug *m*; *— v.d. fabriek*, D.belieferung *w*, D.verkauf *m*; (*alleen bw*) geradeswegs.

rechts/verkrachting Rechtsverletzung *w.* ▼**—vervolging** gerichtliche Verfolgung *w*; *een — tegen iem. instellen*, e.n Prozeß gegen e.n anstrengen; *iem. van — ontslaan*, das Verfahren gegen e.n einstellen.

rechtsvoor (*voetb.*) rechter Stürmer.

rechts/vorderaar Kläger *m.* ▼**—vordering** Rechts/forderung *w*; (*aanklacht bij gerecht*) Klage *w*; (*alg.*) R.pflege *w*; *een — instellen*, eine K. einleiten. ▼**—wege**: *van —*, von R.wegen. ▼**—wetenschap** R.wissenschaft *w.* ▼**—wezen** R.-, Gerichtswesen *s.*

▼**—winkel** R.auskunftsstelle *w.* ▼**—zaak** R.sache *w*, Prozeß *m.* ▼**—zaal** Gerichtssaal *m.* ▼**—zekerheid** R.sicherheit *w.* ▼**—zitting** Gerichtssitzung *w.*

recht/toe geradeaus; *— rechtaan*, immer geradeaus. ▼**—uit** geradeaus; (*ronduit*) geradeheraus, gradheraus, geradezu.

rechtvaardig gerecht. ▼**—en** rechtfertigen. ▼**—heid** Gerechtigkeit *w.* ▼**—ing, —making** Rechtfertigung *w.*

rechtverkrijgende Rechtsnachfolger *m.*

recht/zetten richtig stellen, berichtigen. ▼**—zetting** Richtigstellung, Berichtigung *w.* ▼**—zinnig** rechtgläubig.

recidiv/e Rezidiv *s*, (*jur.*) Rückfall *m.* ▼**—ist** Rückfällige(r) *m*; (*jur.*) Rückfalltäter *m.*

reci/piënt Rezipient *m.* ▼**—piëren** e.n Empfang geben, empfangen; (*overnemen*) rezipieren.

reciproque reziprok, gegen-, wechselseitig.

recit/al Recital, Rezital *s.* ▼**—atief I** *zn* Rezitativ *s.* **II** *bn* rezitativisch. ▼**—eren** rezitieren, vortragen.

reclame 1 Reklame, Werbung *w*; *— maken*, R. machen; **2** (*terugvordering*; *bezwaar*) Reklamation *w*; Beschwerde *w*; (*handelst.*: *over toestand v. geleverde waren*) Mangelrüge *w*; *termijn voor —s*, Rügefrist *w.* ▼**—afdeling** Werbe/-, Reklame/abteilung *w*, W.stelle *w.* ▼**—artikel** R.artikel *m.* ▼**—biljet** W.zettel *m.* ▼**—boodschap** (*spot*) (W)spot *m*; (*tv ook*) W.kurzfilm *m.* ▼**—bureau** R.büro *s.* ▼**—campagne** W.-, R.feldzug *m.* ▼**—folder** W.flugblatt *s.* ▼**—plaat** R.bild, -plakat, W.bild *s.* ▼**—ren** reklamieren; s. beschweren. ▼**—spot** W.spot *m.* ▼**—tekenaar** R.-, W.zeichner *m.* ▼**—televisie** W.fernsehen *s.* ▼**—uitzending** W.sendung *w.* ▼**—zuil** Litfaß-, Anschlagsäule *w.*

reclasser/en resozialisieren. ▼**—ing** (*het reclasseren*) Resozialisierung *w*; (*als instelling*) Gefangenenfürsorge *w.* ▼**—ingsambtenaar** Bewährungshelfer *m.* ▼**—ingsrapport** Gutachten *s* der Entlassenenfürsorge.

recognitie Rekognition, Anerkennung *w*; (*gelden*) Rekognitionsgebühr *w.*

recommand/atie Empfehlung *w.* ▼**—eren** empfehlen.

reconstru/ctie Rekonstruktion *w*, Wiederaufbau *m*, (*v. weg*) Ausbau *m.* ▼**—eren** rekonstruieren, (*v. weg*) ausbauen.

reconvalescent Rekonvales/zent, Genes/ende(r) *m.* ▼**—ie** R.zens, G.ung *w.*

record Rekord *m*; Höchst-, Bestleistung *w*; *het — slaan*, den R.schlagen.

recorder Recorder *m.*

record/houder Rekord/halter, R.inhaber *m.* ▼**—peil** R.höhe *w.* ▼**—prestatie** R.leistung, Spitzenleistung *w.*

recreatie Erholung, Rekreation *w.* ▼**—f** Erholungs..., erholungs... ▼**—gebied** Erholungs/gebiet *s* ▼**—zaal** E.raum *m.*

rectaal rektal.

rectific/atie Rektifikation, Berichtigung, Richtigstellung *w.* ▼**—eren** rektifizieren, berichtigen, richtigstellen.

rector (*v. klooster, universiteit*) Rektor *m*; (*v. atheneum, gymn.*) Oberstudien-, Gymnasialdirektor *m*; *— magnificus*, R.magnificus. ▼**—aal** Rektoral...; *rectorale rede*, Rektoratsrede *w.* ▼**—aat** Rektorat; Direktorat *s.*

reçu Schein *m*; Empfangsschein; (*bagage*) Gepäckschein *m*; (*post*) Postschein *m*; (*aangetekende brief*) (Post)Einlieferungsschein.

recycl/eren rezyklieren. ▼**—ing** Recycling *s.*

redact/eur Redakteur, Schriftleiter *m.* ▾**—ie** Redaktion, Schriftleitung *w;* (*het opstellen*) Abfassung *w;* (*vorm waarin iets opgesteld is*) Fassung *w.* ▾**—iebureau** Redaktion *w,* Redaktionsbüro *s.* ▾**—ioneel** redaktionell. ▾**—rice** Redakteurin, Schriftleiterin *w.*
redd/eloos rettungslos, unrettbar. ▾**—en** retten; *z. eruit —*, s. herausretten; (*ik zal*) *me wel —*, mir schon (zu) helfen (wissen); (*hij kan*) *z. goed —*, gut auskommen; *—d zwemmen*, Rettungsschwimmen *s.* ▾**—er** Retter *m.* ▾**—eren** ordnen, in Ordnung bringen; (*een kamer*) aufräumen. ▾**redding** Rettung *w.* ▾**—(s)/boei** Rettungs/boje *w.* ▾**—boot** R.boot *s.* ▾**—brigade, —ploeg** R.mannschaft *w.* ▾**—lijn** R.leine, Schießleine *w;* (*kabel*) R.tau *s.* ▾**—poging** R.versuch *m.* ▾**—werk** R.arbeiten *Mz.*
rede 1 (*uitdrukking in woorden, redevoering*) Rede *w;* (*toespraak, ook*) Anrede *w;* (*voordracht, ook*) Vortrag *m;* (*iem.*) *in de —* (*vallen*), ins Wort, in die Rede; **2** (*verstand*) Vernunft *w; naar — luisteren, voor — vatbaar zijn*, Vernunft annehmen; *tot — brengen*, zur Vernunft bringen; **3** (*ankerplaats*) Reede *w.* ▾**—deel** Redeteil *m.* ▾**—kavelen** hin- und herreden; (*redetwisten*) s.streiten. ▾**—kundig** rhetorisch; *—e ontleding*, logische Analyse. ▾**—lijk** (*met verstand*) vernünftig; (*billijk*) billig; (*tamelijk*) ziemlich, leidlich; *een —e beloning*, eine entsprechende Belohnung; (*hij heeft*) *een — bestaan*, ein ordentliches Auskommen; *een —e vergoeding*, eine angemessene Vergütung. ▾**—lijkerwijs** vernünftigerweise, billigerweise; (*met 't volste recht*) mit Fug und Recht. ▾**—lijkheid** Billigkeit *w.* ▾**—loos** unvernünftig, vernunftlos. ▾**—loosheid** Unvernunft *w.*
redemptorist Redemptorist *m.*
reden 1 (*beweeggrond*) Grund *m;* (*oorzaak*) Ursache *w;* (*aanleiding*) Veranlassung *w; geen — tot klagen* (*hebben*) keinen G. zum Klagen; *— tot opzegging*, Kündigungsgrund *m; met —en omkleden*, begründen, motivieren; *om die —*, aus dem G.e.; *om de eenvoudige — dat...*, aus dem einfachen G.e, weil...; *om —en van gezondheid*, aus Gesundheitsrücksichten; *een — te meer*, ein Grund mehr; **2** (*verhouding*) Verhältnis *s.*
reden/aar Redner *m.* ▾**—aarsgave** R.gabe, r.ische Gabe *w.* ▾**—aarstalent** R.talent *s.* ▾**—atie** *zie* **—ering.** ▾**—eertrant** Argumentation *w.* ▾**—eren** reden; (*lang en breed*) hin und her reden, (*vervelend*) räsonieren; (*redetwisten*) disputieren; *hij redeneert zo...*, er denkt, urteilt, sagt so... ▾**—ering** Beweisführung *w;* (*gedachtengang*) Gedankengang *m,* (*gesprek zonder inhoud*) Rederei *w,* Gerede *s.* ▾**—gevend** kausal, Kausal...
reder Reeder *m.* ▾**—ij** Reederei *w.*
rederijker Rhetoriker *m.* ▾**—skamer** R.skammer *w.*
rede/twist Wortstreit *m.* ▾**—twisten** streiten, disputieren. ▾**—voering** Rede *w,* Vortrag *m.*
redigeren redigieren; (*in definitieve vorm*) abfassen.
redmiddel Rettungsmittel *s.*
redres Wiedergutmachung, Wiederherstellung *w.* ▾**—seren** wiedergutmachen; (*med.*) redressieren.
reduceren reduzieren; (*prijzen enz.*) herabsetzen, ermäßigen; *— tot*, r. auf [4]. ▾**reductie** Reduktion *w; — van premie, prijs*, Prämienherabsetzung, Preisermäßigung *w; — op de premie, prijs*, Prämien-, Preisnachlaß *m;* (*iem.*) *5 % — op de genoteerde prijzen geven*, e.n fünfprozentigen Nachlaß auf die notierten Preise gewähren. ▾**—tabel** Reduktions-, Umrechnungstafel *w.*
redzeil Sprungtuch *s.*
ree 1 (*dier*) Reh *s;* **2** (*ankerplaats*) Reede *w.* ▾**—bok** Reh/bock *m.* ▾**—bout** R.keule *w;* (*gebraden*) R.braten *m.* ▾**—bruin** r.braun.
reeds schon, bereits.
reëel reell; *reële politiek*, Realpolitik *w; reële waarde*, Realwert *m.*
reef (*scheepst.*) Reff, Reef *s.*
reeks Reihe *w; — van jaren*, R. von Jahren; *een — (= serie) artikelen*, eine Folge von Aufsätzen; *meetkundige, opklimmende, dalende —*, geometrische, steigende, fallende R.
reel *zie* **rail.**
reep (*strook*) Streifen *m;* (*chocola*) Stange *w,* (*in blokjes*) Riegel *m;* (*touw*) Reep, Seil *s;* (*hoepel*) Reifen *m.*
reet 1 Ritz *m,* Ritze, Spalte *w;* **2** (*hennepbraak*) Breche *w;* **3** (*anus*) Arsch *m.*
referaat Referat *s.*
referee (*sp.*) Referee, Schiedsrichter *m.*
refer/endaris (*op departement*) Ministerialrat *m;* (*afdelingschef*) Dezernent *m.* ▾**—endum** Refer/endum *s;* (*plebisciet*) Volksentscheid *m;* (*petitionnement, volksstemming voor referendum*) Volksbegehren *s.* ▾**—ent** R.ent *m;* (*verslaggever, ook*) Berichterstatter *m.* ▾**—entie** R.enz *w; prima —entiën*, die besten R.enzen, Primareferenzen. ▾**—entiekader** Bezugsrahmen *m.* ▾**—eren** r.ieren; *z. — aan*, s. beziehen auf [4], Bezug nehmen auf [4]. ▾**—te** Bezug/nahme *w; onder — aan*, unter B.nahme auf, b.nehmend auf [4]; *onze —*, (*boven aan brief*) unser Zeichen.
reflect/ant Reflekt/ant, R.ierende(r) *m.* ▾**—eren** r.ieren. ▾**—ie** Reflexion *w;* (*overweging, ook*) Betrachtung *w.* ▾**—or** Reflektor *m;* (*aan fiets*) Rückstrahler *m;* (*aan pedaal*) Tretstrahler *m.* ▾**reflex** Reflex *m.* ▾**—camera** R.kamera *w.* ▾**—ief** reflexiv; *— voornaamwoord*, R.pronomen, rückbezügliches Fürwort.
reform Reform *w.* ▾**—atie** R.ation *w.* ▾**—ator** R.ator *m.* ▾**—eren** r.ieren. ▾**—huis** R.haus *s.* ▾**—voeding** R.kost *w.*
refrein Refrain, Kehrreim *m.*
refter Rem(p)ter *m.*
refugié Refugié *m;* (*thans*) Emigrant *m.*
regarderen (*jur.*) zuständig sein für.
regeerder Regierende(r) *m,* Regierer *m.*
regel (*gewoonte, voorschrift*) Regel *w;* (*schrijflijn, woorden op lijn*) Zeile *w; in de —*, in der R., gewöhnlich; *in strijd met de —*, gegen die R., r.widrig; *z. tot — stellen*, s. zur R. machen; *volgens de —*, nach der R., r.recht; *een werk volgens de —s v.d. kunst*, ein Werk nach allen Regeln der Kunst; *volgens de —s* (*der kunst*), r.recht, kunstgerecht; *de — van drieën*, die Regeldetri; *tussen de —s door lezen*, zwischen den Zeilen lesen; *strofe van vier —s*, vierzeilige Strophe. ▾**—aar** Regler *m.* ▾**—afstand** Zeilenabstand *m.* ▾**—baar** regulierbar. ▾**—en** regeln, ordnen; (*voorschrijven*) anordnen, verordnen, regeln; (*techn.*) regeln, regulieren; *z. — naar*, s. richten nach. ▾**—ing** Regelung, Regulierung *w; buiten de — om*, ohne Berücksichtigung der Regel. ▾**—knop** Regulierungs-, Regelknopf *m.* ▾**—kraan** Regulierhahn *m.* ▾**—lengte** Zeilenlänge *w.* ▾**—maat** Regelmäßigkeit *w.* ▾**—matig** regelmäßig. ▾**—matigheid** R.keit *w.* ▾**—recht** geradeswegs; (*lijnrecht*) schnurgerade. ▾**—weerstand** Regel-, Regulierwiderstand *m.*
regen Regen *m; na — komt zonneschijn*, auf R. folgt Sonnenschein. ▾**—achtig** regnerisch.

▼—**bak** Regen/fang *m*, Zisterne *w*. ▼—**boog** R.bogen *m*. ▼—**boogvlies** R.bogenhaut *w*. ▼—**bui** R.schauer *m*. ▼—**dicht** r.dicht. ▼—**droppel** R.tropfen *m*. ▼—**en** regnen; *het regent bakstenen*, es regnet Spitzbuben; *'t — dat het giet*, es gießt.
regener/atie Regener/ation *w*. ▼—**ator** R.ator *m*. ▼—**eren** r.ieren.
regen/gordel Regen/zone *w*. ▼—**installatie** Berieselungsanlage *w*. ▼—**jas** R.mantel *m*; (*doorzichtig*) R.haut *w*. ▼—**kleding** R.bekleidung *w*. ▼—**lucht** R.himmel *m*. ▼—**pijp** R.abfallrohr *s*. ▼—**pijpen** Überhosen *Mz*. ▼—**put** R.fang *m*. ▼—**seizoen** R.zeit *w*.
regent Regent *m*; (*v. gezicht enz.*) Verwalter, Verwaltungsrat *m*. ▼—**es** Regentin, Verwalterin *w*. ▼—**schap** Regentschaft *w*.
regen/ton Regen/tonne *w*, R.faß *s*. ▼—**val** R.fall *m*. ▼—**verlet** Arbeitsausfall *m* durch Regen; R.geld *s*. ▼—**verzekering** R.versicherung *w*. ▼—**vlaag** R.schauer *m*.
reger/en regier/en. ▼—**ing** R.ung *w*; *aan de — (komen)*, zur R.ung. ▼—**ingloosheid** R.ungslosigkeit *w*. ▼**regerings/beleid** Haltung *w* der Regierung, Regierungs/politik *w*. ▼—**besluit** R.erlaß. ▼—**bureau** amtliche Stelle, R.stelle *w*. ▼—**gebouw** R.gebäude *s*. ▼—**gezind** r.freundlich. ▼—**persdienst** Presseamt *s*. ▼—**persoon** R.person *w*. ▼—**steun** R.unterstützung *w*. ▼—**verklaring** R.erklärung *w*. ▼—**voorlichtingsdienst** Presse- und Informationsamt *s* (der niederländischen Regierung). ▼—**vorm** R.form *w*. ▼—**wege**: *van —*, seitens der Regierung. ▼—**woordvoerder** R.sprecher *m*. ▼—**zaak** R.angelegenheit, -sache *w*. ▼—**zetel** R.sitz *m*.
regie Regie *w*; (*v. film, toneel, ook*) Spielleitung *w*.
regime Regime *s*.
regiment Regiment *s*. ▼—**scommandant** R.skommandeur *m*.
regio Region *w*. ▼—**naal** regional, Regional...; *regionale omroep, — programma, regionale uitzending*, Regional/funk *m*, R.programm *s*, R.sendung *w*. ▼**regionen** Regionen *Mz*; *in hogere —*, (*fig.*) in höheren Regionen.
regiss/eren (berufsmäßig) Regie führen; *een film, hoorspel, uitvoering —*, bei e.m Film, Hörspiel, e.r Aufführung die Regie haben. ▼—**eur** Spielleiter, Regisseur *m*.
register Register *s*; — *v.d. burgerlijke stand*, Zivilstands-, Personenstandsregister; *in het — inschrijven*, ins R. eintragen; *alle —s opentrekken* (*ook fig.*) alle R. ziehen. ▼—**accountant** Abschlußprüfer *m*. ▼—**ton** R.tonne *w*. ▼**registr/atie** Registr/atur *w*; (*het registreren*) (Ein)R.ierung *w*. ▼—**atiekantoor** R.atur *w*. ▼—**atierecht** R.atursteuer *w*. ▼—**eerapparaat** R.ierapparat *m*. ▼—**eren** r.ieren, eintragen.
reglement Reglement *s*; (Dienst)Ordnung *w*, (Dienst)Vorschrift *w*; (*v. orde*), Geschäftsordnung *w*. ▼—**air** reglementarisch, ordnungsmäßig, vorschriftsmäßig. ▼—**eren** reglementieren. ▼—**ering** Reglementierung *w*.
regres Regreß *m*; — *op iem. uitoefenen*, R.auf e.n nehmen. ▼—**sie** Regress/ion *w*. ▼—**sief** r.iv.
regul/air regul/är. ▼—**arisatie** R.ierung *w*; (*v. rivier*) Begradigung *w*. ▼—**ariseren** r.ieren, regeln. ▼—**ateur**, —**ator** R.ator, Regler *m*. ▼—**eren** r.ieren, regeln. ▼—**ering** R.ierung *w*. ▼—**ier I** *bn & bw* r.är, regelmäßig; (*tot de ordegeestelijken behorend*) r.iert. **II** *zn* R.ierte(r) *m*, R.argeistliche(r) *m*.
rehabilit/atie Rehabilit/ation *w*, (*jur.*) R.ierung *w*. ▼—**eren** r.ieren.
rei Chor *m*; (*reidans en dansers*) Reigen, Reihen *m*. ▼—**dans** Reigen, Reihentanz *m*.
reiger Reiher *m*; *blauwe —*, Fischreiher. ▼—**(s)nest** R.nest *s*, R.horst *m*.
reik/en reichen. ▼—**halzen** s. sehnen. ▼—**halzend** sehnsuchtsvoll. ▼—**wijdte** Reichweite *w*; (*v. vliegtuig, ook*) Flugbereich *m*; (*telec., ook*) Sendebereich *m*.
reilen: *zoals het reilt en zeilt*, mit allem Drum und Dran, (*v. pers.*) wie er leibt und lebt; (*de wereld*) *zoals zij reilt en zeilt*, wie sie steht und liegt.
rein rein; *in 't —e brengen*, ins Reine bringen; *met iem., met zichzelf in 't —e komen*, mit e.m, mit sich (selbst) ins Reine kommen.
reïncarnatie Reinkarnation *w*.
rein/cultuur Reinkultur *w*. ▼—**heid** Reinheit *w*. ▼—**igen** reinigen. ▼—**iging** Reinigung *w*. ▼—**igingsdienst** R.sdienst *w*; (*v. stad*) Stadtreinigung *w*.
reis Reise *w*; — *voor ontspanning*, R. zur Erholung, Erholungsreise; — *voor zaken*, R. in Geschäften, Geschäftreise; *op — gaan*, auf R.n gehen, verreisen; *op — zijn*, auf R.n sein, s. auf der R. befinden, verreist sein; *enkele —*, einfache R.; *enkele —, derde klas Bonn!*, nach Bonn, dritter (Klasse), einfach!; (*wat kost*) *een enkele — Bonn*, eine einfache Fahrkarte nach Bonn. ▼—**benodigdheden** R.artikel, R.bedürfnisse *Mz*, R.bedarf *m*. ▼—**beschrijving** R.beschreibung *w*. ▼—**billet** R.billet *s*, Fahrschein *m*. ▼—**bureau** R.büro *s*. ▼—**cheque** R.scheck *m*. ▼—**declaratie** R.spesenrechnung *w*, R.kostenausweis *m*. ▼—**deken** R.decke *w*. ▼—**- en verblijfkosten** R.kosten und Tagegelder *Mz*. ▼—**gelegenheid** R.gelegenheit *w*. ▼—**genoot** R.gefährte *m*. ▼—**gezelschap** R.gesellschaft *w*. ▼—**gids** (*persoon; boek*) R.führer *m*. ▼—**kosten** R.kosten *Mz*; *tegemoetkoming in de —*, R.kostenzuschuß *m*. ▼—**kostenvergoeding** R.kostenvergütung *w*. ▼—**kredietbrief** R.kreditbrief *m*. ▼—**leider** R.leiter *m*. ▼—**lustig** r.lustig. ▼—**organisator** R.veranstalter *m*. ▼—**vaardig** r.fertig. ▼—**vereniging** R.verein *m*. ▼—**verhaal** R.geschichte *w* R.bericht *m*. ▼—**wagen** R.omnibus; (*vroeger*) R.wagen *m*. ▼—**wekker** R.wecker *m*. ▼—**wieg** Babytragetasche *w*.
reiz/en reisen; (*trekken*) wandern; *voor zijn plezier —*, zum Vergnügen r., eine Vergnügungsreise machen. ▼—**end** reisend; (*v. kermismensen enz.*: *rondtrekkend*) wandernd, fahrend; — *circus, tentoonstelling*, Wanderzirkus *m*, -ausstellung *w*; *het —e publiek*, die Reisenden, das reisende Publikum, das Reisepublikum. ▼—**iger** Reisende(r) *m*; (*handelsreiziger*) Geschäftsreisende(r) *m*; (*vertegenwoordiger*) Reisevertreter, Vertreter *m*. ▼—**igersverkeer** Reise-, Personenverkehr *m*.
rek 1 (*om iets op te zetten*) Gestell *s*; (*voor boeken, pijpen enz., plank*) Brett *s*; (*voor boeken, ook*) Regal *s*; (*voor eieren*) Ständer *m*; (*droogrek*) (Trocken)Ständer, Wäschetrockner *m*; (*voor kippen*) Stange *w*; (*gymnast.*) Reck *s*; **2** *een hele —*, (*tijd*) eine lange Zeit; (*afstand*) eine tüchtige Strecke, ein gutes Stück; **3** (*het rekken*) Recken; Dehnen *s*; (*rekbaarheid*) Dehnbarkeit *w*, (*veerkracht*) Elastizität *w*; *er zit nog — in die handschoenen*, diese Handschuhe dehnen s. noch. ▼—**baar** dehnbar; — *wetsartikel*, Kautschukparagraph *m*.

rekel (*mannelijke hond enz.*) Rude *m*; (*vlegel*) Flegel *m*, (*onbehouwen*) Rüpel, Grobian *m*; *brutale* —, Frechdachs *m*.
reken/aar Rech/ner *m*. ▾—**boek** R.enbuch *s*. ▾—**bord** R.entafel *w*, -brett *s*. ▾—**centrum** R.enzentrum *s*. ▾—**eenheid** R.nungseinheit *w*. ▾—**en** r.nen; *uit het hoofd* —, im Kopfe r.nen, kopfrechnen; *op iem.* —, auf e.n r.nen, (*staat maken*) s. auf e.n verlassen; *daar kun je op* —!, darauf kannst du dich verlassen!; *we moeten erop* — (*er rekening mee houden*) (*dat hij niet komt*) wir müssen damit r.nen; *op zijn komst was niet gerekend*, man hatte nicht damit gerechnet daß er kam; *het z. tot een eer* —, es s. zur Ehre r.nen; (*iem., iets*) — *tot*, r.nen zu, unter [4]; *te* — *van 1 jan. af*, vom 1. Januar an gerechnet; *'t een door 't andere, alles dooreen gerekend*, eins ins andere gerechnet. ▾—**fout** R.enfehler *m*.
rekening Rechnung *w*; (*bij de bank*) Konto *s*; *particuliere* —, Privatrechnung *w*; — *en verantwoording*, Rechenschaftsbericht *m*; — *en verantwoording v.d. penningmeester*, die Rechnungslegung des Kassenwarts; — *en verantwoording afleggen*, Rechenschaft ablegen, Rechenschaftsbericht erstatten; *met een omstandigheid* — *houden*, e.n Umstand berücksichtigen, e.m U. Rechnung tragen; *met een gebeurtenis* — *houden* (*aan de mogelijkheid ervan denken, erop voorbereid zijn*) mit e.m Ereignis rechnen; — *houden met iem.*, (*hem ontzien*) Rücksicht nehmen auf e.n; (*te werk gaan*) *zonder* — *te houden met anderen*, ohne Rücksicht auf andere; *in* — *brengen*, berechnen, (*fig.*) in Anschlag bringen; *betaling op* (*af*)—, Abschlagszahlung, Anzahlung *w*; *dat neem ik voor mijn* —, das nehme ich auf mich, das übernehme ich, (*sta ik voor in*) dafür bürge ich. ▾—-**courant** Konto/korrent *s*, laufende Rechnung. ▾—**houder** K.inhaber *m*.
reken/kamer Rechnungshof *m*, -kammer *w*; (*in West. D.*) Bundesrechnungshof *m*; lid v.d. —, Rechnungs/rat, -beamte(r) *m*. ▾—**kunde** Arithmetik *w*. ▾—**kundig** arithmetisch. ▾—**kunst** Rechen/kunst *w*. ▾—**liniaal** R.schieber *m*. ▾—**machine** R.maschine *w*, R.gerät *s*; *elektronische* —, Elektronenrechner *m*. ▾—**munt** Rechnungsmünze *w*. ▾—**plichtig** rechnungspflichtig, komptabel. ▾—**plichtigheid** Rechnungspflicht, Komptabilität *w*. ▾—**schap** Rechen/schaft *w*; — *vragen*, R.schaft fordern. ▾—**som** R.aufgabe *w*.
rek/kelijk dehnbar; (*lenig, soepel*) geschmeidig; (*inschikkelijk*) fügsam. ▾—**ken** (*elastiek, de was, woorden*) dehnen; (*metaaldraad, stroef leer*) recken; (*die schoenen*) — *nog*, dehnen s. noch; *zijn leden* —, die Glieder dehnen, recken, dehnen und recken; *z.* —, s. dehnen, s. recken; (*zijn leven*) fristen; (*een verhaal*) hinausziehen; (*gesprek, proces, onderhandelingen*) in die Länge ziehen; *de tijd proberen te* —, die Zeit zu verlängern suchen, Zeit zu gewinnen suchen. ▾—**king** Dehnung *w*, Recken *s*.
rekruter/en rekrutieren, (Rekruten) ausheben. ▾—**ing** Rekrutierung, (Rekruten)Aushebung *w*. ▾**rekruut** Rekrut *m*.
rek/stok Reck *s*, Rechstange *w*. ▾—**verband** Streckverband *m*.
rekwest Bittschrift *w*; *een* — *indienen*, eine B. einreichen. ▾—**rant** Bittsteller *m*. ▾**rekwi/reren** requirieren; (*mil., ook*) anfordern, beitreiben; (*door openbaar ministerie*) beantragen. ▾—**siet** Requisit *s*. ▾—**sitie** Requisition; Anforderung, Beitreibung *w*. ▾—**sitoor** Stafantrag *m* (des Staatsanwalts).
rel: (*ophitsing*) Hetze *w*; *zie* **relletje**.
relaas Bericht *m*, Erzählung *w*.
relais Relais *s*. ▾—**zender** R.-, Übertragungssender *m*.
relatie Verbindung, Beziehung *w*; (*in zaken*) (Geschäfts)Verbindung *w*; *de* — *verbreken*, die V. abbrechen. ▾—**geschenk** Werbegeschenk *s*. ▾**relat/ief** relativ, verhältnismäßig. ▾—**iveren** r.ieren. ▾—**iviteitstheorie** R.itätstheorie *w*.
relaxen relaxen, s.entspannen, s.erholen.
relayeren übertragen.
relev/ant relevant. ▾—**eren** (*in 't licht stellen*) hervorheben; (*alg.*: *vermelden*) erwähnen.
reliëf Relief *s*, erhabene Arbeit; — *aan iets geven*, (*fig.*) etwas hervortreten lassen. ▾—**druk** R.-, Hochdruck *m*.
reliek Reliquie *w*. ▾—**schrijn** R.nschrein *m*.
relig/ie Religion *w*. ▾—**ieus** religiös. ▾—**ieuze** Religiose *w*.
relikwie *zie* **reliek**.
reling Reling *w*.
rel/(len)schopper Krawall/macher, -bruder, Krachmacher *m*. ▾—**letje**: (*oploopje*) Auflauf *m*; (*opstootje*) Krawall *m*, (*opschudding*) Tumult *m*; —*s*, Unruhen.
rem Bremse *w*; (*psychisch*) Hemmung *w*; *de* — *aanzetten*, die B. anziehen; — *op het voorwiel*, Vorradbremse *w*. ▾—**bekrachtiging** Brems/kraftverstärker *m*. ▾—**blok** B.klotz *m*. ▾—**blokje** B.gummi *s*.
rembours Nachnahme *w*; *onder, tegen* —, gegen N.; *zending onder* —, N.sendung *w*; *onder* — *over een bedrag beschikken*, e.n Betrag durch N. erheben, nachnehmen; *betaling per* —, Zahlung durch N.
remcircuit: *gescheiden* —, Zweikreisbremse, Zweikreisbremsanlage *w*.
remedie Heilmittel, Remedium *s*.
remigr/ant Rückwanderer, Remi/grant, R.grierte(r) *m*. ▾—**eren** rückwandern.
reminiscentie Reminiszenz *w*.
remise 1 (*v. geld*) Überweisung *w*; (*v. wissel*) Rimesse *w*, (*dekking*) Anschaffung *w*; **2** (*loods*) Wagenschuppen *m*; (*groot*) Wagenhalle *w*; (*v. tram, ook*) Straßenbahndepot *s*; **3** (*schaak.*) Remis *s*; (*de partij*) *eindigde* (*met*) —, endete remis, unentschieden; *met* — *tevreden zijn*, s.mit e.m Remis begnügen; *op* — *spelen*, auf Remis spielen.
rem/licht Brems/licht *s*, B.leuchte *w*. ▾—**men** bremsen; (*tegenhouden, ook psychisch*) hemmen. ▾—**mer** Bremser *m*. ▾—**ming** Bremsen *s*; (*psychisch*) Hemmung *w*.
remonstr/ans *zie* **monstrans**. ▾—**ants** remonstrantisch.
remous Bö *w*; *er stond veel* —, das Wetter war böig.
remover Nagellackentferner *m*.
remplaçant Stellvertreter *m*; (*mil.*) Einsteher *m*.
rem/proef Brems/probe *w*. ▾—**raket** Brems/rakete *w*. ▾—**spoor** B.spur *w*. ▾—**vloeistof** B.flüssigkeit *w*. ▾—**voering** B.belag *m*. ▾—**weg** B.strecke *w*.
ren 1 (*snelle loop*) Lauf *m*; **2** (*v. kippen*) (Hühner)Lauf *m*.
renaissance Renaissance *w*.
ren/baan Rennbahn *w*. ▾—**bode** Eilbote *m*.
rend/abel rentabel, einträglich, gewinnbringend, lohnend; (*in staat winst op te leveren*) ertragsfähig; — *zijn*, *zie* **renderen**. ▾—**abiliteit** Rentabilität; Ertragsfähigkeit *w*. ▾—**ement** (*opbrengst*) Ertrag *m*, Rendite *w*; (*v. effecten*) (Zins)Ertrag *m*, Verzinsung *w*; —

5 %, ein Zinsertrag von 5 %, eine 5-prozentige Verzinsung; *effecten met hoog —*, hochverzinsliche Effekten; (*nuttig effect*) Nutzeffekt, Wirkungsgrad *m.* ▾**—eren** s. rentieren, etwas einbringen, s. bezahlt machen. ▾**—erend** *zie* **rendabel**.
rendez-vous Rendezvous, Stelldichein *s*; Treffpunkt *m.*
rendier Rentier *s.*
ren/nen rennen, laufen. ▾**—ner** Renner; Rennfahrer *m.*
renonce Renonce *w.*
renov/atie Renov/ierung *w.* ▾**—eren** r.ieren.
ren/paard Renn/pferd *s.* ▾**—perk** R.bahn *w.*
rentabiliteit Rentabilität *w*; (*v. onderneming vooral*) Wirtschaftlichkeit, Ertragsfähigkeit *w*; (*v. effecten*) Verzinsung *w.* ▾**rente** (*intrest*) Zinsen *Mz*, (*soms*) Zins *m*; (*vaste uitkering bijv. ouderdomsrente enz.*) Rente *w*; *— op —*, *samengestelde —*, Zinseszinsen; (*zijn geld*) *op — zetten*, auf Zinsen anlegen, verzinsen; (*geld*) *tegen 3 % —* (*uitlenen*), zu (auf) 3 % Zinsen; (*kapitaal*) *brengt — op*, trägt, bringt Zinsen, verzinst s.; *de — bij 't kapitaal voegen*, die Zinsen zum Kapital schlagen; *— ingaande op 1 jan.*, Verzinsung ab 1. Januar; *lopende —*, laufende Zinsen, (*v. obligaties*) Stückzinsen. ▾**—berekening** Zins(en)/berechnung *w.* ▾**—bijschrijving** Z.gutschrift *w.* ▾**—gevend** zinstragend, verzinslich. ▾**—kaart** Quittungs-, Invalidenkarte *w.* ▾**—loos** zinslos, unverzinslich; *— voorschot*, zinsfreies, unverzinsliches Darlehen. ▾**—n** s. verzinsen, Zinsen tragen; *een lening —de 3 %*, eine dreiprozentige Anleihe. ▾**—nier** Rentner *m.* ▾**—nieren** von seinem Vermögen leben, privatisieren, auf (in) Rente sein. ▾**—nierster** Rentnerin *w.* ▾**—schuld** Zins/schuld *w*, Z.rückstände *Mz.* ▾**—spaarbrief** Rentenbrief *m.* ▾**—stand(aard)** Z.satz *m.* ▾**—trekker** Rentenempfänger, Altersrentner *m.* ▾**—voet** Zinsfuß *m.* ▾**—zegel** (Renten)Versicherungsmarke *w.* ▾**rentmeester** (Guts)Verwalter *m.* ▾**—schap** Verwalterstelle *w*, -amt *s.*
rentree Rückkehr *w*, Comeback *s.*
renvooi Verweisung *w.*
renwagen Rennwagen *m.*
reorganis/atie Reorganisation, Um-, Neugestaltung; Neuordnung, Neuorganisierung *w*; (*financieel, ook*) Sanierung *w.* ▾**—eren** reorganisieren, um-, neugestalten; neuordnen, neuorganisieren, sanieren.
rep: *in — en roer*, in Aufregung.
repar/ateur Reparateur *m.* ▾**—atie** Reparatur, Ausbesserung *w*; *kleine —s*, (*bijv. aan huis*) kleine Instandsetzungsarbeiten; *in — zijn*, repariert werden. ▾**—atieinrichting** Reparatur/anstalt, R.werkstatt *w.* ▾**—eren** reparieren, ausbessern, eine Reparatur vornehmen; *niet te —*, reparaturunfähig.
repatr/iant Rückwanderer *m.* ▾**—iëren** (*terugkeren*) in die Heimat zurückkehren, rückwandern; (*terugvoeren*) repatriieren, in die Heimat zurückführen. ▾**—iëring** (*terugkeer*) Rückwandern *s*; (*terugvoering*) Repatriierung *w.*
repel Riffel *w.* ▾**—en** r.n.
repercussie Reperkussion *w.*
reper/toire Repertoire *s*, (*v. theater, meestal*) Spielplan *m*; *het vaste —*, das ständige Repertoire; (*dat stuk behoort*) *tot het vaste —*, zum eisernen Bestand (des Spielplans). ▾**—torium** Repertorium *s.*
repet/eergeweer Repetiergewehr *s.* ▾**—ent** (*v. breuk*) Periode *w.* ▾**—eren** (*herhalen*) wiederholen, repetieren; (*instuderen*) einstudieren; (*toneel enz.*: *bij wijze van proef op-, uitvoeren*) Probe halten, proben; *—de breuk*, periodischer Bruch. ▾**—itie** (*herhaling*) Wiederholung *w*; (*toneel*) Probe *w*; (*proefwerk*) Klassenarbeit *w.* ▾**—itor** Repetitor *m.*
repl/ica Replik *w.* ▾**—iceren** replizieren, entgegnen. ▾**—iek** Replik, Entgegnung, Gegenrede *w*; *ook* = **replica**.
report/age (*alg.*) Reportage *w*; (*verslaggeving*) Berichterstattung *w*; (*het verslag*) Tatsachenbericht *m*, Reportage *w*; (*radio*) Hörbericht, Funkbericht *m*; (*ooggetuigeverslag*) Augenzeugenbericht, Schaubericht *m.* ▾**—er** Reporter, Berichterstatter *m.*
reppen: *z. reppen*, s. beeilen; *van iets —*, etwas erwähnen, von etwas sprechen, etwas (im Gespräch) berühren; *er met geen woord van —*, etwas gar nicht, mit keinem Wort erwähnen, (*z. er geen woord over laten ontvallen*) kein Wort davon fallen lassen.
represaille Repressalie, Vergeltungsmaßregel *w.*
represent/ant Repräsent/ant *m.* ▾**—atie** R.ation *w.* ▾**—atief** r.ativ. ▾**—atiegelden** R.ationsgelder *Mz*, Aufwandsentschädigung *w.* ▾**—eren** r.ieren, vertreten.
repressief repressiv.
reprimande Tadel, Verweis *m*, Rüge *w.*
reprod/uceren reproduzieren. ▾**—uktie** Reprodukt/ion *w.* ▾**—uktierecht** Vervielfältigungsrecht *s.* ▾**—uktievermogen** R.ionsvermögen *s.*
reprograf/eren reprograph/ieren. ▾**—ie** R.ie *w.*
reptiel Reptil *s.*
republ/iek Republik *w.* ▾**—ikein** R.aner *m.* ▾**—ikeins** r.anisch.
reputatie Reputation *w*, (guter) Ruf, Leumund *m*; *een goede*, (*slechte*) *— hebben*, in gutem (üblem) Ruf stehen, e.n guten (schlechten) Ruf haben.
requiem Requiem *s.* ▾**—mis** Seelenmesse *w.*
requir-, **requisi-** *zie* **rekwir-**, **rekwisi-**.
research (wissenschaftliche) Forschung *w.* ▾**—afdeling** F.s-, Entwicklungsabteilung *w.* ▾**—work** F.sarbeit *w.*
reservaat Reservat, Naturschutzgebiet *s*; (*v. inheemsen*) Reservat *s*, Reservation *w.*
reserve Reserve *w*; (*kapitaalreserve v. onderneming, ook*) Rücklage *w*; (*voorbehoud*) Vorbehalt *m*; (*militairen*) *bij de — plaatsen*, in die Reserve stellen; (*de winst*) *bij de — voegen*, der Reserve, den Rücklagen überweisen; *zonder enige —*, ohne Vorbehalt, rückhaltlos. ▾**—band** R.-, Ersatzreifen *m.* ▾**—fonds** R.fonds *m*, Rücklage *w.* ▾**—getal** (*bij lotto*) Zusatzzahl *w.* ▾**—officier** R.offizier *m.* ▾**—onderdeel** Ersatzteil *m.* ▾**reserv/eren** reservieren; (*plaatsen, ook*) belegen (lassen). ▾**—ering** Reservierung *w*; (*v. kapitaal bij onderneming, ook*) Rückstellung *w.* ▾**—etank** Reserve/behälter *m.* ▾**—etroepen** R.truppen *Mz.* ▾**—ewiel** Ersatz-, R.rad *s.* ▾**—ist** Reservist *m.* ▾**—oir** Behälter *m*, Reservoir *s.*
resid/ent Resid/ent *m.* ▾**—entie** R.enz *w.* ▾**—entiestad** R.enz(stadt) *w.* ▾**—eren** r.ieren, seinen Wohnsitz haben, (*v. notaris, enz.*) seinen Amtssitz haben.
residu Rückstand *m.*
resig/natie Resig/nation *w.* ▾**—eren** r.nieren.
resis/tent resis/tent. ▾**—tentie** R.tenz *w.* ▾**—teren** r.tieren.
resol/utie Resolution, Entschließung *w.* ▾**—uut** resolut, entschlossen.
reson/antie Reson/anz *w.* ▾**—eren** r.ieren.

resopal Resopal *s.*
resor/beren resor/bieren. ▾**—ptie** R.ption *w.*
respect Respekt *m*, Achtung *w*; *alle —!*, alle A.!; *met alle — (gezegd)*, mit R. zu sagen, mit Ihrer Erlaubnis; *met alle — voor hem (, moet ik toch zeggen)*, trotz meinem R. vor ihm. ▾**—abel** r.abel, angesehen; (*v. bedrag enz.*) ansehnlich. ▾**—eren** r.ieren; *z. doen —*, s. in R. setzen.
respect/ief respekt/iv. ▾**—ievelijk** r.ive, beziehungsweise, beziehentlich.
respijt Aufschub *m*, Frist *w.*
responsiecollege Respondierkolleg *m.*
ressentiment Ressentiment *s.*
ressort Ressort *s*; Geschäfts-, Amts-, Verwaltungsbereich *m*; Aufgaben-, Dienstkreis *m*; Gebiet; Fach *s*; (*ambtsdistrict*) Amtsbezirk *m*, (*v. rechtbank*) Gerichtsbezirk *m*, (*rechtsmacht*) Gerichtsbarkeit *w*; *in hoogste, —*, in höchster Instanz; *dat behoort niet tot mijn —*, das gehört nicht zu meiner Kompetenz, zu meinem R.; das schlägt nicht in mein Fach. ▾**—eren**: *onder iem. —*, e.m unterstellt sein, e.m unterstehen; zu jemands Gebiet, Kompetenz gehören; (*die aangelegenheid*) *ressorteert onder het ministerie van...*, obliegt dem Ministerium für, gehört zum Amtsbereich des Ministeriums für...
rest Rest, Überrest *m*; *voor de —*, übrigens, im übrigen. ▾**—ant** Rest, Überrest *m*; (*v. partij goederen, bijv bij inkoop*) R.posten *m*, -partie *w*; (*bijv bij uitverkoop*) R.bestand, Rest *m* (*mv*: Rester); (*uitstaande schuld*) Rückstand *m.*
restaur/ant Restaur/ant *s*, Gaststätte *w.* ▾**—ateur 1** (*hersteller*) R.ator *m*; **2** (*v. restaurant*) Gastwirt, Gaststätteninhaber *m.* ▾**—atie** R.ation *w*; (*het restaureren, ook*) Widerherstellung, R.ierung *w*; (*restaurant*) R.ant *s*, Gaststätte *w.* ▾**—atiewagen** Speisewagen *m.* ▾**—eren** r.ieren, wiederherstellen.
rest/en, —eren restieren, übrigbleiben; *mij rest nog (te verklaren)*, es bleibt mir noch übrig; *rest nog (te spreken over...)*, es erübrigt noch. ▾**—erend** übrig, restierend, restlich; *— bedrag*, Restbetrag *m.*
restitu/eren restituieren, (zu)rückerstatten. ▾**—tie** Rückerstattung *w*; (*vergoeding*) Vergütung *w.* ▾**—tieplicht** R.spflicht *w.*
restrictie Restriktion, Einschränkung *w*; Vorbehalt *m.*
result/aat Result/at *s*; (*succes, ook*) Erfolg *m*; (*uitkomst, uitslag, ook*) Ergebnis *s*; *— opleveren*, zu e.m R.at führen, R.at zeitigen; (*zijn pogingen*) *leverden geen — op, bleven zonder —*, waren erfolglos. ▾**—ante** R.ante *w.* ▾**—eren** r.ieren, s. ergeben.
resum/é Resüm/ee *s*, Zusammenfass/ung *w.* ▾**—eren** r.ieren, z.en. ▾**—(p)tie** Z.ung *w.*
resusfactor Rhesusfaktor *m.*
retir/ade Abort *m*; Retirade *w.* ▾**—eren** s. zurückziehen.
retor Rhetor *m.* ▾**—iek** R.ik *w.* ▾**—isch** r.isch.
retort Retorte *w.*
retouch/e Retusch/e *w.* ▾**—eren** r.ieren. ▾**—eur** R.eur *m.*
retour I *bw* zurück, retour; *—, tweede, Keulen*, Rückfahrt zweiter Köln, zweiter K. (hin) und zurück. **II** *zn* **1** Rück/fahrt; R.fracht; R.sendung *w*; **2** = **—biljet** R.fahrkarte *w.* ▾**—neren** zurückschicken, retournieren. ▾**—tje** Rück/fahrkarte *w.* ▾**—wedstrijd** R.spiel, Retourspiel *s.* ▾**—wissel** R.wechsel *m*, -tratte, Ritratte *w.*
retrait/ant Retrait/ant *m.* ▾**—e** R.e *w*; Exerzitien *Mz*; *in — zijn*, E. machen, in E. sein. ▾**—ehuis** E.haus *s.*

return Return *m.* ▾**—match, —wedstrijd** Rückspiel *s.*
reu Rüde *m.*
reuk Geruch *m*; (*aangenaam*) Duft *m*; (*in 'n slechte — (staan)*, in üblem G., in üblem Rufe. ▾**—altaar** Rauchaltar *m.* ▾**—(e)loos** geruchlos. ▾**—flesje** Riechfläschchen *s.* ▾**—orgaan** Geruchsorgan *s.* ▾**—water** Riechwasser *s.* ▾**—werk** Räucherwerk *s*, Duftstoff *m.* ▾**—zenuw** Geruchs/nerv *m.* ▾**—zin** G.sinn *m.*
reuma Rheuma *s.* ▾**—patient** R.kranke(r), R.tiker *m.* ▾**—tiek** R.tismus *m.* ▾**—tisch** rheumatisch. ▾**—toloog** R.tologe *m.*
reünie Treffen, Wiedersehensfest *s*; (*hereniging*) Reunion *w.*
reus Riese *m.* ▾**—achtig** riesig, riesenhaft; *— bouwwerk*, riesiger Bau, Riesenbau; *—e gestalte*, Riesengestalt *w*; *— idee*, großartige Idee; *— succes*, Riesenerfolg, Bombenerfolg; *— groot, sterk*, riesengroß, -stark; *— blij*, riesig froh.
reutel Röcheln *s.* ▾**—en** röcheln.
reuze großartig; (*dat is*) *—!*, großartig!, knorke! (*voor ss met — zie ook* **reusachtig**). ▾**—herrie** Mords-, Riesenkrach *m.* ▾**—kerel** riesig netter Kerl, fideler K., Mordskerl *m.*
reuzel Schmalz *m.*
reuze/leuk riesig nett. ▾**—mop** riesiger Spaß. ▾**—nkracht** Riesen/kraft *w.* ▾**—nzwaai** R.schwung *m.* ▾**—pret** R.spaß, riesiger Spaß *m.* ▾**—succes** R.-, Bombenerfolg *m.* ▾**reuzin** Riesin *w.*
revaccin/atie Wiederimpfung *w.* ▾**—eren** wiederimpfen.
revacuatie Revakuierung *w.*
revalid/atie Rehabilit/ation *w.* ▾**—atiecentrum** R.ationszentrum *s.* ▾**—eren** r.ieren.
revaloris/atie Revaloris/ation, R.ierung *w.* ▾**—eren** r.ieren. ▾**revalu/atie** Aufwert/ung, Revalo/ation *w.* ▾**—eren** a.en, r.ieren.
revanche Revanche *w*; *— nemen*, s. revanchieren.
reveil Wiederaufleben *s*; (*hist.*) Reveil *s.* ▾**—le** Wecken *s*, Weckruf *m.*
reven reffen.
revenu Revenue *w*, Einkommen *s*, Einkünfte *Mz.*
revérence Reverenz, Verbeugung *w.* ▾**reverentie** Reverenz; Verbeugung; Ehrerbietung *w.*
revers Revers *m*; (*aan jas enz. ook*) Aufschlag *m.*
revis/eren revidieren; (*tech.*) überholen. ▾**—ie** Revision *w*; Überholung *w.* ▾**—or** Revisor *m.*
revival Revival *s*, Wiederbelebung *w*, Wiederaufleben *s.*
revolte Revolte *w.*
revolut/ie Revolution, Umwälzung *w*, Umsturz *m.* ▾**—iebouw** Schwindelbau *m.* ▾**—iegeest** R.sgeist *m.* ▾**—ionair I** *bn & bw* r.är. **II** *zn* R.är *m.*
revolver Revolver *m*; (*v. benzinepomp*) Zapfpistole *w.*
revue Revue *w*; (*mil.*) Heerschau *w*; (*tijdschrift*) Rundschau; Revue *w*; *de — passeren*, Revue passieren.
riant reizend.
rib/(be) Rippe *w*; (*wisk.*) Kante *w.* ▾**—bel** Riffel *w.* ▾**—belen** riffeln. ▾**—benkast** Brustkorb *m.* ▾**—bestoot** Rippenstoß *m.* ▾**—betje** Rippchen *s.* ▾**—betjesgoed** Rips *m*, gerippter Stoff. ▾**—fluweel** Ripp(en)samt, Kordsamt, Kord *m.* ▾**—stuk** Rippenstück *s*, -braten *m.*

richel Randleiste, Leiste *w*, Gesims *s*.
richt/datum Zieldatum *s*, ungefährer Termin. ▾**—en** richten; (*een brief*) *aan*, (*het woord*) tot iem. —, an e.n.r.; (*zijn aandacht*) *— op*, r.auf [4]; *z. tot iem.* —, s. an e.n wenden; (*waarheen*) *richt* (*jij je schreden*), lenkst. ▾**—ing** Richtung *w*; (*z.*) *in de — van het zuiden* (*bewegen*), in der Richtung nach Süden; *verkeer in één* —, Richtungsverkehr *m*. ▾**—ing(aan)wijzer** Fahrtrichtungs-, Richtungsanzeiger *m*; (*clignoteur*) Richtungsblinker *m*, Blinkleuchte *w*. ▾**—ingbord** Fahrtrichtungsschild *s*. ▾**—ingsbaken** (*luchtv.*) Richt/funkbake *w*. ▾**—lijn** R.linie *w*. ▾**—prijs** R.preis *m*. ▾**—snoer** R.schnur *w*; (*fig. ook*) R.linie *w*. ▾**—straler** R.strahler *m*.
ridder Ritter *m*; *tot — slaan*, zum R. schlagen; *een — v.d. droevige figuur*, ein R. von der traurigen Gestalt. ▾**—en** (e.m) e.n R.orden verleihen; (*ook*) (e.n) in den R.stand erheben, (*vroeger*) zum R. schlagen. ▾**—kruis** R.kreuz *s*. ▾**—lijk** r.lich. ▾**—orde** R.orden *m*. ▾**—schap** R.schaft *w*. ▾**—spoor** (*ook plant*) R.sporn *m*. ▾**—zaal** R.saal *m*.
ridicuul lächerlich, ridikül.
riek Gabel *w*.
rieken riechen.
riem Riemen *m*; (*gordel*) Gurt, Gürtel *m*; (*roeiriem*) Ruder *s*, Riemen *m*; (*papier*) Ries *s*; *het is goed —en snijden uit andermans leer*, aus fremden Leder ist gut Riemen schneiden. ▾**—aandrijving** Riemenantrieb *m*. ▾**—pen** Ruderpinne *w*.
riet Rohr, Schilf(rohr) *s*. ▾**—achtig** r.artig. ▾**—bos** R.dickicht, Röhricht *s*; (*bundel*) Rohr/bündel *s*. ▾**—dekker** R.decker *m*. ▾**—en** Rohr . . ., r.en; *— dak*, R.-, Schilfdach *s*; *— meubelen*, Korbmöbel; *— stoel*, Korbstuhl, (*met rieten mat*) R.stuhl *m*. ▾**—je** Rohr, Röhrchen *s*; (*om te drinken*) Stroh(trink)halm, Halm *m*, Trinkröhrchen *s*. ▾**—kraag** Schilfgürtel *m*. ▾**—mat** Rohr/matte *w*. ▾**—pluim** R.rispe, Schilfrispe *w*. ▾**—suiker** R.zucker *m*.
rif **1** (*klip*) Riff *s*; **2** (*geraamte*) Gerippe *s*; **3** (*aan zeil*) Reff *s*.
rigide rigid(e).
rigoureus rigoros.
rij Reih/e *w*; (*v. timmerman*) Richtscheit *s*; *huis in een* —, Reihenhaus *s*; *in —en van drie*, je drei in e.r R.e; *met vieren in de — lopen*, in R.en zu vier gehen; *in de — staan*, (*voor loket*) Schlange stehen, anstehen; *op een* — (*staan*), in e.r R.e; *op de — af*, der R.e nach; *kostuum met één —, twee —en knopen*, ein-, zweireihiger Anzug, Ein-,Zweireiher *m*.
rij/baan Reitbahn *w*; (*v. weg, voor auto's*) Fahrbahn *w*; (*op ijs*) Laufbahn *w*; *autoweg met dubbele* —, doppelspurige Autobahn, Autostraße mit zwei Fahrspuren. ▾**—bewijs** Füherschein *m*, Fahrerlaubnis *s*. ▾**—broek** Reithose *w*. ▾**rijdbaar** fahrbar. ▾**rij/den** (*op of als op rijdier*) reiten; (*in voertuig, op fiets*) fahren; (*op schaatsen*) (Schlittschuh) laufen; *autorijden*, Auto f.; (*iem.*) naar 't station —, zum Bahnhof fahren. ▾**—dend** fahrend, Fahr . . .; *—e bibliotheek*, Fahr/bücherei *w*; *—e kraan*, F.krahn *m*; *—e artillerie* reitende Artillerie. ▾**—der** Reiter, F.er; Läufer *m*. ▾**—dier** Reittier *s*. ▾**—examen** F.-prüfung *w*.
rijg/draad Reihfaden *m*. ▾**—en** (*kralen, enz.*) (an-, auf)reihen; (*schoenen, korset*) schnüren; (*met grote steken*) heften, reihen; (*kralen*) *aan een koord* —, auf eine Schnur reihen, ziehen; *z.* —, s. schnüren. ▾**—laars** Schnür/stiefel *m*. ▾**—naald, —pen** Durchzug-, Zieh-, S.nadel *w*. ▾**—snoer** S.band *s*. ▾**—steek** Reih-, Heftstich *m*. ▾**—veter** S.senkel *m*.
rijinstructeur Fahrlehrer *m*.
rijjool Spritzfahrt *w*.
rijk I *bn & bw* reich (an [3]); *— aan inhoud*, inhaltreich; *— en arm*, arm und r. **II** *zn* Reich *s*; (*staat, ook*) Staat *m*; (*heerschappij*) Herrschaft *w*; *door het* — (*aangesteld worden*), vom Staate; *—s kas*, Staatskasse *w*; *—s middelbare tuinbouwschool*, staatliche mittlere Gartenbauschule; *op kosten v.h.* —, auf Staatskosten; *zijn — is uit*, mit seiner Herrschaft, seiner Herrlichkeit ist es aus; *het — alleen hebben*, allein (zu Hause) sein. ▾**—aard** Reich/e(r) *m*. ▾**—dom** R.tum *m*; *— van gedachten*, Gedankenreichtum *m*, -fülle *w*. ▾**—e** R.e(r) *m*. ▾**—elijk** r.lich. ▾**—eluiskind** reicher Leute Kind *s*.
rij/knecht Reit/knecht *m*. ▾**—kostuum** R.anzug *m*.
rijks/academie Staats/akademie *w*. ▾**—ambtenaar** S.-, Reichs/beamte(r) *m*. ▾**—appel** R.apfel *m*. ▾**—archief** S.archiv *s*. ▾**—ban** R.acht *w*. ▾**—begroting** S.haushaltplan *m*. ▾**—belasting** S.steuer *w*. ▾**—bemiddelaar** staatlicher Schlichter *m*. ▾**—bestuur** R.regierung, S.verwaltung *w*. ▾**—betrekking** S.amt *s*, staatliche Anstellung *w*. ▾**—beurs** S.stipendium *s*. ▾**—bijdrage** *s*.-, R.zuschuß *m*. ▾**—bureau** R.amt *s*, S.stelle *w*. ▾**—controle** S.kontrolle *w*. ▾**—daalder** R.taler *m*. ▾**—dag** R.tag *m*. ▾**—gebouw** R.-, S.gebäude *s*. ▾**—gecommitteerde** S.prüfungskommissar *m*. ▾**—hogereburgerschool** staatliche Oberrealschule. ▾**—inspecteur** staatlicher Inspektor, S.inspektor *m*. ▾**—instelling** staatliche Einrichtung *w*; (*gebouw*) Staatsanstalt *w*. ▾**—kanselier** R.kanzler *m*. ▾**—kweekschool** staatliche Lehrerakademie. ▾**—landbouwconsulent** staatlicher Landwirtschaftsberater. ▾**—merk** S.stempel *m*. ▾**—museum** R.museum *s*, staatliches Museum. ▾**—opvoedingsgesticht** staatliche Erziehungsanstalt, Zwangserziehungsanstalt *w*. ▾**—overheid** staatliche Behörde. ▾**—politie** S.polizei *w*. ▾**—postspaarbank** staatliche Postsparkasse, R.postsparkasse *w*. ▾**—regeling** staatliche Regelung. ▾**—schatkist** S.kasse *w*. ▾**—school** S.schule *w*. ▾**—schooltoezicht** staatliche Schulaufsicht. ▾**—studietoelage** S.stipendium *s*. ▾**—subsidie** S.subvention *w*, S.zuschuß *m*, staatliche Unterstützung. ▾**—universiteit** staatliche Universität *w*. ▾**—veldwachter** Landjäger, Gendarm *m*. ▾**—verzekeringsbank** R.versicherungsamt *s*, staatliche Versicherungsbank *w*. ▾**—vlag** R.flagge *w*. ▾**—voorlichtingsdienst** R.informationsdienst *m* (der Niederlande). ▾**—wapen** R.wappen *s*. ▾**—waterstaat** Wasserbauamt *s*. ▾**—weg** R.straße *w*. ▾**—wege**: *van* —, von Staats wegen.
rij/kunst Reitkunst *w*. ▾**—laars** Reitstiefel *m*. ▾**—les** (*auto*) Fahrunterricht *m*, -stunde; (*paard*) Reitstunde *w*.
rijm **1** (*rijp*) Reif *m*; **2** (*anders*) Reim *m*; *op* — (*brengen*), in Reime. ▾**—bijbel** Reim/bibel *w*. ▾**—elaar** R.schmied *m*. ▾**—elen** r.eln. ▾**—en** r.en; (*dat*) *rijmt niet*, reimt (s.) nicht; (*hoe*) *is dat te* —, reimt s. das (zusammen). ▾**—loos** r.los. ▾**—pje** Reim *m*, R.spruch *m*.
Rijn Rhein *m*; *links, rechts v.d.* —, (*ook*) links-, rechtsrheinisch. ▾**rijnaak** Rhein/kahn *m*. ▾**Rijn/lander** R.länder *m*. ▾**—lands** r.ländisch. ▾**—streek** R.gegend *w*.

▾—**vaart** R.schiffahrt *w.* ▾**rijnwijn** R.wein *m.*
rij-op-rij-af schip Roll-on-roll-off-Schiff, Ro-Ro Schiff, Roroschiff *s.*
rijp I *bn & bw* reif; (*rijpelijk*) reiflich; *na — beraad*, nach reiflicher Erwägung; *— voor een beslissing*, beschlußreif; *vroeg — vroeg rot*, was bald reif wird, wird bald faul. **II** *zn* Reif *m*; (*op bomen enz., ook*) Rauhreif, Rauhfrost *m.*
rij/paard Reit/pferd *s.* ▾—**pad** R.weg *m.*
rijp/elijk reiflich. ▾—**en** (*i.a.b., ook licht vriezen*) reifen. ▾—**heid** Reife *w.* ▾—**ing** Reifen *s.*
rij/proef Führerprobe, Fahrprüfung *w*; (*toetsing v. voertuig*) Probefahrt *w*; Probefahren *s.* ▾—**richting** Fahrtrichtung *w.*
rijs (*twijg*) Reis *s*; (*rijshout*) Reisig *s.* ▾—**bos** Reisigbündel *s*; (*in waterbouwk., ook*) Faschine *w.* ▾—**hout** Reisholz, Reisig *s.*
rij/schaaf Schlichthobel *m.* ▾—**school** Reit-, (*auto*) Fahrschule *w.* ▾—**snelheid** Fahrgeschwindigkeit *w.* ▾—**spoor** Wagenspur *w*; (*bij spoorvorming*) Spurrille *w*; (*aan laars*) Reitsporn *m.*
rijst Reis *m*; *gebroken —*, Bruchreis. ▾—**bouw** R.bau *m.* ▾—**ebrij** R.brei *m.* ▾—**ebrijberg**: *de — dooreten*, s. durch den Pfannkuchenberg essen. ▾—**epap** R.brei *m.*
rijstijl Fahrstil *m.*
rijst/land Reis/land *s*; (*veld*) R.feld *s*; (*plantage*) R.pflanzung *w.* ▾—**papier** R.papier *s.* ▾—**pellerij**, —**pelmolen** R.schälmühle *w.*
rijstrook Fahrspur *w*, Fahrstreifen *m.*
rijsttafel Reistafel *w.* ▾—**en** R. essen.
rijswerk Faschinenwerk *s.*
rijten reißen; (*stuk*) zerreißen.
rij/tijd Fahrzeit *w*; (*rijdier*) Reitzeit *w*; (*v. vis*) Laichzeit *w.* ▾—**toer** Spazierfahrt *w*; (*op rijdier*) Spazierritt *m.* ▾—**tuig** Wagen *m*; (*koets*) Kutsche *w*; (*huurrijtuig*) Droschke *w.* ▾—**vaardigheid** Fahr/tüchtigkeit *w.* ▾—**verkeer** F.verkehr, F.betrieb *m.* ▾—**vlak** (*v. band*) Lauffläche *w.* ▾—**weg** F.straße *w*; (*rijbaan*) F.bahn *w*, (*tussen trottoirs*) F.damm *m*; (*de grote weg buiten*) Landstraße, Chaussee *w.*
rijwiel Fahrrad *s*; *voor ss zie ook* **fiets**. ▾—**hersteller** F.reparateur, F.schlosser *m.* ▾—**pad** Radfahrweg *m.* ▾—**stalling** F.aufbewahrung *w*, -abstellplatz *m.*
rijz/en steigen; (*v. zon enz.; v. deeg*) aufgehen; (*ontstaan*) entstehen; (*vermoedens die*) *bij iem. —*, in e.m aufsteigen, aufkommen, s. e.m aufdrängen; *de vraag rijst*, man fragt s., die Frage drängt s. auf; *er rijst een geschil, twijfel*, ein Streit, Zweifel erhebt s.; *er — klachten*, Klagen werden laut; *van zijn stoel —*, s. vom Stuhl erheben; (*hoog*) *rijst (de toren tussen 't groen)*, erhebt s.; *de haren — je daarvan te berge*, die Haare stehen e.m dabei zu Berge, dabei sträuben s. e.m die H.; *— en dalen*, s. heben und s. senken; *land v.d. —de zon*, Sonnenaufgangsland; *gerezen moeilijkheden*, entstandene Schwierigkeiten. ▾—**ig** hoch(gewachsen), schlank.
rijzweep Reitpeitsche *w.*
rikketik Ticktack *s.*; *hij zit in zijn —*, sein Herz schlägt ihm bis an den Hals hinauf.
rill/en zittern; (*v. angst, kou enz.*) schau(d)ern; *— van de kou*, schauern vor Kälte, schaudern vor Frost, frösteln; *ik ril*, ich fröstle, mich fröstelt; *ik ril van de koorts*, (*ook*) das Fieber schüttelt mich; (*het is*) *om van te —*, schauderhaft. ▾—**erig** fröstelnd. ▾—**ing** Schau(d)er *m*; (*v. kou*) Frostschauer *m*; *koude —en*, Schüttelfrost *m*; *een koude — ging me door de leden*, es überlief mich kalt.
rimboe Dschungel *w*, Busch *m.*
rimpel Runzel *w*; (*plooi*) Falte *w*; *zie* **—ing**. ▾—**en** runzeln, falten, (*water*) s. kräuseln. ▾—**ig** runzlig, gerunzelt; (*water*) kräuselnd, gekräuselt. ▾—**ing** Runzeln *s*; (*water*) Kräuseln *s*, Kräuselung *w*, Gekräusel *s.*
ring Ring *m*; (*kerkel.*) Kreis *m*; *zie ook* **kring**. ▾—**baan** R.bahn *w.* ▾—**baard** R.-, Kranzbart *m.* ▾—**band** R.buch, R.band *s.* ▾—**eloren** maßregeln, kujonieren. ▾—**en** (be)ringen. ▾—**etje** R.lein *s*; *je kunt hem door een — halen*, er ist wie aus dem Ei gepellt, geschniegelt und gebügelt. ▾—**slang** R.elnatter *w.* ▾—**sleutel** R.schlüssel *m.* ▾—**spier** R.muskel *m.* ▾—**steken** R.(el)stechen *s.* ▾—**vaart** R.kanal *m.* ▾—**vinger** R.finger *m.* ▾—**weg** R.straße *w*, Ring *m.* ▾—**worm** R.elwurm *m*; (*ziekte*) R.wurm *m*, Flechte *w.*
rinkelen (*v. glas enz.*) klirren; (*v. belletjes*) klingeln; (*met borden, sleutels, geld in de zak*) klappern.
rinoceros Rhinozeros *s.*
rins säuerlich; (*v. wijn, ook*) herb.
rioler/en kanalisieren. ▾—**ing** Kanalisation, Kanalisierung *w.* ▾**riool** (Abwasser-, Straßen)Kanal *m.* ▾—**buis** Kanalisationsrohr *s.* ▾—**deksel** Kanal/deckel *m.* ▾—**gas** K.gas *s.* ▾—**kolk**, —**putje** (*in straatgoot*) Sinkkasten, Gully *m.* ▾—**water** Abwasser *s*, Abwässer *Mz.*
rips Rips *m.*
ris *zie* **rist**.
risee Zielscheibe *w* des Spottes.
risico Risiko *s*, Gefahr *w*; *op*(*voor*) *mijn —*, auf mein R., auf meine G.; *voor — v.d. ontvanger*, auf G. des Empfängers; *— aanvaarden, op zich nemen*, ein R. übernehmen, eingehen; *een — dragen*, ein R. tragen; *— lopen*, R., G. laufen. ▾—**factor** R.faktor *m.* ▾—**premie** R.prämie *w.* ▾**risk/ant** riskant, gewagt. ▾—**eren** riskieren, wagen.
rissen aufreihen; (*afristen*) abbeeren. **rist** (*uien enz.*) Schnur *w*; (*rij, reeks*) Reihe *w*; (*menigte*) Menge *w.* ▾**risten** *zie* **rissen**.
rit 1 Fahrt *w*; (*op rijdier*) Ritt *m*; (*voor beide, ook*) Tour *w*; **2** (*kikkerrit*) (Frosch)Laich *m.*
rite Ritus *m.*
ritme Rhythmus *m.*
ritmeester Rittmeister *m.*
rit/miek Rhythmik *w.* ▾—**misch** rhythmisch.
rits I *tw* ritsch. **II** *zn* **1** Einschnitt *m*; **2** (*ritssluiting*) Reißverschluß *m.* ▾—**elen** rascheln; (*wind*) säuseln; (*zijde*) rauschen. ▾—**en** (ein)ritzen.
ritsig brünstig.
ritssluiting Reißverschluß *m.*
ritu/aal Ritual *s.* ▾—**eel I** *bn & bw* rituell; *rituele moord*, Ritualmord *m.* **II** *zn* Ritual *s.* ▾**ritus** Ritus *m.*
riv/aal Rival(e) *m.* ▾—**aliteit** Rivalität *w.*
rivier Fluß, Strom *m*; *de — af, op*, (*stroomaf, -op*) den F. hinab, hinauf; f.abwärts, -aufwärts. ▾—**bedding** F.bett *s.* ▾—**gezicht** (*schilderst.*) F.landschaft *w.* ▾—**grind** F.kies *m.* ▾—**klei** F.lehm *m.* ▾—**mond** F.mündung *w.* ▾—**politie** Wasserschutzpolizei *w.* ▾—**scheepvaart** F.schiffahrt *w.* ▾—**vaart** F.(schif)fahrt *w.* ▾—**water** F.wasser *s.*
r.-k.: *r.-k-school*, katholische Schule; *zie* **rooms-katholiek**.
rob (*zeehond*) Robbe *w.*
robbe/does Wildfang *m.* ▾—**doezen** s.balgen, herumtollen.
robbe/huid Robben/fell *s.* ▾—**jacht** R.jagd *w*, R.fang, R.schlag *m.*
robber (*kaartspel*) Robber *m.*
robijn Rubin *m.* ▾—**en** Rubin...; (*robijnrood*) rubinrot, rubinfarbig.

robot Roboter *m.*
robuust robust, kräftig; (*v. lich. gestalte*) vierschrötig, stämmig.
rochel (*fluim*) Qualster *m*; (*reutel*) Röcheln *s.* ▾**—aar** Q.er, Röchler *m.* ▾**—en** q.n; röcheln.
rock Rock *m.* ▾**—en** rocken.
rocker Rocker, Lederjacke *m.*
rock en roll Rock and Roll *m.* ▾**rock-muziek** Rockmusik *w.*
rococo Rokoko *s.*
roddel, —praat Klatsch/erei *w.* ▾**—aar** K.maul *s.* ▾**—en** k.en, lästern.
rode hond Röteln *Mz.*
Rode Kruis Rotes Kreuz. ▾**rodekruisauto** Sanitätswagen *m.*
rodel/baan Rodelbahn *w.* ▾**—en** rodeln.
rodeloop rote Ruhr *w.*
rododendron Rhododendron *s.*
roebel Rubel *m.*
roede Rute *w*; (*v. gordijn, traploper*) Stange *w.*
roedel Rudel *s*; *een — herten*, ein R. Hirsche, ein R. von Hirschen.
roef Roof *m.*
roei/bank Ruder/bank *w.* ▾**—boot** R.boot *s.* ▾**—en** r.n; (*peilen*) visieren, eichen. ▾**—er** R.er; Visierer, Eicher *m.* ▾**—pen** R.pflock *m*, Dolle *w.* ▾**—riem, —spaan** R. *s*, Riemen *m.* ▾**—sport** R.sport *m.* ▾**—tochtje** R.-, Kahnfahrt, R.partie *w.* ▾**—wedstrijd** R.wettfahrt, R.regatta, *w*, R.wettkampf *m.*
roek Saatkrähe *w.*
roekeloos leichtsinnig, unbesonnen; (*vermetel*) tollkühn, verwegen. ▾**—heid** Leichtsinn *m*, U.heit; T.heit; V.heit *w.*
roekoe/ën, —ken gurren, girren.
Roeland Roland *m.*
roem Ruhm *m*; *eigen — stinkt*, Eigenlob stinkt.
Roemeen Rumäne *m.* ▾**—s** rumänisch.
roemen rühmen, preisen, loben; *op iets —*, s. e.r Sache rühmen.
Roeme/nië Rumä/nien *s.* ▾**—niër** R.ne *m.*
roemer (*wijnglas*) Römer *m.*
roem/loos ruhm/los. ▾**—rijk** r.reich, -voll. ▾**—rucht(ig)** rühmlich bekannt.
roep Ruf *m*; (*huwelijksafkondiging*) Aufgebot *s*; *er ging een grote — van hem uit*, er wurde sehr gerühmt. ▾**—en** rufen; schreien; (*bruidspaar in kerk*) aufbieten; (*het kind*) *roept om zijn moeder*, ruft nach der Mutter; *om wraak —*, nach Rache schreien; *ze — er allemaal over*, alle rühmen, loben es; *z. (tot iets) geroepen voelen*, s. (zu etwas) berufen fühlen; *geroepen zijn*, berufen sein; *een —de in de woestijn*, ein Prediger in der Wüste. ▾**—er** Rufer, Rufende(r) *m*; (*spreektrompet*) Sprachrohr *s.* ▾**—ing** Berufung *w*; *— voor priester voelen*, die B. zum Priester in sich fühlen. ▾**—letter(s)** (*telec.*) Ruf/zeichen *s.* ▾**—naam** R.name *m.* ▾**—stem** Stimme *w*, Ruf *m.*
roer 1 (Steuer) Ruder *s*; *het — in handen hebben, aan het — staan*, (*fig.*) das R. führen, am R. sitzen; *het — omgooien*, das R. umlegen; **2** (*buis v. pijp*) Rohr *s*; (*geweer*) Flinte *w.* ▾**—domp** Rohrdommel *w.* ▾**—ei** Rührei *s.* ▾**—en** rühren; *zijn tong, mond —*, (*druk*) sein Maulwerk gehen lassen; *— aan*, berühren; *z. —*, s. rühren. ▾**—end** (*aandoenlijk*) rührend; *— goed*, bewegliches Gut, fahrende Habe; *—e en onroerende goederen*, bewegliche und unbewegliche Habe, Mobilien und Immobilien. ▾**—ganger** Rudergänger *m.*
Roergebied Ruhrgebiet *s.*
roerig rührig, beweglich, unruhig. ▾**—heid** Unruhe *w.* ▾**roerloos** unbeweglich, bewegungslos, regungslos; (*zonder roer*) ruderlos. ▾**—heid** Unbeweglichkeit, Regungslosigkeit *w.* ▾**roer/pen** Ruderpinne *w.* ▾**—sel** Regung *w.* ▾**—spaan** Rühr/spatel *m.* ▾**—toestel** R.werk *s.*
roes (*bedwelming*) Rausch *m*; *bij de —* (*verkopen*), im Ramsch, in Bausch und Bogen.
roest 1 (*op metalen*) Rost *m*; **2** (*plantenziekte*) Rost *m*; (*in koren, ook*) Brand *m*; **3** (*voor kippen*) Stange *w.* ▾**—bruin** r.braun. ▾**—en** r.en; *bestand tegen —*, r.beständig; *doen —*, rostig machen. ▾**—ig** r.ig. ▾**—kleurig** r.farbig. ▾**—vlek** R.fleck *m.* ▾**—vrij** r.frei, -sicher. ▾**—werend** r.schützend; *— middel*, R.schutzmittel *s.*
roet Ruß *m*; *— in 't eten gooien*, die Suppe versalzen. ▾**—aanslag** R.ansatz *m.* ▾**—achtig** r.artig, rußig. ▾**—ig** rußig.
roetsjbaan Rutschbahn *w.*
roet/vorming Rußbildung *w.* ▾**—zwart** rußschwarz.
roeze/moes Stimmengewirr *s*, Wirrwarr *m.* ▾**—moezen** rumoren, lärmen. ▾**—moez(er)ig, roezig** unruhig.
roffel (*trommelslag*) Wirbel *m*; (*schaaf*) Rauhhobel *m.* ▾**—en** w.n, e.n W. schlagen; (*met schaaf*) rauh abhobeln; (*slordig werken*) flüchtig arbeiten, sudeln. ▾**—vuur** Trommelfeuer *s.*
rog (*vis*) Rochen *m*; *ook* = **rogge** Roggen *m.* ▾**—bloem** Roggen/kernmehl *s*, feinstes R.mehl. ▾**—brood** R.-, Schwarzbrot *s.*
rok Rock *m*; (*v. heren*) Frack *m*; *in —*, im F.
rokade Rochade *w.*
rok/beschermer (*aan fiets*) Rockschoner *m.* ▾**—broek** Rockhose *w.*
rok/en rauchen; (*vlees, vis*) räuchern; *niet —*, (*in trein*) Nichtraucher; *'roken' gaan zitten*, s. in ein Raucherabteil setzen, 'Raucher' nehmen; *gerookt vlees*, geräuchertes Fleisch, Rauchfleisch; *gerookte paling*, Räucher-, Spickaal *m.* ▾**—er** Raucher *m.*
rokeren (*schaakspel*) rochieren.
roker/ig rauchig; (*naar rook smakend*) räucherig. ▾**—ij** Räucherei, Räucherkammer *w.* ▾**—shoest** Raucherhusten *m.*
rokje: *zijn — omkeren*, seine Ansichten ändern.
rok/kostuum Frack/anzug *m.* ▾**—pand** F.schoß *m.*
rol Rolle *w*; (*wals, ook*) Walze *w*; (*kartonnen koker*) Papprohre *w*, Pappzylinder *m.* ▾**—baan** Rollbahn *w.* ▾**—beugel** Überrollbügel *m.* ▾**—bezetting** Rollenbesetzung *w.* ▾**—brug** Roll/brücke *w.* ▾**—film** R.film *m.* ▾**—gordijn** R.vorhang *m.* ▾**—hockey** R.hockey *s.* ▾**—laag** R.schicht *w.* ▾**—lade** Rulade, Roulade *w.* ▾**—lager** R.enlager *s.* ▾**—len** rollen; (*stelen*) aus der Tasche stehlen; *met de ogen —*, die (mit den) Augen rollen; (*de zaak*) *raakt aan 't —*, kommt ins Rollen; *hij zal er wel door —*, er wird schon durchkommen, s. schon durchschlagen. ▾**—lend** rollend; *— materieel*, rollendes Material, Rollmaterial *s*, Wagenpark *m.* ▾**—lenspel** Rollenspiel *s.* ▾**—ler** Roller *m.* ▾**—letje**: (*dat*) *loopt op —s*, geht wie geschmiert. ▾**—luik** Rolladen *m.* ▾**—mops** Rollmops *m.* ▾**—pens** saure Rolle. ▾**—plank** Rollbrett *s.* ▾**—prent** Film *m.* ▾**—roer** Querruder *s.* ▾**—rond** rollenförmig. ▾**—schaats** Roll/schuh *m.* ▾**—schaatsen** R.schuh laufen. ▾**—steen** R.stein *m*; (*mv, ook*) Geröll *s.* ▾**—stoel** R.stuhl *m.* ▾**—trap** Fahrtreppe, R.treppe *w.* ▾**—vast** rollenfest. ▾**—verdeling** Rollenverteilung *w.* ▾**—vlucht** Rolle *w.* ▾**—vormig** rollenförmig. ▾**—wisseling** Rollentausch *m.*
Romaan Romane *m.* ▾**—s** romanisch.
roman Roman *m.* ▾**—ce** R.ze *w.* ▾**—cier** R.cier, R.dichter *m.* ▾**—esk** r.tisch. ▾**—iseren** r.isieren. ▾**—ist** R.ist *m.* ▾**—lezer** R.leser *m.* ▾**—schrijver**

R.schriftsteller, R.schreiber *m.* ▾**—tiek** R.tik *w.* ▾**—tisch** r.tisch.
Rom/e Rom *s.* ▾**—ein** Römer *m.* ▾**r—ein** (*letter*) Antiqua *w.* ▾**—eins** römisch.
romen (ab)rahmen.
rommel Plunder, Kram, Krempel *m;* (*versleten huisraad, gerei*) Gerümpel *s,* Rummel *m;* (*slechte waar*) Schund *m;* (*uitschot*) Ramsch *m,* (*geen echte kunstvoorwerpen*) Kitsch *m;* (*chaos*) Wirrwarr, Wust *m;* (*janboel*) tolle, heillose Wirtschaft; *weg met de hele —,* weg mit dem ganzen Krempel!; *oude —,* altes Zeug, Plunder, Trödel *m.* ▾**—en** (*dof dreunen*) rummeln; (*v. donder*) grollen; (*in buik*) knurren; (*in kasten, oude papieren, op zolder enz.*) stöbern, (herum)kramen. ▾**—ig** unordentlich. ▾**—kamer** Rumpel-, Plunderkammer *w.* ▾**—kast** Rumpel-, Plunderschrank *m.* ▾**—markt** Flohmarkt *m.* ▾**—pot** Brummtopf *m.* ▾**—zolder** Rumpelboden *m.* ▾**—zooi** (*allegaartje*) Sammelsurium *s; zie* **rommel**.
romp Rumpf *m.* ▾**—buiging** R.beuge *w.* ▾**—plaat** Mantelblech *s.* ▾**—skelet** (*luchtv.*) R. gerüst *s.*
rompslomp Kram *m;* (*last*) Scherereien *Mz;* (*herrie, drukte*) Trubel *m;* (*beslommeringen*) Mühseligkeiten *Mz.*
rond I *bn & bw* (*bw: zie ook* **II**) rund; (*ronduit*) rundheraus, geradeheraus; *— venster,* rundes Fenster, Rundfenster *s; een — jaar,* ein volles Jahr; *een —e kerel,* ein offenherziger, gerader Kerl; *ergens — voor uitkomen,* etwas offen, rundheraus gestehen; (*dat kost*) *— 100 gulden,* rund, etwa, ungefähr 100 Gulden; *— om hem* (*heen*), rings um ihn (herum); rund um ihn (herum). **II** *bw* (*het gerucht*) *is al heel de stad —,* ist schon in der ganzen Stadt herum; (*het gerucht*) *is al overal —,* ist schon überall herum; (*bijwoordelijke uitdrukking:*) *in het rond*(*e*), (*in een kring, cirkel*) in der (die) Runde, (*minder bep.*) herum, (*her- en derwaarts, kriskras*) umher; *in 't — gaan staan,* s. im Kreise aufstellen; (*de mensen van 10 dorpen*) *in 't —,* im Umkreis, in der Umgebung; *in 't — draaien,* s. herumdrehen; *in 't — liggen,* herumliegen; *in 't — kijken,* umherblicken; (*in ww met de betekenis: in de rondte; naar de rij af*) herum...; (*kriskras*) umher...; (*we liepen*) *het park, het plein —,* (*eromheen*) um den Park, den Platz herum, (*in park, op plein*) im Park, auf dem Platz herum, (*kriskras*) im Park, auf dem Platz umher; (*hij blikte*) *de kamer —,* im Zimmer umher, herum; (*de beker ging*) *—,* herum. **III** *vz* um, um... herum; *— de haard zitten,* um den Herd sitzen; *— de boom dansen,* um den Baum (herum)tanzen; *— München,* um München (herum), (*in de omtrek van M.*) in der Umgebung, in der Gegend von M.; *— het jaar 1000,* um das Jahr 1000 (herum); (*hij is*) *— de 30,* um die dreißig (herum; *zo — de 100 gulden,* so um 100 Gulden herum. **IV** *zn* Rund *s;* (*rondte*) Runde *w; in 't —, zie* **rond II**.
rond/achtig rundlich. ▾**—bazuinen** aus-, herumposaunen. ▾**—blikken** herum-, umherblicken. ▾**—boog** Rundbogen *m.* ▾**—borstig** offen(herzig), gerade. ▾**—borstigheid** Offenherzigkeit, Offenheit, Geradheit *w.* ▾**—brengen** herum/tragen, -bringen; (*kranten, post, ook*) austragen. ▾**—brieven** (*fig.*) h. tragen, ausposaunen. ▾**—dansen** herumtanzen. ▾**—delen** h.teilen, h.reichen, austeilen. ▾**—dienen** h.reichen. ▾**—dobberen** h.treiben, umhertreiben. ▾**—dolen** h.irren, umherirren. ▾**—draaien I** *ov.w* h.drehen. **II** *on.w* s. h.drehen. ▾**—dwalen** h.irren, umherschweifen; (*zijn gedachten*) *laten —,* umherschweifen lassen.
ronde Runde *w;* (*etappe wedstrijd*) Rundfahrt *w; de — doen,* die R. machen; (*v. e. gerucht, verhaal enz.*) s. herumsprechen; *allerlei geruchten doen de —,* es gehen allerlei Gerüchte. ▾**—dans** Ringel-, Rundtanz *w,* Ringelreihen *m.* ▾**—n** runden. ▾**—tafelconferentie** Round-table-Konferenz *w,* Rundtischgespräch *s.*
rond/gaan herum/gehen. ▾**—gang** Rundgang *m;* Runde *w.* ▾**—gehen** h.geben, -reichen. ▾**—gluren** h.spähen, umherspähen. ▾**—hangen** (*v. pers.*) h.lungern; (*minder ongunstig*) h.sitzen, h.stehen. ▾**—heid** Rundheit, Runde *w;* (*fig.*) *zie* **rondborstigheid**. ▾**—hout** Rundholz *s.* ▾**—ing** Rundung *w.* ▾**—je** Runde *w;* (*rond voorwerpje*) (etwas) Runde(s), Rundstückchen *s,* kleines Rund; *een — geven,* eine Runde geben, eine Lage schmeißen. ▾**—kijken** umherblicken, s. umsehen, um s. herumblicken. ▾**—komen** (*genoeg hebben*) auskommen; (*naar de rij of bij ieder komen*) herum/kommen. ▾**—leiden** h.führen; (*in museum enz.*) führen. ▾**—leiding** (*in museum enz.*) Führung *w.* ▾**—lopen** h.-, umherlaufen, -gehen; *al lang met een plan —,* s. schon lange mit e.m Plan tragen, schon lange mit e.m P. umgehen; *loop rond!,* geh mir!, (*kom nou*) so blau!, (*ach wat*) i wo! ▾**—lummelen** h.lungern, -schlingeln. ▾**—maken** rund machen. ▾**—neuzen** h.schnüffeln. ▾**—om** ringsum, ringsherum, ringsumher; *— de tafel,* um den Tisch herum. ▾**—reis** Rundreise *w.* ▾**—reisbiljet** R.billett *s.* ▾**—reizen** herum-, umherreisen; *—d,* (*ook*) wandernd, umherziehend; *— circus,* Wanderzirkus *m.* ▾**—rijden** herum-, umherfahren, (*rijdier*) -reiten. ▾**—rit** (*in auto enz.*) Rundfahrt *w.* ▾**—scharrelen** (*moeilijk lopen*) herum-, umherhumpeln, -stolpern, -krabbeln; (*rondzwerven*) s. herumtreiben; (*voortdurend ergens hangen*) s. herumdrücken; (*treuzelen*) herum-, umhertrödeln; (*bezig zijn bijv. in keuken*) herumhantieren, -wirtschaften; (*in iets zoeken*) herumstöbern, -schnüffeln; (*met moeite in behoeften kunnen voorzien*) herum/stümpern, s. mit Mühe durchschlagen. ▾**—schrift** Rundschrift *w.* ▾**—schriftpen** Rundschriftfeder *w.* ▾**—schrijven** Rundschreiben *s;* (*off.*) Runderlaß *m.* ▾**—sel** Ritzel, Getriebe *s.* ▾**—slenteren** h.-, umher/schlendern. ▾**—slingeren I** *ov.w* h.schleudern. **II** *on.w* h.liegen, u.liegen; (*zijn boeken*) *laten —,* h.liegen lassen. ▾**—sluipen** h.-, u.schleichen. ▾**—snuffelen** h.schnüffeln. ▾**—spoken** h.spuken, -geistern, s. -treiben, (wie ein Gespuk) umgehen. ▾**—strooien** h.streuen; (*rondvertellen*) ausstreuen, (*geruchten*) aussprengen. ▾**—sturen** h.-, u.schicken, u.senden. ▾**—tasten** h.tappen, h.tasten; *als een blinde —,* wie ein Blinder um s. herumtasten.
rondte Runde *w; in de — gaan staan,* s. im Kreise aufstellen; (*uren*) *in de —,* im Umkreis, in der Runde.
rond/toeren herum-, umher/fahren. ▾**—trekken** h.-, u.wandern; *—d,* (*ook*) wandernd, fahrend; *—d gezel,* Wanderbursche *m; —de kooplui, muzikanten enz.,* fahrende Leute; *—de troep,* (*toneelspelers*) Wandertruppe *w.* ▾**—uit** rundheraus, geradeheraus, unumwunden. ▾**—vaart**

Rundfahrt *w.* ▾**—venten**: *iets —*, etwas feilbieten, mit etwas hausieren gehen. ▾**—vertellen** ausplaudern, herumtragen. ▾**—vliegen** herum-, umherfliegen. ▾**—vlucht** Rundflug *m.* ▾**—vraag** Umfrage *w*; (*als punt v. agenda*) Verschiedenes; *iets in — brengen*, etwas im Umfrage bringen, über etwas Umfrage halten. ▾**—vragen** (her)umfragen. ▾**—wandelen** herum-, umher/spazieren; (*fig.*: *onder de mensen verkeren*) (auf Erden) wandeln. ▾**—waren** h.-, u.irren; (*v. spoken*) umgehen. ▾**—weg I** *bw* rundweg. **II** *zn* Umgehungsstraße *w.* ▾**—wentelen I** *ov.w* h.wälzen. **II** *on.w* s. h.wälzen. ▾**—zeggen** h.sagen, (ringsum) ansagen. ▾**—zenden** h.senden, -schicken. ▾**—zien** u.sehen, -schauen; *— naar iets*, s. umschauen nach etwas. ▾**—zwalken** h.-, u.irren, s. h.treiben; (*op zee*) h.-, u.schwalken, -treiben. ▾**—zwerven** (*v zwervers enz.*) s. h.treiben, h.streichen; (*anders*) herum, umherirren, -streifen, -schweifen.
ronken schnarchen; (*v. motor*) rattern.
ronsel/aar Werber, Seelenverkäufer *m*; (*sjacheraar*) Schacherer *m.* ▾**—en** werben, pressen; (*sjacheren*) schachern. ▾**—ing** Anwerbung *w.*
röntgen/apparaat Röntgen/apparat *m.* ▾**—en** r.; (*v.dw geröntgt*). ▾**—foto** R.aufnahme *w*, R. bild *s.* ▾**—oloog** R.ologe *m.* ▾**—onderzoek** R.untersuchung *w.* ▾**—stralen** R.strahlen *Mz.*
rood I *bn* rot; *rode kool*, R.kohl *m*; *— wild*, R.wild *s*; *— worden*, r. werden, (*blozen*) erröten. **II** *zn* Rot *s*, Röte *w.* ▾**—achtig** rötlich. ▾**—bont** rot/bunt. ▾**—borstje** R.kehlchen *s.* ▾**—bruin** r.braun. ▾**—gloeiend** r.glühend. ▾**—harig** r.haarig. ▾**—heid** Röte *w.* ▾**—huid** Rot/haut *w.* ▾**Roodkapje** R.käppchen *s.* ▾**rood/kleurig** r.farbig. ▾**—koper** R.guß *m.* ▾**—vonk** Scharlach *m*, Scharlachfieber *s.*
roof 1 Raub *m*; **2** (*wondkorst*) Schorf *m.* ▾**—bouw** R.bau *m.* ▾**—dier** R.tier *s.* ▾**—gierig** r.gierig. ▾**—hol** Räuberhöhle *w.* ▾**—je** (*korstje*) Krüstchen, Schörfchen *s.* ▾**—moord** R.mord *m.* ▾**—overval** R.überfall *m.* ▾**—ridder** R.ritter *m.* ▾**—tocht** R.zug *m.* ▾**—vogel** R.vogel *m.* ▾**—ziek** r.süchtig. ▾**—zucht** R.sucht *w.*
rooi/en 1 (*de rooilijn aangeven*) abfluchten; (*huizen*: *in de rooilijn zetten*) fluchten, richten; (*mikken*) zielen; (*schatten*) schätzen; *'t wel —*, es schon fertigbringen, es schaffen; *'t met elkaar niet kunnen —*, miteinander nicht auskommen können; **2** (*aardappels enz.*) ausgraben, ausmachen, ausbudeln; (*bomen*) ausroden; (*een bos, de akker*) roden. ▾**—lijn** Richtlinie *w*; (*v. huizen langs de straat*) Bauflucht(linie) *w.* ▾**—machine** (*v. aardappelen*) Kartoffelroder *m.* ▾**—paal** Absteckpfahl *m.*
rook 1 Rauch *m*; *in — vervliegen*, zu Wasser werden; *onder de —* (*v.e. stad wonen*), in der Nähe; **2** (*hooistapel*) Feimen *m*, Dieme *w.* ▾**—artikel** R.artikel *m.* ▾**—baar** r.bar. ▾**—bom** R.bombe *w.* ▾**—coupé** R.erabteil *s.* ▾**—gang** R.kanal *m.* ▾**—gerei** R.zeug *s.* ▾**—gordijn** Nebelschleier *m*, R.verschleierung *w*, R.vorhang *m*; *een — voor iets leggen*, etwas einnebeln. ▾**—kolom** R.säule *w.* ▾**—lucht** R.geruch *m.* ▾**—masker** R.schutzgerät *s.* ▾**—ontwikkeling** R.bildung *w.* ▾**—pluim** R.fahne *w.* ▾**—scherm** (*v. open haard*) Kaminschirm *m.* ▾**—spek** Räucherspeck *m.* ▾**—stel** R.garnitur *w.* ▾**—verbod** Rauch/verbot *s.* ▾**—verdrijver** R.vertreiber *m.* ▾**—vlees** R.fleisch *s.* ▾**—worst** R.wurst, Räucherwurst *w.*
room Sahne *w*, Rahm *m*; *de — is eraf*, (*fig.*) den Rahmen ist abgeschöpft. ▾**—afscheider** Rahmschleuder *w.* ▾**—boter** Rahm-, Sahnenbutter *w.* ▾**—hoorn** Schillerlocke *w.* ▾**—ijs** Sahne-, Rahmeis *s.* ▾**—kaas** Rahm-, Sahnekäse *w.* ▾**—kleurig** rahmfarbig.
rooms (römisch-)katholisch; *Rooms koning*, Römischer König. ▾**—gezind** katholisch gesinnt. ▾**—kat(h)oliek I** *bn & bw* römisch-katholisch. **II** *zn* Katholik *m.*
room/saus Sahne-, Rahmsoße *w.* ▾**—soes** Windbeutel *m* mit Schlagsahne. ▾**—stelletje** Sahneservice *s.* ▾**—taart** Sahnetorte *w.*
roos Rose *w*; (*huidziekte*) Rose *w*, Rotlauf *m*; (*v. hoofdhuid*) Schuppen *Mz*; (*v. schietschijf*) das Schwarze; *op rozen wandelen*, auf Rosen gebettet sein; *—* (*schieten*), ins Schwarze; *slapen als een —*, fest schlafen. ▾**—je** (*kleine diamant*) Rosette *w.* ▾**—kleurig** rosenfarbig, rosig; (*fig.*) rosig; *door een —e bril* (*zien*), durch eine rosige Brille, mit der rosa Brille; *— voorstellen*, in rosigem Licht erblicken lassen.
roost/en rösten, auf dem Rost braten. ▾**—er** Rost *m*; (*rad.*; *op putje, voor kelderopening enz.*) Gitter *s*; (*lijst*) Liste, Rolle *w*; (*lesrooster*) Stundenplan *m*; (*v. vergadering*) Tagesordnung *w*; *volgens — aftreden*, nach dem Turnus ausscheiden. ▾**—eren** rösten. ▾**—erspanning** Gitterspannung *w.* ▾**—erwerk** Rost *m*; Rostwerk; Gitterwerk *s.*
roos/venster Rosenfenster *s*, Fensterrose *w.*
root (*plaats*) Röste *w.* ▾**—put** Röstgrube *w.*
ros I *bn* rötlich, rot. **II** *zn* (*paard*) Roß *s.*
rosarium Rosarium *s.*
rosbief Rostbraten *m*, Roastbeef *s.*
rose rosa, rosafarbig, -farben; *— jurk*, rosa, rosafarbiges Kleid, Rosakleid *s.*
roskam Striegel *m.* ▾**—men** striegeln; (*fig.*: *hekelen*) durchhecheln. ▾**rossen** (*roskammen*) striegeln; (*ranselen*) prügeln; *rijden en —*, fahren und reiten.
rossig rötlich.
rossinant Rosinante *w.*
rot I *bn* faul, verdorben; (*fig.*) miserabel, elend. **II** *zn* **1** Ratte *w*; *oon oude —*, ein alter, ein schlauer Fuchs; **2** (*troep*) Rotte *w*; (*v. geweren*) Pyramide *w*; (*de geweren*) *in —ten zetten*, zusammenstellen; **3** (*bederf, het rot zijn*) Fäule *w.*
rotan Rotan(g) *m.*
rotarian Rotarier *m.*
rotatie Rotation *w.* ▾**—motor** R.skolbenmotor *m.* ▾**—pers** R.spresse *w.* ▾**—snelheid** Umdrehungsgeschwindigkeit *w.*
roten rösten, rotten.
roteren rotieren.
rotgans Ringelgans *w.*
rotheid Fäule, Fäulnis *w.*
rotje Knallfrosch *m.*
rotlucht Fäulnisgeruch *m.*
rotonde Rotunde *w*, Rundbau *m*; (*verkeersplein*) Verkehrskreis(el), Verteiler(kreis), Kreisverkehrplatz *m.*
rotor Rotor, Läufer *m.*
rots Felsen, Fels *m*; *zo vast als een —*, felsenfest. ▾**—achtig** felsig; (*op rots gelijkend*) felsen/artig. ▾**—been** F.bein *s.* ▾**—blok** F.-, Felsblock *m.* ▾**—kloof** F.kluft, F.schlucht *w.* ▾**—partij** F.partie *w*; (*tuin, ook*) Steingarten *m.* ▾**—punt** F.spitze *w.* ▾**—spelonk** F.höhle *w.* ▾**—spleet** F.spalt *m.* ▾**—tekening** Felszeichnung *w*, -bild *s.* ▾**—tuin** Steingarten *m.* ▾**—vast** f.fest.

voor samenstellingen met 'rond' zie ook 'rond II'

rott/en 1 (*bederven*) (ver)faulen; (*v. hout. vergaan*) vermodern; **2** (*roten v. vlas*) rösten, rotten. ▾**—ig** angefault; (*fig.*: *onaangenaam*) miserabel, elend. ▾**—igheid** (*fig.*) Elend *s*, Unannehmlichkeit *w*. ▾**—ing 1** (*het rotten*) Verfaulung, Fäulnis *w*; (*ontbinding*) Verwesung *w*; **2** (*v. vlas*) Rösten, Rotten *s*; **3** spanisches Rohr; (*stok daarvan*) Rohr *s*. ▾**—ingwerend** fäulniswidrig. ▾**rot/zak** Scheißkerl *m*. ▾**—zooi** Schweinerei *w*; *zie* **zooi**.
rouge Rouge *s*; *— gebruiken (op gezicht)*, R. auflegen, auftragen.
roul/atie Umlauf *m*. ▾**—eren** in Umlauf sein, umlaufen; (*bij toerbeurt*) nach dem Turnus gehen, der Reihe nach gehen.
roulette Roulette *w*, Roulett *s*.
route Route *w*; (*traject*) Strecke *w*.
routine Routine, Rutine *w*. ▾**—geval** R.angelegenheit, R. sache *w*. ▾**—mens** Gewohnheitsmensch *m*. ▾**—onderzoek** R.untersuchung *w*.
rouw Trauer *w*; *de — aannemen, in de — gaan*, T. anlegen; *in de — zijn voor iem.*, in T. sein, in T. gehen, t.n. um e.n. ▾**—band** T.binde *w*, T.flor *m*. ▾**—beklag** Beileidsbezeigung *w*, Beileid *s*; *brief van —*, Beileidsbrief *m*; *verzoeke van — verschoond te blijven*, Beileidsbesuche verbeten; wir bitten um stille Teilnahme. ▾**—brief** Trauer/brief *m*. ▾**—dienst** T.gottesdienst *m*. ▾**—en 1** trauern (um); (*rouw dragen*) Trauerkleidung tragen, trauern; **2** *laken —*, Tuch rauhen. ▾**—floers** Trauer/flor *m*. ▾**—ig**: *ik ben er niet — om*, ich bedaure es nicht. ▾**—kapel** T.kapelle *w*. ▾**—koets** T.wagen *m*. ▾**—mis** T.amt *s*. ▾**—moedig** reumütig. ▾**—nagels** T.randnägel *Mz*. ▾**—plechtigheid** T.feier *w*. ▾**—rand** T.rand *m*; *zie ook* **—nagels**.
rov/en rauben. ▾**—er** Räuber *m*. ▾**—erbende** Räuber/bande *w*. ▾**—erhoofdman** R.häuptling *m*. ▾**—erij** R.ei *w*. ▾**—ershol** R.höhle *w*. ▾**—ertje**: *— spelen*, Räuber spielen.
roy/aal freigebig, nobel; (*overvloedig, ruimschoots*) reichlich; (*groots*) großartig; (*breed v. opvatting*) großzügig; (*rondborstig*) offen; (*rondweg*) geradeaus, unumwunden; *een royale bui hebben*, die Spendierhosen anhaben; *een — gebruik* (*van iets maken*), e.n ausgiebigen Gebrauch; *een — onthaal*, eine glänzende Bewirtung; *het gaat daar — toe*, es geht da hoch her. ▾**—alisme** Royal/ismus *m*. ▾**—alist** R.ist *m*. ▾**—alistisch** r.istisch. ▾**—aliteit** Freigebigkeit; Großartigkeit; Großzügigkeit *w*.
royalty Verfasserhonorar *s*.
roy/ement Streichung; Ausschließung; Annullierung, Löschung *w*. ▾**—eren** streichen; (*lid v. vereniging enz.*) ausschließen, (als Mitglied) streichen; (*v. order enz.*) streichen, annullieren; (*post in een boek*) streichen, löschen; (*jur.*) löschen. ▾**—ering** *zie* **royement**.
roze *zie* **rose**.
roze/blad Rosen/blatt *s*. ▾**—bottel** Hagebutte *w*. ▾**—geur** R.duft *m*; *het is niet enkel — en maneschijn*, es ist nicht alles Zauber; *'t is bij hem alles — en maneschijn*, der Himmel hängt ihm voller Geigen. ▾**rozen/bed** Rosen/beet *s*. ▾**—hoedje** (kleiner) R.kranz. ▾**—krans** R.kranz *m*. ▾**—kwekerij** R.gärtnerei, R.schule *w*. ▾**—olie** R.öl *s*. ▾**roze/rood** rosen/rot. ▾**—struik** R.strauch *m*.
rozet Rosette *w*. ▾**—venster** Rosenfenster *s*, Fensterrose *w*.
rozig rosig.
rozijn Rosine *w*. ▾**—ebaard** Grindmaul *s*.

rubber Gummi *s*, Kautschuk *m*; (*gevulkaniseerd*) Gummi *m*. ▾**—band** G.band *s*; (*v. auto, fiets enz.*) G.reifen *m*. ▾**—boot** Schlauch-, Floßboot *s*. ▾**—hak** G.absatz *m*. ▾**—spons** G.schwamm *m*. ▾**—zool** G.sohle *w*.
rubr/iceren rubrizieren. ▾**—iek** Rubrik *w*.
ruche Rüsche *w*.
ruchtbaar bekannt, ruchbar. ▾**—heid** Ruchbarkeit *w*; *— aan iets geven*, etwas bekannt machen, verlautbaren. ▾**—making** Bekanntmachung *w*.
rudiment Rudiment *s*. ▾**—air** r.är.
rug Rücken *m*; *de vijand de — keren*, dem Feind den R. zeigen; (*het fortuin*) *heeft hem de — toegekeerd*, hat ihm den R. gewandt; *achter onze — om*, hinter unserem R.; (*dat*) *is achter de —*, habe ich hinter mir, ist vorüber, (*goed doorstaan*) ist überstanden.
rugby Rugby *s*.
rugdekking Rückendeckung *w*.
rugge/graat Rück/grat *m*. ▾**—lings** r.lings; (*rugwaarts*) r.wärts; *—e sprong*, R.sprung *m*. ▾**—merg** R.enmark *s*. ▾**—spraak** R.sprache *w*; *— houden met*, R.sprache nehmen mit. ▾**—steun** R.enstütze *w*; (*fig.*) Stütze *w*, Rückhalt *m*. ▾**—steunen** (unter)stützen. ▾**—wervel** R.enwirbel *m*. ▾**rug/korf** Rücken/korb *m*, Kiepe *w*. ▾**—leuning** R.lehne *w*. ▾**—nummer** R.nummer *w*. ▾**—pijn** R.schmerzen *Mz*. ▾**—slag** R.stil *m*, R.schwimmen *s*; (*kampioen*) *op 100 m —*, über 100 m Rücken. ▾**—wervel** R.wirbel *m*. ▾**—zak** Rucksack *m*. ▾**—zijde** Rücken/seite *w*. ▾**—zwemmen I** *ww* r.schwimmen, in Rückenlage schwimmen. **II** *zn* R.schwimmen *s*.
rui Mauser(ung), Mause *w*; *aan de — zijn*, in der Mauser sein. ▾**—en** (s.) mausern.
ruif Raufe *w*.
ruig rauh; (*behaard, ook*) haarig, zottig; (*borstelig*) struppig; (*onbeschaafd*) roh; *— haar*, struppiges, zottiges Haar, Zottelhaar *s*; *—e vorst*, Rauhfrost *m*; *—e kerel*, roher Bursche. ▾**—harig** rauhhaarig, zottig. ▾**—heid** Rauheit, Rauhigkeit; Zottigkeit; Struppigkeit; Roheit *w*. ▾**—te** *zie* **ruigheid**; (*wild gewas*) Gestrüpp *s*.
ruik/baar riechbar. ▾**—en** riechen; (*speuren*: *v. dieren, ook v. mensen*; *ook fig.*) wittern; (*de stal*) *— w.*; (*hij heeft*) *wat geroken*, den Braten gerochen. ▾**—er** Strauß *m*, Bukett *s*; *een — maken*, e.n S. binden.
ruil Tausch *m*; (*uitwisseling v. professoren enz.*) Austausch *m*; *een goede — doen*, e.n guten T. machen; *in — voor*, im T. gegen. ▾**—baar** umtauschbar. ▾**—beurs** T.zentrale *w*. ▾**—en** t.en; um-, aus-, vertauschen; *— voor*, t.en gegen. ▾**—handel** T.handel *m*. ▾**—hart** Ersatzherz *s*. ▾**—ing** Tausch; Um-, Austausch *m*. ▾**—middel** T.mittel *s*. ▾**—motor** Austauschmotor *m*. ▾**—object** T.gegenstand *m*. ▾**—verkaveling** Flurbereinigung *w*. ▾**—voet** T.verhältnis *s*. ▾**—waarde** T.wert *m*.
ruim I *bn & bw* geräumig; (*wijd, uitgestrekt*; *v. plein, straat, uitzicht, veld, vlakte, wereld, kleren, geweten, begrip, betekenis, definitie enz.*) weit; (*rijkelijk, overvloedig, ruimschoots*) reichlich; *— baan maken*, den Weg freimachen, (*ook*) Platz machen; *—e beurs*, reicher, voller, wohlgespickter Beutel; *—e blik*, umfassender Blick, Weitblick *m*; *een — gebruik* (*van iets maken*) e.n ausgiebigen Gebrauch; *— inkomen*, reichliches Einkommen; *—e keus*, reiche Auswahl; *in — mate*, in reich(lich)em Maße, reichlich, ausgiebig; *op —e schaal* (*zaken doen enz.*), in großem Umfang; (*ge*)*—e tijd*, geraume Zeit;

—*e voorraad*, reicher, großer Vorrat; —*e wind*, raumer Wind; *in de —ste zin*, im weitesten Sinne; — *van hart*, weitherzig; (*de geldmarkt is*) —*er* (*geworden*), flüssiger; *'t niet —* (*hebben*), es nicht vollauf; (*we zitten hier*) —, geräumig; (*die mantel*) *zit met iets te —*, ist mir etwas zu weit; — (*ademen*) frei; *z. — bewegen kunnen*, (*fig.*) in guten Verhältnissen sein, sein reiches Auskommen haben, s. nicht einzuschränken brauchen; *ergens — in zitten*, reichlich mit etwas versehen sein, etwas in Hülle und Fülle haben; — *half tien*, gut halb zehn; — *'n uur*, eine gute Stunde; reichlich, gut eine Stunde; (*hij is*) — *40*, gut vierzig, mehr als 40 Jahre alt; — *10 jaar*, gut, reichlich, mehr als 10 Jahre; — (*10 gulden*), gut, mehr als. **II** *zn* (*v. schip*) Raum *m.* ▼**ruim/en** räumen; (*put, sloot*) ausräumen; (*puin*) (weg-, auf)räumen; (*de tafel*) abräumen; (*een gat: verwijden*) aufräumen, aufreiben; *uit de weg —*, aus dem Wege r.; (*iem*) *uit de weg —*, (*ook*) beiseite schaffen, aus dem Wege schaffen; (*moeilijkheden*) *uit de weg —*, (*ook*) beseitigen; (*de wind*) *gaat —*, (*door westen naar noorden*) fängt zu räumen an; (*de wind*) *ruimt*, (*zeemanst.*: *wordt gunstig*) raumt. ▼**—heid** Geräumigkeit *w*; (*fig.*) Weite *w*. ▼**—ing** Räumen *s*, Räumung, Leerung *w*. ▼**—schoots** reichlich; im Überfluß; — *de tijd* (*hebben*), reichlich Zeit, Zeit im Überfluß; — (*zeilen*), (*scheepv.*) räumschots, mit raumem Wind.

ruimte Raum *m*; *gebrek aan —*, R.mangel *m*; — *innemen*, R. einnehmen, beanspruchen; — *laten*, R.lassen; — *maken*, Platz machen; — *op de geldmarkt*, Geldflüssigkeit *w*; *de — kiezen*, (*scheepv.*) in See stechen. ▼**—besparing** R.ersparnis *w*. ▼**—cabine** R.kabine *w*. ▼**—capsule** R.kapsel *w*. ▼**—gebrek** R.mangel *m*. ▼**—lab(oratorium)** R.labor(atorium), Weltraumlabor *s*. ▼**—lijk**: —*e ordening*, Raumordnung *w*. ▼**—maat** Kubik-, Hohl-, R.maß *s*. ▼**—onderzoek** R.forschung *w*. ▼**—pak** R.(fahrer)anzug, Druckanzug *m*. ▼**—pendel** R.pendler *m*, R.fähre *w*. ▼**—reiziger**, **—vaarder** R.fahrer *m*. ▼**—sonde** R.sonde *w*. ▼**—station** R.station *w*. ▼**—tijdperk** R.-, Weltraumzeitalter *s*. ▼**—vaart** R.schiffahrt, (Welt)Raumfahrt *w*; *vereniging voor —*, astronautischer Verein. ▼**—vaartdeskundige** R.schiffahrtkundige(r) *m*. ▼**—vaartuig** R.schiff, R.fahrzeug *s*. ▼**—veer(boot)** R.fähre *w*. ▼**—verdeling** R.aufteilung *w*. ▼**—vlucht** R.flug *m*. ▼**—vrees** Platzangst *w*. ▼**—wandeling** R.wanderung *w*.

ruin Wallach *m*.

ruïn/e Ruine *w*; (*fig.*: *ondergang, verderf*) Ruin *m*. ▼**—eren** ruinieren, zugrunde richten; (*boeken, kleding*) ramponieren, kaputtmachen. ▼**—eus** ruinös; *ruïneuze prijzen*, Schleuderpreise.

ruis Rauschen *s*. ▼**—en** rauschen; (*suizen*) sausen; (*in oren*) brausen, sausen.

ruit 1 (*vensterruit*) Scheibe *w*; (*in meetkunde*) Raute *w*, Rhombus *m*, (*daarmede overeenkomend*) Raute *w*; (*vierkantjes op stoffen*) Würfel *m*; (*stof met ruiten*) Karo *s*, karierter Stoff, (*grotere blokken*) gewürfelter Stoff; *Schotse —*, Schottenkaro *s*, Schottenstoff *m*, schottisch karierter Stoff; (*op dambord*) Feld *s*; **2** (*plant*) Raute *w*; **3** (*schurft*) Räude *w*. ▼**—en I** *zn* (*kaartsp.*) Karo *s*, Eckstein *m*. **II** *bn*: — *stof*, karierter, gewürfelter Stoff, Schottenstoff. **III** *ww* karieren. ▼**—enaas**, **—enboer** Karoas *s*, -bube *m*; *zie* **hartenaas**. ▼**—entikker** Scheibeneindrücker *m*.

ruiter Reiter *m*. ▼**—ij** R.ei, Kavallerie *w*. ▼**—lijk** offen, rundheraus, unumwunden. ▼**—pad** Reit(er)weg, -pfad *m*. ▼**—sport** Reitsport *m*.

ruite/sproeier Scheiben/wascher, S.spritzer *m*. ▼**—verwarmer** Entfroster *m*. ▼**—wisser** Scheibenwischer *m*.

ruitijd Mauserzeit *w*.

ruitjes/goed kariertes Zeug, *zie* **ruit**. ▼**—papier** kariertes, gekästeltes Papier. ▼**ruitvormig** rautenförmig; (*v stoffen, ook*) kariert, gewürfelt.

ruk Ruck *m*; *bij —ken*, r.weise; *in 'n —* (*was hij boven*), mit e.m R., im Nu; *in één —* (*speelde hij het klaar*), in e.m Zug; (*het is*) *een hele —*, (*afstand*) ein gutes Stück, eine gute Strecke, (*tijd*) eine gute Weile; (*hij werkte*) *aan één — door*, in e.m fort. ▼**—ken** ziehen, (*sterker*) zerren, (*met geweld*) reißen; (*marcheren*) rücken; (*de woorden*) *uit hun verband —*, aus dem Zusammenhang reißen. ▼**—wind** Windstoß *m*.

rul (*los, v. zand enz.*) locker. ▼**—ijs** holperiges Eis.

rum Rum *m*.

rumoer Lärm, Rumor *m*, Getöse *s*, Spektakel *m*. ▼**—en** lärmen, rumoren, tosen, spektakeln. ▼**—ig** unruhig, lärmend, tobend. ▼**—igheid** Unruhe *w*, Lärm *m*.

rumpsteak Rumpfstück *s*.

run 1 (*gemalen schors*) Lohe *w*; **2** (*stormloop*) Run *m*; — *op de bank*, Run, Ansturm *m* auf die Kasse; (*sp.*) Lauf *m*.

rund Rind *s*; *wat een —!*, so ein Rindvieh! ▼**runder/daas** Rind-, Dassel-, Biesfliege *w*. ▼**—haas** Rinderfilet *s*, (*gebr.*) Filetbraten *m*. ▼**—horzel** Rinderbremse *w*. ▼**—lapje** Rindfleischschnitte *w*. ▼**—pest** Rinderpest *w*. ▼**rund/leer** Rind/sleder *s*. ▼**—vee** R.vieh *s*. ▼**—veestamboek** R.viehstammbuch *s*. ▼**—vet** R.sfett *s*. ▼**—vlees** R.fleisch *s*.

rune Rune *w*.

runmolen Lohmühle *w*.

runnen (*bedrijf, zaak enz.*) im Gang erhalten.

runner 1 (*klantenwerver*) Schlepper *m*; **2** (*v. gordijnrail*) Laufrolle *w*.

rups Raupe *w*. ▼**—band** R., R.nkette *w*, R.nband *s*; *trekker op —en*, R.nschlepper *m*. ▼**—voertuig** R.n-, Kettenfahrzeug *s*.

Rus Russe *m*.

rus 1 (*bies*) Binse *w*; **2** (*zode*) Sode *w*.

Rusland Rußland *s*. ▼**russificeren** russifizieren, verrussen. ▼**Russin** Russin *w*. ▼**Russisch** russisch.

rust Ruhe *w*; (*rustpauze bij werk, mars enz.*) Rast *m*; (*bij spel*) Spielpause *w*, (*voetbal, ook*) Halbzeit *w*; (*muz.*) Pause *w*; (*in vers*) Ruhepunkt *m*, Zäsur, Pause *w*; (*hier staat*) een —, ein Ruhezeichen, eine P.; — *noch duur* (*hebben*), weder Rast noch Ruhe; *een lange — houden*, einen langen Rast halten, machen; *de eeuwige — ingaan*, zur ewigen Ruhe eingehen; *een weinig — nemen*, s. ein wenig Ruhe nehmen; — *nodig hebben*, der Ruhe bedürfen; *in —e*, zie **rustend**; (*iem.*) *met —* (*laten*), in Ruhe, in Frieden; *z. ter —e begeven*, s. zur Ruhe begeben; *tot —* (*brengen, komen*), zur Ruhe; *zonder — of duur*, ohne Rast und Ruh; — *roest*, rast'ich so rost'ich; *op de plaats —!*, rührt euch! ▼**—altaar** Ruhe/altar *m*. ▼**—bank** R.bank *w*. ▼**—bed** R.bett *s*. ▼**—dag** R.tag *m*; (*onderbreking*) Rasttag *m*. ▼**—eloos** ruhelos; (*zonder onderbreking*) rastlos, ununterbrochen, unausgesetzt, unablässig; (*onrustig*) unruhig; *een — leven leiden*, ein unstetes Leben führen; — *van aard zijn*, ein unstetes Wesen haben. ▼**—eloosheid** Ruhelosigkeit; Rastlosigkeit;

Unruhe *w.* ▾**—en** ruhen; (*rustpauze houden*) rasten; (*toerusten*) rüsten; *na gedane arbeid is het goed —*, nach getaner Arbeit ist gut ruhen; (*om 5 uur*) *laten de arbeiders het werk —*, lassen die Arbeiter die Arbeit ruhen, machen die Arbeiter Feierabend, feiern die Arbeiter; *hij rust niet vóór* (*hij zijn doel bereikt heeft*), er ruht nicht eher bis...; *wel te —!*, schlafe wohl!, schlafen Sie wohl!, angenehme Ruhe!, (ich wünsche dir) wohl zu ruhen!; *hier rust...*, hier ruht (in Gott)...; *hij ruste in vrede*, er ruhe in Frieden; *rust zacht*, ruhe sanft!; *we zullen dat laten —*, wir wollen das auf s. beruhen lassen; *op mij rust de plicht...*, es ist meine Pflicht, mir liegt die Pflicht ob, mir liegt es ob...; *z. ten strijde —*, s. zum Kampf rüsten. ▾**—end** (*niet meer in functie*) in den Ruhestand versetzt, (*v. geestelijken*) emeritiert. ▾**—huis** Erholungsheim *s*; (*v. ouden v. dagen*) Altersheim *s.*

rustiek rustik, ländlich.

rust/ig ruhig. ▾**—igheid** Ruhe *w.* ▾**—igjes** ruhig. ▾**—kamer** Ruheraum *m*; (*mil.*) Rüstkammer *w.* ▾**—kuur** Ruhe/kur *w.* ▾**—oord** (*rustig plekje*; *buiten*) R.sitz *m*; *zie verder* **—huis** *en* **—plaats.** ▾**—plaats** R.platz, R.ort *m*; (*ter onderbreking van mars enz.*) Raststelle *w*, -ort, Rast *m*; *laatste —*, letzte Ruhe/stätte. ▾**—poos** R.pause *w.* ▾**—punt** R.punkt *m.* ▾**—stand** R.stellung, R.lage *w*; (*bij sportwedstr.*) Halbzeitergebnis *s.* ▾**—stoel** R.sessel *m.* ▾**—teken** (*muz.*) Pausezeichen *s.* ▾**—veer** Sperrfeder *w.* ▾**—verstoorder** R.störer *m.* ▾**—verstoring** R.störung *w.*

rut: *— zijn*, abgebrannt sein.

ruw (*niet glad*; *onaangenaam voor de zintuigen*; *uiterlijk verwaarloosd, ook fig.*) rauh; (*nog niet af*; *niet be- of verwerkt*; *gebrek aan innerlijke beschaving, bruut, cru*) roh; *plomp, hardhandig*) derb; (*grof, lomp, ongemanierd*) grob; *— geweld*, rohe Gewalt; *—e grap*, derber Spaß, roher Witz; *—e handen*, (*ruw v. huid*) rauhe Hände, (*anders*) derbe, grobe Hände; *—(e) ijzer, produkten, suiker enz.*, rohes Eisen, rohe Produkte, roher Zucker, Roheisen, -produkte, -zucker; *—e schatting*, ungefähre, rohe Schätzung; *— werk*, grobe Arbeit; *—e woorden*, rauhe, derbe, grobe, rohe Worte. ▾**—en** rauhen. ▾**—heid** Rauheit; Roheit; Grobheit *w.* ▾**—ijzer** Roheisen *s.* ▾**—weg** roh, ungefähr.

ruzie Streit, Zank *m*, Händel *Mz*; *— hebben*, s. streiten, s. zanken; *— maken*, S., Z. anfangen; *— zoeken*, H., S. suchen. ▾**—achtig** zänkisch, streit-, zanksüchtig. ▾**ruziën** (s.) zanken; *zij — voortdurend*, sie zanken s. fortwährend. ▾**ruzie/maker, —zoeker** Zänker, Krakeeler, Händelsucher *m.*

s S *s.*

saai I *bn & bw* langweilig, öde; *—e Piet*, öder Kerl, lederner Mensch. **II** *zn* (*stof*) Serge *w.* ▾**—heid** Langweiligkeit, Öde *w.*

saamhorigheid Zusammengehörigkeit *w.* ▾**—sgevoel** Z.sgefühl *s*, Solidarität *w.*

Saar Saar *w.* ▾**—lander** S.länder *m.*

sabbat Sabbat *m.* ▾**—(s)viering** S.feier *w.*

sabbe/len, —ren *zie* **zabbe/len, —ren.**

sabel 1 (*zwaard*) Säbel *m*; **2** (*bont en dier*) Zobel *m*; **3** (*her.*) Schwarz *s.* ▾**—bont** Zobelpelz *m.* ▾**—en** säbel/n. ▾**—houw** S.hieb *m.* ▾**—schermen** S.fechten *s.*

sabot/age Sabot/age *w*; *daad v. —*, S.ageakt *m.* ▾**—eren** s.ieren, S.age treiben. ▾**—eur** S.eur *m.*

sacharine Sacharin *s.*

sacr/aal sakr/al. ▾**—ament** S.ament *s*; *de laatste —en* (*der stervenden*), die Sterbesakramente. ▾**—amentaliën** Sakr/amentalien *Mz.* ▾**—amenteel** s.amental. ▾**S.amentsdag** Fronleichnamsfest *s.* ▾**—eren** heiligen, weihen. ▾**—istie, —istij** S.istei *w.*

Sadduceeër Sadduzäer *m.*

sadis/me Sadis/mus *m.* ▾**—t** S.t *m.* ▾**—tisch** s.tisch.

safari Safari *w.* ▾**—park** S.park *m*, Freigehege *s.*

safe I *bn* sicher. **II** *zn* Safe *m, s*; (*kluis*) Tresor *m*, Stahlkammer *w*; (*safeloket*) Schließfach, Bankfach *s.* ▾**—-deposit** Tresor *m*, Stahlkammer *w.* ▾**—loket** *zie* **safe II.**

saffiaan Saffian *m.*

saffier Saphir *m.* ▾**—en** Saphir...

saffraan Safran *m.* ▾**—kleurig** safranfarbig.

sage Sage *w.*

sago Sago *m.* ▾**—palm** S.palm *w.*

Sahara Sahara *w.*

saillant I *bn* hervorragend, auffallend. **II** *zn* Frontvorsprung *m.*

sajet Strickwolle, Sayette *w.* ▾**—ten** Sayett...

sakker/en fluchen. ▾**—loot** sackerlot.

Saks Sachs/e *m.* ▾**—en** S.en *s.* ▾**—er** S.e *m.* ▾**—isch** sächsisch; *— porselein*, Meißner Porzellan.

salade *zie* **sla.**

salamander Salamander, Molch *m.*

salariër/en besold/en. ▾**—ing** B.ung *w.* ▾**salaris** Gehalt *s*; (*voor ambtenaar, ook*) Besoldung *w*; *met opgave van verlangd —*, mit Angabe von G.sansprüchen; *— naar bekwaamheid*, Aufwertung nach Leistung; *op — zal minder gelet worden*, G. Nebensache. ▾**—actie** G.sbewegung *w.* ▾**—anciënniteit** B.sanciennität, G.saltersstufe *w.* ▾**—besluit** Erlaß *m* über die Gehälter. ▾**—grondslag** B.sgrundlage *w.* ▾**—herziening** B.sreform *w*, neue Gehalt/sordnung. ▾**—regeling** G.sordnung, B.sregelung *w.* ▾**—schaal** G.sskala *w.* ▾**—strook** G.sstreifen *m.* ▾**—verhoging** G.serhöhung *w.* ▾**—verlaging** G.skürzung *w.*

▼—**vermindering** G.ssenkung *w*; (*geleidelijk*) G.sabbau *m*.
salderen saldieren. ▼**saldo** Saldo *m*; *een — volgens ingesloten opgave*, ein S. gemäß inliegender Aufstellung; *het minimum — (van f 5)*, (*giro*) die Stammeinlage; *het overbrengen v.h. — op nieuwe rekening*, der Saldovortrag. ▼—**biljet** S.ausweis *m*.
salesiaan Salesianer *m*.
sales/manager Sales-manager, Verkaufsleiter *m*. ▼—**promotion** Sales-promotion, Verkaufsförderung, -promotion *w*.▼—**promotor** Sales-promotor, Vertriebsleiter *m*.
salicyl Salizyl *s*. ▼—**zuur** S.säure *w*.
salie Salbei *m*.
salmiak Salmiak *m*.
salmonella Salmonellen *Mz*.
Salomon Salomo *m*. ▼—**soordeel** s.nisches Urteil.
salon Salon *m*. ▼—**ameublement** S.einrichtung *w*. ▼—**boot** S.dampfer *m*. ▼—**held** S.löwe *m*.▼—**rijtuig** S.wagen *m*.
salopette Latzhose *w*.
salpeter Salpeter *m*. ▼—**zuur** S.säure *w*.
salto Salto *m*. ▼—**mortale** S. mortale *m*.
salueren grüßen, salutieren; *voor iem. —*, e.n grüßen, vor e.m salutieren. ▼**salu(u)t!** auf Wiedersehen! ▼**saluut** (*mil.*) Salut *m*; (*anders*) Gruß *m*. ▼—**schot** Salut-, Begrüßungsschuß *m*.
salvo Salve *w*.
Samaritaan Samarit(an)er *m*; *de barmhartige —*, der barmherzige Samariter. ▼—**s** samaritisch.
samba Samba *m*.
sambal Sambal *w*, Sambals *Mz*.
samen zusammen; miteinander; (*rust: bij elkaar, ook*) beisammen; (*we zijn*) *'t — eens*, einig, miteinander einverstanden; *goedenavond —*, guten Abend miteinander. ▼—**ballen** zusammen/ballen, s. ballen. ▼—**binden** z.binden. ▼—**doen** s. z.tun. ▼—**drukbaar** z.drückbar. ▼—**drukken** z.drücken; (*v. gas*) komprimieren. ▼—**flansen** z.flicken; (*v. hier en daar samenrapen*) z.stoppeln. ▼—**gaan** z.gehen; (*lui zijn en vorderingen maken, dat*) *kan niet —*, läßt s. schlecht verbinden, (*dat*) *gaat daar niet mee samen*, (*is er onverenigbaar mee*) verträgt s. nicht damit. ▼—**gesteld** z.gesetzt; *—e interest*, Zinseszinsen *Mz*; *—e zin*, Satzgefüge *s*. ▼—**gesteldheid** Kompliziertheit *w*. ▼—**gezworenen** Verschworene *Mz*. ▼—**hang** Zusammen/hang; *zonder —*, (*ook*) z.hanglos. ▼—**hangen** z.hängen; *nauw —*, auf engste z.hängen, in engem Z.hang stehen. ▼—**hokken** z.hocken. ▼—**klank** Z.klang *m*. ▼—**knijpen** z.kneifen. ▼—**komen** z.kommen; (*elkaar ontmoeten*) z.treffen. ▼—**komst** Z.kunft; Versammlung *w*; Treffen *s*. ▼—**leven** z.leben. ▼—**leving** (*maatschappij*) Gesellschaft *w*; (*maatschappelijk verkeer*) gesellschaftlicher Verkehr; (*het samenleven*) Z.leben *s*. ▼—**loop** Z.lauf *m*; (*v. rivieren, ook*) Z.fluß *m*; *— v. omstandigheden*, Z.treffen von Umständen. ▼—**lopen** z.laufen. ▼—**nemen** z.nehmen. ▼—**pakken** z.packen; *z. —*, (*v. wolken*) s. z.ziehen, s. z.ballen. ▼—**persen** z.pressen; *samengeperste lucht*, Preßluft *w*. ▼—**raapsel** Z.geraffte(s) *s*, Sammelsurium *s*; *— v. leugens*, Lügengewebe *s*. ▼—**rapen** z.raffen. ▼—**roepen** z.rufen; (*vergadering*) z.berufen, einberufen. ▼—**scholen** s. z.rotten; s. ansammeln. ▼—**scholing** Z.rottung *w*; *—en* (*v. meer dan 3 personen*), Ansammlungen. ▼—**smelten** z.schmelzen; (*fig.*) verschmelzen; s. miteinander verschmelzen. ▼—**smelting** Z.schmelzung *w*; (*fig.*) Verschmelzung *w*. ▼—**spannen** s. verschwören; (*alles schijnt*) *tegen ons samen te spannen*, s. gegen uns verschworen zu haben; *alles spant samen* (*om mij ongelukkig te maken*), alles verbindet s., trägt dazu bei; *zij spanden samen*, (*ook*) sie machten gemeinschaftliche Sache. ▼—**spanning** Verschwörung *w*. ▼—**spel** Z.spiel *s*. ▼—**spraak** Dialog *m*, Zwiegespräch *s*; *ook* = —**spreking** Unterredung *w*. ▼—**stel** Gefüge *s*, Komplex *m*. ▼—**stellen** z.setzen; (*vervaardigen*) herstellen; (*schrijven*) verfassen; (*commissie enz.: vormen*) bilden; *de —de delen* (*v.e. geheel*), die Bestandteile. ▼—**steller** Hersteller; Verfasser; Bilder *m*. ▼—**stelling** Z.setzung; Herstellung; Bildung *w*. ▼—**stromen** z.strömen.
samen/tellen zusammen/zählen. ▼—**telling** Z.zählung *w*.
samentreffen zusammentreffen.
samen/trekbaar zusammen/ziehbar. ▼—**trekken** z.ziehen. ▼—**trekking** Z.ziehung *w*.
samenvallen zusammenfallen.
samen/vatten zusammen/fassen. ▼—**vatting** Z.fassung *w*.
samen/vloeien zusammen/fließen. ▼—**vloeiing** Z.fluß *m*.
samen/voegen zusammen/fügen, (*percelen grond, gemeenten enz.*) z.legen. ▼—**voeging** Z.fügung; Z.legung *w*.
samenweefsel Gewebe *s*.
samen/werken zusammen/arbeiten; (*fig.*) z.wirken; *alles werkte samen* (*om hem ongelukkig te maken*), alles trug dazu bei, traf zusammen. ▼—**werking** Z.arbeit *w*, gemeinsame Arbeit; Z.wirken *s*, gemeinsames Streben.
samen/wonen zusammen/wohnen. ▼—**woning** Z.wohnen *s*.
samenzijn Beisammensein, Zusammensein *s*.
samen/zweerder Verschwörer, (*samengezworene*) (Mit)Verschworene(r) *m*. ▼—**zweren** s. verschwören. ▼—**zwering** Verschwörung *w*.
samsam: *— doen*, halbe-halbe machen.
sanatorium Sanatorium *s*, Heilanstalt *w*; *— voor longlijders*, Lungen/heim *s*, L.heilstätte *w*.
sanct/ie Sanktion *w*; (*goedkeuring, ook*) Genehmigung *w*. ▼—**ioneren** sanktionieren, genehmigen.
sandaal Sandale *w*.
sandwich Sandwich *s*. ▼—**man** S.mann, Plakatträger *m*.
saner/en sanier/en. ▼—**ing** S.ung *w*.
sanguinisch sanguinisch; *— iem.*, Sanguiniker *m*.
sanitair I *bn* sanitär, Sanitär... **II** *zn* (*bad, toilet, wasgelegenheid enz.*) sanitäre Anlagen, Sanitäranlagen, -einrichtungen *Mz*; (*artikelen*) sanitäre Artikel.
Sanskriet Sanskrit *s*.
santé prosit.
santenkraam: *de gehele —*, der ganze Kram, Plunder.
santjes prosit.
Saoedi Arabië Saudi-Arabien *s*.
sap Saft *m*. ▼—**je** Säftchen *s*. ▼—**loos** saftlos.
sappel: *z. te — maken*, s. abmühen, s. plagen.
sapperloot sapperlot, sapperment!
sappig saftig. ▼—**heid** S.keit *w*. ▼**saprijk** saftreich.
Saraceen Sarazen/e *m*. ▼—**s** s.isch.
sarcas/me Sarkas/mus *m*. ▼—**tisch** s.tisch.
sarcofaag Sarkophag *m*.
sardien(tje), sardine Sardine *w*.
Sardin/ië Sardin/ien *s*. ▼—**iër** S.ier *m*.
sardonisch sardonisch.

sarong Sarong *m.*
sarren quälen, vexieren; (*tergen*) reizen.
sas 1 (*stofnaam*) Satz *m*; **2** (*schutsluis*) Schleuse *w*; *in zijn — zijn*, guter Dinge sein, (*het naar zijn zin hebben*) in seinem Esse sein. ▾**—sluis** Kammerschleuse, Schleusenkammer *w.*
satan Satan, Teufel *m.* ▾**—isch** satanisch, teuflisch. ▾**—skind** Teufelskind *s.*
satelliet Satellit *m*; *uitzending via een —*, S.enübertragung *w.* ▾**—foto** S.enbild, S.enfoto *s.* ▾**—staat** S.enstaat *m.* ▾**—stad** S.enstadt *w*; (*woonstad*) Trabantenstadt *w.*
sater Satyr *m.*
satijn Atlas, Satin *m.* ▾**—en** Satin..., Atlas... ▾**satin/eren** satinieren. ▾**—et** Satin(ett), Halbatlas *m.*
satir/e Satir/e *w.* ▾**—icus** S.iker *m.* ▾**—isch** s.isch.
satisfactie Genugtuung, Satisfaktion *w.*
Saturnus Saturn *m*; (*planeet*) der Saturn.
saucijs Saucischen, Würstchen *s.* ▾**saucijzebroodje** Wurstbrötchen *s.*
sauna Sauna *w.* ▾**—bad** S.bad *s*; *een — nemen*, (*ook*) saunen, saunieren.
saus Soße, Tunke *w*; (*honger is*) *de beste —*, der beste Koch. ▾**—en** mit S. übergießen, eintunken; (*kruiden*) würzen; (*tabak*) saucieren, soßen; (*regenen*) gießen. ▾**—kom** Sauciere, Soßen-, Tunkenschüssel *w.*
sauteren sautieren.
sauveren schonen.
savanne Savanne *w.*
savooi, —(e)kool Wirsing(kohl) *m*, Savoyer Kohl.
savoureren langsam genießen.
Savoye Savoyen *s.*
sawa Sawah *w.*
saxof/onist Saxoph/onist *m.* ▾**—oon** S.on *s.*
scabies Skabies *w.*
scala Skala *w.*
scalp Skalp *m.* ▾**—eermes** S.iermesser *s.* ▾**—el** S.ell *s.* ▾**—eren** s.ieren.
scandaleus skandalös.
scanderen skandieren.
Scandinav/ië Skandinav/ien *s.* ▾**—iër** S.ier *m.* ▾**—isch** s.isch.
scanner Scanner *m*; (*telec., ook*) Abtastvorrichtung *w.*
scapulier Skapulier *s.*
scenario Szenar(io) *s*; (*v. film*) Drehbuch *s.* ▾**—schrijver** Drehbuchverfasser *m.* ▾**scène** Szene *w*; (*onderdeel v. bedrijf*) Auftritt *m.*
scepsis Skepsis *w.*
scepter Zepter *s.*
scept/icisme Skept/izismus *m.* ▾**—icus** S.iker *m.* ▾**—isch** s.isch.
schaaf Hobel *m.* ▾**—bank** H.bank *w.* ▾**—beitel** H.stahl *m.* ▾**—sel** Schabsel *s*; (*krullen*) H.späne *Mz.* ▾**—wonde** Schürfwunde *w.*
schaak Schach *s*; *een partij —*, eine Partie S.; (*de koning*) *staat —*, steht im S.; (*koning*) *—!*, S. (dem König)!, schach! ▾**—bord** S.brett *s.* ▾**—kampioen** S.meister *m.* ▾**—mat** s.matt; *—!*, Schach und matt! ▾**—meester** S.meister *m.* ▾**—spelen** S.spielen *s.* ▾**—stuk** S.figur *w.* ▾**—toernooi** S.turnier *s.* ▾**—wedstrijd** S.wettkampf *m.*
schaal 1 (*ondiep vaatwerk en wat dezelfde vorm heeft*) Schale *w*; (*meer: schotel*) Schüssel *w*; (*meer plat bord bijv. om te collecteren*) Teller *m*; (*v. schaaldieren, ei, noot, alg.: de buitenkant, ook fig.*) Schale *w*; (*v. peulvrucht*) Hülse, Schote *w*; (*v. weegschaal*) Schale *w* (der Waage), (*weegtoestel zelf*) Waage *w*; **2** (*graadverdeling; loonschaal; toonladder enz.*) Skala *w*; (*v. kaart, maatstaf*) Maßstab *m*; *glijdende* (*loon*) *—*, gleitende Skala; *loon volgens glijdende —*, Gleitlohn *m*; *op een — van 1 : 100*, im M. 1 : 100; *op —* (*tekenen*), nach M.; *op grote, kleine —*, in großem, kleinem Umfang; *onderneming op reusachtige —*, großartiges Unternehmen. ▾**—collecte** Tellerkollekte *w.* ▾**—dier** Schaltier *s.* ▾**—loon** Skalenlohn *m.* ▾**—tarief** Skalentarif *m.* ▾**—verdeling** Skala-, Gradeinteilung *w*; (*schaal*) (verteilte) Skala *w.*
schaam/been Scham/bein *s.* ▾**—deel** S.teil *m.* ▾**—rood** S.röte *w.* ▾**—spleet** S.ritze, S.spalte *w.* ▾**—streek** S.gegend *w.* ▾**schaamte** Scham *w*; (*schaamtegevoel*) S.gefühl *s*; *valse —*, falsche S. ▾**—loos** s.los. ▾**—loosheid** S.losigkeit *w.*
schaap Schaf *s* (*ook fig.*); *mak —*, frommes S.; *er gaan veel makke schapen in één hok*, geduldige Schafe gehen viele in e.n Stall; *arm —*, (*kind*) armes Wurm; *onnozel —*, Einfaltspinsel *m*, (*meisje v. buiten*) Landpomeranze *w*; *als één — over de dam is, volgen er meer*, ein S. folgt dem andern, ein Narr macht mehr Narren. ▾**—achtig** (*fig.*) einfältig; (*dom*) schäfig, blöd. ▾**—achtigheid** Blödsinn *m.* ▾**—herder** Schäfer, Schafhirt *m.* ▾**—je** Schäfchen *s*; *zijn —s op 't droge* (*hebben*), sein Schäfchen im Trocknen. ▾**—skleren** Schaf/skleider *Mz.* ▾**—skooi** S.stall *m*, S.hürde *w.* ▾**—skop** S.skopf *m.* ▾**—sstal** S.stall *m.* ▾**—svacht** S.fell *s.*
schaar 1 (*knipwerktuig; wat zo'n vorm heeft*) Schere *w*; (*v. ploeg*) Schar *w*; (*coulisse*) Kulisse, Schwinge *w*; *de — in iets zetten*, (in etwas) hineinschneiden; **2** (*menigte*) Schar, Menge *w.*
schaard/(e) Scharte *w*; *de —en uitslijpen*, die S.n auswetzen. ▾**—en** (*ov.w*) schartig machen; (*on.w*) schartig werden.
schaars (*gering, krap*) knapp, spärlich; (*zeldzaam*) selten; (*nauwelijks*) kaum; *— aanbod*, spärliches, geringes Angebot; *—e tijd*, teuere Zeit, Teuerung *w*; *het —er worden* (*v.d. grondstoffen*), die Verknappung. ▾**—heid, —te** Knapp/heit, Seltenheit *w*; *— aan* (*v.*) *levensmiddelen*, Lebensmittelknappheit, K.heit an Lebensmitteln; *er heerst — aan papier*, das Papier ist jetzt sehr k. ▾**—te-economie** Mangelwirtschaft *w.*
schaats Schlittschuh *m*; (*rolschaats*) Rollschuh *m*; *'n rare — rijden*, s. wunderlich benehmen; *'n schuine — rijden*, über die Schnur hauen, ein lockeres Leben führen. ▾**—baan** Schlittschuhbahn *w*; (*rolschaats*) R.bahn *w.* ▾**—en(rijden)** Schlittschuh laufen; (*rolschaatsen*) R. laufen, R. fahren; *het —*, das Schlittschuhlaufen, der Eislauf. ▾**—enrijder, —er** Schlittschuh-, Eisläufer *m*; (*rolschaats*) R.läufer, R.fahrer *m.* ▾**—plank** Roll(er)brett, Skateboard *s.*
schacht (*v. lans, naald, zuil, laars*) Schaft *m*; (*v. veer*) Kiel *m*, (*waaraan de baard bevestigd is*) Schaft *m*, (*onderste gedeelte*) Spule *w*; (*v. mijn, lift*) Schacht *m.* ▾**—kooi** (*mijnb.*) Förderkorb *m.* ▾**—toren** S.-, F.turm *m.*
schade Schaden *m*; *— aanrichten*, S. anrichten, verursachen, tun; *— doen*, schaden [3], Eintrag tun [3]; *zijn — inhalen*, das Versäumte nachholen; *zonder — te lijden aan zijn ziel*, ohne S. an seiner Seele zu nehmen; *de — opnemen*, den S. abschätzen, aufnehmen; *de — regelen*, den S. regulieren, abmachen; *iem. de — vergoeden*, (*ook*) e.n (für...) entschädigen; *door — en schande wordt men wijs*, durch S. wird man klug. ▾**—aangifte** S.anzeige *w.* ▾**—claim** S.ersatzanspruch *m*, S.forderung *w.* ▾**—-expert** Sachverständige(r) *m.* ▾**—lijk** schädlich; *— voor de gezondheid*, der Gesundheit schädlich, gesundheitsschädlich; *— gas*,

Schadgas *s*; *— dier, plant, wezen*, Schädling *m*. ▾**—lijkheid** Schädlichkeit *w*. ▾**schadeloos** schadlos; (*onschadelijk*) unschädlich. ▾**—stellen** entschädigen. ▾**—stelling** Entschädigung, Schadloshaltung *w*; (*vergoeding*) Entschädigung *w*; (*afkoop*) Abfindung *w*; (*schadevergoeding*) Schadenersatz *m*. ▾**schaden** schaden [3]; (*afbreuk doen aan, ook*) schädigen [4], beeinträchtigen [4]. ▾**schade/plichtig** schaden/ersatzpflichtig. ▾**—post** Verlustposten *m*. ▾**—regeling** S.regulierung, S.abmachung *w*. ▾**—vergoeding** S.ersatz *m*; *eis tot —*, Forderung *w* auf S.ersatz; *een eis tot — indienen, instellen*, (*civiel proces*) auf S.ersatz klagen, eine S.ersatzklage einreichen. ▾**—verhaal** Geltendmachung *w* des S.s. ▾**—verzekering** S.versicherung *w*. ▾**—vordering** S.ersatzanspruch *m*, S.ersatzklage *w*.

schaduw Schatten *m*; *niet in iem.s — kunnen staan*, e.m nicht das Wasser reichen können. ▾**—beeld** S.bild *s*; (*silhouet, ook*) S.riß *m*, Silhouette *w*. ▾**—en** schattieren; (*iem.*) *—*, beschatten, (*door politiespion*) bespitzeln. ▾**—kabinet** S.kabinett *s*. ▾**—rijk** s.reich, schattig. ▾**—zijde** S.seite *w*.

schaffen schaffen; (*eten*) *wat de pot schaft*, was die Kelle gibt.

schaft 1 *zie* **schacht**; **2** *zie* **schafttijd** *en* **schoft**. ▾**—en** (*v. arb. enz.: het werk afbreken ten behoeve v. maaltijd*) Schicht machen. ▾**—lokaal** Kantine *w*, Erholungsraum *m*. ▾**—tijd, —uur** Arbeits-, Mittagspause, Essenszeit *w*.

schakel (*v. ketting*) Glied *s*; (*fig.*) Verbindungs-, Bindeglied *s*. ▾**—aar** Schalter *m*; *automatische —*, Selbstschalter. ▾**—armband** Gliederarmband *s*. ▾**—bord** Schaltbrett *s*, -tafel *w*. ▾**—en** (*in-, uitschakelen; elektr.*) schalten; (*anders*) aneinanderreihen, (ver)ketten, verbinden. ▾**—ing** Schalt/ung; Verkettung *w*. ▾**—kast** S.kasten *m*. ▾**—ketting** Gliederkette *w*. ▾**—klas** Überbrückungsklasse *w*. ▾**—paneel** S.tafelfeld *s*. ▾**—schema** S.bild *s*, S.plan *m*. ▾**—toestel** S.apparat *m*, S.gerät *s*, S.vorrichtung *w*.

schak/en 1 Schach spielen; **2** (*ontvoeren*) entführen. ▾**—er 1** Schachspieler *m*; **2** Entführer *m*.

schaker/en schattieren, abstufen, abtönen, nuancieren. ▾**—ing** Schattierung, Nuance; Abstufung, Abtönung, Nuancierung *w*.

schaking Entführung *w*.

schalk Schalk, Schelm *m*. ▾**—s** schalkhaft, schelmisch. ▾**—sheid** Schalkhaftigkeit, Schelmerei *w*.

schallen schallen, hallen.

schalm *zie* **schakel**.

schalmei Schalmei *w*.

schamel ärmlich, dürftig. ▾**—heid** Ä.keit, D.keit *w*.

schamen: *z. voor iem. —*, (*tegenover hem*) s. vor e.m schämen, (*om hem*) s. für e.n sch.

schampen (*even raken*) streifen.

schamper höhn/isch, scharf, bitter. ▾**—en** h.en, spotten. ▾**—heid** Schärfe, Bitterkeit *w*; (*schamper gezegde*) Stichelei *w*, Seitenhieb *m*.

schampschot Streifschuß *m*.

schand/aal Skandal *m*. ▾**—aalpers** S.presse, Revolverpresse *w*. ▾**—aleus** s.ös. ▾**—alig** schändlich, skandal/ös. ▾**—aliseren** s.isieren; (*beschadigen*) schänden. ▾**—daad** Schand/tat *w*. ▾**—e** S.e *w*; *'t is — (dat..., hoe...)*, es ist eine S.e, eine Sünde und Schande; *— v. iets spreken*, etwas eine Schande, schändlich finden; *te — (maken)*, zuschanden, zu Schand/en; *iem. te — maken*, e.m S.e machen, (*logenstraffen*) e.n Lügen strafen. ▾**—elijk** schändlich; *— leven*, Schandleben. ▾**—elijkheid** Schändlichkeit *w*. ▾**—geld** Schandgeld, Sündengeld *s*. ▾**—merk** Schand/mal *s*. ▾**—paal** S.pfahl, Pranger *m*. ▾**—schrift** S.schrift *w*. ▾**—vlek** S.fleck *m*. ▾**—vlekken** beflecken, schänden.

schans Schanz/e *w*. ▾**—arbeid** S.arbeit *w*. ▾**—graver** S.gräber *m*. ▾**—springen** S.enspringen, Schispringen *s*.

schap 1 Brett *s*; **2** *zie* **bedrijfschap**.

schape/bout Schafs-, Schöpsenkeule *w*. ▾**—kaas** Schaf/käse *m*. ▾**—ekop** S.skopf *m*. ▾**—nfokkerij** S.zucht, Schäferei *w*. ▾**—nscheerder** S.scherer *m*. ▾**—nscheren** S.schur *w*. ▾**—vacht** S.pelz *m*. ▾**—vlees** S.-, Hammelfleisch *s*. ▾**—wolkjes** S.wölkchen, Schäfchen *Mz*.

schappelijk glimpflich; (*v. prijzen enz., billijk*) billig; (*tamelijk goed*) ziemlich (gut), leidlich; (*gematigd*) gemäßigt; *'n —e kerel*, ein netter, (*in omgang*) ein umgänglicher Mensch; *'n —e vergoeding*, eine angemessene Vergütung; *er nog — (afkomen)*, noch glimpflich. ▾**—heid** G.keit; Billigkeit *w*.

schapulier Skapulier *m*.

schar Kliesche *w*.

schare Schar, Menge *w*.

scharen: *z. (om iem.) —*, s. (um e.n) scharen; (*een leger in slagorde*) *—*, aufstellen; *z. aan iem.s zijde —*, s. auf jemands Seite stellen; *z. om de dis —*, s. um den Tisch setzen; *z. in rijen —*, s. in Reihen aufstellen.

scharen/sliep, —slijper Scherenschleifer *m*.

scharlaken I *bn* Scharlach..., s.farbig. **II** *zn* S. *m*. ▾**—rood** s.rot. ▾**—s** s.en, Scharlach...

scharminkel Hopfenstange *w*, Gerippe *s*.

scharnier Scharnier, Gelenk *s*. ▾**—en** s.en. ▾**—gewricht** S.gelenk *s*.

scharrel Liebelei *w*, Techtelmechtel *s*; (*meisje*) Poussiermädchen, Flittchen *s*, Flitsche *w*. ▾**—aar** (*brekebeen*) Pfuscher, Stümper *m*; (*sjachelaar*) Schacherer, Trödler *m*; (*tobber*) armer Schlucker; (*rare snuiter*) sonderbarer Kauz; (*rokkenjager*) Schürzenjäger *m*; (*vogel*) Blaurake *w*. ▾**—ei** landfrisches Ei. ▾**—en** (*v. kippen enz. in de grond*) scharren; (*snuffelen, rommelen*) stöbern, kramen, wühlen; (*in keuken enz.*) herumhantieren, herumwirtschaften; (*sjachelen*) schachern, trödeln; (*met een meisje*) flirten, liebeln, poussieren; *met meisjes —*, Liebeleien haben, anfangen; *moeten — om aan de kost te komen*, Mühe haben s. durchzuschlagen. ▾**—kip** freilaufendes Huhn. ▾**—partijtje** Flirt *m*, Liebelei *w*. ▾**—tje** Liebchen *s*.

schat Schatz *m*. ▾**—bewaarder** S.meister *m*.

schater/en (*klinken*) schallen, hallen; (*luidkeels lachen*) aus vollem Halse lachen, (*luidkeels beginnen te lachen*) laut auflachen, in ein schallendes Gelächter ausbrechen. ▾**—lach** schallendes Gelächter. ▾**—lachen** aus vollem Halse lachen.

schat/graver Schatzgräber *m*. ▾**—je** Schätzchen, Liebchen *s*; (*lieveling*) Liebling *m*, Herzchen *s*. ▾**—kamer** Schatzkammer *w*. ▾**—kist** Staatskasse *w*. ▾**—kistbewijs, —kistbiljet** (verzinsliche) Schatz/anweisung *w*. ▾**—kistpromesse** (unverzinsliche) S.anweisung *w*, S.wechsel *m*. ▾**—plichtig** s.-, zins-, tributpflichtig. ▾**—rijk** steinreich. ▾**—tebout** Liebling *m*, Herzblatt *s*.

schat/ten schätzen; (*taxeren*) abschätzen, taxieren, (*geldswaarde vaststellen*) einschätzen; (*ramen*) veranschlagen; (*aanslaan*) anschlagen; (*de waarde*) *laten —*, abschätzen lassen; (*de schade wordt*) *op 1000 gulden geschat*, auf 1000 Gulden abgeschätzt;

(*dat perceel is met 10 000 gulden*) *te hoog geschat*, zu hoch bewertet, überbewertet; *te laag geschat*, unterbewertet; *geschatte waarde*, Schätzungswert. ▾**—ter** Schätzer, Abschätzer, Taxator *m.*
schattig reizend, niedlich; allerliebst, süß, goldig.
schatting Schätzung; Abschätzung, Taxierung, Einschätzung *w*; (*cijns*) Tribut *m*; *naar —*, schätzungsweise, vermutlich, mutmaßlich.
schaven hobeln; (*huiden*) schaben; (*fig.*) feilen, (*v. mensen*) hobeln; *ik heb m'n arm geschaafd*, ich habe mich am Arm geritzt; *zijn huid —*, s. die Haut schürfen.
schavot Schafott, Blutgerüst *s.*
schavuit Spitzbube, Halunke, Schurke *m.* ▾**—enstreek** Buben-, Schurkenstreich *m.*
schede Scheide *w.*
schedel Schädel *m.* ▾**—basisfractuur** S.basisbruch *m.* ▾**—been** S.knochen *m.* ▾**—breuk** S.bruch *m.* ▾**—dak** S.dach *s.* ▾**—punt** Scheitelpunkt *m.*
scheef schief; (*zijn schoenen*) *— lopen*, s.treten; *— trekken*, (*v. hout*) s. werfen. ▾**—heid** S.heit, S.e *w.* ▾**—hoek** s.winkliges Parallelogramm, s.es Viereck. ▾**—hoekig** s.winklig.
scheel scheel; *— kijken, zijn, zien*, schielen; *oog dat — is*, ein schielendes Auge; *schele ogen maken*, scheele Augen machen; *met schele ogen* (*aankijken*), (*fig.*) mit scheelen Augen, scheel; *schele hoofdpijn*, einseitige Kopfschmerzen. ▾**—heid** Schiel/en *s.* ▾**—oog** S.auge *s*, S.er *m.*
scheen Schien/e *w.* ▾**—been** S.bein *s.* ▾**—beschermer** S.beinschoner, S.beinschützer *m.*
scheep: *— gaan*, s. einschiffen, an Bord gehen. ▾**—je** Schiffchen *s.* ▾**scheeps/aandeel** Schiffs/anteil *m.* ▾**—agentuur** S.agentur *w.* ▾**—behoeften, —benodigdheden** S.bedürfnisse *Mz*, S.bedarf *m*; (*levensmiddelen*) S.proviant *m.* ▾**—bericht** S.nachricht *w.* ▾**—bevrachter** S.befrachter *m.* ▾**—bevrachting** S.befrachtung *w.* ▾**—bewijs** S.pfandbrief *m.* ▾**—bouw** Schiff/bau *m.* ▾**—bouwer** S.bauer *m.* ▾**—bouwkunde** S.(s)baukunst *w.* ▾**—bouwkundig**: *— ingenieur*, S.bauingenieur *m.* ▾**—dokter** Schiffs/arzt *m.* ▾**—gelegenheid** S.gelegenheit *w*; *per eerste —*, mit erster S. ▾**—journaal** S.journal *s.* ▾**—kapitein** S.kapitän *m.* ▾**—kok** S.koch *m.* ▾**—lading** S.ladung *w.* ▾**—maat** 1 (*afmeting*) S.maß *s*; 2 (*pers.*) S.maat *m.* ▾**—makelaar** S.makler *m.* ▾**—papieren** S.papiere *Mz.* ▾**—ramp** S.katastrophe *w.* ▾**—recht** S.recht *s*; *driemaal is —*, aller guten Dinge sind drei. ▾**—roeper** Sprachrohr *s.* ▾**—rol** Schiffs/rolle *w.* ▾**—romp** S.rumpf, S.körper *m*, S.gefäß *s.* ▾**—term** Schifferausdruck *m.* ▾**—tijding** Schiffs/nachricht *w*, S.meldung *w.* ▾**—timmerman** (*op schip*) S.zimmermann *m*; (*op werf*) Schiffbauer *m.* ▾**—timmerwerf** Schiffswerft *w*, Schiffbauerhof *m.* ▾**—tuig** Schiffs/gerät *s.* ▾**—volk** S.volk *s*, S.mannschaft *w.* ▾**—vracht** S.fracht *w.* ▾**—werf** S.werft *w*, Schiffbauplatz *m.* ▾**—werktuigkundige** Schiffsmechaniker *m.*
scheepvaart Schiffahrt *w*; *raad voor de —*, Seeamt *s.* ▾**—aandeel** Schiffahrts/aktie *w.* ▾**—berichten** S.nachrichten *Mz*; (*radiodienst*) S.funk *m.* ▾**—beweging** S.bewegung *w.* ▾**—kunde** S.kunde *w.* ▾**—kundig**: *— onderwijs*, S.unterricht *m.* ▾**—lijn** S.linie *w.* ▾**—maatschappij** S.gesellschaft *w.* ▾**—verkeer** Schiffsverkehr *m.* ▾**—waarden** Schiffahrts/aktien, S.werte *Mz.*
scheer/apparaat Rasier/apparat *m*; *elektr. —*, Elektro-, Trockenrasierer *m.* ▾**—bakje** R.napf *m.* ▾**—crème** R.krem *m.* ▾**—der** (*v. schapen, laken enz.*) Scherer *m.* ▾**—doos** R.schachtel *w*, R.zeug *m.* ▾**—draad** Kettenfaden *m.* ▾**—garen** Scher-, Kettengarn *s.* ▾**—gereedschap, —gerei** Rasier/zeug *s.* ▾**—hoofd, —kop** R.kopf *m.* ▾**—kwast** R.pinsel *m.* ▾**—lijn** Zugleine *w*; (*v. tent*) Zelt(spann)leine *w.* ▾**—mes** R.messer *s.* ▾**—mesje** R.klinge *w.* ▾**—riem** Streichriemen *m.* ▾**—spiegel** R.spiegel *m.* ▾**—staaf** R.stange *w.* ▾**—vlucht** (*luchtv.*) Tiefflug, Tiefangriff *m.* ▾**—winkel** Barbierstube *w.* ▾**—wol** Scherwolle *w.* ▾**—zeep** R.seife *w.*
scheet Furz *m*; *een — laten*, furzen, e.n Wind streichen lassen.
schei 1 (*dwarshout, -ijzer*) Querholz *s*, Riegel *m*; **2** *zie* **—ding**.
scheid/baar trennbar. ▾**—baarheid** T.keit *w.* ▾**—en** (*v. innige verbinding, v. innerlijke samenhang*) scheiden; (*meer de uitwendige samenhang verbreken, v. elkaar losmaken*) trennen; (*het haar*) scheiteln; (*hij wil*) *—*, s. von seiner Frau scheiden lassen; (*man en vrouw worden door de rechtbank*) *gescheiden*, geschieden; von Tisch und Bett geschieden; (*getrouwd zijn*) *maar — leven*, aber getrennt voneinander leben; (*het hoofd v.d. romp, de vechtenden, de pers. v.d. zaak*) t.; (*hier*) *—* (*onze wegen*), scheiden s., trennen s.; (*we moeten*) *—*, scheiden, Abschied nehmen, uns verabschieden; (*hier*) *moeten we —*, müssen wir uns t. ▾**—ing** Scheidung; Trennung *w*; Abschied *m*; (*in 't haar*) Scheitel *m*; (*scheidingslijn*) Scheide, Grenzlinie *w*; (*v. troepen*) Entflechtung *w*; *— v. kerk en staat*, Trennung von Staat und Kirche. ▾**—ingslijn** Scheide(linie) *w.* ▾**—ingsmuur** Scheide-, Zwischenwand *w.* ▾**—ingstoelage** Trennungsentschädigung *w.*
scheids/gerecht Schiedsgericht *s.* ▾**—lijn** Scheide(linie) *w.* ▾**—man** Schiedsmann *m.* ▾**—muur** Scheidemauer, -wand *w*; (*fig.*) trennende Schranke. ▾**—rechter** Schiedsrichter *m.* ▾**—rechterlijk** s.lich; *—e uitspraak*, Schiedsspruch *m.*
schei/kunde Chem/ie *w.* ▾**—kundig** c.isch; *— ingenieur*, Diplomchemiker *m.* ▾**—kundige** C.iker *m.*
schel I *zn* **1** Schelle; Klingel *w*; (*elektr.*) K.; (*tafelschel*) Glocke *w*; **2** (*schil*) Schale *w*; *de —len vielen hem v.d. ogen*, da fielen ihm die Schuppen von den Augen. **II** *bn & bw* grell; (*v. geluid, ook*) schrill, gellend.
Schelde Schelde *w.* ▾**—mond** S.mündung *w.*
scheld/en schimpfen, schelten; *iem. voor dief —*, e.n e.n Dieb schelten, schimpfen. ▾**—naam** Schimpf/name *m.* ▾**—partij** S.erei *w.* ▾**—woord** S.-, Scheltwort *s.*
schelen (*verschillend zijn*) verschieden sein; (*een verschil maken*) e.n Unterschied machen; (*mankeren*) fehlen; *zij — veel in grootte, in leeftijd*, sie sind an Größe, im Alter sehr verschieden; *in leeftijd niet veel —*, fast gleich alt sein; *zij — 3 jaren*, sie sind 3 Jahre auseinander; (*dat*) *scheelt veel*, macht e.n großen Unterschied; *'t scheelde niet veel of hij was verdronken*, es fehlte nicht viel, so wäre er ertrunken; (*wat*) *scheelt eraan, scheelt je?*, fehlt dir?; *het kan me niets —*, es ist mir einerlei, gleichgültig; (*dat*) *kan me geen laars —*, ist mir ganz egal, ganz Wurst, schnuppe; (*wat*) *kan mij dat —*, kümmert es mich, liegt mir daran, geht es mich an.
schelf (*hooi enz.*) Schober, Haufen *m.*
schel/heid Grellheit *w*, das Grelle; (*v. geluid,*

ook) das Schrille. ▾**—klinkend** schrill-, grelltönend, grell. ▾**—koord** Klingelschnur *w.* ▾**—lak** Schellack *m.* ▾**—len** klingeln, schellen; *zie verder* **bellen**.
schellinkje Juchhe, Olymp *m.*
schelm Schelm *m*; (*schurk*) Schurke *m.* ▾**—achtig** schelmisch; schurkisch; (*niet ong., ook*) schalkhaft. ▾**—enstreek, —(en)stuk** Schelmen/streich *m*, S.stück *s*; (*ong.*) Buben/streich *m*, B.stück *s.* ▾**—s** *zie* **—achtig**.
schelp Muschel *w*; (*v. oesters enz., ook*) Schale *w.* ▾**—dier** M.tier *s.* ▾**—vormig** m.förmig.
schelvis Schellfisch *m.* ▾**—oog** (*fig.*) Glotzauge *s.*
schema Schema *s.* ▾**—tisch** s.tisch. ▾**—tiseren** s.tisieren.
schemer Dämmer/ung *w*, Zwielicht *s.* ▾**—achtig** d.ig. ▾**—avond** (Abend) D.ung *w.* ▾**—donker I** *bn* d.ig. **II** *zn zie* **schemer**. ▾**—en** d.n; *zitten te* —, D.stunde halten; *gezellig zitten te* —, schummern, gemütlich im D.licht sitzen; (*doorschijnen*) schimmern; *het schemert me voor de ogen*, es flimmert, flirrt mir vor den Augen; *er schemert mij zo iets voor de geest*, mir schwebt so etwas dunkel vor. ▾**—ig** d.ig. ▾**—ing** *zie* **schemer**. ▾**—lamp** Schirmlampe, Stehlampe *w.* ▾**—licht** D.licht *s.* ▾**—uurtje** D.-, Schummerstunde *w.*
schend/brief Schmähbrief *m.* ▾**—en** (*boom, eer, graf, lijk, iem.s naam, maagd, sabbat*) schänden; (*onteren*) entehren; (*ontwijden*) entweihen, entheiligen; (*eerbaarheid, geheim, grens, neutraliteit, octrooi, plichten, rechten, verdrag, waarheid, wet enz.*) verletzen; (*belofte, eed*) brechen; (*vertrouwen*) mißbrauchen; (*v. voorwerpen: beschadigen*) beschädigen; (*misvormen*) entstellen; (*dat vlekje*) *schendt* (*haar gezicht*), schandet, verunziert; *geschonden exemplaar*, schadhaftes Exemplar. ▾**—er** Schänder; Entehrer; Verletzer; Brecher *m.* ▾**—ing** Schändung, Entehrung, Entweihung, Entheiligung, Verletzung *w*, Brechen *s*, Mißbrauch *m*, Beschädigung *w*; — *v. vertrouwen*, Vertrauensbruch *m.*
schenk/blad, —blaadje Servierbrett, Tablett *s*, Präsentierteller *m.*
schenkel Schenkel *m.*
schenk/en schenken; (*koffie*) *in de kopjes* —, in die Tassen s.; (*koffie*) —, einschenken. ▾**—er** Schenk, (Ein)Schenker *m*; (*hof-, lijfschenker*) Mundschenk *m*; (*gever*) Schenker *m*, (*v. gift*) Spender *m*, (*bijv. v. fundatie*) Stifter *m.* ▾**—ing** Schenkung *w*; (*gift*) Spende *w*, (*bijv. fundatie*) Stiftung *w.* ▾**—ingsakte** Schenk/ungsurkunde *w.* ▾**—kan** S.kanne *w.* ▾**—kurk** Flaschenausgießer *m.*
schennis *zie* **schending**.
schep 1 (*schepvat*) Schöpfer *m*; (*lepel*) (Schöpf)Löffel *m*; (*schop*) Schaufel *w*, Schippe *w*; **2** (*hoeveelheid*) Löffelvoll, Schaufelvoll; Haufen *m*, Menge *w.*
schepel Scheffel *m.*
schepelingen Schiffs/mannschaft *w*, S.volk *s.*
schepen Schöffe *m.* ▾**—bank** S.nbank *w*; (*rechtbank*) S.ngericht *s.*
scheper Schäfer, Schafhirt *m.*
schep/je (*lepeltje*) Löffelchen; (*schopje*) Schaufel, Schippe *w*; *er een — opdoen*, (*bedrag, eis verhogen*) den Preis erhöhen, mehr fordern, (*aandikken*) dick auftragen, übertreiben, (*z. meer inspannen*) s. mehr anstrengen. ▾**—net** Schöpfnetz *s.* ▾**—pen 1** (*voortbrengen*) (er)schaffen (schuf, geschaffen, erschuf, erschaffen); (*God heeft de wereld*) *geschapen*, erschaffen; (*orde*) schaffen (schaffte, geschafft); —*d*, schöpferisch; **2** (*schepte, geschept*) schöpfen; (*kolen in de kelder*) —, schaufeln; *vermaak — in*, Vergnügen, Gefallen finden an [3]; *geschept papier*, geschöpftes Papier, Büttenpapier *s.* ▾**—per** Schöpf/er *m.* ▾**—ping** S.ung *w.* ▾**scheppings/dag** S.ungstag *m.* ▾**—drang** Schaffensdrang *m.* ▾**—kracht** Schaffenskraft *w*, s.erische Kraft. ▾**—verhaal** S.ungsgeschichte *w.* ▾**—vermogen** s.erisches Vermögen, S.erkraft *w.* ▾**scheprad** Schaufelrad *s*; (*om water op te pompen*) Schöpfrad *s.* ▾**schepsel** Geschöpf *s.*
scheren scheren; (*de baard, iem.*) rasieren; *z.* —, s. rasieren; (*door de lucht*) —, streichen; *langs de grond, het water* —, den Boden, das Wasser streifen; (*de bal*) *scheert* (*de lat*), streift; *steentjes langs het water* —, Steine übers Wasser springen lassen, bämmeln; *de ketting* —, (*weverij*) die Kette aufziehen; *een lijn* —, (*scheepst.*) eine Leine scheren.
scherf Scherbe *w*; (*v. bom enz.*) Splitter *m.* ▾**—vrij** splitter/fest, s.sicher. ▾**—werking** S.wirkung *w.*
schering (*v. schapen enz.*) Scheren *s*, Schur *w*; (*weverij: ketting*) Kette *w*, Zettel *m*, Anschere *w*; — *en inslag*, Kette und Einschlag; (*dat is hier*) — *en inslag*, (*fig., ook*) gang und gäbe. ▾**—draad** Kettenfaden *m.*
scherm Schirm *m*; (*tv*) Bildschirm *m*; (*toneelgordijn*) Vorhang *m*; (*coulisse*) Kulisse *w*; *achter de —en*, hinter den (die) K.n. ▾**—bloem** Dolden/blume *w.* ▾**—bloemigen** D.gewächse, -träger *Mz.* ▾**—degen** Fechtdegen *m.* ▾**—en** (*met degen enz.*) fechten; (*stud.*) pauken; (*met iets*) —, (*in 't rond zwaaien*) herumfuchteln; *het — op sabel en punt*, das Hiebstoßfechten. ▾**—er** Fecht/er *m.* ▾**—masker** F.maske *w.* ▾**—roosterbuis** (*elektr.*) Schirmgitterröhre *w.*
schermutsel/en scharmützeln, plänkeln. ▾**—ing** Scharmützel, Geplänkel *s.*
scherm/vest Fecht/jacke *w.* ▾**—werking** (*rad.*) Schirmwirkung *w.* ▾**—zaal** F.saal, F.boden *m.*
scherp I *bn & bw* scharf; (*v. vloeistof, ook*) beizend; —*e hoek*, (*meetk.*) spitzer Winkel, (*anders*) s.e Ecke; — *stellen*, (*fototoest.*) s. einstellen; (*granaten*) schärfen; (*een paard*) — *zetten, zie hieronder*. **II** *zn* (*v. mes, bijl enz.*) Schneide; Schärfe *w*; (*een paard*) *op — zetten*, scharf beschlagen; *met* — (*laden, schieten*) scharf. ▾**—en** schärfen; (*messen enz., ook*) wetzen, schleifen; (*potlood enz.*) (an)spitzen. ▾**—heid** Schärfe *w.* ▾**—hoekig** spitzwinklig. ▾**—rechter** Scharf/richter *m.* ▾**—schutter** S.schütze *m.* ▾**—slijperij** (*fig.*) S.macherei *w.* ▾**—snijdend** s.schneidend, s.schneidig. ▾**—te** Schärfe *w.* ▾**—ziend** s.sichtig, s.blickend. ▾**—zinnig** s.sinnig. ▾**—zinnigheid** S.sinn *m.*
scherts Scherz, Spaß *m*; *geen — verstaan*, keinen Spaß verstehen. ▾**—en** scherz/en, spaßen. ▾**—end** s.end; — *woord*, s.haftes Wort, (*ook*) S.wort; *ook* = **—enderwijs** im S., s.weise. ▾**—er** S.er, Spaßer *m.* ▾**—figuur** Niete *w.*
schets Skizze *w*; (*ontwerp, ook*) Entwurf *m*; (*beschrijving*) Schilderung, Beschreibung *w*; — *der literatuurgeschiedenis*, Abriß *m*, (*groter*) Grundriß *m* der Literaturgeschichte; —*en* (*uit het verleden*), Bilder. ▾**—boek** Skizz/enbuch *s.* ▾**—en** s.ieren; (*ontwerpen, ook*) entwerfen; (*beschrijven*) schildern, beschreiben. ▾**—kaartje** Kartenskizze *w.* ▾**—matig** s.enhaft. ▾**—tekening** S.e, Umrißzeichnung *w*; (*plan v. huis enz.*) Riß *m*, (*plattegrond*) Grundriß *m.*
schetter/aar Maulheld, Aufschneider *m.*

▾**—en** (*v. trompetter enz.*) schmettern; (*opsnijden*) schwadronieren, aufschneiden; (*schreeuwen*) schreien.
scheur Riß *m.* ▾**—buik** Skorbut, Scharbock *m.* ▾**—en** reißen, (*sterker: stuk*) zerreißen; (*grasland*) umbrechen; (*iets*) *in stukken —*, in Stücke reißen; (*de muur*) *begint te —*, bekommt e.n Riß, - Risse; (*door de droogte begint de grond*) *te —*, rissig zu werden. ▾**—ing** (*in kerk, partij enz.*) Spaltung *w*; (*v. grasland*) Umbruch *m*; *— in de kerk*, Kirchenspaltung *w*, Schisma *s.* ▾**—kalender** Abreißkalender *m.* ▾**—kies** Reißzahn *m.* ▾**—maker** Schismatiker *m.*
scheut (*v. plant*) Schößling, Schoß, Sprößling, Sproß *m*; (*hoeveelheid vloeistof*) Schuß *m*; (*pijn*) Stich *m.* ▾**—ig** freigebig. ▾**—igheid** F.keit *w.*
schicht Pfeil *m*; (*flits*) Strahl, Blitz *m.* ▾**—ig** scheu, schreckhaft; (*kopschuw*) kopfscheu. ▾**—igheid** Schreckhaftigkeit, Scheu *w.*
schielijk rasch, schnell, eilig, plötzlich.
schier fast, beinahe. ▾**—eiland** Halbinsel *w.*
schiet/baan Schießstand, -platz *m.* ▾**—en** schießen; (*netten*) auswerfen; (*vonken*) sprühen; *iets laten —*, etwas schießen lassen, etwas aufgeben, auf etwas verzichten; (*de dief*) *laten —*, entwischen lassen; (*een gedachte*) *schiet me door 't hoofd*, schießt mir durch den Kopf; *in 't blad —*, ins Kraut schießen; (*een schip*) *in de grond —*, in den Grund bohren; *in z'n kleren —*, in die Kleider fahren; (*de tranen*) *schoten haar in de ogen*, schossen ihr in die Augen; *te binnen —*, einfallen; (*'t mes*) *schiet me* (*uit de hand*), fährt mir. ▾**—gat** Schießloch *s.* ▾**—gebed** Stoßgebet *s.* ▾**—klaar** schußbereit. ▾**—lood** (Richt-, Blei) Lot, Senkblei *s.* ▾**—masker** Schieß/maske *w.* ▾**—oefening** S.übung *w.* ▾**—partij** S.erei *w.* ▾**—schijf** S.scheibe *w.* ▾**—sleuf** S.scharte *w.* ▾**—spoel** Schußspule *w.* ▾**—stoel** Schleuder-, Katapultsitz *m.* ▾**—tent** Schieß/bude *w.* ▾**—terrein** S.platz *m.* ▾**—wapen** Schußwaffe *w.* ▾**—wedstrijd** Wettschießen *s*, Schießwettkampf *m.*
schift/en sichten; (*afzonderen*) sondern, aussondern; (*uitzoeken*) auslesen, auswählen; (*de papieren*) —, sichten, ordnen; (*v. melk enz.*) zusammenlaufen; *hij is geschift*, ihm fehlt es im Oberstübchen. ▾**—ing** Sichtung *w*; Sondern *s*; Auslese *w*; (*v. melk*) Schiftung *w*, Zusammenlaufen *s.*
schijf Scheibe *w*; (*v. katrol*) Rolle *w*; (*damschijf*) Stein *m.* ▾**—geheugen** (*comp.*) Plattenspeicher *m.* ▾**—rem** Scheiben/bremse *w.* ▾**—schieten** S.schießen *s.* ▾**—vormig** s.förmig.
schijn Schein *m*; (*aanzien, voorkomen*) Anschein *m*; *— bedriegt*, der S. trügt; *'t heeft, wekt de — alsof ...*, es hat, erweckt den A. alsob ...; *de — aannemen*, s. den S. geben; *in —*, s.bar, dem S. nach; *naar alle —*, allem A. nach; *voor de —*, zum S.; *geen — v. hoop*, kein Schimmer von Hoffnung; *geen — v. kans* (*op succes*) (*hebben*), nicht die geringste Aussicht auf Erfolg; *geen — v. gevaar, v. recht*, nicht ein Schatten von Gefahr, von Recht. ▾**—aanval** Schein/angriff *m.* ▾**—baar** s.bar; (*blijkbaar*) anscheinend. ▾**—beweging** S.bewegung *w.* ▾**—dood I** *bn* s.tot; *een schijndode*, ein S.toter. **II** *zn* S.tod *m.* ▾**—en** scheinen; den Anschein haben; *naar het schijnt*, wie es scheint, dem Anschein nach. ▾**—geleerdheid** Schein/gelehrsamkeit *w.* ▾**—gestalte** Phase, Erscheinungsform *w.* ▾**—gevecht** S.kampf *m.* ▾**—heilig** s.heilig. ▾**—schoon** s.bar schön; (*als zn*) schöner S. ▾**—sel** Schein, Schimmer *m.* ▾**—tje**: *voor een —*, für ein Spottgeld; *geen — eergevoel*, nicht ein Schimmer von Ehrgefühl. ▾**—verkoop** Schein/verkauf *m.* ▾**—vertoning** S.manöver *s*; (*komedie*) Theater *s.* ▾**—vrucht** S.frucht *w.* ▾**—werper** S.werfer *m.*
schijt Scheiße *w*; *aan de — zijn*, die S.rei haben; *ik heb er — aan*, ich s. darauf. ▾**—en** s.n. ▾**—huis** Scheißhaus *s*; (*fig.*) = **—laars** Angsthase, Scheißkerl *m.*
schik Vergnügen *s*; (*gisteren hebben we*) *veel — gehad*, viel V. gehabt, uns recht gut amüsiert; *— hebben in*, seine Freude haben an [3]; *in zijn —* (*zijn*), guter Dinge, guter Laune, gutgelaunt, (*blij*) (seelen)vergnügt; *met iets in zijn —* (*zijn*), über etwas erfreut. ▾**—godin** Schicksalsgöttin *w.* ▾**—kelijk** (*tamelijk*) leidlich, ziemlich; (*redelijk*) redlich; (*inschikkelijk*) nachgiebig; *—e prijs*, billiger, anständiger Preis; *'t — met iem. maken*, e.n redlich, (*clement*) nachsichtig behandeln.
schikk/en (*ordenen*) ordnen; (*regelen, inrichten*) anordnen, einrichten, regeln; (*in orde brengen*) in Ordnung bringen; (*kwestie enz.: bijleggen*) beilegen, (*in 't reine brengen*) ins reine bringen; (*gelegen komen*) gelegen kommen, passen; (*God*) *schikt alles ten beste*, fügt alles zum besten; *ik zal het zo — dat ...*, ich werde es so einrichten, daß ...; *in der minne —*, gütlich beilegen, in Güte abmachen (*zie verder:* **minne**); (*dat*) *zal z. wel —*, wird s. schon machen, s. schon geben; (*stoelen, z.*) *om een tafel —*, um e.n Tisch (herum)setzen; *z. — in*, s. fügen, schicken, geben in [3]; *z. in zijn lot, naar Gods wil —*, s. in sein Schicksal, in Gottes Willen ergeben; *z. in 't onvermijdelijke —*, s. ins Unvermeidliche fügen, schicken; *schik je erin*, gib dich drein; *z. in een situatie —*, s. in e.n Zustand, in eine Lage finden; (*je moet*) *je erin —*, dich darein finden; *hij schikt z. in alles*, er schickt s. in alles; *z. naar de omstandigheden —*, s. den Umständen (in die Umstände) fügen; *z. naar iem. —*, s. nach e.m, nach seinen Wünschen richten; s. e.m, s. seinen Anordnungen fügen; *als het je schikt*, wenn's dir gelegen kommt, paßt; (*dat*) *zal wel —*, wird schon gehen; (*hoe gaat het?*) *het schikt nogal*, (es geht) so ziemlich, leidlich; *schik wat ter zijde*, rück ein wenig (auf die Seite). ▾**—ing** Ordnung *w*, (*meer volgens vast plan naast elkaar*) Anordnung *w*; (*overeenkomst*) Vereinbarung, Abmachung *w*, Abkommen *s*; (*minnelijke schikking*) Vergleich *m*; (*maatregel, beschikking*) Anordnung *w*; *in een — treden*, e.n Vergleich eingehen; *—en treffen*, Abmachungen, Vereinbarungen, (*maatregelen*) Anordnungen treffen.
schil Schale *w*; *aardappels in de — gekookt*, Pellkartoffeln.
schild (*verdedigingswapen*) Schild *m*; (*naam-, uithangbord enz.; v. insekt, schildpad*) Schild *s*; (*vleugelbedeksel v. insekten*) Flügeldecke *w*; (*bouwk.: dakvlak*) Walm *m*; *in zijn — voeren*, (*eig. en fig.*) im Schilde führen.
schilder (*kunstschilder en vakkundig huisschilder*) Maler *m*; (*verver*) Anstreicher *m.* ▾**—achtig** malerisch. ▾**—achtigheid** das Malerische. ▾**—en** malen; anstreichen; (*beschrijven*) schildern; (*op schildwacht staan*) Schildwache, Posten stehen. ▾**—es** Malerin *w.* ▾**schilderij** Gemälde *s.* ▾**—enmuseum** G.museum *s*, G.galerie *w.* ▾**—ententoonstelling** G.ausstellung *w.* ▾**—lijst** G.rahmen *m.* ▾**—ing** Malen *s*; (*'t geschilderde*) Malerei *w*; (*beschrijving*) Schilderung, Darstellung *w.* ▾**—kunst** Maler/kunst, M.ei *w.* ▾**—sambacht** M.handwerk *s.* ▾**—sdoek** M.leinwand *w.* ▾**—sezel** Staffelei *w.* ▾**—sgereedschap**

M.gerät, Malgerät *s.* ▾—**sknecht** Maler/geselle *m.* ▾—**stuk** Gemälde *s.* ▾—**swinkel** M.werkstatt *w.* ▾—**werk** M.arbeiten *Mz.*
schild/houder Schild/halter *m.* ▾—**klier** S.drüse *w.* ▾—**knaap** S.knappe *m.* ▾—**pad** **1** (*dier*) S.kröte *w*; **2** (*stof*) S.patt *s.* ▾—**padden** S.patt... ▾—**padsoep** S.krötensuppe *w.* ▾—**vleugelige** (*insekt*) Deckflügler *m.* ▾—**wacht** S.wache *w*; *op — staan*, S.wache stehen, Posten stehen. ▾—**wachthuisje** S.erhaus *s.*
schilfer (*v. huid*) Schuppe *w*; (*v. kalk, muur enz.*) Abschilferung *w*; (*v. gesteente*) Schiefer *m*; (*alg.: splinter*) Splitter *m.* ▾—**achtig** schuppen-, schiefer-, splitterartig. ▾—**en** (*huid*) s. schuppen; (*muur*) s. abblättern; (*gesteente*) s. abschiefern.
schillen schälen. ▾—**boer** Abfallmann *m.*
schillerkraag Schillerkragen *m.*
schil/machine Schäl/er *m.* ▾—**mesje** S.messer *s.*
schim Schatten *m*; (*hersenschim*) Schemen *m.* ▾—**achtig** schattenhaft; schemenhaft.
schimmel Schimmel *m* (*ook paard*). ▾—**en** s.n, s.ig werden. ▾—**ig** schimm(e)lig.
schimmen/rijk Schatten/reich *s.* ▾—**spel** S.spiel *s.*
schimp Schimpf *m*, Schmach *w.* ▾—**dicht** Schimpfgedicht *s.* ▾—**en** schimpfen, schmähen. ▾—**er** Schimpfer, Schmäher, Spötter *m.* ▾—**lied** Schimpf-, Schmählied *s.* ▾—**scheut** Stichelei *w*, Stichelwort *s*, Seitenhieb *m.* ▾—**woord** Schimpfwort *s.*
schip Schiff *s*; *— v. staat*, S. des Staates, Staatsschiff; *schoon — (maken)*, (*fig.*) reinen Tisch, reine Wirtschaft; (*eig.*) klar Schiff; *zijn schepen achter z. verbranden*, alle Brücken hinter s. abbrechen; *een — op strand, een baken in zee*, andrer Fehler sind gute Lehrer. ▾—**breuk** Schiff/bruch *m*; *— lijden* (*op*); (*v. schip, passagier, in 't leven*) S.bruch (er)leiden, (*v. schip en fig., ook*) scheitern (an [3]). ▾—**breukeling** S.brüchige(r) *m.* ▾—**brug** S.brücke *w.*
schipper Schiff/er; S.skapitän *m.* ▾—**en**: *altijd willen —*, immer Kompromi/sse suchen, ein K.ßler sein; (*men moet*) *een beetje weten te —*, leben und leben lassen; (*hij zal dat*) *wel —*, schon machen, schon deichseln. ▾—**ij** Schiffahrt *w.* ▾—**sbeurs** Schiffer/börse *w.* ▾—**sknecht** S.knecht *m.* ▾—**sschool** S.schule *w*; (*voor schipperskinderen*) Schule für S.kinder, schiffahrende Kinder.
schisma Schisma *s*, Spaltung *w.* ▾—**tiek I** *bn* schismatisch. **II** *zn* Schismatiker *m.*
schitter/en glänzen, strahlen; (*lichten*) leuchten; (*beweeglijk lichten, glinsteren*) glitzern, flimmern. ▾—**end** glänzend; (*fam.*) blendend. ▾—**ing** Glanz *m*, Glänzen, Glitzern *s.* ▾—**licht** Glanzlicht *s*; (*v. vuurtoren*) Blinkfeuer *s.*
schizo/freen schizo/phren. ▾—**frenie** S.phrenie *w.*
schlager Schlager *m.*
schmink Schminke *w.* ▾—**en** schminken.
schnitzel Schnitzel *s.*
schobbejak, schobber(d) Schuft, Lump, Schubbejack *m*; *arme —*, armer Schlucker. ▾**schobberdebonk**: *op de — lopen*, schmarotzen, nassauern.
schoei/en beschuhen; (*met planken enz.*) bekleiden. ▾—**ing** Bekleidung *w.* ▾—**sel** Schuhe *Mz*, Schuhwerk *s*, Fußbekleidung *w.*
schoelje Schuft, Halunke, Schurke *m.*
schoen Schuh *m*; *lage —*, Halbschuh *m*; *hoge —*, Stiefel *m*; *vast in zijn —en staan*, seiner Sache gewiß sein; *de stoute —en aantrekken*, s. ein Herz fassen; *de moed zonk hem in de —en*, das Herz fiel ihm in die Hosen; *lood in zijn —en* (*hebben*), Blei in den Füßen, Blei an den Sohlen; (*iem. iets*) *in de —en schuiven*, in die Schuhe schieben; *ik zou niet gaarne in zijn —en staan*, ich möchte nicht in seiner Haut stecken; (*weten*) *waar de — 'm wringt*, wo der Schuh drückt; wo der Hase im Pfeffer liegt; *wie de — past, trekke hem aan*, wen's (wem's) juckt der kratze s. ▾—**borstel** Schuh/bürste *w.* ▾—**crème** S.creme *w.* ▾—**(en)doos** S.schachtel *w*, S.karton *m.* ▾—**(en)fabriek** S.fabrik *w.*
schoener Schoner *m.* ▾—**bark** S.bark *w.*
schoen/lapper Schuh/flicker, Flickschuster *m.* ▾—**lepel** S.löffel *m.* ▾—**maat** S.große, S.nummer *w.* ▾—**maker** S.macher, Schuster *m*; *zie ook* **—lapper**. ▾—**makerij** Schuhmacherei *w*; (*gewoon*) Schuster/ei *w*; (*deftig*) Besohlanstalt *w.* ▾—**makersjongen** S.junge *m.* ▾—**poets** Schuh/wichse *w*, S.krem *m.* ▾—**poetsautomaat** S.polierautomat *m.* ▾—**poetsen** S.putzen *s.* ▾—**poetser** S.putzer *m.* ▾—**reparatie** S.reparatur *w.* ▾—**smeer** *zie* **—poets**. ▾—**trekker** S.anzieher, S.löffel *m.* ▾—**veter** (Schnür)Senkel *m*; (*leer*) Schuh/riemen *m.* ▾—**winkel** S.laden, S.macherladen *m.* ▾—**zool** S.sohle *w.*
schoep Schaufel *w*, Schöpfbrett *s*; (*v. schroef*) Flügel *m.* ▾—**enrad** Flügelrad *s*; (*scheprad*) Schaufelrad *s.*
schoffel Schaufel *w*; (*zwaarder*) Hacke *w.* ▾—**en** schaufeln.
schofferen schänden, notzüchtigen, vergewaltigen.
schoft 1 (*pers.*) Schuft *m*; **2** (*schouder*) Schulter *w*, Bug *m*, (*hoogste deel v.d. rug*) Widerrist *m*; **3** (*arbeidstijd*) Schicht *w*; (*rusttijd ertussen*) Arbeitspause, (*in fabr.*) Werkpause *w*; *zie* **schaft**. ▾—**erig** schuftig.
schok Stoß *m*; (*hevige beweging, ook v. gemoedsbeweging*) Erschütterung *w*; (*zenuwschok*) Nervenschock *m*; *elektrische —*, elektrischer Schlag; (*het vertrouwen heeft*) *een zware — gekregen*, e.n schweren Stoß erlitten, ist erschüttert; (*zijn gezondheid*) *heeft een — gekregen*, ist erschüttert. ▾—**beton** Rüttelbeton *m.* ▾—**breker** Stoßdämpfer, -fänger *m.* ▾—**buis** (*v. granaat*) Aufschlag-, Perkussionszünder *m.* ▾—**effect** Schockwirkung *w.* ▾—**golf** Erschütterungswelle *w*; (*fig.*) Erschütterung *w.* ▾—**ken** erschüttern; (*stoten*) stoßen; (*de wagen*) *schokt*, stößt. ▾—**ker 1** (*boot*) Fischerboot *s*; **2** (*erwt*) Schockererbse *w.* ▾—**schouderen** die Achseln zucken; *—d*, achselzuckend. ▾—**vrij** stoßsicher.
schol (*in versch. bet.*) Scholle *w.*
scholastiek I *bn* scholastisch. **II** *zn* Scholastik *w*; (*pers.*) Scholastiker *m.*
scholekster Austernfischer *m*, Strandelster *w.*
scholen (*opleiden*) schulen. ▾—**bouw** Schul/bau *m.* ▾—**gemeenschap** S.gemeinschaft *w.* ▾—**plan** S.plan *m.* ▾**scholier** Schüler *m*, Schülerin *w.* ▾**scholing** Schulung *w.*
schollevaar, scholver(d) Scharbe *w*, Kormoran *m.*
schommel Schaukel *w*; (*vrouw*) Watschelgans *w.* ▾—**en** (*op of als op schommel*) schaukeln; (*v. slinger enz.*) pendeln, schwingen; (*waggelend lopen*) watscheln, wackeln; (*v. prijzen, temperatuur enz.*) schwanken; (*de boot*) *schommelt*, schwankt (hin und her), (*zeeboot*) schlingert. ▾—**ing** Schwankung *w*; Schaukeln *s.* ▾—**stoel** Schaukelstuhl *m.*
schonen reinigen, reinmachen.
schonk Knochen *m.* ▾—**ig** grobknochig.

schoof Garbe *w; aan schoven zetten*, in G.n setzen; *tot schoven binden*, in G.n binden, garben.
schooi: *op de — gaan*, betteln gehen. ▾**—en** betteln. ▾**—er** Bettler *m*; (*landloper*) Strolch *m*; (*scheldwoord*) Lump, Schuft *m*. ▾**—er(acht)ig** lumpig, lumpenhaft. ▾**—erij** Bettel/ei *w*. ▾**—ersvolk** B.volk, Lumpengesindel *s*.
school Schule *w*; (*vissen*) Schwarm, Zug *m*; *— haringen*, Z. Heringe, Hering(s)schwarm; *bijzondere —*, Privatschule *w*, (*confessioneel*) konfessionelle S.; *neutrale —*, Gemeinschaftsschule; *openbare —*, öffentliche S.; *hoge —*, (*rijsport*) Hohe S.; *— voor...*, S. für...; *— voor beroepsonderwijs*, berufliche, berufsbildende S.; *— voor b.l.o.*, Hilfs- und Sonderschule; *— voor g.l.o.*, Elementarschule; *naar — (gaan)*, in die S., zur S.; *op —*, in der (die) S.; (*een kind*) *op — doen*, in die S. geben; (*ter*) *— gaan*, die S. besuchen, zur S. gehen; (*bij iem.*) *ter — gaan*, in die S. gehen; *— maken*, S. machen; *de — verzuimen*, die S. versäumen, (*spijbelen*) die S. schwänzen. ▾**—agenda** Aufgabenheft *s*. ▾**—akte** Diplom *s* für Schul/unterricht. ▾**—arts** S.arzt *m*. ▾**—artsendienst** s.ärztlicher Dienst. ▾**—bank** S.bank *w*. ▾**—behoeften** S.materialien *Mz*, S.bedarf *m*. ▾**—bestuur** S.vorstand *m*, S.verwaltung *w*. ▾**—bevolking** S.bevölkerung *w*. ▾**—blad** S.zeitung *w*. ▾**—blijven** nachsitz/en. ▾**—blijver** N.er *m*. ▾**—boek** S.buch *s*. ▾**—bord** S.tafel *w*. ▾**—decaan** S.jugendberater *m*. ▾**—etui** Feder/mäppchen *s*, F.mappe *w*. ▾**—examen** S.prüfung *w*. ▾**—fonds** S.kasse *w*. ▾**—gaan** die Schule besuchen, zur S. gehen; *—de kinderen*, Schulkinder *Mz*. ▾**—gebouw** S.gebäude *s*. ▾**—gebruik** S.gebrauch *m*; *voor —*, für den S. ▾**—geld** S.geld *s*. ▾**—geldheffing** S.geldhebung *w*. ▾**—geldplichtige** S.geldpflichtige(r) *m*. ▾**—geleerdheid** S.gelehrsamkeit *w*. ▾**—gezondheidszorg** S.gesundheitspflege *w*. ▾**—hoofd** S.vorsteher, S.leiter *m*. ▾**—inspecteur** S.inspektor *m*. ▾**—inspectie** S.aufsicht *w*; (*de personen*) S.behörde *w*. ▾**—jaar** S.jahr *s*. ▾**—jeugd** S.jugend *w*. ▾**—kaart** S.karte *w*; (*voor bus, trein enz.*) Schüler(fahr)karte *w*. ▾**—kennis** S.kenntnisse *Mz*. ▾**—keuze** S.wahl *w*; *advies bij —*, S.beratung *w*. ▾**—lokaal** S.zimmer *s*, S.-, Klassenraum *m*. ▾**—makker** S.kamerad *m*. ▾**—meester** S.meister *m*; *de — spelen, uithangen*, den S.meister spielen, schulmeistern. ▾**—meesterachtig** schulmeisterlich, pedantisch. ▾**—melkvoorziening** S.milchversorgung *w*. ▾**—onderzoek** schuleigener Teil der Reifeprüfung. ▾**—opleiding** S.ausbildung *w*; *middelbare —*, höhere S. ▾**—opziener** S.rat *m*. ▾**—parlement** Schülermitverwaltung *w*. ▾**—plein** (*voorplein*) S.platz *m*; (*binnenplaats*) S.hof *m*. ▾**—plicht** S.pflicht *w*, S.zwang *m*. ▾**—plichtig** s.pflichtig. ▾**—radio** S.funk *m*. ▾**—rapport** S.zeugnis *s*. ▾**—reglement** S.ordnung *w*. ▾**—reisje** S.ausflug *m*. ▾**—rijden** die hohe S.e reiten; (*zn*) S.reiterei *w*. ▾**—s** s.mäßig, s.gerecht; (*ong.*) s.meisterlich. ▾**—slag** S.schwimmen *s*, S.schlag *m*. ▾**—soort** S.typ *m*. ▾**—strijd** S.kampf *m*. ▾**—tandartsendienst** s.zahnärztliche Betreuung. ▾**—tandverzorging** S.zahnpflege *w*. ▾**—tas** S.tasche *w*. ▾**—televisie** S.fernsehen *s*. ▾**—tijd** S.zeit *w*; *onder —*, während der S.e. ▾**—uitgaaf** S.ausgabe *w*. ▾**—uitzending** (*rad.*) S.funk *m*. ▾**—vakantie** S.ferien *Mz*. ▾**—vorband**· *buiten, in —*, außerhalb, innerhalb der Schule. ▾**—vergadering** S.versammlung, Lehrerkonferenz *w*. ▾**—verlater** S.abgänger; (*aan einde v. schooltijd, ook*) S.entlassene(r) *m*. ▾**—verzuim** S.versäumnis *w*. ▾**—voorbeeld** S.beispiel *s*. ▾**—wandeling** S.ausflug, Lehrspaziergang *m*. ▾**—werk** S.arbeit *w*, S.arbeiten, S.aufgaben *Mz*. ▾**—wezen** S.wesen *s*. ▾**—ziek** s.krank.
schoon I *bn & bw* (*mooi*) schön; (*niet vuil*) rein, sauber; *— maken*, r. machen, r.igen; (*alles*) *— opeten*, r. aufessen; *— aan de haak*, hakenrein. **II** *zn* Schönheit *w*, Schöne *s*. **III** *vgw* obschon. ▾**—dochter** Schwiegertochter *w*. ▾**—druk** Schöndruck *m*.
schoonheid Schönheit *w*. ▾**—sbehandeling** kosmetische Behandlung *w*. ▾**—scommissie** Bauberatungstelle *w*. ▾**—sfoutje** S.sfehler *m*. ▾**—sgevoel** S.sgefühl *s*. ▾**—sinstituut** S.spflegeinstitut *s*; S.sfarm *w*. ▾**—sleer** S.slehre *w*. ▾**—sspecialiste** Kosmetikerin, S.spflegerin *w*. ▾**—swedstrijd** S.swettbewerb, S.skonkurrenz *w*.
schoonhouden rein halten.
schoonklinkend schönklingend.
schoonmaak Reinmachen *s*; Hausputz *m*; *grote —*, Großreinemachen *s*. ▾**—artikelen** Reinigungsmittel *Mz*, Putzzeug *s*. ▾**—bedrijf** Gebäudereinigung *w*. ▾**—ploeg** Putzkolonne *w*, (*hum.*) Putzlappengeschwader *s*. ▾**—ster** Putzfrau *w*. ▾**—tijd** Zeit *w* des Reinmachens. ▾**—woede** Putzwut *w*. ▾**schoon/maken** reinmachen, reinigen, putzen; (*groente*) putzen. ▾**—maker** Reiniger, Gebäudereiniger *m*.
schoon/moeder Schwieger/mutter *w*. ▾**—ouders** S.eltern *Mz*.
schoon/rijden (*schaatsen*) Kunstlaufen *s*, Eiskunstlauf *m*. ▾**—rijder** Kunstläufer *m*. ▾**—schijnend** schön scheinend. ▾**—schrift** Schönschrift *w*. ▾**—springen** Kunstspringen *s*.
schoonvader Schwiegervater *m*.
schoon/vegen rein/fegen. ▾**—wassen** r.waschen.
schoon/zoon Schwiegersohn *m*. ▾**—zuster** Schwägerin *w*.
schoor/balk (*schuin*) Strebebalken *m*, Strebe *w*; (*horizontaal*) Tragbalken, Träger *m*. ▾**—muur** Strebe-, Stützmauer *w*. ▾**—paal** Stützstrebe *w*.
schoorsteen Schornstein *m*; (*v. fabriek; op grote boten, ook*) Schlot *m*; (*v. fabriek, smederij*) Esse *w*; (*in kamer*) Kamin *m*. ▾**—kap** Schornstein/aufsatz *m*, S.haube *w*. ▾**—kleed** (*bij geen kachel*) K.vorhang *m*; *ook* = **—loper** K.decke *w*. ▾**—mantel** K.mantel, S.mantel *m*. ▾**—pijp** S.röhre *w*; (*v. fabriek*) Schlot *m*. ▾**—plaat** K.platte *w*. ▾**—veger** S.feger, Essenkehrer *m*. ▾**—wissel** Gefälligkeitswechsel *m*.
schoorvoetend mit zaudernden Schritten, zaudernd, zögernd.
schoorwal Nehrung *w*.
schoot 1 Schoß *m*; (*de handen*) *in de — (leggen)*, in den S.; *met de handen in de — zitten*, müßig dasitzen, müßig bleiben; *het hoofd in de — leggen*, s. unterwerfen; **2** (*touw aan scheepszeil*) Schote *w*, Schot *m*; **3** (*v. slot*) Riegel *m*. ▾**—hondje** Schoßhündchen *s*.
schoot/lijn Schuß/linie *w*. ▾**—safstand** S.weite *w*.
schootsvel Schurzfell *s*.
schop 1 (*om te scheppen*) Schaufel *w*; (*om te spitten*) Spaten *m*; **2** (*trap met de voet*) Fußtritt, Tritt *m*; (*tegen voetb.*) Stoß *m*; *vrije —*, Freistoß *m*. ▾**—pen** treten; *iem. —*, e.m. Fußtritte (e.n Fußtritt) geben, e.n treten;

(*voetb.*) stoßen; *herrie* —, Krach schlagen. ▾—**pen** (*kaartspel*) Pik *s*, Schippe *w*. ▾—**penaas** *enz.* Pikas, Schippenas *s*; *zie* **harten**. ▾—**stoel**: *op de* — (*zitten*), auf der Wippe.
schor I *bn & bw* heiser, (*hees*) rauh; —*re keel*, rauher Hals. **II** *zn* Groden *m*.
schorem Lumpen/pack, L.gesindel *s*.
schoren stützen.
schorheid Heiserkeit *w*, (*minder sterk*) Rauheit *w*.
schorpioen Skorpion *w*.
schorr(i)emorrie Pöbel *m*, Gesindel *s*.
schors Rinde *w*, (*buitenste deel*) Borke *w*; (*om te looien*) Lohe *w*.
schorsen (*ambtenaar*) suspendieren; (*zitting*) unterbrechen, zeitweilig aufheben, (*vergadering*) aussetzen; (*iem.*) *in zijn ambt* —, vom Amt suspendieren; *zie ook*: **schorten**.
schorseneel, schorseneer Skorzonere, Schwarzwurzel *w*.
schorsing Suspension; Unterbrechung *w*, (zeitweilige) Aufhebung *w*.
schort Schürze *w*. ▾—**eband** S.nband *s*.
schorten 1 (*kleren*) schürzen; **2** (*uitstellen*) aufschieben, verschieben; (*betalingen*) verschieben, hinausschieben, (*staken*) einstellen; **3** (*mankeren*) fehlen, mangeln, (*haperen*) hapern; *wat schort eraan?*, was fehlt dir?
Schot Schotte *m*.
schot Schuß *m* (*ook groei v. planten*); (*beschot, wand*) Verschlag *m*, Zwischen-, Scheidewand *w*, (*op schepen*) Schott *s*, Schotte *w*; *planken* —, Bretterverschlag; *binnen, buiten* —, in, außer Schuß(weite); *buiten* — (*zijn*), (*buiten gevaar*) weit vom Schuß; *hij kreeg een haas onder* —, er bekam e.n Hasen vor die Flinte, ein Hase kam ihm in den Schuß; *'n beetje — achter het werk zetten*, die Arbeit ein wenig beschleunigen; *er zit geen — in 't werk*, die Arbeit will nicht in Schuß kommen, nicht flecken, man kommt nicht vorwärts mit der Arbeit.
schotel Schüssel *w*; (*bij kopje*) Untertasse *w*; *vliegende* —, fliegende U. ▾—**doek** S.-, Geschirrtuch *s*. ▾—**rek** S.gestell, S.brett *s*. ▾—**tje** S.chen *s*; (*bij kopje*) Untertasse *w*.
Schot/land Schot/land *s*. ▾—**s** s.isch.
schots I *zn* **1** (*stof*) Schotten *m*, schottisches Zeug; **2** (*ijsschots*) Scholle *w*. **II** *bn*: —*e rok*, Schottenrock *m*; *met 'n —e ruit*, schottisch kariert; (*stof met*) —*e ruit*, Schottenkaro *s*, schottisch karierter Stoff; — (*e dans*), Schottische(r) *m*; —*en scheef*, quer und schief, kreuz und quer; —*en scheef door elkaar*, querdurcheinander.
schotschrift Schmähschrift *w*.
schot/vrij (*kogelvrij*) schuß/fest. ▾—**wond(e)** S.wunde *w*.
schouder Schulter, Achsel *w*; *de — ophalen* (*uit minachting, onverschilligheid, twijfel, niet weten*), die A.n, mit den A.n zucken, (*anders*) aufziehen; *breed van —s, met brede —s*, breitschultrig; *hoog in de —s*, hochschultrig. ▾—**band** S.band *s*. ▾—**bandje** (*v. onderjurk enz.*) Träger *m*. ▾—**bedekking** S.-, A.klappe *w*. ▾—**blad** S.blatt *s*. ▾—**breedte** S.breite *w*. ▾—**en** schultern. ▾—**klopje** S.klaps *m*; *iem. een — geven*, e.m auf die S. klopfen. ▾—**mantel** S.mantel *m*; (*meestal*: *kort*) Pelerine *w*, (*lang*) Umhang *m*. ▾—**ophalen** A.zucken *s*.
schout Schulze, Schultheiß *m*. ▾—**-bij-nacht** Konteradmiral *m*.
schouw 1 Kamin *m*, (*schoorsteenmantel*) Kaminsims *m*; (*schoorsteenafvoer*) Schornstein *m*; **2** (*het schouwen*) Schau *w*. ▾—**burg** Theater, Schauspielhaus *s*; *een volle* —, ein volles Haus; *naar de* — (*gaan*), ins T. ▾—**burgbezoeker** T.besucher *m*. ▾—**en** schauen; (*inspecteren*) besichtigen; (*v. lijken, dijken en wegen enz.*) schauen; *het* —, = —**ing** Schau; Besichtigung *w*. ▾—**plaats** Schau/platz *m*. ▾—**spel** S.spiel *s*.
schoven in Garben binden, in Garben setzen. ▾—**binder** Garbenbinder *m*.
schraag Schragen *m*, Gestell *s*, Bock *m*.
schraal (*mager, niet vet, ook fig.*) mager; (*v. pers., ook*) hager, dürr; (*armelijk*) dürftig, ärmlich; (*karig*) spärlich, karg, kärglich; (*krap*) knapp; (*dun*) dünn; (*v. weer, wind*) rauh; *schrale grond*, magerer, dürrer, unfruchtbarer Boden; — *inkomen*, mageres, schmales, dürftiges, spärliches, karges Einkommen; *schrale kost*, magere, schmale Kost; *schrale troost*, leidiger, leerer Trost; *maar —tjes kunnen leven*, in kärglichen Verhältnissen leben, nur knapp auskommen können. ▾—**hans** Schmalhans *m*; — *is keukenmeester*, (bei uns, hier, da) ist S. Küchenmeister. ▾—**heid** Magerkeit; Hagerkeit; Dürftigkeit; Spärlichkeit, Kargheit; Rauheit *w*. ▾—**tjes** *zie* **schraal**.
schraap/achtig habsüchtig, habgierig, filzig, knauserig. ▾—**achtigheid** Habsucht, Filzigkeit, Knauserei *w*. ▾—**ijzer**, —**mes** Kratzeisen *s*, Kratzer *m*, Schrape *w*, Schraper *m*, Scharre *w*. ▾—**sel** Abschabsel, Schrapsel *s*. ▾—**zucht** Filzigkeit, Knauserei *w*. ▾—**zuchtig** filzig, knauserig.
schrab Kratzer, Ritz *m*, Schramme *w*. ▾—**ben** kratzen, ritzen, schrammen; (*wortelen, vis*) schaben; (*vis, ook*) (ab)schuppen. ▾—**ber** Fußabstreifer *m*; (*schraapijzer*) Schrape *w*, Schraper *m*.
schragen stützen, (*fig.*) unterstützen, (*ook*) stützen.
schram Schramme *w*, Kratzer, Ritz *m*. ▾—**men** schrammen, kratzen, ritzen.
schrander klug, gescheit; (*pienter*) geweckt; —*e kop*, heller Kopf. ▾—**heid** Klugheit *w*.
schrans/en schranzen, (*lekker eten*) schmausen; (*veel en schrokkend*) fressen. ▾—**er** Schmauser; Vielfraß, Fresser *m*.
schrap I *bw*: *z. — zetten*, s. stemmen, s. in Positur setzen; *z. — zetten tegen*, s. anstemmen gegen; — (*staan*), fest. **II** *zn* (*streep*) Strich *m*; *zie* **schram** *en* **kras**.
schrap/en kratzen, scharren; (*worteltjes enz.*) schaben; (*geld bijeenschrapen*) zusammenscharren, knausern; *met de keel* —, s. räuspern. ▾—**er** Kratzer, Schaber *m*; (*gierigaard*) Knauser, Geizhals *m*. ▾—**erig(heid)** *zie* **schraapachtig(heid)**.
schrap/pen (*ook fig.*) streichen; (*wortelen enz.*) schaben. ▾—**ping** Streichung *w*. ▾—**sel** Abschabsel, Schabsel *s*.
schrede Schritt *m*.
schreef Strich *m*, Linie *w*; (*dat gaat*) *over* (*buiten*) *de* —, zu weit, über den Spaß; *buiten* (*over*) *de — gaan*, (*v. pers.*) über die Schnur hauen.
schreeuw Schrei *m*; *een — geven*, e.n S. tun, aufschreien. ▾—**en** s.en; *uit alle macht* —, aus vollem Halse s.en. ▾—**end** s.end; —*e kleur*, s.ende, grelle Farbe; — *hoge prijzen*, exorbitante Preise. ▾—**er** S.er, S.hals *m*; (*grootbek*) Großmaul *s*. ▾—**erig** s.end, s.erisch; (*blufferig*) aufschneiderisch. ▾—**lelijk** S.hals, S.fritz *m*.
schrei/en weinen; *tot —s toe ontroerd*, bis zu Tränen gerührt; *zie verder* **schreeuwen**. ▾—**er** Weinende(r) *m*. ▾—**erig** weinerlich.
schriel filzig, knauserig, karg; *zie ook* **schraal**. ▾—**heid** Filzigkeit, Knauserei, Kargheit *w*; *zie ook* **schraalheid**.
schrift Schrift *w*; (*cahier*) Heft *s*; *op* —

(*brengen*), zu Papier; (*iets*) *op* — (*geven, hebben*), schriftlich; *op — stellen*, aufzeichnen. ▾**—elijk** schriftlich; (*per brief*) brieflich; *—e cursus*, Fernkurs, -lehrgang *m*; *— onderwijs*, Fernunterricht *m*. ▾**—geleerde** Schriftgelehrte(r) *m*. ▾**—kunde** Graphologie, Handschriftendeutung *w*; (*paleografie*) Paläographie *w*. ▾**—kundige** Graphologe, Handschriftkundige(r) *m*; (*paleograaf*) Paläograph *m*. ▾**—uur** die (Heilige) Schrift; (*stuk*) Schrift/stück *s*. ▾**—uurlijk** biblisch. ▾**—uurplaats** S.stelle *w*. ▾**—vervalser** S.fälscher *m*.
schrijden schreiten.
schrijf/behoeften Schreib/materialien *Mz*, S.bedarf *m*. ▾**—blok** S.-, Notizblock *m*. ▾**—boek** S.heft *s*. ▾**—bureau** S.tisch *m*. ▾**—fout** S.fehler *m*. ▾**—gereedschap**, **—gerei** S.zeug *s*. ▾**—kop** S.kopf *m*. ▾**—kunst** S.kunst *w*; *de — niet machtig zijn*, s.unkundig, des S.ens nicht kundig sein. ▾**—les** S.stunde *w*. ▾**—letter** S.buchstabe *m*. ▾**—lustig** s.lustig. ▾**—machine** S.maschine *w*. ▾**—machinelint** Farbband *s*. ▾**—map** S.mappe *w*. ▾**—ster** S.erin; Schriftstellerin; Verfasserin *w*; *zie* **schrijver**. ▾**—taal** Schriftsprache *w*. ▾**—trant** Schreib/art *w*. ▾**—werk** S.(e)arbeit *w*. ▾**—wijze** S.weise, S.ung *w*.
schrijlings rittlings.
schrijn Schrein *m*. ▾**—en** (*v. wonde*) brennen; *—d*, (*kwetsend, krenkend*) verletzend; *—de armoede*, bittere Armut; *—d leed*, bitteres, herbes Leid. ▾**—werker** Tischler, Schreiner *m*.
schrijv/en I *ww* schreiben; (*als auteur werkzaam zijn*) schriftstellern, s.schriftstellerisch betätigen; (*roman*) schreiben; (*een boek, gedichten*) verfassen. **II** *zn* Schreiben *s*, Zuschrift *w*, Brief *m*; *uw geacht — van....*, Ihr geehrtes S., Ihr Geehrtes, Ihre werte Z. vom; *uw — v. gisteren*, Ihr gestriges Schreiben; *uw geëerd — v. gisteren*, (*vooral handelst.*) Ihr geehrtes Gestriges; *uw laatste —*, Ihr Letztes. ▾**—er** Schreiber *m*; (*iem. die als schrijver v. boeken, artikelen enz. werkzaam is of de gave ertoe heeft; letterkundige*) Schriftsteller *m*; (*v. bepaald boek enz.*) Verfasser; *wie is de — v. dit boek?*, wer ist der Verfasser, der Autor dieses Buches?
schrik Schreck/en, Schreck *m*; *iem. — aanjagen, de — op 't lijf jagen*, e.m e.n S.en einjagen, e.n in S.en (ver)setzen; *de — slaat me om 't hart*, der S.en befällt mich; *met een — wakker worden*, (aus dem Schlafe) aufschrecken; *— hebben*, (*bang zijn*) (s.) fürchten, Angst haben. ▾**—aanjagend** schreckenerregend. ▾**—achtig** schreckhaft; (*v. paarden, schichtig*) scheu. ▾**—barend** schrecklich, schreckenerregend. ▾**—beeld** Schreck/bild, S.gespenst *s*. ▾**—bewind** S.ensherrschaft *w*, S.ensregime(nt) *s*. ▾**—draad** Elektrozaun *m*. ▾**—hek** Leitschraffe *w*.
schrikkeldag Schalttag *m*.
schrikkelijk *zie* **schrikbarend** *en* **verschrikkelijk**.
schrikkeljaar Schaltjahr *s*.
schrik/ken erschrecken; (*v. paard: schichtig worden*) scheuen; *hij schrok, is geschrokken*, er erschrak, ist erschrocken; *hij deed mij —, heeft mij doen —*, er (er)schreckte mich, hat mich erschreckt; *om v. te —*, erschreckend, schrecklich; *hij zag eruit om v. te —*, er sah zum Erschrecken aus, (*om bang v. te worden*) er sah zum Fürchten aus. ▾**—wekkend** schreckenerregend.
schril grell; (*v. geluid, ook*) schrill; *— contrast*, schroffer Gegensatz.
schrob/ben schrub/ben, scheuern. ▾**—ber** S.ber, S.besen
schrobbéring Ausputzer *m*.
schrobzaag Lochsäge *w*.
schroef Schraube *w*; *stoomboot met dubbele —*, Doppelschraubendampfer *m*; *op losse schroeven staan*, in der Luft schweben; (*alles*) *is op losse schroeven komen te staan*, ist ganz unsicher geworden. ▾**—as** Schrauben/welle *w*. ▾**—blad** S.flügel *m*; (*v. luchtschroef*) S.blatt *s*. ▾**—bout** S.bolzen *m*. ▾**—deksel** Schraub/deckel *m*. ▾**—dop** S.deckel *m*; (*aan voetbalschoenen*) S.stollen *m*. ▾**—draad** S.engewinde *s*; *rechtse —*, Rechtsgewinde *s*. ▾**—fitting** S.enfassung *w*. ▾**—gang** S.engang *m*. ▾**—klem** S.zwinge *w*. ▾**—lijn** S.enlinie *w*. ▾**—loos** s.enlos. ▾**—oog** S.enring *m*. ▾**—sleutel** S.enschlüssel *m*. ▾**—sluiting** S.(en)verschluß *m*. ▾**—snij-ijzer** Schneidkluppe *w*. ▾**—vormig** s.enförmig.
schroei/en sengen. ▾**—ijzer** Brenneisen *s*. ▾**—ing** Sengen *s*.
schroeve/draaier Schraubenzieher *m*. ▾**—n** schrauben.
schrok Fresser, Vielfraß, Nimmersatt *m*. ▾**—ken** schlingen, fressen; *naar binnen —*, herunter-, hinunterschlingen. ▾**—ker(d)** *zie* **schrok**. ▾**—k(er)ig** gefräßig, gierig; (*inhalig*) habsüchtig. ▾**—op** Schlinghals, Vielfraß *m*.
schrome/lijk arg, fürchterlich, gewaltig; *z. — vergissen*, s. gewaltig irren. ▾**—n**: *niet —* (*iets te doen*), s. nicht scheuen; (*geen gevaar*) —, scheuen; *zonder —*, ohne Scheu, Furcht.
schrompelen (zusammen-, ein)schrumpfen.
schroom Scheu *w*; (*schroomvalligheid*) Schüchternheit, Zaghaftigkeit *w*; (*angstvalligheid*) Ängstlichkeit *w*. ▾**—vallig** zaghaft, scheu, schüchtern; ängstlich.
schroot Schrot *s & m*; (*oud ijzer*) Schrott *m*; (*lat*) Latte *w*; (*oud ijzer*) *tot — maken*, verschrotten. ▾**—hamer** Schrothammer *m*. ▾**—handel** Alteisen/handel *m*. ▾**—handelaar** A.händler *m*. ▾**—je** Latte *w*. ▾**—jeswand** L.nwand *w*. ▾**—waarde** Schrottwert *m*.
schub/be Schupp/e *w*. ▾**—ben** s.en. ▾**—big** s.ig. ▾**—dier** S.entier *s*. ▾**—sgewijs** s.enweise.
schuchter schüchtern. ▾**—heid** S.keit *w*.
schud/debol Wackelkopf *m*. ▾**—debollen** mit dem Kopf wackeln. ▾**—den** schütteln; (*iem.*) *wakker —*, aus dem Schlafe schütteln, (*sterker*) rütteln, (*fig.*) aufrütteln; (*de kaarten*) —, mischen; (*vrachtauto's*) *doen de huizen —*, erschüttern die Häuser; *— v. 't lachen*, s. ausschütten vor Lachen; *iem. doen — v. 't lachen*, e.m das Zwerchfell erschüttern. ▾**—ding** Schüttel/n *s*; (*v.d. grond enz.: sterke schok*) Erschütterung *w*. ▾**—goot** S.rutsche *w*. ▾**—machine** S.maschine *w*.
schuier Bürste *w*. ▾**—en** bürsten.
schuif Schieber *m*; (*grendel*) Riegel *m*; (*gleuf, holte, waarin bijv. lade schuift*) Rinne, Fuge *w*; (*lade*) Schublade *w*, Schub *m*; (*zet op dambord*) Zug *m*; *een — geld*, ein Haufen Geld. ▾**—blad** (*uittrekblad v. tafel*) Auszug *m*; (*aanzetstuk*) Anschiebestück *s*. ▾**—contact** Schiebe/-, Gleitkontakt *m*. ▾**—dak** S.dach *s*. ▾**—deur** S.tür *w*. ▾**—elen** (*z. schuivend voortbewegen*) s. schieben; (*sloffend lopen*) schlürfen, latschen; (*met de voeten*) scharren. ▾**—gordijn** Zugvorhang, Schiebe/vorhang *m*, S.gardine *w*. ▾**—kast** (*v. stoomschuif*) S.rkasten *m*. ▾**—ladder** ausziehbare Leiter, S.leiter *w*. ▾**—lade** Schublade *w*, Schub *m*. ▾**—knoop** Laufknoten *m*. ▾**—passer** Schublehre *w*. ▾**—raam** S.-, Schubfenster *s*. ▾**—slot** Riegelschloß *s*. ▾**—stang** Schieb-, Schubstange *w*; (*v. stoommach.*) Gleitstange *w*; (*v. stoomschuif*) S.rstange *w*. ▾**—tafel**

Ausziehtisch *m.* ▾**—trompet** Zugposaune *w.* ▾**—wand** S.wand *w.*

schuil/en (*voor regen enz.*) unterstehen, untertreten, s. unterstellen, Schutz suchen; (*z. verbergen*) s. verstecken; (*zitten*) stecken; *er schuilt wat achter*, es steckt etwas dahinter. ▾**—evinkje spelen** Verstecken spielen. ▾**—gaan** s. verbergen, s. verstecken; *—* (*onder de bloemen*), verloren gehen, s. verlieren. ▾**—hoek** Versteck *s;* (*klein verborgen hoekje*) Schlupfwinkel *m.* ▾**—houden**: *z. —*, s. verborgen, versteckt halten; s. verstecken, s. verbergen. ▾**—kelder** Luftschutzraum, -keller *m.* ▾**—kerk** versteckte Kirche *w.* ▾**—naam** Deckname *m,* Pseudonym *s.* ▾**—plaats** Versteck *s;* (*onderkomen*) Unterschlupf *m;* (*mil.*) Unterstand *m;* (*tegen luchtgevaar*) Luftschutzraum *m;* (*toevluchtsoord*) Zufluchtsstätte *w.*

schuim Schaum *m;* (*v. 't volk*) Abschaum *m;* (*metaalslak*) Schlacke *w;* (*geklopt eiwit*) Schnee *m; — v.d. golven*, Wellenschaum *m,* Gischt *w; met afremmend —*, (*v. waspoeder*) schaumgebremst. ▾**—achtig** schaum/artig. ▾**—bad** S.bad *s.* ▾**—beestje** S.tierchen *s.* ▾**—bekken** schäumen (vor Wut). ▾**—bekkend** den S. vor dem Mund. ▾**—blaasje** S.blase *w.* ▾**—blusapparaat** S.löschapparat *m.* ▾**—en** schäumen; (*afschuimen*) abschäumen. ▾**—er** Schäumer; (*zeerover*) Pirat; (*klaploper*) Schmarotzer *m.* ▾**—gebak** S.gebäck *s.* ▾**—klopper** S.schläger *m.* ▾**—kop** (*v. golven*) S.krone *w.* ▾**—omelet** Eierauflauf *m.* ▾**—pje** (*gebak*) Baiser *s,* Meringe *w,* S.gebäck *s.* ▾**—plastic** S.kunststoff *m.* ▾**—rubber** S.gummi *m; met — bekleed*, s.gummigepolstert. ▾**—spaan** S.löffel *m,* S.kelle *w.* ▾**—tapijt** (*luchtv.*) S.teppich *m.*

schuin schräg; (*scheef*) schief; (*hellend*) abschüssig; (*v. moppen enz.: dubbelzinnig*) saftig, (*schunnig*) schlüpfrig, obszön; *—schrift*, Schrägschrift *w; het —e vlak*, die schiefe Ebene; (*hij woont*) *hier — over*, schräg gegenüber; (*iem.*) *—* (*aankijken*), von der Seite; *—e mop*, saftiger, (*schunnig*) schlüpfriger Witz; Zote *w; —e moppen vertellen*, Zoten reißen; *— heer*, lockerer Vogel. ▾**—en** abschrägen. ▾**—heid** Schrägheit; Schiefheit; Abschüssigkeit; Saftigkeit, Schlüpfrigkeit *w.* ▾**—s** *zie* **schuin**. ▾**—schrift** Schrägschrift *w.* ▾**—smarcheerder** lockerer Vogel, Schürzenjäger *m.* ▾**—te** (*'t hellen*) Neigung, Abschüssigkeit *w,* (*naar boven*) Steigung *w;* (*de helling, v. heuvel enz.*) Abhang *m;* (*talud v. dijk enz.*) Böschung *w; in de —* (*afknippen, vouwen enz.*), schräg; *zie* **schuinheid**.

schuit Kahn *m,* Boot, Schiff *s,* (*dek-, trekschuit*) Schutte *w.* ▾**—ehuis** Boothaus *s,* -schuppen *m.* ▾**—je** Kahn *m,* Schiffchen *s,* Nachen *m;* (*v. ballon*) Gondel *w;* (*v. weef- of naaimachine; bij handwerken*) Schiffchen; (*tin*) Block *m; in één — varen*, im selben Boot sitzen, (*hetzelfde beogen*) am gleichen Strange ziehen. ▾**—jevaren** kahnfahren, eine Kahnfahrt machen.

schuiv/en schieben; (*damspel*) ziehen; (*opium*) rauchen; (*de menigte*) *schoof* (*langzaam naar buiten*), schob s.; *laat hem maar — !*, laß ihn nur machen! ▾**—er** Schieber *m;* (*bij uitglijden*) Rutscher *m;* (*voetb.: schot langs de grond*) Roller *m;* (*v. opium*) Raucher; *een — maken*, ausrutschen. ▾**—ertje** (Eß)Schieber *m.*

schuld Schuld *w; een — v. ...*, eine S. von ...; *diep in de —en zitten*, tief in S.en stecken, stark verschuldet sein; (*iem.*) *de — v.* (*iets geven*), die S. an [3], von; *— aan iets hebben, v. iets dragen*, S. an etwas haben, tragen; *dat ongeluk is zijn —*, er trägt die S., hat schuld an dem Unglück; *dat is jouw —*, das ist deine S., daran bist du schuld; *jij bent v. alles de —*, du hast, trägst die S. an allem; *'t is allemaal jouw —*, du bist an allem schuld; *'t is zijn — niet*, er ist (hat) nicht schuld daran; *wie is* (*er*) *de —* (*v.*), wer ist schuld daran; *toebrengen v.* (*lichamelijk*) *letsel door —*, fahrlässige (Körper)Verletzung. ▾**—bekentenis** S.schein *m;* (*het bekennen v. schuld*) S.bekenntnis, Geständnis *s.* ▾**—belijdenis** S.-, Sündenbekenntnis *s.* ▾**—besef** S.bewußtsein *s.* ▾**—brief** S.brief *m,* S.verschreibung *w.* ▾**—delging** S.entilgung *w.* ▾**—eiser** Gläubiger *m.* ▾**—eloos** s.los. ▾**—eloosheid** S.losigkeit *w.* ▾**—enaar** S.ner *m.* ▾**—enlast** S.enlast *w.* ▾**—gevoel** S.gefühl *s.* ▾**—ig** s.ig; (*iem.*) *iets — zijn*, etwas s.ig sein; *des doods — zijn*, des Todes s.ig sein; *aan een daad — zijn*, an e.r Tat s.ig sein, (*misdaad, vooral in rechtst.*) e.s Verbrechens s.ig sein; *z. aan iets — maken*, s. etwas zus.en kommen lassen, (*aan misdaad, ook*) s. e.s Verbrechens s.ig machen. ▾**—ige** S.ige(r) *m & w.* ▾**—igverklaring** S.igerklärung *w.* ▾**—invordering** Eintreibung *w,* Einkassierung *w* e.r S. ▾**—post** S.posten, Sollposten *m.* ▾**—vereffening** S.ausgleich *m.* ▾**—vordering** S.forderung *w.* ▾**—vraag** S.frage *w.*

schulp: *in zijn — kruipen*, die Hörner einziehen, s. ducken; *zie* **schelp**. ▾**—en** (*uittanden*) auszacken. ▾**—rand** ausgezackter Rand.

schunnig schäbig; (*obsceen*) schlüpfrig, obszön; *zie* **schuin**. ▾**—heid** Schäbigkeit *w;* Schlüpfrigkeit *w.*

schuren scheuern; (*wrijven*) reiben; (*het varken*) *schuurt z. tegen de schutting*, scheuert s., reibt s. an dem Zaun; (*het boordje*) *schuurt tegen mijn hals*, reibt mir den Hals wund; (*de stroom*) *schuurt langs de oevers*, reibt s. an den Ufern entlang; (*zand*) *schuurt* (*de maag*), reinigt.

schurft Krätze *w,* (*bij dieren meestal*) Räude *w;* (*meer 'zeer'*) Grind *m.* ▾**—ig** krätzig, grindig; (*v. dieren*) räudig. ▾**—mijt** Krätz-, Räudemilbe *w.* ▾**—zalf** Krätzsalbe *w.*

schuring Scheuern *s;* (*wrijving*) Reibung *w,* Reiben *s.*

schurk Schurke *m.* ▾**—achtig** schurkisch.

schurken: *z. —*, s. scheuern, s. reiben.

schurkenstreek Schurkenstreich *m.*

schut Schirm *m;* (*kamerscherm*) Wandschirm *m,* spanische Wand; (*houten beschot*) Verschlag *m;* (*waterkering*) Schütz *s; voor — lopen*, aller Welt zum Skandal herumlaufen; *voor — staan*, beschämt dastehen. ▾**—blad** (*plk.*) Deckblatt *s,* (*v. boek*) Vorsatzblatt *s;* (*omslag*) Umschlag *m.* ▾**—dak** Schutz-, Schirmdach *s.* ▾**—deur** Schleusen/tor *s.* ▾**—geld** S.geld *s.* ▾**—kleur** Schutzfarbe *w.* ▾**—kolk** Schleusen/kammer *w.* ▾**—meester** S.meister *m.* ▾**—sengel** Schutz/engel *m.* ▾**—sheer** S.herr, Schirmherr *m.* ▾**—sluis** Kammerschleuse *w.* ▾**—spatroon** Schutz/heilige(r), S.patron *m.* ▾**—svrouw** S.herrin, Patronin *w.* ▾**—ten** schützen; (*schepen*) durchschleusen; (*vee*) einsperren.

schutter Schütze *m;* (*v.d. vroegere burgerwacht*) Bürgerwehrsoldat *m; rare —*, wunderlicher Heiliger, sonderbarer Kauz.

schutter/en stümpern. ▾**—ig** ungeschickt, unbeholfen.

schutter/ij (*burgerwacht*) Bürgerwehr *w;* (*schietvereniging*) Schützen/verein *m,* S.gesellschaft *w.* ▾**—sgilde** S.gilde *w.* ▾**—skoning** S.könig *m.* ▾**—sstuk** S.stück, S.gemälde *s.*

schutting (Bretter)Zaun *m;* (*bij bouwen*)

Bauzaun. ▾—**woord** schlüpfriges Wort.
schuur Scheune, Scheuer *w*; (*berghok, loods*) Schuppen *m*. ▾—**borstel** Scheuerbürste *w*. ▾—**deur** Scheunentor *s*; Schuppentür *w*. ▾—**linnen** Schmirgelleinen *s*. ▾—**middel** Scheuermittel *s*. ▾—**paal** Reibepfahl *m*. ▾—**papier** Schmirgel-, Sandpapier *s*. ▾—**poeder** Scheuerpulver *s*. ▾—**steen** Bimsstein *m*. ▾—**zand** Scheuer-, Schleifsand *m*.
schuw scheu, schüchtern. ▾—**en** scheuen; (*het kwaad, iem.s huis enz.*) meiden. ▾—**heid** Scheu, Schüchternheit *w*.
science fiction Science-fiction *w*.
sclerose Sklerose *w*.
scooter Motorroller *m*.
scootmobiel Kabinenroller *m*, Rollermobil *s*.
score Spielstand *m*, Spielergebnis *s*, Punktzahl *w*, Score *m*; (*bij test*) Score *m*. ▾—**bord** Anzeigetafel *w*. ▾**scoren** (*voetb.*) einsenden, ein Tor machen, ein Tor schießen; (*punten behalen*) Punkte verzeichnen, Punkte erzielen, scoren.
scrabbelen Scrabble (*s*) spielen.
scraper Schürfwagen *m*.
screen/en prüfen, untersuchen. ▾—**ing** Screening *s*.
scribent Skribent, Skribifax *m*.
scrip Scrip *m*.
script Skript(um) *s*; (*v. film*) Drehbuch *s*. ▾—**-girl** Skriptgirl *s*.
scriptie Aufsatz *m* schriftliche Arbeit; (*voor examen*) Diplom-, Examenarbeit *w*.
script-writer Drehbuchautor *m*.
scrotum Skrotum *s*.
scrupul/e Skrupel *m*, Bedenken *s*; *zonder —s*, skrupellos. ▾—**eus** skrupulös.
sculptuur Skulptur *w*.
seance Seance *w*.
sec unvermischt; (*v. wijn*) herb.
secans Sekante *w*; (*verhouding*) Sekans *m*.
secessie Sezession *w*.
second/air *zie* **secundair**. ▾—**ant** (*duel*) Sekundant *m*; (*in instituut*) Hilfslehrer *m*.
seconde Sekunde *w*. ▾—**wijzer** S.nzeiger *m*.
seconderen sekundieren, beistehen, helfen [3].
secret/aire Sekretär, Schreibschrank *m*. ▾—**aresse** Sekretärin *w*; (*v. vereniging*) Schriftführerin *w*; *privé —*, Privatsekretärin. ▾—**ariaat** Sekretariat *s*, (*v. vereniging*) Geschäftstelle *w*; (*ambt v. verenigingssecr.*) Schriftführeramt *s*. ▾—**arie** (*v. gemeente*) (Stadt)Kanzlei *w*, Gemeindeamt *s*, Bürgermeisterei *w*. ▾—**aris** Sekretär *m*; (*v. vereniging*) Schriftführer *m*; *algemeen —*, Generalsekretär, (*v. bonds-, verenigingssecretariaat*) Hauptgeschäftsführer *m*; *particulier —*, Privatsekretär *m*. ▾—**aris-generaal** Generalsekretär *m*; *— v. departement v. ...*, G. im Ministerium für ...
secretie Sekretion *w*.
sectie (*v. lijk*) Sektion *w*; (*v. vergadering*) Abteilung, Sektion *w*; (*mil.*) Zug *m*; (*v. tram, spoorlijn*) (Teil-, Fahr)Strecke *w*. ▾—**commandant** Zugführer *m*. ▾—**vergadering** Abteilungssitzung *w*.
sector Sektor *m*; (*v. cirkel, ook*) Kreisausschnitt *m*; (*v. bol, ook*) Kugelausschnitt; (*mil.*) (Front)Abschnitt *m*. ▾—**grens** Sektorengrenze *w*.
secu/lair säku/lar. ▾—**larisatie** S.larisation *w*. ▾—**lariseren** s.larisieren. ▾—**lier**: *— geestelijke*, Weltgeistliche(r) *m*.
secundair sekundär, Sekundär...; *—e weg*, Straße zweiter Ordnung.
securiteit Sicherheit *w*; (*nauwkeurigheid*) Genauigkeit *w*. ▾**secuur** sicher; (*nauwkeurig*) genau, (*stipt*) pünktlich, (*nauwgezet*) gewissenhaft.
sedert I *vz* seit [3]; *— lang*, seit langer Zeit, seit langem. **II** *vgw* seit(dem); *— hij vertrokken is*, seit(dem) er abgereist ist. **III** *bw* seitdem, seither. ▾—**dien** seitdem.
sediment Sediment *s*.
segment Segment *s*, Abschnitt *m*.
segregatie Segregation *w*.
sein Signal, Zeichen *s*. ▾—**en** (*met vlaggen*) winken, signalisieren; (*met licht*) blinken; (*telegraferen*) telegraphieren, drahten, depeschieren; (*draadloos*) funken; (*alg.: sein of seinen geven*) ein Signal, Signale geben. ▾—**er** Winker; Blinker; Telegraphist; Funker; Signalgeber *m*. ▾—**fout** (*in telegram*) Übermittlungsfehler *m*. ▾—**gever** Signalgeber *m*; (*v. telegraaftoestel*) Taste *w*, Sender *m*. ▾—**huis** (*spoorw.*) Signalbude *w*, Stellwerk *s*. ▾—**huiswachter** Stellwerkswärter *m*. ▾—**kosten** (*telegram*) Drahtkosten *Mz*. ▾—**lamp** Signal/lampe *w*; (*flikkertoestel*) Blinkgerät *s*. ▾—**ontvanger** Morseempfänger *m*. ▾—**paal** S.mast *m*. ▾—**toestel** S.apparat *m*; (*rad.*) Sender *m*. ▾—**vlag** Signal/flagge *w*. ▾—**wachter** S.wärter *m*. ▾—**wezen** S.wesen *s*; (*spoorw.*) S.- und Sicherungswesen *s*.
seism/isch seism/isch. ▾—**ograaf** S.ograph *m*. ▾—**ologie** S.ologie *w*. ▾—**ologisch** s.ologisch.
seizoen Saison, Jahreszeit *w*; *volle —*, Hochsaison; *einde v.h. —*, S.schluß *m*. ▾—**arbeider** S.arbeiter *m*. ▾—**invloed** S.einfluß *m*, saisonaler Einfluß. ▾—**opruiming** S.ausverkauf; Sommer-, Winterschlußverkauf *m*. ▾—**werkloosheid** saisonmäßige, saisonale Arbeitslosigkeit.
sekreet Sekret *s*, Abtritt *m*.
seks/(-) *zie ook* **sex(-)**. ▾—**bom** Sexbombe *w*. ▾—**e** Geschlecht *s*. ▾—**er** (*v. kuikens enz.*) Sexer *m*. ▾—**ualiteit** Sexualität *w*. ▾—**ueel** sexuell, Sexual...; *seksuele voorlichting*, Sexualaufklärung *w*.
sektar/iër Sektierer *m*. ▾—**isch** sektiererisch.
sekte Sekte *w*. ▾—**geest** Sektengeist *m*.
selderie, -ij Sellerie *m*, *w*. ▾—**knol** S.knolle *w*.
select/eren selekt/ieren, auswählen, auslesen. ▾—**ie** S.ion, Auswahl, Auslese *w*; (*sp.*) Auswahl *w*. ▾—**ief** s.iv; (*tel. ook*) trennscharf. ▾—**ie-elftal** Auswahlmannschaft, Auswahl *w*. ▾—**iemiddel** Auslesemittel *s*. ▾—**iewedstrijd** Auswahlspiel *s*. ▾—**iviteit** S.ivität; (*tel. ook*) Trennschärfe *w*.
selfmade man Selfmademan *m*.
self-service Selfservice *m*, Selbstbedienung *w*.
semantiek Semantik *w*.
semester Semester *s*.
Semiet Semit *m*.
seminar/ie Seminar *s*. ▾—**ist** S.ist *m*.
semi/arts nicht approbierter Arzt. ▾—**officieel** halb/amtlich. ▾—**openbaar** h.öffentlich. ▾—**overheidsbedrijf** h.staatliches Gewerbe. ▾—**overheidsfunctie** h.amtliche Funktion. ▾—**permanent** h.dauerhaft.
Semitisch semitisch.
senaat Senat *m*. ▾—**svergadering** Senatssitzung *w*. ▾**senator** Senator *m*.
seni/el senil. ▾—**liteit** Senilität *w*.
senior senior; (*zn*) Senior *m*; (*achter naam*) senior (sen.), der Ältere (d. Ä.). ▾—**enconvent** Ältestenrat, Seniorenkonvent *m*.
sensatie Sensation *w*; *— veroorzaken*, Aufsehen, S. erregen; *belust op —*, s.sbedürftig, -lüstern. ▾—**bericht** S.snachricht *w*. ▾—**pers** S.spresse *w*.

▾**sensationeel** sensationell, aufsehenerregend.
sensitivity/-groep Sensitivitäts/gruppe *w.* ▾**—-training** S.training *s.*
senso-motorisch sensomotorisch.
sensu/alisme Sensu/alismus *m.* ▾**—alist** S.alist *m.* ▾**—alistisch** s.alistisch. ▾**—aliteit** S.alität *w.* ▾**—eel** s.ell.
sententie Sentenz *w*; (*vonnis*) Urteil *s.*
sentiment Sentiment *s*, Empfindung *w.* ▾**—aliteit** S.alität, Empfindsamkeit, Rührseligkeit *w.* ▾**—eel** s.al, empfindsam, rührselig; *sentimentele tante*, Transuse *w.*
separ/aat einzeln, getrennt, separat; *separate afdruk*, Sonderabdruck *m*; — (*zenden*), mit getrennter Post. ▾**—atistisch** separatistisch. ▾**—eren** separieren.
sepia Sepia *w.*
seponeren zu den Akten legen, zurückstellen; *een zaak —*, (*jur.*) ein Verfahren einstellen.
september der September.
septet Septett *s.*
Septuagint Septuaginta *w.*
sequentie Sequenz *w.*
SER Sozial-Wirtschaftlicher Rat.
serafijn Seraph *m.* ▾**—s** seraphisch.
sereen seren, heiter.
serenade Serenade *w*, Ständchen *s.*
serge Serge, Sersche *w.*
sergeant Unteroffizier *m.* ▾**—-majoor** Feldwebel *m.* ▾**—-vlieger** Fliegerunteroffizier *m.*
serie Serie, Reihe, Folge *w*; (*postzegels*) Satz *m*; *boek v.e. —*, Reihenbuch *s*; *in —, bij —s*, serienweise, -mäßig; *in — schakelen*, in Reihen, hintereinander schalten. ▾**—fabricage** Serien/fabrikation, S.anfertigung *w.* ▾**—produktie** S.produktion, S.anfertigung *w.* ▾**—schakelaar** S.-, Reihenschalter *m.*
serieus seriös, ernsthaft; *serieuze gegadigden*, (*ook*) in die engere Wahl kommende Bewerber. ▾**sérieux**: *au — nemen*, ernst nehmen.
sering(eboom) Flieder(strauch) *m.*
sermoen Sermon *m*, Predigt *w.*
serpent Schlange *w*, (*vrouw, ook*) Giftkröte *w*, böse Sieben.
serpentine Serpentine *w*; (*bocht in weg, ook*) Kehre *w*; (*papierstrook*) Papierschlange *w.*
serre Veranda *w*; (*tuinkamer*) Gartenzimmer *s*; (*vooral met sierplanten*) Wintergarten *m*; (*broeikas*) Treibhaus *s.* ▾**—meubelen** Korbmöbel *Mz.*
serum Serum *s.*
serv/eerboy Servier/wagen *m.* ▾**—eerster** S.mädchen *s*, (Bedienungs)Fräulein *s.* ▾**—eren** servieren, auftragen, bedienen; (*tennis*) aufschlagen, servieren.
servet Serviette *w*, Mundtuch *s.* ▾**—ring** Serviettenring *m.*
service Service *m*; (*in hotel enz.*) Bedienung *w*; (*in zakenleven*) Kundendienst *m*; (*tennis*) Aufschlag *m*; *—verlenen*, Kundendienst leisten; *—-afdeling*, Kundendienstabteilung *w.* ▾**—contract** Überwachungs-, Wartungs-, Kundendienstvertrag *m*, KD-Vertrag *m.* ▾**—dienst** Kundendienst *m.* ▾**—lijn** Aufschlaglinie *w.* ▾**—station** Wagenpflege *w.*
Servië Serbien *s.*
serviel servil.
Serviër Serbe *m.*
servies Service, Tafelgeschirr *s.*
Servisch serbisch.
servituut Servitut *w.*
servomechanisme Servomechanismus *m.*
sesam Sesam *m.*
sessie Session, Sitzung *w.*
set (*i.a.b.*) Satz *m.*
setter (*hond*) Setter *m.*
setting Setting *s.*
sex Sex *m.*
Sexagesima Sexagesima *w.*
sex/-appeal Sex-Appeal *m.* ▾**—-object** Sexobjekt *s.*
sextant Sextant *m.* ▾**sextet** Sextett *s.*
sexu- *zie* **seksu-**.
sexy sexy, sexuell attraktiv.
sfeer Sphäre *w*; (*stemming*) Atmosphäre, Stimmung *w*; *in hogere sferen*, in höheren Sphären, Regionen; (*deze stad heeft*) *geen —*, keine A., kein eigenes Gepräge. ▾**—vol** stimmungsvoll.
sfinx Sphinx *w.* ▾**—achtig** sphinxhaft.
's-Gravenhage Haag *m*; *in —*, im H., in den H.; *v. —*, vom H.
shag Shag(tabak) *m.*
shak/en mixen. ▾**—er** Shaker, Mixbecher *m.*
shamp/oneren, —ooën schamponieren, schampunieren, shampoonieren. ▾**—oo** Shampon, Schampun, Shampoo *s.* ▾**—ooing** Schampunieren *s.*
share Share *m*, Aktie *w.*
sherry Sherry *m.*
shilling Schilling *m.*
shintoïsme Schintoismus *m.*
shirt Shirt, Trikot, Hemd *s.*
shit (*hasj*) Shit *m, s.*
shock Schock *m.* ▾**—effect** S.wirkung *w.* ▾**—eren** s.ieren. ▾**—proof** stoßfest, stoßsicher. ▾**—therapie** S.therapie, S.behandlung *w.*
shopping center Einkaufszentrum, Shopping-Center *s.*
shorts Shorts *Mz.*
short-story Short story, Kurzgeschichte *w.*
show Show, Schau, *w*; (*tentoonstelling*) Ausstellung, Schau, (*demonstratie*) Vorführung *w*; *de — stelen*, die Show, Schau stehlen. ▾**—business** Showbusineß, Schaugeschäft *s.* ▾**—en** vorführen, ausstellen; (*opscheppen*; *z. voordoen*) eine Schau (Show) machen (abziehen). ▾**—room** Ausstellungs-, Vorführungsraum *m.*
shunt Shunt, Nebenschluß *m.* ▾**—en** in den Nebenschluß legen.
shuttle Federball *m.*
Siam Siam *s.* ▾**—ees I** *zn* S.ese *m.* **II** *bn* s.esisch.
sibbe Sippe *w.* ▾**—kunde** S.nkunde *w.*
Sibe/rië Sibi/rien *s.* ▾**—riër** S.rier *m.* ▾**—risch** s.risch.
sibil/le Sibylle *w.* ▾**—lijns** sibyllinisch.
Sici/liaan Sizi/lianer *m.* ▾**—liaans** s.lianisch. ▾**—lië** S.lien *s.*
sidder/aal Zitter/aal *m.* ▾**—en** z.n. ▾**—ing** Z.n *s.*
sier Zierde *w*, Schmuck *m*; *goede — maken*, s. gütlich tun, in Saus und Braus leben. ▾**—aad** Zierat *m*; (*voorwerp*) Schmuck *m*; (*fig.*) Zierde *w*; *allerhande sieraden*, allerhand Schmucksachen; (*zij droeg*) *gouden sieraden*, goldenen Schmuck. ▾**—en** schmücken, zieren; *'t siert hem, dat...*, es gereicht ihm zur Ehre, daß... ▾**—kunst** Dekorationskunst *w.* ▾**—letter** Zierbuchstabe *m.* ▾**—lijk** zierlich, elegant. ▾**—lijkheid** Zierlichkeit, Eleganz *w.* ▾**—lijst** Zierleiste *w.* ▾**—plant** Zierpflanze *w.* ▾**—sel** Zierat *m*, Verzierung *w.* ▾**—steen** Verblendstein *m.*
siësta Siesta, Mittagsruhe *w.*
sifon Siphon *m*; (*in afvoerbuis, ook*) Geruchverschluß *m*; (*fles, ook*) Siphonflasche *w.*
sigaar Zigarre *w*; *de — zijn*, herhalten müssen, der Dumme sein. ▾**sigare/aansteker** Feuerzeug *s.* ▾**—bandje** Zigarren/binde *w.*

▾—**knipper** Z.-, Spitzenknipser *m.* ▾—**nkistje** Z.kiste *w.* ▾—**nkoker** Z.tasche *w.* ▾—**nwinkel** Z.laden *m.* ▾—**pijpje** Z.spitze *w.*
sigaret Zigarette *w.* ▾—**tedover** Zigaretten/töter, Glutlöscher *m.* ▾—**tendoos** Z.dose *w*, (*doosje sigaretten*) Z.schachtel *w.* ▾—**tenkoker** Z.etui *s.* ▾—**tepeukje** Z.stummel *m*, Kippe *w.* ▾—**tepijpje** Z.spitze *w.*
sight-seeing Sightseeing *s*, Besichtigung *w* von Sehenswürdigkeiten; (*tour*) S.-Tour, Besichtigungsfahrt, Stadtrundfahrt *w.* ▾—**bus**, —**car** S.-Bus *m*, Rundfahrtauto *s.*
signaal Signal, Zeichen *s.* ▾—**hoorn** (*claxon*) Hupe *w.* ▾—**lampje** S.lampe *w.* ▾**sign/alement** Signalement *s*, Personalbeschreibung *w.* ▾—**aleren** signalisieren; (*schip enz.*: *in zicht krijgen*) sichten; *in 't politieblad* —, im Fahndungsblatt ausschreiben. ▾—**atuur** Signatur *w.* ▾—**eren** signieren. ▾—**et** Petschaft *s.*
sijpelen sickern, tröpfeln.
sijs(je) Zeisig *m.*
sik 1 (*geit*) Ziege *w*; **2** (*baard*) Spitzbart *m.*
sikkel 1 (*maaiwerktuig*; *v. maan*) Sichel *w*; **2** (*munt, gewicht*) Sekel *m.* ▾—**vormig** sichelförmig.
sikkeneurig verdrießlich, mürrisch; (*vitterig*) krittlig.
sikkepit(je): *geen* —, nicht die Bohne, kein Körnchen.
Sile/zië Schlesien *s.* ▾—**zisch** schlesisch.
silhouet Silhouette *w*, Schattenriß *m*; (*uitgeknipt*) Scherenschnitt *m.*
silic/aat Silik/at *s.* ▾—**onen** S.one *Mz.* ▾—**ose** S.ose *w.*
silo Silo *m, s*, Großspeicher *m*; (*v. veevoeder*) Silo *m, s*, Gärfutterbehälter *m.*
simonie Simonie *w.*
simp/el einfach; (*niet goed wijs*) einfältig, albern. ▾—**liciteit** Simplizität *w.*
simul/ant Simul/ant *m.* ▾—**atie** S.ation *w.* ▾—**ator** S.ator *m.* ▾—**eren** s.ieren.
simultaan simultan.
sinaasappel Apfelsine, Orange *w.* ▾—**sap** Apfelsinen-, Orangensaft *m.*
sinds *zie* **sedert**.
singel (*riem*) Gurt *m*; (*priestergordel*) Gürtel *m*; (*v. stad*) Ring(wall), Ringgraben *m*; (*bosw.*) Mantel *m.*
single 1 (*sp.*) Single, Einzel(spiel) *s*; **2** (*grammofoonplaat*) Single, Singleplatte *w.*
singularis Singular *m*, Einzahl *w.*
sinister unheilvoll; (*somber*) düster, finster.
sinjeur: *een rare* —, ein wunderlicher Heiliger, ein sonderbarer Kauz.
sinopel Grün *s.*
sint Sankt; *de* —, Sankt Nikolaus, Sankt Niklas. ▾—**-andrieskruis** Andreaskreuz *s.* ▾—**-bernardshond** Bernhardinerhund *m.*
sintel Sinter *m*, Schlacke *w*; (*uitgebrande kolen*) Zinder *m.* ▾—**baan** Aschenbahn *w.*
sint-elmusvuur Elmsfeuer *s.*
sinterklaas *zie* **sint**. ▾—**pop** Pfefferkuchenmann *m.*
Sint/-Gotthard Sankt Gotthard *m.* ▾—**-Jan** Johannistag *m*, Johannis *s.* ▾**s—-jansbrood** Johannisbrot *s.* ▾**s—-jut(te)mis** Sankt-Nimmerleinstag *m*; *met* —, zu Pfingsten auf dem Eise, am Sankt Nimmerleinstag. ▾—**-Maarten** Martinstag *m.* ▾—**-Pieterskerk** Peterskirche *w.* ▾—**-Pieterspenning** Peterspfennig *m.* ▾**s—-vitusdans** Veitstanz *m.*
sinus Sinus *m.* ▾—**lijn** S.kurve *w.*
sip bestürzt, verdrießlich; — *kijken*, ein bestürztes Gesicht machen, v. dreinsehen.
sirene Sirene *w.*
siroop Sirup *m.*
sisal Sisal(hanf) *m.*
sis/klank Zischlaut *m.* ▾—**sen** zischen. ▾—**ser** Zischer *m*; (*voetzoeker*) Frosch *m*; *met een — aflopen*, keine schlimmen Folgen haben, auf nichts hinauslaufen.
sit-down-staking Sitzstreik *m.*
sits Zitz *m.* ▾—**en** Zitz.
situatie Situation, Lage *w.* ▾—**plan** Situationsplan *m.* ▾**situe/ren** räumlich anordnen. ▾—**ring** Situierung, räumliche Anordnung *w.*
Sixtijns Sixtinisch.
sjaal Schal *m*; (*ook*) Kopftuch *s.*
sjablone Schablone *w*; *volgens* —, schablonenhaft, -mäßig, nach der Schablone.
sjacher/aar, sjachel/aar Schacherer *m.* ▾—**en** schachern.
sjagrijn Kummer *m*; (*pers.*) Murrkopf *m.* ▾—**ig** mürrisch, verdrießlich.
sjakes: *z.* — *houden*, (*v.d. domme*) s. nichts merken lassen; (*koest*) s. kuschen.
sjako Tschako *m.*
sjalot Schalotte *w.*
sjap(pie) Lump, Lumpazius *m.*
sjasjliek Schaschlik *m.*
sjees Chaise *w.*
sjeik Scheich *m.*
sjerp Schärpe *w*; (*sjaal*) Schal *m.*
sjezen (*bij examen*) durchfallen; (*z. uit de voeten maken*) s. aus dem Staube machen; *gesjeesd student*, gescheiterter Student.
sjilpen zwischern.
sjirpen zirpen.
sjoemelen schummeln.
sjofel, —**tjes** schofel, schäbig. ▾—**heid** Schäbigkeit *w.*
sjokken trotten, trotteln, zotteln; (*meer in draf*) zuckeln; (*lomp en zwaar*) trampeln.
sjor/ren zurren. ▾—**lijn**, — **ring**, — **touw** Zurring *m.*
sjouw: *dat is een hele* —, das ist ein schweres Stück Arbeit, das ist aber eine Arbeit; *aan de — zijn*, bummeln, schwiemeln. ▾—**en** (*met inspanning vervoeren*) schleppen; *met bagage* —, s. mit Gepäck schleppen; (*zwaar werken*) s. abrackern, s. schinden; (*rondslenteren*) herum-, umherschlendern.▾—**er** Lastträger, Schlepper *m*; (*losser en lader v. schepen*) Schauermann, Hafenarbeiter *m.* ▾—**erij** schwere Arbeit, Schlepperei, Schinderei *w.* ▾—**erman** Schauer(mann) *m.*
skateboard Rollerbrett, Skateboard *s.*
skelet Skelett *s*; (*geraamte, ook*) Gerippe *s*; (*ook*) Gerüst *s.* ▾—**bouw** S.bau *m.*
skelter Go-Kart *s.* ▾—**race** Go-Kart-Rennen *s.*
ski Ski, Schi *m* (*mv*: Skier, Schier), Schneeschuh *m*; (*v. vliegt.*) Schneekufe *w*; — *lopen*, *zie* **skiën**. ▾—**-crack** Ski-As *s.* ▾—**cursus** Skikurs *m.* ▾—**ën** Ski laufen, Ski fahren. ▾—**ër** Skiläufer, Skifahrer *m.*
skiff Einer, Renneiner *m.* ▾—**eur** Einerruderer *m.*
ski/kampioenschap Skimeisterschaft *w.* ▾—**kleding** Skibekleidung *w.* ▾—**leraar** Skilehrer *m.* ▾—**lift** Skilift *m.* ▾—**loopster** Skiläuferin *w.* ▾—**lopen I** *zn* Skilaufen *s*, Skilauf *m.* **II** *ww* Ski laufen, Ski fahren. ▾—**schans** Ski(sprung) schanze *w.* ▾—**sokjes** (*korte sokjes*) Rollsöckchen *Mz.* ▾—**sport** Skisport *m.* ▾—**springen** Skispringen *s*, Skisprung *m.* ▾—**uitrusting** Skiausrüstung *w.* ▾—**wedstrijd** Skirennen *s.*
sla Salat *m.*
slaaf Sklave *m.*
Slaaf (*volk*) Slawe *m.*
slaafs sklavisch. ▾—**heid** sklavische Unterwürfigkeit, sklavisches Wesen.
slaag: *een pak* —, eine Tracht Prügel; — *krijgen*, Schläge, Prügel bekommen. ▾—**s**: —

raken, handgemein werden.
slaan schlagen; (*munten, ook*) prägen; (*dat*) *slaat op mij*, bezieht s. auf mich; (*de schrik*) *is hem in de leden geslagen*, ist ihm in die Glieder gefahren; (*de bliksem*) *is in de boom geslagen*, hat in den Baum (ein)geschlagen; (*zijn laatste uur*) *was geslagen*, hatte geschlagen; *aan 't hollen —*, (*v. paard*) durchgehen; *aan 't werken —*, zu arbeiten anfangen; (*de ogen*) *naar boven —*, emporschlagen, in die Höhe schlagen; *hij sloeg tegen de grond*, er schlug (auf den Boden) hin; *er voordeel uit —*, e.n Vorteil herausschlagen. ▾**slaand** schlagend; *—e klok*, Schlaguhr *w*.
slaap Schlaf *m*; (*aan hoofd*) Schläfe *w*; *— krijgen*, schläfrig werden; *weinig — nodig hebben*, wenig Schlaf brauchen; *de — niet kunnen vatten*, nicht einschlafen können; *in — raken*, in Schlaf fallen, einschlafen; *in — wiegen*, in Schlaf wiegen, (*fig.*) einschläfern, einlullen; *in — zijn*, schlafen. ▾**—bank** Schlafcouch *w*. ▾**—been** Schläfenbein *s*. ▾**—bol** (*plk.*) Schlaf/mohn *m*. ▾**—coupé** S.abteil *s*. ▾**—drank** S.trank *m*. ▾**—dronken** s.trunken. ▾**—dronkenheid** S.trunkenheit *w*. ▾**—gelegenheid** S.gelegenheit. ▾**—je** Schläfchen *s*; (*slaapkameraad*) S.kamerad *m*; *een — doen*, ein Schläfchen machen. ▾**—kamer** S.zimmer *s*. ▾**—kop** S.mütze *w*; Langschläfer *m*. ▾**—middel** S.mittel *s*. ▾**—muts** S.mütze *w*. ▾**—mutsje** (*drank*) S.trank, S.trunk *m*. ▾**—plaats** S.stelle *w*. ▾**—rijtuig** S.wagen *m*. ▾**—stad** S.stadt *w*. ▾**—ster** Schläferin *w*; *de schone —*, das Dornröschen. ▾**—tablet** S.tablette *w*. ▾**—tijd** S.zeit *w*; (*tijd om te gaan slapen*) Schlafenszeit *w*. ▾**—verdrijvend** s.vertreibend. ▾**—wagen** S.wagen *m*. ▾**—wandelaar** S.wandler *m*. ▾**—wandelen** s.wandeln. ▾**—wekkend** s.bringend. ▾**—zaal** S.saal *m*. ▾**—zak** S.sack *m*.
slaatje Salat *m*; *ergens een — uitslaan*, seinen guten Schnitt bei etwas machen.
slab Lätzchen *s*.
slabak 1 Salatschüssel *w*; **2** *zie* **slabakker**.
slabakk/en (*talmen*) trödeln; (*luieren*) faulenzen. ▾**—er** Trödler; Faulenzer *m*.
slab/beren (*morsen*) kleckern; (*slobberen*) schlabbern, schlürfen. ▾**—betje** Lätzchen *s*.
sla/bed Salatbeet *s*. ▾**—boon** Prinzeß-, Brechbohne *w*.
slacht (*het slachten*) Schlacht/en *s*; (*'t geslachte*) Geschlachtete(s) *s*. ▾**—bank** S.bank *w*. ▾**—en 1** schlachten; **2** (*gelijken op*) ähnlich sehen [3]; (*aarden naar*) arten nach. ▾**—er** S.er *m*; (*slager*) Fleischer, Metzger, Schlächter *m*. ▾**—erij** S.erei *w*; (*slagerij*) Fleischerei, Metzgerei, Schlächterei *w*. ▾**—huis** S.haus *s*, (*abattoir*) S.hof *m*. ▾**—ing** S.ung *w*, S.en; Gemetzel, Blutbad *s*. ▾**—offer** S.opfer *m*; (*fig.*) Opfer *s*. ▾**—vee** S.vieh *s*.
slacouvert Salatbesteck *s*.
sladood: *lange —*, Hopfenstange *w*.
slafelijk: *— werk*, schwere Arbeit.
slag 1 Schlag *m*; (*houw, ook*) Hieb *m*, (*meer vlak*) Streich *m*; (*veld-, zeeslag*) Schlacht *w*; (*kaartsp.*) Stich *m*; (*bij schaatsen*) Strich *m*; (*omwenteling*) Tour, Umdrehung *w*; (*v. pompzuiger*) Hub *m*; *een — in de lucht*, (*fig.*) ein Schlag ins Wasser; *een — om de arm houden*, s. ein Hintertürchen offen halten; *vrije —*, (*bij zwemmen*) Freistil *m*; (*'t is maar*) *een —*, (*handigheid*) ein Handgriff; (*hij*) *heeft er — v.*, versteht es; *ergens de — v. te pakken hebben*, etwas im Griff haben; *hij heeft er geen — v.*, er hat kein Geschick dazu; *alle slagen halen*, alle Stiche machen; *— leveren*, eine Schlacht liefern; *zijn — slaan*, seinen Schnitt machen; *er een — naar slaan*, raten, (*op goed geluk doen*) etwas aufs Geratewohl machen, (*iets met de Franse slag doen*) etwas oberflächlich tun, etwas übers Knie brechen; *er maar 'n — naar slaan*, ins Blaue hineinraten, (*raak kletsen*) ins Blaue hineinreden, schwatzen; *geen —* (*steek*) *uitvoeren*, keinen Streich ausführen; *aan de — gaan*, anfangen; *met één —*, mit e.m Schlag, auf e.n Streich; *op — v. elven*, Schlag elf; (*ik kom*) *op —*, gleich; *op — dood*, auf der Stelle tot; *v. — zijn*, verkehrt schlagen; *zonder — of stoot*, ohne Schwertstreich; **2** (*soort*) Schlag *m*, Art *w*; (*zij zijn*) *v. hetzelfde —*, vom gleichen Schlag; *wonderlijk — v. mensen*, wunderlicher Menschenschlag; *mensen v. allerlei —*, Leute aller Art, allerhand Leute; **3** (*vogelknip, duivenslag*) Schlag *m*.
slagader Schlag-, Pulsader, Arterie *w*. ▾**—lijk** arteriell.
slag/bal Schlag/ball *m*. ▾**—boom** S.-, Sperrbaum *m*. ▾**—boormachine** S.bohrmaschine *w*. ▾**—cirkel** (*hockey*) Schußkreis *m*.
slagen (*gelukken*) gelingen, glücken; (*succes hebben*) Erfolg haben; *voor het examen —*, die Prüfung bestehen, durchkommen; *hij is geslaagd voor Duits*, er hat im Deutschen bestanden; *zijn pogingen zijn niet geslaagd*, seine Versuche sind mißlungen, seine Bemühungen haben keinen Erfolg gehabt, sind erfolglos geblieben; *hij is in* (*met*) *zijn onderneming geslaagd*, das Unternehmen ist ihm gelungen; *hij kon* (*er*) *niet* (*in*) *—*, es wollte ihm nicht gelingen; *hij kon* (*er*) *niet* (*mee*) *—*, er konnte nicht damit fertig werden; (*in die winkel*) *ben ik geslaagd*, habe ich es kaufen können, habe ich etwas nach meinem Geschmack gefunden.
slager Fleischer, Metzger, Schlächter *m*. ▾**—ij** F.ei, M.ei, S.ei *w*, F.laden *m*. ▾**—sbijl** Schlachtbeil *s*. ▾**—smes** F.messer *s*. ▾**—swinkel** F.laden *m*.
slag/hamer Schlaghammer, Schlägel *m*. ▾**—hoedje** Zündhütchen *s*. ▾**—hout** Schlag/holz *s*. ▾**—instrument** S.instrument *s*. ▾**—kruiser** Schlachtkreuzer *m*. ▾**—linie** Schlachtlinie *w*. ▾**—net** Schlagnetz *s*. ▾**—orde** Schlachtordnung *w*. ▾**—pen** Schwungfeder *w*. ▾**—pin** Schlag/bolzen *m*. ▾**—regen** S.-, Platzregen *m*. ▾**—room** S.sahne *w*. ▾**—roomklopper** Schneeschläger *m*. ▾**—schaduw** S.schatten *m*. ▾**—schip** Schlacht-, Großkampfschiff *s*. ▾**—tand** Stoßzahn *m*; (*v. wild zwijn*) Hauzahn, Hauer *m*. ▾**—uurwerk** Schlaguhr *w*. ▾**—vaardig** schlagfertig; (*v. troepen*) schlachtbereit. ▾**—vaardigheid** Schlagfertigkeit *w*. ▾**—veer** *zie* **— pen**. ▾**—veld** Schlachtfeld *s*. ▾**—vloot** Schlachtflotte *w*. ▾**—wapen** Hiebwaffe *w*. ▾**—werk** (*v. klok*) Schlag/werk *s*; (*slaginstr.*) S.zeug *s*. ▾**—werker** S.zeuger *m*. ▾**—woord** S.wort *s*. ▾**—zee** Sturzsee *w*. ▾**—zij** S.seite *w*. ▾**—zin** S.wort *s*; (*vette krantekop*) S.zeile *w*. ▾**—zwaard** Schlachtschwert *s*.
slak (*dier*) Schnecke *w*; (*metaal*) Schlacke *w*.
slaken (*boeien*) lösen; *'n kreet, gil —*, e.n Schrei ausstoßen, aufschreien.
slakke/gang Schnecken/gang *m*; *met een —*, im S.tempo. ▾**—huis** S.haus, S.gehäuse *s*. ▾**—nmeel** Thomas-, Schlackenmehl *s*.
slalepel Salatlöffel *m*.
slalom Slalom *m*; (*wedstrijd*) Slalom-, Torlauf *m*.
slampamper (*leegloper*) Müßiggänger, Eckensteher *m*.
slang 1 (*dier*) Schlange *w*; (*buis*) Schlauch *m*; **2** (*groeptaal*) Slang *s*. ▾**—ebeet** Schlangen/biß *m*. ▾**—e(ge)broed(sel)**

S.gezücht *s.* ▼—**emens** S.mensch *m.* ▼—**enbezweerder** S.beschwörer *m.* ▼—**etje** (*teken*) Schlängelchen *s.* ▼—**etong** Schlangenzunge *w*; (*fig.*) Lasterzunge *w.* ▼—**ewagen** Schlauchwagen *m.* ▼—**vormig** schlangenförmig; schlauchförmig.
slank schlank. ▼—**heid** Schlankheit *w.*
slaolie Salat-, Speise-, Tafelöl *s.*
slap schlaff, schlapp; (*traag, laks, ook*) laß, lasch; (*krachteloos*) kraftlos; (*zwak*) schwach; (*vermoeid, uitgeput*) abgespannt, erschöpft; (*v. vloeistoffen: met veel water*) dünn, (*zwak v. gehalte*) schwach; (*boord, hoed, grond, pen, stopverf*) weich; (*v. beurs enz.: niet willig*) matt, flau, schwach; (*stil, niet druk, waarin weinig omgaat*) still; —*pe hoed*, weicher Hut, (*met brede rand*) Schlapphut *m*; —*pe houding*, schlappe Haltung; —*pe kerel*, schlapper, kraftloser Kerl; *het —pe koord*, dat Schlappseil; (*z.*) — (*lachen*), schief.
slapeloos schlaflos. ▼—**heid** Schlaflosigkeit *w.* ▼**slap/en** schlafen; *gaan —*, (*naar bed gaan*) schlafen gehen; *mijn voet slaapt*, der Fuß schläft mir; *ik zal er nog eens over —*, ich will mir die Sache noch mal beschlafen. ▼—**end** schlafend; *geen —e honden wakker maken*, schlafende Hunde nicht (auf)wecken. ▼—**enstijd** *zie* **slaaptijd.** ▼—**er** Schläfer *m*; (*logé*) Schlafgast *m*; *ook* = —**erdijk** Schlaf-, Sturmdeich *m.* ▼—**erig** schläfrig; (*slaapdronken*) verschlafen. ▼—**erigheid** Schläfrigkeit *w.*
slap/heid Schlaffheit, Schlappheit, Laschheit, Kraftlosigkeit, Schwachheit, Abgespanntheit, Weichheit; Flauheit; Stille *w*; *zie* **slap.** ▼—**jes** (*na ziekte enz.*) schwach; (*hand.*) matt, flau, still; *zie verder* **slap**.
slaplant Salatpflanze *w.*
slap/peling Schlappschwanz *m*, schlapper Kerl. ▼—**te** Schlaffheit, Schlappheit *w*; (*in zaken*) Geschäfts/losigkeit, G. stille *w.*
slaven s. abrackern, s. abmühen, s. schinden. ▼—**arbeid** Sklavenarbeit *w.* ▼—**drijver** (*fig.*) Leuteschinder *m.* ▼**slavernij** Sklaverei *w.* ▼**slavin** Sklavin *w*; *handel in blanke —nen*, Mädchenhandel *m.*
Slavisch slawisch.
slavork Salatgabel *w.*
slecht schlecht; (*boos, ook*) böse; (*erg, onaangenaam, ook*) schlimm, übel; *door en door —*, grundschlecht; *'n —e naam hebben*, in üblem, schlechtem Rufe stehen, e.n schlechten Namen haben; —*e tijden*, böse, schlimme Zeiten; — *weer*, schlechtes, schlimmes, böses Wetter; *er — aan toe zijn*, übel dran sein; — *gehumeurd*, schlecht-, übelgelaunt, übellaunig; *niet —!*, (*heel aardig, niet kwaad*) nicht übel; —*er worden*, schlechter, schlimmer werden, s. verschlechtern, s. verschlimmern.
slechten (*vlak, effen maken*) ebnen; (*gladmaken*) schlichten; (*muren*) niederreißen, abtragen; (*wallen*) abtragen; (*vesting*) schleifen; (*twist*) schlichten.
slechtgemanierd unmanierlich; — *zijn*, keine Manieren haben.
slechthamer Schlichthammer *m.*
slecht/heid Schlechtigkeit *w*; (*slechte kwaliteit*) schlechte Qualität, (*gesteldheid*) schlechte Beschaffenheit, (*toestand*) schlechter Zustand. ▼—**horend** schwerhörig. ▼—**igheid** Schlechtigkeit *w.*
slechting Ebnen *s*; Schlichtung *w*; Niederreißen *s*; Abtragung *w*, Schleifen *s*; *zie* **slechten**.
slechts nur, bloß, lediglich.
slechtziend sehschwach.
slede Schlitten *m.* ▼—**tocht** S.fahrt *w.* ▼**slee I** *zn* (*slede, ook v. auto*) Schlitten *m*; *als je in zo'n — rijdt*, (*auto*) wenn man in so e.m S. fährt; — *v.e. wagen*, (*groot*) Straßenkreuzer *m.* **II** *bn, zie* **sleeuw**. ▼—**doorn** Schleh-, Schwarzdorn *m.* ▼—**ën** Schlitten fahren, schlitte(l)n. ▼—**hak** Keilabsatz *m.*
sleep (*v. japon*) Schleppe *w*; (*schepen, vliegtuig*) Schleppzug *m*; (*menigte*) Troß *m*; (*gevolg, stoet*) Gefolge *s.* ▼—**antenne** Schleppantenne *w.* ▼—**asperge** Stangenspargel *m.* ▼—**boot** Schleppdampfer, Schlepper *m.* ▼—**bootmaatschappij** Schleppschiffahrtgesellschaft *w.* ▼—**contact** Schleifkontakt *m.* ▼—**dienst** Schleppdienst *m.* ▼—**helling** Slip *m*, Aufschleppe *w.* ▼—**hengel** Schlepp/angel *w.* ▼—**kabel** S.seil, S.tau *s.* ▼—**kosten** (*scheepv.*) S.gebühr *w.* ▼—**lift** S.lift *m.* ▼—**loon** S.lohn, (*v. schepen, ook*) Bugsierlohn *m*; (*sleperslon*) Rollgeld *s.* ▼—**net** S.netz, Zugnetz *s.* ▼—**touw** S.tau *s*; *op — nemen*, ins S.tau nehmen. ▼—**tros** S.trosse *w*, S.tau *s.* ▼—**vaart** S.schiffahrt *w.*
sleets verschleißend, abnutzend; *erg — zijn*, seine Kleider schnell abnutzen, viel verbrauchen, viel abnutzen.
sleeuw (*v. tanden, mes*) stumpf; (*wrang*) herb, säuerlich, sauer.
sleg(ge) Schlegel *m.*
slem Schlemm *m*; — *halen*, Schlemm machen.
slemp/en schlemm/en, prass/en. ▼—**er** S.er, P.er *m.* ▼—**partij** S.erei, P.erei *w.*
slenk (*inzinking v. bodem*) Senke *w*; (*geul*) Priel *m.*
slenter/aar Schlendrer *m.* ▼—**en** schlendern. ▼—**gang** Schlendergang *m.*
slepen (*ov.w & on.w*) schleppen; (*meer sleuren, vooral ov.w, ook*) schleifen; (*met sleperswagen vervoeren*) verrollen; *erdoor —*, (hin)durchschleppen, (*fig.*) (e.n) durchbringen, (e.m) durchhelfen; *na z. —*, (*ten gevolge hebben*) nach s. ziehen, im Gefolge haben; —*de conversatie*, schleppende Unterhaltung; —*d rijm*, klingender Reim; —*de ziekte*, schleichende Krankheit; (*iets*) —*de houden*, in die Länge ziehen; (*de onderhandelingen*) —*de houden*, (*ook*) verschleppen, hinausziehen. ▼**sleper** Schlepper *m*; (*vrachtrijder*) Rollfuhrmann, Rollfuhrunternehmer *m.* ▼—**ij** Schlepperei *w*; (*vrachtrijderij*) Rolldienst *m.* ▼—**sbedrijf** Rollfuhrgewerbe *s.* ▼—**spaard** Karrengaul *m.* ▼—**swagen** Rollwagen *m.* ▼—**swerk** Rollfuhrarbeit *w.*
slet (*straatmeid*) Dirne *w.*
sleuf Rinne *w*; (*in grond*) Furche *w*; (*keep, insnijding*) Einschnitt *m*; (*spleet*) Schlitz *m*; (*v. automaat, brievenbus enz.*) Einwurf *m*; (*bosb.*) Schneise *w*; *zie ook* **gleuf, groef**.
sleur Schlendrian *m*; *aan de oude — vasthouden*, am alten Schlendrian festhalten; *dagelijkse —*, Alltagstrott *m.* ▼—**en** schleppen, schleifen, zerren. ▼—**werk** Gewohnheitsarbeit *w.*
sleutel Schlüssel *m*; (*telegr., ook*) Taste *w.* ▼—**been** S.bein *s.* ▼—**bloem** S.blume *w.* ▼—**bos** S.bund *s.* ▼—**en** (*aan auto enz.*) basteln. ▼—**figuur** S.figur *w.* ▼—**gat** S.loch *s.* ▼—**geld** S.geld *s.* ▼—**hanger** S.anhänger *m.* ▼—**industrie** S.industrie *w.* ▼—**macht** S.gewalt *w.* ▼—**positie** S.stellung *w.* ▼—**ring** S.ring *m.*
sleuvengraver (*landb.mach.*) Grabenbagger *m.*
slib Schlamm *m*; — *afzetten*, S.absetzen, schlammen. ▼—**beren** glitschen, schlittern; ausgleiten, ausrutschen. ▼—**berig** glitschig, schlüpfrig; (*slijkerig*) schlammig.
slier (*rij*) Kette, Reihe *w*; *lange —*, Hopfenstange *w*, (*jongen*) langer Schlingel,

(*meisje*) lange Latte. ▼**—asperge** Stangenspargel *m.* ▼**—en** gleiten, schleifen. ▼**sliert** (*haren*) Strähne *w; zie verder* **slier**.
slijk Schlamm, Kot *m;* (*iem.*) *door het — halen,* in den Dreck, in den Schmutz ziehen, treten; *'t — der aarde,* das schnöde Geld. ▼**—erig** s.ig, kotig. ▼**—grond** S.boden *m.*
slijm Schleim *m.* ▼**—afdrijvend** s.abführend. ▼**—afscheiding** S.absonderung *w.* ▼**—bal** (*fig.*) S.scheißer *m.* ▼**—erig** s.ig. ▼**—hoest** S.husten *m.* ▼**—klier** S.drüse *w.* ▼**—vlies** S.haut *w.*
slijp/en schleifen; schärfen; (*mes enz., ook*) wetzen; (*potlood*) an-, zuspitzen; *geslepen glas,* geschliffenes Glas, Schleifglas. ▼**—er** Schleif/er *m.* ▼**—erij** S.erei *w.* ▼**—machine** S.maschine *w.* ▼**—lak** S.lack *m.* ▼**—plank** S.-, Wetz/brett *s.* ▼**—sel** S.sel *s.* ▼**—staal** W.stahl *m.* ▼**—steen** S.stein; (*handsteen*) W.stein *m.*
slijtage Abnutzung *w.* ▼**—slag** A.sschlacht *w.* ▼**slijt/en** (*door gebruik enz. doen slijten*) abnutzen, verschleißen, verbrauchen; (*door gebruik enz. slijten*) s. abnützen, verschleißen, verbraucht werden; (*v. kleren: kaal worden*) fadenscheinig werden; (*v. leed, verdriet enz.*) schwinden, abnehmen; (*dat zal*) *wel —,* schon vorübergehen; (*verkopen*) verkaufen; (*zijn leven, jaren, tijd*) verbringen, zubringen; (*vlas*) ernten. ▼**—er** Klein-, Detailhändler *m;* (*v. sterke drank*) Spirituosenhändler *m;* (*wederverkoper*) Wiederverkäufer *m;* (*v. vlas*) Flachsernter *m.* ▼**—erij** Spirituosenhandlung *w.* ▼**—vergunning** Schankkonzession *w.* ▼**—vast** verschleißfest.
slik (*aangeslibde grond*) Schlick *m; zie verder* **slijk**. ▼**—beweging** Schlingbewegung *w.* ▼**—grond** Schlammboden *m.* ▼**—ken** schlucken, (*vooral haastig*) schlingen; (*doorslikken*) verschlucken, hinunterschlucken; *veel moeten —,* viel schlucken, einstecken müssen; *een belediging —,* s. eine Beleidigung gefallen lassen.
slim schlau; (*leep*) pfiffig; (*listig*) listig, verschlagen; (*schrander*) klug, gescheit; (*erg*) schlimm. ▼**—heid** Schlau/heit, P.keit, V.heit; K.heit *w.* ▼**—merd, —merik** S.kopf, -meier, -berger *m.* ▼**—migheid** S.heit, S.igkeit *w.*
slinger (*werptuig*) Schleuder *w;* (*v. uurwerk*) Pendel *s & m;* (*zwengel*) Schwengel *m,* (*v. bloemen enz.*) Girlande *w,* Gewinde *s.* ▼**—aap** Wickelschwanz *m.* ▼**—bal** Schleuderball *m.* ▼**—beweging** Pendelbewegung, schwingende Bewegung. ▼**—en I** *on.w* (*zwaaien*) schwingen; (*als slinger heen en weer*) pendeln; (*bungelen*) baumeln, (*met benen, ook*) schlenkern; (*schommelen*) schaukeln, (*v. schepen om lengteas ook*) schwanken, schlingern; (*v. wagen om lengteas*) schlingern, schaukeln; (*auto, trein enz.*) schleudern; (*de auto*) *raakte aan 't —,* geriet ins Schleudern; (*als dronkaard*) schwanken, taumeln; (*overal in 't rond liggen*) herumliegen; (*v. beekje, pad enz.: kronkelen*) s. schlängeln, s. winden. **II** *ov.w* (*gooien*) schleudern; (*als slinger winden om*) winden, schlingen; (*zwaaien*) schwingen; (*honing, melk, de banvloek*) schleudern; *z. —,* (*kronkelen*) s. winden, (*v. beekje, pad, vooral*) s. schlängeln; *z. in 't zadel —,* s. in den Sattel schwingen. ▼**—honing** Schleuderhonig *m.* ▼**—ing** Schwingung; Schwankung *w;* Schlingern; Schleudern *s;* Schlängelung, Windung *w.* ▼**—pad** Schlängelpfad, gewundener Pfad. ▼**—plant** Schlingpflanze *w.* ▼**—proef** Pendelversuch *m.* ▼**—punt** Schwingungspunkt *m.* ▼**—tijd** Schwingungsdauer *w.* ▼**—uurwerk** Pendeluhr *w* ▼**—wijdte** Schwingungsweite *w.*
slinken abnehmen, schwinden; (*inkrimpen, ook fig.*) ein-, zusammenschrumpfen; (*de groenten*) *— bij 't koken,* kochen ein; (*wat gezwollen is*) dünner werden.
slinks listig, trügerisch, falsch; *—e streek,* (*boosaardig*) Tücke *w; —e wegen,* Schleichwege.
slip (*punt*) Zipfel *m;* (*v. jas*) Schoß *m;* (*broekje*) Slip *m;* (*strookje*) Zettel *m,* (*bank-, beursterm*) Slip *m; in een — raken,* (*v. auto*) ins Schleudern geraten. ▼**—cursus** Schleuderkurs *m.* ▼**—gevaar** Schleuder-, Rutschgefahr *w.* ▼**—jacht** Schleppjagd *w.* ▼**—-over** Westover *m.* ▼**—pedrager** Schleppenträger *m.* ▼**—pen** (*uitglijden*) ausrutschen, ausgleiten; (*auto enz.*) gleiten, rutschen, (*en gaan slingeren*) schleudern; (*ongemerkt ergens doorheen komen*) schlüpfen; (*het anker*) *slipt,* schlippt; (*iets*) *laten —,* fahren lassen; (*een goede gelegenheid*) *laten —,* entschlüpfen lassen. ▼**—pertje**: *'n — maken,* e.n Extraweg machen, (*buiten de schreef*) e.n Seitensprung, (*snoepreisje*) eine Spritzfahrt, e.n Abstecher machen. ▼**—school** Schleuderschule *w.*
slissen lispeln.
slob/beren (*hoorbaar eten, drinken*) schlabbern, schlappern, schlürfen; (*flodderen v. kleren*) schlottern. ▼**—berbroek** Schlotterhose *w.* ▼**—broek(je)** Strampelhose *w,* -höschen *s.* ▼**—eend** Löffelente *w.* ▼**—kous** Gamasche *w.* ▼**—pakje** Strampler, Strampelanzug *m.*
slodder (*vrouw*) Schlampe, Schlumpe *w;* (*man*) Schlamp, Schlumper *m.* ▼**—ig** schlotterig; (*slonzig*) schlampig. ▼**—vos** *zie* **slodder**.
sloeber Lump, Schuft *m; arme —,* armer Schlucker; (*brij, modder*) Matsch, Schlamm *m.*
sloep Schaluppe *w;* (*op schip*) Boot *s.* ▼**—endek** Bootsdeck *s.*
sloerie Schlampe, Schlumpe *w.*
slof (*pantoffel*) Schlappen *m,* (*zonder achterstuk*) Latsche *w;* (*briket*) Brikett *s;* (*sigaretten*) Stange *w; op z'n —fen,* (*op z'n gemak*) in aller Gemütlichkeit, ganz gemächlich. ▼**—fen** latschen, schlurfen; *iets laten —,* (*fig.*) eine Sache unerledigt lassen.
slogan Schlagwort *s,* Slogan *m.*
slöjd Werkunterricht *m,* Werken *s.*
slok Schluck *m; een flinke —,* ein herzhafter S. ▼**—darm** Speiseröhre *w* (*vooral bovenstuk*) Schlund *m.* ▼**—ken** schlucken, (*gulzig*) schlingen. ▼**—ker(d)** Schlucker *m; ook =* **—op** Vielfraß, Fresser *m.*
slon/s Schlampe *w.* ▼**—zig** schlampig; *—e boel,* schlampige Wirtschaft, Schlamperei *w.*
sloof (*voorschoot*) Schürze *w;* (*vrouw*) abgerackerte Frau, Arbeitstier *s,* (*naïef*) einfältige Person.
sloom träge; *slome duikelaar,* (*sufferd*) Döskopf *m,* (*sul*) Pinsel *m,* (*rare Chinees*) närrischer Kauz. ▼**—heid** Trägheit *w.*
sloop 1 (*v. kussen*) Überzug, Bezug *m;* **2** (*het slopen*) Abbruch *m;* (*v. machines*) Demontage *w; voor de —* (*verkopen*), auf A., (*v. schip*) zum Abwracken.
sloot Graben *m.* ▼**—kant** G.rand *m.* ▼**—water** G.wasser *s.*
slop Winkelgasse *w,* (*doodlopend*) Sackgasse *w; in een — raken,* (*fig.*) in eine Sackgasse geraten.
slop/en (*schip, auto*) abbrechen, zerlegen, (*en tot schroot maken*) abwracken, verschrotten; (*huis*) abbrechen, niederreißen; (*vesting*) schleifen; (*gezondheid, krachten, zenuwen*) aufreiben. ▼**—er** Abbrecher, Abbruchsarbeiter; (*v. auto, fam.*)

Autoschlächter *m.* ▾**—erij** Abbruchwerft *w*, (*v. auto's*) Autoverwertung *w*; (*v. schepen*) Abwrackunternehmen *s.* ▾**—ing** Abbruch *m*, Niederreißung, Abwrackung, Verschrottung, Schleifung *w*; *zie* **slopen**.
slordig nachlässig; (*onordelijk*) unordentlich; (*vuil*) schlampig. ▾**—heid** N.keit; U.keit; Schlampigkeit *w*.
slorpen schlürfen.
slot (*kasteel*; *sluitinrichting*, *ook v. geweer enz.*) Schloß *s*; (*aan kerkboek*, *collier*, *riem enz.*) Schließe *w*; (*in klooster*) Klausur *w*; (*einde*) Schluß, Ende *s*; *batig*, *nadelig —*, Gewinn-, Verlustsaldo *m*; *achter — en grendel*, hinter Schloß und Riegel; *achter — (houden)*, unter Verschluß, verschlossen; (*iem.*) *achter — zetten*, einsperren; *op — doen*, (ver-, ab-)schließen; *op —*, verschlossen; *per — (van rekening)*, *ten —te*, schließlich, am Ende, letzten Endes, zu guter Letzt; *ten —te*, *tot —*, zum Schluß, schließlich; (*iem.*) *een — op de mond (leggen)*, ein Schloß vor den Mund. ▾**—akkoord** Schluß/akkord *m.* ▾**—balans** S.bilanz *w.* ▾**—communiqué** (Ab)schlußkommunique *s.* ▾**—dividend** S.dividende *w.* ▾**—enmaker** Schlosser *m.* ▾**—gebed** Schlußgebet *s.* ▾**—gracht** Schloßgraben *m.* ▾**—koers** Schluß/kurs *m.* ▾**—notering** S.notierung *w.* ▾**—som** (*einduitkomst*) Ergebnis, Resultat *s*; (*gevolgtrekking*) S.folgerung *w*, Schluß *m.* ▾**—voogd** Schloßvogt *m.*
slov/en s. abrackern, s. abmühen. ▾**—er** jemand der s. abrackert, s. abmüht.
Slow/aak Slowake *m.* ▾**—aaks** slowakisch. ▾**—akije** die Slowakei.
sluier Schleier *m*; *de — aannemen*, den S. nehmen. ▾**—effect** (*rad.*) Schwund(effekt) *m.* ▾**—en** verschleiern, (*fot.*, *ook*) schleiern.
sluik (*v. haar*) schlicht. ▾**—handel** Schleich-, Schwarzhandel *m.* ▾**—harig** schlichthaarig. ▾**—reclame** Schleichwerbung *w*.
sluimer Schlummer *m.* ▾**—en** schlummern. ▾**—ing** Schlummer *m.* ▾**—rol** S.rolle *w*.
sluip/en (s.) schleichen; (*glippen*) schlüpfen; (*de dief*) *sloop het huis in*, schlich s. ins Haus; *hij sloop de deur uit*, er schlich s. zur Tür hinaus; *er is een abuis in de rekening geslopen*, es hat s. ein Fehler in die Rechnung eingeschlichen. ▾**—jacht** Pirsch, Birsch, Schleichjagd *w.* ▾**—moord** Meuchel/mord *m.* ▾**—moordenaar** M.mörder *m.* ▾**—schutter** Heckenschütze *m.* ▾**—weg** Schleichweg *m.* ▾**—wesp** Schlupfwespe *w*.
sluis Schleuse *w.* ▾**—deur** Schleusen/tor *s.* ▾**—geld** S.gebühr *w*, S.geld *s.* ▾**—kolk** S.kammer *w.* ▾**—wachter** S.wärter *m.* ▾**—werken** S.werk *s*.
sluit/baar (ver)schließbar. ▾**—balk** Schlußbalken *m.* ▾**—boom** Sperr-, Schlagbaum *m*; (*spoorw.*, *ook*) Schranke *w.* ▾**—dop** (*met schroefdraad*) Verschluß/kappe *w*, (*deksel*) V.deckel *m.* ▾**—en I** *ww* schließen; (*op slot doen*) (ver-, ab-, zu)schließen; (*haven*, *weg*, *de grenzen voor in- en uitvoer enz.*) sperren; (*de ogen*) *— voor*, (*fig.*) verschließen vor [3]; (*vergadering*, *discussie*, *brief*) schließen, beenden; (*de boeken*) *—*, (*hand.*) abschließen; (*contract*, *huwelijk*, *overeenkomst*, *verbond*, *vrede*, *vriendschap*) schließen; (*contract*, *koop*, *lening*, *verdrag*, *verzekering*, *wapenstilstand*) abschließen; (*de winst- en verliesrekening*) *sluit met ...* schließt ab mit ...; (*de balans*) *sluit niet*, stimmt nicht; (*dat*) *sluit als een bus*, klappt; *zie* **gesloten**. **II** *zn*: *bij 't — v.d. beurs*, beim Börsenschluß; *'t — v. 't contract*, der Vertragsabschluß *m*; *het — v.d. vrede*, der Friedens(ab)schluß. ▾**—end** schließend; (*de balans*) *— maken*, ausgleichen, abschließen; *nauw —e kleren*, eng anliegende Kleider. ▾**—er** Schließer *m*; (*v. fototoestel*) Verschluß *m.* ▾**—haak** Schließhaken *m.* ▾**—ing** Schließung *w*; (*einde*) Schluß *m*, Beendigung *w*; (*afsluiting*, *slot*) Verschluß *m*; (*aan ceintuur*) Schließe *w*; *— v.d. grenzen*, Grenzsperre *w*; *— v.d. inschrijving*, Meldeschluß *m.* ▾**—ingsdag** Schlußtag *m.* ▾**—ingsplechtigheid** Schlußfeier *w.* ▾**—ingsuur** Polizei-, Sperrstunde *w*; (*v. winkels*) Ladenschlußzeit *w.* ▾**—kool** Kopfkohl *m.* ▾**—laken** Leibwickel *m.* ▾**—rede** Schluß *m.* ▾**—ring** Schließring, Verschlußring *m.* ▾**—schroef** Verschlußschraube *w.* ▾**—speld** Sicherheitsnadel *w.* ▾**—spier** Schließmuskel *m.* ▾**—steen** Schluß-, Verschlußstein *m.* ▾**—stuk** Verschluß *m.* ▾**—veer** Schließfeder *w.* ▾**—zegel** Verschlußmarke *w*.
slungel Schlingel *m*; *lange —*, Schlaks *m.* ▾**—achtig** schlingelhaft; schlaksig. ▾**—en** schlendern, herumlungern; (*v. armen enz.*) schlenkern. ▾**—ig** *zie* **—achtig**.
slurf (*v. dier*) Rüssel *m*; (*aviobrug*) Fluggastbrücke *w*.
slurpen schlürfen.
sluw schlau, verschlagen, listig. ▾**—heid** Schlauheit, Verschlagenheit *w*.
smaad Schmach *m*, Schmähung *w.* ▾**—schrift** Schmähschrift *w*.
smaak Geschmack *m*; (*mode*) Mode *w*; *met — (eten)*, mit Appetit; *langzamerhand begon hij er de — v. beet te krijgen*, allmählich fand er G. an der Sache; *hij heeft er de — al lang v. te pakken*, er ist schon lange auf den G. gekommen; *geen — in iets kunnen vinden*, keinen G. an etwas [3] finden können, e.r Sache keinen G. abgewinnen können; *in de — vallen*, Beifall finden; (*vele toneelstukken*) *vallen bij het publiek niet in de —*, (*ook*) entsprechen dem G. des Publikums nicht; *met — (gekleed)*, mit G., g.voll; *naar de laatste — (gekleed gaan)*, nach der neuesten Mode; *over — valt niet te twisten*, über den G. läßt s. nicht streiten; *smaken verschillen*, die Geschmäcke (*fam.*: Geschmäcker) sind verschieden; (*dat is*) *een kwestie v. —*, Geschmack/sache; *zonder —*, g.los; *ieder zijn —*, jeder nach seinem G. ▾**—je** (Bei)Geschmack *m.* ▾**—loos** g.los. ▾**—vol** g.voll. ▾**—zin** G.ssinn *m*.
smachten schmachten; (*vurig verlangen*, *ook*) s. sehnen; *—d verlangen*, sehnsüchtiges Verlangen.
smad/elijk schmählich; *— lachje*, höhnisches Lächeln. ▾**—en** schmähen.
smak (*plof*) Schlag, Stoß *m*.
smak/elijk appetitlich, schmackhaft; *— eten!*, Mahlzeit!, wünsche wohl zu speisen!; *— (lachen)*, herzlich; *— (vertellen)*, unterhaltend. ▾**—eloos** geschmacklos, (*ongunstiger*) abgeschmackt. ▾**—eloosheid** G.igkeit; Abgeschmacktheit *w.* ▾**—en** schmecken; *smaakt 't u?*, schmeckt es Ihnen?; *'t begint hem weer te —*, er bekommt wieder Appetit; *de genoegens v.h. leven —*, die Freuden des Lebens genießen.
smakken stürzen, mit e.m harten Schlag fallen; (*werpen*) schmettern, schmeißen; (*hoorbaar eten*) schmatzen.
smal schmal; *Holland op z'n —st*, Holland wo es am schmalsten ist, (*fig.*) das kleinliche H. ▾**—deel** Geschwader *s*.
smalen schmälen (auf [4]), verächtlich reden [von, über]; *—d*, verächtlich, höhnisch.
smal/film Schmal/film *m.* ▾**—letjes** schmal. ▾**—spoor** S.spur *w.* ▾**—te** S.heit.
smaragd Smaragd *m.* ▾**—en** smaragden, Smaragd ... ▾**—groen** smaragdgrün.
smart Schmerz *m*; (*leed*) Leid *s*; (*verdriet*)

Kummer *m*; *Man, Moeder van Smarten*, Schmerzensmann *m*, -mutter *w*; *gedeelde — is halve —*, geteiltes L. ist halbes L. ▾**—egeld** S.ensgeld *s*. ▾**—elijk** s.lich; (*lich. pijn veroorzakend*) s.haft. ▾**—elijkheid** S.lichkeit *w*. ▾**—en 1** s.en; **2** (*scheepst.: omwinden*) schmarten. ▾**—kreet** Schmerzensruf, -schrei *m*. ▾**—lap** Schnulze *w*, Schmachtfetzen *m*.

smash (*tennis*) Schmetterball *m*.

sme/den schmieden (*ook fig.*); (*een samenzwering*) —, anzetteln; *gesmeed ijzer*, Schmiedeeisen *s*. ▾**—derij** Schmiede *w*. ▾**smeed/baar** schmiedbar. ▾**—ijzer** Schmiede/eisen *s*. ▾**—werk** S.arbeit *w*.

smeek/bede Flehen *s*, flehentliche Bitte. ▾**—gebed** flehentliches, inbrünstiges Gebet *s*. ▾**—schrift** Bittschrift *w*.

smeer (*smeermiddel*; *zalf*; *kleverig, vuil*) Schmiere *w*; (*schoensmeer enz.*) Wichse *w*; (*dierlijk vet, kaarsvet*) Talg *m*, Unschlitt, Fett *s*; (*vuil*) Schmutz *m*; (*slaag*) Schmiere *w*, Jackenfett *s*, Prügel *Mz*; (*omkoopgeld*) Schmiergeld *s*. ▾**—boel** Schweinerei, schmutzige Wirtschaft *w*; (*v. schrijfwerk enz.*) Schmier/erei *w*. ▾**—der** S.er *m*. ▾**—inrichting** S.vorrichtung *w*. ▾**—kaars** Talglicht *s*. ▾**—kaas** S.käse *m*. ▾**—kanis**, **—kees** S.-, Schmutzfink *m*. ▾**—lap** S.lappen *m*; (*smeerpoes*) S.-, Schmutzfink *m*; (*gemeen iem.*) Schuft *m*, (*scheldw., ook scherts.*) Lump *m*. ▾**—lapperij** Schweinerei, Sauerei, Schmier/erei *w*. ▾**—middel** S.mittel *s*. ▾**—nippel** S.nippel *m*. ▾**—olie** S.öl *s*. ▾**—pijp** (*v. afvalwater*) Dreckleitung *w*. ▾**—poe(t)s** S.-, Schmutzfink *m*. ▾**—punt** S.stelle *w*. ▾**—sel** S.mittel *s*, S.salbe, S.e *w*. ▾**—worst** S.-, Streichwurst *w*. ▾**—wortel** Wallwurz *w*.

smek/eling Flehende(r), Bittende(r) *m*; (*v. verzoekschrift*) Bittsteller *m*. ▾**—en** flehen, bitten. ▾**—ing** *zie* **smeekbede**.

smelt/baar schmelz/bar. ▾**—en** s.en (*sterk*); (*doen smelten*) s.en (*zwak*); — *v. verlangen*, schmelzen von Sehnsucht; (*in tranen*) —, zerfließen; (*sneeuw*) *smelt in de zon*, (*ook*) zergeht in der Sonne; (*suiker*) *smelt* (*in water*), schmilzt, zergeht, löst s. auf; (*erts*) —, (*in hoogoven*) verhütten; *gesmolten boter*, (*ook*) Schmelzbutter *w*, zerlassene Butter; *het — v.d. sneeuw*, die Schneeschmelze. ▾**—erij** Schmelz/erei, S.hütte *w*, S.werk *s*. ▾**—ingswarmte** S.wärme *w*. ▾**—kroes** S.tiegel *m*. ▾**—oven** S.ofen *m*. ▾**—punt** S.punkt *m*. ▾**—water** S. wasser *s*. ▾**—zekering** S.sicherung *w*.

smeren schmieren; (*machinedelen, ook*) ölen; (*boterham, ook*) streichen; *'m —*, s. drücken, verduften, auskratzen; (*het gaat*) *gesmeerd*, wie geschmiert.

smerig schmutzig, schmierig; (*fig. vuil, vies*) schmutzig, (*zeer onfatsoenlijk*) unflätig, (*onzedelijk*) schlüpfrig; *— zaakje*, faule Geschichte, (*handel*) schmutziges Geschäft. ▾**—heid** Schmutzigkeit *w*.

smering Schmierung *w*.

smeris Putz, Polyp *m*.

smet Fleck(en) *m*; (*fig., ook*) Makel *m*; (*dit*) *werpt een — op zijn naam*, ist ein M. an seinem Namen; *v. vreemde —ten vrij*, von echtem Geblüt, (*ook*) unberührt von fremdem Geist. ▾**—stof** Ansteckungsstoff *m*. ▾**—teloos** fleckenlos, unbefleckt, makellos. ▾**—ten** flecken; (*vlekken krijgen, ook*) schmutzen.

smeuïg (*v. soep enz.*) seimig, sämig; — (*vertellen*), köstlich.

smeulen schwelen; (*gloeien onder de as, ook*) glimmen.

smid Schmied *m*. ▾**—se** Schmiede *w*. ▾**—shamer** Schmiedehammer *m*.

smiecht Schuft *m*.

smient Pfeifente *w*.

smijdig geschmeidig, biegsam.

smijten schmeißen; *met geld —*, das Geld zum Fenster hinauswerfen.

smikkelen schmausen, schnabulieren.

smoel (*mond*) Maul *s*, Schnauze *w*; (*gezicht*) Fratze, Schnauze *w*; *hou je —!*, halt's M.!, halt die Fresse; *leuk —tje*, niedliches Frätzchen.

smoes Ausrede, Ausflucht *w*; *allemaal —jes*, faule Fische, dumme Ausreden; *maak toch geen —jes!*, mach mir doch keine Flausen (vor)!

smoez/elen *zie* **—en**. ▾**—elig** schmuddelig, schmutzig. ▾**—en** tuscheln; (*veel, mooi praten*) schmusen.

smog Smog *w*.

smok/en schmauchen, qualmen. ▾**—er** Schmaucher, Raucher *m*. ▾**—erig** rauchig, qualmig.

smoking Smoking *m*.

smokkel Schmug/gel *m*. ▾**—aar** S.gler, Schleichhändler; Mogler *m*. ▾**—arij** S.geln *s*, S.gelei *w*. ▾**—en** s.geln, Schleichhandel treiben; (*bij spel*; *spieken*) mogeln. ▾**—handel** S.gel-, Schleichhandel *m*. ▾**—waar** S.gelware *w*.

smok/ken smoken. ▾**—werk** Smokarbeit *w*.

smook Schmauch, Qualm *m*.

smoor: **1** *de — in hebben*, böser Laune, gnitterich (gnittig), verärgert, vergnittert und verärgert sein; **2** *zie* **—lijk**. ▾**—dronken** schwerbetrunken, sternhagelvoll. ▾**—heet** erstickend heiß. ▾**—klep** Drosselklappe *w*, -ventil *s*. ▾**—lijk**: — (*verliefd*), sterblich. ▾**smoren** (*stikken, verstikken*) ersticken; (*motor toevoer v. benzine, gas enz.*) drosseln; (*spijzen*) schmoren, dämpfen

smous (*jood*) Mauschel *m*; *ook* = **smoushond** Schnauzer *m*; (*kleiner*) Affenpinscher *m*. ▾**—jassen** mauscheln, Mauscheln spielen.

smout Schmalz *s*; (*smoutwerk*) Akzidenz, Nebenarbeit *w*. ▾**—en** schmalzen. ▾**—werk** (*klein zetwerk*) Akzidenz(arbeit) *w*.

smuk Schmuck *m*. ▾**—ken** schmücken.

smul/len schmausen; (*fig.*) genießen; *v. iets* —, etwas g. ▾**—paap** Lecker-, Schleckermaul *s*, Schlemmer *m*. ▾**—partij** Schmaus *m*, Schlemmerei *w*.

smurrie Schlamm, Dreck *m*.

smyrnatapijt Smyrnateppich *m*.

snaaien (*gappen*) stibitzen, mausen; (*snoepen*) naschen.

snaak (*grappenmaker*) Spaßvogel, Possenreißer *m*; (*guit*) Schalk *m*; *rare —*, sonderbarer, schnurriger Kauz, seltener Vogel. ▾**—s** komisch, drollig, schnurrig; (*guitig*) schelmisch, schalkhaft.

snaar Saite *w*; (*om beweging v. wiel of as over te brengen*) Seil *s*; *een gevoelige — aanraken*, eine empfindliche Saite berühren. ▾**—instrument** Saiteninstrument *s*.

snackbar (Schnell)imbißstube, Snackbar, Schnellgaststätte *w*.

snakken (*verlangen*) s. sehnen (nach); (*naar een koele dronk*) —, schmachten; *naar adem, naar lucht —*, nach Atem ringen, nach Luft schnappen.

snap/pen (*pakken*) schnappen, erwischen; (*betrappen, ook*) ertappen; (*begrijpen*) kapieren; (*babbelen*) plappern, schwatzen; *gesnapt?*, kapiert?; *ik snap er niets v.*, ich verstehe es gar nicht. ▾**—shot** Schnappschuß *m*.

snarenspel Saitenspiel *s*.

snars: *geen —*, nicht die Bohne, kein bißchen.

snater Maul *s*, Schnabel *m*; *hou je —*, halt die Klappe; *zij roert haar —*, ihr Mundwerk steht nicht still. ▾**—en** schnattern; (*fig., ook*)

schwatzen, plappern.
snauw (An)Schnauzer *m*; *iem. 'n — geven*, e.n anschnauzen. ▾**—en** (an)schnauzen; *tegen iem. —*, e.n anschnauzen, anfahren. ▾**—erig** schnauzig, barsch.
snavel Schnabel *m*; (*neus*) Gurke *w*.
sneb(be) Schnabel *m*.
sned/e, snee Schnitt *m*; (*insnijding, cesuur*) Einschnitt *m*; (*schijf brood enz.*) Schnitte, Scheibe *w*; (*het scherp v. mes enz.*) Schneide, Schärfe *w*; (*litteken*) Schmiß *m*; *verguld op —*, mit Goldschnitt. ▾**—ig** gewandt; (*raak*) schlagend, treffend, (*scherts. raak*) witzig; (*juist op z'n plaats*) gut angebracht. ▾**—igheid** Gewandtheit; Schlagfertigkeit *w*; Witz *m*, Witzigkeit *w*.
sneer höhnische Bemerkung.
sneeuw Schnee *m*; *eeuwige —*, (*op hooggebergte, ook*) Firn *m*; *natte —*, (*vuiligheid*) Schlacke *w*; *— die aan de schoenen plakt*, Pappschnee; *opgewaaide —*, Schnee/wehe, S.verwehung *w*; *pas gevallen —*, Neuschnee; (*zijn vermogen*) *verdwijnt als — voor de zon*, schmilzt wie S. an der Sonne. ▾**—bal** S.ball *m*. ▾**—balbrief** Kettenbrief *m*. ▾**—baleffect** S.ballwirkung *w*. ▾**—band** Winterreifen *m*. ▾**—blazer** S.schleudermaschine *w*. ▾**—blind** s.blind. ▾**—bui** S.schauer *m*; *zie ook* **—jacht**. ▾**—en** schneien. ▾**—ig** schnee/ig. ▾**—jacht** S.gestöber *s*, (*hoog*) S.treiben *s*, (*laag*) S.fegen *s*. ▾**—ketting** S.kette, Gleitschutzkette *w*. ▾**—klokje** S.glöckchen *s*. ▾**—laag** S.schicht *w*. ▾**—ploeg** S.pflug *m*. ▾**—pop** S.mann *m*. ▾**—ruimer** (*pers.*) S.schipper, S.schaufler *m*; (*machine*) S.räumer *m*, S.räumgerät *s*. ▾**—schuiver** S.schieber *m*, S.schaufel *w*. ▾**—vlok** S.flocke *w*. ▾**—wit** s.weiß. ▾**Sneeuwwitje** S.wittchen *s*.
snel schnell, geschwind, rasch. ▾**—binder** Gepäckträgerspannband *s*. ▾**—blusser** Feuerlöscher *m*. ▾**—buffet** Schnell/büfett *s*; S.gaststätte *w*. ▾**—filter** S.filter *m*. ▾**—filtermaling** (*koffie*) Kaffeemehl *s*. ▾**—goed** Eilgut *s*. ▾**snelheid** Geschwindigkeit, Schnelligkeit; Fahrgeschwindigkeit *w*. ▾**—sbeperking**: *einde —*, das Ende der Geschwindigkeitsbegrenzung. ▾**—scontrole** Geschwindigkeits/kontrolle *w*. ▾**—smaniak** Raser *m*. ▾**—smeter** G.messer *m*, Tachometer *s*. ▾**—sovertreding** G.überschreitung *w*. ▾**snel/koker** Schnell/kocher *m*. ▾**—kookpan** S.kochtopf *m*. ▾**—len** eilen; *koppen —*, Köpfe jagen. ▾**—recht** S.gericht *s*. ▾**—schrift** Stenographie, Kurzschrift *w*; (*anders*) Schnell/schrift *w*. ▾**—tekenaar** S.zeichner *m*. ▾**—trein** S.zug *m*; (*zonder toeslag*) Eilzug *m*. ▾**—verband** S.verband *m*. ▾**—verkeer** S.verkehr *m*. ▾**—vuurgeschut** S.feuergeschütz *s*. ▾**—wandelen** Wettgehen *s*. ▾**—weg** S.weg *m*, S.straße *w*; (*autosnelweg*) Autobahn *w*; (*over grote afstand, ook*) Fernstraße *w*. ▾**—weger** S.waage *w*.
snep Schnepfe *w*.
snerpen schneiden.
snert Erbsensuppe *w*; (*bocht*) Zeug *s*; (*rommel*) Schund *m*; (*larie*) dummes Zeug. ▾**—boel** heillose Wirtschaft. ▾**—kerel** Jammerlappen *m*. ▾**—krant** Wurstblatt *s*.
sneu unangenehm; (*teleurgesteld*) enttäuscht.
sneuvelen fallen.
snibbig schnippisch. ▾**—heid** schnippische Art, schnippisches Wesen.
snij/bank Schneidebank; Schnitzelbank *w*. ▾**—beitel** Schneidstichel *m*. ▾**—biet** Mangold *m*. ▾**—bloem** Schnittblume *w*. ▾**—boon** Schneide-, Schnittbohne *w*; *rare —*, sonderbarer Kauz. ▾**—brander** Schneidbrenner *m*. ▾**—den** schneiden (*ook bij kaartsp.; in het verkeer*); (*beeldsnijden uit hout*) schnitzen; (*afzetten*) prellen, schinden; *het sneed mij door de ziel*, es schnitt mir in die Seele; *z. in de vinger —*, s. in den Finger schneiden; (*fig.*) s. die F. verbrennen. ▾**—ding** Schneiden *s*; (*meetk.*) Schnitt *m*. ▾**—kamer** Sektionssaal *m*. ▾**—kunst** (*houtsnijkunst*) Schnitzkunst *w*. ▾**—lijn** Schnittlinie *w*. ▾**—machine** Schneidemaschine *w*. ▾**—plank** Schneidebrett *s*. ▾**—punt** Schnittpunkt *m*. ▾**—tafel** Seziertisch *m*. ▾**—tand** Schneidezahn *m*. ▾**—vlak** Schneidefläche; (*meetk.*) Schnittfläche *w*. ▾**—waar** (*vlees*) Aufschnitt *m*. ▾**—werk** Schnitzarbeit *w*. ▾**—wond** Schnittwunde *w*.
snik 1 Schluchzer *m*; *de laatste — geven*, den letzten Hauch von s. geben; *in —ken uitbarsten*, laut aufschluchzen; **2**: *niet goed —*, übergeschnappt, nicht recht gescheit. ▾**—heet** erstickend heiß. ▾**—ken** schluchzen.
snip Schnepfe *w*. ▾**—pejacht** S.njagd *w*.
snipper Schnitzel *s*, Schnippel *m*, Schnipsel *s*. ▾**—dag** Wahlurlaubstag *m*; (*onbetaald*) freier Tag. ▾**—en** schnitzeln, schnippeln, schnippern. ▾**—koek** Schnitzelkuchen *m*. ▾**—mand** Papierkorb *m*. ▾**—uur(tje)** Mußestunde *w*, verlorene Augenblicke *Mz*.
snipverkouden: *— zijn*, e.n argen Schnupfen haben.
snit Schnitt, Fasson *m*.
snob Snob *m*. ▾**—isme** S.ismus *m*. ▾**—istisch** s.istisch.
snoei/en beschneiden; (*heg enz., ook*) stutzen: (*bomen: dunnen*) putzen. ▾**—er** Beschneider *m*. ▾**—mes** Baum-, Garten-, Beschneidemesser *s*. ▾**—schaar** Baum-, Heckenschere *w*. ▾**—tang** Ast-, Baumschere *w*.
snoek Hecht *m*. ▾**—baars** Zander *m*. ▾**—sprong** Hechtsprung *m*.
snoep Näscherei *w*, N.en, Süßigkeiten *Mz*. ▾**—achtig** naschhaft, genäschig. ▾**—en** naschen. ▾**—er** Näscher *m*. ▾**—erig** niedlich, reizend. ▾**—erij** Näscherei, Leckerei *w*. ▾**—goed** Naschwerk *s*, Leckereien, Süßigkeiten *Mz*. ▾**—je** Leckerei *w*, etwas Süßes. ▾**—lust** Naschlust *w*. ▾**—reisje** Vergnügungsreise, Spritztour, Spritzfahrt *w*. ▾**—ster** Näscherin *w*. ▾**—winkeltje** Nasch/kram *m*. ▾**—zucht** N.haftigkeit *w*.
snoer Schnur *w*. ▾**—en** schnüren; (*iem. de mond*) —, stopfen, verbieten.
snoes Liebling *m*, Püppchen, Herzchen *s*; *— v.e. kind*, (*ook*) allerliebstes Kind; *— v.e. jurk*, reizendes Kleid. ▾**—haan**: *rare —*, sonderbarer, wunderlicher Kauz; *vreemde —*, fremder Vogel.
snoet Schnauze *w*; (*gezicht, ook*) Fratze *w*; *aardig(e) —(je)*, niedliches Frätzchen.
snoe/ven prahlen, aufschneiden. ▾**—verij** Prahlerei, Aufschneiderei *w*.
snoezig reizend, niedlich.
snol Dirne *w*.
snood niederträchtig, verrucht. ▾**—aard** Bösewicht, Verruchte(r) *m*. ▾**—heid** Niederträchtigkeit, Verruchtheit *w*.
snor Schnurrbart *m*.
snorkel Schnorchel *m*.
snork/en schnarchen; (*snoeven*) prahlen, aufschneiden. ▾**—er** Schnarcher; Prahler, Aufschneider *m*.
snorrebaard Schnurrbart *m*.
snorren schnurren, (*meer: zoemen*) surren; (*v. pijl enz.*) schwirren.
snot Rotz *m*. ▾**—aap** R.junge, R.löffel *m*. ▾**—neus** R.nase *w*; *zie ook* **—aap**. ▾**—teren**

r.en; (*schreien*) flennen. ▾—**terig** r.ig.
snuffel/aar Schnüffler *m.* ▾—**en** schnüffeln, schnuppern; (*zoeken*) schnüffeln, stöbern; *altijd in de boeken zitten te —*, (*fam.*) schmökern. ▾—**paal** Luftverschmutzungsmeßstelle *w.*
snuf/fen schnüffeln; (*snuif*) schnupfen. ▾—**je** Neuheit *w*; (*klein beetje*) ein klein wenig; *nieuwste —*, letzte N., neueste Mode(sache), letzter Schrei.
snugger gescheit, klug. ▾—**heid** Klugheit, Gescheitheit *w.*
snuif Schnupf/tabak *m.* ▾—**doos** S.tabaksdose *w.* ▾—**je** Prise *w.*
snuisterij Nippsache *w*; *—en*, Nippsachen, Nippes *Mz*, Tand *m.*
snuit Schnauze *w*; (*v. olifant, zwijn, insekt*) Rüssel *m*; *zie ook* **snoet**. ▾—**en** schneuzen; *de neus —*, die Nase putzen, s. schneuzen. ▾—**er** (*voorwerp*) Schneuze, Lichtputzschere *w*; (*kerel*) Kerl *m*; *mooie —*, (*iron.*) sauberer, netter Bursche; *rare —*, sonderbarer Kauz; *vreemde —*, fremder Vogel.
snuiv/en schnauben; (*snuif gebruiken*) schnupfen. ▾—**er** (*v. snuif*) Schnupfer *m*; *ook* = —**ertoestel** Schnorchel(apparat) *m.*
snurken *zie* **snorken**.
sober (*matig*) mäßig; (*eenvoudig*) einfach, schlicht; (*karig*) dürftig, ärmlich. ▾—**heid** M.keit, D.keit, Ä.keit; E.heit, S.heit *w.*
sociaal sozial; Sozial...; *sociale lasten*, Sozialabgaben *Mz*; *minister v. sociale zaken*, Minister für soziale Angelegenheiten; *sociale instelling*, Wohlfahrts/einrichtung *w*, (*gebouw*) W.anstalt *w*; *sociale zorg*, W.pflege, Sozialfürsorge *w*; *sociale verzorging v.d. wieg tot aan het graf*, eine Sozialbetreuung, die den Bürger von der Wiege bis zur Bahre begleitet; *zie ook* **maatschappelijk**. ▾—-**charitatief** sozial/karitativ. ▾—-**democraat** S.demokrat, Sozi *m.* ▾—-**democratie** S.demokratie *w.* ▾—**democratisch** s.demokratisch. ▾**Sociaal-Economische Raad** Sozial- und Wirtschaftsrat *m.* ▾**sociaal-politiek** s.politisch. ▾**social/isatie** Sozial/isierung *w.* ▾—**iseren** s.isieren; (*door staat*) verstaatlichen. ▾—**isme** S.ismus *m.* ▾—**ist** S.ist *m.* ▾—**istisch** s.istisch.
sociëteit Klub *m*; *naar de —* (*gaan*), in den K.; (*v. officieren*) Kasino *s*; (*genootschap, ook*) Gesellschaft *w*; *de Sociëteit v. Jesus*, die G. Jesu.
society Gesellschaft *w*; die große, die vornehme Welt.
socio/graaf Sozio/graph *m.* ▾—**grafie** S.graphie *w.* ▾—**grafisch** s.graphisch. ▾—**logie** S.logie *w.* ▾—**loog** S.log(e) *m.* ▾—**logisch** s.logisch.
soda Soda *s & w.* ▾—**water** S.wasser *s.*
soebatten betteln.
Soedan Sudan *m.* ▾—**ees I** *zn* Sudaner, Sudanese *m.* **II** *bn* sudan(es)isch.
Soenda-eilanden Sundainseln *Mz.*
soep Suppe *w.* ▾—**balletje** Suppen/klößchen *s.* ▾—**blokje** S.tafel *w*, S.würfel *m.* ▾—**bord** S.teller *m.*
soepel geschmeidig, biegsam; (*fig.: meegaand*) gefügig, fügsam; (*toegevend*) nachgiebig; (*v. ruime opvatting getuigend*) weitherzig. ▾—**heid** Geschmeidigkeit, B.keit; Gefügigkeit; W.keit *w.*
soep/groente Suppen/gemüse, S.grün *s*; *gedroogde —*, S.dörrgemüse *s.* ▾—**jurk** Hängesack *m.* ▾—**lepel** S.löffel *m*; (*opscheplepel*) S.schöpflöffel m, S.kelle *w.*
soeps: *het is niet veel —*, es hat nicht viel auf sich.
soepterrine S.schüssel *w.*
soes 1 (*dommel*) Dusel *m*; **2** (*gebak*) Windbeutel *m.*
soesa (*drukte*) Trubel *m*; (*omslag*) Umstände *Mz*; (*moeite, last*) Mühe, Schererei *w.*
soeverein I *bn* souverän, selbstherrlich; *— gebied, recht*, Hoheitsgebiet, -recht *s.* **II** *zn* Souverän, Hoheitsträger, Oberherr *m.* ▾—**iteit** Souveränität, Oberherrschaft, Gebietshoheit *w.*
soez/en duseln; (*suffen*) dösen, träumen. ▾—**erig** duselig, dösig.
sof Pleite *w*; (*miskoop*) Fehlkauf *m.*
sofa Sofa *s.*
softbal Softball *m.*
softdrink Soft Drink *m.*
soft drug sanfte Droge, Soft drug *w.*
software Software *w.*
soja Soja *w.* ▾—**boon** S.bohne *w.*
sok Socke *w*; Herrenstrumpf *m*; (*v. paardepoot*) Socke *w*; (*verbindingsstuk v. buizen*) Muffe *w*; *de —ken erin zetten*, s. auf die Socken machen; *v.d. —ken, zie* **omver**; *v.d. —ken gaan*, in Ohnmacht fallen.
sokkel Sockel *m.*
sokkerig träge, langsam.
sokophouder Sockenhalter *m.*
solarium Solarium *s.*
soldaat Soldat *m*; (*iets*) *— maken*, alle machen; *een fles — maken*, e.r Flasche den Hals brechen; *—je spelen*, S.en spielen. ▾**soldaten/bende** S.enschar *w.* ▾—**kerkhof** S.en-, Kriegerfriedhof *m.* ▾—**muts** Feldmütze *w.* ▾**soldatesk** s.isch. ▾—**a** S.eska *w.*
soldeer Lot, Lötmittel *s*; (*v. tin*) Lötzinn *s*; *hard —*, Schlaglot; *zacht —*, Weichlot. ▾—**bout** Lötkolben *m.* ▾—**der** Löter *m.* ▾—**lamp** Löt/lampe *w.* ▾—**naad** L.naht *w.* ▾—**pijp** L.rohr *s.* ▾—**sel** *zie* **soldeer**. ▾**solderen** löten.
soldij Sold *m*, Löhnung *w.*
solemneel solenn, feierlich.
solfège Solfeggio *s.*
solfer Schwefel *m.*
solid/air solidar/isch. ▾—**ariteit** S.ität *w.* ▾—**ariteitsgevoel** S.itätsgefühl *s.*
solid/e solid; (*betrouwbaar*) zuverlässig, (*in zaken*) reell; *—* (*handels*)*firma*, solides Haus, (*solvent*) zahlungsfähige Firma. ▾—**iteit** Solidität *w.*
solist, —e Solist *m*, S.in *w.* ▾—**isch** s.isch.
solitair I *bn* solitär, einzeln lebend. **II** *zn* (*kluizenaar*) Einsiedler *m*; (*diamant*) Solitär *m*; (*dier*) Einzelgänger *m.*
sollen: *met iem. —*, (*heen en weer trekken*) e.n herumzerren, (*rondtollen*) s. mit e.m herumtollen, (*een loopje nemen*) e.n hänseln; *niet met z. laten —*, nicht mit s. spielen lassen.
sollicit/ant, —e Bewerber *m*, B.in *w.* ▾—**atie** (*naar*) Bewerbung *w* (um). ▾—**atiebrief** B.sschreiben *s.* ▾—**eren** (*naar*) s. b.en (um).
solo Solo *s.* ▾—**spel** S.spiel *s*, S.partie *w.* ▾—**vlucht** S.flug, Alleinflug *m.* ▾—**zang** S.gesang *m.* ▾—**zanger** S.sänger *m.*
solsleutel G-Schlüssel *m.*
solutie Klebstoff *m*, Gummilösung *w.*
sol/vabel solvent, zahlungsfähig. ▾—**vabiliteit** Solvenz, Z.keit *w.* ▾—**vent** *zie* —**vabel**.
som (*uitkomst v. optelling*) Summe *w*; (*rekenk. of wisk. opgave*) Aufgabe *w*, Exempel *s*; (*bedrag*) Summe *w*, Betrag *m*; *de proef op de — nemen*, die Probe aufs E. machen.
somatisch somatisch.
somber düster; (*fig.*) d.; (*dreigend, onheilspellend*) finster; (*droefgeestig, zwaarmoedig*) trübsinnig, schwermütig; *— (triest) weer*, trübes Wetter; (*dat*) *ziet er — uit*, sieht f. aus. ▾—**heid** D.heit; F.keit *w*; Trübsinn *m*, Schwermut *w.*
somma Summe *w.*
somm/atie Auffor/derung *w.* ▾—**eren** a.dern,

mahnen; vor Gericht laden, vorladen.
sommige einige, manche; (*'n zeker aantal*) gewisse.
soms, somtijds, somwijlen bisweilen, zuweilen, manchmal, mitunter, dann und wann; (*misschien*) vielleicht, etwa; (*heb jij het*) — (*gehoord*), etwa.
sonate Sonate *w.*
sond/e Sond/e *w.* ▾**—eren** s.ieren. ▾**—ering** S.ierung *w.*
sonnet Sonett *s.* ▾**—tenkrans** S.enkranz *m.*
sono/or sonor, klangvoll. ▾**—riteit** S.ität *w.*
Sont Sund *m.*
soort Art *w*; (*slag, ook*) Schlag *m*; (*categorie, groep v.e. indeling*) Gattung *w*; (*v. waren*) Sorte *w*; *enig in zijn —*, einzig in seiner A.; *allerlei —en v. mensen*, Leute aller A., allerhand Leute; *een raar — mensen*, ein sonderbarer Menschenschlag; *mensen v. zijn —*, Leute seines Schlages, seiner Art; (*ik ken*) *er meer v. dat —*, (*minacht.*) mehr von der Sorte; (*de verschillende*) *—en v. dieren*, Tiergattungen; *— zoekt —*, gleich und gleich gesellt s. gern. ▾**—elijk** spezifisch. ▾**—gelijk** derartig, ähnlich. ▾**—genoot** Gattungsgenosse *m.* ▾**—naam** Gattungsname *m.*
soos Klub *m*; *naar de —* (*gaan*), in den K.
sop Brühe *w*; (*zeepsop*) Seifenwasser *s*; *met hetzelfde — overgoten*, mit gleichem Wasser gewaschen; *in zijn eigen — laten gaar koken*, in seiner eigenen B. kochen lassen; *het ruime —*, die hohe, offene See; *in 't ruime —*, auf hoher See; *'t ruime — kiezen*, in See stechen; *het — is de kool niet waard*, die Sache hat nichts auf s. ▾**—pen** eintunken.
sopraan Sopran *m*; (*zangertje, ook*) S.ist *m*; (*zangeres*) S.sängerin, S.istin *w.*
sorbet Sorbett *m.*
sort/eerder Sortier/er *m.* ▾**—eermachine** S.maschine *w.* ▾**—eren** s.en; *effect —*, Erfolg zeitigen, Wirkung haben. ▾**—ering** S.ung *w*; *ook* = **—iment** Sortiment *s*, Auswahl *w.*
sortie Sortie *w.*
s.o.s./-bericht SOS-Ruf *m*; (*omroep via radio*) Suchmeldung *w.* ▾**—-hulpdienst voor mensen in nood** Seelsorgentelefon *s.*
sou: *geen —*, keinen Heller.
souche Souche *w.*
soufflé Auflauf *m.*
souffl/eren soufflieren, vorsagen, einhelfen. ▾**—eur** Souffleur, Vorsager, Einhelfer *m.* ▾**—eurshokje** S.kasten *m.*
soul (*muz.*) Soul *m.*
sound Sound *m.*
souper Souper, Abendessen *s.* ▾**—en** soupieren, zu Abend essen.
sous/bras Schweißblatt *s.* ▾**—chef** Unterchef *m.* ▾**—pied** Strippe *w*, Steg *m*; (*slobkous*) Gamasche *w.*
souteneur Zuhälter *m.*
souterrain Kellergeschoß, Souterrain *s.*
souvenir Andenken *s.*
sovjet I *zn* Sowjet *m.* **II** *bn* s.isch, S...
▾**S—-Rusland** S.rußland *s.* ▾**S—unie** S.union *w.*
spa Spaten *m*, Grabscheit *s.*
spaak Speiche *w*; (*hefboom*) Hebel *m*, (*scheepst.*) Spake *w*; *'n — in 't wiel steken*, (e.m) in die Speichen fallen; *— lopen*, schief gehen. ▾**—been** Speiche *w.* ▾**—wiel** Speichenrad *s.*
spaan Span *m*; *zie* **roei-**, **boter-**, **schuimspaan**. ▾**—der** Span *m.*
Spaans spanisch; *— groen*, Grünspan *m*; *—e griep, peper, ruiter, vlieg*: *letterlijk vertalen*; (*zij is*) *een —e*, eine Spanierin; *zie* **Duits**.
▾**—-Amerikaans** spanisch-amerikanisch.
spaar/bank Spar/kasse *w.* ▾**—bankboekje** S.(kassen)buch, Postsparbuch *s.* ▾**—bekken** Wasserbecken *s.* ▾**—brander** S.brenner *m.* ▾**—cent, —duitje, —geld** S.pfennig *m*, S.geld *s*, S.gelder *Mz.* ▾**—der** S.er *m.* ▾**—-en-crediet-instelling** S. und Kreditanstalt *w.* ▾**—fonds, —kas** S.kasse *w.* ▾**—pot** S.büchse *w*; *een — maken*, Geld auf die hohe Kante legen, etwas zurücklegen. ▾**—rekening** S.konto *s.* ▾**—tegoed** S.guthaben *s.* ▾**—varken** S.schwein *s.* ▾**—vlam** S.flamme *w.* ▾**—zaam** s.sam; *— met woorden*, s.sam mit Worten, wortkarg. ▾**—zaamheid** S.samkeit *w.* ▾**—zegel** S.marke *w.*
space-shuttle Raumfähre *w.*
spade *zie* **spa**.
spag(h)etti Spaghetti, Fadennudeln *Mz.*
spalk Schiene *w*; Sperrholz *s.* ▾**—en** (*bijv. bij armbreuk*) schienen; (*open doen staan*) sperren. ▾**—ing** Schienung *w.*
span 1 (*afstand tussen pink en duim*) Spanne *w*; **2** (*gespan, paarden enz.*) Gespann *s*; (*paar*) Paar *s.* ▾**—beton** Spannbeton *m.* ▾**—broek** enganliegende Hose. ▾**—doek** Spruchband; Transparent *s.*
spanen Span..., aus Spanholz.
spang Spange *w.*
spaniël Spaniel *m.*
Span/jaard Spanier *m.* ▾**—je** Spanien *s.*
spanjolet Espagnolette *w*, Drehriegel *m*, Fenstergestänge *s.*
span/kracht Spannkraft *w.* ▾**—ne**: *een — tijds*, eine (kurze) Spanne Zeit, eine (kurze) Zeitspanne. ▾**—nen** spannen; (*er heet toegaan*) scharf hergehen; *z. voor een zaak —*, s. für eine Sache einsetzen; *het zal erom —*, es wird schwer halten. ▾**—nend** spannend. ▾**—ner** Spanner *m.* ▾**—ning** Spannung *w*; (*afstand tussen twee steunpunten*) Spannweite *w*; *grote —*, (*fig.*) Hochspannung. ▾**—ningsmeter** Spannungs/messer *m.* ▾**—ningsverschil** S.unterschied *m.* ▾**—ningzoeker** S.anzeiger *m.* ▾**—raam** Spannrahmen *m.*
spant (*v. schip*) Spant *s*; (*dakbint*) Dachbinder *m*; (*kapwerk*) Dachstuhl *m*; (*dakspar*) Sparren *m.*
spanwijdte Spannweite *w.*
spar 1 (*boom*) Tanne *w*; *fijne —*, Fichte *w*; *grote —*, Kiefer, Föhre *w*; *witte —*, Weißfichte *w*; **2** (*v. dak*) Sparren *m.* ▾**—appel** Tannenzapfen *m.*
sparen sparen; (*be-, opsparen, sparende verkrijgen*) ersparen; (*ontzien*) schonen; *iets uit zijn mond —*, s. etwas vom (am) Munde absparen, am (vom) Munde abdarben; *iem. iets —*, e.m etwas e.; *spaar me die verhalen maar*, verschone mich nur mit den Geschichten.
sparre/boom *zie* **spar**. ▾**—groen** Tannengrün *s.*
Spar/ta Sparta *s.* ▾**—taans** spartanisch.
spartelen zappeln.
spastisch spastisch.
spat Spritzen, Fleck *m*; (*v. inkt*) Klecks *m*; (*paardeziekte*) Spat *m*; (*aderspat*) Aderknoten *m*; *geen — !*, gar nichts. ▾**—ader** Krampfader *w.* ▾**—bord** (*v. auto*) Kotflügel *m*; (*v. fiets*) Schutzblech *s.*
spatel Spatel *m.*
spat/ie (Zwischen)Raum *m*; (*typ.*) Spatium *s.* ▾**—iëren** sperren, spatiieren, spationieren. ▾**—iëring** Sperrdruck *m*, Sperrung *w.*
spat/lap Spritzleder *s*; (*v. fiets*) Schmutzfänger *m.* ▾**—scherm** Schmutz-, Kotfänger *m*; *zie ook* **—bord**. ▾**—ten** spritzen; (*vonken*) sprühen; *uit elkaar —*, auseinanderplatzen. ▾**—werk** Spritzarbeit *w*, -bild *s.*
spe: *in —*, in spe, in Zukunft.

specerij Gewürz *s.* ▾—**en** Spezereien, Gewürzwaren, Gewürze *Mz.*
specht Specht *m*; *bonte* —, Buntspecht.
speci/aal speziell, besonders; Spezial..., Sonder...; (*afzonderlijk*) Einzel...; *speciale aanbieding*, Sonder-, (*lage prijs*) Vorzugsangebot *s*; *speciale commissie*, Sonderausschuß *m*; — *geval*, Spezial-, Sonder-, Einzelfall *m*; — *nummer*, Sondernummer *w*; *speciale positie*, Sonderstellung *w*; *speciale prijs*, Vorzugspreis *m*; *speciale studie*, Spezialstudium *s*; — *vak*, Spezialfach *s*; *speciale vriend*, spezieller Freund, Spezial(freund), Spezi *m*; *speciale wensen*, spezielle Wünsche; *speciale zaak*, Spezial-, Fachgeschäft *s.* ▾—**alisatie** Spezial/isierung *w.* ▾—**aliseren** s.isieren. ▾—**alist** S.ist *m*; (*med., ook*) Facharzt *m*; (*op ander gebied, ook*) Fachmann *m.* ▾—**aliteit** S.ität; *zie ook* —**alist**.
specie (*metselkalk*) Mörtel *m*; (*baar geld*) bares Geld, Bargeld *s*; (*gemunt geld*) Münze *w*; (*geldsoort*) Geld-, Münzsorte *w*; (*metaalmengsel, spijs*) Metall *s*, Speise *w.* ▾—**briefje** Geldsortenzettel *m.* ▾—**voorraad** Barvorrat *m.*
speci/ficatie Spezifizierung *w*; (*de staat zelf*) Aufstellung *w.* ▾—**ficeren** spezifizieren, einzeln aufzählen; *gespecificeerde* (*rekening*), spezifizierte, detaillierte. ▾—**fiek** spezifisch.
specimen Muster *s*, Probe *w.*
spectaculair spektakulär.
spectraal Spektral... ▾—**analyse** S.analyse *w.* ▾**spect/roscoop** Spektroskop *s.* ▾—**rum** Spektrum *s.*
speculaas Spekulatius *m.*
specul/ant Spekul/ant *w.* ▾—**atie** S.ation *w*; — *à la baisse, à la hausse*, Baisse-, Hausse-s.ation; *koop op* —, Kauf auf S.ation, S.ationskauf *m.* ▾—**atief** s.ativ. ▾—**atiewinst** S.ationsgewinn *m.* ▾—**eren** (*op*) s.ieren (auf [4]); *à la baisse, à la hausse* —, auf Sinken, auf Steigen s.
speech Speech *m*, Rede, Ansprache *w.* ▾—**en** eine R., eine A. halten.
speed/boat Rennboot *s.* ▾—**way-race** Speedwayrennen *s.*
speeksel Speichel *m.* ▾—**klier** S.drüse *w.*
speel/bal Spiel/ball *m.* ▾—**bank** S.bank *w.* ▾—**bord** S.brett *s.* ▾—**doos** S.dose *w.* ▾—**film** S.film *m.* ▾—**genoot** S.genosse, S.kamerad, Gespiele *m.* ▾—**genote** Gespielin *w.* ▾—**goed** S.zeug *s*, S.sachen *Mz*; (*als handelsart.*) S.waren *Mz.* ▾—**goedtrein** S.zeugeisenbahn *w.* ▾—**goedwinkel** S.warengeschäft *s.* ▾—**helft** Halbzeit *w.* ▾—**hol** S.hölle *w.* ▾—**kaart** S.karte *w.* ▾—**kameraad** S.kamerad *m.* ▾—**kwartiertje** Erholungspause *w.* ▾—**plaats** S.platz; Schulhof *m.* ▾—**ruimte** S.raum *m.* ▾—**s** s.erisch; (*dartel*) munter, ausgelassen, mutwillig. ▾—**schuld** S.schuld *w.* ▾—**sheid** s.erische Art. ▾—**tafel** S.tisch *m.* ▾—**terrein** S.platz *m.* ▾—**tuin** S.platz, S.garten *m.* ▾—**weide** S.wiese *w.* ▾—**wijze** S.art *w.* ▾—**ziek** s.süchtig.
speen (*v. dier*) Zitze *w*; (*voor kinderen*) Schnuller, Lutscher *m*, (*op zuigfles*) Gummisauger *m.* ▾—**kruid** Feigwurz *w.* ▾—**varken** Spanferkel *s.*
speer Speer *m*; (*bloeiwijze*) Spirre *w.* ▾—**punt** Speer/spitze *w.* ▾—**werpen** S.wurf *m.*
spek Speck *m*; *met* — *schieten*, mit dem großen Messer aufschneiden; *er voor* — *en bonen bijzitten, zie* **evenveel**; (*dat is*) *geen* —*je voor jouw bekje*, nichts für deinen Schnabel. ▾—**blokje** S.würfel *m.* ▾—**buik** S.wanst *m.* ▾—**jood** Schweinefleischjude *m.* ▾—**ken** spicken. ▾—**laag** S.schicht *m.* ▾—**nek** S.nacken *m.* ▾—**pannekoek** S.pfannkuchen *m.* ▾—**slager** Schweineschlächter *m.* ▾—**slagerij** Schweineschlächterei *w.* ▾—**steen** Speckstein *m.* ▾—**struif** *zie* — **pannekoek**.
spektakel Spektakel, Lärm *m*; — *maken*, S., L. machen, spektakeln. ▾—**maker** Lärmer *m.* ▾—**stuk** S.stück *s.*
spek/vet Speck/fett *s.* ▾—**zool** Kreppsohle *w.* ▾—**zwoerd** S.schwarte *w.*
spel Spiel *s*; (*tent*) Bude *w*; *buiten* —, (*voetb.*) abseits; *buiten* — (*laten*), aus dem S.; *op 't* — *zetten*, aufs S. setzen, in die Schanze schlagen, einsetzen; *zijn leven op 't* — *zetten*, (*ook*) seine Haut zu Markte tragen; *vrij* — (*hebben*), freies S., freie Hand. ▾—**breker** S.verderber *m.*
speld Stecknadel *w*; *er is geen* — *tussen te krijgen*, es ist nichts dagegen einzuwenden, (*hij praat al maar door*) er läßt niemand zu Worte kommen; *men kon een* — *horen vallen*, es war mäuschenstill. ▾—**eknop** S.kopf *m*; *zo groot als een* —, s.kopfgroß. ▾—**en** mit S.n, mit e.r S.befestigen, feststecken. ▾—**enkussen** S.kissen *s.* ▾—**eprik** Nadelstich *m.* ▾—**je** (*insigne*) Abzeichen *s*; (*broche*) Brosche, Vorstecknadel *w*; (*op revers*) Anstecknadel *w.*
spelen spielen; *voor komiek* —, den Komiker spielen, machen; *hij speelt 't wel klaar*, er bringt's schon fertig, er wird es schon schaffen, schon deichseln; (*alles*) *speelde me door 't hoofd*, ging mir im Kopfe herum. ▾—**derwijs** spielend.
speleo/logie Speläo/logie *w.* ▾—**loog** S.loge *m.*
spel/er Spieler *m.* ▾—**evaren** eine Kahnfahrt machen.
spelfout Rechtschreibungsfehler *m*, orthographischer Fehler.
speling Spiel *s*; (*speelruimte*) S.raum *m*, (*tech.*) S. *s.*
spel/leider Spiel/leiter *m.* ▾—**leiding** S.leitung *w.*
spel/len buchstabier/en. ▾—**ling** Rechtschreibung, Orthographie *w*; (*het spellen*) B.en *s.* ▾—**methode** B.methode *w.*
spelonk Spelunke *w.*
spelregel 1 Spielregel *w*; **2** (*spellingsregel*) orthographische Regel.
spelt Dinkel, Spelz *m.*
spencer Spenzer *m.*
spenderen ausgeben; (*aan, voor anderen uitgeven*) spendieren; (*veel geld*) *aan iets* —, für etwas ausgeben, auf etwas (4) verwenden.
spenen (*v.d. borst afnemen*) entwöhnen; (*dier, ook*) absetzen, abspänen; *v. iets gespeend* (*zijn*), (*fig.*) von etwas entblößt; *v. humor gespeend*, ohne Humor.
sper/ballon Sperr/ballon *m.* ▾—**dam** (*v. stuwmeer*) S.mauer *w.*
sperma Sperma *s.*
sper/ren (ab-, ver-)sperren; (*openspannen*) aufsperren. ▾—**tijd** Sperr/zeit *w.* ▾—**vuur** S.feuer *s.*
sperwer Sperber *m.*
sperzieboon Prinzeß-, Salatbohne *w.*
spett(er)en spritzen, spritzeln; (*in de pan*) brutzeln; (*kaars*) knistern.
speur/der Spürer; Geheimpolizist, Detektiv *m.* ▾—**en** spüren; (*lucht v. iets krijgen, ruiken*) wittern; (*bespeuren*) verspüren. ▾—**hond** Spür/hund *m.* ▾—**neus** S.nase *w.* ▾—**zin** S.sinn *m.*
spichtig schmächtig. ▾—**heid** S.keit *w.*
spie (*wig*) Keil *m*; (*bout*) Bolzen *m*; (*pin*) Pflock *m*, (*metaal*) Nagel *m*; (*geer*) Gehre *w*; (*cent*) Cent *m*; (*geld*) Moos *s*, Moneten *Mz.*
spieden spähen.
spieën keilen.
spiegel Spiegel *m*; (*v. schip, ook*) (plattes)

Heck *s.* ▾—**beeld** S.bild *s.* ▾—**blank** s.blank. ▾—**ei** S.ei *s.* ▾—**en** s.n; *z. in de ruiten, aan een ander* —, s. in den Fensterscheiben, an e.m andern spiegeln; *wie z. aan een ander spiegelt, spiegelt z. zacht*, andrer Fehler sind gute Lehrer. ▾—**gevecht** S. fechten *s*, -fechterei *w.* ▾—**glad** spiegelglatt. ▾—**glas** S.glas *s.* ▾—**ing** S.ung *w.* ▾—**kast** S.schrank *m.* ▾—**reflexcamera** S.reflexkamera *w.* ▾—**ruit** S.scheibe *w.* ▾—**schrift** S.schrift *w.*
spiek/en spick/en. ▾—**papiertje** S.zettel *m.*
spier Muskel *m*; (*halm*) Halm *m*; (*rondhout*) Spiere *w*; *geen* — (*v. zijn gezicht*) *vertrekken*, keine Miene verziehen, (*niet knipogen*) nicht mit der Wimper zucken, (*lett.*) mit keinem Muskel zucken. ▾—**bundel** M.bündel *s.*
spiering Stint *m*; (*mager iem.*) Hering *m*; *een — uitgooien om een kabeljauw te vangen*, mit der Wurst nach der Speckseite werfen.
spier/kracht Muskel/kraft *w.* ▾—**kramp** M.krampf *m.* ▾—**naakt** splitternackt, fasernackt. ▾—**pijn** M.schmerzen *Mz.* ▾—**weefsel** M.gewebe *s.*
Spiers Speyer.
spier/verrekking Muskelzerrung *w.* ▾—**wit** schneeweiß; (*haren, ook*) schlohweiß; (*doodsbleek*) totenblaß.
spies, spiets Spieß *m.* ▾**spietsen** (an)spießen.
spieverbinding Keilverbindung *w.*
spijbel/aar Schwän/zer *m.* ▾—**en** die Schule s.zen.
spijker Nagel *m*; —*s op laag water zoeken*, kritteln, mäkeln; *de — op de kop slaan*, den N. auf den Kopf treffen; —*s met koppen slaan*, (*doortasten*) durchgreifen, energisch verfahren, (*zakelijk worden*) sachlich werden, (*bewijzen aanvoeren*) schlagende Beweise geben. ▾—**bak** N.kasten *m.* ▾—**band** Spikesreifen *m.* ▾—**broek** Nieten-, Texashose *w.* ▾—**en** nageln, Nägel einschlagen. ▾—**schrift** Keilschrift *w.* ▾—**vast** (niet- und) nagelfest.
spijl (*v. hek enz.*) Stab *m*; (*v. raam*) Sprosse *w*; (*stang*) Stange *w.*
spijs Speise *w*; *verandering v. — doet eten*, Abwechslung macht Appetit. ▾—**kaart** S.karte *w.* ▾—**vertering** Verdauung *w*; *wandeling voor de* —, V.sspaziergang *m.* ▾—**verteringskanaal** V.skanal *m.* ▾—**verteringsorgaan** V.sorgan *s.*
spijt Bedauern, Leidwesen *s*; (*berouw*) Reue *w*; (*wrevel*) Ärger *m*; — *v. iets hebben*, etwas b., etwas bereuen; *tot mijn* —, zu meinem B., L.; *ten* (*in*) — *v.*, trotz [2, 3]. ▾—**en**: *het spijt me*, es tut mir leid, ich bedaure (es); *het spijt ons dat ...*, wir bedauern, daß ...; *het spijt me dat ik hem beledigd heb*, es dauert mich ihn beleidigt zu haben; *het spijt ons!*, bedaure sehr!; *het zal u* —, Sie werden es bereuen. ▾—**ig** verdrießlich; ärgerlich; (*jammer*) schade. ▾—**igheid** Ärger, Unwille *m.*
spijz/(ig)en speis/en. ▾—**iging** S.ung *w.*
spikes Spikes *Mz.*
spikkel Tüpfel, Sprenkel *m*; (*sproet*) Sprenkel *m.* ▾—**en** s.n, t.n. ▾—**ig** getupft, getüpfelt, gesprenkelt.
spiksplinternieuw funkelnagelneu.
spil 1 (*as*) Achse *w*; (*v. spinnewiel, wenteltrap enz.*) Spindel *w*; (*uiteinde v. as, draaitap*) (Dreh)Zapfen *m*; *de — waar alles om draait*, die A. um die s. alles dreht; **2** (*voetb.*) Mittelläufer *m*; **3** (*kaapstander, windas*) Spill *s.* ▾—**boor** Drillbohrer *m.* ▾—**lebeen** Spindelbein *s.*
spiltrap Spindeltreppe *w.*
spil/ziek verschwenderisch. ▾—**zucht** Verschwendungssucht *w.*
spin Spinne *w.* ▾—**achtig** spinnenartig.
spinazie Spinat *m*; — *à la crème*, Rahmspinat.
spin/binder Gepäckspinne *w.* ▾—**dop** Spinndüse *w.*
spinet Spinett *s.*
spin/huis Zuchthaus *s.* ▾—**klier** Spinn/drüse *w.* ▾—**nekop** S.e *w*; (*scheepst.*) S.kopf *m.* ▾—**nen** s.en; (*snorren*) schnurren. ▾—**nerij** S.erei *w.* ▾—**neweb** S.(en)gewebe *s*, S.(e)webe *w.* ▾—**newiel** S.rad *s.* ▾—**nijdig** giftig, spinnig; — *op iem. zijn*, e.m spinnefeind sein. ▾—**rag** S.(en)gewebe, Gespinst *s.* ▾—**rok(ken)** S.rocken *m*, Kunkel *w.* ▾—**sel** Gespinst *s.* ▾—**ster** S.erin *w.*
spint 1 (*hout*) Splint *m*; **2** (*inhoudsmaat*) Spint *s.*
spion Spion *m*; (*politiespion*) Spitzel *m.* ▾—**age** S.age *w.* ▾—**agedienst** Nachrichtendienst *m.* ▾—**eren** s.ieren. ▾—**ne** S.in *w.* ▾—**netje** S. *m.*
spiraal Spirale *w.* ▾—**band, —binding** Spiral/heftung *w*; *map met* —, Ringbuch *s.* ▾—**draad** S.draht *m.* ▾—**matras** Sprungfedermatratze *w.* ▾—**tje** Spirale *w.* ▾—**veer** Spiralfeder *w*; (*in kussen*) Sprungfeder *w.* ▾—**vormig** spiralförmig, spiralig.
spirea Spiräe *w.*
spirit Saft und Kraft; (*v. pers.*) Schneid *m.*
spirit/isme Spirit/ismus *m.* ▾—**ist** S.ist *m.* ▾—**istisch** s.istisch.
spiritualiën Spirituosen, geistige Getränke *Mz.*
spirit/ualiteit Spirit/ualität *w.* ▾—**ueel** s.uell.
spiritus Spiritus, Sprit *m.*
spit 1 (*braadspit*) Spieß *m*; *kip v.h. spit*, Hühnchen *s* vom Grill; **2** (*spadesteek*) Spatenstich *m*; **3** (*ziekte*) Hexenschuß *m.*
spits I *bn & bw* spitz(ig); (*scherpzinnig*) scharfsinnig; — *toelopen*, in eine Spitze auslaufen, spitz zulaufen. **II** *zn* **1** Spitze *w*; *het,* (*de*) — *afbijten*, s. der ersten und größten Gefahr aussetzen, den ersten Angriff aushalten, (*ook*) den ersten Schritt tun, die schwerste Arbeit übernehmen; **2** (*spitshond*) Spitz *m.* ▾—**baard** Spitz/bart *m.* ▾—**boef** S.bube *m.* ▾—**boogstijl** S.bogenstil *m.* ▾—**en** (an-, zu)spitzen; (*de oren*) spitzen; *z. — op*, s. spitzen auf [4]. ▾—**heid** Spitz/igkeit *w.* ▾—**kool** S.kohl *m.* ▾—**muis** S.maus *w.* ▾—**neus** S.nase *w.* ▾—**roeden**: — *lopen*, Spießruten laufen. ▾—**uur** Spitzenstunde; Hauptverkehrs-, Hauptgeschäftsstunde; Höchstverbrauchstunde *w*; *spitsuren*, (*ook*) Stoßzeiten. ▾—**vondig** spitzfindig. ▾—**vondigheid** Spitzfindigkeit *w.*
spitt/en graben. ▾—**er** Gräber *m.*
spleet Spalte *w*, Spalt *m*; (*meer: barst, scheur*) Riß *m*; (*reet*) Ritz *m*, Ritze *w*; (*split; v. brievenbus enz.*) Schlitz *m.* ▾—**oog** Schlitz/auge *s.* ▾—**sluiter** (*fot.*) S.verschluß *m.*
splijt/baar spalt/bar. ▾—**en** s.en. ▾—**ing** S.ung *w.* ▾—**stof** S.material *s.* ▾—**zwam** S.pilz *m.*
splint 1 (*spint*) Splint *m*; **2** (*geld*) Moos *s*, Draht *m*, Moneten *Mz.* ▾—**er** Splitter *m.* ▾—**erbom** Splitter/bombe *w.* ▾—**eren** (zer)splittern. ▾—**ernieuw** funkelnagelneu. ▾—**erpartij** S.partei *w.* ▾—**ervrij**: — *glas*, s.sicheres Glas.
split Schlitz *m*; (*steenslag*) Splitt *m.* ▾—**erwt** Splitterbse *w.* ▾—**-level woning** Split-Level-Haus *s.* ▾—**pen** Splint *m.* ▾—**rok** Schlitzrock *m.*
splits/baar (*deelbaar*) teilbar; (*splijtbaar*) spaltbar. ▾—**en** (*verdelen*) teilen; (*splijten, bijv. atomen*) spalten; (*touw*) splissen, spleißen; *z.* —, s. teilen, s. spalten; (*hier*) *splitst de weg z.*, teilt s., gabelt s. der Weg. ▾—**ing**

Teilung; Spaltung; Splissung; Gabelung *w.* ▾—**ingsprodukt** Spaltprodukt *s.*
spoed Eile *w;* (*v. schroef*) Steigung, Ganghöhe *w; wat — bijzetten, — maken*, eilen, s. beeilen; *— vereisen*, eilen, dringlich sein, keinen Aufschub leiden; *met —*, eilig, schleunig, in E.; *met de meeste —*, eiligst, schleunigst, in größter E.; *—!*, (*op brief*) eilt! ▾—**behandeling** beschleunigte Behandlung. ▾—**bestelling** Eilbestellung *w*, (*order*) Eilauftrag *m.* ▾—**cursus** Schnellkurs, Kurzlehrgang *m.* ▾—**debat** Dringlichkeitsdebatte *w.* ▾—**eisend** dringend, dringlich. ▾—**en** eilen; *z. —*, eilen, s. beeilen. ▾—**geval** eiliger, dringender Fall; *in —len*, (*ook*) wenn dringend. ▾—**ig** (*bw*) bald, schleunig; (*bn*) baldig, schleunig; *ten —ste*, baldigst, schleunigst; *zo — mogelijk*, so bald wie möglich, möglichst bald, baldmöglichst. ▾—**operatie** sofortige Operation *w.* ▾—**opleiding** Kurzausbildung *w.* ▾—**opname** Sofortaufnahme *w.* ▾—**order** Eilauftrag *m.* ▾—**vergadering** dringende Versammlung, Dringlichkeitsversammlung *w.* ▾—**zending** Eilsendung *w.*
spoel Spule *w.* ▾—**bak** (*waarin men iets spoelt*) Spül/becken *s*, S.napf *m.* ▾—**drank** Mund-, Gurgelwasser *s.* ▾—**en 1** spülen; (*haar*) tönen; **2** (*op een spoel winden*) spulen. ▾—**ing** (*het spoelen*) Spülen *s*, Spülung *w;* (*med.*) Spülung *w;* (*v. haar*) Tönung *w;* (*keukenafval*) Küchenabfälle *Mz;* (*varkensvoer*) Spülicht *s;* (*afvalprodukt*) Schlempe *w; w.c. met —*, Spülabort *m;* (*vele varkens maken*) *de — dun*, den Trank dünn. ▾—**machine** Spülmaschine *w;* (*garenwinder*) Spulmaschine *w.* ▾—**tje** Spülchen *s*, Spule *w.* ▾—**water** Spülwasser, Spülicht *s.* ▾—**worm** Spulwurm *m.*
spoetnik Sputnik *m.*
spok/en spuken; (*die gedachten*) *spookten door zijn hoofd*, spukten in seinem Kopf; *het spookt er*, (*slecht weer*) es ist böses Wetter. ▾—**erij** Spuk *m.*
spon Spund, Zapfen *m.*
sponde Lager *s.*
spon/gat Spundloch *s.* ▾—**ning** Falz *m*, Nute, Fuge *w.*
spons Schwamm *m.* ▾—**achtig** s.ig, s.artig. ▾—**(e)doos** S.büchse *w.* ▾—**en** mit e.m S. (ab)waschen.
sponsor Spons/or *m.* ▾—**en** s.ern.
sponsrubber Schwammgummi *m.*
spont/aan spontan. ▾—**aniteit** S.eität *w.*
sponz/en *zie* **sponsen**. ▾—**envisserij** Schwamm/fischerei *w.* ▾—**ig** s.ig.
spook Gespenst *s;* (*scheldw. voor vrouw*) Luder *s; lelijk —*, häßliches Geschöpf. ▾—**achtig** gespenstisch, gespensterhaft, gespenstig, geisterhaft. ▾—**beeld** Gespenst *s;* (*hersenschim*) Hirngespinst *s.* ▾—**geschiedenis** Gespenster/-, Spuk/geschichte *w.* ▾—**huis** S.-, G.haus *s.* ▾—**rijder** Geisterfahrer *m.* ▾—**schip** Gespensterschiff *s.* ▾—**sel** Gespenst *s*, Spuk *m.* ▾—**verschijning** Gespenstererscheinung *w*, Spuk *m.*
spoor 1 Spur *w;* (*v. wild met hoeven, ook*) Fährte *w;* (*door karrewielen gemaakte voren, ook fig.*) Geleise *s*, (*lett. ook*) Spur *w;* (*rails*) Gleis, Geleise *s;* (*spoorweg*) Eisenbahn, Bahn *w;* (*trein*) Zug *m; het — bijster worden*, die S. verlieren, von der Fährte abkommen, s. verirren; (*iem.*) *op 't goede, 't verkeerde — (brengen)*, auf die richtige, auf die falsche Fährte; *een misdaad op 't — komen*, e.m Verbrechen auf die S. kommen; (*iets weer*) *in 't goede — (brengen)*, ins rechte Geleise; *uit 't — raken*, aus dem Geleise kommen, entgleisen; (*tweede perron*) *derde —*, drittes Gleis; *dood —*, totes Gleis; *dubbel —*, Doppelgleis; *enkel —*, eingleisige B.; *aan 't — afhalen*, an der B. abholen; *per — (verzenden)*, durch die B., mit der B.; **2** (*uitsteeksel; aan laars, hanepoot enz.*) Sporn *m; zijn sporen verdienen*, s. die Sporen verdienen; **3** (*voortplantingscel v. bep. planten*) Spore *w.* ▾—**baan** Eisenbahn *w;* Schienenweg *m.* ▾—**biels** E.schwelle *w.* ▾—**boekje** Kursbuch *s;* (*v. gedeelte v. spoorwegnet*) Fahrplan *m.* ▾—**boom** Schranke *w.* ▾—**breedte** Spurweite *w.* ▾—**brug** E.brücke *w.* ▾—**dijk** E.damm *m.* ▾—**kaartje** Fahrkarte *w.* ▾—**lijn** E.linie *w.* ▾—**loos** spurlos; *— verdwenen*, spurlos verschwunden, (*reeds lang*) verschollen. ▾—**man** E.er *m.* ▾—**rail** E.schiene *w.* ▾—**reis** E.reise *w.* ▾—**slag** Sporenstich, Spornstreich *m;* (*fig.*) (An)Sporn *m.* ▾—**slags** spornstreichs. ▾—**student** Fahrstudent *m.* ▾—**tijd** E.zeit *w.* ▾—**trein** (Eisenbahn)Zug *m.* ▾—**vorming** (*op verkeersb.*) Spurrillen *Mz.* ▾—**wachter** Bahnwärter *m.*
spoorweg Eisenbahn, Bahn *w.* ▾—**directie** E.verwaltung *w.* ▾—**emplacement** Bahnhofsgelände *s.* ▾—**knooppunt** E.knotenpunkt *m.* ▾—**maatschappij** E.gesellschaft *w.* ▾—**ongeluk** E.unfall *m.* ▾—**overgang** (*viaduct*) E.überführung *w*, (*overweg*) Bahnübergang *m.* ▾—**staking** E.streik *m.*
spoor/wijdte Spurweite *w.* ▾—**zoeken** Spuren (3) nachgehen.
sporadisch sporadisch, vereinzelt.
sporen 1 (e.m Pferd) die Sporen geben; (*aansporen*) (an)spornen; **2** (*met trein*) mit der Bahn fahren; *een uur —*, eine Stunde mit der Bahn; (*die wagen*) *spoort goed*, spurt gut.
sport 1 (*v. ladder enz., ook fig.*) Sprosse *w;* **2** (*ontspanning*) Sport *m; aan — doen*, Sport treiben. ▾—**artikel** Sport/artikel *m;* (*mv, ook*) S.bedarf *m.* ▾—**beoefenaar** S.ler, S.treibende(r) *m.* ▾—**berichten** S.nachrichten *Mz.* ▾—**blad** S.zeitung *w;* (*deel v. krant*) S.seite *w.* ▾—**blouse** S.hemd *s.* ▾—**brommer** Mokick *m.* ▾—**club** S.verein *m.* ▾—**colbertje** S.sakko *m.* ▾—**hal** S.halle *w.* ▾—**ief** (*de sport betreffend; door sport gestaald; als v.e. sportman*) sportlich; (*zoals een sportman past*) sportlerisch; (*sportliefhebbend*) sportfreudig; (*v. kleding enz.*) sportmäßig; (*iets*) *— (opvatten)*, sportlich; *— hoedje*, flottes Hütchen. ▾—**iviteit** Fairneß *w.* ▾—**kous** Sport/strumpf, S.stutzen *m.* ▾—**liefhebber** S.freund *m.* ▾—**man** S.smann, S.ler *m.* ▾—**park** S.anlage, S.stätte *w.* ▾—**terrein**, —**veld** S.platz *m.* ▾—**verdwazing** S.vergötterung *w.* ▾—**vliegerij** S.flugwesen *s.* ▾—**wagen** S.wagen *m.*
spot 1 Spott *m;* (*niet scherp*) Spöttelei *w; de — drijven met*, seinen Spott treiben mit, (*iem., ook*) s. lustig machen über, (*iets, ook*) verspotten; *de — (v.d. hele stad zijn)*, das Gespött; *ten (tot) — v.d. mensen*, den Menschen zum Gespött; **2** (*tv; spotlight*) Spot *m.* ▾—**dicht** Spottgedicht *s.* ▾—**goedkoop** spottbillig, spottwohlfeil. ▾—**koopje** Spottkauf *m.* ▾—**lach** spöttisches Lächeln, Lachen, Gelächter. ▾—**light** Spotlight *s.* ▾—**lust** Spott/lust, S.sucht *w.* ▾—**prent** S.bild *s.* ▾—**prijs** S.preis *m.* ▾—**ten** spotten; (*niet scherp*) spötteln; *met iem., iets —*, über e.n, etwas spotten; e.n, etwas verspotten; *— met*, (*z. niets aantrekken v.*) s. nichts machen aus, s. gar nicht kümmern um; *dat spot met iedere beschrijving*, das spottet jeder Beschreibung; (*hij laat niet*) *met z. —*, mit s. spaßen. ▾—**tend** spöttisch. ▾—**tenderwijs**

spottweise. ▾**—ter** Spötter; (*niet scherp*) Spöttler *m*. ▾**—ternij** Spötterei *w*, Spott *m*; Spöttelei *w*. ▾**—ziek** spottsüchtig.
spouw Spalte *w*. ▾**—muur** Hohlmauer *w*.
spraak Sprach/e *w*; (*opspraak*) Gerede *s*; *de — gaat* (*dat*), es geht das Gerücht, die Rede; *zie ook* **sprake**. ▾**—gebrek** S.fehler *m*, S.störung *w*. ▾**—gebruik** S.gebrauch *m*. ▾**—kunst** S.lehre, Grammatik *w*. ▾**—leer** S.lehre *w*. ▾**—leraar** S.heillehrer *m*. ▾**—makend**: *de —e gemeente*, das s.bildende Volk. ▾**—onderwijs** S.heilunterricht *m*. ▾**—orgaan** S.organ *s*. ▾**—vermogen** S.vermögen *s*, S.fähigkeit *w*. ▾**—verwarring** S.enverwirrung *w*. ▾**—zaam** gesprächig, redselig. ▾**sprake**: *ter —* (*brengen*), zur Sprache, aufs Tapet; *ter —* (*komen*), zur S.; *als het soms ter — komt*, wenn etwas das Gespräch darauf kommt; *er is — v.*, es geht die Rede; *er is v. iem., v. iets —*, es ist von e.m, von etwas die Rede; *er moet hier v.e. vergissing — zijn*, hier muß ein Irrtum vorliegen, es muß s. hier um e.n Irrtum handeln; *daar is geen — v.*, davon ist nicht die Rede, darum handelt es s. nicht, das kommt nicht in Frage; *geen — van!*, davon kann nicht die Rede sein. ▾**—loos** sprachlos, stumm. ▾**—loosheid** Sprachlosigkeit *w*.
sprank (*vonk*) Funke(n) *m*; *een —je* (*hoop*), ein F., ein Fünkchen. ▾**—elen** funkeln.
spray Spray *s*.
spreek/beurt Vortrag *m*; *een — vervullen*, e.n V. halten. ▾**—buis** Sprachrohr *s*. ▾**—cel** Sprech-, Telephonzelle *w*. ▾**—gestoelte** Rednerpult *s*, Katheder *m*. ▾**—kamer** Sprech/zimmer *s*. ▾**—koor** S.chor *m*. ▾**—les** S.stunde *w*. ▾**—taal** Umgangssprache *w*. ▾**—trant** Rede-, Vortragsweise *w*. ▾**—uur** S.stunde *w*. ▾**—wijze** (*spreektrant*) Rede-, Sprechweise *w*; (*zegswijze*) Redensart *w*. ▾**—woord** Sprichwort *s*. ▾**—woordelijk** sprichwörtlich.
spreeuw Star *m*. ▾**—enest** S.nest *s*.
sprei Überdecke *w*. ▾**spreid/en** (aus)spreiten, ausbreiten, auslegen; (*'n bed*) (zurecht)machen; (*de benen, vingers, vleugels*) spreizen; (*mest over 't land; vakanties; v. geweer*) streuen. ▾**—ing** Streuung *w* (*ook*: *elektr., magn.*); Verteilung *w*; *— v. kennis*, Streuung der Bildung. ▾**—sprong** Grätsche *w*. ▾**—stand** Grätschstellung, Spreize *w*.
sprek/en sprechen; (*redenerend praten, redeneren*) reden; *— als* (*een boek*), r., s. wie; *over iem. —*, von e.m s., r., (*redevoering houden*) über e.n s., r.; *tegen iem. —*, zu e.m s.; *v. z. doen —*, von s. reden machen; *v. zich af —*, s. (mit Worten) wehren; *voor de radio —*, im Rundfunk s.; (*wie*) *spreekt er vanavond*, spricht heute abend, hält heute abend e.n Vortrag, eine Rede; (*dat*) *spreekt vanzelf*, versteht s., ist selbstverständlich; *iem. —*, e.n s.; (*hij is*) *niet best te —*, nicht gut zu s.; (*goed*) *over iem. te — zijn*, auf e.n zu s. sein; *goed v. iem. —*, Gutes von e.m s., reden, e.m Gutes nachsagen; (*Engels met iem.*) *—*, sprechen, reden; *om met Goethe te —*, mit Goethe zu reden; *om maar niet te — v.*, geschweige (denn), gar nicht zu reden von; *— is zilver, zwijgen is goud*, Reden ist Silber, Schweigen ist Gold; *gesproken plaat*, Sprechplatte *w*. ▾**—end** sprechend; *— bewijs*, sprechender, schlagender Beweis; *sterk —e kop*, ausgeprägter Charakterkopf; *—e* (*ogen*), sprechende, ausdrucksvolle; (*dat portret*) *lijkt —*, ist sprechend ähnlich; *— op iem. lijken*, e.m sprechend, e.m zum Verwechseln ähnlich sehen; *—e film*, Ton-, Sprechfilm *m*. ▾**—er** (*woordvoerder*) Sprecher; (*redenaar*) Redner; (*alg.*: *iem. die spreekt*) Redende(r) *m*; *de vorige —*, der Vorredner.
sprenkelen sprengen; (*strijkgoed*) (be-, ein)sprengen; (*bespikkelen*) sprenkeln.
spreuk Spruch *m*.
spriet (*grasssprietje*) Halm *m*; (*voelhoorn*) Fühler *m*; (*scheepst.*) Spriet *s*; (*mager iem.*) Bohnenstange *w*. ▾**—ig** schmächtig.
spring/bak Sprungkasten *m*; (*op sportveld*) Sprunggrube *w*. ▾**—bok** (*dier*) Spring/bock *m*. ▾**—concours** S.reiten, Jagdspringen *s*. ▾**—en** springen; (*aardewerk, glas enz.*) springen, (*ook*) Risse bekommen, rissig werden; (*handen, lippen*) (auf)springen; (*band, waterleidingbuis enz.*) platzen; (*v. bank enz.*: *failliet gaan*) zusammenbrechen; (*het paard*) *springt over de sloot*, springt, setzt über den Graben; *te paard —*, aufs Pferd springen, s.aufs P. werfen; *in de lucht —*, in die L. springen; (*een brug*) *in de lucht laten —*, (in die Luft) sprengen; (*een mijn*) *doen —*, springen lassen; (*de bank*) *staat op —*, steht vor dem Zusammenbruch; (*de bank*) *laten —*, sprengen; *of je hoog of laag springt*, wenn du dich auch auf den Kopf stellst; *gesprongen handen*, aufgesprungene, rissige Hände. ▾**—er** S.er *m*. ▾**—-in-'t-veld** S.insfeld *m*. ▾**—lading** Sprengladung *w*. ▾**—levend** s.lebendig. ▾**—matras** Sprungfedermatratze *w*. ▾**—net** (*v. brandweer*) Sprungtuch *s*. ▾**—paard** S.pferd *s*; (*gymn.*) Sprungpferd *s*. ▾**—plank** Sprungbrett *s*; (*verend, ook*) Federbrett *s*. ▾**—schans** Sprungschanze *w*. ▾**—scherm** (*valscherm*) Fallschirm *m*. ▾**—stof** Sprengstoff *m*. ▾**—stok** Sprungstab *m*. ▾**—tij** S.flut *w*. ▾**—touw** S.seil *s*. ▾**—veren**: *— matras*, Sprungfedermatratze *w*. ▾**—vloed** S.flut *w*. ▾**—zeil** Sprungtuch *s*.
sprink/haan Heuschrecke *w*; (*mager iem.*) Hering *m*, Hopfenstange *w*. ▾**—hanenplaag** Heuschreckenplage *w*.
sprint Sprint *m*; (*bij hardlopen, ook*) Kurzstreckenlauf *m*; (*schaatssp., ook*) Eisschnellauf *m*; (*wielersp., ook*) Fliegerrennen *s*. ▾**—en** sprinten. ▾**—er** Sprinter, Kurzstreckenläufer *m*; Eisschnelläufer; Flieger *m*; *zie* **sprint**. ▾**—wedstrijd** (*wielersp.*) Sprinterrennen, Fliegerrennen *s*.
sprits Spritzkuchen *m*.
sproei/en sprengen; (*spuiten, landb., tuinb.*) spritzen; (*gieten*) (be)gießen; (*de straat*) sprengen. ▾**—er** (*in tuin, op straat*) Sprenger *m*; (*v. gieter*) Brause *w*; (*v. douche*) Brausekopf *m*; (*aan tuinslang, gierkar enz.*) Spritze *w*; (*v. carburateur, odeurspuit enz.*) Düse *w*. ▾**—wagen** Sprengwagen *m*.
sproet Spross/e *w*. ▾**—(er)ig** s.ig.
sprokkel/aar, —aarster Holzleser *m*, -leserin *w*. ▾**—en** Holz lesen, Fallholz sammeln. ▾**—hout** Lese-, Fallholz *s*. ▾**—maand** Hornung *m*.
sprong Sprung, Satz *m*; *op —* (*staan*), auf dem Sprung; *met —en* = **—sgewijs** sprungweise; *—* (*omhooggaan*), (*v. prijzen*) sprunghaft.
sprookje Märchen *s*. ▾**—sachtig** m.haft.
spruit Sproß, Sprößling *m*; (*fig.*: *afstammeling, meestal*) Sprößling *m*. ▾**—en** sprießen; (*afstammen*) stammen. ▾**—jes, —kool** Rosenkohl, Brüsseler Kohl *m*. ▾**—stuk** Zweigstück *s*.
spruw Schwämmchen *Mz*; (*bij kind*) Soor *m*.
spugen speien, spucken.
spui Schleuse *w*, Siel *m*. ▾**—en** (*water*) ab-, auslassen; (*luchten*) lüften, ventilieren; (*in handel*) auf den Markt werfen. ▾**—gat** (*in schip*) Speigatt *s*; *de spuigaten uitlopen*, zu weit gehen.
spuit Spritze *w*; (*geweer*) Knarre *w*,

Schießprügel *m.* ▾**—bus** Sprüh-, Spraydose *w.* ▾**—en** spritzen; (*de fonteinen*) *— niet*, springen nicht; (*v. drugs*) fixen, schießen; (*tuin*) sprengen. ▾**—er** Spritzer *m*; (*v. drugs*) Fixer *m.* ▾**—fles** Spritzflasche *w*; (*voor spuitwater*) Siphon *m*; (*voor odeur*) Zerstäuber *m.* ▾**—gast** Spritzenmann *m.* ▾**—je** Spritze *w.* ▾**—slang** Spritzenschlauch *m.* ▾**—water** Sprudel *m*, S.-, Mineralwasser *s.* ▾**—zak** Spritzbeutel *m*, Dressiersack *m.*

spul (*kermistent*) Bude *w*; (*goed, gerei*) Zeug *s*; (*dingen*) Sachen *Mz*; *zijn —len*, (*boeltje*) seine Siebensachen; *in zijn beste —len*, in seinen besten Kleidern, (*fam.*) in feiner Kluft; (*moeite, last*) Mühe *w*; (*ruzie*) Händel *Mz.* ▾**—lebaas** Budenmann *m.*

spurrie Spörgel, Spergel *m.*

spurt Spurt *m.* ▾**—en** spurten.

sputteren (*mopperen*) brummen, meckern, murren; (*spetten*) spritzeln, (*sissend*) pruzeln.

sputum Sputum *s.*

spuug Speichel *m.* ▾**—lok** Schmachtlocke *w.* ▾**spuw/bak** Spucknapf *m.* ▾**—en** speien, spucken; (*overgeven*) speien, s. erbrechen; (*bloed, vuur*) speien. ▾**—er** Speier *m.*

squadron (*luchtv.*) Staffel *w.*

staaf Stab *m*; (*lak*) Stange *w*; (*goud enz.*) Barren *m*; (*spoorstaaf*) Schiene *w.* ▾**—antenne** Stabantenne *w.* ▾**—goud** Barrengold *s.* ▾**—ijzer** Stab/eisen *s.* ▾**—lantaarn** S.(taschen)lampe. ▾**—vormig** s.förmig.

staag fortwährend, unausgesetzt, anhaltend.

staak Stange *w*, Staken *m.* ▾**—boon** Stangenbohne *w.*

staakt-het-vuren Feuereinstellung *w.*

staal 1 (*metaal*) Stahl *m*; **2** (*monster*) Muster *s*, Probe *w.* ▾**—blauw** s.blau. ▾**—boek** M.buch *s.* ▾**—draadkabel** S.drahtseil *s.* ▾**—gravure** S.stich *m.* ▾**—hard** s.hart. ▾**—kaart** M.karte *w.* ▾**—meesters** (*v. Rembrandt*) Stempelmeister *Mz.* ▾**—pil** Eisenpille *w.* ▾**—tje** Pröbchen *s*, Probe *w*, Muster *s*; (*fig.*: *voorbeeld*) Probe *w*, Beispiel *s*; *het is niet meer dan een — v. zijn plicht*, es ist seine verdammte Pflicht und Schuldigkeit. ▾**—wol** S.wolle *w.*

staan stehen; (*die jurk*) *staat je goed*, steht dir gut; *hoe — de zaken?*, wie stehen die Sachen?, wie steht's, (*ook*) wie geht's (Ihnen)?; *zoals de zaken nu —*, wie die Dinge jetzt liegen; *2 staat tot 3 als ...*, 2 verhält s. zu 3 wie ...; *hoe staat 't ermee?*, wie steht es um die Sache, um die Arbeit usw.?; *zijn hoofd staat er niet naar*, der Kopf steht ihm nicht danach, er ist nicht dazu aufgelegt; *hij staat erop* (*dat het gebeurt*), er besteht darauf; *er goed vóór —*, gut stehen, gute Aussichten haben; *hij ging —*, er stand auf; *bij het raam, op zijn kop gaan —*, s. ans Fenster, s. auf den Kopf stellen; (*iets*) *laten —*, stehen lassen; (*hij kan nauwelijks praten*), *laat — zingen*, geschweige (denn) singen; *het staat aan u*, es steht bei Ihnen; *het staat slecht met zijn gezondheid*, es steht schlecht um seine Gesundheit; *ik sta goed met hem*, ich stehe (mich) gut mit ihm; *iem. naar 't leven —*, e.m nach dem Leben trachten; (*hij kan*) *niet meer op z'n benen —*, s. nicht mehr auf den Beinen halten; (*de pas*) *staat op naam van A*, lautet auf den Namen A; *op zijn recht —*, auf seinem Recht bestehen; (*vader*) *staat* (*is gesteld*) *op orde*, hält auf Ordnung; *zeggen waar 't op staat*, kein Blatt vor den Mund nehmen; (*hij kan*) *niet op zichzelf —*, auf eignen Füßen stehen; *op zichzelf —*, (*ook*) allein stehen, (*sporadisch voorkomen*) vereinzelt dastehen; *hij staat op trouwen*, er wird bald heiraten; *hij stond op straat te wachten*, er stand auf der Straße und wartete, wartend stand er auf der Straße, er wartete auf der Straße; (*dat*) *staat nog te bezien*, steht noch dahin; (*hij weet*) *wat hem te doen staat*, was er zu tun hat; *daar stond hij v. te kijken*, das wunderte ihn; (*treurig*) *— te kijken*, dastehen; *er staat geschreven*, es steht geschrieben; *tot — brengen, komen*, zum Stehen bringen; zum Stehen, zum Stillstand kommen; *sta!*, halt!; *staat!*, (*mil. commando*) still gestanden! ▾**—d** stehend; *—e hond*, Vorstehhund *m*; *—e klok*, Standuhr *w*; *—e lamp*, Stehlampe *w*; *— rijm*, stumpfer, männlicher Reim; *— schrift*, Steilschrift *w*; *op —e voet*, stehenden Fußes, auf der Stelle; *op —e voet* (*ontslaan*), fristlos, ohne Frist; *iets —e houden*, bei etwas bleiben, (*beweren*) etwas behaupten; (*een bewering*) *—e houden*, aufrechterhalten; *hij houdt —e dat ...*, er bleibt dabei daß ...; (*iem.*) *—e houden*, stellen, (*bijv. op straat*) anhalten; *z. —e houden*, s.aufrechterhalten, (*fig.*) s. behaupten; *—e de vergadering*, während der Versammlung. ▾**—der** Ständer *m*; Stütze *w*; Pfosten *m.* ▾**—geld** (*bijv. op markt*) Standgeld; (*waarborgsom*) Pfandgeld *s*; *zie ook* **statiegeld**. ▾**—plaats** Stehplatz *m*; (*v. marktkramen enz.*) Standort *m.*

staar Star *m*; *iem. de — lichten*, e.m den S. stechen.

staart Schwanz *m*; (*lang, v. paard, komeet enz., ook*) Schweif *m*; (*v. ploeg*) Sterz *m*; (*lange haarvlecht v. mensen*) Zopf *m*; (*overschotje wijn enz.*) Rest *m*; *met de — tussen de benen*, mit eingezogenem Schwanz. ▾**—been** Steißbein *s.* ▾**—klok** Regulator *m*, Pendeluhr *m* mit geschlossenem Gehäuse. ▾**—lastig** schwanzlastig. ▾**—letter** Buchstabe *m* mit Unterlänge. ▾**—licht** (*vliegt.*) Hecklicht *s.* ▾**—loos** schwanzlos; *— vliegtuig*, (*ook*) Nurflügelflugzeug *s.* ▾**—mees** Schwanzmeise *w.* ▾**—nummer** Losenummer *w* endend auf 7 oder 9. ▾**—pen** Schwanzfeder *w.* ▾**—pruik** Zopfperücke *w.* ▾**—ster** Schweifstern *m.* ▾**—steun** (*vliegt.*) Schwanz/sporn *m.* ▾**—stuk** S.stück *s.* ▾**—vin** S.flosse *w.* ▾**—vlak** S.fläche *w*; *—ken*, (*v. vliegt., ook*) Leitwerk *s.*

staat (*rijk*) Staat *m*; (*toestand*) Zustand *m*, (*meer ogenblikkelijk*) Lage *w*; (*stand*; *rang*) Stand *m*; (*staatsie, pracht*) Staat *m*, Pracht *w*, Pomp *m*; (*lijst*) Liste *w*, Verzeichnis *s*, Ausweis *m*; *Provinciale Staten*, Provinzialstaaten *Mz*; *huwelijkse —*, Ehestand, Stand der Ehe; *priesterlijke —*, Priesterstand; *— v. verdediging*, Verteidigungszustand; (*z.*) *in goede —* (*bevinden*), in gutem Z.; (*dat is*) *in goede —*, in gutem Stand; (*iem.*) *in — stellen*, in den Stand setzen, instandsetzen; *in —* (*zijn*), imstande, (*in de gelegenheid*) in der Lage; *niet in —* (*zijn*), (*ook*) außerstande; *tot alles in —* (*zijn*), zu allem fähig; *tot betalen in —*, (*solvent*) zahlungsfähig; *niet tot werken in —* (*zijn*), (*geschikt*) arbeitsunfähig; *ik acht hem in — om dat te doen*, ich halte ihn für fähig das zu tun; *daartoe had ik hem niet in — geacht*, (*niet van hem gedacht*) das hätte ich ihm nicht zugetraut; *maandelijkse —*, Monatsausweis *m*; *grote — voeren*, (großen) Staat machen; *— maken op*, s. verlassen auf [4]. ▾**—huishoudkunde** Volkswirtschaftslehre, (National)Ökonomie *w.* ▾**—huishoudkundig** volkswirtschaftlich, (national)ökonomisch. ▾**—kunde** Politik *w*; (*staatsmanskunst*) Staatskunst *w.* ▾**—kundig** politisch, staatsmännisch. ▾**—loos** staatenlos.

staats... Staats..., staatlich. ▾**—ambt** Staats/amt *s.* ▾**—bedrijf** S.betrieb *m.* ▾**—begroting** S.haushaltsplan, Etat *m.* ▾**—beheer** S.verwaltung *w.* ▾**—belang** S.interesse *s.* ▾**—bemoeiing** S.einmischung *w.* ▾**—bestel** S.einrichtung *w*, S.gefüge *s.*

▾—**bestuur** S.verwaltung *w.* ▾—**blad** S.anzeiger *m.* ▾—**bosbeheer** S.forstverwaltung *w*, staatliche Forstverwaltung. ▾—**burgerschap** S.bürgerrecht *s*; *iem. het — ontnemen*, e.n ausbürgern. ▾—**courant** S.anzeiger *m*; (*in West-Duitsl.*) Bundesanzeiger *m.* ▾—**diploma** S.diplom *s*, staatliches Diplom; *met —*, (*ook*) staatlich geprüft. ▾—**examen** S.examen *s*, staatliche Prüfung *w*; (*toelating universiteit*) Begabtenprüfung *w.* ▾—**fondsen** S.papiere *Mz.* ▾—**geheim** S.geheimnis *s.* ▾—**gevaarlijk** s.gefährlich. ▾—**greep** S.streich *m.* ▾—**hoofd** S.oberhaupt *s.*

staatsie Staat *m*; Pracht *w*, Pomp *m.* ▾—**bed** Paradebett *s.* ▾—**bezoek** Staatsbesuch *m.* ▾—**gordijn** Prunkvorhang *m.* ▾—**kleed** Staats/-, Galakleid *s.* ▾—**koets** S.-, Galakutsche *w.*

staats/inkomsten Staats/einnahmen *Mz.* ▾—**inrichting** S.einrichtung *w*; (*gebouw enz.*) S.anstalt *w*; (*leervak*) Bürgerkunde *w.* ▾—**instelling** S.einrichtung *w*; (*gebouw enz.*) S.anstalt *w.* ▾—**kerk** S.kirche *w.* ▾—**leer** S.lehre *w.* ▾—**lening** S.anleihe *w.* ▾—**loterij** S.lotterie *w.* ▾—**man** S.mann; Politiker *m.* ▾—**manskunst** S.kunst *w*, staatsmännische Klugheit. ▾—**mijn** staatliches Bergwerk. ▾—**raad** S.rat *m.* ▾—**rechtelijk** s.rechtlich. ▾—**ruif** S.krippe *w.* ▾—**schuld** S.schuld *w.* ▾—**secretaris** S.sekretär *m.* ▾—**toezicht** staatliche Aufsicht, S.aufsicht *w.* ▾—**veiligheidsdienst** S.sicherheitsdienst *m.* ▾—**vorm** S. form *w.* ▾—**wege**: *v. —*, von S.wegen, staatlich. ▾—**zaak** S.angelegenheit *w.*

stab/iel stabil. ▾—**ilisatie** S.isierung *w.* ▾—**ilisatievlak** S.isierungsfläche *w*; *horizontaal —*, Höhenflosse *w*; *verticaal —*, Kielfläche, Rückenflosse *w.* ▾—**iliseren** s.isieren. ▾—**iliteit** S.ität *w.*

stad Stadt *w*; *uit de — zijn*, verreist sein. ▾—**bewoner** S.bewohner, Städter *m.*

stade: *te — komen*, zustatten kommen.

stadgenoot Mitbürger *m*; (*wij zijn*) *stadgenoten*, aus derselben Stadt. ▾**stadhouder** Statthalter *m.* ▾—**schap** Statthalterschaft *w.* ▾**stadhuis** Rathaus *s.* ▾—**bode** Ratsbote *m.* ▾—**taal** Kanzleisprache *w.*

stadion Stadion *s.*

stadium Stadium *s.*

stads städtisch. ▾—**beeld** Stadt-, Straßenbild *s.* ▾—**bestuur** Stadt/verwaltung *w.* ▾—**centrum** S.mitte *w.* ▾—**guerrilla** S.guerilla *w*; (*pers.*) S.guerilla, S.guerillero *m.* ▾—**gezicht** S.ansicht *w.* ▾—**huis** S.haus *s*, städtisches Haus. ▾—**licht** (*v. auto*) S.licht, Nahlicht *s.* ▾—**mensen** S.leute, Städter *Mz.* ▾—**nieuws** S.neuigkeiten *Mz.* ▾—**omroeper** städtischer Ausrufer. ▾—**plattegrond** S.plan *m.* ▾—**poort** S.tor *s.* ▾—**reiniging** städtische Reinigung *w.* ▾—**sanering** S.sanierung *w.* ▾—**schouwburg** S.theater *s*, städtisches Theater. ▾—**vernieuwing** S.erneuerung *w.* ▾—**verwarming** Fernheizung *w.* ▾—**wijk** S.viertel *s*; (*bijv. voor postbestelling*) S.bezirk *m.* ▾**stadwaarts** stadtwärts.

staf Stab *m.* ▾—**bespreking** Stabs-, Mitarbeiterbesprechung *w.* ▾—**chef** Stabschef *m.*

staffel/en staffeln; *gestaffelde lening*, Staffelanleihe *w.* ▾—**methode** Staffelmethode *w.*

staf/kaart Generalstabskarte *w.* ▾—**muziek** Regimentsmusikkapelle *w.* ▾—**officier** Generalstabsoffizier *m.* ▾—**rijm** Stabreim *m.*

stag Stag *s*; *zie* **overstag**.

stage Praktik/um *s*; *— lopen*, als P.ant arbeiten. ▾—**periode** P.antenzeit, Probezeit *w.* ▾**stagiair**, — **e** Praktikant *m*; (*v. hoger onderwijs abituriënt, ook*) Trainee *m.*

stagn/atie Stagnation, Stockung *w*, Stillstand *m*; *— v.h. verkeer*, Verkehrsstockung. ▾—**eren** stagnieren, stocken.

sta-in-de-weg Hindernis *s.*

stak/en einstellen, (mit etwas) aufhören; (*uit protest 't werk tijdelijk neerleggen*) streiken, in den Ausstand treten; *bevel om 't vuren te —*, Feuereinstellungsbefehl *m*; (*de stemmen*) —, sind gleich. ▾—**er** Streikende(r), Streiker, Ausständige(r) *m.*

staket(sel) Staket *s*, S.zaun *m.*

staking Einstellung *w*; (*neerlegging v. 't werk uit protest*) Streik, Ausstand *m*; *— v. stemmen*, Stimmengleichheit *w*; *algemene —*, Generalstreik; *— v. betaling*, Zahlungseinstellung; *in — gaan*, streiken, in den Streik treten, in den A. treten, die Arbeit niederlegen; *de — opheffen*, den Streik abbrechen. ▾—**breker** Streik/brecher *m.* ▾—**golf** S.welle *w.* ▾—**kas** S.kasse *w.* ▾—**srelletjes** S.unruhen *Mz.*

stakker(d) armer Schlucker, Ärmste(r) *m.*

stal Stall *m*; *op — zetten*, in den S. bringen, (ein)stallen; (*het beste paard*) *v. —*, im S.

stalen I *bn* stählern; Stahl. . .; *— band, raam enz.*, Stahlband, -fenster *s*; *— wil*, eiserner, stählerner Wille; *met een — gezicht*, mit eiserner, mit eherner Stirn. **II** *ww* stählen, abhärten.

stalenboek Musterbuch *s.*

stal/houder Wagenvermieter, Fuhrhalter *m.* ▾—**houderij** Fuhrgeschäft *s.* ▾—**knecht** Stall/knecht *m.* ▾—**len** in den S. bringen, (ein)stallen, einstellen; (*auto, fiets enz.*) unterstellen, (*buiten*) abstellen. ▾—**les** Sperrsitz *m*, -sitze *Mz.* ▾—**letje** (*kraampje*) Stand *m.* ▾—**ling** Stallung *w*; (*voor fietsen enz.*) Unter-, Abstellraum *m.* ▾—**mest** Stalldünger *m.*

stam Stamm *m*; (*hout*) *op —*, auf dem S. ▾—**boek** S.buch *s*; (*v. vee, ook*) Herdbuch, Zuchtstammbuch *s*; (*paarden, ook*) Stutbuch *s*; (*mil.*) S.rolle *w.* ▾—**boeknummer** Matrikelnummer *w.* ▾—**boekvee** S.buch-, Herdbuchvieh *s.* ▾—**boom** S.baum *m.*

stamel/aar Stammler *m.* ▾—**en** stammeln; (*als kleine kinderen*) lallen.

stam/gast Stamm/gast *m.* ▾—**houder** S.halter *m.* ▾—**huis** S.haus *s.* ▾—**kroeg** S.kneipe *w.* ▾—**men** s.en. ▾—**ouders** S.eltern *Mz.*

stamp/beton Stampf/beton *m.* ▾—**en** s.en; stoßen; (*stukstampen, ook*) zerstampfen; *hij stampte op de grond (van toorn)*, er stampfte auf den Boden; *hij stampte*, er stampfte auf, er stieß den Fuß auf den Boden. ▾—**er** (*wie stampt*) S.er *m*; (*waarmee men stampt*) S.e *w*, S.er *m*; (*v. vijzel*) Stößel, Stößer *m*; (*v. bloem*) Stempel *m*, Pistill *s.* ▾—**pot** Eintopf *m*, Eintopfgericht *s.* ▾—**voeten** mit den Füßen stampfen, aufstampfen. ▾—**vol** gedrängt voll.

stam/roos Stamm/rose *w.* ▾—**slot** S.schloß *s.* ▾—**tafel** S.tisch *m*; (*geslachtslijst*) S.tafel *w.* ▾—**tijd** S.zeit *w*; *— en*, (*ook*) Grundformen *Mz.* ▾—**vader** S.vater *m.* ▾—**verwant I** *bn* stammverwandt. **II** *zn* Stammverwandte(r) *m.*

stand 1 Stand *m*; (*houding, ligging*) Stellung *w*; (*ten opzichte v. omgeving*) Lage *w*; *de — uwer markt*, die Verhältnisse Ihres Marktes, die dortige Marktlage; *de — en (v.d. maan)*, die Phasen; *— v. zaken*, Sachlage *w*, Sachverhalt *m*, (*handel*) Geschäftslage; *beneden zijn —*, unter seinem Stand; *boven zijn —*, über seinen Stand hinaus; *in — blijven*, s. halten, dauern; *in — houden*, im Stand (er)halten; (*winkel*) *op*

goede —, in bester L.; *tot* — (*brengen, komen*), zustande; *mensen v.* —, Leute von Stand, Standespersonen; *volgens zijn* —, standesgemäß; **2** (*op tentoonstelling*) (Ausstellungs)Stand *m*, Koje *w*.
standaard (*vaan, wimpel*) Standarte *w*; (*stander*) Ständer *m*; (*model v. maat of gewichtseenheid*) Normalmaß, -gewicht *s*; (*monster v.e. artikel*) Standard *m*; (*grondslag v. muntstelsel*) Währung *w*; *dubbele, gouden* —, Doppel-, Goldwährung. ▾**—formaat** Normal/format *s*. ▾**—formulier** Einheitsformular *s*. ▾**—gewicht** N.gewicht *s*. ▾**—isatie** Standardisier/ung *w*. ▾**—iseren** s.en. ▾**—loon** N.lohn *m*. ▾**—maat** N.maß *s*. ▾**—prijs** N.-, Richtpreis *m*. ▾**—uitrusting** Standard/ausrüstung *w*. ▾**—werk** S.werk *s*.
stand/beeld Statue *w*, Standbild, Denkmal *s*. ▾**—er(d)** Ständer *m*. ▾**—erdmolen** Bockmühle *w*. ▾**—eschool** Standesschule *w*. ▾**—hoek** Neigungswinkel *m*. ▾**—houder** (*op tentoonst.*) Standinhaber *m*. ▾**—ing** Ansehen, Standing *s*, Status *m*; *v.* —, vornehm; *een zaak v.* —, ein angesehenes Geschäft. ▾**—houden** s. behaupten, standhalten, s. halten.
standje (*berisping*) Rüffel, Ausputzer *m*, derber Verweis; (*relletje*) Auflauf *m*; *iem. een* — *maken, geven, schoppen*, e.m e.n R. erteilen, e.m den Kopf waschen, e.n schelten.
stand/olie Stand/öl *s*. ▾**—penning** Kurantmünze *w*. ▾**—pijp** S.rohr *s*. ▾**—plaats** S.ort *m*; (*v. ambtenaar ook*) Amtssitz *m*; (*v. jager*) Anstand *m*; (*v. taxi enz.*) Stand(platz), Halteplatz *m*; (*v. schip*) Schiffsort *m*; — *voor taxi's*, Taxistand *m*. ▾**—punt** Stand/punkt *m*; *op het* — *staan dat ...*, auf dem S.punkt stehen, s. auf den S.punkt stellen, den S.punkt vertreten daß ...; *zijn* — *ten opzichte v. iets bepalen*, zu etwas Stellung nehmen; *v.h.* — *der wetenschap beschouwd*, vom S.punkt der Wissenschaft aus. ▾**—recht** S.recht *s*. ▾**—rechtelijk** s.rechtlich. ▾**—vastig** s.haft, beharrlich, fest. ▾**—verschil** S.esunterschied *m*. ▾**—vogel** S.vogel *m*. ▾**—werker** Marktschreier *m*.
stang Stange *w*; (*iem.*) *op* — *jagen*, aufbringen.
stank Gestank *m*; — *voor dank*, Hohn für Lohn, Stank für Dank. ▾**—afsluiter** Geruchverschluß *m*.
stansen stanzen.
stap Schritt *m*; — *voor* —, S. für S.; *op* — *gaan*, s. auf den Weg machen.
stapel I *bn* total verrückt, toll. **II** *zn* Stapel, Haufen *m*; *'n* — *boeken*, ein Stoß, Stapel Bücher; *aan —s zetten*, in H. setzen, aufstapeln; (*een schip*) *op* — *zetten*, auf Stapel legen; *v.* — *lopen*, vom Stapel laufen, (*fig., ook*) vonstatten gehen; *te hard v.* — *lopen*, (*fig.*) zu hitzig anfangen; *op* — *staan*, auf Stapel liegen. ▾**—bed** Etagenbett *s*. ▾**—en** (auf-, an)häufen, aufschichten, (auf)stapeln. ▾**—gek** total verrückt. ▾**—goed** Stapel/ware *w*. ▾**—loop** S.lauf *m*. ▾**—markt** S.markt *m*. ▾**—meubel** Aufbaumöbel *s*. ▾**—plaats** S.platz *m*. ▾**—wolk** Haufenwolke *w*.
stap/pen schreiten, gehen; (*fors, met zware stap*) stapfen; (*v. paard*) im Schritt gehen; (*in of uit trein enz.*) steigen; *zacht* —, (*met niet veel lawaai*) leise auftreten; *in bed* —, ins Bett steigen; *in de plassen* —, in die Pfützen treten; *op de tram, de ladder* —, auf die Straßenbahn, die Leiter steigen; *v.d. boot* —, aus dem Boot steigen; *v.h. paard* —, vom Pferde steigen. ▾**—voets** im Schritt; — *rijden*, Schritt fahren, (*te paard*) im S. reiten.
star starr.
staren starren; (*wezenloos*) stieren; (*iem.*) *met — de ogen* (*aankijken*), starr, mit starren Augen, mit stieren A.
start Start *m*; *valse* —, Fehlstart *m*. ▾**—baan** S.bahn *w*; (*v. vliegveld, ook*) Rollfeld *s*. ▾**—blok** S.block *m*. ▾**—en** s.en; *de motor* —, den Motor anlassen. ▾**—er** S.er *m*; (*v. motor, ook*) Anlasser *m*. ▾**—inrichting** (*v. raket*) S.rampe *w*. ▾**—kabel** S.hilfekabel *s*. ▾**—kapitaal** S.-, Anfangskapital *s*. ▾**—klaar** s.fertig, -bereit. ▾**—motor** Anlassermotor *m*. ▾**—schot** S.schuß *m*.
staten/bijbel Staaten/bibel *w*. ▾**—bond** S.bund *m*. ▾**S—-Generaal** Generalstaaten. ▾**—loos** s.los. ▾**S—vertaling** S.übersetzung *w*.
statica Statik *w*.
statie (*v. kruisweg*) Station *w*.
statief Stativ *s*.
statiegeld Einsatz *m*, (Flaschen)Pfand *s*; *fles met* —, Pfandflasche *w*.
statig (*plechtig*) feierlich; (*deftig*) würdig, würdevoll; (*v. gebouw, gestalte enz.*) stattlich. ▾**—heid** F.keit; Würde; Stattlichkeit *w*.
station (*stopplaats, waarnemingsstation enz.*) Station *w*; (*stationsgebouw v. spoorw.*) Bahnhof *m*; *naar 't* — (*gaan*), zum B., zur Bahn, an die Bahn; — *v. vertrek*, Abfahrtsstation; — *voor draadloze telegrafie*, Funkstelle *w*. ▾**—air** stationär; — *draaien*, (*v. motor*) Leerlauf *m*. ▾**—car** Kombiwagen *m*. ▾**—eren** stationieren. ▾**—restante** bahn(hof)lagernd. ▾**stations/chef** Bahnhofs/vorsteher *m*. ▾**—emplacement** B.gelände *s*. ▾**—gebouw** B.gebäude *s*. ▾**—plein** B.platz *m*. ▾**—restauratie** B.gaststätte *w*. ▾**—werk** B.mission *w*.
statisch statisch.
statist/icus Statist/iker *m*. ▾**—iek** S.ik *w*; *centraal bureau voor de* —, s.isches Zentralamt. ▾**—isch** s.isch.
status Status *m*; — *quo*, Status quo *m*. ▾**—symbool** S.symbol *s*.
statutenwijziging Statuten-, Satzungsänderung *w*. ▾**statuut** Statut *s*, Satzung *w*; *statuten v.d. vennootschap*, Gesellschaftsvertrag *m*; — *v.h. Koninkrijk*, Statut für das Königreich der Niederlande; *volgens de statuten*, laut der Statuten, satzungsgemäß, statut(en)mäßig.
stavast: *man v.* —, tüchtiger Kerl, Mann von Charakter.
stav/en bestätigen, bekräftigen; *met redenen* —, begründen; *met bewijzen* —, mit Beweisen bekräftigen; *met bewijsstukken* —, belegen. ▾**—ing** Bestätigung, Bekräftigung, Begründung *w*.
stayer Steher *m*. ▾**—wedstrijd** S.rennen *s*.
steak Steak *s*.
stearine Stearin *s*. ▾**—kaars** S.kerze *w*.
stede Ort *m*, Stätte, Stadt *w*; (*hofstede*) Bauernhof *m*, Gehöft *s*; *hier ter* —, in hiesiger Stadt, in dieser Stadt, (*hand.*) am hiesigen Platze; *in — v.*, (an)statt [2]. ▾**—bouw** Städte/bau *m*. ▾**—bouwkunde** S.baukunst *w*. ▾**—bouwkundig** s.baulich, s.bautechnisch; *—e*, S.bauer *m*. ▾**—houder** Stellvertreter *m*. ▾**—lijk** städtisch; — *bestuur*, Stadtverwaltung *w*. ▾**—ling** Städter, Stadtbewohner *m*.
steeds 1 (*altijd*) immer, stets; **2** (*als in de stad*) städtisch.
steeg (*nauwe straat*) Gasse *w*; (*smal voetpad*) Steg *m*.
steek Stich *m*; (*bij breien*) Masche *w*; (*bedekte hatelijkheid*) Stich, Hieb *m*; (*ondersteek*) Stechbecken *s*, Unterschieber *m*; (*hoed*) Drei-, Zweispitz *m*; *een* — *laten vallen*, eine M. fallen lassen; *steken in de zij* (*voelen*), Stiche in der Seite; *steken in de zij* (*krijgen*), das Seitenstechen; — *onder water*, Seitenhieb;

(*dat*) *is een — op mij*, geht auf mich; *geen — houden*, nicht Stich halten, nicht stichhaltig sein; (*iem.*) *in de — laten*, e.n im Stich lassen; *er geen — v.* (*weten*), gar nichts davon; *geen — uitvoeren*, keinen Streich arbeiten; *het kan me geen — schelen*, es ist mir gleichgültig, es ist mir schnuppe; *er is een — aan los*, da ist etwas nicht in Ordnung; *aan hem is een — los*, bei ihm ist 's nicht richtig im Kopfe, (*zedelijk*) er ist sittlich nicht einwandfrei. ▼**—beitel** Stechbeitel *m.* ▼**—contact** Steck/kontakt, S.er; (*stekker en contactdoos samen*) S.vorrichtung *w.* ▼**—houdend** stichhaltig. ▼**—mug** Stech/mücke *w.* ▼**—pan** S.becken *s*, Unterschieber *m.* ▼**—partij** Messerstecherei *w.* ▼**—penning** (*om om te kopen*) Bestechungsgeld, Schmiergeld *s.* ▼**—proef** Stichprobe *w.* ▼**—sleutel** Steck-, Maul-, Gabelschlüssel *m.* ▼**—spel** Stechspiel, Turnier *s.* ▼**—vlam** Stichflamme *w.* ▼**—vlieg** Stech/fliege *w.* ▼**—wagen** S.karre, Sackkarre *w.* ▼**—wapen** Stich/waffe *w.* ▼**—wond** S.wunde *w.* ▼**—zak** Schubtasche *w.*

steel Stiel *m.* ▼**—pan** S.pfanne *w.*

steels, —gewijs verstohlen, heimlich.

steen Stein *m*; (*baksteen*) Backstein, Ziegel(stein) *m*; *de eerste —* (*leggen*), den Grundstein; *hard als —*, hart wie S., steinhart; *— en been* (*klagen*), laut, jämmerlich; *al zou de onderste — boven komen*, wenn auch alles drunter und drüber ginge. ▼**—achtig** (*met stenen*) steinig; (*op steen lijkend*) steinartig. ▼**—arend** Stein/adler *m.* ▼**—bakkerij** Ziegelbrennerei, Ziegelei *w.* ▼**—blok** S.block *m.* ▼**—bok** S.bock *m.* ▼**—bokskeerkring** Wendekreis *m* des S.bocks. ▼**—druk** S.druck *m*, Lithographie *w.* ▼**—gaas** Ziegelgewebe *s.* ▼**—groeve** S.bruch *m.* ▼**—grond** S.boden, S.grund *m.* ▼**—gruis** S.grieß, S.grus *m.* ▼**—hard** steinhart. ▼**—hoop** Stein/haufen *m.* ▼**—houwer** S.hauer, S.bruchafbeiter *m*; (*bewerker v. steen*) S.metz *m.* ▼**—houwerij** S.hauerwerkstatt, S.metzwerkstatt *w.* ▼**—klomp** S.klotz *m.* ▼**—kolen** S.kohlen *Mz.* ▼**—kolenbekken** S.kohlenbecken *s.* ▼**—kolenmijn** S.kohlengrube, Zeche *w.* ▼**—kool** S.kohle *w.* ▼**—koolbriket** S.kohlenbrikett *s.* ▼**—koolteer** S.kohlenteer *m.* ▼**—koud** eiskalt. ▼**—oven** Ziegelofen *m.* ▼**—puin** S.schutt *m.* ▼**—puist** Furunkel *m*, Blutgeschwür *s.* ▼**—rood** ziegelrot. ▼**—rots** S.fels *m.* ▼**—slag** S.schlag *m*; (*voor wegenbouw*) Schotter *m*; *met — bestrooien*, beschottern; *wegdek v. —*, Schotterdecke *w.* ▼**—snijder** Stein/schneider *m.* ▼**—tijdperk** S.zeit *w.* ▼**—tje**: *een —* (*bijdragen*), sein Scherflein. ▼**—uil** Stein/eule *w*, S.kauz *m.* ▼**—vrucht** S.frucht *w*; *—en*, S.obst *s.* ▼**—worp** S.wurf *m.*

steeple-chase Steeplechase *w*, Hindernisrennen *s.*

steevast fest, regelmäßig.

steg *zie* **heg**.

steiger 1 (*bij bouwen*) Gerüst *s*; **2** (*aanlegplaats*) Landungsbrücke *w*, Landungssteg *m.* ▼**—en** s. bäumen. ▼**—paal** G.mast *m*, -stange *w*, Rüstbaum *m*, Rüststange *w.* ▼**—werk** G. *s*, Rüstung *w.*

steil steil, schroff; (*naar beneden*) jäh, (*schuin naar beneden*) abschüssig; (*fig.*, *star*) starr. ▼**—heid** Steilheit, Steile; Schroffheit; Jähe, Abschüssigkeit *w.* ▼**—oor** Esel *m*; (*stijfkop*) Starrkopf *m.* ▼**—schrift** Steilschrift *w.* ▼**—te** (*helling*) steiler Abhang; *zie verder* **—heid**.

stek Steckling *m*, Steckreis *s*, Setzling *m.*

stekeblind stockblind.

stekel Stachel *m.* ▼**—baars** Stichling *m.* ▼**—ig** stachlig, scharf; (*fig.*, *ook*) anzüglich, beißend, gehässig. ▼**—igheid** Stachlichkeit *w*; (*fig.*) Anzüglichkeit, Stichelei *w.* ▼**—tje** Stichling *m.* ▼**—varken** Stachelschwein *s.*

steken (*met puntig voorwerp 'n gat maken*; *'n stekend gevoel v. pijn veroorzaken*; *uitgraven*) stechen; (*stoppen*, *bergen*; *bevestigen aan*, *op*; *plaatsen*, *brengen*, *zetten*; *z. bevinden*, *zijn*, *vastzitten*) stecken; (*asperges*, *paling*, *turf*, *een varken*) stechen; (*de zon*) *steekt*, sticht; (*een ring*) *aan de vinger —*, an den Finger stecken; (*iets*) *bij z. —*, zu s. stecken; *in brand —*, in Brand stecken; *in de zak —*, in die Tasche stecken, einstecken; *in zee —*, in See stechen; *de trompet —*, in die Trompete stoßen; *blijven —*, stecken bleiben, (*stokken*) stocken; *er steekt iets achter*, es steckt etwas dahinter.

stekken Stecklinge pflanzen; durch Stecklinge vermehren.

stekker Stecker *m.*

stel Garnitur *w*; (*gewichten*, *kopjes*, *schotels enz.*) Satz *m*; (*room-*, *likeurstel enz.*) Service *s*; (*stander*; *onderstel*) Gestell *s*; (*collectie*) Sammlung, Kollektion *w*; (*petroleum-*, *gasstel*) Kocher *m*; (*paar*) Paar *s*; (*aantal*, *menigte*) Anzahl, Menge *w*, Haufen *m*; (*troep*) Trupp *m*, Schar, Bande *w*; *— ondergoed*, Wäsche-, Unterzeuggarnitur; *op — en sprong*, Knall und Fall, auf der Stelle.

stel/en stehlen; *om te —*, (*fig.*) entzückend, zum Entzücken, zum S. ▼**—er** Dieb *m*; (*de heler is zo goed*) *als de —*, wie der Stehler.

stelkunde Algebra *w.*

stellage Gerüst, Gestell *s*, Stellage *w.*

stell/en stellen; setzen; (*veronderstellen*) annehmen, voraussetzen; (*brief*, *rekest enz.*) aufsetzen, abfassen; (*goede daad*) vollbringen; (*zijn hoop*) *op iem. —*, auf, in e.n setzen; (*een prijs*) *te hoog —*, zu hoch ansetzen, stellen; (*als regel*) *—*, aufstellen; *buiten bedrijf —*, außer Betrieb setzen; *in dienst —*, in Dienst stellen; *iem. in de gelegenheid —*, e.m die Gelegenheit verschaffen, bieten, es e.m ermöglichen; *z. in gevaar —*, s. der Gefahr aussetzen; *in vrijheid —*, in Freiheit setzen; *hij stelt goed*, er schreibt gut, hat e.n guten Stil; *stel 't geval*, setzen wir den Fall, gesetzt den Fall; *'t goed met iem. kunnen —* (*= vinden*), gut mit e.m auskommen; *'t zonder iem. niet kunnen —*, e.n nicht entbehren können, ohne e.n nicht fertig werden; *hij kan 't goed —*, er hat sein gutes Auskommen; *heel wat met iem. te — hebben*, viel mit e.m zu schaffen haben, seine liebe Not mit e.m haben; *hoe stel je 't?*, wie geht's dir? ▼**—end**: *—e trap*, Grundstufe *w*, Positiv *m.* ▼**—er** Steller *m*; (*v. geschrift*) Verfasser *m*; *— dezes*, Schreiber dieses (Briefes), dieser Zeilen.

stellig bestimmt, gewiß; *een — resultaat*, ein positives Ergebnis; *—* (*verzekeren*), b., entschieden; *ten —ste*, aufs bestimmteste. ▼**—heid** B.heit *w.*

stelling (*steiger*) Gerüst *s*; (*positie*, *ook mil.*) Stellung *w*; (*in wisk.*) Satz, Lehrsatz *m*; (*thesis*) These *w*; (*bewering*) Behauptung *w*; *— nemen*, Stellung nehmen. ▼**—name** S.nahme *w.* ▼**—oorlog** Stellungskrieg *m.* ▼**steloefening** Stilübung *w.*

stelp/en still/en. ▼**—ing** S.ung *w.*

stel/regel Grundsatz *m*, Prinzip *s.* ▼**—schroef** Stellschraube *w.*

stelsel System *s*; *economisch —*, wirtschaftliches S., Wirtschaftsordnung *w.* ▼**—loos** s.los. ▼**—matig** s.atisch, planmäßig. ▼**—matigheid** Planmäßigkeit *w.*

stelt Stelze *w*; (*alles*) *staat op —en*, ist in Unordnung, in Verwirrung, steht auf dem Kopf; *op — zetten*, in Unordnung, in Verwirrung, in Aufruhr bringen. ▼**—enloper** (*pers.*) Stelzen/läufer, S.gänger *m.* ▼**—loper**

(*vogel*) S.läufer, Stelzvogel *m*.
stem Stimme *w*; *er gaan —men op*, es werden Stimmen laut; *met algemene —men*, einstimmig; *— in 't kapittel* (*hebben*), eine Stimme im Rat. ▾**—band** Stimm/band *s*. ▾**—biljet** S.-, (*bij verkiezingen*) Wahl/zettel *m*. ▾**—briefje** S.-, Abstimmungszettel *m*. ▾**—buiging** Biegung *w*, Modulierung *w* der Stimme; Modulation *w*. ▾**—bureau** W.amt, W.lokal *s*; (*de pers.*) W.vorstand *m*. ▾**—bus** W.urne *w*. ▾**—busstrijd** W.kampf *m*. ▾**—district** W.bezirk *m*. ▾**—fluitje** S.pfeife *w*. ▾**—geluid** Klang *m* der S.e. ▾**—gerechtigd** s.-, (*voor verkiezingen*) w.berechtigt. ▾**—hebbend** (*v. klanken*) s.haft; *zie ook* **—gerechtigd**. ▾**—hokje** W.zelle *w*. ▾**—kaart** Abstimmungskarte *w*; (*v. kiezers*) W.karte *w*. ▾**—lokaal** W.lokal *s*. ▾**—loos** s.los. ▾**stemm/en** s.en; (*stem uitbrengen*) abstimmen, (*pol.*) wählen; *tot vreugde —*, freudig s., zur Freude s.; (*dat*) *stemt tot nadenken*, macht, stimmt nachdenklich, gibt Stoff zum Nachdenken; *voor, tegen iets —*, für, gegen etwas stimmen, seine Stimme abgeben. ▾**—enaantal** Stimmen/(an)zahl *w*. ▾**—entelling** S.auszählung *w*. ▾**—er** (*v. instrument*) Stimmer *m*; (*kiezer*) Wähler *m*; (*stemgerechtigde*) Stimm-, Wahlberechtigte(r) *m*.
stemmig (*ingetogen*) sittsam; (*eenvoudig*) einfach, schlicht.
stemming Stimmung *w*; (*stemuitbrenging*) Abstimmung *w*; (*hand.*) Tendenz, S. *w*; *de — onder 't volk*, die S. im Volke; *bij eerste —*, bei der ersten A., (*pol.*) im ersten Wahlgang; *iets in — brengen*, etwas zur A. bringen, über etwas abstimmen lassen; *in — komen*, zur A. gelangen; *tot — overgaan*, zur A. schreiten; *z. v. — onthouden*, s. der A. enthalten. ▾**—makerij** Stimmungsmache *w*.
stem/oefening Stimmübung *w*. ▾**—opnemer** Stimmensammler *m*.
stempel Stempel *m*; (*afdruk v. muntstempel*; *fig.*: *kenmerk, cachet, ook*) Gepräge *s*; (*naamstempel*) Petschaft *s*; (*v. bloem*) Narbe *w*; *speciale —*, Sonderstempel; *zijn — op iets drukken*, (*fig.*) e.r Sache seinen S. aufdrücken; e.r Sache das G. geben; *v.d. oude, de echte —*, vom alten Schlag, vom alten Schrot und Korn. ▾**—aar** Stempler *m*; (*v. munten*) Präger *m*. ▾**—automaat** (*in bus, tram*) Entwerter *m*. ▾**—band** Prachteinband *m*, geprägter Einband. ▾**—en** stempeln; (*munten*) prägen; *gaan —*, (*v. werklozen*) stempeln gehen; (*iem.*) *tot een misdadiger —*, zum Verbrecher s. ▾**—inkt** Stempelfarbe *w*.
stem/plicht Stimm/-, Wahl/pflicht *w*. ▾**—recht** S., W.recht *s*. ▾**—spleet** S.ritze *w*. ▾**—verheffing** S.erhebung *w*. ▾**—vork** S.gabel *w*.
stencil Schablone *w*; (*afdruk*) Abzug *m*. ▾**—en** (mit der S.) vervielfältigen. ▾**—machine** Vervielfältigungsapparat, Vervielfältiger *m*.
stenen I *bn* steinern, Stein...; *— pijp*, Tonpfeife *w*, irdene Pfeife; *— tijdperk*, Steinzeit *w*; *— trap*, Steintreppe. **II** *ww* (*kreunen*) stöhnen.
stengel Stengel *m*; *zoute —*, Salzstange *w*.
stengun Maschinenpistole *w*.
stenig steinig. ▾**—en** s.en. ▾**—ing** S.ung *w*.
steno Steno *w*; *in — opnemen*, stenographisch aufnehmen. ▾**—graaf** S.graph *m*. ▾**—graferen** s.graphieren. ▾**—grafie** S.graphie, Kurzschrift *w*. ▾**—grafisch** s.graphisch. ▾**—gram** S.gramm *s*. ▾**—typist(e)** S.typist(in) *m & w*.
step (*bijv. aan fiets*) Auftritt *m*; (*autoped*) Roller *m*; (*dans*) Step *m*.
step-in Hüfthalter, Gummischlüpfer *m*.
steppe Steppe *w*.
steppen rollen; (*stepdansen*) steppen.
STER Stiftung *w* Funk- und Fernsehwerbung.
ster Stern *m*; (*hemellichaam, ook*) Gestirn *s*; (*filmster enz., meestal*) Star *m*; *vallende —*, Sternschuppe *w*; *vaste —*, Fixstern.
stère Ster *m*, Kubikmeter *s*.
stereo stereo, Stereo...; *zn* Stereo *s*; *zie* **—metrie**. ▾**—camera** S.kamera *w*. ▾**—cassetterecorder** S.kassettenrecorder *m*. ▾**—fonie** S.phonie *w*. ▾**—fonisch** s.phonisch. ▾**—installatie** S.anlage *w*. ▾**—metrie** S.metrie *w*. ▾**—plaat** S.platte *w*. ▾**—platenspeler** S.plattenspieler *m*. ▾**—scoop** S.skop *s*. ▾**—scopisch** s.skopisch. ▾**—tiep I** *bn* s.typ. **II** *zn* S.typ *s*. ▾**—typedruk** S.typdruck *m*. ▾**—uitzending** S.sendung *w*.
sterf/bed Sterbe/bett *s*. ▾**—dag** S.-, Todestag *m*. ▾**—(e)lijk** sterblich. ▾**—elijkheid** S.keit *w*. ▾**—geval** Sterbe/-, Todesfall *m*. ▾**—huis** S.-, Trauerhaus *s*. ▾**—te** Sterben *s*; (*geheel der sterfgevallen*) Sterblichkeit, Mortalität *w*; *— onder het vee*, Viehsterben. ▾**—tecijfer** Sterblichkeits/ziffer *w*. ▾**—tekans** S.wahrscheinlichkeit *w*.
steriel steril. ▾**sterili/satie** Sterili/sierung, S.sation *w*. ▾**—seren** s.sieren.
sterk stark; (*krachtig, ook*) kräftig; (*v. boter*) ranzig; *—e dranken*, alkoholische, starke Getränke; *de —e arm*, die Obrigkeit, die Gewalt; *met behulp v.d. —e arm*, unter (gesetzlichem) Zwang; (*dat is*) *een — stuk*, ein starkes Stück, stark; *daar is hij niet — in*, das ist nicht seine starke Seite, darin ist er nicht stark; *—* (*betwijfelen*), sehr; (*ik ben*) *er — voor*, sehr, stark dafür. ▾**—en** stärken, kräftigen. ▾**—gebouwd** starkgebaut; (*v. pers.*: *fors*) kräftig, stämmig, vierschrötig. ▾**—ing** Stärkung, Kräftigung *w*. ▾**—stroom** Starkstrom *m*. ▾**—te** Stärke; Kraft *w*; (*v. boter*) Ranzigkeit *w*; (*vesting, fort*) Festung *w*, Fort *s*; (*aantal*) Anzahl *w*; (*v. leger*) Stärke. ▾**—water** Scheidewasser *s*.
sterling Sterling *m*. ▾**—blok**, **—gebied** S.block *m*, S.gebiet *s*.
sterre/jaar Sternjahr *s*. ▾**—kers** Gartenkresse *w*. ▾**—kijker** astronomisches Fernrohr, Teleskop *s*. ▾**sterren/beeld** Stern/bild, Gestirn *s*. ▾**—hemel** S.enhimmel *m*. ▾**—kunde** Astronomie, S.kunde *w*. ▾**—kundige** Astronom, S.kundige(r) *m*. ▾**—regen** S.enregen *m*. ▾**—wacht** S.warte *w*. ▾**—wichelaar** S.deuter, Astrolog *m*. ▾**—wichelarij** Astrologie, S.deuterei *w*. ▾**ster/retijd** S.zeit *w*, siderische Zeit. ▾**—retje** S. *m*, S.chen *s*; *de —s dansten me voor de ogen*, es flimmerte mir vor den Augen. ▾**—rit** S.fahrt *w*.
sterv/eling Sterbliche(r) *m*; *geen —*, keine (Menschen)Seele. ▾**—en** sterben; *'n natuurlijke dood —*, e.n natürlichen Tod, e.s natürlichen Todes s.; *aan een ziekte —*, an e.r Krankheit s.; *op — liggen, —de zijn*, im S. liegen; *op — na dood*, totsterbenskrank; *ik mag —* (*als ik 't weet*), ich will s. ▾**—ende** Sterbende(r) *m*; *gebeden der —n*, Gebete für die Sterbenden. ▾**—ensangst** Sterbensangst *w*. ▾**—ensuur** Sterbestunde *w*.
stervormig sternförmig.
stethoscoop Stethoskop *s*.
steun (*stut, ook fig.*) Stütze *w*; (*ondersteuning*) Unterstützung *w*; (*werklozenuitkering*) Arbeitslosengeld *s*; *aan hem hebben we een —*, (*ruggesteun*) an ihm haben wir e.n Rückhalt, e.n Halt; (*iem.*) *— verlenen*, U. gewähren, (*vooruithelpen, begunstigen*) Vorschub leisten; *— trekken*, A. erhalten, U. empfangen. ▾**—aankopen**

(*beurst.*) Stützungskäufe *Mz.* ▾—**actie** Stützungsaktion *w.* ▾—**balk** Stütz-, Tragbalken *m.* ▾—**beer** Mauer-, Strebepfeiler *m.* ▾—**comité** Hilfskomitee *s*, U.sausschuß *m.* ▾—**en 1** (*iem., iets*) stützen, unterstützen; *een zaak* —, (*vooruithelpen, begunstigen*) e.r Sache Vorschub leisten; *op zijn ellebogen, een stok* —, s. auf die Ellbogen, e.n Stock stützen; (*dat*) *steunt op*, stützt s. auf; *zie ook* **leunen**; **2** (*kreunen*) stöhnen, ächzen. ▾—**fonds** U.skasse *w.* ▾—**fraude** Erschleichung *w* der U.sgelder. ▾—**pilaar** Stützpfeiler *m*; (*fig.*) Stütze, Grundsäule *w.* ▾—**punt** Stützpunkt *m*; (*fig.*: *houvast*) Halt *m*; (*aanknopingspunt*) Anhalt(spunkt) *m*; — *voor de vloot*, Flottenstützpunkt. ▾—**trekker** U.sempfänger *m.* ▾—**verlening** U., Beihilfe *w.* ▾—**zool** Senkfußsohle *w.*

steur Stör *m.*

steven Steven *m.* ▾—**en** steuern; schiffen, segeln; *hij stevende op mij af*, er steuerte auf mich zu.

stevig fest, kräftig, stark; (*solied*) solid, fest; (*duurzaam*) dauerhaft; (*flink*) tüchtig; (*potig*) handfest, stämmig; (*ruw, hardhandig*) derb; —*e boerenmeid*, dralle Bauerndirne; —*e bries*, steife Brise; —*e drinker, roker*, starker Trinker, Raucher; —*e eter*, starker, tüchtiger Esser; —*e kost*, kräftige Kost; *een — pak slaag*, eine gehörige, derbe Tracht Prügel. ▾—**heid** Festigkeit; Solidität; Dauerhaftigkeit; Tüchtigkeit *w.*

steward Steward *m.* ▾—**ess** S.eß *w.*

sticht Stift *s.* ▾—**elijk** erbaulich; *ik dank je —!*, ich danke (ergebenst)! ▾—**en** (*kwaad, goeds, nut, onheil, vrede, tweedracht, orde, godsdienst, klooster, kerk, school, rijk, stad*) stiften; (*rijk, school, stad, partij, vereniging, n.v.; oprichten*) gründen; *brand* —, Brand stiften, Feuer legen; (*tot vroomheid opwekken*) erbauen. ▾—**er** Stifter; Gründer *m.* ▾—**ing** Stiftung; Gründung *w*; (*door preek enz.*) Erbauung *w*; (*lichaam met rechtspersoonlijkheid*) Stiftung *w*; (*instelling, gesticht*) Anstalt *w*; Institut *s*, (*kerkelijk, ook*) Stift *s*; *Stichting v.d. Arbeid*, Stiftung der Arbeit. ▾—**ingsakte** Gründungsurkunde *w.*

stick Hockeyschläger *m*; (*stuurknuppel*) Steuerknüppel *m*; (*stickie*) Shit, Haschjoint *m.*

sticker Aufkleber *m.*

stickie *zie* **stick**.

stief/broer Stief/bruder *m.* ▾—**kind** S.kind *s.* ▾—**moeder** S.mutter *w.* ▾—**moederlijk** s.mütterlich.

stiekem heimlich; (*achterbaks, niets vertellend*) hinterhältig, hinterhaltig; (*vals, geniepig*) (heim)tückisch. ▾—**erd** Schleicher, Leisetreter, Heimtücker, Tückebold *m.*

stier Stier *m.* ▾—**egevecht** S.kampf *m.* ▾—**enek** S.nacken *m.* ▾—**lijk** furchtbar, schauderhaft.

stift 1 (*klooster*) Stift *s*; **2** (*andere bet.*) Stift *m*; (*graveerstift*) Stichel *m*; (*v. vulpotlood*) Mine *w.* ▾—**tand** Stiftzahn *m.*

stigma Stigma *s.* ▾—**tisatie** Stigmatisierung *w.* ▾—**tiseren** stigmatisieren.

stijf steif; (*verstijfd*) starr, erstarrt; (*vormelijk*) steif, formell, gezwungen; (*houterig*) steifleinen, hölzern; (*star*) starr; — *v.d. kou*, starr, erstarrt, steif vor Kälte; *mijn ledematen zijn — geworden v. 't zitten*, vom Sitzen sind mir die Glieder steif geworden; — *staan v.h. vuil*, starren vor Schmutz; *z. — houden*, (*niet toegeven*) den Nacken steif halten; — *en strak staande houden*, steif und fest behaupten. ▾—**heid** Steifheit, Starrheit *w.* ▾—**hoofd** Starrkopf *m.* ▾—**hoofdig** starrköpfig. ▾—**hoofdigheid** Starrköpfigkeit *w*, Starrsinn *m.* ▾—**kop** *zie* —**hoofd**. ▾—**sel** Stärke *w*; (*plakmiddel*) Kleister *m.* ▾—**selkwast** K.pinsel *m.* ▾—**te** Steifheit, Steife *w.*

stijg/beugel Steigbügel *m.* ▾—**en** steigen; (*de prijzen*) —, *zijn —de*, steigen, sind im Steigen (begriffen); (*de produktie, de prijzen*) *doen* —, steigern; *naar 't hoofd* —, in den Kopf, zu Kopfe steigen; *een —de lijn*, eine Aufwärtskurve; *in —de lijn*, in steigender Linie. ▾—**ing** Steigen *s*, Steigung *w.* ▾—**kracht** aufsteigende Kraft, Auftrieb *m.* ▾—**vermogen** Steigfähigkeit *w.*

stijl Stil *m*; (*v. deur, raam enz.*) Pfosten *m*; (*v. bloem*) Griffel *m*; *gebonden* —, gebundene Rede; *in gebonden* —, in Versen; (*het koninkrijk*) *nieuwe* —, neuen Stils; *vrije* —, (*bij zwemmen enz.*) Freistil; *in* —, stilgerecht, stilvoll. ▾—**bloempje** Stil/blüte *w.* ▾—**figuur** Redefigur *w.* ▾—**fout** S.fehler *m.* ▾—**leer** S.lehre, S.istik *w.* ▾—**loos** s.los. ▾—**oefening** S.übung *w.* ▾—**vol** s.voll.

stijven (*met stijfsel*) stärken, steifen; (*anders*) bestärken, steifen; (*de kas*) —, (ver)stärken; (*de wind*) *begint te* —, nimmt zu.

stik! hol dich der Teufel!

stikdonker stockfinster.

stikgaren Steppgarn *s.*

stik/heet (er)stickend heiß. ▾—**ken 1** (*naaien*) steppen; *gestikte deken*, Steppdecke *w*; **2** (*anders*) ersticken; (*'t is hier*) *om te* —, zum Ersticken; — *v.h. lachen*, vor Lachen beinahe platzen; (*iem.*) *laten* —, (*fig.*) im Stich lassen, sitzenlassen; *stik vent!*, daß dich die Pest! ▾—**machine** Stepp/maschine *w.* ▾—**naald** S.nadel *w.* ▾—**sel** S.erei *w.* ▾—**ster** S.erin *w.* ▾—**stof** Stickstoff *m.* ▾—**vol** gedrängt, gesteckt, zum Ersticken voll.

stil still; (*rustig*) ruhig; (*hij is*) *erg* —, sehr still, sehr schweigsam; *de handel is erg* —, der Handel ist außerordentlich still, es ist sehr still im Geschäft; *houd je* —, sei still, sei ruhig, verhalte dich ruhig, (*zwijg*) schweige; —!, still!; — *gaan leven*, s. zur Ruhe setzen; —*le agent*, Geheimpolizist *m*; —*le armoede*, verschämte Armut; —*le hoop*, leise Hoffnung; *zo — als een muis*, mäuschenstill. ▾—**aan** allmählich.

stile/ren stilisie/ren. ▾—**ring** S.rung *w.*

stilet Stilett *s.*

stilhouden (*niet bewegen enz.*) still halten; (*even onder 't rijden, lopen enz.*) anhalten; (*stoppen*) halten; (*even ophouden onder spreken enz.*) innehalten; (*een verloving*) geheim halten; *z.* —, s. ruhig verhalten, ruhig sein, still sein; schweigen.

stilist Stilist *m.* ▾—**iek** S.ik *w.* ▾—**isch** s.isch.

stil/le Stille(r) *m*, schweigsamer Mensch; (*rechercheur*) Kripo *m*; (— *agent, spion*) Spitzel *m*; (*stiekemerd*) Leisetreter *m*; *de —n in den lande*, die Stillen im Lande. ▾—**leggen** stillegen. ▾—**len** (*bloed, dorst, honger, pijn, begeerte, verlangen*) stillen; (*dorst, ook*) löschen; (*verlangen enz. bevredigen*) befriedigen; (*tot bedaren brengen*) beruhigen, beschwichtigen. ▾—**letjes** still; (*zachtjes*) leise; (*onopgemerkt*) unbemerkt; (*heimelijk, stiekem*) heimlich. ▾—**leven** Stil/leben *s.* ▾—**liggen** s.legen. ▾—**staan** s.lstehen; (*stokken*) stocken; (*stoppen*) halten; (*ophouden, even stoppen*) anhalten; *de bel staat niet stil*, das Geklingel reißt nicht ab; (*lang bij een onderwerp*) —, verweilen; *daar staat mijn verstand bij stil*, dabei steht mir der Verstand still; —*d water*, stehendes Wasser. ▾—**stand** Stillstand *m*; Stockung *w*; — *in zaken*, Stockung der Geschäfte, Geschäftsstockung. ▾—**te** Stille; Ruhe *w*; (Still)Schweigen *s*; — *in zaken*, Geschäftsstille; *doodse* —, Totenstille; *in* —, im still/en, in der S.e, (*heimelijk*) heimlich; *in*

alle —, in aller S.e; in aller Heimlichkeit; —*!*, Ruhe! ▼—**zetten** (*machine enz.*) abstellen; (*bedrijf, fabriek enz.*) stillegen; (*klok*) stehenlassen, aufhalten. ▼—**zitten** stillsitzen; (*rusten*) ruhen.
stilzwijgen I *zn* Stillschweigen *s*; (*stilzwijgendheid*) Verschwiegenheit *w*; *het — in acht nemen*, S. beobachten; (*iem.*) *het — opleggen*, S. auferlegen; *iets met — voorbijgaan*, etwas mit S. übergehen, über etwas mit S. hinweggehen. **II** *ww* stillschweigen. ▼—**d** s.d; (*zwijgzaam*) verschwiegen.
stimul/ans Stimulans *s* (*mv*: Stimulantien). ▼—**eren** stimulieren, anregen, reizen; —*d middel*, Stimulationsmittel *s*.
stink/bom Stink/bombe *w*. ▼—**dier** S.tier *s*. ▼—**en** s.en. ▼—**end** s.end, s.ig; — *lui*, s.faul. ▼—**er(d)** S.er *m*. ▼—**stok** (*sigaar*) S.adores *w*. ▼—**zwam** S.morchel *w*.
stip Punkt *m*; (*v. gestippelde stof*) Tüpfel *s & m*, Tupfen *m*.
stipendium Stipendium *s*.
stippel *zie* **stip**. ▼—**en** punktieren; (*bijv. 'n stof*) tüpfeln, tupfen; (*lijn*) punktieren, stricheln. ▼—**lijn** punktierte, gestrichelte Linie.
stipt pünktlich; — *eerlijk*, grundehrlich. ▼—**heid** P.keit *w*. ▼—**heidsactie** P.keitsaktion *w*, Dienst *m* nach Vorschrift.
stobbe (*boomstronk*) Stubben *m*.
stock Stock *m* (Bestand, Vorrat *m*). ▼—**dividend** S.dividende *w*.
stoei/en (herum)tollen; (*ravotten*) s. balgen; (*met meisjes*) schäkern. ▼—**erij**, —**partij** Herumtollen *s*; Balgerei; Schäkerei *w*.
stoel Stuhl *m*; *de Heilige Stoel*, der Heilige, Päpstliche Stuhl; *iets niet under —en of banken steken*, kein Hehl aus etwas machen; *voor —en en banken* (*preken*), vor leeren Bänken. ▼—**en** (*plk.*) s. bestauden, s. bestocken; — *op*, (*fig.*) sprießen, hervorwachsen aus. ▼—**endans** Sesseltanz *m*, die Reise nach Jerusalem. ▼—**enmatter** Stuhl/flechter *m*. ▼—**gang** S.gang *m*. ▼—**tjeslift** Sessellift *m*.
stoep (*voor deur*) Auftritt, Tritt, Aufgang *m*; (*bordes*) Freitreppe *w*. ▼—**rand** Bordstein *m*.
stoer kräftig, rüstig; (*potig*) stämmig; (*straf*) stramm. ▼—**heid** Rüstigkeit; Stämmigkeit *w*.
stoet Zug *m*; (*gevolg v. vorst enz.*) Gefolge *s*. ▼—**erij** Gestüt *s*. ▼—**haspel** Tölpel *m*.
stof 1 (*de stof*) Stoff *m*; *kort v.* —, kurz angebunden; *lang v.* —, langatmig, weitschweifig; **2** (*het stof*) Staub *m*; *helemaal onder 't* —, verstaubt. ▼—**bril** Staubbrille *w*. ▼—**deeltje** Stäubchen *s*. ▼—**doek** Wisch-, Staubtuch *s*. ▼—**feerder** Tapezier/er *m*; (*v. stoelen enz.*) Polsterer *m*. ▼—**feerderij** T.geschäft *s*, Polsterwerkstatt *w*. ▼—**felijk** materiell, stofflich; — *bijvoeglijk naamwoord*, Stoffadjektiv *s*; *het — overschot*, die irdischen, sterblichen Reste. ▼—**fen I** *ww* (*stof afnemen*) (ab-, aus-) stäuben, -stauben, staubwischen; *het stoft*, es staubt, es stäubt. **II** *bn* Zeug..., aus Stoff. ▼—**fenwinkel** Tuchladen *m*. ▼—**fer** Handfeger, Staubbesen *m*; — *en blik*, Schaufel und Besen. ▼—**feren** (*kamer*) ausstatten; möblieren; (*meubels*: *bekleden*) polstern; (*schilderstuk, verhaal enz.*) ausstaffieren, ausstatten. ▼—**fering** Ausstattung; Möblierung; Polsterung; Ausstaffierung *w*; (*het bijwerk, de opsmuk op schilderstuk enz.*) Staffage *w*. ▼—**fig** staubig. ▼—**goud** Goldstaub *m*. ▼—**jas** Staubmantel *m*. ▼—**je** (*v.h. stof*) Stäubchen *s*; (*v.d. stof*) Stoff *m*, Zeug *s*. ▼—**kam** Staubkamm *m*. ▼—**naam** Stoffname *m*. ▼—**omslag** (*om boek*) Schutzumschlag *m*. ▼—**regen** Staub-, Sprühregen *m*. ▼—**regenen** sprühen, nieseln, staubregnen. ▼—**vrij** staubfrei. ▼—**wisseling** Stoffwechsel *m*. ▼—**wisselingsstoornis** Stoffwechselstörung *w*. ▼—**wisselingsziekte** Stoffwechselkrankheit *w*. ▼—**wolk** Staubwolke *w*. ▼—**zuigen I** *ww* staubsaugen; (*de vloer*) —, saugen. **II** *zn* Staubsaugen *s*. ▼—**zuiger** Staubsauger *m*.
stoï/sch stoi/sch. ▼—**cijn** S.ker *m*. ▼—**cijns** s.sch.
stok Stock *m*; (*roest, stang, staak*) Stange *w*; (*kaarten*) (Karten)Stamm *m*; *'n — achter de deur*, der Knüppel hinter der Tür; *'t met iem. aan de — hebben*, Krach, Streit mit e.m haben, s. mit e.m herumstreiten; *'t met iem. aan de — krijgen*, mit e.m zusammengeraten, Krach, Streit mit e.m bekommen; (*de kippen zitten*) *op* —, auf der Stange; *met de kippen op — (gaan)*, mit den Hühnern zu Bett. ▼—**doof** stocktaub.
stok/en (*vuur doen branden*) heizen; (*flink*) —, einheizen; *kolen* —, mit Kohlen heizen; *een vuurtje* —, ein Feuer machen; (*aanwakkeren*) anfachen, schüren; (*opruien*) aufwiegeln, Unruhe stiften; *ruzie* —, stänkern, Händel stiften; (*tegen iem.*) —, hetzen; (*brandewijn*) —, brennen; *de tanden* —, in den Zähnen stochern. ▼—**er** Heizer; Aufwiegler, Unruhstifter, Stänker, Hetzer; (Branntwein) Brenner *m*. ▼—**erij** (Branntwein) Brennerei; Aufwiegelei; Hetzerei *w*.
stok/je Stöckchen *s*; *ergens een — voor steken*, e.r Sache e.n Riegel vorschieben; *v. zijn — vallen*, in Ohnmacht fallen. ▼—**ken** stocken; stecken bleiben. ▼—**oud** steinalt. ▼—**paard(je)** Steckenpferd *s*; *op zijn — zitten*, sein Steckenpferd reiten. ▼—**roos** Stock/rose *w*. ▼—**slag** S.schlag *m*; (*mv, ook*) Prügel *Mz*. ▼—**stijf** s.steif. ▼—**vis** S.fisch *m*.
stola Stola, Stole *w*.
stol/baar gerinn/ungsfähig, g.bar. ▼—**len** g.en, stocken, erstarren. ▼—**ling** G.en *s*. ▼—**lingspunt** Erstarrungspunkt *m*.
stolp (Glas)Glocke *w*.
stolsel Gerinnsel *s*.
stom stumm; (*dom*) dumm; — *v. verbazing*, stumm, sprachlos vor Staunen; *geen — woord (zeggen)*, kein Sterbenswörtchen. ▼—**dronken** sinnlos betrunken.
stom/en dampfen; (*gaar maken, stoom laten inwerken op*) dämpfen; (*kleren*) chemisch, durch Dampf reinigen; (*walmen*) qualmen. ▼—**er** Dampfer *m*. ▼—**erij** (chemische) Reinigungsanstalt.
stom/heid Stummheit; Dummheit *w*; *met — geslagen*, völlig sprachlos. ▼—**kop** Dummkopf *m*. ▼—**me** Stumme(r) *m*.
stommelen poltern, lärmen.
stom/meling, —**merik** Dumm-, Schafskopf *m*. ▼—**metje**: — *spelen*, kein Sterbenswörtchen sagen. ▼—**migheid**, —**miteit** Dummheit *w*.
stomp I *zn* **1** (*stoot*) Stoß, Puff, Stups *m*; — *in de zij*, Rippenstoß; **2** (*afgeknot deel*) Stumpf *m*; (*v. been enz., ook*) Stummel *m*. **II** *bn & bw* stumpf. ▼—**en** stoßen, puffen, stupsen. ▼—**heid** Stumpf/heit *w*. ▼—**hoekig** s.winklig, s.eckig. ▼—**je** Stummel *m*. ▼—**zinnig** stumpf/sinnig. ▼—**zinnigheid** S.sinn *m*.
stom/verbaasd äußerst verwundert, sprachlos (vor Staunen); — *staan, zijn* (*over iets*), (*fam.*) einfach baff sein (über etwas). ▼—**vervelend** furchtbar langweilig.
stond(e) Stunde *w*, Augenblick *m*; *v. — af aan, v. stonden aan*, von Stund(e) an.
stoof Fußwärmer *m*; (*v. hout*) Kieke *w*. ▼—**pan** Schmortopf *m*. ▼—**peer** Kochbirne *w*.
stook/gat Feuer/-, Heiz/loch *s*.

▾—**gelegenheid** F.stelle, H.gelegenheit *w.* ▾—**inrichting** F.ungsanlage; H.vorrichtung *w.* ▾—**kas** Warmhaus *s.* ▾—**olie** H.öl *s.* ▾—**plaats** F.stelle *w.*
stool (*rk*) Stola, Stole *w.*
stoom Dampf *m;* (*walm*) Qualm *m;* — *geven,* D. anlassen; *door* — *gedreven,* mit D.betrieb; *verwarming door middel v.* —, D.heizung *w;* *er* — *achter zetten,* (*fig.*) D. dahinter machen. ▾—**boot** D.schiff *s,* D.er *m.* ▾—**bootdienst** D.schiffahrtsverbindung, D.erdienst *m.* ▾—**cursus** Schnellkurs *m.* ▾—**drukmeter** D.druckmesser *m.* ▾—**fluit** D.pfeife *w.* ▾—**gemaal** D.pumpmühle *w.* ▾—**hamer** D.hammer *m.* ▾—**ketel** D.kessel *m.* ▾—**klep** D.ventil *s,* D.klappe *w.* ▾—**kraan 1** (*ter afsluiting*) D.hahn *m;* **2** (*heftoestel*) D.kran *m.* ▾—**leiding** D.leitung *w.* ▾—**machine** D.maschine *w.* ▾—**schip** D.schiff *s,* D.er *m.* ▾—**schuif** D.schieber *m.* ▾—**strijkijzer** D.bügeleisen *s.* ▾—**tram** D.straßenbahn *w.* ▾—**vaart** D.schiffahrt *w.* ▾—**vaartlijn** D.erlinie *w.* ▾—**vaartmaatschappij** D.schiffahrtgesellschaft *w.* ▾—**wals** D.walze *w.*
stoor/der Störer *m.* ▾—**loos** ungestört. ▾—**nis** *zie* **storing.** ▾—**zender** Störsender *m.*
stoot Stoß *m;* (*stomp, ook*) Puff *m;* *de eerste* — *tot* (*aan*) *iets geven,* den ersten Anstoß, die Anregung zu etwas geben, etwas anregen; *op* — (*zijn*), (*biljart*) bei S.; *aan* — (*zijn*), an der Reihe. ▾—**band** Hosenschonerband *s.* ▾—**b(l)ok** (*einde v. dood spoor*) Prellbock *m.* ▾—**je** leichter Stoß; *tegen een* — *kunnen,* e.n S., einige Püffe vertragen können. ▾—**kant** S.borte *w,* S. *m.* ▾—**kussen** S.polster *s.* ▾—**paal** Prellpfahl *m.* ▾—**s** stößig. ▾—**sgewijze** stoß/weise. ▾—**troep** S.truppe *w.* ▾—**troeper** S.truppler *m.* ▾—**wapen** S.waffe *w.*
stop 1 Stöpsel, Pfropfen *m;* (*kurk, ook*) Kork(en) *m;* (*zekering*) Sicherung *w;* (*stekker*) Stecker *m;* (*in kleren enz.*) Stopfe *w;* Stopf *m;* **2** (*Eng.*) Stopp *m.* ▾—**bord** Stoppschild, Halt-Schild *s;* (*spoorw.*) Haltetafel *w.* ▾—**contact** Steckkontakt *m,* Steckdose *w.* ▾—**fles** Stöpselflasche *w.* ▾—**garen** Stopfgarn *s.* ▾—**koers** Stopp/kurs *m.* ▾—**lamp** (*aan auto*) S.licht *s.* ▾—**lap** Stopflappen *m;* (*fig.*) Lückenbüßer *m.* ▾—**licht** Verkehrs/licht *s,* V.ampel *w;* *door het* (*rode*) — *rijden,* das rote V.licht überfahren; *zie ook* —**lamp.** ▾—**middel** stopf/endes Mittel *s.* ▾—**naald** S.nadel *w.* ▾—**page** Kunststopf/en *s.* ▾—**pageinrichting** K.erei *w.*
stoppel Stoppel *w.* ▾—**baard** S.bart *m.* ▾—**ig** s.ig; (*v. haar*) struppig.
stop/pen 1 (*dichtmaken; vullen, induwen; bloed enz. tegenhouden; een constiperende uitwerking* (*doen*) *hebben*), stopfen; (*kousen*) stopfen, flicken; (*kousen*) *onzichtbaar* —, kunstreich stopfen; *onzichtbaar gestopt,* kunstgestopft; (*iem. in bed, in de gevangenis*) —, stecken; (*iets in de mond*) —, stecken, stopfen; (*iem. een geldstuk*) *in de hand* —, in die Hand drücken; (*iets*) *in de zak* —, in den Sack stopfen, (*broekzak*) in die Tasche stecken; *in de grond* —, eingraben, (*dode dieren enz.*) ver-, einscharren; **2** (*stilhouden*) (an)halten, stoppen; *een wagen* —, e.n Wagen anhalten; (*de bus, tram, trein, wagen*) *stopt,* hält; (*de auto*) *stopte* (*plotseling*), stoppte; (*de wagen heeft hier even*) *gestopt,* angehalten; *stop eens even,* halte mal ein, höre mal auf! ▾—**per** Stopfer *m.* ▾—**perspil** Stopper *m.* ▾—**plaats** Halte/stelle *w.* ▾—**sein** H.signal *s,* Stoppsignal *s.* ▾—**steek** Stopfstich *m.* ▾—**ster** Stopferin *w.* ▾—**streep** Haltelinie *w.* ▾—**trein** Personen-, Bummelzug *m.* ▾—**verbod** Halteverbot *s.* ▾—**verf** Glaserkitt *m.* ▾—**watch** Stoppuhr *w.* ▾—**werk** Stopfarbeit *w.* ▾—**woord** Flickwort *s.* ▾—**zetten** stillegen; (*machine enz.*) abstellen, stoppen; (*staken*) einstellen. ▾—**zetting** Stillegung *w;* Abstellen *s;* Einstellung *w.*
store Store *m.*
stor/en stören; *z.* — *aan,* s. kehren an [4], s. kümmern um. ▾—**ing** Störung *w;* — *in 't bedrijf, in 't verkeer,* Betriebs-, Verkehrsstörung; *gevoelig voor* —**en,** störanfällig. ▾—**ingsdienst** (*tel.*) Störungsdienst *m.* ▾—**ingsvlucht** Störflug *m.* ▾—**ingsvuur** Störung/sfeuer *s.* ▾—**ingvrij** s.frei.
storm Sturm *m;* — *op de bank,* S., Ansturm auf die Bank; — *in een glas water,* S. im Wasserglas; *zie ook* —**lopen.** ▾—**aanval** S.angriff, S. *m.* ▾—**achtig** stürmisch. ▾—**achtigheid** (*fig.*) Stürmischkeit *w.* ▾—**bal** S.ball *m.* ▾—**boot** S.boot *s.* ▾—**en** stürmen; *'t zal er* —, (*fig.*) es wird da stürmisch hergehen. ▾—**enderhand:** — *veroveren,* im S. erobern, (*lett. ook*) erstürmen, mit stürmender Hand nehmen. ▾—**lamp** S.lampe *w.* ▾—**loop** S.lauf *m;* (*run*) Ansturm *m.* ▾—**lopen** S. laufen; *'t liep* — *om* ..., man riß s. um ...; *'t loopt* — *voor* ..., es ist ein starker Andrang zu ... ▾—**ram** S.bock *m.* ▾—**schade** S.schaden *m.* ▾—**troepen** S.truppen *Mz.* ▾—**vlaag** stürmischer Windstoß. ▾—**vloed** S.flut *w.* ▾—**vloedkering** S.flutwehr *s,* S.flutsperre *w.* ▾—**waarschuwingsdienst** S.warnungsdienst *m.* ▾—**weer** S.wetter *s.* ▾—**wind** S.wind *m.*
stort/bad Sturz-, Brause-, Spritz-, Duschebad *s.* ▾—**beton** Schüttbeton *m.* ▾—**bui** Regenguß, Platzregen *m.* ▾—**en** stürzen; (*tranen, bloed*) vergießen; (*puin*) abladen, schütten; (*beton, graan in schip*) schütten; (*geld*) einzahlen; (*voor pensioen*) beitragen, abgeben; *op een rekening* —, auf ein Konto einzahlen; *gestort graan,* geschüttetes Korn. ▾—**gat** Schüttloch *s.* ▾—**goederen** Sturz-, Schüttgüter *Mz.* ▾—**goot** Schüttrinne *w.* ▾—**ing** (*v. geld*) Einzahlung *w;* — *voor pensioen,* Pensionsbeitrag *m,* -abgabe *w.* ▾—**ingsbewijs** Einzahlungsquittung *w.* ▾—**ingsbiljet** (*giro*) Zahlkarte *w.* ▾—**ingsformulier** Einzahlungsformular *s.* ▾—**kaart** Zahlkarte *w.* ▾—**kar** Sturz-, Kippkarren *m.* ▾—**koker** (*v. vuilnis*) Müllschlucker *m.* ▾—**plaats** Abladeplatz *m.* ▾—**regen** Guß-, Platzregen *m.* ▾—**regenen** gießen, in Strömen regnen. ▾—**vloed** Flut *w;* — *v. tranen,* Strom *m* von Tränen; — *v. woorden,* Wortschwall *m.* ▾—**zee** Sturzsee *w.*
stoten stoßen; *zijn knie* —, s. das Knie stoßen; (*z. aan*) *zijn arm* —, s. am Arm stoßen; *zijn hoofd* —, s. den Kopf stoßen; (*fig.*) abgewiesen werden; (*de Spanjaarden*) *stieten het hoofd voor Alkmaar,* rannten vergeblich gegen Alkmaar an; *tegen een steen* —, an e.n Stein stoßen; *z.* — *aan,* s. stoßen an [4], (*fig.*) s. stoßen an [3], Anstoß nehmen an [3]; *op een moeilijkheid* —, auf eine Schwierigkeit stoßen; *iem. voor het hoofd* —, e.n vor den Kopf stoßen; (*dat is*) —*d,* (*stuitend*) empörend, (*aanstoot gevend*) anstößig; —*d* (*lezen*), holprig, stockend.
stotter/aar Stotterer *m.* ▾—**en** stottern.
stout I *zn* (*bier*) Stout *m.* **II** *bn & bw* (*ondeugend*) unartig, ungezogen; (*stoutmoedig*) kühn; (*vermetel*) keck, verwegen; *Karel de Stoute,* Karl der Kühne. ▾—**erd,** —**erik** unartiges Kind; Taugenichts *m.* ▾—**heid,** —**igheid** Unartigkeit, Ungezogenheit; Kühnheit, Verwegenheit *w.*

▾—**moedig** kühn, herzhaft.
stouw/age Stau/ung *w.* ▾—**en** s.en. ▾—**er** S.er *m.*
stoven schmoren, dämpfen, dünsten; *z. in de zon* —, s. sonnen.
straal Strahl *m*; (*v. cirkel*) Halbmesser, Radius *m*; — *v. hoop*, S. der Hoffnung, Hoffnungsstrahl, (*zwakker*) Schimmer von Hoffnung, Hoffnungsschimmer *m.* ▾—**aandrijving** Düsen/antrieb, Strahl/antrieb *m.* ▾—**bommenwerper** D.bomber *m.* ▾—**breking** S.enbrechung *w.* ▾—**jager** D.jäger *m.* ▾—**kachel** S.ofen, S.er *m.* ▾—**motor** D.motor *m.* ▾—**pijp** S.rohr *s.* ▾—**sgewijs** s.enweise. ▾—**vliegtuig** D.flugzeug *s.* ▾—**vormig** s.enförmig. ▾—**zender** Richtungssender, Richtstrahler *m.*
straat Straße *w*; (*zeestraat, ook*) Meerenge *w*; *de Straat v. Gibraltar*, die S. von Gibraltar; *op* —, auf der S.; *op — zetten*, auf die S. werfen, setzen; (*deze arbeiders*) *staan op* —, liegen auf der S. ▾—**arm** bettelarm. ▾—**collecte** Straßen/sammlung *w.* ▾—**deun** Gassenhauer *m.* ▾—**gevecht** S.kampf *m.* ▾—**goot** S.rinne, Gosse *w.* ▾—**hond** S.hund, Köter *m.* ▾—**jeugd** S.jugend *w.* ▾—**jongen** S.junge, Gassenbube *m.* ▾—**jongensachtig** gassenbübisch. ▾—**kei** Pflasterstein *m.* ▾—**lantaarn** S.laterne *w.* ▾—**maker** Pflasterer, Pflastersetzer *m.* ▾—**meid** S.mädchen *s.* ▾—**naambordje** S.schild *s.* ▾—**orgel** S.orgel *w*, Leierkasten *m.*
Straatsburg Straßburg *s.*
straat/schender Unfugtreiber *m.* ▾—**schenderij** Straßen/unfug *m.* ▾—**slijper** Pflastertreter *m.* ▾—**steen** Pflaster-, S.stein *m.* ▾—**taal** Pöbelsprache *w.* ▾—**toneel** S.bild *s.* ▾—**veger** S.kehrer, S.feger *m*; S.kehrmaschine *w.* ▾—**venter** S.händler *m.* ▾—**verlichting** S.beleuchtung *w.* ▾—**vuil** S.schmutz, S.dreck *m.* ▾—**weg** Landstraße, Chaussee *w.* ▾—**werker** S.arbeiter *m.* ▾—**zanger** S.-, Bänkelsänger *m.*
straf I *zn* Strafe *w*; *op* —*fe* (*verboden*), bei S.; *op* —*fe v.*, bei e.r S. von; *voor — school moeten blijven*, zur S. nachsitzen müssen; *overplaatsing voor* —, Strafversetzung *w*; *voor* —, *bij wijze v.* —, strafweise. **II** *bn & bw* straff; streng; (*iets*) — (*aanpakken*), energisch. ▾—**baar** strafbar; — *feit*, strafbare Handlung; *z. aan een — feit schuldig maken*, s. strafbar machen; — *stellen*, unter Strafe stellen, strafbar machen. ▾—**baarstelling** Straf/barmachung *w.* ▾—**bepaling** S.bestimmung *w.* ▾—**blad** *zie* —**register**. ▾—**bully** S.schuß *m.* ▾—**cirkel** Schußkreis *m.* ▾—**exerceren** strafnachexerzieren. ▾—**expeditie** Straf/expedition *w.* ▾—**feloos** ungestraft; s.los. ▾—**fen** s.en, bestrafen. ▾—**gevangenis** S.gefängnis *s.* ▾—**heid** (*strengheid*) Strenge *w.* ▾—**inrichting** Straf/anstalt *w.* ▾—**kolonie** S.kolonie *w.* ▾—**maatregel** S.maßnahme *w.* ▾—**plaats** Richtplatz *m.* ▾—**port** Nach-, Straf-, Zuschlagsporto *s.* ▾—**portzegel** Nachportomarke *w.* ▾—**proces** S.prozeß *m.* ▾—**punt** S.punkt *m.* ▾—**recht** S.recht *s.* ▾—**rechtelijk** s.rechtlich. ▾—**rechter** S.richter *m.* ▾—**regel**: —*s schrijven*, S.arbeit machen. ▾—**register** S.register *s.* ▾—**schop** (*voetb.*) S.stoß *m.* ▾—**schopgebied** S.raum *m.* ▾—**verlichting** S.milderung *w.* ▾—**vordering** *wetboek v.* —, S.prozeßordnung *w.* ▾—**werk** S.arbeit *w.* ▾—**wet** S.gesetz *s.* ▾—**wetgeving** S.gesetzgebung *w.* ▾—**zaak** S.sache *w*; *Kamer v. strafzaken*, S.kammer *w.*
strak straff; (*enigszins knellend*) stramm; (*glad gespannen bijv. nylons, zeilen*) prall; (*star*) starr, unverwandt; *'n — gezicht zetten*, eine undurchdringliche Miene machen. ▾—**heid** S.heit *w.*
strakjes, straks (*toekomst*) bald, gleich, nachher; (*zoëven*) vorhin, soeben; *tot* —, bis nachher.
stral/en strahl/en; (*bij examen*) durchfallen; —*de blik*, (*v. bovenaardse gelukzaligheid*) verklärter Blick. ▾—**enbundel** S.enbündel *s.* ▾—**end** s.end; *in de —e zon*, in der prallen Sonne. ▾—**enkrans, —enkroon** Heiligenschein, S.enkranz *m*, S.enkrone *w.* ▾—**ing** S.ung *w.* ▾—**ingsgordel** S.ungsgürtel *m.*
stram steiff, starr.
stramien Stramin *m.*
strand Strand *m*; (*dicht. voor kust, oever*) Gestade *s.* ▾—**boulevard** S.promenade *w.* ▾—**en** stranden; *op de kust* —, an der Küste stranden; (*pogingen, onderhandelingen*) — (*op*), scheitern (an [3]). ▾—**goed** Strand/gut *s*; (*aangespoeld goed, ook*) S.-, Seetrift *w.* ▾—**ing** Strand/ung *w*; *in geval v.* —, im S.ungsfall. ▾—**jut(ter)** S.dieb *m.* ▾—**loper** S.läufer *m.* ▾—**stoel** S.korb *m.* ▾—**vonder** S.vogt *m.*
strapless trägerlos.
strat/eeg Strat/ege *m.* ▾—**egie** S.egie *w.* ▾—**egisch** s.egisch.
stratosfeer Stratosphäre *w.* ▾—**vliegtuig** S.nflugzeug *s*, S.nkreuzer *m.*
stratus(wolk) Stratus *m*, Stratuswolke *w.*
streef/datum Zieldatum *s.* ▾—**getal** zu erreichende Zahl.
streek 1 (*list, poets*) Streich *m*; *dwaze streken uithalen*, tolle Streiche machen; *streken uithalen*, (*verzinnen, uitbroeden*) Streiche aushecken; *streken hebben*, Schrullen (im Kopf) haben, (*valse streken*) es faustdick hinter den Ohren haben; **2** (*v. strijken; met kwast, pen, bij schaatsen enz.*) Strich *m*; (*oord; maag-, hartstreek enz.*) Gegend *w*; (*op kompas; in ss als kust-, hemel-, land-, windstreek*) Strich *m*; *op* — (*gang*) *zijn*, im Zuge sein; (*mijn maag*) *is v.* —, ist in Unordnung, ist verstimmt; (*hij is*) *v.* —, (*ziek*) unwohl, unpäßlich, (*in de war*) verwirrt, (*de kluts kwijt*) außer Fassung; (*iem.*) *van* — (*brengen*), in Verwirrung, aus dem Konzept; *v.* — *raken*, in Verwirrung geraten, die Fassung verlieren. ▾—**dorp** Reihendorf *s.* ▾—**plan** Landesplanung *w*, Regionalplan *m.* ▾—**roman** regionaler Roman, Heimatroman *m.* ▾—**taal** Mundart *w.* ▾—**ziekenhuis** regionales Krankenhaus.
streep (*met pen, potlood enz.*) Strich *m*; (*op stoffen*; *v. licht enz., strook*) Streifen *m*; (*op mouw, uniform enz.*) Tresse, Borte *w*; *een — door iets zetten*, e.n Strich durch etwas machen; *er loopt bij hem een — door*, er hat e.n Sparren zu viel. ▾—**je** Strichlein, Strichelchen *s*; (*als dessin*) Haarnadelstreifen *m*; *bij iem. 'n — voor hebben*, bei e.m e.n Stein im Brett haben; *jurk met een blauw —je*, blaugestreiftes Kleid. ▾—**jesgoed** gestreiftes Zeug.
strek/dam Längs/buhne, L.krippe *w.* ▾—**ken** (*armen, benen enz.*) strecken; *z.* —, s. strecken; (*reiken*) reichen; (*dienen*) dienen; (*zover*) *strekt* (*zijn invloed*), reicht, erstreckt s.; *tot eer* —, zur Ehre gereichen; *tot voorbeeld* —, als Beispiel dienen. ▾—**kend**: —*e meter*, laufendes Meter. ▾—**king** (*'t strekken*) Streckung *w*, Strecken *s*; (*tendentie*) Tendenz *w*, (*bedoeling*) Absicht *w*, Zweck *m.* ▾—**kingsroman** Tendenzroman *m.* ▾—**spier** Streckmuskel *m.*
strel/en (*aaien*) streicheln; (*fig.*: *vleien*) schmeicheln [3]; (*prikkelen*) reizen; (*gehemelte, tong*) kitzeln, reizen. ▾—**end**

schmeichelhaft; reizend. ▾**—ing** Streicheln *s*; Schmeichelei *w*; Reiz; Kitzel *m*; *— v. 't gehemelte*, Gaumenkitzel.
strem/men (*stijf worden*) gerinnen, dick werden; (*belemmeren*) hindern, (*verkeer enz.*) hemmen; (*het verkeer*) *is gestremd*, stockt; *het verkeer in deze straat is gestremd*, diese Straße ist gesperrt. ▾**—ming** Gerinnen *s*; Hemmung; Stockung; Sperrung *w*. ▾**—sel** (*leb*) Lab *s*; (*alg.*) Gerinnstoff *m*.
streng I *zn* Strähne *w*; (*v. trekpaard, rijtuig*) Strang *m*. **II** *bn & bw* streng; *— zijn voor* (*iem.*), streng sein gegen, mit; *ten —ste*, streng/stens, aufs s.ste. ▾**—elen** schlingen, flechten. ▾**—heid** S.e *w*.
strep/en (*liniëren*) mit Linien versehen; (*met strepen beschilderen enz.*) streifen, streifig machen; (*fijn arceren*) stricheln; (*door-, weg-, onderstrepen*) streichen. ▾**—(er)ig** streifig.
streptomycine Streptomyzin *s*.
stress Streß *m*.
streven I *ww* streben, s. bemühen; (*naar roem*) —, streben, trachten; *hij streeft ernaar* (*dit te bereiken*), er ist bestrebt, bemüht; *iem. opzij* —, e.m gleichkommen. **II** *zn* Streben; Bestreben *s*; (*poging*) Bestrebung *w*, Bemühen *s*, Bemühungen *Mz*; (*het is*) *zijn —*, sein Bestreben.
striem Striem/e *w*, S.en *m*. ▾**—en** schlagen, s.en; (*de wind*) *striemde hem in 't gezicht*, peitschte ihm ins Gesicht; (*dat verwijt*) *striemde hem*, traf ihn schwer; *—de woorden*, beißende Worte.
strijd Kampf *m*; (*met woorden*) Streit *m*; (*tegenspraak*) Widerspruch *m*; (*zijn daden*) *zijn met zijn woorden in —*, stehen mit seinen Reden in W.; (*hun verklaringen*) *zijn met elkaar in —*, widersprechen einander [3]; (*dat is*) *in — met de wet*, dem Gesetz zuwider; *een handeling in — met de wet, met het bevel, met de regels*, eine gesetzwidrige, befehlswidrige, regelwidrige Handlung; (*zijn gedrag*) *is in — met de goede zeden*, verstößt gegen die gute Sitte; *om —*, um die Wette; *ten —e* (*trekken*), in den Krieg; *tegen iets ten —e trekken*, gegen etwas kämpfen. ▾**—baar** streitbar; (*eig., ook*) kampf-, waffenfähig, wehrhaft; (*strijdlustig, ook*) kämpferisch. ▾**—baarheid** Streitbarkeit *w*; (*eig. ook*) Kampf-, Waffenfähigkeit *w*. ▾**—bijl** Streitaxt *w*; *de — begraven*, die S. begraben. ▾**—en** kämpfen; (*edeler*) streiten; (*met woorden*) streiten; *met iem. over iets —*, s. mit e.m über etwas streiten; *het strijdt tegen mijn gevoel*, es widerstrebt meinem Gefühl. ▾**—end**: *de —e kerk*, die streitende Kirche; *de —e partijen*, die streitenden, streitigen Parteien. ▾**—er** Kämpfer; Streiter *m*. ▾**—gewoel** Kampfgewühl *s*. ▾**—ig** entgegengesetzt, widerstreitend. ▾**—knots** Streit/kolben *m*. ▾**—krachten** S.kräfte *Mz*. ▾**—kreet** Kriegs-, Kampf/ruf *m*. ▾**—lust** K.lust *w*. ▾**—lustig** k.lustig. ▾**—perk** K.platz *m*; *in 't —* (*treden*), in die Schranken. ▾**—schrift** S.schrift *w*. ▾**—vaardig** k.bereit, k.fähig; (*strijdbaar*) s.bar; (*strijdlustig*) k.lustig, kämpferisch. ▾**—vaardigheid** K.bereitschaft, K.fähigkeit; K.lust *w*. ▾**—vraag** S.frage *w*.
strijk: *— en zet*, Schlag auf Schlag. ▾**—age** Kratzfuß *m*, Kompliment *s*. ▾**—bout** Plättbolzen *m*, Bügeleisen *s*. ▾**—en** streichen; (*met strijkijzer*) bügeln, plätten; (*de vlag*) —, streichen; (*'n sloep*) —, aussetzen; *met de prijs gaan —*, den Preis davontragen; *met 't geld gaan —*, s. mit dem Geld davonmachen, (*ook*) das G. einstecken. ▾**—erij** (*inrichting*) Bügelgeschäft *s*, Plättanstalt *w*. ▾**—geld** (*bij verkoping*) Versteigerungsprämie *w*. ▾**—goed** Bügelwäsche *w*. ▾**—ijzer** Bügel-, Plätteisen *s*. ▾**—instrument** Streich/instrument *s*. ▾**—je** Kapelle *w*, Ensemble *s*. ▾**—kwartet** S.quartett *s*. ▾**—machine** Bügelmaschine *w*. ▾**—orkest** S.orchester *s*. ▾**—plank** Bügel-, Plättbrett *s*. ▾**—ster** Büglerin, Plätterin *w*. ▾**—stok** (*v. viool enz.*) Bogen *m*; (*anders*) Streich/holz *s*. ▾**—vuur** S.feuer *w*.
strik (*zoals haarstrik*) Schleife *w*; (*das*) Binde, Krawatte *w*; (*lus; om te vangen*) Schlinge *w*, (*vogelstrik, ook*) Dohne *w*; *—ken zetten*, Schlingen legen; *iem. een — spannen*, e.m eine Falle stellen, eine Schlinge legen. ▾**—das** Selbstbinder *m*. ▾**—(das)je** Schleife *w*; (*bij rokkostuum*) Binde *w*. ▾**—ken** (*een strik maken*) eine Schleife machen; (*een haarstrik enz.*) in eine Schleife schlagen; (*das enz.*) binden; (*met een strik vangen*) mit der Schlinge fangen. ▾**—kenzetter** Schlingensteller *m*. ▾**—knoop** Strichknoten *m*.
strikt strikt, genau, pünktlich; *— bevel*, gemessener Befehl; *'t — noodzakelijke*, das unbedingt Notwendige; — (*genomen*), genau, streng.
strikvraag verfängliche Frage.
strip (*strook*) Streifen *m*; (*met plaatjes*) Bild(er)streifen, Bilderroman *m*; (*verbindingsijzer*) Lasche *w*. ▾**—pen** (*tabak*) entrippen, ausrippen. ▾**—-tease** Striptease *s*; *in een — optreden*, strippen, S. vorführen. ▾**—verhaal** Bild/ergeschichte, B.serie *w*, B.erfeuilleton *s*, Comic/strips, C.s *Mz*.
stro Stroh *s*. ▾**—achtig** s.artig. ▾**—bloem** S.blume *w*. ▾**—bos** S.büschel *m*, S.bund *s*. ▾**—breed**: (*iem.*) *geen —* (*in de weg leggen*), keinen S.halm.
stroef (*niet glad v. oppervlak*) rauh; (*v. beweging: niet vlot*) schwer, nicht glatt; (*v. uitingen; hortend, stotend*) holprig, stockend, schwer; (*v. stijl: onbeholpen, log*) schwerfällig; (*v. pers.: stijf*) steif, (*stug*) störrisch, (*bars, stuurs*) schroff, (*nors*) mürrisch, unwirsch. ▾**—heid** Rauheit; Holperigkeit; Schwerfälligkeit; Schroffheit *w*; *zie* **stroef**.
strofe Strophe *w*.
stro/geel stroh/gelb. ▾**—halm** S.halm *m*. ▾**—hoed** S.hut *m*. ▾**—huls** S.hülse *w*. ▾**—karton** S.pappe *w*.
stroken übereinstimmen (mit), stimmen (zu); *met de waarheid —*, der Wahrheit entsprechen.
stro/kleurig stroh/farbig. ▾**—man** S.mann *m*. ▾**—mat** S.matte *w*; (*v. stoel*) S.sitz *m*. ▾**—mijt** S.schober *m*.
strom/en strömen; (*vloeien, ook*) fließen. ▾**—end**: *— water*, fließendes Wasser. ▾**—ing** Strömung *w*.
strompelen stolpern, holpern, humpeln.
stronk (*v. boom*) Stumpf *m*; (*v. kool enz.*) Strunk *m*.
stront Kot *m*. ▾**—je** (*op oog*) Gerstenkorn *s*.
strooi/biljet Flugblatt *s*, (Flug-, Hand)Zettel *m*. ▾**—bus** Streubüchse *w*. ▾**—en I** *ww* streuen, ausstreuen. **II** *bn* Stroh..., strohern. ▾**—er** Streu/er *m*. ▾**—sel** (*v. stro*) S. *w*; (*anders*) S.sel *s*. ▾**—stertje** S.mädchen *s*. ▾**—zand** S.sand *m*.
strook Streifen *m*; (*aan jurk enz.*) Besatz *m*, (*brede ruche onderaan*) Volant *m*, Falbel *w*; (*v. postwissel enz.*) Abschnitt *m*; *een — papier*, ein S. Papier, ein Papierstreifen.
stroom Strom *m*; (*rivier, ook*) Fluß *m*; (*v. woorden, gelukwensen, protesten, ook*) Flut *w*; (*v. woorden, ook*) Schwall *m*; *bij stromen*, in Strömen; *met de — meegaan*, dem Strom folgen, (*fig., ook*) mit dem S. schwimmen; *tegen de — oproeien*, (*fig.*) wider, gegen den S. schwimmen. ▾**—afsluiting** S.abschaltung

w; (*v. bepaalde duur voor groter gebied*) S.sperre *w*. ▾**—af(waarts)** s.ab(wärts), zu Tal. ▾**—breker** (*aan brug*) S.gegenpfeiler *m*; (*elektr.*) S.unterbrecher *m*. ▾**—draad** (*elektr.*) S.draht *m*; (*v. rivier*) S.faden, S.strich *m*. ▾**—gebied** S.gebiet, Flußgebiet *s*. ▾**—keten** S.kreis *m*. ▾**—lijn** S.linie *w*. ▾**—lijnen** S.linienform geben. ▾**—lijnvorm** S.linienform *w*; *wagen in —*, S.linienwagen *m*. ▾**—loos** s.los. ▾**—op(waarts)** s.auf(wärts), zu Berg. ▾**—sterkte** S.stärke *w*. ▾**—verbruik** S.verbrauch *m*. ▾**—versnelling** S.schnelle *w*.

stroop Sirup *m*; (*voor limonade*) Saft *m*; *iem. — om de mond smeren*, e.m Honig ums Maul schmieren. ▾**—achtig** zähflüssig; (*eig.*) sirupartig. ▾**—kan** Sirupkanne *w*; *met de — lopen*, den Leuten Honig um den Mund schmieren. ▾**—likken** fuchsschwänzen, speichellecken. ▾**—likker** Speichellecker, Fuchsschwänzer *m*. ▾**—tocht** Streifzug *m*. ▾**—wafel** Sirupwaffel *w*.

strootje Strohhälmchen *s*; Zigarette *w*.

strop (*om iem. op te hangen*) Strang, Strick *m*; (*lus, strik*) Schlinge, Schleife *w*, *zie* **lus**; (*deugniet*) Strick *m*; (*tegenvaller*) Aufsitzer, Reinfall *m*; (*bij koop*) Fehlkauf *m*; (*iem.*) *de — omdoen*, die Schlinge um den Hals legen; *tot de —* (*veroordelen*), zum Tode durch den Strang. ▾**—das** Krawatte *w*, Selbstbinder *m*.

strop/en (*v.d. huid ontdoen*) (die Haut) abstreifen, abziehen; (*plunderen*) (plündernd) herumstreifen; (*wild vangen*) wildern, wilddieben; (*zijn mouwen*) *in de hoogte —*, in die Höhe streifen. ▾**—er** Wild/erer, W.dieb *m*. ▾**—erij** W.dieberei *w*, Jagdfrevel *m*.

stropop (*fig.*) Strohmann *m*.

stroppen (*wild*) mit der Schlinge fangen.

strot Gurgel, Kehle *w*; *iem. bij de — grijpen*, e.n an die G. greifen. ▾**—klepje** Kehl/deckel *m*. ▾**—tehoofd** K.kopf *m*.

stro/wis Stroh/wisch *w*. ▾**—zak** S.sack *m*.

strubbeling Schererei *w*.

struct/uralisme Strukt/uralismus *m*. ▾**—ureel** s.urell. ▾**—ureren** s.urieren. ▾**—urering** S.urierung *w*. ▾**—uur** S.ur *w*, Gefüge *s*, innerer Aufbau, Bau *m*. ▾**—uurformule** S.urformel *w*. ▾**—uurplan** S.urplan *m*. ▾**—uurverandering** S.uränderung *w*. ▾**—uurwerkeloosheid** s.urelle Arbeitslosigkeit.

struif Eierkuchen *m*; (*ook*) Pfannkuchen *m*.

struik Strauch *m*; (*dicht, ook*) Busch *m*; (*tot de grond afstervende heester*) Staude *w*; (*hij verdween*) *in de —en*, (*struikgewas*) im Gebüsch.

struikel/blok Hindernis *s*. ▾**—en** stolpern, straucheln; (*moreel*) straucheln, e.n Fehltritt tun. ▾**—ing** Stolpern, Straucheln *s*.

struik/gewas Gebüsch, Gesträuch, Strauchwerk, Gestrüpp *s*. ▾**—heide** Besenheide *w*. ▾**—rover** Wegelagerer, Straßenräuber *m*. ▾**—roverij** Straßenraub *m*.

struis I *zn* (*vogel*) Strauß *m*. **II** *bn & bw* kräftig, robust. ▾**—veer** S.(en)feder *w*. ▾**—vogel** S., Vogel-Strauß *w*. ▾**—vogelei** S.enei *s*. ▾**—vogelpolitiek** Vogelstraußpolitik *w*.

struma Struma *w*, Kropf *m*.

strychnine Strychnin *s*.

stuc Stuck *m*. ▾**—werk** S.werk *s*.

studeerkamer Studierzimmer *s*.

student Student *m*; *— in de economie*, S. der Ökonomie; *— in de moderne talen*, Neuphilologe, Neusprachler *m*. ▾**—e** S.in *w*. ▾**—enalmanak** Studenten/almanach *m*. ▾**—encorps** S.verbindung *w*. ▾**—enhaver** S.futter *s*. ▾**—enverzorging**: *stichting —*, das S.werk. ▾**—ikoos** burschikos, studentisch.

studeren studieren; *in de medicijnen —, voor dokter —*, Medizin studieren; *voor priester, dominee —*, s. zum Priesteramt, zum Predigtamt vorbereiten; *voor ingenieur —*, Ingenieur studieren.

studie Studium *s*; (*schets v. schilder; onderzoek, verhandeling*) Studie *w*; *— in de rechten*, Studium der Rechte; *iets in — nemen, — v. iets maken*, etwas studieren; (*een toneelstuk*) *in — nemen*, zum Einstudieren nehmen; *voor —*, studienhalber, (*voor studiedoeleinden*) zu Studienzwecken. ▾**—beurs** Stipendium *s*. ▾**—boek** Lehrbuch *s*. ▾**—commissie** Studien/ausschuß *m*. ▾**—fonds** S.kasse *w*. ▾**—jaar** S.jahr *s*. ▾**—kop** S.kopf *m*; *hij is geen —*, er hat keinen Kopf fürs Studieren. ▾**—loon** S.lohn *m*. ▾**—reis** S.reise *w*. ▾**—toelage** S.beihilfe *w*. ▾**—vak** S.fach *s*. ▾**—verlof** Bildungsurlaub *m*. ▾**—verzekering** S.geldversicherung *w*. ▾**—zaal** S.raum *m*.

studio Studio *s*, (*radio, tv, film, ook*) Aufnahme-, Senderaum *m*. ▾**studio-sport** (*tv*) Sportschau *w*.

stuf (Radier)Gummi *m*. ▾**—fen** (aus)radieren.

stug (*v. pers. en hun uitingen*) störrisch, schroff, unwirsch, trotzig (*zie* **stroef**), (*flink, energiek*) energisch, (*min of meer verbeten*) stur; (*v. dingen*) steif, hart, fest; schwer (zu bearbeiten); (*niet soepel*) spröde; *— leer*, unschmiegsames Leder. ▾**—heid** (*v. pers.*) Schroffheit, Unwirschheit, Trotzigkeit *w*; (*v. zaken*) Steifheit, Härte *w*.

stuif/meel Blüten-, Blumenstaub *m*. ▾**—zand** Staub/-, Flugsand *m*. ▾**—zwam** S.schwamm *m*.

stuip Krampf *m*; *de —en*, die Krämpfe, (*bij kinderen vooral*) die Gichter, die Fraisen; *iem. de —en op 't lijf jagen*, e.m e.n Schrecken einjagen; *hij krijgt de —en op z'n lijf*, er kriegt es über s., er kriegt es mit der Angst. ▾**—achtig** krampf/ig, k.haft. ▾**—trekken** zucken. ▾**—trekking** Zuckung *w*.

stuit (*staartbeen*) Steiß *m*. ▾**—been** S.bein *s*. ▾**—en** (*tegenhouden*) aufhalten; (*tot staan brengen*) zum Stehen bringen; (*belemmeren*) hemmen; (*de vijand*) *rukte op en was niet te —*, drang unaufhaltsam vor; (*terugspringen*) (zurück)prallen; (*dat*) *stuit me tegen de borst*, ist mir zuwider, (*sterker*) empört mich; *op e. moeilijkheid, op verzet —*, auf eine Schwierigkeit, auf Widerstand stoßen. ▾**—end** empörend; (*onzedelijk*) anstößig. ▾**—er** (*knikker*) Schnellkugel *w*, Schusser *m*. ▾**—ligging** Steißlage *w*.

stuiven stäuben, stieben; *zij — naar alle kanten uit elkaar*, sie stieben nach allen Seiten auseinander; (*auto's*) *—* (*over de weg*), sausen, rasen.

stuiver Stüber *m*; *een aardig —tje* (*verdienen*), e.n hübschen Groschen; *—tje wisselen*, Bäumchen verwechseln, Kämmerchen vermieten; *zie* **dubbeltje**. ▾**—sroman** Schmöker *m*.

stuk I *zn* Stück *s*; (*off. geschrift*) Schriftstück *s*, (*akte*) Akte *w*, Aktenstück *s*, (*document*) Dokument *s*, Urkunde *w*; (*artikel, opstel*) Artikel, Aufsatz *m*; (*effect*) (Wert)Papier *s*, Effekt *m*; (*schaakstuk*) Figur *w*; (*geschut*) Geschütz *s*, Kanone *w*; *bijgaand —*, (*bijlage*) Bei-, Anlage *w*; *20 —s eieren*, 20 Stück Eier; *een — of 20*, etwa 20 Stück, ein Stücker zwanzig; *—ken duurder*, viel teuerer; (*iets*) *aan —ken slaan*, in Stücke schlagen, entzweischlagen, zerschlagen; *aan* (*in*) *één — door*, in e.m fort, in e.m Zug; *per —*, stückweise, nach dem Stück; *bij de 100 —s* (*verkopen*), nach 100 Stück; *bij —ken*, stückweise; *bij —ken en brokken*, brockenweise; *in —ken breken*, in Stücke brechen, entzweibrechen, zerbrechen; *in —jes*

breken, snijden enz., zerstückeln; *op zijn — staan*, auf seinem Kopf bestehen; *op ('t) — werken*, im Akkord arbeiten; *op ('t) — v. godsdienst*, in Sachen der Religion; *op — v. zaken*, schließlich, im Grunde; *op geen —ken na*, bei weitem nicht; (*f 10*) *per —*, das Stück; (*2 platen*) *à f 7 per —*, zu je hfl. 7; (*een man*) *uit één —*, aus e.m Guß; (*iem.*) *v. zijn —* (*brengen*), aus der (außer) Fassung, aus dem Konzept, in Verwirrung; *v. zijn — raken*, aus der Fassung kommen, die F. verlieren; *klein v. —*, von kleiner Gestalt, klein; *— voor —* (*verkopen*), stückweise, einzeln. **II** *bn & bw* entzwei, kaputt, gebrochen; (*in ss als*:) *—gaan*, in Stücke gehen, entzweigehen, kaputt gehen; *—scheuren*, in Stücke reißen, entzweireißen, zerreißen, kaputt reißen; (*veel geld*) *—slaan*, draufgehen lassen; *—maken*, kaputt machen, zerbrechen; *zijn voeten —lopen*, s. die Füße wund laufen.
stukad/oor Stuckarbeiter, Stukkateur *m*. ▾**—oorswerk** Stuckarbeit, Stukkatur *w*. ▾**—oren** gipsen, tünchen.
stukbijten zerbeißen, in Stücke beißen.
stuk/goed Stück/gut *s*. ▾**—je** S.chen *s*; *bij —s en beetjes*, allmählich, nach und nach; brockenweise; *v. — tot beetje*, haarklein, in allen Einzelheiten; *zie ook* **stuk**.
stukgooien kaputt schmeißen, entzweiwerfen.
stuk/kolen Stück/kohlen *Mz*. ▾**—loon** S.-, Akkordlohn *m*; *op — werken*, im Akkord arbeiten. ▾**—rijder** Fahr/er, F.kanonier *m*. ▾**—scommandant** Geschützführer *m*. ▾**—sgewijs** stückweise, einzeln.
stuk/snijden zerschneiden, in Stücke schneiden. ▾**—springen** zerspringen, kaputt springen. ▾**—trappen** zertreten. ▾**—vallen** in Stücke fallen.
stukwerk Akkord-, Stück/arbeit *w*; (*onvoltooid*) S.werk *s*.
stulp Hütte *w*.
stumper/(d) (*stakker*) armer Schlucker, Ärmste(r) *m*; (*knoeier*) Stümper *m*; (*onnozele*) Tropf *m*. ▾**—ig** ärmlich, kläglich; (*knoeierig*) stümperhaft.
stunt Kunst-, Kraft-, Bravourstück *s*; (*luchtv.*) Flugkunststück *s*.
stuntelig (*onhandig*) täppisch, tappig, tapsig; (*stumperig*) stümperhaft; (*zwak v. gezondheid*) schwächlich.
stunt/en Kunststücke vorführen, ausführen; (*luchtv.*) Kunstflüge ausführen (*zn*) Kunstfliegen *s*. ▾**—man** (*film*) Stuntman *m*. ▾**—vlieger** Kunstflieger *m*.
sturen (*een bep. richting geven*) lenken, (*schepen*) steuern; (*zenden*) schicken, senden; *om de dokter —*, nach dem Arzt schicken.
stut Stütze *w*; (*bijv. schuin tegen de muur*) Strebe *w*. ▾**—balk** Stütz-, Strebebalken *m*. ▾**—paal** Stütz/pfahl, S.balken *m*. ▾**—ten** s.en.
stuur (*v. schip*) Steuer/(ruder) *s*; (*v. fiets*) Lenkstange *w*; (*v. auto*) Lenkrad, S.(rad) *s*; (*v. vliegtuig*) Lenkrad, S. *s*, S.knüppel *m*; *aan 't — zitten*, (*fig.*) am Ruder sitzen, am S. stehen; *de macht over het — v. zijn auto kwijtraken*, die Herrschaft über seinen Wagen verlieren. ▾**—bekrachtiging** Servolenkung *w*. ▾**—boord** Steuer/bord *s*. ▾**—groep** Lenkungsausschuß *m*. ▾**—hut** (*schip*) S.-, Ruderhaus *s*; (*vliegt.*) Kabine *w*. ▾**—inrichting** S.-, Lenkvorrichtung *w*. ▾**—knuppel** S.knüppel *m*. ▾**—kolom** (*v. auto*) Lenksäule *w*. ▾**—loos** s.los. ▾**—lui** S.leute *Mz*; *de beste — staan aan wal*, hinterm Ofen ist leicht kriegen; tadeln kann jeder Bauer aber Bessermachen wird ihm sauer. ▾**—man** S.mann *m*. ▾**—mansleerling** S.mannslehrling *m*; *opleiding tot —*, vorbereitende Ausbildung zum S.mann ▾**—rad** S.rad *s*; (*auto, ook*) Lenkrad *s*.
stuurs mürrisch, unwirsch. ▾**—heid** m.es, unwirsches Wesen.
stuur/slot Lenk/radschloß *s*. ▾**—stang** (*v. fiets*) L.stange *w*. ▾**—stoel** Steuersitz *m*. ▾**—versnelling** Schaltlenker *m*. ▾**—wiel** *zie* **—rad**.
stuw Wehr *s*; (*stuwdam*) Stau/damm *m*; (*bij afsluiting v. dal*) Talsperre *w*. ▾**—adoor** S.er *m*. ▾**—age** S.age *w*. ▾**—bekken** S.becken *s*, S.see *m*. ▾**—en** s.en; (*opdringen*) drängen; (*aandrijven*) treiben. ▾**—dam** *zie* **stuw**. ▾**—ing** S.ung *w*, S.en *s*. ▾**—kracht** Triebkraft *w*, treibende Kraft. ▾**—meer** S.see *m*. ▾**—sluis** S.schleuse *w*.
sub/agent Sub/-, Unter/agent *m*. ▾**—altern** s.altern, u.geordnet; *—e officieren*, S.alternoffiziere. ▾**—commissie** S.kommission *w*, U.ausschuß *m*. ▾**—diaken** S.diakon *m*.
subiet plötzlich, unerwartet; (*dadelijk*) sofort.
subject Subjekt *s*. ▾**—ief** s.iv. ▾**—iviteit** S.ivität *w*.
subl/iem sublim, erhaben. ▾**—imeren** s.ieren.
subordinatie Subordination, Unterordnung *w*.
subsidiair im Nichteinbringungsfall; im Falle der Uneinbringlichkeit; subsidiär, aushilfsweise; beziehungsweise.
subsid/ie Beihilfe *w*; Zuschuß *m*, Zuwendung *w*; (*v. rijk enz., vooral*) Subvent/ion, Unterstützung *w*. ▾**—ieaanvrage** S.ionsantrag *m*. ▾**—iebeleid** S.ionierungspolitik *w*. ▾**—iëren** unterstützen, (*door rijk*) s.ionieren. ▾**—iëring** S.ionierung *w*. ▾**—ievoorwaarde** S.ionsvoraussetzung *w*.
substant/ie Substan/z *w*. ▾**—ieel** s.tiell. ▾**—ief** S.tiv, Hauptwort *s*.
substit/ueren substit/uieren. ▾**—utie** S.ution *w*. ▾**—uut** S.ut, Stellvertreter *m*. ▾**—uutgriffier** Gerichtsreferendar *m*. ▾**—uutofficier** Unterstaatsanwalt *m*.
sub/straat Sub/strat *s*. ▾**—tiel** s.til. ▾**—totaal** Zwischensumme *w*. ▾**—tropisch** s.tropisch. ▾**—versief** s.versiv.
succes Erfolg *m*; *geen — hebben*, (*ook*) erfolglos bleiben; (*goed*) *—!*, guten Erfolg!, (*fam.*) Hals- und Beinbruch. ▾**—nummer** Schlager *m*.
successie Nach-, Erbfolge; Sukzession *w*. ▾**—belasting** Erbschaftssteuer *w*. ▾**—oorlog** E.krieg *m*. ▾**—recht** Erbschaftssteuer *w*. ▾**—velijk** sukzessiv, aufeinanderfolgend; (*langzamerhand*) nach und nach, allmählich.
succes/stuk Reißer, Schlager *m*. ▾**—vol** erfolgreich.
sudderen leise kochen.
suf (*dof v. geest*) dumpf, stumpf; (*soezerig*) dösig, duselig; (*duizelig, versuft*) dämlich; (*z.*) *— (denken)*, stumpf; *je wordt er — v.*, das macht e.m den Kopf dumpf. ▾**—fen** dösen, duseln, träumen. ▾**—fer(d)** Döskopf, Träumer *m*; *—!*, du Kamel! ▾**—f(er)ig** *zie* **suf**. ▾**—heid** Stumpfsinn *m*; (*versuftheid, duizeligheid*) Dämlichkeit *w*.
sugg/ereren sugge/rieren. ▾**—estie** S.stion *w*. ▾**—estief** s.stiv.
suicide Suizid *m*.
suiker Zucker *m*. ▾**—achtig** z.artig. ▾**—bakker** Z.bäcker, Konditor *m*. ▾**—beest(je)** Z.figur *w*. ▾**—biet** Z.rübe *w*. ▾**—boon** Z.bohne *w*. ▾**—brood** (*in kegelvorm*) Z.hut *m*. ▾**—cultuur** Z.kultur *w*, Z.bau *m*. ▾**—en** z.n, mit Z. bestreuen. ▾**—goed** Z.werk, Konfekt *s*. ▾**—houdend** z.haltig, z.ig. ▾**—klontje** Z.würfel *m*. ▾**—lepel** Z.löffel *m*.

▾—**oom** Erbonkel *m.* ▾—**pot** Z.dose *w*, Z.topf *m.* ▾—**riet** Z.rohr *s.* ▾—**schepje** Z.löffel. ▾—**strooier** Z.streuer *m.* ▾—**tang** Z.zange *w.* ▾—**tante** Erbtante *w.* ▾—**waren** Süßigkeiten *Mz.* ▾—**ziekte** Z.krankheit *w*; *lijder aan —*, Z.kranke(r) *m.* ▾—**zoet** z.süß, z.ig.
suisse Schweizer *m.*
suite (*muz.*; *gevolg*) Suite *w*; (*ineenlopende kamers*) ineinandergehende Zimmer, (*meer dan twee, ook*) Zimmerflucht *w*; (*luxueus, in hotel enz.*) Suite *w*; *kamers en —*, ineinandergehende Zimmer.
suiz/ebollen schwindlig werden, s. sein, taumeln. ▾—**elen** (*zacht suizen*) säuseln. ▾—**en** (*zacht*) säuseln, rauschen; (*hard*) sausen; (*in oor*) sausen, brausen, klingen. ▾—**ing** Säuseln; Sausen *s*; *— in 't oor*, Ohrensausen, -brausen, -klingen *s.*
sujet Subjekt *s.*
sukade Sukkade *w*, Zitronat *s.*
sukkel: *aan de — zijn*, kränkeln; *zie verder* **stumperd** *en* **sukkelaar.** ▾—**aar** kränklicher Mensch; (*broddelaar, knoeier*) Stümper *m*; (*nakomer*) Nachzügler *m.* ▾—**achtig** (*ziekelijk*) kränklich; (*stumperig*) stümperhaft. ▾—**draf** Hunde-, Zuckeltrab *m*; *op een —je*, im Z. ▾—**en** (*ziekelijk zijn*) kränkeln; (*voortsukkelen*) mühsam weitergehen, (*op drafje*) weiterzuckeln; (*op dezelfde manier sukkelend verder werken*) fort-, weiterwursteln; *— met*, (*pech hebben met*) Pech haben mit; *— met een kwaal*, leiden an e.m Übel; *met de moderne talen —*, schwach sein in den neueren Sprachen, s. mit den neueren Sprachen abquälen. ▾—**gangetje** Schneckengang *m*; (*'t gaat*) *op een —*, im Schneckentempo.
sul (*onnozele hals*) (einfältiger) Tropf, Einfaltspinsel *m*; *goeie —*, guter Schlucker.
sulfaat Sulfat *s.*
sulfer Schwefel *m.*
sullig einfältig, simpelhaft; (*goedig*) gutmütig.
sultan Sultan *m.* ▾—**aat** S.at *s.* ▾—**e** S.in *w.*
summ/ier summarisch, kurz(gefaßt). ▾—**um** Gipfel(punkt) *m.*
super/be super/b, vorzüglich, wundervoll. ▾—**(benzine)** S.(benzin) *s.* ▾—**cargo** S.kargo *m.* ▾—**dividend** S.dividende, Mehrausschüttung *w.* ▾—**fort** S.festung *w.* ▾—**fosfaat** S.phosphat *s.* ▾—**ieur I** *bn* (*hogerstaand, meerder, beter*) überlegen; (*voortreffelijk*) vorzüglich, hervorragend. **II** *zn* Vorgesetzte(r) *m.* ▾—**ieure** Oberin *w.* ▾—**ior** S.ior, Obere(r) *m.* ▾—**ioriteit** Überlegenheit, S.iorität *w.* ▾—**latief** S.lativ *m*, Höchststufe *w.* ▾—**markt** S.markt *m.* ▾—**plie** Rochett *s*, Chorhemd *s.* ▾—**sonisch**: *—e snelheid, vliegtuigen*, Überschallgeschwindigkeit, Überschallflugzeuge. ▾—**stitie** S.stition *w*, Aberglaube *m.* ▾—**tanker** S.tanker *m.* ▾—**visie** Beaufsichtigung, Aufsicht *w.* ▾—**visor** Oberaufseher, S.visor *m.*
suppl/ement Supplement *s*; (*boekdeel, ook*) Nachtrags-, Ergänzungsband *m.* ▾—**eren** supplieren, ergänzen; (*bijbetalen*) nachzahlen. ▾—**etie** Ergänzung *w.* ▾—**etoir** Nachtrags..., Ergänzungs..., suppletorisch; *—e begroting*, Nachtragsetat *m.*
suppoost Saalwärter *m*; (*oppasser*) Aufwärter *m.*
supporter Anhänger *m.*
suprematie Supremat/ie, Oberherrschaft *w*; (*v.d. paus*) S. *m & s*, Obergewalt *w.*
surf/en surf/en; S.ing, Windsurfing betreiben. ▾—**er** S.er *m.* ▾—**ing** S.ing, Windsurfing *s*; *zie ook* **—riding.** ▾—**plank** S.brett *s.* ▾—**riding** Brandungs-, Wellenreiten *s.*
Surin/aams surinam/isch, S.er... ▾—**ame** S. *s*; (*rivier*) S. *m.*
surnumerair Supernumerar, Anwärter *m.*
surplus Surplus *s*, Überschuß *m.*
surprise Überraschung *w.*
surrealisme Surrealismus *m.*
surrogaat Ersatz *m*, E.mittel, Surrogat *s.*
surséance van betaling Geschäftsaufsicht *w*, gerichtlicher Zahlungsaufschub; (*Oostenrijk*) Zwangsaufsicht *w*; *— aanvragen*, um ein G. nachsuchen; *— krijgen*, unter G. kommen.
surveill/ance Überwachung, Aufsicht, Beaufsichtigung *w.* ▾—**ant** Aufseher *m*; (*op school, ook*) inspizierender Lehrer, Inspizient *m.* ▾—**eren** überwachen, beaufsichtigen.
suspen/deren suspen/dieren. ▾—**sie** S.sion *w.*
sussen beruhigen, besänftigen; (*'n zaak*) vertuschen; *in slaap —*, einschläfern, -lullen.
s.v.p. bitte, gefälligst (gef.).
swagger Swagger *m.*
swastika Swastika *w.*
sweater Sweater *m*, Sweatshirt *s*, Pullover *m.*
swing (*dans*) Swing *m.* ▾—**en** swingen.
syfilis Syphilis *w.*
syllabe Silbe *w.*
syllogisme Syllogismus *m.*
symbiose Symbiose *w.*
symb/oliek Symb/olik *w.* ▾—**olisch** s.olisch. ▾—**oliseren** s.olisieren. ▾—**olisme** S.olismus *m.* ▾—**olistisch** s.olistisch. ▾—**ool** S.ol *s.*
symfo/nie Sinfo/nie *w.* ▾—**nieorkest** S.nieorchester *s.* ▾—**nisch** s.nisch.
symme/trie Symme/trie *w.* ▾—**trisch** s.trisch.
sympathetisch sympathetisch.
sympath/ie Sympath/ie *w.* ▾—**iebetuiging** S.iebekundung, S.iekundgebung *w.* ▾—**iek** s.isch. ▾—**iestaking** S.iestreik *m.* ▾—**isant** S.isant *m.* ▾—**iseren** s.isieren.
symposion Symposion *s.*
symp/tomatisch symp/tomatisch. ▾—**toom** S.tom *s.*
synagoge Synagoge *w.*
synchro/nisatie Synchro/nisierung, S.nisation *w.* ▾—**niseren** s.nisieren. ▾—**nisme** S.nismus *m.* ▾—**nistisch** s.nistisch. ▾**synchroon** synchron; *synchrone klok*, Synchronuhr *w.*
syncope Synkop/e *w.* ▾—**ren** s.ieren.
syncretisme Synkretismus *m.*
syndic/aat Syndika/t, Kartell *s*; (*vakvereniging*) Gewerkschaft *s.* ▾—**alisme** S.lismus *m.*
syndroom Syndrom *s.*
syno/daal syn/odal, S.odal... ▾—**de** S.ode *w.*
synoniem I *bn* synonym(isch), sinnverwandt, (*of*) sinngleich. **II** *zn* Synonym *s.*
synop/sis Synop/se S.sis *w.* ▾—**tisch** s.tisch.
syn/tactisch syn/taktisch. ▾—**taxis** S.tax, Satzlehre *w.*
synthe/se Synthe/se *w.* ▾—**tisch** s.tisch; *—e stof*, (*ook*) Kunst-, Werkstoff *m*; *—e rubber*, (*ook*) Buna *s.*
Syr/ië Syr/ien *s.* ▾—**iër** S.(i)er *m.* ▾—**isch** s.isch.
syst/eem System *s.* ▾—**eemanalist** S.analytiker *m.* ▾—**eembouw** Montagebau *m.* ▾—**eemontwerper** S.planer *m.* ▾—**ematicus** S.atiker *m.* ▾—**ematiek** S.atik *w.* ▾—**ematisch** s.atisch, planmäßig. ▾—**ematiseren** s.atisieren.

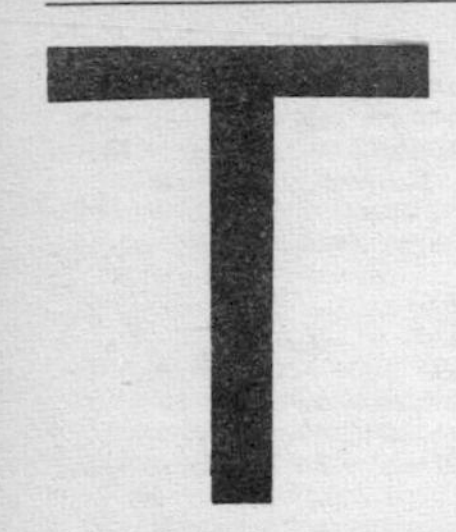

t T *s.*
taai zäh; (*v. vloeistof, ook*) z.flüssig; (*saai*) öde, langweilig, ledern; *hij is —,* (*v. leven*) er hat ein z.es Leben, ist z.lebig. ▾**—heid** Z.igkeit; Z.flüssigkeit; Langweiligkeit *w.* ▾**—taai** Lebkuchen *m.* ▾**—taaipop** L.figur *w.*
taak Aufgabe *w; z. tot — stellen,* s. zur A. machen. ▾**—omschrijving** A.numreißung *w.* ▾**—verdeling** A.nteilung *w.*
taal Sprache *w; zijn talen bijhouden,* seine Sprachkenntnisse pflegen; *— noch teken van z. laten horen,* nichts von s. hören lassen, kein Lebenszeichen von s. geben; (*hij zwijgt*) *in alle talen,* in sieben Sprachen; *duidelijke — spreken,* etwas unumwunden, mit deutlichen Worten sagen; (*ik heb eens*) *duidelijke — tegen hem gesproken,* deutsch mit ihm geredet. ▾**—bederver** Sprach/verderber *m.* ▾**—beheersing** S.beherrschung *w.* ▾**—boek** (*spraakkunst*) S.lehre, Grammatik *w;* (*oefenboek*) Übungsbuch *s;* (*alg. ook*) Lehrbuch für die S.e. ▾**—eigen** Idiom *s.* ▾**—fout** S.verstoß *m,* grammatischer Fehler. ▾**—gebruik** S.gebrauch *m.* ▾**—geleerde** S.gelehrte(r) *m,* S.forscher *m.* ▾**—gevoel** S.gefühl *s.* ▾**—kenner** S.kundige(r) *m,* S.kenner *m.* ▾**—kunde** S.wissenschaft *w.* ▾**—kundig** s.lich; (*gram.*) grammatisch. ▾**—kundige** S.gelehrte(r), S.forscher, S.kundige(r) *m.* ▾**—leraar** S.lehrer *m.* ▾**—onderwijs** S.unterricht *m.* ▾**—regel** S.regel *w.* ▾**—strijd** S.enkampf *m.*
taan Lohe *w.* ▾**—kleurig** lohfarbig.
taart Torte *w,* Kuchen *m.* ▾**—bodem** T.nboden *m.* ▾**—(e)schep** T.nheber *m.* ▾**—je** Törtchen *s.*
tabak Tabak *m;* (*ik heb*) *er — v.,* es satt. ▾**tabaks/accijns** T.steuer *m.* ▾**—blad** T.blatt *m.* ▾**—cultuur** T.bau *m.* ▾**—doos** T.dose *w.* ▾**—kerver** T.schneider *m.* ▾**—lucht** T.geruch *m.* ▾**—pijp** T.pfeife *w.* ▾**—pot** T.topf *m.* ▾**—regie** T.regie *w.* ▾**—teelt** T.bau *m.* ▾**—veiling** T.versteigerung *w.* ▾**—winkel** T.laden *m.* ▾**—zak** T.beutel *m.*
tabbaard, tabberd (*staatsiekleed*) Staatskleid *s;* (*ambtsgewaad*) Amtsgewand *s,* Talar *m;* (*v. rechter enz.*) Robe *w;* (*v. geestelijken*) Talar *m.*
tabee! (auf) Wiedersehen!
tabel Tabelle, Tafel *w;* (*gespecificeerde staat*) Aufstellung *w.* ▾**—larisch** tabellarisch.
tabernakel Tabernakel *s;* (*v.d. verbondskist*) Stiftshütte *w.*
tabkaart Leitkarte *w.*
tableau Tableau *s; — vivant,* lebendes Bild.
tablet Tafel *w;* (*klein bijv. aspirine*) Tablette *w; — chocolade,* Schokoladentafel.
taboe tabu; *zn* Tabu *s.*
taboeret Taburett *s.*
tabula rasa Tabula rasa *w.*
tabulator Tabulator *m.* ▾**—toets** T.entaste *w.*
tabulatuur Tabulatur *w.*
tacho/graaf Tacho/graph, Fahrtschreiber *m.* ▾**—meter** T.meter *m,* Geschwindigkeitsmesser *s.*
tachtig achtzig. ▾**tachtig(-)** *zie* **veertig(-)** *en* **vier(-)**.
tact Takt *m; met veel —,* t.voll, mit feinem T. ▾**—icus** T.iker *m.* ▾**—iek** T.ik *w.* ▾**—isch** t.isch. ▾**—loos** t.los. ▾**—loosheid** T.losigkeit *w.* ▾**—vol** t.voll.
taf Taf(fe)t *m.*
tafel Tisch *m;* (*dicht.; tabel, plaat*) Tafel *w; — v. vermenigvuldiging,* Einmaleins *s; de — v. 2, 3 enz.,* das Zweimalzwei, Dreimaldrei usw.; *de —en der Wet,* die Gesetztafeln; *aan — gaan,* (*gaan eten*) zu Tisch gehen, s. zu Tisch setzen, (*anders*) s. an den Tisch setzen; *aan —!,* zu Tisch!; *aan —* (*zitten*), (*eten*) bei Tisch, (*anders*) am Tisch; *na, voor —,* nach, vor Tisch; *ter — brengen,* vorlegen, vorbringen, aufs Tapet bringen; *ter — liggen,* vorliegen; *tot de H. Tafel naderen,* zum Tisch des Herrn treten; *v. — opstaan, gaan,* (*na eten*) vom Tisch aufstehen. ▾**—appel** Tafelapfel *m.* ▾**—bel** Tisch/klingel, T.glocke *w.* ▾**—blad** T.platte *w.* ▾**—dame** T.dame, T.nachbarin *w.* ▾**—dans** T.rücken *s.* ▾**—dienen** Aufwarten *s* (bei Tisch). ▾**—drank** T.getränk *s.* ▾**—en** tafeln, speisen. ▾**—fruit** Tafelobst *s.* ▾**—heer** Tisch/herr, T.nachbar *m.* ▾**—kleed** T.decke *w; plastic —,* Plastiktischdecke *w.* ▾**—laken** T.tuch *s.* ▾**—linnen** T.zeug *s,* T.leinwand *w.* ▾**—loper** T.läufer *m.* ▾**—poot** T.bein *s.* ▾**—rede** T.rede *w.* ▾**—ronde** Tafelrunde *w.* ▾**—schikking** Tisch/ordnung *w.* ▾**—schuier** T.bürste *w,* T.besen *m.* ▾**—schuimer** Schmarotzer *m.* ▾**—servies** T.-, Tafelservice *s.* ▾**—telefoon** T.fernsprecher *m.* ▾**—tennis** T.tennis *s.* ▾**—tje-dek-je** T.leindeckdich *s.* ▾**—voetbal** T.fußballspiel *s.* ▾**—water** Tafelwasser *s.* ▾**—wijn** Tafel-, T.wein *m.* ▾**—zilver** Tafel/silber, Silbergeschirr *s.* ▾**—zout** T.salz *s.*
tafereel Bild *s;* Schilderung; Beschreibung *w;* (*schouwspel*) Szene *w.*
taf/fen Taft... ▾**—zijde** T.seide *w.*
taill/e Taill/e *w;* (*middel, ook*) Hüfte *w.* ▾**—eband** Gurtband *s.* ▾**—eren** t.ieren. ▾**—eur** Schneider, T.eur *m;* (*mantelpak*) S.kostüm, S.kleid *s.* ▾**—ewijdte** T.enweite *w.*
tailor-made Schneiderkostüm *s,* maßgeschneidertes Kleid (Kostüm).
tak Zweig *m* (*ook fig.*); (*dik en aan stam*) Ast *m;* (*dun takje*) Reis *s;* (*v. gewei*) Ast *m,* (*klein*) Ende *s,* Zacke *w;* (*v. rivier*) Arm *m; — v. handel, bedrijf,* Geschäftszweig, Branche *w; — v. industrie, nijverheid,* Industrie-, Gewerbszweig; *— v. dienst,* Dienst/zweig *m,* D.fach *s; —ken* (*v.d. luchtpijp*), Äste, Verzweigungen.
takel Takel *s.* ▾**—auto** Abschleppwagen *m.* ▾**—blok** T.block *m.* ▾**—en** t.n. ▾**—werk** T.werk *s,* T.age *w.*
takkenbos Reisig-, Holzbündel *s.*
taks 1 (*hond*) Dackel, Teckel *m;* **2** (*vastgestelde hoeveelheid*) Quantum *s,* Portion *w;* (*vastg. prijs*) Taxe *w;* **3** (*belasting*) Steuer *w;* (*recht*) Taxe, Gebühr *w.*
tal Zahl, Anzahl *w; — v.,* eine Menge (von), z.reiche; *zonder —,* ohne Z., z.los.
talen: *niet meer — naar,* nichts mehr geben auf [4].
talen/kennis Sprach/kenntnisse *Mz.* ▾**—knobbel**: *'n — hebben,* eine hohe Begabung für S.en haben. ▾**—practicum** S.labor *s.*
talent Talent *s; — voor tekenen,* T. zum Zeichnen; *zonder —,* t.los, unbegabt; *met zijn —en* (*woekeren*) mit seinem Pfunde. ▾**—enjacht** T.ensuche *w.* ▾**—vol** t.voll, t.iert.
talie Talje *w.* ▾**taliën** taljen.
taling Knäkente, Krickente *w.*

talisman Talisman *m.*
talk Talg *m*; (*mineraal*) Talk *m.* ▼**—poeder** Talg-, Talkumpuder *m.*
talloos zahllos, unzählig.
tal/men zaudern, zögern, (*treuzelen*) trödeln. ▼**—er** Zauderer *m.*
talmoed, talmud Talmud *m.*
talon Talon *m*; (*handel, ook*) Erneuerungsschein *m*; (*in kaartspel, ook*) Kartenrest *m.*
talrijk zahlreich. ▼**—heid** große Anzahl.
talstelsel Zahlensystem *s.*
talu(u)d Böschung *w.*
tam zahm; *—me kastanje*, Edelkastanie *w.*
tamboer Tambour, Trommelschläger *m.* ▼**—(er)en** tamburieren; *op iets —*, (*fig.*) immer auf etwas [4] zurückkommen. ▼**—ijn** Tamburin *s.* ▼**—korps** Trommelkorps *s.* ▼**—-majoor** Tambourmajor *m.*
tamelijk ziemlich; (*vrij aardig, 't houdt niet over*) leidlich.
tamheid Zahmheit *w.*
tampon Tampon *m.*
tamtam Tamtam *m.*
tand Zahn *m*; (*spitse punt, ook*) Zacke *w*, Zacken *m*; (*v. hark, vork*) Zinke *w*; *iem. de —en laten zien*, (*fig.*) e.m die Zähne weisen; (*de woedende hond*) *liet zijn —en zien*, fletschte die Zähne; *iem aan de — voelen*, e.m auf den Zahn fühlen; *met lange —en eten*, lange Zähne machen; *haar op de —en* (*hebben*), Haar auf den Zähnen. ▼**—aanslag** Zahn/belag *m.* ▼**—arts** Z.arzt *m.* ▼**—artsassistente** Z.arzthelferin *w.* ▼**—bederf** Z.fäule *w.* ▼**—eloos** z.los.
tandem Tandem *s.*
tanden zahnen, zähnen. ▼**—borstel** Zahnbürste *w.* ▼**—geknars** Zähneknirschen *s.* ▼**—tand/estoker** Zahn/stocher *m.* ▼**—glazuur** Z.glasur *s.* ▼**—heelkunde** Z.heilkunde *w.* ▼**—heelkundig** z.ärztlich. ▼**—heelkundige** Dentist *m.* ▼**—heugel** Z.stange *w.* ▼**—ing** (*v. postz.*) Zähnung *w.* ▼**—pasta** Zahn/paste *w.* ▼**—pijn** Z.weh *s*, Z.schmerzen *Mz.* ▼**—rad** Z.rad *s.* ▼**—radbaan** Z.radbahn *w.* ▼**—steen** Z.stein *m.* ▼**—technicus** Z.techniker *m.* ▼**—verzorging** Z.pflege *w.* ▼**—vlees** Z.fleisch *s.* ▼**—vulling** Z.füllung *w.* ▼**—wiel** Z.rad *s.*
tanen (*zeil enz.*) bräunen, gerben; (*de glans verliezen*) erbleichen, erblassen, (*roem*) verblassen, abnehmen; *getaand*, (*v. gezicht*) gebräunt, lohbraun, gegerbt.
tang Zange *w*; (*feeks*) böse Sieben; *als een — op een varken sluiten, slaan*, wie die Faust aufs Auge passen.
tangens Tangens *m.*
tangent Tangent/e *w.* ▼**—ieel** t.ial, T.ial...
tango Tango *m.*
tangverlossing Zangenentbindung, -geburt *w.*
tanig gebräunt, lohbraun, lohfarbig.
tank (*reservoir*) Tank, Behälter *m*; (*gevechtswagen*) Panzer, P.kampfwagen, Tank *m.* ▼**—aanval** P.angriff *m.* ▼**—auto** T.(kraft)wagen *m.* ▼**—boot** T.schiff *s*, T.dampfer, T.er *m.* ▼**—dop** T.deckel *m.* ▼**—en** t.en. ▼**—er** T.er *m.* ▼**—gracht** P.graben *m.* ▼**—schip** T.schiff *s*, T.er *m.* ▼**—station** T.stelle *w.* ▼**—val** P.fahrzeugfalle *w.* ▼**—versperring** P.sperre *w.* ▼**—vloot** T.erflotte *w.* ▼**—wagen** T.-, Behälterwagen *m.* ▼**—wapen** (*legerafd.*) P.waffe *w*, P.truppen *Mz.*
tantaluskwelling Tantalusqual *w.*
tante Tante *w*; *een oude —*, (*spot.*) eine alte Schachtel.
tantième Tantieme *w*, Gewinnanteil *m.*
tap Zapfen *m*; (*het tappen*) (Ab)Zapfen *s.* ▼**—bier** Schankbier *s.*
tape Tape, Lochstreifen *m*; (*geluidsband*) Tonband *s.* ▼**—-deck** Tape/deck *s.* ▼**—koers** T.kurs *m*, Terminnotierung *w.* ▼**—-recorder** Tonbandgerät *s.*
tapgat Zapfen-, Spundloch *s.*
tapijt Teppich *m*; *op 't — brengen*, aufs Tapet bringen. ▼**—tegel** T.fliese *w.* ▼**—werker** T.wirker *m.*
tapioca Tapioka *w.*
tap/kast Schanktisch *m.* ▼**—kraan** Zapfhahn *m.* ▼**—pelings** stromweise, in Strömen. ▼**—pen** (ab)zapfen; (*sterke drank in 't klein verkopen*) ausschenken, verzapfen; *op flessen —*, auf Flaschen ziehen; *moppen —*, Witze reißen. ▼**—per** Schenkwirt *m.* ▼**—perij** Schenkwirtschaft *w*, Ausschank *m.*
taps konisch.
taptemelk Magermilch *w.*
taptoe Zapfenstreich *m.*
tap/verbod Ausschenkverbot *s.* ▼**—vergunning** Schankerlaubnis, -konzession *w.*
tarantella Tarantella *w.*
tarbot Steinbutt *m.*
tarief Tarif *m*; (*v. in- of uitvoerrechten*) Zolltarif; (*invoerrecht*) (Einfuhr)Zoll *m*; (*vastgesteld tarief v. vracht enz., ook*) Satz *m*, (*v. taxi enz.*) Taxe *w*; *progressief —*, Staffeltarif; *speciaal —*, Vorzugs-, Sondertarif; *volgens —*, tarif/mäßig. ▼**—groep** (*bij belasting*) Steuerklasse *w.* ▼**—hervorming** T.reform *w.* ▼**—muur** Zollmauer *w.* ▼**—werk** Akkordarbeit *w.* ▼**tarievenoorlog** Zoll-, T.krieg *m.*
tarr/a Tara *w*; *de gebruikelijke —*, die usanzmäßige T., die Usotara. ▼**—eren** tarieren.
Tartaar Tatar *m*; *biefstuk t—*, T.beefsteak *s.* ▼**—s** t.isch.
tarten (*uitdagen*) herausfordern; (*trotseren*) trotzen [3]; (*prikkelen, tergen*) reizen; (*die ellende*) *tart elke beschrijving*, spottet jeder Beschreibung.
tarwe Weizen *m*; *wilde —*, Ackerbrand *m.* ▼**—aar** W.ähre *w.* ▼**—bloem** W.kernmehl *s.* ▼**—brood** W.bröt *s.* ▼**—meel** W.mehl *s.*
tas 1 (*hoop*) Haufen *m*; **2** (*om iets in te bergen*) Tasche *w*; (akten-, *boekentas*) Mappe *w*; **3** (*kopje*) Tasse *w.* ▼**—je** Handtasche *w.* ▼**—sen** (auf)häufen, stapeln.
tast: *op de —*, tappend, tastend, (*fig.: lukraak*) aufs Geratewohl. ▼**—baar** tastbar, greifbar, fühlbar; (*klaarblijkelijk*) handgreiflich. ▼**—baarheid** Tast-, Greif-, Fühlbarkeit *w.* ▼**—en** tasten, fühlen, befühlen, greifen; (*de hand uitsteken zonder te zien*) tappen, tasten; *in 't rond —*, herumtasten, -tappen; *in zijn beurs —*, in seinen Beutel greifen. ▼**—orgaan** Tast/organ *s.* ▼**—zin** T.sinn *m.*
tater: *hou je —!*, halt's Maul! ▼**—en** plappern.
tatoe/ëren tätowier/en. ▼**—ëring** T.ung *w.*
taugé Sojabohnenkeime Mz.
tax/ameter Taxa/meter *m.* ▼**—ateur** T.tor, Abschätzer *m.* ▼**—atie** T.tion, (Ab)Schätzung *w.* ▼**—atieprijs** Taxpreis *m.* ▼**—atiewaarde** Taxwert *m.* ▼**—eren** taxieren, (ab)schätzen; (*aanslaan*) einschätzen; (*ramen, begroten*) veranschlagen; *te hoog, te laag —*, zu hoch, zu niedrig einschätzen, über-, unterbewerten; *getaxeerde waarde*, Taxwert *m.*
taxi Taxi *s*, Taxe, Kraftdroschke *w.* ▼**—chauffeur** Taxifahrer *m.* ▼**—ën** (*vliegt.*) rollen. ▼**—meter** Taxameter *m.* ▼**—onderneming** T.unternehmen *s.* ▼**—standplaats** T.stand *m.*
taxus Taxus *m.*
taylorstelsel Taylorsystem *s.*
T-balk T.Träger *m.*

t.b.c. Tb, Tbc *w.* ▾**—-patiënt** Tb-, Tbc-Kranke(r) *m, w.*
te zu; (*zie echter de woorden waarbij 'te' gebruikt wordt en de volgende vb.*); *— A.* (*wonen*), in A.; *— A.* (*komen*), nach A.; *— A.* (*aankomen*), in A.; (*geboren*) *— A.*, in A., zu A.; *— bed* (*brengen*), ins Bett; *— onzent*, bei uns, in unsrem Haus, hier, (*richting*) zu uns, in unser Haus, hierher; *—recht*, mit Recht; (*ik heb je nog iets*) *— zeggen, mee — delen*, zu sagen, mitzuteilen; *het — lezen boek*, das zu lesende Buch; *niet — verhelpen wantoestanden*, Mißstände denen man nicht abhelfen kann; *— mooi om waar — zijn*, zu schön um wahr zu sein; *des — beter*, um so besser; *— meer*, um so mehr; *— meer daar* (*hij*) ..., zumal, (da) ...; *— weten*, nämlich (näml.); *— zijner tijd*, seinerzeit (s.Z.).
teakhout Teak/(holz) *s.* ▾**—en** aus T.holz, t.en.
team Team *s*; (*in sp., ook*) Mannschaft *w.* ▾**—geest** T.geist *m.* ▾**—work** T.work *s*, T.-, Gemeinschaftsarbeit *w.*
tearoom Tea-Room *m*, Teestube *w.*
techn/icus Techn/iker *m.* ▾**—iek** T.ik *w.* ▾**—isch** t.isch; *hoger — onderwijs*, höherer technischer Unterricht, höhere Schule für technischen U.; *lager — onderwijs*, technischer Elementarunterricht; *—e hogeschool*, technische Hochschule; *zie ook hts.*
techno/craat Techno/krat *m.* ▾**—loog** T.loge *m.*
teckel Dackel, Teckel *m.*
teddy(beer) Teddy(bär) *m.*
teder zart; (*hartelijk, innig*) zärtlich; *tere kwestie*, heikle, kitzlige Frage; *een teer punt*, ein heikler Punkt; *het tere punt*, die wunde Stelle. ▾**—heid** Zartheit, Zärtlichkeit *w.*
teef Hündin *w.*
teek Zecke *w.*
teel/aarde Damm-, Pflanzenerde *w.* ▾**—bal** Hode *w.* ▾**—drift** Zeugungstrieb *m.* ▾**—t** Zucht *w*; (*v. planten, ook*) (An)Bau *m*, Kultur *w.* ▾**—tkeus** Zuchtwahl *w.*
teen 1 (*v. voet*) Zehe *w*, Zeh *m*; *iem. op zijn tenen trappen*, e.m auf die Zehen, (*fig., ook*) auf die Hühneraugen, auf den Fuß, auf den Schlips treten; *lange tenen hebben, gauw op zijn tenen getrapt zijn*, gleich beleidigt sein, sehr empfindlich sein; **2** (*taai rijs*) Weidenzweig *m*, Gerte w.
teenager Teenager *m.*
teen/ganger Zehengänger *m.* ▾**—hout** Weidenholz *s.* ▾**—wilg** Korb-, Bandweide *w.*
teer I *bn & bw zie* **teder**. **II** *zn* Teer *m.* ▾**—geliefd** zärtlich geliebt. ▾**—gevoelig** zartfühlend; (*gevoelig*) empfindlich; (*sentimenteel*) empfindsam. ▾**—gevoeligheid** Zartgefühl *s*; E.keit *w.* ▾**—hartig** weichherzig. ▾**—hartigheid** W.keit *w.* ▾**—heid** *zie* **tederheid**. ▾**—kwast** Teer/pinsel *m*, T.bürste *w.* ▾**—ling** Würfel *m*; *de — is geworpen*, der W. ist gefallen. ▾**—olie** T.öl *s.* ▾**—spijze**: *Heilige Teerspijze*, heilige Wegzehrung. ▾**—ton** T.tonne *w.* ▾**—zeep** T.seife *w.*
TEE-trein TEE *m.*
teflonpan Teflonpfanne *w.*
tegel Ziegel *m*, Z.platte *w*; (*voor muur, vloer enz.*) Fliese *w*; (*geglazuurd*) Kachel *w.* ▾**—bekleding** Fliesen/abdeckung *w*; (*als lambrizering*) F.bekleidung *w.*
tegelijk zugleich. ▾**—ertijd** z., zu gleicher Zeit.
tegel/vloer Fliesen-, Plattenfußboden *m.* ▾**—zetter** F.leger *m.*
tegemoet entgegen [3]. ▾**—gaan** e.gehen [3]. ▾**—komen** e.kommen [3]; *iem. in de kosten —*, e.n Teil seiner Kosten übernehmen; *—d verkeer*, Gegenverkehr *m.* ▾**—koming** E.kommen *s*; (*in geld*) Beihilfe *w*; (*geldelijke bijdrage*) Zuschuß, Beitrag *m*; *— in de kosten*, B. zu den Kosten; *— in de studiekosten*, Studienbeihilfe. ▾**—zien** e.sehen [3].
tegen gegen; (*bij vijandelijke verhouding; in strijd met, soms nog*) wider; *— de draad op* (*borstelen*) g., w. den Strich; *— de wind in* (*lopen*) g. den Wind; (*ik vertel het*) *— je vader*, deinem Vater; (*wat zei hij*) *— je*, (zu) dir; *— wie* (*spreek je*), zu wem, mit wem; *hij sprak niet — me*, er redete mich nicht an; (*ik ben*) *— het voorstel, ertegen*, g. den Antrag, dagegen; *— de kou beschermen*, vor der Kälte schützen; (*ik kan*) *niet — bonen*, keine Bohnen vertragen; (*hij kan*) *niet — plagen*, das Necken nicht ertragen; *— de wet*(*handelen*), g. das Gesetz, w. das Gesetz, dem Gesetz zuwider; *— beter weten in*, wider besseres Wissen; *hij liep — de muur* (*aan*), er lief gegen (an) die Mauer (an); (*in de stad*) *ben ik — hem aangelopen*, habe ich ihn getroffen, bin ich ihm begegnet; (*een ladder*) *— de muur zetten*, an die Mauer stellen; (*mijn perceel*) *ligt — het zijne* (*aan*), stößt an das seinige (an); (*de hond sprong*) *— me op*, an mir herauf; (*hij reed*) *— de hoogte op*, die Anhöhe hinauf; (*zij*) *klommen — de rotswand op*, kletterten an der Felswand hinauf; *— hem kun je niet op*, gegen ihn kannst du nicht aufkommen, ihm bist du nicht gewachsen; (*zijn werk is goed, het jouwe*) *is er niets —*, ist nichts dagegen; *— de beste op*, trotz dem Besten; *—de 100*, gegen 100; *— de morgen*, gegen Morgen; *— elven* (*begon het te regenen*), gegen elf Uhr; (*'t loopt*) *— elven*, es geht auf 11 Uhr; *— de eerste aug.* (*huren*), auf (für) den 1. Aug.; *— de vijfde sept.* (*bijeenroepen*), zum 5., auf den 5. Sept.; *— die tijd* (*ben ik klaar*), um die Zeit, bis dahin; *— een kwitantie*, gegen eine Quittung; *— 5%* (*lenen*), zu 5%; *— de prijs v.*, zum Preise von; *— f 10 per stuk*, zu hfl. 10 das Stück; *we hebben de wind —*, wir haben Gegenwind, der Wind steht gegen; (*hij heeft iedereen*) *—*, gegen s.; (*ik heb*) *er niets op —*, nichts dagegen; *iets — eten*, s. etwas zuwideressen, überessen; *iem. iets — maken*, e.m etwas verleiden, zuwidermachen; (*opm.: in vele scheidb. samengest. ww heeft 'tegen' de bet. van 'tegemoet', bijv.:*) (*het kind*) *liep zijn vader —*, lief seinem Vater entgegen; (*het gepoetste koper*) *blonk me —*, glänzte mir entgegen; *zie hiervoor* **tegemoet-** *en* **toe-**.
tegen/aan *zie* **tegen**. ▾**—aanval** Gegen/angriff *m.* ▾**—beeld** (*contrast*) G.bild *s*; (*pendant*) G.stück *s.* ▾**—bericht** Abmeldung *w*; *zonder —*, wenn ich weiter nichts von Ihnen höre, wenn keine Abmeldung erfolgt. ▾**—betoog** G.rede *w.* ▾**—bevel** G.befehl *m.* ▾**—bezoek** G.besuch *m.*▾**—bod** G.angebot *s.* ▾**—deel** G.teil *s*; *in —*, im G.teil. ▾**—draads** gegen den Strich. ▾**—effect** G.effekt *m.* ▾**—fase** entgegengesetzte Phase.
tegen/gaan Einhalt tun [3], steuern [3], begegnen [3]; (*tegemoet gaan*) (e.m) entgegen/gehen. ▾**—gesteld** e.gesetzt. ▾**—gewicht** Gegen/gewicht *s.* ▾**—gif(t)** G.gift *s.* ▾**—hanger** G.stück *s.* ▾**—houden** (*ophouden*) aufhalten, hemmen; (*weerhouden*) abhalten, zurückhalten; (*beletten*) verhindern; (*verhoeden*) verhüten; (*niet gauw verslijten, verteerd worden*) vorhalten. ▾**—in**: *— gaan*, s. etwas [3] widersetzen, etwas bekämpfen. ▾**—kanting** Widerstand *m.* ▾**—klinken** e.klingen [3], e.schallen [3]. ▾**—komen** (*ontmoeten*) begegnen [3]; (*tegemoet komen*) e.kommen [3]. ▾**—lachen** anlächeln, anlachen; (*tegemoet lachen, ook fig.*) e.lachen [3].

▾—**lichtopname** G.lichtaufnahme *w*. ▾—**ligger** (*scheepv.*) G.lieger *m*; (*auto enz.*) e.kommender Wagen, (*mv, ook*) G.verkehr *m*, Verkehr aus e.gesetzter Richtung; *—s!*, G.verkehr! ▾—**lopen** (*mislukken*) fehlschlagen, mißlingen; (*tegemoet lopen*) e.gehen [3], e.laufen [3]; *het loopt me tegen*, es geht mir quer, ich habe Pech. ▾—**maatregel** G.maßregel *w*. ▾—**maken** *zie* **tegen**. ▾—**natuurlijk** widernatürlich. ▾—**offensief** G.offensive *w*.

tegenover gegenüber [3]; *— de kerk*, der Kirche g., g. der K.; *daar staat echter — dat hij altijd bereid is om ...*, dagegen aber ist er immer bereit ... ▾—**gelegen** g.liegend. ▾—**gesteld** entgegengesetzt; *precies het —e* (*beweren*), gerade das Gegenteil; (*het middel had*) *precies de —e uitwerking*, gerade die gegenteilige Wirkung; *v. —e mening zijn*, entgegengesetzter Meinung, gegenteiliger Meinung sein. ▾—**stellen** gegenüberstellen; (*vijandig*) entgegenstellen [3].

tegen/partij Gegen/partei *w*, Gegner *m*. ▾—**paus** G.papst *m*. ▾—**pool** G.pol *m*. ▾—**praten** e.m widersprechen, Einwendungen machen. ▾—**prestatie** G.leistung *w*. ▾—**pruttelen** (dagegen) murren, nörgeln. ▾—**slag** (*tegenspoed*) Mißgeschick *s*; (*pech*) Pech *s*; (*teleurstelling*) Enttäuschung *w*; (*streep door de rekening*) Querstrich *m*; *met —* (*te kampen hebben*), mit Wider/wärtigkeiten. ▾—**spartelen** s.sträuben, s. w.setzen; *— hielp niet*, da half kein Sträuben. ▾—**sparteling** Sträuben *s*, W.stand *m*. ▾—**spel** G.spiel *s*. ▾—**spoed** Mißgeschick, Unglück *s*, W.wärtigkeiten *Mz*. ▾—**spraak** W.spruch *m*; (*weerlegging, dementi*) W.legung *w*; *in — zijn met*, im W.spruch stehen mit. ▾—**spreken** w.sprechen [3]; (*bestrijden*) in Abrede stellen; (*ontkennen*) leugnen, verneinen; *je spreekt jezelf tegen*, du w.sprichst dir selbst; *dit bericht wordt tegengesproken*, die Richtigkeit dieser Nachricht wird in Abrede gestellt, wird verneint, diese Nachricht wird dementiert; *altijd wat tegen te spreken hebben*, immer etwas einzuwenden haben. ▾—**spreker** W.sprecher *m*. ▾—**sputteren** s. sträuben, s. w.setzen, murren. ▾—**staan** zuwider sein; (*dat*) *staat me —*, w.steht mir, ist mir zuwider, (*daar walg ik v.*), w.t mich an. ▾—**stand** W.stand *m*; *— bieden*, W.stand leisten. ▾—**stander** Gegner *m*. ▾—**stelling** Gegen/satz, Kontrast *m*; *in — met*, im G.satz zu. ▾—**stem** G.stimme *w*. ▾—**stemmen** g.stimmen, g. etwas stimmen. ▾—**stralen** entgegenstrahlen [3]. ▾—**streven** w.streben [3]. ▾—**strever** Gegner *m*. ▾—**stribbelen** w.streben, s. sträuben, s. w.setzen. ▾—**strijd** W.streit, W.spruch *m*; *met elkaar in — zijn*, s. w.sprechen. ▾—**strijdig** s. w.sprechend; entgegengesetzt. ▾—**strijdigheid** W.spruch *m*. ▾—**stroom** Gegen/strom *m*. ▾—**tij** G.gezeit *w*.

tegen/vallen: (*niet lett. te vertalen: hier volgen enkele vb.: zie ook* **meevallen**) anders, schlechter, schwieriger, teurer usw. sein als man (nicht so schön, so gut sein, wie man) erwartete, dachte, glaubte; (*dat*) *valt me tegen*, entspricht meinen Erwartungen nicht, enttäuscht mich, bleibt hinter meiner Erwartung zurück; *dat valt tegen!*, das ist eine Enttäuschung!; *je valt me tegen*, (*ook*) ich habe mich in dir getäuscht; (*de rechtsbinnen*) *viel ontzettend tegen*, leistete gar nichts, versagte völlig. ▾—**valler** (*teleurstelling*) Enttäuschung *w*; *zie ook* **—slag**. ▾—**voeter** Gegen/füßler *m*. ▾—**voorstel** G.vorschlag *m*; G.antrag *m*. ▾—**vraag** Rückfrage *w*. ▾—**waarde** G.wert *m*. ▾—**weer** G.wehr *w*, Widerstand *m*. ▾—**werken**; *iem., iets —*, e.m, e.r Sache entgegenarbeiten, Hindernisse in den Weg legen; *iem.s plannen —*, jemands Pläne durchkreuzen, (*verijdelen*) hintertreiben. ▾—**werking** Widerstand *m*; Hindernisse *Mz*; (*reactie*) G.-, Rückwirkung *w*. ▾—**werpen** (*fig.*) einwenden, entgegnen. ▾—**werping** Einwand *m*, Einwendung *w*. ▾—**wicht** G.gewicht *s*. ▾—**wind** G.wind *m*.

tegenwoordig (*aanwezig*) anwesend, zugegen, gegenwärtig; (*thans bestaande, v. nu*) jetzig, heutig; (*bw: heden ten dage, nu*) heutzutage, gegenwärtig, zur Zeit; *de —e jeugd*, die heutige Jugend, die J. von heute; *de —e regering*, die heutige, gegenwärtige Regierung; *de —e tijd*, die heutige Zeit, die Gegenwart, die Jetztzeit, (*in spraakk.*) die Gegenwart, das Präsens; (*wat doet hij*) *—?*, gegenwärtig?, jetzt? ▾—**heid** Anwesenheit, Gegenwart *w*; *— v. geest*, Geistesgegenwart *w*.

tegen/zang Gegen/gesang *m*. ▾—**zet** G.zug *m*. ▾—**zin** Wider/wille *m*; *ik heb een — in de studie*, ich habe e.n W.willen gegen das Studium, (*sterker*) das S. ist mir zuwider; *met —*, mit W.willen, w.willig; *met —* (*toestemmen*), mit W.streben, w.strebend. ▾—**zitten**: *het zit hem tegen*, er hat kein Glück.

tegoed Guthaben *s*; *— bij de bank*, Bankguthaben, Bankkonto *s*. ▾—**bon** Warengutschein *m*.

tehuis Heim *s*; *— voor meisjes, militairen, ouden v. dagen, zeelieden enz.*, Mädchen-, Wehrmachts- (Soldaten-), Alters-, Seemannsheim *s*; *— voor daklozen*, Asyl für Obdachlose, O.nasyl *s*.

teil (*afwasbakje*) Schüssel *w*, Becken *s*; (*grote wasteil*) Kübel *m*.

teint Teint *m*, Gesichts-, Hautfarbe *w*.

teisteren heimsuchen; (*bombardementen, oorlogen, stormen enz.*) *— het gebied*, verheeren das Gebiet; (*stormen*) *— de kust*, (*ook*) peitschen die Küste.

tekeergaan (*lawaai maken*) lärmen; (*tieren*) toben, wüten.

teken Zeichen *s*; (*sein, ook*) Signal *s*; (*kenteken, ook*) Merkmal *s*; (*voorteken*) Anzeichen *s*; (*g*)*een — v. leven geven*, (k)ein Lebenszeichen von s. geben. ▾—**aap** Storchschnabel *m*. ▾—**aar** Zeichner *m*. ▾—**academie** Zeichen/akademie *w*. ▾—**behoeften** Z.gerät *s*, Z.geräte *Mz*. ▾—**benodigdheden** Z.bedarf *m*. ▾—**bevoegd** zeichnungs-, unterschriftsberechtigt. ▾—**bevoegdheid** Zeichnungs-, Unterschriftsberechtigung. ▾—**blok** Zeichen/block *m*. ▾—**boek** Z.buch *s*. ▾—**bord** Z.-, Reißbrett *s*. ▾—**doos** Z.kasten *m*. ▾—**en** zeichnen; (*ondertekenen, ook*) unterzeichnen, -schreiben; (*karakteristiek zijn voor*) kennzeichnen; *voor gezien —*, unterzeichnen, (*viseren*) vidimieren; *voor f 25* (*in*) *—*, hfl. 25 zeichnen; *voor 10 jaar —*, s. für 10 Jahre verbinden; *was getekend* (*w.g.*), gezeichnet (gez.); *—d*, kennzeichnend, bezeichnend, charakteristisch. ▾—**film** Zeichenfilm *m*. ▾—**haak** (*winkelhaakvorm*) Anschlagwinkel *m*; (*T-vorm*) Reiß-, Anschlagschiene *w*. ▾—**ing** Zeichnung *w*; (*ondertekening, ook*) Unter/zeichnung, U.schreibung, U.schrift *w*; *horizontale —*, (*v. gebouw enz.*) Grundriß *m*; *verticale —*, (*v. gebouw*) Aufriß *m*; *schematische —*, (*in tech.*) Gerippskizze *w*; *in — brengen*, zeichnen; *ter — liggen*, zur Unterzeichnung ausliegen. ▾—**kamer** Zeichen/saal *m*, Z.-, Konstruktionsbüro *s*. ▾—**krijt** Z.kreide *w*. ▾—**passer** Z.-, Reißzirkel *m*. ▾—**pen** Z.feder

w; (*trekpen*) Reißfeder *w*. ▾—**plank** Reiß-, Z.brett *s*. ▾—**potlood** Z.stift *m*; (*voor lijntekenen*) Reißblei *s*. ▾—**tafel** Z.tisch *m*. ▾—**voorbeeld** Z.vorlage *w*.
tekkel Dackel *m*.
tekort I *zn* (*alg.*) Manko *s*; (*geldelijk*) Defizit *s*, Fehlbetrag *m*; (*aan gewicht*) Gewichtsmanko, Fehlgewicht *s*; (*in kas*) Kassendefekt *m*, -defizit *s*; (*op balans*) Unterbilanz *w*; *het — aan woningen*, der Wohnungsfehlbestand; *— aan arbeiders, kennis*, Mangel *m* an Arbeitern, Kenntnissen. **II** *bw zie* **kort**. ▾—**koming** Mangel *m*; Pflichtverletzung *w*; (*menselijke onvolmaaktheid*) Unvolkommenheit, Unzulänglichkeit *w*.
tekst Text *m*; (*het geheel v. bewoordingen, ook*) Wortlaut *m*; *iem. — en uitleg geven*, e.m etwas bis in Einzelheiten erklären. ▾—**boekje** T.buch *s*. ▾—**haakje** Klammer *w*. ▾—**kritiek** T.kritik *w*. ▾—**schrijver** T.er *m*. ▾—**uitgave** T.ausgabe *w*. ▾—**verklaring** T.erklärung *w*.
tel: *de — kwijt raken, zijn*, s. verzählen, s. verzählt haben; *erg in — zijn*, sehr geschätzt werden, in hohem Ansehen stehen; *niet in — zijn*, nicht mitzählen, nicht viel gelten.
telaatkomer Zuspätkommende(r), Verspätete(r) *m*.
tel/apparaat Zähl/apparat, Z.er *m*. ▾—**datum** Stichtag *m*.
teleac Telekolleg *s*.
tele/camera Telekamera *w*. ▾—**communicatie** Fernmeldewesen *s*.
telefon/eren telefon/ieren; (*ik zal*) (*je*) *om 8 uur —*, (dich) um 8 Uhr anrufen, anklingeln. ▾—**ie** T.ie *w*; Fernsprechwesen *s*. ▾—**isch** t.isch, fernmündlich; *—e hulpdienst*, T.seelsorge *w*. ▾—**ist(e)** T.ist *m*; T.istin *w*. ▾**telefoon** T. *s*, Fern/sprecher *m*; *— 24164*, Ruf, F.ruf 24164; *de — gaat*, das T. läutet; *mijnheer J., — !; er is — voor u*, Herr J., bitte zum T.; Sie werden am T. verlangt; *de — opnemen, neerleggen, op de haak hangen*, den Hörer abnehmen; auf-, hinlegen; abhängen. ▾—**aansluiting** F.sprech-, T.anschluß *m*. ▾—**abonnee** F.sprech-, F.meldeteilnehmer *m*. ▾—**automaat** F.sprecher-, T.automat, Münzfernsprecher *m*. ▾—**beantwoorder** T.antwortgeber, Anrufbeantworter *m*. ▾—**boek** T.buch *s*. ▾—**botje**: *zijn — stoten*, s. den Musikantenknochen stoßen. ▾—**cel** T.zelle *w*. ▾—**centrale** T.zentrale *w*, F.sprech(er)amt *s*; *automatische —*, Selbstanschluß/amt *s*, S.zentrale *w*. ▾—**dienst** F.sprecher-, T.dienst *m*; *automatische —*, Wählerbetrieb *m*. ▾—**draad** T.draht *m*. ▾—**gesprek** T.gespräch *s*, F.spruch *m*; *intercommunaal —*, F.gespräch *s*. ▾—**gids** T.buch *s*. ▾—**hoorn** T.hörer *m*. ▾—**installatie** F.sprech-, T.anlage *w*; *automatische —*, Selbstanschlußanlage. ▾—**juffrouw** T.istin, T.gehilfin *w*. ▾—**kabel** F.sprecher-, T.kabel *s*. ▾—**kantoor** F.sprech(er)-, T.amt *s*. ▾—**kastje** (*bijv. op taxistandplaats*) Kastenfernsprecher *m*. ▾—**klapper** T.register *s*. ▾—**kosten** T.-, F.sprechgebühren *Mz*. ▾—**lijn** T.leitung *w*. ▾—**net** T.-, F.sprechnetz *s*. ▾—**nummer** F.sprecher-, T.nummer, Rufnummer *w*; *— 307*, F.ruf, Ruf 307. ▾—**paal** T.stange *w*. ▾—**rekening** F.melderechnung *w*. ▾—**tje** Anruf *m*; t.ische Nachricht. ▾—**toestel** F.sprechapparat *m*. ▾—**verbinding** T.verbindung *w*, T.anschluß *m*; *automatische —*, Selbstwählanschluß; *interlokale —*, F.verbindung *w*.
telefoto Fernaufnahme *w*; (*radiotelegrafisch*) Funkbild *s*. ▾—**grafie** Telefotografie *w*.
telegeniek telegen.
telegraaf Telegraf, Telegraph *m*. ▾—**agentschap** Telegrafen/agentur *w*; *zie* **persagentschap, persbureau**. ▾—**bureau** T.amt *s*; *zie* **agentschap**. ▾—**paal** T.stange *w*. ▾**telegraf/eren** telegrafieren, drahten, depeschieren; (*via onderzeekabel, ook*) kabeln. ▾—**ie** Telegrafie *w*. ▾—**isch** telegrafisch; *— antwoord*, telegrafische Antwort, Drahtantwort *w*; *— bericht*, Drahtbericht *m*, -meldung *w*, telegrafische Nachricht; *— accept, —e order*, Drahtakzept *s*, -auftrag *m*; *— antwoorden*, per Draht antworten, rückdrahten. ▾—**ist(e)** Telegraf/ist *m*; T.istin *w*.
telegram Telegramm *s*, Drahtbericht *m*, Depesche *w*; *draadloos —*, Funkentelegramm, Funkspruch *m*. ▾—**adres** T.adresse, Draht/anschrift *w*, D.wort *s*, Kurzadresse *w*. ▾—**besteller** T.bote *m*. ▾—**formulier** T.formular *s*. ▾—**stijl** T.stil *m*.
tele/kinese Tele/kinese *w*. ▾—**kopiëren** t.kopieren. ▾—**lens** T.linse *w*, T.objektiv *s*. ▾—**meter** T.meter *s*.
telen (*voortbrengen*) (er)zeugen; (*kweken*) ziehen; (*verbouwen*) (an)bauen; (*fokken*) züchten.
tele/paat Tele/path *m*. ▾—**pathie** T.pathie *w*. ▾—**recorder** Fernsehrecorder *m*. ▾—**scoop** T.skop *s*. ▾—**scoopschokbreker** T.skopstoßdämpfer *m*. ▾—**scopisch** t.skopisch. ▾—**tekst** Bildschirm-, Videotext *m*. ▾—**type** Fernschreiber *m*.
teleurstell/en enttäuschen; *z. in iets teleurgesteld voelen*, s. über etwas enttäuscht fühlen. ▾—**ing** Enttäuschung *w*.
televisie Fernsehen *s*, Television *w*, Bildfunk *m*; *commerciële —*, Werbefernsehen *s*; *op de —*, im F.; *naar de — kijken*, fernsehen; *verslaafd aan de —*, fernsehsüchtig. ▾—**bijdrage** Fernseh/gebühren *Mz*. ▾—**camera** F.kamera *w*. ▾—**circuit** F.kreis *m*. ▾—**journaal** Tagesschau *w*. ▾—**kast** (*opbergmeubel*) F.truhe *w*. ▾—**kijker** F.teilnehmer, F.zuschauer *m*, F.er. ▾—**omroep** Bildrundfunk *m*. ▾—**omroepster** F.ansagerin, (*fam.*) F.mieze *w*. ▾—**ontvanger** F.-, Fernbildempfänger *m*. ▾—**programma** F.programm *s*. ▾—**quiz** F.quiz *s*. ▾—**reclame** F.werbung *w*. ▾—**scherm** F.schirm *m*. ▾—**spot** F.spot *m*. ▾—**toestel** F.apparat, F.empfänger, F.er *m*, F.gerät *s*. ▾—**uitzending** F.sendung, F.darbietung, F.übertragung *w*. ▾—**zender** F.sender *m*.
telex Telex *s*, Fern/schreiber *m*; *per —*, f.schriftlich. ▾—**bericht** F.schreiben *s*. ▾—**en** t.en. ▾—**installatie** T.anlage *w*. ▾—**ist** F.schreiber *m*. ▾—**verkeer** T.-, F.schreibverkehr *m*.
telg Sproß, Sprößling *m*.
telgang Paß(gang), Zeltgang *m*. ▾—**er** Paßgänger, Zelter *m*.
telken/male, —s jedesmal; (*aanhoudend*) immer, immer wieder; *— als, wanneer*, jedesmal wenn; *— weer*, immer wieder.
tel/len zählen; (*gelden, meetellen*) mitzählen; (*iem.*) *onder zijn vrienden —*, zu seinen Freunden z.; *op zijn — passen*, s. vorsehen, auf der Hut sein. ▾—**ler** Zähler *m*. ▾—**ling** Zählung *w*. ▾—**machine** Zähl-, Addiermaschine *w*.
teloorgaan verloren gehen.
tel/raam Rechenbrett *s*, Kugelmaschine *w*. ▾—**strook** (*v. telmachine*) Additionsstreifen *m*. ▾—**woord** Zahlwort *s*.
tembaar zähmbar.
teme/n (*slepend spreken*) in e.m schleppenden Tone sprechen; (*zeuren*) salbadern. ▾—**rig** schleppend, gedehnt; salbadernd.
tem/men zähmen. ▾—**mer** Zähmer *m*.

tempel Tempel *m.* ▾**—bouw** T.bau *m.* ▾**—ier** T.herr, Templer *m*; *de orde der —s*, der Templer-, Tempelorden; *drinken als een —*, saufen wie ein Bürstenbinder, wie eine Unke.
temperament Temperament *s*; *vol —*, t.voll.
temperatuur Temperatur *w*; (*in weerbericht vaak mv*: T.en); *op* (*de gewenste*) *— brengen*, temperieren. ▾**—daling** T.abnahme *w.* ▾**—opneming** (*med.*) T.messung *w.* ▾**—verhoging** T.erhöhung *w.* ▾**—verschil** T.unterschied *m*, T.differenz *w.*
temper/en (*matigen*) mäßigen; (*licht, kleur, geluid, stem, hartstochten enz.*) dämpfen; (*kleuren mengen*) mischen; (*v. staal en andere gietwaren*) tempern, anlassen; (*v. kachel*) auf eine niedrigere Temperatur einstellen. ▾**—ing** Mäßigung, Dämpfung, Mischung *w*; Tempern *s* (*zie* **temperen**).
tempo Tempo *s.* ▾**—rair** t.rär, zeitweilig. ▾**—reel** zeitweilig; (*fig.*) zeitlich, weltlich. ▾**—riseren** hinhalten, verzögern.
temptatie (*kwelling*) Qual *w*; (*bekoring*) Versuchung *w.*
ten zum, zur, zu; (*zie opmerking bij* **te**); *ten eerste, tweede, derde ...*, erstens, zweitens, drittens ...; *— eerste ... — andere*, erstens ... zweitens; einmal ... zum andern; zum ersten ... zum andern; *— derden male*, zum dritten (Male); *— noorden van*, nördlich von, nördlich [2]; *— warmste* (*aanbevolen*), wärmstens.
tend/ens, —entie Tendenz *w.* ▾**—ensstuk** T.stück *s.* ▾**—entieus** tendenziös.
tender Tender *m.*
tenen Weiden...
tengel Latte *w*; (*vinger*) Finger *m.*
tenger (*teer*) zart; (*zwak*) schwächlich; (*smal, mager*) schmächtig. ▾**—heid** Z.heit *w*; Schwächlichkeit *w*; Schmächtigkeit *w.*
tengevolge: *— van*, infolge [2].
teniet *zie* **niet**. ▾**—doening** Annullierung, Nichtigkeitserklärung *w.*
tenlastelegging Anschuldigung *w.*
tenminste (*althans*) wenigstens; (*op z'n minst*) mindestens, zumindest.
tennis Tennis *s.* ▾**—baan** T.platz *m*; *overdekte —*, T.halle *w.* ▾**—racket** T.schläger *m.* ▾**—sen** T. spielen. ▾**—ser** T.spieler *m.* ▾**—veld** T.platz *m.*
tenor Tenor *m*; T.stimme *w*; T.sänger *m.*
tenslotte schließlich, am Ende.
tent Zelt *s*; (*kermistent enz.*) Bude *w*; *ergens zijn —en opslaan*, irgendwo sein Z. aufschlagen; (*iem.*) *uit zijn — lokken*, aus seiner Reserve herauslocken.
tentakel Tentakel *m, s.*
tentamen Tentamen *s.*
tent/dak Zelt/dach *s.* ▾**—doek** Z.tuch *s.* ▾**—enkamp** Z.lager *s.* ▾**—haring** Z.häring *m.*
tentoon/spreiden entfalten, zur Schau tragen. ▾**—stellen** ausstell/en, zur S. (aus)stellen. ▾**—stelling** A.ung; S.stellung *w*; *doorlopende —*, ständige A.ung. ▾**—stellingsterrein** A.ungslände *s.*
tentzeil Zelttuch *s.*
tenue Uniform *w*, Anzug *m*; *in groot —*, im Parade/anzug, in P.uniform, im Galaanzug; *in klein —*, in Dienst/uniform, im D.anzug.
tenuitvoer/brenging, —legging Ausführung *w*; (*off. v. vonnis, wet enz.*) Voll/streckung, V.ziehung *w*, V.zug *m.*
tenzij es sei denn daß...
tepel Brustwarze, (*v. zoogdier*) Zitze *w.*
ter zur, zum, zu; (*zie opmerking bij* **te**); *— waarde van*, im Wert von.
teraardebestelling Beerdigung *w.*
terbeschikkingstelling Zurverfügungstellung; (*mil.*) Zurdispositionstellung *w*; (*jur.*) Sicherungsverwahrung *w.*
terdege tüchtig, gehörig.
terdoodbrenging Hinrichtung *w.*
terecht (*met recht*) mit Recht; (*het verlorene*) *is weer —*, hat s. wieder gefunden; (*voor 10 uur*) *kun je niet bij hem —*, kann er dir nicht helfen, dich nicht empfangen; (*alle hotels zijn bezet, zullen we nog ergens*) *— kunnen?*, unterkommen? ▾**—brengen** (*in orde brengen, klaarspelen; iem.*) zurechtbringen; *iem. kunnen —*, (*ook*) wissen woher er kommt, wo er wohnt; (*wat verloren was*) zurückfinden; *daar brengt hij niets van terecht*, daraus wird bei ihm nichts, davon bringt er nichts fertig. ▾**—helpen**: *iem. —*, e.m zurechthelfen. ▾**—komen**: *in de gevangenis —*, ins Gefängnis geraten, kommen; (*de auto*) *kwam in de sloot terecht*, landete im Graben; (*hij*) *is toch nog goed terechtgekomen*, ist doch noch gut angekommen; *hij is daar goed terechtgekomen*, er ist dort gut untergekommen, hat dort eine gute Stellung gefunden; (*waar is hij*) *terechtgekomen?*, hingekommen, geblieben?; (*die zending is niet*) *terechtgekomen*, angekommen, an Ort und Stelle gekommen; (*het verlorene*) *is weer terechtgekomen*, hat s. wieder gefunden; *daar komt niets van terecht*, daraus wird nichts; (*wat*) *moet er van hem —*, soll aus ihm werden; (*dat zal*) *wel —*, s. schon finden, s. schon machen, s. schon geben, schon in Ordnung kommen. ▾**—staan** vor Gericht erscheinen, s. zu verantworten haben. ▾**—stellen** hinricht/en. ▾**—stelling** H.ung *w.* ▾**—wijzen** (*berispen*) zurechtweis/en, rügen, tadeln; (*voorlichten*) belehren; (*de weg wijzen*) den Weg zeigen. ▾**—wijzing** Z.ung *w*, Verweis *m*, Rüge *w*, Tadel *m*, (*voorlichting*) Belehrung *w.* ▾**—zitting** Gerichtssitzung *w.*
teren 1 (*met teer*) teeren; **2** (*leven, genoeg hebben aan*) zehren; *op zijn vet, op zijn roem —*, von seinem Fett, vom Ruhm z.
terg/en reizen; (*kwellen, plagen*) quälen; (*uitdagen*) herausfordern; *dat is* (*iem.*) *de mond getergd*, das macht e.m den Mund wässerig; *—d langzaam*, quälend langsam. ▾**—ing** Reizung, Qual, Herausforderung *w.*
terhandstelling Einhändigung, Übergabe *w.*
tering (t.b.c.) Schwindsucht *w*; *vliegende —*, galoppierende S.; *de — naar de nering zetten*, s. nach der Decke strecken. ▾**—achtig** schwindsücht/ig. ▾**—lijder** S.ige(r) *m.*
terloops beiläufig, nebenbei; (*iem.*) *—* (*groeten*), im Vorbeigehen.
term Ausdruck *m*, Wort *s*; (*v. evenredigheid*) Glied *s*; *onder bedekte —en* (*te verstaan geven*), in verhüllenden Worten, durch die Blume; *daar zijn geen —en voor*, dazu gibt es keinen Anlaß; *er zijn geen —en aanwezig om* (*dit te doen*), es liegen keine Gründe vor; *niet in de —en vallen*, nicht in Betracht kommen; *volgens de —en der wet*, nach dem Wortlaut des Gesetzes.
termiek Thermik *w.*
termiet Termite *w.* ▾**—enheuvel** T.nhügel *m.*
termijn (*tijdruimte*) Frist *w*; (*tijdpunt*) Termin *m*; (*gedeeltelijke betaling*) Rate *w*; *— van één jaar*, Jahresfrist; *— v. betaling, v. opzegging enz.*, Zahlungs-, Kündigungsfrist; *binnen de gestelde —*, in gestellter F.; *betaling in —en*, Ratenzahlung *w*; *in —en* (*betalen*), ratenweise; *maandelijkse —*, Monatsrate *w*; *betaling v.d. eerste —*, (*bij afbetaling*) Anzahlung *w*; (*levering*) *in 5 —en met één maand tussentijd*, in 5 Teilsendungen in Zwischenräumen von je e.m Monat; *op korte —*, auf kurze F., auf kurzen T., in kurzer F.; *krediet, lening enz. op korte —, lange —*, kurz-, langfristiger Kredit, (*ook*: Kurzkredit), kurz-,

langfristige Anleihe (*ook*: kurzfällige Anleihe); *op — gaan*, (*v. bedelmonniken*) terminieren. ▾**—betaling** Ratenzahlung *w.* ▾**—handel** Termin/handel *m*, -geschäft, Zeitgeschäft *s*.
terminal (*i.a.b.*) Terminal *s*.
terminologie Terminologie *w*.
ter nauwernood mit genauer Not, mit knapper Not, kaum.
ter/ne(d)er danieder; *voor ss. zie* **ne(d)er-**. ▾**—neerdrukkend** niederdrückend. ▾**—neergeslagen** niedergeschlagen.
terp Wurt(e), Warf(t) *w*.
terpen/tijn Terpentin *m.* ▾**—tine** T.öl *s*.
terracotta Terrakotta *w*.
terrarium Terrarium *s*.
terras Terrasse *w.* ▾**—vormig** t.nförmig.
terrazzo Terrazzo *m*.
terrein (*vlakte gronds*) Gelände, Terrain *s*; (*stuk gronds, perceel*) Grundstück *s*; (*bouwterrein*) Baugelände *s*, Baufläche *w*, (*bouwplaats*) Baustelle *w*; (*voetbalveld enz.*) Feld *s*, Platz *m*; (*mil.*) Gelände *s*; (*gebied, vooral fig.*) Gebiet *s*; — (*verliezen*), Boden, T., G.; — (*winnen*), T., Boden; *meester v. 't — zijn*, das Feld behaupten, Herr der Lage sein; *het —* (*v.d. wetenschap*), das Gebiet. ▾**—gesteldheid** Gelände/beschaffenheit *w*. ▾**—knecht** (*sp.*) Sportplatzwärter *m*. ▾**—plooi** G.falte, G.welle *w*. ▾**—rijden** G.reiten *s*; (*met motorvoert.*) G.fahren *s*. ▾**—schade** (*bijv. door maneuvers*) Flurschaden *m*. ▾**—winst** G.-, Bodengewinn *m*.
terreur Terror *m*. ▾**—daad** T.akt *m*.
terriër Terrier *m*.
terrine Terrine, Suppenschüssel *w*.
territo/riaal Territorial..., territorial; *territoriale wateren*, Hoheits-, Territorialgewässer. ▾**—rium** Territorium, Gebiet *s*.
terror/isatie Terror/isierung *w*. ▾**—isme** T.ismus *m*. ▾**—ist** T.ist *m*. ▾**—iseren** t.isieren.
tersluik(s) heimlich, verstohlen.
terstond sofort, (so)gleich, auf der Stelle.
tertiair tertiär; *een —e weg*, eine Straße dritter Ordnung; *—e formatie*, T.formation *w*; *het —*, das T.
terts Terz *w*.
terug zurück; (*weerom, ook*) wieder; *enige jaren —*, (*geleden*) einige Jahre z., vor einigen Jahren; *er bestaat geen —!*, es gibt kein Z.!; *— hebben*, z.-, wiederhaben; *heb je van f 10 —*, kannst du auf 10 Gulden herausgeben; *daar had hij niet van —*, darauf wußte er keine Antwort, (*wilde hij niet op ingaan*) darauf ließ er s. nicht ein. ▾**—bellen** (*tel.*) z.rufen. ▾**—betalen** z.zahlen; (*v. 't geleende, te veel betaalde belasting enz.*) z.erstatten. ▾**—betaling** Rück/zahlung; R.erstattung *w*; *— v. belasting*, Steuererstattung *w*. ▾**—bezorgen** z.besorgen. ▾**—blik** R.blick *m*. ▾**—blikken** z.blicken, z.schauen. ▾**—boeken** z.buchen, stornieren. ▾**—boeking** R.buchung, Stornierung, Stornobuchung *w*. ▾**—brengen** z.bringen; (*pers., ook*) z.führen, z.begleiten; (*de uitgaven*) *tot op de helft —*, auf die Hälfte reduzieren, z.führen. ▾**—deinzen** z.fahren; (*fig.*) z.schrecken. ▾**—doen** z.tun; (*als reactie op iets*) (auf etwas [4]) reagieren, (etwas) erwidern. ▾**—dringen** z.drängen. ▾**—eisen** z.fordern.
terug/gaan zurück/gehen. ▾**—gave** Rück/gabe; R.erstattung *w*; *zie* **—betaling**. ▾**—gang** R.gang, R.schritt *m*. ▾**—getrokken** z.gezogen. ▾**—geven** z.-, wiedergeben; (*v. 't geleende enz.*) z.erstatten; (*hij kon bij 't betalen niet*) —, herausgeben; (*kunt u*) *van f 100 —*, auf hundert Gulden herausgeben. ▾**—groeten** wiedergrüßen. ▾**—houden** z.halten; (*achterhouden*) z.behalten. ▾**—houdend** z.haltend, reserviert; (*gesloten*) zugeknöpft. ▾**—houdendheid** Zurück/haltung, Reserviertheit *w*. ▾**—kaatsen** (*bal, geluid, licht*) z.werfen; (*licht, ook*) reflektieren; (*de bal, de hitte*) *kaatst terug*, prallt z.; (*in de bergen*) *kaatsen* (*de donderslagen*) *terug*, widerhallen. ▾**—kaatsing** Z.werfung; Reflexion *w*; Rück/prall; Widerhall *m*. ▾**—keer** R.kehr *w*. ▾**—keren** z.kehren; (*meer regelmatig*) wiederkehren; *naar huis, 't vaderland —*, (*bijv. uit de oorlog*) heimkehren. ▾**—komen** z.kommen; (*meer regelmatig*) wiederkommen; (*steeds weer*) *op hetzelfde —*, auf dasselbe z.kommen; *van* (*op*) *iets —*, von etwas z.kommen. ▾**—komst** R.kehr, R.kunft *w*. ▾**—kopen** z.kaufen. ▾**—koppelen** r.koppeln. ▾**—koppeling** R.kopp(e)lung *w*. ▾**—krabbelen** s. z.ziehen. ▾**—krijgen** z.-, wiederbekommen, -erhalten, -kriegen; (*ik betaal je f 100 en dan*) *krijg ik nog f 10 terug*, bekomme ich noch zehn Gulden heraus.
terug/lopen zurück/laufen, z.gehen. ▾**—nemen** z.nehmen. ▾**—neming** Z.nahme *w*. ▾**—plaatsen** z.versetzen; (*terugzetten*) z.setzen. ▾**—reis** Rück/reise, R.fahrt *w*. ▾**—reizen** z.reisen. ▾**—roepen** z.rufen; (*gezant*) z.berufen, abberufen; (*toneelspeler*) hervorrufen. ▾**—roeping** Z.berufung; (*gezant*) Abberufung *w*. ▾**—schakelen** z.schalten, (*v. motorvoert., ook*) herunter/schalten; *— naar de tweede versnelling*, auf den zweiten Gang z.-, h.schalten. ▾**—schrikken** (*voor, van iets*) z.schrecken (vor [3]). ▾**—slag** R.schlag *m*; R.wirkung *w*. ▾**—stoot** R.stoß *m*. ▾**—storten** (*geld*) wiedereinzahlen. ▾**—stoten** z.stoßen; (*afstoten*) abstoßen. ▾**—stotend** z.stoßend, abstoßend, widerwärtig. ▾**—stuiten** z.prallen. ▾**—tocht** R.zug; Abzug *m*; R.reise, R.fahrt *w*. ▾**—traprem** R.trittbremse *w*. ▾**—trekbal** (*biljart*) R.zieher *m*. ▾**—trekken** z.ziehen; *z. uit de zaken —*, s. vom Geschäft z.ziehen; *z. uit zijn ambt, bij een examen —*, von seinem Amt, vom Examen z.treten. ▾**—verlangen** (*eisen*) z.fordern, z.verlangen; (*naar iets*) —, s. (nach etwas) z.sehnen. ▾**—vinden** z.-, wiederfinden. ▾**—vloeiing**: *— v. kapitaal*, Kapitalrückwanderung *w*. ▾**—vorderen** z.fordern, z.verlangen. ▾**—vragen** z.erbitten, z.fordern, z.verlangen. ▾**—weg** R.weg *m*. ▾**—werken** z.wirken; *—de kracht*, rückwirkende Kraft; *met —de kracht van 1 jan.*, mit R.wirkung vom 1. Jan. an. ▾**—werking** R.wirkung *w*. ▾**—wijken** z.weichen. ▾**—wijzen** z.weisen. ▾**—winnen** z.gewinnen, wiedergewinnen. ▾**—zenden** z.senden, z.schicken. ▾**—zending** R.sendung *w*. ▾**—zien** z.blicken, z. hauen, z.sehen; (*iem.*) wiedersehen.
terwijl **I** *vgw* während; (*bij kortere gelijktijdigheid, wanneer de onderwerpen v. beide zinnen dezelfde zijn*) indem; *— hij de trap afliep* (*de trap aflopend*), *gleed hij uit*, indem er der Treppe hinunterstieg, rutschte er aus. **II** *bw* (*inmiddels*) unterdessen.
terwille *zie* **wil**.
terzelfdertijd zu (der) selben Zeit.
terzijde (*zijwaarts*) seitwärts; (*op toneel*) beiseite; (*iets*) — (*leggen*), beiseite; (*geld*) — (*leggen*), (*sparen*) zurück, auf die Seite; (*iem.*) — (*nemen*), beiseite; *iem. — staan*, e.m zur Seite stehen; (*iem.*) *een hulpkracht — stellen*, eine Hilfskraft beigeben; *— stellen*, zur Seite schieben, (*buitensluiten*) ausschließen, nicht beachten. ▾**—stelling**: *met — van*, ohne Rücksicht auf [4]; *met voorbijgaan van*, unter Übergehung [2].

test 1 (*proef*) Test *m*; **2** (*vuurpotje*) Feuertopf *m*; (*hoofd*) Däts *m*.
testament Testament *s*; *een — opmaken*, ein T. errichten, aufsetzen; *bij — bepalen*, t.arisch, letztwillig verfügen. ▼**—air** t.arisch; *—e beschikking*, letztwillige Verfügung, T.sverfügung *w*; *—e erfgenaam*, T.serbe *m*. ▼**testateur** Testator, Erblasser *m*.
test/beeld Test/bild *s*. ▼**—case** T.fall *m*. ▼**—en** t.en, erproben, ausprobieren. ▼**—eren** t.ieren.
testikel Testikel *m*.
testimonium Testimonium, Zeugnis *s*; *— paupertatis*, Armutszeugnis *s*.
test/methode Test/verfahren *s*. ▼**—piloot** T.pilot, Einflieger *m*. ▼**—wagen** Probewagen *m*.
tetanus Tetanus *m*.
tetteren blasen; (*drinken*) bechern.
teug Zug; Schluck, Trunk *m*; *in één —* (*leegdrinken*), auf e.n Z.; *met volle —en*, in vollen Zügen.
teugel Zügel *m*; *met losse —*, mit verhängtem Z.; *de — vieren*, den Z. schießen lassen; *aan zijn driften de vrije — geven*, seinen Leidenschaften die Z. schießen lassen, freien Lauf lassen. ▼**—loos** z.los. ▼**—loosheid** Z.losigkeit *w*.
teut I *bn* besoffen, benebelt. **II** *zn* Trödler, Nölpeter *m*, (*vrouw*) Nölliese *w*. ▼**—achtig** trödelhaft; nölig. ▼**—en** trödeln; nölen.
teveel: *het —*, das Zuviel.
tevens zugleich, gleichzeitig.
tevergeefs vergebens, umsonst.
tevoren zuvor; (*van te voren, vooraf*) vorher; (*vroeger*) früher; *daags —*, tags zuvor.
tevreden (*over*) zufrieden (mit). ▼**—heid** Z.heit *w*. ▼**—heidsbetuiging** Anerkennung *w*; A.sschreiben *s*. ▼**—stellen** z.stellen, befriedigen; *z. — met*, z. sein mit, s. begnügen mit.
tewaterlating Stapellauf *m*.
teweegbrengen verursachen, hervorrufen, veranlassen.
tewerkstell/en beschäftigen; (*arbeiders*) —, einstellen; (*soldaten bij oogst*) einsetzen. ▼**—ing** Einstellung, Einsetzung *w*.
textiel (*geweven stoffen*) Textil/ien, T.waren *Mz*; (*hij werkt*) *in de —*, in der T.industrie, in der T.branche.
tezamen zusammen.
thans jetzt, heutzutage.
theat/er Theat/er *s*. ▼**—raal** t.ralisch.
thé dansant Tanztee *m*. ▼**thee** Tee *m*; *— zetten*, T. kochen, machen; *op de — vragen*, zum T. einladen. ▼**—blad** T.blatt *s*; (*schenkblad*) T.brett *s*. ▼**—bus** T.büchse *w*. ▼**—doek** Geschirrtuch *s*. ▼**—ën** T. trinken. ▼**—kopje** T.tasse *w*. ▼**—kransje** T.kränzchen *s*. ▼**—lichtje** T.lämpchen *s*.
Theems Themse *w*.
thee/muts Tee/wärmer *m*, T.mütze *w*; (*in Duitsl.*) Kaffeewärmer. ▼**—pot** T.kanne *w*. ▼**—salon** T.stube *w*. ▼**—schepje** T.schäufelchen *s*. ▼**—tante** Kaffeeschwester *w*. ▼**—tuin** Lustgarten *m*. ▼**—visite** T.besuch *m*, T.gesellschaft *w*; *op — (komen)*, zum T. ▼**—water** T.wasser *s*; *boven zijn — zijn*, im T. sein, beschwipst sein. ▼**—zakje** T.beutel *m*. ▼**—zeefje** T.sieb *s*.
thema Thema *s*; (*vertaaloefening*) Aufgabe *w*. ▼**—boek** Übungs-, Aufgabenbuch *s*. ▼**—tisch** t.tisch.
theo/cratie Theo/kratie *w*. ▼**—logant** T.log(e) *m*. ▼**—logie** T.logie *w*. ▼**—logisch** t.logisch. ▼**—logiseren** t.logisieren. ▼**—loog** T.log(e) *m*.
theo/rema Theo/rem *s*. ▼**—reticus** T.retiker *m*. ▼**—retisch** t.retisch. ▼**—rie** T.rie *w*.
theo/sofie Theo/sophie *w*. ▼**—sofisch** t.sophisch. ▼**—soof** T.soph *m*.
therap/eut Therap/eut *m*. ▼**—eutisch** t.eutisch. ▼**—ie** T.ie *w*.
therm/iek Therm/ik *w*. ▼**—isch** t.isch. ▼**—ometer** T.ometer *s*. ▼**—onucleair** t.onuklear. ▼**—opane** T.opane *s*. ▼**—osfles** T.osflasche *w*. ▼**—oskan** Isolierkanne *w*. ▼**—ostaat** T.ostat *m*.
thesau/rie Schatz/kammer *w*. ▼**—rier** S.meister *m*.
the/se These *w*. ▼**—sis** Thesis *w*.
Thomas: *ongelovige —*, unglaublicher Thomas. ▼**t—slakken** T.schlacken *Mz*.
thora Thora *w*.
thorax Thorax *m*.
thriller Thriller *m*; Schauer/roman *m*; S.film *m*; S.drama *s*.
thuis I *bw*: (*hoe laat kom je*) —?, nach Hause?; (*ben je vanavond*) —?, zu H.?; *niet — geven*, s. verleugnen lassen; (*de vingers*) *— houden*, bei s. behalten; (*z.*) — (*voelen*), heimisch, wie zu H.; *altijd — zitten*, immer zu H. hocken; (*in zijn vak*) *— zijn*, zu H., bewandert sein; *niet — zijn van iets*, von etwas nicht wissen wollen. **II** *zn* Heim, Zuhause *s*; (*zij heeft*) *geen — meer*, kein Z. mehr; *van —* (*kreeg hij niets*) von Hause. ▼**—bezorgen** (*artikelen*) ins Haus liefern; *laten —*, (*ook*) ins Haus schicken lassen. ▼**—blijven** zu Hause bleiben. ▼**—blijver** (*die thuis gebleven is*) Zuhause/gebliebene(r) *m*; (*die thuis moet blijven*) Z.bleibende(r) *m*. ▼**—brengen** nach Hause bringen; (*een dame*) nach Hause begleiten; *iem. niet thuis weten te brengen*, e.n nicht unterbringen können; nicht wissen woher er kommt, wie er heißt. ▼**—club** (*voetb.*) die Platzherren. ▼**—front** Heimat/front *w*. ▼**—haven** H.hafen *m*. ▼**—horen**: *dat hoort hier niet thuis*, das gehört nicht hierher; *waar hoort dat thuis?*, wohin gehört das?; *hij hoort in A. thuis*, er ist in A. zu Hause, er kommt aus A., (*in A. gedomicilieerd*) er ist in A. zuständig. ▼**—komen** nach Hause kommen, heim/kommen. ▼**—komst** H.kehr, H.kunft *w*. ▼**—reis** H.reise *w*. ▼**—vloot** H.atflotte *w*. ▼**—wedstrijd** H.spiel *s*. ▼**—werker** H.arbeiter *m*. ▼**—zitter** Stubensitzer *m*.
Thuring/en Thüringen *s*. ▼**—s** thüringisch.
tiaar, tiara Tiara *w*.
Tibet Tibet *s*. ▼**—aan** T.er *m*. ▼**—aans** t.(an)isch.
tic 1 Tic *m*, nervöse Muskelzuckung *w*; (*eigenaardige gewoonte*) Tick *m*, Schrulle *w*; **2** (*scheutje alcolhol*) Schuß *m*.
tichel Ziegel *m*.
ticket Ticket *s*; (*toegangskaartje*) Eintrittskarte *w*, Ticket *s*.
tien zehn; (*als*) *of hij geen — kan tellen*, alsob er nicht bis drei zählen könnte; *— tegen een*, z. gegen eins. ▼**tien(-)** *zie ook* **vier(-)**. ▼**—d** Zeh(e)nt, Zehnte *m*. ▼**—delig** zehn/teilig; *—e breuk*, Dezimalbruch, Z.telbruch *m*. ▼**—dplichtig** z.tpflichtig. ▼**—er** Teenager, Teener *m*; (*meisje tot 16, ook*) Teenie, Teeny *m*. ▼**—kamp** Z.kampf *m*. ▼**—rittenkaart** Z.erkarte *w*. ▼**—tal** (*rek.*) Z.er *m*; *'n — boeken*, etwa z. Bücher; *—len boeken*, Dutzende von Büchern. ▼**—tallig**: *— stelsel*, Dezimalsystem *s*, Z.errechnung *w*. ▼**—tje** z. Gulden; (*bankbiljet*) Z.guldenschein *m*; (*muntstuk*) Z.guldenstück *s*; (*v. staatsloterij*) Z.tel *s*. ▼**—vingersysteem** Z.fingersystem *s*.
tierelieren trillern, tirilieren.
tier/en 1 (*razen*) toben; (*lawaai maken*) lärmen; **2** (*welig groeien*) üppig wachsen; (*gedijen*) gedeihen. ▼**—ig** üppig; (*levenslustig*) munter.
tierlantijn (*waardeloos versiersel*) Flitter *m*;

(*krul*) Schnörkel *m*. ▾**—tjes** F. *Mz*, F.kram *m*; (*onnodige opsmuk in redevoering*) S.ei *w*.
tiet Zitse, Brust(warze) *w*; (*borst, ook*) Titte *w*.
tij (*getij*) Gezeit, Tide *w*; *dood* —, Totwasser *s*, Nippflut *w*; *hoog, laag* —, Hoch-, Niedrigwasser *s*; *afgaand* —, Ebbe *w*; *opkomend* —, Flut *w*.
tijd Zeit *w*; (*dat duurt*) *een hele* —, eine lange Z., lange; *gun je de* —, laß dir Z.!; *waar haal je de* — *ervoor vandaan*, wo nimmst du die (viele) Z. dazu her?; (*heb jij de*) *juiste* —?, genaue Z.?; *ik heb er de* — (*niet*) *voor*, ich habe (keine) Z. dazu; *dat heeft de* — (*nog*), damit hat es (noch gute) Z.; *de* —*aan zichzelf hebben*, nicht an die Z. gebunden sein; *hij neemt er de* — *voor*, er nimmt s. Z. dazu; *het is hoog* —, es ist hohe Z., (die) höchste Z., (*fam.*) (die) höchste Eisenbahn; *'n* — *lang*, eine Z.lang; *enige* — *lang*, einige Z. lang; *geen* — *om te rusten*, keine Z. zum Ruhen; *het is nu de* — *om te handelen*, es ist jetzt an der Z. zu handeln; *bij* —*en*, zuzeiten, (*van tijd tot tijd*) zeit/weise; *bij* — *en wijle*, gelegentlich; (*hij was*) *in zijn* — (*een groot man*), zu seiner Z.; *in zijn jonge* —, in seinen jungen Jahren; *in de* —, *ten* —*e v.d. examens*, zu der Z. der Prüfungen; *in de* — *dat, waarin, toen*, zu der Z. wo, zu der Z. als . . .; *in* — *van nood*, in Zeiten der Not; *in de* — *v.e. maand*, in e.m Monat, innerhalb e.s Monates; *in geen* —*en*, seit langem nicht; *met de* — *meegaan*, mit der Z. gehen; *op* — (*komen*), rechtzeitig, zur rechten Z.; (*alles*) *op zijn* —, zu seiner Z.; *koop op* —, (*handelst.*) Z.-, Kreditkauf *m*; *over* (*de vastgestelde*) —, über die (festgesetzte) Z.; *over* — *zijn*, zu spät sein, s. verspätet haben; (*de trein*) *is 20 min. over* —, hat 20 Minuten Verspätung; (*het schip*) *is over* (*zijn*) —, ist überfällig; *ten* —*e van de wapenstilstand*, zu der Z., zur Z. des Waffenstillstandes; *ten* —*e van grote schaarste*, zu Z.en großer Knappheit; *ten* —*e van Caesar*, zu Cäsars Z.en; *te allen* —*e*, zu jeder Z; *te zijner* —, seinerzeit; (*ik zorg dat het*) *te zijner* — (*gebeurt*), zur gegebenen Z.; *uit de* —, nicht mehr zeitgemäß; *van die* —*af*, von der Z. an; *de jeugd van onze* —, die heutige Jugend, die J. von heute; *schrijvers van deze* (*die*) —, zeitgenössische Schriftsteller; *bijzin van* —, Temporal-, Z.satz *m*; *er is een* — *van komen en van gaan*, geschieden muß sein; *alles moet zijn* — *hebben*, alles hat seine Z. ▾**tijd/aanwijzing** Z.angabe *w*. ▾**—affaire** Z.geschäft *s*. ▾**—besparing** Z.ersparnis *w*. ▾**—bom** Z.bombe *w*. ▾**—elijk** (*tegenst. v. eeuwig; vergankelijk, wereldlijk, werelds*) z.lich; *het* —*e met het eeuwige verwisselen*, das Z.liche segnen; (*niet blijvend*) z.weilig, (*voorlopig*) vorläufig, einstweilig, provisorisch, (*als bw. ook*) einstweilen; — *aangesteld*, provisorisch angestellt. ▾**—eloos** z.los. ▾**—ens** während [2]. ▾**—gebonden** z.gebunden. ▾**—gebrek** Z.mangel *m*. ▾**—geest** Z.geist *m*. ▾**—genoot** Z.genosse *m*. ▾**—ig** (*op tijd*) (recht)zeitig, beizeiten; (*vroeg*) (früh)zeitig. ▾**—ing** Nachricht *w*. ▾**—melding** Z.ansage *w*. ▾**—nood** Z.not *w*. ▾**—opname** (*fot.*) Z.aufnahme *w*; (*sport*) Z.nahme *w*. ▾**—opnemer** Z.nehmer *m*. ▾**—passering** Z.vertreib *m*. ▾**—perk** Z.raum, Z.abschnitt *m*. ▾**—rekening** Z.rechnung *w*. ▾**—rit** Z.fahren *s*. ▾**—rovend** z.raubend. ▾**—sbepaling** Z.bestimmung *w*. ▾**—sbestek** Z.raum *m*. ▾**—schakelaar** Z.schalter *m*. ▾**—schema** Z.plan *m*. ▾**—schrift** Z.schrift *w*. ▾**—sduur** Z.dauer *w*. ▾**—sein** Z.zeichen, Z.signal *s*. ▾**—sgewricht** Z.raum *m*; (*keerpunt*) Z.wende *w*. ▾**—somstandigheden** Z.verhältnisse, Z.umstände *Mz*. ▾**—sorde** Z.folge, Z.ordnung *w*. ▾**—stip** Z.punkt, Augenblick *m*. ▾**—sverloop** Z.raum *m*; *binnen niet al te groot* —, in absehbarer Z. ▾**—(s)verschil** Z.differenz *m*. ▾**—vak** Z.raum, Z.abschnitt *m*, Periode *w*. ▾**—verdrijf** Z.vertreib *m*. ▾**—verlies** Z.verlust *m*. ▾**—verspilling** Z.vergeudung *w*. ▾**—winst** Z.gewinn *m*.
tijgen: — *naar*, ziehen nach; *aan het werk* —, s. an die Arbeit machen.
tijger Tiger *m*. ▾**—achtig** t.artig, t.ähnlich. ▾**—in** T.in *w*. ▾**—lelie** T.lilie *w*.
tijhaven Gezeitenhafen *m*.
tijk (*stofnaam*) Zwil(li)ch *m*; (*overtrek*) Überzug *m*.
tijloos Zeitlose *w*.
Tijl Uilenspiegel Till Eulenspiegel *m*.
tijm Thymian *m*.
T-ijzer T-Eisen *s*.
tik (*tikkend geluid*) Tick *m*; (*lichte klap*) leichter Schlag, Klaps *m*. *zie ook* **tic**. ▾**—fout** Tippfehler *m*. ▾**—je**: *'n* —, (*beetje*) ein bißchen. ▾**—keltje** bißchen. ▾**—ken** (*v. klok enz.*) ticken; (*zacht kloppen*) klopfen; (*typen*) tippen (*zie ook* **typen**); *iem. op z'n vingers* —, e.m auf die Finger klopfen; (*eieren*) —, kippen. ▾**—kertje**: — *spelen*, Haschemann spielen. ▾**—ster** Tippfräulein *s*. ▾**—tak** Ticktack *s*.
til 1 : *op* — (*zijn*), im Anzug; **2** (*duiventil*) Schlag *m*. ▾**—len** (auf-, empor)heben.
timbre Timbre *s & m*.
timen timen, (für etwas) den geeigneten Zeitpunkt bestimmen.
timide schüchtern, ängstlich, timid(e).
timing Timing *s*.
timmer/en zimmern; *erop* —, drauf losschlagen; *niet hoog* —, das Pulver nicht erfunden haben; *wie aan de weg timmert, heeft veel bekijks*, wer an den Weg baut, hat viele Meister. ▾**—gereedschap** Zimmer/gerät *s*. ▾**—hout** Z.holz, Bauholz *s*. ▾**—man** Z.mann *m*. ▾**—mansknecht** Z.geselle *m*. ▾**—(mans)werkplaats** Z.(manns)werkstatt, Z.ei. *w*. ▾**—werf** Z.platz, Z.hof *m*. ▾**—werk** Z.arbeit *w*; Z.werk *s*. ▾**—winkel** *zie* **—manswerkplaats**.
tin Zinn *s*; — *in schuitjes*, Blockzinn.
tinctuur Tinktur *w*.
tinerts Zinnerz *s*.
tingel/en kling/eln; (*op piano*) klimpern. ▾**—ing** k.ling. ▾**—tangel** Tingeltangel *s & m*.
tin/houdend zinn/haltig. ▾**—mijn** Z.grube *w*, Z.bergwerk *s*. ▾**—ne** Z.e *w*. ▾**—negieter** Z.gießer *m*; *politieke* —, politischer Kannegießer. ▾**—nen** z.ern, Z. . .
tint (*kleur*) Farbe *w*; (*kleurnuance*) Farbton *m*; (*kleurschakering*) Schattierung *w*; (*kleurgeving*) Färbung *w*; (*v. gezicht*) Teint *m*, Gesichtsfarbe *w*; (*politiek*) *met een liberaal* —*je*, mit e.m liberalen Anstrich.
tintel/en funkeln; (*v. kou*) prickeln; — *van geest*, sprühen, sprudeln von Witz; (*zijn ogen*) — *van plezier*, leuchten vor Freude. —*d van leven*, lebensprühend. ▾**—ing** Funkeln *s*; (*v. kou*) Prickeln *s*.
tint/en färben; abtönen. ▾**—je**: — *van sentimentaliteit*, Schimmer *m* von Sentimentalität; *zie verder* **tint**.
tip 1 (*punt*) Zipfel *m*; **2** (*wenk*) Tip *m*; **3** (*voor kolen enz.*) Kipper *m*; **4** (*fooi*) Trinkgeld *s*. ▾**—gever** Tipgeber *m*.
tippel Spaziergang, Bummel *m*; (*iedere morgen*) *die* — *naar het station*, die Tippelei zum Bahnhof. ▾**—aar** Fußgänger, Wanderer *m*. ▾**—en** spazieren; zu Fuß gehen, wandern, tippeln; (*v. prostituée*) auf den Strich gehen. ▾**—verbod** Strichverbot *s*.
tippen (*haar*) stutzen (*'n tip geven*) e.n Tip geben; (*even aanraken*) tippen; *aan iets, iem. niet kunnen* —, an etwas, an e.n nicht tippen

können.
tipsy angeheitert, beschwipst.
tiptop tipptopp.
tirade Tirade *w.*
tiraill/eren tiraill/ieren, plänkeln. ▾**—eur** T.eur *m.* ▾**—eurslinie** Schützenkette *w.*
tiran Tyrann *m.* ▾**—nie** T.ei *w.* ▾**—niek** t.isch. ▾**—niseren** t.isieren.
Tirol Tirol *s.* ▾**Tirools** T.er, t.erisch; (*een*) *—e*, T.erin *w.*
titan (*reus*) Titan(e) *m.* ▾**—isch** titanisch.
titanium Titan *s.*
titel Titel *m.* ▾**—blad** T.blatt *s.* ▾**—en** titulieren. ▾**—houder** Titel/halter *m.* ▾**—rol** T.rolle *w.* ▾**—plaat** T.bild, T.kupfer *s.* ▾**titul/air** Titular... ▾**—aris** Titelträger, Titular *m.* ▾**—atuur** Titulatur *w.*
tjalk Tjalk *w.*
tjilpen zwitschern.
tjokvol gedrängt voll.
TL/-buis Leucht/(stoff)röhre *w.* ▾**—-lamp** L.stofflampe *w.*
tobbe Zuber *m.*
tobb/en (*ploeteren*) s. abquälen, s. abmühen; (*piekeren*) grübeln; *over iets —*, über etwas grübeln, s. wegen etwas Sorgen machen; (*zij hebben*) *heel wat te — met die jongen*, ihre liebe Not mit dem Jungen. ▾**—er(d)** (*piekeraar*) Grübler *m*; *arme —*, armer Schlucker. ▾**—erig** grüblerisch. ▾**—erij** (*geploeter*) Quälerei, Plackerei *w*; (*gepieker*) Grübelei *w.*
toch doch; (*met klemtoon*: *evenwel, nochtans*) dennoch, (*sterker*) trotzdem; (*immers*) ja; (*dan*) denn; (*hij was arm,*) — (*kon hij altijd wat missen*), und dennoch; (*kom*) —, (*niettegenstaande alles*) trotzdem, dennoch, doch, (*ongeduld uitdrukkend*) nur, denn, doch; *is 't — waar?*, ist es wirklich wahr?; (*je zult*) *— niet wegblijven?*, ja, doch nicht fortbleiben; *je bent — een mens!*, du bist ja ein Mensch!; *waarom —?*, warum denn?; *waar zou hij — zijn?*, wo mag er nun sein?; *hoe heet die man —* (*weer*)?, wie heißt der Mann doch (wieder)?; *maar jongen —!*, aber Junge denn!; *— niet?*, nicht doch?; *klets — niet!*, quatsch doch nicht!, rede ja keinen Unsinn!; (*we zullen hem maar niet meer bezoeken, 't wordt*) *— al laat genoeg*, ohnehin (schon) spät genug; (*'t helpt niet meer; 't is*) *— al te laat*, sowieso (schon) zu spät.
tocht 1 (*krijgs-, roof-, veldtocht enz.*; *trek*) Zug *m*; (*voettocht*) Tour, Reise *w*; (*rit*) Fahrt, Tour *w*, (*op rijdier*) Ritt *m*; (*fietstocht*) Tour *w*; (*trek-, zwerftocht*) Wanderfahrt, Wanderung *w*; (*klein uitstapje, dagtochtje*) Ausflug *m*, Tour *w*; *op de —* (*zitten*), im Zug(wind); *men voelt hier geen —*, es zieht hier gar nicht; *de eerste —* (*v.e. schip*), die Jungfernfahrt; **2** (*sloot*) Abzugsgraben *m.* ▾**—band** Abdichtungsband *s*, Zugabschließer *m.* ▾**—deken** (*v. raam*) Fenstermantel *m.* ▾**—deur** Windfang-, Schutztür *w.* ▾**—en** ziehen, zugig sein. ▾**—gat** Zugloch *s.* ▾**—genoot** Reisegefährte *m.* ▾**—ig** zugig; (*v. dieren*) brünstig. ▾**—je** Ausflug *m*, Tour *w*; (*op 't water*) Fahrt *w.* ▾**—lat** Abdichtungs-, Schutzlatte *w.* ▾**—raam** Vor-, Doppelfenster *s.* ▾**—scherm** spanische Wand, Wandschirm *m.* ▾**—sloot** Abzugsgraben *m.* ▾**—strip** Dichtungsstreifen *m*, Zugband *s.* ▾**—vrij** zugfrei.
tod Lumpen, Lappen *m.*
toe zu; (*hij kwam*) *naar mij —*, (*op mij af*) auf mich zu; (*mijn vriend komt iedere avond*) *naar ons —*, zu uns; (*zij wandelden*) *naar huis —*, (*op huis aan*) nach Hause zu; *ik ga naar huis —*, nach H.; *naar de kust —*, (*op de kust af*) der Küste zu, auf die K. zu; *naar 't noorden —*, (*in noordelijke richting*) nach Norden zu; *naar de stad —*, (*in die richting*) nach der Stadt zu, (*erin*) in die S., zur S.; (*wij gaan*) *ernaar —*, hin; (*alles*) *naar z. — halen*, an s. ziehen; *tot ... —*, *zie* **tot**; *er slecht aan —* (*zijn*), übel dran; *ik kan er niet — komen*, ich komme nicht dazu; (*ik kan hem*) *er niet — krijgen*, nicht dazu bewegen; (*de deur is*) —, zu; *doe de deur —*, mache die Tür zu; *een —ë deur*, eine verschlossene T.; (*de gracht ligt*) —, ist zugefroren; (*iets*) *— krijgen*, als Zugabe, (*als dessert*) als Zuspeise bekommen; (*neem je nog*) *iets —*, als Zuspeise; *... en pudding —, ...* und Pudding nach; *blij —*, nur zu froh; *— maar, — vooruit*, nur zu, nur los; *— maar* (*verwonderd*) potztausend; *—, geef het mij*, du, gib es mir; bitte, geben Sie es mir.
toe/bedélen zuerteilen, zuweisen. ▾**—behoren I** *ww* (zu)gehören. **II** *zn* Zubehör *s.* ▾**—bereiden** zubereiten. ▾**—bereiding** Zubereitung *w.* ▾**—bereidselen** Vorbereitungen, Anstalten *Mz*; *— maken* (*voor, tot iets*), A. (zu etwas) machen, treffen; — (*= aanstalten*) *maken om te vertrekken*, s. anschicken fortzugehen. ▾**—bijten** zubeißen; (*v. vis en fig., ook*) anbeißen; (*toesnauwen*) (e.n) anschnauzen. ▾**—brengen** (*nederlaag, wonde*) beibringen; (*schade*) zufügen; (*slag, steek*) versetzen. ▾**—dekken** zudecken. ▾**—dichten** andichten; unterschieben. ▾**—dienen** verabreichen, geben; (*sacramenten*) spenden; (*'t Heilig Oliesel*) geben; *iem. de laatste sacramenten —*, e.n mit den heiligen Sterbesakramenten versehen. ▾**—doen I** *ww* zumachen, schließen; (*'n oog*) —, (*fig.*) zudrücken; (*dat*) *doet er niet toe*, (das) tut nichts (zur Sache), (das) macht nichts (aus); (*wat*) *doet 't ertoe?*, macht's? **II** *zn* Zutun *s*; *buiten mijn —*, ohne mein Zutun. ▾**—draaien** zudrehen; (*iem. de rug*) zuwenden. ▾**—dracht** Hergang, Verlauf *m.* ▾**—dragen**: *iem achting —*, Achtung für e.n hegen, e.m Achtung entgegenbringen; *iem. haat —*, Haß gegen e.n hegen; *iem een goed hart —*, e.m wohlwollen, gut gesinnt sein, (*kwaad hart*) übelwollen, übel gesinnt sein, nicht grün sein; *z. —*, s. zutragen, vor s. gehen. ▾**—drinken** zutrinken. ▾**—ëigenen**: *z. —*, s. an-, zueignen. ▾**—ëigening** An-, Zueignung *w.* ▾**—fluisteren** zuflüstern, -raunen.
toe/gaan zugehen; (*op het feest*) *ging het er vrolijk toe*, ging es lustig zu, her. ▾**—gang** Zutritt, Eintritt *m*; (*meer toegangsweg*) Zugang *m*; *alleen — voor volwassenen*, nur Erwachsene haben Z., E. nur für Erwachsene; *— voor alle leeftijden*, Jugendliche haben Z., jugendfrei; *verboden —*, Zutritt verboten!, verbotener Eingang! ▾**—gangsbewijs** Eintritts/karte *w.* ▾**—gangsprijs** E.preis *m.* ▾**—gangsweg** Zugang *m*; (*v. hoofdverkeersweg*) Zufahrt(straße) *w.* ▾**—gankelijk** zugänglich. ▾**—gankelijkheid** Z.keit *w.* ▾**—gedaan**: *iem. —* (*zijn*), e.m zugetan; *de mening —* (*zijn*), der Meinung. ▾**—geeflijk** nachgiebig; (*inschikkelijk*) nachsichtig. ▾**—geeflijkheid** Nachgiebigkeit, Nachsicht *w.* ▾**—genegen** geneigt, zugetan; *uw —*, Ihr ergeben(st)er. ▾**—genegenheid** Zuneigung *w.* ▾**—gepast** angewandt; *—e wetenschappen*, angewandte Wissenschaften. ▾**—gestaan** (*toelaatbaar*) zulässig; *—!*, genehmigt! ▾**—geven** (*méér geven*) zugeben (zu); (*iets*) *op de koop —*, obendrein, mit in den Kauf geben; (*verliezen*) zulegen, zusetzen; (*f 2000*) *op een huis —*, an e.m Hause verlieren; (*z. inschikkelijk tonen*) nachgeben; *aan een eis —*, eine Forderung bewilligen; (*erkennen*) zugeben; *je zult me toch —, dat ...*, du wirst mir doch einräumen

daß ...; *ik moet je — (je hebt 't aardig gedaan)*, ich muß dir zugestehen; *iem. in kennis niets —*, e.m an Kenntnisse nichts nachgeben, nicht nachstehen. ▾—**gevend** nachsichtig, nachgiebig; *— zijn jegens, tegenover*, nachsichtig sein gegen; *— zijn voor de fouten van anderen*, Nachsicht üben mit den Fehlern anderer; *—e zin*, einräumender Satz, Konzessivsatz *m*. ▾—**gevendheid** Nachsicht, Nachgiebigkeit *w*. ▾—**gift** Zugabe *w*. ▾—**grijnzen** (e.n) angrinsen. ▾—**groeien** zuwachsen. ▾—**halen** zuziehen; (*aantrekken*) anziehen. ▾—**happen** zuschnappen; (*fig.*) anbeißen. ▾—**hoorder** Zuhörer; (*iem. die enkele lessen volgt*) Gasthörer *m*; *de —s*, (*het auditorium*) die Zuhörerschaft. ▾—**horen** (e.m) zuhören; (e.n) anhören; (*toebehoren*) zugehören. ▾—**houden** zuhalten. ▾—**juichen** (*toejubelen*) (e.m) zujauchzen, zujubeln; (*meestal echter: met bijval begroeten*) (e.m) Beifall zollen, (*met applaus*) Beifall klatschen, (e.m) applaudieren; *stormachtig toegejuicht worden*, stürmischen Beifall ernten; *een maatregel —*, eine Maßnahme freudig begrüßen, (*wat zwakker*) e.r M. beistimmen. ▾—**juichingen** Beifall *m*, Beifallsrufe; Zujauchzungen *Mz*.

toe/kaatsen: *elkaar de bal —*, (*fig.*) einander, s. (gegenseitig) die Bälle zuspielen, zuwerfen. ▾—**kennen** zuerkennen; (*verlenen, toestaan*) bewilligen, gewähren; (*iem. een prijs*) zuerkennen; (*iem. het recht*) zusprechen; (*een pensioen*) bewilligen; (*een voorrecht*) gewähren; *grote waarde — aan*, großen Wert legen auf [4]. ▾—**kenning** Zuerkennung; Bewilligung, Gewährung *w*. ▾—**keren** zukehren, zuwenden. ▾—**kijken** zuschauen, zusehen; *zij konden —*, (*fig.*) sie hatten das Zusehen. ▾—**knikken** (e.m) zunicken. ▾—**komen** zukommen; (*rondkomen, voldoende hebben*) auskommen; (*iem. iets*) *doen —*, zugehen, zukommen lassen. ▾—**komend** (*toekomstig*) (zu)künftig; *—e week*, künftige, nächste Woche; *onvoltooid —e tijd*, unvollendete Zukunft, erstes Futur. ▾—**komst** Zukunft *w*. ▾—**komstbeeld** Z.sbild *s*, Z. *w*; (*vooruitzicht*) Z.saussicht, Z.sperspektive *w*. ▾—**komstig** (zu)künftig. ▾—**komstmuziek** Zukunftsmusik *w*. ▾—**krijgen** zubekommen, zukriegen. ▾—**kunnen** (*met het geld*) auskommen; (*de deur*) *kan niet toe*, kann nicht zu.

toe/laatbaar zulässig. ▾—**lachen** (e.n) anlächeln, anlachen; (e.m) zulächeln, zulachen; (*dat plan*) *lacht me toe*, sagt mir zu, gefällt mir; *het geluk lacht hem toe*, ihm lacht das Glück. ▾—**lage** Zulage *w*. ▾—**laten** zulassen; (*veroorloven*) erlauben, gestatten; (*ik kan dat niet*) —, zulassen; (*iem.*) —, zulassen, (*op audiëntie enz.*) vorlassen; (*nieuwe leerlingen*) *tot de school —*, in die Schule aufnehmen; *20 toegelaten*, (*bij examenuitslag*) 20 haben bestanden. ▾—**lating** Zulassung *w*; (*v. nieuwe leerlingen*) Aufnahme *w*. ▾—**latingseisen** Aufnahme-, Zulassungsbedingungen *Mz*. ▾—**latingsexamen** Aufnahmeprüfung *w*. ▾—**latingsleeftijd** Zulassungsalter *s*. ▾—**leg** Plan *m*; (*bedoeling*) Absicht *w*. ▾—**leggen** zulegen; *ergens geld op —*, bei etwas Geld zulegen, zusetzen; *'t erop —*, es darauf anlegen; *z. op de studie —*, s. auf das Studium verlegen. ▾—**leveringsbedrijf** Zulieferbetrieb *m*. ▾—**lichten** erklären, erläutern; *met voorbeelden —*, durch Beispiele erläutern; (*een voorstel*) —, (*motiveren*) begründen; (*een kwestie*) *van alle kanten —*, von allen Seiten beleuchten. ▾—**lichting** Erklärung, Erläuterung; Begründung *w*. ▾—**lonken** (e.n) anäugeln, anblinzeln, (e.m) zublinzeln. ▾—**loop** Zulauf, Andrang *m*; (*in winkel*) Zuspruch *m*. ▾—**lopen** zulaufen; *op iem. —*, auf e.n z.; *spits —*, spitz z.; (*een broek*) *met smal — de pijpen*, mit schmal (eng) z.den Beinen.

toen I *bw* da, dann; (*destijds*) damals; *— zag ik hem*, da sah ich ihn; (*eerst kwam zijn broer*) *en — kwam hij*, und dann kam er; (*ik heb 't*) *— (al gezegd)*, damals; *van — af*, von da an. **II** *vgw* als; *— ik hem opbelde* (*hoorde ik ...*), als ich ihn anrief; (*het gebeurde in een tijd,*) —, wo, da, als.

toe/nadering Annäherung *w*; *poging tot —*, A.sversuch *m*. ▾—**name** Zunahme *w*.

toendra Tundra *w*.

toe/nemen zunehmen; (*stijgen*) s. steigern; *doen —*, steigern (*de wind*) *is toegenomen*, hat zugenommen; *in krachten* (*enz.*) —, an Kräften z.; *in — de mate*, in steigendem Maße; *toegenomen belangstelling*, gesteigertes Interesse. ▾—**neming** Zunahme *w*.

toen/maals damals. ▾—**malig** damalig.

toe/passelijk (*van toepassing*) anwend/bar; (*passend*) passend; *dat is op hem niet —*, (*ook*) das gilt nicht von ihm. ▾—**passen** a.en, in A.ung bringen; (*de wet, het recht*) —, handhaben. ▾—**passing** A.ung *w*; *van — zijn*, A.ung finden, a.bar sein; (*v. wet, recht*) Handhabung *w*.

toer (*rondrit, tocht*) Tour *w*; *—tje*, (*kleine rit*) Spazierfahrt *w*, (*per rijdier*) Spazierritt *m*, (*uitstapje*) Ausflug *m*; (*kunststuk*) Kunststück *s*; (*moeilijk iets*) ein schweres Stück; *het zal een hele — zijn*, es wird recht schwer sein, schwer halten; (*omwenteling*) Tour *w*; *op volle —en draaien*, auf vollen Touren laufen; (*bij breien*) Reihe *w*, (*in de rondte*) Runde *w*. ▾—**auto** Touren-, Gesellschaftswagen *m*. ▾—**beurt**: *bij —*, nach dem Turnus, im Turnus, turnusgemäß.

toe/reiken (*aangeven*) hin-, darreichen; (*voldoende zijn*) hin-, ausreichen. ▾—**reikend** hinreichend; *— zijn*, hinreichen, zulänglich sein, genügen, ausreichen. ▾—**rekenbaar** zurechnungsfähig. ▾—**rekenbaarheid** Z.keit *w*. ▾—**rekenen** zu-, anrechnen. ▾—**rekeningsvatbaar** zurechnungsfähig.

toeren eine Spazierfahrt machen, spazieren fahren. ▾—**tal** Touren-, Umdrehungs-, Dreh/zahl *w*. ▾—**teller** D.zähler *m*.

toeris/me Touris/mus *m*, T.ik *w*. ▾—**t** T.t *m*. ▾—**tenbond** T.tenverein *m*. ▾—**tenbranche** T.tikgeschäft *s*. ▾—**tenindustrie** Fremdenindustrie *w*. ▾—**tisch** t.tisch.

toernooi Turnier *s*.

toeroepen zurufen.

toeroperator Reiseveranstalter *m*.

toe/rusten zurüst/en. ▾—**rusting** Z.ung *w*.

toerwagen (*sp.*) Tourenwagen *m*; (*touringcar*) Gesellschaftswagen *m*.

toe/schietelijk entgegenkommend. ▾—**schieten** herbeistürzen, (hin)zueilen; *op iem. —*, auf e.n zustürzen. ▾—**schijnen** zuscheinen, vorkommen. ▾—**schouwer** Zuschauer *m*. ▾—**schrijven** zuschreiben; *waaraan is dat toe te schrijven?*, welchem Umstande ist das zuzuschreiben? ▾—**slaan** zuschlagen. ▾—**slag** Zuschlag *m*; (*subsidie*) Zuschuß *m*. ▾—**slagbiljet** Zuschlagkarte *w*. ▾—**snauwen** (e.n) anschnauzen, anfahren, anherrschen; *dat snauwde hij hem toe*, damit schnauzte er ihn an. ▾—**snellen** herbeieilen; *op iem. —*, auf e.n zueilen. ▾—**spelen**: *iem. de bal —*, e.m den Ball zuspielen. ▾—**speling** (*zinspeling*) Anspielung *w*. ▾—**spijs** Zu-, Nachspeise *w*. ▾—**spitsen** zuspitzen. ▾—**spraak** Ansprache *w*; (*grote rede*) Rede *w.* ▾—**spreken**: (*de minister*) *spreekt het volk toe*, spricht zum Volk, *sprak de vergadering toe*, hielt eine Ansprache an die Versammlung; *iem. —*, (*aanspreken*) e.n anreden, e.m zusprechen. ▾—**staan** (*inwilligen, verlenen, geven*) gewähren, bewilligen, zugestehen; (*veroorloven, toelaten*) erlauben, gestatten, zulassen. ▾—**stand** Zustand *m*; (*meer: de omstandigheden v.h. ogenblik, positie*) Lage *w*; (*vooral in 't mv: omstandigheden, verhoudingen*) Verhältnisse *Mz*; *plaatselijke —(en)*, Ortsverhältnisse. ▾—**steken** (*hand enz.*) entgegenstrecken, reichen; (*met mes enz., om iem. te treffen*) zustechen; (*iem. geld*) —, zustecken.

toestel Apparat *m*; (*inrichting*) Vorrichtung *w*; (*gymnastiek*) Gerät *s*; (*vliegtuig*) Flugzeug *s*; (*telefoon 23050*), *— 81*, Nebenapparat 81.

toe/stemmen: *in iets —*, in etwas [4] einwilligen, (*off.*) etwas genehmigen; (*wie zwijgt*), *stemt toe*, bejaht; *—d* (*met ja*) *beantwoorden*, bejahen; (*hij knikte*) *—d*, zustimmend, (*van ja*) bejahend. ▾—**stemming** Einwilligung *w*; (*off.*) Genehmigung *w*; (*instemming, jawoord*) Zustimmung *w*; (*bevestiging*) Bejahung *w*. ▾—**stoppen** (*dichtstoppen*) zustopfen; (*iem. iets*) —, zustecken; (*warm toedekken*) einmummeln. ▾—**stromen**: (*de menigte*) *stroomde toe*, strömte herbei; (*de mensen*) *stroomden naar 't feestterrein toe*, strömten dem Festplatz zu.

toet (*mond, gezicht*) Schnauze; *hou je —!*, halt die Schnauze!; *een aardig —je*, ein hübsches Gesichtchen, niedliches Frätzchen.

toe/takelen: (*iem.*) *lelijk —*, übel zurichten; (*opdirken*) aufdonnern, auftakeln. ▾—**takeling** (übl.) Zurichtung *w*, (*kleding enz.*) Auftakelung *w*.

toetasten zugreifen, zulangen.

toet/en tuten; (*v. auto*) hupen; (*v. oren*) klingen; *van — noch blazen weten*, von Tuten und Blasen keine Ahnung haben. ▾—**er** Tuthorn *s*; (*v. auto*) Hupe *w*.

toetje (*nagerecht*) Zu-, Nachspeise *w*; *zie ook* **toet**.

toe/treden: *op iem. —*, auf e.n zutreten; *tot een vereniging —*, e.m Verein beitreten, in e.n V. eintreten; *tot 'n partij —*, s. e.r Partei anschließen, e.r P. beitreten. ▾—**treding** Beitritt *m* (zu); Eintritt *m* (in [4]); Anschluß *m* (an [4]).

toets (*test*) Test *m*; (*v. piano, schrijfmachine enz.*) Taste *w*; (*op strijkinstrument*) Griffbrett; (*proef*) Probe *w*, (*op de toetssteen*) Strich *m*; (*penseelstreek*) Strich *m*; *rekenkundige —*, arithmetische Prüfung, Rechenprüfung, -probe *w*; *de — doorstaan*, die P. bestehen; *de — der kritiek doorstaan*, vor der Kritik bestehen, der Kritik standhalten. ▾—**aanslag** Tastenanschlag *m*. ▾—**en** prüfen. ▾—**enbord** Tastatur *w*; (*v. piano enz., ook*) Klaviatur *w*; (*v. schrijfmachine*) Tastenfeld *s*. ▾—**ing** Probe *w*. ▾—**steen** Probier-, Prüfstein *m*.

toeval 1 (*onberekenbaar gebeuren*) Zufall *m*; *bij —*, zufällig(erweise), durch Zufall, von ungefähr; *bij —*, (*misschien*) vielleicht; **2** (*aanval v. vallende ziekte*) (Krampf) Anfall *m*; *aan —len lijden*, an Fallsucht leiden; *ook =* **flauwte**. ▾—**len** zufallen. ▾—**lig** zufällig; (*bw, ook*) zufälligerweise; *door 'n —e omstandigheid*, *—e omstandigheden*, durch Zufall, Umstände halber. ▾—**ligheid** Zufälligkeit *w*.

toeven (*dralen*) zaudern, zögern; (*blijven*) verweilen.

toe/verlaat Zuversicht *w*. ▾—**vertrouwen** anvertrauen. ▾—**vloed** Zufluß, Zulauf, Zuzug *m*. ▾—**vloeien** zufließen. ▾—**vlucht** Zuflucht *w*. ▾—**vluchtsoord** Zufluchtsort *m*, -stätte *w*, Asyl *s*. ▾—**voegen** (*erbij voegen*) hinzu-, beifügen; (*een rekening enz.; iets erbij schrijven*) beifügen; (*als aanvulling erbij zeggen, schrijven*) (hin)zufügen; (*een beetje water, alcohol enz.*) *aan iets —*, zu etwas zusetzen; (*onvriendelijk zeggen*) zufügen; (*als helper geven*) beigeben, (*vooral rechtskundig, ambtelijk*) beiordnen; *toegevoegd verdediger*, von Amtswegen bestellter Verteidiger, Offizialverteidiger. ▾—**voeging** Hinzu-, Bei-, Zufügung *w*; Zusatz *m*. ▾—**voegsel** Zusatz *m*; (*aanhangsel*) Anhang, Nachtrag *m*. ▾—**voer** Zufuhr *w*; (*v. stroom enz., ook*) Zuleitung *w*. ▾—**voerbuis** Zufuhr-, Zuleitungsröhre *w*. ▾—**voeren** zuführen. ▾—**voerkanaal** Zufluß-, Zuleitungskanal *m*. ▾—**voerleiding** Zuführungsleitung *w*. ▾—**vouwen** zu-, zusammenfalten. ▾—**vriezen** zufrieren. ▾—**wenden** zuwenden. ▾—**wensen** zuwünschen. ▾—**werpen** zuwerfen. ▾—**wijden** widmen. ▾—**wijding** Hingebung, Hingabe *w*; (*opdracht*) Widmung *w*. ▾—**wijzen** zuweisen; (*aandelen, levensmiddelen, grondstoffen enz., dus meer toebedelen*) zuteilen; (*rechtst.*) zuerkennen, zusprechen; (*bij verkoping, inschrijving enz.*) zuschlagen; *een eis —*, e.r Klage stattgeben. ▾—**wijzing** Zuweisung; Zuteilung; Zuerkennung *w*; Zuschlag *m*. ▾—**zeggen** zusagen, versprechen. ▾—**zegging** Zusage *w*, Versprechen *s*. ▾—**zenden** zuschicken, zusenden; (*folders*) *worden op aanvrage franco toegezonden*, sind auf Verlangen postfrei zu haben. ▾—**zicht** Aufsicht *w*; *commissie van —*, (*v. school*) Schuldeputation *w*, Schulausschuß *m*, (*v. crediteuren*) Gläubigerausschuß; *raad v. —*, (*bij N.V. enz.*) A.srat *m*; *— houden over, op*, die A. führen über, beaufsichtigen; *— houden op iets*, (*ook*) etwas überwachen. ▾—**zien** zusehen; *— op*, achtgeben auf [4], beaufsichtigen, überwachen; *—de voogd*, Gegenvormund *m*. ▾—**zwaaien** (e.m) zuwinken; *iem. lof —*, e.m Lob spenden.

tof fein, hübsch, nett, reizend; *'n —fe avond*, ein hübscher, netter Abend; *een — hoedje*, ein netter, reizender Hut; *een —fe jongen*, ein dufter Kunde; *een —fe meid*, ein nettes Mädel.

toffee Toffee, Karamelbonbon *s*.

toga (*bij Rom.; v. prof., rechter*) Toga *w*; (*v. rechter, advocaat*) Robe *w*, Talar *m*; (*v. geestelijke, prof.*) Talar *m*.

toilet Toilette *w*; *zijn — maken*, T. machen, s. putzen; *naar het — gaan*, auf, in die T. gehen. ▾—**benodigdheden** Toiletten/artikel, T.gegenstände *Mz*. ▾—**doos** T.kasten *m*. ▾—**emmer** T.eimer *m*. ▾—**juffrouw** T.frau *w*. ▾—**necessaire** T.tasche *w*, Kulturbeutel *m*. ▾—**papier** T.papier *s*. ▾—**stel** T.garnitur *w*. ▾—**tafel** T.tisch, Putztisch *m*.

tokayer Tokaier *m*.

tokkelen zupfen; *op de citer, de harp —*, die Zither, die Harfe spielen, zupfen; *op de luit —*, die Laute schlagen, spielen; *de snaren —*, die Saiten schlagen.

toko Laden *m*, Geschäft *s*.

tol Zoll *m*; (*speelgoed*) Kreisel *m*. ▾—**baas** Z.einnehmer *m*. ▾—**beambte** Z.beamte(r), Zöllner *m*. ▾—**boom** Zollschranke *w*.

tolerantie Toleranz, Duldsamkeit *w*.

tolhek Zollschranke *w*.

tolk Dolmetsch(er) *m*; *hij was de — v. alle aanwezigen*, er sprach im Namen aller Anwesenden.

tolkantoor Zollamt *s*.

tollen kreiseln, Kreisel spielen; (*ronddraaien*) kreiseln; (*als dronkaard*) taumeln, torkeln; (*over de grond*) rollen.

tol/lenaar Zöllner *m.* ▾**—unie** Zoll/union *w.* ▾**—vrij** z.frei.
tomaat Tomate *w.* ▾**tomatenpuree** T.nmark *s.*
tombe Grabmal *s.*
tombola Tombola *w.*
tome/loos zügellos. ▾**—n** zäumen.
tompoes (*gebakje*) Kremschnittchen *s;* (*paraplu*) Damenschirm *m.*
ton Tonne *w;* (*vat, ook*) Faß *s;* (*boei, ook*) Boje *w;* (*een schip*) *v. 10.000 —,* von 10.000 T.n; (*een oorlogsschip*) *v. 20.000 —,* mit e.r Wasserverdrängung von 20.000 T.n; (*het schip*) *meet … ton,* hat einen T.ngehalt (*oorlogsschip*: eine Wasserverdrängung) von … T.n.
tondeuse Haarschneidemaschine *w.*
toneel (*de planken; wat daarmee in verband staat*) Bühne *w;* (*toneelvoorstelling; de geschreven toneelstukken v.e. periode; toneelwezen*) Theater *s;* (*deel v. bedrijf; onaangenaam voorval*) Auftritt *m,* Szene *w;* (*wat z. voor iem.s ogen voltrekt en indruk maakt*) Szene *w;* (*beeld, tafereel*) Bild *s;* (*plaats waar iets voorvalt*) Schauplatz *m; — spelen,* (Theater) spielen; *bij 't — gaan,* zur Bühne gehen, Schauspieler(in) werden; *v.h. — (v.d. wereld) verdwijnen,* vom Schauplatz (der Welt) abtreten; *op 't — verschijnen,* (*opduiken*) auf der Bildfläche erscheinen; *v. 't — verdwijnen,* von der Bildfläche verschwinden. ▾**—aanwijzing** Bühnenanweisung *w,* szenarische Bemerkung. ▾**—academie** Theaterakademie *w.* ▾**—achtig** theatralisch. ▾**—benodigdheden** Theater/requisiten *Mz.* ▾**—dichter** Bühnen/dldfläche erscheinen; *v. 't — verdwijnen,* von der Bildfläche verschwinden. ▾**—aanwijzing** Bühnenanweisung *w,* szenarische Bemerkung. ▾**—academie** Theaterakademie *w.* ▾**—achtig** theatralisch. ▾**—benodigdheden** Theater/requisiten *Mz.* ▾**—dichter** Bühnen/dichter *m.* ▾**—effect** T.effekt *m.* ▾**—gezelschap** Schauspiel/ergesellschaft *w.* ▾**—kijker** Opernglas *s,* -gucker *m.* ▾**—kunst** S.er-, B.kunst *w.* ▾**—kunstenaar** B.künstler *m.* ▾**—matig** b.mäßig . ▾**—opvoering** T.aufführung *w.* ▾**—scherm** Kulisse *w;* (*gordijn*) Vorhang *m.* ▾**—school** T.schule *w.* ▾**—schrijver** B.dichter *m.* ▾**—speelkunst** S.kunst *w.* ▾**—speelster** S.erin *w.* ▾**—spel** S. *s.* ▾**—speler** S.er *m.* ▾**—stuk** S., Drama, T.-, B.stück *s.* ▾**—verandering** Szenenwechsel *m.* ▾**—vereniging** T.-, B.verein *m.*
tonen zeigen; (*entreebiljet, pas enz.*) vorzeigen; *dat toont hier aardig,* das nimmt s. hier gut aus; *dat toont meer,* das sieht besser aus.
tong Zunge *w* (*ook wat erop gelijkt; ook 'de vis'*); (*v. slot*) Riegel *m; zijn — slaat dubbel,* er spricht mit lallender Z., er lallt; *over de — gaan,* ins Gerede kommen, in aller Leute Mund sein. ▾**—blaar** Zungen/bläschen *s;* (*runderziekte*) Maulseuche *w.* ▾**—eworst** Z.wurst *w.* ▾**—riem** Z.band *s; goed v.d. — gesneden zijn,* ein gutes Mundwerk, eine fertige Zunge haben. ▾**—schar** Rotzunge *w.* ▾**—val** Mundart *w;* (*ook wel ooit*) Akzent *m.*
tonic Tonic *s.* ▾**—um** Tonikum *s.*
tonijn Thun(fisch) *m.*
tonisch tonisch.
ton/molen Schraubenpumpe *w.* ▾**—nage** Tonnengehalt *m,* Tonnage *w.* ▾**—neboter** Faßbutter *w.* ▾**—nen** eintonnen. ▾**—nenmaat** Tonnenmaß *s,* -gehalt *m;* (*draagvermogen*) Lastigkeit *w;* (*gemeten tonneninhoud*) Raumtonnen *Mz.* ▾**—netje** (*ook v. pers.*) Tönnchen *s.*
tonsil Tonsille *w.*
tonsuur Tonsur *w.*
toog 1 (*gewelfboog*) Bogen *m;* **2** *zie* **toga;** **3** (*toonbank*) Ladentisch *m.*
tooi Schmuck *m.* ▾**—en** schmücken.
toom 1 Zaum *m;* (*teugel*) Zügel *m; in — houden,* im Zaum halten; **2** *een — kippen,* eine Brut Hühner.
toon 1 Ton *m; op rustige —,* in ruhigem T.; *'n hoge — aanslaan,* e.n hohen T. anschlagen, (*fig. ook*) s. aufs hohe Roß setzen; *'n —tje lager zingen,* gelindere Saiten aufziehen, klein beigeben, s. mäßigen; *zeg, 'n —tje lager alsjeblieft!,* du, nicht so laut bitte!, mäßige dich ein wenig!; **2** *zie* **tentoonspreiden, tentoonstellen.** ▾**—aangevend** t.angebend; (*v. beslissende invloed zijnde*) maßgebend. ▾**—aard** T.art *w.* ▾**—baar** anständig; *niet — zijn,* nicht anständig aussehen, s. nicht zeigen können. ▾**— bank** Ladentisch *m.* ▾**—beeld** Muster *s;* (*zij is*) *een — v. schoonheid,* ein Ausbund von Schönheit. ▾**—brood** Schaubrot *s.* ▾**—der** Vorzeiger *m;* (*v. geldswaardige papieren, vooral*) Inhaber *m; aan — gesteld zijn,* auf den I. lauten. ▾**—dichter** Ton/dichter *m.* ▾**—hoogte** T.höhe *w.* ▾**—kamer** Musterraum, Schauzimmer *s.* ▾**—kleur** Klangfarbe *w.* ▾**—kunstenaar** T.künstler *m.* ▾**—ladder** T.leiter *w.* ▾**—loos** t.los. ▾**—soort** T.art *w.* ▾**—vast** t.fest. ▾**—zaal** Schau-, Vorführungsraum *m.* ▾**—zetten** vertonen, komponieren. ▾**—zetter** T.setzer, Komponist *m.* ▾**—zetting** T.setzung *w.*
toorn Zorn *m.* ▾**—en**: (*tegen iem.*) —, (e.m) zürnen. ▾**—ig** zornig.
toorts Fackel *w;* (*plant*) Königskerze *w.*
toost 1 (*heildronk*) Trinkspruch, Toast *m;* **2** (*geroosterd brood*) Toast *m,* geröstete Brotschnitte. ▾**—en** e.n Trinkspruch, eine Gesundheit ausbringen.
top I *zn* (*hoogste punt*) Gipfel *m,* (*ook fig.*); (*v. boom, ook*) Wipfel *m;* (*v. driehoek, vinger enz.; alg.: punt*) Spitze *w;* (*v. mast*) Topp *m,* Spitze *w; ten — stijgen,* den Gipfel, den Höhepunkt erreichen; *v. — tot teen,* vom Kopf bis zu den Füßen, vom Scheitel bis zur Sohle, vom Wirbel bis zur Zehe; *op en — een heer,* jeder Zoll ein Herr, vom Kopf zu Fuß ein Herr; *op en — een Amerikaan,* ein hartgesottener Yankee; (*de vlag*) *in — hebben, in — hijsen,* im Topp führen, in T. hissen. **II** *bw* topp!, es gilt!
topaas Topas *m.*
top/atleet Topathlet *m.* ▾**—conditie**: *in — (zijn),* in Hochform. ▾**—conferentie** Gipfel/konferenz *w.* ▾**—figuur**: *topfiguren* (*in partij, wetenschap enz.*) Spitzen *Mz.* ▾**—functionaris** S.funktionär *m.* ▾**—gesprek** G.treffen *s.* ▾**—hit** S.schlager *m.* ▾**—hoek** Scheitelwinkel *m.* ▾**—je** (*kledingstuk*) Top *s.* ▾**—klasse** Spitzen/klasse *w.* ▾**—kwaliteit** S.-, T.qualität *w.* ▾**—less** topless, oben ohne, busenfrei; *— badpak,* Oben-ohne-Badeanzug *m.* ▾**—licht** (*schip*) Topplicht *s.* ▾**—manager** Spitzen-, Topmanager *m.*
topo/graaf Topo/graph *m.* ▾**—grafie** T.graphie *w.* ▾**—grafisch** t.graphisch. ▾**—nymie** Ortsnamenkunde *w.*
top/orgaan Dachorganisation *w.* ▾**—organisatie** Spitzen/verband *m,* S.organisation *w.* ▾**—pen** (*bomen*) abgipfeln, kappen; (*planten*) köpfen. ▾**—per** (*sportwedstrijd*) S.schlager *m,* S.spiel *s.* ▾**—prestatie** S.leistung *w.* ▾**—punt** Gipfel/(punkt) *m;* (*ook fig.; zie* **top**); (*zenit*) Zenit, Scheitelpunkt *m; dat is 't —!,* das ist der G.!, da hört doch alles auf! ▾**—salaris** S.gehalt

s. ▾—**scorer** Torjäger *m.* ▾—**snelheid** S.geschwindigkeit *w.* ▾—**sport** S.sport *m.* ▾—**sporter** S.sportler *m.* ▾—**vorm** Topform, Hochform *w; in — zijn*, in H. sein. ▾—**zeil** Toppsegel *s.* ▾—**zwaar** kopf-, oberlastig, überstürzig; oben zu schwer.
tor Käfer *m.*
toreador Toreador *m.*
toren Turm *m.* ▾—**flat** Hoch/haus *s.* ▾—**garage** H.garage *w.* ▾—**haan** T.-, Wetterhahn *m.* ▾—**hoog** t.hoch. ▾—**klok** (*uurwerk*) T.uhr *w;* (*anders*) T.glocke *w.* ▾—**kraai** T.krähe, Dohle *w.* ▾—**spits** T.spitze *w.* ▾—**wachter** T.wärter, Türmer *m.*
tornado Tornado *m.*
torn/en auftrennen; *daar valt niet aan te —*, daran ist nicht zu rütteln. ▾—**mesje** Trennmesser *s.*
torped/eren torped/ieren. ▾—**ist** T.omatrose, T.er *m.* ▾—**o** T.o *m.* ▾ –**oboot** T.oboot *s.* ▾—**ojager** (T.oboots)Zerstörer *m.*
torsen tragen, schleppen.
torsie Torsion, Dreh/ung *w.* ▾—**staaf** T.sstab, D.stab *m.* ▾—**vering** D.stabfederung *w; as met —*, Schräglenkerachse *w.*
tors(o) Torso *m.*
tortel(duif) Turteltaube *w.*
toss Seitenwahl *w.* ▾—**en** die S. vornehmen.
tot I *vz* zu [3]; (*tot aan: antwoord op de vraag: tot hoever?, tot hoelang?*) bis [4]; *— Utrecht, zondag*, bis Utrecht, bis Sonntag; (*ga mee*) *— het station*, bis an den, bis zum Bahnhof; *— in 't bos*, bis in den Wald; *— de vakantie*, bis an die Ferien; *— voor de school*, bis vor die Schule; *— voor 'n week*, bis vor e.r Woche; *— na je verjaardag*, bis nach deinem Geburtstag; *— op de dag v. vandaag*, bis auf den, bis zum heutigen Tag; *— daar*, bis dahin; *— hier*, bis hierher; *— nog toe*, bis jetzt; *— nu toe*, bis jetzt, bisher; *hij die — nu toe voorzitter geweest is*, der bisherige Vorsitzende; *— en met blz. ...*, bis einschließlich S. ...; (*dat*) *is — daaraan toe*, geht noch hin, kann man noch hingehen lassen; *— directeur* (*benoemen*), zum Direktor; (*een toespraak*) *— de leerlingen*, an die Schüler; *— de volgende week uitstellen*, (bis) auf die nächste Woche verschieben; *— elke prijs*, zu jedem Preis, (*fig.*) um jeden P.; *— ziens*, auf Wiedersehen; *x — de 5e*, x hoch fünf. **II** *vgw* bis.
totaal I *bn & bw* total, völlig, gänzlich, vollständig; (*alle of alles te zamen, gezamenlijk*) Gesamt...; *totale bedrag*, Gesamtbetrag *m; — beeld*, Gesamt-, Totalbild *s; totale oorlog*, totaler Krieg; *totale uitverkoop*, gänzlicher Ausverkauf, Totalausverkauf *m; — onbekend*, völlig unbekannt; *— verschillend*, grundverschieden. **II** *zn* Ganze(s) *s*, Gesamtsumme *w*, -betrag *m; in —*, insgesamt. ▾—**cijfer** Gesammt/ziffer, G.zahl *w.* ▾—**generaal** G.summe *w.* ▾—**indruk** G.eindruck *m.* ▾**totali/sator** Totalisator, Toto *m.* ▾—**tair** totalitär; Total... ▾—**teit** Totalität *w.* ▾—**ter** totaliter.
total loss Totalschaden *m;* (*bn*) schrottreif; *de auto was —*, der Wagen war schrottreif, am Wagen entstand Totalschaden.
totdat bis.
toto Toto, Sport-Toto *m.*
totstand/brenging Zustande/bringen *s.* ▾—**koming** Z.kommen *s.*
toucheren touchieren; (*salaris enz.*) empfangen, erhalten.
toup/et Toup/et, Haarersatzstück *s.* ▾—**eren** t.ieren.
tour/ingcar Reiseomnibus, Touren-, Ausflugwagen *m;* (*voor kleinere rondritten*) Rundfahrtauto *s.* ▾—**nee** Tournee, Rundreise *w;* (*v. artiest*) Gastreise *w; op — gaan, zijn*, auf T. gehen, sein.
tourniquet Drehkreuz *s.*
touroperator Reiseveranstalter *m.*
touw (*dik, lang en stevig*) Seil *s;* (*verder al dunner wordend*) Schnur *w*, Strick *m;* (*zeer dun*) Bindfaden *m;* (*kabel, scheepstouw*) Tau *s;* (*'n stuk touw, al naar dikte*) Strick, Schnur, Bindfaden; (*voor hond, was enz.*) Leine *w; — slaan*, Tau schlagen, Seile drehen, seilen; (*ik kan*) *er geen — aan vastknopen*, nicht klug daraus werden; *in — zijn*, im Geschirr sein, beschäftigt sein; *op — zetten*, (*organiseren*) veranstalten, (*'n onderneming enz.*) anfangen, (*'n werk*) in Angriff nehmen, (*samenzwering*) anzetteln. ▾—**en** Seil..., Tau... ▾—**klimmen** Tau-, Seilklettern *s.* ▾—**ladder** Strickleiter *w.* ▾—**slager** Seiler *m.* ▾—**slagerij** Seilerbahn, Tauschlägerei *w.* ▾—**tje** *zie* **touw**; *iem. die aan de —tjes trekt*, (*fig.*) Drahtzieher *m.* ▾—**tjespringen** Seilspringen *s.* ▾—**trekken** Tauziehen *s.*
tovenaar Zauber/er *m.* ▾**tover/achtig** z.haft. ▾—**beeld** Z.bild *s.* ▾—**drank** Z.trank *m.* ▾—**en** z.n. ▾—**heks** Z.hexe *w.* ▾—**ij** Z.ei *w.* ▾—**slag**: *als bij —*, wie mit e.m Z.schlag. ▾—**spreuk** Z.spruch *m.* ▾—**stok** Z.stab *m.*
toxi/cologie Toxi/kologie *w.* ▾—**cologisch** t.kologisch. ▾—**coloog** T.kologe *m.* ▾—**cum** T.kum *s.*
traag träge; *zie* **nalatig**. ▾—**heid** Trägheit *w; wet der —*, T.sgesetz *s.*
traan 1 Träne *w; tranen met tuiten schreien*, heiße T.n vergießen; *hij kreeg de ogen vol tranen*, die Augen gingen ihm über; **2** (*olie*) Tran *m.* ▾—**achtig** tranig. ▾—**buis** Tränen/kanal *m.* ▾—**gas** T.gas *s.* ▾—**gasgranaat** T.gasgranate *w.* ▾—**klier** T.drüse *w.* ▾—**kokerij** Transiederei *w.* ▾—**ogen** *ww* tränen.
trac/é Tras/se *w.* ▾—**eren** t.sieren. ▾—**ering** T.sierung *w.*
trachten (*proberen*) versuchen; (*streven*) streben, trachten; *— te verkrijgen*, (*dingen naar*) werben um.
tract/ie Traktion *w; elektrische —*, (*ook*) Elektroantrieb *m.* ▾—**or** Traktor *m*, Zugmaschine *w*, Schlepper *m; — op rupsbanden*, Raupenschlepper *m.*
trade-mark Trademark *w*, Warenzeichen *s.*
tradit/ie Tradit/ion *w.* ▾—**ionalisme** T.ionalismus *m.* ▾—**ionalistisch** t.ionalistisch. ▾—**ioneel** t.ionell, herkömmlich, hergebracht.
trag/edie Trag/ödie *w.* ▾—**edienne** T.ödin *w.* ▾—**iek** T.ik *w.* ▾—**ikomisch** t.ikomisch. ▾—**isch** t.isch.
trailer Anhänger *m;* (*om zeil-, motorboten te vervoeren; v. film*) Trailer *m.*
train/en train/ieren. ▾—**er** T.er *m;* (*luchtv.*) Übungsflugzeug *s.*
traineren in die Länge ziehen; (*de zaak*) *traineert*, zieht s. in die L.
training Training *s; in —* (*zijn*), im T. ▾—**spak** T.sanzug *m.*
traite Tratte *w.*
traject Strecke *w.*
trakt/aat Traktat; Vertrag *m.* ▾—**atie** Bewirtung *w;* (*dat*) *is een — voor hem*, ißt er für sein Leben gern. ▾—**ement** Gehalt *s*, Besoldung *w.* ▾—**eren** bewirten (mit); (*fig.: op iets onaangenaams, bijv. verwijten, stokslagen enz.*) traktieren (mit); (*een rondje geven*) eine Runde geben, spendieren.
tralie Gitter *s;* (*spijl*) G.stab *m; achter de —s* (*zitten*), hinter Schloß und Riegel. ▾—**hek** G.zaun *m*, G. *s.* ▾**traliën** vergittern. ▾**tralie/venster** G.fenster *s.* ▾—**werk** G.werk *s.*

tram Straßenbahn, Elektrische *w*; (*tramwagen*) S.wagen *m*. ▼**—balkon** Plattform *w* (der S.). ▼**—bestuurder** S.führer *m*. ▼**—conducteur** (S.)Schaffner *m*. ▼**—halte** (S.)Haltestelle *w*. ▼**—huisje** Wartehäuschen *s* (der S.). ▼**—kaartje** Fahrschein *m*, -karte *w*. ▼**—lijn** S.linie *w*. ▼**—men** mit der E.n, mit der S. fahren. ▼**—weg** S. *w*.
trampoline Trampolin *s*.
tranch/eerbestek Tranchier/besteck *s*. ▼**—eren** t.en.
tranen tränen. ▼**—dal** Jammertal *s*. ▼**—vloed** Tränenflut *w*. ▼**tranig** tranig.
tranquillizer Tranquillizer *m*, Beruhigungsmittel *s*.
trans (*omgang*) Umgang *m*; (*tinne*) Zinne *w*.
transactie Transaktion *w*; Geschäft *s*; *—s afsluiten*, Geschäftsabschlüsse tätigen.
transatlantisch transatlantisch.
transcendent(aal) transzendent(al).
transcript(ie) Transkription *w*.
transept Querschiff *s*.
transfer Transfer *m*. ▼**—bedrag** (*voetb.*) T.-, Ablösesumme *w*. ▼**—eren** t.ieren. ▼**—lijst** (*voetb.*) T.liste *w*.
transform/atie Transform/ation *w*. ▼**—ator** T.ator *m*. ▼**—atorhuisje** T.atorenhaus *s*. ▼**—eren** t.ieren.
transfusie Transfusion, Blutübertragung *w*.
transigeren e.n Vergleich schließen; (*schipperen*) zu Kompromissen bereit sein.
transistor Transistor *m*. ▼**—radio** T.radio *s*. ▼**transitief I** *bn* transitiv, zielend. **II** *zn* T.(um) *s*.
transito Transit *m*, Durchfuhr *w*. ▼**—goederen** T.-, D.waren *Mz*. ▼**—handel** T.handel *m*. ▼**—haven** T.-, D.hafen *m*.
translateur Übersetzer *m*.
transmissie Transmission, Übertragung *w*.
transnorma Sortiermaschine, -anlage *w*.
transparant I *bn* transparent, durchscheinend. **II** *zn* T. *s*; (*gelinieerde onderlegger*) Linienblatt *s*.
transpir/atie Transpir/ation *w*, Schweiß *m*, Schwitzen *s*. ▼**—eren** t.ieren, schwitzen.
transplant/atie Transplant/ation, Überpflanzung *w*; *— v.h. hoornvlies*, Hornhautübertragung *w*. ▼**—eren** t.ieren.
transponeren transponieren.
transport Transport *m*; (*vervoer, ook*) Beförderung *w*; (*boekhoudt., ook*) Übertrag *m*; (*'t bedrag*) Vortrag *m*; *per —*, (*boekhoudt.*) T., Vortrag (auf die andere Seite); (*iem.*) *op — stellen*, t.ieren, (*landlopers enz.*) auf den Schub bringen.▼**—abel** t.abel, beförderbar. ▼**—arbeider** T.arbeiter *m*.▼**—atie** T.ierung, T.ation *w*. ▼**—band** T.-, Förderband *s*; (*het toestel*) Bandförderer *m*. ▼**—bedrijf** T.unternehmen *s*. ▼**—eren** t.ieren; befördern, übertragen. ▼**—eur** T.eur *m*. ▼**—fiets** Liefer-, Gepäck-, T.rad *s*. ▼**—vliegtuig** T.flugzeug *s*, T.er *m*.
Transvaal Transvaal *s*. ▼**—s** T.er.
trant Stil *m*, Art *w*; *naar de oude —*, im alten S., nach alter A.
trap 1 (*schop*) Fußtritt *m*; (*voetb.*) Stoß *m*; (*trede*; *ook fig.*: *peil, graad*) Stufe *w*; (*100 km, dat is*) *'n hele —*, eine tüchtige Strecke; *— v. beschaving*, Bildungsstufe; *—pen v. vergelijking*, Steigerungsstufen; *stellende —*, Grundstufe *w*, Positiv *m*; *vergrotende —*, Mehrstufe *w*, Komparativ *m*; *overtreffende —*, Höchststufe *w*, Superlativ *m*; **2** (*al de treden te zamen*) Treppe *w*; (*trapladder*) Treppen-, Stehleiter, (*niet samenklapbaar*) Bockleiter *w*; *—pen lopen*, Treppen steigen. ▼**—as** (*v. fiets*) Kurbelachse *w*.
trapeze Trapez, Schwebe-, Schaukelreck *s*.
trapezium Trapez *s*.
trap/gevel Treppen/-, Staffelgiebel *m*. ▼**—jaar** Stufenjahr *s*. ▼**—je** (*opstapje*) Auftritt *m*. ▼**—ladder** Stehleiter *m*. ▼**—leuning** T.geländer *s*; (*alleen stang*) Handlauf *m*. ▼**—loper** T.läufer *m*. ▼**—machine** Tretmaschine *w*. ▼**—pehuis** Treppenhaus *s*. ▼**—pelen** trampeln; (*spartelen*) strampeln; (*v. paarden*) stampfen; *v. ongeduld —*, vor Ungeduld von e.m Fuß auf den andren treten. ▼**—pelzak** Strampelsack *m*. ▼**—pen** treten (*ook*: *fietsen*); (*voetb.*) stoßen; *iem. tegen de buik —*, e.n in den Bauch treten; *trap eens een beetje door*, fahre etwas schneller, tritt etwas fester; (*in een uur v. Tilburg naar den Bosch*) —, fahren. ▼**—per 1** (*pedaal*) Pedal *s*, Tritt *m*; (*iem. die trapt*) Treter *m*; *—s*, (*schoenen*) Trittchen *Mz*; **2** (*pelsjager*) Trapper *m*.
trappist Trappist *m*.
trap/portaal (*bij trap*) Treppen/flur *m*; (*als onderbreking v. trap, bordes*) T.podest, T.absatz *m*. ▼**—roede** T.stange *w*. ▼**—schakelaar** Stufen-, (*voetsch.*) Tretschalter *m*. ▼**—sgewijs** stufenweise. ▼**—trede** Treppenstufe *w*; *hoogte v. —*, Tritthöhe *w*. ▼**—vormig** stufenförmig.
tras Traß *m*. ▼**—raam** T.decke, T.schicht *w*.
trauma Trauma *s*. ▼**—tisch** t.tisch. ▼**—tiseren** t.tisieren.
traveller cheque Traveller-, Reisescheck *m*.
traverse Traverse *w*.
travestie Transvestismus *m*; (*lit.*) Travestie *w*. ▼**—t** Transvestit *m*.
trawant Trabant *m*.
trawl Trawl, Grundschleppnetz *s*. ▼**—er** T.er *m*. ▼**—net** *zie* **trawl**.
trechter Trichter *m*. ▼**—vormig** t.förmig.
tred Tritt, Schritt *m*; *gelijke — houden*, (gleichen) S. halten. ▼**—e** (*stap*) T., S. *m*; (*v. trap, stoep*) Stufe *w*; (*sport v. ladder*) Sprosse *w*; (*opstapje*) Auftritt *m*. ▼**—en** treten; *ergens in —*, (*op ingaan*) auf etwas eingehen, s. auf etwas einlassen; *in het huwelijk —*, in die Ehe treten; *in iem.s plaats —*, an jemandes Stelle treten; *in iem.s rechten —*, in jemandes Rechte treten. ▼**—molen** Tretmühle *w*. ▼**tree** *zie* **trede**.
treeft Dreifuß, Untersetzer *m*.
treeplank Trittbrett *s*.
tref (*gelukje*) Glücksfall *m*, Glück *s*; (*toeval*) Zufall *m*; *wat een —!*, das trifft s. aber glücklich!, welch glücklicher Z.! ▼**—bal** Völkerball *m*. ▼**—fen I** *ww* treffen; (*ontroeren*) rühren; *'t treft goed*, es trifft s. gut; *je treft 't vandaag* (*niet*), du triffst es heute gut, schlecht; (*in de vakantie hebben we*) *'t getroffen*, es glänzend getroffen, (mit allem) Glück gehabt!; *jij treft 't!*, du hast Glück; *je treft 't toevallig dat hij thuis is*, zufällig ist er zu Hause. **II** *zn* Tref/fen *s*. ▼**—fend** t.end; (*ontroerend*) rührend; *—e gelijkenis*, täuschende Ähnlichkeit. ▼**—fer** T.er *m*. ▼**—kans** T.wahrscheinlichkeit *w*. ▼**—punt** T.punkt *m*. ▼**—woord** Stich-, Schlagwort *s*. ▼**—woordregister** Schlagwortverzeichnis *s*. ▼**—zekerheid** T.sicherheit, T.genauigkeit *w*.
treil (*jaaglijn*) Treidel *m*, T.leine *w*; (*sleepnet*) Trawl *s*. ▼**—en** (*slepen*) treideln, treilen; (*met treil vissen*) mit dem Trawl fischen. ▼**—er** (*met jaaglijn*) Treidler *m*; (*sleepboot*) Schleppdampfer *m*; (*sleepnet*) Trawl *s*; *ook* = **trawler** *en* **trailer**.
trein Zug *m*; (*treinafdeling v. leger*) Fahrtruppe *w*, -truppen *Mz*, -abteilung *w*; (*legertros*) Troß *m*; (*wagenpark*) Fuhrpark *m*; *de — v. tienen*, der Zehnuhrzug; (*iem.*) *naar de — brengen*, auf die Bahn bringen, zur B. begleiten. ▼**—bestuurder** (*v. elektr. trein*) E-Lokführer, Zug/führer *m*. ▼**—conducteur** Schaffner *m*.

▼**—enloop** (*treinverkeer*) Z.verkehr *m.* ▼**—melder** Z.ankündiger *m.* ▼**—personeel** Z.personal *s.* ▼**—reis** Bahnreise *w.* ▼**—stel** Z.komposition *w*, Eisenbahnzug *m*; (*bestaande uit 2, 3 enz. wagons*) Zwei-, Dreiwagenzug *m.* ▼**—verbinding** Z.verbindung *w.*

treiter/(aar) Quäler, Piesacker, Vexierer *m.* ▼**—en** quälen, piesacken, vexieren.

trek (*het trekken; ruk; haal; lijn; gelaatstrek; karaktertrek; in loop v. vuurwapen; v. schoorsteen; tocht*) Zug *m*; (*lust*) Lust *w*; (*eetlust*) Appetit *m*; (*neiging*) Neigung *w*, Hang *m*; (*bij kaartspel*) Stich *m*; (*poets, streek*) Streich *m*; (*v. Transvaalse Boeren, oorlogsvluchtelingen*) Treck *m*; (*naar de grote stad*) Abwanderung *w*; *geen — in iets* (*hebben*), keine Lust zu etwas, (*eten*) keinen Appetit nach etwas, auf etwas; *ik heb vandaag geen — in bier*, ich mag heute kein Bier; *aan zijn —ken komen*, seine Stiche machen, (*fig.*) seine Stiche hereinnehmen; *in —* (*zijn*), beliebt, gesucht, begehrt; *in — komen*, gesucht werden, in Aufnahme kommen, in Mode kommen; *op de —* (*staan*), im Z. ▼**—bal** (*bilj.*) Zieh/er *m.* ▼**—bank** Z.bank *w.* ▼**—dier** Zug/tier *s.* ▼**—gat** Z.loch *s.* ▼**—haak** Z.haken *m*, Anhängerkupplung *w.* ▼**—harmonika** Ziehharmonika *w*, Schifferklavier *s.* ▼**—hond** Zug/hund *m.* ▼**—kabel** Z.seil *s.* ▼**—kebekken** s. schnäbeln. ▼**—kebenen** das Bein (nach)ziehen.

trekk/en ziehen; (*trektocht maken*) wandern; *v. Transvaalse Boeren, oorlogsvluchtelingen*) trecken; (*v. platteland naar grote stad*) abwandern; (*soort stuiptrekking maken, bijv. met mondhoeken*) zucken; *hier trekt 't*, hier zieht's; (*de plank*) *trekt krom*, zieht s.; (*het onweer*) *trekt naar 't oosten*, zieht (s.) nach Osten; (*het vocht*) *trekt in 't hout*, zieht s. in das Holz; (*pensioen*) beziehen; (*een wissel*) *op iem. —*, auf e.n ziehen, ausstellen; *met het linkerbeen —*, das linke Bein (nach)ziehen; *naar z. toe, tot z. —*, an s. ziehen; *—d*, (*v.d. ene plaats naar de andere*) wandernd, Wander... ▼**—er** Zieher *m*; (*iem. die trektocht maakt*) Wanderer, Wandervogel *m*; (*Transvaalse Boer; oorlogsvluchteling*) Trecker *m*; (*v. wissel*) Aussteller, Trassant *m*; (*trekvogel*) Zugvogel *m*; (*aan geweer enz.*) Drücker, Abzug *m*; (*tractor*) Trecker *m.* ▼**—erig** (*tochtig*) zugig. ▼**—ing** (*v. loterij enz.*) Ziehung *w*; (*v. wissel*) Ausstellung, Abgabe *w.* ▼**—ingslijst** Ziehungsliste *w.* ▼**trek/kracht** Zug-, Ziehkraft *w.* ▼**—lade** Schublade *w.* ▼**—lijn** Zugleine *w.* ▼**—lust** Wanderlust *w.* ▼**—paard** Zug-, Ziehpferd *s.* ▼**—pad** Leinpfad, Treidelweg *m.* ▼**—pen** Reißfeder *w.* ▼**—pleister** Zugpflaster *s* (*ook fig.*). ▼**—schakelaar** Zugschalter *m.* ▼**—schuit** Treckschute, -schute *w.* ▼**—sluiting** Reißverschluß *m.* ▼**—spanning** Zugspannung *w.* ▼**—stang** Zug-, Ziehstange *w.* ▼**—tang** Ziehzange *w.* ▼**—tijd** (*v. vogels*) Streich-, Strichzeit *w.* ▼**—tocht** Wanderfahrt *w*; *op —* (*gaan*), auf Fahrt. ▼**—vaart** Kanal *m.* ▼**—veer** Zugfeder *w.* ▼**—vogel** Zugvogel *m*; (*fig.*) Wandervogel *m.* ▼**—zaag** Zug-, Ziehsäge *w*; (*grote boomzaag*) Schrotsäge *w.* ▼**—zeel** Zugriemen *m*, Siele *w.*

trem(-) *zie* **tram(-)**.

trema Trema *s*, Trennpunkte *Mz.*

tremmer (*scheepv.*) Trimmer *m.*

tremul/ant Tremul/ant *m.* ▼**—eren** t.ieren.

trenchcoat Trenchcoat *m.*

trend Trend *m.*

trens (*voor 'n haakje*) Schlinge, Schleife *w*; (*tegen inscheuren*) Riegel *m*; (*v. paard*) Trense *w.*

Trente Trient; *concilie v. —*, Tridentinisches Konzil, Tridentinum *s.*

tres Tresse *w.*

treur/berk Trauer-, Hängebirke *w.* ▼**—dicht** Elegie *w*, Klagelied *s.* ▼**—dichter** Elegiker *m.* ▼**—e**: *in, uit den —*, immer wieder. ▼**—en** trauern. ▼**—ig** traurig. ▼**—mare** Trauer/nachricht *w.* ▼**—mars** T.marsch *m.* ▼**—spel** T.spiel *s.* ▼**—speldichter** T.spieldichter *m.* ▼**—wilg** T.weide *w.*

treuzel/(aar) Trödler; (*talmer*) Zauderer *m.* ▼**—(aarster)** Trödlerin; Zaud(r)erin *w.* ▼**—achtig** trödel-, zauderhaft. ▼**—en** trödeln; zaudern.

tri (*vlekkenwater*) Tri *s.*

triangel Triangel *w.*

trib/unaal Tribunal *s*; hoher Gerichtshof. ▼**—une** Tribüne *w.* ▼**—uun** Tribun *m.*

tricot Trikot *s.* ▼**—age** Trikotage *w.*

triduüm Triduum *s.*

trielje Drillich *m.*

triest(ig) traurig, trübe; (*somber*) düster; *— weer*, trübes Wetter.

trigonometrie Trigonometrie *w.*

trijp Tripp *m.* ▼**—en** Tripp...

triktrak Tricktrack *m.* ▼**—ken** T. spielen.

tril/beton Rüttelbeton *m.* ▼**—diertje** Zitter/tierchen *s.* ▼**—gras** Z.gras *s.* ▼**—haar** Flimmer *m.* ▼**—len** z.n; (*nat.*) schwing/en; (*vibreren*) vibrieren; (*vrachtwagens*) *doen de huizen —*, erschüttern die Häuser. ▼**—ler** Triller *m.* ▼**—ling** S.ung, Vibration *w*; Z.n *s.* ▼**—lingsgetal** S.ungszahl *w.*

trilogie Trilogie *w.*

trimester Trimester *s.*

trim/baan Trimm/-dich-Pfad, T.pfad *s.* ▼**—men** (*sp.*) s. t.en; *wordt fit door te —!*, T. dich fit! ▼**—mer** T.er *m.* ▼**—ster** T.erin *w.* ▼**—vlak** (*luchtv.*) T.klappe, T.vorrichtung *w.*

Triniteit Trinität *w.* ▼**—szondag** Trinitatis *m.*

trio Trio *s.* ▼**—de** T.de *w.*

triomf Triumph *m.* ▼**—antelijk** t.ierend, siegreich; (*bewust, zeker v.d. overwinning*) siegesbewußt; (*'n triomf zijnde*) t.al. ▼**—ator** T.ator *m.* ▼**—boog** T.bogen *m.* ▼**—eren** t.ieren. ▼**—tocht** T.zug *m.*

trip 1 (*schoen*) Holzpantoffel *m*, Pantine *w*; **2** (*uitstapje*) Trip, Ausflug *m*; **3** (*druggebruik*) Trip *m*; *'n — maken*, auf den T. gehen.

triple: *— alliantie*, Tripelallianz *w.*

triplex (*hout*) Sperrholz *s.* ▼**—glas** Triplexglas *s.*

triplo: *in —*, dreifach, in drei Exemplaren.

trippel/en trippel/n. ▼**—pas** T.schritt *m.*

trippen e.n Trip (ein)werfen, (ein)schmeißen, nehmen; (*'n trip maken*) auf den T. gehen.

triptiek 1 (*drieluik*) Triptychon *s*; **2** (*grensdocument*) Triptyk *s.*

trits Dreizahl, Dreiheit, Trias *w.*

trivi/aal trivial. ▼**—aliteit** T.ität *w.*

troebel trübe; *in — water is het goed vissen*, im T.n ist gut fischen. ▼**—en** Wirren, Unruhen *Mz.* ▼**—heid** T. *w.*

troef Trumpf *m*; (*hier*) *is armoede —*, herrscht Armut. ▼**—aas** T.as *s*, *zie* **harten-**.

troep (*groep*) Trupp *m*; (*menigte*) Schar, Menge *w*, Haufen *m*; (*bende*) Bande *w*; (*legerafdeling; gezelschap toneelspelers*) Truppe *w*; *de —en*, (*mil.*) die Truppen; *in —en* (*bij elkaar staan*) in Trupps, truppsweise; (*'t is me daar*) *'n —*, eine Schweinerei. ▼**—enconcentratie** Truppen/ansammlung *w.* ▼**—enmacht** T.macht *w.* ▼**—enverplaatsing** T.verschiebung *w.* ▼**—sgewijs** trupp-, haufenweise, in Trupps.

troetel/en hätscheln, liebkosen. ▼**—kind** Hätschelkind *s*, Liebling *m.* ▼**—naam** Kosename *m.*

troeven Trumpf spielen; *iem. —*, (*ook fig.*)

gegen e.n (auf)trumpfen; (*op z'n nummer zetten*) e.n abtrumpfen.
trofee Trophäe *w.*
troffel Kelle *w.*
trog Trog *m*; (*bodeminzinking*) Senke *w*; (*plooidal*) Mulde *w.*
trolley/beugel Rollenstromabnehmer *m.* ▾**—bus** Obus, Oberleitungsomnibus, Drahtbus *m.* ▾**—draad** Fahr-, Trolleydraht *m*, Ober-, Rollenleitung *w.* ▾**—stang** Trolleystange *w.*
trom Trommel *w*; *de grote — roeren*, die große T. rühren; *met stille — vertrekken*, ohne Sang und Klang abziehen; *met slaande —*, mit klingendem Spiel.
trombone Posaune *w.*
trombose Thrombose *w.*
tromgeroffel Trommel/wirbel *m.* ▾**trommel** T. *w*; (*voor koekjes, enz.*) Dose *w*, (*groter, bijv. sigarentrommel*) Kasten *m.* ▾**—aar** Trommler *m.* ▾**—en** trommel/n. ▾**—rem** T.bremse *w.* ▾**—slag** T.schlag *m.* ▾**—slager** T.schläger *m.* ▾**—tje** Blechdose *w.* ▾**—vlies** T.fell *s.* ▾**—vuur** T.feuer *s.* ▾**—wasmachine** T.waschmaschine *w.*
tromp (*slurf*) Rüssel *m*; (*v. vuurwapen*) Mündung *w.*
trompet Trompete *w.* ▾**—blazer** Trompeten/bläser *m.* ▾**—geschal** T.schall *m.* ▾**—narcis** T.narzisse *w.* ▾**—ten** t. ▾**—ter, —tist** Trompeter *m.* ▾**—vormig** trompetenförmig.
tronen thronen; (*heersen*) herrschen; (*lokken*) locken.
tronie Visage *w.*
tronk Stumpf *m.*
troon Thron *m.* ▾**—hemel** T.himmel *m*; (*baldakijn*) Baldachin, Traghimmel *m.* ▾**—opvolger** T.folger *m.* ▾**—opvolging** T.folge *w.* ▾**—pretendent** T.anwärter *m.* ▾**—rede** T.rede *w.* ▾**—safstand** T.verzicht *w.* ▾**—sbestijging** T.besteigung *w.*
troost Trost *m*; *bij iem. — zoeken*, s. bei e.m T. holen. ▾**—eloos** t.los. ▾**—eloosheid** T.losigkeit *w.* ▾**—en** trösten. ▾**—er** Tröster *m.* ▾**—prijs** Trost/preis *m.* ▾**—rijk** t.reich. ▾**—woord** T.wort *s.*
trop/en Tropen; *speciaal voor de — gemaakt*, in t.fester Ausführung; *verpakking voor de —*, t.mäßige Verpackung, T.packung *w*; (*hij is niet*) *voor de — geschikt*, t.fähig. ▾**—isch** tropisch; *—e plant*, (*ook*) Tropenpflanze *w*; *—e bosbouw, landbouw, veeteelt*, tropische Forstwirtschaft, Landbauwirtschaft, Viehwirtschaft.
tros (*bloeiwijze*; *vruchten rond spil*; *bijen*) Traube *w*; (*v. andere dingen*; *bos*) Büschel *m*; (*v. leger*) Fahrtruppe *w*, Fuhrpark *m*, (*vooral vroeger*) Troß, Train *m*; (*scheepv.*: *kabel*) Trosse *w*; *— druiven*, Weintraube *w.* ▾**—vormig** traubenförmig.
trots I *zn* Stolz *m.* **II** *bn & bw* stolz (auf [4]). **III** *vz* trotz [2, 3]. ▾**—eren** trotzen [3], Trotz bieten [3]. ▾**—heid** Stolz; Hochmut *m.*
trottoir Bürger-, Fußsteig *m*, Trottoir *s.* ▾**—band** Bordkante, -schwelle *w*, Prellstein *m.* ▾**—tegel** Fußwegfliese *w.*
trotyl Trotyl *s.*
troubadour Troubadour *m.*
trouw I *bn & bw* treu; *— zijn aan de partij*, der Partei t. sein; *— aan zijn plicht*, pflichtgetreu; (*regelmatig*) regelmäßig. **II** *zn* **1** (*getrouwheid*) T.e. *w*; *— aan 't vaderland*, T.e zu dem Vaterland, Vaterlandstreue; *goede —*, T. und Glauben; (*twijfelen*) *aan iem.s goede —*, an jemands Ehrlichkeit; *te goeder —*, auf T. und Glauben, guten Glaubens, gutgläubig; *kwade —*, böse Absicht; *te kwader —*, in böser Absicht, bösgläubig; *— moet blijken*, T.e muß sich bewähren; **2** *zic* **huwelijk**. ▾**—akte** (*huwelijksakte*) Heiratsurkunde *w*; (*afschrift*) Trauschein *m.* ▾**—belofte** Eheversprechen *s.* ▾**—boekje** Familienstammbuch *s.* ▾**—breuk** Treubruch *m*; (*echtbreuk*) Ehebruch *m.* ▾**—dag** Hochzeitstag; (*waarop men op gemeentehuis kan trouwen*) Trauungstag *m.* ▾**—eloos** treulos. ▾**—eloosheid** Treulosigkeit *w.*
trouwen (*in huwelijk treden*) heiraten s. verheiraten, (*deftig*) s. vermählen; (*in 't huwelijk verbinden*: *door geestelijke of ambtenaar*) trauen; *met een meisje —*, mit e.m Mädchen h., s. mit e.m M. verheiraten; (*wanneer*) *is hij getrouwd?*, hat er geheiratet?; *hij is al lang getrouwd*, er ist schon lange verheiratet; (*veel geld*) *—*, erheiraten; *zo zijn we niet getrouwd*, so haben wir nicht gewettet; *het trouwen*, die Verheiratung, (*in de kerk*) die (kirchliche) Trauung, (*op stadhuis*) die (standesamtliche) Trauung; *'n getrouwde*, ein(e) Verheiratete(r).
trouwens übrigens, freilich.
trouw/feest Hochzeits/fest *s.* ▾**—hartig** treuherzig. ▾**—hartigheid** T.keit *w.* ▾**—heid** Treue *w.* ▾**—japon** H.kleid *s.* ▾**—kamer** Trauungszimmer *s.* ▾**—koets** Brautwagen *m.* ▾**—lustig** heiratslustig. ▾**—pak** Hochzeits/anzug *m.* ▾**—partij** H.gesellschaft *w.* ▾**—plannen** Heiratspläne *Mz.* ▾**—plechtigheid** Trauung(sfeier) *w.* ▾**—ring** Trauring *m.*
truc Trick, Kniff, Kunstgriff *m.*
truck Sattel/schlepper *m*; *— met oplegger*, S.zug, Schwerlastzug *m.*
truffel Trüffel *w.*
trui (*kledingstuk*) (Schlupf-, Strick)Jacke *w*, Schlüpfer, Schwitzer *m*; (*damestruitje*) Pullover *m*; *de gele —*, das gelbe Trikot.
trust Trust *m.* ▾**trustee** Treuhänder *m.* ▾**—ship** Treuhänderschaft *w.* ▾**trust/kantoor** Treuhandstelle *w.* ▾**—vorming** Trustbildung *w.*
trut Zicke *w.* ▾**—ig** zickig.
tsaar Zar *m.* ▾**tsar/ewitsj** Z.ewitsch *m.* ▾**—ina** Z.in, Z.iza *w.* ▾**—istisch** z.istisch.
tseetseevlieg Tsetsefliege *w.*
T-shirt T-Shirt *s.*
Tsjech Tscheche *m.* ▾**—isch** tschechisch. ▾**Tsjecho-/Slowaak** Tschechoslowa/ke *m.* ▾**—Slowaaks** t.kisch. ▾**—Slowakije** die T.kei.
tsjilpen schilpen, zwitschern. ▾**tsjirpen** zirpen.
tuba Tuba *w.*
tube Tube *w.*
tubeless schlauchlos, tubeless.
tuber/culeus tuber/kulös. ▾**—culose** T.kulose *w.* ▾**—kel** T.kel *m & w.*
tucht Zucht, Disziplin *w*; *onder — houden, staan*, in Z. halten, stehen. ▾**—commissie** (*sp.*) Sportgericht *s.* ▾**—eloos** z.los. ▾**—eloosheid** Z.losigkeit *w.* ▾**—huis** Z.haus *s.* ▾**—huisboef** Z.häusler *m.* ▾**—igen** züchtig/en. ▾**—iging** Z.ung *w.* ▾**—maatregel** (*v. ambtenaren*) dienststrafrechtliche Maßnahme. ▾**—middel** Zuchtmittel *s.* ▾**—recht** Disziplinar-, Dienststrafrecht *s.* ▾**—rechtelijk**: *—e straf*, Disziplinarstrafe *w.* ▾**—rechtspraak** Disziplinarverfahren *s.* ▾**—reglement** (*v. ambtenaren*) Dienststrafordnung *w.* ▾**—school** Zwangserziehungs-, Fürsorge/erziehungsanstalt *w.* ▾**—schoolleerling** F.zögling *m.* ▾**—wet** F.gesetz *s.*
tuf(steen) Tuff(stein) *m.*
tui (*scheepst.*) Festmachetau, Ankerseil *s*; (*v. koeien enz.*) Tüder *m.* ▾**—anker** Vertäuungs-,

Buganker *m.* ▾—**en** festmachen, vertäuen. ▾—**eren** (*koe enz.*) (an)tüdern, anpflöcken.
tuig Zeug *s*; (*gereedschap, fig. ook*) Gerät *s*; (*v. paard, ook*) Geschirr *s*; (*v. schip*) Takelage *w*, Tauwerk *s*; (*rommel*) Schund *m*, Zeug *s*; (*gespuis*) Zeug, Pak, Lumpenvolk, Gesindel *s.* ▾—**age** Takelage *w*, Tauwerk *s.* ▾—**en** (*schip*) auftakeln; (*paard*) anschirren. ▾—**huis** Zeughaus *s.*
tuil Strauß *m*; (*bloeiwijze*) Doldentraube *w.*
tuimel Purzelbaum, Sturz *m*; (*roes*) Taumel *m.* ▾—**aar** (*dier*) Tümmler *m*; (*hefboom, schakelaar*) Kipphebel, Kniehebel *m*; (*iem. die duikelt*) Purzler *m*; (*poppetje*) Stehaufmännchen *s*, Purzelmann *m.* ▾—**bed** Klappbett *s.* ▾—**en** (*buitelen*) purzeln; (*vallen*) stürzen; (*omkippen*) (um) kippen. ▾—**ing** Purzelbaum *m*; (*val*) Sturz *m.* ▾—**raam** Kippflügel *m*; (*klapraam*) Klappfenster *s.* ▾—**schakelaar** Kippschalter *m.*
tuin Garten *m*, *om de — leiden*, hinters Licht führen. ▾—**aarde** G.erde *w.* ▾—**architect** G.gestalter, G.architekt *m.* ▾—**baas** Gärtner *m.* ▾—**boon** Saubohne *w.* ▾**tuinbouw** Gartenbau *m.* ▾—**akte** G.diplom *s.* ▾—**bedrijf** G.betrieb, Gärtnereibetrieb *m.* ▾—**consulent** G.berater *m.* ▾—**cursus** G.lehrgang *m.* ▾—**kunde** G.wissenschaft *w.* ▾—**kundig**: *— ingenieur*, G.ingenieur *m.* ▾—**kundige** G.wissenschaftler *m.* ▾—**onderwijs** G.unterricht *m*, g.licher Unterricht; *hoger, middelbaar —*, höhere, mittlere Schule für G.unterricht; *lager —*, g.licher Elementarunterricht, elementarer G.unterricht. ▾—**onderwijzer** G.wirtschaftslehrer *m.* ▾—**school** G.schule *w.* ▾**tuin/centrum** Gartencenter *s.* ▾—**der** Gemüsezüchter; Gärtner *m.* ▾—**derij** (Gemüse-, Handels)Gärtnerei *w*; *zie ook* —**bouwbedrijf**. ▾—**dersknecht** Gärtnergeselle *m.* ▾—**deur** Garten/tür *w.* ▾—**dorp** (Rand)Siedlung *w*, G.viertel *s.* ▾—**feest** G.fest *s.* ▾—**gereedschap** G.gerät *s.* ▾—**huisje** G.haus *s*, Laube *w.* ▾—**ier** Gärtner *m.* ▾—**ieren** (*vakkundig*) gärtnern; (*in de tuin werken*) im Garten arbeiten, (*'n beetje en voor plezier, ook*) garteln; (*'t tuinbouwbedrijf uitoefenen*) Garten/bau treiben. ▾—**kamer** G.zimmer *s.* ▾—**kers** G.kresse *w.* ▾—**knecht** G.knecht *m.* ▾—**man** Gärtner *m.* ▾—**slang** Garten/schlauch *m.* ▾—**stad** G.stadt *w.* ▾—**zaad** G.samen *m.*
tuipaal Vertäupfahl *m*; (*v. koeien*) Pflock *m.*
tuit Schnauz/e, Tülle *w.* ▾—**en**: *mijn oren —*, mir klingen die Ohren; (*lawaai*) es gellt mir in den Ohren; (*hij maakt 'n lawaai*) *dat mijn oren ervan —*, daß mir die Ohren gellen. ▾—**kan** S.kanne *w.* ▾—**lamp** S.lampe *w.*
tuk I *bn*: *— op*, begierig nach, (*verzot op*) erpicht auf [4]; *— op winst*, (be)gierig nach Gewinn, gewinnsüchtig. **II** *zn*: *iem. — hebben*, e.n zum besten haben. ▾—**je**: *'n — doen*, ein Schläfchen, ein Nickerchen machen.
tulband (*om hoofd*) Turban *m*; (*gebak*) Rodon(g)-, Topf-, Napfkuchen, Gugelhupf *m.*
tul/e Tüll *m.* ▾—**en** Tüll...
tulp Tulpe *w.* ▾—**ebol** T.nzwiebel *w.* ▾—**eboom** T.nbaum *m.*
tumbler, —**glas** Tummler *m.*
tumor Tumor *m.*
tumult Tumult *m.* ▾—**ueus** t.uarisch, t.uös.
tune Melodie, Weise *w.*
tuner Tuner, Kanalwähler *m.* ▾—-**versterker** Stereotuner *m.*
Tunes/ië Tunes/ien *s.* ▾—**iër** T.ier *m.* ▾—**isch** t.isch.
tunnel Tunnel *m*; (*onder weg door*) (Straßen)Unterführung *w.*
turbine Turbine *w.* ▾—**schip** T.nschiff *m.* ▾**turbo/dynamo** Turbo/dynamo *m.* ▾—**generator** T.generator *m.* ▾—**motor** T.motor *m.* ▾—**prop** T.-Prop-Flugzeug *s*, T.-Prop-Maschine *w.*
tureluurs verrückt, toll.
turen spähen; (*staren*) starren.
turf Torf *m.* ▾—**molm** T.mull *m.* ▾—**steken** T.stich *m.* ▾—**strooisel** T.streu *w.* ▾—**trapper** T.treter *m*; (*schoen*) Kahn *m.*
Turijn Turin *s.*
Turk Türke *m.* ▾—**ije** Türkei *w.*
turkoois Türkis *m.* ▾**turkooizen** T. ...
Turks türkisch; *—e*, Türkin *w.*
turn/en turn/en. ▾—**demonstratie** Schauturnen *s.* ▾—**er** T.er *m.* ▾—**vereniging** T.verein *m.* ▾—**wedstrijd** Wetturnen *s.*
turven: *erop —*, drauf loshauen; (*tellen*) mit Strichen zählen.
tussen zwischen [3/4]; (*de auto reed met volle vaart*) *— de mensen door*, z. den Leuten hindurch; *ervan — gaan*, auskneifen, türmen, s. drücken; (*hij is*) *ervan —*, auf und davon, durchgebrannt. ▾—**bedrijf** (*schouwb.*) Z.akt *m.* ▾—**beide** (*nu en dan*) ab und zu, dann und wann, mitunter; (*niet slecht en niet goed*) soso, so lala, leidlich; *— komen*, dazwischenkommen, (*vooral verhinderend*) dazwischentreten, (*bemiddelend*) s. ins Mittel legen, vermitteln; (*de politie moest*) *— komen*, einschreiten, eingreifen. ▾—**dek** Z.deck *s.* ▾—**deks** z.decks. ▾—**deur** Z.-, Verbindungstür *w.* ▾—**ding** Z.ding *s.* ▾—**door** z.durch. ▾—**gelegen** z.liegend, Z. ... ▾—**gerecht** Z.gericht *s.* ▾—**geschoven** eingeschoben, -geschaltet. ▾—**gevoegd** eingeschaltet, -geschoben, -gefügt, z.geschoben. ▾—**handel** Z.handel *m.* ▾—**in** (*rust*) z.drin; (*beweging*) z.hinein; *daar —*, dazwischen. ▾—**komend**: *—e partij*, Intervenient *m.* ▾—**komst** Vermittlung, Dazwischenkunft *w*; Einschreiten, Eingreifen *s*; (*zie* —**beide**); (*inmenging*) Einmischung *w.* ▾—**landing** Z.landung *w.* ▾—**liggend** z.liegend, Z. ... ▾—**persoon** Vermittler, Z.händler *m*; *geen tussenpersonen!*, V. verboten. ▾—**poos** Z.pause *w*, Z.raum *m*, Unterbrechung *w*; *met vrij lange tussenpozen*, in längern Absätzen, Z.räumen, mit ziemlich langen Unterbrechungen. ▾—**regering** Z.regierung *w.* ▾—**ruimte** Z.raum *m.* ▾—**schakelen** z.schalten. ▾—**schot** Z.wand, Scheidewand *w*; (*schip*) Querschott *s.* ▾—**soort** Z.sorte, Mittelsorte *w.* ▾—**stand** Z.stellung *w.* ▾—**tijd** Z.zeit *w*; *in de —*, in der Z.zeit, inzwischen. ▾—**tijds I** *bw* (*in de tussentijd*) inzwischen, in der Z.zeit; (*niet op de gewone tijd*) außer der gewöhnlichen Zeit. **II** *bn* z.zeitlich; *—e landing*, Z.landung *w*; *— ontslag*, vorzeitige Entlassung; *—e verkiezing*, Ersatzwahl *w.* ▾—**uit**: *er —*, (*tussen twee of meer dingen uit*) mitten heraus; *er — gaan*, s. davonmachen, auskneifen, s. drücken; *hij is er —*, er ist auf und davon, über alle Berge. ▾—**uur** Z.stunde, Freistunde *w.* ▾—**voegen** einfügen, einschalten. ▾—**voeging** Einschaltung *w.* ▾—**voegsel** Einschiebsel *s.* ▾—**voorstel** Z.antrag, Z.vorschlag *m.* ▾—**weg** (*fig.*) Mittelweg *m.* ▾—**werpsel** Ausrufewort *s*, Interjektion *w.* ▾—**zetsel** Einsatz *m.* ▾—**zin** Z.satz *m.*
tutoyeren duzen.
tutti-frutti Tuttifrutti *s.*
tv/-antenne Fernseh/antenne *w.* ▾—-**film** F.film *m.*
T.-vormig T-förmig.
twaalf zwölf. ▾**twaalf(-)** *zie ook* **vier(-)**. ▾—**tal** Dutzend *s*, *zie verder* **viertal**. ▾—**uurtje** zweites Frühstück. ▾—**vingerig**: *—e darm*, Zwölffingerdarm *m.*

twee zwei, zwo; *in —ën*, (*stuk*) entzwei, in zwei Stücke, (*verdelen*) in zwei Teile, (*gedeeld*) zwiegeteilt; *zeggen en doen is —*, Sagen und Tun, Versprechen und Halten sind zweierlei. ▾**twee(-)** *zie* **vier(-)**. ▾**—baansweg** zwei/bahnige Straße. ▾**—benig** z.beinig. ▾**—bultig** z.höckerig. ▾**—de** (der, die, das) zweite; *— auto, huis, meisje*, Zweitwagen *m*, -wohnung *w*, -mädchen *s*; *het — deel* (*van 10 is 5*), die Hälfte; (½) ein Halb; *zie* **vierde**. ▾**—dehands** (aus) zweiter Hand (gekauft); Gebraucht/-...; (*v. boeken*) antiquarisch; *— auto*, G.wagen *m*; *— boekhandel*, antiquarischer Buchhandel, Antiquariat *s*; *— zaak*, G.warengeschäft *s*, G.warenladen *m*. ▾**—dejaars** Student im dritten (vierten) Semester. ▾**—de kamerverkiezingen** Parlamentswahlen *Mz*. ▾**—dekker** Doppel-, Zweidecker *m*. ▾**—derangs** zweiten Ranges, zweitklassig. ▾**—dracht** Zwietracht *w*. ▾**—ërhande**, **—ërlei** zweierlei. ▾**—gesprek** Zwiegespräch *s*. ▾**—gevecht** Zwei/kampf *m*. ▾**—hoevig** z.hufig; *— dier*, Z.-, Spalthufer *m*. ▾**—huizig** z.häusig. ▾**—kamerflat** Z.zimmerwohnung *w*. ▾**—kamerstelsel** Z.kammersystem *s*. ▾**—klank** Doppel-, Zwielaut, Diphthong *m*. ▾**—kwartsmaat** Zwei/vierteltakt *m*. ▾**—ledig** z.gliedrig; (*iets*) *—* (*opvatten*), in doppeltem Sinne, z.fach. ▾**—ling** Zwilling *m*. ▾**—lingbroer** Zwillingsbruder *m*. ▾**—loopsgeweer** Doppelflinte *w*. ▾**—mans** zwei/männisch. ▾**—persoons** für zwei Personen; (*auto enz., twee zitplaatsen hebbend*) z.sitzig; *— auto, fiets, vliegtuig*, Z.sitzer *m*; *— bed*, z.schläfriges Bett; *— hut*, (*op schip*) Doppelkabine *w*; *— kamer*, (*in hotel*) Doppel-, Z.bettzimmer *s*; *— kano*, Z.er, Kanadierzweier *m*. ▾**—pitstoestel** Z.flammenbrenner *m*. ▾**—riemsgiek** Z.ruderer *m*. ▾**—schalig** z.schalig. ▾**—slachtig** doppelgeschlechtig, (*plantk., ook*) z.geschlechtig; (*amfibisch*) beidlebig, amphibisch; (*hermafrodiet*) zwitterhaft; (*fig.*) zwei/deutig, doppelsinnig; *—e houding*, z.deutige Haltung. ▾**—slachtigheid** Doppel-, Z.geschlechtigkeit; Zwitterhaftigkeit; Zweideutigkeit *w*. ▾**—snijdend** zweischneidend. ▾**—spalt** Zwiespalt *m*. ▾**—span** Zweigespann, Paar *s*; *rijtuig met —*, Zweispänner *m*. ▾**—spraak** Zwie-, Zweigespräch *s*. ▾**—sprong** (Weg)Gabelung *w*; (*vooral fig.*) Scheideweg *m*. ▾**—strijd** Zwiespalt *m*; (*eig.*) Zweikampf *m*. ▾**—tal** (etwa) zwei; (*paar*) Paar *s*; *'n — liederen*, zwei Lieder; *na 'n — maanden*, nach etwa zwei, ein paar Monaten. ▾**—talig** zwei-, doppelsprachig. ▾**—term** zwei/gliedrige Größe. ▾**—trapsraket** Z.stufenrakete *w*. ▾**—voud** Z.fache(s) *s*; *in —*, in z.facher Ausfertigung, in zwei Exemplaren, in duplo. ▾**—wieler** Zwei/rad *s*. ▾**—wielig** z.räd(e)rig. ▾**—zits** z.sitzig; (*zn*) Z.sitzer *m*.

twijfel Zweifel *m*; *het lijdt geen —*, es unterliegt keinem Z.; *— omtrent iets koesteren*, Z.über etwas hegen, etwas bezweifeln; *buiten, zonder —*, ohne Z., z.sohne, z.los; (*dat*) *is buiten alle —*, steht außer allem Z.; *buiten — stellen*, außer Z. setzen; *in — staan*, im Z. stehen, z.n, (*weifelen*) unschlüssig sein; *iets in — trekken*, etwas anzweifeln, in Z. ziehen; *in* (*geval van*) *—*, im Z.sfall. ▾**—aar** Zweifler *m*; (*ledikant*) Anderthalbschläfer *m*. ▾**—achtig** zweifel/haft; fraglich. ▾**—achtigheid** Z.haftigkeit *w*. ▾**—en** z.n; (*weifelen*) schwanken, unschlüssig sein; *— aan*, z.n an [3]; *ik twijfel of hij komt*, (*ik weet niet of...*) ich zweifle ob er kommt; *ik twijfel niet of hij komt ook*, (*ik weet zeker dat...*) ich zweifle nicht, daß er auch kommt. ▾**—geval** Zweifel/fall *m*. ▾**—ing** Z. *m*. ▾**—moedig** z.mütig. ▾**—zucht** Z.sucht *w*.

twijg Zweig *m*, Reis *s*.

twijn Zwirn *m*. ▾**—der** Z.er *m*. ▾**—en** z.en.

twinkelen glänzen, funkeln.

twinset Twinset *m*.

twintig zwanzig. ▾**twintig(-)** *zie* **veertig(-)** *en* **vier(-)**.

twist 1 Streit *m*; (*meer: onmin*) Zwist *m*; (*geschil*) Streitigkeit *w*; (*ruzie*) Zank *m*, Händel *Mz*; *— krijgen*, Streit bekommen, in Zwist geraten; *— zaaien*, Zwietracht säen; *— zoeken*, Händel, Streit suchen; **2** (*katoengaren*) Twist *m*; **3** (*dans*) Twist *m*. ▾**—appel** Zankapfel *m*. ▾**—en 1** s.streiten, s. zanken; *daarover valt te —*, darüber läßt s. streiten; **2** (*dansen*) twisten. ▾**—geding** Prozeß, Streithandel *m*. ▾**—geschrijf** Federkrieg *m*, Polemik *w*. ▾**—gesprek** Wortstreit *m*. ▾**—punt** strittiger Punkt. ▾**—vraag** Streitfrage *w*. ▾**—ziek** streit-, zanksüchtig. ▾**—zoeker** Händelsucher, Zänker, Krakeeler, Streithammel *m*.

two-seater Zweisitzer *m*.

tyfoon Typhon *m*.

tyfus Typhus *m*. ▾**—lijder** T.kranke(r) *m*.

typ/e Typ(us) *m*; (*letter*) Type *w*; (*eigenaardig iem.*) Type *w*; *'n nieuw — vliegtuig*, ein neuer Typ e.s Flugzeugs; (*hij is*) *het — v.e. schoolmeester*, ein typischer Schulmeister, der ausgesprochene Typ e.s Schulmeisters; *'t is een —*, (*origineel*) er ist eine Type, (*zonderling*) ein sonderbarer Kauz, (*komiek*) ein famoser Kerl. ▾**—en** mit der Maschine schreiben, tippen; *hij kan —*, er kann maschinenschreiben, er schreibt maschine; *getypt*, mit der Maschine geschrieben; *getypte kopij*, Manuskript in Maschinenschrift; (*hoeveel*) *getypte bladzijden*, Maschinenseiten. ▾**—eren** typisieren; (*kenschetsen*) kennzeichnen, charakteris/ieren; (*dat is*) *—d*, kennzeichnend, ch.tisch, (*tekenend, veelzeggend, kenmerkend*) bezeichnend. ▾**—efout** Tippfehler *m*. ▾**—ekamer** Schreib/zimmer *s*, S.maschinenraum *m*. ▾**—ewriter** S.maschine *w*. ▾**—isch** typisch; c.tisch; bezeichnend; (*merkwaardig*) merkwürdig (*zonderling*) sonderbar; (*komisch*) komisch. ▾**—ist** Maschinenschreib/er *m*. ▾**—iste** M.erin *w*, Tipp/fräulein, T.mädchen *s*. ▾**—ograaf** Typograph *m*. ▾**—ografisch** t.isch.

u (*1e, 3e, 4e nv, ev en mv resp.*) Sie, Ihnen, Sie; (*tegen familieleden, ev resp.*) du, dir, dich; (*mv*) ihr, euch, euch.
UFO UFO, Ufo *s.*
ui Zwiebel *w*; (*mop*) Witz *m.* ▼**—ensoep** Z.suppe *w.* ▼**—entapper** W.bold, W.ereißer *m.*
uier Euter *s.*
uiig witzig, komisch.
uil Eule *w* (*ook vlinder*); (*kleiner*) Kauz *m*; (*stommeling*) Schafs-, Dummkopf *m*; *'n —tje knappen*, ein Schläfchen machen. ▼**—(acht)ig** stupid, dumm. ▼**—ebril** Hornbrille *w.* ▼**—espiegel** Eulen/spiegel *m.* ▼**—skuiken** Schafskopf *m.* ▼**—tje** (*vlinder*) E.falter *m*; *een — knappen*, ein Schläfchen machen.
uit I *vz* aus [3]; *— 't raam kijken*, zum Fenster hinaus-, heraussehen, aus dem F. sehen; *— jagen gaan, zijn*, auf die Jagd gehen, jagen gegangen sein; *— wassen gaan*, zu waschen, zum W. ausgehen; *— werken gaan, zijn*, auf Arbeit gehen, sein. **II** *bw* aus; hinaus, heraus; (*hij ging*) *de kamer —*, aus dem Zimmer; (*iets*) *'t raam — gooien*, zum Fenster hinaus-, herauswerfen, aus dem F. werfen; (*iem.*) *de deur — gooien*, zur Tür hinauswerfen, vor die T. setzen; *je krijgt niets — hem*, mann bekommt aus ihm nichts heraus; (*je hoorde hem*) *boven alle anderen —*, über alle anderen heraus; *kom er eens —*, komm mal heraus; *ik durf er niet —, en ik mag v.d. dokter nog niet —*, ich wage mich nicht hinaus und ich darf vom Arzt noch nicht hinaus; *mijn huis —!*, aus meinem Hause!; *er—!*, hinaus, raus!; *v. hier —*, von hier aus; (*dat zal*) *mijn tijd wel — duren*, meine Zeit schon aushalten; (*hij liep*) *voor hem —*, vor ihm her; *dag in dag —*, tagaus, tagein; *ik heb 't er —*, (*eruitgekregen; opgelost*) ich habe es heraus; (*ik kan*) *er niet —komen*, (*uit wijs worden*) nicht klug daraus werden; (*ik kom*) *er wel —*, (*buiten*) schon hinaus; *hij helpt je er wel —*, (*uit verlegenheid*) er hilft dir schon aus; *er— raken*, heraus-, hinauskommen; *op 'n betrekking — zijn*, (*ernaar dingen*) s. um eine Stelle bewerben, (*weggegaan om er een te krijgen*) nach e.r S. ausgegangen sein, (*om er een te zoeken*) auf die Suche nach e.r Stelle gegangen sein; *erop — zijn om* (*iem. te plagen*), darauf aus sein; *erop — zijn* (*om iem. het leven onaangenaam te maken*), es darauf anlegen; *op zijn voordeel — zijn*, auf seinen Vorteil aus sein, bedacht sein; *er niet over — kunnen*, s. nicht genug wundern können; (*hij is*) —, aus, nicht zu Hause, nicht da, abwesend, verreist, auf Reisen; (*de kerk, de lamp is*) —, aus; (*de bal*) *is —, gaat —*, ist aus, geht ins Aus; (*ik heb 't boek*) —, aus; (*is dat boek al*) *—?*, (*verschenen*) heraus, erschienen?; *het is — tussen ons*, wir sind geschiedene Leute, (*verloving*) wir sind auseinander; *en nu is 't —!*, und jetzt ist Schluß!; *en daarmee —!*, und damit Punktum!, Schluß damit; *Uit*, (*autoweg*) Ausfahrt *w.*
uitademen aus/atmen; (*geur, ook*) a.hauchen.
uitbaggering Ausbaggerung *w.*
uitbalanceren aus/balancieren; (*wiel*) a.wuchten.
uitbannen verbannen; (*duivel*) austreiben.
uitbarst/en aus/brechen. ▼**—ing** A.bruch *m*; *— v. toorn*, A.bruch des Zorns, Zornesausbruch *m.*
uitbazuinen ausposaunen.
uitbeeld/en darstell/en; (*levendig beschrijven*) schilder/n. ▼**—ing** D.ung; S.ung *w.*
uitbeitelen ausmeißeln, -stechen.
uitbenen ausbeinen.
uitbested/en (*kind enz.*) unterbringen, in die Pflege geben; (*werk*) verding/en. ▼**—ing** U. *s*; V.ung *w.*
uitbetal/en auszahl/en. ▼**—ing** A.ung *w.*
uitbijten (*z. een tand*) —, ausbeißen; (*de hond heeft*) *er een stuk uitgebeten*, ein Stück herausgebissen; (*met bijtende stof*) ausbeizen, ätzen; (*zwavelzuur*) *bijt* (*'t weefsel*) *uit*, zerfrißt (das Gewebe), frißt (das Gewebe) an; (*met helse steen*) weg-, ausätzen; (*helse steen*) *bijt uit*, ätzt.
uitblazen aus/blasen; (*op adem komen*) (s.) verschnaufen; *de laatste adem —*, die Seele a.hauchen.
uitblijven ausbleiben.
uitblink/en hervorglänzen; (*fig. ook*) hervorragen; *boven anderen —*, andere überstrahlen, (*fig ook*) s. vor andern auszeichnen. ▼**—er** Kanone *w*; (*sp., ook*) As *s.*
uitbloeien aus-, verblühen.
uitboeten (aus)sühnen.
uitbotten ausschlagen, knospen.
uitbouw Anbau *m*; (*vooruitspringend, ook*) Vorsprung *m*; (*aan voorzijde, ook*) Vorbau *m*; (*uitbreiding, vergroting*) Aus/bau *m.* ▼**—en** vergrößen, a. bauen; (*aanbouwen*) anbauen.
uitbraak Aus/bruch *m.* ▼**—sel** A.gespieene(s) *s*, A.wurf *m.* ▼**uitbraken** a.speien, a.brechen; (*fig.: uitslaan*) a.stoßen.
uitbrand/en aus/brennen. ▼**—er** A.putzer, Rüffel, Verweis *m.*
uitbreid/en aus/breiten; erweitern, a.dehnen; (*gezichtskring, kennis, macht, rijk, gebied, zaak*) e.; (*gebied, zaak enz.*) vergrößern; (*invloed, macht, bezittingen, praktijk*) a.dehnen; (*aantal*) vergrößern; (*meer stelselmatig en daardoor verder zien te voltooien*) a.bauen; *z. —*, s. a.dehnen, s. a.breiten; (*v. brand, ziekte*) s. a.breiten, um s. greifen; (*v. gebied, stad, zaak enz.*) s. erweitern, s. vergrößern. ▼**—ing** A.breitung, Erweiterung, Vergrößerung, A.dehnung *w*; A.bau *m*; *voor — vatbaar*, erweiterungs-, a.baufähig. ▼**—ingsmogelijkheid** Ausbreitungs/möglichkeit *w.* ▼**—ingsplan** A.-, Erweiterungsplan *m*; (*v. stad, ook*) Ortbebauungsplan *m.*
uitbrek/en aus/brechen; (*misschien kan ik*) *er vanmiddag 'n paar uurtjes —*, mir heute nachmittag ein paar Stunden freimachen. ▼**—er** (*uit gevangenis*) A.brecher *m.* ▼**—ing** A.bruch *m*, A.brechen *s.*
uitbrengen (*naar buiten brengen*) aus/-, hinaus-, herausbringen; (*sloep enz. buiten boord; een toost; iets verklappen*) a.bringen; (*aan 't licht brengen*) herausbringen; (*geen woord kon hij*) —, heraus-, hervorbringen; *'n rapport —*, e.n Bericht erstatten; (*zijn stem*) (*op iem.*) —, (für e.n) abgeben.
uitbroeden aus/brüten; (*fig. ook*) a.hecken.
uitbrullen ausbrüllen; (*woorden*) herausbrüllen; *'t — v.d. pijn*, aufbrüllen vor Schmerzen.
uitbuit/en aus/beuten; (*niet ong.*) a.nutzen.

▾**—er** A.beuter *m.* ▾**—ing** A.beutung *w.*
uitbundig (*bovenmatig*) übermäßig; (*v. geestdrift, lof enz.*: *overdreven*) überschwenglich; (*v. geestdrift, toejuichingen enz.*: *stormachtig*) stürmisch; (*onbedwingbaar, vaak ook ter versterking*) unbändig; *—e vreugde*, unbändige Freude, (*meer innerlijk*) überquellende F.; (*kinderen zijn vaak erg*) *—*, ausgelassen.
uitdag/en herausforder/n; (*iem. tot 'n duel*) *—*, vor die Klinge, (*op 't pistool*) auf Pistolen fordern. ▾**—er** H.er *m.* ▾**—ing** H.ung *w.*
uitdelen austeilen; (*iets*) *aan de armen —*, unter die Armen verteilen, an die Armen a.
uitdelgen austilgen.
uitdelingslijst Verteilungsliste *w.*
uitdenken aus/denken; (*door denken vinden*) s. a.denken, erdenken; (*dat heb je*) *maar uitgedacht*, dir bloß a.gedacht, bloß erdacht, erfunden, ersonnen.
uitdeuken ausbeulen.
uitdienen ausdienen; (*zijn tijd*) *—*, (*mil. ook*) abdienen.
uitdiepen austiefen.
uitdijen anschwellen; (*door vocht*) quellen.
uitdoen (*aardappelen, bonen enz.*; *licht*, (*uur enz.*) aus/machen; (*kleren*) a.ziehen; (*schrappen*) streichen, (a.)löschen; (*uitwissen*) a.wischen; *doet u uw jas uit*, legen Sie den Mantel ab.
uitdokteren austüfteln, -klügeln.
uitdossen ausputzen, schmücken, herausstaffieren.
uitdoven löschen; (*uitgaan*) erlöschen; *uitgedoofde vulkaan*, erloschener Vulkan.
uitdraaien aus/drehen; (*elektr. licht*) a.schalten, a.knipsen; *op niets —*, auf nichts hinauslaufen, zu nichts führen; *waar zal dit alles op —?*, worauf wird dies alles hinauslaufen?; *dat draait wel weer op mij uit*, das werde ich schon wieder besorgen müssen, (*zal ik wel moeten ontgelden*) da werde ich schon wieder herhalten müssen; *z. er —*, s. herausreißen.
uitdrag/en aus-, hinaus-, heraustragen; (*een lijk, ook*) zu Grabe tragen. ▾**—er** Trödler, Althändler *m.* ▾**—erij** Trödelei *w.*
uitdrijven austreiben.
uitdrinken austrinken.
uitdrogen austrocknen; (*v. bronnen enz.*) versiegen.
uitdrukk/elijk aus/-, nachdrücklich. ▾**—en** (*uiten, weergeven*) a.drücken, äußern; (*drukkend verwijderen, uitdoven enz.*) aus/drücken, (*uitpersen, ook*) a.pressen; (*de lening*) *is in guldens uitgedrukt*, lautet auf Gulden; *zacht uitgedrukt*, gelinde gesagt; *wijze v. —*, A.drucksweise *w.* ▾**—ing** A.druck *m*; (*zegswijze, ook*) Redensart *w*; *tot — brengen*, zum A.druck bringen.
uitduiden bezeichnen; (*interpreteren*) ausdeuten.
uitdunn/en (*bloesem, vruchten v. fruitbomen, planten, haar*) aus/dünnen; (*bos enz.*) lichten, a.holzen; (*bomen*) a.lichten, a.schneiden; (*haren, ook*) a.schneiden. ▾**—ing** A.dünnung *w.*
uiteen auseinander. ▾**—barsten** a.bersten, a.springen, (zer)platzen, zerspringen. ▾**—gaan** a.gehen, s. trennen; (*v. menigte*) s. verlaufen. ▾**—lopen** a.gehen; (*v. lijnen, ook*) a.laufen; *zeer —d zijn*, sehr verschieden sein, weit a.gehen. ▾**—lopend**: *—e meningen*, a.gehende Meinungen; *—e belangen*, a.strebende Interessen. ▾**—nemen** a.nehmen, a.legen. ▾**—rafelen** a.-, zerfasern. ▾**—rukken** a.reißen. ▾**—slaan** a.-, zerschlagen; (*bijv. menigte bij opstootje*) a.treiben, zersprengen. ▾**—spatten** (zer)platzen, a.springen; (*fig.*: *uiteenvallen*) a.-, zerfallen. ▾**—stuiven** a.stieben. ▾**—zetten** a.setzen (*ook fig.*); (*aantonen*) darlegen, (*uitvoerig toelichten*) erörtern. ▾**—zetting** A.setzung, Darlegung, Erörterung *w.*
uiteinde Ende *s*; *op 't —* (*v.h. havenhoofd*), auf dem äußersten E.; *'n zalig —*, ein glückliches Jahresende, (*ook*) ein seliger Tod. ▾**—lijk** (*ten slotte*) schließlich, letzten Endes; (*eind...*) End...; *— besluit*, Endbeschluß *m*, (*definitief*) endgültiger Beschluß.
uiten äußern, aussprechen; (*z'n vreugde*) *—*, auslassen; *z. —*, s. äußern, (*z. uitlaten*) s. auslassen.
uitentreuren immer wieder; (*tot vervelens toe*) bis zum Überdruß.
uiteraard (*volgens de aard*) seiner (ihrer) Natur nach; (*uit de aard der zaak*) selbstverständlich, natürlich, naturgemäß.
uiterlijk I *bn* äußer(lich); *—e schijn*, äußerer Schein; *veel aan 't — hechten*, viel auf das Äußere geben. **II** *bw* äußerlich; (*op z'n hoogst*) höchstens; (*op z'n laatst*) spätestens; (*op z'n langst*) längstens. **III** *zn* Äußere(s) *s*; (*dat is alleen maar*) *voor het —*, für den äußern Schein. ▾**—heid** Äußerlichkeit *w.*
uitermate überaus, außerordentlich, äußerst, über die Maßen. ▾**uiterst** äußerst; *—* (*tevreden*), überaus, recht; *—* (*zeldzaam*), höchst; *zijn —e best doen*, sein möglichstes, sein Äußerstes tun; *in 't — geval*, im äußersten Fall, im schlimmsten F., schlimmstenfalls; *—e poging*, letzter Versuch; *de —e wil*, der letzte Wille; *'t —e* (*wagen*), das Äußerste; *tot 't —* (*gebracht zijn*), zum Äußersten; *de —en raken elkaar*, die Extrem/e berühren s.; *tot —en* (*vervallen*) in E.e; *v. 't ene —e in 't andere* (*vallen*), von e.m E. ins andre; *op zijn —e liggen*, in den letzten Zügen liegen.
uiterwaard Vorland *s.*
uiteten ausessen; (*iem*) wegessen.
uitflappen: *er alles maar —*, alles nur herausplappern.
uitfoeteren ausputzen, -fenstern.
uitgaaf *zie* **uitgave**.
uitgaan ausgehen; (*v. lamp enz., ook*) erlöschen; (*ik weet niet*) *of de vlekken er —*, ob die Flecken a.; *—de post*, a.de Post, Ausgänge *Mz*; *—de rechten*, Aus/fuhr-, A.gangszoll *m*; *de —de wereld*, die Kreise der Gesellschaft, die elegante Welt. ▾**—savond, —sdag** A.gang; A.gehtag *m.* ▾**—sverbod** A.gangssperre *w*; A.gehverbot *s*; *een — uitvaardigen*, eine A.gangssperre verhängen. ▾**uitgang** A.gang *m.* ▾**—spunt** A.gangspunkt *m.*
uitgave (*v. geld*) Ausgabe *w*; (*v. boek enz. wat betreft uiterlijke vorm enz.*) A. *w*, (*de bewerking*) Herausgabe *w*, (*'t aantal exemplaren*) Auflage *w*, (*'t in het licht geven door een firma*) Verlag *m*; *— v. X.*, Verlag von X.
uitgebracht: *op hem zijn 100 stemmen —*, er hat 100 Stimmen erhalten, auf s. vereinigt.
uitgebreid aus/gedehnt, a.gebreitet; *—e kennis*, umfassende Kenntnisse; *— lager onderwijs*, erweiterter Elementarunterricht, mittlerer Unterricht; *— technische school*, erweiterte technische Schule. ▾**—heid** A.dehnung *w*; Umfang *m.*
uitgekookt ausgekocht (*ook fig.*).
uitgelaten ausgelassen; *— v. blijdschap*, a. vor Freude. ▾**—heid** A.heit *w.*
uitgeleefd abgelebt.
uitgeleerd: *men is nooit uitgeleerd*, man lernt nie aus.
uitgeleide: *iem. — doen*, e.m das Geleit geben.
uitgelezen auserlesen.
uitgemaakt *zie* **uitmaken**.
uitgeput erschöpft; *— raken*, (*v. mijn*) fast

abgebaut sein, (*v. voorraad*) ausgehen.
uitgerekend (*fig.*) ausgerechnet; (*uitgeslapen*) schlau, gerieben.
uitgeslapen schlau, gerieben, gerissen.
uitgesproken (*fig.*) ausgesprochen, -geprägt.
uitgestreken: *— gezicht*, Unschuldsmiene *w*; (*schijnheilig*) Pharisäergesicht *s*; (*als 'n doodsbidder*) Leichenbittermiene *w*.
uitgestrekt aus/gedehnt. ▼**—heid** A.dehnung *w*; (*terrein*) a.gedehntes Gebiet, weite Ebene, weite Fläche.
uitgev/en ausgeben; (*boek enz.*: *v.d. schrijver gezegd*: *de uitgave verzorgen*) herausgeben, (*v.d. uitgeversfirma gezegd*) verlegen; (*een boek*) *bij X. —*, bei X. in Verlag geben, im X.verlag erscheinen lassen; (*het boek*) *wordt uitgegeven bij...*, erscheint bei ..., ist im Verlag von; *bij X. is uitgegeven*, im X. verlag ist erschienen, *uitgegeven door X.*, X.verlag; *de schrijver geeft 't boek voor eigen rekening uit*, das Buch erscheint im Selbstverlag. ▼**—er** Ausgeber; Herausgeber; Verleger *m*. ▼**—erij** (*zaak*) Verlag *m*, Verlagsanstalt *w*; Verlagswesen *s*. ▼**—ersfirma** Verlagsfirma *w*.
uitgewekene (*vluchteling*) Flüchtling *m*.
uitgewerkt: *—e vulkaan*, ausgebrannter Vulkan.
uitgezakt (*v. kleding*) ausgebeutelt.
uitgezocht ausgesucht, -erlesen.
uitgezonderd ausgenommen; *— mijn vader*, a. mein Vater, meinen Vater a.
uitgieren ausschreien; *het — (v.h. lachen)*, in ein schallendes Gelächter ausbrechen; *het — v. plezier*, aufschreien vor Freude.
uitgifte Ausgabe, Emission *w*; *koers v. —*, E.skurs *m*.
uitgillen ausschreien; *'t — (v.)*, laut aufschreien (vor).
uitglijden ausgleiten, -rutschen.
uitgooi (*doorkeeper*) Abwurf *m*. ▼**—en** auswerfen; (*doorkeeper, v. kleren enz.*) abwerfen; (*iem.*) *de deur —*, hinauswerfen, —schmeißen.
uitgraven ausgraben.
uitgroei/en aus/wachsen; (*groeiende buiten iets komen*) herauswachsen. ▼**—sel** A.wuchs *m*.
uit/haal Herausziehen, Ausweichen *s*; (*v.e. toon*) Aushalten *s*, Dehnung *w*. ▼**—halen** (*draden, la, tafel*: *uittrekken*) aus/-, herausziehen; (*eieren, nestje, vogeltjes*; *ingewanden*) a.nehmen; (*uit-, leegruimen*; *ook v. pijp*) a.räumen; (*goed opdissen*) reichlich auftischen; *voor iem. —*, (*hem feestelijk onthalen*) e.n reichlich bewirten; (*uitwijken*) aus/weichen, a.holen; (*met arm enz. om te slaan*) a.holen; (*gedaan krijgen, uitrichten*) a.richten; (*uitvoeren*) anstellen, anrichten; *baldadigheden —*, Unfug treiben; (*wat heb je nu weer*) *uitgehaald*, angestellt, herausgesteckt; *dat haalt niets uit*, dabei kommt nichts heraus.
uithang/bord Aus/hängeschild *s*. ▼**—en** a.-, heraushängen; *er hangen veel vlaggen uit*, es hängen viele Fahnen heraus; (*de schijn aannemen v.*) spielen, machen; (*z. bevinden*) s. aufhalten, stecken; (*die jurk*) *hangt wel uit*, hängt s. schon aus.
uitheems ausländisch, exotisch.
uithoek (*afgelegen oord*) entlegener Winkel.
uitholl/en (*hol maken, ook fig.*) aus/höhlen; (*uitgroeven*) a.kehlen. ▼**—ing** A.höhlung *w* (*ook 't hol*); A.kehlen *s*, A.-, Hohlkehle *w*; (*holte*) Höhlung *w*; (*laagte*) Vertiefung *w*; *— overdwars*, (*verkeersterm*) Querrinne *w*.
uithongering Aushungerung *w*.
uithoren ausfragen, -horchen.
uithoud/en aus/halten. ▼**—ingsvermogen** A.dauer *w*.
uithouwen aushauen, -hacken.
uithozen ausschöpfen, -ösen.
uithuilen ausweinen; (*z. uithuilen*) s. a.
uithuizig aushäusig, unhäuslich. ▼**—heid** U.keit, A.keit *w*.
uithuwelijken verheiraten, vermählen.
uiting Äußerung *w*; (*uitdrukking*) Ausdruck *m*; *— geven aan iets*, etwas äußern; *— geven aan zijn dank*, seinem Dank A. geben; *tot — (brengen)*, zum A.
uitje: *'n — hebben*, mal ausgehen.
uitjouwen ausschimpfen.
uitkafferen ausputzen, -fenstern.
uitkeren aus/zahlen; (*dividend*) a.schütten, verteilen; (*in faillissement, ook*) verteilen. ▼**uitkering** (*'t uitkeren*) A.zahlung; (*v. dividend*) A.schüttung, Verteilung *w*; (*uit te keren of uitgekeerde som*) auszuzahlende, ausgezahlte Summe *w*; *— ineens*, (*afkoopsom*) Abfindungssumme *w*; (*bijdrage, schenking*) Zuwendung *w*; (*ondersteuning*) Unterstützung *w*; (*v. sociale verzekering*) Leistung *w*; *aanspraak op een —*, Leistungsanspruch *m*; *sociale —en*, Sozialleistungen. ▼**—sfonds** Unterstützungskasse *w*.
uitkermen: *het — v.d. pijn*, aufstöhnen vor Schmerzen.
uitkienen ausklügeln, -knobeln.
uitkiezen (aus)wählen; (*uitverkiezen*) auserwählen.
uitkijk (*uitzicht*) Aus/sicht *w*, A.blick *m*; (*mar.*: *post en pers.*) A.guck *m*; *op de — staan*, auf der Lauer stehen, (*mar.*) A.guck halten. ▼**—en** a.sehen, a.schauen, a.gucken; (*naar buiten kijken*) hinaussehen, -blicken; *op de tuin —*, auf den Garten (hinaus)sehen; (*deze kamer*) *kijkt uit op de tuin*, (*ook*) geht auf den Garten; *naar een betrekking, naar iem. —*, (*zoeken*) s. nach e.r Stelle, nach e.m umsehen, umschauen; (*achter, onder iets*) *komen —*, (*te voorschijn komen*) hervorblicken, -gucken; (*goed*) *—*, (*oppassen*) achtgeben; *kijk uit!*, gib acht!, Vorsicht! ▼**—toren** Aussichts-, Ausguckturm *m*.
uitklapbaar ausklappbar.
uitklaren aus/klarieren. ▼**uitklaring** A.klarierung, Zollabfertigung *w*.
uitkleden auskleiden, -ziehen (*dit ook fig.*).
uitkloppen ausklopfen.
uitknijpen (*etter, wonde enz.*) aus/drücken; (*citroenen enz.*) a.pressen, a.quetschen; *er —*, (*weggaan*) a.kneifen, s. drücken, (*doodgaan*) abfahren.
uitknip/pen aus/schneiden. ▼**—sel** A.schnitt *m*.
uitknob(b)elen ausknobeln, -tüfteln.
uitkomen auskommen; (*eruit, naar buiten*) herauskommen; *een straat —*, aus e.r Straße kommen; *de kamer —*, aus dem Zimmer (heraus)kommen; *de deur —*, zur Tür heraus-, hinauskommen; (*deze deur*) *komt uit op de straat, op de tuin*, geht in (auf) die Straße, in den, nach dem Garten; (*deze straat*) *komt op 't plein uit*, mündet auf den Platz; (*de bomen*) *komen uit*, (*botten uit*) schlagen aus; *uit 't ei komen*, aus dem Ei schlüpfen, aus/schlüpfen, a.kommen; *er met een niet —*, mit e.r Niete herauskommen; *wie moet —*, (*kaartspel*) wer spielt aus, hat das Anspiel; (*v. waarheid enz.*) ans Licht kommen; (*wat zul je doen*) *als het ('t geheim) uitkomt?*, wenn es herauskommt?; *'t komt uit*, (*wordt bekend*) es kommt aus; *openlijk voor iets —*, etwas offen gestehen; (*v. boeken, kranten*) erscheinen; (*dit werk is*) *bij X. uitgekomen*, im X.verlag erschienen, herausgekommen; *met een nieuw type —*, e.n neuen Typ herausbringen; (*v. vermoedens, voorspellingen enz.*) eintreffen; (*v. redenering*

enz., opgaan) zutreffen, stimmen; (*dat*) *komt overeen uit*, kommt auf eins heraus; (*dat*) *komt goedkoper uit*, ist schließlich billiger; (*die som*) *komt uit*, kommt heraus, (*klopt*) stimmt; (*die deling*) *komt uit*, geht auf; (*dat*) *zal wel —*, (*is nogal glad*) versteht s.; (*dat*) *kwam anders uit*, ging, fiel anders aus; (*met 't salaris*) auskommen; (*dat*) *komt goed uit*, trifft s.; (*gelegen komen*) gelegen kommen; (*dat*) *komt mij niet goed uit*, kommt mir nicht recht gelegen; *— tegen*, (*afsteken tegen*) s.abheben von; *goed —*, (*goed waarneembaar zijn*) hervortreten; (*in deze jurk*) *komt haar figuur goed uit*, tritt ihre Figur hervor, kommt ihre Figur vorteilhaft zur Geltung; (*dat gebouw*) *komt hier niet mooi uit*, nimmt s. hier nicht schön aus; (*iets*) *doen, laten —*, hervorheben, (*figuur enz., ook*) hervortreten lassen, (*bij spreken enz., ook*) betonen. ▾**uitkomst** (*resultaat*) Ergebnis *s* (*ook v. som*), Resultat *s*; (*redding*) Ausweg *m*, Hilfe, Rettung *w*.

uit/koop (*afkoop*) Abfind/ung *w*; (*vrijkoop*) Loskauf *m*. ▾**—kopen** a.en; l.en.

uitkrabben aus/kratzen; (*schrift*) a.radieren.

uitkramen auskramen.

uitkrassen auskratzen.

uitkrijgen (*jas, schoenen*) auskriegen; (*een rekensom, vlekken uit 'n jurk, iets uit iem.*) herausbekommen.

uitkristalliseren auskristallisieren.

uitkunnen auskönnen; *er niet over —*, s.nicht genug wundern können.

uitlaat Aus/laß *m*, (*aan motor, voor stoom enz.*) A.puff *m*; (*uitwatering*) A.lauf *m*. ▾**—gas** A.puff-, Abgas *s*. ▾**—klep** A.laßventil *s*; (*voor stoom enz.*) A.puff *m*. ▾**—pijp** A.puff-, A.laßrohr *s*.

uitlachen auslachen, verlachen; *iem. in zijn gezicht —*, e.n ins Gesicht lachen; *niet uitgelachen raken*, aus dem Lachen nicht herauskommen.

uitladen ausladen; (*schip, ook*) löschen, entlöschen.

uitlaten auslassen; (*'n hond, iem.*) hinaus-, herauslassen; (*'n gast*) hinausbegleiten; *z. — over*, s.a, s. äußern über. ▾**uitlating** Auslassung *w*; (*uiting*) Äußerung *w*.

uitleen/bibliotheek Leihbibliothek *w*. ▾**—termijn** Ausleihefrist *w*.

uitleg Aus/legung, Erklärung *w*; (*uitbreiding*) Erweiterung *w*. ▾**—gen** a.legen; (*verklaren, ook*) erklären; (*'n droom*) deuten; (*'n japon*) a.lassen; (*'n stad*) erweitern. ▾**—ging** A.legung; Erklärung; Deutung; A.lassung; Erweiterung *w*.

uitlekken auslecken, -laufen; (*bekend worden*) bekannt, ruchbar werden; (*v. 't plan is al veel*) *uitgelekt*, durchgesickert; (*niets*) *laten —*, verlauten lassen.

uit/lenen aus/leihen. ▾**—lening** A.leihung *w*; Verleih *m*.

uitleven ausleben; *z. —*, s. a.

uitlever/en aus/liefern. ▾**—ing** A.lieferung *w*.

uitlezen auslesen, zu Ende lesen.

uitlichten (*uitheffen*) herausheben; (*een passage uit geschrift enz.*) herausnehmen.

uitlijnen (*wiel*) auswuchten.

uitlikken auslecken.

uitlokken (*naar buiten lokken*) herauslocken; (*provoceren; kritiek*) herausfordern; (*'n besluit*) veranlassen, herbeiführen, hervorrufen; (*'n strafbaar feit*) anstiften (zu).

uitloop Auslauf *m*; (*v. vliegt*) Ausrollen *s*. ▾**—poging** (*sp.*) Vorstoß, Aus/reißversuch *m*. ▾**—strook** Verzögerungsspur *w*. ▾**uitlop/en** a.laufen; (*deze straat*) a.laufen, zu Ende gehen, (*aflopen*) hinuntergehen; (*v. bomen enz.; uitbotten*) a.schlagen, Knospen treiben, (*uitspruiten*) a.laufen, (*v. aardappelen*) keimen; (*deze straat*) *loopt op de markt uit*, mündet auf den Markt; (*ik weet niet*) *waar dat op — moet*, worauf das hinauslaufen soll, wie das enden soll; *dat loopt op niets uit*, daraus wird nichts, dabei kommt nichts heraus, das führt zu nichts; *puntig —*, in eine Spitze a.laufen; (*traptreden, schoenen*) a.treten. ▾**—er** (*v. gebergte, plant*) A.läufer *m*.

uitloten auslosen.

uitloven (*'n prijs*) aussetzen.

uit/lozen s. ergießen, ausfließen; abführen. ▾**—lozingskanaal** Abflußkanal *m*.

uitluiden ausläuten.

uitmaken aus/machen; (*uitschelden*) a.schimpfen, schelten; (*n verloving*) —, auflösen; *hij heeft 't uitgemaakt*, er hat Schluß gemacht; (*deze heren*) *maken het bestuur uit*, bilden den Vorstand; *een uitgemaakte zaak*, eine ausgemachte Sache; *maak dat samen maar uit*, macht das nur miteinander aus; (*de kwestie is nog niet*) *uitgemaakt*, entschieden; (*iem.*) *voor 'n leugenaar —*, e.n Lügner schelten; *iem. — voor al wat lelijk is*, e.n mit Schimpfworten überschütten, e.n zusammenschimpfen.

uitmelken ausmelken; (*exploiteren*) ausbeuten, -saugen.

uitmergelen ausmergeln.

uitmeten ausmessen; *iets breed —*, viel Aufhebens von etwas machen.

uitmiddelpuntig exzentrisch.

uitmonden (aus)münden.

uitmonsteren (*kleding*) aus/machen, a.schmücken; (*paarden*) a.rangieren; (*uniform*) mit Paspeln, mit Biesen versehen.

uitmoorden ausmorden.

uitmunt/en (*boven*) s. aus/zeichnen (vor [3]), hervorragen (vor [3]). ▾**—end** a.gezeichnet, vorzüglich. ▾**—endheid** V.keit *w*.

uit/neembaar auseinandernehmbar. ▾**—nemen** (her)ausnehmen. ▾**—nemend** vorzüglich, ausgezeichnet. ▾**—nemendheid** V.keit *w*; *bij —*, vorzüglich, außerordentlich; *bij — geschikt*, wie kein andrer geeignet.

uitnodig/en einlad/en; (*dringender: bijv. tot medewerking*) aufforder/n; *op een feest —*, zu. e.m Fest e.en; (*een dame*) *voor een dans —*, zum Tanz a.n. ▾**—ing** E.ung; A.ung *w*.

uitoefenen ausüben; (*'n ambacht*) treiben.

uitpakken auspacken; (*opdissen; met z'n schatten voor de dag komen*) auftischen; (*v. wal steken, beginnen*) loslegen.

uitpersen auspressen.

uitpeuteren (her)ausklauben; (*neus*) aus/stochern; (*fig.*) a.tüfteln.

uitpikken (her)auspicken, aus/hacken; (*fig.*) heraussuchen, a.wählen.

uitpluizen (*touw, wol*) aus/zupfen; (*fig.*) a.tüfteln.

uitplunderen ausplündern.

uitpompen (her)auspumpen.

uitpraten aus/reden; *uitgepraat zijn*, a.geredet haben, (*fig.*) mit seinem Latein zu Ende sein.

uitproesten: *het —*, in wieherndes Lachen ausbrechen.

uitpuilen (*v. ogen*) hervor/quellen, h.stehen; *—de ogen*, vorquellende Augen, Quellaugen.

uitputten erschöpf/en; (*'n mijn*) abbauen; *uitgeput raken*, (*v. voorraad*) ausgehen; *mijn geduld raakt uitgeput*, die Geduld geht mir aus, meine G. ist nahezu erschöpft. ▾**uitputting** E.ung *w*. ▾**—soorlog** Zermürbungskrieg *m*.

uitrafelen aus-, zerfasern; (*rafels loslaten*) (s.) abfasern.

uitraken ein Ende nehmen; (*verloving, vriendschap enz.*) in die Brüche gehen; *er —*, heraus kommen.

uitrangeren ausrangieren; *iem —*, e.n kaltstellen.
uitrazen aus/toben, a.rasen; (*de storm*) *is uitgeraasd*, hat (s.) a.getobt.
uitreik/en aus/stellen, erteilen, verabreichen; (*getuigschrift, pas enz.*) a.stellen; (*prijzen*) überreichen, a.-,zuteilen; (*de communie*) er-, a.teilen. ▾**—ing** A.stellung, Erteilung *w.*
uitreis Ausreise *w.* ▾**—visum** A.visum *s.*
uitrekenen aus-, berechnen.
uitrekken ausrecken, dehnen; (*tech., ook*) strecken; *z.* —, s. dehnen, s.recken, s.strecken.
uitrichten ausrichten; (*gedaan krijgen, bereiken*) erreichen.
uit/rijden aus/fahren; (*op rijdier*) a.reiten; *de stad —*, aus der Stadt hinausfahren; (*hij kwam*) *de stad —*, aus der S. herausgefahren. ▾**—rijstrook** A.fahrspur *w*, -streifen *m*; Verzögerungsspur *w.* ▾**—rit** A.fahrt *w.*
uitroei/en 1 aus/rotten; **2** (*met roeiboot*) (hin)ausrudern. ▾**—ing** A.rottung *w.*
uitroep Aus/ruf *m.* ▾**—en** a.rufen. ▾**—teken** A.rufungszeichen *s.*
uitroken aus/rauchen; (*door rook verdrijven; ontsmetten*) a.räuchern.
uitrukken (*ergens uit rukken*) (her)ausreißen; (*kazerne enz. verlaten*) ausrücken, -marschieren.
uitrust/en (*rusten*) (s.) aus/ruhen; (*v.h. nodige voorzien*) a.rüsten, a.statten. ▾**—ing** A.rüstung, A.stattung *w.*
uitschakel/en ausschalt/en. ▾**—ing** A.ung.
uitschateren: *'t —*, in ein schallendes Gelächter ausbrechen.
uitscheid/en 1 (*ophouden*) aufhören; *— met werken*, mit der Arbeit a., zu arbeiten a.; *wij scheiden er uit!*, wir machen Schluß; **2** (*afscheiden*) ausscheiden, absondern. ▾**—ingsorgaan** Absonderungs-, Ausscheidungsorgan *s.*
uitschelden ausschimpfen; *iem. voor een leugenaar —*, e.n e.n Lügner schelten, schimpfen.
uitschiet/en ausschießen; (*kleren*) abwerfen; (*uitbotten*) aus/schlagen; (*uitglijden*) a.rutschen, (*v. mes*) a.fahren. ▾**—er** (*windstoot*) Windstoß *m.*
uitschoppen (*sp.*) aus/stoßen; (*schoenen*) a.werfen.
uitschot Ausschuß *m*; A.ware *w*; (*sigaren*) fehlfarbene Zigarren; (*rommel*) Schund *m*; (*ook* = **uitvaagsel** *en* **voorschot**, *zie daar*).
uitschrappen ausschaben, -kratzen; (*doorhalen*) streichen.
uitschreeuwen ausschreien; *'t — v.*, aufschreien vor.
uitschrijven ausschreiben; *'n prijsvraag —*, ein Preisausschreiben erlassen, eine Preisfrage a.; *een vergadering —*, eine Versammlung einberufen.
uitschudden aus/schütteln; (*beroven*) a.plündern.
uitschuif/baar *zie* **uittrekbaar**. ▾**—blad** Aus/zug *m.* ▾**uitschuiven** a.schieben; (*tafel, ook*) a.ziehen; (*uitglijden*) a.rutschen.
uitschuren ausscheuern.
uitslaan aus/schlagen; (*muren*) a.schlagen, schwitzen; *onzin —*, dummes Zeug schwatzen; *vuile taal —*, unflätige Reden führen; (*de vlammen*) *sloegen al uit*, schlugen schon zum Dach heraus; *—de brand*, Großfeuer *s*; *goederen —*, (*uit pakhuis*) Waren a.lagern, (*uit entrepot*) freimachen. ▾**uitslag** (*op huid, muur enz.*) A.schlag *m*; (*afloop*) A.gang *m*, (*resultaat*) Ergebnis, Resultat *s*, (*goed resultaat ook*) Erfolg *m*; *stille —*, (*hand.*) A.schlag *m*, (stilles) Gutgewicht.
uitslapen s. ausschlafen; *zie* **uitgeslapen**.
uitsliepen (aus)ätschen; *sliep uit!*, ätsch.
uitslijten (*on.w*) s. abnutzen; (*v. trap, drempel enz.*) s. aus/laufen; (*de traptreden zijn*) *uitgesleten*, a.getreten.
uitsloven: *z.* —, s.viel Mühe geben, s. abmühen; (*de gastvrouw*) *heeft z. uitgesloofd*, hat s. sehr angestrengt, hat s. viel Mühe und Kosten gemacht.
uitsluit/en aus/schließen; (*arbeiders na staking enz.*) a.sperren. ▾**—end** a.schließlich; *— bezit*, Alleinbesitz *m.* ▾**—ing** A.schluß *m*; (*met sterke nadruk op de handeling, ook*) A.schließung *w*; (*v. arbeiders, lockout*) A.sperrung *w*; *bij —*, a.schließlich; *met — v.* a.schließlich [2], mit A.schluß [2]. ▾**—sel** Aufschluß *m.*
uitsmelten ausschmelzen.
uitsmeren ausschmieren, -streichen.
uitsmijt/en (hin-, her)ausschmeißen. ▾**—er** (*pers.*) Rausschmeißer *m*; (*gerecht*) Brot mit Spiegelei und Schinken, strammer Max.
uitsnijd/en aus/schneiden; (*in hout, ook*) a.schnitzen. ▾**—ing** A.schnitt *m.*
uitsnikken: *'t — v.*, aufschluchzen vor.
uitspan/nen aus/spannen; (*paarden, ook*) a.schirren. ▾**—ning** (*verpozing, vermaak*) Erholung, A.spannung *w*; (*pleisterplaats voor reizigers*) A.spannung *w*, A.spann *m*, A.spanne *w*; (*thans: buiten-café*) Gartenwirtschaft *w.*
uitspansel Firmament *s.*
uitspar/en erspar/en; (*openlaten*) ausspar/en. ▾**—ing** E.ung *w*; (*ruimte*) A.ung *w.*
uitspat/ten (*v. vonken enz.*) herausspritzen; (*losbandig zijn*) aus/schweifen. ▾**—ting** A.schweifung, A.schreitung *w.*
uitspelen aus/spielen; (*uitwedstrijd, ook*) a.wärts spielen.
uitspellen von A. bis Z. lesen.
uitspinnen ausspinnen.
uitspoelen ausspülen.
uitspoken anstellen, aushecken.
uitspraak (*v. woord enz.*) Aus/sprache *w*; (*uiting, gezegde*) A.spruch *m*; (*oordeel*) Urteil *s*, A.spruch *m*; (*alg. beslissing*) Entscheidung *w*; (*vonnis*) Urteil *s*, Richterspruch *m*; (*uitspraak v.h. vonnis*) Urteilsverkündung *w*; *— over 8 dagen*, die Verkündigung des Urteils erfolgt in 8 Tagen; *— doen in een geval*, e.n Fall entscheiden.
uitspreiden ausbreiten; (*de benen, veren v.d. vleugels*) spreizen.
uitspreken aus/sprechen; (*het gerecht*) *sprak de doodstraf over hem uit*, erkannte gegen ihn auf Todesstrafe; *uitgesproken*, (*fig.*) a.gesprochen.
uitspringen (*vooruitsteken*) vorspringen; *—de hoek*, ausspringender Winkel.
uitspruiten sprossen, sprießen, ausschlagen, -laufen.
uitspuwen aus/speien, a.spucken.
uitstaan aus/stehen; (*met iem. niets*) *uit te staan hebben*, zu schaffen haben; (*hij kon die pijn niet langer*) —, ertragen, a.halten; (*ik heb*) *veel met hem uitgestaan*, viel mit ihm durchgemacht, meine liebe Not mit ihm gehabt; *—de schulden*, a.stehende Schulden, Außenstände *Mz.*
uitstal/kast Schau/kasten *m*; (*etalage*) Aus/lage *w*, S.fenster *s.* ▾**—len** a.legen; zur S. a.stellen; (*fig.*) zur S. tragen. ▾**—ling** A.lage *w*; (*alg.: tentoonstelling*) S.stellung *w.*
uitstap/(je) Ausflug *m*, Tour *w*; (*tijdens 'n grotere reis*) Abstecher *m.* ▾**—pen** aussteigen.
uitstedig aus der Stadt, abwesend, verreist.
uit/steeksel Vorsprung *m*, hervorstehende Spitze; (*aan lichaamsbeenderen*) Fortsatz *m.* ▾**—stek**: *bij —*, äußerst, außerordentlich, ganz besonders. ▾**—steken I** *on.w* (*naar buiten steken*) herausragen; (*naar voren*)

hervorragen; (*naar voren springen*) vorspringen, (her)vorstehen; (*hoog omhoog steken*) emporragen; *ver in zee* —, weit ins Meer hinausragen; *boven iem., iets* —, über e.n, über etwas hinausragen; e.n, etwas überragen. **II** *ov.w* (*met scherp voorwerp*) aus/stechen; (*de benen, handen*) a.strecken; *geen hand* —, keinen Finger rühren; (*tong*) zeigen; *de tong tegen iem.* —, e.m die Zunge herausst(r)ecken; (*de vlag*) —, (her)aushängen, -stecken. ▾**—stékend** vorzüglich, vortrefflich, ausgezeichnet, hervorragend.
uitstel Aufschub *m*; — *v. betaling*, Zahlungsaufschub *m*, Stundung *w*; *iem.* — *v. betaling verlenen*, e.m Z. gewähren, e.m e.n Betrag stunden; — *vragen*, um Aufschub, um eine Frist bitten; *zonder* —, unverzüglich; — *v. executie*, (*eig.*) Aufschub der Hinrichtung *w*, (*goedgunstig uitstel*) Gnadenfrist *w*, (*fam.*: *nutteloos uitstel*) Galgenfrist *w*; — *is geen afstel*, aufgeschoben ist nicht aufgehoben. ▾**—len 1** (*in tijd verschuiven*) auf-, verschieben; (*meer: telkens weer*) hinausschieben; *tot nader order* —, bis auf Näheres v.; *uitgestelde schuld*, aus/gesetzte, prolongierte Schuld; **2** (*'t Allerheiligste*) a.setzen.
uitsterven aussterben.
uitstippelen genau abgrenzen.
uitstomen (*kleren*) chemisch reinigen, durch Dampf reinigen.
uitstort/en aus/gießen, a.schütten; *zijn hart* —, sein Herz a.schütten, seinem Herzen Luft machen. ▾**—ing** A.gießung, A.schüttung *w*; (*bloeduitstorting*) (Blut)Erguß *m*.
uitstoten ausstoßen.
uitstral/en ausstrahl/en. ▾**—ingsvermogen** A.ungsvermögen *s*.
uitstrekken aus/strecken; a.dehnen, erstrecken; (*de armen*) a.strecken; *z. op de grond* —, s. auf den Boden hinstrecken; (*een vlakte*) *strekte z. voor ons uit*, breitete s., dehnte s. vor uns aus; (*de wouden*) *strekken z. uit* (*tot aan de grens*), erstrecken s., dehnen s. aus; (*deze bepaling*) *strekt z. niet uit tot*, erstreckt s. nicht auf [4].
uitstrijk/(je) Aus/strich *m*. ▾**—en** a.streichen; (*wasgoed enz.*) a.bügeln.
uitstromen ausströmen; (*rivieren die*) *in zee* —, s. ins Meer ergießen, ins Meer münden.
uitstrooien aus/streuen; (*geruchten, ook*) a.sprengen.
uitsturen ausschicken; (*iem.*) *om eieren* —, nach Eiern a.
uittekenen zeichnen; (*in woorden*) schildern.
uittellen auszählen.
uitteren auszehren.
uittocht Auszug *m*.
uittrap (*voetb.*) Abstoß *m*; Abschlag *m*. ▾**—pen** austreten; (*voetb.*) abstoßen; abschlagen.
uittreden aus/treten; (*uit bestuur enz., ook*) a.scheiden; (*v. priester*) aus dem Amt a.scheiden.
uittrek/baar aus/ziehbar. ▾**—ken** a.ziehen; (*eruit*) herausziehen; (*een bepaald bedrag*) a.werfen. ▾**—sel** A.zug *m*; *voor eensluidend* —, *Het Hoofd*, (*enz.*), den gleichlautenden A.zug bestätigt der Leiter (usw.). ▾**—tafel** A.ziehtisch *m*.
uitvaagsel Abschaum, Auswurf *m*.
uitvaardig/en erlassen. ▾**—ing** Erlassung *w*; (*het decreet*) Erlaß *m*.
uitvaart Ausfahrt *w*; (*begrafenis*) Leichenbegängnis *s*; (*kath. lijkdienst*) Leichenamt *s*, (*plechtig*) Exequien *Mz*, Exequialmesse *w*; (*de teraardebestelling daarna*) Bestattung *w*.
uitval Ausfall *m*. ▾**—len** a.en; (*op mars, ook*) marschunfähig werden, (*fam.*) schlapp machen; (*tijdens 'n wedstrijd*) aufgeben, aus/scheiden; (*de oogst kan*) *goed of slecht* —, gut oder schlecht a.fallen, (gut) geraten oder mißraten; *tegen iem.* —, e.n anfahren, gegen e.n ausfallen. ▾**—er** (*op 'n mars*) Rückbleibende(r), Marschunfähige(r) *m*, (*fam.*) Schlappmacher *m*; jemand, der aufgegeben hat.
uitvaren ausfahren; (*tekeer gaan*) toben, wettern; *tegen iem.* —, (*ook*) e.n zusammenschimpfen, e.n anfahren.
uitvechten (*twist, 'n zaak*) aus/kämpfen, (*met woorden*) a.fechten; (*dat moeten zij*) *samen, onder elkaar* —, miteinander a.machen.
uitvegen aus/fegen, a.kehren; (*uitwissen*) a.wischen.
uitventen (*iets*) aus-, feilbieten.
uitverkiezing Auserwählung *w*.
uitver/kocht ausver/kauft; (*v. boek*) vergriffen. ▾**—koop** A.kauf *m*.
uitverkoren auserwählt.
uitvieren (*touw*) schießen lassen; (*mar.*) fieren; (*z. ontzien bijv. na ziekte*) s. schonen.
uitvind/en erfind/en; (*opsporen*) ausfindig machen. ▾**—er** E.er *m*. ▾**—ing** E.ung *w*.
uitvissen (*fig.*) ausfindig machen, herauskriegen.
uitvlakken auswischen; (*dat*) *moet je niet* —, ist kein Pappenstiel, nicht ohne.
uitvliegen (her, hin)ausfliegen.
uitvloei/en aus/fließen, a.strömen. ▾**—sel** A.fluß *m*; (*gevolg*) Folge *w*.
uitvloeken ausfluchen; *iem.* —, auf e.n fluchen, furchtbar schimpfen, (*tegen hem uitvaren*) e.n anfluchen.
uitvlucht Ausflucht, -rede *w*.
uitvoeg/en (*in verkeer*) s. ausfädeln. ▾**—strook** Ausfädelungsspur *w*.
uitvoer Aus/fuhr *w*; *ten* — *brengen, leggen*, a.führen, zur A.führung bringen, (*bepalingen, plannen, maatregelen enz. doorvoeren*) durchführ/en, zur D.ung bringen, (*vonnis*) vollstrecken, vollziehen. ▾**—baar** a.führbar; d.bar; (*v. vonnis*) vollstreckbar. ▾**—der** (*exporteur*) Exporteur, A.fuhrhändler *m*; (*anders*) A.führende(r) *m*; (*v. vonnis, testament enz.*) Vollstrecker *m*; (*in de bouw*) Bau/leiter *m*; (*werktuigbouw*) B.führer, Werkmeister *m*. ▾**—en** (*waren*) a.führen; (*ten uitvoer brengen*) zie **uitvoer**; (*theat. enz.*) aufführen; (*v. boek; de uitgave, goed verzorgen*) aus/statten, a.führen; (*orders*) a.führen, erledigen; (*veel, weinig, niets*) —, (*presteren*) leisten; (*wat*) *voer jij uit?*, machst, tust du?; (*de hele dag*) *niets* —, faulenzen; (*wat moet ik hiermee*) —?, anfangen, machen?; (*wat heeft hij nu weer*) uitgevoerd?, angestellt, aus/geheckt, a.gefressen? ▾**—end**: — *comité*, Arbeitsausschuß *m*; —*e macht*, Executivgewalt, vollziehende, aus/führende Gewalt; *de* —*en waren*, es wirkten mit. ▾**—handel** A.fuhrhandel *m*. ▾**—haven** A.fuhrhafen *m*.
uitvoerig ausführlich, umständlich. ▾**—heid** A.keit, U.keit *w*.
uitvoering Ausführung; Erledigung; Durchführung; Vollstreckung, Vollziehung; Aufführung, Ausstattung *w*; *werk in* —*!* Baustelle! ▾**—sbeschikking** Ausführungsverordnung *w*. ▾**—sbesluit**, **—sregeling** Durchführungsverordnung *w*.
uitvoer/premie Ausfuhr/prämie *w*. ▾**—vergunning** A.bewilligung *w*.
uitvorsen aus-, erforschen; (*gevonden krijgen*) ermitteln, herausbekommen, ausfindig machen.
uitvouw/baar ausfaltbar. ▾**—en** ausfalten,

-legen.
uitvragen ausfragen; *uitgevraagd zijn,* (*ook*) keine Fragen mehr haben.
uitvreten ausfressen.
uitwaaien auswehen; (*uitblazen*) ausblasen; (*ophouden met waaien*) aufhören zu wehen.
uitwaarts auswärts.
uitwas Auswuchs *m.*
uitwasemen ausdünsten, -dunsten.
uitwassen 1 (*met water enz.*) aus/waschen; **2** (*uitgroeien*) a.wachsen.
uitwater/en münden, s.ergießen; (*afwateren*) s.entwässern. ▾**—ing** Abfluß *m;* Entwässerung *w.* ▾**—ingskanaal** Abfluß-, Abzugs-, Entwässerungskanal *m.* ▾**—ingssluis** Ablaß-, Entwässerungsschleuse *w.*
uitwedstrijd Auswärtsspiel *s.*
uitweg Ausweg *m.*
uitweid/en (*afdwalen*) abschweifen; *over iets* —, s. über etwas verbreiten, etwas weitläufig aus/einandersetzen; *over iets niet verder* —, s. über etwas nicht weiter a.lassen. ▾**—ing** Abschweifung *w;* weitläufige Auseinandersetzung.
uitwendig äußerlich; *—e gehoorgang, verwonding,* äußerer Gehörgang, äußere Verletzung; *'t—e,* das Äußere.
uitwerk/en aus/arbeiten; (*uitrichten, gedaan krijgen*) a.richten, a.wirken; (*uitwerking hebben*) wirken; (*z'n volle werking, z'n invloed, z'n gevolgen hebben*) s. a.wirken; *dat zal niet veel* —, dabei wird nichts herauskommen; (*'n wiskundevraagstuk*) a.arbeiten, (*oplossen*) lösen; (*'n geneesmiddel*) *laten* —, wirken lassen, s. a.wirken lassen; *het geneesmiddel is uitgewerkt,* (*werkt niet meer*) hat a.gewirkt. ▾**—ing** A.arbeitung *w;* (*gevolg*) Wirkung *w;* (*v. rekenopgave*) A.rechnen *s,* Lösung *w.*
uitwerp/en aus/werfen, hinaus-, herauswerfen. ▾**—sel** A.wurf *m;* (*meestal echter:*) *—en,* Kot *m,* Exkremente *Mz,* (*v. wild*) Losung *w.*
uitwijk/eling (politischer) Flüchtling, Emigrant, Aus/gewanderte(r) *m.* ▾**—en** a.weichen; (*uit 't land vluchten*) (nach dem A.land) fliehen, (*meer als politiek emigrant*) emigrieren, a.wandern.
uitwijz/en (*over de grens zetten*) ausweis/en; (*beslissen*) entscheiden; (*de tijd zal het*) —, lehren. ▾**—ingsbesluit** A.ungsverfügung *w.*
uitwinnen gewinnen; (*besparen*) ersparen.
uitwissel/en aus/tauschen, a.wechseln; (*gevangenen, scholieren*) —, a.tauschen. ▾**—ing** A.tausch *m.* ▾**—ingsverdrag** A.tauschabkommen *s.*
uitwis/sen aus/wischen; (*vaag maken*) verwischen; (*v. geluidsbanden enz.*) löschen. ▾**—sing** A.-, Verwischung *w;* Löschung *w.* ▾**—toets** Löschtaste *w.*
uitwoeden auswüten, (s.) -toben; *zie ook* **uitrazen**.
uitwonen (*'n huis*) verwohnen, abwohnen. ▾**—d** extern.
uitwringen ausringen.
uitzaai/en aus/säen. ▾**—ing** (*med.*) A.saat *w.*
uitzakken (*arch.*) aus/weichen, a.bauchen; (*v. kleding*) a.beuteln; (*med.*) vorfallen.
uitzend/bureau Büro *s* für Zeitarbeit, Unternehmen *s* für Zeitpersonal. ▾**—en** aussenden; (*'n concert*) —, senden, (durch den Rundfunk) übertragen; (*'n concert*) *per radio, over alle zenders* —, auf den Rundfunk, auf alle Sender übertragen. ▾**—ing** Aussendung *w;* (*rad.*) Sendung, Übertragung *w; dit is het einde v.d.* —, unsere S. ist beendet; *einde v.d.* —, Sendeschluß *m;* — *v. kinderen,* (*naar buiten*) Kinderlandverschickung *w.*
▾**—kok** Aushilfskoch *m.* ▾**—kracht** Zeitarbeitnehmer *m.*
uitzet Aus/stattung *w;* (*v. huwende dochter*) A.steuer *w.* ▾**—baarheid** Dehnbarkeit *w.* ▾**—ten** (*buiten iets, uit een tot nu toe ingenomen plaats*) a.setzen; (*wachtposten*) a.stellen; (*geld*) *op rente* —, auf Zinsen anlegen; (*uitbakenen, bijv. bouwterrein, traject enz.*) abstecken; (*wandelroute*) markieren; *uitgezette wandelroute,* markierter Wanderweg; (*groter maken*) aus/dehnen, (*groter worden*) s. a.dehnen, (*meer: zwellen*) schwellen. ▾**—tingsbevel** A.weisungsbefehl *m;* (*uit woning*) Räumungsbefehl *m.* ▾**—tingscoëfficiënt** A.dehnungskoeffizient *m.* ▾**—tingsvermogen** A.dehnungsvermögen *s.*
uitzicht Aussicht *w* (*ook fig.*); *in 't— stellen,* in A. stellen. ▾**—loos** a.slos. ▾**—toren** A.sturm *m.*
uitzieken s.wieder erholen; *dat moet* —, die Krankheit muß ihren natürlichen Verlauf haben, (*fig.*) das wird allmählich gesunden.
uitzien aussehen; *zie verder* **uitkijken**.
uitzingen aus/singen; *'t kunnen* —, es a.halten können.
uitzinnig wahnsinnig, sinnlos, verrückt.
uitzitten aussitzen; (*zijn straftijd*) absitzen.
uitzoeken aus/suchen, (*meer: uitkiezen*) a.wählen; — *maar!,* zum A.suchen!
uitzonder/en ausnehmen; *zie ook* **uitgezonderd**. ▾**—ing** Ausnahme *w; een hoge* —, eine seltene, eine große A.; *een — op de regel,* eine A. von der Regel; *bij* —, ausnahmsweise; *met — v. mijn broer,* mit A. meines Bruders, meinen Bruder a.genommen; *zonder* —, ohne A., a.nahmslos. ▾**—ingsgeval** A.nahmefall *m.* ▾**—lijk** außerordentlich.
uitzuigen aus/saugen; (*fig. ook*) a.beuten, schinden.
uitzuinigen ersparen.
uitzwermen ausschwärmen.
ukkepuk, ukkie Knirps *m.*
ulaan Ulan *m.*
ulevel Karamelle *w.*
ulo *zie* **uitgebreid**. ▾**—-diploma, -leerling** *zie* **havo-**. ▾**—-school** Schule *w* für erweiterten Elementarunterricht, für mittleren Unterricht. *w.*
ulster Ulster *m.*
ultimatum Ultimatum *s.* ▾**ultimo I** *bw* ultimo. **II** *zn* Ultimo *m.* ▾**—koers** U.kurs *m.*
ultra ultra..., Ultra... ▾**—kort** u.kurz; *—e golf,* U.kurzwelle *w.* ▾**—kortegolfzender** U.kurzwellensender, UKW-Sender *m.* ▾**—violet** u.violett.
umlaut Umlaut *m.*
umpire Schiedsrichter, Umpire *m.*
unaniem einstimmig, einmütig.
underdog Unterdog, -legene(r) *m.*
UNESCO UNESCO *w* (Organisation der Vereinten Nationen für Erziehung, Wissenschaft und Kultur).
UNICEF UNICEF *m.*
unicum Unikum *s.*
unie Union *w.*
uniek einzig (in seiner Art); *een —e gelegenheid,* eine einmalige Gelegenheit; (*dat is*) *iets —s,* etwas Einzigartiges.
uniëren unieren.
uniform I *bn* uniform; (*overal gelijk, algemeen geldig, eenheids...*) einheitlich. **II** *zn* Uniform *w.* ▾**—eren** u.ieren; vereinheitlichen. ▾**—iteit** U.ität, Einheitlichkeit *w.*
unisex Unisex *m;* Partnerlook *m.*
unisono I *bn* unisono. **II** *zn* Unisono *s.*
universeel universal, universell; — *erfgenaam,* Universalerbe *m.*

universi/tair Universität/s... ▾**—teit** U. *w*.
universum Universum *s*.
UNO Uno *w*. ▾**U.N.-politieleger** Uno-Polizeitruppen *Mz*.
unster Zugwaage *w*.
upper ten die obern Zehntausend, Upper ten *w*.
ups and downs: *de — v.h. leven*, die Wechselfälle des Lebens.
up to date zeitgemäß, auf dem neuesten Stand, auf dem Laufenden.
uranium Uran *s*; *verrijkt —*, angereichertes U. ▾**—mijn** U.bergwerk *s*.
urbani/satie Urban/isation, U.isierung *w*. ▾**—seren** u.isieren.
urenlang stundenlang.
urgent dringlich, dringend, urgent. ▾**urgentie** Dringlichkeit, Urgenz *w*. ▾**—programma** Sofortprogramm *s*. ▾**—verklaring** Dringlichkeitserklärung *w*.
urin/aal Urin/al, Harn/glas *s*. ▾**—e** U., H. *m*. ▾**—eren** u.ieren, h.en. ▾**—ezuur** H.säure *w*. ▾**—oir** Bedürfnisanstalt *w*, Pissoir *s*.
urn(e) Urne *w*.
uroloog Urologe *m*.
ursuline Ursuline(rin) *w*.
usance Usance, Usanz *w*; *volgens —*, usanzgemäß.
uso Uso *m*.
usurpatie Usurpation *w*.
utiliteit Utilität, Nützlichkeit *w*. ▾**—sbeginsel** U.-, N.sprinzip *s*. ▾**—sgebouw** Zweckbau *m*.
utop/ie Utopie *w*. ▾**—isch** utopisch.
uts *zie* **uitgebreid**. ▾**—-diploma**, **—-er**, **-leerling** *zie* **havo-**.
uur Stunde *w*; (*om aan te geven hoe laat het is*) Uhr *w*; *van 1 — tot 5 — is 4 —*, von ein Uhr bis fünf Uhr ist 4 S.n; *een — gaans*, eine Wegstunde, eine S. Wegs; *een — rijdens*, eine Fahrstunde; *zijn laatste — was geslagen*, sein letztes Stündlein hatte geschlagen; *binnen 't —*, innerhalb e.r Stunde, in e.r S.; *om 't —*, alle Stunden, stündlich; *om 't half —*, halbstündlich; *op dat —*, zu der Stunde; *op de drukste uren v.d. dag*, (*met betrekking tot verkeer*) in den Hauptverkehrsstunden; *ter elfder ure*, in elfter Stunde, in zwölfter S.; *te goeder ure* (*komen*), zur guten S.; *te kwader ure*, in e.r bösen S., zur Unzeit. ▾**—dienst** Stunden/verkehr *m*; (*deze trein*) *heeft een —*, verkehrt, fährt stündlich. ▾**—gemiddelde** S.durchschnitt *m*. ▾**—loon** S.lohn *m*. ▾**—tarief** S.tarif *m*. ▾**—werk** (*klok, horloge*) Uhr *w*; (*'t raderwerk*) Uhr-, Trieb-, Räderwerk *s*. ▾**—wijzer** S.zeiger *m*.
U-vormig U-förmig.
uw Ihr; (*tegen familieleden*: *ev*) dein, (*mv*) euer; *de uwen*, die Ihrigen, die Deinigen, die Eurigen. ▾**uwent**: *te*(*n*), —, bei Ihnen, in Ihrem Hause, in Ihrem Lande, (*hand.*) auf Ihrem Platze, dort; *een zakenvriend te —*, ein dortiger Geschäftsfreund. ▾**—halve**, **—wege** Ihret-, deinet-, eurethalben, -wegen. ▾**—wille**: *om —*, um Ihret-, deinet-, euretwillen. ▾**uwerzijds** Ihrer-, deiner-, eurerseits.

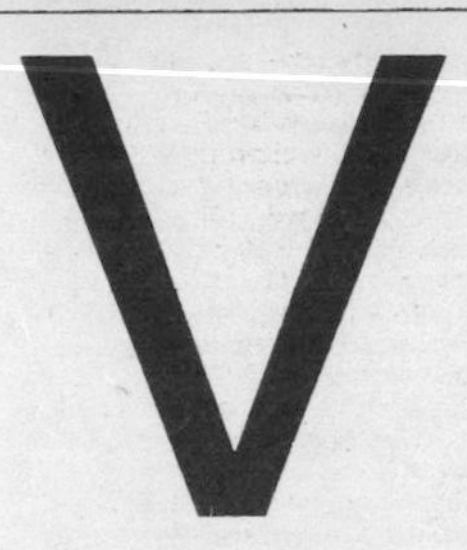

v V *s*.
vaag unbestimmt, vag(e); verschwommen; *vage omtrekken*, verschwommen/e Umrisse; *— voorgevoel*, dunkle Ahnung. ▾**—heid** Unbestimmtheit; V.heit *w*.
vaak I *bw* oft, öfters, häufig. **II** *zn* Schlaf *m*.
vaal fahl; (*bleekgeel, bijv. v. paard*) falb. ▾**—bleek** fahl, graublaß. ▾**—bruin** fahlbraun. ▾**—heid** Fahlheit *w*.
vaalt Misthaufen *m*, -grube *w*; (*vuilnisbelt*) Müllabladeplatz *m*.
vaam *zie* **vadem**.
vaan Fahne *w*; (*banier*) Banner *s*. ▾**vaandel** F. *w*; (*standaard*) Standarte *w*. ▾**—drager** F.nträger *m*. ▾**vaan/drig** Fähnrich *m*. ▾**—tje** Fähnchen *s*.
vaar (*v. koe*) gust, gelt.
vaar/boom Staken *m*. ▾**—diepte** Fahrtiefe *w*.
vaardig gewandt, geschickt, behende; *— spreken*, geläufig sprechen; (*de geest*) *werd — over hem*, kam über ihn. ▾**—heid** Gewandtheit, Geschicklichkeit, Geschicktheit; Fertigkeit *w*; *— in 't piano spelen*, F. im Klavierspielen; *— in 't spreken*, Sprachfertigkeit, (*de handigheid*) Redegewandtheit, (*gemak waarmee men bijv. vreemde talen spreekt*) Geläufigkeit *w*; *zijn vaardigheden* (*tonen*), seine Fähigkeiten.
vaar/geul Fahrrinne *w*. ▾**—route** Fahrtroute *w*.
vaars Färse *w*.
vaart (*scheepvaart, 't varen*) Fahrt *w*; (*snelheid*) Geschwindigkeit, Fahrt *w*, (*meer: loop*) Lauf *m*; (*kanaal*) Kanal *m*; (*het schip*) *had veel —*, machte große F.; (*'t schip*) *heeft 'n vaart v. ... knopen, v. ... zeemijlen*, macht ... Knoten, hat eine G. von ... Seemeilen; *'n — v.* (*100 km*), eine G. von; *— vermeerderen, verminderen*, F. vermehren, vermindern; *in de — brengen*, in die F. bringen, in F. stellen, zur F. einstellen; *in de — zijn*, in F. sein; *in zijn — stuiten*, in seinem L. hemmen, aufhalten; *in volle —*, in voller F., in vollem L.; *in dolle —*, in wahnsinnigem Tempo; (*de auto reed*) *in volle — (over de brug)*, mit großer G.; *met geweldige —*, (*bijv. steen door de ruiten*) mit gewaltiger Kraft; (*'t ging*) *met een —je*, ziemlich schnell; *daar zit — in*, das geht scharf; *— achter iets zetten*, etwas beschleunigen; *er wat meer — achter zetten*, das Tempo erhöhen, im Tempo zulegen; *'t zal zo'n — niet lopen*, es wird nicht so schlimm werden; *behouden —*, Reisegeschwindigkeit.
vaar/tuig Fahr/zeug *s*. ▾**—water** F.wasser *s*; *iem. in 't — zitten*, e.m in die Quere kommen.
vaarwel lebe wohl!; leben Sie wohl!; *het —*, das Lebewohl; (*iem.*) *— zeggen*, Lebewohl sagen; (*de studie*) *— zeggen*, aufgeben.
vaas Vase *w*.
vaat Aufwasch *m*; *de — doen*, (das Geschirr) aufwaschen, (G.) spülen. ▾**—bundel** Gefäßbündel *s*. ▾**—doek** Aufwaschlappen *m*. ▾**—je** Fäßchen *s*; *uit 'n ander — tappen*, aus

e.m andren Loch pfeifen. ▾**—stelsel** Gefäß/system *s.* ▾**—vernauwend** g.verengend. ▾**—vernauwing** G.verengung *w.* ▾**—verwijding** G.erweiterung *w.* ▾**—wasmachine, —wasser** Geschirrspüler; G.-Vollautomat *m.* ▾**—werk** (*tonnen enz.*) Faßwerk *s;* (*schalen enz.*) Gefäße *Mz;* (*tafel-, keukengerei; borden enz.*) Geschirr *s.*
vacant frei, vakant, unbesetzt, offen, leer; *-e betrekking,* erledigte, freie, offene Stelle. ▾**vacatiegeld** Diäten, Tagegelder *Mz.* ▾**vacature** offene Stelle; *in een — voorzien,* eine offene S. versehen; *in de — is voorzien,* die S. ist vergeben.
vaccin(e) Vakzin *s,* Impf/stoff *m.* ▾**—atie** I.ung, V.ation *w.* ▾**—atiebewijs** I.schein *m.* ▾**—eren** v.ieren, i.en.
vacht Pelz *m,* Fell *s.*
vacuüm Vakuum *s.* ▾**—rem** V.bremse *w.* ▾**—verpakking** V.verpackung *w.*
vadem (*mar.; diepte- en lengtemaat*) Fadon *m;* (*afstand tussen vingertoppen bij zijwaarts uitgestrekte armen; inhoudsmaat v. hout*) Klafter *w.*
vademecum Vademekum *s.*
vader Vater *m;* — (*is niet thuis*), der V.; *de geestelijke —,* (*veroorzaker*) der Urheber. ▾**—huis** V.haus *s.* ▾**vaderland** V.land *s,* Heimat *w.* ▾**—er** V.landsfreund, Patriot *m.* ▾**—s** v.ländisch; patriotisch; heimatlich, heimisch; *—e geschiedenis,* v.ländische Geschichte, niederländische usw. G.; *—e grond,* heimatlicher Boden; *—e zeden,* heimatliche, heimische Sitten. ▾**—(s)lievend** v.landsliebend, v.ländisch, patriotisch. ▾**vader/lief** lieber V. ▾**—lijk** väterlich. ▾**—moorder** Vater/mörder *m.* ▾**—schap** V.schaft *w.* ▾**—skant**: *v. —,* väterlicherseits.
vadsig träge. ▾**—heid** Trägheit *w.*
va-et-vient ständiges Kommen und Gehen.
vagebond Vagabund, Landstreicher, Strolch *m.* ▾**—eren** v.ieren, herumstrolchen.
vagevuur Fegefeuer *s.*
vagina Vagina *w.*
vak Fach *s;* (*hand., ook*) Branche *w; man v.h. —,* Mann vom F., F.mann; (*dat*) *hoort niet tot mijn —,* schlägt nicht in mein F., gehört nicht zu meinem F.
vakantie Ferien *Mz; grote —,* Sommerferien; *met —* (*gaan*), in die F.; *met —* (*zijn*), in F.; *met de — thuis,* zu den F. daheim. ▾**—cursus** F.kurs *m.* ▾**—dag** F.tag *m.* ▾**—ganger** F.gast; F.reisende(r) *m.* ▾**—huis** F.heim *s.* ▾**—kolonie** F.kolonie *w.* ▾**—spreiding** F.streuung, F.staffelung *w.* ▾**—toelage, —toeslag** F.zulage *w.* ▾**—verblijf** F.aufenthalt, Sommersitz *m,* F.wohnung *w,* F.haus *s.* ▾**—werk** F.arbeid *w.*
vak/arbeider Fach/arbeiter *m.* ▾**—bekwaam** f.kundig. ▾**—bekwaamheid** F.mannschaft *w;* (*bevoegdheid*) F.befähigung *w.* ▾**—beweging** Gewerkschaft/sbewegung *w.* ▾**—blad** F.blatt *s.* ▾**—bond** G. *w.* ▾**—bonder** G.(l)er *m.* ▾**—bondsleider** G.sführer *m.* ▾**—centrale** G.sbund *m.* ▾**—geleerde** F.gelehrte(r) *m.* ▾**—genoot** F.genosse *m.* ▾**—groep** F.schaft, F.gruppe *w.* ▾**—kennis** F.kenntnisse *Mz.* ▾**—kenpakket** Fächergruppe *w.* ▾**—kring** Fach/kreis *m.* ▾**—kundig** f.kundig, f.männisch, f.gerecht. ▾**—lerarensysteem** F.lehrersystem *s.* ▾**—lokaal** F.lehrraum *m; — voor Duits,* Deutschzimmer *s,* -raum *m.* ▾**—man** F.mann *m.* ▾**—onderwijs** F.unterricht *m.* ▾**—opleiding** F.ausbildung *w.* ▾**—organisatie** F.verband *m.* ▾**—school** F.schule *w.* ▾**—term** F.ausdruck *m.* ▾**—verbond** Gewerkschaft/sbund *m.* ▾**—vereniging** G. *w.* ▾**—werk** F.arbeit *w;* (*arch.*) F.werk *s.*
val 1 (*'t vallen*) Fall *m;* (*heviger*) Sturz *m;* (*v. regering enz.*) Sturz *m;* (*iem.*) *ten — brengen,* zu F. bringen, (*v. regering enz.*) stürzen; **2** (*om te vangen*) Falle *w; in de — lopen,* in die Falle gehen. ▾**—bijl** Fallbeil *s.*
valentie Valenz *w.*
valeriaan Baldrian *m.*
val/gordijn Rollvorhang *m.* ▾**—helm** Sturz-, Schutzhelm *m.* ▾**—hoogte** Fallhöhe *w.*
valideren rechtsgültig sein, gelten.
valies Tasche *w.*
valk Falke *m.* ▾**—ejacht** F.njagd *w.* ▾**—enier** Falkner *m.*
val/klep Fall/klappe *w.* ▾**—kuil** F.grube *w.*
vallei Tal *s,* Niederung *w.*
val/len fallen; *daar valt* (*niets te verdienen*), da gibt's; (*wat*) *valt daarvan te zeggen,* läßt s. davon sagen; *'t valt niet te ontkennen,* es läßt s. nicht leugnen, *er viel helemaal niets te zien,* es war gar nichts zu sehen, man sah gar nichts; *daar valt niet om te lachen,* das ist nicht zum Lachen; *er valt met hem niet te lachen,* er läßt nicht mit s. spaßen; (*de tijd*) *valt iem. lang,* wird e.m lang; *v.d. prijs laten —,* vom Preise ablassen; *er vielen woorden,* es kam zu Worten; *er zullen klappen —,* es wird Hiebe (ab)setzen; *al naar 't valt,* je nachdem (sich's trifft), je nach den Umständen; (*dat*) *valt goed,* trifft s. gut; *komen te —,* hinfallen, hinstürzen, (*sterven*) sterben; (*op slagveld*) fallen; *over iets —,* über etwas fallen, (*fig.*) Anstoß an etwas [3] nehmen; *de avond valt,* es wird Abend; (*de nacht*) *valt,* bricht (her)ein; *bij 't — v.d. duisternis,* bei einbrechender Dunkelheit; *'t — v.h. water,* das Fallen des Wassers; *—de ziekte,* Fallsucht *w.* ▾**—letje** Rand, Umhang *m;* (*in keuken*) Borte *w.* ▾**—licht** Oberlicht *s.* ▾**—luik** Fall/tür *w,* F.brett *s.* ▾**—net** F.-, Schlagnetz *s.* ▾**—reep** F.reep *s;* (*een glaasje*) *op de —,* zum Abschied.
vals falsch; (*boos, kwaad*) böse, zornig; (*geniepig, kwaadaardig*) tückisch; *— geld,* falsches Geld, Falschgeld; *—e handtekening,* gefälschte, falsche Unterschrift; *—e sleutel,* Nachschlüssel, Dietrich *m;* (*toen werd hij*) *—,* falsch, fuchswild. ▾**—aard** falscher Mensch, Falsche(r) *m.*
valscherm Fallschirm *m.* ▾**—troepen** F.jäger *Mz.*
vals/elijk fälschlich. ▾**—(e)munter** Falschmünzer *m.* ▾**—heid** Falschheit *w; — in geschrifte,* Urkundenfälschung *w.*
valstrik Fallstrick *m.*
valuta Valuta; Währung *w; vreemde —,* ausländische V., fremde W.; *in Duitse —,* in deutscher W.; *harde, zachte —,* harte, weiche W.; *landen met 'n harde, zachte —,* Hartwährungs-, Weichwährungsländer. ▾**—crisis** V.krise, W.skrise *w.* ▾**—markt** Devisenmarkt *m.* ▾**—vraagstuk** W.sfrage *w.*
valwind Fallwind *m;* (*luchtv.*) Abwind *m.*
vampier Vampir *m;* (*vamp*) Vamp *m.*
van I *vz* von; (*denk echter aan de 2e nv:* das Haus meines Bruders; *zie hiervoor de spraakk.*); (*de bladeren vallen*) *— de bomen,* von den Bäumen; (*hij hoorde het*) *— een vriend,* von e.m Freunde; (*beven*) *— angst,* vor Angst; (*dol*) *— vreugde,* vor Freude; (*het ambt*) *— burgemeester,* e.s Bürgermeisters; (*het beroep*) *— leraar,* e.s Lehrers; *woorden — dank,* Worte des Dankes; (*tranen*) *— berouw,* der Reue; (*tranen*) *— oprecht berouw,* aufrichtiger Reue; (*een man*) *— karakter, — het vak,* von Charakter, vom Fach; (*een vrouw*) *— stand,* von Stand; (*een deugniet*) *— een jongen,* von e.m Knaben; *het begin — het eind,* der Anfang vom Ende; (*iem.*) *— mijn*

leeftijd, in meinem Alter; (*een huis*) — *een verdieping*, mit e.m Stockwerk; (*een ring*) — *goud*, aus, von Gold; (*25 postzegels*) — *10*, zu 10; *klein — gestalte*, von kleiner Gestalt; (*jong*) — *jaren*, an Jahren; — *'s morgens tot 's avonds*, vom Morgen bis zum Abend; — *toen af*, von da an; — *de week*, diese Woche; *het feest — gisteren*, das Fest von gestern, das gestrige Fest; (*'n uur*) — *ons dorp*, von unsrem Dorfe; *wat moet er — die jongen terechtkomen*, was soll aus dem Knaben werden; *daar komt niets* —, daraus wird nichts; (*weet hij*) — *de zaak*, um die Sache; (*hij weet*) *er* —, darum; (*wat zeg je*) *er —?*, dazu; (*ik weet niet*) *wat er waar is — die geschiedenis*, was an der Geschichte wahr ist; *het mooiste — de zaak is, dat ...*, das Schönste an der Sache ist, daß ...; — *achter de boom te voorschijn komen*, hinter dem Baum hervorkommen; *te weinig om — te leven, te veel om — te sterven*, zu wenig zum Leben, zuviel zum Sterben; (*ik geloof*) — *wel*, ja; (*hij zei*) — *ja*, ja. **II** *zn* Familien-, Geschlechtsname *m*.

vanaf von ... an; — *morgen*, von morgen an; — *het station* (*naar huis gaan*), vom Bahnhof.

van/avond heute abend. ▾**—daag** heute.

vandaal Wandale *m*.

van/daan: (*het schot kwam*) *daar* —, dorther; *daar kom ik juist* —, da komme ich gerade her; (*hoe laat zijn jullie*) *daar — gegaan*, von dort fortgegangen; (*blijf*) *daar* —, da weg, von dannen; (*hoe kom ik*) *hier* —, von hier fort, fort von hier, davon; (*is Amsterdam*) *hier ver —?*, weit von hier (entfernt); *hier* — (*is het niet te zien*), von hier aus; *waar* —, woher; *waar kom je —?*, woher kommst du, wo kommst du her?; *waar haal je dat —?*, woher hast du das?, (*hoe kom je daaraan*) wie kommst du dazu?, (*hoe verzin je dat*) wie kommst du darauf?, (*waar heb je dat gehoord*) wo hast du das gehört?; (*zij gingen om 5 uur bij ons*) —, fort; *ergens* — (*komen*) irgendwoher; (*ik kon niet langer*) *v. je — blijven*, von dir fortbleiben; *v. hem* —, (*uit zijn richting komend*) von ihm her; (*de kat kroop*) *v. onder de kast* —, unter dem Schrank hervor. ▾**—daar** (*v. die plaats*) von da, von dort; (*daarom*) deshalb, daher; (*hij heeft geërfd;*) — *dat hij zo rijk is*, daher ist er so reich.

vandalisme Wandalismus *m*.

vandehands: *het —e paard*, das Handpferd.

vandoor: (*ik moet*) *er* —, fort; (*de kassier is*) *er* —, durchgebrannt, über alle Berge; (*zij is*) *er met 'n ander* —, mit e.m anderen davongelaufen, durchgegangen; *er — gaan*, (*zijn biezen pakken*) s. davonmachen, s. aus dem Staube machen, (*v. paarden enz.*) durchgehen, (*vlug weggaan, vertrekken*) auf und davon gehen, s. auf und davon machen, auf und davon fliegen.

vaneen (*v. elkaar*) voneinander; (*uit elkaar*) auseinander; (*stuk*) entzwei

vang (*'t vangen; 't gevangene*) Fang *m*; (*v. molen*) Presse, Sperre *w*. ▾**—arm** F.arm *m*. ▾**—en** f.en; (*in loop, vlucht grijpen*) erhaschen. ▾**—er** Fänger *m*; *—tje spelen*, Fang/en spielen, F.emann spielen. ▾**—ijzer** F.eisen; (*vosseklem enz.*) Tellereisen *s*. ▾**—net** F.netz *s*; (*elektr.*) Schutznetz *s*; *zie ook* **—zeil**. ▾**—rail** Leitplanke *w*. ▾**—st** F. *m*. ▾**—zeil** F.-, Sprungtuch *s*.

vanille Vanille *w*. ▾**—ijs** V.eis *s*. ▾**—stokje** V.stange *w*.

van/middag heute (nach)mittag. ▾**—morgen** heute morgen. ▾**—nacht** heute nacht; — *is er brand geweest*, diese Nacht hat es gebrannt; (*ik heb*) — (*niet geslapen*), die vorige Nacht, die ganze N. ▾**—ouds** von alters her. ▾**—uit**: — *A.* (*vertrekken*), von A. aus; — *A.* (*kregen we bericht*), aus A.; — *mijn kamer* (*zag ik hoe het gebeurde*), von meinem Zimmer aus; — *de struiken sprong een leeuw*, aus den Sträuchern sprang ein Löwe hervor; — *de stal* (*hoorde ik geloei v.d. koeien*), vom Stall herüber, aus dem Stall; — *de diepte* (*naar boven komen*), aus der Tiefe. ▾**—waar** woher; — (*deze onzekerheid*)?, weshalb, woher?; (*de heuvel*) — (*men op de bossen neerziet*), von dem, wovon; *van waar* (*de zon in het oosten opgaat tot waar ...*), von dort wo. ▾**—wege** seitens [2], von seiten [2]; (*wegens*) wegen [2].

vanzelf von selbst; (*dat*) *spreekt* —, versteht s., ist selbstverständlich; *—!*, selbstverständlich!; (*in een politiestaat wordt elke politieke actie*) — (*een samenzwering*), zwangsläufig. ▾**—sprekend** selbstverständlich, selbstredend.

vaporisator Zerstäuber *m*.

varen I *zn* (*plant*) Farn *m*, Farnkraut *s*. **II** *ww* fahren; *op Amerika* —, nach A. f.; *laten* —, f. lassen; *hoe vaart ge?*, wie geht's Ihnen?, wie befinden Sie sich?; (*goed, slecht*) *bij, met iets* —, bei, mit etwas f.; *hij voer er wel bij*, er stand s. gut dabei. ▾**—sgast, —sgezel** Schiffsgeselle, Matrose *m*.

vari/a Varia *Mz*, Allerlei, Verschiedene(s) *s*. ▾**—abel** variabel, veränderlich; *—e werktijden*, gleitende Arbeitszeiten. ▾**—ant(e)** Vari/ante, Lesart *w*. ▾**—atie** V.ation; Abwechslung *w*; *voor de* —, zur A. ▾**—ëren** v.ieren; (ab)wechseln; verschieden sein; (*schommelen v. prijzen enz.*) schwanken. ▾**—été** V.été *s*; *film en* —, Film und Bühnenschau *w*. ▾**—ëteit** V.etät; Abart, Spielart; Verschiedenheit *w*.

varken Schwein *s*; *we zullen dat — wel wassen*, wir werden das Kind schon schaukeln. ▾**varkens/achtig** s.eartig. ▾**—blaas** S.sblase *w*. ▾**—fokker** S.ezüchter *m*. ▾**—gehakt** gehacktes S.efleisch. ▾**—haar** S.sborsten *Mz*. ▾**—hok** S.estall *m*. ▾**—karbonade** S.skotelett *s*. ▾**—lapje** S.schnitte *w*. ▾**—leer** S.sleder *s*. ▾**—pootjes** S.shachsen *Mz*. ▾**—slager** S.eschlächter *m*. ▾**—trog** S.etrog *m*. ▾**—vlees** S.efleisch *s*; (*gebraden*) S.ebraten *m*.

vaseline Vaseline *w*, Vaselin *s*.

vasomotorisch vasomotorisch.

vast fest; (*blijvend, permanent, vast aangesteld*) ständig; (*bw: gewis, zeker*) gewiß, sicher; *zijn — adres*, seine ständige Anschrift; — *bedrag*, *—e som*, Fixum *s*; *—e feestdagen*, unbewegliche Feste; — *goed*, unbewegliches Gut; *—e kern*, fester Kern, (*mil.; v. arbeiders*) Stammannschaft *w*; *—e klant*, fester Kunde, Stammkunde *m*; *—e kraan*, ortsfester Kran; *—e legerplaats*, (*mil.*) Standlager *s*; *een —e positie hebben*, eine Dauer-, Lebensstellung haben, in Dauerstellung sein; — *salaris genieten*, festes Gehalt beziehen; — *vloerkleed*, Spannteppich *m*; *—e wastafel*, eingebauter Waschtisch; — *weer*, beständiges Wetter; — *aangesteld*, fest angestellt; (*vorige maand is hij*) *voor — benoemd*, (*bijv. als onderwijzer*) festangestellter, ständiger Lehrer geworden; *voor* —, für dauernd; (*de beurs opende*) —, fest, in fester Haltung; (*de markt*) *wordt —er*, wird fester, zieht an; — *raken*, (*blijven steken*) stecken bleiben, (*stokken*) ins Stocken geraten, (*v. schip*) auflaufen, festfahren; (*de wagen*) *is — geraakt*, ist festgefahren; (*z.*) — (*voornemen*), fest; *we zijn lelijk — geraakt*, (*weten geen raad meer*) wir haben uns gründlich festgefahren; (*je kunt*) *er — op aan*, bestimmt darauf rechnen, dich darauf verlassen; — *en zeker*, ganz gewiß, ganz bestimmt, sicher und gewiß; *zo — als iets*,

todsicher; *begin maar —*, fang nur an; *zie verder* **alvast**.
vastbakken fest-, anbacken.
vastberaden entschlossen. ▼**—heid** E.heit *w*.
vastbijten: *z. — in*, s. festbeißen in [3].
vastbinden fest-, anbinden.
vasteland Fest/land *s*; Kontinent *s*. ▼**—s...** F.lands..., f.ländisch; Kontinental..., kontinental.
vasten I *ww* fasten. **II** *zn* (*de tijd*) Fasten *Mz*; (*het vasten*) F. *s*; *eerste zondag v.d. —*, erster F.sonntag. ▼**—actie** F.aktion *w*; (*rk in Du. ook*) Misereor *s*. ▼**—avond** Fastnacht *w*, Fasching *m*. ▼**—avondpret** Fast/nachtslustbarkeiten *Mz*. ▼**—brief** F.en(hirten)brief *m*. ▼**—dag** F.tag *m*. ▼**—preek** F.enpredigt *w*. ▼**—tijd** F.enzeit *w*. ▼**—wet** F.regel *w*.
vast/gespen fest/schnallen. ▼**—goed** Immobilien *Mz*. ▼**—grijpen** f.greifen. ▼**—groeien** f.-, anwachsen. ▼**—haken** f.-, anhaken. ▼**—hechten** befestigen; anheften. ▼**—heid** F.igkeit; Gewißheit, Sicherheit, Bestimmtheit; Beständigkeit *w*; *zie* **vast**.
vasthoud/en festhalten; *aan een eis —*, auf e.r Forderung bestehen; *aan zijn mening —*, an seiner Meinung f., auf seiner M. beharren. ▼**—end** beharrlich; *— zijn*, nicht locker lassen, nicht aufgeben. ▼**—endheid** Beharrlichkeit w.
vast/igheid Fest/igkeit *w*; (*zekerheid*) Sicherheit, Gewißheit *w*; (*houvast*) Halt, Anhalt *m*. ▼**—klampen**: *z. — (aan)*, s. f.-, anklammern (an); *z. aan een strohalm —*, s. an e.n Strohhalm klammern, nach dem rettenden S. greifen. ▼**—kleven** f.-, ankleben. ▼**—knopen** (*met knopen en knoopsgaten*) f.-, zuknöpfen; (*'t rokje aan 't jasje*) (an)knöpfen; (*touw enz.*) f.knüpfen; *aan iets —*, (*ook fig.*) an etwas anknüpfen. ▼**—koppelen** zusammenkoppeln, -kuppeln (*zie* **koppelen**); (*fig.*) verbinden. ▼**—leggen** f.legen; (*een schip*) an-, f.legen; (*hond*) anbinden, an die Kette legen; (*geld*) f.legen, (langfristig) anlegen; *z —*, s. f.legen, s. binden. ▼**—liggen** f.liegen; angebunden liegen; (*de hond*) *ligt vast*, liegt an der Kette. ▼**—lopen** s. f.laufen; (*bij redenering enz.*) s. verrennen; (*blijven steken*) stecken bleiben; (*stokken*) ins Stocken geraten; (*v. schip*) auflaufen, f.fahren; (*de onderhandelingen zijn*) *vastgelopen*, f.gefahren; (*de motor*) *is vastgelopen*, ist f.geklemmt, sitzt f. ▼**—maken** f.machen, befestigen. ▼**—naaien** f.-, annähen. ▼**—omlijnd** f.umrissen. ▼**—pakken** f.-, anpacken, -fassen. ▼**—pinnen** f.-, annageln; (*iem.*) *op iets —*, (*fig.*) auf etwas [4] f.nageln, f.legen. ▼**—praten**: *z. —*, s. f.reden; (*iem.*) *—*, in die Enge treiben, (*ook*) mit seinen eigenen Worten fangen. ▼**—raken** (s.) f.laufen.
vastrecht Grundgebühr *w*. ▼**—tarief** G.tarif, Pauschaltarif *m*.
vastroesten fest/-, an-, einrosten. ▼**—schroeven** f.-, anschrauben. ▼**—sjorren** f.sorren, f.zurren. ▼**—staan** f.stehen. ▼**—stellen** (*bepalen*) f.setzen, bestimmen; (*constateren*) f.stellen, (*door nasporing enz. te weten komen*) ermitteln; (*de schade op 100 gulden*) *—*, f.setzen; (*de schade*) *—*, (*opnemen*) f.stellen; *tegen de vastgestelde prijs* (*verkopen*), zu dem angesetzten Preis; (*een termijn*) f.setzen, ansetzen, anberaumen; (*de vergadering*) *— op de 10e*, auf den 10. f.setzen, ansetzen. ▼**—stelling** F.stellung, F.setzung *w*. ▼**—zetten** f.setzen (*ook in gevangenis*); (*aan iets bevestigen*) befestigen; (*vastpraten*) mit seinen eigenen Worten fangen, zum Schweigen bringen; (*geld*) f.legen. ▼**—zitten** f.sitzen; *aan iets —*, (*fig.: samenhangen met*) mit etwas zusammenhängen, (*er niet vanaf kunnen*) etwas auf dem Halse haben; *daar zit heel wat aan vast*, (*al naar bet. ook*) das ist gar nicht einfach, das ist vielumfassend usw.
vat 1 (*greep, houvast*) Griff *m*, Handhabe *w*; (*invloed*) Einfluß *m*; *men heeft geen — op hem*, (*men kan*) *geen — op hem krijgen*, ihm nicht beikommen, (*niets maken, niet deren*) ihm nichts anhaben; *— op z. geven*, s. eine Blöße geben; **2** (*het vat*) (*alg.*) Gefäß *s*; (*ton*) Faß *s*; *de vaten* (*in keuken: borden, schotels enz.*) das Geschirr; *bij 't —*, f.weise; *holle vaten klinken het hardst*, leere Tonnen großer Schall; *wat in 't — is, verzuurt niet*, aufgeschoben ist nicht aufgehoben; *in vaten doen*, in Fässer tun, einfassen.
vatbaar (*ontvankelijk*) empfänglich (für); (*voor koude enz.*) empfindlich (für, gegen); *hij is erg —*, (*voor ziekten*) er ist sehr anfällig; *voor rede — zijn*, vernünftigen Erwägungen zugänglich sein, Vernunft annehmen; *niet — voor verbetering*, keiner Besserung fähig, nicht verbesserungsfähig, unverbesserlich. ▼**—heid** Empfänglichkeit; Empfindlichkeit; Fähigkeit *w*.
vatbier Faßbier *s*.
vatenkwast Spülburste *w*.
Vaticaan Vatikan *m*. ▼**—s** v.isch. ▼**—stad** die V.stadt *w*.
vatt/en fassen; (*begrijpen*) verstehen, begreifen; (*snappen*) kapieren; *vat je?*, kapiert?, verstanden?; (*arresteren*) ergreifen, festnehmen; (*de slaap niet*) *kunnen —*, finden können. ▼**—ing** Fassung, Einfassung *w*.
vazal Vasall *m*. ▼**—staat** Vasallenstaat *m*.
vecht/en kämpfen; (*bij vechtpartij*) s. schlagen, s. raufen, s. prügeln, s. keilen; (*meer: ravotten*) s. balgen; (*bij duel*) s. schlagen; (*met woorden*) s. streiten; *met iem. —*, s. mit e.m schlagen, raufen, prügeln, keilen, balgen; (*twee honden*) *— om een been*, beißen s. um e.n Knochen; (*de kinderen*) *— met elkaar* (*om de bal*), schlagen s., prügeln s.; *om iets, om iem. —*, (*beslist willen hebben*) s. um etwas, um e.n reißen. ▼**—er** Kämpfer *m*; *ook* = **—ersbaas** Raufbold, Kampfhahn *m*. ▼**—jas** Draufgänger, Haudegen *m*. ▼**—lust** Kampflust, Streitsucht *w*. ▼**—lustig** kampflustig. ▼**—partij** Schlägerei, Rauferei, Prügelei, Keilerei, Balgerei *w*.
vector Vektor *m*.
vedel Fiedel, Geige *w*. ▼**—en** fiedeln, geigen.
veder Feder *w*; *zie ook* **veer**. ▼**—bos** F.busch *m*. ▼**—gewicht** F.gewicht *s*. ▼**—licht** f.leicht. ▼**—wolk** F.wolke *w*.
vedette Vedette *w*, Reiterposten *m*; (*in kunst enz.*) Star *m*, (*film, ook*) Filmgröße *w*.
vee Vieh *s*; (*scheldwoord, ook*) V.zeug *s*. ▼**—arts** Tier/arzt *m*. ▼**—artsenijkunde** T.arzneikunde *w*. ▼**—artsenijkundig** t.ärztlich. ▼**—artsenijschool** T.arzneischule *w*. ▼**—auto** V.wagen *m*. ▼**—boer** V.bauer *m*. ▼**—fokker** V.züchter *m*. ▼**—fokkerij** V.zucht *w*; (*het bedrijf*) V.hof *m*.
veeg I *zn* (*veegbeweging*) Strich *m*; (*klap*) Hieb, Schlag *m*; (*oorveeg*) Ohrfeige *w*; *— uit de pan*, (*schimpscheut*) Seitenhieb *m*; *ook 'n — uit de pan krijgen*, auch etwas abbekommen. **II** *'n — teken*, ein schlimmes Zeichen; *het vege lijf redden*, das nackte Leben retten. ▼**—machine** Kehrmaschine *w*. ▼**—sel** Kehricht *m*.
vee/hoeder Vieh/hüter *m*. ▼**—houder** V.halter *m*. ▼**—houderij** V.haltung *w*. ▼**—koek** V.futterkuchen *m*.
veel viel. ▼**veel-** *zie ook* **vier-**. ▼**—al** meistens, gewöhnlich, häufig. ▼**—belovend**

v.versprechend, v.verheißend, verheißungsvoll; (*v. pers., ook*) hoffnungsvoll. ▾**—betekenend** vielbedeutend, -sagend; bedeutungsvoll; (*elkaar*) — (*aankijken*), verständnisvoll. ▾**—bewogen** viel/bewegt. ▾**—eer** v.mehr. ▾**—eisend** anspruchsvoll. ▾**—godendom** V.götterei *w.* ▾**—heid** V.heit *w*; große Anzahl; (*verscheidenheid*) Mannigfaltigkeit *w.* ▾**—hoek** V.eck *s.* ▾**—kleurig** v.farbig. ▾**—omvattend** v.umfassend, weitgehend. ▾**—prater** V.schwätzer *m.* ▾**—schrijver** V.schreiber *m.* ▾**—soortig** v.artig; (*meestal*) mannigfaltig, mannigfach, verschiedenartig. ▾**—stemmig** viel/stimmig. ▾**—szins** v.fach (*in meer dan één opzicht*) in mancher Hinsicht. ▾**—term** v.gliedrige Größe. ▾**—tijds** häufig, öfters; (*meestentijds*) meistens. ▾**—vermogend** v.vermögend. ▾**—vlak** V.flach *s.* ▾**—vormig** v.förmig, v.gestaltig. ▾**—voud** V.fache(s) *s*; *het kleinste gemene —*, das kleinste gemeinschaftliche V.fache. ▾**—voudig** v.fach, v.fältig. ▾**—vraat** V.fraß *m.* ▾**—vuldig** häufig, (mehrfach) wiederholt; (*veelvoudig*) v.fach. ▾**—vuldigheid** Häufigkeit *w.* ▾**—weter** V.wisser *m.* ▾**—wijverij** V.weiberei *w.* ▾**—zeggend** v.sagend.

veem Lagerhausgesellschaft *w*; (*de opslagplaats*) Lagerhaus *s*; *zie ook* **veemgericht**.

veemarkt Viehmarkt *m.*

veem/bedrijf Lagerhausunternehmen *s.* ▾**—ceel** Lagerschein *m.* ▾**—gericht** Femgericht *s*, Feme *w.*

veen (Torf) Moor *s*; (*de veengrond*) Torf-, Moorboden *m.* ▾**—achtig** moorig, moorartig. ▾**—arbeider** Torfarbeiter *m.* ▾**—bes** Moosbeere *w.* ▾**—brand** Moorbrand *m.* ▾**—damp** Herauch, Haarrauch *m.* ▾**—derij** Torfgräberei *w.* ▾**—grond** Torf-, Moorboden *m.* ▾**—kolonie** Moorkolonie, -siedlung, Fehnkolonie *w.*

veepest Viehpest *w.*

veer 1 (*v. vogel*; *veerkrachtig voorwerp*) Feder *w*; (*hij kon*) *geen — v. zijn mond blazen* (*v. zwakte enz.*), nicht zipp sagen, keinen Laut von s. geben; *'n — moeten laten*, Haare lassen müssen; *pronken met andermans veren*, s. mit fremden Federn schmücken; **2** (*om over te varen*) Fähre, Überfahrt *w.* ▾**—balans** Federwaage *w.* ▾**—boot** Fährdampfer *m*, -schiff, -boot *s*, Fähre *w.* ▾**—dienst** Fährdienst *m.* ▾**—kracht** Feder-, Schnell-, Spannkraft, Elastizität *w*; (*energie*) Spannkraft *w.* ▾**—krachtig** elastisch, federnd, spannkräftig. ▾**—man** Fährmann *m.* ▾**—plank** Federbrett *s.* ▾**—pont** Fähre *w*, Fährschiff *s.* ▾**—schipper** Fährschiffer *m.* ▾**—slot** Federschloß *s.*

veertien vierzehn. ▾**veertien(-)** *zie* **vier(-)** *en* **tien(-)**.

veertig vierzig; *de — achter de rug hebben*, die V. überschritten haben, hinter sich haben; *in de — (zijn)*, gut v. Jahre alt, in den V.e(r)n; (*hij is*) *achter, ver in de —*, hoch, tief, stark in den V.e(r)n; (*hij is*) *in 't begin v.d. —*, *vooraan in de —*, ein angehender V.er; *in de jaren tussen — en vijftig v.d. 20e eeuw*, in den v.er Jahren des zwanzigsten Jahrhunderts. ▾**veertig(-)** *zie ook* **vier(-)**. ▾**—er** V.er *m*; *een goede —*, ein guter, starker V.er; *in de — jaren*, in den v.er Jahren. ▾**—jarig** v.jährig; *een —e*, ein V.jähriger, V.er; eine V.jährige, V.erin. ▾**—ste** (der, die, das) v.ste; (*1/40*) ein V.stel *s.* ▾**—tal**: *'n — boeken*, (etwa) v. Bücher. ▾**—urig**: *—e werkweek*, V.stundenwoche *w.*

veest Furz, Wind *m.*

vee/stal Vieh/stall *m.* ▾**—stapel** V.(be)stand *m.* ▾**—sterfte** V.sterben *s.* ▾**—teelt** V.zucht *w.* ▾**—vervoer** V.transport *m.* ▾**—voer** V.futter *s.* ▾**—wagen** V.wagen *m.* ▾**—ziekte** V.krankheit *w*, (*besmettelijk*) V.seuche *w.*

veg/en fegen; (*met bezem enz., ook*) kehren; (*wissen*) wischen; *de voeten —*, s. die Füße abtreten, die Schuhe abtreten. ▾**—er** Feger *m*; (*waarmee men veegt*) Besen *m.*

veget/ariër Veget/arier *m.* ▾**—arisch** v.arisch. ▾**—atie** V.ation *w.* ▾**—atief** v.ativ. ▾**—eren** v.ieren.

vehikel Vehikel *s.*

veil feil, käuflich; (*omkoopbaar*) bestechlich; (*zijn leven*) *— hebben voor*, hingeben wollen für, einsetzen für. ▾**—en** versteigern, verauktionieren. ▾**—heid** K.keit, B.keit *w.*

veilig sicher; (*iets*) *op een —e plaats* (*brengen*), an e.n sichern Ort; *— voor*, sicher vor [3]; *de —ste partij kiezen*, den sichersten Weg gehen; (*je kunt dat*) *— doen*, ruhig tun; (*iets*) *— stellen*, sicherstellen, sichern; (*spoorwegsein*) Fahrt frei; (*het sein staat op*) *—*, freie Fahrt; (*het sein*) *op — stellen*, auf Fahrt stellen. ▾**—heid** Sicherheit *w*; (*concr.*: *beveiligingsinrichting*) Sicherung *w*; *de openbare —*, (*als instelling*) das Sicherheits/wesen. ▾**veiligheids/dienst** S.dienst *m.* ▾**—glas** S.-, Verbundglas *s.* ▾**—gordel** S.-, Haltegurt *m.* ▾**—halve** s.halber. ▾**—klep** S.ventil *s.* ▾**—maatregel** S.maßnahme *w.* ▾**—overweging**: *uit —en*, aus S.gründen. ▾**—pal** (*aan geweer*) Sicherungsflügel *m.* ▾**—raad** Sicherheits/rat *m.* ▾**—scheermes** S.rasierapparat *m*; (*'t mesje*) Rasierklinge *w.* ▾**—slot** S.schloß *s.* ▾**—speld** S.nadel *w.* ▾**—stop** (*elektr.*) Sicherung *w.* ▾**—voorschrift** S.vorschrift *w.*

veiling Versteiger/ung, Auktion *w.* ▾**—kosten** A.skosten *Mz.* ▾**—meester** V.er, A.ator *m.*

veinz/en s. verstellen; (*vriendschap*) —, heucheln; (*z. ziek*) —, stellen. ▾**—erij** Verstellung, Heuchelei *w.*

vel Haut *w* (*ook op melk, v. worst*), Fell *s*; (*behaard*) Fell *s*; (*afgestroopt v. konijn enz.*) Balg *m*; (*papier*) Bogen *m*; *ik zou niet in zijn — willen steken*, ich möchte nicht in seiner H. stecken; *iem. het — over de oren halen*, e.m das F. über die Ohren ziehen; (*'t is*) *om uit je — te springen*, zum Ausderhautfahren, um aus der H. zu fahren; *het is — over been*, er (sie) ist bloß noch H. und Knochen.

veld Feld *s*; *te —e* (*staan*), im Felde; *te —e trekken*, ins F., zu F.e ziehen, rücken; *te —e trekken tegen*, zu F.e ziehen gegen, (*fig. ook*) gegen etwas ankämpfen; *— winnen*, (an) Boden gewinnen, s. ausbreiten, (*ong.*) um s. greifen. ▾**—artillerie** F.artillerie *w.* ▾**—bed** F.bett *s.* ▾**—boeket** F.blumenstrauß *m.* ▾**—dienst** F.dienst *m.* ▾**—fles** F.flasche *w.* ▾**—gewas** F.gewächs *s.* ▾**—heer** F.herr *m.* ▾**—hospitaal** F.lazarett *s.* ▾**—kers** F.kresse *w.* ▾**—kijker** F.stecher *m.* ▾**—leger** F.armee *w*, F.heer *s.* ▾**—loop** Geländelauf *m.* ▾**—maarschalk** F.marschall *m.* ▾**—naam** Flurname *m.* ▾**—post** F.post *w.* ▾**—prediker** Militärpfarrer *m.* ▾**—sla** F.salat *m.* ▾**—slag** (F.) Schlacht *w.* ▾**—spaat** F.spat *m.* ▾**—sterkte** (*elektr., magn.*) F.stärke *w.* ▾**—tenue** F-, Kampfanzug *m.* ▾**—tocht** F.zug *m.* ▾**—vrucht** F.frucht *w.* ▾**—wachter** Gendarm; Flurschütz, Feldhüter *m.*

velen ertragen; (*lichamelijk*) vertragen; (*ik kan hem niet*) —, ausstehen.

veler/hande, —lei vielerlei, mancherlei.

velg Felge *w.* ▾**—rem** Felgenbremse *w.*

vellen (*bomen*; *oordeel, vonnis*; *bajonet*) fällen; (*doden*) erschlagen.

velours Samt, Velours *m.*
velpon Uhu *m.*
ven Heide-, Moorsee *m.*
vendel (*vaandel*) Fahne *w*; (*afdeling*) Fähnlein *s.* ▾**—zwaaien** Fahnenschwingen, -schwenken *s.*
vendu/(tie) Versteiger/ung, Auktion *w.* ▾**—huis** A.s-, V.ungslokal *s.* ▾**—meester** A.svorsteher, A.ator, V.er *m.*
venerisch venerisch.
Vene/tiaan Vene/diger, V.zianer *m.* ▾**—tiaans** v.disch, v.zianisch. ▾**—tië** V.dig *s*; (*prov.*) V.tien *s.*
Vene/zolaan Vene/zolaner *m.* ▾**—zuela** V.zuela *s.*
venijn Gift *s.* ▾**—ig** g.ig; (*fig. ook*) boshaft; *—koud*, scheußlich, schneidend kalt. ▾**—igheid** G.ig-, B.igkeit *w.*
venkel Fenchel *m.*
vennoot Teilhaber, Gesellschafter *m*; *beherend —*, geschäftsführender, leitender G.; *stille —*, stiller T., stiller G., Kommanditist *m*; *werkend —*, tätiger T., G. ▾**—schap** Gesellschaft *w*; *naamloze —*, Aktiengesellschaft; *besloten —*, geschlossene G. mit beschränkter Haftung. *— onder firma*, offene Handelsgesellschaft; *akte v. —*, G.svertrag *m*; *een — aangaan*, eine G. gründen. ▾**—schapsbelasting** Körperschaftssteuer *w.*
venster Fenster *s.* ▾**—envelop** F(brief)umschlag *m.* ▾**—luik** F.laden *m.*
vent Kerl *m.*
venten hausier/en; (*uitventen*) feil-, ausbieten. ▾**venter** H.er; (*ook*) Straßenhändler *m.*
ventiel Ventil *s*; (*luchtklep*) Klappe *w.* ▾**—dop** V.kappe *w.*
ventil/atie Ventil/ation, Lüftung, Entlüftung *w*; (*mijnb.*) Bewetterung *w.* ▾**—ator** V.ator, Lüfter *m.* ▾**—atorkachel** Heizlüfter *m.* ▾**—eren** v.ieren, (ent)lüften, bewettern.
ventvergunning Wandergewerbe-, Hausierschein *m.*
Venus Venus *w*; (*planeet*) die Venus. ▾**venusheuvel** Venus-, Schamberg *m.*
ver weit; (*verafgelegen, verwijderd*) fern; *—re bloedverwanten*, entfernte, weitläufige Verwandte; *—re vriend*, entfernter, ferner Freund; *op —re afstand*, in weiter Entfernung; *niet — v.d. poort*, unweit vom Tore; (*hij is*) *— v. rijk*, nichtsweniger als reich, bei weitem nicht reich; *het zij —re v. mij*, ich bin weit davon entfernt, es liegt mir fern; *dat zij —re van mij!*, das sei fern von mir!; *v.—re*, von weitem, von ferne.
veraangenamen angenehm(er) machen; verschönern.
veraanschouwelijken veranschaulichen.
veraccijnzen versteuern, verzollen.
veracht/elijk ver/ächtlich. ▾**—en** v.achten. ▾**—er** V.ächter *m.* ▾**—ing** V.achtung *w.*
veradem/en aufatmen; (*op adem komen*) zu Atem kommen; (*op zijn verhaal komen*) s. erholen. ▾**—ing** Aufatmen *s*; Erholung *w.*
veraf weit; (*ver verwijderd*) weit entfernt; (*ver weg*) weitweg; (*v. tijd*) fern; *v. —*, von weitem, von ferne. ▾**—gelegen** entlegen, weit entfernt.
verafgoden vergöttern.
verafschuwen verabscheuen.
veralgemenen verallgemeinern.
veramerikaansen amerikanisieren.
veranda Veranda *w.*
verander/en (ver)ändern; (*kleine verandering in onderdeel aanbrengen*) abändern; (*veel veranderingen in belangrijke onderdelen aanbrengen, iets tot iets anders vermaken*) umändern; (*tot iets totaal anders maken*) verwandeln; (*anders worden*) s. ändern; (*tot totaal andere zelfstandigheid enz. worden*) s. verwandeln; (*dat*) *verandert niets aan het feit dat...*, das ändert nichts an der Tatsache daß ...; (*het weer, de tijd*) *verandert*, verändert, ändert s.; (*bier*) *verandert in azijn*, verwandelt s. in Essig; (*hij*) *is veel veranderd*, hat s. sehr verändert, ist verändert, (*vooral in opvattingen, gedrag*) hat s. sehr geändert; *v. betrekking —*, die Stelle wechseln, s. verändern; *v. kleren, v. kleur —*, die Kleider, die Farbe wechseln; *v. opninie —*, seine Meinung ändern, andrer Meinung werden, von seiner Meinung zurückkommen; *v. richting —*, die Richtung ändern, verändern. ▾**—ing** Veränderung, Änderung; Abänderung; Umänderung; Verwandlung *w*; *— v. lucht*, Luftveränderung *w*, Luftwechsel *m*; *— v. richting aangeven*, ein Zeichen zur Richtungsveränderung angeben; *— v. weer krijgen*, andres Wetter bekommen; *— in iets brengen*, in e.r Sache Wandel schaffen; *daar moet — in komen*, das muß anders werden; *voor de —*, zur Abwechs(e)lung; *— v. spijs doet eten*, Abwechs(e)lung macht Appetit. ▾**—lijk** veränderlich; unbeständig; *—e feestdagen*, bewegliche Feste. ▾**—lijkheid** V.keit; U.keit *w.*
verankeren verankern.
verantwoord/elijk verantwort/lich; *zeer —e betrekking*, v.ungsvolle Stellung; *— stellen*, v.lich machen; *voor iets — blijven*, für etwas v.lich bleiben, (*ook*) für etwas haften. ▾**—elijkheid** V.lichkeit, V.ung *w.* ▾**—elijkheidsbesef** V.lichkeitsbegriff *m*, V.ungsbewußtsein *s.* ▾**—elijkheidsgevoel** V.ungsgefühl *s.* ▾**—en** v.en; (*rekenschap afleggen*) Rechenschaft ablegen (über); (*dat*) *is niet verantwoord*, kann man nicht v.en; *z.* (*voor iem. over iets*) *—*, s. (vor e.m wegen e.r Sache) v.en; *z. tegenover iem. —* (*over iets*), e.m Rechenschaft ablegen (über etwas); *het zwaar te — hebben*, e.n schweren Stand haben. ▾**—ing** V.ung *w*; *ter — roepen*, zur Rechenschaft, zur V.ung ziehen; *iets voor zijn — nemen*, s. für etwas v.lich machen.
verarmen verarmen.
verassen einäschern.
verbaal I *bn* verbal, Verbal... **II** *zn zie* **procesverbaal**.
verbaasd erstaunt, verwundert; *— staan*, erstaunt sein, staunen, (*raar opkijken, versteld staan*) stutzen. ▾**—heid** Erstaunen, Staunen *s*, Verwunderung *w*; Stutzen *s.*
verbaliseren *iem. —*, e.n aufschreiben; *geverbaliseerd worden*, ein Protokoll bekommen, aufgeschrieben werden; *zie ook* **procesverbaal**.
verband (*zwachtel; steen-, houtverband*) Verband *m*; (*samenhang*) Zusammen/hang *m*; (*verbinding*) Verbindung *w*; (*betrekking*) Beziehung *w*; *oorzakelijk —*, Kausalzusammenhang; *— houden met, in — staan met*, im Z.hang stehen mit, z.hängen mit; *in dit —*, in diesem Z.hang; *in — met de slechte oogst*, infolge der schlechten Ernte; *in — met* (*= met het oog op*) *zijn slechte gezondheid*, mit Rücksicht auf seinen schlechten Gesundheitszustand. ▾**—artikel** Verband/material *s.* ▾**—doos** V.kasten *m.* ▾**—gaas** V.mull *m*, V.gaze *w.* ▾**—kist** V.kasten *m.* ▾**—plaats** V.stelle *w.*
verbann/en verbann/en; (*uitwijzen zonder meer*) ausweisen. ▾**—ingsoord** V.ungsort *m.*
verbaster/en ent-, ab-, ausarten; (*v. woord*) entstellen. ▾**—ing** Entartung; (*v. woord*) Entstellung *w.*
verbaz/en in Erstaunen setzen, erstaunen; *het verbaast me*, es wundert, erstaunt mich; *z. —*, staunen, s. wundern. ▾**—end** erstaunlich.

▾**—ing** Staunen, Erstaunen *s*, Verwunderung *w*. ▾**—ingwekkend** staunenerregend, erstaunlich, staunenswert.
verbedden umbetten.
verbeeld/en vorstellen; (*uitbeelden*) darstellen; *z.* —, s. einbilden, (*z. voorstellen*) s. vorstellen, s. denken. ▾**—ing** Einbildung, Phantasie *w*; (*verwaandheid*) Einbildung *w*, Dünkel *m*. ▾**—ingskracht** Einbildungskraft, Phantasie *w*.
verbeiden erwarten; (*vurig*) ersehnen.
verbergen verbergen; (*verstoppen*) verstecken; (*niet laten merken*) verhehlen; (*stilhouden*) verheimlichen; (*iets*) *voor iem.* —, vor e.m geheimhalten.
verbeten verbissen.
verbeter/blad Verbesserungsblatt *s*, Berichtigungsbogen *m*. ▾**—en** verbessern; s. bessern; (*land door bemesting*) bessern; (*salaris enz. verhogen*) aufbesser/n; (*misdadigers*) *trachten te* —, zu bessern suchen; (*de toestand v.d. zieke*) *is verbeterd*, hat sich gebessert; *zijn leven* —, s. bessern; (*bij nieuwe betrekking*:) *hij is er niet op verbeterd*, er hat s. nicht verbessert; (*hij zei 't verkeerd maar*) *verbeterde z.*, verbesserte *s*. ▾**—ing** Verbesserung; Besserung; A.ung *w*; (*de prijzen*) *ondergingen een* —, erfuhren eine A.ung; — *v. positie*, Besserstellung *w*. ▾**—ingsgesticht** Besserungsanstalt *w*.
verbeurdverklar/en konfis/zieren, einzieh/en, beschlagnahm/en, für verfallen erklären. ▾**—ing** K.kation, E. ung, B.e *w*. ▾**verbeuren** verwirken, verscherzen; *er is niet veel aan verbeurd*, daran ist nichts verloren.
verbeuzelen vertändeln, vertrödeln.
verbidden: *z. laten* —, s. erbitten lassen.
verbieden verbieten, untersagen; *verboden jachttijd*, Schonzeit *w*; *verboden zone*, Sperrzone *w*; *verboden te roken!*, Rauchen verboten!
verbijster/d verwirr/t, bestürz/t, fassungslos; (*hevig ontsteld*) entsetzt. ▾**—en** v.en, b.en, aus der Fassung bringen; entsetzen. ▾**—ing** V.ung, B.ung *w*; Entsetzen *s*.
verbijten verbeißen; *z.* — *v. woede*, s. die Wut v.
verbinden verbinden; *er zijn voordelen aan verbonden*, es sind Vorteile damit verbunden; *z.* (*tot iets*) —, s. (zu etwas) verpflichten, verbinden; *—d* (*verklaren*) für verbind/lich, für bindend. ▾**verbinding** V.ung *w*; *z. met iem. in — stellen*, s. mit e.m in V.ung setzen. ▾**—sdienst** V.ungs-, (*mil.*) Fernmeldedienst *m*. ▾**—steken** V.ungszeichen *s*, Bindestrich *m*. ▾**—stroepen** Nachrichten-, Fernmeldetruppen *Mz*. ▾**—sweg** V.ungsweg, V.ungsstraße *w*; (*met autobaan*) Zubringer *m*. ▾**verbintenis** V.ung *w*; (*verplichting*) V.lichkeit *w*; *schriftelijke* —, schriftlicher Kontrakt, Vertrag.
verbitter/d erbittert; (*ontevreden, bitter gemaakt*) verbittert. ▾**—en** (*vergallen*) verbittern; (*tot wrok brengen*) erbittern, ärgern. ▾**—ing** Er-, Verbitterung *w*.
verbleken erblassen, erbleichen; (*kleuren, herinneringen, roem enz. zwakker worden*) verblassen.
verblijd erfreut, froh. ▾**—en** erfreuen; *z.* —, s. (er)freuen; *—d*, erfreulich.
verblijf Aufenthalt *m*; — *houden*, (*in hotel enz.*) wohnen, (*vertoeven, z. ophouden*) s. aufhalten. ▾**—kosten** Aufenthalt/skosten. ▾**—plaats** A.sort, A.; Wohnort *m*; (*domicilie*) Wohnsitz *m*. ▾**—svergunning** A.sgenehmigung *w*. ▾**verblijven** s. aufhalten, wohnen.
verblind/en blenden; (*fig.*: *het juiste begrip ontnemen*) verblenden. ▾**—ing** Blendung; Verblendung *w*.
verbloeden (s.) verbluten.
verbloem/d verblümt; (*in bedekte termen*) durch die Blume. ▾**—en** beschönigen, bemänteln; (*iets niet*) *willen* —, verhehlen.
verbluffen verblüff/en. ▾**verbluft** v.t; — *staan*, v., verdutzt stehen.
verbod Verbot *s*. ▾**—sbepaling** V.sbestimmung *w*. ▾**—sbord** V.sschild *s*, V.stafel *w*.
verboemelen verbummeln; (*geld*) verjuxen, verlumpen.
verbolgen erzürnt, ergrimmt; (*v. zee*) ungestüm, tobend. ▾**—heid** Zorn, Grimm *m*.
verbond Bund *m*, Bündnis *s*; (*v. verenigingen*) Verband *m*; *het Oude en het Nieuwe* —, der alte und der neue Bund; *aanvallend en verdedigend* —, Offensiv- und Defensivbündnis; *drievoudig* —, Dreibund *m*, Tripelallianz *w*. ▾**—en** verbunden; (*in een verbond*) verbündet. ▾**—sark** Bundeslade *w*.
verborgen ver/borgen; v.steckt, heimlich. ▾**—heid** V.borgenheit *w*; Geheimnis *s*.
verbouwen (*telen*) (an)bauen; (*huis enz.*) umbauen; (*geld enz. aan bouwen besteden*) verbauen.
verbouwereerd ver/dutzt, bestürzt, v.wirrt. ▾**—heid** Bestürzung, V.wirrung *w*.
verbouwing (*gebouw*) Umbau *m*, bauliche Veränderungen *Mz*.
verbrand/en verbrenn/en. ▾**—ingsmotor** V.ungsmotor. ▾**—ingsprodukt** V.ungsprodukt *s*. ▾**—ingswaarde** V.ungswert, Heizwert *m*.
verbrassen verprassen.
verbred/en verbreit/ern. ▾**—ing** V.erung *w*.
verbreid/en verbreit/en. ▾**—ing** V.ung *w*.
verbrek/en (*stukmaken*) (zer)brechen; (*brief, slot, zegel enz.*) erbrechen; (*zijn ketenen*) zerreißen; (*elektr. contact, verkeers-, tel.verbindingen*) unterbrechen; (*gelofte, overeenkomst enz.*; *het zwijgen*) brechen; (*de stilte*) unterbrechen; (*betrekkingen, relaties enz.*) abbrechen; (*vriendschapsbanden*) lösen; (*verloving*) s. entloben; (*het telefoonkantoor heeft de verbinding*) *verbroken*, getrennt. ▾**—ing** Zerbrechen *s*; Erbrechung *w*; Zerreißen *s*; Unterbrechung *w*; Brechen *s*, Bruch; Abbruch *m*; Lösung *w*.
verbrijzel/en zerschmettern; (*kort en klein slaan*) zertrümmern; (*vergruizen*) zermalmen. ▾**—ing** Zerschmetterung; Zertrümmerung *w*.
verbroederen verbrüdern; (*z.*) —, s. v.
verbrokkelen zerbröckeln, zerstückeln.
verbruien verderben; (*hij heeft het*) *bij mij verbruid*, mit mir verdorben.
verbruik Verbrauch *m*; (*v. levensmiddelen enz., ook*) Konsum *m*. ▾**—en** v.en. ▾**—er** V.er, K.ent *m*. ▾**—sartikel** V.sartikel *m*. ▾**—sbelasting** V.s-, K.steuer *w*. ▾**—scoöperatie** K.verein *m*. ▾**—sgoederen** V.sgüter *Mz*.
verbuig/baar biegbar (*spraakk.*) beugbar, deklinierbar. ▾**—en** (um)biegen; (*verkeerd buigen*) verbiegen; (*spraakk.*) beugen, deklinieren, abändern. ▾**—ing** (*spraakk.*) Beugung, Deklination *w*.
verburgerlijken verbürgerlichen.
verchromen verchromen.
verdacht verdächtig; — *heerschap*, (*ook*) zweifelhafter Mensch; *v. diefstal — worden*, des Diebstahls v. sein; (*iem.*) — *maken*, (*ook*) v.en; — *op*, bedacht auf [4], (*voorbereid*) gefaßt, vorbereitet auf [4]; *eer men erop — is*, ehe man sich's versieht. ▾**—e** (*rechtst., alg.*) Beschuldigte(r) *m*; (*tegen wie aanklacht is ingediend*) Angeschuldigte(r) *m*, (*openbare behandeling begonnen*) Angeklagte(r) *m*. ▾**—making** Verdächtigung *w*.

verdag/en vertagen; — *tot*, v. auf (4). ▾**—ing** Vertagung *w*.
verdamp/en verdampf/en; (*langzaam*) verdunst/en. ▾**—ing** V.ung; V.ung *w*.
verdedig/baar zu verteidigen, haltbar. ▾**—en** v.; (*z'n recht, 'n mening, 'n leer, ook*) verfechten; (*'n mening, opvatting, ook*) vertreten. ▾**—er** Verteidig/er *m*. ▾**—ing** V.ung *w*; *in staat v. — brengen*, in V.ungszustand setzen. ▾**—ingswerk** V.ungswerk *s*.
verdeeld geteilt; (*v. personen*) uneinig; (*beurst.*) uneinheitlich. ▾**—heid** U.keit *w*; — *zaaien*, Zwietracht säen.
verdeel/kast (*elektr.*) Verteilungs/kasten *m*. ▾**—sleutel** V.-, Verteilerschlüssel *m*. ▾**—stekker** Verteilungsstecker *m*.
verdek Verdeck *s*.
verdekt verdeckt.
verdel/en (ver)teilen; (*indelen*) einteilen; (*uitdelen*) verteilen; (*iets*) *in drie delen* —, in drei Teile teilen; *verdeel en heers*, trenne und herrsche. ▾**—er** Ver-, Austeiler *m*.
verdelg/en vertilgen, ausrotten. ▾**—ingsoorlog** Vertilgungskrieg *m*.
verdeling (Ver)Teilung, Einteilung *w*.
verdenk/en: (*iem.*) (*v. diefstal*) —, (wegen Diebstahls) in Verdacht haben; *zie ook* **verdacht**. ▾**—ing** Verdacht *m*; *onder* — (*v. diefstal*) (*staan*), im V. (des Diebstahls); *reden tot* —, V.sgrund *m*.
verder weiter; ferner; — (*lezen*), w.; *ga* —, fahre fort; *—e opleiding*, Fortbildung *w*.
verderf Verderb/en *s*; *ten verderve leiden*, ins V.en führen. ▾**—elijk** v.lich. ▾**—elijkheid** V.lichkeit *w*. ▾**verderven** v.en.
verdicht/en 1 erdichten, ersinnen; **2** (*dichter maken, samenpersen*) verdichten; (*z.*) —, s. v. ▾**—ing 1** Erdichtung *w*; **2** Verdichtung *w*. ▾**—sel** Erfindung, Erdichtung *w*.
verdien/en verdien/en; (*niets*) *op een artikel* —, an e.m Artikel v.en; (*heb ik dat*) *aan je verdiend?*, um dich v.t? ▾**—ste** (*loon; winst*) V.st *m*; (*anders*) V.st *s*; *—n*, (*inkomen*) Einkünfte, Einnahmen *Mz*, Einkommen *s*; *zijn — voor de wetenschap*, sein V.st um die Wissenschaft; *man v.* —, Mann von V.st, v.ter Mann. ▾**—stelijk** v.stlich, v.stvoll; *z. — maken jegens, voor*, s. v.t machen um. ▾**—stelijkheid** (*v. pers.*) V.st; (*v. werk*) V.stlichkeit *w*.
verdiep/en vertief/en; *z. — in*, s. v.en in [4]. ▾**—ing** V.ung *w*; (*v. huis*) Stock/werk *s*, S. *m*; (*arch. vooral*) Geschoß *s*; *—gelijkvloers*, Erdgeschoß, Parterre *s*; *eerste* —, erstes S.werk, erster S., (*beletage*) Hochparterre *s*; *op de eerste* — (*wonen*), im ersten S.; *huis met drie —en*, dreistöckiges Haus.
verdierlijken vertieren.
verdikke(me) Teufel noch einmal!; potz(tausend)!
verdikking Verdickung *w*.
verdisconteren (*wissel*) diskontieren, begeben.
verdobbelen (im Würfelspiel) verspielen; (*ong. verloten*) auswürfeln.
verdoeken (*schilderst.*) auf neue Leinwand ziehen.
verdoem/de, —eling Verdamm/te(r) *m*. ▾**—en** v.en. ▾**—enis** V.nis *w*. ▾**—ing** V.ung *w*.
verdoen vertun; *z.* —, s. ein Leid (an)tun.
verdoezelen (*verheimelijken*) vertuschen; (*vervagen*) s. verwischen.
verdokteren: *veel geld* —, hohe Arztrechnungen zu bezahlen haben.
verdom/boekje: *bij iem. in 't — staan*, bei e.m schlecht angeschrieben stehen. ▾**—d** verdammt. ▾**—men** *zie* **vertikken**.
verdonker/emanen unterschlagen, veruntreuen. ▾**—en** verdunkeln.
verdoold verirrt.
verdorie Donner noch mal!
verdorren verdorren, verwelken.
verdorven verderb/t. ▾**—heid** V.theit *w*; (*ontaarding, zedenberf*) V.nis *w*.
verdov/en betäuben; *plaatselijk* —, örtlich b.; (*uitgaan, verbleken*) erlöschen. ▾**—end**: — *middel*, Betäubung/smittel *s*; (*drugs*) Rauschmittel, -gift *s*; *aan —e middelen verslaafd zijn*, süchtig sein. ▾**—ing** B. *w*. ▾**—ingsmiddel** betäubendes Mittel.
verdraag/lijk erträglich. ▾**—zaam** duldsam, tolerant; (*meegaand, inschikkelijk*) verträglich. ▾**—zaamheid** D.keit, Toleranz; V.keit *w*.
verdraai/d *zie* **verduiveld**. ▾**—en** ver/drehen; *zijn hand*(*schrift*) —, seine Handschrift v.stellen; *ik verdraai 't!*, ich tue es nicht!, ich danke! ▾**—ing** V.drehung *w*.
verdrag Vertrag *m*.
verdragen vertragen; (*doorstaan; dulden*) ertragen; *elkander* —, s. v.
vérdragend weittragend; — *geschut*, (*ook*) Ferngeschütz *s*.
verdriedubbelen verdreifachen.
verdriet Kummer, Gram *m*; (*tegenzin*) Ver/druß *m*; *iem. — aandoen*, e.m K. machen. ▾**—elijk** v.drießlich. ▾**—en** v.drießen. ▾**—ig** v.drießlich; (*verdriet hebbend*) traurig, betrübt.
verdrijven ver/treiben, (*verjagen door bang te maken*) v.scheuchen; *de tijd* —, s. die Zeit v.treiben.
verdringen verdrängen; *z., elkaar* —, s. drängen.
verdrink/en I *ov.w* ertränken; (*zijn geld, verstand*) vertrinken; *z.* —, s. ertränken. **II** *on.w* ertrinken; *verdronken land*, ertrunkenes Land. ▾**—ing** Ertrinken *s*; (*doen verdrinken*) Ertränkung *w*. ▾**—ingsdood** Ertrinkungstod *m*.
verdrogen aus-, vertrocknen; (*baby*) trockenlegen.
verdromen verträumen.
verdrukk/en be-, unterdrücken; (*papier*) verdrucken. ▾**—ing** Unter-, Bedrückung *w*; *in de — komen*, in Bedrängnis kommen; (*groeien*) *tegen de — in*, trotz allem.
verdubbel/en verdoppel/n. ▾**—ing** V.ung *w*.
verduidelijk/en verdeutlich/en. ▾**—ing** V.ung *w*.
verduister/en verdunkeln; (*de hemel*) *verduisterde*, v.finsterte s., v.düsterte s., v.dunkelte s.; (*verstand*) trüben, umnebeln; (*geld enz.*) unterschlagen, v.untreuen. ▾**—ing** V.dunklung *w*; (*v. geld enz.*) Unterschlagung, V.untreuung *w*; (*zons-, maansverduistering*) Finsternis *w*.
verduitsen verdeutschen.
verduiveld ver/teufelt, v.dammt, v.flucht; *'n — schrandere kerel*, ein v.flucht gescheiter Kerl; *wel —!*, Teufel noch einmal!, zum Henker!, v.teufelt!
verdunn/en verdünn/en. ▾**—ing** V.ung *w*.
verduren ertragen, erdulden; (*uithouden*) aushalten.
verduurzamen konservieren; *verduurzaamde levensmiddelen*, Konserven, konservierte Nahrungsmittel *Mz*; *verduurzaamd vlees*, Fleischkonserven *Mz*.
verdwaasd betört, verblendet.
verdwalen s. verirren, vom Wege abkommen, s. verlaufen.
verdwazing Verrücktheit; Betörung, Verblendung *w*.
verdwijn/en verschwinden. ▾**—ing** V. *s*.
veredel/en veredeln. ▾**—ing** Vered(e)lung *w*.

vereelt schwielig. ▾**—ing** Verschwielung *w*; (*eelt*) Schwiele *w*.
vereend: *zie* **verenen**.
vereenvoudig/en vereinfach/en. ▾**—ing** V.ung *w*.
vereenza/men vereinsa/men. ▾**—ming** V.mung *w*.
vereenzelvig/en identifizier/en. ▾**—ing** I.ung *w*.
vereerder Verehrer *m*.
vereeuwigen verewigen.
vereffen/en ausgleichen, begleichen; (*een rekening, een schuld*) b., a. ▾**—ing** Ausgleichung *w*, Ausgleich *m*; *ter —* (*v. onze rekening*), zur Begleichung.
vereis/en erfordern; *de vereiste middelen*, die erforderlichen Mittel. ▾**—te** Erfordernis *s*.
veren I *ww* federn, elastisch sein. **II** *bn* Feder...
verenen vereinigen; *met vereende krachten*, mit vereinten Kräften.
verengelsen anglisieren.
verengen verengern.
verenig/baar vereinbar. ▾**—en** vereinigen; *de Verenigde Arabische Republiek, Nederlanden, Staten*, die Vereinigte Arabische Republik, die Vereinigten Niederlanden, Staaten; *de Verenigde Naties*, die Vereinten Nationen; *de verenigde faculteiten der...*, die vereinten Fakultäten fur...; (*daarmee*) *kan ik me —*, bin ich einverstanden. ▾**—ing** (*'t verenigen, 't verenigd zijn*) Vereinigung *w*, (*club, bond enz.*) Verein *m*; (*bond v. verscheidene verenigingen*) Verband *m*; (*studentencorps*) Verbindung *w*; *— tot bescherming v. dieren*, Tierschutzverein; *recht v. —*, Vereins-, Vereinigungsrecht *s*; *in — met*, im Verein mit; *in —* (*met anderen*), (*ook*) in Gemeinschaft, gemeinschaftlich. ▾**—ingsleven** Vereinsleben *s*.
verer/en verehren; (*met 'n bezoek, 'n opdracht*) beehren. ▾**—enswaardig** verehrungswürdig.
verergeren verschlimmern, schlimmer machen; s. v., s.werden.
verering Verehrung *w*.
vereuropesen europäisieren.
vereveningsheffing Ausgleichabgabe *w*.
verf Farbe *w*; (*de deur*) *staat in de —*, ist frisch angestrichen; (*het huis heeft*) *een nieuw —je gehad*, e.n neuen Anstrich bekommen. ▾**—doos** Tusch-, Farbkasten *m*. ▾**—handel** Farbwarengeschäft *s*.
verfijn/en verfeiner/n. ▾**—ing** V.ung *w*.
verfilm/en verfilm/en. ▾**—ing** V.ung *w*.
verf/je: (*het huis*) *mag wel een — hebben*, braucht e.n neuen Anstrich. ▾**—kuip** Färbekufe *w*. ▾**—kwast** Anstreich-, Malerpinsel *m*. ▾**—laag** Farbenauftrag *m*, Farbschicht *w*.
verflauw/en (*verslappen bijv. v. ijver*) nachlassen; (*wind*) abflauen, n.; (*handel*) flau werden, ver-, abflauen. ▾**—ing** N., Ab-, Verflauen *s*.
verflens/en verwelken. ▾**—t** welk, verwelkt.
verfoei/en verabscheuen. ▾**—lijk** abscheulich.
verfomfaaien zerknittern, zerknautschen.
verfpot Farb(en)topf *m*.
verfraai/en verschön/ern. ▾**—ing** V.erung *w*.
verfransen französieren.
verfriss/en erfrischen, erquicken. ▾**—ing** Erfrischung *w*.
verfroller Farbroller *m*, -rolle *w*.
verfrommelen zerknittern, zerknüllen.
verf/spuit Spritzpistole *w*. ▾**—stof** Farb/stoff *m*. ▾**—tube** F.entube *w*. ▾**—winkel** F.warenhandlung *w*.
vergaan vergehen; (*schip*) untergehen; (*aflopen met*) ergehen; (*v. hout enz.*) vermodern, verfaulen; *tot stof —*, verwesen; (*als de wereld*) *vergaat*, untergeht; *'t — v.e. schip, v.d. wereld*, der Untergang e.s Schiffes, der Weltuntergang.
vérgaand weitgehend; *—e concessies doen*, w.e Zugeständnisse machen.
vergaarbak Sammelbecken *s*.
vergader/en s. versammeln, zusammenkommen; eine Versammlung (ab)halten; Sitzung halten; tagen; (*bijeenbrengen*) versammeln. ▾**—ing** Versammlung *w*; (*v. kleinere colleges vooral*) Sitzung *w*; (*groot, bijv. congres*) Tagung *w*; *algemene —*, Generalversammlung, (*v. aandeelhouders*) Hauptversammlung, (*tegenst. tot sectievergadering*) Plenarversammlung; *op de gehouden —*, in der stattgehabten Versammlung; *recht v. —*, Versammlungs/recht *s*. ▾**—plaats** V.ort *m*. ▾**—zaal** V.-, Sitzungssaal *m*.
vergallen ver/gällen, v.leiden; *iem.* (*'t genot v.*) *iets —*, e.m etwas v.leiden.
vergalopperen: *z. —*, s. vergaloppieren.
vergankelijk vergänglich.
vergapen vergaffen; *z. — aan*, s. v. in [4], (*laten misleiden door*) s. verblenden lassen durch.
vergaren sammeln.
vergass/en vergasen. ▾**—er** Vergaser *m*.
vergasten: *— op*, bewirten mit; *z. — aan*, s. gütlich tun an [3], s. ergötzen an [3].
vergeeflijk verzeihlich.
vergeefs I *bn* vergeblich; (*alle pogingen waren*) *—*, umsonst. **II** *bw* vergebens, umsonst.
vergeestelijken vergeistigen; (*tegenst. v. wereldlijk*) vergeistlichen.
vergeet/achtig ver/geßlich. ▾**—boek**: *in 't — raken*, in V.gessenheit geraten. ▾**—-mij-niet** V.gißmeinnicht *s*.
vergeld/en vergelt/en. ▾**—ingsmaatregel** V.ungsmaßnahme *w*.
vergelen vergilben.
vergelijk Vergleich *m*; *een — treffen*, e.n V., ein Abkommen, eine Abmachung treffen. ▾**—baar** v.bar. ▾**—en** v.en; *— bij*, v.en mit; *vergeleken met*, im Vergleich mit, zu. ▾**—enderwijs** v.(ung)sweise; (*naar verhouding*) verhältnismäßig. ▾**—ing** Vergleich *m*; (*de handeling*) Vergleich/ung *w*; (*wisk.*) Gleichung *w*; *de — met iets niet doorstaan kunnen*, den V. mit etwas nicht aushalten; *een — trekken, maken*, e.n V. ziehen, anstellen; *in — met*, im V. mit, zu; *punt v. —*, V.ungspunkt *m*. ▾**—ingsmateriaal** V.smaterial *s*.
vergemakkelijken erleichtern.
vergen fordern, verlangen; (*hoe kan men*) *zoiets v. mij —*, mir so etwas zumuten; (*dat is*) *te veel gevergd!*, eine starke Zumutung!; *te veel v. zichzelf, v. zijn krachten, v. zijn gezondheid —*, s., seinen Kräften zuviel zumuten (zutrauen); seiner Gesundheit zuviel zutrauen.
vergenoeg/d vergnügt, zufrieden. ▾**—dheid** Z.heit *w*. ▾**—en** (*tevreden stellen*) befriedigen, z.stellen; *z. met iets —*, s. mit etwas begnügen, mit etwas z. sein; (*iem. met iets*) *—*, erfreuen.
vergetelheid Vergessen/heit *w*. ▾**vergeten** v.; *ik ben —* (*hoe hij heet*), ich habe v.; *dat zal ik nooit van je —!*, das werde ich dir nie v.!
vergev/en ver/geben; (*vergiffenis schenken, vaker*) v.zeihen; (*vergiftigen*) v.giften; *vergeef me!*, (*pardon!, neem me niet kwalijk!*) v.zeihen Sie!, entschuldigen Sie! ▾**—ensgezind** v.söhnlich (gestimmt). ▾**—ing** V.gebung; V.zeihung; V.giftung *w*.
vergevorderd vorgeschritten, vorgerückt; *op*

—e leeftijd, in vorgerücktem Alter.
vergewissen: *z.* —, s. vergewissern.
vergezellen begleiten; *met iets vergezeld gaan*, mit etwas verbunden sein.
vergezicht Fernsicht, Aussicht *w.*
vergezocht weithergeholt.
vergiet(test) Durchschlag *m.* ▾**—en** vergießen.
vergif Gift *s.*
vergiffenis Ver/zeihung, V.gebung *w*; *— v. zonden*, Sündenvergebung; *— vragen*, um V.zeihung bitten; *iem. — schenken*, e.m v.zeihen, e.m V.zeihung gewähren.
vergift Gift *s.* ▾**—ig** giftig. ▾**—igen** vergift/en. ▾**—igheid** Giftigkeit *w.* ▾**—igingsverschijnsel** V.ungserscheinung *w.*
vergiss/en: *z.* —, s. irren; *z. in iets —*, (s.) in etwas irren; *— is menselijk*, Irren ist menschlich. ▾**—ing** Irrtum *m*, Versehen *s*; (*hier*) *is een — in het spel*, liegt ein Irrtum vor; *bij —*, irrtümlich(erweise), v.tlich, aus V.
verglazen verglasen; (*met glazuur*) glasieren.
ver/goddelijken vergöttlichen. ▾**—goden** vergöttern.
vergoe/den vergüten, ersetzen; (*gemaakte onkosten*) erstatten; *iem. iets —*, e.m etwas v., e.n für etwas entschädigen. ▾**—ding** Vergütung, Entschädigung *w*, Ersatz *m*; (*voor schade*) Schadenersatz; (*terugbetaling v. verschotten enz.*) Erstattung *w*; *— voor reiskosten*, Reiseentschädigung *w*, Reisediäten *Mz*; *— voor reis- en verblijfkosten*, Aufwandsentschädigung.
vergoelijken beschönigen, bemänteln.
vergokken verspielen, verjeuen.
vergooien: (*zijn geld enz.*) wegwerfen; (*zijn geluk*) verscherzen; *z.* —, s. w., (*kaartsp.*: *verkeerd gooien*) s. verwerfen
vergrijp Vergehen *s*; (*lichter bijv. tegen fatsoen, regel*) Verstoß *m*; *— tegen de vorm*, Formverletzung *w*; *— tegen de goede zeden*, Sittlichkeitsvergehen, (*erger*) -verbrechen *s.* ▾**—en**: *z. — aan*, s. vergreifen an [3].
vergrijzen ergrauen.
vergroeien verwachsen.
vergrootglas Vergrößer/ungsglas *s.* ▾**vergrot/en** v.n; (*gebied, kring enz., uitbreiden, ook*) erweitern; (*aandelen, kapitaal, produktie enz., ook*) erhöhen. ▾**—ing** V.ung; Erweiterung; Erhöhung *w*; *— v.h. hart*, Herzvergrößerung, -erweiterung. ▾**—ingstoestel** V.ungsapparat *m.*
vergroven vergröbern.
vergruiz(el)en zermalmen.
verguizen verhöhnen.
verguld vergold/et; *— op snee*, mit Goldschnitt; *ergens mee — (zijn)*, (*fig.*) über etwas sehr erfreut. ▾**—en** v.en. ▾**—sel** V.ung *w.*
vergunn/en vergönnen, erlauben. ▾**—ing** Erlaubnis, Bewilligung *w*; (*off.*) Genehmigung *w*; (*v. verkoop sterke drank*) Schankkonzession *w*; (*schriftelijk bewijs*) Erlaubnisschein *m.* ▾**—inghouder** Konzessionär *m.*
verhaal 1 Geschichte, Erzählung *w*; (*verslag*) Bericht *m*; **2** (*schadeloosstelling*) Entschädigung *w*; (*aanspraak op vergoeding*) Ersatzanspruch, Regreß *m*; *recht v. —*, Rückgriffsanspruch *m*, -recht *s*; *er is geen — op hem*, von ihm ist keine Entschädigung, kein Schadenersatz zu bekommen, an ihm kann man s. nicht schadlos halten, man hat keinen Rückgriff gegen ihn; *— uitoefenen op iem.*, s. an e.m schadlos halten; (*weer*) *op zijn — komen*, s. erhölen, wieder zu Kräften kommen. ▾**—baar** einbringlich; (*v. schuld*) beitreibbar; *— op*, wieder zu erlangen von; *op wie is die schade —*, an wen können wir uns für den Schaden halten. ▾**—trant** Erzählungsweise *w.*
verhaast/en beschleunig/en ▾**—ing** B.ung *w.*
verhagelen verhageln.
verhakstukken (*fig.*) regeln.
verhalen 1 (*vertellen*) erzählen, berichten; **2** *de schade op iem.* (*zien te*) —, s. für den Schaden an e.n halten; *z'n schade op iem.* —, s. für den Schaden auf e.n erholen, s. an e.m schadlos halten; **3** (*een schip*) verholen. ▾**—derwijs** erzählungsweise.
verhalvezolen (neu)besohlen.
verhandel/baar verkäuflich, verhandelbar; (*v. wissels*) negoziabel, begebbar. ▾**—en** verhandeln; (*wissel*) negoziieren. ▾**—ing** Verhandlung *w*; (*opstel*) Abhandlung *w.*
verhangen (*anders hangen*) umhängen; (*ergens anders*) anderswohin hängen; *z.* —, s. erhängen.
verhard/en verhärten, hart machen, (*weg*) befestigen; hart werden, erhärten; (*fig.*) verhärten, verstocken; (*in het kwaad*) *verhard*, verstockt. ▾**—ing** Verhärtung, Befestigung, Erhärtung, Verstockung *w*; *zie* **verharden**.
verharen s. haaren, s. hären.
verhaspelen verderben.
verheerlijk/en ver/herrlichen; (*in glorie verheffen*) v.klären; *verheerlijkt gezicht*, entzücktes Gesicht, (*min of meer bovenaards*) v.klärtes Gesicht. ▾**—ing** V.herrlichung *w*; *de — v. Christus*, die V.klärung Christi.
verheff/en erheben; *z.* —, s. erheben, (*z. vertillen*) s. verheben; *een weinig —d gezicht*, ein wenig erhebender Anblick. ▾**—ing** Erhebung *w*; *met — v. stem*, mit erhobener Stimme.
verheimelijken verheimlichen.
verhelder/en heller machen; (*fig.*) aufklären; *—d werken*, klärend wirken; (*helder worden*) s. aufklären, s. aufhellen. ▾**—ing** Aufhellung *w.*
verhelen verhehlen.
verhelpen abhelfen [3], beheben; *dat is gemakkelijk te —*, dem ist leicht abzuhelfen.
verhemelte Gaumen *m.*
verheug/d froh, erfreut. ▾**—en** freuen, erfreuen; *z.* —, s. freuen: *z. in een goede gezondheid —*, s. e.r guten Gesundheit erfreuen; *z. in* (*= met*) *de zaak —*, s. an der Sache (er)freuen; *z. — op*, (*in 't vooruitzicht v.*) s. freuen auf [4]; (*dat is*) *—d*, erfreulich. ▾**—enis** Freude *w.*
verheven erhaben; (*stijl*) gehoben; *— zijn boven*, erhaben sein über [4]. ▾**—heid** Erhöhung *w*; (*fig., ook eig.*) Erhabenheit *w*; (*v. stijl*) Gehobenheit *w.*
verhinder/en verhindern; (*voorkómen, ook*) vórbeugen [3]; *hij was* (*door dienst, zaken enz.*) *verhinderd te komen*, er war (dienstlich, geschäftlich usw.) ver/hindert, der Dienst hat ihn v.hindert zu erscheinen, (*alg.*) er war am Kommen v.hindert, er hatte Abhaltung. ▾**—ing** V.hinderung *w*; *in geval v. —*, im V.-, Behinderungsfall; *ik kreeg, er kwam —*, ich hatte Abhaltung.
verhitten erhitzen; *verhit* (*bijv. conjunctuur*) überhitzt; *verhitte gemoederen*, erhitzte, überhitzte Gemüter.
verhoeden verhüten; *de hemel verhoede 't!*, das verhüte Gott!
verhog/en erhöhen; (*huren, prijzen, produktie enz., ook*) steigern; (*stemming, moed enz.*) heben; (*leerling op school*) versetzen; *verhoogde bloeddruk*, gesteigerter Blutdruck, Blutdruckerhöhung. ▾**—ing** Erhöhung; Steigerung; Hebung; Versetzung *w*; (*verhoogd deel v. vloer*) Tritt *m*, (*opstapje*)

Auftritt *m*; — *v. salaris*, Gehaltserhöhung, -aufbesserung *w*; — (*hebben*), Temperatur, Erhöhung.
verholen verhohlen, verborgen.
verhonderdvoudigen verhundertfachen.
verhongeren verhungern.
ver/hoor Ver/hör *s*, V.nehmung *w*; (*iem.*) *in — nemen*, ins V.hör nehmen. ▾**—horen** (*ondervragen*) v.hören, v.nehmen; (*bede*) erhören.
verhoud/en: *z.* —, s. ver/halten. ▾**—ing** V.hältnis *s*; *naar* —, v.hältnismäßig. ▾**—ingsgetal** V.hältniszahl *w*.
verhovaardig/en: *z.* —, s. überhében; *z.* — (*op*), s. brüsten (mit), prahlen (mit). ▾**—ing** Überhebung, Hoffart *w*.
verhuis/bedrijf Möbeltransportgeschäft *s*. ▾**—biljet** Anmelde-, (*bij vertrek*) Abmeldeschein *m*. ▾**—kosten** Umzugs/kosten *Mz*. ▾**—mannen**U.leute *Mz*. ▾**—vergoeding** U.vergütung *w* ▾**—wagen** Möbelwagen *m*. ▾**verhuiz/en** umziehen; (*naar andere plaats*) übersiedeln; (*we zijn*) *verhuisd*, (*alg.*: *hebben oude woning verlaten*) ausgezogen; (*de geadresseerde is*) *verhuisd*, verzogen. ▾**—er** (*v. beroep*) Möbeltransporteur *m*; (*zie ook* **verhuismannen**); (*wie zelf verhuist*) Umziehende(r); Übersiedelnde(r) *m*. ▾**—ing** Umzug *m*; Übersiedlung *w*.
verhur/en vermieten; (*v. auto's, boten, films, rijwielen, videobanden enz., ook*) verleihen; *z. — als*, s. verdingen als; *het — v. films*, Filmverleih *m*. ▾**—ing** Vermietung *w*; (*v. auto's enz.*) Verleih *m*. ▾**verhuur/der** Vermieter *m*; (*v. auto's enz.*) Verleiher *m*. ▾**—bureau, —kantoor** (*films enz.*) Verleihfirma *w*, -unternehmen *s*, -anstalt *w*.
verifi/catie Verifizierung, Prüfung *w*. ▾**—ëren** verifizieren, (nach)prüfen.
verijdelen vereiteln.
verindischen indisch machen; indisch werden.
vering Federung *w*.
verjaar/d verjährt. ▾**—dag** (*geboortedag*) Geburtstag *m*; (*alg.*) Jahrestag *m*; (*wat krijg je*) *met, voor je —?*, zu deinem G.?
verjagen verjagen; (*door schrik*) verscheuchen.
verjar/en (*jarig zijn*) Geburtstag haben; (*in rechten*) verjähren. ▾**—ing** (*in rechten*) Verjährung *w*; (*verjaardag*) Geburtstag *m*. ▾**—ingsrecht** Verjährungsrecht *s*.
verjongen verjüngen; (*jong worden*) s. verjüngen.
verkalk/en verkalk/en. ▾**—ing** V.ung *w*.
verkankeren vom Krebs zerfressen werden.
verkapt verkappt.
verkavel/en parzellier/en; (*v. te verkopen waren*) kavel/n. ▾**—ing** P.ung; K.ung *w*.
verkeer Verkehr *m*; *doorgaand* —, Durchgangsverkehr, (*op bord*) Fahrtrichtung!, Fernverkehr!; *plaatselijk* —, Ortsverkehr *m*; *eisen v.h.* —, V.serfordernisse; *niet in staat om aan het — deel te nemen*, v.suntüchtig; *met huiselijk* —, (*in advert.*) mit Familienanschluß.
verkeerd (*averechts*; *omgekeerd*) verkehrt; (*meer*: *foutief*; *onjuist*; *vals*) falsch, unrichtig; *—e aansluiting*, (*tel.*) Fehlverbindung *w*; *op de —e deur* (*kloppen*), an die unrechte, falsche Tür; *—e gevolgtrekking*, Fehlschluß *m*; *—e gewoonten*, üble Gewohnheiten; (*de brief is*) *in —e handen geraakt*, in unrechte Hände gekommen; (*hij is daar*) *op de —e plaats*, am unrechten Platz; *de —e weg opgaan*, (*fig.*) auf v.e Wege gehen, auf Irrwege geraten; (*iets*) *— doen*, falsch, v. machen; *— drukken*, fehldrucken; — (*handelen*), v.; (*dat*) *loopt —*, geht schief, fehl; (*ik heb*) *— gekeken*, (*me vergist*) mich versehen; *we zijn — gereden*, wir haben uns verfahren; (*dat komt*) *me — uit*, (*ongelegen*) mir quer; *de handen staan hem* —, er ist ungeschickt, er faßt alles verkehrt an.
verkeers/aanbod Verkehrs/aufkommen *s*. ▾**—agent** V.polizist *m*. ▾**—bord** V.schild *s*. ▾**—brigadier** Schülerlotse *m*. ▾**—drempel** Bodenschwelle *w*; (*bij woonerf*) Bodenwelle *w*. ▾**—informatie** (*tel.*) V.redaktion *w*, V.warnfunk *m*. ▾**—leider** (*luchtv.*) Fluglotse, -leiter *m*. ▾**—leiding** (*luchtv.*) Flugleitung *w*. ▾**—licht** V.licht *s*; (*hangend boven straat*) V.ampel *w*; *zie* **stoplicht**. ▾**—middel** V.mittel *s*. ▾**—onderwijs**, V.unterricht *m*. ▾**—ongeluk** V.unfall *m*. ▾**—opstopping** V.stockung, V.stauung *w*. ▾**—overtreder** V.sünder *m*. ▾**—plein** V.kreis *m*; (*v. autobanen*) Autobahnkreuz *s*. ▾**—regel** V.regel, V.vorschrift *w*. ▾**—slachtoffer** V.opfer *s*, (*dood*) V.tote(r) *m*. ▾**—spijker** (*in wegdek*) Markierungsnagel *m*. ▾**—streep** Fahrbahnmarkierung *w*, Markierungsstreifen *m*, (*op weg*) Leitlinie *w*. ▾**—stremming** (*opzettelijke afsluiting*) V.sperre *w*; *zie verder* **—opstopping**. ▾**—teken** V.zeichen *s*. ▾**—toren** (*luchtv.*) V.-, Kontrolleturm *m*. ▾**—tuin** V.übungsplatz *m*. ▾**—veiligheid** V.sicherheit *w*. ▾**—vlieger** V.pilot *m*. ▾**—week** V.erziehungswoche *w*. ▾**—weg** V.straße *w*. ▾**—zuil** V.säule *w*.
verkenn/en erkunden, aufklären; *het terrein* —, das Gelände a., e., (*fig.*) auf den Busch klopfen. ▾**—er** Aufklärer, Kundschaft/er *m*; (*padvinder*) Pfadfinder *m*. ▾**—ing** Aufklärung, Erkundigung, K. *w*; *— vanuit de lucht*, Luftaufklärung, -erkundung; *op — uitgaan*, auf K. ausgehen. ▾**—ingspatrouille** Spähtrupp *m*. ▾**—ingstocht** Aufklärungs/zug *m*, Erkundungs/fahrt *w*, (*te voet*) E.gang *m*. ▾**—ingsvliegtuig** A.-, E.flugzeug *s*.
verker/en (*omgang hebben*) verkehren, umgehen; (*z. bevinden in*) s. befinden; *aan het hof* —, am Hofe v.; *in gevaar* —, s. in Gefahr b.; (*in levensgevaar*) —, schweben; *in een dwaling* —, in e.m Irrtum befangen sein; *in de mening* —, der Meinung sein, meinen; *in twijfel* —, Zweifel hegen, im Z. sein; (*droefheid*) *in vreugde doen* —, in Freude v.; (*liefde kan*) *in haat* —, s. in Haß v., s. in H. verwandeln; *het kan* —, das Blättchen kann s. wenden, es kann s. verkehren. ▾**—ing**: *— hebben*, e.n Freund, eine Freundin haben; *vaste — hebben*, e.n festen Freund, eine feste Freundin haben; (*met een meisje*) *— hebben*, Bekanntschaft haben, gehen.
verkerven verderben; *'t bij iem.* —, es mit e.m verderben.
verketteren verteufeln.
verkies/baar wählbar; *z. — stellen*, s. zur Wahl stellen. ▾**—(e)lijk** wünschenswert; (*dat is*) *—er, 't —st*, vorzuziehen, bei weitem vorzuziehen. ▾**verkiez/en** (*kiezen*) wählen; (*de voorkeur geven aan*) vorziehen; (*wensen*) wünschen; (*willen*) wollen; *'t een — boven 't andere*, das eine dem andern vorziehen; *zo'n antwoord verkies ik niet te horen*, eine solche Antwort verbitte ich mir; *ik verkies niet gestoord te worden*, ich verbitte mir jede Störung, ich wünsche nicht gestört zu werden. ▾**—ing** Wahl *w*; *algemene* —, Hauptwahl *w*; *naar* —, nach Belieben. ▾**—ingscampagne** W.kampagne *w*. ▾**—ingsronde** W.gang *m*. ▾**—ingsstrijd** W.kampf *m*. ▾**—ingsuitslag** W.ergebnis *s*; *vervalsing v.d.* —, W.fälschung *w*.
verkijken: (*zijn tijd*) vergucken; *z.* —, s. versehen, s. vergucken; *z. in iem.* —, (*vergissen*) s. in e.m irren, versehen; *z. op iets*

—, etwas falsch beurteilen, einschätzen; *de kans is verkeken*, die Gelegenheit ist verpaßt, verfehlt.
verkikkerd: — *op*, verknallt, verschossen, vernarrt in [4].
verkindsen kindisch werden.
verklaarbaar erklärbar, (*te begrijpen*) erklärlich.
verklappen (*alles*) ausplaudern; (*iem.*) verraten; (*iem. iets*) verraten; *zie* **verklikken**.
verklar/en erklären; (*uitleggen, ook*) auslegen; (*commentariëren, ook*) erläutern; (*v. getuigen, ook*) aussagen; (*off., schriftelijk bevestigen*) bescheinig/en; *nietig* —, (für) nichtig, (für) ungültig erklären; —*d*, erklärend, erläuternd; *verklaard*, erklärt; *verklaard vijand*, (*ook*) abgesagter Feind. ▾—**ing** Erklärung; Erläuterung; Aussage; B.ung *w*; — *v.d. dokter*, ärztliches Zeugnis, ärztliche B.ung.
verkleden (*anders kleden*) umkleiden; (*vermommen*) verkleiden; *z.* —, s. u., s. umziehen; s. v.
verkleefd *zie* **gehecht, verknocht**.
verklein/baar (*v. breuken*) reduzierbar. ▾—**en** verkleinern; (*rek.*) kürzen, reduzieren; (*iem.s roem enz., ook*) schmälern; *op verkleinde schaal*, in verjüngtem, verkleinertem Maßstab. ▾—**ing** Verkleinerung; Kürzung; Schmälerung *w*. ▾—**woord** Verkleinerungswort *s*.
verkleum/d (vor Kälte) erstarrt. ▾—**en** (vor Kälte) erstarren; (*z.*) *staan, zitten te* —, (stehen, sitzen und) frieren.
verkleuren s. verfärben; *iets doen* —, etwas ent-, verfärben.
verklik/ken angeben, zutragen, petzen; (*iem. iets*) —, zutragen, hinterbringen; (*iem.*) —, angeben, verpfeifen (*op school enz., vooral*) verpetzen. ▾—**ker** Angeber, Zuträger, Anzeiger *m*; (*op school vooral*) Petzer *m*, Petze *w*; (*politiespion*) Spitzel *m*; (*toestel, alg.*) Anzeiger *m*; (*v. telefoon*) Wecker *m*.
verklungelen (*tijd*) vertändeln, vertun.
verkneu/kelen, —teren: *z.* —, s. heimlich freuen, s. ins Fäustchen lachen.
verknippen verschneiden; (*tot snippers*) zerschneiden.
verknocht: — *zijn aan*, hängen an [3]; *aan iem.* — *zijn*, (*ook*) e.m ergeben, zugetan sein. ▾—**heid** Anhänglichkeit *w* (an [4]).
verknoeien ver/derben, v.pfuschen; (*verspillen*) v.tun, v.geuden; (*door willen verbeteren slechter maken*) v.balhornen, v.schlimmbessern.
verkocht: — (*zijn*), (*fig.*) verraten und verkauft; *z.* — *voelen*, s. verraten und verkauft fühlen.
verkoel/en abkühl/en: (*koel worden*) (s.) a.en, (*geestdrift enz.*) erkalten, nachlassen. ▾—**end** kühlend, erfrischend. ▾—**ing** A.ung *w*; Erkaltung *w*.
verkoeverkamer Überwachungsraum *m*.
verkoken verkochen.
verkolen verkohlen.
verkommeren verkümmern.
verkondig/en verkünd(ig)en. ▾—**ing** Verkündigung *w*.
verkoop Verkauf *m*; — *bij opbod*, V. im Aufstreich, Versteigerung *w*; (*alg.*: *veiling*) Auktion *w*; — *in het groot*, Großverkauf. ▾—**akte** Verkaufsurkunde *w*. ▾—**baar** verkäuflich. ▾—**lokaal** Auktions-, Versteigerungs-, Verkaufs/lokal *s*. ▾—**prijs** V.preis *m*. ▾—**punt** V.stätte, V.stelle *w*. ▾—**ster** Verkäuferin *w*. ▾**verkop/en** verkaufen; *flauwe grappen* —, fade Witze machen; (*leugens*) —, erzählen; *onzin* —, dummes Zeug reden; *aan de meestbiedende* —, meistbietend v. ▾—**er** Verkäufer *m*.
verkoperen verkupfern.
verkoping Verkauf *m*; (*veiling*) Auktion *w*; (*bij opbod*) Versteigerung *w*; (*iets*) *op de* — *doen*, verauktionieren lassen, versteigern lassen.
verkort/en verkürzen; (*bezoek, reis enz.*; *methode*; *woorden*) abkürzen; (*verhaal, rede enz.*) (ab)kürzen; *iem. in zijn rechten* —, jemands Rechte verkürzen, beeinträchtigen; e.m seine Rechte schmälern; *verkorte vorm*, abgekürzte Form, Kurzform; *verkorte uitgave*, gekürzte Ausgabe; *verkorte werktijd*, verkürzte Arbeitszeit, Kurzarbeit *w*; *arbeider met verkorte werktijd*, Kurzarbeiter *m*. ▾—**ing** Kürzung, Ab-, Verkürzung; Beeinträchtigung *w*; — *v.d. werktijd*, Arbeitszeitverkürzung.
verkoud/en erkältet; (*neusverkouden*) verschnupft; — *worden*, s. erkälten, den Schnupfen bekommen. ▾—**heid** Erkältung *w*, Schnupfen *m*.
verkrachten vergewaltigen; (*wet*) verletzen.
verkreuk(el)en zerknittern, zerknüllen.
verkrijg/baar erhältlich, käuflich, lieferbar, zu bekommen, zu haben; *afzonderlijk* —, einzeln käuflich; *niet meer* —, nicht mehr lieferbar, zu haben, (*v. boek ook*) vergriffen. ▾—**en** erwerben, erlangen; (*meer gewoon*: *krijgen*) bekommen, erhalten; (*resultaten enz.*) erzielen; (*hij kon*) *'t niet v.z.* —, es nicht über s. gewinnen; *inlichtingen zijn te* — *bij*, Auskunft erteilt; *zie ook* **verkrijgbaar**. ▾—**ing** Erwerbung, Erlangung *w*.
verkroppen verschlucken, verbeißen; (*belediging, smart*) verwinden; *'t niet kunnen* —, es nicht verwinden können; *verkropte woede*, verhaltene Wut.
verkrotten verludern.
verkruimelen ver-, zerkrümmeln.
verkwanselen verschachern.
verkwijnen verkümmern.
verkwikk/elijk erquickend, erfrischend; (*fig.*) erfreulich. ▾—**en** erquicken, erfrischen.
verkwist/en verschwenden, vergeuden. ▾—**end** verschwend/erisch. ▾—**er** V.er, Vergeuder *m*. ▾—**ing** Verschwendung, Vergeudung *w*.
verladen verladen.
verlag/en niedriger machen; (*lonen enz.*) herabsetzen; (*prijs, tarief enz., ook*) ermäßigen, senken; (*'n toon*) erniedrig/en; (*in rang, moreel opzicht*) e.en, h.; (*de vrouw*) *tot slavin* —, zur Sklavin herabwürdigen; *z.* —, s. e.en. ▾—**ing** Herabsetzung, Ermäßigung, Senkung, Erniedrigung *w*; — *v. belasting*, Steuerermäßigung.
verlakk/en lackieren; (*fig. ook*) beschwindeln, bemogeln, betrügen, hereinlegen. ▾—**erij** Schwindel, Betrug *m*.
verlam/d gelähmt. ▾—**men** lähmen; (*fig. ook*) lahm legen; (*lam worden*) erlahmen, lahm werden. ▾—**ming** Lähmung; Lahmlegung *w*.
verlang/en I *ww* verlangen; (*zwakker*) wünschen; (*eisen*) fordern; — (*naar*), verlangen (nach), (*vurig*) s. sehnen (nach). **II** *zn* Verlangen, Sehnen *s*; *vurig* —, Sehnsucht *w*; *op* —, auf Wunsch, auf Verlangen. ▾—**lijst** Wunschzettel *m*.
verlangzamen verlangsamen.
verlat/en I *ww* **1** verlassen; *de dienst* —, aus dem Dienst ausscheiden; **2** *z.* — *op*, s. verlassen auf [4]; **3** *z.* —, (*te laat komen*) s. verspäten. **II** *bn* verlassen; (*v. gebied, ook*) öde, leer, (*v. straten enz., ook*) menschenleer. ▾—**enheid** Verlassenheit *w*. ▾—**ing** (*vertraging*) Verspätung *w*; (*'t verlaten in bet.* **I 1**) Verlassen *s*, Verlassung *w*.
verleden I *bn* vorig, vergangen; (*onvoltooid*) — *tijd*, (unvollendete) Vergangenheit *w*, Imperfekt *s*. **II** *zn* Vergangenheit *w*.

verlegen verlegen; (*bedeesd, ook*) schüchtern, befangen. ▾**—heid** V.heit; S.heit *w*.
verlegg/en verlegen; (*verkeer*) umleiten. ▾**—ing** Verlegen *s*, Verlegung *w*.
verleid/elijk verführerisch. ▾**—elijkheid** das Verführerische. ▾**—en** verführen, verleiten. ▾**—er** Verführer, Verleiter *m*; (*de duivel*) Versucher *m*. ▾**—ing** Verführung, Verleitung *w*; (*verzoeking*) Versuchung *w*. ▾**—ster** Verführerin *w*.
verlekkerd: *— op*, versessen, erpicht auf [4].
verlenen verleihen (*bijv. ambten, onderscheidingen, titels enz.: iem. de kracht, aan 'n plechtigheid luister; v. God, koning enz. gezegd*); (*bescherming, faciliteiten, onderdak, krediet, toegang enz., dus meer toestaan*) gewähren; (*korting, onderstand, uitstel enz.*) g., bewilligen; (*audiëntie, ontslag, opdracht, procuratie, vergunning enz.*) erteilen; *iem. hulp —*, e.m. Hilfe leisten; *toestemming —*, Einwilligung geben, (*off.*) Genehmigung erteilen; *toestemming — voor iets*, in etwas einwilligen, (*off.*) genehmigen.
verleng/baar verlänger/bar, zu v.n. ▾**—de** V.ungslinie *w*; *in elkaars — (liggen)*, auf der gleichen Längsachse; *straat A ligt in het — v. straat B*, Straße A bildet die gerade Fortsetzung der Straße B. ▾**—en** v.n; (*wissel*) prolongieren. ▾**—ing** V.ung *w*; (*wissel*) Prolongation *w*. ▾**—sel** V.ung *w*. ▾**—snoer** V.ungsschnur *w*. ▾**—stuk** V.ungs-, Ansatzstück *s*, Ansatz *m*.
verlening Verleihung *w*; *— v. krediet*, Kreditgewährung *w*; *— v. hulp*, Hilfeleistung *w*.
verleppen verwelken, verblühen; *verlept*, welk, verblüht.
verleren: (*het lachen*) *verleerd zijn*, verlernt haben.
verlet (*uitstel*) Aufschub *m*; (*tijdverlies*) Zeitverlust *m*; (*vorst, regen*) witterungsbedingter Arbeitsausfall; (*uitkering*) Schlechtwettergeld *s*. ▾**—dag** Ausfalltag *m*. ▾**—ten** versäumen, vernachlässigen.
verlevendig/en neu beleben; (*kleuren*) auffrischen. ▾**—ing** Wiederbelebung *w*; (*herleving*) Wiederaufleben *s*.
verlicht/en 1 beleuchten; (*geest, verstand*) erleuchten; (*de zaal is helder*) *verlicht*, erleuchtet; *verlicht despoot*, aufgeklärter Despot; **2** (*minder zwaar, moeilijk maken*) erleichtern; (*verzachten*) lindern. ▾**—ing 1** Beleuchtung; Erleuchtung *w*; (*18e eeuw*) Aufklärung *w*; **2** Erleichterung; Linderung *w*. ▾**—ingsornament** Beleuchtungskörper *m*.
verliederlijken verlottern, verliederlichen.
verliefd verliebt; *— paartje*, (*ook*) Liebespaar *s*; *— op*, v. in [4]; *— worden op*, s. verlieben in [4]; *— kijken*, verliebt/e Augen machen. ▾**—heid** V.heit *w*.
verlies Verlust *m*. ▾**—-en winstrekening** Gewinn- und V.rechnung *w*. ▾**—punt** (*sp.*) Minuspunkt *m*. ▾**verliez/en** verlieren; *op iets —*, an etwas [3] verlieren; *uit 't oog —*, aus den Augen verlieren, (*anders*) außer acht lassen; *de —de partij*, die unterliegende Partei. ▾**—er** Verlierer *m*.
verliggen (s.) verliegen; *gaan —*, s. anders legen.
verlijden: *een akte —*, eine Urkunde ausstellen, ausfertigen, aufnehmen; *verleden ten overstaan v. notaris A.*, beurkundet vor Notar A.
verlof Erlaubnis *w*; (*v. militairen enz.: vakantie*) Urlaub *m*; (*drankvergunning*) Schankkonzession *w*; *met — (gaan)*, auf U.; *met — zenden*, beurlauben; *soldaat met groot —*, Reservist *m*. ▾**—dag** U.stag *m*. ▾**—ganger** Beurlaubte(r) *m*, U.er *m*. ▾**—pas** U.sschein *m*.
verlokk/elijk ver/lockend, reizend, v.führerisch. ▾**—en** v.locken, v.führen.
verloochen/en verleug/nen. ▾**—ing** V.nung *w*.
verloofde Verlobte(r), Bräutigam *m*; Verlobte, Braut *w*.
verloop Ver/lauf *m*; (*achteruitgang*) V.fall *m*, Abnahme, V.minderung *w*; *het — v.d. zaak*, der Hergang, der V.lauf der Sache; *na — v. tijd*, nach einiger Zeit. ▾**—nippel** Reduktionsnippel *m*. ▾**—pijp** Übergangsrohr *s*. ▾**—stekker** Zwischenstecker *m*. ▾**—stuk** Erweiterungs-, Reduzierstück *s*. ▾**verlopen I** *ww* ver/laufen; (*v. tijd, ook*) v.gehen, v.fließen; (*in verval raken*) in V.fall geraten; *er zijn al enige maanden —*, es sind schon einige Monate v.gangen, es ist schon einigeMonate her; (*maanden*) *verliepen* (*zonder dat...*) gingen vorbei, ver/strichen; *een termijn laten —*, eine Frist v.streichen lassen. **II** *bn* (*v. pers.*) v.kommen, (*verliederlijkt*) v.lottert, v.ludert; (*v. termijn*) v.strichen; *de — tijd*, die v.gangene Zeit; (*v. schroef*) ausgelaufen.
verloren verloren; *in een — uurtje*, (*ook*), in e.r müßigen Stunde.
verlos/kunde Entbindungskunst, Geburts/hilfe *w*, Lehre von der G.hilfe. ▾**—kundig** g.hilflich; *—e hulp*, G.hilfe *w*. ▾**—kundige** G.helfer *m*; G.helferin *w*. ▾**—es** erlösen, (*in meer gewone taal*) befreien; *van 'n kind verlost worden*, (*bevallen*) e.s Kindes entbunden werden. ▾**—ser** (*Christus*) Erlöser; (*anders*) Befreier, Retter, Erlöser *m*. ▾**—sing** Erlösung; Befreiung *w*; (*bevalling*) Entbindung, Niederkunft *w*. ▾**—singswerk** Erlösungswerk *s*. ▾**—tang** Geburtszange *w*.
verlot/en verlosen. ▾**—ing** Verlosung *w*.
verlov/en: *z. —*, s. verloben; *verloofd zijn*, verlobt sein. ▾**—ing** Verlobung *w*. ▾**—ingsring** Verlobungsring *m*.
verlucht/en (*boek*) illustrier/en, bebilder/n. ▾**—ing** I.ung, B.ung *w*.
verluiden: *niets laten —*, nichts verlauten lassen; *ik heb horen —, dat...*, es verlautet, daß ..., man hat mir erzählt daß ...; *naar verluidt*, wie verlautet.
verluieren verfaulenzen.
verlummelen vertrödeln.
verlustigen: *z. — in*, s. ergötzen an [3], s. erfreuen an [3].
vermaak Vergnügen *s* (*mv*: Vergnügungen); *— scheppen in*, Gefallen, V. finden an [3]; *tot —*, zur Ergötzung, zum V.; *tot — v.d. jeugd*, zur Belustigung der Jugend.
vermaan Ermahnung *w*.
vermaard berühmt, namhaft. ▾**—heid** B.heit *w*.
vermager/en abmagern. ▾**—ingskuur** Abmagerungskur *w*.
vermakelijk ergötzlich, amüsant; (*grappig*) komisch, drollig. ▾**—heid** E.keit *w*; (*amusement*) Vergnügung, Lustbarkeit *w*; *openbare —*, öffentliche L.; *gelegenheid voor openbare —*, öffentliche V.sstätte. ▾**—heidsbelasting** V.s-, Lustbarkeitssteuer *w*.
vermaken (*anders maken*) (ver)ändern, umändern; (*v. kleren*) umschneidern; (*amuseren*) amüsieren, unterhalten, ergötzen; (*bij testament*) vermachen.
verman/en ermahn/en; (*berispen*) zurechtweis/en, tadeln. ▾**—ing** E.ung *w*; (*berisping*) Z.ung *w*, Tadel *m*.
vermannen *: z. —*, s.zusammennehmen, s. ermannen, s. aufraffen.
vermeend vermeintlich; (*zoals beweerd*

wordt) angeblich.
vermeerder/en vermehren; (*verhogen, ook*) steigern; (*zijn kennis*) erweitern; (*z.*) —, (*v.dieren enz.*) s. v.; (*toenemen*) zunehmen, wachsen; (*hoger worden*) s. steigern; (*het gezin*) *is vermeerderd*, hat Zuwachs bekommen. ▼**—ing** Vermehrung, Zunahme; Erweiterung *w*; (*aanwas*) Zuwachs *m*. ▼**—ingsbedrijf** Brutanstalt *w*.
vermeien: *z.* —, s. ergötzen (an [3]).
vermeld/en erwähen; (*berichten, melden*) melden, mitteilen. ▼**—enswaard** erwähnenswert. ▼**—ing** Erwähnung, Meldung *w*; *met — v. adres*, mit Angabe der Anschrift.
vermeng/en ver/mischen, v.mengen; (*wijn met water, ook*) v.setzen. ▼**—ing** V.mischung *w*.
vermenigvuldig/en (*vooral v. geschrift e.d.*) ver/vielfältigen; (*anders*) v.vielfachen, v.mehren; (*rek.*) multiplizieren; *z.* —, s. v.mehren. ▼**—er** Multiplikator *m*. ▼**—ing** V.vielfältigung; V.vielfachung, V.mehrung *w*; (*rek.*) Multiplikation *w*. ▼**—tal** Multiplikand *m*.
vermetel verwegen, vermessen. ▼**—heid** V.heit, V.heit *w*. ▼**vermeten**: *z.* —, s. vermessen; (*fig., ook*) s. erdreisten, s. unterstehen.
vermicelli Nudeln *Mz*. ▼**—soep** Nudelsuppe *w*.
vermijd/baar vermeid/bar, v.lich. ▼**—en** v.en. ▼**—ing** V. en *s*.
vermiljoen Zinnober *m*.
verminder/en (*minder maken*) ver/mindern, v.ringern; (*verlagen, v. prijzen enz.*) herabsetzen, ermäßigen, v.mindern, (*v. belasting, kosten enz., ook*) senken; (*uitgaven, invoer enz. beperken*) einschranken, drosseln; (*straf*) h.; (*minder worden*) (s.) v.mindern, geringer werden, abnehmen, (*langzaam ophouden*) nachlassen; *verminderde ontvangsten*, v.ringerte Einnahmen, Mindereinnahmen. ▼**—ing** V.minderung, V.ringerung; Herabsetzung *w*; Abnahme *w*, Rückgang *m*; — *v. belasting*, Steuernachlaß *m*, (*alg.*) Steuerermäßigung, -senkung *w*; — *v. inkomsten*, (*ook*) Ausfall *m* an Einnahmen; — *v. prijs*, Preisermäßigung; — *v. straf*, H. der Strafe.
vermink/en verstümmel/n; *in de oorlog verminkt*, kriegsbeschädigt, kriegsversehrt. ▼**—ing** V.ung *w*.
vermissen vermissen.
vermits da, weil.
vermoed/elijk vermutlich, mutmaßlich; (*naar 't zich laat aanzien*) voraussichtlich. ▼**—en I** *ww* ver/muten, mutmaßen; (*voorgevoel hebben v.*) ahnen. **II** *zn* V.mutung; Ahnung *w*; (*verdenking*) V.dacht *m*; *ik had er zo'n — v.*, mir ahnte so etwas; — *op iem.* (*hebben*), e.n V.dacht auf e.n.
vermoei/d ermüdet, müde. ▼**—dheid** Ermüdung, Müdigkeit *w*. ▼**—en** ermüden; *z.* —, s. ermüden; *z. niet te veel* —, (*inspannen*) s. nicht zu sehr anstrengen; *—d*, ermüdend, (*inspannend*) anstrengend. ▼**—enis** Ermüdung *w*; *—sen*, Strapazen, Anstrengungen, Beschwerden.
vermogen I *ww* vermögen; (*veel*) — *op iem.*, über e.n v. **II** *zn* (*bezit*) V. *s*; (*macht*) V. *s*, Macht, Kraft *w*; (*'t kunnen, geschiktheid*) V. *s*, Fähigkeit *w*; (*v.e. mach.; elektr.*) Leistung *w*; *boven mijn* —, über mein V., meine Kräfte; *zoveel in ons — is*, soviel in unserm V., in unsrer M. liegt; *al wat in ons — is*, unser möglichstes; *naar mijn beste* —, nach bestem V., nach besten Kräften; *'t* — (*v.e. machine*), die L., (*nuttig* —) L.sfähigkeit. ▼**—d** (*rijk*) v.d., begütert; (*invloedrijk*) (viel) v.d. ▼**—saanwasbelasting** V.szuwachssteuer *w*. ▼**—saanwasdeling** Beteiligung *w* der Arbeitnehmer am V.szuwachs der Wirtschaft.
vermolmen vermorschen, vermodern.
vermomm/en vermummen, verkleiden; *als schoorsteenveger vermomd*, als Schornsteinfeger verkleidet. ▼**—ing** Vermumming, Verkleidung *w*.
vermoorden ermorden.
vermorsen verschütten; (*papier, verf enz.*) verschmieren; (*verkwisten*) vergeuden, vertun.
vermorzelen zerschmettern, zermalmen.
vermout Wermut *m*.
vermurwen (*fig.*) erweichen; *niet te* —, unerweichlich, unerbittlich.
vernagelen vernageln.
vernauw/en verengen, enger machen; s. v.engen, enger werden. ▼**—ing** V eng(er)ung *w*.
verneder/en erniedrig/en, demütig/en; herabsetzen. ▼**—ing** E.ung, D.ung *w*.
vernemen vernehmen, erfahren; (*informeren*) s. erkundigen; *naar men verneemt*, dem V. nach.
verneuken bemogeln, beschummeln.
verniel/al Alleszerstörer *m*; (*dat kind*) *is een* —, macht alles kaputt. ▼**—en** zerstör/en. ▼**—ing** Z.ung *w*. ▼**—zucht** Z.ungssucht, Z.ungswut *w*.
vernietig/en vernicht/en; (*troepen, ook*) völlig aufreiben; (*vonnis*) aufheben; (*contract enz.*) für nichtig erklären; *een —de blik, kritiek enz.*, ein vernichtender Blick, eine vernichtende Kritik. ▼**—ing** V.ung *w*; Aufhebung *w*; Nichtigkeitserklärung *w*.
vernieuw/bouw Renovierung *w*. ▼**—en** erneuern; *met vernieuwde kracht*, mit erneuter Kraft. ▼**—ing** Erneuerung *w*.
vernikkelen vernickeln; — *v.d. kou*, frieren (wie ein junger Hund, wie ein Schneider).
vernis Firnis *m*; *—je*, (*fig.*) Tünche *w*, Anstrich *m*. ▼**—sen** firnissen.
vernuft Geist; Scharfsinn *m*; Erfindungsgabe *w*; (*pers.*) Geist *m*, Genie *s*, genialer Kopf; *vals* —, Afterwitz *m*. ▼**—ig** scharfsinnig; (*vindingrijk*) erfinderisch; (*met vernuft uitgedacht, daarvan getuigend*) sinnreich. ▼**—igheid** Scharfsinn *m*; Erfindungsgabe; Sinnreichheit *w*.
veronaangenamen unangenehm machen.
veronacht/zamen vernachlässig/en. ▼**—zaming** V.ung *w*.
veronderstell/en voraussetzen, annehmen. ▼**—ing** Voraussetzung, Annahme *w*; *in de — dat ...*, in der A. daß ...
verongelijken zurücksetzen, beeinträchtigen; *iem.* —, (*ook*) e.m Unrecht antun.
verongelukken (tödlich) verunglücken; (*v. schip*) untergehen, (*schipbreuk lijden, ook fig.*) scheitern.
verontheiligen entheiligen.
verontreinig/en verunreinig/en. ▼**—ing** V.ung *w*.
verontrust/en beunruhig/en. ▼**—ing** B.ung *w*.
verontschuldig/en entschuldig/en. ▼**—ing** E.ung *w*; (*iem.*) *zijn —en aanbieden, maken*, s. (bei e.m) e.en.
verontwaardig/en: *z.* —, s. empören, s. entrüsten. ▼**—ing** Entrüstung, Empörung *w*.
veroor/deelde Verurteilte(r) *m*. ▼**—delen** verurteil/en. ▼**—deling** V.ung *w*; — *bij verstek*, Versäumnisurteil *s*.
veroorloven erlauben, gestatten; (*dat kan ik*) *me niet* —, mir nicht leisten.
veroorzak/en verursachen; (*teweegbrengen, ook*) herbeiführen, hervorrufen; (*aanleiding*

zijn tot) veranlassen. ▾—**er** Verursacher *m.* ▾—**ing** Verursachen *s.*
verootmoedigen demütigen.
verorberen aufessen, verspeisen, verzehren.
verorden/en verordnen, anordnen. ▾—**ing** An-, Verordnung *w.* ▾**verordineren** verordnen.
verouder/en (*v.pers.*) altern; (*anders, meestal*) veralten; *hij is erg verouderd*, er ist (hat) sehr gealtert; *verouderd begrip*, veralte(r)ter, (*sterk*) überalterter Begriff; *verouderd standpunt*, überwundener Standpunkt. ▾—**ing** (*v. pers.*) Altern *s*; (*anders*) Veralten *s.*
verover/aar Erober/er *m.* ▾—**en** e.n. ▾—**ing** E.ung *w.* ▾—**ingszucht** E.ungssucht *w.*
verpacht/en verpachten. ▾—**er** Verpächter *m.* ▾—**ing** Verpachtung *w.*
verpakk/en ver-, einpacken; (*anders pakken*) umpacken; (*tech.*) (ver)packen, dichten, lidern. ▾—**ing** Verpackung *w*; (*doosje, pakje enz.*) Packung *w*; (*tech.*) Packung, Dichtung, Liderung *w.*
verpanden verpfänden; (*in de lommerd*) versetzen.
verpatsen verkitschen, verkloppen.
verpauperen verarmen, in Armut geraten.
verpersoonlijken personifizieren, verkörpern.
verpesten verpesten; (*besmettelijke ziekte*) verseuchen.
verpierewaaid verschwiemelt, verbummelt.
verpieteren verkümmern; (*v. eten*) total verkochen; *verpieterd* (*v. pers. ook*) vermickert.
verplaats/baar versetzbar; (*vervoerbaar*) transportabel; (*rijdbaar, op wielen*) fahrbar, (*v. machines enz.: niet vast opgesteld*) orts-, veränderlich. ▾—**en** versetzen; (*handelsz., zetel v. regering enz.*) verlegen; (*troepen*) verschieben; (*lucht, water: door volume of beweging v. iets*) verdrängen; *z.* —, s. versetzen; *verplaatste personen*, (*ontheemden*) Zwangverschickte, Heimatvertriebene. ▾—**ing** Versetzung *w*, usw.
verplanten verpflanzen, umpflanzen.
verpleeg/dag Pflegetag *m.* ▾—**de** Patient *m*, Patientin *w.* ▾—**huis** Pflegeheim *m.* ▾—**kundige** Krankenpfleger *m*, -in *w.* ▾—**ster** (Kranken)Pflegerin *w.* ▾**verpleg/en** pflegen; (*met voedsel verzorgen*) verpflegen. ▾—**end**: — *personeel*, Pflegepersonal *s.* ▾—**er** (Kranken)Pfleger *m.* ▾—**ing** Pflege *w*; (*mil.*) Verpflegung *w.*
verpletteren zerschmettern; (*het schip*) *werd op de klippen verpletterd*, (*ook*) zerschellte an den Klippen; —*de tijding*, niederschmetterende Nachricht; —*de nederlaag*, vernichtende Niederlage; —*de overmacht*, erdrückende Übermacht.
verplicht verpflichtet; (*niet naar vrije keuze*) obligatorisch; (*het lager onderwijs is*) —, verpflichtend, obligatorisch; *tot aanmelding, schadevergoeding* —, melde-, schadenersatzpflichtig; —*e aanmelding*, Anmeldepflicht *w*; —*e bijdrage*, Pflichtbeitrag *m*; —*e consumptie*, Verzehrzwang *m*; —*e inkwartiering*, Zwangseinquartierung *w*; (*aantal*) —*e leerkrachten*; obligatorische Zahl der Lehrkräfte; — *medisch onderzoek*, pflichtärztliche Untersuchung; — *onderwijzer*, gesetzlich vorgeschriebener Lehrer; — *uur*, Pflicht/stunde *w*; —*e vaccinatie*, Impfzwang *m*; — *vak*, P.fach *s*; *niet — vak*, Wahlfach *s*, fakultatives Fach; —*e verzekering*, P.-, Z.versicherung *w*, (*verplichting tot verzekering*) Versicherungszwang *m*; (*ik ben*) *u zeer* —, Ihnen sehr verbunden, verpflichtet; *aan iem. veel — zijn*, e.m zu großem Dank verpflichtet sein, e.m viel zu verdanken haben; (*ik ben wel*) —, gezwungen, genötigt. ▾—**en** verpflichten; (*noodzaken*) zwingen, nötigen; *z.* —, s. verpflichten, s. verbinden; *iem. aan zich* —, e.n zu Dank verpflichten, s. [3] e.n verpflichten; *u zou me zeer* —, Sie würden mich sehr verbinden. ▾—**end** verpflichtend, verbindlich, bindend; *zie ook* **verplicht**. ▾—**ing** Verpflichtung *w*; (*aangegane verplichting*) Verbindlichkeit *w*; —*en* (*hand.*) Verbindlichkeiten; *een — op z. nemen*, eine Verpflichtung übernehmen; — *tot schadevergoeding*, Ersatz-, Entschädigungspflicht *w*; — *aan iem. hebben*, e.m (zu Dank) verpflichtet sein.
verpolitieken politisieren.
verpoppen: *z.* —, s. verpuppen.
verpoten verpflanzen, umpflanzen.
verpotten in e.n anderen Topf pflanzen, umtopfen.
verpoz/en: *z.* —, s. erholen, ausruhen. ▾—**ing** Erholung *w.*
verpraten verplaudern; *z.* —, s. verplaudern, s. verplappern.
verprutsen verpfuschen; (*tijd*) vertändeln, vertun.
verpulveren verpulvern.
verraad Verrat *m*; — *plegen*, V. üben; — *plegen jegens*, V. begehen an [3]. ▾**verrad/en** verraten. ▾—**er** Verräter *m.* ▾—**erlijk** verräterisch; (*geniepig*) heimtückisch; (*iem.*) — (*overvallen, vermoorden*) meuchlings.
verrass/en überraschen; (*stad enz.*) überrumpeln. ▾—**ing** Überraschung; Überrumpelung *w.*
verre *zie* **ver**. ▾—**gaand** weitgehend; maßlos; grob; *dat is* —, das geht zu weit, das ist äußerst frech, das ist eine Unverschämtheit ohnegleichen.
verregenen verregnen.
vérreikend weit/reichend, w.gehend; —*e gevolgen*, w.reichende, w.tragende Folgen.
verreisd (von der Reise) ermattet, mitgenommen; müde von der Reise.
verrek! verflucht, verdammt!; — *maar!*, hol dich der Teufel.
verreken/en verrech/nen; *z.* —, s. v.nen. ▾—**ing** V.nung; Abrechnung *w*; — *f 10*, (*post*) Nachnahme hfl. 10.
verrekijker Fernglas, -rohr *s.*
verrek/ken (*arm enz., z.*) verrenken; (*sterven*) verrecken, krepieren; *verrekt*, verflucht, verdammt! ▾—**ing** Verrenkung *w.*
verreweg bei weitem, weitaus.
verricht/en verrichten; (*handelingen, ook*) vornehmen; (*het nodige*) besorgen. ▾—**ing** Verrichtung *w.*
verrijden (*geld, tijd*) verfahren, (*op rijdier*) verreiten; (*rijdend verplaatsen*) verfahren; *het kampioenschap* —, die Meisterschaft ausfahren.
verrijk/en bereichern; *z.* —, s.b.; (*gehalte v. iets met bepaalde bestanddelen, margarine met vitaminen; uranium*) anreichern. ▾—**ing** Bereicherung *w*; Anreicherung *w.* ▾—**ingsinstallatie** (atomare) Anreicherungsanlage *w.*
verrijzen s. erheben; (*uit de dood, 't graf*) —, (von dem Tode, aus dem Grabe) auferstehen. ▾—**is** Auferstehung *w.*
verroeren bewegen, rühren; *z.* —, s. rühren, s. regen.
verroesten verrosten; *je kunt* —, steig mir den Buckel 'nauf!; *verroest!*, zum Teufel, du; (*ook*) verdammt!
verrollen an e.n anderen Platz rollen; (*huis enz., ook*) verschieben.
verrot faul, verfault. ▾—**ten** verfaulen, verwesen. ▾—**ting** Fäulnis, Verwesung *w.*

verruil/en umtauschen; (*bij vergissing*) vertauschen, verwechseln. ▾**—ing** Umtausch *m*; Vertauschen *s*.
verruim/en erweiter/n; (*krediet*) ausweit/en. ▾**—ing** E.ung *w*; (*krediet*) A.ung *w*; *— v. werkgelegenheid*, Arbeitserweiterung, -mehrbeschaftung *w*.
verukk/elijk entzückend, bezaubernd, reizend. ▾**—en** entzücken, bezaubern. ▾**—ing** Entzücken *s*; *in — brengen*, entzücken.
verruwen verrohen.
vers I *bn & bw* frisch; *—e groente, melk*, (*ook*) Frischgemüse *s*, -milch *w*. **II** *zn* Vers *m*; Gedicht *s*.
versaagd verzagt. ▾**versagen** verzagen.
verschaffen verschaffen, besorgen.
verschalen schal werden, verschalen; *verschaald*, schal, abgestanden.
verschalken überlisten; (*dier*) fangen.
verschans/en verschanz/en; *z. —*, s. v.en. ▾**—ing** V.ung *w*; (*schans*) Schanze *w*; (*reling*) Reling *w*.
verscheiden I *vnw & telw* mehrere; (*verschillend*) verschiedene. **II** *ww* verscheiden, hinscheiden. **III** *zn* Hinscheiden *s*. ▾**—heid** Mannigfaltigkeit; (*verschil*) Verschiedenheit *w*.
verschep/en verschiffen; (*overladen*) verladen. ▾**—er** Verschiff/er *m*. ▾**—ing** V.ung; Verladung *w*.
verscherp/en verschärf/en. ▾**—ing** V.ung *w*.
verscheur/dheid Zerrissenheit *w*. ▾**—en** zerreißen; (*in flarden*) zerfetzen; *—de dieren*, reißende Tiere.
verschiet Ferne; Perspektive *w*; (*iets*) *in 't —* (*hebben*), in Aussicht.
verschieten (*kogels enz.*) verschießen; (*v. kleuren, stoffen enz.*) verschießen, (*v. pers.*) s. verfärben, die Farbe wechseln; *—de ster*, Sternschnuppe *w*; *zie ook* **voorschieten**.
verschijn/dag (*v. wissel*) Verfallstag *m*. ▾**—en** erschein/en; (*v. wissels enz.*: *vervallen*) fällig sein. ▾**—ing** E.ung *w*; Fälligwerden *s*. ▾**—sel** E.ung *w*; *—en*, (*symptomen*) Symptome, Anzeichen *Mz*.
verschil Unterschied *m*; Differenz *w*; (*rek.*) Differenz *w*; *— v. leeftijd*, Altersunterschied; *— v. mening*, Meinungsverschiedenheit *w*; *een — maken*, e.n U. machen. ▾**—len** verschieden sein, differieren, abweichen; *ik verschil met hem v. mening*, ich bin andrer Meinung als er, wir sind v.er Meinung; *v. iem. — door iets*, s. von e.m unterscheiden durch etwas; *v. grootte, v. kleur, in leeftijd —*, an Größe, in der Farbe, im Alter v. sein; *zij — 3 jaar in leeftijd* (*ook*) sie sind 3 Jahre auseinander. ▾**—lend** verschieden; *—e*, (*verscheidene*) mehrere; *totaal —*, grundverschieden; *— v. grootte*, v. an Größe, von ungleicher Größe; *—en* (*zeggen*), verschiedene, manche, mehrere. ▾**—punt** Streitpunkt *m*.
verschimmelen (ver)schimmeln.
verschon/en (*verontschuldigen*) entschuldigen, verzeihen; (*ontzien, sparen*) (ver)schonen; *verschoon mij van uw bezoek*, verschonen Sie mich bitte mit Ihrem Besuch; *ik wens v. zulke hatelijke opmerkingen verschoond te blijven*, ich verbitte mir solche Anzüglichkeiten; (*de bedden*) *—*, frisch überziehen; (*schoon ondergoed aandoen*) (e.m) reine Wäsche anziehen; *z. —*, reine Wäsche anziehen; (*ook, zie boven*) s. entschuldig/en. ▾**—ing** (*verontschuldiging*) E.ung, Verzeihung *w*; *— vragen*, um E.ung, um Verzeihung bitten; (*beddegoed*) frische Bettücher; (*schoon ondergoed*) reine Wäsche, (*'t aandoen*) das Anziehen der reinen Wäsche.
verschoppeling Zurückgesetzte(r), Verstoßene(r) *m*.
verschot (*voor 'n ander zolang betaald*) Auslage *w*; (*voorschot*) Vorschuß *m*; (*sortering*) Auswahl *w*.
verschrijven verschreib/en; *z. —*, s. v.en. ▾**—ing** V.ung *w*, Schreibfehler *m*.
verschrikk/elijk schrecklich, furchtbar, fürchterlich; (*afschuwelijk*) scheußlich; *— slecht*, furchtbar schlecht. ▾**—en** (*schrik aanjagen*) erschrecken (erschreckte, erschreckt); (*schrik krijgen*) e. (erschrak, erschrocken). ▾**—ing** Schrecken *m*; (*iets verschrikkelijks, ook*) Schrecknis *s*.
verschroeien versengen; *verschroeide aarde*, verbrannte Erde.
verschrompel/en zusammenschrumpfen; (*schrompelig, rimpelig worden*) (ein)schrumpfen, schrumpeln, runzlig werden; verhutzeln. ▾**—ing** Zusammenschrumpfung *w*; Schrumpfen *s*.
verschuifbaar verschiebbar.
verschuilen verstecken, verbergen.
verschuiv/en verschieben; (*stoelen enz., ook*) verrücken; (*uw das*) *is wat verschoven*, hat s. etwas verschoben. ▾**—ing** Verschiebung *w*; Verrücken *s*.
verschuldigd schuldig; *het —e* (*bedrag*), der schuldige Betrag; *—e rente*, schuldige, fällige Zinsen; (*het bedrag is*) *—*, fällig; (*iem.*) *veel — zijn*, viel verdanken, vielen Dank schuldig sein, viel schuldig sein.
versheid Frische, Frischheit *w*.
versie Version, Fassung *w*.
versier/der Dekorateur *m*; (*fig., ong.*) Schürzenjäger *m*. ▾**—en** (aus)schmücken, verzier/en; (*meer: wat opsieren*) putzen. ▾**—ing** V.ung, Ausschmückung *w*; (*wat versiert*) V.ung *w*, Schmuck *m*, Zier(de) *w*. ▾**—sel** V.ung *w*, Zierat, Schmuck *m*; *— en v.e. ridderorde*, Ordenszeichen *Mz*.
versjacheren verschachern.
versjouwen verschleppen.
verslaafd: *aan de drank —*, dem Trunk verfallen, ergeben; (*aan drugs*) süchtig. ▾**—heid** (*aan drank, spel*) Trunk, Spielsucht *w*.
verslaan (*overwinnen*) schlagen; (*verslag geven v.*) berichten (über [4]), Bericht (von, über etwas) erstatten, geben; (*verschalen*) schal werden. ▾**verslag** Bericht *m*; *— geven*, B. erstatten. ▾**—en** (*terneergeslagen*) niedergeschlagen, bestürzt; *zie verder* **verslaan**. ▾**—ene** Erschlagene(r), Getötete(r) *m*. ▾**—enheid** Bestürzung, Niedergeschlagenheit *w*. ▾**—gever** Berichterstatter *m*. ▾**—geving** Berichterstattung *w*. ▾**—jaar** Berichtsjahr *s*.
verslapen verschlafen.
verslapp/en erschlaffen; (*v. vlijt enz.*) nachlassen; (*v. handel*) abschwächen. ▾**—ing** Erschlaffung *w*; (*v. vlijt*) Nachlassen *s*; (*v. handel*) Abschwächung *w*.
verslaving Sucht *w*; *zie* **verslaafdheid**. ▾**—ziekte** S.krankheit *w*.
verslecht(er)en verschlechtern, verschlimmern; (*slechter worden*) s. verschlimmern, s. verschlechtern.
verslepen verschleppen; (*met sleperswagen*) verrollen.
versleten abgenutzt, verschlissen, abgetragen. ▾**verslijten** verbrauchen, abnutzen, verschleißen; (*iets*) *verslijt*, verschleißt, nutzt s. ab; (*iem.*) *— voor*, halten für.
verslikken: *z. —*, s. verschlucken.
verslinden verschlingen.
verslinger/d: *— op*, vernarrt in [4], erpicht auf [4]. ▾**—en**: *z. —* (*aan*), (*vergooien*) s. verplempern, s. wegwerfen (an [4]); *z. — aan*,

op, (*verliefd, verzot worden op*) s. vernarren in [4], erpicht werden auf [4].
versloffen vernachlässigen.
verslonzen verwahrlosen, verhunzen, verlottern.
versmaat Versmaß *s.*
versmachten (*v.*) verschmachten (vor).
versmaden verschmähen.
versmallen verschmälern.
versmelten verschmelzen; (*omsmelten*) umschmelzen; (*wegsmelten*) zerschmelzen.
versnapering Süßigkeit *w.*
versnellen beschleunigen; *met versnelde pas*, im Geschwind-, Eilschritt; *versnelde weergave* (*v. film*) Zeitraffer *m.* ▾**versnelling** Beschleunigung *w*; (*aan auto*) Gang *m*; (*fiets*) Übersetzung *w.* ▾**—sbak** Getriebegehäuse, Wechselgetriebe *s.* ▾**—shandel** Schalt-, Ganghebel *m.* ▾**—snaaf** Übersetzungsnabe *w.*
versnijd/en verschneiden. ▾**—ing** V. *s.*
versnipperen verschnippeln; (*krachten, tijd*) zersplittern; (*tijd, onderwerp enz.*) verzetteln.
versnoepen vernaschen.
versoberen die Ausgaben einschränken, s. e., sparsamer leben.
versomberen verdüstern.
verspelen verspielen; (*iem.s achting enz.*) verscherzen.
verspenen (*plantjes*) pikieren, verstopfen; (*bosbouw*) verschulen.
versperr/en ver/sperren; (*brug, haven, weg enz.*) sperren; (*iem. de weg*) —, (*ook*) v.legen, v.treten. ▾**—ing** V.sperrung *w*; (*wat verspert*) Sperre *w*; (*v. prikkeldraad*) Drahtverhau *m.* ▾**—ingsballon** Sperrballon *m.*
verspied/en auskundschaften, ausspähen. ▾**—er** Späher *m.*
verspill/en ver/schwenden, v.geuden; (*tijd enz., ook*) v.tun; (*bij kleine beetjes zodat het nutteloos is*) v.zetteln. ▾**—ing** V.schwendung, V.geudung; V.zettelung *w.*
versplinteren zersplittern.
verspreid zerstreut; (*verspreid staand, bijv. huizen*) vereinzelt. ▾**—en** verbreiten; (*verstrooien*) zerstreuen; (*mil.*) (aus)schwärmen; (*geruchten*) verbreiten, ausstreuen; (*vlugschriften*) verbreiten, austeilen; (*'n volksmenigte*) zerstreuen; *z.* —, s. v.breiten, (*verstrooien*) s. zerstreuen; (*de menigte*) *verspreidde z.*, zerstreute s., verlief s. ▾**—ing** Verbreitung; Aus-, Zerstreuung *w.*
versprek/en: *z.* —, s. versprechen. ▾**—ing** Sichversprechen *s.*
verspringen (*v. wijzer enz.: opschuiven*) rücken.
vérspringen I *ww* weitspringen. **II** *zn* Weitsprung *m.*
vers/regel (Vers)Zeile *w.* ▾**—snede** Verseinschnitt *m.*
verstaan verstehen; (*iem. iets*) *te — geven*, zu v. geben, (*duidelijk te — geven, ook*) nahelegen; *wel te* —, wohlverstanden; *z. met iem.* —, s. mit e.m verständigen; *z. op iets* —, s. auf etwas [4] verstehen. ▾**—baar** vernehmlich, (*begrijpelijk*) verständlich. ▾**—der**: *een goed — heeft maar een half woord nodig*, Gelehrten ist gut predigen.
verstalen verstählen.
verstand Ver/stand *m*; *daar heeft hij helemaal geen — v.*, davon v.steht er gar nichts; *daar heeft hij — v.*, (*dat kan hij*) das v.steht er, darauf v.steht er s.; (*iem. iets*) *aan 't — brengen*, klar machen; *niet helemaal bij z'n* —, nicht ganz bei V.stand, (*fam.*) bei Trost; *met dien —e, dat...*, in dem Sinne daß..., unter der Bedingung daß...; *tot goed — v. zake* (*diene...*), zum richtigen V.ständnis der Sache; *vlug v. — zijn*, eine leichte Fassungsgabe besitzen, schnell fassen, ein gutes V.ständnis haben; *gebruik je — toch!*, sei doch v.nünftig!; *daar staat mijn — bij stil*, dabei steht mir der V.stand still, dazu reicht mein V.stand nicht aus. ▾**—elijk** geistig, intellektuell; *—e vermogens*, Geistes-, V.standeskräfte. ▾**—houding**: *in goede — (met elkaar leven)*, in gutem Einvernehmen; *een blik v.* —, ein Blick des Einverständnisses, ein v.ständnisvoller Blick; *in geheime — (staan)*, in geheimer Beziehung (zu), in geheimer V.bindung (mit). ▾**—ig** klug, gescheit; (*met rede begaafd, redelijk*) vernünftig; *een — antwoord*, eine kluge Antwort; (*dat heeft hij*) *— gedaan*, gescheit gemacht. ▾**—skies** Weisheitszahn *m.* ▾**—smens** Verstandesmensch *m.* ▾**—sverbijstering** Geistesverwirrung *w.*
verstarren erstarren.
verstedelijk/en verstädter/n, städtisch werden, st. machen. ▾**—ing** V.ung *w.*
verstek 1 (*jur.*) Abwesenheit *w*, Nichterscheinen *s*, Versäumnis *w*; *bij — (veroordelen)*, in A.; *vonnis bij* —, (*civiel proces*) V.urteil, (*strafzaak*) A.surteil *s*; *— laten gaan*, nicht erscheinen; **2** (*tech.*) Gehr/ung *w.* ▾**—bak** G.lade *w.*
verstekeling blinder Passagier, Schwarzfahrer *m.*
verstelbaar verstellbar.
versteld (*onthutst*) verdutzt, bestürzt. ▾**—heid** V.heit, B.heit *w.*
verstel/goed Flick/zeug *s.* ▾**—len** (*anders stellen*) verstellen; (*repareren*) f.en. ▾**—naaister** F.erin, Ausbesserin *w.* ▾**—werk** F.zeug *s*, zu f.ende Kleidung, Schuhe.
versten/en versteiner/n. ▾**—ing** V.ung *w.*
versterf (*erfenis*) Hinterlassenschaft *w*; (*erfdeel*) Erbteil *m, s*, Erbe *s*; *zijns vaders* —, der väterliche Erbteil, das Vaterteil. ▾**—recht** Erbrecht *s.*
versterk/en verstärk/en; (*stad*) befestigen; (*lichaam, spieren enz.*) kräftigen, stärken; (*iem. in zijn mening*) —, bestärken; *—de middelen*, stärkende Mittel, Stärkungsmittel *Mz.* ▾**—er** V.er *m.* ▾**—ing** V.ung *w* (*ook troepen*); Befestigung *w* (*ook fort*); Kräftigung, Stärkung *w.*
verster/ven (*v. roem*) erlöschen; (*bij erfenis*) vererben; *z.* —, s. freiwillig etwas versagen. ▾**—ing** Entsagung *w.*
verstevigen (be)festigen.
verstijfd erstarr/t, starr. ▾**verstijv/en** e.en, steif werden; (*tech. steviger maken*) versteif/en. ▾**—ing** E.ung, (*tech.*) V.ung *w.*
verstikk/en erstick/en. ▾**—ingsdood** E.ungstod *m.*
verstoken I *bn*: *— v.*, entblößt von; *v. iets — zijn*, (*ook*) etwas entbehren müssen. **II** *ww* verbrennen, verfeuern, verheizen.
verstokt verstockt; *—e booswicht*, (*ook*) hartgesottener Bösewicht; *— vrijgezel*, eingefleischter Junggeselle.
verstolen verstohlen, heimlich.
verstomm/en verstummen; *verstomd staan*, sprachlos sein, (*zie ook* **verbaasd**). ▾**—ing** Sprachlosigkeit *w.*
verstoord verstimmt, ärgerlich, aufgebracht, unwillig; *op iem. — (zijn)*, auf, über e.n ungehalten, erbost, über e.n entrüstet. ▾**—er** Störer *m.* ▾**—heid** Verstimmung *w*, Ärger, Unwille *m*; Ungehaltenheit, Entrüstung *w.*
verstopp/en (*dichtstoppen*) verstopfen; (*verbergen*) verstecken; (*de buis is*) *verstopt*, verstopft. ▾**—ertje**: *— spelen*, Verstecken spielen. ▾**—ing** Verstopfung *w*; *— in 't hoofd*, (*verkoudheid*) Schnupfen *m.*
verstor/en stören; (*iem.s geluk, vreugde*)

zerstören; (*uit zijn humeur brengen*) verstimmen, ärgern, aufbringen. ▾**—ing** Störung *w*; (*vernietiging*) Zerstörung *w*; — *v.h. evenwicht*, Gleichgewichtsstörung.
verstorven vererbt, zugefallen.
verstot/eling Ausgestoßene(r), Verstoßene(r) *m*. ▾**—en** v.en. ▾**—ing** V.ung *w*.
verstouwen verstauen; (*anders stouwen*) umstauen.
verstrakken (*v. gelaat enz.*) erstarren.
vérstraler Weit-, Fernstrahler *m*.
verstrekken verschaffen, geben, liefern; (*uitreiken bijv. gaven*) verabreichen; (*hulp, voorschot*) leisten; (*wie heeft hem het nodige geld*) *daarvoor verstrekt?*, dazu (her)gegeben?; *inlichtingen* —, Auskunft erteilen.
vérstrekkend weitreichend, weitgehend; *—e gevolgen*, weittragende Folgen.
verstrekking Verschaffung, Verabreichung; Leistung *w* (*ook v. middelen uit een of ander fonds*); Hergabe *w*.
verstrijken verstreichen; *na 't — v.d. termijn*, nach Ablauf der Frist.
verstrikken verstricken, verwickeln; *z.* —, s. verstricken; *iem. in zijn netten* —, e.n in seinen Netzen einfangen, verstricken; *z. in zijn eigen leugens* —, s. in seinen eigenen Lügen verwirren.
verstrooi/d zerstreut. ▾**—dheid** Z.heit; Geistesabwesenheit *w*. ▾**—en** zerstreuen. ▾**—ing** Zerstreuung *w*.
verstuik/en verstauch/en; *zijn voet* —, s. den Fuß v.en. ▾**—ing** V.ung *w*.
verstuiv/en (*vloeistof*) zerstäub/en; (*v. zand*) verwehen. ▾**—er** Z.er *m*. ▾**—ing** Z.ung *w*; (*v. zand*) Verwehen *s*; (*zandverstuiving*) Sandwehe *w*.
versturen *zie* **verzenden**.
versuf/fen verblöd/en, stumpfsinnig werden, s.abstumpfen; (*suf maken*) abstumpfen, stumpfsinnig machen; (*verdoven, bedwelmen, bijv. door klap*) betäuben. ▾**—fing** V.ung *w*; Betäubung *w*. ▾**—t** v.et, stumpfsinnig, (*door klap enz.*) betäubt; (*suffig*) dösig, duselig. ▾**—theid** V.ung *w*; Betäubung *w*.
versvoet Versfuß *m*.
vertaal/baar übersetz/bar, zu übersetzen. ▾**—bureau** Ü.ungsbüro *s*. ▾**—oefening** Ü.ungsaufgabe *w*. ▾**—werk** Ü.ungsarbeit *w*.
vertakk/en: *z.* —, s. verzweigen, (*in zeer vele takjes*) s. verästeln; (*min of meer gaffelvormig ook*) s. gabeln. ▾**—ing** Verzweigung; Verästelung; (*in twee of een paar armen*) Gabelung; (*zijtak*) Abzweigung; (*v. organisatie enz., ook*) Gliederung *w*.
vertal/en übersétzen, übertrágen. ▾**—er** Übersetz/er *m*. ▾**—ing** Ü.ung *w*.
verte Ferne *w*; *in de verste — niet*, nicht im entferntesten; *ik denk er in de verste — niet aan om te komen*, ich denke ja nicht im Traume daran zu kommen; (*zoiets ligt*) *in de verre* —, in weiter F.; *uit de* —, von weitem.
vertederen erweichen.
verteerbaar verdaulich.
vertegenwoordig/en vertret/en. ▾**—end** repräsentativ; — *lichaam*, V.ungskörperschaft *w*. ▾**—er** V.er *m*; — *in rechten*, Rechtsvertreter *m*. ▾**—ing** V.ung *w*.
vertekenen verzeichnen; (*fig.*) verzerren, entstellen.
vertel/len erzähl/en; *z.* —, s. verzählen. ▾**—ler** E.er *m*. ▾**—ling** E.ung *w*. ▾**—sel** E.ung, Geschichte *w*.
verter/en ver/zehren; (*voedsel in de maag verwerken*) v.dauen; (*geheel tot stof vergaan*) v.wesen; (*geld*) v.zehren; (*mijn maag kan die spijzen niet*) —, v.dauen; (*zulke spijzen*) — *moeilijk*, v.dauen s. nicht leicht, werden nicht leicht v.daut; (*zo'n zware kost kan ik niet*) —, (*ook fig.*) v.dauen; *v. verdriet verteerd worden*, s. vor Gram v.zehren; (*hout*) *verteert*, v.fault, v.modert. ▾**—ing** V.zehrung *w*; (*'t gelag*) Zeche *w*; (*v. voedsel*) V.dauung *w*; *grote —en maken*, viel draufgehen lassen.
verticaal I *bn & bw* vertikal, senkrecht, Vertikal... **II** *zn* Vertikale, Senkrechte *w*.
vertienvoudigen verzehnfachen.
vertier Verkehr *m*; (*ontspanning*) Unterhaltung *w*; (*in dat stadje*) *is veel* —, ist ein reger V., herrscht ein reges Leben; *zijn — elders zoeken*, s. anderswo zu amüsieren suchen.
vertikken: *ik vertik het!*, ich tue es nicht!, ich danke!
vertillen: *z.* —, s. verheben.
vertimmer/en umbauen; (*aan timmeren besteden*) verbauen. ▾**—ing** Umbau *m*.
vertinnen verzinnen.
vertoeven verweilen, s. aufhalten.
vertolk/en (*weergeven*) wiedergeben (*verklaren*) erklären, auslegen, interpretieren; *de gevoelens* —, den Gefühlen Ausdruck verleihen; *een rol* —, eine Rolle darstellen. ▾**—er** Erklärer, Ausleger, Interpret *m*; (*v. rol*) Darsteller *m*. ▾**—ing** (*v. rol*) Darstellung *w*; (*muz.*) Wiedergabe *w*. ▾**—ster** (*theat.*) Darstellerin *w*.
verton/en (*laten zien*) vorzeigen, vorweisen; (*sporen v. geweldpleging enz.*) zeigen, aufweisen; (*opvoeren*) aufführen; (*uitbeelden*) darstellen; (*film*) vorführen; *z.* —, s. zeigen, s. sehen lassen. ▾**—er** Vorzeiger *m*; (*v. film*) Vorführer *m*. ▾**—ing** (*v. biljet*) Vorzeigung *w*; (*opvoering*) Aufführung *w*; *veel — maken*, großen Aufwand machen.
vertoog Auseinandersetzung, Darlegung *w*; (*schriftelijke verhandeling*) Abhandlung *w*.
vertoon Vorzeigung *w*; (*ophef*) Aufwand *m*; *op — v.*, bei V., bei Vorlage; *— v. macht*, Machtentfaltung *w*; *— v. geleerdheid*, Aufwand *m* von Gelehrsamkeit; *veel — maken*, viel Aufhebens von etwas machen, (*ook*) Staat machen, prunken.
vertoornen erzürnen, aufbringen; *z.* —, s. e.
vertraagd ver/zögert, v.langsamt; *—e beweging*, v.zögerte Bewegung; *—e weergave v. film*, Zeitlupe *w*. ▾**vertrag/en** v.zögern; (*te laat doen plaatshebben*) v.späten; (*rekken*) in die Länge ziehen; (*v. proces, ook*) v.schleppen; (*de beweging*) *vertraagt*, wird langsamer; *vertraagde ontsteking*, (*bij motor*) Spätzündung *w*; *vertraagde film*, Zeitlupenaufnahme *w*. ▾**—traging** V.zögerung *w*; (*v. proces, ook*) V.schleppung *w*; (*v. trein enz.*) V.spätung *w*; *— hebben*, V.spätung haben.
vertrappen, **vertreden** zertreten, mit Füßen treten; *z. vertreden*, s. die Füße vertreten, (*naar buiten gaan*) an die Luft gehen.
vertrek (*kamer enz.*) Zimmer *s*, Raum *m*, (*deftig*) Gemach *s*; (*heengaan*) Abreise, Abfahrt *w*, Weggang, Fortgang *m*, (*v. auto, schip, trein enz.*) Abfahrt *w*, (*vliegt.*) Abflug *m*; (*'t verhuizen uit gemeente*) Wegzug *m*. ▾**—ken** (*anders trekken*) verziehen; (*verwringen*) verzerren; (*afreizen, weggaan*) abreisen, abfahren; weggehen, fortgehen, fortziehen; (*auto, schip, trein enz.*) abfahren, abgehen; (*vliegt.*) abfliegen, starten; (*verhuizen uit gemeente*) wegziehen; *wij — vandaag*, wir reisen heute ab; *we — (met de laatste bus)*, wir fahren; *U kunt —!*, Sie können gehen!; *—de schepen*, auslaufende, ausgehende Schiffe; (*zie ook* **vertrokken**). ▾**—tijd** Abfahrtzeit *w*; (*vliegt.*) Abflugzeit *w*.

vertreuzelen vertrödeln.
vertroebelen trüben.
vertroetelen verzärteln, verhätscheln.
vertrokken: (*op onbestelbare brief*) Empfänger verzogen; — *leerlingen*, schulentlassene Schüler; — *leraren*, dienstentlassene Oberlehrer.
vertroost/en trösten. ▾**—end** tröstlich, trostreich. ▾**—ing** Tröstung *w*, Trost *m*.
vertrouw/d vertrau/t; (*betrouwbaar*) zuverlässig; (*met iets*) — *raken*, v.t werden. ▾**—dheid** V.theit *w*. ▾**—elijk** v.lich. ▾**—eling** V.te(r) *m*. ▾**—en I** *zn* V.en *s*; (*sterker*) Zutrauen *s*; (*vaste hoop*) Zuversicht *w*; — *in iem. stellen*, V.en zu e.m haben, sein V.en in (auf) e.n setzen; *het in hem gestelde* —, das in ihn gesetzte V.en; *in — op*, im V.en auf [4]; (*iem.*) *in — nemen*, ins V.en ziehen; *motie v.* —, V.ensantrag *m*. **II** *ww* (e.m) (ver)trauen; — *op*, vertrauen auf [4], s. verlassen auf [4]; *hij vertrouwde 't zaakje niet erg*, er traute der Sache nicht recht. ▾**—enskwestie** Vertrauens/frage *w*. ▾**—ensman** V.mann *m*. ▾**—enspositie** V.stellung *w*.
vertwijfel/en verzweif/eln. ▾**—ing** V.lung *w*.
veruit weitaus, bei weitem.
vervaard bange, ängstlich, eingeschüchtert; *voor geen kleintje* —, s. nicht leicht einschüchtern lassen.
vervaardig/en herstell/en, an-, verfertigen. ▾**—er** H.er *m*. ▾**—ing** H.ung, An-, Verfertigung *w*.
vervaarlijk furchtbar, entsetzlich, schrecklich.
vervagen verschwimmen, s. verwischen; (*mijn jeugdherinneringen zijn*) *vervaagd*, verwischt.
verval Verfall *m*; (*fooien*) Trinkgelder *Mz*; (*v.e. rivier*) Gefälle *s*; — *v. krachten*, V., Abnahme der Kräfte, Entkräftung *w*; *in — raken*, in V. geraten, (*v. pers., ook*) herunterkommen. ▾**—dag** V.tag, Fälligkeitstag *m*. ▾**—datum** V.datum *s*. ▾**—len I** *ww* v.en; (*v. krachten enz., ook*) abnehmen; (*aan lager wal raken*) herunterkommen; (*v. wissels, vorderingen, coupons enz.*) fällig werden, fällig sein; (*v. contract, lidmaatschap, mandaat, procuratie enz.*) erlöschen; (*weg-, uitvallen*) weg-, aus-, fortfallen; (*het octrooi*) *vervalt na 18 jaren*, ist nach 18 Jahren hinfällig; (*die bezitting zal*) *aan mij* —, mir zufallen, an mich fallen; *tot armoede, zonde* —, in Armut, Sünde verfallen. **II** *bn* verfallen; (*aan lager wal geraakt*) heruntergekommen; (*vermagerd*) abgemagert; (*v. wissels enz.*) fällig; *v.h. lidmaatschap* — (*verklaren*), der Mitgliedschaft verlustig. ▾**—lenverklaring** Verfallerklärung *w*.
vervals/en verfälsch/en; (*namaken*) fälsch/en. ▾**—er** V.er; F.er *m*. ▾**—ing** V.ung; F.ung *w*.
vervang/baar ersetzbar. ▾**—en** ersetzen; (*iem.*) vertreten; (*sp.*) ersetzen. ▾**—end**: — *e dienstplicht*, Zivilersatzdienst *m*; — *lot*, Ersatzlos *s*. ▾**—er** Vertreter *m*; Ersatzkraft *w*. ▾**—ing** (*v. persoon*) Vertretung *w*; (*sp.*) Ersatz *m*; (*v. zaken*) Ersatz *m*, (*tech., ook*) Auswechslung *w*. ▾**—ingsmiddel** Ersatzmittel *s*. ▾**—ingswaarde** Wiederbeschaffungs-, Ersatz-, Ersetzungswert *m*.
vervatten: (*het geschrift*) *was in deze bewoordingen vervat*, hatte folgenden Wortlaut; *daar is alles in vervat*, darin ist alles enthalten.
verveelvoudigen vervielfältigen.
vervel/en langweilen; *'t verveelt me*, (*ik heb er genoeg v.*) ich habe, bin es satt; *tot —s toe*, bis zum Überdruß. ▾**—end** langweilig; (*onaangenaam*) unangenehm. ▾**—ing** Langeweile *w*.
vervellen (*v. dieren*) s. häuten; (*mijn neus*) *vervelt*, schält s.; *ik vervel*, meine Haut schält s.; (*na ziekte*) schuppt s.
verv/eloos farblos; (*het gebouw is*) —, schlecht im Anstrich. ▾**—en** (*met de kwast*) (an)streichen; (*stoffen, haren, lippen*) färben; *z.* —, s. die Haare färben, (*anders*) s. anmalen; *pas geverfd!*, frisch angestrichen.
verven/en abtorfen. ▾**—er** Torfstecher *m*. ▾**—ing** Abtorfung *w*, Torfstich *m*.
verver Anstreicher; (*v. stoffen*) Färber *m*. ▾**—ij** Färberei *w*.
ververs/en erfrisch/en; *olie* —, Öl wechseln. ▾**—ing** E.ung *w*. ▾**—ingskanaal** E.ungskanal *m*.
vervett/en (s.) verfett/en. ▾**—ing** V.ung *w*.
verviervoudigen vervierfachen.
vervlakken verflachen.
vervliegen ver/fliegen; (*vloeistof, ook*) v.dunsten, s. v.flüchtigen; (*mijn hoop is*) *vervlogen*, v.schwunden, dahin, v.flogen; *uit vervlogen dagen*, aus v.flossenen Tagen.
vervloeien zerfließen, verfließen.
vervloek/en ver/fluchen, v.wünschen; *iem.* —, (*ook*) e.m fluchen. ▾**—ing** V.fluchung, V.wünschung *w*; Fluch *m*.
vervluchtigen (s.) verflüchtigen.
vervoeg/en konjugieren, abwandeln, beugen; *z. op 't bureau* —, s. auf das Büro verfügen; *z. bij iem.* —, s. an e.n wenden, zu e.n v. ▾**—ing** Konjugation, Abwandlung, Beugung *w*.
vervoer Beförderung *w*, Transport *m*; — *v. goederen*, Gütertransport, -beförderung; — *v. personen*, Personenbeförderung; — *te land*, Landtransport; *'t — v. goederen over lange afstand*, der Güterfernverkehr; *middel v.* —, Transport/-, Beförderungsmittel *s*. ▾**—baar** t.ierbar, t.fähig. ▾**—bedrijf** T.unternehmen *s*. ▾**—bewijs** (*geleibiljet*) Passierschein, (mit) Freifahr(t)schein *m*. ▾**—centrum** Verkehrshof *m*. ▾**—en** befördern, t.ieren. ▾**—ing** Verzückung *w*; (*geestdrift*) Begeisterung *w*; *in — raken*, in V., in Ekstase geraten; s. begeistern; *in* —, in Ekstase, verzückt, begeistert. ▾**—middel** *zie* **vervoer**.
vervolg Fortsetzung *w*; *in — op* (*mijn schrijven v. gisteren*), im Anschluß an [4]; *in 't* —, in Zukunft, künftig(hin), in der Folge. ▾**—aflevering** neue, zweite, dritte ... Lieferung. ▾**—bundel** neue Folge. ▾**—cursus** Fortbildungskursus *m*. ▾**—deel** neuer Band *m*. ▾**—en** verfolgen [4]; (*nazetten, ook*) nachsetzen [3]; (*voortzetten*) fortsetzen; (*'en toen,'*) *vervolgde hij*, fuhr er fort; *wordt vervolgd*, Fortsetzung folgt. ▾**—ens** darauf, sodann, weiter, ferner. ▾**—ing** Verfolgung *w*. ▾**—ingswaanzin** V.swahnsinn *m*. ▾**—klasse** Fortbildungs/klasse *w*. ▾**—onderwijs** F.unterricht *m*. ▾**—roman** Fortsetzungsroman *m*.
vervolmaken vervollkommnen.
vervormen umformen; umbilden; (*v. beeld, geluid*) verzerren.
vervrachten verfrachten.
vervreemd/baar ver/äußerlich. ▾**—en** (*verkopen*) v.äußern, v.kaufen; (*v. pers.*) entfremden; *v. iem.* —, e.m entfremden; (*die kinderen*) — *v. hun ouders*, entfremden ihren Eltern; *z. v. iem.* —, s. e.m entfremden. ▾**—ing** V.äußerung *w*; (*v. pers.*) Entfremdung *w*.
vervroeg/en verfrühen; (*bezoekuur, etensuur, vergadering enz.*) früher ansetzen; (*vergadering naar vroegere datum, begin v.e. voorstelling, film naar vroeger uur*) vorverlegen; (*verhaasten*) beschleunigen; *vervroegde betaling*, verfrühte, vorzeitige Zahlung; *vervroegde opzegging*, vorzeitige Kündigung. ▾**—ing** Verfrühung;

Beschleunigung *w.*
vervuil/en ver/unreinigen, v.schmutzen; (*vuil worden*) v.schmutzen, v.unreinigt werden. ▼**—er** V.unreiniger *m.* ▼**—ing** V.unreinigung, V.schmutzung *w.*
vervull/en (*ambt enz.*) versehen, bekleiden, *iem.s plaats —*, jemands Stelle vertreten, versehen; *zijn dienstplicht —*, seine Wehrpflicht (ab)leisten; *een rol —*, eine Rolle spielen. ▼**—ing** Erfüllung; Versehung, Bekleidung *w; in — gaan*, in E. gehen, s. erfüllen.
verwaaien verwehen; (*on.w*) verweht werden; *er verwaaid uitzien*, zersaust, verwildert aussehen.
verwaand dünkelhaft, eingebildet. ▼**—heid** Dünkel *m*, Einbildung *w.*
verwaardigen würdigen; *iem. met geen blik —*, e.n keines Blickes w.; *z. —*, s. herablassen.
verwaarloz/en vernachlässigen; (*sterker: laten vervallen, verkommeren*) verwahrlosen. ▼**—ing** Vernachlässigung; Verwahrlosung *w.*
verwacht/en erwart/en; *niet veel v. iets —*, s. nicht viel von etwas versprechen; (*zo iets*) *had ik niet v. je verwacht*, (*achter je gezocht*) hätte ich dir nicht zugetraut. ▼**—ing** E.ung *w*; (*weersverwachting*) (Wetter)Aussichten *Mz*; *—en koesteren*, Hoffnungen hegen; *in* (*blijde*) *— zijn*, guter Hoffnung sein; *buiten* (*boven de*) *—*, über E.en; *buiten alle —*, *tegen alle — in*, wider alles E.en. ▼**—ingspatroon** E.ungsnorm *w.*
verwant I *bn* verwandt. **II** *zn* Verwandte(r) *m*; *zie* **aan-**. ▼**—schap** Verwandtschaft *w.*
verward verwirrt, wirr; (*erg en blijvend, gecompliceerd, ingewikkeld*) verworren; (*haar*) verwirrt, wirr, zerzaust; *een —e boel*, ein wirres Durcheinander; *— raken* (*in*), s. verwirren (in [3]), in Verwirrung geraten. ▼**—heid** Verwirrung, Verworrenheit *w.*
verwarm/en erwärm/en; (*vertrek, gebouw, trein*) heizen; *z. —*, s. e. ▼**—ing** Erwärmung; Heizung *w*; *centrale —*, Zentralheizung. ▼**verwarmings/element** Heizelement *s.* ▼**—ketel** Heiz(ungs)kessel *m.* ▼**—monteur** Heizungsmonteur *m.* ▼**—technicus** Zentralheizungstechniker *m.* ▼**—toestel** Heizapparat *m.*
verwarr/en verwirren; (*verwisselen*) verwechseln. ▼**—ing** Verwirrung *w*; (*wanorde, ook*) Unordnung *w*; (*verwisseling*) Verwechselung *w.*
verwateren verwässern.
verwedden: *ik verwed er een gulden onder, mijn hoofd om*, ich wette (um) e.n Gulden, meinen Kopf; (*veel geld*) verwetten.
verweer Verteidigung *w*; (*tegenstand*) Widerstand *m.* ▼**—der** (*jur.*) Beklagte(r) *m.* ▼**—middel** Verteidigungs/mittel *s.* ▼**—schrift** V.schrift, Gegenschrift *w.*
verweesd verwaist.
verwekelijken verweichlichen.
verwekk/en erzeugen; (*afgunst, hilariteit, ontevredenheid, onrust enz., dus meer 'gaande maken'; ziekte*) erregen; (*elektr. stroom*) erregen, erzeugen. ▼**—er** (*v. kind*) Erzeuger *m*; (*v. ziekte*) Erreger *m.*
verwelken (ver)welken.
verwelkom/en bewillkomm(n)en, begrüßen. ▼**—ing** Bewillkommnung, Begrüßung *w.*
verwenn/en ver/wöhnen; (*kind: verkeerd opvoeden*) v.ziehen; (*vertroetelen*) v.zärteln; *z. —*, s. v.wöhnen. ▼**—ing** V.wöhnung *w*; V.ziehen *s.*
verwens/en verwünschen, verfluchen. ▼**—ing** Verwünschung *w.*
verwereldlijken verweltlichen.
verwer/en 1 (*verdedigen*) verteidigen; *z. —*, s. v., s. wehren; *— de partij*, (*rechtst.*) Beklagte(r) *m*; **2** (*door het weer*) verwitter/n. ▼**—ing 1** *zie* **verweer**; **2** (*door weer*) V.ung *w.*
verwerkelijken verwirklichen.
verwerk/en verarbeiten; *iets niet kunnen —*, etwas nicht (in s.) v. können, geistig nicht bewältigen können, (*niet de baas kunnen*) etwas nicht bewältigen können, e.r Sache nicht gewachsen sein, (*er z. niet overheen kunnen zetten*) über etwas nicht hinweg kommen können. ▼**—ing** Verarbeitung *w.*
verwerp/elijk verwerf/lich. ▼**—en** v.en; (*voorstel enz., bij stemming*) ablehn/en. ▼**—ing** V.ung *w*; A.ung *w.*
verwerv/en erwerben; *'t verworvene*, das Erworbene, (*aanwinst, verworvenheden*) Errungenschaft(en) *w* (*Mz*); *iets —*, (s.) etwas erwerben; *een vermogen —*, ein Vermögen e.; *roem —*, s. Ruhm e. ▼**—ing** Erwerbung *w*; *kosten v. —*, Werbungskosten.
verwezenlijken verwirklichen.
verwijden erweitern, weiter machen; (*handschoenen, kleren enz.*) ausweiten.
verwijder/d entfernt, fern. ▼**—en** entfernen; (*wegsturen, wegbrengen, ook*) fortschaffen; *dit heeft hen v. elkaar verwijderd*, hierdurch ist eine Entfremdung zwischen ihnen eingetreten. ▼**—ing** Entfernung; Entfremdung *w.*
verwijding Erweiterung; Ausweitung *w.*
verwijfd weibisch, verweichlich/t. ▼**—heid** V.ung *w.*
verwijl: *zonder —*, ohne Verzug, unverzüglich. ▼**—en** verweilen.
verwijsbriefje (*v. dokter*) Überweisungsschein *m.*
verwijt Vorwurf *m*; (*berisping*) Verweis *m*; *iem. een — v. iets maken*, e.m etwas vorwerfen, e.m e.n Vorwurf wegen etwas machen. ▼**—en** vorwerfen; verweisen. ▼**—end** vorwurfsvoll.
verwijz/en verweisen; (*iem.*) *naar de burgemeester —*, an den Bürgermeister verweisen; (*een patient naar een specialist*) *—*, überweisen; *naar een commissie —*, e.m, an e.n Ausschuß überweisen; (*de lezer*) *naar 'n vroegere plaats in 't boek —*, auf eine frühere Stelle im Buche verweisen; *wij — naar onze brief v. ...*, wir nehmen Bezug auf unser Schreiben vom ... ▼**—ing** Verweisung *w*; *de — naar een andere plaats* (*in 't boek*), (*ook*) der Verweis auf eine andere Stelle; *onder — naar*, unter Bezugnahme, Bezug nehmend auf [4]; *met — naar*, unter Hinweis auf [4].
verwikkel/en verwickeln. ▼**—ing** Verwick(e)lung *w*; *—en*, (*troebelen*) Wirren, Unruhen *Mz.*
verwilderen verwildern; *verwilderd gezicht*, verstörtes Gesicht.
verwissel/baar umtauschbar; (*bij vergissing*) ver/wechselbar; (*v. machine-onderdelen enz.*) auswechselbar. ▼**—en** umtauschen, v.tauschen; (*bij vergissing*) v.wechseln, v.tauschen; (*machine-onderdelen enz.*) auswechseln, durch andre ersetzen; (*iets*) *is v. eigenaar verwisseld*, hat den Besitzer gewechselt, ist an andere Besitzer übergegangen; *v. kleur, plaatsen —*, die Farbe, die Plätze wechseln; *v. kleren —*, die Kleider wechseln, s. umkleiden, andre K. anziehen. ▼**—ing** Umtauschung *w*, Umtausch *m*, Vertauschung; Verwechslung, Auswechslung *w*, Wechsel *m.*
verwittigen benachrichtigen, in Kenntnis setzen.
verwoed wütend, grimmig; *een — gevecht*, ein heftiger Kampf; *een — jager*, ein leidenschaftlicher Jäger.
verwoest/en ver/wüsten, zerstören; (*hele streken*) v.heeren. ▼**—ing** V.wüstung, Zerstörung, V.heerung *w.*

verwonden verwunden, verletzen.
verwonder/en wundern; (*verbazen, bevreemden*) verwunder/n; *'t verwondert me,* es wundert mich, nimmt mich wunder; *z.* —, s. wundern. ▾**—ing** V.ung *w*, Erstaunen *s*. ▾**—lijk** (*verbazingwekkend*) v.lich; (*merkwaardig, zonderling*) wunderlich.
verwonding Verwundung, Verletzung *w*.
verwonen: (*f 100*) —, an Miete bezahlen; *hoeveel verwoon je daar?*, wie hoch ist die Miete dort, wieviel Miete zahlst du dort?
verwoorden in Worte fassen.
verword/en (*ontaarden*) entart/en; (*in verval geraken*) verkommen. ▾**—ing** E.ung *w*; Verfall *m*.
verworp/eling Verworfen/e(r) *m*. ▾**—en** v.
verwrikken verrücken, erschüttern; *niet te* —, unerschütterlich, unverrückbar.
verwringen verdrehen; (*gelaat*) verzerren. ▾**verwrongen** verdreht; (*v. gezicht*) verzerrt; (*stijl*) verschroben.
verzacht/en mildern; (*pijn, leed, ellende*) lindern; *—d middel*, linderndes Mittel, Linderungsmittel; *—de omstandigheden laten gelden*, mildernde Umstände zubilligen. ▾**—ing** Milderung; Linderung *w*.
verzadig/en sättigen; *verzadigde oplossing*, gesättigte Lösung; *hij is niet te* —, er ist unersättlich; (*de markt*) *is verzadigd*, ist gesättigt. ▾**—ing** Sättigung *w*.
verzak/en ver/leugnen; (*plicht*) v.säumen, v.nachlässigen, v.letzen; (*bij kaarten*) v.leugnen, nicht bekennen; *de duivel* —, dem Teufel absagen; *de wereld* —, der Welt ab-, entsagen. ▾**—er** V.leugner; (*afvallige*) Abtrünnige(r) *m*. ▾**—ing** V.leugnung, V.säumnis, V.nachlässigung, Ab-, Entsagung *w* (*zie* **verzaken**).
verzakk/en einsinken, s. senken; (*grond, huis, maag*) s. senken. ▾**—ing** Senkung *w*, Einsinken *s*.
verzamel/aar Sammler *m*. ▾**—en** sammeln; (*pers., ook*) versammeln; *zijn krachten* —, seine Kräfte zusammennehmen, s. aufraffen; *—!*, (*mil.*) sammeln! ▾**—ing** Sammlung *w*; (*ophoping*) Ansammlung *w*; (*wisk.*) Menge *w*. ▾**—ingenleer** (*wisk.*) Mengenlehre *w*. ▾**—naam** Sammel/name *m*. ▾**—plaats** S.platz *m*. ▾**—staat** S.liste *w*, S.verzeichnis *s*. ▾**—werk** S.werk *s*.
verzand/en versand/en. ▾**—ing** V.ung *w*.
verzegel/en versieg/eln. ▾**—ing** V.eln *s*, V.(e)lung *w*.
verzeilen: *op een zandbank* —, (*v. schip*) auf eine Sandbank auflaufen, geraten; (*ik weet niet*) *waar hij verzeild is*, wo er hingekommen, hingeraten ist, wohin er verschlagen ist; *in Amerika verzeild raken*, nach Amerika verschlagen werden.
verzeker/aar Versicherer *m*. ▾**—de** Versicherte(r) *m*; *verplicht, vrijwillig* —, Pflichtversicherte(r), freiwillig V. ▾**—en** versichern (*ook tegen schade, ziekte enz.*); (*waarborgen, beveiligen; vrijwaren*) sichern; (*de rust v.h. land, de luiken*) sichern; *verzeker je v. zijn hulp*, versichere dich seines Beistandes, sichere dir seinen Beistand; *z. v.e. plaats* —, s. e.n Platz sichern; *z. v. iets* —, (*vergewissen*) s. von e.m Dinge, e.s Dinges vergewissern, versichern; (*zijn toekomst is*) *verzekerd*, gesichert; *het verzekerde bedrag*, der versicherte Betrag, Versicherungsbetrag; *verplicht verzekerd* (*zijn*), pflichtversichert. ▾**—ing** Versicherung *w*; Sicherung *w*; — *tegen brandschade, inbraak, ongevallen enz.*, Feuer-, Einbruchs-, Unfallversicherung; *collectieve* —, Gruppenversicherung *w*; *onderlinge* —, V. auf Gegenseitigkeit; *ontvang de — v. mijn hoogachting*, genehmigen Sie die V. meiner vorzüglichen Hochachtung. ▾**—ingsagent** V.sagent, V.svertreter *m*. ▾**—ingsbedrijf** V.sunternehmen *s*. ▾**—ingskamer** V.saufsicht *w*. ▾**—ingsmaatschappij** V.sgesellschaft *w*; *onderlinge* —, Gegenseitigkeitsgesellschaft *w*, V.sverein *m* a. G. (auf Gegenseitigkeit). ▾**—ingspolis** V.spolice *w*, V.sschein *m*.
verzenbundel Gedicht-, Liedersammlung *w*.
verzend/en versenden, verschicken, (*expediëren*) beförder/n; (*morgen zal ik de goederen*) *aan U* —, an Sie abgehen lassen. ▾**—er** Versender *m*. ▾**—huis** Versandgeschäft *s*. ▾**—ing** Versendung *w*, Versand *m*; (*vervoer*) B.ung *w*; — *per spoor*, B.ung durch die Bahn; *bericht v.* —, Versandanzeige *w*. ▾**—ingskosten** Versand-, Speditionskosten *Mz*.
verzengen versengen.
verzepen verseifen.
verzet (*tegenstand*) Widerstand *m*; (*protest*) Einspruch *m*; — *aantekenen* (*tegen*), *in — komen* (*tegen*), Einspruch erheben (gegen); (*tegen iem., iets*) *in — komen*, s. (e.m, e.r Sache) widersetzen, s. (gegen e.n) auflehnen. ▾**—je** Erholung, Zerstreuung *w*. ▾**—sbeweging** Widerstands/bewegung *w*. ▾**—sman** W.kämpfer *m*. ▾**—ten** (*verplaatsen*) versetzen; (*meubels, boeken, ook*) umsetzen; (*stoel, tafel, ook*) verrücken, verschieben; (*feest enz.*) *op 'n andere dag* —, auf e.n andren Tag verlegen; (*klok*) richtig, anders stellen; *een heleboel werk* —, viel Arbeit leisten; (*zijn verdriet, zorgen*) vertreiben; (*een belediging enz.*) *niet kunnen* —, nicht verwinden, verschmerzen können; *zijn zinnen* —, *z.* —, seine Gedanken ablenken, s. zerstreuen, Zerstreuung suchen; *z.* — (*tegen*), *zie*: *in verzet komen*.
verzieken (*fig.*) vergiften.
verzien: *'t op iem.* — (*hebben*) es auf e.n abgesehen.
vérziend weitsichtig; (*fig.*) weitblickend; *zijn —e blik*, die Weite seines Blickes.
verzilten verselzen.
verzilveren versilbern; (*te gelde maken*) einlösen.
verzink/en 1 (*met zink bedekken*) ver/zinken; **2** (*wegzinken*) v.sinken; (*tot onder de oppervlakte inslaan*) v.senken; *in diepe gedachten verzonken*, in tiefe Gedanken v.sunken; *bij iem. in 't niet* —, gegen e.n, neben e.m v.schwinden. ▾**—ing** V.sinkung *w*, V.sinken *s*; (*v. metaal*) V.zinkung *w*.
verzinnelijken versinnlichen.
verzin/nen ersinnen, erdenken, erfinden. ▾**—sel** Erfindung, Erdichtung *w*.
verzitten versitzen; *gaan* —, s.anders hinsetzen, (*op andere plaats*) den Platz wechseln.
verzoek Bitte *w*; (*dringend*) Anliegen *s*; (*deftiger, off.*) Ersuchen *s*; (*aanvrage bij autoriteiten*) Antrag *m*; (*door middel v. verzoekschrift*) Gesuch *s*; *op* —, auf Wunsch, auf Verlangen; *op zijn* —, auf seine B. ▾**—en** (*vragen*) bitten, (*deftiger, officiëler*) ersuchen; (*meer uitnodigend, bijv. voor dans; aanmanend, dringend*) auffordern; (*bij autoriteiten*) (um etwas) einkommen, (*deftiger, officiëler*) (um etwas) nachsuchen, (*aanvrage voor iets indienen*) (etwas) beantragen; (*bekoren, in verzoeking brengen; uitdagen*) versuchen; *iem. op de thee* —, e.n zum Tee einladen, bitten; — *v. iets verschoond te blijven*, s. [3] etwas verbitten; *mijnheer verzoekt u binnen te komen*, (*dienstmeisje tot bezoeker*) der Herr läßt bitten. ▾**—er** Bittsteller, Ersucher *m*. ▾**—ing** Versuchung *w*. ▾**—schrift** Bittschrift *w*; — *op gezegeld*

papier, gestempelter Antrag; *een — indienen*, eine Bitte einreichen, eine Eingabe machen, ein Gesuch einreichen.
verzoen/dag Versöhn/ungstag; *Grote Verzoendag*, V.ungsfest *s*. ▾**—en** v.en; (*iem., z.*) *met iem.* —, mit e.m v.en, aussöhnen; *—d*, (*ook*) v.lich. ▾**—ing** Ver-, Aussöhnung *w*. ▾**—ingsgezindheid** V.lichkeit *w*. ▾**—ingspoging** Sühneversuch *m*.
verzoeten versüßen.
verzolen (neu) besohlen.
verzonken (*tech.*) versenkt; *— land*, ertrunkenes Land; *in gedachten* —, in Gedanken versunken, vertieft.
verzorg/d versorg/t; *zij ziet er altijd — uit*, sie sieht immer gepflegt aus; *een — uiterlijk*, ein gepflegtes Äußeres. ▾**—en** v.en; (*een zieke; tuin; zijn uiterlijk*) pflegen; (*behoeftigen, kinderen, zieken*) *trouw* —, betreuen, treu v.; *'n huisgezin te — hebben*, eine Familie zu ernähren haben; *de kachel* —, für den Ofen sorgen; *— d verkeer*, (*verkeerst.*) Anliegerverkehr *m*. ▾**—er** V.er; Betreuer; Ernährer *m*. ▾**—ing** V.ung; Pflege; Betreuung; Ernährung *w*; (*spec. v. overheidswege*) Fürsorge *w*; *— v.h. haar*, Haarpflege. ▾**—ingshuis** (*v. bejaarden*) Altersheim *s*. ▾**—ingsstaat** V.ungs-, Wohlfahrtsstaat *m*.
verzot: *— op*, versessen, erpicht auf [4], vernarrt in [4]. ▾**—heid** Versessenheit, Vernarrtheit *w*.
verzucht/en seufzen, tief aufseufzen. ▾**—ing** Seufzer, Stoßseufzer *m*.
verzuil/en versäul/en. ▾**—ing** V.ung *w*.
verzuim Versäum/nis *w*; (*nalatigheid*) Unterlass/ung *w*; (*uitstel*) Verzug *m*; *in — stellen*, in Verzug setzen; *in — zijn*, im Verzug sein. ▾**—en** v.en; (*nalaten*) u.en.
verzuipen (*geld*) versaufen; (*in water doen omkomen*) ersäufen; (*in water omkomen*) ersaufen; *een verzopen kerel*, ein versoffener Kerl.
verzur/en (*zuur worden*) versauern, (*eig. ook*) sauer werden; (*zuur maken*) säuern; *iem. het leven* —, e.m das Leben sauer machen. ▾**—ing** Säuerung *w*.
verzwakk/en (*zwak maken*) schwächen; (*fot.*) abschwächen; (*zwak, zwakker worden*) schwach, schwächer werden; abnehmen. ▾**—ing** Schwächung; Abnahme *w*; (*fot.*) Abschwächung *w*.
verzwar/en schwerer machen; schwerer werden; (*straf; erger maken; bemoeilijken*) erschweren; (*dijk*) verstärken. ▾**—ing** Schwerermachen *s*; Erschwerung *w*; Verstärkung *w*.
verzwelgen verschlingen.
verzweren vereitern.
verzwijgen verschweigen; verheimlichen.
verzwikk/en ver/stauchen, v.renken; *ik heb mijn voet verzwikt*, ich habe mir den Fuß v.staucht. ▾**—ing** V.stauchung, V.renkung *w*.
vesper Vesper *w*.
vest Weste *w*; (*damesvest*) Jacke *w*.
veste Festung; Festungsmauer *w*, Wall *m*.
vestiaire Kleiderablage, Garderobe *w*.
vestibule Vestibül *s*, Vorhalle *w*; (*v. huis*) (Haus)Flur *m*.
vestig/en (*oprichten*) gründen, errichten; (*zijn hoop op God*) setzen; (*blik, ogen*) richten, lenken, heften; (*z'n aandacht op iets*) richten; *iem.s aandacht — op*, jemands Aufmerksamkeit lenken auf [4], e.n aufmerksam machen auf [4]; *z.* —, (*gaan wonen*) s. niederlassen, seinen Wohnsitz nehmen, (*als arts enz.*) s. niederlassen, (*als kolonist*) s. ansiedeln; *zie* **gevestigd**. ▾**—ing** Gründung, Errichtung *w*; (*nederzetting*) Niederlassung, (An)Siedlung *w*. ▾**—ingsverbod** (*om bedrijven op te richten*) Errichtungssperre *w*; (*v. pers.*) Zuzugs-, Niederlassungssperre *w*. ▾**—ingsvergunning** Zuzugsgenehmigung *w*. ▾**—ingswet**: *— kleinbedrijf*, Gesetz *s* über die Berufsausübung im Handel, über die Gründung von Kleinbetrieben.
vesting Festung *w*. ▾**—bouw** Festungs/bau *m*. ▾**—werk** F.werk *s*.
vestzak Westentasche *w*. ▾**—formaat** Kleinstformat *s*. ▾**—slagschip** W.nschlachtschiff *s*.
Vesuvius Vesuv *m*.
vet I *bn* fett; (*v. dieren en mensen, ook*) feist; (*vies, ook*) fett/ig, schmierig. **II** *zn* F. *s*; *in 't — zetten*, einfetten; *'t — is eraf*, (*fig.*) das F., die Sahne ist abgeschöpft; (*iem.*) *zijn* — (*geven*), sein F.; (*nog wat*) *in 't* — (*hebben*), in Aussicht; *op zijn — teren*, von seinem F. zehren. ▾**—achtig** f.ig, f.artig. ▾**—arm** f.arm. ▾**—buik** F.wanst, Schmerbauch *m*.
vete Haß *m*, Feindschaft, Fehde *w*.
veter (*schoen*) (Schnür)Senkel *m*; (*v. leer*) Schuhriemen *m*; (*v. korset enz.*) Schnur, Nestel *w*.
veteraan Veteran *m*. ▾**veteranenelftal, -team** (*sp.*) Altherrenmannschaft *w*.
veterband Schnürband *s*.
veterinair Veterinär...
vet/gehalte Fett/gehalt *m*. ▾**—heid** F.heit *w*. ▾**—houdend** f.haltig. ▾**—kaars** Talglicht *s*. ▾**—klomp** F.klumpen, F.kloß *m*. ▾**—laag** F.schicht *w*. ▾**—le(d)er** F.leder, Schmierleder *s*. ▾**—mesten** mästen.
veto Veto *s*; *recht v.* —, Vetorecht *s*.
vet/plant Fettpflanze *w*. ▾**—pot** Fettopf *m*; (*smeerpot*) Fett-, Schmierbüchse *w*; *'t is daar geen* —, da ist Schmalhans Küchenmeister. ▾**—potje** (*feestverlichting*) Fettöpfchen *s*. ▾**—puistje** Mitesser *m*. ▾**—ten** fett/en, einfetten. ▾**—tig** f.ig. ▾**—vlek** F.fleck(en) *m*. ▾**—vrij** f.frei. ▾**—weiden** zur Mast weiden, f.weiden. ▾**—weider** Viehmäster *m*. ▾**—weiderij** Viehmast *w*. ▾**—zak** *zie* **—buik**. ▾**—zucht** F.sucht *w*.
veulen Füllen, Fohlen *s*.
vezel Faser *w*. ▾**—achtig** f.ig. ▾**—en** f.n. ▾**—ig** f.ig. ▾**—plaat** F.-, Holzfaserplatte *w*. ▾**—plant** F.pflanze *w*. ▾**—stof** F.stoff *m*.
vglo *zie* **voortgezet**. ▾**—-afdeling**, —-school Abteilung *w*, Schule *w* für fortgesetzten Elementarunterricht.
V-hals V-Ausschnitt *m*.
vhmo vorbereitender Hochschul- und höherer Unterricht. ▾**—-diploma, -leerling, -school** *zie* **havo-**.
via via, über.
viaduct Viadukt *m*, Überführung *w*.
vibratie Vibr/ation *w*. ▾**vibreren** v.ieren, schwingen.
vicar/iaat Vikariat *s*. ▾**—is** Vikar *m*.
vice/-admiraal Vizeadmiral *m*. ▾**—-voorzitter** zweiter Vorsitzender, Vizepräsident *m*.
victorie Viktoria *w*, Sieg *m*; *— kraaien*, V. rufen.
victualiën Viktualien, Lebensmittel *Mz*.
video/band Video/band *s*. ▾**—cassette** V.kassette *w*. ▾**—cassetterecorder** V.kassettenrecorder *m*. ▾**—foon** V.-, Bild-, Fernsehtelefon *s*. ▾**—plaat** V.-, Bildplatte *w*. ▾**—recorder** V.recorder *m*. ▾**—techniek** V.technik *w*. ▾**—theek** V.thek *m*.
vief lebhaft, flink, vif.
vier I *telw* vier; *— aan* —, je v. und v., zu v.en; *— en een half jaar*, v.einhalb Jahre, v. und ein halbes Jahr, fünfthalb Jahre; *een dag of* —, etwa v. Tage; *om de — dagen*, alle v. Tage; *'t is bij —en*, es ist gleich v. (Uhr); (*iets*) *in —en delen*, in v. Teile (ver)teilen; (*hij deed het*) *in*

—*en*, (*in vier achtereenvolgende keren*) in v. Absätzen; (*ze kwamen*) *met z'n —en*, zu v.en; *ze zijn met hun —en*, sie sind zu v.(en), zu v.t, sie sind ihrer v., es sind ihrer v.; *met —en in de rij, — aan —*, in V.erreihen; *'t loopt naar —en*, es geht auf v. (Uhr); *na —en*, nach v.; (*'t is*) *over —en*, v. Uhr vorbei, v. Uhr durch, nach v.; *de trein v. —en*, der V.uhrzug; *toneelspel in — bedrijven*, v.aktiges Schauspiel; *wagen met — assen*, v.achsiger Wagen; *met — deuren, motoren, raderen enz.*, v.türig, v.motorig, v.rädrig; *met de — (rijden)*, mit v.en, v.spännig; *conferentie v.d. Grote Vier*, V.ertreffen *s*; *raad v. —en*, V.errat *m*; *rij v. —*, Viererreihe *w*; *de oude —*, (*roeisp.*) der Seniorenvierer; *kind v. —jaar*, v.jähriges Kind; *verblijf v. — maanden, weken*, v.monatiger, v.wöchiger Aufenthalt; *tocht v. — uur*, v.stündige Fahrt; *v. — minuten* v.minutig; *wagen enz. voor — personen, met — zitplaatsen*, v.sitziger Wagen, V.sitzer *m*. **II** *zn* (*cijfer*) V. *w*; (*op rapport, ook*) V.er *m*; (*boot*) V.er *m*; —*en en vijven*, (*uitvluchten*) Ausflüchte *Mz*, (*onzin*) Schnickschnack *m*. ▼—**aderig** v.adrig. ▼—**armig** v.armig. ▼—**assig** v.achsig. ▼—**baansweg** v.spurige Fahrbahn *w*. ▼—**benig** v.beinig. ▼—**blad** V.blatt *s*. ▼—**bladig** v.blätt(e)rig; (*schroef*) v.flüg(e)lig. ▼—**bloemig** v.blumig. ▼—**cellig** v.zellig. ▼—**cilinder(motor)** V.zylinder(motor) *m*. ▼—**daags** v.tägig; *de Vierdaagse*, der V.tagemarsch. ▼—**de** der (die, das) vierte; (*vierde deel*) V.tel *s*; *een — appel*, ein v.tel Apfel; *ten —*, v.tens. ▼—**delig** v.teilig; (*boek, ook*) v.bändig.
vierde/machtswortel vierte Wurzel. ▼—**part** Viertel *s*. ▼—**rangs** viertklassig, -rangig, vierten Ranges.
vier/derhande, —derlei vier/erlei. ▼—**deurs(auto)** V.türer *m*. ▼—**dimensionaal** v.dimensional. ▼—**draads** v.drähtig, v.fädig. ▼—**dubbel** v.fach. ▼—**duims** v.zöllig. ▼—**duizend** v.tausend; *berg v. — meter*, Viertausender *m*.
vieren (*feest enz., zondag; dichter enz.*) feiern, (*feest enz.: deftiger*) begehen; (*laten schieten*) schießen lassen; (*mar.*) fieren.
vier/endeel Viertel *s*. ▼—**endelen** in vier Stücke (Teile) zerlegen, vierteilen; *gevierendeeld*, gevierteilt, (*her.*) geviertet. ▼—**ender** Vierender, Vierer *m*. ▼—**endertig** vier/unddreißig. ▼—**fasig** v.phasig, V.phasen... ▼—**handig** v.händig. ▼—**helmig** v.männ(er)ig. ▼—**hoek** V.eck *s*. ▼—**hoekig** v.eckig. ▼—**hokkig** v.fächerig. ▼—**honderd** v.hundert. ▼—**hoofdig** v.köpfig. ▼—**hoog** vier Treppen hoch, im vierten Stock. ▼—**hoornig** v.hörnig.
viering Feier *w*; (*arch.*) Vierung *w*.
vier/jaarlijks vier/jährlich. ▼—**jarenplan** V.jahresplan *m*. ▼—**jarig** v.jährig.
vierkamerwoning Vierzimmerwohnung *w*.
vierkant I *zn* Quadrat *s*; (*5 meter*) *in het —*, im Q., im Geviert. **II** *bn & bw* vier/eckig, q.isch; —*e meter enz.*, Q.meter *s*; (*potig, stoer*) v.schrötig; (*openhartig*) offen; (*vlakaf, rondweg*) schlankweg, rundweg; (*iem.*) — *de deur uitgooien*, flott zur Tür hinauswerfen, (*zonder meer, zo maar*) ohne weiteres zur Tür hinauswerfen, mir nichts dir nichts an die Luft setzen. ▼—**ig** v.eckig, q.isch; (*ook*) v.seitig. ▼—**je** kleines Quadrat; (*op stoffen enz.*) Würfel *m*. ▼—**svergelijking** q.ische Gleichung. ▼—**swortel** Q.wurzel *w*, zweite Wurzel.
vier/kleurendruk Vier/farbendruck *m*. ▼—**kleurig** v.farbig. ▼—**koloms** v.spaltig. ▼—**kwartsmaat** V.vierteltakt *m*. ▼—**klassig** v.klassig. ▼—**lampstoestel** V.röhrenapparat *m*. ▼—**ledig** v.gliedrig. ▼—**lettergrepig** v.silbig. ▼—**ling** V.ling *m*. ▼—**lobbig** v.loppig. ▼—**maal**: — *5* (*is 20*), v.mal 5; — *koffie!*, v.mal Kaffee!; *een — herhaalde waarschuwing*, eine v.malige Warnung. ▼—**maandelijks** v.monatlich. ▼—**maands** v.monatig. ▼—**master** V.master *m*. ▼—**mogendhedenconferentie** V.mächtekonferenz *w*. ▼—**motorig** v.motorig, V.motoren... ▼—**ogig** v.äugig. ▼—**persoons** *zie* **vier**. ▼—**ponder** V.pfünder *m*. ▼—**ponds** v.pfündig. ▼—**potig** v.füßig. ▼—**procents** v.prozentig. ▼—**regelig** v.zeilig; — *vers*, (*ook*) Vierzeiler *m*. ▼—**riems** v.rud(e)rig. ▼—**riemsboot** Vierer *m*. ▼—**schaar** Gericht, Tribunal *s*; *de — spannen*, zu G. sitzen. ▼—**snarig** v.saitig. ▼—**span** V.gespann *s*, Viererzug *m*; (*paarden en rijtuig*) V.spänner *m*. ▼—**sprong** Kreuzweg *m*. ▼—**stemmig** v.stimmig. ▼—**sterrenhotel** V.sternehotel *s*. ▼—**stijlig** v.griff(e)lig. ▼—**taktmotor** V.taktmotor, V.takter *m*. ▼—**tal** v.; *'n — maanden*, (etwa) v. Monate. ▼—**talig** v.sprachig. ▼—**tallig** v.zählig. ▼—**tandig** v.zackig, v.zinkig. ▼—**tenig** v.zehig. ▼—**traps**: — *raket*, V.stufenrakete *w*. ▼—**urig** v.stündig. ▼—**vingerig** v.fingerig. ▼—**vlak** V.flach *s*, V.flächner *m*. ▼—**vlakkig** v.flächig. ▼—**vleugelig** v.flüg(e)lig. ▼—**voeter** V.füß(l)er *m*. ▼—**voetig** v.füßig; — *dier*, (*ook*) V.füß(l)er *m*. ▼—**vorst** V.fürst, Tetrarch *m*. ▼—**voud** V.fache(s) *s*; *in —*, in v.facher Ausfertigung, v.fach. ▼—**voudig** v.fach. ▼—**weeks** v.wöchig. ▼—**wegskraan** V.wegehahn *m*. ▼—**wekelijks** v.wöchentlich. ▼—**wielaandrijving** V.radantrieb *m*. ▼—**wieler** V.rad *s*. ▼—**wielig** v.räd(e)rig. ▼**V—woudstedenmeer** V.waldstätter See. ▼—**zijdig** v.seitig.
vies (*vuil*) schmutzig; (*walgelijk*) widerlich, ekelhaft; (*gemeen, zedelijk onrein*) schmutzig, unflätig; (*kieskeurig*) wählerisch; *ik ben er — v.*, ich ekle mich davon. ▼—**heid** Schmutzigkeit; W.keit, Ekelhaftigkeit *w*. ▼—**neus** Nasenrümpfer *m*, wählerischer Mensch.
viewer Diabetrachter *m*.
viezerik Schmutzfink *m*.
vigeren gelten, rechtskräftig sein.
vigilante Droschke *w*.
vigilie Vigil *w*; (*vigiliedag*) Vigilie *w*.
vignet Vignette *w*.
vijand Feind *m*. ▼—**elijk** f.lich; —*e mogendheid*, F.macht *w*; — *land*, F.esland *s*. ▼—**elijkheid** F.lichkeit *w*; (*vijandelijke daad*) F.seligkeit *w*; *de vijandelijkheden openen, staken*, die F.seligkeiten eröffnen, einstellen. ▼—**ig** f.lich, f.selig. ▼—**in** F.in *w*. ▼—**schap** F.schaft *w*.
vijf fünf; *hij heeft ze niet alle —*, er ist nicht ganz richtig im Oberstübchen, es rappelt bei ihm. ▼**vijf(-)** *zie ook* **vier(-)**. ▼—**daags** f.tägig; —*e werkweek*, F.tagewoche, F.tagearbeitswoche *w*. ▼—**enzestigplus-kaart** Seniorenpaß *m*. ▼—**enzestigplusser** Senior *m*. ▼—**kamp** F.kampf *m*. ▼—**tien** f.zehn; *zie* **veertien**. ▼—**tig** f.zig; *zie* **veertig**.
vijg Feige *w*. ▼—**eblad** Feigenblatt *s*.
vijl Feile *w*; *vierkante —*, Vierkantfeile. ▼—**en** feilen. ▼—**sel** Feilicht, Feilsel *s*, Feilspäne *Mz*.
vijver Teich *m*.
vijzel 1 (*stampvat*) Mörser *m*; **2** (*hefwerktuig*) Schraubenwinde *w*. ▼—**en** aufschrauben, aufwinden. ▼—**stamper** Mörserkeule *w*, -stößel *m*.

viking Wiking *m.*
vilder Schinder, Abdecker *m.* ▾**—spaard** Schindmähre *w.*
villa Villa *w.* ▾**—park** Villen/park *m.* ▾**—wijk** V.viertel *s.*
villen schinden; (*eig., ook*) abdecken, abhäuten.
vilt Filz *m.* ▾**—achtig** f.artig, f.ig. ▾**—en** f.en, F... ▾**—hoed** F.hut *m.* ▾**—stift** F.stift, F.schreiber *m.*
vin Flosse, Floßfeder *w;* (*puist*) Finne *w; geen — verroeren,* kein Glied rühren.
vind/en finden; (*na lang zoeken heb ik het*) *gevonden,* gefunden, ausfindig gemacht; *er worden altijd mensen gevonden* (*die...*), es. f. s. immer Leute; *elkaar —,* s. f.; *'t met iem. kunnen —,* gut mit e.m auskommen, s. mit e.m vertragen; *z. voor iets laten —,* s. herbeilassen etwas zu tun; *daarvoor ben ik niet te —,* dafür bin ich nicht zu haben, dazu gebe ich mich nicht her; *ik zal hem wel —,* ich werde ihn schon zu f. wissen; *gevonden voorwerp,* Fundsache *w.* ▾**—er** Finder *m;* (*uitvinder*) Erfinder *m.* ▾**vinding** Erfindung *w;* (*ontdekking*) Entdeckung *w.* ▾**—rijk** erfinderisch. ▾**—rijkheid** Erfindungsgabe *w.* ▾**vindplaats** Fundort *m,* -stätte *w;* (*fig.*) -grube *w; — v. erts,* Erzvorkommen *s.*
vinger Finger *m;* (*hij kon*) *er met zijn —s niet afblijven,* die F. nicht davon lassen; *iets door de —s zien,* bei etwas ein Auge zudrücken; *iem. door de —s zien,* e.m durch die F. sehen; *iets v. iem. door de —s zien,* e.m etwas nachsehen; *z. lelijk in de —s snijden,* (*fig.*) s. die F. verbrennen; (*iem.*) *om de — winden,* um den F. wickeln; *iem. op de —s kijken,* e.m auf die F. sehen; (*je kon de bezoekers*) *op je —s tellen,* an den F.n nachzählen; (*dat kun je*) *op je —s narekenen,* dir an den F.n her-, abzählen. ▾**—afdruk** F.abdruck *m.* ▾**—breed**: *geen —!,* keinen F.breit! ▾**—doekje** F.tuch *s.* ▾**—hoed** F.hut *m.* ▾**—hoedskruid** F.hutkraut *w.* ▾**—kom** F.schale *w.* ▾**—oefening** F.übung *w.* ▾**—taal** F.sprache *w.* ▾**—top** F.spitze, F.kuppe *w.* ▾**—vlugheid** F.fertigkeit *w.* ▾**—wijzing** F.zeig *m.* ▾**—zetting** F.satz *m.*
vink Fink *m; blinde —,* Fleischröllchen *s,* Roulade *w.* ▾**—enbaan** Finken/herd *m.* ▾**—entouw** F.leine *w; op 't — zitten,* auf der Lauer liegen. ▾**envanger, —er** F.fänger, Finkler *m.* ▾**—eslag 1** (*het zingen*) Finkenschlag; **2** (*knip*) Vogelschlag *m.*
vinnig scharf, heftig; (*bits, bijv. van woorden*) bissig, spitzig; (*v. koude*) schneidend; (*kranig*) tüchtig, schneidig. ▾**—heid** Schärfe, Heftigkeit; Bissigkeit *w.*
violet violett, veilchenfarbig.
violier Levkoje *w.*
viol/ist Violinist, Geiger, Geigenspieler *m.* ▾**—oncel** Violoncell, Cello *s.* ▾**viool 1** (*bloem*) Veilchen, Stiefmütterchen *s; maarts —tje,* Märzveilchen; **2** (*muz. instr.*) Geige, Violine *w; de eerste —* (*spelen*), (*ook fig.*) die erste G., Violine. ▾**—concert** Violin-, Geigen/konzert *s.* ▾**—kam** G.steg *m.* ▾**—kist** G.kasten *m.* ▾**—les** G.stunde *w.* ▾**—sleutel** G.schlüssel *w.* ▾**—tje** *zie* **viool 1.** ▾**—tjesgeur** Veilchenduft *m.*
virtu/oos Virtuo/se *m.* ▾**—ositeit** V.sität *w.*
virulent viru/lent. ▾**—ie** V.lenz *w.*
virus Virus *s.*
vis Fisch *m; — noch vlees zijn,* weder F.noch Fleisch sein; *— moet zwemmen,* (*fig.*) der F. will schwimmen. ▾**—aas** F.köder *m.* ▾**—achtig** f.artig, f.ähnlich. ▾**—afslag** F.versteigerung *w.* ▾**—akte** F.schein *m.* ▾**—boer** F.händler *m.*
viscos/e Viskos/e *w.* ▾**—iteit** V.ität *w.*
viscouvert Fischbesteck *s.*
viseren visieren; (*voor gezien tekenen*) beglaubigen.
vis/graat Fisch/gräte *w;* (*dessin*) F.grätenmuster *s.* ▾**—grond** F.grund *m.* ▾**—hal** F.halle *w.*
visie Einsicht *w;* (*innerlijke aanschouwing*) Schau *w;* (*gewoner: kijk*) Blick *m; ter — leggen, liggen,* zur E. auslegen; zur E. aus-, vor-, aufliegen; *'n goede — op* (*iets hebben*), E. in [4], e.n richtigen Blick auf [4], für. ▾**visioen** Vision *w,* Gesicht *s.* ▾**visionair** visionär.
visitatie Visitation; Durchsuchung *w;* (*v.douane*) Zollrevision, Zollabfertigung *w.* ▾**visite** Besuch *m; zie* **bezoek.** ▾**—kaartje** Besuchs-, Visitenkarte. ▾**—ren** visitieren; durchsuchen; (*douane*) revidieren.
vis/je: *een — naar iets uitgooien,* mit der Wurst nach dem Schinken werfen. ▾**—kom** Fisch/glas *s.* ▾**—kuit** F.rogen, Laich *m.* ▾**—lucht** F.geruch *m.* ▾**—rijk** f.reich. ▾**—schotel** F.schüssel *w,* F.gericht *s.* ▾**—sebloed** F.blut *s.* ▾**—sen** f.en; angeln.
visser Fischer *m.* ▾**—ij** F.ei *w.* ▾**—ijbedrijf** F.eigewerbe *s.* ▾**—sboot** F.boot *s.* ▾**—slatijn** Anglerlatein *s.* ▾**—svloot** F.flotte *w.* ▾**—svrouw** F.frau *w.* ▾**vis/smaak** Fisch/geschmack *m.* ▾**—snoer** F.leine, Angelschnur *w.* ▾**—stand** F.bestand *m.* ▾**—stick** F.stäbchen *s.*
vista Sicht *w; a —,* (*v. wissel*) auf Sicht; *a prima — spelen,* vom Blatt spielen.
vistuig Fischgerät, -zeug *s.*
visueel visuell.
visum Visum *s,* Sichtvermerk *m.*
vis/vangst Fisch/fang *m.* ▾**—venter** F.händler *m.* ▾**—vijver** F.teich *m.* ▾**—vrouw** F.händlerin *w.* ▾**—wijf** F.weib *s; schelden als 'n —,* schimpfen wie ein Rohrspatz, wie ein F.weib.
vitaal vital; (*v. vitaal belang*) lebenswichtig.
vitachtig krittlig, tadelsüchtig.
vitaliteit Vitalität *w.*
vitamin/e Vitamin *s; rijk aan —n,* v.reich. ▾**—(is)eren** v.(is)ieren.
vitrage (*stof*) Tüll *m;* (*gordijnen*) Fenstergardinen *Mz.*
vitrine Vitrine *w;* (Schaukasten *m;* Glasschrank *m*).
vitriool Vitriol *s* & *m.*
vitt/en kritteln; (e.n, etwas) bekritteln, bemäkeln; *altijd wat op iem., op iets te — hebben,* (*ook*) immer etwas an e.m, e.r Sache auszusetzen haben. ▾**—er** Krittler, Mäkler *m.* ▾**—erig** *zie* **vitachtig.** ▾**—erij** Krittelei *w.*
vitusdans Veitstanz *m.*
vitzucht Tadelsucht *w.*
vivisectie Vivisektion *w.*
vizier 1 (*pers.*) Wesir *m;* **2** (*v. helm*) Visier *s,* Helmsturz *m,* Helmgitter *s;* (*v. geweer*) Visier *s; in 't —* (*hebben*), auf dem V., auf dem Korn; (*iem.*) *in 't — krijgen,* gewahr werden. ▾**—keep** V.kimme *w.* ▾**—korrel** V.korn *s.*
vla Fladen *m;* (*pudding*) Creme, Krem *w.*
vlaag (*wind*) Stoß *m;* (*regen*) Schauer *m;* (*opwelling, aanval*) Anwandlung *w,* Anfall *m.*
vlaai Obstkuchen; Reiskuchen; Fladen *m.*
Vlaams flämisch; *—e gaai,* Eichelhäher, Markolf *m.* ▾**Vlaanderen** Flandern *s.*
vlag Fahne *w,* (*vooral waar het scheepv. betreft*) Flagge *w; de — dekt de lading,* die Flagge deckt die Ladung; *met — en wimpel,* glänzend; (*dat*) *staat als een — op een modderschuit,* paßt wie die Faust aufs Auge. ▾**—gen** flaggen, die Fahne herausstecken; (*de hele stad*) *vlagt,* flaggt, ist im Flaggenschmuck. ▾**—gendoek** Fahnen-, Flaggentuch *s.* ▾**—genparade**

Flaggenparade *w.* ▼**—geschip** Flaggschiff *s.* ▼**—gestok** Fahnen-, Flaggenstange *w.* ▼**—getouw** Flaggenleine *w*, -seil *s.* ▼**—officier** Flaggoffizier *m.* ▼**—vertoon** Flaggendemonstration, -kundgebung *w.*

vlak I *zn* (*het vlak*) Fläche; Ebene *w*; *het* — (*v.d. hand*), die F.; *horizontaal vlak*, Horizontalfläche, -ebene; *hellend* —, schiefe E. **II** *bn* flach; *—ke meetkunde*, Planimetrie *w*; *het —ke veld*, das Flachfeld. **III** *bw* gerade, hart; (*het huis staat*) — *aan de weg*, hart, dicht am Wege; — *bij*, ganz nahe, dicht bei. ▼**—af** rundweg, rundheraus, schlankweg, unumwunden. ▼**—baangeschut** Flachfeuergeschütz *s.* ▼**—gom** Radiergummi *m.* ▼**—heid** Flachheit *w.* ▼**—ken 1** (*vlak maken*) flachen, flächen; **2** *zie* **vlekken**. ▼**—te** Ebene, Fläche *w*; *z. op de — houden*, s. nicht aussprechen; *op de* — (*verschijnen*), auf der Bildfläche, auf dem Plan; *tegen de* — (*slaan*), zu Boden; *jongen v.d.* —, dufter Kunde. ▼**—temaat** Flächenmaß *s.*

vlam Flamme *w*; (*fig. in hout, steen*) Maser *w*, Flader *m*; (*het huis stond*) *in volle* —, in hellen Flammen; — *vatten*, auf-, entflammen; *hij is dadelijk vuur en* —, er braust gleich auf, (*geestdriftig*) er ist gleich Feuer und Flamme.

Vlaming Flame *m.*

vlam/kolen Flammkohle *w.* ▼**—men** flammen; *gevlamd*, (*v. hout*) maserig, gemasert, fladerig. ▼**—menwerper** Flammen/werfer *m.* ▼**—menzee** F.meer *s.* ▼**—metje** Flämmchen *s*; (*vuur*) Feuer *s.* ▼**—mig** flammig, geflammt; (*v. hout enz.*) maserig, gemasert, fladerig. ▼**—oven** Flamm/ofen *m.* ▼**—pijp** F.rohr *s.*

vlas Flachs *m.* ▼**—aard** F.acker *m.* ▼**—achtig** f.artig. ▼**—baard** F.bart *m.* ▼**—blond** f.blond. ▼**—braak** F.breche *w.* ▼**—haar** F.haar *s.* ▼**—kleurig** f.farbig. ▼**—linnen** F.leinwand *w.* ▼**—sen I** *bn* flächse(r)n, Flachs... **II** *ww*: — *op*, s. spitzen auf [4]. ▼**—teelt** F.bau *m.*

vlecht Flechte *w*; (Haar)Zopf *m.* ▼**—en** flechten; (*erin te pas brengen*) einflechten; *gevlochten ijzerdraad*, Drahtgeflecht, -gewebe *s*; *gevlochten kabel*, (*elektr.*) verseiltes Kabel. ▼**—werk** Flechtarbeit *w*, Geflecht *s.*

vleermuis Fledermaus *w.*

vlees Fleisch *s*; *vlezen*, F.sorten *Mz*; *een doorn in 't* —, ein Stachel im F.; (*weten*) *wat voor* — *men in de kuip heeft*, mit wem man es zu tun hat; (*'t gaat hem*) *naar den vleze*, nach Wunsch. ▼**—bal(letje)** F.klößchen *s.* ▼**—boom** Gebärmuttergeschwulst *w.* ▼**—etend** f.fressend; (*v. mensen*) f.essend. ▼**—fondue** F.fondue *s.* ▼**—gezwel** F.geschwulst *w.* ▼**—hal** F.halle *w.* ▼**—houwer** F.er, F.hauer, Metzger *m.* ▼**—houwerij** F.erei, Metzgerei *w.* ▼**—keuring** F.beschau *m.* ▼**—keuringsdienst** f.beschaulicher Dienst. ▼**—kleurig** f.farbig. ▼**—klomp** F.klumpen *m.* ▼**—loos** f.los. ▼**—molen** F.wolf *m.* ▼**—nat** F.brühe *w.* ▼**—pin** F.speiler *m.* ▼**—snijmachine** Aufschnittmaschine *w.* ▼**—vork** F.gabel *w.* ▼**—waren** F.waren *Mz.* ▼**—wond(e)** F.wunde *w.* ▼**—wording** F.werdung *w.*

vleet (*haringnet*) Flet *s*; *bij de* —, die Menge, in Hülle und Fülle.

vlegel Flegel *m*; (*fig. ook*) Lümmel, Grobian, Rüpel *m.* ▼**—achtig** f.haft. ▼**—achtigheid** F.ei, Lümmelei, Rüpelei *w.* ▼**—jaren** F.jahre *Mz.*

vlei/en (e.m) schmeicheln; *ik vlei mij*, ich schmeichle mir; *z. — met de hoop*, der Hoffnung leben, s. der Hoffnung hingeben; (*ik vool*) *me gevleid*, mich geschmeichelt. ▼**—end** schmeichlerisch; (*strelend*) schmeichelhaft. ▼**—er** Schmeichler *m.* ▼**—erij** Schmeichel/ei *w.* ▼**—naam** S.-, Kosename *m.* ▼**—ster** S.kätzchen *s*, S.erin *w.* ▼**—taal** S.worte *Mz.*

vlek 1 (*dorp*) Flecken *m*; **2** (*smet*) Fleck(en) *m*; (*inkt, verf enz.*) Klecks *m*; (*fig. vooral*) Makel *m*; *een — op de eer*, ein Fleck auf der Ehre; *een — op zijn naam*, ein M. an seinem Namen. ▼**—keloos** fleckenlos; (*fig. vooral*) m.los. ▼**—keloosheid** Flecken-, M.losigkeit *w.* ▼**—ken** beflecken; (*met inkt enz.*) beklecksen; Flecke(n), Kleckse (e.n Flecken, e.n Klecks) machen; (*vlekken krijgen*) flecken, schmutzen. ▼**—kenmiddel** Fleckenentfernungsmittel *s*, Fleck(en)entferner *m.* ▼**—kenwater** Fleckwasser *s.* ▼**—kig** fleckig. ▼**—tyfus** Flecktyphus, -fieber *s.* ▼**—ziekte** (*v. varkens*) Rotlauf *m*, R.seuche *w.*

vlerk 1 (*vleugel*) Flügel, Fittich *m*; **2** (*vlegel*) Flegel *m.*

vleselijk fleischlich; (*bloedeigen*) leiblich.

vlet Jolle *w*; Prahm *m.*

vleug Anflug *m*, Aufwallung *w*; (*v. behaarde stoffen*) Strich *m*; *met de* —, nach dem S.; *tegen de — in*, gegen den S.

vleugel Flügel *m.* ▼**—adjudant** F.adjudant *m.* ▼**—deur** F.tür *w.* ▼**—lam** f.lahm. ▼**—moer** F.mutter *w.* ▼**—piano** Flügel *m.* ▼**—spanning** Flugweite, Flügelweite, -spannung *w.*

vleugje (*sprankje*) Schimmer *m*, Fünkchen *s*; (*zweempje*) Anflug *m*; (*v. wind*) Hauch *m*; — *v. geur*, Dufthauch.

vlez/e: *naar den* —, nach Herzenswunsch. ▼**—ig** fleischig.

vlieden fliehen.

vlieg Fliege *w*; *twee —en in één klap* (*slaan*), zwei F.n mit e.r Klappe; *geen — kwaad doen*, kein Wässerchen trüben; *iem. een — afvangen*, e.m zuvorkommen. ▼**—basis** Flug/stützpunkt *m*, Militärflugplatz *m.* ▼**—bereik** F.bereich *m.* ▼**—boot** F.boot *s.* ▼**—brevet** F.zeugführerschein *m.* ▼**—dekschip** F.zeugträger *m.* ▼**—demonstratie** Schauflug *m.* ▼**—dienst** F.dienst *m.* ▼**—dienstregeling** F.plan *m.* ▼**—eklap, —emepper** Fliegenklappe *w.*

vliegen fliegen; *hij vloog de trap af*, er flog, stürzte, rannte, eilte die Treppe hinunter; *hij vliegt niet hoog*, (*fig.*) mit ihm ist es nicht weit her, er hat das Pulver nicht erfunden; *voor iem.* —, e.m auf den ersten Wink gehorchen; *er een laten* —, e.n streichen lassen; *ze zien* —, e.n Sparren zu viel haben; *in brand* —, Feuer fangen, in Brand geraten; (*het schip*) *vloog in de lucht*, flog in die Luft; (*een brug*) *in de lucht laten* —, sprengen; *erin* —, (*fig.*) (he)reinfallen, hereinsegeln; (*iem.*) *erin laten* —, (he)reinlegen; *eruit* —, (*weggestuurd worden*) (hinaus)fliegen; (*Lindbergh*) *is in 1927 de oceaan over gevlogen*, hat 1927 den O. überflogen. ▼**vliegen/d** fliegend; *—e blaadjes*, fliegende Blätter, Flugblätter; *—e bom*, fliegende Bombe, Flugbombe *w*; — *fort*, fliegende Festung; *—e geest*, Salmiakgeist *m*; *—e tering*, galoppierende Schwindsucht. ▼**—gaas** Fliegengitter *s.* ▼**—ier** Flieger *m.* ▼**—kast** Fliegenschrank *m.* ▼**—svlug** eilends, eiligst, in aller Eile, in fliegender Eile; (*de tijd*) *ging — voorbij*, verging im Fluge. ▼**—vanger** Fliegen/fänger *m*; (*vogel, ook*) F.schnäpper *m.* ▼**—zwam** F.pilz, F.schwamm *m.*

vlieger Flieger *m*; (*speelgoed*) Drache(n) *m.* ▼**—ij** Fliegerei *w*, Flugwesen *s.* ▼**—touw** Drachenschnur *w.*

vlieg/gat Flugloch *s.* ▾**—gewicht** (*luchtv.*) Fluggewicht *s*; (*sp.*) Fliegengewicht *s.* ▾**—haven** Flug/hafen *m.* ▾**—huid** F.haut *w.* ▾**—kampschip** F.zeugträger *m.* ▾**—klaar** f.klar, f.fähig, f.fertig, f.bereit. ▾**—machine** F.zeug *s.* ▾**—ongeluk** F.unfall *m.* ▾**—ramp** F.katastrophe *w.* ▾**—route** F.route *w.* ▾**—sport** F.sport *m.* ▾**—terrein** F.platz *m*, F.gelände *s.* ▾**—tocht** Flug *m.*
vliegtuig Flugzeug *s.* ▾**—bestuurder** F.führer, Pilot *m.* ▾**—bom** Fliegerbombe *w.* ▾**—bouwkunde** Flugzeug/bau *m.* ▾**—bouwkundig**: *— ingenieur*, F.bauingenieur *m*; *—e*, F.mechaniker *m.* ▾**—kaping** F.entführung *w.* ▾**—loods** F.halle *w.* ▾**—moederschip** F.mutterschiff *s.* ▾**—ongeluk** Flugunfall, Flugzeugabsturz *m.*
vlieg/uur Flug/stunde *w.* ▾**—veld** F.platz *m.* ▾**—verbod** F.-, Luftsperre *w.* ▾**—werk**: *met kunst en —*, mit Ach und Krach; *kunst en — gebruiken*, alle erdenklichen Mittel anwenden. ▾**—wiel** Schwungrad *s.*
vlier (*heester*) Holunder, Flieder *m.*
vliering Dachboden *m*; Hängeboden *m.*
vlierthee Holundertee *m.*
vlies Haut *w*, Häutchen *s*; *'t Gulden Vlies*, das Goldene Vlies. ▾**—vleugelig**: *— insekt*, Hautflügler *m.*
vliet Bach *m.* ▾**—en** fließen.
vliezig häutig.
vlijen: *z. —*, s. hinlegen; *z. tegen iem. —*, s. an e.n schmiegen.
vlijm Lanzette *w.* ▾**—end** schneidend. ▾**—scherp** haarscharf; (*v. kritiek enz.*) schneidend, scharf, beißend.
vlijt Fleiß *m*, Emsigkeit *w.* ▾**—ig** fleißig, emsig.
vlinder Schmetterling *m*, (*als laatste deel v. ss*) Falter *m.* ▾**—achtig** s.sartig; (*fig.*) flatterhaft. ▾**—bloemigen** S.sblüter *Mz.* ▾**—das(je)** S.sbinde, Schleife *w.* ▾**—slag** S.stil *m.*
vlo Floh *m.*
vloed Flut *w*; *een — v. woorden*, eine F. von Worten, ein Wortschwall. ▾**—deur** F.tor *s.* ▾**—golf** F.welle *w.*
vloei Löschblatt, -papier; Zigarettenpapier *s.* ▾**—baar** flüssig; *— maken*, (*ook*) verflüssigen. ▾**—baarmaking** Verflüssigung *w*, Verflüssigen *s.* ▾**—baarwording** Flüssigwerden *s.* ▾**—blad** Löschblatt *s.* ▾**—en** fließen; (*met vloeipapier droogmaken*) löschen. ▾**—end** fließend; (*v. taal, stijl, ook*) flüssig; *in — Frans*, in geläufigem Französisch; *— (Frans speken)*, geläufig, flüssig, fließend; *—e medeklinker*, flüssiger Konsonant, Liquida *w*, Schmelzlaut *m.* ▾**—ing** Fluß *m.* ▾**—papier** Lösch-, Fließpapier; (*dun papier*) Seidenpapier *s.* ▾**—rol** Löscher *m*, Löschrolle *w.* ▾**—stof** Flüssigkeit *w.* ▾**—stofkolom** Flüssigkeitssäule *w.* ▾**—tje** (*v. sigaretten*) Zigarettenpapier *s.* ▾**—weide** Riesel-, Bewässerungswiese *w.*
vloek Fluch *m*; *in een — en een zucht*, im Handumdrehen. ▾**—en** f.en; *iem. —*, e.m f.en, e.n verfluchen; (*die kleuren*) *— met elkaar*, schreien gegeneinander. ▾**—er** F.er *m.* ▾**—waardig** f.würdig.
vloer (Fuß)Boden *m*; *veel bij iem. over de — komen*, viel in seinem Hause verkehren; *v.d. — zijn*, zu Bett sein. ▾**—bedekking** (Fuß)Bodenbelag *m.* ▾**—contact** (*elektr.*) Fußboden-, Tretkontakt *m.* ▾**—en** zu Boden schlagen; *gevloerd worden*, (*v. bokser*) zu Boden gehen. ▾**—kleed** Teppich *m.* ▾**—mat** Fuß(boden)matte *w*; Türvorleger *m.* ▾**—tegel** Fliese, Fußbodenplatte *w.* ▾**—verwarming** Bodenheizung *w.* ▾**—zeil** Linoleum *s.*
vlok Flock/e *w.* ▾**—ken** f.en. ▾**—kenzeep** F.enseife *w.* ▾**—kig** f.ig, f.enartig. ▾**—zijde** F.seide *w.*
vlonder Steg *m.*
vlooi/ebeet Flohbiß *m.* ▾**—en** flöhen. ▾**—enmarkt** Floh/markt *m.* ▾**—enspel** F.hüpfen. ▾**—entheater** F.zirkus *m.* ▾**—epik** F.stich *m.*
vloot Flotte *w*; *zie ook* **—tje.** ▾**—basis** Flotten/stützpunkt *m.* ▾**—commandant** F.chef *m.* ▾**—je** (*boter*) Butterdose *w.* ▾**—revue, —schouw** F.schau *w.* ▾**—voogd** F.führer *m.*
vlossig flockig.
vlot I *zn* Floß *s.* **II** *bn & bw* flott; (*het schip*) *kwam, werd weer —*, konnte wieder flottgemacht werden, wurde wieder flott; *— (spreken)*, geläufig, fließend; (*de waren*) *gingen — v.d. hand*, gingen flott von der Hand, wurden flott verkauft; (*alles*) *verliep —*, hatte e.n glatten Verlauf; (*het vliegtuig landde*) *—*, glatt; *—te jurk, meid*, flottes, fesches Kleid, Mädel; *—te spreker*, gewandter Redner. ▾**—brug** Floßbrücke *w.* ▾**—heid** (*gemak, handigheid*) Gewandtheit *w*; (*v. spreken*) Geläufigkeit *w*; *— v. stijl*, flüssiger Stil. ▾**—ten** (*hout*) flößen; (*v. werk enz.*) gut von statten gehen, flecken; (*'t gesprek, de onderhandeling wilde niet*) *—*, in Fluß kommen. ▾**—tend** flottierend; *—e schuld*, flottierende, schwebende Schuld; *—e bevolking*, fluktuierende Bevölkerung; *—e kapitaal*, Betriebskapital *s*; *—e middelen*, flüssige Mittel. ▾**—ter** (*pers.*) Flößer *m*; (*drijver*) Schwimmer *m.* ▾**—terpen** S.stift *m.*
vlucht 1 (*het vluchten*) Flucht *w*; *op de — drijven*, in die F. schlagen; *op de — gaan, slaan, de — nemen*, die F. ergreifen; **2** (*het vliegen*) Flug *m*; (*troep vogels*) Flug *m*; (*vleugelwijdte*) Flügel-, Flugweite *w*; (*fig. opgang*) (Auf)Schwung *m*; *een hoge — (nemen)*, e.n mächtigen A. ▾**—eling** Flüchtling *m*; (*uit Oost-Duitsland*) Ostflüchtling. ▾**—elingenvraagstuk** Flüchtlingsfrage *w.* ▾**—en** fliehen; (*z. redden*) s. flüchten. ▾**—haven** Not-, Zufluchtshafen *m.* ▾**—heuvel** (*op straat*) Verkehrs-, Schutzinsel *w.* ▾**—ig** flüchtig. ▾**—igheid** F.keit *w.* ▾**—leider** Flugleiter *m.* ▾**—nabootser** Simulator *m.* ▾**—plaats** Zufluchtsort *m*, -stätte *w.* ▾**—plan** Flugplan *m.* ▾**—strook** Standspur *w.* ▾**—weg** Fluchtweg *m.*
vlug schnell, geschwind, rasch; (*rap*) flink; (*handig*) gewandt; (*snugger*) klug, gescheit; (*verstandelijk begaafd*) begabt; (*v. jonge vogels*) flügge; *— v. begrip zijn*, schnell auffassen. ▾**—heid** S.igkeit, Geschwindigkeit, R.heit; Flinkheit; Gewandtheit; K.heit; B.heit *w.* ▾**—schrift** Flugschrift *w.* ▾**—zout** Riechsalz *s.*
VN *zie* **verenigen.**
vocaal I *zn* Vokal, Selbstlaut *m.* **II** *bn* Vokal...
vocabulaire Vokabular, Wörterverzeichnis *s.*
voca/tief, —tivus Vokativ, Anredefall *m.*
vocht (*vloeistof, nat*) Flüssigkeit *w*, Naß *s*; (*vochtigheid*) Feuchtigkeit *w*; *voor — bewaren!*, vor Feuchtigkeit, vor Nässe zu schützen. ▾**—en** feuchten, anfeuchten; (*strijkgoed*) einfeuchten. ▾**—gehalte** Feuchtigkeitsgehalt *m.* ▾**—ig** feucht. ▾**—igheid** Feuchtigkeit *w.* ▾**—maat** Flüssigkeitsmaß *s.* ▾**—plek** feuchte Stelle. ▾**—vlek** Stockfleck *m.* ▾**—vrij** feuchtfrei, vor Feuchtigkeit geschützt. ▾**—werend** feuchtigkeitssicher.
vod Lumpen, Fetzen *m*; (*prulgeschrift*) Wisch *m*; (*iem.*) *bij de —den pakken*, beim Wickel, beim Schlafittchen fassen, kriegen; *iem. achter de —den zitten*, hinter e.m her sein. ▾**—denkoper** Lumpen/händler *m.*

▾**—denmarkt** Trödelmarkt *m.* ▾**—enraper** L.sammler *m.* ▾**—d(er)ig** lumpig. ▾**—je** Läppchen *s*, Fetzen *m*; (*v. jurk gezegd*) Fähnchen *s*; *een — papier*, ein Fähnchen Papier.
voed/en (er)nähren; (*stroom, water enz. toevoeren*) speisen; *z. — met vruchten*, s. von Früchten n. ▾**—end** ernährend; (*voedzaam*) nahrhaft. ▾**voeder** Futter *s.* ▾**—bak** Futtertrog *m.* ▾**—en** füttern. ▾**—ing** Fütterung *w.* ▾**—gewas** Futter/gewächs *s.* ▾**—plaats** F.platz *m*, F.stelle *w.* ▾**—zak** F.beutel *m.*
voeding (*het voeden*) Ernährung *w*; (*met stroom, water enz.*) Speisung *w*; (*voedsel*) Nahrung *w*; (*kost*) Beköstigung *w.* ▾**—sbodem** Nährboden *m.* ▾**—s-en genotmiddelen** Nahrungs/- und Genußmittel *Mz.* ▾**—skabel** Speisekabel *s.* ▾**—sleer** N.-, Ernährungslehre *w.* ▾**—smiddel** N.-, Nährmittel *s.* ▾**—spunt** (*elektr.*) Speisepunkt *m.* ▾**—sstof** N.-, Nährstoff *m.* ▾**—sstoring** Ernährungsstörung *w.* ▾**—swaarde** Nährwert *m.*
voedsel Nahrung *w.* ▾**—pakket** N.smittelpaket *s.* ▾**—positie** Ernährungs/lage *w.* ▾**—schaarste** N.smittelknappheit *w.* ▾**—vergiftiging** N.smittelvergiftung *w.* ▾**—voorziening** N.s-, Lebensmittelversorgung *w*, E.wirtschaft *w.* ▾**voedster** (*min*) Amme *w*; (*konijn, haas*) Mutterkaninchen *s*, Häsin *w*, Mutterhase *m.* ▾**—kind** Pflegekind *s*, Pflegling *m.* ▾**—vader** Nährvater *m.* ▾**voedzaam** nahrhaft.
voeg Fuge *w.* ▾**—e**: *in deze, dier —e*, auf diese Weise, dergestalt; *in dier —e, dat ...*, dergestalt, daß ...; so, daß ...; in diesem Sinne daß ... ▾**—en** fügen; (*betamen*) s. geziemen, s. schicken, s. passen; (*gelegen komen*) passen; (*metselterm*) fugen, eine Mauer ausfugen, die Fugen verstreichen; *— bij*, fügen, legen zu, (*erbij schrijven, zeggen*) hinzufügen; *bij een brief zijn portret —*, e.m Brief sein Bild beifügen, beilegen; *z. —*, s. fügen; *z. bij een gezelschap —*, s. e.r Gesellschaft anschließen; *z. naar iem. —*, (*z. onderwerpen*) s. e.m fügen, (*schikken*) s. nach e.m richten, fügen; *z. naar de omstandigheden —*, s. den Umständen, in die Umstände fügen. ▾**—ijzer** Fugeneisen *s.* ▾**—spijker** Ausfug-, Fugenkelle *w.* ▾**—woord** Bindewort *s*, Konjunktion *w.* ▾**—zaam** schicklich, anständig, passend. ▾**—zaamheid** S.keit *w*, Anstand *m.*
voel/baar fühl/bar, (*merkbaar*) spürbar; (*duidelijk*) deutlich, handgreiflich. ▾**—en** f.en; (*zie ook* **gevoelen**); *z. —*, s. f.en; *daar voel ik wel iets voor*, das sagt mir wohl zu, gefällt mir wohl; *daar voel ik niets voor*, das interessiert mich nicht; *daar voelde hij niet veel voor*, (*was hij niet voor te vinden*) dafür war er nicht zu haben. ▾**—hoorn** F.horn *s*, F.er *m*; *zijn voelhoorns uitsteken*, (*fig.*) seine F.er ausstrecken. ▾**—ing** F.ung *w*; *— zoeken, krijgen, hebben met*, F.ung suchen, nehmen, haben mit. ▾**—spriet** F.er, F.faden *m.*
voer 1 (*wagenvracht*) Fuhre *w*; **2** (*voeder*) Futter *s*; *groen —*, Grünfutter; *hard —*, Körnerfutter. ▾**—en** führen; (*voederen; ook v. computer*) füttern; (*jas enz. v. voering voorzien*) füttern; *met vilt gevoerde kisten*, mit Filz ausgeschlagene Kisten. ▾**—ing** Futter *s.* ▾**—(ing)linnen** Futterleinen *s.* ▾**—lui** Fuhrleute *Mz.* ▾**—man** Fuhrmann, Frachtführer *m.* ▾**—taal** (*op congressen enz.*) Verhandlungssprache *w*; (*bij onderwijs*) Unterrichtssprache *w*; (*alg.*) Umgangssprache, Gemeinsprache *w.* ▾**—tuig** Fahrzeug *s*; (*bespannen*) Fuhrwerk, Gefährt *s.*
voet Fuß *m*; *onder de — lopen*, überrennen, unter die Füße treten; *op de — (volgen)*, auf dem Fuße, auf Schritt und Tritt; *op dezelfde — voortzetten*, in derselben Weise, auf demselben Fuß fortführen; *op — v. gelijkheid (met iem. omgaan)*, auf gleichem Fuß, auf gleich und gleich; *op — v. gelijkheid met iem. staan*, mit e.m auf du und du stehen; *op goede —, op — v. oorlog (met iem. staan)*, auf gutem Fuß, auf (dem) Kriegsfuß; *op vrije —en stellen*, auf freien Fuß setzen; *op staande —, zie* **staand**; *iem. te — (vallen)*, e.m zu Füßen; *een portret ten —en uit*, ein vollständiges Bild; *z. uit de —en maken*, s. aus dem Staube machen; *(iem. iets) voor de —en gooien*, vorwerfen; *—(je) voor —(je)*, Schritt für Schritt; *— geven*, Vorschub leisten; *vaste — krijgen*, festen F. fassen; *iem. de — dwars zetten*, e.m e.n Knüppel zwischen die Beine werfen; *iem. de — lichten*, e.m ein Bein stellen, (*onderkruipen, eruit wippen*) e.n ausstechen, aus dem Sattel heben; *geen — verzetten*, keinen Schritt tun, s. gar nicht rühren; *ik kan geen — verzetten*, ich kann mich nicht von der Stelle rühren; *— aan wal zetten*, den Fuß ans Land setzen, ans Land steigen; *ik zal geen — meer bij hem in huis zetten*, ich werde sein Haus mit keinem Fuß mehr betreten; *— bij stuk houden*, bei der Stange bleiben, nicht nachgeben; *een wit —je bij iem. hebben*, bei e.m e.n Stein im Brett haben, lieb Kind bei e.m sein; (*dat*) *heeft veel —en in de aarde*, hat seine große Schwierigkeit, kostet viel Mühe; (*dat*) *gaat zover als 't —en heeft*, geht solange es geht. ▾**—angel** Fußangel *w*, -eisen s.
voetbal Fußball *m.* ▾**—beker** F.pokal *m.* ▾**—bond** F.verband *m.* ▾**—club** F.klub *m.* ▾**—elftal** F.mannschaft *w.* ▾**—kampioen** F.meister *m.* ▾**—len** Fußball spielen. ▾**—ler** F.er, F.spieler *m.* ▾**—match** F.wettspiel *s.* ▾**—pool** F.toto *m.* ▾**—schoen** F.schuh *m.* ▾**—shirt** F.trikot *s.* ▾**—spel** F.spiel *s.* ▾**—veld** F.feld *s*; Spielplatz *m.* ▾**—wedstrijd** F.wettkampf *m*; *internationale —*, Fußballänderspiel *s.*
voet/boei Fuß/fessel *w.* ▾**—boog** Armbrust *w.* ▾**—breed**: *geen — (wijken)*, keinen F.breit. ▾**—brug** F.brücke *w*; (*vonder*) Steg *m.* ▾**—enbankje** F.bänkchen *s*, Schemel *m.* ▾**—(en)eind(e)** F.ende *s.* ▾**—enschrapper** F.abstreicher *m*, F.eisen *s.* ▾**—enzak** F.sack *m.* ▾**—euvel** F.fehler *m.*
voetganger Fußgänger *m.* ▾**—sdomein** F.zone *w.* ▾**—slicht** F.lichtzeichen *s.* ▾**—soversteekplaats** F.überweg *m.*
voet/gebed (*mis*) Stufengebet *s.* ▾**—je** *zie* **voet.** ▾**—jicht** Fuß/gicht *w*, Podagra, Zipperlein *s.* ▾**—knecht** F.soldat *m.* ▾**—licht** Rampe *w*, Rampenlicht *s*; *voor 't — komen*, auf die Bühne treten, auftreten, (*fig. ook*) hervortreten; *voor 't — brengen*, aufführen. ▾**—noot** F.note *w.* ▾**—pad** F.pfad, F.weg, F.steig *m*; (*geen rijwielpad*) Gehweg *m*; (*op bord*) für F.gänger! ▾**—pomp** F.pumpe *w.* ▾**—reis** F.tour, F.reise *w*, (*trektocht*) Wanderfahrt *w.* ▾**—rem** F.bremse *w.* ▾**—schakelaar** F.schalter *m.* ▾**—spoor** F.spur *w.* ▾**—stap** Schritt *m*; (*voetspoor*) F.stapfe, F.spur *w*; *iem.s —pen drukken*, in jemands F.stapfen treten. ▾**—stoots** (*zo maar*) ohne weiteres. ▾**—stuk** Sockel *m*, F.gestell *s.* ▾**—val** F.fall *m.* ▾**—veeg** Schuhwisch *m.* ▾**—verzorging** F.pflege *w.* ▾**—volk** F.volk *s.* ▾**—vrij** f.frei. ▾**—wortelbeentje** F.wurzelknochen *m.* ▾**—zoeker** Schwärmer, Frosch *m.* ▾**—zool**

F.sohle *w.*
vogel Vogel *m; slimme* —, schlauer Fuchs; *beter één — in de hand dan tien in de lucht*, besser ein Sperling in der Hand, als zehn auf dem Dache. ▾**—aar** Vogler, Vogel/steller *m.* ▾**—bekdier** Schnabeltier *s.* ▾**—knip** V.schlag *m,* V.falle *w.* ▾**—kooi** V.bauer *s,* (*groot*) V.käfig *m.* ▾**—kundige** V.kenner *m.* ▾**—lijm** V.leim *m;* (*plant, ook*) Mistel *w.* ▾**—nest** V.nest *s;* (*v. roofvogel*) Horst *m; —je,* (*gymn.*) Nesthang *m.* ▾**—pest** Geflügelpest *w.* ▾**—poot** V.fuß *m.* ▾**—schieten** V.schießen *s.* ▾**—stand** V.bestand *m.* ▾**—station** V.warte *w.* ▾**—tje** Vögelchen *s; ieder — zingt zoals het gebekt is,* jeder Vogel singt wie ihm der Schnabel gewachsen ist. ▾**—trek** Vogel/zug *m.* ▾**—verschrikker** V.scheuche *w.* ▾**—vlucht** V.flug *m; in —,* aus der V.schau, V.perspektive. ▾**—vrij** v.frei; *— verklaren,* (*ook*) ächten. ▾**—vrijverklaarde** V.freie(r) *m;* Ächter, Friedlose(r) *m.* ▾**—vrijverklaring** Ächtung *w.* ▾**—wet** V.schutzgesetz *s.*
Vogezen Vogesen *Mz.*
voile Schleier *m.*
vol voll; (*de zaal was*) *— mensen,* voll Menschen, voll von M., voll mit M., voller M.; (*een boom*) *— appelen,* voll Äpfel, voll von Äpfeln; (*een bord*) *— soep,* voll Suppe; (*een hart*) *— liefde,* voller Liebe; (*een tuin*) *— bloemen,* voller Blumen; *— lof* (*zijn*), voll des Lobes, des Lobes voll; *— innig medelijden,* voll des innigsten Mitleids; (*iem.*) *— angst* (*aankijken*), voller Angst; (*het hoofd*) *— zorgen* (*hebben*), voll, voller Sorgen; *—le haring, melk enz.,* Vollhering *m,* -milch *w* usw.; *— gas,* (*auto*) Vollgas *s; in 't —le bezit,* im Vollbesitz; *—le kracht vooruit,* Volldampf vorwärts; *tegen de —le waarde,* zum Vollwert; *— betekenis, gevoel, humor, verwachting, verwijt enz.,* (*ook*) bedeutungs-, gefühl-, humor-, erwartungs-, vorwurfsvoll; *een — jaar,* ein volles Jahr, ein ganzes J.; *5 —le jaren,* 5 volle Jahre; *een — uur,* eine volle, eine geschlagene Stunde; *—e aflaat,* vollkommener Ablaß; *—le broer,* leiblicher Bruder; *—le neven,* Geschwisterkinder; (*hij is*) *mijn —le neef,* mein richtiger Vetter; *in —le zee,* auf hoher, offener See; *met 't —ste recht,* mit vollem Recht; (*iem.*) *niet voor — aanzien,* nicht für voll ansehen, nehmen. ▾**—automatisch** vollautomatisch; *—e machine,* Vollautomat *m.*
volbloed I *bn: — paard,* Voll/blut(pferd) *s; — Amsterdammer,* richtiger Amsterdamer; *— Fransman,* Stockfranzose *m.* **II** *zn* V.blut *s,* V.blüter *m.* ▾**—ig** v.blütig.
volbouwen voll bauen.
volbrengen vollbringen, vollführen, (*voleindigen*) vollenden; (*zijn taak*) —, erledigen.
voldaan zufrieden, befriedigt; (*op rekening*) Betrag (dankend) erhalten; *voor — tekenen,* quittieren. ▾**—heid** Z.heit *w.*
volder Walker *m.*
voldoen (*tevreden stellen*) befriedigen; (*betalen*) bezahlen, (*rekening, ook*) begleichen, (*bedrag, ook*) entrichten; (*voldoende zijn*) genügen; (*overeenkomen met*) entsprechen; (*vervullen*) erfüllen; (*deugdelijk blijken te zijn*) s. bewähren; *aan een belofte —,* ein Versprechen halten, e.m V. nachkommen, e.m V. genügen; *aan een bevel —,* e.m Befehl Folge leisten; *aan de eisen —,* den Anforderungen entsprechen, genügen; *aan een plicht —,* eine Pflicht erfüllen, e.r P. genügen; *aan een verzoek —,* eine Bitte gewähren; *aan zijn verplichtingen —,* seinen Verpflichtungen, Verbindlichkeiten nachkommen; *aan een wens —,* e.n Wunsch befriedigen, e.m W. genügen; (*deze motor*) *blijkt niet te —,* bewährt s. nicht; (*dat schilderstuk*) *voldoet hier niet slecht,* nimmt s. hier nicht übel aus. ▾**—d(e)** genügend; (*toereikend*) hinlänglich, ausreichend; *— zijn,* (*ook*) genügen, ausreichen. ▾**—ing** Befriedigung; Bezahlung; Begleichung; Erfüllung; (*genoegdoening*) Genugtuung *w; ik smaakte de —,* es gereichte mir zur Genugtuung; *ter — aan art. 3,* zur Ausführung des Paragraphen 3.
voldongen entschieden; vollendet; *— feit,* vollendete Tatsache.
voldragen ausgetragen.
voleind(ig)en vollenden, beend(ig)en.
volgaarne recht gern.
volg/auto Folgewagen *m.* ▾**—briefje** Lieferschein; (*voor douane*) Begleitschein *m.*
volgeboekt ausverkauft.
volg/eling Anhänger; (*leerling*) Jünger, Schüler *m.* ▾**—en** folgen [3]; *een raad —,* e.n Rat befolgen, e.m R. f.; *een voorbeeld —,* e.m Beispiel f., ein B. befolgen; *het spoor —,* der Spur f.; *een spoor —,* eine Spur verfolgen; (*de berichten over iets; de ontwikkeling v. iets; een bepaalde politiek*) verfolgen; *de tramlijn —,* die Straßenbahnlinie entlanggehen; *een weg —,* e.m Weg f.; (*de nacht*) *volgt op de dag,* folgt auf den Tag; (*hij sprak*) *als volgt,* wie folgt; *wie volgt!,* der Folgende!, der Nächste!; *daaruit volgt,* daraus folgt, ergibt s., geht hervor. ▾**—end** folgend; (*ik heb je*) *het —e* (*te zeggen*), folgendes, das Folgende; *de —de morgen,* am folgenden, am nächsten Morgen; *tot —e keer,* bis nächstes Mal; *tot de —e week,* bis nächste Woche. ▾**—enderwijs** folgendermaßen, -weise.
volgens zufolge [2, 3]; (*luidens*) laut [2]; (*naar*) nach [3]; (*overeenkomstig*) gemäß [3]; *— afspraak,* wie verabredet; (*dat is niet*) *— onze afspraak,* unserer Vereinbarung gemäß; (*spreekuur 1—2*) *en — afspraak,* sowie nach Vereinbarung; *— 't bevel,* dem Befehl z., z. des Befehls, dem Befehl g.; (*dat is niet*) *— de grondwet,* verfassungsgemäß, -mäßig; *— mijn mening,* meiner Meinung n.; *— rekening,* l. Rechnung; *— zijn stand,* seinem Stand g., standesgemäß; *— uw wens,* Ihrem Wunsch g., Ihrem W. entsprechend.
volg/koets Folgewagen *m,* Begleitkutsche *w.* ▾**—nummer** fortlaufende Nummer; *v. —s voorzien,* fortlaufend numerieren.
volgooien vollwerfen.
volgorde Reihenfolge *w; in —,* der Reihe nach.
volgroeid ausgewachsen.
volg/trein Nachzug *m.* ▾**—wagen** Folgewagen *m;* (*aanhangwagen*) Anhängewagen, Anhänger *m.* ▾**—zaam** folgsam. ▾**—zaamheid** F.keit *w.*
volhard/en ausharren; beharren bei, auf [3]. ▾**—end** beharrlich, ausdauernd. ▾**—ing** Ausdauer, Beharrlichkeit *w,* Beharren *s.* ▾**—ingsvermogen** Beharrungsvermögen *s.*
volheid Fülle *w.*
volhouden (*niet alleen beginnen, maar ook*) —, durchhalten; (*volharden*) ausharren; (*uithouden, verdragen*) aushalten; *een bewering —,* eine Behauptung aufrechterhalten, bei e.r B. beharren, bleiben; *stokstijf —,* steif und fest behaupten; *hij houdt vol, dat...,* er beharrt dabei, bleibt dabei daß...; (*iets consequent blijven doorzetten*) durchführen.
volière Vogelhaus *s,* Volière *w.*
volijverig sehr eifrig.
volk Volk *s; veel —,* viel V., viele Leute; *—!,* heda!, (*in café*) Wirtschaft! ▾**volken/bond** Völker/bund *m.* ▾**—kunde** V.kunde,

Ethnologie *w.* ▼—**kundig** ethnologisch. ▼—**recht** V.recht *s.* ▼—**rechtelijk** v.rechtlich. ▼**volkje** Völkchen *s*; (*hij kent*) *zijn* —, seine Leute; *het jonge* —, das junge Volk, die junge Welt, die jungen Leute.
volkomen (*volmaakt*) vollkommen: (*geheel en al*) völlig, vollständig; — *juist*, völlig, durchaus richtig. ▼—**heid** Vollkommenheit; Vollständigkeit *w.*
volkorenbrood Vollkornbrot *s.*
volkrijk vollkreich. ▼**volks** völkisch; (*als eerste deel v. ss*) Volks... ▼—**aard** Volks/charakter *m.* ▼—**almanak** V.kalender *m.* ▼—**bestaan** V.-, Nationalexistenz *w.* ▼—**buurt** V.viertel *s.* ▼—**dans** V.tanz *m.* ▼—**deel** Bevölkerungsgruppe *w.* ▼—**democratie** V.demokratie *w.* ▼—**dracht** V.-, Nationaltracht *w.* ▼—**gebruik** V.sitte *w*, V.(ge)brauch *m.* ▼—**genoot** V.genosse *m.* ▼—**gezondheid** V.gesundheit *w.* ▼—**hogeschool** V.hochschule *w.* ▼—**huis** V.heim *s.* ▼—**huisvesting** V.wohnungswesen *s*; (*als overheidsinstelling*) öffentliche Wohnungsfürsorge *w*, (*'t bureau ervan*) Wohnungsamt *s*; (*ministerie*) *v.* — *en ruimtelijke ordening*, für Wohnungsbau, Städtebau und Raumordnung. ▼—**leider** V.führer *m.* ▼—**lied** V.lied *s*; (*nationaal lied*) Nationalhymne *w.* ▼—**menner** Agitator, Demagoge. V.(ver)führer *m.* ▼—**mond** V.mund *m.* ▼—**ontwikkeling** V.bildung, V.erziehung *w.* ▼—**ontwikkelingswerk** V.bildungsarbeit *w.* ▼—**oploop** V.auflauf *m.* ▼—**partij** V.partei *w.* ▼—**planting** Niederlassung, Kolonie, Ansiedlung *w.* ▼—**republiek** V.republik *w.* ▼—**stam** V.stamm *m.* ▼—**stemming** V.abstimmung *w.* ▼—**taal** V.sprache *w.* ▼—**telling** V.zählung *w.* ▼—**tuintje** Schrebergarten *m*; —*s*, (*ook*) Laubenkolonie *w.* ▼—**universiteit** V.hochschule *w.* ▼—**verhuizing** Völkerwanderung *w.* ▼—**vermaak** Volks/belustigung *w*, V.vergnügen *s.* ▼—**vertegenwoordiger** V.vertreter *m.* ▼—**vertegenwoordiging** V.vertretung *w.* ▼—**zang** Gemeinschaftssingen *s.*
volle: *ten* —, völlig.
volledig vollständig; (*geheel en al*) völlig; —*e betrekking*, vollbeschäftigte Stelle, Vollstelle *w*; — *bevoegd*, vollbefähigt; — *dagonderwijs*, Ganztagsunterricht *m*, vollzeitlicher Unterricht; —*e dagtaak*, Ganztagsbeschäftigung *w*; —*e uitgave*, vollständig/e Ausgabe, Gesamtausgabe *w*; *de* —*e werken v. Schiller*, Schillers sämtliche Werke. ▼—**heid** V.keit *w.* ▼—**heidshalve** v.keitshalber, der V.keit wegen.
volleerd ausgelernt.
vollegrond (*tuinb.*) freier Grund.
vollemaan Vollmond *m.* ▼—**sgezicht** V.sgesicht *s.*
vollemelk Vollmilch *w.*
voll/en walken. ▼—**er** Walker *m.* ▼—**erij** Walkerei, Walkmühle *w*; (*'t vollen*) Walken *s.*
volleybal Volleyball *m*; V.spiel *s.* ▼—**len** V.spielen. ▼—**ler** V.spieler *m.*
vollopen s. füllen, vollaufen.
volmaakt vollkommen, vollenden; (*geheel en al*) völlig. ▼—**heid** Vollkommenheit *w.*
volmacht Vollmacht, Bevollmächtig/ung *w.* (*procuratie, ook*) Prokura *w*; *iem.* — *geven*, e.m V. erteilen. e.n b.en; *bij* —, durch, in V.; per Prokura; *huwelijk bij* —, Ferntrauung *w.* ▼—**gever** V.geber *m.* ▼—**hebber** B.te(r) *m.* ▼—**igen** b.en.
vólmaken vollmachen; (*vullen*) füllen.
volmáken vervollkommnen.
volmondig aufrichtig, offenherzig; (*iets*) — (*toegeven*) (*ook*) glatt, rundheraus.
volontair Freiwillige(r) *m*, Volontär *m*; (*onderwijs*) Schulamtskandidat *m*; (*ambt*) Anwärter *m*; (*beroep*) Praktikant *m.*
volop vollauf; (*in overvloed*) die Menge, in Hülle und Fülle.
volprezen: *nooit* —, nie genug gepriesen.
volslagen völlig, total, vollständig.
volstaan genügen; *daarmee kun je* —, das genügt.
volstort/en (*volgooien*) an-, vollschütten; (*aandelen*) voll einzahlen; (*de rest bijstorten*) nachzahlen; *volgestort kapitaal*, voll eingezahltes Kapital. ▼—**ing** Vollzahlung *w*; (*v. aandelen*) Volleinzahlung *w.*
volstrekt (*absoluut*) absolut; (*als bw ook*) durchaus; (*onbeperkt*) unbeschränkt; (*onvoorwaardelijk*) unbedingt; — *niet*, durchaus nicht.
volstromen vollströmen, s. füllen.
volt Volt *s.* ▼—**age** Voltzahl, Spannung *w.*
voltallig vollzählig; *een* —*e vergadering*, (*v. alle leden*) eine Vollversammlung.
voltameter Voltameter *m* & *s.*
volte 1 (*gedrang*) Gedränge *s*; (*het vol zijn*) Fülle *w*; **2** (*zwenking*) Volte *w.*
voltekend vollständig gezeichnet, vollzeichnet; (*driemaal*) —, gezeichnet.
voltig/eren volti/gieren. ▼—**eur** V.geur, V.gierer *m.*
voltmeter Voltmeter *m* & *s.*
voltooi/d: — *tegenw. tijd*, voll/endete Gegenwart, Perfekt *s*; — *verleden tijd*, v.endete Vergangenheit, Plusquamperfekt *s*; — *toekomende tijd*, v.ende Zukunft, zweites Futurum. ▼—**en** v.enden; fertigstellen. ▼—**ing** V.endung, Fertigstellung *w.*
voltreffer Volltreffer *m.*
voltrekk/en voll/ziehen, v.strecken; (*een vonnis*) —, v.strecken. ▼—**ing** V.ziehung, V.streckung *w.*
voluit vollständig; (*een woord*) — *schrijven, zetten*, ausschreiben, aussetzen; (*getallen*) — (*schrijven*), in Worten (ausschreiben).
volume Volumen *s*; (*v. geluid*) Lautstärke *w.* ▼—**regelaar** L.regler *m.* ▼**volumineus** voluminös.
volvet: —*te kaas*, vollfetter Käse, Vollmilchkäse.
volvoer/der Voll/zieher *m.* ▼—**en** v.führen, v.ziehen. ▼—**ing** V.führung, V.ziehung *w.*
volwaardig vollwertig.
volwassen erwachsen; (*volgroeid*) ausgewachsen; *alleen voor* —*en*, (Zutritt) nur für Erwachsene, nur E. haben Z.
volzin Satz *m.*
vomeren vomieren, s. erbrechen.
vondeling Findling *m*, Findelkind *s*; *te* — *leggen*, aussetzen.
vonder Steg *m.*
vondst Fund *m.*
vonk Funke *m.* ▼—**en** f.n; (*vonken spatten, ook*) F.n sprühen; (*gloeien*) glühen, f.ln. ▼—**vrij** f.nfrei.
vonnis Urteil *s*; (*uitspraak v.h. vonnis*) Urteilsspruch *m.* ▼—**sen** ein Urteil fällen, das Urteil sprechen über; (*veroordelen*) verurteilen.
vont Taufbecken *s*, -stein *m.*
voogd Vormund *m*; *toeziend* —, Gegenvormund *m.* ▼—**es** Vormünderin *w.* ▼—**ij** Vormundschaft *w.* ▼—**ijkinderen** unter (Schutzaufsicht und) Vormundschaft stehende Kinder. ▼—**ijmacht** vormundschaftliche Macht. ▼—**ijraad** Vormundschaftsgericht *s.* ▼—**ijschap** *zie* —*ij.* ▼—**ijschapsraad** (*v.d. UNO*) Treuhandschaftsrat *m.*
voor (*groef*) Furche *w.*

voor I vz für [4]; (*in bepaling v. plaats, ook fig.*) vor [3/4]; (*in bepaling v. tijd met betekenis 'geleden' of 'vroeger, eerder dan'*) vor [3; *maar*: das Fest fällt vor den ersten Mai]; (*na woorden en uitdrukkingen die te kennen geven: 'achting, eerbied voor', ''n bang worden of zijn v.', ''n bescherming zoeken', ''n zich schamen tegenover' of tegenstelling hiervan*) vor [3]; — *iem.* (*zitten*), vor e.m; — *iem. gaan zitten*, s. vor e.n setzen; — *het raam* (*staan*), (*om naar buiten te kijken*) am Fenster, (*anders*) vor dem F.; (*hij bromde iets*) — *z. uit*, vor s. hin; — *2 weken*, (*2 weken geleden*) vor zwei Wochen; *prijzen v. — de oorlog*, Vorkriegspreise; *vóór donderdag a.s.* (*moet het klaar zijn*), vor nächsten Donnerstag; (*welke les moeten we*) — *donderdag* (*leren*), für den Donnerstag; (*alle heren*) *namen hun hoed — haar af en maakten een buiging — haar*, nahmen vor ihr den Hut ab und verneigten s. vor ihr; (*bewondering*) — *iem.*, vor e.m; — *iem. vrezen*, (*bang zijn voor hem*) s. fürchten vor e.m, (*bezorgd zijn om hem*) fürchten für e.n; *vrees — straf*, Furcht vor Strafe; *vluchten, z. verbergen* —, fliehen, s. verstecken vor; (*waarschuwen*) —, vor; *z. wachten* —, s. hüten vor; (*God moge je*) — *groot onheil bewaren*, vor großen Unheil bewahren, (*maar*: ich werde das Geld für dich bewahren); *veilig* —, sicher vor; (*geen geheimen*) — *iem. hebben*, vor e.m haben, (*maar*: kein Geld für e.n haben); (*ik ben*) — *hem*, (*in rangorde, eerder aan de beurt enz.*), vor ihm, (*kies zijn partij, niet tegen hem*) für ihn; (*hij betaalde*) — *mij*, (*eerder dan ik*) vor mir, (*ten behoeve v. mij, in plaats v. mij*) für mich; — *alles*, (*voorrang*) vor allem, (*maar*: ich danke dich für alles was du für mich getan hast); (*dat kun je*) — *jezelf* (*niet verantwoorden*), vor dir selbst; (*dat is niets*) — *jou*, für dich; *wie niet — mij is, is tegen mij*, wer nicht für mich ist, der ist wider mich; (*dat is*) — *mij te duur*, mir zu teuer, zu teuer für mich; (*hij is een goede vader*) — *zijn kinderen*, für seine Kinder; (*wat geef jij*) — *dat huis*, für das Haus; (*iets*) — *de hoofdpijn*, für, gegen die Kopfschmerzen; (*wie zal*) — *je zorgen?*, für dich sorgen?; (*hij werkt*) — *twee*, für zwei; *woord — woord* (*verstaan*), Wort für W.; — *waarschijnlijk houden*, für wahrscheinlich halten; — *zijn leeftijd* (*is hij nog kras*) für sein Alter; *ik — mij*, ich für meine Person; *eens — altijd*, ein für allemal; — *'t geval dat...*, für den Fall, daß...; — *ditmaal*, für diesmal; — *de eerste maal*, zum ersten Mal; (*'n huis*) — *3 jaar* (*huren*), für, auf 3 Jahre; — *altijd*, —*goed*, auf, für immer; — *eeuwig*, auf ewig; — *het grootste deel*, — *de helft*, zum größten Teil, zur Hälfte; (*stof*) — *een jurk*, zu e.m Kleid, für ein K.; (*iets*) — *mijn verjaardag*, zu meinem Geburstag; *z. — het examen aanmelden*, s. zur Prüfung melden; *gevoelig — koude*, empfindlich gegen, für Kälte; — *zaken* (*reizen*), in Geschäften; *één — één*, e.r nach dem andern. **II** *bw*: — *bij de ingang*, — *in 't boek*, vorn am Eingang, im Buch; (*hij woont*) —, vorn; — (*ben je nat*), vorn; *v. — tot achter*, von vorn bis hinten; *v. — af* (*aan*), von vorn an; (*met een schort*) —, vor; (*mijn horloge*) *loopt* —, geht vor; — *en na*, nach wie vor; *het was 'mevrouw' — en na*, es war 'Gnädige Frau' vorn und 'Gnädige Frau' hinten; *de ene dwaasheid —, de andere na*, eine Torheit nach der andern; (*jij hebt veel*) *op mij* —, vor mir voraus; (*ik was*) hem een kilometer —, ihm e.n Kilometer voraus; *iem. — zijn*, (*te vlug af zijn*) e.m zurvorkommen; (*je krijgt 4 punten*) —, vor(aus); (*de wagen*) *staat* —, ist da!; (*hand opsteken wie*) *er — is*, dafür ist; *zie ook* **voren**. **III** *vgw*: — (*ik vertrek...*), ehe, bevor. **IV** *zn*: *het — en het tegen*, das Für und das Wider.

vooraan vorn; — (*zitten*), vorn; (*in de stoet ging hij*) —, voran. ▾**—drijving** Front-, Vorder(rad)antrieb *m*; *auto met* —, (*ook*) Fronttriebler *m*. ▾**—staand** (*fig.*) prominent, hervorragend, führend. ▾**—zicht** Vorderansicht *w*.

vooraf vorher, zuvor; *inzending* —, Voreinsendung *w*; (*allereerst*) zuvor. ▾**—beelding** Vorausdeutung *w*; vorbildliche Darstellung. ▾**—betaling** Vorauszahlung *w*. ▾**—gaan** voran-, vorhergehen. ▾**—gaand** vorher-, vorangehend; *'t —e*, das Vorhergehende; *uit 't —e* (*in 't boek*), aus dem Vorangehenden; *—e beraadslagingen*, Vorberatungen.

vooral besonders; (*voornamelijk*) namentlich; (*bovenal*) vor allem; (*toch zeker*) ja; *doe het toch — niet!*, tue es ja nicht!

vooraleer bevor, ehe und bevor.

vooralsnog fürs erste, vorläufig.

voorarbeid Vorarbeit *w*. ▾**—arm** Vorder-, Unterarm *m*. ▾**—arrest** Untersuchungshaft *w*. ▾**—avond** Vorabend *m*; (*begin v.d. avond*) Frühabend *m*.

Voor-Azië Vorderasien *s*.

voor/baat: *bij* —, im voraus. ▾**—balkon** (*v. tram*) Vorderplattform *w*. ▾**—band** Vorderreifen *m*.

voorbarig voreilig, -schnell, -laut.

voorbedacht: *met —en rade*, mit Vorbedacht, vorsätzlich, (*niet misdadig*) absichtlich; *moord met —en rade*, vorsätzlicher Mord.

voorbede Fürbitte, Fürsprache *w*.

voorbeeld Beispiel *s*; (*model, toonbeeld*) Muster *s*; (*om na te schrijven, tekenen enz.*) Vorlage *w*, Vorlegeblatt *s*; (*ideaal voorbeeld ter navolging*) Vorbild *s*; *het goede — geven*, mit gutem B. vorangehen; *bij* —, zum B.; *bij wijze v.* —, b.sweise; *zonder* —, (*weergaloos*) b.los; *een — stellen*, ein Exempel statuieren; *naar 't* — (*v. andere steden*), nach dem Vorgang; (*hij is*) *een — v. vlijt*, ein M. des Fleißes. ▾**—ig** m.haft; (*ideaal*) vorbildlich.

voorbehoed/end schützend; (*med.*) vorbeugend. ▾**—middel** Verhütungs-, Schutz-, Präventivmittel; Präservativ *s*.

voorbehoud Vorbehalt *m*; *onder 't gewone* —, unter üblichem V.; *met* (*onder*) — *v.*, v.lich [2], mit V. [2]; *zonder enig* —, ohne irgendwelchen V. ▾**—en** v.en; *z. het recht* —, s. das Recht vorbehalten.

voorbereid/en vorbereiten; (*iem.*) *op iets* —, auf etwas [4] vorbereiten, gefaßt machen; *op 't ergste voorbereid zijn*, auf das Schlimmste gefaßt sein; *—d onderwijs*, vorbereitender Unterricht, Vorbereitungsunterricht *m*; — *hoger onderwijs*, vorbereitender Hochschulunterricht; *—de school*, Vorbildungs-, Vor(bereitungs)schule *w*; *—de werkzaamheden*, Vorarbeiten. ▾**—ing** Vorbereitung *w*. ▾**—sel**: *—en*, Vorbereitungen, Anstalten.

voorbericht Vorwort *s*.

voorbeschikk/en vorherbestimm/en; prädestin/ieren. ▾**—ing** V.ung; P.ation *w*.

voorbestemmen vorherbestimmen.

voorbeurs Vorbörse *w*.

voorbidden vorbeten.

voorbij vorüber, vorbei; (*zij dragen iets, komen, lopen enz.*) — *ons huis, ons huis* —, an unserem Hause vorbei, vorüber; (*hij woont iets*) — *het stadhuis*, weiter als das Rathaus. ▾**—gaan** vorbei-, vorübergehen; *iem.* —, an e.m vorbei-, vorübergehen, (*overslaan*) e.n übergéhen; *in 't* —, im Vorbeigehen, (*terloops*) beiläufig, nebenbei. ▾**—gaand**: *v. —e aard*, vorübergehender Natur. ▾**—ganger** Vorüber-, Vorbeigehende(r), Passant *m*.

▾—**komen** vorbei-, voruberkommen. ▾—**praten**: *zijn mond* —, s. verplaudern, s. verplappern, s. den Mund verbrennen. ▾—**rijden** *iem.* —, an e.m vorbeifahren; (*passeren*) e.n überholen. ▾—**schieten** vorbei-, vorüberschießen; *zijn doel* —, über das Ziel hinausschießen. ▾—**streven**: *iem.* —, e.n überhólen, über'flügeln. ▾—**zien**: (*een fout*) —, (e.n Fehler) übersého̲n.
voorbinden vorbinden.
voorbode Vorbote *m.*
voorbrengen vorbringen; (*voorleiden*) vorführen.
voordat ehe, bevor.
voord(e) Furt *w.*
voordeel Vorteil, Nutzen *m*; (*eigenschap waardoor iets veel voor heeft*) Vorzug *m*; *zijn — met iets doen*, s. etwas zunutze machen; *in 't* — (*zijn*), im Vorteil; (*dat is*) *in zijn* —, zu seinem Vorteil; *hij is in zijn — veranderd*, er ist zu seinen Gunsten verändert; *ten voordele v.*, zugunsten [2]. ▾—**regel** (*sp.*) *de — toepassen*, den Vorteil gelten lassen. ▾—**tje** Profitchen *s*, unerwarteter Vorteil, Extraprofit *m.* ▾**voordelig** vorteilhaft; (*winstgevend, ook*) einträglich.
voordeur Haus-, Vordertür *w.*
voordewind: — (*zeilen*), vor dem Winde; (*het gaat*) *hem* —, ihm gut, nach Wunsch.
voordezen, —**dien** ehedem, vordem, ehemals.
voordoen (*voorbinden*) vortun, -binden; (*als voorbeeld doen*) (e.m etwas) vormachen; *als z. 'n gelegenheid voordoet*, wenn s. eine Gelegenheit darbietet; (*een vreemde geschiedenis*) *heeft z. voorgedaan*, hat s. ereignet; (*het geval zal*) *z. zelden* —, selten vorkommen; *als 't geval z. voordoet*, eintretenden-, vorkommendenfalls; (*moeilijkheden kunnen*) *z.* —, auftreten; *z. — als*, s. ausgeben für, (*gedragen als*) s. aufführen wie.
voordracht Vortrag *m*; (*lijst v. kandidaten*) Kandidaten-, Vorschlagsliste *w*; *op* — (*v.d. minister*), auf Vorschlag. ▾—**skunstenaar** Vortragskünstler *m.* ▾**voordragen** vortragen; (*iem. voor benoeming enz.*) vorschlagen, empfehlen.
voorechtelijk vorehelich.
vooreerst (*voorlopig*) fürs erste, vorläufig, vorerst; (*in de eerste plaats*) vorerst, zunächst.
voorfilm Vorfilm *m.*
voor/gaan vorangehen; (*belangrijker zijn, voorrang hebben*; *v. horloge*) vorgehen; (*'t voorbeeld geven*) das Beispiel geben, (e.m) mit gutem Beispiel vorangehen; *goed — doet goed volgen*, gutes Beispiel gute Nachfolge. ▾—**gaand** *zie* —**afgaand.** ▾—**ganger** Vorgänger *m*; (*im ambt*) Amtsvorgänger *m*; — *der gemeente*, Pastor, Pfarrer *m*; (*ds. A.*) *was* —, predigte.
voor/gebergte Vorgebirge *s.* ▾—**geborchte** Vorhölle *w.*
voor/geleiden (e.n Gefangenen) vorführen. ▾—**geleiding** Vorführung *w.* ▾—**gemeld**, —**genoemd** obenerwähnt, -genannt, vorgenannt, -erwähnt. ▾—**gerecht** Vorgericht *s.* ▾—**geschiedenis** Vorgeschichte *w.* ▾—**geslacht** Vorfahren *Mz.* ▾—**gespannen**: — *beton*, vorgespannter Beton. ▾—**gevel** Fassade, (Vorder) Front *w.*
voorgeven vorgeben.
voor/gevoel Ahnung *w*; Vorgefühl *s.* ▾—**gevormd** ausgeformt. ▾—**gewend** angeblich, vorgeschützt. ▾—**gift** Vorgabe *w.* ▾—**goed** auf immer, für immer; (*definitief*) endgültig.
voorgoochelen vorgaukeln; *iem. wat* —, e.m e.n blauen Dunst vormachen.
voorgrond Vordergrund *m*; *op de* — (*treden*), in den V.
voor/hamer Vorschlaghammer *m.* ▾—**hand** Vorhand *w*; (*voorste deel v. hand*) Vorderhand *w*; *aan de — zitten*, die Vorhand haben; *op* —, (*bij voorbaat*) im voraus. ▾—**handen** vorhanden, vorrätig.
voorhang Vorhang *m.* ▾—**en** vorhängen; (*als lid*) vorschlagen; vorgeschlagen sein. ▾—**sel** Vorhang *m.*
voorhebben (*een schort enz.*; *v. plan zijn*) vorhaben; *het goed met iem.* —, es gut mit e.m meinen; (*veel*) *op iem.* —, vor e.m voraushaben; *de verkeerde* —, s. (in der Person) irren; (*weet jij wel*) *wie je voorhebt*, mit wem du's zu tun hast, mit wem du sprichst.
voor/heen ehemals, sonst, früher; — *en thans*, einst und jetzt. ▾—**historisch** vorhistorisch. ▾—**hoede** Vorhut *w.* ▾—**hof** Vorhof *m.*
voorhoofd Stirn *w.* ▾—**sband** S.band *s.* ▾—**sbeen** S.bein *s.* ▾—**sholteontsteking** S.höhlenentzündung *w.*
voorhouden vorhalten; *iem. 't goede* —, e.n zum Guten anhalten.
voorhuid Vorhaut *w.*
voorhuis Vorderhaus *s*; (*vestibule*) Hausflur *m*, Vorhalle *w.*
voorin vorn; (*hij kwam*) — vorn herein.
Voor-Indië Vorindien *s.*
vooringenomen voreingenommen (gegen, für). ▾—**heid** V.heit *w.*
voorjaar Frühjahr *s*, Frühling *m.* ▾—**sbeurs** Frühjahrsmesse *w.* ▾—**smoeheid** Frühjahrsmüdigkeit *w.* ▾—**sopruiming** Frühlingsschlußverkauf *m.*
voor/kamer Vorderzimmer *s.* ▾—**kant** Vorderseite *w*; *aan de* —, (*ook*) (nach) vorn heraus.
voorkauwen vorkauen.
voorkennis Vorwissen *s.*
voorkeur Vorzug *m*; *bij* —, v.sweise; *ik geef er de — aan*, ich ziehe es vor; *ik geef aan dit boek de — boven dat*, ich ziehe dieses Buch jenem vor; *de — genieten, hebben* (*boven*), den V. haben (vor [3]); *recht v.* —, V.srecht *s.*
voorkind Kind aus erster, aus früherer Ehe; Vorkind *s.*
vóórkomen I *ww* vórkommen; (*bij wedren enz.*) *iem.* —, e.n überhólen; (*mevrouw*) *kwam zelf voor*, öffnete selbst die Tür, erschien selbst; (*een taxi*) *laten* —, vorfahren lassen; (*wanneer moet hij*) —, vor Gericht erscheinen; *hij moet vandaag* —, (*ook*) er hat heute Termin; (*wanneer*) *zal die zaak* —, wird die Sache vorkommen, zur Verhandlung kommen. **II** *zn* (*uiterlijk*) Äußere(s), Aussehen *s*; (*schijn*) Anschein *m*; (*nu heeft de zaak*) *een geheel ander — gekregen*, ein ganz anderes Ansehen gewonnen. ▾—**d**: *bij —e gelegenheid*, bei vorkommender Gelegenheit; *bij — geval*, vorkommenden-, eintretendenfalls.
voorkóm/en (*te vlug af zijn*) zuvorkommen; *u voorkomt mij, mijne wensen*, Sie kommen mir, meinen Wünschen zuvor; *een gevaar* —, e.r Gefahr vórbeugen; *het ongeluk* —, den Unfall verhüten, verhindern, dem U. vorbeugen. ▾—**end** zuvorkommend, freundlich, gefällig, verbindlich. ▾—**endheid** Zuvorkommendheit, Gefälligkeit *w.* ▾—**ing** Vermeidung, Verhütung, Vorbeugung *w*; *ter — v. abuizen*, zur Vermeidung von Irrtümern; *ter — v. ongelukken*, zur Verhütung von Unfällen.
voor/laatst vorletzt, zweitletzt. ▾—**land** Vorland *s*; (*fig.*) Zukunft *w.*
voor/laten vor/lassen; (*vóór laten gaan*) (e.m) den V.trit lassen. ▾—**leesboek** V.lesebuch *s.* ▾—**leggen** v.legen; (*v. ambtelijke stukken enz., ook*) unterbreiten. ▾—**leiden** v.führen.
voorletter Anfangsbuchstabe *m*; —*s*, (*naam*) (Anfangsbuchstaben der) V.namen.

voorlez/en vorlesen; (*notulen enz., dus meer off.*) verlesen. ▾**—ing** Vorlesung; Verlesung *w.*
voorlicht/en (e.m) vorleuchten; (*fig.*) e.n über etwas aufklären, belehren. ▾**—ing** Aufklärung *w;* (*advisering*) Beratung *w; — bij beroepskeuze*, Berufsberatung; *economische —*, Wirtschaftsberatung *w.* ▾**—ingsdienst** Informationsdienst *m*, -amt *s; — voor de landbouw*, Landwirtschaftsberatung. ▾**—ingsfilm** Aufklärungsfilm *m.*
voorliefde Vorliebe *w.*
voorliegen: *iem.* (*iets*) *—*, e.m (etwas) vorlügen.
voorlop/en (*voorop*) vorangehen, -laufen; (*horloge*) vor/gehen. ▾**—er** V.läufer *m.* ▾**—ig** v.läufig, einstweilig (*bw* einstweilen), provisorisch; *—e hechtenis*, Untersuchungshaft *w; —e aankondiging, raming enz.*, Vorankündigung *w*, -anschlag *m; — contract, ontwerp enz.*, Vorvertrag, -entwurf *m; —e uitkering*, (*v. divid.; faillissement*) Abschlagsverteilung *w.*
voor/maken vor/machen. ▾**—malig** ehemalig, früher. ▾**—man** V.mann *m;* (*die voor iem. loopt, zit, meestal*) Vordermann; (*voorwerker*) Vor/arbeiter; (*leider v. beweging enz.*) Führer *m.* ▾**—mast** V.mast *m.* ▾**—meld** *zie* **—gemeld**. ▾**—middag** V.mittag *m; des —s*, v.mittags, am V.mittag; (*ik kom*) *morgen —*, morgen v.mittag. ▾**—muur** V.mauer *w;* (*muur aan voorzijde*) Vordermauer *w.*
voorn Plötze *w.*
vóórnaam Vor-, Rufname *m.*
voornaam vornehm, angesehen; (*belangrijk*) bedeutend, wichtig; (*uitstekend*) hervorragend; *het —ste*, das Wichtigste; *een v.d. —ste firma's*, eine der ersten, der führenden Firmen; *—ste reden*, Hauptgrund. ▾**—heid** Vornehmheit *w.* ▾**—st** Haupt...; *—e bestanddeel*, H.bestandteil *m; zie ook* **voornaam**.
voornaamwoord Fürwort, Pronomen *s.* ▾**—elijk** pronominal.
voornamelijk namentlich, vornehmlich, besonders.
voornemen I *zn* (*plan*) Vorhaben *s;* (*oogmerk*) Absicht *w;* (*vaste bedoeling*) Vorsatz *m; 't — hebben*, die A. haben, beabsichtigen; *het — opvatten*, s. vornehmen, den Entschluß fassen. **II** *ww: z. iets —*, s. etwas vornehmen. ▾**—s**: *— zijn*, die Absicht haben, beabsichtigen.
voornoemd: *de directeur —*, der obergenannte Direktor, (*als ondertekening*) der Direktor; *zie* **—genoemd**.
voor/oefening Vor/übung *w.* ▾**—onder** V.unter *s.* ▾**—onderzoek** V.untersuchung *w.* ▾**—oordeel** V.urteil *s.* ▾**—oorlogs**: *—e prijs*, V.kriegspreis *m.*
voorop voran, vorauf; (*fig.*) vor allen (andern); (*aan de voorzij, aan de voorzij op iets*) vorn, vorndrauf. ▾**—gaan** vorangehen.
vooropleiding Vorbildung *w; — voor lerares*, V. zur Lehrerin.
voorop/staan (*fig.*) von vornherein feststehen. ▾**—stellen** (*ervan uitgaan*) vor/aussetzen. ▾**—zetten** (*ervan uitgaan*) v.aussetzen; (*v. mededeling enz.: voorop laten gaan, beginnen met*) v.ausschicken; (*vooruit vaststellen*) von vornherein feststellen; (*op de voorste plaats zetten*) vor/ansetzen; *vooropgezette mening*, v.gefaßte Meinung.
voorouder/lijk vor/elterlich. ▾**—s** V.eltern, V.fahren, Ahnen *Mz.*
voorover vornüber. ▾**—buigen** (*naar voren*) s. vorneigen, s. vorbeugen; (*naar voren overhellend*) s. (nach vorn) überbeugen, (*diep*) s. vornüberbeugen. ▾**—hangen** (*naar voren hellen*) s. vorneigen; (*naar voren overhellend*) nach vorn überhängen; (*zeer diep*) vornüberhängen.
voorover/leden vorverstorben. ▾**—lijden** früheres Sterben.
voorover/lopen gebückt; (*diep*) vornübergebeugt gehen. ▾**—vallen** vornüber fallen. ▾**—zitten** vorgebeugt, vornüber (gebeugt) sitzen.
voor/pagina (*schutblad*) Vorsatzblatt *s;* (*eerste pagina v. krant*) erste Seite. ▾**—plecht** Vorplicht *w.* ▾**—plein** Vorplatz *m.* ▾**—poot** Vorderfuß *m*, -pfote *w.* ▾**—portaal** Vorhalle *w.* ▾**—post** Vorposten *m.* ▾**—praten** vorplaudern, -schwatzen; (*wijsmaken*) vorfabeln; *zie ook* **—spreken**. ▾**—pret** Vorfreude *w.* ▾**—proefje** Kosthappen *m;* (*fig.*) Vorgeschmack *m*, Probe *w.* ▾**—programma** Vorprogramm *s.*
voorraad Vorrat *m;* (*handelsgoederen in magazijn, ook*) Bestand *m; in —* (*hebben*) im V., (*voorradig*) vorrätig, auf Lager. ▾**—kamer** Vorrats/kammer *w.* ▾**—schuur** V.scheune *w.* ▾**—staat** Bestandsliste *w.* ▾**voorradig** vorrätig; *—* (*hebben*), vorrätig, auf Lager.
voorrang Vorrang *m*, (*voorkeur*) Vorzug *m*, (*verkeer*) Vorfahrtsrecht *s; — hebben*, (*bij verkeer*) Vorfahrt haben; *— verlenen*, (*bij verkeer*) vorfahren lassen, die Vorfahrt, das Vorfahrtsrecht beachten; *tegemoetkomend verkeer heeft —*, (*verkeersbord*) verbotene Durchfahrt bei Gegenverkehr. ▾**—sbord** Vorfahrt(s)schild, -zeichen *s.* ▾**—sweg** Vorfahrtsstraße *w.*
voorrecht Vorrecht *s;* (*voorkeur*) Vorzug *m*, Priorität *w.*
voorrede Vorwort *s.*
voorrekenen vorrechnen.
voorrij/den vorfahren; (*rijdier*) vorreiten. ▾**—kosten** Anfahrkosten, Wegekosten *Mz.*
voorronde (*sp.*) Vorrunde, Vorlauf *m.*
voorruit (*auto*) Windschutzscheibe *w.* ▾**—ontdooier** Defrosteranlage *w.*
voorschieten vorschießen, (*geld, ook*) vorstrecken; (*zo lang uit eigen zak betalen*) auslegen.
voorschijn: *te — halen, komen enz.*, zum Vorschein holen, kommen; hervor/ziehen, h.kommen; *te — roepen*, h.rufen.
voor/schoot Schürze *w;* (*v. smid enz.*) Schurz *m.* ▾**—schot** Vorschuß *m;* (*wat men voorlopig voor 'n ander betaald heeft*) Auslage *w; als —*, als V., v.weise.
voorschr/ift Vorschrift *w; algemene —en voor de gemeenten*, Gemeindeordnung *w; volgens —*, v.smäßig, v.sgemäß. ▾**—ijven** vorschreiben; (*medicijnen*) verordnen, verschreiben.
voorshands vorderhand, einstweilen, vorläufig.
voorsl/aan vorschlag/en. ▾**—ag** V. *m.*
voorsmaak Vorgeschmack *m.*
voorsnij/den vorschneiden, -legen. ▾**—mes** Vorschneidemesser *s.* ▾**—vork** Tranchier-, Vorlegegabel *w.*
voorsort/eerpijl Einordnungspfeil *m.* ▾**—eren** (*v. verkeer*) einordnen.
voorspannen vorspann/en; *z. ergens —*, s. etwas angelegen sein lassen; *z. ergens laten —*, s. als V. gebrauchen lassen.
voor/spel Vorspiel *s.* ▾**—spelden** vorstecken.
voorspel/en vorspielen. ▾**—er** (*sp.*) Stürmer *m.*
voorspellen vorbuchstabieren.
voorspéll/en vorhersagen, voraussagen, prophezeien, weissagen. ▾**—ing** Prophezeiung, Weissagung *w;* (*v. weer enz.*) Voraussage *w.*
voorspiegelen vorspiegeln.
voorspoed Glück *s;* (*welvaart*) Wohlstand *m;*

(*succes*) Erfolg *m*; *in voor- en tegenspoed*, im Glück und Unglück. ▾—**ig** glücklich; günstig; *z.* — *ontwikkelen*, gedeihen, s. gedeihlich entwickeln.
voor/spraak Fürsprache, Fürbitte *w*; *iem.s* — (*zijn*), jemands Fürsprache. ▾—**spreken** vorsprechen; *iem.* —, (*verdedigen*) e.m das Wort reden, e.n in Schutz nehmen. ▾—**spreker** (*fig.*) Fürsprecher *m*.
voorsprong Vorsprung *m*; *een* — *op iem.* (*hebben*), e.n V. vor e.m.
voorstaan: *daar staat mij nog zoiets v. voor*, davon schwebt mir noch etwas vor; *het staat me nog levendig voor*, ich erinnere mich noch lebhaft daran; (*verdedigen, bevorderen*) verteidigen, verfechten, befürworten; (*iem.s belangen*) —, vertreten; (*een mening*) —, vertreten, verfechten; (*met 2-0*) —, (*sp.*) führen; (*de taxi*) *staat voor*, ist da, steht vor der Tür; *z. op iets laten* —, s. viel dünken mit etwas, s. viel einbilden auf etwas [4].
voorstad Vorstadt *w*; (*kleiner*) V.ort *m*.
voorstander (*verdediger*) Verteidiger, Verfechter; (*voorvechter*) Verfechter, Vertreter; (*aanhanger*) Anhänger *m*; (*zeer alg.*) Freund *m*. ▾—**klier** Vorsteherdrüse *w*.
voorste vorder; (*allervoorste*) vorderst, (*v. twee*) vorder; —*e gedeelte*, Vorderteil *m*.
voorstel 1 Vorschlag *m*; (*meer off.*) Antrag *m*; **2** (*v. wagen*) Vordergestell *s*. ▾—**len** (*een voorstel doen*) vorschlagen, (*off.*) beantragen; (*iem. persoonlijk bekend maken; verbeelden*) vorstellen; (*af-, uitbeelden*) darstellen; (*met kleur, tekens enz. aanduiden*) bezeichnen; (*uiteenzetten*) auseinandersetzen, darlegen; *z.* —, (*z. bekend maken; z. voor de geest stellen; z. verbeelden*) s. vorstellen, (*v. plan zijn*) beabsichtigen, gedenken; (*iem. voor een betrekking*) —, vorschlagen, vortragen; *stel je eens voor*, (*dat*...), stell dir einmal vor; *u kunt z.* — (*hoe blij we waren*), Sie können s. denken, s. vorstellen; *stel je voor!*, (*verbazing*) denke dir!, (*ergernis, spot*) warum nicht gar! ▾—**ler** Vorschlagende(r); Antragsteller; Vorstellende(r); Darsteller *m*. ▾—**ling** Vorstellung *w*; (*opvoering, ook*) Aufführung *w*; (*af-, uitbeelding*) Darstellung *w*; *doorlopende* —, (*bioscoop*) fortlaufende Vorführung, ununterbrochene Spielzeit. ▾—**lingsvermogen** Vorstellungsvermögen *s*.
voorstemm/en für etwas stimmen. ▾—**er** Dafürstimmende(r) *m*.
voor/steven Vordersteven *m*. ▾—**studie** Vorstudie *w*. ▾—**stuk** Vorderstück *s*, -teil *m*; (*toneel*: *voorafgaande stuk*) Vorspiel *s*.
voort fort; weiter; (*als eerste deel v. ss in betekenis*: *verder*) fort-, weiter-, (*voorwaarts, vooruit*) vorwärts, (*voor z. uit*) vor s. her-, (*weg*) fort-. ▾—**aan** fortan, künftig(hin), hinfort.
voortand Vorderzahn *m*.
voort/bestaan Fortbestehen *s*, -bestand *m*. ▾—**bewegen** fortbewegen.
voortbreng/en hervorbring/en, erzeug/en, produzieren; (*kinderen*) e.en. ▾—**er** E.er, Produzent, H.er *m*. ▾—**ing** E.ung, H.ung, Produktion *w*. ▾—**sel** E.nis, Produkt *s*.
voortdrijven I *on.w* forttreiben, -schwimmen. **II** *ov.w* forttreiben; vorwärts treiben; vor s. hertreiben (*zie* **voort**); (*aansporen*) antreiben.
voortdur/en fortdauern, -währen. ▾—**end** fortwährend, andauernd. ▾—**ing** Fortdauer *w*; *bij* —, fortwährend, andauernd.
voortduwen fortschieben, vor s. her schieben.
voor/teken Vorzeichen, Anzeichen *s*. ▾—**tellen** vorzählen; zuzählen. ▾—**tentamen** vorbereitendes Tentamen. ▾—**terrein** Vorgelände, -feld *s*.
voort/gaan fortfahren; — *met werken*, f. zu arbeiten, weiterarbeiten; *ga zo voort*, fahre fort wie bisher!, mach so weiter! ▾—**gang** Fortgang *m*; (*vooruitgang, ook*) Fortschritt *m*; — *met iets maken*, etwas beschleunigen, etwas schleunig(st) betreiben.
voort/gezet fortgesetzt; — *onderwijs*, weiterführender Unterricht, Fortbildungsunterricht *m*; — *gewoon lager onderwijs*, fortgesetzter Elementarunterricht, erweiterter Volksschulunterricht; *school voor v.g.l.o.*, Schule *w* für fortgesetzten Elementarunterricht, erweiterte Volksschule. ▾—**glijden** fort-, weiter-, dahingleiten. ▾—**helpen** (e.m) fort-, vorwärts-, weiterhelfen.
voortijd Vorzeit *w*. ▾—**ig** vorzeitig.
voort/kankeren weiter einfressen. ▾—**komen** (*vooruit, verder*) fort-, vorwärts-, weiterkommen; (*voortvloeien*) hervorgehen; (*ontstaan*) entstehen; (*stammen*) stammen. ▾—**leven** fort-, weiterleben; (*zorgeloos, erop los*) dahinleben. ▾—**maken** *s.* beeilen, zumachen; *maak wat voort!*, mach schnell!; *z.* —, s. davon-, fortmachen.
voortplant/en fortpflanz/en. ▾—**ing** F.ung *w*; — *v.h. geloof*, (*het genootschap*) Päpstliches Werk der Glaubensverbreitung. ▾—**ingsorgaan** F.ungsorgan *s*.
voortrap (*versterker*) Vorstufe *w*.
voortreffelijk vortrefflich, vorzüglich. ▾—**heid** Vortrefflichkeit *w*; *voortreffelijkheden*, Vorzüge.
voortrein Vorzug *m*.
voortrekk/en vorziehen; ein Kind den andern vorziehen. ▾—**er** Bahnbrecher, Wegbereiter, Pionier *m*; (*bij verkennerij*) Pfadfinder *m*.
voort/rijden fort-, weiter-, dahinfahren, -reiten. ▾—**rukken** fortreißen; (*v. troepen*) vorrücken, -dringen.
voorts weiter, ferner; *en zo* —, und so weiter (usw.)
voort/slepen fort-, weiterschleppen, mitschleppen. ▾—**spoeden**: *z.* —, weiter-, forteilen. ▾—**spruiten** *zie* —**vloeien**. ▾—**stappen** fort-, weiter-, daherschreiten. ▾—**stuwen** (*aandrijven*) antreiben; (*door de mensenmassa, de storm*) *voortgestuwd worden*, fortgewälzt werden. ▾—**stuwing**: — *door middel van 'n raket*, Raketenantrieb *m*; — *door kernreactor*, Atomenantrieb *m*. ▾—**sukkelen** s. hinschleppen; (*ziekelijk zijn*) weiterkränkeln.
voortvarend eifrig, energisch; (*gehaast*) hastig. ▾—**heid** Eifer *m*, Energie *w*.
voortvloeien weiter-, dahinfließen; (*fig.*) hervorgehen, s. ergeben, folgen; (*onaangenaamheden die daaruit*) —, erwachsen.
voortvluchtig flüchtig; —*e*, Flüchtling *m*.
voortwoekeren weiter-, fortwuchern.
voortzeggen weitersagen; *zegt het voort!*, gebt es weiter.
voortzett/en fortsetzen, fortführen; *de zaak* —, das Geschäft fortführen, (*op dezelfde wijze*) weiterführen. ▾—**ing** Fortsetzung; Fortführung; Weiterführung *w*.
vooruit (*voorop*) voran, (*de anderen achterlatend*) voraus; (*voorwaarts*) vorwärts; (*v. tevoren, vooraf*) vorher, zuvor; (*bij voorbaat*) im voraus; (*verder*) weiter; *iem.* — (*zijn*) e.m voraus; *vooruit maar!*, nur los!, nur zu! ▾—**bestellen** voraus/bestellen, im v. bestellen. ▾—**betalen** v.(be)zahlen, im v. zahlen. ▾—**betaling** V.(be)zahlung *w*. ▾—**brengen** vorwärtsbringen. ▾—**gaan** (*eig.*: *voorop*) vorangehen, (*de anderen achterlatend*) vorausgehen; (*voorwaarts*) vorwärts/gehen; (*fig.*) v.gehen, v.kommen,

Fortschritte machen; (*stijgen, omhooggaan*) steigen; (*deze leerling*) *gaat goed* —, macht gute Fortschritte; *de zieke gaat vooruit*, mit dem Kranken geht es vorwärts, geht es besser. ▾—**gang** Fortschritt *m*; (*v. zieke*) Besserung *w*. ▾—**helpen** (e.m) vorwärts-, forthelfen. ▾—**komen** vorwärtskommen; (*eig. ook*) weiterkommen. ▾—**lopen** (*eig.: voor anderen*) vorausgehen, -laufen; *op de gebeurtenissen* —, den Ereignissen vorgreifen. ▾—**rijden** voraus/fahren; (*in trein enz.*) den Rücksitz haben; (*rijdier*) v.reiten. ▾—**schuiven** vorschieben; *vooruitgeschoven post*, vorgeschobener Posten. ▾—**springend** (*arch.*) vorspringend, vorstehend. ▾—**steken** (her)vorstehen, vorragen, vorspringen; (*de handen*) vorstrecken; (*rotsen die*) *ver in zee* —, weit ins Meer hinausragen. ▾—**streven** vorwärtsstreben. ▾—**strevend** strebsam, (*naar vooruitgang strevend*) fortschrittlich (gesinnt); *iem. die* — *gezind is*, Fortschrittler *m*; —*e partij*, Fortschrittspartei *w*. ▾—**zetten** (*klok*) vorstellen. ▾—**zicht** Aussicht; Erwartung *w*; *in 't* — *stellen*, in A. stellen; *de* —*en v.d. oogst*, die Ernteaussichten. ▾—**zien** voraussehen. ▾—**ziend** voraussehend; *met* —*e blik*, in kluger Voraussicht.

voorvader Vorfahr *m*; (*v. adel*) Ahn *m*; —*en*, Vorfahren, Ahnen, Vorväter. ▾—**lijk** altväterlich; (*ouderwets*) altväterisch.

voorval Vorfall *m*, Begebenheit *w*, Ereignis *s*. ▾—**len** geschehen, s. ereignen; (*toevallig, wel eens gebeuren*) vorfallen.

voorvechter Vorkämpfer, Verfechter *m*.

voorvergadering Vorversammlung *w*.

voorverkoop Vorverkauf *m*.

voorverwarmen vorwärmen; (*oven enz.*) vorheizen.

voorvlak Vorderfläche *w*. ▾—**voegsel** Vorsilbe *w*. ▾—**vorig** vorvorig. ▾—**vork** Vordergabel *w*.

voorwaar fürwahr, wahrlich.

voorwaarde Bedingung *w*; (*het als 'eerste voorwaarde' vereiste, uitgangspunt*) Voraussetzung *w*; —*n stellen*, B.en stellen; *op* — *dat ...*, unter der B. daß ...; *op gemakkelijke* —*n (verkopen)*, zu bequemen Zahlungsbedingungen. ▾—**lijk** bedingungsweise; bedingt; —*e invrijheidstelling*, bedingte Entlassung; —*e veroordeling*, Strafaufschub *m*, bedingter Straferlaß; *iem.* — *veroordelen*, e.m Strafaufschub gewähren, e.n bedingt verurteilen; —*e* (*bij*)*zin*, Bedingungs-, Konditionalsatz *m*.

voorwaarts I *bw* vorwärts. **II** *bn*: —*e beweging*, Vorwärtsbewegung *w*, (*mil., ook*) Vormarsch *m*, Vorrücken *s*. **III** *zn* (*voetb.*) Stürmer *m*.

voorwand Vorderwand *w*.

voorwas Vorwäsche *w*. ▾—**middel** Vorwasch/mittel *s*. ▾—**sen** v.en.

voorwedstrijd Vorkampf *m*.

voorwend/en vorgeben, -schützen, -schieben. ▾—**sel** Vorwand *m*.

voorwereldlijk vorweltlich.

voorwerken vorarbeiten; (*gymn.*) vorturnen.

voorwerp Gegenstand *m* (*spraakk.*) Objekt *s*; *bureau v. gevonden* —*en* Fundbüro *s*; *medewerkend* —, Dativobjekt *s*. ▾—**szin** Objektsatz *m*.

voorwiel Vorderrad *s*. ▾—**aandrijving** V.antrieb *m*. ▾—**ophanging** V.aufhängung *w*.

voor/woord Vorwort *s*. ▾—**zaat** Vorfahr *m*. ▾—**zanger** Vorsänger *m*.

voor/zeggen vorsagen; (*op school, ook*) einblasen. ▾—**zéggen** vorhersagen, prophezeien. ▾—**zégging** Vorhersagung *w*.

voorzeker sicher(lich), gewiß.

voorzet (*eerste zet*) erster Zug; (*voetb.*) Flanke, Vorlage *w*. ▾—**lens** Vorsatzlinse *w*. ▾—**sel** Präposition *w*, Verhältniswort *s*. ▾—**ten** vorsetzen; (*klok*) vorstellen; (*voetb.*) flanken, (den Ball) vorlegen.

voorzichtig vorsichtig; — *zijn*, vorsichtig sein, (*op zijn hoede zijn*) s. vorsehen, (*de voorzichtigheid betrachten*) Vorsicht walten lassen; — *!* (*kijk uit*), — *behandelen!*, Vorsicht! ▾—**heid** Vorsicht *w*; — *is de moeder v.d. porseleinkast*, Vorsicht ist die Mutter der Porzellankiste. ▾—**heidshalve** vorsichtshalber.

voorzien (*v. te voren zien*) voraus-, vorhersehen; *zoals te* — *was*, wie vorauszusehen war; *zoals te* — *is*, voraussichtlich; (*verhelpen*) abhelfen [3]; *daar moet in* — *worden*, dem muß abgeholfen werden; *in een behoefte* —, e.m Bedürfnis abhelfen, ein B. befriedigen; *in de behoefte v. zijn gezin* —, seine Familie ernähren; *in 't onderhoud* —, den Unterhalt bestreiten; *niet in zijn eigen onderhoud kunnen* —, s. selbst nicht ernähren können; *in de vacature is* —, die Stelle ist besetzt; *het contract voorziet niet in dit geval*, dieser Fall ist in dem Vertrag nicht vorgesehen; *iem., z. v. iets* —, e.n, s. mit etwas versehen; *iem. v. kleding, de stad v. levensmiddelen* —, e.n mit Kleidung, die Stadt mit Lebensmitteln versorgen; (*we zijn nog*) —, versorgt; *v. goede aanbevelingen* — *zijn*, gut empfohlen sein; *goed* —, (*bn*) wohlversehen, reichlich versehen; *goed* —*e tafel*, wohlbestellter Tisch; *'t op iem.* — *hebben*, es auf e.n abgesehen haben; *'t niet op iem.* — *hebben*, e.n nicht mögen. ▾—**igheid** Vorsehung *w*. ▾—**ing** Abhilfe; Befriedigung; Versorgung; Ernährung *w*; *ter* — *in de behoeften*, zur B. der Bedürfnisse; — *in eigen behoeften*, Eigenversorgung; — *met grondstoffen*, Rohstoffversorgung; — *in een vacature*, Besetzung e.r erledigten Stelle; —*en treffen*, Vorkehrungen treffen.

voorzijde Vorderseite *w*.

voorzingen vorsingen.

voorzit/ten: *de vergadering* —, der Versammlung präsidieren, vorsitz/en. ▾—**er** V.ende(r) *m*, V.er, Präsident *m*. ▾—**erschap** V. *m*, Präsidium *s*; *'t* —*bekleden*, den V. führen. ▾—**ershamer** Präsidentenhammer *m*.

voorzomer Vor-, Frühsommer *m*.

voorzorg Vorsorge *w*; *uit* —, zur Vorsorge, aus Vorsicht, *ook* = —**zorgsmaatregel** Vorsichtsmaßnahme *w*; —*en nemen*, (*ook*) Vorkehrungen treffen.

voos schwammig; (*v. gestel*) morsch, hinfällig; (*fig.*) nichtswürdig, faul. ▾—**heid** S.keit *w*, (*v. gestel*) M.keit, H.keit *w*; (*fig.*) N.keit, F.heit *w*.

vorder/en 1 (*vooruitgaan*) Fortschritte machen; (*vooruitkomen*) vorwärts kommen; *in een wetenschap* —, in e.r Wissenschaft fortschreiten; *het werk vordert*, die Arbeit kommt, geht vorwärts; *de zaak vordert goed*, die Sache schreitet gut fort, gedeiht; *hoever ben je met 't werk gevorderd?*, wie weit bist du mit der Arbeit gekommen?; *wij zijn met 't werk al flink gevorderd*, wir sind mit der Arbeit schon recht weit vorgerückt; (*het werk*) *is al ver gevorderd*, ist schon weit vorgeschritten; *in een ver gevorderd stadium*, im vorgeschrittenen Stadium; *op gevorderde leeftijd*, in vorgerücktem, vorgeschrittenem Alter; (*Engels*) *voor gevorderden*, für Fortgeschrittene; **2** (*eisen*) fordern; (*opvorderen, rekwireren*) anfordern; (*in beslag nemen*) beschlagnahmen; (*pers. tot het*

verrichten v. diensten) heranziehen; (*vereisen*) erfordern; (*dat*) *vordert veel tijd*, erfordert viel Zeit, nimmt viel Z. in Anspruch. ▾**—ing 1** (*vooruitgang*) Fortschritt *m*; (*voortgang*) Fortgang *m*; (*maakt hij*) *—en?*, Fortschritte?; (*met een werk*) *flinke —en maken*, guten Fortgang machen; **2** (*v.* **vorderen 2**) (An)Forderung; Heranziehung *w*; *een — op iem.* (*hebben*), eine Forderung an e.n.
vore Furche *w*.
voren I *zn zie* **voorn**. **II** *bw* vorn; *naar —*, nach v.; (*iets*) *naar —* (*brengen*), (*fig.*) aufs Tapet, zur Sprache; *v. —*, vorn, von vorn; *v. — af*(*aan*), von vorn an; (*v.*) *te—*, vorher, zuvor; *daags te —*, tags zuvor; (*al*) *v. te —*, (*v. meet af aan*) von vorn herein; *als —*, wie oben. ▾**—staand** obig.
vorig vorig, vorhergehend; *de —e spreker*, der Vorredner.
vork Gabel *w*; (*weten*) *hoe de — in de steel zit*, wie die Sache s. verhält. ▾**—heftruck** Gabelstapler *m*.
vorm Form *w*; *in —* (*zijn*), (*sp.*) in F.; *iets — geven*, etwas gestalten, e.m Ding F. (und Gestalt) geben; *kwestie v. —*, F.sache *w*; *maar voor de —*, nur der F. wegen. ▾**—elijk** förmlich. ▾**—eling** Firmling *m*. ▾**—(e)loos** formlos. ▾**—(e)loosheid** Formlosigkeit *w*. ▾**—en** bilden; (*bijv. figuren uit klei*) formen; (*vormsel toedienen*) firmeln; *algemeen —d lager onderwijs*, allgemeinbildender Elementarunterricht; *—de waarde*, (*ook*) Bildungswert *m*. ▾**—geving** Formgebung, Gestaltung *w*. ▾**—ing** Bildung *w*; (*toediening v. vormsel*) Firm(el)ung *w*. ▾**—ingscentrum** Bildungs/zentrum *s*. ▾**—ingsklas** B.klasse *w*. ▾**—ingswerk** B.wesen *s*; *— voor volwassenen*, Erwachsenenbildung *w*. ▾**—klei** Formlehm *m*. ▾**—leer** Formenlehre *w*. ▾**—sel** Firm(el)ung *w*. ▾**—vast** formbeständig. ▾**—verandering** Formveränderung *w*.
vorsen forschen.
vorst 1 (*pers.*) Fürst *m*; **2** (*vriezen*) Frost *m*; *bij —*, bei Frostwetter; **3** (*v. dak*) First *m*. ▾**—elijk** fürstlich. ▾**—endom** Fürsten/tum *s*. ▾**—enhuis** F.haus *s*. ▾**—ig** frostig. ▾**—in** Fürstin *w*. ▾**—verlet** Arbeitsausfall *m* durch Frostwetter; (*de uitkering*) Schlechtwetter-, Frostgeld *s*. ▾**—vrij** frostfrei.
vos Fuchs; *een— verliest wel zijn haren maar niet zijn streken*, der F. ändert wohl den Balg, behält aber den Schalk. ▾**—sebes** Preiselbeere *w*. ▾**—sebont** F.pelz *m*. ▾**—sehol** F.bau *m*, F.höhle *w*. ▾**—sen** ochsen, büffeln.
voteren: (*een bedrag*) —, bewilligen.
votiefmis Votivmesse *w*.
votum Votum *s*; *— v. vertrouwen*, Vertrauensvotum.
voucher Voucher *s*, *m*.
vouw Falte *w*; (*in broek*) Bügelfalte *w*. ▾**—baar** faltbar. ▾**—been** Falzbein, Papiermesser *s*. ▾**—blad** Faltblatt *s*. ▾**—caravan** Klappwohnwagen, -anhänger,-caravan, Faltwohnwagen, -caravan *m*. ▾**—en** falten; falzen. ▾**—fiets** Klapp-, Faltrad *s*. ▾**—machine** Falzmaschine *w*. ▾**—stoel** Klapp-, Faltstuhl *m*. ▾**—wagentje** Klappwagen *m*. ▾**—wand** Faltwand *w*.
voyeur Spanner, Voyeur *m*.
vraag Frage *w*; (*verzoek*) Bitte *w*; (*hand.*) Nachfrage; (*dat is*) *de — nog*, (noch) die Frage, noch fraglich; *'t is nog de —*, es steht noch dahin; *er is veel — naar dit artikel*, dieser Artikel ist sehr gefragt, es herrscht eine rege N. nach diesem Artikel; *er is veel — naar dit boek*, dieses Buch wird oft verlangt. ▾**—al** lästiger Frager. ▾**—baak** Nachschlagebuch, Vademekum *s*; (*pers.*) Orakel *s*, Führer *m*,Vademekum *s*. ▾**—gesprek** Interview *s*, Befragung *w*; (*door de pers*) Pressegespräch *s*, Unterredung *w*. ▾**—prijs** Angebotspreis *m*; (*v. huis*) Verhandlungsbasis *w*. ▾**—stuk** (*kwestie*) Frage *w*; (*wisk. som enz.*) Aufgabe *w*. ▾**—teken** Fragezeichen *s*. ▾**—woord** Fragewort *s*.
vraat (*veelvraat*) Vielfraß *m*; (*aanvreting*) Fraß *m*. ▾**—zucht** Gefräßig/keit *w*. ▾**—zuchtig** g.
vracht (*loon*) Fracht *w*; (*lading*) Fracht, Ladung *w*; (*'n wagenvol*) Fuhre *w*; (*last*) Last, Bürde *w*; (*menigte*) Masse *w*, Haufen *m*. ▾**—auto** Lastkraftwagen *m*, -auto *s*. ▾**—autocombinatie** Lastzug *m*. ▾**—boot** Fracht/dampfer *m*, F.schiff *s*. ▾**—brief** F.brief *m*. ▾**—goed** F.gut *s*. ▾**—goederenvervoer** F.gutverkehr *m*. ▾**—lijst** F.liste *w*. ▾**—prijs** F.preis *m*. ▾**—rijder** F.führer, F.fuhrmann *m*. ▾**—schip** F.-, Lastschiff *s*. ▾**—vaart** F.fahrt *w*. ▾**—verkeer** F.-, Güterverkehr *m*; *— over lange afstand*, Güterfernverkehr. ▾**—vervoer** Güterbeförderung *w*. ▾**—vrij** f.frei; (*franco*) franko, portofrei. ▾**—wagen** Last (kraft)wagen *m*; *zie ook* **—auto**. ▾**—wagenchauffeur** Lastkraftwagenfahrer *m*. ▾**—wagencombinatie** Lastzug *m*.
vragen (*men wil iets weten*) fragen; (*men wil iets krijgen*) bitten; (*eisen, verlangen*) fordern, verlangen; (*nodigen*) bitten, einladen; (*uitnodigen om mee te doen*) auffordern; (*kaartsp.*) fordern; *hij vroeg mij of het zo was*, er fragte mich ob es so sei; *mij werd gevraagd* (*of het zo was*), ich wurde gefragt; *mij werd gevraagd* (*ook te komen*), ich wurde gebeten; *iem.* (*naar*) *iets —*, e.n (nach) etwas fragen; *iem. de weg —*, e.n nach dem Weg fragen; *naar iem.* (*laten*) —, nach e.m fragen lassen; *iem.* (*om*) *een boek —*, e.n um ein Buch bitten; *iem. om hulp —*, e.m um Hilfe b.; *een dokter om raad —*, e.n Arzt um Rat fragen; (*de hand v.*) *een meisje —*, um ein Mädchen, um die Hand e.s Mädchens anhalten; (*dat is te veel*) *gevraagd*, verlangt; *iem. op 'n feest —*, e.n zu e.m Feste einladen, b.; *iem. te eten —*, e.n zu Tisch b.; *hij vraagt naar niets*, er fragt nichts danach, er kümmert s. nicht im geringsten darum; *moet je dat nog—?*, das fragst du noch?; (*dit artikel*) *wordt veel gevraagd*, ist sehr begehrt, wird oft verlangt, wird viel verkauft; (*rubber*) *was veel gevraagd*, (*beurs*) war, wurde sehr gefragt; (*typiste*) *gevraagd*, (*advertentie*) gesucht; *'gevraagde platen'*, (*radioprogramma*) Wunschkonzert *s*; *—d voornaamwoord*, fragendes Fürwort, Interrogativpronomen *s*; *—de zin*, Frage-, Interrogativsatz *m*. ▾**vragen/boek** Frage/buch *s*. ▾**—bus** F.kasten *m*. ▾**—derwijs** f.nd. ▾**—lijst** F.bogen *m*. ▾**vrager** Frager; Bittende(r) *m*; (*v. verzoekschrift*) Bittsteller *m*.
vrede Friede(n) *m*; *om de lieve —*, um den lieben Friedens willen; (*iem.*) *met —* (*laten*), in Frieden; *het sluiten v.d. —*, der Friedensschluß; *—met iets hebben, nemen*, mit etwas zufrieden sein, s. etwas gefallen lassen.▾**—breuk** Friedensbruch *m*. ▾**—lievend** friedfertig, -liebend. ▾**—lievendheid** Friedfertigkeit, Friedensliebe *w*. ▾**—rechter** Friedensrichter *m*. ▾**vredes/aanbod** Friedens/angebot *s*. ▾**—beweging** F.bewegung *w*. ▾**—conferentie** F.konferenz *w*. ▾**—mars** F.marsch *m*. ▾**—naam**: *in —*, (*vragend*) ums Himmels willen, (*toegevend*) in Gottes Namen. ▾**—paleis** F.palast *m*. ▾**—pijp** F.pfeife *w*. ▾**—sterkte** F.stärke *w*. ▾**vrede/stichter** F.stifter *m*. ▾**—stijd** F.zeit

w; in —, in F.zeiten. ▾**—sverdrag** F.vertrag *m.* ▾**vredig** friedlich. ▾**vreedzaam** friedlich; (*vredelievend*) friedfertig.
vreemd fremd; (*eigenaardig, raar*) sonderbar, seltsam; (*merkwaardig, opvallend*) merkwürdig; *— woord*, Fremdwort *s*; *—e taal*, Fremdsprache *w*; *onderwijs in —e talen*, fremdsprachlicher Unterricht; *tekst in 'n —e taal*, fremdsprachiger Text; (*ik ben hier*) —, völlig unbekannt, fremd; *— zijn aan iets*, mit etwas nichts zu schaffen haben; *het —e v.d. zaak*, das Sonderbare an der Sache; (*dat heeft hij*) *v. niemand —s*, von keinem Fremden. ▾**—e 1** (*pers.*) Fremde(r) *m*; **2** (*buitenland*) Fremde *w.* ▾**vreemdeling** Fremde(r) *m*; (*in verheven taal*) Fremdling in Jerusalem. ▾**—enboek** Fremden/buch *s.* ▾**—endienst** F.polizei *w*; *bureau v.d. —*, F.amt *s.* ▾**—enhaat** F.feindlichkeit *w.* ▾**—enlegioen** F.legion *w.* ▾**—enverkeer** F.verkehr *m*; *vereniging voor —*, Verkehrsverein *m.* ▾**vreemd/heid** Fremd/heit, Unbekanntheit *w*; (*zonderlingheid*) Sonderbarkeit *w.* ▾**—soortig** f.artig.
vrees Furcht *w*; *uit — voor*, aus F. vor [3]. ▾**—aanjaging** Einschüchterung, Ängstigung *w.* ▾**—achtig** f.sam. ▾**—achtigheid** F.samkeit *w.* ▾**—lijk** fürchterlich, furchtbar; (*als versterking meestal*) furchtbar. ▾**—wekkend** furchterregend, furchtbar.
vreetzak Freßsack, Vielfraß *m.*
vrek Geizhals, Filz *m.* ▾**—achtig, —kig** geizig, filzig. ▾**—kigheid** Geiz *m*, Filzigkeit *w.*
vreselijk *zie* **vreeslijk**.
vreten I *ww* fressen. **II** *zn* Fressen *s*, Fraß *m.*
vreugde Freude *w*; *— scheppen in*, seine F. haben an [3]; *schep — in 't leven*, freut euch des Lebens. ▾**—betoon** Freuden/bezeigung *w.* ▾**—kreet** F.schrei *m.* ▾**—loos** freud(en)los. ▾**—vol** freudvoll, freudig. ▾**—vuur** Freudenfeuer *s.*
vrez/e Furcht *w.* ▾**—en** fürchten; (*bang zijn v.*) s. fürchten (vor); (*God, zijn ouders*) fürchten; *voor iem. —*, (*bang v. hem zijn*) s. vor e.m fürchten, e.n fürchten; *de dood, —*, s. vor dem Tod fürchten, den Tod fürchten; *ik vrees voor* (*maak me ongerust over*) *hem*, ich fürchte für ihn; *voor iets —*, (*iets duchten*) etwas fürchten, befürchten; (*voor*) *het ergste —*, das Schlimmste befürchten; *ik vrees, dat...*, ich fürchte daß...; (*ik heb niets*) *te —*, zu befürchten.
vriend Freund *m*; *iem. te — hebben*, e.n zum F. haben, mit e.m befreundet sein; *iem. te — houden*, s. jemands F.schaft erhalten; *je moet hem te — houden*, du mußt dafür sorgen, daß er dein F. bleibt, daß ihr gute F.e bleibt; *even goede —en!*, darum keine Feindschaft (nicht)!; *kwade —en worden*, s. entzweien, s. mit e.m überwerfen; *hoor eens —je!*, höre lieber Freund! ▾**—elijk** freund/lich. ▾**—elijkheid** F.lichkeit *w.* ▾**—endienst** F.esdienst *m.* ▾**—enkring** F.eskreis *m.* ▾**—in(netje)** F.in *w.* ▾**—schap** F.schaft *w.* ▾**—schappelijk** f.schaftlich; *—e wedstrijd*, F.schaftsspiel *s.* ▾**—schapsbetuiging** F.schaftsbezeigung *w.*
vries/installatie Kühlanlage *w.* ▾**—kamer** Gefrier/raum *m.* ▾**—kast** G.schrank *m*, G.truhe *w.* ▾**—kist** Tiefkuhltruhe *w.* ▾**—punt** G.punkt *m.* ▾**—weer** Frostwetter *s.* ▾**vriezen** frieren; *—d weer*, Frostwetter *s.*
vrij frei; (*tamelijk*) ziemlich; *— v. koorts*, f. von Fieber, fieberfrei; *— v. port*, portofrei, post(gebühren)frei; *— v. dienst, school*, dienst-, schulfrei; *iem. de handen — laten*, e.m freie Hand lassen; *—e kost en inwoning*, freie Station; *uit —e beweging*, aus freien Stücken; *—e schop, worp*, (*sp.*) Freistoß, -wurf *m*; *ik ben zo — om...*, ich bin so frei, ich erlaube mir...; *—* (*aan*) *boord*, frei (an) Bord, frei Schiff; *— aan huis*, frei (ins) Haus; *— lange tijd*, ziemlich lange Zeit, längere Zeit; *een — oude dame*, eine ältere Dame; *— wat geld*, ziemlich viel Geld; *— wat meer, groter*, bedeutend mehr, größer. ▾**—af**: *— hebben, krijgen*, frei haben, bekommen.
vrijage *zie* **vrijerij**.
vrij/biljet Frei/karte *w*, F.billett *s*; (*geleidebiljet*) Passierschein, -zettel, Begleitschein *m.* ▾**—blijvend** f.bleibend. ▾**—brief** F.brief *m.* ▾**—buiter** F.beuter *m.* ▾**—buiterij** F.beuterei *w.*
vrijdag Freitag *m*; *Goede Vrijdag*, Karfreitag. ▾**—s I** *bw* freitags, am Freitag. **II** *bn* Freitags..., freitäglich.
vrij/denker Frei/denker *m.* ▾**—denkerij** F.denkerei *w.* ▾**—dom** F.heit *w*; *— v. port*, Portofreiheit. ▾**—elijk** frei.
vrij/en (*dingen naar de hand v.*) freien um; (*verkering hebben*) e.n Schatz, ein Mädchen, eine Liebschaft, ein (Liebes)Verhältnis haben; (*minnekozen*) kosen, s. herzen, s. küssen; *om, naar 'n meisje —*, um ein Mädchen f.; (*en sedert*) *vrijden zij in stilte*, hatten sie heimlich Bekanntschaft miteinander, liebten sie s. in der Stille; *uit —* (*gaan*), auf die Freite, auf Freiersfüßen; *zij zaten met elkaar te —*, sie herzten, küßten *s.* ▾**—er** Liebste(r) *m*, Schatz *m*; (*iem. die naar de hand v. meisje dingt*) Freier *m*; *oude —*, Hagestolz, alter Junggeselle. ▾**—erij** Liebschaft *w*, Verhältnis *s*; (*gevrij*) Gekose *s.*
vrijetijds/besteding Freizeit/gestaltung, F.beschäftigung *w.* ▾**—kleding** F.kleidung *w.*
vrij/gelatene Freigelassene(r) *m.* ▾**—geleide** freies Geleit. ▾**—geven** freigeben. ▾**—gevig** freigebig. ▾**—gevochten**: *— bende*, ungezügelte Wirtschaft.
vrijgezel Junggeselle *m*; lediger Herr; *nog — zijn*, noch ledig sein; *tehuis voor —len*, Ledigenheim *s.* ▾**—lenbelasting** Ledigensteuer *w.* ▾**—lenflat** J.nwohnung *w.* ▾**—lenknoop** J.nknopf *m.* ▾**—lenleven** Junggesellenleben *s.*
vrij/handel Frei/handel *m.* ▾**—haven** F.hafen *m.*
vrijheid Freiheit *w*; *— v. godsdienst, v. handelen, onderwijs enz.*, Religions-, Handlungs-, Unterrichtsfreiheit; *— blijheid*, F. über alles; (*hierbij*) *neem ik de — om...*, nehme ich mir die F., erlaube ich mir. ▾**—lievend** f.liebend. ▾**—sberoving** F.sberaubung *w.* ▾**—sstraf** F.sstrafe *w.* ▾**—szin** F.ssinn *m.*
vrij/houden frei/halten. ▾**—kaart** F.karte *w.* ▾**—komen** f.kommen; (*betrekking; energie, warmte enz.; chem.*) f.werden; (*v.gevangene*) f.gelassen werden; *met de schrik —*, mit dem Schrecken davonkommen. ▾**—kopen** los-, f.kaufen.
vrijlat/en frei/lassen; (*goederen, schepen*) f.geben. ▾**—ing** F.lassung; F.gabe *w.*
vrijloop Freilauf *m.*
vrijloten s. freilosen.
vrijmak/en freimach/en; befreien; (*ingevoerde goederen*) verzoll/en. ▾**—ing** F.ung *w*; V.ung *w.*
vrijmetsel/aar Freimaurer *m.* ▾**—arij** F.ei *w.*
vrijmoedig freimütig. ▾**—heid** F.keit *w*, Freimut *m.*
vrij/plaats Frei/stätte *w.* ▾**—pleiten** (*iem.*) f.plädieren; *— v.*, f.sprechen von; *z. —*, s. rechtfertigen.
vrijpostig dreist, keck; (*erger*) unverschämt, frech. ▾**—heid** D.igkeit, K.heit, U.heit, Frechheit *w.*

vrij/spraak Frei/sprechung *w*, F.spruch *m*. ▾**—spreken** f.sprechen.
vrij/staan freistehen; (*alleen staan*) frei stehen. ▾**—staand** f. stehend.
vrijstaat Freistaat *m*.
vrijstell/en (*v. dienst*) freistellen; *iem. v. iets —*, e.n von etwas befreien, entheben, e.m etwas erlassen; *vrijgesteld v. belasting*, von Steuern befreit; *— v. dienst*, vom Wehrdienst freistellen, befreien. ▾**—ing** Befreiung; Erlassung, Enthebung, Freistellung *w*; *— v. belasting*, Steuerbefreiung; *— v. dienst*, Befreiung, Freistellung vom Wehrdienst; *— v. schoolgeld*, Schulgelderlaß *m*.
vrijster Geliebte, Liebste *w*; *oude —*, alte Jungfer.
vrij/uit freiheraus; *hij gaat —*, er ist unschuldig, schuldlos; mann kann ihm nichts vorwerfen; er hat s. nichts vorzuwerfen; er geht frei, straflos aus. ▾**—verklaren** für frei, für unabhängig erklären.
vrijwar/en sichern, sicherstellen (vor [3]); *gevrijwaard (tegen)*, geschützt (gegen), (*als door tovermacht*), gefreit (gegen). ▾**—ing** Sicherung *w*.
vrijwel nahezu, ungefähr, fast.
vrijwiel Freilauf *m*.
vrijwillig freiwillig. ▾**—er** F.e(r) *m*.
vrijzinnig frei/sinnig. ▾**—heid** F.sinn *m*, F.sinnigkeit *w*.
vroed: *de —e vaderen*, die Stadtväter. ▾**—schap** Magistrat *m*. ▾**—vrouw** Hebamme, Geburtshelferin *w*.
vroeg früh; *—e groente*, F.gemüse *s*; *— in de morgen*, f. am Morgen; *'s morgens —*, morgens f., f.morgens; *— of laat*, f. oder spät, über kurz oder lang. ▾**—dienst** F.gottesdienst *m*. ▾**—er** f.er; (*bw ook*) ehemals, sonst. ▾**—mis** F.messe *w*. ▾**—rijp** f.reif. ▾**—st** f.est; *op z'n —*, f.estens; *'t —st*, am f.esten. ▾**—te** F.e *w*; *heel in de —*, in aller F.e. ▾**—tijdig** f.zeitig. ▾**—tijdigheid** F.zeitigkeit *w*.
vrolijk fröhlich, lustig, heiter, munter; (*licht dronken*) angeheitert; *—e Frans*, Bruder Lustig; *z. — maken over iem.*, s. l. machen über e.n. ▾**—heid** F.keit, L.keit, H.keit, M.keit *w*.
vrome Fromme(r) *m*; (*ong.*) Frömmler *m*; *de — uithangen*, frömmeln, fromm tun. ▾**vroom** fromm. ▾**—heid** Frömmigkeit *w*; (*geveinsd*) Frömmelei *w*.
vrouw Frau *w*; (*in edeler zin, ook*) Weib *s*; (*gewone taal*; *minachtend*) Weib *s*, Frauensperson *w*; (*kaartspel*) Dame *w*; *de — des huizes*, die F. vom Hause, des Hauses; *hoe gaat het met uw —?*, wie geht's Ihrer Frau, (*deftiger*) Ihrer Frau Gemahlin?; *Onze-Lieve-Vrouw*, Unsre Liebe Frau; *gezegend zijt gij onder de —en*, gebenedeit bist du unter den Weibern. ▾**—lijk** weiblich; (*naar vrouwentrant*) frauenhaft, fraulich. ▾**vrouwen/aard** Weiber/-, Frauen/art *w*. ▾**—arbeid** F.arbeit *w*. ▾**—arts** F.arzt *m*. ▾**—beul** W.schinder *m*. ▾**—beweging** F.bewegung *w*. ▾**—gek** W.narr *m*. ▾**—hater** W.feind *m*. ▾**—jager** Schürzenjäger *m*. ▾**—kiesrecht** F.wahlrecht *s*. ▾**—klooster** F.kloster *s*. ▾**—tehuis** F.heim *s*. ▾**vrouw/lief** liebe Frau. ▾**—mens**, **—spersoon** Frauenzimmer *s*, Frauensperson *w*; (*ong.*) Weibsbild *s*, Person *w*. ▾**—tje** Frauchen *s*; (*dier*) Weibchen *s*. ▾**—volk** Weibervolk *s*, Frauensleute *w*.
vrucht Frucht *w*; *— dragen*, (*fig. ook*) f.en; *met —*, mit Erfolg. ▾**—afdrijving** F.abtreibung *w*. ▾**—baar** f.bar. ▾**—beginsel** F.knoten *m*. ▾**—boom** Obstbaum, F.baum *m*. ▾**—dragend** f.tragend, f.bringend. ▾**—eloos** f.los. ▾**—eloosheid** F.losigkeit *w*. ▾**—emesje** Obst/messer *s*. ▾**—enijs** F.eis *s*. ▾**—engelei** F.gelee *s*. ▾**—entaart** O.kuchen *m*. ▾**—enwijn** O.wein *m*. ▾**—epers** F.presse, Saftpresse *w*. ▾**—esap** F.saft *m*. ▾**—gebruik** Nießbrauch *m*, Nutznießung *w*. ▾**—gebruiker** Nutznießer, Nießbraucher *m*. ▾**—vlees** F.fleisch *s*. ▾**—vorming** F.bildung *w*. ▾**—water** F.wasser *s*.
vuig gemein, niederträchtig; *—e laster*, schändliche Verleumdung. ▾**—heid** G.heit *w*.
vuil I *bn* & *bw* schmutzig; (*modderig*) dreckig; (*v. taal enz.*) schmutzig, schlüpfrig, unflätig; *—ei*, faules Ei; *—e maag*, verdorbener Magen; *—e mop*, Zote *w*, schlüpfriger Witz; *—e was*, (*ook fig.*) schmutzige Wäsche; *— weer*, Sauwetter *s*; *— zaakje*, faule Geschichte, (*handelszaak*) schmutziges Geschäft; *— maken*, schmutzig machen, beschmutzen; *er niet veel woorden aan — maken*, nicht viel Worte darüber verlieren; (*witte kleren*) *worden gauw —*, schmutzen leicht. **II** *zn* Schmutz, Dreck, Kot *m*; (*vuilnis*) *zie aldaar*. ▾**—afvoer** Müllabfuhr *w*. ▾**—ak** Schmutzfink *m*; (*in taal, ook*) Schweinigel, Unfläter *m*. ▾**—bek** Zotenreißer *m*. ▾**—bekken** schweinigeln, Zoten reißen, unflätige Reden führen. ▾**—bekkerij** Schweinigelei, Zotenreißerei, Unfläterei *w*. ▾**—heid** Schmutzigkeit *w*; (*in taal enz., ook*) Schlüpfrigkeit *w*; *ook* = **—igheid** Schmutz, Dreck *m*; (*vuile taal*) Unflat *m*. ▾**—maken** *zie* **vuil**. ▾**vuilnis** Müll *m*, Kehricht *m & s*. ▾**—bak** M.kasten *m*, K.faß *s*. ▾**—belt** M.abladeplatz *m*. ▾**—blik** K.schaufel *w*. ▾**—emmer** M.eimer *m*. ▾**—hoop** K.haufen *m*. ▾**—koker** M.schlucker *m*. ▾**—man** M.mann, M.fahrer *m*. ▾**—stortkoker** M.schlucker *m*. ▾**—stortplaats** M.abladeplatz *m*. ▾**—vat** M.tonne *w*, K.faß *m*. ▾**—wagen** M.wagen *m*. ▾**—zak** M.beutel *m*. ▾**vuil/poes** Schmutzfink *m*; (*vrouw*) Schmutzliese *w*. ▾**—tje** (*stofje*) Stäubchen *s*; *geen — aan de lucht*, kein Wölkchen am Himmel. ▾**—verbranding** Müll/verbrennung *w*. ▾**—verbrandingsinrichting**, **—installatie** M.verbrennungsanlage *w*. ▾**—verwerking** M.verwertung *w*.
vuist Faust *w*; *in zijn —je lachen*, s. ins Fäustchen lachen; *uit 't —je* (*eten*), aus der Hand; *voor de —* (*spreken*), aus dem Stegreif; (*een muziekstuk*) *voor de —* (*spelen*), vom Blatt. ▾**—slag** Faust/schlag *m*. ▾**—vechter** F.kämpfer *m*.
vulcanisatie Vulkanisierung *w*.
Vulgaat Vulgata *m*.
vulgair vulgär.
vulgewicht (*v. blik*) Einwaage *w*.
vulkaan Vulkan *m*.
vulkachel Füllofen, Dauer(brand)ofen *m*.
vulkan/isch vulkan/isch. ▾**—isme** V.ismus *m*.
vul/len füll/en (*ook v. gerechten, tanden enz.*); (*flessen enz.*) abfüllen; (*aanvullen, zodat het vol wordt*) anfüllen, (*'n leemte, zijn tijd enz.*) ausfüllen. ▾**—ling** F.ung *w*; (*het vol maken, ook*) Anfüllung *w*. ▾**—machine** Abfüllmaschine *w*. ▾**—pen(houder)** F.feder *w*, F.federhalter, F.er *m*. ▾**—potlood** F.(blei)stift *m*. ▾**—sel** F.sel *s*; (*in pasteitjes, tanden enz.*) F.ung *w*.
vuns, **vunzig** muffig, dumpf(ig), moderig; (*slordig en vies*) schmutzig; (*schunnig*) unflätig. ▾**—heid** Muffigkeit *w*; (*schunnigheid*) Unflätigkeit *w*.
vurehout Fichten-, Tannen-, Föhrenholz *s*. ▾**—en** fichten, tannen, föhren. ▾**vuren I** *ww* feuern, schießen. **II** *bn zie* **vurehouten**.
vurig feurig; (*hartstochtelijk*) leidenschaftlich; (*gebed enz.*) inbrünstig; (*liefde, verlangen, wens enz.*) heiß; (*ontstoken*) entzündet;

(*koren*) brandig. ▾**—heid** Feuer *s*, Feurigkeit, Leidenschaft; Inbrunst *w*.
vuur Feuer *s* (*ook fig.*); (*ijver*) Eifer *m*; (*in koren*) Brand *m*; *koud —*, kalter B.; *'t — openen*, das F. eröffnen; *— en vlam* (*spuwen*), F. und Flamme; *— vatten*, (*ook fig.*) F. fangen; *in — geraken*, in F., in E. geraten, (*drift*) in Hitze geraten; *in het —* (*v.h. spel*), im F.; *in het — v.d. strijd*, in der Hitze des Kampfes; *met —* (*verdedigen*), mit Feuereifer; *te — en te zwaard*, mit F. und Schwert; *iem. 't — aan de schenen leggen*, e.m die Hölle heiß machen; *het — uit z'n sloffen lopen*, (*om iets te krijgen*) s. die Beine (nach etwas) ablaufen; *wie het dichtst bij het — zit, warmt z. het best*, wer im Rohr sitzt schneidet s. Pfeifen. ▾**—baak** F.bake *w*. ▾**—bol** F.kugel *w*, F.ball *m*. ▾**—doop** F.taufe *w*. ▾**—gevecht** F.gefecht *s*. ▾**—haard** F.herd *m*.
Vuurland Feuerland *s*.
vuur/lijn Feuer/linie *w*. ▾**—mond** Geschütz *s*. ▾**—peloton** F.peloton *s*, Erschießungskommando *s*. ▾**—pijl** Rakete *w*. ▾**—plaat** F.platte *w*. ▾**—poel** F.pfuhl, F.schlund *m*. ▾**—proef** F.probe *w*. ▾**—rood** f.rot. ▾**—schip** F.-, Leuchtschiff *s*. ▾**—spuwend** f.speiend. ▾**—steen** F.stein *m*. ▾**—tje** (kleines) F.; *lopend —*, Lauffeuer *s*; *een — stoken*, ein kleines F. machen; *'t — stoken*, die Flamme schüren. ▾**—toren** Leuchtturm *m*. ▾**—vast** feuer/fest, f.beständig, f.sicher; *—e steen*, f.fester Stein, Schamottenstein *m*. ▾**—vreter** F.fresser *m*. ▾**—wapen** F.waffe *w*. ▾**—werk** F.werk *s*. ▾**—zee** F.meer *s*. ▾**—zweep** F.patsche *w*.
VVV Fremdenverkehrs/verband *m*; (*kantoor*) F.amt *s*.
vwo vorbereitender wissenschaftlicher Unterricht. ▾**—-diploma, —-leerling, —-school** *zie* **havo-**.

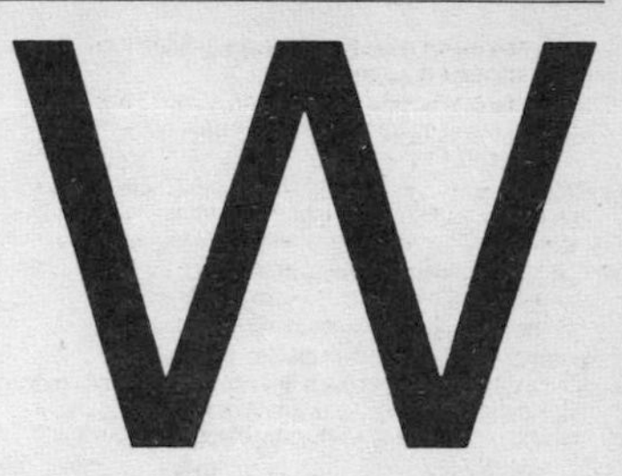

w W *s*.
WA (*wettelijke aansprakelijkheid*) Haftpflicht *w*.
waadvogel Wat-, Sumpfvogel *m*.
waag 1 (*waagstuk*) Wagnis *s*; **2** (*weegtoestel, waaggebouw*) Waage *w*. ▾**—geld** Waagegeld *s*. ▾**—hals** Wagehals *m*. ▾**—halz(er)ig** waghalsig. ▾**—halzerij** Waghalsigkeit *w*. ▾**—schaal** Waagschale, Waage *w*; *in de — stellen*, in die Schanze schlagen, aufs Spiel setzen. ▾**—stuk** Wagnis, Wagestück *s*.
waai/en wehen; *alles maar laten —*, s. um nichts kümmern. ▾**—er** Fächer *m*. ▾**—erantenne** Fächerantenne *w*. ▾**—eren** fächeln, fächern. ▾**—ervormig** fächerförmig.
waak Wache *w*. ▾**—hond** Wachhund *m*. ▾**—s** wachsam. ▾**—vlam** Dauerzünd-, Zündflamme *w*. ▾**—zaam** wachsam.
Waal 1 (*pers.*) Wallone *m*; **2** (*rivier*) Waal *w*. ▾**—s** wallonisch.
waan Wahn *m*. ▾**—denkbeeld** W.idee *w*. ▾**—voorstelling** W.vorstellung *w*. ▾**—wijs** dünkelhaft; (*onverstandig*) aberwitzig; (*neuswijs*) naseweis, vorwitzig, neunklug. ▾**—wijsheid** Dünkel; Aberwitz *m*; Naseweisheit *w*, Vorwitz *m*. ▾**—zin** W.sinn *m*. ▾**—zinnig** w.-, irrsinnig. ▾**—zinnigheid** W.sinn *m*.
waar I *zn* Ware *w*. **II** *bn* wahr; *de ware grootte*, die natürliche Größe; *de ware manier*, die rechte Weise; *de ware verhouding*, das richtige Verhältnis; *zo — als ik* (*hier sta*), so wahr ich. **III** *bw* wo; wohin; *—* (*zit je*)*?*, wo?; *— ga je zitten?*, wohin setzest du dich?; (*de stad*) *—* (*hij woonde*), wo; (*de stad*) *—* (*hij kwam*), wohin; *— denk je aan?*, woran (an was) denkst du?; (*dat is iets*) *— ik niets mee kan beginnen*, womit (mit dem) ich nichts anfangen kann. **IV** *vgw* wo, da. ▾**waar/aan** (*vragend*) woran?, an was?; *—* (*bevestig je dat?*), woran, an was; *— heeft hij dat te danken?*, welchem Umstande hat er das zu verdanken?; (*betr.*) an dem, den usw., woran; (*de gevaren*) *— hij z. blootstelt*, denen er s. aussetzt. ▾**—achter** (*vragend*) wohinter?, hinter was?; (*betr.*) hinter dem, den usw., wohinter.
waarachtig wahr(haft); (*werkelijk*) wirklich, (*heus, inderdaad*) wahrhaftig; (*het is*) *— waar*, wirklich wahr; *—!*, (*warempel*) wahrhaftig!, wahrlich!; (*ik ging eens kijken of hij daar was*) *en —!, daar zat hij*, und richtig, da saß er. ▾**—heid** Wahrhaftigkeit *w*.
waar/beneden (*vragend*) worunter?; (*betr.*) unter dem, den usw., worunter. ▾**—bij** (*vragend*) wobei?; (*komen*) wozu?; *— heeft hij z. aangesloten?*, welcher Partei (welchen Leuten) hat er s. angeschlossen?; (*betr.*) bei, zu dem usw., wobei, wozu; (*de partij*) *— hij z. heeft aangesloten*, der er s. angeschlossen hat.
waarborg Gewähr, Garantie, Bürgschaft *w*; (*borg, onderpand*) Bürgschaft, Kaution *w*; (*pers. die borg blijft*) Bürge *m*; (*merk op goud,*

zilver) Stempel *m.* ▾**—en** verbürgen, garantieren, Gewähr leisten für, gewährleisten. ▾**—fonds** Sicherheits-, Garantiefonds *m*, Sicherheitskapital *s.* ▾**—som** Kaution(ssumme) *w.*
waarboven (*vragend*) worüber; (*betr.*) über dem, den usw., worüber.
waard I *zn* **1** (*herbergier*) Wirt *m*; *buiten de — rekenen*, seine Rechnung ohne den W. machen; *zoals de — is, vertrouwt hij zijn gasten*, man sucht keinen hinter dem Ofen, man habe denn selbst dahinter gesteckt; man sieht keinen hinter dem Busch, hinter dem man nicht selber gesteckt hat; **2** (*mannetjeseend*) Enterich *m*; **3** (*land bij rivier*) Werder *m*; (*zie ook* **uiterwaard**). **II** *bn* wert; (*als aanspreking, ook*) verehrt; lieb; *—e heer*, geehrter Herr; *—e moeder*, Ehrwürdige Mutter; *—e vriend*, lieber Freund; *mijn —e*, mein Lieber; *'t is de moeite niet —*, es ist nicht der Mühe wert.
waarde Wert *m*; *aangegeven —*, W.angabe *w*; *brief, zending met aangegeven —*, W.brief *m*, W.sendung *w*; *ter (tot een) gezamenlijke — v. ...*, im Gesamtwert von ...; *— v.d. dag*, Tageswert; *in — stijgen, verminderen*, im W. steigen, an W. verlieren; *v. weinig, v. geen — zijn*, wenig, keinen W. haben; ohne W., wertlos sein; *voorwerpen v. —*, W.gegenstände, W.sachen *Mz.* ▾**—bepaling** W.bestimmung *w.* ▾**—bon** Gutschein *m.*
waardeerbaar schätzbar, anzuerkennen.
waarde/leer Wert/lehre *w.* ▾**—loos** w.los; *— maken*, entwerten. ▾**—loosheid** W.losigkeit *w.* ▾**—meter** W.messer *m.* ▾**—oordeel** W.urteil *s.* ▾**—papier** W.papier *s.* ▾**waarder/en** (*schatten*) schätzen, taxieren; (*fig.*) anerkennen; (*op prijs stellen, op de juiste waarde schatten*) würdigen; *'n —d schrijven*, ein anerkennendes Schreiben; *uw gewaardeerd schrijven*, Ihr geschätztes Schreiben. ▾**—ing** (*waardebepaling*) Bewertung, Wertung *w*; (*achting, erkenning*) Anerkennung *w.* ▾**waarde/schaal** Wert/skala *w.* ▾**—vast** w.beständig. ▾**—vastheid** W.beständigkeit *w.* ▾**—vermeerdering** W.zuwachs *m.*, W.erhöhung *w.* ▾**—vermindering** W.verringerung *w*; (*v. geld: inflatie*) Entwertung *w*, (*devaluatie*) Abwertung *w*; *— v. 't geld*, Geldentwertung *w.* ▾**—vol** w.voll. ▾**—vrij** w.frei. ▾**—zending** W.sendung *w.*
waardig würdig. ▾**—heid** Würde *w*; (*scheik.: valentie*) Valenz, Wertigkeit *w*; *'t beneden zijn — achten*, es für unter seiner Würde halten; (*daarmee*) *doe je aan je — te kort, niet te kort*, vergibst du deiner Würde etwas, vergibst du dir nichts. ▾**—heidsbekleder** Würdenträger *m.*
waardin Wirtin *w.*
waar/door (*vragend*) wodurch; (*betr.*) durch den usw.; wodurch. ▾**—heen** wohin.
waarheid Wahrheit; *w*; *de — te kort doen*, der W. zu nahe treten; *iem. flink de — zeggen*, (*fig.*) e.m die W. sagen, e.m den Standpunkt klar machen, (*duidelijk zeggen waar het op staat*) deutsch mit e.m reden; *— als een koe*, Binsenwahrheit; *in —*, wirklich, wahrlich; *naar —*, der Wahrheit gemäß, wahrheits/gemäß. ▾**—lievend** w.liebend. ▾**—sliefde** W.liebe *w.* ▾**—sserum** Bekennerdroge *w.* ▾**—szin** W.sinn *m.*
waar/in (*vragend*) worin, (*beweging*) wohinein; (*betr.*) in dem, den usw., worin, (*beweging*) worein. ▾**—langs** (*vragend*) wo entlang; (*voorbij*) wo vorbei; (*langs welke weg*) auf welchem Wege; (*betr.*) (*de rivier*) *— we liepen*, an dem wir entlang gingen; (*de kerk*) *— we dadelijk komen*, an der wir sogleich vorbeikommen; (*de weg*) *— (wij het dorp bereikten)*, auf dem.
waarlijk wahrlich, wirklich; *zo — helpe mij God almachtig!*, so wahr mir Gott helfe!
waarmaken (*belofte, dreiging enz., in de daad omzetten*) wahr machen; (*aantonen, bewijzen*) nachweisen, beweisen; *z. —*, s. bewähren.
waarme(d)e (*vragend*) womit; (*betr.*) mit dem usw., womit.
waarmerk Stempel *m.* ▾**—en** beglaubigen, paraphieren; (*goud, zilver*) stempeln.
waar/na (*vragend*) wonach, worauf; (*betr., ook*) nach dem usw. ▾**—naar** (*vragend*) wonach; (*betr., ook*) nach dem usw.; zu dem usw. ▾**—naast** (*vragend*) woneben; (*betr., ook*) neben dem, den usw.
waarneembaar wahrnehmbar. ▾**—heid** W.keit *w.* ▾**waarnem/en** wahrnehmen; (*nauwkeurig en met bepaald doel; observeren; wetensch.*) beobachten; (*zijn plichten*) erfüllen, beobachten; (*ambt, betrekking enz.*) versehen, bekleiden; (*iem.s ambt tijdelijk*) versehen, e.n (in seinem Amt) vertreten; *voor iem. —*, e.n vertreten, jemands Stelle vertreten; (*iem.s belangen*) *—*, wahrnehmen, vertreten, wahren; (*de gelegenheid*) benutzen, wahrnehmen, ausnutzen; (*zijn tijd*) be-, ausnutzen; *zijn zaken —*, seinen Geschäften nachgehen. ▾**—end** stellvertretend. ▾**—er** Beobachter *m*; (*die 'n ander vervangt*) Stellvertreter *m.* ▾**—ing** Wahrnehmung; Beobachtung; Erfüllung; Versehung; Bekleidung; Vertretung; Benutzung; Ausnutzung *w.* ▾**—ingspost** Beobachtungs/posten *m*; (*op schietbaan*) B.stand *m.* ▾**—ingsvermogen** B.gabe *w.* ▾**—ingsvliegtuig** B.flugzeug *s.*
waar/om (*vragend*) (*om welke reden*) warum, weshalb, (*anders*) worum, um was; (*betr.*) um das usw., worum. ▾**—omheen** um den usw. herum. ▾**—omtrent** (*vragend*) worüber, (*omtrent welke plaats*) wo herum, wo ungefähr; (*betr., ook*) über den usw. ▾**—onder** (*vragend*) worunter; (*betr.*) unter dem, den usw., worunter. ▾**—op** (*vragend*) worauf; (*betr.*) auf dem, den usw., worauf; (*de dag*) *—*, an dem; *de manier —*, die Art (und Weise) wie. ▾**—over** (*vragend*) worüber, wovon; (*betr.*) über den usw., von dem usw., worüber, wovon.
waarschijnlijk wahrscheinlich. ▾**—heid** W.keit *w*; *naar alle —*, aller W.keit nach. ▾**—heidsrekening** W.keitsrechnung *w.*
waarschuw/en (*op gevaar wijzen; onder bedreiging vermanen*) warnen; (*een teken geven, verwittigen*) ein Zeichen geben, sagen, ansagen, wissen lassen, melden, benachrichtigen usw.; (*de brandweer*) alarmieren; (*iem.*) *—*, (*'n vermaan geven*) verwarnen; *wees gewaarschuwd!*, du bist gewarnt!, laß dir das gesagt sein!, (*ook*) hüte dich, sei auf der Hut! ▾**—ing** Warnung; Verwarnung *w*; Zeichen *s*, Ansage, Nachricht *w*; (*bijv. v. belastingontvanger*) Mahnung *w*, Mahnzettel *m.* ▾**—ingsbord** Warn/tafel *w*, W.schild *s.* ▾**—ingscommando** Ankündigungsbefehl *m.* ▾**—ingslampje** W.lämpchen *s.* ▾**—ingsschot** W.schuß *m.*
waar/tegen (*vragend*) wogegen; (*betr.*) gegen den usw., wogegen. ▾**—toe** (*vragend*) wozu; (*betr., ook*) zu dem usw. ▾**—tussen** (*vragend*) wozwischen; (*betr.*) zwischen dem, den usw., wozwischen. ▾**—uit** (*vragend*) woraus; (*betr.*) aus dem usw., woraus. ▾**—van** (*vragend*) wovon, woraus; (*betr.*) von, aus dem usw., dessen, deren, wovon, woraus; *de man, vrouw, kinderen — ik de vader goed ken*, der Mann dessen Vater, die

Frau deren V., die Kinder deren V. ich gut kenne. ▾—**voor** (*vragend*) wofür, wovor; (*betr.*) für den usw., vor dem, den usw., wofür, wozu; *zie* **voor**.

waarzeg/gen wahrsag/en. ▾—**ger** W.er *m.* ▾—**gerij** W.erei, W.ung *w.* ▾—**ster** W.erin *w.*

waas (*dauwachtig*) Duft *m*; (*dunne laag; zweem, schijn*) Hauch *m*; (*voor ogen*) Schleier *m.*

wacht 1 (*persoonsnaam*) Wache *w*; (*wachter, nachtwacht enz.*) Wächter *m*; **2** (*het wacht houden; de wachters; wachtdienst, waaktijd*) Wache *w*; (*wachtpost*) Posten *m*; (*'t lokaal*) Wach(t)stube, Wache *w*; *op — staan*, Wache, P. stehen; *de — betrekken*, auf Wache ziehen; *de — hebben, houden*, Wache haben, halten; *— kloppen*, P. brennen, Wache schieben; *iem. de — aanzeggen*, e.n (ver)warnen; *in de — slepen*, (*fig.*) einstecken, einheimsen. ▾—**commandant** Wachhabende(r) *m.* ▾—**dagen** (*verzekering*) Wartezeit, Sperrfrist *w.* ▾—**dienst** Wach(t)dienst *m*, Wache *w.* ▾—**en** warten; (*vol verlangen en lang op iem. of iets, ook*) harren; (*verwachten*) erwarten; (*dat*) *staat me te —*, steht mir bevor, habe ich zu erwarten, kann ich erwarten; *hem staat nog wat te —!*, ihm blüht noch etwas; *thuis wachtte me een verrassing*, zu Hause wartete auf mich eine Überraschung, erwartete mich eine Ü.; *z. — (voor)*, s. hüten (vor [3]), s. in acht nehmen; *wacht u voor namaak*, vor Nachahmung wird gewarnt. ▾—**er** Wächter *m.* ▾—**geld** Warte/geld *s*; *op — stellen*, auf W.geld setzen, in den W.stand versetzen. ▾—**gelder** Beamte(r) auf W.geld, W.geldempfänger *m.* ▾—**hebbend** wachhabend. ▾—**huisje** Schilderhaus *s*; (*v. tram, bus*) Warte/raum *m.* ▾—**kamer** (*in station*) W.saal *m*; (*bij dokter enz.*) W.zimmer *s.* ▾—**lijst** W.liste *w.* ▾—**lokaal** (*voor de wacht*) Wacht/stube *w*, W.lokal *s.* ▾—**meester** W.meister *m.* ▾—**post** W.posten *m.* ▾—**tijd** Wartezeit *w*; (*verzekering, voor uitkering begint, ook*) Karenzzeit *w.* ▾—**toren** Wacht-, Wartturm *m.* ▾—**verbod** Halteverbot *s.* ▾—**woord** Losung, Parole *w.*

wad Watt *s*; *de W—den*, die Watteninseln. ▾—**deneiland** Watten/insel *w.* ▾**W—denzee** W.meer *s.* ▾**waden** waten.

wafel Waffel *w*; *— dicht!, hou je —!*, halt's Maul!, halt die Klappe!, Klappe zu! ▾—**ijzer** W.eisen *s.* ▾—**kraam** W.bude *w.*

wagen I *zn* Wagen *m*; *een — hooi*, (*ook*) eine Fuhre Heu. **II** *ww* wagen; (*durven, ook*) s. getrauen, s. unterstehen; (*zijn geld*) *aan iets —*, an etwas [4] w.; *er alles aan —*, alles daransetzen; *wie waagt, (die) wint*, wer wagt, gewinnt; frisch gewagt, ist halb gewonnen; *hij waagde z. niet naar binnen*, er wagte s., (ge)traute s. nicht hinein; *waag 't eens!*, (*heb 't hart eens*) untersteh dich! ▾—**as** Wagen/achse *w.* ▾—**bestuurder** W.führer *m.* ▾—**kap** W.kappe *w.* ▾—**lading** W.ladung *w.* ▾—**maker** W.bauer, Wagner, Stellmacher *m.* ▾—**makerij** Wagnerei, Stellmacherei *w.* ▾—**menner** Wagen/lenker *m.* ▾—**park** W.park *m.* ▾—**schuur** W.schuppen *m.* ▾—**smeer** W.schmiere *w.* ▾—**spoor** W.spur *w.* ▾—**stel** (*onderstel*) W.gestell *s*; (*stel wagens*) W.zug *m*, (*bijv. 3*) Dreiwagenzug *m.* ▾—**tje** Wägelchen *s.* ▾—**vol** Wagen/voll *m*, Fuhre *w.* ▾—**wijd** sperrangelweit. ▾—**ziek** w.krank.

waggel/en wackeln, wanken; (*v. of als gans*) watscheln. ▾—**gang** wackelnder Gang; (*gans*) watschelnder Gang.

wagon Waggon, Wagen *m.* ▾—**lading** Waggonladung *w.*

wak Wu(h)ne, Wake *w.*

wak/en wachen; *— tegen*, auf der Hut sein vor [3]; *— voor*, sorgen für; *'n —d oog houden op*, ein wachsames Auge halten auf [4]. ▾—**er** Wächter *m.*

wakker (*niet slapend*) wach; (*flink*) wacker, tüchtig; (*iem.*) *— houden*, wach halten; (*de herinnering*) *— houden*, rege erhalten; *— maken*, wecken; *— roepen*, (*ook fig.*) wachrufen; *— schrikken*, aus dem Schlaf aufschrecken; *— schudden*, (*ook fig.*) wachrütteln; *— worden*, wach werden, erwachen (*ook fig.*); *al —?*, schon munter?

wal (*omwalling v. vesting enz.*) Wall *m*; (*oever*) Ufer, Land *s*; (*kade*) Kai *m*; (*onder ogen*) Wulst, Sack *m*; *vrij —*, frei Kai, frei Ufer; *aan — (brengen)*, ans L.; *aan — gaan, komen, stappen*, an L. gehen, ans L. kommen, ans L. steigen; *aan lager — raken*, herunterkommen, auf den Hund kommen; *v. — steken*, (*eig.*) abfahren, absegeln, vom Ufer (ab)stoßen, (*fig.*) loslegen, losschießen; *v. twee —len eten*, auf beiden Achseln tragen; *v.d. — in de sloot raken*, vom Regen in die Traufe kommen.

waldhoorn Waldhorn *s.* ▾—**blazer** W.bläser, W.ist *m.*

Wales Wales *s.*

walg: *'n — hebben v.*, e.n Ekel haben vor [3]. ▾—**(e)lijk** ekelhaft, eklig, widerlich. ▾—**en** ekeln; *ik walg v. dit eten*, mir (mich) ekelt vor diesem Essen; *ik walg ervan*, mir (mich) ekelt davor, es ekelt mich an; *ik walg v. hem*, ich ekle mich vor ihm; *'t walgt me*, es ekelt mir, mich; *hij doet me —*, er ekelt mich an; *tot —s toe*, bis zum Ekel. ▾—**ing** Ekel *m*; *— wekkend*, ekelerregend.

walkant Uferseite *w*, Ufer *s.*

walkie-talkie tragbares Funksprechgerät, Sende- und Empfangsgerät *s.*

walm Qualm *m.* ▾—**en** qualmen.

wal/noot Walnuß *w.* ▾—**noteboom** W.baum *m.*

walrus Walroß *s.*

wals 1 (*dans*) Walz/er *m*; **2** (*pletrol*) W.e *w.* ▾—**en** (*i.a.b.*) w.en. ▾—**er** W.er *m.* ▾—**erij** W.werk *s.* ▾—**machine** W.maschine *w.* ▾—**tempo** W.ertempo *s.*

walvis Wal(fisch) *m.* ▾—**jager**, —**vaarder** Walfänger, Walfischfahrer *m.* ▾—**vangst** Wal(fisch)fang *m.*

wambuis, wammes Wams *s.*

wan (*werktuig*) Wanne, Schwinge *w.*

wan/begrip falscher Begriff. ▾—**beheer** Mißwirtschaft *w.* ▾—**bestuur** Mißverwaltung *w.* ▾—**betaler** schlechter Zahler, Nichtzahler *m.* ▾—**betaling** schlechte Bezahlung, Nichtzahlung *w*; *bij —*, im Nichtzahlungsfalle. ▾—**bof** Pech *s.* ▾—**boffen** Pech haben. ▾—**boffer** Pechvogel *m.*

wand Wand *w.*

wandaad Frevel-, Übeltat *w.*

wand/bekleding Wand/bekleidung *w.* ▾—**betimmering** W. getäfel *s.*

wandel: *aan de — zijn*, e.n Spaziergang machen. ▾—**aar** Spaziergänger, (*op grote tocht*) Wanderer *m.* ▾—**dek** Promenadendeck *s.* ▾—**en** spazieren, spazieren gehen; (*in meer verheven taal: langzaam schrijden; leven, z. gedragen*) wandeln; (*grote trektocht maken*) wandern; *gaan —*, spazieren gehen, e.n Spaziergang machen. ▾—**end** (*z. verplaatsend, ambulant*) wandernd; *— blad*, (*sprinkhaan*) wandelndes Blatt; *—e duinen*, Wanderdünen; *— geraamte*, wandelndes Gerippe; *—e nier*, Wanderniere *w*; *— woordenboek*, wandelndes Lexikon; *de Wandelende Jood*, der Ewige Jude. ▾—**gang**

Wandelhalle *w*; —*en*, (*der Kamers, ook*) Wandelgänge *Mz.* ▼—**hoofd** Seebrücke *w*, Pier *m*, Mole *w*. ▼—**ing** Spaziergang *m*; *in de* —, gewöhnlich, gemeinhin. ▼—**kaart** Wanderkarte; (*die verlof geeft om ergens te wandelen*) Eintrittskarte *w*. ▼—**kostuum** Straßen/anzug *m*; (*v. dames*) S.-, Promenadenkleid, -kostüm *s*. ▼—**pad** Gehweg, Fußgängerpfad *m*. ▼—**route** Wander/route *w*. ▼—**schoen** W.schuh *m*. ▼—**sport** W.sport *m*. ▼—**stok** Spazierstock *m*. ▼—**tocht** Fußtour, Wanderung *w*. ▼—**wagen** Faltsportwagen *m*. ▼—**weg** Spazier-, Fußweg *m*.

wand/gedierte Wanzen *Mz*. ▼—**kaart** Wand/karte *w*. ▼—**klok** W.uhr *w*. ▼—**lamp** W.lampe *w*. ▼—**luis** Wanze *w*. ▼—**meubel** Anbau/möbel *Mz*, A.wand *w*; Stollenanbauwand, Schrankwand *w*, A.schrank *m*. ▼—**rek** Wand/regal *s*. ▼—**schildering** W.malerei *w*; (*het stuk*) W.gemälde *s*. ▼—**tapijt** W.teppich *m*. ▼—**versiering** W.schmuck *m*.

wanen wähnen, glauben, meinen.

wang Wange *w*, (*gezichtsdeel, meestal*) Backe *w*.

wan/gedrag schlechtes Benehmen; schlechte Führung. ▼—**gedrocht** Mißgeburt *w*, Ungeheuer, Scheusal *s*.

wanhoop Verzweiflung *w*. ▼—**sdaad** V.stat *w*. ▼**wanhop/en** verzweifeln. ▼—**ig** verzweifelt, hoffnungslos; — *maken*, zur Verzweiflung bringen; (*'t is*) *om — te worden*, zum Verzweifeln.

wankel wackelig; (*onzeker, onbestendig*) schwankend, wankend; —*e gezondheid*, schwache, hinfällige, schwankende Gesundheit. ▼—**baar** schwankend, wankend, unbeständig; — *evenwicht*, labiles Gleichgewicht. ▼—**baarheid** Unbeständigkeit *w*. ▼—**en** wanken, schwanken; (*weifelen*) schwanken; *aan 't — raken*, ins Wanken geraten; (*zijn troon*) *wankelde* (*al lang*), wackelte. ▼—**ing** Wanken, Schwanken *s*; Schwankung *w*. ▼—**moedig** wankel/mütig, unbeständig; (*besluiteloos*) unschlüssig. ▼—**moedigheid** W.mut *m*, W.mütigkeit, Unbeständigkeit; Unschlüssigkeit *w*. ▼—**motor** W.motor *m*.

wan/klank Mißklang, -ton *m*. ▼—**klinkend** mißtönend.

wanmolen Schwing-, Wannmühle, Getreideklapper *w*.

wanneer I *bw* wann. **II** *vgw* wenn.

wannen schwingen, wannen.

wan/orde Unordnung *w*; (*verwarring*) Verwirrung *w*. ▼—**ordelijk** unordentlich. ▼—**ordelijkheid** Unordnung *w*; *wanordelijkheden*, (*ongeregeldheden*) Unruhen, Ruhestörungen. ▼—**prestatie** Nichterfüllung, Nichtleistung *w*. ▼—**smaak** übler Geschmack; (*fig., ook*) Geschmacklosigkeit *w*. ▼—**staltig** mißgestalt(et). ▼—**staltigheid** Mißgestalt *w*.

want I *vgw* denn. **II** *zn* **1** (*handschoen*) Fäustling, Fausthandschuh *m*; **2** (*touwwerk*) Wanten *Mz*, Tauwerk *s*; (*de netten*) Netze *Mz*, Fischzeug *s*; *lopend, staand* —, laufende, stehende Wanten; laufendes, stehendes Tauwerk.

wantoestand Mißstand *m*; (*mv*) Mißverhältnisse.

wantrouw/en I *zn* Mißtrauen *s*. **II** *ww* (e.m) mißtrauen. ▼—**end,** —**ig** mißtrauisch, argwöhnisch.

wanverhouding Mißverhältnis *s*.

wapen (*om te strijden, ook fig.*) Waffe *w*; (*familieteken, blazoen*) Wappen *s*; *het — der artillerie*, die Artillerie; *de —s opvatten*, zu den Waffen greifen, die Waffen ergreifen; *onder de —en komen*, unter die Waffen treten; *onder de —en moeten komen*, einberufen, eingezogen werden; *onder de —en roepen*, zu den Waffen rufen, (zum Heere) einberufen; *te —!*, zu den Waffen! ▼—**balk** Wappenbalken *m*. ▼—**bezit** Waffen/besitz *m*. ▼—**broeder** W.bruder *m*. ▼—**en** bewaffnen, (*iem., z. met iets*) waffnen; *z*. —, s. waffnen, s. rüsten, (*v. land*: *oorlogsvoorbereidingen maken*) rüsten. ▼—**fabriek** Waffen/fabrik *w*. ▼—**feit** W.tat *w*. ▼—**geweld** W.gewalt *w*. ▼—**handel** (*gebruik v.d. wapenen*) W.übung *w*. ▼—**ing** Bewaffnung *w*; (*v. beton enz.*) Bewehrung *w*. ▼—**kamer** W.-, Rüstkammer *w*. ▼—**kunde** Wappen/kunde *w*. ▼—**kundig** w.kundig, heraldisch. ▼—**magazijn** Waffen/lager, W.arsenal *s*. ▼—**makker** W.gefährte *m*. ▼—**rek** W.gestell *s*. ▼—**rusting** W.rüstung *w*. ▼—**schild** Wappenschild *s*. ▼—**schouw(ing)** Waffenschau *w*. ▼—**spreuk** Wappenspruch *m*. ▼—**stilstand** Waffenstillstand *m*. ▼—**stok** (*v. politie*) Gummiknüppel *m*. ▼—**tuig** Kriegsgerät *s*, Waffen *Mz*. ▼—**vergunning** Waffenschein *m*.

wapperen flattern, wehen.

war: *in de* —, (*wanorde*) in Unordnung, (*verwarring*) in Verwirrung, (*verward*) verwirrt, (*overhoop*) durcheinander; (*iem.*) *in de — brengen*, verwirren, (*v.d. wijs*) irre machen, aus dem Konzept bringen, (*v. zijn stuk*) aus der Fassung bringen; *hij raakt in de* —, er kam in Verwirrung, verwirrte s., (*v. zijn stuk*) kam aus der Fassung; *hij is in de* —, (*vergist z.*) er irrt s., ist irre, (*wat v. streek*) ist etwas durcheinander, (*helemaal v. streek*) ist ganz verwirrt, (*de kluts kwijt*) ist außer Fassung. ▼—**boel** Wirrwarr *m*, wirres Durcheinander; (*sterker*) Wust *m*.

warempel wahrhaftig.

waren (*dolen*) irren, schweifen; (*zweven*) schweben; (*v. spoken*) umgehen.

waren/huis Waren/haus, Kaufhaus *s*; (*kas*) Gewächshaus *s*. ▼—**kennis** W.kunde *w*. ▼—**keuring** W.prüfung *w*. ▼—**keuringsdienst** Lebensmitteluntersuchungsamt *s*.

war/hoofd Wirrkopf *m*. ▼—**hoop** Wirrwarr *m*. ▼—**kruid** Teufelszwirn *m*.

warm warm; (*heet*) heiß; *ik krijg, heb 't* —, mir wird, ist w.; *het iem. — maken*, e.m w. machen; *iem. — maken voor iets*, e.n für etwas begeistern, jemands Interesse für etwas erregen; — *lopen*, (*geestdriftig*) s. begeistern, (*driftig, opgewonden*) w. werden, hitzig werden, s. ereifern, (*v. motor enz.*) warm, heiß laufen; — *lopen voor iets*, s. für etwas begeistern, erwärmen; — *voorstander*, eifriger Verfechter; *er —(pjes) in zitten*, (*eig.*) warm eingemummt sein, (*fig.*) in der Wolle sitzen. ▼—**bloedig** warmblütig. ▼—**bloed(paard)** Warmblüter *m*, Warmblut *s*. ▼—**en** wärmen, warm machen; (*eten*) aufwärmen. ▼—**lopen** *zie* **warm**.

war/moes Gemüse *s*. ▼—**moez(en)ier** G.gärtner *m*. ▼—**moezerij** G.gärtnerei *w*.

warmpjes *zie* **warm**.

warmte Wärme *w*; (*hitte*) Hitze *w*. ▼—**bron** W.quelle. ▼—-**eenheid** W.einheit *w*. ▼—-**energie** W.energie *w*. ▼— **en geluidsisolatie** W.- und Schalldämmung *w*, W.- und Schallschutz *m*. ▼—**equivalent** W.äquivalent *s*, W.wert *m*. ▼—**front** Warmfront *w*. ▼—**geleiding** W.leitung *w*. ▼—**graad** W.grad *m*. ▼—**isolerend** w.dämmend, w.isolierend. ▼—**leer** W.lehre *w*. ▼—**meter** W.messer, W.zähler *m*.

▾—**uitstraling** W.strahlung *w.* ▾—**verlies** W.verlust *m.*
warmwater... Warmwasser..., Heißwasser... ▾—**installatie** W.-, H.anlage *w.* ▾—**kraan** W.-, H.hahn *m.* ▾—**kruik** Wärmkruke, -flasche *w.* ▾—**reservoir** Heißwasserspeicher *m.*
warrel/en wirbeln, wimmeln. ▾—**ing** Wirbeln, Wimmeln *s;* (*wirwar*) Wirrwarr *m.* ▾—**wind** Wirbelwind *m.*
warr/en: *door elkaar —*, verwirren, durcheinander werfen. ▾—**ig** verwirrt, verworren.
wars: abgeneigt [3], abhold [3]; *hij is — v. grote woorden*, er ist großen Worten abhold, (*gewonere taal*) große Worte sind ihm zuwider.
war/taal verworrenes Geschwätz, Unsinn *m.* ▾—**winkel** *zie* **warboel**.
was 1 (*stijging*) Steigen *s;* **2** (*wasgoed; het reinigen*) Wäsche *w; de — doen*, die W. besorgen; *in de — doen*, in die W. geben; *de — uit huis doen*, die W. aus dem Hause geben; **3** (*stofnaam*) Wachs *s.* ▾—**achtig** wachsartig. ▾—**afdruk** Wachsabdruck *m.* ▾—**automaat** Wasch/(voll)automat *m.* ▾—**baar** w.bar; *wasbare stof*, W.stoff *m.* ▾—**bak** W.kübel, W.trog *m.* ▾—**beer** W.bär *m.* ▾—**bekken** W.becken *s.* ▾—**benzine** W.benzin *s.* ▾—**bord** W.brett *s.* ▾—**doek 1** (*weefsel*) Wachstuch *s;* **2** (*waslap, vaatdoek*) Waschlappen *m.* ▾—**dom** Wachstum *s.* ▾—**echt** waschecht.
wasem Dunst, Dampf *m.* ▾—**en** dunsten, dampfen. ▾—**kap** Dunstabzug *m.*
was/gelegenheid Waschgelegenheit *w.* ▾—**goed** Wäsche *w.* ▾—**handje** Wasch/lappen *m.* ▾—**hok** W.küche *w.* ▾—**inrichting** W.anstalt *w; was- en strijkinrichting*, W.- und Plättanstalt *w.* ▾—**kaars** Wachskerze *w*, -licht *s.* ▾—**ketel** Waschkessel *m.* ▾—**klem, —knijper** Wäscheklammer *w.* ▾—**kom** Wasch/becken *s.* ▾—**kuip** W.faß *s*, W.bottich *m*, W.wanne *w.* ▾—**licht** Wachslicht *s.* ▾—**lijn** Wäscheleine *w.* ▾—**lijst** Wasch/zettel *m.* ▾—**lokaal** W.raum *m.* ▾—**machine** W.maschine *w;* (*automatisch*) W.automat *m.* ▾—**mand** Wäschekorb *m.* ▾—**middel** W.mittel *s.* ▾—**poeder** Seifenpulver *s.*
wassen I *bn* wächsern, Wachs...; *— beeld*, Wachsfigur *w;* (*'t is maar*) *een — neus*, zum Schein, äußerer Schein. **II** *ww* **1** (*reinigen*) waschen; (*bij kaartspel*) mischen; *zijn handen —*, s. die Hände w.; (*de vaat*) spülen, aufwaschen; **2** (*groeien*) wachsen; (*water*) steigen; (*maan*) zunehmen, im Zunehmen sein; **3** (*met was bestrijken*) wachsen, wächsen. ▾—**beeldenspel** Wachsfigurenkabinett *s.*
was/ser Wäscher *m.* ▾—**serette** Waschsalon *m*, Waschzentrum *s.* ▾—**serij** Wäscherei, Waschanstalt *w.* ▾—**sing** Wasch/ung *w.* ▾—**stel** W.geschirr *s.* ▾—**tafel** W.tisch; *vaste —*, W.becken *s.* ▾—**tobbe** W.zuber *m*, W.wanne *w.* ▾—**verzachter** Weichspüler *m.* ▾—**vrouw** Wäscherin, Waschfrau *w.* ▾—**water** Waschwasser *s.* ▾—**zak** Wäschesack *m.* ▾—**zijde** Waschseide *w.*
wat was; (*iets*) etwas; (*'n kleine hoeveelheid, enige, 'n beetje*) etwas, ein wenig; *— voor* (*een*) *man* (*is dat?*), was für ein Mann; (*dat is een mooie hond;*) *wat voor een is 't?*, was für e.r ist es?; *met — voor potlood* (*heb je dat getekend?*), mit was für e.m Bleistift; *— voor stof, hout*, was für Stoff, Holz; *— voor bloemen* (*zijn dat?*), was für Blumen; *— een leven!*, was für ein Leben, (*lawaai*) welch ein Lärm!; *— een schande!*, welch eine Schande!, welche S.!; *— een mooie hond is dat!*, welch ein schöner Hund ist das! (... das ist!); *— heeft hij een mooie hond!*, was hat er e.n schönen Hund!, welch e.n schönen Hund hat er! (... er hat!); *wat een fouten!*, welch eine Menge Fehler!, die vielen Fehler!; *— duur!*, wie teuer!; *— is het koud*, wie kalt es ist!, was ist es kalt!; *— ben ik blij!*, wie froh bin ich!; *— ben je flink geworden!*, wie kräftig du geworden bist!, bist dú aber kräftig geworden!; *— is je broer een geluksvogel!*, welch ein Glückspilz ist dein Bruder!, ist dein Bruder aber ein Glückspilz!, was dein Bruder ein Glückspilz ist!; *ik was — blij*, ich war recht, sehr froh; (*het smaakt*) *— lekker!*, ganz fein!; (*je deed 't*) *maar — graag!*, nur gar zu gern!; (*hij liep*) *v. — heb ik jou daar*, was er konnte; *veel v. —* (*ik geleerd heb*), viel von dem was; (*ik heb*) *— moois*, etwas Schönes, was Schönes; *heel —* (*gehoord*), sehr viel, manches; *vrij —*, ziemlich viel, nicht wenig; *vrij —* (*beter*), bedeutend; *voor — hoort —*, umsonst ist der Tod; für nichts ist nichts; *het —*, das Was.
water Wasser *s; de —en v. Nederland*, die Gewässer von Holland; *afgaand —*, Ebbe *w; laag —*, Niedrigwasser; (*ze zijn*) *als — en vuur*, wie Feuer und W.; (*geld*) *als —*, wie W., wie Heu; *het — komt hem tot aan de lippen*, das W. geht, steht ihm bis an den Hals; *— in zijn wijn doen*, (*fig.*) gelindere Saiten aufziehen; *het hoofd boven — houden*, den Kopf, s. über W. halten; *weer boven — komen*, (*fig.*) wieder auftauchen; *in 't — vallen*, (*ook fig.*) ins W. fallen, (*fig. ook*) zu W. werden; *het feest is in 't — gevallen*, (*ook*) aus dem Fest ist nichts geworden; *op — en brood*, bei W. und Brot; (*oorlog*) *te land en te —*, zu W. und zu Land; *het verkeer te —*, der W.verkehr; (*een schip*) *te — laten*, ins W., vom Stapel lassen; *stille —s hebben diepe gronden*, stille W. sind tief. ▾**water/aantrekkend** wasser/anziehend. ▾—**aanvoer** W.zufuhr *w.* ▾—**achtig** wässerig; wasser/artig. ▾—**afdrijvend** w.abtreibend. ▾—**afstotend** w.abstoßend. ▾—**afvoer** W.abfuhr *w*, W.abfluß *m*, Entwässerung *w.* ▾—**bad** W.bad *s.* ▾—**bak** W.behälter *m;* (*v. w.c.*) Spülkasten *m;* (*drinkbak voor paarden enz.*) W.trog *m;* (*urinoir*) Pißort *m*, Pissoir *s.* ▾—**ballet** W.ballett *s.* ▾—**bekken** W.becken *s.* ▾—**bloem** W.blume *w.*
waterbouw/kunde Wasser/baukunst, W.baukunde *w.* ▾—**kundig** W.bau...; *— ingenieur*, W.bauingenieur *m; —e werken*, W.bauten; *—e*, W.bauingenieur.
water/bron Wasser/quelle *w.* ▾—**closet** W.-, Spülklosett *s.* ▾—**damp** W.dampf *m.* ▾—**dicht** w.dicht. ▾—**dichtheid** W.dichtigkeit *w.* ▾—**en** wässern; (*urineren*) sein Wasser abschlagen, harnen, schiffen. ▾—**fiets** W.fahrrad, W.tretrad, W.velo *s.* ▾—**fitter** W.installateur *m.* ▾—**geest** W.geist, W.nix *m.* ▾—**geus** W.geuse *m.* ▾—**glas** (*drinkglas en stofnaam*) W.glas *s;* (*urineerglas*) Urin-, Harnglas *s.* ▾—**golf** W.welle, W.woge *w;* (*in haar*) W.welle *w.* ▾—**golven** W.wellen legen. ▾—**hoen** Teichhuhn *s.* ▾—**hoofd** W.kopf *m.* ▾—**hoogte** W.höhe *w; de —n*, (*radiober.*) die W.standsmeldungen. ▾—**hoos** W.hose *w.* ▾—**houdend** w.haltig; *—e laag*, W.schicht *w.* ▾—**huishouding** W.haushalt *m.* ▾—**ig** wässerig. ▾—**juffer** Wasser/jungfer *w.* ▾—**kan** W.kanne *w.* ▾—**kanon** W.werfer *m.* ▾—**kant** W.seite *w;* (*rand*) W.rand *m;* (*Noordduitse kuststreek*) W.kante, Waterkant *w.* ▾—**karaf** Wasser/karaffe *w.* ▾—**kering** W.wehr *s.* ▾—**kers** W.kresse *w.* ▾—**ketel** W.kessel *m.* ▾—**koeling** W.kühlung *w.*

▾**—koud** naßkalt. ▾**—kraan** W.hahn *m.* ▾**—kracht** W.kraft *w.* ▾**—krachtcentrale** W.kraftwerk *s.* ▾**—kuur** W.kur *w.* ▾**—landers** Tränen. ▾**—leiding** W.leitung *w.* ▾**—lelie** W.lilie, W.rose *w.* ▾**—linie** W.linie *w.* ▾**—loop** W.lauf *m.* ▾**—lozing** Entwässerung *w*, W.abfluß *m*, W.abfuhr *w*; (*urineren*) W.abschlag *m*, Harnen *s.* ▾**—merk** (*in papier*) W.zeichen *s.* ▾**—meter** W.messer, W.zähler *m.* ▾**—molen** W.mühle *w.* ▾**—nood** W.not *w.* ▾**—omloop** W.umlauf *m.* ▾**—ontharder** W.enthärter *m.* ▾**—partij** W.partie *w*; (*tochtje*) W.fahrt *w.*

waterpas I *zn* Wasserwaage, Libelle *w*; (*v. timmerman, ook*) Setzwa(a)ge *w.* **II** *bn* waagerecht, horizontal, in Waage gebracht. ▾**—instrument** Nivellierinstrument *s.* ▾**—sen** nivellieren.

water/peil Wasser/pegel, W.stand *m.* ▾**—plaats** Bedürfnisanstalt *w*, Pissoir *s*, Pißort *m.* ▾**—plant** W.pflanze *w.* ▾**—pokken** W.pocken, Windpocken *Mz.* ▾**—politie** Wasser/polizei *w.* ▾**—polo** W.ball *m*; (*het spel*) W.ball(spiel) *s.* ▾**—polowedstrijd** W.ballkampf *m.* ▾**—proef I** *zn* **1** W.probe *w*; **2** (*waterproof*) Waterproof *m*; (*stofnaam, ook*) wasser/dichter Stoff. **II** *bn* w.dicht, w.fest. ▾**—put** W.brunnen *m.* ▾**—rot** W.ratte *w.* ▾**—schade** W.schaden *m.* ▾**—schap** W.verband *m*, W.genossenschaft *w*, W.- und Bodenverband *m.* ▾**—scheiding** W.scheide *w.* ▾**—schouw** W.schau *w.* ▾**—schuw** w.scheu. ▾**—ski** W.ski *m*; (*de sport*) W.ski *s*, W.skisport *m.* ▾**—skiën** W.skilaufen. ▾**—slang** W.schlauch *m*; (*dier*) W.schlange *w.* ▾**—snip** Bekassine, Himmelsziege *w.* ▾**—snood** W.snot *w.* ▾**—spoeling** W.spülung *w*; *w.c. met —*, Spülabort *m.* ▾**—sportcentrum** W.sportzentrum *s.* ▾**—sporter** W.sportler *m.* ▾**—staat** W.bauverwaltung, W.wirtschaft *w.* ▾**—stand** W.stand *m*; *de —en*, (*rad.*) die W.standsmeldungen; (*de dienst*) W.standsmeldedienst *m.* ▾**—stofbom** W.stoffbombe *w.* ▾**—straal** W.strahl *m.* ▾**—tanden**: *iem. naar iets doen —*, e.m den Mund nach etwas wässerig machen; *'t is om ervan te —*, dabei läuft e.m das Wasser im Munde zusammen; *ik watertand ernaar*, mir wässert der Mund danach. ▾**—toevoer** Wasser/zufuhr *w.* ▾**—toren** W.turm *m.* ▾**—val** W.fall *m.* ▾**—verf** W.farbe *w.* ▾**—verftekening** W.farbenzeichnung *w.* ▾**—verplaatsing** W.verdrängung *w.* ▾**—vervuiling** W.verschmutzung *w.* ▾**—vlak** W.fläche *w.* ▾**—vliegtuig** W.flugzeug *s.* ▾**—voorziening** W.versorgung *w.* ▾**—vrees** W.scheu *w.* ▾**—weg** W.straße *w*, W.weg *m.* ▾**—werk** W.werk *s*; *de —en*, die W.bauten, (*fonteinen*) die W.künste. ▾**—wild** W.geflügel *s.* ▾**—wilg** Salweide *w.* ▾**—zonnetje** wässerige Sonne. ▾**—zucht** Wasser/sucht *w.* ▾**—zuiveringsinstallatie** W.reinigungsanlage, Kläranlage *w.*

watje Wattebausch *m*, Watte *w.*

watt Watt *s.*

watt/en Watte *w.* ▾**—eren** wattieren.

wattuur Wattstunde *w.*

wauwel/aar Quatschkopf, Schwätzer *m.* ▾**—en** schwatzen, quatschen.

WA-verzekering Haftpflichtversicherung *w.*

waxinelichtje Wärmelicht *s.*

wazig neblig, dunstig, duftig; *—e omtrekken*, verschwommene Umrisse; *—e verte*, duftige Ferne.

w.c. WC *s*, Toilette *w.* ▾**—-papier** Klosettpapier *s.*

we wir.

web(be) (Spinnen)Gewebe *s.*

weck/en einwecken. ▾**—fles** Weckflasche *w.*

wed Schwemme *w*; (*drinkplaats*) Tränke *w.*

wedde Gehalt *s.*

wedden wetten; *op een paard —*, auf ein Pferd wetten. ▾**—schap** Wette *w.*

weder *zie* **weer**. ▾**weder-** *zie ook* **weer-**. ▾**—antwoord** Gegenantwort, Entgegnung, Erwiderung *w.* ▾**—dienst** Gegendienst *m*, -leistung *w*; *tot — bereid*, zu Gegendiensten (gern) bereit. ▾**—doper** Wiedertäufer *m.* ▾**—geboorte** Wiedergeburt *w.* ▾**—groet** Gegengruß *m.* ▾**—helft** Ehehälfte *w*, bessere Hälfte. ▾**—hoor**: *het hoor en — laten gelden*, beide Parteien hören. ▾**—instorting** Rückfall *m.* ▾**—invoering** Wiedereinführung *w.* ▾**—keer** Rückkehr *m.* ▾**—kerend** (*taalk.*) rückbezüglich, reflexiv. ▾**—kerig** gegenseitig; *— voornaamwoord*, reziprokes, wechselseitiges Fürwort. ▾**—kerigheid** Gegenseitigkeit *w.* ▾**—komst** Wiederkunft *w.* ▾**—liefde** Gegenliebe *w.* ▾**—om** abermals, wiederum; (*weerom*) wieder, zurück. ▾**—opbloei** Wieder/aufblühen *s.* ▾**—opbouw** W.aufbau *m.* ▾**—opleving** W.aufleben *s.* ▾**—oprichting** W.aufrichtung; W.errichtung; Neubegründung *w.* ▾**—opstanding** Auferstehung *w.* ▾**—opzeggens**: *tot —*, bis auf Widerruf, (*abonnement enz.*) bis zur Abbestellung. ▾**—rechtelijk** widerrechtlich, rechtswidrig. ▾**—varen I** *ww* widerfahren; *iem. recht laten —*, e.m Gerechtigkeit widerfahren lassen; *iets recht laten —*, e.r Sache gerecht werden. **II** *zn* Erlebnisse *Mz*, Erlebnis *s.* ▾**—vergelding** Wiedervergeltung *w.* ▾**—verkoop** Wiederverkauf *m.* ▾**—vraag** Gegen-, Rückfrage *w.* ▾**—waardigheid** Widerwärtigkeit *w*; *wederwaardigheden*, (*lotgevallen*) Erlebnisse *Mz.* ▾**—woord** Entgegnung, Antwort *w.* ▾**—zijds** gegenseitig, beiderseitig.

wed/ijver Wett/eifer *m.* ▾**—ijveren** w.eifern. ▾**—loop** W.lauf *m*; *— in de bewapening*, W.rüsten *s*, *— met hindernissen*, Hindernislauf *m*; *— op de lange baan*, Langstreckenlauf *m.* ▾**—ren** (W.)Rennen *s*; (*met hindernissen*) Hindernisrennen *s.* ▾**—strijd** W.kampf *m*; (*auto's, boten enz., ook*) W.fahrt *w*; (*voetbal enz. match, ook*) (W.)Spiel *s*; (*alg.*: *race*) (W.)Rennen *s*; (*concours*) W.bewerb *m*; *— in roeien, schieten, turnen, zeilen enz.*, W.rudern, W.schießen, W.turnen, Renn-, W.segeln *s*; *internationale —*, Länderkampf *m*, Ländertreffen *s*, (Fußbal) Länderspiel *s.* ▾**—strijdwagen** Renn-, Rennsportwagen *m.*

weduw/e Witwe *w.* ▾**—en- en wezenpensioen** Witwen- und Waisenrente, Hinterbliebenenrente *w.* ▾**—enpensioen** Witwen/pension *w.* ▾**—geld** W.geld, W.gehalt *s.* ▾**—man, —naar** Witwer *m.* ▾**—naarschap** Witwerschaft *w*, -stand *m.* ▾**—staat** Witwenstand *m.* ▾**—vrouw** Witwe, Witfrau *w.*

wedvlucht Wettflug *m.*

wee I *zn* Weh *s*; (*pijn v. barende*) Wehe *w.* **II** *bn*: *ik voel me —*, ich fühle mich elend, mir ist weh, (*naar*) mir ist übel, schlecht, (*flauw*) mir ist flau, schwach; *— v.d. honger*, schwach vor Hunger; *—ë lucht*, widerlicher Geruch. **III** *tw* weh!; *ach en — roepen*, ach und weh rufen; *— mij!*, weh(e) mir!

weef/fout Web/efehler *m.* ▾**—getouw** W.stuhl *m.* ▾**—kunst** W.ekunst *w.* ▾**—sel** Gewebe *s.* ▾**—selleer** G.lehre *w.* ▾**—spoel** Weberspule *w.*

weegbaar wägbar.

weegbree Wegerich *m.*

weeg/briefje Wiegezettel *m.* ▾—**brug** Brückenwaage *w.* ▾—**haak** Schnellwaage *w.* ▾—**schaal** Waage, Waagschale *w.*
weeïg (*v. smaak*) widerlich.
week I *bn* weich; (*wekelijk, verwekelijkt*) weichlich, verweichlicht; (*iem.*) — *maken*, erweichen, (*verwekelijken*) verweichlichen. **II** *zn* **1** (*'t weken*) Weiche *w*; *in de — zetten*, einweichen; **2** (*7 dagen*) Woche *w*; *de Goede Week*, die Karwoche; *door de —*, werktäglich, werktags, in der Woche. ▾—**abonnement** (*bus, tram*) Wochen/karte *w.* ▾—**agenda** W.plan *m*; (*v. wat er te doen is*) W.programm *s*, W.übersicht, W.vorschau *w.* ▾—**beurt** W.(gottes)dienst *m*; *de — hebben*, (*weekdienst*) die Woche haben. ▾—**blad** W.blatt *s.* ▾—**dier** Weichtier *s.* ▾—**eind**, —**end** Wochen/ende *s*; *op — gaan*, ins W.ende fahren; *iem. die op — gaat*, W.endler *m.* ▾—**eind-**, —**endretour** Sonntagsrückfahrkarte *w.* ▾—**endgasten** W.endler *Mz.* ▾—**endhuisje** W.endhaus *s.* ▾—**enduitstapje** W.endausflug *m.* ▾—**geld** W.geld *s*, -lohn *m.* ▾—**hartig** weichherzig. ▾—**heid** Weichheit *w.* ▾—**kaart** Wochen/karte *w.* ▾—**kalender** W.kalender *m.*
wee/klacht Wehklage *w.* ▾—**klagen** wehklagen.
week/loon Wochen/lohn *m.* ▾—**overzicht** W.schau *w*; *ook* = —**staat** W.ausweis *m.*
weelde (*luxe, pracht*) Luxus *m*, Pracht *w*; (*overvloed*) Überfluß *m*; (*overdaad, weelderige groei*) Üppigkeit *w*; (*zielsgenot*) Wonne *w*; *een — v. bloemen*, ein Blumenreichtum; *een — v. kleuren*, eine Farbenfülle. ▾—**artikel** Luxusartikel *m.* ▾—**belasting** Luxussteuer *w.* ▾—**rig** luxuriös, üppig; (*verkwistend*) verschwenderisch; (*v. groei*) üppig; (*dartel*) übermütig, ausgelassen. ▾—**righeid** Üppigkeit *w*, (*dartelheid*) Übermut *m*, Ausgelassenheit *w.*
weemoed Wehmut *w.* ▾—**ig** wehmütig.
Weens Wiener; wienerisch.
weer I *zn* **1** (*luchtgesteldheid*) Wetter *s*; (*meer weertype over langer tijdperk*) Witterung *w*; *mooi —(tje)*, schönes Wetter; *mooi — spelen*, schöntun; *mooi — spelen met een anders geld*, ein Herrenleben führen auf Kosten anderer Leute; *— en wind dienende*, wenn Wind und Wetter günstig sind, Wind und Wetter dienend; *— of geen —*, wie das Wetter auch ist; *'t — zit in de spiegel*, der Spiegel ist blind; **2** (*ram*) Widder, Hammel *m.* **II** *bw* (*opnieuw*) wieder; (*terug, ook*) zurück; (*ben je*) *er —?*, wieder da?; *heen en —*, hin und zurück; *heen en — lopen*, hin und hergehen; (*hoe heet hij*) *ook —?*, (doch, denn) gleich?. **III** *z. te — stellen*, s. zur Wehr setzen; *in de — zijn*, beschäftigt sein; *vroeg in de — zijn*, früh auf den Beinen sein. ▾—**aal** Wetteraal, -fisch, Schlammbeißer *m.*
weerbaar wehrhaft, wehrfähig, wehrbar, streitbar. ▾—**heid** Wehrhaftigkeit *w.*
weerbarstig widerspenstig; (*stijfhoofdig*) aufsässig. ▾—**heid** W.keit *w.*
weerbericht Wetter/bericht *m*, W.ansage *w*; (*voorspelling*) W.vorhersage *w.*
weerga 1 (*pendant*) Gegenstück *s*; (*iem., iets*) *heeft zijn — niet*, seinesgleichen nicht; (*zij heeft*) *haar — niet*, ihresgleichen nicht; *zonder —*, ohnegleichen; **2** *om de — niet*, beileibe nicht; *loop naar de —*, scher dich zum Teufel.
weergaas verteufelt, verflixt.
weergalm Widerhall *m*; (*meer: nagalm*) Nachhall *m.* ▾—**en** widerhallen.
weergaloos unvergleichlich, beispiellos, ohnegleichen.
weer/gave Wiedergabe *w.* ▾—**geven** wiedergeben; (*teruggeven*) zurückgeben.
weer/glans Widerschein *m*; (*fig.*) Abglanz *m.* ▾—**glas** Wetterglas *s.* ▾—**haak** Widerhaken *m.* ▾—**haan** Wetterfahne *w* (*ook fig.*), Wetterhahn *m.* ▾—**houden** zurück-, abhalten; (*beletten*) verhindern.
weerkaats/en I *ov.w* zurückwerfen, -strahlen, reflektieren. **II** *on.w* zurückprallen; (*licht*) zurückstrahlen; (*geluid*) widerhallen. ▾—**ing** Zurückwerfung, -strahlung, Reflexion *w*, Rückprall *m*, Widerhall *m*; (*zie* —**en**).
weer/keren wieder-, zurückkehren. ▾—**klank** Widerhall *m*; — (*vinden*), Anklang. ▾—**klinken** ertönen, erschallen; (*weergalmen*) widerhallen. ▾—**kracht** Wehrkraft *w.* ▾—**kunde** Wetter-, Witterungskunde, Meteorologie *w.* ▾—**kundig** meteorologisch. ▾—**kundige** Wetterkundige(r) *m*, Meteorolog *m.*
weerleg/baar widerlegbar. ▾—**gen** widerlegen.
weerlicht Wetterleuchten *s*; *loop naar de —*, scher dich zum Teufel!; (*hij liep*) *als de —*, wie ein geölter Blitz. ▾—**en** wetterleuchten; (*bliksemen*) blitzen.
weerloos wehrlos. ▾—**heid** Wehrlosigkeit *w.*
weer/macht Wehrmacht *w.* ▾—**middel** Wehrmittel, Verteidigungsmittel *s.*
weerom wieder, zurück. ▾—**stuit**: *v.d. — ook lachen*, lachen weil andre auch lachen.
weerplicht Wehrpflicht *w.*
weer/profeet Wetter/prophet *m.* ▾—**satelliet** W.satellit *m.* ▾—**schijn** Widerschein, Abglanz *m.* ▾—**schijnend** widerscheinend; (*v. zijde enz.*) schillernd. ▾—**schip** Wetterschiff *s.* ▾—**sgesteldheid** Witterung *w*, Witterungszustand *m*, Witterungsverhältnisse *Mz*, Wetterlage *w.*
weer/skanten: *aan —*, auf beiden Seiten; *v. —*, von beiden Seiten, beiderseits; *de familie v. —*, die beiderseitigen Verwandten. ▾—**slag** Rückschlag *m*, - wirkung *w.*
weersomstandigheden Witterungsverhältnisse *Mz.*
weerspannig widersetzlich, - spenstig. ▾—**heid** Widersetzlichkeit, -spenstigkeit *w.*
weerspiegel/en wider/spiegeln; *z. —*, s. (w.)spiegeln. ▾—**ing** W.spiegeln *s*; Spiegelung *w*, Spiegelbild *s.*
weerspreken (e.m) widersprechen.
weerstaan wider/stehen [3]. ▾**weerstand** W.stand *m*; *— bieden*, W.stand leisten. ▾—**skas** W.standskasse *w.* ▾—**svermogen** W.standsfähigkeit *w.*
weerstoestand Wetterlage *w*, Witterungsverhältnisse *Mz*, Witterungszustand *m.*
weerstreven (e.m) widerstreben; *iets —*, s. etwas [3] widersetzen.
weers/verandering Witterungswechsel, -umschlag *m.* ▾—**verwachting** Wetteraussichten *Mz.*
weers/zij(den) *zie* —**kanten**.
weervinden wieder-, zurückfinden.
weervoorspelling Wettervorhersage, -voraussage *w.*
weervraag Gegenfrage *w.*
weerwil: *in — v.*, trotz [2, 3], ungeachtet [2].
weerwolf Werwolf *m.*
weerwoord Entgegnung, Antwort *w.*
weerwraak Wiedervergeltung *w.*
weerzien I *zn* Wiedersehen *s*; *tot —s*, auf W. **II** *ww* w.
weerzin Widerwille *m.* ▾—**wekkend** widerlich, widrig; (*meer: walgingwekkend*) ekelhaft, eklig.
wees Waise *w.*
weesgegroet Ave *s.*

wees/huis Waisen/haus *s.* ▾**—jongen** W.knabe *m.* ▾**—kind** W.kind *s*, Waise *w.* ▾**—meisje** Waisen/mädchen *s.* ▾**—moeder** W.mutter *w.*

weet: *aan de — komen*, erfahren, (*door zoeken vinden*) ausfindig machen; *het is maar een —*, man braucht's nur zu wissen, wenn man es nur mal gehört (gesehen) hat, (*de slag ervan beet hebben*) wenn man es nur versteht; *geen —* (*v. iets hebben*), kein Bewußtsein, keine Kenntnis; *hij heeft er geen — v.*, (*ook*) es schadet ihm nicht; *nergens — v. hebben*, nichts wissen, (*voor alles ongevoelig zijn*) für alles unempfindlich sein. ▾**—al** Alleswisser *m.* ▾**—gierig** wißbegierig. ▾**—gierigheid** Wißbegierde *w.* ▾**—tje**: *hij weet zijn — wel*, er versteht seine Sachen, er weiß etwas, (*lang niet mis*) er ist nicht auf den Kopf gefallen.

weg I *zn* **1** Weg *m*; Straße *w*; *de grote —*, die Landstraße; *zijns weegs* (*gaan*), seines W.es, seiner W.e; *zijn eigen —* (*gaan*), seinen eignen W.; *het gaat met hem dezelfde — op*, mit ihm geht es ebenso; *hij zal zijn — wel vinden*, (*fig.*) er wird seinen W. schon machen; *ik weet hier geen —*, ich weiß hier nicht Bescheid; *met zijn geld geen — weten*, nicht wissen was anzufangen mit seinem Geld; *altijd bij de — zijn*, immer auf der Straße liegen; (*als niets*) *in de — komt*, in die Quere kommt; (*iem. moeilijkheden*) *in de — leggen*, in den W. legen; *iem. in de — staan*, e.m im W.e stehen; *langs de officiële —*, auf dem Instanzenweg, dem Dienstweg; *op — gaan*, s. auf den W. machen; *iem. op — helpen*, (*fig.*) e.m auf die Sprünge helfen; (*dat*) *ligt niet op mijn —*, ist nicht meine Sache, meine Aufgabe; *op de goede — zijn*, auf dem rechten W. sein; *goed op — zijn om ...*, auf dem besten W.e sein; *op de openbare —*, auf offener Straße; *uit de — ruimen*, aus dem W.e räumen, beiseiteschaffen; **2** (*wegge, brood, kluit*) Weck(en) *m*, Wecke *w.* **II** *bw* weg, fort; (*hij is*) —, fort, weg, (*niet aanwezig*) abwesend, nicht da, (*verloren*) verloren; (*hij was*) *helemaal —*, (*de kluts kwijt*) ganz außer Fassung, (*had bewustzijn verloren*) bewußtlos; *hij is er — v.*, (*geestdriftig*) er ist (ganz) weg; *hij is — v. haar*, er ist ganz närrisch in sie verliebt, er hat s. über die Ohren in sie verliebt; (*mijn genot, rust is*) —, hin; *'t lelijk — hebben*, es arg weg haben, s. erkältet haben; *veel v. iem. — hebben*, e.m ähnlich sehen; *het heeft er veel v. — alsof ...*, es sieht sehr danach aus alsob ...; *ik durf niet —*, ich wage mich nicht fort, ich wage nicht wegzugehen; *— met hem*, fort mit ihm!, (*bijv. met tiran, ook*) nieder mit ihm!; *— ermee!*, fort damit, weg damit; *— daar!*, weg da!; *handen —!*, Hände weg!; *— is —*, hin ist hin, verloren ist verloren.

weg/aanduiding Wegmarkierung *w.* ▾**—belasting** Straßensteuer *w.* ▾**—bereider** Wegbereiter *m.*

weg/bergen weg/legen, w.stecken, w.schließen. ▾**—blijven** w.bleiben; (*uitblijven*) ausbleiben. ▾**—bonjouren** (*afpoeieren*) abfertigen. ▾**—breken** w.brechen, abbrechen. ▾**—brengen** w.-, fortbringen; (*arrestant enz.*) abführen; (*iem. naar 't station enz.*) begleiten, an die Bahn bringen, (*met auto*) zum Bahnhof fahren; (*'n meisje naar huis*) nach Hause begleiten; (*brief*) zur Post bringen, auf die Post tragen, (*bij iem. bezorgen*) besorgen.

wegcijferen außer acht lassen; *dat valt niet weg te cijferen*, das läßt s. nicht wegleugnen.

wegdek Straßendecke *w.*

weg/denken s. weg/denken. ▾**—doen** w.tun; w.legen; w.stecken; w.schließen; (*dienstbode, auto, hond enz.: niet meer houden*) abschaffen; (*verkopen*) verkaufen. ▾**—dragen** w.-, forttragen. ▾**—drijven** w.-, forttreiben. ▾**—dringen** w.-, fortdrängen. ▾**—duiken** s. (w.)ducken; (*in 't water*) untertauchen.

wege: *v.* —, seitens [2], von seiten [2].

wegen wiegen; (*fig.: afwegen*) wägen.

wegen/aanleg Straßen/-, Wege/bau *m.* ▾**—belasting** Kraftfahrzeugsteuer *w.* ▾**—informatiedienst** S.zustandsbericht *m.* ▾**—kaart** S.karte *w.* ▾**—net** W.-, S.netz *s.*

wegens wegen [2], halber [2]; *— het slechte weer*, w. des schlechten Wetters, des schlechten Wetters w.; *— zijn schulden*, w. seiner Schulden, (*om*) seiner Schulden h.; *— schulden*, Schulden h., schuldenhalber; *— zijn gezondheid*, w. seiner Gesundheit, (*gezondheidshalve*) gesundheitshalber.

wegen/verkeersinformatie (*telec.*) Verkehrswarnfunk *m.* ▾**—verkeersreglement** Straßen/verkehrsordnung *w.* ▾**—wacht** S.wacht, S.hilfe *w.* ▾**—wachter** S.wachtfahrer *m.*

weg- en waterbouwkunde Straßen- und Wasserbaukunde *w.*

weggaan weg-, fortgehen; (*v. bus, trein enz.: vertrekken*) abfahren.

weg/gebruiker Weg/benutzer, Verkehrsteilnehmer *m.* ▾**—gedeelte** W.strecke *w.*

weg/geven weg/geben, w.schenken, verschenken. ▾**—gooien** w.werfen. ▾**—helpen** (e.m) w.-, forthelfen. ▾**—jagen** w.-, fortjagen. ▾**—kapen** w.kapern, w.stibitzen. ▾**—kijken**: (*iem.*) —, hinausgraulen, hinausöden. ▾**—knippen** w.schneiden; (*met de vingers wegschieten*) w.schnippen. ▾**—komen** w.-, fortkommen; *goed —*, (*er goed afkomen*) gut dabei w.kommen, (*er wel bij varen*) s. gut dabei stehen; *maken dat men wegkomt*, s. davonmachen; *maak dat je wegkomt!*, scher dich weg!, packe dich! ▾**—kruipen** w.-, fortkriechen; (*z. verstoppen*) s. verstecken, s. verkriechen.

wegkruising Weg-, Straßenkreuzung *w.*

weg/kwijnen hinschwinden, -kränkeln, -siechen; (*v. planten*) verkümmern; *— v. verdriet over zijn zoon*, s. abhärmen um seinen Sohn. ▾**—laten** weg-, fortlassen; (*woord enz., ook*) auslassen. ▾**—leggen** weglegen; (*bewaren, opbergen*) aufbewahren, aufheben; (*zo'n geluk*) *is niet voor mij weggelegd*, ist mir nicht beschieden; (*dat*) *is niet voor iedereen weggelegd*, wird nicht jedem zuteil. ▾**—leiden** weg-, fortführen.

wegligging (*v. auto*) Straßenlage *w.*

weg/lopen weg-, fortlaufen; (*op de loop gaan*) davonlaufen; (*er vandoor gaan, deserteren*) ausreißen; *hoog met iem. —*, große Stücke auf e.n halten, (*met hem dwepen*) für e.n schwärmen; *hoog met iets —*, viel auf etwas halten, für etwas eingenommen sein, s. viel aus etwas machen; *niet erg met iem. —*, s. nicht viel aus e.m machen. ▾**—maken** wegmachen; (*kwijt maken, ook*) verlegen; (*onder narcose brengen*) betäuben; *z. —*, s. davonmachen. ▾**—moffelen** verschwinden lassen, verstecken. ▾**—nemen** weg-, fortnehmen; entfernen, abnehmen; (*bezwaren*) abstellen; *de indruk —*, den Eindruck verwischen; *dat neemt niet weg dat ...*, das ändert nichts daran daß ..., das hindert nicht daß ... ▾**—neming** W.nehmen *s.*

wegomlegging Wegumleitung *w.*

weg/pesten hinausekeln, hinausöden. ▾**—pikken** weg/picken; (*met vork*) w.gabeln; (*stelen*) w.mausen, w.stibitzen.

▾—**pinken** w.wischen.
wegpiraat Verkehrsrowdy *m.*
weg/raken weg/kommen, abhanden kommen, verloren gehen. ▾—**rennen** w.-, fortrennen. ▾—**restaurant** Raststätte *w.* ▾—**rijden** w.-, fortfahren; (*rijdier*) w.-, fortreiten; (*vertrekken v. bus, trein enz.*) abfahren. ▾—**roepen** w.-, abrufen. ▾—**rotten** w.-, abfaulen. ▾—**ruimen** w.räumen, aus dem Wege räumen, beiseiteschaffen; (*zwarigheden*) —, beseitigen. ▾—**rukken** w.reißen; *door de dood weggerukt worden*, vom Tode hin(weg) gerafft werden. ▾—**schenken** w.-, verschenken. ▾—**scheren** w.scheren; w.rasieren; *z.* —, s. w.scheren, s. packen; *scheer je weg!*, packe dich! ▾—**schuilen** s. verstecken. ▾—**schuiven** zurückschieben; (*stoel*) w.-, fortrücken. ▾—**slepen** w.-, fortschleppen; (*auto*) abschleppen. ▾—**sluipen** w.-, fort-, davonschleichen. ▾—**sluiten** w.-, verschließen. ▾—**smelten** w.schmelzen; (*in tranen*) —, zerfließen.
wegsplitsing Weg-, Straßengabelung, Straßenverzweigung *w.*
weg/spoelen I *ov.w* fort-, weg/spülen, w.schwemmen. **II** *on.w* w.gespült, w.geschwemmt werden. ▾—**sterven** w.-, hinsterben; (*v. geluid*) verhallen, verklingen. ▾—**stompen** w.-, fortstoßen; (*voetbal, ook*) w.fausten. ▾—**stoppen** w.stecken, verstecken. ▾—**stuiven** (*zand enz.*) w.stieben, w.stäuben; (*pers.*) w.-, davonstieben, s. aus dem Staube machen; (*auto enz.*) w.-, davonsausen. ▾—**sturen** w.-, fortschicken.
wegtransport Straßentransport *m.*
weg/trappen weg/treten. ▾—**trekken** w.-, fortziehen; (*gordijn*) w.-, zurückziehen; (*v. gezwel, pijn, mist, rook*) s. verziehen; (*v. arbeiders*) abwandern. ▾—**tronen** w.locken. ▾—**vagen** w.wischen; (*huizen door storm enz.*) (hin)wegfegen; (*stad door bombardement*) ausradieren.
wegvak Wegstrecke *w.*
weg/vallen weg-, fort-, ausfallen. ▾—**vegen** wegfegen; (*v. 't bord; tranen*) wegwischen.
weg/verkeer Straßenverkehr *m.* ▾—**verlegging** Weg-, Verkehrsumleitung *w.* ▾—**versmalling** Fahrbahneinengung *w.* ▾—**versperring** Wegsperre *w.*
weg/vliegen weg-, fort-, davonfliegen. ▾—**vloeien** wegfließen; (*v. goud*) abfließen. ▾—**vluchten** ent-, weg-, fortfliehen. ▾—**voeren** wegführ/en; (*gevangenen*) abführ/en. ▾—**voering** W.ung, A.ung *w.*
wegwedstrijd (*wielrennen*) Straßenrennen *s.*
wegwerken wegarbeiten, -schaffen.
wegwerker Straßenarbeiter *m*; (*spoorw.*) Streckenarbeiter *m.*
wegwerp/artikel Wegwerf/-, Einweg/artikel *m.* ▾—**broekje** W.höschen *s.* ▾—**fles** E.flasche *w.* ▾—**luier** W.windel *w.* ▾—**verpakking** E.packung *w.*
weg/wijs: *iem.* — *maken*, e.n unterrichten; — *zijn*, Bescheid wissen. ▾—**wijzer** Wegweiser *m*; (*gids, ook*) Führer *m*; (*handboek*) Führer *m.*
weg/wissen weg-, auswischen. ▾—**zakken** wegsinken. ▾—**zending** Fortschicken *s*, Entlassung *w.* ▾—**zetten** wegsetzen, -stellen.
wei 1 (*om te grazen*) Weide *w*; (*om te hooien*) Wiese *w*; **2** (*v. melk*) Molken *Mz*; (*v. bloed*) Blutwasser *s.* ▾**wei/de** *zie* **wei 1**. ▾—**degras** Wiesengras *s.* ▾—**den** weiden; (*zijn ogen*) *aan iets* —, an etwas [3] weiden; (*zijn blikken over iets*) *laten* —, schweifen lassen.
weids pomphaft, prunkhaft; (*statig*) stattlich; (*groots*) großartig; — *gebouw*, großartiges, stattliches Gebäude; —*e praal*, glänzendes Gepränge; —*e titel*, hochklingender, pompöser Titel.
weifel/aar schwankender Mensch; (*wankelmoedig*) Wankelmütige(r) *m.* ▾—**achtig** schwankend, unschlüssig; wankelmütig. ▾—**en** schwanken, unschlüssig sein. ▾—**ing** Schwanken *s*, Unentschlossenheit *w.*
weiger/achtig abschlägig, ablehnend; (*v. pers.*) ablehnend; — *zijn om iets te doen*, s. weigern etwas zu tun; etwas verweigern. ▾—**en** (*iets*) verweigern; *hij weigerde mij het boek*, er verweigerte mir das Buch; (*als onbep. wijs volgt of kan volgen*) s. verweigern; *hij weigerde* (*te betalen*), er verweigerte s. (zu bezahlen); (*aanbod, uitnodiging enz.: afslaan*) ablehnen, ausschlagen; (*verzoek*) ablehnen, abschlagen; (*niet functioneren; ontzeggen*) versagen; *zijn stem weigerde de dienst*, die Stimme versagte ihm den Dienst; —*d*, abschlägig, ablehnend. ▾—**ing** Weigerung; Verweigerung; Ablehnung; Versagung *w*; *in geval v.* —, im Weigerungsfall.
wei/grond Weide-, Wiesenland *s*; (*zie* **wei 1**). ▾—**kaas** Molkenkäse *w.*
weinig wenig; *v.* — *waarde*, von geringem Wert. ▾—**je**: *een* —, ein bißchen.
weit Weizen *m.*
weitas Jagd-, Weidtasche *w.*
wekelijk weichlich. ▾—**heid** W.keit *w.*
wekelijks wöchentlich; Wochen ...; —*e termijn*, (*afbetaling*) Wochenrate *w*; *aantal* —*e lesuren*, Wochenstundenanzahl *w.*
wek/eling Weichling *m.* ▾—**en** weichen; (*in water enz. week laten worden*) einweichen.
wekk/en (*wakker maken*) wecken; (*fig. veroorzaken*) erwecken, (*gaande maken*) erregen; (*argwaan, de indruk, medelijden, haat, twijfel*) erwecken; (*belangstelling, verbazing, medelijden, haat, twijfel*) erregen; (*herinneringen*) wachrufen, wecken, erwecken. ▾—**er** Wecker *m*, Weck(er)uhr *w.*
wel I *zn* **1** (*bron*) Quelle *w*; **2** (*welzijn*) Wohl *s*; *het* — *en wee*, das Wohl und Weh; *in* — *en wee*, in Freud und Leid. **II** *bw* wohl; (*weliswaar*) zwar; — *ter tale zijn*, beredt sein, gut sprechen; *vrij* —, ziemlich, ziemlich gut; *hij vaart* —, es geht ihm wohl, gut; (*hoe gaat 't?*) *niet al te* —, nicht zum besten; (*ik weet het*) *maar al te* —, nur zu gut; *het* — *hebben*, (*welgesteld zijn*) wohlhabend sein; *indien ik 't* — *heb*, wenn ich (mich) nicht irre,wenn mir recht ist; (*'t is*) *mij* —, mir recht; *'t is* —, schon gut, schon genug; *zie je nu* — (*dat ik gelijk heb*), siehst du nun wohl; (*dat weet je*) —, (*immers*) doch; *moge het hem* — *gaan*, möge es ihm wohlergehen; (*moeder en kind*) *maken het* —, sind wohlauf!; *het ga je* —, (*bij afscheid*) leb wohl!; *ik ben, voel me niet* —, ich fühle mich nicht wohl, mir ist nicht wohl; *niet* — (*bij hoofd*) *zijn*, nicht recht gescheit sein; (*ben je niet op vakantie geweest?*) *toch* —, doch!; — *ja*, (ja)doch, (*iron.*) warum nicht gar!, das fehlte noch!; — *nee!*, nicht doch!, aber nein!; — *zeker!*, gewiß!, ja freilich!; (*jij hebt het*) — *gedaan*, wohl getan; (*hij zal*) — *geen tijd hebben*, wohl keine Zeit haben; (*daar is*) *nog* — *plaats*, wohl noch Platz; (*vader zal het*) — *weten*, schon wissen; (*hij zal*) *je* — *helpen*, dir schon helfen; *dat komt* — *in orde*, das findet s. schon; *hij zal nog* — *komen*, er wird wohl noch kommen, (*meest ter geruststelling*) er wird ja schon noch kommen; *hij zal* — *niet komen*, er kommt gewiß nicht; (*hij is*) — *rijk, maar niet gelukkig*, zwar reich aber nicht glücklich; (*hij kwam te laat*) *en* — *'n heel uur*, und zwar eine ganze Stunde; (*dat is*)

— *6 weken geleden*, wohl 6 Wochen her; *waar mogen de kinderen* — (*zijn?*), wo mögen die Kinder nur; (*weet je*) — (*wie ik ben*), auch, wohl; *wat denk je —?*, (*hoe kom je erbij*) wo denkst du hin?; *ik heb 't — gedacht*, ich hab's gedacht; — *vriendelijk v. u*, sehr freundlich von Ihnen; *dank je* —, danke schön!, danke bestens!, vielen Dank!, vielen Dank auch!; — *thuis!*, kommen Sie gut nach Hause!; — *gefeliciteerd met je verjaardag*, ich gratuliere dir herzlich zum Geburtstag; (*ik geloof*) *v.* —, ja; *zeg dat —!*, du hast recht!; (*je gelooft me niet*) —?, wie?, nicht wahr?; —, (*hoe denk je erover*) nun; *—!—!*, ei! ei!; — *allemachtig!*, du meine Güte!, du liebe Zeit; *die — doet*, — *ontmoet*, Wohltun bringt Zinsen.

welaan wohlan, -auf!

wel/begrepen wohl/verstanden. ▾**—behaaglijk** recht behaglich; (*welgevallig*) w.gefällig. ▾**—behagen** W.behagen *s*; (*welgevallen*) W.gefallen *s*; *gevoel v.* —, W.gefühl *s*; — *vinden in*, sein W.gefallen finden an [3]. ▾**—bekend** w.bekannt, allgemein bekannt. ▾**—bemind** vielgeliebt. ▾**—bereid** w. zubereitet. ▾**—bespraakt** beredt, sprach-, redegewandt. ▾**—bespraaktheid** Beredsamkeit *w*. ▾**—besteed** w.benutzt. ▾**—bewust** bewußt und freiwillig.

wel/daad Wohl/tat *w*. ▾**—dadig** w.tätig; (*aangenaam*) w.tuend; — *aandoen*, (e.m) w.tun. ▾**—dadigheid** W.tätigkeit *w*. ▾**—dadigheidsfeest** W.tätigkeitsfest *s*. ▾**—dadigheidszegel** W.fahrts-, W.tätigkeitsmarke *w*.

wel/denkend rechtschaffen. ▾**—doen** wohl/tun, W.taten erweisen; *doe wel en zie niet om*, tue recht und scheue niemand. ▾**—doener** W.täter *m*. ▾**—doordacht** w.überlegt.

weldra bald, alsbald.

weledel, —achtbaar, —geboren, —gestreng: *de W—(e) Heer A.*, (*adres*) Herrn A.; *W—(e) Heer*, (*boven brief*) Sehr geehrter Herr (A.)! ▾**—zeergeleerd**: *de W—e Heer, Dr. B.*, (*adres*) Herrn Dr. B.; *W—e Heer*, (*boven brief*) Sehr geehrter Herr Doktor!

weleer ehemals, vorzeiten, einst.

weleerwaard hochwürdig, hochehrwürdig; *de W—e Heer A.*, (*adres*) Herrn Pfarrer A., Herrn Kaplan A.; *W—e Heer*, (*boven brief*) Hoch(ehr)würdiger Herr!; *W—e*, (*aanspreking*) Hochwürden.

wel/gebouwd wohl/gebildet, w.gestaltet. ▾**—gedaan** behäbig, stattlich. ▾**—gelegen** angenehm, schön gelegen; günstig liegend; in angenehmer, schöner, günstiger, bester Lage. ▾**—gemanierd** manierlich, w.erzogen. ▾**—gemanierdheid** Manierlichkeit, W.erzogenheit *w*. ▾**—gemeend** w.gemeint. ▾**—gemoed** w.gemut. ▾**—gemutst** w.gelaunt. ▾**—geschapen** w.gebildet, gesund. ▾**—gesteld** w.habend. ▾**—gesteldheid** W.habenheit *w*. ▾**—gevallen I** *zn* W.gefallen *s*; *naar* —, nach Belieben. **II** *ww*: *z. iets laten* —, s. [3] etwas gefallen lassen. ▾**—gevallig** w.gefällig; angenehm. ▾**—gevalligheid** W.gefallen *s*. ▾**—gezind** w.gesinnt; *iem. — zijn*, e.m w.wollend gesinnt, gewogen sein. ▾**—gezindheid** W.wollen *s*, freundliche Gesinnung *w*.

welhaast (*weldra*) bald, alsbald; (*bijna*) fast.

welig üppig; fruchtbar.

welingelicht wohlunterrichtet; *v. —e zijde*, (*ook*) aus zuverlässiger Quelle.

weliswaar zwar, freilich, allerdings.

welk welch(er, -e, -es; -e); *het kind, —s vader* (*ik ken*), das Kind dessen Vater.

welkom willkommen; — *heten*, w. heißen, bewillkommnen, begrüßen; *een —e gast*, ein willkommener Gast; *het* —, das Willkommen, der Willkomm(en); die Begrüßung. ▾**—stgroet** Willkomm/ensgruß *m*, W.en *s*, Begrüßung *w*. ▾**—stlied** W.enslied *s*.

wellen 1 (*lassen*) schweißen; **2** (*opborrelen*) quellen.

welletjes: *'t is zo* —, so ist's genug.

wellevend anständig, höflich. ▾**—heid** Anstand *m*, H.keit *w*.

wellicht vielleicht.

welluidend wohllautend, -klingend. ▾**—heid** Wohllaut, -klang *m*. ▾**—heidshalve** wohllautshalber.

wellust Wollust *w*; (*niet ong.*) Wonne *w*. ▾**—eling** Wollüstling *m*. ▾**—ig** wollüstig.

welmenend wohlmeinend.

welnemen Erlaubnis *w*; *met uw* —, mir Ihrer E., (*bij tegenwerping*) erlauben Sie!

welnu wohlan, nun denn.

welp (*jong v. dier*) Junge(s) *s*; (*verkennerij*) Wölfling *m*.

welput Brunnen *m*.

wel/riekend wohl/riechend; *—e geur*, W.geruch *m*. ▾**—slagen** Gelingen *s*, Erfolg *m*. ▾**—sprekend** beredt. ▾**—sprekendheid** Beredsamkeit *w*. ▾**—staanshalve** anstandshalber.

welstand Wohlstand *m*; (*gezondheid*) Gesundheit *w*; (*iem.*) *in — aantreffen*, in guter Gesundheit finden; *naar iem.s — informeren*, s. nach jemands Befinden erkundigen. ▾**—scommissie** Bauberatungsstelle *w*. ▾**—sgrens** Höchsteinkommen *s*.

welste: *v. je* —, riesig, gewaltig, Heiden ...; *een lawaai v. je* —, H.lärm *m*.

weltergewicht Weltergewicht *s*.

welvaart Wohlstand *m*; *de stoffelijke* —, das materielle Wohl. ▾**—smaatschappij** Wohlstandsgesellschaft *w*. ▾**—speil** Wohlstandsniveau *s*. ▾**—sstaat** Wohlfahrtsstaat *m*. ▾**welvaren I** *zn* Wohlergehen, Wohlsein *s*; (*gezondheid*) Gesundheit *w*; (*v. land*) Wohlstand *m*; *hij ziet eruit als Hollands* —, er sieht aus wie die Gesundheit selber. **II** *ww* gesund und wohlauf sein, s. wohl befinden; *hij vaart wel*, (*ook*) es geht ihm gut; *er wel bij* —, s. gut dabei stehen; gut bei etwas wegkommen. ▾**—d** (*gezond*) gesund, wohlauf; (*welgesteld*) wohlhabend; (*v. streek enz.*) blühend.

welven wölben; (*z.*) —, s. wölben.

wel/verdiend wohlverdient. ▾**—versneden**: *een — pen hebben*, eine gewandte Feder führen.

welving Wölbung *w*.

welvoeglijk schicklich, anständig. ▾**—heid** S.keit *w*, Anstand *m*.

welvoorzien wohlversehen; *zie* **voorzien**.

welwater Quellwasser *s*.

welwillend wohlwollend; — *gehoor* (*vinden*), ein geneigtes Ohr; *de —e lezer*, der geneigte Leser; *—e medewerking*, freundliche Mitwirkung. ▾**—heid** Wohlwollen *s*.

welzijn Wohl(sein) *s*; *het algemeen* —, das Gemeinwohl, das allgemeine Wohl, das öffentliche Wohl; *op uw —!*, auf Ihr Wohl!; *bij leven en* —, so Gott will; hoffentlich; wenn's möglich ist.

wemel/en wimmeln. ▾**—ing** W., Gewimmel *s*.

wend/en wenden; *z. tot iem.* —, s. an e.n w., (*eig.*: *z. naar hem keren*) s. zu e.m w.; *voor inlichtingen wende men z. tot ...*, Auskunft erteilt ..., Näheres bei ... ▾**—ing** Wendung *w*.

wenen weinen.

Wen/en Wien *s*. ▾**—er I** *zn* Wiener *m*. **II** *bn* Wiener.

wenk Wink *m*; *iem. op zijn —en bedienen, op iem.s. —en vliegen*, e.m auf den W. gehorchen; *een — die niet mis te verstaan is*, ein W. mit dem Zaun(s)pfahl. ▾**—brauw** Augenbraue *w*; *de —en aanzetten*, die A.n nachziehen. ▾**—en** winken; *hij wenkte me* (*met de vinger enz.*), er winkte mir (mit dem Finger usw.); *hij wenkte me naderbij, de tuin in*, er winkte mich näher, in den Garten.

wennen (s.) gewöhnen; *dat went wel*, daran gewöhnt man s.; *zie* **gewennen, gewend**.

wens Wunsch *m*. ▾**—droom** W.traum *m*. ▾**—elijk** wünschen/swert, erwünscht. ▾**—elijkheid** W.swerte(s) *s*. ▾**—en** w.; (*veel*) *te — overlaten*, zu w. übrig lassen; (*het is*) *gewenst*, erwünscht; *alle gewenste inlichtingen*, jede erwünschte Auskunft; *de gewenste grootte* (*opgeven*), die gewünschte Größe.

wentel/en wälzen; (*z. wentelen*) s. wälzen; (*de aarde*) *wentelt om haar as*, dreht s. um ihre Achse. ▾**—ing** (*om as*) Umdrehung *w*. ▾**—sproeier** Viereckregner *m*. ▾**—teefje** armer Ritter. ▾**—trap** Wendeltreppe *w*.

wereld Welt *w*; *de hele —* (*bewondert deze daad*), alle W.; *zijn — verstaan, kennen*, Lebensart haben; *naar de andere — helpen, zenden*, ins Jenseits befördern, in die andre W. schicken; *ter —* (*brengen*) zur W.; *ter —* (*komen*), (*ook*) auf die W.; *voor niets ter —*, nicht um alles in der W.; (*geen land*) *ter —*, der W.; (*de zaak is*) *uit de —*, erledigt; (*moeilijkheden*) *uit de — helpen*, aus der W. schaffen; *hij heeft heel wat v.d. — gezien*, er ist weit in der W. herumgekommen; *een man v.d. —*, ein Mann von W. ▾**—beroemd** w.berühmt. ▾**—beschouwing** W.anschauung *w*. ▾**—bol** W.ball *m*, W.kugel *w*; (*globe*) Erdkugel *w*. ▾**—burger** W.bürger *m*. ▾**—deel** W.teil, Erdteil *m*. ▾**—geestelijke** W.geistliche(r) *m*. ▾**—heer** W.geistliche(r) *m*, W.priester *m*. ▾**—heerschappij** W.herrschaft *w*. ▾**—hervormer** W.verbesserer *m*. ▾**—kaart** W.karte *w*. ▾**—kampioen** W.meister *m*. ▾**—kampioenschap** W.meisterschaft *w*. ▾**—kundig** w.kundig; *— maken, worden*, (*ook*) ruchbar machen, werden. ▾**—lijk** w.lich. ▾**—ling** W.ling, W.mensch *m*, W.kind *s*. ▾**—macht** W.macht *w*. ▾**—naam** W.ruf *m*. ▾**—omroep** W.funk *m*. ▾**—oorlog** W.krieg *m*. ▾**—première** W.uraufführung *w*. ▾**—raad**: *— v. kerken*, W.kirchenrat *m*. ▾**—record** W.rekord *m*. ▾**—reiziger** W.reisende(r) *m*. ▾**—reputatie** *zie* **—naam**. ▾**—ruim** W.raum *m*. ▾**—s** w.lich; Welt...; (*wereldsgezind*) w.lich gesinnt; (*mondain*) mondän; *—e goederen*, W.güter, irdische Güter. ▾**—schokkend** w.erschütternd. ▾**—sgezindheid** W.sinn *m*. ▾**—stad** W.stadt *w*. ▾**—taal** W.sprache *w*. ▾**—tentoonstelling** W.ausstellung *w*. ▾**—toneel** W.bühne *w*. ▾**—vermaard** w.berühmt. ▾**—veroveraar** W.eroberer *m*. ▾**—voedsel- en landbouworganisatie** Welt-Ernährungs- und Landwirtschaftsorganisation *w*. ▾**—vrede** W.friede(n) *m*.

weren abwehren; verhüten; *iem. —*, (*niet toelaten*) e.n nicht zulassen, (*de toegang weigeren*) e.m den Zutritt verweigern, (*uitsluiten*) e.n ausschließen; *z. —*, s. wehren, (*z. inspannen*) s. anstrengen.

werf Werft *w*; (*erf*) Hof *m*; (*timmerwerf*) Bauhof *m*.

werfbureau Werbestelle *w*.

wering Abwehr; Verhütung *w*; *tot — v.*, zur V. [2], (*ook*) zur Bekämpfung [2].

werk 1 Arbeit *w* (*ook 't voortgebrachte*); (*vooral wat door kunstenaar is voortgebracht; morele daad; raderwerk v. horloge enz.*) Werk *s*; *wetenschappelijk —*, wissenschaftliche A.; *ingelegd —*, eingelegte A.; *publieke —en*, öffentliche Arbeiten, (*de instelling*) Bauamt *s*; *de —en* (*Gods*), die Werke; *de —en v. Schiller*, Schillers Werke; *goede —en doen*, gute Werke tun; (*dit was zijn*) *—*, Werk; (*het was*) *het — v. luttele ogenblikken*, das Werk weniger Augenblicke; *vast —* (*vinden*), dauernde Beschäftigung; (*iets*) *kost, veroorzaakt veel —*, kostet, verursacht, macht viel Arbeit; (*dat*) *geeft je heel wat —*, macht dir viel zu schaffen; (*deze fabriek*) *geeft aan 300 arbeiders —, heeft 300 arbeiders in 't —*, beschäftigt 300 Arbeiter; *veel — met iem. hebben*, viel mit e.m zu schaffen haben, seine liebe Not mit e.m haben; *heb je lang —?*, dauert es lange?; *hij heeft lang —*, er macht lange; (*dat*) *is geen —*, ist nicht wie es s. gehört; *aan 't — gaan*, an die Arbeit gehen, s. an die Arbeit machen; *aan 't — zijn*, arbeiten, bei (an) der Arbeit sein; *de hand aan 't — slaan*, Hand ans Werk legen; *alle pogingen in 't — stellen, om ...*, alles aufbieten, alles mögliche tun, alles ins Werk setzen; *alle middelen in 't — stellen*, alle Mittel anwenden, nichts unversucht lassen; *te — gaan*, zu Werke gehen, vorgehen, verfahren; (*iem.*) *te — stellen*, (*in dienst nemen*) einstellen; *lopend, staand —*, (*mar.*) laufendes, stehendes Tauwerk; **2** (*v. hennep, vlas, uitgeplozen touwwerk*) Werg *s*. ▾**werk/baas** Werk/meister, W.führer *m*. ▾**—bank** W.bank *w*. ▾**—besparing** Arbeits/ersparnis, A.ersparung *w*; (*door automatisering*) A.einsparung *w*. ▾**—bezoek** A.besuch *s*. ▾**—bij** A.biene *w*. ▾**—broek** A.hose *w*. ▾**—college** (*univ.*) Seminar *s*. ▾**—comité** A.ausschuß *m*. ▾**—dadig** werktätig. ▾**—dag** A.tag *m*; (*weekdag*) Wochen-, Werktag *m*.

werkelijk wirklich; *—e schuld*, wirkliche, fundierte Schuld; *Nederlands Werkelijke Schuld*, Niederländische Staatsschuld; *—e ontvangst, —e uitgave*, (*hand.*) Ist-Einnahme *w*, Ist-Ausgabe *w*; *—e* (*reële*) *waarde*, Realwert *m*; *— inkomen*, Realeinkommen *s*. ▾**—heidszin** Wirklichkeitssinn *m*.

werkeloos (*niets doend*) müßig, untätig; (*zonder werk*) arbeitslos. ▾**—heid** Untätigkeit; Arbeitslosigkeit *w*. ▾**—heidsbestrijding** Bekämpfung *w* der Arbeitslosigkeit. ▾**—heidspercentage** Arbeitslosen/quote *w*. ▾**—heidsuitkering** A.unterstützung *w*. ▾**—heidsverzekering** A.versicherung *w*. ▾**werkeloze** Arbeits-, Erwerbslose(r) *m*.

werk/en arbeiten (*ook v. hout, vulkaan, schip*); (*v. bier enz.: gisten*) a., gären; (*uitwerking hebben; invloed hebben*) wirken; (*de machine*) *werkt niet*, (*ook*) funktioniert, geht nicht; (*dat*) *werkte op hem* (*als een doek op een stier*), wirkte auf ihn; (*25 jaren als leraar*) *gewerkt hebben*, gewirkt, gearbeitet haben; *bij een baas —*, (*in dienst zijn*) bei e.m Meister in Arbeit stehen, sein; *gaan —*, in Arbeit gehen; *uit —* (*gaan, zijn*), (*v. werkster enz.*) auf Arbeit; (*de bomen*) *— al*, schlagen schon aus; (*de scheepslading*) *werkt*, geht über. ▾**—end** arbeitend; wirkend; *de —e stand*, die arbeitende Klasse, die Arbeiterklasse; *—e vrouwen*, berufstätige, werktätige Frauen; *de —e jeugd, jongeren*, die berufstätige, werktätige Jugend; *de —e leden* (*v.e. vereniging*), die aktiven Mitglieder. ▾**—er** Arbeiter *m*; *hij is een —!*, er arbeitet tüchtig. ▾**—ezel** Arbeits/tier *s*; (*blokker*) Ochser, Büffler *m*. ▾**—gelegenheid** A.gelegenheit, Beschäftigung *w*, freie A.plätze *Mz*; *volledige —*, Vollbeschäftigung *w*;

verruiming v.d. —, A.mehrbeschaffung, A.erweiterung *w*; *voor vervangende — zorgen*, eine A.platzbeschaffung vornehmen. ▾—**gemeenschap** A.gemeinschaft *w*. ▾—**gever** Arbeitgeber, Unternehmer *m*. ▾—**geversorganisatie** Arbeitgeberverband *m*. ▾—**groep** Arbeitsgruppe *w*. ▾—**handen** verarbeitete Hände. ▾—**hervatting** Wiederaufnahme *w* der Arbeit. ▾—**huis** (*v. werkvrouw*) Arbeitsstelle *w*.

werking (*uitwerking*; *invloed*) Wirkung *w*; (*het in actie zijn*) Tätigkeit *w*; *in — treden*, in Kraft treten; *buiten — stellen*, (*v. wet enz.*) außer Kraft setzen; *in — brengen, zetten*, in T. setzen; (*een ijskast enz.*) *in, buiten — stellen*, in, außer Betrieb stellen; *het in — treden*, das Inkrafttreten; *het buiten — stellen* (*v. wet enz.*), die Außerkraftsetzung; *het in — stellen*, (*v. koelkast enz.*) die Inbetriebsetzung; *er zit — in het hout*, das Holz arbeitet.

werk/inrichting Arbeitsanstalt *w*. ▾—**je** (*patroon in stof*) Muster *s*; (*klein boek*) Werkchen *s*; *geen gemakkelijk* —, (*karweitje*) ein schweres Stückchen Arbeit. ▾—**kamer** Arbeits/zimmer *s*. ▾—**kamp** A.lager *s*. ▾—**kapitaal** Betriebs-, Geschäftskapital *s*. ▾—**kleding** A.kleidung *w*. ▾—**kracht** A.kraft *w*. ▾—**kring** Wirkungskreis; Aufgabenkreis; Geschäftskreis *m*; (*bezigheid*) Beschäftigung, Tätigkeit, Arbeit *w*; *'n prettige — (hebben)*, eine angenehme Stellung, e.n angenehmen Beruf. ▾—**lieden** Arbeiter *Mz*. ▾—**lieden(ver)bond** Arbeiterverband *m*. ▾—**loon** A.lohn *m*. ▾—**loos(-)** *zie* —**eloos(-)**. ▾—**lunch** Arbeitsessen *s*. ▾—**lust** Arbeitslust *w*. ▾—**man** Arbeiter *m*; *los* —, Gelegenheitsarbeiter. ▾—**mandje** Arbeitskörbchen *s*, Handarbeitskorb *m*; (*poetsmandje*) Putzkorb *m*. ▾—**manswoning** Arbeiterwohnung *w*. ▾—**meester** Werkmeister *m*. ▾—**methode** Arbeits/methode *w*; (*tech.*) Verfahren *s*. ▾—**mier** A.ameise *w*. ▾—**nemer** Arbeitnehmer *m*. ▾—**nemersorganisatie** Arbeiterverband *m*. ▾—**paard** Arbeits/pferd *s*. ▾—**pak** A.anzug *m*. ▾—**plaats** Werkstätte, -statt *w*; *— voor minder validen*, Rehabilitationswerkstatt. ▾—**rooster** A.stundenplan *m*. ▾—**schuwheid** A.scheu *w*. ▾—**staking** Streik, Ausstand *m*; (*neerleggen v.h. werk*) A.einstellung, A.niederlegung *w*. ▾—**ster** Arbeits-, Putz-, Scheuerfrau *w*; (*v arbeider*) Arbeiterin *w*; *sociale* —, Sozialfürsorgerin *w*. ▾—**student** Werkstudent *m*. ▾—**stuk** Werk-, Arbeits/stück *s*; (*wisk.*) Konstruktionsaufgabe *w*; (*schriftelijk*) schriftliche Arbeit. ▾—**tafel** A.tisch *m*. ▾—**tekening** Werk-, A.zeichnung *w*. ▾—**tijd** A.zeit *w*. ▾—**tijdverkorting** (*v. werknemer uit*) Arbeitszeitverkürzung *w*; (*v. werkgever uit*) Kurzarbeit *w*.

werktuig Werkzeug; Gerät *s*; *oefeningen aan de —en*, (*gymn.*) Gerätübungen. ▾—**bouw** Maschinenbau *m*. ▾—**kunde** Mechanik *w*. ▾—**kundig**: *— ingenieur*, Maschineningenieur *m*. ▾—**kundige** Mechaniker, Maschinenbautechniker *m*. ▾—**lijk** mechanisch, automatisch.

werk/verdeling Arbeits/teilung *w*. ▾—**vergunning**, A.genehmigung, A.erlaubnis *w*. ▾—**verkeer** Werkverkehr *m*. ▾—**verruiming** A.(mehr)beschaffung *w*. ▾—**verschaffing** A.beschaffung *w*; (*werk voor werklozen*) Notstandsarbeiten *Mz*; *door de — (laten uitvoeren)*, als Notstandsarbeit(en). ▾—**volk** A.leute, Arbeiter *Mz*. ▾—**vrouw** Arbeits/-, Scheuerfrau *w*. ▾—**wijze** A.weise *w*; *zie* —**met(h)ode**. ▾—**willige** A.willige(r) *m*.

werkwoord Verb(um), Zeitwort *s*. ▾—**elijk** verbal, zeitwörtlich. ▾—**svorm** Verbalform *w*.

werkzaam (*ijverig*) arbeitsam; (*bezig, werkend*) tätig; (*v. middel*) wirksam; *in een zaak — (zijn)*, in e.m Geschäft betätigt, tätig; (*in A.*) *— zijn*, arbeiten; *meisje dat in 'n beroep — is*, berufstätiges Mädchen. ▾—**heden** Arbeiten *Mz*, Arbeit *w*; Geschäfte *Mz*; Beschäftigung *w*, Beschäftigungen *Mz*. ▾—**heid** (*activiteit*) Tätigkeit *w*; (*vlijt*) Arbeitsamkeit *w*, Fleiß *m*; (*bedrijvigheid*) Geschäftigkeit *w*; (*bezigheid*) Beschäftigung *w*.

werkzoekende Arbeitssuchende(r) *m*.

werp/anker Warp-, Wurfanker *m*. ▾—**en** werfen (*ook*: *jongen krijgen*); (*bommen uit vliegtuig*) abwerfen; *bommen op 'n stad* —, eine Stadt mit Bomben belegen. ▾—**lijn** (*mar.*) Wurf/leine *w*. ▾—**lood** W.blei *s*. ▾—**schijf** W.scheibe *w*. ▾—**spies** W.spieß *m*. ▾—**tol** W.kreisel *m*. ▾—**tuig** W.zeug *s*.

wervel Wirbel *m*. ▾—**en** w.n. ▾—**kolom** W.säule *w*. ▾—**storm** W.sturm *m*.

werv/en (an)werben. ▾—**er** Werber *m*. ▾—**ing** Werbung *w*. ▾—**ingscampagne** Werbekampagne *w*.

weshalve weshalb.

wesp Wespe *w*. ▾—**ennest** Wespen/nest *s*; *zijn hand* (*z.*) *in een — steken*, in ein W.nest greifen. ▾—**etaille** W.taille *w*.

west I *zn* **1** West(en) *m*; **2** *de West*, Westindien *s*. **II** *bw* westlich. ▾**west(-)** *zie ook* **oost(-)**. ▾**W—duits** westdeutsch. ▾**W—-Duitsland** Westdeutschland *s*. ▾—**elijk** westlich; *de —e mogendheden*, die Westmächte. ▾—**en** Westen *m*; *buiten* —, bewußtlos, ohnmächtig; *zie* **oosten** *en* **noorden**. ▾—**enwind** Westwind *m*. ▾—**ergrens** Westgrenze *w*. ▾—**erkim** westlicher Horizont. ▾—**erlengte** westliche Länge; *10° —*, 10 Grad westlicher Länge. ▾—**erling** Abendländer *m*. ▾—**ers** abendländisch. ▾—**erstorm** Weststurm *m*. ▾**W—Europa** Westeuropa *s*. ▾**W—europese Unie** Westeuropäische Union (W.E.U.). ▾**W—faals** westfälisch. ▾—**kant** West/seite *w*. ▾—**kust** W.küste *w*. ▾—**noordwest** westnordwest. ▾—**waarts** westwärts. ▾—**zuidwest** westsüdwest.

wet Gesetz *s*; *de — op de echtscheiding*, das G. über die Ehescheidung; *bij de* —, durch das G.; *bij de — (verboden)*, g.lich; *iem. de — stellen, voorschrijven*, e.m Vorschriften machen, e.m das G. des Handelns vorschreiben; *z. buiten de — stellen*, s. außerhalb des G.es stellen; *volgens de* —, nach dem G., g.mäßig; *— op...*, G. über...; *— houdende (tot) regeling v....*, G. zur Regelung... [2]. ▾—**boek** G.buch *s*; *— v. Burgerlijke Rechtsvordering* (*W.v.B.R.*), Zivilprozeßordnung *w* (ZPO.); *— v. Koophandel* (*W.v.K.*), Handelsgesetzbuch *s* (HGB.); *— v. Strafrecht* (*W.v.S.*), Strafgesetzbuch *s* (StGB.); *— v. Strafvordering*, Strafprozeßordnung *w* (StPO.); *Burgerlijk — (B.W.)*, Bürgerliches Gesetzbuch *s* (BGB.), (*Zwitserland*) Zivilgesetzbuch *s* (ZGB.).

weten I *ww* wissen; *iem. iets doen* —, e.n etwas w. lassen; *— te zwijgen*, zu schweigen w.; *ik weet iets (te) liggen*, ich weiß etwas liegen, weiß wo etwas liegt; *weet je mijn pen ook?*, weißt du vielleicht wo meine Feder ist?; *v.e. zaak (niets)* —, um eine Sache, von e.r S. (nichts) wissen; *v. iem. niets willen* —, von e.m nichts wissen wollen; *ik weet ervan*, ich weiß darum ; *ik weet er alles v.*, ich kenne das; *hij weet er niets v.*, er weiß nichts davon, (*ondervindt er geen nadeel v.*) es schadet ihm nicht, es macht ihm nichts aus; (*wanneer*) *ben je dat te — gekomen*, hast du das erfahren;

(*probeer dat eens*) *te — te komen*, ausfindig zu machen; *ik weet er wat op*, ich weiß e.n Rat, ein Mittel, e.n Ausweg; *hij wil 't niet —*, (*niet toegeven*) er will es nicht Wort haben; *niet dat ik weet*, nicht daß ich wüßte; *God mag 't —!*, weiß Gott!; *weet ik 't, wie weet?*, wer weiß!; *weet ik veel!*, was weiß ich!; (*die man*), *moet je —*, (*was vroeger slager*), weißt du; (*dat*) *had ik moeten —!*, hätte ich (nur) wissen sollen!; *te —*, nämlich. **II** *zn* Wissen *s*; *bij mijn —*, meines Wissens, soviel ich weiß, nach meinem Wissen; *buiten mijn —*, ohne mein Wissen; *naar mijn beste —*, nach bestem Wissen; *naar beste —* (*handelen*), nach bestem Wissen (und Gewissen). ▾**wetens** *zie* **willens**. ▾**wetenschap** Wissen/schaft *w*. ▾**—pelijk** w.schaftlich. ▾**—per, —smens** W.schaftler *m*. ▾**wetenswaardig** w.swert, w.swürdig. ▾**—heid** W.swürdigkeit, Merkwürdigkeit *w*; *alle wetenswaardigheden*, alles W.swerte.

wetering Wasserlauf *m*.

wet/geleerde Rechtsgelehr/te(r) *m*. ▾**—geleerdheid** R.samkeit *w*. ▾**—gevend** gesetz/gebend. ▾**—gever** G.geber *m*. ▾**—geving** G.gebung *w*. ▾**—houder** Beigeordnete(r), Stadtrat *m*; *— v. financiën, onderwijs*, B., S. für die Finanzen, für das Schulwesen. ▾**—houderschap** Amt *s*, Würde *w* eines Beigeordneten, Stadtratsamt *s*, -würde *w*.

wetplank Wetz-, Schärf-, Schleifbrett *s*.

wets/artikel Gesetz/paragraph, G.artikel *m*. ▾**—bepaling** G.bestimmung *w*. ▾**—herziening** G.revision *w*. ▾**—kennis** G.kenntnis *w*. ▾**—ontwerp** G.entwurf *m*; (*ingediend*) G.vorlage *w*. ▾**—overtreding** G.(es)übertretung *w*. ▾**—taal** G.essprache *w*.

wet/staal Wetz/stahl *m*. ▾**—steen** W.stein *m*.

wets/verkrachting erhebliche Gesetz/verletzung *w*. ▾**—voorstel** G.vorlage *w*, G.antrag *m*. ▾**—winkel** Rechtsberatungs-, Rechtsauskunftstelle *w*. ▾**wette/lijk** gesetz/lich. ▾**—loos** g.los. ▾**—loosheid** G.losigkeit *w*.

wetten wetzen.

wettig gesetzmäßig, gesetzlich; (*rechtmatig*) rechtmäßig; (*geldig*) gültig; *— betaalmiddel*, gesetzliches Zahlungsmittel; *het — gezag*, die gesetzmäßige Gewalt; *— kind*, eheliches Kind; *—e reden*, gültiger, berechtiger Grund. ▾**—en** (*wettig maken*; *kind*) legitimieren; (*rechtvaardigen*) rechtfertigen; (*dat*) *wettigt de veronderstelling dat...*, berechtigt zu der Annahme daß... ▾**—heid** Gesetzlichkeit, Gesetzmäßigkeit, Gültigkeit *w*. ▾**—ing** Legitimierung; Rechtfertigung *w*.

wev/en weben; *geweven stoffen*, Webstoffe *Mz*; *geweven goederen*, Webwaren, Wirkwaren *Mz*. ▾**—er** Weber *m*. ▾**—erij** Weberei *w*.

wezel Wiesel *s*.

wezen I *ww* sein; *bij wie moet u —?*, zu wem wünschen Sie?; *hij mag er —*, er kann s. sehen lassen, (*ook*) er ist tüchtig, ein tüchtiger Kerl. **II** *zn* (*aard*; *het essentiële*) Wesen *s*; (*schepsel*) Wesen, Geschöpf *s* (*ook minachtend*; *hiervoor ook*) Individuum *s*; (*voorkomen, uiterlijk*) Äußere(s), Aussehen *s*; (*bestaan, het aanzijn*) Dasein *s*; (*in ss*: *iets in zijn gehele omvang*) ...wesen *s*. ▾**—heid** Wesenheit, Wirklichkeit *w*. ▾**—lijk** wirklich; (*essentieel*) wesentlich. ▾**—lijkheid** Wirklichkeit *w*; Wesentliche(s) *s*. ▾**—loos** (*zonder gevoel, bewustzijn*) betäubt; (*afwezig v. geest*) geistesabwesend, (*sterker*: *als zonder leven*) entgeistert; (*v. blik, starend*) stier; *iem. — aanstaren*, e.n anstieren; *wezenloze schimmen*, wesenlose Schatten. ▾**—skenmerk** Wesensmerkmal *s*, -zug *m*. ▾**—strek** (*gelaatstrek*) Gesichtszug; (*karakteristieke trek*) Wesenszug *m*.

w.g. (*was getekend*) gez. (gezeichnet).

whisky Whisky *m*. ▾**—soda** W.soda *m*.

whist Whist *s*. ▾**—en** Whist spielen.

wichel/aar Wahrsager, Zeichendeuter *m*. ▾**—arij** W.ei, Z.ei *w*. ▾**—roede** Wünschelrute *w*. ▾**—roedeloper** Rutengänger *m*.

wicht 1 (*kind*) kleines Ding; (*meisje*) Mädchen *s*, Wicht *m*; **2** (*gewicht*) Gewicht *s*.

wie wer; *—* (*is die man, die vrouw?*), wer; *wiens* (*wie z'n*) *vrouw, wier* (*wie d'r*) *man is dat?*, wessen Frau, wessen Mann ist das?; *— waren dat?*, wer war das?; *— zijn die jongens?*, wer sind die Knaben?; *— komen er* (*vanavond?*), wer kommt, welche Leute kommen?; *— komen er zo al?*, wer kommt denn alles?; *weet ik veel — er allemaal waren en met — zij allemaal omgaan!*, weiß ich, wer alles da war und mit wem alles sie umgehen!

wiebel/en wippen; wackeln; (*de tafel, de stoel*) *wiebelt*, wackelt. ▾**—tax** Sondersteuer *m*.

wied/en jäten. ▾**—er** Jäter *m*.

wieg Wiege *w*; *voor de handel in de — gelegd zijn*, zum Kaufmann geboren sein. ▾**—edruk** Inkunabel *w*, Wiegendruck *m*. ▾**—elen** (s.) wiegen; schaukeln; (*met een stoel*) *—*, sch.; (*de tafel, stoel*) *wiegelt*, wackelt. ▾**—elied** Wiegenlied *s*. ▾**—en** wiegen.

wiek (*vleugel*; *molenwiek*) Flügel *m*; (*vleugel, ook*) Schwinge *w* (*ook fig.*), Fittich *m*; (*lampepit*) Docht *m*; *op eigen — drijven*, auf eigenen Füßen stehen; *in zijn — geschoten zijn*, (*fig.*) s. verletzt fühlen. ▾**—geklap** Flügelschlag *m*.

wiel Rad *s*; (*kolk*) Wehl *s*; *iem. in de —en rijden*, e.m in die Quere kommen; (*de zaak*) *loopt op —tjes*, geht wie geschmiert. ▾**—as** R.achse *w*. ▾**—band** R.schiene *w*, R.band *s*; (*v. fiets*) R.reifen *m*. ▾**—basis** R.stand *m*. ▾**—dop** (*auto*) R.kappe *w*. ▾**—en** wirbeln, kreiseln. ▾**—erbaan** R.rennbahn *w*. ▾**—erkampioenschap** R.meisterschaft *w*. ▾**—ersport** R.(fahr)sport *m*. ▾**—erwedstrijd** R.rennen, Wettfahren *s*.

wielewaal Pirol *m*, Goldamsel *w*.

wieling Strudel, Wasserwirbel *m*.

wiel/ophanging Rad/aufhängung *w*. ▾**—rennen** R.rennen *s*. ▾**—renner** Rennfahrer *m*. ▾**—rijder** Rad/fahrer, Radler *m*. ▾**—rijdersbond** R.fahrerverband *m*.

wier Tang *m*, Seegras *s*.

wieroken (beweih)räuchern. ▾**wierook** Weihrauch *m*. ▾**—vat** W.faß *s*.

wig/(ge) Keil *m*. ▾**—vormig** k.förmig.

wigwam Wigwam *s, m*.

wij wir.

wijbisschop Weihbischof *m*.

wijd weit; *— en zijd*, w. und breit; *v. — en zijd*, von nah und fern. ▾**—beens** mit gespreizten Beinen, breitspurig.

wijd/en weihen; (*opdragen aan, besteden aan, in dienst stellen v.*) widmen, (*in meer verheven taal*: *geheel en al toewijden*) weihen; *zijn leven aan de kunst —*, der Kunst sein Leben widmen, weihen; *z. aan een taak —*, s. e.r Aufgabe widmen; *aandacht aan iets —*, e.r Sache Aufmerksamkeit schenken. ▾**—ing** Weihe *w*. ▾**—ingsstonde** Weihestunde *w*.

wijd/lopig weitläufig, -schweifig. ▾**—lopigheid** Weitläufigkeit *w*. ▾**—te** Weite *w*. ▾**—vermaard** weitberühmt. ▾**—vertakt** weitverzweigt.

wijf Weib *s*; *kwaad —*, böse Sieben. ▾**—je** Frauchen, Weibchen *s*; (*dier*) Weibchen *s* (*ook vaak in ss bijv. —saap, —solifant*, Affenweibchen, Elefantenweibchen). ▾**—jeshert** Hindin *w*. ▾**—jesvos** Füchsin *w*.

wijgeschenk Weihgeschenk *s*, Weihegabe *w*.
wijk 1: *de — nemen*, fliehen, entfliehen; **2** (*stadswijk*) (Stadt)Viertel *s*; (*alg.*: *begrensd gebied*) Bezirk *m*; (*v. postbesteller*) (Zustell)Bezirk *m*; (*v. politieagent*) Revier *s*; **3** (*zijkanaal*) Stichkanal *m*. ▾**—comité** Bezirksausschuß *m*. ▾**—en** weichen; (*vluchten*) fliehen; *voor iem. —*, (*toegeven*; *teruggaan*) vor e.m w., (*de plaats ruimen*; *z. gewonnen geven*) e.m w. ▾**—gebouw** Bezirkshaus *s*. ▾**—hoofd** (*luchtbescherming*) Revierluftschutzwart *m*. ▾**—plaats** Zufluchtsort *m*. ▾**—verpleegster** Fürsorgeschwester, Bezirkskrankenschwester *w*. ▾**—verpleging** (*gezinsverpleging*) Familienpflege *w*. ▾**—zuster** Fürsorgeschwester; (*v. bepaalde wijk*) Bezirksschwester *w*.
wijl I *zn* Weile *w*; *bij tijd en —e*, (*nu en dan*) ab und zu, (*op de geschikte tijd*) zu gelegener Zeit. **II** *vgw* (*omdat*) weil, da.
wijlen I *bn*: *— burgemeester A.*, der verstorbene Bürgermeister A., weiland B. A.; *— mijn vader*, mein seliger Vater. **II** *ww* (ver)weilen.
wijn Wein *m*; *— op flessen*, Flaschenwein; *— op fust*, Faßwein; *klare — schenken*, klaren W. einschenken; *goede — behoeft geen krans*, gute Ware lobt s. selbst. ▾**—azijn** W.essig *m*. ▾**—bouw** Wein/bau *m*. ▾**—bouwer** W.bauer, Winzer *m*. ▾**—fles** W.flasche *w*. ▾**—gaard** Wein/garten, W.berg *m*; (*wijnstok*) W.stock *m*, Rebe *w*; *de — des Heren*, der W.berg des Herrn. ▾**—gaardenier** W.gärtner, Winzer *m*. ▾**—gaardluis** Reblaus *w*. ▾**—gaardrank** Wein/ranke *w*. ▾**—gaardslak** W.bergschnecke *w*. ▾**—handel** W.handel *m*; (*winkel*) W.handlung *w*. ▾**—huis** W.stube, W.schenke *w*. ▾**—kleurig** w.farbig. ▾**—koper** W.händler *m*. ▾**—oogst** W.lese, W.ernte *w*. ▾**—pers** Kelter *w*. ▾**—proever** W.koster, W.prober *m*. ▾**—rank** W.rebe *w*, (*wingerdrank*) W.ranke *w*. ▾**—stok** W.stock *m*. ▾**—streek** W.gegend *w*. ▾**—teelt** W.bau *m*. ▾**—tje**: *v. — en trijntje houden*, den W. und die Weiber lieben. ▾**—vat** W.faß *s*. ▾**—vlek** W.fleck(en) *m*; (*op huid*) Feuermal *s*.
wijs I *zn* (*wijze*) Weise, Art *w*; (*melodie*) Melodie, Weise *w*; (*spraakk.*) Modus *m*; *aantonende —*, Indikativ *m*, Wirklichkeitsform *w*; *aanvoegende —*, Konjunktiv *m*, Möglichkeitsform *w*; *gebiedende —*, Imperativ *m*, Befehlsform *w*; *onbepaalde —*, Infinitiv *m*, Nennform *w*; *bijzin, hulpwerkwoord v. wijze*, Modalsatz *m*, Modalhilfsverb *s*; *wijze v. betaling*, Zahlungsweise; *bij wijze v. proef, scherts, uitzondering, voorbeeld*, versuchs-, scherzhafter-, ausnahms-, beispielsweise; *bij wijze v. spreken*, wie man so sagt; (*dat is*) *maar bij wijze v. spreken*, nur so eine Redensart; *op deze wijze*, auf diese, in dieser W.; *de wijze waarop*, die (Art und) W. wie, die W. in der; (*iem.*) *v.d. — brengen*, (*fig.*) irre machen, (*v. zijn stuk*) aus dem Konzept, aus der Fassung bringen; *v.d. — raken*, (*eig.*) aus der Melodie kommen, (*fig.*) aus dem Konzept, aus der Fassung kommen, (*de draad verliezen*) aus dem Text kommen. **II** *bn & bw* weise; (*verstandig*) klug, gescheit; *wijze mannen*, weise Männer; (*hij is*) *niet goed —*, nicht recht klug, nicht gescheit; (*je bent*) *niet —!*, wohl nicht recht gescheit, verrückt; (*nu ben ik*) *nog even —*, so klug wie zuvor; (*ik kan*) *er niet — uit worden*, nicht klug daraus werden; (*iem. iets*) *— maken*, weismachen. ▾**wijs/begeerte** Philosophie *w*. ▾**—elijk** weislich. ▾**—geer** Philosoph, Weltweise(r) *m*. ▾**—gerig** philosophisch. ▾**—heid** Weisheit, Klugheit *w*; *de — in pacht hebben*, die Weisheit mit Löffeln gegessen (gefressen) haben. ▾**—je** Melodie *w*. ▾**—maken** weismachen; *iem. iets —*, e.m etwas weismachen; *z.zelf wat —*, s. selbst was einreden. ▾**—neus** Naseweis *m*. ▾**—neuzig** naseweis, vorwitzig, altklug. ▾**—vinger** Zeigefinger *m*.
wijten zuschreiben; *dat heb je jezelf te —*, daran bist du selbst schuld, das hast du dir selbst vorzuwerfen; *dat heb je hem te —*, das hast du ihm zu verdanken.
wijting (*vis*) Wittling, Merlan *m*.
wijwater Weih/wasser *s*. ▾**—bak(je)** W.wasserbecken *s*. ▾**—kwast** W.wedel *m*.
wijze 1 (*pers.*) Weise(r) *m*; **2** *zie* **wijs I**.
wijzen weisen, zeigen; (*met de vinger*) *naar iets —*, auf etwas z., weisen; (*alles*) *wijst erop*, deutet darauf hin; (*iem.*) *op iets —*, auf etwas aufmerksam machen, hinweisen; *op iets —*, auf etwas hinweisen, hindeuten; *een vonnis —*, ein Urteil sprechen. ▾**wijzer** Zeiger *m*; *grote, kleine —*, Stunden-, Minutenzeiger. ▾**—plaat** Zifferblatt *s*.
wijzig/en (ab)ändern, verändern, umändern; (*totaal omvormen*; *reorganiseren*) umgestalten; (*zie ook* **veranderen**); *onder de gewijzigde omstandigheden*, unter den veränderten Verhältnissen. ▾**—ing** Änderung, Abänderung, Veränderung *w*; *—en aanbrengen*, (Ab)Änderungen vornehmen; *er komt — in* (*iets*), es tritt eine Änderung (in etwas [3]) ein, etwas ändert s.; *daarin is 'n — gekomen*, das hat eine Veränderung erfahren; *voorstel tot —*, Abänderungs/vorschlag *m*, (*amendement*) A.antrag *m*.
wijzing (*vonnis*) Urteilspruch, Spruch *m*, Urteil *s*.
wikkel/en (ein)wickeln; verwickeln; (*iem.*) *in een proces —*, in e.n Prozeß v.; *in een druk gesprek gewikkeld*, in e.m eifrigen Gespräch begriffen. ▾**—ing** Wicklung *w*. ▾**—rok** Wickelrock *m*.
wikken (er)wägen; *— en wegen*, reiflich erwägen, hin und her überlegen; *de mens wikt, God beschikt*, der Mensch denkt, Gott lenkt.
wil Wille *m*; *met de beste — v.d. wereld*, beim besten W.n; *om Gods, 's hemels —*, um Gottes, ums Himmels w.n; *tegen — en dank*, wider W.n; *iem. ter —le* (*zijn*), e.m zu W.n; *ter —le v.*, *om —le v.*, wegen [2], um [2] w.n, [3] zuliebe; (*vrede*) *aan de mensen v. goede —*, den Menschen die guten W.ns sind; *elk wat —s*, e.m jeden etwas nach seinem Geschmack; *'s mensen — is 's mensen leven*, des Menschen W. ist sein Himmelreich.
wild I *bn & bw* wild; *— op*, w. auf [4]. **II** *zn* **1** (*waarop men jaagt*) W. *s*, (*vlees ervan*) W.bret *s*; *groot, grof —*, Hochwild, hohes W.; *jacht op groot —*, Jagd auf Hochwild, hohe Jagd; *klein —*, Niederwild, kleines W.; **2** *in 't — groeien, opgroeien, om z. heen slaan*, w. wachsen, aufwachsen, um s. schlagen; *in 't —(e)* (*weg*) *praten, schieten*, ins Blaue hineinreden, -schießen. ▾**—baan** W.bahn *w*. ▾**—braad** W.bret *s*; (*toebereid*) W.braten *m*. ▾**—dief** W.dieb *m*. ▾**—e** W.e(r) *m*. ▾**—ebras** W.fang *m*; (*meisje, ook*) w.e Hummel. ▾**—eman 1** w.er Kerl, toller K., Tollkopf *m*; **2** (*in wapenkunde*) w.er Mann. ▾**—ernis** W.nis *w*. ▾**—groei** W.wuchs *m*. ▾**—heid** W.heit *w*. ▾**—park** W.park *m*. ▾**—raster** W.gatter *s*. ▾**—rijk** w.reich. ▾**—stand** W.bestand *m*. ▾**—vreemd** w.fremd. ▾**—-westfilm** W.westfilm, Western *m*. ▾**—zang** *zie* **—ebras**.
wilg Weide *w*. ▾**—ekatje** Weiden/kätzchen *s*. ▾**—en** Weiden... ▾**—erijs** W.reis *s*.
willekeur Willkür *w*; *naar —*, (*ook*) nach

Belieben. ▾—**ig** willkürlich, eigenmächtig; *een — getal*, eine beliebige Zahl.
willen wollen; *dat wil er bij mij niet in*, das will mir nicht einleuchten; *ik wil er het mijne v. hebben*, ich will wissen woran ich bin; *ik zou wel eens een reisje — maken*, ich möchte mal eine Reise machen; *wil ik* (*het raam voor u sluiten*), soll ich; *men wil dat hier vroeger een burcht gestaan heeft*, hier soll früher eine Burg gestanden haben; *dat wil zeggen*, das heißt. ▾**wil/lens**: — *zijn*, willens sein, beabsichtigen, die Absicht haben; — *en wetens*, wissentlich (und willentlich), mit Wissen und Willen; — *of onwillens*, wohl oder übel. ▾—**lig** willig, bereit; (*volgzaam*) gefügig, fügsam; (*handel*) willig, fest; —*e markt*, belebter, sehr fester Markt. ▾—**ligheid** Willigkeit, Bereitwilligkeit *w*; (*v. markt*) Belebung *w*. ▾—**loos** willenlos. ▾—**loosheid** Willenlosigkeit *w*. ▾—**s** *zie* **wil**. ▾—**sbeschikking**: *uiterste* —, letztwillige Verfügung; *bij laatste — bepalen*, letztwillig verfügen. ▾—**shandeling** Willens/akt *m*. ▾—**skracht** W.kraft, Energie *w*. ▾—**skrachtig** w.kräftig. ▾—**suiting** W.äußerung *w*, W.akt *m*.
wimpel Wimpel *m*; *de blauwe* —, das blaue Band.
wimper Wimper *w*.
wind Wind *m*; *de — is gedraaid*, der W. hat s. gedreht (*ook fig.*); (*weten*) *waar de — vandaan komt*, woher der W.weht; *waait de — uit die hoek?*, aha, daher weht der W.!; *de — tegen* (*hebben*), widrigen W.; *de — v. voren krijgen*, den W. vorn erhalten, sein Fett kriegen; *er de — v. krijgen*, W. davon bekommen; *een —(je) laten*, e.n W. (fahren) lassen; *in de — slaan*, in den W. schlagen; *in de —* (*verkopen*), (*beurst.*) leer; *met alle —en waaien*, wetterwendisch sein, ein Wetterhahn sein; *zoals de — waait, waait zijn jasje*, er hängt den Mantel nach dem Winde; *v.d. —* (*leven*), von der Luft; *zie* **voordewind**.
windas Winde *w*.
wind/bestuiving Wind/bestäubung *w*. ▾—**buil** W.beutel *m*. ▾—**buks** W.büchse *w*.
winde (*plant*; *windas*) Winde *w*.
windei Windei *s*; *dat zal hem geen — eren leggen*, er wird keine schlechte Geschäfte dabei machen.
winden winden; (*met windas*) (auf-, hoch-) winden; *op een kluwen, om de vinger* —, auf ein Knäuel, um den Finger wickeln.
wind/energie Wind/energie *w*. ▾—**erig** w.ig. ▾—**gat** W.loch *s*. ▾—**gevoelig** w.empfindlich. ▾—**haan** Wetterhahn *m*. ▾—**hoek** Wind/seite *w*. ▾—**hond** W.hund *m*. ▾—**hoos** W.hose *w*.
winding Windung *w*.
wind/jak Wind/jacke *w*. ▾—**je** Lüftchen, W.chen *s*, W.hauch *m*; *zie ook* **wind**. ▾—**kant** W.seite *w*. ▾—**kracht** W.stärke *w*. ▾—**krachtcentrale** W.kraftwerk *s*. ▾—**kussen** Luftkissen *s*. ▾—**molen** W.mühle *w*. ▾—**roos** W.rose *w*. ▾—**scherm** W.schirm, W.schützer *m*; (*aan auto*) W.schutzscheibe *w*.
windsel Wickelband *s*; *nog in de —en liggen*, noch in den Windeln liegen, sein.
wind/snelheid Wind/geschwindigkeit *w*. ▾—**stil** w.still. ▾—**stilte** W.stille *w*. ▾—**streek** Himmelsgegend *w*; (*op kompas*) W.strich *m*. ▾—**surfer** W.surfer *m*. ▾—**tunnel** W.kanal *m*. ▾—**vaan** W.-, Wetterfahne *w*. ▾—**vang(er)** W.fang *m*. ▾—**veer** (*dak*) W.brett *s*. ▾—**vlaag** W.stoß *m*. ▾—**wijzer** *zie* —**vaan**.
wingerd Weinstock *m*, Rebe *w*; *wilde* —, wilder Wein; (*soms ook* = **wijngaard**: *zie aldaar*). ▾—**rank** Weinranke *w*.
wingewest eroberte Provinz, erobertes Gebiet; (*bij de oude Romeinen*) Provinz *w*.
winkel Laden *m*; (*werkplaats*) Werkstatt *w*; *er is werk aan de* —, es gibt Arbeit, es ist allerhand zu tun; *er is veel werk aan de* —, (*ook*) wir haben alle Hände voll zu tun. ▾—**bediende** L.gehilfe, Verkäufer *m*. ▾—**centrum** Einkaufsviertel, -zentrum *s*. ▾—**diefstal** L.diebstahl *m*. ▾—**dochter** L.hüter *m*. ▾—**en** Einkäufe machen, Laden besuchen; e.n Ladenbummel machen. ▾—**galerij** Galerie *w*. ▾—**haak** Winkelmaß *s*, Winkel(haken) *m*; (*scheur*) Dreieck *s*. ▾—**huis** Laden/-, Geschäftshaus *s*. ▾—**ier** L.besitzer, L.inhaber *m*. ▾—**juffrouw** Verkäuferin *w*, L.fräulein *s*. ▾—**maatschappij** Filialunternehmen *s*. ▾—**opstand** L.einrichtung *w*. ▾—**pand** Geschäftsgebäude *s*. ▾—**pui** L.front *w*. ▾—**raam** L.-, Schaufenster *s*. ▾—**ruit** L.scheibe *w*. ▾—**sluiting** L.schluß *m*. ▾—**stand** (*winkelwijk*) Geschäftsgegend *w*; (*winkelierstand*) gewerbtätiger Mittelstand, L.besitzer *Mz*. ▾—**straat** Geschäftsstraße *w*. ▾—**tje**: — *spelen*, Kaufmann spielen. ▾—**vereniging** L.genossenschaft *w*. ▾—**week** L.-, Werbewoche *w*.
winn/aar Gewinner *m*; (*prijswinner*) Preisträger *m*; (*overwinnaar*) Sieger *m*. ▾—**en** gewinnen; (*f 500*) *aan* (*op*) *'n huis* —, an e.m Haus gewinnen; *'t v. iem.* —, es e.m abgewinnen, e.m überlegen sein; (*de eerlijkheid*) *wint het*, trägt den Sieg davon; *aan de —de hand* (*zijn*), im Vorteil, im Gewinnen; —*d nummer*, Gewinner *m*. ▾—**er** *zie* —**aar**. ▾—**ing** Gewinnung *w*.
winst Gewinn *m*; (*voordeel, ook*) Nutzen *m*; — *maken*, G. machen, erzielen. ▾—**aandeel** G.anteil *m*. ▾—**bejag** G.sucht *w*. ▾—**belasting** G.steuer *w*. ▾—**berekening** G.ermittelung *w*. ▾—**bewijs** (*v. aandelen*) G.anteilschein; (*anders*) Genußschein *m*. ▾—**deling** Gewinn/verteilung *w*. ▾—**derving** G.ausfall *m*. ▾—**- en verliesrekening** G.- und Verlustrechnung *w*. ▾—**gevend** einträglich, g.bringend; *'n — zaakje*, ein einträgliches Geschäft. ▾—**marge** G.spanne *w*. ▾—**neming** G.realisierung *w*. ▾—**uitkering** G.ausschüttung *w*.
winter Winter *m*; (*in handen, voeten*) Frost *m*, Frostbeulen *Mz*; *'s —s*, im W. ▾—**achtig** w.lich. ▾—**appel** W.apfel *m*. ▾—**avond** W.abend *m*. ▾—**dienst** W.fahrplan *m*. ▾—**en** (*winter worden*) w.n; *het wintert*, (*ook*) es ist W.; *het wintert behoorlijk*, es friert stark, es ist ein richtiger W. ▾—**gezicht** W.landschaft *w*, W.bild *s*. ▾—**goed** W.kleidung *w*, W.zeug *s*, W.sachen *Mz*. ▾—**graan** W.getreide *s*; (*al uitkomend*) W.saat *w*. ▾—**hakken**, —**handen** Frostbeulen *Mz*, (Frost *m*) an den Hacken, an den Händen; *zalf voor* —, Frostsalbe *w*. ▾—**jas** W.mantel *m*. ▾—**koninkje** Zaunkönig *m*. ▾—**koren** W.korn, W.getreide *s*; (*gezaaid*) W.saat *w*. ▾—**opruiming** W.schlußverkauf *m*. ▾—**s** w.lich, Winter… ▾—**sport** W.sport *m*; *naar de — gaan*, in den W.sport fahren; *beoefenaar v.d.* —, W.sportler *m*. ▾—**sportplaats** W.sportort *m*. ▾—**tenen**, —**vingers**, —**voeten** *zie* —**hakken**.
wip I *zn* **1** Wippe *w*; (*wipplank, ook*) Wipp-, Schaukelbrett *s*; Wipp-, Brettschaukel *w*; *op de — zitten* (*de doorslag kunnen geven*), das Zünglein an der Waage sein; **2** (*sprong*) Sprung *m*; *in 'n* —, im Nu, im Handumdrehen. **II** *tw* schwupp!; —, *weg was hij*, wupp! fort war er! ▾—**neus** Stups-, Stülpnase *w*. ▾—**pen** (*op of als op wip*) wippen, schaukeln; (*snel en verend opspringen*)

schnellen; (*huppelen*) hüpfen; (*vlug en als een schim voortglippen*) huschen; (*omslaan, kippen*) kippen; (*iem.*) —, kippen, wippen, (*volledig uitschakelen*) ausschalten, (*ten val brengen*) stürzen, (*de voet lichten*) ausstechen, ausbeißen; (*dat tafeltje*) *wipt*, wackelt; (*vlug*) *wipte hij de deur in*, huschte, wutschte er zur Tür hinein; *hij wipt er zo maar gauw overheen*, er huscht nur so darüber hin; *er eentje* (*borreltje*) *naar binnen* —, eins hinter die Binde gießen, e.n kippen. ▾—**plank** *zie* **wip I 1**. ▾—**stoel** Schaukelstuhl *m*; *op de — zitten*, (*fig.*) auf der Kippe stehen.

wirwar Wirrwarr *m*, Gewirr *s*; *een — v. indrukken*, wirre Eindrücke.

wis I *bn & bw* gewiß, bestimmt; — *en zeker*, ganz gewiß. **II** *zn* (*wisdoek*) Wischlappen *m*; (*teen, twijg*) (Weiden)Zweig *m*, Gerte *w*; (*bundeltje*; *strowis*) (Stroh)Wisch *m*.

wiskund/e Mathemat/ik *w*. ▾—**ig** m.isch; — *ingenieur*, Diplom-Mathematiker *m*. ▾—**ige** M.iker *m*.

wispelturig wetterlaunisch, wetterwendisch, launenhaft. ▾—**heid** Launenhaftigkeit, Unbeständigkeit *w*.

wissel Wechsel *m*; (*aan rails*) Weiche *w*; *eigen* —, (*ook*) Solawechsel; *getrokken* —, (*ook*) Tratte *w*; *binnenlandse* —, Inlandwechsel; — *op 't buitenland, buitenlandse* —, Devise *w*, Auslandwechsel; *koers v. buitenlandse —s*, Devisenkurs *m*; — *op drie maanden, op zicht*, Dreimonats-, Sichtwechsel; *lange* —, langer, langsichtiger, langfristiger Wechsel. ▾—**aar** Wechsler *m*. ▾—**automaat** Geldwechselautomat *m*. ▾—**baar** wechselbar. ▾—**bank** Wechselbank *w*. ▾—**beker** Wanderpokal, -becher *m*. ▾—**bord** Schaltbrett, Wechselgestell *s*. ▾—**bouw** (Frucht)Wechselwirtschaft *w*. ▾—**en** wechsel/n; (*brieven, complimenten, blikken*) w.n, austauschen; (*variëren, schommelen*) schwanken; *v. plaats, v. paarden* —, den Platz, die Pferde w.n; *v. gedachten* —, Gedanken austauschen; (*geld*) w.n; (*heb je kleingeld? ik kan niet*) —, herausgeben. ▾—**end**: — *bewolkt*, w.nd bewölkt. ▾—**geld** W.geld *s*. ▾—**handel** W.handel *m*. ▾—**houder** W.inhaber, W.nehmer *m*. ▾—**ing** W.; Austausch *m*; (*variëring, ook*) Schwankung *w*. ▾—**kantoor** W.stube *w*; (*meer off.*) W.stelle *w*. ▾—**koers** W.kurs *m*. ▾—**kosten** W.spesen, W.gebühren *Mz*. ▾—**loper** W.bote *m*. ▾—**markt** W.markt *m*, Devisenbörse *w*. ▾—**plaats** W.platz *m*; (*v. tram*) Ausweichstelle *w*. ▾—**ploeg**: *met —en werken*, mit Schichtwechsel arbeiten. ▾—**prijs** W.kurs *m*; (*wedstrijd*) Wanderpreis *m*. ▾—**slag** (*zwemmen*) Lagenschwimmen *s*; (*estafette*) Lagenstaffel *w*; *kampioenschap 400 m.* —, Meisterschaft *w* über 400 m., über 4 × 100 m. Lagen. ▾—**speler** (*sp.*) Auswechselspieler *m*. ▾—**spoor** Weichengleis *s*. ▾—**stand** Weichenstellung *w*. ▾—**stroom** Wechselstrom *m*. ▾—**stuk** Ersatz-, Reservestück *s*. ▾—**toets** Umschalttaste *w*, Umschalter *m*. ▾—**vallig** unbeständig, unstet, veränderlich; (*onzeker*) ungewiß. ▾—**valligheid** Unbeständigkeit, Veränderlichkeit; Ungewißheit *w*; *wisselvalligheden*, Wechselfälle *Mz*. ▾—**wachter** Weichenwärter *m*. ▾—**werking** Wechselwirkung *w*.

wiss/en wischen; (*comp., magneetband enz.*) löschen. ▾—**er** Wischer *m*. ▾—**erblad** (*v. ruitewisser*) Wischblatt *s*. ▾—**toets** Löschtaste *w*.

wissewasje Kleinigkeit, Lappalie *w*.

wit I *bn* weiß; — *metaal*, —*te wijn enz.*, Weißmetall *s*, -wein *m*; *het —te doek*, die weiße Wand; *Witte Donderdag*, Gründonnerstag *m*. **II** *zn* Weiße *s*; *het — v.h. ei, v.h. oog*, das Weiße im Ei, im Auge; *het* — (*is de kleur v.d. onschuld*), das Weiß; *in het* — (*gekleed*), in Weiß; — *begint steeds*, (*schaaksp.*) Weiß hat stets den Anzug; *zwart op* — (*hebben*), schwarz auf weiß; *zie ook* **doelwit**. ▾—**achtig** weiß/lich. ▾—**boek** W.buch *s*. ▾—**bol** (*pers.*) W.kopf *m*. ▾—**gepleisterd** w.getüncht. ▾—**glas** Milchglas *s*. ▾—**gloeiend** w.glühend. ▾—**goed** W.zeug *s*, W.waren *Mz*. ▾—**goud** W.-, Platingold *s*. ▾—**heer** Norbertiner *m*. ▾—**heet** w.warm, w.glühend. ▾—**heid** Weiße *w*. ▾—**je** (*vlinder*) W.ling *m*. ▾—**jes** schwach; matt. ▾—**kalk** Tünche *w*; (*onaangelengd*) W.kalk *m*. ▾—**kar** Selbstfahr-Minitaxi *s*; (*bagagewagentje op station*) Gepäckkuli *m*. ▾—**kiel** Dienstmann, Gepäckträger *m*. ▾—**kwast** Tünch-, W.pinsel *m*. ▾—**lo(o)f** (Brüsseler) Wittloof *s*. ▾—**maker** (*in waspoeder*) W.macher *m*. ▾—**sel** Tünche *w*. ▾—**te-boorden-criminaliteit** Weiße-Kragen-Kriminalität *w*. ▾—**tebrood** W.brot *s*. ▾—**tebroodsweken** Flitterwochen *Mz*. ▾—**tekool** W.kohl *m*. ▾—**ten** tünchen, weißen. ▾—**ter** Tüncher *m*. ▾—**vis** W.fisch *m*.

w.o. darunter.

wodka Wodka *w*.

woed/e Wut, Raserei *w*; *uitbarsting v.* —, Wutausbruch *m*. ▾—**en** wüten, toben, rasen.

woeker Wucher *m*. ▾—**aar** W.er *m*. ▾—**aarster** W.in *w*. ▾—**achtig** w.haft, w.isch. ▾—**en** w.n. ▾—**ing** W.ung *w*. ▾—**plant** Schmarotzerpflanze *w*, Parasit *m*. ▾—**rente** W.zinsen *Mz*. ▾—**winst** W.gewinn *m*.

woel/en wühlen; (*in papieren*) herumkramen; (*in de slaap*) s. wälzen, s. hin und her werfen; (*dat kind heeft*) *z. bloot gewoeld*, s. bloß gestrampelt. ▾—**geest** Wühler, Aufwiegler, Unruhstifter *m*. ▾—**ig** unruhig; (*v. kind, ook*) beweglich. ▾—**igheid** Unruhe *w*; (*v. kind, ook*) Beweglichkeit *w*. ▾—**ingen** Unruhen, Umtriebe *Mz*. ▾—**water** unruhiger Mensch, unruhiges Kind, bewegliches Kind.

woensdag Mittwoch *m*. ▾—**s** am Mittwoch, mittwochs; (*als bn*) Mittwoch...

woerd (*mannetjeseend*) Enterich *m*.

woest (*verlaten, kaal*) wüst, öde; (*wild, ruw*) wild; (*chaotisch*) wüst; (*v. mensen*) wild, ungestüm, wüst, (*nijdig*) wild, (*spinnijdig*) fuchswild; (*golven*) wild, wütend; —*e grond(en)*, Ödland *s*; —*e streek*, wilde, wüste, öde Gegend; —*e kerel*, wüster Kerl; *de —e zee*, das wilde Meer; (*maak me niet*) —, wild; (*hij was*) — *op me*, wütend auf mich. ▾—**aard**, —**eling** Tollkopf, Rasende(r) *m*; (*gemeen, wreed*) Rohling *m*; (*bloeddorstig*) Wüterich *m*. ▾—**enij** Wüstenei, Einöde *w*, öde Gegend, Wildnis *w*. ▾—**heid** Wüstheit, Öde; (*woede*) Wut, Wildheit *w*.

woestijn Wüste *w*. ▾—**bewoner** Wüstenbewohner *m*.

wol Wolle *w*; *door de — geverfd*, in der W. gefärbt; *onder de — kruipen*, unter die Decke kriechen; *veel geschreeuw en weinig* —, viel Geschrei und wenig W. ▾—**achtig** wollig, wollartig. ▾—**baal** Wollballen *m*.

wolf Wolf *m*; — *in de tanden*, Zahnfäule *w*.

wolfra(a)m Wolfram *s*. ▾—**staal** W.stahl *m*.

wolfs/angel Wolfs/angel *w*; (*klem*) W.eisen *s*. ▾—**hond** W.hund *m*. ▾—**kers** Tollkirsche *w*. ▾—**klauw** W.klaue *w*; (*plant*) Bärlapp *m*. ▾—**kuil** W.grube *w*.

Wolga Wolga *w*.

wol/gras Woll/gras *s*. ▾—**handkrab**

W.handkrabbe *w.* ▾**—industrie** W.industrie *w.*
wolk Wolke *w; hij is in de —en,* der Himmel hängt ihm voller Geigen, er ist wie im Himmel; *— v.e. jongen,* kerngesunder, pausbäckiger Junge; (*dat meisje*) *ziet eruit als 'n —,* sieht aus wie Milch und Blut.
wol/kaarde Woll/kratze *w.* ▾**—kaarder** W.krätzer *m.*
wolkachtig wolkig.
wolkammer Wollkämmer *m.*
wolk/breuk Wolken/bruch *m.* ▾**—eloos** w.los. ▾**—enbank** W.bank, W.wand *w.* ▾**—enhemel** W.himmel *m.* ▾**—enkrabber** W.kratzer *m.* ▾**—ig** wolkig. ▾**—je** Wölkchen *s.*
wol/len wollen, Wollen..., Woll...; *— artikelen, jurk,* Wollwaren *Mz,* -kleid *s; — stoffen,* Wollenstoffe *Mz; — stof,* (*weefsel*) Wollstoff *m.* ▾**—letje** Wolljacke *w;* (*deken*) Wolldecke *w.* ▾**—lig** wollig. ▾**—markt** Wollmarkt *m.*
wolvejacht Wolfsjagd *w.*
wolverver Wollfärber *m.*
wolv/evel Wolfsfell *s,* -haut *w.* ▾**—in** Wölfin *w.*
wond *bn* wund; *—e plek,* wunde Stelle. ▾**—(e)** *zn* Wunde *w.* ▾**—en** verwunden, verletzen.
wonder I *zn* Wunder *s; economisch —,* Wirtschaftswunder. **II** *bn & bw* w.bar; (*vreemd*) w.lich, sonderbar, merkwürdig; *— wat,* (*heel wat*) w. was; *— groot, mooi* w.groß, w.schön; *was het —, dat...,* konnte es w.nehmen daß..., kein W. daß... ▾**—baar** w.bar, w.voll, w.sam. ▾**—baarlijk** w.bar; (*verbazingwekkend*) erstaunlich. ▾**—beeld** W.bild *s,* w.tätiges Bild. ▾**—doend** w.tätig. ▾**—doener** W.täter *m.* ▾**—dokter** W.doktor *m.* ▾**—goed** w.gut. ▾**—kind** W.kind *s.* ▾**—kracht** W.kraft *w.* ▾**—lijk** w.lich, sonderbar, merkwürdig. ▾**—lijkheid** W.lichkeit *w.* ▾**—olie** W.baumöl, Rizinusöl *s.* ▾**—schoon** w.schön. ▾**—wel** vortrefflich, vorzüglich, besonders gut. ▾**—werk** W.werk *s.*
wond/koorts Wund/fieber *s.* ▾**—pleister** W.pflaster *s.* ▾**—teken** W.mal *s,* W.narbe *w.*
wonen wohnen; *in* (*naar*) *A. gaan —,* nach A. ziehen, übersiedeln; *in iem.s buurt komen —,* in jemands Nachbarschaft ziehen; *in een ander huis gaan —,* ein andere Wohnung beziehen; *ter plaatse, daar —d,* ortsansässig. ▾**woning** Wohnung *w.* ▾**—bouw** Wohnungs/bau *m.* ▾**—bouwvereniging** W.baugenossenschaft *w.* ▾**—bureau** (*off.*) W.amt *s;* (*anders*) W.vermittlung *w,* W.maklergeschäft *s.* ▾**—gids** W.anzeiger *m.* ▾**—inrichting** W.einrichtung *w.* ▾**—nood** W.not *w.* ▾**—ruil** W.tausch *m.* ▾**—tekort** W.fehlbestand, W.mangel *m.* ▾**—vraagstuk** W.frage *w.* ▾**—wet** W.gesetz *s.* ▾**—wetwoning** Sozialwohnung *w.* ▾**woon/achtig** wohn/haft. ▾**—ark** W.arche *w.* ▾**—erf** W.hof *m.* ▾**—flat** W.hochhaus *s.* ▾**—gedeelte** W.raum *m.* ▾**—gemeente** W.ort *m.* ▾**—huis** W.haus *s.* ▾**—kamer** W.zimmer *s,* W.stube *w.* ▾**—keuken** W.küche *w.* ▾**—laag** W.geschoß *s.* ▾**—plaats** W.ort *m;* (*off.*) W.sitz *m; geen vaste —* (*hebben*), keinen ständigen Wohnsitz. ▾**—ruimte** W.gelegenheit *w,* W.raum *m.* ▾**—schip** W.schiff *s.* ▾**—stede** W.stätte *w,* W.ort *m.* ▾**—vergunning** W.berechtigung *w.* ▾**—wagenkamp** W.wagenlager *s.* ▾**—-werkverkeer** regelmässige Fahrten zwischen Arbeitsort und Wohnort. ▾**—wijk** W.viertel *s.*
woord Wort *s* (*mv losse woorden*: Wörter; *in zinsverband*: Worte); *—en v. deelneming,* Beileidsworte; *er is geen — v. waar,* daran ist kein wahres W.; *'t ene — gaf 't andere,* ein W. gab das andre; *het hoge — is eruit,* das große W. ist gesprochen, ist heraus; *het — is aan u,* Sie haben das W.; *'t — doen,* das W. führen; *een goed — voor iem. doen,* ein gutes W. für e.n einlegen; *je haalt me de —en uit de mond,* du nimmst mir das W. aus dem Munde; *'t hoogste — hebben,* das große W. führen; *—en met iem. hebben,* e.n W. wechsel mit e.m haben, s. mit e.m zanken; *hoge —en* (*met iem. hebben*), heftigen Streit; (*zijn*) *— houden,* (sein) W. halten; *—en krijgen,* in e.n W.wechsel geraten, Streit bekommen; *'t — nemen,* das W. ergreifen, nehmen; *'t — vragen,* ums W. bitten, s. zum W. melden; *aan 't — zijn,* am W. sein; *iem. aan zijn — houden,* e.m beim W. halten; *aan 't —* (*komen*), zu W.e; *in één —,* mit e.m W.; *met 'n enkel —,* mit wenig W.en, in kurzen W.en; *onder —en brengen,* in W.e fassen; *op mijn —* (*v. eer*), auf mein W., auf Ehrenwort; *iem. op z'n —* (*geloven*), e.m aufs W.; *iem. te — staan,* e.m Rede und Antwort stehen, e.m zuhören; *een man v. zijn —,* ein Mann von W.; *vrijheid v.h. —,* Redefreiheit *w; — voor —,* W. für W.; (*het is*) *— voor — hetzelfde,* w.wörtlich dasselbe. ▾**—blind** w.blind. ▾**—breker** W.brüchige(r) *m.* ▾**—breuk** W.bruch *m.* ▾**—elijk** wörtlich. ▾**woorden/boek** Wörterbuch *s.* ▾**—kennis** Wort/kunde *w.* ▾**—keus** W.wahl *w.* ▾**—kraam** W.kram *m.* ▾**—lijst** Wörterverzeichnis *s.* ▾**—rijk** wort/reich. ▾**—schat** W.schatz *m.* ▾**—spel** W.spiel *s.* ▾**—stroom** W.schwall, W.strom *m.* ▾**—tolk** Fremdwörterbuch *s.* ▾**—twist** W.streit *m.* ▾**—vloed** *zie* **—stroom.** ▾**—wisseling** W.wechsel *m.* ▾**—zifter** W.klauber *m.* ▾**woord/figuur** Wort/bild *s.* ▾**—gebruik** W.gebrauch *m.* ▾**—je** Wörtchen *s;* (*uit leerboek om te leren*) Vokabel *w.* ▾**—jesschrift** Vokabelheft *s.* ▾**—keus** Wort/wahl *w.* ▾**—kunst** W.kunst *w.* ▾**—omzetting** W.umstellung *w.* ▾**—ontleding** W.analyse *w.* ▾**—schikking** W.folge, W.stellung *w.* ▾**—soort** W.art *w.* ▾**—speling** W.spiel *s.* ▾**—voerder** (*v. regering enz.*) Sprecher *m;* (*spreker*) Redner *m;* (*namens anderen*) W.führer *m.* ▾**—vorming** W.bildung *w.*
worden werden; (*hij is soldaat, ziek*) *geworden,* geworden; (*het huis is verleden jaar*) *gebouwd* (*geworden*), gebaut worden; *er wordt gebeld,* es klingelt, es wird geklingelt; (*zijn wens*) *werd vervuld,* erfüllte s.; (*deze artikelen*) *kunnen gemakkelijk verkocht worden,* verkaufen s. leicht; *wat is er v. hem geworden?,* was ist aus ihm geworden? ▾**wording** Werden; Entstehen *s; in staat v. —, in — zijn,* im Werden (begriffen) sein. ▾**—sgeschiedenis** Entstehungsgeschichte *w,* (*ontwikkelingsgang*) Werdegang *m.* ▾**—sproces** Werdegang *m.*
worg/en erwürgen; (*toesnoeren*) erdrosseln. ▾**—er** Würger *m.* ▾**—ing** Erwürgung, Erdrosselung *w.*
worm Wurm *m;* (*in kaas*) Milbe *w;* (*schroef*) Schnecke *w,* Wurm *m.* ▾**—achtig** w.artig, w.ähnlich. ▾**—gaatje** W.loch *s.* ▾**—koekje** W.plätzchen *s.* ▾**—middel** W.mittel *s.* ▾**—pje** Würmchen *s.* ▾**—stekig** wurm/stichig. ▾**—stekigheid** W.stich *m.* ▾**—vormig** w.förmig; *— aanhangsel,* W.fortsatz *m.* ▾**—wiel** (*tech.*) Schneckenrad *s.* ▾**—ziekte** W.krankheit *w.*
worp Wurf *m* (*ook v. dieren*); (*bij kegelen, ook*) Schub *m.*
worst Wurst *w.* ▾**—ebroodje** W.brötchen *s.*

worstel/aar Ringer, Ringkämpfer *m.* ▾**—en** ringen. ▾**—ing** Ringen *s.* ▾**—perk** Kampf-, Ringplatz *m.* ▾**—wedstrijd** Ringkampf *m.*
worst/epen Wurst/speiler *m.* ▾**—velletje** W.haut, W.pelle *w.* ▾**—vlees** W.fleisch *s.*
wort Würze *w.*
wortel Wurzel *w* (*ook wisk.*); (*peen*) Möhre; Mohrrübe, Karotte *w*, gelbe Rübe; *— schieten*, W. schlagen, fassen; *met — en tak (uitroeien)*, mit Stumpf und Stiel. ▾**—en** w.n. ▾**—grootheid** W.größe *w.* ▾**—knol** W.knollen *m.* ▾**—notehout** Nußbaumwurzelholz *s.* ▾**—stok** W.stock *m.* ▾**—trekken** die W. ziehen. ▾**—vorm** W.form *w*; (*wisk.*) W.größe *w.*
woud Wald *m.* ▾**—duif** *zie* **houtduif**. ▾**—loper** W.läufer *m.*
would-be angeblich, vorgeblich, vermeintlich.
wouw (*vogel*) roter Milan *m*; (*plant*) Wau *m.*
wraak Rache *w*; (*dat*) *roept om —*, schreit nach R.; *— nemen op iem.*, R. üben an e.m, s. rächen an e.m; *— nemen voor iets*, R. nehmen für etwas. ▾**—gierig** rachsüchtig, -gierig. ▾**—godin** Rache/göttin, Furie *w.* ▾**—neming, —oefening** R., R.übung *w*, R.akt *m.* ▾**—zucht** Rachsucht, -gier *w.* ▾**—zuchtig** rachsüchtig.
wrak I *zn* Wrack *s*; (*v. vliegtuig*) Trümmer *Mz.* **II** *bn* schwach; (*v. oude man enz.*) hinfällig; (*meubels*) wack(e)lig, hinfällig; (*v. goederen*) schadhaft; (*mar.*) wrack.
wrake Rache *w*; *mij is de —*, die R. ist mein.
wraken (*getuigen enz.*) ablehnen, zurückweisen, verwerfen; (*misstanden enz.*) rügen, beanstanden.
wrak/goed (*v. verongelukt schip*) Wrack/gut *s.* ▾**—hout** W.holz *s.* ▾**—stukken** Schiffstrümmer, Trümmer *Mz.*
wraking Ablehnung, Zurückweisung *w.*
wrang herb. ▾**—heid** Herbheit, Herbe *w.*
wrat Warze *w.* ▾**—tig** warzig.
wreed grausam; (*ruw, hard, stug op het gevoel*) rauh, hart. ▾**—aard** grausamer Mensch. ▾**—aardig** grausam. ▾**—heid** Grausamkeit *w.*
wreef Spann, Rist *m.*
wrek/en rächen; *z. op iem. —*, s. an e.m rächen. ▾**—er** Rächer *m.*
wrevel Unwille, Ärger, Unmut *m.* ▾**—ig** unwillig, ärgerlich, unmutig.
wriemel/en wimmeln; (*kriebelen*) kribbeln. ▾**—ing** Wimmeln, Kribbeln *s.*
wrijf/doek Reibetuch *s*, -lappen, Bohnlappen *m*, Wischtuch *s*, -lappen, Putzlappen *m*; (*voor wassen v.d. huid*) (Ab)Reibetuch, Frottiertuch *s.* ▾**—hout** (*mar.*) Reibholz *s*; (*likhout*) Glättholz *s.* ▾**—paal** Reibepfahl *m.* ▾**—was** Bohnerwachs *s.* ▾**wrijven** reiben; (*meubels, vloer: boenen*) bohne(r)n. ▾**wrijving** Reibung *w* (*ook fig.*), Friktion *w*; *zonder —*, (*fig.*) reibung/slos, ohne R. ▾**—selektriciteit** R.selektrizität *w.* ▾**—svlak** R.sfläche *w.*
wrik/ken rütteln; (*met één riem roeien*) wricken, wriggen. ▾**—riem** Wrick-, Wriggriemen *m.*
wring/en ringen; (*wasgoed, ook*) wringen; *z. (in bochten) —*, s. krümmen; *z. — als 'n aal*, s. winden wie ein Aal; *z. door een opening —*, s. durch eine Öffnung zwängen; *daar wringt 'm de schoen*, da drückt der Schuh. ▾**—ing** Ringen *s*, Drehung *w*; (*v. wasgoed*) Wringen *s.* ▾**—machine** Wringmaschine *w.*
wrochten erschaffen, zustande bringen.
wroeging Gewissensbisse *Mz.*
wroeten wühlen; (*hard werken*) rackern, s. quälen.
wrok Groll *m*; *'n — koesteren tegen*, e.n Groll hegen gegen. ▾**—ken** (*tegen iem.*) (e.m) grollen. ▾**—kig** nachträgerisch, nachtragend.
wrong Wulst *m & w.*
wrongel Käsebruch *m.*
wuft leichtsinnig, frivol, flatterhaft. ▾**—heid** Leichtsinn *m*, Frivolität, Flatterhaftigkeit *w.*
wuiven winken; (*v. palmbomen enz.*) wehen; *met zakdoeken, hoeden —*, Taschentücher, Hüte schwenken; *tegen iem. —*, e.m zuwinken.
wulps lüstern, üppig. ▾**—heid** L.heit *w.*
wurg(-) *zie* **worg(-)**.
wurm (*worm*) Wurm *m*; (*kind*) Wurm, Würmchen *s.* ▾**—en** s. quälen, s.schinden, s. abrackern.
Wurtemberg Württemberg *s.* ▾**—s** württembergisch.

x X *s.*
xantippe Xanthippe *w*, böse Sieben.
x-as X-Achse *w.*
x-benen X-Beine *Mz.*
x-stralen X-Strahlen *Mz.*
xylo/graaf Xylo/graph *m.* ▼**—foon** X.phon *s.*

y Y *s* (das Ypsilon).
ya(c)k Jak, Yak, Grunzochse *m.*
yankee Yankee *m.*
yard Yard *s.*
y-as Y-Achse *w.*
yatagan Jatagan *m.*
yen Jen *m.*
yoga Joga *m.*
yoghurt Joghurt *s.*
yucca Yucca, Palmlilie *w.*
ypsilon Ypsilon *s.*

z Z *s.*
z.a. siehe dort (s.d.).
zaad Samen *m; (wat uitgezaaid wordt)* Saat *w,* Saatgut *s; (het gezaaide)* Saat *w; (allerlei) zaden, (zaadgoed)* Sämereien; *(in het) — schieten,* (in Samen) schießen; *op zwart — (zitten),* auf dem Trocknen. ▼**—bakje** Futternäpfchen *s.* ▼**—bal** Hoden *m.* ▼**—bank** *(spermabank)* Samen/bank *w.* ▼**—doos** *(plk.)* S.kapsel *w.* ▼**—dragend** s.tragend. ▼**—handel** S.-, Sämereienhandel *m; (winkel)* Sämereien-, S.handlung *w.* ▼**—kiem** S.keim *m.* ▼**—korrel** S.korn *s.* ▼**—lob** S.lappen *m.* ▼**—loos** s.los. ▼**—lozing** S.fluß, S.erguß *m.* ▼**—olie** S.öl *s.* ▼**—pluis** S.stäubchen *s.* ▼**—teelt** S.züchtung *w.* ▼**—winkel** S.geschäft *s,* S.laden *m,* Sämereiengeschäft *s,* -laden *m.*
zaag Säge *w.* ▼**—beugel** S.bügel *m.* ▼**—bok** S.bock *m.* ▼**—hout** S.holz *s.* ▼**—meel** S.mehl *s.* ▼**—molen** S.mühle *w,* S.werk *s.* ▼**—sel** S.mehl *s,* S.späne *Mz.* ▼**—snede** S.schnitt *m.* ▼**—vormig** s.förmig.
zaai/baar säbar. ▼**—bed** Saat/beet *s.* ▼**—bloem** S.blume *w.* ▼**—en** saën; *wat men zaait, zal men oogsten,* wie die Saat, so die Ernte. ▼**—er** Säer, Sä(e)mann *m.* ▼**—goed** Saatgut *s.* ▼**—graan** S.getreide *s.* ▼**—ling** Sämling *m; (v. hennep)* Saatling *m.* ▼**—machine** Sä(e)maschine *w.* ▼**—plant** Samenpflanze *w.* ▼**—sel** Saat *w.* ▼**—tijd** Saat-, Säezeit *w.* ▼**—zaad** Saatgut *s.*
zaak Sache *w; (aangelegenheid, ook)* Angelegenheit *w; (handeling v. koop of verkoop, nering, bedrijf, winkel, bezigheid)* Geschäft *s; (rechtszaak)* Sache *w; vervelend —je,* unangenehme Geschichte, schwierige Angelegenheit; *de — (is mij niet duidelijk),* die S.; *— in lederwaren,* Lederwarengeschäft; *zaken zijn zaken,* Geschäft ist Geschäft; *een goed —je,* ein gutes Geschäft; *zaken (posten) afsluiten,* Geschäft/e, Abschlüsse tätigen; *goede zaken doen,* gute G.e machen; *goede zaken!,* gute Verrichtung!; *eigen zaken gaan doen, (hand.)* s. selbständig machen; *'t hele —je (boel, rommel) (kost maar f 1),* die ganze S., die ganze Geschichte; *(neem) het hele —je (rommel) (maar mee),* den ganzen Kram; *(zijn vader) zit in 'n —,* hat ein Geschäft; *hij zit in zaken,* er ist ein Geschäft/smann; *in zaken v. (inzake) godsdienst,* in S.n der Religion; *dat doet niets ter zake,* das tut nichts zur S.; *ter zake!,* zur S.; *ter zake v.,* wegen [2]; *(minister) v. algemene zaken,* für allgemeine Angelegenheiten; *het ergste v.d. — (is),* das Schlimmste bei der S.; *op slot v. zaken,* schließlich; *voor zaken op reis zijn,* in G.en, g.lich verreist sein; *'t is — om dat te doen,* es ist ratsam, es empfiehlt s. das zu tun; *het is niet veel —s,* es hat nicht viel auf s.
▼**zaak/bezorger** Sach/walter, Geschäfts/führer *m.* ▼**—geheugen** S.gedächtnis *s.* ▼**—gelastigde** Bevollmächtigte(r), G.führer *m; (diplomatie)* G.träger *m.* ▼**—je** *zie* **zaak**. ▼**—kennis** S.kenntnis *w.* ▼**—kundig** s.kundig, s.verständig. ▼**—register** S.verzeichnis, S.register *s.* ▼**—voerder** G.führer *m.* ▼**—waarnemer** S.walter, S.führer *m.*
zaal Saal *m; (in schouwburg)* Zuschauerraum *m; lege —, (schouwb.)* leeres Haus. ▼**—handbal** Hallen/handball *m.* ▼**—huur** S.miete *w.* ▼**—spel** H.spiel *s.* ▼**—sport** H.sport *m.* ▼**—wachter** S.wärter *m.* ▼**—zuster** S.schwester *w.*
zabbe/laar Lutscher, Sabbler *m.* ▼**—len** lutschen, sabbeln. ▼**—raar** *zie* **zeveraar**. ▼**—rdoek** Sabberlätzchen *s,* Geiferlappen *m.* ▼**—ren** *zie* **zeveren**.
zacht *(week, niet hard, niet ruw op 't gevoel, mollig, bijv. bed, kussen, haar, huid, hout, leer, potlood, als boter, dons, zijde)* weich; *(aangenaam voor 't gevoel, om te horen, voor de ogen, bijv. kussen, haar, huid, stem, toon, kleuren, licht; niet met kracht, niet ruw, niet hardhandig geschiedend, niet sterk gevoeld wordend, bijv. handdruk, drang, geweld, wind, regen; zachtaardig, niet bars, bijv. gemoed, karakter, blikken, woorden, zeden; geleidelijk, bijv. helling, kromming, ronding, overgang; v. sterven, slapen, rusten)* sanft; *(mild, weldadig aandoend, bijv. klimaat, winter, regen, licht; clement, humaan, welwillend, bijv. behandeling, heerser, straf, oordeel, zeden; v. smaak, bijv. wijn, tabak)* mild; *(niet luid op 't gehoor, bijna onmerkbaar, zwak, gering, bijv. lopen, spreken, stem, iem. aanstoten, verwijt, wind, regen)* leise; *(geen of minder pijnlijk gevoel veroorzakend, niet gestreng, matig, bijv. behandeling, straf, dood, verwijt, pijn, middel)* gelinde; *(niet snel, bijv. rijden)* langsam; *— ei, — gekookt ei,* weiches, weich gekochtes Ei; *met —e hand (regeren),* mit sanfter Hand; *—e kleuren,* milde, sanfte Farben; *met —e middelen (bereik je niets),* mit sanften, mit gelinden Mitteln; *—e regen,* sanfter, gelinder Regen, *(nauwelijks hoorbaar)* leiser R., *(mals, weldadig)* milder R.; *— rood,* sanftes Rot; *—e stem,* leise Stimme, *(goedig, aangenaam, liefelijk)* sanfte S., *(gevoelvol)* weiche S.; *—e valuta,* weiche Währung; *— verwijt,* leiser, gelinder, sanfter Vorwurf; *op — vuur,* bei gelindem Feuer; *— water,* weiches Wasser; *('n kind) — aanpakken,* sanft, zart, milde anfassen; *iem. — behandelen,* gelinde mit e.m verfahren; *(iem.) met —e blik (aankijken),* mit mildem Blick; *— gezegd, op z'n —st genomen, uitgedrukt,* gelinde gesagt, milde gesagt, milde gesprochen, mit dem gelindesten Ausdruck bezeichnet; *— wat! (de zieke slaapt),* sachte.
▼**zacht/aardig** *(v. mens en dier)* sanft; *(v. mens, ook)* sanftmütig; *(anders)* milde; *(de ziekte had) een — karakter,* e.n milden Charakter. ▼**—aardigheid** Sanftmut; Milde *w.* ▼**—heid** Weichheit; Sanftheit; Milde *w (zie* **zacht***); (zachtmoedigheid)* Sanftmut *w.* ▼**—jes** *(niet luid, zonder leven te maken, bijna niet merkbaar)* leise; *(zonder druk of kracht)* sanft; *(niet snel, bijv. rijden)* langsam; *(de deur) — dichtmaken,* leise schließen, sacht(e) zumachen; *—! (het kind slaapt),* sachte!; *— aan,* sachte, *(langzamerhand)* allmählich; *— aan (= stap voor stap) het doel naderbij komen,* ganz sachte dem Ziele näher kommen; *— aan!,* (nur) sachte!, nur gemach!; *— aan, dan breekt het lijntje niet,* eile mit Weile. ▼**—moedig** sanftmütig. ▼**—soldeer** Weichlot *s.* ▼**—zinnig** sanftmütig, sanft. ▼**—zinnigheid** Sanftmut *w.*
zadel Sattel *m; iem. in 't — zetten,* e.m in den S. helfen, e.n in den S. heben; *vast in 't — zitten,*

fest im S. sitzen; (*iem.*) *uit 't— lichten*, aus dem S. heben. ▾—**dek** S.decke *w.* ▾—**en** s.n. ▾—**maker** Sattler *m.* ▾—**makerij** Sattlerei *w.* ▾—**riem** Sattelgurt *m.* ▾—**tas(je)** S.tasche *w*; (*aan fietszadel, ook*) Werkzeugtasche *w.* ▾—**tuig** S.zeug *s.*

zag/en sägen, (*ook*: *snurken*); (*op viool, ook*) kratzen; (*zaniken*) quengeln, quasseln, klönen. ▾—**er** Säger; (*op viool, ook*) Kratzer; (*zaniker*) Leimsieder, Quengler *m.* ▾—**erij** Sägerei *w*, Sägewerk *s.*

zak Sack *m*; (*in kleren*) Tasche *w*; (*meer buidel*) Beutel *m*; (*biljartgat*) Loch *s*, Beutel; (*voor wijn enz.*) Schlauch *m*; *10 — koffie*, 10 S. Kaffee; (*iem.*) *in zijn — hebben*, in der T. haben, (*zijn meerdere zijn*) in die T., in den S. stecken, (*hem door en door kennen*) kennen wie seine (Westen) Tasche; (*iets*) *in zijn — steken*, in die T. stecken; *dat kon hij in zijn — steken*, (*fig.*) das, den konnte er einstecken; *diep in de — tasten*, (*veel betalen*) tief in die T. greifen; (*geen geld*) *op — (hebben)*, in der T.; *op vaders — leven*, seinem Vater auf der T. liegen; *zie* —**je**. ▾—**agenda** Notizbuch *s.* ▾—**atlas** Taschen/atlas *m.* ▾—**boekje** Notizbuch *s*; (*mil.*) Soldbuch *s.* ▾—**cent** T.geld *s.* ▾—**doek** T.tuch *s*; *— leggen*, Plumpsack spielen. ▾—**editie** T.ausgabe *w.*

zakelijk sachlich; *— bewijs*, Sachbeweis *m*; *— onderpand*, dingliche Sicherheit; *krediet op — onderpand*, Sachkredit *m*; *— recht*, dingliches Recht; *—e waarde*, Sach-, Realwert *m*; (*op handelszaken betrekking hebbend*) geschäft/lich. ▾—**heid** Sachlichkeit *w.* ▾**zaken/belang** G.sinteresse *s*, g.liches Interesse *s.* ▾—**bezoek** g.licher Besuch. ▾—**brief** Geschäfts/brief *m.* ▾—**kabinet** G.kabinett *s.* ▾—**man** G.mann *m.* ▾—**mensen** G.leute *Mz.* ▾—**pand** G.gebäude *s.* ▾—**reis** G.reise *w.* ▾—**relatie** G.verbindung *w.* ▾—**wereld** G.welt *w.*

zak/formaat Taschen/format *s.* ▾—**geld** T.geld *s.* ▾—**je** Säckchen *s*; (*in kleren*) Tasche *w*, Täschchen *s*; (*kerkezakje enz.*) Beutel *m*; *papieren —*, (*builtje*) (Papier)Tüte *w.* ▾—**kammetje** Taschen/kamm *m.* ▾—**rekenmachine** T.rechner *m.*

zakken sinken; fallen; (*bij, voor een examen*) (im Examen) durchfallen; (*graan enz. in zakken doen*) (ein)sacken; (*de barometer*) *zakt, is sterk gezakt*, fällt, ist stark gesunken; (*de muur, de grond*) *is gezakt*, hat s. gesenkt; (*het water*) *zakt*, fällt, sinkt; *z. laten —*, s. herunter-, hinunterlassen; (*een gordijn*) *laten —*, herunterlassen; (*het hoofd, de moed*) *laten —*, sinken lassen; (*een brug, de stem, een kist in 't graf*) *laten —*, senken; *door 't ijs —*, (auf dem Eise) einbrechen.

zakken/drager Sackträger *m.* ▾—**linnen** Sackleinen *s*, -leinwand *w*, -tuch *s.* ▾—**rollen** Taschen/diebstahl *m*, T.dieberei *w.* ▾—**roller** T.dieb *m*; *pas op voor —s*, hüte dich vor T.dieben, vor T.dieben wird gewarnt. ▾**zak/lantaarn** Taschen/lampe *w.* ▾—**lopen** Sachlaufen *s.* ▾—**mes** T.messer *s.* ▾—**sel** (Boden)Satz *m.* ▾—**spiegeltje** T.spiegel *m.* ▾—**woordenboek** T.wörterbuch *s.*

zalf Salbe *w.* ▾—**achtig** salbenähnlich, salbig. ▾—**pot** Salbentopf *m*, -büchse *w.*

zalig selig; (*heerlijk, verrukkelijk*) herrlich, himmlisch, wonnig; *— verklaren*, selig sprechen. ▾—**er**: *— gedachtenis*, seligen Andenkens; *vader —*, mein seliger Vater, mein Vater selig(er). ▾—**heid** Selig/keit, Glückseligkeit *w*; (*iets heerlijks*) S.keit, Wonne *w.* ▾—**makend** s.machtend. ▾**Z—maker** S.macher, Heiland *m.* ▾—**making** S.machung, Erlösung *w.* ▾—**spreking** S.preisung *w.* ▾—**verklaring** S.sprechung *w.*

zalm Lachs, Salm *m.* ▾—**forel** L.forelle *w.* ▾—**kleurig** l.farbig. ▾—**sla** L.salat *m.*

zalv/en salben. ▾—**end** salbungsvoll. ▾—**ing** Salbung *w.*

zamen: *te —*, *zie* **samen**.

zand Sand *m*; *als droog — aan elkaar hangen*, gar keinen Zusammenhang haben; *— erover*, S. drauf!, Schwamm drüber!; *in 't — (bijten)*, (*sneuvelen*) ins Gras. ▾—**aardappel** Sand/kartoffel *w.* ▾—**achtig** s.artig, s.ig. ▾—**bak** S.kasten *m.* ▾—**bank** S.bank *w.* ▾—**blad** (*tabak*) S.blatt *s.* ▾—**duin** S.düne *w.* ▾—**erig** s.ig. ▾—**erij**, —**groeve** S.grube *w.* ▾—**grond** S.boden *m.* ▾—**heuvel** S.hügel *m.* ▾—**ig** s.ig. ▾—**kleurig** s.farben. ▾—**korrel** S.korn *s.* ▾—**loper** (*tijdglas*) S.uhr *w.* ▾—**mannetje** S.mann *m.* ▾—**ruiter** S.reiter *m.* ▾—**schipper** S.schiffer *m.* ▾—**schuit** S.kahn *m*, S.schiff *s.* ▾—**steen** S.stein *m.* ▾—**straler** S.strahlgebläse *s.* ▾—**strooier** S.streuer *m.* ▾—**verstuiving** S.scholle, Wanderdüne *w*; (*stuifzand*) Flugsand *m.* ▾—**vlakte** S.fläche, S.ebene *w.* ▾—**weg** S.weg *m.* ▾—**woestijn** S.wüste *w.* ▾—**zak** S.sack *m.* ▾—**zuiger** S.sauger *m.*

zang Gesang *m.* ▾—**boek** (*in kerk*) G.buch, (*anders*) Liederbuch *s.* ▾—**bundel** Liedersammlung *w.* ▾—**cursus** Singkurs(us) *m.* ▾—**er** Sänger *m.* ▾—**eres** Sängerin *w.* ▾—**erig** melodisch. ▾—**erigheid** Wohlklang *m.* ▾—**ersfeest** Sängerfest *s.* ▾—**koor** Chor, Singechor *m*; (*plaats in de kerk*) Chor *s*, Chorbühne *w.* ▾—**kunst** G.-, Sing/kunst *w.* ▾—**leraar** G.lehrer *m.* ▾—**les** G.stunde, S.stunde *w.* ▾—**lustig** singlustig, sangeslustig. ▾—**methode** Sing/methode *w.* ▾—**nummer** G.nummer *w.* ▾—**oefening** S.übung *w.* ▾—**onderwijs** G.unterricht *m.* ▾—**school** G., S.schule *w.* ▾—**stem** S.stimme *w.* ▾—**ster** Sängerin; (*muze*) Muse *w.* ▾—**stuk** G.-, Sing/stück *s.* ▾—**uitvoering** G.aufführung *w.* ▾—**vereniging** G.verein *m.* ▾—**vogel** S.vogel *m.* ▾—**wedstrijd** G.wettkampf *m.* ▾—**wijze** S.weise *w.* ▾—**zaad** S.samen *m.*

zanik Nölpeter *m*, Nölliese *w*; (*als klein kind*: *dreinen*) Quengler *m*; (*saaie zeurkous*) Leimsieder *m*; (*leuteraar*) Faselhans *m.* ▾—**en** nölen; (*dreinen*) quengeln; (*leuteren*) faseln; *hij bleef z'n vader aan zijn oren — om een fiets*, er lag seinem Vater beständig in den Ohren, daß er ihm ein Rad schenke.

zat betrunken; (*verzadigd*) satt; (*in overvloed*) die Menge; (*beu*) satt; *ik ben, word 't —*, ich habe, bekomme es satt; *geld —*, Geld die schwere Menge; (*tijd*) *—*, genug.

zaterdag Sonnabend, Samstag *m*; *'s —s*, am S. ▾—**s I** *bw* sonnabends, samstags. **II** *bn* sonnabendlich, samtäglich, Sonnabend..., Samstag...; *zie* **maandags**.

zat/heid Sattheit *w.* ▾—**lap** Trunkenbold *m.*

z.b.b.h.h. Beschäftigung außer Hause.

ze sie; (*3e nv ev*) ihr, (*mv*) ihnen; *zoals — zeggen*, (*men zegt*) wie man sagt.

zeboe Zebu *m.*

zebra Zebra *s.* ▾—**pad** Z.streifen *m*, Z. *s.*

zede Sitte *w*, Brauch *m*; *—n en gewoonten*, Sitten und Bräuche (Gebräuche); *rein v. —n*, sittenrein; *strengheid v. —n*, Sittenstrenge *w*; *een vergrijp tegen de (goede) —n*, Sittlichkeitsverbrechen *s*, (*minder erg*) -vergehen *s*; (*'n vrouw*) *v. verdachte —n*, mit zweifelhaften Sitten. ▾—**lijk** sittlich, moralisch. ▾—**lijkheid** Sittlichkeit, Moralität *w.* ▾—**loos** sitten/los. ▾—**loosheid** S.losigkeit *w.* ▾**zeden/bederf** S.verderbnis *w.* ▾—**bedervend** entsittlichend. ▾—**kunde**

S.lehre, Ethik *w.* ▾**—kwetsend** s.verletzend. ▾**—leer** S.lehre *w.* ▾**—les** sittliche Lehre, Moral *w.* ▾**—meester** Sittenlehrer *m;* (*moraliserend criticus*) -richter *m.* ▾**—misdrijf** Sittlichkeitsverbrechen *s.* ▾**—politie** Sitten/polizei *w.* ▾**—preek** S.predigt *w.* ▾**—roman** S.roman *m.* ▾**—spreuk** S.spruch *m.* ▾**—wet** S.gesetz *s.*

zedig sittsam. ▾**—heid** Sittsamkeit *w.*

zee Meer *s* (*ook fig.*); (*meer Noordduits*) See *w* (*dit ook in zeer vele uitdrukkingen en ss vooral welke betrekking hebben op het zeewezen*); (*golf, golfslag*) See *w; een — v. bloed, licht,* ein M. von Blut, Licht; *— bouwen,* die S. befahren, zur S. fahren; *— houden,* S.halten; *— kiezen,* in S.stechen, (*het schip*) *kreeg aanhoudend zware —ën over,* nahm beständig schwere S.n über; *in volle, in open —,* auf hoher, auf offener S.; *met iem. in — gaan,* es mit e.m wagen; *naar — gaan,* (*zeeman worden enz.*) zur S. gehen, (*naar badplaats enz.*) an die See reisen; *luitenant ter —,* Leutnant zur S.; *recht door —,* offen und ehrlich, geradeswegs; *recht door — gaan,* den geraden Weg gehen. ▾**—arm** Meeresarm *m.* ▾**—assurantie** See/versicherung *w.* ▾**—baars** S.-, Meerbarsch *m.* ▾**—bad, —badplaats** S.bad *s.* ▾**—banket** Hering *m,* (*fruits de mer*) S.früchte *Mz.* ▾**—beving** S.beben *s.* ▾**—bodem** Meeresboden, -grund *m.* ▾**—boezem** Meeresbucht *w.* ▾**—bonk** S.bär *m,* Teerjacke *w.* ▾**—boot** S.dampfer *m.* ▾**—breker** Wellenbrecher *m.* ▾**—brief** S.brief *m.* ▾**—dier** S.tier *s.* ▾**—dijk** S.deich *m.* ▾**—ëngte** Meerenge, Meeresstraße *w.*

zeef Sieb *s;* (*voor vloeistoffen, ook*) Seihe *w,* Seiher *m.* ▾**—doek** Siebtuch *s.*

zee/gang See/gang *m.* ▾**—gat** S.gatt *s; 't — uitgaan,* (*zeeman worden*) zur S. gehen; (*zee kiezen*) in S. stechen, gehen. ▾**—gevecht** S.gefecht, S.treffen *s.* ▾**—gezicht** S.ansicht *w;* (*schilderstuk*) S.stück *s.* ▾**—god** Meergott *m.* ▾**—gras** S.gras *s;* (*wier*) S.tang *m.* ▾**—groen** meergrün. ▾**—haven** S.hafen *m.* ▾**—held** S.held *m.* ▾**—hondevel** S.hundsfell *s.* ▾**—hoofd** Mole *w,* Hafendamm *m.* ▾**—kaart** S.karte *w.* ▾**—kant** S.seite *w;* Meeresufer *s;* Meeresküste *w;* (*hij woont*) *aan de —,* am Meere, an der Küste. ▾**—kapitein** S.kapitän *m.* ▾**—kasteel** Riesendampfer *m,* -schiff *s.* ▾**—klaar** s.klar. ▾**—klei** S.klei *m.* ▾**—klimaat** S.-, Meer(es)klima *s.* ▾**—krab** Taschenkrebs *m.* ▾**—kreeft** Hummer *m,* S.krebs *m.* ▾**—kust** Meeres-, S.küste *w.*

zeel Gurt *m,* Tragband *s.*

Zeeland Seeland *s;* (*Ned. prov., ook*) Zeeland *s.* ▾**—s** seeländisch.

zee/lieden See/leute *Mz.* ▾**—loods** S.lotse *m.*

zeelt Schleie *w,* Schlei *m.*

zeelucht See-, Meeresluft *w.*

zeem 1 (*zeemleer*) Sämischleder *s;* **2** (*zeemlap*) Lederlappen *m,* Fensterleder *s;* **3** (*honing*) Honigseim *m.*

zee/macht Marine; See/macht *w.* ▾**—man** S.mann *m.* ▾**—manschap** S.mannschaft *w,* s.männische Tüchtigkeit. ▾**—manshuis** S.mannsheim *s.* ▾**—manstaal** S.mannssprache *w.* ▾**—meermin** Meerweib *s,* S.jungfer *w.* ▾**—meeuw** S.möwe *w.* ▾**—mijl** S.meile *w.*

zeem/lap *zie* **zeem 2.** ▾**—leer** Sämischleder *s.* ▾**—leren** sämischledern.

zee/mogendheid Seemacht *w.* ▾**—monster** Meerungeheuer *s.*

zeen Sehne, Flechse *w.*

zee/nimf See/jungfer, S.nymphe *w.* ▾**—oever** Meeres-, S.ufer *s.* ▾**—officier** S-, Marineoffizier *m.* ▾**—oorlog** S.krieg *m.*

zeep Seife *w; groene, zachte —,* Schmierseife, weiche Seife, grüne Seife; *om — gaan,* abrutschen, abfahren.

zee/paardje Seepferdchen *s.* ▾**—paling** Meeraal *m.*

zeep/achtig seifenartig, seifig. ▾**—bakje** Seifen/napf *m,* S.schale *w.* ▾**—bel** S.blase *s.* ▾**—doos** S.dose, S.büchse *w.* ▾**—kistenrace** S.kistenrennen *s.* ▾**—kwast** Rasierpinsel *m.*

zee/plaats See/stadt *w.* ▾**—polis** S.versicherungsschein *m.*

zeepoplossing Seifenlösung *w.*

zeepost Seepost *w.*

zeep/poeder Seifen/pulver *s.* ▾**—sop** S.wasser *s.* ▾**—ziederij** S.siederei *w.*

zeer I *zn: — doen,* weh tun; *iem. in zijn — tasten,* jemands wunde Stelle berühren; *oud —,* ein altes Übel, ein alter Schaden; (*huiduitslag*) Grind *m.* **II** *bn* (*lichamelijk pijnlijk*) schmerzhaft; *zere plek,* peinliche Stelle; *zere vinger,* schlimmer, böser Finger; *— hoofd,* (*uitslag*) Kopfgrind *m.* **III** *bw* sehr; *— mooi,* sehr schön, recht schön; *— modern,* hochmodern; *al te —,* allzusehr, gar zu sehr; *ten —ste,* sehr; höchst, aufs höchste; *voor verdere opdrachten houden wij ons ten —ste aanbevolen,* zu weiteren Aufträgen halten wir uns bestens empfohlen; *ten —ste* (*dringend*) (*aanbevelen*), dringendst; *ik verzoek u ten —ste,* ich bitte Sie angelegentlich(st); *dank u ten —ste,* danke bestens, ich danke verbindlich(st); *om het —st,* um die Wette.

zee/raad See/amt *s.* ▾**—ramp** S.katastrophe *w,* S.unfall *m.*

zeer/eerwaard: *Z—e,* (*aanspreking*) Hochwürden; Herr Pfarrer; *Z—e Heer,* (*boven brief, bijv. aan pastoor*) Hochwürdiger Herr Pfarrer!, Sehr geehrter (hochwürdiger) Herr Pfarrer!, (*adres*) Hochwürden Herrn Pfarrer X, Hochw. Herrn Pfarrer X, H. Herrn Pfarrer X, S.H. Herrn Pfarrer X; (*aanspreking in brief: UZE*) Euer Hochwürden. ▾**—geleerd** hochgelehrt; *Z—e Heer,* (*boven brief aan Dr A.*) Sehrgeehrter Herr Doktor!

zee/reis See/reise *w.* ▾**—rob** S.hund *m;* (*fig.*) S.bär *m,* S.ratte *w.* ▾**—rover** S.räuber *m.* ▾**—schade** S.schaden *m.* ▾**—scheepvaart** S.schiffahrt *w.* ▾**—schelp** S.muschel *w.* ▾**—schip** S.schiff *s.* ▾**—schuim** S.schaum, Meer/schaum *m.* ▾**—schuimer** S.räuber *m.* ▾**—slag** S.schlacht *w.* ▾**—slang** S.schlange, M.schlange *w.* ▾**—spiegel** M.esspiegel *m.* ▾**—ster** S.stern *m.* ▾**—straat** M.esstraße, M.(es)enge *w.* ▾**—strand** M.es-, S.strand *m.* ▾**—strijd** S.kampf *m.* ▾**—stroming** M.esströmung *w.* ▾**—term** S.mannsausdruck *m.* ▾**—tijding** S.bericht *m.* ▾**—tocht** S.reise *w,* S.fahrt *w.*

Zeeuw Seeländer *m.* ▾**—s** seeländisch.

zee/vaarder See/fahrer *m.* ▾**—vaart** S.(schiff)fahrt *w.* ▾**—vaartkunde** Schiffahrtskunde *w.* ▾**—vaartonderwijs** See/fahrtsunterricht *m.* ▾**—vaartschool** S.fahrtschule *w.* ▾**—varend** s.fahrend; *—en,* S.fahrer *Mz;* (*ook*) S.leute *Mz.* ▾**—vis** S.fisch *m.* ▾**—vlak** Meeresfläche *w.* ▾**—vogel** S.vogel *m.* ▾**—vond** S.auswurf *m,* Strandgut *s.* ▾**—waardig** see/tüchtig, s.fähig. ▾**—waarts** s.wärts. ▾**—water** Meer-, S.wasser *s; schade door —,* S.wasserschaden *m.* ▾**—weg** S.weg *m.* ▾**—wering** S.deich *m.* ▾**—wezen** S.wesen *s.* ▾**—wier** S.tang *m.* ▾**—wind** S.wind *m.* ▾**—ziek** s.krank. ▾**—zout** S.-, Meersalz *s.*

zeg: *— Piet* (*ga je mee?*), du, Peter; *—, mijnheer Müller,* Sie, Herr Müller; *ga je mee, —?,* gehst du mit, du?; *mooi, —!,* schön, was!

zege Sieg *m.* ▼**—boog** Sieges/-, Triumphbogen *m.* ▼**—krans** S.kranz *m.* ▼**—kreet** S.ruf *m.*

zegel (*in lak, was enz. gedrukte figuur, ook fig.*) Siegel *s;* (*voorwerp waarmede men die afdruk maakt*) Stempel *m,* Siegel *s;* (*belasting door middel v. stempels of zegels*) Stempel *m;* (*vel gezegeld papier*) Stempelbogen *m;* (*om te plakken; alg.*) Marke *w,* (*postzegel, ook*) Briefmarke *w,* (*kwitantie-, plakzegel*) Quittungs-, Stempelmarke *w; zijn — aan iets hechten,* (*eig.*) sein Siegel an etwas hängen, (*iets bekrachtigen, bevestigen*) sein Siegel auf etwas drücken, (*iets goedvinden*) etwas gutheißen; *onder 't — v. geheimhouding,* unter dem Siegel der Verschwiegenheit; *rekest op —,* auf Stempel(papier) geschriebene Bittschrift; *vrij v. —,* stempelfrei. ▼**—afdruk** Siegelabdruck *m.* ▼**—belasting** Stempelsteuer *w.* ▼**—bewaarder** Siegelbewahrer *m.* ▼**—en** versiegeln, siegeln; stempeln; mit e.r Quittungsmarke versehen; *gezegeld,* (*ingedrukt*) gestempelt; *gezegeld papier,* Stempelpapier *s; vel gezegeld papier,* Stempelbogen *m.* ▼**—kosten** Stempelgebühren *Mz.* ▼**—lak** Siegellack *m.* ▼**—lood** Plombe *w.* ▼**—recht** Stempel-, Quittungssteuer *w; aan — onderworpen,* stempelpflichtig; *vrij v. —,* stempelfrei. ▼**—ring** Siegelring *m.* ▼**—verbreking** Siegelerbrechung *w.* ▼**—wet** Stempelgesetz *s.*

zegen 1 Segen *m;* **2** (*net*) Zugnetz *s.* ▼**—en** segnen. ▼**—ing** Segnung *w.* ▼**—rijk** segensreich. ▼**—wens** Segenswunsch *m.*

zege/palm Siegespalme *w.* ▼**—praal** Sieg, Triumph *m.* ▼**—pralen** t.ieren, siegen. ▼**—teken** Sieges/zeichen *s.* ▼**—tocht** S., T.zug *m.* ▼**—vieren** siegen, t.ieren; *een gedachte doen —,* e.m Gedanken zum Sieg verhelfen; (*de waarheid*) *doen —,* zum Siege führen; *—d,* siegreich, t.ierend, siegend. ▼**—wagen** Sieges/-, T.wagen *m.* ▼**—zang** S.gesang *m.*

zegge: (*f 100*), *—* (*honderd gulden*), wörtlich, in Worten, in Buchstaben, sage und schreibe; *—f 100,* (*op kwitantie*) für hfl. 100; (*het duurde*) *— en schrijve 3 uur,* sage und schreibe 3 Stunden.

zeggen sagen; *wie kan ik —, dat er is?,* wen darf ich melden?; (*ik heb*) *het horen —,* sagen hören; *zo gezegd, zo gedaan,* gesagt, getan; (*dat is*) *gauwer gezegd, dan gedaan,* leichter gesagt als getan; *wat ik — wil,* (*à propos*) was ich sagen wollte; *als ik wat te — had, 't voor 't — had,* wenn es nach mir ginge; *je hebt 't maar voor 't —,* du darfst es nur sagen; *dat zegt niets,* damit ist nichts gesagt; (*dat*) *zegt niet veel,* will nicht viel sagen; *wat wil dat —?,* (*moet dat betekenen*) was soll das heißen?, was heißt das?, (*betekent immers niets*) das hat nicht viel zu sagen!; *dat wil —,* das heißt; (*wat*) *zeg je daarvan?,* sagst du dazu?; *daar heeft hij niets v. gezegd,* davon hat er nichts gesagt; *wat zal ik je* (*ervan*) *—?,* was läßt s. da viel sagen?; *overal wat op te — hebben,* an allem etwas auszusetzen haben; *op hem is niets, v. hem valt niets verkeerds te —,* man kann ihm nichts (Schlimmes) nachsagen; *daar valt veel voor te —,* das hat viel für sich; *ik zou haast —,* ich möchte sagen; *zoals ik al zei,* wie gesagt; *ik heb gezegd,* (*na redevoering*) ich habe gesprochen; *al zeg ik 't zelf,* ohne mich rühmen zu wollen; *houd dat voor gezegd,* laß dir das gesagt sein; *onder ons gezegd,* unter uns gesagt, im Vertrauen gesagt; *om zo te —,* sozusagen; *'t is toch wat te —,* (es ist) eine schöne Geschichte!, es ist doch schrecklich; *volgens zijn —,* wie er sagt. ▼**zeg/genschap** Verfügungsrecht *s,* Verfügung *w.* ▼**—gingskracht** Beredsamkeit *w.* ▼**—sman** Gewährsmann *m; soms =* **woordvoerder**, *zie daar.* ▼**—swijze** Redensart *w.*

zeil (*aan zeilschip enz., molenwieken; dekzeil waar men onder zit tegen zon enz.*) Segel *s;* (*om iets onder te dekken*) Decke *w;* (*huif over wagen*) Plane *w;* (*over tent*) Zelttuch *s;* (*vloerbedekking*) Linoleum *s;* (*wasdoek*) Wachstuch *s;* (*v. gummi*) Gummidecke *w,* -tuch *s; alle —en bijzetten,* alle Segel beisetzen, (*fig.*) alle Kräfte anstrengen; *onder — gaan,* unter S. gehen, (*fig.*) einnicken, einschlafen; *met opgestreken, opgezet —,* (*fig.*) mit geschwollenem Kamm; *met een nat —,* (*fig.*) betrunken; *de —en reven,* (*fig.*: *inbinden*) die S. streichen; *het —* (*strijken*), (*fig.*) die Flagge. ▼**—boot** S.boot *s.* ▼**—doek** S.tuch *s; zie ook* **zeil**. ▼**—en** segeln; *—d* (*verkopen*), (*hand.*) (als) schwimmend(e) (Ladung). ▼**—er** Segler *m.* ▼**—jacht** Segel/jacht *w.* ▼**—klaar, —ree** s.klar, -fertig. ▼**—schip** S.schiff *s,* Segler *m.* ▼**—sport** Segel/sport *m; beoefenaar v.d. —,* S.sportler *m.* ▼**—tocht** S.fahrt *w.* ▼**—vaart** S.schiffahrt *w.* ▼**—vereniging** S.verein *m.* ▼**—vlucht** S.flug *m.* ▼**—wedstrijd** Wettsegeln *s.*

zeis Sense *w.* ▼**—vormig** sensenförmig.

zeker sicher, gewiß; (*veilig*) sicher; (*betrouwbaar*) sicher, zuverlässig; (*wat men niet nader noemen kan of wil*) gewiß; (*stellig, gewis*) gewiß, sicher(lich), bestimmt; (*vermoedelijk, zekerlijk*) sicher(lich), gewiß; (*bepaald*) bestimmt; (*beslist*) entschieden; *op —e dag,* e.s Tages; *je bent hier je leven niet —,* man ist hier seines Lebens nicht sicher; (*hij is*) *'n —e* (*klantie, Seçuur*) ein Sicherheitskommissarius, ein sicherer Kunde, *—e gelegenheid, plaats,* (*toilet*) ein gewisser Ort; *het —e voor het onzekere* (*nemen*), das Gewisse für das Ungewisse; *tot op —e hoogte,* in gewissem Sinne, gewissermaßen; (*je komt*) *—* (*te laat*), gewiß; *— v. zijn zaak* (*zijn*), seiner Sache gewiß; *— v.d. overwinning,* siegesgewiß; *ik ben er — v.* (*dat het zo is*), ich bin (mir) sicher; *ik ben er — v., ik weet het —,* ich weiß es bestimmt; *v. hem ben je nooit —,* auf ihn kann man s. nie verlassen; *nee — niet,* ganz gewiß nicht; *wel —!,* ganz gewiß!, (*iron.*: *dat ontbreekt er nog maar aan!*) das fehlte noch!, warum nicht gar!; (*dat is*) *zo — als 2 × 2 vier is,* todsicher, so sicher wie das Amen in der Kirche. ▼**zekerheid** Sicherheit, Gewißheit *w;* (*waarborg, borgtocht*) Sicherheit *w; voor de — = —***shalve** sicherheitshalber. ▼**—sstelling** Sicherstellung, Sicherheitsleistung *w.* ▼**zekering** Sicherung *w.*

zelden, zeldzaam selten. ▼**—heid** S.heit *w.*

zelf selbst, selber; (*ik was, raakte*) *buiten me —* (*v. woede*), außer mir (vor Wut); *op z.—* (*beschouwd*), an (und für) sich; (*dat is*) *een zaak op z.—,* eine Sache für sich; *ieder geval op z.—* (*beoordelen*), jeden Fall einzeln; *v. z.—* (*vallen*), in Ohnmacht; *het eigen —,* das eigene, das liebe Selbst; *zie* **vanzelf**. ▼**—bedieningswinkel** Selbst/bedienungsladen *m.* ▼**—bedrog** S.betrug *m.* ▼**—bedwang** S.zwang *m.* ▼**—begoocheling** S.täuschung *w.* ▼**—behagen** S.gefälligkeit *w.* ▼**—beheersing** S.beherrschung *w.* ▼**—behoud** S.erhaltung *w; drang, zucht tot —,* S.erhaltungstrieb *m.* ▼**—bekrachtigend** s.erregend. ▼**—beperking** S.beschränkung *w.* ▼**—beschikking** S.bestimmung, S.verfügung *w.* ▼**—beschikkingsrecht** S.bestimmungsrecht *s.* ▼**—beschouwing**

S.beobachtung *w.* ▼—**beschuldiging** S.anklage, S.beschuldigung *w.* ▼—**bestuiving** S.bestäubung *w.* ▼—**bestuur** S.verwaltung *w.* ▼—**bevrediging** S.befriedigung *w.* ▼—**bewoning** S.bewohnung *w.* ▼—**bewust** s.bewußt. ▼—**bewustzijn** S.bewußtsein *s.* ▼—**binder** S.binder *m;* (*maaimachine, ook*) Mähbinder *m.*

zelfde: *deze — man,* (eben) derselbe Mann; *v.e. — grootte,* von gleicher Größe; *een — geval,* ein ähnlicher Fall.

zelf/genoegzaam selbst/genügsam, s.zufrieden. ▼—**genoegzaamheid** S.genügsamkeit, S.zufriedenheit *w.* ▼—**ingenomen** s.gefällig. ▼—**ingenomenheid** S.gefälligkeit *w.* ▼—**kant** (*v. stoffen*) Salleiste, Salkante *w,* Salband *s,* Gewebeleiste *w; de — v.d. maatschappij,* die Peripherie der Gesellschaft; *lieden v.d. — (der maatschappij),* der Abschaum der Gesellschaft. ▼—**kennis** Selbst/erkenntnis *w.* ▼—**kwelling** S.quälerei *w.* ▼—**moord** S.mord *m.* ▼—**ontbranding** S.entzündung *w.* ▼—**ontspanner** (*fot.*) S.auslöser *m.* ▼—**opoffering** S.aufopferung *w.* ▼—**overschatting** S.überhebung *w.* ▼—**overwinning** S.überwindung *w.* ▼—**portret** S.bild(nis), S.porträt *s.* ▼—**registrerend** s.registrierend. ▼—**respect** S.achtung *w.* ▼—**rijzend**: *— bakmeel,* Backpulver *s.*

zelfs selbst, sogar; *of —,* oder gar.

zelfstandig selbständig; *— naamwoord,* Substantiv, Hauptwort *s.* ▼—**heid** Selbständigkeit, Unabhängigkeit *w;* (*stof, ding*) Substanz *w.*

zelf/starter Selbst/anlasser *m.* ▼—**strijd** innerer Kampf. ▼—**strijkend** bügelfrei. ▼—**strikker** S.binder *m.* ▼—**studie** S.studium *s.* ▼—**verdediging** S.verteidigung *w.* ▼—**verheffing** S.überhebung *w.* ▼—**verloochening** S.verleugnung *w.* ▼—**vertrouwen** S.vertrauen *s.* ▼—**verwijt** S.vorwurf *m.* ▼—**verzekerd** s.sicher. ▼—**voldaan** s.zufrieden. ▼—**voldaanheid** S.zufriedenheit *w.* ▼—**voldoening** S.befriedigung, Genugtuung *w.* ▼—**werkend** s.tätig, automatisch. ▼—**werkzaamheid** S.tätigkeit *w.* ▼—**zucht** S.sucht *w.* ▼—**zuchtig** s.süchtig.

zelve *zie* **zelf**.

zemel/(aar) Leimsieder, Langweiler *m;* (*kleingeestig*) *zie* **zemelknoper**. ▼—**en I** *zn* Kleie *w.* **II** *ww* (*zeurig praten*) salbadern, nölen. ▼—**ig** kleiig; (*fig.*) langweilig. ▼—**knoper** (*muggezifter*) Haarspalter, Kleinigkeitskrämer *m.*

zemen I *ww* (*ruiten*) putzen. **II** *bn* (*handschoenen enz.*) sämischledern; *— lap,* Fensterleder *s,* Lederlappen *m.*

zend/amateur Funkamateur *m.* ▼—**antenne** Sendeantenne *w.* ▼—**brief** Sendschreiben *s,* -brief *m.* ▼—**buis** Senderöhre *w.* ▼—**eling** Missionar, Missionär *m.* ▼—**en** senden (*ook rad.*); (*sturen*) schicken. ▼—- **en ontvangtoestel** Sende- und Empfängsgerät *s.* ▼—**er** Sender; Absender *m; geheime —,* Schwarzsender; *door alle —s gerelayeerd,* auf alle Sender übertragen. ▼—**golf** Sendewelle *w.* ▼—**ing** Sendung *w;* (*missiewerk*) Mission *w.* ▼—**ingsgenootschap** Missions/gesellschaft *w,* M.verein *m.* ▼—**ingswerk** M.arbeit *w.* ▼—**installatie** Sendeanlage *w.* ▼—**piraat** Piratensender *m.* ▼—**station** Sende/station *w.* ▼—**toestel** S.apparat *m.* ▼—**vergunning** S.lizenz *w.*

zeng/en sengen. ▼—**ing** Sengung *w.*

zenit Zenit *m;* (*fig.*) Gipfelpunkt *m.*

zenuw Nerv *m; last v. —en hebben,* Nerven haben, (*sterker*) an den Nerven leiden; *'t op de —en krijgen,* e.n Nerven/anfall bekommen; *daarvan krijg je 't op je —en,* das geht e.m auf die N. ▼—**aandoening** N.leiden *s;* (*prikkeling*) N.erregung *w.* ▼—**achtig** nervös. ▼—**achtigheid** Nervosität *w.* ▼—**arts** Nerven/arzt *m.* ▼—**crisis** N.krise *w,* N.zusammenbruch *m.* ▼—**enoorlog** N.krieg *m.* ▼—**gestel** N.system *s.* ▼—**inrichting** N.heilanstalt *w.* ▼—**knoop** N.knoten *m;* (*fig.*) N.bündel *s.* ▼—**kwaal** N.leiden *s.* ▼—**lijder** N.kranke(r) *m.* ▼—**ontsteking** N.entzündung *w.* ▼—**overspanning** N.überreizung *w.* ▼—**pees** N.bündel *s.* ▼—**pijn** N.schmerzen *Mz.* ▼—**schok** N.schock *m.* ▼—**slopend** n.aufreibend. ▼—**stelsel** N.system *s.* ▼—**ziek** n.krank.

zep/en seifen. ▼—**(er)ig** seifig.

zerk Steinplatte *w;* (*grafsteen*) Grabstein *m.*

zes sechs; *v. —sen klaar,* in allen Sätteln gerecht, (*eig.: v. paard*) fehlerfrei. ▼**zes(-)** *zie ook* **vier(-)**. ▼—**daags** sechstägig; *de —e,* das Sechstagerennen. ▼—**tien** sechzehn; *zie* **veertien(-)**.

zestig sechzig; *zie* **veertig(-)**. ▼—**pluskaart** Seniorenpaß *m.*

zet (*bij schaak-, damspel enz.*) Zug *m;* (*duw, stoot, ruk*) Stoß, Ruck *m;* (*sprong*) Satz, Sprung *m;* (*gezegde*) Wort *s,* Einfall *m;* (*streek, list*) Streich, Kniff *m; aan — (zijn),* (*schaaksp.*) am Zuge; *iem. een —(tje) geven,* e.m e.n Stoß geben, (*fig.: voorthelpen*) e.m auf die Sprünge helfen; (*dat*) *was een goede —,* (*goed gezegd*) hat er ihm (dir usw.) gut gegeben, war gut gegeben. ▼—**baas** Geschäftsführer; (*kastelein, boer*) Setzwirt; (*stroman*) Strohmann *m.* ▼—**boer** Pächter *m.*

zetel Sitz *m;* (*stoel*) Sessel *m.* ▼—**en** (*v. regering enz.*) seinen Sitz haben, residieren; (*op troon zitten, ook fig.*) thronen; *—d,* (*gevestigd*) ansässig.

zet/fout Satzfehler; (*drukfout*) Setzfehler *m.* ▼—**haak** (*typ.*) Setz/haken *m.* ▼—**loon** S.erlohn *m.* ▼—**machine** S.maschine *w.*

zet/meel Stärkemehl *s,* Stärke *w.* ▼—**pil** Stuhlzapfen *m.* ▼—**sel** Satz *m;* (*kooksel v. koffie enz.*) Sud *m.* ▼—**spiegel** (*typ.*) Satzspiegel *m.*

zett/en setzen; stellen; (*gebroken arm, been*) einrichten; (*koffie enz.*) machen, kochen; *'n vrolijk gezicht —,* ein heiteres Gesicht machen; (*edelstenen in goud*) *—,* fassen; *op ('t) papier —,* zu Papier bringen; (*iem.*) *uit het land —,* ausweisen; (*een val; bloemen in het water*) *—,* stellen; (*de klok op 12 uur*) *—,* stellen; *z. iets in het hoofd —,* s. etwas in den Kopf setzen; *z. iets uit het hoofd —,* s. etwas aus dem K. schlagen; (*iem.*) *mat —,* matt setzen; *wie moet er —,* (*schaaksp.*) wer ist am Zug; *z. —,* s. setzen, (*tot vrucht*) ansetzen; *z. over iets heen —,* s. über etwas hinwegsetzen; *'t op een lopen —,* s. auf die Beine machen, Reißaus nehmen; *er alles op —,* alles d(a)ransetzen, alles aufbieten; (*iem.*) *niet kunnen —,* nicht (leiden) mögen, nicht ausstehen können. ▼—**er** Setzer, Schriftsetzer *m;* (*v. edelstenen in goud enz.*) Fasser *m.* ▼—**erij** Setzerei *w.* ▼—**ing** Setzen *s;* (*v. edelstenen*) Fassung *w;* (*het lager worden v. metselwerk*) Setzung *w.*

zeug Sau *w,* Mutterschwein *s.*

zeulen schleppen.

zeur/en (*langzaam en vervelend praten, werken enz.*) nölen; (*treuzelen, ook*) trödeln; (*dreinen*) quengeln; (*wauwelen*) salbadern, faseln; (*vitterig zijn*) nörgeln; (*lamenteren*) klönen; *iem. voortdurend aan 't hoofd —,* e.m die Ohren voll leiern; *zie ook* **zaniken**. ▼—**ig** (*vervelend, saai*) langweilig, öde; (*dreinend*) quengelig. ▾**—kous, —piet** Nölpeter *m*, Nölliese *w*; Trödler *m*, Trödelliese *w*; Quengler, Salbader; Faselhans; Nörgler; Langweiler *m*; (*omslachtig, langdradig iem.*) Umstandskasten, Umstandskrämer *m*.

zeven I *ww* sieben; (*vooral fig., ook*) sichten. **II** *telw* sieben. ▾**zeven(-)** *zie ook* **vier(-)**. ▾**Z—gebergte** Siebengebirge *s*. ▾**—klapper** Schwärmer *m*. ▾**—maandskind** Sieben/monatkind *s*. ▾**—mijlslaarzen** S.meilenstiefel *Mz*. ▾**—slaper** S.schläfer *m*. ▾**—tien(-)** siebzehn; *zie* **veertien(-)**. ▾**—tig(-)** siebzig; *zie* **veertig(-)**.

zever Geifer *m*. ▾**—aar** (*kwijler*) G.er *m*; (*wauwelaar*) Sabberer *m*; (*zanik*) Leimsieder *m*. ▾**—en** sabbern; (*kwijlen, ook*) geifern.

zich sich; *op — = op —zelf, zie* **zelf**.

zicht 1 (*zeis*) (Hau)Sichte *w*; **2** (*v. zien*) Sicht *w*; *helder —*, klare Sicht; *in ('t) — komen, krijgen, zijn*, in Sicht kommen, bekommen, sein; (*land*) *in — krijgen*, (*ook*) sichten; *op —* (*betaalbaar*), (*wissel*) auf Sicht, bei Vorzeigung; *op —* (*zenden*), zur Ansicht. ▾**—baar** sichtbar; *hij is — verouderd*, er hat sichtlich gealtert. ▾**—baarheid** Sichtbarkeit *w*. ▾**—koers** Sichtkurs *m*. ▾**—zending** Ansichtsendung *w*.

zichzelf sich selbst, sich selber; *v. — heet zij Müller*, sie ist eine geborene Müller; *zie ook* **zelf**.

ziedaar sieh (da); sehen Sie; *— de gevolgen*, das sind die Folgen.

zieden sieden; *—d v. toorn*, wütend vor Zorn; *hij was —d*, er war wütend, schnaubte vor Wut.

ziehier sieh; sehen Sie; höre; hören Sie; hier ist, sind; dies ist, sind, *zie ook* **ziedaar**.

ziek krank; *— worden*, (*ook*) erkranken; *— als een hond*, k. wie ein Hund, hundskrank. ▾**—bed** Krankenbett, -lager *s*. ▾**—e** Kranke(r) *m*, Patient *m*. ▾**—elijk** (*sukkelend*) kränklich; (*door ziekte veroorzaakt, ook fig.*) krankhaft; (*hij heeft*) *een — uiterlijk*, ein kränkliches Aussehen. ▾**—elijkheid** Kränklichkeit; Krankhaftigkeit *w*. ▾**zieken/appel** Kranken/appell *m*. ▾**—auto** K.wagen *m*. ▾**—bezoek** K.besuch *m*. ▾**—boeg** K.kajüte *w*. ▾**—fonds** K.kasse *w*. ▾**—fondskaart** K.schein *m*. ▾**—fondspremie** K.kassenbeitrag *m*. ▾**—huis** K.haus *s*; (*iem.*) *naar 't — brengen*, ins K.haus einliefern, befördern, führen, bringen. ▾**—kamer** K.zimmer *s*. ▾**—oppasser** K.wärter *m*. ▾**—verpleegster** K.pflegerin *w*. ▾**—verpleger** K.pfleger *m*. ▾**—wagen** K.wagen *m*; *—tje*, (*voor invalide*) Stuhlwagen *m*. ▾**—zuster** K.schwester, K.pflegerin *w*. ▾**ziekmelding** Krankmeldung *w*.

ziekte Krankheit *w*; *wegens —*, krankheitshalber; *in geval v. —*, im Erkrankungsfall. ▾**—geld** Krankengeld *s*. ▾**—geval** Krankheits/fall *m*. ▾**—kiem** K.keim *m*. ▾**—kosten** K.kosten *Mz*. ▾**—kostenverzekering** Krankenversicherung *w*. ▾**—nleer** Krankheitslehre *w*. ▾**—uitkering** Krankengeldauszahlung *w*. ▾**—verlof** Krankheits/-, Erholungsurlaub *m*. ▾**—verschijnsel** K.erscheinung *w*. ▾**—verzekering** Krankenversicherung *w*. ▾**—verzuim** Krankfeiern *s*. ▾**—wet** Kranken/versicherungsgesetz *s*; *in de — lopen*, K.geld beziehen.

ziel Seele *w*; *God hebbe zijn —*, Gott hab' ihn selig; (*hij is*) *ter ziele*, gestorben; *met zijn — onder zijn arm lopen*, müßig gehen, s. langweilen; *hoe meer —en hoe meer vreugd*, je größer die Gesellschaft, je größer die Freude. ▾**ziele/adel** Seelen/adel *m*. ▾**—heil** S.heil *s*. ▾**—leed** S.leid *s*. ▾**—ment**: *iem. op zijn — geven*, e.m das Fell gerben. ▾**—nherder** S.hirt *m*. ▾**—ntal** S.-, Einwohnerzahl *w*. ▾**—pijn** S.schmerz *m*. ▾**—poot** armer Schlucker; *zo'n —!*, der, die Ärmste. ▾**—rust** Seelenruhe *w*.

zielig jämmerlich, kläglich, traurig, bedauernswert; *'n — iem.*, ein bedauernswerter Mensch; *wat —!*, wie traurig!

ziel/kunde Seelen/kunde, Psychologie *w*. ▾**—kundig** psychologisch. ▾**—loos** s.los, unbeseelt; (*levenloos*) entseelt, leblos. ▾**—roerend** s.erschütternd. ▾**ziels/angst** S.angst *w*. ▾**—bedroefd** tiefbetrübt. ▾**—blij** s.froh. ▾**—graag** recht gerne. ▾**—kracht** S.kraft *w*. ▾**—veel**: *— v. iem. houden*, e.n innig lieben. ▾**—verdriet** Herzeleid *s*, S.kummer *m*. ▾**—verhuizing** S.wanderung *w*. ▾**—verlangen** inniges Verlangen, Sehnsucht *w*. ▾**—verrukking, —vervoering** Verzückung, Ekstase *w*. ▾**—verwant** seelen/verwandt. ▾**—ziek** s.-, gemütskrank. ▾**—ziekte** S.leiden *s*, S.-, Gemütskrankheit *w*. ▾**ziel/tje** Seele *w*; *—s winnen*, Proselyten machen, auf den Seelenfang gehen. ▾**—togen** in den letzten Zügen liegen; *—d*, sterbend. ▾**—zorg** Seelsorge *w*, seelische Betreuung. ▾**—zorger** Seelsorger, Seelenhirt *m*.

zien sehen; (*uit je brief*) *zie ik dat...*, ersehe ich daß...; *hij liet mij het boek zien*, er ließ mich das Buch sehen, er zeigte mir das B.; (*de tong*) *laten zien*, zeigen; (*dat*) *wil ik toch wel* (*of: nog*) *eens —*, will ich doch mal sehen; *hij ziet op geen paar gulden*, es kommt ihm nicht auf ein paar Gulden an; *niet veel in iets —*, s. nicht viel von etwas versprechen, nicht viel von etwas erwarten, keine große Erwartungen von etwas haben; *niet zo nauw —*, es nicht so genau nehmen; *— te*, (*proberen te*) versuchen zu; *te — krijgen*, zu sehen bekommen, (*in 't oog krijgen*) erblicken, zu Gesicht bekommen; *wat zie jij eruit!*, wie du aber aussiehst!; *bleek —*, blaß aussehen; *de ramen — uit op de tuin*, die Fenster sehen, gehen nach dem Garten; *dat ziet op mij*, das geht auf mich; *'t —*, das Sehen, (*in 't oog krijgen*) das Erblicken, (*de aanblik*) der Anblick; *'t — kost niets*, das Sehen hat man umsonst; *bij 't — v.*, beim Anblick [2]; *tot —s*, auf Wiedersehen. ▾**zien/de** sehend; *—* (*blind*), mit sehenden Augen. ▾**—derogen** zusehends. ▾**—er** Seher, Prophet *m*. ▾**—ersblik** Seherblick *m*. ▾**—swijs, —swijze** Ansicht, Anschauung *w*.

zier: *ik snap er geen — v.*, ich begreife nicht das geringste davon; *hij trekt er z. geen — v. aan*, er kümmert s. nicht im geringsten darum; (*dat*) *gaat je geen — aan*, geht dich e.n Dreck an; *het kan me geen — schelen*, es ist mir ganz egal!, es ist mir Wurst!; *geen —(tje) gevoel*, gar kein, kein Fünkchen Gefühl.

ziezo! so!

zift Sieb *s*. ▾**—en** sieben, sichten; (*vitten*) kritteln, Haare klauben. ▾**—erij** (*fig.*) Krittelei, Haarklauberei, -spalterei *w*.

zigeuner Zigeuner *m*. ▾**—achtig** z.isch, z.haft, Z.... ▾**—in** Z.in *w*, Z.weib, Z.mädchen *s*. ▾**—orkest** Z.kapelle *w*.

zigzag I *zn* Zickzack *m*. **II** *bw* = **—sgewijs** zickzack, im Zickzack.

zij I *vnw* sie (*ev en mv*); *zij, die* (*zo iets doen*), diejenigen, die. **II** *zn* **1** (*v. zijderups; kunstzijde*) Seide *w*; **2** (*andere bet.*) Seite *w*; *— spek*, Speckseite; *op — leggen*, beiseitelegen, (*geld voor iets*) zurücklegen, (*opsparen*) auf die Seite legen, ersparen; (*hij heeft*) *wat op — gelegd*, sich etwas auf die

Seite gelegt; *op — schuiven*, beiseiteschieben, (*gordijn, ook*) zurückschieben, (*iem. fig., ook*) zur Seite schieben; *op — gaan*, zur Seite gehen, treten, (*uit de weg*) beiseitegehen, auf die Seite gehen; *ga op —*, geh auf die Seite, beiseite, aus dem Weg!; (*de sabel*) *op — dragen*, an der Seite tragen; *v. op — (aankijken)*, von der Seite. ▾**zij/aanzicht** Seiten/ansicht *w.* ▾**—altaar** S.altar *m.* ▾**—beuk** S.schiff *s.*

zijde 1 *zie* **zij II 1**; **2** (*andere bet.*) Seite *w*; *iem.s — kiezen*, auf jemands S. treten; *aan iem.s — (strijden)*, (*met en voor hem*) auf jemands S., (*naast hem*) an jemands S.; (*hij staat*) *aan onze —*, auf unserer S.; *aan beide —en*, auf beiden S.n; *in de — (aanvallen)*, von der S.; (*scherts*) *ter —!*, beiseite!; *v. ter —*, von der S. (*zie* **terzijde**); *v. Duitse —*, von deutscher S., deutscherseits; *v. vaders —*, väterlicherseits, von väterlicher S.; *zie* **zij II, 2.** ▾**—achtig** seidenartig, -ähnlich. ▾**—industrie** Seidenindustrie *w.*

zijdelings I *bn* indirekt; Seiten...; *—e blik*, Seitenblick *m.* **II** *bw* auf indirektem Wege, indirekt; (*v. opzij, bijv. aankijken*) von der Seite.

zijde/n seiden, Seiden...; *— jurk*, s.es Kleid, S.kleid; *de hoge —*, der Zylinder. ▾**—rups** S.raupe *w.* ▾**—teelt** S.zucht *w*, S.bau *m.*

zij/deur Seiten/tür *w.* ▾**—gang** S.gang *m*; (*mijn*) S.stollen *m.* ▾**—gevel** S.front *w.*

zijig seidig, seidenartig; (*fig.*) weich, weichlich, weibisch; *een —e*, ein Weichling.

zij/ingang Seiten/eingang *m.* ▾**—kamer** S.-, Nebenzimmer *s.* ▾**—kant** S.kante, Seite *w.* ▾**—lijn** Seiten/linie *w*; (*v. spoorwegen, ook*) Zweig-, Nebenbahn *w.* ▾**—muur** S.wand, S.mauer *w.*

zijn I *vnw* sein; (*hij wast*) *— handen*, sich die Hände; *hij stond met — handen in — zakken te wachten*, er stand die Hände in den Taschen und wartete; (*mijn kamer is groter*) *dan de —e*, als das seinige, das seine; (*ieder*) *het —e (geven)*, das Seine, das Seinige; *het — (doen)*, das Seinige; (*hij is*) *met de —en (vertrokken)*, mit den Seinen, Seinigen. **II** *ww* sein; *er was eens een koning*, es war einmal ein König; *er is, er zijn*, (*= er bestaat, bestaan, we krijgen enz.*) es gibt; *er is een God*, es gibt e.n Gott; *is er vandaag (ook pudding?)*, gibt es heute; *er — altijd mensen geweest (die zoiets geloofden)*, es hat immer Menschen gegeben; (*wat*) *is er?*, gibt's?, ist los?; (*wat*) *is er dan?*, ist denn?, fehlt denn?; (*hij is*) *er nog niet*, (*aanwezig*) noch nicht da, (*doel nog niet bereikt, niet zo ver enz.*) noch nicht so weit; *hij mag er —*, (*is uitstekend, mag gezien worden*) er kann, darf s. sehen lassen; *hij is er geweest*, (*dood*) der ist hin; *hoe is 't ermee, hoe is 't?*, wie geht's?, wie steht's?, (*komt er haast wat?*) nun, wird's bald?; *wie is 'm*, (*bij spel*) wer ist dran?; *'t is hier heerlijk wonen*, es wohnt s. hier herrlich; *'t is prettig werken samen*, es arbeitet s. angenehm zusammen; *het is niet aan te bevelen*, es ist nicht empfehlenswert, es empfiehlt s. nicht; (*het water*) *is wassende*, steigt; *een in aanbouw —d huis*, ein Haus das s. im Bau befindet; *het — of niet —*, das Sein oder Nichtsein. ▾**zijnent**: *te —*, in seinem Haus, bei ihm; in sein H., zu ihm. ▾**—halve** seinethalben. ▾**—wege** seinetwegen. ▾**—wil(le)**: *om —*, um seinetwillen. ▾**zijnerzijds** seinerseits.

zijpad Neben-, Seitenpfad, -weg *m.*

zijpelen sickern.

zij/raam Seiten/fenster *s.* ▾**—rivier** Nebenfluß *m.* ▾**—span(wagen)** Bei-, S.wagen *m*; *motor met —*, Beiwagen/kraftrad *s*, B.maschine *w*, B.rad *s.* ▾**—split**: *rok met —ten*, seitlich geschlitzter Rock. ▾**—spoor** Nebengleis *s*; *op 'n — gezet (worden)*, (*fig.*) ausrangiert. ▾**—straat** S.straße *w.* ▾**—stuk** S.stück *s.* ▾**—tak** S.ast, S.zweig *m*; (*v. familie enz.*) Neben-, S.zweig *m*, S.linie *w.* ▾**—tas** Schultertasche *w.* ▾**—uitgang** S.-, Nebenausgang *m.* ▾**—vlak** S.fläche *w.* ▾**—vleugel** S.flügel *m.* ▾**—waarts I** *bw* seitwärts. **II** *bn* Seiten...; *—e beweging*, S.bewegung *w.* ▾**—wand** S.wand *w.* ▾**—weg** S.weg *m.* ▾**—wind** S.wind *m.* ▾**—zak** S.tasche *w.*

zilt(ig) salzig; *het —e nat*, die salze See.

zilver Silber *s.* ▾**—achtig** s.artig, -ähnlich, silbrig. ▾**—bon**: *— v. f 1*, Guldenschein *m.* ▾**—draad** (*metaal*) S.draht *m*; (*anders*) S.faden *m.* ▾**—en** silbern, Silber... ▾**—erts** S.erz *s.* ▾**—geld** S.geld *s.* ▾**—goed** S.sachen *Mz*, S.ware *w.* ▾**—grijs** s.grau. ▾**—houdend** s.haltig. ▾**—kleurig** s.farbig. ▾**—ling** S.ling *m.* ▾**—mijn** S.grube *w.* ▾**—papier** S.papier, Stanniol(papier) *s.* ▾**—spar** Silber/tanne, Weißtanne *w.* ▾**—schoon** S.kraut *s.* ▾**—stuk** S.stück *s.* ▾**—werk** S.arbeit *w*, S.waren *Mz*, S.werk *s.*

zin Sinn *m*; (*lust, trek*) Lust *w*; (*volzin*) Satz *m*; *v. zijn —nen beroofd zijn*, der Sinne beraubt sein, von Sinnen sein; (*niet*) *goed bij —nen (zijn)*, recht bei Sinnen; *— voor humor*, Sinn für Humor; (*dat*) *schoot mij in de —*, fiel mir ein, kam mir in den Sinn, (*schoot me door de gedachte*), fuhr mir durch den Sinn; *één v. — (zijn)*, e.s Sinnes; *vereend v. —, één v. —, (handelen)* einträchtig; (*ik heb*) *er geen — in*, keine L. dazu; (*vandaag*) *heb ik geen — in tomaten*, mag ich keine Tomaten; *zijn —nen zetten op*, seinen Sinn setzen auf [4]; *zijn eigen — kunnen doen*, nach seinem (eigenen) Willen handeln können; (*altijd*) *zijn eigen — doen*, seinem Kopf folgen; *iem.s — doen*, nach jemands Willen handeln, e.m den Willen tun; *iem. zijn — geven*, e.m seinen Willen lassen; (*hij probeert altijd*) *zijn — te krijgen*, seinen Willen durchzusetzen; *hij heeft toch zijn — gekregen*, es ist doch nach seinem Willen, seinem Wunsch gegangen; *als ik mijn — kreeg*, wenn es nach mir ginge; *'s mensen —, is 's mensen leven*, des Menschen Wille ist sein Himmelreich; *je kunt 't hem nooit naar de — maken*, man kann ihm nichts recht machen; (*dat was*) *niet naar zijn —*, nicht nach seinem Sinn, ihm nicht nach dem Sinn; *is het zo naar uw —?*, ist es Ihnen so recht, ist es so nach Ihrem Wunsch, nach Ihrem Willen?; *kwaad in de — hebben*, Böses im Sinn haben; *van —s zijn*, die Absicht haben, beabsichtigen, willens sein, (*in de zin hebben*) vorhaben, im Sinn haben; *niets v. —s zijn*, nicht gesonnen sein; *tegen zijn —*, gegen seinen Willen; (*dat*) *heeft geen —*, (*betekent niets*) hat keinen Sinn, (*dient tot niets*) keinen Zweck; (*dat*) *heeft —*, hat Sinn, ist zweckvoll; *in de ruimste — v.h. woord*, im weitesten Sinn des Wortes; *in zekere — (heeft hij gelijk)*, in gewissem Sinne, gewissermaßen. ▾**zindeel** Satzteil *m.*

zinderen flimmern; *de lucht zindert v.d. hitte*, die Luft flimmert vor Hitze; *het plein zindert v.d. hitte*, die Hitze flimmert über dem Platz.

zindelijk reinlich, sauber; (*v. hond, kat*) stubenrein; *—e kleren*, saubere Kleider; *—e meid*, r.es Mädchen. ▾**—heid** R.keit, Sauberkeit; Stubenreinheit *w.*

zingen singen; (*dat liedje*) *zingt gemakkelijk*, singt s. leicht.

zingenot Sinnengenuß *m.*

zink Zink *s.* ▾**—en I** *ww* sinken; (*'n schip*) *tot — brengen*, versenken. **II** *bn* (*v. zink*) z.en, Zink...; *— dak*, Z.dach *s.* ▾**—er** (*buisleiding*) Unterwasserrohr *s*; (*bezwaring om te doen* *zinken*) Senker *m.* ▾—**erts** Z.erz *s.* ▾—**houdend** z.haltig. ▾—**lood 1** Senkblei *s;* **2** (*mengsel v. zink en lood*) Z.blei *s.* ▾—**mijn** Z.grube *w.* ▾—**ografie** Z.ographie *w.* ▾—**plaat** Z.platte *w.* ▾—**put** Senk/grube *w.* ▾—**stuk** S.stück *s,* S.rahmen *m.* ▾—**wit** Zink/weiß *s.* ▾—**zalf** Z.salbe *w.*

zin/ledig sinnlos, -leer. ▾—**lijk** *zie* **zinnelijk**. ▾—**loos** sinnlos. ▾—**loosheid** Sinnlosigkeit *w.*

zinne/beeld Sinnbild, Symbol *s.* ▾—**beeldig** sinnbildlich, symbolisch. ▾—**lijk** sinnlich. ▾—**lijkheid** Sinnlichkeit *w.* ▾—**loos** sinnlos; wahnsinnig. ▾—**loosheid** Sinnlosigkeit *w;* Wahnsinn *m.*

zin/nen 1 (*peinzen*) sinnen (auf [4]); **2** (*aanstaan*) gefallen. ▾—**nenwereld** Sinnenwelt *w.* ▾—**nig** vernünftig. ▾—**rijk** sinnvoll, -reich.

zin/saccent Satzakzent *m.* ▾—**sbedrog**, —**sbegoocheling** Sinnestäuschung *w.* ▾—**sbouw** Satz/bau *m.* ▾—**sdeel** S.teil *m.* ▾—**snede** S.teil, S. *m.* ▾—**sontleding** S.zergliederung *w.* ▾—**spelen**: — *op*, anspielen, Anspielungen machen auf [4]. ▾—**spreuk** Sinnspruch *m,* (*devies*) Wahlspruch *m,* Devise *w.* ▾—**sverband** Zusammenhang, Kontext *m;* (*betrekking tussen twee zinnen*) Satzverbindung *w.* ▾—**sverbijstering** Geistesverwirrung *w.* ▾—**swending** Redewendung *w.* ▾—**tuig** Organ *s.* ▾—**tuiglijk**: —*e waarneming*, sinnliche Wahrnehmung. ▾—**verwant** sinnverwandt.

zionis/me Zionis/mus *m.* ▾—**t** Z.t *m.*

zit Sitz *m;* (*dat*) *was 'n hele* —, dauerte lange. ▾—**bad** S.bad *s.* ▾—**bank** S.bank *w.* ▾—**dag** S.ungstag *m.* ▾—**groep** S.gruppe *w.* ▾—**hoek** S.ecke *w.* ▾—**je** Plätzchen *s; ook* = —**groep**, —**hoek**. ▾—**kamer** Wohnzimmer *s.* ▾—**kuil** S.kuhle *w.* ▾—**plaats** S., S.platz *m; auto enz. met 4* —*en*, Viersitzer *m.* ▾—**slaapkamer** Wohnschlafzimmer *s.*▾—**staking** S.streik *m.* ▾—**stok** S.stock, Ansitzstuhl *m.*

zitten sitzen (*ook*: *in gevangenis*); *waar zit die jongen toch?*, wo steckt der Junge denn?; (*in deze spreuk*) *zit* (*veel wijsheid*), steckt; *hij zit vol grappen*, er steckt voller Witze; (*de sleutel*) *zit in de deur, in de zak*, steckt in der Tür, in der Tasche; *voor een schilder* —, e.m Maler sitzen; *die zat*, (*was raak*) der saß; (*dat*) *zit nog*, ist noch die Frage; *daar zit geld*, da steckt, sitzt Geld; *daar zit het 'm, zit 'm de knoop*, da steckt's, da liegt der Hase im Pfeffer; *het zit me tot hier*, es steht mir bis oben heran; *hoe zit 't* (*met de zaak*)*?*, wie steht die Sache?, wie steht's?; *dat zit goed in elkaar*, das hat Hand und Fuß; *het zit er bij hem wel aan*, er hat's dazu, er kann es s. leisten; *het zit er niet aan*, ich kann mir das nicht leisten; *er goed bij, er warm in* —, recht weich in der Wolle sitzen; *hij zit er goed, slecht bij*, er steht s. gut, schlecht; *daar zit niet veel bij, er zit niet veel in hem*, bei ihm steckt nicht viel dahinter; *er zit wat in die jongen*, in dem Jungen steckt etwas; *ik zit met die jongen te houden*, ich weiß nicht, was ich mit dem Jungen anfangen soll; *er zit niets anders op*, es bleibt nichts andres übrig; (*dat*) *zit er weer op*, ist wieder fertig, haben wir wieder gehabt, ist wieder vorüber; *daar zit een jaar op*, das kostet ein Jahr; *blijven* —, sitzen bleiben (*ook*: *op school; ongetrouwd; weduwe met aantal kinderen; koopman met waren enz.*); *gaan* —, s. setzen; *gaat u zitten*, setzen Sie s., nehmen Sie Platz; (*een meisje*) *laten* —, sitzen lassen; (*hij heeft ons*) *laten* —, (*in de steek gelaten*) aufsitzen lassen; (*de sleutel in het slot*) *laten* —, stecken lassen; *'t er niet bij laten* —, es nicht dabei bewenden lassen, es nicht ohne weiteres hinnehmen; (*dat*) *laat ik niet op mij* —, lasse ich mir nicht bieten, nicht ohne weiteres gefallen; (*ik wil 't verwijt niet*) *op me laten* —, auf mir sitzen lassen; *hij zat in de kamer te lezen*, er saß im Zimmer und las; *hij zit in de bank te slapen*, schlafend saß er in der Bank; *zij* — *altijd schaak te spelen*, sie spielen immer Schach; *hij zat me te plagen*, er neckte mich fortwährend; *zit niet te kletsen*, quatsche nicht so!; (*St.-Nicolaas*) *op een paard gezeten*, auf e.m Pferde sitzend, der auf e.m Pferde saß. ▾**zitten/blijven** Sitzen/bleiben *s.* ▾—**blijver** S.bleiber, Wiederholer, Sitzling *m.* ▾—**d** sitz/end; — *leven*, s.ende Lebensweise, S.leben *s;* — *meester*, (*bij vrijmetselarij*) Meister vom Stuhl; — *werk*, Sitz/arbeit *w.* ▾**zitting** (*v. stoel; zitplaats*) S. *m;* (*vergadering*) S.ung *w,* (*v. groot congres, Tweede Kamer enz., ook*) Tagung *w;* — *houden*, S.ung halten, (*vergaderen, ook*) tagen; (*in 't bestuur*) *nemen*, e.n S. erhalten; — *hebben*, S. haben. ▾—**sdag** Sitzungs/tag *m.* ▾—**stijd** S.zeit *w.* ▾**zit/vlak** Gesäß *s.* ▾—**vlees** Sitzfleisch *s.*

zo I *zn* **1** *zie* **zode**; **2** *zie* **zooi**. **II** *bw* so; (*ik kom*) —, (*terstond*) gleich, sofort; (*hij is*) — *groot als ik*, so groß wie ich; *het zij* —, so sei es; *goed* —*!*, recht so!; (*dat heb ik*) — *maar* (*gezegd*), nur so, bloß so; — *maar*, (*zonder aarzeling, zonder meer*) ohne weiteres, mir nichts dir nichts; *het is met mij maar* — —, ich fühle mich nur soso, nur so la la; — *en* — *oud*, soundso alt; —*net*, —*pas*, soeben, eben; *om 10 uur of* —, um etwa 10 Uhr, um 10 Uhr oder da herum. **III** *tw* so!; *o* —*!*, ach so!; (*hij is naar Amerika -*) *zóóóó; zo, zo*, soso!, ach so!, wirklich!, was Sie nicht sagen! **IV** *vgw* (*zoals*) wie; (*indien*) wenn; (*naar*) wie; — *heer*, — *knecht*, wie der Herr, so der Knecht; — *God wil*, so Gott will; — *ja*, wenn ja, bejahendenfalls; — *mogelijk*, womöglich, wenn möglich; — *ooit*, wenn je; — *men zegt is hij arm*, wie mann sagt ist er arm, er soll arm sein.

zoal: (*wat*) *heb je* — *gehoord?*, alles hast du gehört?

zoals wie.

zodanig I *bn* solch, derartig; *als* —, als solcher, (*op zichzelf beschouwd*) an sich; *ik ben lid, als* — (*heb ik vrije toegang*), (in meiner Eigenschaft) als Mitglied. **II** *bw* in solcher Weise; derart; (*hij heeft mij*) — *beledigd dat ...*, so beleidigt daß ..., dermaßen beleidigt daß ...

zodat so daß.

zode Rasenstück *s,* Grasscholle, Sode *w; met* —*n beleggen*, berasen; *hij ligt al lang onder de groene* —*n*, er ruht schon lange unterm grünen Rasen; *dat zet geen* —*n aan de dijk*, das macht den Kohl nicht fett. ▾—**nbank** Rasenbank *w.*

zodoende auf diese Weise, in dieser Weise; (*daarom, dientengevolge*) demzufolge, folglich, deshalb.

zodra sobald.

zoek fort, weg; — *raken*, verloren gehen, abhanden kommen; (*mijn vulpen*) *is* —, ist mir abhanden gekommen, ist fort; *er is een kind* —, es wird ein Kind vermißt; *op* — *gaan, zijn*, auf die Suche gehen, auf der Suche sein. ▾—**actie** Suchaktion *w.* ▾—**brengen** (*tijd enz.: verspillen*) vertun. ▾—**en** suchen; *dat had ik niet achter je gezocht*, das hätte ich dir nicht zugetraut; *na vergeefs* —, nach vergeblicher Suche. ▾—**er** Sucher *m.* ▾—**licht** Suchscheinwerfer *m.* ▾—**maken** (*wat men niet kan terugvinden*) verkramen; (*verkwisten*) durchbringen. ▾—**plaatje** Such/bild, Vexierbild *s.* ▾—**signaal** S.signal *s.*

zoel (*lekker warm, lauw*) lau, milde, sanft;

(*vochtig warm, zwoel*) schwül. ▾—**heid** Schwüle *w*.
zoem/en summen. ▾—**er** Summer *m*. ▾—**toon** Summton *m*.
zoen Kuß *m*; (*verzoening, boete*) Sühne *w*. ▾—**dood** Sühn-, Versöhnungstod *m*. ▾—**en** küssen; (*verzoenen*) sühnen. ▾—**offer** Sühnopfer *s*.
zoet I *bn & bw* süß; (*v. kinderen*) artig, brav; —*e en stoute kinderen*, artige und unartige Kinder. **II** *zn* Süße(s) *s*; *het — en het zuur*, (*fig.*) Freud und Leid. ▾—**ekauw** Süß/maul *s*. ▾—**elaarster** Marketenderin *w*. ▾—**elijk** s.lich. ▾—**emelks**: —*e kaas*, Vollmilch-, S.milchkäse *m*. ▾—**en** s.en. ▾—**heid** S.e, S.igkeit *w*; (*v. kinderen*) Artigkeit *w*. ▾—**hout** S.holz *s*. ▾—**ig** s.lich. ▾—**igheid** S.igkeit *w*, S.igkeiten *Mz*. ▾—**je** S.mittel *s*. ▾—**jes** leise, sachte, sanft (*zie* **zacht**); (*langzaam*) langsam; —*aan!*, sachte!, (*langzamerhand*) allmählich. ▾—**middel** Süß/mittel *s*. ▾—**sappig** s.lich; —*iem.*, S.ling *m*, s.lich tuender Mensch. ▾—**vijl** Schlicht-, Glattfeile *w*. ▾—**vloeiend** lieblich klingend, melodisch. ▾—**watervis** Süß/wasserfisch. ▾—**zuur I** *bn* s.sauer. **II** *zn* S.sauer *s*.
zoëven (so)eben, vorhin.
zog 1 (*moedermelk*) Muttermilch *w*; **2** (*kielwater*) Sog *m*, Kielwasser *s*; *in iem.s — varen*, e.m folgen. ▾—**en** säugen.
zoge/naamd sogenannt (sog.); (*zoals beweerd wordt, voorgewend, quasi*) angeblich. ▾—**zegd** (*om zo te zeggen*) sozusagen; (*zo goed als*) so gut wie.
zogoed: —*als*, so gut wie.
zolang solang(e).
zolder (Dach)Boden *m*; (*zoldering*) Decke *w*; (*pakhuisverdieping, korenzolder*) Speicher, (Lager)Boden *m*. ▾—**gat** Boden/loch *s*. ▾—**ing** Decke *w*. ▾—**kamer** B.-, Dachkammer *w*. ▾—**licht** Oberlicht *s*. ▾—**luik** B.luke *w*. ▾—**schuit** Schute *w*. ▾—**trap** B.treppe *w*. ▾—**verdieping** B.-, Dachgeschoß *s*.
zolen (be)sohlen.
zomen säumen.
zomer Sommer *m*; *'s—s*, im S., während des S.s. ▾—**achtig** s.lich. ▾—**dienst(regeling)** S.fahrplan *m*. ▾—**en** s.n. ▾—**gast** S.gast, S.frischler *m*. ▾—**goed** S.kleider, S.sachen *Mz*. ▾—**huisje** S.häuschen *s*. ▾—**opruiming** S.schlußverkauf *m*. ▾—**pak** S.anzug *m*. ▾—**s** s.lich. ▾—**seizoen** S.saison *w*. ▾—**sproet** S.sprosse *w*. ▾—**vakantie** S.ferien *Mz*. ▾—**verblijf** S.aufenthalt *m*; (*woning*) S.wohnung *w*.
zomin: —*als*, (eben)so wenig wie.
zo'n: —*man*, solch ein Mann, ein solcher Mann; —*domkop!*, solch ein Dummkopf!
zon Sonne *w*; *een door de — verbrand gezicht*, ein sonnverbranntes Gesicht; *de — in 't water kunnen zien schijnen*, andern auch eine Freude gönnen, nicht neidisch sein; *er is niets nieuws onder de zon*, alles schon dagewesen.
zondaar Sünder *m*. ▾—**sbankje** Armesünder/bank *w*. ▾—**sgezicht** A.gesicht *s*.
zondag Sonntag *m*; *'s—s*, am S. ▾—**avond** S.abend *m*. ▾—**s I** *bn* sonntäglich, Sonntag/s-...; —*e kleren*, S.skleider *Mz*, S.sstaat *m*; *op zijn —*, im S.sstaat. **II** *bw* sonntag/s, am S. ▾—**sheiliging** S.sheiligung *w*. ▾—**srijder** S.sfahrer *m*. ▾—**sviering** S.sfeier *w*.
zondares Sünderin *w*. ▾**zonde** Sünde *w*; *dagelijkse, vergeeflijke —*, läßliche Sünde, Erlaßsünde, Erlassungssünde *w*; *'t is —*, (*jammer*) es ist schade; *'t is — v. 't geld*, es ist schade um das Geld. ▾—**bok** Sündenbock *m*.
▾—**loos** sünd(en)los.
zonder ohne; —*fouten*, ohne Fehler, fehlerfrei; —*gekheid!*, Spaß beiseite!; —*meer*, ohne weiteres; (*ik zei 't*) —*dat* (*ik het meende*), ohne daß.
zonderling I *bn & bw* sonderbar, merkwürdig, seltsam. **II** *zn* Sonderling *m*.
zond/eval Sündenfall *m*. ▾—**ig** sündhaft. ▾—**igen** sündigen. ▾—**igheid** Sündhaftigkeit *w*. ▾—**vloed** Sintflut, Sündflut *w*.
zone Zone *w*.
zon/eclips Sonnen/finsternis *w*. ▾—**kant** S.seite *w*. ▾—**licht** S.licht *s*. ▾—**loos** s.los. ▾**zonne/bad** S.bad *s*. ▾—**baden** s. sonnen. ▾—**blind I** *bn* sonnen/blind. **II** *zn* S.laden *m*. ▾—**brandolie** S.öl *s*. ▾—**bril** S.brille *w*. ▾—**dek** (*om onder te zitten*) S.segel, S.dach *s*; (*bovenste dek op groot schip*) S.deck *s*. ▾—**ënergie** S.-, Solarenergie *w*. ▾—**kapje** (*fot.*) Sonnen/blende *w*. ▾—**klaar** s.klar. ▾—**klep** S.schirm *m*; (*in auto*) S.blende *w*. ▾**zonnen** sonnen; (*z.*) —, s. sonnen.
zonne/paneel (*v. ruimteschip*) Sonnen/flügel *m*; (*als dakpan*) S.ziegel *m*. ▾—**scherm** S.schirm *m*; (*aan ramen*) Markise *w*, S.schutz *m*, S.dach *s*. ▾—**schijn** S.schein *m*. ▾—**stand** S.stand *m*, S.höhe *w*. ▾—**steek** S.stich *m*, Hitzschlag *m*. ▾—**stelsel** S.system *s*. ▾—**stilstand** S.stillstand *m*, S.wende *w*. ▾—**tje** Sonne *w*; (*zij is*) *het — in huis*, der Sonnen/schein der Familie; *iem. in 't — zetten*, alles Licht auf e.n fallen lassen, (*voor de gek houden*) e.n zum besten haben. ▾—**vlek** S.fleck *m*. ▾—**warmte** S.wärme *w*. ▾—**wijzer** S.uhr *w*, S.zeiger *m*. ▾**zonnig** sonnig. ▾**zons/ondergang** Sonnen/untergang *m*. ▾—**opgang** S.aufgang *m*. ▾—**verduistering** S.finsternis *w*. ▾**zonzij(de)** S.seite *w*.
zoog/dier Säugetier *s*. ▾—**ster** Amme *w*.
zooi (*hoeveelheid*) Menge *w*; *een — vis*, ein Gericht Fische; *de hele —*, (*boel, rommel*) der ganze Kram, Plunder, (*v. mensen*) die ganze Bande; *bijeengeraapte —*, aller mögliche Plunder, (*mensen*) allerhand Gesindel; (*'t is daar*) *een —*, (*vuile boel*) eine Sauwirtschaft, (*janboel*) tolle Wirtschaft.
zool Sohl/e *w*. ▾—**beslag** S.enschoner, S.enschutz *m*. ▾—**ganger** S.engänger *m*. ▾—**le(d)er** S.leder *s*.
zoö/logie Zoologie *w*. ▾—**loog** Zoologe *m*.
zoom Saum, Rand *m*; (*v. rivier*) Rand *m*, Ufer *s*. ▾—**lens** Zoomobjektiv *s*. ▾—**lint** S.band *s*.
zoon Sohn *m*. ▾—**lief** lieber S., der liebe S.
zootje *zie* **zooi**.
zorg (*zorgvuldigheid, aandacht, nauwkeurigheid*) Sorgfalt *w*; (*anders*) Sorge *w*; (*verzorging v. overheidswege, vanwege sociale instellingen*) Fürsorge *w*; (*stoel*) Sorgenstuhl *m*; *maatschappelijke, sociale —*, Wohlfahrtspflege, Sozialfürsorge *w*; *veel — besteden aan*, große Sorgfalt verwenden auf [4]; (*moeders*) *zitten altijd in — over hun kinderen*, sind immer in Sorge um ihre Kinder; (*jij moet*) *er — voor dragen dat ...*, dafür sorgen daß..., dafür Sorge tragen daß ...; *mij een —!, dat zal mij een — wezen!*, das ist meine geringste Sorge; *vrij v. —en*, sorgenfrei, frei von Sorgen. ▾—**barend** beunruhigend. ▾—**dragend** sorgsam, treusorgend. ▾—**elijk** *zie* —**lijk**. ▾—**eloos** sorglos. ▾—**eloosheid** Sorglosigkeit *w*. ▾—**en** sorgen; *voor de toekomst van z'n kinderen, voor werk —*, für die Zukunft seiner Kinder, für Arbeit sorgen; *voor de keuken —*, die Küche besorgen; *hij heeft voor mij voor een kamer gezorgd*, er hat mir ein Zimmer besorgt. ▾—**enkind** Sorgenkind *s*. ▾—**lijk** sorgenvoll;

(*zorgwekkend*) besorgniserregend; bedenklich; (*zorg verradend*) sorgenvoll. ▾—**stoel** Sorgenstuhl *m*. ▾—**vuldig** sorgfältig. ▾—**vuldigheid** Sorgfalt *w*. ▾—**wekkend** besorgniserregend. ▾—**zaam** sorgsam, fürsorglich. ▾—**zaamheid** Sorgsamkeit, Sorge *w*.

zot I *bn & bw* närrisch, töricht; (*dom, onverstandig*) albern; (*gek, stapel*) verrückt, toll; (*raar in 't hoofd of daarvan getuigend*) verdreht. **II** *zn* Narr, Tor *m*. ▾—**heid** Torheit, Narrheit *w*; (*domme dwaasheid*) Albernheit *w*; (*domme, dwaze daad*) Dummheit *w*. ▾—**skap** Narrenkappe *w*; (*zot pers.*) Narr, Tor *m*. ▾—**tenpraat** närrisches Geschwätz, dummes Zeug, albernes Zeug, Unsinn *m*. ▾—**ternij** Torheit, Narretei *w*. ▾—**tin** Närrin *w*.

zout I *zn* Salz *s*; *in 't* — (*leggen*), in S. **II** *bn* s.ig; (*gezouten*) gesalzen; —*e haring*, (*ook*) S.hering *m*; —*e stengel*, S.stange *w*; (*het eten*) *te — maken*, zu stark s.en, versalzen. ▾—**achtig** s.ig, s.artig. ▾—**eloos** s.los, fade; (*fig.*) fade, abgeschmackt, ohne S. und Schmalz. ▾—**eloosheid** Fadheit *w*. ▾—**en** salz/en; *gezouten vlees*, (*ook*) S.fleisch *s*. ▾—**er** Sälzer *m*. ▾—**evis** Salz/fisch *m*. ▾—**gehalte** S.gehalt *m*. ▾—**heid** S.igkeit *w*. ▾—**houdend** s.haltig. ▾—**ig** s.ig. ▾—**je** (*krakeling*) S.brezel *w*; (*stengel*) S.stange *w*. ▾—**keet** S.werk *s*, S.hütte, S.kote *w*. ▾—**korrel** S.korn *s*. ▾—**mijn** S.bergwerk *s*. ▾—**oplossing** S.lösung *w*. ▾—**pan** S.pfanne *w*, S.garten *m*. ▾—**pilaar** S.säule *w*. ▾—**stel** S.gestell *s*. ▾—**te**: *goed v.* —, richtig gesalzen. ▾—**vaatje** S.faß *s*. ▾—**winning** S.gewinnung *w*. ▾—**zak** S.sack *m*. ▾—**ziederij** S.siederei *w*. ▾—**zuur** S.säure *w*.

zoveel soviel; — *te beter*, um so besser; (*dat*) *scheelt* —, (*is een groot onderscheid*) macht e.n (sehr) großen Unterschied; *voor nog — niet*, (*voor niets ter wereld*) nicht um alles in der Welt; *voor* — (*ik weet*), soviel. ▾—**st** sovielter (-**e**, -**es**).

zo/ver(re) soweit; — (*zijn we nog niet*), so weit; — (*laat hij het niet komen*), so weit, bis dahin; *in* —, (*in dit opzicht*) insofern, insoweit, (*zover*) soweit; *in — als*, insofern als; *voor* —, soweit, insofern, insoweit, soviel; *voor* — (*ik weet*), soviel. ▾—**waar** wahrhaftig. ▾—**wat** etwa. ▾—**wel** sowohl. ▾—**zeer** sosehr, dermaßen; *niet* — ... *als wel*, nicht sosehr ... als, vielmehr.

z.o.z. wenden! (w!), wenden Sie gefälligst um! (w.S.g.u.!).

zucht 1 (*v. zuchten*) Seufzer *m*; (*sterke windtocht*) Zug *m*; *'n — slaken*, e.n S. ausstoßen, aufseufzen; **2** (*ziekelijk hartstochtelijke begeerte*; *in ss*: *ziekte*) Sucht *w*; (*begeerte*) Begierde *w*; (*sterke neiging*) Hang *m*; (*drang*) Drang *m*, (*meer instinctmatig, drift*) Trieb *m*; (*waterzucht*) Wassersucht *w*; — *om te behagen*, Gefallsucht; — *naar roem*, B. nach Ruhm; — *om te stelen*, H. zum Stehlen, Stehltrieb, Stehlsucht; — *naar vrijheid*, Freiheitsdrang. ▾—**en** seufzen. ▾—**je** (*zacht windje*) Hauch *m*, Lüftchen *s*.

zuid I *zn* Süden *m*; *om de* — (*varen*), nach S., den Südweg. **II** *bn & bw* südlich; *zie* **noord**. ▾**Z—-Afrika** Süd/afrika *s*. ▾—**einde** S.ende *s*, s.licher Teil. ▾—**elijk** s.lich. ▾—**en** S.en *m*; *zie* **noorden**. ▾—**enwind** S.wind *m*. ▾**zuider/breedte** s.liche Breite; *30°* —, 30 Grad s.licher Breite. ▾—**keerkring** s.licher Wendekreis. ▾—**kruis** s.liches Kreuz, S.erkreuz *s*. ▾—**licht** S.licht *s*. ▾—**ling** S.länder *m*. ▾**Z—zee** Zuidersee *w*.

▾**zuid/kant** S.seite *w*. ▾—**kust** S.küste *w*. ▾—**oost(elijk)** s.östlich. ▾—**oosten** S.osten *m*; *zie* **noorden**. ▾—**oostenwind** S.ostwind *m*. ▾—**pool** S.pol *m*. ▾—**poolcirkel** s.licher Polarkreis. ▾—**poolexpeditie** S.polexpedition *w*. ▾—**poolgebied** S.polargebiet *s*. ▾—**poolreiziger** S.polfahrer *m*. ▾—**vruchten** S.früchte *Mz*. ▾—**waarts** (*bw*) s.wärts; (*bn*) s.lich; *in —e richting*, in s.licher Richtung. ▾—**west(elijk)** s.westlich. ▾—**westen** S.westen *m*; *zie* **noorden**. ▾—**westenwind** S.westwind *m*. ▾—**wester** S.wester *m*; (*de wind, ook*) S.west(wind) *m*. ▾**Z—zee** S.see *w*. ▾—**zuidoost** südsüdost. ▾—**zuidwest** südsüdwest.

zuig/buis Saug/rohr *s*. ▾—**dot** Lutschbeutel, Schnuller *m*. ▾—**elevator** S.elevator, S.luftförderer *m*.

zuigeling Säugling *m*. ▾—**ensterfte** S.ssterblichkeit *w*. ▾—**enzorg** S.spflege *w*. ▾**zuig/en** saugen; *op de vingers* —, (*v. kinderen*) (an den Fingern, die Finger) lutschen. ▾—**er** Saug/er *m*; (*v. pomp, machine enz.*) Kolben *m*. ▾—**erklep** K.ventil *s*. ▾—**erveer** K.feder *w*. ▾—**fles** S.flasche *w*. ▾—**ing** S.en *s*; (*trek, trekking*) Zug *m*. ▾—**napje** S.napf *m*. ▾—**perspomp** S.- und Druckpumpe *w*. ▾—**pijp** S.rohr *s*. ▾—**pomp** S.pumpe *w*. ▾—**slang** S.schlauch *m*.

zuil Säule *w*. ▾—**engalerij**, —**engang** S.ngang *m*; *overdekte* —, S.nhalle *w*. ▾—**heilige** S.nheilige(r) *m*.

zuinig sparsam; (*voordelig, economisch*) wirtschaftlich; —*e huisvrouw*, sparsame Hausfrau, wirtschaftliche Frau; *hij is* —, (*ook*) er sieht den Pfennig an; — *met* (*op*) *zijn woorden zijn*, sparsam mit den Worten sein, mit den W. sparen, wortkarg sein; — *op zijn spullen zijn*, seine Sachen, seine Kleider schonen; — *op de tijd zijn*, mit der Zeit geizen, kargen; — *kijken*, verdrießlich dreinschauen. ▾—**heid** Sparsamkeit; Wirtschaftlichkeit *w*; (*bezuiniging*) Ersparung *w*. ▾—**heidsmaatregel** Ersparungsmaßregel, -maßnahme, Sparmaßnahme *w*. ▾—**heidsredenen**: *om* —, aus Ersparungsrücksichten, Sparsamkeitsgründen. ▾—**jes** sparsam, spärlich.

zuip: *aan de — zijn*, dem Suff ergeben sein. ▾—**en** saufen. ▾—**er**, —**lap** Säufer, Saufbruder *m*. ▾—**partij** Saufgelage, Sauferei *w*.

zuivel Molkereiprodukte *Mz*, Milchprodukte *Mz* und Eier; Milch, Butter, Käse und Eier. ▾—**bedrijf** Molkerei/betrieb *m*. ▾—**bereiding** M.wirtschaft *w*, M.wesen *s*. ▾—**consulent** M.berater *m*. ▾—**fabriek** M. *w*. ▾—**industrie** M.industrie *w*. ▾—**organisatie** Milchwirtschafts/organisation *w*. ▾—**school** M.schule *w*.

zuiver rein; — *v. stijl*, stilrein; *v. 't —ste water*, vom r.sten Wasser; *de —e opbrengst*, der R.ertrag, der R.erlös; *de —e winst*, der R.-, Nettogewinn *m*; — *inkomen*, Nettoeinkommen *s*; — *en alleen*, r., einzig und allein; *niet — in de leer*, nicht rechtgläubig; *dat is geen —e koffie*, (*fig.*) die Sache ist nicht richtig, nicht geheuer; das kommt mir nicht geheuer vor; (*'t is hier niet*) —, geheuer. ▾—**aar** Rein/iger *m*; (*taalzuiveraar*) Sprachreiniger, Purist *m*; (*politiek, v. partij*) Säuberer *m*. ▾—**en** r.igen; (*v. verdachte en politiek onbetrouwbare figuren ontdoen; 'n gebied v. vijanden*) säuber/n; (*chem., tech.*) läutern, klären. ▾—**heid** R.heit *w*. ▾—**ing**

R.igung; S.ung *w.* ▾—**ingsactie** (*mil.*) S.ungsaktion *w.* ▾—**ingsinstallatie** Kläranlage *w.* ▾—**ingsmiddel** R.igungsmittel *s.* ▾—**ingszout** Speisesoda *w*, Purgiersalz *s.*

zulk solch(er, -es, -e); — *een man, vrouw*, solch ein Mann, eine Frau, ein solcher M., eine solche F. ▾—**s** das, so etwas, solches.

zullen (*uitsluitend toekomst*) werden; (*bij onderwerp in 1e pers.: wil v.h. onderwerp*) wollen; (*bij onderwerp in 2e of 3e pers.: uitdrukkelijke wil v. 'n ander dan onderwerp*) sollen; (*volgens de krant*) *zal het weer anders worden*, wird das Wetter s. ändern; *ik zal* (*het je zeggen*), ich werde, will; *ik zal eens gaan werken*, ich will mal an die Arbeit gehen; *we — wel zien*, wir werden ja sehen; *ik zou (= wilde, stond op het punt) juist weggaan, toen...*, ich wollte eben fortgehen, als... (*zie lager*); *je zúlt* (*je les leren*), (*ik wil het*) du sollst; *gij zult niet doden*, (*God, de natuurwet verbiedt het*) du sollst nicht töten; *zal ik* (*het raam sluiten?*), (*wil jij dat ik...*) soll ich; (*mijn zoon*) *zal* (*dat huis erven*), (*zuiver toekomst*) wird, (*ik wil het*) soll; (*kom mee*) *dan zul je* (*'n beloning krijgen*), (*ik zal ervoor zorgen*) so sollst du; (*dat*) *zal me niet meer overkomen*, (*ik wil dat niet meer*) soll mir nicht wieder passieren; *hij zou* (*niet oud worden*), (*lot, toeval, hogere macht wilde het*) er sollte; (*de boot*) *zou juist afvaren, toen...*, (*stond op het punt; men, de dienstregeling wilde het*) sollte eben abfahren, als...; *zou hij komen, dan ga ik weg*, (*voor het geval hij komt, willen de omstandigheden dat hij komt*) sollte er kommen, so gehe ich fort; (*hoge graad v. waarschijnlijkheid, sterk vermoeden*) werden, (*meer mogelijkheid, 'n misschien zijn*) mögen; *hij zal wel* (*ginds zijn*), er wird wohl, (*kan, is misschien wel*) er mag wohl; *dat zal wel* (*zo zijn*), das mag sein; *wie zou* (*kan*) *hij toch zijn?*, wer mag er doch sein?; *u zou z. wel eens kunnen vergissen*, (*beleefd, voorzichtig uitgesproken vermoeden*) Sie dürften s. irren, (*bescheiden de mogelijkheid uitdrukkend*) Sie könnten, möchten s. irren; (*de meesten v. u*) — *wel niet weten*, dürften nicht wissen; (*twijfel, besluiteloosheid*) sollen; *wat zal ik doen?*, was soll ich tun?; (*hij wist niet wat hij doen*) *zou*, sollte; *zou* (*hij het toch gedaan hebben?*) sollte; (*ontkenning in de vorm v. 'n vraag*) sollen; *wie zou* (*zo slecht zijn?*), (*immers niemand*) wer sollte; *dat zou jij* (*niet weten?*), (*weet je immers wel*) das solltest du; (*afspraak:*) *de heer A. zou* (*hier een lezing houden*), Herr A. sollte; *we zouden elkaar* (*bij de school treffen*), wir sollten uns; (*'zou' in voorwaardelijke zinnen:*) *wat zou jij doen, als je in mijn plaats was*, was würdest du tun (tätest du), wenn du an meiner Stelle wärest; (*zonder hulp*) *zou het je niet gelukt zijn*, wäre es dir nicht gelungen, würde es dir nicht gelungen sein; *ik zou het niet gedaan hebben*, ich hätte es nicht getan, würde es nicht getan haben; (*'zou' in toegevende zinnen:*) *al zou je je nog zo gehaast hebben, je zou die trein toch niet gehaald hebben*, und wenn du dich noch so beeilt hättest, du hättest diesen Zug doch nicht erreicht, (du würdest diesen Zug doch nicht erreicht haben); *ik zou graag, zou willen*, ich möchte; *hier zou ik wel willen wonen*, hier möchte ich wohnen; *zou het niet het beste zijn als jij het eerst vertrok?*, wäre es nicht am besten, wenn du zuerst abführest?; *hij is te verlegen dan dat hij dat zou doen*, er ist zu verlegen, als daß er das tun würde, das täte; *het zou mij verwonderen als...*, es sollte mich wundern wenn...; *men zou menen, verwachten, dat...*, man sollte meinen, erwarten, daß...; *zou je denken?*, (*denk je dat?*) meinst du?; *dat zou ik geloven!*, das will ich glauben; *hij beloofde te — betalen*, er versprach zu zahlen, zahlen zu wollen; *hij vreesde zijn hele leven blind te — zijn*, er fürchtete sein ganzes Leben blind sein zu müssen, blind zu sein; *hij schijnt niet te — komen*, es scheint daß er nicht kommen wird; *het schijnt spoedig te — regenen*, es scheint bald regnen zu wollen, daß es bald regnen will.

zult Sülze, Sulze *w.* ▾—**en** sulzen, sülzen.

zur/en (*zuur worden*) versauern, sauer werden, säuern; (*zuur maken*) säuern, sauer machen. ▾—**ig** säuerlich, etwas sauer. ▾—**igheid** Säure *w.*

zuring (*plant*) (Sauer)Ampfer *m.* ▾—**zout** Kleesalz *s.*

zus I *bw* so, auf diese Weise; — *of zo*, so oder so. **II** *zn* Schwester *w*; (*meisje*) Mädel *s*; *fijne —*, (*kwezel*) Betschwester *w*; *'t is — je en broertje*, das ist Maus wie Mutter.

zuster Schwester *w* (*ook kloosterzuster, verpleegster*). ▾—**huis** S.nhaus *s.* ▾—**liefde** S.liebe *w.* ▾—**lijk** s.lich. ▾—**maatschappij** S.gesellschaft *w.* ▾—**paar** S.npaar *s.* ▾—**schap** S.schaft *w.* ▾—**school** (*verpleegstersopleiding*) S.schule *w*; (*anders*) Nonnenschule *w.* ▾—**skind** S.kind *s.*

zuur I *zn* Saure(s) *s*; (*chem.; maagsap*) Säure *w*; (*oprisping v. maagsap*) Sodbrennen *s*, Sod *m*; (*azijn*) Essig *m*; *bestand tegen zuren*, säurebeständig, -fest; *augurkjes in 't —*, Gurken in Essig, Essiggurken, saure Gurken. **II** *bn* sauer; *zure vent*, sauertöpfischer Kerl; *het —* (*hebben*), es schwer, ein saures Leben; — *kijken*, sauer dreinblicken; (*je bent*) —*!*, geliefert!; (*dat*) *zal hem — opbreken*, wird ihm teuer zu stehen kommen, wird er bereuen. ▾—**achtig** säuerlich. ▾—**deeg**, —**desem** Sauerteig *m.* ▾—**heid** Säure *w*; (*zuurgehalte*) Säuregehalt *m*; (*norsheid*) Sauertöpfigkeit *w.* ▾—**kool** Sauerkraut *s.* ▾—**pruim** Sauertopf *m.* ▾—**stel** Gewürzständer *m*, Plattmenage *w.*

zuurstof Sauerstoff *m.* ▾—**apparaat** S.apparat *m*, S.gerät *s*; (*luchtv., ook*) S.höhenatmer *m.* ▾—**brander** S.brenner *m*, S.gebläse *s.* ▾—**masker** S.maske *w*, S.atmungsgerät *s.*

zuur/tje Drop *s & m*, Fruchtbonbon *m & s.* ▾—**vast** säurefest. ▾—**zoet** sauersüß.

zwaai Schwung *m*; (*aan rekstok*) Welle *w*; (*v. schip*) Schwenkung *w.* ▾—**en** schwingen; (*waggelend gaan v. dronkaard*) taumeln, torkeln, schwanken; (*schip*) wenden; (*v. schip voor anker*) schwajen, schwojen; *met de hand, de zakdoek enz. —*, (*ten afscheid*) mit der Hand, dem Taschentuch winken; *met fakkels, 'n stok —*, Fackeln, e.n Stock schwingen; (*met*) *de hoed —*, den Hut schwenken, schwingen, mit dem Hut winken; *met vlaggen —*, (*seinen geven*) mit Flaggen winken; *met het wierookvat —*, das Rauchfaß schwenken, schwingen. ▾—**gat** Wendeplatz *m*, -becken *s*, Schwairaum *m.* ▾—**licht** (*op auto*) Blink-, Warnlicht, Drehblitzfeuer, (*blauw*) Blaulicht *s.*

zwaan Schwan *m.* ▾—**ridder** S.enritter *m.*

zwaar schwer; *zware klei*, fetter Klei; *zware mist*, starker Nebel; *zware rouw*, tiefe Trauer; — *weer*, böses, schweres Wetter; *ik heb er 'n — hoofd in*, die Sache scheint mir bedenklich; — *op de hand zijn*, schwerfällig sein, (*v. paard*) schwer in der Hand liegen; — *belast*, schwerbelastet.

zwaard Schwert *s* (*ook v. schip*). ▾—**leen** S.leh(e)n *s.* ▾—**vechter** S.fechter *m.*

zwaar/gebouwd kräftig, stämmig. ▾—**gewapend** schwer/bewaffnet. ▾—**gewicht** S.gewicht *s*; (*bokser*) S.gewichtler *m.* ▾—**gewond** s.verletzt; —*e*, S.verletzte(r) *m.* ▾—**lijvig** beleibt, korpulent, stark. ▾—**lijvigheid** B.heit, Korpulenz, Stärke *w.* ▾—**moedig** schwer/mütig. ▾—**moedigheid** S.mut *w.* ▾—**te** S.e *w;* Gewicht *s.* ▾—**tekracht** S.kraft, Gravitation *w.* ▾—**telijn** S.linie *w.* ▾—**tepunt** S.punkt *m.* ▾—**tillend** (*donker inziend*) schwarzseherisch; (*zwaar op de hand*) schwerfällig. ▾—**wichtig** sehr wichtig; (*gewichtig doende*) wichtigtuerisch; (*zwaarwegend*) schwerwiegend. ▾—**wichtigheid** Wichtigkeit, Wichtigtuerei *w.*

zwabber Mop, Schwabber *m;* (*mar.*) Schwabber, Dweil *m;* (*pierewaaier*) Schwiemler *m,* Sumpfhuhn *s; aan de — zijn,* herumbummeln, schwiemeln. ▾—**en** moppen, schwabbern; dweilen; (*pierewaaien*) schwiemeln, herumsumpfen.

zwachtel Binde *w,* Wickel *m.* ▾—**en** (um)wickeln, verbinden.

zwadder Geifer *m,* Gift *s.*

zwager Schwager *m.* ▾—**in** Schwägerin. ▾—**schap** Schwägerschaft *w.*

zwak I *bn & bw* schwach; *— v. geest,* geistesschwach; *— v. hoofd,* schwach im Kopf; *hij staat er — voor,* (*bijv. bij examen*) er hat geringe Aussichten. **II** *zn* Schwäche *w,* schwache Seite; *in iem.s — tasten,* e.n bei seiner schwachen Seite fassen. ▾—**heid** Schwäche, Schwach/heit *w.* ▾—**hoofd** S.kopf *m.* ▾—**hoofdig** s.köpfig. ▾—**hoofdigheid** S.köpfigkeit *w.* ▾—**jes** schwach, schwächlich. ▾—**kelijk** schwächlich, kränklich. ▾—**keling** Schwach/ling *m.* ▾—**stroom** S.strom *m.* ▾—**te** Schwäche *w.* ▾—**zinnig** geistesschwach, schwach/sinnig; (*sterker*) blödsinnig. ▾—**zinnigheid** S.sinn *m,* Geistesschwäche *w;* (*sterker*) Blödsinn *m.*

zwalken (*s.*) herumtreiben, schwalken.

zwaluw Schwalbe *w.* ▾—**staartverband** S.nschwanzverbindung, Verzinkung *w.*

zwam Schwamm *m;* (*tondelzwam, ook*) Zunder *m;* (*klets*) Quatsch *m.* ▾—**men** quatschen, faseln. ▾—**mig** schwammig. ▾—**neus** Quatschkopf *m.*

zwane/dons Schwanen/flaum *m.* ▾—**hals** S.hals *m.* ▾—**zang** S.gesang *m.*

zwang: *in — brengen,* in Schwang bringen, aufbringen, in Mode bringen; *in — komen,* in S. kommen, in Aufnahme kommen, aufkommen; *in — (zijn),* im Schwang(e), (in) Mode.

zwanger schwanger; *v. iets — zijn, gaan,* mit etwas schwanger gehen. ▾—**schap** S.schaft *w.* ▾—**schapsafbreking** S.schaftsabbruch *m,* S.schaftsunterbrechung *w.* ▾—**schapsverlof** S.schaftsurlaub *m.*

zwarigheid Schwierigkeit *w;* (*ik*) *zie er geen — in,* habe kein Bedenken, sehe keine S.

zwart I *bn & bw* schwarz; *—e handel,* Schwarzhandel *m; —e lijst,* schwarze Liste; *het Zwarte Woud,* der Schwarzwald; *Zwarte Zee,* Schwarzes Meer; (*iem. bij iem. anders*) *— maken,* anschwärzen; (*de straat*) *zag — v.d. mensen,* war schwarz von Menschen, wimmelte von Menschen; *— v.d. honger,* ausgehungert. **II** *zn* Schwarz *s;* (*woekerzwam in graan*) Schwärze *w; in 't — gekleed,* in Schwarz (gekleidet), schwarz gekleidet. ▾—**achtig** schwärzlich. ▾—**e** Schwarz/e(r) *m.* ▾—**(e)handelaar** S.händler *m.* ▾—**en** schwärzen. ▾—**epiet** (*v. sinterklaas*) Knecht Ruprecht; (*zwarthandelaar*) Schwarz/händler *m;* (*schoppenboer*) Pikbube *m.* ▾—**epieten** (*kaartsp.*) s.en Peter spielen; (*zwarte handel drijven*) ein S.händler sein, S.handel treiben. ▾—**gallig** melancholisch, s.gallig. ▾—**galligheid** Melancholie, S.galligkeit *w.* ▾—**gerokt** s.befrackt, s.gekleidet. ▾—**gestreept** s.gestreift. ▾—**gevlekt** s.fleckig. ▾—**harig** s.haarig. ▾—**kijker** S.seher *m.* ▾—**making** (*fig.*) Anschwärzung *w.* ▾—**ogig** s.äugig. ▾—**rok** S.rock *m.* ▾—**sel** Schwärze *w.* ▾—**werker** S.arbeiter *m.* ▾—**-witfoto** S.weißbild *s.* ▾—**-wittoestel** S.weißfernseher *m.*

zwavel Schwefel *m.* ▾—**achtig** s.artig. ▾—**bloem** S.blumen *Mz.,* S.blüte *w.* ▾—**bron** S.quelle *w.* ▾—**damp** S.dampf *m.* ▾—**en** schwefeln. ▾—**houdend** schwefelhaltig. ▾—**ig** schweflig. ▾—**kleurig** schwefel/farbig. ▾—**lucht** S.geruch *m.* ▾—**waterstof** S.wasserstoff *m.* ▾—**zalf** S.salbe *w.* ▾—**zuur I** *zn* S.säure *w.* **II** *bn* s.sauer.

Zweden Schweden *s.* ▾**Zweed** Schwede *m.* ▾—**s** schwedisch; *een —e,* eine Schwedin.

zweef/baan Schwebe/-, Hänge/bahn *w.* ▾—**brug** S.brücke, H.brücke *w.* ▾—**molen** Kreis-, Rundlauf *m;* (*op kermis*) Kettenkarussel *s,* -flieger *m.* ▾—**rek** Schaukelreck, Trapez *s.* ▾—**sport** Segel/flugsport *m.* ▾—**vliegen** s.fliegen, s.n; (*zn*) S.fliegen *s.* ▾—**vliegtuig** S.flugzeug *s.* ▾—**vlucht** Gleitflug; (*v. zweefvliegtuig*) S.flug *m.* ▾—**zadel** Schwingsattel *m.*

zweem (*uiterlijke schijn*) Anstrich *m;* (*zwakke gewaarwording, lichte opwelling*) Anflug *m;* (*schijntje, klein beetje*) Schimmer *m;* (*spoor, lichte graad*) Spur *w; een — v. hoop,* ein Schimmer von Hoffnung; *een —(pje) v. ironie,* ein Anflug von Ironie; *geen —,* keine Spur, nicht die geringste Spur; *geen — v. berouw,* keine Spur von Reue, nicht die geringste Reue.

zweep Peitsche *w; het klappen v.d. — kennen,* Bescheid wissen, den Rummel verstehen. ▾—**diertje** Geißeltierchen *s.* ▾—**slag** Peitschenhieb *m.* ▾—**tol** Tanzkreisel *m.*

zweer Geschwür *s.*

zweet Schweiß *m;* (*z.*) *in het — (werken),* in S.; *gezicht met — bedekt,* schweißbedecktes Gesicht. ▾—**bad** Schwitzbad *s.* ▾—**doek** Schweiß/tuch *s.* ▾—**druppel** S.tropfen *m.* ▾—**handen** S.hände *Mz.* ▾—**kamertje** Schwitzstübchen *s.* ▾—**klier** Schweißdrüse *w.* ▾—**kuur** Schwitzkur *w.* ▾—**lucht** Schweißgeruch *m.* ▾—**middel** Schwitzmittel; (*tegen zweet*) Schweiß/mittel *s.* ▾—**voeten** S.füße *Mz.*

zwelg/en schwelgen; (*gulzig eten*) schlingen. ▾—**er** Schwelger; (*brasser*) Schlemmer, Prasser *m.* ▾—**erij, —partij** Schwelgerei, Schlemmerei *w.*

zwell/en schwellen (schwoll, geschwollen); (*v. deuren*) quell/en (quoll, gequollen); (*de wind*) *deed de zeilen —,* schwellte die Segel; (*bonen*) *laten —,* (*weken*) q.en (quellte, gequellt). ▾—**ing** (An)Schwellung, Q.ung *w.*

zwem/bad Schwimm/bad *s; overdekt —,* Hallenbad *s.* ▾—**bassin** S.becken *s.* ▾—**broek** S.hose, Badehose *w.* ▾—**diploma** S.erzeugnis *s.*

zwemen: *— naar,* streifen an [4]; *naar 't groene —,* ins Grüne stechen, spielen.

zwem/gordel Schwimm/gürtel *m.* ▾—**instructeur** S.meister, S.lehrer *m.* ▾—**men** s.en. ▾—**mer** S.er *m.* ▾—**oefening** S.übung *w.* ▾—**pak** S.-, Badeanzug *m.* ▾—**sport** S.sport *m.* ▾—**ster** S.erin *w.* ▾—**vest** S.weste *w.* ▾—**vlies** S.haut *w.* ▾—**wedstrijd** Wettschwimmen *s.*

zwendel Schwind/el *m.* ▾—**aar** S.ler; (*in hogere kringen*) Hochstapler *m.* ▾—**arij** S.el *m,* S.elei *w.* ▾—**en** s.eln.

zwengel Schwengel *m;* (*draaikruk*) Kurbel *w;* (*v. dorsvlegel*) Klöppel *m;* (*v. vlas*) Bleuel *m.*

zwenk Drehung, Wendung *w.* ▾—**en**

schwenken, drehen. ▾**—ing** Schwenkung *w.* ▾**—wiel** Lenkrolle *w.*
zwepen peitschen.
zweren (*eed doen*) schwören; *bij hoog en laag —*, hoch und teuer schwören; *bij het woord v.d. meester —*, auf des Meisters Worte schwören; **2** schwären.
zwerf/blok Findling(sblock) *m.* ▾**—ster** (*trekster*) Wanderin *w*; (*langs de straten enz.*) Herumstreicherin *w*; (*landloopster*) Landstreicherin *w.* ▾**—tocht** Wanderung *w*; (*dwaaltocht*) Irrfahrt *w.* ▾**—vogel** Strichvogel *m.*
zwerk (*uitspansel*) Himmel *m*; (*wolken*) Gewölk *s.*
zwerm Schwarm *m.* ▾**—en** schwärmen. ▾**—tijd** Schwärmzeit *w.*
zwerv/en (*trekken*) wandern; (*omdolen*) umherstreichen, -irren, -schweifen; *langs de straat —*, s. auf der Straße herumtreiben; *—d leven*, unstetes Leben, Wanderleben; *—d volk*, Wandervolk *s.* ▾**—er** (*trekker*) Wanderer; (*landloper*) Landstreicher, Vagabund; (*langs de straten*) Herumtreiber *m.*
zwet/en schwitzen. ▾**—erig** schweißig, verschwitzt; *—e handen*, Schweißhände.
zwets/en aufschneid/en, prahl/en. ▾**—er** A.er, P.er *m.* ▾**—erij** A.erei, P.erei *w.*
zwev/en schweben, *'t zweeft me voor de geest*, es schwebt mir vor. ▾**—ing** Schwebung *w*; (*elektr., ook*) Überlagerung *w.*
zwezerik Kalbsmilch *w*, Bröschen *s.*
zwichten (*toegeven*) nachgeben; (*wijken*) weichen; (*onderdoen voor*) unterliegen; (*bezwijken*) erliegen; (*mar.*) schwichten; *voor de overmacht —*, der Übermacht w., u., e.
zwiepen (*verend; met 'n gard*) schwippen; (*zwaaien*) schwingen; *een —de zweepslag*, ein sausender Peitschenhieb.
zwier Schwung *m*; (*elegantie*) Grazie, Eleganz *w*; (*staatsie*) Staat *m*; *aan de — zijn*, (*boemelen*) bummeln, schwiemeln. ▾**—bol** Schwiemler *m.* ▾**—en** (*zwaaien, vlug ronddraaien*) schwingen; (*als zwevende gaan*) schweben; (*wankelend als dronkaard*) taumeln, torkeln; (*schaatsen*: *beentje over rijden*) holländern, Bogen laufen; (*aan de boemel zijn*) schwiemeln, schwärmen. ▾**—ig** (*met zwier*) schwungvoll (*ook v. stijl*); (*elegant*) elegant. ▾**—igheid** Eleganz *w*, Schwung *m.*
zwijg/en I *ww* schweigen; *— als het graf, als een mof*, schw. wie das Grab; *op iets —*, zu etwas schw.; *wie zwijgt stemt toe*, wer schweigt bejaht; *tot —* (*brengen*), zum S.; *iets niet kunnen —*, etwas nicht verschweigen können, von etwas nicht schw. können; *—d*, schweigend; *—de film*, stummer Film; *—de persoon*, (*toneel*) stumme Person, Statist *m*; *—de rol*, (*op toneel*) Statistenrolle *w*, stumme Rolle. **II** *zn* Schweigen *s*; (*volledige stilte*; *geheimhouding*) Stillschweigen *s*; *iem. het — opleggen*, e.n zum Schweigen bringen; *iem. — opleggen*, e.m Stillschweigen auferlegen; *er het — toe doen*, dazu schweigen. ▾**—er** Schweiger; Schweigsame(r) *m*; *Willem de Zwijger*, (*ook*) Wilhelm der Verschwiegene. ▾**—geld** Schweige/geld *s.* ▾**—plicht** S.pflicht *w.* ▾**—zaam** schweigsam, verschwiegen. ▾**—zaamheid** Schweigsamkeit, Verschwiegenheit *w.*
zwijm: *in — vallen*, in Ohnmacht fallen, ohnmächtig werden. ▾**—el** Taumel, Rausch *m*; (*duizeling*) Schwindel *m.* ▾**—elen** (*in onmacht vallen*) ohnmächtig werden; *hij zwijmelt*, (*wordt duizelig*) ihm schwindelt.
zwijn Schwein *s*; *wild —*, Wildschwein *s*, Sau *w.* ▾**—achtig** schweinisch. ▾**—eboel** Schweine-, Sauwirtschaft, Schweinerei *w.* ▾**—ejacht** Schweins-, Saujagd *w.* ▾**—en** (*boffen*) Schwein haben; (*liederlijk leven*) sumpfen. ▾**—enhoeder** Schweine/hirt *m.* ▾**—erij** S.rei *w.* ▾**—estal** S.stall *m.* ▾**—sleer** Schweinsleder *s.* ▾**—tje** Schweinchen, Ferkel *s.* ▾**—tjesjager** (*fietsendief*) Fahrradmarder *m.*
zwik (*aan vat*) Zapfen *m*; (*verstuiking*) Verstauchen *s*, Verstauchung *w*; (*rommel*) Plunder *m*; *de hele —*, der ganze P., (*bende, familie, troep enz.*) die ganze Bande. ▾**—boor** Zwickbohrer *m.* ▾**—ken** (*verstuiken*) verstauchen, verrenken.
zwilk Wachstuch *s.*
zwingel (*vlas*) Schwingstock *m*, Schwinge *w*; *zie ook* **zwengel**. ▾**—en** (*vlas*) schwingen.
zwingliaan Zwinglianer *m.*
Zwitser Schweiz/er *m.* ▾**—land** die S.; *Frans —*, die französische S.; *naar — gaan*, in die S. fahren. ▾**—s** s.erisch; *— huisje*, S.erhaus *s*; *—e kaas*, S.erkäse; *—e Jura*, S.er Jura *m*; *een —e*, eine S.erin.
zwoeg/en schuften, s. abmühen, s. abrackern, s. plagen; (*hijgen*) keuchen; *onder een last —*, unter e.r Last keuchen. ▾**—er** e.r der s. abrackert, Arbeitssklave *m.*
zwoel schwül. ▾**—heid** Schwüle *w.*
zwoerd, zwoord Schwarte *w.*